JUS PRIVATUM

Beiträge zum Privatrecht

Band 178

Markus Rehberg

Das Rechtfertigungsprinzip

Eine Vertragstheorie

Mohr Siebeck

Markus Rehberg, geboren 1971; 1. juristisches Staatsexamen in Heidelberg; 2. juristisches Staatsexamen in Berlin; LL.M.-Abschluss an der University of Cambridge; Abschluss zum Diplom-Volkswirt an der FernUniversität Hagen; Promotion zum Dr. iur an der Humboldt-Universität zu Berlin; Habilitation an der Ludwig-Maximilians-Universität München; Professor für Bürgerliches Recht, Deutsches und Internationales Wirtschaftsrecht, Rechtstheorie und Rechtsökonomik an der Universität Rostock.

ISBN 978-3-16-151981-9
ISSN 0940-9610 (Jus Privatum)

Die deutsche Nationalbibliothek verzeichnet diese Publikation in der Deutschen Nationalbibliographie; detaillierte bibliographische Daten sind im Internet über *http://dnb.dnb.de* abrufbar.

© 2014 Mohr Siebeck Tübingen. www.mohr.de

Das Werk einschließlich aller seiner Teile ist urheberrechtlich geschützt. Jede Verwertung außerhalb der engen Grenzen des Urheberrechtsgesetzes ist ohne Zustimmung des Verlags unzulässig und strafbar. Das gilt insbesondere für Vervielfältigungen, Übersetzungen, Mikroverfilmungen und die Einspeicherung und Verarbeitung in elektronischen Systemen.

Das Buch wurde von Gulde-Druck in Tübingen aus der Sabon gesetzt, auf alterungsbeständiges Werkdruckpapier gedruckt und von der Buchbinderei Spinner in Ottersweier gebunden.

Vorwort

Diese Arbeit basiert auf meiner im Jahr 2011 an der Ludwig-Maximilians-Universität München eingereichten Habilitationsschrift, ergänzt insbesondere um ein ausführliches Fazit. Deren Kernthesen einem breiteren Publikum erstmals vorgestellt habe ich im Juni 2011 im Münchener Workshop zum Privatrecht (erschienen im Ritsumeikan Law Review 28 (2011), 291) sowie im Recht der Arbeit (RdA) 2012, 160.

Zu danken habe ich vielen Menschen, allen voran meinen Eltern, denen ich dieses Werk widme, aber auch zahlreichen Freunden und Kollegen. Wenngleich ich sie nicht alle nennen kann, seien hier zumindest zwei herausgegriffen. Einerseits ist das Frank Bauer, der über Jahre hinweg selbst noch so absurde Ideen geduldig wie scharfsinnig mit mir diskutierte. Zum anderen hätte Stephan Madaus als damaliger Lehrstuhlvertreter trotz langer Heimfahrten sicher schönere Ablenkungen finden können, als weite Teile dieser Arbeit zu lesen und höchst instruktiv zu kommentieren. Aber auch Ablenkungen wie der tägliche „Caféterror" des öffentlich-rechtlichen Mittelbaus der Münchener Juristenfakultät sind nicht zu unterschätzen. Ebenso habe ich die originellen Anmerkungen meiner beiden Gutachter gerne berücksichtigt. Zu allem Überfluss fand ich dann noch großartige Unterstützung durch mein neugewonnenes Rostocker Lehrstuhl-Team, bestehend aus Frau Hiltrud Bahlo, Judith Foest und Julia Hinkel sowie Herrn Nikolaus Marek und Fin Johannsen.

Rostock, im Dezember 2013   Markus Rehberg

Inhaltsübersicht

§ 1	Einführung	1
	A. Problem	1
	B. Untersuchungsgegenstand	10
	C. Methode	15
	D. Untersuchungsablauf	24
§ 2	Tatbestand	34
	A. Ziele	34
	B. Rechte	59
	C. Ersterwerb	73
	D. Abgeleiteter Erwerb	82
	E. „Rechtsänderungen"	125
§ 3	Vertragsinhalt	136
	A. Problem	136
	B. Einseitig belastende Rechtsänderungen	150
	C. Mehrseitig belastende Rechtsänderungen	163
	D. Trennung und Abstraktion	179
	E. Ausblick	180
§ 4	Zwang, Drohung und Ausbeutung	183
	A. Einführung	183
	B. Klassische Ansichten	199
	C. Rechtfertigungsprinzip	253
	D. Ergebnis	288
§ 5	Risiko	295
	A. Problem	295
	B. Begriff	303
	C. Klassische Ansichten	311
	D. Rechtfertigungsprinzip	317
	E. Vertragstypen	325
	F. Ergebnis	347
§ 6	Leistungsstörungen	349
	A. Fälle	350
	B. Unmöglichkeitsdenken	354

	C. Vertragsdenken	370
	D. Gesetz	383
	E. Rechtfertigungsprinzip	385
§ 7	Eigenschaften	404
	A. Problem	404
	B. Klassische Ansichten	408
	C. Rechtfertigungsprinzip	430
§ 8	Verteiltes Denken, verteilte Macht	438
	A. Problem	438
	B. Arbeitsteilung	445
	C. Zeitliche Streckung	454
	D. Rahmenbedingungen	461
	E. Privatautonomie	464
	F. Ausblick	472
§ 9	Wille	474
	A. Fälle	475
	B. Begriff	476
	C. Willenstheorie	487
	D. Grundfolgentheorie	559
	E. Rechtfertigungsprinzip	573
§ 10	Erklärung	587
	A. Handlungstheorien	587
	B. Normative Relevanz	602
	C. Zurechenbarkeit	607
	D. Unerklärtes	633
	E. Verknüpfungen	644
	F. Ausblick	656
§ 11	Vertrauen	658
	A. Grundidee	658
	B. Stimmen	660
	C. Begriff	667
	D. Praktische Relevanz	682
	E. Rechtliche Irrelevanz	685
	F. Scheinlösungen	701
§ 12	Protest und schlüssiges Verhalten	707
	A. Dogmatische Herausforderung	707
	B. Scheinlösungen	718
	C. Rechtfertigungsprinzip	744
§ 13	Stellvertretung	767
	A. Problem	767

	B. Klassische Ansichten	772
	C. Rechtfertigungsprinzip	781
§ 14	Allgemeine Geschäftsbedingungen	802
	A. Hintergrund	802
	B. Klassische Ansichten	814
	C. Rechtfertigungsprinzip	820
§ 15	Werbung	835
	A. Einführung	835
	B. Klassische Ansichten	840
	C. Rechtfertigungsprinzip	843
	D. Ergebnis	853
§ 16	Kollektiv gesetzte Vertragsinhalte	855
	A. Dispositives und zwingendes staatliches Recht	856
	B. Gefälligkeitsverhältnisse	872
	C. Sitte, Übung und Brauch	875
	D. Wettbewerb	884
	E. Wettbewerb der Rechtsordnungen?	897
§ 17	Irrtum	936
	A. Unwissenheit im Vertragsrecht	936
	B. Erfolgreiche Verständigung	945
	C. Inhaltsirrtum	962
	D. Motivirrtum	971
	E. Rationalität	983
	F. Mentalreservation	1023
§ 18	Dies- und jenseits des Vertrags	1046
	A. Einführung und Fälle	1046
	B. Nachvertraglich	1048
	C. Vorvertraglich	1074
	D. Außervertraglich	1080
§ 19	Fazit	1084
	A. Rückblick	1084
	B. Was ist liberal?	1087
	C. Was ist sozial?	1096
	D. Inhalt versus Verfahren	1125
	E. Privatrecht	1136
	F. Menschliches Unwissen	1145
	G. Immanuel Kant und das Vertragsrecht	1173
Literaturverzeichnis		1185
Register		1227

Inhaltsverzeichnis

§ 1 Einführung 1
    A. Problem 1
        I. Einfache Fragen 1
        II. Punktualität des klassischen Vertragsdenkens 4
        III. Rechtfertigungsprinzip 6
            1. Notwendigkeit eines inhaltlichen Maßstabs 6
            2. Tatbestand 7
            3. Subsidiarität 9
    B. Untersuchungsgegenstand 10
        I. Geltendes Vertragsrecht 11
        II. Einfache Fälle 12
        III. Ergebnisorientierung 13
        IV. Länderübergreifende Einigkeit 13
    C. Methode 15
        I. Verbindlichkeit 15
        II. Arbeitsteilung 18
        III. Methode für Menschen 19
        IV. Begriffsarbeit 22
        V. Zugänglichkeit 23
    D. Untersuchungsablauf 24
        I. Vertragsinhalt 25
        II. Vertragliche Rechtsetzung 27

§ 2 Tatbestand 34
    A. Ziele 34
        I. Entscheiden im Vertragsrecht 34
        II. Begriff 36
            1. Maßstab 36
                a) Ziele versus Vertragsinhalt 36
                b) Zwischenziele 36
                c) Zielkonflikte 37
                      aa) Auflösung durch Oberziel 37
                      bb) Stufenwahl 37
            2. Vergleichsbasis 38

3. Zusätzliche Anforderungen		38
a) Aufmerksamkeit		38
b) Kenntnisse		40
c) Objektive Setzung		41
4. Kollektive Ziele?		41
5. Zukunftsorientierung?		42
6. Zielveränderungen		42
7. Aneignung fremder Interessen?		43
III. Feststellung		44
1. Notwendigkeit		44
2. Umsetzung		45
IV. Vorteile		47
1. Achtung der Person		47
2. Information		48
3. Einfachheit		48
4. Flexibilität		49
5. Robustheit		50
6. Planung und Kreativität als menschliche Kernkompetenzen		50
V. Verankerung		50
1. Rechtspraktisch		51
2. Vertragstheoretisch		52
a) Neuzeitliche Vernachlässigung		52
b) Vorläufer		52
c) Interessen- und Wertungsjurisprudenz		53
3. Rechtfertigungsprinzip		55
a) Ziel der rechtlich betroffenen Person		55
b) Inhaltliche Offenheit		55
c) Verknüpfung von Ziel und Recht		56
d) Spezialfall Willenstheorie		57
B. Rechte		59
I. Recht		59
1. Reales, kulturelles Phänomen		59
2. Durchsetzung		61
a) Staatlich		61
b) Erfolgreich		63
3. Ergebnisorientierung		63
4. Rechtsetzung		64
a) Kausalität		64
b) Jenseits des Menschen		65
II. Subjektive Rechte		66
1. Zielverwirklichung		66
a) Grundidee		66

	b) Ziele, Kompetenzen, Wille	68
	c) Nicht-subjektive Rechte?	69
	2. Ignoranz	70
	a) Grundidee	70
	b) Ausprägungen	71
	3. Ausblick: Gestaltungsrechte	72
C.	Ersterwerb	73
	I. Begriff	73
	II. Praktischer Befund	75
	III. Reichweite	76
	1. Dogmatische Herausforderung	76
	2. Ausrichtung an Zielen	78
	3. Zerlegungen	79
D.	Abgeleiteter Erwerb	82
	I. Geschichtlichkeit des Rechts	82
	1. Alles fließt?	82
	2. Alles steht?	82
	3. Alles springt?	83
	4. Wie weit?	84
	a) Kleine Schritte	84
	b) Rechtebasierung	85
	II. Dogmatische Herausforderung	86
	1. Vergangenheit zählt – aber wie?	86
	2. Klassische Vertragstheorien	87
	a) Rechtebasierung	87
	b) Kontinuität vertraglicher Inhaltsbestimmung	90
	3. Ökonomik	90
	4. Fragen	92
	III. Gründe	94
	1. Rechtebasierung als Tautologie?	94
	a) Missverständnisse	94
	b) Ursachenforschung	95
	2. Sicherung des rechtmäßig Erworbenen	97
	3. Unwissenheit	97
	a) Rückblick: Geistige Entlastung durch Stabilität	97
	b) Unstetigkeit menschlichen Denkens	97
	c) Schrittweises Vorgehen	98
	d) Ausblick: Verteiltes Denken	99
	e) Öffentliches Recht	100
	4. Unumkehrbarkeiten	100
	5. Anreize	101
	6. Liberale Tradition?	101

IV. Menschliches Denken ... 103
1. Problem ... 103
2. Selektion ... 104
3. Flexibilität ... 105
   a) Auslöser ... 105
   b) Person-/Handlungsdenken ... 106
   c) Befund ... 108
4. Lernen ... 109
   a) Geschichtlichkeit ... 109
   b) Tun ... 109
   c) Auslöser ... 110
   d) Innere Abbildung der Welt ... 111
   e) Kollektive Einflüsse ... 112
   f) Emotionen ... 113
5. Handeln und Bewerten ... 115
   a) Problem ... 115
   b) Doppelte Subjektivität ... 116
   c) Konsequenzen ... 117
6. Weltsichten ... 119

V. Wissenschaft ... 119
1. Natur ... 119
2. Kultur ... 120
3. Philosophie ... 121
4. Sozialwissenschaften ... 122
5. Rechtswissenschaft ... 123
   a) Historische Schule, Common Law und Positivismus ... 123
   b) Innen- versus Außenperspektive ... 124

E. „Rechtsänderungen" ... 125
I. Problem ... 125
II. „Unechte" Rechtsänderungen ... 126
1. Punktuelle Sichten ... 126
2. Zeitlich verteilte Rechtsetzung (Kausalität) ... 127
3. Zeitabhängiger Rechtsinhalt ... 127
4. Naturalistisch-gegenständliches Denken ... 128
5. Substanzveränderungen ... 130
6. Sonstiges ... 130

III. Unumkehrbarkeiten ... 130
1. Zeitlich gesteuerte Ignoranz ... 130
2. Vertrag ... 131
3. Personen und Zeiten ... 132
4. Zusammenhänge ... 134

§ 3 Vertragsinhalt 136
  A. Problem 136
    I. Fälle 136
    II. Dogmatische Herausforderung................. 137
    III. Klassische Ansichten 138
      1. Willens- und Erklärungstheorie 138
      2. Äquivalenz................................ 140
      3. Ontologisch-Metaphysisches 141
      4. Dualismen................................. 142
    IV. Rechtfertigungsprinzip 146
      1. Reichhaltigkeit........................... 146
      2. Eindeutigkeit............................. 147
      3. Wertschöpfung durch Verrechtlichung 148
      4. Illustration.............................. 148
  B. Einseitig belastende Rechtsänderungen 150
    I. Eigentumsaufgabe 150
    II. Schenkung 151
      1. Schenkung versus Drohung 151
      2. Absonderungen 152
        a) Kein Vertrag 152
        b) Anderes Wesen 153
        c) Markt- und rechtsstaatsfeindlicher Fremdkörper.... 154
      3. Eigennutz versus Fremdnutz? 155
        a) Bloße Zuschreibung...................... 155
        b) Typenzwang 156
        c) Ökonomische Irritationen 157
      4. Stärkerer Schutz des Schenkenden 158
      5. Rechtfertigungsprinzip 158
    III. Auslobung 160
    IV. Wertpapiere 161
    V. Dies- und jenseits des Vertrags.............. 162
  C. Mehrseitig belastende Rechtsänderungen 163
    I. Wertschöpfung 163
      1. Unterschiede.............................. 163
      2. Gemeinsamkeiten 165
      3. Missverständnisse 166
        a) Positionen versus Interessen? 166
        b) Verteilung einer gemeinsamen Kooperationsrente?... 168
        c) Einseitige Interessen am Vertragsinhalt? 169
    II. Kauf und Tausch 169
      1. Grundidee 169
      2. Inhaltsbestimmung 171
    III. Dienstvertrag.............................. 172

		1. Beratungsvertrag. 172
			a) Problem. 172
			b) Rechtfertigungsprinzip 174
		2. Arbeitsvertrag 176
			a) Verteilte Vertragsrechtsetzung 176
			b) Mehrstufige Rechtsänderungen. 176
	IV. Vertrag zu Gunsten Dritter. 178
	D. Trennung und Abstraktion. 179
	E. Ausblick 180

§ 4 Zwang, Drohung und Ausbeutung. 183

	A. Einführung. 183
		I. Dogmatische Relevanz 183
		II. Fälle 184
			1. Zwang und Drohung. 184
				a) Verletzung absolut geschützter Rechtsgüter 185
				b) Drohung mit Vertragsbruch 186
				c) Gewohnheiten 187
				d) Drohung Dritter 187
				e) Sonstiges 187
			2. Ausbeutung 189
				a) Normalfall und kleinere Abwandlungen 189
				b) Abschöpfungstechniken 191
				c) Warnungen 191
				d) Lebenshärten 191
				e) Drohung mit einem Unterlassen 192
				f) Drohung Dritter 193
				g) Konnexität 194
		III. Praktische Bedeutung. 195
		IV. Herausforderung 196
			1. Formal-prozedurale Ansätze. 196
			2. Substanzielle Kriterien. 197
			3. Liberalität 198
	B. Klassische Ansichten 199
		I. Opferperspektive 200
			1. Varianten 200
				a) Entscheidungsfreiheit, Freiwilligkeit und Verwandtes . 200
				b) Geistige Defizite 204
				c) Verhandlungssituation 204
			2. Begrenzte Bedeutung einer Entscheidung 205
			3. Begrenzte Bedeutung der Entscheidungssituation 206
				a) Rechteausstattung und frühere Anstrengungen. . . . 206
				b) Entgelt 208

c) Drohungen Dritter	209
d) Opfereigenschaften	209
4. Mangelnde Aussagekraft	210
a) Rational-informierte Entscheidung	210
b) Fehlende überschießende Kriterien	211
aa) Fehlende Subsumierbarkeit, Illiberalität	211
bb) Sonstige Leerformeln	213
cc) Ausweichversuche	214
dd) Ergebnis	216
ee) Ursachenforschung	216
5. Handlungsoptionen, Qualität und Intensität	218
6. Systematische Schwierigkeiten	221
7. Ergebnis	221
II. Tätersicht	223
1. Rechts- oder Sittenwidrigkeit	223
a) Grundidee	223
b) Mangelnder Aussagegehalt	224
c) Unvereinbarkeit mit geltendem Recht	225
2. Finalität	226
a) Fragwürdigkeit einer Betrachtung allein des Opfers	226
b) Würdigung	227
aa) Warum Finalität?	227
bb) Unverschuldete bzw. fahrlässige Drohung	228
cc) Veränderte Absichten	228
dd) Ausbeutung	229
ee) Faire Verträge	230
ff) Kollusion	230
3. Aktiver Missbrauch versus untätiges Ausnutzen	231
4. Bereicherung	232
III. Äquivalenz	233
1. Verankerung	233
2. Unvereinbarkeit mit geltendem Recht	234
a) Unentgeltliche Verträge	234
b) Frühere Anstrengungen	235
3. Fragwürdigkeit objektiver Wertlehren	236
a) Marktpreis	236
b) Produktionskosten	239
4. Begrenzter Aussagegehalt	240
5. Einseitig belastende Rechtsänderungen	241
6. Ergebnis	241
a) Dogmatische Lehren	241
b) Scheinlösungen	242
aa) Ausblendung falsifizierender Konstellationen	242

bb) Relativierung 244
IV. Verteilung der Kooperationsrente 245
   1. Grundidee 245
   2. Aufteilung nach Köpfen 246
   3. Anrechnung von Leistungen 248
   4. Einseitig belastende Rechtsänderungen 249
V. Gesamtwohlfahrt 249
C. Rechtfertigungsprinzip 253
I. Grundlagen 253
   1. Rechteausstattung 253
      a) Bedeutung 253
      b) Rechte versus Üblichkeit 255
      c) Zirkularität und Trivialität? 256
      d) Unvollständigkeit 257
      e) Ausblick 258
   2. Verbesserung 259
      a) Grundidee 259
      b) Beurteilungsbasis 260
      c) Ausprägungen 261
   3. Frühere Anstrengungen 261
      a) Praktische Bedeutung 261
      b) Berücksichtigung 262
      c) Subsidiarität 263
   4. Vorteile 264
      a) Vermeidung intersubjektiver Vergleiche 264
      b) Reine Kausalitätsprüfung vor realem Hintergrund . . . 264
II. Zwang und Drohung 265
   1. Verletzung absolut geschützter Rechtsgüter 265
   2. Drohung mit Vertragsbruch 266
   3. Gewohnheiten 267
   4. Drohung Dritter 268
   5. Weitere Fallgruppen 269
      a) Drohung mit Schädigung Dritter 269
      b) Drohung durch Täuschung 269
      c) Versuchte Drohung 269
      d) Fahrlässige oder schuldlose Drohung 270
      e) Herbeiführung einer Notlage 270
      f) Warnungen 271
   6. Erfordernis besonderer Standhaftigkeit? 272
III. Ausbeutung 273
   1. Grundprinzip und kleinere Abwandlungen 274
   2. Frühere Anstrengungen 275
   3. Abschöpfungstechniken 276

4. Nachfragemonopol		278
5. Drohung mit Unterlassen		279
a) Lebenshärten		279
b) Bereicherung		281
6. Drohung Dritter		282
7. Konnexität		284
a) Durchsetzungsrechte		285
b) Ausbeutung		286
c) Staatliches Gewaltmonopol		287
D. Ergebnis		288
I. Rückblick		288
II. Unterscheidungen		289
1. Überblick		289
2. Zwang versus Ausbeutung		291
a) Kategoriale Wesensverschiedenheit?		291
b) Rechtsfolge		293

§ 5 Risiko 295

A. Problem 295
   I. Praktische Bedeutung 295
   II. Dogmatische Herausforderung 296
      1. Risiko 297
      2. Spekulation 298
      3. Fälle 299
B. Begriff 303
   I. Risiko 303
      1. Individualität 303
      2. Recht versus Risiko 304
      3. Drei Welten 305
      4. Unabbildbarkeit 306
      5. Gefahr 307
      6. Ergebnis 308
   II. Spekulation 309
C. Klassische Ansichten 311
   I. Wille und Erklärung 311
   II. Äquivalenz 312
   III. Einzelargumente 313
      1. Gesetz 313
      2. (Normative) Auslegung 314
      3. Fehlender Irrtum 314
      4. Vertragsübergreifende Betrachtung 315
      5. Informationspflichten 316
      6. Flexible Begründungsmuster 316

	7. Mutmaßlicher Wille	317
D. Rechtfertigungsprinzip		317
	I. Gerechtfertigtes Risiko	317
	1. Bedingte Leistung	318
	2. Verbesserung	319
	II. Risikoverringerung als Rechtfertigung	320
	1. Risikoaversion	320
	2. Rechtsgestaltungsbedarf	320
	III. Anrechnung von Anstrengungen	321
	IV. Wertschöpfung	322
	1. Grundidee	322
	2. Risikounterschiede	323
	3. Absorbier- und Beherrschbarkeit	323
E. Vertragstypen		325
	I. Glücksspiel	326
	II. Versicherung	328
	III. Darlehen, Zins und Rendite	329
	1. Problem	329
	2. Sichere Darlehen	330
	3. Riskante Darlehen	331
	IV. Bürgschaft	332
	V. Handelsspannen	334
	1. Arbitrage	334
	2. Klassischer Warenumschlag	336
	VI. Geldanlage	336
	VII. Kursabsicherung	338
	VIII. Spekulation	340
	1. Insiderhandel	340
	2. Erarbeitetes Wissen	341
	a) Schädigung anderer	341
	b) Irrelevanz von Wissensinvestitionen	343
	3. Praktischer Befund	343
	4. Publikumsspekulation	344
	a) Fragwürdigkeit	344
	b) Besondere Regelungsbedürftigkeit	345
F. Ergebnis		347

§ 6 Leistungsstörungen 349

A. Fälle		350
B. Unmöglichkeitsdenken		354
	I. Grundidee	354
	1. Wächter	355
	2. Mommsen	355

	II. Bloße Sachverhaltsbeschreibung	357
	III. Jenseits natürlicher Unmöglichkeit	359
	1. Enge natürlicher Unmöglichkeit	359

II. Bloße Sachverhaltsbeschreibung 357
III. Jenseits natürlicher Unmöglichkeit 359
    1. Enge natürlicher Unmöglichkeit 359
    2. Unmöglichkeitserweiterungen 359
       a) Varianten 360
       b) Dogmatische Fragwürdigkeit 362
    3. Ersatzkonstruktionen 364
IV. Dreiteilung 367
V. Interessenwidrigkeit 367
    1. Missachtung der Parteiinteressen 367
    2. Pacta sunt servanda 369
C. Vertragsdenken. 370
  I. Grundidee 370
  II. Überwindung fragwürdiger Unterscheidungen 372
    1. Unmöglichkeit 372
    2. Haftung, Pflichtverletzung und Zurechenbarkeit 372
    3. Vertrags- versus Schuldrecht 375
  III. Dogmatische Herausforderung 376
  IV. Klassische Ansichten 377
    1. Wille, Erklärung 377
    2. Zurechenbarkeit 379
       a) Grundidee 379
       b) Würdigung 380
  V. Absonderungen 382
D. Gesetz 383
  I. Problem 383
  II. Haftungsmodalitäten 384
E. Rechtfertigungsprinzip 385
  I. Grundlagen 385
    1. Überwindung klassischer Fiktivitäten 385
    2. Bedeutung der situations- und parteibedingten Besonderheiten 386
    3. Wertschöpfung 387
    4. Subsidiarität 388
  II. Nichteintritt der Hauptleistungspflicht 388
    1. Obergrenze vollständiger Kompensation 388
    2. Leistendürfen ohne Leistungspflicht 389
    3. Leistungspflicht bei vollständigem Ausgleich 390
    4. Vertragsabhängigkeit 391
    5. Gattungsschulden 392
  III. Umdeutung 393
  IV. Schadensersatz 395
    1. Grundlagen 395

2. Fallgruppen	396
V. Anfängliche Leistungshindernisse	396
VI. Anspruchsentwertung	399
1. Problem	399
2. Rechtfertigungsprinzip	401

§ 7 Eigenschaften. 404

A. Problem	404
I. Atomistische Herausforderung	404
II. Störungen	405
III. Irrtümer	405
IV. Fälle	406
B. Klassische Ansichten	408
I. Zitelmann	408
II. § 119 Abs. 2 BGB	410
III. Lenel	411
IV. Schlossmann	411
1. Eigenschaft	411
2. (Verkehrs-) Wesentlichkeit	412
3. Verhältnis zum Gewährleistungsrecht	413
4. Auf das Kausalverhältnis beschränkte Relevanz	414
V. Flume	415
1. Eigenschaften als Vertragsgegenstand	415
2. Jenseits der Vereinbarung	417
a) Grundproblem	417
b) Gattungsschuld	419
c) Objektivierungen	420
3. Haftungsfolge	421
4. Eigenschaft	424
5. Wesentlichkeit	425
6. Irrtumskategorie	427
7. Fehler und Gewährleistungsrecht	428
VI. Sonstige Ansichten	429
C. Rechtfertigungsprinzip	430
I. Geschuldete Eigenschaften	431
1. Benennung	431
2. Üblichkeit	432
II. Störungen	433
III. Irrtümer	435

§ 8 Verteiltes Denken, verteilte Macht 438

A. Problem 438
   I. Entscheidungsnotwendigkeiten. 438
   II. Komplexität von Vertragsinhalten 440
      1. Reichhaltigkeit. 440
      2. Begrenzte Aufmerksamkeit 441
   III. Punktualität klassischer Vertragstheorien 442
   IV. Fälle 444

B. Arbeitsteilung 445
   I. Praktischer Befund 445
   II. Rechtfertigungsprinzip 447
      1. Gezielte Arbeitsteilung. 447
      2. Erkenntnis und Durchsetzung 448
      3. Kompetenz als schützenswertes Gut 448
      4. Gewillkürte Kompetenzverteilung. 449
   III. Indizien. 451
      1. Grundidee 451
      2. Interessenlage 451
      3. Kenntnisse und Fähigkeiten 452
      4. Situatives, Sachnähe 453
      5. Energieaufwand 453

C. Zeitliche Streckung. 454
   I. Praktischer Befund 454
   II. Rechtfertigungsprinzip 456
      1. Gezielte zeitliche Streckung 456
      2. Indizien 457
      3. Situatives versus langfristiges Entscheiden. 458
   III. Facetten der Zeit 460

D. Rahmenbedingungen. 461
   I. Praktischer Befund 461
   II. Rechtfertigungsprinzip 463

E. Privatautonomie 464
   I. Begriff 464
   II. Begründung 465
      1. Klassische Ansichten. 465
      2. Subsidiarität 466
   III. Staatliche Dimensionen. 468
      1. Ermöglichend 468
      2. Eingreifend. 470
      3. Dienend 471
      4. Fordernd? 471

F. Ausblick 472

§ 9 Wille 474

- A. Fälle 475
- B. Begriff 476
  - I. Herausforderung 476
  - II. Merkmale 478
    1. Entität 478
    2. Kausalität (Macht) 478
    3. Aufmerksamkeit 481
       - a) Befund 481
       - b) Kreativität 482
       - c) Benennung 483
  - III. Gegenstand 483
    1. Inhaltsfreiheit 483
    2. Rechtsfolgen 484
    3. Ausblick 485
- C. Willenstheorie 487
  - I. Selbstbindungswille 487
    1. Grundidee 487
       - a) Verankerung 487
       - b) Tatbestand 488
       - c) Bedeutung 489
       - d) Vorzüge 490
    2. Nichtexistenz 491
    3. Irrelevanz 493
       - a) Bindungsunfähigkeit 493
       - b) Vorläufigkeit 495
       - c) Selbstbezogenheit 496
       - d) Autonomie 496
  - II. Einwilligung 497
    1. Grundidee 497
    2. Eignung nur als Eingriffsrechtfertigung 499
       - a) Kategorienfehler 499
       - b) Illustration 500
       - c) Gedankliche Abhängigkeit 502
       - d) Ausblick: Verknüpfungen 503
       - e) Fazit 503
  - III. Mangelnde Intrinsität 505
    1. Stat pro ratione voluntas? 505
    2. Begrenzte Plausibilität als Axiom 506
    3. Praktischer Befund 506
    4. Konsequenzen 508
  - IV. Rechtsgeschäftsleere 508
    1. Problem 508

- 2. Vertragsschluss ... 509
- 3. Vertragsinhalt ... 510
- 4. Dritte ... 514
- V. Scheinlösungen ... 516
  - 1. Negatives Interesse ... 517
    - a) Grundidee ... 517
    - b) Grenzen ... 520
    - c) Praktischer Befund ... 521
  - 2. Scheinwille ... 524
    - a) Zwischenergebnis und Problem ... 524
    - b) Fiktion ... 525
      - aa) Fragwürdigkeit ... 525
      - bb) Lebensnähe ... 527
    - c) Verknüpfung ... 528
      - aa) Zwangsläufigkeiten ... 528
      - bb) Menschlich vermittelte Kausalitäten ... 530
    - d) Mutmaßung ... 533
      - aa) Kategorienfehler ... 534
      - bb) Interessen ... 535
      - cc) Konstruktion ... 538
    - e) Normativierung ... 541
      - aa) Wider Psychologismus und Naturalismus? ... 541
      - bb) Rechtliche Relevanz von Realität ... 544
  - 3. Behauptung ... 547
    - a) Übertragungstheorie ... 547
    - b) Begriffserweiterung ... 548
      - aa) Normierung ... 549
      - bb) Vernünftigkeit ... 549
      - cc) Freiheit als Bindung? ... 550
      - dd) Freiwilligkeit ... 550
      - ee) Unvorhersehbarkeit ... 550
      - ff) Entscheidungsqualität ... 551
      - gg) Erklärung ... 551
      - hh) Wissen ... 552
  - 4. Ausblendung ... 553
    - a) Pathologische Fälle ... 554
    - b) „Wahres Vertragsrecht" ... 555
    - c) Wille versus Vertragsinhalt ... 556
  - 5. Relativierung ... 557
- VI. Ergebnis ... 558
- D. Grundfolgentheorie ... 559
  - I. Zwecke vor Wille ... 560
    - 1. Normativer Vorrang ... 560

Inhaltsverzeichnis

2. Praktischer Befund	563
3. Abkehr von Gegenständlichkeit	565
4. Individualität und Liberalität	566
5. Subsidiarität	569
II. Ausblick: Dispositives Recht	570
III. Konkretisierungsbedarf	571
E. Rechtfertigungsprinzip	573
I. Problem	573
II. Aneignungswille	575
1. Erwerb statt Verlust	575
2. Praktische Bedeutung	575
3. Stimmen	576
4. Ursachenforschung	577
III. Einwilligung	581
1. Problem	581
2. Objekt	581
3. Neues Bindungsdogma?	582
IV. Begrifflichkeiten	583
V. Fazit: Eine „andere Willenstheorie"	584

§ 10 Erklärung 587

A. Handlungstheorien	587
I. Urteilstheorien	588
II. Sprechakttheorie	589
III. Sozial verankerte Kommunikation	591
IV. Handlungswille	592
V. Geltungstheorie	594
1. Normierung, Verbindlichkeit	595
a) Thesen	595
b) Würdigung	596
2. Einheitsthesen	598
3. Sonstiges	599
VI. Selbstbindung und normativitätsstiftendes Verhalten	601
B. Normative Relevanz	602
I. Erklärungsgegenstand	602
II. Eigenwert des Erklärten?	603
1. Offene Fragen	603
2. Fehlender Sinn	605
C. Zurechenbarkeit	607
I. Problem	607
1. Verankerung	607
2. Anspruchsbegrenzung	609
3. Anspruchsbegründung	610

II. Vorsätzliches Handeln	610
III. Fahrlässigkeit	613
1. Grundidee	613
2. Kategorienfehler	615
3. Fehlende Benennung	616
4. Jenseits des Verschuldens	618
5. Verhalten der Gegenseite	619
IV. Verantwortung und Anerkennung	619
1. Grundidee und Vorbilder	619
2. Alte Probleme	624
3. Fehlende Verknüpfung	625
4. Mangelnde Allgemeingültigkeit	627
5. Illiberalität	627
6. Fazit	630
V. Risiko	631
VI. Ergebnis	632
D. Unerklärtes	633
I. Rechtsgeschäftsleere	633
II. Punktualität	634
III. Wille versus Erklärung	635
1. Problem	635
2. Scheinlösungen	637
a) Vagheiten	637
b) Ausblendung	638
c) Verweis auf geltendes Recht	639
d) Flexible Begründungsmuster	640
e) Dialektik	641
3. Fazit und Ausblick	642
IV. Offene Fragen	643
E. Verknüpfungen	644
I. Inhalte	645
1. Recht	645
2. Sitte, Übung und Brauch	645
3. Rechtsidee	646
II. Vorwände	646
1. (Normative) „Auslegung"	647
2. Sprache	649
a) Normalsprache	649
b) Sprechakttheorie	650
3. Hermeneutik und Vorverständnis	652
a) Wertvolles	652
b) Fragwürdigkeiten	654
4. Umstände	654

	a) Praktische Relevanz	654
	b) Offene Fragen	655
F. Ausblick		656

§ 11 Vertrauen . . . 658

- A. Grundidee . . . 658
- B. Stimmen . . . 660
- C. Begriff . . . 667
  - I. Klärungsbedarf . . . 667
  - II. Vertrauender . . . 669
    1. Interesse . . . 670
    2. Risiko . . . 670
    3. Freiwilligkeit . . . 672
    4. Aufmerksamkeit, Rationalität . . . 673
    5. Fazit . . . 676
  - III. Vertrauensgegenstand . . . 676
    1. Äußerlich freies Handeln . . . 676
    2. Moralisches Handeln . . . 677
    3. Konsequenzen . . . 680
       a) Mensch, Tier und Natur . . . 680
       b) Moral . . . 681
  - IV. Ergebnis . . . 682
- D. Praktische Relevanz . . . 682
  - I. Vor- und Nachteile . . . 682
  - II. Voraussetzungen . . . 684
- E. Rechtliche Irrelevanz . . . 685
  - I. Sicherheit versus Vertrauen . . . 685
    1. Recht, Sitte, Anreize und Moral . . . 685
    2. Vertrauensalternativen . . . 686
    3. Wechselwirkungen . . . 688
    4. Ergebnis . . . 690
  - II. Vertrauensgegenstand . . . 692
    1. Recht . . . 692
    2. Erklärung . . . 693
    3. Rechtsordnung . . . 694
    4. Wille . . . 694
    5. Verkehrsüblichkeit . . . 695
    6. Normativierung . . . 696
  - III. Mangelnde Eignung als Grund . . . 696
  - IV. Jenseits des Scheins . . . 700
- F. Scheinlösungen . . . 701
  - I. Vertrauendürfen . . . 701
  - II. Zusätzliche Anforderungen . . . 703
  - III. Vertrauensvertrag . . . 705

§ 12 Protest und schlüssiges Verhalten 707

- A. Dogmatische Herausforderung. 707
  - I. Fälle 707
  - II. Fehlender Selbstbindungswille 709
  - III. Anforderungen an einen Vertragsschluss. 711
  - IV. Übereinstimmung von Theorie und Realität 712
  - V. Abwehrreaktionen 713
    - 1. Geschichtlicher Hintergrund 713
    - 2. Illiberalität. 716
    - 3. Geringe praktische Bedeutung. 717
- B. Scheinlösungen. 718
  - I. Eigenständiges Rechtsinstitut 718
  - II. Auslegung 719
    - 1. Leerformeln 719
    - 2. Sozialtypizität 721
      - a) Grundidee 721
      - b) Bedeutung objektiver Kriterien 722
      - c) Begrenzter Gehalt. 723
    - 3. Erklärungstheorie 724
      - a) Vertrauenshaftung 724
      - b) Verkehrsschutz 725
    - 4. Widersprüchliches Verhalten 725
      - a) Grundidee 725
      - b) Eindeutigkeit. 727
      - c) Mentalreservation 728
    - 5. Entbehrlichkeit des Zugangs. 729
  - III. Zurechenbarkeit 729
    - 1. Wissen. 730
    - 2. Fahrlässigkeit, Verantwortung. 731
  - IV. Gesetzliche Schuldverhältnisse 732
    - 1. Deliktsrecht 732
    - 2. Bereicherungsrecht. 734
  - V. Sonstiges 736
    - 1. Soziale Realitäten 736
      - a) Kollektive Dimensionen. 736
      - b) Besonderheiten der Daseinsvorsorge 738
    - 2. Anspruch auf Willensunterwerfung 739
    - 3. Geltendes Recht 741
    - 4. Leerformeln 742
- C. Rechtfertigungsprinzip. 744
  - I. Grundlagen. 744
    - 1. Individualistisch-substanzieller Ausgangspunkt. . . . 744
    - 2. Einwilligung statt Selbstbindungswille 745

	3. Negative Vertragsfreiheit	745
II.	Leistungsnehmer	747
	1. Indizfunktion	747
	2. Abhängigkeiten	748
	a) Problem	748
	b) Inhalts-, nicht Entscheidungsproblem	750
	3. Anforderungen an eine „Erklärung"	751
	a) Notwendigkeit einer Rechtfertigung	751
	b) Subsidiarität	753
	c) Illustration	753
	4. Fangprämie und erhöhtes Beförderungsentgelt	754
	a) Problem	754
	b) Rechtfertigungsprinzip	756
III.	Leistungsgeber	758
	1. Problem	758
	2. Umsetzung	759
	3. Wahlrecht?	760
IV.	Vertrag und Delikt	761
	1. Fließende Übergänge	761
	2. Vorzugswürdigkeit vertragsrechtlicher Denkkategorien	763
V.	Störfälle	764

§ 13 Stellvertretung . . . 767

A.	Problem	767
I.	Rechtliche Verankerung	767
II.	Dogmatische Herausforderung	768
III.	Fälle	769
B.	Klassische Ansichten	772
I.	Überleitungstheorien	772
II.	Geschäftsherrentheorie	774
	1. Grundidee	774
	2. Fiktivität	774
	3. Unstimmigkeiten	776
III.	Repräsentationstheorie	778
	1. Grundidee	778
	2. Fiktivität	778
	3. Unstimmigkeiten	780
C.	Rechtfertigungsprinzip	781
I.	Vertragsinhalt	781
	1. Verteiltes Entscheiden	781
	2. Entscheidungsdefizite	782
II.	Vertretungsmacht	784
	1. Arbeitsteilung	784

2. Kompetenzen	784
3. Wertschöpfung „übers Eck"	785
4. Fremdnützigkeit	785
a) Praktischer Befund	785
b) Rechtliche Umsetzung	788
aa) Person	788
bb) Anreize	788
cc) Kompetenz	789
III. Gesetzliche Stellvertretung	790
1. Irrelevanz des Willens des Vertretenen	790
2. Abstoßungsreaktionen	791
3. Rechtfertigungsprinzip	792
a) Vereinbarkeit	792
b) Rechte, Kompetenzen und Wille	793
IV. Gewillkürte Stellvertretung	794
1. Subsidiarität	794
2. Irrtum über die Vertretungsmacht	796
a) Problem	796
b) Wertschöpfung	798
c) Umsetzung	799
d) Rechtsschein versus Vollmacht?	800

§ 14 Allgemeine Geschäftsbedingungen 802

A. Hintergrund	802
I. Fälle	802
II. Praktische Bedeutung	803
III. Vorteile	805
IV. Gefahren	807
1. Unwissenheit	807
2. Macht	809
V. Dogmatische Herausforderung	811
B. Klassische Ansichten	814
I. Wille	814
1. Problem	814
2. Scheinlösungen	815
II. Erklärung	817
III. Zurechenbarkeit	818
IV. Sonstiges	819
C. Rechtfertigungsprinzip	820
I. Kompetenzverteilung	820
1. Grundidee	820
2. Geltung gegen den Verwender	821
II. Inhaltskontrolle	822

        1. Berechtigung 822
        2. Maßstab 823
        3. Prüfungsintensität 823
        4. Gesetzes- versus Richterrecht 825
        5. Homogenität versus Einzelfallbetrachtung 826
        6. Sitte, Übung und Brauch 827
   III. Transparenz 828
        1. Dogmatische Relevanz 828
            a) Überraschende Klauseln 829
            b) Abwicklungstransparenz 830
            c) Individuelles Aushandeln 830
        2. Maßstäbe und Prüfungsintensität 830
   IV. Irrtümer 833

§ 15 Werbung 835

  A. Einführung 835
   I. Fälle 835
   II. Praktische Bedeutung 838
   III. Vertragsrechtliche Bedeutung 838
   IV. Dogmatische Herausforderung 839
  B. Klassische Ansichten 840
   I. Beschränkung auf den Vertragsschluss 840
   II. Scheinlösungen 841
   III. Öffentliche Erklärungen und Selbstbindung 842
  C. Rechtfertigungsprinzip 843
   I. Grundkonstellationen 843
        1. Verkäuferangaben 843
        2. Herstellerwerbung 844
        3. Persönliche Herstellerinformation 846
   II. Werbung, Wettbewerb und Subsidiarität 846
   III. Einzelfragen 848
        1. Widersprüchliche Angaben 848
        2. Wirkungsbreite und -dauer 850
        3. Irrtümer 851
        4. Vorvertragliche Korrekturen 852
  D. Ergebnis 853

§ 16 Kollektiv gesetzte Vertragsinhalte 855

  A. Dispositives und zwingendes staatliches Recht 856
   I. Problem 856
        1. Praktische Bedeutung 856
        2. Dogmatische Herausforderung 857

> 3. Begrenzte Eignung als Untersuchungsgegenstand 859
> II. Begründungsnöte. 860
>   1. Klassische Ansätze. 860
>   2. Verknüpfungen 861
>   a) Vertragsparteien 861
>   b) Staat 863
>   3. Mutmaßlicher Wille 863
>   4. Dualismen. 864
>   5. Essentialia, naturalia und accidentalia negotii. 865
>   6. Grundfolgentheorie 865
> III. Rechtfertigungsprinzip. 866
>   1. Zwingendes Recht 866
>   a) Störungen. 866
>   aa) Macht 866
>   bb) Unwissenheit 867
>   b) Vorteile 868
>   2. Dispositives Recht 870
>   a) Dispositivität 870
>   b) Maßstab 871
>   c) Rechtsqualität 872
> B. Gefälligkeitsverhältnisse 872
>   I. Problem. 872
>   1. Theoretische wie praktische Bedeutung 872
>   2. Klassische Ansichten. 873
>   II. Rechtfertigungsprinzip. 874
> C. Sitte, Übung und Brauch 875
>   I. Problem. 875
>   1. Praktische Bedeutung 875
>   2. Sprache 876
>   3. Begriff 877
>   4. Dogmatische Herausforderung 877
>   II. Rechtfertigungsprinzip. 879
>   1. Dogmatische Relevanz. 879
>   2. Eignung als Indiz 879
>   3. Bezugsgruppe 880
>   4. Sittenwandel. 881
>   5. Rangverhältnis. 881
>   III. Recht und Sitte. 882
> D. Wettbewerb 884
>   I. Verbindungslinien 885
>   1. Vertragsinhalt 885
>   2. Sitte, Übung und Brauch. 885
>   3. Zwang, Drohung und Ausbeutung. 886

4. Unwissenheit	888
5. Werbung und Allgemeine Geschäftsbedingungen	889
II. Staatliche Dimensionen	889
1. Praktischer Befund	890
2. Theoretische Erfassung	891
III. Inhalt versus Verfahren	892
1. Rechtfertigungsprinzip	892
2. Wettbewerbsfreiheit	893
3. Ordoliberalismus	895
E. Wettbewerb der Rechtsordnungen?	897
I. Problem	897
II. Harmonisierung versus Subsidiarität	899
1. Internationales Privatrecht	900
2. Rechtsvereinheitlichung	901
III. Zwingendes Recht versus Privatautonomie	904
1. Besseres Recht durch freie Rechtswahl?	905
2. Selektionsprinzip	906
a) Zwingendes Recht als Willkürprodukt?	907
b) Neue alte Probleme	908
3. Freiheit und Effizienz	910
4. Rahmenbedingungen	912
5. Zwischenergebnis	914
IV. Sachrecht versus Kompetenzen	915
1. Kollisionsrecht	915
2. Zweites Sachrecht	917
3. Vertikale Kompetenzverteilung	920
4. Umgewichtung politischer Präferenzen	920
V. Einzelfragen	923
1. Innovationen	923
2. Koordinationsprobleme	926
3. Notwendigkeiten	927
VI. Fazit	932
1. Kategorienfehler	932
2. Wahre Interdisziplinarität	933
§ 17 Irrtum	**936**
A. Unwissenheit im Vertragsrecht	936
I. Problem	936
II. Verengungen	936
III. Bausteine	938
1. Ziele	938
2. Geschichtlichkeit	939
3. Verteiltes Denken	940

4. Vertragsinhalt	940
5. Inhaltliche Punktualität	941
IV. Ausblick: Irrtümer	941
1. Problem	941
2. Jenseits der Vertragsparteien	942
3. Untersuchungsgang	943
B. Erfolgreiche Verständigung	945
I. Fälle	945
II. Falsa demonstratio	947
1. Problem	947
2. Klassische Ansichten	948
3. Rechtfertigungsprinzip	950
a) Ausgangsfall	950
b) Unsicherheiten	950
III. Scheingeschäft	951
1. Problem	951
2. Klassische Ansichten	951
3. Rechtfertigungsprinzip	952
4. Bedeutungsvereinbarungen	952
IV. Erkannter Irrtum	953
1. Problem	953
2. Klassische Ansichten	954
a) Willenstheorie	954
b) Erklärungstheorie	954
c) Sonstiges	955
3. Rechtfertigungsprinzip	956
V. Nicht durchschlagender Irrtum	957
1. Spätere Akzeptanz des Gemeinten	958
a) Problem	958
b) Klassische Ansichten	958
aa) Willens- und Erklärungstheorie	958
bb) Sonstiges	958
c) Rechtfertigungsprinzip	960
2. Spätere Akzeptanz des Erklärten	961
C. Inhaltsirrtum	962
I. Problem	962
1. Einordnung	962
2. Fälle	963
3. Herausforderung	964
II. Rechtfertigungsprinzip	966
1. Anwendbarkeit	966
2. Wertschöpfung	967
a) Irrtumsgefahr	967

b) Vorteile einer Bindung	967
c) Negatives Interesse als Alternative	969
d) Anreize	970
3. Subsidiarität	971
D. Motivirrtum	971
I. Problem	971
1. Dogmatische Herausforderung	971
2. Fälle	972
II. Klassische Ansichten	973
1. Willens- und Erklärungstheorie	973
2. Entscheidungsfreiheit	974
III. Rechtfertigungsprinzip	976
1. Negatives Interesse trotz Vertragswirksamkeit	976
2. Anreize	977
3. Umsetzung	978
a) Täuschung	978
b) Unkenntnis	980
IV. Wissensinvestitionen	981
1. Rechtfertigungsprinzip	981
2. Klassische Ansichten	982
E. Rationalität	983
I. Fälle	983
II. Klassische Ansichten	984
1. Willens- und Erklärungstheorie	984
2. Zusätzliche Anforderungen	985
III. Begriff	986
1. Praktischer Befund	986
2. Vernunft/Metaphysik?	987
3. Zweckrationalität	988
4. Fehlerhafte Informationsverarbeitung?	988
5. Geisteszustand?	989
6. Zuschreibung	990
a) Grundidee	990
b) Funktionen	992
aa) Wahrnehmung	992
bb) Steuerung	993
cc) Vereinfachung	993
c) Parallelen	995
aa) Wissen versus Verarbeitung?	995
bb) Verantwortung, Willensfreiheit, Fahrlässigkeit und Schuld	997
IV. Verhaltensökonomik	998
1. Ökonomische Rationalitätsannahme	998

a) Zuschreibung statt Erforschung	998
b) Inhalt	998
c) Realitätsferne	999
aa) Problem	999
bb) Heuristische Tauglichkeit durch Kollektivismus?	999
2. Differenzierungsversuche	1002
a) Institutionen- und Verhaltensökonomik	1002
b) Würdigung	1003
aa) Epizykeltheorien	1003
bb) Beschränkte Rationalität?	1005
cc) Laienpsychologie	1006
dd) Wenige isolierbare Anomalien?	1007
3. Fazit	1009
a) Disziplinäre Arbeitsteilung	1009
b) Auf zu neuen Ufern?	1011
V. Vertragsbindung als Rationalitätsproblem?	1013
1. Selbstbeschränkung	1014
2. Rechtliche Selbstbindung	1015
a) Grundidee	1015
b) Rechtfertigungsprinzip	1015
3. Zeitinkonsistente Präferenzen?	1016
a) Grundidee	1016
b) Fragwürdigkeit	1017
aa) Dualismus	1017
bb) Welches Ich zählt?	1017
cc) Laienpsychologie	1018
dd) Alte Probleme	1020
4. Fazit	1021
VI. Rechtfertigungsprinzip	1021
1. Indizfunktion	1021
2. Steuerungs- und Ordnungsfunktion	1023
F. Mentalreservation	1023
I. Problem	1023
1. Charakterisierung	1023
2. Praktischer Befund	1024
3. Fälle	1026
II. Begründungsversuche	1029
1. Mangelnde Beweisbarkeit	1029
2. Unsittlichkeit, Lüge	1029
3. Zurechenbarkeit	1030
4. Handlungswille	1031
5. Vertrauen	1032
6. Funktionalismus	1033

III. Rechtfertigungsprinzip ... 1034
1. Unerkannte Mentalreservation ... 1034
a) Grundlagen ... 1034
b) Fehlendes Erklärungsbewusstsein ... 1035
c) Irrationalität ... 1035
d) Eingehungsbetrug ... 1036
aa) Normalfall ... 1036
bb) Letzte Bitte des Sterbenden ... 1036
e) Zwänge ... 1037
aa) Drohung durch Dritte ... 1037
bb) Soziale Nöte ... 1039
f) Teilvorbehalte ... 1039
g) Vermeintlich unwirksamer Vertrag ... 1040
2. Erkannte Mentalreservation ... 1040
a) Problem ... 1040
b) Rechtfertigungsprinzip ... 1042
aa) Eingehungsbetrug ... 1042
bb) Drohung ... 1043
cc) Soziale Nöte ... 1044

§ 18 Dies- und jenseits des Vertrags ... 1046
A. Einführung und Fälle ... 1046
B. Nachvertraglich ... 1048
I. Existenz einseitiger Einflussmöglichkeiten ... 1048
1. Ob eines Vertrags ... 1049
2. Inhalt eines Vertrags ... 1050
II. Klassische Ansichten ... 1051
1. Vertragsschluss ... 1051
a) Problem ... 1051
b) Ursachenforschung ... 1052
c) Scheinlösungen ... 1052
2. Rechtstechnische Argumentationsmuster ... 1053
a) Gestaltungsrecht ... 1053
b) Subjektives Recht ... 1054
3. Gesetz ... 1054
4. Relationaler Vertrag ... 1055
III. Rechtfertigungsprinzip ... 1055
1. Notwendigkeit einer zweiten Rechtsänderung ... 1055
2. Vorbereitung durch früheren Rechtsverlust ... 1057
3. Entscheidungskompetenz ... 1059
a) Gläubiger ... 1059
b) Aneignungswille ... 1060
c) Einseitigkeit ... 1061

d) Aktualisierbarkeit. 1061
IV. Festlegung und Spielraum 1063
  1. Wertschöpfung durch Aufschub 1063
    a) Inhalt und Umfang 1063
    b) Festlegungsberechtigte 1065
      aa) Private Dritte 1065
      bb) Staatliche Stellen 1066
    c) Bestimmtheitsgebot? 1067
      aa) Begrenzte Relevanz 1067
      bb) Dienende Funktion des Staats 1068
  2. Erfolgsversprechen versus Leistungssteuerung 1069
    a) Grundlagen 1069
    b) Gläubiger 1071
    c) Schuldner 1073
C. Vorvertraglich 1074
  I. Vertragsschluss 1074
  II. Verschulden bei Vertragsverhandlungen 1079
D. Außervertraglich 1080
  I. Delikt 1080
  II. Geschäftsführung ohne Auftrag 1082

§ 19 Fazit 1084
A. Rückblick 1084
B. Was ist liberal? 1087
  I. Begriff 1088
  II. Rechtfertigungsprinzip 1089
    1. Konsequenter Schutz von Rechten 1089
    2. Preisgabe nur um die Interessen der betroffenen Person selbst 1090
    3. Aktive Unterstützung privater Wertschöpfung 1091
      a) Freiheit durch Intervention 1091
      b) Verteiltes Denken 1091
  III. Realitätsbezug 1092
    1. Notwendigkeit 1092
    2. Echte Menschen 1093
    3. Vertrag, Markt und Staat 1094
    4. „Nebengebiet", „Pathologie" und sonstige Ausblendungen 1095
  IV. Verbindlichkeit 1096
C. Was ist sozial? 1096
  I. Begriff 1096
  II. Rechtfertigungsprinzip 1097
    1. Allgemeingültigkeit 1097

2. Marktordnung 1098
3. Grenzen 1099
III. Verbindlichkeit und Realitätsbezug 1100
IV. Verteilung 1100
1. Unausweichlichkeit 1100
2. Systematische (Um-) Verteilung? 1101
a) Praktischer Befund 1101
b) Fragwürdigkeit 1102
aa) Einpreisung staatlich angeordneter Belastung ... 1102
bb) Zufälligkeiten 1103
cc) Komplexität 1104
3. Gleichbehandlung 1104
4. Ergebnis 1105
V. Liberale Überhöhungen 1106
1. Andere Welten, andere Werte 1107
2. Abhängigkeiten 1108
3. Kollektive Einbettung 1108
4. Vertrag als rechtstheoretisches Allheilmittel? 1109
a) Fiktivität gesellschaftsvertragstheoretischer Ansätze .. 1109
b) Begrenzter Erkenntniswert 1111
5. Konsequenzen 1113
VI. Verbraucherschutz 1113
1. Entscheidungsbildung 1114
a) Praktischer Befund 1114
b) Klassische Ansichten 1116
c) Rechtfertigungsprinzip 1117
2. Autonomie versus Heteronomie? 1117
a) Klassische Ansichten 1117
b) Rechtfertigungsprinzip 1119
3. Verbraucherleitbild 1120
4. Sonderprivatrecht? 1123
D. Inhalt versus Verfahren 1125
I. Problem 1125
II. Offene Fragen 1126
1. Vertragsinhalt 1126
a) Begründungsnotwendigkeit 1126
b) Menschliche Prioritäten 1127
c) Rechtfertigungsprinzip 1128
2. Verteiltes Denken 1128
3. Rahmenbedingungen 1129
III. Liberal und sozial 1130
IV. Siegeszug des Prozeduralismus? 1132
1. Theorie versus Praxis 1132

	2. Ursachenforschung.	1134
E.	Privatrecht	1136
	I. Kleine Welt	1136
	II. Eigenständigkeit	1137
	III. Grenzbereiche	1139
	1. Interessengemeinschaft	1139
	2. Gesellschaft	1141
	a) Wertschöpfungspotenzial	1141
	b) Personale Verschmelzung	1142
	aa) Zwecke	1142
	bb) Rechtspersönlichkeit	1143
	c) Staat	1143
	d) Kampf ums Privatrecht	1144
	IV. Interne versus externe Perspektive?	1144
F.	Menschliches Unwissen	1145
	I. Methodische wie inhaltliche Integration	1145
	II. Realitätsbezug	1146
	III. Verbindlichkeit	1148
	1. Notwendigkeit	1148
	2. Alternativen?	1151
	a) Leerformeln	1151
	b) Flexible Begründungsmuster	1151
	c) Fehlender Erkenntniswert	1153
	IV. Verallgemeinerung	1155
	V. Regelbasierung	1157
	1. Praktischer Befund	1157
	2. Zwecke	1159
	a) Bedeutung	1159
	b) Komplexität finalen Denkens	1159
	c) Domestizierung	1160
	VI. Geschichtlichkeit	1161
	1. Inhaltliche Bescheidenheit	1162
	2. Rekursivität	1163
	3. Autonomien	1164
	4. Konsequenzen	1164
	a) Absage an ein überzeitliches Weltrecht	1164
	b) Erst verstehen, dann reformieren	1165
	c) Interne versus externe Perspektive	1165
	VII. Reißbretttheorien	1166
	1. Problem	1166
	2. (Verhaltens-) Ökonomik	1166
	a) Recht als Optimierungsproblem?	1166
	b) Epizykeltheorien	1167

c) Geschichtslosigkeit 1168
d) Zwischenergebnis 1169
e) Konsequenzen 1170
VIII. Vertrag 1172
G. Immanuel Kant und das Vertragsrecht 1173
I. Heikle Mission 1173
II. Punktualität 1174
III. Apriori-Illusion 1175
IV. Fragwürdigkeiten 1177
V. Relativismus als Chance 1182

Literaturverzeichnis 1185

Register 1227

§ 1 Einführung

A. Problem

I. Einfache Fragen

Dass unser Vertragsrecht mittlerweile verstanden sei, lässt sich leider nicht behaupten. Für diese Einsicht müssen wir nur die wenigen aussagekräftigen Theorien konsequent anwenden, über die wir glücklicherweise verfügen. Hier fällt dann bereits bei den vergleichsweise einfachen, weil nicht mit Unwissenheit belasteten Konstellationen von Zwang, Drohung und Ausbeutung auf, dass etwa weder die Willens- noch die Erklärungstheorie beantworten, warum wir bestimmten Verlusten die Anerkennung versagen. Vielmehr finden sich hier Aspekte wie Willensfreiheit, Entscheidungsfreiheit oder Freiwilligkeit, für die es regelmäßig offen bleibt, wie man deren Vorhandensein feststellt. Zudem scheitern sämtliche auf die spezifische Entscheidungssituation abstellenden Ansätze spätestens dort, wo sich das jeweilige Opfer zwar in genau der gleichen Lage befindet, das Vertragsrecht aber dennoch ganz unterschiedlich entscheidet.[1] Doch selbst der profane Fall einer Täuschung lässt uns nach klassischem Vertragsverständnis ratlos. Schließlich wollen und erklären oft gerade Unwissende besonders kraftvoll, was auch für beachtliche Motivirrtümer einschließlich der viel diskutierten Informationspflichten gilt.[2]

Genauso wenig steigert es die Zuversicht in unseren bisherigen Erkenntnisstand, wenn rechtliche Bindungen einen Vertrag oder ein angenommenes Versprechen erfordern sollen, die genauen Anforderungen daran aber stark schwanken. Warum muss ein Angebot je nach Situation oder Vertragstyp mal die wichtigsten Vertragsbestandteile enthalten und ein anderes Mal nicht?[3] Schließlich soll oft auch derjenige gebunden sein, der sich als neugieriger Tourist in einen Bus setzt, ohne zu wissen, wohin die Reise geht und wie viel sie kostet.[4] Aber auch das sogenannte Verschulden bei Vertragsverhandlungen lässt sich mit klassischen Ansätzen nicht bewältigen, fehlt in dieser Fallgruppe

---

[1] Näher unten § 4 B. I.
[2] Näher unten § 17 D. III. 3. a).
[3] Näher unten § 18 C. I.
[4] Näher unten § 12.

schon rein definitorisch der geforderte Vertragsschluss.[5] Doch selbst nach diesem Zeitpunkt erkennt nahezu jede Rechtsordnung zahlreiche einseitig herbeigeführte und vor allem nur die Gegenseite belastende rechtliche Änderungen an, die sich in ihrer konkreten Ausgestaltung nicht auf den ursprünglichen Vertrag zurückführen lassen: Entschließt sich jemand zu einer Anfechtung oder erteilt der Arbeitgeber dem Arbeitnehmer eine Weisung, entscheiden diese Personen erst dann, was rechtlich geschieht.[6] Ganz ähnlich muss unserer Dogmatik selbst die schlichte Stellvertretung ein Rätsel bleiben, da der Vertreter inhaltliche Verpflichtungen herbeiführt, die der Vertretene weder wollte noch erklärte.[7] Und wieso kann bloße Werbung den Vertragsinhalt bestimmen, und zwar selbst dann, wenn es nicht einmal die Werbung des Vertragspartners war?[8] Besonders aufschlussreich ist der Versuch, die praktisch so wichtigen Beratungspflichten auf den Vertragsschluss zu stützen. Denn schließlich besteht Beratungsbedarf vornehmlich dort, wo die Kunden keine Vorstellung darüber haben, was den Inhalt eines vertragsgemäßen Ratschlags auszeichnet – genau deshalb lassen sie sich ja beraten.[9] Aber sogar die vermeintlich so klare Trennung von Vertrag und Delikt verschwimmt, wenn man sich nüchtern fragt, ob es wirklich einen Unterschied machen sollte, ob sich jemand – die Waffe in der Hand – mit einer Geldbörse „beschenken" lässt oder aber seine Hand angesichts seiner Bewaffnung noch einige Zentimeter weiter bewegen kann, um sich die Geldbörse nicht geben zu lassen, sondern sie sich selbst zu nehmen.[10]

Wohl die größten Widersprüche von Theorie und rechtlicher Realität verursacht die – gleich noch näher zu thematisierende –[11] Konzentration unseres klassischen Vertragsdenkens allein auf die Vertragsparteien und allein auf den kurzen Moment des Vertragsschlusses. Greift man hier etwa die Willenstheorie heraus, macht sich spätestens dann Ernüchterung breit, wenn man ernsthaft danach fragt, wie weit die menschliche Aufmerksamkeit reicht. Ob nun jemand in eine Straßenbahn einsteigt oder aber die praktisch so bedeutsamen Allgemeinen Geschäftsbedingungen unterzeichnet – für die allermeisten Vertragsinhalte ist es illusionär, deren Geltung auf einen Geschäftswillen bei Vertragsschluss zu stützen.[12] Und wenn man dem Willen dann noch eine geradezu intrinsische Autorität beimisst, lassen sich dessen Bildung und Inhalt von

---

[5] Näher unten § 18 C. II.
[6] Näher unten § 18 B.
[7] Näher unten § 13.
[8] Näher unten § 15.
[9] Näher unten § 3 C. III. 1. a).
[10] Näher unten § 4 B. I. 2.; § 18 D. I.
[11] Unten § 1 A. II.
[12] Näher unten § 9 C. IV.

vornherein nicht hinterfragen. Auch das hat mit dem geltenden Vertragsrecht wenig zu tun.[13]

Dabei bildet die Willenstheorie den bis heute noch überzeugendsten Ansatz und haben etwa die Vertreter verschiedener Erklärungstheorien wenig Anlass, sich über derartige Schwierigkeiten zu belustigen. Sieht man einmal vom klassischen Einwand insbesondere der Anfechtbarkeit (oft trotz Verschuldens) vieler Erklärungen ab, belegen allein die zahllosen Fälle schlüssigen Handelns, wie wenig sich dem Parteiverhalten bei Vertragsschluss oft entnehmen lässt. Hinweise auf eine – vielleicht gar normative – Auslegung stellen lediglich die Frage nach dem Vertragsinhalt neu.[14] Nur am Rande sei hier angedeutet, dass man bereits dann in fundamentale Probleme gerät, wenn man ganz unschuldig fragt, was es denn überhaupt bedeutet, etwas zu erklären. Bei all diesen Schwierigkeiten hilft auch nicht die zusätzliche Prüfung einer Zurechenbarkeit bestimmter Erklärungsinhalte etwa im Sinn einer Fahrlässigkeit. Vielmehr provozieren zusätzliche Anforderungen nur zusätzliche Fragen.[15] So rechnet unser Vertragsrecht selbst vorsätzliche Erklärungen keineswegs immer zu – man denke nur an das Scheingeschäft. Und selbst wenn jemand aufgrund einer Täuschung wissentlich etwas erklärt, müsste es erst einmal anhand eines in sich stimmigen Gesamtkonzepts erläutert werden, warum wir bei der Prüfung einer Zurechenbarkeit nicht auf dieses Wissen, sondern plötzlich auf die frühere Entscheidungsbildung abstellen. Wie viele vorvertragliche Kenntnisse rechtlich zurechenbares Verhalten voraussetzt, verrät der Hinweis auf die Zurechenbarkeit auch nicht. Umgekehrt berücksichtigt unser Recht die Sitte, staatlich gesetzte Vertragsinhalte und zahllose vorformulierte Vertragsbedingungen, obwohl es deren Adressaten ganz sicher nicht vorwerfbar ist, diese vor Vertragsschluss nicht gelesen zu haben.[16] Ganz im Gegenteil kann man jedem zu dieser Ignoranz nur raten. Bei alldem lässt sich noch nicht einmal behaupten, dass wenigstens entweder der Wille oder die Erklärung der Vertragsparteien maßgeblich seien. Denn wir kennen zahllose Vertragsinhalte, die keines von beidem berücksichtigen oder sogar beides verwerfen, wie dies etwa bei der Umdeutung,[17] dem zwingenden Vertragsrecht,[18] der ergänzenden Auslegung[19] oder auch diversen Irrtumskonstellationen der Fall ist.[20] Gerade die menschliche Unwissenheit provoziert viele schwierige Fragen, die selten ernsthaft diskutiert werden. Warum darf sich beispielsweise ein Roulettespieler nicht vom Vertrag lösen, wenn er fälschlicherweise fest davon aus-

---

[13] Näher unten § 9 C. III.
[14] Näher unten § 10 D. I.
[15] Näher zum Folgenden unten § 10 C. III. 4.
[16] Näher unten § 14; § 16.
[17] Näher unten § 6 E. III.
[18] Näher unten § 16 A. III. 1.
[19] Näher unten § 10 E. II. 1.
[20] Näher unten § 10 D.

ging, dass die Kugel auf Rot landen würde? Schließlich zeigt sich unser Vertragsrecht oft schon bei sehr viel weniger bedeutsamen Motivirrtümern nachgiebig.[21]

II. Punktualität des klassischen Vertragsdenkens

Sucht man nach den tieferen Gründen für diese dogmatischen Schwierigkeiten, so finden sich einige Grundannahmen, über die – der so reichhaltigen vertragstheoretischen Diskussion zum Trotz – weithin eine bemerkenswerte Einigkeit besteht: Insbesondere erweist sich unser klassisches Vertragsdenken als enorm punktuell, und zwar zeitlich wie personell: Es sollen nur die Vertragspartner sein, welche den Vertragsinhalt verbindlich bestimmen – sei dieser noch so detailliert und unvorhersehbar. Und all das soll sich dann auch noch im äußerst kurzen Augenblick des gemeinsamen Vertragsschlusses abspielen. Streit besteht vor allem darüber, ob hier eher subjektive Elemente (so insbesondere die Willenstheorie)[22] oder aber das objektiv Erklärte (so die Erklärungstheorie in all ihren Facetten)[23] maßgeblich seien. Einen solchen gedanklichen Ausgangspunkt zu wählen, bedeutet nicht nur, dass Wille oder Erklärung bei Vertragsschluss als intrinsisch richtig angesehen werden müssen – schließlich wird kein „dahinter" liegendes Kriterium angeboten.[24] Es werden damit auch die Zwecke (Ziele, Interessen) ausgeblendet, welche die Parteien überhaupt zum Vertragsschluss bewegen.[25]

Mit der rechtlichen Realität hat das wenig zu tun. Tatsächlich bestimmen unzählige Personen zu verschiedensten Zeiten, was wir letztlich als vertraglich geschuldet ansehen. Was klassische Vertragstheorien als kleines Duett präsentieren, entpuppt sich schnell als Ring der Nibelungen. Nur die wenigsten Vertragsinhalte werden gerade dann bestimmt, wenn sich die Vertragspartner ihre Hände schütteln. Unserem Vertragsrecht liegt eine ausgeklügelte Kompetenzverteilung zwischen sehr vielen Akteuren zugrunde, die es als dogmatische Herausforderung anzuerkennen und stimmig einzuordnen gilt. Noch am fruchtbarsten ist hier die Diskussion um die Stellvertretung, die jedoch bereits gegen Ende des 19. Jahrhundert mit einem bemerkenswerten Ergebnis versandete: So einigte man sich zwar weithin darauf, dass der Vertreter „grundsätzlich" mit Wirkung für und gegen den Vertretenen handle. Doch ist die dafür bemühte Repräsentationstheorie gar keine Theorie, sondern lediglich die Be-

---

[21] Näher unten § 5.
[22] Näher unten § 9 C.
[23] Näher unten § 10; § 11.
[24] Besonders deutlich formuliert dies *Flume* für die Willenstheorie: „Sic volo, sic jubeo, stat pro ratione voluntas", vgl. unten § 9 C. III. 1.
[25] Näher unten § 2 A.; § 9 D. I.; passim. Interesse, Zweck und Ziel werden in dieser Arbeit synonym verwandt.

schreibung des zu begründenden Phänomens.[26] Dabei bildet die Stellvertretung nur die Spitze des Eisbergs. Schließlich nehmen auch Gesetzgeber und Richter insbesondere über das dispositive und zwingende Recht erheblichen Einfluss – besonders bei Allgemeinen Geschäftsbedingungen.[27] Und diese wiederum werden oft nicht einmal vom Verwender gelesen, sondern von wiederum ganz anderen Personen wie etwa einem Verbandsjuristen übernommen. Genauso bleibt zu begründen, warum die bloße Werbung eines sonst unbeteiligten Herstellers einzelne Kaufverträge beeinflussen kann.[28] Am eindrucksvollsten äußert sich die vertragliche Arbeitsteilung bei Sitte, Übung und Brauch, bildet sich deren Inhalt oft erst über einen lang andauernden Evolutionsprozess unter Beteiligung großer Personenkreise – man denke nur an die „übliche Beschaffenheit" einer Sache oder den Handelsbrauch.[29] Dabei wiegt das vertragstheoretische Versäumnis eines zeitlich wie personell hochgradig punktuellen Denkens umso schwerer, als auf rechtstheoretischer Ebene spätestens zu Beginn des 20. Jahrhunderts immer deutlicher herausgearbeitet wurde, dass Rechtsetzung ein stark arbeitsteiliges Phänomen bildet und keineswegs nur dem Parlament zusteht.[30]

Doch auch in zeitlicher Hinsicht verläuft das klassische Vertragsdenken äußerst punktuell. Dabei bringt es allein die zuvor beschriebene personelle Vielfalt mit sich, dass wichtige Vertragsinhalte auch vor und nach Vertragsschluss bestimmt werden. Ein einfaches Beispiel bilden staatliche Stellen angesichts bereits bestehender dispositiver oder zwingender Gesetzesvorschriften einerseits sowie der nachträglichen richterlichen Konkretisierung von Verträgen durch ergänzende Auslegung oder Umdeutung andererseits.[31] Auch der Entwurf eines umfassenden Vertragsdokuments (etwa auch als Allgemeine Geschäftsbedingungen)[32] oder die spätere Ausübung von Gestaltungsrechten durch die Parteien selbst[33] gehören hierhin.

Schließlich sind Wille oder Erklärung der Vertragsparteien bei Vertragsschluss keineswegs intrinsisch richtig, wie Zwang, Drohung und Ausbeutung, Täuschung, Wegfall der Geschäftsgrundlage, Haustürgeschäft, Formerfordernisse oder die Umdeutung verdeutlichen.[34] Geht man jedoch bereits im gedanklichen Ausgangspunkt von diesem Parteiverhalten aus, fehlt jede dogmatische Handhabe, um es doch noch zu hinterfragen.

---

[26] Näher unten § 13.
[27] Näher unten § 14; § 16 A.
[28] Näher unten § 15.
[29] Näher unten § 7; § 16 C.
[30] Näher unten § 2 B. I. 4.
[31] Näher unten § 16 A.
[32] Näher unten § 14.
[33] Näher unten § 18 B.
[34] Näher unten § 9 C. III. 3.

Die hier nur angedeuteten Defizite haben zu einer kaum mehr überschaubaren Vielfalt dogmatisch zweifelhafter Ersatzkonstruktionen geführt. Oft werden die von ganz anderen Personen gesetzten Vertragsinhalte als letztlich doch von den Vertragsparteien gewollt oder erklärt dargestellt, sei es durch Fiktion[35] oder unter dem Stichwort der Auslegung.[36] Bisweilen geht dies mit flexiblen Begründungsmustern oder unbestimmten Rechtsbegriffen wie „normativ" oder „verständig" einher. Oder man bemüht nicht subsumtionsfähige Begriffe wie „Entscheidungsfreiheit"[37] oder solche, die wie „Zurechenbarkeit" oder „Verantwortung" ein rechtliches Phänomen zwar behaupten, nicht aber begründen.[38]

III. Rechtfertigungsprinzip

1. Notwendigkeit eines inhaltlichen Maßstabs

Hat man einmal die personell wie zeitlich stark verteilte Beeinflussung von Vertragsinhalten als rechtliches Faktum akzeptiert, und möchte man darauf verzichten, sämtliche Entscheidungen jenseits des klassischen Vertragsschlusses als irgendwie doch noch von den Vertragsparteien zu diesem kurzen Zeitpunkt gewollt oder erklärt zu fingieren, kommt man um ein substanzielles Kriterium nicht umhin.[39] Denn erst wenn wir eine konkrete Vorstellung darüber entwickeln, was für Vertragsinhalte unser Recht letztlich anstrebt, lässt sich das personell wie zeitlich so ausgeklügelte Zusammenspiel daraufhin überprüfen, ob es zur Verwirklichung dieses materiellen Maßstabs beiträgt. Damit hätten wir dann auch die nötige Handhabe, um zu beschreiben, woran sich der Staat bei der Inhaltskontrolle orientiert oder was für Vertragsinhalte die Vertragsparteien typischerweise vereinbaren.

Allerdings sind die Anforderungen an ein inhaltliches Kriterium hoch: Zum einen sollte es unser Vertragsrecht treffend beschreiben, was insbesondere voraussetzt, auch dessen liberalen[40] und spezifisch privatrechtlichen[41] Charakter zu erfassen. Damit muss es auch erklären können, warum die Vertragsparteien zwar keineswegs allein oder durchweg letztverbindlich sämtliche Vertragsinhalte bestimmen, wohl aber eine herausgehobene Stellung einnehmen.[42] Weiterhin muss sich dieser inhaltliche Maßstab dazu eignen, so-

---

[35] Näher unten § 9 C. V. 2. b).
[36] Näher unten ab § 9 C. V. 2. sowie unten § 10 E.
[37] Näher unten § 4 B. I. 4.
[38] Näher unten § 10 C.
[39] Näher unten § 19 D.
[40] Näher unten § 19 B.
[41] Näher unten § 19 E.
[42] Näher unten § 8 E. II. 2.

wohl einen klassischen gegenseitigen Vertrag als auch eine Schenkung,[43] daneben aber auch die bereits beschriebenen einseitigen Rechtsänderungen dies- wie jenseits des klassischen Vertragsschlusses zu erfassen.[44] Dabei sollte der von den Parteien mit einem Vertrag verfolgte Zweck den hohen Rang einnehmen, den ihm die Vertragsparteien selbst beimessen.[45] Schließlich wird ein inhaltsbezogener Ansatz angesichts unserer begrenzten geistigen Fähigkeiten nur dann praktikabel sein, wenn er rechtebasiert ist, sich also darauf beschränkt, auf Basis eines gegebenen Rechtszustands „nur" dessen Änderung zu beschreiben.[46] Wie schwierig es hier ist, ein geeignetes Kriterium zu finden, verdeutlicht die so traditionsreiche Äquivalenz, mit der sich ein Vertragsinhalt nicht einmal aussprechen lässt – von anderen Schwierigkeiten ganz abgesehen.[47]

2. Tatbestand

Um hier zu einem überzeugenden Kriterium zu gelangen, muss man sich zweierlei verdeutlichen: Erstens dienen Verträge der Veränderung eines rechtlichen Status Quo, also dem Übergang von einem rechtlichen Zustand in einen anderen.[48] Zweitens billigen wir keineswegs jede Rechtsänderung, vielmehr erfüllen Verträge eine Funktion: die Verwirklichung der Parteiinteressen. Verträge dienen dazu, die Vertragsparteien ihren eigenen Zielen näher zu bringen. Doch wäre es für den praktischen Gebrauch zu vage, bloß auf die Notwendigkeit einer beidseitigen Verbesserung zu verweisen, genauso wie der schlichte Hinweis auf eine Interessenabwägung deren Maßstab offen lässt. Die dogmatische Herausforderung besteht darin, den konkreten Vertragsinhalt, der je nach Parteiinteresse und Lebenssituation ganz unterschiedlich ausfallen wird, in all seiner Reichhaltigkeit zu beschreiben. Das beinhaltet dann auch einen Verteilungsaspekt, nämlich die Aussage darüber, welche Seite wie viel von den Früchten eines gemeinsamen Vertragsschlusses profitieren sollte.[49]

Gelingen kann dieses Unterfangen nur durch die konsequente Verknüpfung von rechtlicher Belastung und damit erzieltem Vorteil: Unser Vertragsrecht belastet jede Partei rechtlich nur so weit, wie dies deren eigenen Zielen dient (Rechtfertigungsprinzip).[50] Es geht dabei um ein urliberales Anliegen, nämlich bestimmte Rechte wie das Eigentum allein den Interessen dieses Rechtein-

---

[43] Näher unten § 3 B. II.; § 3 C. II.
[44] Näher unten § 18.
[45] Näher unten § 2 A. IV. 1.; § 9 D. I.
[46] Näher unten § 2 D.; § 4 C. I. 1.; passim.
[47] Näher unten § 4 B. III.
[48] Näher unten § 2 D.
[49] Näher unten § 4 A. II. 2.; § 4 C. III.
[50] Näher unten § 3 A. IV.; § 3 C. I.; § 4 C.; passim.

habers unterzuordnen.⁵¹ Hierzu muss nicht nur definiert werden, was menschliche Ziele ausmacht.⁵² Genauso bleibt hier noch offen, wer genau dazu befugt sein sollte, diese Voraussetzungen einer Rechtsänderung zu überprüfen. Darauf wird zurückzukommen sein.⁵³ Zunächst sei kurz illustriert, wie sehr es die jeweils verfolgten Ziele beeinflussen, ob wir eine rechtliche Einbuße billigen oder nicht: Wem es wichtig ist, dass ein Bettler nicht friert, der kommt dafür nicht umhin, Geld oder Kleidung an diesen Bettler zu verlieren. Wir billigen den Eigentumsverlust und sprechen von einer Schenkung.⁵⁴ Bittet uns hingegen jemand unter vorgehaltener Waffe darum, unsere Geldbörse auszuhändigen, so bringt uns das unseren Zielen keineswegs näher – und genau deshalb ist jetzt von einer Drohung die Rede.⁵⁵

Weiterhin lässt sich mit dem Rechtfertigungsprinzip die ganze Reichhaltigkeit beschreiben, die Verträge oft auszeichnen. So wird ein Schenker die ihn treffende rechtliche Belastung (z.B. einen Eigentumsverlust) so ausgestalten, dass er seine Interessen – altruistisch oder nicht – größtmöglich verwirklicht. Das Schlagwort lautet hier „Reichhaltigkeit durch Optimierung",⁵⁶ was besonders bei solchen Vertragsdetails wichtig wird, über die sich die Parteien keine Gedanken machen und sich damit auch nicht dazu erklären. Wie bereits durch *Jhering* treffend beschrieben,⁵⁷ ist es gerade die unterschiedliche Wertschätzung verschiedener Seiten für die gleichen Güter, die es über die geschickte Verknüpfung zweier Rechtseinbußen erlaubt, die Vertragsparteien insgesamt ihren Zielen näher zu bringen. Leider führen diverse Notlagen bisweilen dazu, dass eine Partei nach unserem Rechtsempfinden sehr einseitig von einer vertraglichen Wertschöpfung profitiert, weshalb wir uns dann auch mit Verteilungsfragen auseinandersetzen müssen.⁵⁸

Aber nicht nur klassische Vertragsschlüsse lassen sich so überprüfen, sondern auch viele Ereignisse davor wie danach. Das reicht vom Verschulden bei Vertragsverhandlungen oder das schlichte Angebot über die richterliche Konkretisierung eines Vertragsinhalts bis zur einseitigen Ausübung eines Gestaltungsrechts.⁵⁹ Das Risiko das Anbieters etwa, an seinem Angebot festgehalten zu werden, ist dann gerechtfertigt, wenn er nur so die für ihn wichtigere Chance erhält, einen ihm vorteilhaften Vertrag abzuschließen.⁶⁰ Und wer seinen Kunden für umfallende Linoleumrollen strenger als nur deliktisch haftet, pro-

---

[51] Näher unten § 2 B. II.; § 19 B.; passim.
[52] Näher unten § 2 A.
[53] Unten § 8.
[54] Näher unten § 3 B. II.
[55] Näher unten § 4 C. II.
[56] Näher unten § 3 A. IV. 1.
[57] Näher unten § 3 C. I.
[58] Näher unten § 4 C. III.
[59] Näher unten § 18.
[60] Näher unten § 18 C. I.

fitiert hiervon dadurch, dass sich diese Kunden nicht nur überhaupt in sein Kaufhaus wagen, sondern dafür vielleicht auch höhere Preise zahlen. Genau deshalb versagen wir dieses Haftungsprivileg übrigens auch dem sich im Kaufhaus nur wärmenden Bettler.[61]

Schließlich liegt in der Einsicht, dass unserem Vertragsrecht eine ausgeklügelte Kompetenzverteilung zugrunde liegt, auch der Schlüssel für die Vermeidung eines Dualismus dergestalt, dass man sowohl auf die Bedeutung des Parteiwillens wie auch inhaltlicher Maßstäbe verweist, ohne jedoch zu begründen, wann je nach Situation mal der eine und mal der andere Gesichtspunkt maßgeblich sein soll.[62] Denn nun lässt sich anhand ganz praktischer Erfahrung untersuchen, in welchen Situationen die Parteien oder aber etwa staatliche Stellen besser geeignet sind, getreu dem Rechtfertigungsprinzip die Parteiinteressen zu verwirklichen. Hieraus erklärt sich die genaue Reichweite der Privatautonomie, wie sie dem geltenden Recht zugrunde liegt.[63]

3. Subsidiarität

Damit ist auch schon der entscheidende Gesichtspunkt angesprochen, der das Rechtfertigungsprinzip mit unserem klassischen Vertragsverständnis versöhnt. Denn natürlich ist es nicht Aufgabe des Staats, den Inhalt jedes einzelnen Vertrags detailliert vorzuschreiben – und tatsächlich findet sich keine Rechtsordnung, die das auch nur ernsthaft versucht. Doch erklärt gerade das Rechtfertigungsprinzip, warum wir den Entscheidungen und damit besonders dem Willen der Vertragsparteien eine so große und vor allem oft vorrangige Bedeutung einräumen. Denn geht es um die Interessen und Rechte eben dieser Vertragspartner, wissen oft auch gerade diese Personen sehr viel besser als beispielsweise eine staatliche Stelle, welche Vertragsinhalte in ihrer eigenen Situation ihre eigenen Ziele verwirklichen (Subsidiarität).[64] Genau deshalb geht die klare Aussage des Rechtfertigungsprinzips darüber, wie ein Vertragsinhalt idealerweise aussehen sollte, keineswegs mit einer entsprechenden Forderung an den Staat einher, dieses Ideal selbst minutiös durchzusetzen. Denn wir bewegen uns nun einmal in einer Realität voller Unwissenheit und sonstiger Hindernisse, in der eine solche Perfektion unmöglich ist.

Dementsprechend wird das Parteiverhalten bei Vertragsschluss auch in dieser Arbeit eine zentrale Rolle spielen und werden Begriffe wie Wille, Erklärung oder Vertrauen genauestens zu untersuchen sein.[65] Das führt insbesondere zu einer wichtigen Modifikation der Willenstheorie: Anstatt einen

---

[61] Näher unten § 18 C. II.
[62] Näher unten § 3 A. III. 4.; § 8 B.; § 19 D.; passim.
[63] Näher unten § 8 E.
[64] Näher unten § 8 E. II. 2.
[65] Unten § 9; § 10; § 11.

Selbstbindungswillen zu verlangen, bildet vielmehr die Kombination von Aneignungswille des Gläubigers und Einwilligung des Schuldners ein Indiz dafür, dass eine Rechtsänderung dem Rechtfertigungsprinzip genügt.[66] Besonders wichtig wird dies für das Verständnis von Protest und schlüssigem Verhalten[67] sowie der Mentalreservation.[68]

Andererseits lassen sich Fallgruppen bilden, in denen das Rechtfertigungsprinzip keineswegs am besten von den Parteien verwirklicht wird – wichtige Beispiele bilden Irrtümer, Stellvertretung, Werbung, Allgemeine Geschäftsbedingungen, Sitte, Übung und Brauch oder staatlich gesetzte Vertragsinhalte. Es müssen also überhaupt erst Anforderungen und Reichweite formuliert werden, unter denen eine bestimmte Person tatsächlich befugt sein soll, den Vertragsinhalt zu beeinflussen. Dazu gehört nicht nur die möglichst kluge Kompetenzverteilung, sondern auch der genaue Ablauf menschlicher Entscheidungsfindung innerhalb der so zugewiesenen Kompetenzen. Jedes Vertragsrecht muss die in Wahrheit oft sehr langfristigen Entscheidungsprozesse berücksichtigen und diese möglichst rational und informiert ablaufen lassen. Das wiederum erfordert ausgeklügelte rechtliche Rahmenbedingungen.[69]

Dabei lassen sich die hier nur angedeuteten Thesen oft getrennt voneinander würdigen. So mag ein Leser noch dem Befund zustimmen, dass Vertragsinhalte entgegen dem klassischen Verständnis auf einer personell wie zeitlich stark aufgefächerten Entscheidungsfindung beruhen. Oder er mag sogar noch akzeptieren, dass wir deshalb um ein substanzielles Kriterium nicht umhin kommen, ohne jedoch das hier vorzustellende Rechtfertigungsprinzip überzeugend zu finden, wohl aber vielleicht die Notwendigkeit eines historisch-rechtebasierten Vertragsdenkens. Genauso lässt sich die hier vorgeschlagene Modifikation der klassischen Willenstheorie durch eine Kombination von Aneignungswille des Gläubigers und Einwilligung des Schuldners[70] weitgehend selbständig behandeln. Im Vertragsrecht hängt vieles, aber eben auch nicht alles, miteinander zusammen.

B. Untersuchungsgegenstand

Dass wir bis heute zahlreiche Aspekte unseres Vertragsrechts nicht überzeugend erklären können, bringt einen ins Grübeln. Noch faszinierender ist allerdings ein weiteres Phänomen. So gelingt es jedem juristisch noch so ungebildeten Bürger sehr viel besser als sämtlichen unserer klassischen Vertragstheori-

---

[66] Näher unten § 9 E.
[67] Näher unten § 12.
[68] Näher unten § 17 F.
[69] Näher unten § 8 C.
[70] Näher unten § 9 E.

en, allein die eingangs geschilderten Fallkonstellationen richtig einzuordnen. Dabei variieren diese Einschätzungen meistens nicht einmal nach Land oder Zeit. Wahrscheinlich reagierte man schon in der Bronzezeit irritiert auf Täuschung oder Drohung, kannte bereits damals verbindliche Angebote und schloss Minderjährige vom Rechtsverkehr aus. So völlig zufällig kann also das, was so viele Menschen von jeher praktizieren und was wir berühmt-berüchtigt als Rechtsgefühl bezeichnen, nicht sein. Vielmehr scheint es so, als sollten wir erst einmal in aller Bescheidenheit versuchen, das Vertragsrecht als einem wichtigen Bestandteil menschlicher Kultur zu verstehen.[71] Bereits damit scheinen wir überfordert. Genau deshalb können die Fragen und Themen, mit denen sich diese Arbeit beschäftigt, auch gar nicht profan genug sein.

I. Geltendes Vertragsrecht

Zunächst beschränkt sich diese Arbeit auf das Vertragsrecht, was sich durchaus hinterfragen ließe. Schließlich gibt es zu diesem Thema etliche Vorarbeiten. Schon deshalb besteht die wichtigste Rechtfertigung für diese Themenwahl darin, ob es glückt, neue Erkenntnisse beizusteuern. Das zu beurteilen bleibt dem Leser überlassen. Sofern dies allerdings gelänge, wäre die praktische Relevanz sicher nicht zu bestreiten. Denn der Vertrag bildet nun einmal eine für zahllose Rechtsbereiche äußerst wichtige Kategorie. Allerdings ließe sich immer noch fragen, ob der Verfasser nicht gut beraten wäre, nur einen relativ kleinen Ausschnitt aus diesem bereits so umfassenden Rechtsgebiet zu untersuchen. Immerhin ist der Anspruch, mit einem einzigen Prinzip das gesamte Vertragsrecht zu beschreiben, ambitioniert. Doch erlaubt es gerade die Betrachtung ganz verschiedener, dafür aber möglichst einfacher und im Ergebnis unumstrittener Sachverhalte, zu einer insgesamt treffenden Vorstellung zu gelangen. So wäre der Autor anfangs nie auf die Idee gekommen, dass sich ausgerechnet Zwang, Drohung und Ausbeutung[72] besonders gut dazu eignen, das Rechtfertigungsprinzip zu erkennen und möglichst verständlich herauszuarbeiten. Und dogmatisch eher spezielle Gebiete wie die Stellvertretung[73] oder Allgemeine Geschäftsbedingungen[74] zwingen dazu, sich mit dem Phänomen personell wie zeitlich verteilter Entscheidungsfindung auseinanderzusetzen. Vor allem aber passt das Rechtfertigungsprinzip nicht nur auf einzelne, sondern auf sämtliche Bereiche unseres Vertragsrechts. Gerade weil es so viele Gebiete gibt, in denen unsere klassischen Begründungsmuster versagen, ist es so reizvoll zu zeigen, dass es auch anders geht. So werden selbst noch die so komplizierten Leistungsstörungen diskutiert, da es nur ein inhaltliches Krite-

---

[71] Näher unten § 2 D. V.; § 19 F. VI.; passim.
[72] Näher unten § 3.
[73] Näher unten § 13.
[74] Näher unten § 14.

rium erlaubt, diesen Bereich vertraglich und nicht von der Unmöglichkeit her zu erfassen, ohne dabei wie die Willens- oder Erklärungstheorie schnell fiktiv zu werden.[75]

II. Einfache Fälle

Bereits zuvor wurde darauf hingewiesen, wie wenig es uns derzeit gelingt, mit unseren gängigen Vertragstheorien selbst einfachste Fälle zu lösen. Das sollte nicht nur illustrieren, worin die ganz grundlegenden dogmatischen Herausforderungen liegen. Vielmehr genügt es für ein vertieftes Verständnis unseres Vertragsrechts, sich zunächst allein mit solchen, vermeintlich ganz einfachen Fällen zu beschäftigen. Gerade weil wir geistig ohnehin schon überfordert sind, bergen möglichst schlichte Sachverhalte noch am ehesten die Chance, wenigstens diese richtig einzuordnen. Dabei helfen konkrete Fälle auch deshalb so sehr, weil uns das abstrakte Denken größte Schwierigkeiten bereitet. Je konkreter und plastischer eine Diskussion, desto größer die Aussicht auf Erkenntnis. Haben wir diejenigen Fälle erfasst, über deren Ergebnis weithin Einigkeit besteht, kann man die so gewonnenen Grundsätze dann auch auf Grenzfälle anwenden. Denn wie soll man ganz vielschichtige Konstellationen oder gar das so stark von rechtlichen Vorgaben abhängige Funktionieren ganzer Märkte verstehen, wenn uns noch die Durchsicht selbst für die einfachsten Verträge fehlt?

Dabei liegt der Schlüssel für ein vertieftes Verständnis oft darin, einen ganz simplen Sachverhalt überhaupt erst zu formulieren und sich selbst einzugestehen, wie schwierig es ist, diesen theoretisch zu erfassen. Tatsächlich ist es oft schon eine gleichermaßen anspruchsvolle wie fruchtbare Leistung, solche Fälle auszumachen, an denen auch nur eine einzige der gängigen Theorien offensichtlich scheitert. Die von „Pragmatikern" so gerne belächelten Schulfälle sind das Ergebnis einer hoch produktiven Forschungstätigkeit, gerade weil es in ihnen gelungen ist, ein Problem präzise und fokussiert zu präsentieren. Auf diese Verringerung von Komplexität sind wir alle dringend angewiesen. Bisweilen werden bestimmte Fälle bewusst vermieden oder als „pathologisch" abgetan,[76] gerade weil sich an ihnen für jedermann deutlich zeigt, was einzelne Konzepte leisten, ja ob es wenigstens möglich ist, mit ihnen zu subsumieren. Und wer meint, dass ein bestimmter Fall keineswegs das entscheidende Problem treffe oder wichtige andere Fallkonstellationen ignoriere, an denen wiederum ganz andere Theorien scheitern, ist aufgefordert, einen abweichenden und oft genauso spannenden und herausfordernden Sachverhalt zu formulieren.

---

[75] Näher unten § 6.
[76] Siehe dazu beispielhaft unten § 9 C. V. 4. a).

III. Ergebnisorientierung

Noch eine weitere Selbstbeschränkung ist für das Verständnis dieser Arbeit zentral. Wenn hier verschiedene Theorien einschließlich des Rechtfertigungsprinzips daraufhin überprüft werden, inwieweit sie das geltende Vertragsrecht abbilden, bezieht sich das ausschließlich auf die jeweiligen Ergebnisse und damit das, was letztlich durchgesetzt wird. Nur so wird eine von spezifisch nationalen Rechtsinstituten und -begriffen losgelöste Theoriebildung möglich. Wie die unser Recht setzenden Personen, angefangen mit dem Gesetzgeber über den Richter bis hin zu den Vertragsparteien, zu ihrer Entscheidung kommen, interessiert den Verfasser nur als ein Sachargument unter vielen. Was immer sich zwischen Sachverhalt und Urteilstenor abspielt – all die verschiedenen Paragraphen, Institute und Konstruktionen – enthält zwar äußerst interessante Gedanken. Doch sollen diese ihrerseits darauf hin überprüft werden, ob sie tatsächlich treffen, was in unserem Vertragsrecht letztlich geschieht. Der Tatbestand etwa eines Gesetzes ist damit zunächst nur eine Hypothese. Zwar haben es Gesetzgeber, Richter oder auch die Vertragsparteien dem Wissenschaftler voraus, den Untersuchungsgegenstand selbst beeinflussen zu können. Doch scheitern sie mit ihren eigenen Tatbeständen bis heute daran, das von ihnen selbst beeinflusste Recht möglichst einfach und präzise zu beschreiben. Insofern gelingt es der Rechtswissenschaft bisweilen, die Rechtsetzer besser zu verstehen als diese sich selbst. Anders formuliert hat es zwar über die Jahrhunderte schwankende Vorstellungen darüber gegeben, was unser Vertragsrecht theoretisch ausmacht. Sehr viel konstanter blieb hingegen das, was sich im Ergebnis abspielte. Und genau deshalb ist es das Anliegen dieser Arbeit, sich bereits im methodischen Ausgangspunkt selbst dann von speziellen dogmatischen Vorstellungen zu lösen, wenn wir ihnen bereits seit Jahrhunderten anhängen. Hierfür wäre es allerdings verfehlt, im Sinn eines gerade in der Rechtsvergleichung weit verbreiteten Funktionalismus einfach zu unterstellen, dass ein Vertrag diese oder jene Funktion zu erfüllen habe.[77] Ob es eine solche Funktion gibt und worin sie besteht, ist erst die zu untersuchende Frage.

IV. Länderübergreifende Einigkeit

So sehr es eine möglichst frische und unbefangene Herangehensweise an das geltende Recht erleichtert, wenn man sich lediglich am Ergebnis einzelner Sachverhalte orientiert, bleibt eine wichtige Frage offen. So kann sich der Jurist zwar genauso wie jeder Naturwissenschaftler mit einem durch und durch realen Phänomen beschäftigen. Recht ist eine handfeste kulturelle Erschei-

---

[77] Siehe zu diesem Ansatz etwa *Zweigert/Kötz*, Einführung in die Rechtsvergleichung, 3. Aufl. 1996, S. 33 ff.

nung.⁷⁸ Allerdings ist es gewissermaßen der Fluch keineswegs nur der Rechtswissenschaft, dass deren Untersuchungsgegenstand, weil menschlich beeinflusst, zahlreichen Schwankungen, Unstimmigkeiten und Widersprüchen unterliegt. Daher beschränkt sich der Untersuchungsgegenstand dieser Arbeit auf solche Sachverhalte, über deren Ergebnis überwiegend Einigkeit besteht. Genau deshalb ist es so wichtig, solche vermeintlich ganz einfachen (Schul-)Fälle auszuwählen oder überhaupt erst zu erarbeiten, die darum immer wieder diskutiert werden, weil man dort zwar so wenig über das richtige Ergebnis, wohl aber über die treffende Begründung streiten kann. Komplizierte Grenzfälle eignen sich demgegenüber nicht zur Falsifikation⁷⁹ einzelner Theorien, was wie bereits erwähnt nicht ausschließt, den letztlich überzeugenden Ansatz darauf anzuwenden. Ja, man mag hierin sogar den wichtigsten Sinn einer Theoriebildung sehen.

Doch was heißt es genau, dass über das rechtliche Ergebnis eines bestimmten Sachverhalts weitestgehend Einigkeit bestehen soll? Was ist der genaue Maßstab, was sind die dafür heranzuziehenden Autoritäten? An dieser Stelle verfährt der Verfasser großzügig, indem ein bestimmter Fall bereits dann als zur Überprüfung ungeeignet ausgeschieden werden darf, wenn es in Europa auch nur einige Länder gibt, die in dessen Bewertung abweichen. Es geht also um eine länderübergreifende Betrachtung, wenngleich auch ganz andere regionale, zeitliche oder auch sonstige Eingrenzungen denkbar wären – etwa um die Tauglichkeit verschiedener Theorien zur Beschreibung des Rechts eines bestimmten Landes zu überprüfen. Da es hier jedoch nicht ausschließlich um das nationale Recht gehen soll, wird es beispielsweise nicht als Falsifikation der Erklärungstheorie anerkannt, wenn nicht jede Abweichung von Wille und Erklärung den Vertrag unwirksam oder anfechtbar macht. Das mag zwar weitestgehend der stark willenstheoretisch geprägten Vorstellung des deutschen Bürgerlichen Gesetzbuchs entsprechen, bildet jedoch international zumindest in dieser Rigorosität die Ausnahme.⁸⁰ Was die genaue regionale Referenz anbelangt, so wird hier mal vom europäischen, westlichen oder von „unserem" Vertragsrecht die Rede sein. Die Rechtfertigung für diese zugegeben unpräzise Herangehensweise liegt darin, dass selbst bei einer Berücksichtigung sehr vieler Länder und bei sehr hohen Anforderungen an eine Einigkeit mehr als genug im Ergebnis eindeutige Fälle übrig bleiben, um die Stärken wie Schwächen einzelner Theorien zu untersuchen. Zumal es dann umso unverzeihlicher ist, wenn ein Konzept selbst dann noch an zahlreichen der so gefilterten Sachverhalte scheitert. Hier lassen wir dann keine Großzügigkeit mehr walten.

---

⁷⁸ Näher unten § 2 B. I. 1.
⁷⁹ Grdl. *Popper*, Die Logik der Forschung, 10. Aufl. 1994, S. 49 ff., passim.
⁸⁰ Näher unten § 9 C. V. 1. c).

Besonders in zweierlei Hinsicht profitiert dabei gerade diese Arbeit von PECL, DCFR, CESL, CISG, den UNIDROIT-Grundregeln für internationale Handelsverträge, dem Common Core-Projekt und vielen anderen internationalen Anstrengungen.[81] Erstens erleichtern sie die Beurteilung, für welche Sachverhalte weitestgehend Einigkeit besteht. Zweitens finden sich im Europäischen Privatrecht zahllose, durchaus auch aus dem jeweiligen Sachzusammenhang reißbare Einzelargumente, für die jeder Wissenschaftler nur dankbar sein kann. Genau deshalb greift der Verfasser oft auf fremde, insbesondere englischsprachige Literatur zurück, ohne seine Verwurzelung in der deutschen Rechtswissenschaft zu kaschieren. Insbesondere wird hier erst gar nicht erst versucht, einzelne Sachargumente mit möglichst umfangreichen Nachweisen aus einer möglichst großen Anzahl von Rechtsordnungen zu versehen.

C. Methode

I. Verbindlichkeit

Methodisches Anliegen dieser Arbeit ist die verbindliche und möglichst verallgemeinernde Beschreibung des geltenden Vertragsrechts. Damit werden auch vorrangig solche Theorien und Stimmen diskutiert, die sich zu derart verbindlichen Aussagen durchgerungen und damit überhaupt angreifbar gemacht haben.[82] Es soll hier die schrecklichste, furchterregendste Waffe eingesetzt werden, die jede Vertragstheorie zu fürchten hat: die Subsumtion. Denn entweder erweist sich die Theorie als so unbestimmt, dass man ihr gar keine praktischen Ergebnisse entnehmen kann. Oder aber es lässt sich überprüfen, ob wir mit ihr tatsächlich in den verschiedensten Fallkonstellationen zu Ergebnissen kommen, die der rechtlichen Realität entsprechen. Vielleicht am bemerkenswertesten bei alldem ist, dass es weder sonderlich verbreitet noch besonders populär zu sein scheint, sich vorrangig mit dem überprüfbaren Aussagegehalt einzelner Thesen oder Begriffe zu beschäftigen.

Sucht man in der umfassenden Literatur nach konkret anwendbaren Theorien, die beanspruchen, zumindest einen Großteil des Vertragsrechts zu erfassen, fällt das Ergebnis überschaubar aus. Neben der Willenstheorie[83], die einen den genauen Vertragsinhalt erfassenden Geschäftswillen verlangt, steht vor allem die sogenannte Erklärungstheorie, die sich in zwei Gruppen unterteilen lässt: Teilweise wird hier ganz vorrangig die Person des Versprechenden betrachtet und gefragt, ob deren Handeln einschließlich des dabei hervorgeru-

---
[81] Für einen Überblick siehe etwa *Zimmermann*, Europäisierung, 2006, S. 19 ff. m.w.N.
[82] Näher unten § 19 F. III.
[83] Eingehend unten § 9 C.

fenen Erklärungstatbestands in irgendeiner Form zurechenbar ist.[84] Demgegenüber stellen andere neben dieser Zurechenbarkeit stärker auf den Erklärungsempfänger ab und betonen dabei insbesondere dessen Vertrauen.[85] Nach dem früher sehr populären Äquivalenzkriterium wiederum sollen Leistung und Gegenleistung einander wertmäßig entsprechen.[86] Andere plädieren dafür, die von beiden Vertragsparteien erwirtschaftete Kooperationsrente nach verschiedenen Maßstäben aufzuteilen und sprechen dabei bisweilen von subjektiver Äquivalenz.[87] Utilitarismus und ökonomische Analyse des Rechts schließlich propagieren vor allem eine Gesamtwohlmaximierung.[88]

Dabei sind diese Ansätze selbst dann hilfreich, wenn sie nicht oder nur in manchen Bereichen überzeugen. Das gilt besonders für die Willenstheorie. Zwar lässt sich diese recht leicht kritisieren, schon weil die menschliche Aufmerksamkeit klein und die Fülle relevanter Vertragsinhalte groß ist. Doch erlaubt erst eine klare Forderung wie die nach einem Geschäftswillen fruchtbare Diskussionen und damit echten Erkenntnisfortschritt. Ähnlich versagt die Forderung nach Äquivalenz zwar bereits bei der Schenkung, zumal man den zu begründenden Vertragsinhalt so nicht einmal aussprechen kann.[89] Und doch ist auch dieses Denken sehr aufschlussreich, weil wir nicht nur aus derartigen Schwächen lernen können, sondern wir so über ein substanzielles Kriterium verfügen, das manche Schwäche prozeduraler Ansätze vermeidet. Selbst die ökonomische Analyse des Rechts, die nicht nur wegen ihrer Komplexität und kollektivistischen Grundausrichtung zahlreiche Fragen aufwirft, bietet uns vor allem dort wertvolles Anschauungsmaterial, wo es um die für jeden Vertrag so typische gemeinsame Wertschöpfung oder auch die Bedeutung von Anreizen geht.[90]

Nun wird mancher Leser einwenden, dass es doch eine sehr viel größere Bandbreite vertragstheoretischer Ansätze gebe – zumal in der Philosophie. Und tatsächlich sind Tiefe wie Vielfalt der dort geführten Diskussion beeindruckend wie lehrreich. Auch diese Arbeit greift vielfach darauf zurück. Allerdings lassen sich viele Konzepte nur schwer auf konkrete Fälle anwenden. Oder sie greifen letztlich doch nur wieder auf die bereits erwähnten Grundvorstellungen zurück und teilen damit auch deren Nachteile. So erhellend es etwa ist, auf die Anerkennung einer Vertragspartei durch die andere Seite verwiesen zu werden,[91] macht sich schnell Ernüchterung breit, wenn man danach fragt, wie es sich denn mit dieser Anerkennung bei einzelnen Irrtumskonstel-

---

[84] Näher unten § 10.
[85] Näher unten § 11.
[86] Näher unten § 4 B. III.
[87] Näher unten § 4 B. IV.
[88] Näher unten § 4 B. V.; § 17 E. IV.; § 19 F. VII. 2.
[89] Näher unten § 4 B. III.
[90] Näher unten § 3 A. IV. 1.; § 3 C. I.; § 17 C. II. 2. d); § 17 D. III. 2.
[91] Näher unten § 10 C. IV. 1.

lationen, Zwang, Drohung und Ausbeutung, Allgemeinen Geschäftsbedingungen, Werbung, Sitte, Übung und Brauch oder staatlich gesetzten Vertragsinhalten verhält. Nicht anders ergeht es einem bei der Sprechakttheorie als einem weiteren gerade in der Philosophie sehr populären Konzept.[92] Aber auch bei den zahlreichen Gesellschaftsvertragstheorien muss man nur ganz unschuldig fragen, was für ein praktisch anwendbarer Tatbestand denn letztlich konsensfähig sei oder wie denn die konsensfähige Lösung in den diversen Fallkonstellationen aussieht, um schnell wieder am Anfang seiner Anstrengungen zu stehen.[93] Auch ganz „große" Entwürfe müssen sich also fragen lassen, inwieweit sie tatsächlich zu praktischen Handlungsempfehlungen beitragen oder aber nur deshalb so überzeugend erscheinen, weil sie verbindliche Festlegungen vermeiden. Durchaus zwiespältig ist daher auch die über viele Jahrhunderte geführte Diskussion um ausgleichende und verteilende Gerechtigkeit zu beurteilen,[94] da es bis heute schwerfällt, ihr einen subsumtionsfähigen Tatbestand zu entnehmen, anhand dessen sich diese Unterscheidung praktisch umsetzen ließe. Genauso wird unter zahlreichen Begriffen wie Entscheidungsfreiheit, Freiwilligkeit, Fahrlässigkeit oder Schuld oft einfach nur je nach Fall behauptet, dass der Betroffene (nicht) anders habe handeln „können",[95] ohne darzulegen, wie man ein solches „anders können" praktisch zu überprüfen gedenkt.[96] Beliebt ist auch die bloße Behauptung, die zu begründende Rechtsfolge sei mit einem Handeln oder bestimmten Vorteilen „notwendig verknüpft".[97] Kurzum, es hilft einem schlechten, weil unserem Vertragsdenken widersprechenden oder nicht überprüfbaren Tatbestand wenig, sich auf eine vermeintlich noch so überzeugende Philosophie zu stützen. Und genauso wenig überzeugt ein noch so raffiniertes philosophisches Konzept, wenn sich ihm kein konkret subsumierbarer Tatbestand entnehmen lässt, dessen Ergebnis wenigstens einigermaßen das trifft, was wir über Verträge denken. Genauso wie Juristen viel von dem teilweise enorm hohen Diskussionsniveau in der Philosophie lernen können, täte die Philosophie gut daran, sich mit den zahlreichen, ganz konkreten Fällen auseinanderzusetzen, denen zumindest ein praktisch tätiger Jurist nicht ausweichen kann. Man kann es auch etwas provokanter formulieren: Ob ein Tatbestand zweck- oder wertrational, deontologisch oder konsequenzialistisch, idealistisch oder materialistisch, individualistisch oder kollektivistisch abgeleitet wurde, ist jedenfalls dann zweitrangig,

---

[92] Näher unten § 10 A. II.
[93] Näher unten § 9 C. V. 2. d) cc); § 19 C. V. 4. a).
[94] Siehe dazu allein aus jüngerer Zeit instruktiv *Weinrib*, The Idea of Private Law, 1995, S. 56 ff.; *Oechsler*, Gerechtigkeit, 1997, S. 54 ff.; *Wendehorst*, Anspruch und Ausgleich, 1999, S. 3 ff., 43 ff.; *Jansen*, Haftungsrecht, 2003, S. 76 ff. jew. m.w.N.
[95] Näher unten § 4 B. I. 4. b) aa); § 4 B. I. 4. b) ee); § 9 C. I. 3. d); § 10 C. IV. 5.; § 17 E. III. 6. c) bb); § 19 B. III. 2.; § 19 G. IV.; passim.
[96] Näher unten § 4 B. I. 4.
[97] Näher unten § 10 C. IV.

wenn man „nur" anstrebt, das geltende Vertragsrecht überhaupt erst einmal zu verstehen und damit verallgemeinernd zu beschreiben. Aber selbst bei objektiv-überzeitlichem Anspruch finden sich nur wenige Philosophen, die sich allzu weit vom rechtlich verankerten Grundkonsens ihrer jeweiligen Gesellschaft und Zeit entfernen wollen.

II. Arbeitsteilung

Die hier vorgelegte Arbeit ist rechtsdogmatisch. Es geht ihr um die verbindliche, verallgemeinernde Beschreibung des geltenden Rechts. Weder werden private Gerechtigkeitsvorstellungen als für andere verbindlich propagiert, noch wird ausführlich über andere Länder und deren Rechte geforscht noch über die Rechte früherer Zeiten noch über die Anliegen anderer Wissenschaften wie etwa der Psychologie, Soziologie oder Ökonomie. Das bedeutet allerdings nicht, dass wir deren Ergebnisse ignorieren könnten. Denn ein juristischer Tatbestand gewinnt erst dann Inhalt, wenn sich die dort verwandten Begriffe auf die Realität beziehen und so in ihrem Vorliegen überprüfbar werden. Unser Recht ist realitätsbezogen, es adressiert keine fiktive Wunschwelt, sondern das tatsächliche Geschehen. Wir Juristen müssen zumindest so viel über diese ganz reale Welt erfahren, wie wir für die Subsumtion benötigen. Und da sich die spezifische Kompetenz des Juristen auf das Recht und dessen verallgemeinernde Beschreibung beschränkt, sind wir im Übrigen auf andere Disziplinen angewiesen. Wer etwa eine Strafbarkeit wegen Vergiftung prüft, tut als Jurist gut daran, Mediziner oder Biologen darüber zu befragen, wie sich welche Stoffe körperlich auswirken. Und auch der im Vertragsrecht so bedeutsame Wille gewinnt erst dann einen konkreten, für jedermann überprüfbaren Gehalt, wenn man dafür Anforderungen formuliert, die sich psychologisch überhaupt feststellen lassen.[98]

Doch sollte man nicht den Fehler begehen, als Jurist selbst noch die allerneuesten, kontroversesten und feinziseliertesten Entwicklungen anderer Wissenschaften wahrnehmen, darstellen oder gar selbst diskutieren zu wollen. Das können die ausgewiesenen Vertreter der jeweiligen Disziplinen wahrlich besser, und sie beliefern uns – typischerweise für deren Studenten gedacht – mit gleichermaßen verständlichen wie vor allem inhaltlich seriösen Darstellungen. Wo immer möglich wird der Verfasser daher auf solche facheigenen Einführungen verweisen, anstatt sich an fachfremden Spekulationen zu versuchen. Die wirklich spannenden und wissenschaftlich ertragreichen Herausforderungen lauern ohnehin an ganz anderer Stelle: So leidet nicht nur die klassische Vertragstheorie an der unzureichenden Umsetzung selbst ganz grundlegender Erkenntnisse, die schon längst gesichert sind. Und solange selbst ganz

---

[98] Oft wird genau das allerdings bestritten, näher unten § 9 C. V. 2. e).

grobe Einsichten rechtlich ignoriert werden, können wir die Feinheiten getrost hintanstellen.

III. Methode für Menschen

Um diesen Befund zu illustrieren, sei hier der für unser Rechts- wie Vertragsverständnis vielleicht wichtigste fachfremde Aspekt herausgegriffen, den es methodisch wie inhaltlich geradezu fundamental zu berücksichtigen gilt: die begrenzte menschliche Denkfähigkeit.[99] Hat man etwa akzeptiert, dass sich der Mensch bei Vertragsschluss allenfalls darauf konzentrieren kann, seinem Gegner freundlich die Hand zu schütteln,[100] lässt sich die große Masse an Vertragsinhalten nicht mehr auf einen Geschäftswillen stützen. Wir sollten den Menschen nicht Gedankeninhalte unterstellen, die ihm tatsächlich fehlen.[101] Sonderlich neu ist diese Forderung nicht. Wohl aber ist sie dogmatisch unangenehm und führt – einmal ernst genommen – zur Einsicht einer nicht nur zeitlich verteilten Entscheidungsfindung, sondern vor allem auch einer ausgeklügelt-arbeitsteiligen Bestimmung von Vertragsinhalten, wie dann anhand von Stellvertretung, Produkteigenschaften, Allgemeinen Geschäftsbedingungen, staatlich gesetzten Produktinhalten oder Sitte, Übung und Brauch zu illustrieren sein wird. Dabei benötigen wir nicht nur deshalb ein inhaltliches Kriterium, um diese personell wie zeitlich verteilte Entscheidungsfindung erklären zu können, sondern auch zur Ergänzung der von den Parteien regelmäßig nur rudimentär bestimmten Vertragspflichten.[102]

Aber auch methodisch erzwingt unsere geistige Begrenztheit wichtige Weichenstellungen.[103] Zunächst sind wir wie zuvor erwähnt gut beraten, auch wissenschaftlich auf Arbeitsteilung zu setzen. Die rechtswissenschaftliche Umsetzung fachfremder Kenntnisse ist anspruchsvoll genug. Aber auch sonst will der Untersuchungsgegenstand gut gewählt sein. Diese Arbeit beschränkt sich allein auf diejenigen Sachverhalte, über deren Ergebnisse – und nicht etwa auch juristische Begründungsmuster – weithin Einigkeit besteht.[104] Vor allem aber müssen wir uns von der Illusion freimachen, als könne man gewissermaßen auf dem Reißbrett ein optimales (Vertrags-) Recht entwerfen. Das wäre so aussichtsreich wie die Hoffnung, das Amazonasgebiet plattwalzen und durch eine synthetische, bessere Natur ersetzen zu können.[105] Tatsächlich sind wir in unserem Rechtsdenken „hoffnungslos" in vor allem kulturelle Vorverständ-

---

[99] Eingehend unten § 17 A.; § 19 F.
[100] Näher § 2 D. IV.; passim.
[101] Näher unten § 9 C. V. 2.
[102] Näher unten § 19 D.
[103] Näher unten § 19 F.
[104] Näher oben § 1 B.
[105] Näher unten § 19 F. VII.

nisse, teilweise aber auch bereits genetische Vorgaben, verstrickt. Zwar geht es in der Wissenschaft gerade auch darum, diese zu durchschauen, zu hinterfragen und gegebenenfalls zu korrigieren. Doch gelingt das immer nur höchst partiell und selten auf wirklich tiefer Ebene. Dafür sind die menschliche Kultur (einschließlich des Rechts), der Mensch selbst, aber auch unsere Umwelt, zu kompliziert. Die Einbettung unseres Denkens in von uns nur sehr begrenzt hinterfragbare Vorgaben führt zu einem Phänomen, das nicht nur unseren Umgang mit Recht prägt, sondern für die Bewältigung von Komplexität einschließlich des menschlichen Denkens selbst unumgänglich ist: ein unter ständiger praktischer Erfahrungsbildung schrittweises Vorgehen, bei dem wir den bisherigen Stand an Wissen, Recht usw. immer nur sehr beschränkt verändern, um auf dieser Basis dann wieder neue Erfahrungen zu bilden.[106]

Wenn allein für das menschliche Denken gefragt wird, ob denn eine Ameise überhaupt die Chance habe, jemals die Relativitätstheorie zu verstehen, so lässt sich das auf so komplexe Phänomene wie das Recht übertragen – zumal das menschliches Denken selbst stark kulturell geprägt ist, ja sich überhaupt erst in ständiger Interaktion mit nicht zuletzt solchen kulturellen Einflüssen ausbildet. Andererseits besteht gewisse Hoffnung, zumindest wichtige Teile unseres Rechts mit relativ einfachen Regeln beschreiben zu können. Denn schließlich denken wir selbst in einfachen, aber evolutionär bewährten, robusten Regeln. Gerade weil auch das menschliche Gehirn unter ständiger Erfahrungsbildung Regeln ausbildet bzw. anpasst, können wir uns auf die Suche nach eben diesen Regeln begeben. Nur dass wir diese nicht bereits erfolgreich formuliert haben, muss nicht bedeuten, dass wir nicht bereits danach handeln. Das Vertragsrecht erlaubt hierzu einen vorzüglichen Einstieg: Denn als Teil des aus gutem Grund vom öffentlichen Recht unterschiedenen Privatrechts[107] betrifft es nur einen sehr kleinen Ausschnitt unserer Rechtsordnung, in dem wir uns – gewissermaßen in einer kleinen Oase relativer Einfachheit – allein auf die Belange oft nur zweier Personen beschränken und dabei zahlreiche Gesichtspunkte ausblenden, die andere Rechtsbereiche berücksichtigen müssen. Die Genialität des Privatrechts liegt darin, für einen wohldefinierten Bereich besonders wenige Gesichtspunkte zu berücksichtigen und dabei gerade keine Regulierung, Governance, Umverteilungspolitik, Gesamtwohlfahrtssteigerung oder Ähnliches zu betreiben. Das Vertragsrecht ist wegen seiner Einfachheit gleichermaßen erfolgreich wie wissenschaftlich attraktiv, zumal sich bei näherer Betrachtung noch genug vielschichtige und tiefgründige Probleme auftun, wollen wir das scheinbar so schlichte soziale Phänomen eines Handschlags zweier Personen verstehen.

---

[106] Näher unten § 2 D.
[107] Näher unten § 19 E.

C. Methode

Schon deshalb sind wir gut beraten, mit Zwang, Drohung und Ausbeutung erst einmal diejenige Fallgruppe zu erfassen, bei der wir Unwissenheit noch weitgehend ausblenden können. Und ganz generell besteht die große wissenschaftliche Herausforderung zunächst darin, möglichst einfache, aber grundlegende Probleme zu formulieren. Nichts ist wissenschaftlich erhellender als eine vermeintlich banale Frage, die uns bei näherem Nachdenken vor größte Schwierigkeiten stellt.[108] Genau deshalb bleibt es im Vertragsrecht so wichtig, sich auch mit älterer Literatur zu beschäftigen, wurde manches vertragstheoretisch zentrale Problem nur in einer bestimmten Epoche offen und unvoreingenommen diskutiert.

Wollen wir rechtliche Fragen erfolgreich beantworten, gilt es wie für jeden Umgang mit Komplexität, das richtige Verhältnis von Stabilität und Veränderung zu wahren.[109] Zunächst bedeutet das, überall dort an alte Begrifflichkeiten und Diskussionen anzuknüpfen und sich in die Tradition früherer geistiger Errungenschaften zu stellen, wo ansonsten nur Altbekanntes getreu der neuesten wissenschaftlichen Mode reformuliert würde. Ständige Erfahrungsbildung spielt hier eine große Rolle, was zweierlei bedeutet: Erstens ist es wissenschaftstheoretisch eine Binsenweisheit, dass auch vermeintlich grundlegend neue Thesen fast immer auf umfassenden früheren Anstrengungen beruhen.[110] Zweitens ist Erkenntnisfortschritt von vornherein nur mit solchen wissenschaftlichen Aussagen möglich, die verbindlich und damit wissenschaftlich überprüfbar sind.[111]

Dass die hier aus unserer nur begrenzten geistigen Leistungsfähigkeit gezogenen Schlussfolgerungen nicht dem entsprechen, was momentan in Rechts- oder Wirtschaftswissenschaften als modern gilt – gerade wenn Begriffe wie *neuro* oder *behavioral* bemüht werden –, ist dem Verfasser durchaus bewusst.[112] So scheint man rechtswissenschaftlichen Fortschritt derzeit eher durch einen gegenteiligen Ansatz anzustreben, nämlich indem man möglichst viele Facetten – etwa rechtsvergleichend, psychologisch, soziologisch, ökonomisch, philosophisch oder historisch – eines rechtlichen Problems schildert. Teilweise wird sogar schon von studentischen Seminararbeiten erwartet, komplexe rechtliche Phänomene rechtspolitisch zu würdigen, fremde Rechtsordnungen zu berücksichtigen und sich bei all dem verschiedenster Disziplinen zu bedienen. Der Verfasser kann vor so viel Breite nur ehrfürchtig den Hut ziehen – zumal sich so bisweilen anregende Gedanken finden, von denen hoffentlich auch diese Arbeit profitiert.

---

[108] Siehe dazu bereits oben § 1 B. II.
[109] Näher unten § 2 D.
[110] Näher unten § 2 D. V.
[111] Näher unten § 19 F. III.
[112] Näher etwa unten § 17 E. IV.; § 17 E. V.; § 19 F.

Und doch beschleichen ihn zunehmend Zweifel, ob es wirklich unserer Orientierung in einer schon zur Genüge komplizierten Welt dient, immer mehr Gesichtspunkte berücksichtigen zu wollen. Das gilt nicht nur für Studenten, bei denen spätestens in Examensklausuren ablesbar ist, wie selbst schlaue Köpfe damit überfordert sind, noch die grundlegenden, vermeintlich ganz einfachen Fertigkeiten zu erwerben. Vielmehr sei hier die These erlaubt, dass es sich für die Wissenschaft nicht anders verhält. Der umfassende Anspruch, auch noch zahllose Wirkungszusammenhänge, andere Länder oder auch frühere Zeiten zu berücksichtigen, verführt dazu, das uns umgebende Rauschen nur als Rauschen zu beschreiben oder in noch kleinteiligeres Rauschen zu verwandeln. Eine immer größere Gelehrsamkeit droht mit dogmatisch immer unverbindlicheren oder gar schon lange überwundenen Fehlvorstellungen einherzugehen.

IV. Begriffsarbeit

Geht es der Rechtswissenschaft um die verbindliche, verallgemeinernde Beschreibung des geltenden Rechts, kommt man um begriffliche Auseinandersetzungen nicht umhin. Insbesondere muss jedes Tatbestandsmerkmal für andere überprüfbar formuliert werden, zumal auch nur so vermieden wird, aneinander vorbei zu reden und so Diskussionen zu führen, die sich bei vorheriger Begriffsklärung schnell als gegenstandslos erwiesen hätten.[113] Dabei sind auch ungewöhnliche Definitionen so lange tolerabel, wie sie sich normalsprachlich zurückführen lassen und sich auf real existierende und damit überprüfbare Phänomene beziehen.[114] Schon deshalb beschäftigt sich diese Arbeit eingehend mit vertragstheoretisch wichtigen Grundbegriffen wie Zweck, Recht, Rechtsänderung, Risiko, Wille (und dessen Spielarten wie Selbstbindungswille, Einwilligung Aneignungswille etc.), Erklärung, Vertrauen oder Rationalität. Oft stellt sich dabei heraus, dass weithin bemühte Argumentationsmuster wissenschaftlichen Anforderungen nicht genügen. Dass dies etwa für die gleichermaßen bei Zwang, Drohung und Ausbeutung wie auch diversen Irrtumskonstellationen bemühte Entscheidungsfreiheit gilt,[115] wurde bereits angedeutet. Aber auch der so beliebte Verweis auf ein normatives Verständnis bleibt so lange Leerformel, wie nicht offengelegt wird, was dieses normative Verständnis ausmachen soll.

Sonderlich beliebt scheint derartige Begriffsarbeit nicht – vielleicht auch deshalb, weil sie oft zu unangenehmen Ergebnissen führt. Dabei müssten wir methodisch erst einmal wieder Anschluss an das wissenschaftliche Niveau des neunzehnten Jahrhunderts und dabei insbesondere die Begriffsjurisprudenz

---

[113] Aus sprachphilosophischer Sicht ist hier deren „therapeutische Funktion" angesprochen, vgl. dazu unten § 2 Fn. 485.
[114] Näher unten § 2 B. I. 1.
[115] Näher unten § 4 B. I.

finden – einschließlich der damals vorherrschenden Diskussionskultur. Denn diese heute oft verschmähte Richtung nahm sich genau diese präzise Klärung der tatbestandlich verwandten Begrifflichkeiten zu Herzen. Die moderne Sprachphilosophie lehrt hier nichts anderes. Demgegenüber ist dem Verfasser die viel kritisierte Begriffspyramide trotz umfangreicher Lektüre noch nie begegnet.[116]

V. Zugänglichkeit

Aber nicht nur methodisch, auch stilistisch soll es dem Leser so einfach wie möglich gemacht werden, die Ausführungen des Verfassers zu überprüfen. Wo immer gangbar, wird auf komplizierte oder gar fremdsprachliche Begriffe verzichtet, sofern nicht dieser Verzicht seinerseits gekünstelt klänge. Vor allem aber reichen für das Verständnis dieser Arbeit gewöhnliche juristische Fachkenntnisse. Allenfalls in den Fußnoten finden sich bisweilen Hinweise auf anspruchsvollere Diskussionen, sofern sie nicht für das Verständnis der jeweiligen Frage unabdingbar sind. Die hier diskutierten Fragen sind durchaus banal. Tatsächlich wird die Komplexität einzelner Sachfragen oft überschätzt oder absichtlich übersteigert.

Allerdings birgt jede Schlichtheit die Gefahr, dass der Leser bemerkt, wie viele Gedanken dieser Arbeit nicht nur banal, sondern auch noch alles andere als neu sind. Tatsächlich soll gerade auf frühere, sehr viel ältere Stimmen verwiesen werden, anstatt den Eindruck zu erwecken, als gäbe es völlig neue Erkenntnisse zu präsentieren. Allein die vertragstheoretische Diskussion der letzten dreißig Jahre des neunzehnten Jahrhunderts bietet so viel Material, dass davon noch ganze Generationen zehren können. Wenn es dabei noch gelingt, einige nicht ganz so bekannte Autoren in Erinnerung zu rufen, freut das besonders. Vor allem verzichtet der Verfasser darauf, durch neue Begrifflichkeiten Brücken abzubrechen, Kontinuitäten zu leugnen und längst erarbeitetes Wissen zu verschütten. Daneben soll die Lektüre dieser Arbeit Spaß machen, sofern man sich nur ein wenig für Rechtsdogmatik interessiert. Auch deshalb wurde manche Aussage bewusst zugespitzt, um so überhaupt Kritik zu ermöglichen, ja geradezu herauszufordern. Schließlich durfte der Verfasser von denjenigen Autoren profitieren, die sich ihrerseits dazu durchrangen. Dieses Vorgehen ist einer fruchtbaren Diskussion sehr viel förderlicher, als sie vor lauter Vielschichtigkeit, Ausdifferenziertheit und Beweglichkeit von vornherein zu ersticken. Fragt man sich etwa, warum gerade die vorgenannte Periode ver-

---

[116] Siehe dazu auch *Haferkamp*, Puchta, 2004. Wohl aber muss man aufpassen, nicht in Anlehnung an reale naturwissenschaftliche Zusammenhänge für eine „Rechtswelt" ganz ähnliche Vorgänge zu unterstellen, solange dies nicht ausschließlich dazu dient, ein bereits anderweitig begründetes Ergebnis in für uns Menschen anschauliche Formen zu gießen, vgl. dazu unten § 9 Fn. 109, 111.

tragstheoretisch so fruchtbar war, so lag dies auch an einer anderen Diskussionskultur: Man betonte lieber das Problematische und Trennende fremder Ansichten, anstatt versöhnlich auf verschiedenste Gemeinsamkeiten hinzuweisen oder alles nur irgendwie zu integrieren.

D. Untersuchungsablauf

Bereits der Aufbau und die Schwerpunkte einer wissenschaftlichen Darstellung verraten viel über die Sichtweise eines Autors. Vergleicht man etwa ein klassisches zivilrechtliches Lehrbuch mit einem solchen zur ökonomischen Analyse des Rechts, wird man schnell feststellen, dass sich nicht nur der theoretische Grundansatz unterscheidet, sondern genauso der dort behandelte Untersuchungsgegenstand. Ganz offensichtlich greifen wir gerne vor allem solche Bereiche auf, die sich mit der präferierten Theorie erfassen lassen, während wir alles andere lieber gar nicht oder nur kursorisch abhandeln.[117] Demgegenüber soll diese Arbeit möglichst viele Bereiche des Vertragsrechts behandeln, und zwar anhand ganz plastischer, einfacher und genau deshalb so unangenehmer Fälle.[118]

Im Übrigen versucht der Verfasser einen gewissen Kompromiss. Einerseits prägt vor allem die hier vorgeschlagene Ausrichtung der vertragsrechtlichen Kompetenzverteilung an einem substanziellen Kriterium den Grundaufbau dieser Arbeit: So geht es zunächst um den genauen Vertragsinhalt einschließlich von Zwang, Drohung und Ausbeutung, Risiko, Leistungsstörungen und geschuldeten Eigenschaften. Erst im Anschluss wird das Phänomen personell wie zeitlich verteilter Setzung von Vertragsinhalten untersucht, wodurch dann auch die menschliche Entscheidung und damit so klassische Gesichtspunkte wie Wille, Erklärung und Vertrauen insbesondere der Vertragsparteien in den Fokus treten.

Andererseits entsprechen die meisten Kapitel klassischen Einteilungen und sollen es so dem Leser erleichtern, sich gezielt nur mit einzelnen Sachfragen zu beschäftigen, ohne gleich die ganze Arbeit lesen zu müssen. Um das noch weiter zu unterstützen, finden sich zahlreiche Querverweise zu den jeweils relevanten Vorfragen. Wer sich etwa für die Stellvertretung interessiert, sollte sich ermutigt fühlen, erst einmal dort anzufangen. Allerdings sind die einzelnen Kapitel so angeordnet, dass sie es erleichtern, sich dem Rechtfertigungsprinzip zunächst anzunähern, um sich dann Schritt für Schritt den eher schwierigeren Themengebieten zuzuwenden. Das führt zum folgenden Untersuchungsablauf:

---

[117] Siehe zu diesem altbekannten Phänomen nur *Kuhn*, Revolutionen, 2. Aufl. 1976, S. 37 ff., 60, passim.
[118] Vgl. oben § 1 B. II.

Tatbestand: Nach dem Rechtfertigungsprinzip treten rechtliche Einbußen so weit ein, wie dies notwendig ist, um sich getreu den eigenen Zielen zu verbessern. Das legt es nahe, zunächst subsumtionsfähig darzulegen, was der Verfasser überhaupt unter Recht und Ziel versteht. Dabei wird das Rad bewusst nicht neu erfunden, wohl aber eine präzise und überprüfbare Definition angestrebt. Ziel ist der von den Parteien gewählte Bewertungsmaßstab, dem sie den Vertragsschluss unterordnen. Anders formuliert verstehen die Vertragspartner ihre Einigung keineswegs als intrinsisch richtig, sondern sehen in ihr ein Instrument der Zielverwirklichung. Menschliche Ziele vertragsrechtlich ernst zu nehmen heißt also nichts anderes, als die Menschen selbst und deren eigene Priorisierung zu achten.

Recht wird in dieser Arbeit schon deshalb rein positivistisch definiert, weil es bisher noch niemand vermochte, für jedermann überzeitlich gültige Wertvorstellungen abzuleiten. Das Vertragsrecht wird allein in seiner derzeit geltenden Form beschrieben, nämlich so, wie es Richter täglich anwenden und es der Staat dann gegebenenfalls durchsetzt. Das wiederum erfordert insbesondere, die menschliche Unwissenheit konsequent zu berücksichtigen, was bereits in unserem Rechtsverständnis tiefgreifende Spuren hinterlässt. Zunächst betrifft das die subjektiven Rechte, die nicht nur eng mit den menschlichen Zielen verknüpft sind, sondern sich vor allem durch eine bemerkenswerte Ignoranz gegenüber selbst guten Argumenten auszeichnen, mit denen sich eine einmal zuerkannte Rechtsposition eigentlich hinterfragen ließe. Diese Trägheit ist typisch für ein ganz generell vorzufindendes Wechselspiel von Stabilität und Wandel: Verträge sind ein Instrument zur Veränderung des rechtlichen Status Quo. Anstatt die gesamte Rechtslage immer komplett aufs Neue zu hinterfragen, erwägen wir immer nur einen kleinen Schritt. Diese Geschichtlichkeit kennzeichnet nicht nur unser gesamtes Rechtsverständnis, sondern nahezu jeden Umgang mit Komplexität. Genau deshalb können wir Verträge auch nur dann verstehen, wenn wir die jeweilige rechtliche Ausgangslage der Parteien berücksichtigen. Auf dieser Basis lässt sich dann auch bestimmen, was wir eigentlich unter einer Rechtsänderung verstehen. So drücken wir hier nur höchst unvollkommen, weil bildlich-gegenständlich aus, dass wir einmal getroffene Entscheidungen ab gewissen Zeitpunkten nur noch begrenzt hinterfragen, also gegen neu einströmende Information abschirmen.

I. Vertragsinhalt

Vertragsinhalt: Spätestens dort, wo wir das Parteiverhalten bei Vertragsschluss verstehen oder staatliche Inhaltsvorgaben – zwingend wie dispositiv – begründen wollen, kommt keine Vertragstheorie umhin, konkrete Aussagen über billigenswerte Vertragsinhalte zu treffen. Hierzu gehört zum einen die Unterscheidung diverser Vertragstypen – und sei es auch nur die von Schenkung und gegenseitigem Vertrag. Doch nicht nur grobe Vertragstypen, sondern auch ganz kleine Vertragsdetails müssen oft bestimmt werden, ohne dazu auf Wille oder Erklärung der Vertragsparteien bei Vertragsschluss zurückgreifen zu können. Hier lautet das entscheidende Stichwort „Reichhaltigkeit durch Optimierung": Solange es durch eine noch so kleine Modifikation des Vertragsinhalts möglich ist, die Parteiinteressen besser zu verwirklichen als bisher, ist diese Verfeinerung sinnvoll. Dabei kommt man spätestens hier um eine Verknüpfung von rechtlicher Ausgangslage und Parteiinteresse nicht umhin, wie sich anhand einseitig wie mehrseitig belastender Rechtsänderungen illustrieren lässt.

Zwang, Drohung und Ausbeutung: Die Fallgruppe von Zwang, Drohung und Ausbeutung eignet sich vor allem deshalb so gut für eine schonungslose Analyse, weil sie noch vergleichsweise einfach ist. Denn Unwissenheit spielt hier eine geringe Rolle, wissen alle Beteiligten oft ganz genau, was sich abspielt und wie sich die jeweilige Rechtsänderung auswirkt. Umso erstaunlicher ist es, dass klassische Ansätze wie die Willens- oder Erklärungstheorie ausgerechnet in diesen Fällen versagen. Denn dass auch derjenige entscheidet, weiß, denkt oder erklärt, der sich mit einer Waffe oder auch nur einer unangenehmen Notlage konfrontiert sieht, lässt sich nicht ernsthaft bestreiten. Und doch können die rechtlichen Ergebnisse selbst bei vollkommen identischer Entscheidungssituation ganz unterschiedlich ausfallen. Im Ergebnis soll dann zumindest dreierlei deutlich werden: Erstens benötigen wir ein inhaltliches Kriterium, das wir notfalls auch ohne bzw. gegen die Zustimmung der Vertragsparteien anwenden können. Zweitens bilden Verträge ein Instrument zur schrittweisen Veränderung eines rechtlichen Status Quo, weshalb wir vertragsrechtliche Probleme nicht losgelöst von dieser Ausgangslage beantworten können. Und drittens trifft das Rechtfertigungsprinzip auch eine Aussage über Verteilungsfragen, indem es solche Rechtsänderungen missbilligt, die zu einer (gemeinsamen) Wertschöpfung nichts beitragen.

Risiko und Spekulation: Recht besteht vor allem aus Regeln. Es zeichnet sich dadurch aus, dass es den Großteil unserer Lebensumstände ignoriert – und zwar oft selbst dann, wenn sie im konkreten Fall durchaus relevant wären. Noch am besten lässt sich dieses Phänomen anhand klassischer Risikoverträge studieren, tritt es dort offen zutage. Doch auch so ist es anspruchsvoll genug: Setzt der Roulettespieler voller Überzeugung, dass ganz sicher Rot kommen werde, auf Rot, warum erkennen wir hier trotz seines Irrtums den Vertrag und die damit verbundene Schädigung dieses Spielers an? Immerhin halten wir Motivirrtümer nicht für durchweg irrelevant. Und warum korrigieren wir einen solchen Vertrag, wenn der Roulettetisch manipuliert war? Warum sehen wir Glücksspiel und Publikumsspekulation skeptisch, nicht jedoch langfristige Aktienanlage, Versicherung oder Arbitrage? Nur wenn es gelingt, das Spezifische gerade an Risikoverträgen zu erfassen und dogmatisch stimmig einzuordnen, sind wir hinreichend gewappnet, um Risikoaspekte auch in anderen Bereichen zu erfassen.

Leistungsstörungen: Das gilt besonders für Leistungsstörungen: Stellt man auf das Faktum einer Unmöglichkeit ab, blendet man sämtliche Konstellationen aus, in denen die Leistung lediglich schwerer fällt – und damit praktisch sämtliche real vorkommende Fälle in diesem Bereich. Verweist man hingegen auf den Vertragsinhalt, der auch solche Eventualitäten regle, erweisen sich klassische Ansätze wie die Willens- oder die Erklärungstheorie als fiktiv. Denn kaum jemand überlegt sich oder erklärt sich dazu, was für jedes nur erdenkliche Hindernis gelten soll. Verfügt man hingegen mit dem Rechtfertigungsprinzip über einen inhaltlichen Maßstab, gelingt die vertragliche Erfassung.

Eigenschaften: Ganz ähnliche Fragen wie bei den Leistungsstörungen stellen sich bei den zahllosen, in ihrer Vielfalt überhaupt nicht überschaubaren Eigenschaften, welche die jeweils geschuldete Leistung auszeichnen. Ob es uns gefällt oder nicht: Wir müssen für jeden einzelnen Kubikmillimeter begründen können, warum dieser wie genau geschuldet ist (atomistische Herausforderung). Dass wir hier mit dem Parteiverhalten bei Vertragsschluss schnell an Grenzen stoßen, verführt zu zahlreichen dogmatischen Ausflüchten. Wird etwa auf die „vereinbarte normale Beschaffenheit" verwiesen, bestimmen keineswegs nur die Vertragsparteien, sondern sehr viel größere Personenkreise, was „normal" ist. Oft wird die ganze Diskussion um Eigenschaften auch noch mit zwei weiteren, sorgsam zu trennenden Problemkreisen vermengt, nämlich die rechtliche Reaktion auf Leistungsstörungen sowie die Behandlung von Irrtümern über solche Eigenschaften.

II. Vertragliche Rechtsetzung

Verteiltes Denken, verteilte Macht: Zunächst konzentrierten sich sämtliche Erwägungen auf die Begründung des genauen Vertragsinhalts – wenn auch in allen noch so kleinen Einzelheiten. Dabei kann das Rechtfertigungsprinzip die Stärken eines substanziellen Kriteriums ausspielen. Doch ganz so schnell müssen sich klassische vertragstheoretische Ansätze nicht geschlagen geben. Schließlich kennt unser Vertragsrecht zahlreiche prozedurale Vorschriften, die auf inhaltliche Vorgaben bewusst verzichten. Insbesondere schauen wir auf das Parteiverhalten bei Vertragsschluss. Wie ist das zu erklären? Den Sprung von der Substanz zum Verfahren ermöglicht die Einsicht, dass sich ein inhaltliches Anliegen selten von allein verwirklicht, sondern auf tatkräftige – vor allem menschliche – Umsetzung in einer von zahlreichen Hindernissen geprägten Welt angewiesen ist. Damit sind die Rechtsetzungskompetenzen so zuzuweisen und auszugestalten, dass das Rechtfertigungsprinzip bestmöglich verwirklicht wird. Dabei tritt neben diese personelle noch eine – oft gleichermaßen unterschätzte – zeitliche Dimension hinzu. Denn anders als nicht nur von Willens- oder Erklärungstheorie unterstellt, fällt die große Masse vertragsrechtlich relevanter Entscheidungen nicht etwa bei Vertragsschluss, sondern lange Zeit davor oder danach. Wir müssen also nicht nur die personelle Verengung allein auf die Vertragsparteien überwinden, sondern genauso die zeitliche Fixierung allein auf den kurzen Moment des Vertragsschlusses.

Wille: Ganz egal, welche Person zur Entscheidung über Vertragsinhalte berufen ist, müssen wir die Anforderungen an eine solche Entscheidung formulieren. Die Literatur diskutiert das meistens nur für die Vertragsparteien, obwohl sich diese Frage (genauso wie die nach der Relevanz einer Erklärung und möglicher Irrtümer) auch bei allen anderen Akteuren unseres Vertragsrechts stellt. Immerhin lässt sich begründen, warum gerade den Vertragsparteien ein so hoher Stellenwert zukommt. Schließlich wissen diese meistens am besten, welche eigenen rechtlichen Einbußen notwendig sind, um in ihrer eigenen Lage ihre eigenen Ziele zu verwirklichen. Allerdings bleibt genauestens zu prüfen, auf was für einen Parteiwillen wir abstellen. Denn der so viel bemühte Selbstbindungswille liefert weder einen überzeugenden Bindungsgrund noch wird er sich bei einer normalen Vertragspartei finden lassen. Vielmehr willigen wir nur in die uns unangenehme Bindung ein. Diese Einwilligung bildet ein wichtiges Indiz für die Legitimität einer rechtlichen Beeinträchtigung, beantwortet aber nicht, warum wir uns überhaupt veranlasst sehen sollten, zugunsten des Gläubigers einen vertraglichen Anspruch zu befürworten. Hierfür können wir auf den bis heute sträflich vernachlässigten Aneignungswillen des Gläubigers verweisen. Dabei ist die genaue Unterscheidung von Selbstbindungswille, Einwilligung und Aneignungswille nicht nur eine Spitzfindigkeit, sondern für ein zutreffendes Vertragsverständnis unabdingbar, wie sich bei der Mentalreservation, dem Protest oder auch der Stellvertretung deutlich zeigen wird. Daneben muss sich die Willenstheorie noch weitere Kritikpunkte gefallen lassen: Zum einen halten wir den Parteiwillen keineswegs für intrinsisch richtig, wie etwa Zwang, Drohung und Ausbeutung, beachtliche Motivirrtümer oder die Täuschung zeigen. Gerade die Parteien selbst ordnen ihren Vertragsschluss den damit verfolgten Zielen unter. Schon deshalb ist es sehr bedauerlich, wenn die genau das nachdrücklich betonende Grundfolgentheorie weithin vergessen ist. Zum anderen ist die menschliche Aufmerksamkeit äußerst begrenzt, kann also immer nur wenige Vertragsaspekte erfassen.

Erklärung: Sucht man nach Alternativen zur einflussreichen Willenstheorie, stößt man unweigerlich auf all diejenigen Vertragstheorien, die in irgendeiner Form auf das Erklärte abstellen. Allerdings gibt es zahllose Vertragsinhalte, die sich keineswegs dem äußeren Verhalten der Vertragsparteien entnehmen lassen. Das betrifft nicht nur die Informationsarmut schlüssigen Handelns oder die von der Willenstheorie gerne bemühten Konstellationen des rechtlich relevanten Inhaltsirrtums, der *falsa demonstratio* oder des Scheingeschäfts, sondern genauso die staatlich wie privat-kollektiv gesetzten Vertragsinhalte. Tatsächlich dient die Erklärung oft nur als Einbruchstelle für Wertungen, die sich keineswegs mehr auf das Verhalten der Vertragsparteien bei Vertragsschluss zurückführen lassen, ohne dass dies offen gelegt, begründet und dogmatisch stimmig eingeordnet würde. Für das Rechtfertigungsprinzip bildet die Erklärung – insofern noch ganz im Einklang mit der Willenstheorie – ein wichtiges Indiz für den Parteiwillen, das jedoch seinerseits als wichtiges Indiz für die Verwirklichung des eigentlichen inhaltlichen Anliegens. Daneben schützt das Erklärungserfordernis vor Übereilung und sichert damit eine gewisse Entscheidungsqualität – etwas, das sich weder mit der Willens- noch der Erklärungstheorie erfassen lässt, da diese die menschliche Entscheidung nicht anhand eines anderen Kriteriums hinterfragen, sondern zum dogmatischen Ausgangspunkt erheben. Schließlich berücksichtigen die meisten Rechtsordnungen auch solche Vertragsinhalte, die bei Vertragsschluss zwar erklärt, nicht aber von beiden Seiten gewollt waren. Darauf wird beim Irrtum zurückzukommen sein.

Vertrauen: Ein Variante dieser Erklärungstheorien begründet die rechtliche Relevanz des äußeren Erklärungsinhalts mit einem darauf gerichteten Vertrauen des Versprechensadressaten. Dabei liegt die erste Schwierigkeit bereits darin, dem Vertrauen einen eigenständigen Bedeutungsinhalt zu entnehmen, was jedoch durchaus gelingt, wenn man darin die Verletzbarkeit des Vertrauenden durch ein unmoralisches Verhalten des Vertrauensadressaten sieht. Allerdings zeigt sich dann schnell, dass gerade dieser eigenständige Gehalt von Vertrauen wenig dazu beiträgt, unser Vertragsrecht abzubilden.

Protest und schlüssiges Verhalten: Für Willens- wie Erklärungstheorie gleichermaßen unangenehm sind solche Fälle, in denen sich eine Seite die angebotene Leistung einfach nimmt und dabei vielleicht sogar ausdrücklich gegen eine vertragliche Bindung protestiert. Spätestens hier kann von einem Selbstbindungswillen, einer dies bekundenden Erklärung oder einem Vertrauen darauf keine Rede mehr sein. Das wiederum führt zu einer bemerkenswerten Vielfalt alternativer Begründungsversuche. Dabei informiert uns hier der Protestierende nur erfrischend klar und ehrlich über die Motivationslage nahezu jedes Vertragsschließenden, nämlich nicht gebunden sein zu wollen, sondern diese Bindung allenfalls wissentlich in Kauf zu nehmen. Die wirklich spannende Frage ist die der Abgrenzung von Vertrags- und Deliktsrecht und – damit eng verwandt – der Notwendigkeit bzw. Entbehrlichkeit eines klassischen Vertragsschlusses. Doch auch jenseits eines ausdrücklichen Protests bereitet das sogenannte schlüssige Verhalten viele Probleme, die wir gerne ignorieren. Denn wer in eine Straßenbahn einsteigt, kennt regelmäßig nicht die sich daran im Einzelnen knüpfenden Vertragsinhalte. Und auch dem äußeren Verhalten lässt sich hier wenig entnehmen: Wer in eine Straßenbahn einsteigt, steigt in eine Straßenbahn ein. Leider sind Willens- wie Erklärungstheorie darauf aus, alle Vertragsinhalte partout auf das Parteiverhalten bei Vertragsschluss zurückzuführen.

Stellvertretung: Möchte man ernsthaft das vertraglich so wichtige Phänomen personell verteilter Rechtsetzung erfassen und dabei möglichst auf frühere Diskussionen zurückgreifen, kommt man um die Stellvertretung nicht umhin. Denn obwohl ein noch recht junges Institut, wird dort nur allzu deutlich, dass es keineswegs nur die Vertragsparteien sind, die den Vertragsinhalt bestimmen. Und genauso deutlich finden sich bereits dort all diejenigen Ersatzkonstruktionen, die wir überall dort antreffen, wo ganz andere Personen als die Vertragspartner entscheiden. Besonders typisch ist der Versuch der sogenannten Geschäftsherrentheorie, das Wollen des Vertreters als doch noch irgendwie vom Vertretenen gewollt darzustellen. Die heute so populäre Repräsentationstheorie ist demgegenüber nicht einmal eine Theorie, sondern formuliert nur das zu begründende Ergebnis. Doch nicht nur als Prototyp arbeitsteiliger Vertragssetzung ist die Stellvertretung äußerst aufschlussreich, sondern auch angesichts der dem Vertretenen eingeräumten Möglichkeit, die vertragliche Kompetenzverteilung selbst festzulegen. Das macht die in ihrer Komplexität ohnehin nicht zu unterschätzende Stellvertretung nochmals anspruchsvoller.

Allgemeine Geschäftsbedingungen: Wie wenig sich vertragstheoretisch erfassen lässt, wenn wir allein auf das Parteiverhalten bei Vertragsschluss schauen, zeigt sich anhand der praktisch so enorm wichtigen Allgemeinen Geschäftsbedingungen. Besonders der Willenstheorie, die nicht nur einen Handlungs-, sondern einen Geschäftswillen verlangt, wird hier zum Verhängnis, dass die meisten Adressaten nicht einmal die Einbeziehung dieser Klauseln wahrnehmen, geschweige denn deren Inhalt. Aber auch die Erklärungstheorie gerät in Nöte. Denn was genau heißt es eigentlich, etwas zu „erklären"? Reicht es dazu wirklich zu unterschreiben, dass ein großer Papierstapel gelten möge? Mit Begriffen wie Zurechenbarkeit kommt man hier nicht weiter, da es dem Adressaten nicht vorwerfbar ist, die Bedingungen nicht gelesen zu haben. Genauso wenig lassen sich damit akzeptable von inakzeptablen Klauseln unterscheiden. Demgegenüber kann man mit dem Rechtfertigungsprinzip darauf verweisen, dass die mit Allgemeinen Geschäftsbedingungen ermöglichte Arbeitsteilung über den Preis auch dem Kunden dient. Andererseits erfordert die Unwissenheit des Kunden eine nachträgliche Inhaltskontrolle, für die das Rechtfertigungsprinzip den gesuchten Maßstab liefert.

Werbung: Werbung ist ein vertragsrechtsdogmatisch gern vernachlässigtes Phänomen. Schließlich fließen hier in den Vertragsinhalt auch solche Anpreisungen ein, die oft lange Zeit vor Vertragsschluss getätigt und wahrgenommen wurden. Doch damit nicht genug – oft stammen sie nicht einmal vom Vertragsgegner, sondern etwa einem Hersteller. Tatsächlich bildet Werbung ein wichtiges Indiz für einen dem Rechtfertigungsprinzip genügenden Vertragsinhalt, weil und soweit sich die Preisbildung am Markt und damit das Preis-/Leistungsverhältnis an eben diesen Werbeangaben orientiert. Als willkommener Nebeneffekt verschärft die vertragliche Berücksichtigung von Werbung wiederum den Wettbewerb.

Kollektiv gesetzte Vertragsinhalte: Wie sehr es in Wahrheit ganz verschiedene Personen und nicht nur die Vertragsparteien sind, die den Vertragsinhalt bestimmen, lässt sich eindringlich anhand kollektiv gesetzter Vertragsinhalte illustrieren. Das betrifft vor allem den Staat, der nicht nur über Gesetze, sondern auch – noch viel wichtiger – durch Urteile agiert, und zwar sowohl zwingend (besonders bei der Kontrolle Allgemeiner Geschäftsbedingungen) als auch dispositiv. Hier wäre es fiktiv, sich selbst dafür noch auf das Parteiverhalten bei Vertragsschluss zu berufen. Das Rechtfertigungsprinzip kann demgegenüber darauf verweisen, dass für manche Konstellationen und Vertragsinhalte der Staat am besten dazu geeignet ist, die Parteiinteressen zu verwirklichen. Dabei liefert genau dieser Grundsatz den gesuchten inhaltlichen Maßstab. Ganz ähnliche Überlegungen gelten für privat-kollektiv gesetzte Vertragsinhalte, zu denen Sitte, Übung und Brauch genauso gehören wie der damit eng verwandte Wettbewerb. Um ein relativ neues Phänomen handelt es sich schließlich bei dem oft auch für das Vertragsrecht propagierten „Wettbewerb" der Rechtsordnungen. Hier leidet die Diskussion oft daran, insbesondere Sach- und Zuständigkeitsfragen zu vermengen.

Irrtum: Die menschliche Unwissenheit prägt ganz grundlegend, wie wir mit Recht umgehen. An wie vielen verschiedenen Stellen allein des Vertragsrechts sie relevant ist und was für unterschiedliche Reaktionen sie erfordert, wird dabei gerne unterschätzt. Insofern bilden die vieldiskutierten Irrtumskonstellationen nur einen kleinen, nichtdestotrotz sehr aufschlussreichen und traditionsreichen Schauplatz vertragstheoretischer Diskussionen. Dabei pocht die Willenstheorie auf *falsa demonstratio*, Scheingeschäft oder die Beachtlichkeit zumindest mancher Inhaltsirrtümer. Dem kann die Erklärungstheorie nicht nur die Mentalreservation entgegenhalten, sondern – zumindest bei europäischer Perspektive – auch darauf verweisen, dass keineswegs jeder Inhalts- und Erklärungsirrtum beachtlich ist. Dieser Dualismus ist bis heute nicht überwunden, was eindrucksvoll zeigt, wie wenig wir unser Vertragsrecht bis heute verstehen. Dieser Eindruck verstärkt sich angesichts des vom Nichtirrenden erkannten sowie des wegen späterer Akzeptanz nicht durchschlagenden Irrtums, wo weder Willens- noch Erklärungstheorie das geltende Recht erfassen. Aus Sicht des Rechtfertigungsprinzips bildet der Parteiwille bei *falsa demonstratio* und Scheingeschäft ein besseres Indiz für dessen Verwirklichung als eine fehlerhafte Erklärung. Und weil ein substanzielles Kriterium nicht nur auf den Vertragsschluss schauen muss, um das Parteiverhalten zu berücksichtigen, lässt sich dann auch der wegen späterer Akzeptanz nicht durchschlagende Irrtum einordnen. Gleiches gelingt für die Unbeachtlichkeit des vom Nichtirrenden erkannten Irrtums – schließlich weiß der Erkennende hier genau, worauf er sich einlässt. Die oft ambivalente Behandlung des Inhaltsirrtums erklärt sich wiederum daraus, dass eine irrtümliche Erklärung zwar ein sehr zweifelhaftes Indiz für die Verwirklichung des Rechtfertigungsprinzips bildet, eine Vertragsunwirksamkeit jedoch diejenigen Vorteile vereitelt, die der Vertrag jedenfalls dem Nichtirrenden verspricht. Dieses Risiko schlägt sich von vornherein nieder – etwa im Preis –, weshalb beide Seiten ein gemeinsames Interesse an einer ausgewogenen Irrtumsregelung haben. Unproblematisch ist nach dem Rechtfertigungsprinzip die Mentalreservation, da ein Selbstbindungswille auch sonst kaum vorkommt und nicht einmal einen guten Bindungsgrund liefert. Gleichermaßen spannende wie anspruchsvolle Fragen wirft schließlich das Phänomen irrationalen Verhaltens auf, angefangen mit dessen begrifflicher Erfassung über die praktischen Fallkonstellationen unüberlegten oder sonst beeinträchtigten Entscheidens bis hin zu neueren Versuchen einer stärkeren wissenschaftlichen Berücksichtigung von Irrationalität. Näher untersucht werden hier die Verhaltensökonomik sowie die These, Vertragsbindung zumindest auch als Rationalitätsproblem beschreiben zu können.

Dies- und jenseits des Vertrags: Nicht nur der Vertragsinhalt wird von zahlreichen Personen zu unterschiedlichsten Zeiten bestimmt. Vielmehr kennen wir neben dem klassischen Vertragsschluss noch ganz andere Rechtsänderungen, die es zu erklären gilt. So entfaltet ein Angebot gerade deshalb und genau so weit eine Bindung, wie dies für den Anbieter notwendig ist, um sich getreu den eigenen Zielen zu verbessern. Konkret geht es hier um die Ermöglichung eines vorteilhaften Vertragsschlusses. Beim sogenannten Verschulden bei Vertragsverhandlungen treffen den Betreiber erhöhte Sorgfaltspflichten gegenüber dem Kaufhauskunden, weil auch dieser Betreiber davon profitiert, dass sich die Kunden überhaupt in sein Geschäft hineinwagen oder wegen der erhöhten Sicherheit bereit sind, auch höhere Preise zu bezahlen. Genauso finden sich nach Vertragsschluss wichtige Rechtsänderungen, sei es die Ausübung eines Lösungsrechts, eines Wahlrechts oder auch die Erteilung einer Weisung, die sich durchaus erklären lassen: Solange nur der ursprüngliche Vertragsschluss dafür sorgen konnte, dass spätere Entscheidungen nicht mehr fremde Rechte verletzen, bleibt das Rechtfertigungsprinzip gewahrt. Aber auch die Geschäftsführung ohne Auftrag lässt sich nur mit einem substanziellen Maßstab erfassen, der gerade nicht auf ein bestimmtes Parteiverhalten angewiesen ist. Schließlich wird noch anzudeuten sein, dass auch die scheinbar so fest verankerte Trennlinie zwischen Vertrags- und Deliktsrechts zu einigen Zweifeln Anlass gibt.

Fazit: Nachdem großer Wert darauf gelegt wurde, vertragsrechtliche Fragen vor allem anhand klassischer Fallkonstellationen und konkreter Fälle zu diskutieren, geht es abschließend um einige zentrale Probleme und Anliegen, welche die vertragstheoretische Diskussion von jeher beeinflussen. Schon weil die meisten Autoren für sich beanspruchen, ein liberales Konzept zu vertreten, lohnt die Frage, was wir denn als liberal empfinden und wie sich das Vertragsrecht dazu verhält. Nicht weniger spannend ist es, das Gleiche für „sozial" zu diskutieren, wenngleich es schon deutlich weniger populär ist, Derartiges zu beanspruchen. Eine grundlegende Weichenstellung bildet der Gegensatz von Inhalt und Verfahren: Da klassische Vertragstheorien auf das von den Parteien Gewollte oder Erklärte verweisen, können sie weder den Vertragsinhalt verallgemeinernd beschreiben noch die unser Vertragsrecht kennzeichnende Kompetenzverteilung oder die genauen Rahmenbedingungen einer Entscheidung erfassen. Mit dem Privatrecht geht es dann um eine Unterscheidung (nämlich vom öffentlichen Recht), die gerade in jüngerer Zeit als engstirnig kritisiert wird. Denn natürlich wirkt sich auch das Vertragsrecht auf gesamtgesellschaftliche Phänomene aus und wird von diesen wiederum stark beeinflusst. Doch erlauben es Verträge gerade deshalb so vielen Menschen, unkompliziert ihre eigenen Ziele zu verfolgen, weil wir uns im Privatrecht gegenüber zahllosen politischen Anliegen erstaunlich blind zeigen. Diese Autonomie ist hilfreich und sollte verteidigt, nicht aufgeweicht werden. Damit ist einmal mehr ein Aspekt angesprochen, ohne den sich kein soziales Phänomen ernsthaft verstehen ließe: die menschliche Unwissenheit. Dabei geht es nicht nur um den Vertrag selbst, sondern bereits die grundlegende methodische Herangehensweise, zu der wir angesichts unserer begrenzten geistigen Fähigkeiten verdammt sind. Zum Abschluss sei dann noch ein (weiterer) kleiner Frevel begangen. Denn so großartig die Leistungen *Immanuel Kants* waren und er uns gerade erkenntnistheoretisch bis heute gültige Einsichten bescherte, verkörpert dieser Philosoph – als Kind seiner Zeit – auch besonders anschaulich einige der größten Irrtümer des neuzeitlichen Denkens, die das Vertragsverständnis bis heute behindern.

§ 2 Tatbestand

Nach dem Rechtfertigungsprinzip treten rechtliche Einbußen so weit ein, wie dies notwendig ist, um sich getreu den eigenen Zielen zu verbessern. Diese Definition legt es nahe, zunächst subsumtionsfähig darzulegen, was der Verfasser unter Recht und Ziel versteht. Dabei wird das Rad bewusst nicht neu erfunden, wohl aber eine präzise Definition angestrebt. Das wiederum erlaubt wichtige Einsichten insbesondere zur fundamentalen Bedeutung menschlicher Zwecke wie auch des für jede Rechtsordnung unausweichlichen Wechselspiels von Stabilität und Veränderung und damit der Geschichtlichkeit jedes Rechts und jeder Rechtswissenschaft.

Dass es erst den nachfolgenden Kapiteln vorbehalten bleibt, klassische Fallkonstellationen zu diskutieren und dabei einzelne Theorien praktisch zu überprüfen, macht die anstehenden Ausführungen vergleichsweise abstrakt. Für die meisten Zwecke mag es sich daher empfehlen, dieses Kapitel zunächst zu überspringen. Denn was ein Ziel oder Recht ist, lässt sich zumindest grob unserem normalsprachlichen Verständnis entnehmen. Andererseits wird sich schnell zeigen, dass diese Begriffe doch nicht so klar und einfach sind, wie sie anfangs scheinen. Schon deshalb kommen wir um die folgenden Ausführungen nicht umhin.

A. *Ziele*

I. Entscheiden im Vertragsrecht

Wenn sich in der vertragstheoretischen Diskussion ein gemeinsamer Nenner finden lässt, dann der, dass irgendjemand irgendwann unter irgendwelchen Umständen über einen Vertragsschluss bzw. einzelne Vertragsinhalte entscheiden muss. Jedes ernstzunehmende Konzept sollte daher möglichst präzise angeben und möglichst verallgemeinernd beschreiben, wann welche Personen wie entscheiden.[1] Nach der Willenstheorie etwa sollen es allein die Vertragsparteien sein, die im Augenblick des Vertragsschlusses mit einer auf den Ver-

---

[1] Näher unten § 8; § 19 D.; passim.

tragsinhalt gerichteten Aufmerksamkeit (Geschäftswille) entscheiden,[2] während die Erklärungstheorie einen bloßen Handlungswillen genügen lässt.[3] Und selbst wenn man diese Entscheidung mit der Willens- oder Erklärungstheorie allein den Vertragsparteien überlasst, wird man regelmäßig davon ausgehen dürfen, dass diese Parteien den Vertragsinhalt nicht etwa auswürfeln, sondern – nach welchen Kriterien auch immer und ganz gleich, ob bewusst oder unbewusst, – bewerten.

Das allerdings bringt die klassischen Vertragstheorien in Bedrängnis, als sie sich über das, was Parteien in welcher Situation vertraglich vereinbaren, nicht einmal ansatzweise äußern, sondern allein darauf verweisen, dass das, was gewollt oder erklärt werde, eben gewollt oder erklärt werde – warum auch immer. Dabei sind Verträge genauso wissenschaftlich zu erfassendes Recht wie Gesetze oder allgemeine Rechtsgrundsätze.[4] Die unzähligen Vertragsinhalte, wie wir sie täglich in all ihrer Vielschichtigkeit vorfinden, sind praktisch besehen auch viel zu bedeutsam, als dass wir sie vertragstheoretisch ignorieren sollten. Und spätestens dort, wo es Parlamentarier, Richter oder ganz andere Personen sind, die den Vertragsinhalt beeinflussen,[5] müssen wir deren Handeln begründen können – man denke nur an das dispositive Vertragsrecht[6] oder die Inhaltskontrolle Allgemeiner Geschäftsbedingungen.[7] Spätestens hier kommt niemand umhin, Vertragsinhalte anhand irgendeines Kriteriums zu bewerten und damit einen Maßstab zu nennen, anhand dessen wir einen Vertrag als erwünscht oder unerwünscht identifizieren bzw. verschiedene denkbare Vertragsinhalte als besser oder schlechter einstufen.[8]

Hat man sich dieser Herausforderung gestellt, lässt sich dann auch offen untersuchen, wie aufwändig und vielschichtig unser Vertragsrecht diesen Maßstab verwirklicht. Während jede Person ganz allein über ihre eigenen Ziele entscheidet,[9] sind es bereits sehr verschiedene Personen, die einen Vertragsinhalt bestimmen.[10] Und zeitlich treffen diese Personen – einschließlich der Vertragsparteien – ihre Entscheidungen nicht nur bei Vertragsschluss, sondern auch davor und danach.[11] Qualitativ wiederum lassen wir mal nur bewuss-

---

[2] Näher unten § 9 C. I.
[3] Näher unten § 10 A.
[4] Näher zu dieser Kritik unten ab § 3 A. II. sowie zum Rechtsbegriff unten § 2 B. I.
[5] Näher unten § 8 B. I.
[6] Näher unten § 16 A. III. 2.
[7] Näher unten § 14.
[8] Wobei wir dann immer eine Vergleichsbasis benötigen, um Alternativen vor diesem Hintergrund als besser oder schlechter bewerten zu können, vgl. daher zur Rechtebasierung unten § 2 A. II. 2.; § 2 D.; § 3 A. IV.; § 4 C. I. 1.; passim.
[9] Näher gleich unten § 2 A. II.
[10] Näher unten § 8 B. I.
[11] Näher unten § 8 C.

tes,[12] oft aber auch unbewusstes[13] und dann wieder nur besonders informiertes Verhalten gelten.[14] Wollen wir diese für jedes Vertragsrecht so typische Vielschichtigkeit begründen und damit verallgemeinernd beschreiben, benötigen wir einen Orientierungspunkt, an dem wir die Kompetenzverteilung, den zeitlichen Ablauf und die jeweiligen Rahmenbedingungen ausrichten können.[15]

II. Begriff

1. Maßstab

a) Ziele versus Vertragsinhalt

Nach dem hier zugrunde gelegten Begriffsverständnis liefern Ziele – bzw. synonym verwandt Interesse, Zweck und Motiv – diesen für das Vertragsverständnis so wichtigen Maßstab. Wer sich Ziele setzt, priorisiert – und zwar diese Ziele gegenüber dem anhand dieser Ziele zu bewertenden Gegenstand. Es ist diese Priorisierung – und nicht etwa eine vermeintlich notwendige Zukunftsbezogenheit –[16], auf die es im Vertragsrecht ankommt. Setzt sich die Vertragspartei ein Ziel, so soll der Vertragsinhalt dieses Ziel verwirklichen. Der Vertrag ist ihr nur Mittel zum Zweck, ein bloßes Instrument, und damit den Zielen untergeordnet,[17] wobei das Vertragsrecht deren Festlegung dem Einzelnen belässt.[18] Entscheidungen über den Vertragsinhalt und solche über das verfolgte Ziel sind begrifflich sorgsam zu trennen, denn die praktische Umsetzung einer Priorität verläuft in gedanklich anderen Bahnen als deren Festlegung. Der vertragstheoretisch vielleicht wichtigste Unterschied ist dabei, dass sich Ziele mit sehr viel weniger Aufmerksamkeit erfassen lassen als ganze Vertragsinhalte.[19]

b) Zwischenziele

Wohl aber lassen sich Ziele abstufen – was vor allem dort wichtig wird, wo wir uns in komplexen Entscheidungssituationen an einfachere Zwischenziele

---

[12] Hierzu gehören jedenfalls diejenigen Fälle, in denen das Vertragsrecht einen Geschäftswillen verlangt – und sei es nur über den Umweg eines Anfechtungsrechts wegen Inhalts- oder Erklärungsirrtums, näher dazu unten § 17 C.

[13] Die klassische Rechtsgeschäftslehre bewältigt das entweder durch diverse Fiktionen (näher unten § 9 C. V. 2.) oder die ausdrückliche Berücksichtigung auch von Fahrlässigkeit oder Verantwortung (näher unten § 10 C).

[14] Näher unten § 17 D.; § 18 C. I.

[15] Siehe hier nur unten § 8.; § 19 D., wobei nochmals (vgl. bereits oben Fn. 8) auf die nötige Vergleichsbasis hingewiesen sei.

[16] Näher unten § 2 A. II. 5.

[17] Näher unten § 2 A. IV. 1.; § 9 D. I.; passim.

[18] Näher unten § 2 A. V. 3. b).

[19] Näher unten § 2 A. IV. 3.

halten.[20] Auch wer ein besonders schönes Haus bauen möchte, sollte sich erst einmal nach einem passenden Grundstück umschauen, bevor er sich mit architektonischen Feinheiten beschäftigt. Und wollen wir unsere finanzielle Situation verbessern, mögen wir die Zwischenziele bilden, erstens nur das einzukaufen, was wir nach reiflicher Überlegung wirklich benötigen, und zweitens so lange nicht vom Schreibtisch aufzustehen, wie wir nicht mindestens 8 Stunden produktiv gearbeitet haben. Das Oberziel wird dabei nicht aufgegeben, vielmehr ist die Befolgung des Zwischenziels angesichts der menschlichen Unwissenheit – und nur dann ergeben Zwischenziele Sinn – der erfolgreichste Weg, um das eigentliche Ziel praktisch zu verwirklichen. Auch hier haben wir also eine klare Priorisierung, bestimmen und hinterfragen wir nämlich das Zwischenziel regelmäßig daraufhin, ob es tatsächlich das Oberziel bestmöglich verwirklicht.

c) Zielkonflikte

aa) Auflösung durch Oberziel
Dass wir Ziele abstufen können, lässt uns auch die so häufigen Zielkonflikte bewältigen. Denn schließlich kommt es gerade bei Verträgen oft vor, dass jemand nicht nur ein Ziel, sondern derer gleich viele verfolgt. Was etwa, wenn wir ein Auto wollen, das gleichermaßen schnell, sparsam, sicher, leicht, groß und sehenswert ist? Die Antwort liegt hier auf der Hand, können wir uns fragen, worum es uns „eigentlich", d.h. auf einer übergelagerten Ebene, geht. Findet sich dort für die rechtlich interessierende Frage ein eindeutiges Ziel, lässt sich der Konflikt lösen – und zwar ohne Abwägung oder sonst flexible Würdigung.[21] Dabei sei nochmals darauf hingewiesen, dass wir – ganz gleich, wer nach der jeweils vertretenen Theorie über den Vertragsinhalt entscheiden sollte – gar nicht umhin kommen, derartige Konflikte zu lösen und damit einem einheitlichen Bewertungsmaßstab zu unterstellen, wenn wir nicht würfeln bzw. wissenschaftlich kapitulieren wollen.

bb) Stufenwahl
Orientiert sich menschliches Handeln an verschiedenen Zwischenzielen, müssen wir uns fragen, welches davon wir vertragsrechtlich berücksichtigen. Interessiert hier immer nur das höchste, letzte Ziel der Vertragspartei und damit etwa, ob sie für sich eher den Weltfrieden oder aber größtmöglichen Reichtum erstrebt? Wenn derartige Oberziele geradezu definitionsgemäß den letztlich entscheidenden Maßstab bilden, wäre dies sicher nicht immer praktikabel. Genauso wie wir für den Vertragsinhalt regelmäßig gut beraten sind, die Par-

---

[20] Siehe zu solchen Abstufungen etwa *Köhler*, Zweckstörungen, 1971, S. 7 ff.; *Tillmanns*, Strukturfragen, 2007, S. 23 jeweils m.w.N.
[21] Siehe dazu auch unten § 3 A. IV.; § 19 F. III. 2.

teien selbst darüber entscheiden zu lassen, was deren eigenen Ziele größtmöglich verwirklicht,[22] greift auch bei der Stufenwahl der Subsidiaritätsgrundsatz: Hat die Vertragspartei ein Zwischenziel gebildet, weil sie so ihr Oberziel besser zu verwirklichen glaubt, wird das im Zweifel gute Gründe haben.

Kauft jemand ein Brot, um nicht zu verhungern (Zwischenziel), muss es uns nicht sonderlich interessieren, worin diese Person den Sinn ihres Lebens sieht. Dabei können wir regelmäßig so lange auf untere Zwischenziele herabsteigen, wie wir nicht auf der jeweilige Ebene auf gleich mehrere für den Vertragsschluss relevante und damit kollidierende Ziele stoßen oder aber dieses Zwischenziel ersichtlich höherstufigen Zielen widerspricht, etwa weil es irrtümlich gebildet wurde.[23] Letztlich kann hier auf die gleichen Kriterien (Kenntnisse und Fähigkeiten, Sachnähe, Energieaufwand etc.) zurückgegriffen werden, die generell für die personelle wie zeitliche Aufteilung vertraglicher Entscheidungen anzuwenden sind.[24]

2. Vergleichsbasis

Nur kurz sei darauf hingewiesen, dass jede Bewertung – ganz gleich, anhand welchen Ziels – immer nur funktionieren wird, wenn irgendeine Vergleichsbasis benannt wird. Denn sobald wir darauf verzichten, rein irreal-hypothetische Welten – etwa in Form eines unterstellten, aber tatsächlich nicht gegebenen „anders handeln Können" –[25] zu vergleichen,[26] müssen wir den Einwand abschneiden, dass jede Entwicklung immer bereits angelegt und von uns allenfalls noch nicht wahrgenommen oder vorausgesehen worden war. Darauf wird noch einzugehen sein, da das Vertragsrecht die Ziele der Vertragsparteien mit deren rechtlichen Ausgangslage verknüpft.[27] Allgemein für Ziele gesprochen sind demgegenüber auch andere Referenzpunkte denkbar.

3. Zusätzliche Anforderungen

a) Aufmerksamkeit

Bilden Ziele einen Maßstab, anhand dessen sich Vertragsinhalte wie Zwischenziele bewerten lassen, kann man fragen, ob Ziele nicht noch zusätzliche Anforderungen erfüllen sollten. Das mag die menschliche Aufmerksamkeit oder ein bestimmter Kenntnisstand sein. Doch scheinen solche geistigen

---

[22] Näher unten § 8 E. II. 2.
[23] Näher zu Motiv- und sonstigen Irrtümern unten § 16.
[24] Näher unten § 8 B. III.; § 8 C. II. 2.
[25] Näher dazu unten § 4 B. I. 4. b) aa); § 4 B. I. 4. b) ee); § 9 C. I. 3. d); § 10 C. IV. 5.; § 17 E. III. 6. c) bb); § 19 B. III. 2.; § 19 G. IV.
[26] Näher zu solchen Versuchungen etwa unten § 9 C. V. 2. d); § 17 E. IV. 1. c); § 19 B. III.; § 19 C. III.; § 19 F. II.; passim.
[27] Näher unten ab § 3 A. IV.; § 4 C. I.; passim.

Merkmale zumindest nicht begriffsnotwendig. Hierzu muss man sich nur verdeutlichen, dass es zunächst nicht um die Umsetzung eines Ziels – etwa auf ein diesem förderlichen Vertragsinhalt – geht, sondern allein um dessen Festlegung.

Untersucht man die normalsprachliche Verwendung, so reden wir oft selbst dort von Zielen, wo ein durch Aufmerksamkeit getragenes Verhalten ersichtlich fehlt. Ja, unsere Sprache ist selbst bei völlig geistlosen Phänomenen von Zwecken geradezu durchtränkt. So strebt der Baum nach oben zum Licht, bildet die Rose Dornen aus, um sich gegen Tierfraß zu wehren, und verfügen Giraffen deshalb über so lange Hälse, damit sie weit oben fressen können. Derartige Zuschreibungen[28] erleichtern uns oft das Denken, indem sie komplizierte Verhaltensweisen prägnant, wenn auch ungenau, zusammenfassen. So müssen wir nicht davon reden, dass sich in einem möglicherweise über viele Jahrtausende reichenden Prozess solche Eigenschaften genetisch durchsetzten, die dem Phänotyp des Dorns entsprachen, weil diese Blumen seltener gefressen wurden. Und auch wenn man sich nach den letzten Gründen und Ursachen des so komplexen menschlichen Verhaltens fragt, ist die Versuchung groß, typisch menschliche Verhaltensweisen als Ausdruck einer bestimmten Zweckbestimmung zu interpretieren – und tatsächlich geschieht genau das bis heute.[29] Doch bisweilen sind solche Zuschreibungen gefährlich, weil wissenschaftliche Zusammenhänge verschleiernd. So verfolgt die Natur keine Zwecke, sondern sie passiert einfach, und sind es allenfalls wir Menschen, die ihr bestimmte Ziele zuschreiben.[30]

Eine ganz andere Frage ist allerdings, ob es nicht die verallgemeinernde Beschreibung des geltenden Vertragsrechts erleichtert, für Ziele eine Aufmerksamkeit zu verlangen[31] und damit diesen Begriff bewusst eng zu definieren. *Jhering* etwa spricht von der „Vorstellung" eines Zukünftigen.[32] Schließlich bescherte uns die Evolution die herausragende und insoweit alle anderen Lebewesen weit überragende Fähigkeit zu planen – also Ziele und diesen wiederum untergeordnete Zwischenziele bewusst zu entwerfen. Und so wenig wir wissen, wie dieses planende Denken im Einzelnen funktioniert, spielt die menschliche Aufmerksamkeit bei derartigen Prozessen jedenfalls eine wichtige Rolle. Denn sie garantiert eine gewisse Qualität menschlichen Handelns. Für uns reicht dabei die Feststellung, dass der Mensch planen kann und sich das Ziel dieser Planung feststellen lässt.[33]

---

[28] Näher zu diesem Phänomen unten § 17 E. III. 6.
[29] Näher unten § 2 A. V. 2. b).
[30] *Darwin*, Origin of the Species, 1859.
[31] Näher zu diesem Begriff unten § 8 A. II. 2.
[32] *Jhering*, Zweck, Bd. 1, 1877, S. 10. Zum vermeintlichen Merkmal des Zukünftigen vgl. jedoch gleich unten § 2 A. II. 5.
[33] Näher unten § 2 A. III.

b) Kenntnisse

Eine spannende Frage, ist, inwieweit wir für Ziele über Aufmerksamkeit hinaus noch weitere Anforderungen stellen sollten. Während für den Geschäftswillen – allen dogmatischen Schwierigkeiten klassischer Vertragstheorien zum Trotz – durchaus geprüft wird, ob hier etwa eine Informationspflicht verletzt wurde bzw. ein beachtlicher Motivirrtum vorliegt,[34] wird dies für die hier interessierenden Ziele – da vertragstheoretisch ohnehin gerne vernachlässigt –[35] eher selten diskutiert. Das mag noch insofern verständlich sein, als bei Zielen der Subsidiaritätsgedanke besonders oft greift, da Ziele weniger irrtumsanfällig sind[36] und wir bei Irrtümern oft auf ein höherstufiges Ziel ausweichen können.[37]

Was genau wir qualitativ für ein Ziel verlangen, wird neben den Fällen fehlender Aufmerksamkeit auch noch bei anderen geistigen Defiziten deutlich. So misstrauen wir nicht nur dem Geschäftswillen von Minderjährigen oder gar Kleinkindern, sondern auch deren (Zwischen-) Zielen. Und anders als bei der gewillkürten Stellvertretung eines Volljährigen[38] ordnen sich die Eltern keineswegs nur den Zielen ihres Schützlings unter. Deshalb trifft die Rede vom Paternalismus – nicht ohne Grund bereits wörtlich einschlägig – hier tatsächlich, wohingegen sonst die eher realitätsfremde Vorstellung mitschwingt, als sei es liberalem Anspruch abträglich, wenn nicht die Vertragsparteien selbst sämtliche Vertragsinhalte bestimmen.[39]

Dabei ist es bemerkenswert, wie sehr wir uns zumindest im Privatrecht scheuen, fremde Ziele anderen aufzuoktroyieren. Lässt sich etwa eine Entscheidung aufschieben, bis der Minderjährige erwachsen ist, tun wir das oft auch. Und ist das nicht möglich, gehen „gute" Eltern nach zumindest verbreiteter Sicht mit den Mitteln ihres Kindes – etwa aus einer Erbschaft – so um, dass sie dessen individuelle Fähigkeiten und Veranlagungen berücksichtigen oder sich jedenfalls fragen, was im „wohlverstandenen" Interesse dieses Kindes liegt.

Auf jeden Fall erscheint es für eine klare Begriffsbildung eher schädlich, dort, wo eine Person keine oder nur qualitativ fragwürdige Vorstellungen bilden kann und wir diese daher ignorieren, weiter von den Interessen dieser Person zu sprechen. Entscheiden etwa die Eltern für ihr Kind, nehmen diese Eltern ihre eigenen Interessen wahr,[40] nur dass dies selten zu etwas führt, was wir als für das Kind nachteilig empfinden.

---

[34] Näher unten § 9 C. III.; § 17 D.
[35] Näher unten § 2 A. V. 2.
[36] Näher unten § 2 A. IV. 5.
[37] Näher oben § 2 A. II. 1. c) bb).
[38] Näher zur Stellvertretung unten § 13.
[39] Näher zu derartigen Vorstellungen unten § 8 A. III.; § 19 B.
[40] Näher unten § 2 A. II. 7.

c) Objektive Setzung

Abschließend sei noch darauf hingewiesen, dass sich Ziele auch ganz objektiv definieren ließen. Das mag entweder rein beschreibend dadurch geschehen, dass man beispielsweise behauptet, unser geltendes Vertragsrecht sei so ausgestaltet, dass die Parteien möglichst reich werden oder sich erfolgreich fortpflanzen – etwa weil dies der kulturellen oder auch genetischen Veranlagung des Menschen entspreche. Hier würde also nicht wie nach dem Rechtfertigungsprinzip ergebnisoffen auf die Vorstellung jedes einzelnen Menschen verwiesen,[41] sondern ein bestimmtes Anliegen unterstellt. Genauso ist eine stärker normativ aufgeladene Setzung von Zielen denkbar, etwa wenn wir getreu aristotelisch-thomistischem Denken verschiedensten Dingen einen Zweck zuschreiben, der diesen innewohne und ihnen von Natur aus aufgegeben sei.[42]

Letztlich sind hier die praktischen Unterschiede nicht ganz so groß, wie das vielleicht erscheinen mag. Denn auch bei objektiver Setzung des – dann notwendig höchstrangigen – Ziels wird es dennoch wieder der Mensch sein, der dieses letzte Ziel mittels eigens ermittelter und von Aufmerksamkeit getragener Zwischenziele verwirklicht bzw. verwirklichen sollte. Und diese nicht ganz so hochrangigen Ziele sind nun einmal diejenigen, die vertragsrechtlich am meisten interessieren.[43]

4. Kollektive Ziele?

Verlangt man für ein Ziel, dass sich darauf die menschliche Aufmerksamkeit erstreckt, sichert das nicht nur eine gewisse Qualität des auf das Ziel gerichteten Denkprozesses. Es reserviert auch das Privileg, Ziele überhaupt bilden zu können, allein für die mit Aufmerksamkeit beglückten Lebewesen und damit insbesondere für uns Menschen. Weiterhin sichert es jedem Einzelnen eine gewisse Exklusivität – nämlich über ganz eigene Ziele zu verfügen –, da wir unsere Aufmerksamkeit nicht mit der anderer Menschen vereinen, sondern deren Inhalt allenfalls mitteilen können.[44] Jedenfalls nach dem gängigen Begriffsverständnis[45] gibt es keine kollektive Aufmerksamkeit.

Andererseits billigen wir Personenvereinigungen durchaus zu, „eigene Ziele" zu verfolgen oder auch einen „eigenen Geschäftswillen" zu besitzen.[46] Wollen wir hier nicht plötzlich ein ganz neues, apsychologisches und damit für andere nicht überprüfbares Verständnis von Aufmerksamkeit verwenden, bleibt vor allem eine Option: Wir müssen verlangen, dass jedenfalls ein be-

---

[41] Näher unten § 2 A. V. 3. b).
[42] Näher zu solchen Ansätzen unten § 3 A. III. 3.
[43] Vgl. oben § 2 A. II. 1. c) bb).
[44] Siehe dazu auch im Kontext der Stellvertretung unten § 13 B. II. 2.
[45] Näher zur Aufmerksamkeit unten § 8 A. II. 2.; § 9 B. II.
[46] Näher zur Verselbständigung juristischer Personen unten § 19 E. III. 2. b).

stimmter Mensch zu einem bestimmten Zeitpunkt eine Zielvorstellung entwickelt, die wir dann als das Ziel des Kollektivs ansehen. Das mag etwa diejenige Vorstellung sein, die in einer Abstimmung unter Gesellschaftsmitgliedern eine Mehrheit findet (und vielleicht sogar im Gesellschaftsvertrag ausdrücklich festgehalten wird), oder aber die derjenige hegt, der von den Gesellschaftern dazu bestimmt wurde, in irgendeiner Form für dieses Kollektiv zu handeln.

5. Zukunftsorientierung?

Bisher wurden Ziele vor allem als ein von Aufmerksamkeit getragener Maßstab definiert. Was demgegenüber fehlte, war ein zeitliches Moment. Ziele zu „verfolgen" ist nach dem derzeitigen Stand unserer Ausführungen entbehrlich, Ziele zu „haben" hingegen nicht. Doch müssen sich Ziele nicht notwendig auf die Zukunft beziehen? Zumindest *Jhering* gibt hier eine klare Antwort: Ziele seien die Vorstellung eines Zukünftigen.[47] Demgegenüber fällt der normalsprachliche Befund zweischneidig aus. Sätze wie „X hat ein klares Ziel, aber keine Vorstellung von der Zukunft", empfinden wir keineswegs als völlig sinnlos, sondern verstehen sie etwa dahingehend, dass X zwar genau weiß, was ihm wichtig ist, nicht jedoch, wie er dies praktisch verwirklichen kann. Und genau das beschreibt erschreckend realistisch, was für viele Vertragsinhalte gilt.[48]

6. Zielveränderungen

Doch was passiert, wenn sich eine Vertragspartei erst später über Zwischenziele Gedanken macht, diese nachträglich ändert oder irrtümlich fasst? Und kann man nicht sogar seine letzten Ziele ändern – etwa wenn man vom raffgierigen Kapitalisten zum bedürfnislosen Buddhisten mutiert? Nicht nur im Vertragsrecht wäre es wünschenswert, den Einzelnen nicht sein Leben lang oder auch nur nach Vertragsschluss an seinen einmal gefassten Maßstab zu binden. So irren wir nicht nur oft, sondern neigen bisweilen auch dazu, unsere Prioritäten zu ändern. All das prinzipiell, nämlich bereits bei der Definition des Ziels, ignorieren zu wollen, bedarf sorgfältiger Begründung – gerade bei liberalem Selbst- bzw. Vertragsverständnis.

Ein möglicher Einwand ist schnell gefunden: Denn wo kämen wir hin, wenn jeder ständig seine Motive beliebig ändern und das dann noch seinen Vertragspartnern entgegenhalten könnte? Schließlich dürfen wir nicht überall dort, wo die andere Partei nur deshalb eine rechtliche Belastung eingeht, weil sie nur so

---

[47] Vgl. oben Fn. 32.
[48] Näher unten § 8.; § 9 C. IV.; § 10 D.; passim.

die erhoffte Gegenleistung erhält,[49] diese Gegenleistung einfach aufkündigen. Vielmehr gehört es zum Vertragsinhalt, dass jede Seite zumindest zu einem gewissen Grad das Risiko trägt, später nicht mehr mit dem Hinweis auf einen Irrtum gehört zu werden – und zwar für Motiv- wie Inhaltsirrtümer.[50] Andererseits gilt das nicht uneingeschränkt, sondern erkennen wir durchaus auch Lösungsmöglichkeiten an – etwa wenn einer Partei diese Flexibilität besonders wichtig ist und sie daher bereit war, dafür einen guten Preis zu zahlen. Gerade bei einseitig belastenden Rechtsgeschäften[51] bereitet es uns oft wenig Bauchschmerzen, selbst eine etwas wechselhafte Zielfindung zu berücksichtigen. Die Lösung dieses vermeintlichen Dilemmas besteht hier darin, den Inhalt einer Rechtsänderung anhand des damals vorgefundenen Ziels auch mit Blick auf solche Risiken zu bestimmen.[52]

7. Aneignung fremder Interessen?

Verbindet man mit Zielen einen mit menschlicher Aufmerksamkeit versehenen Maßstab, so dass einzelne Personen ihre ganz eigenen Ziele haben, und können sich diese Ziele mit der Zeit wandeln, liegt eine Frage nahe: Lassen sich nicht auch Ziele mit anderen vereinbaren? Und können wir außer unseren eigenen Zielen auch fremde Ziele verfolgen? Verlässt man sich hier auf den allgemeinen Sprachgebrauch, scheint ein solches Verständnis zumindest möglich, beanspruchen wir doch häufig, (auch) die Interessen anderer Menschen zu verfolgen. Für ein solches Begriffsverständnis mag auch die weit verbreitete Rede einer Zielvereinbarung oder das Merkmal eines gemeinsamen Zwecks im Gesellschaftsrecht[53] sprechen.

Und doch ist hier Zurückhaltung angebracht. Denn zum einen lässt sich daran zweifeln, ob unsere Ziele frei wählbar oder aber wie alles menschliche Handeln vorbestimmt sind.[54] Die praktisch so wichtigen Zwischenziele wiederum orientieren sich am jeweiligen Oberziel und sind schon deshalb nicht frei wählbar. Vor allem aber – und das reicht für unsere vertragsrechtlichen Betrachtungen völlig – werden wir unsere Ziele nicht einfach ändern, nur weil die Gegenseite dies fordert oder darum bittet. Wir sagen nicht: „Nun gut, dann habe ich von jetzt an eben ein anderes (Zwischen-) Ziel." Besonders wichtig wird das bei Zwang, Drohung und Ausbeutung. Denn während es sich

---

[49] Näher zu dieser für gegenseitige Verträge typischen Verknüpfung unten § 3 C.
[50] Eingehend zum Risiko unten § 5, speziell zu Irrtümern unten § 16 sowie zum Phänomen der Geschichtlichkeit unten § 2 D.
[51] Näher unten § 3 B.
[52] Was hier so abstrakt klingt, wird insbesondere unten § 5; § 6; § 17 C. und § 17 D. zu illustrieren sein.
[53] Siehe hier nur für das deutsche Recht § 705 BGB.
[54] Gerade bei Begriffen wie Freiwilligkeit, Entscheidungsfreiheit oder Willensfreiheit fällt es schwer, einen subsumtionsfähigen Gehalt zu bestimmen, vgl. dazu näher unten § 4 B. I. 4.; § 17 D. II. 2.

erzwingen lässt, eine bestimmte Erklärung wissentlich abzugeben – was dann zur traditionsreichen *coactus voluit*-Diskussion führt –,[55] lassen sich Ziele nicht vergleichbar beeinflussen. Auch deshalb funktioniert das Rechtfertigungsprinzip, nicht aber die klassischen Vertragstheorien, in derartigen Situationen, zumal sich die jeweilige rechtliche Ausgangslage genauso schlecht manipulieren lässt.[56]

Wenn der normale Sprachgebrauch dennoch die Berücksichtigung fremder Ziele wie auch Ziel- oder Zweckvereinbarungen kennt, muss das eine andere Bedeutung haben. So mag man in einem bestimmten Bereich solche (Zwischen-) Ziele haben, die sich mit denen anderer Personen decken. Genau das ist im Gesellschaftsrecht der Fall, wenn sich verschiedene Leute zusammenschließen, um ein gemeinsames Anliegen zu verfolgen.[57] Ebenso lassen sich fremde Zwecke dadurch berücksichtigen, dass man einen Gesetzes- oder Vertragsinhalt so ausgestaltet, dass sich wichtige Zwischenziele ähneln. Ausweislich des Rechtfertigungsprinzips wird man das immer dann tun, wenn es so möglich ist, auch die eigenen Ziele zu verwirklichen.[58] Schließlich lässt sich all das dokumentieren, etwa wenn man zu Beginn eines Vertragsdokuments festhält, an welchen Zielen der Vertragsinhalt in Zweifelsfragen auszurichten ist.

III. Feststellung

1. Notwendigkeit

Jedes ernstzunehmende vertragstheoretische Konzept muss sich fragen lassen, wie genau sich dessen Tatbestandsmerkmale praktisch überprüfen lassen. Was wir Juristen gemeinhin als Subsumtion bezeichnen, gilt auch für jede andere wissenschaftliche Hypothese. Das wiederum bedeutet, dass worauf man auch immer theoretisch abstellt, wir irgendeinen realen Bezug benötigen. Andererseits schließt das keineswegs aus, auch geistige Phänomene zu verwenden. Denn auch diese haben immer dann einen realen Kern, wenn sie sich naturwissenschaftlich beschreiben und messen lassen. Das gilt besonders für die – sowohl für Ziele als auch den Geschäftswillen – so wichtige menschliche Aufmerksamkeit.[59] Dabei müssen wir nicht etwa verlangen, dass sich die Parteien für jeden Vertragsschluss in einen Magnetresonanztomographen legen oder sich jeweils einer Elektroenzephalografie unterwerfen – zumal sich der Inhalt menschlicher Aufmerksamkeit selbst dann nicht einfach auslesen lässt. Vielmehr reichen meistens auch Indizien. Hat man erst einmal eine wissenschaft-

---

[55] Näher unten § 4 B. I. 1. a).
[56] Näher unten § 4 C.
[57] Näher unten § 19 E. III. 2. b) aa).
[58] Zur Verknüpfung gegenseitiger Leistungen siehe unten § 3 C. II.
[59] Näher oben § 2 A. II. 3. a); unten § 9 B. II. 3.

lich überprüfbare Vorstellung von Aufmerksamkeit entwickelt,[60] lassen sich dann auch leicht handhabbare Fallgruppen bilden. Verfasst etwa jemand handschriftlich in aller Ruhe einen Text, lässt sich daraus schließen, dass sich auch dessen Aufmerksamkeit auf das so Geschriebene erstreckte. Doch selbst wo eine solche Erklärung fehlt, weiß sich die Rechtspraxis oft zu helfen, wie allein Scheingeschäft, erkannter Irrtum, *falsa demonstratio* oder Irrtumsanfechtung illustrieren.[61]

2. Umsetzung

Doch wie verhält es sich mit den menschlichen Zielen? Schließlich werden diese eher selten vertraglich niedergelegt, so dass man bezweifeln mag, ob sie sich ähnlich gut handhaben lassen wie der Geschäftswille. Hier bieten sich zunächst zwei ganz banale Ansätze an. So besitzt der Mensch nicht nur definitionsgemäß die Gabe, seine eigene Aufmerksamkeit wahrzunehmen – er kann darüber auch reden. Oft müssen wir ihn also einfach nur fragen. Genauso können die Parteien Ziele schriftlich festhalten, was gerade im professionellen Rechtsverkehr verbreitet ist.[62] Besonders gilt das für Gesellschaftsverträge, wo die Angabe des Gesellschaftszwecks gesetzlich sogar vorgeschrieben sein kann.

Allerdings mag zumindest im späteren Streitfall nicht jede Partei immer ehrlich ihre Ziele mitteilen, so dass wir dann auf Indizien ausweichen müssen. Oft lässt sich recht zuverlässig auf die einem bekannten Ziele anderer Menschen mit ähnlichem sozialem Hintergrund (Alter, Familienstand, Bildung, Wohnort usw.) in ähnlichen Vertragssituationen zurückgreifen. Und angesichts der Robustheit zumindest vieler höherstufiger Ziele[63] lässt sich oft am früheren Verhalten der betroffenen Person selbst erkennen, was ihr auch heute noch wichtig ist.

Um hier einige banale Beispiele zu nennen: Steigt ein Arbeitnehmer wie jeden Werktag auch heute in den Zug, so geht die Annahme selten fehl, dass er zur Arbeitsstätte gelangen möchte. Fällt ein Ziegel vom Dach und zerbricht, so dass es ins Haus hineinregnet, und kaufen wir dann im Baumarkt einen

---

[60] Näher dazu unten § 8 A. II. 2.
[61] Näher unten § 10 D. III.; § 17 B.
[62] Demgegenüber sind echte Zielvereinbarungen nicht möglich, vgl. dazu bereits oben § 2 A. II. 7. Eine spannende Frage ist, warum die Parteien nicht immer auch ihre Ziele festhalten. Dafür gibt es wohl viele Gründe. Oft halten die Parteien das – berechtigt oder nicht – für unnötig, da sie ja gleich den Vertragsinhalt festlegen (Subsidiarität, vgl. unten § 8 E. II. 2.) und für viele Zielverfehlungen ohnehin das Risiko bei der jeweiligen Seite verbleiben soll (näher unten § 5; § 6; § 17 D.; passim). Daneben ist manches (Zwischen-) Ziel – gerade soweit für den Vertragsinhalt relevant – so offensichtlich (etwa auch angesichts des geregelten Vertragsinhalts), dass man es sich ersparen kann, es gesondert festzuhalten (dazu gleich mehr im Text).
[63] Näher unten § 2 A. IV. 5.

Ziegel, so dürfte es nicht allzu weit hergeholt sein, beides miteinander zu verbinden. In den allermeisten Fällen lässt sich der jeweils verfolgte Zweck also eingrenzen. Besonders gilt das für den wirtschaftlichen Bereich, in dem es letztlich vor allem um eines geht: Geld. Nur weil wir es ausweislich des Rechtfertigungsprinzips jedem Menschen zubilligen, ganz eigene Ziele zu verfolgen,[64] bedeutet das keineswegs, dass diese Ziele für andere unergründlich, zufällig oder gar Ausdruck einer mysteriösen Entscheidungsfreiheit seien. Vielmehr machen uns genetische Vorgaben, kulturelle Einflüsse, Zufälligkeiten und schlichte Sachzwänge nicht nur zu dem Menschen, der wir jeweils sind, sondern verraten sehr oft auch, was für (Zwischen-) Ziele wir wann genau verfolgen. Gerade im heutigen Informationszeitalter leben ganze Industriezweige und Geheimdienste davon, unser Verhalten umfassend zu ermitteln und dieses Wissen in oft erschreckend genaue Prognosen umzusetzen. Bisweilen sind menschliche Ziele für Außenstehende sogar sehr viel leichter zu verstehen als der oft stark situativen Besonderheiten geschuldete Vertragsinhalt.

Doch auch vom jeweiligen Vertragsinhalt lässt sich auf die von den Parteien verfolgten Ziele zurückschließen (um so dann fehlende Parteiregelungen gegebenenfalls wieder zu ergänzen[65]). Bucht etwa ein Tourist trotz deutlich weniger attraktiver Aussicht ausdrücklich ein Zimmer auf der Innen- und nicht der Straßenseite eines Hotels, mag das erkennen lassen, dass ihm vor allem Ruhe wichtig ist.

Daneben kommt es auf manche Ziele ersichtlich nicht an. Geht etwa ein Fernseher kaputt, ist die genaue Ausgestaltung von Gewährleistungsrechten nicht davon abhängig, ob der Käufer lieber Sportsendungen oder Spielfilme schaut. Gerade sehr persönliche „Geschmacksfragen" lassen sich oft ausblenden, nämlich wenn ein Risiko von der betreffenden Partei selbst zu tragen ist.[66] Hatte etwa unser Hotelgast ein Zimmer gebucht, möchte nun aber davon nichts mehr wissen, weil er sich beim überraschend stürmischen Wetter nur zu Hause sicher fühlt, hätte er zumindest nicht ohne erheblichen Aufpreis einen Anbieter gefunden, der ihm das entsprechende Rücktrittsrecht einräumt.[67]

Schließlich lässt sich das Vertragsrecht oft von vornherein dermaßen ausgestalten, dass der Rechtsanwender nur selten in die Verlegenheit kommt, direkt auf die Parteiziele (oder auch – obwohl meistens recht gut feststellbar – auf die jeweilige Rechteausstattung) abstellen zu müssen. Letztlich verkörpern die großen Zivilrechte die über viele Jahrhunderte gewachsene Kunst, Parteiziele mittels möglichst einfacher und leicht überprüfbarer Einzelregeln (einschließlich einer ausgeklügelten personell wie zeitlich verteilten Entscheidungsfindung sowie geeigneter Rahmenbedingungen) zu verwirklichen, anstatt immer

---

[64] Näher unten § 2 A. V. 3. b).
[65] Näher unten § 16 A.
[66] Näher unten § 5; § 6; § 17 C.; § 17 D.
[67] Allgemein zu solchen Leistungsstörungen unten § 6.

gleich den Richter oder Gesetzgeber mit der Festlegung eines möglichst wertschöpfenden Vertragsinhalts zu befassen.[68] Dass wir etwa Täuschung[69] verbieten und mit einem Lösungsrecht sanktionieren, unterstützt die Verwirklichung individueller Ziele, auch ohne dass wir diese Ziele kennen müssten. Genauso können wir Monopole[70] von vornherein bekämpfen oder einem Diskriminierungsverbot unterwerfen. Das wichtigste und vielleicht einfachste Beispiel für diese nur indirekte Verwirklichung von Parteiinteressen bildet das Subsidiaritätsprinzip. Denn sofern die Parteien tatsächlich den Vertragsinhalt bedenken und etwa kein Irrtum oder Monopol vorliegt, lässt sich das Rechtfertigungsprinzip meist dadurch am besten verwirklichen, dass sich der Staat tunlichst heraushält.[71] Das wiederum bedeutet, dass selbst wenn man den äußerst unrealistischen Extremfall unterstellt, dass sich die Parteiinteressen von Außenstehenden niemals auch nur ansatzweise einschätzen lassen, wir „schlimmstenfalls" – als Konsequenz des Rechtfertigungsprinzips in diesem besonders misslichen Spezialfall – wieder bei Willens- oder Erklärungstheorie landeten. Notfalls hätten wir also diese klassischen Ansätze mit Hilfe des Rechtfertigungsprinzips begründet.

IV. Vorteile

1. Achtung der Person

Nachdem Ziele definiert und ihre praktische Verwendbarkeit verdeutlicht wurden, seien nunmehr deren Vorteile illustriert – wegen derer dann auch kein Vertragsrecht umhin kommt, sie ständig zu berücksichtigen.[72] Denn gerade wenn wir für uns beanspruchen, Menschen „als Person" ernst zu nehmen, sie zu „achten" und nicht „als Objekt" zu gebrauchen, sollten wir diese Menschen einfach fragen, warum sie eigentlich Verträge schließen.[73] Die Antwort wird eindeutig ausfallen: Wir kontrahieren nicht, um „nur so" unseren Willen zu betätigen,[74] Verantwortung für eine Erklärung zu übernehmen,[75] Entscheidungsfreiheit auszuleben[76] oder objektiv gleichwertige Gegenstände beliebig auszutauschen.[77] Und schon gar nicht wollen wir damit immer getreu fremder

---

[68] Näher unten § 8; passim.
[69] Näher z.B. unten § 17 D. III. 3. a).
[70] Näher zu diesen Fallgruppen unten § 4 C. III.
[71] Näher unten § 8 E. II. 2. Genau das betonen auch die Vertreter der Grundfolgentheorie, näher unten § 9 D. I. 5.
[72] Näher unten § 2 A. V. 1.
[73] Näher dazu auch unten § 9 D. I.; § 19 B.
[74] Näher zur mangelnden Intrinsität des Parteiwillens gerade nach dem geltenden Recht unten § 9 C. III.
[75] Näher unten § 10 C. IV.
[76] Näher unten § 4 B. I.
[77] Näher unten ab § 4 B. III. 3.

Gerechtigkeitsvorstellungen „pflichtgemäß" handeln.[78] Menschen wollen auch nicht nur spielerisch ihre Kräfte messen, nicht nur erleben oder existieren.[79] Oder wie *Karlowa* schreibt: „Rechtsgeschäfte sind nichtnackte Willensbetätigungen, ihr Wesen besteht nicht darin, dass der Handelnde die Genugtuung habe, einen Willensakt vollzogen und damit sich als Rechtspersönlichkeit dokumentiert zu haben. Sie geschehen vielmehr um eines substanziellen Zwecks willen, um eines bestimmten menschlichen Interesses willen, welche die Handelnden dadurch erreichen bzw. befriedigen wollen."[80] Kurzum: Menschen verfolgen handfeste Ziele – und zwar gerade bei Verträgen. Wir haben klare Prioritäten, bei denen Verträge keineswegs auf der obersten Stufe rein intrinsischer Wertigkeiten stehen.[81]

2. Information

Ganz praktisch besehen eröffnen uns Ziele wichtige Erkenntnisse, auf die wir gerade dann nicht verzichten können, wenn wir getreu dem Subsidiaritätsgrundsatz[82] vor allem das Parteiverhalten berücksichtigen wollen. Denn anstatt nur das bei Vertragsschluss Erklärte oder Gewollte zu berücksichtigen, fügen Ziele dem noch zwei wichtige Informationen hinzu: Erstens den Inhalt des konkreten Ziels und zweitens dessen Priorisierung gegenüber dem Vertragsinhalt. Wie wichtig Ziele für das Verständnis komplexer Sachverhalte sind, zeigt sich gerade beim menschlichen Verhalten: Menschen, deren Anliegen und Bedürfnisse wir nicht verstehen – etwa weil diesen selbst jegliche Vorstellungen darüber fehlt, was ihnen wichtig ist –, irritieren uns.

3. Einfachheit

Geht es dieser Arbeit um die konsequente methodische wie inhaltliche Berücksichtigung menschlicher Unwissenheit,[83] ist die Berücksichtigung menschlicher Ziele ein äußerst wichtiger Schritt dazu. Denn wenngleich der Mensch heillos damit überfordert wäre, bei Vertragsschluss sämtliche Vertragsinhalte in seine Aufmerksamkeit aufzunehmen, beanspruchen Ziele das menschliche Denken ungleich geringer. Denn hier geht es nur um einen Bewertungsmaßstab und nicht dessen umfassende Verwirklichung. Wir können uns sehr wohl

---

[78] Näher zu solchen und ähnlichen Begründungsmustern unten § 4 B. I. 4. b) aa); § 4 B. I. 4. b) ee); § 9 C. I. 3. d); § 10 C. IV. 5.; § 17 E. III. 6. c) bb); § 19 B. III. 2.; § 19 G. IV.

[79] Instruktiv dazu, wenn auch mit etwas anderen Schlussfolgerungen, *Nozick*, Anarchy, State and Utopia, 1974, S. 42 ff.

[80] *Karlowa*, Rechtsgeschäft, 1877, S. 163 f. Zu weiteren Zitaten und Fundstellen siehe unten § 2 A. V. 2. b); § 9 D. I.

[81] Das bestätigt auch das geltende Vertragsrecht, vgl. näher unten § 9 C. III.; § 9 D. I.; passim.

[82] Näher unten § 8 E. II. 2.

[83] Eingehend unten § 17 A.; § 19 F.

überlegen, ob wir Gewinn erzielen, anderen eine Freude machen oder unser defektes Auto reparieren wollen. Und wenn sich dann die gewünschte Reparatur nur gegen Geld verwirklichen lässt und sich damit ein Zielkonflikt auftut, erlaubt es unsere Aufmerksamkeit durchaus noch, anhand übergeordneter Ziele eine Entscheidung darüber zu fällen, was uns in der konkreten Situation lieber ist.[84] Dabei kommt der Entscheidung über Ziele auch zugute, nicht etwa zeitlich an den kurzen Moment des Vertragsschlusses gebunden zu sein, sondern davor wie notfalls noch danach gefasst werden zu können.[85]

Tatsächlich werden sich die Parteien am ehesten mit eben jenen Zielen beschäftigen, gerade weil ihnen das vorrangig ist. Das Vertragsrecht wiederum kann damit – verknüpft mit der jeweiligen rechtlichen Ausgangslage bei Vertragsschluss – enorm viel anfangen. Nicht nur lässt sich mit dieser so geringen Menge an Aufmerksamkeit notfalls[86] staatlicherseits der gesamte Vertragsinhalt in all seiner Reichhaltigkeit bestimmen.[87] Auch die wegen der begrenzten menschlichen Aufmerksamkeit so wichtige personelle Arbeitsteilung wie auch die zeitliche Streckung vertraglicher Entscheidungen lässt sich an diesen Zielen ausrichten.[88] Damit bleiben es die Vertragsparteien, die den letztlich entscheidenden Parameter setzen.[89]

4. Flexibilität

Nur kurz sei die Flexibilität menschlicher Zielfindung betont. Zum einen ist man frei, sich seine Ziele gerade dann zu setzen, wann es einem beliebt, anstatt mit seiner Entscheidung an den Vertragsschluss gefesselt zu sein.[90] Die Berücksichtigung von Zielen erlaubt es uns also, die so fragwürdige Punktualität des klassischen Vertragsdenkens zu überwinden, und zwar nicht nur hinsichtlich des Zeitpunkts der Entscheidung über das verfolgte Ziel, sondern auch für die an diesem Ziel dann ausrichtbare zeitliche Staffelung menschli-

---

[84] Näher zu derartigen Zielkonflikten oben § 2 A. II. 1. c).
[85] Näher oben § 2 A. II. 5. sowie gleich unten § 2 A. IV. 4.
[86] Zum Subsidiaritätsgrundsatz siehe unten § 8 E. II. 2., zumal ein Richter genauso in seiner Aufmerksamkeit beschränkt ist und sich damit sehr viel Zeit für die Bestimmung des Vertragsinhalts nehmen müsste. Schon deshalb ist der Rückgriff auf Sitte, Übung und Brauch so wichtig, siehe dazu näher unten § 16 C.
[87] Näher zu dieser Herausforderung unten § 3 A. II.; § 3 A. IV. 1.; § 7 A. I.; § 8 A. II.; § 16 A.; passim.
[88] Näher unten § 8; § 19 D.
[89] Näher zur Liberalität des Rechtfertigungsprinzips unten § 19 B. II.
[90] Vgl. dazu auch oben § 2 A. II. 5. Hier mag man zwar einwenden, dass sich Vertragsinhalte ebenso in aller Ruhe vorab entwerfen lassen. Doch verlangt etwa die Willenstheorie nun einmal, dass sich die menschliche Aufmerksamkeit gerade bei Vertragsschluss auf sämtliche Vertragsinhalte erstreckt, vgl. unten § 8 C.; § 9 C. I. 1. Und genauso soll dieser Vertragsinhalt nach der Erklärungstheorie gerade bei Vertragsschluss erklärt werden, vgl. unten § 10 A.

cher Entscheidungsfindung.[91] Daneben sind menschliche Ziele auch insofern flexibel, als es der Einzelne selbst in der Hand hat, ob und welche Zwischenziele er sich setzt – etwa weil er diese dann in praktischen Situationen besser überblicken und dann weithin selbst verwirklichen kann.[92]

5. Robustheit

Anders als Vorstellungen über einen konkreten Vertragsinhalt können sich Ziele ständig bewähren, lassen sich nämlich in vielen einzelnen Entscheidungen umsetzen. Je höherstufiger ein bestimmter Zweck angesiedelt ist und je länger er beibehalten wurde, desto häufiger konnten wir ihn also erproben. Tendenziell sind Ziele damit weniger fehleranfällig als die anlässlich einer spezifischen Vertragssituation getroffenen Überlegungen.

6. Planung und Kreativität als menschliche Kernkompetenzen

Abschließend sei darauf hingewiesen, dass es zu den großartigsten Fähigkeiten des Menschen gehört, sich bisweilen auch sehr fernliegende und anspruchsvolle Ziele zu bilden und zu verwirklichen. Wir überlegen uns geeignete Zwischenziele, um diese dann Schritt für Schritt umzusetzen. Ganz gleich, ob in der Architektur, bei technischen Entwicklungen oder in der Informatik – viele der eindrucksvollsten Errungenschaften verdanken wir einer ausgeklügelten Planung. Schon deshalb wäre es verwunderlich, ginge es beim Vertrag nicht auch um diese so besondere menschliche Fähigkeit.

Tatsächlich sind es unsere Ziele, die den entscheidenden Impuls dafür liefern, den rechtlichen Status Quo nicht nur zu bewahren, sondern zu verändern.[93] Ziele liefern das dynamisch-kreative Element beim Vertrag, der gerade erst in seiner Verknüpfung von rechtlicher Stabilität und Preisgabe dieser Stabilität um unserer Ziele willen verständlich wird.[94]

V. Verankerung

Erweisen sich Ziele für die menschliche Orientierung nicht nur als außerordentlich hilfreich, sondern lassen sich auch definieren und praktisch verwenden, sollte es dann auch möglich sein, deren Verankerung im geltenden Vertragsrecht nachzuweisen. Tatsächlich sind sie bei unbefangener Betrachtung überhaupt nicht zu übersehen, was dann wiederum ein schlechtes Licht auf all

---

[91] Näher zu dieser unten § 8 C.
[92] Näher zu diesem rationalen Umgang mit abgestuften Zielen oben § 2 A. II. 1. c).
[93] Siehe dazu auch unten § 3 Fn. 149.
[94] Näher zu dieser Verknüpfung etwa oben § 2 A. II. 2.; unten § 2 B. II.; § 3 A. IV.; § 4 C. I.; passim sowie zum Wechselspiel von Stabilität und Veränderung unten § 2 D.

diejenigen Vertragstheorien wirft, die sich ersichtlich schwer damit tun, diesen praktischen Befund tatbestandlich umzusetzen.[95]

1. Rechtspraktisch

Wie sehr jede Vertragsrechtsordnung von jeher darauf angewiesen ist, geradezu extensiv die menschlichen Ziele zu berücksichtigen, zeigen unzählige Fallkonstellationen. Dass wir etwa Raub und Schenkung sorgsam unterscheiden, liegt allein daran, dass hier der Vermögensverlust unterschiedlichen Zwecken dient.[96] Beim Gesellschaftsvertrag bildet der gemeinsame Zweck geradezu das entscheidende Merkmal. Frappierend ist, dass obwohl viele Lehrbücher die menschlichen Interessen als vertragstheoretisches Tatbestandsmerkmal weithin ignorieren, der Leser spätestens beim abstrakten Schuldverhältnis und damit an sehr versteckter Stelle darüber belehrt wird, dass diese Interessen unabdingbar seien: Wer eine Vereinbarung einklagt, nach der er 1.000 Euro bekommen soll, ohne dem Gericht erklären zu können, was eigentlich der Grund dieser Vereinbarung sei, wird ernsthafte Probleme bekommen.[97]

Spätestens sobald all die vielen Vertragsdetails zu begründen sind, auf die sich Wille oder Erklärung der Parteien bei Vertragsschluss allenfalls bruchstückhaft beziehen,[98] ist es nicht ersichtlich, woran man diese sonst festmachen sollte – wenn nicht an den jeweils verfolgten Zielen. Bei der Umdeutung werden sogar Wille wie Erklärung ignoriert, nur um die Parteizwecke doch noch zu verwirklichen.[99] Letztlich berücksichtigt natürlich jeder Jurist die Parteiinteressen – nur die Wege dorthin sind bisweilen schwer ergründbar, etwa wenn bei der Auslegung vom mutmaßlichen Willen die Rede ist, um wenigstens begrifflich weiterhin am Wollen festzuhalten.[100] Nichts anderes gilt für diverse Leistungsstörungen einschließlich verschiedenster dafür entwickelter Rechtsinstitute.[101] Und mit Blick auf zahllose Irrtumskonstellationen (einschließlich der diesen zumindest funktional eng verwandten Informationspflichten) kennt unser Vertragsrecht nicht nur die Täuschung als Beispiel eines sehr wohl beachtlichen Motivirrtums.[102] Auch subjektive Rechte lassen sich nur dergestalt sinnvoll einordnen, dass wir einzelne Gegenstände bzw. den menschlichen Körper den Zielen einer ganz bestimmten Person unterordnen.[103] Und falls man dann noch ins Grübeln darüber gerät, ob es überhaupt

---

[95] Näher unten § 2 A. V. 2.
[96] Siehe hier nur aus dem deutschen Recht § 705 BGB sowie unter dem Aspekt privater Wertschöpfung unten § 3 C. I.
[97] Instruktiv *Bremkamp*, Causa, 2008, S. 149 ff., 161 ff., 167 ff., passim.
[98] Näher unten § 9 C. IV.; § 10 D. I.
[99] Näher unten § 6 E. III.
[100] Näher unten § 9 C. V. 2. d) aa).
[101] Näher unten § 6.
[102] Näher unten § 17 D.
[103] Näher unten § 2 B. II. 1. a).

so etwas wie nicht-subjektive Rechte gibt,[104] verdeutlicht das die zentrale Stellung menschlicher Zwecke nur noch mehr.

2. Vertragstheoretisch

a) Neuzeitliche Vernachlässigung

Diesem eindeutigen Befund zum Trotz zeichnen sich vor allem viele neuzeitliche Vertragstheorien dadurch aus, die von den Menschen verfolgten Ziele sträflich zu vernachlässigen. In der Willenstheorie finden sie sich jedenfalls nicht – vielmehr soll der für intrinsisch richtig gehaltene Wille nicht angetastet werden und bleiben bloße Motive sorgsam ausgeklammert.[105] Die Erklärungstheorien konzentrieren sich hingegen nur auf das äußere Verhalten der Vertragsparteien bei Vertragsschluss,[106] während sich die Äquivalenz allein für die ausgetauschten Gegenstände interessiert.[107] Dass sich diese Ansätze dabei auf berühmte philosophische Vorbilder stützen können, macht die Sache nicht besser. Leider verdrängten schon Naturrechtler wie *Grotius* den Zweck zunehmend aus ihren vertragstheoretischen Überlegungen.[108] Und namentlich *Kant* kommt das durchaus zweifelhafte Verdienst zu, so konsequent wie kaum ein anderer – und mit bis heute bleibendem Eindruck – gegen die normative Relevanz von Zwecken argumentiert zu haben.[109]

b) Vorläufer

Nicht die praktische Berücksichtigung von Zielen ist dabei das Problem – denn davon hat sich zumindest die Rechtsprechung nie abhalten lassen. Das Einzige, was hier schwankt, ist die Bereitschaft, dies auch offen einzugestehen und dogmatisch konsequent zu berücksichtigen. Historisch bildet die Berücksichtigung von Zwecken eher die Regel und nicht etwa die Ausnahme. In der Antike war es der insoweit alles überragende *Aristoteles*, der das Zweckdenken geradezu in den Mittelpunkt seiner Betrachtungen stellte und unser Vertragsdenken – vermittelt über die aristotelisch-thomistisch geprägte Scholastik – bis heute stark beeinflusst.[110] Vertragstheoretisch zurückgedrängt wurden die

---

[104] Näher unten § 2 B. II. 1. c).
[105] Näher unten § 9 C. I. 1. b). Zum „mutmaßlichen Willen" siehe unten § 9 C. V. 2. d). Bei der offensichtlich relevanten Täuschung als meist einem Motivirrtum greift man typischerweise auf nicht subsumierbare Begriffe wie Entscheidungsfreiheit zurück, näher unten § 4 B. I.; § 17 D. II.
[106] Näher unten § 10 A.; § 11 A.
[107] Näher unten § 4 B. III.
[108] Instruktiv *Bremkamp*, Causa, 2008, S. 91 ff.
[109] Näher unten § 19 G.
[110] Zur Bedeutung der Scholastik für das Vertragsrecht siehe etwa *Sokolowski*, Die Philosophie im Privatrecht, 1902; *Kohler*, ARSP 10 (1917), 235; *Nell-Breuning*, Börsenmoral, 1928, S. 46 ff.; *Thieme*, ZRG GA 70 (1953), 230; *Diesselhorst*, Hugo Grotius, 1959, S. 4 ff., 44 ff., passim; *Wieacker*, Privatrechtsgeschichte, 2. Aufl. 1967, S. 284 f. (dort Fn. 14); *Gord-*

menschlichen Zwecke vor allem mit dem Aufstieg des Naturrechts. Wir haben es hier also mit einem sehr jungen Phänomen zu tun. Doch wurde spätestens im 19. Jahrhundert immer deutlicher, wie wenig wir gerade für Verträge darauf verzichten können, nach Sinn und Zweck dieser Gebilde zu fragen.

Dabei war es nicht nur *Jhering*, der mit seinen im Jahr 1865 erschienenen Ausführungen zum Interesse[111] sowie seinem erstmals im Jahr 1877 veröffentlichten Werk zum Zweck im Recht[112] immer stärkere Zweifel daran weckte, ob wirklich der Parteiwille und nicht etwa die von den Menschen verfolgten Interessen den entscheidenden Ausgangspunkt für rechtliche Erörterungen dies- und jenseits des Vertragsrechts bilden. Auch die heute leider weithin vergessene Grundfolgentheorie setzte konsequent auf die Verwirklichung menschlicher Ziele und sah in dem Parteiwillen zwar ein wichtiges Indiz, nicht jedoch wie die Willenstheorie einen Selbstzweck.[113] Und selbst so traditionsreiche, bisweilen aber auch schillernde Begriffe wie die *clausula rebus sic stantibus*[114] oder die mit dem Zweckdenken eng verbundene *causa*[115] fanden – seit dem Naturrecht oft verschmäht – bald wieder Anklang.

c) Interessen- und Wertungsjurisprudenz

Andererseits ist es mit dem bloßen Hinweis auf diese Zwecke nicht getan. Vielmehr muss es glücken, insbesondere den Vertragsinhalt verbindlich, eindeutig und reichhaltig zu begründen.[116] Leider ist es bis heute nicht gelungen, aus der richtigen Einsicht in die herausragende Bedeutung von Zwecken auch tragfähige juristische Schlussfolgerungen abzuleiten. Die entscheidende Frage ist, wie genau wir diese Zwecke berücksichtigen. Insbesondere die spätestens seit *Heck* so beliebte Forderung nach einer Interessenabwägung[117] lässt offen, welche Interessen in welcher Situation anhand welcher Maßstäbe und Gewichtung abzuwägen sein sollen – und wie man dann alldem einen Vertragsinhalt entnimmt.[118] Das insbesondere vom Utilitarismus her bekannte Problem, den Vorteil selbst gleicher Gegenstände von Person zu Person nicht vergleichen zu können,[119] bildet dabei nur einen kleinen Ausschnitt der sich hier

---

ley, Philosophical Origins, 1991, S. 30 ff. oder *Zimmermann*, FS Heldrich, 2005, S. 467, 468.
[111] *Jhering*, Geist, Teil 3, Abt. 1, 1865, S. 307 ff. (§ 60).
[112] *Jhering*, Zweck, Bd. 1, 1877; *Jhering*, Zweck, Bd. 2, 1883.
[113] Näher unten § 9 D. I. Vgl. demgegenüber unten § 9 C. III.
[114] Näher dazu unten § 6 B. III. 3.
[115] Näher zu diesem Zusammenhang etwa *Fitting*, AcP 52 (1869), 381, 395, 398; *Lotmar*, Causa, 1875, S. 43 ff.; *Karlowa*, Rechtsgeschäft, 1877, S. 168 ff., 173 f. sowie aus neuerer Zeit *Bremkamp*, Causa, 2008.
[116] Näher unten § 3 A. IV.
[117] *Heck*, AcP 112 (1914), 1; *Heck*, Begriffsbildung, 1932. Aus jüngerer Zeit vgl. nur *Stürner*, Verhältnismäßigkeit, 2010, S. 5 ff., 330 ff., 347 ff., passim.
[118] Näher unten § 19 F. III. 2.
[119] So genießen manche einen mit blauem Schimmel durchzogenen Käse, während ande-

stellenden Probleme. So hilft es etwa bei der Irrtumsproblematik[120] wenig, darauf zu verweisen, dass die Interessen beider Vertragsparteien (oder auch Wille und Erklärung bzw. Wille und Vertrauen) „abzuwägen" seien. Die Aussagekraft derartiger Thesen beschränkt sich darauf, dass wir anscheinend mal das Gewollte und mal das Erklärte berücksichtigen. Letztlich wird hier die Frage nur neu formuliert, nicht jedoch beantwortet, zumal zahllose Vertragsinhalte bei Vertragsschluss weder gewollt noch erklärt waren.[121]

Der Versuch, die Interessenjurisprudenz zu einer Wertungsjurisprudenz auszubauen,[122] vergrößert die Probleme eher, als Linderung zu verschaffen. Denn dass wir Interessen wertend korrigieren sollen, bedeutet nur, dass nicht einmal mehr die Interessen verbindlich feststellbar sind. Vielmehr behält man sich vor, gerade nicht diese Interessen, sondern etwas anderes, nämlich „Wertungen" zu berücksichtigen. Fragt man dann nach den Maßstäben für diesen Korrekturvorbehalt, so wird man selten fündig, sondern bestenfalls auf die Rechtsordnung verwiesen. Schlimmstenfalls landet man bei der Rechtsidee und damit bei persönlichen Gerechtigkeitsvorstellungen. Methodisches Anliegen sollte es jedoch sein, derartige Einfallstore zu schließen, anstatt sie noch weiter aufzureißen.

Aber noch in einer weiteren Hinsicht verfehlt die bloße Forderung nach einer Interessenabwägung – mit oder ohne zusätzlichem Wertungsvorbehalt – das, was gerade unser Privatrecht auszeichnet: So kommen wir nicht umhin, die jeweilige rechtliche Ausgangslage zu berücksichtigen. Diese wiederum verändert sich permanent – insbesondere durch Verträge. Damit muss, wer allein auf eine Interessenabwägung verweist, erst einmal beantworten, was für eine Rolle bestehende Rechte überhaupt spielen sollen.[123]

Schließlich vermengen Interessen- wie Wertungsjurisprudenz Methode und Theorie. Es ist eine Sache, für bestimmte Rechtsbereiche oder gar das gesamte Recht zu behaupten, dass dort Zwecke berücksichtigt würden. Nur sollte man derartige Aussagen als das begreifen und diskutieren, was sie sind, nämlich inhaltliche Thesen über unser Recht, nicht jedoch notwendiger Bestandteil juristischer Methode. Das Recht bildet allein den Untersuchungsgegenstand, ohne dass wir für dessen Definition auf Interessen zurückgreifen müssten.

---

re bereits dessen Geruch meiden. In der Ökonomik versucht man dem Problem „intersubjektiver Nutzenvergleiche" durch ordinale, also allein auf „mehr" oder „weniger" abstellende Effizienzkriterien zu entgehen, was jedoch nur auf rein theoretischer Ebene gelingt, praktisch jedoch ignoriert wird, näher dazu unten § 4 Fn. 279; § 4 C. I. 4. a).

[120] Näher unten § 10 D. III.; § 17 C.
[121] Näher unten § 10 D.
[122] Inwieweit sich überhaupt ein signifikanter Unterschied feststellen lässt, sei hier dahingestellt, dies befürwortend etwa *Petersen*, Wertungsjurisprudenz, 2001.
[123] Näher zur Rechtebasierung des Vertragsrechts oben § 2 A. II. 2. sowie unten § 2 D. I. 4. b); § 3 A. IV.; § 4 C. I. 1.; § 19 F. VI.; passim.

Eine solche Einengung ist weder notwendig noch sachgerecht. Vor allem trägt sie gefährlich dazu bei, Rechtswissenschaft von elementaren wissenschaftstheoretischen Anforderungen zu entfremden und dieser Disziplin eine Sonderstellung einzuräumen, mit der weder uns Juristen noch anderen Fächern gedient ist. Maßstab sollte allein sein, ob sich das geltende Recht möglichst verallgemeinernd beschreiben lässt. Der Vorwurf an die klassische Rechtsgeschäftslehre, menschliche Zwecke stark vernachlässigt zu haben, ist sachlich, nicht methodisch zu verorten.

3. Rechtfertigungsprinzip

Ganz offensichtlich bildet die Erkenntnis, dass wir vertragstheoretisch auch die menschlichen Ziele berücksichtigen müssen, nur einen bescheidenen Anfang. Die eigentliche dogmatische Herausforderung besteht darin, über die bloße Forderung nach einer Berücksichtigung menschlicher Interessen hinauszukommen und damit Ziele insbesondere in einen verbindlichen Tatbestand zu integrieren.

a) Ziel der rechtlich betroffenen Person

Der erste wichtige Schritt hierzu besteht in einer klaren Eingrenzung: Nach dem Rechtfertigungsprinzip interessieren allein die Ziele derjenigen Person, deren rechtliche Belastung – insbesondere durch Vertrag – wir erwägen. Getreu einem für unser Privatrecht sehr typischen, liberal-individualistisch geprägten Ausgangspunkt[124] soll allein der betroffene Rechteinhaber darüber entscheiden, welche Anliegen es rechtfertigen, ihn vertraglich zu verpflichten.

b) Inhaltliche Offenheit

Doch welchen genauen Inhalt kann oder muss ein Ziel aufweisen, um dem Rechtfertigungsprinzip zu genügen? Die Antwort hierauf lässt sich klar formulieren, ist nämlich jedes Ziel zu akzeptieren – ganz gleich, ob es andere billigen. Nach dem hier propagierten Tatbestand darf jeder Einzelne erstreben, was immer ihm wichtig ist, wozu auch immer er sich berufen fühlt. Zunächst ist das nur die Konsequenz dessen, dass wir für Ziele eine menschliche Aufmerksamkeit verlangen[125] und es damit Außenstehende nur schwer beeinflussen können, was sich dort entwickelt. Diese Offenheit macht die Liste denkbarer Ziele äußerst lang. Ob nun aristotelische Tugenden wie Weisheit, Klugheit, Gerechtigkeit, Tapferkeit, Mäßigung, Freigiebigkeit, Hilfsbereitschaft, Seelengröße, Sanftmut, Wahrhaftigkeit, Höflichkeit und Einfühlsam-

---

[124] Näher unten § 19 B.; § 19 E. I.
[125] Näher oben § 2 A. II. 3. a).

keit[126] oder ob ebenso klassische Laster wie Hochmut, Geiz, Neid, Zorn, Wollust, Völlerei und Trägheit; ob purer Genuss, existenzialistisches „Sein", grenzenlose Macht oder die Verbreitung eigener Gene – all das ist nach dem Rechtfertigungsprinzip als Ziel anzuerkennen, wenn es nun einmal das ist, was die rechtlich betroffene Person erstrebt.[127]

Nun mag mancher erschrocken fragen, wie denn die grundsätzliche Anerkennung jeglichen Ziels mit dem Anspruch dieser Arbeit vereinbar sei, das geltende Recht abzubilden. Ist etwa die Mordlust eines erwachsenen Menschen tolerabel? Wenngleich menschliche Ziele von außen nur schwer zu beeinflussen sind, ließe sich zumindest die Liste vertragsrechtlich relevanter Ziele einschränken, indem man bestimmte Interessen ganz einfach missachtet.

Doch hätte das nicht nur den Nachteil, den Grundtatbestand des Rechtfertigungsprinzips zu verkomplizieren. Vor allem ist eine solche Eingrenzung unnötig. Denn natürlich gilt das Rechtfertigungsprinzip für jeden einzelnen Menschen. Solange wir nur jedem das Recht auf Leben und körperliche Unversehrtheit zusprechen – und genau das tut unsere Rechtsordnung –,[128] sollte jeder ausweislich des Rechtfertigungsprinzips so lange am Leben bleiben, wie der Verlust dieses Lebens nicht für diese Person notwendig ist, um sich getreu den eigenen Zielen zu verbessern. Wer mordlustig ist, muss also erst einmal eine andere Person finden, deren Tod sich durch eine Verwirklichung derer Ziele rechtfertigen lässt.

In seltenen Fällen mag das sogar gelingen. Wer unbedingt den Märtyrertod sterben möchte oder angesichts eines langen qualvollen Leidens den Tod erhofft, sollte dieses jedenfalls nach dem hier speziell für das Privatrecht entwickelten Prinzip tun können.[129] Genauso ist es einem Sadisten zuzubilligen, andere zu verletzen, wenn er speziell einen Masochisten trifft, der genau das für sich erstrebt.[130] Es macht gerade die Liberalität des Rechtfertigungsprinzips (wie auch des damit beschriebenen Vertragsrechts) aus, auf moralische Bevormundung zu verzichten.[131]

c) *Verknüpfung von Ziel und Recht*

Dass sich das Rechtfertigungsprinzip von der reichlich banalen wie groben Forderung „beide Parteien sollen vom Vertrag profitieren" unterscheidet, liegt

---

[126] Grdl. *Aristoteles*, Nikomachische Ethik, 1909, aus jüngerer Zeit vgl. etwa *Fuller*, The Morality of Law, 2. Aufl. 1969, S. 5 ff.; *Finnis*, Natural Law and Natural Rights, 1980.
[127] Dementsprechend vielfältig sind auch die heutzutage vertretenen, im weitesten Sinn folgenorientierten Philosophien, die bisweilen über die klassischen Kategorien von „objektivem" Eudämonismus und „subjektivem" Hedonismus weit hinausgehen.
[128] Näher unten § 2 C.
[129] Allgemein zur Diskussion um Sterbehilfe siehe hier nur *Wolfslast/Conrads*, Textsammlung Sterbehilfe, 2001. Zu den Besonderheiten des Privatrechts siehe unten § 19 D.
[130] Näher unten § 18 D. I.
[131] Näher unten § 19 B.

an der Verknüpfung der jeweiligen rechtlichen Ausgangslage mit dem verfolgten Ziel – und zwar immer nur einer einzigen Person. Wer rechtlich neu belastet wird, sollte das nur so weit hinnehmen müssen, wie ihn gerade das den eigenen Zielen näher bringt.[132] Andere Personen werden hier – etwa bei gegenseitigen Verträgen – nur deshalb überhaupt betrachtet, weil manch eigene Verbesserung deren rechtliche Belastung verlangt, weshalb für diese dann ihrerseits das Rechtfertigungsprinzip zu prüfen ist.[133] Diese Verknüpfung ist schon deshalb so wichtig, weil es erst so notfalls[134] gelingt, den genauen Inhalt einzelner Rechtsänderungen zu bestimmen – und zwar ganz ohne die unverbindliche Forderung nach einer Interessenabwägung oder sonst flexible Begründungsmuster.[135] Daneben lassen sich erst so die praktisch bedeutsamen Ausbeutungskonstellationen einordnen, in denen unser Vertragsrecht von jeher besonders[136] offensichtlich Verteilungsaspekte regelt.[137] Schließlich drückt sich gerade in dieser Verknüpfung die so charakteristische Geschichtlichkeit unseres Vertragsdenkens aus.[138]

Nochmals[139] angedeutet sei, dass wir überhaupt nur dann wissenschaftlich seriös – etwa anhand von Zielen – von einer „Verbesserung" oder „Verschlechterung" reden können, wenn es dafür etwa mit dem Recht einen geeigneten Bezugspunkt gibt. Ebenso ist nochmals zu betonen, dass es bei der hier beschriebenen Verknüpfung der Zweck ist, der den Ton angibt. Recht ist nur Mittel zum Zweck, weshalb auch der jeweilige Vertragsinhalt – gewollt oder erklärt – nur Mittel zum Zweck ist.[140]

d) Spezialfall Willenstheorie

Nachdem die grundlegende Funktionsweise des Rechtfertigungsprinzips zwar noch nicht erläutert oder gar in der konkreten Anwendung auf einzelne Fallkonstellationen illustriert, wohl aber ein wenig angedeutet wurde, lohnt sich ein Vergleich mit der Willenstheorie.[141] Denn in gewisser Hinsicht lässt sich das Rechtfertigungsprinzip als der Versuch deuten, das bis heute berechtigte Grundanliegen dieses klassischen Ansatzes aufzugreifen und es durch einen vergleichsweise kleinen – gewissermaßen „minimalinvasiven" – Eingriff zu

---

[132] Näher unten § 3 B.
[133] Näher unten § 3 C.
[134] „Notfalls" wegen der je nach Entscheider sehr unterschiedlichen und fast immer nur unvollkommenen Kenntnisse, vgl. zum Subsidiaritätsprinzip unten § 8 E. II. 2.
[135] Näher unten § 3 A. IV. Zur Problematik flexibler Begründungsmuster siehe unten § 19 F. III. 2.
[136] Letztlich „verteilt" natürlich jede rechtliche Entscheidung, näher unten § 19 C. IV.
[137] Näher zu diesen unten § 4 A. II. 2.; § 4 C. III.
[138] Näher unten § 2 D.
[139] Vgl. oben § 2 A. II. 2.
[140] Näher oben § 2 A. IV. 1. sowie unten § 9 D. I.
[141] Näher zu dieser unten § 9 C.

ermöglichen, dass wir auch bisher nicht erklärte Phänomene unseres Vertragsrechts erfassen.

Zunächst sei festgehalten, dass Willenstheorie und Rechtfertigungsprinzip allein auf die Entscheidung der rechtlich betroffenen Person abstellen. Beide Ansätze verlangen zudem nicht irgendeine Entscheidung, sondern eine solche, die von menschlicher Aufmerksamkeit getragen ist. Nur geht es der Willenstheorie um den Geschäftswillen, dem Rechtfertigungsprinzip hingegen ums Ziel. Doch selbst dieser Unterschied schwindet dort, wo sich das Rechtfertigungsprinzip getreu dem Subsidiaritätsgrundsatz gerade dadurch bestmöglich verwirklichen lässt, dass wir auf den Geschäftswillen abstellen.[142] So betrachtet bildet die Willenstheorie einen wichtigen Unterfall, nämlich für die Situation, dass die Vertragsparteien tatsächlich fähig und willens sind, bei Vertragsschluss sämtliche noch so detaillierte Vertragsinhalte in ihre Aufmerksamkeit aufzunehmen. Anders formuliert liefert das Rechtfertigungsprinzip geradezu den Grund dafür, warum wir möglichst auf den Geschäftswillen abstellen. Zwar wird diese Arbeit für ein möglichst realitätsnahes und normativ stimmiges Willensverständnis dann noch eine Modifikation der Willenstheorie vorschlagen – nämlich den Ersatz des vermeintlichen Selbstbindungswillens durch Einwilligung und Aneignungswille –,[143] doch ließe sich das ganz unabhängig vom Rechtfertigungsprinzip diskutieren.

So unscheinbar der Schritt zurück, nämlich vom Geschäftswillen zum jeweils verfolgten Ziel, auch scheint, lassen sich so – im Zusammenspiel mit der jeweiligen rechtlichen Ausgangslage – gerade diejenigen dogmatischen Probleme bewältigen, an denen Willens- wie Erklärungstheorie wegen ihrer punktuellen Betrachtung allein des Parteiverhaltens bei Vertragsschluss scheitern müssen. Genau das wird in dieser Arbeit immer wieder zu illustrieren sein und beginnt bereits bei der Beschreibung konkreter Vertragsinhalte.[144] Auch Zwang, Drohung und Ausbeutung lassen sich mit rein punktuellen Vertragstheorien nicht bewältigen.[145] Und nichts anderes gilt auch dort, wo sich unser Vertragsrecht keineswegs darauf beschränkt, jeden Geschäftswillen bzw. jede Erklärung als intrinsisch richtig hinzunehmen,[146] zeitlich allein auf den Vertragsschluss abzustellen[147] oder für den Vertragsinhalt allein auf die Vertragsparteien zu schauen.[148] Erst wenn man besagten kleinen Schritt zurück vom Geschäftswillen auf das Parteiinteresse tätigt, erfasst man die für unser Vertragsrecht so typische, zeitlich wie personell verteilte Entscheidungsfindung

---

[142] Näher unten § 8 E. II. 2.
[143] Näher unten § 9 E.
[144] Näher unten § 3.
[145] Näher unten § 4 B.
[146] Näher unten § 4; § 8 D.; § 9 C. III.; § 10 D. IV.; § 17 D.; § 19 C. VI. 1.
[147] Näher unten § 8 C.; § 18.
[148] Näher unten § 8 B.

mitsamt den jeweiligen Rahmenbedingungen. Denn natürlich tragen bisweilen auch ganze andere Personen dazu bei, die Parteiinteressen zu verwirklichen, können sich auch andere Entscheidungen als nur die bei Vertragsschluss als hilfreich erweisen und kann man Voraussetzungen formulieren, unter denen der Geschäftswille wie etwa bei einer Täuschung keineswegs den Parteiinteressen dient.

B. Rechte

I. Recht

1. Reales, kulturelles Phänomen

Blickt man in die juristische oder philosophische Literatur, erscheint Recht oft als äußerst komplexes und nur mittels einer Rechtsidee verständliches Phänomen. Andererseits gelang es bisher noch niemandem, eine überzeitliche, für alle Menschen verbindliche Letztbegründung abzuleiten. Die bisherigen Erfahrungen sind ernüchternd.[149] Solange dieses Unterfangen nicht gelingt – wir dürfen skeptisch sein –, scheidet es nach wissenschaftlichen Maßstäben aus, sich einfach auf eine persönliche Gerechtigkeitsvorstellung zu berufen.

Hier jedenfalls interessiert Recht allein als überprüfbares soziales Phänomen.[150] Recht ist ein wichtiger Bestandteil unserer Kultur – nicht mehr und

---

[149] Wer glaubt, dass es zumindest erfahrenen Bundesrichtern möglich sei, die Rechtsidee zu schauen, sei noch kurz an die berühmten Ausführungen in BGH, Gut. v. 6.10.1952, BGHZ 11 (Anhang), 2, 65 f. erinnert: „Der Mann zeugt Kinder; die Frau empfängt, gebiert und nährt sie und zieht die Unmündigen auf. Der Mann sichert, vorwiegend nach außen gewandt, Bestand, Entwicklung und Zukunft der Familie; er vertritt sie nach außen; in diesem Sinne ist er ihr ‚Haupt'. Die Frau widmet sich, vorwiegend nach innen gewandt, der inneren Ordnung und dem inneren Aufbau der Familie. An dieser fundamentalen Verschiedenheit kann das Recht nicht doktrinär vorübergehen, wenn es nach der Gleichberechtigung der Geschlechter in der Ordnung der Familie fragt. Demgemäß bezeugen die christlichen Kirchen, unter sich völlig übereinstimmend und in völliger Übereinstimmung mit der klaren Aussage der Heiligen Schrift alten und neuen Testamentes (1. Mose 3, 16; Ephes. 5, 22-33; Col. 8, 18; 1. Petr. 3, 1) und mit der uralten Ehe- und Familienordnung der Völker, nach der von Gott gestifteten Ordnung der Familie sei der Mann ihr ‚Haupt'. Das hat nicht nur sittliche, sondern durchaus auch rechtliche Bedeutung ..."

[150] Aus der reichhaltigen rechtspositivistischen Literatur siehe hier nur *Bergbohm*, Jurisprudenz und Rechtsphilosophie, 1892, S. 355 ff.; *Kelsen*, Reine Rechtslehre, 1934; *Hart*, The Concept of Law, 2. Aufl. 1994; *Hoerster*, Was ist Recht?, 2006 und zum Rechtspositivisten *Kant* hier nur *Kant*, Zum ewigen Frieden, 2. Aufl. 1796, S. 59 ff. sowie die Darstellung von *Kersting*, Wohlgeordnete Freiheit, 1993, S. 455 ff. m.w.N. Zur Kritik siehe etwa die Darstellung der äußerst gehaltvollen Debatte in der Weimarer Zeit bei *Korb*, Kelsens Kritiker, 2010, S. 77 ff., passim sowie aus jüngerer Zeit *Dworkin*, Taking Rights Seriously, 1977 oder *Alexy*, Recht, 4. Aufl. 2002. Besonders bekannt ist die wenig überzeugende Formel von *Radbruch*, SJZ 1946, 105, 107: „... das positive, durch Satzung und Macht gesicherte Recht auch dann den Vorrang hat, wenn es inhaltlich ungerecht und unzweckmäßig ist, es sei

nicht weniger. Vor allem bildet es den Untersuchungsgegenstand des Juristen, den es verallgemeinernd zu beschreiben gilt. Wie andere Wissenschaftler auch sind wir dabei durchaus frei, dieses Forschungsobjekt einzugrenzen oder auch zu erweitern.[151] Die Definition von Recht bildet hierfür einen wichtigen und durchaus gestaltbaren Baustein. Je nach Erkenntnisinteresse werden dabei unterschiedliche Eingrenzungen zweckmäßig sein. Nur müssen wir das offen tun und dürften getreu wissenschaftstheoretischen Grundsätzen nicht einfach *ad hoc* und *ex post* chirurgisch all diejenigen Realitäten ausschneiden, die wir nicht abzubilden vermögen.[152] Ebenso muss der so verwandte Rechtsbegriff aufgedeckt, auf normalsprachlich gängige Begriffe rückführbar und in seinen Voraussetzungen überprüfbar sein. Um Missverständnisse zu vermeiden, sollte man sich schließlich nicht allzu weit vom üblichen Begriffsverständnis entfernen.

Demgegenüber ist es sehr fragwürdig, eine bestimmte Vorstellung von Recht als für jedermann verbindlich festlegen zu wollen, wie dies oft – etwa unter der Rubrik eines Wesens, Kerns oder gar des Analytischen – sogar bei positivistischen Ansätzen geschieht.[153] Insbesondere sind wir auch aus sprachphilosophischer Sicht schlecht beraten, normalsprachlich vorgefundene, für die eigene Arbeit jedoch zu ungenaue, enge oder weite Bedeutungen von Recht für sakrosankt zu erklären.[154] Um es ganz profan zu formulieren: Ein Öko-

---

denn, dass der Widerspruch des positiven Gesetzes zur Gerechtigkeit ein so unerträgliches Maß erreicht, dass das Gesetz als ‚unrichtiges Recht' der Gerechtigkeit zu weichen hat … wo Gerechtigkeit nicht einmal erstrebt wird, wo die Gleichheit, die den Kern der Gerechtigkeit ausmacht, bei der Setzung positiven Rechts bewusst verleugnet wurde, da ist das Gesetz nicht etwa nur ‚unrichtiges Recht', vielmehr entbehrt es überhaupt der Rechtsnatur."

[151] Oben § 1 B. I.

[152] Tatsächlich werden gerade im Vertragsrecht ungeliebte Bereiche oft als nicht zum Privatrecht gehörig und damit als nicht erklärungsbedürftig ausgeblendet, vgl. etwa unten § 4 D. II. 2. a); § 9 C. V. 4.; § 13 C. III. 2.

[153] Aber auch die Grundnorm eines *Kelsen*, Reine Rechtslehre, 1934, S. 64 ff. („Als Rechtsnorm gilt eine Norm stets nur darum, weil sie auf eine ganz bestimmte Weise zustande gekommen, nach einer ganz bestimmten Regel erzeugt, nach einer spezifischen Methode gesetzt wurde."; „Die Grundnorm einer positiven Rechtsordnung ist dagegen nichts anderes als die Grundregel, nach der die Normen der Rechtsordnung erzeugt werden …"; „Aus dieser Grundnorm lassen sich die einzelnen Normen des Rechtssystems nicht logisch deduzieren."; „In der Grundnorm wurzelt letztlich die normative Bedeutung aller die Rechtsordnung konstituierenden Tatbestände.") ist von dem Bedürfnis getragen, im Recht wenigstens etwas mehr als nur einen frei definierbaren Untersuchungsgegenstand zu sehen. Nichts anderes gilt für die der Grundnorm ähnelnde *rule of recognition* von *Hart*, The Concept of Law, 2. Aufl. 1994, S. 100 ff.

[154] Genau dies geschieht jedoch allzu oft, gerade auch in der Positivismusdebatte. Vgl. hier nur *Alexy*, Recht, 4. Aufl. 2002, S. 67 ff., 77, passim, der daraus, dass uns Äußerungen wie „X ist eine souveräne, föderale und ungerechte Republik" oder „Herr X wird zur Zahlung von 10.000 Euro verurteilt, auch wenn hierfür keine Gründe sprechen" ausweislich unseres normalen Sprachgebrauchs irritieren, schließt, dass sich ein positivistisches Rechtsverständnis verbiete. Dabei ist genau das ohne Weiteres möglich und für eine geordnete wissenschaftliche Diskussion überaus zweckmäßig. Zu Recht kritisch daher *Hoerster*, Was

nom muss nicht unbedingt Kneipe und Ökonomie vermischen, nur weil Volkes Stimme beides gerne als „Wirtschaft" bezeichnet.

Es ist daher auch müßig darüber zu streiten, ob Recht nur sei, was zwangsweise durchgesetzt wird – und ob deshalb Völkerrecht überhaupt Recht sei. Denn solange sich nur rechtswissenschaftliche Methoden auf dieses Phänomen anwenden lassen, man also auch Völkerrecht verallgemeinernd beschreiben kann, ist gegen eine entsprechende Definition nichts einzuwenden. Ja, es sollte uns sogar misstrauisch machen, wenn jemand bestimmte begriffliche Vorstellungen für allgemeinverbindlich, weil vermeintlich apriorisch oder sachlogisch zwingend, erklärt. Zwar ist es natürlich möglich, in eine ganz persönliche Definition von Recht eine ebenso persönliche Gerechtigkeitsvorstellung einzubinden. Doch sollte das dann so offen gelegt werden und die jeweilige Gerechtigkeitsvorstellung überhaupt subsumierbar sein.

Jedenfalls für eine vertragstheoretische Arbeit zur Beschreibung des geltenden Rechts erschließt sich der Sinn einer solchen Vermengung nicht – und wird hier genau deshalb auch darauf verzichtet. Dass eine solche, jeder Letztbegründungsmetaphysik abschwörende Sicht nicht jedermann behagt, ist dem Verfasser durchaus bekannt. Besonders deutlich brachte *Larenz* die bis heute verbreitete Abneigung gegen das Profane, Unpolitische, Nichtreligiöse, Rationale und rein Wissenschaftliche auf den Punkt, als er der reinen Rechtslehre vorwarf, diese sei „... nichts weiter als ein auf die Spitze getriebener juristischer Nominalismus, der jede sittlich-geistige Substanz des Rechts und des Staates leugnet und mit seinem rücksichtslosen Formalismus alle tieferen Bindungen des Einzelnen an überpersönliche Werte zerstört, die Gemeinschaft auflöst. Sie ist politischer Nihilismus, philosophischer Ausdruck jener politischen Zersetzung, die in der liberalen Demokratie der Nachkriegszeit ihren Höhepunkt erreicht hatte."[155] Genau dieser Nihilismus soll hier betrieben werden. Wer Höheres sucht, den wird diese Arbeit enttäuschen.

2. Durchsetzung

a) Staatlich

Dass man keineswegs nur dann von Recht sprechen darf, wenn dieses auch staatlich durchgesetzt wird, wurde bereits erwähnt. Doch kann eine solche

---

ist Recht?, 2006, S. 64. Generell neigt gerade die anglo-amerikanische Diskussion dazu, normalsprachliche Analysen zu verabsolutieren, wobei auch dort die Euphorie zunehmend abnimmt, vgl. etwa zur in § 3 behandelten Drohung *Wertheimer*, Coercion, 1987, S. 180 f.

[155] *Larenz*, Rechts- und Staatsphilosophie der Gegenwart, 2. Aufl. 1935, S. 49 f. (im Original mit Hervorhebungen). Insofern betrübt es, wenn die Legende, wonach sich ausgerechnet der Positivismus für die Existenz von Diktaturen zu rechtfertigen habe (vgl. hier nur *Radbruch*, SJZ 1946, 105, 107), so überaus erfolgreich war und aus Opfern Täter und aus Tätern Opfer machte, so treffend *Dreier*, Rezeption und Rolle der Reinen Rechtslehre, 2001, S. 30 m.w.N.

Eingrenzung insbesondere zur Vereinfachung sinnvoll sein – und soll für diese Arbeit auch erfolgen: Untersuchungsgegenstand ist allein das, was von staatlichen Stellen durchgesetzt wird, wozu gleichermaßen Gerichte wie ein deren Entscheidungen durchsetzender Vollstreckungsapparat gehören.[156] Damit wird hier grundsätzlich das ausgeblendet, was wir typischerweise als Sitte bezeichnen.[157] Getreu der eingangs propagierten wissenschaftlichen Arbeitsteilung sei für diese kulturellen Phänomene vornehmlich auf Soziologie und Völkerkunde verwiesen. Denn so große Soziologen wie etwa ein *Weber*, *Simmel*, *Durkheim* oder *Luhmann* – um hier nur einige Namen herauszugreifen – haben dazu sehr viel mehr zu sagen als der Verfasser. Das bedeutet jedoch nicht, dass sich klassisch juristische Methoden nicht oft auch dort anwenden ließen – gerade wenn sich die Sitte in Dokumenten oder Urteilen niederschlägt. Und bekanntlich sind die Übergänge von vorstaatlichen zu staatlichen Strukturen fließend und ihrerseits eine Frage der für das jeweilige Erkenntnisinteresse zweckmäßigen Definition. Genauso greift unser Vertragsrecht oft die Sitte auf.[158]

Doch ist eine große Weite jedenfalls dann entbehrlich, wenn man sich wie der Autor für schlichte vertragstheoretische Fragen interessiert. Zum einen ist es insoweit nicht zu befürchten, dass Recht und Sitte längerfristig fundamental auseinanderdriften – eine dauerhafte Spaltung würde uns gedanklich überfordern. Vor allem aber fasziniert das Recht gerade deshalb so sehr, weil es sehr viel stärker als die Sitte über viele Jahrtausende professionell weiterentwickelt wurde und sich dabei immer wieder an unzähligen Fällen praktisch bewähren musste. Für das Vertragsrecht ist dabei noch zu beachten, dass es selbst über viele Jahrhunderte und Länder hinweg eine bemerkenswerte Stabilität aufweist. Das liegt wohl auch daran, dass spätestens seit der Bronzezeit Handel getrieben wurde – und zwar über verschiedene Kulturen hinweg. Zum anderen würde es bereits völlig befriedigen, „allein" die Vertragsrechte Europas beschreiben zu können – und diese Länder verfügen nun einmal allesamt über eine stark ausgebaute Staatsgewalt. Schließlich hat das so definierte Recht den unschätzbaren Vorteil, im Gegensatz zur Sitte sehr viel leichter feststellbar zu sein. So wichtig es für jeden Wissenschaftler ist, überhaupt erst einmal den Untersuchungsgegenstand zu erfassen, also Empirie zu betreiben,

---

[156] Inwieweit das Recht *daneben* auch eine rein private Durchsetzung zulässt oder aber der Staat das allein für sich beansprucht, ist wieder eine ganz andere Frage. Im Vertragsrecht reicht das staatliche Durchsetzungsmonopol zwar weit, ist aber keineswegs lückenlos, vgl. näher unten § 4 C. III. 7.

[157] Für unsere Zwecke interessant werden Sitte, Übung und Brauch spätestens dort, wo sie zu Vertragsinhalt und damit Recht im hier verwandten Sinn erwachsen, näher dazu unten § 16 C.

[158] Näher zu solchen Zusammenhängen unten § 16 C. III.

kann die Rechtswissenschaft oft auf gut zugängliche Urteile und Gesetze zurückgreifen.[159]

b) Erfolgreich

Es gehört bereits zu den nicht zu unterschätzenden wissenschaftlichen Herausforderungen, den jeweiligen Untersuchungsgegenstand so einzugrenzen, dass sich praktisch verwertbare und diesen verallgemeinernd beschreibende Ergebnisse einstellen können. Zwar steigt die Qualität einer Theorie, wenn sie sich auf möglichst weite Bereiche erfolgreich anwenden lässt,[160] doch fällt es bei einer zunehmenden Ausweitung auch immer schwerer, genau eine solche Theorie zu finden. Oft erleichtert es eine umsichtige und vor allem nicht rein punktuelle, d.h. nicht nach einem Einzelproblem *ad hoc* vorgenommene Eingrenzung, zu einer brauchbaren Theorie zu gelangen, ohne dass sich deren Erkenntniswert nennenswert verringerte. In dieser Arbeit sollen – entgegen einem auch unter Juristen verbreiteten und in anderen Zusammenhängen sicher sinnvollen Sprachgebrauch – „Recht haben" und „Recht bekommen" einheitlich verstanden werden. Wem demgegenüber das Gesetzbuch oder ein Vertragsdokument eine Zahlung verspricht, ohne dass sich diese Zahlung praktisch durchsetzen ließe, hat nach dem hier zugrunde gelegten Sprachgebrauch kein Recht, sondern nur eine schöne, aber eben illusionäre Hoffnung darauf. Wirklich überraschen sollte diese Eingrenzung nicht, ist sie begrifflich im Merkmal der (staatlichen) „Durchsetzung" enthalten. Davon abgesehen besteht der tiefere Sinn dieser Operation vor allem darin, das ohnehin schon anspruchsvolle Thema vertraglicher Risiken von denjenigen Unwägbarkeiten zu befreien, die wir typischerweise verfahrensrechtlich diskutieren.

3. Ergebnisorientierung

Nur ganz kurz, weil bereits in der Einführung beschrieben,[161] sei hier erwähnt, dass in dieser Arbeit allein das als Recht und damit als für eine Falsifikation maßgeblicher Untersuchungsgegenstand angesehen wird, was je nach Sachverhalt im Ergebnis durchgesetzt wird. Schließlich wird nicht eine Theorie durchgesetzt, sondern das, was sich typischerweise im Tenor eines Gerichtsurteils findet. Nur diese Ergebnisorientierung ermöglicht eine von spezifisch nationalen Rechtsinstituten und -begriffen gelöste Theoriebildung. Wie die unser

---

[159] Hierzu zählen insbesondere auch die umfassenden rechtsvergleichenden Arbeiten, die gerade in den letzten beiden Jahrzehnten im Zuge der Diskussion um ein europäisches Privatrecht angefertigt wurden, vgl. oben § 1 Fn. 81. Allerdings weist die Rechtssoziologie zu Recht darauf hin, dass normiertes und lebendes Recht (*Ehrlich*) bzw. *law in the books* und *law in action* bisweilen stark voneinander abweichen. Dieser Arbeit geht es um das lebende Recht, das *law in action*, vgl. dazu auch oben § 1 B. III. sowie gleich unten § 2 B. I. 3.
[160] Grdl. *Popper*, Die Logik der Forschung, 10. Aufl. 1994, S. 77 ff.
[161] Oben § 1 B. III.

Recht setzenden Personen zu ihrer Entscheidung kommen, was immer sich zwischen Sachverhalt und Urteilstenor abspielt, bildet allenfalls ein Sachargument unter vielen.

4. Rechtsetzung

a) Kausalität

Wurde das, was man unter Recht versteht, möglichst konkret und für jedermann überprüfbar definiert, lässt sich dann auch relativ einfach bestimmen, was eine Rechtsetzung ausmacht und wer genau dieses Recht setzt bzw. setzen kann. Wiederum soll dabei eine möglichst schlichte Begriffsbestimmung verwendet werden, die auch nicht dazu verleitet, unliebsame Phänomene und Probleme von vornherein auszublenden oder zu verharmlosen. Hier wird Rechtsetzung als kausale Beeinflussung des Rechts verstanden. Mit positivistischem Denken ist das ohne Weiteres vereinbar. Ja, es ist entgegen einer weit verbreiteten Vorstellung geradezu das Verdienst dieses Rechtspositivismus, für die ganze Vielfalt an Rechtsquellen offen zu sein.[162] Um hier mit *Kelsen* zu sprechen: Die einzelnen Normen des Rechtssystems „... müssen durch einen besonderen Setzungsakt – der kein Denk-, sondern ein Willensakt ist – erzeugt werden. Die Setzung der Rechtsnormen erfolgt in mannigfacher Gestalt: auf dem Wege der Gewohnheit oder im Verfahren der Gesetzgebung, sofern es sich um generelle Normen handelt; durch Akte der Rechtsprechung und durch Rechtsgeschäfte bei individuellen Normen."[163] Diese rechtstheoretische Einsicht in die große Fülle von Rechtsquellen ist allein deshalb so wichtig, weil wir sie im Vertragsrecht sträflich vernachlässigen. Denn tatsächlich beeinflussen ganz unterschiedliche Personen den Vertragsinhalt und hat es mit der Rechtsrealität wenig zu tun, allein auf das Parteiverhalten bei Vertragsschluss zu verweisen.[164]

---

[162] Nichtsdestotrotz versäumten es gerade auch frühe Positivisten wie *Bergbohm*, Jurisprudenz und Rechtsphilosophie, 1892, S. 372 ff. mit seiner so brillanten Kritik an einer Vermengung von Recht und privaten Gerechtigkeitsvorstellungen, die Rechtsetzungskompetenz insbesondere von Richtern noch deutlicher herauszuarbeiten. Klar gesehen wurde diese etwa von historischer Schule, Rechtsgeschichte, Rechtssoziologie oder auch der Freirechtsschule.

[163] *Kelsen*, Reine Rechtslehre, 1934, S. 64 ff., 79 („Die Funktion der sogenannten Rechtsprechung ist vielmehr durchaus konstitutiv, ist Rechtserzeugung im eigentlichen Sinne des Wortes.") oder S. 82 („... schiebt sich zwischen das Gesetz und das Urteil das Rechtsgeschäft, das hinsichtlich des bedingenden Tatbestandes eine individualisierende Funktion leistet. Durch das Gesetz delegiert, setzen die Parteien für ihr gegenseitiges Verhalten konkrete Normen ..."). Allerdings war es früher (stellv. *Puchta*, Das Gewohnheitsrecht, Erster Teil, 1828, S. 159) und ist es bis heute (stellv. *Köndgen*, AcP 206 (2006), 477, 481) weit verbreitet, Verträge aus der privaten Rechtsetzung auszuklammern. Letztlich ist dies eine Definitionsfrage.

[164] Näher unten § 8 B. I.

b) Jenseits des Menschen

Allerdings ist es nach dieser Definition möglich, selbst die Sonne als zur Rechtsetzung befähigt anzusehen. Scheint sie nur lange und erbarmungslos genug, wird sie zahlreiche Menschen dazu zwingen, Getränke zu kaufen und so Verträge abzuschließen, deren Inhalt staatlicherseits durchgesetzt wird. Ist eine solche Vorstellung nicht absurd? Immerhin scheint uns gerade das menschliche Verhalten zu interessieren. Demgegenüber lässt sich nur schwer bestreiten, dass nicht-menschliche Phänomene andauernd den Vertragsinhalt beeinflussen. Leistungsstörungen sind ein geradezu klassisches Beispiel dafür, wie unterschiedlichste Ereignisse entscheidend prägen, was eine Partei der anderen schuldet und gegebenenfalls mit aller Macht durchsetzen kann. Logisch ausgeschlossen ist ein solches weites Verständnis von Rechtsetzung also nicht, zumal es schon rein formal den Vorteil hat, auf zusätzliche Unterscheidungen zu verzichten. Dass wir uns so sehr auf den Menschen fixieren und Rechtsetzung möglichst diesem anvertrauen wollen, lässt sich auch so begründen. Macht es doch die Verwirklichung der uns am Herzen liegenden materiellen Anliegen sehr viel wahrscheinlicher. Denn menschliches Verhalten garantiert noch am ehesten eine gewisse Entscheidungsqualität, zumal wir diese durch darauf zugeschnittene Rahmenbedingungen noch weiter verbessern können. Typischerweise verlangen wir nicht nur Aufmerksamkeit, sondern auch eine gewisse Reife oder gar Bildung.

Andererseits können wir natürliche Phänomene keineswegs immer ignorieren und würden uns dogmatisch unnötig einschränken, fixierten wir uns von vornherein nur auf Menschen. Beim Glücksspiel etwa – man denke nur an den Lauf einer Roulettekugel – überlassen die Parteien den vertraglichen Leistungsinhalt mit voller Absicht dem Zufall. Die gemeinsam gewollte Zufälligkeit wäre durch menschliche Einflüsse geradezu gefährdet. Aber auch der immer weiter voranschreitende Einsatz elektronischer Anlagen macht vor Vertragsinhalten nicht halt, gerade weil Computer vertragliche Entscheidungen bisweilen sehr viel besser treffen als der Mensch. Den Regelfall bilden dabei vielfältige Mischformen. Denn letztlich erfolgt menschliches Verhalten immer unter äußeren Rahmenbedingungen, die das jeweils gesetzte Recht genauso beeinflussen wie geistige Abläufe. Kurzum: So fest das Person-Handlungs-Schema in unserer gesamten Kultur verankert ist[165] und oft als geradezu metaphysisch vorgegeben verklärt wird, empfiehlt es sich für eine nüchterne dogmatische Analyse, offen einzugestehen, dass wir Menschen keineswegs die einzige Ursache für Rechtsinhalte sind.

---

[165] Zu Zuschreibungen siehe unten § 17 E. III. 6.

II. Subjektive Rechte

Es gibt wenige Begriffe, die so sehr zu begrifflichen Vermengungen und damit auch zu gravierenden Missverständnissen einladen wie das so viel diskutierte[166] subjektive Recht. Das zeigt sich nicht zuletzt am bemerkenswerten Gegensatz zwischen theoretischem Aufwand und praktischem Ertrag der ganzen Diskussion. Damit Fälle zu lösen, also zusammen mit weiteren Tatbestandsmerkmalen verbindlich praktische Handlungsempfehlungen abzuleiten, fällt bis heute schwer. Das liegt nicht nur am enormen Abstraktionsgrad mancher Ausführungen, sondern auch an einer oft fehlenden Rückkoppelung auf sonstige vertragsrechtliche, deliktische oder sachenrechtliche Erwägungen. So soll etwa der Vertrag zwar ein subjektives Recht einräumen, doch wo und wie genau das jeweilige Begriffsverständnis vertragstheoretisch – etwa bei Willens- oder Erklärungstheorie – relevant sein soll, bleibt meist vage. Es müsste erst einmal beantwortet und dogmatisch stimmig eingeordnet werden, worüber hier überhaupt gestritten wird, was die zu beantwortende Frage ist. Denn sonst ist jede Begriffsstreitigkeit müßig. Oft dient der Hinweis auf ein subjektives Recht nur dazu, ein wichtiges rechtliches Phänomen, das man gerade nicht zu begründen vermag, in schönere Worte zu kleiden. Wenn sich etwa eine Vertragspartei vom Vertrag lösen oder dessen Inhalt durch Weisung konkretisieren darf, mag man das als subjektives Recht bezeichnen. Offen bleibt jedoch, warum hier eine Partei lange Zeit nach Vertragsschluss ganz einseitig über die rechtliche Belastung anderer entscheiden darf.[167]

1. Zielverwirklichung

a) Grundidee

Glücklicherweise hat die bisherige Diskussion einige Elemente herauskristallisiert, auf denen sich gut aufbauen lässt. Die klassische willensbasierte Definition stammt dabei von *Windscheid*, der im subjektiven Recht ähnlich wie zuvor *Savigny*[168] die von der Rechtsordnung verliehene Willensmacht oder Willensherrschaft sieht.[169] Ganz die menschlichen Zwecke rückt demgegenüber

---

[166] Siehe aus der überbordenden Literatur neben den nachfolgend zitierten Stimmen stellv. *Thon*, Rechtsnorm, 1878; *Jellinek*, System, 1892; *Raiser*, JZ 1961, 465; *Wagner*, AcP 193 (1993), 391; *Unberath*, Die Vertragsverletzung, 2007, S. 160 ff. oder *Auer*, AcP 208 (2008), 584 jew. m.w.N.

[167] Näher unten § 18 B.

[168] *Savigny*, System, Bd. 1, 1840, S. 7 (§ 4): „Betrachten wir den Rechtszustand, so wie er uns im wirklichen Leben von allen Seiten umgibt und durchdringt, so erscheint uns darin zunächst die der einzelnen Person zustehende Macht: ein Gebiet, worin ihr Wille herrscht, und mit unserer Zustimmung herrscht. Diese Macht nennen wir ein Recht dieser Person, gleichbedeutend mit Befugnis: Manche nennen es das Recht im subjektiven Sinn."

[169] *Windscheid*, Pandektenrecht, Bd. 1, 1862, S. 81 (§ 37): „Indem nun die Rechtsordnung in einem konkreten Fall von einem gewissen Willensinhalt ausspricht, dass derselbe

Jhering in den Vordergrund, indem er unter anderem von einem rechtlich geschützten Interesse spricht.[170] Interessant ist auch die Einordnung des subjektiven Rechts als Kompetenz bzw. privatrechtliche Normsetzungsbefugnis etwa durch *Bucher*.[171] Hinzu kommen zahlreiche Vereinigungsversuche, die einen Kompromiss zwischen den verschiedenen Grundansichten anstreben. Verbreitet ist etwa die Beschreibung des subjektiven Rechts als eine dem Berechtigten von der Rechtsordnung verliehene Rechtsmacht zur selbstbestimmten Wahrnehmung der durch das jeweilige Recht geschützten Interessen.[172]

Wenn diese ganze Diskussion bis heute nicht abgeklungen ist, liegt das zum einen am keineswegs eindeutigen Wörtchen „subjektiv", das zu Missverständnissen und Vermengungen geradezu auffordert. So ist es zweierlei, ob wir die Interessen einer bestimmten Person berücksichtigen (Inhaltsfrage) oder aber ob wir einer bestimmten Person Macht – nicht zuletzt zur Rechtsetzung – einräumen (Kompetenzfrage). Dieser Unterschied wird spätestens dort wichtig, wo beides auseinanderfällt. Genau das geschieht jedoch entgegen der für das klassische Vertragsdenken so typischen Fixierung allein auf das Parteiverhalten bei Vertragsschluss ständig: Verträge sollen zwar die Vertragsparteien ihren Zielen näherbringen. Doch erreicht dies unsere Rechtsordnung durch eine ausgeklügelte Kompetenzverteilung, bei der auch ganz andere Personen als die Vertragspartner den Vertragsinhalt bestimmen.[173] Es verwundert daher nicht, wenn die ganze Verwirrung um das subjektive Recht spätestens dort handgreiflich wird, wo, wie bei der Stellvertretung besonders deutlich, fremde Interessen wahrgenommen werden.[174]

Nach dem Rechtfertigungsprinzip liegt es demgegenüber nahe, zunächst ganz mit *Jhering* darauf hinzuweisen, dass „etwas" dazu auserkoren wird, den Zielen einer ganz bestimmten Person zu dienen. So unterstellen wir menschliche Körper den Interessen derjenigen Menschen, die diesen Körper mit sich herumtragen.[175] Und weil diese körperliche Integrität keineswegs absolut ist,

---

allen anderen Willen gegenüber zur Geltung gebracht werden dürfe, und dass alle anderen Willen sich demselben zu unterwerfen haben, schafft sie ein Recht (s. g. Recht im subjektiven Sinn, Berechtigung). Ein Recht ist also ein von der Rechtsordnung verliehenes Wollen-Dürfen, eine von der Rechtsordnung verliehene Macht oder Herrschaft."

[170] *Jhering*, Geist, Teil 3, Abt. 1, 1865, S. 307 ff. (§ 60 f.). Vgl. dort etwa S. 316 f. (§ 60): „Zwei Momente sind es, die den Begriff des Rechts konstituieren, ein substanzielles, in dem der praktische Zweck desselben liegt, nämlich der Nutzen, Vorteil, Gewinn, der durch das Recht gewährleistet werden soll, und ein formales, welches sich zu jenem Zweck bloß als Mittel verhält, nämlich der Rechtsschutz, die Klage. Ersteres ist der Kern, Letzteres die schützende Schale des Rechts ... Der Begriff des Rechts beruht auf der rechtlichen Sicherheit des Genusses, Rechte sind rechtlich geschützte Interessen."
[171] *Bucher*, Normsetzungsbefugnis, 1965.
[172] *Larenz/Wolf*, Allgemeiner Teil, 9. Aufl. 2004, S. 239 (§ 14 Rn. 1).
[173] Eingehend unten § 8 B.
[174] Siehe dazu insbesondere unten § 13 C. III. 3. b).
[175] Näher zu dieser Erstausstattung unten § 2 C.

sondern menschlichen Interessen dient, lassen wir beispielsweise dann eine Einbuße – etwa in Form eines Dienstvertrags – zu, wenn der Mensch dadurch Geld verdient und so seinen Zielen insgesamt näher kommt.[176] Genauso kann man das Eigentum als ein Recht definieren, das eine Sache allein den Interessen der als Eigentümer bezeichneten Person unterwirft. Es soll damit auch nur so weit erlöschen oder belastet werden, wie dies notwendig ist, damit sich dieser Eigentümer getreu seinen eigenen Zielen verbessert.[177] Nicht anders verhält es sich schließlich bei Forderungen als einem typischen Beispiel für nicht gegenüber jedermann, sondern nur relativ wirkende Rechte.

Wir sind also für stimmiges Begriffsverständnis von subjektiven Rechten gut beraten, in einem ersten Schritt ein Objekt oder eine Handlung raumzeitlich zu identifizieren, um es dann im zweiten Schritt den Zielen einer konkreten Person unterzuordnen. Ohne diesen Bezugspunkt lassen sich subjektive Rechte nicht verstehen – und damit auch nicht so grundlegende Institute wie das Eigentum, das Recht am eigenen Körper oder rein schuldrechtliche Forderungen.

b) Ziele, Kompetenzen, Wille

Dass diese Arbeit großen Wert auf möglichst klare, einfache und bewährte Begrifflichkeiten bzw. Unterscheidungen legt, dürfte deutlich geworden sein: „Recht" wurde hier als ein staatlicherseits erfolgreich durchgesetzter, realer Zustand definiert, und zwar ganz unabhängig davon, wer über dieses Recht entscheidet und wessen Interessen dieses Recht dient.[178] „Interessen" (Ziele, Zwecke) meinen einen von menschlicher Aufmerksamkeit getragenen Bewertungsmaßstab.[179] „Rechtsetzung" ist die kausale Beeinflussung von Recht[180] und „Kompetenz" die Möglichkeit dazu – gegebenenfalls noch erweitert um zusätzliche Anforderungen.[181] „Wollen" meint die mit Aufmerksamkeit verbundene Beeinflussung unserer Welt – einschließlich des Rechts,[182] wobei sich der „Geschäftswille" speziell auf den Vertragsinhalt richtet.[183] Leider ist es bei *Savigny, Windscheid* und deren Anhängern nicht immer ganz klar, ob mit Willensmacht bzw. -herrschaft nicht letztlich auch Ziele angesprochen sind. Wenn etwa ein Eigentümer mit seinem Eigentum nach Belieben verfährt, tre-

---

[176] Näher unten § 3 C. II. 2.
[177] Eingehend unten § 4 C.
[178] Näher oben § 2 B. I. Vgl. allerdings zur Frage, ob es überhaupt nicht-subjektive Rechte gibt, unten § 2 B. II. 1. c).
[179] Näher oben § 2 A. V. 3. a).
[180] Näher oben § 2 B. I. 4.
[181] Hier ließen sich ähnliche Erwägungen anstellen wie bei den Zielen, vgl. daher oben § 2 A. II. 3.
[182] Näher unten § 9 B.
[183] Näher unten § 9 B. III. 2.

ten ersichtlich keine Rechtsänderungen ein,[184] so dass ein Rechtsfolgewille eigentlich nicht gemeint sein kann. Was also dann?

Nach dem hier gewählten Begriffsverständnis lässt sich das Willenselement stimmig einordnen. Denn wenngleich sich subjektive Rechte durch die Unterordnung eines raumzeitlich identifizierbaren Objekts unter Ziele auszeichnen, können wir uns für die praktische Umsetzung dieses inhaltlichen Anliegens dann auch der Kompetenzfrage widmen. Tatsächlich sind wir getreu dem Subsidiaritätsgrundsatz gut beraten, gerade die so begünstigte Person entscheiden zu lassen (etwa darüber, was konkret mit einem Gegenstand geschieht). Doch gilt das – schon angesichts unserer begrenzten Fähigkeiten und Kenntnisse – eben nicht immer.[185] Bei der Stellvertretung etwa ist es der Vertreter, der willentlich Vertragsinhalte und damit Recht setzt, was die Interessen des Vertretenen nicht nur faktisch berührt, sondern diese vor allem auch verwirklichen soll.[186]

c) Nicht-subjektive Rechte?

Beließe man es bei den bisherigen Ausführungen zum subjektiven Recht, hätte das eine unangenehme Konsequenz: Denn schon rein definitionsgemäß werden die über Rechtsetzung entscheidenden Personen – ganz gleich, ob etwa Vertragspartei, Richter oder Parlamentarier – innerhalb des ihnen jedenfalls faktisch zustehenden Spielraums ihre eigenen Bewertungsmaßstäbe (Ziele) anwenden.[187] Gibt es dann überhaupt noch nicht-subjektive Rechte? Anders formuliert: Sind nicht alle Rechte (nicht zu verwechseln mit „Recht" generell) subjektiv? Schließlich stehen auch hinter staatlichen Stellen Menschen mit Zielen. Allenfalls ist deren jeweiliger Entscheidungsspielraum und damit die Möglichkeit, selbst Recht zu setzen, durch klare Vorgaben und deren wirksame Kontrolle eingegrenzt. Dass man im staatlichen Bereich eher von Kompetenzen spricht (und mit dem subjektiven öffentlichen Recht vorwiegend die Rechte des Bürgers meint)[188] und das parlamentarische Rederecht eines Abgeordneten sorgsam von der allgemeinen Meinungsfreiheit unterscheidet,[189] liefert keine Antwort auf die hier gestellte Frage. Nichts anderes gilt für die im öffentlichen Bereich meist stärker kollektiven Entscheidungsprozesse, doch setzen sich auch diese wiederum aus den Entscheidungen einzelner Personen zusammen.[190]

---

[184] Näher zum Begriff der Rechtsänderung unten § 2 E.
[185] Näher dazu – wenn auch speziell zu vertraglich herbeigeführten Rechtsänderungen – unten § 8.
[186] Näher unten § 13 C. II. 4.
[187] Siehe dazu insbesondere oben § 2 A. II. 7.
[188] Grdl. zu diesem Begriff *Jellinek*, System, 1892.
[189] Ersteres fällt unter Art. 38 GG, Letzteres unter Art. 5 GG.
[190] Näher oben § 2 A. II. 4.

2. Ignoranz

a) Grundidee

Neben der Unterordnung unter die Ziele einer Person gibt es noch ein weiteres Merkmal subjektiver Rechte, das für unser Privatrechtsverständnis zentral ist: blanke Ignoranz. Subjektive Rechte zeichnen sich vor allem dadurch aus, dass wir unseren Blick stark verengen und dabei selbst solche Aspekte ausblenden, die zu berücksichtigen durchaus diskutabel wäre. Es ist gerade diese Ignoranz, die dem Inhaber eines subjektiven Rechts seine Stärke, Position und Sicherheit gibt, die wir mit diesem Begriff verbinden. Wer sagen kann „Ich habe ein Recht", muss sich nicht ständig behaupten und für das verteidigen, woran er sein Recht hat, sondern ist gegen viele Einwände und Entwicklungen immun. Hierzu zählt nicht nur, bloß argumentativ vorgetragene Begehrlichkeiten abzuwenden, sondern auch der ganz handfeste Schutz vor Gefährdungen dessen, woran er sein Recht hat. Diese tatsächliche Stärke zu genießen, erfüllt eine nicht minder wichtige geistige Entlastungsfunktion. Denn wer sich seiner Position sicher weiß, muss sich darum weniger sorgen und kann sich produktiveren Dingen widmen.

Subjektive Rechte zu definieren und dann auch konsequent durchzusetzen, gehört zu den großen Errungenschaften moderner Gesellschaften. Haben wir jemandem „Eigentum" zugewiesen, fragen wir nicht mehr ergebnisoffen unter Berücksichtigung sämtlicher uns verfügbarer Gesichtspunkte, ob nicht andere Personen den Gegenstand besser gebrauchen könnten – etwa weil sie bedürftiger oder fleißiger sind oder ihn einfach produktiver einsetzen könnten. Wir betreiben hier gerade keine umfassende Gesamtwohlmaximierung, sehen den Eigentümer nicht als eine Person von vielen, deren Interessen auch zu berücksichtigen sind. Vielmehr schützen wir ihn vor zahllosen – inhaltlich vielleicht durchaus überzeugenden – Einwänden, mit denen sich diese personelle Zuordnung streitig machen ließe, indem wir sie ignorieren. Und genauso sorgen wir ganz handfest mit aller Macht des Staates dafür, dass Raub, Diebstahl oder Unterschlagung nur die seltene Ausnahme bleiben, selbst wenn der fleißige, hungrige und selbstlose Dieb einen faulen, geistlosen und egoistischen Reichen bestiehlt.

Für öffentliche subjektive Rechte gilt nichts anderes: Persönliche Meinungsfreiheit etwa schätzen und beanspruchen wir auch für solche politischen Äußerungen, die vielleicht alles andere als wohlbegründet und dem Gemeinwohl förderlich sind. Die mit Meinungsfreiheit verbundene Stärke ist uns dabei so wichtig, dass wir uns selbst dann verletzt fühlen, wenn uns Äußerungen verboten werden, die zu tätigen wir überhaupt nicht vorhatten, ja die wir geradezu ablehnen. Und wir verschließen uns dem vermeintlich so naheliegenden Einwand, dass wer eine bestimmte Freiheit höchstwahrscheinlich nie verwenden wird, gut darauf verzichten könnte. Aber auch so großartige öffentlich-rechtliche Errungenschaften wie der Verwaltungsakt zeichnen sich vor allem dadurch aus, dass die bei dessen Erlass getroffene Entscheidung später nicht mehr ohne Weiteres korrigiert werden kann.[191]

Was subjektive Rechte kennzeichnet, nämlich die bewusste Ignoranz auch sehr guter Argumente, lässt sich für das Verständnis von „Recht" generell nicht sagen. Ordnet etwa der Staat für einen bestimmten Bereich eine umfassende Nutzenmaximierung unter Berücksichtigung sämtlicher verfügbarer Informationen an, mag man als subjektives Recht nur noch den faktischen Entscheidungsspielraum der dies umsetzenden Person finden. Und doch hätte jedenfalls der Verfasser kein Problem damit, hier von Recht zu sprechen.

b) Ausprägungen

Angesichts der so grundlegenden Bedeutung der zuvor beschriebenen Ignoranz für unser gesamtes Rechtssystem verwundert es nicht, dass dieses Phänomen in verschiedenen Zusammenhängen – mal mehr oder weniger bewusst – behandelt oder zumindest berührt wird. Geradezu klassisch ist die Gegenüberstellung von (subjektiven) Rechten und bloßen Interessen bzw. Werten, wobei man sich in jüngerer Zeit vor allem mit kollektivistischen Ansätzen wie dem Utilitarismus bzw. der Wohlfahrtsökonomik auseinandersetzt.[192]

Aber auch die für Recht so typische Regelbasierung taucht in diesem Zusammenhang immer wieder auf. Zwar kann ein Gesetzgeber einzelne Normen rein folgenorientiert ausgestalten – und es wäre wie bereits dargelegt begrifflich unglücklich, dem einfach die Rechtsqualität abzusprechen –, doch zeichnen sich typische Regeln durch stark reduzierte Prüfungsanforderungen aus. Wir prüfen nur die Tatbestandsmerkmale, anstatt umfassend über sämtliche Konsequenzen einer Entscheidung zu grübeln. Und genau das stärkt die Position des Rechteinhabers, weil er dann nur unter den oft sehr engen Voraussetzungen der jeweiligen Regel befürchten muss, den ihm zugewiesenen Gegenstand zu verlieren.[193]

Nicht weniger instruktiv ist die vieldiskutierte Unterscheidung von öffentlichem und privatem Recht.[194] Natürlich kennt auch das öffentliche Recht subjektive Rechte[195] – von den Kompetenzen einmal ganz abgesehen – und denkt oft auch geschichtlich.[196] Doch gibt sich das Zivilrecht besonders ignorant und erlaubt so für einen wohldefinierten Lebensausschnitt einfach gehaltene Regeln, die dann etwa im Vertragsrecht die so segensreiche private Wertschöp-

---

[191] Siehe zu diesen Mechanismen auch unten § 2 E. III.
[192] Stellv. *Dworkin*, Taking Rights Seriously, 1977 oder die Beiträge bei *Smart/Williams* (Hrsg.), Utilitarianism for and against, 1973.
[193] Näher zur Regelbasierung unten § 19 F. V.
[194] Eingehend unten § 19 E.
[195] Näher oben § 2 B. II. 2. a).
[196] Näher zu dazu gleich sowie eingehend unten ab § 2 D.

fung erlauben. Ja, das Zivilrecht schaut dermaßen engagiert weg, dass hier typischerweise nur sehr wenige Personen interessieren, zwischen denen wir dann rechtliche Beziehungen knüpfen: Läuft jemand eine vereiste Straße entlang und waren sämtliche Anlieger zu faul, ordentlich zu streuen, haftet dennoch nur die eine Person, in deren Verantwortung derjenige Streifen fällt, auf dem sie tatsächlich ausrutscht. Steht eine lange Menschenschlange dort, wo Weihnachtsbäume verkauft werden, und schnappt sich ein nichtgläubiger, alleinlebender, egoistischer und fauler Zeitgenosse das letzte Exemplar, während der hinter ihm stehende, gütige Familienvater mit leeren Händen zu seinen enttäuschten Kindern zurückkehren muss, kümmert uns das zivilrechtlich wenig. Ebenso vertrösten wir einen Minderjährigen, der gerade von einem Erwachsenen betrogen wurde, nicht damit, dass er es doch als Erwachsener mit anderen Minderjährigen genauso halten könne und sich damit übergreifend betrachtet alles wieder ausgleiche. Soweit es also um den Bewertungsmaßstab und damit die zu berücksichtigenden Umstände geht, erweist sich unser Vertragsrecht als tatsächlich erstaunlich punktuell – und zwar zeitlich wie personell. Darauf wird noch näher einzugehen sein.[197]

Schließlich sei noch auf die vielleicht wichtigste Ausprägung rechtlicher Ignoranz hingewiesen. Anstatt in jeder Sekunde sämtliche Facetten dieser Welt umfassend berücksichtigen zu wollen, betrachten wir immer nur einen kleinen Ausschnitt. Das bedeutet nichts anderes, als dass wir uns immer nur Schritt für Schritt auf Basis einer größtenteils hingenommenen, nicht hinterfragten Ausgangslage bewegen und damit Vergangenheit zu einer vertragsrechtlich enorm wichtigen Größe wird. Diese Geschichtlichkeit ist eine essenzielle, weil bei Komplexität besonders zweckmäßige Form von Ignoranz. Wir stellen uns blind gegenüber all dem, was nicht zum kleinen Schritt gehört, den wir möglicherweise zu gehen bereit sind. Ist jemand Forderungsinhaber oder Eigentümer, so interessiert uns zunächst nur dieser historische Befund. Wir fragen nicht ergebnisoffen unter Auswertung sämtlicher uns verfügbarer Information, welche Person auf dieser Erde nach unseren Gerechtigkeitsvorstellungen profitieren sollte, sondern revidieren die ursprünglich getroffene Zuweisung nur unter engen Voraussetzungen. Darunter fällt vor allem der hier interessierende Vertrag.[198]

3. Ausblick: Gestaltungsrechte

Die bisherigen Ausführungen beschränkten sich auf die begriffliche Erfassung dessen, was subjektive Rechte auszeichnet und von Recht generell unterscheidet. Nicht beantwortet wurde, warum und vor allem wie genau – also inhalt-

---

[197] Etwa unten § 17 A.; § 19 E.; § 19 F.
[198] Näher zu dieser Rechtebasierung oben § 2 A. II. 2. sowie unten § 2 D. I. 4. b); § 3 A. IV.; § 4 C. I. 1.; § 19 F. VI.; passim.

lich, mit welcher Reichweite – wir uns im Privatrecht ignorant zeigen.[199] Zu dieser ganz konkreten und letztlich entscheidenden Frage findet sich nur wenig Literatur. Dass es aus Sicht des Verfassers gerade das Rechtfertigungsprinzip ist, das den entscheidenden Maßstab liefert,[200] wird den Leser nicht überraschen.

Hier sei zunächst auf ein Phänomen hingewiesen, das zwar gerne begrifflich als subjektives Recht erfasst, damit jedoch noch lange nicht inhaltlich begründet ist: die Gestaltungsrechte. So lassen sich Vertragsinhalte auch lange nach Vertragsschluss einseitig und zu Lasten der Gegenseite beeinflussen, wie wir dies etwa von Weisungsrecht, Minderung oder Anfechtung her kennen. Warum das möglich ist, erklärt der Begriff des subjektiven Rechts nicht. Vielmehr verführt diese bloße Verortung dazu, zentrale vertragstheoretische Fragen aus dem Vertragsrecht abzuschieben, nur weil es uns die so verhängnisvolle Fixierung auf das Parteiverhalten bei Vertragsschluss nicht erlaubt, solche Phänomene zu erklären.[201]

C. Ersterwerb

I. Begriff

Nachdem Recht und subjektives Recht begrifflich so weit geklärt wurden, wie dies vertragstheoretisch sinnvoll erscheint, verbleibt noch eine weitere wichtige Unterscheidung – nämlich die zwischen Erst- und abgeleitetem Erwerb.[202] Dabei geht es nicht nur um so grundlegende Phänomene wie die Rechtebasierung[203] unseres Vertragsrechts oder den Begriff einer „Rechtsänderung",[204] sondern auch die genaue Reichweite des Vertragsrechts in Abgrenzung zum Sachen- und Deliktsrecht.[205]

Dabei bereitet die klassische Unterscheidung von Erst- und abgeleitetem Erwerb einiges Kopfzerbrechen. Denn wer bestimmt eigentlich, was für Güter, Grundstücke, Körper oder sonstige Gegenstände welcher Person zustehen? Muss nicht irgendjemand verbindlich entscheiden, ob und unter welchen Bedingungen etwas von wem wie genutzt werden darf? Und falls ja, hatte dann nicht dieser „jemand" schon vorher das Recht am besagten Gegenstand? Ge-

---

[199] Näher zu dieser Herausforderung unten § 2 D. II.
[200] Zu den übergreifenden Gründen rechtlicher Ignoranz siehe unten § 2 E. III. sowie speziell zu „Rechtsänderungen" unten § 2 D. III.
[201] Näher unten § 18 B. Zum voluntativen Aspekt siehe auch unten § 9 E. II.
[202] Oft spricht man hier auch vom originären versus derivativen bzw. Zweiterwerb.
[203] Näher etwa oben § 2 A. II. 2. sowie unten § 2 D.; § 3 A. IV.; § 4 C. I. 1.; passim.
[204] Näher unten § 2 E.
[205] Zum Deliktsrecht siehe etwa § 4 C. II. 1.; § 12 C. IV.; § 18 D. I.

rade bei den so einflussreichen klassischen Eigentumstheorien[206] scheint man hier bisweilen noch den Geruch kolonialistischer „Großzügigkeit" zu verspüren, wenn etwas – nur selten mit Zustimmung der allzu oft anwesenden Ureinwohner – kurzerhand zum Ersterwerb erklärt und dann auch geistesgeschichtlich entsprechend fest verankert wurde. Anders formuliert erscheint bereits die Behauptung reichlich anmaßend, dass manches „erstmals" erworben werden könne. Jedenfalls für grundlegende Begründungsversuche erscheint das fragwürdig.

Nur für rechtstechnische, nicht jedoch für privatrechtstheoretische Zwecke hilfreich ist es, Ersterwerb ganz profan im Sinne einer Aussonderung, Sichtbarmachung oder Konkretisierung eines Gegenstands zu verstehen – etwa wenn der Staat eine Grundschuld erstmals im Grundbuch einträgt oder jemand dem Meer eine kleine Flasche Wasser entnimmt und diese mit nach Hause bringt.

Verführerisch ist es, getreu dem Trennungsprinzip an die zumindest im deutschen Sprachraum geläufige Unterscheidung von Verpflichtung (*Begründung* eines Rechts) und Verfügung (Einwirkung auf ein *bestehendes* Recht) anzuknüpfen. Immerhin verdeutlicht dies, wie sehr wenigstens Verfügungen auf einer vorgegebenen Rechtslage aufbauen, ohne dass dies die klassischen Vertragstheorien auch nur ansatzweise berücksichtigen würden. Was jedoch ganz und gar nicht deutlich, sondern im Gegenteil verschleiert wird, ist die Rechtebasierung auch reiner Verpflichtungsgeschäfte. Selbst wer nur verspricht, nicht jedoch bereits bewirkt – sei es in Form einer Übereignung auch rein körperlicher Tätigkeit –, agiert bereits auf Grundlage der jeweiligen Rechtslage, welche die gesamte Würdigung und inhaltliche Ausgestaltung dieses Vertrags gravierend beeinflusst.[207]

Am wenigsten überzeugt es, zwischen vertraglichem und gesetzlichem Erwerb zu unterscheiden, unterliegt dies einem handfesten Kategorienfehler. Denn jede rechtliche Anordnung, ganz gleich, ob etwa dem Vertrags-, Sachen-, Delikts- oder Bereicherungsrecht zugehörig, sollte begründet und damit verallgemeinernd beschrieben werden. Inwieweit das so zu begründende Recht dann im Einzelfall von Parteien, staatlichen Stellen oder auch Verkehrskreisen bestimmt wird, ist eine dem erst nachgelagerte Kompetenzfrage.[208] Schließlich gibt es auch staatlich gesetzte Vertragsinhalte.[209] Nur weil Recht staatlicherseits gesetzt wurde, müssen wir dieses nicht weniger wissenschaftlich erfassen.

---

[206] Siehe hier nur *Locke*, Two Treatises, 1690 sowie für einen Einstieg in die Thematik *Brocker*, Arbeit und Eigentum, 1992.
[207] Näher oben § 2 A. II. 2. sowie unten § 2 D. I. 4. b); § 3 A. IV.; § 4 C. I. 1.; § 19 F. VI.; passim.
[208] Ausführlich unten § 8 B.; vgl. etwa auch unten § 19 D.
[209] Näher unten § 16 A.

Spätestens jetzt sollte deutlich geworden sein, dass wir um ein inhaltliches Kriterium nicht umhinkommen. Dabei lässt sich für unsere Zwecke auf das verweisen, was den Gegenstand dieser Untersuchung bildet, nämlich den Vertrag bzw. – präziser gesprochen und die weiteren Ausführungen vorwegnehmend –[210] das Rechtfertigungsprinzip. „Ersterwerb" meint hier solche Rechtsänderungen, die sich nicht mit vertragsrechtlichen Kategorien erfassen lassen – wobei gleich noch auf zusätzliche Eingrenzungen einzugehen sein wird.[211] Allerdings führt die Rechtebasierung unseres Vertragsrechts dazu, dass der Ersterwerb auch für das vertragsrechtliche Gesamtbild wichtig bleibt. Denn auch alles, was sich vertraglich ständig ändern mag, muss irgendwann in Form einer Erstzuweisung begonnen und so die Basis vertraglicher Rechtsänderungen gebildet haben. Schon deshalb sei auf dieses Phänomen – wenngleich eher dem Sachen- oder Deliktsrecht zugehörig – kurz eingegangen.

II. Praktischer Befund

Bevor wir den Ersterwerb noch etwas genauer einordnen, sei zunächst auf denjenigen „Gegenstand" hingewiesen, bei dem dieser Ersterwerb die mit Abstand größte Bedeutung entfaltet, nämlich der menschliche Körper. Für diesen trifft jedenfalls das Privatrecht eine klare Aussage: Ob blanke körperliche Kraft, Intelligenz, sportliche oder musikalische Fähigkeiten – wozu immer ein Körper verwendet werden kann, wird dies den Zielen derjenigen Person untergeordnet, die diesen Körper mit sich herumträgt. Vertraglich wird das spätestens dort relevant, wo jemand seine körperliche Leistungsfähigkeit – regelmäßig nur ausschnittsweise für bestimmte Zeiten und Tätigkeiten – anderen vertraglich verspricht oder gar einer Verletzung oder Gefährdung dieses Körpers zustimmt.[212]

Sehr viel schwieriger wird es bereits bei körperlichen Gegenständen. Denn wo finden wir heute noch einen klaren Ersterwerb? Sicher, wir atmen Luft und dürfen als Privatleute in Flüssen oder Meeren fischen. Doch dann wird es bereits schwierig. Zwar mag die Verbindung, Vermischung und Verarbeitung verschiedenster Stoffe verbreitet sein,[213] doch finden sich hier bereits vertragliche Parallelen – etwa wenn der Lieferant den zuvor bestellten Stoff direkt ins Haus einbaut, anstatt ihn zu übereignen. Vor allem aber sind diese Erwerbsformen insofern nur beschränkt originär, als es grob gesprochen meistens der

---

[210] So lassen sich mit dem Rechtfertigungsprinzip neben dem Vertrag noch weitere wichtige Phänomene wie die Geschäftsführung ohne Auftrag, manche Fallgruppe des Verschuldens bei Vertragshandlungen und sogar manche deliktische Kategorie erfassen, vgl. näher unten § 18.
[211] Unten § 2 C. III. 2.
[212] Zu den Übergängen ins Deliktsrecht siehe etwa unten § 12 C. IV.; § 18 D. I.
[213] Für das deutsche Recht vgl. dazu die §§ 99 ff., 946 ff. BGB.

Voreigentümer mit dem größeren Anteil am veränderten Produkt ist, dessen Eigentum sich daran fortsetzt. Tatsächlich ist gerade Eigentum hochgradig historisch strukturiert.[214] Oft verbindet sich auch originärer und abgeleiteter Erwerb, etwa wenn jemand einen Gegenstand erwirbt und diesen dann mit seinen geistigen und körperlichen Fähigkeiten verändert. Bei einer Solaranlage etwa dürfen wir uns zwar die Sonnenenergie aneignen, die dafür notwendigen Anlagen erwerben wir jedoch regelmäßig vertraglich.

Ebenfalls originär nach der hier gewählten Definition ist es schließlich, staatliche Transferleistungen wie die Sozialhilfe oder „kostenlos" bereitgestellte öffentliche Dienstleistungen zu erhalten. Denn da nicht dem Privat-, sondern dem öffentlichen Recht zugehörig, folgt dies offensichtlich anderen als vertragsrechtlichen Grundsätzen.[215] Keinen Ersterwerb bilden demgegenüber vertragliche Forderungen. Denn diese entstehen immer auf Basis einer vorgegebenen Rechtslage, etwa wenn wir das uns bereits zugewiesene Recht am eigenen Körper dienstvertraglich auf einen anderen teilweise übertragen.[216]

III. Reichweite

1. Dogmatische Herausforderung

Möchte man sich dogmatisch fundiert zum Ersterwerb äußern, fällt das nicht leicht. So ist das, was wir als vermeintlich selbstverständlich hinnehmen – insbesondere das Recht am eigenen Körper und die stark historisierende Sicht des Eigentums – ethisch alles andere als selbstverständlich.[217] Denn warum soll nicht auch die Gemeinschaft davon profitieren, wenn jemand so glücklich ist, allein durch sein geistiges oder sportliches Talent Millionen zu verdienen, während andere für sehr viel weniger Geld sehr viel härter arbeiten müssen? Und warum wirkt es sich ganz erheblich auf unsere Vermögenslage aus, in welche Familie, in welches soziale Umfeld und in welche Zeit wir hineingeboren werden? Warum nicht solche Ausgangslagen ständig neu hinterfragen, anstatt oft blanke Willkür walten zu lassen? Wer ist wirklich „berechtigt"? Wann immer etwa die damalige Ausgangslage des Ersterwerbs unfair war – müssen dazu nicht auch heutige sowie zukünftige Generationen gefragt werden? – oder auch nur eine einzige der fortwährend ablaufenden Rechtsänderungen moralisch bedenklich: Was ist die aktuelle Rechtslage dann noch wert?

---

[214] Vgl. dazu etwa § 2 B. II. 2.; § 2 D. I.; § 2 E. III. 4.
[215] Näher zur Unterscheidung von Privat- und öffentlichem Recht unten § 19 D.
[216] Näher zum Dienstvertrag unten § 3 C. III.
[217] Weshalb dies ganz verschiedene Strömungen hinterfragen, vgl. hier nur für den Kommunitarismus die umfangreichen Nachweise bei *Kersting*, Wohlgeordnete Freiheit, 1993, S. 21 f. (dort insbes. Fn. 21) sowie allgemein zur Eigentumsdebatte *Brocker*, Arbeit und Eigentum, 1992.

Selbst die Möglichkeit zweier Parteien, vertragliche Wertschöpfung zu betreiben,[218] ergibt sich oft rein zufällig.[219]

Glücklicherweise können wir diese schwierigen Fragen weithin ausblenden – und zwar nicht nur wegen des rein vertragsrechtlichen Interesses dieser Arbeit. Denn soweit das klassisch liberal-historisierende Rechtsverständnis eines *Locke* oder auch *Nozick* philosophisch diskutiert wird, geschieht das regelmäßig nicht für ein vom öffentlichen Recht unterschiedenes Privatrecht, sondern ganz übergreifend zur Legitimation staatlicher Gewalt. Das aber erschwert es außerordentlich, die moralischen oder rechtlichen Überzeugungen selbst sehr liberaler Gesellschaften zu erfassen. Nicht nur in der Philosophie ist leider die Bereitschaft gering, sich nur auf einen Teilbereich des gesellschaftlichen Lebens zu beschränken, was dann den jeweils vertretenen Ansatz oft deutlich überfordert.[220]

Beschränken wir uns hingegen auf das Privatrecht, können wir für diesen kleinen Bereich wohltuender Isolation recht krude Regeln akzeptieren, solange wir das nur an anderer Stelle – etwa über das Steuer- und Sozialrecht – wieder ausgleichen.[221] Der tiefere Grund für die Ausbildung eigenständiger Teilsysteme liegt dabei einmal mehr in der Bewältigung von Komplexität. Es ist erst diese Einfachheit und gegenständliche Begrenzung des Vertragsrechts, die uns private Wertschöpfung ganz real und nicht nur hypothetisch-fiktiv ermöglicht.[222] So gesehen ist es eine erfrischend schlichte und zur Arbeit anregende Regel,[223] wenn wir einen Körper den Zielen derjenigen Person unterwerfen, die ihn am einfachsten beeinflussen kann. Für Sachen und speziell das Eigentum gilt nichts anderes.[224] Wir müssen also im Privatrecht nicht höchst ausdifferenzierte Gerechtigkeitserwägungen suchen, sondern vor allem solche Maßstäbe, die es uns Menschen ganz praktisch erlauben, mit vielen und unkomplizierten Verträgen voranzukommen.

---

[218] Näher zu dieser Wertschöpfung etwa unten § 3 C. I.

[219] Demgegenüber entspricht es einer starken geistesgeschichtlichen Tradition, nicht nur derartige Zufälle, sondern auch Talente wie Gesundheit, Stärke, Intelligenz usw. als moralisch keineswegs verdient anzusehen, sondern dies nur einem nach unseren moralischen Vorstellungen gutem Handeln zuzubilligen (klassisch dazu *Kant*, Grundlegung, 1785, S. 1 ff. zum „guten Willen"). Doch zeigt sich diese weniger im Privatrecht als in anderen Rechtsbereichen, vgl. dazu unten § 19 C. IV.; § 19 C. V. 1.; § 19 E.

[220] Näher unten § 19 C. V. 4.

[221] Näher zu Verteilungsfragen unten § 19 C.

[222] Näher unten § 19 D.

[223] Näher zu Anreizen im Privatrecht etwa auch unten § 17 C. II. 2. d); § 17 D. III. 2.

[224] Hier betonte selbst *Thomas von Aquin*, dass zwar dem Menschen im Zustand der Unschuld allein die Gütergemeinschaft angemessen sei, nicht jedoch dem „gefallenen" Menschen nach dem Sündenfall. Jeder verwende mehr Sorge und Sorgfalt auf das, was ihm allein gehört, als auf gemeinschaftlichen Besitz. Siehe dazu *Brocker*, Arbeit und Eigentum, 1992, S. 42 ff. m.N.

2. Ausrichtung an Zielen

Bei der rechtlichen Abgrenzung einzelner Rechtspositionen fällt zunächst auf, dass unser Recht raumzeitlich gut trennbare Lebensbereiche aufgreift, um diese dann umfassend den Zielen einer einzelnen Person zu unterwerfen. Für den menschlichen Körper ist das besonders deutlich, gilt aber auch für die Herrschaft über Sachen, die sich raumzeitlich identifizieren lassen und, soweit physikalisch eng miteinander verbunden, auch als nur eine Sache betrachtet werden. Diese Objekte ordnen wir dann den Zielen derjenigen Person zu, die rein tatsächlich darauf zugreifen kann, was Konflikte und Fehlanreize vermeidet. Inhaltlich wird etwa ein Eigentümer zunächst gegen die Begehrlichkeiten anderer geschützt, die wir gegebenenfalls Diebe oder Räuber nennen. Die Vernichtung eines Gegenstands durch den Eigentümer – rechtlich meistens ohne Weiteres zulässig – ist vielleicht sogar der vollkommenste, weil deutlichste Ausdruck der weitreichenden Zuordnung eines Gegenstands unter die Ziele nur einer einzigen Person. Aber auch der bloße Gebrauch wird – zumindest zu einem gewissen Grad – regelmäßig erfasst, sei es, dass man das eigene Fahrrad fährt oder die Früchte seines Obstbaums erntet.

Man mag das alles reichlich banal finden. Doch zeigt sich hier eine interessante Parallele zum Rechtfertigungsprinzip: Genauso wie vertragliche Rechtsänderungen den Zielen des Rechteinhabers unterworfen sind,[225] gilt das auch für den Inhalt des jeweiligen Rechts – ganz ohne Rechtsänderung. Und noch in einer weiteren Hinsicht verdeutlicht gerade das Rechtfertigungsprinzip, wie eng originärer und abgeleiteter Erwerb zusammenhängen. So gehört es nämlich auch zum Inhalt von Eigentum oder auch des Rechts am eigenen Körper, dieses Recht nur dann an andere zu verlieren, wenn das den eigenen Zielen dient. Das Rechtfertigungsprinzip fügt sich also insofern nahtlos in die Reichweite dieser Rechte ein, als es eine wichtige Antwort auf die Frage liefert, wie sicher wir uns unseres Eigentums oder unseres eigenen Körpers tatsächlich sein dürfen.[226]

Eine andere wichtige Frage des Ersterwerbs lässt sich mit dem Rechtfertigungsprinzip allerdings nicht beantworten: Denn sobald man sich mit der genauen Reichweite einzelner Rechte beschäftigt, wird man unweigerlich feststellen, dass sich die konsequente Zuweisung sämtlicher Vorteile eines Gegenstands ab einem gewissen Punkt mit den Interessen anderer Menschen beißt. Sollen mich andere *partout* nicht in einer bestimmten Nutzung gefährden, schränkt das unweigerlich auch deren Bewegungsfreiheit ein.[227] Nicht minder

---

[225] Näher oben § 2 A. IV. 1 oder unten § 9 D. I.; passim.
[226] Näher zu diesem Zusammenhang auch oben § 2 B. II. 2. oder unten § 2 D. I. 4.; passim.
[227] Ein anschauliches Beispiel für diese nicht immer klar zu beschreibende Reichweite des Eigentums bildet der berühmte Fleetfall, vgl. BGH, Urt. v. 21.12.1970, BGHZ 55, 153 ff.

gravierend ist das Problem, dass ein effektiver Schutz – und sei es auch nur die staatliche Verfolgung von Raub, Diebstahl, Unterschlagung oder Betrug – aufwändig ist, also erst einmal finanziert werden muss. Zu all diesen Fragen der genauen Reichweite eines vertragsunabhängig zuzuweisenden Rechts besagt das Rechtfertigungsprinzip schon definitionsgemäß nichts.[228] Hier geht es nicht um vertragsrechtliche, sondern wie bereits erwähnt eher sachen-, delikts-, bereicherungs- und teilweise auch öffentlichrechtliche Kategorien.[229] Das Vertragsrecht erfasst nur Änderungen der jeweils vorgefundenen Rechtslage.[230]

Dabei erlaubt es allein der Vertrag, unser ganzes Leben einem äußerst umfassenden wie komplizierten Rechtsgeflecht zu unterwerfen. Schließlich lassen sich so andauernd ganz neue Rechte und Pflichten schaffen – sofern das nur die Ziele der rechtlich betroffenen Personen fördert. Dabei ist es nicht einmal erforderlich, dass die vertragliche Wertschöpfung auf harter Arbeit basiert.[231] Die Rechtebasierung unseres Vertragsrechts[232] beinhaltet also keine Absage an ganz neuartige und höchst ausdifferenzierte Rechtslagen.[233] Und dass sich Forderungen so vergleichsweise leicht erzeugen lassen und das wiederum eine starke Verrechtlichung unseres Lebens ermöglicht, ist so lange nicht bedrohlich, wie wir das Rechtfertigungsprinzip ernst nehmen, da dieses regelmäßig nur zu relativen und zeitlich begrenzten Bindungen führt.[234]

3. Zerlegungen

Bisher wurde die Frage der nicht-vertraglichen Rechtszuweisung vor allem anhand klassischer Rechtsgüter wie Eigentum und dem Recht auf körperliche Unversehrtheit diskutiert, bei denen wir einen raumzeitlich gut eingrenzbaren Betrachtungsgegenstand festlegen (etwa die Sache oder den Körper) und den Zielen einer Person unterordnen. Doch ist diese Art gedanklicher Strukturierung keineswegs zwingend, sondern wären auch ganz andere Herangehensweisen denkbar. Theoretisch ließe sich darauf verzichten, an einzelne Menschen, Tiere, Pflanzen oder Gegenstände anzuknüpfen. Sorgt etwa der Staat dafür, dass in einer bestimmten Region zu bestimmten Zeiten bestimmte Lärmpegel nicht überschritten werden, so mag diese unpersönliche, nämlich

---

[228] Näher oben § 2 C. I. sowie unten § 2 E.; passim.
[229] Vgl. dazu etwa auch *Peukert*, Güterzuordnung als Rechtsprinzip, 2008, S. 135 ff.
[230] Näher zu dieser Rechtebasierung oben § 2 A. II. 2. sowie unten § 2 D.; § 3 A. IV.; § 4 C. I. 1.; passim.
[231] Näher zur privaten Wertschöpfung unten § 3 C. I. Bei den gängigen Eigentumstheorien spielt dieses Argument hingegen eine wichtige Rolle, vgl. dazu nur *Brocker*, Arbeit und Eigentum, 1992, S. 125 ff.
[232] Näher zu dieser oben § 2 A. II. 2. sowie unten § 2 D. I. 4. b); § 3 A. IV.; § 4 C. I. 1.; § 19 F. VI.; passim.
[233] Näher zu diesem dynamischen Element etwa auch oben § 2 A. IV. 6.
[234] Näher zum Wechselspiel von zeitlicher Bindung und Flexibilität unten § 18 B. IV.

allein an Raum, Zeit und Höhenausschlag einer bestimmten Schwingung anknüpfende Sichtweise je nach Sachproblem zweckmäßig sein.

Und selbst wenn man an der personalen Zuordnung als zweckdienlich, weil uns geistig entlastend, festhält, kann es gerade in einem fortgeschrittenen Stadium hilfreich sein, beispielsweise das Eigentum nicht mehr als die uneingeschränkte Zuordnung eines Gegenstands unter die Ziele einer Person zu betrachten, sondern als ein variabel aufteilbares Bündel verschiedenster Teilrechte. Dazu gehören dann etwa die Rechte, die Sache zu nutzen, zu vernichten, zu übertragen, zu verleihen, ihre Früchte zu genießen, sie zu benennen, zu belasten, zu verändern, zu verbinden oder zu vermengen.[235] Ebenso lässt sich die Beziehung von Person zu Gegenstand in die allein zwischen verschiedenen Personen untereinander auflösen. Zwar macht das unser Recht ersichtlich komplizierter – und das ist wahrlich ein hoher Preis –, erlaubt aber bisweilen präziser zugeschnittene Regelungen und Vertragsinhalte.

Das besonders früh und scharfsinnig illustriert zu haben, gehört zu den vielen Errungenschaften *Schlossmanns*.[236] Zum Entsetzen vieler Kollegen[237] erklärte er den Begriff des dinglichen Rechts als für die juristische Argumentation überflüssig. Rechtliche Beziehungen zwischen einer Person und einer Sache seien undenkbar.[238] Dabei kann er zunächst anschaulich darauf verweisen, dass ansonsten auch „… ein auf dem Erdball ganz allein hausender Mensch dingliche Rechte haben könn[t]e."[239] In Wahrheit sei das dingliche Recht „… nur die vorgestellte gemeinschaftliche Quelle aller als möglich gedachten, auf die Sache bezüglichen Ansprüche gegen Dritte … Nicht das dingliche Recht, sondern nur diese Ansprüche … könn[t]en Realität erlangen, indem sie vor Gericht geltend gemacht und erzwungen werden können."[240] Der Begriff des Eigentumsrechts sei „… nur ein terminologisches Hilfsmittel, durch welches wir eine große Masse von Befugnissen oder Ansprüchen, die einen gemeinsamen Beziehungspunkt haben, kurz bezeichnen."[241]

Dabei zerlegte *Schlossmann* nicht nur das dingliche Recht in seine personalen Einzelbestandteile, sondern sah und formulierte gerade auch anhand des dinglichen Rechts die Gefahren eines gegenständlichen Denkens, wonach wir naturwissenschaftliche Gesetzmäßigkeiten auf eine leider nur vermeintlich

---

[235] Siehe zu solchen Aufteilungen etwa *Honoré*, in: Guest (Hrsg.), Oxford Essays in Jurisprudence, 1961, S. 107.
[236] Wobei etwa auch *Kant* ähnliche Ideen entwickelt hatte, vgl. dazu *Brocker*, Arbeit und Eigentum, 1992, S. 392 ff. m.N.
[237] Siehe nur *Thon*, Rechtsnorm, 1878, S. 174.
[238] *Schlossmann*, Der Vertrag, 1876, S. 258 ff., 265.
[239] *Schlossmann*, Der Vertrag, 1876, S. 258 f.
[240] *Schlossmann*, Der Vertrag, 1876, S. 261, 267.
[241] *Schlossmann*, Der Vertrag, 1876, S. 261 f.

existierende „Rechtswelt" übertragen:[242] Es sei reine „... Selbsttäuschung, wenn man die Verfolgbarkeit der dinglichen Rechte gegen jeden Dritten für eine Folgerung aus dem Begriff der ‚dinglichen Rechte' ausgibt."[243] „Nur indem man das Eigentumsrecht und die anderen sogenannten dinglichen Rechte als das auffasst, was sie wirklich sind, als die Produkte einer eigentümlichen Denkgewohnheit, entgeht man den Widersprüchen, in welche sich die herrschende Theorie verwickelt, und der Versuchung, jene Begriffe als fruchtbringend zu verwerten."

Was derartige Konstruktionen und naturalistische Betrachtungen nämlich nicht liefern, ist das, worauf es nicht nur in der Rechtswissenschaft ankommt, nämlich Gründe. „Die Frage nach dem Gegenstand der Rechte ist aber m. E. überhaupt ohne wissenschaftliche Bedeutung. Will man nicht in der Unklarheit eines vulgären Sprachgebrauches stecken bleiben, so muss man sich vor allen Dingen die Frage stellen: Was sagt man damit, dass ein Recht an etwas stattfinde?" Oder auch: „... in der Jurisprudenz kommt es an auf die Ermittlung der Gründe, aus denen wir jemandem eine Verpflichtung gegen einen anderen auferlegen, d.h. auf die obersten Prinzipien der Gerechtigkeit."[244]

Es fällt schwer, hier *Schlossmann* überhaupt noch etwas entgegen zu halten. Aus unserer Sicht gehört allerdings dazu, dass er für die gesuchten Gründe auf die obersten Prinzipien der Gerechtigkeit verweist, während es nach wissenschaftlichen Maßstäben ausreicht, rein positivistisch die verallgemeinernde und damit vereinfachende Beschreibung des geltenden Rechts anzustreben. Aber noch in einer weiteren Hinsicht geht dessen Kritik etwas zu weit. So ist es keineswegs zwingend, Recht ausschließlich – ganz in den Bahnen des klassischen Person/Handlungs-Denkens –[245] auf diejenigen Ausschnitte unserer Welt zu beziehen, die wir als „Menschen" bezeichnen. Wir dürfen Recht gedanklich auch ganz anders – und damit etwa auch dinglich – ordnen. Insofern kann man mit dem von *Schlossmann* dafür kritisierten *Bekker*[246] die Römer dafür loben, persönliche und dingliche Rechte gesondert zu haben.

---

[242] Näher unten § 2 E. II. 4.; § 9 C. I. 3. a); § 9 C. V. 3. a). Für Literaturnachweise siehe nur § 9 Fn. 109 und 111.
[243] *Schlossmann*, Der Vertrag, 1876, S. 262.
[244] *Schlossmann*, Der Vertrag, 1876, S. 260 f. (dort Fn. 1), 267 f. (Hervorhebung im Original).
[245] Näher zu diesem unten § 2 D. IV. 3. b); § 4 B. I. 4. b) ee).
[246] *Bekker*, Aktionen Bd. 1, 1871, S. 200 ff.

D. Abgeleiteter Erwerb

I. Geschichtlichkeit des Rechts

1. Alles fließt?

Wann immer man sich staunend fragt, wie Natur und Mensch dermaßen reichhaltige und ausgeklügelte Schöpfungen hervorbringen konnten, wie wir sie täglich beobachten, wird man vor allem auf ein Element stoßen: die Zeit. Unsere Erde benötigte hunderte Millionen von Jahren, um den Menschen zu schaffen,[247] und dieser wiederum verbrachte viele Tausend Jahre damit, so wichtige kulturelle Errungenschaften wie die Sprache oder das Recht zu entfalten.[248] Doch auch der Vertragsinhalt verdankt sich einem komplizierten Zusammenspiel verschiedenster Personen zu verschiedenen Zeiten: Ob wir nun ein Dokument Wort für Wort, Zeile für Zeile und Seite für Seite entwerfen oder sich eine bestimmte Verkehrssitte ganz allmählich herausbildet und festigt, befinden wir uns in einem unablässigen Strudel vielschichtiger und kontinuierlich ablaufender Kausalitäten, in den sich die verschiedensten Einflüsse einspeisen, die mal von menschlicher Aufmerksamkeit getragen sind – und dann wieder nicht.[249] Viele wichtige Rechtsprechungsgrundsätze etwa fußen auf Traditionen, die weit ins römische Recht zurückreichen. Auch Allgemeine Geschäftsbedingungen werden nicht in all ihren Details gemeinsam bei Vertragsschluss festgelegt, sondern von einer Partei gestellt, die sich dafür entweder im Vorfeld selbst viel Zeit nehmen oder aber auf die ihrerseits mühsam erarbeiteten Entwürfe ganz anderer Personen zurückgreifen muss. Vertragsinhalte bilden ein buntes Mosaik unzähliger Einzelentscheidungen, die ihrerseits auf einem kontinuierlich-infinitesimalen Strom von Geschehnissen basieren.[250] *Panta rhei* – alles fließt.[251]

2. Alles steht?

Betrachtet man demgegenüber unser Zivilrecht, so präsentiert sich dieses alles andere als fließend. Vielmehr zeichnet es sich dadurch aus, unsere Welt zu stabilisieren, ja Veränderungen geradezu abzuwehren. Besonders deutlich zeigt sich das bei gegenüber jedermann geschützten Rechtsgütern wie der kör-

---

[247] Näher unten § 2 D. V. 1.
[248] Näher unten § 2 D. V. 2.
[249] Vgl. dazu auch oben § 2 A. II. 3. a); § 2 B. I. 4. b).
[250] Eingehend zu dieser zeitlichen und personellen Verteilung unten § 8 B. I.; § 8 C. I. Dass es dabei der Richter ist, der als letztes Glied einer langen Kausalkette darüber entscheidet, was letztlich als Vertragsinhalt gilt, ändert nichts daran, dass sich dieser Richter überwiegend an den Entscheidungen der Vertragsparteien, des Gesetzgebers, der eine Sitte oder die Üblichkeit prägenden Verkehrskreise usw. orientiert.
[251] So der *Heraklit* (näher zu diesem unten Fn. 268) zugeschriebene Aphorismus.

perlichen Unversehrtheit oder dem Eigentum. Menschen schätzen diese Stabilität sehr, denn wer will schon sterben oder das verlieren, was er sich zuvor mühsam erarbeitet hat? Tatsächlich sprechen wir gerade deshalb von subjektiven Rechten, weil sich dessen Inhaber eben auch insoweit ignorant gegenüber den meisten Gefährdungen, Einwänden und Anfeindungen zeigen darf[252] und dabei von seinem Staat kraftvoll unterstützt wird.[253] Nur mit gesicherten Freiräumen können wir uns zudem mit all unseren Fähigkeiten entfalten. Schon deshalb ist solche Resistenz gegen Veränderungen – nach innen wie nach außen und gegenüber unseren Mitmenschen wie gegenüber Naturgefahren – eine wichtige Voraussetzung jeder zivilisierten Gesellschaft.

Auch die klassische Rechtsgeschäftslehre will von zeitlicher Kontinuität (oder gar personeller Vielfalt) nichts wissen. Zwar füllt die historische Aufarbeitung des Vertrags ganze Bibliotheken – und zwar nicht nur dank der Rechtswissenschaft.[254] Doch beim konkret geschlossenen Vertrag soll es allein der kurze Augenblick des Vertragsschlusses sein, in dem die Vertragsparteien all das festlegen, was wir als Vertragsinhalt ansehen. Die dogmatische Auseinandersetzung findet eher innerhalb dieser Prämisse statt – etwa um das richtige Verhältnis subjektiver oder objektiver Elemente.[255]

3. Alles springt?

Dabei verdeutlicht gerade der Vertrag, dass wir keineswegs uneingeschränkt am jeweiligen Status Quo festhalten, sondern Veränderungen durchaus – wenn auch kontrolliert – zulassen. Stabilität ist nicht alles im Leben, schon weil wir uns zu große Trägheit überhaupt nicht leisten können. Vielmehr muss unser Recht auch Wandel ermöglichen und dabei einen Kompromiss finden, der uns einerseits nicht überfordert, es andererseits aber auch erlaubt, auf aufkommende Risiken zu reagieren und neue Chancen zu nutzen.[256]

Untersucht man ganz unbefangen den Umgang unseres Zivilrechts mit der Zeit, so scheint Recht nach unserer Vorstellung schrittweise voranzuschreiten. Wir sprechen und denken in „Rechtsänderungen"[257], die sich zu bestimmten Zeitpunkten „ereignen". Gerade unser klassisches Vertragsdenken ist hochgradig punktualisiert, soll es wie dargelegt allein der Vertragsschluss sein, der eine umfassende Rechtsänderung bewirkt. Dabei vollzieht sich hier auf rechts-

---

[252] Näher oben § 2 B. II. 2.
[253] Zumindest nach der hier gewählten Definition von Recht, vgl. oben § 2 B. I. 2. a) sowie allgemein zur Rolle des Staats etwa unten § 8 E. III.; § 16 A.; § 16 D. II.; § 19 B. II. 3.
[254] Speziell zu historischen Schulen siehe unten ab § 2 D. V. 4. (dort insbes. bei Fn. 468, 473 f.).
[255] Näher unten § 8 A. III.
[256] Dabei spielen hier gerade Ziele eine wichtige Rolle. Näher zu alldem etwa – aus ganz verschiedenen Perspektiven – oben § 2 A. IV. 6. oder unten § 2 D. III. 3. c); § 2 D. IV. 4.; § 3 A. IV.; § 4 C. I. 2.; § 3 C. I.; § 18 B. IV.
[257] Näher zu diesem Begriff unten § 2 E.

dogmatischer Ebene nur, was auch sonst unsere Vorstellung prägt, etwa wenn wir bestimmte Momente unseres doch eigentlich kontinuierlichen Bewegens und Denkens als „Handlung" herausgreifen.[258]

4. Wie weit?

a) Kleine Schritte

Würde allein festgestellt, dass sich das Recht – so wie wir es denken – sprunghaft und damit nur unter bestimmten Voraussetzungen verändert, wäre das hier interessierende Muster von Stabilität und Veränderung nur unvollständig beschrieben. Ein entscheidender Gesichtspunkt fehlt noch: Wir denken nicht nur dergestalt punktuell, dass wir spezifische Zeitpunkte herausgreifen, zu denen sich nach unserer Vorstellung das Recht verändert. Vielmehr vollzieht sich diese Rechtsänderung dann nicht etwa umfassend für das gesamte Recht, sondern nur in vergleichsweise kleinen Schritten. Bildlich gesprochen bewegen wir uns also immer von einer bestimmten aktuellen Stelle zu einer neuen Position, die sich zwar von der alten unterscheidet, jedoch selten gleich auf der anderen Erdseite zu finden ist. Wollen wir also verstehen und beschreiben, wohin ein bestimmter Schritt führt, müssen wir damit vor allem berücksichtigen, wo sich die Person ursprünglich befand.

Für das Recht gilt nichts anderes. Selbst wenn wir uns einmal mit ganzer Aufmerksamkeit dem Recht zuwenden, fragen wir nicht etwa umfassend, wie das Recht – soweit von uns beeinflussbar – insgesamt aussehen sollte. So beschäftigt sich selbst ein ganzes Parlament immer nur mit Teilfragen unserer Rechtsordnung, anstatt diese jedes Mal insgesamt zu hinterfragen. Und gerade der hier interessierende Vertrag bildet ein zentrales Instrument zur schrittweisen Änderung der jeweils vorgefundenen, rechtlichen Ausgangslage. Die Parteien schaffen hier für sich nicht etwa eine völlig neue, von allem Vergangenen losgelöste Rechtslage, sondern ändern diese jeweils nur so weit, wie das ihren beiderseitigen Interessen dient. Verträge bilden also das Veränderungsmoment in einem schrittweise ablaufenden Prozess, in dem fortwährend rechtlich stabilisierte Zustände in andere, ihrerseits wiederum rechtlich stabilisierte Zustände übergehen. Genau darin liegt der Kern des klassisch liberalen Anliegens einer Rechtebasierung im Gegensatz zu – im weitesten Sinn – rein interessebasierten Ansätzen.[259] Dabei stärkt gerade diese Geschichtlichkeit nochmals die Position des jeweiligen Rechteinhabers, beinhaltet sie doch nichts anderes als die zuvor so ausführlich thematisierte Ignoranz: Wir stellen uns blind gegenüber all dem, was nicht zum kleinen Schritt gehört, hinterfragen also gerade nicht das große Ganze.

---

[258] Näher zu dem auch in vielen anderen Lebensbereichen vorkommenden Muster von Stabilität und Veränderung unten ab § 2 D. IV.

[259] Näher etwa oben § 2 B. II. 2. oder unten § 19 B. II. 1.

b) Rechtebasierung

Was auf den ersten Blick reichlich abstrakt klingen mag, lässt sich für das geltende Vertragsrecht leicht demonstrieren – ja so leicht, dass man sich wundert, wie wenig dieses doch so fundamentale Phänomen vertragstheoretisch thematisiert wird.[260] Zunächst ist die Rechtebasierung unseres Vertragsrechts schon deshalb fundamental, weil wir nur anhand eines solchen Orientierungspunktes überhaupt davon reden können, dass sich eine Person durch bestimmte Ereignisse verbessert oder verschlechtert.[261] Vielleicht am deutlichsten zeigt die dogmatisch gerne vernachlässigte Fallgruppe von Zwang, Drohung und Ausbeutung, wie sehr unsere vertragsrechtliche Würdigung auf vergangenen Ereignissen aufbaut.[262] Dass wir „Geld oder Leben" als Drohung und nicht etwa als ein willkommenes Angebot auffassen, liegt allein daran, dass dem Bedrohten nach unserer Rechtsauffassung bereits sowohl sein Geld als auch – sogar von Geburt an – das Recht zusteht, nicht getötet zu werden. Genauso kann die Ankündigung eines Vertragsbruchs nur deshalb eine Drohung bilden, weil hier bereits zuvor ein Vertrag geschlossen wurde und diejenige Rechtslage schuf, auf deren Basis wir das neue „Angebot" nunmehr würdigen.[263] Und geht ein Käufer zum Bäcker, um Brot zu kaufen, so fragt niemand, ob es der Käufer nicht vielleicht verdient, ganz ohne Bezahlung das Brötchen essen zu dürfen, etwa weil er besonders bedürftig, nützlich, redlich oder sympathisch ist. Vielmehr schauen wir in die Vergangenheit und fragen lediglich, ob der Bäcker die Brötchen nach bestimmten Regeln erworben oder selbst zubereitet hatte und daher ein Eigentumsrecht genießt.

Genau deshalb werden wir jedes Parteiverhalten – also das Ob wie auch den Inhalt der jeweiligen Vereinbarungen – nur dann verallgemeinernd beschreiben und damit begründen können, wenn wir die jeweilige rechtliche Ausgangslage berücksichtigen. Vertragsverhandlungen finden immer nur auf Basis der jeweiligen Rechteausstattung statt,[264] denn sollte es unser Käufer wagen, sich die Brötchen ohne die – meistens nur mit Geld zu erhaltende – Zustimmung des Verkäufers zu nehmen, bekäme er es schnell mit der Staatsgewalt zu tun. All das betrifft weite und praktisch enorm wichtige Bereiche unseres Vertragsrecht, angefangen mit den verschiedenen Vertragstypen und dem dort durch Gesetzgeber wie Richter bereitgestellten dispositiven Recht bis hin zu

---

[260] Näher zur Rechtebasierung oben § 2 A. II. 2. oder unten § 3 A. IV.; § 4 C. I. 1.; passim.
[261] Näher oben § 2 A. II. 2.; § 2 A. V. 3. c); § 2 B. II. und unten § 2 D. IV. 5.; § 3 A. IV.; § 4 C. I., passim.
[262] Eingehend unten § 4 C. I. 1. Siehe hier nur – sogar für das US-amerikanische Recht – *Wertheimer*, Coercion, 1987, S. 201, der *Nozick*, Anarchy, State and Utopia, 1974, S. 262 ff. zubilligt: „In effect, his view captures the theory of coercion that characterizes virtually the entire corpus of American law."
[263] Näher unten § 4 C. II. 2.
[264] Siehe dazu auch oben § 2 A. II. 2. sowie unten § 3 A. IV.; § 4 C. I. 1.; passim.

zwingenden Vorschriften, die schon angesichts der AGB-rechtlichen Inhaltskontrolle weite Bereiche des tatsächlichen Vertragsrechts bestimmen.

Geradezu auf drängt sich die Rechtebasierung unseres Vertragsrechts bei den in manchen Rechtsordnungen getrennt erfassten Verfügungen,[265] wird dort oft ausdrücklich nicht nur eine (dingliche) Einigung sowie gegebenenfalls ein Publizitätsakt, sondern vor allem auch die Berechtigung des Verfügenden verlangt.[266] Genau deshalb lernt dann auch jeder Student, Eigentum „historisch" zu prüfen. Doch befragt man die klassischen Vertragstheorien danach, wo diese frühere Rechtslage eigentlich bei ihnen auftaucht, wird man nicht fündig. Dabei schlägt eine fehlende Berechtigung auch schnell wieder auf das Verpflichtungsgeschäft durch, soll der Verkäufer dieses nämlich erfüllen.

II. Dogmatische Herausforderung

1. Vergangenheit zählt – aber wie?

Die vorherigen Ausführungen sollten wenigstens eines verdeutlicht haben: Wollen wir Verträge verstehen, das heißt deren Ob und Inhalt wissenschaftlich und damit verallgemeinernd beschreiben, müssen wir auch die Vergangenheit kennen und berücksichtigen. Die Rechtslage wandelt sich ständig, weshalb bei sonst identischen Bedingungen ganz unterschiedliche Verträge geschlossen und rechtlich anerkannt werden, je nachdem, zu welchem Zeitpunkt die Parteien aufeinandertreffen. Wir können nicht einfach in die Zukunft schauen; vielmehr zählt auch das, was war. Wir sind gefangen in der Geschichte und können dieses Schicksal immer nur ein kleines Stück weit abschütteln.[267] Verträge sind ein Instrument der bloßen Veränderung eines gegebenen Status Quo. Sie bilden immer nur einen kleinen Schritt eines sich ständig verändernden Rechtsganzen. Oder um wieder mit *Heraklit* zu sprechen: Wer in dieselben Fluten hinabsteigt, dem strömt stets anderes Wasser zu.[268]

So wichtig es ist, die Rechtebasierung unseres Vertragsrechts genauso zu berücksichtigen wie die oft über lange Zeiträume ablaufende Entstehung ver-

---

[265] Näher unten § 3 D. sowie oben § 2 C. I.
[266] Siehe hier nur für das deutsche Recht §§ 398 („von dem Gläubiger"); 873 Abs. 1 („des Berechtigten"); 929 S. 1 BGB („der Eigentümer").
[267] Für die vielfältigen Ausprägungen dieser Geschichtlichkeit siehe unten § 2 D. IV. sowie zu den Gründen unten § 2 D. III.
[268] Siehe dazu die – nur begrenzt gesicherten – Fragmente 12, 49a („In dieselben Fluten steigen wir und steigen wir nicht: wir sind und sind nicht.") und 91 („Man kann nicht zweimal in denselben Fluss steigen ... und nicht zweimal eine ihrer Beschaffenheit nach identische vergängliche Substanz berühren, sondern durch das Ungestüm und die Schnelligkeit ihrer Umwandlung zerstreut und sammelt sie wiederum und naht sich und entfernt sich.) bei *Diels/Kranz* (Hrsg.), Die Fragmente der Vorsokratiker, 1957. Was *Heraklit* mit seinen Äußerungen tatsächlich meinte, lässt sich allerdings heutzutage seriös kaum sagen, vgl. dazu nur *Kirk/Raven/Schofield*, Die vorsokratischen Philosophen, 1994, S. 198 ff.

D. Abgeleiteter Erwerb 87

traglicher Inhalte, so herausfordernd erscheint die dogmatische Bewältigung. Wie kommen wir aus der Einsicht eines „alles fließt" wieder auf festen Grund und Boden? Wie können wir Kontinuitäten offen anerkennen, ohne dabei mühsam erarbeitete Konturen zu verwischen? Warum ist uns gerade der Vertragsschluss so wichtig, wenn sich tatsächlich noch ganz andere Einflüsse finden? Wie genau bewältigt das Vertragsrecht all das, fängt also diese Vielschichtigkeit wieder ein? Letztlich liegt die entscheidende wissenschaftliche Herausforderung darin, den rechtspraktischen Befund einer zeitlich kontinuierlichen und personell hochgradig arbeitsteiligen Bestimmung von Vertragsinhalten mit dem statisch-punktuell strukturierten Rechtsdenken zu verbinden – und zwar ohne Leerformeln oder Fiktionen. Falls möglich, sollten wir dabei die bewahrenswerten Errungenschaften klassischer Vertragstheorien – insbesondere die Liberalität der Willenstheorie –[269] integrieren, ohne uns den hier geschilderten Realitäten zu verschließen.

Ein erster wichtiger Schritt hierzu liegt in der Einsicht, dass nur weil sich unsere Welt kontinuierlich-infinitesimal fortentwickelt, das noch lange nicht für deren gedankliche Erfassung gilt. Recht ist ein kulturelles Phänomen, das stark geistig geprägt und von uns Menschen gestaltbar ist. Wir müssen also verstehen, wie der Mensch mit dieser Kontinuität umgeht und damit Recht denkt und strukturiert. Wir können sie zwar nicht aus der Welt schaffen, uns aber wohl fragen, wie wir angesichts unserer begrenzten Fähigkeiten und äußeren Zwänge damit umgehen.

2. Klassische Vertragstheorien

a) Rechtebasierung

Dass sich klassische Vertragstheorien wie namentlich die Willens- und Erklärungstheorie in all ihren Facetten, aber auch so traditionsreiche Kriterien wie die Äquivalenz, trotz ihrer großen Tradition leider auch dadurch auszeichnen, wesentliche Realitäten des geltenden Vertragsrechts wie auch des menschlichen Handelns zu ignorieren, gilt nicht nur für die bereits behandelten menschlichen Zwecke,[270] die nur begrenzte menschliche Denkfähigkeit[271] oder die äußerst arbeitsteilige Bestimmung einzelner Vertragsinhalte,[272] sondern auch die hier zu behandelnde Rechtebasierung – bzw. noch übergreifender: die Zeit.[273] Sucht man nach Tatbestandsmerkmalen, die in irgendeiner Form auch

---

[269] Näher etwa unten § 9 C. I. 1. d) sowie zur Berücksichtigung im Rahmen des Rechtfertigungsprinzips unten § 9 E.; § 8 E. II. 2.
[270] Näher oben § 2 A. V. 2. a).
[271] Eingehend unten § 17 A.
[272] Näher unten § 8 B.
[273] Wobei die Vernachlässigung der zeitlichen Dimension wiederum eng mit der Vernachlässigung unserer nur begrenzten geistigen Fähigkeiten zusammenhängt, vgl. dazu nur unten § 2 D. III. 3.; § 2 E. III. 4.; § 8 C.

vergangene Umstände berücksichtigen, wird man nicht fündig. Willens- wie Erklärungstheorie verweisen allein auf das Parteiverhalten bei Vertragsschluss, frühe Ereignisse werden hingegen nicht berücksichtigt.

Das betrifft zunächst die zuvor eingehend beschriebene Rechtebasierung unseres Vertragsrechts.[274] Zwar lernen wir sehr früh, Eigentum oder eine Gläubigerstellung „historisch" zu prüfen, zumal sich das oft ausdrücklich aus dem Gesetz ergibt.[275] Doch schweigen unsere Lehrbücher dazu, warum die „Berechtigung" – und damit die jeweilige rechtliche Ausgangslage – überhaupt rechtsgeschäftlich interessiert. Denn die gängigen Vertragstheorien schweigen dazu.[276]

Doch sogar mit der Frage, ob und mit welchem Inhalt die Parteien Verträge schließen, steht man mit Willens- oder Erklärungstheorie (wie auch nach dem Äquivalenzkriterium[277]) allein. Diese Ansätze versuchen erst gar nicht, das Parteiverhalten zu beschreiben, sie halten sich erst gar nicht mit der Frage auf, was denn warum Vertragsinhalt wird, oder auch nur damit, ob und warum Menschen überhaupt Verträge schließen. Wenn zwei Menschen kontrahieren, dann wollen oder erklären sie es eben – warum und mit welchem Inhalt auch immer. Das Parteiverhalten wird also von wissenschaftlichen Erklärungsversuchen ausgenommen und damit gewissermaßen zum Mysterium.[278] Der Grund hierfür ist klar: Wollte man Ob und Inhalt von Verträgen wissenschaftlich erfassen, käme man um die Rechtebasierung nicht umhin. So aber bleiben sämtliche Vertragsinhalte unerfasst.

Überzeugend ist das nicht. Denn dass wir die Vertragsfreiheit hochhalten und damit den Parteien große Spielräume einräumen, bedeutet noch lange nicht, dass sie diese Spielräume völlig erratisch, willkürlich und damit wissenschaftlich unzugänglich nutzen würden.[279] Eine ernstzunehmende Vertragstheorie sollte dann aber auch dieses Verhalten beschreiben können. Wir Juristen täten gut daran, Ob und Inhalt einzelner Verträge als rechtspraktisch höchst wichtiges Phänomen, ja geradezu den wichtigsten Aspekt von Vertragsrecht, dogmatisch zu erfassen.[280] Vertragsinhalte gehören zu unserem Recht genauso wie Gesetz oder Richterspruch.[281]

---

[274] Oben § 2 D. I. 4. b), vgl. aber etwa auch oben § 2 A. II. 2. oder unten § 3 A. IV.; § 4 C. I. 1.; passim.
[275] Vgl. oben § 2 Fn. 266.
[276] Siehe dazu auch unten § 3 D.
[277] Siehe dazu nur unten § 4 B. III. 4.
[278] Näher unten § 3 A. III. 1.
[279] Nichts anderes gilt für Märkte und den Wettbewerb, vgl. dazu unten § 16 D. III. 2.
[280] Näher unten § 3 A. II.
[281] Näher oben § 2 B. I. 4. Selbst wenn man Vertragsinhalte nicht als Recht ansähe, sollten wir Juristen dieses Phänomen ganz unabhängig von solchen Begriffsstreitigkeiten wissenschaftlich erfassen können.

D. Abgeleiteter Erwerb

Wie sehr wir darauf angewiesen sind, Ob und Inhalt einzelner Verträge zu verstehen, fällt spätestens dort unangenehm auf, wo anders als nach den klassischen Vertragstheorien vorgesehen[282] ganz andere Personen als die Vertragsparteien agieren. Obwohl etwa das dispositive Recht – ganz gleich, ob gesetzlich oder richterrechtlich (etwa auch unter der Rubrik einer Auslegung[283]) – sicher nicht nur eine Lappalie bildet, sagen die gängigen Vertragstheorien dazu nichts.[284] Das betrifft dann etwa auch Leistungsstörungen[285], Irrtumsregeln[286], die Einzelheiten eines Vertragsschlusses sowie Rechtsänderungen jenseits des klassischen Vertragsschlusses.[287] Aber auch bei den zwingenden Vorgaben – schon wegen der das gesamte Rechtsleben durchdringenden Allgemeinen Geschäftsbedingungen[288] eminent wichtig – rächt sich die dogmatische Leere klassischer Vertragstheorien. Wir sollten Inhalt und Umfang einer staatlichen Inhaltskontrolle[289] nicht etwa auswürfeln, sondern mit einem übergreifenden und damit in sich stimmigen Konzept begründen können. Und das wiederum wird nur gelingen, wenn wir die Geschichtlichkeit vertraglicher Rechtsfindung konsequent berücksichtigen.[290]

Demgegenüber blenden wir diese Geschichtlichkeit selbst dort in unseren Theorien aus, wo sie wie bereits erwähnt handgreiflich wird, nämlich bei Zwang, Drohung und Ausbeutung. Zwar wurde hier sehr schön herausgearbeitet, dass wir diese Fälle immer nur vor dem Hintergrund einer bestimmten Referenz bewerten.[291] Doch wird dann selbst dort nicht über diese Fallgruppe hinaus geschaut und gefragt, wie sich dieser Befund mit den klassischen vertragstheoretischen Vorstellungen verträgt.[292] Vielmehr klammern wir uns selbst dort noch an der vermeintlichen Punktualität unseres Vertragsrechts fest, indem wir nicht subsumierbare Begriffe wie Entscheidungsfreiheit, Freiwilligkeit oder Willensfreiheit einführen, um die jeweilige rechtliche Aus-

---

[282] Näher unten § 8 B.
[283] Näher zu diesem klassischen Ausweg gleich nachfolgend sowie etwa unten § 10 E. II. 1.
[284] Näher unten § 3 A. II.; § 9 C. IV.; § 10 D. I.; § 16 A. Diese Sprachlosigkeit trifft genauso das Äquivalenzkriterium, vgl. näher unten § 4 B. III. 4.
[285] Näher unten § 6.
[286] Näher unten § 16.
[287] Näher unten § 18.
[288] Näher unten § 14.
[289] Allgemein zum zwingenden Recht unten § 16 A.
[290] Für einige Facetten dieser zeitlichen Dimension siehe unten § 8 C. III.
[291] Zu entsprechenden Äußerungen etwa eines *Nozick*, *Feinberg*, *Wertheimer* oder auch *Kohler* siehe unten § 4 C. I. 1.
[292] Das dürfte auch daran liegen, dass man mit der bloßen Rechtebasierung zwar das Kernproblem von Zwang und Drohung zutreffend erfasst, darüber hinaus aber nichts zu vertragsrechtlichen Fragen beisteuern kann, was sich spätestens bei der Ausbeutung zeigt. Näher dazu unten § 4 C. I. 1. d); § 4 C. III.

gangslage unterschwellig dadurch zu berücksichtigen, dass wir diese Begriffe je nach Bedarf *ex post* und *ad hoc* für erfüllt halten.[293]

b) Kontinuität vertraglicher Inhaltsbestimmung

Wie brachial wir oft versuchen, zeitlich weit jenseits des Vertragsschlusses liegende Phänomene doch noch unserem punktuellen Denken einzuverleiben, zeigt sich auch jenseits der zuvor diskutierten Rechtebasierung. Fließen in den Vertragsinhalt etwa dispositives oder zwingendes Recht,[294] Sitte, Übung und Brauch[295] oder auch frühere Unterhaltungen bzw. Werbeäußerungen[296] ein, müsste man bei unbefangener Betrachtung eingestehen, dass die Vertragsparteien nicht all das in der kurzen Sekunde des Vertragsschlusses selbst festlegen. Und doch bleibt die vertragstheoretische Punktualität selbst hier unangetastet und wird dazu tief in die dogmatische Trickkiste gegriffen. Ob wir nun einfach das fehlende Parteiverhalten fingieren – gerne auch durch Verweisungen dergestalt, dass die Parteien all das wollten oder erklärten, was ganz andere Personen oder sie selbst vorher oder nachher entscheiden –[297] oder mit Begriffen wie Auslegung[298], dem mutmaßlichen Willen,[299] einem normativen Verständnis[300] oder der Zurechenbarkeit[301] hantieren: Oft scheint all das von der Motivation getragen, unser Vertragsrecht auf den winzig kleinen Moment des Vertragsschlusses zu reduzieren. Die Mechanismen sind dabei letztlich die gleichen wie beim dogmatisch nicht minder unangenehmen Phänomen einer auch personell verteilten Bestimmung von Vertragsinhalten.[302]

3. *Ökonomik*

Doch nicht nur die klassische Rechtsgeschäftslehre muss sich fragen lassen, wie genau sie zu berücksichtigen gedenkt, dass über die jeweilige rechtliche Ausgangslage solche Momente in den Vertrag einfließen, die weit in die Vergangenheit hineinreichen. Vergleichbare Probleme stellen sich bei der ökonomischen Vertragstheorie bzw. der Wohlfahrtsökonomik.[303] Denn einerseits

---

[293] Eingehend unten § 4 B. I.
[294] Näher unten § 16 A.
[295] Näher unten § 16 C.
[296] Näher unten § 15.
[297] Näher unten § 9 C. V. 2.
[298] Näher unten § 10 E. II., dort auch zu Hermeneutik und Vorverständnis.
[299] Näher unten § 9 C. V. 2. d).
[300] Näher unten § 9 C. V. 2. e); § 10 E. II. 1.
[301] Näher unten § 10 C.
[302] Siehe daher exemplarisch für die besonders instruktive Stellvertretung unten § 13 B.
[303] Siehe dazu auch unten § 3 C. I. 3. a); § 4 B. V.; § 17 E. IV.; § 19 F. VII. Einführend zur ökonomischen Vertragstheorie *Bolton/Dewatripont*, Contract theory, 2005; *Salanié*, The Economics of Contracts, 2. Aufl. 2005 oder *Schweizer*, Vertragstheorie, 1999. Vgl. auch – etwas weniger mathematisch und übergreifender – *Richter/Furubotn/Streissler*, Neue Insti-

beanspruchen die meisten ökonomischen Ansätze anders als die rein formale Willens- oder Erklärungstheorie,[304] auch Ob und Inhalt einzelner Verträge vorherzusagen. Andererseits lässt sich nicht behaupten, dass dort eine historische Sicht – gar über die Berücksichtigung einer jeweils vorgegebenen Rechtslage – besonders hohes Ansehen genösse.[305] Ganz im Gegenteil will die Ökonomik soziale Phänomene wie das Recht kritisieren und korrigieren und damit von juristischen Vorfestlegungen frei sein. Was Recht ist oder wie es idealerweise aussehen könnte, soll *in toto* anhand autonom ökonomischer Kriterien hergeleitet werden.[306] Dabei betont man gerade die Zukunftsgerichtetheit ökonomischen Denkens und propagiert mit durchaus überzeugenden Gründen und Illustrationen eine interessenbasierte und damit zukunftsorientierte, auf gemeinsame Wertschöpfung zielende Perspektive, um dies einem als rückwärtsgewandt kritisierten juristischen Denken entgegenzustellen, das sich auf bloße Rechtspositionen fixiere.[307]

Allerdings kommt man dann schnell ins Grübeln, betrachtet man gängige Maßstäbe wie die Pareto- oder auch Kaldor/Hicks-Effizienz. Soll dort doch eine „Anfangsausstattung" zu berücksichtigen sei, die jedoch letztlich als bloße „Verteilungsfrage" nicht weiter interessiere.[308] Und die Verhandlungstheorie – sofern man sie als ökonomisch bezeichnen will – klärt uns darüber auf, dass der sogenannte Schatten des Rechts eine wichtige Rolle spiele.[309] Sucht man dann jedoch in gängigen Lehrbüchern oder selbst grundlegenden Beiträgen zu diesem Thema nach konkreten Aussagen darüber, wann was als Anfangsausstattung bzw. Verteilungsfrage anzusehen sei, wird man nicht fündig.[310] Oft scheint man hier zumindest unterschwellig die rechtliche Ausgangslage akzeptieren zu wollen – zumindest was so grundlegende Phänomene wie das Eigentum oder das Recht auf körperliche Integrität anbelangt. Beim so klassischen Gefangenendilemma unterstellt man dabei fast schon eine gesamte Rechtsordnung,[311] da die verhandelnden Akteure je nach Methode der Strafbemessung oder Verfahrensvorschriften in einem jeweils ganz anderen Schat-

---

tutionenökonomik, 4. Aufl. 2010, S. 220 ff. Zur Wohlfahrtsökonomik vgl. gleich unten Fn. 308.

[304] Näher oben § 2 D. II. 2. a) sowie unten § 3 A. III. 1.
[305] Für einige Ausnahmen siehe unten § 2 D. V. 4.
[306] Zur Problematik solcher Reißbretttheorien siehe unten § 19 F. VII.
[307] Näher unten § 3 C. I. 3. a), dort dann auch zu einigen Missverständnissen in dieser Diskussion.
[308] Grdl. *Kaldor*, EconJ 49 (1939), 549; *Hicks*, EconJ 49 (1939), 696.
[309] Stellv. *Mnookin/Kornhauser*, 88 YaleLJ 950 (1979).
[310] Typischerweise wird hier darauf verwiesen, dass solche bloße Verteilungsfragen einer wissenschaftlichen Betrachtung nicht zugänglich seien.
[311] Was dann auch den Philosophen nicht entgeht, vgl. etwa *Höffe*, Kategorische Rechtsprinzipien, 1990, S. 294 ff. in Auseinandersetzung mit *Axelrod*, Kooperation, 6. Aufl. 2005. Allgemein zur fundamentalen Rolle des Staats unten § 8 E. III.; § 16 A.; § 16 D. II.; § 19 B. II. 3.

ten stehen. Das muss man auch tun, würden sich sonst wieder genau diejenigen Fragen stellen, wie sie zuvor eingehend beschrieben wurden.[312]

Zwar finden sich natürlich auch in der ökonomischen Diskussion bisweilen sehr explizite Diskussionen zur Rolle der Vergangenheit – jüngst etwa unter dem Stichwort der Pfadabhängigkeit oder bereits länger in Form historisch-evolutorischer Ansätze.[313] Doch dass es speziell für den hier interessierenden Vertrag gelungen sei, ein konkretes und in sich stimmiges Konzept zu entwerfen, mit dem dann auch Rechtsanwender praktisch arbeiten könnten, lässt sich nicht behaupten.

Das wiederum hat gravierende Konsequenzen. So verständlich auch das ökonomische Ansinnen sein mag, sich nicht dem Recht auszuliefern, sondern eine eigenständige Vorstellung zu entwickeln, so illusionär ist eine völlige Emanzipation davon angesichts unserer nur begrenzten geistigen Fähigkeiten.[314] Es hilft niemandem, an einem unerfüllbaren Ideal festzuhalten. Wenn die Ökonomik gar nicht anders kann, als unterschwellig eben doch historische Vorfestlegungen und damit insbesondere auch rechtliche Ausgangslagen zu berücksichtigen, bleibt deren wissenschaftlicher Aussagegehalt so lange begrenzt, wie sie mit der unentrinnbaren Geschichtlichkeit nur unreflektiert im Einzelfall operiert. Dabei soll nicht verschwiegen werden, was dies letztlich für die Stellung der Ökonomik im Gesamtgefüge von Recht und Gesellschaft bedeutet. Denn mit deren Absolutheitsanspruch im Sinne einer autonomen Hinterfragung sämtlicher kultureller Phänomene einschließlich des Rechts ist es so dahin. Vielmehr kann auch die Ökonomik immer nur einen kleinen Teil des großen Ganzen infrage stellen.[315] Das muss man keineswegs als Katastrophe ansehen, bleiben doch auch so viele Erkenntnisse möglich und wertvoll. Gerade diese Arbeit berücksichtigt gerne ökonomische Einsichten.[316]

4. Fragen

So wichtig es ist, die zeitliche Struktur unseres Vertragsrechts zu sehen und als dogmatische Herausforderung anzuerkennen,[317] bildet das sicher nur den ersten Schritt. Denn zu viele Fragen blieben bisher offen. Zunächst ist zu beant-

---

[312] Oben § 2 D. II. 2. a), vgl. daneben etwa oben § 2 A. II. 2. oder unten § 3 A. IV.; § 4 C. I. 1.
[313] Näher unten § 2 D. V. 4.
[314] Siehe dazu etwa auch unten § 4 B. V.; § 16 E.; § 17 E. IV.; § 19 F. VII.
[315] Näher unten § 19 F. VII. 2. e).
[316] Dies gilt etwa für die Wertschöpfung im Sinne einer – auf Basis der jeweiligen Rechteausstattung – maximalen Zielverwirklichung, näher unten § 3 A. IV. 1.; § 3 C. I. Doch ist bereits diese so begrenzte Aufgabe so anspruchsvoll, dass es ausgeklügelter Rahmenbedingungen, einer äußerst vielschichtigen Arbeitsteilung sowie teilweise sehr langandauernder Entscheidungsfindungen bedarf, näher dazu unten § 8; § 17 A. III.
[317] Siehe dazu auch unten § 8 C. III.

worten, warum wir dieses Phänomen von Stabilisierung und Veränderung vorfinden, was also zur Geschichtlichkeit des Vertragsdenkens führt. Wir sollten diese nicht einfach unkritisch übernehmen, sondern nach Gründen dafür fragen.[318] Denn Vertragsrecht ist ein kulturelles Erzeugnis, das sich durchaus gestalten lässt.

Hat man dann die Rechtebasierung unseres Vertragsrechts möglichst einleuchtend erklärt, interessiert als nächstes die genaue Reichweite einzelner Schritte. Schließlich bringt uns die abstrakte Erkenntnis einer Geschichtlichkeit auch des Rechtsdenkens für praktische Zwecke nicht weiter. Vielmehr benötigen wir einen konkreten Maßstab dafür, ob, wie weit und mit welchem Inhalt wir im Einzelfall von der jeweiligen rechtlichen Ausgangslage voranschreiten. Dazu gehört auch, wie genau wir uns im Vertragsrecht ignorant zeigen und so die rechtlichen Positionen einzelner Individuen ausgestalten.[319] Dabei wird es den Leser sicher nicht überraschen, wenn es nach hier vertretener Auffassung gerade das Rechtfertigungsprinzip ist, das die gesuchte Antwort liefert.

Aber auch so vermeintlich technische Fragen wie die nach der genauen Bedeutung einer „Rechtsänderung" müssen erst einmal überzeugend geklärt werden. Denn schon ausweislich des zuvor beschriebenen Musters von rechtlicher Stabilität und Veränderung scheinen wir davon auszugehen, dass Verträge etwas bewirken, was wir als Änderung der jeweiligen Rechtslage ausdrücken und empfinden. Jedoch fällt es keineswegs leicht, dieses „etwas" überzeugend zu erfassen.[320] Ebenso müssen wir erst einmal begründen, warum es – etwa in Form des Verschuldens bei Vertragsverhandlungen oder diverser Gestaltungsrechte wie dem Weisungs-, Rücktritts- oder Anfechtungsrecht – auch solche Rechtsänderungen gibt, die sich weit außerhalb des kurzen Moments des Vertragsschlusses vollziehen.[321]

Doch selbst jenseits solcher Rechtsänderungen bereitet die zeitliche Dimension unseres Vertragsrechts einiges Kopfzerbrechen. Denn es lässt sich nun einmal kaum ignorieren, dass die meisten Vertragsinhalte kontinuierlich über einen längeren Zeitraum beeinflusst werden – etwa ein langes Vertragsdokument Schritt für Schritt entworfen wird. Anders als es das klassische Vertragsdenken unterstellt, gibt es nicht den einen Zeitpunkt, in dem man über den gesamten Vertragsinhalt entscheidet.[322] Der Vertragsschluss mit leblosen Maschinen wie etwa einem Getränkeautomaten bildet nur eine kleine Facette dieser ungeklärten Fragen.[323]

---

[318] Näher unten § 2 D. III.
[319] Näher zu diesem Zusammenhang oben § 2 B. II. 2.
[320] Näher unten § 2 E.
[321] Näher unten § 18.
[322] Näher oben § 2 D. I. 1.; § 8 C.
[323] Näher unten § 2 D. IV. 3. b).

III. Gründe

1. Rechtebasierung als Tautologie?

a) Missverständnisse

Zunächst erscheint es sinnvoll, näher zu untersuchen, warum wir Verträge immer nur auf Basis der jeweiligen Rechteausstattung abschließen.[324] So könnte man meinen, dass es tautologisch sei, wenn das zu erklärende Recht (insbesondere Ob und Inhalt eines Vertrags) auch auf Tatbestandsseite (den Vertrag beeinflussende rechtliche Ausgangslage) und damit gewissermaßen auf beiden Seiten der Gleichung auftaucht.[325] Tatsächlich brachten – für den Verfasser eher überraschend – gleich beide Gutachter der diesem Werk zugrunde liegenden Habilitationsschrift diesen Einwand ein. Immerhin mag dafür sprechen, dass Vergangenes bisweilen ganz zufällig einfließt, sich dafür also kein einleuchtender Grund angeben lässt. Dass etwa die allermeisten Säugetiere ausgerechnet fünf Finger bzw. Zehen an Händen bzw. Füßen haben, ist nicht etwa der Genialität oder alleinigen Praktikabilität der Zahl „5" zu verdanken, sondern wohl eher dem Umstand, dass es ein solcher biologischer Urahn war, der sich zu einem frühen evolutorischen Zeitpunkt durchsetzte und diese Festlegung all seinen Nachfolgern mit auf den Weg gab.[326]

So sehr man sich jedoch dagegen wehren mag, auch auf der linken Seite der juristischen Vertragsformel Recht vorzufinden – wobei auch die dann notwendig werdende Abkehr vom so tief sitzenden punktuellen Denken abschrecken mag –, sollte man sich dabei jedenfalls schnell vom Tautologievorwurf verabschieden. Denn beim Rechtfertigungsprinzip tritt keineswegs „das Recht" als Tatbestand und Rechtsfolge auf.[327] Vielmehr fließt in das Rechtfertigungsprinzip der frühere rechtliche Zustand ein, um auf dieser Basis dann den neuen, vertraglich veränderten Rechtszustand zu bestimmen. Wir haben hier eine schlichte Rekursivität[328], wie wir sie nicht nur im Vertragsrecht, sondern in nahezu allen Lebensbereichen – von der Physik über die Biologie bis hin zur menschlichen Psyche – immer wieder finden. Denn dieses Organisationsprinzip eignet sich vorzüglich für komplexe Lebenssachverhalte. Oder um es ganz banal zu formulieren: Wenn sich ein bestimmtes (Verhaltens-) Muster bewährt, warum sollte man es dann nicht gleich mehrmals anwenden? Und warum sollte man dieses Muster dann nicht auch auf das anwenden, was mit

---

[324] Zum praktischen Befund siehe bereits oben § 2 D. I. 4. b), daneben etwa oben § 2 A. II. 2. oder unten § 3 A. IV.; § 4 C. I. 1.
[325] Näher dazu auch unten § 4 C. I. 1. c).
[326] Siehe dazu etwa *Zimmer*, National Geographic (Heft 5) 2012, 66.
[327] Dies wäre bei einer Formel wie „$x = x +1$" der Fall, wobei diese Formel dann auch tatsächlich unsinnig wäre.
[328] Also im Sinne etwa von „$x_{t+1} = x_t + 1$".

D. Abgeleiteter Erwerb

diesem Muster selbst zuvor beeinflusst wurde?[329] Und warum soll man Vergangenes nicht feststellen können – was ist daran tautologisch? Schließlich ist diese Vergangenheit nicht weniger real und wissenschaftlich erfassbar als das, was aktuell ist oder zukünftig sein wird. Tatsächlich lässt sich die ursprüngliche Rechtslage oft leicht ermitteln – und falls nicht, helfen etwa Beweislastregeln.[330] Wenn etwa jeder Richter wie Jurastudent Eigentum historisch prüft oder sich fragt, ob die eine Forderung abtretende Partei diese auch innehat,[331] kommt dort niemand auf die Idee, all das für tautologisch zu halten.

Tatsächlich sollte man spätestens hier innehalten und den geradezu überwältigenden Befund eines rechtebasierten Vertragsrechts[332] nochmals wirken lassen, um sich dann zu fragen, ob denn all das wirklich tautologisch sei. Zwar mag man darauf verweisen, dass jede noch so schöne Rekursion erst einmal ins Rollen kommen muss, wir also juristisch formuliert überhaupt erst einmal eine Erstausstattung benötigen.[333] Doch gehört dieser „Ersterwerb" nicht ins Vertrags-, sondern eher ins Sachen- oder Deliktsrecht. Dass wir etwa unseren eigenen Körper für eigene Zwecke verwenden dürfen, ist bei bestem Willen kein Vertragsrecht und darf genau deshalb in einer vertragsrechtlichen Arbeit vorausgesetzt werden. Nicht anders verhält es sich beim Eigentum, zumal es dort schon schwierig ist, überhaupt praktisch bedeutsame Anwendungsbeispiele eines Ersterwerbs zu finden.[334]

b) Ursachenforschung

Die eigentlich spannende Frage ist daher eher geistesgeschichtlicher Natur und lautet folgendermaßen: Wie konnte es dazu kommen, dass wir die Rechtebasierung unseres Vertragsrechts dermaßen vernachlässigen, dass kaum eine Vertragstheorie davon etwas wissen will?[335] Und warum wird der Hinweis darauf lieber als tautologisch abgetan, anstatt sich mit diesem Phänomen ernsthaft auseinanderzusetzen? Vielleicht waren es ursprünglich eher einfache, etwa religiös motivierte Versprechen wie das Gelübde, die unser Vertragsdenken stark beeinflussten[336] und die Frage einer Rechtebasierung nicht aufkommen ließen. Vielleicht ist auch Rekursivität sehr viel schwerer erfassbar – besonders, wenn man gar auf eine mathematische Modellierung besteht – als die Vorstellung, man müsse sich nur für ein bestimmtes Ideal entscheiden und

---

[329] Siehe dazu auch unten § 2 D. IV. 3. c); § 19 F. VI. 2.
[330] Siehe etwa für das deutsche Recht nur § 1006 Abs. 1 BGB zum Eigentum.
[331] Siehe dazu bereits oben bei Fn. 266.
[332] Siehe dazu nochmals oben § 2 D. I. 4. b) sowie oben § 2 A. II. 2. oder unten § 3 A. IV.; § 4 C. I. 1.; passim.
[333] Näher zu dieser „Erstausstattung" oben § 2 C.
[334] Näher oben § 2 C.
[335] Siehe zu solchen Fragen auch oben § 2 A. II. 2.; § 2 D. I. 4. b) sowie unten § 3 A. IV.; § 4 B. I. 4. b) ee); § 4 C. I. 1.; § 9 E. II. 4.; § 18 B. II. 1. b); § 19 F. VI.; passim.
[336] Siehe dazu auch unten bei § 9 Fn. 579.

dieses dann „ganz einfach" praktisch umsetzen. Derartige Reißbretttheorien[337] waren besonders im 18. Jahrhundert äußerst populär, als unsere geistigen Grenzen philosophisch noch wenig thematisiert wurden – und wirken in der Rechtswissenschaft bis heute nach.

Genauso mag es der in vielerlei Hinsicht begründete Stolz auf die Errungenschaft der Aufklärung sein, den kritisch denkenden Menschen neu entdeckt zu haben und damit nicht mehr zu akzeptieren, was einem von Adel, Klerus und sonstigen Gesellschaftskräften – nur weil historisch „eben immer so gewesen" – vorgetischt wurde. Geschichtliches Denken war bei neuzeitlichen Autoren nicht sonderlich populär, und auch heute beseelt uns der Wunsch, immer gleich alles sofort zu begreifen. Und immerhin verdanken wir dieser geschichtskritischen Sicht das Aufblühen eines streng wissenschaftlichen Vorgehens und damit einige unserer großartigsten Entdeckungen. Dass derart bestärkt und erfolgreich ein gewisser menschlicher Überschwang einsetzt und man allzu optimistisch das betrachtet, was einzelne Menschen geistig leisten und damit zu einem bestimmten Zeitpunkt insgesamt hinterfragen können, ist verständlich. Es rächt sich hier der von *Ernst Haeckel* so schön kritisierte „Anthropismus", also die menschliche Neigung, uns – trotz Überwindung des geozentrischen Weltbilds gerade im Zeitalter der Aufklärung – in den Mittelpunkt von Welt und Zeit zu stellen.[338]

Möglicherweise versperrt uns auch das bis heute einflussreiche naturalistisch-gegenständliche Denken[339] die Einsicht, dass Recht ein vor allem geistig-kulturgeschichtliches Konstrukt bildet, das stark von dem lebt, was zu denken wir Menschen überhaupt fähig sind. Ebenso könnte es schließlich der in Deutschland vor allem von *Kant* geprägte und gerade unter philosophisch interessierten Juristen weit verbreitete Glaube sein, dass sich zumindest ein ideales Recht rein apriorisch begründen ließe. Denn auch wo man noch meint, praktische Verhaltensweisen mit vermeintlich überzeitlichem, für jedermann verbindlichem Wahrheitsanspruch einfordern zu können, findet das Vergangene keinen Platz.[340]

Doch was auch immer dazu führt, dass wir die Rechtebasierung unseres Vertragsrechts ignorieren und ganz generell zeitlich wie personell äußerst punktuell denken, nämlich sämtliche Vertragsinhalte allein auf das Parteiverhalten bei Vertragsschluss zurückführen: Diese Punktualität sitzt tief, und sie wird uns vom ersten Semester an mit auf den Weg gegeben. Schon deshalb sind wir gut beraten, möglichst viele derjenigen Gründe aufzuspüren, die ein geschichtliches Vertragsverständnis erforderlich machen.

---

[337] Näher zu diesem Problem unten § 19 F. VII.
[338] Näher unten § 2 D. IV. 3. b); § 4 B. I. 4. b) ee).
[339] Näher unten § 2 E. II. 4.; § 9 C. I. 3. a); § 9 C. V. 3. a). Für Literaturnachweise siehe nur § 9 Fn. 109 und 111.
[340] Näher unten ab § 19 G. III.

2. Sicherung des rechtmäßig Erworbenen

Zunächst kann dabei auf die früheren Ausführungen insbesondere zum subjektiven Recht verwiesen werden. Dieses zeichnet sich vor allem dadurch aus, dass wir unseren Blick stark verengen und dabei selbst solche Aspekte ausblenden, die zu berücksichtigen durchaus diskutabel wäre. Wurde einmal ein Recht rechtmäßig erworben – sei es durch Vertrag oder andere Instrumente –, verlieren wir es nur noch unter eng definierten Ausnahmen, zu denen insbesondere der Vertrag mit den dafür geltenden Anforderungen gehört. Subjektive Rechte als Kernelement jeder liberalen Rechtsordnung sind in ihrer Ignoranz historisch strukturiert, und es ist genau diese historisch strukturierte Ignoranz, die ein Recht von bloßen Interessen, Wertungen oder Argumenten unterscheidet.[341]

3. Unwissenheit

a) Rückblick: Geistige Entlastung durch Stabilität

Sucht man nach weiteren Gründen für historisches Denken auch im Vertragsrecht und damit dafür, dass sich der jeweils vorgefundene Rechtszustand immer nur schrittweise und kleinteilig verändert, stößt man schnell auf die menschliche Unwissenheit. Hierfür sei zunächst daran erinnert, dass die zuvor beschriebene Stabilisierung durch Ignoranz auch geistig Vorteile bringt. Es entlastet gedanklich enorm, diese Welt mit Hilfe des Rechts ein klein wenig überschaubarer zu gestalten. Wird unsere körperliche Integrität zuverlässig geschützt, leben wir nicht nur sicherer, sondern müssen uns auch über unser Leben sehr viel weniger Gedanken machen.

Besonders deutlich tritt der Entlastungseffekt einer unkritischen Hinnahme rechtlicher Festlegungen dort auf, wo Recht als hilfreicher Ratgeber fungiert: Bleiben wir immer brav bei Rot stehen, weil es der Staat so von uns verlangt, feit uns das auch ganz ohne eigenes Nachdenken über die Gefahren des Straßenverkehrs davor, überfahren zu werden. Bereits etwas komplizierter funktionieren sogenannte Ordnungsvorschriften: Ganz gleich, ob wir als Verkehrsteilnehmer rechts oder links fahren sollen oder uns „Grün" zum Fahren oder Anhalten zwingt – solange hier nur irgendeine Festlegung für alle getroffen und wirksam durchgesetzt wird, erleichtert das ersichtlich die Orientierung.

b) Unstetigkeit menschlichen Denkens

In einem nächsten Schritt kann man sich dann verdeutlichen, wie unstetig-sprunghaft die menschliche Informationsverarbeitung abläuft. Sie erstreckt sich nicht etwa kontinuierlich mit immer gleicher Kapazität auf sämtliche Probleme, die den Menschen betreffen. Vielmehr wandert unser Schein-

---

[341] Näher oben § 2 B. II. 2. sowie unten § 2 E. III. 2.

werfer der Aufmerksamkeit höchst selektiv umher – und zwar nicht willkürlich, sondern geprägt durch mühsam gesammelte sowie genetisch vermittelte Erfahrungen.[342]

Genau dieses sprunghafte Denken bestimmt auch unsere rechtliche Herangehensweise:[343] Für die Bestimmung dessen, was Recht ist oder sein sollte, nehmen wir die Realität meistens nur begrenzt wahr, indem wir allein auf bestimmte Auslösungsmomente achten. Wurde dann allerdings eine solche Wahrnehmungsschwelle überschritten, wenden wir dann – kurzzeitig – eine recht große geistige Anstrengung auf, um uns etwa anlässlich eines Vertragsschlusses zu fragen, ob und mit welchem Inhalt wir einen Vertrag annehmen sollten. Diese Selektivität entlastet uns enorm, weshalb wir es nicht nur im Recht als unangenehm empfinden, wenn wir uns nicht auf wohldefinierte Ereignisse konzentrieren können, sondern kontinuierliche Prozesse fortwährend verfolgen sollen.

Rechtsdogmatisch können wir damit fragen, was alles einen geeigneten Auslöser für eine „Rechtsänderung" auszeichnet.[344] Dass das geltende Recht hier nicht willkürlich agiert, liegt dabei genauso nahe wie die Annahme, dass gerade der klassische Vertragsschluss einen wichtigen Kandidaten bildet. Doch bieten sich eben auch ganz andere Momente an.[345]

c) *Schrittweises Vorgehen*

Doch selbst dann, wenn wir uns mit voller Aufmerksamkeit allein dem Recht zuwenden, zeigen wir uns äußerst bescheiden – und zwar notgedrungen. Es wäre eine durch nichts zu rechtfertigende Ressourcenverschwendung, wollte man in jeder Sekunde all das, was in der Vergangenheit erarbeitet und gedacht wurde, aufs Neue erarbeiten und denken. Ganz im Gegenteil achten wir das Alte, bewahren es, tragen es weiter. Wir tasten uns unter möglichst geringem geistigem Aufwand schrittweise voran.[346] Menschliche Aufmerksamkeit ist ein knappes Gut, mit dem wir sorgfältig haushalten müssen.

Für das Recht gilt nichts anderes. Denn auch bei höchster Geistesanstrengung wären wir angesichts der Komplexität unserer Lebenswelt heillos damit überfordert, die Rechtslage bei jedem Vertragsschluss, jedem Richterentscheid oder jeder Gesetzesänderung gänzlich neu zu hinterfragen, anstatt uns mit einigen Abweichungen davon zu begnügen. Rechtswissenschaftlich ist damit zu fragen, was wir in welcher Situation anhand welcher Informationen über-

---

[342] Näher unten § 2 D. IV.
[343] Oben § 2 D. I. 3.
[344] Diese wiederum bildet eine wichtige informelle Zäsur, näher dazu unten § 2 E.
[345] Näher unten § 18.
[346] Siehe dazu auch unten § 8 C.

prüfen oder aber – notgedrungen mit all den damit verbundenen Risiken[347] – „unkritisch" hinnehmen.[348]

Beim Vertrag bildet die Aufweichung der jeweils vorgefundenen rechtlichen Ausgangslage[349] nur im Interesse der davon betroffenen Personen[350] einen über Jahrtausende entstandenen Kompromiss zwischen einerseits dem Bestreben, das Recht konsequent den menschlichen Zielen zu unterwerfen,[351] und andererseits unseren begrenzten geistigen Fähigkeiten. Dabei ist zu berücksichtigen, dass wir Menschen andauernd kontrahieren und damit vor allem einfache und praktikable Konstrukte benötigen, um unsere Ziele durch möglichst viele Verträge erfolgreich zu verwirklichen.

d) Ausblick: Verteiltes Denken

Doch sind wir selbst mit dem vermeintlich kleinen Schritt des die vorgefundene Rechtslage nur wenig modifizierenden Vertrags noch dermaßen überfordert, dass unser Vertragsrecht selbst hier noch auf eine umfassende Arbeitsteilung sowie zeitliche Häufung menschlicher Entscheidungsfindung setzen muss: Tatsächlich sind es unzählige Personen, die all das beeinflussen, was letztlich den Vertragsinhalt ausmacht.[352] Und da die menschliche Aufmerksamkeit gar nicht fähig ist, jeweils mehr als nur einige wenige Aspekte aufzunehmen, muss der einzelne Mensch seine Entscheidungsfindung für anspruchsvollere Aufgaben zeitlich strecken, um den von ihm beizutragenden Vertragsinhalt sukzessive anzuhäufen. Unser Vertragsrecht ist also auch daraufhin zu untersuchen, zu welchen Zeitpunkten, für welche Dauer und von was für Personen es Aufmerksamkeit verlangt.[353] Anders formuliert mögen wir uns zwar zumindest punktuell mit aller verfügbaren Kraft dem Vertragsinhalt als einer bloßen Veränderung der rechtlichen Ausgangslage widmen, doch ist diese Kraft dann immer noch dermaßen schwach, dass Parteien bei Vertragsschluss dennoch nur einen winzigen Ausschnitt all dessen erfassen können, was einen typischen Vertragsinhalt insgesamt auszeichnet.[354]

---

[347] Allgemein zu diesem Thema unten § 5.
[348] Siehe dazu auch oben § 2 D. II. 1. und unten § 2 E. III.; § 17 C. II.; § 17 D. III.
[349] Näher zur Rechtebasierung oben § 2 A. II. 2.; § 2 D. I. 4. b) und unten § 3 A. IV.; § 4 C. I. 1.; passim.
[350] Näher zu dieser Verknüpfung oben § 2 A. V. 3. c); § 2 B. II. und unten § 2 D. IV. 5.; § 3 A. IV.; § 4 C. I.
[351] Näher zu diesem Vorrang des Zwecks vor dem Recht oben § 2 A. IV. 1. und unten § 9 D. I.
[352] Näher unten § 8 B.
[353] Näher unten § 8.
[354] Näher dazu – dort in Auseinandersetzung mit der Willenstheorie – unten § 9 C. IV.

e) Öffentliches Recht

Nur am Rande sei bemerkt, dass informationelle Verengungen, wie sie gerade anhand des Vertragsrechts illustriert wurden, keineswegs nur unser Zivilrecht prägen. So besteht eine der größten öffentlich-rechtlichen Errungenschaften in der Erfindung des Verwaltungsaktes als einem punktuellen Ereignis, das für beide Seiten – Staat wie Adressat – dadurch Festigkeit, Rechtscharakter, Stabilität erlangt, dass die dort getroffene Entscheidung später nur noch eingeschränkt hinterfragt wird. Und vor allem die klassischen Grundrechte zeichnen sich durch die für subjektive Rechte so typische Ignoranz gegenüber vielem aus, was eine einmal erworbene Position später doch noch gefährden könnte. Und auch der im öffentlichen Recht viel diskutierte Vertrauensschutz[355] ist ersichtlich geschichtlich strukturiert.[356]

4. Unumkehrbarkeiten

Doch nicht nur die Sorge um rechtmäßig erworbene Güter und die menschliche Unwissenheit fördern eine historisierende Betrachtung. Genauso erschweren es äußere Umstände und Entwicklungen, gleich wieder zu revidieren, was vielleicht nur kurz zuvor geschehen war. Oft geht es dabei um handfeste naturwissenschaftliche Zusammenhänge, die uns den Weg zurück versperren oder zumindest verteuern. Wer einen Stein in den Marianengraben (oder den berühmten Ring in den See)[357] wirft, muss diesen erst einmal wieder finden und herausholen. Auch die Sozialwissenschaften diskutieren zunehmend – etwa unter dem Stichwort der „Pfadabhängigkeit" –, dass wir selten ein Pendel haben, das nach einer Weile wieder in sein ursprüngliches Gleichgewicht zurückschwingt. Vielmehr finden sich meistens ganz neue Gleichgewichte.[358] Und haben sich breite Personengruppen mit enormem Aufwand auf eine bestimmte Rechtslage eingestellt, wird es sich ein Gesetzgeber genau überlegen, ob er all das von heute auf morgen infrage stellt. Das gilt auch für vertragsrechtliche Innovationen.

Für die Geschichtlichkeit des hier interessierenden Vertrags spielen solche äußeren Zwänge jedoch nur eine begrenzte Rolle. Denn die Vertragspartner oder auch ein Gesetzgeber sind jedenfalls äußerlich frei darin, was für Inhalte sie benennen. Dafür reichen Stift und Papier. Allerdings lässt sich nicht alles, was man so festlegen könnte, auch tatsächlich verwirklichen. Verspricht jemand Unmögliches, lässt sich diskutieren, wie zweckmäßig es ist, die faktisch nicht gegebene „Position" des Gläubigers überhaupt noch als Recht zu definie-

---

[355] Stellv. *Blanke*, Vertrauensschutz, 2000.
[356] Siehe zum öffentlichen Recht auch oben § 2 B. II. 2. a) sowie zur Abgrenzung vom Privatrecht unten § 19 E.
[357] Näher dazu unten § 6 B. III. 1.
[358] Näher unten § 2 D. V. 4.

ren.[359] Damit können Vertragsinhalte auch insofern historisch bedingt sein, als unsere Umwelt irreversible Vorgänge durchläuft und dabei beeinflusst, was tatsächlich versprochen werden kann.

5. Anreize

Der Blick zurück wird auch überall dort notwendig, wo wir zukünftiges menschliches Verhalten beeinflussen wollen. Anreize zu setzen bedeutet nichts anderes, als ein Tun auch dann noch zu berücksichtigen, wenn es bereits vergangen ist. Denn wer das weiß, könnte[360] sich darauf einstellen – der Anreiz wirkt. Steht etwa ein Bäcker täglich früh auf, um Brötchen zu backen, soll er es sein, dem diese Brötchen zustehen und der darüber entscheidet, ob und für wie viel Geld er auf diese verzichtet. Billigen wir ihm dieses Eigentumsrecht nicht zu, würde er die Brötchen erst gar nicht backen. Eigentum bedeutet, vergangene Anstrengungen zu honorieren und damit die Vorteile einer Sache nicht demjenigen zu entreißen, der sie gerade erst geschaffen hat. Nicht ohne Grund wurde das Eigentumsrecht geistesgeschichtlich schon immer mit Anreizgesichtspunkten begründet.[361] Doch auch, dass wir schuldrechtliche Forderungen als Rechtsposition anerkennen und schützen, dürfte vor allem daran liegen, dass vertragliche Wertschöpfung zwar bisweilen auch ganz ohne Anstrengung gelingt,[362] meist jedoch auf harter Arbeit beruht – und sei es auch „nur" durch die Suche eines geeigneten Vertragspartners.[363]

6. Liberale Tradition?

Dass die vertragsrechtliche Geschichtlichkeit bisweilen auch philosophisch thematisiert wird, verdanken wir in jüngerer Zeit[364] vor allem[365] *Nozick*, der

---

[359] Etwas anderes gilt natürlich für mögliche Schadensersatzansprüche. Zu der unter dem Stichwort der Leistungsstörungen geführten Diskussion um die dogmatische Einordnung solcher Versprechen siehe unten § 6.

[360] Wie stark wir Menschen tatsächlich auf Anreize reagieren, lässt sich allerdings nicht pauschal beurteilen, sondern hängt von zahllosen Umständen – darunter auch unsere begrenzten geistigen Fähigkeiten – ab. Siehe dazu etwa *Jansen*, Haftungsrecht, 2003, S. 168 ff.

[361] Siehe dazu oben Fn. 223 f.

[362] Das illustriert etwa Fall 5 (unten § 3) oder Fall 106 (unten § 5).

[363] Näher zu dieser Wertschöpfung etwa unten § 3 A. IV.; § 3 C. I.; passim.

[364] Für eine tiefergehende Untersuchung wäre hier vor allem mit den Eigentumstheorien (für einen Einstieg siehe *Brocker*, Arbeit und Eigentum, 1992) etwa eines *Locke*, Two Treatises, 1690 anzufangen.

[365] Siehe dazu aber etwa auch aus einer ganz anderen, nämlich eher soziologischen Sicht *Hale*, 38 Political Science Quarterly 470 (1923), der eingehend die Bedeutung der jeweiligen Rechteausstattung gerade auch für Verträge thematisiert. Rein begrifflich führt ihn das allerdings dazu, „Drohung" (*coercion*) anders, nämlich sehr viel weiter, zu verstehen, was letztlich jedoch eine Definitionsfrage ist. Näher zur Rechtebasierung unseres Vertragsrechts im Zusammenhang mit der Drohung unten § 4 C. I. 1. sowie generell zu dieser oben § 2 A. II. 2.; § 2 D. I. 4. b) sowie unten § 3 A. IV.; § 19 F. VI.; passim.

die Bedeutung eines rechtebasiert-historischen Denkens für jede liberale Rechtsordnung besonders deutlich hervorhebt und von ahistorisch-gesamtwohlfahrtsorientierten Alternativen abgrenzt.[366] Dabei ist es sicher kein Zufall, wenn dieser Autor wenige Jahre zuvor einen der bis heute wichtigsten Beiträge zu Zwang und Drohung verfasste,[367] tritt dort die Rechtebasierung unseres Vertragsdenkens so deutlich wie nirgends sonst hervor.[368] Es ist ihm darin zuzustimmen, dass ein freiheitliches Staatswesen ohne geschichtliches Rechtsverständnis undenkbar ist. Liberales Denken[369] ist historisches Denken. Ein Recht zu achten, anstatt bloße Interessen zu berücksichtigen, verlangt vor allem, Vergangenes zu honorieren und aktuelle Begehrlichkeiten weithin zu ignorieren.[370] Wir blenden die Geschichte nicht etwa aus – auch nicht für „bloße" Verteilungsfragen[371] –, sondern fragen vor allem, ob jemand rechtmäßig Eigentümer oder Forderungsinhaber geworden war.

Allerdings sollte man hier die Kritik an kollektivistischen Gerechtigkeitsvorstellungen nicht überziehen. Zwar bemängeln oft gerade normativ auf den Gesamtnutzen abstellende Ökonomen eine rückwärtsgewandte Sicht des Juristen und stellen verhandlungstheoretisch dem vermeintlich schlechten Festhalten an bestehenden rechtlichen Positionen eine vermeintlich gute, weil zukunftsorientierte Interessenverfolgung gegenüber.[372] Doch lassen sich auch mit einer stark utilitaristisch geprägten Sichtweise zahlreiche Argumente für historische Rechtsstrukturen finden. So lässt sich spätestens nach dem Zusammenbruch des Kommunismus leicht an der Geschichte ablesen, wie sehr kollektiver Wohlstand von liberalen Institutionen gefördert wird. Worum es uns Menschen also „letztlich" geht, mag man durchaus offen lassen.[373] Und ohnehin sollten wir einer Geschichtlichkeit keineswegs blind huldigen, kann diese schnell in Sackgassen führen, wie die Evolution immer wieder aufs Neue eindrucksvoll illustriert. Wir benötigen dann noch weitere, anders strukturierte Kriterien, um auch abrupt-ahistorische Wechsel entscheiden zu können. Damit ist es für das in diesem Beitrag interessierende Phänomen der vertraglichen Historizität sehr viel ertragreicher, nach den ganz handfesten Vorteilen dieser Denkart für den eng umgrenzten Bereich des Vertragsrechts zu suchen, als

---

[366] *Nozick*, Anarchy, State and Utopia, 1974, S. 151 ff., 207 f., passim: „The entitlement theory of justice in distribution is *historical*... In contrast, *current time-slice principles* of justice hold that the justice of a distribution is determined by how things are distributed ... as judged by some *structural* principle(s) of just distribution ... Welfare economics is the theory of current time-slice principles of justice." (Hervorhebung im Original).
[367] *Nozick*, in: Morgenbesser/Suppes/White (Hrsg.), Philosophy, 1969, S. 440.
[368] Näher unten § 4 C. I. 1.
[369] Näher dazu unten § 19 B.
[370] Näher oben § 2 B. II. 2.
[371] Näher zur begrenzten Verteilungsdimension des Vertragsrechts unten § 19 C. IV.
[372] Näher unten § 3 C. I. 3. a).
[373] Näher unten § 19 C. V. 3.

eine schon zu Genüge geführte philosophische Grundsatzdiskussion nochmals zu führen.[374]

IV. Menschliches Denken

1. Problem

Möchte man Recht verstehen – ganz gleich, ob in seiner privat- oder öffentlich-rechtlichen Variante –,[375] muss man sich vor allem mit einem Problem beschäftigen: die Bewältigung einer geradezu unglaublichen Komplexität mit einer zwar nicht minder eindrucksvollen,[376] nichtsdestotrotz aber auch sehr beschränkten menschlichen Denkfähigkeit. Dieses Faktum realistisch einzuschätzen und konsequent zu berücksichtigen, ist das vielleicht wichtigste Anliegen dieser vertragstheoretischen Arbeit,[377] weshalb auf die folgenden Ausführungen von anderen Stellen aus immer wieder zurückzugreifen sein wird.

Zunächst beruht Recht – wie andere kulturelle Schöpfungen auch – auf menschlichem Denken, weshalb man Rechtswissenschaft auch guten Gewissens als Geisteswissenschaft einordnen mag.[378] Schon deshalb werden wir Recht erst dann verstehen, wenn wir uns nüchtern fragen, wie der Mensch denkt und so sein Recht formt. Darüber hinaus müssen wir das so komplexe Phänomen Recht – wie auch immer entstanden – mit unseren begrenzten Fähigkeiten erfassen. Das ist die klassisch-erkenntnistheoretische Dimension, für die allerdings noch viel zu wenig akzeptiert ist, dass wir für diese philosophischen Grundfragen nicht umhin kommen, unsere geistigen Fähigkeiten genauestens zu berücksichtigen. Es gibt keine vom realen Menschen und seiner biologischen Verfasstheit losgelöste Erkenntnistheorie.[379] Genauso ist das geltende Vertragsrecht erstaunlich gut darin, aus unseren individuell so begrenzten geistigen Fähigkeiten ein Maximum äußerst reichhaltiger, vielschichtiger und unseren Zielen förderlicher Vertragsinhalte zu formen. Die ganze Palette der dafür eingesetzten Instrumente, sei es etwa die Rechtebasierung, die personell wie zeitlich stark verteilte Entscheidungsfindung oder ein inhaltlich beschränkter Betrachtungsgegenstand, wird in dieser Arbeit immer wieder zu würdigen sein.[380]

---

[374] Siehe zu dieser etwa *Smart/Williams* (Hrsg.), Utilitarianism for and against, 1973.

[375] Näher zu dieser gerade aus Sicht des menschlichen Denkens wichtigen Unterscheidung unten § 19 E.

[376] Siehe dazu den Nachweis unten in Fn. 417.

[377] Siehe nur unten § 17 A.; § 19 F. oder auch oben § 2 B. II. 2.; § 2 D. III. 3. und unten § 2 E. III.; § 2 A. II. 1. c); § 8; § 9 C. IV.; passim.

[378] Siehe zu dieser traditionsreichen Unterscheidung insbesondere *Dilthey*, Einleitung in die Geisteswissenschaften, 1883.

[379] Näher unten § 19 G. V.

[380] Für einen Überblick siehe unten § 17 A.

Schließlich ist das Studium menschlichen Denkens noch in einer anderen Hinsicht lehrreich: Nicht nur das (Vertrags-) Recht muss mit knappen Ressourcen eine extreme Komplexität bewältigen, sondern genauso das menschliche Gehirn. Dieses menschliche Gehirn, sein Aufbau und seine Funktionsweise, sind uns ein herausragender, allem anderen auf Erden weit überlegener Lehrmeister. Wenn die Evolution über viele hunderte Millionen von Jahren härtester Bewährungsproben eines perfektioniert hat, dann ist es die bestmögliche Ausnutzung gegebener Ressourcen zur Orientierung in einer hochkomplexen Umwelt. Davon können wir nur lernen – und zwar gerade für das Recht. Dabei wird sich herausstellen, dass sich im Vertragsrecht viele Parallelen zum menschlichen Denken finden, sei es bei der bereits betonten Rechtebasierung und damit Geschichtlichkeit unseres Vertragsrechts,[381] sei es bei der Ordnung unserer Umwelt nach gut abgrenzbaren Teilbereichen[382] (und damit eng verbunden der Existenz sogenannter Innenperspektiven[383]) oder auch der Regelbasierung[384] des gesamten Rechts.[385] Allerdings soll bei alldem tunlichst vermieden werden, als Jurist über fachfremde Phänomene zu spekulieren.[386] Vielmehr wird hier lediglich das aufgegriffen und speziell für das vertragstheoretische Verständnis aufbereitet, was bereits seit Jahrzehnten gefestigt und dementsprechend in jedem gängigen Psychologielehrbuch zu finden ist.[387]

2. Selektion

Als erste wichtige Konsequenz der dem Menschen zumindest früher nur eingeschränkt verfügbaren Nahrung – und damit auch psychischer Ressourcen – können wir uns nicht ständig „dem Weltganzen" widmen, sondern immer nur winzig kleinen Ausschnitten daraus.[388] Nicht nur unsere Aufmerksamkeit als das vielleicht komplizierteste geistige Phänomen ist dabei äußerst begrenzt;[389] vielmehr liefert bereits unser Sinnesapparat allenfalls eine vage Ahnung dessen, was „da draußen" tatsächlich geschieht. Damit steht auch der menschliche Denkapparat – und dieser fängt bereits bei den Sinnen an –[390] vor der Herausforderung, möglichst sinnvolle Kriterien dafür zu entwickeln, auf

---

[381] Oben § 2 D. I. 4. b); § 2 D. III.
[382] Näher oben § 2 C. III.
[383] Näher § 2 D. V. 5. b).
[384] Näher unten § 19 F. V.
[385] Für einige dieser Parallelen siehe auch unten § 2 D. IV. 5. c); § 8 C. II. 1.; § 9 C. IV.; § 17 E. III. 6.
[386] Siehe dazu etwa oben § 1 C. II. oder unten § 17 E. IV. 3. a).
[387] Für einen gelungenen populärwissenschaftlichen Einstieg siehe *Spitzer*, Lernen, 2007 oder zum Nachschlagen – stark interdisziplinär ausgerichtet – *Wilson/Keil* (Hrsg.), The MIT Encyclopedia of the Cognitive Sciences (MITECS), 1999.
[388] Für das Recht siehe bereits oben § 2 D. I.
[389] Näher unten § 8 A. II. 2.
[390] Dazu gleich näher unten § 2 D. IV. 3. a).

welchen Ausschnitt dieser Welt er sich mit Wahrnehmungsschwellen und Verarbeitungsprozessen richtet.

3. Flexibilität

a) Auslöser

In dieser Selektivität agiert unser Gehirn alles andere als willkürlich. Vielmehr haben wir es entweder selbst erlernt – sei es in leidvoller eigener Erfahrung oder von anderen Menschen überliefert –,[391] wann wir uns worauf konzentrieren, oder wir profitieren von bereits genetisch überlieferten Erfahrungen. Anders formuliert benötigen wir ausgefeilte Reizschwellen, die spezifische Entscheidungsprozesse nicht zu oft auslösen, dann aber mit einem notfalls auch sehr großen Energieaufwand einhergehen. Das einfachste Beispiel dafür bildet ein zunächst unbewusst wahrgenommener Reiz, der dann die so energiefressende menschliche Aufmerksamkeit auf sich lenkt. Bewusstes und unbewusstes Handeln sind vielfältig miteinander verknüpft. Jedenfalls selektiert unser Körper bereits rigoros, was er an eine Reaktionen auslösende Information überhaupt jemals zu berücksichtigen bereit ist. Anders formuliert beginnt Denken nicht erst im Gehirn, sondern bereits bei der Ausbildung und Ausgestaltung einzelner Sinnesorgane. Was wir überhaupt wahrnehmen, ist ein zentraler Bestandteil menschlichen Denkens.[392]

Dabei kann unser Gehirn auf all das zurückgreifen, was es sich zuvor durch unermüdliches Lernen an innerer Weltsicht angeeignet hatte.[393] So nimmt es vor allem Abweichungen vom bisherigen (wahrgenommenen) Status Quo wahr, was die geistigen Anforderungen stark verringert. Nur diese Geschichtlichkeit erlaubt eine bestmögliche Selektion.[394] Tatsächlich sind wir Menschen darauf geeicht, vor allem Veränderungen wahrzunehmen – sei es auch nur das leiseste Rascheln oder die kleinste Bewegung. Ja, wir können uns oft überhaupt nicht dagegen wehren, zunächst immer erst dort hinzuschauen oder dort hinzuhören, wo sich gerade eine Änderung vollzieht.

Allein hier drängen sich viele Parallelen zum (vertrags-) rechtlichen Denken auf. So entscheidet zunächst der jeweilige Tatbestand darüber, was für Aspekte unserer Welt juristisch überhaupt interessieren. Dabei zählt es gerade zu den Vorzügen juristischen Denkens, dass es – genau wie menschliches Denken –[395] in weiten Strecken eine Folgenorientierung meidet und stattdessen regelbasiert agiert. Recht zeigt sich also nicht nur deshalb ignorant, um die Position der

---

[391] Näher zu diesem Lernen unten § 2 D. IV. 3. c).
[392] Siehe dazu auch unten § 2 D. IV. 4. c); § 17 E. III. 4.; § 17 E. III. 6. c) aa).
[393] Dazu gleich näher unten § 2 D. IV. 3. c).
[394] Näher zur Geschichtlichkeit auch des menschlichen Denkens unten § 2 D. IV. 4. a).
[395] Siehe dazu etwa den Nachweis unten in Fn. 412.

jeweiligen Rechteinhaber zu stärken,[396] sondern benötigt schon wegen unserer begrenzten geistigen Ressourcen einfache Regeln und nicht etwa ambitionierte Zielprogramme.[397] Darüber hinaus sucht sich das Recht ganz bestimmte „Reize", die es dann zum Anlass nimmt, sich mit einer möglichen Rechtsänderung zu befassen. Das einfachste Beispiel bildet hier der Vertragsschluss, wohingegen es mit anderen Auslösern schon schwieriger wird. So mag man an das Eindringen einer Person in einen fremden Interessenkreis denken, wie dies etwa bei der Geschäftsführung ohne Auftrag[398] oder auch dort geschieht, wo wir dem Inhaber eines Geschäftslokals seinen Kunden gegenüber gesteigerte Sorgfaltspflichten zumuten.[399] Je nach Rechtsgebiet mag dabei der Maßstab für die Anforderungen und den Inhalt der jeweiligen Rechtsänderung variieren – für das Vertragsrecht greift hier das Rechtfertigungsprinzip.

b) Person-/Handlungsdenken

Hat man sich einmal verdeutlicht, dass sich unsere begrenzte Aufmerksamkeit stetig wandernd immer ganz unterschiedlichen Bereichen zuwendet, lässt sich dann auch ein kulturell sehr wichtiges Phänomen besser einordnen: So ist unser gesamtes Denken und Sprechen von einem bemerkenswert punktuellen Person-/Handlungsschema geprägt. Wir „treffen" vermeintlich eine Entscheidung, während wir sie tatsächlich kontinuierlich „anhäufen", „aufbauen" oder „formen".[400] Und ein Vulkan bricht für uns genau dann aus, wenn das Magma an die Oberfläche tritt, selbst wenn dieser Ausbruch geologisch schon lange eingeleitet war.

Wo immer dann der Mensch auch nur einen kleinen Beitrag leistet – und sei der Kausalablauf noch so vielschichtig und langwierig – neigen wir dazu, gerade dessen „Handeln" als das entscheidende Ereignis herauszugreifen und sehr viel stärker wahrzunehmen als alles andere. Gewisse Fähigkeiten schreiben wir dabei von vornherein nur unserer Spezies zu. Fällt etwa der Stein mit lautem Klacken auf den Boden, sprechen wir diesem die „Erkenntnis" ab, auf den Boden gefallen zu sein. Und dass Pflanzen gar „irren" könnten – etwa wenn sie in eine Richtung wachsen, die sich später als wenig sonnenreich erweist –, kommt uns erst gar nicht in den Sinn.[401]

---

[396] Näher dazu oben § 2 B. II. 2.
[397] Näher unten § 19 F. V. Allerdings provoziert dies natürlich den Einwand, dass gerade das Rechtfertigungsprinzip menschliche Ziele berücksichtigt und sich damit durchaus folgenorientiert zeigt. Doch muss diese Finalität durch eine umfassende Kompetenzverteilung, eine ausgeklügelte zeitliche Streckung der menschlichen Entscheidung, sorgsam zugeschnittene Rahmenbedingungen sowie eine stark begrenzte Reichweite des Vertragsgedankens mühsam gebändigt werden. Näher unten § 17 A.
[398] Näher unten § 18 D. II
[399] Näher unten § 18 C. II.
[400] Näher unten § 2 D. IV. 4.; § 8 C.
[401] Näher zu solchen Zuschreibungen unten § 17 E. III. 6.

Dabei hat diese punktuell-verkürzte Sicht durchaus ihre Berechtigung. Denn gerade weil wir uns nicht jede Sekunde gleichermaßen mit jedem Detail des äußeren Geschehens beschäftigen wollen, sondern unsere Aufmerksamkeit je nach Situation diesem oder jenem Phänomen zuwenden, bemerken wir überhaupt nicht, wie sich die Welt kontinuierlich entfaltet, sondern stützen uns immer nur auf Schnappschüsse. Erst nachträglich oder durch intensive Beobachtungen mögen wir diese ruckelige Weltsicht allmählich korrigieren. Oft genügt dieser Zeitraffer allerdings völlig, besonders wenn wir es gelernt haben, unsere Aufmerksamkeit punktgenau für gerade solche Momente zu beanspruchen, in denen wir am besten reagieren und so unseren Denkapparat effektiv einsetzen können.

Doch so notwendig punktuell unser Denken angesichts begrenzter Ressourcen verlaufen mag, verleitet das selbst bei mancher wissenschaftlichen Betrachtung dazu, diese bloß verkürzte Sicht unserer Welt mit der tatsächlichen Welt zu verwechseln. Nur weil wir sie vereinfacht abbilden, verliert sie nicht ihre reale Stetigkeit oder sonstige Komplexität. Und nur weil wir aus praktischer Überlebensnotwendigkeit dazu tendieren, vor allem unsere eigene Rolle im Weltgeschehen zu sehen, gibt es nüchtern betrachtet möglicherweise sehr viel wichtigere Ursachen als unser eigenes menschliches Verhalten. So aber schrieben wir die Existenz unserer Erde lange Zeit nicht etwa einem Milliarden von Jahren alten Entstehungsprozess zu, sondern der siebentägigen Arbeit eines Gottes, zu dessen Abbild wir uns dann noch erklärten. Auch im Alltag glauben wir oft, bestimmte Errungenschaften ganz allein geschaffen zu haben, obwohl wir selten mehr als einen wichtigen Beitrag leisten. Wem es etwa gelang, ein großes Unternehmen aufzubauen, profitierte von zahllosen natürlichen Gegebenheiten, mühsamer Aufzucht und Bildung durch Eltern wie Staat, einer ausgeklügelten öffentlichen Infrastruktur, gut ausgebildeten und arbeitswilligen Beschäftigten, den Produkten und Dienstleistungen wiederum ganz anderer Zulieferer – und bei alldem noch von schlichtem Zufall.[402]

Besonders für die wissenschaftliche Weltbeschreibung erweist sich dieser so verbreitete „Anthropismus", also die menschliche Neigung, sich in den Mittelpunkt von Zeit und Welt zu stellen, als nicht immer förderlich.[403] Und genau das zeigt sich dann auch im Vertragsrecht. So müssen wir nur die Willenstheorie gewissenhaft anwenden, um schnell festzustellen, wie wenig die menschliche Aufmerksamkeit bei Vertragsschluss erfasst.[404] Uns selbst wenn wir den Begriff des Wollens noch so großzügig erweitern,[405] erweitert diese bloße Neudefinition nicht auch die tatsächliche geistige Leistungsfähigkeit und damit

---

[402] Näher unten § 19 C. V. 2.
[403] Näher etwa unten § 4 B. I. 4. b) ee).
[404] Näher unten § 9 C. IV.
[405] Näher zu solchen Operationen unten § 9 C. V. 2.

auch nicht die Reichweite unserer Aufmerksamkeit. Für die Erklärungstheorie und damit das, was Parteien bei Vertragsschluss tatsächlich „erklären", gilt nichts anderes.[406]

Dass wir glauben, nur Menschen könnten Recht „setzen", führt etwa auch überall dort zu Irritationen, wo es Automaten sind, auf die wir oft selbst anspruchsvolle Entscheidungsprozesse abwälzen. Anstatt hier nüchtern zu überlegen, inwieweit die Rechenarbeit nicht-menschlicher Schaltkreise zu Ergebnissen führt, die wir für das Ob und den Inhalt vertraglicher Rechtsänderungen berücksichtigen können,[407] schreckt uns die Vorstellung ab, es könnten andere Personen,[408] komplexe Marktprozesse,[409] Naturphänomene[410] oder eben Maschinen sein, denen wir zahllose Vertragsinhalte verdanken. Für uns darf es immer nur allein der Mensch sein, indem er die Maschine konstruiert, programmiert oder aufstellt. Dass er dabei weder den Zeitpunkt noch seinen Vertragspartner noch den genauen Inhalt des so organisierten Austausches von Waren oder Dienstleistungen kennt, all das also weder in einen eigenen Geschäftswillen noch in eine eigene Erklärung aufnimmt, wird dann ignoriert.[411]

c) Befund

Doch ist unsere Wahrnehmung nicht nur äußerst selektiv. Vielmehr verläuft sie auch reichlich sprunghaft und prägt in dieser Sprunghaftigkeit wiederum, wie wir die Welt wahrnehmen. Wir beschäftigen uns nicht jede Sekunde mit den gleichen Aspekten des körperäußeren wie -inneren Geschehens, sondern wenden den Scheinwerfer etwa unserer Aufmerksamkeit je nach Situation diesem oder jenem Phänomen zu. Obwohl also unsere geistige Kapazität nur begrenzt schwankt, lenken wir sie je nach Zeitpunkt in ganz verschiedene Bereiche. Alles andere könnten wir uns angesichts der begrenzten geistigen Ressourcen auch gar nicht leisten. Sich in seiner ganzen Wahrnehmung auf punktuelle Veränderungen zu konzentrieren, spart Energie. Würde der Mensch ständig sämtliche verfügbare Information verarbeiten, wären wir schon längst ausgestorben. So aber können wir uns vor allem auf diejenigen Zeitpunkte konzentrieren, zu denen wir am besten reagieren können, anstatt

---

[406] Näher unten § 10 D.
[407] Nämlich als schlichtes Indiz für die Verwirklichung eines interessengerechten Vertragsinhalts, vgl. zu den dabei zu stellenden Anforderungen unten § 8 B. III.
[408] Näher unten § 8 B.
[409] Näher unten § 16 C.; § 16 D.
[410] Näher oben § 2 B. I. 4. b).
[411] Näher zu diesen Fragen etwa unten ab § 9 C. IV. Spontan wird man dabei versuchen, diese zunächst noch unbekannten Faktoren als irgendwie doch schon bei Aufstellung des Automaten gewollt oder erklärt einzuordnen, siehe jedoch dazu etwa unten § 9 C. V. 2. c) oder unten § 13 speziell zur Stellvertretung.

jedem Umweltausschnitt kontinuierlich immer nur die gleiche Kapazität zuzuordnen. Fahren wir etwa mit dem Rad zum Bäcker, müssen uns wir vor allem darauf konzentrieren, sicher anzukommen. Ist uns das gelungen und haben wir nun Brötchen und Preise vor Augen, können wir uns dann gefahrlos mit voller Aufmerksamkeit dem Vertragsinhalt widmen.

4. *Lernen*

a) Geschichtlichkeit

Würde unser Gehirn bloß geschickt auswählen, worauf es wann seine Aufmerksamkeit und sonstigen Kapazitäten richtet, ginge es dennoch geradezu töricht mit seinen Ressourcen um. Denn solange es nicht mühsam Verarbeitetes speichert, müsste es ständig aufs Neue all die Anstrengung aufbringen, die es vielleicht kurz zuvor für genau die gleichen Fragen bereits aufgewendet hatte. Wir sollten also nicht immer „bei null" anfangen, sondern das Ergebnis früherer Arbeiten genau so weit speichern, wie uns das weniger Energie kostet als wir von dieser gespeicherten Information später profitieren. Nicht das große Ganze interessiert uns dann – denn das wäre viel zu kompliziert –, sondern nur dessen kleinteilige Veränderung.

Allerdings ist dieses Vorgehen mit einem gravierenden Nachteil verbunden. Gespeicherte Information zu verwenden heißt nichts anderes, als uns auf dieses Wissen zu verlassen, es also nicht neu zu hinterfragen, sondern uns gegenüber anderen verfügbaren Quellen ignorant zu zeigen. Geschichtliches Denken verlangt, potenziell bedeutsame Sachverhalte auszublenden, und riskiert damit auch, unglücklich zu entscheiden. Tatsächlich ist die menschliche Starrheit erschreckend weit ausgeprägt. Wir denken, fühlen und handeln vorrangig auf Basis solcher Verhaltensmuster und Vorverständnisse, die sich bereits vor langer Zeit tief in unserem Denken eingeschliffen haben und sich dabei oft als erstaunlich robust und praktikabel bewähren. Hierzu muss man nur seinen täglichen Lebensablauf danach befragen, was davon tatsächlich noch bewusst geschieht. Immerhin lässt es sich beeinflussen, wo wir wegschauen oder aber unsere knappen Kapazitäten nutzen. Wir tasten uns zwar weithin blind voran, widmen dafür jedoch unsere Aufmerksamkeit (oder auch sonstige geistige Anlagen) derjenigen kleinen Veränderung, die wir in der aktuellen Situation als am wichtigsten ansehen. Nichts anderes geschieht beim Vertrag als einem Instrument zur vorsichtigen, schrittweisen Veränderung der jeweiligen Rechtslage.

b) Tun

Schon weil es sehr riskant ist, sich in unserer Welt blind voranzutasten, es dazu aber auch noch Energie kostet, Information dauerhaft vorzuhalten, zeigt sich unser Gehirn sehr wählerisch in dem, was es zu speichern bereit ist. Wir erinnern uns nur an solche Verhaltensmuster (Regeln[412]), die sich in möglichst vielen Wiederholungen immer wieder bewähren mussten, um genau dadurch die nötige Gewähr einer praktischen Tauglichkeit zu bieten. Um das zu illustrieren: Angenommen, wir wollen unbedingt das Klavierspiel lernen und dürfen zwischen drei Möglichkeiten wählen: Erstens der Besuch einer Vorlesung des berühmten Konzertpianisten X, der uns minutiös über das richtige Klavierspiel belehrt, zweitens die Lektüre des voluminösen Buchs „Klavierspielen" der nicht minder berühmten Konzertpianistin Y, und schließlich als letzte Variante, uns täglich mehrere Stunden an das Klavier zu setzen und in die Tasten zu greifen. Der Leser ahnt es schon: Mit dem bequemen Hören oder Lesen ist es nicht getan. *Use it or loose it.* Lernen heißt tun – und zwar wiederholt –, ganz unabhängig davon, ob für eher geistige oder körperliche Tätigkeiten, ob als Handwerker, Sportler, Mathematiker, Jurist oder Pianist. Je öfter wir eine Bewegung oder gedankliche Operation ausführen, desto eher wird sich diese einschleifen.

Dabei darf man es hier mit dem Einschleifen fast schon wörtlich nehmen. Nicht erst von Geburt an verändert sich unser Gehirn ständig in seiner physischen Erscheinung unter ständigem Austausch mit den auf uns einströmenden Sinneswahrnehmungen.[413] Schritt für Schritt wandeln sich Synapsen, Nervenzellen oder selbst ganze Hirnareale. Manche dieser körperlichen Veränderungen greifen bereits nach wenigen Minuten, während sich andere über viele Monate oder gar Jahre erstrecken. Lernen ist ein lebenslanger Prozess, bei der unser Gehirn nie das gleiche bleibt. Dabei lernen wir in ständigem Austausch mit der uns umgebenden Umwelt, die unseren gesamten Verstand so entscheidend prägt. Denn nur durch diese ganz praktisch orientierte Auslese kann unser Gehirn einigermaßen auf solche Lerninhalte hoffen, die sich auch im weiteren Leben bewähren.

c) Auslöser

Wenn es bereits für die menschliche Aufmerksamkeit galt, dass sich diese nicht etwa gleichmäßig auf die immer gleichen Sachverhalte richtet, sondern es ganz spezifische Auslöser gibt, die sich in langandauernder Evolution wie durch ständiges Lernen entwickelt haben,[414] so gilt Ähnliches für das Lernen selbst und damit die Speicherung von Wissen. Auch hier muss unser Gehirn erst einmal entscheiden, welche Eindrücke es für so wichtig erachtet, dass es

---

[412] Dass Recht weithin auf eine Folgenorientierung verzichtet, um statt dessen einfache und robuste Regeln aufzustellen (näher dazu unten § 19 F. V), findet wiederum im menschlichen Denken seine Entsprechung. Denn hier wie dort gilt es, Komplexität mit begrenzten Ressourcen zu bewältigen. Grdl. etwa *Wallis/Anderson/Miller*, 411 Nature 953 (2011).

[413] Das gängige Stichwort lautet hier „neuronale Plastizität", siehe dazu etwa grdl. *Hebb*, The Organization of Behavior, 1949 oder für einen Überblick etwa *Charles*, in: Wilson/Keil (Hrsg.), MITECS, 1999, S. 598.

[414] Oben § 2 D. IV. 3. a).

diese dauerhaft festhält. Dabei geht es wiederum um einen möglichst schonenden, aber auch zweckdienlichen Umgang mit unseren Ressourcen.

Die meisten Aspekte seiner Umwelt nimmt der Mensch erst gar nicht wahr und löst damit auch keine Lernprozesse aus. Dabei ist es letztlich zweitrangig, wo und wie genau diese Nichtwahrnehmung erfolgt, sei es bereits auf der Sinnesebene oder inmitten unseres Gehirns. Denn auch die physische Konstruktion etwa von Haut, Auge oder Ohr wie auch das, was sich in diesen Organen sinnlich vollzieht, ist letztlich genauso „Denken" wie diejenigen Operationen, die im Kopf ablaufen.[415] Geht eine noch vom Auge weitergeleitete Information ganz am Ende der menschlichen Informationsverarbeitung doch noch unter, weil sie weder in eine konkrete Handlung[416] noch in einen Lernprozess mündet, ist es eher eine begriffliche und für viele Zwecke müßige Frage, ob überhaupt jemals etwas wahrgenommen wurde. Denn dies ließe sich nur für einzelne Körperteile, nicht jedoch für uns Menschen als Ganzes, behaupten.

d) Innere Abbildung der Welt

Solange wir nur regelmäßig äußere Eindrücke aufnehmen, die wir – bewusst oder unbewusst – als für unser Leben bedeutungsvoll einstufen, können wir dann Schritt für Schritt eine immer kompliziertere, unseren menschlichen Zwecken dienliche Weltsicht aufbauen. Ein Menschenleben ist lang, und unsere Möglichkeiten der Wissensspeicherung sind groß, zumal wir über die – ihrerseits mühsam erarbeitete – Gabe verfügen, Wissen von einer Generation an die nächste zu übergeben und dabei auch außerhalb des menschlichen Gehirns, etwa auf Papier, zu speichern. Anders formuliert mag es zwar nicht viel sein, was wir in einem kleinen Augenblick verarbeiten können.[417] Doch ist es die zeitlich stete Anhäufung menschlicher Geistesanstrengungen, die dann oft auch noch arbeitsteilig mit sehr vielen anderen Menschen erfolgt, die uns all die unglaublichen kulturellen Leistungen erlaubt, von denen wir heutzutage profitieren. Und nichts anderes geschieht natürlich beim Vertragsinhalt.[418]

Dabei scheint diese Anhäufung gerade in den ersten Jahren unserer Existenz in einer gewissen Reihenfolge abzulaufen, angefangen mit „einfachen" sensorischen Tätigkeiten wie Tasten, Hören und Sehen über die Entwicklung einer Raumvorstellung und eines Ich-Bewusstseins bis hin zu bereits sehr abstrak-

---

[415] Vgl. dazu bereits oben § 2 D. IV. 3. a) oder auch unten § 17 E. III. 4.; § 17 E. III. 6. c) aa).
[416] Dazu unten § 2 D. IV. 5.
[417] Wobei selbst das nicht stimmt, da der Mensch geradezu Unsummen an Informationen verarbeiten kann und darin bis heute jedem noch so ausgefeilten Computer weit voraus ist. Grob gesprochen verarbeitet ein einziges menschliches Gehirn bei ca. 100 Milliarden Neuronen mit ca. 1.000 Verbindungen pro Neuron bis zu jeweils 1.000 Nervenimpulse pro Sekunde (also insgesamt 1017/s), siehe dazu nur instruktiv *Hilbert/López*, 332 Science 60 (2011).
[418] Näher unten § 8.

ten und komplizierten Fertigkeiten wie dem Sprechen oder moralischem Handeln.[419] Das wiederum lässt vermuten, dass wir gewissermaßen in Schichten lernen und uns höhere Ebenen erst auf Basis der zuvor erlernten, schlichteren Grundlagen erarbeiten.

Angesichts dieses stetigen Wandels sind wir nie der gleiche Mensch, sondern verändern uns fortwährend in unseren geistigen Fähigkeiten, Charakterzügen und Ansichten. Es sind vor allem unsere Erfahrungen, die uns zu dem Menschen machen, der wir jeweils gerade sind. Und da auch die dem hinzutretenden genetischen Anlagen – ein einfaches Beispiel bildet möglicherweise die Vorstellung von Raum und Zeit – ihrerseits auf historisch-evolutorischen Prozessen basieren,[420] ist damit die gesamte menschliche Erkenntnis alles andere als überzeitlich-apriorisch.[421]

Eines jedoch wird jedes noch so ausgeklügelte und aufwändige Lernen nie verhindern können: dass unsere innere Weltsicht immer nur ein sehr grobes, stark vereinfachtes und höchst selektives Zerrbild dessen bildet, was sich tatsächlich abspielt. Unser Wissen ist begrenzt, der Mensch ist klein. Damit müssen wir ständig mit der Spannung von innerer Abbildung und äußerer Realität umgehen. Wie genau wir das tun, ist wiederum für das vertragsrechtliche Verständnis sehr aufschlussreich.

Denn ganz ähnlich wie wir vertragliche Änderungen immer nur auf Basis der jeweiligen, sich ständig verändernden Rechtslage vornehmen,[422] lernen wir auch immer nur anhand unserer jeweiligen inneren Weltsicht, die wir immer nur in kleinen Schritten anpassen. Tatsächlich können wir überhaupt nur dann von Veränderungen sprechen bzw. diese wahrnehmen, wenn wir über eine solche interne Abbildung verfügen, die wir mit einströmenden Sinneseindrücken abgleichen. Ohne diese Referenz – oder auch auf Englisch *baseline* – wären wir völlig orientierungslos, bildet erst diese innere Weltsicht die notwendige Basis und Stabilität, aufgrund derer wir uns dann neuen Eindrücken und den daraus zu ziehenden Konsequenzen widmen.[423] Daran wird gleich wieder anzuknüpfen sein.[424]

e) Kollektive Einflüsse

Vorher sei auf eine nicht minder wichtige Facette menschlichen Lernens hingewiesen, die zwar bei unbefangener Betrachtung banal erscheint, sich jedoch

---

[419] So lassen sich in der geistigen Entwicklung von Lebewesen oft sog. kritische Perioden feststellen, grdl. *Clayton/Krebs*, 174 JCompPhysiol 371 (1994).
[420] Instruktiv etwa *Lorenz*, Blätter für Deutsche Philosophie 15 (1941), 94; *Lorenz*, Die Rückseite des Spiegels, 1973, S. 9 ff., vgl. dazu unten § 10 E. II. 3. a).
[421] Näher unten § 19 G. V.
[422] Näher oben § 2 A. II. 2.; § 2 D. I. 4. b) und unten § 3 A. IV.; § 4 C. I. 1.
[423] Für die Notwendigkeit einer solchen Referenz im Recht vgl. oben § 2 A. II. 2.; § 2 A. V. 3. c) sowie unten § 2 D. IV. 5.
[424] Unten § 2 D. IV. 5

mit manchem philosophischen – und damit oft auch juristischen – Grundverständnis nur schwer verträgt. So wurde gerade betont, wie sehr sich menschliches Lernen in ständiger Auseinandersetzung mit den jeweils wahrgenommenen äußeren Umwelteinflüssen vollzieht und so von klein auf unser Denken prägt. Einen wichtigen Teil dieser Umwelt bilden andere Menschen, die vielfach auf uns einwirken und sich dabei von ihren Moralvorstellungen leiten lassen, die dann wiederum den Lernenden beeinflussen. Das geschieht durch zahlreiche Mechanismen wie Sprache oder Erziehung. Im Ergebnis ist jedenfalls das Abbild von dieser Welt, wie wir es uns mühsam aufbauen und ständig anpassen, nicht durchweg unser eigenes, sondern stark kulturell geprägt.

Tatsächlich hat die Gesellschaft einen großen Anreiz, das menschliche Denken zu beeinflussen – und tut das extensiv. So sorgt sie dafür, dass der einzelne Mensch das, was das Kollektiv als wünschenswert betrachtet, auch als das Übliche, Regelmäßige, Normale empfindet. Hierzu muss der Einzelne diese Regeln möglichst selbst beachten oder wenigstens bei anderen beobachten. Umgekehrt wird die Gesellschaft tunlichst den Eindruck vermeiden, als würden für wichtig gehaltene Verhaltensmuster erodieren, indem sie deren Einhaltung hartnäckig einfordert und Abweichler konsequent bestraft oder notfalls absondert und ignoriert. Die innere Vorstellungswelt des Einzelnen ist stark umkämpft – auch und gerade vom Recht.

f) Emotionen

Eine gewisse Reizschwelle überschreitend, veranlasst neue Information eine oft intensivere Beschäftigung mit der als möglicherweise relevant erkannten Neuigkeit. Dabei kann diese Wahrnehmung ganz unterschiedlich ausfallen. Je stärker die neu gewonnene Information unserer inneren Abbildung widerspricht und je größer deren praktische Bedeutung ausfällt, desto intensiver ist im Zweifel unsere Reaktion – einschließlich unserer Bereitschaft zu lernen oder zu handeln.

Dabei kann diese Informationsverarbeitung sehr unterschiedlich ausfallen. Bisweilen stufen wir die wahrgenommene Veränderung als für die eigenen Bedürfnisse irrelevant oder unser bisheriges Weltbild bestätigend ein, weshalb wir dann diese bereits bestehende Sicht allenfalls noch weiter verstärken. Emotional reagieren wir dann eher entspannt. Klären wir etwa den nüchtern-rationalen Wissenschaftler darüber auf, dass diese Welt trotz vermeintlich anderslautender Vorhersagen des Maya-Kalenders doch nicht untergehen wird, dürfte dieser nur verächtlich mit den Schultern zucken – er wusste das ja schon. Genauso mag es jemand als völlig normal empfinden, oft ausgeraubt zu werden, wenn er immer nur in dieser Welt aufwuchs und auch nicht von anderen darüber aufgeklärt wurde, dass dies anderswo eine seltene Ausnahme bildet. Und wird ein Bettler nicht nur einmalig, sondern täglich von einem großzügigen Schenker beglückt, mag er dies eines Tages in sein Weltbild aufnehmen und dementsprechend gleichgültig reagieren. Möglicherweise hält er sich jedoch immer wieder bewusst vor Augen, dass diese Gaben keineswegs selbstverständlich sind, um sein inneres Weltbild gerade nicht anzupassen und damit auch täglich aufs Neue Freude zu empfinden.

Deutlich anders fällt unsere Reaktion aus, wenn die neu wahrgenommene Information unseren bisher gebildeten Vorstellungen widerspricht. Fällt hier der konkrete Bezug zu unseren persönlichen Bedürfnissen schwach aus, mag dies noch in entspannte Verwunderung münden. Oft reagieren wir aber irritiert oder gar gestresst, vor allem wenn wir nunmehr genötigt sind, ein möglicherweise mühsam erarbeitetes Weltbild zu modifizieren oder aufwändig gegen einströmende Irritationen zu behaupten. Wer sich etwa als Wissenschaftler zu ganz neuen Ansichten durchringt, lebt besser einsam, muss er sich sonst ständig mit solchen – nunmehr – Irritationen anderer herumschlagen, anstatt isoliert an seiner neuen Weltsicht zu feilen und sich nur dort selektiv fremden Gedanken zu öffnen, wo er das noch als fruchtbar ansieht. Tatsächlich besteht der fundamentale Erkenntniswert des Phänomens kognitiver Dissonanzen darin, dass wir überhaupt so etwas wie eine innere Weltsicht entwickeln, von der dann spätere Wahrnehmungen oft abweichen. Dass wir im Zuge solcher Prozesse auch einmal „irrational"[425] agieren mögen, ist demgegenüber nur eine Facette dieser grundlegenden Erscheinung.

Freude oder Enttäuschung hingegen empfinden wir bei solcher Information, die nicht nur „irgendwie" von unseren bisherigen Annahmen abweichen, sondern es gerade in dem tun, was uns wichtig ist. Dabei liegt eine entscheidende Einsicht bereits im Wort der „Enttäuschung", drückt dies nichts anderes aus, als dass wir eine irrige Weltsicht nunmehr korrigieren. Aber auch Schmerz und Glück gehören hierhin – als besonders intensive Formen.

Etwas komplizierter verhält es sich, wenn wir Reue bzw. Bestätigung spüren. Denn hier stellen wir zusätzlich einen Bezug zu unserem eigenen Handeln her, das wir im Nachhinein als unklug einordnen, was bereits weitere geistige Anstrengung erfordert. Bei Dankbarkeit oder Entrüstung betrifft unsere Reaktion andere Personen, wobei hier dann oft noch eine moralische Vorstellung dergestalt hinzutritt, dass wir glauben, diese fremde Person habe bestimmte Standards übertreten – sei es im Guten oder im Schlechten. Auch Emotionen sind also ein stark kollektiv beeinflusstes Phänomen.[426]

Im Ergebnis sollte deutlich geworden sein, dass Emotionen nicht etwa ein bemitleidenswert-irrationales Relikt archaischer Hirnregionen und Verhaltensmuster sind – schließlich hätte die Evolution diese Veranlagungen leicht abschalten können. Vielmehr bilden sie einen wichtigen Baustein der zielge-

---

[425] Wobei dieser Begriff bisweilen mehr Schaden als Nutzen stiftet, näher dazu unten § 17 E.
[426] Allgemein dazu oben § 2 D. IV. 4. e).

richteten, abgestuften und problemorientierten menschlichen Informationsverarbeitung. Für das zentrale Anliegen dieses Kapitels noch viel wichtiger ist allerdings ein weiterer Umstand, nämlich die Geschichtlichkeit auch dieser Form von Informationsverarbeitung. Keine der zuvor diskutierten Gemütszustände ließe sich verstehen, wenn wir dabei nicht immer zugleich berücksichtigten, dass es hier um die Wahrnehmung von Veränderungen auf Basis einer inneren Weltsicht geht, die wir immer nur schrittweise – und zwar gerade auch mit Hilfe von Emotionen – neueren Erkenntnissen anpassen.

5. Handeln und Bewerten

a) Problem

Dass so viele Facetten des menschlichen Denkens auf einer Referenz basieren – ganz gleich, ob rein innerlich oder von außen vorgegeben –, sei jetzt für einen Bereich illustriert, dem die juristische Relevanz ganz sicher nicht abzusprechen ist: das menschliche Handeln und Bewerten. Schließlich darf ein Mensch nicht nur denken und lernen, sondern muss sich auch ganz praktisch in seiner Umwelt behaupten.[427] Das hier vertretene Rechtfertigungsprinzip verlangt in zweierlei Hinsicht eine Bewertung: So ist jede rechtliche Beeinträchtigung – mithin die nachteilige Veränderung der eigenen rechtlichen Ausgangssituation – zu rechtfertigen, und zwar durch eine Verbesserung der Gesamtsituation der rechtlich betroffenen Person, gemessen an deren Zielen.

Verschiedene Zustände oder Handlungen zu bewerten verlangt, diese als „besser" oder „schlechter" einzuschätzen. Dementsprechend freuen oder ärgern wir uns, wenn wir glauben, uns „gerade" verbessert oder verschlechtert zu haben. Erhält der Bettler etwa von einem Passanten 10 Euro, freut er sich, weil er vermeintlich 10 Euro reicher geworden ist. Genauso freuen oder ärgern wir uns oft bei vielen natürlichen Ereignissen, etwa wenn uns ein unerwartet guter Sommer eine reiche Ernte beschert. Allerdings war rein objektiv betrachtet bereits früher klar, dass der Schenker am Bettler vorbeilaufen und diesem 10 Euro schenken würde – nur eben nicht für den Schenker, den Schenkenden wie vielleicht auch für alle anderen Menschen, denen es angesichts ihrer begrenzten Kenntnisse und Fähigkeiten schwer fällt, solche komplexen Geschehnisse zuverlässig vorherzusagen. Anders formuliert verbessert sich unser Bettler überhaupt nicht, sondern erfährt lediglich von dem, was schon früher feststand, nämlich dass er 10 Euro erhalten würde. Nicht anders verhält es sich beim Wetter, wo es dem Menschen vielleicht nie gelingen wird, dieses über sehr lange Zeiträume vorherzusagen. Und genauso wenig gibt es einen magischen Akt des Vertragsschlusses, durch den wir tatsächlich neue,

---

[427] Wobei es gerade dieses Tun ist, das regelmäßig erst ein Lernen ermöglicht, vgl. dazu oben § 2 D. IV. 4. b).

vorher noch nicht existente Werte[428] oder Rechte[429] schaffen. Kurzum: In unserer Welt verbessert sich niemand, nicht eine einzige Person oder sonst ein Lebewesen auch nur zu irgendeinem Zeitpunkt. Punktuelle Momente, an dem Neues allein entsteht oder alles umkippt, lassen sich nicht ausmachen. Diese Welt läuft einfach nur getreu naturwissenschaftlichen Gesetzen ab, sie geschieht ganz einfach, und jedes heutige Ereignis ist das Ergebnis früherer kausaler Einflüsse. Was davon wir Menschen zu welchen Zeitpunkten nicht wissen, erahnen oder irgendwann entdecken, ist eine ganz andere, davon sorgsam zu trennende Frage.

b) Doppelte Subjektivität

Möchte man sich damit nicht abfinden, lässt sich insbesondere behaupten, dass gerade wir Menschen die magische Gabe hätten, „eigene" Verzweigungen einzuschlagen und damit solche Ursachen völlig neu zu setzen, die nicht bereits ihrerseits naturwissenschaftlich-kausal vorbestimmt sind. Die Rede ist insbesondere von einer Willensfreiheit. So gesehen könnten wir dann auch wieder diese Welt ins Gute wie ins Schlechte stoßen und träfe uns für solches Handeln gegebenenfalls eine Schuld. Doch da bisher niemand darzulegen vermochte, wie wir eine solche Willensfreiheit nachweisen und damit für juristische Zwecke praktisch verwenden sollen, leuchtet es jedenfalls dem Verfasser nicht ein, warum solche von niemandem überprüfbare Begriffe wissenschaftlich interessieren sollten.[430] So verlockend es auch sein mag, uns Menschen insoweit als allen anderen Erdenwesen überlegen anzusehen, gibt es dafür keinen belastbaren Anhaltspunkt.[431] Vielmehr zeigen sich auch hier die Gefahren des für uns Menschen so typischen punktuellen Denkens.[432] So sinnvoll es ist, mit unserer begrenzten Geisteskraft besondere Momente herauszugreifen – an denen dann scheinbar Plötzliches geschieht –,[433] trägt dies noch lange nicht die Hoffnung, dass ausgerechnet wir Menschen von naturwissenschaftlichen Kausalzusammenhängen frei seien.

Sehr viel einfacher und überzeugender ist demgegenüber eine ganz andere Antwort: „Verbesserung" oder „Verschlechterung" findet immer nur im Kopf des Lebewesens statt, das seine ganz eigene Weltsicht an die neu erfasste Information anpasst. Fortschritt ist rein subjektiv, und zwar nicht nur angesichts persönlich variierender Bewertungsmaßstäbe,[434] sondern auch wegen der von Mensch zu Mensch verschiedenen inneren Abbildung dieser Welt. Sich zu ver-

---

[428] Allgemein zur vertraglichen Wertschöpfung unten § 3 A. IV.; § 3 C. I.
[429] Zur wahren Bedeutung einer Rechtsänderung siehe unten § 2 E. III.
[430] Vgl. dazu auch unten § 4 B. I. 4. b) aa); § 4 B. I. 4. b) ee); § 9 C. I. 3. d); § 10 C. IV. 5.; § 17 E. III. 6. c) bb); § 19 B. III. 2.; § 19 G. IV.
[431] Näher zu diesem Anthropismus unten § 4 B. I. 4. b) ee).
[432] Näher oben § 2 D. IV. 3. b).
[433] Näher oben § 2 D. IV. 3. a); § 2 D. IV. 4. c).
[434] Näher oben § 2 A. V. 3. b).

bessern oder zu verschlechtern heißt also „nur", erstmals wahrzunehmen, dass man besser oder schlechter steht, als man noch kurz zuvor dachte. Sich zu verbessern oder zu verschlechtern ist eine geistige Angelegenheit, ein informatorischer Vorgang, ein subjektiver „Aha-Effekt". Es verhält sich hier nicht anders als bei den bereits zuvor diskutierten Emotionen.[435]

c) Konsequenzen

Dass es in unserem Leben keine Verbesserungen oder Verschlechterungen gibt, sondern nur sich wandelnde Wahrnehmungen, wirft etliche Fragen auf. Warum sprechen und empfinden wir dann so? Gerät nicht gerade das hier vertretene Rechtfertigungsprinzip in Schwierigkeiten? Und wie verhält es sich dann mit dem Vertragsschluss? Schließlich sehen wir in ihm einen ganz speziellen Moment, ein besonderes menschliches Handeln, weil gerade dieses punktuelle Ereignis dazu führen soll, dass umfangreiche Vertragsinhalte „entstehen".

Doch besteht hier für Besorgnis kein Anlass, erlaubt es auch eine rein informatorische Sicht, verschiedene Zustände – seien diese nur vorgestellt oder aktuell wahrnehmbar – daraufhin zu vergleichen, wie sehr sie einen bestimmten Maßstab verwirklichen, um dann dementsprechend zu handeln. Schließlich ist der Mensch kraft seiner körperlichen wie geistigen Anlagen fähig, so zu agieren, dass ein für ihn besonders vorteilhafter Zustand eintritt. Dabei gehört es gerade zu den herausragenden Fähigkeiten des Menschen, selbst sehr anspruchsvolle Planungen zu beherrschen, indem er sich verschiedene Zustände vorstellt und den für ihn vorteilhaftesten ansteuert.[436] Dass dieses Handeln keiner Willensfreiheit als vielmehr schlichten kausalen Abläufen entspringt, hindert dessen verallgemeinernde Beschreibung oder Reaktionen darauf nicht – im Gegenteil.

Wohl aber benötigen wir für jede Bewertung nicht nur einen Maßstab – beim Rechtfertigungsprinzip die von der rechtlich betroffenen Person verfolgten Ziele –, sondern noch einen Referenzzustand, auf dessen Basis wir dann sinnvoll von einem „besser" oder „schlechter" reden können. Bei den zuvor diskutierten Emotionen[437] ist es das Schritt für Schritt erarbeitete und sich fortwährend ändernde innere Abbild dieser Welt, das einen Vergleich erst ermöglicht, der dann bei wichtigen Abweichungen Lernprozesse oder praktisches Handeln auslöst. Im Vertragsrecht entspricht dieser inneren Weltsicht die jeweilige Rechteausstattung – ihrerseits als geschichtlicher Prozess sich fortwährend ändernd –, welche die nötige Basis liefert, um Abweichungen davon überhaupt als Veränderung wahrzunehmen und diese dann anhand des

---

[435] Vgl. oben § 2 D. IV. 4. f).
[436] Näher oben § 2 A. IV. 6.
[437] Oben § 2 D. IV. 4. f).

gewählten Ziels als Einbuße oder Gewinn zu bewerten.[438] Alles andere mag man aus rechtlicher Sicht als bloße Chance oder Hoffnung einstufen, etwa wenn uns ein unerwarteter Konkurrent durch bessere und günstigere Produkte so viele Kunden abspenstig macht, dass wir auf einmal größere Verluste wahrnehmen. Denn dies verhindern zu dürfen, gehört nicht zur Reichweite des uns bereits zustehenden Eigentumsrechts oder sonstiger rechtlich geschützter Handlungsfreiheiten.[439]

Dabei ist das Recht – anders als etwa bei Verwunderung, Interesse oder Freude die rein innere Weltsicht – nicht mehr von uns allein und damit rein subjektiv formbar, sondern eine stark äußerlich-kollektiv festgelegte Referenz. Die Rechtsgemeinschaft bestimmt die jeweilige Rechtslage gemeinsam und für alle gleichermaßen verbindlich, und zwar für Erstzuweisung wie abgeleiteten Erwerb. Das Grundschema von stabilisierender Basis und deren wohlkontrollierter Veränderung bleibt zwar erhalten, doch vollzieht es sich nicht mehr nur im Kopf jedes einzelnen Menschen. Es wird auf eine objektive Ebene – nämlich die des Rechts – gehoben.

Dabei zeigen sich deutliche Wechselwirkungen, da das Recht solche Muster aufgreift, die sich als innere Weltsicht praktisch bewährt haben, dafür aber als Recht diese Weltsichten selbst stark beeinflusst. Wer in einer dermaßen „üblen" Gegend wohnt, dass Raub geradezu die Regel und damit die Normalität bildet, wird diesen Zustand dennoch als Verlust oder Irritation empfinden, wenn er nur hinreichend stark verinnerlicht, dass unsere Rechtsordnung das keineswegs als normal ansieht. Gerade Recht dient dazu, sozial für wichtig gehaltene Maßstäbe „kontrafaktisch" gegen verschiedenste Störungen aufrechtzuerhalten und so bereits unsere Wahrnehmung zu beeinflussen.[440] Diese fremden Einflüsse sind auch deshalb so bedeutsam, weil sie uns Unterscheidungen erlauben, die wir je nach sozialem Umfeld durch eigene Anschauung und Erfahrungsbildung nie hätten ausbilden können.

Wie sehr unser ganzes Vertragsrecht den jeweiligen rechtlichen Ausgangspunkt berücksichtigt, wurde nicht nur bereits überblicksartig illustriert,[441] sondern wird in dieser gesamten Arbeit fortwährend zu thematisieren sein – am deutlichsten wohl bei Zwang, Drohung und Ausbeutung.[442] Denn warum darf ein Räuber eigentlich nicht seine Überlegenheit uns gegenüber ausnutzen, gerade wenn er vielleicht viel Arbeit und Geld investiert hat, um uns körperlich überlegen zu sein? Und wieso „verschlechtern" wir uns überhaupt, wenn unser Besitz immer schon durch Räuber gefährdet war und sich dieses Risiko

---

[438] Näher oben § 2 A. II. 2.; § 2 A. V. 3. c); § 2 B. II. oder unten § 3 A. IV.; § 4 C. I.; passim.
[439] Näher zur Reichweite solcher Rechte oben § 2 C. III.
[440] Siehe dazu auch oben § 2 D. IV. 4. e).
[441] Oben § 2 D. I. 4. b).
[442] Siehe daher unten § 4 C. I. 1., aber etwa auch unten § 3 A. IV.

jetzt einfach nur realisiert?[443] So aber kann jede Person – Partei, Richter oder auch Gesetzgeber – auf Basis der jeweiligen rechtlichen Ausgangslage fragen, welche rechtliche Beeinträchtigung notwendig ist, um die Ziele der betroffenen Person größtmöglich zu verwirklichen.

6. Weltsichten

Es wäre sehr reizvoll, die genaue Struktur der inneren menschlichen Weltsicht daraufhin zu untersuchen, inwieweit das Recht dadurch auf diese zurückgreift – etwa in der Ausgestaltung deliktisch geschützter Rechtsgüter –, dass es sich an den dort bewährten Mustern orientiert. Denn schon weil es höchst aufwändig wäre, völlig verschiedene Vorstellungswelten – eine psychische und ein rechtliche – geistig vorzuhalten, liegt es nur zu nahe, dass wir viel über das geltende Recht lernen könnten, wenn wir verstehen, wie genau der Mensch sich in seiner Umwelt orientiert.

V. Wissenschaft

Wäre ein rechtebasierter Ansatz für das Vertragsrecht tatsächlich unumgänglich, sollte sich ein solches geschichtliches Denkmuster von Stabilität und Veränderung nicht nur im menschlichen Gehirn, sondern auch in ganz anderen Bereichen finden lassen. Dass dem tatsächlich so ist, sei nunmehr illustriert, und zwar vor allem aus der Hoffnung heraus, dass der Leser dann vielleicht noch eher bereit ist, den Befund einer Rechtebasierung zu akzeptieren. Dabei müssen wir streng genommen zweierlei unterscheiden: Zum einen kann sich der jeweilige Untersuchungsgegenstand wie etwa die Natur als historisch erweisen. Genauso vollzieht sich aber auch die Untersuchung selbst – also das menschliche Denken und Sprechen – historisch. Da beides eng zusammenhängt – der Betrachtungsgegenstand prägt genauso die Art unserer Betrachtung, wie wir die Welt nach unserem Denken beeinflussen –, sei auf eine entsprechende Aufteilung verzichtet.

1. Natur

Dass es die physikalischen Gesetze nicht immer zulassen, Naturabläufe rückwärts ablaufen zu lassen – ein wichtiges Stichwort dazu lautet Entropie –, wurde bereits dargelegt. Haben wir einen schweren Stein mühelos den Berg herunterrollen lassen, müssen wir ihn erst wieder mühevoll hochtragen.[444] Doch lassen sich damit nur begrenzt fruchtbare Vergleiche ziehen. Sehr viel

---

[443] Näher oben § 2 A. II. 2.; § 2 A. V. 3. c) sowie zu Risikoerwägungen unten § 5; § 6 E.
[444] Oben § 2 D. III. 4.

ergiebiger ist die Evolution.⁴⁴⁵ Denn gerade die Biologie verdeutlicht besonders anschaulich das für komplexe Sachverhalte typische Zusammenspiel von Stabilität und Veränderung. Wir Menschen sind das Produkt einer Hunderte von Millionen Jahren andauernden Entwicklung,⁴⁴⁶ die uns in kleinsten Schritten (Mutationen) zu dem machte, was wir heute sind. Dabei bewährte sich – wiederum evolutionär – ein ganz bestimmtes Verhältnis von genetischer Stabilität (präzise Verdoppelung der DNA) und deren zufälliger Veränderung (Mutation durch Fehlkopien). Denn zu viel Präzision, und die Spezies verliert ihre Anpassungsfähigkeit. Zu wenig Stabilität hingegen, und sie erzeugt keine überlebensfähigen Nachfahren. Das ist insofern lehrreich, als auch der Vertrag einen Kompromiss zwischen dem Festhalten an der vorgefundenen rechtlichen Ausgangslage (Stabilität) und deren Veränderung (Vertragsinhalt) finden muss. Nur geht es im Privatrecht nicht um das nackte Überleben einzelner Arten, sondern die Verwirklichung menschlicher Ziele. Ebenso lehrreich ist es, wie auch im Recht selbst bescheidene Bemühungen, wenn es nur lange genug stetig vorangeht, zu den eindrucksvollsten Ergebnissen führen können.⁴⁴⁷

2. Kultur

So bemerkenswert die Ergebnisse der biologischen Evolution auch sind, wurde diese in Geschwindigkeit und Dynamik längst von menschlich produzierten Errungenschaften abgelöst. Ganz gleich, ob Sprache, Recht (bzw. Moral),⁴⁴⁸ Kunst, Architektur oder die Fortschritte einzelner Wissenschaften:⁴⁴⁹ Überall profitieren die Akteure von eigenen langwierigen Lernprozessen⁴⁵⁰ wie auch den Erkenntnissen ihrer Vorfahren. Um hier zwei Beispiele zu nennen: Während die Schrift vor ca. 5.000 Jahren erfunden wurde, lässt sich der Beginn des Sprechens zwar schwer datieren, doch können wir die für unser heutiges differenziertes Sprechen notwendigen biologischen Voraussetzungen jedenfalls 40.000 Jahre zurückverfolgen.⁴⁵¹ Die sich zunehmend verschärfende Dyna-

---

⁴⁴⁵ Daneben ist es ein sehr lehrreiches Beispiel für die auch in der (Normal-) Wissenschaft zu findende Tendenz, möglichst am jeweiligen Status Quo festzuhalten (näher die unten in Fn. 463 genannten Quellen), wenn *Charles Darwin* seine – wie er sehr wohl wusste: bahnbrechenden – Thesen in *Darwin*, Origin of the Species, 1859 erst sehr spät veröffentlichte oder *Ernst Haeckel* (näher zu diesem unten § 4 B. I. 4. b) ee)) mit seinen Beiträgen (*Haeckel*, Morphologie, Bd. 1, 1866; *Haeckel*, Morphologie, Bd. 2, 1866; *Haeckel*, Die Welträthsel, 1899) sein Leben lang auf größte Ablehnung stieß.
⁴⁴⁶ So basiert selbst das menschliche Großhirn auf genetischen Anlagen, die sich bereits vor mindestens 600 Millionen Jahren herausgebildet haben, sich nämlich auch in manchen Würmern finden, vgl. *Tomer/Denes u.a.*, Cell 142 (2010), 800, 806 f.
⁴⁴⁷ Näher dazu auch unten § 2 D. V. 5. a); § 8 C.; § 16 C.; passim.
⁴⁴⁸ Zur hier gewählten Unterscheidung siehe oben § 2 B. I. 2. sowie zur Geschichtlichkeit des Rechts speziell unten § 2 D. V. 5. a).
⁴⁴⁹ Siehe dazu unten bei Fn. 463.
⁴⁵⁰ Näher zum menschlichen Lernen oben § 2 D. IV. 4.
⁴⁵¹ Vgl. *Jürgens*, Biologie unserer Zeit 36 (2006), 362, 366.

mik der kulturell-technischen Entwicklung bereitet uns einige Angst, zumal es immer schwerer fällt, auch nur einige Jahrzehnte voraus zu blicken. Und anders als vielleicht noch bei der klassisch-biologischen Evolution ist es hier keineswegs sicher, ob sich diese Entwicklung tatsächlich in einem noch sinnvollen Verhältnis von Stabilität und Veränderung vollzieht.[452] Doch ist das nicht unser Thema.

3. Philosophie

Wenngleich die abendländische Philosophie bis heute stark von einem gleichermaßen punktuellen wie menschenbezogenen Denken geprägt ist – gerade soweit sich auch Juristen philosophisch interessieren –,[453] fanden sich hier immer schon Stimmen, welche die Geschichtlichkeit nicht nur der äußeren Geschehnisse, sondern vor allem der menschlichen Erkenntnis selbst, anerkannten und kraftvoll thematisierten. Das ist schon deshalb anerkennenswert, weil es manchen Philosophen schwer fällt, sich erkenntnistheoretisch vom Anspruch universell gültiger Aussagen zu verabschieden.[454]

Auf *Heraklit* wurde dabei bereits genauso hingewiesen[455] wie auf die Geschichtlichkeit unseres klassisch-liberalen Denkens.[456] Aber auch *Hegel* muss man bei aller Skepsis gegenüber vielen dunklen Äußerungen und fragwürdigen Vorstellungen wie der eines Weltgeistes als Endzweck und Vernunft der Weltgeschichte[457] oder einer vermeintlich notwendigen Verknüpfung von Freiheit und Verantwortung[458] zubilligen, die Zeitlichkeit unseres Denkens sehr viel früher als die allermeisten seiner Zeitgenossen thematisiert zu haben. Genauso basiert die Hermeneutik weithin auf explizit historisierendem Gedankengut.[459] Aber auch die heutzutage so zentrale Sprachphilosophie betont ganz überwiegend – nämlich sofern nicht rein idealisierend – den zumindest auch konventionalen Charakter unserer Sprache. Am bekanntesten sind hier wohl *Wittgensteins* Sprachspiele.[460] Die hochgradig zeitbedingte, allenfalls begrenzt universelle Sprache[461] prägt dann ihrerseits wieder unser Denken. Genauso beachten

---

[452] Für ein sehr frühes und instruktives Werk zu diesem Thema siehe *Lorenz*, Die Rückseite des Spiegels, 1973.
[453] Siehe dazu bereits oben § 2 D. IV. 3. b).
[454] Siehe dazu auch unten § 19 F. VI. 4.
[455] Vgl. oben bei Fn. 251 und Fn. 268.
[456] Oben § 2 D. III. 6.
[457] Besonders engagierte Kritik bei *Popper*, Das Elend des Historizismus, 7. Aufl. 2003.
[458] Siehe dazu etwa – auch im Kontext einer vermeintlichen Willensfreiheit – unten § 4 B. I. 4. b) aa); § 4 B. I. 4. b) ee); § 9 C. I. 3. d); § 10 C. IV. 5.; § 17 E. III. 6. c) bb); § 19 B. III. 2.; § 19 G. IV.
[459] Ein besonders eindrucksvolles Beispiel bildet hier *Dilthey*, Einleitung in die Geisteswissenschaften, 1883.
[460] *Wittgenstein*, Philosophische Untersuchungen, 2011.
[461] Universell aber natürlich nicht in einem vermeintlich apriorisch-gültigen Sinn (siehe

prozedurale Gerechtigkeitstheorien wie die Diskurstheorie[462] jedenfalls so lange die Historizität menschlicher Erkenntnis, wie sie sich nicht ausschließlich auf rein idealisierende Betrachtungen einer rein fiktiven Diskurssituation zurückziehen. Ebenso wenig ist Geschichtlichkeit der Wissenschaftstheorie ein Fremdwort, wie etwa *Fleck* oder *Kuhn* eindrucksvoll demonstrieren.[463]

4. Sozialwissenschaften

Auch die oft so wohltuend nüchterne Soziologie trägt viel zu einem zunehmend geschichtlichen Verständnis bei – man denke nur an die These des Historikers, Juristen und Soziologen *Weber* einer fortschreitenden (Zweck-) Rationalisierung unserer Gesellschaft und damit auch des Rechts.[464] Am meisten dürfte man heutzutage bei *Luhmann* fündig werden.[465] Denn ganz gleich, wie man dessen Systemtheorie grundsätzlich einschätzen mag, kommt ihr zumindest das große, weil bis heute sehr seltene Verdienst zu, als großangelegter Erklärungsansatz die begrenzte menschliche Kognition bereits von Grund auf konsequent zu berücksichtigen, anstatt lediglich an der Peripherie Korrekturen vorzunehmen, wenn sich die eigentlich propagierte Modellvorstellung als allzu leicht falsifizierbar erweist.[466] Tatsächlich lässt erst die nur sehr selektive Berücksichtigung an sich verfügbarer Information die vielfältigen und historisch gewachsenen (Teil-) Systeme mit ihrer Eigengesetzlichkeit entstehen, von denen das Privatrecht nur ein Beispiel von vielen bildet.[467] Auch in der Ökonomik tauchen immer wieder historische Denkformen auf, sei es die in Deutschland früher so mächtige historische Schule,[468] die ihr nachfolgende ordolibera-

---

dazu auch unten § 19 G. III.), sondern nur als bereits genetisch („Universalgrammatik") und nicht nur kulturell bedingten Prägung.

[462] Stellv. *Apel*, Diskurs und Verantwortung, 1988; *Habermas*, Erläuterungen zur Diskursethik, 1991.

[463] Gerade bei *Fleck*, Wissenschaftliche Tatsache, 1935, S. 28 ff., passim werden die Verbindungen zur Erkenntnistheorie besonders deutlich. Diese dann auch von *Kuhn*, Revolutionen, 2. Aufl. 1976 so schön herausgearbeitete Geschichtlichkeit unserer Wissenschaft beißt sich keineswegs mit dem erkenntnistheoretischen Maßstab insbesondere eines *Popper*, Die Logik der Forschung, 10. Aufl. 1994 – was übrigens die beiden letztgenannten Autoren selbst genauso empfanden.

[464] Dies bildet die zentrale Grundthese etwa in *Weber*, Wirtschaft und Gesellschaft, 5. Aufl. 1972.

[465] Vgl. *Luhmann*, Das Recht der Gesellschaft, 1993, S. 10, 21, 57 f., 65, 106 ff., 138 („Das Recht muss nie ‚anfangen'"), passim sowie denselben speziell zu Rekursivität unten § 19 F. VI. 2.

[466] Eingehend zu dieser zentralen Herausforderung, die menschliche Unwissenheit von Grund auf zu berücksichtigen, unten § 17 A.; § 19 F. oder auch oben § 2 B. II. 2.; § 2 D. III. 3. bzw. unten § 2 E. III.; § 2 A. II. 1. c); § 8; § 9 C. IV.; passim.

[467] Näher zum Privatrecht unten § 19 E.

[468] Siehe etwa *Schmoller*, Über einige Grundfragen der Sozialpolitik und der Volkswirtschaftslehre, 2. Aufl. 1904, S. 311 ff. sowie übergreifend dazu *Backhaus* (Hrsg.), Historische Schulen, 2005.

le Tradition,[469] die dynamischen Theorien eines *Schumpeter*[470] und *Hayek*[471] oder wie in jüngerer Zeit als neue wirtschaftsgeschichtliche Forschung[472] oder unter dem Stichwort der Pfadabhängigkeit: Die Welt bildet selten ein einfaches Pendel, das wieder in seinen ursprünglichen Zustand zurückschwingt, sondern gelangt zu ständig neuen Gleichgewichten.

5. Rechtswissenschaft

a) Historische Schule, Common Law und Positivismus

Die Rechtswissenschaft bildet hier keine Ausnahme, vielmehr war gerade deren historische Schule mit Vertretern wie *Savigny*[473] oder *Hugo*[474] methodisch äußerst fortschrittlich und nahm viel von dem vorweg, was erst später philosophisch ausgearbeitet wurde. Denn gerade für das Rechtsverständnis wäre es illusionär, das so komplexe kulturelle Gebilde „Recht" insgesamt hinterfragen zu wollen.[475] Rechtswissenschaft (wie auch das Recht selbst) vollzieht sich sukzessive, indem wir uns in unserem Wissen immer von einer aktuellen Stelle aus, in kleinen Schritten, fortbewegen. Die historische Schule ist nicht etwa eine naiv-romantisierende Form rückständig-fortschrittfeindlichen Rechtsdenkens als vielmehr der angesichts unserer geistigen Realitäten notwendig bescheidene Umgang mit Recht: sich offen dazu zu bekennen, dass wir auf einer gewaltigen kulturellen Überlieferung aufbauen, ohne sich deshalb gleich jeder Veränderung zu verschließen.

Gerade das Common Law erkennt in seiner Ausrichtung vor allem auf Präzedenzfälle besonders offen[476] an, wie sehr wir alle darauf angewiesen sind, uns in ständiger Rückschau behutsam und in kleinen Schritten fortzubewegen.[477] Tatsächlich muss der Rechtsanwender in jeder Rechtsordnung Vergangenes berücksichtigen, um erst auf dieser Basis Aussagen darüber entwickeln zu können, ob und in welche Richtung sich diese fortentwickeln lässt.

Hand in Hand mit einer dermaßen realistischen Weltsicht geht ein explizit positivistisches Rechtsverständnis. Oft überträgt sich die bescheiden-demüti-

---

[469] Näher zu dieser unten § 16 D. III. 3.
[470] Klassisch etwa *Schumpeter*, Theorie der wirtschaftlichen Entwicklung, 1912.
[471] Stellv. *Hayek*, WA 28 (1928), 33.
[472] Vgl. insbes. *North*, Institutions, Institutional Change, and Economic Performance, 1990.
[473] *Savigny*, Vom Beruf unserer Zeit für Gesetzgebung und Rechtswissenschaft, 1814, S. 4 ff.
[474] *Hugo*, Naturrecht, 4. Aufl. 1819.
[475] Näher zur Problematik solcher Reißbretttheorien unten § 19 F. VII.
[476] Dass etwa auch in Kontinentaleuropa die insbesondere höchstrichterliche Rechtsprechung eine zentrale rechtsetzende Rolle spielt, sollte keiner näheren Erläuterung mehr bedürfen (vgl. aber näher oben § 2 B. I. 4. oder zur „Auslegung" unten § 9 C. V. 2.; § 10 E.).
[477] Für eine systematisierende Darstellung siehe etwa *Eisenberg*, The nature of the common law, 1988.

ge Weltsicht desjenigen, der sich notgedrungen damit abfindet, auch bloß historische Gegebenheiten zu berücksichtigen, dann auch auf die Erkenntnisfähigkeit des Einzelnen. Den ständigen Wandel vor Augen, fällt es ersichtlich schwer, noch an überzeitlich-gültige Einsichten – etwa auch moralischer Art – zu glauben.[478]

b) Innen- versus Außenperspektive

Die Geschichtlichkeit unseres gesamten Rechtsdenkens erklärt auch eine besonders im angloamerikanischen Rechtskreis engagiert geführte Diskussion, wonach einer extern-instrumentellen (z.B. utilitaristischen) bzw. eher öffentlich-rechtlichen Sicht eine dezidierte Innenperspektive gegenüberzustellen sei.[479] Leider droht diese Diskussion unnötig philosophisch-abstrakt geführt zu werden, anstatt auf die begrenzte menschliche Kognition zu verweisen. Es geht hier nicht um vermeintliche Wesensmäßigkeiten des Rechts, sondern schlichte Limitationen unseres Denkens. Interne Sichten entstehen dadurch, dass sich Teilbereiche unserer Gesellschaft (oder auch unseres Rechts[480]) eigendynamisch entwickeln und sich daher bald nur noch verstehen lassen, wenn man diese Eigenständigkeit berücksichtigt, sich also in die jeweilige Welt einarbeitet. Denn wir schreiten, von einem kulturell bedingten Kenntnisstand ausgehend, immer nur in kleinen Schritten voran, in denen wir wiederum nur zeit- und umstandsabhängige Erfahrungen verarbeiten.[481] So entstehen je nach Zeit, Kulturkreis oder Lebensbereich eigene Sichtweisen, die sich von denen anderer (Teil-) Systeme stark unterscheiden. Das gilt auch für das Recht, und zwar sowohl im Verhältnis verschiedener Rechtssysteme untereinander als auch im Verhältnis von juristischer und etwa wohlfahrtsökonomischer Perspektive, die oft nicht richtig erfasst, wie wir Menschen – einschließlich professioneller Juristen – Recht denken und praktisch handhaben.[482] Allerdings überspannt hier manche Kritik den Bogen. So finden sich auch aus kollektivistischer Sicht gute Argumente für historische Elemente. Schließlich lässt sich spätestens nach dem Zusammenbruch des Kommunismus leicht an der Geschichte ablesen, wie sehr kollektiver Wohlstand von liberalen Institutionen (Eigentum, Vertrag etc.) gefördert wird. Und auch im öffentlichen

---

[478] Näher zu dieser Absage an metaphysische, vermeintlich apriorisch gültige Aussagen etwa oben § 1 B. I.; § 2 B. I. 1. oder unten § 3 A. III. 3.; § 19 G. III.

[479] Siehe zur Unterscheidung *internal/external view* besonders *Hart*, The Concept of Law, 2. Aufl. 1994, S. 89 ff., 242 f., passim sowie zur Verwendung dieses Gedankens gegen eine „utilitaristische Vereinnahmung des Privatrechts" etwa *Weinrib*, The Idea of Private Law, 1995.

[480] Näher zum Charakter des Privatrechts unten § 19 E.

[481] Näher etwa oben § 2 D. I.; § 2 D. IV. 4. a).

[482] Näher zu solchen Diskrepanzen etwa unten § 4 B. V.; § 17 E. IV.; § 19 E. I.; § 19 F. VII.

Recht finden sich geschichtliche (und damit interne) Perspektiven[483] – schließlich ist dort noch größere Komplexität zu bewältigen.[484]

E. „Rechtsänderungen"

I. Problem

Bisher sollte vor allem zweierlei erreicht worden sein: Erstens die vertragsrechtlich so wichtigen Begriffe des (subjektiven) Rechts und des Ziels so weit zu definieren und zu konkretisieren, dass sich mit ihnen praktisch – und sei es auch nur über Indizien – arbeiten lässt. Zweitens war zu illustrieren, wie sehr wir angesichts der unglaublichen Komplexität unserer Lebenswelt – einschließlich des Rechts – darauf angewiesen sind, uns immer nur schrittweise auf Basis der jeweiligen Ausgangslage voranzutasten.

Nunmehr geht es um einen weiteren wichtigen Begriff, den wir – den Verfasser mit eingeschlossen – wie selbstverständlich andauernd bemühen: die „Rechtsänderung". So reden wir etwa vom Entstehen, Übergang oder Erlöschen eines Rechts – und zwar gerade in vertragsrechtlichen Zusammenhängen. Doch so fest verankert derartige Sprachmuster auch sind, gerät man hier umso stärker ins Grübeln, je mehr man versucht, eine wissenschaftlich tragfähige und die praktische Handhabung respektierende Definition zu finden. Das verlangt auch, verschiedene Verwendungen (und damit Bedeutungen) zu unterscheiden, die allesamt mit diesem Begriff verbunden werden, in ihrer Vermengung aber zu unnötigen, weil dann auf Missverständnissen beruhenden Diskussionen führen.[485]

Dogmatisch lässt sich das Problem wie folgt formulieren: Warum tritt nach unserer Vorstellung zwar bei Vertragsschluss, Anfechtung oder Weisung eine solche „Rechtsänderung" ein, nicht jedoch bei der Konkretisierung des Vertragsinhalts durch richterliche „Auslegung"[486] oder auch mit jeder Zeile, die eine Partei oder ihr Rechtsanwalt Schritt für Schritt zusammenfügt, um diesen Entwurf dann eines Tages für einen Vertragsschluss zu verwenden? Was unterscheidet diese einzelnen Handlungen, die das Recht doch allesamt beeinflussen – und warum ist dann der Zeitpunkt etwa des Vertragsschlusses so

---

[483] Mit den so wichtigen Grundrechten oder der großartigen Errungenschaft des eine Verrechtlichung und damit Stabilisierung herbeiführenden Verwaltungsakts als besonders wichtigen Beispielen, vgl. dazu bereits oben § 2 B. II. 2. a); § 2 D. III. 3. e).

[484] Näher unten § 19 E.

[485] Näher zum therapeutischen Grundanliegen der Sprachphilosophie (aber auch schon der oft zu Unrecht geschmähten Begriffsjurisprudenz, näher oben § 1 C. IV), mit klaren Begriffsbestimmungen überhaupt erst eine konstruktive Diskussion zu erlauben und viele Scheinprobleme als solche zu entlarven, etwa *Savigny*, Die Philosophie der normalen Sprache, 1993, S. 333 ff. m.w.N.

[486] Siehe dazu oben Fn. 476.

wichtig? Ändert sich hier etwas, was sich zu anderen Zeiten nicht ändert? Oder was genau ist der Unterschied zwischen der Zerstörung eines Autos und dem Verlust oder der Belastung des daran bestehenden Eigentums?

II. „Unechte" Rechtsänderungen

1. Punktuelle Sichten

Um diese Fragen zu beantworten, seien zunächst all diejenigen möglichen Bedeutungen von Rechtsänderung abgehandelt, die nicht ganz zu treffen scheinen, wie wir dieses Wort typischerweise verstehen. Zumindest verführerisch erscheint es etwa, für den Begriff einer Rechtsänderung – vermeintlich ganz einfach – auf die Entscheidung über den Vertragsinhalt abzustellen. Das wäre dann der Vertragsschluss. Allerdings unterstellte man mit dieser Verwendung, dass die Parteien tatsächlich bei Vertragsschluss sämtliche Vertragsinhalte festlegen. Dazu kann auf spätere Ausführungen verwiesen werden: So notgedrungen wir unsere knappe Aufmerksamkeit immer nur selektiv einsetzen können und uns daher nicht kontinuierlich mit Vertragsinhalten beschäftigen,[487] und so sehr wir in einem Person-/Handlungsschema denken,[488] ändert dies nichts daran, dass Vertragsinhalte auf einem äußerst langanhaltenden Entstehungsprozess beruhen, bei dem sehr viele Menschen lange arbeiten mussten. Vertragsinhalte entstehen nicht allein im kurzen Augenblick des Vertragsschlusses.[489]

Genau deshalb können wir „Rechtsänderungen" auch nicht mit dem „Rechtsgeschäft" gleichsetzen. So geht es bei diesem Begriff eher um die Frage, worauf alles die auf die Vertragsparteien zugeschnittenen Anforderungen an eine Entscheidungsfindung anwendbar sein sollten.[490] Weiterhin wird so der Vertrag (als das wichtigste Rechtsgeschäft) als ein Ganzes betrachtet, ohne detailliert für verschiedene Inhalte nach verschiedenen Personen zu prüfen, welche Entscheidungen ab wann für wen (nicht mehr) reversibel sind.[491] So rechtstechnisch wertvoll und in vielen Rechtsordnungen verankert dieser Begriff daher auch sein mag, so wenig ist er dazu geeignet, ein dem tatsächlich praktizierten Vertragsrecht angemessenes und für jedermann überprüfbares Verständnis von Rechtsänderungen beizusteuern.

---

[487] Näher oben § 2 D. I. 3.; § 2 D. I. 4. b); § 2 D. III. 3. c); § 2 D. IV. 3.; passim.
[488] Näher oben § 2 D. IV. 3. b).
[489] Näher oben § 8 C. (vgl. auch die Verweise oben in Fn. 487).
[490] Das meint etwa Irrtumsregeln, Formvorschriften oder – damit eng verwandt – Anforderungen an einen Vertragsschluss bzw. eine Willenserklärung, vgl. dazu etwa unten § 17; § 18 C. I.
[491] So stellen sich beispielsweise Irrtumsprobleme auch dort, wo andere Personen als die Vertragsparteien den Vertragsinhalt bestimmen, näher unten § 17 A. IV. 2.

2. Zeitlich verteilte Rechtsetzung (Kausalität)

Durchaus plausibel wäre es, unter Rechtsänderungen sämtliche kausale Beeinflussungen – menschlich oder natürlich – dessen zu fassen, was wir als Recht definieren.[492] Hier würde also der obige Fehler vermieden und deutlich gemacht, dass sich vertragliche Rechtsetzung zu verschiedenen Zeitpunkten, beeinflusst durch unterschiedlichste Personen und auch sonstige Einflüsse, vollzieht: Ob nun ein Verbandsjurist Allgemeine Geschäftsbedingungen entwirft, der Staat dispositives wie zwingendes Recht festlegt, ein Unternehmer wirbt und wir das als Vertragsinhalt berücksichtigen oder ein Richter den bereits geschlossenen Vertrag „auslegt" – tatsächlich wird zu verschiedensten Zeit beeinflusst, was rechtens ist.[493] Allerdings ignoriert diese Definition, dass wir eben nicht jeden Moment, nicht jeden noch so kleinen Beitrag in der Entstehung von Vertragsinhalten, als Rechtsänderung bezeichnen, sondern damit etwas Spezielleres verbinden.

3. Zeitabhängiger Rechtsinhalt

Ebenso lässt sich unter diesem Begriff – dogmatisch noch wenig herausfordernd – der Inhalt von Recht zeitlich strukturiert beschreiben. Sinkt im neuen Jahr wie gesetzlich lange vorgesehen auf einem bestimmten Autobahnabschnitt die zugelassene Höchstgeschwindigkeit um 20 km/h, so „ändert" sich hier zwar das Recht. Doch bereitet das wenigstens so lange kein Kopfzerbrechen, wie man nicht Phänomene wie die Zeit ganz grundsätzlich hinterfragen möchte, kann jedes Recht zu unterschiedlichen Zeiten unterschiedliche Inhalte aufweisen. Und erhalte ich auf meine Forderung „ab Fälligkeit" 4% und im nächsten Jahr 5% Zinsen, so betrachten wir auch das eher als eine Frage des genauen Inhalts. Ebenso kann man darüber diskutieren, ab wann (z.B. *ex nunc* oder *ex tunc*) ein Lösungsrecht dergestalt „wirkt", dass man den betroffenen Gegenstand ganz seinen eigenen Zielen unterwerfen und damit etwa dessen Früchte ziehen kann. Aber auch wenn ein Richter lange Zeit nach Vertragsschluss den Vertragsinhalt konkretisiert, werden wir dies oft als dergestalt „rückwirkend" auffassen, dass beispielsweise Zinsen schon ab diesem Zeitpunkt zu zahlen sind. Ein besonders klassisches Beispiel bildet die aufschiebende Bedingung. Allerdings bewegen wir uns in den letztgenannten Beispielen bereits gefährlich nahe am „gegenständlichen" Denken, auf das gleich noch einzugehen sein wird. Vorher sei jedoch festgehalten, dass das hier diskutierte Verständnis zwar sachlich nachvollziehbar ist, aber wiederum nicht ganz das zu treffen scheint, was wir unter „Rechtsänderung" zumindest intuitiv verstehen.

---

[492] Vgl. oben § 2 B. I. 4.
[493] Speziell für den Vertragsinhalt siehe auch unten § 8 C.

4. Naturalistisch-gegenständliches Denken

Wollte man einige zentrale Ursachen dafür nennen, dass es uns bis heute nicht überzeugend gelingt, selbst so grundlegende Phänomene wie den Vertrag treffend einzuordnen,[494] stünde das nunmehr zu thematisierende, naturalistisch-gegenständliche Rechtsdenken an vorderer Stelle.[495] Dabei scheint es auch mitverantwortlich dafür, dass wir oft von „Rechtsänderungen" sprechen, anstatt uns wissenschaftlich präziser auszudrücken.[496] Tatsächlich ist die juristische Sprache gespickt mit Begriffen und Argumentationsmustern, die dem Recht ähnliche Mechanismen unterstellen, wie wir sie von naturwissenschaftlich-gegenständlichen Phänomenen her kennen. In dieser „Rechtswelt" „gehen" Forderungen oder Eigentum von einer auf eine andere Person „über",[497] „erlöschen" Ansprüche, „bindet" der Wille sich selbst[498] und „bewirken" Wille oder Erklärung Rechtsfolgen.

Auf dieser Basis rätselte man dann beispielsweise darüber, wie es denn sein könne, dass ein Vertrag nur aufschiebend „wirkt". Insbesondere fragte man sich, wie die aufschiebende Wirkung lange Zeit nach Vertragsschluss „eintreten" könne, wenn der Wille zwischenzeitlich schon längst wieder entfallen sei und damit keine „Ursache" mehr bilde.[499] Aber auch der philosophisch versierte *Reinach* formulierte etwa: „Kein Anspruch und keine Verbindlichkeit beginnt ohne Grund zu existieren oder erlischt ohne einen solchen Grund. Es ist ja ohne Weiteres klar: Soll ein Anspruch erwachsen oder erlöschen, so muss in dem Augenblick, in dem er erwächst oder erlischt, irgendetwas eingetreten sein, *aus* dem und *durch* das er erwächst."[500]

Doch so weit verbreitet es ist, auch in Rechtsfragen gegenständlich zu argumentieren, genügt dies nicht wissenschaftlichen Ansprüchen.[501] Es gibt keine Rechtswelt, in der Veränderungen gleich der körperlichen Welt eintreten. Bestenfalls wird ein anderweitig zu begründendes Ergebnis bildhaft umschrieben, schlimmstenfalls eine bloße Scheinbegründung geliefert und das eigentliche Problem verdeckt. Wie wenig uns solche Vergleiche helfen, zeigt sich spätes-

---

[494] Siehe zu diesem Befund oben § 1 A. I.

[495] Siehe dazu auch oben § 2 C. III. 3. sowie unten § 9 C. I. 3. a); § 9 C. V. 3. a) oder speziell für Literaturnachweise unten § 9 Fn. 109 und 111.

[496] Näher zum eigentlichen Hintergrund solcher Redensarten unten § 2 E. III.

[497] Zur vertragstheoretischen Problematik solcher Argumentationsmuster siehe auch unten § 9 C. V. 3. a).

[498] Näher unten § 9 C. I.

[499] Teilweise wurde hier sogar für die „Rechtswelt" ein unsichtbarer „Äther" angenommen, der die Wirkung des Parteiwillens in der Zwischenzeit weiter transportiere. Siehe zu dieser ganzen Diskussion nur monographisch *Enneccerus*, Rechtsgeschäft, 1889, S. 1 ff., 14 f., passim m.w.N.

[500] *Reinach*, Phänomenologie, 1913/1953, S. 32 (Hervorhebungen im Original). Siehe dazu auch unten § 10 A. II. mit weiteren Zitaten.

[501] Das dürfte jedenfalls überall dort, wo diese Frage gesehen und offen diskutiert wird, weithin konsentiert sein, siehe dazu nochmals die Nachweise unten in § 9 Fn. 111

tens dann, wenn man nach praktisch handhabbaren und für jedermann überprüfbaren Gründen dafür sucht, wann denn genau eine „Rechtsänderung" mit welchem „Inhalt" bzw. sonstigen rechtlichen Konsequenzen eintreten oder ausgelöst werden sollte. Solange wir nach einer „Rechtswelt" suchen, werden wir die gesuchten Antworten auf all das nicht finden. Um das hier nur kurz zu illustrieren:[502] Bei der Forderungsabtretung[503] ist der neue Gläubiger nicht etwa deshalb berechtigt, die Forderung anstatt des früheren Gläubigers geltend zu machen, weil eine Forderung in einer „Rechtswelt" „übergegangen" wäre. Vielmehr müssen wir schon echte Gründe liefern. So mag die Forderung dem Altgläubiger weniger wert sein als das, was ihm der Neugläubiger für diese zu zahlen bereit ist, so dass sich letztlich beide Seiten besser stellen und eine solche „Abtretung" vereinbaren. Und sofern wir dann noch dafür sorgen, dass sich die Position des Schuldners bei alldem nicht signifikant verschlechtert, haben wir eine wirkliche Begründung darin gefunden, dass diese Veränderung der Rechtslage dazu beiträgt, die Menschen ihren Zielen näherzubringen.

Leider ist es mühsam, all unsere gegenständlich-naturalistischen Denkmuster als solche zu erkennen, um sie dann durch tragfähigere Begründungen zu ersetzen. Schon deshalb kann die geistige Leistung insbesondere *Schlossmanns*, die Fragwürdigkeit dieses so verbreiteten Denkens klar gesehen und gegen den heftigen Widerstand vieler Zeitgenossen illustriert zu haben, gar nicht hoch genug eingeschätzt werden.[504]

Möchte man allerdings dem Ganzen doch noch etwas Gutes abgewinnen, mag man das gegenständlich-naturalistische Denken als einen Versuch deuten, die Geschichtlichkeit unseres Rechtsdenkens zu erfassen: Indem wir in Parallele zu unserer Umwelt eine Rechtswelt mit Kausalitäten denken, übertragen wir auf das Recht diejenige Geschichtlichkeit, die das äußere Umweltgeschehen tatsächlich prägt.[505] So gesehen ist es eine wichtige kulturelle Errungenschaft, jedenfalls im Ergebnis[506] auch auf rechtlicher Ebene historisch zu denken. Generell ist das gegenständliche Denken noch am ehesten dort zu rechtfertigen, wo uns die Parallele zu realen Naturphänomenen dabei hilft, ein bereits anderweit begründetes Ergebnis stark verkürzt zu beschreiben. Wohl aber spielt man hier mit dem Feuer und muss sich ständig auf das rechtswissenschaftliche Erkenntnisziel besinnen: die verallgemeinernde Beschreibung des geltenden Rechts.

---

[502] Vgl. dazu auch – recht ähnlich – unten § 9 C. V. 3. a) zur sog. Übertragungstheorie.

[503] Siehe dazu nur *Koppenfels-Spies*, Die cessio legis, 2006 sowie aus international-privatrechtlicher Sicht *Bauer*, Forderungsabtretung, 2008.

[504] Siehe hier nur *Schlossmann*, Der Vertrag, 1876, S. 141 ff., 247 ff., 268, 270 ff., 280, 338, passim sowie ansonsten oben § 2 C. III. 3. und die Nachweise unten § 9 Fn. 109 und 111.

[505] Vgl. oben § 2 D. III. 4. sowie gleich unten § 2 E. III.

[506] Für die eigentlichen Gründe siehe oben § 2 D. III.

5. Substanzveränderungen

Schließlich sprechen wir bisweilen selbst dann von einer Rechtsänderung, wenn sich das Recht überhaupt nicht ändert, wohl aber der uns zugewiesene Gegenstand. Stiehlt uns jemand eine Uhr, verlieren wir nicht das Eigentum daran, sondern wir können sie „nur" nicht mehr für unsere Zwecke verwenden. Und dennoch reden wir bisweilen genauso von einer Eigentumsverletzung, wie wenn wir tatsächlich Eigentum verloren hätten. Dass hier zwei durchaus verschiedene Phänomene betroffen sind, dürfte einleuchten und wird auch weithin so gesehen.[507]

6. Sonstiges

Natürlich sind auch noch ganz andere Vorstellungen denkbar, die sich allerdings oft schnell als für das vertragsrechtliche Grundverständnis unergiebig ausscheiden lassen. So könnte man rein geistig auf den Moment abstellen, zu dem eine Person angesichts neuer Information ihr inneres Weltbild anpasst. Das mag etwa der Moment sein, in dem der Fischer bemerkt, einen Fisch an der Angel zu haben.[508] Doch zeigt bereits dieses Beispiel, dass dermaßen subjektive Vorstellungen keinen tauglichen Anknüpfungspunkt für rechtliche Fragen bilden.

III. Unumkehrbarkeiten

1. Zeitlich gesteuerte Ignoranz

Um nunmehr hoffentlich den Kern dessen zu erfassen, was wir mit Rechtsänderung wirklich meinen, d.h. wie wir diesen Begriff praktisch verwenden und ihm so seine Bedeutung verleihen, müssen wir an die bisherigen Untersuchungen insbesondere zum subjektiven Recht[509] wie auch der Geschichtlichkeit unseres Rechtsdenkens[510] anknüpfen: Es geht einmal mehr um informatorische Aspekte oder anders formuliert die menschliche Unwissenheit. So wurde bereits dargelegt, dass sich jede Rechtsposition dadurch auszeichnet, dass wir sie nicht durch jedes nachvollziehbare Sachargument hinterfragen, sondern gegen viele Einwände immunisieren. Genau das unterscheidet ein Recht vom bloßen Interesse.

Dabei beinhaltet diese Ignoranz eine personale Komponente: Faktisch müssen immer konkrete Personen darüber bestimmen, wem dermaßen gesicherte

---

[507] Typischerweise unter Gegenüberstellung von Rechtsverletzung (insbes. durch Rechtsverlust und Rechtsbelastung) einerseits und Verletzung der Substanz bzw. der Nutzbarkeit einer Sache andererseits.
[508] Näher oben § 2 D. IV. 5.
[509] Oben § 2 B. II.
[510] Oben § 2 D.

Positionen wie die eines Eigentümers oder Forderungsinhabers zustehen. Es geht hier also auch um Entscheidungen und damit um menschliches Handeln.[511] Menschen aber haben nur begrenzte und oft sogar unzutreffende Kenntnisse von dieser Welt, können also irren, indem sie Entscheidungen treffen, die sie dann angesichts neuerer und besserer Information bereuen mögen. Ließe sich nun jede Fehlentscheidung unbegrenzt revidieren, könnte sich der vermeintliche Rechtsinhaber seiner Position doch nicht sicher sein, sein „Recht" wäre allenfalls sehr schwach ausgeprägt.[512]

Schon deshalb muss es einen Zeitpunkt geben, ab dem wir nicht mehr bereit sind, jedes neue Sachargument doch noch zu berücksichtigen. Soweit einem ein Recht zusteht, das diesen Namen verdient, muss man sich nicht von anderen sagen lassen, dass man dieses Recht erst gar nicht hätte bekommen dürfen, weil die frühere Zuweisung auf unzureichender Information beruht habe. „Rechtsänderung" markiert nun gerade denjenigen Zeitpunkt, ab dem wir für einen bestimmten inhaltlichen Bereich bestimmte neue Erkenntnisse einer bestimmten Person nicht mehr berücksichtigen und damit etwa den Vertragsparteien um der mit Rechten verbundenen Stabilität willen Risiken aufbürden.[513] Es geht um die informationelle Verstetigung einmal getroffener Entscheidungen. Dabei mag diese Ignoranz auf einer ganz bewussten Entscheidung beruhen – etwa der, eine Anfechtung trotz Irrtums nur unter engen Voraussetzungen zuzulassen –[514] oder aber rein faktische Gründe haben, wenn sich beispielsweise ein neues Gesetz nur sehr aufwändig aufheben oder in seinen bisherigen Wirkungen zurückdrehen lässt.

2. Vertrag

Dass gerade der hier interessierende Vertrag ein äußerst wichtiges Instrument zur Änderung der jeweils bestehenden Rechtslage bildet, liegt auf der Hand. Damit entscheidet auch unser Vertragsrecht über die Stärke rechtlicher Positionen einschließlich so grundlegender Rechtsgüter wie dem Eigentum oder dem Recht am eigenen Körper: Das Vertragsrecht bestimmt, wann unsere Rechtsordnung bereit ist, den für ein Recht so typischen Schutz des Status Quo aufzugeben und damit jene Dynamik zu ermöglichen, die es uns erlaubt, neue Chancen wahrzunehmen oder auf aufkommende Risiken zu reagieren. Indem es dabei den Vertrag an enge Voraussetzungen – insbesondere die Zustimmung der rechtlich betroffenen Person – bindet, sichert es die Position

---

[511] Siehe dazu auch – wenngleich in etwas anderem Zusammenhang – unten § 8 A. I.
[512] Aus den gleichen Erwägungen heraus ist auch das Vertragsverständnis für die Stärke subjektiver Rechte (näher oben § 2 B. II. 2.) sehr wichtig, da zu laxe Anforderungen an einen Rechtsverlust verhindern, jemals eine wirklich starke Rechtsposition zu erhalten, siehe dazu gleich nachfolgend § 2 E. III. 2. sowie oben § 2 D. III. 2.
[513] Näher zum Zusammenhang mit Risikoerwägungen unten § 2 E. III. 4.
[514] Siehe dazu wiederum gleich unten § 2 E. III. 4. sowie unten § 17 C. II.; § 17 D. III.

bestehender Rechteinhaber, ja sorgt überhaupt dafür, dass diese eine starke Position und damit ein Recht haben.[515]

Doch noch in einer weiteren Hinsicht ist die tatbestandliche Enge des Vertragsrechts zentral. Denn genauso wie wir vertragliche Rechtsänderungen zum Schutz des bisherigen Rechtsinhabers von dessen Zustimmung abhängig machen, sichern wir die Position des neuen, durch den Vertrag auserkorenen Rechteinhabers dadurch, dass wir die vertragliche Zustimmung relativ voraussetzungsarm formulieren und damit in ihrer Wirksamkeit gegen neue Ereignisse, Erkenntnisse oder Argumente absichern. Ein (subjektives) Recht zeichnet sich dadurch aus, dass es der jeweilige Inhaber nur unter sehr engen Voraussetzungen verliert. Gerade weil wir nur unter den engen Bedingungen eines Vertrags bereit sind, auch neuere Ereignisse für eine (Neu-) Zuweisung zu berücksichtigen, also stark geschichtlich denken, geht das so historisch Erworbene über einen bloß flüchtigen, weil ständig durch neue Ereignisse, Erkenntnisse oder Argumente gefährdeten Vorteil hinaus. Besonders deutlich zeigt sich das beim Irrtum, wo wir selbst im anfechtungsfreundlichen deutschen Recht[516] die praktisch so wichtigen Motivirrtümer weithin[517] unbeachtet lassen und von vornherein nur einem sehr begrenzten Personenkreis – nämlich regelmäßig allein dem Irrenden – eine solche Korrektur zugestehen. Im Ergebnis entscheidet daher auch das Vertragsrecht über die grundlegenden Merkmale einer Rechtsordnung.[518]

3. Personen und Zeiten

Gerade weil es um die Entscheidung konkreter Personen geht und beim Vertrag unterschiedliche Personen zu unterschiedlichen Zeiten über unterschiedliche Vertragsinhalte entscheiden,[519] sollte man sich bei der Identifikation einer Rechtsänderung vor zu groben Betrachtungen hüten. Das betrifft insbesondere den Zeitpunkt des Vertragsschlusses, der keineswegs den alleinigen Bezugspunkt bildet, ab dem bestimmte Informationen unberücksichtigt bleiben. Die Existenz von Anfechtungs- und weiteren Gestaltungsrechten oder auch Institute wie die Umdeutung oder der Wegfall der Geschäftsgrundlage verdeutlichen, dass die Vertragsparteien (genauso wie andere den Vertragsinhalt beeinflussende Personen) oft auch später noch gehört werden.

---

[515] Siehe dazu auch oben § 2 B. II. 2.; § 2 D. III. 2.

[516] Das deutsche Recht nimmt hier international eher eine Ausnahmestellung ein, vgl. dazu unten § 17 C. I. 3.

[517] Wobei die Gegenbeispiele zahlreich sind, vgl. etwa zu Eigenschaftsirrtum (wenn auch in seiner Einordnung umstritten), Täuschung, Informationspflichten und irrationalem Verhalten unten § 7 C. III.; § 8 D.; § 17 D. III. 3.; § 17 E. VI.

[518] Einschließlich deren Freiheitlichkeit, näher unten § 19 B.

[519] Näher unten § 8 B.

Zudem darf man auch hier nicht den Fehler begehen, vertragliche Inhalte allein auf das Parteiverhalten zurückzuführen. Für das Richterrecht etwa gelten ganz andere Irrtumsregeln als für den Gesetzgeber oder die Vertragsparteien. Im Prozess werden bestimmte richterliche Entscheidungen, aber auch Behauptungen, Beweisanträge oder Rechtsmittel zu ganz eigenen Zeitpunkten nicht mehr zugelassen. Parlamentarier wiederum unterliegen eher praktischen Zwängen wie dem hohen Aufwand gesetzlicher (Korrektur-) Maßnahmen. Leider geht jedoch die gängige Irrtumsdiskussion wie selbstverständlich davon aus, dass allein die Vertragsparteien den Vertragsinhalt bestimmen, weshalb Irrtümer anderer Personen erst gar nicht als vertragstheoretisch relevant anerkannt oder gar eingehend diskutiert werden.[520]

Nicht nur in personeller Hinsicht täte eine größere Offenheit gut, sondern auch in zeitlicher Hinsicht, und zwar ganz unabhängig vom noch eingehend zu diskutierenden Phänomen einer zeitlich verteilten Entscheidungsfindung.[521] Zum einen sind wir mit Blick auf die zeitabhängige Bestimmung des Vertragsinhalts als einem nur rechtstechnischen Aspekt[522] keineswegs gezwungen, uns allein auf den Vertragsschluss zu beziehen. Und genauso wenig müssen wir den Zeitpunkt, ab dem wir neue Erkenntnisse ignorieren, auf den Vertragsschluss legen – ja nicht einmal für die Entscheidungen speziell der Vertragsparteien, geschweige denn eine richterliche Bestimmung von Vertragsinhalten. Genau das geschieht jedoch oft beim sogenannten „mutmaßlichen Willen" – mit fatalen Konsequenzen: Anstatt die konsequente Verwirklichung von Parteiinteressen anzustreben und es daher dem auslegenden oder umdeutenden Richter im Interesse beider(!) Parteien zu erlauben, dafür grundsätzlich sämtliche ihm verfügbare Information zu verwenden, verleitet die bereits begrifflich missglückte[523] Rede vom mutmaßlichen Willen dazu, nur die Erkenntnisse der Vertragsparteien bei Vertragsschluss zu berücksichtigen.

Zwar muss man hier berücksichtigen, dass bereits bei Vertragsschluss solche Rechtsänderungen wertschöpfend sein können, die es im Sinne einer Risikoregelung gerade zum Inhalt haben, neue Information später nicht mehr zu berücksichtigen. Bei einem Versicherungsvertrag etwa sollte eine richterliche Inhaltskontrolle sicher nicht darauf abstellen, dass ein Versicherungsfall nie eingetreten war und der Versicherungsnehmer daher seine Prämie rückblickend völlig umsonst, nämlich objektiv betrachtet ohne jede Gegenleistung, entrichten musste.[524] Doch betrifft das beileibe nicht sämtliche, sondern meistens nur einen kleinen Teil der zu unterschiedlichen Zeiten anfallenden Infor-

---

[520] Näher dazu unten § 17 A. IV. 2.
[521] Eingehend unten § 8 C.
[522] Näher oben § 2 E. II. 3.
[523] Näher unten § 9 C. V. 2. d) aa).
[524] Näher unten § 5 E. II. sowie allgemein zu Risikoerwägungen etwa unten § 5; § 6 E.; § 17 C. II.; § 17 D. III.

mation. Alles Weitere nicht zu berücksichtigen, verschwendet wertvolle Ressourcen zu Lasten der Parteien.[525]

4. Zusammenhänge

Es dürfte deutlich geworden sein, wie viele Dinge zusammenfließen und damit berücksichtigt werden müssen, wenn wir typischerweise von einer Rechtsänderung sprechen. Das betrifft zunächst die geschichtliche Dimension unseres Privatrechts, die ja nichts anderes bedeutet als sich ignorant zu zeigen, indem man eine bestimmte Zuordnung als gegeben akzeptiert, um nur auf dieser Basis vorsichtig über mögliche Veränderungen zu diskutieren.[526] Genauso ist es gerade das Besondere an einem (subjektiven) Recht, nur sehr wenige Einwände befürchten zu müssen, die einem bestimmte Vorteile (etwa aus der Nutzung eines Gegenstands) wieder streitig machen könnten.[527] Und wenn es dann inhaltlich ganz konkret werden soll, wir also all diese Ignoranzen nicht nur akzeptieren, sondern im Einzelnen begründen und damit möglichst verallgemeinernd beschreiben wollen, kommen wir um Risikoerwägungen nicht umhin.[528] Denn wenn Geschichtlichkeit juristischen Denkens nichts anderes bedeutet, als bestimmte Information selbst dann nicht zu berücksichtigen, wenn sie für unser Handeln relevant sind (und so überhaupt erst für starke Rechtspositionen sorgen), lässt sich dies auch dadurch formulieren, dass wir Menschen notgedrungen riskant handeln und denken. Im Interesse einer energiesparenden Informationsverarbeitung nehmen wir in Kauf, dass wir möglicherweise alles andere als optimal entscheiden. Das betrifft nicht nur typische Risikoverträge wie die zuvor bereits erwähnte Versicherung,[529] sondern genauso etwa Leistungsstörungen[530] oder Irrtumsregeln.[531] Gerade beim Irrtum wird die Frage besonders deutlich, inwieweit wir spätere Erkenntnisse über die Vorteilhaftigkeit eines Vertragsinhalts noch gelten lassen – und damit um die hier beschriebene Spannung von Vorfestlegung und Offenheit.

Dabei darf man sich über eines keine Illusionen machen: Die rein begriffliche Klärung von „Rechtsänderung" liefert nicht die gesuchten inhaltlichen Maßstäbe. Dies muss – wie etwa hier für das Vertragsrecht mit dem Rechtfertigungsprinzip angestrebt – durch das Studium einzelner Rechtsgebiete gelingen. Wohl aber verraten die zuvor beschriebenen Definitionsversuche viel über die informatorischen Facetten unseres (Vertrags-) Rechts sowie die bis heute

---

[525] Näher unten § 9 C. V. 2. d) cc).
[526] Näher oben § 2 D. I.
[527] Näher oben § 2 B. II. 2.
[528] Allgemein dazu unten § 5, speziell zu Leistungsstörungen unten § 6 E. sowie zum Irrtumsrecht unten § 17 C. II.; § 17 D. III.
[529] Näher unten § 5 E. II.
[530] Näher unten § 6.
[531] Näher unten § 17 C.; § 17 D.

fest verankerte Tendenz, eben doch in naturalistisch-gegenständlichen Denkkategorien zu operieren.

§ 3 Vertragsinhalt

A. Problem

I. Fälle

1. **Lästiger Abfall:** Obstliebhaber L kauft eine schöne Banane. Deren Schale möchte er allerdings nach Verzehr loswerden und wirft sie daher in einen Papierkorb.

2. **Großzügige Gabe:** Spaziergänger S freut sich gerade darüber, dass das Leben bisher so großzügig zu ihm war, weshalb er auch gerne dem am Straßenrand sitzenden Bettler B 10 Euro zusteckt. Tatsächlich bereitet ihm das sogar mehr Freude als B selbst, der sich ein wenig dafür schämt, überhaupt auf diese Hilfe angewiesen zu sein.

3. **Großzügige Gabe mit Hintergedanken:** Enkel E schlendert gerade mit seinem reichen und moralisch sehr anspruchsvollen Onkel O an dem am Straßenrand sitzenden Bettler B vorbei. E kann Bettler zwar nicht ausstehen, doch da er O beeindrucken will, steckt er B 10 Euro zu.

4. **Findet den Hund:** Familie F ist der geliebte Hund entlaufen. Deshalb bringt sie überall in der Umgebung Zettel an, auf denen sie dem glücklichen Finder 10 Euro verspricht.

5. **Tausch:** Annabel hat schöne Orangen im Marktwert von 1 Euro, mag aber lieber Äpfel. Luise geht es genau umgekehrt: Sie hat schöne Äpfel im Marktwert von 1 Euro, mag aber lieber Orangen. Beide beschließen zu tauschen.

6. **Milchkauf:** K kauft im Supermarkt S einen Liter Milch für 1 Euro.

    Orangenkauf: Verkäufer V hat 1 kg sehr schöner Orangen im Angebot, die er für den marktüblichen Preis von 5 Euro verkaufen muss, um eine gewöhnliche Rendite zu erzielen. K findet den Weg zu V und freut sich über die schönen Orangen, für die er gerne 5 Euro zahlt – er hätte notfalls auch durchaus etwas mehr bezahlt.

7. **Schlaues Verhandeln:** Zwei Schwestern, Annabel und Luise, besitzen jeweils eine Orange. Annabel benötigt von zwei Orangen die Schale, weil sie einen Kuchen backen möchte, Luise hingegen von zwei Orangen das Fruchtfleisch für einen frisch gepressten Saft. Daher beschließen sie, dass Annabel von beiden Orangen die Schale und Luise von beiden Orangen das Fruchtfleisch erhält.

8. **Orangen sind schöner:** Obstliebhaber L mag zwar auch Äpfel, noch lieber allerdings Orangen. Als er daher vor der Wahl steht, auf dem Markt für 5 Euro Äpfel oder Orangen zu erwerben, wählt er Letztere.

9. **Dankbares Opfer:** *Die 90jährige Rentnerin R sucht ihre Hausbank B auf und vereinbart mit dieser eine hochwertige Beratung für ein marktübliches Stundenhonorar. Sie will ihr Vermögen möglichst solide anlegen. B empfiehlt R eine 30 Jahre laufende Kapitallebensversicherung sowie den Erwerb einer Anleihe von U zum vollen Nennwert, obwohl diese Papiere bereits von bekannten Ratingagenturen als hochspekulativ eingestuft wurden.*

II. Dogmatische Herausforderung

Die bisherigen Ausführungen gestalteten sich vergleichsweise abstrakt, mussten doch überhaupt erst einmal wichtige Begriffe wie Ziel, Recht oder Rechtsänderung für andere überprüfbar festgelegt und so einer seriösen wissenschaftlichen Diskussion zugänglich gemacht werden. Umso wichtiger erscheint es daher nunmehr, jede Abstraktion wo immer möglich zu vermeiden und statt dessen das hier propagierte Rechtfertigungsprinzip wie eingangs angedeutet[1] anhand einfacher, aber konkreter Fälle mit solchen Vertragstheorien zu vergleichen, die sich ihrerseits zu verbindlichen Aussagen durchringen konnten.

Dabei läge es aus didaktischen Gründen nahe, zunächst mit Zwang, Drohung und Ausbeutung diejenige Fallgruppe anzugehen, die eigentlich noch die geringsten Anforderungen stellt. So lassen sich dort nicht nur Informationsprobleme weithin ausblenden – schließlich weiß der Bedrohte meistens genau, wie ihm geschieht.[2] Auch tritt dort die Rechtebasierung unseres gesamten Vertragsrechts so deutlich wie nirgends sonst hervor, weshalb es dann besonders vager Erklärungsmuster bedarf, um sich dieser Erkenntnis zu verschließen.[3] Schließlich lässt sich dort der detaillierte Vertragsinhalt noch weithin ausblenden, nämlich auf die Frage des angemessenen Entgelts beschränken.

Andererseits erscheint es für eine erste Illustration des Rechtfertigungsprinzips ratsam, nicht gleich mit den von uns als pathologisch[4] empfundenen Fällen zu beginnen, sondern zunächst das konstruktive Element – gewissermaßen die gute Seite – unseres Vertragsrechts zu erfassen. Denn es sollte jeder Vertragstheorie zumindest gelingen, überhaupt etwas zu den vielschichtigen Vertragsinhalten zu sagen, wie wir sie täglich so zahlreich vorfinden. Dabei gehören zum Vertragsinhalt nicht nur die auszutauschenden Leistungen mitsamt allen damit verbundenen Modalitäten, sondern insbesondere auch Risikozu-

---

[1] Oben § 1 B. II.
[2] Näher unten § 4 B. I. 4. a).
[3] Näher zu dieser Rechtebasierung etwa oben § 2 D. oder unten § 4 C. I. 1. sowie zu alternativen Erklärungsversuchen unten ab § 4 B.
[4] Wobei diese Charakterisierung gerade wissenschaftlich sehr viel Verwirrung stiften kann und vor allem stark von rechtlichen Gegebenheiten wie oft auch Zufälligkeiten abhängt. Näher dazu etwa § 9 C. V. 4. a).

weisungen,[5] der damit eng verwandte Umgang mit Leistungsstörungen,[6] die noch so detaillierten Eigenschaften der geschuldeten Leistung[7] oder die genauen Handlungsspielräume der Parteien nach Vertragsschluss.[8] Und da hier keineswegs nur die Vertragsparteien,[9] sondern noch ganz andere Personen agieren,[10] führt dies dann schnell etwa zu den praktisch so bedeutsamen Allgemeinen Geschäftsbedingungen,[11] zu Sitte, Übung und Brauch,[12] zur Stellvertretung[13] oder der Werbung[14] bis hin zu staatlich gesetzten Vertragsinhalten – ganz gleich, ob gesetzlich oder richterrechtlich, zwingend oder dispositiv, gesetzt.[15]

Schon diese kleine Liste verdeutlicht nicht nur, dass es gleichermaßen unabdingbar wie herausfordernd ist, einen Ansatz zu finden, über den wir notfalls noch so detaillierte und von Parteien unbedachte Vertragsinhalte bestimmen können.[16] Sie zeigt auch, dass in diesem Kapitel nicht gleich alles auf einmal abgehandelt werden kann. Vielmehr geht es zunächst nur darum, überhaupt die gängigen Vertragstypen dogmatisch zu erfassen, d.h. zu verstehen, weshalb Parteien oft gerade solche Verträge schließen oder der Staat gerade solche dispositiven Vorschriften erlässt, wie wir sie in Rechtsprechung und Gesetzbüchern dann vorfinden. Und nicht einmal das wird hier ansatzweise vollständig geleistet, da viele gerade moderne Verträge stark mit Risikoerwägungen verknüpft sind, denen ein eigenes Kapitel gewidmet ist.[17]

III. Klassische Ansichten

1. Willens- und Erklärungstheorie

Es ist hier nicht der Ort, um umfassend die Vor- und Nachteile verschiedener vertragstheoretischer Ansätze zu würdigen. Das wird noch früh genug geschehen – und zwar anlässlich konkreter Fallgruppen und Einzelfälle. Doch zeigt sich bereits bei der doch so naheliegenden Frage nach dem genauen Vertragsinhalt, wie wir selbst mit noch so etablierten Ansätzen schnell in die Leere treten. Willens- wie Erklärungstheorie tun sich sehr schwer damit, all die un-

---

[5] Näher unten § 5.
[6] Näher unten § 6.
[7] Näher unten § 7.
[8] Näher unten § 18 B.
[9] Näher unten § 9 C. IV.; § 10 D. I.; § 8 A. III.
[10] Näher unten § 8.
[11] Näher unten § 14 C. II.
[12] Näher unten § 16 C.
[13] Näher unten § 13.
[14] Näher unten § 15.
[15] Näher unten § 16 A.
[16] Siehe dazu auch zum Verhältnis von Inhalt und Verfahren unten § 19 D.
[17] Unten § 5.

zähligen Detailfragen zu begründen, die den Vertragsinhalt nun einmal ausmachen. Denn die menschliche Aufmerksamkeit ist begrenzt,[18] während spätestens beim schlüssigen Handeln deutlich wird, wie wenig wir oft erklären.[19] Dementsprechend finden sich dann zahlreiche Hilfskonstruktionen, mit denen wir zumindest rein begrifflich weiterhin an unserem punktuellen Vertragsverständnis festhalten. So mag man etwa einen Willen fingieren,[20] über ihn mutmaßen,[21] auf eine Auslegung verweisen (und innerhalb dessen eben doch staatliche Vorgaben bemühen[22] oder einfach eine normative Sicht einfordern[23])[24] oder Zurechnungsgesichtspunkte wie Vorsatz oder Fahrlässigkeit heranziehen.[25]

Doch sei all das noch zurückgestellt. Denn viel wichtiger erscheint hier noch ein ganz anderes Problem: Willens- wie Erklärungstheorie halten sich erst gar nicht mit der Frage auf, was denn warum Vertragsinhalt werden könnte oder sollte, oder auch nur damit, ob und warum Menschen überhaupt Verträge schließen. Wenn zwei Menschen kontrahieren, dann wollen oder erklären sie eben gerade das, was sie gerade wollen oder erklären – warum auch immer. Fragen wir also: Warum vereinbaren diese Parteien hier einen „Kauf", warum jene Parteien dort eine „Miete", so ernten wir nicht mehr als ein Achselzucken. Sämtliche konkret vereinbarten oder erklärten Vertragsinhalte dieser Welt interessieren anscheinend nicht als vertragsrechtlich zu bewältigendes Phänomen. Befriedigen kann das nicht. Dabei sei hier gerne gleich noch zweierlei unterstellt, nämlich dass erstens die Vertragsparteien fähig sind, bei Vertragsschluss sämtliche noch so detaillierte Vertragsinhalte in ihren Geschäftswillen aufzunehmen bzw. sich darüber zu erklären, und dass sich zweitens die Rechtsordnung mit keinerlei zwingenden Vorschriften in all das einmischt. Denn selbst unter diesen Annahmen sollte eine Vertragstheorie – ganz unabhängig von normativen Anliegen – beschreiben können, was Vertragsparteien tatsächlich jeweils vereinbaren und damit das vertraglich gesetzte Recht auszeichnet.

Dass die klassische, rein formal-prozedurale Sicht meistens erst gar nicht als Problem gesehen bzw. anerkannt wird, dürfte vor allem zwei Gründe haben: Zunächst könnte man sich als Jurist gedrängt fühlen, über Kausalitäten zu spekulieren und damit fachfremd etwa sozialwissenschaftliche Ansätze zu bemühen. Doch lässt sich das anderen Disziplinen anvertrauen. Hier wird nur eingefordert, was Rechtswissenschaftler von jeher tun – und zwar als ureigene

---

[18] Näher unten § 9 C. IV.
[19] Näher unten § 10 D. I.
[20] Näher unten § 9 C. V. 2. b).
[21] Näher unten § 9 C. V. 2. d).
[22] Näher unten § 16 A.
[23] Näher unten § 9 C. V. 2. e); § 10 E. II. 1.
[24] Näher unten § 10 E. II. 1.
[25] Näher unten § 9 C. II.; § 10 C. III. 2.; § 10 C. IV. 2.

juristische Kompetenz –, nämlich die verallgemeinernde Beschreibung des Rechts.[26] Und Verträge (mitsamt deren Inhalt) gehören zu diesem Recht.[27]

Zum anderen scheinen viele schon bei dem bloßen Anliegen einer Beschreibung des Ob und Inhalts einzelner Verträge zu befürchten, dass dies gleich zu einer Inhaltskontrolle führe oder diese irgendwie beinhalte. Die Befürchtung lautet hier wohl: Warum sich überhaupt mit dem Vertragsinhalt beschäftigen, wenn dieser doch ohnehin den Parteien überlassen bleiben soll? Doch lässt sich beides problemlos trennen. Denn selbst wenn wir den Parteien zubilligen, frei von zwingenden Vorgaben zu entscheiden, heißt das noch lange nicht, dass diese Entscheidungen zufällig und damit wissenschaftlich unzugänglich wären.[28] Wer auf dem Arbeitsweg hungrig eine Bäckerei ansteuert und Geld auf die Theke legt, wird das Lokal nicht mieten, sondern eher ein Brötchen kaufen wollen. Derartige Sachverhalte dogmatisch erfassen zu können, stünde uns gut.

Ohnehin fällt die inhaltliche Zurückhaltung von Willens- wie Erklärungstheorie in der Tat besonders dort unangenehm auf, wo es in der Rechtsrealität – ganz gleich, wie man normativ persönlich dazu stehen mag – offensichtlich nicht mehr nur die Vertragsparteien sind, die allein über den Vertragsinhalt entscheiden. Sollte eine Vertragstheorie wirklich überall dort verstummen, wo es etwa um das dispositive Recht (des Gesetzgebers wie der Rechtsprechung) oder die Inhaltskontrolle Allgemeiner Geschäftsbedingungen geht? Sollten wir uns hier etwa auch dergestalt zurücklehnen, dass ein Richter oder Gesetzgeber eben das auslegt, ergänzt oder sonst entscheidet, was er eben gerade – warum auch immer – entscheidet?

2. Äquivalenz

Sucht man nach alternativen vertragstheoretischen Grundvorstellungen, die einigermaßen verbindliche Aussagen enthalten, muss man suchen.[29] Und selbst soweit man hier fündig wird, fehlen dann die für das konkrete Problem – hier den Vertragsinhalt – erstrebten Aussagen. Besonders gilt das für die Äquivalenz im Sinne einer objektiven Gleichwertigkeit der jeweils ausgetauschten Leistungen. Denn selbst wenn man hier einmal von der Unfähigkeit dieses Kriteriums absieht, unentgeltliche Verträge wie keineswegs nur die Schenkung zu erfassen,[30] lässt sich so der Vertragsinhalt selbst bei gegenseitigen Verträgen von vornherein nicht bestimmen. Denn es gibt unzählige unsinnige Vertrags-

---

[26] Näher oben § 1 C.
[27] Näher oben § 2 B. I. 4.
[28] Siehe aber auch zur Inhaltskontrolle unten § 4; § 14; § 16 A. Zur bis heute tief verwurzelten Vorstellung einer „inneren Willensfreiheit" siehe unten § 4 B. I.
[29] Näher oben § 1 C. I.
[30] Näher unten ab § 4 B. III. 2. sowie speziell zu unentgeltlichen Verträgen unten § 3 B. II.

inhalte, die dennoch einander gleichwertig gegenüber stehen.[31] Bestenfalls beschreibt dieses Kriterium also die Höhe etwa eines Entgelts.[32] Wendet man Äquivalenz hingegen ins Subjektive, um beispielsweise eine hälftige Verteilung der gemeinsamen Kooperationsrente zu fordern, führt das nicht nur zu oft völlig befremdlichen Ergebnissen, sondern lässt sich wiederum von vornherein nicht sinnvoll auf einseitig belastende Rechtsänderungen anwenden.[33]

3. Ontologisch-Metaphysisches

Angesichts der zuvor nur angedeuteten Schwierigkeiten ist man versucht, die Geltung bestimmter Vertragsinhalte einfach zu behaupten. Nichts anderes geschieht, wo – meistens unter Berufung auf *Aristoteles*, *Augustinus* oder *Thomas von Aquin* und der darauf gerichteten scholastischen Tradition – von verschiedenen, objektiv vorgegebenen Vertragsarten die Rede ist, die den Parteien zur Verfügung stünden und an die sich gegebenenfalls weitere, gerne auch willensunabhängige Merkmale anknüpften. Die traditionsreiche Unterscheidung von *essentialia*, *naturalia* (oder *propria*) und *accidentalia* ist nur eine Variante dessen.[34]

Doch so viel sich auch an der Leere, Punktualität und damit etwa auch Fiktivität neuzeitlicher bzw. klassisch-prozeduraler Ansätze kritisieren lässt, erscheint der Weg zurück ins Mittelalter nicht unbedingt ratsam. Denn letztlich werden hier nur einzelne Vertragstypen, Haupt- und Nebenleistungspflichten oder sonstige Inhalte als wesensmäßig vorausgesetzt, also gerade kein verbindlicher Tatbestand eingeführt, mit dem sich dann die Vielfalt heutiger Vertragsinhalte verallgemeinernd beschreiben ließe. Fragt man also, warum die Schenkung ganz anderen Regeln folgt als ein Kauf – ganz gleich, ob von den Parteien vereinbart oder dispositiv ergänzt –, oder warum zwei Parteien im konkreten Fall gerade einen Kauf und keine Schenkung vereinbarten, so ist die Antwort immer nur die gleiche, nämlich dass der jeweilige Vertragsinhalt der Natur, dem Wesen usw. dieser Vereinbarung entspreche.

Dementsprechend erweisen sich solche Ansätze spätestens dort als unbefriedigend, wo es dann ganz konkret wird, also einzelne Vertragsinhalte wie Vertragstypen zur Debatte stehen. So ist jedenfalls der Verfasser nicht imstande,

---

[31] Näher unten § 4 B. III. 4.
[32] Weshalb es auch erst im nächsten Kapitel zu Zwang, Drohung und Ausbeutung behandelt werden wird, vgl. unten § 4 B. III.
[33] Näher unten § 4 B. III. 5.; § 4 B. IV. 4. sowie zu einzelnen Varianten gleich unten § 3 B.
[34] Siehe dazu nur *Coing*, ZRG RA 69 (1952), 24, 32 ff.; *Zimmermann*, Obligations, 1990, S. 234; *Flume*, Allgemeiner Teil, Bd. 2, 4. Aufl. 1992, S. 80; *Oechsler*, Gerechtigkeit, 1997, S. VII, 299 ff., 315 ff.; *Gordley*, Some perennial problems, 2001, S. 9; *Lobinger*, Grenzen, 2004, S. 144 ff., zum Einfluss gerade der Spätscholastik oben § 2 Fn. 110, zur englischsprachigen philosophischen Diskussion *Robertson*, Essential vs. Accidental Properties, SEP (29.4.2008) oder im Zusammenhang mit staatlich gesetzten Vertragsinhalten unten § 16 A. II. 5.

gar bei ganz neuen Vertragstypen wie etwa Franchising, Factoring oder Leasing[35] kundig zu schauen, was sich aus deren „Wesen", „Substanz" oder „immanentem Zweck" an genauen Inhalten ergibt. Dass heutige Verträge dann noch angesichts immer stärker ausdifferenzierterer Gesellschaften mit unterschiedlichsten Lebensentwürfen und persönlichen Umständen bei gleichzeitig immer höheren Ansprüchen an individuelle Freiheitsräume fortwährend anspruchsvollere und vielschichtigere Antworten erfordern, macht die Sache sicher nicht leichter.

Kurzum: Es gibt schon sehr gute, nämlich vor allem handfeste wissenschafts- bzw. erkenntnistheoretische Gründe, dass wir derart metaphysisches Denken spätestens seit der Aufklärung in sämtlichen Wissenschaftsbereichen immer mehr zurückdrängen und keineswegs sehnsüchtig zurück in die Zeit blicken, als noch jede Substanz, jeder Mensch und jedes einigermaßen wichtige soziale Phänomen seine ganz eigene, vermeintlich göttlich vorgegebene Natur hatte. All das zu überwinden, war langwierig und mühsam genug.[36] Und die Vorstellung, dass sich ausgerechnet seit dem Ausklingen der Scholastik keine grundlegenden rechtsdogmatischen Erkenntnisse ergeben hätten, obwohl die Wissenschaft damals erst zu ihrem unglaublichen Höhenflug ansetzte – und zwar gerade wegen dieses Ausklingens –, und dass wir uns daher für ein zutreffendes Vertragsverständnis nur auf unsere mittelalterlichen Wurzeln besinnen müssten, erscheint fraglich.

4. Dualismen

Es ist nicht so, dass die Defizite unseres klassischen Vertragsdenkens unbemerkt geblieben wären. Vielmehr wandelt sich ständig, wie wir mit der nur begrenzten Aussagekraft etwa von Willens- oder Erklärungstheorie umgehen. In jüngerer Zeit etwa scheint man sich stärker kollektivistischen Erklärungsmustern wie insbesondere dem Utilitarismus bzw. der Wohlfahrtsökonomik zuzuwenden. Das hat immerhin den Vorteil, sich von der gedanklichen Fixierung allein auf das Parteiverhalten bei Vertragsschluss zu lösen.[37] Andererseits kann hier von einem individualistischen Ansatz keine Rede sein – und wer möchte sich nicht als liberal[38] positionieren? Damit entstehen Zwiespälte, die sich vielfältig äußern. Oft wird etwa ein kollektivistisches Gerechtigkeitskriterium wie das der Effizienz über rein hypothetische Vertragskonstruktionen

---

[35] Siehe zu diesem Phänomen und der damit verbundenen dogmatischen Herausforderung nur *Martinek*, Moderne Vertragstypen, Bd. I, 1991; *Martinek*, Moderne Vertragstypen, Bd. II, 1992; *Martinek*, Moderne Vertragstypen, Bd. III, 1993.

[36] Für eine geistesgeschichtlich wie erkenntnistheoretisch besonders fundierte Auseinandersetzung vgl. *Dilthey*, Einleitung in die Geisteswissenschaften, 1883.

[37] Näher unten § 8.

[38] Näher zu diesem Begriff unten § 19 B.

A. Problem

abgeleitet, um zumindest noch für diese rein theoretische Betrachtung einen „Willen" zu bemühen.[39]

Hier soll es jedoch um eine andere Variante gehen, nämlich die zumindest ergänzende Anwendung kollektivistischer Grundsätze dort, wo klassisch-liberale Ansätze wie insbesondere die Willenstheorie an ihre Grenzen stoßen. Solche Dualismen haben eine lange Tradition, klingt es doch sehr attraktiv, die Vorteile einzelner Theorien herauszugreifen und umgekehrt deren Nachteile zu vermeiden.[40] Doch leider ist diese Vorstellung viel zu schön, um wahr zu sein. Denn denkt man diesen Gedanken zu Ende, muss man einfach nur für jeden einzelnen Fall gerade die Theorie, das Argument, denjenigen Gesichtspunkt wählen, der das von einem gewünschte Ergebnis hervorbringt. Je eher wir uns bereit zeigen, nicht nur einen Ansatz zu berücksichtigen, sondern derer immer mehr, desto weniger wird hier verallgemeinert und desto weniger genügt dies elementaren wissenschafts- bzw. erkenntnistheoretischen Anforderungen.[41] Wer etwa Parteiwille wie Effizienz bemüht, sollte schon verbindlich angeben können, wann es auf Effizienz und wann auf den Parteiwillen ankommen soll. Gelingt das tatsächlich, haben wir dann auch keinen Dualismus mehr – schließlich können wir jetzt die einheitlich-übergreifende Theorie überprüfen.

So aber kommt es dann ständig zur Gretchenfrage jedes Dualisten, nämlich was ihm im konkreten Fall wichtiger sei, das eine oder das andere Kriterium. Denn widersprechen werden sich beide Kriterien sehr oft; schließlich bräuchte man sonst nur eines davon. Wenn etwa der Parteiwille so wichtig erscheint, warum ihn dann nicht konsequent achten, selbst wenn dies wohlfahrtsökonomisch unerwünscht ist (und zwar gerade auch dort, wo er einen bestimmten Inhalt nicht erfasst)? Und wenn uns Effizienz so wichtig ist, warum dann nicht jeden entgegenstehenden Willen korrigieren? Wie sieht es aus bei einem getäuschten oder auch nur uninformierten Willen – halten wir es dort willenstheoretisch oder kollektivistisch? Wie sieht es bei Zwang, Drohung und Ausbeutung aus, wie bei der ergänzenden Auslegung? Müssen die Parteien immer auch negativ all das, was nicht gelten soll, in ihren Willen aufnehmen, damit nicht die Effizienz sie holen kommt? Wo genau und warum zerreißt der Dualist in all diesen so vielschichtigen Einzelfragen sein Vertragsrecht in die eine und die andere Hälfte? Hier eine klare Linie ziehen zu wollen, entpuppt sich in der

---

[39] Näher zu solchen Operationen etwa unten ab § 9 C. V. 2. d) oder unten § 19 B. III.

[40] Siehe hier nur aus jüngerer Zeit *Bachmann*, Private Ordnung, 2006, S. 193 ff., 415 oder *Unberath*, Die Vertragsverletzung, 2007, S. 143 ff., 151 ff., 159, 389 f. passim („hybride Vertragstheorie"), der dabei aber auch noch ganz andere Aspekte wie die „Freiwilligkeit" (näher dazu unten § 4 B. I.), die „Zurechenbarkeit" einer Handlung (näher dazu unten § 10 C. IV.), die Existenz zwingender Vorgaben (dort S. 159, näher dazu unten § 16 A.) oder einfach „pragmatische" Betrachtungen einfließen lassen will (vgl. § 9 Fn. 446). Speziell zu *Kant* siehe unten § 19 G.

[41] Näher unten § 19 F. III.

praktischen Arbeit schnell als Illusion. Vielmehr erscheint es dem Verfasser mutig, gar die kantische Philosophie mit utilitaristischem Gedankengut „kombinieren" zu wollen[42] – ein philosophisch ambitioniertes Anliegen, das weder geeignet erscheint, das Erbe *Kants* noch das des Utilitarismus zu wahren.

Auch sei darauf hingewiesen, dass es nicht nur Vertragsrechtsetzung durch den Staat und die Vertragsparteien gibt, sondern auch durch ganz andere Personen und Mechanismen. Man läuft hier schnell Gefahr, auf einmal ganz viele Theorien bemühen zu müssen, nur um der Vielfalt vertraglicher Rechtsetzung gerecht zu werden. Hatte man etwa für die durch die Parteien gesetzten Vertragsinhalte auf deren realen Willen, für das dispositive Recht hingegen auf den mutmaßlichen Willen und damit in Wahrheit ein völlig anderes Konzept verwiesen,[43] wird man spätestens bei Sitte, Übung und Brauch feststellen, dass dies gleich noch ein weiteres Konzept benötigt – mit allen damit verbundenen Widersprüchlichkeiten und Abgrenzungsfragen. Und wie verhält es sich bei der vertraglichen Bedeutung von Werbung, wie bei der Stellvertretung, wie bei von einem Verband entworfenen Allgemeinen Geschäftsbedingungen? Was gerade noch als hybrid bezeichnet wurde, entpuppt sich schnell als Hydra mit beinahe so vielen Köpfen, wie es Rechtsetzer gibt.

Daneben sei nicht vergessen, dass sich natürlich auch die einzelnen Gesichtspunkte bewähren müssen. Die Defizite einer bestimmten Theorie verschwinden nicht immer gleich dadurch, dass man ihr noch einen weiteren Ansatz mit wiederum eigenen Defiziten beiseite stellt. So muss auch eine dualistische Theorie beweisen, dass sie sämtliche Gesichtspunkte unseres Vertragsrechts erfassen kann. Der Hinweis etwa auf einen Dualismus von Wille und Erklärung bzw. auf eine entsprechende Interessenabwägung hilft spätestens dort nicht weiter, wo wir wie beispielsweise bei der Umdeutung solche Vertragsinhalte durchsetzen, die weder gewollt noch erklärt waren.[44]

Das gleich noch näher zu illustrierende Rechtfertigungsprinzip kennt diese Schwierigkeiten nicht: Den alleinigen Maßstab bildet hier das Anliegen, rechtliche Beeinträchtigungen nur so weit eintreten zu lassen, wie dies den Zielen der betroffenen Person dient. Der Parteiwille kommt erst auf einer gedanklich nachgelagerten Ebene ins Spiel, nämlich sobald man sich fragt, was für Personen zu welchen Zeiten mit welchen Rahmenbedingungen angesichts der Realitäten unserer Welt am besten dazu geeignet sind, diesen alleinigen Maßstab zu verwirklichen.[45] Hieraus bestimmt sich die genaue Reichweite des Parteiwillens in unserem Recht. Damit wird auch ein Kategorienfehler vermieden, nämlich Fragen des Vertragsinhalts (etwa gemessen am Rechtfertigungsprinzip, an einer Äquivalenz oder an einer Effizienz) mit denen einer Entschei-

---

[42] So aber *Unberath* (oben Fn. 40).
[43] Näher unten § 9 C. V. 2. d) aa).
[44] Näher unten § 9 C. IV.; § 10 D.
[45] Näher unten § 8 E. II. 2.

dungskompetenz (etwa der Vertragsparteien) auf die gleiche Stufe zu stellen und damit zu vermengen. Und das wiederum vermeidet es, dass sich das liberale, weil rein individualistisch allein die Ziele der rechtlich betroffenen Person berücksichtigende Rechtfertigungsprinzip[46] noch ein zweites kollektivistisches Kriterium an die Seite stellen lassen muss. Denn auch die bald zu illustrierende vertragliche Wertschöpfung ist ein individualistisches, nicht kollektives Anliegen. Sie dient allein den Interessen der rechtlichen betroffenen Personen (und damit den Parteien).

Abschließend sei noch eine eng verwandte Ausprägung dualistischen Argumentierens erwähnt, die wissenschaftstheoretisch gesehen zwar ernüchternd, aber durchaus tolerabel ist. So wird fast jeder Wissenschaftler irgendwann feststellen, dass der von ihm vorgeschlagene Gesichtspunkt nicht all diejenigen Sachverhalte zu erfassen vermag, für die man sich das eigentlich erhofft hatte. Hier bleibt dann nichts anderes übrig, als einen bescheideneren Lebensausschnitt zu definieren, den verallgemeinernd zu beschreiben man beansprucht, um für den Rest nach einem anderen Kriterium zu suchen. So verständlich das ist, bleibt jede solche Aufteilung eine empfindliche Niederlage im Kampf um eine möglichst einfache und damit auch möglichst allgemeingültige Abbildung unserer Welt. Wann immer wir also einzelne Teile unseres Vertragsrechts aussondern und es damit zerschneiden – etwa für die Schenkung, die Ausbeutung oder die gesetzliche Stellvertretung –[47] muten wir es uns und unseren Lesern zu, nicht ein Vertragsrecht, sondern derer gleich mehrere zu denken, und sich für jedes dogmatische Einzelproblem zu fragen, ob hier denn der ein oder andere Maßstäbe gelte, eine einheitliche Behandlung vielleicht doch gerechtfertigt sei usw. Noch fragwürdiger, weil regelmäßig sehr einzelfallorientiert, ist dabei die Ausblendung einzelner Fallkonstellationen etwa als „pathologisch".[48]

Dass die Verkleinerung des Untersuchungsgegenstands keinen Triumph, sondern eine empfindliche Niederlage bedeutet, spürt jeder Wissenschaftler von ganz allein, weshalb dann schnell die Versuchung wächst, getreu der Fabel vom Fuchs und den Trauben zu behaupten, dass es bereits prinzipiell unmöglich sei, ein Phänomen übergreifend zu erfassen, es sich also um geradezu wesensmäßig verschiedene Sachverhalte handle, die verallgemeinernd zu beschreiben nur in einen schlimmen Kategorienfehler münden könne.[49] Doch wer kann schon guten Gewissens behaupten, dass es nicht wenigstens anderen – und sei es auch nur aus sehr viel späteren Generationen – doch eines Tages gelingen wird, ein solches Kriterium zu finden, das dann tatsächlich weiter reicht? Wer kann das schon wissen? Schließlich ist ein solcher Anspruch für

---

[46] Näher unten § 19 B. II.
[47] Näher unten § 3 B. II. 2.; § 4 D. II. 2. a); § 9 C. V. 4.; § 13 C. III. 2.
[48] Näher dazu unten § 9 C. V. 4. a).
[49] Siehe für Beispiele die Verweise oben in Fn. 47.

neu vertretene Theorien typisch – und auch der Verfasser mit dem hier vertretenen Rechtfertigungsprinzip bildet keine Ausnahme.

IV. Rechtfertigungsprinzip

1. Reichhaltigkeit

Bisher sollte vor allem deutlich geworden sein, dass es alles andere als eine leichte Übung ist, sämtliche noch so detaillierte Vertragsinhalte vertragstheoretisch zu erfassen. Willens- und Erklärungstheorie etwa kämpfen mit der Informationsarmut eines punktuellen Parteiverhaltens, während die Äquivalenz von vornherein nur die Gleichwertigkeit ausgetauschter Leistungen thematisiert und viele ältere Ansätze den zu begründenden Vertragsinhalt einfach nur behaupten. Wie gelingt es also, das oft nur so sporadische menschliche Denken und Handeln mit der unermesslichen Reichhaltigkeit selbst einzelner Verträge zu vereinbaren und so den detaillierten Vertragsinhalt zu benennen?

Spätestens hier wird es zentral, im gedanklichen Ausgangspunkt nicht gleich vom Parteiverhalten bei Vertragsschluss, sondern von den menschlichen Zielen auszugehen. Verträge und damit auch das Vertragsrecht sind für die Menschen da, und den Menschen geht es um ihre Ziele und nicht etwa rechtliche Positionen oder die Auslebung eines Willens als Selbstzweck. Menschen zu achten heißt, deren Ziele zu achten.[50] Das wiederum erklärt dann aber, warum wir den Parteiwillen so hochschätzen, denn sofern sich die Parteien tatsächlich einen Vertragsinhalt überlegen, verwirklicht dies deren Interessen meistens sehr viel besser, als wenn sich etwa Gesetzgeber oder Richter damit befassen.[51] Wo hingegen ein solcher Geschäftswille fehlt oder etwa durch Täuschung kompromittiert wurde, können sich dann notfalls andere Personen fragen, wie sich das Ziel der rechtlich betroffenen Partei bestmöglich verwirklichen lässt. Und wenn sich dann zahllose Menschen über teilweise äußerst lange Zeiträume damit beschäftigen, was für ein Vertragsinhalt in all seinen noch so kleinen Details geeignet ist, das Parteiinteresse zu verwirklichen,[52] erweist sich die eingangs so unüberwindlich erscheinende Aufgabe auf einmal als durchaus überwindbar.

Damit lassen sich dann auch einzelne Vertragstypen herausarbeiten, indem wir zunächst vor allem nach solchen Vertragsinhalten suchen, die für viele Konstellationen und über lange Zeiträume hinweg dazu beitragen, dass Menschen ihren jeweiligen Zielen näherkommen, obwohl – ja gerade weil – sie eine rechtliche Beeinträchtigung erleiden. So mag man insbesondere auch danach typisieren, was für Ziele die Menschen je nach Situation verfolgen, solange

---

[50] Näher oben § 2 A. IV. 1.; § 9 D. I.
[51] Näher unten § 8 E. II. 2.
[52] Näher unten § 8.

man sich nur nicht darauf versteift, bestimmte Zwecke oder gar ganze Vertragstypen zu verobjektivieren.[53]

Mathematisch gesprochen geht es hier um ein schlichtes Optimierungsproblem, nämlich den Vertragsinhalt so lange zu verändern und immer differenzierter zu gestalten, bis der von der rechtlich betroffenen Partei gewählte Bewertungsmaßstab (also das Ziel[54]) größtmöglich erfüllt ist. Der Schlüssel lautet: Reichhaltigkeit durch Optimierung. Dabei vermag nichts besser zu optimieren als langandauernde evolutorische Prozesse, was gleichermaßen für genetische wie kulturelle Veränderungen gilt. Daneben ist es aber auch lehrreich, sich insofern mit der Ökonomik zu beschäftigen, da sich diese Disziplin eingehend – wenn auch mit einem leider viel zu weitem Geltungsanspruch –[55] mit Optimierungsfragen beschäftigt.

Nur darf man dabei nie die Grenzen menschlichen Denkens unterschätzen. Dass wir mit Zielen als Ausgangspunkt erfolgreich operieren können, mit dem Geschäftswillen hingegen nicht, liegt allein daran, dass Ziele tatsächlich einen sehr überschaubaren geistigen Aufwand erfordern,[56] während unsere Aufmerksamkeit beim so reichhaltigen Vertragsinhalt völlig überfordert ist.[57] Dabei vermeidet unsere Rechtsordnung wo immer möglich folgenorientiertes Denken (und damit auch Optimierungen). Das Vertragsrecht bildet dafür ein geradezu herausragendes Beispiel, wie sich angesichts der ausgeklügelten, personellen wie zeitlichen Aufteilung menschlicher Entscheidungsprozesse, aber auch der weisen Begrenzung des Betrachtungsgegenstands, zeigen wird.[58]

2. Eindeutigkeit

Wie immer man zu einzelnen Ansichten auch stehen mag, sollten diese überhaupt eine Aussage enthalten, die sich nachvollziehen und praktisch überprüfen lässt. Genau daran kranken die vielen flexiblen Begründungsmuster – einschließlich der so beliebten Forderung nach einer Interessenabwägung[59] wie auch der zuvor erwähnten Dualismen.[60] Demgegenüber kennt das Rechtfertigungsprinzip mit dem Ziel der rechtlich betroffenen Vertragspartei nur einen Maßstab, den es bestmöglich zu verwirklichen gilt. Abgewogen wird hier nichts, was deshalb funktioniert, weil stattdessen die jeweilige rechtliche Ausgangslage berücksichtigt wird, auf deren Basis es dann überhaupt möglich wird, verschiedene rechtliche Beeinträchtigungen zu denken und damit auch

---

[53] Näher oben § 2 A. V. 3. b); § 3 A. III. 3. sowie unten § 3 B. II. 2.
[54] Näher oben § 2 A. II. 1.
[55] Näher oben § 2 D. II. 3. sowie unten § 4 B. V.; § 17 E. IV.; § 19 F. VII.; passim.
[56] Näher oben § 2 A. IV. 3.
[57] Näher unten § 9 C. IV.
[58] Näher unten § 8; § 17 A.; § 19 E.; § 19 F.; passim.
[59] Näher oben § 2 A. V. 2. c) sowie unten § 19 F. III.
[60] Oben § 3 A. III. 4.

daraufhin zu befragen, wie weit sie den allein maßgeblichen Bewertungsmaßstab, also das Ziel, verwirklichen. Wie noch ausführlich zu illustrieren sein wird, gelingt es mithilfe des Rechtfertigungsprinzips selbst noch bei gegenseitigen Verträgen, bei denen die Belastung gleich zweier Parteien miteinander zu verknüpfen ist, ohne Abwägungen oder sonstige Flexibilitäten auszukommen.[61] Die bloße Forderung hingegen, dass von einem Vertrag doch bitte beide Seiten profitieren mögen, wäre demgegenüber reichlich banal. Vielmehr ist es gerade die Verknüpfung von Recht und Interesse, welche die Musik macht.

Gänzlich eindeutig ist das Rechtfertigungsprinzip hingegen auch nicht. Mag jemand Äpfel wie Birnen in jeder nur erdenklichen Hinsicht völlig gleich oder kann er zwischen aus seiner Sicht völlig gleichwertigen Exemplaren einer Gattung wählen, so lässt sich nicht mehr beantworten, ob die Wahl auf Apfel oder Birne bzw. auf genau welche Exemplare der Gattung fallen wird. Das mag für eine etwa mathematische Modellierung unangenehm sein, trifft jedoch ansonsten genau das, was hier die wählende Partei wie auch die Rechtsordnung empfinden werden, nämlich Gleichgültigkeit und damit auch Zufälligkeit.[62]

3. Wertschöpfung durch Verrechtlichung

Doch nicht nur als Basis für die Bewertung rechtlicher Beeinträchtigungen anhand des allein maßgeblichen Ziels der so betroffenen Person entfaltet das Recht eine zentrale Rolle. Genauso ist das Recht das Instrument, um die Parteien dann auch im Ergebnis tatsächlich ihren Zielen näherzubringen. Es ist erst die getreu dem Rechtfertigungsprinzip eintretende Rechtsänderung, welche die rechtfertigende Verbesserung dann auch bewirkt, indem sie den Parteien eine Sicherheit – und damit meistens auch geistige Entlastung – gibt, die sie vorher nicht hatten. Anders formuliert verwandelt der Vertrag bloße Chancen, Aussichten, Hoffnungen usw. in „harte" Rechte. Es tritt eine „Rechtsänderung" und damit eine neue Ignoranz zugunsten der vertraglich begünstigten Person(en) ein.[63]

4. Illustration

Wie genau das Rechtfertigungsprinzip für ganz verschiedene Aspekte des Vertragsinhalts wie auch sonstige Grundfragen unseres Vertragsrechts funktioniert, wird gleich Abschnitt für Abschnitt anhand zahlreicher Fälle zu illus-

---

[61] Unten ab § 3 C. II. und vor allem unter § 4 C. III.
[62] Wie eng beides hier zusammenhängt, zeigt sich gerade beim menschlichen Denken (näher oben § 2 D. IV.), da unser Gehirn das, was als völlig gleichgültig erscheint, erst gar nicht abbilden oder sonst verarbeiten und damit dem bloßen Rauschen preisgeben wird.
[63] Siehe daher nochmals oben § 2 B. II. 2.; § 2 D. III. 3.; § 2 E. III.

trieren sein.⁶⁴ Hier sei nur kurz das illustriert, was zuvor abstrakt beschrieben wurde, nämlich die Gewinnung auch sehr detaillierter Vertragsinhalte. Dabei hilft es, sich zunächst in die Vertragsparteien hineinzuversetzen. Wer etwa ein Auto benötigt, mag feststellen, dass wenn er 5.000 Euro für ein spartanisch ausgestattetes Exemplar ausgibt, ihn dies insgesamt besser stellt als ohne Auto und mit besagten 5.000 Euro. Doch werden sich seine Überlegungen schnell ausdifferenzieren. Lohnt es sich nicht vielleicht sogar, noch etwas mehr auszugeben, um dafür auch ein schönes Autoradio zu erwerben, oder gar noch mehr für eine Klimaanlage, eine schönere Farbe, einen besseren Motor usw.? Solange nur die zusätzlichen Annehmlichkeiten getreu dem eigenen Bewertungsmaßstab – und ein solches Ziel benötigt jeder Mensch, der entscheidet und nicht nur würfelt –⁶⁵ die rechtliche Belastung einer erhöhten Zahlungspflicht überwiegt, wird die Entscheidung positiv ausfallen. Da jedoch der Grenznutzen solcher Sonderausstattungen typischerweise abnimmt,⁶⁶ wird sich irgendwann ein Vertragsinhalt einstellen, bei dem unserem Käufer keine Erweiterung des Vertragsinhalts mehr einfällt, der ihm die damit verbundenen Mehrkosten lohnt.⁶⁷

Genau hier ist dann auch das Rechtfertigungsprinzip verwirklicht, sofern nicht doch noch andere Personen als die Vertragsparteien selbst dazu beitragen können, deren Ziele bestmöglich zu verwirklichen.⁶⁸ Wurde etwa der Käufer arglistig getäuscht, so sind wir gut beraten, dessen Geschäftswillen nicht einfach hinzunehmen, sondern ihm zumindest ein Lösungsrecht einzuräumen.⁶⁹ Oder aber die Parteien haben sich so wenig Gedanken gemacht, dass ihnen der Staat wertvolle Hilfe leisten kann, indem er ihnen solche dispositive Rechtsvorschriften beiseite stellt, von denen er guten Gewissens ausgehen kann, dass beide Seiten davon profitieren.⁷⁰ Oft wird er sich dabei an dem orientieren, was sich bei solchen Verträgen in vergleichbaren Verkehrskreisen als wertschöpfend herausgestellt hat.⁷¹ Im Ergebnis wird unser Käufer von der getreu dem Rechtfertigungsprinzip vertraglich herbeigeführten Rechtsänderung deshalb profitieren, weil ihm diese die Sicherheit gibt, das Auto so wie gewünscht auch tatsächlich zu erhalten, wenn er nur seinerseits den Kaufpreis aufbringt. Dabei sei nochmals darauf hingewiesen, dass bei all diesen Betrachtungen nicht etwa verschiedene individuelle Wertvorstellungen intersubjektiv miteinander verglichen werden. Vielmehr wird immer nur jeweils für eine Per-

---

⁶⁴ Näher zu diesem Ansatz oben § 1 B. II.
⁶⁵ Näher oben § 2 A.
⁶⁶ Allgemein zu diesem Phänomen *Gossen*, Entwicklung, 1854.
⁶⁷ Zur Verknüpfung dieser Überlegungen eines Käufers mit denen des Verkäufers siehe unten § 3 C. II.
⁶⁸ Näher unten § 8 E. II. 2.
⁶⁹ Näher unten § 16.
⁷⁰ Näher unten § 16 A.
⁷¹ Näher unten § 16 C.

son gefragt, ob deren rechtliche Belastung dazu beiträgt, dass sich diese insgesamt getreu ihren eigenen Maßstäben verbessert.[72]

B. Einseitig belastende Rechtsänderungen

Grundidee des Rechtfertigungsprinzips ist der konsequente Schutz individueller Rechte – oder plakativer ausgedrückt: der Schutz vor Entrechtung. Wann immer wir jemanden rechtlich beeinträchtigen, muss dies notwendig sein, um die so betroffene Person getreu ihren eigenen Zielen zu verbessern. Wo immer sich eine Rechtsänderung finden lässt, die diese Anforderung für jede der rechtlich betroffenen Personen beachtet, haben wir eine anerkennungswürdige Vertragsform. Dabei lassen sich grob gesprochen zwei Varianten einer rechtlichen Belastung unterscheiden. Zum einen können wir Rechte wie das Eigentum oder eine Forderung zumindest teil- oder zeitweise an andere verlieren. Genauso belastet es einen rechtlich, wenn andere einen Anspruch gegen einen erhalten, mag sich dieser Anspruch auf einen zukünftigen Rechtsverlust beziehen oder aber wie etwa beim Dienstvertrag „nur" die eigene Handlungsfreiheit betreffen.[73] Ob man dabei gedanklich von einer Trennung und Abstraktion von Verpflichtungs- und Verfügungsgeschäft ausgeht, ändert daran nichts. Um einen verständlichen Einstieg zu ermöglichen, sei zunächst mit solchen Rechtsänderungen begonnen, die von vornherein nur eine Seite beeinträchtigen. Hierzu gehören etwa die Eigentumsaufgabe oder die Schenkung. Die erst im Anschluss zu erörternden gegenseitigen Verträge unterscheiden sich dann lediglich insoweit, als das Rechtfertigungsprinzip dort auf beiden Seiten geprüft werden muss.

I. Eigentumsaufgabe

Nahezu jede Rechtsordnung lässt Eigentum unter bestimmten Voraussetzungen erlöschen, nämlich insbesondere dann, wenn der Eigentümer es loswerden möchte. Das einfachste und unzählig oft vorkommende Beispiel dafür ist Fall 176, in dem wir irgendeinen Gegenstand kaufen und die dazugehörige Verpackung gleich wieder wegwerfen. Warum erachten wir eine solche Rechtsänderung als zulässig, nicht jedoch einen Eigentumsverlust durch Zwang oder Drohung? Nach dem Rechtfertigungsprinzip ist die Antwort denkbar leicht. Offensichtlich sind hier die Vorteile des Eigentums geringer als dessen Nachteile – sonst würde der Betroffene dieses Eigentum nicht verlieren wollen. Und da außer dem Eigentümer niemand anderes rechtlich betroffen ist, bleibt das

---

[72] Siehe dazu bereits oben § 3 A. IV. 2.
[73] Näher unten § 3 C. II. 2.; § 3 C. III.; § 18 B.

Rechtfertigungsprinzip ohne Weiteres gewahrt. Dass dabei das Recht regelmäßig einen entsprechenden Willen verlangt, liegt daran, dass es der jeweilige Eigentümer regelmäßig sehr viel besser beurteilen kann, ob ihn der Eigentumsverlust tatsächlich seinen eigenen Zielen näher bringt, weshalb es dann auch ihm und nicht etwa dem Staat oder einem Dritten überlassen wird, darüber zu entscheiden (Subsidiarität).[74]

II. Schenkung

1. Schenkung versus Drohung

Scheint die Eigentumsaufgabe in Rechtsprechung wie Literatur noch wenig zu interessieren, zumal sich hier zumindest rein praktisch selten tiefgreifende Probleme stellen, verhält es sich bei der Schenkung sicher anders. Dieser Vertragstyp wirft bei näherer Betrachtung spannende wie dogmatisch unangenehme Fragen auf. Das betrifft zunächst die bereits thematisierte Unfähigkeit solcher formalen Ansätze wie der Willens- oder Erklärungstheorie, verallgemeinernd diejenigen Vertragsinhalte zu beschreiben und damit auszusondern, auf die sich Menschen in unserer Rechtsordnung tatsächlich einigen. Zwar kann man sich hier scheinbar gelassen zurücklehnen und darauf verweisen, dass wenn die Parteien alles nur Erdenkliche wollen oder erklären dürfen, darunter dann eben auch eine Schenkung fällt.

Doch lässt sich diese inhaltliche Großzügigkeit spätestens dort nicht mehr aufrechterhalten, wo sich jedes Vertragsrecht dieser Welt keineswegs so großzügig zeigt – wie etwa bei der Drohung. Bietet etwa ein äußerst muskulärer Bettler in einer dunklen Straßenecke weitab von anderen Menschen einem Passanten an, ihm 50 Euro zu geben,[75] und tut der Passant wie vorgeschlagen, so interessiert es nicht nur uns Juristen, ob darin ein Raub oder aber eine Schenkung liegt. Dabei wird selbst jeder Laie sofort die richtige Frage stellen, nämlich die nach dem Motiv (den Zielen, Interessen) des Passanten: Wollte er einem armen Bettler helfen oder aber sein Leben retten? Dementsprechend wird uns interessieren, ob der Passant ängstlich schaute oder sich über den Verlust ärgerte.[76] Fast noch interessanter ist dabei jedoch, was wiederum selbst jeder Laie ganz unterschwellig – anscheinend weil viel zu banal – noch berücksichtigt, nämlich dass dem Passanten sein Leben wie auch die 50 Euro bereits vorher gehörten, weshalb es für ihn nicht etwa ein sehr vorteilhaftes Tauschgeschäft darstellt, 50 Euro für etwas wegzugeben, was ihm ohnehin schon

---

[74] Näher unten § 8 E. II. 2.
[75] Eingehend zu solchen Konstellationen insbesondere unten ab § 4 C. II. 5. b) (etwa zu den Fällen 35 ff.).
[76] Zur praktischen Feststellung solcher Motive siehe oben § 2 A. III.

gehört.[77] Und dennoch taucht weder das von den Vertragsparteien verfolgte Ziel noch die jeweilige rechtliche Ausgangslage im Tatbestand von Willens- oder Erklärungstheorie auf. Diesen Ansätzen gelingt es nicht einmal zu erklären, warum Raub und Schenkung in jeder zivilisierten Gesellschaft geradezu zwei Welten bilden.

2. *Absonderungen*

Diese so fundamentalen Schwierigkeiten machen es nur zu verständlich, wenn die längst totgeglaubten inhaltlichen Kriterien – vor allem die Äquivalenz[78] – in der vertragstheoretischen Diskussion ständig wieder auftauchen. Liegt es doch nur zu nahe, etwa bei Kauf oder Tausch zu verlangen, dass die ausgetauschten Leistungen einander wertmäßig entsprechen. Allerdings gerät man hier spätestens dort in Erklärungsnöte, wo jemand schenkt und dieses Kriterium so geradezu mit Füßen tritt. Dabei hilft hier nicht einmal der – wohl deutlich modernere – Ausweg einer Flucht in die „subjektive Äquivalenz", d.h. eine gleichwertige Aufteilung des jeweiligen Kooperationsgewinns. Denn nach dieser Logik müsste, wann immer sich ein Schenkender wie in Fall 2 mehr über die Schenkung freut als der Bettler selbst, dem die Schenkung vielleicht ein wenig peinlich ist, gleich noch mehr Geld abgeben – ein uns alle befremdendes Ergebnis. Aber auch sonst muss man sich nur die Mühe machen, derartige Konzepte auf einige Fälle konkret anzuwenden, um zu sehen, wie wenig man damit die in unserem Recht verkörperten Vorstellungen trifft.[79]

a) Kein Vertrag

Vielleicht auch wegen dieses Äquivalenzkriteriums – für die *consideration* geistesgeschichtlich sicher nicht gänzlich irrelevant – zögert manche Rechtsordnung bis heute, Schenkungen überhaupt als dem Vertragsrecht zugehörig einzuordnen.[80] Nicht traut man sich allerdings, Schenken zu verbieten, weshalb dann selbst ein Pfefferkorn genügen mag, um das vermeintliche Erfordernis einer Gegenleistung zumindest vordergründig noch aufrechtzuerhalten. Und damit bleibt dieses Phänomen dann auch weiterhin dogmatisch einzuordnen, ganz gleich, wie man es betiteln mag. Uns jedenfalls interessiert allein das rechtliche Ergebnis des zu bewertenden Sachverhalts und nicht die länderspezifisch-rechtstechnische Konstruktion.[81]

---

[77] Näher zu dieser Rechtebasierung oben § 2 D.; § 3 A. IV. sowie unten § 4 C. I. 1.; passim.
[78] Näher unten § 4 B. III.
[79] Zu einzelnen Varianten und den Schwächen dieses Denkens siehe näher unten § 4 B. IV.
[80] So betont etwa *Schmidt-Kessel*, JZ 2001, 460, dass das englische Recht Vereinbarungen über unentgeltliche Leistungen nicht dem Vertragsrecht zurechne.
[81] Näher oben § 1 B. III.; § 2 B. I. 3.

b) Anderes Wesen

In eine ähnliche Richtung geht es, wenn man auf das Versagen des Äquivalenzkriteriums bei sämtlichen unentgeltlichen Verträgen dadurch reagiert, dass man all diese falsifizierenden Sachverhalte einfach abtrennt und für diese einen ganz neuen Maßstab einführt – ein Mechanismus, der uns noch an vielen anderen Stellen begegnen wird.[82] *Gordley* etwa erklärt die Schenkung kurzerhand zu einer „wesensmäßig" anderen Kategorie, die „deshalb" ihren ganz eigenen Gesetzen folge und mit anderen Vertragsformen nicht zu verwechseln sei.[83] Wir müssten dieses Wesen, dessen Substanz, seine Accidentalien nur richtig schauen. Wie genau das funktionieren soll, wird nicht erläutert – schon gar nicht anhand konkreter Fälle oder gar für jedes noch so kleine Detail der beide Seiten treffenden Rechte und Pflichten. Dabei können diese nun einmal je nach Zielen, anfänglicher Rechteausstattung und sonstigen Umständen stark variieren.[84] Hier immer nur auf darauf verwiesen zu werden, dass das Wesen eben genau das gebiete, was zu begründen ist, also gewissermaßen für jede einzelne Konstellation ein leicht modifiziertes Wesen zu behaupten, hat mit einer verallgemeinernden und damit wissenschaftlichen Beschreibung unseres Rechts wenig zu tun. Nichts anderes gilt für den naheliegenden Versuch, bei gemischten Verträgen, die sich der starren Unterscheidung von entgeltlich und unentgeltlich bereits im Ansatz widersetzen, Schenkung und z.B. Kauf miteinander zu kombinieren, schließlich kann man dann jedes nur erdenkliche Ergebnis dadurch „begründen", dass man einfach nur – *ex post* und *ad hoc* – eine „richtig" gewichtete Kombination wählt.[85] Noch am ehesten scheint bei alldem die Beobachtung zu überzeugen, dass sich die Schenkung anders als gegenseitige Verträge durch eine fremdnützige Motivation auszeichne. Doch wird gleich zu illustrieren sein, dass selbst das unser geltendes Vertragsrecht keineswegs trifft und nicht einmal ersichtlich ist, wie Eigen- bzw. Fremdnützigkeit sinnvoll, d.h. für andere überprüfbar, definierbar sein soll.[86]

---

[82] Etwa bei der Schenkung (unten § 3 B. II. 2.), der Ausbeutung (unten § 4 D. II. 2. a)), der gesetzlichen Stellvertretung (unten § 13 C. III. 2.) oder der Aussonderung „pathologischer" Fälle (näher unten § 9 C. V. 4.). Immerhin ist dies wissenschaftstheoretisch noch deutlich besser, als zwei Argumente auf sämtliche Bereiche zu erstrecken, ohne dabei jedoch anzugeben, wann genau das eine und wann das andere gelten soll, siehe dazu bereits oben § 3 A. III. 4. (dort vor allem am Ende).

[83] So etwa *Gordley*, Philosophical Origins, 1991, S. 7, 12 f.; *Gordley*, in: Benson (Hrsg.), Theory, 2001, S. 265, 267 („There are two basic types of arrangements that the law should respect: exchange and gift ..."). Vgl. dazu bereits allgemein oben § 3 A. III. 3. sowie zur Äquivalenz unten § 4 B. III. 6. b) aa).

[84] Siehe nur allgemein oben § 3 A. II. sowie speziell zur Schenkung unten § 3 B. II. 4.

[85] Allgemein zu solchen Begründungsmustern unten § 19 F. III. 2.

[86] Näher unten § 3 B. II. 3.

c) Markt- und rechtsstaatsfeindlicher Fremdkörper

Vorher sei nur kurz ein weiterer, noch viel radikalerer Ansatz erwähnt, dem gegenüber die eben diskutierte Abgrenzung geradezu zaghaft wirkt: Für *Hyland* bedroht die Schenkung die Fundamente unserer heutigen marktliberalen Rechtsordnung, unsere Vorstellung von Recht überhaupt und gar unser gängiges Rationalitätsverständnis. Das westliche Recht fürchte Liebe und Leidenschaft und damit auch die Schenkung, weil es diese nicht kontrollieren, nicht domestizieren könne. Und falls der Bürger einmal erkenne, wie wenig sich Recht und Schenkung miteinander vertrügen, drohe er – dermaßen aufgeklärt – Ähnliches auch für ganz andere Lebensbereiche zu denken. Weil die Schenkung zu einem flüchtigen Blick auf eine völlig andere, weniger künstlich-minderwertige Welt einlade, suche der moderne Staat, dem die Interessen seiner Bürger gleichgültig seien, diesen Fremdkörper zu bekämpfen, auszugrenzen und zu unterdrücken. Das Schenkungsrecht stelle daher in Wahrheit die Privatautonomie auf den Kopf. Dementsprechend beruhten die für Schenkungen so typischen Formerfordernisse[87] nicht etwa auf dem Anliegen eines Übereilungsschutzes, sondern drückten vor allem das generelle Unbehagen unserer Rechtsordnung mit diesem Rechtsinstitut aus. Ja, das Schenkungsrecht sei geradezu aus der Ablehnung einer alternativen „Schenkungsökonomie" und der Identifikation des Privatrechts mit dem Markt entstanden. Letztlich sei die Schenkung ein für das westliche Denken unergründliches Mysterium, eine Chimäre, eine Illusion, eine Fata Morgana, ein an Komplexität kaum zu überbietendes Sinnbild einer völlig anderen Welt und daher rechtlich von vornherein nicht zu erfassen.[88]

Dabei überrascht noch wenig, wenn sich die Schenkung mit einem Marktdenken beißen soll – schließlich begreifen wir Märkte schon rein definitionsgemäß als das Medium eines Güteraustauschs. Doch erstaunen diese Thesen spätestens dort, wo es etwa um rechtsfreie und von Liebe und Leidenschaft bestimmte Ordnungsmuster geht. Natürlich lässt sich am Kapitalismus so einiges kritisieren, doch würde man gerne erfahren, welche Alternative zu unserem demokratisch-rechtsstaatlich-marktwirtschaftlichen System dem Autor vorschwebt. Möglicherweise schwant uns da nichts Gutes. Dabei drängt sich die vermeintlich grundlegende Andersartigkeit der Schenkung nicht unbedingt auf. Immerhin lassen sich sehr viele Gemeinsamkeiten etwa zwischen Kauf und Schenkung ausmachen.[89] Und wie lässt sich ernsthaft behaupten, dass unser Staat die Schenkung durch eine bewusst hinderliche Verrechtlichung torpediere, wenn eben dieser Staat es uns völlig frei lässt, eine Schenkung dem Recht zu unterstellen oder eben nicht? Die Verrechtlichung ist

---

[87] Näher dazu unten § 3 B. II. 4.
[88] *Hyland*, Gifts, 2009, S. 1, 7, 10 ff., 19 ff., 50, 97 f., 133 f., 355, 595, passim.
[89] Näher unten § 3 B. II. 5.

schließlich nur eine weitere Option.⁹⁰ Tatsächlich unterstützen viele westliche, „kapitalistische" Staaten Schenkungen, indem sie diese steuerlich begünstigen oder gemeinnützige Tätigkeiten von wettbewerbsrechtlichen Pflichten ausnehmen. Reichlich unplausibel ist auch die These zweier gänzlich anders gearteter Geisteswelten, da wir überhaupt nicht fähig sind, mehrere völlig verschiedene Wertesysteme kognitiv vorzuhalten. Schon deshalb widersprechen sich Sitte und Recht zumindest langfristig selten fundamental, sondern beeinflussen einander stark.⁹¹

3. Eigennutz versus Fremdnutz?

a) Bloße Zuschreibung

Bereits zuvor wurde angedeutet, dass sich die These einer wesensmäßigen Verschiedenheit von Schenkung und gegenseitigen Verträgen oft mit der Behauptung verbindet, dass sich die Schenkung durch eine fremdnützige Motivation auszeichne. Doch lässt sich nicht einmal das behaupten, wie sich leicht illustrieren lässt: Schenkt der Enkel in Fall 3 dem Bettler nur deshalb 10 Euro, um in Hoffnung auf eine große Erbschaft den dabei anwesenden Onkel zu beeindrucken, so folgt dies purem Egoismus. Und auch Bürgschaften als ein weiteres Beispiel oft unentgeltlicher Zuwendungen⁹² sind meistens alles andere als altruistisch motiviert. Aber auch in Fall 49, wo der Retter die 100.000 Euro für das bloße Hinausziehen aus dem Wasser benötigt, um seine hohen Investitionen wieder hereinzuholen, kann weder von Fremdnützigkeit noch von einer Äquivalenz der vertraglich ausgetauschten Leistungen die Rede sein. Die reale Vielfalt menschlicher Interessen, rechtlicher Ausgangslagen, getätigter Anstrengungen⁹³ oder rein situativer Besonderheiten ist viel zu groß, als dass sie sich vertragsrechtlich in das Schema von Eigen- und Fremdnützigkeit pressen ließe.

Tatsächlich ist nicht einmal ersichtlich, wie sich Eigen- oder Fremdnützigkeit für wissenschaftliche Zwecke – also als auch von anderen überprüfbares Element einer wie auch immer gearteten Theorie – definieren ließe. Anders als etwa bei der menschlichen Aufmerksamkeit haben wir hier kein psychologisch greifbares Phänomen, sondern einen rein zuschreibenden Begriff. Es verhält sich hier nicht anders als etwa bei der noch später zu diskutierenden Rationalität.⁹⁴ Damit muss aber jeder, der wissenschaftlich mit solchen Begriffen hantiert, diese überhaupt erst einmal mit Gehalt füllen. Ohne hierzu einen eigenen Erklärungsansatz liefern zu wollen, scheint unsere Gesellschaft jedenfalls nur

---

⁹⁰ Allgemein zu Gefälligkeitsverhältnissen und deren Abgrenzung unten § 16 B.
⁹¹ Näher unten § 16 C. III.
⁹² Näher unten § 5 E. IV.
⁹³ Näher unten § 4 C. I. 3.; § 4 C. III. 2.
⁹⁴ Näher unten § 17 E. III. 6.

solche Handlungen als altruistisch anzuerkennen, die sie als wünschenswert bzw. sittlich hochstehend ansieht.

Genau wegen dieses Zuschreibungscharakters können wir bei jeder Schenkung trefflich darüber streiten, ob jemand „wahrhaft" fremdnützig handelt. Sind nicht letztlich auch *Mutter Theresa* oder *Mahatma Gandhi* Egoisten, die nur anders als die meisten Menschen beim Geben Spaß empfinden?[95] Oder um mit *Kohler* zu sprechen: „Wer sich selbst entäußert, übergibt sein Ich den fremden Interessen, der schlägt die Scheidewand entzwei, die zwischen ihm und der Drittwelt liegt: wer sein Ich der Menschheit hingibt, der nimmt ihre Interessen in sich auf; und wenn er für sie handelt, so handelt er nicht mehr für fremde Interessen, er handelt für die eigenen – wie die Mutter, welche für das Kind, wie der Mann, welcher für das Weib sorgt. Daher erkennt das Recht die Schenkungsabsicht als eine Interesseabsicht an: das Schenken ist kein kausalloses, kein interesseloses, sondern ein kausiertes Handeln, ein Handeln für selbeigene Lebenszwecke, nämlich für die Lebenszwecke anderer, welche ich mit zu meiner Aufgabe gemacht, welche ich in meinen Interessekreis aufgenommen habe."[96] Diese Bemerkung ist auch deshalb so aufschlussreich, weil *Kohler* deutlich sieht, wie wichtig es für ein Verständnis der Schenkung ist, die jeweiligen Parteizwecke zu berücksichtigen.[97]

b) Typenzwang

Damit wird auch gleich ein weiterer „Charakterzug" aller Versuche deutlich, bestimmte Vertragstypen – und damit wie illustriert eng verbunden Motivationen – als allein billigenswert herauszustellen. Wer sich als Bettler beschenken lassen will, handelt tolerabel, wer anderen etwas nur gegen Entgelt überlässt, irgendwie aber auch, nicht jedoch derjenige, der andere als Räuber zu milder Gabe überzeugt. Was hier noch harmlos klingt, weil wir tatsächlich Drohungen missbilligen, zeigt spätestens dort das hässliche Gesicht eines Typenzwangs, wo sich die je nach Situation und Person so vielschichtigen Ziele nicht mehr in das Schema vermeintlich ontologisch vorgegebener Vertragstypen pressen lassen. Die zuvor angeführten Beispiele[98] bilden hier nur die Spitze des Eisbergs.

Oder um es anders zu formulieren: Genauso wie wir unendlich dankbar sein können, dem mittelalterlich-metaphysischen Denken in Substanzen, Essenzen oder Accidentalien entronnen zu sein,[99] ist es – geistesgeschichtlich

---

[95] Philosophisch ist diese Frage beinahe schon ein Klassiker, vgl. nur *Nagel*, The Possibility of Altruism, 1970 oder aber auch *Jhering*, Der Zweck im Recht, Bd. 2, 1883, S. 71 ff. m.w.N.
[96] *Kohler*, JhJb 25 (1887), 1, 108.
[97] Näher unten § 3 B. II. 5.
[98] Oben § 3 B. II. 3. a).
[99] Näher oben § 3 A. III. 3.

sicher nicht ganz zusammenhanglos – eine gerade bei individualistisch-liberaler-marktwirtschaftlicher Grundeinstellung, wie sie dem geltenden Vertragsrecht zugrunde liegt,[100] ebenfalls beachtliche Errungenschaft, den schuldrechtlichen Typenzwang bereits seit vielen Jahrhunderten überwunden zu haben und damit gut gefahren zu sein. Das Rechtfertigungsprinzip lässt sogar jede noch so bösartige Motivation gelten.[101]

c) Ökonomische Irritationen

Abschließend sei kurz darauf hingewiesen, dass gerade weil „Eigennutz" (genauso wie „Rationalität") nicht etwa ein reales, raumzeitlich-identifizierbares und damit wenigstens prinzipiell psychologisch feststellbares Phänomen darstellt,[102] dies aus ökonomischer Sicht fundamentale Probleme bereitet, die sich bei der Schenkung nur besonders deutlich offenbaren. Denn wer den Eigennutz bereits als eine Modellannahme im Schilde führt, gerät offensichtlich dort in Bedrängnis, wo die real existierenden Menschen sich so gar nicht daran halten, sondern oft selbst ihnen völlig fremden Personen völlig anonym ohne ersichtlichen Eigenvorteil geben, anstatt zu nehmen. Tatsächlich verhalten wir uns andauernd sozial, weshalb es kein geringes Defizit bedeutet, all das von vornherein nicht erfassen zu können. Die spannenden Fragen bestehen eher darin, all diese Vielschichtigkeit menschlicher Motivationen zu erfassen oder sich etwa zu fragen, ob die soziale Veranlagung des Menschen bereits genetisch oder „nur" kulturell verankert ist. Natürlich hat auch ein Ökonom – genau wie wir Juristen –[103] diverse fragwürdige Instrumente, um die Falsifikation seiner auf Eigennutz basierenden Modelle zu kaschieren. Nur das einfachste Beispiel bildet die These, dass es eben auch eine Präferenz gebe, anderen zu helfen. Doch lässt sich mit solch bemerkenswerter Fähigkeit, Wasser in Wein zu verwandeln, offensichtlich alles und damit nichts „begründen". Genauso mag man auf biologische oder psychologische Erklärungsmuster ausweichen und betreibt dann eben Biologie oder Psychologie.

Nur eine Facette derartiger Schwierigkeiten bildet die Frage, warum wir, wenn wir schon schenken, nicht immer nur Geld schenken, anstatt mühsam Geschenke zu kaufen. Schließlich lässt Geld dem Beschenkten sehr viel mehr Optionen, als wenn wir ihn auf bestimmte Gegenstände festlegen, indem wir diese einfach kaufen – und zwar meistens in sehr viel schlechterer Kenntnis dessen wahrer Bedürfnisse. Warum also eine Flasche Rotwein und nicht das dafür aufgewandte Geld schenken, wenn sich das Geld nicht nur in eben jene

---

[100] Näher unten § 19 B.
[101] Näher oben § 2 A. V. 3. b).
[102] Näher dazu oben § 3 B. II. 3. a).
[103] Näher unten § 19 F. III. 2.

Flasche Rotwein, sondern gleich noch in zahllose andere Annehmlichkeiten umwandeln ließe?[104]

4. Stärkerer Schutz des Schenkenden

Schließlich ist die Schenkung noch insoweit dogmatisch aufschlussreich, als das Recht hier typischerweise die Stellung des Schenkenden besser schützt als die des Beschenkten. Insbesondere soll der Gebende – in vielen Rechtsordnungen etwa durch Formerfordernisse – vor übereilten Entscheidungen geschützt werden. Rein prozedurale Ansätze haben auch damit ein Problem, denn wann immer man Wille, Erklärung oder Präferenz bei Vertragsschluss als intrinsisch richtig propagiert, d.h. zum theoretischen Ausgangspunkt nimmt, fehlt jede Handhabe, um dann doch noch qualitative Anforderungen an eine überlegte, richtig informierte usw. Entscheidung zu stellen.[105] Hier bleibt dann nur noch der Ausweg der üblichen Ersatzkonstruktionen. So mag man nicht-subsumierbare Begriffe wie Entscheidungsfreiheit oder Freiwilligkeit bemühen[106] oder auf eine (mangelnde) „Zurechenbarkeit" verweisen, obwohl selbst Schenkende, Getäuschte oder Minderjährige vorsätzlich handeln.[107] Aber auch beim eigentlichen[108] Vertragsinhalt wird man den Schenkenden deutlich wohlwollender behandeln als den Beschenkten[109] – kann sich Letzterer doch glücklich schätzen, überhaupt beschenkt worden zu sein. Allerdings muss man diesen naheliegenden Gedanken erst einmal vertragstheoretisch begründen, also insbesondere tatbestandlich verorten.

5. Rechtfertigungsprinzip

Wenn sich rein formale Ansätze wie Willens- und Erklärungstheorie vorwerfen lassen mussten, die Schenkung nicht einmal von einer Drohung abgrenzen zu können, ja generell nichts zu konkreten Vertragsinhalten zu sagen, so überwindet das Rechtfertigungsprinzip dieses Defizit genauso wie das des Äquivalenzgedankens, die Schenkung – wie auch alle anderen unentgeltlichen Rechtsänderungen – von vornherein nicht zu erfassen und so dualistische Sichtweisen geradezu herauszufordern. Schon das sollte deutlich machen, dass es alles

---

[104] Für eine Darstellung dieser schon lange diskutierten Probleme siehe etwa *Hyland*, Gifts, 2009, S. 38 f. m.w.N. Ein klassisches Beispiel für die schwierige ökonomische Erfassung der Schenkung bildet die Blutspende, vgl. dazu nur *Titmuss*, The Gift Relationship, 1970.

[105] Näher unten § 9 C. III.; § 10 D. IV.

[106] Siehe dazu vor allem unten § 4 B. I.; § 17 D. II. 2.

[107] Näher unten § 10 C.; § 17 E. II. 2.; § 17 D. II.

[108] Letztlich sind auch Irrtumsregeln eine Frage des Vertragsinhalts, näher dazu unten § 17 C. II.; § 17 D. III.

[109] Siehe zu diesem Befund nur aus jüngerer Zeit *Martens*, Willensmängel, 2007, S. 282 ff., 397, passim m.w.N.

andere als eine Lappalie bedeutet, über ein Kriterium zu verfügen, das von jeher gebilligte Vertragsformen wie den Kauf[110] und die Schenkung treffsicher von ebenso seit je missachteten Varianten wie Drohung oder Ausbeutung abgrenzt und es so auch erlaubt, konkrete Vertragsinhalte verallgemeinernd zu beschreiben.

Nach dem Rechtfertigungsprinzip sollte eine rechtliche Einbuße so weit erfolgen, wie dies notwendig ist, um sich getreu den eigenen Zielen zu verbessern. Dabei lässt es jede noch so bösartige wie gutartige Motivation gelten: Es interessiert also erst gar nicht, ob der Schenkende ein fremdnütziges oder eigennütziges Ziel verfolgt, ja ob und wie man beides überhaupt definieren oder voneinander abgrenzen kann bzw. wie sich beides zueinander verhält.[111] Das macht das Verständnis unentgeltlicher Verträge geradezu trivial. Denn wenn es der gebenden Person wie in Fall 2 tatsächlich ein persönliches Anliegen ist, dem Bettler mit 10 Euro zu helfen – und auf solche Zwecke lässt sich durchaus schließen –,[112] so lässt sich das nur dann verwirklichen, wenn er die 10 Euro an den Bettler verliert. Ohne diesen Verlust geht es nicht. Dabei findet hier, um das nochmals zu betonen,[113] keine Abwägung – etwa des Verlust des Schenkers mit dem Gewinn des Bettlers – statt. Es werden hier nicht verschiedene individuelle Wertvorstellungen intersubjektiv miteinander verglichen, sondern es wird einzig und allein gefragt, welche Rechtsänderung in all ihren Details die Ziele der rechtlich betroffenen Person (hier also des Schenkers) größtmöglich fördert.

Auch das sei wiederum[114] kurz illustriert: So wird der Schenker den Geldbetrag genau so lange erhöhen, wie ihn das getreu seinen eigenen Maßstäben besser stellt. Konkret darf ihn jeder zusätzliche Geldverlust nicht mehr schmerzen als ihn die damit für den Bettler verbundene Hilfe freut.[115] Allerdings wird unser Schenker im Zweifel keine Gedanken daran verschwenden, wie leicht oder schwer es ihm bei dieser Schenkung gestattet sein soll, sich bei Irrtümern oder einer unerwarteten Verarmung doch noch von seinem Versprechen zu lösen bzw. dieses zu widerrufen. Hier greifen wir dann etwa auf dispositives Recht oder auf übliche Vertragsgestaltungen zurück, so dass dann insoweit auch andere Personen darüber entscheiden, welcher Vertragsinhalt das Rechtfertigungsprinzip hier bestmöglich verwirklicht.[116] Dazu gehört dann auch die Frage eines Übereilungsschutzes, wie er beispielsweise über Formvorschriften verwirklicht wird. Der Schenkende soll nicht solche rechtliche Einbußen erlei-

---

[110] Näher unten § 3 C. II.
[111] Näher oben § 2 A. V. 3. b).
[112] Näher oben § 2 A. III.
[113] Vgl. bereits oben ab § 3 A. IV. 2. sowie unten § 4 C. I. 4. a) und § 4 Fn. 279.
[114] Vgl. bereits oben § 3 A. IV. 4.
[115] Angesichts des typischerweise abnehmenden Grenznutzens wird hier der geschenkte Betrag nicht unendlich groß ausfallen, vgl. dazu bereits oben bei Fn. 66.
[116] Näher zu dieser personell verteilten Bestimmung von Vertragsinhalten unten § 8 B.

den, deren Vorteile doch nicht so groß ausfallen, wie dies im Augenblick des Schenkerglücks erscheinen mag.[117]

Genauso trivial, wie wir mit dem Rechtfertigungsprinzip der Schenkung den ihr gebührenden Platz in der Reihe anerkennungswürdiger Vertragstypen einräumen können, gelingt es damit auch umgekehrt, Drohung und Ausbeutung davon fernzuhalten. Denn wer wie in Fall 15 nur deshalb gibt, weil er sonst um sein Leben fürchten müsste, verfolgt ersichtlich – auch für andere erkennbar – nicht das Ziel, dem Drohenden zu helfen. Und da ihm Leben wie Geld schon gehören, bringt ihn ein Geldverlust seinen Zielen nicht näher. Es ist hier einfach kein Zweck ersichtlich, durch das dem Opfer mit einer rechtlichen Beeinträchtigung gedient wäre.[118]

Spätestens die hier andeutungsweise vorgenommene Gegenüberstellung von Schenkung, Kauf und Drohung sollte verdeutlicht haben, wie zentral die menschlichen Ziele sowie die jeweilige Rechteausstattung sind, möchte man verstehen, warum wir nur bestimmte Vertragstypen tolerieren und dispositiv gerade so inhaltlich ausgestalten, wie wir dies in den Gesetzbüchern und Urteilen vorfinden: Solange wir nicht die menschlichen Ziele tatbestandlich berücksichtigen – und das tun die gängigen Vertragstheorien leider nicht –, werden wir nicht erklären können, warum wohl jedes Vertragsrecht dieser Welt danach unterscheidet, ob ein Mensch Geld an SOS-Kinderdörfer überweist oder aber einem ihm unbekannten Räuber Geld aushändigt.[119] Aber selbst das wird wiederum nur dann gelingen, wenn wir bei der vertragsrechtlichen Würdigung genauso tatbestandlich berücksichtigen, dass dem Menschen Körper und Leben schon gehört, weshalb es für ihn auf dieser Basis keine Verbesserung getreu den eigenen Zielen bedeutet, auch weiterhin selbst über dieses Leben zu verfügen.[120]

III. Auslobung

Nunmehr sei auf die in mancher Rechtsordnung als einseitiges, nicht empfangsbedürftiges Rechtsgeschäft ausgestaltete Auslobung eingegangen.[121] Wer konzeptionell bereits vom klassischen Vertragsschluss ausgeht, hat hier offensichtlich ein Problem.[122] Natürlich kann man einfach eine „Ausnahme" ma-

---

[117] Näher zu derartigen Fragen unten § 8 D.; § 17 E.; § 18 C. I. Demgegenüber sieht und spürt der Schenkende bei der sogenannten Handschenkung typischerweise, was er verliert.
[118] Näher unten § 4 C. II.
[119] Näher zur Bedeutung menschlicher Ziele oben § 2 A. sowie unten § 3 C. I.; § 4 C. I. 2.; § 9 D. I.; passim.
[120] Näher zur Bedeutung der jeweiligen Rechteausstattung § 2 D.; § 3 A. IV.; § 4 C. I. 1.; passim.
[121] Vgl. dazu die Verweise zum Vertragsschluss gleich unten in Fn. 127.
[122] Stellv. *Siegel*, Versprechen, 1873, S. 91 ff.; *Hofmann*, Entstehungsgründe, 1874, S. 38 ff.

chen, doch sollte man dann ein in sich stimmiges Gesamtkonzept anbieten, das uns beantwortet, warum gerade hier, nicht aber in anderen Fällen, eine solche Ausnahme zu machen sei. Das Rechtfertigungsprinzip demgegenüber hat den Vorteil, nicht von vornherein auf das Zusammenwirken zweier oder mehrerer Personen angewiesen zu sein. Wir können einfach prüfen, ob der drohende Verlust von 10 Euro zu rechtfertigen ist. Verspricht jemand wie in Fall 4 für die Rückgabe des entlaufenen Hundes 10 Euro, ist es ihm dieser so drohende Geldverlust offensichtlich wert, dafür möglicherweise wieder an sein Haustier zu gelangen. Die Gefahr, 10 Euro an den Finder zu verlieren, ist notwendig, um so die Chancen auf einen Rückerhalt des Hundes zu verbessern.[123] Dabei wird man es hier dem Auslobenden überlassen wollen, diese Abwägung zu treffen, weshalb es sich anbietet, das Ganze rechtstechnisch beispielsweise als Willenserklärung auszugestalten.[124]

IV. Wertpapiere

Es wäre vermessen, in dieser Arbeit auch noch eingehend das Wertpapierrecht abhandeln zu wollen. Und doch sei die Frage erlaubt, ob nicht vielleicht gerade das Rechtfertigungsprinzip diejenige Begründung der Rechtswirkung von Wertpapieren[125] liefert, um die bereits so lange gerungen wird.[126] Denn auch hier fällt es ersichtlich schwer, deren rechtliche Relevanz auf unsere klassische Vorstellung eines Vertragsschlusses zu stützen. Vielmehr verändert sich bereits mit der einseitigen Schaffung dieses Schriftstücks die Rechtslage. Nach dem Rechtfertigungsprinzip wäre hier also zu zeigen, dass die mit der Entstehung des Wertpapiers verbundene rechtliche Einbuße den Interessen der so betroffenen Person(en) dient, genau wie sich sämtliche formellen Anforderungen anhand dieses Maßstabs erklären lassen müssten.

---

[123] Näher zu derartigen Risikoerwägungen unten § 5. Warum hier nach mancher gesetzlichen Regelung auch derjenige einen Anspruch erhält, der von der Auslobung überhaupt nicht wusste, lässt sich – abgesehen von Praktikabilitätserwägungen, wonach Streitigkeiten so von vornherein vermieden werden – nach dem Rechtfertigungsprinzip nicht erklären. Doch scheint diese Sichtweise auch keineswegs unangefochten zu sein, zumal bei der Auslobung dogmatisch vieles umstritten war und ist. Zur deutschen Regelung des § 657 BGB siehe stellv. *Seiler*, MüKo-BGB, 5. Aufl. 2009, § 657 BGB Rn. 1 ff. Möglicherweise soll der altruistisch Handelnde nicht schlechter als derjenige gestellt werden, der nur des Geldes wegen hilft.
[124] Näher zum Subsidiaritätsgedanken unten § 8 E. II. 2.
[125] Art. 965 des schweizerischen Obligationenrechts definiert Wertpapier als „... jede Urkunde, mit der ein Recht derart verknüpft ist, dass es ohne die Urkunde weder geltend gemacht noch auf andere übertragen werden kann."
[126] Instruktiv *Siegel*, Versprechen, 1873 m.w.N.

V. Dies- und jenseits des Vertrags

Das Rechtfertigungsprinzip ist als substanzieller Maßstab von formalen Anforderungen wie einem Willen oder einer Erklärung unabhängig, erlaubt es aber wohl, die vertragliche Rechtsetzung personell an genau diesem Kriterium auszurichten und damit in ihrer ganzen Vielschichtigkeit zu begründen. Ebenso wichtig ist aber noch ein weiterer Vorzug dieses Grundsatzes, nämlich dessen Ausrichtung an den Zielen und Rechten nur einer Person. Dies bedeutet, dass wann immer tatsächlich nur eine Person rechtlich betroffen ist, wir auch nur diese betrachten müssen. Genau dadurch zeichneten sich die bisher diskutierten Rechtsänderungen aus und konnten gerade deshalb problemlos eingeordnet werden. Demgegenüber scheiterten hier die klassischen Vertragstheorien schon deshalb, weil sie bereits vom gedanklichen Ausgangspunkt her zwei Personen und deren Zusammenwirken verlangen. Das gilt selbst für jene Theorien, die anstatt eines Vertrags das Versprechen bemühen. Denn auch das Versprechen soll regelmäßig gleichermaßen einen Zugang wie eine Annahme verlangen, und wird davon nur ausnahmsweise abgewichen.[127] Warum manche rechtliche Bindung dennoch durch ein völlig einseitiges Verhalten eintritt, bleibt hier offen.

Wie nunmehr zumindest kurz angedeutet werden soll, zeigt sich dieses grundlegende Defizit nicht nur bei den zuvor diskutierten, in vielen Rechtsordnungen einseitig ausgestalteten Rechtsänderungen wie der Eigentumsaufgabe, Schenkung oder Auslobung. Vielmehr kennt unser Vertragsrecht noch ganz andere Phänomene, die sich gewissermaßen kleinteiliger, unterhalb des großen Vertrags bzw. des Versprechens, abspielen, die aber genauso rechtliche Änderungen bewirken und daher begründet werden wollen. Auch hierauf lässt sich das Rechtfertigungsprinzip anwenden, weshalb hier zumindest die große Bandbreite einschlägiger Konstellationen angedeutet sei. Ein ganz einfaches Beispiel bildet das Angebot, das bereits dann rechtlich wirksam ist, wenn es wie in Fall 327 im Briefkasten des Adressaten liegt und eine einwöchige Annahmefrist einräumt.[128] Aber auch die vieldiskutierte Fallgruppe des sogenannten Verschuldens bei Vertragsverhandlungen kennt einseitige Belastungen, bei denen wie etwa in Fall 328 der Kunde von einer verschärften Haftung des Kaufhausbetreibers profitiert, obwohl er sich mit niemandem unterhalten, sondern allenfalls einige Produkte angeschaut hatte.[129] Genauso kennt nahezu jede Vertragsrechtsordnung nach Vertragsschluss zahlreiche Möglichkeiten, den Vertragsinhalt einseitig und vor allem zu Lasten der Gegenseite zu beeinflussen. Das reicht von der Entscheidung, ob wir überhaupt einen „Anspruch"

---

[127] Auch wer sich nicht auf einen Vertrag, sondern ein Versprechen stützt, verlangt regelmäßig Zugang und Annahme. Näher dazu unten § 18 C. I. (dort insbes. Fn. 106).
[128] Näher unten § 18 C. I.
[129] Näher unten § 18 C. II.

geltend machen, über verschiedene Lösungsrechte bis hin zu diversen Wahlrechten einschließlich etwa des Rechts des Arbeitgebers, selbst Jahre nach Vertragsschluss einseitig zu beeinflussen, was für Tätigkeiten genau ein Arbeitnehmer ausüben muss. Hier liegt der Schlüssel in einer zweistufigen Rechtsänderung: Der ursprüngliche Vertrag beseitigt denjenigen rechtlichen Schutz, der verhindern würde, dass der einseitig Entscheidungsberechtigte ein ihn einseitig begünstigendes Recht erhalten kann.[130]

C. Mehrseitig belastende Rechtsänderungen

So wichtig es ist, einseitig belastende Rechtsänderungen erklären zu können, sollte das Rechtfertigungsprinzip natürlich auch ganz klassische, insbesondere gegenseitige Verträge erfassen. Dabei sei das Grundprinzip zunächst anhand von Kauf und Tausch illustriert. Erst im Anschluss wird dann verdeutlicht, dass sich mit dem Rechtfertigungsprinzip nicht nur Kauf und Tausch, sondern auch die dogmatisch anspruchsvolleren Dienstverträge erfassen lassen. Auf den Werkvertrag wird hier hingegen verzichtet, weil sich dort im Vergleich zu Kauf- oder Dienstvertrag nicht mehr grundlegend neue Herausforderungen stellen. Für die zahllosen Risikoverträge oder auch nur Risikoelemente, wie sie sich in nahezu jedem Vertrag finden, lässt sich das allerdings nicht sagen. Allerdings ist dieses Thema so anspruchsvoll, dass es einem eigenen Kapitel vorbehalten bleibt[131] – genauso wie das nicht minder spannende Feld der Leistungsstörungen[132] oder der noch so kleinen Details des jeweils geschuldeten Gegenstands.[133]

I. Wertschöpfung

1. Unterschiede

Dass es bei Verträgen – ganz gleich, ob einseitig oder mehrseitig belastend – den Parteien wie auch der Rechtsordnung darum geht, private Ziele zu verwirklichen, indem man die bloße Hoffnung auf Verbesserungen dadurch absichert, dass man diese verrechtlicht, wurde bereits dargelegt.[134] Zu klären bleibt jedoch, warum wir so oft zwei Leistungen miteinander verknüpfen, wie dies für den gegenseitigen Vertrag so typisch ist. Auch das ist eine Frage des möglichst treffend zu beschreibenden Vertragsinhalts, zu der sich nur die we-

---

[130] Näher unten § 18 B.
[131] Unten § 5.
[132] Unten § 6.
[133] Unten § 7.
[134] Oben § 3 A. IV. 3.

nigsten Ansätze äußern. Glücklicherweise lässt sich das *Jhering* nicht vorwerfen, erlaubt es ihm die intensive Beschäftigung mit dem Zweck, den entscheidenden Gesichtspunkt präzise zu erfassen: „Die Bezeichnung der Gegenleistung als Äquivalent ... enthält daher subjektiv von dem [Standpunkt] der Parteien aus eine entschiedene Unrichtigkeit... Diese Möglichkeit des beiderseitigen Gewinnes beim Geschäft beruht auf der Verschiedenheit des subjektiven Bedürfnisses ..., jeder von beiden Teilen hat für die beiden Sachen oder Leistungen, welche den Gegenstand des Austausches bilden, einen von dem des anderen abweichenden individuellen Wertmaßstab, und so kommt es, dass jeder gewinnt, ohne dass der andere verliert... Jede von ihnen sucht die Person auf, bei der sie ihre Bestimmung besser erreichen kann, für die sie also relativ einen höheren Wert hat als bei ihrem bisherigen Inhaber, sie tauscht mithin ihren bisherigen Platz gegen einen neuen aus."[135]

Anders formuliert kommt ein Tausch wie in Fall 5 deshalb zustande, weil hier die Frauen Orangen und Äpfel unterschiedlich stark schätzen und genau so von dieser Abweichung profitieren können. Und fragt man sich in Fall 6, warum der Kunde überhaupt einen Liter Milch kaufen sollte, so schätzt er diesen Liter offensichtlich höher als 1 Euro, während der Supermarkt umgekehrt 1 Euro höher schätzt als einen Liter Milch. Zumindest einen Sozialwissenschaftler wird dann noch interessieren, warum dem so ist. Hier lässt sich auf die Vorteile von Arbeitsteilung[136] verweisen, durch die es dem Supermarkt viel leichter fällt, Milch kostengünstig zu besorgen. Demgegenüber wird der Kunde sein Geld im Zweifel dadurch verdienen, dass er in seinem Beruf genauso gewisse Spezialisierungen ausspielen kann, angesichts derer er sehr viel leichter an 1 Euro gelangt, als dass er sich ohne Supermarkt einen Liter Milch besorgen könnte. Gerade im modernen Wirtschaftsverkehr und einer auch sonst hochgradig ausdifferenzierten Gesellschaft geht es vor allem darum, derartige Vorteile von Arbeitsteilung konsequent auszunutzen. Denn Arbeitsteilung bedeutet nichts anderes, als dass einzelne Parteien wegen ihrer unterschiedlichen Spezialisierung auch entsprechend abweichende Interessen, Kenntnisse, Möglichkeiten oder Kostenstrukturen haben, was eine fruchtbare Basis für eine gemeinsame Wertschöpfung liefert.

Verträge sind also kein Nullsummenspiel, so dass die eine Partei keineswegs das verliert, was die andere gewinnt. Dass es die unterschiedliche Wertschätzung etwa für ein und denselben Gegenstand ist, die gegenseitigen Verträgen überhaupt ihren Sinn verleiht, ist eine Binsenweisheit, auf die man sich aus naheliegenden Gründen gerade dann wieder[137] stärker besann, als man die

---

[135] *Jhering*, Der Zweck im Recht, Bd. 1, 1877, S. 129 ff., 132, siehe diesen auch unten bei § 19 Fn. 360. Heutzutage beschäftigt sich vor allem die Verhandlungstheorie mit dieser privaten Wertschöpfung, vgl. unten Fn. 140.
[136] Für Nachweise siehe nur unten § 8 B. I.
[137] So entwickelte jedenfalls schon die Scholastik sehr genaue Vorstellungen über das

Parteiinteressen von ihrer zeitweiligen vertragstheoretischen Vernachlässigung befreite.[138] So weisen etwa auch die Vertreter der Grundfolgentheorie immer wieder darauf hin, dass Verträge dazu beitragen, die Parteizwecke größtmöglich zu verwirklichen – und gerade daran auch zu messen sind.[139]

In jüngerer Zeit hat dabei vor allem die Verhandlungstheorie diese Einsichten vertieft und anschaulich vermittelt.[140] So sind wir etwa entgegen verbreiteter Intuition gut beraten, den Vertragsinhalt auf einen weiten Bereich zu erstrecken. Je breiter das Feld möglicher Tauschobjekte, desto eher lassen sich solche Unterschiede und Gemeinsamkeiten ausmachen und verwenden, die eine Wertschöpfung ermöglichen. Hierzu hilft es oft auch, sich in der Hierarchie menschlicher Ziele[141] auf eine höhere Stufe zu begeben, da sich dann der Blick automatisch weitet. Wer etwa mit seiner Arbeitssituation nicht zufrieden ist, damit aber bei seinem Arbeitgeber nicht durchdringt, mag sich so daran erinnern, dass das konkrete Arbeitsverhältnis keinen Selbstzweck bildet, sondern sich Verdienst wie Arbeitsfreude auch andernorts finden lassen.

2. Gemeinsamkeiten

Dabei illustriert *Jhering* nicht nur anschaulich, wie es Unterschiede etwa der jeweiligen Interessen, Kenntnisse oder Fähigkeiten sind, die eine gemeinsame Wertschöpfung ermöglichen. Genauso lassen sich Gemeinsamkeiten nutzen, und zwar namentlich solche Ziele, die beide Seiten teilen und deren Verwirklichung von einer konstruktiven Zusammenarbeit abhängt – man denke nur an den wirtschaftlichen Erfolg eines Unternehmens: „Anders aber, wenn der Zweck die Kräfte des Einzelnen übersteigt, oder wenn die gemeinsame Verfolgung desselben eine Ersparnis in Bezug auf die aufzubietenden Mittel oder eine größere Sicherheit der Zweckerreichung in Aussicht stellt; in diesem Fall entspricht die Vereinigung zu demselben Zweck dem beiderseitigen Interesse. Die juristische Form dafür ist der Societätsvertrag... Beim Tausch ist der Zweck des einen ein anderer als der des anderen, gerade daher kommt es, dass beide miteinander tauschen, bei der Societät ist der Zweck, das Ziel dasselbe."[142] Allerdings führt diese Vereinigung, weil meistens mehr als „nur" zwei

---

Zusammenspiel von Preisen, Bedürfnissen und Märkten, vgl. dazu die Nachweise oben § 4 B. III. sowie im ganzen Kapitel zum Risiko (etwa unter § 5 A. II. 2.).

[138] Näher dazu oben § 2 A. I.

[139] Eingehend unten § 9 D. I.

[140] Stellv. *Schelling*, The Strategy of Conflict, 1960; *Raiffa*, The Art and Science of Negotiation, 1982; *Fisher/Ury/Patton*, Getting to Yes, 2. Aufl. 1991; *Bazerman/Neale*, Negotiating Rationally, 1992; *Haft*, Verhandlung und Mediation, 2. Aufl. 2000; *Hager*, Konflikt und Konsens, 2001; *Risse*, Wirtschaftsmediation, 2003; *Fisher/Shapiro*, Beyond Reason, 2005; *Bühring-Uhle/Eidenmüller/Nelle*, Verhandlungsmanagement, 2009.

[141] Näher oben § 2 A. II. 1. c).

[142] *Jhering*, Der Zweck im Recht, Bd. 1, 1877, S. 133 f. Siehe dazu auch unten § 19 E. III. 2.

Personen umfassend, zu deutlich gestiegener Komplexität, die den Vertragsgedanken schnell an seine Grenzen zu führen droht und damit große geistige wie praktisch-rechtliche Anstrengungen erfordert.[143]

3. Missverständnisse

a) Positionen versus Interessen?

Wenngleich die jüngere Verhandlungstheorie lobenswert dazu beiträgt, die Mechanismen und Möglichkeiten vertraglicher Wertschöpfung zu illustrieren[144] und damit vor allem den Zweckgedanken wieder stärker zu betonen, verleitet diese stark von ökonomischem Denken[145] beeinflusste Diskussion zu einigen Thesen, die sich bei näherer Betrachtung als gefährliches Missverständnis entpuppen und daher kurz aufgegriffen seien. Besonders beliebt ist es dabei, dem Denken in Rechtspositionen ein solches entgegenzustellen, das sich darauf konzentriert, die Parteiinteressen zu verwirklichen. Während Interessen in die Zukunft gerichtet seien, verführe das Rechtsdenken zu vergangenheitsorientierten Betrachtungen. Es werde etwa gefragt, welche Partei warum bestimmte Rechte verdient habe und nicht nach aktuellen Erfordernissen. Dass Positionen regelmäßig starr und festgelegt seien, verhindere schöpferisch-wertschöpfende Lösungen. Gerade wir Juristen seien dabei besonders gefährdet, würden diese doch in ihrer ganzen Ausbildung darauf getrimmt, in Anspruchsgrundlagen und damit Positionen zu denken.[146] In Fall 7 etwa assoziiere ein dermaßen ungeschulter Jurist bei dem Stichwort „Orange" eher Besitz und Eigentum als deren Eignung zur Verwirklichung verschiedenster Interessen.

Und immerhin betont ja auch der Verfasser fortwährend, dass es dem Menschen letztlich um seine Ziele geht, das Recht hingegen ein Mittel unter vielen bildet, weshalb gerade eine liberal gesinnte Rechtsordnung dies tunlichst respektieren möge.[147] Genauso stimmt es noch, dass es die Ziele und nicht bestehende Rechte sind, die uns zu schöpferisch-zukunftsgerichteten Betrachtungen anregen.[148] Oder um wieder mit *Jhering* zu sprechen: „Eine Gegenleistung, die für die Partei nichts weiter ist als Äquivalent, d.i. völlig gleichwertig,

---

[143] Ansatzweise dazu unten § 19 E. III.
[144] Siehe dazu bereits die Nachweise oben bei Fn. 140.
[145] Näher zu diesem etwa auch oben § 2 D. II. 3. sowie unten § 4 B. V.; § 17 E. IV.; § 19 F. VII.
[146] Siehe dazu aus den oben in Fn. 140 erwähnten Werken hier nur stellv. *Fisher/Ury/Patton*, Getting to Yes, 2. Aufl. 1991, S. 3 ff., 11, 40 ff.: „Reconciling interests rather than positions..."; „We can *choose* to look back or to look forward."; "Instead of arguing with the other side about the past ... talk about what you want to have happen in the future." usw.
[147] Näher oben § 2 A. IV. 1 sowie unten § 9 D. I.; passim.
[148] Näher oben § 2 A. IV. 6.

hat psychologisch nicht die Kraft, die Änderung des bestehenden Zustandes zu bewirken, dazu bedarf es vielmehr eines Übergewichts, eines Plusvalents, selbstverständlich nicht im objektiven, sondern nur im subjektiven Sinn, beide Teile müssen überzeugt sein, dass sie beim Tausch gewinnen."[149]

Dummerweise lässt sich beim Vertrag nicht ernsthaft mit den Parteiinteressen operieren, ohne dabei immer von einer bestimmten Rechtslage auszugehen. Denn wie bereits eingehend illustriert, ist es ohne diesen Bezugspunkt überhaupt nicht klar, wann sich eine Person verbessert bzw. verschlechtert oder ob nicht vielleicht erst die völlige Enteignung und Versklavung der Gegenseite erfolgen sollte.[150] Dementsprechend wird dann auch schnell wieder auf das Recht verwiesen, wenngleich nur als „Schatten"[151] und damit ohne zu beantworten, was am Recht hier warum zu hinterfragen oder aber eben doch hinzunehmen ist. Das grundlegende Dilemma wird hier nur allzu offensichtlich, möchte der Sozialwissenschaftler das Recht hinterfragen oder beschreiben und es sich nicht als gegeben vorsetzen lassen.[152] Dass unser ganzes Recht – wie auch etwa das menschliche Denken – angesichts der Komplexität unserer Lebenswelt nur geschichtlich organisiert werden könnte,[153] diskutiert die Verhandlungstheorie so gut wie nie.

Tatsächlich läge im so gerne bemühten Orangenbeispiel (Fall 7) der Fehler einer – nur vermeintlich „salomonischen" – hälftigen Teilung nicht darin, auf der eigenen Rechtsposition zu beharren. Vielmehr ist jede Schwester gut damit beraten, ihr Eigentum so lange nicht aufzugeben, wie dies nicht den eigenen Interessen dient. Und genauso ist sie gut beraten, eine Eigentümerstellung am Fruchtfleisch (bzw. an der Schale) zu erlangen, da sie es nur dann straflos weiterverwenden darf. Tatsächlich geht es hier um ein psychologisches Problem, nämlich sich nicht getreu eingefahrener und damit unser Denken oft entlastender Muster (Heuristiken) allein auf „die Orange" als Ganzes zu versteifen, anstatt zu berücksichtigen, dass man diese in Schale und Fruchtfleisch aufteilen kann.[154] Was das jedoch mit einem Denken in Rechtspositionen zu tun haben soll, erschließt sich dem Verfasser nicht. Schließlich erlaubt es das Sachenrecht wohl jedes Landes, Orangen in Fruchtfleisch und Schale zu zerteilen, um dann beide Teile eigentumsrechtlich gesondert zu behandeln – von den Freiheiten des bloßen Verpflichtungsgeschäfts ganz zu schweigen. Das, was hier also tatsächlich im Interesse einer größtmöglichen Wertschöpfung gesche-

---

[149] *Jhering*, Der Zweck im Recht, Bd. 1, 1877, S. 129. Siehe dazu auch unten § 4 B. III. 4.
[150] Näher oben § 2 A. II. 2.; § 2 D.; § 3 A. IV. oder unten § 4 C. I. 1.; passim.
[151] Siehe hier nur – weil dies bereits im Titel führend – *Mnookin/Kornhauser*, 88 YaleLJ 950 (1979).
[152] Näher oben § 2 D. II. 3.
[153] Näher oben § 2 D.
[154] Auch das hängt mit der Begrenztheit und Geschichtlichkeit menschlichen Denkens zusammen (näher oben § 2 D. IV.), was immer die Gefahr birgt, im Einzelfall sinnvolle Unterscheidungen auszublenden.

hen muss, ist nicht etwa, in Interessen statt Rechtspositionen zu denken, sondern vielmehr, statt in Rechtspositionen an Orangen geistig vielschichtiger in Rechtspositionen an Schale und Fruchtfleisch zu denken. Dieses Thema wiederum ist den Juristen sicher nicht fremd, sondern spielt sich insbesondere im Sachenrecht ab. Dabei wurde bereits früh darauf hingewiesen, dass sich gebündelte Rechte wie das Eigentum auch schnell wieder zerlegen ließen – etwa nach den verschiedenen Vorteilen des Eigentums oder auch in viele relative Einzelbeziehungen.[155] Und gerade dort, wo handfeste Interessen eine weitere Aufteilung nahelegen – man denke etwa an das von den §§ 93 f. BGB abweichende Wohnungseigentumsgesetz –, stellt sich dann die Frage einer notfalls sogar gesetzlichen Neustrukturierung rechtlicher Positionen. Dabei weiß ein Jurist allerdings auch, dass jede weitere Unterscheidung die Komplexität unseres ohnehin schon reichlich komplizierten Rechts weiter steigert und daher sorgsam zu überdenken ist. So ist es sicher nicht gottgegeben, wenn man in vielen Rechtsordnungen nicht auch dinglich ganz ohne Zerteilung einzelne Bestandteile übereignen kann. Andererseits lassen sich gerade aus wirtschaftlicher Sicht auch sehr gute Gründe dafür anführen, dass wir manche Gegenstände auf dinglicher Ebene – und nur diese ist regelmäßig betroffen – zusammenhalten.[156]

b) *Verteilung einer gemeinsamen Kooperationsrente?*

Doch auch bei Verteilungsfragen begibt sich die verhandlungstheoretische Diskussion bisweilen auf einen unglücklichen Pfad. Dabei liegt das Problem nicht etwa darin, überhaupt so etwas wie Verteilung zu diskutieren oder gar beeinflussen zu wollen – schließlich hat jede vertragstheoretische Positionierung immer auch eine Verteilungsdimension.[157] Vielmehr beginnen die Schwierigkeiten dort, wo eine gemeinsame Kooperationsrente nach diversen Kriterien auf die Akteure aufgeteilt werden soll. Macht man hier „halbe-halbe", lässt sich dann auch von subjektiver Äquivalenz sprechen. Wie noch ausführlich zu illustrieren sein wird, ist dieser Ansatz jedoch weder theoretisch überzeugend (Stichwort: intersubjektive Vergleiche) noch lässt sich damit zutreffend beschreiben, was Vertragsparteien wie Rechtsordnung als angemessen ansehen und dementsprechend einfordern.[158] Das führt auch oft zu einer eher ambivalenten Positionierung dahingehend, ob die jeweils eingebrachten Verteilungskriterien deskriptiv oder normativ verstanden werden sollen.

---

[155] Näher oben § 2 C. III. 3.
[156] Etwa durch die Einordnung als „Zubehör", vgl. dazu nur aus dem deutschen Recht §§ 97 f. BGB.
[157] Näher unten § 19 C. IV.
[158] Näher unten ab § 4 B. IV. 2.

c) Einseitige Interessen am Vertragsinhalt?

Zweischneidig ist es auch, wenn es wie so oft heißt, ein bestimmter Vertragsinhalt liege im Interesse einer bestimmten Partei. Zwar profitiert etwa ein Käufer von einem ihm eingeräumten Widerrufsrecht. Doch ist eine solche Sicht reichlich isoliert und damit für vertragstheoretische Zwecke untauglich. Denn natürlich wird jede vertragliche „Wohltat" eingepreist und damit von eben jenem Käufer bezahlt.[159] Das Widerrufsrecht liegt also nur dann im Interesse des Käufers, wenn ihm dieses wichtiger ist, als von einem sonst niedrigeren Kaufpreis zu profitieren. Es geht also zunächst um die gemeinsame vertragliche Wertschöpfung durch einen möglichst ausgeklügelten Vertragsinhalt.[160] Sinnvoll erscheint die Rede von Interessenkonflikten eher dort, wo es um reine Verteilungsfragen wie die Höhe des zu zahlenden Kaufpreises geht.[161] Doch zeigt sich selbst da sehr schnell, dass wir Verteilungsanliegen besser über andere Institute als ausgerechnet das Vertragsrecht verwirklichen.[162]

II. Kauf und Tausch

1. Grundidee

Nunmehr sei die grundlegende Funktionsweise des Rechtfertigungsprinzips bei mehrseitig belastenden Rechtsänderungen anhand einfacher Beispiele zu Kauf bzw. Tausch und damit eines Vertragstyps illustriert, der – berechtigt oder nicht –[163] meistens im Zentrum vertragstheoretischer Betrachtungen steht.

Fall 5: Tausch: Annabel hat schöne Orangen im Marktwert von 1 Euro, mag aber lieber Äpfel. Luise geht es genau umgekehrt: Sie hat schöne Äpfel im Marktwert von 1 Euro, mag aber lieber Orangen. Beide beschließen, ganz einfach zu tauschen.

Fall 6: Gegenseitiger Vertrag: K kauft im Supermarkt S einen Liter Milch für 1 Euro.

Prüfen wir nun das Rechtfertigungsprinzip für sämtliche Vertragsparteien, so verliert K in Fall 6 einen Euro an S.[164] Diese rechtliche Einbuße muss erforderlich sein, damit sich K getreu den eigenen Zielen verbessert. Das setzt voraus, dass ihn der Liter Milch seinen Zielen näher bringt als sein Euro. Getreu dem

---

[159] Näher unten § 19 C. IV. 2. b) aa).
[160] Näher oben § 3 A. IV.
[161] Thematisch einschlägig sind hier die sog. Ausbeutungskonstellationen, näher dazu unten § 4 C. III.
[162] Näher unten § 19 C. IV.
[163] So lässt sich durchaus kritisieren, dass beispielsweise der Dienstvertrag gerade in eher abstrakten vertragstheoretischen Darstellungen gerne vernachlässigt wird – wohl auch, weil hier viele klassische Ansätze an ihre Grenzen stoßen, näher dazu unten § 7 A. I.; § 3 C. II. 2.
[164] In dieser Arbeit werden Abstraktions- und Trennungsprinzip weithin ausgeblendet, vgl. dazu jedoch kurz unten § 3 D.

Subsidiaritätsprinzip können wir hier das durchaus unterstellen, da K im Zweifel besser als etwa ein Richter weiß, warum er einen Euro für die Milch hergibt.[165] Da S Eigentümer der Milch ist, kann sich K die Milch auch nicht einfach nehmen, sei es mit oder ohne Gewalt, denn S wird vor dieser Einbuße kraft seines Eigentumsrechts geschützt. Das Rechtfertigungsprinzip gilt auch für S. Das Recht sorgt dafür, dass S seine Milch nur dann verliert, wenn dies notwendig ist, um sich seinerseits zu verbessern. K ist also darauf angewiesen, dass auch der Eigentumsverlust des S gerechtfertigt werden kann. S muss damit von K so viel an Ausgleich für seine rechtliche Einbuße erhalten, dass er sich trotz des Verlustes der Milch nicht verschlechtert. Denn auch S könnte sich die 1 Euro des K nicht einfach so nehmen, hat doch K ein entsprechend geschütztes Eigentum an diesem Geld. Letztlich sollte K also genau so viel bezahlen, wie notwendig ist, um die Bereitstellung der Milch durch S unter beidseitiger Beachtung des Rechtfertigungsprinzips zu ermöglichen. Umgekehrt sollte S genau so viel Milch an K verlieren, wie dies notwendig ist, um die Hingabe von 1 Euro durch K beiderseits mit dem Rechtfertigungsprinzip zu vereinbaren.

Im Ergebnis genügt der Kaufvertrag in Fall 6 dieser Anforderung einer Beachtung des Rechtfertigungsprinzips für beide rechtlich betroffenen Parteien. Es ist hier gerade die Verknüpfung von Leistung und Gegenleistung, die den Übergang von einem durch das Recht stabilisierten ursprünglichen Zustand (Eigentum des S an der Milch, Eigentum des K an 1 Euro) in einen neuen Zustand (Eigentum des K an der Milch und des S an 1 Euro) ermöglicht, der beide Parteien besser stellt, dabei jedoch die ursprüngliche Rechteverteilung gerade nur so weit antastet, wie dies zur vertraglichen Wertschöpfung beiträgt. Dabei erfolgt auch hier keine Abwägung – trotz der für gegenseitige Verträge so typischen Verknüpfung von Leistung und Gegenleistung. Es wird hier nicht darauf abgestellt, dass K den Liter Milch höher als S schätzt und S ein Vermögen von 1 Euro höher als K. Denn die Geschmäcker einzelner Personen lassen sich nicht ohne Weiteres vergleichen, und das Rechtfertigungsprinzip ist auf solche intersubjektiven Vergleiche nicht angewiesen.[166] Ebenso sei nochmals darauf hingewiesen, dass es hier zunächst um die verallgemeinernde Beschreibung allein des Vertragsinhalts geht und nicht bereits darum, wer letztlich – Vertragsparteien, Staat oder sonstige Personen – darüber entscheiden sollte. Dies, also die unserem Vertragsrecht zugrunde liegende Kompetenzverteilung, wird noch gesondert – und zwar sehr eingehend – zu diskutieren sein.[167]

---

[165] Näher zu diesem Aspekt der vertraglichen Kompetenzverteilung unten § 8 E. II. 2.
[166] Siehe für die Schenkung bereits oben § 3 B. II. 5. sowie etwa unten § 4 C. I. 4. a) und § 4 Fn. 279.
[167] In den Kapiteln ab § 8.

Nach den gleichen Grundsätzen bleibt das Rechtfertigungsprinzip auch in Fall 5 der beiden Frauen gewahrt. Annabel erhält für die wenig geliebten Orangen die begehrten Äpfel und umgekehrt Luise für die wenig geliebten Äpfel die ihrerseits begehrten Orangen. Die Verbindung zweier Eigentumsverluste ermöglicht insgesamt die Verbesserung beider Seiten ohne Verletzung des Rechtfertigungsprinzips. Damit erweisen sich gegenseitige Verträge – wie alle anderen Rechtsänderungen auch – als von der Rechtsordnung gebilligte Veränderungen eines ansonsten stabil gehaltenen Rechtszustands. Das Rechtfertigungsprinzip verhindert also ein Erstarren der Rechtslage, indem es in Bahnen deren Veränderung zwecks individueller Verbesserungen erlaubt.[168]

2. Inhaltsbestimmung

Abschließend sei noch illustriert, dass jeder Vertragsinhalt, der nicht wie in Fall 7 sämtliche Wertschöpfungsmöglichkeiten ausnutzt, das Rechtfertigungsprinzip verletzt.[169] Denn dann ist die jeweilige rechtliche Einbuße nicht notwendig, um eine bestimmte Verbesserung zu erzielen. Es gelingt dann nämlich auch mit geringeren rechtlichen Einbußen, wobei als Vergleichsmaßstab die von den Parteien jeweils verfolgten Ziele dienen. Anhand dieses Maßstabs lassen sich auch ganz unterschiedliche Verträge vergleichen, etwa wenn wie in Fall 8 ein Käufer überlegt, für seinen Euro entweder einige Äpfel oder aber Orangen zu kaufen, jedoch Orangen den Äpfeln ein wenig vorzieht: Hier sind die beiden denkbaren Vertragsinhalte in ihrer Gesamtheit, also mit allen Vor- und Nachteilen, anhand der jeweils verfolgten Ziele zu vergleichen. Wie immer spielt sich all das jeweils nur in einer Person ab, geht es jeweils um die Rechte und Ziele einer einzigen Person.

Doch warum verstößt es eigentlich gegen das Rechtfertigungsprinzip, wenn in Fall 6 der die Orangen liebende Käufer nicht etwa für 1 kg Orangen zum Marktpreis von 5 Euro, sondern stattdessen 0 kg Orangen zum Marktpreis von 0 Euro kauft, wird hier doch offensichtlich kein Recht beeinträchtigt? Besagt das Rechtfertigungsprinzip nicht lediglich, dass rechtliche Einbußen zu rechtfertigen sind, nicht jedoch, warum sie überhaupt erfolgen sollten? Worin liegt dann aber gewissermaßen der ursprüngliche Impuls, Antriebsfaktor und Anlass für das, was Verträge erreichen sollen, oder anders formuliert die Antwort auf das „warum überhaupt"?[170] Hierfür muss man nur das Verhältnis von Rechten und Zielen richtig einordnen: Die individuelle Verbesserung dient

---

[168] Näher zu diesem Muster von Stabilität und Veränderung oben § 2 D.

[169] Dabei sei nochmals darauf hingewiesen, dass eine – etwa gar nur minimale – Verfehlung des Rechtfertigungsprinzips nicht bedeutet, dass die Rechtsordnung immer gut beraten wäre, einen solchen Vertrag für unwirksam zu erklären. Denn dazu müsste der Staat das Rechtfertigungsprinzip besser verwirklichen können als insbesondere die Parteien. Eingehend zu dieser Frage der vertraglichen Kompetenzverteilung unten ab § 8.

[170] Zu einer ähnlichen Fragestellung auf der subsidiären Ebene von Wille einerseits und

nicht nur der Rechtfertigung rechtlicher Beeinträchtigungen, sondern sie ist für sich erstrebenswert. Deshalb darf nicht nur eine rechtliche Einbuße eintreten, wenn diese zur Verbesserung des so Betroffenen notwendig ist, sondern sie *soll* es dann auch. Nicht aber sind Rechte ein Selbstzweck. Gesellschaften ordnen Rechte nicht „aus Prinzip" zu, nicht aufgrund einer vermeintlich formal-analytisch-apriorisch vorgegebenen Logik, sondern allein dazu, um damit verschiedenste Zwecke zu verfolgen.[171] Letztlich geht es um persönlichen Fortschritt und liefert die Zuweisung von Rechten „nur" eine stabile Basis für kontrollierte Veränderungen sowie den notwendigen Maßstab, um Verbesserungen überhaupt feststellen zu können und Verschlechterungen abzuwehren.[172]

Daher wird unser Käufer so lange die Menge gekaufter Äpfel steigern, wie ihm weitere Äpfel größeren persönlichen Fortschritt versprechen als der dafür notwendige Geldverlust. Mit jedem zusätzlichen Apfel sinkt dabei typischerweise die für diesen neuen Apfel aufgebrachte Wertschätzung.[173] Zum anderen sei einmal mehr betont, dass der Staat regelmäßig gut beraten ist, derartige Betrachtungen nicht selbst vorzunehmen, sondern sie insbesondere den Parteien selbst zu überlassen (Subsidiarität).[174] Doch gilt das eben nicht immer, wie sich allein an den im noch zu diskutierenden Fällen von Zwang, Drohung und Ausbeutung zeigen wird.[175]

III. Dienstvertrag

1. Beratungsvertrag

a) Problem

Blickt man in die gängige vertragstheoretische Literatur, fällt dort auf, wie sehr sich die dogmatischen Betrachtungen um Kauf oder Tausch drehen. Der Dienstvertrag hingegen – ein praktisch sicher nicht unbedeutender Vertragstyp – wird gerne ignoriert oder ins Arbeitsrecht abgeschoben. In gewisser Hinsicht ist das verständlich, erspart man sich so zahlreiche unangenehme Fragen. So fehlen für Dienstverträge nicht nur im deutschen Recht gesetzliche Gewährleistungsvorschriften, weshalb man zur Begründung all der kleinen Details, die den Leistungsinhalt nun einmal ausmachen,[176] nicht einmal mehr –

Einwilligung bzw. Zurechenbarkeit andererseits vgl. unten § 9 C. II. 2.; § 10 C. III. 2.; § 10 C. IV. 2.

[171] Näher oben § 2 A. I.; unten § 9 D. I.
[172] Näher zu diesem Muster von Stabilität und Veränderung oben § 2 D. sowie zur Rechtebasierung auch unten § 4 C. I. 1.
[173] *Gossen*, Entwicklung, 1854, S. 4 f., 7, 12, passim.
[174] Näher unten § 8 E. II. 2.
[175] Unten § 3. Vgl. auch unten § 8; § 19 D.
[176] Näher unten § 8 C.

C. Mehrseitig belastende Rechtsänderungen

ohnehin dogmatisch unbefriedigend –[177] darauf verweisen kann, dass dies eben gesetzlich geregelt sei. Auf was für grundlegende Probleme wir selbst in äußerst schlichten Fallkonstellationen geraten, lässt sich gut anhand eines klassischen Beratungsvertrags verdeutlichen. Dabei steht dieser nur beispielhaft für zahllose Konstellationen, in denen eine Vertragspartei die andere wegen deren besserer Kenntnisse auf einem bestimmten Gebiet aufsucht.

Fall 9: Dankbares Opfer: Die 90jährige Rentnerin R sucht ihre Hausbank B auf und vereinbart mit dieser eine hochwertige Honorarberatung für ein marktübliches Stundenhonorar. Sie will ihr Vermögen möglichst solide anlegen. B empfiehlt R eine 30 Jahre laufende Kapitallebensversicherung sowie den Erwerb einer Anleihe von U zum vollen Nennwert, obwohl diese Papiere bereits von bekannten Ratingagenturen als hochspekulativ eingestuft worden waren.

Dass hier die Hausbank der Rentnerin für eine eklatante Fehlberatung haftet, dürfte nicht nur in Europa auf breite Anerkennung stoßen.[178] Wie immer interessiert uns hier also nicht das jeweilige Ergebnis, sondern dessen Begründung. Überwiegend wird man dabei geneigt sein, zumindest im obigen Fall einen Vertrag anzunehmen[179] und der Rentnerin auch das Recht einzuräumen, die versprochene Beratung notfalls einzuklagen.[180] Schließlich wurde ihr genau das versprochen und zahlt sie dafür gutes Geld. Dementsprechend scheint dann auch die Begründung für eine entsprechende Beratungspflicht leicht, zumindest wenn man hier einmal unterstellt, dass die Bank der Rentnerin ausdrücklich eine „qualitativ hochwertige" oder etwa auch „anleger- und objektgerechte" Beratung versprochen hatte. Denn dieses Versprechen hätte die Bank offensichtlich gebrochen.

Doch so offensichtlich uns dieser Vertragsbruch erscheint, ist man jedenfalls nicht mit der Willens- oder Erklärungstheorie imstande, dieses klare Ergebnis zu begründen. So ist es für sämtliche Beratungsverträge – und nicht nur diese – typisch, dass der Anbieter sehr viel mehr weiß als sein Kunde. Dafür wird er schließlich bezahlt. Die Rentnerin zahlt der Bank ein Honorar, weil die Bank besser weiß, was für Anlagen sinnvoll sind. Im Zweifel ist sie nicht in der Lage, dies selbst zu beurteilen, jedenfalls will sie sich nicht in kompli-

---

[177] Näher unten § 16 A.
[178] Siehe zu diesem Thema hier nur die Richtlinie 2004/39/EG des Europäischen Parlaments und des Rates vom 21. April 2004 über Märkte für Finanzinstrumente, ABl. Nr. L 145 v. 30.4.2004, S. 1; Richtlinie 2002/92/EG des Europäischen Parlaments und des Rates vom 9. Dezember 2002 über Versicherungsvermittlung, ABl. L 9 v. 15.1.2003, S. 3 sowie aus dem deutschen Recht etwa §§ 31 ff. WpHG, 59 ff. VVG oder das Bond-Urteil des BGH, Urt. v. 6.7.1993, BGHZ 123, 126.
[179] Zu anderen Konstellationen siehe unten § 18 C. II.
[180] Dies ist in vielen Konstellationen fraglich und wird etwa in der deutschen Diskussion mit Unterscheidungen wie Auskunfts- (einklagbar) versus Informationspflichten oder auch Haupt- und Nebenleistungspflichten einerseits und Schutzpflichten andererseits diskutiert, vgl. dazu nur *Rehberg*, Informationsproblem, 2003, S. 124, 168 m.w.N.

zierte Finanzfragen einarbeiten müssen. Vielmehr möchte sie für all das gerade die Bank einschalten. Damit ist die Rentnerin aber auch nicht fähig, bei Vertragsschluss zu wollen oder zu erklären, wie genau sie zu beraten ist.[181] Insbesondere kann sie nicht mit der Bank vereinbaren, dass sie vor Anleihen speziell von U zu warnen sei. Und genauso wenig vereinbart sie mit der Bank, darauf hingewiesen zu werden, dass eine 90jährige Rentnerin keine so lange laufende Lebensversicherung benötigt. Sie weiß das offensichtlich nicht, und dafür gibt es schließlich die Bank. Nun mag man einwenden, dass die Rentnerin zwar bei Vertragsschluss nicht die in der konkreten Beratungssituation einzeln geschuldeten Hinweise vereinbaren könne, wohl aber – wie im Fall sogar explizit unterstellt – eine „hochwertige" (oder auch „anleger- und objektgerechte") Beratung. Doch hat man dann nur diese abstrakten Begriffe und keine konkrete Hinweispflicht gewollt oder erklärt. Der Inhalt dieser konkreten Hinweispflicht – und das ist der entscheidende Punkt – ergibt sich nicht aus dem Willen oder der Erklärung unserer Rentnerin bei Vertragsschluss. Wie immer man diese Konkretisierung auch bezeichnet, etwa indem man eine „normative" „Auslegung" bemüht,[182] einen rein mutmaßlichen „Willen" ermittelt[183] oder einfach auf Verkehrssitte oder staatliches Vertragsrecht zurückgreift,[184] berücksichtigt man für diesen Prozess neue Kriterien. Wille oder Erklärung der Rentnerin bei Vertragsschluss dienen hier nur noch als Anknüpfungspunkt für anderweitig abgeleitete Vertragsinhalte.[185] Und der tiefere Grund für all das liegt in den unterschiedlichen Kenntnissen und Fähigkeiten beider Vertragsparteien, was dem ganzen Vertrag überhaupt erst seinen Sinn verleiht.

Nur am Rande sei darauf hingewiesen, dass wenn man nicht nur nach der „primären" Beratungspflicht, sondern nach einer sich an deren Verletzung knüpfende „Haftung" fragt, ähnlich zweifelhaft ist, ob man sich dafür auf Wille oder Erklärung der Vertragsparteien bei Vertragsschluss stützen kann. Schließlich denken nur die wenigsten Menschen daran, was geschehen soll, wenn einzelne Dinge schief gehen. Da das jedoch die grundlegende dogmatische Herausforderung sogenannter Leistungsstörungen ist, sei darauf erst andernorts eingegangen.[186]

b) Rechtfertigungsprinzip

Nach dem Rechtfertigungsprinzip sollte die Bank haften, weil dies einem für beide Seiten wertschöpfenden Vertragsinhalt entspricht. Die Rentnerin profi-

---
[181] Siehe dazu auch unten § 9 C. V. 2. c).
[182] Näher unten § 9 C. V. 2. e); § 10 E. II. 1.
[183] Näher unten § 9 C. V. 2. d).
[184] Näher unten § 16 A.; § 16 C.
[185] Näher unten § 9 C. V. 2. c); § 10 E.
[186] Unten § 6.

tiert nur dann – wie immer gemessen an ihren eigenen Zielen – stärker, als sie durch das Honorar verliert, wenn sie hilfreiche Ratschläge erhält. Das ist jedoch nur dann gewährleistet, wenn die Bank einen Anreiz hat, sich überhaupt Mühe zu geben, also zumindest bei einer leicht vermeidbaren Fehlberatung haftet. Allerdings wird die Bank dieses Haftungsrisiko wie auch die Mühen einer Beratung nur dann auf sich nehmen, wenn das Honorar der Rentnerin dafür sorgt, dass auch für die Bank das Rechtfertigungsprinzip verwirklicht ist.[187]

Das gemeinsame Wertschöpfungspotenzial ergibt sich hier aus den unterschiedlichen Kenntnissen und Fähigkeiten beider Vertragspartner und damit wie so oft den Vorteilen einer Arbeitsteilung. Die Bank kann sehr viel leichter als die Rentnerin all die Mühen aufbringen, die notwendig sind, um eine sinnvolle Anlageentscheidung zu treffen. Wie viel Honorar für exakt was für eine Beratungsqualität geschuldet sein sollte, lässt sich zwar anhand des Rechtfertigungsprinzips beantworten,[188] wird aber natürlich jede Einzelperson einschließlich eines Richters schnell überfordern. Dementsprechend sollten die Vertragsparteien viele Aspekte nach wie vor selbst bestimmen, und organisiert unser Vertragsrecht eine ausgeklügelte, zeitlich wie personell stark verteilte Entscheidungsfindung.[189] So entscheidet unsere Rentnerin beispielsweise darüber, ob sie sich überhaupt eine Beratung wünscht oder von welcher Bank sie diese erhalten möchte. Andere Vertragsinhalte sollten hingegen – nach Maßgabe des Rechtfertigungsprinzips – von anderen Rechtsetzern bestimmt werden. Das mag einerseits der Staat sein, der dispositive oder auch zwingende Qualitätsstandards festlegen kann, die typischerweise zu einer Wertschöpfung beitragen.[190] Aber auch privat-kollektive Entscheidungsträger können sehr hilfreich sein, etwa wenn man danach fragt, ob es nicht vielleicht gewisse Sitten, Bräuche oder Übungen gibt, die sich in einem funktionierenden Wettbewerb etabliert haben und sich zumindest teilweise auf den konkret zu entscheidenden Fall übertragen lassen.[191] Entscheidend ist bei alldem, dass diese Kompetenzverteilung nicht etwa beliebig ist, sondern sich an der Verwirklichung des Rechtfertigungsprinzips orientiert. Denn andere Kriterien hat jedenfalls der Verfasser nicht anzubieten.[192]

---

[187] Näher zu diesem Grundmuster oben § 3 C. II.
[188] Näher oben § 3 A. IV. sowie unten § 4 C. III.
[189] Siehe dazu nur unten § 8 und dort speziell zum Subsidiaritätsgrundsatz § 8 E. II. 2.
[190] Näher unten § 16 A.
[191] Näher unten § 16 C.
[192] Näher unten § 8 B. II.; § 8 C. II.

2. Arbeitsvertrag

a) Verteilte Vertragsrechtsetzung

Neben der zuvor thematisierten Herausforderung, noch so detaillierte Vertragsinhalte zu begründen, fällt gerade im Arbeitsrecht auf, wie sehr unsere Verträge von verschiedenen Personen beeinflusst werden. Das reicht vom dispositiven wie zwingenden Gesetzes- oder Richterrecht über Tarifverträge, Betriebsvereinbarungen bis hin zu so „ominösen" Phänomenen wie der betrieblichen Übung.[193] Und noch in einer weiteren Hinsicht verdeutlichen Dienstverträge die grundlegenden Defizite eines allein auf den Zeitpunkt des Vertragsschlusses und die Vertragsparteien fixierten Vertragsdenkens. Denn gerade hier erlaubt es die ganze Komplexität unserer Lebensumstände nicht, bereits bei Vertragsschluss sämtliche Vertragsinhalte festzulegen. Vielmehr darf ein Arbeitgeber selbst lange Zeit nach Vertragsschluss einseitig und zu Lasten seines Vertragspartners Weisungen erteilen und so das vertraglich Geschuldete konkretisieren. Die klassischen Vertragstheorien können dieses – in Wahrheit auch für Kauf- oder Werkverträge einschlägige – Phänomen nicht erfassen.[194]

b) Mehrstufige Rechtsänderungen

Um die Leistungsfähigkeit des Rechtfertigungsprinzips auch für derartige Vertragstypen zu illustrieren, sei hier nur kurz das zusammengefasst, was später noch ausführlicher zu diskutieren sein wird:[195] So lassen sich Weisungsrechte, aber auch Lösungsrechte wie Anfechtung, Rücktritt, Widerruf oder Genehmigung nur dann erklären, wenn man zwei grundverschiedene Rechtsänderungen unterscheidet. Bei einem Arbeitsvertrag etwa unterscheiden sich die Interessen der Vertragsparteien zunächst darin, dass der Arbeitnehmer sehr viel weniger als der Arbeitgeber bereit ist, ein eigenes wirtschaftliches (Unternehmer-) Risiko zu tragen. Es ergibt daher für eine gemeinsame Wertschöpfung wenig Sinn, vertraglich einen bestimmten Erfolg zu garantieren. Vielmehr sollte lediglich eine auf einen solchen Erfolg ausgerichtete Tätigkeit versprochen werden. Andererseits hat der Arbeitgeber ein großes Interesse daran, dass der von ihm bezahlte Arbeitnehmer seine Arbeitskraft möglichst produktiv einsetzt, was eine Steuerung erfordert. Demgegenüber bricht für den Arbeitnehmer zumindest keine Welt (und auch kein Betrieb) zusammen, wenn er während seiner Arbeitszeit gewissen Weisungen des Arbeitgebers unterliegt. Vor diesem Hintergrund liegt die getreu dem Rechtfertigungsprinzip beste

---

[193] Vgl. dazu nur *Seiter*, Die Betriebsübung, 1967; *Waltermann*, RdA 2006, 257 oder *Rehberg*, RdA 2012, 160, 166 ff. jew. m.w.N.
[194] Näher unten § 18 B. II.
[195] Unten § 18 B. III. Die folgenden drei Absätze entsprechen weitestgehend den Ausführungen in *Rehberg*, RLR (IntEd) 2011, 1.

Lösung darin, dem Arbeitgeber ein Weisungsrecht einzuräumen, das eine produktive Leistungssteuerung ermöglicht, jedoch die damit für den Arbeitnehmer verbundenen Lasten gering hält. Dabei greift auch hier der Subsidiaritätsgedanke:[196] Soweit die Vertragsparteien besser als etwa der Staat wissen, welche inhaltliche Gestaltung das Rechtfertigungsprinzip verwirklicht, sind wir gut beraten, für den Vertragsinhalt auf Wille oder Erklärung der Vertragsparteien bei Vertragsschluss abzustellen.

Wie können wir aber auch die spätere Ausübung des Weisungsrechts rechtfertigen? Wie kommt hier die Rechtsordnung dazu, allein die Interessen des Arbeitgebers zu berücksichtigen? Immerhin kann es für den Arbeitnehmer unangenehm sein, wenn ihm der Arbeitgeber eine bestimmte Weisung erteilt. Für die gesuchte Antwort muss man sich zunächst klarmachen, dass das Rechtfertigungsprinzip zwar jedes Ziel akzeptiert, das eine bestimmte Person warum auch immer verfolgen mag. Geschützt werden aber nicht diese Interessen, sondern Rechte. Das Rechtfertigungsprinzip bewahrt uns nicht pauschal davor, dass andere Menschen unsere eigenen Ziele durchkreuzen, sondern beschränkt sich auf das, worauf wir ein Recht haben.

Dieser Umstand lässt sich nicht nur passiv berücksichtigen. Vielmehr können die Parteien selbst festlegen, wie weit ihr rechtlicher Schutz untereinander reicht. Sie können die rechtliche Ausgangslage vorbereitend so ändern, dass der Arbeitgeber später nicht mehr auf rechtliche Schranken stößt, wenn er einseitig seine Interessen verwirklicht. Nichts anderes geschieht, wenn Arbeitgeber und Arbeitnehmer in ihrem Arbeitsvertrag ein Weisungsrecht vereinbaren. Denn hierdurch verliert der Arbeitnehmer den ihm gegenüber dem Arbeitgeber zustehenden Schutz genau so weit, wie dies notwendig ist, um dem Arbeitgeber den erwünschten Spielraum zu verleihen.[197] Dies wiederum bereitet den Boden dafür, dass später noch eine zweite Rechtsänderung ablaufen kann. Denn verletzt die Weisung nicht mehr die Rechte des Arbeitnehmers, weil dieser auf den ihm an sich zustehenden Schutz vertraglich verzichtet hatte, kann der Leistungsinhalt später einseitig zu Lasten des Arbeitnehmers und dennoch rechtlich verbindlich konkretisiert werden. Das Rechtfertigungsprinzip bleibt gewahrt. Damit ist das gelungen, woran die klassischen Vertragstheorien angesichts ihrer Fokussierung auf den Vertragsschluss scheitern mussten, nämlich auch nachvertragliche Konkretisierungsentscheidungen als rechtlich relevant zu erweisen.

Natürlich muss man sich wie immer fragen, wem die Kompetenz dafür zugewiesen werden sollte, das Rechtfertigungsprinzip bei solchen einseitig-nachvertraglichen Rechtsänderungen praktisch zu verwirklichen. Dass dies hier

---

[196] Näher unten § 8.
[197] Hierfür reicht es regelmäßig, dass der Arbeitnehmer diese rechtliche Einbuße nur relativ gegenüber dem Arbeitgeber und nicht gegenüber jedermann hinnimmt.

der Arbeitgeber sein sollte, wenn er sich nur innerhalb des vereinbarten Spielraums hält, liegt auf der Hand. Denn insofern besteht kein Anlass, dem Arbeitnehmer ein Mitspracherecht einzuräumen. Was bei der ursprünglichen Rechtsänderung (dem Arbeitsvertrag) noch geboten war, weil dem Arbeitnehmer rechtliche Einbußen drohten, kann nunmehr entfallen. Denn fällt die Konkretisierung in den vertraglich vereinbarten Rahmen, wird der hierdurch in seinen Interessen betroffene Arbeitnehmer rechtlich erst gar nicht verletzt. Wohl aber sollte der Arbeitgeber über diese zweite Rechtsänderung, also das Ob und den Inhalt einer Weisung, entscheiden dürfen. Schließlich ist er es, der seinen Arbeitnehmer innerhalb eines gegebenen Zeitraums nur einmal und nicht doppelt in Anspruch nehmen kann und sein Recht durch die Arbeitserbringung dann verliert.

IV. Vertrag zu Gunsten Dritter

Auf den ersten Blick erscheint der Vertrag zu Gunsten Dritter[198] dogmatisch nicht sonderlich ertragreich. Unterscheidet er sich lediglich dadurch von gängigeren Formen, dass auch ein am Vertragsschluss unbeteiligter Dritter daraus Rechte erwirbt. Doch stellen sich hier gerade aus klassischer Sicht einige unangenehme Fragen, die das Rechtfertigungsprinzip erfolgreich bewältigt. Geht man etwa – noch ganz römischrechtlich – von einer engen Relativität der Schuldverhältnisse aus, verträgt sich damit nicht, wenn auf einmal eine neue Person die Bühne betritt und eigene Rechte erhält, an deren Entstehung sie nie beteiligt war. Und auf jeden Fall durchbricht dieses Institut das Erfordernis eines Vertragsschlusses gerade zwischen den Beteiligten, da eine Einigung, ein Konsens oder eine Willenserklärung in der Person des Dritten ersichtlich fehlt.[199] Oder wie es *Schlossmann* formuliert: „Zur Lösung der Frage, ob und inwieweit der Dritte ein Recht ... erlange, geben die Worte: Vertrag, Konsens, Wille nicht den geringsten Anhalt..."[200]

Nach dem Rechtfertigungsprinzip ist zu fragen, ob die rechtliche Einbuße notwendig ist, um sich getreu den eigenen Zielen zu verbessern. Für die dem Dritten verpflichtete Person ändert sich hier nicht viel gegenüber einem normalen Vertrag,[201] wird ihn etwa der Kaufpreis seines Vertragspartners genauso kompensieren, wenn er die dafür zu erbringende Leistung an anderer Stelle abliefert. Was die Belastung des den Dritten Begünstigenden anbelangt, so

---

[198] Näher dazu etwa *Hofmann*, Entstehungsgründe, 1874, S. 45 f.; *Siegel*, Versprechen, 1873, S. 142 ff.; *Bayer*, Der Vertrag zugunsten Dritter, 1995; *Raab*, Austauschverträge mit Drittbeteiligung, 1999, S. 20 ff.; *Zimmermann*, FS Heldrich, 2005, S. 467, 473 f. oder *Vogenauer*, HKK, Bd. 2, 2007, §§ 328-335 BGB Rn. 5 ff. jeweils m.w.N.

[199] Siehe dazu wiederum die Nachweise oben in Fn. 198. Dieses Erfordernis erschwerte etwa auch die Erfassung der Stellvertretung, näher zu dieser unten § 13.

[200] *Schlossmann*, Der Vertrag, 1876, S. 337.

[201] Vgl. daher oben ab § 3 C. II.

müssen sich in dessen Person Motive finden lassen, angesichts derer er sich insgesamt verbessert. Das mögen je nach Einzelfall handfeste Eigeninteressen oder „altruistische" Motive sein.[202] Für den Dritten hingegen ist eine solche Prüfung erst dann angebracht, wenn ihn eine rechtliche Belastung trifft, was jedenfalls dann fehlt, wenn er frei über die Inanspruchnahme dieser Gabe entscheiden bzw. diese zurückweisen kann.[203] Wie immer ist bei alldem zu fragen, was für eine vertragliche Kompetenzverteilung dazu beiträgt, das Rechtfertigungsprinzip auch praktisch zu verwirklichen.[204] Dass wir hier keine Zustimmung des Dritten, wohl aber die der anderen Parteien verlangen, liegt daran, dass nicht dieser Dritte, wohl aber die anderen Parteien, eine rechtliche Einbuße erleiden und damit regelmäßig am besten beurteilen können, ob diese der Verwirklichung der eigenen Ziele förderlich ist.[205]

D. Trennung und Abstraktion

Manche Rechtsordnungen unterscheiden Verpflichtungs- und Verfügungsgeschäft (Trennungsprinzip), und einige davon entkoppeln noch deren Wirksamkeit voneinander (Abstraktionsprinzip).[206] Zwar ignoriert diese Arbeit dieses Phänomen weitgehend – schon weil für das Verständnis wichtiger vertragsrechtlicher Konstellationen meistens entbehrlich –, doch sei hier kurz beschrieben, wie sich diese praktisch bedeutsamen und geistreichen Errungenschaften zum Rechtfertigungsprinzip verhalten.

Den gedanklichen Ausgangspunkt bildet dabei wie immer die Frage nach dem für die Parteien wertschöpfendsten Vertragsinhalt,[207] mögen sie diesen allein festlegen oder sich etwa der Staat mit dispositiven oder gar zwingenden Vorgaben einschalten.[208] Liegt es im Parteiinteresse, dass beispielsweise Mängel des Grundgeschäfts wie die Anfechtbarkeit eines Kaufvertrags wegen Irrtums nicht gleich auf die Eigentumslage durchschlagen, ist unser Vertragsrecht gut beraten, dieses Anliegen zu respektieren und rechtstechnisch möglichst unkompliziert und rechtssicher zu verwirklichen. Es geht also um die genaue Ausgestaltung der vertraglichen Bindung, die gegebenenfalls nur so weit reicht, dass ein Eigentumsübergang zwar verlangt werden kann, jedoch

---

[202] Hier darf weithin auf die Ausführungen zur Schenkung oben § 3 B. II. verwiesen werden.
[203] Vgl. dazu etwa für das deutsche Recht § 333 BGB.
[204] Allgemein dazu unten § 8 B.
[205] Näher zum Subsidiaritätsprinzip unten § 8 E. II. 2.
[206] Siehe dazu stellv. *Stadler*, Abstraktion, 1996, S. 7 ff., 24 ff., 46 ff., passim; *Füller*, Eigenständiges Sachenrecht?, 2006, S. 112 ff. jeweils m.w.N.
[207] Allgemein dazu oben § 3 C. I.
[208] Näher zur vertraglichen Kompetenzverteilung unten § 8 sowie speziell zu staatlich gesetzten Vertragsinhalten unten § 16 A.

noch weitere Schritte erfordert. Letztlich greifen hier Erwägungen, wie wir sie bei der Reichweite einer Irrtumsanfechtung noch näher kennenlernen werden.[209] Inwieweit die Trennung und Abstraktion von Verpflichtung und Verfügung den einzigen oder gar besten Weg darstellt, um solche Anliegen zu verwirklichen, lässt sich ohne eingehende Untersuchungen seriös nicht beantworten und sei hier daher dahingestellt.

Folgt man dem Trennungs- und dem Abstraktionsprinzip, ist nach dem Rechtfertigungsprinzip zunächst für die rechtliche Belastung durch das bloße Versprechen zu fragen, ob sie den davon Betroffenen insgesamt besser stellt. Das mag bei einem Verkäufer deshalb zutreffen, weil er seinerseits die Kaufpreiszahlung – wiederum nur als Versprechen – erhält.[210] Bei der Verfügung geht es dann um einseitig belastende Rechtsänderungen.[211] Nach dem Rechtfertigungsprinzip prüfen wir, ob der Eigentumsverlust eines Verkäufers notwendig ist, um sich getreu den eigenen Zielen zu verbessern. Das mag deshalb zu bejahen sein, weil der Käufer ansonsten auf Übereignung klagen, seinerseits den Kaufpreis zurückhalten oder gar Schadensersatz beanspruchen kann.[212] Für die Übereignung oder Überweisung des Kaufpreises gilt Entsprechendes.

Demgegenüber sollte die Unterscheidung von Verpflichtung und Verfügung nicht zu der Annahme verleiten, dass nur Letzteres auf Basis der jeweiligen rechtlichen Ausgangslage erfolge, während die Verpflichtung gewissermaßen aus sich heraus, aus dem Nichts, einen bestimmten Vertragsinhalt erzeuge. Auch ein rein schuldrechtlicher Verpflichtungsvertrag lässt sich allein auf Basis der jeweiligen Rechteausstattung verstehen, weshalb die gängige Gegenüberstellung des Verpflichtungsgeschäfts als einer Begründung und die des Verfügungsgeschäfts als der bloßen Änderung eines Rechts die vertragsrechtliche Realität verfehlt.[213]

E. Ausblick

Ziel dieses Abschnitts war es nicht, das Rechtfertigungsprinzip erschöpfend auf sämtliche vertragsrechtlich relevanten Phänomene anzuwenden oder klas-

---

[209] Unten ab § 17 C., vgl. daneben aber auch oben § 2 B. II. zum subjektiven Recht, unten § 5 und § 6 zu Risiko und Leistungsstörungen sowie die Nachweise gleich in Fn. 213 zur Rechtebasierung des Vertragsrechts.

[210] Hier greift also die übliche Verknüpfung von Leistungs- und Gegenleistung, vgl. oben § 3 C. II.

[211] Näher zu diesen oben § 3 B.

[212] Näher zu solchen Aspekten, die wir typischerweise dem Leistungsstörungsrecht zuordnen und die sachlich zum Verpflichtungsgeschäft gehören, etwa unten § 6.

[213] Näher oben § 2 D. I. 4. b) (aber auch § 2 A. II. 2.; § 3 A. IV.) oder unten § 4 C. I. 1.; passim.

sische Ansichten mitsamt ihren Vor- und Nachteilen zu würdigen. Vielmehr sollte zunächst die grundlegende Funktionsweise des Rechtfertigungsprinzips für die Bestimmung des jeweiligen Vertragsinhalts illustriert werden. Dazu wurden nur einige besonders wichtige Typen vertraglicher oder vertragsnaher Rechtsänderungen aufgegriffen, während Spezialfragen wie der Umgang mit Risiko, Leistungsstörungen oder die im Einzelnen geschuldeten Eigenschaften in den nun folgenden Kapiteln zu diskutieren sein werden.[214] Auch die Abgrenzung zum Gefälligkeitsverhältnis sowie einige grobe Überlegungen zum Gesellschaftsvertrag seien späteren Abschnitten vorbehalten.[215]

Doch sollte schon jetzt deutlich geworden sein, dass wir mit dem Rechtfertigungsprinzip über ein substanzielles Kriterium verfügen, das uns konkrete Aussagen über Vertragsinhalte erlaubt. Dabei lassen sich nicht nur Schenkung wie gegenseitiger Vertrag erfassen,[216] sondern genauso deren Unterschied insbesondere zu Zwang, Drohung und Ausbeutung. Selbst so gerne vernachlässigte, aber praktisch wie theoretisch wichtige Phänomene wie Angebote, das Verschulden bei Vertragsverhandlungen oder diverse Gestaltungsrechte lassen sich so über ein einheitliches Kriterium erfassen.

Allerdings wurde deutlich, wie kompliziert es sein kann, selbst das tatbestandlich doch so einfache Rechtfertigungsprinzip praktisch umzusetzen – und zwar allein für die sogenannte Hauptleistungspflicht. Deshalb wird sorgfältig zu untersuchen sein, welche Personen für welche Inhalte unter welchen Umständen mit was für Rahmenbedingungen berufen sein sollten, das Rechtfertigungsprinzip praktisch umzusetzen und damit über Ob und Inhalt einer Rechtsänderung zu entscheiden. Eine staatliche Inhaltskontrolle etwa wird im Vertragsrecht von jeher zurückhaltend eingesetzt. Schließlich wissen die Vertragsparteien oft selbst am besten, was an eigener rechtlicher Einbuße notwendig ist, um die eigenen Ziele zu verwirklichen. Aber auch die Parteien stoßen oft an Grenzen, sei es wegen der Komplexität vertraglicher Wertschöpfung oder der Begrenztheit ihrer geistigen Fähigkeiten (besonders bei Minderjährigkeit), Kenntnisse (Täuschung, Irrtum uvm.) oder sonstigen Ressourcen. Spätestens hier kommen also noch andere Vertragsrechtsetzer ins Spiel, angefangen mit staatlichen Organen über Verbände bis hin zu ganzen Verkehrskreisen – ihrerseits wiederum beeinflusst von so vielschichtigen Phänomenen wie etwa dem Wettbewerb. Doch benötigen wir erst einmal einen substanziellen Maßstab, um Kompetenzverteilung und Rahmenbedingungen daran auszurichten. Damit überwindet das Rechtfertigungsprinzip auch den für prozedurale Ansätze unausweichlichen Dualismus von Kompetenzaussagen und ergänzenden materiellen Vorgaben.[217] Es gilt ausschließlich das Rechtferti-

---

[214] Siehe unten § 5 bis § 7.
[215] Siehe unten § 16 B.; § 19 E. III. 2.
[216] Vgl. oben ab § 3 B.
[217] Näher zu diesem Problem oben § 3 A. III. 4. sowie unten § 19 D.

gungsprinzip – und sonst nichts. Nur muss dieses möglichst realitätsnah umgesetzt werden.[218]

---

[218] Näher unten § 8 A. I.; § 8 E. II. 2.

§ 4 Zwang, Drohung und Ausbeutung

A. Einführung

I. Dogmatische Relevanz

Ziel dieser Arbeit ist die verallgemeinernde Beschreibung des geltenden Vertragsrechts – eine alles andere als leichte Aufgabe. Tatsächlich wird oft unterschätzt, was für ein kompliziertes soziales Phänomen sich abspielt, wenn sich „nur" zwei Parteien gegenübertreten und „allein" eine sie selbst betreffende rechtliche Veränderung einleiten. Akzeptiert man hingegen in aller Demut, dass wir uns allenfalls ganz vorsichtig an den Vertrag herantasten können, so sollten wir möglichst einfache Konstellationen heraussuchen, um zunächst diese zu verstehen.[1] Gelänge uns nicht einmal das, müssten wir uns an diverse Komplikationen erst gar nicht heranwagen. Damit rücken die gerne vernachlässigten Fälle von Zwang, Drohung und Ausbeutung in die erste Reihe. Denn hier lässt sich ein Problem noch weitestgehend ignorieren, das uns früh genug beschäftigen wird, nämlich der vertragsrechtliche Umgang mit Unwissenheit. Die hier zu untersuchenden Sachverhalte zeichnen sich ganz überwiegend dadurch aus, dass die Parteien voll informiert und für jedermann nachvollziehbar entscheiden. Das wiederum erlaubt es, die für das Vertragsrecht so wichtige, wenn auch gerne vernachlässigte Kompetenzfrage noch ein wenig im Hintergrund zu belassen. Denn bei Zwang, Drohung und Ausbeutung ist die Situation häufig nicht nur den Parteien, sondern genauso jedem Außenstehenden klar. Auch den genauen Vertragsinhalt können wir zumindest bei Zwang und Drohung noch weitestgehend offen lassen, während es bei der Ausbeutung meistens genügt, sich auf das Entgelt zu konzentrieren. Die uns verbleibende Aufgabe ist anspruchsvoll genug. Ja, es ist ernüchternd, dass klassische Ansätze wie die Willens- oder Erklärungstheorie zu diesen vermeintlich so einfachen Konstellationen wenig beizutragen haben. Dementsprechend sucht man dann sein Heil in schwer subsumierbaren Begriffen wie Freiwilligkeit, Willensfreiheit oder Entscheidungsfreiheit.

Dass Zwang, Drohung und Ausbeutung für vertragsrechtliche Verhältnisse noch vergleichsweise einfach zu beurteilen sind, hat einen weiteren wichtigen

---

[1] Siehe dazu auch oben § 1 B. II.

Vorteil. So findet sich hier zu den uns allein interessierenden Ergebnissen[2] eine bemerkenswerte Einigkeit.[3] Vielleicht noch bemerkenswerter ist dabei, dass sich diese Einigkeit auf sehr viele und oft auch sehr unterschiedliche Sachverhalte erstreckt. Wir haben also reichlich Fälle, um die verschiedenen Vertragstheorien zu überprüfen.

II. Fälle

1. Zwang und Drohung

Wenngleich jede begriffliche Unterscheidung auf bestimmten Grundannahmen aufbaut und damit gewisse Ergebnisse vorwegnimmt, sei bereits hier kurz auf dasjenige begriffliche Grundverständnis eingegangen, das nicht nur dem Verfasser sinnvoll erscheint, sondern auch sonst überwiegt. Danach zeichnen sich Zwang bzw. erfolgreiche Drohung dadurch aus, dass sich das Opfer verschlechtert. Die Ausbeutung demgegenüber stellt die betroffene Partei zwar besser, aber nicht gut genug.[4] Mit fundamentaler Gesellschaftskritik oder Ähnlichem hat dieser Ausdruck also wenig zu tun.[5] Zwang und Drohung wiederum lassen sich danach unterscheiden, ob das Opfer aufgrund einer Kommunikation mit dem Täter selbst an seiner Verschlechterung mitarbeitet. Doch wird dies selten so strikt gehandhabt, und schon zur Vermeidung sprachlicher Monotonie bilden wir hier keine Ausnahme. Vor allem aber macht es zwar nach klassischer Auffassung einen großen Unterschied, ob der mit einer Waffe Bedrohte selbst gibt oder die Wegnahme nur hinnimmt – nicht jedoch bei einer lebensnahen, unsere Rechtsvorstellungen zutreffend wiedergebenden Betrachtung.[6]

Versucht man in einem nächsten Schritt, die unterschiedlichen Fälle von Zwang oder Drohung wenigstens grob zu ordnen, so drängen sich zunächst jene Situationen auf, in denen die körperliche Unversehrtheit oder das Vermögen verletzt werden. Intuitiv am wenigsten Probleme bereiten darunter jene Sachverhalte, bei denen die betroffene Partei überhaupt nicht mitwirkt. Sehr viel größere dogmatische Schwierigkeiten entstehen bereits dort, wo das Opfer gleichermaßen wissend wie rational zu dem jeweiligen Vorgang beiträgt. Wie wichtig die rechtliche Anfangsausstattung für unser vertragsrechtliches Denken ist, verdeutlichen zwei weitere Fallgruppen: Während wir nämlich die Drohung mit einem Vertragsbruch gemeinhin missbilligen, gilt dies für bloße Gewohnheiten, auf die kein rechtlicher Anspruch besteht, nicht. Schließlich

---

[2] Näher oben § 1 B. III.
[3] Siehe zu diesem Befund etwa auch *Gutmann*, in: Schulze (Hrsg.), New Features, 2007, S. 49.
[4] Näher unten § 4 D. II. 2.
[5] Näher unten § 4 C. III. 5. a).
[6] Näher unten § 4 B. I. 2.

A. *Einführung* 185

erzwingen auch jene Drohungen wichtige vertragstheoretische Erkenntnisse, die nicht von den Vertragsparteien selbst, sondern von Dritten stammen. Dabei ist jedoch zu beachten, dass hier oft nicht Zwang oder Drohung, sondern eine Ausbeutung einschlägig ist.

a) Verletzung absolut geschützter Rechtsgüter

10. **Körperverletzung:** *Nebenbuhler N stößt den ihm missliebigen L den Abgrund herab.*

11. **Diebstahl:** *Dieb D entwendet Opfer O ohne dessen Wissen die Geldbörse.*

12. **Unterschlagung:** *Hotelier H leiht Hotelgast G für eine Woche ein Fahrrad. G dankt es ihm, indem er mit dem Fahrrad auf ewig davon fährt.*

13. **Raub ohne Mitwirkung:** *Räuber R nimmt Opfer O seine Geldbörse ab. Da R erkennbar bewaffnet ist, wehrt sich O nicht.*

14. **Raub ohne Mitwirkung mit Investition:** *Räuber R nimmt Opfer O seine Geldbörse ab. Da R erkennbar bewaffnet ist, wehrt sich O nicht. R benötigt die Geldbörse dringend, um seine vorherigen Investitionen in den Raub (Bewaffnung, Maskierung, Auskundschaftung etc.) zu refinanzieren.*

15. **Raub mit Mitwirkung:** *Räuber R zwingt Opfer O mit vorgehaltener Waffe dazu, ihm die Geldbörse auszuhändigen. O hält R die Tasche hin.*

Lostretbare Schneelawine: *Bergbewohner H bemerkt einige Wanderer am Fuß des frisch beschneiten Abhangs. Er droht diesen, eine Schneelawine loszutreten, sollten sie ihm nicht 10.000 Euro zahlen.*

16. **Raub mit Mitwirkung und Willenserklärung:** *Räuber R zwingt Opfer O mit vorgehaltener Waffe dazu, ihm die Geldbörse auszuhändigen und dabei zu erklären, dies auch so zu wollen. O hält R die Tasche hin und spricht wie befohlen.*

17. **Raub mit Mitwirkung mit Investition:** *Räuber R zwingt Opfer O mit vorgehaltener Waffe dazu, ihm die Geldbörse auszuhändigen. R benötigt die Geldbörse dringend, um seine vorherigen Investitionen in den Raub (Bewaffnung, Maskierung, Auskundschaftung etc.) zu refinanzieren.*

18. **Refinanzierung um jeden Preis:** *Künstler K hat ganze 100 Euro in ein aufwändiges Kunstwerk investiert. Da sich jedoch der Wert dieser Arbeit anderen nicht erschließt, zwingt er Passant P mit vorgehaltenem Messer, es ihm für 100 Euro „abzukaufen".*

19. **Erzwungenes Verlustgeschäft:** *Käufer K mag Schokolade und bietet V an, eine 100 g-Tafel für 1 Euro zu erwerben, da sie ihm persönlich nicht mehr wert ist. V zwingt K unter vorgehaltener Pistole, 1,50 Euro zu zahlen, obwohl sich für ihn das Geschäft bereits bei 1 Euro lohnen würde.*

b) Drohung mit Vertragsbruch

20. **Erstmalige Verhandlungen**: Bei einem zeitkritischen Bauprojekt benötigt der Bauherr schnell etliche Arbeitskräfte, da er sonst viel Geld verliert. Die Arbeiter sind nur bereit, für den marktüblichen Lohn zu arbeiten.

21. **Nachverhandlungen**: Bei einem zeitkritischen Bauprojekt stellen die vertraglich zu dessen vollständiger Fertigstellung verpflichteten Arbeitnehmer sämtliche Arbeiten ein und verlangen vom Bauherrn die Zustimmung zu einer kräftigen Lohnerhöhung.

    Erweitertes Unternehmerpfandrecht: A gibt seinen Wagen bei B zur Reparatur. Da sich B einen alles andere als üblichen Werklohn gönnen will, händigt er den Wagen nur unter der Bedingung aus, dass sich A bereit erklärt, den Mehrbetrag zu bezahlen.

    Undankbarer Schuldner: Darlehensgläubiger D fordert von Schuldner S nach ordnungsgemäßer Kündigung sein Darlehen zurück, da er nun selbst dringend Geld benötigt. S erkennt die ihm günstige Situation und erklärt, den Betrag nur dann zurückzuzahlen, wenn ihm D ein Zehntel erlässt.

    Gieriger Auftragnehmer: Auftragnehmer A besteht auf die Erteilung eines Folgeauftrags, ansonsten werde er den bereits bestehenden Auftrag nicht erfüllen.

22. **Nachverhandlungen wegen unerwarteter Kostensteigerung**: Bei einem zeitkritischen Bauprojekt ergeben sich für beide Seiten völlig unerwartete Kostensteigerungen. Das von E beauftragte Unternehmen U verlangt deshalb eine höhere Vergütung als ursprünglich vereinbart. Um dieser Forderung etwas mehr Nachdruck zu verleihen, kündigt U an, sämtliche Arbeiten sofort einzustellen, sollte sich E nicht sofort zu einer entsprechenden Vertragsänderung bereit erklären.

23. **Ertrinkender mit Rettungsanspruch**: Spaziergänger S sieht zufällig auf seinem Weg, wie M gerade im Meer ertrinkt. Obwohl er dem älteren M vor einiger Zeit gegen ein großzügiges Honorar versprochen hatte, ihm in Notlagen behilflich zu sein, verlangt er für das Hinstrecken der rettenden Hand 100.000 Euro unter Aufhebung sämtlicher früherer Vereinbarungen.

    Havarie mit Rettungsanspruch: Kapitän und Schiffseigner K droht mit seinem Kahn zu versinken, als zufällig das zum Abschleppen geeignete Schiff des R erscheint. Beide gehören einer Genossenschaft an, deren Satzung gegenseitige Hilfe in Notlagen vorsieht. Dennoch verlangt R eine Million für die völlig unproblematische Rettung.

24. **Ertrinkender mit Rettungsanspruch mit Investition**: Spaziergänger S sieht zufällig auf seinem Weg, wie M gerade im Meer ertrinkt. Obwohl er dem älteren M vor einiger Zeit gegen ein großzügiges Honorar versprochen hatte, ihm in Notlagen behilflich zu sein, verlangt er für das Hinstrecken der rettenden Hand 100.000 Euro unter Aufhebung sämtlicher früherer Vereinbarungen. Derartig hohe Entgelte sind angesichts der seltenen Notfälle für S notwendig, um den Aufbau seines Rettungsgewerbes einschließlich einer für sein Risiko typischen Kapitalrendite zu refinanzieren.

c) Gewohnheiten

25. Preiserhöhung: Metzger M erhöht angesichts gestiegener Produktionskosten die Preise für seine beliebte Mettwurst um zehn Prozent und kündigt an, dass wer den neuen Preis nicht akzeptiere, von ihm keine Mettwurst mehr erhalte.

Gratiskonzerte: Orgelspieler K spielt seit Jahren sonntags in der Messe, kündigt jetzt aber an, dies zukünftig nur noch gegen Geld zu tun.

26. Lieferstopp: Drogendealer D, der seinen Kunden K regelmäßig beliefert, macht weitere Lieferungen davon abhängig, dass K einen Feind des D zusammenschlägt, was K sehr unangenehm ist.

27. Undankbarer Sklave: Hausherr H schlägt jeden Morgen zum Spaß seinen Sklaven S. Eines Tages bietet er an, ihn zukünftig nicht mehr zu schlagen, wenn S seinem Sohn das Schachspiel beibringt.

d) Drohung Dritter

Geht die Drohung von einem Dritten aus, lassen sich diverse Fälle ausmachen, bei denen sich das jeweilige Opfer verschlechtert. Diese werden hier erwähnt, weil zu Zwang und Drohung gehörend. Soweit demgegenüber „nur" eine Ausbeutung einschlägig sein könnte, werden sie erst später aufgeführt.[7]

28. Erzwungener Erlass: Gönner D zwingt Gläubiger G unter Androhung von Prügel, Schuldner S dessen Schuld zu erlassen. S ahnt nichts von diesem Hintergrund.

Erzwungene Schenkung: Gönner D zwingt Autohändler H unter Androhung von Prügel, dem lokalen Fußballverein L sein geliebtes Auto zu schenken. L ahnt nichts von diesem Hintergrund.

29. Erzwungener Verkauf: Gönner D zwingt Familienvater F unter Androhung von Prügel, dem lokalen Fußballverein L sein geliebtes Auto zum üblichen Marktpreis zu verkaufen. L ahnt nichts von diesem Hintergrund.

30. Segen der Akzessorietät: Bürge B zwingt Gläubiger G unter Androhung von Prügel, Schuldner S seine Schuld zu erlassen.

31. Bürgschaft für den Haustyrannen: Ehemann M zwingt seine „uneinsichtige" Ehefrau F durch Androhung von Prügel, sich bei der Bank B für ihn zu verbürgen.

e) Sonstiges

32. Drohung mit der Schädigung nahestehender Dritter: Erpresser R zwingt Familienvater F zur Zahlung einer Million mit der Drohung, ansonsten dessen Frau und Kinder zu töten.

33. Drohung mit der Schädigung beliebiger Dritter: Erpresser R zwingt F zur Zahlung einer Million mit der Drohung, ansonsten den dem F gleichgültigen D zu töten.

---

[7] Unten § 4 A. II. 2. f).

34. **Drohung durch Täuschung**: Der schmächtige Bankräuber B erbeutet mit einer täuschend echt aussehenden Spielzeugpistole die Geldbörse des kräftigen, aber nichtsahnenden O.

35. **Vorauseilender Gehorsam**: Angesichts des furchteinflößenden Anblicks des Bettlers B gibt ihm Frau F ihre Geldbörse. B wollte niemandem etwas Böses, freut sich aber über die vermeintliche Spende der F und geht seines Wegs.

36. **Eingebildete Drohung**: Der völlig seriös wirkende B läuft die Straße entlang, als sich Passant P aus unerfindlichen Gründen einbildet, B wolle ihn berauben. P drückt dem verblüfften B 100 Euro in die Hand und läuft schnellen Schritts davon.

37. **Fahrlässige Drohung**: Angesichts des furchteinflößenden Anblicks des Bettlers B gibt ihm Frau F ihre Geldbörse. B wollte niemandem etwas Böses, freut sich aber über die vermeintliche Spende der F und geht seines Weges. Dabei hätte sich B denken können, dass F die Situation kaum anders interpretieren konnte.

38. **Unnötige Drohung**: Räuber R wartet darauf, den nächsten Passanten zu berauben. Da kommt gerade P um die Ecke, fest entschlossen, der nächsten ihm begegnenden Person – am liebsten einem Verbrecher – seine Geldbörse zu schenken. Als R ihn mit vorgehaltener Pistole zur Übergabe auffordert, willigt P gerne ein.

39. **Versuchte Drohung durch Täuschung**: Der schmächtige Bankräuber B zeigt dem kräftigen O seine Spielzeugpistole und verlangt dessen Geldbörse. O erkennt den Schwindel und lacht B einfach nur aus.

40. **Gefährliches Feuer**: Strandbewohner B bringt vorbeifahrende Schiffe durch falsches Feuer zum Stranden, um dann deren Rettung von einem – seinem Aufwand entsprechenden – Lohn abhängig zu machen.

Rettung mit Nachhilfe: „Retter" R stößt sein Opfer O zuerst in das Wasser, um ihm dann die Rettung anzubieten.

41. **Besonders gefährliches Feuer**: Strandbewohner B bringt vorbeifahrende Schiffe durch falsches Feuer zum Stranden, um dann deren Rettung von einem Lohn abhängig zu machen, der kaum geringer ist als der Wert des gesamten Schiffs.

42. **Erloschene Rachsucht**: Rächer R hatte eigentlich vor, O zu töten, lässt sich jedoch durch ein großzügiges Angebot des O doch noch beschwichtigen.

Teure Ablenkung: Peiniger P möchte die F aus Hass töten, was diese aber durch „kokette Selbstpreisgabe" abzuwenden weiß.

43. **Glücklicher Hauskäufer**: Mieter M droht seinem Vermieter V mit Gewalttätigkeiten, falls dieser nicht den Mietzins herabsetzt. V verkauft daraufhin das vermietete Haus an Käufer K, um so dem rabiaten M aus dem Weg zu gehen.

44. **Unangenehme Konkurrenz**: Der gleichermaßen tüchtige wie erfindungsreiche Unternehmer U schafft es, seine Produkte noch günstiger als bisher zu produzieren und senkt deshalb den Preis. Konkurrent K verliert dadurch viele Kunden an U.

2. Ausbeutung

Wie zuvor bereits definiert, stellt eine Ausbeutung die betroffene Partei zwar zumindest marginal besser, nur eben nicht gut genug. Im Extremfall wird das Opfer dabei an seine Schmerzgrenze geführt, bei der ein Vertrag gerade noch Sinn ergibt. Wie noch zu zeigen sein wird, gehören zu dieser so verstandenen Ausbeutung auch die viel diskutierten Fallgruppen des Drohens mit einem Unterlassen oder der sogenannten Konnexität, aber auch manche Fälle der Drohung durch Dritte. Man sollte sich also von der abweichenden Bezeichnung nicht verwirren lassen.

a) Normalfall und kleinere Abwandlungen

45. **Ertrinkender:** *Spaziergänger S sieht zufällig auf seinem Weg, wie M gerade im Meer ertrinkt. Dafür, dass er ihm die rettende Hand hinstreckt, verlangt S 100.000 Euro. Dabei würde S die Rettung nur 5 Euro kosten, weil seine Schuhe nass werden.*

Aufhaltbare Schneelawine: *Bergbewohner H bemerkt einige Wanderer am Fuß des frisch beschneiten Abhangs. Genauso merkt er, dass über diese eine Schneelawine hereinbrechen wird. H kündigt an, die Schneelawine nur dann aufzuhalten, wenn die Wanderer ihm 10.000 Euro zahlen.*

Havarie: *Kapitän und Schiffseigner K droht mit seinem Kahn zu versinken, als zufällig das zum Abschleppen geeignete Schiff des R erscheint. Obwohl die Rettung unproblematisch ist (R wollte ohnehin gerade in den Hafen fahren), verlangt R eine Million Euro.*

Wasser! *Tourist T hat sich in der Wüste verlaufen und steht kurz davor, zu verdursten, als er auf den Beduinen B mit reichlich Wasser trifft. Von seinen reichlichen Vorräten bietet B an, T einen Liter für eine Million Euro zu verkaufen.*

Sprunghafte Nachfrage: *Staat S, dem gerade der Krieg erklärt wurde, benötigt dringend Schiffe, hat aber nicht genügend eigene Werften, um schnell genug zu produzieren. Trotz ausreichender Kapazitäten verlangt Werft W doppelt so viel wie sonst.*

Erste Hilfe: *Arzt A lässt sich vom Schwerkranken S, der auf der Stelle behandelt werden muss, ein fürstliches Honorar versprechen.*

Schlacht von Bosworth: *Die Truppen des Königs werden in die Flucht geschlagen, dessen Pferd getötet. Richard III. schreit verzweifelt: „Ein Pferd! Ein Pferd! Mein Königreich für ein Pferd!"*

46. **Ertrinkender mit fairem Preis:** *Spaziergänger S sieht zufällig auf seinem Weg, wie M gerade im Meer ertrinkt. Dafür, dass er ihm die rettende Hand hinstreckt, verlangt S 5 Euro, die ihn die Rettung kosten, weil seine Schuhe nass werden.*

47. **Geldbörse gegen Fernseher:** *K entdeckt im Kaufhaus einen sehr schönen Fernseher, den er gerne sofort mitnehmen möchte. Da der marktübliche Preis recht hoch*

§ 4 Zwang, Drohung und Ausbeutung

ist, der Verkäufer aber anders nicht zu überzeugen ist, kehrt K mit einer komplett leeren Geldbörse zurück.

48. **Wertvoller Hinweis**: Der dem Anleger A unbekannte Dritte D erkennt zufällig, dass A gerade im Begriff ist, eine Million Euro in völlig wertlose Papiere zu investieren. D kontaktiert A und eröffnet ihm geheimnisvoll, dass er A sehr viel Schaden ersparen könne, verlangt dafür aber 50 % Erfolgsbeteiligung.

49. **Ertrinkender mit Investition**: M ertrinkt gerade im Meer. S, der eine ganze Batterie von Rettungsstationen entlang der Küste unterhält, verlangt 100.000 Euro für die Rettung. Derartig hohe Entgelte sind angesichts der seltenen Notfälle für S notwendig, um seine Investitionen einschließlich einer für sein Risiko typischen Kapitalrendite zu refinanzieren.

Havarie mit Investition: Kapitän und Schiffseigner K droht mit seinem Kahn zu versinken, als das zum Abschleppen geeignete Schiff des R erscheint. Obwohl die Rettung unproblematisch ist, verlangt R eine Million Euro. Er benötigt diesen Betrag, um seine ganze Batterie von Rettungsstationen und -schiffen, die er entlang der Küste für solche Situationen unterhält, rentabel betreiben zu können.

50. **Havarie mit unrentabler Investition**: Kapitän und Schiffseigner K droht mit seinem Kahn zu versinken, als das zum Abschleppen geeignete Schiff des R erscheint. Obwohl die Rettung unproblematisch ist, verlangt R eine Million. Er benötigt diesen Betrag, um seine ganze Batterie von Rettungsstationen und -schiffen, die er entlang der Küste für solche Situationen unterhält, rentabel betreiben zu können. Der Kahn ist jedoch nicht mehr als 500.000 Euro wert, weshalb K auch nicht bereit ist, mehr zu zahlen. Das wiederum findet R unfair.

51. **Havarie mit Versteigerung**: Ein plötzlich aufziehender Sturm führt zur Havarie gleich mehrerer Schiffe, die zu versinken drohen. Zufällig erscheint das zum Abschleppen geeignete Schiff des R. Dessen Kapitän beschließt, die für ihn an sich völlig unproblematische Abschlepphilfe meistbietend unter den betroffenen Schiffen zu versteigern und erlöst dabei eine Million Euro.

52. **Monopolpreis**: Monopolist M gestaltet seinen Preis streng nach Ertragsgesichtspunkten. Daher fällt dieser deutlich teurer aus als in wettbewerbsintensiven Märkten üblich oder für eine risikotypische Kapitalrendite erforderlich.

53. **Monopol mit fairem Preis**: M ist zwar Monopolist, verlangt aber lediglich einen Preis, der in wettbewerbsintensiven Märkten üblich und für eine risikotypische Kapitalrendite notwendig ist.

54. **Refinanzierung eines Monopols**: Magnat M erwirbt von zahllosen kleinen Geschäftsleuten sämtliche Mühlen bzw. dafür potenziell geeignete Standorte. Nachdem er so zum Monopolisten geworden ist, verdoppelt er die Preise, um so genau die Kosten wieder zu refinanzieren, die er zur Errichtung des Monopols aufwenden musste.

55. **Nachfragemonopol**: Verkäufer V hat 1 kg sehr schöner Orangen im Angebot, die er für den marktüblichen Preis von 5 Euro verkaufen müsste, um eine gewöhnliche Rendite zu erzielen. Da jedoch wegen eines Regenschauers alle anderen potenziellen Nachfrager ausbleiben, hat er nur K als möglichen Käufer. Dass er die

A. Einführung 191

Orangen selbst verzehren könnte, hebt seine „Schmerzgrenze" auf knapp 1 Euro. K erkennt die Lage und bietet nur 1 Euro, obwohl er auch bei 5 Euro, ja sogar bei 10 Euro, besser stünde.

b) Abschöpfungstechniken

56. **Studententarif**: *Fluggesellschaft F hat für einen Flug noch reichlich Plätze frei. Um aber nicht auch Geschäftskunden in den Genuss günstiger Tarife kommen zu lassen, führt sie mit der Hälfte des Preises einen speziellen Studententarif ein.*

57. **Flug in die Ferne**: *Ein Flugzeug verfügt über 100 Plätze und kann ab Einnahmen von 15.000 Euro rentabel fliegen. Da als potenzielle Kunden nur 50 Studenten, die maximal 100 Euro zahlen könnten, und 50 Geschäftsleute, für die sich ein Flug bis zu 200 Euro lohnt, in Betracht kommen, verlangt die Fluggesellschaft von allen Studenten 100 Euro und von allen Geschäftsleuten 200 Euro.*

58. **Affektionspreis**: *Händler H hat eine seltene Briefmarke, die Sammler S unbedingt zur Vervollständigung seiner Kollektion haben möchte. H weiß das und verlangt genau den Preis, den S gerade noch zu zahlen bereit wäre.*

59. **Ungewöhnlicher Affektionspreis**: *Händler H hat eine seltene Briefmarke, die Sammlerin S unbedingt zur Vervollständigung ihrer Kollektion haben möchte. H weiß das und verlangt von S dafür sexuelle Dienstleistungen.*

60. **Abschöpfung durch Zwang**: *Künstler K hat ganze 100 Euro in ein aufwändiges Kunstwerk investiert. Da sich anderen jedoch der Wert dieser Arbeit nur beschränkt erschließt, beträgt deren Marktwert lediglich 50 Euro. Deshalb bietet auch Passant P, selbst wenn er ohne Alternativen durchaus 100 Euro oder gar 150 Euro zahlen würde, nur diese 50 Euro. Hierüber erzürnt nimmt K „den Vertrag" allein in die Hand und zwingt P, ihm für sein Kunstwerk 100 Euro zu zahlen.*

c) Warnungen

61. **Warnung vor mangelnder Sorgfalt**: *Zahnarzt Z teilt seinem Patienten P mit, dass wenn sich dieser nicht regelmäßig die Zähne putzt, er Karies bekommen wird.*

62. **Warnung vor Verzicht auf Hilfestellung**: *Der durch einen Ausrutscher am Boden verblutende Arzt A teilt dem anwesenden Patienten P mit, dass wenn P nicht sofort den Notarzt holt, A sterben und damit P nicht mehr behandeln können wird.*

63. **Eigennützige Warnung**: *Arzt A teilt seinem Patienten P mit, dass wenn sich dieser nicht sofort zum üblichen Preis von ihm operieren lässt, P höchstwahrscheinlich sterben wird.*

d) Lebenshärten

64. **Hungerlohn**: *Kapitalist und Großgrundbesitzer K bietet Tagelöhner T die ersehnte Arbeit für einen Hungerlohn an, der angesichts großer Arbeitslosigkeit dem gängigen Marktpreis entspricht.*

„Praktikum": *Eine katastrophale wirtschaftliche Entwicklung lässt die Arbeitslosigkeit anschwellen. Junge Architekten sind daher bereit, selbst für viele Monate* *unbezahlte „Praktika" zu absolvieren, obwohl sie dabei harte und für das Unternehmen wertvolle Arbeit leisten.*

Tanz auf mehreren Hochzeiten: *Unternehmer U verhandelt mit mehreren Interessenten über den Verkauf seines Betriebs. Gleichzeitig lässt er auch einen Börsengang prüfen, genauso wie er alle wissen lässt, notfalls ganz einfach weiter zu machen.*

65. **Tücken der Wissenschaft:** Doktorand D möchte nach langen Jahren seine Doktorarbeit veröffentlichen. Verlag V teilt ihm mit, dass die Nutzungsrechte dann V zustünden, D aber dennoch 2.000 Euro bezahlen müsste.

66. **Große Kunst für Banausen:** Der noch unbekannte, aber zur Schriftstellerei geborene Künstler K verhandelt mit Verleger V über seinen ersten Lyrikband. Da V die Absatzchancen eher gering einschätzt, bietet er K an, dessen Werk überhaupt zu verlegen, lässt sich dafür aber umfassende Nutzungsrechte einräumen, ohne K auch nur einen Cent zu zahlen.

67. **Organspende:** Der in einem Entwicklungsland in großer Armut lebende, volljährige Straßenjunge J verkauft eine Niere auf dem internationalen Organspendemarkt, um so seine Universitätsausbildung zu finanzieren.

68. **Freigabe zur Adoption:** Als sich die junge Mutter M bei Geburt ihres Kinds in einer großen finanziellen und sozialen Notlage wiederfindet, gibt sie ihr Kind zur Adoption frei.

69. **Modernisierung oder Kündigung:** Mieter M droht an, das Mietverhältnis zu kündigen, sollte Vermieter und Eigentümer V nicht umgehend einen modernen Ofen in die Wohnung einbauen.

e) Drohung mit einem Unterlassen

70. **Lüsterner Millionär:** Die alleinerziehende Mutter M braucht dringend Geld, um ihr Kind angemessen zu versorgen. Der reiche Nachbar N erfährt dies und bietet ihr großzügige finanzielle Hilfe an, wenn sie mit ihm schläft.

71. **Lüsterner Kaufhausdetektiv:** Kaufhausdetektiv K stellt einer ertappten Ladendiebin in Aussicht, die bereits eingeleitete Strafanzeige „unter den Tisch fallen zu lassen", wenn sie mit ihm schläft.

72. **Unmoralisches Stellenangebot:** Lehrstuhlinhaber L bietet der mittelmäßigen Studentin S eine Assistentenstelle an, wenn sie mit ihm schläft.

73. **Schmiergeldforderung:** K ist in einer kleinen mittelständischen Firma für die Materialbeschaffung zuständig. Er fordert von Anbieter A Schmiergeld in Höhe von 10.000 Euro, ansonsten werde er die Geschäftsbeziehung abbrechen. A willigt zähneknirschend ein, da er nicht so schnell auf andere Unternehmen ausweichen kann.

74. **Wenig bedrohliche Schmiergeldforderung:** K ist in einer kleinen mittelständischen Firma für die Materialbeschaffung zuständig. Er fordert vom Anbieter A Schmiergeld in Höhe von 10.000 Euro, ansonsten werde er die Geschäftsbezie-

hung abbrechen. Allerdings bereitet es A wenig Mühe, notfalls auf andere Abnehmer auszuweichen.

75. **Lüsterner, risikofreudiger Kaufhausdetektiv:** *Kaufhausdetektiv K stellt einer ertappten Ladendiebin in Aussicht, die bereits eingeleitete Strafanzeige „unter den Tisch fallen zu lassen", wenn sie mit ihm schläft. Da er hierdurch jedoch auch seine eigene Entlassung riskiert, stellt ihn das avisierte Geschäft nur marginal besser.*

f) Drohung Dritter

76. **Teure Hilfe:** *Räuber R ist gerade dabei, Opfer O die Geldbörse im Wert von 100 Euro zu rauben. Spaziergänger S bietet O gegen 99 Euro an, den Raub abzuwehren, obwohl es ihn – alle Risiken eingerechnet – nur 5 Euro kosten würde.*

Teure Ausreise: *Der von der DDR mit der Vermittlung von Ausreisen beauftragte Rechtsanwalt V bietet dem Regimekritiker R seine Hilfe an, sofern R sein Grundstück an eine vom Staat begünstigte Person verkauft.*

77. **Entführung ins Nachfragemonopol:** *Entführer E verschleppt sein Opfer O auf eine abgelegene Insel, auf der sich als einziger Arbeitgeber die Fabrik des Entführers sowie eine Fabrik des an der Entführung unbeteiligten Dritten D befinden. Was, wenn nicht nur der Entführer dem Opfer anbietet, für einen Hungerlohn bei ihm zu arbeiten, sondern genauso (ebenfalls für einen Hungerlohn) der Dritte, und das Opfer dringend etwas Geld benötigt?*

78. **Tragische Abhebung:** *O wird von E erpresst. Er soll 10.000 Euro zahlen, da sonst sein Betrieb sabotiert wird. O nimmt daher bei der Bank B ein Darlehen über 10.000 Euro auf. B weiß von nichts.*

79. **Tragische Abhebung unter Einweihung:** *O wird von E erpresst. Er soll 10.000 Euro zahlen, da sonst sein Betrieb sabotiert wird. O nimmt daher bei der Bank B ein Darlehen über 10.000 Euro auf. B wurde über die Erpressung informiert.*

80. **Inszenierte Hilfe:** *Räuber R ist gerade dabei, Opfer O die Geldbörse im Wert von 100 Euro zu rauben. Spaziergänger S bietet O gegen 99 Euro an, den Raub abzuwehren. Was O nicht weiß: R und S hatten dieses Vorgehen vorher vereinbart und wollen sich den Ertrag teilen.*

81. **Inszenierte Hilfe ohne späteren Einfluss:** *Räuber R ist gerade dabei, Opfer O die Geldbörse im Wert von 100 Euro zu rauben. Spaziergänger S bietet O gegen 99 Euro an, den Raub abzuwehren. Was O nicht weiß: R und S hatten dieses Vorgehen vorher vereinbart und wollen sich den Ertrag teilen. Dabei sorgen sie dafür, dass R den S später nicht mehr anders vom Raub abhalten kann als durch Zahlung dieser 99 Euro.*

82. **Schutzgeld:** *Die Straßengang J macht die Gegend unsicher, weshalb Gangster G den Ladenbesitzern großzügig anbietet, gegen hohe monatliche Beträge für ihre Sicherheit zu garantieren. Tatsächlich ist es G selbst, der J ansonsten losschickt.*

g) Konnexität

83. **Geld oder Klage:** Gläubiger G möchte, dass Schuldner S endlich das fällige Darlehen zurückzahlt. Er kündigt ihm daher an, das Geld einzuklagen, sollte S nicht morgen zahlen.

84. **Geld oder Aufrechnung:** Gläubiger G möchte, dass Schuldner S endlich das fällige Darlehen zurückzahlt. Er kündigt ihm daher an, seinen Rückzahlungsanspruch mit einer Forderung des S gegen ihn zu verrechnen.

85. **Geld oder Zurückbehalt:** Autoverkäufer V möchte, dass Käufer K endlich den Kaufpreis zahlt. Er kündigt daher an, K vorher auch nicht das Auto auszuhändigen.

86. **Ordentliche Arbeit oder Kündigung:** Unternehmer U mahnt seinen schludrigen Angestellten A zu sorgfältiger Arbeit, ansonsten werde er ihn abmahnen müssen.

87. **Ertappter Dieb:** Ladeninhaber L fordert den Angestellten A auf, die aus der Kasse sukzessive entwendeten 1.000 Euro noch morgen zurückzuzahlen, sonst werde er Strafanzeige erstatten.

88. **Erfolgreicher Streik:** Die rechtmäßig streikenden Arbeitnehmer eines Betriebs erreichen, dass Unternehmer U einer kräftigen Lohnerhöhung zustimmt.

89. **Vertreibung des Einbrechers:** Hauseigner H erwischt den gefährlich aussehenden Einbrecher E in flagranti. Er greift zur Pistole und kündigt an, auf E zu schießen (Abwandlung: die Polizei zu holen), sollte E nicht sofort das Haus verlassen.

90. **Weg in die Freiheit:** Sklave S verlangt vom Hausherrn H unter vorgehaltener Waffe, ihn in die Freiheit zu entlassen. H willigt notgedrungen ein.

91. **Streichen für die Freiheit:** Maler M hat sich mal wieder bei einer Unterschlagung erwischen lassen. Als er bei Staatsanwalt S vorspricht, bietet dieser dem verblüfften M an, vor Gericht ein geringeres Strafmaß zu verlangen, sollte M den Eingang des Dienstgebäudes streichen.

92. **Kampf ums Recht:** A weiß, dass sein Nachbar N mit Drogen handelt. Er kündigt an, Anzeige zu erstatten, sollte N nicht sofort damit aufhören.

93. **Aufstand des Anstands:** Angestellter A erfährt von einer Affäre, die sein verheirateter Arbeitgeber U mit einer Sekretärin auslebt. Er fordert U auf, diese Affäre sofort zu beenden, ansonsten werde er dessen Ehefrau davon berichten.

94. **Schweigegeld:** A weiß, dass sein Nachbar N mit Drogen handelt. Er kündigt an, Anzeige zu erstatten, sollte ihm N nicht monatlich 500 Euro zahlen.

95. **Überschießende Kompensation:** Unternehmer U entdeckt, dass der Angestellte A der Kasse über einen längeren Zeitraum 1.000 Euro entnommen hat. Unter Drohung einer Strafanzeige verlangt er ein sofortiges Schuldanerkenntnis des A, wonach dieser insgesamt 1.500 Euro schulde.

96. **Kostspielige Affäre:** Angestellter A verlangt von Unternehmer U eine deftige, seinen Leistungen nicht entsprechende Gehaltserhöhung und deutet dabei an, dass

A. *Einführung* 195

Us Ehefrau doch sicher nichts von dessen Affäre mit seiner Sekretärin erfahren wolle.

97. **Betäubter Aufstand des Anstands:** Angestellter A verlangt von Unternehmer U eine deftige Gehaltserhöhung und deutet dabei an, dass Us Ehefrau doch sicher nichts von dessen Affäre mit seiner Sekretärin erfahren wolle. Dieses Geld benötigt A, um seine großen Schmerzen zu betäuben, die er angesichts der Unzucht des U tagtäglich empfindet.

98. **Unnötig kostspielige Affäre:** Der immer klamme Angestellte A, der seinen verheirateten Arbeitgeber U vor einiger Zeit mit der Sekretärin in flagranti erwischt hat, bittet diesen um eine Gehaltserhöhung. U zahlt, weil er davon ausgeht, A werde sonst auspacken. Tatsächlich würde A das nie tun und hatte diese peinliche Tatsache schon längst wieder vergessen.

99. **Kostspielige Affäre mit erarbeitetem Wissen:** Angestellter A verlangt von Unternehmer U einen einmaligen Gehaltszuschlag von 1.000 Euro und deutet dabei an, dass Us Ehefrau doch sicher nichts von dessen Affäre mit seiner Sekretärin erfahren wolle. Von der Affäre erfuhr A durch aufwändige Recherchen, die ihn seinerseits 1.000 Euro gekostet hatten.

100. **Günstige Gelegenheit:** Angestellter A entdeckt, dass der verheiratete Unternehmer U eine Affäre mit seiner Sekretärin hat. Er nutzt diese Gelegenheit, um den schon lange fälligen Lohn für vergangene Überstunden in Höhe von 1.000 Euro einzufordern, solle die Ehefrau nichts von der Affäre erfahren.

101. **Unnötige Überzeugungsarbeit:** Tourist T hat sich in der Wüste verlaufen und steht kurz davor, zu verdursten, als er auf den Beduinen B mit reichlich Wasser trifft. B zwingt T mit einer Waffe, ihm das Wasser zum üblichen Marktpreis von 1 Euro pro Liter abzukaufen.

III. Praktische Bedeutung

Die enorme Bandbreite unterschiedlichster Fallkonstellationen verdeutlicht zumindest zweierlei: Zunächst finden sich hier reichlich Fälle, über deren Ergebnis weitestgehend Einigkeit besteht. Wir können also jedes vertragstheoretische Konzept einer harten Bewährungsprobe unterziehen. Darüber hinaus wird die hohe, wenngleich gern unterschätzte praktische Bedeutung von Zwang, Drohung und Ausbeutung sichtbar. So ist es keineswegs abwegig, zu fragen, ob nicht jeder Mensch andauernd Zwängen unterliegt. Wir kaufen Brot, damit wir nicht verhungern, benötigen eine Unterkunft, um nicht auf der Straße zu landen – und all diese Notwendigkeiten lassen uns keine andere Wahl, als von morgens bis abends zu arbeiten, also unsere Arbeitskraft für den größten Teil unseres Lebens Dritten zu überlassen. So vielfältig wie unser tägliches Leben sind die Situationen, in denen wir mal mehr und mal weniger Spielräume haben. Die meisten Verträge werden nicht wegen einer damit verbundenen Entscheidung geschlossen oder um soziale Kommunikation zu praktizieren, sondern reagieren auf sich ständig ändernde Notwendigkeiten von bisweilen existenzieller Natur.[8]

So trefflich man darüber streiten mag, was denn Zwang, Drohung oder Ausbeutung auszeichnet, kommt kein staatstheoretischer Ansatz umhin, sich mit diesen Fragen zu befassen. Denn gerade der Staat zeichnet sich nun einmal dadurch aus, dass er notfalls Gewalt ausübt – und zwar nach innen gegen seine Bürger wie nach außen gegen Fremde. Mit Blick nicht nur auf das Straf-, sondern auch das Zivilrecht sei schließlich darauf hingewiesen, dass häufig derjenige von einer Verantwortlichkeit ausgenommen wird, der darlegen kann, etwa unter Zwang gehandelt zu haben.[9]

Vielleicht fällt die enorme Bedeutung des hier angesprochenen Themenkreises auch deshalb nicht immer auf, weil moderne Gesellschaften Zwang, Drohung und Ausbeutung recht effektiv verhindern. Das gelingt nicht nur über das Straf-, Vertrags- oder Deliktsrecht, sondern etwa auch über die aufwändige Gewährleistung von Wettbewerb oder eine rein staatliche Bedürfnisbefriedigung. Dementsprechend würde die praktische Relevanz der hier zu diskutierenden Fallgruppen spätestens dann wieder augenscheinlich, lebten wir in einer Anarchie, also jenseits der erst zu begründenden Rechtsordnung. Schon deshalb sollte man auch vorsichtig sein, bestimmte Konstellationen vorschnell etwa als „pathologisch" abzutun.[10]

IV. Herausforderung

1. Formal-prozedurale Ansätze

In einem gewissen Kontrast zur praktischen Bedeutung von Zwang, Drohung und Ausbeutung steht die bisweilen stiefmütterliche Behandlung dieses Themenkreises in der Vertragstheorie. Beispielhaft ist die These, dass es hier überhaupt nicht um Vertragsrecht, sondern Aspekte außerhalb dessen gehe.[11] Zwar mag man dem zubilligen, dass nach der auch hier vertretenen Ansicht die jeweilige rechtliche Anfangsausstattung gleichermaßen zentral wie von externen Voraussetzungen abhängig ist.[12] Doch leuchtet es spätestens bei der Aus-

---

[8] Stellv. *Feinberg*, Harm to self, Bd. 3, 1986, S. 191; *Trebilcock*, Limits, 1993, S. 79. Näher unten § 4 C. III. 5. a).

[9] Dabei mag man etwa nach Rechtfertigungs- und Entschuldigungsgründen unterscheiden. Näher zur Verantwortung aus vertragstheoretischer Perspektive unten § 10 C. IV.

[10] Näher zu derartigen Ausflüchten unten § 9 C. V. 4. a).

[11] So namentlich *Smith*, Contract Theory, 2004, S. 315:„… insofar as they [these doctrines] cannot be reduced to the rules of offer and acceptance or to the rules regarding implied terms, they are not based on contract law principles … Excuse rules impose external limits on validly created contractual rights. Their origins are therefore outside the law of contract as strictly defined."

[12] Näher unten § 4 C. I. 1.

beutung wenig ein, warum die genaue Höhe eines Entgelts ausgeblendet oder als vertragsfremd charakterisiert werden sollte.[13]

Aber selbst dort, wo etwa Lehrbücher auf diesen Themenkreis eingehen, erfolgt dies bisweilen eher stiefmütterlich. Das liegt zunächst daran, dass klassische Vertragstheorien erhebliche Schwierigkeiten haben, Drohung und Ausbeutung überhaupt zu problematisieren.[14] Denn schließlich weiß das Opfer hier genau, was mit ihm geschieht und was es erklärt. Es entscheidet so, wie jeder normal denkende Mensch entschiede. Deshalb sehen sich Willens- wie Erklärungstheorie genötigt, Begriffe wie Entscheidungsfreiheit, Freiwilligkeit oder Autonomie einzuführen, um selbst eine ganz überlegt und in voller Kenntnis ihres Inhalts vorgenommene Erklärung als in Wahrheit doch nicht gewollt oder nicht zurechenbar hinzustellen. Wie man das subsumieren soll, wird allerdings selten verraten.[15] Ein weiterer Grund für die bisweilen sehr zurückhaltende Behandlung von Zwang, Drohung und Ausbeutung mag darin liegen, dass sich diese Fälle nur dann bewerten lassen, wenn bereits die anfängliche Rechteausstattung geklärt ist. Das wirkt zumindest dann unbefriedigend, wenn man sich allein auf den Akt und die Personen des Vertragsschlusses fixiert, anstatt einzelne Verträge nur als kleinen Ausschnitt einer sich ständig, Schritt für Schritt, verändernden Rechtslage zu sehen.[16]

2. Substanzielle Kriterien

Tatsächlich liegt das Problem bei Zwang, Drohung und Ausbeutung nicht bei der Entscheidungsfindung bzw. dem Parteiverhalten, sondern auf substanzieller Ebene: Auch wenn der Bedrohte noch so informiert, überlegt, unmissverständlich und ruhig entscheidet wie bei unproblematischen Verträgen auch, missbilligen wir hier das Ergebnis. Damit wird es unausweichlich, inhaltliche Kriterien für einen nach unserer Rechtsordnung gerechten Vertragsinhalt zu entwickeln.[17] So schwer uns auch die Suche nach substanziellen Kriterien fällt,[18] ist es diese zentrale Frage nach dem richtigen Vertragsinhalt, um die sich das gesamte Vertragsrecht dreht, die dessen Verständnis überhaupt ermöglicht, die prozeduralen Kriterien Sinn, Grenzen und Inhalt verleiht, welche die unserem Vertragsrecht zugrunde liegende, äußerst ausgefeilte Kompetenzverteilung erklärt und die genau das anspricht, worum es uns Menschen

---

[13] Näher unten § 4 D. II. 2. a).
[14] Näher zu dieser Tendenz jeder Normalwissenschaft, den Untersuchungsgegenstand getreu der dominierenden Theorie zu selektieren, *Fleck*, Wissenschaftliche Tatsache, 1935; *Kuhn*, Revolutionen, 2. Aufl. 1976, S. 90 ff.
[15] Näher unten § 4 B. I. 4. b) aa).
[16] Näher oben § 2 D.
[17] Übergreifend dazu unten § 19 D.
[18] Zu den damit verbundenen Befürchtungen wie etwa einer mangelnden Liberalität, Präzision oder auch Situationsgerechtigkeit siehe gleich unten § 4 A. IV. 3.

tatsächlich geht, wenn wir Verträge abschließen. Darauf wird immer wieder zurückzukommen sein. Hier geht es zunächst darum, dieses substanzielle Kriterium überhaupt erst einmal möglichst plastisch zu entwickeln.

Dabei ist mit der These, ein substanzielles Kriterium zu benötigen, noch nicht viel gewonnen. Denn der Siegeszug formal-prozeduraler Vertragstheorien in den letzten Jahrhunderten hat durchaus seinen Grund, konnte das, was an inhaltlichen Gesichtspunkten angeboten wurde, nicht überzeugen. Insofern geht es in diesem Kapitel auch darum, die Fragwürdigkeit klassischer substanzieller Maßstäbe zu verdeutlichen. Mit der traditionsreichen und in unserem Denken bis heute tief verankerten Äquivalenz etwa kommt man jedenfalls vertragstheoretisch nicht weit.[19] Und genauso wenig erscheint es erstrebenswert, in aristotelischer Wesensschau Vertragstypen und -inhalte einfach zu behaupten.[20] Wir sollten den Vertretern des Naturrechts dafür danken, viel an scholastischem Wust, längst nicht mehr durchschaubaren Unterscheidungen, Spitzfindigkeiten und religiösen Rücksichtnahmen beiseitegeschoben zu haben. Dass wir der Scholastik andererseits zahllose und oft zu Unrecht vergessene Erkenntnisse verdanken,[21] ändert daran nichts. Sehr viel weniger schön ist allerdings, dass in der Neuzeit auch etliche Pfade eingeschlagen wurden, über die wir nicht so froh sein sollten. Hierzu gehört etwa die immer weiter fortschreitende Prozeduralisierung und Formalisierung gerade der Vertragstheorie, die mit *Kant* ihren durchaus zweifelhaften Höhepunkt feierte[22] und in ihrer Popularität bis heute ungebrochen ist – man denke etwa an die einflussreiche Diskurstheorie[23]. Auch die zunehmende Ausblendung menschlicher Zwecke[24] sowie möglicherweise auch die viel zu starke Betonung des Selbstbindungswillens des rechtlich Betroffenen im Gegensatz zum Aneignungswillen des Berechtigten[25] sind eher neuere Entwicklungen. Vielleicht wurde auch einfach nicht hinreichend gewürdigt, dass mit der Entscheidung für ein substanzielles Kriterium noch lange nicht feststeht, wer über das Ob und den Inhalt eines Vertrags bestimmen sollte. Denn gerade wenn man das Rechtfertigungsprinzip vertritt, wird der Parteiwille äußerst wichtig.

3. Liberalität

Tatsächlich wecken inhaltliche Kriterien bis heute Misstrauen. Zunächst lässt sich zweifeln, ob es überhaupt ein tragfähiges substanzielles Kriterium gibt,

---

[19] Näher unten § 4 B. III.
[20] Näher oben § 3 A. III. 3.
[21] Siehe dazu nur oben § 2 Fn. 110.
[22] Näher oben § 2 A. V. 2. a).
[23] Grdl. *Habermas*, Theorie des kommunikativen Handelns (2 Bände), 1981; *Habermas*, Erläuterungen zur Diskursethik, 1991.
[24] Vgl. wiederum oben § 2 A. V. 2. a).
[25] Näher unten § 9 E. II.

welches das geltende Vertragsrecht zutreffend erfasst – einschließlich der damit verbundenen Individualität, inhaltlichen Vielfalt und Flexibilität. Das vermeintliche Problem liegt auf der Hand: Führt man ein aussagekräftiges, also überhaupt subsumierbares Kriterium und nicht nur eine Leerformel oder ein flexibles Argumentationsmuster ein, droht dieser konkret-verbindliche Gehalt all diejenige Individualität und situative Anpassung zu gefährden, die unser Vertragsrecht auszeichnet. So kann der Äquivalenzgedanke weder erklären, warum wir zahlreiche Verträge zulassen, bei denen nur eine Seite etwas leistet – man denke nur an die Schenkung –, noch besagt er viel über den Vertragsinhalt.[26] Doch sind derartige Befürchtungen dann unbegründet, wenn man zum einen auf der Kompetenzebene den Subsidiaritätsgrundsatz beachtet und zum anderen ein individualistisches Kriterium wählt. Das Rechtfertigungsprinzip stellt auf die Rechte und Ziele jeweils nur einer einzigen Person ab. Und da es von vornherein darauf angelegt ist, diese individuellen Ziele auf Basis bestehender Rechte zu verwirklichen, verlangt es geradezu nach der so beeindruckenden Vielfalt, die unsere heutige Vertragsrechtsrealität auszeichnet.[27]

Schließlich mag man argwöhnen, dass mit der Rede über richtige Vertragsinhalte auch die Vorstellung einer objektiven, für jedermann verbindlichen Rechtsidee verbunden sei. Diese Kritik wäre berechtigt – denn eine Rechtsidee gibt es nicht. Wohl aber gibt es wissenschaftlich feststellbare, weil sich in den Rechtsordnungen dieser Welt manifestierende Vorstellungen über gerechte Verträge, von denen sich diese Arbeit auf Konstellationen mit weithin anerkannten Ergebnissen konzentriert.[28]

B. Klassische Ansichten

Nicht nur die dogmatische Bewältigung von Zwang, Drohung und Ausbeutung ist sehr herausfordernd – das Gleiche gilt bereits für die Darstellung der vielen Ansichten hierzu. Eine allzu kleinteilige Auseinandersetzung droht nicht nur, den Blick für die zentralen Probleme zu verlieren, sondern angesichts einer dann wenig spannenden Lektüre auch gleich den Leser. Um das zu verhindern, werden zunächst all diejenigen Vorstellungen diskutiert, die in irgendeiner Form auf die Situation des Opfers abstellen. Anschließend seien solche Ansätze betrachtet, die eher den Täter und dessen Handeln thematisieren. Schließlich folgen zwei Denkmuster, die weniger prozedural als vielmehr substanziell ausgerichtet sind, nämlich einerseits die klassische Äquivalenz

---

[26] Näher unten § 4 B. III. 2. a); § 4 B. III. 4.
[27] Näher oben § 3 A. IV. 1. oder unten § 7 A. I.; § 8 A. II.; passim.
[28] Näher oben § 2 B. I. 1.

sowie andererseits die Aufteilung der gemeinsamen Kooperationsrente auf die vertragsschließenden Parteien.

I. Opferperspektive

Der wohl größten Popularität erfreuen sich die Versuche, den spezifischen Unrechtsgehalt von Zwang, Drohung und Ausbeutung der jeweiligen Opfersituation zu entnehmen.[29] Dabei finden sich zahlreiche Begriffe, die je nach Autor mal das Gleiche, mal etwas ganz Verschiedenes, bedeuten. Konkret geht es um Ausdrücke wie Wille, Einwilligung, Willensmangel, Willensdefekt, Willensfreiheit, Willensbildungsfreiheit, Freiheit der Willensbestimmung, Entscheidungsfreiheit, Freiwilligkeit, Freiheit, Autonomie, Selbstbestimmung, Konsens, Verantwortlichkeit oder auch die in Deutschland gerne bemühte Objektformel. Häufig bejaht ein Autor zwar einen Willen, vermisst aber die Entscheidungsfreiheit oder die Verantwortlichkeit. Doch lässt sich ganz unabhängig von diversen Feinheiten zeigen, wie wenig die Opferperspektive weiterführt.

1. Varianten

a) *Entscheidungsfreiheit, Freiwilligkeit und Verwandtes*

Gerade für die Vertreter der Willenstheorie liegt es nahe, bei Zwang, Drohung oder Ausbeutung zu fragen, ob hier ein Wille vorliegt. Immerhin lassen sich so diejenigen Situationen als nichtvertraglich ausscheiden, bei denen das Opfer überhaupt nicht mitwirkt. Das betrifft den Zwang im Sinne einer *vis absoluta* sowie – verlangt man für den Willen eine entsprechende Aufmerksamkeit –[30] Reflexe[31]. Allerdings enden hier bereits die klaren Aussagen und beginnen jedenfalls bei der Drohung all diejenigen Schwierigkeiten nicht nur der Willenstheorie, die etwa unter dem Stichwort des *coactus voluit* spätestens seit *Aristoteles* eingehend diskutiert werden: Will derjenige, der unter dem Eindruck einer auf ihn gerichteten Waffe die Geldbörse aushändigt, deren Verlust? Will er ihn vielleicht besonders stark (schließlich geht es um sein Leben), oder aber leidet dieser Wille an irgendeinem Defekt?[32]

---

[29] Die zumindest als Gliederung praktikable Unterscheidung von Opfer- und Täterperspektive hat eine lange Tradition, vgl. nur – anlässlich der Diskussion um die Notwendigkeit einer Finalität (näher unten § 4 B. II. 2.) – *Exner*, Rechtserwerb, 1867, S. 255 f. (dort Fn. 5).
[30] Näher unten § 9 B. II. 3.
[31] Vgl. dazu etwa die Aufzählung von *Wertheimer*, Coercion, 1987, S. 9 zu involuntary movements als "... bodily movements such as twitches, seizures, spasms, reflex actions ..."
[32] Siehe zu dieser Diskussion nur *Gutmann*, Freiwilligkeit als Rechtsbegriff, 2001, S. 30 ff.

Bis heute wurde diese Frage nicht befriedigend geklärt.[33] Allerdings finden sich zahlreiche Stimmen, die vehement die Existenz eines Willens bejahen: Nach *Aristoteles* etwa gleicht das Verhalten des Drohungsopfers den freiwilligen Handlungen, da man sich im Augenblick, in dem sie ausgeführt werden, für sie entscheidet.[34] *Hobbes* bemerkt im Anschluss an *Aristoteles* und *Grotius*, dass wer aus Furcht, das Schiff könne sinken, seine Ladung ins Meer wirft, dies dennoch mit vollem Willen tue, genauso wie diejenigen, die ihre Schulden nur aus Furcht vor dem Gefängnis bezahlen.[35] Nach *Hegel* kann nur derjenige zu etwas gezwungen werden, der sich zwingen lassen will.[36] *Savigny* schließlich führt aus, der Zwang an sich hebe das Dasein und die Wirksamkeit des Willens nicht auf.[37] Umgekehrt lassen sich kaum Personen finden, die für Zwang, Drohung oder Ausbeutung einen Willen klar verneinen. Ganz überwiegend bemüht man andere Aspekte, um einen Vertrag als unwirksam zu erweisen.[38] So sehr also um *coactus voluit* gestritten wird, bleibt meistens offen, worin genau denn die trennende Vorstellung liegen soll. Die Gründe für diese Vagheit werden noch deutlich werden.[39]

Ein Beispiel für alternative bzw. ergänzende Begrifflichkeiten ist die Frage, inwieweit bei Drohung noch ein Konsens bzw. eine Einwilligung vorliegt.[40] Genauso mag man Willensmängel oder eine Willensbeugung prüfen.[41] Gerade im deutschen Sprachraum populär ist die sogenannte Entscheidungsfreiheit, die bereits in den Motiven zu § 123 BGB erwähnt wird[42] und namentlich von

---

[33] Näher zu den Gründen unten ab § 4 B. I. 2.
[34] *Aristoteles*, Nikomachische Ethik, 1909, 1110a.
[35] *Hobbes*, Leviathan, 1651, S. 108: "Fear and Liberty are consistent; as when a man throweth his goods into the Sea for *fear* the ship should sink, he doth it nevertheless very willingly, and may refuse to do it if he will …", *Grotius*, Drei Bücher, 1625/1950, S. 239 (Zweites Buch, Kap. 11, VII. 2.); *Aristoteles*, Nikomachische Ethik, 1909, 1110a.
[36] *Hegel*, Grundlinien, S. 178 f. (§ 91).
[37] *Savigny*, System, Bd. 3, 1840, S. 100.
[38] Zu derartigen Gesichtspunkten siehe gleich ausführlich. Typisch sind auch so vorsichtige Formulierungen wie die von *Frankfurt*, in: Honderich (Hrsg.), Essays, 1973, S. 65, 80 f. „The victim of coercion is necessarily either moved in some way against his will or his will is in some way circumvented …" oder *Feinberg*, Harm to self, Bd. 3, 1986, S. 254: "Coercion does tend to reduce voluntariness; it is a 'voluntariness-reducing factor'."
[39] Unten ab § 4 B. I. 2.
[40] Umfassende Darstellung zu diesem Begriff bei *Feinberg*, Harm to self, Bd. 3, 1986, S. 181 ff.
[41] Dies beobachtet *Raiser*, FS Deutscher Juristentag, Bd. 1, 1960, S. 101, 130 in der Rechtspraxis dort, wo ungewöhnlich hohen Preisen zugestimmt wurde und wohl vermieden werden soll, offen einen gerechten Preis einzufordern.
[42] Für einen Diskussionsüberblick zu § 123 BGB siehe nur *Kramer*, MüKo-BGB, 5. Aufl. 2006, § 123 BGB Rn. 52 ff. Auch der auf die Richtlinie 2005/29/EG des Europäischen Parlaments und des Rates vom 11. Mai 2005 über unlautere Geschäftspraktiken von Unternehmen gegenüber Verbrauchern im Binnenmarkt, ABl. L 376 vom 27.12.2006, S. 21 zurückgehende § 4 Nr. 1 UWG spricht von der Entscheidungsfreiheit der Verbraucher oder sonstiger Marktteilnehmer.

Wolf umfassend thematisiert wurde.[43] Bisweilen mit der Entscheidungsfreiheit gleichgesetzt, von manchen hingegen als heikler angesehen,[44] wird die Willensfreiheit.[45] *Savigny* wischt diese Frage schnell mit der Bemerkung beiseite, mit den spekulativen Schwierigkeiten des Freiheitsbegriffs habe man im Rechtsgebiet nichts zu schaffen; uns berühre bloß die Freiheit, unter mehreren denkbaren Entschlüssen eine Wahl zu treffen (was er anscheinend ohne Weiteres für gegeben hält).[46] Andere wie *Schlossmann* oder *Kritz* geben sich damit nicht zufrieden.[47] So gibt es zur Willensfreiheit immerhin eine umfassende und traditionsreiche Diskussion unter Beteiligung verschiedenster Disziplinen, selbst wenn deren Ergebnisse bisweilen ernüchternd sind.[48] § 869 des österreichischen ABGB verlangt unter anderem die freie Einwilligung in einen Vertrag. Teils ähnlich, teils wiederum ganz anders als Entscheidungsfreiheit, Willensfreiheit oder freie Einwilligung ordnet man die Freiwilligkeit einer Entscheidung ein. *Gutmann*, der die Willensfreiheit noch als unserem Thema vorgängig ausgeschieden hatte,[49] thematisiert Freiwilligkeit als wesentliche Voraussetzung für verantwortliches Handeln und damit die Begründung vertraglicher Pflichten.[50] Auch der *EuGH* erkennt nur solche Verpflichtungen als

---

[43] *Wolf*, Entscheidungsfreiheit, 1970, S. 123 ff., 145 f., 180, 278 ff., passim. Vgl. daneben – ebenso bereits im Titel – *Schindler*, Entscheidungsfreiheit, 2005.

[44] Distanzierend etwa *Gutmann*, Freiwilligkeit als Rechtsbegriff, 2001, S. 3: „Nicht Thema der Arbeit ist jedoch die voraussetzungsvolle und logisch vorgängige Frage nach der menschlichen Willensfreiheit ... wird sie vielmehr als Prämisse der Untersuchung gesetzt." Tatsächlich soll dann jedoch auch Freiwilligkeit ggf. einfach zu unterstellen sein, vgl. unten bei Fn. 116 f.

[45] *Frankfurt*, in: Honderich (Hrsg.), Essays, 1973, S. 65: „... sometimes, though not always, the use of the term ‚coercion' conveys an exclusion of moral responsibility ... regarded as not having acted freely, or of his own free will."

[46] So jedenfalls für die Drohung *Savigny*, System, Bd. 3, 1840, S. 102, vgl. denselben aber zur Minderjährigkeit durchaus anders unten § 17 E. II.

[47] *Kritz*, Sammlung, Bd. 5, 1845, S. 42, 52 f., 62; *Schlossmann*, Zur Lehre vom Zwange, 1874, S. 131 f.; *Schlossmann*, Der Vertrag, 1876, S. 317. Siehe dazu auch *Wolf*, Entscheidungsfreiheit, 1970, S. 123, der die Entscheidungs- und Willensfreiheit einheitlich behandelt und betont, dass es gerade diese Festlegung *Savignys* war, die zur rechtsdogmatischen Vernachlässigung der Entscheidungsfreiheit führte. Zu verwandten Problemen der Willenstheorie mit ihrer These eines Selbstbindungswillens vgl. unten § 9 C. I. 2.

[48] Dies gilt gerade für Zwang, Drohung und Ausbeutung (näher unten § 4 B. I. 4. b) aa)), aber auch manche Irrtümer (näher unten § 17 D. II. 2.).

[49] Fn. 44.

[50] Vgl. *Gutmann*, Freiwilligkeit als Rechtsbegriff, 2001, S. 1, 60 f., 106, 117 ff., 168; *Gutmann*, in: Schulze (Hrsg.), New Features, 2007, S. 49, 50 ff. unter Hinweis etwa auf Monopolsituationen (wobei diese eigentlich „nur" für Ausbeutungen stehen, vgl. unten ab § 4 C. III. 3.) und mit Ausführungen zur Tradition vor allem der deutschen Aufklärung, des Idealismus sowie der Arbeiten von *Raz*. Auch *Unberath*, Die Vertragsverletzung, 2007, S. 389 f. definiert Freiwilligkeit durch Abwesenheit u.a. von Zwang, um das durch die Voraussetzung einer Zurechenbarkeit noch weiter zu relativieren. Zur Zurechenbarkeit vgl. unten § 10 C.

vertraglich an, die freiwillig eingegangen wurden.⁵¹ Im deutschen Sprachraum beliebt ist auch die Formulierung eines Schutzes der Freiheit der Willensbildung und Willensbetätigung.⁵² Andere wiederum setzen nicht bei der Freiwilligkeit, sondern bei Freiheit,⁵³ Autonomie⁵⁴ oder Selbstbestimmung⁵⁵ an oder bemühen die vor allem aus dem Verfassungsrecht bekannte Objektformel bzw. eine Unterscheidung nach inneren/internen/endogenen und äußeren/externen/ exogenen Entscheidungsfaktoren.⁵⁶ Bisweilen ist auch von Manipulation die Rede.⁵⁷ Dabei liegt jeweils der Gedanke zu Grunde, dass das Opfer in gewisser Hinsicht nicht selbst entscheide, sondern fremden Einflüssen wie einem fremden Willen ausgesetzt und deshalb für sein Tun nicht verantwortlich, weil fremdbestimmt sei.⁵⁸ Generell werden Begriffe wie Verantwortung, Schuld oder Zurechenbarkeit als Kehrseite von Zwang, Drohung oder Ausbeutung bemüht.⁵⁹

---

⁵¹ Stellv. EuGH, Urt. v. 17.9.2002 – Rs. C-334/00, NJW 2002, 3159 (Rn. 23) m.w.N.
⁵² *Mankowski*, Beseitigungsrechte, 2003, S. 350 setzt dies mit Willensfreiheit gleich und verweist dabei auf § 240 StGB. Zu Letzterem siehe auch *Gutmann*, Freiwilligkeit als Rechtsbegriff, 2001, S. 268 m.w.N., der allerdings betont, dass es „im Kern umstritten" sei, was unter diesem Rechtsgut zu verstehen ist. Nach *Lorenz*, Unerwünschter Vertrag, 1997, S. 1, 349 ist die Freiheit der Willensentschließung kein durch die Anfechtungsvorschriften des BGB „absolut" geschütztes Rechtsgut.
⁵³ Vgl. dazu etwa *Zimmerman*, 10 PhilPublicAff 121, 122 (1981).
⁵⁴ Zur philosophischen Diskussion von Autonomie als „Idealkonzept" oder „Schwellenkonzept" siehe *Gutmann*, Freiwilligkeit als Rechtsbegriff, 2001, S. 6ff. m.w.N.
⁵⁵ Stellv. *Hönn*, Kompensation, 1982, S. 254, 289f. oder – bereits im Titel – *Singer*, Selbstbestimmung, 1995; *Drexl*, Selbstbestimmung, 1998. *Wolf*, Entscheidungsfreiheit, 1970, S. 27 scheint Selbstbestimmung mit der von ihm diskutierten Entscheidungsfreiheit gleichzusetzen.
⁵⁶ So bereits *Aristoteles*, Nikomachische Ethik, 1909, 1110a oder aus jüngerer Zeit etwa *Zimmerman*, 10 PhilPublicAff 121, 130 (1981) („... there is an aspect of the other's rationality which he fails to acknowledge, namely the other's capacity to set his own ends ... Instead, one who coerces uses the victim's preference structure as a mere means for the attainment of his own ends."); *Gutmann*, Freiwilligkeit als Rechtsbegriff, 2001, S. 202f. (Freiheit als Zustand, „... in dem ein Mensch nicht dem willkürlichen Zwang durch den Willen ... anderer unterworfen ist."; „... Zwang, sich um das bedrohte Gut zu kümmern, statt selbstgesetzte Ziele verfolgen zu können ..."); *Anderson*, Coercion, SEP (10.2.2006) (1.4.): „If there is a single, continous thread that runs through the various thoughts about coercion surveyed above, I believe it could be identified ... with a concern for the ability of some agents to implement and enforce decisions about the activities of others." oder auch *Lorenz*, Unerwünschter Vertrag, 1997, S. 387, passim; *Eidenmüller*, in: Zimmermann (Hrsg.), Willensbildung, 2007, S. 103, 121; *Eidenmüller*, AcP 210 (2010), 67, 82ff.
⁵⁷ *Feinberg*, Harm to self, Bd. 3, 1986, S. 65ff., 189, 232, 245, 344, passim.
⁵⁸ Vgl. Fn. 45.
⁵⁹ Aus jüngerer Zeit siehe nur *Frankfurt*, in: Honderich (Hrsg.), Essays, 1973, S. 65; *Gutmann*, Freiwilligkeit als Rechtsbegriff, 2001, S. 38, 113f. oder *Anderson*, Coercion, SEP (10.2.2006) (Einführung) jew. m.w.N. *Feinberg*, Harm to self, Bd. 3, 1986, S. 176 spricht davon, dass die Verantwortung vom Opfer auf den Zwingenden übergehe. Nach *Savigny*, System, Bd. 3, 1840, S. 110 wird die Drohung zuweilen Grund einer Milderung oder selbst der Straflosigkeit sein.

b) Geistige Defizite

Häufig geht es auch um gewisse Defekte bei der Entscheidungsfindung. So mögen Furcht und Schrecken den Verstand lähmen und damit zu einer irrationalen Entscheidung führen.[60] Gleiches gilt etwa für eine Überrumpelung[61] oder eine mögliche Willensbeugung im Sinne der Ausnutzung oder Erzeugung von Willensschwäche – und sei es nur durch unwiderstehliche Angebote.[62] Doch wurde schon früh gesehen, dass man solche Störungen besser getrennt diskutiert.[63]

c) Verhandlungssituation

Noch in einer weiteren Hinsicht lässt sich die besondere Lage des Opfers thematisieren – nämlich mit Blick auf dessen Verhandlungssituation. Denn nicht nur bei der erst später zu behandelnden Unwissenheit, sondern auch bei einer besonderen Abhängigkeit vom Anbieter[64] droht eine Ausbeutung, d.h. eine als ungerecht empfundene Verteilung der vertraglichen Wertschöpfung.[65] Es ist die Rede von Zwangslagen[66] oder auch Monopolen oder monopolähnlichen Zuständen – seien diese dauerhaft-strukturell oder nur kurzfristig-situativ.[67] Bisweilen wird auch von Markt- oder Verhandlungsmacht oder von (strukturellen) Über- bzw. Ungleichgewichten gesprochen.[68] Beinahe schon substanzielle Kriterien werden mit der Frage eingeführt, wie unangenehm oder schmerz-

---

[60] Derartige Begrifflichkeiten finden sich etwa bei *Pufendorf*, Pflicht des Menschen, 1673/1994, S. 92 f. (1. Buch 9. Kap. § 15); *Enneccerus/Nipperdey*, Allgemeiner Teil, Hbd. 2, 15. Aufl. 1960, S. 1060 § 173 („Im Rechtsverkehr soll jeder frei von Furcht seine Willenserklärung abgeben.") oder *Savigny*, System, Bd. 3, 1840, S. 108 f., 116 („Aber beide [Furcht, Irrtum] können eine besondere Natur annehmen, wenn sie in einer unsittlichen Einwirkung von außen ihre Entstehung haben. Dann erscheint die Furcht als Zwang, der Irrtum als Betrug."), wenngleich auch die Furcht nicht immer klar definiert und nicht eigenständig, sondern nur in Ergänzung weiterer Gesichtspunkte verwendet wird. Näher zur Irrationalität unten § 17 E.

[61] Näher unten § 17 E.

[62] In ihren englischsprachigen Entsprechungen könnte man fragen, ob ein Wille „impaired", „overborne", „more than irresistable" oder „beyond the victim's ability to control" war, vgl. dazu etwa *Frankfurt*, in: Honderich (Hrsg.), Essays, 1973, S. 65, 77 ff.; *Wertheimer*, Coercion, 1987, S. 9.

[63] Vgl. nur *Blume*, JhJb 38 (1898), 224, 260 f. m.w.N., der § 123 BGB (Drohung), § 138 BGB (Ausbeutung) und § 105 Abs. 2 BGB a.F. (Irrationalität) abgrenzt, sowie in dieser Arbeit unten § 17 E.

[64] Stellv. *Frankfurt*, in: Honderich (Hrsg.), Essays, 1973, S. 65, 71 f.

[65] Näher unten § 4 C. II. 5. f).

[66] So etwa die Formulierung des § 138 Abs. 2 BGB.

[67] Namentlich *Trebilcock*, Limits, 1993, S. 93 ff. unterscheidet zwischen strukturellen und situativen Monopolen und hält Letztere für besonders problematisch, weil rein zufällig-unverdient, während strukturelle Monopole sehr viel komplexere Erwägungen erforderten, denen das Vertragsrecht im Gegensatz zu anderen Institutionen nicht unbedingt gewachsen sei.

[68] Siehe zu derartigen Vorstellungen auch unten § 19 C. VI.

lich die zu treffende Wahl sei.[69] Dabei wird häufig auch der Druck bemüht, der auf dem Bedrohten bei seiner Entscheidung laste.[70] Andere wiederum berücksichtigen die Anzahl oder die Qualität realer Entscheidungs-, Handlungs- oder Wahlmöglichkeiten (Optionen), die bei einer Drohung verringert werden.[71]

2. Begrenzte Bedeutung einer Entscheidung

Doch wie sind nun all diese verschiedenen Gesichtspunkte zu würdigen, die allesamt in irgendeiner Form auf die Entscheidungssituation des Opfers abstellen? Zunächst sei darauf hingewiesen, dass es gerade bei Zwang und Drohung nicht einmal einleuchtet, warum die Entscheidung des Betroffenen überhaupt eine rechtlich nennenswerte Rolle spielen sollte. Steht jemand wie in Fall 15 vor der Wahl, entweder seine Geldbörse zu verlieren oder aber erschossen zu werden, so wird sich allenfalls ein geistig kranker Mensch erschießen lassen. Es erschließt sich nicht ganz, warum uns die Existenz einer gänzlich irrealen, rein hypothetischen Möglichkeit auch nur ansatzweise interessieren sollte.[72] Die Entscheidung ist hier klar, genauso wie sie es aber auch in völlig unproblematischen Fällen sein kann – und genau deshalb ist sie normativ wenig aussagekräftig.[73] Dabei ändert die Entscheidung in vielen Fällen nicht einmal das Ergebnis. Entschlösse sich ein verrückter Mensch, sich lieber erschießen zu lassen, verlöre er seine Geldbörse dennoch, denn als Toter kann er sich schlecht wehren.

Vergleicht man dann noch die Fälle 13, 15 und 16, so verstärken sich die Zweifel:

Fall 13: Raub ohne Mitwirkung: Räuber R nimmt Opfer O seine Geldbörse ab. Da R erkennbar bewaffnet ist, wehrt sich O nicht.

Fall 15: Raub mit Mitwirkung: Räuber R zwingt Opfer O mit vorgehaltener Waffe dazu, ihm die Geldbörse auszuhändigen. O hält R die Tasche hin.

Fall 16: Raub mit Mitwirkung und Willenserklärung: Räuber R zwingt Opfer O mit vorgehaltener Waffe dazu, ihm die Geldbörse auszuhändigen und dabei zu erklären, dies auch so zu wollen. O hält R die Tasche hin und spricht wie befohlen.

---

[69] Stellv. *Aristoteles*, Nikomachische Ethik, 1909, 1110b: Eine Handlung, die einer gezwungen und wider Willen tut, sei ihm auch schmerzlich. *Wertheimer*, Coercion, 1987, S. 9 f. spricht bei einer Wahl zwischen mehreren unangenehmen Alternativen von einer "constrained volition". Vgl. auch *Feinberg*, Harm to self, Bd. 3, 1986, S. 234.
[70] Dazu *Gutmann*, Freiwilligkeit als Rechtsbegriff, 2001, S. 112 ff. oder *Smith*, Contract Theory, 2004, S. 332 f., der den „nature of pressure view" beschreibt, der für den Druck „a particular kind or quality" verlange. Allerdings wird dieser Ausdruck sehr uneinheitlich – etwa auch im Sinn von Wahlmöglichkeiten (dazu gleich) – gehandhabt.
[71] Näher unten § 4 B. I. 5.
[72] Näher unten § 4 B. I. 4. b).
[73] Vgl. dazu etwa *Gordley*, Philosophical Origins, 1991, S. 232, 244; *Gordley*, in: Benson (Hrsg.), Theory, 2001, S. 265, 280.

Folgt man der klassischen Vorstellung, so tun sich irgendwo zwischen diesen Fällen geradezu zwei Welten auf, nämlich die des Vertrags und die des Delikts. Und doch wird vielleicht nicht nur jeder Laie anmerken, dass sich die Sachverhalte durch nichts unterscheiden, was juristisch relevant sein sollte.[74] Darauf wird noch zurückzukommen sein.[75] Die Drohung ist einfach nur ein Mittel (nämlich das der Kommunikation) unter vielen, um das herbeizuführen, was uns hier tatsächlich interessiert, nämlich der Verlust der Geldbörse und damit ein ganz bestimmtes Ergebnis.[76] Dabei bildet Fall 16 noch reichlich Anlass, sich vertieft mit dem Verhältnis von Zwang/Drohung und (erkannter) Mentalreservation auseinanderzusetzen, was wiederum interessante Einsichten zum vermeintlich so bedeutsamen Selbstbindungswillen erlaubt.[77]

Schließlich gerät man mit sämtlichen prozeduralen Ansätzen überall dort in ernsthafte Schwierigkeiten, wo es nur einige Aspekte des Vertragsinhalts sind, die wir rechtlich beanstanden. Denn solange die Zwangslage des Opfers generell besteht, haben wir dogmatisch von vornherein keine Handhabe für eine differenzierte Sicht.[78] Dabei wird gerne übersehen, dass eine Vertragsanpassung (im Gegensatz zur Vertragsaufhebung) nicht nur bei einer Ausbeutung, sondern auch bei Zwang oder Drohung sinnvoll sein kann.[79]

3. Begrenzte Bedeutung der Entscheidungssituation

Sämtliche gerade beschriebenen Konzepte zeichnen sich dadurch aus, dass sie in irgendeiner Form auf die jeweilige Entscheidungssituation des Opfers abstellen. Damit bleiben aber auch all diese Konzepte spätestens dann eine Erklärung schuldig, wenn es Fälle gibt, in denen die Entscheidungsumstände völlig identisch sind, die rechtliche Bewertung hingegen sehr unterschiedlich ausfällt. Genau das lässt sich feststellen – und zwar in vielerlei Hinsicht.

a) Rechteausstattung und frühere Anstrengungen

Besonders augenscheinlich wird dieses Problem, wenn man sich die Bedeutung der jeweiligen Rechteausstattung sowie der früheren Anstrengungen ver-

---

[74] Insofern ist es nachvollziehbar, wenn der deutsche Bundesgerichtshof zur Abgrenzung von Raub und räuberischer Erpressung formal auf das äußere Erscheinungsbild und gerade nicht auf die „innere Willensrichtung" abstellt (stellv. BGH, Urt. v. 17.3.1955, BGHSt 7, 252). Zwar bemüht er damit sicher kein Kriterium, das normativ bedeutsam wäre. Doch erspart er sich dafür sämtliche Schwierigkeiten, die mit Begriffen wie Freiwilligkeit oder Entscheidungsfreiheit einhergehen.
[75] Etwa unten § 18 D. I.
[76] Allgemein dazu unten § 19.
[77] Näher unten § 17 F. III. 2.
[78] *Fastrich*, Inhaltskontrolle, 1992, S. 40.
[79] Näher unten § 4 D. II. 2. b).

B. Klassische Ansichten

deutlicht, auf deren Basis der Vertragsschluss erfolgt.[80] Auch dazu reichen einige schlichte Fälle:

Fall 45: Ertrinkender: Spaziergänger S sieht zufällig auf seinem Weg, wie M gerade im Meer ertrinkt. Dafür, dass er ihm die rettende Hand hinstreckt, verlangt S 100.000 Euro. Dabei würde S die Rettung nur 5 Euro kosten, weil seine Schuhe nass werden.

Fall 49: Ertrinkender mit Investition: M droht gerade im Meer zu ertrinken. S, der eine ganze Batterie von Rettungsstationen entlang der Küste unterhält, verlangt 100.000 Euro für die Rettung. Derartige hohe Entgelte sind angesichts der seltenen Notfälle für S notwendig, um seine Investitionen einschließlich einer für sein Risiko typischen Kapitalrendite zu refinanzieren.

Fall 23: Ertrinkender mit Rettungsanspruch: Spaziergänger S sieht zufällig auf seinem Weg, wie M gerade im Meer ertrinkt. Obwohl er dem älteren M vor einiger Zeit gegen ein großzügiges Honorar versprochen hatte, ihm in Notlagen behilflich zu sein, verlangt er für das Hinstrecken der rettenden Hand 100.000 Euro unter Aufhebung sämtlicher früherer Vereinbarungen.

Fall 24: Ertrinkender mit Rettungsanspruch mit Investition: Spaziergänger S sieht zufällig auf seinem Weg, wie M gerade im Meer ertrinkt. Obwohl er dem älteren M vor einiger Zeit gegen ein großzügiges Honorar versprochen hatte, ihm in Notlagen behilflich zu sein, verlangt er für das Hinstrecken der rettenden Hand 100.000 Euro unter Aufhebung sämtlicher früherer Vereinbarungen. Derartige hohe Entgelte sind angesichts der seltenen Notfälle für S notwendig, um den Aufbau seines Rettungsgewerbes einschließlich einer für sein Risiko typischen Kapitalrendite zu refinanzieren.

Hier lässt sich zunächst festhalten, dass die Entscheidungssituation des Ertrinkenden in allen Fällen identisch ist: M ertrinkt und kann seinem Schicksal nur dadurch entrinnen, dass er 100.000 Euro zahlt. Wollte man hier noch rein formal etwa an Entscheidungsfreiheit, Freiwilligkeit oder Willensfreiheit festhalten, so hingen diese Begriffe von allem Möglichen ab – nur nicht von der Entscheidungssituation des Opfers. Die persönlichen Ziele des M, seine Kenntnisse, seine psychische Situation, der Entscheidungsdruck, seine Furcht, seine Abhängigkeit von der Hilfe des S, die Bedenkzeit und Rationalität seiner Entscheidung – all das unterscheidet sich nicht im Geringsten. Wohl aber hat M in Fall 23 einen rechtlichen Anspruch auf Rettung, und genau das lässt uns den Austausch missbilligen. Da sich M hier auf Basis seiner Rechteausstattung verschlechtert, haben wir sogar eine Drohung. Demgegenüber fällt die Bewertung von Fall 45 anders aus, da sich M durch das Angebot verbessert, eine Rechtsänderung also erwünscht erscheint. Allerdings nutzt hier S sein situatives Monopol aus, um ein allzu hohes Entgelt zu vereinnahmen (Ausbeutung). Besonders schwer fällt es in Fall 49, den Vertrag zu missbilligen, benötigt S diesen Betrag von jedem Ertrinkenden, um die Rettungsstationen überhaupt betreiben zu können. Und immerhin profitiert der Ertrinkende von deren

---

[80] Näher unten § 4 C. I. 1. a).

Existenz.[81] Diese Einschätzung ändert sich allerdings trotz der Investitionen wiederum dann, wenn wie in Fall 24 ein Rettungsanspruch besteht.

Diese vier Fälle verdeutlichen allerdings nicht nur die Fragwürdigkeit all jener Ansätze, die in irgendeiner Form auf die Entscheidungssituation des Opfers abstellen. Genauso zeigt sich, dass unsere rechtliche Bewertung selbst bei völlig identischer rechtlicher Ausgangslage variieren kann. Es macht einen Unterschied, warum oder wofür der Rettende sein Geld verlangt. Schon deshalb versagt auch die Forderung nach einer Äquivalenz von Leistung und Gegenleistung.[82] Tatsächlich werden frühere Anstrengungen dogmatisch fast immer vernachlässigt. Doch können wir andererseits auch nicht jede frühere Anstrengung blind anrechnen, wie Fall 24 zeigt.[83] Im Ergebnis zeigen damit allein diese vier Fälle, wie anspruchsvoll es ist, Zwang, Drohung und Ausbeutung treffend zu erfassen.

Nun könnte man einwenden, dass S in Fall 45 von vornherein rechtlich zur Rettung verpflichtet sei, weil beispielsweise im deutschen Recht § 323c StGB genau das verlangt. Schließlich sind für die anfängliche Rechteausstattung keine zivilrechtlich begründeten Positionen notwendig.[84] Doch erscheint es aus mehreren Gründen legitim, diesen Aspekt – wie übrigens in der Literatur ganz überwiegend praktiziert – auszublenden: Unabhängig davon, ob fremde Rechtsordnungen eine dem deutschen Strafrecht vergleichbare Bestimmung kennen, ist selbst § 323c StGB nur bei „Unglücksfällen oder gemeiner Gefahr oder Not" anwendbar. Es bedürfte also nur einer leichten Modifikation der Fälle hin zu einer etwas weniger dramatischen Notlage, um derartige Einwände auszuschalten. Auch ist jede positiv gesetzte Strafrechtsnorm – genauso wie jede zivilrechtliche Vorschrift – erst einmal anhand der hier ja gerade diskutierten Erklärungsversuche zu begründen. Schließlich sollten wir die Ausbeutung als vertragliches Phänomen mit genuin zivilrechtlichen Begründungsmustern erklären können und nicht einfach auf das Strafrecht verweisen müssen.

b) Entgelt

Noch in einer weiteren Hinsicht lässt sich demonstrieren, dass es nicht die jeweilige Entscheidungssituation des Opfers ist, deretwegen wir Zwang, Drohung oder Ausbeutung missbilligen. Dazu sei den zuvor erwähnten Fällen noch Fall 46 beiseite gestellt:

Fall 46: Ertrinkender mit fairem Preis: Spaziergänger S sieht zufällig auf seinem Weg, wie M gerade im Meer ertrinkt. Dafür, dass er ihm die rettende Hand hinstreckt, verlangt S 5 Euro, die ihn die Rettung kosten, weil seine Schuhe nass werden.

---

[81] Näher unten § 4 C. I. 3.
[82] Näher unten § 4 B. III. 2. b).
[83] Näher unten § 4 C. I. 3.
[84] Näher unten § 4 C. I. 1.

Immer noch ist Ms Lage in sämtlichen Fällen gleichermaßen bedrohlich, angsteinflößend, ausweglos und fremdgesteuert. Der entscheidende Unterschied liegt nicht in der Entscheidungssituation des Ertrinkenden, sondern allein im Entgelt. Anders formuliert kommt es auf den Inhalt des Vertrags und damit auch auf die jeweilige Kompensation an. Daher werden selbst Vereinbarungen, die in den schlimmsten Notlagen oder mit den größten Monopolisten geschlossen wurden, erst dann beanstandet, wenn es zu einer Ausbeutung kommt. Der Bäcker, der dem Hungernden die Brötchen zum Marktpreis verkauft, schließt einen gültigen Vertrag.[85]

c) Drohungen Dritter

In nicht weniger Schwierigkeiten geraten sämtliche Ansätze, die auf die Entscheidungssituation des Opfers abstellen, bei Drohungen Dritter. Wird jemand wie in den Fällen 78 und 79 erpresst und muss deshalb bei seiner Bank ein hohes Darlehen aufnehmen, so ist seine Zwangslage denen anderer Drohungsopfer in jeder Hinsicht vergleichbar. Und dennoch bleibt er selbst dann vertraglich gebunden, wenn er seiner Bank von der Erpressung erzählt.[86] Genau deshalb führte *Kohler* mit der Finalität noch ein weiteres Kriterium ein – und zwar auf Täterseite –, das noch näher zu diskutieren sein wird.[87]

d) Opfereigenschaften

Mit der Entscheidungssituation des Opfers lassen sich auch all diejenigen rechtlichen Unterschiede nicht erfassen, die darauf beruhen, dass verschiedene Menschen verschiedene Ziele verfolgen. Besonders deutlich wird das in Fall 38, wo ein Räuber den nächsten Passanten berauben möchte, nur um festzustellen, dass eben jener Passant fest entschlossen ist, der nächsten Person – am liebsten einem Verbrecher – seine Geldbörse zu schenken. Wie immer man diesen Fall letztlich beurteilen mag,[88] erscheint es jedenfalls merkwürdig, den Vertrag ausgerechnet deshalb für unwirksam zu erklären, weil es doch den Passanten zu schützen gelte. Denn Anliegen, die wir als exzentrisch oder affektiv empfinden, sind genauso zu berücksichtigen wie jene, die wir als normal empfinden.[89]

---

[85] Stellv. *Börner*, FS Nipperdey, 1965, S. 185, 198; *Hönn*, Kompensation, 1982, S. 28; *Feinberg*, Harm to self, Bd. 3, 1986, S. 249; *Wertheimer*, Exploitation, SEP (24.7.2008). Näher zu sozialen Notlagen unten § 4 C. III. 5. a). Das Gleiche gilt übrigens für die Ausnutzung von Unwissenheit, weshalb inhaltlich faire Allgemeine Geschäftsbedingungen nicht beanstandet werden, näher dazu unten § 14 C. II. sowie zu sozialen Notlagen oben § 4 A. III.; § 4 C. III. 5. a).
[86] Stellv. *Wertheimer*, Coercion, 1987, S. 47.
[87] Unten § 4 B. II. 2.; § 4 C. III. 6.
[88] Aus Sicht des Rechtfertigungsprinzips siehe unten § 4 C. II. 5. c).
[89] Das wird regelmäßig auch dort so gesehen, wo mit Autonomie, Freiwilligkeit oder

4. Mangelnde Aussagekraft

So banal es auch klingen mag, muss jedes dogmatische Konzept an einen Tatbestand – gleich ob als Regel oder Zielvorgabe – anknüpfen, der sich subsumieren lässt und damit in irgendeiner Form an überprüfbare und damit reale Umstände anknüpft. Dennoch finden sich in der juristischen Diskussion andauernd Begrifflichkeiten und Argumentationsmuster, die genau das missachten und damit nur scheinbar etwas sagen. Die Diskussion um Zwang, Drohung und Ausbeutung bildet hier keine Ausnahme, und zwar gerade bei denjenigen Kriterien, die in irgendeiner Form auf die Entscheidungssituation des Opfers abstellen. Um das zu illustrieren, sei nunmehr zunächst darauf hingewiesen, dass in den meisten Fällen von einer irrationalen oder uninformierten Entscheidung keine Rede sein kann. Denn dann kann man besonders hartnäckig fragen, worin genau der darüber hinausgehende subsumtionsfähige Inhalt liegen soll, mit dem es gelingt, von den vielfältigen Situationen gerade diejenigen Verträge zu erfassen, die wir missbilligen.

a) Rational-informierte Entscheidung

Analysiert man die Entscheidung des Bedrohten,[90] lassen sich folgende Aspekte unterscheiden: Zunächst verfolgt jede Partei gewisse Ziele und muss sich daher fragen, wie sie diese in der jeweiligen Situation und damit auch bei der Entscheidung über einen Vertragsschluss bestmöglich verwirklicht. Je nach der konkreten Situation, d.h. etwa nach dem individuellen Kenntnisstand, der Rechteausstattung oder den vorhandenen Alternativen, wird man sich für oder gegen eine bestimmte Handlung entscheiden. Dabei ist zweierlei festzuhalten: Erstens erfolgt die Entscheidung oft gleichermaßen rational wie informiert.[91] Verlangte man für freies Wollen nicht mehr als das, ließen sich also Drohung und Ausbeutung nicht erfassen,[92] von einer Willensbeugung könnte keine Rede sein.[93] Zweitens bleiben die Ziele beider Parteien bereits definitionsgemäß[94] unberührt, lassen sich also nicht durch Zwang oder Drohung be-

---

Ähnlichem argumentiert wird, vgl. hier nur *Feinberg*, Harm to self, Bd. 3, 1986, S. 199, 211 oder *Gutmann*, Freiwilligkeit als Rechtsbegriff, 2001, S. 81 m.w.N.

[90] Zu solchen Analysen siehe nur aus jüngerer Zeit *Baumann*, conceptus 28 (1995), 21, wobei zu beachten ist, dass Begrifflichkeiten wie Präferenz oder Ziel dort anders als hier verwandt werden.

[91] Siehe nur *Blume*, JhJb 38 (1898), 224, 260f. m.w.N., der zu Recht § 123 BGB (Drohung), § 138 BGB (Ausbeutung) und § 105 Abs. 2 BGB a.F. (Irrationalität) abgrenzt, sowie aus jüngerer Zeit etwa *Trebilcock*, Limits, 1993, S. 79, 84; *Wertheimer*, Coercion, 1987, S. 171 oder *Smith*, Contract Theory, 2004, S. 322. Zur Rationalität siehe unten § 17 E.

[92] Stellv. *Trebilcock*, Limits, 1993, S. 79.

[93] Entsprechend kritisch etwa – aus jüngerer Zeit – *Wertheimer*, Coercion, 1987, S. 288; *Smith*, Contract Theory, 2004, S. 322. Vgl. auch oben § 4 B. I. 1. a) zur *coactus voluit*-Debatte.

[94] Näher oben § 2 A. V. 3. a).

einflussen. Was manipuliert wird und werden kann, ist nicht, was eine Partei für sich anstrebt, sondern allein der jeweilige situative Rahmen und mit ihm die jeweilige Entscheidung bzw. konkrete Handlung des Opfers, die sich als Ergebnis der rational-informierten Entscheidung empfiehlt. Der Räuber muss hoffen, auf ein nicht todesmutiges Opfer zu stoßen – beeinflussen kann er dessen Ziele nicht.[95] Dementsprechend wird der Bedrohte, der dem Ansinnen seines Gegners nachgibt, allenfalls bedauern, überhaupt in die unangenehme Lage geraten zu sein. Seine konkrete Entscheidung wird er hingegen als sachgerecht empfinden, denn genau das war sie ja auch.

b) Fehlende überschießende Kriterien

aa) Fehlende Subsumierbarkeit, Illiberalität

Hat man akzeptiert, dass es keineswegs eine Drohung ausschließt, wenn das Opfer voll informiert und rational selbst entscheidet, drängt sich die unangenehme Frage auf, was denn der darüber hinausgehende, subsumtionsfähige Inhalt sein soll, der die zu missbilligenden Verträge identifiziert. Gerade die so lange und heftig geführte *coactus voluit*-Debatte lässt darauf jede Antwort vermissen. Wird dieses Problem überhaupt angesprochen, so regelmäßig mit einem gehörigen Maß an Resignation.[96] Nicht weniger ernüchternd fällt das Ergebnis für andere Merkmale wie Entscheidungsfreiheit[97], Freiheit/Autono-

---

[95] Daher gelingt es entgegen *Gutmann*, Freiwilligkeit als Rechtsbegriff, 2001, S. 181 f., 203 auch nicht, Zwang und Drohung dadurch von der Ausbeutung abzugrenzen, dass nur Ersteres die Motivationslage des Opfers verändere. Ein struktureller Unterschied lässt sich hier nicht ausmachen, wohl aber ist es richtig, dass sich das Opfer bei der Ausbeutung trotz allem noch verbessert. Nichts anderes gilt für die Frage einer „subjektiv rationalen" Entscheidung, für die sich wiederum kein Unterschied ausmachen lässt. Und weshalb die Qualität einer Disposition bei der Ausbeutung geringer sein soll als bei Zwang oder Drohung, bleibt ebenso offen. Näher zum Unterschied von Zwang und Drohung einerseits und Ausbeutung andererseits unten § 4 D. II. 2.

[96] Aus jüngerer Zeit siehe etwa *Wertheimer*, Coercion, 1987, S. 30, 33, 79, 290, passim: „If a satisfactory account of the way coercion undermines voluntariness must turn on identifiable and reasonably straightforward psychological phenomena, I must concede right off that I cannot give such an account." *Gutmann*, Freiwilligkeit als Rechtsbegriff, 2001, S. 36 sieht eine der Hauptursachen für die Probleme der philosophischen Freiwilligkeitsanalysen seit *Aristoteles*, dass bereits dort diese Bewertung und ihre normativen Implikationen keine nähere Bestimmung mehr erfahren. Vgl. etwa auch *Trebilcock*, Limits, 1993, S. 79.

[97] Vgl. *Börner*, FS Nipperdey, 1965, S. 185, 199. Die Ausführungen hierzu von *Wolf*, Entscheidungsfreiheit, 1970, der diesem Begriff immerhin eine ganze Habilitationsschrift widmet, bleiben vage. So spricht er etwa dort auf S. 119 (vgl. auch die Nachweise in Fn. 43) von der Möglichkeit zu einer mit den Grundsätzen der Rechtsordnung übereinstimmenden Entscheidung, was diese Wertmaßstäbe ersichtlich voraussetzt und nicht begründet. Und wenn nicht jeder missliebige Einfluss auf die Entscheidungsbildung relevant sein soll, sondern nur zu berücksichtigen sei, ob berechtigte Interessen verfolgt werden und nicht lediglich eine sachfremde Beeinflussung erfolgt (dort S. 114), so ist damit wiederum nur die Frage formuliert, nicht jedoch eine Antwort. Welches Interesse berechtigt ist und wann eine Beeinflussung sachfremd ist, soll gerade erst erklärt werden. Ähnlich vage bleibt der Hinweis auf nicht als „annehmbar" erscheinende Alternativen (dort S. 114).

mie[98], Willensfreiheit[99], Konsens[100], Willensmangel[101] oder Schuld/Verantwortung[102] aus. Sofern damit gemeint ist, dass das Opfer bisweilen zumindest „rein theoretisch"[103] oder „bei normativer Betrachtung"[104] auch anders entscheiden „könne",[105] bleibt einmal mehr offen, wie dies im konkreten Fall für jedermann überprüfbar sein soll. Wir können so nicht die problematischen von unproblematischen Verträgen scheiden. Und was hätte eigentlich ein Opfer davon, auch eine völlig unsinnige, weil interessenwidrige Entscheidung treffen zu können? Sollte uns das rechtlich beeindrucken?

Nur am Rande sei bemerkt, dass es alles andere als liberal ist, anderen mit gravierenden rechtlichen Konsequenzen vorzuhalten, man habe sich anders verhalten können,[106] ohne für diese mutige These auch nur irgendeine wissenschaftlich nachvollziehbare Grundlage anzubieten. Es gibt wenig Zynischeres, als jemandem etwas vorzuwerfen oder ihn für etwas zur „Verantwortung" zu ziehen, was er gerade nicht beeinflussen kann.[107] Auch verwundert es, dass Willensfreiheit oder Ähnliches zwar fehlen soll, wenn wir beispielsweise einen Tumor im Gehirn des Handelnden finden, nicht aber, wenn sich das Verhalten durch eine nicht ganz so spektakulär abweichende neuronale Verschaltung

---

[98] *Schlossmann*, Grünhuts Zeitschrift 7 (1880), 543, 566: „Was versteht Zitelmann unter Autonomie? Dieses Wort wird bekanntlich in so verschiedenem Sinne gebraucht ..., dass in einem Zusammenhang, wo dieser Begriff die Grundlage einer umfassenden Theorie bilden soll, die genaue Angabe, in welchem Sinn der Verfasser ihn nimmt, geradezu Pflicht war."

[99] Vgl. dazu gleich bei Fn. 108.

[100] Stellv. *Smith*, Contract Theory, 2004, S. 331 ff.: „One difficulty with the mental state view is that it is not clear how one might describe the state of mind that is meant to correspond to consent ... it is not clear how judges (or anyone else) could tell if a person was in that state ... But the most serious difficulty with the mental state view is that it does not accurately convey how the term consent is actually used and understood ..."

[101] Stellv. *Wertheimer*, Coercion, 1987, S. 29: „For despite frequent reference to ‚overborne wills' that notion seems to do relatively little work ... the ‚overborne will' theory does not help to make this sort of distinction ..."

[102] Näher dazu auch unten § 10 C. IV.

[103] Näher zur Problematik rein hypothetischer Aussagen unten § 9 C. V. 2. d); § 19 B. III.; passim.

[104] Näher unten bei Fn. 116.

[105] Schon *Schliemann*, Die Lehre vom Zwange, 1861, S. 95 f. stellt hier – auch für die heutzutage dominierende Vorstellung durchaus kennzeichnend – fest, dass dies ja seit der trefflichen Darstellung von *Savigny* „allgemein anerkannt" sei. In jedem Fall bleibe die Wahl, das angedrohte Übel über sich ergehen zu lassen.

[106] Klassisch BGH, Beschl. v. 18.3.1952, BGHSt 2, 194, 200: „Strafe setzt Schuld voraus. Schuld ist Vorwerfbarkeit. Mit dem Unwerturteil der Schuld wird dem Täter vorgeworfen, dass er sich nicht rechtmäßig verhalten, dass er sich für das Unrecht entschieden hat, obwohl er sich rechtmäßig verhalten, sich für das Recht hätte entscheiden können. Der innere Grund des Schuldvorwurfes liegt darin, dass der Mensch auf freie, verantwortliche, sittliche Selbstbestimmung angelegt und deshalb befähigt ist, sich für das Recht und gegen das Unrecht zu entscheiden, sein Verhalten nach den Normen des rechtlichen Sollens einzurichten und das rechtlich Verbotene zu vermeiden..."

[107] Näher unten § 10 C. IV. 5.

erklärt. Wie es scheint, ist die Existenz von Willensfreiheit vor allem eine Frage des medizinisch-psychologischen Fortschritts und geht es uns hier nicht anders als mit unseren Göttern, die uns früher noch in jedem Busch weilten, dann aber nur noch auf dem Olymp oder im „Himmel" ein noch unerforschtes Fleckchen fanden. Nicht nur auf der Erde wurde es für diese mit fortwährendem Fortschritt eng – das Gleiche beobachten wir nunmehr auch für unser Inneres.[108]

Kurzum, gerade bei derartig schillernden und philosophisch traditionsreichen Begriffen müssten ernsthafte Versuche unternommen werden, überprüfbare Kriterien für deren Vorliegen zu entwickeln und deren Tauglichkeit anhand der etwa auch in dieser Arbeit aufgeführten Fälle zu demonstrieren. Wer Willensfreiheit berücksichtigen möchte, sollte uns auch verraten, wie man diese eigentlich subsumiert.[109] Wenn Wille, Erklärung oder Präferenz nicht die notwendigen Kriterien liefern, um Drohung und Ausbeutung zu identifizieren, wäre eine solche Diskussion eigentlich unumgänglich. Sich genau dieser Diskussion nicht gestellt zu haben, wurde bereits einem *Savigny* von *Kritz* oder *Schlossmann* vorgeworfen.[110] Nun könnte man speziell bei der Willenstheorie auf den Gedanken kommen, das gesuchte zusätzliche Merkmal in dem Willen speziell einer Selbstbindung zu suchen, doch führt auch das offensichtlich nicht weiter: Zwar will das Opfer einer Drohung tatsächlich nicht gebunden werden, doch gilt das für jeden noch so gewöhnlichen Vertrag.[111] Tatsächlich begehrt man nicht die eigene Bindung, sondern nimmt sie lediglich anderer Vorteile wegen in Kauf.[112]

bb) Sonstige Leerformeln
Bisweilen ist ein vorgeschlagenes Kriterium nicht in dem Sinn inhaltsleer, dass es sich nicht auf reale Umstände bezieht, wohl aber dergestalt, dass es in nahezu jeder Fallgestaltung erfüllt ist und damit die erwünschte Identifikation

---

[108] Das soll an dieser Stelle zum viel diskutierten Problem der Willensfreiheit genügen (vgl. aber gleich noch § 4 B. I. 4. b) ee) sowie etwa unten § 10 C. IV.). Die Diskussion speziell um diesen Begriff füllt bekanntlich ganze Bibliotheken, vgl. hier nur *Elger/Friederici u.a.*, Gehirn&Geist 2004, 30. Zwar gewinnt Willensfreiheit dann einen konkreten Gehalt, wenn man sie etwa als Inbegriff der – nach persönlicher Ansicht für richtig gehaltenen Tugendvorstellungen – richtigen Handelns definiert. Doch hilft das hier nicht weiter, von der grundlegenden Problematik einer solchen inneren Vorstellung von „Freiheit" ganz zu schweigen.

[109] *Gordley*, Philosophical Origins, 1991, S. 200 kommentiert das so: „A will theory that cannot explain when a party willed to contract is in serious trouble." Vgl. auch *Atiyah*, 98 LQRev 197, 197 ff. (1982); *Martens*, Willensmängel, 2007, S. 273 sowie die nachfolgend zitierten Stimmen.

[110] Vgl. dazu bereits oben bei Fn. 47.

[111] Was etwa zur Frage einer (erkannten) Mentalreservation, aber auch anderen Problemen führt, vgl. oben bei Fn. 77 und den dortigen Verweis.

[112] Näher unten § 9 C. II. 2.

problematischer Rechtsänderungen versagt. Das gilt namentlich für jene Ansätze, die das Problematische von Zwang, Drohung oder Ausbeutung vor allem in einer Fremdbestimmung sehen und dementsprechend auf eine Behandlung als Objekt, äußere/externe/exogene Einflüsse oder dergleichen abstellen.[113] So drängt sich hier die Frage auf, wann denn einmal nicht beide Vertragsparteien gleichermaßen den Vertrag beeinflussen.[114] Das Entscheidende ist also nicht, ob jemand Einfluss ausübt, sondern vielmehr, was als Ergebnis der für Verträge typischen Interaktion zweier Personen hervortritt. Externe wie interne Faktoren können Fluch oder Segen sein – und genau deshalb bedarf es anderer Kriterien. Eine ganz andere Schwierigkeit, auf die hier nur kurz verwiesen sei, ist die Benennung und Begründung der Trennlinie zwischen internen und externen Faktoren, wie sie etwa aus der philosophischen Diskussion um autonomes und heteronomes Verhalten hinlänglich bekannt ist.[115] So könnte man sich zwar auf den Standpunkt stellen, dass sich letztlich sämtliche der hier diskutierten Fallkonstellation durch äußere Einflüsse insbesondere des Vertragsgegners auszeichnen, was dann allerdings nur die unangenehme Frage aufwirft, wie denn dann die zu missbilligenden Konstellationen identifiziert werden sollen. „Klassisch" ist schließlich auch der Versuch, der Forderung nach einem subsumierbaren Tatbestand dadurch auszuweichen, dass man auf eine „normative" Sicht verweist.[116]

cc) Ausweichversuche
Vor diesem Hintergrund verwundern dann auch die zahlreichen Versuche nicht, dem Vorwurf mangelnder Überprüfbarkeit auszuweichen. Offensicht-

---

[113] Für Nachweise siehe oben Fn. 56.
[114] Deutlich *Blume*, JhJb 38 (1898), 224, 229: „Nicht deshalb, weil der Wille des Bedrohten beeinflusst war, sondern weil dieser Einfluss durch eine nicht zu billigende Handlungsweise erzeugt war, wird der Willenserklärung die Wirksamkeit versagt. Ein Wille, der in diesem Sinne frei wäre, dass er unbeeinflusst seine Entschlüsse fasste, existiert nicht." Vgl. daneben etwa *Wertheimer*, Coercion, 1987, S. 231; *Gutmann*, Freiwilligkeit als Rechtsbegriff, 2001, S. 151, 267 oder *Smith*, Contract Theory, 2004, S. 322.
[115] Siehe etwa zur „Willensfreiheit" bereits oben bei Fn. 108.
[116] Besonders deutlich, aber nur beispielhaft für diesen weit verbreiteten „Ausweg" *Gutmann*, Freiwilligkeit als Rechtsbegriff, 2001, S. 107 („... keine wertfreie, nur deskriptive Definition von Freiwilligkeit gibt ..."), 126 („... auch die Begriffe der Motivation und des freien Willens von ihren psychologisch-empirischen Bedeutungen lösen und normativ reformulieren müssen."), 144 („... Phänomen Zwang mit deskriptiven Mitteln allein nicht adäquat erfassen lässt ..."), 147 („... aufgrund normativer Leitbilder und rechtspolitischer Überlegungen bestimmt."), 330 („Frage der Rechtspolitik"), passim.; *Gutmann*, in: Schulze (Hrsg.), New Features, 2007, S. 49, 51 („*Zweitens* ist Freiwilligkeit ein *normatives* Konzept. Es gibt keine wertungsfreie, deskriptive, sozusagen ‚psychologische' oder handlungstheoretische Definition von Freiwilligkeit, die für moralische oder rechtliche Fragen von Interesse wäre."). Generell zum Erkenntniswert solcher Aussagen unten § 9 C. V. 2. e); § 10 E. II. 1. sowie zur Kritik am „Psychologismus" speziell der Willenstheorie unten § 9 C. V. 2. e) aa).

lich unbefriedigend ist der Einwand, in einer liberalen Rechtsordnung müsse man Willensfreiheit unterstellen. Typisch dafür sind Formulierungen, dass es in Wahrheit nicht um die Existenz, sondern die Zuschreibung etwa eines freien Willens gehe; oder dass Zwang und Freiwilligkeit normative Begriffe seien und es eine lediglich deskriptive Funktion von Freiwilligkeit nicht gebe.[117] Wollte man aber Freiwilligkeit einfach unterstellen oder zuschreiben, läge in sämtlichen der eingangs vorgestellten Sachverhalte ein wirksamer Vertrag vor. Es würde also einfach auf das jeweilige Merkmal verzichtet. Darüber freut sich allenfalls der Räuber. Möchte man dies vermeiden, muss man schon ein Kriterium dafür anbieten, wann die Zuschreibung erfolgen soll – und wann nicht. Damit befinden wir uns aber wieder am Anfang der Diskussion.

Andere wiederum treten offen für einen Verzicht auf konkrete Aussagen ein. Was als gesetzestechnisches Instrument der Ausgestaltung der Kompetenzverteilung etwa zwischen Gesetzgeber und Richter ein zumindest nachvollziehbares Anliegen sein mag, ist für die hier interessierende wissenschaftliche Beschreibung des Vertragsrechts wenig hilfreich. Manchmal wird auch behauptet, eine subsumtionsfähige Lösung lasse sich nicht finden, nur weil man selbst eine solche nicht anzubieten hat. Oder eine Stellungnahme wird mit so vielen unbestimmten Gesichtspunkten überfrachtet, dass deren Überprüfung oder gar praktische Anwendung ausscheidet.[118] Bisweilen werden auch dogmatisch unliebsame Sachverhalte wie etwa Drohungen Dritter oder die Ausbeutung einfach aus dem Untersuchungsgegenstand abgeschoben.[119]

Schließlich mag man sich von der Betrachtung der Opfersituation lösen, ohne das auch begrifflich einzugestehen. So lässt sich willentliches oder autonomes Wollen dahingehend definieren, dass ein nach substanziellen Maßstäben fairer Vertrag geschlossen wird.[120] Eine etwas anspruchsvollere Variante dessen ist die Verknüpfung von Autonomie mit einem Handeln nach ganz

---

[117] Vgl. Fn. 116.
[118] Vgl. nur *Wertheimer*, Coercion, 1987, S. 212 ("There is no single right answer to the coercion question ...", "... coercion claims are contextual.") oder die Schlussfolgerungen von *Gutmann*, Freiwilligkeit als Rechtsbegriff, 2001, S. 107 ("... komplexe wertende Begriffe, die einen kontextabhängigen Inhalt besitzen, über dessen adäquate Interpretation im Licht normativer Gründe gestritten werden muss.", "... auch ein liberaler Begriff von Freiheit diese notwendigerweise als rechtlich verfasste, geschützte und beschränkte begreifen muss ..."), 115 ("... komplexes Konzept, das inhärent auf ideologische, das heißt inhärent normative Vorstellungen von Personen, deren Interaktionen und den berechtigten Erwartungen, die sie aneinander richten können, verweist."), 126 ("... eine praxisrelevante Theorie des Zwangs und der Freiwilligkeit auf die politische Theorie des liberalen Staates sowie die Beantwortung der Frage verweist, wie Freiwilligkeit unter Bedingungen biologischer Kontingenz und struktureller sozialer Ungleichheit gedacht werden kann"). 144 ("... Austausch normativer Argumente und den Verweis auf das zusammenhängende Geflecht unserer moralischen Annahmen ..."), 330 („Frage der Rechtspolitik").
[119] Näher unten § 4 D. II. 2. a).
[120] In diese Richtung gehen Aussagen, wonach niemand rechtswidrig bzw. unmoralisch beeinflusst werden wolle, vgl. etwa *Wertheimer*, Coercion, 1987, S. 302: „One acts involun-

konkreten moralischen Grundsätzen.[121] Sachlich begrüßenswert, jedoch begrifflich unglücklich ist es auch, Freiwilligkeit als ein Konzept zu beschreiben, das sich nicht etwa an der Entscheidungssituation des Opfers (einschließlich dessen Vorstellungswelt, seiner Empfindungen usw. zu diesem Zeitpunkt) orientiert, sondern in Wahrheit an ganz anderen Faktoren wie insbesondere die anfängliche Rechteausstattung: Wenn man schon von Freiwilligkeit oder Ähnlichem spricht, sollte man diesen Begriff entweder ernst nehmen oder offen verwerfen.

dd) Ergebnis
Es ließen sich nicht nur – gewissermaßen negativ – zahlreiche Fälle aufführen, in denen offensichtlich nicht die Situation des Opfers darüber entscheidet, ob Zwang, Drohung oder Ausbeutung vorliegt. Auch wenn man positiv nach subsumtionsfähigen Merkmalen sucht, die auf die Entscheidungssituation abstellen, wird man nicht fündig. Es gibt kein auf ein Wollen oder Freiheit abstellendes Kriterium, das für andere überprüfbar wäre und anhand dessen sich die zahlreichen Fallkonstellationen treffsicher einordnen ließen. Begriffe wie Freiwilligkeit, Entscheidungsfreiheit oder Willensfreiheit fungieren nur als Platzhalter, die lediglich das zu begründende Ergebnis neu formulieren. Nur am Rand sei darauf hingewiesen, dass all diese Probleme noch drängender werden, berücksichtigt man zusätzlich Unwissenheit. So ist nicht ersichtlich, wie man mit Begriffen wie Autonomie oder über die Abgrenzung innerer von äußeren Einflüssen ableiten könnte, wie viel Information eine Partei je nach Situation benötigt, mit welchem Inhalt eine entsprechende Informationspflicht angeordnet oder bei welchen Irrtümern ein Anfechtungsrecht eingeräumt werden sollte.[122]

ee) Ursachenforschung
Nicht nur an dieser Stelle[123] fällt auf, wie sehr wir Menschen bis heute dazu neigen, immer nur uns selbst im Mittelpunkt der Welt zu sehen und insbesondere maßlos zu überschätzen, war wir im Einzelnen oder selbst im Kollektiv zu leisten imstande sind. Geistig ist das geozentrische Weltbild alles andere als überwunden. Wahrscheinlich ist es einfach zu verlockend, in uns mehr zu sehen als ein profanes Lebewesen, das den kalten biologischen Gesetzmäßigkeiten genauso unterliegt wie jeder Einzeller. Viel lieber fühlen wir uns als das

---

tarily because one has a deep aversion to having to choose in response to immoral proposals. Coerced choices are not unwilled, but they are, it may be said, against one's will."
[121] Siehe zur Willensfreiheit bereits oben Fn. 108 sowie allgemein zur dieser Verknüpfung etwa auch unten § 9 C. I. 3. d); § 10 C. IV. 5.; § 17 E. III. 6. c) bb); § 19 B. III. 2.;§ 19 G. IV.
[122] Näher unten § 17 D. II. 2.
[123] Siehe für ähnliche Überlegungen auch oben § 2 D. III. 1. b) sowie unten § 9 E. II. 4.; § 18 B. II. 1. b); § 19 D. IV. 2.

Ebenbild Gottes und kosten bereitwillig von schönen Illusionen, die uns nicht nur Religionen, sondern oft auch noch Philosophen, andienen. Die Vorstellung von Willensfreiheit als der magischen, nur uns Menschen vorbehaltenen Gabe, erste Ursachen ganz eigener Qualität setzen zu können, die nicht ihrerseits kausal bestimmt seien, scheint kulturell noch tief verwurzelt. Wie gefährlich es jedoch zumindest bei wissenschaftlichem Anspruch ist, sich gedanklich auf ein punktuelles menschliches Handeln zu fixieren, verdeutlicht gerade das Vertragsrecht.[124]

Umso mehr beeindruckt es, wenn es bereits *Ernst Haeckel* als einem Pionier evolutionsbiologischer Forschung gelingt, auch die geisteswissenschaftlichen Konsequenzen dieser Erkenntnisse so deutlich zu formulieren, dass er wohl auch heutzutage in weiten Kreisen auf die blanke Abneigung stoßen würde, die er bereits zu seinen Lebzeiten erfahren durfte:[125] So beklagt er den Anthropismus, „… jenen mächtigen und weit verbreiteten Komplex von irrtümlichen Vorstellungen, welcher den menschlichen Organismus in Gegensatz zur ganzen übrigen Natur stellt, ihn als vorbedachtes Endziel organischer Schöpfung und als ein prinzipiell von dieser verschiedenes, gottähnliches Wesen auffasst." Das anthropozentrische Dogma gipfle in der „… Vorstellung, dass der Mensch der vorbedachte Mittelpunkt und Endzweck alles Erdenlebens – oder in weiterer Fassung der ganzen Welt – sei … Diese grenzenlose Selbstüberhebung des eitlen Menschen hat ihn dazu verführt, sich als ‚Ebenbild Gottes' zu betrachten, für seine vergängliche Person ein ‚ewiges Leben' in Anspruch zu nehmen und sich einzubilden, dass er unbeschränkte ‚Freiheit des Willens' besitzt." Dieser „Menschentümelei" setzt *Haeckel* eine kosmologische Sicht entgegen: Denn was ist schon „… die sogenannte ‚Weltgeschichte' – d.h. der kurze Zeitraum von wenigen Jahrtausenden, innerhalb dessen sich die Kulturgeschichte des Menschen abgespielt hat – eine verschwindend kurze Episode in dem langen Verlauf der organischen Erdgeschichte, ebenso wie diese selbst ein kleines Stück von der Geschichte unseres Planetensystems; und wie unsere Mutter Erde ein vergängliches Sonnenstäubchen im unendlichen Weltall, so ist der einzelne Mensch ein winziges Plasmakörnchen in der vergänglichen organischen Natur." Habe man einmal seine Perspektive derart erweitert, widerlege das auch den herrschenden anthropistischen Größenwahn, „… die Anmaßung, mit der der Mensch sich dem unendlichen Universum gegenüberstellt und als wichtigsten Teil des Weltalls verherrlicht." Dieser Größenwahn habe „… nicht allein zu einer höchst schädlichen Entfremdung von unserer herrlichen Mutter ‚Natur' beigetragen, sondern auch zu einer bedauernswerten Verachtung der übrigen Organismen." Demgegenüber lehre uns der Dar-

---
[124] Näher oben § 2 D. I. sowie unten § 8; § 17 A.; § 19 F. VI.; passim.
[125] Siehe hier nur als ein Beispiel von vielen *Paulsen*, Preußische Jahrbücher 101 (1900), 29.

winismus, „... dass wir zunächst von Primaten und weiterhin von einer Reihe älterer Säugetiere abstammen, und dass diese ‚unsere Brüder' sind; die Physiologie beweist uns, dass diese Tiere dieselben Nerven und Sinnesorgane haben wie wir; dass sie ebenso Lust und Schmerz empfinden wie wir."[126]

Von der Rechtswissenschaft fordert *Haeckel* völlig zu Recht,[127] psychologische Tatsachen zu beachten: „Das eigentliche Hauptobjekt ihrer Tätigkeit, den menschlichen Organismus, und seine wichtigste Funktion, die Seele, lernen unsere Juristen nur oberflächlich kennen; das beweisen z.B. die wunderlichen Ansichten von ‚Willensfreiheit, Verantwortung' usw., denen wir täglich begegnen."[128] Eindeutig ist auch seine Sicht zu vermeintlich übergreifenden, von genetisch-kulturellen Einflüssen unabhängigen Moralvorstellungen: „Jeder normale Mensch sollte demnach dasselbe Pflichtgefühl haben wie jeder andere. Die moderne Anthropologie hat diesen schönen Traum grausam zerstört; sie hat gezeigt, dass unter den Naturvölkern die Pflichten noch weit verschiedener sind als unter den Kulturnationen."[129] Und weiter: „... der Egoismus ermöglicht die Selbsterhaltung des Individuums, der Altruismus diejenige der Gattung und Spezies, die sich aus der Kette der vergänglichen Individuen zusammensetzt. Die sozialen Pflichten, welche die Gesellschaftsbildung den assoziierten Menschen auferlegt, und durch welche sich dieselbe erhält, sind nur höhere Entwicklungsformen der sozialen Instinkte, welche wir bei allen höheren, gesellig lebenden Tieren finden (als ‚erblich gewordene Gewohnheiten')."[130]

5. Handlungsoptionen, Qualität und Intensität

Die zuvor beschriebenen Schwierigkeiten mit nicht subsumierbaren Kriterien werden nicht geringer, sollen diese auch noch graduell unterschiedliche Intensitätsgrade von Zwang, Drohung oder Ausbeutung erfassen.[131] Dabei lässt sich grob danach unterscheiden, ob eher die Anzahl verfügbarer Optionen oder aber deren Qualität bestimmt werden soll. Verbreitet ist etwa die These, dass Drohung mit einer Einschränkung von Handlungsoptionen bei Vertragsschluss einhergehe.[132] So habe der Betroffene oft überhaupt keine Wahl, wie

---

[126] *Haeckel*, Die Welträthsel, 1899, S. 13 ff.; 410 f. Dabei greift *Haeckel* nur Gedanken auf, die er bereits 1866 in seiner Generellen Morphologie der Organismen und damit nur wenige Jahre nach *Darwin*, Origin of the Species, 1859 formuliert hatte.
[127] Näher etwa unten § 17 A.; § 19 F.; passim.
[128] *Haeckel*, Die Welträthsel, 1899, S. 9, 18 f., 22.
[129] *Haeckel*, Die Welträthsel, 1899, S. 402 f.
[130] *Haeckel*, Die Welträthsel, 1899, S. 405.
[131] *Gutmann*, Freiwilligkeit als Rechtsbegriff, 2001, S. 139 bezeichnet die Diskussion um das Maß bzw. die Intensität von Zwang als eine der umstrittensten Fragen zum Begriff der Freiwilligkeit.
[132] Stellv. *Frankfurt*, in: Honderich (Hrsg.), Essays, 1973, S. 65, 67; *Zimmerman*, 10

etwa die klassischen Ausbeutungsfälle zeigten.[133] Andere wiederum sehen im Entscheiden zwischen echten Alternativen bereits für sich genommen einen wertvollen Ausdruck von Autonomie.[134] Tatsächlich schätzen wir Wahlmöglichkeiten, sei es wegen der unsicheren Zukunft oder weil wir im Entscheiden einen wichtigen Ausdruck genuin-menschlicher Tätigkeit sehen.[135]

Doch erscheint eher zweifelhaft, ob sich damit arbeiten lässt. Zunächst kann ein Vertrag selbst dann völlig unproblematisch sein, wenn sich eine Partei in einer solchen Notlage befindet, bei der ihr gar nichts anderes übrig bleibt, als das Angebot zu akzeptieren. Hierzu muss dieses Angebot nur fair sein, vgl. Fall 46.[136] Tatsächlich sind wir andauernd irgendwelchen Zwängen ausgesetzt, die uns wenig Wahl lassen – ohne dass man das ernsthaft korrigieren könnte[137] oder geneigt wäre, hier von vornherein eine Verantwortung zu verneinen.[138] Die zentrale dogmatische Herausforderung besteht gerade darin, die tatsächlich problematischen Fälle auszuscheiden.[139] Letztlich ist die Vermehrung bzw. Verringerung von Handlungsmöglichkeiten in vielerlei Hinsicht trügerisch. Zunächst erscheint es müßig, sich über die Verfügbarkeit vieler Optionen zu freuen, wenn man immer nur eine davon wahrnehmen kann – zumal bei rational und informiert agierenden Parteien klar sein wird, welche davon wahrgenommen wird. So lässt sich sogar trefflich, wenn auch mit wenig Ertrag, darüber streiten, ob etwa der Ertrinkende nicht auch die Wahl hat, zu ertrinken – zumal es oft „nur" um Vermögensschäden geht.[140] Weiterhin kann

---

PhilPublicAff 121, 124 (1981); *Raz*, The Morality of Freedom, 1986, S. 204, 373 f., passim oder jüngst *Eidenmüller*, in: Zimmermann (Hrsg.), Willensbildung, 2007, S. 103, 105 f.

[133] Stellv. *Wertheimer*, Coercion, 1987, S. 28, 193; *Smith*, Contract Theory, 2004, S. 362 f.: „... simple reason that the captain of the distressed ship had no choice."

[134] Klassisch hier natürlich *Mill*, On Liberty, 2. Aufl. 1859, S. 106, passim: „He who chooses his plan for himself, employs all his faculties.", vgl. daneben etwa *Wertheimer*, Coercion, 1987, S. 195 f. („... exercise of our deliberative capacities ..."; „... satisfaction from the process of making the right choice, from the process of choosing itself ...") oder *Gutmann*, Freiwilligkeit als Rechtsbegriff, 2001, S. 193.

[135] Vgl. dazu Fn. 134.

[136] *Wertheimer*, Coercion, 1987, S. 200.

[137] Ein schönes Beispiel dazu findet sich bei *Nozick*, Anarchy, State and Utopia, 1974, S. 262 ff. Näher auch oben § 4 A. III. und unten § 4 C. III. 5. a).

[138] Stellv. *Wertheimer*, Coercion, 1987, S. 197 („Having no choice ... does not, in itself, nullify or even mitigate our responsibility for the normal moral or legal effects of our acts."); *Gutmann*, Freiwilligkeit als Rechtsbegriff, 2001, S. 62 („... die Beschränktheit von Optionen als solche nichts mit der Frage der Freiwilligkeit zu tun hat."). Allerdings verdeutlicht dies auch umgekehrt einmal mehr, wie wenig operabel Begriffe wie Verantwortung oder Freiwilligkeit sind.

[139] *Gutmann*, Freiwilligkeit als Rechtsbegriff, 2001, S. 120 ff. wirft daher *Raz* zu Recht vor, den Unterschied zwischen Zwang und natürlichen bzw. sozialen Umständen, welche die eigenen Entscheidungen zum Diktat persönlicher Notwendigkeiten geraten lassen, einzuebnen.

[140] Auf Letzteres verweist *Wertheimer*, Coercion, 1987, S. 28. Näher zur zwar geistesgeschichtlich tief verwurzelten, nichtsdestotrotz sehr problematischen These eines „auch anders handeln können" unten § 4 B. I. 4. b) aa).

auch eine problematische Ausbeutung mit neuen Optionen einhergehen, umgekehrt ist jeder Vertrag für den Schuldner durch die Verringerung von Handlungsmöglichkeiten gekennzeichnet. Kurzum, nicht die Quantität zählt hier, sondern die Qualität. Entscheidend ist dabei vor allem eine Option, nämlich die, die man angesichts einer gegebenen Ausgangslage wahrnimmt. Natürlich ist es in vielerlei anderer Hinsicht hilfreich, mehr als nur eine Handlungsalternative zu haben, insbesondere bei Unwissenheit, doch helfen diese Erwägungen nicht dabei, den spezifischen Unrechtsgehalt von Zwang, Drohung oder Ausbeutung zu erfassen.

Vor diesem Hintergrund ist es begrüßenswert, wenn namentlich *Feinberg* nicht nur einen graduellen Charakter der Drohung betont,[141] sondern auch möglichst konkrete Kriterien für die jeweilige Intensität entwickelt.[142] Man könnte hier auch von Druck[143] sprechen, der auf dem Opfer lastet. So mag man eine Zwangswirkung dann als besonders intensiv empfinden, wenn die eingeforderte Handlung nur ein klein wenig unangenehmer, die angedrohte Alternative hingegen hochgradig unerwünscht ist.[144] Wirklich überzeugen kann das jedoch nicht. Dabei sei noch dahingestellt, weil ohnehin von nur begrenzter Autorität,[145] ob unsere Normalsprache derartige Abstufungen (aner-) kennt.[146] Das wohl zentrale Problem liegt vielmehr darin, nicht solche Angebote ausscheiden zu können, welche die betroffene Partei tatsächlich besser stellen, weil sie geradezu hochwillkommen, verlockend oder gar alternativlos sind. So scheint es bei unbefangener Betrachtung eher erwünscht, besonders verlockende Angebote zu erhalten.[147] Wirklich relevant scheint dieser Aspekt erst dann zu werden, wenn die besondere Attraktivität zu einer irrationalen Entscheidung des Opfers führt.[148] Abschließend sei darauf hingewiesen, dass es zwar spätestens bei der Ausbeutung unausweichlich wird, abgestufte Wertungen zu ermöglichen, da je nach Ausgangslage und früheren Investitionen eine ganz andere Gegenleistung fair sein kann.[149] Doch helfen uns dabei die Anzahl oder die Qualität der Handlungsmöglichkeiten nicht weiter.

---

[141] *Feinberg*, Harm to self, Bd. 3, 1986, S. 199, passim.

[142] Eingehend zu diesen Konzepten (*differential coercive pressure, coercive force, total coercive burden, coercive minimum* etc.) *Feinberg*, Harm to self, Bd. 3, 1986, S. 201 ff.

[143] Diesen Begriff verwendet auch *Eidenmüller*, in: Zimmermann (Hrsg.), Willensbildung, 2007, S. 103, der dabei teilweise auf die verfügbaren Handlungsoptionen abstellt. Kritisch zu diesem Kriterium etwa *Gutmann*, Freiwilligkeit als Rechtsbegriff, 2001, S. 113 f. m.w.N.

[144] In diesem Sinn *Frankfurt*, in: Honderich (Hrsg.), Essays, 1973, S. 65, 75 f., 78.

[145] Näher oben § 2 B. I. 1. (dort insbes. Fn. 154).

[146] Skeptisch *Wertheimer*, Coercion, 1987, S. 189.

[147] Stellv. *Anderson*, Coercion, SEP (10.2.2006) 2.5.; *Wertheimer*, Coercion, 1987, S. 222 ff.

[148] Näher unten § 4 B. I. 7.

[149] Näher oben § 4 B. I. 3.

6. Systematische Schwierigkeiten

Der Versuch, ein über Wille, Erklärung oder Präferenz hinausgehendes Tatbestandsmerkmal einzuführen, das Zwang, Drohung und Ausbeutung von unproblematischen Verträgen abgrenzt,[150] beschwört aber noch ganz andere Probleme herauf. Zunächst möchte man dann möglichst erfahren, warum es überhaupt auf diesen zusätzlichen Gesichtspunkt ankommen sollte. Wenn die Willenstheorie einen Willen verlangt, warum dann etwa eine Entscheidungsfreiheit prüfen, anstatt erzwungene Verträge schlichtweg anzuerkennen, weil sie nun einmal gewollt sind?

Vor allem aber werden hier von vornherein solche Fallkonstellationen abgeschnitten, in denen das Opfer nicht selbst zu seiner Verschlechterung beiträgt, sondern dies durch fremdes Handeln (etwa eines Räubers oder Diebs) oder gar rein natürliche Umstände (ein Windstoß trägt Früchte von einem Grundstück auf das andere) geschieht: Wird der Spaziergänger vom Räuber mit der Alternative „Geld oder Leben" konfrontiert, so kann es allen Beteiligten wie auch der Rechtsordnung ziemlich gleichgültig sein, ob der so Bedrohte seine Geldbörse selbst aushändigt oder aber keinen Widerstand leistet, wenn der Räuber selbst in dessen Tasche greift. Eine substanzielle Betrachtung, wie sie insbesondere dem Rechtfertigungsprinzip zu Grunde liegt, kann beide Situationen als das behandeln, was sie sind – nämlich völlig gleichwertig.[151] Wie noch näher zu diskutieren sein wird, sich hier aber vielleicht bereits aufdrängt, erzwingt diese Erkenntnis eine etwas andere Sicht dessen, was die Unterschiede und Gemeinsamkeiten von Vertrags-, Delikts- und Bereicherungsrecht und damit die Grundstrukturen unseres Zivilrechts ausmachen.[152]

7. Ergebnis

Die vielfältigen Versuche, den spezifischen Unrechtsgehalt von Zwang, Drohung oder Ausbeutung dadurch zu erfassen, dass man in irgendeiner Form auf die Situation des Opfers bei Vertragsschluss abstellt, erwiesen sich als Sackgasse.[153] Um mit *Kohler* zu sprechen: „Denn nicht die eigentümliche Lage des

---

[150] Das müssen all jene tun, die in der *coactus voluit*-Debatte einen Willen bejahen, Drohung aber dennoch für missbilligenswert halten. Erfreulich klar betont etwa *Wolf*, Entscheidungsfreiheit, 1970, S. 27 für die Entscheidungsfreiheit, dass diese ein neues Tatbestandsmerkmal sei: „Der Wille selbst kann auch ohne Selbstbestimmung existieren. Dies trifft insbesondere auf den von anderen aufgezwungenen Willen zu, der gerade nicht als Ausdruck der Selbstbestimmung verstanden werden kann, aber gleichwohl als Wille existent ist." Näher zum Willensbegriff unten § 9 B.

[151] Näher oben § 4 B. I. 2.; unten § 18 D. I.

[152] Näher unten § 18.

[153] Diese Ernüchterung wird von vielen geteilt, vgl. hier nur *Zimmerman*, 10 PhilPublicAff 121, 128 (1981): „Coercion has always been a mild embarrassment for accounts of unfreedom of this kind, for the victim of coercion does in fact do what he most wants to do under the circumstances ..." sowie oben Fn. 96.

Willens der Genötigten ist es, was die Rechtsordnung zu einer Repression führt; nicht das Übergewicht des einen Motivs, nicht der Geisteszustand, bei welchem der eine Impuls alle anderen Impulse verdrängt, nicht die Gestörtheit des normalen Gleichgewichts in der Motivlage des Wollenden ist es, was die *actio metus* bezeichnet: denn solche Situationen, wo ein Motiv dem anderen das Eintrittstor versperrt, wo der Handelnde nur durch einen einzigen Beweggrund geleitet wird, kommen häufig genug vor, und die Rechtsordnung würde im höchsten Grade gestört, wollte sie nur solche Geschäfte anerkennen, welche bei der Windstille und bei der sonnigen Ruhe des Gemüts zustande kommen. Auch wer von Hass und Eifersucht geleitet Rechtsgeschäfte abschließt, handelt gültig."[154] Nicht nur kann das Recht trotz insoweit völlig identischem Sachverhalt zu völlig unterschiedlichen Ergebnissen kommen. Die vorgeschlagenen Kriterien lassen sich nicht einmal fallbezogen überprüfen, das heißt in irgendeiner Form subsumieren. Keinen Ausweg verspricht es hier, stattdessen auf die Anzahl verfügbarer Handlungsoptionen abzustellen oder aber eine besondere Intensität von Drohung zu verlangen. Weiterhin macht es diese Sichtweise notwendig, für vom Opfer gänzlich unbeeinflusste Verluste völlig neue Begründungsansätze einzuführen. Schließlich bleibt offen, warum es etwa neben Wille, Erklärung oder Präferenz überhaupt auf zusätzliche Merkmale ankommen sollte.

So zweifelhaft es damit erscheint, mit Begriffen wie Freiwilligkeit oder Entscheidungsfreiheit zu hantieren, verdient das damit verbundene Anliegen volle Unterstützung: Nicht nur angesichts der großen praktischen Relevanz von Zwang, Drohung und Ausbeutung muss diese Thematik dogmatisch bewältigt werden, sondern auch, weil wir hier noch die größten Chancen haben, unser Vertragsrecht zu verstehen. Diese Fälle zu ignorieren, ist inakzeptabel, selbst wenn sie manche klassische Vorstellung von Vertragsfreiheit herausfordern. Bisweilen scheint die Ausblendung der hier diskutierten Fälle vor allem aus der Furcht gespeist, man könne bei einer näheren Beschäftigung mit diesem Thema oder gar bei konkreten Lösungsvorschlägen zu illiberalen Ergebnissen gelangen.[155]

Nochmals sei schließlich darauf hingewiesen, dass Zwang, Drohung oder Ausbeutung auch zu irrationalen Entscheidungen führen mag.[156] So ist es denkbar, dass wer etwa mit einer Waffe bedroht wird, nicht mehr klar denken kann. Irrational mag es auch sein, wenn jemand von lauter Gier bestimmt

---

[154] *Kohler*, JhJb 25 (1887), 1, 16 f.

[155] Zur Kritik speziell an *Wolf*, Entscheidungsfreiheit, 1970 siehe etwa *Fastrich*, Inhaltskontrolle, 1992, S. 39 f.; *Singer*, Selbstbestimmung, 1995, S. 18 ff.; *Hönn*, Kompensation, 1982, S. 295 f.; *Lobinger*, Verpflichtung, 1999, S. 67; *Lorenz*, Unerwünschter Vertrag, 1997, S. 227, 230 ff. oder *Kramer*, MüKo-BGB, 5. Aufl. 2006, § 123 BGB Rn. 52.

[156] Vgl. hier statt vieler nur *Grotius*, Drei Bücher, 1625/1950, S. 239 f. (Zweites Buch, 11. Kap., VII.) sowie die nachfolgende Fußnote.

wird oder nicht in der Lage ist, seine Triebe zu hemmen. Doch ist es zweckmäßig, diese Fälle gesondert zu diskutieren und zu benennen, da sich irrationales Handeln nicht auf Zwang, Drohung oder Ausbeutung beschränkt und das Opfer umgekehrt oft völlig rational handelt. Schon *Blume* wies daher für das BGB darauf hin, dass wenn das Entsetzen den Verstand vorübergehend lähme, § 105 Abs. 2 BGB einschlägig sei – und nicht etwa § 123 Abs. 1 Alt. 2 BGB (Drohung) oder § 138 BGB (Ausbeutung).[157]

II. Tätersicht

Angesichts der Schwierigkeiten, Zwang, Drohung und Ausbeutung anhand der Opfersituation bei Vertragsschluss zu beurteilen, liegt es nahe, die Perspektive stattdessen auf den Täter und dessen Handeln zu verlagern.[158] So mag man etwa auf die Rechts- oder Sittenwidrigkeit der Drohungshandlung abstellen. Verbreitet ist auch ein Finalitätskriterium: Der als erzwungen zu missbilligende Erfolg müsse vom Täter beabsichtigt worden sein. Schließlich mag man den spezifischen Unrechtsgehalt in einer ungerechtfertigten Bereicherung des Täters sehen oder danach unterscheiden, ob der Drohende eine Zwangslage aktiv selbst geschaffen habe oder bloß ausnutze.

1. Rechts- oder Sittenwidrigkeit

a) Grundidee

Der Versuch, die als Drohung zu missbilligenden Verträge dadurch zu identifizieren, dass man auf die Rechts- bzw. Sittenwidrigkeit des Täterhandelns abstellt,[159] hat eine lange Tradition. Historisch liegt es nahe, die geistigen Ursprünge eher in den Kategorien von Delikt oder Strafe zu suchen.[160] Jedenfalls kannte bereits das römische Recht den Grundsatz, dass eine Drohung wider die guten Sitten mit einem geordneten Rechtsleben unverträglich sei.[161] Nichts anderes betonten viele Scholastiker[162] und Naturrechtler. Nach *Grotius* darf

---

[157] *Blume*, JhJb 38 (1898), 224, 260. Für eine Ausscheidung etwa auch *Gutmann*, Freiwilligkeit als Rechtsbegriff, 2001, S. 69.

[158] Ausdrücklich werden diese zwei grundlegenden Betrachtungsweisen etwa von *Exner*, Rechtserwerb, 1867, S. 255 f. betont. Entweder der Prätor betrachte den Übeltäter und verhindere ein *praemium criminis*, oder er stelle auf den Schutz desjenigen ab, der wegen unrechtmäßig erregter Furcht etwas versprochen habe.

[159] Für einen Überblick speziell zur deutschen Diskussion siehe nur *Sack/Fischinger*, Staudinger, Neubearb. 2011, 2011, § 138 BGB Rn. 12 ff.

[160] Vgl. zum römischen Recht und den mit dieser Auffassung verbundenen dogmatischen Schwierigkeiten etwa die Ausführungen von *Schliemann*, Die Lehre vom Zwange, 1861, S. 34, 47, passim.

[161] Stellv. *Blume*, JhJb 38 (1898), 224, 229.

[162] Vgl. dazu etwa *Gordley*, Philosophical Origins, 1991, S. 84 m.w.N. sowie allgemein zur Bedeutung gerade der spanischen Spätscholastiker oben § 2 Fn. 110.

niemand mit unrechten Mitteln zu einem Vertrag genötigt werden. Wer eine noch so geringe Furcht hervorrufe und dadurch das Versprechen erlange, müsse den Versprechenden davon wieder freilassen.[163] *Pufendorf* hält diejenigen Verträge für unwirksam, zu denen man rechtswidrig mit Gewalt gezwungen wurde. Die Aufhebung der Verbindlichkeit sei Schadensersatz hierfür.[164] Auch *Savigny* bemüht die Unsittlichkeit des Zwangs, der zwar die Wirksamkeit des Willens nicht aufhebe, wohl aber eine Gegenwirkung erforderlich mache. Das Rechtsgeschäft sei zwar nicht minder vorhanden und „an sich" wirksam, doch werde der Bedrohte gegen die nachteiligen Folgen desselben geschützt. Wollte man hingegen auf die Furcht des Täters abstellen, so müsste es ganz gleichgültig sein, ob diese Furcht durch bloßes Denken des Fürchtenden allein oder durch fremde Drohung entstanden ist, da in beiden Fällen der Seelenzustand des Fürchtenden derselbe sei.[165] Schließlich sieht auch *Kohler* den Grund der *actio metus* im Kampf gegen den rechtswidrig erstrebten Erfolg, was ihn auch zum gleich noch zu diskutierenden Finalitätskriterium führt. Mache das Recht derartige Erfolge nicht rückgängig, könne es gleich abdanken.[166] Auch in jüngerer Zeit erfreut es sich einiger Popularität, auf die Rechts- oder Sittenwidrigkeit des Täterhandelns abzustellen, etwa in Form eines *wrongdoing-principle*.[167] So soll etwa das Verhalten des Drohenden deshalb maßgeblich sein, weil es eine Zersplitterung des Rechtsschutzes vermeide und stattdessen einen allgemeinen Tatbestand der unzulässigen Beeinflussung bei Vertragsschluss ermögliche.[168]

b) Mangelnder Aussagegehalt

Ein Einwand gegen das Kriterium einer Rechts- oder Sittenwidrigkeit drängt sich auf: Lassen sich keine allgemeingültigen Grundsätze dafür entwickeln, was eine Handlung sitten- oder rechtswidrig macht, formuliert man das zu beantwortende Problem nur neu. Dabei fällt die Suche nach tragfähigen Kriterien ernüchternd aus,[169] was nicht überrascht: Denn es ist mit Fahrlässigkeit,

---

[163] *Grotius*, Drei Bücher, 1625/1950, S. 239, 248 (Zweites Buch, 11. Kap., VII. 2.; 12. Kap. X.).
[164] *Pufendorf*, Pflicht des Menschen, 1673/1994, S. 92 f. (Erstes Buch, Kap. 9., § 15).
[165] *Savigny*, System, Bd. 3, 1840, S. 100, 108 f., 116, 261, der allerdings auf S. 103 f. den „... Zweck alles Rechts, welcher auf die sichere und selbständige Entwicklung der Persönlichkeit gerichtet ist ...", bemüht, was sich hiermit nicht ganz zu vertragen scheint.
[166] *Kohler*, JhJb 25 (1887), 1, 17.
[167] *Smith*, Contract Theory, 2004, S. 317, 319, 388, passim.
[168] So etwa *Schindler*, Entscheidungsfreiheit, 2005, S. 24 f., 145, 147 f., 150, 203 oder *Martens*, Willensmängel, 2007, S. 280 – beide unter Verweis auf eine entsprechende Entwicklung im englischen Recht.
[169] Beispielhaft etwa *Schindler*, Entscheidungsfreiheit, 2005, S. 150, der zutreffend einräumt, dass ein Schwerpunkt der weiteren Entwicklung der Doktrin in der Ausgestaltung des Kriteriums der Widerrechtlichkeit liegen werde, zumal sich hier für das englische Recht noch zahllose ungelöste Fragen auftäten. Nicht nur angesichts der analytischen Inhalts-

Zurechenbarkeit, Pflichtwidrigkeit, Sittenwidrigkeit oder Rechtswidrigkeit bereits rein begrifflich nicht möglich, praktische Handlungsempfehlungen abzuleiten. Welche Tätigkeiten zulässig sein sollen und welche nicht, lässt sich so nicht einmal aussprechen. Damit bleibt einem letztlich nur zweierlei übrig: Entweder man verweist einfach auf die faktische Entscheidung etwa des Gesetzgebers, eines Richters oder der eine Sitte prägenden Verkehrskreise.[170] Oder man bemüht eben doch andere, hoffentlich aussagekräftigere Gründe. So mag man es etwa als sittenwidrig ansehen, das Eigentum anderer Personen zu verletzen. Diese Aussage erfasst dann all diejenigen Handlungen, die dieses Rechtsgut beeinträchtigen. Doch geht es dann eben um Eigentumsschutz und sollte man genau diesen auch als Grund anführen.

c) Unvereinbarkeit mit geltendem Recht

Daneben ist das Kriterium einer Sitten- oder Rechtswidrigkeit des Täterhandelns aber auch nicht geeignet, treffsicher diejenigen Fallkonstellationen herauszufiltern, die wir ausweislich unseres Vertragsrechts missbilligen. So kann eine Drohung bekanntlich selbst dann vorliegen, wenn zwar nicht die Handlung, wohl aber der angedrohte Erfolg oder sogar beides rechtmäßig ist.[171] Vor allem aber lassen sich genauso wie bereits bei der Betrachtung der Opfersituation[172] zahlreiche Sachverhalte anführen, bei denen sich beim Täterhandeln nichts ändert, wohl aber die rechtliche Bewertung. Vergleicht man etwa die Fälle 45 und 49, also die Rettung des Ertrinkenden mit und ohne aufwändige frühere Investitionen, so kann hier schwerlich behauptet werden, dass sich Denken und Handeln des Täters bei Vertragsschluss signifikant unterscheiden. Dennoch missbilligen wir den einen Fall als Ausbeutung, den anderen hingegen nicht.[173] Ähnliches gilt für diejenigen Fälle, in denen das Opfer lediglich ein faires Entgelt entrichten muss.[174] Verlangt etwa der Retter wie in Fall

---

leere des Gesichtspunkts der Widerrechtlichkeit (dazu gleich) darf man skeptisch sein, wie hier das gelingen soll, was anderen bereits über Jahrhunderte nicht gelungen ist.

[170] So verweisen gerade viele Naturrechtler für Rechtmäßigkeit von Handlungen und damit die rechtmäßige Ausübung von Zwang auf die Definitionsmacht des Souverän, vgl. dazu *Gutmann*, Freiwilligkeit als Rechtsbegriff, 2001, S. 53 m.N. Doch wollen wir derartige Entscheidungen gerade erklären, vgl. dazu näher unten § 16 A. II.; § 16 C. I. 4.

[171] Näher zur sogenannten Konnexität unten § 4 C. III. 7. Amüsant *Wertheimer*, Coercion, 1987, S. 38 f.: „The most important principles are these. First, it is wrong to propose to do that which is independently illegal. Second, and a corollary of the first principle, it is generally not wrong to propose to exercise a legal right … Third, there are exceptions to these two principles." Wenn *Smith*, Contract Theory, 2004, S. 319 ausführt, dass es hier eben nicht um „the usual case", sondern ein Verbrechen handle, so überzeugt das kaum.

[172] Näher oben § 4 B. I. 3. a).

[173] Natürlich mag man hier Ausbeutung als irrelevant, weil vermeintlich kategorial verschieden, abtun, doch hat man dann immer noch nicht erklärt, warum diese Fälle zu missbilligen sind, siehe dazu unten § 4 D. II. 2. a).

[174] Vgl. zu ähnlichen Erwägungen für die Opfersituation oben § 4 B. I. 3. b).

46 wenige Euro, so könnte man allenfalls argumentieren, dass diese Handlung (Einforderung von 5 Euro wegen nasser Schuhe) genau wegen der angemessenen Höhe des Entgelts nicht rechtswidrig bzw. nicht sittenwidrig sei. Doch greift man dann offensichtlich auf ein neues Kriterium, nämlich den angemessenen Preis, zurück, ohne gesagt zu haben, wodurch sich dieser auszeichnen soll.[175] Wir befänden uns also wieder am Anfang der Betrachtungen.

Schließlich gerät man wie bei der Opfersicht überall dort in ernsthafte Schwierigkeiten, wo es nur einige Aspekte des Vertragsinhalts sind, die wir rechtlich beanstanden.[176] Auch lässt der Wechsel zur Täterperspektive das Opfer dort schutzlos, wo es den Vertrag mit einer in jeder Hinsicht unschuldigen Person abschließt, während die Drohung von einem Dritten herrührt.[177]

2. Finalität

a) Fragwürdigkeit einer Betrachtung allein des Opfers

Mit der Erwähnung Dritter sind wir endgültig bei einem Ansatz angelangt, der den Täter und nicht das Opfer in den Blick nimmt, dabei aber mehr bietet als letztlich nur eine weitere Leerformel. Namentlich *Kohler* betonte unter Auseinandersetzung mit dem römischen Recht frühzeitig die Schwierigkeiten, die sich dann ergeben, stellt man wie für *metus* eigentlich üblich auf die Furcht des Opfers ab.[178] Denn ganz egal in welcher Form man auf den Bedrohten abstellt – sei es Furcht, Freiwilligkeit, Entscheidungsfreiheit oder die Anzahl verfügbarer Optionen –, muss es von dieser Warte aus gleichgültig sein, von welcher Person die Beeinträchtigung herrührt. Das aber führt zu wenig überzeugenden, weil unseren Vorstellungen von Vertragsgerechtigkeit eklatant widersprechenden Resultaten.[179]

Deutlich wird dies etwa in den Fällen 78 und 79, wo die Bank – im einen Fall sogar um die Drohung wissend – dem Erpressten ein Darlehen gewährt. So betont etwa *Pufendorf* richtig, dass es Belohnung verdient, diejenige Furcht zu beseitigen, die ein anderer erregt. Wenn man dennoch den Vertrag für unwirksam erkläre, bestrafe man jemanden, dem ein Vorwurf nicht zu machen sei, also einen Unschuldigen.[180] Und auch *Kohler* insistiert, dass die pauscha-

---

[175] Bei dieser entscheidenden Frage versagt auch die Äquivalenz (näher unten § 4 B. III.), nicht jedoch das Rechtfertigungsprinzip, vgl. näher unten § 4 C. II. 5. f).
[176] Siehe dazu bereits oben bei Fn. 78.
[177] Das räumt dann auch *Smith*, Contract Theory, 2004, S. 322 f., 388 ein, dies allerdings mit der beschwichtigenden und vor allem falschen Annahme, dass hierin das einzige Problem des *wrongdoing-principle* liege.
[178] *Kohler*, JhJb 25 (1887), 1, 13. Dabei machte wohl bereits das römische Recht gerade in Drittfällen Ausnahmen, vgl. dazu etwa *Schliemann*, Die Lehre vom Zwange, 1861, S. 40, 42, 44 f. oder jüngst *Martens*, Willensmängel, 2007, S. 343.
[179] Ein, wie *Kohler*, JhJb 25 (1887), 1, 15 formuliert, „unvorsichtiger Vorschlag". Aus jüngerer Zeit vgl. nur *Martens*, Willensmängel, 2007, S. 273.
[180] *Pufendorf*, Pflicht des Menschen, 1673/1994, S. 92 f. (Erstes Buch, Kap. 9, § 15).

le Annullierung erzwungener Versprechen das beste Mittel sei, um jede helfende Hand abzuwenden und den Unglücklichen seinem Schicksal preiszugeben.[181] Diene der in dieser Notlage geschlossene Vertrag lediglich dazu, noch größeres Unrecht zu verhüten, missachte man sonst die Rangordnung der Lebensgüter, gäbe die Rechtsordnung etwa das Leben preis, um das Geld zu retten.[182] Es ist dem Opfer nun einmal wenig geholfen, wenn niemand zur Hilfe schreitet, und wird er das kleinere Übel der vertraglichen Bindung dem größeren Übel einer nicht abgewendeten Drohung vorziehen. Die Suche nach einer sachgerechten Eingrenzung wirklich zu missbilligender Vertragskonstellationen führt *Kohler* zum Finalitätskriterium: Zwischen der Zwangshandlung und dem Rechtsgeschäft dürfe nicht nur ein kausales Verhältnis bestehen, es sei auch eine subjektive Zweckbeziehung zu verlangen. Der Vertrag müsse mit der Drohung gerade bezweckt worden sein. Ansonsten könne von *metus* keine Rede sein.[183] Diese Auffassung setzte sich schnell durch und entspricht bis heute der herrschenden Meinung nicht nur zu § 123 BGB, sondern findet sich auch in vielen anderen europäischen Rechtsordnungen.[184]

b) Würdigung

aa) Warum Finalität?

Dass über das Finalitätskriterium nicht mehr solche Verträge von vornherein scheitern, die ihre Existenz der Drohung Dritter verdanken, ist begrüßenswert. Doch darf bezweifelt werden, ob damit der entscheidende Wertungsgesichtspunkt gefunden ist. So bleibt bereits offen, warum es auf eine solche Finalität ankommen sollte, welches Grundkonzept also diesem Gedanken zu Grunde liegt. Mit Willens- wie Erklärungstheorie ist all das offensichtlich genauso schwer vereinbar wie generell mit einer Opferperspektive. Vielmehr wurde das Finalitätskriterium *ad hoc* eingefügt, um auf das Problem fremder Drohungen zu reagieren. Immerhin ist Vorsatz nicht *per se* etwas Schlechtes, und dass mit der Berufung auf Rechts- oder Sittenwidrigkeit wenig gewonnen ist, wurde bereits dargelegt.[185] Natürlich könnte man hier auf die Schädigung des Opfers durch den Vertragsschluss abstellen, doch gehen die meisten Verträge mit einer rechtlichen wie tatsächlichen Einbuße einher. Wer etwas verkauft, verliert beispielsweise Eigentum. Letztlich müsste man also ein taugliches substanzielles Kriterium entwickeln, für das es dann womöglich gar nicht mehr auf eine Finalität ankommt.[186] Schließlich erscheint es schwer, für Zwang, Drohung oder Ausbeutung ohne eine Betrachtung zumindest auch des

---

[181] *Kohler*, JhJb 25 (1887), 1, 9, 17, 23 f.
[182] *Kohler*, JhJb 25 (1887), 1, 20.
[183] *Kohler*, JhJb 25 (1887), 1, 15, 36.
[184] Vgl. *Martens*, Willensmängel, 2007, S. 379 m.w.N.
[185] Oben § 4 B. II. 1.
[186] Unten § 4 C.

Opfers auszukommen. Dann aber fragt sich, wie Finalität und Opferbetrachtung zueinander stehen: Warum einerseits Entscheidungsfreiheit, Freiwilligkeit oder Ähnliches propagieren, um dann mit der Finalität auf den Täter zu wechseln?

bb) Unverschuldete bzw. fahrlässige Drohung
Besonders deutlich wird die Fragwürdigkeit des Finalitätskriteriums in solchen Sachverhalten, bei denen dieses Absichtsmoment fehlt. So mag es dem Opfer wie in Fall 35, 36 oder 37 ergehen, wo der Bettler niemanden bedrohen möchte, wohl aber furchteinflößend erscheint – und sei dies nur aufgrund purer Einbildung. Hier erleidet die sich fürchtende Passantin ganz unabhängig von den Absichten des vermeintlichen Räubers einen Vermögensverlust, ohne dass dafür eine Rechtfertigung ersichtlich wäre.[187] Nicht anders verhält es sich beim Unternehmer, der in Beispiel 98 nur deshalb einer Gehaltserhöhung zustimmt, weil er unterstellt, dass der Angestellte sonst den Seitensprung verrät. Bei lebensnaher Betrachtung erscheint es in all diesen Fällen angesichts des grundlosen Verlusts eher belanglos, was sich die Akteure hier denken oder denken mussten. Dabei darf man sich nicht davon beeindrucken lassen, dass dieses Ergebnis ganz unterschiedlich konstruiert wird. So ließe sich beispielsweise eine passende Aufklärungspflicht annehmen, ein Anfechtungsrecht wegen Irrtums einräumen oder bereicherungsrechtlich im Sinn eines Zweckfortfalls ansetzen. Tatsächlich geht es hier jedoch um einen schlichten substanziellen Gesichtspunkt, nämlich den nicht zu rechtfertigenden Vermögensverlust der (vermeintlich) bedrohten Person.[188]

cc) Veränderte Absichten
Dass das Finalitätskriterium Probleme häufig nur verschiebt, anstatt sie zu lösen, verdeutlichen auch jene Sachverhalte, in denen der Vertragspartner eine Notlage erzeugt, diese dann aber in Folge eines plötzlichen Sinneswandels anders zu seinem Vorteil ausnutzt, als er ursprünglich geplant hatte. So mag, um mit den Fällen 42 zwei Beispiele von *Kohler* selbst aufzugreifen,[189] Rächer R vorgehabt haben, O zu töten, um sich durch ein großzügiges Zahlungsangebot dann doch noch beschwichtigen zu lassen. Ähnlich kann Peiniger P vorge-

---

[187] Dabei ist es interessant, dass *Savigny*, System, Bd. 3, 1840, S. 108 f. gerade in Fällen nur eingebildeter Furcht ein Problem für die auf die Willensfreiheit verweisenden Ansichten sieht und deshalb auf die rechtswidrige Unsittlichkeit des Drohenden verweist. Tatsächlich dürfte jedenfalls in Fall 36 kaum eine Rechtsordnung den Verlust der 100 Euro für endgültig erklären – zumindest dann nicht, wenn kein negatives Interesse anfällt. Insofern scheint es um Fragen zu gehen, die eher im Rahmen der Irrtumsproblematik und daher erst später zu untersuchen sein werden, vgl. unten § 16.
[188] Näher unten § 4 C.
[189] So aber *Kohler*, JhJb 25 (1887), 1, 34 f. zu *metus*. Zum Ausweichen auf den Gesichtspunkt der Ausbeutung siehe gleich (§ 4 B. II. 2. b) dd)).

habt haben, die Frauensperson F aus Hass zu töten, was diese dann aber durch „kokette Selbstpreisgabe" abzulenken weiß. Oder der Mieter M droht seinem Vermieter V mit Gewalttätigkeiten, falls dieser nicht den Mietzins herabsenke, weshalb V das Haus an den Käufer K verkauft (Fall 43). Hier jeweils eine Drohung abzulehnen, weil die erzwungene Handlung ursprünglich nicht beabsichtigt war, wird nicht jedem einleuchten. Warum sollte die krude und wandelbare Vorstellungswelt eines Täters überhaupt interessieren, also etwa, ob der rabiate Mieter auch einen Verkauf vorhergesehen hatte?[190] Vielmehr erscheint hier vor allem der dem Opfer zugefügte Schaden entscheidend.

dd) Ausbeutung
Dass es für das Opfer einer Notlage besser ist, überhaupt irgendeine Hilfe als gar keine Unterstützung zu erfahren, ist zweifellos richtig. Doch schießt das Finalitätskriterium dort über sein Ziel hinaus, wo der Vertragspartner die von ihm nicht geschaffene oder nicht von ihm beabsichtigte Situation ausnutzt, um sich zu bereichern. Genau das geschieht in Fall 76, wo sich der Retter einen fürstlichen Lohn sichert. Dabei ist zunächst wenig dagegen einzuwenden, dass man hier nicht mehr von Zwang oder Drohung als vielmehr einer Ausbeutung spricht, da sich das Opfer zumindest marginal verbessert.[191] *Kohler* etwa beschränkt seine Ausführungen ausdrücklich auf *metus* und betont mehrfach, dass die Rechtsordnung aufgefordert bleibe, die Ausnutzung einer durch die Drohung Dritter geschaffenen Situation über sonstige Instrumente zu erfassen. Genauso richtig ist es, dass der Vertragspartner hier eine Notlage ausnutzt, die sich von sonstigen, etwa rein natürlich entstandenen Zwangslagen, nicht grundlegend unterscheidet.[192] Mit Blick auf Verträge, „... welche in schreiender Weise über das Niveau der objektiven Leistungsverhältnisse hinausgehen ...", führt *Kohler* aus, handle es sich um einen „... Wucher, bei welchem die Anforderung an die Rechtsordnung ergeht, einen solchen Vertrag zwar nicht zu kassieren, aber auf ein mittleres Niveau herabzumindern, natürlich unter Berücksichtigung der schwierigen Verhältnisse des Falls, aber unter einer Berücksichtigung, bei welcher die besonderen schwierigen Verhältnisse als die Rechtfertigungsgründe einer legitimen Preissteigerung ... erscheinen." Ebenso kann er dabei auf klassische Ausbeutungskonstellationen wie den schon seit langem im Seerecht geregelten Hilfs- und Bergelohn verweisen.[193]

---

[190] Zu Recht skeptisch *Martens*, Willensmängel, 2007, S. 1. Anders demgegenüber *Larenz/Wolf*, Allgemeiner Teil, 9. Aufl. 2004, S. 691 (§ 37 Rn. 29).
[191] Näher unten § 4 D. II. 2.
[192] *Kohler*, JhJb 25 (1887), 1, 23 f. Zu natürlichen Notlagen vgl. auch oben § 4 A. III. sowie unten § 4 C. III. 5. a).
[193] *Kohler*, JhJb 25 (1887), 1, 25 f., der noch weitere gesetzliche Regelungen sowie dort auf S. 24 so typische Schulfälle anführt wie den in der Wüste Verdurstenden oder die Mutter, die zur Rettung ihres Kinds eine Million verspricht.

Wie treffsicher *Kohler* die zentralen dogmatischen Eckpfeiler beschreibt, wird noch anhand der Analyse solcher Ausbeutungsfälle zu illustrieren sein.[194]

Dass man Zwang und Drohung einerseits und Ausbeutung andererseits unterscheiden kann, ändert aber nichts daran, dass jedes überzeugende vertragstheoretische Konzept beide Fallkonstellationen erfassen sollte. So hilft es wenig, Ausbeutung für kategorial verschieden oder gar zum öffentlichen- bzw. sozialrechtlichen Problem zu erklären, um es sich so erfolgreich vom Hals zu schaffen.[195] Mit der Finalität lässt sich jedoch zur Ausbeutung, wie sie auch in den hier diskutierten Drittfällen häufig so wichtig wird, wenig sagen.[196]

ee) Faire Verträge
Wie wenig das subjektive Merkmal einer Finalität tragfähige Lösungen verspricht, zeigt sich nicht zuletzt an solchen Situationen, bei denen am Vertragsinhalt wenig auszusetzen ist. Muss das Opfer wie in Fall 78 oder 79 ein Darlehen aufnehmen, um das rettende Lösegeld zahlen zu können, mag der Erpresser genau dies bedacht und eingeplant haben. Dennoch ist nicht erkennbar, was hier gegen die Wirksamkeit des Vertrags sprechen sollte, sofern nur der Zinssatz fair ist. Schenken muss die Bank nichts, und deren Hilfe wird dringend gebraucht.[197] Es widerstrebt unserem Rechtsempfinden, die Wirksamkeit solcher Verträge ausgerechnet von den Vorstellungen des Erpressers abhängig zu machen. Im Ergebnis darf wohl stark daran gezweifelt werden, dass hier ein Gericht das Finalitätskriterium anwenden würde.

ff) Kollusion
Nichts anderes gilt für eine weitere Subjektivierung der Drohungsproblematik. So soll ein Vertrag nach verbreiteter Ansicht immer dann zu missbilligen sein, wenn der Vertragspartner um die Bedrohung der Gegenseite durch Dritte wusste oder wissen musste.[198] Was ohne Weiteres einleuchtet, wenn wie in Fall 80 Erpresser und davon profitierender Vertragspartner von Anfang an gemeinsame Sache machen, erscheint oft auch äußerst zweifelhaft. Sollen wir das Darlehen verwerfen, wenn die Bank wie in Fall 79 von der Notlage ihres Kunden erfährt und dennoch das Geld auszahlt? Weder wäre hier jemandem geholfen noch ist es ersichtlich, warum sich die Bank um die besonderen Motive des Opfers kümmern sollte. Schließlich ist es oft reichlich arbiträr, ob ein Vertragspartner von den Ursachen einer Notlage erfährt. Im Ergebnis lässt

---
[194] Unten § 4 C. II. 5. f).
[195] Näher unten § 4 D. II. 2.
[196] Natürlich mag man über den Umweg eines darauf gerichteten Vorsatzes wieder ein substanzielles Kriterium einführen, vgl. dazu jedoch bereits oben § 4 B. II. 2. b) aa).
[197] Vgl. dazu etwa *Martens*, Willensmängel, 2007, S. 344 ff., 356, passim. Tatsächlich greifen hier genau diejenigen Erwägungen, die *Kohler* zur Einführung des Finalitätskriteriums bewogen hatten, vgl. oben § 4 B. II. 2. a).
[198] Siehe dazu – ebenfalls kritisch – *Martens*, Willensmängel, 2007, S. 276, 340, 379 f.

sich damit dem Finalitätskriterium wenig abgewinnen. Ein wenig drängt sich der Verdacht auf, als habe es sich nur deshalb bis heute halten können, weil subjektive Tatbestandsmerkmale nur schwer überprüfbar sind und sich so mancher Problemfall notfalls durch eine passende Sachverhaltsinterpretation bewältigen lässt. Doch ist das natürlich Spekulation.

3. Aktiver Missbrauch versus untätiges Ausnutzen

Zu den vielen Versuchen, jedenfalls Zwang und Drohung zu erfassen, gehört die Unterscheidung zwischen aktivem menschlichen Missbrauch[199] und einer rein passiven Ausnutzung „natürlicher" Notlagen. Es sei eine Sache, eine bestimmte Zwangslage selbst zu schaffen oder aber diese auszunutzen. *Nozick* etwa betont, unwillentlich handle nur derjenige, dessen Handlungsmöglichkeiten von Menschen, nicht jedoch von der Natur begrenzt werde.[200] Als vermeintliches Paradoxon werden dabei oft zwei Sachverhalte verglichen: Einmal (Fall 15) droht der Akteur dem Opfer, eine Schneelawine loszutreten, sollte es sich nicht wie gewünscht verhalten. Das andere Mal (Fall 45) sieht es nur, dass eine Schneelawine gleich hereinbrechen wird, hat es aber in der Hand, das durch aktives Tun zu verhindern.[201]

Dabei scheint das Problem dieser Diskussion eher darin zu liegen, dass wir nicht immer zwischen der rechtlichen Ausgangslage und einer darauf aufbauenden Rechtsänderung unterscheiden.[202] Geht es dem Täter jeweils nur um eine Schädigung des Opfers, und verlangt er kein Geld dafür, die Lawine nicht loszutreten bzw. deren Abrollen zu verhindern, interessiert allein die Reichweite unseres Rechts auf körperliche Integrität. Inhaltlich ist hier vor allem zu beachten, dass eine allzu großzügige Anordnung von Hilfspflichten weite Lebensbereiche zu verrechtlichen droht, was nicht nur persönliche Handlungsfreiheiten einengt, sondern auch zahlreiche Pflichtenkollisionen und damit große Komplexität heraufbeschwört. Andererseits haben wir viele Rechte auch dazu, um vor natürlichen oder sozialen Notlagen bewahrt zu werden. Weht ein starker Sturm Spielzeuge von einem Grundstück auf das andere, gewährt nahezu jede Rechtsordnung dem Eigentümer das Recht, dieses Spiel-

---

[199] Dabei sind die Diskussionen von „Missbrauch" und „Umgehung" eng miteinander verknüpft, vgl. zu alldem nur *Teichmann*, Die Gesetzesumgehung, 1962; *Sieker*, Umgehungsgeschäfte, 2001; *Schön*, FS Wiedemann, 2002, S. 1271; *Fleischer*, JZ 2003, 865; *Benecke*, Gesetzesumgehung, 2004.

[200] Stellv. *Nozick*, Anarchy, State and Utopia, 1974, S. 262 oder aus jüngerer Zeit *Lorenz*, Unerwünschter Vertrag, 1997, S. 350 („Zwangslagen darf man ausnutzen, nicht aber missbrauchen.") sowie allgemein zu dieser Diskussion *Wertheimer*, Coercion, 1987, S. 5, 39 f., 48, 251, 263, passim.

[201] Siehe zu einem ähnlichen Fall, bei dem mal die Natur und mal ein Mensch ein bestimmtes Verhalten nahelegt, *Frankfurt*, in: Honderich (Hrsg.), Essays, 1973, S. 65, 83.

[202] Näher zur Rechtebasierung unseres Vertragsrechts oben § 2 A. II. 2.; § 2 D. I. 4. b); § 3 A. IV. sowie unten § 4 C. I. 1.; § 19 F. VI.; passim.

zeug vom Nachbarn zurückzuverlangen. Vertragstheoretisch interessant, weil eine mögliche Rechtsänderung betreffend, wird es erst dort, wo jemand beispielsweise viel Geld dafür verlangt, die Lawine nicht loszutreten oder deren Abrollen zu verhindern. Das lassen wir nicht zu, wenn der Täter für sein Eingreifen eine horrende Summe verlangt, also ganz klassisch droht (Fall 15) bzw. ausbeutet (Fall 45).

Letztlich entpuppt sich damit die ganze Unterscheidung von Tun und Unterlassen als versteckter Hinweis auf die jeweilige Rechteausstattung. Denn es lässt sich keineswegs behaupten, dass Nichtstun immer Zwang oder Drohung ausschlösse. Sobald unseren Täter eine Hilfspflicht trifft – man denke nur an einen früher abgeschlossenen Rettungsvertrag wie in Fall 23 – und er dennoch ein Entgelt fordert, sehen wir in ihm einen Erpresser. Und spielt sich umgekehrt unser aktives Tun in einem rechtlich zulässigen Bereich ab, wollen wir von Zwang oder Drohung nichts wissen. Das zeigt der schlichte Fall 44, bei dem ein Unternehmer seinem Konkurrenten dadurch Kunden entzieht, dass er günstigere Produkte anbietet. Anstatt also die – bekanntlich ohnehin äußerst schwierige – Abgrenzung von Tun und Unterlassen zu bemühen, sollten wir zunächst die jeweilige rechtliche Ausgangslage betrachten. Genau deshalb verwundert es auch nicht, wenn man mit dem Hinweis auf Tun und Unterlassen an sämtlichen Ausbeutungsfällen scheitert. Denn schließlich tut man dies genauso, wenn man allein auf die jeweilige Rechteausstattung verweist.[203]

4. Bereicherung

Ein ebenfalls traditionsreicher Gedanke lautet, dass niemand von dem Unrecht profitieren sollte, das andere erleiden.[204] So einleuchtend dies klingt, wird hier die Frage nur neu gestellt, nicht jedoch beantwortet. Denn ob sich der Vertragspartner unberechtigt, grundlos oder rechtswidrig bereichert, soll gerade beantwortet werden. Der Bereicherungsgedanke lässt offen, warum der Darlehensgeber in Fall 78 bzw. 79 einen seinem Risiko entsprechenden Marktpreis verlangen darf, andererseits jedoch der Retter das Opfer in Fall 45 ausbeutet, wenn er sich für seine risikolose Hilfe so viel versprechen lässt, wie er gerade noch abschöpfen kann. Überspitzt formuliert ließe sich das gesamte Vertragsrecht als die Herausforderung beschreiben, verdiente Ansprüche von ungerechtfertigten Bereicherungen abzugrenzen. Dogmatisch gewonnen ist damit nichts.

---

[203] Näher unten § 4 C. I. 1. d).
[204] Siehe dazu nur *Schliemann*, Die Lehre vom Zwange, 1861, S. 47 oder aus jüngerer Zeit etwa *Smith*, Contract Theory, 2004, S. 326 f., *Martens*, Willensmängel, 2007, S. 78 f., 339, 389 ff.

III. Äquivalenz

1. Verankerung

Werden in der Vertragstheorie substanzielle Kriterien diskutiert, so geht es vornehmlich um eines, nämlich die objektive Gleichwertigkeit der ausgetauschten Leistungen (Äquivalenz). So fatal eine solche Verengung auch ist, erleichtert es das vertragstheoretische Verständnis, zunächst diesen Gedanken zu prüfen. Dabei kann die Äquivalenz auf eine beeindruckende geistesgeschichtliche Tradition verweisen, die einen nachdenklich machen sollte. Wenngleich auch hier darauf verzichtet sei, den zahllosen Darstellungen zu Historie, Varianten oder geographischer Verbreitung noch eine weitere hinzuzufügen, fällt doch auf, dass Äquivalenz bis ins Naturrecht hinein[205] geradezu selbstverständlich als ein wesentliches Element von Vertragsgerechtigkeit angesehen und spätestens durch die Spätscholastik theoretisch ausgearbeitet wurde.[206] Dabei reichen die Wurzeln nicht erst zu *Aristoteles* und ins römische Recht (unter anderem die *laesio enormis*) als den beiden zentralen Ideenquellen der westlichen Welt zurück,[207] sondern wahrscheinlich bereits in die Vor- und Frühgeschichte der Menschheit.

Und wenngleich die Äquivalenz mit der Aufklärung zunehmend verdrängt und spätestens in der Hochzeit etwa der Willenstheorie[208] geradezu verdammt wurde, drängen sich in Gesetzgebung, Rechtsprechung und Wissenschaft mit schöner Regelmäßigkeit Zweifel auf, ob man tatsächlich auf inhaltliche Kriterien verzichten kann. Bei aller Polemik gegen einen gerechten Preis beanstanden wir möglicherweise genau das, wenn der Ertrinkende wie in Fall 45 für das bloße Hinhalten der rettenden Hand ein kleines Vermögen verlangt. Dass prozedurale Ansätze nicht nur in diesem Beispiel versagen, wurde ausführlich dargelegt. Und tatsächlich scheint so manche Entscheidung auch der jüngsten Rechtsprechung nichts anderes zu beherzigen als die objektive Gleichwertig-

---

[205] Auch bei *Grotius*, *Pufendorf* oder *Wolff* war die *laesio enormis* noch fester Bestandteil des Vertragsrechts, vgl. dazu nur die Nachweise bei *Winner*, Wert und Preis im Zivilrecht, 2008, S. 34.

[206] Besonders deutlich *Nell-Breuning*, Börsenmoral, 1928, S. 46: „Für den gesunden Realismus der Patristik und Scholastik bedeutete es überhaupt keine Frage, dass der Preis dem Werte entsprechen müsse." Zum Einfluss der spanischen Spätscholastik vgl. oben § 2 Fn. 110.

[207] Siehe dazu nur *Nell-Breuning*, Börsenmoral, 1928; *Raiser*, FS Deutscher Juristentag, Bd. 1, 1960, S. 101, 129; *Gordley*, 69 CalifLRev 1587, 1588f. (1981); *Oechsler*, Gerechtigkeit, 1997, S. 104ff.; *Winner*, Wert und Preis im Zivilrecht, 2008, S. 30ff. Allerdings beginnt schon bei *Grotius* eine willenstheoretisch geprägte Umformung, wonach der Parteiwille regelmäßig auf den Austausch gleichwertiger Leistungen gerichtet sei, vgl. dazu etwa *Winner*, Wert und Preis im Zivilrecht, 2008, S. 34f., 44, 47 m.w.N.

[208] *Wieacker*, Privatrechtsgeschichte, 2. Aufl. 1967, S. 520 betont, dass der Versuch *Windscheids*, diesem Gedanken in der willenstheoretischen Einkleidung der unentwickelten Bedingung (Voraussetzung) wieder Einlass zu verschaffen, von den Redaktoren des BGB ausdrücklich abgewiesen worden war.

keit von Leistung und Gegenleistung.[209] Für diesen rechtstatsächlichen Befund ist es dabei weniger entscheidend, ob sich ein Gericht oder Autor offen darauf beruft oder aber sich prozeduraler Argumentationsfiguren bedient – nur eben nicht bei unproblematischen Inhalten wie in Fall 46.

Um hier nur ein Beispiel aus Deutschland aufzugreifen, nahm der Bundesgerichtshof bereits im Jahr 1945 die Rechtsprechung des Reichsgerichts auf, wonach ein im Sinne von § 138 BGB verwerfliches Verhandeln auch bei grob fahrlässigem Handeln vorliegen könne, um dann aus dem objektiven Missverhältnis auf die subjektive Vorwerfbarkeit zu schließen. Schließlich wurde entschieden, dass man sich selbst dann fahrlässig der Kenntnis der Bewucherung verschließen könne, wenn man das Missverhältnis selbst nicht kenne, weshalb der Nachweis der Unkenntnis die Vermutung verwerflichen Handelns nicht entkräfte.[210] Dass hier wieder die *lasesio enormis* eingeführt wurde, entging den wenigsten.[211]

2. Unvereinbarkeit mit geltendem Recht

Das größte Problem von Äquivalenz ist nicht etwa die praktische Schwierigkeit, einen gerechten Preis zu bestimmen. Die Vorstellung einer objektiven Gleichwertigkeit der durch den Vertrag ausgetauschten Leistungen beschreibt nicht unser Recht. Tatsächlich ignoriert die Äquivalenz nahezu alles, was hier wichtig ist. Dazu gehören nicht nur die oft ganz unterschiedlichen Ziele der Vertragsparteien, sondern auch sonstige situationsspezifische Besonderheiten wie etwa frühere Anstrengungen.[212]

a) Unentgeltliche Verträge

Besonders augenscheinlich wird dies bei der Schenkung, die in jeder westlichen Rechtsordnung zumindest unter bestimmten Voraussetzungen, sei es die Einhaltung einer Form oder die Erbringung eines rein symbolischen Gegenwerts, nicht nur zugelassen,[213] sondern moralisch als besonders ehrenwert an-

---

[209] So etwa bereits der Befund von *Wieacker*, Sozialmodell, 1953; *Wieacker*, Privatrechtsgeschichte, 2. Aufl. 1967, S. 520. Siehe auch die Nachweise gleich in Fn. 211. Zur historischen Entwicklung vgl. stellv. *Becker*, laesio enormis, 1993 m.w.N.

[210] Eingehend *Winner*, Wert und Preis im Zivilrecht, 2008, S. 212 ff. m.N. Aus dem angloamerikanischen Rechtskreis vgl. etwa *Smith*, Contract Theory, 2004, S. 342 ff. oder *Gordley*, 69 CalifLRev 1587, 1627, 1635, 1649, 1655, passim (1981).

[211] Stellv. *Mayer-Maly*, FS Larenz, 1983, S. 395, 400 ff.; *Zimmermann*, Obligations, 1990, S. 268 ff.; *Flume*, Allgemeiner Teil, Bd. 2, 4. Aufl. 1992, S. 381 betont, dass die Ablehnung dieses Gedankens durch die Verfasser des BGB dieser Rechtsprechung nicht entgegenstehe. Für einen Überblick über die aktuelle Rechtsprechung siehe nur *Sack/Fischinger*, Staudinger, Neubearb. 2011, 2011, § 138 BGB Rn. 270 ff.

[212] Näher unten § 4 C. I. 3.

[213] Vgl. dazu nur den instruktiven Beitrag von *Farnsworth*, 43 AmJCompLaw 359 (1995).

gesehen wird. Wer wie in Fall 2 dem Bedürftigen schenkt, verdient allseitige Anerkennung und kann sich dabei auf eine im Vergleich zur Äquivalenz kein bisschen weniger traditionsreiche, geographisch weit umfassende, theoretisch tiefgründige und religiös verankerte geistesgeschichtliche Strömung berufen.[214] Dabei sollte man nicht die praktische Bedeutung unentgeltlicher Verträge unterschätzen, wie nicht nur die vieldiskutierten Fälle demonstrieren, in denen Familienangehörige unentgeltlich Sicherheiten erbringen, also sich etwa für andere verbürgen.

b) Frühere Anstrengungen

Aber auch jenseits der Schenkung können extrem ungleichwertige Leistungen ausweislich wohl jeder europäischen Rechtsordnung gerecht sein. Dies betrifft namentlich diejenigen Fälle, in denen ein hohes Entgelt dadurch gerechtfertigt ist, dass sich nur so diejenigen Aufwendungen refinanzieren lassen, die überhaupt erst einen Vertrag und damit die jedenfalls marginale Verbesserung beider Seiten ermöglichen. Das sei anhand eines bereits erwähnten sowie eines noch näher zu erörternden Beispielsfalls illustriert:

Fall 49: Ertrinkender mit Investition: M droht gerade im Meer zu ertrinken. S, der eine ganze Batterie von Rettungsstationen entlang der Küste unterhält, verlangt 100.000 Euro für die Rettung. Derartige hohe Entgelte sind angesichts der seltenen Notfälle für S notwendig, um seine Investitionen einschließlich einer für sein Risiko typischen Kapitalrendite zu refinanzieren.

Fall 57: Flug in die Ferne: Ein Flugzeug verfügt über 100 Plätze und kann ab Einnahmen von 15.000 Euro rentabel fliegen. Da als potenzielle Kunden nur 50 Studenten, die maximal 100 Euro zahlen könnten, und 50 Geschäftsleute, für die sich ein Flug bis zu 200 Euro lohnt, in Betracht kommen, verlangt die Fluggesellschaft von allen Studenten 100 Euro und von allen Geschäftsleuten 200 Euro.

Nun könnte man im Beispiel des Ertrinkenden entgegnen, dass der wahre „Wert" der Dienstleistung des S dem geretteten Leben des M entspreche – und in der Tat ist es sehr unklar, wie bei Äquivalenz der Wert eines Guts bestimmt werden soll.[215] Doch würde dann auf einmal S zu viel erhalten, da ein Leben sicher mehr wert ist als die 100.000 Euro. Besonders wichtig ist an diesem Beispiel, dass hier der Ertrinkende anders als zuvor der Schenker keineswegs altruistisch handelt. Dennoch ist es gerecht, wenn er für das bloße Hinhalten der Hand ein kleines Vermögen bezahlt. Es ist also falsch, die Vorstellung eines äquivalenten Gegenwerts mit egoistischen und dessen Fehlen mit altruistischen Vorstellungen zu assoziieren.[216]

---

[214] Eine andere Frage ist allerdings, wie einflussreich diese im Vertragsrecht ist. Näher dazu unten § 19 C. V. 1
[215] Dazu gleich unten § 4 B. III. 3.
[216] So aber *Gordley*, Philosophical Origins, 1991, S. 7: „Making a contract, for example, was an exercise of the virtue of liberality by which one enriched another, or of the virtue of

In Wahrheit gibt es tagtäglich Situationen, in denen der Wert der vertraglich ausgetauschten Leistungen je nach früheren Investitionen unterschiedlich ausfallen wird und muss, ohne dass dies als unbillig angesehen werden könnte oder würde. Hierauf wird noch ausführlich einzugehen sein,[217] das Beispiel des zu finanzierenden Flugs möge hier genügen. Tatsächlich leiden nahezu alle gängigen vertragstheoretischen Ansätze daran, sich gedanklich auf den konkreten Austausch zu fixieren – seien dies nun wie bei der Äquivalenz die ausgetauschten Leistungen[218] oder aber ein(e) auf diese Leistungen gerichtete(r/s) Versprechen, Erklärung, Wille, Präferenz oder Sprechakt. An dieser Stelle bleibt lediglich festzuhalten, dass die Äquivalenz nicht beantwortet, welche Verträge unser Vertragsrecht billigt.

3. Fragwürdigkeit objektiver Wertlehren

Fragt man sich nach Ursachen dieser teilweise sehr ernüchternden Ergebnisse, so liegt der Forderung nach Äquivalenz – anders als vielfach beteuert – eben doch die Vorstellung zu Grunde, man könne den Wert einer leblosen Sache wesensmäßig-objektiv bestimmen. Da diese Sicht jedoch in ihrer Reinform offensichtlich problematisch, weil insbesondere metaphysisch ist,[219] finden sich meistens Mischformen, in denen indirekt doch auch auf individuelle Belange abgestellt wird.

a) Marktpreis

Besonders deutlich wird dies beim Marktpreis, dem wohl traditionell wie aktuell populärsten Maßstab für die Bestimmung der objektiven Wertigkeit einer vertraglichen Leistung – zumindest was die praktische Anwendung anbelangt.[220] Denn der Marktpreis ist alles andere als objektiv, sondern verdeut-

---

commutative justice by which one exchanged things of equal value. Each type of contract had a certain ‚nature' or ‚essence' from which certain obligations followed." sowie näher unten § 3 B. II.

[217] Unten § 4 C. I. 3.

[218] Deutlich etwa *Winner*, Wert und Preis im Zivilrecht, 2008, S. 27: „Untersuchungsgegenstand soll auch nur die Äquivalenz von Leistung und Gegenleistung im Zeitpunkt des Vertragsabschlusses sein."

[219] Das bemängelt auch *Trebilcock*, Limits, 1993, S. 81. Vgl. zu diesen frühen Wertlehren, die häufig im Sinn eines objektiven Gebrauchswerts verstanden wurden, und ihren Problemen wie Errungenschaften vor allem *Nell-Breuning*, Börsenmoral, 1928, S. 46 f., 49, 58 f., passim, der zu Recht auch die Parallele zur Wertlehre eines *Karl Marx* zieht und ganz generell darauf hinweist, wie sehr die Scholastiker moderne heutige Lehren der Ökonomik vorwegnahmen. Siehe ergänzend etwa *Gordley*, 69 CalifLRev 1587, 1604 (1981); *Gordley*, Philosophical Origins, 1991, S. 94 ff. oder *Winner*, Wert und Preis im Zivilrecht, 2008, S. 7 ff. m.w.N. sowie allgemein zur Bedeutung der Spätscholastik oben § 2 Fn. 110.

[220] Siehe dazu etwa *Bartholomeyczik*, AcP 166 (1966), 30, 42; *Gordley*, 69 CalifLRev 1587, 1604 f. (1981); *Gordley*, Philosophical Origins, 1991, S. 65 oder *Zimmermann*, Obligations, 1990, S. 265.

licht die Zahlungsbereitschaft einer bestimmten, den Markt bildenden Personengruppe für ein bestimmtes Gut.[221] Diese Zahlungsbereitschaft wiederum hängt von ganz persönlichen Umständen wie insbesondere den jeweils verfügbaren Mitteln sowie den persönlichen Zielen ab. Genau deshalb erfüllt der Marktpreis seine für jede Gesellschaft so wichtige Informationsfunktion, als er ohne zentrale Steuerung und Überwachung Bedürfnisse (Knappheiten) anzeigt und individuelle Anstrengungen bedarfsdeckend kanalisiert.[222] Möchte man hier den Wert eines Gegenstands bestimmen, so dürfte es noch am ehesten überzeugen, auf den Tauschwert abzustellen, also das Verhältnis, in dem ein Gut gegen andere eingetauscht werden kann.[223]

So sehr der Marktpreis subjektiven Besonderheiten unterfällt, ist er aber auch das Ergebnis sehr komplexer Interaktionen sämtlicher Marktteilnehmer und damit kollektivistisch. Das macht ihn ungeeignet dafür, die spezifischen Bedürfnisse der am Vertragsschluss Beteiligten und dabei auch die Besonderheiten der jeweiligen Vertragssituation zu berücksichtigen. Auch hier besagen konkrete Beispiele[224] mehr als diverse abstrakte Ausführungen:

Fall 5: Tausch: Annabel hat schöne Orangen im Marktwert von 1 Euro, mag aber lieber Äpfel. Luise geht es genau umgekehrt: Sie hat schöne Äpfel im Marktwert von 1 Euro und mag lieber Orangen. Beide beschließen zu tauschen.

Fall 295: Merkwürdiger Tausch: Annabel hat schöne Orangen im Marktwert von 1 Euro und mag Orangen lieber als Äpfel. Luise geht es genau umgekehrt: Sie hat schöne Äpfel im Marktwert von 1 Euro und mag lieber Äpfel als Orangen. Beide beschließen, Äpfel und Orangen zu tauschen.

Nun liegt es hier auf der Hand, dass die Frauen im ersten Fall Apfel und Orange tauschen sollten. Demgegenüber sollten sie das im nächsten Fall gerade nicht tun. Dieser Befund wird jedem vernünftigen Mensch deshalb vorschweben, weil beide Frauen Apfel wie Orange unterschiedlich schätzen, sie sich also nur im ersten Fall verbessern, ansonsten hingegen sogar verschlechtern. Das Äquivalenzprinzip hingegen ist für solche Umstände blind.[225] Der Grund

---

[221] Wobei diese Beschreibung letztlich auch die Anbieter einbezieht, da diese nur dann verkaufen werden, wenn der ihnen angebotene Geldbetrag jenen übersteigt, den sie selbst für das Gut zahlen würden.

[222] *Hayek*, WA 28 (1928), 33; *Hayek*, Entdeckungsverfahren, 1968. Allerdings ist zu beachten, dass der Marktpreis nur die Zahlungsbereitschaft und nicht die individuellen Bedürfnisse honoriert.

[223] Siehe dazu *Nell-Breuning*, Börsenmoral, 1928, S. 51 unter Hinweis insbesondere auf *Cathrein*. Tatsächlich wird der Tauschwert meistens dem Marktwert gleichgesetzt, vgl. dazu *Winner*, Wert und Preis im Zivilrecht, 2008, S. 7 f.

[224] Näher zu diesen oben § 3 C. sowie unten § 17 E.

[225] Die für Äquivalenz charakteristische, stark objektivierende Sichtweise ließe sich bösartig als Neid charakterisieren. Es geht dort eben nicht um die Frage, was die Menschen ihren Zielen näher bringt, sondern allein den Vergleich der objektiven Vermögensentwicklung. Natürlich mag Neid Ausdruck der nicht zu hinterfragenden letzten Ziele eines Men-

für derartige Verirrungen liegt darin, dass ein Marktpreis wie bereits erwähnt von Personen abhängt, die mit dem Vertrag nichts zu tun haben und hinsichtlich derer nicht einsichtig ist, weshalb ihre Interessen irgendeine Rolle spielen sollten. Warum sollten sich die beiden Frauen, denen es ausweislich ihres Eigentums an den Orangen und Äpfeln allein obliegt, über deren Verwendung zu entscheiden, dem kollektiven Marktpreis unterwerfen? *Gordley* macht es sich hier reichlich leicht und behauptet einfach, dass sich beide Parteien eben auch verbessern müssten.[226] Und natürlich bietet diese Sichtweise auch keinerlei Handhabe für sämtliche Ausbeutungsfälle, die – wie auch von vielen Vertretern einer reinen Rechtebasierung – einfach als Verteilungsproblem deklariert werden, was dann rechtfertigen soll, dass man sich damit nicht mehr beschäftigt.[227]

Als weiteres vertragstheoretisch äußerst unbefriedigendes Problem versagt der Marktpreis gerade dort, wo nicht bereits ein funktionierender Wettbewerb Hilfe verspricht, sondern etwa der Staat[228] auf taugliche Maßstäbe angewiesen ist. Besonders deutlich wird das bei eklatanten Marktstörungen,[229] also etwa bei Marktmanipulationen oder dort, wo ein strukturelles oder auch nur situatives Monopol die vollständige Abschöpfung der Konsumentenrente[230] ermöglicht (vgl. nur Fall 45). Dabei wäre es wenig hilfreich zu behaupten, dass es hier keinen Markt gebe – Märkte können sehr klein sein, eine Mindestgröße lässt sich schwer festlegen. Vereinbaren etwa sämtliche Anbieter Monopolpreise, mag es insgesamt sehr viele Marktteilnehmer geben, ohne dass die so geschlossenen Verträge deshalb Billigung fänden. Unbefriedigend bleibt es auch, strukturelle Monopole, bei denen sich ein geeigneter Vergleichsmaßstab nur schwer finden lässt, einfach aus vertragsrechtlichen Betrachtungen auszublenden.[231]

---

schen sein – doch gelangt man selbst dann nicht zu unser Vertragsrecht treffenden Ergebnissen.
[226] *Gordley*, 69 CalifLRev 1587, 1616 (1981).
[227] *Gordley*, 69 CalifLRev 1587, 1614 ff. (1981): „… one would not be concerned about this problem unless one held a certain kind of theory about how wealth should be distributed."; „In short, to the extent it is a problem at all, the problem of dividing the benefits of exchange is one of distributive justice rather than commutative justice. Even one who thought these benefits should be divided would have to do it by assigning citizens a certain amount of purchasing power, allowing them to trade, and then readjusting their shares of purchasing power until they approximated his ideal." Mit dem geltenden Recht nahezu jeder Vertragsrechtsordnung sowie der praktisch enormen Bedeutung der Ausbeutung hat diese dogmatische „Großzügigkeit" wenig zu tun, wohl aber viel mit der Unfähigkeit nicht nur der objektiven Äquivalenz, sondern genauso etwa einer reinen Rechtebasierung, auch nur irgendetwas zu all diesen Fällen beizutragen, vgl. näher unten § 4 D. II. 2.
[228] Näher zu staatlich gesetzten Vertragsinhalten unten § 16 A.
[229] Das sahen natürlich auch bereits die Scholastiker, vgl. *Nell-Breuning*, Börsenmoral, 1928, S. 55.
[230] Näher dazu unten bei Fn. 269.
[231] So aber letztlich *Trebilcock*, Limits, 1993, S. 101, ähnlich *Winner*, Wert und Preis im

Das alles bedeutet sicher nicht, dass ein Staat nicht angesichts von Unwissenheit und Irrationalität gut beraten ist, auf die Gewährleistung intensiven Wettbewerbs zu setzen, um so den Vertragsinhalt sehr viel treffsicherer und kostengünstiger zu beeinflussen als über die direkte Anwendung materieller Kriterien.[232] Genau darin liegt bekanntlich die Stärke einer marktwirtschaftlichen Ordnung. So mag es auch empfehlenswert sein, zumindest auf die Preise vergleichbarer Märkte abzustellen, gegebenenfalls unter Einpreisung relevanter Unterschiede. Dass man dabei umso schneller an Grenzen stößt, je weniger sich ein ähnlicher Vergleichsmarkt ausmachen lässt, ist bekannt,[233] aber eben vom Einzelfall abhängig. Für die Zwecke dieser Arbeit ist es jedoch genauso wichtig zu betonen, dass das, was sich in unterschiedlichsten Situationen als Preis herausbildet, keineswegs eine eigene normative Autorität beanspruchen kann. Nur weil und soweit ein Markt zu gerechten Vertragsinhalten führt, verlassen wir uns auf ihn, nicht umgekehrt. Zuerst kommt die Substanz, dann das Verfahren.[234]

b) Produktionskosten

Die fundamentalen Schwierigkeiten, für Äquivalenz einen tragfähigen Ansatzpunkt zu finden, lassen sich auch nicht dadurch überwinden, dass man auf die mit der Erbringung der ausgetauschten Leistungen verbundenen Herstellungskosten abstellt.[235] Auch diese Idee eines natürlichen Werts hat eine lange Tradition und wurde etwa von Naturrechtlern wie *Grotius* und *Pufendorf* oder in der objektiven Wertlehre der Ökonomik von Klassikern wie *Smith* und *Ricardo* aufgegriffen.[236] Auch heute spielen Produktionskosten – einschließlich eines dem eingegangenen Risiko entsprechenden Gewinnzuschlags – insbesondere bei der Regulierung von Märkten mit wenig Wettbewerb eine wichtige Rolle.

Doch sind die Schwierigkeiten dieser Wertvorstellung nicht weniger groß als das Abstellen auf einen Marktpreis. Zwar ist dieser Ansatz wenigstens von situativen Zufälligkeiten genauso unabhängig wie von den Interessen anderer Personen. Doch ist zunächst darauf hinzuweisen, dass auch der natürliche

---

Zivilrecht, 2008, S. 108: „… bietet die *laesio enormis* daher Schutz, wenn der Marktmechanismus zwar grundsätzlich funktioniert, im Einzelfall eine Transaktion aber abweichend vom Marktpreis abgeschlossen wurde."

[232] Näher unten § 16 D.

[233] Vgl. zur Problematik hypothetischer Marktbetrachtungen etwa *Möschel*, Pressekonzentration, 1978, S. 38 f.

[234] Eingehend unten § 19 D.

[235] Daneben finden sich natürlich weitere Gesichtspunkte. So lassen sich die typischerweise verwandten Kriterien mit *Nell-Breuning*, Börsenmoral, 1928, S. 48 grob gesprochen auf Qualität, Kosten und Affektion zurückführen.

[236] Siehe dazu etwa *Gordley*, 69 CalifLRev 1587, 1605 (1981); *Gordley*, Philosophical Origins, 1991, S. 96; *Winner*, Wert und Preis im Zivilrecht, 2008, S. 8, 129 ff.

Wert alles andere als objektiv ist, sich vielmehr die Schwierigkeiten lediglich auf die Bewertung der einzelnen Produktionsfaktoren – grob gesprochen Arbeit und Kapital – verlagern. Zwar mag es prinzipiell leichter fallen, für die in eine vertragliche Leistung eingehenden Anstrengungen Marktpreise zu identifizieren als für die einzelnen, stärker variierenden Endprodukte. Aber was ist der objektive Wert des für einen Bilderrahmen verwandten Holzes? Stellt man hier etwa auf den Einkaufs- oder Wiederverkaufswert ab? Wie detailliert sind für den Wert dieser Produktionsfaktoren einzelne Qualitätsmerkmale zu berücksichtigen? Und wie verteilt man die Kosten für Abschreibungen, Miete und Strom auf einzelne Güter? Ein kurzer Blick in die Theorie wie Praxis der betriebswirtschaftlichen Kostenrechnung verrät, dass es eine unübersehbare Vielzahl vertretbarer Modelle gibt, die zu teilweise extrem divergierenden Ergebnissen führen.[237] Doch bereitet nicht nur diese extreme Unschärfe Bauchschmerzen. Das verdeutlich Fall 18:

Fall 18: Refinanzierung um jeden Preis: Künstler K hat ganze 100 Euro in ein aufwändiges Kunstwerk investiert. Da sich anderen jedoch der Wert dieser Arbeit nicht erschließt, zwingt er Passant P mit vorgehaltenem Messer, es ihm für 100 Euro „abzukaufen".

Nimmt man die These ernst, dass ein gerechter Vertrag verlangt, dass sich Leistung und Gegenleistung wertmäßig entsprechen, und definiert man den Wert einer Leistung nach den Produktionskosten, dann ist am Ergebnis dieses Falls nichts auszusetzen – und doch wird es jeder als absurd empfinden. Dabei trifft dieser Befund nicht nur Art und Weise des Zustandekommens, sondern auch – und das ist hier entscheidend – den konkreten Leistungsinhalt. Letztlich rächt sich hier, dass die Äquivalenz wie auch beim zuvor erwähnten Apfel/Orange-Beispiel nicht auf die Bedürfnisse der Vertragspartner, sondern davon unabhängige Kriterien abstellt und damit nicht einmal „sieht", ob sich Einzelne gar verschlechtern.

4. Begrenzter Aussagegehalt

Noch in einer weiteren Hinsicht verdeutlicht das Apfel/Orange-Beispiel die Problematik des Äquivalenzkriteriums. Denn da dieser Grundsatz allein den Gesamtwert der ausgetauschten Leistungen vergleicht, kann er von vornherein nichts über den genauen Inhalt eines Vertrags aussagen. Es ist schon rein analytisch nicht möglich, von der Eindimensionalität einer schlichten Zahl (Wert) zur Mehrdimensionalität konkret zu bestimmender Leistungsgegenstände zu gelangen – allenfalls umgekehrt wäre eine Umrechnung denkbar. In allen Fällen also, in denen es um mehr geht als den Gesamtwert von Leistung

---

[237] Vgl. nur *Winner*, Wert und Preis im Zivilrecht, 2008, S. 131 f. oder auch instruktiv *Hildebrandt*, Monopol, 2000, S. 150 ff., 185 ff.

und Gegenleistung, also insbesondere den genauen Vertragsinhalt, ist Äquivalenz sprachlos.[238] Es wird nicht einmal ein Argument geliefert, warum es überhaupt jemals Verträge geben sollte, bleibt das Vermögen einer Partei auch durch Stillstand gewahrt.[239] Nach dem Äquivalenzprinzip sind Verträge sinnlos. Das soll nicht heißen, dass nicht jede Rechtsordnung vor allem den aktuellen Zustand schützen würde und Veränderungen daran nur unter wohldefinierten Voraussetzungen zuließe. Doch geht es im Vertragsrecht um diese Abweichungen vom Status Quo, sei es für Vermögen, Eigentum oder sonstige dem Einzelnen zugewiesene Rechte.[240]

5. Einseitig belastende Rechtsänderungen

Wendet man den Blick von gegenseitigen Verträgen ab und fragt sich nach der dogmatischen Einordnung einseitig belastender Rechtsänderungen, wird man mit der Äquivalenz wiederum nicht weit kommen. Das gilt nicht nur für die bereits erwähnte Schenkung, die nicht als Vertrag ausgestaltet werden muss, sondern etwa auch für die Eigentumsaufgabe, das Testament oder die Auslobung.[241] Eine objektive Gleichwertigkeit zweier auszutauschender Leistungen wird hier niemand verlangen – es gibt ja nur eine. Nicht besser sieht es bei so „exotischen" Rechtsänderungen wie dem Angebot, dem Verschulden bei Vertragsverhandlungen oder nachvertraglichen Einwirkungsmöglichkeiten wie einer Anfechtung oder Weisung aus.[242]

6. Ergebnis

a) Dogmatische Lehren

So sehr die Äquivalenz als vertragstheoretisches Prinzip versagt, so wenig darf deren Wert für das vertragstheoretische Verständnis unterschätzt werden. Denn anders als bei Freiwilligkeit, Entscheidungsfreiheit oder Ähnlichem[243] wird hier wenigstens eine verbindliche, recht einfache und klare und damit natürlich auch sehr viel leichter zu kritisierende Aussage getätigt. Damit liefert Äquivalenz – genauso wie etwa eine konsequent verfochtene Willenstheorie – überhaupt einen wissenschaftlich fruchtbaren Ausgangspunkt, um sich der richtigen Lösung anzunähern, indem man Stärken wie Schwächen dieses Prinzips analysiert und sich dabei insbesondere fragt, wo es unser Vertragsverständnis trifft, wo es das nicht tut, und warum.

---

[238] Siehe demgegenüber für das Rechtfertigungsprinzip oben ab § 3 A. IV.
[239] Siehe dazu auch oben § 2 A. IV. 6. sowie das Zitat oben § 3 Fn. 149.
[240] Näher oben § 2 A. II. 2.; § 2 D. I. 4. b); § 3 A. IV. sowie unten § 4 C. I. 1.; § 19 F. VI.; passim.
[241] Näher oben § 3 B.
[242] Näher unten § 18.
[243] Vgl. oben § 4 B. I. 4. b).

So liegen die Stärken von Äquivalenz insbesondere darin, dass es ein substanzielles Kriterium ist und nicht nur auf die situative Entscheidung der Parteien abstellt. Während also bei Zwang, Drohung und Ausbeutung prozedurale Kriterien wie Wille, Erklärung oder Präferenz gänzlich versagen, liefert die Äquivalenz immerhin den tragfähigen Gedanken, dass gewollte, erklärte oder präferierte Vertragsinhalte zu missbilligen sein können. Auch überzeugt das Anliegen einer Aufrechterhaltung des Gesamtvermögens der Parteien, wenngleich nicht unbedingt für den Vertrag.[244]

Erhellend wirkt die Auseinandersetzung mit Äquivalenz auch insofern, als gewisse Herausforderungen, die hier zutage treten, genauso von anderen Ansätzen zu bewältigen sind. So lassen sich Verträge sinnvoll nur auf der Grundlage einer bestehenden, bereits anderweitig bestimmten rechtlichen Ausgangslage bewerten. Denn sonst stellt sich schnell die Frage, ob nicht das Angebot „Geld gegen Leben" für den Bedrohten außerordentlich vorteilhaft ist.[245] Ebenso muss sich jeder auf inhaltliche Kriterien setzende Ansatz einschließlich des noch zu prüfenden Rechtfertigungsprinzips fragen lassen, warum unsere Rechtsordnung einen mit einer Waffe erzwungenen Austausch selbst dann nicht anerkennt, wenn der Inhalt dieses Vertrags gerecht erscheint.[246] Ebenso ist nicht nur die Äquivalenz der unangenehmen Frage ausgesetzt, wie komplizierte Bewertungsprobleme vermieden werden sollen, möchte man in irgendeiner Form den Wert einer Sache oder die Anstrengungen des Anbieters zur Erbringung seiner Leistung berücksichtigen.[247] Insbesondere mag man fragen, ob der Staat nicht schnell überfordert ist.[248]

b) Scheinlösungen

aa) Ausblendung falsifizierender Konstellationen
So wertvoll also die dogmatische Auseinandersetzung mit Äquivalenz ist, so wenig hilft es uns, die Nachteile dieses Prinzips durch bloße Scheinlösungen zu verschleiern. Es ist beispielsweise angreifbar, Äquivalenz lediglich mit Blick auf Unwissenheit zu diskutieren und damit Zwang, Drohung oder Ausbeutung wie auch die Frage nach dem genauen Vertragsinhalt auszublenden.[249] Ganz ähnlich versucht namentlich *Gordley*, dem offenkundigen Problem zu entgehen, dass jede Rechtsordnung in zahlreichen Ausprägungen unentgeltli-

---

[244] Vgl. dazu bereits oben § 4 B. III. 4.
[245] Näher unten § 4 C. I. 1.
[246] Näher unten § 4 C. III. 7.
[247] Näher dazu aus Sicht des Rechtfertigungsprinzips unten § 4 C. I. 4.
[248] Stellv. *Drexl*, Selbstbestimmung, 1998, S. 295 sowie eingehend unten § 8 E. II. 2.
[249] So aber wohl *Winner*, Wert und Preis im Zivilrecht, 2008, S. 27, 35, 41 m.w.N. und dem Argument, dass bei Zwang und vergleichbaren Tatbeständen andere Probleme aufträten als bei irrtumsinduzierten Äquivalenzstörungen. Tatsächlich erhöht Unwissenheit nur die Komplexität der anzustellenden Betrachtungen.

B. Klassische Ansichten

che Verträge akzeptiert.[250] So wählt er einen Ausweg, den wir auch in zahllosen anderen Variationen finden werden, sei es ein (vermeintlicher) Dualismus von Zwang und Ausbeutung[251] oder von Wille einerseits und Gesamtwohlmaximierung,[252] Erklärung/Vertrauen[253] oder Fahrlässigkeit/Verantwortung[254] andererseits: Man führe einfach ein neues, alternatives Begründungsmuster ein und erkläre die Sachverhalte, die zu erfassen dem eigenen Ansatz versagt blieb, für kategorial verschieden. So soll die Existenz zahlreicher unentgeltlicher Vertragsformen nicht etwa das Äquivalenzprinzip falsifizieren, da – wie bereits *Aristoteles* erkannt habe – mit Freizügigkeit und Austausch zwei streng zu unterscheidende Vertragsessenzen betroffen seien und Äquivalenz nur für Letzteres gelte.[255] Und reicht die so gewonnene Flexibilität immer noch nicht, um die Vielfalt rechtlich gebilligter Vertragsformen zu erfassen, lässt sich dem nicht nur entgegnen, dass es eben noch weitere Vertragsessenzen gebe.[256] Ebenso lassen sich unangenehme Einwände, dass die Übergänge von entgeltlichen zu unentgeltlichen Verträgen fließend sind,[257] dadurch beiseite wischen, dass Austausch und Freizügigkeit – obwohl grundlegend verschieden – durchaus in einem Vertrag miteinander kombinierbar seien.[258] So kann dann letztlich jeder gewünschte Preis „begründet" werden. Leider benötigen wir jedoch aussagekräftige Kriterien, um beispielsweise Ausbeutung und Schenkung voneinander abzugrenzen. Nicht zu beanstanden ist es allerdings, verschiedene Vertragstypen herauszuarbeiten – insbesondere mit Blick auf bestimmte Zwecke und Situationen.[259] Doch ist Äquivalenz als ein objektives Kriterium gerade nicht in der Lage, diese individuell-situativen Besonderheiten zu erfassen.[260] Es trifft nicht einmal zu, dass Unentgeltlichkeit mit Großzügigkeit einherginge.[261]

---

[250] Siehe dazu bereits oben § 4 B. III. 2.
[251] Näher unten § 4 D. II. 2.
[252] Näher oben § 3 A. III. 4.
[253] Näher unten § 10 D. III.
[254] Näher unten § 10 C.
[255] *Gordley*, Philosophical Origins, 1991, S. 7, 12 f.; *Gordley*, in: Benson (Hrsg.), Theory, 2001, S. 265, 267 („There are two basic types of arrangements that the law should respect: exchange and gift ...").
[256] Näher oben § 3 A. III. 3.
[257] Besonders anschaulich ist dies bei der Anrechung vergangener Investitionen, näher unten § 4 C. I. 3. a) (etwa zu Fall 3).
[258] Stellv. *Gordley*, Philosophical Origins, 1991, S. 170: „As in France, moreover, it also proved difficult to do without the concept of equality in exchange when discussing mixed transactions in which the parties intended one performance to be worth more than the other."
[259] Näher § 3 B.; § 3 C.
[260] Näher oben § 4 B. III. 3.
[261] Näher § 3 B. II. sowie oben Fn. 216.

bb) Relativierung

Von ähnlich zweifelhaftem Wert ist es, den Mängeln von Äquivalenz dadurch abzuhelfen, dass man dieses Prinzip relativiert. Typisch dafür sind Formulierungen, wonach es keinen allgemeinen rechtlichen Wertebegriff gebe, die jeweiligen Umstände des Einzelfalls oder aber der spezifische Regelungszusammenhang zu berücksichtigen seien, möglicherweise gar als Teil eines beweglichen Systems.[262] Besonders bietet sich dabei die Kombination mit anderen nicht-subsumierbaren Kriterien wie beispielsweise Willensfreiheit/-schwäche/-mangel, Entscheidungsfreiheit oder Freiwilligkeit an.[263]

Man kann sich auch von der recht klaren und damit auch wissenschaftlich überprüfbaren Definition von Äquivalenz lösen und stattdessen unter Rückgriff auf die Soziologie auf den allgemeineren, nicht nur den einzelnen Austausch erfassenden Begriff der Reziprozität ausweichen.[264] In der Tat zeichnen sich viele soziale Sachverhalte dadurch aus, dass manches – isoliert betrachtet unentgeltliche – Geschäft nur in Reaktion auf vorausgegangene oder zukünftig erhoffte Wohltaten der Gegenseite erfolgt, die sich auch auf einer nicht-rechtlichen Ebene abspielen mögen.[265] Doch bleibt – ganz ähnlich wie bei dauerhaften Geschäftsbeziehungen – zu klären, was hieraus anhand welcher Maßstäbe für die Beurteilung derjenigen einzelnen Rechtsänderung gewonnen werden kann, für die eine Entscheidung begehrt wird. Anders formuliert benötigen wir dogmatische Maßstäbe für jeden einzelnen Vertrag und nicht nur für eine soziale Gesamtsituation. Sofern bei dieser Beurteilung vergangene oder zukünftige Umstände relevant sein sollten, muss dies einen praktisch umsetzbaren und überprüfbaren Ausdruck finden. Insgesamt erweist sich die Reziprozität damit zwar als weiter, dafür aber vor allem sehr viel unschärfer.

Schließlich lässt sich Äquivalenz lediglich als ein Indiz für die Verletzung eines ganz anderen, für letztlich maßgeblich gehaltenen Prinzips interpretieren. Diese Vorstellung ist für prozedurale Ansätze durchaus typisch. Je nach präferiertem Kriterium – sei es etwa der Parteiwille, der objektive Erklärungsinhalt, eine ordnungsgemäße Willensbildung oder ein funktionierender Markt – wird man überall dort, wo ein nicht äquivalenter Vertrag geschlossen wurde, nach einer möglichen Beeinträchtigung des an sich für maßgeblich erachteten

---

[262] Stellv. *Winner*, Wert und Preis im Zivilrecht, 2008, S. 11 ff., 64.

[263] Vgl. zur Kombination von Äquivalenz und Willensfreiheit etwa *Winner*, Wert und Preis im Zivilrecht, 2008, S. 13, 59, 62, 101 f., 120, 142 f. sowie zur Willensfreiheit generell oben § 4 B. I.

[264] Instruktiv dazu etwa *Luhmann*, Das Recht der Gesellschaft, 1993, S. 226 ff.; *Köndgen*, Selbstbindung, 1981, S. 233 oder *Oechsler*, Gerechtigkeit, 1997, S. 92 jeweils m.w.N.

[265] Siehe etwa aus soziologisch-ökonomischer Sicht *Macaulay*, 28 AmSociolRev 55 (1963); *Macneil*, 47 SouthCalifLRev 691 (1974); *Macneil*, in: Burrows/Veljanovski (Hrsg.), 1981, S. 51 sowie dazu *Oechsler*, RabelsZ 60 (1996), 91.

Prinzips nachforschen wollen.²⁶⁶ Genauso ist es denkbar, dieses substanzielle Kriterium bei Auslegungs- und Beweisfragen mit dem Argument zu berücksichtigen, dass Parteien typischerweise einen fairen Vertragsinhalt wollen. Wurde etwa für „einen Ring" der für goldene Exemplare typische Marktpreis vereinbart, mögen die Parteien davon ausgegangen sein, dass der Ring golden und nicht vergoldet sein soll, während der Verkauf eines Porsches für 100 Euro eher auf ein Spielzeugexemplar schließen lässt. Doch lässt sich auch so nicht ändern, dass die Äquivalenz nicht unser Vertragsverständnis trifft und sich damit nicht als Indiz eignet. Genauso bleibt es ungelöst, dass wir mit formal-prozeduralen Gesichtspunkten keineswegs auskommen, wie die Fälle von Zwang, Drohung und Ausbeutung nur besonders deutlich zeigen.²⁶⁷

IV. Verteilung der Kooperationsrente

1. Grundidee

Die vorherigen Betrachtungen sollten verdeutlicht haben, wie schwer es fällt, vertragstheoretisch ohne die Ziele oder Vorstellungen der jeweiligen Vertragsparteien auszukommen. Der Wert eines Gegenstands ist immer der Wert für bestimmte Personen. Diese Aussage lässt sich noch steigern: Nur wegen einer individuell unterschiedlichen Wertschätzung ergeben Verträge für die Parteien überhaupt einen Sinn. Verträge erscheinen dann sehr erstrebenswert, wenn die Abweichung besonders hoch ist – man denke nur an den verdurstenden Wanderer, der es gerade noch rechtzeitig in ein Dorf am Bodensee schafft und dort für wenige Cent Wasser kauft.²⁶⁸ Ökonomen bezeichnen den Unterschied zwischen dem Betrag, den ein Verkäufer tatsächlich erhält, und jenem Preis, den er gerade noch für einen Abschluss akzeptiert hätte, als Produzentenrente. Umgekehrt liegt die sogenannte Konsumentenrente in der Differenz zwischen dem Preis, den der Käufer maximal zu zahlen bereit gewesen wäre, und jenem, den er tatsächlich aufbringen muss. Die Addition ergibt die sogenannte Kooperationsrente, also den durch den Vertrag insgesamt erzielten Zugewinn.²⁶⁹

Auf dieser Basis lässt sich nun versuchen, Kriterien für eine bestimmte Aufteilung dieser gemeinsamen Kooperationsrente zu entwickeln. In einem ersten Schritt lässt sich dabei festhalten, dass es allein die Parteien sind, zwischen denen die Aufteilung erfolgt. Zwar wäre es denkbar, auch Dritte wie etwa den Staat einzubeziehen – und mittelbar erfolgt das auch etwa über Steuern. Doch ist eine solche Erstreckung den meisten Vertragsrechten fremd.

---

²⁶⁶ Vgl. etwa für Äquivalenz als einem Indiz für Irrtum oder subjektive Unvorteilhaftigkeit *Winner*, Wert und Preis im Zivilrecht, 2008, S. 109 f. m.w.N.
²⁶⁷ Näher zum Verhältnis von Inhalt und Verfahren unten § 19 D.
²⁶⁸ Näher zur vertraglichen Wertschöpfung oben § 3 C. I.
²⁶⁹ Siehe dazu etwa *Pindyck/Rubinfeld*, Mikroökonomie, 7. Aufl. 2009, S. 359 ff., 408 ff.

Betrachtet man nun einige unserer Schulfälle, so fällt die Aufteilung der Kooperationsrente oft gerade dort einseitig aus, wo wir den Vertrag rechtlich missbilligen. Ein besonders drastisches Beispiel ist Fall 45, der sich auch noch verschärfen ließe. So könnte der Spaziergänger für die rettende Hand das gesamte Vermögen des Ertrinkenden und dessen lebenslangen Frondienste verlangen, sofern sein Rettungsangebot das Opfer nur marginal besser als der Tod stellt. Doch widerspricht es unserem Gerechtigkeitsgefühl, dass der Spaziergänger, nur weil er zur richtigen Zeit am richtigen Ort ist, ohne jede Anstrengung und dazu noch auf Kosten des Ertrinkenden reich werden soll. Die Verteilung der Kooperationsrente ist hier offensichtlich unfair. Allerdings bleibt zu prüfen, ob es dogmatisch überzeugt, tatbestandlich an bestimmte Aufteilungskriterien anzuknüpfen. Dabei lassen sich verschiedene Ansätze unterscheiden: Am nächsten liegt wohl eine Halbierung der Kooperationsrente. Genauso mag man fragen, ob nicht zunächst gewisse Aufwendungen von der Kooperationsrente abzuziehen sind, bevor man die Verteilung des verbleibenden Rests diskutiert. Nur am Rand sei hier noch erwähnt, dass jede Rede von einer Kooperations-, Konsumenten- oder Produzentenrente genau wie die von einer Verbesserung oder Verschlechterung einzelner Personen bereits eine Vergleichsbasis – typischerweise die jeweilige Rechteausstattung – voraussetzt, ohne dass dies meistens gesehen, geschweige denn offen thematisiert oder gar theoretisch berücksichtigt würde.[270] Ebenso kann man mit der bloßen Forderung nach einer bestimmten Aufteilung der Kooperationsrente den zu begründenden Vertragsinhalt nicht einmal aussprechen.[271]

2. Aufteilung nach Köpfen

Intuitiv liegt es nahe, jeder Partei einen gleich hohen Anteil an der Kooperationsrente zuzusprechen. Inhaltlich ließe sich an die Gleichwertigkeit aller Menschen und der von ihnen verfolgten Ziele anknüpfen, begrifflich könnte man von einer subjektiven Äquivalenz sprechen,[272] die aber nicht mit der klassischen, „objektiven" Äquivalenz zu verwechseln ist.[273] Für *Winner* führen Verhandlungen modellhaft zu einer Teilung der Vorteile aus einem Austausch.[274] *Canaris* schaut in der subjektiven Äquivalenz gar eine Manifestation der Privatautonomie und zugleich die Grundlage der Vertragsgerechtigkeit im Sinne der *iustitia commutativa*.[275] Wenn dieser Ansatz dennoch nicht überzeugt, hat das neben den bereits genannten Argumenten noch etliche weitere Gründe:

---

[270] Näher dazu oben § 2 A. II. 2.; § 2 D.; § 3 A. IV. sowie unten § 4 C. I. 1.; passim.
[271] Hier lassen sich die Ausführungen oben in § 4 B. III. 4. sinngemäß übertragen.
[272] Siehe dazu etwa – jeweils skeptisch – *Haymann*, JhJb 56 (1910), 86, 94; *Gernhuber*, Das Schuldverhältnis, 1989, S. 320 f. (§ 13 III 3) m.w.N.
[273] Näher zu dieser oben § 4 B. III.
[274] *Winner*, Wert und Preis im Zivilrecht, 2008, S. 14.
[275] *Canaris*, FS Heldrich, 2005, S. 11, 19.

Zunächst sei festgehalten, dass die Kooperationsrente zwar recht klar definiert, rein praktisch jedoch allenfalls sehr aufwändig festzustellen ist. Wir müssten für jede Partei die jeweilige Rechteausstattung, die genauen Ziele und deren Gewichtung sowie die zu erbringende Leistung und deren Gewichtung kennen, um auf dieser Basis dann „die Hälfte" zu bestimmen. Doch mag man hier noch – wie für substanzielle Kriterien generell – entgegnen, dass es ausreiche, auf diesen Maßstab ausgerichtete, prozedurale Regeln zu entwerfen.[276]

Grundlegende Bauchschmerzen bereitet allerdings, dass es – möchte man nicht doch wieder rein objektiv den Güterwert bestimmen –[277] keinen Maßstab gibt, um individuelle Verbesserungen allgemeingültig zu bewerten und somit von Person zu Person vergleichbar zu machen. Das fundamentale Problem derartiger Operationen ist aus der Diskussion um den Utilitarismus[278] unter dem Stichwort intersubjektiver Nutzenvergleiche hinreichend bekannt: Der Verzehr einer stark riechenden Käsesorte bedeutet für manchen einen Hochgenuss, für andere hingegen eine arge Belastungsprobe.[279] Dabei verlangt uns die geforderte Aufteilung der gemeinsamen Konsumentenrente eine noch größere Zumutung ab: Es wird nicht nur mit den jeweiligen Renten etwas „addiert", wofür es überhaupt kein einheitliches Maß gibt, nein, dieses merkwürdige „Etwas" der „gemeinsamen Kooperationsrente" soll dann auch wieder irgendwo „zerschnitten" werden.

Vor allem aber führt dieser Ansatz zu Ergebnissen, die wir schlichtweg als ungerecht empfinden. Das zeigt bereits der schon mehrfach erwähnte Fall 45. Hier ist die gemeinsame Kooperationsrente äußerst hoch, weil dem Ertrinkenden sein Leben sehr viel mehr wert ist und dem Retter wenig abverlangt. Nähmen wir nun die Forderung nach einer hälftigen Aufteilung ernst und besäße der Gerettete Millionen, wären selbst 500.000 Euro noch viel zu wenig! In anderen Situationen hingegen erscheint es uns völlig adäquat, wenn sich eine Partei nur marginal, die andere hingegen sehr stark verbessert. Das gilt besonders für Fall 49, bei dem das sehr hohe Entgelt notwendig ist, um die früher getätigten Anstrengungen zu honorieren. Nur noch absurd wird es bei der Schenkung. Verbessert sich der Schenker durch Weggabe von 10 Euro marginal, freut sich aber der Beschenkte sehr über diese Rechtsänderung (Fall 2), so müsste der geschenkte Betrag gleich wieder herabgesetzt werden, damit auch ja beide Seiten gleichermaßen profitieren. Allein diese wenigen Beispiele ver-

---
[276] Näher zu diesem Gedanken unten § 8 E. II. 2.; § 19 D.
[277] Näher oben § 4 B. III. 3.
[278] Für klassische Vertreter siehe unten § 19 Fn. 481.
[279] Stellv. *Robbins*, EconJ 1938, 635. Dies, wie auch die für manche unerwünschten politischen Konsequenzen insbesondere der Pigou-Effizienz (vgl. dazu *Nath*, Perspective, 1974), machten das Pareto- sowie das Kaldor-Hicks-Kriterium (oben § 2 Fn. 308) populär, wobei Letzteres intersubjektive Vergleiche nur auf dem Papier vermeidet. Zum scholastischen Umgang mit diesem Problem vgl. *Nell-Breuning*, Börsenmoral, 1928, S. 51 f. passim.

deutlichen, dass eine ungleiche Verteilung individueller Vorteile völlig normal ist und es keineswegs rechtfertigt, einen Vertrag zu disqualifizieren.

3. Anrechnung von Leistungen

Die bisher diskutierten Ansätze einer Aufteilung der Kooperationsrente wie auch die zuvor diskutierte Äquivalenz litten daran, sich ausschließlich auf das zu konzentrieren, was bei Vertragsschluss zwischen den Parteien ausgetauscht wird. Das musste spätestens dort zu befremdlichen Ergebnissen führen, wo ein hohes Entgelt notwendig ist, um vergangene Anstrengungen zu refinanzieren. Warum also nicht einfach solche Aufwendungen als der jeweiligen Partei zustehend von der gemeinsamen Kooperationsrente abziehen, bevor es dann zu einer Aufteilung des verbleibenden Rests kommt? Leider erweist sich auch dieses Unterfangen alles andere als vielversprechend – gerade was die Bewertung der Leistungen anbelangt. So ist es bereits schwierig, überzeugende Kriterien dafür anzugeben, wann etwas – Tun wie Unterlassen – zu wessen Gunsten als eine Leistung berücksichtigt werden sollte. Als Nächstes wäre jede dieser Handlungen zu bewerten. Wie viel ist aber die Dienstleistung des Retters wert, dem Ertrinkenden seine Hand zu reichen? Mancher mag hier ausrufen: Ein ganzes Menschenleben! Doch führte das offensichtlich zu befremdlichen Ergebnissen.[280] Letztlich müsste man darlegen, wem das Glück gehört, dass angesichts der konkreten Umstände eine hohe Kooperationsrente erzielt werden kann – dem Ertrinkenden oder dem Retter? Vergangene Investitionen zu berücksichtigen hat dabei noch den unangenehmen Effekt, dass diese so hoch gewesen sein mögen, dass deren Abzug gar zu einem negativen Ergebnis führt. Schließlich stellen sich hier zahlreiche Bewertungsprobleme: Sollen bestimmte Leistungen abgezogen werden, müssen dafür Maßstäbe entwickelt werden. Dass es hierzu in Theorie wie Praxis der betriebswirtschaftlichen Kostenrechnung eine unübersehbare Vielzahl allesamt vertretbarer oder plausibler Modelle gibt – von den praktischen Umsetzungsschwierigkeiten ganz zu schweigen –, wurde bereits andernorts dargelegt.[281] Und bei alldem müsste man dann auch noch andauernd intersubjektive Vergleiche vornehmen.[282]

Am Ende stünden wir noch vor der unangenehmen Frage, wie denn der nach allen Abzügen verbleibende Rest der Kooperationsrente zu verteilen ist. Hier müsste man nun erneut Kriterien anbieten. Zwar könnte man darauf verweisen, dass dieser Rest eher dem Kunden als etwa einem Verkäufer gehören müsse, da ein Anbieter bei funktionierendem Wettbewerb nie mehr Anteil an der gemeinsamen Konsumentenrente verlangen könne, als dies einer dem eingegangenen Risiko angemessenen Kapitalrendite entspricht. Insofern ließe

---

[280] Vgl. dazu bereits oben § 4 B. IV. 2.
[281] Oben Fn. 237.
[282] Vgl. dazu oben Fn. 279.

sich dann vielleicht eine gewisse Asymmetrie dergestalt vertreten, dass sich individueller Fortschritt vor allem auf Seiten der Abnehmer vollziehe. Doch kommt man auch mit derartigen Erwägungen schon deshalb nicht weiter, weil bei gegenseitigen Verträgen beide Parteien Anbieter und Abnehmer sind.

4. Einseitig belastende Rechtsänderungen

Gleichermaßen wie die Äquivalenz versagt auch die Forderung nach einer Aufteilung der Kooperationsrente bei einseitig belastenden Rechtsänderungen. Das zeigt nicht nur die Schenkung.[283] Darf jemand Eigentum aufgeben, anfechten, Wahlrechte ausüben, ausloben oder eine Weisung erteilen, muss er sich für seine Vorteile vor niemandem rechtfertigen oder gar andere daran beteiligen. Dabei müsste man erst einmal ein Kriterium finden, anhand dessen sich feststellen ließe, wer alles beteiligt werden soll – man denke etwa an die schlichte Eigentumsaufgabe oder das Angebot an einen unbestimmten Personenkreis. Ja, es muss aus der verteilenden Warte überhaupt erst einmal begründet werden, warum selbst bei gegenseitigen Verträgen nicht auch andere Personen als die Vertragsparteien profitieren sollten.

V. Gesamtwohlfahrt

Studiert man die zu Zwang, Drohung und Ausbeutung sehr aufschlussreiche englischsprachige Literatur, unterscheidet diese oft zwischen rechtebasierten Ansätzen und Wohlfahrtstheorien.[284] Namentlich die Anhänger der ökonomischen Analyse des Rechts[285] befragen vertragsrechtliche Vorschriften auf ihre Effizienz als einem kollektivistischen Maßstab.[286] Es werden also nicht allein die Interessen der rechtlich betroffenen Vertragsparteien, sondern die sämtlicher Menschen und damit auch Auswirkungen weit jenseits der Vertragsschließenden berücksichtigt. Dabei leuchtet es ein, dass es eher Werte schafft als vernichtet, wenn zwei Parteien nicht etwa arbeiten oder Leistungen wertschöpfend austauschen, sondern stattdessen in Drohungsinstrumente bzw. Abwehrmaßnahmen investieren.[287] Allerdings fällt die Würdigung solcher Ansätze schon deshalb sehr schwer, weil die vertretenen Positionen je nach

---

[283] Näher oben § 4 B. IV. 2.

[284] Bzw. von *right theories* und *welfare theories*, vgl. dazu etwa *Trebilcock*, Limits, 1993, S. 79.

[285] Zum wohlfahrtsökonomischen Denken siehe auch oben § 2 D. II. 3.; § 3 C. I. 3. a) oder unten § 17 E. IV.; § 19 F. VII.

[286] Zum dabei domininierenden Kaldor/Hicks-Kriterium vgl. die Nachweise oben bei § 2 Fn. 308 und zum eng verwandten Utilitarismus die unten bei § 19 Fn. 481.

[287] Zu solchen und ähnlichen Erwägungen siehe etwa *Shavell*, 36 JLS 325 (2007) sowie die Diskussion bei *Trebilcock*, Limits, 1993, S. 79 oder *Wertheimer*, Coercion, 1987, S. 48 ff., 93 f. jeweils m.w.N. Dabei wird hier insbesondere aufgegriffen, womit Rechte wie das Eigentum oder der Schutz der körperlichen Integrität schon immer gerechtfertigt wur-

gewählter Grundannahme stark variieren[288] und sich den meist sehr komplizierten und auf wenige Konstellationen beschränkten Aussagen selten ein einfaches Konzept entnehmen lässt, das sich dann übergreifend auf zahlreiche Fallkonstellationen anwenden ließe. Wohl aber lässt sich darlegen, warum es der ökonomischen Analyse des Rechts schwer fallen dürfte, überzeugende Lösungsansätze zu entwickeln.

Zunächst rächt sich der sehr optimistische Anspruch, Recht umfassend zu hinterfragen.[289] Es wird also nicht unter geschichtlicher Perspektive die vorgefundene rechtliche Ausgangslage berücksichtigt, um dann „nur" deren schrittweise Veränderung – etwa durch einen Vertrag – zu untersuchen. Das hindert jedoch selten daran, dennoch von einer Verbesserung oder Verschlechterung einzelner Personen, von einer Konsumenten-, Produzenten- oder Kooperationsrente, von Einbußen und Gewinnen oder von Fort- und Rückschritt zu sprechen. Dabei gewinnen derartige Begriffe erst dann eine Bedeutung, wenn man über einen tauglichen Bezugspunkt (*baseline*) verfügt, den namentlich die rechtliche Ausgangslage liefert. „Geld oder Leben" führt nur dann zu einer Verschlechterung des Bedrohten, wenn ihm bereits ein Eigentumsrecht an seinem Geld und das Recht am eigenen Körper zustehen.[290] Würde man diesen Befund offen anerkennen, stellte sich dann allerdings das äußerst unangenehme Problem, wissenschaftlich belastbare Kriterien dafür zu benötigen, wann man als Ökonom was für eine Rechtslage hinzunehmen oder aber zu hinterfragen gedenkt.

Doch nicht nur die so wichtige rechtliche Ausgangslage wird wissenschaftlich ausgeblendet, nämlich je nach Bedarf *ex post* und *ad hoc* vorausgesetzt. Auch zur Kooperationsrente haben die gängigen Effizienzkriterien wenig beizutragen, geht es hier doch „nur" um ein reines Verteilungsproblem. Erleichtert etwa der Räuber sein Opfer um dessen ganzes Vermögen, soll nicht diese Umverteilung und damit das Einzelschicksal des Beraubten interessieren, sondern allein die damit verbundenen Anreize für andere Personen. So finden sich dann Erwägungen dergestalt, dass Rauben gesellschaftlich wenig produktiv sei, unsere kostbaren Ressourcen also besser in andere Tätigkeiten zu lenken seien.[291]

Mit dem real praktizierten Vertragsrecht hat das nichts zu tun. Wir schützen auch dann vor Zwang, Drohung oder Ausbeutung, wenn der Räuber das Geld sehr viel produktiver einsetzen könnte. Und die Verteilungsfrage empfin-

---

den, nämlich dass uns diese Institute dazu ermuntern, mehr zu leisten (vgl. dazu etwa oben § 2 Fn. 224).

[288] Zur Problematik solcher Flexibilität siehe unten § 17 E. IV. 2.

[289] Näher zum Folgenden oben § 2 D. II. 3.

[290] Vgl. zu dieser Rechtebasierung auch oben § 2 A. II. 2.; § 2 D. I. 4. b) sowie unten § 3 A. IV.; § 4 C. I. 1.; § 19 F. VI.; passim.

[291] Vgl. die Nachweise oben in Fn. 286.

den wir als ein äußerst wichtiges Problem[292] – gerade weil wir das Eigentum und das Recht auf körperliche Unversehrtheit, also anders formuliert den jeweiligen rechtlichen Status Quo, so hoch halten.[293] Demgegenüber sollte es einleuchten, dass jeder Ansatz, für den individuelle Rechte nicht ein zu berücksichtigendes Tatbestandsmerkmal als vielmehr das nach kollektivistischen Maßstäben zu hinterfragende Objekt bilden, eben jene Rechte ernsthaft bedroht.[294] Deshalb würdigen wir auch jeden Vertrag für sich genommen – gerade mit Blick auf die davon betroffenen Parteien – und verzichten insbesondere auf die Prüfung, ob sich dort erlittene Nachteile durch Vorteile anderer Personen oder gar solche der gleichen Person bei anderen Verträgen wieder ausgleichen. Wer bedroht oder getäuscht wurde, bekommt nicht zu hören, dass er ja selbst andere bedrohen oder täuschen könne.[295] Wir akzeptieren es nicht, dass sich der Einzelne im Gesamtinteresse – Recht hin oder her – notfalls für andere aufopfern soll.[296] Demgegenüber verleihen zumindest liberale Rechtsordnungen dem Einzelnen auch dafür Rechte, dass sich dieser nicht zu Gunsten fremder Interessen einbringen oder auch nur rechtfertigen muss.[297] Genau das drückt auch das Rechtfertigungsprinzip aus, indem es eine rechtliche Einbuße nur dann zulässt, wenn dies im alleinigen Interesse desjenigen liegt, der rechtlich geschützt ist.[298]

Gewisse Verwirrung stiftet auch der Rückgriff auf Präferenzen. Zwar entspricht es liberalem Denken, der vertragsrechtlichen Bedeutung von Privatautonomie und unserer Offenheit gegenüber unterschiedlichsten Zielen,[299] dass man den Einzelnen selbst darüber entscheiden lässt, was für eine Alternative

---

[292] Allgemein zu Verteilungsfragen unten § 19 C. IV.
[293] Näher oben § 2 B. II.; § 2 D.; passim.
[294] Diese Kritik am Utilitarismus (für klassische Vertreter siehe unten § 19 Fn. 481) bzw. der Wohlfahrtsökonomik (vgl. etwa oben § 2 Fn. 308) füllt Bände, vgl. hier nur *Dworkin*, Taking Rights Seriously, 1977; *Wertheimer*, Coercion, 1987, S. 50, 95, 174, passim oder zum Utilitarismus. *Smart/Williams* (Hrsg.), Utilitarianism for and against, 1973.
[295] Näher unten § 19 E. I.
[296] Demgegenüber erfüllen Druckmittel nach *Eidenmüller*, in: Zimmermann (Hrsg.), Willensbildung, 2007, S. 103, 115, 117 auch deshalb eine wichtige ökonomische Funktion, weil sie eine effiziente Ressourcenallokation fördern. Individuelle Rechte werden dabei nur so weit berücksichtigt, wie sie dem Betroffenen effizientermaßen zustehen (vgl. dort S. 116). Sofern etwa die Durchführung eines Vertrags zu den ursprünglichen Bedingungen ineffizient geworden sei, weil die Kosten des Schuldners die des Gläubigers überstiegen, dürfe auch mit Einstellung von Bauarbeiten gedroht werden (vgl. dort S. 118, näher zur Drohung mit Vertragsbruch unten § 4 C. II. 2). Siehe zu solcher Gesamtbetrachtung auch instruktiv unten § 17 Fn. 263.
[297] Siehe speziell zur Drohung etwa *Wertheimer*, Coercion, 1987, S. 50, 95, 174, passim oder *Trebilcock*, Limits, 1993, S. 79.
[298] Näher zur Liberalität des Rechtfertigungsprinzips unten § 19 B. II. sowie speziell zur Rechtebasierung unseres Vertragsrechts oben § 2 A. II. 2.; § 2 D. I. 4. b); § 3 A. IV. sowie unten § 4 C. I. 1.; § 19 F. VI.; passim.
[299] Näher zu solchen Aspekten oben § 2 A. V. 3. b) sowie unten § 8 E. II. 2.; § 19 B.

ihn am besten stellt.[300] Doch müssen wir auch verallgemeinernd beschreiben, was etwa bei Täuschung oder Zwang, Drohung und Ausbeutung gilt. Hat nicht der Bedrohte oder Ertrinkende die Präferenz, sein Vermögen zu verlieren? Und bei welchem Informationsstand genau berücksichtigen wir eine Präferenz?[301] Schaut man in die ökonomische Literatur, wird dies meist je nach Bedarf *ad hoc* und *ex tunc* unterstellt,[302] was schon deshalb nachvollziehbar ist, weil Präferenzen erst den theoretischen Ausgangspunkt bilden, um darauf aufbauend Ergebnisse abzuleiten.

Dabei besagt Präferenz besonders wenig, nämlich nicht mehr als die nackte Tatsache einer „Entscheidung".[303] Demgegenüber verlangt die Willenstheorie eine klar definierte Entscheidungsqualität, nämlich die auf den Vertragsinhalt gerichtete menschliche Aufmerksamkeit.[304] Auch die Erklärungstheorie gibt sich nicht mit der blanken Erklärung zufrieden, sondern verlangt meist ein vorsätzliches oder fahrlässiges Handeln.[305] Ziele schließlich sind bereits deshalb inhaltsreicher, weil sie einen Maßstab bieten, anhand dessen sich verschiedene Entscheidungen hinterfragen lassen.[306] Auch verlangen wir für Ziele regelmäßig eine Aufmerksamkeit.[307] Zudem können wir in deren Abstufung so lange heraufsteigen, bis sich praktisch besehen kaum noch Fragen finden, bei denen etwa ein Staat besser als die betroffene Partei selbst entscheiden

---

[300] Zu verstehen ist dieses Konzept nur aus den Schwierigkeiten des Utilitarismus (für Nachweise siehe unten § 19 Fn. 481) mit intersubjektiven Nutzenvergleichen (näher dazu oben Fn. 279), auch wenn es die nunmehr populären Kriterien von Pareto- und Kaldo-/Hicks-Effizienz (vgl. dazu die Nachweise oben bei § 2 Fn. 308) nur auf dem Papier schaffen, dieses Problem zu vermeiden.

[301] Zu Recht kritisch etwa *Trebilcock*, Limits, 1993, S. 83. Tatsächlich ist uns die Entscheidung der Parteien bei Vertragsschluss keineswegs immer intrinsisch richtig, näher unten § 8 D.; § 9 C. III.; passim. Oft wird versucht, dem durch hierarchische (stellv. *Frankfurt*, JPhilos 68 (1971), 5) oder auch zeitlich unterschiedene Präferenzen (näher unten § 17 E. V.) beizukommen. Den klassischen Utilitarismus trifft dieses Problem nicht, fragt er die Menschen nicht nach ihren Entscheidungen, sondern schaut auf deren Freud oder Leid, vgl. dazu unten § 19 Fn. 481.

[302] Allgemein zu diesem Problem unten § 17 E. IV. 2.

[303] Was genau diese Entscheidung oder eben Präferenz eigentlich ist, was wir also von einer solchen verlangen, muss erst einmal beantwortet werden. Für eine besonders schöne Illustration dieser Problematik siehe *Gordley*, in: Benson (Hrsg.), Theory, 2001, S. 265, 274 mit einer unten bei § 17 Fn. 293 wiedergegebenen „Fallstudie". Für ähnliche Schwierigkeiten bei der Erklärung vgl. unten § 10 B. II.

[304] Näher unten § 9 C. I. 1.

[305] Näher unten § 10 A.

[306] Näher oben § 2 A. II. 1.

[307] Näher oben § 2 A. II. 3. a).

könnte.³⁰⁸ Und durch Drohung lassen sich Ziele nicht manipulieren, die bloße Entscheidung hingegen schon.³⁰⁹

Vor allem aber krankt die ökonomische Analyse des Rechts an einer Überschätzung menschlicher Fähigkeiten. Hierzu gehört insbesondere die Vorstellung, ohne jegliche Berücksichtigung historischer Gegebenheiten und damit gewissermaßen auf dem Reißbrett ausrechnen zu können, was für Rechtsregeln Millionen von Menschen insgesamt am besten stellen.³¹⁰ Diese Missachtung geistiger Realitäten erschwert es auch, die Eigenständigkeit zahlreicher Teilsysteme wie dem Privatrecht zu erfassen,³¹¹ genauso wie die personelle und zeitliche Verengung der im Vertragsrecht berücksichtigten Sachverhalte.³¹² Die zunehmende Popularität der Verhaltensökonomik verringert dieses Problem nicht etwa, sondern verschlimmert es noch weiter.³¹³

C. Rechtfertigungsprinzip

I. Grundlagen

1. Rechteausstattung

a) Bedeutung

Nach dem Rechtfertigungsprinzip tritt eine rechtliche Einbuße so weit ein, wie dies erforderlich ist, um sich getreu den eigenen Zielen zu verbessern. Deshalb war im zweiten Kapitel zu klären, inwiefern Menschen Ziele verfolgen und was es ausmacht, ein Recht zu haben.³¹⁴ Dabei kommt uns nunmehr zugute, dass ein Drohender zwar das Handeln des Bedrohten und dessen Kenntnisse bei Vertragsschluss beeinflussen kann – nicht jedoch dessen Ziele³¹⁵ oder die jeweilige rechtliche Ausgangslage. Dabei wird die zentrale Stellung der Rechteausstattung bei den Fallgruppen von Zwang und Drohung besonders deutlich:

Fall 47: Geldbörse gegen Fernseher: K entdeckt im Kaufhaus einen sehr schönen Fernseher, den er gerne sofort mitnehmen möchte. Da der marktübliche Preis recht hoch

---

³⁰⁸ Näher oben § 2 A. II. 1. c). Dem ähnlich ist die Bemühung hierarchischer Präferenzen (vgl. oben Fn. 301). Völlig gelöst ist das Problem damit allerdings nicht, wie sich allein bei Minderjährigen zeigt, bei denen wir ggf. selbst solche Ziele ignorieren (nämlich statt dessen die Eltern fragen), die auf höchster Ebene angesiedelt sind.
³⁰⁹ Was zu den bereits eingehend oben § 4 B. I. diskutierten Problemen führt.
³¹⁰ Näher unten § 19 F. VII.
³¹¹ Näher unten § 19 E.
³¹² Näher unten § 19 E. I.
³¹³ Näher unten § 17 E. IV. sowie zu alldem übergreifend oben § 2 D. sowie unten § 17 A.; § 19 F.
³¹⁴ Oben § 2.
³¹⁵ Näher oben § 2 A. II. 7.

ist, der Verkäufer aber anders nicht zu überzeugen ist, kehrt K mit einer komplett leeren Geldbörse zurück.

Fall 15: Raub mit Mitwirkung: Räuber R zwingt Opfer O mit vorgehaltener Waffe dazu, ihm die Geldbörse auszuhändigen.

Es macht hier nun einmal einen entscheidenden Unterschied, ob man seine Geldbörse dafür opfert, dass man einen schönen Fernseher oder aber sein Leben erhält. Denn ausweislich der für die meisten Länder typischen Rechteausstattung gehört einem das eigene Leben ohnehin schon selbst. Unabweisbar wird dieser zentrale Aspekt bei Vertragsbrüchen.

Fall 21: Nachverhandlungen: Bei einem zeitkritischen Bauprojekt stellen die vertraglich zu dessen vollständiger Fertigstellung verpflichteten Arbeitnehmer sämtliche Arbeiten ein und verlangen vom Bauherrn die Zustimmung zu einer kräftigen Lohnerhöhung.

Fall 20: Erstmalige Verhandlungen: Bei einem zeitkritischen Bauprojekt benötigt der Bauherr schnell etliche Arbeitskräfte, da er sonst viel Geld verliert. Die Arbeiter sind nur bereit, für den marktüblichen Lohn zu arbeiten.

Fall 45: Ertrinkender: Spaziergänger S sieht zufällig auf seinem Weg, wie M gerade im Meer ertrinkt. Dafür, dass er ihm die rettende Hand hinstreckt, verlangt S 100.000 Euro. Dabei würde S die Rettung nur 5 Euro kosten, weil seine Schuhe nass werden.

Fall 23: Ertrinkender mit Rettungsanspruch: Spaziergänger S sieht zufällig auf seinem Weg, wie M gerade im Meer ertrinkt. Obwohl er dem älteren M vor einiger Zeit gegen ein großzügiges Honorar versprochen hatte, ihm in Notlagen behilflich zu sein, verlangt er für das Hinstrecken der rettenden Hand 100.000 Euro unter Aufhebung sämtlicher früherer Vereinbarungen.

Bei den Nachverhandlungen entscheidet hier allein der bestehende vertragliche Anspruch darüber, ob wir eine Drohung oder ein völlig normales Rechtsgeschäft haben. Beim Ertrinkenden verläuft die Grenze zwischen Ausbeutung und Drohung, wobei der Vertrag wiederum dann völlig problemlos wäre, hätte der Rettende wie in Fall 49 umfangreiche Investitionen getätigt. Es ist gerade das Schöne der von Informationsproblemen noch weithin verschonten Konstellationen von Zwang, Drohung und Ausbeutung, dass hier die klassische Rechtebasierung offen zutage tritt. Dementsprechend wurde sie auch gerade hier frühzeitig benannt. So ist es nach *Kohler* „... widerrechtlich, dass die Integrität rechtlicher Güter durch Geld erkauft werden muss: der Rechtsschutz wäre kein genügender Rechtsschutz, wenn die Rechtsordnung zwar gegen die Verletzten einschritte, wenn sie aber nicht gegen diejenigen einschritte, welche die Verletzung gegen einen anderwärtigen Verlust unterlassen, welche das eine Gut intakt lassen gegen das Opfer des anderen."[316] Besonders deutlich wird

---

[316] *Kohler*, JhJb 25 (1887), 1, 28, 36, passim. Aus jüngerer Zeit vgl. zur Notwendigkeit jedenfalls irgendeiner Referenz („baseline") *Nozick*, in: Morgenbesser/Suppes/White (Hrsg.), Philosophy, 1969, S. 440 oder *Wertheimer*, Coercion, 1987, S. 201 ff.

C. Rechtfertigungsprinzip

die zentrale Rolle der rechtlichen Ausgangslage beim Vertragsbruch.[317] Genauso wird man in denjenigen Notsituationen, bei denen der Retter für seine Rettung einen Preis verlangt, jedenfalls so lange keine Drohung erkennen können, wie nicht eine Hilfspflicht besteht.[318] Dieser enge Zusammenhang mit der jeweiligen Rechteausstattung bedeutet schließlich, dass je stärker wir Lebensbereiche verrechtlichen – sei es durch eine Ausweitung absolut geschützter Rechtsgüter oder durch immer mehr Verträge –, auch Zwang, Drohung und Ausbeutung zu einem wichtigeren Thema werden.[319]

b) Rechte versus Üblichkeit

Die zentrale Bedeutung der rechtlichen Ausgangslage wird auch anhand der Versuche deutlich, diese durch das Normale, Übliche oder Typische zu ersetzen.[320] Doch fangen hier die Schwierigkeiten bereits mit der Definition dessen an, was normal oder üblich ist.[321] So ließe sich bereits trefflich darüber streiten, was für eine spezifische Situation mitsamt welchen Beteiligten wie zu verallgemeinern ist, um auf dieser Basis dann ein Urteil über die Normalität zu treffen. All das von normativen Erwägungen freizuhalten, also hierüber wertfrei zu entscheiden, erscheint kaum möglich.[322] Weiterhin widerstrebt es unserem Gerechtigkeitsempfinden (und den dieses widerspiegelnden Rechtsordnungen), dass etwa die gewaltsame Wegnahme von Gegenständen dann kein Zwang mehr darstellen soll, wenn es in unruhigen Zeiten oder Gegenden zum normalen Gang der Dinge wird. Wie immer lässt sich das am besten anhand einiger Beispiele illustrieren:

Fall 25: Preiserhöhung: Metzger M erhöht angesichts erhöhter Produktionskosten die Preise für seine beliebte Mettwurst um 10 % und kündigt an, dass wer den neuen Preis nicht akzeptiere, von ihm keine Mettwurst mehr erhalte.

Fall 26: Lieferstopp: Drogendealer D, der seinen Kunden K regelmäßig beliefert, macht weitere Lieferungen davon abhängig, dass K einen Feind des D zusammenschlägt, was K sehr unangenehm ist.

---

[317] Vgl. eben gerade sowie unten § 4 C. II. 2. Siehe hier nur *Schliemann*, Die Lehre vom Zwange, 1861, S. 24 („... wo jemand zu einer positiven Tätigkeit rechtlich verpflichtet ist.").
[318] Stellv. *Kohler*, JhJb 25 (1887), 1, 28 f.; *Schliemann*, Die Lehre vom Zwange, 1861, S. 23 f. Eingehend zur Frage der Ausbeutung unten § 4 C. II. 5. f).
[319] Insofern mag man auch die historisch betrachtet immer weitere Fassung des Drohungstatbestands (vgl. dazu etwa *Schindler*, Entscheidungsfreiheit, 2005, S. 22, 131) mit einer damit einhergehenden Verrechtlichung erklären.
[320] Stellv. *Nozick*, in: Morgenbesser/Suppes/White (Hrsg.), Philosophy, 1969, S. 440, 447 („... normal and expected course of events ..."); *Feinberg*, Harm to self, Bd. 3, 1986, S. 219.
[321] Das sieht auch *Feinberg*, Harm to self, Bd. 3, 1986, S. 227: „The crucially vague part of the definition is the phrase 'what he could normally expect.'"
[322] Stellv. *Gutmann*, Freiwilligkeit als Rechtsbegriff, 2001, S. 106.

Fall 27: Undankbarer Sklave: Hausherr H schlägt jeden Morgen seinen Sklaven S. Eines Tages bietet er an, ihn zukünftig nicht mehr zu schlagen, wenn S seinem Sohn das Schachspiel beibringt.

In Fall 25 käme niemand auf die Idee, die Preiserhöhung des Metzgers als eine Drohung zu empfinden, und zwar selbst dann, wenn der Preis angesichts einer nur begrenzten Wettbewerbsfähigkeit des Metzgers ungewöhnlich hoch wäre. Und was die Aufforderung des Drogendealers anbelangt, so liegt darin sicher eine Anstiftung zur Körperverletzung, eine Erpressung hingegen liegt eher fern. Beim Sklavenbeispiel schließlich hängt das Ergebnis davon ab, ob dem Hausherrn ein Recht zusteht, den Sklaven zu schlagen und für seine Zwecke einzusetzen.

Letztlich lassen sich hier mindestens drei Ebenen unterscheiden: Bisweilen stellt man sich rein gedanklich auf eine Verstetigung ein, was durchaus sinnvoll sein kann, weil das unser Denken vereinfacht: Findet sich um die Ecke eine Drogerie, so können wir ruhig davon ausgehen, dass sie morgen auch noch dort sein wird. Fehlt sie eines Tages, mögen wir zwar überrascht und traurig reagieren, doch sittliche oder gar rechtliche Ansprüche erheben wir nicht. Bisweilen hegen wir hingegen auch Erwartungen, die wir als sittlich begründet ansehen, weshalb wir dann sogar beleidigt sind, aber nicht zu Gericht schreiten, sondern andere Sanktionen erstreben. Schließlich lassen sich Erwartungen auch verrechtlichen – und nur dieses Recht interessiert uns hier. In jedem Fall sollte man alle drei Ebenen sorgsam auseinander halten, da diese Unterscheidung nicht nur kulturell fest verankert und eine wichtige liberale Errungenschaft ist, sondern vor allem für das Rechtsverständnis zweckmäßig.[323]

c) Zirkularität und Trivialität?

Nicht nur angesichts der vorgenannten Beispiele verwundert es wenig, wenn sich die klassische Vorstellung dies-[324] wie jenseits[325] des Atlantiks an der je-

---

[323] Näher zur Sitte unten § 16 C. I. 3.

[324] Für das deutsche Recht ließe sich bereits auf das Merkmal der Widerrechtlichkeit bei § 123 BGB verweisen, wobei dieses Tatbestandsmerkmal alles andere als einheitlich interpretiert wird. Deutlicher ist schon die grundlegende Unterscheidung von Drohung (§ 123 BGB), Ausbeutung (§ 138 BGB) und Furcht/Irrationalität (§ 105 Abs. 2 BGB) etwa bei *Blume*, JhJb 38 (1898), 224, 260f.

[325] Sehr schön wurde die Orientierung an einer dort sogenannten *baseline* (sei es die rechtliche Ausgangslage oder das Übliche) in der englischsprachigen Diskussion ausgearbeitet, vgl. nur *Nozick*, in: Morgenbesser/Suppes/White (Hrsg.), Philosophy, 1969, S. 440 sowie zur Verbreitung dieses Gedankens *Wertheimer*, Coercion, 1987, S. 201, 204, 217f.: „In effect, his view captures the theory of coercion that characterizes virtually the entire corpus of American law." Umfangreiche Nachweise finden sich etwa auch bei *Feinberg*, Harm to self, Bd. 3, 1986, S. 214. Dies betrifft auch Autoren, denen wie etwa *Trebilcock*, Limits, 1993, S. 91 keine prinzipielle Feindseligkeit etwa zur ökonomischen Analyse des Rechts unterstellt werden kann: „Here, it seems to me to be difficult to avoid a moral base-line

weiligen Rechteausstattung orientiert. Doch besteht für Euphorie kein Anlass. Manche werden schon bedauern, dass diese rechtliche Basis offensichtlich wenig mit den so beliebten, an der Opfersituation ausgerichteten Vorstellungen wie Freiwilligkeit, Entscheidungsfreiheit oder Autonomie[326] zu tun hat. Vor allem aber drohen dogmatische Probleme auf diese Vorfrage abgeschoben zu werden.[327] Warum hat eigentlich nicht der Räuber ein Recht, sein Opfer zu berauben, etwa, wenn er sich diese Möglichkeit wie in Fall 14 oder 17 hart erarbeitet hat? Ist dann das Lebenlassen nicht ein mehr als faires Entgelt, das Nicht-Abdrücken einer Pistole nicht von hohem Wert? Anders formuliert droht mit der bloßen Berufung auf eine bestimmte Ausgangslage Zirkularität und Trivialität:[328] Im Grunde genommen läuft die Antwort auf die Frage, warum denn Raub rechtlich missbilligt wird, darauf hinaus, dass der Bürger ausweislich seines Eigentums ein Recht darauf habe, nicht beraubt zu werden. Und hat man diese Aussage zur Reichweite des Eigentumsrechts akzeptiert, ist die dogmatische Prüfung dann auch schon vorbei. So gesehen ist es verständlich, wenn *Hale* diese Abhängigkeit vertraglicher Inhalte von der jeweiligen rechtlichen Ausgangslage nicht nur eindringlich wie instruktiv verdeutlicht, sondern – abweichend vom üblichen (und auch in dieser Arbeit verwendeten) Begriffsverständnis – selbst dort von *coercion* spricht, wo das eigentliche Problem nicht im jeweiligen Vertragsinhalt liegt, sondern bereits den rechtlich-ökonomischen Ausgangsbedingungen.[329]

d) Unvollständigkeit

Aber noch in einer weiteren Hinsicht erweist sich die bloße Rechtebasierung als nicht ausreichend, kann sie von vornherein nur etwas zu Zwang und Drohung sagen. Alle anderen Fragen, wie die nach einer möglichen Ausbeutung, bleiben offen.[330] Wann immer sich beide Seiten zumindest marginal verbes-

---

(rights-theory) approach if we are to give effect to the moral intuition that most of us are likely to feel about these cases." Für das Strafrecht vgl. etwa die Darstellung bei *Gutmann*, Freiwilligkeit als Rechtsbegriff, 2001, S. 274.

[326] Näher zu diesen oben § 4 B. I.

[327] Siehe dazu auch oben § 2 D. III. 1. a). Denn die Frage der Ausgangslage (näher oben § 2 C.) wird meist – gut vertretbar (dazu gleich unten § 4 C. I. 1. e)) – vorausgesetzt, so besonders deutlich etwa *Wertheimer*, Coercion, 1987, S. 217, 219, 255: „In my view, a full answer to this question would require nothing less than a complete moral and political theory, and thus I shall invoke the customary disclaimer that this is beyond the scope of my project."; „...this is philosophically underdeveloped territory ... on which I am not prepare to chart much new ground."

[328] Vgl. dazu nur *Frankfurt*, in: Honderich (Hrsg.), Essays, 1973, S. 65, 67; *Zimmerman*, 10 PhilPublicAff 121, 122 f. (1981) („... the only real issue would be over those prior rights and wrongs."); *Wertheimer*, Coercion, 1987, S. 8, 243 f., 310; *Trebilcock*, Limits, 1993, S. 79 ff.

[329] *Hale*, 38 Political Science Quarterly 470 (1923). Zur Frage des Sozialen im Vertragsrecht siehe unten § 19 C.

[330] Das bemängelt zu Recht *Trebilcock*, Limits, 1993, S. 90, 93.

sern, die Verteilung der gemeinsamen Kooperationsrente hingegen problematisch erscheint, kommen wir mit einer Rechtebasierung nicht weiter. Es wäre hilfreich, könnte uns ein vertragstheoretischer Ansatz verständlich machen, warum wir es billigen, wenn der Spaziergänger in Fall 46 dem Ertrinkenden für 5 Euro hilft, nicht jedoch, wenn er sich dafür wie in Fall 45 100.000 Euro versprechen lässt. Dabei fällt auf, dass die Fallgruppe der Ausbeutung trotz ihrer enormen praktischen Bedeutung[331] und augenscheinlichen Nähe zu Zwang und Drohung gerne ignoriert oder gar als kategorial bzw. wesensverschieden ausgesondert wird.[332] Schließlich lässt sich zur wohl zentralen vertragstheoretischen Herausforderung, nämlich der Bestimmung des Vertragsinhalts, nichts aus der bloßen Erkenntnis ableiten, dass die Parteien auf Basis einer bestimmten rechtlichen Ausgangslage handeln und sich dabei nicht verschlechtern sollten.[333] Es fehlt noch ein konstruktives, die für Verträge so typische Veränderung der jeweiligen Rechtslage anleitendes Element. Ohne dies bliebe all das offen, was unser Vertragsrecht auszeichnet, nämlich die wertschöpfende Überwindung des rechtlichen Status Quo. Die Rechtslage ändert sich andauernd in kleinen Schritten – und eines der wichtigsten Instrumente dafür ist der Vertrag.[334]

e) Ausblick

Was ist nun zu diesen Einwänden zu sagen? Immerhin ist auch das Rechtfertigungsprinzip rechtebasiert, setzt also eine bestimmte rechtliche Ausgangslage voraus. Damit ist diese genauso sorgfältig, subsumierbar und möglichst allgemeingültig zu beschreiben wie jedes andere rechtliche Phänomen auch. Denn natürlich ist es für unser Zivilrecht wichtig, auch Institute wie das Eigentum oder das Recht auf körperliche Unversehrtheit wissenschaftlich zu erfassen. Die entscheidenden Normen finden sich dabei besonders im Sachen-, Delikts- und teils auch dem Bereicherungsrecht, entscheidet sich vor allem dort, welche Rechte wir dem Einzelnen auch losgelöst von vertraglichen Vorgängen zubilligen.[335] Dabei reicht es für ein grundlegendes Vertragsverständnis, unsere Betrachtungen auf klassische Rechtsgüter wie insbesondere das Eigentum und die körperliche Integrität zu beschränken. Wichtig ist vor allem, dass das Zivilrecht unsere Arbeitskraft uns selbst zuordnet, wohingegen die meisten Eigentumspositionen keineswegs originär erworben, sondern ihrerseits bereits vertraglich herbeigeführt sind.[336]

---

[331] Näher oben § 4 A. III., siehe dazu auch einfach nur die Fälle oben § 4 A. II. 2.
[332] Näher unten § 4 D. II. 2. a).
[333] Dabei ist die Ausbeutung lediglich ein Teilaspekt dieses Vertragsinhalts, bei dem es – grob gesprochen – weniger um die Art der ausgetauschten Leistungen als eher um deren Ausmaß geht.
[334] Eingehend oben § 2 D.
[335] Näher oben § 2 C.
[336] Näher oben § 2 C. III. 2.

C. Rechtfertigungsprinzip

Auf jeden Fall sind Vertrag und Erstausstattung sorgsam zu trennen, wie es das Recht von jeher beherzigt. Verträge sind uns „bloß" ein Instrument zur Veränderung der vorgefundenen Rechtslage – und allein das ist anspruchsvoll genug. Wir bewegen uns immer nur Schritt für Schritt voran, weil wir völlig damit überfordert wären, mit jedem Vertrag die gesamte Rechtslage neu zu hinterfragen. Es geht hier nicht um Zirkularität, sondern Geschichtlichkeit – etwa auch in Form von Rekursivität.[337]

Was die Erfassung des für Verträge typischen, dynamischen, verändernden, in die Zukunft blickenden Elements anbelangt, so leistet dies die das Rechtfertigungsprinzip kennzeichnende Verknüpfung von rechtlicher Ausgangslage und individueller Zielverwirklichung.[338] Es geht eben nicht um die bloße Bewahrung des Status Quo, sondern dessen Aufgabe genau so weit, wie die damit verbundene Einbuße notwendig ist, um sich insgesamt zu verbessern. Damit lässt sich anders als beim bloßen Verweis auf die jeweilige rechtliche Ausgangslage der praktisch wie theoretisch so wichtige Vertragsinhalt – einschließlich der hier gleich besonders interessierenden Ausbeutung – erfassen.[339]

2. Verbesserung

a) Grundidee

Gewährt unsere Rechtsordnung dem Einzelnen ein Recht, sollten wir eine Beeinträchtigung zumindest rechtfertigen können. Nichts anderes gilt für Verträge. Fragt man sich, was denn einen solchen Verlust rechtfertigen könnte, so dürfte ein Gesichtspunkt besonders einleuchten: die Verbesserung des jeweils Betroffenen selbst. Wo Rechte wie Eigentum, körperliche Integrität oder auch vertragliche Ansprüche einzelnen Personen dienen,[340] leuchtet es nicht ein, Einschränkungen selbst dann nicht hinzunehmen, wenn dies im Interesse der berechtigten Person selbst liegt.[341] Schließlich würden Sinn und Zweck dieser Rechte geradezu auf den Kopf gestellt. Genau deshalb spielt auch die Einwilligung des rechtlich Betroffenen im klassisch-liberalen Denken eine so wichtige Rolle.[342]

---

[337] Näher oben § 2 D. (insbes. § 2 D. III. 1.). Allgemein zur Rechtebasierung auch oben § 2 A. II. 2.; § 3 A. IV.; passim.
[338] Näher zu dieser Verknüpfung etwa oben § 2 A. II. 2.; § 2 A. V. 3. c); § 2 B. II.; § 3 A. IV.; passim.
[339] Siehe daher nur oben § 3 und unten § 4 C. III.
[340] Siehe dazu auch oben § 2 B. II. zum Begriff des subjektiven Rechts.
[341] Dementsprechend betont etwa *Kohler*, JhJb 25 (1887), 1, 28, 36, passim, mit dem Straftatbestand der Erpressung seien solche Einwirkungen gemeint, welche die Lage des Bedrohten schlimmer gestalten, als sie ohne diese Einwirkung wäre.
[342] Hier sei die Kompetenzfrage jedoch zunächst herausgehalten, vgl. zu dieser unten § 4 C. III. 7. sowie allgemein zur Einwilligung unten § 9 C. II.

Soll jede rechtliche Beeinträchtigung durch eine individuelle Verbesserung gerechtfertigt werden, müssen wir nach den ganz realen Auswirkungen dieser Einbuße für die so betroffene Person fragen. Nur wenn deren rechtliche Einbuße unter Berücksichtigung sämtlicher Umstände einschließlich der verfügbaren Alternativen und jeweiligen Kenntnisse notwendig war, um sich insgesamt – also unter Berücksichtigung auch der rechtlichen Einbuße – den eigenen Zielen zu nähern, ist sie gerechtfertigt. Hierzu können wir uns insbesondere fragen, was ohne die rechtliche Einbuße geschähe. Im Fall 45 des Ertrinkenden lässt sich feststellen, dass auch 5 Euro ausreichen würden, um auf Seiten des Retters das Rechtfertigungsprinzip zu erfüllen und damit die Rettung zu ermöglichen (das bemerkt man spätestens dann, wenn der Ertrinkende nur 5 Euro bei sich führt).[343] Genau das ist gemeint, wenn beim Rechtfertigungsprinzip davon die Rede ist, dass eine Einbuße „notwendig" sein müsse: Da dieser Grundsatz auf allen Seiten zu beachten ist, also auch für den Retter gilt und sich dieser nicht verschlechtern darf, sind genau 5 Euro notwendig, damit auch auf dessen Seite das Rechtfertigungsprinzip gewahrt bleibt. Im Ergebnis hat dieser Ansatz also die Tendenz, die gegebene Rechteausstattung möglichst beizubehalten und davon nur so weit Abweichungen zuzulassen, wie sich allein dadurch Verbesserungen im Sinne einer vertraglichen Wertschöpfung[344] erzielen lassen. Damit ist dann auch die Verteilungsfrage beantwortet – in Fall 45 etwa sollte der Ertrinkende nur 5 Euro verlieren. Was bei gegenseitigen Verträgen insofern etwas komplizierter ist, als hier das Rechtfertigungsprinzip auf beiden Seiten zu beachten ist,[345] lässt sich bei einseitig belastenden Rechtsänderungen leicht illustrieren: Wer einem Bettler mit Geld oder Kleidung helfen möchte, für den ist es zur Erreichung dieses Ziels nun einmal notwendig, Eigentum an Geld oder Kleidung zu verlieren.[346] Das eine geht nicht ohne das andere.

b) Beurteilungsbasis

Dabei lässt sich ein solcher Fortschritt nur auf Basis der jeweiligen Rechteausstattung beurteilen.[347] Bietet der Räuber an, einem das Leben zu „schenken", so bleibt dies deshalb unberücksichtigt, weil auf die eigene körperliche Unversehrtheit ohnehin schon ein Recht besteht, auf dieser Basis also gar keine Veränderung einträte. Genauso wenig verfängt damit das Argument, dass der Eigentumsverlust gewissermaßen die natürliche Konsequenz der körperlichen Überlegenheit des Räubers bilde, dass also das Eigentum schon immer gefähr-

---

[343] Näher zur Ausbeutung unten § 4 C. III. 1.
[344] Näher oben § 3 C. I.; passim.
[345] Näher zu diesem Zusammenspiel oben § 3 C.
[346] Näher zu einseitig belastenden Rechtsänderungen oben § 3 B. sowie unten § 18.
[347] Näher oben § 2 A. II. 2. sowie allgemein zur Rechtebasierung bzw. Geschichtlichkeit auch oben § 2 D. I. 4. b); § 2 D. IV. 4.; § 3 A. IV.; § 4 C. I. 1. sowie unten § 19 F. VI.; passim.

det gewesen sei. Denn auch hier besagt das dem Opfer zustehende Eigentumsrecht, dass die Sachgewalt des Eigentümers stabilisiert sein soll. Vor diesem Hintergrund ist es eine Einbuße, diesen Gegenstand zu verlieren. Umgekehrt kann auch nur auf rechtlicher Basis von einer individuellen Verbesserung gesprochen und etwa ein völlig unproblematischer Kaufvertrag gerechtfertigt werden. Ganz unabhängig davon, ob man hier auf einen Anspruch auf Eigentumsübertragung oder aber die Eigentumsübertragung selbst abstellt, billigen wir diese Rechtsänderung nur deshalb, weil sie das Rechtfertigungsprinzip wahrt.[348]

c) Ausprägungen

Die eine rechtliche Beeinträchtigung rechtfertigende Verbesserung kann sehr unterschiedliche Formen annehmen. Häufig wird man seinerseits ein Recht erwerben (regelmäßig auf Kosten des Vertragspartners) – etwa in Form von Eigentum oder eines vertraglichen Anspruchs. Zwingend ist das allerdings nicht. So mag man sich auch einfach darüber freuen, anderen zu geben.[349] Manchmal wird zwar eine Gegenleistung erfolgen, dies aber ohne rechtliche Verbindlichkeit.[350]

3. Frühere Anstrengungen

a) Praktische Bedeutung

Bisher wurde dargelegt, dass eine rechtliche Einbuße nur so weit legitim ist, wie sie zur individuellen Verbesserung des Betroffenen notwendig ist. Dabei lässt sich die große Masse der eingangs vorgestellten wie auch noch vorzustellenden Fälle bereits dann lösen, wenn wir allein das betrachten, was die Parteien untereinander austauschen. Während hier etwa ein Raub offensichtlich zu einer nicht gerechtfertigten Verschlechterung führt, ermöglicht es etwa bei der Schenkung gerade dieser Verlust an eine andere Person, sich zu verbessern. Und genauso erlaubt es beim Kaufvertrag überhaupt erst der Verlust des Kaufpreises an den Gegner, dass auch für diesen das Rechtfertigungsprinzip gewahrt ist, obwohl er das Eigentum am Kaufgegenstand an den Käufer verliert.[351]

Doch lässt sich das Rechtfertigungsprinzip speziell für die Ausbeutung noch verfeinern, um eine subtilere, praktisch aber sehr wichtige Unterscheidung zu erfassen. Um auch hier eine allzu große Abstraktionshöhe zu vermeiden, seien zunächst zwei besonders anschauliche Fälle vorangestellt:

---

[348] Näher zum Grundfall eines gewöhnlichen Kaufvertrags oben § 3 C. II.
[349] Näher oben § 3 B. II. Speziell zum Vertrag zugunsten Dritter siehe oben § 3 C. IV.
[350] Näher unten § 16 B.
[351] Näher zu alldem oben § 3 C. II.

Fall 45: Ertrinkender: Spaziergänger S sieht zufällig auf seinem Weg, wie M gerade im Meer ertrinkt. Dafür, dass er ihm die rettende Hand hinstreckt, verlangt S 100.000 Euro. Dabei würde S die Rettung nur 5 Euro kosten, weil seine Schuhe nass werden.

Fall 49: Ertrinkender mit Investition: M ertrinkt gerade im Meer. S, der eine ganze Batterie von Rettungsstationen entlang der Küste unterhält, verlangt 100.000 Euro für die Rettung. Derartige hohe Entgelte sind angesichts der seltenen Notfälle für S notwendig, um seine Investitionen einschließlich einer für sein Risiko typischen Kapitalrendite zu refinanzieren.

Zunächst lässt sich festhalten, dass die bei Vertragsschluss ausgetauschten Leistungen in beiden Varianten völlig identisch sind – genauso wie die Zwangslage des Opfers.[352] Dennoch dürften sich im zweiten Beispiel wenige Gerichte finden, die dem Retter einen Vorwurf machen. Anscheinend sind vergangene Ereignisse für den Vertragsinhalt relevant. Dabei liegen die Gründe auf der Hand: Immerhin würde M im Beispiel ohne die Investition des S ertrinken – es käme nicht zu der für ihn trotz des sehr hohen Preises lohnenden Rettung. Müsste S seine getätigten Kosten allein tragen, träfe ihn ein herber Verlust, obwohl sich sein Kapitaleinsatz als für M äußerst hilfreich erwies. Dabei lässt sich leicht vor Augen halten, was es für Konsequenzen hätte, solche früheren Anstrengungen auszublenden. Schließlich beruht die erdrückende Mehrheit vertraglicher Leistungen zumindest auch auf vergangenen Anstrengungen. Das reicht etwa von „Verbrauchsgütern" wie Inhaltsstoffen, Geistesarbeit, Risiken und Absicherungen bis hin zu diversen Vertriebskosten wie Ladenmiete und Personal. Es würde kaum jemand auch nur einen Finger rühren, wollte man all das ignorieren. Fall 49 ist insofern alles andere als pathologisch, vielmehr bildet die Anrechnung früherer Anstrengungen geradezu einen Normalfall.

So sehr es bei unbefangener Betrachtung einleuchtet, vergangene Investitionen zu berücksichtigen, so wenig sind klassische dogmatische Ansätze darauf geeicht, auch nur irgendetwas von dem zu berücksichtigen, was sich außerhalb der konkreten Vertragssituation abspielt. Besonders deutlich wird das bei der Äquivalenz, die sich geradezu definitionsgemäß auf die bei Vertragsschluss ausgetauschten Leistungen beschränkt. Nicht besser schneiden Willens- und Erklärungstheorie ab, die sich auf Wille oder Erklärung der Vertragsparteien bei Vertragsschluss konzentrieren.[353]

b) Berücksichtigung

Das Rechtfertigungsprinzip erlaubt es demgegenüber, vergangene Anstrengungen zu berücksichtigen. Die grundlegende Erwägung ist dabei recht einfach. So hat der Retter S in Fall 49 Investitionen getätigt, dank derer das Opfer

---

[352] Zu Letzterem vgl. bereits oben § 4 B. I. 3.
[353] Eingehend zur zeitlichen wie personellen Punktualität der meisten vertragstheoretischen Ansätze unten § 8.

gerettet werden konnte und sich damit deutlich verbessert. Wenn nun Personen wie S schon solche Anstrengungen unternehmen, dann sollten sie – jedenfalls solange ihr Vertragsgegner davon profitiert –[354] so lange den Preis anheben dürfen, wie sie selbst immer noch Verluste dadurch erleiden, dass sie diese Verbesserung überhaupt ermöglicht hatten. Steht also unser Retter noch im Minus, sollte der vertragliche Verteilungskampf zu seinen Gunsten ausfallen. An dieser Stelle haben damit auch Anreize ihren Platz.[355] Denn wollte man auf diese Einbeziehung verzichten, wäre kaum jemand zu Investitionen bereit und käme niemand mehr in die Gunst für ihn vorteilhafter Verträge. Anders formuliert: Lieber hilfreiche Verträge mit Anrechnung als gar keine Verträge.

Für eine möglichst einfache Umsetzung lässt sich fragen, bis zu welchem Betrag eine Partei angesichts ihrer konkreten damaligen Situation investiert hätte, hätte sie nur von diesem Preis gewusst. Denn so lassen sich zumindest einige der für jede Kostenrechnung so typischen Schwierigkeiten vermeiden.[356] Zudem ergibt sich dann auch gewissermaßen von ganz allein, dass typischerweise eine dem damals eingegangenen Risiko angemessene Rendite zuzubilligen ist.[357] Unerheblich ist dabei, ob bestimmte Investitionen in irgendeiner Form verrechtlicht waren. Ebenso wenig kann es interessieren, ob derartige Anstrengungen direkt in der Person des Vertragsgegners (etwa als Arbeitsaufwand) oder als Leistungen an Dritte anfallen:[358] Dass körperliche Güter wie Dienstleistungen regelmäßig das Ergebnis nicht nur eines Menschen sind, ist für arbeitsteilige Gesellschaften geradezu typisch. Das betrifft gleichermaßen solche Faktoren, die in das Endergebnis als Grundstoffe eingehen, wie auch jene, die wie Werkzeuge „nur" zu dessen Erstellung beitragen.

c) Subsidiarität

Dass die Berücksichtigung auch früherer Anstrengungen gleichermaßen schwierig wie aufwändig sein kann, ist evident. Jede Rechtsordnung sollte sich daher wo immer möglich aus einer Preis- und Inhaltskontrolle von Verträgen heraushalten. Genau deshalb ist es so wichtig, das Subsidiaritätsprinzip kon-

---

[354] Demgegenüber geht es hier nicht darum, selbst solche Personen zahlen zu lassen, die sich zwar genauso riskant verhalten haben wie M mögen, bei denen sich das Risiko jedoch nicht realisierte. Das Privatrecht wäre mit solchen Überlegungen schnell überfordert und macht hier nur für ganz eng umgrenzte Konstellationen Ausnahmen – etwa unter dem Stichpunkt der Interessengemeinschaft. Näher dazu unten § 19 E. III. 1.
[355] Genauso wie an vielen anderen Stellen unseres Zivilrechts, vgl. nur zum Eigentum oben § 2 Fn. 224 sowie daneben etwa unten § 17 C. II. 2. d). An dieser Stelle siehe zu dieser Diskussion nur etwa *Ebert*, Pönale Elemente, 2004 oder *Wagner*, AcP 206 (2006), 352 m.w.N.
[356] Siehe zu diesen bereits oben § 4 B. IV. 3.
[357] Näher zu Risiko und Spekulation unten § 5.
[358] Hiermit nicht zu verwechseln ist, dass Leistungen an Dritte auch zur individuellen Verbesserung beitragen können, vgl. dazu bereits oben § 4 C. I. 2. sowie zum Vertrag zu Gunsten Dritter oben § 3 C. IV.

sequent zu beherzigen und sich immer wieder zu fragen, wie das Rechtfertigungsprinzip ganz real verwirklicht werden kann.[359] Doch ändert all das nicht, dass wir bisweilen eben doch Preis und Inhalt eines Vertrags kontrollieren müssen. Vor allem benötigen wir nicht nur für die sonstige vertragliche Kompetenzverteilung, sondern auch für prozedurale Gesichtspunkte – etwa die Willensbildung der Vertragsparteien – einen Maßstab.[360] Spätestens hier müssen wir uns also doch solche Gedanken machen, wie sie gerade angestrengt wurden.

4. Vorteile

Die Überzeugungskraft jedes dogmatischen Konzepts steht und fällt mit der Frage, ob es überhaupt überprüfbar ist und dabei eine möglichst große Bandbreite unseres Rechts abbildet. Das wird gleich ausführlich zu illustrieren sein. Allerdings lassen sich bereits jetzt einige Vorzüge des Rechtfertigungsprinzips benennen, gerade was dessen einfache Handhabung und praktische Überprüfbarkeit anbelangt.

a) Vermeidung intersubjektiver Vergleiche

Zunächst konzentriert sich das Rechtfertigungsprinzip ausschließlich auf eine Person – es ist durchweg individualistisch. Damit kann und muss dieser Grundsatz selbst bei einem gegenseitigen Vertrag für jede Seite getrennt geprüft werden. Erleidet eine Partei eine rechtliche Einbuße, wird für diese Person gefragt, ob deren Beeinträchtigung notwendig war, um sich getreu ihren eigenen Zielen zu verbessern. Die Rechte und Interessen der Gegenseite sind unerheblich.[361] Sie interessieren nur mittelbar, als vom Vertragspartner möglicherweise dasjenige erbracht werden muss, was zur eigenen Verbesserung beiträgt, weshalb dort seinerseits das Rechtfertigungsprinzip geprüft werden muss.[362] Diese einseitige Struktur vereinfacht die Prüfung erheblich. Insbesondere entfällt die Notwendigkeit, persönliche Vorteile der Parteien zu addieren und diese „Summe" „aufzuteilen".

b) Reine Kausalitätsprüfung vor realem Hintergrund

Noch in einer weiteren Hinsicht bleibt das Rechtfertigungsprinzip einfach zu handhaben und überprüfbar. Denn ob die individuelle Verbesserung ohne den zu rechtfertigenden Rechtsverlust entfällt, ist leichter zu beantworten, als vertragliche Leistungen nach objektiven Maßstäben zu bewerten – sei es nach

---

[359] Eingehend unten § 8 E. II. 2.
[360] Näher zum Verhältnis von Inhalt und Verfahren unten § 19 D.
[361] Zu dieser Vermeidung intersubjektiver Vergleiche siehe auch oben § 3 B. II. 5.; § 3 C. II. 1. oder § 4 Fn. 279.
[362] Näher oben § 3 C.

einem Marktwert[363], der ökonomischen Sinnhaftigkeit eines Austausches oder gar deren kollektiver Nützlichkeit. Und wie schwierig es ist, sich an einem rein hypothetischen Markt zu orientieren, weiß jeder Wettbewerbsrechtler aus leidvoller Erfahrung. Nicht ohne Grund greift unser Recht gern auf die oft willkürliche Kausalität zurück. Demgegenüber bleibt die hier vorgeschlagene Prüfung weitestgehend realitätsbezogen: Es wird für eine ganz reale Situation mitsamt allen persönlichen Zielen, Rechten und Widrigkeiten (natürliche Hindernisse, Unwissenheit, Irrationalität etc.) gefragt, ob die Verbesserung auch ohne die zu prüfende Einbuße eingetreten wäre.

II. Zwang und Drohung

Nachdem das Rechtfertigungsprinzip näher vorgestellt wurde, wird es Zeit, es anhand der zahlreichen Fallkonstellationen allein zu Zwang, Drohung und Ausbeutung zu überprüfen. Sofern ein aufmerksamer Leser im Folgenden drei wichtige Fallgruppen vermisst, nämlich die sogenannte Konnexität, die Drohung mit einem Unterlassen und die Ausnutzung von Drohungen Dritter, so sei nochmals darauf hingewiesen, dass diese Fälle nicht ignoriert, sondern erst bei der Ausbeutung als der tatsächlich einschlägigen Materie diskutiert werden.[364]

1. Verletzung absolut geschützter Rechtsgüter

Keine nennenswerten Schwierigkeiten bereiten jene Sachverhalte, in denen das Opfer gleichermaßen eine rechtliche Einbuße wie auch eine Verschlechterung erleidet. Hierzu gehören nicht nur Diebstahl, Unterschlagung und Körperverletzung (Fälle 10, 11 und 12), sondern insbesondere auch der klassische Raub – und zwar unabhängig davon, ob sich das Opfer einfach nicht wehrt oder die Geldbörse selbst aushändigt (Fälle 13 und 15). Interessant erscheinen allenfalls die Fälle 14 und 17, wo der Raub erst durch umfangreiche Investitionen des Räubers ermöglicht wurde, zu deren Refinanzierung die Beute dringend benötigt wird. Sollen frühere Aufwendungen nicht berücksichtigungsfähig sein?[365] Doch ist der Verlust der Geldbörse auch hier nicht dazu geeignet, das Opfer in irgendeiner Form besserzustellen. Es reicht nach dem Rechtfertigungsprinzip nicht aus, wenn die früheren Anstrengungen irgendeine Veränderung ermöglichen. Rechtfertigen kann nur die individuelle Besserstellung des rechtlich Betroffenen. Daran fehlt es hier.[366]

---

[363] Vgl. oben § 4 B. III. 3. a).
[364] Näher zum Unterschied zwischen Ausbeutung und Zwang/Drohung unten § 4 D. II. 2.
[365] Näher oben § 4 C. I. 3.
[366] Für den ganz ähnlichen Fall 288 vgl. unten § 17 D. IV. 1.

2. Drohung mit Vertragsbruch

Als ähnlich unspektakulär erweist sich die Drohung mit einem Vertragsbruch – eine praktisch wichtige Fallgruppe. Denn oft treten nach Vertragsschluss Änderungen ein, die es ohne rechtliche Absicherung erlauben würden, einen vertraglichen Neuabschluss zu deutlich vergünstigten Konditionen zu verlangen.[367] Haben sich die Arbeitnehmer wie in Fall 21 bereits zu einer bestimmten Tätigkeit verpflichtet, ist es keine die Lohnerhöhung rechtfertigende Verbesserung des Auftraggebers, dass sie genau diese Pflicht erfüllen.[368] Diese Erwägung ist geradezu banal, verdeutlicht aber die herausragende Bedeutung der jeweiligen Rechteausstattung. Schließlich schließt man genau deshalb rechtlich bindende Verträge, weil man derartige Forderungen verhindern und die Rechtslage entsprechend verändern möchte. Es gehören eben auch vertragliche Ansprüche zur jeweiligen rechtlichen Anfangsausstattung. Und auf Basis seines bereits bestehenden Arbeitsanspruchs verbessert sich der Auftraggeber nicht, wenn die Arbeitnehmer das tun, wozu sie ohnehin schon verpflichtet sind.

Nicht anders fällt die Lösung von Fall 23 aus, wo bereits ein vertraglicher Rettungsanspruch besteht.[369] Hier kann von einer Verbesserung des Ertrinkenden keine Rede sein – er verliert vielmehr 100.000 Euro. An diesem Ergebnis ändert sich auch dann nichts, wenn der Spaziergänger wie in Fall 24 hohe Investitionen aufgebracht hatte. Denn der Ertrinkende hat bereits seinen Rettungsanspruch und benötigt daher keine rechtliche Änderung zu seinen Lasten.

Doch wie ist es zu beurteilen, wenn wie in Fall 22 für beide Seiten völlig unerwartete Umstände eintreten? Ist hier nicht doch ausnahmsweise Zwang gerechtfertigt, um einen den wirklichen Kosten angemessenen Vertragsinhalt herbeizuführen? Tatsächlich verdeutlichen solche Fälle, wie wichtig es ist, einerseits sorgfältig den jeweiligen Vertragsinhalt zu bestimmen und andererseits davon getrennt zu fragen, wer dazu befugt sein sollte, über den Vertragsinhalt faktisch zu entscheiden: Angesichts der in Wahrheit viel höheren Kosten mag im Fall nur ein solcher Vertragsinhalt dem Rechtfertigungsprinzip genügen, der auch diese Kosten widerspiegelt. Das muss keineswegs dem entsprechen, was die Parteien bei Vertragsschluss erklärt oder gewollt haben, was

---

[367] Ökonomen bezeichnen dies als *hold up*, vgl. etwa *Richter/Furubotn/Streissler*, Neue Institutionenökonomik, 4. Aufl. 2010, S. 90 ff., 147 ff.

[368] Siehe zu diesem Ergebnis rechtsvergleichend *Schindler*, Entscheidungsfreiheit, 2005, S. 222.

[369] Siehe dazu nur *Kohler*, JhJb 25 (1887), 1, 28 ff., wonach zwar nicht in der bloßen Passivität, wohl aber im Abbruch eines übernommenen Hilfeverhältnisses eine Drohung liegen könne, und der auch auf die Pflichten von Krankenpfleger, Alpen- oder Katakombenführer verweist. Ganz ähnlich auch *Schliemann*, Die Lehre vom Zwange, 1861, S. 24, der dort eine Ausnahme befürwortet, „… wo jemand zu einer positiven Tätigkeit rechtlich verpflichtet ist."

sich auch an dem Irrtumsrecht, der Umdeutung oder dem Leistungsstörungsrecht zeigt.[370] Wir müssen also zuerst den ursprünglichen Vertragsinhalt bestimmen, bevor wir wissen, wer was bricht. Hat man das geklärt, stellt sich dann die nächste, wiederum sorgsam zu trennende Frage nach der Durchsetzungskompetenz. Grundsätzlich behält sich der Staat vor, auch noch so berechtigte Ansprüche selbst durchzusetzen, sieht andererseits aber auch gezielte Ausnahmen vor. Diese findet man nicht nur in diversen Zurückbehaltungsrechten, sondern werden auch unter dem Stichwort der Konnexität zu diskutieren sein.[371]

3. Gewohnheiten

Auch bei den Abweichungen von einem als normal empfundenen Handlungsablauf geht es vornehmlich um die anfängliche Rechteausstattung. Dabei gilt, dass bloße Gewohnheiten regelmäßig keine Rechte begründen.[372] Dass ein Orgelspieler wie in Fall 25 jahrelang unentgeltlich seine Dienste anbot, begründet keinen Anspruch der Kirche, das auch zukünftig zu tun. Hat der Musiker kein eigenes Interesse mehr daran, für die Gemeinde zu spielen, bedarf es angesichts dieser geänderten Zielvorstellungen eines Entgelts, um ihn doch noch dazu zu bewegen, mit seiner Musik die Gemeindezwecke zu fördern. Genauso wenig ist der Metzger verpflichtet, seine Wurst zu einem konstanten Preis abzugeben. Zwingen ihn erhöhte Produktionskosten zu einer Preiserhöhung, weil die Arbeit ansonsten überhaupt nicht rentabel wäre, darf er dies ausweislich des Rechtfertigungsprinzips berücksichtigen. Sofern der Markt wie bei Wurstprodukten üblich gut funktioniert, hat der Metzger eher das praktische Problem, seine Preiserhöhung durchzusetzen, also eine dem eingesetzten Kapital und Risiko entsprechende Rendite zu erzielen. Einen Anspruch darauf hat er nicht – auch nicht nach dem Rechtfertigungsprinzip.

In Fall 26 des einen Lieferstopp androhenden Drogenhändlers, sollte sein Kunde nicht Feind D zusammenschlagen, liegt die Missbilligung dieses Verhaltens (von der Bewertung eines Lieferstopps einmal ganz abgesehen) vornehmlich in der Verletzung der Rechte des D – und nicht etwa der Interessen des K. Sofern der von K zu zahlende Preis die Aufwendungen des D widerspiegelt, ist K auch nicht schutzwürdig.

Es bleibt noch Beispiel 27 des Hausherrn, der seinen Sklaven täglich zum Spaß schlägt und diesem eines Tages anbietet, davon abzulassen, sollte er seinem Sohn das Schachspiel beibringen. Hier hängt offensichtlich viel davon ab,

---

[370] Eingehend unten § 6 E. III.
[371] Unten § 4 C. III. 7.
[372] Zur Bedeutung von Sitte, Übung und Brauch für das Vertragsrecht siehe unten § 16 C. I. 1 – doch betrifft das andere als die hier interessierenden Fälle. Zur instruktiven Diskussion um die betriebliche Übung vgl. die Nachweise oben § 3 Fn. 193.

ob Sklaverei einschließlich des Schlagens erlaubt ist oder nicht. Wurde sie verboten, ist die Lernhilfe für S nicht notwendig, um sich zu verbessern. Das Recht, nicht geschlagen zu werden, hat er bereits. Anders verhielte es sich, wäre das Handeln des Hausherrn erlaubt. Sofern die Lernhilfe notwendig ist, um den verlorenen Spaß auszugleichen, wird das Angebot des Hausherrn willkommen und selbst eine Ausbeutung zu verneinen sein.

4. Drohung Dritter

Ist es nicht der jeweilige Vertragspartner, sondern eine andere Person, von der die Drohung ausgeht, bereitet das vielen klassischen Ansätzen große Probleme. Allerdings geht es dort meistens um Ausbeutungskonstellationen, weshalb insoweit auf die noch folgenden Ausführungen verwiesen sei.[373] Hier seien nur kurz jene Fälle abgehandelt, bei denen sich die betroffene Partei verschlechtert: Zwingt ein Dritter den Gläubiger unter Androhung von Prügel, dem nichtsahnenden Schuldner S dessen Schuld zu erlassen, oder soll ein Autohändler so dazu gebracht werden, ein ganzes Auto zu verschenken (Fall 28), ist diese rechtliche Einbuße auf Basis der gegebenen Rechteausstattung nicht geeignet, das Opfer seinen Zielen näherzubringen. Genauso hilft es in Fall 31 der Ehefrau wenig, eine Bürgschaft aufgehalst zu bekommen.[374] Und auch in Fall 30 verschlechtert sich der Gläubiger auf Basis der vorgefundenen Rechtslage, wenn er seinem Schuldner nur deshalb die Schuld erlässt, weil ihn der Bürge sonst verprügelt.[375]

Nichts anderes gilt an sich auch dort, wo der Familienvater wie in Fall 29 sein Auto „nur" zum üblichen Marktpreis an den Fußballverein verkaufen muss. Denn wenn er das nicht von sich aus tun wollte, ist dies ausweislich des Subsidiaritätsgrundsatzes[376] ein ziemlich deutliches Indiz dafür, dass er sich durch den Verkauf verschlechtert. Allerdings verkompliziert sich dieser Sachverhalt dadurch, dass hier besonders augenscheinlich wird, dass auf Seiten des Fußballvereins das negative Interesse anfallen könnte. Denn nunmehr kommt auch Unwissenheit ins Spiel. Dieser Schaden muss zumindest in Form des Risikos, vom drohenden Dritten keinen Ersatz zu bekommen, eine der beiden gleichermaßen unschuldigen Personen treffen – ob es uns gefällt oder nicht. Hierauf wird noch zurückzukommen sein.[377]

---

[373] Unten § 4 C. III. 6.
[374] Siehe zu diesem Fall etwa OAG Dresden, Zeitschrift für Rechtspflege und Verwaltung, zunächst für das Königreich Sachsen 17 (1859), 39 ff. (Nr. 4).
[375] Siehe zu diesem Fall etwa *Kohler*, JhJb 25 (1887), 1, 11 f. m.w.N.
[376] Näher unten § 8 E. II. 2.
[377] Unten § 5; § 16. Der deutsche Gesetzgeber entschied sich hier gegen eine Anwendung des § 122 BGB, siehe dazu etwa *Lorenz*, Unerwünschter Vertrag, 1997, S. 348 (dort Fn. 801); *Singer*, Selbstbestimmung, 1995, S. 210 oder *Martens*, Willensmängel, 2007, S. 351 jeweils m.w.N.

5. Weitere Fallgruppen

a) Drohung mit Schädigung Dritter

Bisweilen richtet sich eine Drohung dergestalt an mehrere Personen, dass eine Person wie verlangt handeln soll, weil ansonsten jemand Drittes betroffen wäre (Fälle 32 und 33). Auf den ersten Blick scheint damit nur dieser Dritte, nicht aber der Bedrohte schützenswert sein. Doch ist dem natürlich nicht so. Schließlich kommt es im Fall zur Zahlung einer Million, und dieser Vermögensverlust ist eine wie immer zu rechtfertigende rechtliche Einbuße. Genau das gelingt hier nicht, da der Dritte von vornherein ein Recht auf körperliche Unversehrtheit hat. Daher spielt es auch keine Rolle, ob hier ein persönliches Näheverhältnis zum Dritten besteht. Bedeutsam ist das allein für die praktische Wirksamkeit der Drohung.

b) Drohung durch Täuschung

Ähnlich unkompliziert lässt sich die Drohung durch Täuschung einordnen – etwa wenn ein Bankräuber wie in Fall 34 erfolgreich mit einer Spielzeugpistole hantiert. Denn wie genau der Räuber an sein Geld kommt, spielt für das Rechtfertigungsprinzip keine Rolle. Entscheidend ist allein, ob der Vermögensverlust angesichts der jeweiligen Rechteausstattung zur Verbesserung des Opfers notwendig ist. Daran fehlt es hier.

c) Versuchte Drohung

Es gehört zu den vielen Vorteilen eines substanziellen Kriteriums, recht robust gegen diverse Fehlvorstellungen der am Vertragsschluss beteiligten Personen zu sein. Das illustriert recht schön Fall 38, in dem Räuber R den anmarschierenden Passanten berauben möchte, nur um überrascht festzustellen, dass dieser ihm etwas schenken will. Mag man hier aus strafrechtlicher Sicht auch den Versuch ahnden wollen, ist vertraglich wenig gegen den dort getätigten Austausch einzuwenden. Oft lassen wir ein Lösungsrecht an der fehlenden Kausalität der Bedrohung scheitern.[378] Und wollten wir die Schenkung für unwirksam erklären, könnte der Passant unseren Räuber gleich ein weiteres Mal beschenken. Besonders interessant ist dabei an diesem Fall, dass viele klassische Ansätze nicht in der Lage sind, diesen von einem normalen Raub zu unterscheiden. Aus der Opferperspektive ist die Entscheidungssituation schließlich genauso eingeschränkt und alternativlos. Noch weniger lassen sich Unterschiede bei einer Täterbetrachtung ausmachen, handelt unser Räuber gleichermaßen böswillig. Der tiefere Grund für all diese Misslichkeiten liegt darin, dass hier – für unser klassisches Vertragsdenken typisch – die menschlichen

---

[378] Dies äußert sich etwa im deutschen Recht bei § 123 Abs. 1 BGB im Ausdruck „bestimmt worden".

Zwecke ignoriert werden. Diese machen hier aber den entscheidenden Unterschied und müssen daher oft über Umwege bemüht werden. So lässt uns etwa ein Kausalitätserfordernis bei einer Drohungsanfechtung fragen, ob die bedrohte Partei dem Vertrag auch so zugestimmt hätte. Dieser Rückgriff auf einen „mutmaßlichen Willen" ist nichts anderes als eine verkappte Berücksichtigung der Parteiinteressen – und gerade nicht von deren Willen.[379]

Zivilrechtlich uninteressant ist eine weitere Variante versuchter Drohung – nämlich wenn diese erfolglos ist. In Fall 39 erkennt der Bankangestellte, dass der Räuber lediglich über eine Spielzeugpistole verfügt. Da es zu keiner rechtlichen Einbuße kommt, gibt es auch nichts zu korrigieren. Allerdings mag man dem Betroffenen ermöglichen wollen, eine Unterlassungsklage anzustrengen. Doch ginge es dort ersichtlich darum, spätere und damit möglicherweise erfolgreiche Drohungen abzuwenden.

d) Fahrlässige oder schuldlose Drohung

Dass es dem Finalitätskriterium wenig zu Ehre gereicht, dass wir Verträge selbst bei fahrlässigen oder gar unverschuldeten Drohungen verwerfen, wurde bereits dargelegt.[380] Das Rechtfertigungsprinzip kennt derartige Schwierigkeiten nicht, vielmehr ist die Lösung banal. Denn selbst wenn der Bettler in Fall 37 niemanden bedrohen wollte, sondern lediglich furchteinflößend aussieht, erleidet die sich fürchtende Passantin einen Vermögensverlust, ohne dass dafür eine Rechtfertigung ersichtlich wäre. Und selbst ohne Fahrlässigkeit (Fall 36) haben wir allen Grund, diese durch nichts gerechtfertigte Einbuße zu missbilligen. Nicht anders verhält es sich beim Unternehmer, der in Fall 98 nur deshalb einer Gehaltserhöhung zustimmt, weil er davon ausging, dass der Angestellte sonst den Seitensprung verrät.[381] Dass diese Offenlegung tatsächlich nie drohte, ändert nichts am grundlosen Vermögensverlust. Was sich die Akteure gerade denken oder denken mussten, ist hier belanglos.

e) Herbeiführung einer Notlage

Wie sieht es nun aus, wenn ausgerechnet derjenige ein „großzügiges" Angebot unterbreitet, der die Notlage selbst herbeigeführt hatte? So mag der Strandbewohner B die vorbeifahrenden Schiffe überhaupt erst zum Stranden gebracht haben, um dann deren Rettung von einem Lohn abhängig zu machen,[382] der sowohl marktüblich (Fall 40) als auch horrend (Fall 41) sein kann. Ein Gericht wird hier wenig geneigt sein, der Forderung des B nachzugeben. Andererseits ist zumindest am ersten Fall wenig auszusetzen, wenn man allein die konkrete Rettungsaktion betrachtet. Doch haben die Schiffseigner nun einmal auch ih-

---

[379] Näher unten § 9 C. V. 2. d).
[380] Oben § 4 B. II. 2. b) bb).
[381] Zum Konnexitätsproblem siehe unten § 4 C. III. 7.
[382] Siehe zu diesem Fall etwa *Kohler*, JhJb 25 (1887), 1, 29 f.

rerseits einen gegenläufigen deliktischen Anspruch gegen den Strandbewohner. Hierzu sei bemerkt, dass derartige deliktische Ansprüche nicht etwa *ad hoc* und *ex post* eingeführt würden. Vielmehr können diese nur für normale vertragsrechtliche Fälle ignoriert werden, weil regelmäßig nur ein Geschehen zu beurteilen ist und nicht derer zwei. So trefflich man über deliktische Fragen streiten mag, sanktioniert nahezu jede Rechtsordnung derartige vorsätzliche Schädigungen. Damit ist es auch für die Lösung ziemlich gleichgültig, ob der von B verlangte Lohn marktüblich ist oder nicht.

f) Warnungen

Es gehört zu den Standardformeln jedes Lehrbuchs zum Zivil- wie Strafrecht, dass die zu missbilligende Drohung von der unproblematischen Warnung dadurch zu unterscheiden sei, dass nur bei der Drohung der Eintritt eines Übels vom Drohenden abhänge.[383] So vermittelt der Warnende lediglich Wissen, indem er auf gefährliche Umstände hinweist, hält sich aber ansonsten heraus. Dass das Verhalten des Warnenden in den Fällen 61 und 62 nicht zu beanstanden ist, leuchtet ein und entspricht dem Rechtfertigungsprinzip: Mahnt der Zahnarzt seinen Patienten, sich immer schön die Zähne zu putzen, so ist nicht einmal eine rechtliche Einbuße erkennbar, die es in einem zweiten Schritt zu rechtfertigen gäbe. Allenfalls wird der Patient überzeugt, irgendwo Zahnbürsten und Zahnpasta zu kaufen – und diese Verträge genügen wiederum dem Rechtfertigungsprinzip. Diese Erwägung greift auch dort, wo der Patient zu einer für ihn sinnvollen Behandlung überredet wird.

Sehr viel interessanter ist demgegenüber Fall 63, in dem der Arzt auf die Vorzüge hinweist, sich von ihm zum üblichen Entgelt operieren zu lassen. Schließlich sagt der Arzt hier nichts anderes, als dass er seinen Patienten sterben lässt, sollte dieser nicht in die Geldzahlung einwilligen. Und da eine Operation auch kostenlos möglich wäre, hängt die Abwendung des Tods vom Handeln dieses Arztes ab. Nach der traditionellen, oben aufgeführten Definition läge also eine Drohung vor. Demgegenüber wird jede Rechtsordnung das Honorarverlangen billigen. Schließlich ist die Zahlungsverpflichtung des Patienten notwendig, um auch beim Arzt, der zu einer unentgeltlichen Operation nicht verpflichtet ist, das Rechtfertigungsprinzip zu wahren. Was das Argument anbelangt, dass der Arzt doch schon von Gesetzes wegen helfen müsse, sei auf die früheren Ausführungen verwiesen.[384]

---

[383] Bzw. zumindest dieser Eindruck erweckt werde (zur Drohung durch Täuschung vgl. oben § 4 C. II. 5. b)). Vgl. stellv. BGH, Urt. v. 26.6.1952, BGHZ 6, 348, 351 oder *Blume*, JhJb 38 (1898), 224, 225, 231. Oft geht es hier in der Sache um die Abgrenzung zur gleich noch zu diskutierenden Ausbeutung.
[384] Oben § 4 B. I. 3.

6. Erfordernis besonderer Standhaftigkeit?

Nicht immer steckt hinter der Drohung eine schwere oder auch nur ernstzunehmende Gefahr, sondern nur eine leicht zu durchschauende Täuschung[385] oder ein solches Übel, das zu erleiden einen besonnenen Menschen nicht sonderlich verängstigen sollte. Hätte sich der Bedrohte wehren oder das böse Spiel durchschauen können – verdient er dann überhaupt noch unseren Schutz? Tatsächlich verlangen vor allem ältere Rechte eine gewisse Standhaftigkeit,[386] während bereits *Grotius* darauf verzichtet[387] und man solche Anforderungen etwa selbst in England zunehmend abbaute.[388] Auch der dem römischen Recht so treue BGB-Gesetzgeber verzichtete auf das Erfordernis gegründeter Furcht.[389]

In der Tat ist es nur schwer ersichtlich, was für eine besondere Standhaftigkeit sprechen könnte. Warum sollte das Opfer grundlos rechtliche Einbußen erleiden, nur weil es diese bei größerer Umsicht oder Stärke hätte vermeiden können? Wollen wir wirklich dem Bedrohten vorwerfen, sich nicht gewehrt zu haben, oder dem Betrugsopfer, dass es sich täuschen ließ,[390] oder gar dem Vergewaltigungsopfer, dass es nachts noch durch den dunklen Park lief? Wenn die Rechtsordnung Rechte durch ein Lösungsrecht schützen kann – warum darauf bei denjenigen verzichten, die diesen Schutz offensichtlich benötigen? Es zeichnet gerade den liberalen – von der sozialen Komponente[391] ganz zu schweigen – Charakter eines Vertragsrechts aus, die Rechte auch der Schwachen, Unwissenden und Einfältigen zu achten.[392] Auf jeden Fall wäre es zynisch, dem Einzelnen etwas abzuverlangen bzw. ihn für das zur „Verantwortung" zu ziehen, was er „rein hypothetisch" hätte beachten können – seiner realen Veranlagung, Bildung und Situation gemäß jedoch nicht.[393] Und selbst dann begegnete uns hier immer noch eine Fehlvorstellung, die sich besonders bei der Diskussion um ein normatives Menschen- oder auch Verbraucherleitbild findet, nämlich dem Einzelnen so viel abverlangen zu wollen, wie er zu leisten noch imstande ist: Dass Widerstand oder größere geistige Anstrengung

---

[385] Näher oben § 4 C. II. 5. b).

[386] Für das römische Recht siehe etwa *Zimmermann*, Obligations, 1990, S. 653 oder *Schliemann*, Die Lehre vom Zwange, 1861, S. 15 ff., der es auch seinerseits befürwortet, einen gewissen Widerstand zu verlangen (dort S. 25 ff., 125).

[387] *Grotius*, Drei Bücher, 1625/1950, S. 239 (Zweites Buch, 11. Kapitel VII. 2.).

[388] Stellv. *Schindler*, Entscheidungsfreiheit, 2005, S. 69; *Martens*, Willensmängel, 2007, S. 178 jeweils m.w.N.

[389] Näher *Schindler*, Entscheidungsfreiheit, 2005, S. 23 m.w.N.

[390] Immer wieder schön zu diesem Thema ist der Fall *Carlill v. Carbolic Smoke Ball Company* [1893] 1 QB 256 Court of Appeal.

[391] Näher unten § 19 C. II.

[392] Näher unten § 19 B. II. 1.

[393] Näher zu solchen Ausflüchten ins Konjunktiv unten § 9 C. V. 2. d); § 19 B. III., speziell zur Willensfreiheit oben § 4 B. I. 4. b) aa); § 4 B. I. 4. b) ee) sowie zum Verantwortungsdenken unten § 10 C. IV.

machbar wären, heißt noch lange nicht, dass es immer sinnvoll ist, Derartiges dann auch zu verlangen.[394] Drohung und Täuschung bilden dafür das Paradebeispiel, gibt es hier – anders etwa bei fahrlässigem Handeln, für das der Vertragsinhalt wertschöpfende Anreize setzen sollte –[395] keinen guten Grund für höhere Anforderungen.

Zwar ließe sich einwenden, dass wenn die Möglichkeit bestand, sich der Drohung zu widersetzen oder entziehen, diese im Zweifel dann auch nicht für den Vertragsschluss kausal gewesen sei, der Bedrohte sich also gar nicht grundlos verschlechtert habe. Doch vermengt das die hier interessierende materielle Rechtsfrage genauso mit einem davon zu trennenden Beweisproblem, wie das auch bei der Mentalreservation erfolglos versucht und dann schnell zu den Akten gelegt wurde.[396] Der Einfachheit halber mag man hier einfach unterstellen, dass der zu würdigende Sachverhalt sicher feststeht oder jedenfalls als zutreffend zugestanden wurde. Ebenso wenig überzeugt schließlich das Subsidiaritätsargument,[397] ist es dem Staat nicht aufwändiger, einen erdrohten Vertrag für unwirksam zu erklären, als diesen durchzusetzen. Vielmehr schürt ein zusätzliches Tatbestandsmerkmal besonderer Standhaftigkeit nur unnötige Rechtsunsicherheit.

III. Ausbeutung

Die bisher diskutierten Sachverhalte zeichneten sich dadurch aus, dass sich das jeweilige Opfer auf Basis der gegebenen Rechteausstattung verschlechterte. Doch ist das keineswegs notwendig, um einen Vertrag zu missbilligen. Genauso mag man kritisieren, dass sich das Opfer nicht genug verbessert – und gerade darum geht es bei der nunmehr zu diskutierenden Ausbeutung.[398] Neu ist diese begriffliche Unterscheidung nicht. *Kohler* etwa betont, dass sich nicht in der Metuslage befinde, wer sich selbst in den Notstand versetzt habe und Mittel suche, um sich derselben zu entziehen.[399] Und bevor das deutsche Bürgerliche Gesetzbuch überhaupt in Kraft getreten war, wies *Blume* bereits darauf hin, dass für die Ausbeutung nicht § 123 Abs. 1 Alt. 2 BGB, sondern § 138 BGB einschlägig sei.[400]

---

[394] Näher unten § 19 C. VI. 3.
[395] Näher unten § 17 C. II. 2.; § 17 D. III.
[396] Näher unten § 17 F. II. 1.
[397] Näher zu diesem unten § 8 E. II. 2.
[398] Näher zu diesem Unterschied unten § 4 D. II. 2.
[399] Siehe hier nur *Kohler*, JhJb 25 (1887), 1, 28f., 31; *Schliemann*, Die Lehre vom Zwange, 1861, S. 22 ff. sowie oben Fn. 324, 325.
[400] *Blume*, JhJb 38 (1898), 224, 227, 258, der auch noch zweckmäßig das irrationale Verhalten ausscheidet und § 105 Abs. 2 BGB a. F. zuweist (vgl. dazu auch oben Fn. 157, 324).

1. Grundprinzip und kleinere Abwandlungen

Klassisch ist hier Fall 45, der in verschiedensten Varianten wohl so lange diskutiert wird, wie es Verträge gibt:[401] Willigt der Ertrinkende notgedrungen ein, für die Rettung 100.000 Euro zu zahlen, obwohl der Retter nicht mehr tut, als kurz seine Hand auszustrecken, so sind wir nicht geneigt, das einfach so hinzunehmen. Doch fällt die Begründung zumindest nach klassischem Denken schwer, handelt der Ertrinkende wissentlich wie rational.[402] Er erhält eine zusätzliche Chance, ein hilfreiches Angebot, eine willkommene Option, sich auf Basis seiner gegenwärtigen rechtlichen wie tatsächlichen Situation mit Hilfe des Vertragspartners zu verbessern. Damit bleiben auch all jene Ansätze zu sämtlichen Ausbeutungsfällen sprachlos, die in ihrem harten, subsumierbaren Kern allein auf die rechtliche Ausgangslage abstellen oder auf erst gar nicht überprüfbare Begriffe wie Freiwilligkeit oder Entscheidungsfreiheit zurückgreifen.[403]

Demgegenüber liefert das Rechtfertigungsprinzip die gesuchte klare Aussage: Der Verlust von 100.000 Euro muss zur Verbesserung des Ertrinkenden notwendig sein.[404] „Notwendig" meint hier ganz konkret,[405] dass er sich nur dann verbessert (also hier vor allem überlebt), wenn er 100.000 Euro verliert. Dabei ist wie bei allen mehrseitig belastenden Rechtsänderungen[406] zu berücksichtigen, dass auch der Vertragsgegner in seinen Rechten – einschließlich des auf körperliche Unversehrtheit – geschützt wird. Das Rechtfertigungsprinzip gilt auch für ihn und ist jedenfalls dann erfüllt, wenn er 100.000 Euro erhält. Denn dieser Gewinn gleicht offensichtlich mehr als genug die Mühen aus, seine rettende Hand ausstrecken zu müssen.

Allerdings würde sich der Retter laut Sachverhalt selbst bei einem deutlich geringeren Entgelt, nämlich in Fall 45/46 schon bei 5 Euro, verbessern – wenn auch nicht so stark wie bei 100.000 Euro. Auch bei diesem deutlich kleineren Betrag wäre seine rechtliche Verpflichtung zur Rettung noch gerechtfertigt. Die spannende Frage ist nun, ob sich dem Rechtfertigungsprinzip nicht nur die Spanne zwischen 5 Euro und 100.000 Euro, sondern auch ein ganz konkreter Betrag, entnehmen lässt. Denn darum geht es schließlich in den Ausbeutungsfällen. Wie lässt sich also begründen, dass das Opfer keine 100.000 Euro, sondern nur 5 Euro zahlen sollte?

Hier tritt nun das früher so ausführlich beschriebene Bestreben unserer gesamten Privatrechtsordnung hervor, beim Status Quo zu beharren und damit von bestehenden Rechtspositionen nur so weit abzuweichen, wie dies zur Ver-

---

[401] Vgl. hier nur etwa *Schliemann*, Die Lehre vom Zwange, 1861, S. 23 (dort Fn. 11).
[402] Eingehend oben § 4 B. I.
[403] Dazu bereits oben § 4 B. I. bzw. oben ab § 4 C. I. 1. c).
[404] Näher oben § 4 C. I. 2.
[405] Allgemein dazu oben § 3 B.
[406] Dazu bereits oben § 3 C. II.

besserung der rechtlich betroffenen Seite nötig ist. Wie für unser gesamtes Denken typisch, empfinden wir Veränderung auch im Recht nicht etwa als „lustige Abwechslung", sondern als Irritation, die wir nur dann und genau so weit hinnehmen, wie dies durch damit verbundene Vorteile ausgeglichen wird. Das Recht bildet hier nur ein Beispiel von vielen.[407] Deshalb muss sich jede rechtliche Einbuße als produktiv erweisen. Während im Beispiel einige Euro notwendig sein mögen, damit sich der Retter angesichts seiner dann nassen Schuhe zumindest nicht verschlechtert, trägt eine darüber hinausgehende Veränderung der Rechtslage – also die Zahlung eines sehr hohen Geldbetrags – nichts mehr zu einer privaten Wertschöpfung bei.[408] Zwar dient sie natürlich den Zielen des Retters (dieser wird noch reicher), das aber nur auf Kosten des Geretteten. Das genügt unserer Rechtsordnung nicht, wird von dieser als Rechtfertigung einer rechtlichen Einbuße nicht anerkannt. Dieses Grundprinzip wird noch anhand vieler Beispiele zu illustrieren sein. Wohl aber verdeutlichen die Ausbeutungsfälle besonders eindrucksvoll diesen starren, beharrenden, auf den konsequenten Schutz bestehender Rechte achtenden Charakter unseres Vertragsrechts.[409] Im Ergebnis ist also der von beiden Parteien getätigte Austausch zwar nicht gänzlich zu verwerfen, wohl aber hinsichtlich der Höhe des vereinbarten Entgelts. Diese Korrektur gewährleistet, dass der Ertrinkende weiterhin gerettet wird, was nicht der Fall wäre, erklärte man die Vereinbarung für gänzlich unwirksam.[410]

Keine von Fall 45 abweichende Bewertung ist dort gerechtfertigt, wo es wie in Fall 51 zu einer Versteigerung der Rettungsleistung unter gleich mehreren in eine Notlage geratenen Schiffen kommt. Denn das Rechtfertigungsprinzip stellt nicht darauf ab, wie die Parteien auf ihren Preis kommen. Derartige Umstände sind tatbestandlich nicht relevant. Dabei dürfte auch dieses Ergebnis auf wenig Widerstand stoßen, befinden sich doch sämtliche potenzielle Vertragspartner in einer Notlage, so dass wir uns hier nicht darauf verlassen können, dass der Markt für angemessene Preise sorgt.

2. *Frühere Anstrengungen*

Anders fällt das Ergebnis dort aus, wo die 100.000 Euro für den Retter notwendig sind, um seine Investitionen einschließlich einer für sein Risiko typischen Kapitalrendite zu refinanzieren (Fall 49). Denn wenn es diese Aufwendungen ermöglicht haben, den Ertrinkenden zu retten, ist nicht einzusehen,

---

[407] Näher oben § 2 D.
[408] Hierzu mag man sich vorstellen, dass der Gerettete von vornherein nur 5 Euro hat, die er seinem Retter geben kann.
[409] Näher oben § 2 B. II.; § 2 D. sowie unten § 19 B. II. 1.; passim.
[410] Näher dazu unten § 4 C. III. 6.

warum der Retter wirtschaftlich geschädigt bleiben, der Gerettete sich hingegen noch mehr verbessern soll, als er dies ohnehin tut.[411]

Allerdings ist hier genau zu prüfen, ob die früheren Anstrengungen tatsächlich zur Verbesserung des Vertragsgegners beitragen. Das verdeutlicht Fall 54, in dem Magnat M sämtliche Mühlen und für Mühlen geeignete Standorte aufkauft, um – so zum Monopolisten geworden – die Preise zu verdoppeln und damit diejenigen Kosten wieder hereinzuholen, die er für sein Monopol aufwenden musste. Darf sich M seine Aufwendungen vom Kunden zurückholen? Immerhin fragt das Rechtfertigungsprinzip nicht danach, ob das, was eine Verbesserung ermöglicht, besonders wirtschaftlich eingesetzt wurde. Wohl aber verlangt dieser Grundsatz, dass die Anstrengungen zur Verbesserung des Vertragsgegners beitrugen. Dem ist hier nicht so: Hätte M gewusst, dass er keinen verdoppelten Preis erhalten wird, hätte er zwar nicht sämtliche Mühlen aufgekauft. Doch die Kunden erhielten auch so ihr Mehl – und zwar günstiger.

Ein weiteres Beispiel für die Grenzen einer Anrechnung bildet Fall 50: Zwar sind wir grundsätzlich bereit, dem Betreiber des Rettungsdienstes eine Anrechnung von einer Million Euro zuzubilligen – doch nicht um den Preis einer Verschlechterung des Vertragsgegners. Das Rechtfertigungsprinzip gilt für beide Seiten. So kann R höchstens denjenigen Betrag verlangen, der es K noch erlaubt, sich wenigstens marginal zu verbessern. Verlangte er mehr, würde sich der Vertragspartner einem Vertrag verweigern – und genau das tolerieren wir dann auch. Es gilt hier nichts anderes als bei der Anrechnung von Wissensinvestitionen.[412]

3. Abschöpfungstechniken

Das Rechtfertigungsprinzip erlaubt es auch, die wohl in jedem Lehrbuch zur Mikroökonomik oder Marketing-Theorie beschriebenen Strategien zu erfassen, mit denen die Konsumentenrente größtmöglich abgeschöpft wird.[413] In Fall 194 verfolgt die Fluggesellschaft ein nachvollziehbares Anliegen: Einerseits möchte sie angesichts noch freier Plätze selbst solche Kunden gewinnen, die wenig zahlen können. Denn solange nur die variablen Kosten gedeckt werden, ist ein geringes Entgelt allemal besser als gar keines. Sänke die Gesellschaft jedoch generell ihre Preise, wäre das Flugzeug zwar voll, doch profitierten dann auch Geschäftsleute von der Preissenkung. Die betriebswirtschaftliche Herausforderung besteht also darin, jedem Kunden genau denjenigen Preis zu entlocken, den dieser gerade noch zu zahlen bereit ist. Studententarife sind ein klassisches Beispiel dafür – und nicht etwa Ausdruck besonderer Sympathie für diese Personengruppe. Dabei ist eine solche Preisdiskriminierung

---
[411] Näher oben § 4 C. I. 3.
[412] Näher dazu (insbesondere Fall 286) unten § 17 D. IV. 1.
[413] Für Nachweise siehe oben Fn. 269.

nicht die einzige Strategie, lassen sich genauso auf Produktebene geeignete Unterschiede schaffen. So kostet dann ein tragbarer Rechner, der sich von anderen Produkten des gleichen Herstellers zwar nur marginal, wohl aber in einem für Geschäftsleute wichtigen Merkmal unterscheidet, auf einmal deutlich mehr. Ein weiteres Instrument ist schließlich die geschickte Bündelung technisch ohne Weiteres trennbarer Produkte zu solchen Paketen, die nur für den jeweils anvisierten Kundentyp die beste Kombination darstellen.

Was ist nun aus Sicht des Rechtfertigungsprinzips von all dem zu halten? Zunächst mag man darauf hinweisen, dass es bei perfektem Wettbewerb zu diesen Strategien überhaupt nicht kommen wird. Der Geschäftsreisende kann dann auf einen anderen Flug ausweichen und sich so der Quersubventionierung entziehen. Er wird also einen Hersteller finden, der das von ihm nachgefragte Produktmerkmal auch ohne einen hohen Aufschlag oder ohne willkürliche Bündelungen anbietet. Wie wenig dieses Ideal oft der Realität entspricht, muss hier nicht weiter ausgeführt werden. Genau deshalb ist ein substanzieller Maßstab wie das Rechtfertigungsprinzip so wichtig.

Der entscheidende Gesichtspunkt ist dabei, inwieweit die Abschöpfung der Konsumentenrente etwa des Geschäftsreisenden notwendig ist, um dessen Transport zu finanzieren. Zur Illustration sei auf Fall 57 verwiesen, in dem eine Maschine über 100 Plätze verfügt und ab Einnahmen von 15.000 Euro rentabel fliegt. Kommen als potenzielle Kunden 50 Studenten in Betracht, die maximal 100 Euro zahlen könnten, und 50 Geschäftsleute, für die sich ein Flug bis zu 200 Euro lohnt, ist die volle Abschöpfung gerechtfertigt. Wollte man sie untersagen, gäbe es überhaupt keinen Flug. Im Ergebnis sind Abschöpfungstechniken also keineswegs immer anrüchig, sondern können notwendig sein, um getätigte Ausgaben zu refinanzieren, im Wettbewerb überhaupt zu bestehen und den Kunden neue Möglichkeiten zu eröffnen.[414]

Auch an dieser Stelle sei darauf hingewiesen, dass natürlich kein Staat gut beraten ist, für jeden Vertrag derart aufwändige Erwägungen anzustellen. Im Idealfall sorgt bereits der Wettbewerb für richtige Ergebnisse und sollte man daher diesen anstreben. Doch erlaubt es erst ein substanzielles Kriterium wie das Rechtfertigungsprinzip, zu begründen, warum Wettbewerb so hilfreich ist und warum wir diesen mit großem staatlichen Aufwand gewährleisten.[415] Im obigen Beispiel etwa macht das Rechtfertigungsprinzip deutlich, ab wann man eine Marktstörung vermuten und damit mögliche Reaktionen diskutieren sollte – ja wie sich eine Marktstörung überhaupt definieren lässt: Betrügen die Gesamtkosten des Flugs nur 10.000 Euro, sollte einem die Preisgestaltung zu denken geben.

---

[414] Vgl. zu diesem Grundgedanken wiederum § 4 C. I. 3. b).
[415] Näher unten § 16 D.

Ganz ähnlich lässt sich Fall 58 lösen, in dem der Briefmarkenhändler davon weiß, dass dem Sammler die angebotene Briefmarke zur Vervollständigung dessen Kollektion fehlt. Hatte er das begehrte Exemplar zu einem gewöhnlichen Preis erstanden und verlangt er angesichts seines situativen Monopols den Preis, den der Sammler gerade noch zu zahlen bereit ist, erlöst er mehr als zur Finanzierung seiner Leistung notwendig. Allerdings gilt das wiederum nur, sofern er nicht auch solche, vereinzelt ungewöhnlich hohe Preise benötigt, um sein Geschäft zu betreiben. Er wird nur selten auf solche Affektionen stoßen, die diese Ausbeutung ermöglichen. Und wiederum ist genau zu prüfen, ob man sich staatlicherseits die Mühe machen sollte, auch noch derartige Konstellationen zu erfassen. Letztlich irrelevant ist hingegen der genaue Inhalt der Ausbeutung – etwa wenn sich der Händler in Fall 59 mit sexuellen Dienstleistungen bezahlen lässt.[416]

4. Nachfragemonopol

Viele der hier diskutierten Fälle zeichnen sich durch situative Abhängigkeiten oder gar strukturelle Vermachtungen aus. Das verwundert schon deshalb nicht, weil die menschliche Unwissenheit erst später diskutiert wird. Wohl aber bleibt zu prüfen, ob das Rechtfertigungsprinzip nicht nur bei Angebots-, sondern auch Nachfragemonopolen funktioniert. Letztere sind zwar seltener, auch ergeben sich hier keine fundamentalen Unterschiede, doch soll zumindest das anhand eines kleinen Beispielsfalls belegt werden. Die hier zu demonstrierende Lösung ist auf eher strukturelle Nachfragemonopole, wie sie sich insbesondere bei staatlichen Ausschreibungen finden, ohne Weiteres übertragbar.

In Fall 55 befindet sich der Verkäufer V eines Kilogramms Orangen in der misslichen Lage, nur noch eine Person vorzufinden, die an seiner Ware Interesse hat. Weiß dieser Kunde K um sein Nachfragemonopol, wird er nur so viel bieten, dass sich V noch marginal verbessert – im Fall also 1 Euro. Nach dem Rechtfertigungsprinzip ist hier zu fragen, ob der Verlust eines Kilogramms Orangen durch V notwendig ist, um von K 1 Euro zu erhalten und sich so zu verbessern. Diese Prüfung fällt negativ aus: Hätte unser Verkäufer lediglich 200 g Orangen, würde er vom Käufer genauso 1 Euro erhalten.[417] Allerdings muss der so korrigierte Vertragsinhalt auch die Rechte des K wahren, also der Verlust von 1 Euro notwendig sein, um von V wenigstens 200 g Orangen zu erhalten. Diese Bedingung ist erfüllt, denn hätte V von vornherein gewusst, dass er für 200 g weniger als 1 Euro bekommt, hätte er die Orangen

---

[416] Zur Fallgruppe des Drohens mit einem Unterlassen siehe unten § 4 C. III. 5.
[417] Der Einfachheit halber sei hier ein linearer Verlauf unterstellt. Bei anderen Kurvenverläufen ändert sich die Menge des noch zu rechtfertigenden Verlusts an Orangen, die Prüfung bleibt jedoch gleich.

nicht seinerseits erworben. Allerdings drängt sich hier noch eine weitere Frage auf: Sollten die Parteien nicht 200 g für 1 Euro, sondern vielmehr 1000 g für 5 Euro tauschen? Anders formuliert: Gibt es eventuell mehrere Vertragsinhalte, die dem Rechtfertigungsprinzip genügen, und wenn ja, welcher ist vorzuziehen? Da hier nicht mehr der angemessene Preis, sondern auch der sonstige Vertragsinhalt betroffen ist, sei dafür auf das frühere Kapitel verwiesen.[418]

5. Drohung mit Unterlassen

Nachdem verdeutlicht wurde, wie das Rechtfertigungsprinzip die Ausbeutung erfasst, soll nun demonstriert werden, dass dieser Grundsatz ganz unterschiedliche Fallkonstellationen bewältigt. Auch das sogenannte „Drohen mit einem Unterlassen" gehört dazu. Gemeint sind Situationen, in denen eine Beistandspflicht nicht besteht, wohl aber das Opfer ein verlockendes Angebot erhält – wenn auch zu einem oft sehr hohen Preis. Dabei soll mit Fällen begonnen werden, an die man nicht immer sofort denkt, nämlich „bloße" soziale Lebenshärten, bei denen das Opfer nicht auf einen bestimmten Vertragspartner angewiesen ist, sondern sich in einer von vornherein, gewissermaßen „natürlich"[419] unangenehmen Situation befindet.

a) Lebenshärten

Bereits zu Beginn dieses Kapitels wurde darauf hingewiesen, dass Zwang, Drohung und Ausbeutung für jede Staatstheorie fundamentale Fragen aufwerfen, andererseits jedoch gerade der Begriff der Ausbeutung, so wie hier verwandt, wenig mit fundamentaler Gesellschaftskritik zu tun hat.[420] Ebenfalls sei nochmals angemerkt, dass das Rechtfertigungsprinzip nur beansprucht, unser Vertragsrecht treffend zu beschreiben. In anderen Rechtsgebieten sieht es offensichtlich anders aus. Es ist gerade der Fehler ambitionierter Ansätze wie etwa der in der Philosophie bis heute populären Gesellschaftsvertragstheorien, den Vertragsgedanken zu überfordern.[421]

Wie sehr das allein auf unser Zivilrecht zugeschnittene Rechtfertigungsprinzip „kaltes liberales Denken" repräsentiert, bekommt in Fall 64 der Tagelöhner zu spüren, dessen Arbeitskraft angesichts großer Arbeitslosigkeit einen so geringen Marktpreis hat, dass er trotz größter Anstrengungen gerade über-

---

[418] Oben § 3.
[419] Es lässt sich trefflich darüber streiten, welche Situationen natürlich oder aber menschlich beeinflusst sind. Die Übergänge sind hier ersichtlich fließend, da die meisten Zwangslagen durch kollektiven Aufwand vermeidbar wären, vgl. dazu nur *Feinberg*, Harm to self, Bd. 3, 1986, S. 196. Doch da der Tatbestand des Rechtfertigungsprinzips nicht nach natürlichen oder menschlich herbeigeführten Sachverhalten unterscheidet, kann dies hier dahingestellt bleiben. Das Problem einer Ausbeutung stellt sich so oder so.
[420] Vgl. insbesondere oben § 4 A. III.
[421] Näher zu diesen unten § 9 C. V. 2. d) cc); § 19 C. V. 4.

lebt. Er ist zwar rechtlich beeinträchtigt, da er für den Großgrundbesitzer arbeiten muss. Doch ist dies notwendig, um den Hungerlohn zu erhalten. Sollten er und seine Kollegen für das gleiche Geld weniger arbeiten, gäbe es den Arbeitgeber bei intensivem Wettbewerb nicht sehr lange bzw. würde man diesem eine Verschlechterung auf der Basis des ihm gehörenden Vermögens zumuten. Im Ergebnis muss sich also der Tagelöhner mit dem Hinweis abspeisen lassen, dass es besser ist, überhaupt einen Arbeitgeber zu finden, der sein Vermögen einsetzt und so wenigstens einen Hungerlohn ermöglicht, als ganz ohne Arbeit zu bleiben.

Eine andere Frage ist, wie der Staat auf derartige Nöte reagiert. Eine Preisregulierung etwa würde Angebote unrentabel machen, von denen die zu schützende Gruppe durchaus profitierte. Insbesondere kann man mit dem Vertragsrecht nicht bestimmte Marktgegebenheiten überwinden. Wenn etwa das deutsche Urheberrecht eine angemessene Vergütung vorschreibt, um so künstlerisches Schaffen zu fördern, lässt sich das eigentliche Problem vieler Urheber so nicht beseitigen: den angesichts von zahlreichen Künstlern und nur beschränkt zahlungswilligen Kunden geringen Marktwert der von dieser Personengruppe angebotenen Leistungen.[422] Unser Künstler muss in Beispiel 66 dankbar sein, überhaupt einen Verleger zu finden – auch wenn er kein Geld mit dem verdient, woran er so hart gearbeitet haben mag. Eine staatlich erzwungene Preiserhöhung würde den Verleger nur vertreiben. Im Ergebnis erweist sich das Vertragsrecht als ein für Verteilungsanliegen stumpfes Schwert. Soll den Betroffenen wirklich geholfen werden, so liegt das Steuer- oder Sozialrecht sehr viel näher.[423] Hierzu gehören auch Institutionen wie in Deutschland die Künstlersozialkasse.

Vor diesem Hintergrund ist auch an Fall 67 und seinen Varianten vertragsrechtlich wenig auszusetzen. So ist es zweifellos tragisch, wenn Armut zum Verkauf einer Niere zwingt. Doch ist gerade dann genau zu prüfen, ob man den Betroffenen ausgerechnet dadurch hilft, dass man derartige Verkäufe verbietet. Sofern es dem Straßenjungen angesichts seiner Situation wirklich hilft, seine Niere zu verkaufen, er also nicht etwa unüberlegt handelt, ist dies zumindest vertragsrechtlich nicht zu missbilligen. Ähnlich fällt die Bewertung aus, wenn junge Architekten monatelang unbezahlte Praktika absolvieren müssen, um wenigstens Berufserfahrung zu sammeln. Denn solange der Wettbewerb auf Unternehmensseite genauso unbarmherzig funktioniert wie bei den Arbeitssuchenden, kann ein Vertrag mehr an privater Wertschöpfung nicht leisten. Und selbst Zuschüsse wie im Fall 65 des enttäuschten Doktoranden sind dann tolerabel, wenn sich der Betroffene selbst dann noch verbessert

---

[422] Eingehend *Rehberg*, in: Riesenhuber/Klöhn (Hrsg.), Urhebervertragsrecht, 2009, S. 41, 49 f.
[423] Näher unten § 19 C. IV.; § 19 C. V. 1.

und seine Arbeit – rein kommerziell gesehen – nicht mehr wert ist. Dabei muss der jeweilige Austausch nicht einmal in Form eines klassischen Vertragsschlusses erfolgen – etwa wenn sich die junge Mutter in Fall 68 notgedrungen entscheidet, ihr Kind zur Adoption frei zu geben. Es ist gerade eine Stärke des substanziellen Rechtfertigungsprinzips, auch jenseits klassischer Verträge zu funktionieren und damit selbst Teilbereiche unseres Delikts- und Bereicherungsrechts sowie die Geschäftsführung ohne Auftrag zu erfassen.[424]

Schließlich fällt es auch in sexuell aufgeladenen Beispielen jedenfalls dann schwer, unmoralische Angebote zu missbilligen, wenn man das damit verbundene Verhalten nicht generell missbilligt. Solange Frauen (und Männer) sexuelle Dienstleistungen anbieten dürfen, ist nicht einzusehen, warum das nicht auch einer alleinerziehenden Mutter erlaubt sein soll, die für ihr Kind sorgen möchte (Fall 70). Solange der reiche Nachbar den Marktwert zahlt, liegt eine Ausbeutung nicht vor. Nur wenn die Mutter angesichts ihrer Verzweiflung irrational agiert oder ausgebeutet wird, liegt eine andere Bewertung nahe.[425] So unerträglich man die Situation der Mutter auch empfinden mag, sollte man ihr nicht Verbesserungsmöglichkeiten aus der Hand schlagen. Nichts anderes gilt an sich für die Studentin in Fall 72, die in aller Ruhe kalkulieren kann, ob ihr das unmoralische Angebot zusagt. Wohl aber sind hier andere Personen betroffen, nämlich der den Lehrstuhl finanzierende Staat sowie diejenigen Studenten, die besser qualifiziert und dennoch mit ihrer Bewerbung erfolglos sind. Das führt zu der Frage, wem hier alles worauf ein (subjektives) Recht zusteht.[426]

b) Bereicherung

So erfreulich es ist, neue Angebote zu erhalten, so unerfreulich empfinden wir es, mehr an rechtlicher Einbuße zu erleiden, als für unsere eigene Verbesserung notwendig ist (Ausbeutung). In Fall 73 kann der Lieferant nicht sofort auf andere Abnehmer ausweichen und sieht sich deshalb gedrängt, das vom Angestellten geforderte Schmiergeld zu zahlen. Hier ist das Rechtfertigungsprinzip verletzt, da diese „Provision" nicht dazu beiträgt, die eigentliche Zahlung des Auftraggebers zu ermöglichen. Fall 74 unterscheidet sich von all dem nur dadurch, dass der Lieferant mühelos auf andere Geschäftspartner ausweichen kann und damit eine Ausbeutung misslingt.

Entsprechend lässt sich der klassische Fall 71 einordnen: Wurde die Strafanzeige gegen die ertappte Ladendiebin bereits eingeleitet, und ist der Kaufhausdetektiv nicht verpflichtet, den nunmehr ablaufenden Vorgang aufzuhalten, ist dessen unmoralisches Angebot eine durchaus willkommene neue Option – je-

---
[424] Näher unten § 18 D.
[425] Näher dazu unten § 8 E. II. 2.; § 17 E.
[426] Näher zum subjektiven Recht oben § 2 B. II.

denfalls solange die Ladendiebin rational entscheiden kann. Und dennoch lässt sich erklären, warum wir dessen Verhalten missbilligen: So bereitet es dem Ladendetektiv keinerlei Mühe, die Strafanzeige anzuhalten. Eine sexuelle Hingabe seines Opfers wäre dafür überhaupt nicht notwendig (der Detektiv verbessert sich auch mit einer marginalen Gegenleistung), sondern ist allein Ausdruck einer durch die situativen Umstände ermöglichten Ausbeutung. Anders verhielte es sich nur, wenn der Detektiv ein großes Entlassungsrisiko eingehen müsste und die sexuelle Hingabe dieses Risiko gerade noch ausgleicht (Fall 75). Eine wiederum ganz andere Frage ist, ob bestimmte Strafrechtsnormen auch eine Ausbeutung oder nur Zwang und Drohung erfassen. Das ist hier nicht zu diskutieren. Wohl aber sei bereits jetzt darauf hingewiesen, dass gerade das Rechtfertigungsprinzip zeigt, wie sich Zwang/Drohung und Ausbeutung auf einen einheitlichen Gedanken zurückführen lassen.[427]

6. Drohung Dritter

Dass bei Drohungen Dritter all diejenigen Ansichten versagen, die in irgendeiner Form auf die Entscheidungssituation des Opfers abstellen, wurde bereits dargelegt.[428] Denn oft hilft es dem Opfer, dass sich eine dritte Person findet, welche die Drohungslast zumindest verringert. Doch auch das bis heute populäre Finalitätskriterium scheiterte daran, diese Fallgruppe treffend zu erfassen, zumal es den klassischen Ansätzen wie Willens- oder Erklärungstheorie ersichtlich schwer fällt, die Relevanz solcher Kriterien zu begründen.[429] Letztlich rächt sich auch hier der Verzicht auf ein substanzielles Kriterium. Denn das gleiche Instrument – sei es das Darlehensangebot eines Dritten oder die Aufklärung der Ehefrau über eine Affäre – lässt sich oft sowohl im Guten wie im Schlechten einsetzen. Und ob wir das fremde Handeln als „Schicksalsschlag" hinnehmen[430] oder aber dem rechtlich etwas entgegensetzen sollten, ist einmal mehr nur die Reformulierung der erst zu beantwortenden Frage.

Deshalb finden sich hier oftmals *ad hoc*-Kriterien, bloße Behauptungen und Leerformeln, von denen einige kurz erwähnt seien. Wenn etwa *Ulpian* darauf hinweist, dass die Erpressungsopfer ihre Peiniger häufig nicht kennen (und damit nicht gegen diese vorgehen können), so hilft das nicht, wenn es sich anders verhält, zumal dann immer noch offen bleibt, welcher der beiden Unschuldigen den Schaden tragen sollte.[431] Den Hinweis eines *Grotius*, das sei kein Problem des Natur-, sondern allein des positiven Rechts bzw. von Irrati-

---

[427] Näher unten § 4 D. II. 2.
[428] Oben § 4 B. I. 3. c).
[429] Näher zu alldem oben § 4 B. II. 2. b).
[430] So ein Argument von *Martens*, Willensmängel, 2007, S. 333 m.w.N.
[431] Zutr. *Martens*, Willensmängel, 2007, S. 338.

onalität,[432] können wir nicht durchgehen lassen.[433] Und warum in Fall 78 auf Seiten des Erpressten ein widersprüchliches Verhalten vorliegen soll, wenn dieser seinen Überweisungsauftrag anficht,[434] erschließt sich nicht ganz. Schließlich ist jede Anfechtung dergestalt widersprüchlich, dass man eine frühere Entscheidung zurücknimmt. Doch auch sonstige Leerformeln wie der Hinweis auf eine „normativ" gebotene Einschränkung der Anfechtbarkeit[435] oder die bloße Behauptung einer Schutzobliegenheit[436] befriedigen nicht. Dabei liegt die Tücke fremder Drohungen vor allem in der nicht zu unterschätzenden Vielfalt einzelner Sachverhalte, über deren Ergebnis wir uns weithin einig sind. Anders formuliert findet sich hier reichlich Fallmaterial, anhand dessen sich jeder Ansatz – einschließlich des Rechtfertigungsprinzips – bewähren muss.

Nimmt der Erpresste wie in Fall 78 ein Bankdarlehen auf, und ist diese Bank an der Erpressung unbeteiligt, dürfte kaum eine Rechtsordnung geneigt sein, diesen Vertrag für unwirksam zu halten.[437] Schließlich ist das Darlehen für den Erpressten notwendig, um sich zu verbessern. Und da auch die Bank für sich das Rechtfertigungsprinzip beanspruchen kann, ist von ihr nicht zu verlangen, dieses Darlehen zu anderen als den üblichen Konditionen anzubieten. Dabei spielt es auch keine Rolle, ob die Bank von dieser Erpressung erfährt (vgl. Fall 79).

Rechtlich interessant werden durch Dritte herbeigeführte Notsituationen vor allem deshalb, weil sie oft – genauso wie natürliche Notsituationen – eine Ausbeutung ermöglichen.[438] Hierzu gehört Fall 76, in dem sich der Retter für 99 Euro versprechen lässt, den drohenden Raub von 100 Euro abzuwenden. Mit all jenen Ansätzen, die sich nur zu Zwang und Drohung äußern – etwa weil sie allein auf die jeweilige Rechteausstattung verweisen – lässt sich dieser Fall nicht lösen, schließlich verbessert sich das Opfer.[439] Doch billigen wir auch keine Ausbeutung, weshalb es nicht überzeugt, für solche Fälle einfach darauf zu verweisen, dass keine Drohung, sondern nur eine Warnung vorliege.[440] Tatsächlich ist hier zu fragen, was für eine rechtliche Einbuße notwendig

---

[432] *Grotius*, Drei Bücher, 1625/1950, S. 240 (Zweites Buch, Kap. 11, VII. 3.). Zu solchen Verweisen auf Gesetz und Rechtsprechung siehe unten § 16 A.
[433] Wie generell den bloßen Hinweis auf Gesetz oder Rechtsprechung, vgl. nochmals unten § 16 A.
[434] *Canaris*, Bankvertragsrecht, 2. Aufl. 1981, S. 191 (Rn. 378). Skeptisch auch *Martens*, Willensmängel, 2007, S. 345 f.
[435] *Martens*, Willensmängel, 2007, S. 345 f.
[436] *Martens*, Willensmängel, 2007, S. 386.
[437] Siehe hier nur *Blume*, JhJb 38 (1898), 224, 231. Weitere Fälle bei *Kohler*, JhJb 25 (1887), 1, 19.
[438] Dass es hier um eine Ausbeutung geht, betont schon *Blume*, JhJb 38 (1898), 224, 225.
[439] Zutr. *Trebilcock*, Limits, 1993, S. 85.
[440] So aber *Mankowski*, Beseitigungsrechte, 2003, S. 349 f. m.w.N. Näher zur Warnung oben § 4 C. II. 5. f).

ist, um die 100 Euro nicht zu verlieren. Im Fall 76 stellen den Retter auch nur 5 Euro besser.

Wie sieht es nun aus, wenn die ganze Notsituation wie in Fall 80 derart inszeniert war, dass der „Räuber" erst 100 Euro und der „Retter" dann für 99 Euro Schutzgeld verlangt?[441] Hier wird es regelmäßig nicht notwendig sein, 99 Euro zu zahlen, da sich der Raub auch so verhindern lässt. Fehlt es hingegen an einem solchen Einfluss, macht die Zahlung auch wieder Sinn. Nun mag man – schon um das Rechtfertigungsprinzip auf die Probe zu stellen – den Fall dahingehend abwandeln, dass beide Akteure bei ihrem teuflischen Plan dafür sorgen, dass der „Retter" den Raub später tatsächlich nicht mehr anders abwenden kann, als dem Räuber 99 Euro zu zahlen (Fall 81). Hier hilft es dem Opfer, wenn der Räuber die 99 Euro erhält. Doch hat es dann auch einen deliktischen Anspruch gegen den vermeintlichen Retter, weshalb sich beides wieder ausgleicht. Hierauf wurde bereits andernorts eingegangen.[442]

Mit dem Rechtfertigungsprinzip lässt sich auch der vermeintlich besonders ausgeklügelte Fall 77 lösen, wo Entführer E sein Opfer O auf eine abgelegene Insel verschleppt, auf der sich als einziger Arbeitgeber die Fabrik des Entführers sowie eine Fabrik des an der Entführung unbeteiligten Dritten D befinden. Was, wenn nicht nur der Entführer dem Opfer anbietet, für einen Hungerlohn bei ihm zu arbeiten, sondern genauso (ebenfalls für einen Hungerlohn) der Dritte, auf den sich das Opfer notgedrungen einlässt?[443] Nun, ganz unabhängig davon, dass nahezu jede Rechtsordnung dem Opfer einen Schadensersatzanspruch gegen den Entführer zusprechen wird, geht es einfach um die Frage, ob der daran unbeteiligte Dritte unser Opfer ausbeutet, weil er zusammen mit dem Entführer ein (Angebots-) Duopol bildet. Damit kann auf die Ausführungen insbesondere zur Anrechnung früherer Anstrengungen verwiesen werden:[444] Soll unser Opfer etwa für 10 Euro sechzig Stunden die Woche arbeiten, so ist dieser Arbeitsaufwand nicht notwendig, um die Zahlung des Arbeitgebers zu refinanzieren. Vielmehr reicht dazu auch eine sehr viel weniger einschneidende rechtliche Beeinträchtigung. Was den genauen Vertragsinhalt anbelangt, so sei auf das vorherige Kapitel verwiesen.[445]

7. Konnexität

Eine Untersuchung von Zwang und Drohung wäre nicht ohne jene Sachverhalte vollständig, die oft unter dem Stichwort der Konnexität diskutiert werden und sich dadurch auszeichnen, dass wir weder das angedrohte Mittel noch den

---

[441] Siehe dazu etwa *Schliemann*, Die Lehre vom Zwange, 1861, S. 24 oder *Feinberg*, Harm to self, Bd. 3, 1986, S. 196.
[442] Oben § 4 C. II. 5. e).
[443] Beispiel von *Zimmerman*, 10 PhilPublicAff 121, 133 (1981).
[444] Oben § 4 C. I. 3. b).
[445] Oben § 3.

mit der Drohung verfolgten Zweck missbilligen – wohl aber deren Verknüpfung. Bisweilen werden derartige Fälle auch als „gerechtfertigte Drohung"[446] diskutiert. Um sich diesem Thema vorsichtig anzunähern, sollen hier zunächst zwei dogmatisch etwas leichtere Fallgruppen vorangestellt werden, in denen jeweils ein solches Instrument zur Durchsetzung eigener Interessen verwandt wird, das die Rechtsordnung genau für diese Zwecke vorsieht. Denn insoweit können wir sämtliche Fälle billigen, bei denen der geltend gemachte Anspruch dem Rechtfertigungsprinzip genügt.

a) Durchsetzungsrechte

Besonders deutlich wird dies dort, wo der Gläubiger wie in Fall 83 eine zivilrechtliche Klage ankündigt, um die fällige Darlehenszahlung zu erhalten. Ähnlich mag ein Gläubiger mit der Nichtbefriedigung der gegnerischen Forderung (Aufrechnung) „drohen", sollte der Schuldner nicht von sich aus zahlen (Fall 84). Ebenso ist die Ausübung eines Zurückbehaltungsrechts denkbar (Fall 85).[447] Doch auch jenseits des Schuldrechts finden sich zahlreiche Detailregelungen und rechtstechnisch teilweise sehr unterschiedliche Konzepte, die genau bestimmen, wie wir für unsere Rechte eintreten dürfen. Ein sehr altes Instrument sind Notwehr, Nothilfe und Notstand. So darf der Hauseigner den Einbrecher notfalls mit Gewalt verjagen und so sein Eigentum verteidigen (vgl. Fall 89). Ebenso ist ein Sklave heutzutage berechtigt, sich seine Freiheit auch mit Waffengewalt zurückzuholen (vgl. Fall 90). Schließlich mag es toleriert oder gar ausdrücklich gebilligt werden, wenn wir berechtigte Ansprüche dadurch durchsetzen, dass wir uns einer Strafanzeige – ein immerhin auch öffentlichen Interessen dienendes Rechtsinstitut – bedienen. Wie bereits *Köhler* analysiert, gilt das zumindest dort, wo wie in Fall 87 mit dem Diebstahl eine Strafnorm betroffen ist, die sehr stark auch private Interessen schützt.[448]

Und selbst das gleichermaßen arbeits- wie verfassungsrechtlich verankerte Streikrecht ließe sich als ein Instrument interpretieren, das es den Arbeitnehmern erlaubt, einen getreu dem Rechtfertigungsprinzip fairen Vertragsinhalt durchzusetzen.[449] Umgekehrt ist es für den Unternehmer in Fall 86 genauso legitim, einen schludrig arbeitenden Arbeitnehmer dadurch zu mehr Sorgfalt anzuhalten, dass er eine Abmahnung ankündigt oder vornimmt. Substanziell ist das so lange berechtigt, wie tatsächlich ein Anspruch auf eine gewissenhaftere Tätigkeit besteht. Aber auch innerhalb staatlicher Stellen ist die in moder-

---

[446] Ob man es als sprachwidrig ansieht, von einer gerechtfertigten Drohung zu sprechen, sei hier dahingestellt. Denn *diese* Form „normalsprachlicher Analyse" verspricht wenig, vgl. dazu bereits oben bei § 2 Fn. 154.

[447] Vgl. etwa aus dem deutschen Recht nur §§ 273, 320 BGB.

[448] *Kohler*, JhJb 25 (1887), 1, 37 ff.

[449] Hierfür spricht immerhin, dass in manchen Rechtsordnungen politisch-gesellschaftliche Motive nicht oder nur eingeschränkt verfolgt werden dürfen, wobei die Rechtslage international uneinheitlich ist, vgl. dazu nur *Junker*, Konzern, 1992, S. 478 m.w.N.

nen Gesellschaften teilweise sehr ausgeklügelte Kompetenzordnung zu beachten. Böte die Staatsanwaltschaft einem Angeklagten an, für den Anstrich ihres Dienstgebäudes das geforderte Strafmaß zu verringern (Fall 91), so würden viele auch darin eine Drohung sehen.

Schließlich gibt uns der Staat Instrumente in die Hand, um fremde (wie etwa bei der Nothilfe) oder gar öffentliche Interessen zu verfolgen. Kündigt ein rechtschaffener Bürger an, Strafanzeige zu erstatten, sollte sein Nachbar nicht sofort mit dem Drogenhandel aufhören (Fall 92), dann wurde dieses Institut nicht zuletzt dafür geschaffen. Ebenso bringt in Fall 93 der anständige Angestellte zwar seinen Arbeitgeber dazu, von der Affäre abzulassen. Doch solange das Anliegen von Ehemännern, die Ehefrau möge nichts von Affären erfahren, rechtlich ungeschützt bleibt, liegt auch keine rechtliche Beeinträchtigung vor.

b) Ausbeutung

Ähnlich unproblematisch sind diejenigen Fälle, in denen das Rechtfertigungsprinzip verletzt wird und damit die Konnexitätsfrage noch ignoriert werden kann. Fall 96, bei dem der Angestellte sein Wissen um die Affäre zur eigenen Bereicherung nutzt, fällt in diese Kategorie. Hier soll der Arbeitgeber eine Gehaltserhöhung zusagen, die den Marktwert seines Angestellten deutlich überschreitet. Daher ist diese hohe rechtliche Einbuße unnötig, da das Schweigen dem Angestellten wenig abverlangt: Weder ist es sonderlich schwer, sich nicht in fremde Angelegenheiten einzumischen, noch ist ein sonstiger Schaden ersichtlich. Hätte also der Arbeitgeber angesichts einer prekären finanziellen Lage nur wenige Euro anzubieten, würde sich der Angestellte auch damit begnügen und genauso schweigen. Es verhält sich hier nicht anders als bei Fall 45, wo sich der Ausbeutende genauso verbessern und der Ertrinkende damit genauso gerettet würde, wenn der Ertrinkende von vornherein nur wenige Euro verfügbar hätte.[450] Anders wäre dies nur in Fall 97 zu beurteilen, wo der Wissende als höchst rechtschaffende Person dermaßen an der Affäre seines Arbeitgebers leidet, dass er die Gehaltserhöhung benötigt, um seinen moralischen Schmerz zu betäuben. Sehr realitätsnah ist dieses Szenario zwar nicht, wohl aber instruktiv. Ähnlich wie Fall 96 ist Fall 94 zu beurteilen, wo die Androhung, den Drogenhandel aufzudecken, der finanziellen Bereicherung des Wissenden dient. Denn der hohe Verlust von monatlich 500 Euro wird nicht notwendig sein, um die Anzeige zu unterbinden, so dass wir wieder eine gewöhnliche Ausbeutung haben. Und auch im Fall 95 ist die den tatsächlichen Schaden um 500 Euro übersteigende Zahlung nicht notwendig, um die Anzeige abzuwenden.

---

[450] Vgl. oben § 4 C. III. 1.

In all diesen Fällen ist es zivilrechtlich irrelevant, ob der Drohende absichtlich oder rein fahrlässig handelt. Dass eine nicht zu rechtfertigende Gehaltserhöhung erfolgt, ist unabhängig davon zu missbilligen, ob der Angestellte wusste, dass er grundlos Geld erhält. Die Vorstellungslage des Drohenden ändert am substanziellen Befund nichts.[451] Genauso unerheblich ist es, ob die Ausbeutungsmöglichkeit aufwändig erarbeitet wurde, da frühere Anstrengungen nur so weit berücksichtigungsfähig sind, wie sie der Verbesserung der rechtlich beeinträchtigten Person dienen. Auch hier zählt ein Beispiel mehr als tausend Worte: In Fall 99 hatte der Angestellte 1.000 Euro investiert und damit sehr aufwändig „im Dreck gewühlt", um über die Affäre zu erfahren. Nun möchte er wenigstens diese Investitionen zurückerhalten. Doch war dieser Aufwand nun einmal nicht notwendig, um die Affäre geheim zu halten. Nichts zu sagen, erfordert keine Anstrengung und keine früheren Investitionen. Ganz im Gegenteil: Hätte der Erpresser von vornherein nicht von der Affäre erfahren, fiele es ihm sehr viel leichter, diese nicht kund zu tun.

c) Staatliches Gewaltmonopol

Doch wie sieht es mit jenen Fällen aus, die wir rechtlich missbilligen, obwohl keine Ausbeutung erfolgt?[452] So mag der Angestellte sein Wissen um die Affäre seines Vorgesetzten dazu nutzen, eine berechtigte Forderung einzutreiben (Fall 100). Wieso gewähren hier viele Vertragsrechte zumindest ein Lösungsrecht, wenn die Forderung begründet war? Um diese Fragen zu beantworten, müssen wir einen Aspekt aufgreifen, der bisher ignoriert werden konnte und ausführlich erst später zu diskutieren sein wird: die Kompetenzebene. Anscheinend interessiert sich unsere Rechtsordnung nicht nur für den Inhalt einer vertraglichen Forderung, sondern noch für mindestens zwei weitere Fragen: Erstens soll nicht jeder darüber entscheiden dürfen, ob das Rechtfertigungsprinzip im konkreten Fall gewahrt wurde. Oft wird diese Kompetenzzuweisung durch rechtliche Rahmenbedingungen ergänzt, die beispielsweise eine möglichst informierte Entscheidung der so zuständigen Person anstreben.[453] Und zweitens soll nicht jeder über die konkrete Durchsetzung eines Rechts bestimmen können. Gerade hier ist der Staat restriktiv, kennt andererseits aber durchaus Instrumente, um auch Privatpersonen einzuschalten.[454]

Hat man wie hier mit der Kompetenzebene einen neuen Gesichtspunkt eingeführt, so ist das wissenschaftlich zumindest dann eine ernste Niederlage, wenn sich dieser Gesichtspunkt nicht auf das zurückführen lässt, was ohnehin schon vorausgesetzt wurde. Schon deshalb darf die Kompetenzebene nicht zu einer frei verfügbaren Ausrede verkommen, um beliebig *ad hoc* und *ex post*

---

[451] Näher oben § 4 C. II. 5. d).
[452] Siehe zu diesem Problem statt vieler *Trebilcock*, Limits, 1993, S. 81 f.
[453] Näher unten § 8 D.
[454] Näher oben § 4 C. III. 7. a).

jeweils erwünschte Ergebnisse abzuleiten. Doch kann dieser Befürchtung bereits hier entgegen getreten werden. So wird die Verteilung und Ausgestaltung von Kompetenzen eingehend zu erörtern und dann für das gesamte Vertragsrecht zu beachten sein.[455] Vor allem lässt sich diese Kompetenzverteilung ihrerseits mit dem Rechtfertigungsprinzip begründen. Wir benötigen schon deshalb möglichst einfache Zuständigkeitsregeln, weil sich das Rechtfertigungsprinzip nicht von allein verwirklicht, sondern der Umsetzung durch dazu berufene Menschen bedarf. Dementsprechend ist die vertragliche Kompetenzordnung auch konsequent am Rechtfertigungsprinzip auszurichten. Allerdings funktioniert das uneingeschränkt nur für die Festlegung des Vertragsinhalts, während bei der hier interessierenden Durchsetzung berechtigter Ansprüche auch nicht-privatrechtliche, genuin kollektive Interessen hineinspielen[456]. Schließlich wäre es wenig ratsam, einen allein auf den Vertrag zugeschnittenen Vollstreckungsapparat zu errichten. Damit fließen in diesen Vollstreckungsapparat auch Gesichtspunkte hinein, die über das Rechtfertigungsprinzip hinausgehen.

D. Ergebnis

I. Rückblick

Zuvor wurden mit Zwang, Drohung und Ausbeutung solche Fälle untersucht, die angesichts ihrer relativen Einfachheit – Informationsprobleme können weitestgehend ignoriert werden – noch am ehesten lösbar sein sollten. Und doch verlief die Würdigung klassischer Vertragstheorien ernüchternd: Die Willenstheorie hat zu Zwang, Drohung oder Ausbeutung und damit sämtlichen eingangs vorgestellten Fällen nichts zu sagen. Die Unvereinbarkeit von Zwang und Privatautonomie oder ein ewiges Dilemma der Privatautonomie zu beschwören,[457] verspricht hier ebenso wenig Besserung, wie sich auf nichtssagende Leerformeln wie Entscheidungsfreiheit oder Freiwilligkeit zurückzuziehen.[458] Für die Erklärungstheorie gilt nichts anderes, da wer bedroht oder ausgebeutet wird, das Geforderte notgedrungen erklären wird – und zwar vorsätzlich. Die gern bemühte Zurechenbarkeit stellt die Frage allenfalls neu, beantwortet sie jedoch nicht. Wer das bezweifelt, möge versuchen, „Zurechenbarkeit"[459] bei den obigen Fällen zu subsumieren. Weicht man auf andere Konzepte aus, gerät man vom Regen in die Traufe. Mit der Äquivalenz lässt

---

[455] Unten § 8.
[456] Näher zum Unterschied von Privatrecht und öffentlichem Recht unten § 19 E.
[457] *Flume*, FS Deutscher Juristentag, Bd. 1, 1960, S. 135, 143.
[458] Näher zu diesen oben § 4 B. I.
[459] Näher dazu unten § 10 C.

sich von vornherein kein Vertragsinhalt bestimmen, geht es nur um den wertmäßigen Vergleich zweier Leistungen, was unzählige Kombinationen erlaubt. Zudem billigt es unser Recht in zahlreichen Vertragskonstellationen, dass vertragliche Leistung und Gegenleistung keineswegs wertmäßig einander entsprechen.[460] Aber auch wenn man versucht, eine gemeinsame Kooperationsrente zu ermitteln, um diese dann nach verschiedenen Schlüsseln zu verteilen, missachtet das nicht nur die individuell unterschiedlichen Zielvorstellungen, sondern führt wiederum zu unserem Vertragsrecht widerstrebenden Ergebnissen.[461]

Demgegenüber fiel diese Bewährungsprobe für das Rechtfertigungsprinzip positiv aus. Schließlich führt es in der gesamten Bandbreite der für Zwang, Drohung und Ausbeutung einschlägigen Fälle zu Ergebnissen, die dem entsprechen, was die Gerichte nicht nur Europas täglich entscheiden. Komplizierter wurde es allein dort, wo sich wie insbesondere in den Konnexitätsfällen der substanzielle Gesichtspunkt des richtigen Vertragsinhalts mit der Frage vermengt, wem es erlaubt sein sollte, berechtigte Ansprüche durchzusetzen. Bevor allerdings der Leser befürchtet, der Staat solle das Rechtfertigungsprinzip auf jeden einzelnen Fall anwenden, sei hier nochmals darauf hingewiesen, dass zunächst derjenige inhaltliche Maßstab gefunden werden musste, der unserem Vertragsrecht zugrunde liegt. Dies öffnet dann auch den Blick für die diesem Rechtsgebiet zugrunde liegende und äußerst ausgeklügelte Kompetenzverteilung, die noch eingehend zu untersuchen sein wird. Und natürlich werden es dabei oft die Parteien sein, die selbst noch am besten wissen, welcher Vertragsinhalt dem Rechtfertigungsprinzip genügt.[462]

II. Unterscheidungen

1. Überblick

Was für eine große Bandbreite an Fällen das Rechtfertigungsprinzip allein bei Zwang, Drohung und Ausbeutung erfasst, zeigt sich an zahlreichen Unterscheidungen, die oft nur deshalb eingeführt und bisweilen gar für alternativlos erklärt werden, weil das jeweils vertretene Konzept zumindest teilweise versagt. Tatsächlich ist jede neue Differenzierung – sei es als neues Tatbestandsmerkmal oder gar als völlig neue, weitere Theorie –[463] eine empfindliche Niederlage. Und oft wird ein Problem so viel zu früh für gelöst bzw. nicht lösbar erklärt, um den Widerspruch zur eigenen Theorie nicht als das eingestehen zu

---

[460] Näher oben § 4 B. III.
[461] Näher oben § 4 B. IV.
[462] Siehe dazu bereits oben etwa unter § 4 C. I. 3. c) sowie eingehend unten § 8.
[463] Siehe zu weiteren Dualismen etwa auch oben § 3 A. III. 4 sowie unten § 16 A. II. 3.; § 10 D. III.

müssen, was er ist, nämlich ein Widerspruch. Wir sollten uns hüten, die eigenen Unterscheidungen vorschnell für prinzipiell, kategorial, sachlogisch, apriorisch, denknotwendig usw. zu erklären.

So wird es einem normalen Menschen ziemlich gleichgültig erscheinen, ob er seine Geldbörse unter dem Eindruck einer auf ihn gerichteten Waffe wie in Fall 15 und 16 selbst hergeben muss oder sich wie in Fall 13 nicht gegen die Wegnahme wehrt. Und doch soll hier eine fundamentale Grenze verlaufen, nämlich die von Vertrag und Delikt.[464] Bereits behandelt wurde ein vermeintlich fundamentaler Gegensatz von Schenkung und entgeltlichem Vertrag bzw. von Fremd- und Eigennutz. Auch diese Abspaltung ist zwar angesichts der Nöte des Äquivalenzkriteriums verständlich, ausweislich des Rechtfertigungsprinzips aber unnötig.[465] Nicht anders verhält es sich für das Verhältnis von Zwang bzw. Drohung und Ausbeutung, die sich einheitlich erfassen lassen. Hierauf wird gleich zurückzukommen sein.[466] Damit kann dann auch auf die schwierige Abgrenzung von natürlich und menschlich erzeugten Zwangslagen verzichtet werden.[467] Ebenso verzichtbar ist das Tatbestandsmerkmal einer Finalität der Drohung, da das Rechtfertigungsprinzip auch so dem Dilemma entgeht, dem Opfer selbst solche Hilfsangebote abzuschneiden, die substanziell nicht zu beanstanden, ja uneingeschränkt begrüßenswert sind.[468] Wie bereits im vorherigen Kapitel illustriert, benötigen wir auch für den genauen Vertragsinhalt – also jenseits des hier überwiegend nur thematisierten Preises – nicht etwa ein neues Kriterium, sondern können wiederum auf das Rechtfertigungsprinzip zurückgreifen.[469]

In einer Hinsicht ist allerdings davor zu warnen, unter einer bloßen Leerformel scheinbar zu vereinbaren, was zweckmäßigerweise zu trennen ist: Wenn unter Stichworten wie Freiwilligkeit oder Entscheidungsfreiheit nicht nur Zwang oder Drohung, sondern auch Unwissenheit dogmatisch erfassbar sein sollen, so fällt diese Einheitslösung zunächst deshalb nicht schwer, weil die genannten Stichworte mangels Subsumierbarkeit alles und nichts bedeuten können.[470] Doch besteht hier ein wichtiger Unterschied, geht es bei den bisher diskutierten Fallgruppen ausschließlich um substanzielle Kriterien, nämlich den Vertragsinhalt. Unwissenheit tritt hingegen als dogmatisches Problem erst dort auf die rechtliche Bühne, wo Menschen Entscheidungen treffen und dabei auch irren können. Dazu muss aber erst – anhand des Rechtfertigungsprinzips – geklärt werden, was bisher weitestgehend ausgeblendet bleiben konnte,

---

[464] Näher oben § 4 B. I. 2. sowie unten § 18 D. I.
[465] Näher oben § 3 B. II. 5.
[466] Unten § 4 D. II. 2.
[467] Näher oben § 4 C. III. 5. a) (vgl. dort auch Fn. 419).
[468] Näher oben § 4 C. II. 4.; § 4 C. III. 6.
[469] Siehe oben § 3.
[470] Näher oben § 4 B. I. 4. b).

nämlich die Zuständigkeit konkreter Personen für die Bestimmung des Vertragsinhalts. Demgegenüber bedurfte es bisher – überspitzt formuliert – keiner denkenden Menschen, sondern nur einzelner Subjekte mit Rechten und Zielen.

2. Zwang versus Ausbeutung

a) Kategoriale Wesensverschiedenheit?

Ein gutes Beispiel für Sinn und Unsinn dogmatischer Unterscheidungen ist die Gegenüberstellung von Zwang bzw. Drohung einerseits und Ausbeutung andererseits. So wird oft darüber gestritten, ob es so etwas wie ein zwingendes Angebot geben könne. Manche halten das für möglich,[471] überwiegend wird es jedoch abgelehnt.[472] Doch handelt es sich dabei um eine rein begriffliche Streitigkeit, bei welcher der normale Sprachgebrauch – wollte man ihn als alleinige Autorität für eine zweckmäßige Begriffsbildung heranziehen – unscharf ist, wie allein die „Drohung" Dritter, die „Drohung" mit einem Unterlassen oder die oft als Drohung diskutierte Konnexität verdeutlichen. Andererseits bietet es sich als gedankliche Ordnung durchaus an und wurde auch hier praktiziert, unter Zwang und Drohung solche Fälle zu verstehen, in denen sich das Opfer verschlechtert. Für die Ausbeutung mag man demgegenüber jene Situationen reservieren, in denen die Verbesserung lediglich zu gering ausfällt.[473] Bei einer solchen Definition kann ein Angebot nur ausbeuterisch sein, verschafft es schließlich neue Optionen, vergrößert den Handlungsspielraum und erlaubt so eine persönliche Verbesserung. Dementsprechend wäre dem Betroffenen auch nicht damit gedient, einen Vertragsschluss gänzlich zu verbieten.

Jedoch sollte man sich hüten, aus solchen Begrifflichkeiten vorschnell weitergehende Schlüsse zu ziehen. Problematisch wird es spätestens dort, wo die Unterscheidung von Zwang/Drohung und Ausbeutung für sachlogisch vorgegeben erklärt wird. So soll – um hier nur eine besonders deutliche Stellungnahme aufzugreifen – der Versuch, den Zwangscharakter von Angeboten aus ihrer ausbeutenden Natur herzuleiten, gar von einer Uminterpretation wesentlicher Prinzipien westlicher Rechtsordnungen und der Verflüssigung des Satzes *pacta sunt servanda* abhängen.[474] Wolle man nicht die *Marxsche* Mehr-

---

[471] Stellv. *Feinberg*, Harm to self, Bd. 3, 1986, S. 216 („*coercive proposals*") sowie wohl auch *Frankfurt*, in: Honderich (Hrsg.), Essays, 1973, S. 65, 66.
[472] So die wohl überwiegende Ansicht, vgl. nur *Gutmann*, Freiwilligkeit als Rechtsbegriff, 2001, S. 88 f., 149 f., passim m.w.N.
[473] Näher oben § 4 C. III. Zur deutschen Diskussion speziell zum Verhältnis von § 123 und § 138 BGB vgl. etwa *Lorenz*, FS Canaris, Bd. 1, 2007, S. 777; *Sack/Fischinger*, Staudinger, Neubearb. 2011, 2011, § 138 BGB Rn. 176 ff. mit umf. Nachw.
[474] Stellv. *Gutmann*, Freiwilligkeit als Rechtsbegriff, 2001, S. 157 ff., 181 ff., passim; *Gutmann*, in: Schulze (Hrsg.), New Features, 2007, S. 49, 51 f., passim jeweils m.w.N.

werttheorie übernehmen, entziehe sich der Terminus „Ausbeutung" einer einfachen Definition.[475] Und ganz ähnlich soll bei Zwang und Drohung die – leider nicht subsumierbare –[476] Willensfreiheit beeinträchtigt sein, während es bei der Ausbeutung vor allem um Äquivalenzstörungen gehe[477] – ein Kriterium, dessen Fragwürdigkeit ausführlich dargelegt wurde.[478] Andere sprechen einfach von einem Schicksalsschlag, ohne darauf einzugehen, dass und warum unser Vertragsrecht sich mit Ausbeutungen keineswegs abfindet[479] – ganz zu schweigen von ganzen Rechtsbereichen, die sich der Bekämpfung und Missbrauchskontrolle von Monopolen widmen. Oft heißt es auch, nicht um privatrechtliche Wertungen gehe es bei der Ausbeutung, sondern um rein sozialstaatliche Gesichtspunkte.[480] Eine weitere Variante besteht in dem bloßen Hinweis, dass hier ein Verteilungsproblem vorliege – als ob es bei Vertragsrechtsfragen nicht immer auch um Verteilung ginge und dafür Maßstäbe gesucht würden.[481] Ein Schelm, wer bei alldem denkt, dass die Ausbeutung vielleicht auch deshalb ausgeblendet wird, weil weder der nicht subsumierbare Begriff der Freiwilligkeit noch der bloße Hinweis auf die jeweilige Rechteausstattung erklären kann, warum wir es missbilligen, wenn in Fall 45 die Rettung des Ertrinkenden ein kleines Vermögen kosten soll. Geht es im Vertragsrecht gar um inhaltliche Anliegen?[482] Wenn der Ausbeutung weder mit Entscheidungsfreiheit, Freiwilligkeit oder ähnlichen Begriffen noch über den bloßen Hinweis auf die rechtliche Ausgangslage beizukommen ist, so liegt das allein an der theoretischen Unzulänglichkeit dieser Theorien und nicht etwa an philosophischen Apriorien. Tatsächlich sind die Übergänge zwischen Zwang bzw. Drohung und Ausbeutung fließend. Schon rein intuitiv leuchtet es nicht ein, dass ein früher geschlossener Vertrag, unterschiedliche Aufwendungen oder die Höhe des Entgelts trotz völlig identischer Entscheidungssituation des Opfers darüber entscheiden sollen, ob wir einen privatrechtlichen oder aber sozialrechtlichen Fall vor uns haben.[483] Sollen wirklich ein paar Cent

---

[475] *Gutmann*, in: Schulze (Hrsg.), New Features, 2007, S. 49, 53 (dort Fn. 10). Vgl. dort auch S. 59 („… ideale Arbeitssituation für den moralisch sensiblen Richterkönig.").

[476] Näher oben § 4 B. I. 4. b).

[477] Stellv. *Schindler*, Entscheidungsfreiheit, 2005, S. 27, 33 (dort zum Verhältnis von § 123 Abs. 1 BGB und § 138 Abs. 1 BGB). Ähnlich soll nach *Schliemann*, Die Lehre vom Zwange, 1861, S. 124 ein der Erklärung entsprechender Wille bei einer Ausbeutung anders als bei Zwang oder Drohung fehlen.

[478] Näher oben § 4 B. III. 2.

[479] Stellv. *Martens*, Willensmängel, 2007, S. 333.

[480] Vgl. oben Fn. 474, 475. Näher zur Abgrenzung von Privat- und öffentlichem Recht unten § 19 E.

[481] Allgemein dazu unten § 19 C. IV. Siehe auch die oben in Fn. 227 wiedergegebenen Ausführungen *Gordleys*.

[482] Näher dazu unten § 19 D.

[483] Vgl. dazu nur nochmals die Fälle 23, 24, 45, 46 und 49 sowie dazu etwa oben § 4 B. I. 3.

Entgeltunterschied oder soll ein zuvor (nicht) geschlossener Vertrag über die Zugehörigkeit zum Vertragsrecht entscheiden? Auch rein praktisch müssten beide Rechtsinstitute selbst dort, wo eindeutig entweder Drohung oder Ausbeutung vorliegt und es lediglich um eine pauschale Bewertung geht,[484] aufwändig[485] voneinander abgegrenzt und je nach Prüfungsausgang ganz unterschiedliche Voraussetzungen geprüft oder gar verschiedene Gerichtswege beschritten werden.

Nun empfindet zwar auch der Verfasser eine gewisse Sympathie für das klassisch-rechtebasierte Denken, beruht doch auch das eigene Konzept darauf. Doch ignoriert das nicht nur sämtliche Ausbeutungsfälle. Es sind verschiedene Vorstellungen und Definitionen von Freiwilligkeit denkbar, die es schon deshalb ernst zu nehmen gilt, weil die Versuche, derartigen Begrifflichkeiten eine klar subsumierbare und damit für jedermann überprüfbare Kontur zu verleihen, bisher kläglich gescheitert sind.[486] Auch unsere Normalsprache ist alles andere als eindeutig – man denke an Formulierungen wie: *„And that's a promise!"*

b) Rechtsfolge

Selbst für die Rechtsfolge lässt sich nicht ohne Weiteres ein fundamentaler Unterschied zwischen Zwang/Drohung und Ausbeutung ausmachen. Scheinbar ist es zwar nur bei einer Ausbeutung geboten, den Vertrag anzupassen, während er bei Zwang oder Drohung gänzlich zu verwerfen wäre. Schließlich haben wir bei der Ausbeutung eine beiderseitige Verbesserung – eine Rechtsänderung macht also Sinn –, während sich das Opfer bei der Drohung verschlechtert. Im Beispiel des ertrinkenden Millionärs (Fall 45) liegt es daher nahe, dem Retter statt der versprochenen 100.000 Euro zwar nur einen deutlich geringeren Betrag zuzusprechen, ihn aber nicht völlig leer ausgehen zu lassen.[487] Schon deshalb darf man den Ausbeutungsfällen nicht zivilrechtsdogmatisch ausweichen, sondern muss dafür gleichermaßen überprüfbare wie praktikable Konzepte liefern. Und während die Missbilligung von Zwang und Drohung auf Basis einer rechtlichen Anfangsausstattung allen aufwändigen

---

[484] So kann ein Gericht etwa nach dem deutschen BGB bei erfolgter Anfechtung u.U. darauf verzichten, zwischen § 123 und § 138 abzugrenzen, wenngleich jedenfalls bei einer Ausbeutung, bisweilen aber auch bei Zwang oder Drohung, eine Vertragsanpassung sinnvoll erscheint (dazu gleich).

[485] So mag der Sachverhalt unklar oder die rechtliche Ausgangslage nur unscharf zu bestimmen sein.

[486] Näher oben § 4 B. I. 4.

[487] Vgl. zu dieser Einsicht und gesetzlichen Vorbildern nur *Blume*, JhJb 38 (1898), 224, 227 sowie bereits oben § 4 B. II. 2. a). Diese Anpassung wird von *Gutmann*, Freiwilligkeit als Rechtsbegriff, 2001, S. 169 (dort zum Fall 45 des in der Wüste Verdurstenden) vernachlässigt, was insofern verständlich ist, als Freiwilligkeitskonzepte auch für die Ausbeutung keinerlei überprüfbare oder gar praktisch anwendbare Maßstäbe bereithalten, vgl. oben § 4 B. I. 4. b).

philosophischen Diskussionen zum Trotz letztlich banal ist,[488] spielt die – genuin zivilrechtliche – Musik bei der Ausbeutung, wie nicht nur die hier diskutierten Fälle illustrieren, sondern genauso die Diskussionen etwa um Eheverträge, gesellschaftsrechtliche Abfindungsklauseln, Sanierungsvereinbarungen oder Angehörigenbürgschaften.

Anders als bei der Ausbeutung könnte man allerdings für die Drohung glauben, dass hier eine Vertragsanpassung überflüssig[489] und damit zumindest insofern eine Abgrenzung möglich sei. Doch stimmt nicht einmal das. So mag ein Käufer anbieten, eine 100 g-Tafel für 1 Euro zu erwerben. Zwingt ihn nun der Verkäufer unter vorgehaltener Pistole dazu, 1,50 Euro zu zahlen, obwohl auch ein Preis von 1 Euro den Verkäufer besser stellen würde (Fall 19), so wäre hier eine Vertragskorrektur durchaus denkbar.[490]

---

[488] Näher oben § 4 C. I. 1. c).

[489] Das wird oft zumindest implizit angenommen, vgl. nur *Kohler*, JhJb 25 (1887), 1, 26 f.: „Der Metus macht das ganze Geschäft ineffektiv, … es findet nicht eine bloße Minderung auf ein raisonnables Maß statt"; *Blume*, JhJb 38 (1898), 224, 227, 258 sowie aus jüngerer Zeit *Gutmann*, in: Schulze (Hrsg.), New Features, 2007, S. 49, 55, der ein Paradox des Aubeutungsschutzes darin sieht, dass es bei der Ausbeutung Relationen gebe, die für beide Seiten vorteilhaft sind, während es immer im Interesse eines Opfers von Zwang liege, von der erzwungenermaßen eingegangenen Verpflichtung befreit zu werden.

[490] Wenngleich im deutschen Recht die §§ 123, 142 Abs. 1 BGB wenig Interpretationsspielraum lassen, tendiert die Diskussion auch dort eher zu größerer Flexibilität bei den Rechtsfolgen, was nicht nur die zunehmende Bedeutung der *culpa in contrahendo* zeigt, sondern auch die Diskussion um § 138 BGB (stellv. *Sack/Fischinger*, Staudinger, Neubearb. 2011, 2011, § 138 BGB Rn. 107 ff., 255 ff., 282 f.), um die geltungserhaltende Reduktion (stellv. *Hager*, Aufrechterhaltung, 1983; *Hager*, JZ 1996, 175; *Roth*, Fehlgeschlagene Verwendung 1994) oder um die Auswirkungen von Leistungsstörungen (stellv. *Lorenz*, FS Wolfsteiner, 2008, S. 121).

§ 5 Risiko

A. Problem

I. Praktische Bedeutung

Dass Unwissenheit angesichts der Komplexität unser Welt sowie unserer begrenzten geistigen Fähigkeiten allgegenwärtig ist und damit auch unser Vertragsrecht prägt, kann nicht oft genug betont werden. Risiko ist ein spezieller Ausdruck von Unwissenheit und bildet daher einen wichtigen Begriff etwa der Soziologie, die auch den vielzitierten Begriff der Risikogesellschaft prägte.[1] Auch das öffentliche Recht, dort insbesondere das Verwaltungsrecht, beschäftigt sich zunehmend mit der rechtlichen Einordnung und Bewältigung von Risiken.[2] Es dürfte daher wenig verwundern, wenn wir auch im Zivil- und speziell im Vertragsrecht dringend darauf angewiesen sind, dieses Phänomen dogmatisch stimmig einzuordnen. Das betrifft nicht nur klassische Risikoverträge wie Versicherung, Spiel oder Wette. Genauso betroffen sind das gesamte Leistungsstörungsrecht, klassische Irrtumskonstellationen oder die Bestimmung der genauen Handlungsspielräume von Gläubiger und Schuldner.[3] Wer Verträge schließt, muss oft Risiken eingehen, während umgekehrt das privat wie staatlich gesetzte Recht Risiken und damit auch die Verwirklichung privater Ziele beeinflusst. Wollte man die Vertragspartner von jedem Irrtumsrisiko befreien, wäre damit letztlich niemandem geholfen.[4] Auf einer ganz grundlegenden Ebene ist die dogmatische Erfassung von Risiko vor allem deshalb so wichtig, weil wir erklären müssen, warum die Rechtsordnung bisweilen auch dann Schädigungen hinnimmt, wenn eine Wiederherstellung des Ausgangszustands oder ein Ausgleich ohne Weiteres möglich wäre.

Nur einen speziellen Anwendungsbereich des Umgangs mit Risiko bildet die Bewertung von Spekulation, die unterschiedliche Facetten wie etwa die schlichte Geldanlage, Kursabsicherungen oder Arbitrage bis hin zur Amateurspekulation kennt. Gerade hierfür kann auf eine sehr lange und teilweise sehr

---

[1] *Beck*, Die Risikogesellschaft, 1986.
[2] Stellv. *Di Fabio*, Risikoentscheidungen, 1994.
[3] Näher unten § 6; § 16; § 18 B. IV.
[4] Näher unten § 17 C. II. 2. b).

tiefgründige gedankliche Auseinandersetzung zurückgegriffen werden – etwa die Diskussionen um den gerechten Preis in der Scholastik.[5]

II. Dogmatische Herausforderung

Angesichts der großen praktischen Bedeutung von Risiko für vertragsrechtliche Fragestellungen könnte man meinen, dass es zu diesem Begriff wie auch dessen rechtsdogmatischer Einordnung zahlreiche Stellungnahmen gibt. Doch ist dem nicht so, vielmehr sind vertiefte Untersuchungen spärlich gesät. Nach welchen Maßstäben allein die typischen Risikoverträge dogmatisch zu erfassen sind, ist alles andere als zufriedenstellend untersucht.[6] Den wohl wichtigsten Beitrag liefert dabei die Habilitationsschrift *Hensslers* zum Risiko als Vertragsgegenstand, die hier dementsprechend viele kritische wie zustimmende Stellungnahmen auf sich ziehen wird. Daneben finden sich vor allem im Leistungsstörungsrecht Abhandlungen zur Risikoverteilung.[7] Auch gibt es einige Arbeiten zur Spekulation.[8] Präzise Tatbestandsmerkmale sucht man bei alldem aber regelmäßig vergeblich. In der Rechtspraxis äußert sich das in teilweise kaum vorhersehbaren und kasuistisch nur schwer einordbaren Einzelfallentscheidungen.[9] Manche halten daher eine übergreifende Lösung nur zum Preis eines äußerst hohen Abstraktionsniveaus für möglich, d.h. das Risikoproblem durch einfachen Subsumtionsakt für nicht lösbar.[10]

Allerdings erklärt sich dieser überschaubare Forschungsstand vielleicht auch daraus, dass Risiko nicht nur ein schwer zu beschreibendes Phänomen ist, sondern sich auch mit traditionellen Gesichtspunkten wie Wille, Erklärung oder Äquivalenz kaum erfassen lässt. Tatsächlich ist es gerade in rechtlichen Zusammenhängen alles andere als offensichtlich, was Risiko auszeichnet, wie es dogmatisch relevant wird und wie es sich zum menschlichen Wissen oder Wollen verhält. Und wiederum sind es nicht etwa die großen

---

[5] Siehe dazu die Nachweise oben § 4 B. III. sowie unten ab Fn. 21.
[6] Zutr. *Henssler*, Risiko, 1994, S. V. Für diese Arbeit weniger relevante Aspekte des Risikos im Privatrecht vgl. aber etwa auch *Mäsch*, Chance und Schaden, 2004 oder *Wilhelmi*, Risikoschutz durch Privatrecht, 2009.
[7] Stellv. *Koller*, Risikozurechnung, 1979. Besonders offen wird der Risikoaspekt etwa beim Wegfall der Geschäftsgrundlage und ähnlichen Instituten diskutiert, vgl. dazu näher unten § 6 B. III. 3.
[8] Für eine Darstellung ökonomischer Theorien zur Spekulation siehe etwa *Klöhn*, Spekulation, 2006.
[9] Zutr. *Henssler*, Risiko, 1994, S. V, 28 f. unter Hinweis auf Rechtsprechungsformeln wie: „Ist einer Vertragspartei infolge einer planwidrigen Entwicklung das weitere Festhalten an einer vertraglichen Regelung nach Treu und Glauben nicht zumutbar, so ist der Vertrag an die tatsächliche Situation anzupassen." Allerdings ist das von ihm selbst präsentierte Gesamtkonzept von einigen Unbestimmtheiten auch nicht frei, vgl. unten bei Fn. 71.
[10] Stellv. *Henssler*, Risiko, 1994, S. 24, 29.

philosophischen als eher die kleinen praktisch-profanen Fragen, die das größte Kopfzerbrechen, aber auch den meisten Ertrag, versprechen.

1. Risiko

Risiko taucht bei rechtlichen Fragestellungen zumindest in dreierlei Hinsicht auf: Zunächst sollte jede Vertragstheorie erklären können, warum Risikoverträge dann, wenn sich das Risiko realisiert, weiterhin als gerecht empfunden und nicht etwa korrigiert werden. Wenn also der Roulettespieler voller Überzeugung, dass ganz sicher Rot kommen werde, auf Rot setzt (Fall 102), warum erkennen wir hier trotz seines Irrtums den Vertrag und die damit verbundene Schädigung des Spielers an? Immerhin berücksichtigt jede Rechtsordnung auch Motivirrtümer (etwa als Wegfall der Geschäftsgrundlage), und für das vom Verfasser vertretene Rechtfertigungsprinzip gilt nichts anderes. Und warum korrigieren wir einen solchen Vertrag dann, wenn etwa der Roulettetisch wie in Fall 103 manipuliert war? Es gilt also, das Spezifische gerade an Risikoverträgen zu erfassen und dogmatisch stimmig einzuordnen. Häufig wird dieser Herausforderung ausgewichen, indem lediglich die Frage nach dem genauen Vertragsinhalt neu als eine solche der Risikoverteilung ausgesprochen wird. Dogmatisch gewinnt man dadurch nichts. Besonders weit verbreitet sind auch Formulierungen dergestalt, dass Risiko jedem Vertrag immanent, für diesen kennzeichnend, ja in der Schaffung von Risiken geradezu der Sinn einer vertraglichen Bindung zu sehen sei.[11] Hier ist zunächst wie sonst auch sorgsam zu unterscheiden, ob etwas wie das Risiko an sich unerwünscht ist und lediglich in Kauf genommen wird, oder aber tatsächlich erstrebenswert ist.[12] Meistens geht es nur um Ersteres. Vor allem aber ergeben Verträge auch ohne Risiken Sinn[13] und dienen dazu, Risiken zu verringern.[14] Besitzt wie in Fall 5 eine Person einen Apfel, bevorzugt aber Orangen, während es sich beim Vertragsgegner umgekehrt verhält, ist ein Tausch selbst bei vollständiger Kenntnis über alle Umstände gleichermaßen sinnvoll wie risikolos. Einer Rechtsänderung bedarf es hier deshalb, weil das Eigentum am Obst geschützt ist und nur dann übergeht, wenn dies jeweils zur individuellen Verbesserung notwendig ist. Dass sich praktisch nur sehr wenige Verträge finden lassen, die völlig frei von Risiken sind, ändert daran nichts.

Neben der Einordnung typischer Risikoverträge erscheint es zumindest denkbar, Risiko als rechtliches Tatbestandsmerkmal zu verwenden, sei es als Teil eines Gesetzes, einer Urteilsbegründung oder einer vertraglichen Verein-

---

[11] Bisweilen so formulierend *Henssler*, Risiko, 1994, S. 12 f., 24, passim.
[12] Näher unten § 9 C. II. 2.; § 10 C. III. 2.; § 10 C. IV. 2. Dieser Unterschied wirkt sich spätestens dort aus, wo ein Risiko ohne andere Nachteile vermeidbar ist. Vgl. auch unten § 5 D. I. zur Rechtfertigung von Risiken.
[13] Vgl. etwa unten § 5 E. III. 2.; passim.
[14] Näher unten § 5 D. II.

barung. Dementsprechend findet sich oft die These, dass eine Partei ein bestimmtes Risiko übernehmen, tragen oder verteilen solle. Inwieweit derartige Ansätze dogmatisch überzeugen oder eher missverständlich sind, wird hier zu untersuchen sein.

Schließlich kann sich Recht zumindest auf Risiken auswirken und insofern zu berücksichtigen sein. Dass es solche Einflüsse gibt, liegt auf der Hand, wurde Recht geradezu dadurch definiert, dass bestimmte Ereignisse oder Zustände tatsächlich eintreten, also gerade nicht Gegenstand von Unwissenheit sind.[15] Wann immer ein Recht besteht oder neu entsteht, beseitigt es Risiken. Damit lässt sich Recht einschließlich vertraglicher Vereinbarungen gezielt einsetzen, um die allgegenwärtige Unsicherheit so zu beeinflussen, dass es den Zielen der Vertragsparteien möglichst förderlich ist.

2. Spekulation

Angesichts des engen Zusammenhangs mit Risiko verwundert es nicht, wenn auch das Phänomen der Spekulation bisher wenig aufgearbeitet ist. Gerade auf eine rechtsdogmatische Einordnung oder gar konkrete Ableitung der letztlich propagierten Wertungskriterien verzichten die einschlägigen Arbeiten[16] regelmäßig. Zur geringen vertragstheoretischen Popularität dieses Themas mag auch beigetragen haben, dass der Begriff der Spekulation oft in einem (negativ) wertenden Sinn verwendet wird, Spekulation also als irrational, unseriös oder moralisch verwerflich gilt.[17] Im Vordergrund der Diskussionen steht angesichts dieses normativen Elements die Frage, welche typischerweise als spekulativ bezeichneten Verträge tatsächlich rechtlich missbilligenswert sind. Denn dass es sinnvoll sein kann, etwa langfristige Geldanlage, Kursabsicherung oder Arbitrage zu betreiben,[18] ist heutzutage weithin anerkannt. Umgekehrt finden sich aber auch viele Verhaltensweisen, die wir als problematisch empfinden. Dazu gehören Spiel und Wette, die stark regulierte und oft hinterfragte Amateurspekulation oder der Insiderhandel.[19] Rechtsdogmatisch geht es auch hier darum, eine überzeugende Trennlinie zwischen erwünschten und unerwünschten Vertragsinhalten zu ziehen.[20]

---

[15] Oben § 2 B. I. 2. b).
[16] Siehe etwa *Schwark*, FS Steindorff, 1990, S. 473; *Klöhn*, Spekulation, 2006 oder besonders instruktiv *Nell-Breuning*, Börsenmoral, 1928.
[17] So etwa die Vermutung von *Schwark*, FS Steindorff, 1990, S. 473, 474. Zur rein begrifflichen Fragestellung, ob Spekulation wertneutral oder aber bereits als missbilligenswert definiert werden sollte, vgl. unten § 5 B. II.
[18] Näher unten § 5 E. V. 1.; § 5 E. VI.; § 5 E. VII.
[19] Näher unten § 5 E. I.; § 5 E. VIII. 1.; § 5 E. VIII. 4.
[20] Zu den entsprechenden Versuchen gehört die Differenzrechtsprechung von Reichsgericht und Bundesgerichtshof, vgl. RG, Urt. v. 28.3.1923, RGZ 107, 22, 24ff.; BGH, Urt. v. 20.12.1971, BGHZ 58, 1, 5. Siehe zu dieser uralten Diskussion auch die Unterscheidung von *Eberstadt*, Spekulation, 1907, S. 2ff., 179ff. zwischen Handelsspekulation und reiner

A. Problem

Dabei können gleichermaßen Rechtswissenschaft wie Ökonomik auf die oft sehr fundierten Analysen der scholastischen Preistheorien zurückgreifen, deren Vertreter – wenn auch oft unter dem Gesichtspunkt des alttestamentarischen Zinsverbots – ein alles andere als plumpes Verständnis von der Funktionsweise von Märkten und den sich damit stellenden Wertungsfragen entwickelten.[21] Das beginnt bereits bei den dort herausgearbeiteten, keineswegs trivialen Fragestellungen: Lassen sich etwa Gewinne rechtfertigen, die durch bloß zufällige Schwankung und damit ohne irgendeine Anstrengung oder sonstige Leistung des Profiteurs anfallen?[22] Dass dies unter vielerlei Gesichtspunkten wie der Äquivalenz angreifbar ist, liegt auf der Hand. Oder warum ist es hinzunehmen, dass die gleiche Ware an verschiedenen Orten oder Zeiten zu unterschiedlichen Preisen gehandelt wird? Und wie lässt es sich begründen, dass dem Händler, selbst wenn er die Ware nur weiterreicht und sie nicht in irgendeiner Form verbessert, eine Gewinnmarge zusteht?[23] Schließlich ist zu fragen, ob in die Bewertung einzelner Verträge auch kollektivistische Gesichtspunkte Eingang finden. Angenommen, Spekulation führt gesamtwirtschaftlich zu mehr Liquidität oder aber provoziert umgekehrt unerwünschte Kursschwankungen, ist auch das vertragstheoretisch zu berücksichtigen?

3. Fälle

Bereits die bisherigen Andeutungen sollten verdeutlicht haben, dass es ohne eine stimmige Einordnung von Risiko und Spekulation unmöglich ist, ein allgemeingültiges vertragstheoretisches Konzept zu entwerfen. Dabei stehen die in diesem Kapitel zu untersuchenden, klassischen Risikoverträge praktisch besehen nicht einmal im Vordergrund, da das allgemeine Irrtums- oder Leistungsstörungsrecht sehr viel häufiger relevant werden dürfte. Wenn dennoch zunächst nur einige sehr typische Risikoverträge betrachtet werden, so hat das zwei Gründe: Erstens erlauben es so scheinbar schlichte Verträge wie das Glückspiel, das Kernproblem zu erfassen, sich darauf zu konzentrieren und es theoretisch zu durchdringen. Weiterhin ist hier häufig zwar nicht die Begründung, wohl aber das abschließend zu fällende Ergebnis weithin anerkannt. Wer in einem staatlichen Kasino auf die falsche Farbe setzt, hat genauso Pech wie der Versicherungsnehmer, der seine Prämie – im Nachhinein betrachtet – völlig umsonst bezahlt.

Wertspekulation sowie dazu *Nell-Breuning*, Börsenmoral, 1928, S. 127f. Diese Herausforderung betonen etwa auch *Henssler*, Risiko, 1994, S. 290ff., 735f. oder *Klöhn*, Spekulation, 2006, S. 22.

[21] Sehr instruktiv dazu *Nell-Breuning*, Börsenmoral, 1928, S. 46ff., 56, 63f., 71, passim. Aus jüngerer Zeit vgl. etwa *Gordley*, 69 CalifLRev 1587 (1981).

[22] Näher *Nell-Breuning*, Börsenmoral, 1928, S. 56ff., 134f., 159, passim.

[23] Näher *Nell-Breuning*, Börsenmoral, 1928, S. 65ff.

102. **Schlechter Lauf:** Roulettespieler R beobachtet, dass die letzten sieben Male immer nur Schwarz gefallen ist. In der gleichermaßen festen wie naiven Überzeugung, dass deshalb jetzt ganz sicher nicht mehr Schwarz, sondern Rot fallen werde, setzt er in der staatlich genehmigten Spielbank S 1.000 Euro auf Rot. Leider fällt Schwarz.

103. **Defekter Tisch:** Roulettespieler R setzt in der staatlich genehmigten Spielbank S 20 Euro auf Rot. Leider fällt Schwarz. Später stellt sich heraus, dass seine Gewinnchance durch einen defekten Spieltisch – der schwarze Farbton ist weniger rutschig – nur 25% betrug.

104. **Aufwändig manipulierter Tisch:** Roulettespieler R setzt in der staatlich genehmigten Spielbank S 20 Euro auf Rot. Leider fällt Schwarz. Später stellt sich heraus, dass S den Spieltisch aufwändig manipuliert hat, so dass Rs Gewinnchance nur 25% betrug. S wendet – sachlich zutreffend – ein, sie benötige die höhere Ertragsaussicht, um ihre Investitionen in die Manipulation des Spieltisches wieder zurückzuholen.

105. **Risiko in Maßen:** Rentner R hat Spaß daran, wöchentlich 5 Euro in der staatlich genehmigten Lotterie zu setzen. So erlebt er ein wenig Spannung und kann zusammen mit seinen Freunden vergnügt die Lottoziehung verfolgen.

106. **Lotteriefeind trifft Lottofreund:** Spender S möchte Gutes tun und spendet dem lokalen Sportverein 100 Euro. Als kleine Anerkennung bekommt er ein Tombolalos. Da S jedoch nicht gerne spielt, verkauft er dieses gleich weiter an seinen Freund F, der Spaß daran hat, ein wenig Spannung zu verspüren und bei der Auslosung dabei zu sein.

107. **Große weite Welt:** Ehepaar E genießt es, einmal im Jahr fein angezogen die traditionsreiche und sehr schön eingerichtete Spielbank B zu besuchen. Dieser Spaß ist es ihnen wert, am Abend auch einmal mit 100 Euro weniger in der Tasche nach Hause zu fahren.

108. **Blumen:** Verehrer V bemerkt, dass er nur noch 3 Euro in seiner Tasche hat, aber unbedingt Blumen benötigt, um seine Geliebte zu beeindrucken. Da ein Blumenstrauß jedoch 6 Euro kostet, geht er kurz in die benachbarte Spielbank, um dort die 3 Euro auf Rot zu setzen. Denn 3 Euro kann er gut verschmerzen, aber sollte er so doch noch schnell an den Blumenstrauß kommen, wäre das eine Erlösung.

109. **Lohnende Versicherung:** Radfahrer R schließt für 30 Euro eine Haftpflichtversicherung mit Versicherung V ab. Diese Investition lohnt sich richtig, denn wenige Tage später fährt er fahrlässig einen jungen, gut verdienenden Fußgänger dermaßen unglücklich an, dass dieser berufsunfähig wird. Der Schaden geht in die Millionen.

110. **Nutzlose Versicherung:** Radfahrer R schließt für 30 Euro eine Haftpflichtversicherung mit Versicherung V ab. Nach einem Jahr stellt er frustriert fest, dass diese Ausgabe völlig nutzlos war – er musste absolut niemandem Schadensersatz zahlen.

A. Problem

111. **Teurer Versicherungskunde:** Versicherungsnehmer V wird Kunde des Krankenversicherers K. Was V jedoch bei Vertragsschluss verschwiegen hatte: Er leidet an einer chronischen Krankheit, die sehr hohe Behandlungskosten aufwirft.

112. **Darlehen:** Jurist J möchte sich als Rechtsanwalt selbständig machen und bittet daher Bank B um ein Existenzgründerdarlehen. B ist einverstanden und verlangt den dafür üblichen Marktzins. J geht pleite.

113. **Sicheres Darlehen:** Unternehmer U stellt erschrocken fest, dass er schnell nach Hause fliegen muss, um seine Steuererklärung rechtzeitig fertigzustellen und so eine hohe Strafzahlung zu vermeiden. Leider ist sein Dispositionskredit durch seine Urlaubsfreuden aufgebraucht, weshalb er kurz bei seiner Hausbank B um dessen Erhöhung bittet. B stimmt bereitwillig zu, hat doch U bei ihr ein umfangreiches Depot mit zahlreichen Wertpapieren, die U bereitwillig als Sicherheit anbietet.

114. **Mikrokredit:** Das dem Gemeinnutz verpflichtete Unternehmen U vergibt in Entwicklungsländern an Arme sogenannte Mikrokredite von bis zu 1.000 Euro. Dabei verlangt es Zinsen von teilweise sogar über 20%, die es angesichts der anteilig hohen Verwaltungskosten benötigt, um keinen Verlust zu erleiden. Die Kunden profitieren trotzdem von den Krediten, da sie das Geld in Arbeitsmaterialien investieren.

115. **Wer bürgt, wird erwürgt:** B ist ein gutmütiger Mensch und verbürgt sich daher beim Autoanbieter A für die Verpflichtungen seines Freunds F aus einem Leasingvertrag. Er setzt fest darauf, dass er nicht tatsächlich wird einstehen müssen und ist umso überraschter, als A auf ihn zurückgreift. B hätte nie gedacht, dass F so arm und unzuverlässig ist.

116. **Komplott zu Lasten des Bürgen:** B ist ein gutmütiger Mensch und verbürgt sich daher beim Autoanbieter A für die Verpflichtungen seines Freunds F aus einem Leasingvertrag. Was ihm A wie F wohlwissend gemeinsam verschwiegen haben: F ist bereits hochgradig verschuldet.

117. **Örtliche Arbitrage:** Händler H vergleicht die Goldpreise weltweit. Sind die Preisunterschiede so groß, dass es sich mitsamt dem damit verbundenen Verwaltungsaufwand lohnt, das Gold notfalls von einem zum anderen Handelsort zu verschicken, schlägt H zu.

118. **Zeitliche Arbitrage:** Händler H beobachtet aufmerksam den örtlichen Terminmarkt für Rohöl. Sobald es sich für ihn mitsamt dem damit verbundenen Verwaltungsaufwand lohnt, das Öl notfalls einzulagern, um es später wieder ausliefern zu können, schlägt H zu.

119. **Professionelle Geldanlage:** Unternehmer U hat eine anständige Summe Geld angespart. Er entschließt sich daher, sein Vermögen in verschiedenen Anlageklassen (Rentenpapiere, Aktien, Immobilien, Unternehmensanleihen, Rohstoffe usw.) mit auch breiter regionaler Streuung zu möglichst niedrigen Verwaltungskosten anzulegen.

120. **Professionelle Anlageberatung:** Unternehmer U hat eine anständige Summe Geld angespart und möchte dieses gewinnbringend, aber auch nicht übertrieben

riskant anlegen. Er engagiert daher den qualifizierten Anlageberater A, der ihm für ein hohes, aber seinen Fähigkeiten angemessenes Stundenhonorar ein breit gestreutes Portfolio mit vergleichsweise niedrigen Verwaltungskosten zusammenstellt.

121. **Yin und Yang des Risikos:** *Unternehmer U produziert hochwertige Kunststoffe und hat gerade einen lukrativen, aber auch sehr langfristigen Auftrag ergattert. Doch misstraut er dem derzeitigen Ölpreis, zumal ihn ein erheblicher Anstieg in den Konkurs treiben könnte. Ölproduzent O geht es genau umgekehrt. Er ist mit dem derzeitigen Ölpreis durchaus zufrieden, möchte allerdings in Förderanlagen investieren, ohne Angst haben zu müssen, dass ihn ein fallender Ölpreis in den Konkurs treibt. Zufällig treffen sich O und U im Urlaub und vereinbaren einen mehrjährigen Ölbezug durch U von O zu einem Festpreis.*

122. **Kursabsicherung am Terminmarkt:** *Unternehmer U produziert hochwertige Kunststoffe und hat gerade einen lukrativen, aber auch sehr langfristigen Auftrag ergattert. Da er dem derzeitigen Ölpreis misstraut, sichert er sich auf dem Terminmarkt die benötigten Rohstoffe zu einem Preis, der ihn vor bösen, ihn in den Konkurs treibenden Überraschungen bewahrt.*

123. **Unerwartet großer Auftrag:** *Der geschäftstüchtige Kleinunternehmer U zieht einen großen Auftrag an Land, hat dafür allerdings nicht genug Kapazitäten, die er auch nicht allein deshalb stark erweitern möchte. Er bezieht daher die meisten zu liefernden Güter von einem deutlich größeren Konkurrenten, der derartige Größenordnungen einfacher abarbeiten kann.*

124. **Hedge-Fonds:** *Fondsanbieter A bietet einen Fonds mit Anteilen von einzelnen als unterbewertet eingestuften Unternehmen an, bei dem über Termingeschäfte das allgemeine Schwankungsrisiko der Börse entfernt wurde. Es soll so eine eigenständige Anlageklasse geschaffen werden.*

125. **Insiderhandel:** *Vorstandsmitglied M erfährt von der geplanten Übernahme des Unternehmens U. Bevor die Nachricht an die Öffentlichkeit gelangt, kauft er noch schnell viele Anteile von U, um sie mit hohem Gewinn gleich wieder zu verkaufen.*

126. **Neugierige Putzfrau:** *Putzfrau P streift eines Abends durch die Büros, als sie auf dem Konferenztisch Papiere liegen sieht, aus denen die baldige Übernahme des Unternehmens U hervorgeht. Schnell kauft sie daher Anteile von U, um diese mit hohem Gewinn gleich wieder zu verkaufen, sobald die Nachricht an die Öffentlichkeit gelangt.*

127. **Erarbeitetes Insiderwissen:** *Analyst A hat unter mehrmonatiger Auswertung öffentlich verfügbarer Informationen erfahren, dass das an der Börse notierte Unternehmen U zu 10% unterbewertet ist. Er nutzt dieses Wissen, um anderen, nichtsahnenden Aktionären deren Anteile niedrig abzukaufen, um nach der vorhersehbaren Kurskorrektur entsprechend zu profitieren. Letztlich erzielt er dabei nur so viel Gewinn, wie er zuvor an Arbeit investieren musste.*

Lie to me: *Psychologe P hat sich mühsam die Fähigkeit angelernt, Menschen beim Lügen zu entlarven. Das nutzt er dazu aus, um die Aktien solcher Unternehmen zu kaufen bzw. zu verkaufen, deren Vorsitzender auf Hauptversamm-*

lungen – nur für ihn erkennbar – über die wahren Ertragsaussichten lügt. So gelingt es P, wenigstens diejenigen Mühen auszugleichen, mit denen er sich seine Fähigkeit hart erarbeiten musste.

128. **Aktive Fondsverwaltung:** *Fondsanbieter A bietet für ein breites Publikum Aktienfonds an. Die für A arbeitenden Analysten werten aufwändig öffentlich verfügbare Information aus. Sie wollen gezielt die Aktien unterbewerteter Unternehmen erwerben und später von der vorhersehbaren Kurskorrektur profitieren.*

B. Begriff

Bevor ernsthaft daran gedacht werden kann, Risiko rechtsdogmatisch einzuordnen, muss zunächst geklärt werden, was überhaupt unter Risiko zu verstehen ist. Wie immer in dieser Arbeit steht damit eine möglichst exakte und für jedermann überprüfbare Begriffsbestimmung am Anfang der Betrachtungen. Allein das führt zu Ernüchterung, basiert doch manche These auf einer bereits begrifflich ungenauen Erfassung von Risiko. Erst nach dieser Klärung lassen sich klassische Begründungsmuster sowie dann das Rechtfertigungsprinzip auf ihre Überzeugungskraft befragen.

I. Risiko

1. Individualität

Risiko so zu beschreiben, dass es sich rechtsdogmatisch passgenau einfügen oder gar als Tatbestandsmerkmal verwenden lässt, fällt schwer. Noch am leichtesten dürfte es sein, sich diesem Begriff über den Schaden zu nähern, wenngleich – wie sich gleich zeigen wird – die bloße Quantifizierung dieses Begriffs nach Schadensumfang und Eintrittswahrscheinlichkeit wenig bringt. Immerhin scheint es darum zu gehen, dass wann immer Menschen unwissend handeln, sich dieses Handeln – objektiv betrachtet – als schädlich oder zumindest nur beschränkt hilfreich erweisen kann. Risiko ist die Möglichkeit, einen Schaden zu erleiden. Die Besonderheit besteht vor allem im Element der Unwissenheit.[24] Unwissenheit wiederum bedeutet nichts anderes, als dass die äußere Welt und deren interne Abbildung durch den Menschen voneinander abweichen können.

Neben der Unwissenheit setzt die Rede vom Risiko zunächst eine Klärung dessen voraus, was einen Schaden ausmacht. Was selbst potenziell niemanden betrifft, lässt sich schwer als riskant beschreiben. Demgegenüber empfindet man es als hochgradig riskant, als Laie ungesichert auf dem Hochseil zu tan-

---

[24] Siehe statt aller *Henssler*, Risiko, 1994, S. 3.

zen und so sein Leben zu gefährden. Hier sei „Schaden" als Korrektur des persönlichen, gedanklichen Abbildes der Welt begriffen: Die neu wahrgenommene Situation muss im Vergleich zur bisherigen Vorstellung unattraktiver sein, und zwar nach Maßstab der jeweiligen Ziele der betroffenen Person. Nicht jedoch verlangen wir tatsächlich irgendeine „Veränderung" der äußeren Welt, da diese nun einmal so ist, wie sie ist.[25]

Der für das Risiko charakteristische Schadensbezug hat für die weitere rechtliche Würdigung eine wichtige Konsequenz: Risiko ist wie Schaden ein hochgradig individuelles Konzept, weil von den persönlichen Zielen der jeweiligen Person abhängig. Wer das Leben verabscheut, wird den Drahtseilakt möglicherweise nicht als Gefahr, sondern als Chance begreifen. Anders formuliert ist Risiko wertungsabhängig.[26] Aber noch in einer weiteren Hinsicht ist Risiko äußerst persönlich. Denn Risiko ist Wissensangelegenheit, und Kenntnis variiert von Person zu Person. Was für einen Experten vorhersehbar ist, mag für einen Laien undurchschaubar und damit sehr riskant sein. Risiko ist eine Frage der Perspektive, des jeweils vorhandenen Kenntnisstands, der ganz persönlichen inneren Abbildung der Welt vor und nach Erkenntniseintritt. Objektive Risiken gibt es nicht. Risiko ist immer nur das Risiko einer bestimmten Person.

Vor diesem Hintergrund erweisen sich all diejenigen Vorstellungen oder Formulierungen als zumindest unpräzise, wonach „das Risiko" von einer Person auf eine andere „übergeht", von dieser „übernommen" oder auf mehrere Köpfe „verteilt" wird.[27] Genauso erschwert es diese Individualität, Risiko zum Gegenstand etwa gesetzlicher, richterlicher oder vertraglicher Regelungen zu machen. Darauf wird noch zurückzukommen sein.[28]

2. Recht versus Risiko

Noch in einer weiteren Hinsicht wirkt sich die Nähe des Risikos zum Schaden direkt auf rechtliche Fragestellungen aus. Denn soweit ein Recht reicht, besteht gerade kein Risiko, denn sonst hätte man nur ein vermeintliches, allen-

---

[25] Näher zu solchen Denkmechanismen oben § 2 D. IV.
[26] Stellv. *Di Fabio*, Risikoentscheidungen, 1994, S. 110 f.
[27] Derartige Formulierungen sind weit verbreitet, vgl. nur bei *Henssler*, Risiko, 1994, S. 731: „Die interessengerechte Verteilung der jedem Vertrag anhaftenden Risiken zählt zu den elementaren Aufgaben des Vertragsrechts ..." oder dort auf S. 3, 12, passim zur vertraglichen „Risikoübernahme" oder auf S. 113 zur Aufteilung des Risikos eines Störungseintritts unter den Parteien als Idealfall einer vertraglichen Risikoübernahme. Allerdings geht es dabei oft nur um terminologische Ungenauigkeiten, die dem üblichen Sprachgebrauch entsprechen und den Wert der jeweiligen Ausführungen nicht schmälern. Auch dieser Text ist davon nicht frei.
[28] Unten § 5 B. I. 6.

falls auf dem Papier stehendes Recht.²⁹ Einen Schaden erleidet man erst dort, wo man im Ergebnis wirklich schutzlos ist, insbesondere also keine staatliche Hilfe erfährt. Damit lässt sich zwar das verbleibende Risiko rechtlich beeinflussen, das Risiko selbst kann aber nicht Gegenstand einer rechtlichen Regelung sein. Es ist schlichtweg müßig, darüber zu diskutieren, ob das Recht ein Risiko beseitigt oder aber es belässt – die Beseitigung ist schon definitionsgemäß eine rechtliche Eigenschaft. Wo Recht greift, ist für Risiko genauso wenig Raum wie etwa für Vertrauen.³⁰

3. Drei Welten

Dass Risiko eng mit Unwissenheit verknüpft ist, wurde bereits mehrfach erwähnt. Rein objektiv, in der Welt „da draußen", mag es hingegen immer schon klar gewesen sein, wo die Roulettekugel landen würde, nur eben für uns Menschen nicht.³¹ Risiko ist also das Ergebnis einer gedanklichen Anstrengung, ein zumindest auch geistiges Produkt. Nur bei einer Abweichung von interner Abbildung und äußerer Realität ergibt es überhaupt Sinn, von Risiko zu sprechen. Tatsächlich setzt Risiko aber nicht nur diese beiden Welten, sondern gleich derer drei voraus. Und da es nur eine objektive Welt gibt – das sei in dieser Arbeit jedenfalls unterstellt –, muss es sich bei der dritten um eine weitere gedankliche Abbildung handeln. Doch was genau ist damit gemeint?

Wann immer wir erkennen, dass ein bestimmtes Ereignis eingetreten ist oder eintreten wird, das einen negativ betrifft und nicht mehr abzuwenden ist, kann und wird man seine gedankliche Abbildung der äußeren Welt entsprechend korrigieren und dabei beispielsweise Enttäuschung empfinden. Und soweit diese neue Erkenntnis ein getreu unseren Zielen schlechteres Bild von der Welt als bisher beinhaltet, sprechen wir von einem Schaden. Risiko hat in diesem Modell noch keinen Platz, es wäre nicht ersichtlich, wo es auch nur irgendeine Rolle spielen sollte.

Das ändert sich, wenn zu dieser einen internen Abbildung der Welt noch eine weitere hinzutritt. Sich eines Risikos bewusst zu sein, setzt mindestens zwei innere Welten voraus, von denen eine gegenüber der anderen nachteilig ist, nämlich den Zustand mit und ohne das sich verwirklichende Risiko. Beides wird hier innerlich vorgehalten und kann erst bei Klärung zugunsten einer Variante bereinigt werden. Wir empfinden also immer dann ein Risiko, wenn diese innere Bereinigung noch nicht möglich ist, sondern wir vielmehr eine geistige Spannung aushalten müssen. Auf dieser Basis lässt sich dann auch mit

---
²⁹ Näher zu dieser in dieser Arbeit gewählten, aber auch sonst verbreiteten Definition von Recht oben § 2 B. I. 2. b).
³⁰ Näher zum Verhältnis von Vertrauen und Recht unten § 11 E. I.
³¹ Ob es tatsächlich so etwas wie „echten Zufall" gibt, etwa weil sich bestimmte quantenphysikalische Zustände nie feststellen lassen, sei hier dahingestellt, da es zur juristischen Problemlösung nicht beiträgt.

Risiko kalkulieren, nämlich durch den Vergleich beider vorgehaltener Geisteszustände in Kombination mit einer Eintrittswahrscheinlichkeit. Setzt unser Roulettespieler 100 Euro auf Schwarz, so mag er geistig auch die Möglichkeit vorhalten, dass Rot fallen könnte, und je nach der Häufigkeit dieser Farben auf dem Rouletterad seine Gewinnchance einschätzen. Fällt dann Schwarz, kann er seine innere Spannung angesichts der nunmehr eingetretenen Gewissheit auflösen und durch die positive Veränderung seiner Vorstellungswelt Freude empfinden. Diese wird dabei umso größer ausfallen, je geringer zuvor die Gewinnhoffnung war.

Dass die hier geschilderte, für Risiko notwendige innere Abbildungsvielfalt energieaufwändig ist und vielleicht deshalb von uns Menschen oft als unangenehm empfunden wird, liegt zumindest nahe. Wir scheuen das Risiko also möglicherweise nicht nur, weil es die Möglichkeit von Schäden ausdrückt, sondern auch, weil wir die damit verbundene geistige Anstrengung fürchten und uns lieber auf anspruchsloseren Bahnen bewegen. Eine der wichtigsten Entlastungshilfen liefert dabei das Recht.[32]

Aber nicht nur dem einzelnen Menschen fällt der Umgang mit Risiko schwer. Auch jede politische Ordnung sieht sich angesichts des immer rasanteren technischen Fortschritts und einer zunehmenden gesellschaftlichen Ausdifferenzierung vor der Herausforderung, weitreichende und keineswegs einfache Wertentscheidungen zu treffen. Hierzu gehören etwa die Definition und Auswahl der zu verfolgenden Ziele, die Auswahl einiger und die Ignoranz sonstiger Wirkungszusammenhänge oder die Bestimmung ihrer jeweiligen Betrachtungsreichweite. Und mit jeder neuen Erkenntnis entschärft sich nicht etwa diese Herausforderung, sondern wächst regelmäßig in Form neuer Binnenkomplexität.[33]

4. Unabbildbarkeit

Dass Risiko so eng mit Unwissenheit verknüpft ist, erlaubt eine weitere, gerade für die rechtliche Behandlung wichtige Erkenntnis: Risiko kann man nicht abbilden, weder intern in Form eines Kennens, Wissens oder Denkens, noch äußerlich etwa durch Schriftzeichen. Wäre dies möglich, läge kein Risiko vor. Unkenntnis kann man nicht kennen. Risiko ist unberechenbar. Doch ist dem wirklich so? Immerhin gilt es seit *Sokrates* als philosophische Tugend, zu wissen, dass man nichts weiß. Vor allem aber sind wir es gewohnt, Risiko in konkrete Zahlen zu fassen und in unsere Überlegungen mit einzubeziehen. So mögen zwei Parteien für das in einem Monat zu liefernde Gut einen Festpreis von 100 Euro vereinbaren. Angenommen, es lässt sich eindeutig sagen, dass der Preis ausschließlich zwischen 80 Euro und 120 Euro mit einer völlig

---

[32] Siehe dazu etwa auch oben § 2 D. III. 3. a).
[33] Zutr. *Di Fabio*, Risikoentscheidungen, 1994, S. 111 ff.

gleichmäßigen Verteilung schwankt. „Kennen" hier die Parteien ihr Risiko nicht sehr genau?

Tatsächlich ist diese Frage zu verneinen. Zwar haben die Parteien an die Möglichkeit gewisser Schwankungen gedacht. Derartige Überlegungen tragen dazu bei, das Risiko einzugrenzen, also den Bereich des Wissens möglichst groß und den des Unwissens möglichst klein zu halten. Aber das, was als Risiko verbleibt, ist durch Unwissen gekennzeichnet. Konkret bleibt offen, wo der Preis tatsächlich in einem Monat stehen wird. Anders formuliert betreiben wir beim Risiko die Wertschöpfung mit dem, was wir wissen, und nicht mit dem, was wir nicht wissen. Risiko ist ein gefährlicher Begriff, weil er leicht die Illusion weckt, wir könnten mit Unwissenheit sinnvoll operieren. Doch das können wir nicht. Nicht die Unkenntnis interessiert beim Risiko, sondern die verbleibende Kenntnis im Sinne einer Wahrscheinlichkeit. So ist es uns etwa eine hinreichend sichere Kenntnis, dass nicht jeder einzelne Kunde einer Versicherung diese auch beanspruchen wird, sondern ein Versicherungsfall selten eintritt – und diese Gewissheit nutzen wir dann zu unseren Gunsten.

Im Ergebnis lässt sich Risiko als ein Spezialfall von Unwissenheit weder denken noch aussprechen. Der Mensch kann seine Unwissenheit nur beseitigen oder aber sich damit arrangieren. Und sofern es für ihn wichtig ist, kann er sein Wissen von verschiedenen, wenn auch nicht völlig willkürlich gewählten Zuständen dadurch aufrechterhalten, dass er mehr als nur eine interne Vorstellung bildet. Vergleicht er diese dann anhand seiner eigenen Ziele, empfindet er ein Risiko. Was er nicht kann, ist, die verbleibende Unwissenheit darüber, welcher der vorgehaltenen Zustände tatsächlich eintreten wird, zu denken oder zum Gegenstand einer rechtlichen Vereinbarung zu machen.

5. Gefahr

Schließlich lässt sich Risiko von Gefahren abgrenzen, wenngleich dieser Begriff weniger für das Privat- als vielmehr das öffentliche Recht bedeutsam scheint. Noch am hilfreichsten erscheint dabei jene Definition, die in der Gefahr eine Schadensmöglichkeit unabhängig von der sie auslösenden Entscheidung sieht. Während damit Gefahren gewissermaßen extern, von der Umwelt veranlasst sind, einfach „passieren" und passiv-fatalistisch hingenommen werden, steht Risiko für eine besondere Entscheidungssituation, eine spezielle Betroffenheitsperspektive, ein besonderes Maß wahrgenommener Unwissenheit. Auch hier wird damit wieder deutlich, dass Entscheidungen und Risiken geradezu erfunden und produziert und dabei als Mittel eingesetzt werden, um einzelnen Personen oder auch dem Staat Zurechnungslasten aufzubürden.[34]

---

[34] Instruktiv *Luhmann*, Soziologie des Risikos, 1991, S. 30 ff.; *Di Fabio*, Risikoentscheidungen, 1994, S. 55 ff., 110, 115 f. m.w.N.

6. Ergebnis

Risiko ist eine Denkform, welche die persönlichen Ziele sowie die mindestens zweifache und voneinander abweichende innere Abbildung der äußeren Welt zusammenführt. Risiko ist die Unwissenheit darüber, welche der geistig vorgehaltenen Vorstellungen zutrifft. Dass man das, was man nicht weiß, auch nicht denken oder aussprechen kann, liegt auf der Hand, ist aber eine wichtige Erkenntnis. Doch ist Risiko nicht nur in diesem Sinne unaussprechbar und unübertragbar, sondern wie auch Schaden durch die Abwesenheit von Recht gekennzeichnet. All das führt dazu, dass Risiko nicht Gegenstand oder Anknüpfungspunkt einer rechtlichen Regelung sein kann. Auch können wir nur solchen Wesen Risiko zuschreiben, denen wir auch Ziele zuschreiben. Das ist vor allem bei uns Menschen üblich. Demgegenüber unüblich ist es etwa, vom Verdunstungsrisiko des Wassers zu sprechen.[35] Schließlich lässt sich Risiko wegen seines hochgradig individuellen Charakters weder übertragen, zuweisen, übernehmen oder verteilen. Es kann immer nur für eine bestimmte Partei diskutiert werden und mag mal auf beiden Seiten wie auch nur auf einer Seite auftreten. Es gibt damit auch kein Risiko „des Vertrags".

Wohl aber lässt sich Risiko vielfältig beeinflussen, sei es durch die Wahl wenig riskanter Handlungsoptionen („Häkeln statt Bergsteigen"), sei es durch die Verringerung eines möglichen Schadens (z.B. Versicherung) oder die Bekämpfung von Unwissenheit selbst (z.B. Lernen). Zu Letzterem gehört insbesondere auch das Recht, da es die Sicherheit dessen beinhaltet, worauf man ein Recht hat. Ein besonders wichtiges Instrument ist dabei der Vertrag, mit dem die Parteien Unsicherheiten vermeiden und so Wertschöpfung betreiben können. Genau das ist wohl letztlich auch gemeint, wenn etwa von einer vertraglichen Risikoübernahme gesprochen wird. Ein Vertrag schafft dabei aber auch neue Risiken dergestalt, den Vertrag je nach Inhalt auch dann erfüllen zu müssen, wenn die reale von der erhofften Entwicklung abweicht.[36]

Allerdings darf jedenfalls für die staatliche Rechtsetzung bezweifelt werden, ob sich diese gerade am Risiko orientieren sollte. Zwar lässt sich oft nicht vermeiden oder ignorieren, dass Recht Risiken schafft oder vermeidet. Doch reicht es hier als Maßstab aus, wie immer die Verwirklichung individueller Ziele anzustreben. Demgegenüber ergibt es wenig Sinn, sich von den individuellen geistigen Abbildungen abhängig zu machen, wie sie das Risiko kennzeichnen. Was eine bestimmte Person in einer bestimmten Situation als mögli-

---

[35] Näher zu solchen Fragen unten § 17 E. III. 6. Eine gewisse Mischform stellt es dar, wenn wir bestimmten Wesen Ziele zusprechen, diese aber keine eigenen Vorstellungen entwickeln. Hier kann man aus der Perspektive der dritten, dieses Wesen beobachtenden Person von einem Risiko sprechen. Wer also dem Wasser das Ziel zuschreibt, nicht zu verdunsten, kann es als riskant empfinden, wenn sich die Wolken verziehen.

[36] Stellv. *Henssler*, Risiko, 1994, S. 3, 12, wenn auch etwas missverständlich von einer Risikoübernahme sprechend.

che Welten innerlich vorhält, ist oft von nur begrenzter Autorität, weil etwa irrtumsanfällig. Für die jeweils verfolgten Ziele gilt das hingegen sehr viel weniger, da sie auf höherer Stufe relativ irrtumsunanfällig sind.[37] Doch selbst ganz unabhängig vom Rechtfertigungsprinzip vertragen sich der individuelle, von den persönlichen Zielen und Vorstellungen abhängige Charakter von Risiko und der verallgemeinernde Charakter eines Gesetzes nur begrenzt. Wie sich jedoch zeigen wird, lässt sich auch so arbeiten.[38]

II. Spekulation

Dass Spekulation eng mit Risiko bzw. Unwissenheit verknüpft ist, dürfte ausweislich unseres Sprachgebrauchs einleuchten, wenngleich die gesetzliche Verwendung dieses Begriffs jedenfalls in Deutschland rar ist. Dabei scheint sich Spekulation vor allem dadurch von der bloßen Eingehung eines Risikos zu unterscheiden, dass sie der Gewinnerzielung dient.[39] Vermögenswerte werden gekauft, um sie zu einem höheren Preis zu verkaufen, bzw. verkauft, um sie zu einem niedrigeren Preis zurückzukaufen (Differenzabsicht).[40] Allerdings beinhaltet Spekulation oft noch eine weitere Aussage, nämlich eine negative Wertung. Diese begriffliche Unschärfe führt zur misslichen Konsequenz, dass in der wissenschaftlichen Diskussion nicht immer klar zutage tritt, ob mit Spekulation diese Wertung ausgedrückt oder dieses Wort neutral verstanden werden soll. Je nach Verständnis wird dann entweder danach gefragt, was als Spekulation zu charakterisieren und genau deshalb zu missbilligen sei, oder aber, was gute von schlechter Spekulation unterscheide, wobei dann entweder eine lediglich moralische oder aber auch rechtliche Würdigung gemeint ist. Beide Verwendungen sind natürlich legitim, nur sollte zumindest aus dem Zusammenhang ersichtlich sein, was gemeint ist.

Eine oft klar negative Wertung erfährt Spekulation vor allem im religiösen Kontext etwa des alttestamentarischen Zinsverbots. In Auseinandersetzung hiermit bildete beispielsweise die scholastische Philosophie eine grundsätzlich skeptische Haltung aus.[41] Auch der moderne Islam sieht Spekulation sehr kri-

---

[37] Näher oben § 2 A. II. 1. c).
[38] Näher unten § 5 D.; § 5 E.
[39] Zutr. *Henssler*, Risiko, 1994, S. 290 f., der im Vergleich zur normalen Verwertung eines Wirtschaftsguts auch das Ausnutzen eines Unsicherheitselements betont und jeweils m.w.N. auch einige andere denkbare Elemente einer Definition erwähnt. Dazu gehören etwa entgegenstehende Erwartungshaltungen, ein besonders hohes Risiko, die Gewinnerzielung ohne Einsatz von Arbeit oder Kapital, die Absicht eines späteren Weiterverkaufs des erworbenen Guts, ein besonders hoher erstrebter Gewinn, eine verhältnismäßig kurze Halteperiode oder die Ausnutzung von Preisschwankungen.
[40] Stellv. *Henssler*, Risiko, 1994, S. 290; *Klöhn*, Spekulation, 2006, S. 23 m.w.N.
[41] Siehe dazu etwa die sehr christliche Sicht bei *Ratzinger*, Volkswirtschaft, 2. Aufl. 1895, S. 433 ff.

tisch.⁴² Dabei besteht kein Anlass zur Polemik gegen das oft bereits in der Scholastik auszumachende, gleichermaßen ernste, fundierte wie berechtigte Anliegen, die mit vielen, aber eben keineswegs allen Formen von Spekulation verbundenen Gefahren zu identifizieren, dogmatisch einzuordnen und zielgerichtet zu bekämpfen. Auch kirchliche Einrichtungen haben sich schon längst mit Wissen und Willen ihrer geistigen Führer im Kapitalismus eingerichtet und betreiben Banken oder klassische Geldanlage. Das Verhältnis von christlicher oder auch islamischer Religion zur Spekulation ist ambivalent,⁴³ so dass sich die Aufmerksamkeit auf die Identifikation gerade problematischer Spekulationsformen konzentriert.

Auch die Ökonomik zeichnet ein vielschichtiges Bild in ihrer Bewertung der diversen Spekulationsformen, wobei der Befund je nach gerade dominierender politischer Überzeugung, theoretischer Schule und aktueller Krisenerfahrung schwankt. Damals wie heute ungeklärt und dementsprechend umstritten ist dabei, inwieweit Spekulation dort, wo nicht etwa Kursabsicherung oder schlichte Geldanlage, sondern angesichts vergleichbarer Präferenzen letztlich ein Nullsummenspiel betrieben wird, die volkswirtschaftlichen Vor- oder Nachteile überwiegen.⁴⁴

Dass schließlich auch die rechtliche Bewertung ambivalent ausfällt, wird angesichts der vorstehenden Ausführungen nicht verwundern. Einerseits ist das Zivilrecht traditionell spekulationsfeindlich,⁴⁵ was etwa im deutschen Recht in § 762 Abs. 1 BGB Ausdruck findet, der Spiel und Wette als Naturalobligation ausgestaltet.⁴⁶ Andererseits wurde nicht die Notwendigkeit verkannt, legitime und damit uneingeschränkt rechtsverbindliche Spekulation zu identifizieren, also gute von schlechter Spekulation zu unterscheiden, was etwa zur Differenzrechtsprechung von Reichsgericht und Bundesgerichtshof führte.⁴⁷

Angesichts dieses bunten Bildes verschiedener Definitionsversuche und normativer Einschätzungen ergibt sich für die nunmehr zu leistende, rechtsdog-

---

⁴² Näher unten § 5 E. III.
⁴³ Vgl. zum Vatikan nur etwa die historische Darstellung bei *Pollard*, Modern Papacy, 2005 sowie daneben etwa *Nell-Breuning*, Börsenmoral, 1928, S. 4f. sowie zur Geschichte des Zinsverbots *Funk*, Zinsverbot, 1876; *Hejcl*, Das alttestamentarische Zinsverbot, 1907; *Noonan*, Usury, 1957.
⁴⁴ Vgl. statt vieler nur die Darstellungen etwa bei *Schwark*, FS Steindorff, 1990, S. 473, 477f.; *Henssler*, Risiko, 1994, S. 295ff. oder *Klöhn*, Spekulation, 2006, S. 19ff., 57, 61f., passim jew. m.w.N. Neu ist an dieser Diskussion wenig, und zwar sowohl mit Blick auf die einschlägigen Argumente und Fallgruppen wie auch die unklare Gesamteinschätzung, vgl. etwa die Ausführungen bereits bei *Nell-Breuning*, Börsenmoral, 1928, S. 133, 141, 145f., 148f., 157f., passim.
⁴⁵ Siehe dazu statt vieler etwa *Zimmermann*, JbJZWiss 2008, 113, 116f.
⁴⁶ Siehe dazu nur *Schulze*, Die Naturalobligation, 2008, S. 47ff. (historisch), 162ff. (BGB), 211ff. (rechtsvergleichend), passim.
⁴⁷ Vgl. oben Fn. 20.

matische Erfassung von Spekulation Folgendes: Zunächst erscheint es wenig sinnvoll, Risiko und Spekulation getrennt zu erörtern. Einerseits ist Risiko für Spekulation typisch. Und andererseits ist auch für Risikoverträge, die man gewöhnlich nicht als spekulativ bezeichnet, zu beantworten, warum und unter welchen Voraussetzungen wir sie missbilligen oder aber gutheißen.[48] Allein die eingangs aufgeführten Fälle[49] verdeutlichen, wie sehr Risiko und Spekulation ineinander übergehen. Schließlich kann auf eine eingehende Diskussion der verschiedenen Definitionsversuche von Spekulation verzichtet werden, da weder die klassischen Ansätze noch das hier vertretene Rechtfertigungsprinzip tatbestandlich darauf aufbauen. Es geht allein darum, den Problemkreis, der mit dem Begriff von Risiko und Spekulation grob umschrieben ist, genauso zu bewältigen wie andere, unter anderen Schlagworten zusammengefasste Fälle.

C. Klassische Ansichten

I. Wille und Erklärung

Möchte man für den Vertragsinhalt auf den Parteiwillen oder das objektiv Erklärte abstellen, stößt man auf das Problem, dass sich Risiko zwar nicht genau bestimmen, wohl aber unter anderem durch Recht beeinflussen lässt.[50] Insofern kann Risiko auch nicht Gegenstand von Wille oder Erklärung sein. Genauso wenig lässt sich Risiko angesichts seines individuellen Charakters übertragen oder verteilen. Wohl aber kann man Risiko vertraglich gestalten. Gerade hierin liegt die Möglichkeit einer gemeinsamen Wertschöpfung.[51] Ein gutes Beispiel bildet die Vereinbarung eines Fest- oder Pauschalpreises, wo es oft darum geht, bis zu einem gewissen Grad unvorhergesehene Änderungen des Arbeitsumfangs, von Materialpreisen, Lohnsteigerungen, öffentlichen Lasten, Steuern oder Versicherungsbeiträgen für unerheblich zu erklären und so gezielt das Risiko beider Parteien zu beeinflussen.[52]

Allerdings setzt das voraus, dass sich dem Parteiwillen bzw. dem objektiv Erklärten eine solche Gestaltung entnehmen lässt. Dies mag bisweilen der Fall sein, oft fehlt es aber daran.[53] Das hat verschiedene Gründe. Zunächst bringt es die für Risiko typische Unwissenheit mit sich, dass es den Parteien oft schwerfällt, entsprechende Vorstellungen zu entwickeln. Zudem stehen Risi-

---

[48] Ähnlich betont *Henssler*, Risiko, 1994, S. 299, dass für Spekulations- und Sicherungsgeschäfte letztlich die gleichen Kriterien gelten.
[49] Oben § 5 A. II. 3.
[50] Näher oben § 5 B. I. 4.
[51] Allgemein zu dieser oben § 3 C. I., vgl. auch oben § 3 A. IV.
[52] Vgl. dazu *Henssler*, Risiko, 1994, S. 116 f.
[53] Zutr. *Henssler*, Risiko, 1994, S. 118.

ken nicht immer im Vordergrund des Interesses. Wer etwa einen Kauf-, Miet- oder Werkvertrag abschließt, wird seine begrenzte Aufmerksamkeit vor allem auf die Hauptleistungen richten, anstatt sich über alle möglichen Eventualitäten, bei denen etwas schief gehen könnte, den Kopf zu zerbrechen. Daher wird es spätestens im Leistungsstörungsrecht (als der für Risikofragen besonders wichtigen Rechtsmaterie) schnell fiktiv, wollte man für die dort teilweise sehr feinziselierten Fragestellungen allein auf das Parteiverhalten bei Vertragsschluss abstellen.[54] Schließlich erweisen sich gerade Risikoüberlegungen wegen der damit verbundenen Unwissenheit oft als fehleranfällig und damit auch rechtlich korrekturbedürftig, sind also nicht immer gleich autoritativ wie Überlegungen etwa zu den gewünschten Eigenschaften der Hauptleistung. Insofern kann man in Risikofragen leicht irren. Nicht ohne Grund werden derartige Fragen oft ins dispositive Recht oder in Allgemeine Geschäftsbedingungen ausgelagert, die zwar dann einen klaren Erklärungsinhalt ermöglichen, dafür aber ihrerseits zu begründen bzw. zu überprüfen sind und damit die eigentliche Frage offen lassen. Im Ergebnis zeigen sich hier letztlich die generellen Grenzen all derjenigen Ansätze, die auf substanzielle Kriterien verzichten und stattdessen auf Wille oder Erklärung bei Vertragsschluss abstellen.[55]

II. Äquivalenz

Angesichts dieser Schwierigkeiten von Willens- und Erklärungstheorie liegt es bei Risiko und Spekulation nahe, mit der Äquivalenz von Leistung und Gegenleistung auf das wohl prominenteste substanzielle Kriterium auszuweichen. So soll nach *Henssler* das Wertverhältnis zwischen Leistung und Gegenleistung als Indiz für den Umfang der „Risikoübernahme" dienen können.[56] Demgegenüber erscheint es zumindest bei unbefangener Betrachtung zweifelhaft, ob sich Äquivalenz – ganz unabhängig von den generellen Schwächen dieses Prinzips –[57] ausgerechnet zur rechtlichen Bewertung von Risiko eignet. Wer wie in Fall 102 auf Rot setzt, aber glücklos ist, verliert seinen ganzen Einsatz, ohne dafür irgendeine Gegenleistung zu erhalten. Die 1.000 Euro sind weg, das Äquivalenzprinzip verletzt. Natürlich ließe sich die Prüfung – *ad hoc* und *ex post* – dergestalt verengen, dass man angesichts dieses unbefriedigenden Ergebnisses nicht mehr den kompletten Vorgang bewertet, sondern nur noch einen bestimmten Ausschnitt wie etwa die jeweiligen Gewinnchan-

---

[54] Näher unten § 6 C. IV. 1.
[55] Näher unten § 8. Das gilt gleichermaßen für Willens- wie Erklärungstheorie, da auch eine Erklärung wenig Autorität entfaltet, wenn etwa ein Adressat von AGB lediglich „ja" erklärt und allein dadurch die Geschäftsbedingungen zum objektiven Vertragsinhalt erkoren werden, näher unten § 10 B. II.
[56] *Henssler*, Risiko, 1994, S. 300.
[57] Näher oben ab § 4 B. III. 2.

cen. Doch würde man hier willkürlich eine Unwissenheit vortäuschen, sich also gewissermaßen dumm stellen, obwohl die Unkenntnis nur temporär ist und wir später erfahren, welche Farbe tatsächlich gefallen ist, so dass eine Vertragskorrektur angesichts der nunmehr neuen Erkenntnisse möglich wäre. Da viele Glücksspiele nicht nur hälftige Chancen kennen (unser Roulettespieler könnte schließlich auch auf eine konkrete Zahl setzen), müsste man zudem noch Einsatz, Gewinnchance und Gewinnhöhe in Beziehung zueinander setzen, um die gewünschte Begründung doch noch konstruieren zu können.[58] Aber selbst dann lägen zwei Einwände nahe. Erstens waren die Chancen objektiv betrachtet nie gleich, vielmehr wussten unsere Spieler nur nicht, welche Farbe fallen würde. Zweitens muss es der Bank erlaubt sein, eigene Anstrengungen anzurechnen, um die Bereitstellung von Räumlichkeiten, Roulettetisch usw. zu finanzieren.[59] Genau deshalb gibt es beim Roulette mit Null und Doppelnull zwei Felder, die dafür sorgen, dass die Chancen zwischen Spieler und Bank keineswegs paritätisch verteilt sind, sondern die Bank ein Übergewicht erhält.

III. Einzelargumente

Schließlich seien noch einige kleinere Argumente erwähnt, die sich immer wieder finden, aber keine tragfähigen Schlussfolgerungen erlauben. Es geht also nicht um übergreifende Konzepte wie die Willenstheorie, sondern einzelne Gedanken, die eher *ad hoc* aufgegriffen werden – und zwar typischerweise immer erst dann, wenn die an sich präferierte große Theorie versagt. Wenngleich sich Derartiges bei jedem dogmatischen Problem feststellen lässt, sollen hier kurz solche Figuren aufgegriffen werden, die in der Diskussion um Risiko und Spekulation besonders häufig auftauchen.

1. Gesetz

So ist es verbreitet, immer dann auf das Gesetz – dispositiv oder zwingend – auszuweichen, wenn derjenige Ansatz, der eine gesetzliche Bestimmung eigentlich erklären sollte, keine Antworten bereithält. Typisch sind Formulierungen dergestalt, wonach eine vom dispositiven Recht abweichende Risikovereinbarung besonders rechtfertigungsbedürftig sei,[60] rechtsverbindliche Spekulationsverträge solche Verträge seien, die nicht in den Normbereich der

---

[58] Vgl. dazu auch *Henssler*, Risiko, 1994, S. 11.
[59] Näher oben § 4 C. I. 3.; unten § 5 D. III.
[60] Stellv. *Henssler*, Risiko, 1994, S. 119: „Risikoverlagernde Klauseln haben Ausnahmecharakter ... Dieser Ausnahmecharakter folgt bereits aus der Abweichung von dem gesetzlichen Risikoverteilungskonzept." Doch abgesehen davon, dass wir auch staatlich gesetzte Vertragsinhalte begründen sollten, ermöglicht die Rede von Grundsatz (bzw. Regel) und Ausnahme keine falsifizierbaren Aussagen, da hier nur irgendjemand „Ausnahme!" rufen

§§ 762, 764 BGB, 50ff. BörsG fallen[61] oder Normen des dispositiven Rechts einer ergänzenden Vertragsauslegung vorgehen.[62]

2. (Normative) Auslegung

Wie immer bietet das Stichwort der Vertragsauslegung willkommene Gelegenheit, das gewünschte Ergebnis über Leerformeln oder Fiktionen doch noch herbeizuführen. Wenn etwa die „Risikoverteilung" in Spekulationsgeschäften zum reinen Auslegungsproblem erklärt wird, so hilft das spätestens dort nicht weiter, wo Wille oder Erklärung keine Antworten liefern. Die dann verbleibende normative Auslegung ist nicht subsumtionsfähig. Was normativ „geboten" oder „gewollt" ist und so in die Auslegung einfließen soll, wovon ein Vertragspartner ausgehen „darf", was einer „verständigen" Würdigung oder einer solchen nach Redlichkeitsmaßstäben entspricht,[63] soll gerade erst für jedermann überprüfbar begründet werden. Mit der Forderung nach einer normativen Sichtweise gelingt das nicht.[64]

3. Fehlender Irrtum

Sind die Hinweise auf das Gesetz oder eine normative Betrachtung aus anderen Bereichen hinlänglich bekannt, lässt sich das für ein weiteres Argument nicht sagen. Gerade dort (interessanterweise aber auch nur dort), wo wir es im Ergebnis für vertretbar halten, dass jemand einen Schaden erleidet, wird oft bemerkt, dass die Parteien genau wüssten, dass und was für ein Risiko sie eingehen. Teilweise wird dieser Gedanke dahingehend verstärkt, dass man über künftige Entwicklungen überhaupt nicht irren könne, es vielmehr lediglich um bestimmte Hoffnungen oder Fehlvorstellungen gehe, die bereits grundsätzlich irrelevant seien.[65] Warum dem so sein soll bzw. worin der Sinn einer solchen Unterscheidung liegen soll, erschließt sich allerdings nicht. Immerhin lässt sich auch das, was noch kommen mag, geistig abbilden und sind dabei Fehler möglich. Konkret mag ein Roulettespieler wie in Fall 102 fest davon überzeugt sein, dass die von ihm gesetzte Farbe mit hoher Wahrscheinlichkeit gewinnen werde, etwa weil andauernd Schwarz gefallen war und er glaubt, daraus Schlussfolgerungen ableiten zu können. Zum anderen wirkt sich hier Unwissenheit jedenfalls insofern aus, dass selbst wenn der Spieler wusste, ein Risiko einzugehen, er noch lange nicht wusste, dass kein Rot fällt.

---

muss, damit wir wieder am Anfang stehen. Siehe dazu etwa auch oben § 3 A. III. 4 sowie unten § 19 F. III.

[61] *Henssler*, Risiko, 1994, S. 292.

[62] Vgl. dazu die Nachweise bei *Henssler*, Risiko, 1994, S. 292. Als Aussage zur Normhierarchie ist dagegen nichts einzuwenden, dogmatisch bleibt die Frage aber unbeantwortet.

[63] Stellv. *Henssler*, Risiko, 1994, S. 99 f., 300, 305 f., passim.

[64] Näher unten § 10 E. II. 1.

[65] So etwa *Henssler*, Risiko, 1994, S. 30 ff. m.w.N. auch der Gegensicht.

Genauso schließt der Versicherungsnehmer in Fall 110 den Versicherungsvertrag nur deshalb ab, weil ihm zu diesem Zeitpunkt unbekannt ist, dass es nicht zum Schadensfall kommt.

Nun könnte man aus der Perspektive etwa von Willens- oder Erklärungstheorie darauf verweisen, dass derartige Hoffnungen nicht den Vertragsgegenstand betreffen, es sich vielmehr um unbeachtliche Motive handle und der Vertrag lediglich bestimme, dass das Geld für den Fall, dass Schwarz fällt, verloren sei. Doch berücksichtigt das Recht jedes europäischen Staats oft auch Motivirrtümer bzw. schlichte Unkenntnis. Hierzu sei nur an Gewährleistungsvorschriften, Wegfall der Geschäftsgrundlage, Zweckfortfall, Täuschungsverbot, Eigenschaftsirrtum, ungeschriebene Informationspflichten, Lösungsrechte und viele andere Institutionen erinnert. Mit dem pauschalen Hinweis einer generellen Unbeachtlichkeit von Motivirrtümern ist es also nicht getan. Und die Fehlvorstellung unseres Roulettespielers als unwesentlich abzutun, wäre absurd. Ganz offensichtlich war sie hochgradig relevant, kostet sie ihn doch nicht nur 1.000 Euro, sondern sogar 2.000 Euro, die er ansonsten gewonnen hätte. So aber verliert er einen erheblichen Betrag und erhält dafür nichts, hat sich also allem Anschein nach durch das Setzen auf Rot erheblich verschlechtert. Eine solche Unwissenheit nehmen wir keineswegs immer hin, zumal wenn es wie hier für die Bank ohne Aufwand möglich wäre, den Vertrag rückabzuwickeln. Schließlich sei noch an Fall 103 des defekten Roulettetischs erinnert. Dort erscheint uns die Unterstellung des Spielers (wie der Bank), dass Rot und Schwarz gleich oft fallen, sehr beachtenswert.

4. Vertragsübergreifende Betrachtung

Möchte man trotz der zuvor beschriebenen Schwierigkeiten erklären, warum Einzelne bei Risikoverträgen legitimerweise einen Verlust erleiden können, so verlockt es bisweilen, nicht mehr nur das zu betrachten, was tatsächlich abläuft. Eine Variante davon wurde bereits bei der Äquivalenz diskutiert, nämlich die Verengung des Blicks auf die Gleichwertigkeit von Einsatz und Gewinnchance.[66] Genauso ließe sich darauf verweisen, dass der falsch setzende Spieler schließlich auch hätte gewinnen können bzw. nicht immer nur Pech haben werde, d.h. bei anderen Verträgen durchaus auch gewinne und so zu einem letztlich doch fairen Ergebnis gelange. Doch drängt sich hier die Frage auf, warum ausgerechnet bei Risikoverträgen nicht mehr die einzelne Rechtsänderung betrachtet werden soll, sondern auch ein rein hypothetisches Ergebnis oder gleich eine Vielzahl von Verträgen. Eine solche übergreifende Sichtweise ist dem Vertragsrecht fremd. Wir nehmen einen problematischen

---

[66] Oben § 5 C. II.

Vertrag nicht deshalb hin, weil es noch andere Verträge geben mag, die – weil ihrerseits umgekehrt ungerecht – das frühere Unrecht wieder ausgleichen.[67]

5. Informationspflichten

Die Annahme einer Informationspflicht gehört zu den derzeit besonders populären rechtstechnischen Instrumenten, um auf Unwissenheit zu reagieren. Demgegenüber standen Lösungsrechte (Anfechtung, Rücktritt, Kündigung, Widerruf usw.) immer schon hoch im Kurs. Dabei scheinen die Informationspflichten dogmatisch auch deshalb so populär zu sein, weil sich leicht behaupten lässt, dass im konkreten Fall eine Informationspflicht vorliege – zumal man regelmäßig vergeblich nach einer verbindlichen und damit für jedermann überprüfbaren Herleitung sucht.[68] Nicht zuletzt wegen der funktionalen Austauschbarkeit vieler rechtstechnischer Instrumente verzichtet diese Arbeit darauf, sich auf dieser Ebene zu bewegen. Vielmehr werden allein die konkreten Rechtsfolgen betrachtet, um diese verbindlich und möglichst allgemeingültig zu beschreiben.[69] Für das hier interessierende Thema von Risiko und Spekulation ist es jedenfalls wenig hilfreich, die alten Probleme lediglich dadurch neu zu formulieren, dass man sich auf einmal fragt, wann Aufklärungspflichten bei Spekulationsgeschäften grundsätzlich, nahezu ganz, im Wesentlichen, regelmäßig oder zumindest teilweise entfallen.[70] Es bringt etwa wenig, in Fall 103 des fehlerhaften Roulettetischs das gewünschte Ergebnis damit zu „begründen", dass hier eine Aufklärungspflicht bestehe. Wie noch zu illustrieren sein wird, ist in solchen Fällen regelmäßig der Vertragsinhalt problematisch und die Annahme einer Informationspflicht allenfalls ein denkbares Instrument unter vielen, um diesen Inhalt zu korrigieren.

6. Flexible Begründungsmuster

Natürlich mag man auch auf verbindliche Aussagen verzichten, also ganz beweglich-flexibel bleiben. Beispielhaft hierfür ist wiederum *Henssler*, der abschließend zum Ergebnis kommt, dass die rechtliche Bewertung des Risikophänomens über ein widerspruchsfreies Gesamtsystem der Risikozuordnung unter Beachtung der Schutzbedürftigkeit der risikobelasteten Vertragspartei erfolgen müsse. Zu den Stützpfeilern dieses Gesamtkonzepts gehörten die Auslegung einer vertraglichen Risikozuordnung, die dispositiven gesetzlichen

---

[67] Näher unten § 19 E. I.
[68] Gerade hier begegnet man oft flexiblen Begründungsmustern, vgl. nur *Hopt*, Kapitalanlegerschutz, 1975, S. 414 ff.; *Breidenbach*, Informationspflichten, 1989 oder *Fleischer*, Informationsasymmetrie, 2001, S. 978 ff. Näher zu diesem Problemkreis unten § 16 sowie speziell zum Risiko gleich unten § 5 C. III. 6.
[69] Näher oben § 1 B. III.
[70] Zu Recht skeptisch *Henssler*, Risiko, 1994, S. 303 m.w.N.

Risikoverteilungsregeln, das Informationspflichtenprogramm der Parteien und die Schranken der Privatautonomie, die sich für die Risikoverteilung vornehmlich aus § 138 BGB und dem AGBG ergäben. All das sei sorgfältig aufeinander abzustimmen.[71] Dass diese Fülle sehr unterschiedlicher, wie eben dargelegt oft angreifbarer, häufig unbestimmter und in ihrem Verhältnis zueinander nicht festgelegter Gesichtspunkte einigen Interpretationsspielraum belässt, liegt auf der Hand.[72]

7. Mutmaßlicher Wille

Etwas überzeugender ist es, auf den mutmaßlichen Willen abzustellen, sich also zu fragen, was die Parteien vereinbart hätten, wäre ihnen die Möglichkeit einer planwidrigen Entwicklung bewusst gewesen. Wenngleich es hier um die Interessen – und nicht den Willen – der Parteien geht und sich diese Begrifflichkeit damit als irreführend erweist,[73] ist die eigentliche Forderung, nämlich die Berücksichtigung von Parteiinteressen, auch aus Sicht des Rechtfertigungsprinzips hilfreich. Nur besteht die eigentliche dogmatische Herausforderung darin, über die bloße Forderung nach einer Interessenabwägung hinaus verbindlich zu beantworten, wie genau diese Interessen zu berücksichtigen sind.[74]

D. Rechtfertigungsprinzip

I. Gerechtfertigtes Risiko

Möchte man das Phänomen „Risiko" anhand des Rechtfertigungsprinzips einordnen, taucht Risiko vor allem in dreierlei Hinsicht auf. Einerseits kann die Befreiung von einem Risiko eine rechtliche Belastung rechtfertigen. Zum anderen kann das eingegangene Risiko als frühere Anstrengung anzurechnen sein. Auf beides wird noch zurückzukommen sein.[75] Schließlich kann Risiko das sein, was es zu rechtfertigen gilt. Wer sich zu einer zukünftigen Handlung verpflichtet, mag nicht völlig ausschließen können, dass die Erfüllung seines Versprechens für ihn nachteiliger verläuft als zunächst geplant. Tatsächlich dürfte ein solches Restrisiko die Regel sein, auch wenn es wie bereits dargelegt[76] nicht begriffsnotwendig zu Verträgen gehört.

---

[71] *Henssler*, Risiko, 1994, S. 732.
[72] Näher zu dieser Problematik unten § 19 F. III. 2.
[73] Näher unten § 9 C. V. 2. d). Aus Sicht der klassisch-prozeduralen Ansätze lässt sich so eben doch, wenn auch nur versteckt unter scheinbarem Rückgriff auf einen „Willen", auf Parteiziele abstellen, haben wir also eine der vielen Einbruchstellen des Zweckdenkens.
[74] Näher oben § 2 A. V. 2. c); unten § 9 D. III.; § 9 C. V. 2. d) cc); § 17 C. I. 3.
[75] Unten § 5 D. II. und § 5 D. III.
[76] Etwa oben ab Fn. 11.

Die bisherigen, oft sehr kritischen Stellungnahmen zu den klassischen Begründungsversuchen sollten verdeutlicht haben, worin genau die dogmatische Herausforderung liegt, auf die das Rechtfertigungsprinzip tunlichst Antworten liefern sollte. Zunächst kann festgestellt werden, dass uns oft das Ergebnis – allen theoretischen Streitigkeiten und den vielfältigsten Konzepten zum Trotz – klar erscheint. Wer in einer staatlich genehmigten Spielbank auf die falsche Farbe setzt (Fall 102), erhält seinen Einsatz genauso wenig zurück wie der Versicherungsnehmer, der nach Ablauf der Vertragslaufzeit feststellt, dass er seine Prämie mangels Schadensfall umsonst gezahlt hat (Fall 110). Wohl aber sehen wir es als problematisch an, wenn der Roulettetisch eine Fehlfunktion aufweist (Fall 103) oder der Kunde bei Abschluss einer Krankenversicherung schwere Vorerkrankungen verschweigt (Fall 111). Genauso, wie wir bestimmte Verluste anerkennen, gestehen wir aber auch dem Spieler einen Gewinn zu, wenn er richtig setzt, und muss die Versicherung bei Eintritt eines Schadens möglicherweise Millionen zahlen, selbst wenn sie vom Kunden als Prämie nur einen kleinen zweistelligen Betrag erhielt. Die vordringliche dogmatische Herausforderung besteht also darin, zu erklären, warum es bei Risikoverträgen legitim sein kann, dass eine Seite durch den Vertrag objektiv gesehen verliert. Denn dass dieser Verlust eintritt, ist nicht zu leugnen, die Parteien wissen es nur ursprünglich nicht. Dass es auch mit substanziellen Kriterien schwerfällt, derartige Verluste zu erklären, wurde anhand des Äquivalenzprinzips dargelegt. Insofern muss sich erst einmal zeigen, ob hier das gleichermaßen substanzielle Rechtfertigungsprinzip besser abschneidet.

1. Bedingte Leistung

Dabei fragt sich zunächst, wie man mit dem Risiko etwas rechtfertigen soll, was man gerade nicht kennt.[77] Doch ist das nur ein scheinbares Problem, lässt sich fragen, ob ein Schaden zu rechtfertigen ist, wenn sich ein Risiko tatsächlich realisiert. Ein solcher Schaden lässt sich beschreiben, da er anders als das Risiko nicht mehr durch Unwissenheit gekennzeichnet ist. Verkauft etwa ein Produzent einen Gegenstand, ist das Risiko zu rechtfertigen, dass er bei ungünstigem Verlauf (etwa einem gravierenden Defekt) sehr viel höhere Kosten hat als das, was er im Gegenzug als Kaufpreis erhielt, er sich also möglicherweise sogar verschlechtert. Mit Blick auf unseren Roulettespieler ist zu rechtfertigen, dass er 1.000 Euro verliert, sofern die Kugel auf Schwarz landet. Das Besondere beim Risikovertrag besteht unter anderem darin, dass das, was die Einbuße ausmacht und damit zu rechtfertigen ist, nur unter bestimmten Voraussetzungen eintritt. Der Roulettespieler verliert sein Geld nur dann, wenn er auf die falsche Zahl setzt; die Versicherung muss nur dann zahlen, wenn ein Schadensfall eintritt.

---

[77] Näher oben § 5 B. I. 6.

2. Verbesserung

Sucht man nach Rechtfertigungsgründen, wird man anders als etwa bei der Schenkung[78] feststellen, dass es bei den hier interessierenden Fällen selten zum verfolgten Ziel gehört, Geld zu verlieren. Ein Spieler spielt nicht, um ärmer zu werden, sondern wegen der Hoffnung auf Reichtum oder aber aus Spaß am Risiko. Das erschwert die Aufgabe.

Prüft man nun, inwieweit es zu rechtfertigen ist, dass unter bestimmten Voraussetzungen eine rechtliche Einbuße eintritt, ist bei dieser Prüfung wie immer zu beachten, dass sie nicht etwa unter irgendwelchen hypothetischen Annahmen, sondern unter Berücksichtigung all derjenigen Widrigkeiten erfolgt, die unser Leben nun einmal auszeichnen. Dazu gehört insbesondere die menschliche Unwissenheit, die sich nicht wegdefinieren lässt. Dass das Leben einfacher wäre, wäre man gegen alle Eventualitäten gewappnet, ist irrelevant, weil Träumerei.

Es ist also zu fragen, ob der mögliche spätere Verlust hingenommen werden muss, damit sich die betroffene Partei hier und jetzt angesichts ihrer konkreten Situation verbessert. Wer seinen Zielen näher kommen will, muss solche Rechtsänderungen vornehmen können, die in der konkreten Situation mit dem dortigen Kenntnisstand dazu beitragen. Das erfordert bisweilen auch Risiken und damit, nicht gegen alle Folgen von Unwissenheit geschützt zu sein. Größtmögliche Sicherheit anzustreben hieße, im Stillstand zu verharren und wertvolle Chancen zu verpassen.[79] Oft muss ein bestimmtes Risiko allein deshalb in Kauf genommen werden, um an anderer Stelle umso größere Sicherheit zu erlangen. All das wird schon deshalb niemanden überraschen, weil auch absolut geschützte Rechtsgüter keine umfassende Sicherheit bieten.[80] Wohl aber sind wir dort, wo ein absolutes Rechtsgut seine Wirkung entfaltet, vor solchen Verlusten geschützt, die sich nicht mit dem Rechtfertigungsprinzip vereinbaren lassen.

Sofern bei Vertragsschluss eine Rechtsänderung erfolgen kann, die dem Rechtfertigungsprinzip genügt, verändert sich zu diesem Zeitpunkt die jeweilige Rechtslage[81] und kann sich keine Partei später über das eingetretene Risiko beschweren.[82] Dass sie ihren Schutz verlor, indem sie sich verpflichtete, unter bestimmten Voraussetzungen etwas zu tun oder zu unterlassen, war durch ihre individuelle Verbesserung gerechtfertigt. Genauso wie es gerechtfertigt sein kann, beispielsweise Eigentum sicher zu verlieren, ist es bisweilen legitim, diesen Verlust – gewissermaßen als ein *minus* – nur bedingt zu erlei-

---
[78] Näher zu dieser oben § 3 B. II.
[79] Stellv. *Henssler*, Risiko, 1994, S. 3.
[80] Zur Reichweite klassischer Rechtsgüter wie Eigentum vgl. oben § 2 C. III.
[81] Näher zur Rechtebasierung unseres Vertragsrechts oben § 2 A. II. 2.; § 2 D. I. 4. b); § 3 A. IV.; § 4 C. I. 1. oder unten § 19 F. VI.; passim.
[82] Näher zum informationellen Aspekt dessen oben § 2 E. III.

den. Man könnte hier davon sprechen, dass das Recht den Vermögenden schweren Herzens seinem Schicksal überlässt, das aber in der Einsicht, angesichts der realen Umstände genau damit zu dessen individueller Verbesserung beizutragen.[83] Es ist also mit dem Rechtfertigungsprinzip vereinbar, dass man gegen die Folgen mancher Unkenntnis oder positiver Fehlvorstellung ungeschützt ist, also etwa nicht einmal unter Ersatz des negativen Interesses anfechten darf.[84]

II. Risikoverringerung als Rechtfertigung

1. Risikoaversion

Das Rechtfertigungsprinzip kann allerdings nicht nur rechtlich neu geschaffene Risiken erklären. Genauso kann die Befreiung von einem Risiko eine rechtliche Belastung rechtfertigen. Nicht mehr einem Risiko ausgesetzt zu sein, beinhaltet viele Vorteile. Zunächst entfällt die Gefahr, dass sich das Risiko verwirklichen könnte. Das wiederum erlaubt es, auf dieser Wissensbasis besser zu planen und etwa Investitionen zu tätigen, die ansonsten unterbleiben müssten. Betrachtet man einige grundlegende gesellschaftliche Institutionen, so gehört es zu der herausragenden Leistung moderner Gesellschaften, durch unterschiedlichste Maßnahmen auf allen Ebenen elementare wie auch viele kleinere Risiken zurückgedrängt zu haben. Spätestens hier wird deutlich, wie wichtig uns Menschen Sicherheit und Stabilität und wie unangenehm uns umgekehrt das Risiko ist. Genau deshalb versuchen wir häufig, wenn auch nicht immer,[85] Risiken zu vermeiden.

2. Rechtsgestaltungsbedarf

Bei dieser großen Anstrengung, Risiken abzubauen, nimmt das Zivilrecht einen wichtigen Platz ein, indem es Rechte schützt, sofern nicht eine Einbuße zur individuellen Verbesserung beiträgt. Das umfasst sowohl absolut geschützte Rechtsgüter als auch etwa eine schlichte Forderung. Konkret bewahrt uns die Rechtsordnung etwa davor, Vermögen an andere zu verlieren oder durch andere körperlich verletzt zu werden.[86] Andererseits ist dieser zivilrechtliche Schutz begrenzt. Schlägt ein Blitz in das eigene unversicherte Haus, verdirbt das leckere Stück Fleisch in der Sonne oder fällt der Marktwert des eigenen Unternehmens, wird man auf fremde Hilfe vergeblich hoffen. Hier entstehen Schäden im eigentlichen Sinn, erkennen wir also oft, dass wir unseren eigenen

---

[83] Ganz ähnlich verhält es sich bei diversen Wahlrechten im weitesten Sinn, näher unten § 18 B.
[84] Näher unten § 17 C.
[85] So mag ein Spieler gerade am Risiko Gefallen finden, näher dazu unten § 5 E. I.
[86] Näher zur Reichweite solcher Rechte oben § 2 C. III.

Zielen weniger nahe stehen als bisher angenommen.[87] Anders formuliert trägt also etwa ein Eigentümer von vornherein gewisse Risiken, ist er angesichts der rechtlichen Ausgestaltung von Eigentum teilweise schutzlos gestellt.

Allerdings ist dieser hier nur angedeutete rechtliche Rahmen gleichermaßen unvollständig wie auch nicht auf die individuellen Bedürfnisse einzelner Personen in ihrer jeweiligen Situation zugeschnitten. Doch steht uns genau dafür der Vertrag zur Verfügung, können die Parteien solche Rechtsänderungen herbeiführen, die verbleibende Lücken schließen und die jeweiligen Besonderheiten stärker berücksichtigen. Allerdings ist diese zusätzliche Sicherheit nur um den Preis zu erlangen, dass man an anderer Stelle Einbußen erleidet – sei es durch eine Gegenleistung oder neue Risiken. Schließlich steht das Rechtfertigungsprinzip jedem Einzelnen zu. Umgekehrt formuliert kann also auch die Befreiung von einem Risiko eine rechtliche Belastung rechtfertigen. Wer eine Versicherung abschließt, darf sich dann zwar seiner Sache sicher sein, muss aber vorher seine Prämie zumindest versprechen. Sofern also überhaupt eine rechtlich erfasste Einbuße vorliegt, etwa weil eine Person Vermögen an andere zu verlieren droht, ist nach dem Rechtfertigungsprinzip zu fragen, ob dieser Verlust zur individuellen Verbesserung des so Betroffenen notwendig ist.[88]

III. Anrechnung von Anstrengungen

Bisher tauchte Risiko bei der Prüfung des Rechtfertigungsprinzips in zweierlei Hinsicht auf. Zum einen kann die Befreiung von einem Risiko eine rechtliche Belastung rechtfertigen, zum anderen kann Risiko das sein, was es zu rechtfertigen gilt. Zumindest der Vollständigkeit halber sei noch kurz auf eine dritte Bedeutung hingewiesen. So kann es Teil der anzurechnenden Investitionen sein, dass eine Partei verschiedene Anstrengungen unternahm, um Risiken zu vermeiden. Hierzu mag der Abschluss von Versicherungen oder die sonstige Absicherung gegen diverse Unwägbarkeiten wie etwa der Erwerb von Wissen oder auch nur ein besonders vorsichtiges und damit etwas aufwändigeres Verhalten gehören. Für die Berücksichtigung derartiger Anstrengungen gilt nichts anderes als sonst auch.[89]

Nur am Rande sei darauf hingewiesen, dass die Anrechnung von Investitionen demgegenüber nicht die bereits umfassend diskutierte Grundfrage zu beantworten vermag, warum es bei Risikoverträgen legitim sein kann, dass eine

---

[87] Zu solchen geistigen Operationen siehe etwa oben § 2 D. IV.
[88] Siehe dazu nur oben ab § 3 A. IV. Ob man dabei den Schutz des Eigentumsrechts von vornherein als durch den Vorbehalt des Rechtfertigungsprinzips eingeschränkt sieht oder aber eine Einbuße bejaht, dann aber eine Rechtfertigung für möglich hält, ist letztlich allein eine Frage definitorischer Zweckmäßigkeit, also einer sinnvollen gedanklichen Problemstrukturierung. Siehe dazu etwa oben ab § 2 E. III. 2.
[89] Vgl. oben § 4 C. I. 3.

Seite durch den Vertrag letztlich verliert. Zwar könnte man hier als eine denkbare Erklärung etwa von Fall 102 auf das Argument verfallen, dass schließlich auch die Bank ein Risiko dergestalt eingegangen sei, ihrerseits 1.000 Euro zu zahlen, sollte Rot fallen. Doch scheitert das bereits daran, dass nun einmal Schwarz gefallen ist, S sich dadurch individuell verschlechtert und diese Verschlechterung durch keine Investition legitimiert werden kann.[90] Die Zahlungsverpflichtung der Bank für den Fall, dass Rot fällt, konnte also nichts für S bewirken, weil sie sich als irrelevant erwiesen hat.

IV. Wertschöpfung

1. Grundidee

Die bisher erfolgte Einordnung von Risiko in den Grundtatbestand des Rechtfertigungsprinzips ermöglicht es nunmehr, einige weitere Kriterien zu formulieren, anhand derer sich ein möglichst detaillierter Vertragsinhalt ableiten lässt. Das wird spätestens dort wichtig, wo sich entsprechende Aussagen aus dem Parteiverhalten bei Vertragsschluss nicht mehr ableiten lassen – und genau das ist beim Umgang mit Risiken oft der Fall.[91] Dabei lässt sich zunächst das aufgreifen, was für die nach dem Rechtfertigungsprinzip gebotene vertragliche Wertschöpfung generell gilt: Verträge – und damit auch der genaue Vertragsinhalt – sollen die Parteien größtmöglich ihren eigenen Zielen näher bringen.[92] Doch genauso wenig, wie es ein von vornherein unauflösbares Dilemma ist, dass man eine Leistung selten ohne entsprechende Gegenleistung erhält, werden Risikoverträge dadurch verhindert, dass der mit Ansprüchen verbundene Sicherheitsgewinn regelmäßig mit vertraglich neu eingegangenen Risiken einhergeht. Denn häufig lässt sich ausnutzen, dass Vertragsparteien nicht nur stark voneinander abweichende Ziele verfolgen, sondern je nach Person auch die Risiken bzw. die Möglichkeiten, diese zu verringern, sehr unterschiedlich ausgeprägt sind. Dabei spielt – wie auch für Verträge ohne Unwissenheit – gerade die Arbeitsteilung eine oft zentrale Rolle.[93]

Ökonomisch formuliert geht es hier also um sachgerechte Anreize, die überall dort wirken können, wo es dem Menschen angesichts seiner geistigen wie sonstigen Fähigkeiten wirklich möglich ist, auf diese Anreize zu reagieren.[94] Gerade hier zeigt sich, dass sich Risiken beeinflussen und gestalten lassen. Das mag durch geistige Anstrengungen (etwa die Verdrängung von Unwissenheit

---

[90] Vielmehr können frühere Anstrengungen nur so weit Berücksichtigung finden, wie sich beide Parteien noch verbessern, vgl. oben § 4 C. I. 3.
[91] Näher oben § 5 C. I.
[92] Eingehend oben § 3.
[93] Näher oben § 3 C. I.; § 3 C. III. 1. b); unten ab § 5 E. II.; § 8 B. Dies betont zu Recht auch *Koller*, Risikozurechnung, 1979, S. 77, 95, 205, 439 f., passim.
[94] Näher zur vertragsrechtlichen Relevanz von Anreizen etwa unten § 17 C. II. 2. d).

durch Wissen), ein verändertes Verhalten oder dadurch geschehen, dass man bestimmte Erwartungen verrechtlicht und somit stabilisiert. Dabei sind derartige Veränderungen auch möglich, ganz ohne dass die Parteien die Existenz eines Risikos überhaupt erahnen. Denn das Rechtfertigungsprinzip ist ein substanzieller Grundsatz, der sich notfalls auch noch von einem Richter umsetzen lässt.

2. Risikounterschiede

Je nach persönlichen Zielen, rechtlicher Ausgangslage, tatsächlichen Handlungsmöglichkeiten und jeweiligem Kenntnisstand wird ein bestimmter Umstand oft nur für eine Partei ein großes Risiko darstellen. Risiken hängen stark von individuellen Besonderheiten ab,[95] weshalb hier oft besonders gute Aussichten auf wertschöpfende Rechtsänderungen bestehen. Wer wie in Fall 106 als Gegenleistung für eine Spende ein Tombolalos erhielt, mit derartigen Lotterien aber nichts anfangen kann, mag dieses Los gegen Entgelt an einen Käufer weiterreichen, der Spaß an der damit verbundenen Ungewissheit empfindet. Manchmal ist ein ungewisses Ereignis auch nur für eine Seite bedrohlich. Wenn sich in Fall 123 ein Kleinunternehmer angesichts nur begrenzter Kapazitäten unsicher ist, ob er einen großen Auftrag in der vereinbarten Zeit erledigen kann, mag er diesen an einen größeren Konkurrenten weiterreichen, der diesen bequem abarbeiten kann. Oft wird auch eine Seite besser in der Lage sein, bestimmte Risiken dadurch zu vermeiden, dass sie sich versichert, oder die Risiken gleichen sich dort getreu dem Gesetz der großen Zahl (Risikodiversifikation) von allein aus.[96] Wer täglich tausende Produkte unterschiedlicher Anbieter verkauft, kann einpreisen, dass ab und zu eines davon beschädigt wird. Auch wird er sehr viel routinierter und damit leichter beim Hersteller Rückgriff nehmen können. Ein Privatkunde wäre hingegen sehr viel stärker getroffen, wenn der Zufall ausgerechnet ihn träfe und er sich deshalb an den Hersteller wenden, geschweige denn einen solchen Schaden endgültig tragen müsste. All diese Beispiele verdeutlichen, wie sehr es bei vielen Verträgen darum geht, die Vorteile einer Arbeitsteilung zu nutzen, führt nämlich eben diese Arbeitsteilung zu der unterschiedlichen Anfälligkeit für zufällige Schadenseintritte, die sich dann für eine Wertschöpfung nutzen lässt.

3. Absorbier- und Beherrschbarkeit

Möchte man wenigstens einige der für den Umgang mit Risiken so wichtigen Wertschöpfungsmethoden benennen, so bietet es sich hier mit der Untersuchung *Kollers* an, an die unterschiedliche Fähigkeit der Parteien anzuknüpfen,

---

[95] Näher oben § 5 B. I. 1.
[96] Näher zur Versicherung unten § 5 E. II.

einzelne Risiken zu beherrschen oder zu absorbieren. Denn das ist nichts anderes als auszunutzen, dass sich die Risiken je nach Partei unterscheiden. Oft kann eine Seite sehr viel leichter beeinflussen, ob ein Schaden eintritt und falls ja, in welchem Ausmaß. Hierzu mögen organisatorische Maßnahmen beitragen, einschließlich der Information über die Existenz, das Ausmaß und die Eindämmung von Risiken mitsamt den dafür notwendigen Anstrengungen.[97] Generell spielt die Möglichkeit, Risiken von vornherein zu vermindern, eine sehr wichtige Rolle für die inhaltliche Ausgestaltung von Verträgen. Fällt es etwa einem Mieter leichter als dem Vermieter, Schönheitsreparaturen nicht nur schnell und unkompliziert vorzunehmen, sondern diese durch eine schonende Behandlung der Mietsache von vornherein zu vermeiden, liegt es nahe, eine entsprechende Pflichtenverteilung zu vereinbaren und dafür einen gewissen Mietnachlass zu gewähren. Dementsprechend leuchtet es auch ein, wenn sich die jeweilige rechtliche Behandlung – etwa unter dem Stichwort höherer Gewalt – gerade dort ändert, wo ein Schaden von keiner Seite beherrschbar war.[98] Genauso können sich Risiken auch deshalb je nach Partei stark unterscheiden, weil ein sich verwirklichendes Risiko ganz unterschiedliche Schäden verursachen kann.[99]

Nicht ganz leuchtet es hingegen ein, wenn *Koller* als weiteren Gesichtspunkt das von ihm so genannte Veranlassungsprinzip einführt, um diejenigen Konstellationen zu erfassen, in denen beide Parteien gleichermaßen einem Risiko ausgeliefert sind. Danach soll jede Partei die Risiken tragen, die ihr Vertragspartner in ihrem Interesse eingegangen ist. Derjenige, der einen anderen in seinem Interesse tätig werden lasse, müsse auch für die damit verbundenen Risiken einstehen. Denn hätte der Gläubiger sein Bedürfnis selbst zu befriedigen versucht, wäre er ebenfalls mit dem entsprechenden Risiko konfrontiert gewesen.[100] Tatsächlich ist bereits unklar, warum Risiken nur im Interesse einer bestimmten Partei eingegangen werden. Schließlich werden sämtliche Kosten typischerweise eingepreist,[101] so dass es im gemeinsamen Interesse beider Parteien liegt, Existenz und Ausmaß von Risiken möglichst wertschöpfend zu beeinflussen. Verträge sollten auch dadurch zur Verwirklichung individueller Ziele beitragen, dass die den Parteien vorgegebene Risikosituation nicht hingenommen, sondern rechtlich verändert wird.

---

[97] *Koller*, Risikozurechnung, 1979, S. 79, 98, 204 f., 438 f., passim. Wenn in Literatur und Rechtsprechung oft von der „Sphäre" einer bestimmten Seite gesprochen wird, so lässt sich diesem Begriff eine inhaltliche Aussage nicht entnehmen. Vielmehr formuliert die These, dass ein bestimmtes Risiko in jemandens Sphäre falle, nur das erst zu begründende Ergebnis, liefert aber kein Argument.
[98] *Koller*, Risikozurechnung, 1979, S. 88, 98, 205, 439.
[99] *Koller*, Risikozurechnung, 1979, S. 89, 91 f., 98, 205, 439 sowie wiederum zur Grenze höherer Gewalt dort S. 98, 205, 263, 439.
[100] *Koller*, Risikozurechnung, 1979, S. 95, 98, 205 f., 439 f.
[101] Näher unten § 19 C. IV. 2. b) aa).

Abschließend sei noch darauf hingewiesen, dass, so hilfreich es ist, mit den Begriffen von Absorption und Beherrschbarkeit über recht konkrete und praktisch hilfreiche Gedanken zu verfügen, dieser Vorteil so lange eingeschränkt bleibt, wie sich derartige Argumente nicht stimmig in ein einheitliches und vor allem verbindliches dogmatisches Grundkonzept einfügen lassen. So sieht sich *Koller* zunächst genötigt, die von ihm so ansprechend herausgearbeiteten Kriterien in ein bewegliches System einzustellen,[102] was diese Kriterien dann gleich wieder entwertet.[103] Dabei ist es begrüßenswert, weil die verbleibende Unschärfe offen eingestehend, wenn *Koller* die Notwendigkeit einer Einzelfallbetrachtung betont sowie noch andere Gesichtspunkte nennt, welche die bisher genannten Kriterien gegebenenfalls überlagern sollen. Das reicht von der Kongruenz von Nutzen und Risiko, der Priorität der Beharrungsinteressen vor den Veränderungsinteressen, vom Gedanken der Vertragstreue und der Praktikabilität, von Wertungen, die sich in den verschiedenen Vertragstypen niedergeschlagen haben und spezifischen Interessenkonstellationen Rechnung tragen, bis hin zu Elementen des Sozialschutzes, von denen allerdings nur zurückhaltend Gebrauch zu machen sei.[104]

E. Vertragstypen

Wenngleich das Rechtfertigungsprinzip nach den vorstehenden, eher abstrakten Ausführungen geeignet zu sein scheint, Risiken dogmatisch stimmig einzuordnen, muss es sich nunmehr auch praktisch anhand wichtiger Fallkonstellationen beweisen. Es sollten sich dabei verbindliche und vor allem konkrete Schlussfolgerungen ableiten lassen, die im Ergebnis mit unserem Vertragsrecht übereinstimmen. Gelänge dieses Unterfangen, böte das Rechtfertigungsprinzip auch in diesem Bereich den notwendigen Orientierungspunkt, um verschiedenste staatliche Instrumente daran auszurichten – etwa die komplizierte Finanzmarktregulierung.

Nach bewährtem Muster seien dabei auch hier überwiegend solche Fälle diskutiert, über deren Bewertung weithin Einigkeit besteht – sei es im Sinne einer Billigung oder aber Missbilligung. Bewährt sich das Rechtfertigungsprinzip hier, mag man es dann wie immer auch auf im Ergebnis umstrittenere Fälle anwenden. Denn dass gerade für Risikogeschäfte Bedarf an einem subsumtionsfähigen Kriterium besteht, das es erlaubt, erwünschte von unerwünschten Vertragsinhalten abzugrenzen, wurde bereits dargelegt.[105]

---

[102] *Koller*, Risikozurechnung, 1979, S. 54.
[103] Näher zu solchen Begründungsmustern unten § 19 F. III. 2. b).
[104] *Koller*, Risikozurechnung, 1979, S. 77, 88, 438.
[105] Oben § 5 A.

I. Glücksspiel

Setzt in Fall 102 Spieler S 1.000 Euro auf die falsche Farbe und verliert damit das Geld, wird dieses Ergebnis zumindest dort weithin gebilligt, wo er sich in einer staatlich genehmigten Spielbank aufhält. Insbesondere bleibt seine feste Überzeugung, es müsse jetzt endlich Rot kommen, trotz der unbestreitbaren Relevanz für seine Interessen unbeachtet. Nach dem Rechtfertigungsprinzip ist hier zu prüfen, ob der Verlust von 1.000 Euro für den Fall, dass die falsche Farbe fällt, notwendig war, um sich getreu den eigenen Zielen zu verbessern. Da Glücksspiel ansonsten keine Werte schafft, sondern lediglich für Kosten und Umverteilung sorgt,[106] gelingt das etwa dann, wenn es dem Spieler um die mit dem Risiko verbundene Spannung geht und dieses aufregende Erlebnis wirklich zu dem gehört, was er für sich und sein Leben anstrebt. Noch am ehesten lässt sich das vielleicht dort bejahen, wo ein Rentner für kleines Geld wöchentlich Lotto spielt (Fall 105) oder ein Ehepaar sich einmal im Jahr ins traditionsreiche Kasino traut, um dessen ganz eigene Atmosphäre zu genießen (Fall 107). Schließlich lässt sich auf Fall 108 verweisen, in dem ein Spieler über 3 Euro verfügt, aber gerne jetzt sofort einen Blumenstrauß für 6 Euro kaufen möchte. Hier erscheint es nachvollziehbar, 3 Euro zu setzen und entweder seine Verehrte beeindrucken zu können oder zwar das restliche Geld verloren zu haben, das aber ohne Weiteres verschmerzen zu können.

Derartigen Beispielen zum Trotz fällt es allerdings nicht leicht, im Glücksspiel viel Billigenswertes zu finden. Vielmehr kann man sich sehr oft fragen, ob diese Tätigkeit nicht den Interessen der Spieler schadet. Unser Protagonist mag einfach spielsüchtig und damit nicht in der Lage sein, das zu unterlassen, was er vielleicht sogar selbst, ausweislich seiner eigenen Ziele, für kontraproduktiv hält. In gewisser Hinsicht ist Glücksspiel ein Paradebeispiel für oft irrationales Handeln.[107] Ein kurzer Blick in die Geschichte offenbart zahllose abschreckende Beispiele dafür, was passieren kann, wenn man die Menschen – oft getrieben von purer Gier – ihren Spieltrieb ausleben lässt.[108] Darauf wird bei der Publikumsspekulation noch zurückzukommen sein.[109] Um für das Glücksspiel eine gewisse Kontrolle zu befürworten, muss man jedenfalls kein Sozialist sein. Nicht ohne Grund sieht auch der Gesetzgeber in Spiel und Wet-

---

[106] Oder um mit den berechtigten Worten eines *Nell-Breuning*, Börsenmoral, 1928, S. 156 zu sprechen: „Spiel ist in allen Fällen Freibeutertum, als bloßes legales Freibeutertum, als Kunstspiel je nach den angewandten Mitteln legales oder kriminelles." *Henssler*, Risiko, 1994, S. 5 spricht hier vom fehlenden gesamtgesellschaftlich dynamischen Antrieb. Vgl. auch unten § 5 E. VIII. m.w.N.

[107] Näher zu diesem unten § 17 E.

[108] Allein für Deutschland wird die Zahl der Spielsüchtigen auf 100.000 Personen geschätzt, vgl. Bundeszentrale für gesundheitliche Aufklärung (Hrsg.), Glücksspielverhalten und problematisches Glücksspielen in Deutschland 2007: Ergebnisse einer Repräsentativbefragung, Ergebnisbericht, 2008, abrufbar unter http://www.bzga.de.

[109] Unten § 5 E. VIII. 4.

te keine besonders erstrebenswerte Vertragsform, was nicht nur die für manche Rechtsordnung typische Ausgestaltung als Naturalobligation verdeutlicht,[110] sondern auch die oft staatliche Monopolisierung oder starke Regulierung des Glücksspiels erklärt. Dass das Recht hier nicht noch restriktiver vorgeht, dürfte vor allem an den begrenzten Möglichkeiten staatlicher Kontrolle liegen – die Erfahrungen einer vollständigen Prohibition sind zumindest zweischneidig. Wie genau mit diesem interessanten Phänomen rechtlich umzugehen ist, ließe sich ausführlich diskutieren.[111] Doch sind mit dem Rechtfertigungsprinzip wie auch dem noch näher zu erörternden Subsidiaritätsgrundsatz zumindest diejenigen Parameter benannt, um die sich diese Erwägungen drehen sollten.

Zu überprüfen bleibt allerdings, ob das Rechtfertigungsprinzip auch dort zu sachgerechten Ergebnissen führt, wo wie in Fall 103 das Glücksspiel defekt war, weil der Spieler nicht eine fast hälftige, sondern lediglich eine 25%-Gewinnchance besaß. Dafür sei zunächst darauf hingewiesen, dass es legitim sein kann, wenn die Gewinnchancen von Bank und Spieler unausgeglichen sind. Bekanntlich sorgen im Roulette zwei grüne Felder („0" und „00") für solche Unausgewogenheit, die der Bank die notwendigen Gewinne verschafft, um das Kasino wirtschaftlich zu betreiben.[112] Da unser Spieler ansonsten kein Kasino vorfände, also auch nicht spielen könnte, ist diese Verschlechterung seiner Chancen mit dem Rechtfertigungsprinzip vereinbar. Doch gilt das nicht, wenn ein manipulierter Roulettetisch zu dermaßen hohen Gewinnen führt, die nicht notwendig sind, um ein Kasino wirtschaftlich zu betreiben, weshalb ein solches Kasino – würde diese Manipulation bekannt – nie genügend Spieler fände, die sich mit derart schlechten Chancen abfänden.[113] Allerdings tritt in Fall 103 mit der dem Spieler unbekannten Fehlgewichtung ein Element hinzu, das erst noch eingehend zu behandeln sein wird, nämlich das des Irrtums. Zumindest bei einer Täuschung stellt unser Recht nicht mehr allein auf das Parteiverhalten bei Vertragsschluss ab, sondern räumt beispiels-

---

[110] Vgl. etwa im deutschen Recht die §§ 762 ff. BGB, im österreichischen ABGB §§ 1721, 1432 oder im französischen Code civil Art. 1235 sowie generell zu diesem Rechtsinstitut den Nachweis oben in Fn. 46. Früher wurde in der Spielschuld noch eine der staatlichen Judikatur entzogene Anstands- bzw. Ehrenschuld gesehen, vgl. *Henssler*, Risiko, 1994, S. 734.
[111] Vgl. in diesem Zusammenhang nur die aktuelle Diskussion um das Sportwettenmonopol und Urteile wie etwa EuGH, Urt. v. 8.9.2010, Rs. C-409/06, ABl. C 288 v. 23.10.2010, S. 6; BVerwG, Urt. v. 24.11.2010, NVwZ 2011, 549.
[112] Vgl. bereits oben § 5 C. II.
[113] Allerdings kann dies je nach Spielart und sozialer Einbettung stark variieren. Oft leiten die staatlichen Lotterieanstalten einen nicht unerheblichen Betrag an gemeinnützige Einrichtungen weiter, weshalb bei darum wissenden Lottospielern oft auch altruistische Motive mit hineinspielen, siehe daher zur Schenkung oben § 3 B. II.

weise ein Anfechtungsrecht ein. Doch sei für diese Fragen auf die noch folgenden Ausführungen verwiesen.[114]

II. Versicherung

Ein weiterer Vertragstyp, der ohne Risiko undenkbar wäre, ist die Versicherung. Diese zeichnet sich vor allem durch zwei Eigenschaften aus, die es dementsprechend dogmatisch zu erklären gilt: Einerseits kann der Versicherungsnehmer bei Eintritt des Versicherungsfalls oft hohe Zahlungen verlangen, selbst wenn er nur einen Bruchteil dessen als Versicherungsprämie gezahlt hatte (Fall 109). Andererseits kann er diese Prämie selbst dann nicht zurückfordern, wenn der Schadensfall überhaupt nicht eintritt, sich also seine Zahlung im Nachhinein als überflüssig erweist (Fall 110). Wie ist das zu erklären? Nach dem Rechtfertigungsprinzip ist für jede Partei zu fragen, ob der jeweils drohende Verlust notwendig ist, um sich getreu den eigenen Zielen zu verbessern. Dass der Versicherungsnehmer K in Fall 110 seine 30 Euro nicht zurückerhält, obwohl der Versicherungsfall nicht eintrat, ist notwendig, weil er ansonsten nicht bei Schadenseintritt abgesichert wäre. Sofern K risikoavers ist, macht es angesichts seiner bei Vertragsschluss nun einmal vorhandenen Unkenntnis über eintretende Haftungsansprüche Sinn, den Vertrag abzuschließen. Sein neu entstandenes Risiko, grundlos 30 Euro gezahlt zu haben, wird durch die neu gewonnene Sicherheit, nicht sehr viel höher beansprucht zu werden, mehr als ausgeglichen. Für die Versicherung gilt umgekehrt nichts anderes, wenn sie wie in Fall 109 tatsächlich leisten muss. Denn ohne die glaubwürdige Zusage, im Schadensfall zu leisten, bekäme sie keine Kunden, weshalb sie auch nicht diejenigen Prämien einnehmen könnte, die es ihr erlauben, sämtliche Schadensfälle abzudecken und einen Gewinn zu erzielen. Dabei ist der Versicherungsvertrag für beide Seiten vor allem deshalb vorteilhaft, weil es nur einem großen Versicherungsunternehmen mit sehr vielen Versicherungsnehmern, nicht aber einer einzelnen Privatperson, möglich ist, derartige Haftungsrisiken zu diversifizieren, also nach dem Gesetz der großen Zahl abzuschmelzen. Darin liegt das zentrale, wertschöpfende Element des Versicherungsvertrags.

Nicht zwingend notwendig ist es demgegenüber, die vom Versicherungsnehmer gezahlte Prämie als Entgelt oder Preis einer „Übernahme" des Haftungsrisikos zu verstehen. Dass Risiken angesichts ihrer Individualität nicht übernommen werden können, wurde bereits dargelegt.[115] Vor allem aber bezahlt ein Versicherungsnehmer die Versicherung vorrangig dafür, dass diese den Risikoausgleich organisiert, also eine Geschäftsbesorgungstätigkeit wahr-

---

[114] Unten § 16.
[115] Oben § 5 B. I. 6.

nimmt.[116] Das Kernelement jeder Versicherung ist nicht etwa eine Gefahrtragung, sondern ein Umlageverfahren. Die vom Versicherungsnehmer nicht erbringbare Leistung des Versicherers besteht darin, die Gefahrengemeinschaft zu organisieren, Risiken umzuschichten und diese zu diversifizieren.[117] Er hat die Vielfalt der Versicherungsnehmer zu werben, zu organisieren und zu betreuen. Dazu müssen Risiken eingeschätzt und gegebenenfalls durch Rückversicherungen verringert werden. In finanzieller Hinsicht sammelt der Versicherer Gelder ein, verwaltet diese, legt sie an und zahlt sie wieder aus. Schließlich ist für ständige Liquidität zu sorgen und sind Rücklagen zu bilden. All das kann nur ein größeres Unternehmen leisten, und genau darin liegt das arbeitsteilige, wertschöpfende Element, das Versicherungen ihren Sinn verleiht.

Nicht ausgeschlossen ist allerdings, dass eine Versicherung zumindest bis zu einem gewissen Grad auch das Risiko trägt, dass sich die vom Kunden eingeforderten Prämien angesichts des tatsächlichen Schadensverlaufs als zu gering erweisen. Regelmäßig entspricht diese Annahme sogar den Vorstellungen des Gesetzgebers. Rechtspolitisch überzeugen muss das deshalb allerdings noch lange nicht. So zeigt sich allein an Prämienanpassungen, die bei langlaufenden Versicherungsverträgen an der Tagesordnung sind, wie beschränkt dieses Modell gangbar ist. Vor allem aber kann ein Versicherungsnehmer derartige Schwankungen selbst tragen. Was er hingegen nicht allein betreiben kann, ist die Diversifikation.

III. Darlehen, Zins und Rendite

1. Problem

Zumindest jede berufliche Investition wird regelmäßig nur dann getätigt, wenn sich dem so Investierenden die Aussicht auf eine gewisse Rendite bietet. Bisher wurde dieses Problem weitestgehend ausgeblendet, wenngleich sich bereits bei der Anrechnung früherer Anstrengungen erste wichtige Hinweise ergaben[118] – schließlich ist der Zins nichts anderes als die Rendite für die Investition in ein Darlehen. Anders formuliert geht es um die wichtige Frage nach dem angemessenen Zins. Ist ein Zins überhaupt gerechtfertigt, und wenn ja, in welcher Höhe? Wie kann es sein, dass Geld gezahlt werden muss bzw. verdient wird, obwohl sich am Darlehensgegenstand nichts ändert, sondern einfach nur die Zeit vergeht? Diese keineswegs so unschuldige Frage beschäftigt be-

---

[116] Zutr. *Schünemann*, JZ 1995, 430. Umfassend zum rechtlichen und ökonomischen Hintergrund dieses Gedankens, der hier nur kursorisch aufgegriffen werden kann, *Rehberg*, Informationsproblem, 2003, S. 374 ff. m.w.N.

[117] Insofern ist es etwas ungenau, von einem Hedge-ähnlichen Geschäft zu sprechen (so *Schwintowski*, JZ 1996, 702, 704), da es bei Versicherungen um Diversifikation („Gesetz der großen Zahl") und nicht die Ausnutzung negativ korrelierter Risiken geht.

[118] Vgl. oben § 4 C. I. 3.

reits Generationen. So sehen sich viele Religionen dem Problem ausgesetzt, das alttestamentarische bzw. im Koran verankerte Zinsverbot mit der wirtschaftlichen Realität vereinbaren zu müssen. Die christliche Auseinandersetzung hierzu erreichte ihren Höhepunkt in der Spätscholastik. Die dort geführten Diskussionen um Zinsen, Märkte und Äquivalenz sind oft noch heute aktuell.[119] Mit Beginn des 16. Jahrhunderts wurde das Zinsverbot in der westlichen Welt zunehmend aufgehoben – schließlich wollte auch die so vermögende christliche Kirche Zinsen einnehmen.[120] Demgegenüber gilt es für den Islam bis heute, wobei nicht nur für unsere Zwecke bemerkenswert ist, wie sehr dort nach kreativen Wegen gesucht wurde, um ebenso ein Bankwesen zu ermöglichen.[121] Offensichtlich kommt kaum eine entwickelte Gesellschaft ohne Zinsen aus.

2. Sichere Darlehen

Einen guten, weil relativ unkomplizierten Einstieg in die Problematik von Zins und Rendite bietet das Darlehen. Allerdings setzt dieses keineswegs ein Risiko voraus, wie Fall 113 verdeutlicht, wo Bank wie Schuldner einen völlig sicheren Gewinn erzielen können, also durch den Vertrag ihren jeweiligen Zielen risikolos entgegenkommen: Der Unternehmer kann leicht kalkulieren, ob der finanzielle Vorteil einer abgewendeten Strafzahlung den von ihm an die Bank zu zahlenden Zinssatz übersteigt. Und solange die Bank praktisch kein Ausfallrisiko hat, macht sie bereits dann Gewinn, wenn der vom Unternehmer zu zahlende Zinssatz höher ist als diejenige Rendite, welche die Bank bei einer ähnlich sicheren Geldanlage etwa in Bundesschatzbriefe erzielen würde. Das wertschöpfende Element liegt hier also nicht etwa in einem bestimmten Umgang mit Unwissenheit, sondern eher in einer zeitlichen, eben Liquiditätskomponente. Häufig wird das Darlehen dabei nicht isoliert, sondern etwa in Verbindung mit einem Warenkauf als Zahlungsaufschub erfolgen, und so für den Verkäufer den Kundenkreis erweitern.[122]

Möchte man hier den angemessenen Zinssatz bestimmen, ist getreu dem Rechtfertigungsprinzip zu fragen, welche Höhe notwendig ist, um der Bank den temporären Verlust des Geldes zu ermöglichen, ohne dass sie sich dabei verschlechtert. Zum Vergleichsmaßstab gehören dabei auch die Möglichkeiten der Bank, ihr Kapital anderweitig zu verwenden, also etwa wiederum anzule-

---

[119] Näher oben § 5 A. II. 2. Vgl. etwa auch oben § 4 B. III. sowie zur generellen Rolle der Spätscholastik für die Vertragstheorie oben § 2 Fn. 110.
[120] Zur Historie siehe die Nachweise oben in Fn. 43.
[121] Stellv. *Imram*, Das islamische Wirtschaftssystem, 2. Aufl. 2008.
[122] Vgl. dazu nur *Nell-Breuning*, Börsenmoral, 1928, S. 63 f., der darauf hinweist, dass mit *Molina* bereits die Scholastik über ein beachtliches Verständnis von der Funktion eines kapitalkräftigen Großhandels und der Finanzierung von Güterbewegungen durch doppelseitige (nach Seiten der Erzeugung wie des Absatzes) Kreditgewährung verfügte.

gen. Bei der Kausalitätsprüfung ist beispielsweise zu berücksichtigen, dass allein die Kreditverwaltung Kosten verursacht, die anzurechnen sind. Denn wüsste die Bank, dass sie keinen oder nur einen äußerst geringen Zins erhält, würde sie derartige Anstrengungen nie unternehmen. Im Ergebnis lässt sich so also sehr einfach begründen, warum und in welcher Höhe es legitim ist, Zinsen zu verlangen.

3. Riskante Darlehen

Sofern die Rückzahlung des Darlehens unsicher ist, tritt allerdings noch ein weiterer zu berücksichtigender Faktor hinzu: das Ausfallrisiko. Wie in Fall 112 geschehen, kann es passieren, dass der Schuldner zwar rechtlich zur Rückzahlung verpflichtet ist, faktisch aber nicht zahlen kann. Dass dieser Aspekt in der Darlehenspraxis eine wichtige Rolle spielt und nicht zuletzt auch den jeweiligen Zinssatz bestimmt, ist nicht zu übersehen.

Dogmatisch noch uninteressant ist dabei die Frage, ob ein Schuldner sein Darlehen zurückzahlen muss. Natürlich muss er das – geht es hier schließlich nicht um altruistische Motive. Wohl aber ist zu begründen, wie sich Ausfallrisiko und Zins zueinander verhalten. Anders formuliert ist das Risiko zu rechtfertigen, dass die Bank bei ungünstigem Verlauf sehr viel höhere Kosten hat als das, was sie im Gegenzug als Zins erhielt, sie sich also möglicherweise verschlechtert. Dabei ist wie immer die ganze reale Situation bei Vertragsschluss zu betrachten, einschließlich der nur begrenzten Kenntnisse der Parteien. Wenn also die Bank nur mit einer Wahrscheinlichkeit kalkulieren kann, dann muss der Zinssatz ausreichen, um ihr auf dieser Basis (einschließlich ihrer Kosten und alternativen Anlagemöglichkeiten) hier und jetzt eine Verbesserung zu ermöglichen. Daraus ergibt sich wiederum die gesuchte Höhe und ist die Frage nach dem angemessenen Zins auch unter Berücksichtigung von Risiko beantwortet. Erlaubt wie in Fall 114 nur ein Zinssatz von 20%, dass sich beide Seiten verbessern, so ist an dieser Höhe nichts auszusetzen, weil es selbst dieser hohe Zinssatz dem Schuldner noch erlaubt, besser zu stehen als ohne den Kredit. Je geringer die Wahrscheinlichkeit, dass B den Kredit auch zurückzahlen wird, und je höher die Verwaltungskosten, desto höher ist auch der angemessene Darlehenszins.

Dass es dabei überwiegend professionelle Kreditinstitute mit einer gewissen Größe sind, die Darlehen gewähren, liegt angesichts der Vorteile von Arbeitsteilung, aber auch der Möglichkeit einer Risikodiversifikation,[123] auf der Hand. Wirtschaftlich betrachtet ist die Bank nichts anderes als ein Mittler, der kraft seiner Spezialisierung besonders günstig Anbieter und Nachfrager von Geld zusammenbringt, auch wenn die Bank formal-rechtlich dabei selbst als Vertragspartei auf- und eintritt. Entscheidend ist, dass die für ein Darlehen

---

[123] Näher dazu oben § 5 E. II.

typische Wertschöpfung darin besteht, dass es sowohl den Darlehensnehmer seinen Zielen näher bringt, Geld zu bekommen und dafür Zinsen zu zahlen, als auch den Darlehensgeber, der so sein eigenes, nicht für andere Zwecke dringender benötigtes Geld vermehren kann. Sollen Mittler hier dazwischentreten, muss das wertschöpfend sein, was immer dann gegeben ist, wenn sich Geldsuchende und Geldbietende so kostengünstiger als ohne diese Spezialisierung finden können. Hierauf wird bei der klassischen Spekulation zurückzukommen sein.[124]

IV. Bürgschaft

Die Bürgschaft ist dogmatisch in vielerlei Hinsicht interessant – nicht zuletzt wegen der Dreiecksstruktur[125] von Bürge, Schuldner und Gläubiger[126] oder auch der jüngeren Diskussion um sittenwidrige Bürgschaften.[127] Hier interessieren Reichweite wie Grenzen des für Bürgschaften typischen Risikoelements. Hofft etwa in Fall 115 ein Bürge darauf, nie für die Schulden seines Freundes einstehen zu müssen, halten wir diesen Irrtum für grundsätzlich unbeachtlich.[128] Vielmehr sehen wir es als für Bürgschaften geradezu typisch an, dass der Bürge derartige Risiken selbst eines unvorhersehbaren oder untypischen Ablaufs trägt. Andererseits hält dieser Befund nicht für jedes erdenkliche Risiko – es gibt also Bereiche dies- und jenseits des „typischen Bürgenrisikos". Das gilt etwa dort, wo der Gläubiger wie in Fall 116 verschweigt, dass der Schuldner bereits jetzt völlig überschuldet ist, daneben aber wohl auch bei überlegenen Kenntnissen des Gläubigers über das tatsächliche Risiko sowie bei gänzlich unvorhersehbaren und untypischen Risiken.[129] Damit sind hier vor allem zwei Fragen zu beantworten: Warum ist der Bürge im erstgenannten Fall trotz seines Irrtums an den Vertrag gebunden? Und wonach bestimmt sich die Grenzlinie zwischen den vom Bürgen zu tragenden Risiken und solchen, für die er nicht mehr einstehen sollte?

Mit prozeduralen Begründungsmustern fällt die Beantwortung dieser Fragen schwer. Wenn etwa im deutschen Recht gemäß § 119 Abs. 2 BGB Irrtümer über wesentliche Eigenschaften der Person zur Anfechtung berechtigen sollen, weil darin ein beachtenswertes Motiv[130] gesehen wird, so machen wir hier für

---

[124] Unten § 5 E. VIII.
[125] Zu Konstellationen mit mehr als nur zwei rechtlich betroffenen Personen vgl. etwa unten § 19 E. III.
[126] Näher zur Behandlung von Dreiecksstrukturen unten § 13 C. II. 3. Zur (Mit-) Bürgschaft siehe *Meier*, Gesamtschulden, 2010, S. 1023 ff.
[127] Dafür sachlich einschlägig ist die Thematik von Zwang, Drohung und insbesondere Ausbeutung, vgl. oben § 3.
[128] Vgl. etwa für das deutsche Recht *Henssler*, Risiko, 1994, S. 329 f.
[129] Stellv. *Henssler*, Risiko, 1994, S. 330 f.
[130] Zur dogmatischen Einordnung des Eigenschaftsirrtums vgl. unten § 7 C. III.

die Bürgschaft jedenfalls bei Irrtümern über die Vermögenslage eine Ausnahme.[131] Noch die aus klassischer Sicht ehrlichste Lösung ist es, ganz offen nicht mehr auf den Willen oder die Erklärung, sondern die dahinter stehenden Vertragszwecke abzustellen.[132] Ob man sich dafür auf den Wegfall der Geschäftsgrundlage[133] oder andere Institute beruft, ist dabei zweitrangig. Allerdings bleibt wie so oft offen, warum und in welchem Ausmaß gerade in den hier interessierenden Fallkonstellationen auf Zwecke abgestellt werden soll, was also das übergreifende Kriterium für derartige Unterscheidungen ist. Offen bleibt auch, wie die divergierenden Zwecke „abzuwägen" sein sollen. Noch weniger überzeugend, weil regelmäßig fiktiv, ist die Frage, ob das Ausmaß der Risikotragung zur „Wirksamkeitsvoraussetzung der Haftungsübernahme" gemacht wurde oder aber die fehlgeschlagenen Erwartungen nur einseitige Vorstellungen des Bürgen waren.[134]

Nach dem Rechtfertigungsprinzip sollte eine rechtliche Einbuße so weit erfolgen, wie dies notwendig ist, um sich getreu den eigenen Zielen zu verbessern. Hier hat der Gläubiger zweifellos ein Interesse daran, sich seiner Personalsicherheit möglichst sicher zu sein. Da das Rechtfertigungsprinzip allerdings auch für andere und damit auch für potenzielle Bürgen gilt, muss die Bürgschaft ebenso zu deren Verbesserung beitragen. Das mögen ein – von Gläubiger oder Schuldner –[135] an den Bürgen gezahltes Entgelt oder die Verwirklichung altruistischer Motive des Bürgen sein.[136] In jedem Fall muss die mit der Bürgschaft verbundene rechtliche Einbuße notwendig sein. Daran fehlt es, wenn es sich für den Gläubiger auch ohne bzw. auch bei einer weniger umfassenden Haftung des Bürgen lohnt, dem Schuldner einen Kredit zu geben. Es vollzieht sich hier der bereits beschriebene[137] Wertschöpfungsprozess, der allerdings dadurch recht kompliziert wird, dass hier die Belange gleich dreier Personen so aufeinander abzustimmen sind, dass sich deren Ziele angesichts der gegebenen rechtlichen Ausgangslage größtmöglich verwirklichen.[138] Schon deshalb ist auch hier tunlichst der Subsidiaritätsgedanke zu beachten und generell die vertragliche Kompetenzverteilung mitsamt den darauf zuge-

---

[131] Stellv. *Flume*, Allgemeiner Teil, Bd. 2, 4. Aufl. 1992, S. 490 (§ 24 4); BGH, Urt. v. 2.12.1964, NJW 1965, 438, 438 f.
[132] So spricht etwa *Henssler*, Risiko, 1994, S. 326 vom spezifischen Vertragszweck der Bürgschaft, um hieraus abzuleiten, was zur „... rechtsgeschäftlich unerheblichen Motivationsebene und damit in die Risikosphäre des Bürgen ..." gehört.
[133] Vgl. nur bei *Henssler*, Risiko, 1994, S. 330. Näher dazu unten § 6 B. III. 3.
[134] So aber *Henssler*, Risiko, 1994, S. 332.
[135] Die damit verbundenen Kosten werden ohnehin eingepreist.
[136] Speziell zur Schenkung siehe etwa oben § 3 B. II. 5.
[137] Oben § 3 C. I. Vgl. auch oben § 3 A. IV.
[138] Näher etwa unten § 13 C. II. 3.

schnittenen Rahmenbedingungen sorgsam auszutarieren.[139] Doch bietet das Rechtfertigungsprinzip den dafür notwendigen Maßstab.

Dass sich auf dieser Basis manche Sachverhalte problemlos einordnen lassen, verdeutlicht der bereits zuvor erwähnte Fall 116. Natürlich kann man hier das naheliegende Ergebnis, nämlich dass der im Gegensatz zum Gläubiger nichtsahnende Bürge nicht einstehen muss, rechtstechnisch ganz unterschiedlich konstruieren. Das mag die Annahme einer Aufklärungspflicht, eine teleologische Reduktion gesetzlicher Lösungsrechte, der Hinweis auf Treu und Glauben, die Annahme eines Wegfalls der Geschäftsgrundlage oder eine kunstvolle Auslegung sein. Überzeugender erscheint demgegenüber, dass sobald die Wahrscheinlichkeit, für den Bürgen einstehen zu müssen, angesichts der schon jetzt gegebenen Überschuldung extrem hoch ausfällt, dieses Risiko den für den Bürgen mit der Bürgschaft verbundenen Vorteil deutlich übersteigt, die Bürgschaft also nicht mehr zu dessen Verbesserung beiträgt.

V. Handelsspannen

Die nicht immer präzise begriffliche Handhabung von Risiko und Spekulation führt dazu, dass hierunter selbst solche Vertragstypen oder Problemstellungen diskutiert werden, bei denen ein gewisses Risikoelement zwar vorhanden sein mag, aber keineswegs dominiert. Das betrifft nicht zuletzt die gerade in der Scholastik viel diskutierte Frage, wie es denn gerecht sein könne, dass ein Händler durch den bloßen Weiterverkauf eines Gutes, das keinerlei Aufwertung erfährt, einen Gewinn erzielt.[140] So wird man hier mit Äquivalenz jedenfalls dann in Schwierigkeiten geraten, wenn man den Wert eines Gutes an dessen Eigenschaften festmacht.[141] Ähnlich herausfordernd ist es zu erklären, weshalb die gleiche Ware zu unterschiedlichen Zeiten bzw. an verschiedenen Orten zu unterschiedlichen Preisen gehandelt wird.

1. Arbitrage

Gewissermaßen die Reinform des Güterhandels ist die sogenannte Arbitrage. Wie in den Fällen 117 und 118 illustriert, lassen sich oft Preisunterschiede für das gleiche Gut an verschiedenen Orten bzw. Zeiten gewinnbringend nutzen. Dabei geht hier zumindest der Händler kein Risiko ein, er sichert sich vielmehr vollständig ab.[142] Aber auch seine Vertragspartner gehen zumindest im Fall „örtlicher Arbitrage" kein besonderes Risiko ein. Schließlich bekommen sie das gewünschte Gut sofort zum gängigen Marktpreis. Nur bei der „zeitli-

---

[139] Näher unten § 8.
[140] Näher oben § 5 A. II. 2.
[141] Näher zu dieser und anderen Vorstellungen von Äquivalenz oben § 4 B. III.
[142] Siehe dazu auch unten § 5 E. VII.

chen Arbitrage" mag hier denjenigen Vertragspartner ein Risiko treffen, der sich einen erst zukünftig fällig werdenden Anspruch einräumen lässt, wobei er das Termingeschäft regelmäßig deshalb eingehen wird, weil er dadurch Risiken verringert.[143]

Wie lassen sich derartige Gewinnmargen nun rechtfertigen? Dass beide Geschäfte des Arbitrageurs für diesen notwendig sind, um den erstrebten sicheren Ertrag und damit auch die individuelle Verbesserung zu erreichen, liegt auf der Hand. Doch wie sieht es mit den jeweiligen Vertragsgegnern aus? Tatsächlich können sich auch diese freuen. Wer auf einem bestimmten Markt als Käufer auftritt, wird über einen zusätzlichen Anbieter dankbar sein, sinkt der Marktpreis zumindest marginal. Genauso wird umgekehrt ein Nachfrager zusätzliche Anbieter willkommen heißen. Dass der Arbitrageur dabei nur so weit mit dem Preis herunter bzw. herauf gehen kann, wie ihm diejenige Marge bleibt, die er insbesondere für Transport und Verwaltung benötigt, empfinden wir nur als recht und billig. Sofern also die Märkte einigermaßen funktionieren – und ein Arbitrageur ist selten allein –, wird sich die Gewinnspanne in genau dem Rahmen bewegen, der angesichts des Arbeits- und Kapitalaufwands sowie verbleibender Risiken notwendig ist, um auch für den Arbitrageur das Rechtfertigungsprinzip zu verwirklichen. Insofern überzeugt auch nicht der Einwand, dass die Kunden des Arbitrageurs oft besser stünden, wenn sie selbst direkt am anderen Ort kaufen bzw. verkaufen, anstatt mit dem Arbitrageur zu kontrahieren. Denn derartige Möglichkeiten sind rein hypothetisch, uns geht es jedoch um eine Verbesserung angesichts der realen Umstände. Bei der Arbitrage liegt das wertschöpfende Element einmal mehr in der Arbeitsteilung, also dem Umstand, dass ein professionell agierender Händler sehr viel kostengünstiger Information, internationalen Handel oder Lagerung und Transport organisieren kann. Der Arbitrageur hilft seinen Kunden, neue Anbieter bzw. Nachfrager zu finden, und auf diesem Gebiet der Vermittlung ist er Spezialist.[144]

Im Ergebnis lässt sich damit festhalten, dass Arbitrage, die als Gesamtvorgang betrachtet mit Risiko nur begrenzt etwas zu tun hat, sämtlichen Parteien hilft, ihren Zielen näherzukommen, indem sie Käufer und Verkäufer zusammenbringt. Damit ist auch klar, warum an dieser Geschäftsform nichts auszusetzen ist. Nicht zu verwechseln ist allerdings die hier diskutierte Arbitrage mit der demgegenüber sehr fragwürdigen, bisweilen unter dem Stichwort der „Informationsarbitrage" diskutierten These, wonach die klassische Spekulation deshalb zu befürworten sei, weil sie wünschenswerte Anreize setze, sich Information etwa über einzelne Märkte oder Unternehmen zu verschaffen.

---

[143] Näher unten § 5 E. VII.
[144] Als Nebeneffekt mag er gesamtwirtschaftlich betrachtet zur Preisstabilisierung beitragen, vgl. dazu etwa *Henssler*, Risiko, 1994, S. 296.

Denn anders als die hier diskutierten Vertragsformen kommt es dort zur Verschlechterung einzelner Parteien.[145]

2. Klassischer Warenumschlag

Nachdem mit der Arbitrage eine besonders einfache, weil insbesondere risikoarme Form des Handels untersucht wurde, lässt sich nunmehr auch begründen, was es beim klassischen Warenhandel rechtfertigt, für das gleiche Gut je nach Ort, Zeit oder Handelsstufe unterschiedliche Preise zu verlangen. Zu den verschiedenen Anstrengungen, die beim Rechtfertigungsprinzip angerechnet werden können und damit einen höheren Preis rechtfertigen,[146] gehören etwa die Lagerung und Vermittlung (einschließlich Werbung, Verkaufsfläche und sonstige Infrastruktur) der Güter sowie gegebenenfalls auch eine Produktveredelung, sei es eine ansprechende Verpackung oder ein schönes Verkaufsambiente.[147] Schließlich tragen all diese Leistungen dazu bei, dass Produzent und Interessent zueinander finden und ihre jeweiligen Zielvorstellungen verwirklichen.

Nichts anderes gilt für das von einem Händler getragene Risiko, die von ihm vertriebenen Produkte zu verlieren (Schwund, Zerstörung etc.), nicht genug Kunden zu finden oder den kalkulierten Preis zu verfehlen. Dass es typischerweise dieser Händler und nicht der jeweilige Kunde ist, der derartige Risiken trägt, hat sich deshalb so herausgebildet, weil diese Lastenverteilung die Vorteile von Arbeitsteilung nutzt.[148] Dazu gehört auch, dass manche Händler bisweilen zum Festpreis verkaufen und einen Zahlungsaufschub gewähren. Da letztlich allein der Kunde (über den Preis) für derartige Kosten aufkommt, geht es wie immer um die möglichst wertschöpfende Gestaltung des jeweiligen Vertragsinhalts. Zu dieser gehört dann aber auch, dass der Händler einen höheren Gewinn als erwartet erzielt, sofern sich die Ertragsunsicherheit zu seinen Gunsten aufklärt.

VI. Geldanlage

Legt jemand wie in Fall 119 einen Teil seines Vermögens langfristig und breit gestreut in Aktien und Anleihen an, kann es ihm geschehen, dass sich dies im

---

[145] Näher unten § 5 E. VIII.
[146] Allgemein dazu oben § 4 C. I. 3.
[147] Genau für solche Aspekte erkannte die Scholastik höhere Preise an, wohingegen derjenige Händler, der keine derartige Leistung erbrachte, als gemeinschädlich angesehen wurde, vgl. *Nell-Breuning*, Börsenmoral, 1928, S. 67f., 130f. sowie generell zur Spekulation unten § 5 E. VIII.
[148] Vgl. zu Letzterem eindrucksvoll RG, Urt. v. 21.3.1916, RGZ 88, 172, 174ff., kritisch zur Gleichstellung von Großhandels- und Spekulationsgeschäften *Henssler*, Risiko, 1994, S. 299 m.w.N.

Nachhinein als fehlerhaft, weil möglicherweise sogar verlustbringend erweist. Die Börse zeigt leider nicht immer nur nach oben. Dennoch sind wir nicht geneigt, den damaligen Aktienkauf für ungültig zu halten, nur weil sich der Anleger dadurch verschlechtert. Tatsächlich ist nahezu jeder in diesem Sinn spekulativ tätig – und sei es nur über institutionelle Anleger wie staatliche Rentenfonds oder Versicherungen. Unsere Rechtsordnung nimmt all das nicht nur hin, sondern unterstützt sogar private Geldanlage. Warum es dabei sinnvoll sein kann, selbst für einen längeren Zeitraum Geld an andere zu verleihen, wurde bereits beschrieben.[149] Wirtschaftlich betrachtet ist der Kauf von Anleihen nichts anderes als ein Darlehen, wenn auch – getreu den Grundsätzen von Arbeitsteilung – abgewickelt über große Marktplätze. Das wertschöpfende Element beim Darlehen liegt darin, Anbieter und Nachfrager von Geld zusammenzubringen.

Bei der Aktienanlage verhält es sich nicht viel anders: Getauscht wird Geld gegen Unternehmensanteile. Wer als Arbeitnehmer Geld verdient, aber gerne auch andere Anlageklassen nutzt, kann für sein Geld Unternehmensanteile kaufen. Umgekehrt benötigen Unternehmer Geld und sind dafür bereit, Teile ihres Unternehmens abzugeben, um so ihre unternehmerische Tätigkeit zu finanzieren. Angesichts der vielschichtigen Herausforderungen derartiger Geschäfte helfen dabei wiederum große Marktplätze. Auf das Rechtfertigungsprinzip bezogen ist zu fragen, ob das mit der Aktienanlage verbundene Verlustrisiko für den Anleger notwendig ist, um sich zu verbessern. In Fall 119 ist das nach unseren derzeitigen Kenntnissen und Erfahrungen zu bejahen, da Aktien eine höhere Rendite als etwa Immobilien oder Anleihen bieten, sich das Schwankungsrisiko bei langfristiger Anlage in Grenzen hält und es sich getreu der Portfoliotheorie empfiehlt, sein Vermögen auf verschiedene Anlageklassen zu streuen.[150] Genau das, d.h. der Vorteil einer höheren Rendite bei gleichem Gesamtrisiko durch Hinzunahme einer neuen Anlageklasse, wäre dem Aktienkäufer aber nicht möglich, dürfte er sich bei fallenden Kursen rückwirkend vom Vertrag lösen. Die Aktienanlage als eigene Anlageklasse gäbe es nicht. Denn natürlich muss jede Sicherheit bezahlt werden, was die Renditeerwartung senkt, da es ohne Schwankungen auch keine diesen Schwankungen entsprechende Rendite gibt. Zudem würde der Verwaltungsaufwand erhöht. Solange es also den Anlegerzielen dient, auch in Aktien zu investieren, ist hiergegen nichts auszusetzen und ist es geradezu eine wichtige gesetzgeberische Aufgabe, eine rationale Vermögensbildung und damit auch die Wertpapieranlage zu fördern.[151]

---

[149] Oben § 5 E. III.
[150] Grdl. *Markowitz*, 7 JFinanc 77 (1952), aus jüngerer Zeit siehe nur *Swensen*, Unconventional Success, 2005, S. 33 ff.
[151] Stellv. *Schwark*, FS Steindorff, 1990, S. 473, 481.

Dabei sei hier nur kurz erwähnt, dass es angesichts der Vorteile von Arbeitsteilung sinnvoll sein kann, sich bei der Geldanlage professionell beraten zu lassen und dafür eine gewisse Vergütung zu zahlen. Bekanntlich ist es anspruchsvoll, sein Geld bestmöglich anzulegen. Das betrifft insbesondere die richtige Auswahl und Gewichtung einzelner Anlageklassen. Wird also wie in Fall 120 eine solche Beratung vereinbart, die beide Seiten ihren Zielen näherbringt, so ist dagegen auch ausweislich des Rechtfertigungsprinzips nichts einzuwenden.[152] Die eigentlichen Probleme liegen an anderer Stelle, nämlich in dem Streben, Gewinne durch getreu dem Rechtfertigungsprinzip unnötige Kosten zu erzielen. Dazu gehören einerseits viele Beratungs- und Verwaltungsleistungen, die keineswegs im Interesse des Anlegers entstehen. Zum anderen lassen sich bisweilen auch Kursschwankungen dazu ausnutzen, um sich auf Kosten anderer zu bereichern.[153]

VII. Kursabsicherung

Ein weiteres weithin akzeptiertes Risikogeschäft ist die Kursabsicherung, die sich durch das Anliegen auszeichnet, das Risiko von Preisschwankungen zu verringern.[154] Anders formuliert wird ein für sich betrachtet riskantes Rechtsgeschäft dazu eingesetzt, um bestehende Risiken zu verringern,[155] die auf früheren Rechtsgeschäften beruhen können, aber nicht müssen. Nicht ganz korrekt wäre es daher, von einer Spekulation zur Bekämpfung von Spekulation zu sprechen, da viele Schwankungen durch natürliche, etwa rein saisonmäßige Gegebenheiten entstehen und praktisch kaum zu verhindern sind. Beispielhaft für Kursabsicherungen ist Fall 121, wo Käufer wie Verkäufer ein eigenes Interesse an langfristig stabilen Lieferpreisen haben, um so geschützt vor kurzfristigen Kursschwankungen planen und investieren zu können. Wie wenig an derartigen Rechtsgeschäften auszusetzen ist und ausgesetzt wird, ist zwar weithin anerkannt, allein die dogmatische Begründung bereitet gerade dann Probleme, wenn man „Spekulation" eigentlich als problematisch oder zumindest stark kontrollbedürftig ansieht.[156]

Nach dem Rechtfertigungsprinzip ist die Antwort klar, bildet Fall 121 (ähnlich wie Fall 106) in gewisser Hinsicht das risikobezogene Gegenstück zu Fall 5, wo der Vertrag beiden Seiten eine erhebliche Verbesserung erlaubt. Zwar riskiert der Käufer, dass der Gaspreis stark sinkt, und der Verkäufer, dass der

---

[152] Näher oben § 3 C. III. 1.
[153] Näher unten § 5 E. VIII. 1.
[154] Stellv. *Nell-Breuning*, Börsenmoral, 1928, S. 129; *Henssler*, Risiko, 1994, S. 296 f.; *Schwark*, FS Steindorff, 1990, S. 473, 479 f. jeweils m.w.N.
[155] Zu einigen hierauf abstellenden ökonomischen Ansätzen vgl. etwa die Darstellung bei *Klöhn*, Spekulation, 2006, S. 25 f.
[156] Für einen Ausschnitt aus der großen Bandbreite bemühter Argumente siehe oben § 5 C.

Gaspreis stark steigt. Doch ist dieses Risiko angesichts des jeweiligen Bedürfnisses nach Kalkulationssicherheit geringer als der Vorteil des Käufers, vor steigenden Preisen gesichert zu sein, und der des Verkäufers, keine sinkenden Kurse befürchten zu müssen. Diese Verbesserung auf beiden Seiten rechtfertigt das mit der Kursabsicherung verbundene Risiko.

Aber auch dort, wo die Risiken nicht so mustergültig wie in Fall 121 verteilt sind, ergibt eine Kursabsicherung oft Sinn. Typischerweise erfolgen Termingeschäfte nicht direkt mit den Anbietern des jeweiligen Gutes, sondern auf einem Terminmarkt und damit mit Vermittlern, die anders als der Ölproduzent in Fall 122 nicht so passgenau entgegengesetzte Interessen haben. Allerdings stehen hier dem professionellen Händler mehrere Möglichkeiten offen. Gelingt es ihm, einen Ölproduzenten zu finden, der an einer Lieferung zum Festpreis interessiert ist, stellt sich das vorteilhafte Ergebnis wie zuvor schon bei Fall 121 ein. Nur erfolgt diese Wertschöpfung jetzt nicht direkt zwischen R und S, sondern über eine Zwischenperson, für die das Rechtfertigungsprinzip ihrerseits erfüllt sein muss. Genauso mag es aber auch sein, dass es dem Optionsverkäufer nicht gelingt, sein Risiko gleich wieder zu beseitigen. In diesem Fall wird er für die Option ein entsprechendes Entgelt verlangen und/oder versuchen, sein Risiko anderweitig zu verringern, etwa durch den Abschluss einer – im weitesten Sinn – Versicherung.[157] Diese Versicherung mag auch darin liegen, dass er angesichts der Vielzahl und Verschiedenheit seiner Geschäfte allein in seiner Person von einem gewissen Ausgleich nach dem Gesetz der großen Zahl profitiert. Denn auch dann kann er sehr viel besser mit dem in der Option enthaltenen Kursrisiko umgehen, was wiederum die mit dem Vertrag verbundene Wertschöpfung ermöglicht. Anders formuliert geht es auch hier um die Vorteile von Arbeitsteilung:[158] Produzent oder Händler wollen oft nur mit der Ware, der Spekulant will nur mit den Preisen zu tun haben. Preisschwankungen erschweren es einem Hersteller, sich um Produktionsabläufe, Innovationen und Investitionen zu kümmern, genauso wie mancher Händler genug damit zu tun hat, seine Ware weiterzuverkaufen. Dabei geht es nicht nur um eine finanzielle, sondern oft auch geistige Entlastung durch die Trennung von Produktions- und Spekulationsrationalität.

Schließlich lassen sich mit dem Instrument der Kursabsicherung auch ganz neue Anlageklassen schaffen, um so Risiken weiter zu senken. Genau das praktizieren zumindest schulmäßig agierende Hedge-Fonds: Sie übernehmen einzelne, als unterbewertet eingeschätzte Unternehmen und neutralisieren (hedgen) dabei das allgemeine Schwankungsrisiko des Markts über entsprechende Sicherungsgeschäfte (vgl. Fall 124). Nach dem Rechtfertigungsprinzip

---

[157] Näher oben § 5 E. II.
[158] Zum Folgenden besonders instruktiv *Nell-Breuning*, Börsenmoral, 1928, S. 141 ff., 162 m.w.N.

ist daran wenig auszusetzen, da Risiken getreu der Portfolio-Theorie gesenkt werden und somit Wertschöpfung betrieben wird. Dass unter dem schillernden Begriff des Hedge-Fonds auch ganz andere, sehr viel problematischere Geschäftsmodelle praktiziert werden, ist ein anderes Thema, das den Rahmen dieser Arbeit sprengen würde.[159]

VIII. Spekulation

Dass „Spekulation" ein schillernder Begriff ist, wurde bereits erwähnt. Schon deshalb ging es hier zunächst um solche Geschäfte, die ausweislich unserer Rechtsordnung und damit auch getreu dem Rechtfertigungsprinzip durchaus wünschenswert sind. Nunmehr soll hingegen die klassische Spekulation in dem Sinn diskutiert werden, dass die Renditen zumindest auch auf Kosten anderer eintreten. Das mag „auf gut Glück" geschehen – in diesem Fall haben wir nichts anderes als ein Glücksspiel.[160] Oft erfolgt diese Spekulation aber auch in der Überzeugung, angesichts besserer Kenntnisse oder Fähigkeiten Ertragsaussichten zu haben, sei dieser Vorsprung erarbeitet oder zufällig.

1. Insiderhandel

Dass wohl nahezu jedes Land, das über einen größeren Börsenhandel verfügt, einen typischen Insiderhandel wie in Fall 125 im Ergebnis missbilligt, dürfte nur den wenigstens Menschen Kopfzerbrechen bereiten.[161] So wird man sogar oft die gleichen Argumente für die Missbilligung derartiger Geschäfte genannt bekommen, nämlich dass der Gewinn des Insiders nicht erarbeitet sei, wohl aber der Vertragsgegner geschädigt werde. Das Rechtfertigungsprinzip entspricht diesen Wertungen. Der Verlust des Outsiders an den Insider ist für den Outsider nicht notwendig, um sich zu verbessern. Denn zu rechtfertigen ist nur ein solches Risiko, das notwendig ist, um von der höheren Durchschnittsrendite zu profitieren, die nur das mit der Anlageklasse „Aktie" verbundene Risiko erlaubt.[162] Unnötig ist es hingegen, ohne jeden Gegenwert ein darüber hinausgehendes Risiko zu tragen, wie das für Insidergeschäfte typisch ist. Dabei ist die Terminologie des Insiders ungenau: Ob es wie in Fall 125 ein Unternehmensmitglied ist, das vom überlegenen Wissen profitiert, oder aber die Putzfrau, die zufällig an die entscheidende Information gelangt (Fall 126), ist irrelevant.

---

[159] Für einen Überblick zu Geschichte und Varianten von Hedge-Fonds siehe nur *Kaiser*, Hedgefonds, 2004, S. 57 ff., passim.
[160] Näher dazu oben § 5 E. I.
[161] *Henssler*, Risiko, 1994, S. 300.
[162] Näher oben § 5 E. VI.

Klassische Ansätze haben mit diesem Ergebnis ihre Probleme. So wäre es etwa fiktiv zu unterstellen, ein normaler Aktienkäufer mache sich durchweg Gedanken darüber, über was für Kenntnisse sein Vertragspartner verfügt, zumal das dann noch zum Vertragsinhalt erhoben werden müsste. Sich hier auf den normativen bzw. den „nach objektiven Kriterien zu ermittelnden Willen der Vertragsparteien" zu berufen,[163] behauptet lediglich das zu begründende Ergebnis.[164]

2. Erarbeitetes Wissen

So missbilligenswert der Insiderhandel im zuvor diskutierten Fall ist, scheint es auch Fälle zu geben, bei denen wir es nicht beanstanden, wenn eine Person Informationsvorsprünge zu ihren Gunsten ausnutzt. Angenommen, Analyst A hat wie in Fall 127 unter mehrmonatiger Auswertung öffentlich verfügbarer Information erfahren, dass das an der Börse notierte Unternehmen U unterbewertet wird. Ist es nicht legitim, wenn er das ausnutzt und dem nichtsahnenden Verkäufer V seine Aktien zum entsprechend niedrigen Preis abkauft, um nach der für ihn vorhersehbaren Korrektur des Marktpreises entsprechend zu profitieren? Bei kursorischer Prüfung ist man geneigt, das zu bejahen, da der Analyst erhebliche Anstrengungen unternommen hat. Und bekommt der nichtsahnende Anleger hier nicht die Aktie immerhin zum Marktpreis? Zudem erzielt der Analyst in Fall 127 gar nur so viel Gewinn, wie er überhaupt benötigt, um seine früheren Anstrengungen wieder auszugleichen. Ist das nicht ein mehr als gerechter Lohn?

a) Schädigung anderer

Andererseits ist jeder „Marktpreis" und damit auch ein Börsenkurs nicht nur nach dem Rechtfertigungsprinzip keine sakrosankte, durchweg aussagekräftige Größe.[165] Und auch ganz praktisch besehen steht hinter dem Börsenkurs ein reales Objekt, nämlich das Unternehmen, dessen Wert lediglich falsch abgebildet wird. Auf die Feinheiten der Wertermittlung kommt es dabei nicht an. Denn rein praktisch muss es – soll sich das Geschäft lohnen – über kurz oder lang zur Kurskorrektur kommen, ohne die unser Analyst sein überlegenes Wissen nicht verwerten könnte. Das aber bedeutet nichts anderes, als dass die Gegenseite einen Schaden erleidet, also in kurzer Zeit Geld verliert. Anders formuliert trachtet der Spekulant danach, seinen Gewinn auf Kosten anderer zu erzielen. Mathematisch gesprochen geht es um ein Nullsummenspiel, denn

---

[163] Stellv. *Henssler*, Risiko, 1994, S. 300, der weiter ausführt, dass für Spekulanten gelte, dass sie im Zweifelsfall nur diejenigen Gefahren übernehmen wollten, deren Übernahme zum Erwerb der Gewinnchance erforderlich war.
[164] Näher unten § 9 C. V. 2. e); § 10 E. II. 1.
[165] Eingehend oben § 4 B. III. 3. a).

insgesamt betrachtet wird die Gruppe der Spekulanten angesichts diverser Gebühren nur ärmer.[166] Diese schlichte Einsicht wird gerne ignoriert. Wer mit Spekulation kurzfristig eine sehr hohe Rendite erzielen will und dazu kraft überlegenen Wissens unterbewertete Wertpapiere kauft, kann nur erfolgreich sein, wenn am Ende einer möglicherweise langen Kette eine Person steht, die diese hohe Rendite mit einer niedrigen Rendite oder gar einem Verlust teuer bezahlt. Diese Spekulation schafft eben keine Werte, sondern vernichtet sie. Sie ist kein Perpetuum Mobile, das aus dem Nichts Reichtümer erzeugt.

Dass Spekulation allenfalls Umverteilung bewirkt und Kosten verursacht, lässt sich leicht erklären. So verfolgen nahezu alle Spekulanten mit der Geldvermehrung das gleiche (Zwischen-) Ziel und variieren die persönlichen Umstände selten so stark, dass etwa die Risikoneigung völlig unterschiedlich ausgeprägt wäre. Um hier eine anschauliche Illustration *Nell-Breunings* zu bemühen,[167] wäre bei der Spekulation zwischen den Vertragsparteien ein Rollentausch möglich, ohne dass sich Entscheidendes änderte. Wer zuvor auf Rot setzte, setzt nunmehr eben auf Schwarz. Solange nur die Gewinnchancen gleich bleiben, spielt das letztlich keine Rolle. Damit entfällt aber auch das Wertschöpfungspotenzial – ganz anders als etwa bei Versicherung und Kursabsicherung, wo Versicherungsnehmer und Versicherer bzw. Terminkäufer und -verkäufer keineswegs austauschbar sind, oder auch bei der klassischen Geldanlage, wo Verfügbarkeit und Bedarf von Geld bzw. von Unternehmensanteilen unterschiedlich ausgeprägt sind.

Dabei ist es bemerkenswert, dass dort, wo diese Schädigung kraft überlegenen Wissens nicht über eine anonyme Börse, sondern von Person zu Person geschieht, wohl niemand mehr auf die Idee käme, hierin einen billigenswerten Austausch zu sehen. So missbilligen wir einen Betrug genauso, wenn der Betrüger größte Mühe aufbieten musste, um die Gegenseite betrügen zu können.[168] Sehr ähnlich, aber der hier interessierenden Spekulation vielleicht näher, ist Fall 104, in dem die Spielbank unter erheblichem Aufwand den Roulettetisch manipuliert und die daraus resultierende hohe Gewinnchance dann aber auch benötigt, um die Kosten dieser Manipulation wieder hereinzuholen. Auch hier ist es nicht einzusehen, warum es legitim sein soll, sich auf Kosten der nichtsahnenden Kunden zu bereichern. Schließlich haben sie von den Anstrengungen der Bank nicht das Geringste – im Gegenteil. Das gilt umso mehr, als es auch ein außenstehender Dritter sein könnte, der die ungleiche Chancenverteilung durch aufwändige Recherche entdeckt und nunmehr seine Investiti-

---

[166] Für Nachweise siehe etwa unten Fn. 179.
[167] Vgl. *Nell-Breuning*, Börsenmoral, 1928, S. 146, zur Berücksichtigung dieser Erkenntnis auch in der jüngeren Ökonomik vgl. nur die Darstellungen etwa von *Klöhn*, Spekulation, 2006, S. 35, 75 f. oder *Zimmermann*, JbJZWiss 2008, 113, 124 f. mit umfangreichen Nachweisen.
[168] Näher unten § 17 D. III. 3. a); § 17 D. IV.

onen auf Kosten anderer wieder herein spielt. Warum sollte es dann im Ausgangsfall 127 mit dem Analysten anders sein? Schließlich sollte man sich einmal vor Augen halten, was passierte, träte dieser Fall massenhaft auf. Es sei die Prognose erlaubt, dass staatlicherseits sehr schnell eingegriffen würde.

b) Irrelevanz von Wissensinvestitionen

Die entscheidende Frage ist hier einmal mehr, ob das Risiko, angesichts eines überlegenen Wissens der Gegenseite einen Verlust zu erleiden, gerechtfertigt werden kann. Für den klassischen Insiderhandel hatten wir das verneint: Um von der Anlageklasse „Aktie" zu profitieren, muss man nicht dem Risiko eines überlegenen Wissens seines Vertragspartners ausgesetzt sein. Ändert sich an dieser Bewertung etwas, wenn ein Analyst wie in Fall 127 zuvor aufwändig analysiert? Keineswegs – schließlich hat die Gegenseite nichts davon. Ganz im Gegenteil ist das Wissen des Analysten für den Vertragsgegner nicht nur unnütz, sondern geradezu gefährlich, weshalb er es tunlichst vermeiden sollte, mit solchen Personen zu handeln. Unser Vertragsrecht rechtfertigt Schädigungen nicht damit, dass die Gegenseite davon profitiert und sich diesen Profit erarbeitet hat. Sofern sich eine Partei verschlechtert, ist es irrelevant, wie viel anrechenbare Anstrengungen die Gegenseite erbracht hat.[169] Die Lösung des Problems liegt also nicht einfach darin, auf die Anstrengungen des Analysten zu verweisen. Vielmehr müssen derartige Anstrengungen in irgendeiner Form zur Verbesserung der Gegenseite und nicht gar deren Verschlechterung beitragen. Schließlich sei noch darauf hingewiesen, dass es generell an der Bewertung von Spekulation wenig ändert, wenn sich wie in Fall 128 ein Analyst zwar wiederum überlegene Information erarbeitet, er dieses Wissen allerdings dazu ausnutzt, um die Gewinne im Auftrag und auf Rechnung eines Auftraggebers zu erzielen.

3. Praktischer Befund

Vergleicht man die bisherigen Ergebnisse mit verschiedenen Rechtsordnungen, so ist Börsenspekulation dort genauso wenig verboten wie aktives Fondsmanagement. Klaffen hier also das Rechtfertigungsprinzip und die rechtliche Realität weit auseinander? Wie immer ist hier zunächst das Subsidiaritätsprinzip[170] zu beachten: So erscheint es plausibel, dass eine zu sensible, korrekturfreundliche Regulierung irgendwann einen Punkt erreicht, an dem der wegen der sinnvollen Anlageklasse „Aktie" erwünschte Börsenhandel zu stark verunsichert würde. Nicht nur hier gilt, dass niemandem gedient wäre, korrigierten wir einen Vertrag bei jeder Fehlvorstellung oder bei jedem Wissensvorsprung. Es kann also empfehlenswert sein, vornehmlich auf andere Instru-

---

[169] Näher oben § 4 C. I. 3.; unten § 17 D. III. 3. a).
[170] Näher unten § 8 E. II. 2.

mente zu setzen, als in jedem einzelnen Fall die Vertragsgerechtigkeit zu überprüfen. Zudem sorgt gerade in diesem Bereich ein starker „Wettbewerb" der Rechtsordnungen dafür, dass sich oft wenig sinnvolle Regeln durchsetzen.[171]

Weiterhin muss man nur das verhindern, was tatsächlich droht: Zwar ist es ausweislich des Rechtfertigungsprinzips zu missbilligen, wenn sich eine Partei auf Kosten einer anderen bereichert, mag sie sich diese Möglichkeit erarbeitet haben oder nicht. Doch ist das bei börsennotierten Werten selten zu befürchten. Aktienmärkte funktionieren – insofern – so perfekt, dass die These, wonach ein aktiv verwalteter Fonds höhere Renditen erziele als bei einer rein passiven Anlage, trotz hunderter Studien und umfassenden Datenmaterials bis heute nicht belegt werden konnte.[172] Rechnet man dann noch sämtliche Gebühren ein, die für die vermeintlich so hilfreiche Selektion gezahlt werden, aber auch als Provision an den jeweiligen Vermittler fließen, ist das Anliegen, durch Spekulation auf Kosten anderer Gewinn zu erzielen, zumindest für den normalen Privatanleger illusionär. Das bedeutet aber auch umgekehrt, dass wer ganz ahnungslos, also rein passiv Aktien erwirbt, keine Angst haben muss, dadurch Geld zu verlieren. Ganz im Gegenteil wird er sich viele Gebühren ersparen und so eine höhere Rendite erzielen.[173] Für ein rechtliches Einschreiten zum Schutz dieser Personen besteht also insofern[174] kein Anlass.

Genauso wichtig für die Überprüfung des Rechtfertigungsprinzips ist allerdings die Frage, ob überall dort, wo sehr wohl die Aussicht besteht, auf Kosten anderer überlegenes Wissen in Gewinne umzusetzen, das Recht dies wirklich missbilligt. Das bestätigen insbesondere die zuvor diskutierten Insiderfälle: Gerade dort, wo Spekulation gewissermaßen Spaß macht, weil tatsächlich Gewinne locken, ist sie verboten. Genauso verhindert die Rechtsordnung dann Gewinne auf Kosten der Gegenseite, wenn einzelne, nicht börsennotierte Güter verkauft werden.[175] Anders formuliert sollte man das vorher bemühte Subsidiaritätsargument nicht überziehen.

4. Publikumsspekulation

a) Fragwürdigkeit

Genauso wenig wie die klassischen Vertragstheorien unterscheidet das Rechtfertigungsprinzip nach einzelnen Personengruppen. So gilt es gleichermaßen für Verbraucher wie professionelle Akteure.[176] Wichtig werden persönliche

---

[171] Näher zu diesem Phänomen unten § 16 E.
[172] Für eine der sorgfältigeren Studien siehe *Arnott/Berkin/Ye*, 26 JPortfolioManage 84 (2000) sowie dazu *Swensen*, Unconventional Success, 2005, S. 369 ff.
[173] Vgl. dazu eben gerade Fn. 172.
[174] Vgl. aber gleich unten § 5 E. VIII. 4.
[175] Das leitet in die Irrtumsproblematik über, siehe dazu unten § 16.
[176] Näher unten § 19 C. II. 1.

Fähigkeiten dort, wo das Rechtfertigungsprinzip subsidiär verwirklicht wird. Angesichts der besonderen Gefährdung nicht-professioneller Akteure gehört gerade die Publikumsspekulation zu jenen Risikoverträgen, denen Moralphilosophen, Juristen oder auch Ökonomen – neben dem Insiderhandel – wohl am skeptischsten gegenüberstehen.[177] In der Rechtswissenschaft gibt es zahlreiche Abhandlungen, die sich mit dem Schutz privater Anleger auseinandersetzen.[178] Und auch der Gesetzgeber bemüht sich permanent, dieses Phänomen allen wirtschaftlichen Widerständen zum Trotz über zahlreiche rechtliche Instrumente einigermaßen in den Griff zu bekommen.[179] Da Privatleute an den Börsen nur solche Risiken eingehen müssten, die für eine ausgewogene Geldanlage notwendig sind, wurde hier schon immer besonders hartnäckig gefragt, worin eigentlich das produktive Element dieses Phänomens liege.[180] Und wenn es bereits professionellen Anlegern schwer fällt, den Markt zu schlagen, also mehr zu erwirtschaften als die für eine Anlageklasse typische Rendite, ist es umso weniger einzusehen, warum es hier Privatpersonen besser ergehen sollte.

Publikumsspekulation trägt damit viele Züge irrationalen Handelns. Anders formuliert regiert bei der Spekulation allzu oft – privat wie beruflich – die Gier,[181] also die Illusion, auf schnellem Weg hohe Einnahmen erzielen zu können. Dogmatisch bewältigen lassen sich irrational geschlossene Verträge nur über substanzielle Kriterien wie das Rechtfertigungsprinzip, doch sei dafür auf spätere Ausführungen verwiesen.[182]

b) Besondere Regelungsbedürftigkeit

Doch warum sollten wir überhaupt zwischen Berufs- und Publikumsspekulation unterscheiden?[183] Immerhin trifft es auch Berufsspekulanten, dass diese selten solche Gewinne erzielen, die über die für die jeweilige Anlageklasse typische Rendite hinausgehen – und wenn, dann nur auf Kosten anderer Marktteilnehmer. Wie bereits dargelegt sind Kapitalmärkte überwiegend zumindest

---

[177] Vgl. hier nur die Nachweise bei *Zimmermann*, JbJZWiss 2008, 113, 134 f.
[178] Für die deutsche Diskussion siehe etwa *Hopt*, Kapitalanlegerschutz, 1975, S. 262 ff., 275 ff., 288 ff.; *Schwark*, Anlegerschutz, 1979 oder für das Versicherungsrecht *Rehberg*, Informationsproblem, 2003.
[179] Für einen Überblick denkbarer Instrumente vgl. nur *Schwark*, FS Steindorff, 1990, S. 473, 481.
[180] Stellv. *Nell-Breuning*, Börsenmoral, 1928, S. 135, 139 („reines Glücksspiel"; „leistet volkswirtschaftlich schlechterdings gar nichts"); *Schwark*, FS Steindorff, 1990, S. 473, 480 („global betrachtet nicht zu Gewinnen, sondern zu Verlusten führt"); *Henssler*, Risiko, 1994, S. 5, 295: „keinen gesamtgesellschaftlichen Antrieb"; „ökonomisch wertlose Formen"; „Nullsummenspiele").
[181] Stellv. *Nell-Breuning*, Börsenmoral, 1928, S. 132 f., 158, passim.
[182] Unten § 17 E.
[183] Eine solche Unterscheidung erwägt beispielsweise *Schwark*, FS Steindorff, 1990, S. 473, 477, liegt aber auch vielen gesetzlichen Bestimmungen zu Grunde.

in dem Sinne perfekt, dass es auch professionellen Akteuren äußerst schwer fällt, den Markt zu schlagen.[184] Vor diesem Hintergrund wäre dann – anders als vielfach geäußert –[185] nicht zu befürchten, dass sich Spekulationsgewinne der Berufsspekulanten aus den Verlusten von Amateuren speisen und damit eine systematische Umverteilung und nicht nur ein faires Glücksspiel stattfindet.

Doch sind die entscheidenden Unterschiede andernorts zu suchen. So findet die befürchtete Umverteilung sehr wohl statt – allerdings über andere Mechanismen, nämlich die mit der Beratung, Abwicklung und Umschichtung von Privatvermögen verbundenen Vergütungen.[186] Und hier gelingt es tatsächlich nur den professionellen Akteuren, die sich damit auch durchaus rational verhalten mögen, die ersehnten Einnahmen nicht etwa durch überlegene Marktkenntnisse, sondern über Provisionen, Gehälter und Boni zu erlangen. Dabei ist eine Vergütung noch so lange unproblematisch, wie die etwa mit einer Anlageberatung verbundenen Kosten notwendig sind, um dem Kunden zu helfen, also eine Wertschöpfung erfolgt.[187] So mag ein professioneller Vermögensberater angesichts seiner Spezialisierung sehr viel günstiger ein optimales Portfolio zusammenstellen als ein Laie. Leider hat dieses Ideal nur wenig mit der Realität gemein. So stellt sich bereits die unangenehme Frage, warum ein Fondsanleger überhaupt Gebühren und Aufschläge für eine aktive Verwaltung zahlt, die ihm angesichts insofern nahezu perfekter Kapitalmärkte nichts bringt, wenn also die Hoffnung auf überdurchschnittliche Kurssteigerungen unbegründet ist. Rational zu begründen ist auch das nicht, und es dürfte allein in Deutschland ein zweistelliger Milliardenbetrag verloren gehen, weil Privatanleger aus vielerlei Gründen alles andere als interessengerecht agieren.[188] Dass der Gesetzgeber hier nicht konsequenter einschreitet, hat viele Gründe. Zunächst ist es rein praktisch nicht immer leicht, einerseits derartige Schäden zu begrenzen, andererseits aber auch sinnvolle Geschäfte wie eine langfristige Geldanlage oder die Kursabsicherung zu erlauben. Weiterhin ist gerade die Vertriebsregulierung des Finanzsektors mit Blick etwa auf Vergütungsformen, Beratungspflichten oder Qualifikationsanforderungen ein permanentes Schaufeld handfester politischer Auseinandersetzung unter Beteiligung unterschied-

---

[184] Vgl. oben Fn. 172.
[185] Stellv. *Nell-Breuning*, Börsenmoral, 1928, S. 136.
[186] So führen auch viele Ökonomen einen Großteil der Spekulationsaktivität auf solche Anreize zurück, vgl. nur *Dow/Gorton*, 105 JPolitEcon 1024 (1997).
[187] Näher oben § 3 C. III. 1.
[188] Hierzu muss man sich nur einmal den Umfang privaten Geldvermögens in Deutschland etwa für das Jahr 2009 (Bargeld und Einlagen: 4.433 Millarden Euro; Wertpapiere: 1.177 Milliarden Euro; Ansprüche gegenüber Versicherungen, Pensionseinrichtungen und sonstige Forderungen: 1.519 Milliarden Euro) vor Augen halten und ausrechnen, was eine verschenkte Rendite von etwa einem Prozent bedeutet. Die Daten sind sowohl unter http://www.destatis.de als auch www.bundesbank.de abrufbar.

licher wirtschaftlicher Interessen. Das führt beispielsweise auch dazu, dass der Mythos, wonach ein normaler Anleger von einer aktiven Fondsverwaltung profitieren könnte, bis heute weit verbreitet ist. Auf all das hier näher einzugehen, würde aber den Rahmen dieser Arbeit sprengen.[189]

F. Ergebnis

Anders als viele klassische Ansätze beantwortet das Rechtfertigungsprinzip, warum unsere Rechtsordnung manches, keineswegs aber jedes Risiko billigt. Anders formuliert erklärt es, warum wir es mal hinnehmen, dass Unwissenheit zu Schäden führt, und ein anderes Mal wiederum nicht. Wie bereits früher lag dabei der Schlüssel für das Verständnis einzelner Vertragstypen in der jeweiligen Eignung des Vertrags zur Förderung beider Vertragsparteien. Genau deshalb billigen wir viele Risikoverträge, angefangen mit der Versicherung über klassische Geldanlage, Bürgschaft, Arbitrage und Warenumschlag bis hin zur Kursabsicherung. Demgegenüber möchte der Spekulant mehr erzielen als eine beiden Seiten nutzende Wertschöpfung, ist er darauf angewiesen, vom Schaden anderer zu profitieren.

Diese Grundaussage des Rechtfertigungsprinzips entspricht nicht nur dem geltenden Recht – soweit auf im Ergebnis unumstrittene Sachverhalte rückführbar –, sondern auch von jeher unseren Moralvorstellungen. Bereits die Scholastik missbilligte es, Gewinne lediglich durch Schädigung anderer zu erzielen. Aber auch nach den heute gängigen Wertmaßstäben wird man spätestens dann auf Zustimmung stoßen, wenn man darauf hinweist, dass hinter einem Markt auch Menschen stehen.[190] Nur eine Ausprägung dieses Gedankens ist das traditionsreiche Leistungsprinzip. Danach gebührt Einkommen vor allem dem, der etwas leistet, also zu dessen Vermehrung selbst beiträgt. Anderen etwas wegzunehmen, gehört nicht dazu.[191] Das Rechtfertigungsprinzips harmoniert gut mit diesen Vorstellungen – und zwar in zweierlei Hinsicht: Zum einen schließt es bereits definitionsgemäß die Verschlechterung einer Partei aus. Zum anderen honoriert es aber all diejenigen Anstrengungen, die tatsächlich zur Verbesserung der Gegenseite beitragen.

Wem diese Aussagen zu streng erscheinen und wer der nur allzu menschlichen Hoffnung anhängt, ganz ohne Arbeit – gewissermaßen auf die Schnelle und aus dem Nichts – Gewinn zu machen, für den hält auch das Rechtferti-

---

[189] Zur diesbezüglichen Sicht des Verfassers vgl. nur *Rehberg*, Informationsproblem, 2003, S. 249 ff.; *Rehberg*, WM 2005, 1011; *Rehberg*, in: Eger/Schäfer (Hrsg.), Zivilrechtsentwicklung, 2007, S. 284 jew. m.w.N.
[190] Vgl. hier nur noch einmal *Nell-Breuning*, Börsenmoral, 1928, S. VI, 136 ff.
[191] So zutreffend *Nell-Breuning*, Börsenmoral, 1928, S. 19, 129 ff. m.w.N. sowie etwa auch *Schwark*, FS Steindorff, 1990, S. 473, 475. Vgl. dazu auch oben Fn. 180.

gungsprinzip Trost bereit. Denn es verhindert nicht, dass zwei Parteien durch pures Glück in eine solche Situation geraten, in der sich die Möglichkeit einer Wertschöpfung ergibt, ohne dass sie auch nur irgendetwas dafür getan hätten. Stellen zwei Menschen wie in Fall 5 einfach fest, dass sie Apfel und Orange gewinnbringend tauschen können, so bleibt ihnen – zumindest nach unserem Vertragsrecht – dieses Glück gegönnt.

§ 6 Leistungsstörungen

Dass sich im Leben manches anders entwickelt als geplant, ist eine Binsenweisheit. Mag manche Eventualität noch vorhersehbar sein, ist das bei vielen Ereignissen illusionär. Und doch benötigen wir auch hier rechtliche Antworten, muss auch hier entschieden werden, was genau passieren soll, wenn entweder eine Leistung nicht mehr oder nur unter einem sehr hohen Aufwand erbracht werden kann oder aber das, was uns als Leistung versprochen wurde, ihren Wert für uns verliert. Dogmatisch sind diese Konstellationen deshalb so spannend, weil hier viele klassische Ansätze ersichtlich an ihre Grenzen stoßen. So macht sich spätestens bei Leistungsstörungen[1] die Einsicht breit, dass es in den meisten Fällen fiktiv wäre, die gesuchte Antwort allein in Wille oder Erklärung der Vertragsparteien bei Vertragsschluss zu suchen.[2] Doch weil man für sonstige vertragsrechtliche Fragen an diesen klassischen Ansätzen festhält, führt das unausweichlich zu einem folgenschweren Bruch, der sich unter anderem darin äußert, dass das, was eigentlich zusammen gehört,[3] weithin getrennt erörtert wird. Dabei findet sich diese Trennung selbst in solchen klassischen Schnittfeldern wie dem Eigenschaftsirrtum.[4] Aber auch rein terminologisch hat diese Entfremdung tiefe Spuren hinterlassen, etwa wenn strikt nach Primär- und Sekundäranspruch unterteilt wird,[5] vom „Bruch" bzw. der „Verletzung" des Vertrags oder aber davon die Rede ist, dass der Schuldner von seiner Leistungspflicht „befreit" werde.[6] Wir stehen vor einem Rechtsgebiet, das sich besonders schwer mit verbindlichen und möglichst allgemeingültigen Tatbeständen erklären lässt.[7] Historisch mag dieser alles andere als abgeschlossene Entwicklungsstand auch darauf beruhen, dass viele

---

[1] Der Begriff der Leistungsstörungen ist relativ jung und wurde wohl vor allem mit *Stoll*, Leistungsstörungen, 1936, S. 13 ff. populär.
[2] Näher unten § 6 C. IV. 1.
[3] Näher unten § 6 B. IV.; § 6 B. V.; passim.
[4] Näher zu diesem unten § 7. Inhaltlich unterscheiden sich Leistungsstörungen insofern von Irrtümern, als die Parteien hier regelmäßig nicht falsche, sondern überhaupt keine Vorstellungen entwickeln, vgl. dazu näher unten § 6 C. IV. 1. Gemeinsam ist beiden Problemkreisen ihr Bezug zur Unwissenheit und begrenzten geistigen Leistungsfähigkeit des Menschen.
[5] Siehe dazu nur *Schur*, Leistung und Sorgfalt, 2001, S. 50 m.w.N.
[6] Näher unten § 6 B. V. 2.; § 6 C. II. 3.
[7] Siehe zu diesem Befund nur *Lobinger*, Grenzen, 2004, S. 4 f., 26 mit umfangreichen Nachweisen.

der für Leistungsstörungen typischen (Vor-) Fragen überhaupt erst einmal dogmatisch herausgearbeitet werden mussten, was oft recht spät gelang. So musste sich erst einmal die Einsicht durchsetzen, dass es sinnvoll sein kann, auch eine Erfüllungspflicht zwangsweise durchzusetzen, was wiederum die gedankliche Loslösung von stark prozessual-aktionenrechtlichen Denkkategorien erforderte.[8]

A. Fälle

Wenngleich die Vermutung erlaubt sei, dass manche der nun folgenden Fälle im Ergebnis international recht einheitlich entschieden werden, lässt sich das sicher nicht durchweg behaupten – zumal rechtstechnische Vorstellungen wie Unmöglichkeit, Gattung, Vorrat oder Konkretisierung stark mit nationalen Rechtstraditionen verknüpft sind. Doch wie sich noch zeigen wird, schließt das zumindest einige grundlegende Erwägungen nicht aus.

129. *Nach Vertragsschluss flüssiges Eis: Bildhauer B hat in einer Eisskulptur spontane Eindrücke verarbeitet und verkauft diese für 100 Euro an Kunstliebhaber K. Wenige Stunden nach Vertragsschluss fällt Bs Gefrierschrank durch einen Blitzschlag aus.*

130. *Vor Vertragsschluss flüssiges Eis: Bildhauer B hat in einer Eisskulptur spontane Eindrücke verarbeitet und verkauft diese für 100 Euro an Kunstliebhaber K. Wenige Stunden vor Vertragsschluss fällt Bs Gefrierschrank durch einen Blitzschlag aus.*

131. *Fernseher kaputt: Filmliebhaber L verkauft Freund F seinen alten Fernseher, da er sich einen besseren anschaffen möchte. Noch vor der Übergabe schlägt ein Blitz ins Haus des F und zerstört die Elektronik des Geräts.*

132. *Versunkene Uhr: Hochzeitsgast G leiht sich von Freund F eine schöne alte Uhr, die gut zu seinem Anzug passt. Dabei verspricht er hoch und heilig, sie gleich morgen wieder zurückzubringen. Leider fällt die Uhr bei einer Bootsfahrt ins Wasser.*

133. *Hauptsache Wort gehalten: Hochzeitsgast G leiht sich von Freund F eine schöne alte Uhr, die gut zu seinem Anzug passt. Dabei verspricht er hoch und heilig, sie gleich morgen wieder zurückzubringen. Leider fällt die Uhr bei einer Bootsfahrt ins Wasser. G ist es aber so wichtig, als zuverlässig zu gelten, dass er geradezu unglaubliche Kosten aufwendet, um die Uhr doch noch finden zu lassen.*

134. *Wort halten mit Nachhilfe: Hochzeitsgast G leiht sich von Freund F eine schöne alte Uhr, die gut zu seinem Anzug passt. Dabei verspricht er hoch und heilig, sie gleich morgen wieder zurückzubringen. Leider fällt die Uhr bei einer Bootsfahrt ins Wasser. F meint, er könne doch nicht zu geradezu unglaublichen Kosten*

---

[8] Instruktiv dazu *Jakobs*, Unmöglichkeit, 1969, S. 169 ff.

nach der Uhr suchen lassen. G wendet ein, das verstehe er ja, doch sei ihm die Uhr so wichtig, dass er F für die damit verbundenen Kosten entschädigen werde.

135. **Unerwartet teures Geschenk:** Der immer hilfsbereite Freund F verspricht Nachbar N, diesen am kommenden Mittwoch in die 5 km entfernte Stadt zu fahren, da N dort ein wichtiges Vorstellungsgespräch hat. Am Dienstag erleidet Fs Auto jedoch einen Schaden, wobei es für F sehr umständlich wäre, das Auto noch rechtzeitig reparieren zu lassen.

136. **Doppelt hält besser:** Rentner R verkauft Bekanntem B seinen Rasenmäher, der morgen übergeben werden soll. Was beide vergessen hatten: R hatte den Rasenmäher schon letztes Jahr an B verkauft, übergeben und übereignet.

137. **Staatseigentum:** Tourist T sieht bei Antiquitätenhändler A eine schöne Statue, die er spontan erwirbt. Kurze Zeit später erfahren beide, dass es sich um ein sehr altes Stück handelt und daher ausweislich der örtlichen Gesetze zum Staatseigentum gehört und auch nicht exportiert werden darf.

138. **Hehlerei:** Hehler H verkauft ein gestohlenes Autoradio an den nichtsahnenden Kunden K, der daher glaubt, H könne ihm das Eigentum übertragen.

139. **Krankes Kind der Sängerin:** Sängerin S hat Konzertveranstalter K einen Auftritt zugesagt. Genau an diesem Abend erkrankt jedoch ihr Kind lebensgefährlich.

Erkrankter Mieter: Gerade als der Mietvertrag von Mieter M am Jahresende ausläuft, erkrankt dieser so schwer, dass ein Transport aus der Wohnung nur unter erheblichen Gefahren möglich wäre.

140. **Dann eben ohne Bio:** Obstliebhaber O bestellt bei Bauer B 20 kg schöne Bioäpfel aus dessen diesjähriger Bioernte. Als er die Äpfel abholen möchte, eröffnet ihm B, dass die gesamte Bioernte von einem Schädling befallen worden sei. Resigniert stellt O fest, dann würde er eben notfalls auch 20kg ganz normaler Äpfel nehmen, von denen B ja noch reichlich habe.

141. **Dann eben ordentliche Kündigung:** Unternehmer U ist wegen einer mangelhaften Lieferung über Lieferant L erbost und erklärt deshalb die langfristige Lieferbeziehung mit L für außerordentlich gekündigt. Vertraglich ist eine ordentliche Kündigungsfrist von 4 Wochen vorgesehen. Als ihn jemand darüber aufklärt, dass eine außerordentliche Kündigung möglicherweise nicht gerechtfertigt ist, meint U, dass sein Verhalten dann doch wenigstens als ordentliche Kündigung gelten müsse.

142. **Dann eben gewöhnliche Vollmacht:** A ist der wichtigste Angestellte in der sehr großen Kanzlei des Rechtsanwalts R. Er erteilt Mitarbeiter M Prokura, damit dieser von den Geschäftspartnern, darunter G, ernst genommen wird. M gelingt es, mit G einen wichtigen Beratungsvertrag abzuschließen. Als R merkt, dass M zu großzügig verhandelt hat, beruft er sich auf den deutschen § 48 HGB, wonach Prokura nur vom Inhaber des Handelsgeschäfts und nur von Kaufleuten erteilt werden könne. G meint, dann müsse das Verhalten des A doch zumindest als gewöhnliche Vollmacht zählen.

143. **Doch lieber neu:** *Der treue Kunde K wirft nichts weg und bringt daher sein altes Radio bei Elektronikfachmann E zur Reparatur. E akzeptiert den Auftrag, nur um bald festzustellen, dass die Reparatur sehr aufwändig wäre. Er bietet K daher an, ihm 20 Euro zu geben, damit E sich ganz einfach ein neues und mindestens so gutes Radio kaufen kann.* **Variante 1:** *E hätte mit einem einfachen Blick feststellen können, dass die Reparatur viel zu aufwändig ist.* **Variante 2:** *Der hohe Reparaturaufwand war nicht bereits bei Entgegennahme des Auftrags erkennbar.*

144. **Gattungsschuld:** *Käufer K bestellt bei einem großen Elektronikhändler E über das Internet das neue Autoradio-Modell „K-XT-5313". Leider regnet es kurz darauf in das Lager von E hinein, was alle dortigen Autoradios zerstört.*

145. **Konkretisierung:** *Käufer K bestellt beim großen Elektronikhändler E über das Internet das neue Autoradio-Modell „K-XT-5313". E nimmt eines davon aus seinem Lager, verpackt und frankiert es ordentlich und schickt es mit der Post zu K. Leider brechen Diebe in das Lager der Post ein und entwenden das Autoradio, noch bevor es K gebracht wurde.*

146. **Vorratsschuld:** *Einsiedler E hat ein paar Kühe, mit denen er nicht zuletzt sich selbst versorgt. Die restliche Milch verkauft er an einige Stammkunden. Für diesen Sommer hat er Kunde K seinen Überschuss zu einem marktüblichen Preis versprochen. Leider erkranken seine Kühe und liefern keine Milch mehr.*

147. **Gattungsschuld mit großen Hindernissen:** *Käufer K bestellt bei einem großen Elektronikhändler E über das Internet das neue Autoradio-Modell „K-XT-5313". Doch muss Hersteller H dieses Produkt wegen Patentstreitigkeiten aus dem Handel nehmen, weshalb auf einmal nur noch ganz wenige Exemplare in einigen exotischen Ländern erhältlich sind.*

148. **Gattungsschuld mit hohem Einsatz:** *Käufer K bestellt bei dem ihm aus langer Geschäftsbeziehung bekannten Elektronikhändler E das neue Autoradio-Modell „K-XT-5313". Doch muss Hersteller H dieses Produkt wegen Patentstreitigkeiten aus dem Handel nehmen, weshalb auf einmal nur noch ganz wenige Exemplare in einigen exotischen Ländern erhältlich sind. Dabei benötigt K genau dieses Modell äußerst dringend, weil er nur damit eine Yacht ausliefern kann, ohne wegen Verspätung hohe Vertragsstrafen zu zahlen.*

149. **Liquiditätsengpass:** *Hobbygärtner H lässt sich von Baumschule B ein paar große Tannen liefern. Bevor er zahlen kann, fügt er mit seinem Fahrrad einem Passanten einen Millionenschaden zu, den er mangels Haftpflichtversicherung selbst tragen muss. Da er nicht einmal einen Bruchteil dessen zahlen kann, ist es ihm auch nicht möglich, B zu bezahlen.*

150. **Liquiditätsengpass des Schenkers:** *Der großzügige Mäzen M verspricht dem lokalen Laientheater L unter Einhaltung aller Formvorschriften die Finanzierung einer großen Tournee im nächsten Sommer. Bevor er zahlen kann, fügt er mit seinem Fahrrad einem Passanten einen Millionenschaden zu, den er mangels Haftpflichtversicherung selbst tragen muss. Auf einmal ist M arm und benötigt jeden Groschen, um selbst einigermaßen über die Runden zu kommen.*

151. **Ernsthafte und endgültige Erfüllungsverweigerung:** Käufer K bestellt beim Elektronikhändler E das ganz neue Autoradio-Modell „K-XT-5313". Doch kurz nach der Bestellung macht E dem K unmissverständlich klar, dass er das Modell nie liefern werde. Ohne sich umständlich auf Diskussionen einzulassen, bestellt K das Radio eben bei einem anderen Anbieter und teilt das E mit.

152. **Genug ist genug:** Schreiner S ist auf eine zuverlässig gute Holzqualität angewiesen, um seinen Kunden einwandfreie Ware liefern zu können. Leider enttäuscht ihn sein Lieferant L, mit dem er einen Zweijahresvertrag geschlossen hatte, ständig. Nachdem L trotz mehrfacher Reklamation schon wieder minderwertige Ware liefert, hat S genug und weigert sich, die Geschäftsbeziehung weiter aufrechtzuerhalten.

153. **Versäumtes Abschleppen:** Hauseigentümer H bemerkt zu seiner Verärgerung, dass seine Ausfahrt zugeparkt wurde. Als der von H herbeigerufene Abschleppwagen eintrifft, wurde das Auto jedoch bereits wieder weggefahren.

Versäumtes Abschleppen auf See: Binnenschifffahrtskapitän B setzt sein Frachtschiff auf den Grund und ruft den Abschleppdienst. Doch als die Rettung eintrifft, ist das Frachtschiff bereits wieder von alleine freigekommen.

Patient gesund: Chirurg C wird mitten in der Nacht zu einer wichtigen Operation gerufen. Doch als er im Krankenhaus eintrifft, ist der Patient bereits wieder aus dem Koma erwacht, medizinische Maßnahmen erweisen sich als unnötig.

154. **Verpasste Gelegenheit:** Binnenschifffahrtskapitän B setzt sein Frachtschiff auf den Grund und ruft den Abschleppdienst. Doch als die Rettung eintrifft, ist das Frachtschiff bereits dabei, zu sinken.

Fehlendes Renovierungsobjekt: Hauseigentümer H beauftragt die Malerfirma M damit, die Außenwände zu streichen. Als M bei H eintrifft, stellt sie fest, dass das Haus in der Nacht zuvor abgebrannt ist.

Patient tot: Chirurg C wird mitten in der Nacht zu einer wichtigen Operation gerufen. Doch als er im Krankenhaus eintrifft, ist der Patient gerade gestorben.

155. **Vergebliche Mühe:** Urlauber U kauft für seine anstehende Reise von Verkäufer V einen Wagen. Doch noch bevor er die Reise antritt, wird ihm der Führerschein entzogen.

Nutzloser Spieler: Fußballverein F einigt sich mit seinem Konkurrenten über den Erwerb des Stürmers S für eine Ablöse von 1.000.000 Euro. Noch bevor die Saison beginnt, verliert S seine Spielberechtigung.

Bauerwartungsland: Zugereister Z erwirbt eine schöne Parzelle Bauerwartungsland. Doch wider Erwarten zerschlagen sich die Hoffnungen auf eine Bebaubarkeit.

156. **Böse Überraschung:** Verlobte V ist ganz aus dem Häuschen, da ihr gerade ein Heiratsantrag gemacht wurde. Für die geplante Hochzeit bestellt sie bei Schneider S ein Hochzeitskleid. Leider platzt die Hochzeit.

Falsches Maß: Hauseigentümer H kauft für seine Küche einen neuen Kühlschrank. Als dieser angeliefert wird, stellt H fest, dass er nicht ganz in die eigene Küche passt.

157. **Krönungszug:** Royalist R erfährt mit Entzücken von einer bevorstehenden Hochzeit bei seiner Lieblingsmonarchie. Um dem Triumphzug angemessen beiwohnen zu können, mietet er ein Zimmer mit Balkon und Fensterblick auf den Ort des Geschehens. Leider wird der Krönungszug wegen drohenden Unwetters abgesagt.

158. **Hinterlistiges Schweigen:** Urlauber U kauft für seine anstehende Reise von Verkäufer V einen Wagen. Doch noch bevor er die Reise antritt, wird ihm der Führerschein entzogen. Was besonders gemein ist: V wusste bereits bei Vertragsschluss, dass das im Gang war.

159. **Lästiger Ruf:** Handwerker H ist bekannt dafür, notorisch unzuverlässig zu sein und weder Termine einzuhalten noch seine Arbeit ordnungsgemäß zu verrichten. Schuld dafür waren Alkoholprobleme. Da H aber diese nun erfolgreich überwunden hat, möchte er endlich durchstarten und seriös arbeiten. Da er jedoch noch auf viel Skepsis stößt, bietet er seinen Vertragspartnern ansehnliche Vertragsstrafen für den Fall einer unpünktlichen oder mangelhaften Leistung. So schafft er es, überhaupt wieder Kunden zu finden.

B. Unmöglichkeitsdenken

Es gibt wohl kaum eine Materie des Vertragsrechts, in der eine strukturierte, verständliche und möglichst interessante Beschreibung der wichtigsten Argumente so schwer fällt wie im Leistungsstörungsrecht. Das liegt nicht zuletzt auch daran, dass sich hier viele Veröffentlichungen finden, die zwar sehr wichtige Beiträge zu diesem Problem enthalten, aber – angesichts der Komplexität des Themas verständlich – nicht immer in jeder Hinsicht klar wären oder sich eindeutig einer bestimmten dogmatischen Linie zuordnen ließen.[9] Das nötigt dazu, bisweilen stärker auf bestimmte Personen als auf einzelne sorgsam herausdestillierte Sachargumente einzugehen. Nichtsdestotrotz geht es dem Verfasser auch hier allein darum, die ganz groben Begründungsstränge herauszuarbeiten, da dies vollkommen ausreichen wird, um vor diesem Hintergrund darzulegen, worin die grundlegenden Probleme liegen, die das Rechtfertigungsprinzip zu überwinden verspricht.

I. Grundidee

Zunächst sei unter dem Stichwort des Unmöglichkeitsdenkens der Versuch diskutiert, das Phänomen der Leistungsstörungen dadurch zu erfassen, dass

---

[9] Ein ähnliches Problem stellt sich etwa bei den Eigenschaften, vgl. unten § 7 A. I.

man sich gedanklich auf das die versprochene Leistung verhindernde Faktum der Unmöglichkeit konzentriert. Dabei werden aus dem großen Kreis verschiedenster Vertreter nur exemplarisch einige besonders bekannte Autoren so weit wiedergegeben, wie das für die weitere Diskussion notwendig ist. Eine geschichtlich umfassende Darstellung ist hier, um das nochmals zu betonen, nicht bezweckt.

1. Wächter

Am stärksten klafft die Lücke zwischen dem allgemeinen Vertrags- und dem Leistungsstörungsrecht dort, wo ganz offen nicht mehr auf den Vertrag als vielmehr die Unmöglichkeit selbst zurückgegriffen wird, um eine Befreiung von der Leistungspflicht zu begründen und als Ausgleich gegebenenfalls einen Schadensersatzanspruch zuzusprechen. Dabei handelt es sich um eine relativ junge, erst in der ersten Hälfte des 19. Jahrhunderts einsetzende Vorstellung.[10] So war es zunächst *Wächter*, der einen Grundsatz bemühte, der sich „ganz auf die Natur der Sache" gründe: *Impossibilium nulla obligatio est*.[11] Dieser Satz drückt eine gleichermaßen schlichte wie praktisch bedeutsame Wahrheit aus: Kann wie etwa in Fall 129 ein Erfolg faktisch nicht eintreten, stiftet es dogmatisch nur Verwirrung, noch ein darauf gerichtetes Recht anzunehmen. Denn dieses kann allenfalls noch als rechtstechnisch-gedankliche Zwischenstation dienen, mag man materiell wie prozessual alles Mögliche verwirklichen können, aber eben nicht den unmöglich gewordenen Erfolg. So klar hier auszuschließen ist, dass der Schuldner zur Erfüllung gezwungen werden kann, so offen bleibt allerdings, was aus diesem Faktum rechtlich genau folgt. Lediglich den Sachverhalt zu bemühen, der eine Leistung unmöglich macht, liefert dafür keine dogmatischen Anhaltspunkte oder Maßstäbe. Und noch weniger helfen dazu die bereits von *Wächter* bemühten und bis heute populären, aber rein metaphysischen Begründungsmuster wie der Hinweis auf die Natur der Sache.[12]

2. Mommsen

Einen gewichtigen Einfluss erlangt das Unmöglichkeitsdenken spätestens mit *Mommsen* und dessen wohl ersten umfassenden Untersuchung zur Problematik der Leistungsstörungen. Zwar lag es diesem eigentlich fern, grundlegende Neuerungen einzuführen. Vielmehr wollte er herausarbeiten, wann genau der Schuldner von seiner Leistungspflicht frei wird. Zu verlangen sei nicht nur eine Unmöglichkeit, sondern vor allem auch ein Mangel des Verschuldens. Die Un-

---

[10] *Jakobs*, Unmöglichkeit, 1969, S. 116.
[11] *Wächter*, AcP 15 (1832), 97, 116.
[12] Näher unten § 6 B. II.

möglichkeit fungiert hier also eher als ein Indiz dafür, dass die Nichterbringung der Leistung unverschuldet sein könnte. Vor diesem Hintergrund erscheint es auch fragwürdig, ob man *Mommsen* als Referenz für ein auf die Unmöglichkeit gestütztes Haftungskonzept heranziehen kann. Dass *Mommsen* etwa verlangt, die Nichterfüllung dürfe weder auf den Willen noch auf ein sonst zurechenbares Verhalten des Schuldners rückführbar sein, weist auch in Richtung eines vertraglich geprägten Ausgangspunkts, weshalb man durchaus hinterfragen kann, ob dieser Autor dogmatisch tatsächlich allein von der Unmöglichkeit ausging.[13]

Andererseits ist nicht zu übersehen, wie sehr sich *Mommsen* auf die Unmöglichkeit fixiert[14] – und genau diese Fixierung wurde im weiteren Verlauf durch die Rezeption *Windscheids* außerordentlich einflussreich,[15] nahm also von hier aus ihren verhängnisvollen Lauf. Es zeigen sich bereits hier all die zahlreichen Probleme, die im Leistungsstörungsrecht immer wieder auftauchen. So bleibt es bereits in *Mommsens* – nicht durchweg klar gefassten –[16] Untersuchung offen, warum es eigentlich auf Unmöglichkeit ankommen soll. Ebenso drängt sich die Frage auf, was gelten soll, wenn die Unmöglichkeit verschuldet ist. Hier zu behaupten, dass die Leistungspflicht weiter bestehe, dass also eine Pflicht auf etwas Unmögliches gerichtet sein könne, verleiht dem Begriff der Leistungspflicht einen stark vorläufig-rechtstechnischen Charakter, der saubere dogmatische Begründungen und Kategorisierungen eher behindert als unterstützt.[17] Wenn *Mommsen* hier einwendet, dass das Fortbestehen der Verpflichtung ansonsten von der Willkür des Schuldners abhänge, dieser jedoch nach dem Wesen der Obligation gebunden sei,[18] so überzeugt das nicht. Dass es oft nun einmal faktisch im Belieben des Schuldners liegt, seine Leistung unmöglich zu machen, ändert sich auch dann nicht, wenn wir rein konstruktiv daran festhalten, dass dennoch eine „Leistungspflicht" bestehe. Und was genau den bindenden Vertragsinhalt ausmacht, muss für den Fall einer Unmöglichkeit erst einmal bestimmt werden, weshalb auch der Hinweis auf ein *pacta sunt servanda* im Leistungsstörungsrecht regelmäßig unergiebig ist.[19]

---

[13] Vgl. zum Vorstehenden etwa *Jakobs*, Unmöglichkeit, 1969, S. 114 ff., 121 ff.; *Emmert*, Grenzen, 2001, S. 10 oder *Nauen*, Leistungserschwerung, 2001, S. 192 ff.
[14] Vgl. nur *Mommsen*, Unmöglichkeit, 1853, S. 103 ff.
[15] *Windscheid*, KritZ 2 (1855), 106; *Windscheid*, Pandektenrecht, Bd. 2, 1865, S. 181 ff. (§ 315 f.).
[16] So konstatiert *Windscheid*, KritZ 2 (1855), 106, 106 f., dass es *Mommsen* „... dem Leser nicht immer leicht gemacht hat, ihm in seinen Entwicklungen zu folgen, dass dieselben häufig von dem Vorwurfe einer gewissen Mühsamkeit nicht freizusprechen sind, und dass seine Darstellung nicht selten einen fühlbaren Mangel an der Fasslichkeit und Durchsichtigkeit, welche das Resultat des unmittelbaren Einseins zwischen Form und Inhalt des Gedankens ist."
[17] Zum entsprechenden Problem bei den Eigenschaften vgl. unten § 7 B. V. 1.
[18] *Mommsen*, Unmöglichkeit, 1853, S. 228.
[19] Näher dazu unten § 6 B. V. 2.

Weiterhin ist es zwar einerseits löblich, dass *Mommsen* mit einem sehr engen, auf naturgesetzlich unüberwindbare Hindernisse abstellenden und damit auch klar konturierten Unmöglichkeitsbegriff operiert.[20] Doch klafft dann dogmatisch eine umso empfindlichere, diverse Ersatzkonstruktionen provozierende Lücke, als unser Vertragsrecht zahlreiche Situationen „subjektiver Unmöglichkeit" oder bloßer Leistungserschwerung kennt, in denen der Schuldner auch ohne „wahre" Unmöglichkeit frei wird. Tatsächlich ist Letzteres nur seltene Ausnahme, die Leistungserschwerung hingegen allgegenwärtig.[21] Zu all diesen Fragen liefert uns *Mommsen* keine Antwort.[22] Auch das weckt spätestens hier gewichtige Zweifel daran, ob mit der Unmöglichkeit wirklich ein fruchtbarer dogmatischer Ausgangspunkt gefunden ist, von dem aus wir uns aufmachen könnten, Leistungsstörungen zu bewältigen.

II. Bloße Sachverhaltsbeschreibung

Wenngleich bereits auf einige Probleme des Unmöglichkeitsdenkens hingewiesen wurde, sei nun etwas gründlicher und systematischer hinterfragt, ob es wirklich zu dogmatisch stimmigen Lösungen führt, wenn man gedanklich von der Unmöglichkeit ausgeht. Dabei bereitet bereits die ganz unschuldige Frage Schwierigkeiten, was für eine Aussage überhaupt die schlichte Feststellung enthält, dass das, was unmöglich ist, nicht mehr geleistet werden kann. Schließlich wird hier nur die Realität beschrieben, das Faktum einer Unmöglichkeit lediglich in neue Worte gefasst. Es wird hier festgestellt, dass die Welt so ist wie sie ist. Dazu bedarf es aber keiner Berufung auf eine Natur der Sache, ontologische Einsichten oder Ähnliches.[23] Schließlich kommen wir auch nicht bei allen anderen Realitäten auf die Idee, diese unter Hinweis auf eine vorrechtliche Logik normativ-metaphysisch zu verdoppeln. Es ist nicht einmal ansatzweise ersichtlich, was dies soll – es sei denn, man möchte auch bei keineswegs naturwissenschaftlich vorgegebenen Zusammenhängen irgendwelche vermeintliche Zwangsläufigkeiten einfach nur behaupten.

Wie wenig mit einer solchen Realitätsbeschreibung gewonnen ist, zeigt sich gerade bei der Unmöglichkeit. Denn hier bleibt völlig offen, wie auf diese rechtlich zu reagieren ist. Ob nun die Leistungspflicht einfach entfallen (und

---

[20] *Mommsen*, Unmöglichkeit, 1853, S. 1 ff. („wahre Unmöglichkeit"). Zu den zahlreichen Aufweichungen siehe unten § 6 B. III. 2.
[21] Näher unten § 6 B. III. 1.
[22] Zu Recht kritisch daher etwa *Jakobs*, Unmöglichkeit, 1969, S. 120.
[23] So aber etwa *Canaris*, in: Schulze/Schulte-Nölke (Hrsg.), Schuldrechtsreform, 2001, S. 43, 49, der auf „‚sachlogische' Strukturen" verweist, die der Rechtsordnung vorgegeben seien und dem Satz *impossibilium nulla est obligatio* für die Befreiung von der primären Leistungspflicht eine geradezu apriorische Überzeugungskraft verleihe.

dann gegebenenfalls rückabgewickelt werden[24]) sollte, stattdessen das positive oder negative Interesse zu zahlen ist oder aber eine Vertragsanpassung[25] erfolgt – um hier nur einige Beispiele zu nennen –, ergibt sich aus der bloßen Tatsache einer Unmöglichkeit nicht. Und schon gar nicht erlauben es derartige Hinweise, auch nur irgendwelche Rückschlüsse für bloße Leistungserschwerungen zu ziehen. Die große Mehrheit derjenigen Fälle, die im Leistungsstörungsrecht praktisch bedeutsam sind, bleiben damit ausgeblendet und müssen völlig von Neuem angegangen werden.[26] Mit einem stimmigen und praktisch verwendbaren dogmatischen Ansatz, der sich zudem noch in ein vertragstheoretisches Gesamtkonzept einfügt, hat all das wenig zu tun.

Sehr deutlich werden diese Unzulänglichkeiten dort, wo die Pflicht begründet werden soll, das positive Interesse zu ersetzen. Denn aus der bloßen Tatsache der Unmöglichkeit ergibt sich das nicht. Oft ist jedoch von der Ersatzpflicht als einem Surrogat bzw. einem Äquivalent die Rede, das an die Stelle der Leistungspflicht trete.[27] Dass derartig naturalistisch-gegenständliche Argumentationsmuster dogmatisch nicht tragfähig sind, bedarf keiner weiteren Ausführung, zumal sie gerade wegen ihrer Gegenständlichkeit offen lassen, warum diese magische Verwandlung eigentlich nicht immer, sondern oft nur unter weiteren Voraussetzungen wie etwa einem Verschulden eintritt – wobei ein Verschulden dann nicht einmal durchweg verlangt wird. Vor allem aber liegen bei einer Unmöglichkeit je nach den individuellen Umständen ganz verschiedene Rechtsfolgen im Parteiinteresse, sei es ein Freiwerden, ein negatives oder positives Interesse, eine Vertragsstrafe oder eine Vertragsanpassung. Der Hinweis auf das Faktum einer Unmöglichkeit sagt zu all dem nichts.[28]

---

[24] Und auch diese Rückabwicklung ist rechtstechnisch in zahllosen Varianten möglich, vgl. nur speziell für das deutsche Leistungsstörungsrecht *Kaiser*, Rückabwicklung, 2000, S. 7 ff.

[25] Zu dieser Variante siehe hier nur *Hau*, Vertragsanpassung, 2003.

[26] Näher unten § 6 B. III. 2.; § 6 B. III. 3.

[27] Stellv. *Rabel*, FS Bekker, 1907, S. 171, 184 f.; *Canaris*, in: Schulze/Schulte-Nölke (Hrsg.), Schuldrechtsreform, 2001, S. 43, 59 (dort zur anfänglichen Unmöglichkeit), wonach „folgerichtig" an die Stelle der versprochenen Leistung deren Äquivalent in Geld trete. Für weitere Hinweise siehe etwa *Lobinger*, Grenzen, 2004, S. 227.

[28] *Enneccerus*, Rechtsgeschäft, 1889, S. 592 ff. weist darauf hin, dass wenn der Gegenstand einer Obligation neu ist, auch diese Obligation neu ist, zumal diese neue Obligation eben auch ein Verschulden voraussetze. Siehe daneben nur die Kritik etwa bei *Jakobs*, Unmöglichkeit, 1969, S. 228 ff., 234 f. oder *Lobinger*, Grenzen, 2004, S. 12 f., 46 f., 227. Zurückhaltend auch *Huber*, Leistungsstörungen, Bd. 2, 1999, S. 163 (§ 35 V). Allgemein zur Problematik gegenständlich-bildlichen Denkens unten bei § 9 Fn. 109, 111.

III. Jenseits natürlicher Unmöglichkeit

1. Enge natürlicher Unmöglichkeit

Wendet man den Blick von der schönen, weil einfachen und daher einsichtigen Erkenntnis ab, dass Unmögliches unmöglich ist, und blickt man stattdessen auf die rechtliche Praxis, wird man schnell bemerken, dass dort regelmäßig ganz andere Fälle interessieren. Fast immer besteht die Leistungsstörung „lediglich" darin, dass die geschuldete Leistung zwar nicht zwingend ausgeschlossen ist, wohl aber sehr viel schwerer fällt als ursprünglich angenommen. Schließlich lassen sich selbst gesunkene Schiffe heben oder ganze Berge versetzen und musste bereits *Krückmann* eingestehen, dass man selbst manche tief versunkene Uhr (Fall 132) wiederfinden kann.[29] Und lässt sich nicht vielleicht auch die Elektronik des Fernsehers in Fall 131 reparieren? Es ist eine der vielen fatalen Konsequenzen des Unmöglichkeitsdogmas, dass weil man erst bei Unmöglichkeit zu einer Ersatzpflicht wegen Nichterfüllung gelangt, man so lange eine Leistungspflicht bejaht, wie die Leistung nicht unmöglich geworden ist. Noch fragwürdiger ist es allerdings, dass der Schuldner sogar über das hinaus leisten soll, was es ihn an Anstrengung kosten würde, um das Interesse des Gläubigers an dieser Leistung vollends auszugleichen.[30] Tatsächlich empfinden wir es gerade in Fall 132 als absurd, den Schuldner für schlechthin gebunden zu halten, so dass er die Leistung so lange unter selbst größten Hindernissen erbringen müsste, wie sie nicht wahrhaft unmöglich ist. Weder entspricht eine solche Leistungsgarantie den Interessen der Vertragsparteien[31] noch wird sich im Vertragsinhalt ein Anhaltspunkt für eine derartige Absolutheit finden,[32] weshalb wohl auch niemand ein solches Ergebnis letztlich für erstrebenswert hält.

2. Unmöglichkeitserweiterungen

Was also tun, wenn sich der gedankliche Ausgangspunkt für den Umgang mit Leistungsstörungen auf die Feststellung der Unmöglichkeit als einer nun einmal unumstößlichen Tatsache beschränkt, praktisch bedeutsam jedoch vor allem die Leistungserschwerungen sind? Nun, entweder man versucht, den Begriff der Unmöglichkeit so auszuweiten, dass er auch diese Leistungserschwerungen erfasst, oder aber man begibt sich auf die Suche nach zusätzlichen Befreiungsgründen.[33]

---

[29] *Krückmann*, AcP 101 (1907), 1, 60 f. Siehe dazu etwa *Lobinger*, Grenzen, 2004, S. 10, 34 f., 87. Vgl. auch unten bei Fn. 50.
[30] Näher unten § 6 E. II. 1.
[31] Näher unten § 6 E. I. 3.
[32] *Jakobs*, Unmöglichkeit, 1969, S. 163; *Emmert*, Grenzen, 2001, S. 30, 81 f., 88; *Nauen*, Leistungserschwerung, 2001, S. 187, 206, 209, 214 f.; *Lobinger*, Grenzen, 2004, S. 195 f.
[33] Zu dieser zweiten Variante siehe gleich unten § 6 B. III. 3. Allgemein zu diesem Dilem-

a) Varianten

Bisweilen erfolgt die Erweiterung des Verständnisses dessen, was Unmöglichkeit sei, ganz subtil dadurch, dass einfach auch dort von Unmöglichkeit gesprochen wird, wo eigentlich nur eine Leistungserschwerung vorliegt. Häufiger sind allerdings den Begriff der Unmöglichkeit ergänzende Beifügungen, die immerhin den Vorzug haben, den Leser auf diese Erweiterung aufmerksam zu machen. Dabei mag man trefflich darüber streiten, wie genau die einzelnen Attribute zu bezeichnen und wo genau die Grenzen zwischen diversen Varianten zu ziehen sind.[34] Für unsere Zwecke reicht hier eine eher grobe Darstellung, da sich das dogmatische Grundproblem jeweils gleichermaßen stellt.

Bereits *Savigny* erweitert die von ihm „natürlich" genannte, auf Naturgesetzen beruhende Unmöglichkeit durch eine „rechtliche" Unmöglichkeit (vgl. etwa die Fälle 136 und 137), die etwa dann vorhanden sei, „... wenn die Obligation darauf geht, dass ein Eigentum verschafft werde an Sachen, die gar nicht im Eigentum sein können oder die im Eigentum des Gläubigers schon sind."[35] Eine ähnliche Natur habe auch jede Handlung, die rechtswidrig oder unsittlich sei. Zwar sei eine solche Handlung nicht juristisch unmöglich – schließlich sei das Verbrechen ja durchaus möglich und nur verboten. Allein darin stünden das Rechtswidrige und das Unsittliche dem Unmöglichen völlig gleich, dass sie nicht Gegenstand einer wirksamen Obligation werden könnten, dass hier also insbesondere eine richterliche Hilfe ausscheide.[36] Das wird häufig als „moralische" Unmöglichkeit bezeichnet.[37]

Wohl am bekanntesten ist eine weitere Erstreckung der natürlichen Unmöglichkeit, nämlich die „subjektive", auch Unvermögen genannte Unmöglichkeit, die auf den besonderen persönlichen Verhältnissen des Schuldners beruht (vgl. etwa Fall 138, wo nur der wahre Eigentümer das Eigentum übertragen kann).[38] Während diese subjektive Unmöglichkeit weder nach *Savigny* noch

---

ma etwa *Jakobs*, Unmöglichkeit, 1969, S. 69 f., 104, 167, 228 f.; *Nauen*, Leistungserschwerung, 2001, S. 208, 215 oder *Lobinger*, Grenzen, 2004, S. 32 f. Für die Besonderheiten persönlicher Leistungen siehe etwa *Weller*, Persönliche Leistungen, 2012.

[34] Für den fragwürdigen Versuch, „faktische" und „wirtschaftliche" Unmöglichkeit dogmatisch zu trennen, vgl. hier nur umfassend *Lobinger*, Grenzen, 2004, S. 60 ff., 75 ff., 89.

[35] *Savigny*, Obligationenrecht, Bd. 1, 1851, S. 383 (§ 37), zust. *Mommsen*, Unmöglichkeit, 1853, S. 3 f.

[36] *Savigny*, Obligationenrecht, Bd. 1, 1851, S. 383 f., zurückhaltender hier *Mommsen*, Unmöglichkeit, 1853, S. 4.

[37] Stellv. *Mommsen*, Unmöglichkeit, 1853, S. 4.

[38] So wiederum bereits *Savigny*, Obligationenrecht, Bd. 1, 1851, S. 384: „... gegründet in den besonderen persönlichen Verhältnissen des Schuldners.", zust. *Mommsen*, Unmöglichkeit, 1853, S. 5: „... unter subjektiver Unmöglichkeit diejenige, deren Grund entweder in den rein persönlichen Verhältnissen des Schuldners oder in dessen Verhältnis zu dem Gegenstande der Obligation liegt."

nach *Mommsen*, der die ursprüngliche Definition noch etwas erweiterte,[39] befreien sollte, ging beispielsweise der deutsche Gesetzgeber schnell über diese Zurückhaltung hinweg.[40]

Doch sind selbst diese Erweiterungen einer „rechtlichen", „moralischen" oder „subjektiven" Unmöglichkeit nicht genug, um zu erklären, warum unser Vertragsrecht den Schuldner sehr viel öfter von seiner Leistungspflicht befreit als bloß bei einer naturgesetzlich vorgegebenen Unmöglichkeit. So entwickelte insbesondere die Rechtsprechung mit der „wirtschaftlichen" Unmöglichkeit, auch Unerschwinglichkeit genannt, noch eine weitere Kategorie insbesondere für den Fall, dass etwa der versprochene Gegenstand wie in Fall 131 oder 132 nur noch zu deutlich erhöhten Kosten verschafft werden kann.[41] Doch da auch das noch lange nicht genug war, führte insbesondere *Titze* erfolgreich die „juristische" Unmöglichkeit ein. Dabei ging es ihm vor allem um an sich mögliche, aber überaus schwierige und darum vom Schuldner billiger Weise nicht zu verlangende Leistungen.[42] Unter diese juristische Unmöglichkeit fasste *Titze* dann auch noch die zuvor als moralische und rechtliche bezeichnete Unmöglichkeit sowie eine weitere Fallgruppe, die gemeinhin wiederum einen eigenen Namen genießt, nämlich die sogenannte „sittliche" oder auch „ideelle" Unmöglichkeit. Das meint Situationen, in denen besonders wichtige Güter wie Leben, Gesundheit oder auch die Sittlichkeit betroffen sind. Schulfälle sind die Sängerin, die ihren Auftritt wegen der lebensgefährlichen Erkrankung ihres Kinds oder des Tods eines nahen Angehörigen verweigert, oder der Vermieter, der die Wohnung nicht räumt, weil er so schwer erkrankt ist, dass ein Transport nur unter erheblichen Gefahren möglich ist (Fälle 139).[43] Schließlich ist noch darauf hinzuweisen, dass wir selbst bei Gattungsschulden über solche Konstruktionen wie etwa im deutschen Recht die Konkretisierung, aber auch die Begrenzung der Leistungspflicht auf einen bestimmten Vorrat, den Schuld-

---

[39] *Savigny*, Obligationenrecht, Bd. 1, 1851, S. 384: „Die subjektive Unmöglichkeit hindert regelmäßig nicht die Entstehung einer gültigen Obligation; ja in vielen Fällen wird sie gar nicht als Unmöglichkeit berücksichtigt", zust. *Mommsen*, Unmöglichkeit, 1853, S. 6: „Die subjektive Unmöglichkeit hindert regelmäßig nicht die Entstehung einer gültigen Obligation; ja in vielen Fällen wird sie gar nicht als Unmöglichkeit berücksichtigt."

[40] Vgl. dazu § 275 Abs. 1 BGB sowie § 275 Abs. 2 BGB a.F. Rechtsvergleichend siehe etwa die Erläuterungen zu Art. 8:108 PECL und Art. III. – 3:104 DCFR.

[41] Siehe dazu nur *Emmert*, Grenzen, 2001, S. 65; *Lobinger*, Grenzen, 2004, S. 88 m.w.N.

[42] *Titze*, Unmöglichkeit, 1900: „Der philosophische und der juristische Begriff der Unmöglichkeit decken sich nun insofern, als das logisch Unmögliche natürlich auch juristisch niemals möglich ist; sie weichen aber dadurch von einander ab, dass nicht alles, was logisch möglich ist, auch juristisch als möglich erscheint. Der juristische Begriff der Unmöglichkeit ist also der weitere. Es gehören nämlich zu den unmöglichen Leistungen im Rechtssinn nicht nur diejenigen Leistungen, deren Bewirkung gänzlich ausgeschlossen ist, sondern es fallen darunter auch solche, die an sich zwar prästiert werden können, deren Bewirkung aber ein solches Übermaß an Opfern erfordert, dass sie dem Schuldner billigerweise nicht zugemutet werden darf. Das ergibt sich aus § 242 des BGB …"

[43] *Titze*, Unmöglichkeit, 1900, S. 3.

ner von seiner Leistungspflicht befreien.[44] Ja, manche wollen sogar den Verzug oder die Schlechtleistung als eine (Teil-) Unmöglichkeit ansehen.[45]

b) Dogmatische Fragwürdigkeit

Wie immer man die einzelnen Unmöglichkeitskategorien auch einordnen mag, ist jedenfalls eine beeindruckende Tendenz sichtbar, die naturgesetzliche Unmöglichkeit durch eine rechtliche, moralische, subjektive, wirtschaftliche, juristische oder sittlich-ideelle Unmöglichkeit sowie durch Konstrukte wie die Konkretisierung zu erweitern. Dabei ist an dem Anliegen, den Schuldner nicht erst bei natürlicher Unmöglichkeit zu befreien, wenig auszusetzen.[46] Für die Parteiinteressen macht es tatsächlich wenig Unterschied, ob es ein Naturgesetz oder aber sonstige Erschwerungen sind, die verhindern, dass der Schuldner seine Leistung erbringt. Das entscheidende Problem besteht vielmehr darin, dass die ursprünglich für das Freiwerden angeführte Begründung, nämlich die logische Unausweichlichkeit, eben nur dort greift, wo die Leistung tatsächlich bereits naturgesetzlich unmöglich ist. Nicht das Ergebnis bereitet hier die Kopfschmerzen, sondern die nunmehr fehlende Begründung. Sämtliche Erweiterungen zeichnen sich dadurch aus, dass es noch möglich wäre, den Erfolg eintreten zu lassen, sofern der Schuldner „nur" erhebliche Eigenanstrengungen unternimmt oder die tatkräftige Hilfe Dritter erfährt. Es ist hier gerade kein Naturgesetz, kein unumstößliches Faktum, das die Leistung verhindert. Vielmehr sind es profane menschliche Entscheidungen. Der Schuldner kann sich entscheiden, auch sein letztes Hemd dafür zu opfern, die geschuldete Leistung doch noch zu erbringen. Der Gesetzgeber kann sich entscheiden, ein Verfügungsverbot aufzuheben oder bisher verbotene Handlungen zuzulassen. Der gutgläubige Erwerber einer Sache mag sich entschließen, sie dem Schuldner zurückzugeben. Die Sängerin aus Fall 139 könnte ihr Kind im Stich lassen und stattdessen auftreten – und weigerte sie sich, könnte man sie auch dazu zwingen. Nicht nur im Arbeitsrecht befreien zahlreiche Gesundheitsbeeinträchtigungen selbst dann von der Leistungspflicht, wenn sie die Arbeit keineswegs unmöglich machen, sondern „nur" eine schnelle Genesung gefährden. Und auch Konstrukte wie die Konkretisierung oder der Gedanke eines Vorrats sind nicht gottgegeben, sondern das Ergebnis menschlicher Entscheidungen, für die wir einen Grund verlangen. Das Argument unumkehrbarer, unvermeidbarer Realitäten versagt in all diesen Fällen offensichtlich, weshalb sich hier auch jede Gleichstellung verbietet, soweit es hier nicht lediglich begrifflich-kreativ um das Ergebnis, sondern die uns interessierende Begründung geht. Ging es ursprünglich um ein naturgesetzliches Faktum, erfolgt jetzt auf einmal eine

---

[44] *Lobinger*, Grenzen, 2004, S. 83 nennt die Zerstörung nach Konkretisierung geradezu einen Paradefall objektiver Unmöglichkeit.
[45] Vgl. dazu etwa *Himmelschein*, AcP 135 (1932), 255, 279 f., 282 ff.
[46] Näher oben § 6 B. III. 1. sowie unten § 6 E. II.

ganz anderen Gesichtspunkten folgende juristische Wertung. Die ursprüngliche Argumentation wird geradezu auf den Kopf gestellt. Nunmehr lässt sich Unmöglichkeit keineswegs mehr klar feststellen. Indem man unter diesen Begriff auch das fasst, was dem Schuldner selbst oder auch nur uns Menschen insgesamt durchaus möglich ist, verliert er jede Schärfe und damit auch rechtsdogmatische Eignung. Die vermeintliche Unmöglichkeit dient hier nur noch als begriffliches Deckmäntelchen, mit der das erst zu begründende Ergebnis lediglich ausgesprochen wird. Als Argument wird sie aufgegeben oder müsste zu einer viel zu engen Reichweite führen.[47]

Damit stehen wir wieder ganz am Anfang, nämlich begründen zu müssen, warum wir unter welchen Umständen den Schuldner als nicht zur Leistung verpflichtet ansehen und wie genau wir rechtlich darauf reagieren. Insbesondere ist zu bestimmen, was für einen Aufwand, welche Anstrengung, welche materiellen wie immateriellen Kosten wir dem Schuldner zumuten, um den Leistungserfolg eintreten zu lassen. Das Unmöglichkeitsdogma, also der schlichte Hinweis darauf, dass was unmöglich sei, nun einmal unmöglich sei, trägt zu all diesen Fragen nichts bei. Und schon gar nicht beantwortet es, worin eigentlich die genaue Reaktion auf eine „Unmöglichkeit" liegen soll, also etwa, ob und was genau für ein Schadensersatz zu leisten ist oder ob sich die geschuldete Leistung vielleicht nur leicht verändert.[48]

So ist es zwar im Ergebnis positiv anzurechnen, wenn die Berücksichtigung von Leistungserschwerungen letztlich irgendwie doch wieder hoffähig gemacht wird, indem man für eine Annäherung von Unmöglichkeit und Leis-

---

[47] Siehe zu diesem Problem nur *Hartmann*, Die Obligation, 1875, S. 167 (vgl. dort auch in Fn. 3), 173; *Ubbelohde*, AcP 35 (1896), 188, 121 f. oder aus jüngerer Zeit *Jakobs*, Unmöglichkeit, 1969, S. 127 ff., 137 ff., 144; *Emmert*, Grenzen, 2001, S. 12, 24, 66, 78 f., 82 ff.; *Nauen*, Leistungserschwerung, 2001, S. 190, 198 ff. oder *Lobinger*, Grenzen, 2004, S. 35, 37, 56 f., 83 ff. jeweils m.w.N. Immerhin thematisieren auch manche Autoren, die selbst gedanklich von der Unmöglichkeit ausgehen, dieses Problem ganz offen, so etwa *Binder*, ZHR (1902), 597, 598 ff.: „Ist die Nichtigkeit des Vertrages eine logische Folge davon, dass eine unmögliche Leistung nicht geleistet werden kann, dann muss sich meines Erachtens daraus ergeben, dass die Unmöglichkeit im Rechtssinn identisch ist mit der logischen Unmöglichkeit …"; „… widerstreitet es meines Erachtens dem Begriff der sogenannten ‚objektiven Unmöglichkeit', dass eine Leistung dann unmöglich sein soll, wenn die Opfer, welche der konkrete Schuldner erbringen muss, um die Leistung zu ermöglichen, unverhältnismäßig große sind."; „In Wahrheit handelt es sich darum, eine konkrete Leistungspflicht aus Billigkeitsgründen zu negieren und diese Billigkeit aus Mangel an einem anderen Grunde in den Mantel der Unmöglichkeit des positiven Rechts einzukleiden …" Speziell die subjektive Unmöglichkeit wurde bereits von *Savigny* und *Mommsen* als bloße Leistungsschwierigkeit (*difficultas dandi*) eingestuft, vgl. oben Fn. 38. Unzutreffend ist allerdings die Annahme nicht nur *Binders* (dort S. 598), es sei für die Vertragsnichtigkeit kein anderer Grund als die logische Unmöglichkeit ersichtlich, vgl. näher unten § 6 C.

[48] Vgl. dazu hier nur *Hartmann*, Die Obligation, 1875, S. 173 in aller Deutlichkeit: „So sagt auch der Satz ‚impossibilium nulla obligatio' nichts aus über die weitere schwierige Frage, ob und inwiefern eine Prästationspflicht für die Unmöglichkeit eintrete, eine Pflicht zum Einstehen mit einem möglichen Surrogat." sowie näher unten § 6 C. III.

tungserschwerung plädiert und damit das so folgenschwere Unmöglichkeitsdenken auflockert.[49] Doch gelingt es bereits einem *Mommsen* nicht, dieses sachgerechte Ergebnis auch dogmatisch zu begründen und dem von ihm so gründlich gesichteten Quellenmaterial eine allgemeingültige Regel zu entnehmen. Er scheitert genauso wie all die anderen Vertreter des Unmöglichkeitsdenkens daran, zu bestimmen, wann genau der Schuldner nicht mehr leisten muss. So musste dann auch *Krückmann* für die ins Meer gefallene Uhr darauf verweisen, dass „… die praktischen Schwierigkeiten … so ungeheuer, die Wahrscheinlichkeit eines Erfolges auch bei Benutzung der besten Hilfsmittel … so gering …" seien, „… dass die Leistung praktisch von niemand für möglich erklärt werden wird."[50] Ein dogmatisch stimmiges Konzept ist das nicht.

3. Ersatzkonstruktionen

Da man die Unmöglichkeit zwar rein begrifflich erweitern kann, nicht jedoch das hinter diesem Begriff ursprünglich stehende Sachargument eines naturgesetzlichen Faktums, bleibt zur dogmatischen Erfassung all der zahllosen Fälle einer Leistungserschwerung nichts anderes übrig, als notgedrungen neue Konstrukte zu bemühen. Es müssen völlig neue Ausnahmen von der Leistungspflicht mit ganz neuen Tatbestandsmerkmalen geschaffen werden, um doch noch das zu begründen, was zuvor nicht zu begründen war.[51] Und soweit hier nicht etwa auf den Inhalt des von den Parteien geschlossenen Vertrags,[52] sondern davon unabhängige Gesichtspunkte zurückgegriffen wird, weicht der noch so sichere, weil klar definierbare Boden einer natürlichen Unmöglichkeit einer großen dogmatischen Verlegenheit und damit verbundenen Rechtsunsicherheit. Denn nunmehr fehlt es an für jedermann überprüfbaren und damit dogmatisch verbindlichen Maßstäben, um zuverlässig zu beschreiben, wie das Recht mit Leistungsstörungen umgeht. Einheitliche Linien oder klare Tatbestände sind hier kaum erkennbar, was auch die Darstellung entsprechend erschwert.

Es wäre weder einer angenehmen Lektüre dienlich noch verspräche es gravierende Einsichten, würde der Verfasser hier ausführlichst all die mannigfaltige Vielschichtigkeit der an dieser Stelle vorgeschlagenen Gedanken und Rechtsinstitute wiedergeben, welche die große Lücke zwischen natürlicher Unmöglichkeit und rechtlich unbeachtlicher Leistungserschwerung schließen sollen. Wohl aber sei angedeutet, wie wenig es nach weit über hundert Jahren gelungen ist, hier ein dogmatisch überzeugendes Konzept zu entwickeln. An der Vielfalt der Argumente oder deren nicht hinreichend „beweglichen"

---

[49] Zu dieser Leistung etwa *Mommsens* siehe *Jakobs*, Unmöglichkeit, 1969, S. 139f.
[50] *Krückmann*, AcP 101 (1907), 1, 60f. Vgl. dazu bereits bei Fn. 29.
[51] Siehe zu diesem Dilemma bereits die Stimmen oben in Fn. 33.
[52] Näher dazu unten § 6 C.

Handhabung liegt das sicher nicht, reichen diese doch von Vertragstreue oder Rechtssicherheit[53] über Sitte, Übung und Brauch,[54] Zurechnungen[55] (etwa unter dem Aspekt der Vorhersehbarkeit) bis hin zu diversen Vergleichen insbesondere von Leistung und Gegenleistung (Äquivalenz, *laesio enormis* etc.) oder von Erfüllungsopfer und Leistungswert.[56] Besonders auffällig ist vor allem die große Häufung von Scheinargumenten aller Art, seien es diverse Leerformeln (Treu und Glauben, Unzumutbarkeit, Opfergrenze etc.), der bloße Hinweis auf fremde Entscheidungen (Gesetz, Rechtsprechung, Verkehrssitte, „heteronom" etc.) oder vage persönliche Gerechtigkeitsvorstellungen etwa unter dem Stichwort der Rechtsidee.

Mommsen spricht das grundlegende Problem, ab wann und anhand welcher Wertungsmaßstäbe der Schuldner auch jenseits natürlicher Unmöglichkeit frei werden sollte, noch nicht wirklich an, muss er überhaupt erst einmal die verdienstvolle Aufgabe übernehmen, das unübersichtliche Quellenmaterial zu sichten und die dort enthaltenen Aussagen begrifflich zu ordnen. Hierauf konzentrieren sich seine Ausführungen weitestgehend. *Krückmann*, der ebenfalls von einem sehr engen Unmöglichkeitsbegriff ausgeht, verwendet demgegenüber einigen Aufwand darauf, die Einrede der überobligationsmäßigen Schwierigkeit zu entwickeln. Zur Begründung und inhaltlichen Ausfüllung dieses Rechtsinstituts bemüht er dabei verschiedene Rechtsvorschriften des deutschen Bürgerlichen Gesetzbuchs, darunter natürlich auch § 242 BGB, und verweist letztlich auf die Notwendigkeit einer umfassenden Interessenabwägung und die Umstände des Einzelfalls. Was er jedoch nicht verrät, ist, welche Interessen mit welchen Gewichtungen anhand welcher Maßstäbe abzuwägen sein sollen. Damit entzieht sich dieser Ansatz wie so viele andere flexible Begründungsmuster jeglicher Überprüfbarkeit und trägt damit wenig zu neuen Erkenntnissen bei. Immerhin greift *Krückmann* einige praktisch hilfreiche Gesichtspunkte wie etwa den Vergleich von Leistung und Gegenleistung oder auch von Leistungswert und Leistungskosten auf.[57]

In ganz ähnlichen Bahnen, nämlich auch auf „überobligationsmäßige Schwierigkeiten" und Treu und Glauben verweisend, argumentiert *Siber*. Auch jenseits einer Unmöglichkeit könne der Schuldner *ipso iure* oder kraft Einrede davon befreit sein, ein bestimmtes Leistungshindernis zu überwinden. Nicht mehr die Unmöglichkeit markiert hier also die Grenze, bis zu der ein Schuldner leisten muss, sondern auch unterhalb dessen kann eine „Haftung" ausscheiden.[58] Heutzutage erfreut sich vor allem der sogenannte Wegfall der

---

[53] Näher zu Rechtssicherheit und Vertrauen unten § 11.
[54] Näher unten § 16 C.
[55] Näher unten § 6 C. IV. 2. sowie unten § 10 C.
[56] Näher unten § 6 E. II.
[57] Siehe zu alldem *Krückmann*, AcP 101 (1907), 1, 18 ff., 30, 33, 50, 54 f., passim.
[58] Näher unten § 6 C. II. 2.

Geschäftsgrundlage großer Beliebtheit, wobei darunter teilweise äußerst verschiedene Sachverhalte verstanden werden. Gab es mit der *clausula rebus sic stantibus*[59] oder auch der Voraussetzungslehre *Windscheids*[60] bereits Vorläufer, auf deren Übernahme der deutsche Gesetzgeber bewusst verzichtet hatte, griff das Reichsgericht hierauf als Notlösung zurück, weil es auf die damaligen dramatischen Verhältnisse reagieren musste.[61] Eine dogmatisch überzeugende Ausgestaltung dieses Rechtsinstituts ist dabei bis heute nicht gelungen. Subjektive Varianten[62] scheitern daran, dass nur die wenigsten Parteien bei Vertragsschluss außergewöhnliche Eventualitäten bedenken.[63] Objektive Varianten sind hier deutlich realistischer, stehen und fallen jedoch mit dem jeweils angelegten Maßstab. Dass etwa die Äquivalenz nicht erfasst, wann genau wir einen Vertragsinhalt billigen, wurde bereits dargelegt.[64] Keine wissenschaftliche Autorität genießen jedenfalls rein persönliche Gerechtigkeitsvorstellungen, wie sie etwa unter Stichworten wie dem Wesen des Vertrags oder immanenter Vertragsgerechtigkeit als vermeintlich objektiv allgemeinverbindlich eingebracht werden,[65] zumal die dabei bemühten Gesichtspunkte regelmäßig äußerst vage sind und sich damit einer genauen Überprüfung wie konkreten Umsetzung entziehen.[66] Besonders problematisch, weil mit dem geltenden Vertragsrecht wenig vereinbar, werden diese Ansätze dort, wo sie in Abgrenzung zu liberalen Ansätzen wie etwa der Willenstheorie bewusst darauf verzichten, sich vor allem an den Parteien und deren Interessen und Vorstellungen zu orientieren, um stärker kollektivistische Gesichtspunkte in das Vertragsrecht einzubringen.[67] Gerade der Wegfall der Geschäftsgrundlage hat hier oft genug als Einfallstor gedient. Aber auch der Rückgriff auf Irrtumsgrundsätze, etwa in Form eines beiderseitigen Motivirrtums, oder auch die

---

[59] Siehe zu dieser nur etwa *Zimmermann*, Obligations, 1990, S. 579 ff.; *Emmert*, Grenzen, 2001, S. 147 ff.

[60] *Windscheid*, Voraussetzung, 1850; *Windscheid*, AcP 78 (1892), 161.

[61] Siehe zu dieser Historie nur *Rüthers*, Unbegrenzte Auslegung, 6. Aufl. 2005, S. 13 ff. m.w.N.

[62] Stellv. *Oertmann*, AcP 117 (1919), 275; *Oertmann*, Die Geschäftsgrundlage, 1921.

[63] Näher unten § 6 C. IV. 1.

[64] Oben ab § 4 B. III. 2.

[65] So aber etwa *Larenz*, Geschäftsgrundlage, 3. Aufl. 1963, S. 161 f.: „Privatautonomie und immanente Vertragsgerechtigkeit sind, recht verstanden, kein Gegensatz, sondern bedingen sich wechselseitig, stehen zueinander in einer dialektischen Zuordnung. Nur aus diesen beiden Grundelementen in ihrer inneren Verbindung ist das Vertragsrecht zu verstehen. Das eben Gesagte ist zwar onto-logisch, nicht psycho-logisch zu verstehen. Aber zumeist ist doch auch den Vertragsparteien etwas von diesem Sachverhalt bewusst." Zust. *Köhler*, Zweckstörungen, 1971, S. 131. Näher zu derartigen Argumentationsmustern unten § 10 C. IV.; § 9 C. V. 2. e) aa).

[66] Siehe zu diesem Befund statt vieler nur *Nauen*, Leistungserschwerung, 2001, S. 119, 359 der zu Recht feststellt, dass die Lehre von der Geschäftsgrundlage beim reinen Fallrecht angekommen ist, sowie oben Fn. 7.

[67] Näher dazu neben den Verweisen in Fn. 65 unten § 10 E.

Bemühung von Informationspflichten eignen sich nicht dazu, einen geeigneten Tatbestand zu ermitteln. Denn mangels konkreter Vorstellung fehlt es regelmäßig an einem Irrtum (Fehlvorstellung), während der Hinweis auf ein Informationsdefizit nicht verrät, unter welchen Voraussetzungen welche Partei mit welchen Anstrengungen und rechtlichen Konsequenzen für unerwartete Entwicklungen einstehen sollte.[68]

IV. Dreiteilung

Abgesehen davon, dass es bisher nicht gelungen ist, unabhängig von der Frage des Vertragsinhalts dogmatisch tragfähige Kriterien dafür zu entwickeln, wann der Schuldner eine bloße Leistungserschwerung nicht zu überwinden hat, zerreißt das Unmöglichkeitsdenken das Vertragsrecht gleich in drei verschiedene, vermeintlich dogmatisch voneinander zu trennende Bereiche: Erstens den eigentlichen Vertragsinhalt, für den ganz klassisch etwa auf Wille oder Erklärung bei Vertragsschluss abgestellt wird, zweitens das sehr enge Gebiet natürlicher Unmöglichkeit mit dem nackten Hinweis auf das Faktum der Unmöglichkeit (das die daran anknüpfende Rechtsfolge offen lässt), und drittens dann noch die angesichts der großen praktischen Bedeutung der Leistungserschwerung unausweichlichen Ersatzkonstruktionen, sei es in Gestalt diverser Pseudo-Unmöglichkeiten oder aber ganz neuer Institute. Überzeugend ist das nicht, provoziert es doch gleichermaßen Abgrenzungsschwierigkeiten wie Wertungswidersprüche. Warum wir etwa je nach natürlicher, rechtlicher, moralischer, subjektiver, juristischer oder wirtschaftlicher Unmöglichkeit auf unterschiedliche Wertungen zurückgreifen sollten, erscheint wenig einsichtig.[69] Auch fragt man sich, warum auf der – sehr eng verstandenen – Vertragsebene einerseits Vertragstreue und Verkehrssicherheit bemüht werden, nur um dann kurze Zeit später unter Berufung auf Treu und Glauben das vermeintlich rigorose System absoluter Leistungspflichten gleich wieder in Frage zu stellen.[70]

V. Interessenwidrigkeit

1. Missachtung der Parteiinteressen

Die wohl folgenreichste Konsequenz eines nicht vom Vertragsinhalt, sondern von der Unmöglichkeit ausgehenden Denkens ist allerdings die damit verbundene Loslösung von den Vorstellungen und Interessen der Parteien. So kann wenig Zweifel daran bestehen, dass sich das gesamte Vertragsrecht an den

---

[68] Eingehend zu Irrtümern unten § 16.
[69] *Jakobs*, Unmöglichkeit, 1969, S. 70 nennt das zu Recht widersinnig und unerträglich.
[70] Näher dazu gleich unten § 6 B. V. 2.

Zielen der Parteien orientiert – und nicht denen Dritter oder gar eines Kollektivs.[71] Auch bei Leistungsstörungen geht es darum, Parteiinteressen unter einer möglichst geringen rechtlichen Belastung zu verwirklichen und damit vertragliche Wertschöpfung zu betreiben.[72] Das lässt sich nicht nur daran illustrieren, dass die Rechtsprechung eine Leistungspflicht immer dann ablehnt, wenn das im obigen Sinn interessenwidrig wäre. Genauso fällt auf, wie sehr das Recht es von den jeweiligen individuellen Umständen abhängig macht, ob es noch eine Leistungspflicht annimmt. Wollen wir wirklich Schenkende und Kaufende, Kaufleute und Verbraucher, Gattungs- und Speziesschuldner sowie diverse Vertragstypen völlig einheitlich behandeln?[73] Besonders deutlich wird die individualistische Ausrichtung unseres Vertragsrechts daran, dass es das Vertragsrecht den Parteien natürlich auch für Leistungsstörungen erlaubt, von den staatlichen Vorgaben abzuweichen, wir es also überwiegend mit dispositivem Recht zu tun haben.[74] Eine ganz andere Frage ist dabei, ob es nicht bisweilen für eine bestmögliche Verwirklichung der Parteiinteressen hilfreich ist, staatlicherseits eine Typisierung anzubieten, weil die Parteien die Folgen von Leistungsstörungen selten selbst regeln. Doch sollten auch dann allein die persönlichen Interessen der Parteien maßgebend sein. Genau diese individualistische, strikt an den persönlichen Interessen und Umständen ausgerichtete, vertragliche Wertschöpfung wird den Parteien versagt, wenn man sich stattdessen an objektiven Gesichtspunkten orientiert.[75] Das beginnt schon bei der (objektiven[76]) Zurechnung, zu der beispielsweise ein nahezu immer auch objektiv verstandener Fahrlässigkeitsmaßstab gehört,[77] äußert sich aber auch in dem Umstand, dass nicht etwa durchweg vom Vertragsinhalt die Rede ist, sondern von der Abgrenzung von Vertrag und Unmöglichkeit bzw. beachtlicher und unbeachtlicher Leistungserschwerung.

---

[71] Nichts anderes drückt das Rechtfertigungsprinzip aus, speziell zum Bereich der Leistungsstörungen siehe unten ab § 6 E. I. 2.
[72] Näher unten § 6 E. I. 3. sowie übergreifend oben § 3 C. I. (sowie § 3 A. IV.).
[73] Näher unten § 6 E. I. 2.
[74] Näher unten § 6 E. I. 4. In gewisser Hinsicht gelangen wir damit sogar zu einer Vierspurigkeit des Unmöglichkeitsdenkens, das erstens den eigentlichen Vertragsinhalt kennt, zweitens für einen sehr engen Bereich auf die faktische Tatsache einer Unmöglichkeit verweist, drittens diverse Unmöglichkeitserweiterungen oder Ersatzkonstruktionen bemüht, und jetzt viertens für Leistungsstörungen doch wieder – wo vorhanden – auf die Parteivereinbarung zurückgreifen muss.
[75] Siehe zu dieser Kritik nur aus jüngerer Zeit *Nauen*, Leistungserschwerung, 2001, S. 343, *Lobinger*, Grenzen, 2004, S. 159f. sowie unten § 6 C. IV. 2. b).
[76] Wobei gerade für die „objektive" Zurechnung auffällt, dass die dort angelegten Gerechtigkeitsvorstellungen oft höchst subjektiv sind, vgl. dazu die Verweise oben in Fn. 65, 67 sowie unten § 10 C. IV. 5.
[77] Siehe dazu nur *Deutsch*, FS Michaelis, 1972, S. 26 sowie näher unten § 6 C. IV. 2. b).

2. Pacta sunt servanda

Vor dem Hintergrund derartiger Missachtungen der Parteiinteressen überrascht es, wenn ausgerechnet einem konsequent an der Parteiregelung und nicht etwa an objektiven Kriterien ausgerichteten Verständnis der Leistungsstörungsproblematik vorgeworfen wird, den Grundsatz der Vertragstreue bzw. des *pacta sunt servanda* zu missachten. *Krückmann* etwa formuliert: „Das Recht soll erziehen. Wer Verpflichtungen übernimmt, soll sein Wort halten, er soll es halten, wenn es sein muss, bis zum Verbluten und nicht darf behände eine gefällige Doktrin dem Schuldner liberal seine Pflichten von der Schulter nehmen und ihm den Kampf zwischen Pflichtbewusstsein und Egoismus erlassen."[78] *Larenz* sieht andernfalls das Vertrauen in die Rechtsbeständigkeit aller Verträge in einer besonders für den Handelsverkehr unerträglichen Weise untergraben.[79] *Canaris* beschwört „... schwere Gefahren für die Rechtssicherheit und den Grundsatz *pacta sunt servanda* ..." und sieht für die Berücksichtigung bloßer Leistungserschwerungen Tür und Tor geöffnet.[80] Und auch in jüngerer Zeit werden Begriffe wie Vertragsverletzung oder Vertragstreue gerade auch dort vorangestellt, wo es um die hier interessierenden Leistungsstörungen geht.[81]

Doch liegt die Fragwürdigkeit derartiger Argumentationen auf der Hand: Erstens muss es verwundern, dass ausgerechnet jene, die vermeintlich so kraftvoll für die Einhaltung vertraglicher Vereinbarungen streiten, nur wenige Zeilen später davon nichts mehr wissen wollen und gleichermaßen vertragsferne wie schwammige Ersatzkonstruktionen und Unmöglichkeitserweiterungen bemühen.[82] Wo gerade noch die Parteien und deren Interessen hoch gehalten wurden, werden auf einmal über Leerformeln wie Treu und Glauben Wertmaßstäbe eingeführt, die sich ganz und gar nicht darauf beschränken, allein von den Parteien und deren individuellen Umständen auszugehen. Der vermeintliche Grundsatz absoluter Leistungspflichten wird einen Atemzug lang aufgestellt, nur um dann umso kraftvoller eingerissen zu werden.[83]

---

[78] *Krückmann*, AcP 101 (1907), 1, 55. Vgl. neben den folgenden Stimmen etwa auch *Huber*, in: Zimmermann/Ernst (Hrsg.), Schuldrechtsreform, 2001, S. 31, 79 unter Hinweis auf die „Lotterie ‚Inhalt und Natur des Schuldverhältnisses'", wobei die dort angesprochene Befürchtung von Rechtsunsicherheit nicht unberechtigt ist, näher dazu unten § 6 C. III.
[79] *Larenz*, Lehrbuch des Schuldrechts, Bd. 1, 15. Aufl. 1987, S. 320 (§ 21 II).
[80] *Canaris*, in: Schulze/Schulte-Nölke (Hrsg.), Schuldrechtsreform, 2001, S. 43, 45 ff., vgl. auch *Canaris*, ZRP 2001, 329, 330: „Der ‚Tod' der Lehre von der ‚wirtschaftlichen' Unmöglichkeit wäre höchst erfreulich, stellt diese doch eine latente Gefahr für den Grundsatz *pacta sunt servanda* sowie darüber hinaus ganz allgemein für die Pflicht zur Erfüllung rechtlicher Pflichten dar."
[81] Siehe hier nur – bereits im Titel – *Unberath*, Die Vertragsverletzung, 2007; *Weller*, Vertragstreue, 2009 jew. m.w.N.
[82] Vgl. oben § 6 B. III.
[83] Siehe dazu etwa *Nauen*, Leistungserschwerung, 2001, S. 216 oder *Lobinger*, Grenzen, 2004, S. 39, der zum Wegfall der Geschäftsgrundlage bemerkt, dass die Erfolgsgeschichte

Davon abgesehen sollte, wer sich daran macht, das *servare* einzufordern, erst einmal damit beginnen, den genauen Inhalt des jeweiligen *pacti* zu bestimmen.[84] Wir sollten nicht ausgerechnet demjenigen dogmatischen Ansatz den Vorwurf einer Missachtung von Verträgen machen, der das Ausmaß der dem Schuldner noch zumutbaren Leistungsanstrengungen eben diesem Vertrag und nicht etwa solchen Rechtsfiguren entnehmen will, die außerhalb dieses Vertrags angesiedelt werden und sich damit nicht der zwischen den Parteien geschlossenen Regelung unterordnen.[85] Und hat man erst einmal die dogmatische Herausforderung bewältigt, den genauen Vertragsinhalt zu bestimmen, ist das Problem dann auch schon gelöst. Das wird nunmehr zu illustrieren sein. Demgegenüber ist es nicht ersichtlich, wie man aus „Verletzung" oder „Treue" über den Vertragsinhalt hinausgehende Gesichtspunkte soll ableiten können.

C. Vertragsdenken

I. Grundidee

Die bisherigen Ausführungen sollten verdeutlicht haben, was für grundlegende Probleme ein dogmatischer Ansatz provoziert, der für die „eigentliche" Leistungspflicht auf den Vertrag setzt und für natürliche Unmöglichkeit lediglich auf das Faktum der Unmöglichkeit verweist, um ansonsten mit diversen Unmöglichkeitserweiterungen oder sonstigen Ersatzkonstruktionen zu versuchen, das weite Spektrum verschiedenster Leistungsschwierigkeiten zu erfassen. Ein in sich geschlossenes, widerspruchsfreies und tatbestandlich klar formuliertes Konzept sieht anders aus. Zumindest auf den ersten Blick erscheint es hier sehr viel eleganter, statt dessen auf nur einen einzigen, zudem höchst individualistischen und auch in so vielen anderen Fragen gehaltvollen Gesichtspunkt zurückzugreifen: den von den Parteien geschlossenen Vertrag. Denn wenn dieser Vertrag nach allgemeiner Ansicht beantwortet, was abseits irgendwelcher Störungen geschehen soll, warum soll dieser Vertrag nicht auch beantworten, wie auf Leistungserschwerungen zu reagieren ist?

Das Verdienst, diesen an sich so naheliegenden Gedanken erstmals nachdrücklich formuliert zu haben, kommt *Hartmann* zu: „Unter gänzlicher Fern-

---

dieser Lehre aus historischer Warte eine Geschichte der bewussten Aufweichung eines zuvor noch strenger verstandenen Vertragstreuegrundsatzes darstellt. Siehe auch oben § 6 B. III. 3.

[84] Siehe dazu nur *Medicus*, FS Flume, 1978, S. 629, 621 f. m.w.N. sowie die Stimmen in Fn. 85. Dieses Versäumnis findet sich an vielen Stellen, etwa auch bei der Diskussion diverser Lösungsrechte.

[85] Zutr. *Nauen*, Leistungserschwerung, 2001, S. 190, 225 f.; *Lobinger*, Grenzen, 2004, S. 39 ff.

haltung der schiefen Vorstellung von ‚subjektiver Unmöglichkeit' ist direkt durch Untersuchung der speziellen obligations-begründenden Tatsache, insbesondere kraft Willensinterpretation, festzustellen: in welchem Umfang und mit welchem Aufwand von Mitteln das Soll der Obligation auf die Hinwegräumung bestimmter rechtlicher (oder faktischer) Hindernisse sich erstreckt, die der wirklichen Erfüllung des Endzwecks im Weg stehen. Hat dann der Verpflichtete erweislich diesem Maß von Kraftanstrengung genügt: so ist er frei und entlastet, – ganz einerlei, ob eine wahre Unmöglichkeit der Leistung vorliegen mag oder nicht."[86] *Hartmann* weist also das Unmöglichkeitsdenken als dogmatisch irrelevant zurück und verweist stattdessen auf die Obligation. Nicht nach äußeren, anhand fremder Maßstäbe an das Schuldverhältnis herangetragenen Kriterien wie etwa einer Unmöglichkeit bestimmt sich das Schicksal des Schuldners, sondern nach dem von ihm selbst mit dem Gläubiger geschlossenen Vertrag. So lässt sich dann auch zwanglos erklären, warum das Leistungsstörungsrecht weitestgehend dispositiv ausgestaltet ist, es also den Vertragsparteien einräumt, ihre eigenen Vorstellung darüber zu entwickeln und als verbindlich festzulegen, wann sie jeweils von ihrer Leistungspflicht frei werden sollten und wie auf einzelne Störungen zu reagieren ist. Generell verspricht der Rückgriff auf den Vertrag all diejenigen Vorteile, die für den Vertrag nun einmal typisch sind, nämlich eine stark individualistische, an die jeweiligen Umstände angepasste, die Ziele der Parteien berücksichtigende Sichtweise. Mit diesem Ansatz findet *Hartmann* bis heute zahllose Anhänger.[87] Vor allem unterstützt auch das Rechtfertigungsprinzip diese Sichtweise, erlaubt es doch eine fiktionsfreie Bestimmung dieses Vertragsinhalts.[88] Vorher sind allerdings die Vor- wie Nachteile dieser grundlegend anderen Herangehensweise näher herauszuarbeiten.

---

[86] *Hartmann*, Die Obligation, 1875, S. 199, siehe zu diesem etwa *Jakobs*, Unmöglichkeit, 1969, S. 201 f.; *Emmert*, Grenzen, 2001, S. 18 ff., 27, 29, 65 oder *Lobinger*, Grenzen, 2004, S. 18 f.

[87] Vgl. hier nur etwa *Ubbelohde*, AcP 35 (1896), 188, 120 f.; *Himmelschein*, AcP 135 (1932), 255, 282 ff.; *Brecht*, JhJb 53 (1908), 213, 243; *Jakobs*, Unmöglichkeit, 1969, S. 87, 104 f., 165, 199, 201, 206, 208, 210 ff., 218 f., passim; *Lemppenau*, Gattungsschuld, 1972, S. 46, 95; *Gillig*, Nichterfüllung, 1984, S. 110; *Medicus*, FS Flume, 1978, S. 629, 631 f.; *Picker*, JZ 1985, 641, 649; *Emmert*, Grenzen, 2001, S. 21, 38 ff.; *Nauen*, Leistungserschwerung, 2001, S. 188, 191, 240 f., 244 f., 247 f., 249 oder *Lobinger*, Grenzen, 2004, S. 86, 139 f., 185 jeweils m.w.N. *Jakobs*, Unmöglichkeit, 1969, S. 201 f. beklagt, dass *Hartmann* ein noch größerer Erfolg beschieden gewesen wäre, wäre es ihm gelungen, sein Konzept etwas eingängiger darzustellen.

[88] Näher unten § 6 E. I. 1.

II. Überwindung fragwürdiger Unterscheidungen

1. Unmöglichkeit

Was deren Vorzüge anbelangt, so erlaubt es der Rückgriff auf den Vertragsinhalt, sich von zahlreichen, nur vermeintlich tragfähigen Begrifflichkeiten, Unterscheidungen und Instituten zu trennen, die das gegenwärtige Leistungsstörungsrecht so schwer nachvollziehbar machen. Die Dogmatik wird bereinigt, das Denken vereinfacht und der Blick auf die entscheidenden Sachfragen gelenkt. Diese grundlegende Entlastung beginnt bereits bei der Unmöglichkeit selbst. Dieser Begriff ist dogmatisch entbehrlich, er wird weder als Tatbestandsmerkmal noch als ein Grund oder sonstiger Gesichtspunkt benötigt. Wir müssen daher auch nicht Unmöglichkeit definieren oder fragen, inwieweit dieser Begriff möglicherweise zu erweitern sei. Nicht eine wie auch immer geartete Unmöglichkeit interessiert für die Frage, ob der Schuldner von seiner Leistungspflicht frei wird, sondern allein der Vertragsinhalt.[89] Denn prüft man diesen, ist es nicht im Sinne des Rechtfertigungsprinzips, Anstrengungen zu verlangen, die den erwünschten Erfolg überhaupt nicht erreichen können. Doch beschränkt sich diese Einsicht nicht nur auf die Unmöglichkeit, sondern erfasst auch solche Anstrengungen, die zwar theoretisch möglich sind, jedoch völlig außer Verhältnis zum erhofften Ergebnis stehen.[90]

Damit ist es aber auch zumindest missverständlich, davon zu sprechen, dass der Schuldner bei einer Unmöglichkeit oder sonst relevanten Leistungserschwerung von seiner Verpflichtung frei oder der Vertrag hierdurch in irgendeiner Form unwirksam werde. Denn tatsächlich besteht hier von vornherein keine Verpflichtung des Schuldners, es gibt also auch keine über die von ihm zu verlangenden Anstrengungen hinausgehende Schuld, von der er befreit werden müsste oder könnte. Vielmehr kann der Schuldner genauso frei und unbefangen agieren, wie er es überall dort tun kann, wo ihn keine rechtlichen Pflichten einengen. Aus den gleichen Gründen überzeugt es nicht, beispielsweise von einem „Vertragsbruch" bzw. einer „Vertragsverletzung" zu sprechen. Vielmehr ist sorgfältig zu diskutieren, was überhaupt Vertragsinhalt ist.[91]

2. Haftung, Pflichtverletzung und Zurechenbarkeit

Wie sehr das Unmöglichkeitsdenken dogmatische Schwierigkeiten provoziert, die ein vertragliches Denken ignorieren kann, zeigt sich bei so viel diskutierten und gerade für Leistungsstörungen bis heute nicht befriedigend geklärten Unterscheidungen wie etwa Schuld, Haftung, Pflichtverletzung und Zurechen-

---

[89] Vgl. die Nachweise oben in Fn. 87.
[90] Näher unten § 6 E. II.
[91] Vgl. dazu neben Fn. 87 oben § 6 B. V. 2.

barkeit. Dabei war es insbesondere *Siber*, der eine dogmatisch verhängnisvolle Weichenstellung vornahm,[92] als er es insbesondere für die Frage eines Schadensersatzes wegen Unmöglichkeit bzw. Leistungserschwerung ablehnte, die zu beachtende Sorgfalt dem Vertragsinhalt zu entnehmen, weil er glaubte, ansonsten nicht den für ihn inakzeptablen Konsequenzen einer Kraftanstrengungslehre[93] entgehen zu können. Stattdessen führte er mit der Haftung[94] einen weiteren Begriff ein, um zu begründen, warum nicht jede „an sich bestehende" Schuld auch zu jener Haftung führe.[95] In der Sache führte er damit zwei Voraussetzungen für eine Schadensersatzpflicht ein, nämlich einerseits die „schlechthin auf Herstellung des Erfolgs" gerichtete Verpflichtung und andererseits die Abwesenheit eines Verschuldens als Haftungsvoraussetzung.[96] Nunmehr ging es also nicht mehr allein um die Begründung einer Pflicht, sondern auch darum, bei fehlender Zurechenbarkeit von dieser frei zu werden.

Dogmatisch wirft dieses Zerreißen von Vertragspflicht und zu erbringender Sorgfalt zahllose unlösbare und vor allem unnötige Fragen auf. Denn ohne den vertraglichen Bezug ist nicht ersichtlich, wie der genaue Inhalt dieser Sorgfalt – oder anders formuliert der Haftungsmaßstab – konkret zu bestimmen ist. Wie sogar *Siber* selbst klar formuliert, lassen sich Begriffe wie Fahrlässigkeit, Verschulden oder Zurechenbarkeit nicht eigenständig, also aus sich heraus, subsumieren.[97] Dabei hilft es auch nicht gerade, wenn der Schadensersatz in zahlreichen Fällen ganz verschuldensunabhängig zu leisten ist – wenn auch das wiederum nur unter ganz bestimmten Voraussetzungen.[98] Wie es hier mit der von *Siber* eingeleiteten Trennung möglich sein soll, für all diese Situationen gleichermaßen überprüfbare wie dem geltenden Recht entsprechende Aussagen zu treffen, bleibt offen. Nur am Rande sei darauf hingewiesen, dass ebenso offen bleibt, warum es eigentlich gerade auf diese beiden Tatbestandsmerkmale ankommen soll, was also der übergreifende, beides verbindende Gedanke ist.

---

[92] *Siber*, Rechtszwang, 1903, S. 176 ff.; *Siber*, Plancks BGB-Kommentar, Bd. 1, Hbd. 1, 4. Aufl. 1914, S. 25 ff., 207 ff., 235, passim. Siehe dazu etwa *Jakobs*, Unmöglichkeit, 1969, S. 218 f.; *Emmert*, Grenzen, 2001, S. 92 f.; *Nauen*, Leistungserschwerung, 2001, S. 214 f.

[93] Siehe zu diesem Begriff den sich dabei auf *Hartmann*, Die Obligation, 1875, S. 199 berufenden *Brecht*, JhJb 53 (1908), 213, 216, passim.

[94] Zu den auch im historischen Ablauf verschiedenen Verwendungsformen des Haftungsbegriffs vgl. etwa *Siber*, Rechtszwang, 1903, S. 181; *Siber*, Plancks BGB-Kommentar, Bd. 1, Hbd. 1, 4. Aufl. 1914, S. 16 ff. oder *Gernhuber*, Das Schuldverhältnis, 1989, S. 64 f. (§ 4 I 2).

[95] Für Nachweise siehe oben Fn. 92, 94.

[96] *Siber*, Rechtszwang, 1903, S. 176 f., 180.

[97] *Siber*, Rechtszwang, 1903, S. 176. Näher unten § 10 C. III. 3., dort findet sich auch bei Fn. 187 das genaue Zitat.

[98] Im deutschen Recht fomuliert dies etwa deutlich § 276 Abs. 1 S. 1 BGB. Vgl. dazu auch unten § 10 C. III. 4.

Zu den zahlreichen Widersprüchlichkeiten, zu denen diese künstliche Trennung führen muss, gehört noch eine weitere Konsequenz:[99] Denn wenn der Schuldner „schlechthin" zur Herstellung des Erfolgs „verpflichtet" ist, mangels Sorgfaltswidrigkeit jedoch nicht auf Schadensersatz „haftet", müsste die ursprüngliche Leistungspflicht so lange noch einklagbar und mit allen Konsequenzen vollstreckbar sein, wie der Schuldner sie nur unter allergrößten Anstrengungen erbringen kann. Wie *Siber*, der diese untragbare Konsequenz sah, darauf reagierte, wurde bereits erwähnt:[100] Er erkannte mit der „überobligationsmäßigen Schwierigkeit" einfach einen weiteren, neuen Befreiungsgrund an, damit dieser das leisten möge, woran das kurz zuvor eingeführte Konzept gescheitert war.

Bei einem konsequent am Vertragsinhalt ausgerichteten Denken bleibt man von derartiger Geistesakrobatik verschont. Hier geht es von vornherein um eine Haftungsbegründung, nicht die Befreiung von einer Pflicht, und sind Pflicht, Haftung und Sorgfaltsmaßstab ein und derselbe Maßstab, folgen ein und demselben Grund.[101] Anders formuliert sind die Begriffe von Haftung oder Vertretenmüssen obsolet. Und nichts anderes gilt dann auch für die sogenannte Pflichtverletzung, ist Pflicht genau das, wozu der Vertrag verpflichtet, und verspricht die Rede von einer „Verletzung" nur unnötige Verwirrung. Denn der Schuldner ist je nach Situation und Vertragsinhalt etwa zu Erfüllung, Schadensersatz oder auch zu gar nichts verpflichtet. Aus einer Nichterfüllung zusätzliche, über die bloße Feststellung einer Missachtung des Vertrags hinausgehende Unwerturteile im Sinne etwa einer Rechtswidrigkeit abzuleiten, ist eine dogmatisch gehaltlose Konstruktion.[102] Allenfalls mag man mit derartigen Unterscheidungen rein rechtstechnisch ausdrücken, dass etwa für eine Schadensersatzpflicht auch die Beweislast ausgestaltet werden muss und mal die eine und mal die andere Seite treffen mag. Doch ist auch das eine Frage des Vertragsinhalts und drücken derartige Begriffe allenfalls ein mit diesem Vertragsinhalt zu begründendes Ergebnis aus, liefern jedoch selbst keine tragfähigen Gesichtspunkte. Auch das „Leisten" lässt sich als die vertraglich geschuldete Überwindung von Hindernissen definieren.[103] Und wenn vom „Bruch" oder der „Verletzung" eines Vertrags die Rede ist, dann geht es meistens allein um den jeweiligen Vertragsinhalt,[104] was einen auch davor bewahrt, derartige Begriffe aus sich heraus subsumieren zu müssen.

---

[99] Siehe zum Folgenden *Jakobs*, Unmöglichkeit, 1969, S. 219 f.
[100] Oben § 6 B. III. 3.
[101] Stellv. *Emmert*, Grenzen, 2001, S. 21, 65.
[102] Siehe dazu auch *Jakobs*, Unmöglichkeit, 1969, S. 222, *Nauen*, Leistungserschwerung, 2001, S. 210.
[103] Vgl. dazu *Jakobs*, Unmöglichkeit, 1969, S. 206 ff.
[104] Näher oben § 6 B. V. 2.

3. Vertrags- versus Schuldrecht

Der wohl offensichtlichste Vorteil einer durchweg am Vertrag ausgerichteten Behandlung von Leistungsstörungen liegt darin, dass er die gleichermaßen so fragwürdigen Unmöglichkeitserweiterungen[105] wie auch dogmatischen Ersatzkonstruktionen[106] entbehrlich macht, die erst dadurch notwendig werden, dass man mit dem Faktum der Unmöglichkeit argumentiert, dieses Argument jedoch überall dort nicht anbringen kann, wo es in Wahrheit um bloße Leistungserschwerungen oder um die konkret anzuordnende Rechtsfolge geht. Demgegenüber ermöglicht das Vertragsdenken eine einheitliche, übergreifende Behandlung sowohl der jenseits irgendwelcher Störungen zu erbringenden Leistungen, der natürlichen Unmöglichkeit als auch bloßer Leistungserschwerungen. Es werden damit auch sämtliche Wertungswidersprüche und Abgrenzungsschwierigkeiten vermieden, die bei einer dogmatischen Dreispurigkeit unausweichlich werden.[107]

Es gehört zu den größten Sünden der gesamten Diskussion um Leistungsstörungen, dass hier zugelassen wurde, dass sich mit dem Allgemeinen Vertragsrecht und dem Leistungsstörungsrecht zwei begrifflich, konzeptionell und sogar personell getrennte Rechtsbereiche mit oft eigenständigen Lehrstühlen, Tagungen oder Publikationsorganen bildeten. Nur eine der vielen begrifflichen Ausprägungen ist dabei die Unterscheidung von Primär- und Sekundäranspruch,[108] die häufig auch noch mit der Vorstellung verbunden wird, als finde hier bei Unmöglichkeitseintritt eine magische Verwandlung statt.[109] Dabei ist diese Entfremdung nicht nur dem Unmöglichkeitsdenken anzulasten. Denn auch wer stattdessen auf den Vertragsinhalt verweist, gerät zumindest mit klassischen Erklärungsansätzen wie der Willens- oder Erklärungstheorie in Nöte. Denn dass die Parteien bei Vertragsschluss all diejenigen Eventualitäten vorhersehen und mit Wille oder Erklärung erfassen, die für Leistungsstörungen typisch sind, ist illusionär. Das verleitet dazu, bei Leistungsstörungen dogmatisch eben doch ganz neu anzusetzen, ganz egal, ob dies unter der Rubrik eines vermeintlichen Vertragsinhalts[110] oder einer offenen Ersatzkonstruktion geschieht.[111] Es ist also einerseits zwar völlig richtig, die Achtung und Fortführung der Diskussionen um die allgemeine Rechtsgeschäftslehre einzufordern,[112] doch muss es dann auch gelingen, diese Forderung umzusetzen.

---

[105] Näher oben § 6 B. III. 2.
[106] Näher oben § 6 B. III. 3.
[107] Siehe dazu nur *Jakobs*, Unmöglichkeit, 1969, S. 81 f., 87, 253; *Nauen*, Leistungserschwerung, 2001, S. 191.
[108] Vgl. dazu etwa *Coester-Waltjen*, AcP 183 (1983), 279, 283 ff. (zu § 279 BGB) sowie unten § 6 D. II.
[109] Siehe dazu bereits oben bei Fn. 27 f.
[110] Näher unten § 6 C. IV. 2.
[111] Näher oben § 6 B. III. 2.; § 6 B. III. 3.
[112] Stellv. *Lobinger*, Grenzen, 2004, S. 5 f.

III. Dogmatische Herausforderung

Damit ist die entscheidende Herausforderung benannt, die jeden Ansatz trifft, der den rechtlichen Umgang mit Leistungsstörungen vertraglich ableiten will. Immerhin wird hier dem Vertragsinhalt Einiges abverlangt: So einleuchtend es erscheint, Leistungsstörungen vertraglich zu behandeln – schon weil das Unmöglichkeitsdenken keine Antworten bereitstellt –, haben wir es hier mit Vertragsinhalten zu tun, an die kaum eine Partei bei Vertragsschluss denkt. Was für umfassende Aussagen es allein ganz ohne Störungen erfordert, um die zu erbringende Leistung zu bestimmen, wurde bereits angedeutet.[113] Noch weniger wissen wir meistens, welche der vielen[114] Eventualitäten, die wir oft noch nicht einmal erahnen, tatsächlich eintreten wird. Wann immer sich eine noch so unwahrscheinliche Möglichkeit bewahrheitet, müssen wir aber notgedrungen beantworten, was das für Schuldner wie Gläubiger bedeutet.

Dabei können die rechtlichen Reaktionen auf verschiedenste Störungen sehr verschieden sein. Je nach eintretender Eventualität, aber auch nach den genauen Umständen, Zielen, Vorstellungen und Rechten der Parteien vor wie nach Vertragsschluss kann eine ganz unterschiedliche Anstrengung zu verlangen sein. Dabei stellt sich nicht nur die Alternative eines Fortbestehens oder Wegfalls der ursprünglich angedachten Leistungspflicht. Genauso kann es im beiderseitigen Interesse der Vertragsparteien liegen, diese Pflicht nur ein wenig anzupassen – sei es durch einen zeitlichen Aufschub oder leichte Zugeständnisse hinsichtlich der geschuldeten Qualität. Wenn wie in Fall 140 Bio-Äpfel ausgehen, tun es vielleicht notfalls auch gewöhnliche Exemplare. Dabei wäre es leichtfertig, weil den Parteien unnötige rechtliche Einbußen zumutend, würde man dabei allein die Verpflichtung des Schuldners betrachten. Häufig wird die den Parteien günstigste Lösung darin liegen, dass sich auch die jeweilige Gegenleistung verändert,[115] etwa wenn die fehlende ökologische Güte zu einem Preisabschlag führt. Eine weitere mögliche Variante ist die Zusprechung von Schadensersatz, der nicht nur das positive oder negative Interesse[116]

---

[113] Oben § 8 C.; § 9 C. IV.; § 10 D. I.

[114] Streng genommen muss natürlich nur eine einzige Situation geregelt werden, nämlich diejenige, die tatsächlich eintrifft. Nur ist das den Parteien bei Vertragsschluss nicht bekannt. Soll also die Regelung durch Vertrag und damit bei Vertragsschluss erfolgen, stellt sich die hier beschriebene Herausforderung.

[115] Warum eine Vertragsanpassung nach *Nauen*, Leistungserschwerung, 2001, S. 154, 245 f. in einem permanenten Spannungsverhältnis zur privatautonomen Vertragsgestaltung liegen soll, leuchtet nicht ganz ein. Häufig wird diese Möglichkeit im Interesse der Parteien liegen und ist eine solche spätere Rechtsetzung etwa durch einen Richter oder sonstigen neutralen Dritten sehr sinnvoll. Doch sind es insoweit dann nicht mehr die Parteien, die den Vertragsinhalt bestimmen, so dass der bloße Hinweis auf eine Auslegung das eigentliche dogmatische Problem nur beschreibt. Näher zur Auslegung unten § 10 E. II. 1. sowie zu nachvertraglichen Rechtsänderungen unten § 18 B.

[116] Näher zu diesen Begrifflichkeiten unten § 9 C. V. 1. a).

beinhalten mag, sondern bisweilen auch die so genannte „Vertragsstrafe".[117] Aber auch Neuverhandlungspflichten sind verbreitet.[118] Schließlich darf nicht vergessen werden, dass es für all diese inhaltlichen Reaktionsmöglichkeiten häufig noch verschiedener prozeduraler Rahmenbedingungen bedarf, die ihrerseits zu begründen sind. Ein einfaches Beispiel dafür sind Regeln zu Fristsetzung und Mahnung bei Verzug. Letztlich nutzt jedes moderne Vertragsrecht diese große Bandbreite rechtlicher Reaktionsmöglichkeiten.

Wenig ist es also sicher nicht, was der bloße Vertrag hier leisten soll, weshalb sich die Vertreter des Unmöglichkeitsdenkens sehr skeptisch zeigen und vor allem Fiktionen, Leerformeln und sonstige dogmatische Flexibilitäten vermuten.[119] Dieses Problem lässt sich auch noch anders formulieren: Wer den Vertrag lediglich im Mund führt, letztlich aber nicht vertragliche, sondern davon losgelöste, insbesondere überindividuelle Gesichtspunkte bemüht, muss sich vorhalten lassen, dass es dogmatisch sehr viel redlicher wäre, dann gleich ein losgelöstes Rechtsinstitut wie etwa *Krückmanns* überobligationsmäßige Schwierigkeit zu bemühen.[120]

IV. Klassische Ansichten

1. Wille, Erklärung

Blickt man nun auf die Argumente, die sonst immer für die Begründung einzelner Vertragsinhalte bemüht werden, so stoßen diese bei Leistungsstörungen ersichtlich an ihre Grenzen. Die willenstheoretische These, wonach sich der Vertragsinhalt aus einem bei Vertragsschluss darauf gerichteten Willen ergebe, findet sich allerdings bei Leistungsstörungen auf einmal nur noch selten. Vielmehr werden zumindest im gleichen Atemzug noch ganz andere, nämlich willensunabhängige Gesichtspunkte eingeführt. *Hartmann* etwa betont die Notwendigkeit einer Willensinterpretation,[121] während viele Autoren zwar

---

[117] Näher unten § 6 E. IV.
[118] Ausdrücklich erfasst etwa in Art. 6:111 PECL, siehe zu diesem Thema nur *Nelle*, Neuverhandlungspflichten, 1993 oder *Eidenmüller*, ZIP 1995, 1063.
[119] Siehe hier nur statt vieler *Huber*, ZIP 2000, 2137, 2146: „Inhalt und Natur des Schuldverhältnisses' können darüber gar nichts aussagen; das ist eine Leerformel, die sich überhaupt nur im Weg der Scheinbegründung konkretisieren lässt, also eine Formel, die die Parteien im Rechtsstreit der Willkür und dem Zufall ausliefert ..."; *Huber*, in: Zimmermann/Ernst (Hrsg.), Schuldrechtsreform, 2001, S. 31, 79 („Lotterie"); *Wilhelm/Deeg*, JZ 2001, 223, 230 („zirkulär-tautologisch"). Näher zu den Problemen der klassischen Ansichten unten § 6 C. IV.
[120] Vgl. dazu oben § 6 B. III. 3.
[121] *Hartmann*, Die Obligation, 1875, S. 199, wörtlich wiedergegeben oben bei Fn. 86. Näher zum Argument einer Auslegung unten § 10 E. II. 1.

auch den Willen erwähnen, andererseits aber vor allem Zurechnungsgesichtspunkte[122] oder diverse Auslegungsgesichtspunkte bemühen.[123]

Der Grund für diese eher leise-schamhafte Bemühung der sonst so stolz vorgetragenen Willenstheorie speziell bei Leistungsstörungen liegt auf der Hand. Es ist hochgradig fiktiv, den Parteien selbst hier noch zu unterstellen, sie hätten bei Vertragsschluss diese Fragen geregelt. Schließlich sind all die Eventualitäten und all die vielfältigen Möglichkeiten, rechtlich darauf zu reagieren, allenfalls teilweise vorhersehbar – von dem damit verbundenen Aufwand ganz zu schweigen.[124] Damit scheitert aber nicht nur die Willens-, sondern genauso auch die Erklärungstheorie. So muss man nicht einmal Beispiele rein schlüssigen Handelns wie das Betreten einer Straßenbahn bemühen, um zu verdeutlichen, dass es die oft sehr dürren Vertragstexte keineswegs erlauben, die für den rechtlichen Umgang mit Leistungsstörungen nötigen Antworten zu schöpfen.[125]

Angesichts dieser Begründungsnöte sämtlicher sich auf das Parteiverhalten bei Vertragsschluss stützenden Ansätze verwundert es nicht, wenn auch an dieser Stelle zahlreiche Argumente einsetzen, die dogmatisch nur begrenzt aussagekräftig und verbindlich sind. So mag man natürlich auf die Notwendigkeit einer ergänzenden oder erläuternden Auslegung bzw. Interpretation, einer normativen, objektiven, verständigen, redlichen oder auch hypothetischen Sichtweise oder die Berücksichtigung von Treu und Glauben, der Verkehrssitte sowie der gesamten Umstände des Einzelfalls, verweisen.[126] Aber auch Typizitäten,[127] das berüchtigte Wesen des Schuldverhältnisses[128] sowie zahlreiche sonstige vage Begrifflichkeiten wie etwa die „Spannung der Schuld"[129] finden sich zuhauf. Auf den Hinweis auf Gesetz und Rechtsprechung wird noch einzugehen sein.[130]

Besonders auffällig ist diese Wandlung bei *Lobinger*. Dieser hatte noch in seiner Doktorarbeit konsequent jegliche Verfälschung oder gar Auswechslung

---

[122] Näher unten § 6 C. IV. 2. a) – dort auch zur These einer Spiegelbildlichkeit von Parteiwille und Zurechenbarkeitsmaßstab.

[123] Das gilt etwa für *Lobinger*, Grenzen, 2004, S. 144, 174, 150, 179 f., der zumindest „in erster Linie" und als „eigentliche Grundlage" den „(typischen) Parteiwillen" bemüht.

[124] Vgl. neben Fn. 119 nur etwa *Fuller/Perdue*, 46 YaleLJ 52, 58 (1937); *Picker*, AcP 183 (1983), 369, 393 ff.; *Picker*, JZ 1987, 1041, 1044 f.; *Lobinger*, Verpflichtung, 1999, S. 14; *Lobinger*, Grenzen, 2004, S. 6, 14, 49 f., 217, 255 ff., 230, passim; *Nauen*, Leistungserschwerung, 2001, S. 224.

[125] Näher unten § 10 D. I.

[126] So nicht nur der bereits erwähnte *Hartmann* (vgl. oben Fn. 121), sondern etwa auch aus jüngerer Zeit *Emmert*, Grenzen, 2001, S. 23 f., 30; *Nauen*, Leistungserschwerung, 2001, S. 52, 240, 343 ff.

[127] Stellv. *Lobinger*, Grenzen, 2004, S. 171 unter Hinweis auf die „... typischen Pflichten eines Lagerhalters."

[128] Stellv. *Nauen*, Leistungserschwerung, 2001, S. 224.

[129] So insbesondere *Nauen*, Leistungserschwerung, 2001, S. 189, 222 ff.

[130] Unten § 6 D.

des realen Parteiwillens durch Ersatzkonstruktionen zurückgewiesen und so der Willenstheorie einer sehr klare und damit für die vertragstheoretische Diskussion fruchtbare Kontur bewahrt.[131] Ganz anderes liest man hingegen in seiner Habilitationsschrift, in der es um die hier interessierenden Leistungsstörungen geht: Obwohl *Lobinger* dort zu Recht eine vertragliche Perspektive einfordert und nachdrücklich die dogmatische Spaltung von Vertrags- und Leistungsstörungsrecht kritisiert,[132] finden sich nunmehr neue Töne. Plötzlich geht es auch um einen „... Ausgleich zwischen Schuldnervorstellung und Gläubigererwartung im Hinblick auf das ‚gegebene Wort' ...", die Überwindung „subjektivistische[r] Extrempositionen", den Schutz „berechtigten Vertrauens", notwendige Typisierungen, „Bedürfnisse des sozialen Lebens", die Rezeption der „tatsächlichen Geschäftspraxis", um die individuelle Parteiperspektive „... bereits verlassende Gesichtspunkte der Rechts- und Verkehrssicherheit ...", die notwendige Auslegung des Versprechens oder eine Grenzziehung, deren Inhalt sich „... nach den allgemeinen, in den §§ 133, 157 BGB niedergelegten Regeln normativ, d.h. nicht allein am Wortlaut hängend, sondern unter Berücksichtigung der Umstände und Verständnismöglichkeiten des Einzelfalls zu ermitteln ist und der sich darüber hinaus ggf. aus den für einen bestimmten Geschäftstypus vom Gesetz als prägend angesehenen Regelungen ergibt." Auch sei sich die nunmehr vertretene Lehre „... der Begrenztheit des hermeneutischen Instrumentariums im Hinblick auf die betroffene Fragestellung wohl bewusst ...", weshalb sie sich mit der Suche nach einer möglichst autonomiewahrenden Zweifelsregelung begnüge.[133]

Nachvollziehbar ist diese neue Beweglichkeit allemal, wird es bei Leistungsstörungen zu offensichtlich, wie wenig sich dazu dem Parteiwillen bei Vertragsschluss entnehmen lässt. Doch muss man sich dann auch die Kritik gefallen lassen, dass all die Vorzüge, die etwa die Willenstheorie auszeichnen, verloren gehen.[134] Denn im Ergebnis werden zahlreiche Begriffe und Gedanken bemüht, die genauso inhaltsleer, objektiv, überindividuell und gegenüber den jeweiligen Umständen des Einzelfalls blind sind wie jene Unmöglichkeitserweiterungen und dogmatische Ersatzkonstruktionen, die für das Unmöglichkeitsdenken so typisch sind.

2. Zurechenbarkeit

a) Grundidee

Sucht man unter den vielen Vertretern des Vertragsdenkens nach Kriterien, die über Wille und Erklärung bei Vertragsschluss hinausgehen, landet man un-

---

[131] Siehe dazu nur unten bei Fn. 158.
[132] Näher oben § 6 C. II. 3.
[133] *Lobinger*, Grenzen, 2004, S. 5, 10 f., 139 ff., 169 (dort Fn. 348), 171.
[134] Näher zu diesen oben § 9 C. I. 1. d).

weigerlich beim Gesichtspunkt der Zurechenbarkeit bzw. des Verschuldens.[135] Bereits *Hartmann* verwies zur Bestimmung des Vertragsinhalts darauf, dass der Schuldner einen *dolus malus* und damit auch all das zu vermeiden habe, „... was der Diligenz eines ordentlichen Manns widerstreitet."[136] Wir haben hier also mit Vorsatz und Fahrlässigkeit die klassischen Varianten einer Zurechenbarkeit. Auch für *v. Kübel* liegt „... in der Verpflichtung zur Erfüllung ... zugleich die Verpflichtung zur Aufwendung des nötigen Fleißes, der nötigen Achtsamkeit und Sorgfalt ..." „Was mit Aufwendung desjenigen Maßes von Fleiß und Sorgfalt, welches der Verpflichtete kraft des Schuldverhältnisses zu leisten hat, nicht erreicht oder nicht abgewendet werden kann, ist von jenem nicht zu vertreten."[137] In jüngerer Zeit bemüht vor allem *Jakobs* diesen Gedanken. Eine Leistungserschwerung sei dann überobligationsmäßig, wenn das Hindernis bei der vom Schuldner im Verkehr zu vertretenden Sorgfalt nicht zu überwinden sei und es deshalb an einer Zurechenbarkeit fehle.[138] Sorgfaltsgrad und Vertragsinhalt seien untrennbar, gerade weil der Schuldner nicht Leistung schlechthin, sondern nur die nach dem jeweiligen Vetragstyp zu erbringende Sorgfalt, schulde. Die Pflicht sorgfältigen Verhaltens stehe in sich gegenseitig bedingender Abhängigkeit zur Leistungspflicht, beide verhielten sich gewissermaßen spiegelbildlich. Schuld und Haftung seien nur die beiden Seiten der Obligation oder des Schuldverhältnisses. Hinsichtlich der Herausforderung, den Vertragsinhalt zu konkretisieren, bestehe der „sicherste Weg" darin, „verkehrt" vorzugehen und von den Haftungsvoraussetzungen auf die Verpflichtung des Schuldners „zurückzuschließen".[139]

b) Würdigung

Leider werfen derartige Erklärungsversuche mehr Fragen auf als sie beantworten. Das betrifft insbesondere die These, man könne den Vertragsinhalt gewissermaßen alternativ dadurch bestimmen, dass man nach der Zurechenbarkeit fragt. Tatsächlich ist es nicht einmal möglich, Begriffe wie Zurechenbarkeit, Fahrlässigkeit oder Vertretenmüssen aus sich heraus zu subsumieren. Wer versucht, „Fahrlässigkeit als solche" zu bestimmen, hat bereits verloren.[140] Auch

---

[135] Allgemein dazu unten § 10 C. Speziell zu Leistungsstörungen siehe zu diesem Kriterium neben den nachfolgenden Nachweisen etwa auch *Gillig*, Nichterfüllung, 1984, S. 110; *Neumann*, Leistungsbezogene Verhaltenspflichten, 1989, S. 46 ff.; *Ernst*, JZ 1994, 801, 805; *Wilhelm/Deeg*, JZ 2001, 223, 225 f.; *Huber*, ZIP 2000, 2137, 2147 f.; *Nauen*, Leistungserschwerung, 2001, S. 238 ff.; *Kley*, Unmöglichkeit, 2001, S. 123, 126; *Kuhlmann*, Leistungspflichten und Schutzpflichten, 2001, S. 214 f.; *Rödl*, Spannung, 2002, S. 88 ff.
[136] *Hartmann*, Die Obligation, 1875, S. 243.
[137] *Kübel*, Schuldverhältnisse, Teil 1, 1980, S. 740 f.
[138] *Jakobs*, Unmöglichkeit, 1969, S. 79, 82, 87, 163 f., 166, 225. Vgl. daneben etwa auch *Nauen*, Leistungserschwerung, 2001, S. 203, 211 f., 224 ff., 244.
[139] *Jakobs*, Unmöglichkeit, 1969, S. 165 ff., 195 ff., 206, 209 f., 221.
[140] Näher unten § 10 C. III. 3.; § 10 C. IV. 2. sowie dort das Zitat bei Fn. 187.

bleibt offen, weshalb sich der Wille (oder die Erklärung) der Parteien bei Vertragsschluss „spiegelbildlich" zur Zurechenbarkeit verhalten soll. Denn dieses schöne Bild kann doch wohl nichts anderes bedeuten, als dass man eben doch auf Wille oder Erklärung zurückgreifen könnte und hierauf – warum auch immer – bei Leistungsstörungen lediglich verzichtet, um stattdessen genau das Gleiche über den Begriff der Zurechenbarkeit zu bestimmen. In Wahrheit liegen die Dinge natürlich ganz anders: Mit dem Parteiverhalten bei Vertragsschluss lässt sich keineswegs begründen, was bei diversen Leistungsstörungen geschehen soll – und genau deshalb müssen auch die Anhänger des Vertragsdenkens ganz andere, neue, abweichende, keineswegs „spiegelbildliche" Kriterien suchen, um diese empfindliche Lücke zu schließen. Die Zurechenbarkeit kann sich nicht auf Wille oder Erklärung bei Vertragsschluss stützen, und genau deshalb steht dieser Begriff völlig nackt da. Dann aber muss auch die Frage erlaubt sein, ob etwa für das deutsche Recht der Hinweis auf § 276 Abs. 2 BGB so viel konkreter ist als jener auf das in § 242 BGB verankerte Treu und Glauben.

Das gilt umso mehr, als es im Leistungsstörungsrecht genauso wie in anderen Bereichen des Vertragsrechts oft um verschuldensunabhängige Haftung geht, weil viele Schäden einfach eintreten und damit irgendjemandem zugewiesen werden müssen.[141] Natürlich kann man hier andere Zurechnungsgesichtspunkte wie etwa den „Risikogedanken" bemühen, doch hat man hier so lange nur das zu begründende Ergebnis in neue Worte gefasst, wie man ein Konzept dafür anbietet, wann jemand warum welches Risiko zu tragen habe.[142] Ebenso stoßen wir hier auf einen Kategorienfehler: Dass jemand etwas zu vertreten, verschuldet oder vorsätzlich bzw. fahrlässig herbeigeführt oder nicht überwunden hat, könnte allenfalls erklären, warum dieser Person eine bestimmte Rechtsfolge zumutbar ist. Offen bleibt demgegenüber, warum wir diese Rechtsfolge überhaupt erwägen sollten – Zumutbarkeit hin oder her.[143]

Schließlich muss die Frage erlaubt sein, ob wir nicht bei einem Kriterium wie der Zurechenbarkeit all die Vorzüge aufgeben, die das Vertragsdenken auszeichnen sollten, nämlich die spezifische Berücksichtigung der Rechte, Ziele und sonstigen Umstände der jeweiligen Parteien in ihrer Vertragssituation. Demgegenüber werden über den Verschuldens- bzw. Fahrlässigkeitsmaßstab auf einmal zahlreiche überindividuelle Maßstäbe eingeführt, etwa wenn eine „Versubjektivierung" des Verschuldens „mit all ihren Unsicherheiten" „... im Recht der Nichterfüllung von Leistungspflichten, des geschäftlichen Verkehrs, ... fehl am Platze ..." sein soll.[144] Was all das mit Vertragsrecht zu tun haben

---

[141] Zutr. Kritik etwa bei *Lobinger*, Grenzen, 2004, S. 187 f.
[142] Siehe dazu oben § 5; unten § 10 C. V.
[143] Näher unten § 9 C. II. 2.; § 10 C. III. 2.; § 10 C. IV. 2.
[144] *Jakobs*, Unmöglichkeit, 1969, S. 90. Genauso bemüht etwa *Nauen*, Leistungserschwerung, 2001, S. 241 f. einen objektivierten Fahrlässigkeitsmaßstab, der „... das not-

soll, müsste erst einmal anhand eines überzeugenden vertragstheoretischen Konzepts dargelegt werden. Jedenfalls kann hier von einer Regelung durch die Parteien oder auch nur der Orientierung allein an den Interessen und Umständen der am einzelnen Vertrag beteiligten Parteien keine Rede mehr sein.[145] Das bedeutet wiederum, dass die Abtrennung des Leistungsstörungsrechts vom allgemeinen Vertragsrecht noch keineswegs überwunden ist, vielmehr hier auf oft ganz vertragsferne Gesichtspunkte zurückgegriffen wird.

V. Absonderungen

In dieses ernüchternde Bild passt es, wenn selbst unter dem Einfluss des Vertragsdenkens[146] bestimmte Leistungsstörungen mit Argumenten hinauskomplimentiert werden, die wir bereits von anderen Fallkonstellationen her kennen. Nur ein Beispiel bildet hier die Arbeit von *Nauen*, der sich dabei auch auf andere Stimmen stützen kann. So sollen sämtliche ideelle Leistungserschwerungen wie die Entwertung der Gegenleistung ganz anderen, „… rein an den Kategorien von ‚Gut' und ‚Böse' orientierten …" Regeln folgen und „… allein von der Rangordnung privatautonom begründeter vermögensrechtlicher Rechte und Pflichten zur grundrechtlich gewährleisteten Sphäre freier Gewissensentscheidungen auf der einen und dem wirtschaftsrechtlichen Prinzip des Nominalismus auf der anderen Seite …" abhängen. Letztlich sei die ganze Problematik „untrennbar" mit öffentlichen Interessen verbunden und verweise über den Bereich der genuin bürgerlich-rechtlichen Risikoverteilung hinaus.[147] Für die von manchen als Sozialkatastrophe oder große Geschäftsgrundlage umschriebenen Massenkalamitäten sei weiterhin auf die unter der Rubrik von Treu und Glauben entwickelten Ersatzinstitute zurückzugreifen. Denn hier laufe nicht nur die Annahme einer Regelung durch die Parteien regelmäßig auf eine Fiktion hinaus, sondern lasse sich auch eine Verkehrsüblichkeit nicht mehr feststellen.[148] Doch läuft es nun einmal bei Leistungsstörungen ganz generell auf eine Fiktion hinaus, den genauen Umgang mit verschiedensten Eventualitäten auf Wille oder Erklärung der Vertragsparteien zu stützen.[149] Und genauso wenig lassen sich für konkrete Leistungsstörungen unter Berücksichtigung der spezifischen Vertragsumstände, Interessen und Vorstellungen der Parteien übergreifende Verkehrssitten feststellen. Anstatt also Rechtsbereiche auszuklammern, bei denen die Defizite des klassischen Ver-

---

wendige Vertrauen des Rechtsverkehrs in die Beständigkeit des abgeschlossenen Vertrags …" bewähre, sowie einen „normativ-verkehrsbezüglichen" Maßstab.

[145] Siehe zu dieser Kritik auch *Lobinger*, Grenzen, 2004, S. 188, 190 ff.

[146] Das Unmöglichkeitsdenken erhebt demgegenüber schon rein begrifflich nicht mehr den Anspruch, Leistungsstörungen mit vertragsrechtlichen Kategorien erfassen zu können.

[147] *Nauen*, Leistungserschwerung, 2001, S. 41 ff., 357.

[148] *Nauen*, Leistungserschwerung, 2001, S. 242 f. m.w.N.

[149] Näher oben § 6 C. III.

tragsdenkens nur besonders deutlich werden, sollte das Vertragsdenken selbst den vertragsrechtlichen Realitäten und damit auch den dogmatischen Herausforderungen des Leistungsstörungsrechts angepasst werden.

D. Gesetz

I. Problem

Es entspricht eigentlich nicht der Schwerpunktsetzung dieser Arbeit, dem bloßen Hinweis auf Gesetz oder Rechtsprechung größere Aufmerksamkeit zu widmen. Ist es doch viel zu offensichtlich, dass es gerade dieses Recht ist – von wem auch immer gesetzt –, das wir verstehen wollen, für das eine Begründung gesucht ist. Schließlich enthält der nackte Hinweis auf staatlich gesetztes Recht keinerlei Erkenntniswert, wird hier auf die nackte Entscheidung, die bloße Machtausübung, die schlichte Faktizität des eigentlich zu erklärenden Phänomens verwiesen.[150] Andererseits sind sich häufende Hinweise auf die bloße Existenz geltenden Rechts ein untrügliches Zeichen für interessante dogmatische Herausforderungen. Nicht anders verhält es sich bei den Leistungsstörungen.

So ließ das Unmöglichkeitsdenken nahezu alle rechtlich relevanten Fragen offen, sei es die genaue Reaktion auf eine Unmöglichkeit oder die zu verlangende Anstrengung dort, wo – wie fast immer – die zu erbringende Leistung lediglich erschwert und keineswegs im naturwissenschaftlichen Sinn unmöglich ist.[151] Dementsprechend versucht man dieser dogmatischen Sackgasse, der ganzen Begrenztheit der Aussage, dass was unmöglich ist, nun einmal unmöglich ist, auch durch den Hinweis auf das geltende Recht zu entrinnen.[152] Aber selbst bei den zahlreichen Ersatzkonstruktionen, zu denen sich das Unmöglichkeitsdenken gezwungen sieht, ist der Hinweis selten weit, dass die Rechtsordnung „von außen" oder „ex lege" die Erfüllungspflicht begrenze.[153] Doch sogar dort, wo es eigentlich der Vertrag sein soll, der über den rechtlichen Umgang mit Leistungsstörungen entscheidet, findet sich der Hinweis auf die Existenz von Gesetzen – etwa wenn die gesetzlichen Gefahrtragungsvorschriften die Parteivorstellung für mögliche Leistungsstörungen „konkretisieren" sollen.[154] An diesen Äußerungen ist zwar nicht zu beanstanden, dass es auch

---
[150] Näher unten § 16 A.
[151] Näher oben § 6 B. II.; § 6 B. III.
[152] Für entsprechende Stimmen siehe oben Fn. 124. Zu Recht skeptisch dazu etwa auch *Emmert*, Grenzen, 2001, S. 75.
[153] So bereits *Titze*, Unmöglichkeit, 1900, S. 7, wonach bei der Frage, ob sich eine Leistung für den Schuldner noch als eine mögliche darstellt, dem freien richterlichen Ermessen der weiteste Spielraum zu lassen sei.
[154] Stellv. *Lobinger*, Grenzen, 2004, S. 141, 153 f.

Richter oder Parlamentarier sind, die den Inhalt von Verträgen beeinflussen. So wäre es eine gefährliche, weil realitätsfremde Verkürzung, vertragstheoretisch allein auf Wille oder Erklärung der Vertragsparteien bei Vertragsschluss zurückzugreifen. Genau deshalb sollten wir dogmatisch in der Lage sein, dieses Phänomen verteilter Vertragsrechtsetzung zu erklären.[155] Doch befreit uns das nicht von der Aufgabe, sämtliche Vertragsinhalte – von wem auch immer gesetzt – verallgemeinernd zu beschreiben.

II. Haftungsmodalitäten

In der Diskussion um Leistungsstörungen kennt der Verweis auf das Gesetz oder die Rechtsprechung verschiedene Abstufungen. Für die bei störungsfreiem Ablauf zu erbringenden Pflichten wird meistens noch auf klassische Ansichten verwiesen, obwohl das keineswegs zutreffend die Grenze von privat und staatlich gesetzten Vertragsinhalten beschreibt.[156] Beim genauen Ausmaß der vom Schuldner bei einer Leistungsstörung zu erbringenden Anstrengungen werden die Hinweise auf staatlich gesetztes Vertragsrecht schon sehr viel häufiger.[157] Besonders beliebt sind derartige Verweise schließlich dort, wo es um die rechtliche Reaktion auf nicht mehr zu überwindende Leistungsstörungen geht. Fragt man etwa, warum der Schuldner gerade Schadensersatz zahlen solle, verweisen auch viele Anhänger des Vertragsdenkens auf das Gesetz und bemüht etwa *Lobinger* im Anschluss an *Picker* hierfür eine „Dichotomie der Entstehungs- und Legitimationsgründe": Haftungspflichten würden dem Schuldner „heteronom: d.h. allein von Rechts wegen" auferlegt. Der Schadensersatzanspruch bedürfe nicht mehr der „unmittelbaren" Rückführung auf den Schuldnerwillen.[158] Diesem Dualismus liegt dabei die durchaus richtige Erkenntnis zugrunde, dass es in den meisten Fällen illusorisch, weil fiktiv wäre, auf das Parteiverhalten bei Vertragsschluss zurückzugreifen.[159] Die Herausforderung besteht hier also darin, die zahlreichen Reaktionsmöglichkeiten, angefangen mit der Leistungsfreiheit über eine Anpassung der Leistungspflicht an die neue Situation bis hin zu Schadensersatzansprüchen etwa in Höhe des positiven oder negativen Interesses, dogmatisch überzeugend zu begründen. Dabei ist zu beachten, dass jedes Vertragsrecht Schadensersatz nicht immer schon dann zuspricht, wenn die eigentlich angedachte Leistung

---

[155] Näher unten § 8.
[156] Näher oben § 6 C. IV. 1. sowie unten § 9 C. IV.; § 10 D. I.
[157] Vgl. die Nachweise oben bei § 6 D. I.
[158] Vgl. die Nachweise oben in Fn. 124.
[159] So betont *Lobinger*, Grenzen, 2004, S. 227 durchaus zu Recht, dass der Schuldner mit dem Vertragsschluss im Regelfall nur die eigentliche Leistung verspricht und „sonst nichts".

einen zu hohen Aufwand erfordert, sondern erst unter weiteren, durchaus diffizilen Voraussetzungen.[160]

Unbedingt sollte man sich von der Vorstellung befreien, als ließe sich die Linie derjenigen Vertragsinhalte, welche die Vertragsparteien bei Vertragsschluss selbst bestimmen, exakt dort ziehen, wo es um die Reaktion auf nicht mehr zu überwindende Leistungshindernisse geht. Es ist genauso illusorisch, für das meiste andere, also sowohl die ganz ohne Störungen zu erbringende Pflicht wie auch das Ausmaß der je nach Situation noch zu erbringenden Anstrengungen, mit den klassischen Begründungsansätzen zu operieren.[161] Schließlich verwundert es einmal mehr, wenn für das Vertragsdenken zu Recht darauf verwiesen wird, dass nur dieses gewährleistet, gerade die Interessen, Vorstellungen und konkreten Umstände der Vertragsparteien und nicht etwa überindividuelle Gesichtspunkte zu berücksichtigen, dann aber mit dem Hinweis auf Rechtsprechung und Gesetz genau dieser Anspruch aufgegeben wird. Wem es mit diesem Anliegen ernst ist, sollte es auch dort verfolgen, wo ein Hindernis eingetreten und darauf rechtlich zu reagieren ist.

E. Rechtfertigungsprinzip

I. Grundlagen

1. Überwindung klassischer Fiktivitäten

Dass es reichlich fiktiv wäre, sämtliche bei Leistungsstörungen auftretenden Fragen mit der Willens- oder Erklärungstheorie zu beantworten, wurde bereits eingehend dargelegt.[162] Es ist demgegenüber ein entscheidender Vorteil des Rechtfertigungsprinzips, dass es als substanzielles Kriterium den so vielschichtigen Vertragsinhalt ohne Fiktionen bestimmen kann.[163] Wir können jede noch so unvorhersehbare oder untypische Eventualität erfassen – und zwar vertraglich, gelten hier die gleichen Maßstäbe wie auch für alle anderen Bereiche des Vertragsrechts. Erst das Rechtfertigungsprinzip erlaubt es also,

---

[160] Warum es *Lobinger*, Grenzen, 2004, S. 50 ausgerechnet den auf den Vertrag gestützten Lösungsversuchen vorhält, sie könnten nicht begründen, warum eine Haftung nur unter bestimmten Voraussetzungen eintretren soll, bleibt offen. Schließlich enthält der Hinweis auf Gesetz oder Rechtsprechung diesbezüglich keine eigene Aussage.
[161] Siehe nochmals die Verweise oben in Fn. 156. Schon deshalb funktioniert es selbst für die Haftung auf das positive Interesse wegen Nichterfüllung auch nicht, sich eine („aufstockende") rechtsgeschäftliche Leistungspflicht zu denken, die durch Nichterfüllung gewissermaßen verletzt wird und daher gesetzlich eine diesen Erfüllungsanspruch kompensierende Schadensersatzpflicht auslöst, so aber wohl *Lobinger*, Grenzen, 2004, S. 6, 216 f., 230 passim.
[162] Oben § 6 C. III.
[163] Näher oben ab § 3 A. IV. 1.

das so einleuchtende Vertragsdenken auch umzusetzen und damit endgültig die in vielerlei Hinsicht problematische Ausrichtung an der Unmöglichkeit zu überwinden. Modifikationen, Ausnahmen, Ausblendungen oder auch nur „zweite Seiten der gleichen Medaille" erübrigen sich. Genauso ist es verfehlt, die nicht von den Vertragsparteien gesetzten Vertragsinhalte mit Stichwörtern wie „gesetzlich" oder „heteronom" zum vertragstheoretischen Fremdkörper zu erklären. Es sind nun einmal – und zwar überall im Vertragsrecht – ganz verschiedene Personen, die zu verschiedenen Zeiten den Vertragsinhalt beeinflussen.[164]

2. Bedeutung der situations- und parteibedingten Besonderheiten

Das Rechtfertigungsprinzip konzentriert sich immer nur auf einen einzelnen Menschen, für den es unter Berücksichtigung dessen konkreter Situation fragt, ob eine rechtliche Einbuße für ihn notwendig ist, um sich getreu den eigenen Zielen zu verbessern. Dabei wird es nach dem Subsidiaritätsgrundsatz oft die so betroffene Person selbst sein, die das am besten beurteilen kann. Nur wenn – wie oft bei einem Vertrag – mehrere Personen rechtlich betroffen sind, ist dieser Grundsatz zweifach, nämlich für jede Vertragspartei gesondert anzuwenden.[165] So werden die persönlichen Rechte und Ziele der Vertragsparteien genauso spezifisch berücksichtigt wie deren sonstige Situation, in der sie sich zusammenfinden. Hierin liegt ein entscheidender Vorzug des Vertragsdenkens,[166] und das Rechtfertigungsprinzip macht davon keine Abstriche. Genauso kann es dogmatisch stimmig erklären, warum viele Autoren für den Vertragsinhalt auch auf die Interessen (Ziele, Zwecke) der Vertragsparteien verweisen – und sei es nur unter Hinweis auf Sinn und Zweck des Vertrags, dessen Auslegung oder unter der kategorial irreführenden Terminologie des mutmaßlichen Willens.[167] So sieht *Hartmann* den „wesentliche(n) Zweck der Obligation" in der „... Stillung eines bestimmt begrenzten, durch den Entstehungsgrund individualisierten, privaten Interesses einer Person."[168] Und auch *Krückmann* als Vertreter des Unmöglichkeitsdenkens setzt auf eine umfassende Interessenabwägung und betont zumindest bisweilen die Relevanz allein der Parteiinteressen.[169] Allerdings besteht die dogmatische Aufgabe darin, nicht nur auf die „Berücksichtigung" bzw. „Abwägung" von Interessen zu

---

[164] Näher unten § 8.
[165] Näher oben ab § 3 A. IV.
[166] Näher etwa *Jakobs*, Unmöglichkeit, 1969, S. 208.
[167] Stellv. *Lobinger*, Grenzen, 2004, S. 142, 170 ff., 208. Zur Vermengung von Wille und Interesse siehe unten § 9 C. V. 2. d) aa).
[168] *Hartmann*, Die Obligation, 1875, S. 37.
[169] *Krückmann*, AcP 101 (1907), 1, 11, 18 ff., 25, 32 f., 43, 50, 53 („... wird wohl der induktive Schluss gerechtfertigt sein, dass der Gedanke der Interessenabwägung wie ein roter Faden zum mindesten das Schuldrecht durchzieht."), 54, 61, 117, 127, 136, 140 ff., 239, 245 ff., passim.

pochen, sondern ein verbindliches, für jedermann überprüfbares und konkrete Schlussfolgerungen ermöglichendes Konzept zu präsentieren.[170] Verzichtbar ist es hingegen, den gesuchten Vertragsinhalt nach übergeordneten gesellschaftlichen Gesichtspunkten oder aus gemeinschaftsstiftenden ethischen Wertvorstellungen zu begrenzen.[171]

3. Wertschöpfung

Eine rechtliche Einbuße sollte nur so weit eintreten, wie dies notwendig ist, um sich getreu den eigenen Zielen zu verbessern. Bei gegenseitigen Verträgen erfordert diese eigene Verbesserung typischerweise eine rechtliche Einbuße des Vertragsgegners, die ihrerseits dem Rechtfertigungsprinzip genügen muss. Das führt zum jeweiligen Vertragsinhalt, der zur bestmöglichen Verwirklichung der Parteiinteressen beiträgt. Dabei lässt sich nicht sagen, dass bestimmte Vertragsinhalte die Interessen der einen oder anderen Partei begünstigten. So wird jedes Zugeständnis in irgendeiner Form eingepreist, so dass sich die Verwirklichung individueller Ziele aus der gemeinsamen Wertschöpfung speist.[172] Bei den hier interessierenden Leistungsstörungen werden dabei Risiken besonders wichtig, weshalb dafür nochmals auf die bereits erfolgten Ausführungen verwiesen sei.[173]

Weil es die Interessen nur einer Vertragspartei beachtende Vertragsinhalte nicht gibt, ist es selbst für einzelne Aspekte des Leistungsstörungsrechts verfehlt, auf die Ziele, Vorstellungen oder Leistungen nur einer Seite abzustellen. So leuchtet es nicht ein, wenn bei der Unmöglichkeit allein nach dem Interesse des Gläubigers zu entscheiden sein soll.[174] Denn da der Aufwand des Schuldners von vornherein eingepreist wird, ist der Gläubiger genauso daran interessiert, in jeder Phase seiner Zusammenarbeit auch die Schuldnerinteressen zu berücksichtigen.[175] Das klassische Unmöglichkeitsdenken fixiert sich demgegenüber zu stark auf den Leistungsgegenstand, anstatt etwa auch die Höhe der Gegenleistung, den Vertragstyp oder die von beiden Parteien verfolgten Ziele

---

[170] Näher oben § 2 A. V. 2. c); unten § 9 D. III.; § 10 E. II. 4.
[171] So aber etwa *Emmert*, Grenzen, 2001, S. 4f. (der allerdings grundsätzlich dem Vertragsdenken folgt) oder auch *Krückmann*, AcP 101 (1907), 1, 55 (Zitat wiedergegeben in Fn. 78, vgl. denselben aber auch kurz zuvor dort auf S. 54).
[172] Näher oben § 3 C. I. (vgl. auch oben ab § 3 A. IV.). Insofern geht es unserer Rechtsordnung im Vertragsrecht durchaus auch darum, keine Ressourcen zu verschwenden (etwas zu eng demgegenüber *Lobinger*, Grenzen, 2004, S. 160). Nur verfolgt sie dabei nicht kollektivistische Ziele, sondern die der rechtlich betroffenen Vertragsparteien.
[173] Oben § 5.
[174] So aber wohl *Jakobs*, Unmöglichkeit, 1969, S. 74, 253.
[175] Weshalb es wie gerade bei Fn. 172 erwähnt auch so schwierig ist, bei einer vertraglichen Zusammenarbeit die Interessen von Schuldner und Gläubiger auseinanderzuhalten. Näher zur Einpreisung etwa unten § 19 C. IV. 2. b) aa). Vgl. auch oben § 3 C. 3. c).

zu berücksichtigen.[176] Tatsächlich erklärt nur ein konsequent vertragliches und damit an den Zielen, Vorstellungen und Umständen beider Parteien ausgerichtetes Verständnis die sehr vielschichtigen Ausprägungen des real praktizierten Leistungsstörungsrechts. Denn unsere Rechtsordnung achtet penibel darauf, den Vertragsparteien nicht unnötige rechtliche Einbußen zuzumuten.

4. Subsidiarität

Schließlich sei einmal mehr darauf hingewiesen, dass selbst die Umsetzung des doch so schlichten Rechtfertigungsprinzips schnell kompliziert wird. Schon deshalb ist es sinnvoll, wenn die das Vertragsrecht setzenden Personen möglichst einfache Regeln entwickeln, die diesen Grundsatz auch nur grob, dafür aber mit stärkerer Vorhersehbarkeit, verwirklichen. Dabei ist der Staat gut beraten, nicht nur vorrangig die Parteivorstellungen,[177] sondern oft auch privat-kollektiv gesetzte Inhalte wie Sitte, Übung und Brauch zu berücksichtigen.[178] Nur weil sich im Folgenden bisweilen recht detaillierte Ausführungen dazu finden, was jeweils im Parteiinteresse liegt, heißt das nicht, dass immer nur vertragsfremde Personen dazu berufen wären, derartige Prüfungen vorzunehmen. Insbesondere sind die bei Leistungsstörungen praktisch so bedeutsamen staatlich gesetzten Vertragsinhalte überwiegend dispositiv ausgestaltet.[179]

II. Nichteintritt der Hauptleistungspflicht

1. Obergrenze vollständiger Kompensation

Jedes Leistungsstörungsrecht muss nicht zuletzt darüber entscheiden, wann der Schuldner nicht mehr diejenigen Anstrengungen erbringen muss, die typischerweise als Hauptleistungspflicht bezeichnet werden. Inwieweit hier als Ausgleich in irgendeiner Form Schadensersatz zu leisten ist, lässt sich mangels „Automatismus" trennen und wird daher erst nachfolgend diskutiert.[180] Nach dem Rechtfertigungsprinzip ist zu fragen, welcher geforderte Grad an Anstrengung die Parteien von ihren Zielen abhält, anstatt diese zu verwirklichen. Dabei lässt sich zunächst ein Kriterium ableiten, das sich geradezu aufdrängt:[181] Wäre es aufwändiger, die Leistung noch zu erbringen, anstatt den

---

[176] Zu Recht kritisch etwa *Emmert*, Grenzen, 2001, S. 19, 30.
[177] Näher unten § 8 E. II. 2. Siehe hier nur *Krückmann*, AcP 101 (1907), 1, 54: „... Gedanke ..., dass die Partei selber für ihre Interessen sorgen soll und dass nicht etwa der Staat über die Köpfe der Parteien hinweg ihre Rechtsverhältnisse ohne oder gar gegen ihren Willen auflöst ...", wobei das dort auf S. 55 dann nicht mehr ganz so individualistisch klingt, zum Verantwortungsgedanken vgl. unten § 10 C. IV.
[178] Näher unten § 16 C.
[179] Näher zu staatlich gesetzten Vertragsinhalten unten § 16 A.
[180] Vgl. unten § 6 E. IV.
[181] Siehe dazu etwa *Jakobs*, Unmöglichkeit, 1969, S. 228 f., 255, 258 f.

Ausfall des Gläubigers vollständig[182] auszugleichen (Fall 143), läge hierin eine unsinnige Verschwendung. Den Vertragsparteien würde eine rechtliche Einbuße auferlegt, ohne dass dem eine individuelle Verbesserung gegenüber stünde. Das gilt für den Gläubiger genauso wie für den Schuldner, da eine über dieses Maß hinausgehende Last – wie alle anderen Nachteile des Schuldners auch – eingepreist würde. Gerade dieses Beispiel verdeutlicht, wie unsinnig es wäre, eine Leistungspflicht erst bei natürlicher Unmöglichkeit scheitern zu lassen.[183] Genauso wenig leuchtet es bei vollständiger Kompensation ein, warum es hier darauf ankommen sollte, ob der Schuldner das Leistungshindernis zu vertreten hat.[184] Denn da auch solche Risiken eingepreist werden, schädigt man schließlich genauso den Gläubiger.

2. Leistendürfen ohne Leistungspflicht

Nach den gleichen Maßstäben lässt sich beurteilen, ob es einem Schuldner erlaubt sein sollte, von sich aus eine Leistung zu erbringen (und damit gegebenenfalls einen Schadensersatzanspruch abzuwehren), zu der er angesichts eines zu großen Aufwands gar nicht mehr verpflichtet ist (Fall 133). Die wohl ganz überwiegende Ansicht bejaht diese Möglichkeit.[185] Dabei ist es in vielerlei Hinsicht bezeichnend, wenn *Krückmann* für den Fall der ins Meer gefallenen Uhr das Unmöglichkeitsdenken bemüht, nur um wenig später zu betonen, dass natürlich jeder Schuldner dennoch einen Bergungsversuch unternehmen dürfe.[186] So einleuchtend dieses Ergebnis mitsamt der damit verbundenen Ablehnung eines „Unmöglichkeitsautomatismus"[187] auch erscheint, fragt sich, wie wir das begründen können. Mit dem Hinweis darauf, dass was unmöglich ist, nun einmal unmöglich ist, kommen wir ersichtlich nicht weiter. Und das Vertragsdenken wird reichlich fiktiv, wenn man sich allein auf die Parteirege-

---

[182] Bei diesem „vollständig" ist dann aber auch zu berücksichtigen, dass die Rechtsrealität nur selten vollständig kompensiert, angefangen mit nicht vollständig berücksichtigten Schadensposten bis hin zu diversen, im weitesten Sinn prozessualen Schwierigkeiten (siehe dazu etwa *Wagner*, Neue Perspektiven, 2006. Deshalb kann auch eine „Vertragsstrafe" sinnvoll sein, näher dazu unten § 6 E. IV. 1.
[183] Zutr. *Jakobs*, Unmöglichkeit, 1969, S. 228.
[184] Vgl. zu einer entsprechenden Bestimmung etwa § 275 Abs. 2 S. 2 BGB, wobei hier die in der vorherigen Fußnote angesprochene, oft drohende Unterkompensation eine Rolle gespielt haben mag. Denn dann hätte der Schuldner einen Anreiz, das Leistungshindernis absichtlich eintreten zu lassen bzw. sich betont fahrlässig zu verhalten.
[185] Siehe dazu nur stellv. *Lobinger*, Grenzen, 2004, S. 23 f.; *Nauen*, Leistungserschwerung, 2001, S. 245 jeweils m.w.N.
[186] *Krückmann*, AcP 101 (1907), 1, 61: „Denn es muss unbedingt als zulässig erachtet werden, dass jemand wissentlich und willentlich die Verpflichtung übernimmt, den Versuch zu machen, eine bei solcher Tiefe in das Meer gefallene Sache herauszuholen." Siehe dazu *Lobinger*, Grenzen, 2004, S. 34 f. sowie bereits oben § 6 B. III. 1.
[187] Vielmehr ist es dogmatisch genau zu begründen, warum wann welche Rechtsfolge eintreten sollte, vgl. oben § 6 C. III.

lung bei Vertragsschluss stützt.[188] Der Hinweis, dass es auf ein reines Reurecht hinausliefe, wollte man als Gläubiger auf den Fortfall der Hauptleistungspflicht bestehen,[189] behauptet nur die Fragwürdigkeit eines solchen Reurechts, ohne dafür einen Grund zu liefern.

Für das Rechtfertigungsprinzip lässt sich zunächst fragen, warum ein Schuldner überhaupt auf die Idee kommen sollte, eine Leistung zu erbringen, die zu erbringen eigentlich viel zu aufwändig ist. Entweder schätzt er die Situation falsch ein und wäre dann vor seinem Unglück zu bewahren. Um solche Fälle geht es hier anscheinend nicht. Oder der Schuldner kommt aus aktueller, wohlinformierter Sicht zu dem zutreffenden Ergebnis, dass es für ihn vorteilhafter und damit seinen persönlichen Zielen förderlicher ist, die überobligatorischen Anstrengungen aufzubringen. Hierfür kann es viele Gründe geben, etwa wenn der Schuldner sich als besonders kulanter Vertragspartner empfehlen, seinen Kundenstamm erweitern oder überschüssige Kapazitäten auslasten will – um hier nur einige Beispiele zu nennen. Doch was bedeutet das dogmatisch? Zunächst ist es Ausdruck des Subsidiaritätsgrundsatzes, wenn wir es dem Schuldner überlassen, die zuvor beschriebene Überlegung durchzuführen. Doch reicht das nicht. Schließlich haben wir hier eine Rechtsfolge, über die der Schuldner erst lange Zeit nach Vertragsschluss einseitig entscheidet, ohne dass der davon betroffene Gläubiger insoweit mitzureden hätte. Wir haben also eine zweite, nachvertragliche Rechtsänderung, die sich – wie später noch zu illustrieren sein wird – zwar nicht mit den klassischen Vertragstheorien, wohl aber mit dem Rechtfertigungsprinzip erfassen lässt: Der ursprüngliche Vertrag als die erste Rechtsänderung gibt dem Schuldner das Recht, sich nach eigenem Gutdünken für eine überobligatorische Leistungsanstrengung zu entscheiden, weil das wertschöpfend ist. Auf dieser Basis kann der Schuldner dann später, ohne dass sich der Gläubiger mehr auf entgegenstehende Rechte berufen könnte, einseitig eine weitere Rechtsänderung vornehmen, die ihrerseits dem Rechtfertigungsprinzip genügt.[190]

3. Leistungspflicht bei vollständigem Ausgleich

Ganz ähnlich lässt sich ein weiteres rechtliches Phänomen erklären. So liegt es oft im gemeinsamen, wertschöpfenden Parteiinteresse, dem Gläubiger selbst dann noch einen Leistungsanspruch einzuräumen, wenn die Leistung zwar dem Schuldner an sich nicht mehr zumutbar ist, ihm der Gläubiger jedoch für

---

[188] Demgegenüber sollen hier die Parteien nach *Nauen*, Leistungserschwerung, 2001, S. 245 den Bestimmungsgrund der Obligation stillschweigend erweitert haben. Alternativ lässt dieser den mutmaßlichen Willen genügen, was sich jedoch in der Erkenntnis erschöpft, dass die Parteiinteressen bedeutsam sind, vgl. dazu bereits oben bei Fn. 170.

[189] *Lobinger*, Grenzen, 2004, S. 24.

[190] Eingehend zu diesem für sämtliche Wahlrechte (im weitesten Sinn) geltenden Mechanismus unten § 18 B.

E. Rechtfertigungsprinzip   391

dessen überobligatorische Schwierigkeiten einen Ausgleich anbietet (Fall 134).[191] Hier ist es also der Gläubiger, der lange Zeit nach Vertragsschluss einseitig eine eigenständige, im ursprünglichen Vertrag noch nicht angelegte Entscheidung trifft, die dessen Vertragspartner betrifft. Dogmatisch lässt sich das genauso erklären wie beim zuvor diskutierten „Wahlrecht" des Schuldners.

4. Vertragsabhängigkeit

Dass wir das Rechtfertigungsprinzip nur dann verwirklichen, wenn wir die konkreten Ziele, Rechte, Vorstellungen und sonstige Umstände beider Vertragsparteien berücksichtigen, wurde bereits erwähnt.[192] Das führt nicht nur zu ganz unterschiedlichen Hauptleistungspflichten – angefangen mit diversen Vertragstypen. Genauso lässt sich auch die rechtliche Behandlung einzelner Leistungsstörungen nur bei einem konsequent vertraglichen Denken treffend einordnen. So lässt sich nicht pauschal beantworten, wann ein Schuldner seine Hauptleistung nicht mehr erbringen muss.[193] Es ist daher gefährlich, weil über eine oft praktisch notwendige Typisierung deutlich hinausgehend, wenn die Frage, ab wann Leistungsaufwand und Leistungsinteresse in einem groben Missverhältnis stehen, mit bestimmten Prozentzahlen beantwortet wird.[194] Offensichtlich ist diese Vertragsbezogenheit bei unentgeltlichen Verträgen und damit etwa bei Schenkung oder unentgeltlichem Auftrag (vgl. Fall 135). So sah bereits *Hartmann* deren Soll nur „... darauf gerichtet, dass man mit redlicher Überlegung, wie es die gute Treue fordert, das tue was ... den Umständen nach geboten erscheint und das unterlasse, was die Erreichung des Zweckes gefährden könnte."[195] Aber auch sonst drängt sich die Einsicht auf, dass es zahllose Einzelheiten und oft geradezu Feinheiten sind, welche die vom Schuldner zu erbringenden Anstrengungen entscheidend beeinflussen.

---

[191] In diesem Sinn etwa *Emmert*, Grenzen, 2001, S. 78.
[192] Siehe für die hier interessierenden Leistungsstörungen nur oben § 6 E. I. 3.
[193] Stellv. *Fischer*, FS Amsberg, 1904, S. 1, 11: „An sich wohnt jedem Obligationsband die Eigenschaft des Individuellen inne. Gerade dieser Schuldner soll an diesen Gläubiger leisten. Kann dieser Schuldner nicht leisten, was hat es für eine Bedeutung, ob andere zu leisten vermögen? Und wenn der Schuldner zwar zu leisten vermag, aber nur mit überobligationsmäßigen Anstrengungen, was hat es für eine Bedeutung, ob andere leichter leisten können?", zust. *Emmert*, Grenzen, 2001, S. 86 f.; *Nauen*, Leistungserschwerung, 2001, S. 241; *Lobinger*, Grenzen, 2004, S. 157, 196 f., 209.
[194] Siehe dazu die berechtigte Kritik bei *Lobinger*, Grenzen, 2004, S. 161, 166 f. m.w.N. Näher zur Bedeutung des jeweiligen Vertragstyps für den Nichteintritt der Hauptleistungspflicht unten § 6 E. II. 4.
[195] *Hartmann*, Die Obligation, 1875, S. 162.

5. Gattungsschulden

Nur eine Ausprägung dieser Abhängigkeit der jeweils geschuldeten Anstrengungen von Rechteausstattung, Zielen, Vorstellungen und sonstigen Umständen beider Vertragsparteien ist die für viele Rechtsordnungen typische Unterscheidung insbesondere von Gattungs- und Stückschuld.[196] Dabei taugen derartige Begriffe nicht etwa dazu, die gesuchte Begründung für die unterschiedliche Behandlung diverser Leistungsstörungen zu liefern. Sie sind vielmehr nur rechtstechnischer Ausdruck einer ihrerseits zu begründenden Wertung. Etwas als Gattungsschuld zu charakterisieren bedeutet, den Schuldner im Ergebnis dazu verpflichtet zu sehen, notfalls nach Ersatz zu suchen, falls der eigentlich für seine Leistung vorgesehene Gegenstand ausscheidet (sog. Beschaffungsschuld[197], vgl. Fall 144). Die Bezeichnung einer Pflicht als Stückschuld drückt demgegenüber aus, dass der Schuldner hier zu entsprechenden Anstrengungen nicht verpflichtet sein soll. Wie wenig derartige Bezeichnungen inhaltliche Kriterien liefern, zeigt sich daran, dass aus ihnen heraus von vornherein nicht erklärt werden kann, warum wir von dieser sehr groben Typisierung oft abweichen. So reden wir im deutschen Sprachraum etwa von einer Konkretisierung (vgl. Fall 145), führen mit der Vorratsschuld eine weitere Kategorie ein (vgl. Fall 146) oder erkennen auch für Gattungsschulden an, dass der Schuldner hier keineswegs jede noch so große Anstrengung erbringen muss (vgl. Fall 147).[198] Demgegenüber erstaunlich unbarmherzig soll es bei Geldschulden als der wohl praktisch wichtigsten Gattungsschuld zugehen (vgl. Fall 149).[199]

Wie lässt sich all das erklären? Mit Wille oder Erklärung der Vertragsparteien bei Vertragsschluss offensichtlich nicht, wäre das wie bei Leistungsstörungen generell regelmäßig fiktiv.[200] Aber auch dem Begriff einer Zurechenbarkeit lässt sich nicht entnehmen, wann und warum es dem Schuldner im konkreten Fall nicht mehr zugemutet werden sollte, einen bestimmten Gegen-

---

[196] Rechtsvergleichend siehe die Nachweise oben in Fn. 40 sowie historisch etwa *Schermaier*, HKK, Bd. 2, 2007, vor § 275 BGB; *Schermaier*, HKK, Bd. 2, 2007, § 275 BGB.

[197] Siehe zu diesem Begriff *Gernhuber*, Das Schuldverhältnis, 1989, S. 223 (§ 10 II 1) sowie zur Problematik etwa *Gsell*, Beschaffungsnotwendigkeit, 1998; *Roth*, FS Medicus II, 2009, S. 371.

[198] Dass eine unbegrenzte Haftung auch hier nicht im Sinn beider Parteien liegt, erkannte bereits *Hartmann*, Die Obligation, 1875, S. 254 f. (unter Hinweis auf die Erfahrungen der französischen Rechtspraxis). Rechtsvergleichend siehe oben Fn. 40, historisch oben Fn. 196 sowie aus der deutschen Rechtsprechung nur RG, Urt. v. 23.2.1904, RGZ 57, 116, 118 f.; RG, Urt. v. 21.3.1916, RGZ 88, 172, 174 f. sowie für weitere Nachweise etwa *Jakobs*, Unmöglichkeit, 1969, S. 158 f.; *Emmert*, Grenzen, 2001, S. 28; *Nauen*, Leistungserschwerung, 2001, S. 232.

[199] Siehe dazu etwa für das deutsche Recht RG, Urt. v. 8.2.1911, RGZ 75, 335, 337.

[200] Näher oben § 6 C. IV. 1. Demgegenüber optimistischer wohl *Nauen*, Leistungserschwerung, 2001, S. 236.

stand zu beschaffen.²⁰¹ Dass der Hinweis auf Treu und Glauben bestenfalls auf ein dogmatisches Problem hinweist, dieses jedoch nicht löst, versteht sich.²⁰² Nach dem Rechtfertigungsprinzip geht es hier wie immer um eine größtmögliche Wertschöpfung zugunsten der beiden Vertragsparteien. So mag der Gläubiger ein starkes Interesse an dem Leistungsgegenstand haben, etwa weil er es als Spezialteil für weitere, eigene Wertschöpfungen benötigt (Fall 147). In einer solchen Situation ist zu fragen, welche Seite den dringend benötigten Gegenstand leichter besorgen kann. Oft wird das der Schuldner sein, etwa wenn er sich als Händler sehr viel besser im einschlägigen Markt auskennt. Denn ansonsten hätte ihn der Gläubiger im Zweifel erst gar nicht eingeschaltet. Wer die möglicherweise deutlich erhöhten Kosten dieser Beschaffung zu tragen hat, ist demgegenüber wieder eine ganz andere, erst im Anschluss zu diskutierende Frage,²⁰³ zu der dann auch erst gehört, wer das Schwankungsrisiko besser bewältigen kann.

Nicht ganz einleuchtend erscheint es schließlich, warum der Schuldner bei Geldschulden immer verpflichtet sein soll.²⁰⁴ Zwar ist es natürlich wenig sinnvoll, diese dann zu verneinen, wenn wir als „Kompensation" einen Schadensersatzanspruch zusprechen. Genauso setzt es zweifellos fragwürdige Anreize, wenn jemand nur genug Geld ausgeben müsste, um nicht mehr leisten zu müssen. Andererseits gibt es genug Situationen, in denen es sinnvoll erscheint, auf die Verarmung des Schuldners zu reagieren – und nichts anderes praktizieren viele Rechtsordnungen insbesondere für die Schenkung (Fall 150).²⁰⁵

III. Umdeutung

Gleichermaßen einfach wie gerade deshalb instruktiv sind diejenigen Konstellationen, die wir gemeinhin als Umdeutung diskutieren (vgl. Fall 141 oder

---

²⁰¹ Näher oben § 6 C. IV. 2. b).
²⁰² Näher oben § 6 B. III. 3.
²⁰³ Gleich unten § 6 E. IV.
²⁰⁴ Für eine bemerkenswert differenzierte Sichtweise siehe bereits *Hartmann*, Die Obligation, 1875, S. 257 f., der etwa auf „… die, durch die allgemeine Vertragsfreiheit unzweifelhaft begründete, Möglichkeit …" verweist, „… das Soll der Obligation auch bei Geldschulden in der Weise zu beschränken und einzugrenzen, dass es an einer später eintretenden Verschlechterung der Vermögenslage des Schuldners sich brechen soll. Es ist rein Sache der Willensauslegung im einzelnen Fall die Tragweite dieser Abrede zu bestimmen." Für eine ganz nüchterne Sicht tritt auch – mit ausführlicher Darstellung und Würdigung des Streitstands – *Kähler*, AcP 206 (2006), 805, 807 ff., 829 ff. ein, der zutreffend vor allem auf die Interessenlage der Parteien abstellt. Mit der Berufung auf „Immanenzen", „Wesensnotwendigkeiten" o.Ä. ist es jedenfalls nicht getan.
²⁰⁵ Vgl. nur aus dem deutschen Recht § 519 Abs. 1 BGB (Einrede des Notbedarfs): „Der Schenker ist berechtigt, die Erfüllung eines schenkweise erteilten Versprechens zu verweigern, soweit er bei Berücksichtigung seiner sonstigen Verpflichtungen außerstande ist, das Versprechen zu erfüllen, ohne dass sein angemessener Unterhalt oder die Erfüllung der ihm kraft Gesetzes obliegenden Unterhaltspflichten gefährdet wird."

142). Hier kann das, was von den Parteien bei Vertragsschluss gewollt und erklärt war, nicht verwirklicht werden. Lassen sich deren Ziele aber durch einen abweichenden Vertragsinhalt genauso oder auch nur annähernd so gut verwirklichen, gilt dieser. In Fall 141 deuten wir die unwirksame außerordentliche in eine wirksame ordentliche Kündigung um, in Fall 142 die unwirksame Prokura in eine gewöhnliche Vollmacht. So sehr diese Operationen einleuchten, lassen sie sich mit dem klassischen Vertragsdenken nicht erklären. Denn wir ignorieren hier, was gewollt und erklärt war, um stattdessen einen Vertragsinhalt zu suchen, der die Parteiinteressen tatsächlich verwirklicht. Dass der wirksame Vertragsinhalt in der ursprünglichen Vereinbarung gewissermaßen als ein Minus „enthalten" war, lässt sich dabei in den seltensten Fällen behaupten – von der sprach-analytischen Fragwürdigkeit solcher Aussagen ganz zu schweigen.[206] Zumal dann immer noch unbeantwortet bleibt, warum wir dieses Minus überhaupt retten sollten – erklärt oder gewollt war es ja nicht. Aber auch die so beliebte Verortung dieses Problems bei der Auslegung[207] verschleiert einmal mehr[208] die wahre Sachlage: Über das, was bei Vertragsschluss gewollt und erklärt war, besteht hier keinerlei Unklarheit, das Problem liegt vielmehr an anderer Stelle: Die Parteien haben versagt, sie haben die getreu dem Subsidiaritätsgrundsatz[209] in sie gelegten Erwartungen verfehlt, sie haben eine Regelung getroffen, die nicht geeignet ist, sie ihren eigenen Zielen näherzubringen. Doch wenn dieses Versagen genauso deutlich wird wie sich gleichzeitig ein Vertragsinhalt bestimmen lässt, der die Parteiziele besser verwirklicht – und das kennzeichnet die Umdeutungsfälle –, haben wir allen Grund, diese Korrektur vorzunehmen und damit das Parteiverhalten bei Vertragsschluss zu korrigieren. Denn in Wahrheit sieht unser Vertragsrecht in der Parteiregelung keinen Selbstzweck, sind Wille oder Erklärung hier nicht intrinsisch, sondern „nur" ein Instrument zur Verwirklichung persönlicher Ziele.[210] Dogmatisch verschleiert wird das insbesondere durch den Rückgriff auf einen mutmaßlichen Willen.[211] Abschließend sei noch darauf hingewiesen, dass bei der Umdeutung nicht anderes passiert als etwa auch bei der sogenannten Teilnichtigkeit[212] oder der Vertragsanpassung beim „Wegfall der Geschäftsgrundlage".[213]

---

[206] Zu einem ähnlichen Einwand beim nicht durchschlagenden Irrtum siehe unten § 17 B. V. 1. b) bb).
[207] Vgl. auch den systematischen Standort etwa von § 140 BGB, Art. 5:106 PECL, Art. II. – 8:106 DCFR.
[208] Allgemein zur begrenzten Aussagekraft dieses Hinweises unten § 10 E. II. 1.
[209] Näher unten § 8 E. II. 2.
[210] Näher oben § 2 A. I.; unten § 9 D. I. Vgl. auch unten § 9 C. III.; § 10 D. IV.
[211] Siehe dazu unten bei Fn. 337.
[212] Vgl. nur §§ 139 BGB und § 306 BGB oder Art. II. – 9:408 DCFR mit rechtsvergleichenden Hinweisen.
[213] Näher oben § 6 B. III. 3.

IV. Schadensersatz

1. Grundlagen

Eine vom Nichteintritt der Hauptleistungspflicht zu trennende Frage ist, ob der Schuldner stattdessen insbesondere[214] Schadensersatz leisten muss. Wiederum sollten die Parteien hier nur solche rechtliche Einbußen erleiden, die zu deren eigenen Verbesserung notwendig sind. Dafür sind vor allem zwei Aspekte zu berücksichtigen: Zum einen spielen Anreize eine wichtige Rolle. Hat der Schuldner gegebenenfalls Schadensersatz zu leisten, wird er sich mehr Mühe geben als ohne eine solche Pflicht. Oft hängt das Gelingen des angestrebten Austauschs aber auch vom Gläubiger ab. Insoweit sollte dann eher diese Person haften. Kompliziert wird es dann bei beidseitigen Einwirkungen. Zum anderen wird hier für eine gemeinsame Wertschöpfung wichtig, wer den mit einem Ausfall der Hauptleistung verbundenen Schaden besser abfangen kann.[215] So können größere Unternehmen, die täglich zahllose Verträge abschließen, mit dem Risiko eines einzelnen Ausfalls besser umgehen als beispielsweise ein einzelner Kunde. Für derartige Fragen ist es dabei – aller berechtigten Skepsis gegenüber einem kollektivistischen, nicht nur die Parteiinteressen berücksichtigenden Denken zum Trotz – hilfreich, auch die Untersuchungen etwa der ökonomischen Analyse des Rechts zu nutzen.[216]

Fragwürdig wäre es demgegenüber, bestimmte Arten von Schadensersatz wie die Vertragsstrafe[217] als von vornherein, ja vielleicht sogar apriorisch-sachlogisch undenkbar, auszuschließen.[218] So kann auch eine solche Rechtsfolge wertschöpfend sein – etwa wenn es wie in Fall 159 nur ein mit dieser Vertragsstrafe verbundener Anreiz ermöglicht, einen Vertrag zustande kommen zu lassen. Hier würden gleich beide Vertragsparteien mit Füßen getreten, wollte man ihnen verbieten, sich getreu ihren eigenen Zielen zu verbessern. Liberal wäre das sicher nicht.

---

[214] Daneben mag beispielsweise auch eine leichte Anpassung der Hauptleistungspflicht genügen, sei es in Form eines zeitlichen Aufschubs oder veränderter Qualitätsanforderungen. Auch die Unwirksamkeit des Vertrags (mitsamt einer Rückabwicklung bereits ausgetauschter Leistungen) ist natürlich denkbar.

[215] Näher oben § 5 D. IV. 3.

[216] Für einen guten Einstieg speziell in die schadensrechtliche Diskussion siehe etwa *Bost*, Nichtvermögensschaden, 2009 m.w.N. sowie zur allgemeinen Diskussion um Verhaltenssteuerung stellv. *Wagner*, AcP 206 (2006), 352.

[217] Aus internationaler Sicht siehe dazu etwa *Gottwald*, FS Söllner, 2000, S. 379 oder jüngst *Steltmann*, Vertragsstrafe, 2000.

[218] So wohl *Unberath*, Die Vertragsverletzung, 2007, S. 293 für seinen mit überzeitlichem Geltungsanspruch vertretenen Ansatz. Strafschadensersatz sei kein Institut des Vertragsrechts. Allerdings müsste er das dann selbst denjenigen Parteien entgegenhalten, die diese Vertragsstrafe wollen und vereinbaren – ein merkwürdiges Ergebnis, gerade wenn man bedenkt, dass diese Vertragsstrafe im Interesse beider Seiten liegen kann. Tatsächlich verbietet kaum eine Rechtsordnung die Vertragsstrafe pauschal, das deutsche Recht etwa regelt sie sogar ausdrücklich in §§ 339 ff. BGB.

2. Fallgruppen

Über die zuvor beschriebenen Kriterien hinaus lassen sich noch weitere Konstellationen herausarbeiten, in denen der Gläubiger berechtigt sein sollte, zumindest wahlweise Schadensersatz zu verlangen. Es geht um Fälle, in denen es zu einer bei Vertragsschluss gemeinsamen Wertschöpfung beiträgt, den Schuldner später nicht mehr vor verfrühter Inanspruchnahme durch den Gläubiger auf Schadensersatz zu schützen.[219] Hierhin gehören so bekannte Fallgruppen wie die ernsthafte und endgültige Erfüllungsverweigerung des Schuldners (Fall 151). Darin eine eigenständige Pflichtverletzung zu sehen, ist nicht nur umständlich, sondern begründet nicht einmal den gesuchten Ersatzanspruch für den Schaden, den der Gläubiger bei Fälligkeit tatsächlich erleidet. Ganz ähnlich verhält es sich bei solchen früheren, unzuverlässigen Leistungen des Schuldners, durch die es dem auf Verlässlichkeit angewiesenen Gläubiger zu riskant wird, auf eine vielleicht doch noch vertragsgemäße Leistung zu hoffen (Fall 152).[220]

V. Anfängliche Leistungshindernisse

Betrachtet man manche Rechtsordnung, so scheint es gerade dogmatisch einen großen Unterschied zu machen, ob eine Leistungserschwerung vor oder nach Vertragsschluss einsetzt. So soll nach *Mommsen* eine ursprünglich unmögliche Leistung zur Nichtigkeit der Obligation führen, deren Zustandekommen hindern und damit allenfalls dasjenige Interesse ersetzbar sein, das der Gläubiger daran habe, über die wahre Beschaffenheit der Leistung nicht getäuscht zu sein.[221] Ganz anders sei hingegen die nachträgliche Unmöglichkeit zu behandeln, der eine gleiche Wirkung nicht beigelegt werden könne. Zudem würde das Fortbestehen der Verpflichtung sonst in dem ausgedehntesten Maße von der Willkür des Schuldners abhängen, während das Wesen der Obligation darin bestehe, dass der Schuldner durch dieselbe gebunden sei.[222] Auch in jüngerer Zeit findet sich die Ansicht, dass die anfängliche Unmöglichkeit nicht vertraglich erfasst werden könne, sondern allein ein Verschulden bei Vertragsverhandlungen betreffe. Rechtlicher Anknüpfungspunkt sei die man-

---

[219] Auch hier fungiert „dessen" Leistungsstörung nicht etwa als Haftungsgrund. Und die Nichterfüllung und nicht eine Pflichtverletzung ist dabei der Anlass einer möglichen Ersatzpflicht. Instruktiv dazu und zum Folgenden *Jakobs*, Unmöglichkeit, 1969, S. 30, 47 ff., 73 f., 222, 225 f.

[220] Instruktiv wiederum (auch zu weiteren Fallgruppen) *Jakobs*, Unmöglichkeit, 1969, S. 51 ff., 261 ff. mit dem weiteren Hinweis, dass sich auch ein Verschulden nicht etwa auf die Erfüllungsverweigerung, sondern die Nichterfüllung beziehen muss.

[221] *Mommsen*, Unmöglichkeit, 1853, S. 103 ff., 106 f., 228.

[222] *Mommsen*, Unmöglichkeit, 1853, S. 228 ff. Zur Problematik gegenständlichen Denkens siehe gleich.

E. Rechtfertigungsprinzip

gelnde Vergewisserung über die eigene Leistungsfähigkeit.[223] Manche erklären es gar „... nach dem Grundsatz ‚*impossibilium nulla est obligatio*'..." für denknotwendig ausgeschlossen, an eine Leistungspflicht anzuknüpfen.[224] Das wiederum würde es nahelegen, nur bei einem entsprechenden Verschulden Schadensersatz zuzusprechen – und zwar nur in Höhe des negativen Interesses.[225] Umso erstaunter reibt man sich die Augen beim Anblick des frisch reformierten deutschen Schuldrechts. Hier lesen wir nicht nur, dass der Vertrag durchaus wirksam sein könne. Genauso wird bei Verschulden ein Anspruch auf das positive und nicht nur das negative Interesse zuerkannt.[226] Wie das?[227]

Tatsächlich rächt sich hier einmal das stark gegenständliche, viel zu sehr auf das so seltene Faktum einer Unmöglichkeit fixierte Denken.[228] Zwar hat der

---

[223] Stellv. *Oertmann*, AcP 140 (1935), 129, 146 („Das Verschulden wird sich hier in der Regel nur darauf beziehen, dass man sich in Vertragsverhandlungen einlässt, den Vertrag schließt, obwohl man sein Leistungsunvermögen kannte oder hätte kennen müssen. Und das ist kein Verschulden innerhalb des bestehenden Vertragsverhältnisses, sondern ein solches bei den zu seinem Abschluss führenden Verhandlungen, also culpa in contrahendo, die mindestens in aller Regel nur zur Haftung auf das negative Interesse führt."); *Ernst*, JZ 1994, 801, 808 („Der Anknüpfungspunkt für die Schadensersatzpflicht ist bei anfänglicher Unmöglichkeit die mangelnde Vergewisserung über das eigentliche Leistungsvermögen, bei nachträglichen Hindernissen dagegen die nicht hinreichend sorgfältige Bemühung um Vertragserfüllung. Es handelt sich um zwei grundverschiedene Tatbestände ..."); *Flume*, ZIP 1994, 1497, 1498 („Bei der Haftung nach § 307 BGB [a.F.] ist der Tatbestand des bloßen Kennenmüssens der Unmöglichkeit ein ganz anderer als der Tatbestand der Zuwiderhandlung gegen eine schuldrechtliche Vereinbarung oder als die schuldhafte Unterlassung entgegen der Vereinbarung, auf welche Tatbestände die Rechtsordnung mit dem Schadensersatzanspruch auf das Erfüllungsinteresse reagiert. Für das Kennenmüssen der Unmöglichkeit ist die sachgerechte Rechtsfolge die Haftung auf das negative Interesse. Die anfängliche Unmöglichkeit selbst hat der Schuldner nicht zu vertreten. Es geht vielmehr nur darum, dass, wer die Unmöglichkeit kennen muss, den Vertragspartner vor Schaden aus dem Vertragsschluss bewahren muss, und das bedeutet die Haftung auf das negative Interesse."); *Knütel*, NJW 2001, 2519, 2520 („Ein Schuldner, der fahrlässig sein Leistungshindernis nicht erkannt hat, kann nur eine vorvertragliche Aufklärungspflicht verletzt haben. Dass er statt des negativen das positive Interesse ersetzen soll, ist ein dogmatischer Bruch und wertungsmäßig nicht nachvollziehbar. Denn logisch ist es nur dann möglich, auf Grund des nicht erfüllten Leistungsversprechens das positive Interesse zu gewähren, wenn auch das Verschulden die Nichterfüllung der Leistungspflicht betrifft. Das ist hier aber gerade nicht der Fall.").

[224] *Canaris*, in: Schulze/Schulte-Nölke (Hrsg.), Schuldrechtsreform, 2001, S. 43, 59.

[225] Stellv. *Canaris*, in: Schulze/Schulte-Nölke (Hrsg.), Schuldrechtsreform, 2001, S. 43, 60.

[226] § 311a BGB Leistungshindernisse bei Vertragsschluss Abs. 1: „Der Wirksamkeit eines Vertrags steht es nicht entgegen, dass der Schuldner nach § 275 Abs. 1 bis 3 nicht zu leisten braucht und das Leistungshindernis schon bei Vertragsschluss vorliegt." Abs. 2 S. 1 u. 2: „Der Gläubiger kann nach seiner Wahl Schadensersatz statt der Leistung oder Ersatz seiner Aufwendungen in dem in § 284 bestimmten Umfang verlangen. Dies gilt nicht, wenn der Schuldner das Leistungshindernis bei Vertragsschluss nicht kannte und seine Unkenntnis auch nicht zu vertreten hat."

[227] Berechtigte Kritik dazu etwa auch bei *Lobinger*, Grenzen, 2004, S. 44, 69, passim.

[228] Näher oben § 2 E. II. 4. sowie ab § 6 B. II. Insofern erfrischend deutlich *Grunewald*,

Schuldner regelmäßig nicht die bereits eingetretene Unmöglichkeit, sondern allenfalls eine allzu leichtfertige Versprechensabgabe zu vertreten.[229] Doch ist es alles andere als gottgegeben, einen Vertrag nur deshalb für unwirksam zu halten, weil die darin als Hauptleistungspflicht versprochene Leistung unmöglich war oder wird. Vielmehr lässt sich in diesem Vertrag als eine der vielen Eventualitäten regeln, was geschehen soll, wenn sich die eigentlich angedachte Leistung als von Anfang an unmöglich oder auch nur zu aufwändig erweist, was spätestens dann unübersehbar wird, wenn die Parteien genau darüber eine Regelung treffen.[230] Doch erlaubt es das Rechtfertigungsprinzip eben auch, Vertragsinhalte unabhängig von Wille oder Erklärung der Vertragsparteien bei Vertragsschluss zu bestimmen, wie das auch für zahllose andere Vertragsinhalte unausweichlich ist.[231] Dabei wird je nach rechtlicher Ausgangslage, Parteiinteressen und sonstigen Umständen eine andere Rechtsfolge dafür sorgen, dass die Parteien nicht für ihre Ziele unnötige rechtliche Einbußen erleiden.[232] Dass dies nicht ausschließt, typisierend vorzugehen und damit nicht jede Nuance zu erfassen, versteht sich.

Für diese Einsicht muss man nicht einmal die Frage stellen, wodurch sich denn die anfängliche von der nachträglichen Unmöglichkeit objektiv unterscheidet und ob ein wenige Sekunden früher oder später einschlagender Blitz zu kategorialen Umschwüngen führen soll. Denn in Wahrheit geht es immer nur um ein Wahrnehmungsproblem. Schließlich fällt die nachträgliche Unmöglichkeit nicht etwa aufgrund göttlich-spontaner Eingebung vom Himmel,

---

JZ 2001, 433, 435: „Die Haftung auf das Erfüllungsinteresse ist nicht logisch unstimmig. Zwar kann der Schuldner nicht erfüllen … Aber da er versprochen hat, dass er erfüllen werde, soll der Gläubiger … wertmäßig zumindest so stehen, als wäre erfüllt worden … Für den Schuldner, der die Unmöglichkeit nur kennen muss, sollte nichts anderes Gelten." Allerdings lässt sie offen, worauf sich dieses Ergebnis stützen lässt, warum der Gläubiger also „wertmäßig" so zu stellen sein sollte. Wenn dem Schuldner vorzuwerfen sein soll, „… dass er den Vertrag geschlossen hat und nunmehr nicht leisten kann, was er versprochen hat.", beantwortet dieses Denken in Vorwürfen, Pflichtverletzungen, Unrechtshandlungen, Brüchen nicht, was für eine Rechtsfolge eintreten sollte und damit auch nicht, ob und was für ein Schadensersatz sinnvoll ist, vgl. dazu oben § 6 B. III.; § 6 C. III.
[229] Vgl. neben den Stimmen oben in Fn. 223 hier nur *Brecht*, JhJb 53 (1908), 213, 295: „Bei ursprünglicher Unmöglichkeit kann der Schuldner niemals die Unmöglichkeit verschuldet haben, sondern stets nur die Einlassung des Gläubigers auf einen unerfüllbaren Vertrag …"
[230] In diese Richtung geht es, wenn *Brecht*, JhJb 53 (1908), 213, 292 f. zwar zunächst von der „… völligen Verschiedenartigkeit des Haftungsgrundes …" ausgeht, weshalb die Haftung des Schuldners nicht auf der Verletzung vertraglich übernommener Pflichten beruhen könne („Denn bevor der Vertrag ‚geschlossen ist', können aus ihm keine Pflichten entstanden sein …"), dann allerdings dort auf S. 293 ein über das Versprechen zur Anstrengung hinausgehendes Haftungsversprechen diskutiert: „Er [der Schuldner] kann sagen: ich hafte Dir dafür, dass der von Dir gewünschte Erfolg eintritt. Dann liegt vollkommne Garantieübernahme vor (Haftung für den Erfolg)."
[231] Näher oben § 6 C. IV. 1. sowie unten § 8; § 9 C. IV.; § 10 D. I.
[232] Vgl. dazu oben § 6 C. III.

sondern folgt einem Kausalverlauf, der schon bei Vertragsschluss angelegt war. Nur sind diese Wirkungszusammenhänge für uns Menschen oft so komplex und uneinsehbar, dass es uns so erscheint, als „entstünde" das Problem erst nach Vertragsschluss.[233] Die Schwierigkeiten etwa bei der Sachmängel- bzw. Produzentenhaftung, zwischen Mangelfolge- oder Weiterfresserschaden zu unterscheiden,[234] sind nur eines der vielen Symptome für die Fragwürdigkeit derartiger, auch für praktisch-juristische Zwecke kritikwürdiger Abgrenzungsversuche. Jedenfalls sollte deutlich geworden sein, wie wenig selbst natürliche anfängliche Unmöglichkeiten – von den viel häufigeren Leistungserschwerungen ganz zu schweigen – dazu taugen, „sachlogisch" oder „denknotwendig" die Unwirksamkeit eines Vertrags zu „bewirken". Vielmehr geht es schlichtweg darum, zwischen den Vertragsparteien eine für jede Eventualität möglichst interessengerechte Regelung zu finden – ein klassisch vertragsrechtliches Problem.

Schließlich leuchtet es nicht ein, warum es für die vertraglichen Rechte und Pflichten einen Unterschied machen sollte, ob der für Leistungsstörungen so gerne bemühte Blitz wie in Fall 130 kurz vor oder wie in Fall 129 kurz nach Vertragsschluss einschlägt. Der einzige signifikante Unterschied zwischen anfänglicher und nachträglicher Leistungsstörung besteht darin, dass der Vertragsinhalt für die erste Variante zwecks bestmöglicher Wertschöpfung auch berücksichtigen sollte, ob nicht bestimmte Schäden dadurch vermeidbar sind, dass sich eine Partei – typischerweise der Schuldner – mit einem dem jeweiligen Risiko angemessenen Aufwand über seine Leistungsfähigkeit vergewissert, bevor die Gegenseite nicht rückgängig zu machende Anstrengungen tätigt. Das war es dann aber auch.

VI. Anspruchsentwertung

1. Problem

Die bisherigen Ausführungen konzentrierten sich auf solche Ereignisse, die es dem Schuldner erschweren, die geplante (Haupt-) Leistung zu erbringen. Doch oft tritt der vertraglich versprochene Erfolg ein, ohne dass sich der Schuldner auch nur anstrengen musste (sog. Zweckvereitelung). Schulbeispiele sind das eine Einfahrt blockierende Fahrzeug, das kurz vor Eintreffen des beauftragten Abschleppunternehmens von dessen Fahrer selbst entfernt wird, das freizuschleppende Schiff, das kurz vor Eintreffen des Schleppers von alleine frei

---

[233] Näher zum menschlichen Denken oben § 2 D. IV.
[234] Vgl. dazu nur Art. 7 f) der Richtlinie 85/374/EWG des Rates vom 25. Juli 1985 zur Angleichung der Rechts- und Verwaltungsvorschriften der Mitgliedstaaten über die Haftung für fehlerhafte Produkte, ABl. Nr. L 210 v. 7.8.1985, S. 29 (Produkthaftungsrichtlinie).

wird oder der zu behandelnde Patient, der vor Eintreffen des Arztes wieder gesundet (Fälle 153). Genauso können verschiedenste Umstände verhindern, dass der angestrebte Erfolg noch eintreten kann (sog. Zweckfortfall). So mag das abzuschleppende Schiff gesunken sein, der zu operierende Patient gestorben oder das zu renovierende Haus abgebrannt (Fälle 154). Schließlich kann der Gläubiger jegliches Interesse an der Leistung verlieren, selbst wenn diese noch möglich ist (sog. Interessenfortfall). So entfällt das Interesse an einem Automobil spätestens dann, wenn einem der Führerschein entzogen wird, wird der gekaufte Fußballspieler uninteressant, wenn er seine Spielberechtigung verliert, und erweist sich das gekaufte Bauerwartungsland als wertlos, wenn es doch nicht bebaubar wird (Fälle 155). Genauso wird das Hochzeitskleid nur hinderlich, wenn die dem Vertrag einen Sinn verleihende Ehe zerbricht (Fall 156). Auch der berühmte Krönungszugfall (Fall 157) gehört hierher.[235]

Diese Fallkonstellationen sind schon deshalb instruktiv, weil sie einmal mehr die Bedeutung der mit dem Vertrag jeweils verfolgten Zwecke verdeutlichen. Denn die vorgenannten Fälle kranken allesamt daran, dass unabhängig davon, ob die jeweils versprochene Leistung noch erbracht werden kann, sie nicht mehr den Sinn erfüllt, der die Parteien überhaupt zum Vertragsschluss veranlasste. Mit Willens- und Erklärungstheorie kommt man hier nicht weiter, weil in deren Tatbeständen die menschlichen Zwecke erst gar nicht auftauchen.

Aber auch das Unmöglichkeitsdenken hilft hier nicht weiter. So mag man bereits trefflich darüber streiten, ob es wirklich unmöglich ist, das bereits freigewordene Schiff noch abzuschleppen.[236] „Wesensmäßig" lässt sich hier gar nichts ableiten, zumal es eher vom Zufall abhängt, ob das, worauf sich die Parteien geeinigt hatten, ein „Frei- bzw. Abschleppen" oder ein noch ohne Weiteres möglicher „Abtransport" sei. Eine natürliche Unmöglichkeit liegt hier ohnehin so gut wie nie vor, ließe sich das gerade freigewordene Schiff sicher wieder auf den Grund ziehen oder der Autobesitzer gleich wieder für einen neuen Defekt sorgen. Kurzum, die spitzfindige Diskussion darüber, wann genau denn Unmöglichkeit vorliege, mag zwar gedanklich anregend sein – dem vertragstheoretischen Verständnis dient sie nicht. Vor allem müsste man spätestens beim Interessenfortfall doch wieder dogmatisch neu ansetzen, da dort von einer Unmöglichkeit keine Rede sein kann.

---

[235] Zu allen Fallgruppen siehe nur eingehend *Nauen*, Leistungserschwerung, 2001, S. 45 f. m.w.N.

[236] Die wohl überwiegende Meinung geht hier von Unmöglichkeit aus, vgl. zu dieser Diskussion nur *Beuthien*, Zweckerreichung, 1969, S. 145 ff., 195 f.; *Köhler*, Zweckstörungen, 1971, S. 24 ff., 70 ff., 80; *Titze*, Unmöglichkeit, 1900, S. 25 sowie *Nauen*, Leistungserschwerung, 2001, S. 47 f.

2. Rechtfertigungsprinzip

Konzentriert man sich hier auf eine möglichst wertschöpfende Risikoverteilung, so liegt es regelmäßig nahe, dass der Gläubiger die beim Schuldner tatsächlich anfallenden Kosten (einschließlich sämtlicher Opportunitätskosten) zumindest so weit tragen sollte, wie er selbst leichter einschätzen kann, ob er die Leistung wirklich benötigen wird.[237] Denn ansonsten könnte er einen Anbieter einfach auf Verdacht bestellen. Im Extremfall hielte das den Schuldner davon ab, überhaupt erst loszufahren. Aber selbst wenn die Aussichten einer vertraglichen Wertschöpfung das Risiko nutzloser Aufwendungen noch überstiegen, zwänge man den Parteien unnötige rechtliche Einbußen auf. Denn wie immer wird das Risiko des Schuldners eingepreist und damit letztlich dem Gläubiger in Rechnung gestellt. Wenn es aber den Gläubiger sehr viel weniger kostet, kurz zu überlegen, ob er den Anbieter benötigt, wird er sich den Risikoaufschlag gerne ersparen. Typischerweise anders zu beurteilen ist demgegenüber der dem Schuldner entgehende Gewinn. Denn ob sich eine Gewinnchance realisiert, gehört zum klassischen Unternehmerrisiko, und zwar deshalb, weil Unternehmer derartige Risiken leichter schultern als die jeweiligen Kunden. Insbesondere können sie diese Risiken besser beeinflussen.

Um die Umsetzung des Rechtfertigungsprinzips möglichst konkret zu illustrieren, seien abschließend einige ganz einfache Fälle besprochen. Teilt wie in Fall 155 der Käufer eines Automobils dem Verkäufer kurz nach Abschluss des Kaufvertrags mit, dass ihm gerade für lange Zeit der Führerschein entzogen worden sei, dürften nur die wenigsten Rechtsordnungen Gnade zeigen. Dem Rechtfertigungsprinzip scheint das zu widersprechen. Schließlich verschlechtert sich der Käufer, da er für viel Geld einen Gegenstand erhält, den er nicht gebrauchen kann. Zwar ist es hier wertschöpfend, den Käufer für das negative Interesse einstehen zu lassen, da er derartige Irrtümer leichter vermeiden kann. Aber warum sollte der Vertrag darüber hinaus aufrecht erhalten bleiben? Hier wird nun eine Einsicht wichtig, die im Irrtumsrecht noch näher zu diskutieren sein wird:[238] Selbst wenn der Kaufvertrag rein rechtlich gesehen gilt, bleibt es dem Käufer unbenommen, das Auto sofort wieder weiterzuverkaufen. Ja, er kann sogar den Verkäufer selbst bitten, das gegen eine entsprechende Vergütung für ihn zu tun. Vom wirtschaftlichen Ergebnis her wird unser Käufer also nicht etwa einen Schaden in Höhe des Kaufpreises erleiden, sondern allein das negative Interesse tragen. Denn das, was der Verkäufer als Verkaufsprovision verlangen wird, dürfte ziemlich genau denjenigen Aufwendungen (bei Berücksichtigung aller Risiken etc.) entsprechen, die er auch für den

---

[237] Als zweites Kriterium ist wie immer vor allem wichtig, wer das Schadensrisiko (hier der unnötig anfallenden Kosten) besser abfedern kann, vgl. dazu oben § 5 D. IV. 3.; § 6 E. I. 3. sowie für die Gewinnhoffnung des Schuldners gleich nachfolgend.
[238] Unten § 17 D. III. 1.

ursprünglichen Verkauf nennen könnte. Nicht anders lässt sich argumentieren, wenn der erworbene Kühlschrank nicht in die eigene Küche passt (Fall 156) oder die Angebetete den goldenen Verlobungsring verschmäht (Fall 278).

Auch im berühmten Krönungszugsfall (Fall 157), bei dem sich das gemietete Hotelzimmer als wertlos erweist, scheint das Rechtfertigungsprinzip bei Annahme eines wirksamen Vertrags verletzt. Denn der mit der Miete verbundene Geldverlust erweist sich als ungeeignet für die damit bezweckte Beobachtung des Krönungszugs. Allerdings geht es auch hier letztlich allein um das negative Interesse, das dann dem positiven Interesse entspricht, wenn sich das Zimmer kurzfristig nicht mehr vermieten lässt. Und sofern noch genug Zeit bleibt, um einen anderen Mieter zu finden, kann sich der Hotelier auf diese Suche begeben und wird sich jedenfalls dann über neue Verdienstmöglichkeiten freuen, wenn man ihm seine Anstrengungen für den bisherigen Mieter entgeltet. Oft wird ein Kunde allerdings dankbar dafür sein, in einem solchen Fall erst gar nicht verhandeln zu müssen. Dann besteht die wertschöpfendste Lösung darin, die Buchung ohne irgendwelche Nachteile zurückziehen zu können und stattdessen von vornherein einen leicht höheren Mietpreis zu akzeptieren. Dass so das Hotel das wirtschaftliche Risiko trägt, einen Mieter zu finden, der dann auch seine Buchung nicht zurückzieht, entspricht dem normalen unternehmerischen Risiko, für das es wie bereits erwähnt gute Gründe gibt, es dem Unternehmer aufzubürden. Regelmäßig anders sind solche Meinungsänderungen zu bewerten, die dermaßen kurz vor Mietantritt erfolgen, dass das Hotel kaum mehr einen Ersatzmieter finden wird. Hier wird es besonders wichtig, wer das negative Interesse tragen sollte. Regelmäßig weiß der Hotelgast besser, wofür er das Zimmer benötigt, was er in dieser Zeit tun möchte und wie sehr dieses Reiseziel gefährdet ist. Kann er den Schadenseintritt also leichter vermeiden, sollte auch ihn der entsprechende Anreiz treffen. Demgegenüber dürfte die Frage, wer ein anfallendes negatives Interesse besser abfedern kann, weniger ins Gewicht fallen.

Für den Fall, dass aus irgendeinem Grund der Verkäufer und nicht etwa der Käufer des Autos vom Führerscheinentzug weiß oder mit etwas Anstrengung wissen könnte (Fall 158), besteht die wertschöpfende Lösung darin, dem Verkäufer das negative Interesse zuzuweisen. Dann aber ist es am einfachsten, den Vertrag auch rechtlich von vornherein für unwirksam zu erklären. Dabei ist es oft nur eine Frage der rechtstechnischen Umsetzung, ob man auf Nichtigkeit, Anfechtbarkeit oder eine vorvertragliche Informationspflicht verweist. Eine Anfechtbarkeit hat dabei den zusätzlichen Effekt, dem Käufer ein Wahlrecht einzuräumen.[239] Entsprechend ist Fall 277 zu lösen, wo der Verkäufer des Verlobungsrings dem Käufer fälschlicherweise erzählt, dass sich dessen Angebetete zu diesem hingezogen fühle, obwohl er weiß oder mit etwas Anstrengung

---

[239] Vgl. dazu die zumindest leicht übertragbaren Ausführungen unten § 17 B. IV. 3.

wissen könnte, dass das nicht stimmt. Spätestens hier wird dann auch deutlich, wie sich Irrtumsrecht und Leistungsstörungen überschneiden. Denn sobald sich eine Seite für den Vertragsschluss relevante Fehlvorstellungen macht, haben wir es mit einem Motivirrtum zu tun.[240]

---

[240] Näher zu diesem unten § 17 D.

§ 7 Eigenschaften

A. Problem

I. Atomistische Herausforderung

Dass es praktisch äußerst relevant ist, was für Eigenschaften die vertraglich geschuldete Leistung in all ihren Einzelheiten aufweisen soll, bedarf keiner größeren Erläuterung. Dabei mag es sich entweder um einen konkreten, real existierenden und damit raumzeitlich-identifizierbaren Gegenstand („dieser goldene Ring da") handeln oder um einen solchen, der als einer bestimmten Gattung zugehörig bzw. als verschiedene Merkmale aufweisend beschrieben wird („einen goldenen Ring"). Leider vermengen sich in der traditionsreichen[1] Diskussion um derartige Eigenschaften oft gleich mehrere Fragestellungen, die man zweckmäßigerweise trennt: Relativ spärlich wird die gedanklich vorrangige Frage behandelt, wie wir es überhaupt erklären können, was für Eigenschaften vertraglich bis ins letzte noch so nichtige Detail, bis zu jedem Kubikmillimeter, vertraglich geschuldet sind. Dieses Problem stellt sich gleichermaßen für eine Spezies- wie Gattungsschuld. In Fall 160 etwa erwirbt ein Antiquitätenhändler einen kostbaren, mit unzähligen Feinheiten und enormer Detailliebe geschnitzten Holzaltar. Dabei identifizieren beide Parteien diesen Altar raumzeitlich so korrekt, dass Verwechslungen ausgeschlossen sind. Wenn wir nun fragen, ob der Verkäufer nicht den Altar mit einem Beil oder Bohrer an verschiedenen Stellen verunstalten darf, so insistiert unser Kaufrecht darauf, dass der Altar in all seinen noch so kleinen Details so geschuldet sei, wie er bereits bei Vertragsschluss aussah. Ganz ähnlich mag es wie in Fall 161 ein kleiner Fehler in einem elektronischen Schaltkreis sein, der das gesamte, aus einem Katalog ausgewählte Auto lahmzulegen droht, sich jedoch erst nach Vertragsschluss bemerkbar macht. Es sind also oft scheinbar völlig langweilige und den Vertragsparteien bei Vertragsschluss unbekannte Merkmale, die auf einmal sehr wichtig werden und all das gefährden können, was der jeweilige Vertrag zur Verwirklichung der Parteiinteressen beitragen soll. Um hier etwa einen Anspruch auf Nachbesserung zu begründen, müssen wir einen

---

[1] Für einen historischen Überblick speziell zum Eigenschaftsirrtum vgl. nur aus jüngerer Zeit *Schermaier*, Wesentlicher Irrtum, 2000 sowie zu den sehr alten philosophischen Einflüssen stellv. *Sokolowski*, Die Philosophie im Privatrecht, 1902.

tragfähigen Grund liefern, der es uns erlaubt, eine solche Forderung in all ihren Einzelheiten auch nur auszusprechen.[2] Wille oder Erklärung der Parteien bei Vertragsschluss reichen dafür jedenfalls nicht.[3]

II. Störungen

An gedanklich zweiter Stelle steht die Frage, wie mit solchen Umständen umzugehen sei, welche die Erbringung der in allen ihren Details geschuldeten Leistung erschweren oder gar unmöglich machen. Wir haben es hier mit dem vieldiskutierten Problem der Leistungsstörungen zu tun,[4] weshalb es überrascht, wie losgelöst davon bisweilen die Eigenschaften diskutiert werden.[5] Hier sei zunächst nur darauf hingewiesen, dass wenn es schon reichlich illusionär ist, sämtliche vertraglich geschuldeten Eigenschaften auf das Verhalten der Vertragsparteien bei Vertragsschluss zurückzuführen, das erst recht für all die Eventualitäten gelten muss, um die es im Leistungsstörungsrecht geht. Kaum jemand überlegt sich oder legt fest, wie auf jede einzelne Störung reagiert werden soll.[6]

III. Irrtümer

Erst an dritter Stelle steht schließlich das Thema, um das sich die wohl meisten dogmatischen Überlegungen zu Eigenschaften drehen: der sogenannte Eigenschaftsirrtum. Diese Irrtumskonstellation ist nicht nur deshalb so spannend, weil deren Verständnis ersichtlich von den zuvor erwähnten, ihrerseits anspruchsvollen Fragen abhängt, sondern auch, weil man bereits über deren grobe Einordnung streiten kann. So ist man sich uneins darüber, ob wir es hier mit einem Inhalts-, Erklärungs- oder Motivirrtum zu tun haben, sofern man überhaupt diesen klassischen Kategorien folgen will. Typischerweise werden hier Fälle diskutiert, in denen sich eine Partei bei Vertragsschluss konkrete Vorstellungen über die geschuldete Leistung macht, die sich dann als unzutreffend erweisen. So mag wie in Fall 163 die Überlassung „dieses Rings" vereinbart sein, jedoch eine Partei oder gar beide Parteien (Fall 165) fälschlicherweise glauben, dass dieser Ring, wie er nun einmal im Schaufenster liegt, golden und nicht nur vergoldet sei. Oder es wird wie in Fall 166 die Überlassung „dieses goldenen Rings" vereinbart, der Ring ist aber wiederum nur vergoldet. Ähnliche Probleme stellen sich bei Gattungsschulden, wenn etwa wie

---
[2] Näher unten § 7 B. V. 2.
[3] Näher unten § 7 B. V. 2. a).
[4] Näher oben § 6 C. III.
[5] Tatsächlich liegt der einzig wirklich durchgreifende Unterschied in einer dem Inhalts- bzw. Erklärungsirrtum sehr ähnlichen Interessenlage, näher dazu unten § 7 C. III.
[6] Näher oben § 6 C. IV. 1.

in Fall 167 die Lieferung von Haakjöringsköd vereinbart wurde, eine Seite jedoch fälschlicherweise glaubte, dieser Begriff stehe für Walfischfleisch. Praktisch besehen ist der Eigenschaftsirrtum die wohl wichtigste Irrtumskonstellation, fällt darunter auch der Irrtum des Käufers über die fehlerfreie Beschaffenheit der Kaufsache.[7]

IV. Fälle

160. *Zurechtgestutzter Holzaltar:* Antiquitätenhändler A erwirbt von der Kirche K einen kostbaren, mit enormer Detailliebe geschnitzten Holzaltar. Kurz vor der Lieferung dringen Randalierer in die Kirche ein und verunstalten den Altar mit einem Beil an zahlreichen Stellen, die allerdings bei den Verkaufsverhandlungen weder von A noch K überhaupt wahrgenommen worden waren. *Abwandlung:* K nimmt selbst die Verunstaltungen an diesen Stellen vor.

161. *Kleiner Defekt mit großer Wirkung:* K bestellt von Hersteller H ein neues Auto des Typs xy. Leider legt kurze Zeit nach Auslieferung ein kleiner Fehler in einem elektronischen Schaltkreis das gesamte Auto lahm.

162. *Kleiner Defekt mit kleiner Wirkung:* K bestellt von Hersteller H ein neues Auto des Typs xy. Leider lässt ein kleiner Fehler in einem elektronischen Schaltkreis den Motor unruhig laufen.

163. *„Dieser Ring da" bei Käuferirrtum:* Käufer K möchte seiner Geliebten einen schön geformten Ring aus purem Gold schenken und bezahlt dafür auch gerne 100 Euro. Er zeigt daher auf ein schönes Exemplar im Schaufenster und sagt zu J, „diesen da" hätte er gern. Wie jedoch K später merkt, ist der so ausgewählte Ring nicht golden, sondern nur vergoldet.

164. *„Dieser Ring da" bei Verkäuferirrtum:* Käufer K interessiert sich für einen bestimmten Ring und fragt daher Verkäufer V, was „dieser da" denn koste. V glaubt, es gehe um einen bloß vergoldeten Ring und sagt „20 Euro". In Wahrheit ist der Ring golden und 100 Euro wert.

165. *„Dieser Ring da" bei gemeinsamem Irrtum:* Käufer K möchte seiner Geliebten einen schön geformten Ring aus purem Gold schenken und bezahlt dafür auch gerne 100 Euro. Das teilt er Juwelier J genau so mit, der ihm einige Exemplare zeigt. Letztlich entscheidet sich K für ein Exemplar und sagt zu J, „diesen da" hätte er gern. Wie sich später herausstellt, ist der so ausgewählte Ring nicht golden, sondern nur vergoldet.

166. *„Diesen goldenen Ring da":* Käufer K möchte seiner Geliebten einen schön geformten Ring aus purem Gold schenken und bezahlt dafür auch gerne 100 Euro. Letztlich entscheidet sich K für ein Exemplar und sagt zu Juwelier J, „diesen goldenen Ring da" hätte er gern. Wie sich später herausstellt, ist der so ausgewählte Ring nicht golden, sondern nur vergoldet.

---

[7] Zutr. *Huber*, AcP 209 (2009), 143, 144.

"Dieses so anmutig laufende Pferd": Pferdeliebhaber P hat Gutsinhaber G immer schon um dessen anmutigen Schimmel Hector beneidet. Endlich kann er G dazu überreden, ihm *"den so anmutig laufenden Schimmel Hector"* zu verkaufen. Als das Pferd am nächsten Tag übergeben werden soll, stellen beide erstaunt fest, dass es bereits bei Vertragsschluss verendet war.

167. *"Genau so einen auch":* Dem trendbewussten Münchener M ist nicht entgangen, dass alle seine Kollegen neuerdings einen bestimmten, besonders schicken Musikspieler mit sich tragen. Daher eilt er hastig in ein Elektrogeschäft, wo er ein entsprechendes Exemplar ausgestellt findet, und erklärt dem Verkäufer, *"genau so einen"* müsse er auch haben.

168. **Unwissender Haakjöringsköd-Käufer:** Käufer K kauft von Verkäufer V ca. 214 Fass norwegischen *"Haakjöringsköd"*. Doch glaubt K – anders als V –, dabei gehe es um Walfischfleisch, während *"Haakjöringsköd"* in Wahrheit für weniger wertvolles Haifischfleisch steht.

169. **Falscher Wein:** Weinliebhaber W betritt ein Ladengeschäft, das sich im Aushang deutlich als Weinhandlung zu erkennen gibt. Er sieht ein schönes Gebinde, das 20 Euro kosten soll, und sagt dem Verkäufer, dieses wolle er gerne erwerben. Später stellt sich heraus, dass es Apfelwein enthält. **Abwandlung:** Später stellt sich heraus, dass es Traubensaft enthält.

Welches Filet? Käufer K gerät, ohne es zu wissen, in eine Rossschlachterei. Dort sieht er ein schönes Filet und erklärt Verkäufer V, *"dieses Stück da"* kaufen zu wollen. K geht davon aus, Rindfleisch zu erwerben.

170. **Schimmeliges Brot:** Käufer K benötigt mal wieder Brot, weshalb er bei Bäcker B auf einen knusprigen Laib zeigt und *"diesen da"* auswählt. Als er ihn zuhause aufschneidet, stellt er fest, dass das Brot innen verschimmelt ist.

171. **Bismarcks Feder:** Sammler S erwirbt von Antiquitätenhändler A eine Feder, mit der Bismarck höchstpersönlich den Frankfurter Frieden unterzeichnet haben soll. Wie sich später jedoch herausstellt, gehörte sie nur Schreinermeister Müller.

172. **Verlorene Grundstücke:** Privatier P liebäugelt mit einem schönen Grundstück, auf das er sich ein kleines Häuschen bauen möchte. Da er jedoch davon hört, dass die Stadt im Viertel eine Prachtstraße zu bauen gedenkt, fragt er ängstlich, ob denn dieses Grundstück davon berührt sei. Der Verkäufer verneint das, was sich später als unzutreffend erweist.

173. **Glücksfund auf dem Trödelmarkt:** Trödelfan T schlendert auf einem örtlichen Trödelmarkt herum, wo er einige schön alt aussehende Partituren sieht und für 100 Euro erwirbt. Später stellt er zufällig fest, dass es sich dabei um eine wertvolle Originalausgabe handelt.

174. **Expertenfund auf dem Trödelmarkt:** Musikexperte M, der sich sein profundes Wissen über Jahrzehnte mühsam erarbeitet hat, schlendert auf einem örtlichen Trödelmarkt herum, wo er einige schön alt aussehende Partituren sieht und sofort erkennt, dass es sich dabei um eine wertvolle Originalausgabe handelt. M

ist Profi genug, um sich nichts anmerken zu lassen und erwirbt die Noten für gerade einmal 100 Euro.

B. Klassische Ansichten

Es gibt wenige Bereiche des Vertragsrechts, hinter denen sich mehr geistesgeschichtliche Tradition verbirgt als beim Irrtumsrecht – besonders beim Eigenschaftsirrtum. Angefangen mit der platonischen Ideenlehre über aristotelisch-thomistisches Gedankengut, die in das Naturrecht einfließenden Arbeiten der spanischen Spätscholastik bis hin zu den jüngeren Beiträgen des neunzehnten und zwanzigsten Jahrhunderts sind so „unschuldige" Normen wie etwa der deutsche § 119 Abs. 2 BGB Ausdruck mühsam erarbeiteter Verallgemeinerungen und Unterscheidungen.[8] Es kann daher auch nicht annähernd das Ziel dieser Arbeit sein, sämtliche hier einschlägigen Sachargumente oder auch nur die wichtigsten Autoren zu verarbeiten. Vielmehr soll die bisherige Diskussion lediglich so weit berücksichtigt werden, wie das für das Verständnis der Grundproblematik sowie die im Anschluss selbst zu entwickelnde Lösung notwendig ist. Weiterhin ist zu beachten, dass es gerade die historische wie sachliche Vielschichtigkeit des hier zu behandelnden Themas erschwert, für einen konkreten Sachverhalt einen klaren, länderübergreifenden Konsens festzustellen. Der Anspruch kann also auch hier nur sein, das geltende Rechts zumindest in seinen Grundzügen, auf jeden Fall jedoch besser als die klassischen Ansätze, zu beschreiben.

I. Zitelmann

Wenn hier mit *Zitelmann* begonnen wird, dann vor allem deshalb, weil dieser besonders beim Eigenschaftsirrtum eine klare Position vertrat, die sich gut dazu eignet, in die grundlegende Problematik hinein zu finden. Denn die bis dahin so populäre Rede von den „wesentlichen" Merkmalen erschwerte es nicht nur, den jeweiligen Besonderheiten des Einzelfalls – insbesondere den stark variierenden Parteiinteressen – gerecht zu werden,[9] sondern war angesichts seines ontologisch-metaphysischen Charakters nicht überprüfbar.[10] Es

---

[8] Siehe dazu nur die Nachweise oben in Fn. 1.
[9] Siehe dazu näher die nachfolgend wiedergegebene Kritik besonders von *Schlossmann* und *Flume*.
[10] Hierzu trug auch bei, dass sich das aristotelische Gedankengut über die Jahrhunderte zunehmend verflüchtigte und damit auch nicht mehr die notwendigen Konturen sicherte, vgl. instruktiv *Sokolowski*, Die Philosophie im Privatrecht, 1902, S. 7 ff., 319 f., 324 ff., 329 f., 362 ff., 370, passim, bei dem sehr schön auch die Gründe deutlich werden, warum wir heutzutage nicht mehr allein in *Aristoteles* unser Heil suchen. Siehe dazu auch oben § 3 A. III. 3.

war daher gerade der Psychologismus eines *Zitelmanns*, welcher der gesamten Diskussion klare und damit sicher auch angreifbare Konturen verlieh. Dabei unterschied er im Anschluss an *Schlossmann*[11] deutlich zwischen dem auf einen bestimmten Vertragsinhalt gerichteten Willen (Geschäftswille) und jenem, der nur die konkrete Handlung wie etwa einen Handschlag erfasste (Handlungswille).[12] Hiervon ließen sich wiederum die Motive trennen, was letztlich zu drei Irrtumskategorien führte, nämlich dem von ihm so genannten Absichts-, Bewusstseins- und Motivirrtum. *Zitelmann* verwies nun darauf, dass wenn die Vertragsparteien einen bestimmten Gegenstand identifizieren („dieser Ring da"), sie nur diese raumzeitliche Identifikation in ihren Geschäftswillen aufnehmen, nicht jedoch die ganzen Eigenschaften dieses Gegenstands. Und selbst wenn sie es täten („dieser goldene Ring da"), könne darin nur ein Motiv (-irrtum), nicht jedoch ein(e) Absicht (-sirrtum) liegen. Denn schließlich lässt sich der so identifizierte Gegenstand, wie er nun einmal beschaffen ist, überhaupt nicht ändern. Ein vergoldeter Ring wird nicht dadurch golden, dass man ihn als golden verspricht: „... alle Vorstellungen, welche ich noch weiter über dieses bereits individuell bestimmte Objekt habe, alle Vorstellungen über Eigenschaften desselben im allerweitesten Sinne sind für die Individualisierung selbst völlig gleichgültig: sie sind nicht mehr ein Akt der Auswahl, sondern nur ein Aussagen über das bereits Ausgewählte. Wenn ich von einem konkret bestimmten Objekt die Vorstellung habe, dass ihm die Eigenschaft zukomme golden zu sein, so bildet diese Vorstellung nicht mehr ein Element der Absicht ... aber wenn dieses Objekt einmal feststeht, dann muss ich auch alle Eigenschaften desselben mit in den Kauf nehmen, dann kann meine Absicht nicht mehr beabsichtigen, dass dieses individuelle Objekt so oder so sei, diese oder jene Eigenschaft habe. Das ist logisch und psychologisch völliger Nonsens. Denn was ist, ist bereits, kann also nicht mehr werden; meine ich demnach, dass es bereits sei, so kann meine Absicht nicht mehr darauf gehen, dass es werde... Ich kann wohl beabsichtigen, dass diese vor mir stehende Person sterbe, aber nicht, dass diese vor mir stehende Person, deren Tod ich beabsichtige, Carl F. sei. Es ergibt sich demnach, dass eine Vorstellung über die Eigenschaften eines individuell bestimmten Objekts niemals Element derjenigen Absicht ist, welche auf das Eintreten einer sich an diesem Objekt vollziehenden Veränderung geht. Vielmehr ist sie höchstens Motiv für die Fassung dieser Absicht."[13]

---

[11] Näher zu diesem unten § 7 B. IV.
[12] *Schlossmann*, Der Vertrag, 1876, S. 135 ff.; *Schall*, Parteiwille, 1877, S. 16; *Zitelmann*, Irrtum, 1879, S. 241; *Ehrenzweig*, Rechtsgrund, 1889, S. 28 f. Näher dazu unten § 9 C. I. 1. b).
[13] *Zitelmann*, Irrtum, 1879, S. 439 f.

II. § 119 Abs. 2 BGB

So wie die Einführung des deutschen Bürgerlichen Gesetzbuchs generell eine wichtige Zäsur für die hiesige dogmatische Diskussion bildete, kreiste diese auch beim Eigenschaftsirrtum nunmehr stark um die einschlägige gesetzliche Regelung. § 119 Abs. 2 BGB stuft den Irrtum über solche Eigenschaften der Person oder Sachen als berücksichtigungswürdig ein, die im Verkehr als wesentlich angesehen werden.[14] Dabei wirft diese Norm mehr Fragen auf, als sie beantwortet, weshalb ihr nicht nur *Schlossmann* konstatierte, mehr einem delphischen Orakel denn einer klaren Rechtsvorschrift zu gleichen.[15] Andererseits gelang es dieser Vorschrift, der nun folgenden Diskussion einen gewissen Stempel aufzudrücken und ihr weitere Konturen zu verleihen. So spricht tatsächlich einiges dafür, den Eigenschaftsirrtum wie in § 119 BGB geschehen vom klassischen Inhalts-, Erklärungs- und Motivirrtum zu trennen.[16] Weiterhin mussten die Tatbestandsmerkmale dieser Vorschrift geklärt werden, namentlich jenes der Eigenschaft (die zudem wesentlich sein musste), das Kausalitätserfordernis sowie letztlich auch der etwa in § 459 BGB a.F. bzw. § 434 BGB enthaltene Begriff des Fehlers bzw. Sachmangels. Allerdings war man sich bereits bei Erlass des § 119 Abs. 2 BGB weitestgehend darüber einig, dass diese Vorschrift eingeschränkt werden müsse. *Lenel* sieht die Verkehrssicherheit ähnlich stark gefährdet wie durch *Windscheids* Lehre von der Voraussetzung,[17] zumal selbst der unentschuldbarste Irrtum die Anfechtung erlaube.[18] *Schlossmann*, der für jedes einzelne Tatbestandsmerkmal nachweist, wie wenig diese die Irrtumsanfechtung einschränken,[19] spricht gewohnt deutlich aus, dass eine uneingeschränkte, rein wörtliche Anwendung des § 119 Abs. 2 BGB den Tod aller Verkehrssicherheit bedeuten und eine wahre Verwüstung im Rechts- und Wirtschaftsleben anrichten würde.[20] Auch *Flume* sieht das Problem der Beachtlichkeit des Eigenschaftsirrtums wie des Irrtums überhaupt in seiner Beschränkung und verweist sogar darauf, dass die allgemeine Entwicklung nicht nur in Deutschland, sondern auch auswärts auf eine stärkere Beschränkung im Sinne der Vertrauenstheorie dränge[21] – eine bemerkenswert undoktrinäre Sichtweise.

---

[14] Zur Entstehung dieser Vorschrift siehe etwa *Flume*, Eigenschaftsirrtum, 1948, S. 15 oder *Schermaier*, JZ 2006, 330, 337.
[15] *Schlossmann*, Irrtum, 1903, S. 2.
[16] Näher unten § 17 C. I. 1.
[17] *Windscheid*, Voraussetzung, 1850.
[18] *Lenel*, JhJb 44 (1902), 1, 2.
[19] Siehe zur Kausalität, wo der Erklärende oft beweisen können wird, dass es ihm auf eine bestimmte Eigenschaft ankam, *Schlossmann*, Irrtum, 1903, S. 15, sowie dessen Würdigung der anderen Tatbestandsmerkmale unten § 7 B. IV.
[20] *Schlossmann*, Irrtum, 1903, S. 21 f.
[21] *Flume*, Eigenschaftsirrtum, 1948, S. 83, 98, vgl. dazu auch unten ab § 9 Fn. 280.

III. Lenel

Lenel, der sich wie so viele Autoren vornehmlich am Kauf orientiert, bemüht sich folgerichtig um eine Konkretisierung dessen, was eine Eigenschaft wesentlich macht. Hierzu zählten nicht nur solche Eigenschaften, die vertragsmäßig zugesichert würden – die vertragliche Perspektive war vielen Autoren auch vor *Flume* keineswegs fremd –, sondern auch jene, die zur normalen Individualisierung des geschuldeten Gegenstands gehören. So würden Gold- und Silbersachen regelmäßig als solche, Wein hingegen regelmäßig als Wein verkauft. Umgekehrt ließe sich aber nicht sagen, dass beispielsweise Pferde, Häuser oder Handzeichnungen immer mit der Zusicherung einer bestimmten Gesundheit, Solidität oder Autorenschaft verkauft würden. Irrtümer über Stoff und Qualität seien beachtlich, wenn der normale Käufer, falls er Zweifel hegte, den gewünschten Stoff und die gewünschte Qualität bezeichnet hätte. Unbeachtlich seien sie, wenn eine solche Normalität nicht behauptet werden könne. Dabei seien immer die konkreten Umstände des Falls zu berücksichtigen und nur die Person des irrenden Käufers auszuschalten.[22]

Doch liegt die Problematik dieser Ansicht, jedenfalls soweit sie nicht die vertragliche Zusicherung betrifft, auf der Hand und wurde nur ein Jahr später von *Schlossmann* klar formuliert: Was der normale Grad einer Individualisierung des Geschäftsgegenstands ist, lässt sich schlechterdings nicht sagen, da dies ganz vom Zweck des Käufers abhängt. Tatsächlich kann die Individualisierung bis ins kleinste Detail herabsteigen. Im Ergebnis wird damit lediglich eine Unbekannte durch eine andere – den normalen Käufer – ersetzt.[23]

IV. Schlossmann

1. Eigenschaft

Dabei beschränkt sich *Schlossmann* nicht auf das Tatbestandsmerkmal der Wesentlichkeit, sondern beschäftigt sich auch – und zwar methodisch geradezu mustergültig – mit dem Begriff der Eigenschaft. So sieht er zwar, was für grundlegende philosophische Probleme sich hier letztlich auftun.[24] Doch beschreitet er dann einen Weg, der jedem mit wissenschaftlichem Anspruch arbeitenden Juristen ans Herz gelegt werden muss: Er ermittelt zunächst den gewöhnlichen, allgemeinen, normalen Sprachgebrauch dieses Begriffs. Dabei wird schnell deutlich, wie wenig sich von vornherein als Eigenschaft ausschließen lässt.[25] Zunächst mag man an all das denken, was mit einem raumzeitlich

---

[22] *Lenel*, JhJb 44 (1902), 1, 13 f., 16 ff.
[23] *Schlossmann*, Irrtum, 1903, S. 44, 82 f.
[24] Und kann dabei etwa auf *Sokolowski*, Die Philosophie im Privatrecht, 1902 verweisen.
[25] Vgl. zum Folgenden *Schlossmann*, Irrtum, 1903, S. 5 ff.

identifizierbaren Gegenstand irgendwie verbunden und mit welchem – auch technischen – Aufwand auch immer sinnlich wahrnehmbar ist. Häufig erhalten Eigenschaften ihre Bedeutung aber erst durch einen Vergleich mit anderen Gegenständen, etwa wenn von Größe oder Gewicht die Rede ist.[26] Dementsprechend kann wenig Zweifel daran bestehen, dass auch der (Tausch-) Wert – als die oft wichtigste Relation – eine Eigenschaft darstellt, was immer man für rechtliche Schlüsse daraus ziehen mag. Dass der Wert manch eines Gegenstands starken Schwankungen unterliegt, steht dem nicht entgegen, gilt das auch für Aspekte wie Farbe, Aggregatszustand oder Temperatur. Ebenfalls relational und dennoch nach unserem Verständnis Eigenschaften sind solche Umstände, die das Wirken eines Gegenstands auf andere Umstände bzw. deren Beeinflussbarkeit hierdurch betreffen. So ist es eine Eigenschaft des Magneten, Eisenspäne anzuziehen, von anderen Magneten jedoch abgestoßen zu werden. Auch zeitlich bereits lange zurückliegende Ereignisse wie Art, Ort und Zeit der Entstehung eines Gegenstands sind zu berücksichtigen, und sei es auch nur, dass er sich für kurze Zeit in den Händen einer berühmten Person befand (vgl. Fall 171). Schließlich gibt es auch rechtliche Eigenschaften einer Sache, die diese genauso real beeinflussen können wie natürliche Zusammenhänge. Dabei verlangt der Begriff der Eigenschaft nicht einmal, dass sie tatsächlich irgendwo vorkommt.[27] All diese verschiedenen Arten von Eigenschaften lassen sich dann auch noch in diversen Intensitäten, Modalitäten und Kombinationen denken. Der Phantasie sind dabei wenig Grenzen gesetzt.

2. (Verkehrs-) Wesentlichkeit

Ganz ähnlich, nämlich ausgehend vom normalen Sprachgebrauch, nähert sich *Schlossmann* dem für eine Einschränkung des § 119 Abs. 2 BGB so wichtigen Begriff der Wesentlichkeit eines Eigenschaftsirrtums.[28] Nüchtern konstatiert er dabei, dass dieser Begriff kaum weniger fassbar ist als jener der Eigenschaft. Entscheidend sei der jeweilige Zusammenhang. So unendlich verschieden und zahlreich die Zwecke seien, welche die Menschen je nach Situation und persönlichen Umständen verfolgen, so unendlich unterschieden sich auch die Gesichtspunkte, nach denen die Dinge geschätzt werden, und die Gattungen, in welche sie die Dinge unterteilen. Zwar stelle das Gesetz speziell auf die Verkehrswesentlichkeit ab, weshalb solche Eigenschaften ausgeschlossen werden könnten, auf die nur vereinzelt von jemandem infolge einer Laune oder beson-

---

[26] Beim Gewicht ist das etwa das sogenannte Urkilogramm, vgl. dazu http://www.bipm.org/fr/convention.
[27] Allenfalls mag man diese Eigenschaften nur insoweit denken oder aussprechen können, als man etwas kombinieren muss, was tatsächlich real vorhanden ist, doch sei diese sprachphilosophische Frage hier dahingestellt. Vgl. hier nur noch *Brox*, Einschränkung, 1960, S. 66, 71 sowie unten Fn. 126.
[28] Siehe zum Folgenden *Schlossmann*, Irrtum, 1903, S. 9 ff., 14 f.

derer Bedürfnisse unter besonderen Umständen bei einem Geschäft einmal Wert gelegt werde. Doch könne eben auch im Verkehr jeder Eigenschaftsgrad und jede Kombination unterschiedlicher Eigenschaften verschiedenster Grade unter Umständen als eine besondere und für gewisse Zwecke wesentliche Eigenschaft angesehen werden. Dabei spricht *Schlossmann* aus, was bei nüchterner Betrachtung kaum zu bestreiten ist, nämlich dass auch der Geldwert im Verkehr als eine sehr wesentliche Eigenschaft angesehen wird, weshalb dieser Wert oft sogar die Rolle einer Gattungsbezeichnung übernimmt. Ebenso betont er richtig, dass es wenig Sinn ergibt, nicht mehr dann von einer wesentlichen Eigenschaft zu sprechen, wenn jemand einen Gegenstand bereits der Gattung nach verwechselt. Kaufe jemand einen Kompass, weil er diesen für eine Taschenuhr halte, so habe er zwar dem normalen Sprachgebrauch nach nicht über Eigenschaften eines Kompasses geirrt. Und doch werde man in viel höherem Grad den Irrtum als beachtenswert ansehen. Gerade hier wird deutlich, wie konsequent *Schlossmann* umsetzt, dass der Begriff der verkehrswesentlichen Eigenschaft kaum übergreifend definierbar ist, sondern stark von den Parteizwecken und sonstigen Umständen des Einzelfalls abhängt. Letztlich definiert *Schlossmann* den Irrtum über verkehrswesentliche Eigenschaften dadurch, dass die Partei die den Geschäftsgegenstand bildende Sache einer bestimmten Gattung unterstellt, obwohl ihr die im Verkehr als für diese Gattung wesentlich angesehenen Eigenschaften nicht – wie irrtümlich angenommen – zukommen.[29] Bei Gattungseigenschaften bezeichne das vom Erklärenden zur Bezeichnung der Leistung wissentlich gebrauchte Wort in Wahrheit eine Gattung, die durch andere Eigenschaften charakterisiert sei als nach seiner Vorstellung beigelegt. Hier trete zum Eigenschaftsirrtum zugleich ein Inhaltsirrtum, der wiederum stets zugleich auch noch ein Motivirrtum sei.[30]

3. Verhältnis zum Gewährleistungsrecht

Was die Konkurrenz von Irrtums- und Gewährleistungsrecht anbelangt, so stellt *Schlossmann* zunächst treffend eine Gesetzeslücke fest, die der Richter auszufüllen berechtigt sei.[31] Hatte man es oft noch für einen Hauptvorzug des BGB gehalten, dass der Käufer einer mangelhaften Sache die Wahl zwischen verschiedenen Rechtsinstituten habe,[32] spricht sich *Schlossmann* für einen Vorrang des Gewährleistungsrechts aus – und zwar mit oder ohne Zusicherung und sowohl für Eigenschaften der Person als auch für solche der Sache.[33]

---

[29] *Schlossmann*, Irrtum, 1903, S. 4, 12.
[30] *Schlossmann*, Irrtum, 1903, S. 64 f.
[31] *Schlossmann*, Irrtum, 1903, S. 52.
[32] Siehe dazu nur die Nachweise in RG, Urt. v. 1.7.1905, RGZ 61, 171, 174 ff., das – eine solche Konkurrenz ablehnend – sich dabei auch auf das gemeine Recht sowie das preußische allgemeine Landrecht beruft.
[33] Siehe zum Folgenden *Schlossmann*, Irrtum, 1903, S. 22, 52 ff., 60, 86, passim.

Wie zuvor schon *Lenel*[34] verweist er darauf, dass all die Einschränkungen unterlaufen würden, mit denen der Gesetzgeber das Gewährleistungsrecht bewusst versehen hat. Außerdem habe die Vorranglösung den Vorzug, die dringend gebotene Beschränkung des viel zu weit geratenen § 119 Abs. 2 BGB zu leisten.

Weiterhin vertritt *Schlossmann* – angesichts seiner Skepsis gegenüber einer objektiven Bestimmung des Begriffs der wesentlichen Eigenschaft nur konsequent – eine bereits stark subjektive Sichtweise des gewährleistungsrechtlichen Fehlerbegriffs. So sei eine stillschweigende Zusicherung von Eigenschaften überall dort anzunehmen, wo nach den Umständen der Käufer das Bestehen gewisser im Verkehr als erheblich angesehener Eigenschaften vorauszusetzen begründeten Anlass hatte und der Verkäufer annehmen musste, dass der Käufer von einer solchen Voraussetzung bei dem Geschäft ausgehe. Kaufe jemand in einem Laden, der in einem ausgehängten Schild als Weinhandlung bezeichnet sei, Wein (Fall 169), so werde er zu Recht annehmen, dass die von ihm gekauften Gebinde Traubenwein und nicht etwa Apfelwein oder Rosinenwein enthielten.[35] Bei mehreren gewöhnlichen Gebräuchen könne ein Fehler auch dann vorliegen, wenn der vom Käufer verfolgte Zweck von beiden Vertragsparteien vorausgesetzt werde.[36] Nur einen Schritt geht *Schlossmann* nicht mehr – und zwar nicht, weil er das nicht sachlich für richtig hielte, sondern allein, weil er sich durch den Wortlaut des § 459 BGB a.F. („Fehler") daran gehindert sieht: Glaube jemand irrtümlich, ein ihm zum Kauf angebotenes, eine Fettmasse einschließendes Fass enthalte Butter, während es Schweineschmalz enthalte, so irre er wohl über Eigenschaften der Sachen, die im Verkehr als wesentlich angesehen werden. Doch sei es kein Fehler einer Menge Schweinefett, dass sie nicht Butter sei. Die Milderung der sich aus diesem Ergebnis ergebenden Härten sei leider durch ihre Unterstellung unter die § 459 ff. BGB a.F. nicht möglich.[37]

4. Auf das Kausalverhältnis beschränkte Relevanz

Noch in einer weiteren Hinsicht beweist uns *Schlossmann* seinen Scharfsinn, indem er mit dem Abstraktions- und Trennungsprinzip[38] Ernst macht: Bei allen abstrakten Geschäften wie insbesondere der Eigentumsübertragung könne die Vorstellung des Bestehens oder Nichtbestehens bestimmter Eigenschaften der übertragenen Sache nur die Anfechtung des Kausalgeschäfts, nicht jedoch auch der Eigentumsübertragung, rechtfertigen. Denn der Eigentumsübertra-

---

[34] *Lenel*, JhJb 44 (1902), 1, 7.
[35] *Schlossmann*, Irrtum, 1903, S. 53.
[36] *Schlossmann*, Irrtum, 1903, S. 56 f.
[37] *Schlossmann*, Irrtum, 1903, S. 58 f.
[38] Näher dazu oben § 3 D.

gung lägen nur das Kausalverhältnis und ein wirtschaftlicher Zweck als Motiv zugrunde.[39]

V. Flume

1. Eigenschaften als Vertragsgegenstand

Die im deutschsprachigen Raum wohl bekannteste Auseinandersetzung mit dem Eigenschaftsirrtum findet sich bei *Flume*.[40] Er tritt *Zitelmann* entgegen, der die Vorstellungen über Eigenschaften eines konkreten Gegenstands lediglich als Motiv eingestuft hatte, da ein Gegenstand nun einmal so sei wie er sei.[41] Hierzu hebt *Flume* zunächst ganz richtig, wenn auch wenig kontrovers hervor, dass man sich durchaus vorstellen könne, dass ein bestimmter Ring golden und nicht vergoldet sei. Diese Vorstellung lässt sich auch in einer Erklärung dokumentieren – was immer man für rechtliche Schlussfolgerungen daraus ziehen mag.[42]

Spannender und leider auch unschärfer wird es dort, wo es an die rechtsdogmatische Einordnung dieser Parteivorstellungen geht. *Flume* betont, es werde regelmäßig nicht nur die Leistung eines raumzeitlich identifizierten Gegenstands vereinbart.[43] Einige man sich wie in Fall 166 auf den Kauf „dieses goldenen Rings", so sei vereinbart, dass der Käufer einen goldenen Ring bekommen solle. Für die Parteien sei die Vorstellung eines Gegenstands untrennbar mit der Vorstellung dessen konkreter Beschaffenheit verbunden. Der Wille der Vereinbarung knüpfe nicht an das reale Sein des bestimmten Objekts, sondern an das vorgestellte Sein; und vorgestellt werde der Ring als Goldring. Und wenn die Vertragspartner die Leistung eines bestimmten lebenden Pferds vereinbarten, so sei ein lebendes Pferd auch dann geschuldet, wenn es bereits verendet sei.

Unklar an diesen Ausführungen ist allerdings, was *Flume* genau meint, wenn er etwa schreibt, dass sich der Vertrag auf Eigenschaften „beziehen" könne, man darüber etwas „vereinbaren" könne oder ein lebendes Pferd „geschuldet" sei. Geht man hier schulmäßig nach der Willenstheorie vor, so wird nur das Vertragsinhalt, was von den Parteien bei Vertragsschluss gewollt war. Beim Wollen – und auch diesen Begriff bemüht *Flume* ausdrücklich –[44] stößt

---

[39] *Schlossmann*, Irrtum, 1903, S. 16 ff.
[40] Siehe dazu aus jüngerer Zeit *Huber*, AcP 209 (2009), 143.
[41] Näher oben § 7 B. I. (dort bei Fn. 13).
[42] *Flume*, Eigenschaftsirrtum, 1948, S. 91. Vgl. dazu etwa auch *Schlossmann* oben § 7 B. IV. 1.
[43] *Flume*, Eigenschaftsirrtum, 1948, S. 19 ff., 27, 31 f., 51, passim.
[44] Stellv. *Flume*, Eigenschaftsirrtum, 1948, S. 17: „Entgegen der Ansicht von Zitelmann und der ihr folgenden herrschenden Meinung sind wir der Ansicht, dass bei der Leistungsvereinbarung die Vorstellung der Parteien von den Eigenschaften des bestimmten Leistungs-

man dann jedoch nach wie vor auf den Einwand *Zitelmanns*, dass man auch nach dem von der Willenstheorie zugrunde gelegten Begriffsverständnis nichts wollen, sondern allenfalls wünschen kann, was objektiv von vornherein unmöglich ist.[45] Dabei geht es hier nicht um bloße Begriffsklauberei. Vielmehr ist es für rechtliche Zwecke – insbesondere die Begründung konkreter Rechtsfolgen – wenig hilfreich, etwas zu wollen, was schlichtweg nicht geht.[46] Wenn der in Rede stehende Ring nun einmal nur vergoldet und nicht golden ist, lassen sich allein aus dem Wunsch, dieser möge doch bitte golden sein, noch keine praktisch verwertbaren Konsequenzen ziehen.[47]

Dabei hilft es wenig, wenn *Flume* betont, die Rechtsordnung könne auch einen auf eine unmögliche Leistung gerichteten Vertrag für gültig erachten.[48] Denn was die Rede von einer „Wirksamkeit/Gültigkeit" „des Vertrags" bzw. „einer Verpflichtung" konkret bedeuten, bewirken und begründen soll, wenn das, worauf sich die Parteivorstellung richtete, gar nicht möglich ist, wird damit nicht erklärt. „Der Vertrag" fungiert hier als ein merkwürdiges Konstrukt, das erst dann einen nachvollziehbaren Sinn entfaltet, wenn man es lediglich als eine gedankliche Durchgangsstation ansieht, um solche Rechtsfolgen zu begründen, bei denen es nicht mehr um die Verwirklichung der auf bestimmte Eigenschaften gerichteten Parteivorstellung geht. Tatsächlich stehen ganz andere Rechtsfolgen zur Diskussion, wenn tatsächliche und vorgestellte Eigenschaften voneinander abweichen, sei es eine Nachbesserung, die Rückabwicklung des Vertrags, ein Schadensersatz oder die Minderung. Das mag im Einzelfall sogar ausdrücklich gewollt bzw. erklärt sein. Diese Rechtsfolgen sind jedenfalls ganz real möglich, weshalb sich darauf auch ein Wille richten kann. Weiterhin wird es für diese, wirklich im Raum stehenden Rechtsfolgen

---

gegenstandes Bestandteil des rechtsgeschäftlichen Willens sein kann und in der Regel auch ist …"

[45] Näher oben § 7 B. I. sowie zum Gegensatz von Wollen und Wünschen oben § 9 B. II. 2. Demgegenüber wird *Flume* oft das Verdienst zugeschrieben, die Lehre *Zitelmanns* widerlegt zu haben, wonach die Vorstellung von einer Eigenschaft eines bestimmten Objekts nicht Willenselement sein könne, so etwa *Brox*, Einschränkung, 1960, S. 65 oder *Enneccerus/Nipperdey*, Allgemeiner Teil, Hbd. 2, 15. Aufl. 1960, S. 1038 (§ 167 IV. 3).

[46] Dies ist der völlig unbestrittene, dogmatisch allerdings dann auch schon ausgeschöpfte Grundgedanke des Unmöglichkeitsdenkens im Leistungsstörungsrecht, vgl. dazu oben § 6 B. Darüber hinaus versagt unsere Rechtsordnung auch dort die Verwirklichung eines Wunsches, wo dies getreu dem Rechtfertigungsprinzip völlig unverhältnismäßig wäre, näher dazu oben § 6 B. III.; § 6 E. II.

[47] *Flume*, Eigenschaftsirrtum, 1948, S. 18 ff. konzidiert das insofern, als natürlich nicht vereinbart werden könne, dass der Messingring ein Goldring „sei". Er lehnt daher auch eine Erfüllungspflicht des Verkäufers zur Leistung der Kaufsache in sachlich mangelfreiem Zustand ab (vgl. dort S. 49). Siehe dazu auch im Kontext der Leistungsstörungen – denn genau darum geht es hier – oben ab § 6 B. I.

[48] *Flume*, Eigenschaftsirrtum, 1948, S. 47.

tatsächlich wichtig sein, ob sich die Parteivorstellung auf eine bestimmte Eigenschaft erstreckte.[49]

2. Jenseits der Vereinbarung

Eine weitere empfindliche Lücke in *Flumes* Begründungsansatz zeigt sich dort, wo es um die eingangs geschilderte atomistische Herausforderung geht. So gilt es jedes noch so kleine Detail des geschuldeten Gegenstands zu erfassen.[50] Wir müssen erst einmal begründen, warum der Verkäufer in Fall 160 nicht vor der Überlassung des Altars solche Stellen des Kunstwerks mutwillig beschädigen darf, an die keine der Parteien bei Vertragsschluss dachte – denn warum sind diese Details eigentlich vertragsrechtlich relevant? Anders formuliert können wir unter Berufung auf den Parteiwillen bei Vertragsschluss die hier tatsächlich geschuldete Eigenschaft nicht einmal aussprechen. Genauso muss in Fall 161 der Defekt im Schaltkreis des gekauften Autos natürlich behoben werden. Und doch lässt sich nicht ernsthaft behaupten, dass sich die Parteivorstellung bei Vertragsschluss auch auf die Einzelheiten dieses Schaltkreises gerichtet habe. Weder verfügen normale Menschen über das notwendige Wissen noch kann die menschliche Aufmerksamkeit Derartiges bei Vertragsschluss aufnehmen – weshalb das auch kein Vertragsrecht verlangt.

a) Grundproblem

Zwar ist es völlig richtig, dass wenn die Parteien ihre Aufmerksamkeit lediglich mit der raumzeitlichen Identifikation eines bestimmten Gegenstands belasten, diese geistige Anstrengung nicht nur ohne Weiteres möglich, sondern damit auch genauso problemlos feststellbar ist, was für Eigenschaften dieser Gegenstand in all seinen noch so kleinen Details aufweist. Anders formuliert erlaubt es die rein identifizierende Vorstellung, hierdurch auch all diejenigen Eigenschaften zu benennen, die an diesem Gegenstand gewissermaßen kleben. Doch verlangt die Willenstheorie das Wollen des geschuldeten Vertragsinhalts und nicht bloß dessen Identifizierbarkeit – und zwar aus gutem Grund. Nur weil ich einen bestimmten Gegenstand in seiner raumzeitlichen Identifikation will, will ich noch lange nicht sämtliche Eigenschaften, die noch so fest und geradezu zwangsläufig mit diesem Gegenstand verbunden sein mögen.[51] Dazu sei auf Fall 170 verwiesen: Kaufen wir beim Bäcker „diesen Brotlaib da" und müssen wir zuhause feststellen, dass er innen verschimmelt ist, wird uns kein Bäcker, Richter oder Gesetzgeber entgegenhalten, wir bekämen mit diesem Schimmel doch genau das, was wir gewollt hätten. Das ist genau die gleiche Einsicht, die uns etwa bei Allgemeinen Geschäftsbedingungen davon abhält,

---
[49] Das betont zu Recht etwa *Brox*, Einschränkung, 1960, S. 66.
[50] Näher oben § 7 A. I.
[51] Näher unten § 9 C. V. 2. c).

den detaillierten Inhalt eines ungelesenen Stapels Papier auf den Parteiwillen bei Vertragsschluss zurückzuführen.[52] Von vornherein versagt diese Verknüpfung dort, wo wir all die zahllosen Eigenschaften bestimmen müssen, welche dieser Gegenstand zwar nicht hat, aber haben soll. Denn hier gibt es nichts, was zu verknüpfen wäre.

Damit ist insbesondere auch *Flume* zu widersprechen, nach dem die Vorstellung von dem Gegenstand und seiner Beschaffenheit (bzw. eine Vereinbarung darüber) „selbstverständlich" unteilbar sei. Die Vorstellung von der Beschaffenheit sei ebenso wenig von der Vorstellung des Gegenstands zu trennen wie die Beschaffenheit von dem Gegenstand.[53] Tatsächlich ist hier zunächst sauber zwischen einerseits der Identifikation des Gegenstands mitsamt bestimmten Eigenschaften und andererseits der hier interessierenden Vorstellung, also die Erfassung eines Sachverhalts durch die menschliche Aufmerksamkeit, zu trennen. Unsere individuelle Vorstellung ist durchaus fähig, unabhängig vom realen Sein und dessen Sachzwängen verschiedenste Inhalte anzunehmen.[54] Sie kann sich auf mehr oder weniger viele Eigenschaften eines Gegenstands erstrecken. Und sie vermag sich auch zu irren und damit von der Realität zu lösen. Könnte sie das nicht, gäbe es nicht einmal ein Irrtumsproblem zu diskutieren – und doch tut natürlich auch *Flume* genau das.[55] Schließlich geht es ja in der gesamten Diskussion nicht nur um die Beschreibung des realen Gegenstands, sondern vor allem auch um die rechtliche Berücksichtigung davon abweichender Vorstellungen.

Als weiterer Versuch, der Enge menschlicher Aufmerksamkeit zu „entgehen", lässt sich auf sehr allgemeine, konkretisierungsbedürftige Begriffe ausweichen.[56] So mag es noch eine realistische Annahme sein, dass die Parteien bei Vertragsschluss zumindest bisweilen daran denken, dass das gekaufte Auto „funktionieren" möge. Insofern werden dann auch solche Eigenschaften relevant, an die zwar nicht gedacht wurde, die aber das Auto wie in Fall 161 fahruntüchtig machen. Doch gibt die menschliche Vorstellung hier nur her, dass das Auto überhaupt fahren sollte. Haben wir etwa wie in Fall 162 einen Defekt in der Elektronik eines fast neuen Wagens, dessen Motor dadurch etwas unruhig läuft, so werden wir das für relevant erachten. Doch ist bereits hier sehr zweifelhaft, ob die Parteien bei Vertragsschluss irgendwelche Vorstellungen über die Laufruhe des Wagens hatten. Ganz sicher werden sie jedoch nicht überlegt haben, wie genau in einem solchen Fall die geschuldete

---

[52] Näher unten § 14 B. I.
[53] *Flume*, Eigenschaftsirrtum, 1948, S. 18 ff.
[54] Vgl. bereits bei Fn. 27.
[55] Genauso wie *Flume* an anderer Stelle, nämlich bei der vermeintlichen Überwindung des Dualismus von Wille und Erklärung durch die Betrachtung allein der Erklärungshandlung, völlig zu Recht darauf hinweist, dass sich die oft auftretende Diskrepanz von Gewolltem und Erklärtem nicht wegreden lässt, vgl. unten § 10 D. III.
[56] Näher unten § 9 C. V. 2. c) bb); § 10 E.

Konstruktion bzw. die Reparatur zu erfolgen hat. Und wie sieht es aus, wenn sich der Käufer darüber beschwert, dass das von ihm gekaufte Auto nur 170 km/h fährt bzw. 10 Liter verbraucht, man aber doch wohl mindestens 185 km/h bzw. maximal einen 8 Liter-Verbrauch erwarten dürfe? Muss das jeweils gekaufte Auto auch noch nach zehn Jahren „funktionieren", und wenn ja, unter Berücksichtigung welcher Wartung und Pflege? Empfiehlt sich hier eine Unterscheidung nach Fahrzeugklasse, Marke oder Kontinent? Funktioniert ein Auto nicht auch dann unvollkommen, wenn ein Schneesturm sämtliche Straßen verschneit? Kurzum, was es im Einzelnen heißt, dass ein Auto „funktionieren" möge, lässt sich der Parteivorstellung bei Vertragsschluss nur begrenzt entnehmen. Tatsächlich müssen wir für zahllose Fragen und Situationen äußerst vielschichtige Pflichten anordnen, für die wir andere Kriterien und Entscheidungsträger benötigen. Die dogmatische Herausforderung besteht darin, jeden Vertragsinhalt zu begründen und die dabei angewandten Kriterien stimmig in ein möglichst einfaches Gesamtkonzept einzuordnen.

b) Gattungsschuld

Mag man bei der Speziesschuld noch der Illusion erliegen, die bei Vertragsschluss nicht in den Parteiwillen aufgenommenen Eigenschaften seien irgendwie doch, nämlich über die raumzeitliche Identifikation eines konkreten Gegenstands, mitgewollt, scheitert diese Sichtweise spätestens dort, wo es im weitesten Sinne um Gattungsschulden geht. Insofern fragt man sich natürlich, wie *Flume* mit dieser Fallgruppe umgeht, die seine Ansicht vor so offensichtliche Probleme stellt. *Flumes* Antwort ist gleichermaßen einfach wie enttäuschend: Er verbannt die Gattungsschuld einfach aus seinen Betrachtungen – ein „klassischer" Ausweg, dem wir bereits an anderen Stellen begegnet waren.[57] Die psychologische Frage, wie die Vorstellung von den Eigenschaften zum rechtsgeschäftlichen Willen stehe, bestehe nur bei der Einigung über einen bestimmten Gegenstand. Denn bei Gattungsschulden betreffe der rechtsgeschäftliche Wille „... selbstverständlich nach allgemeiner Meinung ..." die Beschaffenheit.[58] Doch ist diese These angreifbar. Für einen der Gattung nach geschuldeten Gegenstand stellt sich die atomistische Herausforderung[59] gleichermaßen. Auch bei der Bestellung eines Neuwagens müssen wir oft wie in Fall 161 oder 162 eines Konstruktionsfehlers[60] für noch so scheinbar nichtige und keiner Partei bei Vertragsschluss bekannte Eigenschaften entscheiden,

---

[57] Vgl. nur oben § 4 D. II. 2. a) mit weiteren Verweisen.
[58] *Flume*, Eigenschaftsirrtum, 1948, S. 17.
[59] Näher oben § 7 A. I.
[60] Bei bloß vereinzelt auftretenden Produktionsfehlern könnte man sich auf einen für die bestimmte Gattung typischen Gegenstand beziehen, hier gelten dann sinngemäß die vorherigen Ausführungen zur Speziesschuld. Es stellt sich dann insbesondere die von *Flume* überwunden geglaubte und früher vieldiskutierte Herausforderung zu bestimmen, was als Maßstab heranzuziehen ist, siehe dazu gleich unten § 7 B. V. 2. c).

wie diese genau geschuldet sind (also richtigerweise aussehen sollten) und wie auf verschiedene Abweichungen reagiert werden soll.[61] Dabei betrifft das Problem, nicht einfach an einen raumzeitlich identifizierten Gegenstand anknüpfen zu können, etwa auch den Dienst- und oft auch den Werkvertrag. Wer als normaler Kunde eine „hochwertige Beratung" vereinbart (Fall 9), hat keine Vorstellung darüber, was das im Einzelnen ausmacht – deshalb benötigt er eine solche Beratung ja.[62] Überall stehen wir vor dem Problem, dass die vertraglich geschuldete Leistung aus unzähligen kleinen Details besteht, die der Mensch bei Vertragsschluss unmöglich alle in seine Aufmerksamkeit aufnehmen kann.[63]

c) Objektivierungen

Angesichts der Schwierigkeiten, der Fülle vertraglich relevanter Eigenschaften allein mit der Parteivorstellung bei Vertragsschluss zu begegnen, macht es natürlich neugierig, wie *Flume* mit diesem Problem umgeht. Dabei überrascht es nicht wirklich, wenn wir im hinteren Teil seiner Ausführungen auf einmal lesen, dass keineswegs nur die Vereinbarung zähle, sondern durchaus auch objektive Gesichtspunkte zu berücksichtigen seien: „Nach den vorstehenden Ausführungen besteht das subjektive Element des Fehlerbegriffs nur darin, dass durch die Kaufvereinbarung bestimmt wird, welche von den verschiedenen Kategorien, denen der Kaufgegenstand vermöge seiner Beschaffenheit angehört, für die Frage der Fehlerhaftigkeit maßgebend ist. Objektiv wäre der Fehlerbegriff also nach unserer bisherigen Darstellung insofern, als die Kaufsache nicht allgemein schon dann fehlerhaft wäre, wenn sie in ihrer Beschaffenheit nicht der Kaufvereinbarung entspricht, sondern nur dann, wenn sie der der Kaufvereinbarung entsprechenden Kategorie zwar angehört und nur hinter deren normaler Beschaffenheit zurückbleibt. Dies ist der Fehlerbegriff, wie er dem Sprachgebrauch entspricht."[64] Wenig später wird „Fehler" definiert als „… das Abweichen von der vereinbarten normalen Beschaffenheit,

---

[61] An anderer Stelle betont *Flume*, Eigenschaftsirrtum, 1948, S. 42, dass beim Gattungskauf der Erfüllungsanspruch durch die Rechtsordnung konstituiert werde, während das beim Spezieskauf gerade nicht der Fall sei. Doch liefert der Hinweis auf die Rechtsordnung nie einen Grund, wenn es diese Rechtsordnung ist, die begründet und damit verallgemeinernd beschrieben werden soll (vgl. dazu unten § 16 A. sowie unten ab Fn. 76). Allerdings führt *Flume* dann noch weiter aus, dass die Rechtsnatur der Sachmängelansprüche bei Spezieskauf wie Gattungskauf die gleiche sei, weil sich der Kaufvertrag auf Leistung der Kaufsache in sachlich mangelfreiem Zustand richte.

[62] Näher oben § 3 C. III. 1. a).

[63] Zur Illustration sei hier nur nochmals auf das Beispiel des „Funktionieren" am Ende von oben § 7 B. V. 2. a) verwiesen.

[64] *Flume*, Eigenschaftsirrtum, 1948, S. 113, 128 f., passim, vgl. denselben auch dort auf S. 114: „Fehler einer Kaufsache ist nach dem Sprachgebrauch also das Zurückbleiben hinter der normalen Beschaffenheit derjenigen Kategorie, welcher die Kaufsache an sich angehört und als der angehörig sie verkauft worden ist."

nämlich das Abweichen von der normalen Beschaffenheit derjenigen Kategorie, als der angehörig der Gegenstand verkauft wird ..."

Hier ist also auf einmal nur noch von einem subjektiven „Element" des Fehlerbegriffs die Rede – eine Relativierung, die an früherer Stelle sehr viel weniger deutlich kommuniziert wurde. Überraschend ist auch, dass plötzlich auf die vereinbarte „normale" Beschaffenheit sowie den „Sprachgebrauch" als ein weiteres objektives, keineswegs auf den konkreten Vertrag und die daran beteiligten Parteien abstellendes Element verwiesen wird.[65] Ebenso fragt man sich, ob die so unschuldige Rede eines „nur dann" bzw. „nur hinter" in der ersten Passage nicht die tatsächlichen Verhältnisse reichlich beschönigt. Denn da sich die Parteivorstellungen bei einer realistischen Betrachtung nur auf wenige Eigenschaften erstrecken, drängt sich die Frage auf, wie wir denn anhand welcher Maßstäbe mit all den anderen Eigenschaften umgehen sollen – und wie sich das Ganze in ein dogmatisch stimmiges Gesamtkonzept einfügt.

Besonders bemerkenswert ist schließlich, dass uns der Rückgriff auf das „Normale" direkt wieder zurück in die alten aristotelisch-scholastisch-ontologisch-metaphysischen Begründungsmuster zurückkatapultiert, von denen uns zu befreien *Flume* eigentlich angetreten war. Da er keineswegs nur die Parteivorstellung bemüht, stellen sich hier die alten, bereits seit vielen Jahrhunderten diskutierten Fragen. So ist es alles andere als leicht, objektiv zu bestimmen, was für jeden einzelnen Vertrag als normal zu gelten hat und – um hier nur einen Aspekt von vielen zu nennen – wie weit wir dabei etwa in der Stufenfolge einer immer spezielleren Eingrenzung bestimmter Kategorien und Vergleichsobjekte herabsteigen.[66] Letztlich befinden wir uns hier also wieder am Anfang des gesamten Problems, nämlich die vertraglich geschuldeten Eigenschaften zu bestimmen und zusätzlich festzulegen, für welche Abweichungen wir mit welchen Rechtsfolgen reagieren.

3. Haftungsfolge

Doch noch in einer weiteren Hinsicht zeigt *Flumes* Argumentation empfindliche Lücken. So bleibt offen, wie wir auf eine Abweichung von den vorgestellten Eigenschaften reagieren. Zwar mag man insofern, als die Parteivorstellung über bestimmte Eigenschaften auch bei deren Nichtexistenz diverse Rechtsfolgen auslöst, von einer Verletzung „des Vertrags" sprechen.[67] So wäre es tatsächlich absurd, den Vertrag in Fall 166 des Pferdekaufs, bei dem das Tier schon verendet ist, dadurch als erfüllt anzusehen, dass der Verkäufer dem

---

[65] Weiter vorne ist ganz im Gegenteil allein von der Vereinbarung einer „bestimmten" Beschaffenheit die Rede, vgl. nur *Flume*, Eigenschaftsirrtum, 1948, S. 20 f.
[66] Hierzu kann man auf die entsprechende Kritik *Flumes* selbst verweisen.
[67] Wobei die Rede von einer Verletzung sachlich irreführend ist, vgl. näher oben § 6 B. V. 2.

Käufer einen Kadaver überreicht.[68] Doch ändert das nichts am Dilemma, dass das, worauf sich die Parteivorstellung richtet, nicht über ein bloßes Wünschen hinausreicht, während es für alle weiteren Rechtsfolgen offen bleibt, worauf wir diese stützen. Aus Sicht der Willenstheorie wäre es nur konsequent, sich hier auf den Parteiwillen zu berufen – etwa im Sinne einer Garantie bzw. eines bedingten Vertragsinhalts. Denn natürlich können sich die Vertragspartner auch über alle möglichen Eventualitäten verständigen und jeweils darauf zugeschnittene Rechtsfolgen vereinbaren. Hier wäre dann auch die Rede von einem Wollen berechtigt, kann man oft tatsächlich nachbessern, die bereits ausgetauschten Leistungen rückabwickeln, den Kaufpreis verringern oder Schadensersatz in Höhe etwa des positiven oder negativen Interesses zahlen.

Allerdings ist *Flume* nur für die Zusicherung (im Sinne des § 459 Abs. 2 BGB a.F.) bereit, diesen von ihm ausdrücklich als Sonderfall deklarierten Weg zu beschreiten. Die normale Haftung für Fehler der Kaufsache (nach § 459 Abs. 1 BGB a.F.) treffe den Verkäufer dagegen auf Grund des davon zu unterscheidenden Kaufvertrags.[69] Dabei ist das dahinter stehende Anliegen gleichermaßen verständlich wie dogmatisch redlich. Denn wie generell bei Leistungsstörungen[70] wäre es auch hier regelmäßig fiktiv, wollte man den Vertragsparteien unterstellen, dass sie sich nicht nur über die jeweiligen Eigenschaften des in Rede stehenden Gegenstands Vorstellungen machen, sondern dann auch noch für jede Eigenschaft über mögliche rechtliche Reaktionen, sollte diese anders als gedacht beschaffen sein. Zu solchen Überlegungen kommt es meistens nur dann, wenn das Vorhandensein einer bestimmten Eigenschaft bereits zweifelhaft ist.[71] In Fall 157 des zur Besichtigung eines Aufzugs gemieteten Zimmers übernehme der Vermieter nicht etwa eine Garantie dafür, dass der Aufzug tatsächlich stattfinde. Wohl aber verpflichte er sich zur Gewährung der Besichtigung des Aufzugs von dem bestimmten Fenster aus, und das sei logisch und psychologisch möglich, wenn er annehme, dass der Aufzug stattfinde.[72]

Damit stehen wir aber wieder am Anfang des Problems, soweit es darum geht, einen tragfähigen Grund für das zu finden, was geschehen soll, wenn sich die vereinbarten Eigenschaften als der Realität widersprechend erweisen. Denn offensichtlich sind hier – wie auch sonst – verschiedene rechtliche Reaktionen denkbar, seien es Lösungsrechte, diverse Schadensersatzansprüche (etwa auf das negative oder positive Interesse) oder sei es einfach die Irrelevanz der jeweiligen Abweichung.[73] Dabei sei hier nur am Rand darauf hingewiesen,

---

[68] Zutr. *Flume*, Eigenschaftsirrtum, 1948, S. 20.
[69] *Flume*, Eigenschaftsirrtum, 1948, S. 48.
[70] Näher oben § 6 C. IV. 1.
[71] *Flume*, Eigenschaftsirrtum, 1948, S. 24, 29 ff., 73, passim.
[72] *Flume*, Eigenschaftsirrtum, 1948, S. 74.
[73] Näher oben § 6 C. III.

dass sich viele Eigenschaften auch nach Vertragsschluss beeinflussen lassen, weshalb hier als praktisch sehr bedeutsame Option auch noch eine Nachbesserungspflicht hinzutritt. Hält es *Flume* bei all dem aus guten Gründen für fiktiv, auch noch insoweit den Parteiwillen zu bemühen, bleibt er eine Antwort darauf schuldig, woraus sich die konkret einschlägige Rechtsfolge ergeben soll. Überzeugende Aussagen hierzu finden sich leider nicht, etwa wenn „… Wesen und Rechtsgrund der Sachmängelhaftung ausschließlich in der Beziehung der Kaufvereinbarung auf die sachliche Beschaffenheit des Kaufgegenstandes zu finden …" sein sollen.[74] Insbesondere leuchtet es nicht ein, warum die „… Gewährleistungspflicht gar nicht der Legitimation durch eine Erfüllungspflicht …" bedürfen soll, sondern ihre Begründung darin finde, „… dass der Kaufvertrag auf Leistung der Kaufsache in mangelfreiem Zustande gerichtet ist."[75]

Dabei ist es durchaus begrüßenswert, wenn es *Flume* grundsätzlich ablehnt, sich für eine dogmatische Begründung einfach auf die Rechtsordnung zu berufen. Allen Erklärungen von Wesen und Rechtsgrund der Sachmängelhaftung, die nicht auf den Kaufvertrag zurückgehen, fehle es an einem rechtlichen Tatbestand, an den sie diese gesetzliche Haftung des Verkäufers knüpfen könnten.[76] Tatsächlich liefert der Hinweis auf die Rechtsordnung, das Gesetz oder die Rechtsprechung nicht den gesuchten Grund, sondern beschreibt lediglich das zu begründende Phänomen.[77] Leider greift *Flume* dort, wo es um die konkreten Rechtsfolgen geht, seinerseits auf eben diese Rechtsordnung zurück: „Wenn wir sagen, Rechtsgrund der Sachmängelhaftung sei der Kaufvertrag, so ergibt sich aus der bisherigen Darstellung, dass die Sachmängelhaftung selbst durch den Kaufvertrag nicht vereinbart wird. … Vereinbart wird nur die Verpflichtung des Verkäufers zur Leistung der Kaufsache in fehlerfreiem Zustand, und die Rechtsfolgen in dem Fall der Fehlerhaftigkeit treten kraft Gesetzes auf Grund der Kaufvereinbarung ein, weil durch die Leistung der fehlerhaften Kaufsache der Kaufvereinbarung nicht Genüge getan ist."[78]

---

[74] *Flume*, Eigenschaftsirrtum, 1948, S. 34.
[75] *Flume*, Eigenschaftsirrtum, 1948, S. 42.
[76] *Flume*, Eigenschaftsirrtum, 1948, S. 42 f.
[77] Näher unten § 16 A.
[78] *Flume*, Eigenschaftsirrtum, 1948, S. 50, der dort in Fn. 69 weiter ausführt: „Die Betonung der positivrechtlichen Regelung der Haftung für Fehler ist wesentlich aus der Antithese zu der rechtsgeschäftlichen Haftungsübernahme durch die Zusicherung zu verstehen." Siehe etwa auch dort auf S. 30 („Allerdings kann eine Rechtsordnung bestimmen, dass bei einem Kaufvertrag der Verkäufer, wenn er eine ernsthafte Angabe über die Eigenschaften des Kaufgegenstandes macht, wenn er also z. B. ‚diese silberne Uhr' verkauft, für diese Angabe einzustehen hat."), S. 33 („Nach geltendem Recht trifft den Verkäufer aber auf Grund des Kaufvertrages eine Haftung für die Beschaffenheit des Kaufgegenstandes, und zwar für die rechtliche wie für die sachliche Beschaffenheit.") oder S. 48 („Die Tatsache, dass der Verkäufer unmittelbar auf Grund des Kaufvertrages für die Fehler der Kaufsache einzustehen hat, findet vielmehr darin ihre Erklärung, dass durch den Kaufvertrag die Ver-

4. Eigenschaft

Noch in einer weiteren Hinsicht zeigt sich *Flumes* Konzept angreifbar. Zwar ist es begrüßenswert, dass er den Begriff der Eigenschaft (bzw. der „Beschaffenheit") weit fasst, weil er für die rechtliche Relevanz bestimmter Eigenschaften vor allem auf die Parteivorstellung abstellt. So soll hierzu etwa auch der Umstand gehören, dass wie in Fall 171 eine Feder von *Bismarck* höchstpersönlich, und zwar bei dessen Unterzeichnung des Frankfurter Friedens, verwendet worden sei.[79] Andererseits beschränkt jedoch *Flume* den Eigenschaftsbegriff in objektiver, gewissermaßen „gegenständlicher" Weise: Eine Vorstellung, die nicht die Beschaffenheit des Leistungsgegenstandes betreffe, sei vom Willen der Leistungsvereinbarung als bloße „Vorstellung", die unter Umständen den Willen hervorruft, scharf zu scheiden. Letzteres habe mit der Vorstellung über Eigenschaften nichts gemein und könne daher auch nicht Element eines einheitlichen Willens sein. Kaufe jemand wie in Fall 172 Grundstücke, über welche die Stadt eine Prachtstraße bauen wolle, so sei die städtebauliche Planung selbst dann keine Eigenschaft der Grundstücke, wenn der Käufer ausdrücklich hiernach gefragt und der Verkäufer explizit bestätigt habe, dass die Grundstücke unberührt blieben.[80] Ähnlich zweischneidig fällt die Einordnung rechtlicher Sachverhalte aus. Einerseits sollen als Eigenschaften einer Person oder Sache nicht nur die tatsächlichen, sondern auch die rechtlichen Verhältnisse anzusehen sein, die zufolge ihrer Beschaffenheit und vorausgesetzten Dauer einen Einfluss auf die Wertschätzung der Person oder Sache zu üben pflegen.[81] Andererseits soll die rechtliche Zuständigkeit einer Sache, also die Frage, wem sie gehört, keine Eigenschaft derselben sein.[82] Doch leuchtet es nicht ein, warum wir derartige Unterscheidungen – und zwar nach wohlgemerkt objektiven Maßstäben – vornehmen sollten. Begrifflich ist das jedenfalls nicht vorgegeben.[83] Und aus Parteisicht erscheint der Umstand, dass ein vermeintlich ruhiges Grundstück bald von einer Prachtstraße überbaut werden wird, sicher sehr viel bedeutsamer als die allermeisten derjenigen Eigenschaften, die auch *Flume* als solche anerkennen würde.[84] Gleiches gilt für andere Merkmale wie die Dauerhaftigkeit einer Eigenschaft.

---

pflichtung zur Leistung der fehlerfreien Kaufsache vereinbart wird, dass aber die Rechtsordnung an Stelle der vereinbarten Rechtsfolge andere Rechtsfolgen, nämlich die Gewährleistungspflichten, eintreten lässt. Die Rechtsordnung schwächt zugunsten des Verkäufers die vereinbarten Rechtsfolgen ab.").

[79] *Flume*, Eigenschaftsirrtum, 1948, S. 25. Siehe zu dieser Fallgruppe von Eigenschaften bereits oben § 7 B. IV. 1.
[80] *Flume*, Eigenschaftsirrtum, 1948, S. 23 f., vgl. dort auch Fn. 50.
[81] *Flume*, Eigenschaftsirrtum, 1948, S. 159 f., 163.
[82] *Flume*, Eigenschaftsirrtum, 1948, S. 162.
[83] Eingehend *Schlossmann* oben § 7 B. IV. 1.
[84] Zutr. *Brox*, Einschränkung, 1960, S. 69 f. Auch *Schlossmann* (vgl. oben § 7 B. IV. 2.) verzichtet auf solche Eingrenzungen.

5. Wesentlichkeit

Dass sich die Parteivorstellung natürlich auch auf einzelne Eigenschaften beziehen kann – was immer für rechtliche Konsequenzen man hieraus ziehen mag –,[85] führt *Flume* zu einer für ihn grundlegenden These: So müsse für die rechtliche Behandlung des Eigenschaftsirrtums entscheidend sein, ob die irrtümliche Vorstellung von den Eigenschaften Bestandteil der Willenserklärung (der Leistungsvereinbarung) sei. Die Fälle des Eigenschaftsirrtums seien danach zu ordnen, ob der Irrtum eine Eigenschaft betrifft, bei der Leistungsvereinbarung und tatsächliche Beschaffenheit voneinander abweichen.[86] Versäume es eine Vertragspartei, die ihr wichtigen Eigenschaften zum Vertragsinhalt zu machen, könne sie später auch nicht anfechten, weil sie sich sonst zu ihrer eigenen irrtumsfreien Willenserklärung „in Widerspruch setze". Nur der geschäftliche, nicht der außergeschäftliche Eigenschaftsirrtum, sei damit beachtlich.[87] Wer also wie in Fall 173 auf dem Bücherkarren ein antiquarisches Buch kaufe, könne dieses selbst dann behalten, wenn sich hinterher herausstelle, dass es in Wahrheit eine wertvolle Originalausgabe sei.[88] Ob der Eigenschaftsirrtum beim Spezieskauf ein geschäftlicher oder außergeschäftlicher sei, müsse im Einzelfall durch Auslegung entschieden werden. Entscheidend sei, ob der Kauf oder der konkrete Kaufpreis erkennbar nur um einer bestimmten Beschaffenheit willen zustande gekommen sei.[89] Auch international sei die Tendenz erkennbar, für die Beachtlichkeit des Eigenschaftsirrtums auf den Vertrag abzustellen.[90]

Immerhin gelingt es hier *Flume*, überhaupt ein Kriterium zu liefern, mit dem man wesentliche von unwesentlichen Eigenschaften unterscheiden kann.[91] Weiterhin erreicht er die so viel geforderte Einschränkung des sehr weit geratenen § 119 Abs. 2 BGB.[92] Sieht man demgegenüber im Eigenschaftsirrtum etwa einen Motivirrtum, so lässt diese Aussage offen, anhand welcher Maßstäbe die ganz sicher irgendwo zu ziehende Grenze verlaufen soll. Ob sich allerdings eine andere Einteilung, die rechtliche Bedeutung hätte, überhaupt nicht durchführen lässt, sei hier noch dahingestellt.[93] Erfreulich ist auch, dass sich *Flume* der bis heute weit verbreiteten Tendenz widersetzt, psy-

---

[85] Näher oben § 7 B. IV. 1., § 7 B. V. 1.
[86] *Flume*, Eigenschaftsirrtum, 1948, S. 69.
[87] *Flume*, Eigenschaftsirrtum, 1948, S. 86 f.
[88] *Flume*, Eigenschaftsirrtum, 1948, S. 91.
[89] *Flume*, Eigenschaftsirrtum, 1948, S. 80 f.
[90] *Flume*, Eigenschaftsirrtum, 1948, S. 93.
[91] *Flume*, Eigenschaftsirrtum, 1948, S. 17, 86.
[92] *Flume*, Eigenschaftsirrtum, 1948, S. 100, siehe zu dieser Kritik an der Weite des § 119 Abs. 2 BGB auch oben § 7 B. II. sowie *Brox*, Einschränkung, 1960, S. 68.
[93] So aber *Flume*, Eigenschaftsirrtum, 1948, S. 70. Zum Rechtfertigungsprinzip siehe unten § 7 C.

chologische Erwägungen als vertragsrechtlich irrelevant abzutun.[94] Vielmehr knüpfe das Recht gerade auch an den Willen und die Willenserklärung Rechtsfolgen, weshalb es eminent bedeutsam sei, dass die Vorstellung über Eigenschaften des Leistungsgegenstands Bestandteil des Willens und der Willenserklärung sein könne.[95]

Für den Vorteil einer konkret subsumierbaren, auf die psychologische Realität des gemeinsamen Parteiwillens abstellenden Abgrenzung wesentlicher von unwesentlichen Eigenschaften zahlt *Flume* allerdings einen hohen Preis. So wurde bereits dargelegt, dass die menschliche Aufmerksamkeit nur in der Lage ist, einen äußerst kleinen Teil der maßgeblichen Eigenschaften zu erfassen. Abgesehen davon, dass die raumzeitliche Identifikation eines Gegenstands keineswegs bedeutet, dass man auch dessen sämtliche Eigenschaften in seine Aufmerksamkeit aufnimmt, gelingt das noch sehr viel weniger für all die Merkmale, welche dieser Gegenstand zwar nicht hat, aber haben sollte.[96] Wenn sich also in Fall 162 später herausstellt, dass bestimmte Leitungen in einem elektronischen Schaltkasten des gekauften Automobils nach dem allgemeinen technischen Standard nicht hinreichend stark isoliert waren, dürfte der Käufer hier keine Nachbesserung verlangen – schließlich wurde dieser Aspekt nicht zum Vertragsinhalt erhoben.

Anders formuliert ist es häufig viel zu zufällig, an was für Umstände die Parteien bei Vertragsschluss denken, als dass man es allein davon abhängig machen sollte, ob wir später ein Anfechtungsrecht bzw. Gewährleistungsansprüche gewähren. Vor allem widerspräche es elementaren Grundsätzen der Arbeitsteilung, wollte man von einem normalen Kunden verlangen, was noch nicht einmal ein Experte umfassend leisten kann. Eine solche Vertragsrechtsordnung würde die Parteiinteressen missachten, zwänge sie die Parteien zu unsinnigen Anstrengungen. Sie würden rechtlich stärker belastet, als das zur Verwirklichung ihrer jeweils verfolgten Ziele notwendig ist. Wir sind gut beraten, je nach Spezialisierung einer Vertragspartei ganz unterschiedliche Anforderungen an deren Aufmerksamkeit oder Fachkenntnisse zu stellen und dementsprechend auch Aufgaben und Risiken entsprechend asymmetrisch zu verteilen.[97] Da sich die Forderung *Flumes* angesichts der Realität nicht aufrechterhalten lässt, bleiben dann nur noch Auswege wie der Hinweis auf die „vereinbarte normale Beschaffenheit",[98] eine dann ebenso wenig nur am psychologischen Willen orientierte „Auslegung" oder ganz andere Rechtsinstitute wie den Wegfall der Geschäftsgrundlage.

---

[94] Eingehend zu dieser Problematik oben § 9 C. V. 2. e).
[95] *Flume*, Eigenschaftsirrtum, 1948, S. 32.
[96] Siehe zu all dem insbesondere oben § 7 A. I.; § 7 B. V. 2.
[97] Näher unten § 17 A.
[98] Näher oben § 7 B. V. 2. c).

6. Irrtumskategorie

Die Stärken wie Schwächen von *Flumes* Ansatz spiegeln sich auch dort wieder, wo es um die vieldiskutierte Einordnung des Eigenschaftsirrtums unter die klassischen Irrtumskategorien wie dem Inhalts-, Erklärungs- oder Motivirrtum geht. Zunächst wendet sich *Flume* gegen die Einordnung *Zitelmanns* als Motivirrtum, da die Vorstellung von bestimmten Eigenschaften durchaus Vertragsinhalt sein könne.[99] Worauf er nicht eingeht, ist, warum er selbst dann von einem Wollen spricht, wenn das, was vermeintlich gewollt ist, nicht realisiert werden kann und sich damit als ein bloßer Wunsch entpuppt.[100] Auch die Rede von einem „Geschäftsirrtum" führt jedenfalls so lange nicht weiter, wie dieser Begriff nicht genauestens definiert wird. Richtig ist jedenfalls die – allerdings nicht erst auf *Flume* zurückgehende – Feststellung, dass hier weder ein Inhalts- noch Erklärungsirrtum vorliegt. Denn die Parteien erklären äußerlich genau das, was sie erklären wollen. Weder versprechen sie sich, noch irren sie über die Bedeutung ihrer Worte, sondern nur über die tatsächliche Beschaffenheit des geschuldeten Gegenstands.[101]

Doch was haben wir dann für einen Irrtum? Jedenfalls in die richtige Richtung geht es, wenn *Flume* betont, der geschäftliche (also den Vertragsinhalt betreffende) Eigenschaftsirrtum habe nicht kausale, sondern nur konditionale Bedeutung. Weiche der Leistungsgegenstand von der vereinbarten Beschaffenheit ab, finde dieser Irrtum „Beachtung".[102] Doch ließe sich all das durchaus noch klarer, wenn auch dann nicht mehr im Sinne *Flumes* formulieren: Soweit sich die Parteien tatsächlich Vorstellungen über bestimmte Eigenschaften machen, irren sie gegebenenfalls darüber, wie leicht es dem Verkäufer fallen wird, einen solchen Gegenstand zu verschaffen. Doch betrifft dieser Irrtum gewissermaßen nur eine gedankliche Zwischenstation, einen rechtlich unselbständigen Gesichtspunkt.[103] Denn zu klären bleibt, wie mit dieser Leistungsstörung – und um nichts anderes handelt es sich hier – umzugehen ist.[104] Wir haben es also beim Eigenschaftsirrtum nur mit einem Teilaspekt einer rechtlich anspruchsvollen Rechtsfrage zu tun, bei der die Parteivorstellung lediglich umfasst, was für Eigenschaften überhaupt Rechtsfolgen auslösen sollen, die von der vereinbarten Hauptleistungspflicht abweichen.

Nur am Rande sei schließlich bemerkt, dass bei der Abgrenzung von Inhalts-, Erklärungs- und Eigenschaftsirrtum sehr viel davon abhängt, was man alles als in die Parteivereinbarung aufgenommen ansieht. So mag ein Käufer, ohne es zu wissen, in eine Rossschlachterei geraten (vgl. Fall 169). Erklärt er

---

[99] *Flume*, Eigenschaftsirrtum, 1948, S. 19.
[100] Siehe dazu bereits oben bei Fn. 44.
[101] *Flume*, Eigenschaftsirrtum, 1948, S. 101.
[102] *Flume*, Eigenschaftsirrtum, 1948, S. 87.
[103] Näher oben § 7 B. V. 1.
[104] Vgl. daher auch oben § 6 C. III.

dort, auf ein Filet weisend, „dieses Stück da" kaufen zu wollen, so hat die Erklärung nach *Flume* den Sinn „Ich kaufe dieses Stück Rossfilet", auch wenn der Käufer davon ausgeht, „Ich kaufe dieses Stück Rindsfilet" zu erklären. Es liege deshalb eindeutig ein Erklärungsirrtum vor, während der gleichzeitig gegebene Eigenschaftsirrtum außergeschäftlich und damit unbeachtlich sei.[105] Doch wäre hier erst einmal zu klären, weshalb wir überhaupt auf den objektiven Erklärungsinhalt abstellen sollen und wie sich das in ein Gesamtkonzept einfügt. Aus der Willenstheorie ergibt sich das jedenfalls nicht.

7. Fehler und Gewährleistungsrecht

Beim gewährleistungsrechtlichen Fehlerbegriff des § 459 Abs. 1 BGB a.F. bewegt sich *Flume* in den gleichen Bahnen wie zuvor bei den Eigenschaften. Nur sieht er sich anders als noch *Schlossmann*[106] nicht durch den Gesetzeswortlaut daran gehindert, den Fehlerbegriff zumindest grundsätzlich wiederum subjektiv und damit als das Abweichen der Kaufsache von der vereinbarten sachlichen Beschaffenheit zu definieren.[107] Wie zuvor bereits *Schlossmann* illustriert *Flume* anschaulich die Problematik einer rein objektiven Begriffsbestimmung. So sei es grotesk, die Venus von Milo heutzutage als fehlerhaft zu bezeichnen, nur weil dieser die Arme fehlen.[108] Allerdings traut er dann doch nicht einer rein subjektiven, auf die wirkliche Parteivorstellung abstellenden Sichtweise. Obwohl von einem subjektiven Fehlerbegriff auszugehen sei, habe doch auch die normale Beschaffenheit eine entscheidende Bedeutung. Gegenstand der Kaufvereinbarung sei die Kaufsache als Gegenstand von der normalen Beschaffenheit der Kategorie, als der angehörig sie verkauft werde. Fehlerhaft sei die Kaufsache, wenn sie von dieser normalen Beschaffenheit abweiche.[109] Dass dies genau die gleichen unangenehmen Fragen aufwirft, die man bereits für den Eigenschaftsbegriff seit Urzeiten diskutiert, wurde bereits betont.[110] Dass auch[111] *Flume* die Sachmängelhaftung als gegenüber der Anfechtung wegen Eigenschaftsirrtums vorrangig ansieht, ist angesichts des anhand der Parteivorstellung bestimmten Begriffs der wesentlichen Eigenschaft bzw. eines Fehlers nur konsequent.[112] Interessant sind auch die Ausführungen *Flumes* zur arglistigen Täuschung. So weist er zutreffend darauf hin, dass man eine Haftung auf das positive Interesse nicht erklären kann, wenn man als Rechts-

---

[105] *Flume*, Eigenschaftsirrtum, 1948, S. 106.
[106] Vgl. oben § 7 B. IV.
[107] *Flume*, Eigenschaftsirrtum, 1948, S. 109 ff., 118 f., passim.
[108] *Flume*, Eigenschaftsirrtum, 1948, S. 117.
[109] *Flume*, Eigenschaftsirrtum, 1948, S. 128 f. Vgl. dazu auch oben § 7 B. V. 2. c).
[110] Oben § 7 B. V. 2. c).
[111] Siehe neben den bereits erwähnten *Lenel*, JhJb 44 (1902), 1, 7 und *Schlossmann* (oben § 7 B. IV. 3.) etwa auch aus der Rechtsprechung RG, Urt. v. 1.7.1905, RGZ 61, 171, 174 ff.; RG, Urt. v. 11.3.1932, RGZ 135, 339.
[112] *Flume*, Eigenschaftsirrtum, 1948, S. 51, 132 ff.

grund hierfür lediglich auf das Verschulden verweist.[113] Sei hingegen eine bestimmte Beschaffenheit vereinbart worden, müsse die Rechtsordnung bei arglistigem Verhalten auf die Interessen des Verkäufers wenig Rücksicht nehmen und könne dem Käufer das Erfüllungsinteresse zusprechen.[114]

VI. Sonstige Ansichten

Wenn hier die Diskussion von Eigenschaften anders als sonst nicht nach Theorien, sondern nach Personen geordnet wurde, so hat das einen einfachen Grund: Regelmäßig wird hier erst gar nicht versucht, klassische Ansichten wie die Willens- oder Erklärungstheorie korrekt zu subsumieren. Verständlich ist das allemal. Denn genauso wie es fiktiv wäre, den Parteien einen solchen Willen zu unterstellen, der sämtliche noch so detaillierte Eigenschaften eines Gegenstands erfasst, lässt sich Derartiges einer Erklärung entnehmen.[115] Und sofern man hier auf eine Auslegung oder verständige Würdigung verweist, formuliert dies nur das Problem neu, liefert jedoch nicht die gesuchte Antwort.[116] Mit einer Zurechenbarkeit gelangt man hier nicht weiter, lässt das nicht nur offen, warum eine bestimmte Eigenschaft überhaupt geschuldet sein sollte, sondern lässt sich eigenständig überhaupt nicht subsumieren.[117] Aber auch ein Vertrauen hilft hier ersichtlich nicht. Zwar betont bereits *Savigny*, bevor er die Natur des *error in substantia* ernsthaft untersucht, dass die Verkehrssicherheit „völlig vernichtet" wäre, würde jeder Eigenschaftsirrtum den Willen ausschließen.[118] Doch abgesehen davon, dass der Empfänger damit überfordert wäre, sich über jedes einzelne Detail Gedanken zu machen[119] und sicher nicht davon ausgehen wird, dass dies der Erklärende tut, besagt dieser Gesichtspunkt nichts darüber, worauf tatsächlich vertraut werden darf.[120] Auch *Savigny* stützt sich deshalb nicht etwa auf Vertrauen oder die Verkehrssicherheit.

Angesichts all dieser Schwierigkeiten ist es verführerisch, auf die eine oder andere Art doch wieder auf parteiübergreifende Kriterien zurückzugreifen, um die geschuldeten Eigenschaften und die Folgen einer davon abweichenden

---

[113] Näher zur sehr begrenzten dogmatischen Leistungsfähigkeit des Verschuldens siehe unten ab § 10 C. III. 2.
[114] *Flume*, Eigenschaftsirrtum, 1948, S. 54 f., vgl. allerdings zur Notwendigkeit, auch sogenannte Sekundäransprüche dogmatisch und nicht nur unter Hinweis auf das geltende Recht zu begründen, oben, § 7 B. V. 3.
[115] Näher oben § 7 A. I. sowie unten § 10 D. I.
[116] Näher unten § 10 E. II. 1.
[117] Näher unten § 10 C. IV. 2.
[118] *Savigny*, System, Bd. 3, 1840, S. 276 f.
[119] Zur Frage, ob Vertrauen ein entsprechendes Bewusstsein verlangt und was von einem Verzicht auf dieses Erfordernis zu halten ist, vgl. näher unten § 11 C. II. 4.
[120] Siehe speziell zur Sachmängelhaftung nur *Flume*, Eigenschaftsirrtum, 1948, S. 44; *Huber*, AcP 209 (2009), 143, 149 sowie allgemein unten § 11 E. III.

Leistung zu bestimmen. Hierzu mag man ganz aristotelisch-scholastisch *essentialia* und *accidentalia* bzw. das Wesen bestimmter Gegenstände oder Vertragstypen bemühen.[121] Doch steht man dann wieder vor dem Problem, dass das, was wichtig ist, je nach Situation und beteiligten Parteien stark variiert und es damit auf eine reine Behauptung hinausläuft, dass diese oder jene Eigenschaft für einen bestimmten Gegenstand oder Vertrag wesentlich oder essenziell sei. Genau deshalb wurden zuvor auch überwiegend nur solche Ansichten diskutiert, denen es darum ging, überprüfbarere Kriterien zu liefern.

Natürlich findet man in der Diskussion um Eigenschaften auch die sonstigen „üblichen Verdächtigen", angefangen mit dem Hinweis auf das geltende Gesetzes- oder Richterrecht[122] bis hin zu Treu und Glauben. Und auch mit dem Gedanken eines Integritätsschutzes bzw. einer Vermögensbewahrung kommt man hier nicht weiter. Denn es muss erst einmal in allen Details bestimmt werden, was überhaupt geschuldet ist, bevor man dann darauf aufbauend von Kompensationen spricht. Man kann also mit deliktischen Kategorien bereits sprachlich nur einen Status Quo sichern, nicht jedoch eine vertragliche Rechtsänderung beschreiben.[123]

C. *Rechtfertigungsprinzip*

Die bisherige Diskussion sollte verdeutlicht haben, wie dogmatisch anspruchsvoll es ist, die im Einzelnen geschuldeten Eigenschaften zu bestimmen – von der rechtlichen Reaktion auf diverse Leistungsstörungen oder der Relevanz eigenschaftsbezogener Irrtümer ganz zu schweigen. Nicht nur müssen wir die atomistische Herausforderung bewältigen und Irrtümer in beachtliche und unbeachtliche einteilen, sondern wir sollten das auch möglichst unter Berücksichtigung der individuellen Ziele, Rechte und sonstigen Umstände der Vertragsparteien tun. Haben dabei die Parteien die problematisch gewordene Eigenschaft tatsächlich bei Vertragsschluss festgelegt oder gar noch, was bei einer Störung geschehen soll, können wir uns dabei glücklich schätzen und wie immer auf den Subsidiaritätsgrundsatz verweisen. Insofern gelten einfach die allgemeinen Ausführungen.[124]

---

[121] Näher dazu oben § 3 A. III. 3.
[122] Siehe hier nur – stellv. für viele – etwa *Huber*, AcP 209 (2009), 143, 161 (unter Berufung auf *Flume*): „Der Kaufvertrag ... muss verstanden werden als Vertragstypus des jeweils geltenden Rechts. Eine Rechtsordnung, die den Kauf ohne Sachmängelgewährleistung ausgestaltet, geht also von einer anderen typischen Vertragsgestaltung aus als unser Recht." Zur Würdigung solcher Verweise auf das geltende Recht vgl. unten § 16 A.
[123] Näher oben § 6 D. II.
[124] Vgl. unten § 8 E. II. 2.

I. Geschuldete Eigenschaften

Nunmehr interessieren jedoch die dogmatisch sehr viel unangenehmeren Fälle, in denen eine solche Parteiregelung fehlt. Dabei hat das Rechtfertigungsprinzip als substanzielles Kriterium den gerade hier so wichtigen Vorzug, nicht auf Wille oder Erklärung der Parteien bei Vertragsschluss angewiesen zu sein, um den Vertragsinhalt zu bestimmen. Das betrifft etwa bei einem Autokauf nicht nur so grobe Aspekte wie Klimaanlage, Gangschaltung oder Motorleistung, sondern genauso hochgradig technische und damit komplizierte Detailfragen. Es findet hier „ganz einfach" diejenige vertragliche Wertschöpfung statt, die wir mittlerweile zu Genüge kennen.[125]

1. Benennung

Realistisch besehen ist ein solches Vorgehen natürlich illusorisch, gibt es keinen Menschen auf dieser Welt, der das Rechtfertigungsprinzip so detailliert umsetzen könnte. Nicht nur Autos sind viel zu kompliziert. Daher benötigen wir die Hilfe zahlloser Menschen, damit uns das gelingt, was die gängigen Vertragstheorien nicht einmal ernsthaft als Problem angehen, nämlich den exakten Vertragsinhalt zu bestimmen. Gerade hier, bei den geschuldeten Eigenschaften, müssen wir uns darauf besinnen, dass nahezu jeder Vertragsinhalt nicht etwa das Ergebnis der Anstrengungen nur zweier Vertragsparteien oder vielleicht gerade noch ergänzend einiger staatlicher Stellen ist, sondern auf sehr vielen Schultern steht. Wir müssen uns also vergegenwärtigen und vertragstheoretisch stimmig einordnen, dass und wie genau auch andere Personen mitwirken.

Dabei sollte man sich zunächst einfach fragen, wie etwa Kaufentscheidungen typischerweise zustande kommen. Als erste Variante sei dabei Fall 167 betrachtet, in dem der Käufer in seinem sozialen Umfeld einen Gegenstand sieht, von dem er sich denkt, „genau so einen" müsse er auch haben. Hierzu mag er dann in einen Laden treten und den geschuldeten Gegenstand dadurch identifizieren[126], dass er sich ein solches Exemplar zeigen lässt und vereinbart, gegen einen bestimmten Kaufpreis ein gleiches zu erhalten. Hier gelingt es beiden Parteien, selbst mit nur rudimentären, nämlich zur Identifikation eines Referenzobjekts beitragenden Vorstellungen, all diejenigen Eigenschaften festzulegen, zu benennen (nicht aber sämtlich in ihre Aufmerksamkeit aufzuneh-

---

[125] Näher oben § 3 A. IV.; § 3 C. I.; passim. Zum Verhältnis von Inhalt, Kompetenzen und Verfahren siehe unten § 8; § 19 D.

[126] Wer es hier exakt liebt, sei auf die gerade für die nachfolgend interessierenden Zusammenhänge sehr weit gediegene Sprachphilosophie verwiesen, siehe zur Einführung nur *Tugendhat/Wolf*, Logisch-semantische Propädeutik, 1983. Dabei wäre es interessant, allein die sehr detaillierten Überlegungen von *Zitelmann*, Irrtum, 1879 daraufhin zu befragen, ob sie sich nicht gewissermaßen ins Sprachliche „übersetzen" ließen.

men), die wir dann als Vertragsinhalt zugrunde legen. Diese Eigenschaften fallen nicht vom Himmel, vielmehr profitieren unsere Vertragspartner von den Überlegungen zahlreicher anderer Personen, angefangen mit Produktentwicklern bis hin zu den das Produkt ebenfalls beeinflussenden Kunden oder Medien. Auch diese bestimmen den Vertragsinhalt und setzen damit letztlich (Vertrags-) Recht.[127] Daneben bestimmen – im Rahmen der ihnen verfügbaren Aufmerksamkeit – natürlich auch die Vertragsparteien selbst wichtige Vertragsinhalte, etwa wenn das gewünschte Auto anders als üblich keine Stahl-, sondern Aluminiumfelgen haben soll. Dabei sind auch ganz neuartige, ideale, noch nicht real vorhandene Objektive denk- und benennbar. So kann man sich ein Einhorn wünschen und von diesem sprechen, auch wenn eine entsprechende Kreuzung von Pferd und Nashorn derzeit noch auf Probleme stößt. Derartige Schöpfungen funktionieren auch sprachlich jedenfalls dann, wenn man sie aus Elementen zusammensetzen kann, die tatsächlich existieren.[128]

2. Üblichkeit

Nicht viel anders verläuft die Entscheidungsfindung dort, wo der Käufer bereits ein konkretes Ziel verfolgt und sich nunmehr fragt, was für ein Gegenstand ihm für dessen Verwirklichung hilft. Möchte jemand täglich an einem einige Kilometer entfernten Ort arbeiten, mag er sich zunächst fragen, ob er ein Auto oder nur ein Fahrrad benötigt, um sich immer detaillierteren Themen zuzuwenden. Selbst wenn er dann zum Fahrradhändler ginge, um ein ganz auf seine individuellen Bedürfnisse zugeschnittenes Produkt zu bestellen, würden die Parteien dennoch für zahllose Restbereiche wie zuvor beschrieben auf fremde Entscheidungen und sonstige Abläufe zurückgreifen. Dabei trifft es das Rechtfertigungsprinzip oft schon recht gut, für den verbleibenden Restbereich zu fragen, was hier „üblich", „verkehrstypisch" oder „normal" ist.[129] Nur lässt sich das eben nicht dadurch bestimmen, dass man auf Wille oder Erklärung der Parteien bei Vertragsschluss verweist. Denn schon rein begrifflich weisen Gesichtspunkte wie „üblich" über einzelne Personen hinaus und sind genau deshalb auch oft so reichhaltig.[130] Das, was diese Begriffe im Einzelnen detailliert ausmacht, können die Parteien nicht komplett mit ihrer Aufmerksamkeit erfassen. Ein „Auto" etwa enthält üblicherweise sehr spezielle Bremsen, und genau das sollte auch Vertragsinhalt sein, ganz unabhängig davon, ob die Parteien das wirklich geregelt und daran gedacht hatten.

---

[127] Allgemein dazu unten § 8 B., vgl. auch oben § 2 B. I. 4.
[128] Vgl. dazu bereits oben bei Fn. 27.
[129] Siehe dazu etwa auch *Ehrlich*, Die stillschweigende Willenserklärung, 1893, S. 45, 51; *Großmann-Doerth*, Selbstgeschaffenes Recht, 1933, S. 21, 25 sowie § 434 Abs. 1 S. 2 BGB oder Art. 2 der Verbrauchsgüterkaufrichtlinie (§ 8 Fn. 43).
[130] Näher zu Sitte, Übung und Brauch unten § 16 C.

Warum diese Üblichkeit als ein die Parteiregelung ergänzendes Kriterium so hilfreich ist, liegt auf der Hand: Typischerweise setzt sich das allgemein durch, was für die meisten Menschen hilfreich ist, also diesen bei der Verwirklichung ihrer Ziele hilft. Die Wahrscheinlichkeit, dass übliche Bremsen auch unserem Autokäufer helfen, ist sehr hoch. Aber noch in einer weiteren Hinsicht ist es sehr hilfreich, gerade das Normale ergänzend heranzuziehen: Je mehr gleichartige Gegenstände nachgefragt werden, desto eher bilden sich aussagekräftige Marktpreise, die ihrerseits zu einer Verwirklichung des Rechtfertigungsprinzips beitragen.[131] Hatte unser Käufer also einen Mittelklassewagen bestellt, so ist im Zweifel dann wenig am Preis-/Leistungs-Verhältnis auszusetzen, wenn er für den Preis, den auch andere zahlen, genau den Wagen mit denjenigen Eigenschaften erhält, den sämtliche Anbieter angesichts des Wettbewerbsdrucks auch allen anderen Kunden anbieten müssen.[132] Bei diesen Betrachtungen kann und sollte man umso individueller werden, je mehr das angesichts der von den Parteien tatsächlich getroffenen Regelung, der Marktverhältnisse und sonstigen Umstände praktisch gangbar ist. So gibt es natürlich lokale Besonderheiten, genauso wie das, was als die für ein Produkt übliche Qualität angesehen wird, zeitlich stark schwankt.[133]

II. Störungen

Die typische Diskussion um Eigenschaften konzentriert sich nicht etwa zunächst darauf, wie man überhaupt die geschuldete Leistung begründen kann, sondern behandelt gleich die Störfälle. Und nicht immer wird dann wenigstens danach unterschieden, ob sich die Parteien überhaupt dergestalt irren, dass sie sich über die Störung Gedanken gemacht hatten. Das sollte man jedoch tun. Denn auch ganz ohne (Fehl-) Vorstellungen kommt es vor, dass die eigentlich erhoffte oder gar vereinbarte Eigenschaft nicht oder nur unter hohem Aufwand erbracht werden kann. Wir haben es dann mit einer klassischen Leistungsstörung zu tun, mit der Konkurrenz zwischen Eigenschaftsirrtum und Sachmängelhaftung[134] als nur einem Symptom von vielen. Da Leistungsstörungen bereits behandelt wurden,[135] sei hier nur das Nötigste gesagt. So geht es um zahllose Eventualitäten, für die der Vertrag eine jeweils passende Rechtsfolge bereithalten muss. Zu begründen ist etwa, was geschieht, wenn der Ring in Fall 163 oder 165 nicht golden, sondern nur vergoldet ist. Ein auf

---

[131] Zu einem ganz ähnlichen Argument bei Allgemeinen Geschäftsbedingungen vgl. unten § 14 C. II. 5.
[132] Diese Betrachtung ließe sich natürlich noch deutlich verfeinern, doch geht es hier allein um das Grundprinzip.
[133] Siehe zu beidem nur *Ehrlich*, Die stillschweigende Willenserklärung, 1893, S. 45, 51.
[134] Vgl. oben § 7 B. IV. 3.; § 7 B. V. 7.
[135] Oben § 6.

die Rechtsfolgen solcher Eventualitäten gerichteter Wille ist ohne Weiteres möglich und sinnvoll (wenn auch selten), während es unsinnig bleibt, etwas zu wollen oder zu vereinbaren, was schlichtweg nicht geht.[136] Demgegenüber ist es verfehlt, etwa die Leistung einer mangelhaften Sache als „Vertragsbruch" zu bezeichnen, da erst der Vertrag darüber entscheidet, was bei einem Sachmangel geschieht.[137]

Über das Rechtfertigungsprinzip lassen sich derartige Vertragsinhalte bestimmen, ohne auf eine meistens fehlende Regelung der Parteien bei Vertragsschluss zurückzugreifen, einfach auf die Entscheidung des Gesetzgebers zu verweisen oder dem Problem über Leerformeln und sonstige flexible Begründungsmuster auszuweichen.[138] Was die denkbare Reaktion auf einzelne Leistungsstörungen anbelangt, so findet sich gerade bei Eigenschaften eine große Bandbreite: Zunächst mag es dem Schuldner ausweislich des Rechtfertigungsprinzips zumutbar sein, auch etwas größere Anstrengungen zu unternehmen oder sehr ähnliche, funktional gleichwertige Güter bzw. Eigenschaften bereitzustellen.[139] Ab einem gewissen Punkt – und zwar lange vor der äußerst seltenen natürlichen Unmöglichkeit – ist der Schuldner allerdings nicht mehr verpflichtet, die für einen störungsfreien Ablauf geschuldete Eigenschaft zu erbringen.[140] Oft geht das mit einer Rückübertragung bereits ausgetauschter Gegenstände einher. In diesem Fall ist die jeweilige Eigenschaft nicht mehr vertraglich geschuldet,[141] sondern allenfalls Anknüpfungspunkt für andere rechtliche Konsequenzen. Gegebenenfalls wird der Schuldner jedoch Schadensersatz – etwa in Höhe des positiven oder negativen Interesses – leisten müssen. Deutlich präziser wurde das bereits andernorts dargestellt.[142]

Eine Besonderheit speziell des Gewährleistungsrechts ist die sogenannte Minderung, also die Anpassung des Kaufpreises an den durch die fehlende Eigenschaft geminderten Wert des geschuldeten Gegenstands. Stellt der Verkäufer diesen selbst her, ist es für einen wertschöpfenden Vertragsinhalt regelmäßig wichtig, dass der Schuldner, der die Leistungsqualität leichter als der Gläubiger beeinflussen kann, auch insofern die Konsequenzen eines Qualitätsabfalls trägt. Warum sollte er sich sonst überhaupt noch anstrengen, wenn

---

[136] Vgl. speziell zu Eigenschaften nur die kritische Würdigung der Ansicht *Flumes* oben § 7 B. V. 1.

[137] Vgl. dazu oben § 6 B. V. 2. sowie demgegenüber hier nur stellv. *Flume*, Eigenschaftsirrtum, 1948, S. 41 („Die Leistung einer mangelhaften Sache ist ... keine Erfüllung des Kaufvertrages, sie ist ein *breach of contract*, weil der Kaufvertrag auf die Leistung der Kaufsache in mangelfreiem Zustande gerichtet ist, aber sie ist nicht Nichterfüllung einer Erfüllungspflicht.").

[138] Näher oben § 6 E. I. 1. sowie unten § 19 F. III.

[139] Siehe zu diesem Aspekt etwa auch *Huber*, AcP 209 (2009), 143, 157, wenn auch mit anderer dogmatischer Einordnung.

[140] Eingehend oben § 6 B. III.

[141] Vgl. demgegenüber etwa die Ansicht *Flumes* oben § 7 B. V. 1.

[142] Oben § 6 E. IV.

seine Vergütung davon unbehelligt wäre? Komplizierter verhält es sich dort, wo auch der Schuldner nicht immer wissen oder beeinflussen kann, was für Eigenschaften der verkaufte Gegenstand besitzt. Je nach Gegenstand, Vertragspartner, Region und auch historischen Gegebenheiten kennen Rechtsordnungen eine Sachmängelhaftung oder auch nicht.[143] Im Verhältnis von Unternehmer zu Kunde wird es aber oft auch dort, wo beide Seiten machtlos sind, eher der Unternehmer sein, der solche Verluste besser abfedern kann, die sich daraus ergeben, dass der von ihm hergestellte bzw. angebotene Gegenstand weniger wert ist als erhofft.[144]

Was den Versuch anbelangt, über Begriffe wie „Eigenschaft" oder „wesentlich" einen gleichermaßen einfachen wie robusten Tatbestand zu schaffen, so ist das eher skeptisch zu beurteilen. Dass es wenig bringt, sich die Eigenschaft als der Sache „anhaftend" vorzustellen oder gar eine solche Verbindung zu verlangen, ist hinreichend oft bemerkt worden.[145] Nichts anderes gilt für die „Wesentlichkeit", die das Problem wieder nur reformuliert, anstatt Kriterien dafür zu liefern, welche Abweichungen was für Rechtsfolgen auslösen sollten.[146]

III. Irrtümer

Der Irrtum über die Eigenschaften ist die unrichtige Vorstellung von den Eigenschaften.[147] So klar diese Definition auch ist, so wenig klar ist die rechtliche Einordnung einer solchen Fehlvorstellung. Denn fast immer gibt es zahlreiche Eigenschaften, über die sich keine der Vertragsparteien Gedanken macht, die wir aber dennoch ohne Weiteres dergestalt als wesentlich einordnen würden, dass deren Fehlen rechtliche Konsequenzen auslöst. So schön es ist, für die gesuchte Abgrenzung im Einzelfall auf den gemeinsamen Parteiwillen verweisen zu können, ist das angesichts der atomistischen Herausforderung und der begrenzten menschlichen Aufmerksamkeit regelmäßig illusionär. Vor allem ist es eher selten, dass die verschiedenen Vorstellungen der Parteien über einzelne Eigenschaften wirklich zum Vertragsinhalt im Sinne eines übereinstimmenden Bindungswillens wurden.

Damit drängt sich die Frage auf, wie es zu beurteilen ist, wenn sich eine Partei auch nur einseitig bestimmte Gedanken über einzelne Eigenschaften gemacht hat und sich diese hinterher als falsch erweisen. Ein Inhalts- oder

---

[143] Siehe dazu etwa *Huber*, AcP 209 (2009), 143, 160 ff. mit dem interessanten rechtstatsächlichen Hinweis, dass beim Grundstückskauf die Sachmängelhaftung fast flächendeckend beseitigt wird.
[144] Allgemein zu derartigen Risikoerwägungen oben § 6 E. I. 3.
[145] Vgl. oben § 7 B. IV. 1.; § 7 B. V. 4. oder auch zur „Gebrauchstauglichkeit" nur *Huber*, AcP 209 (2009), 143, 152 f.
[146] Näher oben § 7 B. IV. 2.; § 7 B. V. 5.
[147] Stellv. *Flume*, Eigenschaftsirrtum, 1948, S. 11.

Erklärungsirrtum liegt hier jedenfalls nicht vor[148] – wie immer man diese Irrtümer rechtlich einordnen mag.[149] Denn weder verspricht sich hier die irrende Seite noch irrt sie über die Bedeutung der jeweiligen Erklärungen. Das gilt selbst dann, wenn für eine bestimmte Eigenschaft ausdrücklich vereinbart wurde, dass diese den Parteien wichtig ist („dieser goldene Ring"). Denn auch dann steht fest, wie der Ring möglichst aussehen soll, genauso wie – sofern überhaupt bedacht – auch kein Irrtum darüber vorliegt, was rechtlich geschehen soll, wenn diese Eigenschaft fehlt.

Eine andere Frage ist allerdings, ob der Eigenschaftsirrtum nicht dennoch ähnlich behandelt werden sollte wie ein Inhalts- oder Erklärungsirrtum. Dafür spricht, dass die Nachteile für den Irrenden weitestgehend identisch sind, wie ein Vergleich der Fälle 164 und 271 verdeutlicht: In Fall 271 verspricht sich der Verkäufer und erklärt deshalb aus Versehen, für 20 Euro „diesen goldenen Ring" zu verkaufen.[150] Das andere Mal erklärt er, für 20 Euro „diesen Ring" zu verkaufen – geht aber fälschlicherweise davon aus, dass der vor ihm liegende Ring nur vergoldet ist (Fall 164). Warum hier eine unterschiedliche Bewertung oder auch nur eine dogmatisch andere Herangehensweise gerechtfertigt sein soll, erschließt sich nicht ganz. In beiden Fällen läuft der Verkäufer Gefahr, einen Verlust in Höhe von 80 Euro zu erleiden. Und auch mit Blick auf Anreize bzw. Verschulden drängt sich eine unterschiedliche Behandlung nicht auf. Nichts anderes gilt, wenn es wie in den Fällen 272 und 163 der Käufer ist, der sich jeweils irrt und damit für 100 Euro eine vergoldete Uhr im Wert von 20 Euro erhält. Zwar kommt hier als weitere zu berücksichtigende Gefahr hinzu, dass sich der erworbene Gegenstand nicht für die Zwecke des Käufers eignet. Doch gilt das auch für beide Fallvarianten.

Oder, um hier einmal mehr mit *Schlossmann* zu sprechen: „Was dem in der Erklärung oder über den Inhalt der Erklärung Irrenden recht ist, ist sicher auch für den über Eigenschaften Irrenden billig ... Die Schädigung ist für ihn in beiden Fällen dieselbe, der Wunsch, von dem Geschäft loszukommen, in beiden Fällen gleich stark und von seinem Standpunkt gleichberechtigt. Der Belehrung, dass ihm in dem einen Fall geholfen werden könne, weil er eine Erklärung dieses Inhalts nicht habe abgeben wollen, in dem anderen aber ihm nicht zu helfen sei, weil er nur im Beweggrund geirrt habe, würde er sicher als einer ihm gänzlich unverständlichen nicht zugänglich sein und einem solchen Haarspalterei treibenden Recht kopfschüttelnd gegenüberstehen."[151] In der Tat sollte es uns zu denken geben, wenn unser klassisches Vertragsdenken Unterscheidungen provoziert, die so gar nicht den Parteiinteressen entspre-

---

[148] Näher oben § 7 B. V. 6.
[149] Näher zu diesen unten § 17 C.
[150] Näher zum Inhaltsirrtum unten § 17 C.
[151] *Schlossmann*, Irrtum, 1903, S. 49.

chen. Worum es bei den verschiedenen Irrtumskonstellationen tatsächlich geht, wird daher noch eingehend zu diskutieren sein.[152]

---

[152] Unten § 16.

§ 8 Verteiltes Denken, verteilte Macht

A. Problem

I. Entscheidungsnotwendigkeiten

Wie jede Theorie ist das Rechtfertigungsprinzip eine geistige Vorstellung, die an bestimmte Ausschnitte unserer Umwelt – hier das Vertragsrecht – herangetragen wird. Und da eine ethische Letztbegründung noch niemandem gelungen ist, soll sie das geltende Recht auch „lediglich" treffender und einfacher beschreiben, als es das mit klassischen Theorien bisher gelang. Dabei sagt das Rechtfertigungsprinzip als substanzielles Kriterium[1] überhaupt etwas zu diesem Vertragsinhalt, während uns das prozedurale Ansätze wie die Willens- oder Erklärungstheorie verwehren.

Ganz so schnell müssen sich diese formalen Theorien jedoch nicht geschlagen geben. Denn selbst wenn es bisher gelungen sein sollte, Vertragsinhalte treffend zu beschreiben, scheint dieses Ergebnis allein nicht zu befriedigen. Schließlich regelt unser Vertragsrecht nicht nur diesen Inhalt. Ganz im Gegenteil gewinnt man bei der Lektüre unserer Gesetzbücher wie Gerichtsurteile zumindest bei oberflächlicher Betrachtung[2] den Eindruck, als werde dort tunlichst vermieden, den Vertragsinhalt zu bestimmen. Und während sich im Gesetz noch für manchen Vertragstyp recht ausführliche Regeln finden, bleiben andere Vertragsarten völlig unbehandelt.[3] Allgemeine Inhaltsvorgaben werden eher zögerlich-vage formuliert, und die Überwindung der *laesio enormis* gilt als wichtige Errungenschaft.[4] Demgegenüber dreht sich viel auch um menschliches Entscheiden – besonders der Vertragsparteien. Wie ist das zu erklären? Und was kann das Rechtfertigungsprinzip dazu beitragen? Schließlich soll sich der Vertragsinhalt bereits immer dann bestimmen lassen, wenn man nur die Ziele und bestehenden Rechte der Menschen kennt. Wer genau das Rechtfertigungsprinzip anwendet, erscheint demgegenüber irrelevant,

---

[1] Näher zum Gegensatz von Inhalt und Verfahren unten § 19 D.

[2] Vgl. aber unten § 16 A. I. 1. sowie speziell zu Allgemeinen Geschäftsbedingungen unten § 14 C. II.

[3] Zu einigen neueren Vertragstypen siehe nur die Nachweise unten in § 14 Fn. 122.

[4] Inwieweit dieses Rechtsinstitut tatsächlich verschwunden ist, lässt sich trefflich diskutieren, vgl. oben § 4 Fn. 211. Generell zum Verhältnis von Inhalt und Verfahren vgl. unten § 19 D.

denn dieses rein inhaltliche Kriterium scheint von einem bestimmten Entscheider unabhängig, so dass es allenfalls getroffen oder aber verfehlt werden kann. Berücksichtigt man allerdings die Welt so, wie sie nun einmal ist – und nichts anderes kann für jede ernstzunehmende Theorie maßgeblich sein –,[5] werden unterschiedliche Personen durchaus verschiedene Auffassungen darüber hegen, was der tatsächlich richtige Vertragsinhalt ist. Jedenfalls sieht sich nicht jeder veranlasst, allein das von der Vertragsrechtsordnung angestrebte Prinzip zu verwirklichen, sondern verfolgt oft eigene Interessen. Weiterhin verbleiben angesichts der Komplexität unserer Umwelt selbst dann Meinungsverschiedenheiten, wenn man am gleichen Strang ziehen möchte. Obwohl sich das Rechtfertigungsprinzip auf nur wenige Tatbestandsmerkmale und jeweils nur auf eine einzelne Person beschränkt, sollte nicht unterschätzt werden, wie anspruchsvoll es ist, bereits diese minimalen Anforderungen in konkrete Vertragsinhalte umzusetzen. Raum für Streit besteht hier allemal.

Wir müssen also akzeptieren, dass sich das Rechtfertigungsprinzip in dieser Welt nicht „einfach so" durchsetzt. Es gibt keinen magischen Automatismus, der gleichsam von selbst für dessen Verwirklichung sorgt. Die Natur denkt und handelt nicht für uns. Vielmehr haben wir es mit denkenden und handelnden Menschen zu tun, die in einer mal mehr oder weniger lebensfeindlichen und komplexen Umwelt agieren müssen. Soll das Rechtfertigungsprinzip tatsächlich verwirklicht werden, muss es von diesen Menschen angesichts der bestehenden Widrigkeiten umgesetzt werden. Auch das ist ein wichtiger, ebenso zu erklärender Aspekt unseres Vertragsrechts. Jede Rechtsordnung muss entscheiden, welche Person unter welchen Voraussetzungen befugt sein sollte, den Vertragsinhalt zu bestimmen. Denn offensichtlich beeinflusst die jeweilige Machtverteilung mitsamt verschiedenster Rahmenbedingungen erheblich, was Vertragsinhalt wird. Damit muss es genau solchen Entscheidungsumständen zu verdanken sein, wenn Vertragsinhalte in der Realität wirklich dem entsprechen, was das Rechtfertigungsprinzip beschreibt. Und vor allem muss sich die unserem Vertragsrecht zugrunde liegende Kompetenzverteilung gerade anhand des Rechtfertigungsprinzip erklären lassen, also als sehr ausgeklügeltes Rechtsgeflecht, das nichts anderes bewirkt, als dass eine rechtliche Einbuße nur so weit eintritt, wie das notwendig ist, um sich getreu den eigenen Zielen zu verbessern.[6]

---

[5] Näher etwa unten § 19 F. II.
[6] Siehe dazu bereits *Rehberg*, RLR (IntEd) 2011, 1; *Rehberg*, JuS 2012, 193, 198; *Rehberg*, RdA 2012, 160.

II. Komplexität von Vertragsinhalten

1. Reichhaltigkeit

Wie essenziell es ist, die personell wie zeitlich ausgeklügelte Verteilung menschlicher Entscheidungsfindung zu sehen und theoretisch zu analysieren, wird schnell deutlich, wenn man unsere realen geistigen Fähigkeiten dem gegenüberstellt, was Vertragsinhalte heutzutage alles beinhalten. Denn „der Vertrag" mag zwar manchen Theoretiker allein als übergreifendes Konstrukt interessieren; doch tenoriert und vollstreckt wird sehr viel Konkreteres – und bedarf damit auch einer Begründung. Das betrifft nicht nur körperliche Gegenstände, für die wir oft noch bis ins allerletzte Detail, für jeden einzelnen Kubikmillimeter beantworten müssen, was hier genau geschuldet ist. Jeder Farbkratzer, jeder noch so kleine Materialfehler, jedes noch so infinitesimale Detail, kann hier von Interesse sein.[7] Auch bei Dienstleistungen mögen es nur wenige Millimeter sein, die darüber entscheiden, ob eine vertragliche Pflicht erfüllt oder verletzt wurde – man denke etwa an eine ärztliche Operation. Dabei verstärken sich hier die dogmatischen Probleme eher, da solche Verträge nicht nur oft längerfristiger Natur, sondern meist auch durch ein starkes Informations- und Kompetenzgefälle geprägt sind. Verständigt sich etwa der Patient mit dem Chefarzt auf eine kunstgerechte Behandlung, ist im Streitfall zu beantworten, ob die konkret angegriffene Verhaltensweise tatsächlich den „Regeln der Kunst" entsprach. Darüber wird jedenfalls der Patient keinerlei Vorstellungen gehabt haben. Und vereinbart der Bankkunde mit seiner Bank eine „anleger- und objektgerechte Beratung", so wird er nicht wissen, was eine gute Beratung im Einzelnen ausmacht, ja genau deshalb auf eine solche angewiesen sein. Das bedeutet nichts anderes, als dass der Richter insofern nicht den Parteiwillen bemühen kann, sondern andere Argumente heranziehen muss.[8] Dabei fällt auf, dass selbst noch so umfangreiche Allgemeine Geschäftsbedingungen[9] zwar anschaulich illustrieren, wie umfassend Vertragsinhalte ausfallen, dabei aber dennoch allenfalls an der Oberfläche dessen kratzen, was es alles vertragstheoretisch zu erfassen gilt. An Komplexität kaum mehr zu schlagen sind schließlich Versicherungsprodukte, die jeden noch so wachsamen und lernwilligen Kunden vollends überfordern und damit vertrags- wie wettbewerbsrechtlich unangenehmste Fragen aufwerfen, gerade deshalb aber auch so lehrreich sind. Dass etwa der Verfasser, der mit diesem Thema seine wissenschaftliche Laufbahn begann,[10] seitdem nicht mehr davon

---

[7] Näher oben § 7 A. I.
[8] Eingehend dazu oben § 3 C. III. 1. und zu gängigen Ausweichversuchen etwa unten § 9 C. V. 2. c); passim.
[9] Näher unten § 14.
[10] *Rehberg*, Informationsproblem, 2003, S. 30 ff.

loskommt, die Grenzen unseres menschlichen Denkens ständig zu thematisieren, ist sicher kein Zufall.

2. *Begrenzte Aufmerksamkeit*

Dabei lässt sich von Komplexität oder Intransparenz nur dann sinnvoll sprechen, wenn man nicht nur die Reichhaltigkeit vertraglicher Inhalte beschreibt, sondern gleichzeitig unsere geistigen Fähigkeiten berücksichtigt. Produkt und beurteilende Person bilden hier zwei Seiten einer Medaille. Kompliziert ist, was von einem konkreten Subjekt nicht oder nur mühsam verstanden werden kann. Und das wiederum führt zum menschlichen Denken und seinen Grenzen. Denn wollte man das Kernanliegen nicht nur dieses Kapitels, sondern der gesamten vorliegenden Arbeit in einem Satz zusammenfassen, so geht es vor allem darum, für das Vertragsrecht mit der Einsicht in unsere so begrenzten geistigen Möglichkeiten ernst zu machen – und zwar richtig.[11]

So kann sich der Einzelne bei Vertragsschluss auf wenig mehr konzentrieren, als dass er dem Gegner freundlich die Hände schüttelt. Ganz egal welche Sinnesorgane wir einsetzen, angefangen mit dem von jeher am stärksten untersuchten Sehen über das Hören oder auch Fühlen, können wir mit unserem Arbeitsgedächtnis immer nur wenige Objekte oder Aspekte gleichzeitig erfassen.[12] Und täglich bezahlen Menschen mit ihrem Leben dafür, dass wir heillos damit überfordert sind, gleichzeitig die Straße zu beobachten und zu telefonieren. Während pro Sekunde viele Millionen Informationseinheiten an unser Gehirn strömen,[13] erfasst unsere Aufmerksamkeit gerade mal einige Handvoll davon. Angesichts der enormen Komplexität der dabei involvierten Geistesprozesse geben uns das menschliche Bewusstsein und dessen geringe Reichweite bis heute viele Rätsel auf. Die für unsere Zwecke wohl wichtigste Funktion der Aufmerksamkeit dürfte dabei in der für den Menschen so typischen, aber wohl auch extrem aufwändigen Fähigkeit liegen, kreative und der jewei-

---

[11] Siehe dazu etwa – weil besonders deutlich – oben § 2 D sowie unten § 17 E.; § 19 F.

[12] Dass unser Arbeitsgedächtnis (näher etwa *Baddeley*, 63 AnnRevPsychol 1 (2012); *Berti*, Psychologische Rundschau 61 (2010), 3) bzw. die menschliche Aufmerksamkeit äußerst begrenzt sind, steht trotz aller Kontroversen um solche Begriffe und um verwandte Ausdrücke wie Bewusstsein bzw. *attention, awareness* oder *consciousness* schon lange fest, vgl. hier nur *Miller*, 63 PsycholRev 81 (1956) und *Koch*, The Quest for Consciousness, 2004. So erfassen wir sofort, ob zwei oder vier Teller auf einem Tisch stehen. Bei neun Tellern müssen wir meistens schon nachzählen. Wenn in dieser Arbeit etwa Aufmerksamkeit, Bewusstsein und Arbeitsgedächtnis synonym verwandt werden, so geht es nicht um ausgefeilte naturwissenschaftliche Ausführungen – dazu sind fachlich versierte Autoren wahrlich besser berufen – als vielmehr eine äußerst schlichte Botschaft, nämlich die Überforderung der Vertragsparteien bei Vertragsschluss damit, sämtliche möglicherweise relevanten Vertragsinhalte festzulegen. Ziel dieser Arbeit ist es also allein, aus dem psychologisch unstreitigen Befund einer sehr begrenzten Aufmerksamkeit juristische Konsequenzen zu ziehen, vgl. dazu auch oben § 1 C. II.

[13] Instruktiv hierzu der Vergleich von *Hilbert/López*, 332 Science 60 (2011).

ligen Situation angepasste Problemlösungen zu entwerfen.[14] Und so viel noch an diesem merkwürdigen geistigen Phänomen unklar ist und weiterer Forschungen bedarf, so wenig lässt sich bestreiten, dass es gleichermaßen real wie äußerst begrenzt ist. Wir können Aufmerksamkeit durchaus beschreiben, wissenschaftlich definieren und damit auch als Tatbestandsmerkmal verwenden.[15]

III. Punktualität klassischer Vertragstheorien

Möchte man eine juristische Theorie möglichst schnell in Begründungsnöte bringen, so gelingt das regelmäßig dadurch am besten, dass man sie einfach subsumiert.[16] Für die klassischen Vertragstheorien wird so schnell deutlich, warum sie bis heute an all den Kalamitäten leiden, die in den folgenden Kapiteln noch eingehend zu analysieren sein werden: Solange man den Vertragsinhalt zeitlich allein aus der Sekunde des Vertragsschlusses und personell allein aus dem Verhalten der Vertragsparteien ableitet, gelingt es nicht, Vertragstheorie und rechtliche Realität miteinander zu vereinbaren. Begriffe kann man beliebig erweitern, Tatsachen nicht. So mag man den Begriff des Wollens betont weit fassen, doch die menschliche Aufmerksamkeit bei Vertragsschluss vergrößert man dadurch nicht.[17] Genauso mag man alles Mögliche als erklärt definieren, doch das, was sich einer Erklärung tatsächlich entnehmen lässt, ändert sich dadurch ebenso wenig. Eine einmal abgegebene Erklärung lebt nicht, sie bleibt starr und vergangenheitsorientiert und lässt sich nicht aktualisieren, ausfüllen oder korrigieren. Das Einzige, was sich hier anpasst und verändert, sind der sie interpretierende Mensch und die für diesen Menschen maßgeblichen Umstände.[18]

Und dennoch besteht beinahe übergreifend eine bemerkenswerte, weil für selbstverständlich gehaltene Einigkeit darüber, dass der gedankliche Ausgangs- und Referenzpunkt für die Vertragsbindung allein im Parteiverhalten bei Vertragsschluss zu suchen sei. Die Willenstheorie etwa stellt auf den Selbstbindungswillen bei Vertragsschluss ab, die Erklärungstheorie auf den Erklärungsakt. Damit haben diese Ansätze von vornherein keine theoretische Handhabe, weil keinen Maßstab, um das zu beschreiben oder zu hinterfragen, was in dieser Arbeit ausführlich zu diskutieren sein wird, nämlich die gezielte Aufteilung der vertraglichen Rechtsetzung auf verschiedene Zeitpunkte und

---

[14] Zu dieser mit Aufmerksamkeit verbundenen Kreativität siehe bereits oben § 2 A. IV. 6.

[15] Siehe dazu auch oben § 2 A. III. (dort im Zusammenhang mit Zielen) sowie zur wenig glücklichen Kritik am „Psychologismus" der Willenstheorie unten § 9 C. V. 2. e) aa).

[16] Näher unten § 9 C. IV.; § 9 C. III.; § 10 D. I.; § 10 D. IV.

[17] Näher oben § 9 B. II. 3.; § 9 C. V. 2.

[18] Näher oben § 10 E. II. 3.

Personen. Die Punktualität klassischer Vertragstheorien versperrt bereits im Ansatz den Blick auf das wohl spannendste und praktisch bedeutsamste Kapitel unseres Vertragsrechts – nämlich einerseits das äußerst vielschichtige und ausgeklügelte Geflecht von Kompetenzen und Rahmenbedingungen und andererseits die auch zeitlich verteilte Entscheidungsfindung.

Damit ist nicht gesagt, dass uns sowohl die zeitliche als auch die personelle Verteilung vertraglicher Entscheidungsfindung völlig fremd wäre. Gerade rechtstheoretische Arbeiten – besonders aus dem positivistischen Umfeld – thematisieren sehr deutlich die Vielfalt rechtlicher Quellen und verweisen dabei oft nicht nur auf die richterliche Tätigkeit, sondern auch den Vertrag.[19] Genauso erörtern Juristen bereits lange die Besonderheiten von Dauerschuldverhältnissen[20] und diskutieren Gestaltungsrechte, Vertragsanpassungen oder das subjektive Recht – um hier nur einige Beispiele zu nennen.[21] Und jeder Erstsemesterstudent wird spätestens bei der Stellvertretung[22] erfahren, wie sehr die menschliche Arbeitsteilung auch im Vertragsrecht verankert ist. Andere Disziplinen stehen dem nicht nach, etwa wenn Soziologen in der Reziprozität ein Phänomen eher langfristiger, aus wiederholten Kontakten bestehender Beziehungsgeflechte sehen[23] oder sich Ökonomen unter dem Stichwort relationaler oder selbstdurchsetzender Verträge ihrerseits für wiederholte und damit eher langfristige Austauschbeziehungen interessieren.[24] Doch besteht die spezifisch vertragstheoretische Herausforderung darin, das Phänomen verteilter Willensbildung nicht nur zur Kenntnis zu nehmen und „irgendwie" im Ergebnis zu praktizieren, sondern in ein theoretisches Konzept einzuordnen, das nicht nur einzelne Phänomene erfasst, sondern einheitlich und übergreifend unser gesamtes Vertragsrecht.[25] Leider kaschieren wir die hier klaffenden Begründungslücken durch zahllose Fiktionen, Verknüpfungen, Mutmaßungen oder allgemeine Hinweise etwa auf eine (normative) Auslegung.[26] Dabei suggeriert gerade die Rede von Auslegung und Interpretation wie auch der Verweis auf nicht überprüfbare Begriffe wie Entscheidungsfreiheit oder Freiwilligkeit,[27] dass man sich eben doch allein auf das Parteiverhalten beschränken könne, um den Vertragsinhalt zu bestimmen.

Fragt man sich dabei nach den Gründen für die Punktualität unseres klassischen Vertragsdenkens, so kann hier auf die Ausführungen zur Rechtebasie-

---

[19] Näher etwa oben § 2 B. I. 4.
[20] Stellv. *Oetker*, Dauerschuldverhältnis, 1994; *Jickeli*, Der langfristige Vertrag, 1996.
[21] Näher dazu unten § 18 B. sowie speziell zum subjektiven Recht oben § 2 B. II.
[22] Näher unten § 13.
[23] Vgl. oben § 4 Fn. 264.
[24] Vgl. oben § 4 Fn. 265.
[25] Siehe dazu auch oben § 2 D. I.
[26] Näher oben § 9 C. V. 2.; § 10 E.
[27] Näher oben § 4 B. I. sowie demgegenüber zur Rechtebasierung unseres Vertragsrechts oben § 2 D.; § 4 C. I. 1.

rung[28] oder auch der Faszination speziell eines Selbstbindungswillens[29] verwiesen werden. Sofern etwa manche Entwicklungslinie zum religiösen Gelübde zurückreicht, bestand dann ursprünglich noch wenig Anlass, die begrenzte Aufmerksamkeit zu thematisieren. Bis heute sehr stark wirkt der Stolz der Aufklärung, sich als Mensch von den geistigen wie auch ganz realen Fesseln kirchlicher wie staatlicher Kräfte befreit und sich stattdessen auf das Urteilsvermögen des Einzelnen besonnen zu haben. Vor allem aber ist es mental unheimlich entlastend, unsere Welt zu punktualisieren und sie damit deutlich vereinfacht zu betrachten.[30] Anders formuliert gewinnen zeitlich verteilte Abläufe für uns schnell etwas beinahe schon Beängstigendes, Bedrohliches. Nur lässt sich damit die Realität einer zeitlich wie personell verteilten Entscheidungsfindung nicht aus der Welt schaffen und sind wir für ein echtes Verständnis unseres Vertragsrechts gezwungen, uns genau dieser Realität zu stellen.

Die wichtigste Konsequenz aus der hochgradig verteilten Vertragsrechtssetzung liegt also in der Einsicht, dass eine überzeugende Vertragstheorie in der Lage sein muss, sämtliche Vertragsinhalte zu begründen und nicht etwa nur diejenigen, die von den Vertragsparteien bei Vertragsschluss gesetzt wurden. Und genauso müssen sich all die Rahmenbedingungen erklären lassen, anhand derer wir die Willens- bzw. Erklärungsbildung nicht nur von Parteien, sondern genauso etwa von Richtern oder Abgeordneten, teilweise sehr hohen Anforderungen unterwerfen. Die dem Vertragsrecht zugrunde liegende Kompetenzverteilung und zeitliche Auffächerung soll nicht verschleiert, sondern deutlich herausgearbeitet und ihrerseits begründet werden. Darauf besteht deshalb eine realistische Aussicht, weil es sich beim Rechtfertigungsprinzip um ein substanzielles Kriterium handelt, für das sich fragen lässt, welche Zuständigkeitsverteilung bestmöglich zu seiner Verwirklichung beiträgt.[31]

IV. Fälle

175. **König von Zamunda:** *Weltenbummler W erhält von den Bewohnern des Königreichs Zamunda das Angebot, ihr König zu werden. Freudig stimmt W zu. Allerdings trübt sich seine Laune etwas, als er einige Jahre später feststellt, dass jeder König Zamundas nach 10 Jahren Amtszeit den Göttern geopfert wird.*

176. **„Kauf":** *Autofreund A hält genauso wenig von umfangreichen Verträgen wie Verkäufer V, der seinen 10 Jahre alten Wagen loswerden möchte. Beide einigen sich auf einen „Kauf für 1.000 Euro". A erhält Auto, Schlüssel und Papiere und fährt los.*

---

[28] Oben § 2 D. III. 1. b).
[29] Unten § 9 E. II. 4.
[30] Näher oben § 2 D. III. 3.; § 2 D. IV.; passim.
[31] Näher unten § 19 D.

176. **Fremdes Recht:** *Franzose F und Deutscher D haben sich weithin über eine wichtige Zusammenarbeit geeinigt. Doch möchte jeder sein eigenes Recht anwendbar wissen. Schließlich einigen sie sich auf die Geltung Schweizer Vertragsrechts, auch wenn sich beide darin nicht auskennen.*

177. **Fluch des Eigentums:** *Geschäftsmann G zieht es beruflich nach Berlin, wo er sich in ein schönes altes Gebäude verguckt, das er günstig erwerben kann. Was ihm erst später klar wird: Die Denkmalbehörde verlangt von ihm hohe Investitionen zur Erhaltung der Bausubstanz.*

179. **Bitte nicht schnarchen:** *Zugreisender Z hat mal wieder Pech: Er teilt seine Kabine im Schlafwagen mit einem laut schnarchenden Nachbarn N. Er bittet N daher inständig, doch bitte zu versuchen, möglichst wenig zu schnarchen. N sagt dies zu.*

180. **Wichtige Mitfahrgelegenheit:** *Bewerber B hat am nächsten Tag ein wichtiges Bewerbungsgespräch. Er bittet daher seinen Freund F, ihn morgen früh mit dem Auto in die Stadt mitzunehmen. F willigt ein.*

181. **Mitnahme des Anhalters:** *Der freundliche Autofahrer A nimmt gerne auch mal einen Anhalter mit. Über Haftungsfragen macht er sich dabei keine Gedanken.*

B. Arbeitsteilung

I. Praktischer Befund

Wann immer man staunend die bewundernswerten, aber limitierten Fähigkeiten des Menschen mit dem vergleicht, was die Menschheit geschaffen hat, wird man unweigerlich auf mindestens drei Ursachen stoßen: Zunächst wurde Rom nicht an einem Tag erbaut, weshalb es auch für den Vertragsinhalt so wichtig ist, sich nicht nur auf die Sekunde des Vertragsschlusses zu konzentrieren. Darauf wird noch zurückzukommen sein.[32] Zweitens wurde Rom aber auch nicht nur von einem Menschen gebaut, sondern – mal mehr und mal weniger freiwillig – von Hunderttausenden. Auch das sollte uns zu denken geben. Doch die bloße, noch so zahlreiche Zusammenarbeit allein ist nicht Erklärung genug. Besäßen alle Menschen die gleichen Fertigkeiten, bestünde Rom bestenfalls aus Lehmbauten. Der Schlüssel zum Erfolg keineswegs nur des Menschen und zur enormen Vielfalt wie Höhe verschiedenster kultureller Entwicklungen liegt im gerade arbeitsteiligen Zusammenwirken und der damit ermöglichten Spezialisierung. Angesichts dessen verwundert es nicht, wenn die Arbeitsteilung in vielen Wissenschaften einen prominenten Rang einnimmt, angefangen mit der Bienenfabel des Philosophen und Mediziners *Mandeville*[33] über das Stecknadelbeispiel des Ökonomen und Moraltheologen

---
[32] Unten § 8 C.
[33] *Mandeville*, The Grumbling Hive, 1705.

Smith[34] bis hin zu soziologischen Grundlagenwerken wie denen *Spencers*[35], *Simmels*[36] oder *Durkheims*[37]. Die wohl eindrucksvollsten Beispiele für eine höchst ausgeklügelte, oft über hunderte von Millionen Jahren entwickelte Arbeitsteilung liefert allerdings – einmal mehr – natürlich die Biologie.

Aber auch der Vertrag ist nicht nur ein wichtiges Instrument solcher Arbeitsteilung, sondern selbst das höchst elaborierte Ergebnis einer solchen.[38] Es müsste schon sehr verwundern, wenn ausgerechnet dieses so komplexe Phänomen frei von derartiger menschlicher Kooperation wäre. Ein kurzer Blick in die Rechtsrealität bestätigt diese Vermutung.[39] Selbst wer als Konsument einen ganz normalen Kaufvertrag abschließt, regelt dessen Inhalt nicht allein mit dem Verkäufer, sondern hat es im Zweifel mit einem Stellvertreter zu tun.[40] Handelt es sich um ein Produkt, das von einem Hersteller beworben wird, beeinflusst auch dieser über seine Werbung den Vertragsinhalt.[41] Zudem verwendet nahezu jeder kommerzielle Anbieter Allgemeine Geschäftsbedingungen, die vielleicht von einer Kanzlei oder einem Verband entworfen wurden.[42] Jeder einzelne Bürger wählt zudem – teils mittelbar über das Parlament – einen seinen Vorstellungen genehmen Gesetzgeber, der seinerseits ein gewichtiges Wort mitredet, etwa indem er gewährleistungsrechtlich die geschuldete Qualität konkretisiert. Dabei verweist das Gesetz oft gleich wieder auf von wiederum anderen Personen geprägte Mechanismen wie den Wettbewerb – etwa wenn sich die geschuldete Sache für die „gewöhnliche Verwendung" eignen oder die „übliche Beschaffenheit" aufweisen soll.[43] In eine ähnliche Kategorie gehört die Berücksichtigung von Verkehrssitten oder Handelsbräuchen.[44] Aber auch unser Justizsystem ist alles andere als unbeteiligt, was nicht nur für die Gerichte gilt, die andauernd Recht setzen und so Vertragsinhalte beeinflussen,[45] wobei hier mancher Rechtsprechungsgrundsatz oft weit ins römische Recht zurückreicht. Selbst Vollstreckungsbeamte entscheiden

---

[34] *Smith*, Inquiry, Bd. 1, 1776, S. 5 ff.
[35] *Spencer*, Sociology, 1896, S. 334 ff.
[36] *Simmel*, Über sociale Differenzierung, 1890.
[37] *Durkheim*, De la division du travail social, 1893. Aus jüngerer Zeit vgl. etwa *Walzer*, Spheres of Justice, 1983.
[38] Vgl. dazu auch etwa *Tröger*, Arbeitsteilung und Vertrag, 2012.
[39] Siehe zum Folgenden aus Sicht des Rechtsbegriffs bereits oben § 2 B. I. 4. a).
[40] Näher dazu unten § 13.
[41] Näher unten § 15.
[42] Näher unten § 14.
[43] So etwa im deutschen Recht § 434 BGB oder Art. 2 der Richtlinie 1999/44/EG des Europäischen Parlaments und des Rates vom 25. Mai 1999 zu bestimmten Aspekten des Verbrauchsgüterkaufs und der Garantien für Verbrauchsgüter, ABl. L 171 v. 7.7.1999, S. 12, 14.
[44] Näher unten § 16 C.
[45] Näher unten § 16 A.

innerhalb eines zumindest faktischen Spielraums vor Ort darüber mit, was ein Gläubiger tatsächlich erhält.

Kurzum, die vertragliche Kompetenzverteilung könnte kaum vielschichtiger sein, und jede Vertragstheorie, die dieses ausgeklügelte Geflecht mitsamt den dazugehörigen Rahmenbedingungen nicht schlüssig einzuordnen weiß, ist zum Scheitern verurteilt. Dass genau das den klassischen Vertragstheorien vorzuwerfen ist, indem sie sich allesamt allein auf die Vertragsparteien konzentrieren, wurde bereits angedeutet.[46] Denn hier geht es nicht etwa um eine bloße Randerscheinung, die allenfalls ein paar unmündige Verbraucher betrifft, sondern ein grundlegendes Phänomen jedes Vertrags. Selbst hochprofessionell agierende Kaufleute verfügen über eine nur höchst begrenzte Aufmerksamkeit und sind damit genauso auf Arbeitsteilung angewiesen.[47] Wie sich diese Schwierigkeiten einzeln auswirken und wie sehr unterschiedlich versucht wird, sie zu überwinden, wird ganz konkret, nämlich anhand der zuvor erwähnten Institute darzulegen sein. Hier sei nur auf die insoweit besonders interessante Stellvertretung als dasjenige Rechtsinstrument verwiesen, das die vertragliche Arbeitsteilung wohl am direktesten angeht. Warum dem Vertretenen das, was eine andere Person will oder erklärt, rechtlich zugerechnet wird, ist eine der vielen nur scheinbar harmlosen Fragen, auf die es bis heute keine befriedigende Antwort gibt.[48]

II. Rechtfertigungsprinzip

1. Gezielte Arbeitsteilung

Dass die vertragliche Arbeitsteilung nach Ansicht des Verfassers anhand des Rechtfertigungsprinzips auszugestalten ist, dürfte wenig überraschen. Ein anderes Kriterium hat er überhaupt nicht anzubieten. Es ist aber auch ein entscheidender Vorteil dieses substanziellen Konzepts, dass es für die hier interessierende Kompetenzverteilung einen Maßstab liefert und so eine fundierte Diskussion auch über derartige Fragen ermöglicht. Erhebt man hingegen das Parteiverhalten bei Vertragsschluss zum Ausgangspunkt, kommt man über diese Personen und diese Zeit von vornherein nicht hinaus.[49] So aber lässt sich fragen, wie genau die Rechtsetzungskompetenzen verteilt und einzeln ausgestaltet werden sollten, um das Rechtfertigungsprinzip zu verwirklichen. All die zuvor erwähnten, teilweise höchst ausgefeilten Rechtsinstitute unseres Vertragsrechts sorgen dafür, dass wir nur so weit eine rechtliche Einbuße er-

---

[46] Oben § 8 A. III.
[47] Speziell zum Verbraucherschutz siehe unten § 19 C. VI. Leider ist es weit verbreitet, grundlegende Probleme der klassischen Vertragstheorie als bloßes Sonderproblem für einzelne Personengruppen abzutun.
[48] Näher unten § 13.
[49] Siehe bereits oben § 8 A. III.

leiden, wie dies notwendig ist, um uns getreu unserer eigenen Ziele zu verbessern. Und da unsere Welt von zahllosen Widrigkeiten gekennzeichnet ist, angefangen von physischen Hindernissen bis hin zu unserer nur begrenzten geistigen Leistungsfähigkeit, sind wir hier gut beraten, die Festlegung des Vertragsinhalts nicht nur den Vertragsparteien aufzubürden.

2. *Erkenntnis und Durchsetzung*

Dabei hilft es, zweierlei zu unterscheiden: Zunächst betrifft die Kompetenzfrage den Erkenntnisakt, also die Frage, wer darüber entscheiden sollte, ob eine Rechtsänderung mit welchem Inhalt dem Rechtfertigungsprinzip genügt. Darauf konzentrieren sich die Ausführungen dieses Kapitels weitestgehend. Daneben muss aber jede Rechtsordnung ebenso entscheiden, wer dazu berufen sein soll, das einmal gewonnene Ergebnis – notfalls gewaltsam – durchzusetzen. Da diese Frage bereits beim Problem von Zwang, Drohung und Ausbeutung unter dem Stichwort der Konnexität angeschnitten wurde, sei hier nur kurz darauf hingewiesen, dass es der Staat ausweislich des deshalb so genannten Gewaltmonopols weitestgehend für sich reserviert, Ansprüche durchzusetzen. Regelmäßig müssen wir den Klageweg beschreiten, wobei auch das Zivilrecht diverse Ausnahmen macht, angefangen mit der Aufrechnung oder den Zurückbehaltungsrechten über so klassische Institute wie die Not- und Besitzwehr oder den aktiven wie passiven Notstand bis hin zur angekündigten Erstattung einer strafrechtlichen Anzeige zumindest dort, wo die verletzte Strafrechtsnorm in engem Zusammenhang mit der durchzusetzenden Forderung steht.[50] Regelmäßig werden diese Kompetenzzuweisungen sowohl für den Erkenntnisakt als auch für die konkrete Durchsetzung durch verschiedene Rahmenbedingungen flankiert, die beispielsweise eine möglichst informierte und interessengerechte Entscheidung gewährleisten sollen.[51]

3. *Kompetenz als schützenswertes Gut*

Wenn es angesichts der Widrigkeiten dieser Welt nicht ausreicht, lediglich das Rechtfertigungsprinzip abstrakt zu propagieren, sondern dieses durch dazu berufene Personen umgesetzt werden muss, liegt es nahe, deren Kompetenzen auch entsprechend zu schützen. Rechtstechnisch formuliert mag man dabei die Zuständigkeit für eine bestimmte Entscheidung dergestalt verselbständigen, dass man hier von einem zu schützenden Rechtsgut spricht. Klassische Beispiele sind solche Fälle, in denen eine Einbuße zwar dem Rechtfertigungsprinzip genügt, aber einer Seite aufgenötigt wird.[52] So mag in Fall 101 der

---

[50] Näher oben § 4 C. III. 7.
[51] Näher unten § 8 D.
[52] Näher oben § 4 C. III. 7.

Wasserverkäufer den ohnehin verdurstenden Kunden mit einer Waffe dazu zwingen, das Wasser zu einem völlig fairen Marktpreis zu erwerben. Oder der Angestellte nutzt sein Wissen über die außereheliche Affäre seines Vorgesetzten, um endlich erfolgreich eine berechtigte Forderung einzutreiben (Fall 100). In derartigen Fällen werden gleich zwei Kompetenzzuweisungen missachtet, die beide eine möglichst wirksame Verwirklichung des Rechtfertigungsprinzips sicherstellen:[53] Erstens sollte nicht zuletzt diejenige Person darüber entscheiden, ob eine rechtliche Einbuße notwendig ist, die diese Einbuße selbst erleidet und um deren Ziele es geht.[54] Und zweitens sollte ein Gläubiger selbst dort, wo eine wirksame Rechtsänderung tatsächlich stattgefunden hat, nicht einfach gewaltsam durchsetzen können, wozu er sich berechtigt glaubt. Vor diesem Hintergrund leuchtet es ein, Zuständigkeitsregeln selbst dort als rechtlich verselbständigtes Rechtsgut zu konstruieren, wo diese „an sich nur" dem Rechtfertigungsprinzip untergeordnet sind. Derartige Verfestigungen eines dem eigentlich maßgeblichen Kriterium vorgelagerten Schutzes finden wir andauernd – in unserem Kopf genauso wie im Recht. Wir bezeichnen das als Regel. Ihr Sinn liegt nicht zuletzt in einer Verringerung von Komplexität.[55] So kann ein Staat oft sehr viel leichter darauf achten, dass jede von einer rechtlichen Einbuße betroffene Partei selbst über das Vorliegen des Rechtfertigungsprinzips entscheidet, als sich in Nötigungsfällen persönlich darum zu kümmern. Da niemand den Wasserverkäufer dazu zwingt, seinen Vertragspartner zu nötigen, sondern ein schlichtes Angebot genauso geholfen hätte, lässt sich das Rechtfertigungsprinzip hier am elegantesten dadurch sichern, dass man dem Käufer ein Lösungsrecht einräumt. Und was die berechtigte Forderung des wissenden Angestellten anbelangt, so besteht der Staat hier darauf, selbst noch so berechtigte Forderungen nur über ein geordnetes staatliches Verfahren durchzusetzen.

4. Gewillkürte Kompetenzverteilung

Man kann nicht oft genug betonen, dass nur, weil man ein substanzielles Kriterium wie das Rechtfertigungsprinzip zur Grundlage einer Vertragstheorie erhebt, daraus noch lange nicht folgt, dass eine bestimmte Stelle wie der Staat darüber zu befinden hätte. Ganz im Gegenteil sind wir angesichts der Widrigkeiten unserer Welt gut beraten, auf verschiedene Personen zu setzen und dabei vor allem den Vertragsparteien eine zentrale Stellung einzuräumen. Diese Einsicht lässt sich auch auf die Kompetenzverteilung selbst übertragen. Häufig wissen bestimmte Personen – etwa die Vertragspartner – sehr viel mehr über eine dem Rechtfertigungsprinzip förderliche Kompetenzverteilung als der Ge-

---

[53] Siehe dazu ebengerade § 8 B. II. 2. sowie oben § 4 C. III. 7.
[54] Näher unten § 8 E. II. 2.
[55] *Luhmann*, Rechtssystem und Rechtsdogmatik, 1974. Näher unten § 19 F. V.

setzgeber oder auch ein Wissenschaftler. Es spricht daher auch aus Warte des Rechtfertigungsprinzips nichts dagegen, die vertragliche Machtverteilung dispositiv zu gestalten. Das Stellvertretungsrecht und dort speziell die vertraglich eingeräumte Vertretungsmacht ist dafür ein klassisches Beispiel.[56]

Allerdings scheint sich bei dieser gewillkürten Kompetenzverteilung ein unangenehmes Problem zu ergeben: So ergibt dieser Vorgang nur dann einen Sinn, wenn die von der neuen Kompetenz profitierende Seite – etwa ein Stellvertreter – Entscheidungen trifft, die zunächst noch nicht vorhersehbar waren. Denn ansonsten könnte man diese Entscheidung auch direkt treffen. Unabhängig davon, ob man die Übertragung einer Kompetenz auf einen Willen oder eine Erklärung bei Vertragsschluss stützt, kann man so zwar erklären, dass die Einräumung eines Spielraums gewollt oder erklärt war, nicht aber, warum der Spielraum von der zuständigen Person so und nicht anders ausgeübt wird. Dazu sagt das Verhalten der Parteien bei Vertragsschluss nichts und kann auch gar nichts sagen – schließlich wäre die Kompetenzübertragung sonst sinnlos.

Um hier noch ein einfaches Beispiel zu bilden: Darf eine Seite später bestimmen, ob die zu übereignende Luftmatratze grün, rot oder blau sein soll (vgl. Fall 321), dann wurde zwar diese Wahlmöglichkeit bei Vertragsschluss festgelegt, nicht aber die konkrete Wahl selbst. Deren Verbindlichkeit gilt es jedoch vertragstheoretisch genauso zu begründen, und es reicht dazu leider nicht, allein auf den Willen oder die Erklärung bei Vertragsschluss zu verweisen.[57] Wie noch darzulegen sein wird, lässt sich diese Begründungslücke nur dann schließen, wenn wir akzeptieren, dass die Ausnutzung derartiger Spielräume eine weitere, ganz neue Rechtsänderung erfordert, die es wiederum zu begründen gilt. Dabei ist es der Vorteil des Rechtfertigungsprinzips als einem substanziellen Kriterium, nicht zwingend an einen Vertragsschluss gebunden zu sein. Im Beispielsfall bringt die Wahl einer bestimmten Farbe den Wählenden seinen Zielen näher, verletzt den davon betroffenen Schuldner aber nicht in seinen Rechten, da dieser bereits durch die frühere vertragliche Einigung das Recht verloren hatte, die Übereignung einer Luftmatratze zu verweigern, sofern der Gläubiger nur die Farbe grün, rot oder blau wählt. Weil die neue Wahl also keine Rechte verletzt, genügt auch diese neue Rechtsänderung dem Rechtfertigungsprinzip. Indem bei Vertragsschluss gleich noch eine zweite Rechtsänderung vorbereitet werden kann, lassen sich so auch Kompetenzübertragungen, Gestaltungsrechte, subjektive Rechte und vieles mehr dogmatisch einordnen.[58]

---

[56] Näher unten § 13.
[57] Näher unten § 18 B. I.
[58] Näher unten § 18 B. III.

III. Indizien

1. Grundidee

Obwohl das Rechtfertigungsprinzip beanspruchen kann, sich aus einem relativ schlichten subsumierbaren Tatbestand zusammenzusetzen, ist es sinnvoll, auch auf einer nachgelagerten Ebene Kriterien zu suchen, die für dessen Verwirklichung wichtig sind und somit die Anwendung vereinfachen. Es geht also nicht um neue, eigenständige Wertungsgesichtspunkte oder gar ein bewegliches System,[59] sondern lediglich Indizien, die eine Verwirklichung dieses Grundsatzes versprechen. Verlangt wird nicht, diese Indizien in irgendeiner Form flexibel abzuwägen. Sie sind nur gedankliche Hilfsmittel, Erinnerungsposten, um das allein maßgebliche Rechtfertigungsprinzip praktisch zu verwirklichen. Nur nach diesem ist zu bestimmen, wer unter welchen Voraussetzungen und mit welchen Prioritäten befugt sein sollte, Vertragsinhalte zu setzen. Das betrifft insbesondere Ob, Inhalt und Zeitpunkt der Rechtsänderung. Daneben sind für jede zur Entscheidung befugte Person spezifische Rahmenbedingungen zu entwerfen, die eine größtmögliche Entscheidungsqualität (im Sinne einer Verwirklichung des Rechtfertigungsprinzips) gewährleisten. Schließlich müssen Prioritätsregeln bestimmen, wem bei gegensätzlichen Vorstellungen der Vorrang gebührt. So gehen beispielsweise Individualabsprachen den Allgemeinen Geschäftsbedingungen vor.[60]

2. Interessenlage

Wann immer jemand über Rechtsetzungsmacht verfügt, wird er sie so ausüben, wie er es generell mit all dem tun wird, was in seiner Macht steht: Er wird seine eigenen Ziele verfolgen, mögen wir diese auch als egoistisch brandmarken oder als altruistisch loben. Das heißt nicht, dass sich individuelle Entscheidungen nicht beeinflussen ließen, sind diese schließlich von diversen Umweltfaktoren abhängig.[61] Wenngleich die Menschen also nicht immer von sich aus das Rechtfertigungsprinzip achten, können wir deren Verhalten in diese Richtung lenken, sei es über moralische Appelle, Erziehung und sonstige kulturelle Einflüsse bis hin zu verschiedenen Anreizen.[62] Selbst natürlich angeborene Instinkte lassen sich nutzen, etwa wenn der Gesetzgeber gerade die Eltern dazu bestimmt, ihre Kinder zu vertreten.

Dabei beschwört gerade die hier so gepriesene Arbeitsteilung die Gefahr von Interessenkonflikten. Denn je größer die Spezialisierung ausfällt, desto stärker geraten auch die gegenseitigen Abhängigkeiten. Auf das Vertragsrecht

---

[59] Näher zur Problematik flexibler Begründungsmuster unten § 19 F. III. 2.
[60] Näher unten § 14 C. III. 1. c).
[61] Siehe zu dieser grundlegenden Entscheidungsstruktur etwa oben bei § 4 Fn. 90.
[62] Näher zur Bedeutung von Anreizen etwa unten § 17 C. II. 2. d).

übertragen sind es daher vornehmlich die Vertragsparteien, die über den Vertragsinhalt entscheiden sollten, geht es doch um deren Interessen. Diese Einsicht wirkt selbst dort noch fort, wo auch andere den Vertragsinhalt bestimmen, etwa wenn die erwünschte Interessenkongruenz bei der Stellvertretung über die Vollmacht und vertragliche Bindungen entsteht.[63] Auch Prioritätsregeln lassen sich so erklären, etwa wenn die Vertragspartner Allgemeine Geschäftsbedingungen, dispositives Gesetzes- oder Richterrecht, Werbeangaben bis hin zu diversen Bräuchen und Sitten ignorieren können.

Neben den Parteien sind es vor allem den Parteien nahestehende Personen wie insbesondere die Familie, die sich ersatzweise als Entscheidungsträger anbieten. Oft ist es auch der Staat, der besser als die jeweilige Marktgegenseite gewährleisten kann, dass nicht andere Interessen als die der jeweils in ihren Rechten zu schützenden Parteien in den Vertrag einfließen. Wird etwa ein Richter vom Staat finanziell abgesichert und durch aufwändige Maßnahmen von privaten Einflüssen freigehalten, dürfen wir durchaus unterstellen, dass er sich ausweislich seiner Veranlagung, Erziehung, Bildung und Sozialisierung bemühen wird, das Rechtfertigungsprinzip zu verwirklichen.

3. Kenntnisse und Fähigkeiten

Das intuitiv wohl am nächsten liegende, jedoch gegenüber der Interessenlage praktisch nachrangige Kriterium für eine Verwirklichung des Rechtfertigungsprinzips sind die Fähigkeiten der den Vertragsinhalt setzenden Person. Das meint nicht nur abstrakt abrufbare Kenntnisse, sondern besonders praktische persönliche Erfahrungen, zu denen vor allem die durch ständige Wiederholung automatisierten Verhaltensweisen gehören, die unser Verhalten angesichts unserer beschränkten Aufmerksamkeit weitgehend bestimmen. Dabei ist es der Vorteil nicht nur einer verstärkten Arbeitsteilung, sondern auch zeitlichen Streckung unseres Denkens und Handelns, derartige Lernprozesse zu ermöglichen und hierdurch die Leistungsfähigkeit zu steigern.[64]

Dass unsere Rechtsordnung die jeweiligen Kenntnisse und Fähigkeiten auch für die vertragliche Kompetenzverteilung berücksichtigt, lässt sich leicht illustrieren. So bestimmen die Vertragsparteien nicht nur deshalb vorrangig über den Vertragsinhalt, weil sich ihre Interessen mit dem Anliegen des Rechtfertigungsprinzips decken. Sie kennen meistens auch am besten ihre jeweiligen Ziele, Rechte und Umstände, die für den Vertragsinhalt entscheidend sind. Gerade weil das Rechtfertigungsprinzip stark individualistisch ist, indem es auf die Ziele und Rechte jeweils nur einer einzigen Person abstellt, spricht das auch unter dem Gesichtspunkt der Kenntnisse und Fähigkeiten dafür, vornehmlich die so angesprochene Person entscheiden zu lassen. Andererseits

---

[63] Näher zur Stellvertretung unten § 13.
[64] Näher zum menschlichen Denken, Lernen, Handeln und Bewerten oben § 2 D. IV.

sind oft auch staatlich gesetzte Vertragsinhalte hilfreich, da etwa der Gesetzgeber nicht nur häufig mehr Zeit, sondern auch einen größeren Sachverstand aufbringen kann, um gerade komplizierte Sachverhalte zu beurteilen.[65]

4. Situatives, Sachnähe

Bisweilen wird die Qualität menschlicher Entscheidungen – gemessen am Rechtfertigungsprinzip – von eher situativen Faktoren beeinflusst, die weder etwas mit der Interessenlage noch den konkreten Kenntnissen und Fähigkeiten einer Person zu tun haben. Ein klassisches Beispiel dafür sind Ruhe bzw. fehlende Ablenkung oder die verfügbare Zeit, die allesamt menschliche Entscheidungen beeinflussen.[66] Genauso mag man dazu die jeweilige Sachnähe zählen. Je entfernter wir einem konkreten Problem stehen, desto weniger sind wir in der Lage, es treffend zu erfassen und auch dessen Nuancen zu berücksichtigen. Vor allem wird es aufwändiger[67] und fehleranfälliger, relevante Information zu besorgen.

So wäre der Gesetzgeber schlecht beraten, weil gar nicht fähig, mit den ihm verfügbaren generellen Regelungen selbst noch so kleine Besonderheiten zu erfassen. Weder lassen sich bei Erlass eines Gesetzes sämtliche Probleme vorhersehen, noch ist man sprachlich in der Lage, präzise Antworten auf zahllose Sachverhalte zu liefern. Es wäre selbst um den Preis völlig unübersichtlicher Gesetzbücher nicht möglich, das volle Wertschöpfungspotenzial von Verträgen auszureizen. Wenn jedes Vertragsrecht zahlreiche allgemeine und damit typischerweise stärker kollektiv entstandene Vertragsinhalte kennt, sei es staatlich (Gesetzes- wie Richterrecht) oder privat (Allgemeine Geschäftsbedingungen, Werbung, Bräuche etc.), so muss das andere Gründe haben, zu denen nicht nur der gleich anschließend zu diskutierende Energieaufwand zählt, sondern bisweilen auch eine größere Ruhe, in der Gerichtsentscheidungen ergehen, Gesetze diskutiert oder Allgemeine Geschäftsbedingungen entworfen werden können.

5. Energieaufwand

Auch der mit dem jeweiligen Rechtsetzungsakt verbundene Energieaufwand beeinflusst die Verwirklichung des Rechtfertigungsprinzips. Geraten Verträge zu aufwändig, werden sie entweder gar nicht geschlossen oder aber mit einem Inhalt, der die Parteien weniger stark ihren Zielen näher bringt. Dabei liegt die Vermutung nahe, dass die für viele Rechtsordnungen typische Entwicklung hin zu weniger formalisierten Anforderungen an einen Vertragsschluss

---

[65] Näher unten § 16 A. I. 1.; § 16 A. III. 1. a) bb).
[66] Näher unten § 17 E.; § 19 C. VI. 1.
[67] Näher unten § 8 B. III. 5.

auch darauf beruht, dass sich so Parteiziele besser verwirklichen lassen. Denn das vermeidet nicht nur verschiedene Fehler bei der Beachtung der vorgeschriebenen Form, sondern erleichtert vor allem Vertragsschlüsse.[68] Daran haben nicht nur Kaufleute ein großes Interesse, sondern auch Privatpersonen, zumal es der technische Fortschritt zunehmend erschwert, klassische Förmlichkeiten einzufordern. Außerdem sind wir einfach faul. Wir wollen nicht immer einen Strohhalm brechen oder mit anderen reden müssen, wenn wir in die Straßenbahn einsteigen.[69]

Wohl am deutlichsten wird die Bedeutung des mit einer vertraglichen Rechtsetzung verbundenen Energieaufwands dort, wo wir uns nach den Gründen für gesetzliche oder privat-kollektive Einflüsse auf den Vertragsinhalt fragen. So werden Allgemeine Geschäftsbedingungen trotz des mit ihnen offensichtlich verbundenen Interessenkonflikts deshalb, aber eben auch nur deshalb anerkannt, weil von der damit verbundenen Kostenersparnis letztlich alle Seiten profitieren.[70] Genauso erleichtert es einen Vertragsschluss, wenn vorgefertigte Gesetzesvorschriften die Mühe ersparen, sich selbst Gedanken um solche Inhalte zu machen, welche die Parteiziele verwirklichen.[71] Für Sitte, Übung und Brauch oder die Zwänge des Wettbewerbs gilt nichts anderes.[72]

C. Zeitliche Streckung

I. Praktischer Befund

Bereits eingangs dieses Kapitels wurde die Punktualität klassischer Vertragstheorien kritisiert. So schauen diese Ansätze nicht nur personell allein auf den Versprechenden bzw. die Vertragsparteien; auch zeitlich soll es allein das Verhalten bei Vertragsschluss sein, aus dem vermeintlich all die Vertragsinhalte fließen, die unsere Gerichte täglich durchsetzen. Da Willens- wie Erklärungstheorie bereits in ihrem gedanklichen Ausgangspunkt vom Versprechen ausgehen, haben sie von vornherein keine dogmatische Handhabe, um auch zeitlich vor- oder nachgelagertes Verhalten als für den Vertragsinhalt relevant auszuweisen oder gar Kriterien für die zeitliche Streckung anzubieten. Damit aber sieht sich die Willenstheorie dem Problem ausgesetzt, dass die menschliche Aufmerksamkeit äußerst begrenzt ist. Und die Erklärungstheorie muss sich vorhalten lassen, dass punktuelles menschliches Handeln nicht nur bei schlüssigem Tun bloß begrenzte Information enthält.[73]

---

[68] Näher zu diesen unten § 18 C. I.
[69] Näher unten § 12 C. II. 3. a).
[70] Näher unten § 14 A. III.
[71] Näher unten § 16 A. III. 2.
[72] Näher unten § 16 C. II.
[73] Näher unten § 9 C. IV.; § 10 D. I.

C. Zeitliche Streckung

Wendet man den Blick auf die vertragsrechtliche Realität, so finden sich zahlreiche Vertragsinhalte, die auf Entscheidungen zurückgehen, die deutlich früher getätigt wurden als bei Vertragsschluss.[74] Das wohl einfachste Beispiel dürfte sein, dass eine Vertragspartei – ggf. gemeinsam mit ihrem Vertragspartner – Wort für Wort, Zeile für Zeile und Seite für Seite eines Vertragsdokuments entwirft, das später unterzeichnet wird.[75] Einen viel diskutierten, weil mangels Wahrnehmung durch eine Seite besonders problematischen Spezialfall bilden die Allgemeinen Geschäftsbedingungen, die lange vor Vertragsschluss und selten von den Vertragsparteien erstellt werden. Dass es hier immer noch weit verbreitet ist, die Geltung einseitig vorformulierter Bedingungen allein unter dem Gesichtspunkt des Einbeziehungsaktes zu diskutieren, ist das wohl schlagendste Beispiel für die so weit verbreitete Fixierung allein auf den Vertragsschluss.[76] Aber auch die oft ebenfalls in den Vertragsinhalt eingehende Werbung ist ein typisches Beispiel für die Bedeutung der dem Vertragsschluss vorgelagerten Entscheidungsprozesse.[77] Genauso fließen von jeher auch solche Phänomene in den Vertragsinhalt ein, die das kollektive Produkt einer sehr langfristigen Entwicklung darstellen, angefangen mit Sitte, Übung und Brauch über sprachliche Bedeutungsverschiebungen bis hin zu ganzen Wettbewerbsprozessen.[78]

Wirklich überraschen kann das nicht. Denn wann immer man sich staunend fragt, wie Natur und Mensch dermaßen reichhaltige und ausgeklügelte Schöpfungen hervorbringen konnten, wie wir sie täglich beobachten, wird man vor allem auf ein Element stoßen: die Zeit. Unsere Erde benötigte hunderte Millionen von Jahren, um den Menschen zu schaffen, der wiederum viele Tausend Jahre damit verbrachte, um so wichtige kulturelle Errungenschaften wie die Sprache oder das Recht zu entfalten.[79] Für andere Lebewesen gilt nichts anderes, enthält allein die Form einer einzigen Schwimmflosse enormes Wissen. Zudem handeln wir bis heute ganz überwiegend unbewusst. Denn dass unsere Aufmerksamkeit so begrenzt ist, bedeutet nichts anderes, als dass die große Masse menschlichen Verhaltens unbewusst abläuft. Deshalb sind Schlafwandler zu erstaunlichen Leistungen fähig und bildet die bisweilen spaßhaft so genannte „Zombie-Forschung" einen sehr ernst zu nehmenden Wissenschaftsbereich.[80] Dabei liegt die Ursache unserer unbewussten Fähigkeiten natürlich in der Vergangenheit, nämlich im Lernen durch fortwährende Wiederholung und damit Automatisierung, die selbst höchst komplexe Tätig-

---

[74] Häufig geht diese zeitliche Streckung mit einer personellen Verteilung der Entscheidungsfindung (näher oben § 8 B.) einher.
[75] Näher unten § 8 C. II. 1.
[76] Näher unten § 14 B. I.
[77] Näher unten § 15.
[78] Näher unten § 16 C.; § 16 D.
[79] Siehe dazu die Nachweise oben § 2 Fn. 446, 451.
[80] Näher zur begrenzten Aufmerksamkeit oben § 8 A. II. 2. m.N.

keiten umfassen kann und sich wie jeder Lernprozess ganz plastisch in unserem sich fortwährend verändernden Gehirn abbildet.[81] Leider wird das Ausmaß unbewussten Handelns weithin unterschätzt, was sich dann auch in gängigen vertragstheoretischen Vorstellungen zeigt.

II. Rechtfertigungsprinzip

1. Gezielte zeitliche Streckung

Am Beginn jedes vertraglichen Konzepts muss die Einsicht stehen, dass wir das Faktum begrenzter menschlicher Aufmerksamkeit nicht wegdiskutieren können, sondern damit umgehen müssen. Die zeitliche Streckung liefert hierzu einen wichtigen Schlüssel. Denn so beschränkt unsere Aufmerksamkeit in einem konkreten Zeitpunkt auch ist, so leistungsfähig ist diese wiederum, wenn man ihr nur die nötige Zeit gibt, um sich Stück für Stück voranzutasten. Darum geht es hier. Auch privat überschätzen wir oft das, was wir kurzfristig leisten können, und unterschätzen, was uns langfristig gelingt. Das menschliche Wollen lässt uns nur dann im Stich, wenn wir gedanklich allein beim Vertragsschluss verharren. Die Herausforderung besteht darin, menschliches Denken und Handeln zeitlich so zu organisieren, dass sich der Einzelne größtmöglich verbessert. Dabei ist es ein entscheidender Vorteil des Rechtfertigungsprinzips als einem substanziellen Kriterium, nicht nur für die personelle Aufteilung menschlicher Entscheidungsfindung, sondern auch für deren zeitliche Dimension einen Maßstab zu liefern. Die vertragstheoretische Herausforderung besteht also darin, das knappe Gut menschlicher Aufmerksamkeit bestmöglich auszureizen und dazu möglichst konkrete und praktisch umsetzbare Überlegungen zu entwickeln. Nur so verhelfen wir dem menschlichen Wollen nicht nur theoretisch-fiktiv, sondern auch ganz real zu seinem Recht. Es wäre geradezu eine Beleidigung des menschlichen Wollens, es vertragstheoretisch allein auf denjenigen kurzen Zeitpunkt zurückdrängen zu wollen, in dem sich der Vertragsschluss vollzieht. Liberal oder willensfreundlich ist eine solche Punktualität nicht.[82]

Dabei beschränkt sich diese zeitliche Streckung nicht nur auf die Zeit vor Vertragsschluss. Sofern etwa ein Richter eigenständig, d.h. ausweislich seiner Rechtsetzungskompetenz, über den Vertragsinhalt befindet, trifft er diese Entscheidung ersichtlich erst nach der Einigung durch die Vertragsparteien. Eine andere, von diesem Befund sorgfältig zu trennende Frage ist, zu welchem Zeitpunkt wir eine Rechtsänderung eintreten lassen und welche Kenntnisse wir für deren Inhaltsbestimmung berücksichtigen. So gibt es gute Gründe, die mit einem Vertrag verbundene Rechtsänderung zeitlich mit dem Vertragsschluss

---

[81] Näher oben bei § 2 Fn. 413.
[82] Näher zur Liberalität eines Vertragsrechts unten § 19 B.

zu verknüpfen, genauso wie wir spätere Umstände jedenfalls dann nicht unbesehen berücksichtigen sollten, wenn der bei Vertragsschluss vorgenommene Austausch bestimmte Risiken berücksichtigt.[83] Nur schließt all das nicht aus, für Verträge auch solche Erkenntnisse oder Entscheidungen zu berücksichtigen, auf welche die zur Entscheidung über den Vertragsinhalt berufene Person erst zu einem späteren Zeitpunkt zurückgreifen kann. Davon wiederum zu trennen ist die Frage, ob wir manche Rechtsänderung nicht besser nach und ohne einen gemeinsamen Vertragsschluss eintreten lassen – etwa für die zahlreichen Lösungsrechte oder das für Dienstverträge typische Weisungsrecht.[84]

Schließlich sei noch auf zweierlei hingewiesen. Erstens mag man die Möglichkeit, gerade zu einem bestimmten Zeitpunkt oder in einem gewissen Zeitraum entscheiden zu können, als ein Rechtsgut auffassen – genauso wie man auch Kompetenzen oft als ein schützenswertes Rechtsgut auffasst.[85] Letztlich kann das dahingestellt bleiben, da hier eher rechtstechnische Begrifflichkeiten angesprochen sind. Und zweitens können die genaue zeitliche Ausgestaltung einer Entscheidungsfindung sowie die Festlegung der maßgeblichen Zeitpunkte oder Perioden ihrerseits Gegenstand einer Rechtsänderung sein und damit insbesondere von den Vertragsparteien geregelt werden. So mag man dasjenige als vertraglich geschuldet festlegen, was der Schuldner in einer vergangenen oder zukünftigen Zeitspanne praktiziert hat oder praktizieren wird.

2. Indizien

Doch was sind nun die genauen Maßstäbe, um zu bestimmen, welchen Entscheidungszeitpunkt wir wählen und auf welche Wissensspeicher wir zurückgreifen, um den Vertragsinhalt zu füllen? Dass dies nach Auffassung des Verfassers nur das Rechtfertigungsprinzip sein kann, dürfte wiederum nicht überraschen. Schließlich hat er einen anderen Grundsatz nicht anzubieten. Daneben würde es angesichts der engen Verknüpfung von personeller Arbeitsteilung und zeitlicher Streckung[86] zu zahllosen Komplikationen und Widersprüchen führen, wollte man für beides unterschiedliche Maßstäbe anlegen.

Dabei kann hier auf diejenigen Denkhilfen zurückgegriffen werden, die bereits bei der Arbeitsteilung als dogmatisch unselbständige, aber praktisch hilfreiche Gesichtspunkte beschrieben wurden. Genauso wie dort Interessenlage,

---

[83] Näher zum Risiko oben § 5 sowie zu den nicht einfach zu definierenden Rechtsänderungen oben § 2 E. III.
[84] Näher unten § 18 B.
[85] Näher oben § 8 B. II. 3.
[86] Hierzu denke man nur an die vielfältigen Formen privat-kollektiver Rechtsetzung (näher unten ab § 16 C.) oder die erst durch eine konsequente Arbeitsteilung ermöglichte langfristige Beschäftigung mit einer bestimmten Tätigkeit, die wiederum eine Automatisierung und Perfektionierung erlaubt. Zum menschlichen Lernen siehe etwa oben § 2 D. IV. 4.

Kenntnisse und Fähigkeiten, der Energieaufwand oder Sachnähe und situative Besonderheiten wichtig sind, gilt das für die zeitliche Verteilung der menschlichen Entscheidungsfindung. Sofern man etwa davon ausgeht, dass sich die Kenntnisse oder auch Ziele eines Menschen wandeln können, spricht einiges dafür, bei Konflikten eher auf eine jüngere statt ältere Entscheidung zurückzugreifen. So verbessern sich unsere Kenntnisse und Fähigkeiten tendenziell mit der Zeit, wenngleich das nicht zwingend ist. Erleidet eine Person einen psychischen Defekt oder stirbt sie gar, ist es sinnvoll, deren Verhalten eines solchen Zeitpunkts zu berücksichtigen, zu dem die Entscheidungsfindung überlegter oder gar überhaupt noch vorhanden war. Häufig muss eine Rechtsordnung auch darüber entscheiden, zu welchem Zeitpunkt und in welcher Situation sie es dem Einzelnen aufbürdet, zur Verfolgung eigener Ziele – und sei es nur zur Vermeidung einer Haftung – Entscheidungen zu treffen. Hier kann es sinnvoll sein, denjenigen Zeitpunkt auszuwählen, zu dem eine besonders große Sachnähe besteht und die relevante Information leicht verfügbar ist, andererseits aber auch Ablenkungen möglichst gering sind. Auch hier besteht also viel Raum, sich nicht nur der vielfältigen Gesichtspunkte zu vergewissern, die für die zeitliche Ausgestaltung menschlicher Entscheidungsfindung wichtig sind, sondern wie bereits bei der Arbeitsteilung zu überlegen, welche Rahmenbedingungen dazu beitragen, dass sich die in einem bestimmten Moment getroffene Entscheidung besonders dazu eignet, das Rechtfertigungsprinzip zu verwirklichen.

3. Situatives versus langfristiges Entscheiden

Ob sich die zuvor beschriebenen Indizien tatsächlich dazu eignen, die unserem Vertragsrecht zugrunde liegende personelle wie zeitliche Aufteilung menschlichen Entscheidens zu beschreiben, wird noch anhand zahlreicher Fallkonstellationen zu illustrieren sein. Hier sei lediglich eine übergreifende Fragestellung diskutiert, die sich immer wieder stellen wird: Welche Vor- oder Nachteile bringt es, entweder auf eine punktuelle Entscheidung der Vertragsparteien vor allem bei Vertragsschluss oder auf einen langfristigen Entscheidungsprozess abzustellen? Zunächst ist es hilfreich, sich für seine Überlegungen solche Zeiträume aussuchen zu können, in denen man über die nötige Zeit, Ruhe und Konzentration verfügt, um eine qualitativ hochwertige Entscheidung zu treffen. Genauso erlaubt es nur eine zeitlich gestreckte Vorgehensweise, nacheinander einzelne Fragen abzuarbeiten und so seine Aufmerksamkeit – obwohl in ihrer inhaltlichen Reichweite begrenzt – auf viele Einzelaspekte zu richten. Gegebenenfalls kann man sogar Verschiedenes ausprobieren, Erfahrungen sammeln, perfektionieren usw., bevor man sich an einem frei gewählten Zeitpunkt endgültig entscheidet. Irrtümer oder sonstige Störungen, die in einem kurzen punktuellen Moment schnell auftreten können, lassen sich so oft herausfiltern, zumal es bei längeren Entscheidungsperioden leichter fällt, sich verschiedenste Information zu besorgen. Kurzum: Was lange währt, wird gut und vor allem oft besser als der häufig eher zufällige Bewusstseinsinhalt in der Sekunde eines Vertragsschlusses. Dabei ist auch hier der Zusammenhang zwischen der personellen und zeitlichen Dimension zu beachten. So ermöglicht es gerade eine konsequente Arbeitsteilung, sich über lange Zeiträume mit einer bestimmten Tätigkeit zu beschäftigen, was wiederum eine starke Automatisierung und Perfektionierung, also Spezialisierung erlaubt.

Andererseits schließen auch langfristige Prozesse nicht Fehlentscheidungen aus. Manche Störungen wirken sich dauerhaft aus, etwa wenn ein Irrtum nicht durch neuere und bessere Information beseitigt wird. Und auch Automatismen können sich nicht nur in eine falsche Richtung hin verfestigen, sondern auch im Einzelfall unnötig oder in eine falsche Richtung hin ausgelöst werden. Greift etwa ein Zeitungskäufer immer „ins obere Fach links", weil dort typischerweise seine Lieblingszeitung liegt, wird er es vielleicht gar nicht bemerken, wenn dort ausnahmsweise ein anderes Exemplar liegt. Anders formuliert erfüllt die menschliche Aufmerksamkeit durchaus einen Zweck.

Schließlich ist es natürlich auch aufwändig, sich einem Problem über einen längeren Zeitraum zu widmen. Je nach angestrebter Rechtsänderung wird sich das oft nicht lohnen. Anders mag es dort aussehen, wo es um eine sehr wichtige Entscheidung geht oder sich die langfristig getätigten Anstrengungen für viele Verträge nutzen lassen. So mag man sich einmal in aller Ruhe überlegen, welche Zeitung man lesen möchte, um dann täglich aufs Neue das passende Exemplar zu erwerben. Genauso lässt sich ein Vertragsdokument ruhig, Schritt für Schritt, entwerfen.

Ist man angesichts nur begrenzt verfügbarer Ressourcen gezwungen, einen eher kurzen Zeitraum für seine Entscheidungsfindung auszuwählen, wird man oft den des Vertragsschlusses bzw. der vorangehenden Verhandlungen wählen. Das hat nicht zuletzt zwei Gründe: Erstens erfordern es zumindest gegenseitige Verträge, die eigene Entscheidung mit der des Vertragsgegners zu koordinieren, um so dem Rechtfertigungsprinzip zu genügen.[87] Damit ist die relevante Information oft am leichtesten direkt beim Verhandeln verfügbar. Schließlich lassen sich der mit diesem Aushandeln verbundene wechselseitige Informationsaustausch und das sich im Vertragsinhalt manifestierende Geben und Nehmen schlecht einseitig durchführen. Das wiederum erschwert eine langfristige Entscheidungsfindung, da wir selten Zeit finden, um gleich über einen längeren Zeitraum mit anderen in Kontakt zu bleiben. Zweitens erfolgt jede Rechtsänderung zu einem bestimmten Zeitpunkt – ganz unabhängig von

---

[87] Näher oben § 3 C. I.; § 3 C. II. 1.

dem genauen Moment ihrer Inhaltsbestimmung.[88] Damit kann es dem Rechtfertigungsprinzip förderlich sein, möglichst zeitnahe Information in den Vertragsinhalt einfließen zu lassen. Das gilt zumindest so weit, wie es Risikogesichtspunkte den Parteien verwehren, spätere Information noch zu berücksichtigen.[89]

III. Facetten der Zeit

Die bisherigen Ausführungen sollten verdeutlicht haben, wie wenig es allein der kurze Augenblick des Vertragsschlusses ist, in dem allein die Vertragsparteien sämtliche Vertragsinhalte festlegen. Verträge bilden ein buntes Mosaik diverser Einzelentscheidungen, die sich nicht nur im Parteiverhalten bei Vertragsschluss erschöpfen. Und jeder dieser Farbtupfer basiert seinerseits auf einem oft sehr weit zurückreichenden, ja letztlich kontinuierlich-infinitesimalen Strom von Geschehnissen und Kausalitäten. Doch liegt die entscheidende Herausforderung darin, diesen rechtspraktischen Befund auch dogmatisch überzeugend einzuordnen. Wie können wir das Faktum zeitlich wie personell verteilter Setzung von Vertragsinhalten offen anerkennen, ohne dabei mühsam erarbeitete Konturen zu verwischen? Warum ist uns gerade der Vertragsschluss so wichtig, wenn sich noch ganz andere Einflüsse finden? Wie gelangen wir von der Erkenntnis, dass alles fließt, wieder auf festen Grund – ohne Fiktionen und Leerformeln?

Tatsächlich verfolgt unser Vertragsrecht gleich mehrere Strategien, um diesen Fluss wieder einzudämmen – und das wiederum führt zum Rechtfertigungsprinzip. Zunächst erlaubt die Rechtebasierung eine gewisse Stabilität und damit Vereinfachung, indem wir Bisheriges weithin unangetastet lassen.[90] Weiterhin kennen wir Rechtsänderungen auch jenseits des klassischen Vertragsschlusses,[91] was es insbesondere erlaubt, die jeweilige inhaltliche Reichweite auch zeitlich begrenzt zu halten. Lässt sich etwa später noch kündigen oder eine Weisung erteilen, muss man sich anfangs weniger festlegen.[92] Und soweit wir um eine Inhaltsbestimmung nicht umhin kommen, steht es uns dann wie in diesem Kapitel eingehend beschrieben immer noch offen, auf eine langfristige Entscheidungsfindung unter fortwährender Anhäufung kleinster Einzelentscheidungen zu setzen und dabei auch auf die Beiträge anderer Personen zurückzugreifen. Wir können also gewissermaßen Aufmerksamkeitshäufung betreiben, etwa indem wir sukzessive, Sekunde für Sekunde, immer neue

---

[88] Siehe aber zur sehr genau zu untersuchenden Bedeutung von „Rechtsänderung" oben § 2 E.
[89] Näher zum Risiko oben § 5.
[90] Näher oben § 2 B. II. 2.; § 2 D.; § 2 E.; § 4 C. I. 1.; passim.
[91] Näher unten § 18.
[92] Näher unten § 18 B. IV. 1.

Information verarbeiten, bis das, worauf sich unser Wille insgesamt erstreckte, durchaus ansehnlich wird.

Doch begegnet uns die Zeit noch an anderen Stellen. Allein, dass wir Ziele vertragsrechtlich so stark berücksichtigen, hat auch viel damit zu tun, dass diese nicht nur den notwendigen Maßstab bilden, um zukünftig erreichbare Zustände zu bewerten, sondern auch in ihrer Bildung ebensowenig auf den Zeitpunkt des Vertragsschlusses oder gar eine Koordination mit anderen Personen angewiesen sind.[93] Und speziell die Fallgruppe der Ausbeutung verdeutlicht sehr schön, dass wir schon aus Anreizgründen darauf schauen, was für vergangene Anstrengungen es den Parteien überhaupt ermöglichten, nunmehr einen für beide vorteilhaften Vertrag zu schließen.[94]

In einer Hinsicht erweist sich unser Vertragsdenken allerdings tatsächlich als äußerst punktuell – und zwar zeitlich wie personell. So vertrösten wir einen betrogenen Minderjährigen nicht etwa damit, dass er es doch als Erwachsener mit anderen Minderjährigen genauso halten könne, sich also eines Tages alles wieder ausgleiche. Und so sehr die Beobachtung zutrifft, dass der Mensch im sozialen wie wirtschaftlichen Miteinander nicht nur auf den einzelnen Austausch, sondern oft viel längere Zeiträume schaut, trifft das nicht die rechtliche Herangehensweise. Selbst bei einer langlaufenden Geschäftsbeziehung rechnen wir die Vor- und Nachteile einzelner Rechtsgeschäfte allenfalls dergestalt miteinander auf, dass wir nach getrennter Prüfung jedes Vertrags ein Zurückbehaltungsrecht zugestehen oder eine Aufrechnung zulassen. Eine umfassende Gesamtbetrachtung erfolgt jedoch gerade nicht.[95]

D. Rahmenbedingungen

I. Praktischer Befund

Glaubt man den klassischen Vertragstheorien, dürfte sich auch die nunmehr zu diskutierende Frage der Rahmenbedingungen einer Vertragsentscheidung überhaupt nicht stellen. Soll uns doch nach der Willenstheorie der Parteiwille bei Vertragsschluss heilig, nämlich intrinsisch richtig sein.[96] Und auch die Erklärungstheorie hält jedenfalls vorsätzliches Handeln für zurechenbar.[97] Doch spricht die Rechtsrealität hier mal wieder ein andere Sprache:[98] Dieser ist das Wie einer Entscheidung genauso wichtig wie deren Ob. Schon Vertragsschluss-

---

[93] Näher oben § 2 A.
[94] Näher oben § 4 C. III. 2.
[95] Näher unten § 19 E. I.
[96] Näher unten § 9 C. I. 1.
[97] Näher unten § 10 A.
[98] Näher oben § 4 sowie unten § 9 C. III.; § 10 D. IV.; § 17 D. III. 3. a); § 19 C. VI. 1.; passim.

erfordernisse wie die Abgabe einer Willenserklärung bezwecken eine bessere Entscheidungsqualität und erfüllen damit Funktionen, die auch für die sonstigen Formvorschriften typisch sind.[99] Zudem muss jede Kultur erst einmal passende Symboliken, darunter insbesondere die Sprache, bereitstellen, auf deren Basis dann überhaupt eine solche Abgabe möglich wird. Auch die fehlende Geschäftsfähigkeit bei starker Trunkenheit oder sonstiger psychischer Beeinträchtigung gehört hierhin. Nur eine neuere Variante all dessen bilden die vor allem in den letzten Jahrzehnten aufgekommenen Widerrufsvorschriften.[100] Übereilungsschutz etwa ist nichts anderes als der Versuch, auch den Inhalt (die „Qualität") einer Parteientscheidung zu beeinflussen. Ganze Berge an wissenschaftlicher Literatur[101] – und zunehmend auch gesetzlicher Anordnungen –[102] füllt schließlich die Frage der für eine Vertragsentscheidung für erforderlich gehaltenen Kenntnisse und damit insbesondere der Informationspflichten. Den einfachsten Fall bildet hier die Täuschung, bei der noch so hartgesottene Willens- oder Erklärungstheoretiker akzeptieren, dass ein dermaßen gebildeter Wille keineswegs intrinsisch richtig ist. Doch auch ohne gegnerisch veranlasste Fehlvorstellung musste man im real gelebten Recht schon immer danach fragen, welche Unkenntnis eine Partei entlastet und welche nicht. Der vermeintliche Grundsatz eines *caveat emptor* etwa erledigte sich spätestens mit den ädizilischen Rechtsbehelfen. In Wahrheit kennt unser Recht von jeher je nach Vertrag, Parteien und sonstiger Situation höchst unterschiedliche Anforderungen an den jeweiligen Informationsstand, weshalb wir dafür auch wissenschaftlich belastbare Kriterien benötigen.[103]

Leider können klassische Vertragstheorien die Qualität einer Entscheidung nicht hinterfragen, weil die Parteientscheidung erst den Ausgangspunkt ihrer Betrachtungen bildet. Die Willenstheorie etwa kennt keine andere Qualität des Willens als die, dass ein Wollender – was, wie und warum auch immer – will. Und die größere Offenheit der Erklärungstheorie verdankt sich allein der Tatsache, dass sie auf wissenschaftlich überprüfbare Festlegungen dessen verzichtet, was genau zurechenbar sein soll.[104] Ohnehin greifen die zuvor genannten Beispiele allesamt auch bei vorsätzlichem Handeln und müsste etwa „Fahrlässigkeit" erst einmal definiert werden.[105] Letztlich weicht man hier auf

---

[99] Näher zur Abgabe unten § 18 C. I., dort zum damit verbundenen Übereilungsschutz.
[100] Näher etwa unten § 19 C. VI. 1.
[101] Siehe zu ungeschriebenen Informationspflichten hier nur – statt sehr vieler – *Rehm*, Aufklärungspflichten, 2003 m.w.N.
[102] Eingehend zum Problem überbordender Informationspflichten *Rehberg*, in: Eger/Schäfer (Hrsg.), Zivilrechtsentwicklung, 2007, S. 284, 319 ff. m.w.N.
[103] Näher etwa unten § 17 C. II.; § 17 D. III.
[104] Näher unten ab § 10 C.
[105] Näher unten § 10 C. III.

nicht subsumtionsfähige Begriffe wie Freiwilligkeit oder Entscheidungsfreiheit zurück.[106]

II. Rechtfertigungsprinzip

Verfügt man mit dem Rechtfertigungsprinzip über einen inhaltlichen Maßstab, nach dem keineswegs jeder Vertragsinhalt gleichwertig ist, sondern jede rechtliche Einbuße nur so weit eintreten sollte, wie dies auf Basis der eigenen rechtlichen Ausgangslage zur eigenen Verbesserung notwendig ist, lassen sich daran nicht nur die vertragliche Arbeitsteilung sowie die zeitliche Streckung menschlichen Entscheidens ausrichten, sondern auch die jeweiligen Rahmenbedingungen.[107] Dabei kann zur Konkretisierung auf die bereits aufgeführten[108] Indizien zurückgegriffen werden. So sollte etwa ein Richter möglichst frei von solchen Anreizen sein, die das Parteiinteresse missachten. Die genauen Instrumente sind dabei so vielfältig wie immer. Typischerweise zwingend vorgegeben sind etwa Formvorschriften, aber auch wettbewerbsrechtliche Vorgaben.[109] Wenngleich nicht immer individualschützend ausgerichtet, sondern auch öffentlichen Interessen dienend, tragen solche Vorschriften oft erheblich zur Verwirklichung des Rechtfertigungsprinzips bei. Und soweit es hier tatsächlich um für durchweg notwendig erachtete Mindestanforderungen an privates Entscheiden geht, macht eine dispositive Ausgestaltung dann wirklich wenig Sinn.

Allerdings lassen sich Rahmenbedingungen auch privatautonom festlegen. So sind die genauen Erfordernisse an einen Vertragsschluss grundsätzlich genauso dispositiv wie Irrtumsvorschriften, da die Parteien oft besser als etwa der Gesetzgeber wissen, welcher Aufwand mit welchen Risiken die damit verbundenen Vorteile lohnt und wie wichtig es im Einzelfall ist, eine Rechtsänderung gegenüber späteren besseren Erkenntnissen zu stabilisieren.[110] Allerdings muss sich der Aufwand einer eigenen Festlegung lohnen, woran es gerade bei „dem, was alles schief gehen kann", oft fehlt.[111]

Schließlich sei noch darauf hingewiesen, dass wenn nicht nur die Parteien wichtige Vertragsinhalte bestimmen, sondern auch andere Personen, wir für eine vollständige Beschreibung auch diskutieren müssen, wie Richter, Gesetz-

---

[106] Näher unten § 17 D. II. 2., vgl. dazu auch oben § 4 B. I.
[107] Näher zu diesem Vorzug substanzieller Kriterien unten § 19 D.
[108] Oben § 8 B. III.
[109] Näher unten § 16 D.
[110] Näher zum Subsidiaritätsgedanken unten § 8 E. II. 2., zum Umgang mit Irrtümern unten § 17 C. II.; § 17 D. III. sowie zum wichtigen Phänomen von Ignoranz und Risiko etwa oben § 2 B. II. 2.; § 2 E.; § 5.
[111] Das betrifft nicht nur Irrtumsregeln, sondern auch Leistungsstörungen (näher oben § 6.).

geber, werbende Hersteller oder gar ganze Verkehrskreise durch vielfältige Rahmenbedingungen in ihrer Entscheidungsfindung beeinflusst werden.[112]

E. Privatautonomie

Es findet sich kaum eine vertragsrechtliche Habilitationsschrift, die nicht mahnend auf die fundamentale Bedeutung der Privatautonomie für unsere Rechtsordnung verweist oder aber deren Grenzen beschwört. Dementsprechend ist die Literatur zu diesem Begriff nicht mehr zu überschauen.[113] Doch nicht nur das lässt es wenig lohnend erscheinen, dem noch eine weitere Darstellung oder gar ein Glaubensbekenntnis für oder wider die Privatautonomie hinzuzufügen. So wird dieser Begriff – ähnlich wie die Rede von liberal, autonom oder paternalistisch –[114] gerne wertend aufgeladen, um dann bisweilen eher als politischer Kampfbegriff denn als wissenschaftliches Fachwort zu dienen. Mit solchen Anliegen hat diese Arbeit – weil lediglich das geltende Recht, also die täglich gelebte Rechtsrealität beschreibend – nichts zu tun. Vielmehr will sie das tatsächliche Ausmaß der von den Parteien gesetzten Vertragsinhalte korrekt beschreiben und das dann theoretisch stimmig als einen wichtigen Teil unserer vertragsrechtlichen Kompetenzordnung ausweisen und einordnen. Hierzu gehört es dann auch, die Bedeutung staatlicher Anstrengungen nüchtern zu würdigen.

I. Begriff

Üblicherweise meint Privatautonomie im Vertragsrecht eine Kompetenz – und zwar im Sinne von Zuständigkeit und nicht geistiger Fähigkeiten –, nämlich die der Parteien, über Ob und Inhalt insbesondere eines Vertrags zu entscheiden.[115] Es geht hier also nicht um inhaltliche Vorstellungen, weshalb es einen Kategorienfehler bedeutet, von einem Konflikt oder Spannungsverhältnis zwischen Privatautonomie und Vertragsgerechtigkeit zu sprechen.[116] Denn selbst wenn man sich zu konkreten Vorstellungen über Vertragsinhalte durchringt, stellt sich auf einer gedanklich nachgelagerten Ebene immer noch die Frage

---

[112] Speziell zur Irrtumsproblematik siehe dafür unten § 17 A. IV. 2.

[113] Siehe nur recht willkürlich und mit unterschiedlichsten Blickwinkeln aus jüngerer Zeit *Baldus*, AcP 210 (2010), 2; *Busche*, Kontrahierungszwang, 1999; *Bydlinski*, Privatautonomie, 1967; *Flume*, FS Deutscher Juristentag, Bd. 1, 1960, S. 135; *Hippel*, Privatautonomie, 1936; *Hofer*, Freiheit ohne Grenzen?, 2001, S. 23 ff. oder *Meder*, Ius non scriptum, 2. Aufl. 2009, S. 47 ff.

[114] Näher zu diesen Begriffen etwa oben § 4 B. I. 1. a) sowie unten § 19 B.; § 19 C. V.

[115] Nachweise oben in Fn. 113.

[116] Siehe für diese Sicht hier nur stellv. für viele Autoren *Winner*, Wert und Preis im Zivilrecht, 2008, S. 2.

der Kompetenzverteilung.[117] Meistens ähnlich unfruchtbar, wenngleich nur auf eine Begriffsstreitigkeit hinauslaufend, ist die Frage einer Rechtsqualität privatautonomen Handelns. Wenngleich frühere wie aktuelle Stimmen das oft klar ablehnen,[118] werden Verträge mit aller staatlichen Macht verwirklicht – und zwar nicht immer nur zwischen den Parteien, sondern wie etwa bei einer Eigentumsübertragung genauso gegenüber Dritten. Tatsächlich ist es für rechtswissenschaftliches Arbeiten selten zweckmäßig, mit dem Vertrag ausgerechnet die wichtigste Form privater Rechtsetzung abzusondern.[119]

II. Begründung

1. Klassische Ansichten

Sucht man gängige Begründungen für die herausgehobene Stellung der Privatautonomie, so kann man bei Willens- oder Erklärungstheorie streng genommen schon deshalb nicht fündig werden, weil dort das von den Parteien bei Vertragsschluss Gewollte oder (zurechenbar) Erklärte intrinsisch richtig und damit nicht an übergeordneten Gesichtspunkten zu messen sein soll.[120] Praktisch finden sich sehr wohl solche Begründungen und wird insbesondere auf die Selbst- im Gegensatz zu Fremdbestimmung und deren individualistisch-freiheitlichen Charakter verwiesen.[121] Nur noch vordergründig liberal wird es hingegen dort, wo man den Verantwortungsgedanken bemüht[122] und in bewusster Abkehr vom Erfordernis eines Geschäftswillens von einer sonstigen „Selbstbindung" spricht. Umso größer fällt hier dann aber bisweilen der Pathos vermeintlich übernatürlicher Gesetzmäßigkeiten aus.[123]

Wendet man sich demgegenüber dem nüchternen Anliegen zu, das geltende Vertragsrecht in seiner Vielschichtigkeit zu beschreiben, lässt sich mit derartigen Gründen nichts anfangen. Denn warum wir eine Täuschung berücksichtigen, wie viel Information Parteien vorvertraglich benötigen, wann wir wegen Zwang, Drohung und Ausbeutung, wegen Trunkenheit oder Minderjährigkeit

---

[117] Näher oben § 8 A. I. sowie unten § 8 E. II. 2.; § 19 D.; § 19 D. IV. 2.
[118] Stellv. *Puchta*, Das Gewohnheitsrecht, Erster Teil, 1828, S. 159. Aus heutiger Zeit siehe etwa das recht eng gewählte Rechtsverständnis bei *Köndgen*, AcP 206 (2006), 477, 481.
[119] Siehe dazu auch oben § 2 B. I.
[120] Siehe dazu bereits oben § 8 D. I. m.w. Nach- und Verweisen.
[121] Stellv. *Flume*, FS Deutscher Juristentag, Bd. 1, 1960, S. 135, 136, 145, passim; *Raiser*, FS Deutscher Juristentag, Bd. 1, 1960, S. 101, 104. Zum liberalen Anliegen der Willenstheorie vgl. unten § 9 C. I. 1. d).
[122] Eingehend unten § 10 C. IV. sowie unten § 19 B. III. 2.
[123] Stellv. *Wieacker*, Privatrechtsgeschichte, 2. Aufl. 1967, S. 614 („... Anerkennung eines überpositiven und unbedingten rechtlichen Sollens ..."); *Larenz*, Richtiges Recht, 1979, S. 57; *Canaris*, Vertrauenshaftung, 1971, S. 413 ff.: „... lässt sich gar nicht anders denken als in der Form der Selbstbindung...").

Verträge korrigieren oder den Parteien wegen Überrumpelung oder genereller Produktkomplexität ein Widerrufsrecht einräumen, lässt sich in seinen Voraussetzungen und Rechtsfolgen so nicht beantworten. Hier stehen wir dann genauso ratlos da wie mit der Aufgabe, die personelle wie zeitliche Vielfalt vertraglicher Inhaltsbestimmung zu erfassen, wie sie die Rechtsrealität nahezu jedes Landes nun einmal auszeichnet.[124]

2. Subsidiarität

Hat man sich zu der Aussage bekannt, dass sich jede Rechtsordnung für den Inhalt von Verträgen interessiert und wir uns damit auch wissenschaftlich dieser Frage widmen müssen,[125] weckt das bisweilen geradezu reflexartig zahlreiche Befürchtungen. Oft wird behauptet, man könne auf substanzielle Aussagen verzichten,[126] als sei richterliche Rechtsetzung keine richterliche Tätigkeit[127] oder ginge es von vornherein um metaphysische oder illiberale Gerechtigkeitsvorstellungen.[128] Dabei lassen sich Vertragsinhalte natürlich auch rein positivistisch verallgemeinernd beschreiben – Parteien würfeln nicht, Privatautonomie hin oder her –[129] und sollte sich die Freiheitlichkeit unseres Vertragsrechts gerade auch bei den Inhalten zeigen.[130] Schlichtweg falsch ist vor allem die weit verbreitete Vorstellung, als müsse derjenige, der ein inhaltliches Kriterium anzubieten hat, den Parteien deshalb einen besonders kleinen Spielraum zubilligen.[131] Denn hier versäumt man es lediglich, Inhalts- und Kompetenzfragen sorgfältig zu trennen – ein weit verbreiteter Fehler.[132] Die Kompetenzfrage stellt sich immer, da sich inhaltliche Vorstellungen nicht von alleine durchsetzen, sondern wir in einer Welt voller Widrigkeiten – und insbesondere mit Menschen – leben.[133]

---

[124] Näher unten § 9 C. III.; § 10 C. IV.; § 8 B. I.; § 8 C. I.; § 19 D. II.; passim.

[125] Näher unten § 19 D. II.

[126] Etwa wenn *Flume*, AcP 161 (1962), 52, 54 befürchtet, der Richter werde zum Herrn über das Rechtsgeschäft – als ob das angesichts der Masse dispositiven und zwingenden Rechts nicht immer schon Realität gewesen sei, und zwar selbst für noch so umsichtige Kaufleute. Näher dazu unten § 19 D.

[127] So *Flume*, AcP 161 (1962), 52, 55. Doch sind Richter keineswegs Subsumtionsautomaten bzw. *bouche de la loi*, sondern setzen kraft ihnen dazu auch zustehender Kompetenz selbst Recht, vgl. näher oben § 2 B. I. 4.

[128] Stellv. *Flume*, AcP 161 (1962), 52, 53. Demgegenüber muss sich Liberalität schon in der Substanz bewahrheiten, vgl. näher unten § 19 B.; § 19 D. III.

[129] Näher oben ab § 3 A. II., vgl. etwa auch unten § 16 D. III. 2.

[130] Näher unten § 19 B.

[131] Stellv. *Unberath*, Die Vertragsverletzung, 2007, S. 93: „Auch *Gordley* muss aber eingestehen, dass man, wenn man allein diesen Ansatz verfolgt, kaum zu erklären vermag, warum die Wahl der Vertragsparteien vergleichsweise selten korrigiert wird."

[132] Näher unten § 19 D. IV. 2.

[133] Näher oben § 8 A. I.

Tatsächlich erlaubt es allein ein inhaltlicher Ausgangspunkt, sowohl inhaltliche als auch Zuständigkeitsfragen mit einem einheilichen Konzept (und nicht etwa nur dualistisch) zu erfassen.[134] Wir müssen unter möglichst realistischer Weltsicht und gestützt auf die uns verfügbare praktische Erfahrung fragen, welche Personen zu welcher Zeit unter welchen Rahmenbedingungen am besten dazu geeignet sind, den Vertragsinhalt zu bestimmen. Dann lässt sich sofort erklären, warum unser Vertragsrecht so großen Wert auf die Parteivorstellungen bei Vertragsschluss legt. Denn diese Personen wissen nun einmal oft am besten, was für Vertragsinhalte sie angesichts ihrer eigenen Rechteausstattung in ihrer eigenen Situation ihren eigenen Zielen näherbringen. Vor allem aber haben sie meist die größte Motivation, das Rechtfertigungsprinzip zu verwirklichen. Soweit sich die Vertragspartner tatsächlich selbst darum bemühen, den Vertragsinhalt zu bestimmen, birgt diese Entscheidung eine oft große Autorität.[135] Der traditionsreiche Subsidiaritätsgrundsatz[136] ist also nicht etwa ein völlig losgelöstes Prinzip, sondern drückt die Einsicht aus, dass sich Anliegen nicht von allein verwirklichen, sondern oft besser auf unterer Ebene angesiedelt werden.

Denn der Staat ist schnell überfordert damit, die wahren Ziele und persönlichen Verhältnisse einzelner Personen zu erfassen und darauf optimal zugeschnittene Lösungen zu entwerfen. Das betrifft nicht nur Geschmacksfragen wie die Farbe des zukünftigen Autos, sondern generell die Berücksichtigung immer verschiedenerer Lebensentwürfe und -situationen.[137] Gerade Risikoentscheidungen[138] werden im nachhinein oft viel zu optimistisch eingeschätzt.[139] Auch verursacht jeder Eingriff Kosten. Dabei bildet der Preis hier keine Ausnahme,[140] wie sich selbst bei vergleichsweise einfachen Ausbeutungsfällen[141] zeigt – von Beispielen wie der Regulierung von Telekommunikations-

---

[134] Weshalb dann *Unberath* auf einmal kollektivistisch-utilitaristische und damit ganz und gar nicht liberale Erwägungen bemüht, ohne einheitlich-verbindlich darlegen zu können, wie wir beides voneinander abgrenzen. Näher dazu oben § 3 A. III. 4.

[135] Deshalb kann man die Willenstheorie als einen wichtigen Spezialfall des Rechtfertigungsprinzips ansehen, zumal der Subsidiaritätsgedanke oft auch bei deren Vertretern anklingt, vgl. etwa das *Enneccerus*-Zitat unten § 9 C. I. 1. d).

[136] Näher *Isensee*, Subsidiaritätsprinzip und Verfassungsrecht, 1968; *Nell-Breuning*, Baugesetze der Gesellschaft, 1968, S. 77 ff.; *Calliess*, Subsidiaritäts- und Solidaritätsprinzip, 2. Aufl. 1999 jew. m.w.N. Zur nicht ganz deckungsgleichen europarechtlichen Variante vgl. nur *Franzen*, Privatrechtsangleichung durch die Europäische Gemeinschaft, 1999, S. 57 ff.

[137] Näher zu dieser Komplexität etwa oben § 8 A. II.

[138] Näher zu deren vertragsrechtlichen Bedeutung oben § 5.

[139] *Fischhoff/Beyth*, 13 Organizational Behavior and Human Performance 1 (1975).

[140] Siehe aber demgegenüber *Gordley*, 69 CalifLRev 1587, 1618, 1622 (1981).

[141] Näher oben § 4 C. III.

und Energiemärkten[142] oder der Überschussbeteiligung bei kapitalbildenden Lebensversicherungen[143] ganz zu schweigen.

Doch sollte man sich vor überzogenen Hoffnungen auf die Fähigkeiten der Vertragsparteien hüten, sondern die vertragliche Kompetenzverteilung so nüchtern wie möglich erörtern. Denn unangreifbar-intrinsisch ist uns das Parteiverhalten bei Vertragsschluss nicht[144] und trägt es weder zur wissenschaftlichen Erkenntnisfindung noch zu einem liberalen Vertragsrecht bei, wenn das Recht unter Missachtung all dessen, was den Menschen in ihrem Leben wichtig ist,[145] selbst gravierende Fehlentscheidungen „respektieren" soll – etwa gar, weil der Mensch sonst kein menschliches Leben mehr führe.[146] Wer betrogen wurde oder auch nur über wichtige Umstände irrt, will nicht gebunden sein, weil ihm Entscheiden selten Selbstzweck ist.

III. Staatliche Dimensionen

1. Ermöglichend

Wie wichtig staatliches Handeln für jede moderne und freiheitliche Gesellschaft ist, wird nicht nur in den Wirtschaftswissenschaften oder nur für das Funktionieren speziell von Märkten gerne missachtet.[147] Auch die von Juristen so hoch gehaltene und viel diskutierte Privatautonomie lädt bisweilen zu Vorstellungen ein, die mit der Rechtsrealität nur wenig gemein haben – und zwar gerade mit Blick auf den Staat. Ein erstes wichtiges Beispiel bildet die weit verbreitete These des vermeintlichen Vorrangs einer formalen Privatautonomie zumindest für einen Ur- oder Kernbereich, während materiale Gesichtspunkte nur ausnahmsweise bei besonderen Störungen (Zwangslagen, Irrtümer etc.) zu berücksichtigen seien. Privatautonomie bedeute zunächst Nichteinmischung des Staats in den freien, selbstbestimmten Willen des Individuums.[148] Oft soll dem jedenfalls früher so gewesen sein, sei es bei Inkrafttreten des Bürgerlichen Gesetzbuchs oder im römischen Recht.

---

[142] Für die Schwierigkeiten einer Preisfestsetzung im Telekomsektor vgl. nur *Hildebrandt*, Monopol, 2000, S. 150 ff.

[143] Näher *Rehberg*, Informationsproblem, 2003, S. 388 ff. m.w.N.

[144] Näher oben § 4; § 8 D. oder unten § 9 C. III.; § 10 D. IV.; § 17 D.; § 19 C. VI. 1.; passim.

[145] Näher etwa oben § 2 A. IV. 1. oder unten § 9 D. I.

[146] In diese Richtung aber *Gordley*, in: Benson (Hrsg.), Theory, 2001, S. 265, 281. Zur Problematik aristotelisch-metaphysischer Begründungsmuster vgl. oben § 3 A. III. 3. Konkrete Rechtsprobleme lassen sich so schon gar nicht bewältigen.

[147] Näher dazu insbes. unten § 16 D. II.

[148] Stellv. *Drexl*, Selbstbestimmung, 1998, S. 6, 42, 269, 295 f., passim; *Grigoleit*, Vorvertragliche Informationshaftung, 1997, S. 64 f.; *Lorenz*, Unerwünschter Vertrag, 1997, S. 15; *Singer*, Selbstbestimmung, 1995, S. 8 ff. jeweils m.w.N.

In eine ähnliche Richtung geht die These, wonach die vertraglich vereinbarte Rechtsfolge nicht auch kraft Gesetzes, sondern allein aufgrund des übereinstimmenden Parteiwillens eintrete, ohne dass es eines transformierenden Staatsaktes oder einer besonderen gesetzlichen Anordnung bedürfe. Oft wird auch gefragt, ob die Ansprüche der Vertragsparteien aus dem Vertrag oder aber der gesetzlichen Anspruchsgrundlage „folgen". Tatsächlich erfordert allein die Bereitstellung des Vertrags umfangreiche kollektive Anstrengungen:[149] Indem der Staat Verträge nach detaillierten zivilprozessualen und vollstreckungsrechtlichen Regeln notfalls in aller Härte durchsetzt, wird der Versprechende erst zur glaubwürdigen Teilnahme am Geschäftsverkehr befähigt.[150] Und jede Willenserklärung – auch die erfahrener Kaufleute – ist einschließlich des gerne bemühten *volenti non fit iniuria* normativ so lange nichts wert, wie nicht die rechtliche Ausgangslage geklärt ist, auf deren Basis sie erfolgt.[151] Auch jenseits des Vertragsrechts ist es erst die staatliche Anerkennung einer Rechtsfähigkeit, die natürlichen wie juristischen Personen (Integritäts-) Schutz sowie Handlungsmöglichkeiten verleiht. Völlig richtig betont daher nicht erst *Flume*, dass Privatautonomie die Rechtsordnung als Korrelat erfordert.[152] Staatliche Intervention bildet eine zentrale Grundlage unseres Vertragsrechts und nicht deren Ausnahme. Sie ist selbstverständlicher, untrennbarer und von jeher unabdingbarer Kernbestandteil zivilrechtlicher Dogmatik. Wer das verkennt, provoziert Lösungsansätze, welche die rechtliche Realität nicht erklären können und sich allenfalls auf dem Papier als liberal[153] erweisen.[154] Es rächen sich hier die gleichen – kulturell in manchem Bereich tief verwurzelten – Fehlvorstellungen, wie wir ihnen auch bei Marktprozessen[155] oder der Diskussion darüber begegnen, was liberal sei.[156] Dabei

---

[149] Zum Folgenden siehe bereits *Rehberg*, in: Zetzsche/Neef u.a. (Hrsg.), JbJZWiss 2007, 2008, S. 49, 52 f.

[150] Deshalb hilft es dem Schuldner nicht immer, wenn zu seinem Schutz Vollstreckungsmöglichkeiten eingeschränkt werden, leidet dadurch auch die Werthaltigkeit seiner Versprechen.

[151] Näher oben § 4 C. I. 1.; passim.

[152] *Flume*, FS Deutscher Juristentag, Bd. 1, 1960, S. 135, 141 f.; *Flume*, Allgemeiner Teil, Bd. 2, 4. Aufl. 1992, S. 602, 609. Siehe daneben nur *Brinz*, Lehrbuch der Pandekten, Bd. 2/2, 1869, S. 1388 f. (§ 312); *Savigny*, System, Bd. 1, 1840, S. 11 f. (§ 6); *Raiser*, FS Deutscher Juristentag, Bd. 1, 1960, S. 101, 115; *Wolf*, Entscheidungsfreiheit, 1970, S. 23 f. jew. m.w.N.

[153] Näher zu den möglichen Bedeutungen dieses Begriffs unten § 19 B.

[154] Dass selbst die eindrucksvoll von *Axelrod*, Kooperation, 6. Aufl. 2005 modellierten Kooperationsmechanismen fester institutioneller Voraussetzungen bedürfen, beschreibt zutreffend *Höffe*, Kategorische Rechtsprinzipien, 1990, S. 294 ff.

[155] Näher unten § 16 D. II. Bisweilen hat man das Gefühl, dass manche Juristen hier noch der Neoklassik anhängen, während sich die Ökonomik staatlichen Elementen – auch durch das Aufkommen der Neuen Institutionenökonomik – zunehmend aufgeschlossener zeigt.

[156] Näher unten § 19 B. II. 3.

handelt es sich nicht um eine Lappalie, sondern eine fundamentale Einsicht mit gravierenden rechtsdogmatischen wie -politischen Konsequenzen.

2. Eingreifend

Ähnlich angreifbar ist die bis heute verbreitete Vorstellung[157] einer solchen Vertragsautonomie, dass es nicht einmal einen Eingriff in Freiheiten bzw. Grundrechte bedeute, staatlicherseits Vertragsinhalte durchzusetzen. Teilweise wird das sogar noch für dispositive Vertragsinhalte betont.[158] Zwar ist es wie zuvor dargelegt sehr berechtigt, in der Vertragsfreiheit ein Rahmenrecht zu sehen und sich damit von der Vorstellung einer grundsätzlich formalen Privatautonomie zu verabschieden. Doch dass sich der Staat nicht dafür rechtfertigen müsse, wenn er uns gegebenenfalls Haus und Hof wegpfändet, folgt daraus nicht.[159] Es offenbaren sich hier einmal mehr tief verwurzelte vertragstheoretische Vorstellungen, wie wir sie schon andernorts kennengelernt hatten. Es ist dies einerseits die so schöne, aber eben auch sehr optimistische Vorstellung der Aufklärung eines durchgängig wissenden, mündigen und ganz allein zu größten Taten fähigen Menschen,[160] was sich dann auch in der willenstheoretischen These niederschlägt, dass sich der Einzelne selbst binden könne.[161] Denn wo das Kollektiv scheinbar gar nicht beteiligt ist, muss sich dieses auch nicht rechtfertigen. Eine Steigerung erfährt dieses Denken dann vor allem in mancher erklärungstheoretischen These, wonach es geradezu Ausdruck oder gar Höhepunkt der Freiheit des Einzelnen sei, zur „Verantwortung" gezogen zu werden und so die „Konsequenzen" seines früheren Handelns zu tragen. Auf diese illiberale und wissenschaftlich nicht weiterführende Komponente des Idealismus können wir getrost verzichten,[162] ohne dessen wichtige Grunderrungenschaft, dass wir eigene Vorstellungen an die Welt herantragen,[163] aufgeben zu müssen. Und soweit der Eingriffscharakter von Verträgen nur deshalb bestritten wird, um den eigenständigen Charakter des Pri-

---

[157] Besonders deutlich *Flume*, FS Deutscher Juristentag, Bd. 1, 1960, S. 135, 136 ff.
[158] So soll der Gesetzgeber nach *Frotz*, Verkehrsschutz, 1972, S. 403 nicht hoheitlich in den privatautonomen Bereich eingreifen, sofern er unvollständige Parteiregelungen unter Berücksichtigung der typischen Parteiinteressen und entsprechend dem typischen Parteiwillen zu Ende denkt.
[159] Besonders kraftvoll *Schlossmann*, Grünhuts Zeitschrift 7 (1880), 543, 556 f. m.w.N.
[160] Näher oben etwa § 2 D. III. 1. b); § 4 B. I. 4. b) ee) sowie unten § 9 E. II. 4.; § 18 B. II. 1. b); § 19 D. IV. 2.; § 19 G.
[161] Eingehend unten § 9 C. I.
[162] Näher oben § 4 B. I. 4. b) aa); § 4 B. I. 4. b) ee) sowie unten § 9 C. I. 3. d); § 10 C. IV. 5.; § 19 B. III. 2.; § 19 G. IV.
[163] Das meint vor allem das Faktum, dass der Mensch selbst – wenn auch nicht apriorisch, sondern insbesondere kulturell und evolutionsbiologisch vermittelt – Eigenes an die von ihm verarbeiteten Sinneseindrücke heranträgt, näher dazu unten § 19 G. V.

vatrechts gegenüber dem öffentlichen Recht zu wahren, lässt sich dieses Ansinnen besser erreichen.[164]

3. Dienend

Dass man eindringlich betont, wie wichtig staatliches Handeln auch vertragsrechtlich ist, verhindert nicht, dieses ausschließlich in den Dienst der Vorstellungen oder Ziele der Vertragsparteien zu stellen – und genau das charakterisiert eine liberale Rechtsordnung.[165] Zu Recht betonen nicht nur Willenstheoretiker diese dienende Funktion,[166] sondern gleichermaßen die meisten Vertreter der Grundfolgentheorie – wenn auch nicht mehr auf Wille oder Erklärung bei Vertragsschluss abstellend, sondern die von den Parteien verfolgten Zwecke.[167] Auch das Rechtfertigungsprinzip respektiert allein die Interessen der Vertragsschließenden, um auf dieser Basis zu fragen, welche Einbuße am rechtlichen Status Quo deren Verwirklichung dient.[168] Demgegenüber finden sich natürlich schon immer auch Stimmen, die für stärker kollektivistische Ideale eintreten.[169]

4. Fordernd?

Spannend ist die Frage, inwieweit das Recht von den Parteien verlangt oder verlangen sollte, sich vertraglich nicht einfach auf die Hilfe dispositiven oder gar zwingenden Rechts zu verlassen, sondern selbst tätig zu werden und den Vertragsinhalt möglichst konkret zu bestimmen. Tatsächlich wird das bisweilen verlangt[170] und entspricht der bereits erwähnten[171] Vorstellung wissender und für ihr Handeln allein verantwortlicher Bürger. Und immerhin kostet solche staatliche Hilfe – sei es durch Gesetze oder richterrechtlich – Geld, das die Gerichtskosten sicher nicht immer abdecken. Andererseits haben wir wenig Skrupel, selbst noch so flüchtige Bewegungen als schlüssige Willenserklärung einzuordnen,[172] und verlangen praktisch gesehen an Bestimmtheit sehr wenig

---

[164] Näher unten § 19 E.
[165] Näher unten § 19 B.
[166] Stellv. *Zitelmann*, Irrtum, 1879, S. 244 f.; *Flume*, FS Deutscher Juristentag, Bd. 1, 1960, S. 135, 151; *Flume*, AcP 161 (1962), 52, 60, vgl. daneben unten § 9 C.
[167] Näher oben § 9 D. I.
[168] Näher unten § 2; § 3 A. IV.; § 3 C.; passim.
[169] Dazu gehört nicht nur *Larenz*, Auslegung, 1930, S. 61, 64, passim (von einigen anderen Schriften dieses Verfassers ganz zu schweigen) als einem typischen Vertreter des bis heute populären Verantwortungsdenkens (näher dazu unten § 10 C. IV.), sondern genauso die ökonomische Analyse des Rechts (näher zu dieser etwa oben § 4 B. V.) bzw. utilitaristische Begründungsmuster (vgl. unten § 19 Fn. 481).
[170] Instruktiv dazu *Kronke*, AcP 183 (1983), 113, 133 ff. m.w.N.
[171] Oben § 8 E. III. 2.
[172] Näher zu diesem Themenkreis etwa unten § 12.

– ja oft nicht einmal die Festlegung eines Preises.[173] Grundsätzlich[174] scheint unsere Grenze des einem Richter nicht mehr Zumutbaren erst dort zu liegen, wo es getreu dem Subsidiaritätsprinzip[175] einfach nicht mehr gelingt, aus rudimentärer Information noch einen dem Rechtfertigungsprinzip genügenden Vertragsinhalt zu konstruieren. Im Ergebnis jedenfalls offenbart sich bei näherem Hinschauen eine gleichermaßen aktive wie dienende Funktion des Staats, der durch eine ausgeklügelte Kompetenzverteilung, zeitliche Auffächerung der Entscheidungsfindung und ausgeklügelte Rahmenbedingungen versucht, seinen Bürgern wertschöpfende Verträge so einfach wie möglich zu machen. Ein liberaler Staat möchte den Einzelnen nicht zur Verantwortung ziehen,[176] sondern ihm dabei helfen, persönliche Ziele zu verwirklichen.[177] Deshalb ist es auch vertragstheoretisch so wichtig, die gedankliche Verengung allein auf das Parteiverhalten bei Vertragsschluss zu überwinden.

F. Ausblick

Nachdem die ersten Kapitel untersuchten, was für Vertragsinhalte das geltende Vertragsrecht überhaupt anstrebt – sei es für den insbesondere das dispositive Recht interessierenden Normalfall oder für Zwangslagen, Risikoentscheidungen, Leistungsstörungen oder im Detail geschuldete Eigenschaften –,[178] ging es nun um die ganz praktische Umsetzung des Rechtfertigungsprinzips durch Menschen aus Fleisch und Blut. Da die Vertragsparteien dabei eine sehr wichtige, wenngleich keineswegs die alleinige Rolle einnehmen, wird vor allem deren Verhalten – anlässlich des Stellenwerts von Wille, Erklärung und Vertrauen, aber auch eines Protests – zu untersuchen sein.[179]

Andererseits gibt es noch andere Personen, die Vertragsinhalte setzen. Die Stellvertretung ist nur das offensichtlichste Beispiel. Schon hier scheitern Willens- wie Erklärungstheorie daran zu begründen, warum etwas gelten kann, was von den Vertragsparteien bei Vertragsschluss weder gewollt noch erklärt war.[180] Nicht viel besser sieht es bei den praktisch ebenfalls so bedeutsamen

---

[173] Näher zu Umfang und praktischer Bedeutung dispositiver Vertragsinhalte unten § 16 A. I. 1.
[174] Nur „grundsätzlich" schon deshalb, weil eine Partei auf detaillierte Information über den Vertragsinhalt angewiesen sein mag, vgl. dazu etwa am Beispiel des AGB-rechtlichen Transparenzgebots unten § 14 C. III. sowie speziell zur Überschussbeteiligung bei Lebensversicherungen als einem instruktiven Beispiel Ebers, Überschussbeteiligung, 2001, S. 99 ff.
[175] Näher oben § 8 E. II. 2.
[176] Näher oben § 4 B. I. 4. b) aa); § 4 B. I. 4. b) ee) sowie unten § 9 C. I. 3. d); § 10 C. IV. 5.; § 19 B. III. 2.; § 19 G. IV.
[177] Näher oben § 2 A. IV.; unten § 9 D. I.; passim.
[178] Oben § 2–§ 7.
[179] Unten § 9–§ 12; § 17.
[180] Näher unten § 13 B.

Allgemeinen Geschäftsbedingungen aus.[181] Denn nicht nur werden diese Klauseln oft von anderen Personen als den Vertragsparteien entworfen und dabei überhaupt zur Kenntnis genommen. Genauso wird hier deutlich, wie viele Vertragsinhalte sehr mühsam und in vielen kleinen Schritten lange vor Vertragsschluss bestimmt werden. Unangenehm ist auch die zunehmend sogar gesetzlich verankerte Einsicht, dass wir den Vertragsinhalt auch anhand von Entscheidungen bestimmen, die lange vor Vertragsabschluss getroffen wurden. Das betrifft namentlich Werbeaussagen, bei denen die Vertragstheorie in noch größere Schwierigkeiten gerät, wenn diese auch noch von dritter Seite wie einem Unternehmen stammen.[182] Kollektive Einflüsse diskutiert vor allem § 16, auf den immer wieder zu verweisen sein wird. Auf keinen Fall sollte man die praktische Bedeutung staatlich gesetzter Vertragsinhalte oder von Sitte, Übung und Brauch unterschätzen.

---

[181] Näher unten § 14.
[182] Näher unten § 15 B.

§ 9 Wille

Nach dem Rechtfertigungsprinzip sollte eine rechtliche Einbuße so weit eintreten, wie dies notwendig ist, um sich getreu den eigenen Zielen zu verbessern. Dass es dabei die so in ihren Rechten und Zielen angesprochene Person ist, die oft am besten weiß, was für Rechtsänderungen das sind, liegt nahe.[1] Schon deshalb verwundert es nicht, wenn klassische Ansätze wie die Willens- oder die Erklärungstheorie gerade dem Parteiverhalten einen dermaßen großen Stellenwert einräumen. Allerdings wurde bereits angedeutet und wird noch zu illustrieren sein, dass diese Fokussierung auch schnell an Grenzen stößt. Bis heute versteift sich die vertragstheoretische Diskussion auf das Verhalten lediglich der beiden Vertragsparteien zu einem äußerst fokussierten Zeitpunkt, nämlich – je nach Theorie – den der Willensübereinstimmung, der Erklärungshandlung, des Sprechakts oder der Geltungserklärung. Die Problematik dieses Denkansatzes zu verdeutlichen, ist eines der zentralen Anliegen dieser Arbeit.[2]

Unabhängig davon, wer wann über einen bestimmten Vertragsinhalt entscheiden sollte, muss geklärt werden, wie eine solche Entscheidung aussehen sollte. So scheint unser Recht eine willensgesteuerte Vertragssetzung zumindest anzustreben – und das sei hier zunächst auch unterstellt.[3] Andererseits können wir nur sehr begrenzt den Willen anderer Menschen lesen, weshalb wir anhand verschiedener Indizien wie einer ausdrücklichen Erklärung auf diesen Willen schließen müssen. Völlig treffsicher gelingt das leider nicht, weshalb tatsächlicher und vermeintlicher Wille voneinander abweichen können. Spätestens hier stellt sich dann die Frage, ob wir nicht bisweilen auch auf diesen Schein abstellen – und falls ja, warum.

Um jedoch möglichst sorgfältig untersuchen zu können, welche Funktion der Wille in unserem Vertragsrecht einnimmt, müssen wir diesen erst einmal möglichst präzise definieren. Hierzu wird ein Willensbegriff formuliert, dessen Merkmale für jedermann überprüfbar sind und der nicht nur mit unserem normalen Sprachgebrauch harmoniert, sondern auch diejenigen Vorzüge verkörpert, die wir für ein Wollen als charakteristisch ansehen.[4] Dabei sollte der

---
[1] Näher oben § 8 E. II. 2.
[2] Eingehend oben § 8.
[3] Für einige Gegenpositionen siehe etwa oben ab § 4 B. III. oder unten § 10; § 11.
[4] Unten § 9 B.

Begriff des Wollens nicht solche Merkmale enthalten, die für eine eigenständige Bedeutung nicht zwingend erforderlich erscheinen, juristisch aber einen Unterschied machen. Denn dann dient es einer präzisen rechtsdogmatischen Diskussion, dafür weitere Begrifflichkeiten zu verwenden.[5] Dieses Anliegen einer klaren Begriffsbildung, das immerhin der Begriffsjurisprudenz ihren Namen gab, ist so aktuell wie eh und je.[6] Nicht ohne Grund betreibt auch der Verfasser erheblichen Aufwand, um sich nicht nur der realen Grundlagen der von ihm verwandten Begrifflichkeiten zu vergewissern,[7] sondern auch immer wieder darzulegen, wie wenig es weiterhilft, sich dieser dogmatischen Herausforderung zu verweigern.[8]

Mit diesem Maßstab wird dann die Willenstheorie überprüft. Dabei steht zunächst die zu Recht prominenteste Frage im Vordergrund, nämlich ob sich Vertragsverbindlichkeiten tatsächlich mit einem Selbstbindungswillen begründen lassen.[9] Da das Ergebnis ernüchternd ausfallen wird, liegt dann die Frage umso näher, ob der Parteiwille „wenigstens" ein wichtiges Instrument für die Verwirklichung der Parteiinteressen bildet. Das führt zur sogenannten Grundfolgentheorie und damit einem leider weithin vergessenen Ansatz.[10] Auf dieser Basis können wir schließlich den Parteiwillen – soweit real vorhanden – stärker und konsequenter achten als die Willenstheorie selbst.[11]

A. Fälle

Bisher wurden eingangs immer zahlreiche Fälle präsentiert, über deren Ergebnis wir uns weithin einig sind. Vergleichbares wird der Leser nicht nur in diesem Kapitel zum Willen, sondern auch bei den Ausführungen zu Erklärung und Vertrauen vermissen. Doch liegt das allein daran, dass es jeweils eigenen Abschnitten – etwa zu Irrtum, Werbung, Allgemeinen Geschäftsbedingungen, Stellvertretung oder Protest – vorbehalten sein wird, die Tauglichkeit einzelner Vertragstheorien zu überprüfen. Diese Prüfung ist also jeweils nur aufgehoben, nicht aufgeschoben. Wohl aber finden sich nunmehr einige Sachverhalte, die ergänzend zu den bisherigen und zukünftigen Fällen dazu beitragen sollen, einige ganz grundlegende Probleme zu illustrieren.

---

[5] Vgl. dazu auch unten § 9 C. V. 3. b).
[6] Näher oben § 1 C. IV.; § 2 B. I. 1.
[7] Siehe neben der nun anstehenden Untersuchung des Wollens nur für „Ziel" oben ab § 2 A. V. 3. a), für „Recht" oben § 2 B. I. oder für „Vertrauen" unten § 11.
[8] Vgl. etwa oben § 4 B. I. 4. b) aa) oder unten § 9 C. V. 2.; § 11 C.
[9] Unten § 9 C. Zur entsprechenden Frage bei der Erklärung siehe unten § 10.
[10] Unten § 9 D.
[11] Unten § 9 E.

182. **Wahrheit statt Leben:** *Philosoph S wird wegen Gottlosigkeit und verderblichen Einflusses auf die Jugend angeklagt, für schuldig befunden und schließlich zum Tod verurteilt. Doch kann er sein Leben retten, sofern er bereit ist, die Anklage als berechtigt anzuerkennen oder Athen zu verlassen. S verzichtet auf beides, weil er die Wahrheit für wichtiger als sein Leben hält.*

183. **Anleger- und objektgerechte Beratung:** *Rentner R ist in Finanzfragen völlig überfordert. Er vereinbart daher mit seiner Hausbank H für ein marktübliches Beratungshonorar eine „anleger- und objektgerechte Beratung".*

184. **In den Fängen des Arztes:** *Patient P misstraut allen Ärzten zutiefst. Doch muss er unter das Messer des Chirurgen C und stellt resigniert fest, dass er diesem mangels ärztlicher Kenntnisse noch nicht einmal genau vorgeben kann, was C tun soll, wenn dieser den Bauch des P öffnet und sich dort ein wenig umschaut.*

185. **Rosen für die Tische:** *Jürgen ist 18 Jahre alt geworden und möchte das groß feiern. Er bestellt für 29 Tische jeweils 18 Rosen. Als 522 Rosen geliefert werden, ist er überrascht. Mit so viel hätte er nicht gerechnet, denn Mathematik ist nicht gerade seine Stärke.*

186. **Falsche Bescheidenheit:** *Um sich beim weisen Sissa für die Erfindung des Schachspiels zu bedanken, gewährt ihm der indische Herrscher Shihram einen freien Wunsch. Sissa wünscht sich Weizenkörner: Auf das erste Feld eines Schachbretts ein Korn, auf das zweite Feld die doppelte Menge usw. Shihram stimmt halb lachend und halb erbost ob der vermeintlichen Bescheidenheit des Sissa zu. Doch muss Shihram bald feststellen, dass eine solche Menge Getreidekörner (ca. 900 Milliarden Tonnen) im ganzen Reich nicht aufzubringen ist.*

187. **Ohne Fleiß kein Preis:** *Tourist T will unbedingt die Aussicht vom Gipfel des vor ihm liegenden Bergs genießen. Da es weder Straßen noch Seilbahn gibt, weist ihn Bergführer F darauf hin, dass wenn T die Aussicht genießen will, er auch den Berg besteigen muss.*

188. **Trojanisches Pferd:** *Nachdem die Griechen Troja zehn Jahre lang erfolglos belagert haben, bieten sie den Trojanern als vermeintliches Zeichen ihrer Aufgabe ein hölzernes Pferd als Geschenk. Die Trojaner nehmen dieses gerne an, nicht wissend, dass sich in dessen Bauch Krieger verstecken, die nachts aussteigen, die Tore öffnen und zusammen mit ihren zurückgekehrten Genossen Troja niederbrennen.*

B. Begriff

I. Herausforderung

Wollen wir das geltende Vertragsrecht mit einem einfach subsumierbaren und damit überhaupt wissenschaftlich belastbaren Tatbestand abbilden, muss jedes einzelne Tatbestandsmerkmal überprüfbar sein. Der Wille ist ein solches Tatbestandsmerkmal, selbst wenn er getreu dem Subsidiaritätsgrundsatz „nur" als Indiz für eine interessengerechte Lösung fungieren sollte. Dabei ist der Wille entweder real oder es gibt keinen Willen. Was hochgradig banal klingt und auch banal ist, verlangt nach nichts anderem als der von vielen so kritisierten „psychologistischen" Betrachtung.[12] Schon deshalb verdienen die Bemühungen etwa eines *Zitelmanns*[13] großen Respekt. Es ist nicht ersichtlich, wie der Wille oder irgendein anderes Tatbestandsmerkmal dogmatisch brauchbar sein soll, wenn man nicht für andere überprüfbar festlegt, was man darunter eigentlich versteht.

Dabei ist der Wille ein anspruchsvoller Begriff. Versucht man etwa, ihn auf seine normalsprachliche Bedeutung hin zu untersuchen, indem man verschiedene Verwendungsformen studiert, ergibt sich ein sehr vielschichtiges Bild, das sich nur begrenzt dazu eignet, ohne jegliche Einschränkung für juristische Zwecke übernommen zu werden. Wenn etwa die deutsche Sprache sowohl „Ich will" als auch „Du hast es ja so gewollt" kennt, tun wir dennoch gut daran, das genauso zu trennen und in den jeweiligen Kontext der konkret interessierenden Fragestellung einzuordnen, wie das hier besonders für Wille und Einwilligung geschehen wird.[14]

Diese Schwierigkeiten verstärken sich noch dadurch, dass die Psychologie anders als wir Juristen sehr zurückhaltend ist, was Phänomene wie Wille oder Bewusstsein anbelangt[15] – und zwar angesichts deren Komplexität aus gutem Grund. Tatsächlich ist es gerade ein allzu unbefangener Umgang mit Begriffen wie Wille oder Einwilligung, der diejenigen Probleme provoziert, mit denen die Vertragstheorie bis heute kämpft. Bisweilen drängt sich sogar der Verdacht auf, als sei es auch dieser schwer fassbare Gehalt, der den Willen für uns Juristen so populär macht. Allein die gerade beim Willen so beliebten Fiktionen, Verknüpfungen und Normativierungen verdeutlichen, wie großzügig wir selbst mit zentralen Begriffen umgehen.[16]

Andererseits sollte man auch nicht ins andere Extrem verfallen. So ist es zumindest sehr unwahrscheinlich, dass der normale Sprachgebrauch mit dem Willen einen Begriff kennt, der täglich verwendet wird, ohne auch nur irgendeinen subsumtionsfähigen Kern zu enthalten. Und wenn etwa frühe Vertreter der Sprachphilosophie oder der vormals sehr einflussreiche Behaviorismus dem Subjektiven äußerst skeptisch gegenüberstanden, entspricht das schon lange nicht mehr dem aktuellen Kenntnisstand.[17] Es gibt durchaus geistige Phänomene, die sich wissenschaftlich seriös eingrenzen lassen. Dabei ist es für

---

[12] Näher dazu unten § 9 C. V. 2. e).

[13] *Zitelmann*, Irrtum, 1879. Hiervon zu trennen ist das gerade von *Zitelmann* stark praktizierte naturalistisch-gegenständliche Denken, vgl. dazu unten bei Fn. 109, 111.

[14] Näher unten § 9 C. II. 2.

[15] Weshalb oft statt von Bewusstsein lieber von Aufmerksamkeit gesprochen wird, vgl. instruktiv *Koch*, The Quest for Consciousness, 2004, S. 2 (dort Fn. 2) sowie oben § 8 II. 2.

[16] Näher unten § 9 C. V. 2.; § 9 C. V. 3.

[17] Zur kognitiven Wende der Psychologie vgl. nur *Anderson*, Kognitive Psychologie, 3. Aufl. 2001, S. 10 ff.

praktisch-juristische Zwecke regelmäßig ausreichend, dass wir auf deren (Nicht-) Existenz zumindest mittelbar schließen können. Wurde etwa eine kleine Urkunde handschriftlich verfasst und unterschrieben, können wir meistens darauf schließen, dass ihr Inhalt wahrgenommen wurde.

II. Merkmale

1. Entität

Wann immer wir vom Wollen sprechen, setzen wir ein Objekt voraus, dem wir die Fähigkeit zuschreiben, zu wollen.[18] Dabei ist es vor allem der Mensch, der nach unserem Verständnis wollen kann. Für unsere Zwecke wird diese Eingrenzung ausreichen. Allerdings sei darauf verwiesen, dass dieses Verständnis je nach Interesse, Sachzusammenhang oder kulturellem Umfeld erweiterbar ist. So mag man sich fragen, ob wir nicht auch Menschengruppen zubilligen, einen eigenständigen und damit von den Einzelpersonen unabhängigen Willen zu entfalten. Für die juristische Person lässt sich darüber trefflich streiten.[19] Daneben wird man vielleicht auch bei Menschenaffen ins Grübeln geraten, während zumindest der westliche Kulturkreis zögern dürfte, Pflanzen oder reinen Naturphänomenen wie dem Wetter ein Wollen zuzusprechen. Wohl aber mögen wir eines Tages angesichts des technischen Fortschritts feststellen, dass wir häufig selbst dort von einem Wollen sprechen, wo in Wahrheit „leblose" Maschinen agieren. Apriorisch vorgegeben ist hier gar nichts, vielmehr geht es immer nur um eine für das jeweilige Erkenntnisinteresse möglichst zweckmäßige Begriffsbestimmung.

2. Kausalität (Macht)

Es reicht für ein Wollen sicher nicht aus, die dafür in Frage kommenden Einheiten identifiziert zu haben. Vielmehr muss es dem Menschen auch möglich sein, unsere Welt in irgendeiner Form zu beeinflussen. Wenngleich hier der Sprachgebrauch nicht völlig eindeutig ist,[20] sprechen wir ansonsten eher von einem Hoffen, Wünschen, Möchten oder Begehren.[21] Auch hier soll diese Unterscheidung so gehandhabt werden. Wichtig ist zudem, dass zu der vom Men-

---

[18] Näher zum Phänomen von Zuschreibungen unten § 17 E. III. 6.
[19] Siehe dazu nur *Schmidt*, Gesellschaftsrecht, 4. Aufl. 2002, S. 186 ff. (§ 8 II) m.w.N.
[20] So erscheint es uns nicht unbedingt sprachwidrig, wenn jemand an einem verregneten Tag äußert, er „wolle", dass jetzt sofort die Sonne scheint, oder wenn ein kleines Mädchen eine Prinzessin sein „will". Doch schwingt selbst hier ein gewisser Befehlston mit, der den Eindruck vermittelt, als läge das so Gewollte irgendwie doch im Bereich des Möglichen.
[21] Gerade in der rechtswissenschaftlichen Diskussion hat die – alles andere als einheitlich praktizierte – Unterscheidung zwischen Wunsch und Wille eine lange Tradition, vgl. dazu statt vieler *Zitelmann*, Irrtum, 1879, S. 439 ff.; *Ehrenzweig*, Rechtsgrund, 1889, S. 21 oder *Larenz*, Auslegung, 1930, S. 48.

schen beeinflussten Welt der wollende Mensch selbst gehören kann – etwa wenn er seine eigene psychische Gesundung oder Erkrankung will. Dass dabei „Kausalität" eine äußerst anspruchsvolle Vorstellung ist, die umso komplizierter wird, je mehr man sich damit befasst, sei zugestanden, möge aber hier auf sich beruhen.[22] Wichtiger sind demgegenüber Art und Reichweite dieser Kausalität. Diese mag rein passiv wirken, etwa wenn wir anderen im Weg stehen. Oder wir werden dergestalt aktiv, dass wir Energie aufwenden, um unseren Körper zu bewegen und beispielsweise Nahrung zu sammeln. Schließlich können wir unseren Aktionsradius auch dadurch erweitern, dass wir uns diverser Instrumente bedienen, angefangen mit einfachsten Werkzeugen über andere Menschen im Sinne klassischer Arbeitsteilung bis hin zu ausgefeilten gesellschaftlichen Institutionen wie dem Staat. Der menschliche Fortschritt – einschließlich seiner Gefahren – verdankt sich nicht zuletzt dem Umstand, dass er dem Einzelnen immer größeren Einfluss auf seine Umwelt erlaubt und ihn so immer mächtiger werden lässt. Für unsere Zwecke ist dabei besonders die vom Staat bereitgestellte Institution des Vertrags wichtig. Unter wohldefinierten Voraussetzungen erlaubt sie es dem Bürger, sich notfalls des gesamten Gerichts- und Vollstreckungsapparats mitsamt dem dahinterstehenden Machtgefüge zu bedienen – eine beträchtliche Machterweiterung. Anders formuliert geht es beim Vertrag nicht zuletzt um private Rechtsetzung, für die insbesondere das Subsidiaritätsprinzip streitet.[23] Vertragsparteien schaffen Recht, aber sie erreichen das nicht von allein, sondern nur mit tätiger Mithilfe einer sie unterstützenden Staatsgewalt, die das, was an sich nur ein machtloses Wünschen, Hoffen oder Begehren wäre, zum machtvollen Willen aufwertet.[24] Es ist ein Verdienst *Schlossmanns*, sich in aller Härte denjenigen – oft stark gegenständlich argumentierenden –[25] Ansichten entgegengestellt zu haben, welche die Verbindlichkeit von Verträgen allein auf ein individuelles Handeln zurückführen.[26] Das ist umso bemerkenswerter, als bis heute die Vorstellung dominiert, es gebe eine staatsfremde formale Privatautonomie, die nur ausnahmsweise – gewissermaßen als Störfall – einer materialen Betrachtung zu weichen habe. Auch das erschwert ein die Rechtsrealität treffendes Vertrags-

---

[22] Das Problem der Kausalität nimmt einen sehr prominenten Platz in der Erkenntnistheorie ein – man denke nur an die Kontroverse zwischen *Hume* und *Kant* –, wobei reine Induktion nicht weiter führt, sondern Kausalität auf spezifischen Sichtweisen beruht. Für einen ersten Einstieg siehe hier nur *Vickers*, The Problem of Induction, SEP (21.6.2010) m.w.N.
[23] Näher unten § 8 E. II. 2.
[24] Anders formuliert geht es etwa beim Vertragsrecht gerade deshalb um ein Wollen und keinen Wunsch, weil das Recht dem Wunsch Macht einräumt und ihn so zum Wollen erhebt.
[25] Näher unten bei Fn. 109, 111.
[26] *Schlossmann*, Der Vertrag, 1876, S. 164 f. Zum Gegensatz von Handlungs- und Geschäftswille siehe unten ab Fn. 75.

verständnis.[27] Allerdings verhindert diese Abhängigkeit vom staatlichen Machtapparat nicht, dass die Parteien als Privatrechtsetzer das letzte Wort haben können. Wie ein kurzer Blick in die Rechtspraxis zeigt, ist der einen Tenor formulierende Richter nicht befugt, nach freiem Ermessen das zu verwerfen, was zwei Vertragsparteien vereinbart hatten.

Damit hängt Wollen eng mit einem weiteren Begriff zusammen, der nicht viel anderes als Macht bedeutet, dafür aber juristisch geläufiger ist, nämlich die Kompetenz oder Zuständigkeit. Wie bereits dargelegt, zeichnet sich unser Vertragsrecht durch eine ausgeklügelte Machtverteilung aus.[28] Das wiederum bedeutet, dass wenn wir eine Entscheidung einer bestimmten Person zugestehen, diese auch nicht mehr von anderen korrigiert wird. Würde sie das, läge die Kompetenz in Wahrheit woanders.[29] Übt nun jemand seine Kompetenz geistig so anspruchsvoll aus, dass wir diese Entscheidung als Wollen bezeichnen,[30] bildet diese Kompetenz den letztverbindlich-voluntaristischen Endpunkt rechtlicher Kontrolle, die nun einmal an irgendeiner Stelle aufhören muss. Insofern, also rein beschreibend, mag man dann auch dem Wollen – soweit(!) es rechtliche Anerkennung findet – eine „intrinsische" Qualität zubilligen, da es definitionsgemäß insofern nicht hinterfragt wird. Wohl aber können und müssen wir diese Kompetenzverteilung selbst hinterfragen und möglichst zweckmäßig gestalten.[31] Insbesondere hält das Vertragsrecht keineswegs immer all das für richtig oder relevant, was dem Parteiwillen entspricht.[32]

Diese definitorische Letztverbindlichkeit des Wollens verhindert dann auch, dass dieses Wollen jemals „gebeugt" werden könnte. Entweder hat man die Macht – oder man hat sie nicht. Einen gebeugten Willen gibt es genauso wenig, wie es eine gebeugte Macht gibt. Es verwundert daher auch nicht, wenn es bis heute noch niemand vermocht hat, eine subsumtionsfähige Vorstellung darüber zu präsentieren, wie eine solche Willensbeugung auszusehen hat.[33] Man kann zwar die Reichweite menschlicher Macht und damit auch die des Willens beschneiden, aber soweit sich diese Macht dann erschöpft, sollte man erst gar nicht von einem Willen sprechen.

---

[27] Näher oben § 8 E. III.
[28] Näher oben § 8 B.
[29] Vgl. dazu oben § 2 B. I. 4. sowie unten § 9 B. II. 2.; § 18 B. II. Auch hier geht es natürlich allein um möglichst zweckmäßige Definitionen. Siehe auch oben § 2 E. zu „Rechtsänderungen" oder allgemein zum personell verteilten Denken oben § 8 B.
[30] Näher zu diesem Merkmal gleich unten § 9 B. II. 3.
[31] Näher oben § 8 B. II. Zum klassischen Gegensatz von voluntaristischem und rationalistischem Denken siehe hier nur *Welzel*, Naturrecht, 1951 m.w.N.
[32] Näher unten § 9 C. III.
[33] Näher oben § 4 B. I. 4. b) aa).

3. Aufmerksamkeit

a) Befund

Nicht ausgeschlossen ist es allerdings, für das Wollen mehr als nur eine rein kausale Reichweite zu verlangen – sofern dieses Mehr subsumierbar ist. Analysiert man unseren Sprachgebrauch, so scheinen wir eine bestimmte Art von Kausalität zu verlangen, nämlich eine solche, die über einen recht aufwändigen geistigen Prozess vermittelt wird. Stößt uns der Wind oder eine fremde Person gegen eine Wand, sprechen wir nicht davon, dass wir diese Berührung gewollt hätten. Auch bei reflexhaften Handlungen wie dem Zurückziehen der Hand von einer heißen Herdplatte zögert nicht nur der Jurist, das als gewollt zu bezeichnen. Fragt man sich nun nach der Qualität dieses für ein Wollen verlangten geistigen Aufwands, bietet sich insbesondere die menschliche Aufmerksamkeit an.[34] Wir sprechen typischerweise dann von einem Willen, wenn das, was wir als gewollt bezeichnen, nicht nur unserem Einfluss unterliegt, sondern auch als von uns beeinflussbar wahrgenommen und damit geistig verarbeitet wurde. Das wiederum mag den Schluss nahelegen, dass wir die Einheiten, denen wir die prinzipielle Fähigkeit zum Wollen zuschreiben,[35] nicht zuletzt danach bestimmen, inwieweit sie über solche geistige Fähigkeiten verfügen, wie wir sie dem Wollen für angemessen halten. Derzeit ist das vor allem der Mensch.

Dass dieses Erfordernis einer Aufmerksamkeit den normalsprachlichen Kern des Wollens trifft, lässt sich leicht illustrieren. Wer etwa ausführt, er habe an etwas zwar nicht gedacht, es wohl aber gewollt, wird auf Unverständnis stoßen. Genauso wenig sind wir geneigt, Verstorbenen die Fähigkeit zum Wollen zuzusprechen. Ein Wollen ohne Aufmerksamkeit erscheint uns so sinnvoll wie ein farbloses Rot. Wenngleich es uns die Sprache erlaubt, Begriffe einzugrenzen, zu erweitern oder mit anderen Begriffen zu verknüpfen, gibt es auch Merkmale, bei denen das nicht ohne Weiteres gelingt. Das hier beschriebene Verhältnis von Wille und Aufmerksamkeit gehört dazu. Das schließt allerdings nicht aus, beispielsweise „Rot" als „Grün" und „Grün" als „Rot" zu definieren – man führt hier ja die neugeschaffenen Begriffe wieder auf eine normalsprachliche Basis zurück. Dementsprechend ließe sich ausführen, Wille im Sinne dieser Arbeit sei auch ein rein reflexhaftes oder automatisiertes Verhalten. Doch erscheint das unzweckmäßig. Denn natürlich provoziert es zahllose und vor allem unnötige Irritationen und Missverständnisse, wenn man sich dermaßen vom üblichen Sprachgebrauch löst, dass die eigene Definition

---

[34] Für die psychologische Definition bzw. Erfassung dieses Phänomens siehe die Nachweise oben bei § 8 A. II. 2.
[35] Vgl. oben § 9 B. II. 1. Inwieweit auch hochentwickelte Tiere Aufmerksamkeit kennen, spielt für unsere Erwägungen keine Rolle, vgl. dazu *Motter*, in: Wilson/Keil (Hrsg.), MITECS, 1999, S. 41 m.w.N.

nicht einmal mehr einen bestimmten Ausschnitt der gängigen Bedeutung erfasst. Vor allem aber erweitert man nicht dadurch, dass man den Willensbegriff ausweitet, auch die menschliche Aufmerksamkeit. Begriffe lassen sich verändern, die Faktizitäten menschlichen Denkens nicht.

b) Kreativität

Vielmehr würde mit der Aufmerksamkeit nur ein Aspekt entfernt, der für uns den besonderen Vorzug des Wollens ausmacht und erst den Grund dafür liefert, dass sich namentlich die Willenstheorie bis heute so einflussreich zeigt. Das meint nicht zuletzt die eng mit der Aufmerksamkeit verbundene Fähigkeit des Menschen, angepasst an die jeweilige Situation solche Lösungen zu entwickeln, die neu und einzigartig sind, also nicht im vorgefundenen Ausgangszustand einschließlich kultureller Konventionen angelegt sind. Das schöpferisch-kreative Wollen ist eine faszinierende Emanzipation des Menschen von der bloßen Wahrnehmung und Hinnahme des Bestehenden hin zu einer aktiven, problemorientierten und zielgerichteten Gestaltung seines Umfelds. Der Wille bringt daher auch Unruhe in unser Leben, er kann hin- und her schwanken, sich neu ausrichten und korrigieren. Leider ist die Aufmerksamkeit auch äußerst begrenzt,[36] weshalb wir dieses knappe wie kostbare Gut so klug wie möglich ausreizen müssen.[37]

Blickt man nun auf den rechtlichen Aspekt des Wollens, so ist der Vertrag nichts anderes als ein stark institutionalisiertes und an enge Voraussetzungen geknüpftes Instrument, um gesellschaftlich gebilligte Unruhe in das Recht zu tragen. Verträge dürfen Grenzen sprengen, d.h. den Status Quo überwinden, und sei es nur als Laune zweier Individuen – beim Versprechen[38] gar nur einer einzigen Person. Der Vertrag ist ein kontrollierter Ausbruch aus der sicheren und vereinfachenden, aber dadurch häufig auch zu starren Stabilisierung unserer Umwelt. Nicht um ein bloßes *neminem laedere* geht es, nicht um deliktische Kategorien, nicht um die bloße Festigung vorgefundener Zustände, sondern deren kontrollierte und wertschöpfende Veränderung, um die immer nur schrittweise voranschreitende Anpassung der geltenden Rechtslage.[39] Genauso wie wir in Stabilität und Veränderung denken, ist auch unser Recht strukturiert – und zwar mit dem Vertrag als dem dynamischen und gewissermaßen zerstörerischen, chaotischen, kontingenten, irritierenden Element. Der Vertrag ist nicht bestands-, sondern zielorientiert, und zwar dank des mensch-

---

[36] Näher oben § 8 A. II. 2.
[37] Näher oben § 8.
[38] Diese Arbeit unterscheidet nicht näher zwischen Versprechen und Vertrag, zumal sich auch in der Rechtstheorie keine einheitliche Linie ausmachen lässt, vgl. dazu aber näher unten § 18 C. I.
[39] Näher oben § 2 D. Insofern kann man hier mit *Gerke*, Vertretungsmacht, 1981, S. 31 davon sprechen, dass das Verpflichtungsgeschäft die Obligation durch den reinen Willen gewissermaßen aus dem Nichts erschaffe.

lichen Wollens. Dabei verwundert es nicht, wenn besonders die Vertreter der Willenstheorie dieses dynamische Element betonen, etwa wenn *Flume* den Grund der durch Rechtsgeschäft erschaffenen Rechtsfolge in ihrer schöpferischen Gestaltung sieht[40] oder *Lobinger* den „vermögensaufstockenden" Charakter des Rechtsgeschäfts betont.[41]

c) Benennung

Schließlich sei noch auf einen weiteren, mit der menschlichen Kreativität eng zusammenhängenden Vorteil des Wollens hingewiesen: Indem wir für einen Vertragsinhalt auf einen Willen verweisen können, erfüllt dies eine elementare, bisweilen aber vernachlässigte Anforderung an jeden Grund: Es sollte überhaupt möglich sein, den zu begründenden Vertragsinhalt auszusprechen. Wir müssen das, was als verbindlich ausgewiesen werden soll, jedenfalls identifizieren. Wer beispielsweise allein auf Fahrlässigkeit oder Verantwortung verweist, kann den Vertragsinhalt so nicht einmal benennen.[42] Mit der menschlichen Aufmerksamkeit lassen sich hingegen Vertragsinhalte bestimmen, nur eben nicht erschöpfend. So können wir etwa ein konkretes, raumzeitlich-identifiziertes Auto wollen und zumindest diese Identifikation in unser Bewusstsein aufnehmen.[43]

III. Gegenstand

1. Inhaltsfreiheit

Die bisherige Begriffsbestimmung bietet die nötige feste Grundlage, um sich nunmehr noch weiteren Willensaspekten zu widmen und diesen Begriff stärker in rechtliche Zusammenhänge einzuordnen. Fragt man sich etwa, worauf sich das Wollen alles richten könne, was also dessen möglicher Gegenstand sei, so gilt hier einfach das, was zuvor definiert wurde: Wollen kann man all das, was über die Aufmerksamkeit derjenigen Entität, der wir die Fähigkeit zum Wollen zuschreiben, beeinflusst wird. Weitere Einschränkungen gibt es nicht. Ob nun der Beitrag zu mehr Weltfrieden oder die Verbreitung eigener Gene, ob Erkenntnis oder Reichtum – es wäre gerade für normative Erörterungen wenig hilfreich, bereits den Begriff des Wollens mit persönlichen Vorstellungen darüber zu befrachten, was der Mensch wollen solle. Normalsprachlich ist dies sicher nicht geboten. Angesichts dieser sehr weiten Bandbreite kann man entfernte und nur über viele Zwischenstufen erreichbare

---

[40] *Flume*, FS Deutscher Juristentag, Bd. 1, 1960, S. 135, 150.
[41] *Lobinger*, Verpflichtung, 1999, S. 2, passim.
[42] Näher unten § 10 C. III. 3.; § 10 C. IV. 2.
[43] Wobei damit noch lange nicht sämtliche Eigenschaften dieses Autos gewollt sind, vgl. dazu unten § 9 C. V. 2. c) sowie unten § 7.

Ziele genauso wollen wie das, was eine lange Wirkungskette erst in Gang bringt. Soweit es die begrenzte Aufmerksamkeit erlaubt, können wir unseren Willen auch auf verschiedene Stufen richten, etwa wenn wir einen Apfel essen, um einerseits nicht zu verhungern und andererseits dessen Geschmack zu genießen.

2. Rechtsfolgen

Möchte man Rechtsfolgen in irgendeiner Form auf einen Willen stützen, setzt das voraus, dass man Rechtliches bzw. Rechtsfolgen überhaupt wollen kann. Kann ich wollen, der Eigentümer einer bestimmten Sache oder König von Zamunda zu sein? Und kann es überhaupt den von der Willenstheorie verlangten Rechtsfolgewillen geben? *Binder* bestreitet das. Rechtsfolgen könnten weder verursacht noch bezweckt werden, weder von der Partei noch vom Gesetzgeber. Sie seien dem Willen entrückt. Denn die Rechtsfolge erschöpfe sich in der rein logischen Beziehung von Tatbestand und Gesetz. Ob die Subsumption von irgendjemand tatsächlich vollzogen werde, sei für das Verhältnis von Grund und Folge gleichgültig. Weil die Wissenschaft diese einfache Sachlage verkannt habe, sei auch der ganze Streit zwischen Willens- und Erklärungstheorie[44] sinnlos, die Erklärung sei für den Gesetzgeber zureichender Grund.[45]

Nun kann nicht oft genug betont werden, dass man sich immer erst dann in eine juristische oder philosophische Auseinandersetzung begeben sollte, wenn zunächst die dort verwandten Begrifflichkeiten geklärt wurden. Hierin liegt die so wohltuende, therapeutische Funktion eines sprachanalytisch fundierten Vorgehens, das so manches vermeintliche Mysterium als bloßes Missverständnis entlarvt. Konkret stehen hier mit Recht und Wille zwei Begriffe im Vordergrund, die in dieser Arbeit nicht ohne Grund ausführlich behandelt werden.[46] Hat man sich einmal auf eine klare und für jedermann subsumierbare Bedeutung festgelegt, lassen sich dann auch die hier aufgeworfenen Fragen beantworten: Zunächst ist festzuhalten, dass Recht ein gänzlich reales, kulturelles Phänomen ist, nämlich die erfolgreiche staatliche Durchsetzung eines Zustands oder einer Handlung. Die sogenannte Rechtsfolge beschreibt nichts anderes. Angesichts dieser sehr reduzierten, rein ergebnisorientierten und strikt positivistischen Definition ist für uns zunächst die Frage verzichtbar, wie der Staat im Einzelnen zu seinen Rechtsfolgen kommt – schließlich wollen wir diese Rechtsfolgen erst verallgemeinernd beschreiben.[47] Ebenso befreit es von einigem Ballast, wenn man sich weigert, dem Recht auch nur irgendeinen

---

[44] Näher unten § 10 D. III.
[45] *Binder*, Philosophie des Rechts, 1925, S. 905 f.
[46] Zum hier verwandten Rechtsbegriff siehe oben § 1 B. I.; § 2 B. I.
[47] Näher oben § 1 C.

metaphysischen Charakter zuzusprechen – ganz zu schweigen von den damit herangetragenen, rein persönlichen Gerechtigkeitsvorstellungen.[48]

Kann man vor diesem Hintergrund Recht bzw. Rechtsfolgen wollen? Nun, zunächst ist wie immer zu verlangen, dass der Wollende dieses sehr reale Phänomen „Recht" beeinflussen kann. Dass es dabei erst der Staat sein mag, der diese Macht verleiht und so aus dem bloßen Wünschen ein Wollen macht, steht dem nicht entgegen. Schließlich reicht uns jegliche Kausalität, ganz gleich, ob durch Naturphänomene oder das kollektive Handeln anderer Menschen vermittelt.[49] Nur darf man nicht glauben, allein deshalb die an den menschlichen Willen anknüpfende Rechtsfolge überzeugend begründet zu haben. Denn die vertragstheoretisch wirklich spannende Frage ist natürlich, ob und unter welchen Voraussetzungen der Staat gut beraten ist, dem Parteiwunsch nach einem bestimmten Rechtszustand zu entsprechen und damit aus dem Wunsch ein Wollen zu machen. Insofern – aber eben auch nur insofern – ist die Kritik nicht nur *Binders* an der Vorstellung berechtigt, die Vertragsparteien könnten ganz allein vertragliche Rechtsfolgen „bewirken".[50] Wohl aber gelingt das dem Einzelnen mit Hilfe des Staates und resultiert der Vertragsinhalt damit zumindest auch aus den Parteivorstellungen. Anders formuliert liefert diese Vorstellung oft einen überzeugenden Grund, das Gewünschte zum rechtlich verbindlichen Vertragsinhalt zu machen.[51]

Wie immer[52] setzt das Wollen allerdings auch für Rechtsfolgen voraus, dass sich die menschliche Aufmerksamkeit darauf erstreckt. Wer Eigentümer eines Grundstücks sein will, wird nicht alle Facetten bedenken, die dieses Eigentum ausmachen.[53] So mag sich die Vorstellung auf die räumliche Identifikation des Grundstücks sowie einiger typischer Vorteile von Eigentum beschränken. Und stellt unser glücklicher König in Fall 175 später fest, dass er wie jeder König Zamundas nach 10 Jahren den Göttern geopfert wird, mag man ihm alles Mögliche vorhalten, aber sicher nicht, dass er das doch gewollt habe.[54]

3. Ausblick

Da sich der Wille auf unterschiedliche Gegenstände richten kann, gibt es dementsprechend auch verschiedene Möglichkeiten, ihn rechtlich zu berücksichtigen. Diese werden nun untersucht, wobei es immer auch um zwei Fragen geht. Erstens: Wie weit ist der jeweils zu Grunde gelegte Wille tatsächlich existent, überhaupt real feststellbar? Und zweitens: Lassen sich die täglich durchgesetz-

---

[48] Näher oben § 2 B. I. 1. sowie unten § 19 G. III.
[49] Vgl. oben § 9 B. II. 2.
[50] Siehe dazu auch unten bei Fn. 109, 111.
[51] Näher oben § 8 E. II. 2.
[52] Vgl. oben § 9 B. II. 3.
[53] Zu diesen Facetten siehe oben § 2 C. III.
[54] Näher unten § 9 C. V. 2. c) sowie § 16 A. II.

ten Vertragsinhalte auf eben dieses Wollen stützen? Zunächst wird dabei mit der sehr traditionsreichen und entsprechend viel diskutierten Willenstheorie begonnen. Während diese grundsätzlich auf den sogenannten Selbstbindungswillen setzt,[55] weichen viele Vertreter zumindest bisweilen auch auf die Einwilligung als einem zwar verwandten, aber keineswegs identischen Gesichtspunkt aus.[56] Während sich Wille bzw. Einwilligung nach der Willenstheorie auf den Vertragsinhalt erstrecken müssen, kann man natürlich auch ganz andere Dinge wollen, namentlich bestimmte Ziele. Diese sieht die Grundfolgentheorie als vorrangig an, während ihr die Vereinbarungen über den Vertragsinhalt zwar ein bedeutsames Indiz für diese Zielverwirklichung sind, jedoch diesen Zielen untergeordnet bleiben.[57] Schließlich wird aus Sicht des Rechtfertigungsprinzips darzulegen sein, wie genau unser Vertragsrecht Parteivorstellungen berücksichtigt.[58] Dabei wird bemängelt werden, dass die klassische Vertragstheorie ausgerechnet denjenigen Willen vernachlässigt, der vielleicht zu offensichtlich ist, um dogmatisch zu interessieren – nämlich den des Versprechensadressaten.[59] Bei der Erklärung wird dann mit dem Handlungswillen noch ein weiteres Wollen zu untersuchen sein.[60] Das liegt daran, dass sehr viele Erklärungstheorien lediglich diesen Handlungswillen verlangen und sich damit die gesamte Diskussion auf Gesichtspunkte verlagert, die mit dem hier interessierenden Wollen nur noch wenig gemein haben. Schließlich sei noch darauf hingewiesen, dass sich nahezu sämtliche Vertragstheorien allein auf das Verhalten der Vertragsparteien bei Vertragsschluss fixieren, was der Vertragsrechtsrealität nicht entspricht. Vielmehr müssen wir schon wegen unserer begrenzten Aufmerksamkeit versuchen, den so kostbaren menschlichen Willen dadurch auszureizen, dass wir auch das Wollen anderer Personen und anderer Zeitpunkte berücksichtigen. Das wurde bereits früher behandelt.[61]

---

[55] Näher unten § 9 C. I.
[56] Näher unten § 9 C. II.
[57] Näher unten § 9 D.
[58] Unten § 9 E.
[59] Unten § 9 E. II.
[60] Unten § 10 A. IV.
[61] Oben § 8.

C. Willenstheorie

I. Selbstbindungswille

1. Grundidee

a) Verankerung

Nach der Willenstheorie vollstreckt der Staat Vertragsinhalte, weil die eigene Bindung daran bei Vertragsschluss gewollt war. Diese Idee eines Selbstbindungswillens hat eine lange Tradition und wurde spätestens von der spanischen Spätscholastik ausdrücklich formuliert,[62] so dass ihn Naturrechtler aufgreifen[63] und er sich schließlich in Europa und über Europa hinaus verbreiten konnte. Zur eigentlichen Willenstheorie umfassend wissenschaftlich ausgearbeitet wurde dieser Ansatz in der Pandektistik des 19. Jahrhunderts.[64] Nicht nur im stark willenstheoretisch geprägten deutschen Bürgerlichen Gesetzbuch finden sich nachhaltige Spuren.[65] Ausweislich des Art. 2:101 Abs. 1 der *Principles of European Contract Law* (PECL) oder Art. II. – 1:101 des *Draft Common Frame of Reference* (DCFR) soll diese Vorstellung sogar zu den Grundfesten des gemeinsamen europäischen Privatrechts gehören.[66]

In der Sache argumentiert *Grotius*, es sei nicht einzusehen, weshalb der Wille des Einzelnen, der sich ernstlich verpflichten will, das nicht auch vermögen solle. Nichts sei natürlicher, als den Willen des Eigentümers zu beachten.[67] Für *Savigny* ist Grundlage jeder Willenserklärung das Dasein des Wollens.[68] *Flume* formuliert eingängig, die willentliche Entscheidung gelte, weil sie gewollt sei und der Wille des Einzelnen als solcher respektiert werde. Der Idee und ihrem Wesen nach sei das Rechtsgeschäft die bewusste Rechtsgestaltung gemäß dem Willen. Die privatautonome Gestaltung bedürfe, soweit sie vom Recht anerkannt werde, keiner anderen Rechtfertigung, als dass der Ein-

---

[62] Zur Bedeutung der Scholastik für unser Vertragsrecht siehe die Nachweise oben in § 2 Fn. 110.

[63] Stellv. *Grotius*, Drei Bücher, 1625/1950, S. 235 ff. (Buch II, Kap. 11), 289 (Buch II, Kap. 16 I 1); *Pufendorf*, Acht Bücher, 1672/1711, S. 636 ff. (Buch III, ab Kap. 4) wobei *Grotius* den Parteiwillen noch als Indiz für die Verwirklichung substanzieller Vertragsgerechtigkeit einordnete.

[64] Stellv. *Savigny*, System, Bd. 3, 1840, S. 98 ff., 237 ff., passim; *Zitelmann*, Irrtum, 1879, S. 373 ff.; *Enneccerus*, Rechtsgeschäft, 1889, S. 140 f.; *Windscheid*, Lehrbuch, Bd. 1, 7. Aufl. 1891. Aus jüngerer Zeit siehe nur *Flume*, FS Deutscher Juristentag, Bd. 1, 1960, S. 135, 141 oder *Lobinger*, Verpflichtung, 1999, S. 1, 93 ff., passim.

[65] Vgl. hier nur §§ 116 S. 2, 117 ff. BGB sowie die unten bei Fn. 171 zitierte Passage.

[66] Vgl. *Bar/Zimmermann* (Hrsg.), Grundregeln des Europäischen Vertragsrechts: Teile I und II, 2002, Art. 2:101 Abs. 1; *Bar/Clive* (Hrsg.), Principles, Definitions and Model Rules of European Private Law, 2009, Art. II. – 1:101.

[67] *Grotius*, Drei Bücher, 1625/1950, S. 235 (Buch II, Kap. 11, I. 3.), 236 (Buch II, Kap. 11, I. 4.).

[68] *Savigny*, System, Bd. 3, 1840, S. 237 (§ 130), passim.

zelne sie will. Anerkennung der Privatautonomie heiße Anerkennung des Satzes: *stat pro ratione voluntas*.[69] Dabei findet sich diese Einschätzung meistens unabhängig davon, ob man gedanklich eher vom Versprechen oder vom Vertrag ausgeht.[70]

b) Tatbestand

Im Ergebnis lässt sich die Willenstheorie damit wie folgt charakterisieren: Erstens ist der Wille entscheidend, selbst gebunden zu sein. Wille meint hier den Willen des Versprechenden, nicht etwa den des Versprechensadressaten. Zweitens wird dieser Selbstbindungswille als notwendiger, aber auch hinreichender Grund[71] für die Vertragsgeltung angesehen, er gilt intrinsisch und nicht lediglich als Instrument oder Indiz für die Verwirklichung anderer Gesichtspunkte.[72] Hieraus folgt drittens, dass jede einzelne vertragliche Rechtsfolge von diesem Selbstbindungswillen umfasst sein muss. Der Wille muss den genauen Vertragsinhalt und nicht nur die Erklärungshandlung umfassen. Es wird der Wille erklärt, dass eine konkrete rechtliche Wirkung eintreten soll. Der Wille ist final auf Rechtsfolgen gerichtet, die nach diesem Willen gestaltet werden. Es geht um den Rechtsfolgewillen, der in Abgrenzung zum Handlungswillen, der lediglich die Erklärung als solche (etwa das Unterschreiben eines Schriftstücks) umfasst, oft Geschäftswille genannt wird.[73] Beides klar zu unterscheiden, vermeidet zahlreiche dogmatische Missverständnisse[74] und ist das Verdienst einmal mehr *Schlossmanns*: Derjenige Wille, den die herrschende Lehre (die Willenstheorie) meine, habe die künftige Realisierung eines Gewollten und damit einen konkreten rechtlichen Erfolg im Auge. Dieser Wille sei völlig verschieden von dem in der Handlung selbst liegenden Willen, etwa die beim Kauf üblichen Worte zu sprechen oder zu schreiben.[75] Ähnlich unterscheidet *Kohler* erstens den auf die Rechtsfolgen gerichteten Willen, zweitens den auf den Geisteseffekt gerichteten Willen sowie drittens den auf die äußeren Kom-

---

[69] Näher unten § 9 C. III.
[70] Näher zu dieser Unterscheidung unten § 18 C. I. (dort insb. Fn. 106).
[71] Wie bereits *Schlossmann*, Der Vertrag, 1876, S. 88 richtig betont, ist die Rede von einem zureichenden Grund sehr viel besser als die früher populäre, aber rein gegenständliche Formulierung, wonach der Wille die Obligation „erzeuge". Allgemein zu dieser Problematik unten bei Fn. 109, 111.
[72] Näher dazu unten § 9 C. III.
[73] Vgl. stellv. *Savigny*, System, Bd. 3, 1840, S. 98 ff., 237 ff., passim; *Zitelmann*, Irrtum, 1879, S. 241; *Flume*, FS Deutscher Juristentag, Bd. 1, 1960, S. 135, 149; *Flume*, AcP 161 (1962), 52, 53, 58, 65; *Lobinger*, Verpflichtung, 1999, S. 89 ff. sowie die nachfolgend zitierten Stimmen. Im BGB drückt sich das besonders deutlich in § 119 Abs. 1 BGB aus.
[74] Siehe etwa für Allgemeine Geschäftsbedingungen unten § 14 B. I. oder für staatlich gesetzte Vertragsinhalte unten § 16 A. II. sowie übergreifend unten § 9 C. V. 2. c).
[75] *Schlossmann*, Der Vertrag, 1876, S. 135 f.; *Schlossmann*, Grünhuts Zeitschrift 7 (1880), 543, 556.

munikationszeichen gerichteten Willen.⁷⁶ Kurz danach entwickelte *Zitelmann* seinerseits die bis heute geläufige Unterscheidung von Handlungs- und Geschäftswille.⁷⁷ Oder um mit *Ehrenzweig* zu sprechen: „Das folgenschwere ‚Ja‘, das die Brautleute vor dem Altar sprechen, gibt doch noch einem anderen Willen Ausdruck als dem Willen, ‚ja‘ zu sagen."⁷⁸ Viertens kommt allein ein real existierender, psychologischer Wille in Betracht, da nur dieser subsumierbar ist und diejenigen Vorzüge verspricht, welche nicht nur die Vertreter der Willenstheorie am Willen schätzen.⁷⁹ Fünftens vollzieht sich für die Willenstheorie der Vertragsschluss bzw. das Versprechen in einem denkbar kurzen Zeitpunkt, ja gewissermaßen einer logischen Sekunde – etwa beim typischen Handschlag oder dem Zerbrechen eines Strohhalms.⁸⁰ Schließlich sei noch darauf hingewiesen, dass die Interessen des Versprechensadressaten ohne Widerspruch zur Willenstheorie dadurch berücksichtigt werden können, dass diesem gegebenenfalls ein Anspruch auf das negative Interesse zugesprochen wird.⁸¹ Zwar ist dieser Gedanke von der Willenstheorie trennbar, vermeidet aber viele sonst untragbare Ergebnisse und sollte daher bei einer möglichst fairen Würdigung berücksichtigt werden. Ebenso sei darauf hingewiesen, dass die vorstehende Charakterisierung wiederum weitestgehend unabhängig davon ist, ob man gedanklich vom Versprechen oder vom Vertrag ausgeht.⁸²

c) Bedeutung

Es kann wenig Zweifel daran bestehen, dass die Willenstheorie bis heute einen enormen, gleichermaßen geistigen wie rechtspraktischen Einfluss dies- wie jenseits des europäischen Kontinents entfaltet. Kaum eine Darstellung, selbst wenn nicht von einem Anhänger der Willenstheorie geschrieben, kann ernsthaft darauf verzichten, die Bedeutung zumindest auch des Parteiwillens zu betonen. So lesen wir sogar bei *Larenz*, dass die Rechtsfolge in erster Linie deshalb eintrete, weil derjenige, der das Rechtsgeschäft vornimmt, die Rechtsfolge gerade durch die Vornahme des Rechtsgeschäfts herbeiführen wolle.⁸³

---

⁷⁶ *Kohler*, JhJb 16 (1878), 325, 335 f. Zu dessen Konsequenzen hieraus siehe unten § 10 A. IV.
⁷⁷ *Zitelmann*, Irrtum, 1879, S. 241, der es leider versäumt, *Schlossmann*, *Kohler* oder auch *Schall*, Parteiwille, 1877, S. 16 zu zitieren. Das führt dazu, dass keineswegs nur *Singer*, Selbstbestimmung, 1995, S. 207 *Zitelmann* als den „Urvater" der Zweiteilung von Geschäftswille und Motiv bezeichnet.
⁷⁸ *Ehrenzweig*, Rechtsgrund, 1889, S. 25, 28 f.
⁷⁹ Näher oben § 9 B. II. 3.; unten § 9 C. I. 1. d) sowie zu den zahlreichen Ausweichversuchen unten § 9 C. V.
⁸⁰ Kritisch dazu oben § 8 C.
⁸¹ Näher unten § 9 C. V. 1.
⁸² Näher zu dieser Unterscheidung unten § 18 C. I. (dort insb. Fn. 106).
⁸³ *Larenz*, Allgemeiner Teil, 7. Aufl. 1989, S. 314 f., der aber auch ganz anders zu argumentieren weiß, vgl. unten § 9 C. V. 2. e) aa); § 10 A. V. *Larenz/Wolf*, Allgemeiner Teil, 9. Aufl. 2004, S. 394 (§ 22 Rn. 3), 435 (§ 24 I.), der stärker vom Vertrauen her argumentiert,

Aber auch wenn man diesen Gedanken durchweg ablehnt, lassen sich ohne ein Verständnis der Willenstheorie viele Diskussionen überhaupt nicht nachvollziehen – etwa um die Mentalreservation, den faktischen Vertrag oder die Irrtumsanfechtung. Zudem wurden viele Alternativen wie die Grundfolgen- oder die Erklärungstheorie in Auseinandersetzung mit der Willenstheorie entwickelt oder zumindest präzisiert. Dabei taucht der so verpönte Wille oft unversehens wieder auf, etwa wenn danach gefragt wird, was genau erklärt bzw. worauf denn vertraut werde.[84] Auch diese Arbeit ist stark willenstheoretisch beeinflusst, was sich nicht nur in deren Überlegungen zum Willen oder dem stark betonten Subsidiaritätsgedanken niederschlägt,[85] sondern auch in der gesamten Gliederung dieser Arbeit.

d) Vorzüge

Dabei ist dieser starke Einfluss verdient, finden wir eine in vielerlei Hinsicht bewundernswerte Theorie vor. Die Willenstheorie ist verständlich, einfach subsumierbar und dogmatisch ausgereift. Nur ein einziges Tatbestandsmerkmal, nämlich die gewollte Bindung an eine bestimmte Rechtsfolge, soll das Vertragsrechts erklären. Dabei ist es vor allem das große Verdienst der Willenstheorie, klar erkannt, vielfältig dokumentiert und lautstark eingefordert zu haben, dass vorrangig nicht der Staat, sondern die Vertragsparteien über Ob und Inhalt eines Vertrags entscheiden sollten.[86] Wenn auch diese Arbeit nicht müde wird, vor allem den Subsidiaritätsgedanken zu bemühen, der sich auf die Qualität, Individualität und Kreativität des privaten menschlichen Wollens stützt, ist diese Einsicht genauso der Willenstheorie zu verdanken wie die damit verbundene Liberalität unseres Vertragsrechts. Kurzum: Man mag zwar an der Überzeugungskraft speziell der Willenstheorie zweifeln, nicht ernsthaft bestreiten lässt sich aber die vertragstheoretische Bedeutung des menschlichen Willens.

Die Willenstheoretiker sind sich dieser Vorzüge wohl bewusst, etwa wenn *Enneccerus* ausführt: „Indem das Recht den Willen der Geschäftssubjekte als entscheidend betrachtet, verlegt es nur die Beurteilung der Frage, was ihm frommt, was zu seinen ganzen Lebensverhältnissen passt, was sein Bedürfnis erfordert, seinen Erwerb begünstigt, sein Pflichtgefühl erheischt, seine Liebe zu Andern verlangt, sein Streben nach Lebensfreude ihn wünschen lässt, und sein Vermögensstand erlaubt, in seine eigene Person, in sein Erwägen und Urteilen, welche dem Wollen vorausgehen."[87] Dabei wird zu Recht betont, dass

---

behält diese Formulierung weitestgehend bei. Die Eigenart des Rechtsgeschäfts bestehe darin, dass der Wille die Rechtsfolge hervorbringt.

[84] Näher unten § 11 E. II. 4.; § 10 B. I.
[85] Näher unten § 8 E. II. 2.
[86] Näher unten § 8 E. II. 2.
[87] *Enneccerus*, Rechtsgeschäft, 1889, S. 78.

es das Wollen der einzelnen Rechtsfolgen und nicht bloß die willentliche Erklärungshandlung ist, die diese Liberalität verbürgt.[88] Das Willenserfordernis sichert die menschliche Selbstbestimmung gegenüber hoheitlicher Anordnung,[89] und es war nicht ohne Grund auch die liberale Gesellschafts- und Staatsauffassung des auslaufenden 19. Jahrhunderts, die hinter dem stark willenstheoretisch geprägten deutschen Bürgerlichen Gesetzbuch stand.[90] Eine ganz andere Frage ist allerdings, ob man den menschlichen Willen ausgerechnet dadurch berücksichtigen muss, dass man auf den Selbstbindungswillen verweist, der dazu noch ausschließlich relevant sein soll. So begrüßenswert, ja wissenschaftlich unabdingbar diese klare Fokussierung und Festlegung ist, bietet sie auch Angriffsfläche. Konkret, verständlich und verbindlich zu argumentieren, macht immer auch verletzbar – und das soll der Willenstheorie nunmehr all ihren Errungenschaften zum Trotz zum Verhängnis gemacht werden. Wie jedes theoretische Konzept muss sich auch die Willenstheorie dabei vor allem ihre Subsumtion und damit die Frage gefallen lassen, ob sich bei einem typischen Vertragsschluss ein solcher Selbstbindungswille feststellen lässt. Darüber hinaus wird aber auch nicht jeder einsehen, dass ein solcher Selbstbindungswille, läge er denn vor, eine Vertragsbindung rechtfertigt.

2. Nichtexistenz

Da der Selbstbindungswille nichts anderes ist als ein Tatbestandsmerkmal, sollte er sich auch finden lassen. Das erscheint mehr als fraglich. Wer möchte schon gebunden sein? Wie *Schlossmann* bissig kommentiert, kann einen solchen höchst merkwürdigen Wunsch nur hegen, „... der von sich nicht ganz sicher ist, dass er später noch Gerechtigkeitssinn genug in sich haben werde, sein Versprechen auch zu erfüllen, und der deshalb ein äußeres Mittel zum Schutz gegen die eigene Schwäche wünschte."[91] Nun ist zwar den meisten Menschen bewusst, dass es im Leben wenig umsonst gibt. Wer ein Brötchen bestellt, weiß genau, dass er dafür einen Preis zu zahlen hat und nimmt die ihn

---

[88] Vgl. die Nachweise in Fn. 73.
[89] Das wird nicht nur von Vertretern der Willenstheorie so gesehen, vgl. etwa *Bydlinski*, Privatautonomie, 1967, S. 69 f.; *Esser*, AcP 157 (1958/1959), 86, 93 oder *Wolf*, Entscheidungsfreiheit, 1970, S. 23.
[90] Stellv. *Raiser*, FS Deutscher Juristentag, Bd. 1, 1960, S. 101, 116; *Wieacker*, Sozialmodell, 1953. Zur Kritik vgl. nur *Gierke*, Soziale Aufgabe, 1889; *Menger*, Bürgerliche Recht, 5. Aufl. 1927 (1. Aufl. 1890). Zur Liberalität eines Vertragsrechts vgl. auch unten § 19 B.
[91] *Schlossmann*, Der Vertrag, 1876, S. 137. Vgl. etwa auch *Bassenge*, Das Versprechen, 1930, S. 14: „... scheint mir kein Zweifel daran möglich, dass ich im Versprechen nicht nur nicht mich verpflichten will, nicht mich zu verpflichten wünsche, nicht mich verpflichten zu wünschen erkläre, sondern auch nicht bezwecke, mich zu verpflichten. Höchstens ein ‚dolus eventualis' kann auf die Pflicht gerichtet sein."

treffende Verpflichtung wissentlich in Kauf.[92] Doch wäre ein realer Käufer sicher überrascht, sagte man ihm, dass er nur und gerade deshalb zahlen müsse, weil er doch habe zahlen bzw. hierzu verpflichtet sein wollen. Wollte er doch nur die Semmel (bzw. den Anspruch auf diese), der Verkäufer hingegen sein Geld (bzw. den Anspruch auf dieses). Die Motivationslage ist also genau entgegengesetzt. Dieser Befund lässt sich noch auf die Spitze treiben: Sogar bei einer schlichten Schenkung[93] will sich der Schenkende selten binden, wohl aber dem Beschenkten einen Anspruch gegen sich selbst einräumen, was natürlich ohne die eigene Bindung nicht geht, die er deshalb in Kauf nimmt. Wäre es ihm demgegenüber möglich, dem anderen einen Anspruch zu geben, ohne dass er selbst gebunden ist, würde er das sofort tun.

So banal dieser Einwand eines fehlenden Selbstbindungswillens ist, so schwer kann man ihm begegnen. Schon deshalb ist hier die Versuchung groß, ihn als spitzfindig, kleingeistig, nebensächlich oder neunmalklug abzutun. Doch wird noch zu illustrieren sein, dass es gerade der bisweilen äußerst großzügige Umgang mit elementaren Begrifflichkeiten wie Wille oder Einwilligung ist, der dogmatisch tragfähige Lösungen verhindert.[94] Meistens wird auf das Problem überhaupt nicht eingegangen. Noch am ehesten finden sich kurze Bemerkungen zum insbesondere von der Grundfolgentheorie formulierten Einwand, wonach es den Parteien gar nicht um Rechtsfolgen, sondern um wirtschaftliche Zwecke gehe.[95] So bemerkt *Flume* durchaus zutreffend, dass wenngleich der Erklärende natürlich auch bestimmte Zwecke verfolge, nicht diese, sondern Rechtsfolgen Inhalt des Rechtsgeschäfts seien.[96] Ähnlich führt *Larenz* aus, dass wer eine Sache kaufe, um des mit ihr erstrebten Zwecks auch die damit verbundenen Rechtsfolgen wolle.[97] Nicht erläutert wird allerdings, warum nicht der Wille des Käufers, auch und gerade soweit er die Rechtsfolgen des Vertrags betrifft, auf den Erhalt der Ware statt den Verlust von Geld geht, während die als unangenehm empfundenen Rechtsfolgen keineswegs gewollt, sondern nur als notwendiges Übel in Kauf genommen werden.[98] Auch wenn man sich auf den „Gegenstand des Sollens" als Inhalt der Willenserklärung konzentriert, will ein Brötchenkäufer nicht seine eigene Bindung (in Geltung setzen[99]), sondern die des Verkäufers. Kommt er doch so an das geliebte

---

[92] Näher unten § 9 C. II.
[93] Näher oben § 3 B. II.
[94] Unten § 9 E.
[95] Näher unten § 9 D.
[96] *Flume*, Allgemeiner Teil, Bd. 2, 4. Aufl. 1992, S. 52. Näher dazu wiederum unten § 9 D. I.
[97] *Larenz*, Allgemeiner Teil, 7. Aufl. 1989, S. 314 f. Vgl. dazu aber auch unten § 9 C. V. 2. c) aa).
[98] Näher unten § 9 C. II. 2.
[99] Näher zu einzelnen Varianten der sogenannten Geltungstheorie unten § 10 A. V.

Brötchen, durch die eigene Bindung hingegen nur zur ungeliebten Zahlungspflicht.

Eine Auslegung hilft jedenfalls dann nicht weiter, wenn sie sich auf den Willen der Vertragsparteien konzentriert. Denn auch und gerade bei verständiger Würdigung weiß jeder, dass niemand gerne rechtlich gebunden ist. Man mag hier den Fall betrachten, dass die Parteien offen und ehrlich über ihr Wollen reden (und das gegebenenfalls prozessual so zugestehen). Sagt unser Brötchenkäufer: „Ich will zwar nicht zahlen, nehme es aber wissentlich der erwünschten Brötchen wegen in Kauf", so muss das Gericht erst gefunden werden, das hier einen Vertrag scheitern lässt.[100] Natürlich kann man die unangenehme Tatsache des nichtexistenten Selbstbindungswillens „normativ" korrigieren.[101] *Flume* etwa führt hier – für einen Willenstheoretiker überraschend – aus, der rechtsgeschäftliche Wille sei „... nicht die Komplexität des Willens als eines psychologischen Faktums, sondern der Wille, soweit er zu dem durch die Rechtsordnung bestimmten Tatbestand des Rechtsgeschäfts gehört."[102] Doch was es sonst, wenn nicht der Rechtsfolgenwille im Sinne eines real existierenden „psychologischen Faktums" sein soll, das den Vertragsinhalt bestimmt, und warum dann nicht auch sonst auf einen tatsächlichen Willen verzichtet werden kann, erfährt der Leser leider nicht. Natürlich kann man zur Bestimmung des Vertragsinhalts ganz andere Wertungen als das Wollen der Rechtsfolge einbringen,[103] doch sind diese dann – einschließlich des dazugehörigen Tatbestands – offenzulegen, um diese Vorstellungen genauso streng würdigen zu können, wie es hier mit dem Selbstbindungswillen getan wird.

3. Irrelevanz

a) Bindungsunfähigkeit

So realitätsfremd es ist, den Vertragsparteien einen Selbstbindungswillen zu unterstellen, so fragwürdig erscheint es, darin einen tauglichen Grund dafür zu sehen, das so Gewollte staatlicherseits zu vollstrecken. So bleibt bereits offen, wie sich der Wille denn bindet – mit Uhu oder Pattex?[104] Und wie soll man Fall für Fall subsumieren, ob dieser magische Klebstoff seine Wirkung entfal-

---

[100] Vgl. auch zum „faktischen Vertrag" unten § 12 A. II. sowie zur Mentalreservation unten § 17 F. I.
[101] Hierzu gehört es auch, wenn nach *Hönn*, Kompensation, 1982, S. 36 f. jeder Vertragsschließende zumindest stillschweigend erkläre, sich binden zu wollen.
[102] *Flume*, Allgemeiner Teil, Bd. 2, 4. Aufl. 1992, S. 52. Näher zur eher unter den Gegnern der Willenstheorie verbreiteten Kritik an einer psychologischen Betrachtungsweise unten § 9 C. V. 2. e) aa); § 9 C. V. 2. b) bb).
[103] Näher unten § 9 C. V. 5.
[104] Näher zu den Tücken eines bildlich-gegenständlichen Denkens gleich bei Fn. 109, 111.

tet oder aber nicht? In Wahrheit kann ein Wille nicht binden, sondern nur eins: wollen. Wollen ist ein Zustand, die Rede von der Bindungswirkung eine bloße Redefigur.[105] Dabei hilft es auch nicht, auf andere Begrifflichkeiten wie die einer (Geltungs-) Anordnung oder eines selbst gegebenen Gesetzes auszuweichen. Denn niemand kann sich selbst befehlen,[106] schon gar nicht der Wille, zumal ein solcher Befehl erst einmal verbindlich sein müsste. Tatsächlich sucht man vergeblich nach tragfähigen Begründungen. Nach *Enneccerus* soll uns die Selbstbeobachtung zur gesuchten Einsicht führen. Wer leugne, dass der einmal gefasste Entschluss eine gewisse bindende Kraft habe, der beweise nur den Glauben an seine eigene Willensschwäche.[107]

Letztlich ist die Vorstellung, wonach sich der Wille selbst binden könne, eines der vielen Überbleibsel eines gegenständlich-naturalistischen Denkens, das sich nicht nur im 19. Jahrhundert findet.[108] In dieser Vorstellungswelt kann der Wille in der „Rechtswelt" Normen und Rechtsverhältnisse „setzen" bzw. „bewirken".[109] Nach *Zitelmann* etwa mag zwar die bei Erklärungsabgabe vorhandene Absicht schwinden, doch dauere deren Wirkung fort, auch wenn die Ursache später fortgefallen sei.[110] Problematisch werden solche Argumentationsmuster immer dann, wenn sie nicht nur anschaulich illustrieren,

---

[105] Stellv. *Liebe*, Stipulation, 1840, S. 76; *Wolf*, Entscheidungsfreiheit, 1970, S. 25 f. Fn. 74.

[106] Zutr. *Schlossmann*, Grünhuts Zeitschrift 7 (1880), 543, 568, vgl. auch *Ehrenzweig*, Rechtsgrund, 1889, S. 11. Zu einem ähnlichen Problem der Übertragungstheorie („Übergang" einer „Verpflichtung gegen sich selbst") vgl. unten § 9 C. V. 3. a).

[107] *Enneccerus*, Rechtsgeschäft, 1889, S. 14 f.

[108] Siehe zu diesem Phänomen etwa auch oben § 2 C. III. 3.; § 2 E. II. 4.

[109] Vgl. auch oben § 2 E. II. 4. Oder auch „verschwinden", aber in der „Wirkung" noch vorhanden sein, so *Zitelmann*, JhJb 16 (1878), 357, 391, vgl. dort auch S. 372: „Wir denken die Rechte als in der Rechtswelt existierende Substanzen, die für die Rechtswelt ebenso real sind wie die Körper für die natürliche Welt" oder S. 384: „... weil er [*Schlossmann*] nicht sieht, dass z.B. das ‚Obligiertsein' für die Rechtswelt und in der Rechtswelt ein ebenso wirklicher Erfolg ist, wie etwa das Totsein des Gemordeten in der natürlichen Welt ..." oder *Zitelmann*, Irrtum, 1879, S. 211 ff. sowie statt vieler *Savigny*, System, Bd. 3, 1840, S. 3; *Pernice*, Grünhuts Zeitschrift 7 (1880), 465, 497; *Enneccerus*, Rechtsgeschäft, 1889, S. 159; Zu *Windscheid* siehe nur *Binder*, Philosophie des Rechts, 1925, S. 903 f. (dort Fn. 26). Entgegen *Hofer*, Freiheit ohne Grenzen?, 2001, S. 186 war die Annahme, der Wille allein bewirke die Rechtsfolge, also durchaus verbreitet, und sie ist es leider bis heute. Tatsächlich lassen sich viele damals äußerst intensiv geführte Diskussionen gar nicht anders nachvollziehen, etwa – um hier nur ein weiteres Beispiel zu nennen – wenn *Enneccerus*, Rechtsgeschäft, 1889 eine ganze Monographie über „Begriff und Wirkung" des befristeten Geschäfts insbesondere der Frage widmet, wie denn der Wille aufschiebend, also mit Zeitverzögerung, wirken könne (was also mit diesem Willen in der Zwischenzeit „passiert" etc.). Vgl. nur dort auf S. 2: „'Kann nach römischem Recht die Wirkung von dem Abschluss temporär getrennt sein und wie ist das Rechtsverhältnis in der (wirklichen oder vermeintlichen) Zwischenzeit aufzufassen?'"

[110] *Zitelmann*, JhJb 16 (1878), 357, 391 f.

d.h. begründen sollen.[111] Das zeigt auch die noch zu diskutierende Übertragungstheorie.[112]

b) Vorläufigkeit

Nicht weniger fraglich als die vermeintliche Fähigkeit des Willens, sich selbst zu binden, ist die These, dass diese Bindung unwiderruflich sei. So hat der Wille als bloßer Zustand die unangenehme Eigenschaft, schwankend wie ein Rohr im Winde zu sein. Heute ist er so, morgen ganz anders, denn seinen Willen kann jeder ändern.[113] Dass der Wille auf etwas gerichtet war, was anderen vorteilhaft ist, ändert daran nichts.[114] Wenn aber allein der Wille des Betroffenen maßgeblich sein soll, wenn es allein darum geht, dessen Willen zu verwirklichen, warum darf dieser nicht seinen Willen jederzeit ändern? Wenn nur der eigene Wille „bindet", warum soll dieser Wille eine Bindung nicht wieder lösen können bzw. dürfen? Warum soll diese Zauberkunst bei der Bindung glücken, bei der Befreiung hingegen versagen? Wieso können die Geister nur gerufen, nicht aber verbannt werden? Warum muss eine Person, die einmal ein bestimmtes seelisches Erlebnis hatte, dieses seelische Erlebnis später genauso haben?[115] Keineswegs lässt sich auch immer behaupten, dass eine Willensänderung zu tadeln wäre,[116] vielmehr wird der korrigierte Wille häufig informierter sein. Warum zählt also nicht das Hier und Heute, sondern die logische Sekunde des Vertragsschlusses in der Vergangenheit?[117]

---

[111] Vgl. speziell zum Versprechen *Liebe*, Stipulation, 1840, S. 76 („nichts als eine Redefigur"); *Hippel*, Privatautonomie, 1936, S. 89 (dort Fn. 25: juristischer „Mystizismus"); *Bydlinski*, Privatautonomie, 1967, S. 69 („Bild ohne jeden Argumentationswert") sowie zur generellen, heute weithin anerkannten Problematik grundlegend *Schlossmann*, Der Vertrag, 1876, S. 141 ff., 247 ff., 268, 270 ff., 280, 338, passim; *Schlossmann*, Grünhuts Zeitschrift 7 (1880), 543, 546 ff. sowie *Schuppe*, Gruchots Beiträge 34 (1890), 801; *Hölder*, Pandekten, 1891, S. 172 ff.; *Binder*, Philosophie des Rechts, 1925, S. 902 ff. („barer Unsinn"); *Kipp*, FS Martitz, 1911, S. 211, 220 ff.; *Fischer*, AcP 117 (1919), 143, 155 ff.; *Bassenge*, Das Versprechen, 1930, S. 74 f. (dort Fn. 126); *Esser*, Rechtsfiktionen, 1940, S. 132 ff., 154 ff., 171 ff., 203 ff., passim.

[112] Unten § 9 C. V. 3. a).

[113] *Hofmann*, Entstehungsgründe, 1874, S. 65, 101.

[114] *Liebe*, Stipulation, 1840, S. 76.

[115] Vgl. nur *Hume*, Treatise, Bd. 3, 1740, S. 101 ff. (Teil II., V.); *Schmalz*, Das reine Naturrecht, 1792, S. 67; *Hugo*, Naturrecht, 4. Aufl. 1819, S. 453 ff.; *Liebe*, Stipulation, 1840, S. 76; *Röder*, Naturrecht, 2. Aufl. 1860, S. 382; *Geyer*, Rechtsphilosophie, 1863, S. 148; *Hofmann*, Entstehungsgründe, 1874, S. 91; *Schlossmann*, Der Vertrag, 1876, S. 90; *Ehrenzweig*, Rechtsgrund, 1889, S. 11 f., 14; *Bassenge*, Das Versprechen, 1930, S. 12 ff.; *Lundstedt*, Die Unwissenschaftlichkeit der Rechtswissenschaft, Bd. 2, 1936, S. 140; *Pawlowski*, Willenserklärungen, 1966, S. 220; *Bydlinski*, Privatautonomie, 1967, S. 69; *Craushaar*, Vertrauen, 1969, S. 51; *Wolf*, Entscheidungsfreiheit, 1970, S. 25 f.; *Hepting*, FS Rechtswiss. Fak. Köln, 1988, S. 209, 226.

[116] Zutr. *Hofmann*, Entstehungsgründe, 1874, S. 65.

[117] Näher unten § 9 E. II. 2.

c) Selbstbezogenheit

Vollends offen bleibt, warum andere, wie der Vertragspartner aus einem einmal gefassten Entschluss, Rechte ableiten sollten, warum also aus dem inneren Zustand einer Partei ein Anspruch einer ganz anderen Person folgen soll.[118] Um das in einer dem Juristen geläufigen Terminologie zu formulieren, fragt sich gewissermaßen, warum andere aus dieser Selbstbindung ein eigenes subjektives Recht gewinnen sollen.[119] Auch hier rächt es sich, dass der Wille ein sehr persönliches Phänomen ist.

d) Autonomie

Wenn der Wille auch nach Auffassung des Verfassers einen äußerst wichtigen Baustein jeder Vertragstheorie bildet, so liegt das nicht zuletzt an der dadurch gewährleisteten Liberalität. Der Parteiwille ist das entscheidende Instrument, um unser Schicksal selbst in die Hand zu nehmen, anstatt den Entscheidungen anderer ausgesetzt zu sein.[120] Deshalb sollte man mit diesem Gedanken nicht spielen und vor allem auch begrifflich sorgfältig vorgehen. Es geht bei der Vertragsbindung keineswegs um die Achtung des Willens des Versprechenden, nicht um die Achtung und Anerkennung dieser Person, sondern das glatte Gegenteil. Versprechen zeichnen sich dadurch aus, dass sie gegen den Willen des Versprechenden eingefordert und gegebenenfalls mit aller Macht des Staates vollstreckt werden können. Es geht um Bindung, nicht Autonomie, um Freiheitsbeschränkung, nicht deren Erweiterung. Dafür bedarf es anderer Gründe als den Willen des Versprechenden.[121] Gerade die Willenstheorie sollte diese eigene Bindung als eine anomale, dem Willensprinzip widerstreitende Erscheinung anerkennen.[122] *Schlossmann* bringt es mal wieder auf den Punkt: „Dem, der versprochen hat, und nicht erfüllen will, und nun durch Gewalt zur Erfüllung gezwungen wird, sollen wir zum Troste sagen: Durch diesen Zwang anerkennt und ehrt der Staat nur Deinen eigenen freien Willen, Dich selbst als den in seinen Angelegenheiten freien und unbeschränkten Disponenten! Ich

---

[118] *Hofmann*, Entstehungsgründe, 1874, S. 65; *Reinach*, Phänomenologie, 1913/1953, S. 35.

[119] Näher zum subjektiven Recht oben § 2 B. II.

[120] Näher oben § 9 C. I. 1. d) sowie unten § 8 E. II. 2.

[121] Zutr. *Schlossmann*, Grünhuts Zeitschrift 7 (1880), 543, 567 f.; *Bydlinski*, Privatautonomie, 1967, S. 68 f.; *Hepting*, FS Rechtswiss. Fak. Köln, 1988, S. 209, 226; *Wolf*, Entscheidungsfreiheit, 1970, S. 25 f. Was es hier bedeutete, dem gegenständlichen Denken etwa *Zitelmanns* (vgl. oben Fn. 109) Rechnung zu tragen, illustriert instruktiv *Ehrenzweig*, Rechtsgrund, 1889, S. 84, indem er ausführt, dass die Wirkung des Willens im Sinne eines ersten Anstoßes „... sowie sie den Boden des Willens verlässt von einer anderen, dem Willen fremden Gewalt empfangen und getragen wird, die ebenso stark sein muss, um den mangelnden Willen zu ersetzen, und stärker noch, um den widerstrebenden zu brechen: Das Gesetz des Staates, nicht das der Trägheit beherrscht den unwiderruflichen Vertrag." Ähnlich *Mankowski*, Beseitigungsrechte, 2003, S. 1120.

[122] Zutr. *Ehrenzweig*, Rechtsgrund, 1889, S. 82.

könnte mir keine herbere Ironie denken, und keine passendere Illustration für ‚den Triumph des souveränen Privatwillens' als das Bild eines römischen Schuldknechts in Fessel und Fußblock."[123] Was es demgegenüber wirklich hieße, den Selbstbindungswillen zu achten, formuliert dabei bisweilen sogar ein Idealist erfrischend deutlich: Ruht die Verbindlichkeit von Verträgen tatsächlich auf dem freien Willen des Einzelnen, und zeichnet es den freien Willen aus, sich jederzeit nach eigenem Dünken ändern zu können und dürfen, d.h. über den Inhalt des Wollens selbst zu entscheiden, dann ist diese Verbindlichkeit auch von der Fortdauer genau dieses Willens abhängig: Vergeht er, vergeht auch die vertragliche Bindung.[124]

II. Einwilligung

1. Grundidee

Nun ist es nicht so, dass nicht auch die Vertreter der Willenstheorie ein gewisses Unbehagen angesichts der Schwierigkeiten verspürten, die vertragliche Bindung auf einen Selbstbindungswillen zu stützen. Besonders eine Modifikation drängt sich dabei auf: Wenn schon nicht immer ein Selbstbindungswille vorliegt bzw. einen Grund zu liefern vermag, so doch vielleicht der Umstand, dass der Betroffene bei Vertragsschluss in die ihn treffenden Rechtsfolgen eingewilligt hatte, also wissentlich handelte. Muss er dann nicht auch die Konsequenzen tragen? Immerhin hatte bereits *Pufendorf* davon gesprochen, dass in erster Linie die freiwillige Zustimmung dafür Voraussetzung sei, dass uns Versprechen und Verträge verpflichten. Denn da die Erfüllung eines jeden Versprechens oder Vertrags mit einer Belastung verbunden sei, komme als Grund dafür, dass wir uns darüber nicht beklagen können, nur in Betracht, dass wir aus freien Stücken in etwas eingewilligt haben, was wir auch hätten vermeiden können.[125] Dementsprechend verlangt § 869 des naturrechtlich geprägten ABGB die unter anderem freie und ernstliche Einwilligung in einen Vertrag.

---

[123] So *Schlossmann*, Grünhuts Zeitschrift 7 (1880), 543, 567; *Schlossmann*, Der Vertrag, 1876, S. 89 f., 108, der treffend bemerkt, „... dass freilich ein Hegelianer gerade hierin die ‚höhere Einheit der Gegensätze' und das ‚Umschlagen der Begriffe in ihr Gegenteil' erkennen würde." Näher zu derartigen Freiheitsverständnissen oben § 4 B. I. 4. b) aa); § 4 B. I. 4. b) ee); § 9 C. I. 3. d) sowie unten § 10 C. IV. 5.; § 17 E. III. 6. c) bb); § 19 B. III. 2.; § 19 G. IV. Von *Hegel* selbst vgl. etwa *Hegel*, Phänomenologie des Geistes, 1807, S. 533 ff.
[124] *Fichte*, Berichtigung, 1793, S. 204 ff., der die Adressaten des Versprechens auf das negative Interesse verweist (dort S. 207). Ähnlich *Schmalz*, Das reine Naturrecht, 1792, S. 69 f., allerdings nur bis zur Leistung des Versprochenen. Später bemüht er hingegen die Interessen des Adressaten, um doch eine Bindung zu begründen, vgl. unten § 11 Fn. 26.
[125] *Pufendorf*, Pflicht des Menschen, 1673/1994, S. 88 f. (Buch I, Kap. 9, § 8); *Pufendorf*, Acht Bücher, 1672/1711, S. 669 (Buch III, Kap. 6, § I). Siehe zu der spätestens mit Aufklärung und Naturrecht zentralen Stellung der Einwilligung auch *Hume*, Treatise, Bd. 3, 1740, S. 98 ff. (Teil II, § 4). Aus jüngerer Zeit vgl. etwa *Ehrenzweig*, Rechtsgrund, 1889, S. 30, 78, 85; *Hofmann*, Entstehungsgründe, 1874, S. 79 oder *Lobinger*, Verpflichtung, 1999, S. 96.

Die Einwilligung fungiert also als Freiheitsgarant, indem sie einen rechtlichen Eingriff von derjenigen Person abhängig macht, der bestimmte Freiheitsrechte zustehen und die dieser Eingriff treffen soll.[126] Anders formuliert ist die Forderung einer Einwilligung eine Beschreibung von Voraussetzungen, unter denen die Preisgabe eigener Güter hingenommen werden sollte.[127] Denn aus Sicht des Schuldners ist die Einforderung eines Versprechens gewissermaßen eine Enteignung, wird doch in seine Freiheit und sein Vermögen eingegriffen.[128] Hierfür müssen sich Gläubiger wie vollstreckender Staat rechtfertigen, Gründe nennen. Hier wird nichts anderes als das formuliert, was man heutzutage als Informationsmodell bezeichnet:[129] Solange der Betroffene wusste, worauf er sich einlässt, könne er sich hinterher auch nicht beschweren.[130] Ebenso ließen sich Parallelen zu den sogenannten Läsionstheorien[131] ziehen, da hier, wie noch zu zeigen sein wird,[132] eher deliktische als vertragliche Kategorien bemüht werden.

Besonders *Zitelmann*, der sich so ernsthaft wie nur wenige Juristen mit dem Phänomen des Wollens befasst, sucht der Kritik an der Existenz und Relevanz eines Selbstbindungswillens dadurch zu entgehen, dass er auf die Einwilligung ausweicht: Zwar scheine sich hier ein neuer und unüberwindbarer Dualismus aufzutun. Doch komme es für den Erfolg einer Handlung überhaupt nicht auf den Willen an, nach ihm brauche nicht gefragt zu werden, sondern nur nach dem Bewusstsein über den Erfolg. Gewolltheben und Gewussthaben seien gleichzustellen, eine Rechtsfolge gelte als mitgewollt, sobald sie nur gewusst sei. Ethik wie Jurisprudenz behandelten beide Fälle als gleichwertig. Sei die Vorstellung einer Rechtsfolge in den Kampf der Motive eingetreten, und habe sie dort all ihre Macht entfalten können, so möge sich der Handelnde nicht nachher über deren Eintreten beklagen. Strafrechtlich sei diese Tatsache schon längst anerkannt, und für das Zivilrecht gelte nichts anderes. Der zwar vorhergesehene, aber nicht erstrebte Erfolg, dessen Ursache ich gewollt habe, dürfe und müsse als mitgewollt gelten und behandelt werden. Wer ein Mädchen heirate, dürfe nicht behaupten, dass er bloß beabsichtigt habe, Gatte seiner Frau, hingegen nicht Schwiegersohn ihrer Mutter zu werden.[133] *Windscheid* greift diesen Gedanken – wenn auch widerstrebend – auf, um insbesondere

---

[126] Stellv. *Ehrenzweig*, Rechtsgrund, 1889, S. 35. Vgl. etwa auch die Darstellung bei *Ohly*, Einwilligung, 2002, S. 25 ff.

[127] Stellv. *Lobinger*, Verpflichtung, 1999, S. 96.

[128] Stellv. *Pufendorf*, Acht Bücher, 1672/1711, S. 669 (Buch III Kap. 6 § I); *Lobinger*, Verpflichtung, 1999, S. 90; *Smith*, Contract Theory, 2004, S. 106;. Vgl. auch *Picker*, AcP 183 (1983), 369, 462 ff. zum Grundsatz des *neminem laedere*.

[129] Näher zu diesem unten § 19 C. VI. 1. a) (dort insb. Fn. 190).

[130] Stellv. *Ehrenzweig*, Rechtsgrund, 1889, S. 85.

[131] Näher *Hofmann*, Entstehungsgründe, 1874, S. 105 ff. m.w.N.

[132] Unten § 9 C. II. 2.

[133] *Zitelmann*, Irrtum, 1879, S. 149 ff.

das Problem von Scherz und Mentalreservation zu umgehen: Wer ein Erklärungszeichen abgebe, wisse, dass die Rechtsordnung hieraus bestimmte Folgen hervorgehen lässt und verwirkliche daher auch den auf diese Folgen gerichteten Willen. Kaufe jemand nur zum Scherz sämtliche auf einem Markt befindliche Fuder Heu, würde auch er so entscheiden, wie es *Jhering*[134] tue, nämlich dass der Käufer den Vertrag zu erfüllen habe.[135] *Flume* betont, es sei gar nicht vorstellbar, dass jemand einen Kaufvertrag abschließt, ohne sich der wesentlichen Rechtsfolge des Kaufs bewusst zu sein.[136] Aber auch viele Gegner der Willenstheorie bemühen dieses Argument.[137]

2. Eignung nur als Eingriffsrechtfertigung

Liefert die Einwilligung in eine Rechtsfolge einen zureichenden Grund, Verträge zu vollstrecken? Löst es die vorgenannten Probleme, kein Wollen, sondern mit dem wissentlichen Handeln eher aus dem Deliktsrecht bekannte Kategorien zu bemühen? Zumindest eines kann diesem Versuch ohne Umschweife zugebilligt werden: Er ist deutlich realistischer als die zuvor gewürdigte These eines Selbstbindungswillens. Denn dass eine Partei oft auch um zumindest einige der ihr unangenehmen Vertragsbestandteile weiß und sich mit deren Geltung abfindet, lässt sich konstatieren.[138] Schließlich kommt sie nur so an die erstrebten Ansprüche und Leistungen. Ob der dogmatische Preis für diese realitätsnähere Sicht allerdings nicht zu hoch ist, ob also diese Gleichstellung von Wissen und Wollen wirklich trägt, muss sich noch erweisen.

a) Kategorienfehler

Bereits mehrfach wurde darauf hingewiesen, wie wichtig es bei grundlegenden dogmatischen Fragen ist, zunächst genauestens die Bedeutung derjenigen Begriffe zu klären, auf die man sich stützt. Ansonsten drohen nicht nur vermeidbare Denkfehler, vor allem redet man schnell aneinander vorbei oder streitet lediglich um Begrifflichkeiten.[139] Gerade das Wollen kennt im normalen

---

[134] *Jhering*, JhJb 4 (1861), 1, 74 (dort. Fn. 80).
[135] *Windscheid*, AcP 63 (1880), 72, 77, 104. Speziell zur Mentalreservation siehe unten § 17 D. II.
[136] *Flume*, Allgemeiner Teil, Bd. 2, 4. Aufl. 1992, S. 53.
[137] So betont *Larenz*, Allgemeiner Teil, 7. Aufl. 1989, S. 536 (dort zu faktischen Verträgen, eingehend dazu unten § 12), dass ein Benutzer in den weitaus meisten Fällen wisse und daher „stillschweigend" akzeptiere, dass eine Gegenleistung von ihm verlangt wird. Näher zu solchen Argumentationen auch unten § 10 C.
[138] Wie weit dieses Wissen dann tatsächlich reicht, sei hier dahingestellt, näher unten § 9 C. IV.
[139] Vgl. dazu in sprachlicher Hinsicht *Ryle*, The Concept of Mind, 1949, S. 16 ff.; *Ryle* (Hrsg.), Systematically misleading expressions, 1923/1971; *Ryle* (Hrsg.), Categories, 1938/1971. Man kann auch mit *Wittgenstein* von Sprachspielverwechslungen sprechen. Letztlich geht es um das schlichte Anliegen, unterschiedliche Bedeutungen eines Worts nicht zu vermengen und so von vornherein unsinnige Diskussionen zu vermeiden.

Sprachgebrauch verschiedenste Bedeutungen. Hier geht es darum, den kategorialen Unterschied von Wille und Einwilligung zu verdeutlichen. Dabei hilft es, sich zunächst zu vergewissern, worauf Wille oder Einwilligung möglicherweise eine Antwort geben.[140] Vor allem lassen sich vieldeutige Begriffe wie das Wollen, für das sich nicht irgendein „Wesen" ermitteln lässt, nur vor dem Hintergrund einer bestimmten Situation und Problemstellung verstehen und klären.

Für ein fundiertes vertragstheoretisches Verständnis muss man dabei vor allem zwei Fragen auseinanderhalten: Einerseits ist zu beantworten, warum uns das Begehren des Gläubigers als dem Versprechensadressaten überhaupt interessieren sollte. Hierfür erscheint es gleichgültig, was der Versprechende wusste oder wollte. Umgekehrt müssen wir aber auch begründen, warum dieses Begehren dann gerade auf Kosten des Versprechenden verfolgt, ja gegen diesen gegebenenfalls sogar eine staatliche Vollstreckung eingeleitet werden sollte. Hier scheint es nun ratsam, vor allem auf diesen Schuldner und dessen Vorstellungen zu schauen.

Anders formuliert geht es bei der ersten Frage (nach dem „warum überhaupt") um ein die Handlung oder auch nur den Gedanken an die Verbindlichkeit eines Versprechens auslösendes, initiierendes Moment. Es wird überhaupt erst ein Anlass dafür geschaffen, dass man einem vertraglichen Begehren nachgehen könnte. Die Rechtsfolge wird hier erst in den Raum, zur Disposition gestellt, oft erstmalig ausgesprochen. Es geht um den Grund, der offenbleibt, wenn auf die Frage, warum der Käufer den Kaufgegenstand bekommen sollte, lediglich entgegnet wird, dass dies dem Schuldner zumutbar sei. Damit ist aber auch schon benannt, worum es bei der zweiten Frage geht, nämlich ob es dem Versprechenden gegenüber legitim, zu rechtfertigen, berechtigt, fair, angemessen oder zulässig sei, das einzufordern, was der Versprechensempfänger von ihm begehrt. Das Wollen beantwortet nur die erste Frage, die Einwilligung allein die zweite.

b) Illustration

Deutlicher wird diese zugegeben recht abstrakte Beschreibung dann, wenn man Fälle einer freien und wissentlichen Entscheidung mit persönlich sehr unangenehmen Konsequenzen wie Fall 182 betrachtet: *Sokrates* wurde wegen Gottlosigkeit und verderblichen Einflusses auf die Jugend angeklagt, für schuldig befunden und schließlich zum Tod verurteilt. Er hätte sein Leben retten können, wäre er bereit gewesen, die Anklage als berechtigt anzuerkennen oder Athen zu verlassen. Der Philosoph verzichtete auf beides, nach den Erzählun-

---

[140] Gerade bei komplexen Problemen wird in der Hitze der Diskussion leicht diejenige Frage vergessen, für die überhaupt eine Antwort gesucht wird.

gen vor allem deshalb, weil er die Wahrheit für wichtiger als sein Leben hielt.[141] Können wir nun sagen, *Sokrates* solle deshalb getötet werden, weil er in freier Entscheidung und in voller Kenntnis der damit verbundenen Konsequenzen entschieden hatte, den Tod auf sich zu nehmen? Wohl kaum. Selbst seine schärfsten Gegner mögen alle möglichen Gründe für seinen Tod gehabt haben, doch die Entscheidung, sich der Strafe zu stellen, gehörte eher nicht dazu. Nun mag man einwenden, Sokrates „habe es eben so gewollt" und das sei auch ein Wille. Doch werden mit „Wollen" anscheinend sehr unterschiedliche Fragen angesprochen und damit leicht Bedeutungen vermengt, d.h. Kategorienfehler begangen. Der Wille des Gläubigers auf Befriedigung seines Interesses ist etwas anderes als die Einwilligung des hiervon Betroffenen in seine daraus resultierende Belastung: Ersteres liefert dem Staat einen Anlass zur Durchsetzung des Vertrags, Letzteres lässt diese möglicherweise legitim erscheinen, ist also keineswegs irrelevant. Weil hier zwei unterschiedliche Probleme angesprochen sind, kann man auch nicht Wille und Einwilligung miteinander kompensieren. Dass dabei selbst hochrangige Philosophen beides vermengen, macht die Sache nicht besser, etwa wenn der Mörder frei nach *Hegel* dadurch seine größte Freiheit und Anerkennung erfährt, dass man ihn exekutiert.[142]

Besonders fatal wirkt sich die Vermengung von Wille und Einwilligung dort aus, wo der Grund dafür, das einmal gegebene Versprechen einzufordern, nachträglich wegfällt. Möchte der Gläubiger wie in Fall 320 die Luftmatratze doch nicht haben, käme hoffentlich niemand auf die Idee, allein deshalb auf Einhaltung des Versprechens zu pochen, weil es der Schuldner nun einmal versprochen habe, dessen Einwilligung und Freiheit es also erforderten, dass er tätig wird, obwohl weder er noch sein Gläubiger daran noch irgendein Interesse haben. Es wäre absurd, in dem bloßen Versprechen durch den Schuldner einen hinreichenden Grund zu sehen, um auf dessen Einhaltung zu pochen – gar unter Verweis auf dessen Freiheit. Hat der Versprechensadressat kein Interesse mehr an dessen Einhaltung, ist die frühere Einwilligung belanglos.[143] Deshalb berücksichtigt jede Rechtsordnung den Willen des Gläubigers und räumt diesem insbesondere das Recht ein, frei über die Geltendmachung des

---

[141] Vgl. *Guardini*, Der Tod des Sokrates, 1962 m.w.N. Die Liste derartiger Beispiele ließe sich beliebig fortsetzen, selbst an Todesmutigen besteht kein Mangel – man denke etwa an Vorkämpfer der Aufklärung wie *Giordano Bruno* oder umgekehrt christliche Märtyrer (angefangen mit *Jesus Christus* über *Stephanus, Thomas Morus* bis hin zu *Maximilian Kolbe*).

[142] *Hegel*, Phänomenologie des Geistes, 1807, S. 533 ff. Siehe dazu bereits oben bei Fn. 123 sowie – teils auch zur „Willensfreiheit" – oben § 4 B. I. 4. b) aa); § 4 B. I. 4. b) ee); § 9 C. I. 3. d) sowie unten § 10 C. IV. 5.; § 17 E. III. 6. c) bb); § 19 B. III. 2.; § 19 G. IV.

[143] Noch deutlicher mag diese Einsicht dort werden, wo lediglich ein Risiko in Kauf genommen wurde, so dass dieses einem zumutbar sein mag, sollte es sich verwirklichen (näher zur Einordnung von Risiken oben § 5).

Anspruchs zu entscheiden. Die eigentlich spannende Frage ist, wie das dogmatisch überzeugend eingeordnet werden kann, da die Einordnung als subjektives Recht bzw. Gestaltungsrecht oder auch die Konstruktion eines Aufhebungs- oder Abänderungsvertrags keine tragfähige Begründung liefert, sondern dieses Ergebnis nur umschreibt.[144] Hier sei zunächst nur festgehalten, dass der tiefere Grund für diesen rechtspraktischen Befund darin liegt, dass gerade der Gläubigerwille für das Vertragsverständnis zentral ist, weshalb es sich fatal auswirken würde, betrachtete man wie nach klassischem Verständnis allein den Willen des Versprechenden. Diese Einsicht gilt unabhängig davon, ob man in willentlichen Elementen lediglich ein Indiz für die Verwirklichung anderer Zwecke oder einen intrinsischen Wert sieht.[145]

c) Gedankliche Abhängigkeit

Der zuvor illustrierte Kategorienfehler zeigt sich auch in einem für die Begründung vertraglicher Ansprüche folgenreichen Problem: So wird das, worin eingewilligt wurde, regelmäßig in irgendeiner Form bereits anderweitig gedanklich ins Spiel gebracht. Es gibt also bereits „etwas" im Sinne eines Gedankens oder Arguments, in das eingewilligt wird. Typischerweise fragt man bei der Einwilligung nicht einfach nach dem Wissen und Handeln einer Person, sondern setzt bereits eine bestimmte, vorselektierte Rechtsfolge voraus, für die dann die Einwilligung geprüft wird. Damit entfaltet die Einwilligung eher eine limitierende Funktion, indem sie eine mögliche Haftung auf die Reichweite dieses wissentlichen Handelns beschränkt. Das schöpferisch-kreative Element des Wollens kommt hier weniger zum Tragen.[146] Doch äußert sich die Abhängigkeit der Einwilligung auch darin, dass das bloße Erfordernis wissentlichen Handelns selbst eine noch so hohe Sanktion erlaubt. Sofern der Versprechende nur weiß, was ihm droht, lässt sich scheinbar selbst die Todesstrafe bei Nichterfüllung des Versprechens rechtfertigen.[147] Die hierdurch aufgeworfenen Fragen werden noch zu erörtern sein.[148]

Bemerkenswert ist, dass selbst die Vertreter der Willenstheorie diese gedankliche Abhängigkeit an mancher Stelle sehen und offen ansprechen. So bemerkt *Windscheid* zur Mentalreservation in Erwiderung auf den hier lediglich einen Handlungswillen verlangenden *Kohler*,[149] dass auch das Bewusst-

---

[144] Eingehend unten § 18 B. Zum subjektiven Recht siehe oben § 2 B. II.
[145] Näher unten § 9 E. II.
[146] Zutr. *Lobinger*, Verpflichtung, 1999, S. 119 f., wobei allerdings auch die Einwilligung in ihrer Einschränkung Freiheiten ausnutzt. Näher zum kreativen Element des Wollens oben § 9 B. II. 3. b).
[147] Zutr. *Schlossmann*, Der Vertrag, 1876, S. 92.
[148] Etwa unten § 12 C. II. 4. b). Zum generellen Problem einer vermeintlichen Verbindung von Freiheit und Verantwortung vgl. gleich unten § 9 C. II. 2. d) sowie eingehend unten § 10 C.
[149] Näher unten § 10 A. IV.

sein von der Unbeachtlichkeit dieser Mentalreservation „… nur möglich ist unter der Voraussetzung, dass der Rechtssatz bereits besteht, von dem gefragt wird, aus welchem Grund ihn die Rechtsordnung eingeführt habe …"[150] Dabei weist *Kohler* dann andernorts selbst auf diese Zirkularität hin, um zu verdeutlichen, dass es des Rückgriffs auf die Rechtsordnung bedürfe, um die Geltung nicht gewollter Rechtsfolgen zu begründen. Zwar könnten diese vorhergesehen werden, aber sie träten nur deshalb ein, „… weil das Recht die Folgen auch ohne und gegen den Willen des Kontrahenten eintreten lässt…"[151] Auch *Gysin* als ein weiterer Vertreter der Grundfolgentheorie betont richtig, „… dass das Rechtsfolgenbewusstsein seiner Natur nach einen Tatbestand voraussetzt, dessen Merkmale *schon an sich* so beschaffen sein müssen, dass sie zu natürlichen Rechtsfolgeüberzeugungen Anlass bieten…"[152]

d) Ausblick: Verknüpfungen

Schließlich verdeutlicht gerade der Hinweis *Zitelmanns* auf die Schwiegermutter, ohne die man seine Braut nicht haben könne,[153] wie leichtfertig wir oft eine Rechtsfolge einfach nur behaupten, indem wir – oft in wie immer gefährlicher Parallele zu gegenständlich-naturalistischen Vorgängen –[154] die Verknüpfung eines bestimmten menschlichen Verhaltens mit bestimmten Rechtsfolgen völlig kritiklos unterstellen. Zwar mag jede Braut eine Mutter haben, doch die Rechtsordnung kann und muss erst entscheiden, was für Rechtsfolgen sie an welches Handeln knüpft – Kenntnis hin oder her. „Denknotwendig verbunden" ist hier gar nichts. Vielmehr wird nur verschleiert, was eigentlich geschieht, nämlich einen vom Betroffenen ungewollten und dessen Interessen schädigenden Rechtsinhalt durchzusetzen – und zwar notfalls mit der ganzen Macht des Staatsapparats. Das mag zu begründen sein, gäbe es schließlich sonst keine Verträge mehr. Doch müssen wir einen solchen Grund erst einmal liefern. Es gilt hier nichts anders als auch beim Fahrlässigkeitsvorwurf, weshalb das hier nur angedeutete Problem noch eingehend anhand vertragstheoretisch so beliebter Begriffe wie „Verantwortung" oder „Zurechenbarkeit" behandelt sei.[155]

e) Fazit

Im Ergebnis lässt sich festhalten, dass Wille und Einwilligung tunlichst zu unterscheiden sind. Das Wollen liefert einen Grund, um überhaupt das Ver-

---

[150] *Windscheid*, AcP 63 (1880), 72, 98.
[151] *Kohler*, JhJb 28 (1889), 166, 212 Fn. 1. Näher zu dem gerade für die Grundfolgentheorie typischen Rückgriff auf den Staat bzw. die Rechtsordnung unten § 9 C. V. 2. c) bb); § 16 A.
[152] *Gysin*, ZBJV 65 (1929), 97, 115.
[153] *Zitelmann*, Irrtum, 1879, S. 151.
[154] Näher zu diesem Problem etwa oben § 2 E. II. 4.
[155] Unten § 10 C.

sprochene einzufordern, während die Einwilligung dies gegenüber dem Betroffenen möglicherweise legitimiert. Das Wollen ist schöpferisch-ungebunden, die Einwilligung an etwas orientiert. Nur weil jemand weiß, dass er gegebenenfalls zahlen muss, folgt daraus noch lange nicht, dass er dies tatsächlich tun sollte. Indem man deliktische Kategorien dort einführt, wo vertragliche gesucht sind, gibt man den Kern der Willenstheorie auf.[156] So wünschenswert eine möglichst übergreifende Erfassung rechtlicher Probleme ist, scheitert jedenfalls dieser[157] Versuch, Vertrag und Delikt auf eine einheitliche Grundlage zu stellen.[158]

Dabei wird sich zeigen, dass der hier beschriebene Kategorienfehler an diversen Stellen auftaucht und zahlreiche dogmatische Friktionen provoziert – etwa die These eines übereinstimmenden Willens[159] oder verschiedene Zurechnungslehren.[160] Dabei geht es hier nicht um theoretisch höchst anspruchsvolle Konzepte, sondern die „bloße" Klärung von Bedeutungen, auf deren Basis sich erst wissenschaftlich seriös diskutieren lässt.[161]

Glücklicherweise finden sich einige Stimmen, die den so wichtigen Unterschied von Wille und Einwilligung sehen und deutlich formulieren. Besonders *Schlossmann* bringt das Problem – in Reaktion auf *Zitelmann* –[162] frühzeitig auf den Punkt: „… wer einen Vertrag schließt, wer verspricht, hat es sich selbst zuzuschreiben, wenn er obligiert wird; denn wer nicht obligiert sein will, der möge keine Verträge schließen! Darum also die breiten, mit dem umständlichsten Apparat belasteten Erörterungen über die psychologische, logische, juristische Bedeutung der Willenserklärung, um schließlich auf dieses platteste und trivialste aller Laienargumente: ‚jeder ist seines Glückes Schmied!'… ‚Tu l'as voulu Gourge Dandin.'… hinauszukommen!", und weiter: „Wenn wir fragen, warum das objektive Recht an den Willen des Erklärenden die Rechtsfolge knüpfe, und man uns antwortet, die Rechtsfolgen treten ein, weil die Vornahme des Rechtsgeschäfts in seinem Belieben stand, und sie von ihm gewollt war, – so ist dies noch nicht eine Antwort auf die gestellte Frage."[163] Man muss dann auch nur wenige Jahre warten, bis *Ehrenzweig* den fehlenden Gesichtspunkt beisteuerte, nämlich dass es der Versprechensempfänger sei, dessen Wille den entscheidenden Grund dafür liefere, die Einhal-

---

[156] Zutr. *Lobinger*, Verpflichtung, 1999, S. 122.
[157] Näher zum Verhältnis von Vertrag und Delikt oben ab § 4 B. I. 2.; unten § 12 C. IV.; § 18 D. I.
[158] Eingehend *Lobinger*, Verpflichtung, 1999, S. 11, 115, 118 ff. m.w.N., vgl. auch *Frotz*, Verkehrsschutz, 1972, S. 464.
[159] Näher unten § 9 E. IV.
[160] Näher unten § 10 C.
[161] Siehe zu diesem Anliegen bereits oben § 9 B. I.
[162] Vgl. oben bei Fn. 133.
[163] *Schlossmann*, Grünhuts Zeitschrift 7 (1880), 543, 558 f.

tung des Versprechens einzufordern.[164] Auch manche Vertreter der Willenstheorie zeigen sich zumindest problembewusst. *Windscheid* betont den „Sprung", der darin liegt, vom wissentlich Handelnden nicht nur Schadensersatz zu verlangen, um dann allerdings nicht nur an die Mentalreservation,[165] sondern selbst an bloß fahrlässiges Handeln vertragliche Pflichten zu knüpfen.[166] Ähnlich bemerkt *Flume* zumindest für die Geltung Allgemeiner Geschäftsbedingungen, dass man mit dem ohnehin fragwürdigen Vorwurf mangelnder Kenntnisnahme „... nach allgemeinen Grundsätzen nur zu einem Schadensersatzanspruch, nicht aber zu der Geltung der einseitigen Festlegung..." komme.[167] In jüngerer Zeit hat sich vor allem *Lobinger* gegen diesen vermeintlich leichten Ausweg gewandt und es sich damit nicht leicht gemacht.[168] Jenseits rein willensbasierter Lösungsansätze wird versucht, den fehlenden Gesichtspunkt auf das Vertrauen des Erklärungsadressaten oder den Verkehrsschutz zu stützen.[169]

III. Mangelnde Intrinsität

1. Stat pro ratione voluntas?

Nach der Willenstheorie dient der Selbstbindungswille nicht der Verwirklichung eines anderen Ziels – etwa als Indiz oder notwendiges Zwischenglied. Vielmehr bildet er den normativen Ausgangspunkt jeder vertraglichen Bindung: *Sic volo, sic jubeo, stat pro ratione voluntas*. Besonders eindringlich formuliert das *Flume*: „Die privatautonome Gestaltung von Rechtsverhältnissen bedarf, soweit sie vom Recht anerkannt wird, keiner anderen Rechtfertigung, als dass der Einzelne sie will." „Nicht im Gegensatz zur ‚Willensherrschaft', sondern gerade als Mittel der ‚Willensherrschaft' ist der Vertrag ‚richtig'... Der Vertrag ist ... ‚richtig', weil und soweit er von der beiderseitigen Selbstbestimmung der Vertragsschließenden getragen ist... soweit die Privatautonomie wirkt, gibt es gerade keine rechtliche Norm, an welcher die privatautonome Gestaltung der Rechtsverhältnisse gemessen werden könnte... Lässt man dies nicht gelten, so negiert man in Wirklichkeit die Selbstbestimmung als Wert..."[170] Wie sehr etwa auch das deutsche Recht von dieser Vor-

---

[164] Eingehend unten § 9 E. II.
[165] Näher zu dieser unten § 17 F.
[166] Näher unten § 10 C. III. 1.
[167] *Flume*, Allgemeiner Teil, Bd. 2, 4. Aufl. 1992, S. 610f. m.w.N. Näher zu Allgemeinen Geschäftsbedingungen unten § 14.
[168] Vgl. Fn. 158.
[169] Vgl. dazu *Bydlinski*, Privatautonomie, 1967, S. 69f.; *Wolf*, Entscheidungsfreiheit, 1970, S. 25f., sowie allgemein zum Vertrauen unten § 10 F.
[170] *Flume*, FS Deutscher Juristentag, Bd. 1, 1960, S. 135, 141ff., 149; *Flume*, AcP 161 (1962), 52, 58, 65. *Gordley*, Philosophical Origins, 1991, S. 161 meint hierzu, dass gerade diese Exklusivität des Willens das Innovative an der Willenstheorie gewesen sei. Das unter-

stellung geprägt ist, verdeutlicht ein weiteres Zitat aus den Motiven zum BGB: „Rechtsgeschäft im Sinne des Entwurfs ist eine Privatwillenserklärung, gerichtet auf die Hervorbringung eines rechtlichen Erfolges, der nach der Rechtsordnung deswegen eintritt, weil er gewollt ist. Das Wesen des Rechtsgeschäfts wird darin gefunden, dass ein auf die Hervorbringung rechtlicher Wirkungen gerichteter Wille sich betätigt und dass der Spruch der Rechtsordnung in Anerkennung dieses Willens die gewollte rechtliche Gestaltung in der Rechtswelt verwirklicht."[171]

2. Begrenzte Plausibilität als Axiom

Dass sich die Willenstheorie mit dem Selbstbindungswillen auf ein Tatbestandsmerkmal stützt, das offen für intrinsisch-axiomatisch erklärt wird und damit den nicht weiter hinterfragten Ausgangspunkt dieser Theorie bilden soll, lässt sich entgegen mancher Stimme[172] nicht prinzipiell kritisieren – es sei denn, man glaubt noch an eine für alle verbindliche Letztbegründung. Rechtswissenschaft kann nicht mehr leisten, als einen solchen Tatbestand zu liefern, der das geltende Vertragsrecht möglichst einfach und allgemeingültig beschreibt.[173] Insofern wäre es der Willenstheorie eher vorzuwerfen, diese unterstellte Intrinsität nicht konsequent genug beachtet zu haben, indem sie sich überhaupt auf die für sie so unangenehme[174] Hinterfragung der normativen Relevanz eines Selbstbindungswillens einließ.

3. Praktischer Befund

Doch selbst wenn die Willenstheorie einen Selbstbindungswillen einfach als Axiom voraussetzt, muss sie sich zwei Fragen gefallen lassen: Erstens müsste feststellbar sein, dass die Menschen bei Vertragsschluss tatsächlich gebunden sein wollen – eine wie bereits dargelegt eher mutige Hypothese.[175] Genauso realitätsfremd erscheint die Vorstellung, dass unser Recht den Parteiwillen nicht hinterfrage. Tatsächlich unternimmt jede Rechtsordnung erhebliche Anstrengungen, damit der Willensinhalt gewissen Qualitätsanforderungen ge-

---

schätzt den für das vertragstheoretische Verständnis grundlegenden Beitrag der Willenstheorie, vgl. nur oben § 9 C. I. 1. c). Zu den vielen Vorzügen der Willenstheorie (wie auch bereits des Naturrechts) gehört es dabei, die aristotelisch-thomistische Beliebigkeit überwunden zu haben, die in dem allzu freien Rekurs auf „natürlich vorgegebene" Zwecke und Essenzen (näher oben § 3 A. III. 3.) sowie dem sehr flexiblen Rückgriff auf ganz unterschiedliche normative Gesichtspunkte lag.

[171] *Mugdan*, Materialien, 1899, S. 421 (Motive I S. 126).
[172] Stellv. *Gordley*, in: Benson (Hrsg.), Theory, 2001, S. 265, 266, 269.
[173] Näher oben § 1 B. I.; § 2 B. I. 1.
[174] Denn dass eine solche kritische Überprüfung nicht zum Vorteil der Willenstheorie ausfällt, wurde bereits oben § 9 C. I. 3 dargelegt.
[175] Näher oben § 9 C. I. 2.

nügt.[176] Besonders eklatant ist das beim jeweiligen Kenntnisstand. Was unsere Aufmerksamkeit bewegt, ist oft sehr willkürlich, weil von unserer Information und damit diversen Zufälligkeiten abhängig. Wer aufgrund fehlender oder fehlerhafter Kenntnis, ja womöglich gar durch gezielte Täuschung, etwas will, dessen Wille ist nicht weniger ein Wille als bei noch so umfassender Information.[177] Auch hier wirkt sich aus, dass der Wille nur ein temporärer, äußerst fragiler und inhaltlich nur Aufmerksamkeit erfordernder geistiger Zustand ist. Ebenso wenig lässt sich ernsthaft bestreiten, dass auch Minderjährige einen starken, wenngleich ihre Eltern bisweilen zutiefst nervenden, weil hochgradig unvernünftigen Willen bilden können – man denke an das Süßigkeiten begehrende und quengelnde Kind.[178] Auch die vielfältigen Anforderungen an einen Vertragsschluss wie das Abgabeerfordernis oder diverse Lösungsmöglichkeiten verdeutlichen, dass die Rechtsordnung nicht jedweden Willen beherzigt.[179] Bereits ausführlich untersucht wurde die vermeintliche Selbstgenügsamkeit des Wollens bei Zwang, Drohung und Ausbeutung, wo noch niemand hat darlegen können, wieso der Wille hier fehlerhaft sein soll.[180] Es war diese mangelnde normative Aussagekraft des menschlichen Wollens in derartigen Situationen, bei denen noch nicht einmal Unwissenheit vorliegen muss, die den Verfasser dazu zwang, mit dem Rechtfertigungsprinzip ein substanzielles, vom Wollen unabhängiges Kriterium zu entwickeln. Aber auch im Alltag sind wir keineswegs geneigt, uns bei der Vertragsbewertung allein auf den Willen zu stützen. Tauscht etwa der glückliche Eigentümer eines Apfels mit einem ebenso glücklichen Eigentümer einer Orange, obwohl er Äpfel viel lieber als Orangen und sein Gegenüber Orangen viel lieber als Äpfel isst, wird sich hier jeder normale Mensch fragen, „was das denn soll" und ob nicht irgendeine Störung vorliegt. Wir können dieses Verhalten nicht begreifen und reagieren irritiert.[181]

Nur am Rand sei bemerkt, dass nicht nur der Wille von diesem Dilemma betroffen ist – sei es als Selbstbindungswille, Einwilligung oder Aneignungswille. Genauso wenig bildet die Erklärung des Versprechenden[182] einen tragfähigen theoretischen Ausgangspunkt, der nicht seinerseits hinterfragt werden müsste. Das zeigt sich allein daran, dass sich die meisten der obigen Gegenbeispiele hier genauso anbringen lassen.

---

[176] Näher oben § 8 D.
[177] Näher unten § 17 D. II.
[178] Näher unten § 17 E. II.
[179] Näher zum Vertragsschluss unten § 18 C. I.
[180] Näher oben § 4 B. I. 4. b) aa).
[181] Näher unten § 17 E. sowie oben § 4 B. III. 3.; § 3 C. II.
[182] Näher unten § 10.

4. Konsequenzen

Hat man einmal akzeptiert, dass unser Vertragsrecht den Parteiwillen nicht als intrinsisch ansieht, führt das zu einigen naheliegenden Schlussfolgerungen. Zunächst kommt keine Vertragstheorie umhin, einen einmal gebildeten Willen zu hinterfragen und dabei insbesondere Rahmenbedingungen zu entwerfen, die eine bestimmte Qualität des Willensinhalts gewährleisten. Weiterhin liegt es auf der Hand, dass die Willenstheorie dazu nichts beitragen kann. Denn der Wille (bzw. die Erklärung) liefert nun einmal keinen Maßstab, um den Willen (bzw. die Erklärung) zu hinterfragen.

Dementsprechend hat die Willenstheorie zu Unwissenheit, Zwang oder Irrationalität wenig beizutragen. Typischerweise greifen deren Vertreter hier auf neue Gesichtspunkte zurück, ohne jedoch näher auszuführen, wie sich das mit der vermeintlichen Intrinsität des Wollens verträgt und sich in ein dogmatisches Gesamtkonzept einordnet. Besonders beliebt sind nicht subsumierbare Begrifflichkeiten wie Willensfreiheit, Freiwilligkeit, Entscheidungsfreiheit, Willensmangel oder Willensbeugung.[183] Dass es demgegenüber aus Sicht des Verfassers das Rechtfertigungsprinzip ist, das diese Hinterfragung ermöglicht, liegt nahe.[184]

IV. Rechtsgeschäftsleere

1. Problem

„Tritt die Folge des Rechtsgeschäfts deshalb ein, weil sie gewollt ist und nur deshalb, weil sie gewollt ist, so darf diese Folge nicht eintreten, wenn sie nicht gewollt ist ..."[185] Mit dieser schlichten Feststellung bringt *Kohler* auf den Punkt, was sich jede Theorie gefallen lassen muss und ihr so oft zum Verhängnis wird: die Subsumtion. Die Willenstheorie wird immer dann widerlegt, wenn sich im geltenden Recht Vertragsinhalte oder gar ganze Vertragsschlüsse finden lassen, auf die kein Selbstbindungswille gerichtet ist. Dabei muss man weder ein Prophet noch ein profunder Kenner des Vertragsrechts sein, um zu ahnen, dass diese Falsifikation unausweichlich ist. Schließlich ist die Willenstheorie zeitlich wie personell äußerst wählerisch, legt sie doch die gesamte dogmatische Begründungslast allein auf eine denkbar kurze Periode des Vertragsschlusses bzw. des Versprechensaktes. Es muss in dem kurzen Augenblick des Händeschüttelns schier Unglaubliches geschehen, nämlich all das gewollt werden, was für den in möglicherweise ferner Zukunft zu vollstreckenden Vertrag jemals bedeutsam werden könnte. Dass dies äußerst ehrgeizig ist, liegt

---

[183] Näher oben § 4 B. I. sowie unten § 17 D. II. 2.
[184] Näher oben § 8.
[185] *Kohler*, JhJb 16 (1878), 325, 329; *Kohler*, JhJb 28 (1889), 166, 193 f.

auf der Hand. Aber auch personell soll es allein der Versprechende sein, dessen Wollen beachtlich ist. Denn wie sollte man auch aus dem für intrinsisch gehaltenen Selbstbindungswillen irgendwelche Maßstäbe für eine ausgefeilte Kompetenzverteilung und damit die Berücksichtigung auch fremden Wollens ableiten? Diese für unser klassisches Vertragsdenken so typische Punktualität und deren Überwindung durch das Rechtfertigungsprinzip wurde bereits behandelt.[186]

2. Vertragsschluss

Besonders unangenehm für die Willenstheorie sind naturgemäß diejenigen Fälle, in denen nicht etwa nur einzelne Vertragsinhalte, sondern gleich der gesamte Vertragsschluss zumindest auf einer Seite willensunabhängig oder gar gegen den erklärten Willen erfolgt. Dass sich nahezu niemand binden möchte – ob nun ausdrücklich erklärt oder lediglich aufgrund gedankenlos-konkludenten Handelns –, wurde bereits dargelegt.[187] Daneben kennt selbst das stark willenstheoretisch geprägte deutsche Recht zahlreiche Fallgruppen wie das sogenannte Schweigen als Willenserklärung, in denen sogar eine Anfechtung ausgeschlossen wird, sofern sich der Betroffene gar keine Vorstellungen über die Bedeutung seines Schweigens macht.[188] Genauso soll bereits dann ein Maklervertrag zustande kommen, wenn der Interessent wissen musste, dass der Makler für ihn tätig war und von ihm Provision verlangen wollte.[189] Ebenfalls wichtig sind diverse „Heilungen" etwa durch die bloße Entgegennahme einer gegnerischen Leistung.[190] Daneben sei hier die Existenz einer bedeutenden Grauzone behauptet, in der die Gerichtspraxis mit beweisrechtlichen Instrumenten oder auch durch blanke Unterstellung faktisch auf viele Willenselemente verzichtet.[191] Aber auch die Fälle eines gesetzlichen Kontrahierungszwangs vor allem bei ausgeprägter Marktmacht sind praktisch bedeutsam.

Ebenso aufschlussreich sind zahlreiche Irrtumskonstellationen, für die selbst das deutsche Recht nur begrenzt eine Anfechtung zulässt.[192] Schließlich sei noch ganz generell darauf hingewiesen, dass viele oft von zumindest einer Seite ungewollte Rechtsänderungen wie die Geschäftsführung ohne Auftrag oder die aus einem sogenannten „vorvertraglichen" oder „gesetzlichen"

---

[186] Oben § 8.
[187] Oben § 9 C. I. 2., vgl. auch unten § 12 A. II.; § 17 F. I.
[188] Siehe hier nur § 362 HGB.
[189] *Hanau*, AcP 165 (1965), 220, 279 m.w.N.
[190] Ein klassisches Beispiel bildet die in § 568 BGB a.F. geregelte, rein tatsächliche Mietfortsetzung: „Wird nach dem Ablauf der Mietzeit der Gebrauch der Sache von dem Mieter fortgesetzt, so gilt das Mietverhältnis als auf unbestimmte Zeit verlängert, sofern nicht der Vermieter oder der Mieter seinen entgegenstehenden Willen binnen einer Frist von zwei Wochen dem anderen Teil gegenüber erklärt."
[191] Näher zu Fiktionen unten § 9 C. V. 2. b).
[192] Näher unten § 9 C. V. 1.

Schuldverhältnis entstehenden Pflichten nur deshalb nicht immer als Widerlegung der Willenstheorie angeführt werden, weil man diese Rechtsinstitute aus der vertragstheoretischen Betrachtung ausscheidet und mit nicht-vertragsrechtlichen, etwa allein deliktischen oder öffentlich-rechtlichen Kategorien bewältigen zu müssen glaubt oder etwa auf Gesetz, Gewohnheitsrecht und diverse Generalklauseln verweist.[193]

3. Vertragsinhalt

Mögen ungewollte Verträge noch die Ausnahme bilden, lässt sich das von den einzelnen Vertragsinhalten nicht mehr sagen. Hier ist es geradezu typisch, dass sie bei Vertragsschluss nicht gewollt waren, weil sie zumindest von einer Partei nicht zur Kenntnis genommen wurden. Allgemeine Geschäftsbedingungen, geschuldete Eigenschaften, dispositives Recht oder Sitte, Übung und Brauch bilden dabei nur die offensichtlichsten Beispiele.[194] Und sofern ein bestimmter Wille erklärt wurde, erfolgt die Auslegung regelmäßig nach objektiven Grundsätzen und wird nicht etwa Beweis darüber erhoben, was eine Partei bei Vertragsschluss dachte.[195] Dieses Problem wird selbst von den meisten Vertretern der Willenstheorie gesehen – von jenen der Erklärungs- oder Grundfolgentheorie ganz zu schweigen.[196] *Schlossmann* betont, in Wahrheit träten viele Rechtsfolgen ein, „… ohne dass der Erklärende sie als mögliche Folgen vorausgesehen hat, auch nur voraussehen konnte… Nicht einmal bei einem des Rechts sehr gründlich Kundigen könnte man, bei der vielfach kontroversen Natur des Rechts, alle wirklich eintretenden Rechtsfolgen für beabsichtigte, oder vorausgesehene, oder nur voraussehbare erklären."[197] *Kreuzer* spricht anschaulich von der Hypertrophie des Vertragsrechts,[198] *Picker* von einer Vertragssüchtigkeit.[199] Und wenn nach *Flume* die Rechtsfolgen umso vollständiger auch Inhalt des Aktes sind, je einfacher das Rechtsgeschäft ist,[200] gilt eben auch der Umkehrschluss.

---

[193] Näher zu diesem Themenkreis unten § 18.
[194] Näher oben § 8 C.; § 14; § 16 A.; § 16 C.
[195] Vgl. dazu aber auch unten § 9 C. V. 1. zur Entgegnung der Willenstheorie, dass es angesichts einer Anfechtbarkeit nur um das negative Interesse gehe.
[196] Vgl. neben den folgenden Stimmen vor allem die unten § 9 D. I. 2. genannten Vertreter.
[197] *Schlossmann*, Grünhuts Zeitschrift 7 (1880), 543, 561.
[198] *Kreuzer*, JZ 1976, 778.
[199] *Picker*, JZ 1987, 1041, 1042, 1045, der zutreffend bemerkt, dass soweit man den Vertragsinhalt mit „objektiven", „sozialen" oder ähnlichen Elementen auffüllt oder ergänzt, der Wille als Grund dann nicht mehr trägt, vgl. dazu unten § 9 C. V. 2.
[200] Vgl. *Flume*, FS Deutscher Juristentag, Bd. 1, 1960, S. 135, 161, der sein Heil im „rechtlich relevanten Verhalten" bzw. der Unterscheidung von Regelung und Rechtsfolgen eines Rechtsgeschäfts sucht, ohne das – gar willenstheoretisch – dogmatisch einzuordnen oder wenigstens handhabbare Maßstäbe zu entwickeln, näher dazu unten § 9 C. V. 4.; § 9 C. V. 5.

C. Willenstheorie

Möchte man die ganze Reichweite des Problems illustrieren, kann man bereits bei den wesentlichen Vertragsbestandteilen wie dem Preis anfangen, der nicht nur oft bei Dienst- oder Werkverträgen, sondern ähnlich häufig auch bei Käufen, ungewollt bleibt.[201] Liest der Kunde eines Supermarkts nicht einmal das Preisschild einzelner Gegenstände, sondern begleicht er einfach die ihm am Schluss ausgehändigte Rechnung, ist daran noch nie ein Vertrag gescheitert. Wenn *Flume* das zwar offen einräumt, dann aber einfach auf eine Zahlungspflicht „von Rechts wegen" verweist,[202] ist diese Ehrlichkeit zwar anerkennenswert, liefert jedoch nicht den gesuchten Grund.

In vielen Situationen erfährt eine Vertragspartei nie, wer eigentlich ihr Vertragspartner ist, etwa wenn wir die Offenkundigkeit einer Stellvertretung für entbehrlich halten.[203] Besonders deutlich wird das, wo der Kunde mit einer Maschine agiert, etwa wenn er eine Getränkedose löst und sich nicht dafür interessiert, wer den Automaten aufgestellt haben könnte.[204] Dogmatisch anspruchsvollere Situationen, die allerdings bereits die Frage der Abgrenzung des Vertragsrechts von sonstigen Rechtsgebieten aufwerfen, sind die viel diskutierten Gutachterfälle[205] oder das Wertpapierrecht[206].

Praktisch unausweichlich ist die Geltung ungewollter Vertragsinhalte bei den Leistungsdetails. Dass der so begrenzten menschlichen Aufmerksamkeit eine überwältigende Fülle potenziell relevanter Vertragsinhalte gegenübersteht, wurde bereits illustriert:[207] Ist die Motorelektronik an versteckter Stelle defekt, so ist das zweifellos vertragswidrig. Und doch wurde dazu nur selten etwas gewollt. Unabhängig davon, ob man sich eher auf den Willen oder die Erklärung stützt, muss jedes Detail, jeder Millimeter, jede noch so winzige Nuance der vertraglichen Leistungspflicht begründet werden. Denn es sind nun einmal derartige Details, die oft wichtig werden und um die vor Gericht gerungen wird. Zwar kann man beispielsweise wollen, dass der geschuldete Gegenstand funktionsfähig oder typisch ist, doch muss dann konkretisiert werden, was dafür zu verlangen ist.[208] Hierzu tragen insbesondere die Gewährleistungsvorschriften bei, die mit Aspekten wie der „Eignung" für eine vereinbarte oder aber auch „gewöhnliche" Verwendung sowie der „Üblich-

---

[201] Nach dem BGB etwa gilt für viele Vertragstypen im Zweifel eine übliche Vergütung als stillschweigend vereinbart, vgl. etwa §§ 612, 632, 653 BGB.
[202] *Flume*, FS Deutscher Juristentag, Bd. 1, 1960, S. 135, 165.
[203] Im deutschen Recht wird das etwa unter dem Stichwort des „Geschäfts, für den, den es angeht" diskutiert, für andere Länder siehe etwa die Erläuterungen zu Art. 3:203 PECL und Art. II. – 6:108 DCFR.
[204] Siehe zu dieser Thematik etwa *Köhler*, AcP 182 (1982), 126.
[205] Zu diesen siehe etwa aus jüngerer Zeit *Kersting*, Dritthaftung, 2007.
[206] Siehe zu diesem – ganz kurz – oben § 3 B. IV.
[207] Etwa oben § 6 C. III.; § 7 A. I. oder § 8 A. II. Allgemein zur menschlichen Unwissenheit unten § 17 A.; § 19 F.
[208] Näher oben § 3 C. III. 1. a) sowie unten § 9 C. V. 2. c).

keit" objektive Kriterien verwenden, die überall dort greifen, wo ein Parteiwille fehlt.[209] Derartige Gesetzesvorschriften verleiten dazu, die dort geregelten Vertragsinhalte nicht genauso stringent zu begründen, wie das für andere Bestandteile unseres Rechts geschieht. Doch wäre es vertragstheoretisch reichlich arbiträr, einfach darauf zu hoffen, dass ein unangenehmes Problem doch bitte gesetzlich geregelt sein möge.[210]

Dementsprechend sticht die enorme Komplexität und Vielfalt des vertraglichen Leistungsinhalts immer dort ins Auge, wo es keine die Probleme der Willenstheorie kaschierenden Gewährleistungsvorschriften gibt – etwa bei dem in vertragstheoretischen Untersuchungen gerne vernachlässigten Dienstvertrag. Auch dieser beinhaltet unzählige Nuancen und Detailfragen, die keine noch so umsichtige Vertragspartei auch nur annähernd in ihren Willen bei Vertragsschluss aufnehmen könnte. Hierzu muss man sich nur klar machen, dass viele Dienstleistungen gerade deshalb in Anspruch genommen werden, weil der Anbieter über Fähigkeiten und Kenntnisse verfügt, für die es auf Kundenseite keine Entsprechung gibt. Wer wie in Fall 183 mit seiner Bank ausdrücklich eine „anleger- und objektgerechte Beratung" vereinbart, hat typischerweise keine Vorstellung davon, was eine solche Beratung ausmacht – genau deshalb benötigt er sie ja. Gerade wenn die geschuldete Leistung aus einer Information besteht, erweist sich die Hoffnung als besonders illusionär, den konkreten Leistungsinhalt aus einem Parteiwillen ableiten zu können. Denn zu behaupten, man wolle das, wovon man keine Ahnung hat, ist genauso fiktiv wie die Vorstellung, ein Patient könne mit dem Chirurgen detailliert vereinbaren, was bei der vorzunehmenden Operation im Einzelnen geschieht, schon weil das der Chirurg oft selber vorher nicht weiß (vgl. Fall 184). Selbst wenn man abstrakt einen bestimmten Standard – etwa eine Behandlung nach den Regeln der ärztlichen Kunst – vereinbart, ist das, was in Beachtung dieses Standards für einen konkreten Einzelfall herausgearbeitet wird, noch lange nicht vom Parteiwillen umfasst – und zwar unabhängig davon, ob diese Entscheidung zwingend ableitbar ist oder etwa dem Gericht ein eigener Spielraum verbleibt.[211] Tatsächlich stellen die keineswegs nur für die Willenstheorie so problematischen, weil eine gemeinsame Regelung verhindernden Informationsgefälle geradezu den Normalfall einer arbeitsteiligen Gesellschaft dar. Verträge sind meistens deshalb so zielfördernd, weil jede Seite über individuelle Fähigkeiten und Kenntnisse verfügt. Und regelmäßig geht es dabei nicht ein-

---

[209] Näher zu Sitte, Übung und Brauch unten § 16 C.
[210] Insofern zutreffend *Flume*, Eigenschaftsirrtum, 1948, S. 42 ff., zustimmend *Oechsler*, Gerechtigkeit, 1997, S. 173: Auch der Gesetzgeber müsse einen Tatbestand anbieten können, an den die Rechtsfolge anknüpft. Allerdings hält sich *Flume* selbst nicht immer an diese Einsicht, näher zu diesem oben § 7 B. V.
[211] Vgl. dazu bereits die Verweise oben in Fn. 208.

mal darum, die jeweiligen Informationsgefälle zu überwinden oder gar bei Vertragsschluss auf Basis beiderseitiger Informiertheit zu agieren.[212]

Wie wenig die Parteien bei Vertragsschluss an einzelne Pflichteninhalte denken, wird auch bei Dauerschuldverhältnissen deutlich. Denn hier verschärft sich das Problem dadurch, dass sich die zu erbringende Leistung im Laufe der Jahre, etwa durch persönliche, kulturelle, technische, gesamtwirtschaftliche oder unternehmensinterne Gründe massiv wandeln kann. So mag ein Unternehmen einen frisch diplomierten Informatiker einstellen, der sich um die gesamte elektronische Datenverarbeitung kümmern soll. Fragt man sich zwanzig Jahre später, was dieser Informatiker heute schuldet,[213] wird man das sicher nicht allein aus dem damaligen Vertragsschluss ableiten können. Schließlich ist allein die technische Entwicklung seitdem rasant vorangeschritten und war damals nicht einmal ansatzweise vorhersehbar. Deshalb erkennt jede Rechtsordnung in irgendeiner Form zahlreiche Konkretisierungsrechte an.[214]

Von herausragender Bedeutung sind Allgemeine Geschäftsbedingungen, deren Geltung gegenüber dem Adressaten sicher nicht aus dem Parteiwillen bei Vertragsschluss abgeleitet werden kann. Das, was in der Praxis zusammen mit dem „Üblichen" grob geschätzt 99% sämtlicher Vertragsinhalte ausmacht, muss also anders begründet werden als von der Willenstheorie vorgesehen.[215] Aber auch wenn unser Recht von jeher vorvertragliche Verhandlungen oder auch Werbung berücksichtigt – und Letzteres sogar von am Vertragsschluss unbeteiligten Dritten –, hat nicht nur die Willenstheorie ein Problem.[216] Daneben bestimmt jede Rechtsordnung zahlreiche Vertragsinhalte staatlicherseits, was sowohl durch Gesetz als auch über richterliche Rechtsetzung in Form dispositiven wie zwingenden Rechts erfolgen kann.[217] Um sich das praktische Ausmaß derartig willensunabhängiger Vertragsinhalte zu verdeutlichen, bietet sich dabei insbesondere ein Blick in die umfangreiche Rechtsprechung zu einzelnen Vertragstypen wie etwa den für jeden Menschen wichtigen Kauf-, Werk-, Arbeits-, Miet-, Giro- oder Versicherungsvertrag an. Dabei stehen gar nicht unbedingt die oft sehr umfangreichen Vorschriften einzelner Gesetzbücher im Vordergrund, sondern vor allem die weit reichende Inhaltskontrolle Allgemeiner Geschäftsbedingungen durch die Rechtsprechung.[218] Auch Sitte, Übung und Brauch fließen teils aufgrund ausdrücklicher gesetzlicher Anordnung, teils als „objektive Auslegung" und teils über diverse Generalklauseln

---

[212] Näher unten § 17 A.
[213] Näher zu diesem Fall unten § 18 B.
[214] Näher unten § 18 B. I.
[215] Eingehend unten § 14 sowie unten § 16 C.
[216] Näher unten § 15 B.
[217] Näher unten § 16 A.
[218] Wenngleich sich diese Rechtsprechung auch am Gesetzesrecht orientiert. Näher unten § 14 C. II.

oder unbestimmte Rechtsbegriffe in den Vertragsinhalt ein, ohne dass die Parteien hieran gedacht haben müssten.[219]

Aber nicht nur beim Leistungsgegenstand zeigt sich, aus welchen unzähligen Detailfragen nahezu jeder Vertrag besteht. Geradezu unüberschaubar wird dieser Inhalt dort, wo es um den Umgang mit ungewissen zukünftigen Ereignissen geht. All das vorhersehen zu müssen, was das Leben für uns an Überraschungen bereithält, würde wenig Freude bereiten. Es ist also keineswegs nur der „Primäranspruch", bei dem sich zahllose ungewollte Vertragsinhalte finden. Denn tatsächlich lässt sich dieser von „Sekundäransprüchen" überhaupt nicht trennen, genauso wenig wie sich überzeugend begründen lässt, warum diese „Sekundäransprüche" auf einmal ganz eigenen vertragstheoretischen Gesichtspunkten unterliegen sollen, nur weil es bei Leistungsstörungen besonders offensichtlich wird, dass sich die Parteien nur über die wenigsten Vertragsinhalte Gedanken machen.[220] Generell bieten gerade „Störfälle" reichhaltiges Anschauungsmaterial dafür, wie wichtig Vertragsinhalte jenseits von Wille oder Erklärung sind, wie sich auch an der Umdeutung unwirksamer Vereinbarungen[221] (und damit eng verwandt der ergänzenden Vertragsauslegung bei Teilnichtigkeit sowie der Vertragsanpassung bei Wegfall der Geschäftsgrundlage[222]), aber auch den besonders im Handelsrecht so wichtigen Rechtsscheintatbeständen zeigt.[223]

4. Dritte

Dass jede westliche Rechtsordnung zahllose Vertragsschlüsse wie Vertragsinhalte kennt, auf die sich nicht der Wille beider Parteien erstreckt, lässt sich noch aus einer anderen Perspektive illustrieren, die für ein zutreffendes vertragstheoretisches Verständnis besonders wichtig ist: So wurde bereits illustriert, dass klassische Ansätze wie die Willens- oder Erklärungstheorie darunter leiden, sich allein auf die Vertragsschließenden zu konzentrieren.[224] In Wirklichkeit sind zahllose Menschen an nahezu jedem Vertrag beteiligt: Dass etwa keine moderne Gesellschaft ohne ein erhebliches Maß an Arbeitsteilung auskommt, bedarf keiner näheren Erläuterung und findet bei der Stellvertretung eine explizite rechtliche Regelung. Wann immer hier der Mittler einen eigenen Spielraum wahrnimmt und damit über den Vertragsinhalt oder gar das Ob eines Vertragsschlusses entscheidet, lässt sich dieses Element regelmäßig nicht mehr auf den Willen des Vertretenen zurückführen.[225] Genauso fällt

---

[219] Näher unten § 16 C.
[220] Näher oben § 6 C. IV. 1.
[221] Näher oben § 6 E. III.
[222] Näher dazu oben § 6 B. III. 2.
[223] Näher etwa unten § 13 C. IV. 2.
[224] Näher oben § 8 A. III.
[225] Näher unten § 13 B. II. 2.

hierunter der praktisch nicht minder wichtige, rechtlich nicht einmal umfassend geregelte Fall, dass sich ein Vertragspartner im Vorfeld des Vertragsschlusses der Arbeiten anderer bedient, etwa wenn er seinen Rechtsanwalt einen Vertrag ausarbeiten lässt, den er dann ungelesen – das mag als Arbeitsteilung sehr sinnvoll sein – der Gegenseite zur Unterschrift vorlegt. Wann immer der Rechtsanwalt Passagen aus einem Formularhandbuch übernimmt oder sich der Gebrauchtwagenverkäufer genauso wie der Vermieter einen Mustervertrag besorgt, wird zum Vertragsinhalt, was größtenteils keiner der beiden Vertragsparteien jemals wahrnehmen wird. Die früher viel diskutierte Blankounterschrift, also die Unterschrift auf eine Urkunde, die zu lesen man sich die Mühe nicht gemacht hat, ist nur die sehr kleine Spitze eines sehr großen Eisbergs.

Auch wenn Produktangaben von am Vertragsschluss nicht beteiligten Herstellern – etwa umfangreiche Produkthandbücher – von jeher und nicht erst seit Erlass der Verbrauchsgüterkaufrichtlinie[226] zum Vertragsinhalt werden, haben sämtliche Theorien, die allein auf das Parteiverhalten abstellen, ersichtlich Probleme.[227] Manche Vertragsinhalte lassen sich nicht einmal auf identifizierbare Personen zurückführen. Das zeigt der für nahezu jeden Vertrag unausweichliche Rückgriff auf Verkehrssitte, Handelsbrauch, Typizität oder Üblichkeit, die das Ergebnis eines äußerst komplexen sozialen Prozesses sind.[228] Aber auch der Staat ist wie bereits erwähnt alles andere als zurückhaltend, betrachtet man die beträchtliche Masse nicht nur gesetzlicher Vorschriften, sondern vor allem richterlicher Rechtsschöpfung.[229] Bisweilen sind es sogar seelenlose Maschinen, denen wir Vertragsinhalte anvertrauen – und sei es auch nur, dass wir in den Vertrag eine mathematische Formel setzen, die nicht von einem Menschen ausgerechnet werden kann, sondern nur mit technischen Hilfsmitteln. Schließlich sei noch auf diejenigen Rechtsfragen hingewiesen, die wir etwa unter dem Stichwort des Vertrags zu Gunsten Dritter oder dem Vertrag mit Schutzwirkung für Dritte diskutieren.[230]

Es gehört sicherlich zu den größten Versäumnissen des klassischen Vertragsdenkens, sich bis heute nicht von der gedanklichen Fixierung allein auf das Verhalten der Vertragsparteien bei Vertragsschluss gelöst zu haben. Trotz der erdrückenden Vielfalt praktisch wichtiger Gegenbeispiele werden die sich hieraus ergebenden dogmatischen Herausforderungen allzu gerne ausgeblendet. Dabei wäre es im Sinne jeder Partei, das Dilemma der beschränkten mensch-

---

[226] Richtlinie 1999/44/EG des Europäischen Parlaments und des Rates vom 25. Mai 1999 zu bestimmten Aspekten des Verbrauchsgüterkaufs und der Garantien für Verbrauchsgüter, ABl. Nr. L 171 v. 7.7.1999, S. 12 ff.
[227] Näher unten § 15 B.
[228] Näher unten § 16 C.
[229] Näher unten § 16 A. I. 1.
[230] Zum Vertrag zu Gunsten Dritter siehe oben § 3 C. IV.

lichen Aufmerksamkeit dadurch zu lösen, dass man die Kreativität nicht nur zweier Menschen bei Vertragsschluss, sondern gegebenenfalls auch das oft über Jahrtausende erarbeitete Wissen vieler anderer Menschen in den Vertragsinhalt einfließen lässt.[231] Hat man einmal akzeptiert, dass sehr viele Personen selbst der Vergangenheit über Ob und Inhalt eines Vertrags entscheiden, drängt sich die zentrale dogmatische Frage auf, nämlich wie diese vertragliche Kompetenzverteilung im Vertragsrecht ausgestaltet ist und wie sie sich möglichst verallgemeinernd beschreiben lässt. Der Verfasser kann dafür auf das Rechtfertigungsprinzip verweisen,[232] während klassische Vertragstheorien nicht einmal ansatzweise eine Handhabe bieten.

V. Scheinlösungen

Dass die Berufung auf einen Selbstbindungswillen bei Vertragsschluss ungeeignet ist, auch nur die wichtigsten Elemente unseres Vertragsrechts zu erklären, sollte deutlich geworden sein. Während es bereits fraglich ist, warum uns ein solcher Wille interessieren sollte, findet sich jedenfalls kaum jemand, der gerne gebunden wäre und nicht nur seine Verpflichtung als für andere Zwecke notwendig in Kauf nimmt. Weiterhin wurde illustriert, wie sehr unser Vertragsrecht den Willen hinterfragt und dabei die Willensbildung in vielerlei Hinsicht gezielt beeinflusst. Schließlich wurde darauf hingewiesen und illustriert, wie viele Vertragsinhalte vom Willen der Vertragsparteien unabhängig sind.

Es verwundert deshalb nicht, wenn sich nahezu alle Vertreter der Willenstheorie zu verschiedensten Reaktionen genötigt sehen, um irgendwie doch noch zum gewünschten Ergebnis zu gelangen. Im Folgenden seien einige besonders weit verbreitete Ausweichstrategien behandelt. Dabei wird mit dem Verweis auf das negative Interesse zunächst das fundierteste Argument aufgegriffen.[233] Sehr viel fragwürdiger sind demgegenüber die zahllosen Versuche, zwar rein verbal am so beliebten Parteiwillen festzuhalten, in der Sache aber auf diesen zu verzichten. Ob man nun den Willen einfach fingiert,[234] ihn mit all den Aspekten verknüpft, die er nur identifiziert,[235] ob man den fehlenden realen Willen mit dem Einwand ersetzt, dass etwas doch rein hypothetisch unter bestimmten Voraussetzungen gewollt wäre[236] oder ob man das als gewollt annimmt oder unterstellt, was man persönlich für gerecht hält:[237] Immer

---

[231] Das geltende Recht beherzigt das schon immer, vgl. näher oben § 8 B. I.; § 8 C. I.
[232] Näher oben § 8 B. II.
[233] Unten § 9 C. V. 1. Näher zum negativen Interesse auch unten § 9 C. V. 1. a).
[234] Näher unten § 9 C. V. 2. b).
[235] Näher unten § 9 C. V. 2. c).
[236] Näher unten § 9 C. V. 2. d).
[237] Näher unten § 9 C. V. 2. e).

wird hier mit dem Wollen ein Begriff, der in unserem normalen Sprachgebrauch für die reale, mit Aufmerksamkeit verbundene Entscheidung des so wollenden Menschen steht, mehr oder weniger bewusst dazu missbraucht, das wahre Vorgehen zu verbergen.

Eine andere Ausweichstrategie besteht darin, das zu begründende Ergebnis einfach zu behaupten. Nichts anderes tut die sogenannte Übertragungs- bzw. Transfertheorie, deren schönes Bild eines Übergangs leider nur eine fiktive „Rechtswelt" beschreibt und damit das Problem lediglich neu formuliert.[238] Ähnlich erfindungsreich ist es, das, was der Wille nicht zu begründen vermag, einfach in die Definition des Wollens selbst hineinzupacken – am besten noch mit Zusätzen wie „sachlogisch" oder „denknotwendig". So soll der Wille etwa normierend oder auf ganz spezielle Weise „frei" sein, was dann auch dessen Bindungswirkung erkläre. Und wenn unser Vertragsrecht meistens verlangt, dass ein Wille erklärt wird, soll dies einfach zum Willensbegriff gehören.[239] Schließlich kann man auch unerwünschte, weil die eigene Theorie widerlegende Sachverhalte ausblenden, etwa indem man sie für pathologisch oder nicht zum Vertragsrecht gehörig erklärt.[240] Endgültig in andere Begründungsmuster leiten all diejenigen Äußerungen über, die „ganz offiziell" vom Parteiwillen bei Vertragsschluss abweichen. Besonders wichtig ist dabei die Berücksichtigung fahrlässigen Verhaltens,[241] aber auch der ergänzende Rückgriff auf utilitaristisches Gedankengut findet sich.[242] Beides unterstreicht nicht unbedingt die Leistungsfähigkeit der Willenstheorie.

1. Negatives Interesse

a) Grundidee

Dass Verträge grundsätzlich aus objektiver Sicht auszulegen sind, ist weithin anerkannt. Nicht das Gewollte wird Vertragsinhalt, sondern das objektiv Erklärte. Dementsprechend können die Kritiker der Willenstheorie darauf verweisen, dass wann immer ein nicht gewollter, sondern allein nach außen hin erklärter Inhalt rechtlich berücksichtigt wird, die Willenstheorie das nicht erklären kann.[243] Ganz so schnell müssen sich deren Vertreter allerdings nicht geschlagen geben. Eine dogmatisch durchaus saubere und daher sehr ernst zu nehmende Reaktion hat mit der Willenstheorie an sich wenig zu tun: So lässt sich zunächst darauf verweisen, dass rechtstechnische Instrumente wie die

---

[238] Näher unten § 9 C. V. 3. a).
[239] Näher unten § 9 C. V. 3. b).
[240] Näher unten § 9 C. V. 4.
[241] Näher unten § 9 C. V. 5.
[242] Näher oben § 3 A. III. 4.
[243] Vgl. zu den entsprechenden Nöten der Willenstheorie hier nur *Schlossmann*, Der Vertrag, 1876, S. 110, 117 sowie allgemein zu den Vertretern der Erklärungstheorie unten § 10 A.; § 11 B.

Anfechtung, der Rücktritt oder der Widerruf lediglich eine besondere Form der Ungültigkeit darstellen, auf die sich der Erklärende berufen muss. Von einer Geltung des Erklärten kann dann nur noch insofern die Rede sein, als der Irrende sie mit einem Wort zunichtemachen kann. Weiterhin lässt sich dann, wenn ein Vertrag zwecks Achtung des Gewollten nichtig oder auflösbar ist, der Gegenseite das negative Interesse[244] zubilligen.[245] Das stellt den Betroffenen so, als habe er von Anfang an von der Unwirksamkeit des Vertrags gewusst. Er erhält zwar nicht das, was ihm ein wirksamer Vertrag an Vorteilen gebracht hätte, bleibt aber im Übrigen ungeschoren. Wusste etwa der Empfänger nichts von einem Erklärungsirrtum, der sich leicht hätte vermeiden lassen, leuchtet diese Lösung einigermaßen[246] ein. Denn im Idealfall wird der Erklärungsadressat vollständig kompensiert, erleidet also keine Verschlechterung, während dieses Ergebnis willensunabhängig und damit ohne Widerspruch zur Willenstheorie, nämlich mit eher deliktischen Kategorien, begründet werden kann. Dabei lässt sich dieser Lösung anders als so manch anderem dogmatischen Einfall nicht entgegenhalten, nicht überprüfbar zu sein. Vielmehr ist es möglich, das negative Interesse zu bestimmen. Und genauso wenig ist daran zu zweifeln, dass der Gedanke eines Integritätsschutzes in nahezu jeder Rechtsordnung fest verankert ist, wenngleich man sich über dessen genauen Inhalt und Reichweite trefflich streiten mag.

Verzichtet der Irrende auf eine Anfechtung, lässt sich auch das jedenfalls dann einigermaßen[247] mit der Willenstheorie vereinbaren, wenn diese Entscheidung bewusst getroffen wird. Denn hier wird dem Irrenden die zusätzliche Option[248] eingeräumt, durch Nichtstun quasi einen neuen Vertrag rückwirkend abzuschließen, der mit dieser neuen Entscheidung dann auch gewollt ist.[249] Der Anspruch auf das negative Interesse mindert also viele Härten der Willenstheorie und bringt so viele scheinbar untragbare Konsequenzen dieses Ansatzes mit dem geltenden Vertragsrecht in Einklang. Deshalb griffen auch

---

[244] Siehe dazu gleich unten ab Fn. 251.

[245] Aus jüngerer Zeit vgl. etwa *Wieling*, AcP 172 (1972), 297, 302 ff., 310 f.; *Ernst*, NJW 1986, 401, 404; *Singer*, Selbstbestimmung, 1995, S. 61 ff.; *Lobinger*, Verpflichtung, 1999, S. 134 ff., 173 jew. m.w.N.

[246] Andererseits schadet man so oft beiden Parteien, weil diese Lösung nicht immer wertschöpfend ist, vgl. näher unten § 17 C. II. 2. b).

[247] Siehe aber gleich unten § 9 C. V. 1. b) zum oft fehlenden übereinstimmenden Willen bei nicht Nichtanfechtung.

[248] Ob der ursprüngliche Sinn dieser Option in der Eröffnung des Wahlrechts oder in dem hierdurch bewirkten Reurechtsausschluss für den Gegner liegt (so *Lobinger*, Verpflichtung, 1999, S. 138, 183), sei hier dahingestellt. Nicht ganz einleuchtend ist allerdings, was es mit einem Reurecht zu tun hätte, hielte man – getreu der Willenstheorie – nicht gewollte Rechtsfolgen für *per se* nichtig.

[249] Wie etwa bereits *Enneccerus/Nipperdey*, Allgemeiner Teil, Hbd. 2, 15. Aufl. 1960, S. 1022 f. (§ 164 II. 2) betont, reduziert sich der Streit zwischen Willens- und Erklärungstheorie insoweit darauf, ob man entweder die vorläufige Gültigkeit bis zur oder die definitive Nichtigkeit nach der Anfechtungserklärung betont, vgl. die Nachweise oben in Fn. 245.

C. Willenstheorie

die Vertreter der Willenstheorie angesichts einer sich immer weiter verstärkenden Kritik dankbar auf diesen Ausweg zurück. Dabei ist es eine nicht zu unterschätzende Leistung, allmählich die Alternative eines Schadensersatzes herauszuarbeiten und sie zur Milderung willenstheoretischer Härten einzusetzen. Nachdem *Grotius* bei nachlässiger Erklärungsabgabe Schadensersatz gefordert,[250] *Richelmann* auf die „fühlbare Lücke des Römischen Rechts" hingewiesen[251] und *Mommsen* begriffliche Vorarbeit geleistet hatte,[252] lieferte *Jhering* mit dem Verschulden bei Vertragsverhandlungen eine dogmatische Konstruktion dieser Ersatzpflicht: Nicht um den Schutz putativer Verhältnisse gehe es in mancher Irrtumskonstellation, sondern eine hiervon völlig verschiedene, auf Verschulden gegründete Schadensersatzklage.[253] *Zitelmann* konnte so darauf verweisen, dass vorhandene Schuld zwar nach allgemeinen Grundsätzen nur dazu verpflichte, den eingetretenen Schaden und damit das negative Interesse zu ersetzen. Doch sei gegen eine solche Haftung nichts einzuwenden, vor allem tangiere sie selbstverständlich nicht das Prinzip der herrschenden Lehre, sondern bestätige es vielmehr ausdrücklich.[254] Auch *Windscheid* griff diesen Gedanken dankbar auf.[255] Der englischsprachigen Diskussion wurde die Unterscheidung von negativem und positivem Interesse insbesondere durch *Fuller* und *Perdue* bekannt, die daraus ganz eigene, stark funktionalistische Schlüsse zogen.[256] Doch auch bis in die jüngste Zeit findet das negative Interesse einige Aufmerksamkeit.[257] Dass dabei erst gegen Ende des 19. Jahrhunderts überhaupt eine empfindliche Lücke wahrgenommen wurde, liegt nicht zuletzt daran, dass die Willenstheorie erst einmal klar formuliert und konsequent zu Ende gedacht werden musste. Denn gerade bei der Irrtumsproblematik ist es nicht so, dass man immer schon jeden Inhalts- oder Erklärungsirrtum für beachtlich hielt.[258]

Dabei kann sich die Willenstheorie auch noch erfolgreich gegen einen weit verbreiteten und oft für zentral gehaltenen Einwand wehren: Danach soll der objektive Erklärungsinhalt überall dort gedanklich vorrangig sein, wo das Recht lediglich die Anfechtbarkeit einer ungewollten Willenserklärung und

---

[250] *Grotius*, Drei Bücher, 1625/1950, S. 239 (Buch II, Kap. 11 VI 3).
[251] *Richelmann*, Der Einfluss des Irrthums auf Verträge, 1837, S. 129 ff.
[252] *Mommsen*, Interesse, 1855, S. 11 ff.
[253] *Jhering*, JhJb 4 (1861), 1, 33 f., passim. Vgl. auch *Jhering*, Schuldmoment, 1867, S. 6 f.
[254] *Zitelmann*, JhJb 16 (1878), 357, 417.
[255] *Windscheid*, AcP 63 (1880), 72, 90, 104 f.
[256] *Fuller/Perdue*, 46 YaleLJ 52 (1937).
[257] Siehe etwa *Ackermann*, Negatives Interesse, 2007 oder *Dedek*, Negative Haftung, 2007.
[258] Vielmehr war insbesondere die Beschränkung auf wesentliche Irrtümer weit verbreitet. Siehe dazu nur *Ackermann*, Negatives Interesse, 2007, S. 29 ff. m.w.N. Nimmt man die Willenstheorie ernst, dann hat sich *Jhering* allerdings keineswegs sein Problem erst selbst geschaffen. Denn die Willenstheorie bietet für die Einschränkung von Inhalts- und Erklärungsirrtum keine Handhabe, vgl. näher oben § 9 C. I. 1. b) sowie unten § 17 C. I. 3.

nicht gleich deren Nichtigkeit anordne.²⁵⁹ So verweist *Danz* darauf, dass die objektive Auslegung bereits erfolgt sein müsse, bevor eine Anfechtung überhaupt diskutiert werden könne und festgestellt sei, wer überhaupt der Irrende sei.²⁶⁰ Die gesamte Irrtumsproblematik lasse sich ansonsten überhaupt nicht nachvollziehen.²⁶¹ Und bis zur erfolgten Anfechtung gelte nun einmal das objektiv Erklärte.²⁶²

Doch leidet diese Kritik an dem Problem, vorschnell festzulegen, wofür der objektive Erklärungsinhalt mitsamt der Anfechtungsmöglichkeit relevant sein soll. Die Willenstheorie kann hier darauf verweisen, dass beides durchaus rechtlich bedeutsam sei, nur eben nicht für den Vertragsinhalt, sondern insbesondere für die Zuweisung des negativen Interesses.²⁶³ Insofern ist der objektive Erklärungswert wirklich für den hier interessierenden Vertragsinhalt bedeutungslos.²⁶⁴ Und es wäre in der Tat ein gegenständlich-naturalistischer Rückfall,²⁶⁵ sähe man in der dem Vertragsschluss nachfolgenden, aber mit rückwirkender Nichtigkeit versehenen Anfechtung etwas Unmögliches, weil „… etwas wirklich nicht Existierendes für niemand irgendeine Wirkung äußern…" könne.²⁶⁶ Es verwundert daher nicht, dass es auch Vertreter der Willenstheorie waren, die bei den Diskussionen um das deutsche Bürgerliche Gesetzbuch dafür eintraten, von einer absoluten zur relativen Nichtigkeit der Anfechtbarkeit überzugehen.²⁶⁷

b) Grenzen

Es ist eine dogmatisch bedeutsame und daher unbedingt festzuhaltende Erkenntnis, dass es das negative Interesse oft ermöglicht, für die Wirksamkeit der vertraglichen Bindung eine Aufmerksamkeit bei Vertragsschluss zu verlangen und so die Vorteile des Subsidiaritätsgedankens auszuschöpfen. Doch wäre es andererseits illusionär zu glauben, dass sich das geltende Vertragsrecht mit diesem Ausweg auch nur annähernd willenstheoretisch abbilden ließe. Verzichtet etwa der Irrende auf eine Anfechtung, verwehren wir es dem nicht irrenden Vertragspartner, sich seinerseits auf den fremden Irrtum zu beru-

---

[259] *Kramer*, Grundfragen, 1972, S. 123; *Brox*, Einschränkung, 1960, S. 50 ff.; *Gudian*, AcP 169 (1969), 232, 233; *Rohe*, Netzverträge, 1998, S. 182. Vgl. dazu auch die nachfolgend zitierten Stimmen sowie *Schapp*, Grundfragen der Rechtsgeschäftslehre, 1986, S. 37 ff.
[260] *Danz*, Auslegung, 3. Aufl. 1911, S. 31 ff.
[261] *Danz*, Auslegung, 3. Aufl. 1911, S. 22 ff., 27; *Larenz*, Auslegung, 1930, S. 6; *Tuhr*, Allgemeiner Teil, Bd. 2 Hbd. 1, 1957, S. 402 (§ 61 I 1 b)).
[262] *Danz*, Auslegung, 3. Aufl. 1911, S. 25.
[263] *Lobinger*, Verpflichtung, 1999, S. 25, 142 f.
[264] *Wieling*, AcP 172 (1972), 297, 301, 303.
[265] Allgemein zu diesem Denken oben bei Fn. 109, 111.
[266] *Brandis*, Zeitschrift für Civilrecht und Prozess 7 (1834), 121, 123. Hiergegen zu Recht *Lobinger*, Verpflichtung, 1999, S. 139 f. m.w.N.
[267] Siehe dazu nur die Darstellung bei *Lobinger*, Verpflichtung, 1999, S. 136.

fen.²⁶⁸ Nur der Irrende kann hier anfechten. Dann aber hat die Willenstheorie mangels eines übereinstimmenden Willens im Zeitpunkt der Anfechtung ersichtlich ein Problem, den für sie notwendigen neuen Vertragsschluss zu begründen.²⁶⁹ So richtig es ist, auf die fehlende Schutzwürdigkeit des Nicht-Irrenden, die Nachteile bloßer Reurechte oder die notwendige „Lebensfähigkeit der rechtsgeschäftlichen Privatautonomie" zu verweisen,²⁷⁰ sind das keine willenstheoretischen Argumente.²⁷¹ Und selbst wenn der Gegner bei Anfechtung weiterhin am Vertrag interessiert ist, wäre aus Sicht der Willenstheorie zu erläutern, warum hier weniger strenge Anforderungen an einen Vertragsschluss gelten sollen als ohne vorhergehenden Irrtum. Aus Sicht des Anfechtungsgegners ist schließlich zu fragen, ob die Zuerkennung des negativen Interesses tatsächlich vollständige Kompensation verspricht.²⁷² So verrät ein Blick in die Rechtspraxis, dass es für den Erklärungsadressaten oft kaum möglich ist, vollständigen Ausgleich zu erlangen. Deutlich wird das bei ideellen Schäden oder wenn man nachweisen muss, dass einem eine andere Gelegenheit zum Vertragsschluss entgangen ist. Auch muss man einen Richter erst einmal von seinem Irrtum überzeugen, etwa wenn man einwendet, bei der Auktion nur jemandem zugewunken zu haben.²⁷³ All das führt dazu, dass mancher Irrende den objektiven Erklärungsinhalt hinnimmt, weil sich alles andere für ihn nicht lohnen würde. Generell lässt sich feststellen, dass dem Geschäftsverkehr mit einem System lauter Schadensersatzklagen nicht gedient wäre.²⁷⁴ Aus Sicht des Rechtfertigungsprinzips ist darauf hinzuweisen, dass man mit dieser Lösung oft beiden Parteien unnötig schadet, weil es oft bessere, nämlich wertschöpfendere Ausgestaltungen gibt.²⁷⁵

c) Praktischer Befund

Vor allem aber wird es der Willenstheorie zum Verhängnis, dass keine europäische Rechtsordnung darauf verzichtet, den Versprechenden an manchem Vertragsinhalt auch ohne Anfechtungsmöglichkeit festzuhalten – selbst wenn sich darauf kein Wille erstreckt. Wann immer man das rechtstatsächlich zur Kenntnis nimmt oder gar rechtspolitisch für sinnvoll hält, klafft eine Lücke,

---

²⁶⁸ Näher unten § 17 B. V. 2.
²⁶⁹ Stellv. *Mayer-Maly*, FS Nipperdey, Bd. 1, 1965, S. 509, 509 f.
²⁷⁰ Stellv. *Lobinger*, Verpflichtung, 1999, S. 138, 141, 183 (vgl. denselben auch sehr ähnlich zur Mentalreservation unten § 17 F. II. 6.) m.w.N.
²⁷¹ Zur Lösung nach dem Rechtfertigungsprinzip siehe unten § 17 C. II.
²⁷² Siehe dazu nur *Bähr*, JhJb 14 (1875), 393, 422 ff.; *Lenel*, JhJb 44 (1902), 1, 2; *Schlossmann*, Irrtum, 1903, S. 22 f., 82.
²⁷³ Auch *Lobinger*, Verpflichtung, 1999, S. 176 sieht durchaus die Tendenz etwa des Bundesgerichtshofs, Anfechtungsmöglichkeiten einzuschränken, etwa indem man diese Frage eines relevanten Irrtums überhaupt nicht mehr erwägt bzw. erwähnt.
²⁷⁴ Zutr. *Hofmann*, Entstehungsgründe, 1874, S. 109 m.w.N.
²⁷⁵ Näher unten § 17 C.

die willenstheoretisch nicht zu schließen ist.[276] Dabei stellt sich dieses Problem selbst beim deutschen, stark willenstheoretisch geprägten Vertragsrecht, was sich an diversen Einschränkungen der Irrtumsanfechtung,[277] dem „faktischen Vertrag"[278] oder dispositiven Anordnungen einer üblichen Vergütung[279] zeigt. Wendet man den Blick dann auch noch auf andere Länder, so wird man schnell ernüchtert feststellen, dass die für den Irrenden sehr großzügigen deutschen Lösungsmöglichkeiten eher die Ausnahme bilden, gerade weil sie weniger rechtspraktische Bedürfnisse oder gemeinrechtliche Traditionen abbilden als den bei Erlass des Bürgerlichen Gesetzbuchs sehr starken willenstheoretischen Einfluss.[280] Auch viele Willenstheoretiker gestehen diesen praktischen Befund – wenngleich nicht immer die damit verbundene Herausforderung für die Willenstheorie – unvoreingenommen ein. So verweist *Flume* in bewundernswerter Praxisnähe nicht nur zutreffend darauf, dass die Tendenz der kontinentaleuropäischen Rechte eher in Richtung einer Einschränkung der Irrtumsanfechtung gehe,[281] sondern auch eine Einschränkung der Nichtig-

---

[276] Weshalb dann auch viele Willenstheoretiker auf alternative Kriterien – etwa das der Fahrlässigkeit oder Verantwortung – ausweichen, näher dazu unten § 10 C. III.; § 10 C. IV.

[277] So schließt § 164 Abs. 2 BGB ausdrücklich die Anfechtung bei nicht erklärtem Vertreterwillen aus (zutr. *Danz*, Auslegung, 3. Aufl. 1911, S. 20), während § 119 Abs. 1 BGB das Kausalitätserfordernis um eine „verständige Würdigung" ergänzt (*Singer*, Selbstbestimmung, 1995, S. 69 f., dazu wiederum *Lobinger*, Verpflichtung, 1999, S. 163, 171) und § 121 BGB eine auch nur fahrlässige Fristversäumung genügen lässt, um den nichtgewollten Vertragsinhalt verbindlich werden zu lassen (stellv. *Frotz*, Verkehrsschutz, 1972, S. 454 sowie hiergegen wiederum *Lobinger*, Verpflichtung, 1999, S. 149, 153, 160 f. (*„cum grano salis"*), der auf S. 161 dann – für ihn ganz untypisch – auf eher idealistischen Pfaden wandert, wonach es „... gerade auch in der Konsequenz ..." der Absicht des Irrenden liege, „... mit einer rechtsgeschäftlichen Erklärung beim Wort genommen zu werden ..." (vgl. auch *Singer*, Selbstbestimmung, 1995, S. 127 sowie näher zu solchen Argumenten unten § 10 C. IV. 1.). Schließlich liegt der Verdacht nahe, dass gerade die Gerichtspraxis die Irrtumsanfechtung durch strenge Darlegungs- und Beweisanforderungen weiter einschränkt.

[278] Näher unten § 12.

[279] Vgl. dazu *Hanau*, AcP 165 (1965), 220, 279 m.w.N.

[280] Zutr. *Flume*, FS Deutscher Juristentag, Bd. 1, 1960, S. 135, 199. Siehe dazu auch *Kohler*, JhJb 28 (1889), 166, 226. Während vielleicht noch im schweizerischen Recht ein ähnlich starker Willensbezug feststellbar ist (vgl. dazu *Mayer-Maly*, FS Nipperdey, Bd. 1, 1965, S. 509, 521), lässt sich das für Österreich (und generell die Naturrechtskodifikationen), den romanischen oder auch skandinavischen Rechtskreis nicht mehr sagen, weshalb auch Art. 4:103 PECL und Art. II. – 7:201 DCFR (siehe dort auch die rechtsvergleichenden Nachweise) einen Mittelweg beschreiten.

[281] *Flume*, FS Deutscher Juristentag, Bd. 1, 1960, S. 135, 199. Historisch scheint das objektive Moment gegenüber dem subjektiven eher an Gewicht zu gewinnen, vgl. in diesem Sinne *Raiser*, FS Deutscher Juristentag, Bd. 1, 1960, S. 101, 123; *Wieacker*, Privatrechtsgeschichte, 2. Aufl. 1967, S. 516, *Hanau*, AcP 165 (1965), 220, 222 oder zum anglo-amerikanischen Recht *DiMatteo*, Contract Theory, 1998, S. 2 jeweils m.w.N. *Kramer*, Grundfragen, 1972, S. 198 weist zu Recht darauf hin, dass schon im Jahr 1907 mit *Leist*, AcP 102 (1907), 215 ein Aufsatz erscheinen konnte, der die Frage der Einschränkung der Irrtumsanfechtung durch die Praxis bereits im Titel führte, vgl. aus jüngerer Zeit auch etwa *Brox*, Einschränkung, 1960.

keitslösung fordere, wenn der Irrtum nicht das „Wesen des Rechtsgeschäfts" betrifft.[282] Andernorts plädiert er undoktrinär für eine stärkere Beschränkung relevanter Irrtümer im Sinne der Vertrauenstheorie und verweist dafür – weniger überzeugend –[283] auf den Satz des *pacta sunt servanda* als selbständigem Rechtswert.[284] Dabei weiß er sich in guter Gesellschaft etwa eines *Savigny*, der unter Verweis auf die Sicherheit des Rechtsverkehrs die Irrtumsanfechtung begrenzt sehen will,[285] oder auch von *Enneccerus*, der betont, dass die Rechtsordnung nicht jeden Irrtum berücksichtigen könne.[286] Ganz zu schweigen ist hier von den Kritikern der Willenstheorie, die darauf verweisen, dass es mancher Laie wie Rechtspraktiker als geradezu befremdlich ansehen wird, wenn man sogar bei jedem noch so grob verschuldeten Irrtum über den Vertragsinhalt anfechten darf.[287] Schließlich sollte man sich nur einmal die ganze, bereits beschriebene Bandbreite willensunabhängiger Vertragsinhalte[288] vergegenwärtigen – angefangen mit dem dispositiven und zwingenden Recht über Werbung, Allgemeine Geschäftsbedingungen, Stellvertretung, Anforderungen an eine Mangelfreiheit, Leistungsstörungsregelungen, Üblichkeit, Typizitäten und Verkehrssitte, Weisungsrechte, Rechtsscheintatbestände, das Schweigen als Willenserklärung bis hin zu Vertragsanpassungen –, um anzuerkennen, wie selten das Recht hier eine Lösungsmöglichkeit zuerkennt.[289]

Zusammenfassend lässt sich festhalten, dass es illusionär wäre, das Vertragsrecht auch nur irgendeines Staates auf das starre Schema von Rechtsfolgewille und negativem Interesse zurückführen zu wollen. Denn die Anfechtbarkeit einer nicht gewollten Erklärung ist keineswegs immer diejenige Option, welche die beiderseitigen Parteiinteressen bestmöglich verwirklicht – etwa wenn diese Anfechtung mitsamt einer Rückabwicklung keine praktikable Alternative darstellt. Vielmehr bedarf es eines Kriteriums, das überhaupt erklären kann, wann und warum unser Recht mal das Gewollte, mal das Erklärte und mal auch einen ganz neuen Vertragsinhalt, mal das positive Interesse, mal das negative Interesse und bisweilen eine Vertragsstrafe anordnet.[290]

---

[282] *Flume*, FS Deutscher Juristentag, Bd. 1, 1960, S. 135, 202. Vgl. diesen auch unten bei § 10 Fn. 175.

[283] Denn erstens lassen sich diesem Satz keine Maßstäbe dafür entnehmen, wie weit am Vertrag festzuhalten sein soll, und zweitens geht es genau wie etwa bei den Leistungsstörungen zunächst darum, überhaupt den Inhalt des Vertrags bzw. sonstiger Rechtsänderungen festzustellen, vgl. oben § 6 B. V. 2.

[284] *Flume*, Eigenschaftsirrtum, 1948, S. 98 f.

[285] *Savigny*, System, Bd. 3, 1840, S. 267 f.

[286] *Enneccerus/Nipperdey*, Allgemeiner Teil, Hbd. 2, 15. Aufl. 1960, S. 1030 (§ 166 II).

[287] Vgl. dazu etwa *Kohler*, JhJb 28 (1889), 166, 235 f.

[288] Näher oben § 9 C. IV.

[289] Oft wird eine Anfechtungsmöglichkeit nicht einmal diskutiert. Siehe dazu auch unten § 17 A. IV. 2.

[290] Für das Rechtfertigungsprinzip siehe unten § 17 C. II.

2. Scheinwille

a) Zwischenergebnis und Problem

Diese Arbeit will nicht zuletzt verdeutlichen, wie viele Vertragsinhalte unabhängig vom Parteiwillen bei Vertragsschluss sind.[291] Dabei ist das nur die zwangsläufige Konsequenz dessen, dass sich ein Mensch kaum mehr als darauf konzentrieren kann, seinem Gegner freundlich die Hand zu schütteln. Indem sich die Willenstheorie zeitlich wie personell so stark beschränkt, überfordert sie den Willen und macht sich so angreifbar. Dabei wäre dieses Defizit leicht zu erkennen, indem man diese Theorie schlichtweg subsumiert und sich damit ernsthaft fragt, worauf sich ein menschlicher Wille tatsächlich erstreckt. Hierzu bedarf es auch keiner ausgefeilten psychologischen Untersuchungen, vielmehr reicht ein wenig Lebensnähe. Indem sich die Willenstheorie dennoch auf den Selbstbindungswillen versteift, verfügt sie über keine ergänzenden Maßstäbe, um die unausweichlich klaffende Lücke zu füllen.

Dass sich dieser Ansatz dennoch bis heute so stark behauptet, dürfte zum einen daran liegen, dass die klassischen Konkurrentinnen wie die Erklärungstheorie noch angreifbarer sind.[292] Zum anderen haben nicht nur wir Juristen die Eigenschaft, allzu bereitwillig überall dort auf dogmatisch zweifelhafte Argumentationsmuster auszuweichen, wo der von uns propagierte Ansatz versagt. Genauso wie der Willenstheorie ihre begrüßenswerte Klarheit zum Verhängnis gemacht wird, kann man versuchen, diesem Verhängnis dadurch zu entgehen, dass man genau diese Klarheit aufgibt.

Am direktesten ist dabei die blanke Fiktion.[293] Weniger offen, aber letztlich auf das Gleiche hinauslaufend ist es, wenn man stattdessen ein „normatives" Verständnis propagiert und sich so die Handhabe beschafft, um schlichtweg alles als normativ gewollt anzusehen.[294] Daneben kann man auch etwas kunstvoller versuchen, in den menschlichen Kopf all das hineinzulegen, was man dann effektvoll als vermeintlich doch gewollt wieder hervorholt – insbesondere unter Verweis auf Zauberwörter wie Auslegung oder Hermeneutik.[295] Doch entspricht selbst eine noch so folgerichtige Erweiterung des Vertrags um von den Parteien nicht bedachte Punkte nicht deren Willen.[296] Weit verbreitet ist auch der Versuch, den Willen um all das zu erweitern, was in irgendeiner Form an diesen Willen anknüpft bzw. woran dieser Wille anknüpft, seien es

---

[291] Noch übergreifender geht es ihr besonders um eine konsequente Berücksichtigung unserer nur begrenzten geistigen Fähigkeiten, vgl. dazu etwa unten § 17 A.; § 19 F.

[292] Eingehend unten ab § 10 B.

[293] Dazu gleich unten § 9 C. V. 2. b).

[294] Näher unten § 9 C. V. 2. e); passim.

[295] Näher unten § 10 E. II.

[296] Diese Einsicht ist uralt, vgl. aus jüngerer Zeit nur *Picker*, JZ 1987, 1041, 1042, 1045 oder *Singer*, Selbstbestimmung, 1995, S. 51 f. jeweils m.w.N. sowie zur Auslegung jenseits des Parteiwillens unten § 10 E. II. 1.

staatlich gesetzte Vertragsinhalte – zwingend oder dispositiv, gesetzes- oder richterrechtlich –,[297] sei es das, was die Verwirklichung des Gewollten erfordert[298] oder auch nur ein willentlich unterzeichneter Stapel Papier.[299] Eine weitere Variante der kaum überschaubaren und in ihrer Kreativität beeindruckenden Versuche, dort, wo ein realer Wille fehlt, sich einen solchen herbei zu denken, ist das Ausweichen auf einen mutmaßlichen oder hypothetischen Willen. Dabei ist hier in der Sache nicht einmal zu kritisieren, dass man dort, wo der Parteiwille fehlt, stattdessen die Parteiinteressen berücksichtigt. Doch richtet man dogmatisch einigen Schaden an, wenn man mit dem Wollen einen klar definierbaren und deshalb theoretisch so wertvollen Begriff mit Gesichtspunkten vermischt, die klar trennbar sind und allein deshalb auch sorgsam getrennt werden sollten.[300]

b) Fiktion

aa) Fragwürdigkeit
Wann immer die Realität nicht das hergibt, was sie ausweislich der jeweils propagierten Theorie ausweisen soll, hat man zwei Möglichkeiten. Entweder man verwirft die Theorie und gesteht so eine Niederlage ein. Oder man ignoriert diese Realität, indem man ihr das an- oder abdichtet, was einen stört. Dass dies wissenschaftlich nicht überzeugt, liegt auf der Hand. Begriffe und Theorien kann man erweitern, die menschliche Aufmerksamkeit nicht. Und dennoch ist die Fiktion bis heute weit verbreitet. Die hier zunächst interessierende Willenstheorie muss sich fragen lassen, ob sie nicht allzu oft etwas – nämlich den Willen – einfach unterstellt. Denn auch hinsichtlich einzelner Vertragsinhalte bleibt eine Fiktion eine Fiktion. Dabei ist die offene Fiktion noch am ehrlichsten. Schließlich wird hier das Problem angesprochen und damit – wie *Flume* formuliert – zwar nichts gesagt, wohl aber die juristische Frage gestellt.[301] Genauso mag man die Fiktion rechtstechnisch insbesondere zur Vereinfachung einsetzen. So lassen sich mit ihr zwei Sachverhalte dadurch gleich behandeln, dass man auf andere Tatbestände verweist. Was all das jedoch nicht ersetzt, ist die hier gesuchte Begründung für die jeweilige Rechtsfolge.[302] Wirklich umstritten ist das alles nicht. Nach *Flume* etwa tötet man geradezu das Problem, ob und inwieweit durch das Verhandeln Pflichten entstehen, wenn man einen Vertrag unterstellt. Die fingierte Willenserklärung sei

---
[297] Näher unten § 16 A. II.
[298] Näher unten § 9 C. V. 2. c).
[299] Näher unten § 14 B. I.
[300] Näher oben § 9; § 9 B. I.
[301] *Flume*, FS Deutscher Juristentag, Bd. 1, 1960, S. 135, 171: „Die Fiktion des Gesetzes stellt wenigstens klar, dass keine Willenserklärung vorliegt." Dessen Hinweise auf den Eintritt ergänzender Regeln „von Rechts wegen" oder auch das „rechtlich relevante Verhalten" liefern allerdings auch keine Begründung, vgl. unten § 16 A. sowie unten § 9 C. V. 4.
[302] Eingehend *Esser*, Rechtsfiktionen, 1940.

genauso wenig eine Willenserklärung wie die stillschweigende Willenserklärung.[303]

Besonders deutlich fällt dieser Befund bei jenen aus, die der Willenstheorie nicht anhängen. Dabei ist es einmal mehr *Schlossmann*, der das fundamentale Problem, Fiktionen (wie auch sonstige Ausflüchte) auch nur ein einziges Mal zuzulassen, auf die Schärfe eines Rasiermessers zuspitzt: „Mit nicht geringerem Recht, wie man dem Versprechen ein stillschweigendes Versprechen entgegensetzt, hätte man umgekehrt das Schweigen als obligierendes Moment an die Spitze stellen, und gegenüber den Fällen des ‚stillen Schweigens' für die Fälle, wo ein Versprechen vorliegt, ein ‚lautes Schweigen' ... als den Grund der Obligation bezeichnen mögen."[304] *Lenel* bemerkt zu jenem „... unselige[n] Irrtum, welcher die Rechtsfolge auf den Parteiwillen stets zurückführt...": „Es war so verlockend bequem in Zweifelsfällen, statt zu untersuchen, welche Rechtsfolge und warum sie dem Parteiwillen angemessen sei, lieber ohne Weiteres das Gewolltsein dieser Rechtsfolge der Partei in die Seele zu schieben: Man ersparte sich die Lösung der eigenen Aufgabe, indem man die Fiktion des Parteiwillens als stets bereites Tischlein-deck-dich in Szene setzte."[305] *Ehrenzweig* führt zum „juristischen Doppelgänger des natürlichen Willens" aus: „Allenthalben sehen wir dann in dem reichverzweigten Geäst des Systems den juristischen ‚Willen' sich drehen und wenden und empor klettern immer höher und kühner, um schließlich, mit der wechselnden Umgebung Farbe und Natur verändernd, in den seltsamsten Verwandlungen jene reinen Ätherhöhen der juristischen Dogmatik zu erreichen, in welche ihm die kontrollierende Psychologie nicht folgen kann."[306] *Ehrlich* hält der Willensfiktion fast schon brutal entgegen, dies möge ja wissenschaftlich zulässig sein, „... allein ich halte eine Verständigung auf solcher Basis für unmöglich."[307]

Doch wenn sich alle darüber einig sind, dass nicht nur Willensfiktionen, sondern Fiktionen generell dogmatisch zu verdammen sind – warum dann diese Aufregung? Warum hierüber auch nur ein Wort verlieren? Leider ist das Problem bis heute nicht einmal annähernd überwunden und hindert es jene, die selbst Fiktionen so deutlich verdammen, noch lange nicht, genau diese vorzunehmen. Allenfalls verfeinern sich die Methoden, um sich zumindest rein verbal auf den so schön-liberalen Klang des Parteiwillens berufen zu können. Bestenfalls wird dabei ein fehlender Wille unter Verschleierung der tatsächlich angewandten Maßstäbe ergänzt, schlimmstenfalls ein entgegenstehender Wille gebrochen.

---

[303] *Flume*, AcP 161 (1962), 52, 63; *Flume*, Allgemeiner Teil, Bd. 2, 4. Aufl. 1992, S. 115, 129 f., 171. Vgl. zu diesem aber den Hinweis in Fn. 301.
[304] *Schlossmann*, Der Vertrag, 1876, S. 50.
[305] *Lenel*, JhJb 19 (1881), 154, 251.
[306] *Ehrenzweig*, Rechtsgrund, 1889, S. 48.
[307] *Ehrlich*, Die stillschweigende Willenserklärung, 1893, S. VII f.

Nur eine Variante davon ist es, dem Begriff des Wollens diverse Zusätze voranzustellen und etwa von einem unbewussten, latenten, unbestimmten, allgemeinen, begleitenden oder unterschwelligen Willen zu sprechen.[308] Besonders bekannt ist hier *Windscheids* Unterscheidung zwischen eigentlichem und wirklichem Willen.[309] Oder man beschönigt die Fiktion mit dem Hinweis, der Rechtsfolgewille brauche nicht in klarer juristischer Vorstellung, sondern nur in praktischer Gesamtanschauung erklärt zu sein – ähnlich wie im Strafrecht die Parallelwertung in der Laienssphäre ausreiche.[310] Leider ist bei all diesen Bemühungen nicht ersichtlich, wie ein so verstandenes Wollen subsumiert werden sollte. Natürlich ist es niemandem verboten, das Wollen mit Hilfe eigenständiger, tatsächlich überprüfbarer Tatbestandsmerkmale neu zu definieren. Doch zaubert man so wie bereits erwähnt noch lange nicht das herbei, was wir am Wollen so schätzen, nämlich die mit der menschlichen Aufmerksamkeit verbundene Entscheidungsqualität, also etwa die Individualität, Kreativität und situative Anpassung einer vertraglichen Lösung.[311]

bb) Lebensnähe
Sucht man nach Phasen, in denen Fiktionen besonders deutlich kritisiert wurden, wird man nicht nur auf die Vertreter der Erklärungs- oder der Grundfolgentheorie stoßen, sondern noch auf eine andere Debatte, die sich um *Haupt* und dessen These eines faktischen Vertrags dreht. Wenngleich darauf andernorts noch zurückzukommen sein wird,[312] sei hier nur darauf verwiesen, dass die dort vorgetragene Forderung nach einer größeren Lebensnähe nichts anderes ist als das völlig berechtigte Anliegen nach dogmatischer Redlichkeit – oder anders ausgedrückt: nach der gewissenhaften Subsumtion der jeweils vertretenen Theorie. So wandte sich *Haupt* ausdrücklich gegen die Verflachung, Farblosigkeit und Aushöhlung des Begriffs der Willenserklärung, die mit den Willensfiktionen einhergeht. Mit „… der gewaltsamen Zurechtstutzung der Tatbestände, dem Übermaß fingierter Willenserklärungen oder dem Bewusstsein der Parteien fernliegenden Auslegungen sowie zu dem immer verzweifelter werdenden Bemühen der rechtswissenschaftlichen Theorie, mit dieser Abwertung der Willenserklärung Schritt zu halten…", könne es nicht weitergehen. Der Rechtswahrer müsse in der Lage sein, ohne Zwischenschaltung

---

[308] Zur Kritik etwa am unbewussten Willen vgl. nur *Lenel*, JhJb 19 (1881), 154, 158 oder *Piniński*, Sachbesitzerwerb, Bd. 2, 1888, S. 299 zu jener am „allgemeinen Verkehrswillen" *Danz*, Auslegung, 3. Aufl. 1911, S. 154 (Fn. 1) jew. m.w.N.
[309] *Windscheid*, Voraussetzung, 1850, S. 2, passim. Zur Kritik siehe nur *Ehrlich*, Die stillschweigende Willenserklärung, 1893, S. 11.
[310] *Kellmann*, NJW 1971, 265 m.w.N.
[311] Näher oben § 9 B. II. 3.
[312] Unten § 12.

rechtskonstruktiver Hilfsfiguren seine Entscheidung aus dem Sachverhalt selbst zu begründen.[313]

An dieser Kritik und dem damit verbundenen dogmatischen Anliegen ist nichts auszusetzen. Insbesondere wäre es fatal, die Forderung nach wirklichkeitsnahen Rechtsfiguren als illiberal zu brandmarken.[314] Lebensnähe ist nichts anders als die Bereitschaft, die Welt so wahrzunehmen, wie sie ist, anstatt sie sich schön zu malen. Und ganz gleich, ob wir liberale oder kollektivistische Ideale vertreten, sind wir gut beraten, sie für die Welt anzustreben, in der wir nun einmal leben. Eine ganz andere Frage ist allerdings, ob wir das Anliegen einer möglichst verallgemeinernden Beschreibung des geltenden Rechts wie etwa von *Larenz* oder *Siebert* propagiert durch „konkret-allgemeine" oder „konkret-spezielle" Begriffe ablösen sollten.[315] Davon ist tatsächlich abzuraten.

c) Verknüpfung

aa) Zwangsläufigkeiten

Möchte man einerseits akzeptieren, dass ein Wille Aufmerksamkeit verlangt, andererseits aber für das Vertragsrecht mehr aus diesem Willen herausholen, als er hergibt, liegt eine Versuchung nahe: Möglicherweise lassen sich bestimmte Inhalte identifizieren, die so an den Willen anknüpfen, dass sie von vergleichbarer normativer Autorität erscheinen wie das wirklich Gewollte. *Pufendorf* formuliert hier kurz und knapp: „Wer ein Ziel will, dessen Wille umfasst notwendigerweise auch die Mittel, ohne die das Ziel nicht erreicht werden kann."[316] In der Tat: Wenn ich die schöne Aussicht will, will ich dann nicht auch den dafür notwendigen Aufstieg auf den Berg – auch wenn mir dieser noch nicht im Einzelnen bekannt ist? Und wie verhält es sich gar bei mathematischen Gesetzmäßigkeiten? Angenommen, ein Käufer will für 29 Tische jeweils 18 Rosen (Fall 185), will er hier nicht selbst dann 522 Rosen, wenn er die Multiplikation nicht beherrscht und ein Taschenrechner in weiter Ferne ist? Gerade bei dem letzten Beispiel ist man geneigt, ob dieses geradezu zwangsläufigen Zusammenhangs zu schließen, dass natürlich auch 522 gewollt sei, ja gewollt sein müsse, da es überhaupt keinen Unterschied zwischen „29 mal 18" und „522" gebe.

---

[313] *Haupt*, Über faktische Vertragsverhältnisse, 1941, S. 5 f., 28 f., 37.

[314] So aber *Lambrecht*, Faktisches Vertragsverhältnis, 1994, S. 73, 83. Siehe zur Einordnung *Haupts* sowie zur gesamten Debatte auch unten § 12 A.

[315] Siehe dazu nur die Darstellung bei *Rüthers*, Entartetes Recht, 1994, S. 76 ff.; *Rüthers*, Unbegrenzte Auslegung, 6. Aufl. 2005, S. 302 ff. oder *Lambrecht*, Faktisches Vertragsverhältnis, 1994, S. 65 f. jeweils m.w.N.

[316] *Pufendorf*, Pflicht des Menschen, 1673/1994, S. 48 (Buch I, Kap. 3, § 9). Ähnlich etwa *Larenz*, Allgemeiner Teil, 7. Aufl. 1989, S. 314 f., der ausführt, dass wer eine Sache kaufe, um des mit ihr erstrebten Zwecks auch die damit verbundenen Rechtsfolgen wolle. Zu weiteren Beispielen siehe etwa unten bei Fn. 521.

Und doch ist diese Schlussfolgerung mit unserer normalsprachlichen und in ihrer Enge auch sinnvollen Bedeutung von Wollen unvereinbar. Hierzu sei der Leser auf den dem arabischen Kulturkreis entstammenden Fall 186 hingewiesen: Kann man dort wirklich behaupten, dass der König, indem er in die Lieferung von ($2^{64} - 1$) Weizenkörnern einwilligte, dies auch für die Lieferung von ca. 922 Milliarden Tonnen Weizen tat? Und waren im vorherigen Beispiel wirklich 522 Rosen gewollt? Man wird hier erst dann zu einer klaren Lösung kommen, wenn man sich der normalsprachlichen Grundlagen des hier interessierenden Begriffs, also des Wollens, vergewissert. Wie nicht oft genug betont werden kann, entpuppen sich zahllose philosophische Diskussionen oder gar ganze Theorien und Traditionen als das Produkt lediglich ungenauer Begrifflichkeiten.[317] Für die juristische Diskussion gilt nichts anderes, und wenn sich der Verfasser so intensiv mit der Bedeutung des Wollens auseinandersetzt, dann ist das der Einsicht in die Gefahren begrifflich unfundierter Diskussionen geschuldet. Es ist keineswegs ein biologischer oder logischer Widerspruch, wenn sich die menschliche Aufmerksamkeit zwar auf „$2^{64} - 1$" und damit – genauer formuliert – die Elemente „2", „hoch", „64", „–" und „1" erstreckt und nicht etwa auf „18.446.744.073.709.551.615". Vielmehr erweist sich diese Beobachtung als sehr hilfreich. So würde nicht nur unser Herrscher irritiert reagieren, wenn der Brahmane entgegnete, die gigantische Menge Weizen sei doch genau das, was er ihm mit seinem Versprechen habe schenken wollen, es werde doch nur sein Wille geehrt. Das liegt nicht zuletzt daran, dass der Wille nur als Indiz dafür, dass das Gewollte im Interesse des Wollenden liegt, funktioniert, wenn sich die menschliche Aufmerksamkeit auch darauf erstreckte. Die Kenntnis von ein paar Zahlen ist etwas anderes als die Kenntnis, bankrott zu gehen. Dabei sei nur am Rande angemerkt, dass wir Menschen nicht einmal fähig sind, die Bedeutung solcher Zahlen wie „57" oder „113" zu erfassen. Uns fehlt dafür schlichtweg die Vorstellungskraft. Eine mehr als einstellige Anzahl von Gegenständen überfordert uns.[318]

Das so offen anzuerkennen mag auch deshalb schwerfallen, weil es natürlich diverse Verbindungen zwischen „$2^{64} - 1$" und „18.446.744.073.709. 551.615" gibt. So lässt sich mit dem ersten Ausdruck der zweite „notwendig"[319] bestimmen – wenn auch für den normalen Menschen nur mit erheblichem Aufwand. Der mathematische Zusammenhang sollte nicht geleugnet werden, sondern lediglich, dass diese Identität auch für die menschliche Auf-

---

[317] Näher oben § 1 C. IV.; § 2 B. I. 1.
[318] Klassisch etwa *Miller*, 63 PsycholRev 81 (1956).
[319] Letztlich ist allerdings auch Mathematik nicht apriorisch-denknotwendig gegeben, schön deutlich etwa *Quine*, 60 PhilosRev 20, 39 (1951): „The totality of our so-called knowledge or beliefs, from the most casual matters of geography and history to the profoundest laws of atomic physics or even of pure mathematics and logic, is a man-made fabric which impinges on experience only along the edges. Or, to change the figure, total science is like a field of force whose boundary conditions are experience."

merksamkeit und damit das Wollen gilt. Natürlich muss ein Schädiger von „29 mal 18" Rosen genau 522 Rosen ersetzen – schließlich sind diese Ausdrücke mathematisch identisch, und an einen Willen knüpft die schadensrechtliche Ersatzpflicht nicht an. Genauso mag man mit der Bedeutung des „Sagens" verbinden, dass wer „29 mal 18" sage, auch „522" sage – eine Frage, die hier nicht weiter zu interessieren braucht. Schließlich wird man geneigt sein, an das Versprechen des Herrschers einen Fahrlässigkeitsvorwurf zu knüpfen. Denn wer etwas verspricht, was er in seinen Konsequenzen nicht gedanklich erfassen kann, sollte schweigen oder einen Taschenrechner bemühen. Doch sind hiermit wiederum ganz andere Kategorien angesprochen, die mit dem Wollen zu vermengen eine produktive Diskussion erschwert.

Der das Wollen limitierende Umstand, dass unsere Aufmerksamkeit äußerst begrenzt ist, gilt dabei unabhängig von der Frage, ob das, was notwendig mit dem Gewollten verknüpft ist, seinerseits gewollt oder unerwünscht ist, ob also etwa in Fall 187 bereits der Aufstieg und nicht nur die Aussicht unseren Bergsteiger erfreut. Die unterschiedliche Bedeutung von Wille und Einwilligung wurde bereits illustriert.[320] Doch eignen sich für den vermeintlich Wollenden unangenehme Konsequenzen besonders gut dazu, um die Absurdität mancher Willenserweiterung zu illustrieren: In Fall 170 erwirbt der Brotliebhaber einen knusprig aussehenden Laib, nur um später beim Aufschneiden festzustellen, dass er voller grünen Schimmels ist. Hier wäre unser Käufer zu Recht verärgert, wagte es ihm der Bäcker zu entgegnen, er erhalte mit dem Schimmel doch nur das, was er gewollt habe, sein Wille werde geachtet und geehrt, schließlich sei der Schimmel nun einmal mit dem konkret erbetenen Laib verbunden. Demgegenüber erfasste die Aufmerksamkeit des Käufers und damit das, was den Willen als vertragstheoretisches Argument auszeichnet, nur die bei Vertragsschluss äußerlich sichtbare Hülle.[321]

bb) Menschlich vermittelte Kausalitäten

Es ist nicht so, dass nur die Natur gewisse Verbindungslinien von etwas Gewolltem und einem „Sonstigen" herstellen könnte – ganz im Gegenteil. Vielmehr ist unsere Rechtsordnung ein leuchtendes Beispiel dafür, dass durch ein von begrenzter Aufmerksamkeit getragenes Wollen zahlreiche ungewollte Rechtsfolgen ausgelöst werden. Dabei mögen diese Rechtsfolgen sowohl im Voraus als auch erst im Nachhinein festgelegt werden. Auch hier erklären kleine Beispiele mehr als tausend Worte. Ein erster Paradefall ist das dispositive Recht, das etwa dann zum Einsatz kommt, wenn die Vertragsparteien lediglich „einen Kauf" wollen. Lässt sich nun sagen, dass wer einen Kaufvertrag will und von dessen Grundcharakter eine grobe Vorstellung hat, auch all die

---

[320] Oben § 9 C. II. 2.
[321] Näher oben § 8 C.

teilweise äußerst detaillierten dispositiven Vorschriften (einschließlich des Richterrechts) wolle? Manche denken so.[322] Ähnlich mag man nur eine grobe Vorstellung von komplizierten rechtlichen Positionen haben – man denke nur an das oft auch zu gewissen Abgaben und Aufwendungen verpflichtende Eigentum, eine gesamte Rechtsordnung wie bei der Wahl fremden Rechts oder gar die Stellung eines Königs: Wenn ich freudig erfahre, König von Zamunda werden zu dürfen, später allerdings auch, dass ein König nach zehn Jahren sein Leben verliert, wollte ich dann damals meinen Tod? Eine gerade in der deutschen Vertragstheorie sehr beliebte Variante derartiger Argumentationen liegt in dem Hinweis auf eine (Selbst-) Verantwortung oder Autonomie des Wollenden, der eben auch die „rechtlichen Konsequenzen" seines Handelns zu tragen habe.[323] Praktisch äußerst bedeutsam sind schließlich Allgemeine Geschäftsbedingungen, die sich beinahe definitionsgemäß dadurch auszeichnen, dass der Adressat sie nicht liest. Wenn dieser Adressat sogar ausdrücklich in die Einbeziehung Allgemeiner Geschäftsbedingungen einwilligt, tut er das dann nicht auch „zwangsläufig" für all das, was auf den ihm vielleicht persönlich vorliegenden und von ihm sorgfältig abgehefteten Seiten steht? Manchen Stimmen zufolge durchaus![324]

Auch für die nachträgliche Anknüpfung an ein Wollen lassen sich praktisch wichtige Beispiele finden. Hierzu gehört das Weisungsrecht des Arbeitgebers: Räumt der Arbeitnehmer ein solches bei Vertragsschluss ein, hat er dann auch das gewollt, was der Arbeitnehmer später anweist?[325] Und will der Vertretene all das, was sein Vertreter für ihn aufgrund umfangreicher eigener Verhandlungen mit dem Dritten vereinbart? Nicht nur *Savigny* bejaht diese Frage.[326] Kann man das wollen, was sich mit welchem Inhalt auch immer als die vom Empfänger wahrgenommene Bedeutung der eigenen Erklärung erweist? Umfasst das Wollen eines Zwecks auch all die rechtlichen Schritte, die der Verwirklichung dieses Zwecks dienen?[327] Und wie steht es mit der vorweg unterschriebenen Blankourkunde? Schließlich darf nicht übersehen werden, dass nicht nur das vorweg erlassene dispositive oder zwingende Recht oft an ein Wollen anknüpft, sondern genauso die richterliche Rechtsfindung, wie sie für nahezu jeden Rechtsbegriff und jede juristische Generalklausel unausweichlich ist, und zwar unabhängig davon, ob es eine gesetzliche oder vertragliche Klausel ist, die dieser Konkretisierung bedarf. Angenommen, ein Kunde vereinbart mit seiner Bank eine „anleger- und objektgerechte Beratung" (Fall 183), hat er dann auch all das gewollt, was eine „anleger- und objektgerechte

---

[322] Näher unten § 16 A. II.
[323] Näher unten § 10 C. IV.
[324] Näher unten § 14 B. I.
[325] Näher unten § 18 B.
[326] Näher unten § 13 B. II. 1.
[327] Siehe dazu bereits oben bei Fn. 316.

Beratung" in der konkreten Situation erfordert? Was, wenn ausdrücklich vereinbart wird, es sei ein Gut typischer, marktüblicher Qualität oder nach dem jeweiligen technischen Stand zu liefern? Ist dann all das gewollt, was marktüblich ist und als solches festgestellt oder zumindest durch andere Personen entschieden werden kann?[328] Immerhin versucht selbst der deutsche Bundesgerichtshof, Beratungspflichten einer Bank gegenüber ihren Kunden aus einer entsprechenden Vereinbarung abzuleiten („Bond-Rechtsprechung").[329] Dabei wird ein normaler Kunde wie in Fall 183 deshalb einen Beratungsvertrag abschließen, weil er nicht weiß und sich getreu einer sinnvollen Arbeitsteilung auch gar nicht erarbeiten möchte, was eine kunstgerechte Anlageberatung an konkreten Ratschlägen erfordert. Wüsste er, was der richtige, vertragsgemäße Ratschlag ist, bräuchte er weder die Bank noch einen Beratungsvertrag.[330] Gerade informatorische Dienstleistungen lassen sich nur schwer aus einem Parteiwillen ableiten. Generalklauseln wie die der anleger- und objektgerechten Beratung, ganz egal ob im Gesetz oder in einer vertraglichen Vereinbarung enthalten, sind nicht zuletzt Kompetenznormen und rücken damit ins Licht, wie wichtig eine ausgeklügelte Kompetenzverteilung auch für das Vertragsrecht ist.[331]

Wenngleich es der Erörterung des jeweiligen Spezialproblems vorbehalten bleiben muss, die Grenzen eines punktuellen Wollens zu illustrieren, seien hier zumindest einige besonders offensichtliche Beispiele aufgegriffen. So erweisen sich Allgemeine Geschäftsbedingungen deshalb als für deren Adressaten bedrohlich, weil man sie nur selten zur Kenntnis nimmt. Hier zu behaupten, die Geltung sämtlicher Klauselinhalte lasse sich auf den Parteiwillen zurückführen, weil man der Einbeziehung des Stapels Papier zugestimmt habe, ist nichts anderes als die These, dass die Trojaner in Fall 188 nicht nur ein hölzernes Pferd, sondern genauso die darin versteckten griechischen Krieger gewollt hätten. Ja, selbst das Niederbrennen Trojas erweist sich so als die größte Ehrerbietung an die Trojaner, wird doch nur deren Wille geehrt![332] Dabei ist es besonders anerkennenswert, wenn selbst ein Hegelianer wie *Kohler* klarstellt: „... wer etwas will, will nicht auch die ihm unbekannten Konsequenzen. Sonst müsste man auch annehmen, dass der Verbrecher, welcher das Verbrechen will, seine Bestrafung wolle..."[333] Dabei kann er andernorts zutreffend darauf verweisen, dass die Konstruktion eines Blankettwillens *per consequentiam* ein etwa im Strafrecht schon längst erkannter Irrtum ist, „... als ob derjenige,

---

[328] Näher unten § 16 C. I. 4.
[329] BGH, Urt. v. 6.7.1993, BGHZ 123, 126, 128 f.
[330] Näher oben § 3 C. III. 1.
[331] Eingehend oben § 8.
[332] Näher dazu unten § 10 C. IV. 1., vgl. auch oben bei Fn. 123.
[333] *Kohler*, JhJb 16 (1878), 325, 338. Näher auch wiederum unten § 10 C. IV. 1.

welcher zu einem bestimmten Zweck einen Kausalismus anregt, ... auch alle Folgen dieses Kausalismus wollte..."[334]

Was schließlich die vielfältigen Hinweise auf eine vermeintlich „notwendige" Verbindung etwa von Wollen und Verantwortung anbelangt, sei bereits[335] hier darauf hingewiesen, dass es im Vertragsrecht erst zur Diskussion steht, was für rechtliche Konsequenzen der Staat an ein bestimmtes Wollen oder Handeln knüpfen sollte. Zwingend verbunden ist hier gar nichts, vielmehr muss offen anhand überprüfbarer Tatbestandsmerkmale dargelegt und vor allem begründet werden, was für Rechtsfolgen man bei welchem Verhalten für angemessen hält. Wer hier seine persönliche Gerechtigkeitsvorstellung einbringen möchte, sollte das entsprechend offenlegen und zur Diskussion stellen.

Im Ergebnis sollte die zwar schlichte, praktisch aber enorm wichtige Erkenntnis klar geworden sein, dass der menschliche Wille nicht dadurch ausgeweitet werden kann, dass man auf diverse Zusammenhänge dieses Wollens mit anderen Gesichtspunkten hinweist. Genau das wird aber in zahlreichen juristischen Diskussionen immer wieder missachtet. Speziell für die Vertragstheorie bedeutet das, dass der Wille des Versprechenden bzw. der gemeinsame Wille der Vertragsparteien bei Vertragsschluss nur die wenigsten Vertragsinhalte begründet. Hierzu muss man dann entweder auf das Wollen anderer Personen oder anderer Zeiten ausweichen und damit die auch für den Vertrag sehr vielschichtige Kompetenzverteilung in den Blick nehmen. Oder man greift gleich auf willensunabhängige – etwa substanzielle – Gründe zurück.

d) Mutmaßung

Es gehört zu der nicht nur für die Willenstheorie ernüchternden Realität, dass es unsere geistigen Fähigkeiten nicht erlauben, sich bei Vertragsschluss mehr als nur rudimentäre Gedanken über den Vertragsinhalt zu machen. Unsere Aufmerksamkeit ist punktuell, wir können sie nur sehr selektiv auf einzelne Aspekte richten. Insoweit können wir dann aber auch geistig anspruchsvolle Aufgaben bewältigen. Was also liegt näher, als das, was die Parteien versäumt hatten, selbst nachzuholen? Schließlich kann man noch später sich oder die Parteien selbst fragen, was sie zu einem bestimmten Problem gewollt und vereinbart hätten. Praktisch ist dieser Rückgriff auf einen mutmaßlichen Willen weit verbreitet, sei es unter der Rubrik der „Auslegung"[336] oder aufgrund aus-

---

[334] *Kohler*, JhJb 28 (1889), 166, 190. Vgl. zum Verhältnis von Zweck und Vertragsinhalt etwa auch die Kritik von *Piniński*, Sachbesitzerwerb, Bd. 2, 1888 sowie allgemein dazu unten § 9 D.
[335] Näher unten § 10 C. IV. 3.
[336] Näher zu diesem Begriff unten § 10 E. II. 1.

drücklicher gesetzlicher Anordnung wie im deutschen Recht etwa bei Teilnichtigkeit, Umdeutung oder der Geschäftsführung ohne Auftrag.[337]

aa) Kategorienfehler

So plausibel die Rede von einem mutmaßlichen Willen scheint, verleitet sie vor allem dazu, das Wollen mit anderen, klar trennbaren Bedeutungen zu vermengen, also einmal mehr einen Kategorienfehler zu produzieren. In Wahrheit geht es dort, wo von einem hypothetischen Wollen die Rede ist, um ganz andere Aspekte, die durch diese unglückliche Terminologie lediglich verdeckt werden,[338] anstatt sie mitsamt einem überprüfbaren Tatbestand offenzulegen, in ein Gesamtkonzept einzuordnen und dogmatisch zur Diskussion zu stellen. Oft dient die Berufung auf einen mutmaßlichen Willen dazu, mit dem Wollen einerseits begrifflich eine gewisse Liberalität zu assoziieren, tatsächlich jedoch – evtl. unter Berufung auf eine „normative" oder „verständige" Würdigung – ganz andere Wertungskriterien einfließen zu lassen.[339] Da hierauf noch ausführlich und ganz unabhängig vom mutmaßlichen Willen einzugehen sein wird,[340] sei hier nur kurz darauf hingewiesen, dass dies den Willen mit regelmäßig heteronomen und oft genug kollektiven Wertungen vermengt. Tatsächlich bezeichnet der die Vernünftigkeit reklamierende, sogenannte hypothetische Parteiwille oft genug „... lediglich die Vernunft des jeweiligen Gerichts und nicht diejenige der solchermaßen bevormundeten Konfligenten."[341] Der Bezug auf den Willen der Vertragsschließenden verdeckt das eigentliche Problem der ergänzenden Auslegung,[342] denn eine privatautonome Grundlage fehlt hier gerade.[343]

---

[337] Näher oben § 6 E. III. Siehe hier nur § 139 BGB: „Ist ein Teil eines Rechtsgeschäfts nichtig, so ist das ganze Rechtsgeschäft nichtig, wenn nicht anzunehmen ist, dass es auch ohne den nichtigen Teil vorgenommen sein würde.", § 140 BGB: „Entspricht ein nichtiges Rechtsgeschäft den Erfordernissen eines anderen Rechtsgeschäfts, so gilt das letztere, wenn anzunehmen ist, dass dessen Geltung bei Kenntnis der Nichtigkeit gewollt sein würde.", § 677 BGB: „Wer ein Geschäft für einen anderen besorgt, ohne von ihm beauftragt oder ihm gegenüber sonst dazu berechtigt zu sein, hat das Geschäft so zu führen, wie das Interesse des Geschäftsherrn mit Rücksicht auf dessen wirklichen oder mutmaßlichen Willen es erfordert." Aus internationaler Sicht vgl. etwa Art. 5:101 Abs. 3 PECL, Art. II. – 8:101 Abs. 3 DCFR sowie die Erläuterungen dazu.
[338] Stellv. *Flume*, FS Deutscher Juristentag, Bd. 1, 1960, S. 135, 197.
[339] Im deutschen Recht wird hierzu oft auf § 157 BGB verwiesen. Siehe hier nur *Flume*, FS Deutscher Juristentag, Bd. 1, 1960, S. 135, 197 m.w.N.
[340] Näher unten § 9 C. V. 2. e); § 10 E. II. 1.; passim.
[341] *Esser/Schmidt*, Schuldrecht, Bd. 1, 7. Aufl., S. 159 (§ 10 I. 2.), vgl. etwa auch *Flume*, Allgemeiner Teil, Bd. 2, 4. Aufl. 1992, S. 328: „Dem Vermieter ist keineswegs zu imputieren, dass er als ein ‚verständiger Mann' oder ‚nach Treu und Glauben' mit der vom Mieter begehrten Regelung einverstanden gewesen wäre."
[342] *Flume*, FS Deutscher Juristentag, Bd. 1, 1960, S. 135, 197; *Flume*, Allgemeiner Teil, Bd. 2, 4. Aufl. 1992, S. 326 f.
[343] Zutr. *Hübner*, FS Nipperdey, Bd. 1, 1965, S. 373, 378, der hier das Feld der Zurechnung als einschlägig ansieht.

Am häufigsten dient das mutmaßliche Wollen allerdings dazu, in die vertragstheoretische Betrachtung einen Gesichtspunkt zu integrieren, den die klassischen vertragstheoretischen Ansätze allesamt vernachlässigen, der in Willens- wie Erklärungstheorie überhaupt nicht vorgesehen, aber für das vertragstheoretische Verständnis unabdingbar ist: das menschliche Interesse, der Zweck vertraglichen Handelns.[344] Doch werden hier zwei sehr verschiedene Aspekte vermengt. Beim Wollen geht es um eine mit Aufmerksamkeit verbundene Machtausübung, beim Interesse um einen substanziellen Gesichtspunkt.[345] Es hilft weder jenen, denen das Wollen am Herzen liegt, noch denen, die das Interesse betonen, beides zu vermengen und so dem Wollen völlig unnötig den Charakter eines klar definierbaren, eigenständigen und von anderen Gesichtspunkten abgrenzbaren Begriffs zu nehmen. So banal es klingt, zeichnet es den mutmaßlichen „Willen" gerade aus, dass ein Wille der Vertragsparteien bei Vertragsschluss fehlt. Und diese Einsicht ist alles andere als unwichtig. Denn auf das Wollen bestimmter Menschen wie der Vertragsparteien abzustellen, heißt nichts anderes, als dass es diese Personen und nur diese Personen sind, denen die Macht zukommt, letztverbindlich selbst zu entscheiden, also eine eigene Rechtsetzungskompetenz wahrzunehmen. Wollen charakterisiert Selbst-, nicht Fremdbestimmung. Niemand anderes kann über das Wollen einer Person bestimmen als diese Person selbst, denn ansonsten hätte Wollen keine eigenständige Bedeutung. So weit, wie der Wille eines Menschen herrscht, herrscht dessen Willkür, dessen Freiheit. Diese ganz eigene Willkür kann nur derjenige ausüben, dem diese Willkür zusteht. Soweit wir jemandem ein Wollen zubilligen, ist es daher zwar ohne Weiteres möglich, aber rechtlich gesehen müßig, dieses Wollen zu hinterfragen oder zu kritisieren, denn täten wir das wirksam, schränkten wir die Reichweite des Wollens bereits wieder ein – wofür es gute Gründe geben mag.

bb) Interessen
Überlegt man sich, was die Vertragsparteien vereinbart hätten, wäre ihnen nur die spätere Bedeutung einer bestimmten Detailfrage klar gewesen, kommt man in Ermangelung eines realen Wollens nicht um die Frage hin, welcher Vertragsinhalt angesichts der konkreten Umstände des Falls die Parteiinteressen verwirklicht. Denn wonach sollten rationale Akteure ihr Wollen sonst ausrichten, wenn nicht an ihren eigenen Interessen? Um diese Interessen geht es oft beim mutmaßlichen Willen, wohingegen es dann nicht die Parteien sind, die selbst über die Wahrnehmung ihrer Interessen entscheiden. Vielmehr ist es eine andere Person – etwa der Richter –, die überlegen und entscheiden muss,

---

[344] Dazu gleich unten § 9 C. V. 2. d) bb).
[345] Deshalb ist auch die Vorstellung einer Methode der Interessenjurisprudenz wenig hilfreich, siehe dazu oben § 2 A. V. 2. c).

was für ein Vertragsinhalt im Interesse der Vertragsparteien liegen könnte. Ein klassischer Begriff hierfür ist der des Paternalismus.[346]

Dementsprechend fehlen selbst bei einer noch so wohlwollenden und gekonnten Berücksichtigung allein der von den Parteien verfolgten Interessen diejenigen Vorzüge, die den Parteiwillen auszeichnen – man denke etwa an den Subsidiaritätsgedanken.[347] Beim mutmaßlichen Willen entscheiden nicht die Parteien, sondern etwa der Staat. Es ist ein bedeutsamer Unterschied, der auch begrifflich tunlichst abgebildet werden sollte, ob jemand seine Interessen selbst wahrnehmen kann oder nur die Gnade erfährt, mit diesem Anliegen gehört zu werden.

Dabei ist gegen die Berücksichtigung von Parteizwecken durch den Staat wenig einzuwenden – im Gegenteil. Gerade der Verfasser wird sich hüten, solchen Zielen eine rechtliche Relevanz abzusprechen.[348] Denn zumindest wenn ein Gesetzgeber oder Richter die von den Vertragspartnern tatsächlich verfolgten Interessen anerkennt und nicht – beispielsweise unter dem Stichwort einer normativen Betrachtung – korrigiert,[349] ist dieses Anliegen durchaus liberal, ja sogar liberaler als die gedankliche Fixierung auf einen vermeintlich intrinsischen Rechtsbindungswillen.[350] Schließlich ist den Parteien selbst das Recht mitsamt dem Vertragsinhalt nur ein Mittel zur Verfolgung persönlicher Ziele und würde man diese Prioritäten grundlos missachten.[351]

Allerdings drängt sich dann die Frage auf, was es für einen dogmatischen Ertrag verspricht, Interessen ausgerechnet unter dem Stichwort des mutmaßlichen Willens zu berücksichtigen. Als möglichst wohlwollende Antwort lässt sich hier von einer Denkhilfe dergestalt sprechen, dass uns die Frage nach dem mutmaßlich Gewollten zur Untersuchung hinführt, was für ein Vertragsinhalt denn geeignet sei, um die Parteien ihren eigenen Zielen näher zu bringen.[352] Es wird also gewissermaßen ein substanzieller Gesichtspunkt in einer prozessual-voluntativen und vor allem punktuellen Sprache diskutiert. Tatsächlich finden sich unter dem Stichwort des mutmaßlichen Willens zahlreiche Techniken, die auf nichts anderes hinauslaufen, als einen möglichst interessengerechten Vertragsinhalt zu bestimmen. So mag man sich besonders aufgefordert sehen, aus der real vorhandenen Willenseinigung und den Umständen des Vertragsschlusses auf die verfolgten Interessen zu schließen, um dann in einem

---

[346] Siehe hier nur *Trebilcock*, Limits, 1993, S. 147 ff. oder *Enderlein*, Rechtspaternalismus und Vertragsrecht, 1996.
[347] Näher oben § 8 E. II. 2. sowie allgemein oben § 9 C. I. 1. d).
[348] Näher oben § 2 A. I.; § 4 C. I. 2. sowie unten § 9 D. I.; passim.
[349] Siehe dazu nur unten § 9 C. V. 2. e); § 10 E. II. 1, passim.
[350] Näher zu dieser vermeintlichen Intrinsität oben § 9 C. III. Zur Frage der Liberalität siehe unten § 19 B.
[351] Näher unten § 9 D. I. 4.
[352] Näher dazu etwa unten § 19 C. V. 4. b) (dort speziell zu Gesellschaftsvertragstheorien).

weiteren Schritt den restlichen Vertragsinhalt anhand dieser Interessen zu bestimmen.³⁵³ Und lassen sich konkrete Parteizwecke nicht ermitteln, bleibt immer noch der Rückgriff auf die typischen Interessen.

Genauso mag man unter der Rubrik des mutmaßlichen Willens den Subsidiaritätsgrundsatz dergestalt bemühen, dass man dem Vertrag jenseits des tatsächlich Gewollten denjenigen Inhalt beilegt, der in möglichst ähnlichen Situationen typischerweise gewollt ist – ein Schritt übrigens, der klassischen Ansätzen wie der Willens- oder Erklärungstheorie versagt bleibt. Auch das kann dazu beitragen, die Interessen der Parteien zumindest annähernd zu verwirklichen. Denn bei allen praktischen Schwierigkeiten einer solchen Typisierung ist der Wille, der hier typisiert würde, tatsächlich ein Wille, also psychologisch-real, und damit eine prinzipiell geeignete Basis. Wenngleich die Aufmerksamkeit des Menschen auch typischerweise äußerst begrenzt ist, lässt sich gewissermaßen kumulativ auf die Überlegungen sehr vieler Menschen in verschiedensten Situationen zurückgreifen, was prinzipiell nichts anderes ist, als etwa auch auf Sitte, Übung oder Brauch abzustellen.³⁵⁴

Im Ergebnis erweist sich die schillernde Rede vom mutmaßlichen Willen als wenig hilfreich, um einen Richter oder Wissenschaftler auf die Berücksichtigung von Interessen hinzuweisen und dafür hilfreiche Denkoperationen prägnant zu fassen. Vielmehr werden hier mit dem Willen (also der Kompetenzfrage) und dem Interesse (einem substanziellen Gesichtspunkt) zwei verschiedene Aspekte vermengt. In Wirklichkeit scheint die unpassende Verwendung des Begriffs „Wille" – wie auch bei den anderen Willenserweiterungen – vor allem einem zu dienen: den Anschein eines gleichermaßen liberalen und dem Subsidiaritätsprinzip verpflichteten Ansatzes zu erzeugen, also gewissermaßen von der positiven Aura des Willensprinzips zu profitieren, ohne es tatsächlich zu achten. Unter dem Deckmantel des Wollens werden willensfremde Gesichtspunkte herangezogen, ohne diese offenzulegen und zu begründen. Daneben scheint sich hier einfach zu rächen, dass klassische Vertragskonzepte wie die Willens- oder Erklärungstheorie keine dogmatische Handhabe bieten, um Zwecke zu berücksichtigen,³⁵⁵ und sich zudem allein auf das Parteiverhalten bei Vertragsschluss konzentrieren.³⁵⁶ Dieses Defizit lässt sich noch am ehesten dadurch verschleiern, dass man vom hypothetischen Willen spricht. Schließlich mag die Abneigung, dem Zweck seinen Stellenwert offen zuzugestehen, auch den nicht zu leugnenden Schwierigkeiten geschuldet sein, den Zweckgedanken in eine gleichermaßen liberale wie dogmatisch tragfähige, also insbesondere konkret subsumierbare Form, zu gießen. Denn natürlich will jede Seite ihre eigenen Interessen wahren: Der Käufer möchte nichts zahlen und

---

³⁵³ Näher zur Auslegung unten ab § 10 B. I.; § 10 E. II. 1.; § 10 F.
³⁵⁴ Siehe daher unten § 16 C.
³⁵⁵ Näher oben § 9 C. III. 1. sowie unten § 10 D.
³⁵⁶ Näher oben § 8 A. III.

alles bekommen, beim Verkäufer ist es genau umgekehrt. Die bloße Forderung nach einer Abwägung bringt uns nicht weiter.[357]

cc) Konstruktion

Zumindest bei einem unbefangenen Verständnis des Begriffs „mutmaßlicher Wille" könnte man schlussfolgern, dass sich die unter diesem Stichwort vollzogene Gedankenoperation tatsächlich nur darauf beschränkt zu mutmaßen, also zu fragen, was die Parteien gewollt haben könnten. Wäre dem so, befände man sich noch vollends im Einklang mit der Willenstheorie, als man nichts anderes täte, als den realen Parteiwillen anhand aller verfügbaren Erkenntnisse zu erforschen.[358] Dementsprechend könnte dieser Ansatz auch all jene Individualität und Subsidiarität für sich beanspruchen, welche die Willenstheorie auszeichnet.

Doch ist dem nicht so. Vielmehr wird eine modifizierte Realität unterstellt, um erst auf dieser so korrigierten Basis über einen Willen zu mutmaßen. Begrifflich mag man diesen unterstellenden Charakter dadurch deutlicher machen, dass man nicht von einem mutmaßlichen, sondern einem hypothetischen Willen spricht. Dabei fällt das Ausmaß der Unterstellungen je nach Problem, Autor und philosophischem Hintergrund sehr unterschiedlich aus. Typisch ist zunächst die Frage, was die Parteien gewollt haben könnten, hätten sie gewusst, dass ein bestimmter Umstand entscheidungserheblich wird. *Wertheimer* etwa hält diesen Vergleich für einen besonders hilfreichen Weg, um zu verstehen, wie ein Betrug die Freiwilligkeit unterminiert.[359] Schon deutlich stärker wird ein Sachverhalt dort von der Realität entfremdet, wo beispielsweise funktionsfähige, wettbewerbsintensive Märkte unterstellt werden, wie das etwa bei Vergleichsmarktkonzepten im Wettbewerbsrecht praktiziert wird.[360] In ganz neue Höhen treibt schließlich die Philosophie diesen Ansatz, die mit den Gesellschaftsvertragstheorien eine sehr reichhaltige und traditionsreiche Denkrichtung kennt, die sich durch ausgefeilte Überlegungen darüber auszeichnet, was an menschlichen Eigenschaften und Umweltbedingungen zu unterstellen sei und was hieraus als konsensfähig erwachsen könnte.[361] Insgesamt gibt es also eine große Bandbreite dessen, was von der realen Entscheidungssituation realer Menschen korrigiert und was an Realität belassen wird.

---

[357] Näher zu „Flexibilitäten" unten § 19 F. III. 2. sowie zu deren Vermeidbarkeit oben § 3 B. II. 5.; § 3 C. I.; § 4 C. III. 1.

[358] Näher unten ab § 10 B. I.; § 10 E. II. 1.; § 10 F.

[359] *Wertheimer*, Coercion, 1987, S. 296, wobei „akkurate" Information zu unterstellen sei, siehe dazu gleich bei Fn. 362.

[360] Vgl. § 4 Fn. 233.

[361] Näher dazu unten § 19 C. V. 4.

C. Willenstheorie

Hat man sich einmal verdeutlicht, dass mit der Berufung auf einem mutmaßlichen oder hypothetischen Willen immer auch der Sachverhalt modifiziert wird, drängt sich zunächst die Frage nach dem dabei angewandten Maßstab auf: Wonach bestimmen wir, wie wir die Realität korrigieren, und wie ordnet sich das in ein dogmatisches Gesamtkonzept ein? Wie viel Wissen sollen wir unterstellen, was ist etwa „akkurate"[362], „hinreichende", „notwendige" oder „angemessene" Information? Oder sollten wir gar von „vollständiger" oder „umfassender" Kenntnis ausgehen? Tatsächlich erfordert ein dogmatisch tragfähiger Umgang mit Unwissenheit sorgfältige Überlegungen zum vielschichtigen Thema des Risikos[363] wie auch der Anrechnung von Anstrengungen zur Erlangung von Information.[364]

Liegt etwa die Umdeutung eines Vertrags nahe, weil ein von beiden Vertragsschließenden völlig unerwartetes Ereignis eingetreten ist, wäre es töricht, hier nicht die neueste Sachlage zu berücksichtigen. Genauso wird der Staat sein eigenes Wissen einsetzen, wo eine Partei ihre Interessen nicht selbst wahrnehmen kann – etwa bei der Inhaltskontrolle Allgemeiner Geschäftsbedingungen[365] oder dispositiven Vertragsinhalten.[366] Oft macht eine staatliche Rechtsetzung gerade dort Sinn, wo die Defizite der privaten Entscheidungssituation überwunden werden sollen, weshalb es dann schon im Grundansatz wenig erhellt, über den mutmaßlichen Willen auf eben diese private Entscheidungssituation wieder zurückzuverweisen. Umgekehrt dürfen wir jedoch nicht einfach sämtliche Information berücksichtigen, die uns nunmehr in einer Rückschau zur Verfügung steht. War es bei Vertragsschluss wertschöpfend, einer Seite ein bestimmtes Risiko aufzubürden und einzupreisen, wären wir schlecht beraten, diese Rechtsänderung nur deshalb aufzukündigen, weil wir nunmehr wissen, ob sich dieses Risiko verwirklicht hat. Das für unser liberales Recht so typische historische Denken beherzigt genau das.[367]

Leider sucht man nicht nur in der Diskussion zum mutmaßlichen Willen vergeblich nach wissenschaftlich belastbaren Kriterien für solche Fragen und ist es auch stark zu bezweifeln, dass ausgerechnet der mutmaßliche Wille den richtigen dogmatischen Einstieg liefert, um diese Probleme überzeugend zu bewältigen. So aber hängt der ganze Ansatz in der Luft und bietet einmal mehr die Gelegenheit, ohne systematische Einordnung dasjenige Ergebnis herbeizuführen, das einem als sinnvoll erscheint. Gleichzeitig kann man rein formal am punktuellen Vertragsverständnis festhalten.

---

[362] So etwa *Wertheimer*, Coercion, 1987, S. 296 („… had he possessed accurate information.").
[363] Näher oben § 5.
[364] Näher oben § 4 C. I. 3. sowie unten § 17 D. IV.
[365] Näher unten § 14.
[366] Näher unten § 16 A.
[367] Näher zu solchen Risikoerwägungen oben § 2 B. II. 2.; § 2 E. III.; § 5.

Aber auch ganz praktisch handelt man sich mit jeder Unterstellung handfeste Probleme ein, ist es angesichts der Komplexität vertraglicher Entscheidungsprozesse für Rechtsanwender sehr schwer, zuverlässige Prognosen darüber abzugeben, worauf sich die Parteien in einer hypothetischen Situation geeinigt hätten.[368] Der Grund dafür, dass wir es im Vertragsrecht vorrangig den Parteien überlassen, den Vertragsinhalt zu bestimmen, liegt nicht zuletzt in der Einsicht, dass diese sehr viel besser als der Staat beurteilen können, was ihren Interessen förderlich ist (Subsidiarität). Gerade Wettbewerbsrechtler können von den Schwierigkeiten ein Lied singen, zu begründen, warum ein bestimmter Markt vergleichbar sein soll und welche Preisabzüge bzw. -aufschläge angesichts vorhandener Unterschiede gerechtfertigt sind. Wegen dieser praktischen Hürden sei die Unterstellung erlaubt, dass die Praxis hier oft auf solche substanzielle Gesichtspunkte ausweicht, die dem Rechtfertigungsprinzip entsprechen.[369]

Selbst wenn sich ein gewisses Konzept dazu ausmachen ließe, warum wann welche Umstände entgegen der tatsächlichen Sachlage unterstellt werden, und selbst wenn sich auf dieser Basis dann ein hypothetischer Wille ermitteln ließe, wäre immer noch zu beantworten, worin der Erkenntniswert oder gar der normative – etwa liberale – Stellenwert einer solchen Operation liegen soll. Denn nunmehr würde nicht mehr die relevante Frage gestellt und diskutiert, nämlich was gemäß unserer nun einmal tristen und komplexen Realität gilt oder gelten sollte. Stattdessen ginge es um die deutlich komplexere und den wirklichen menschlichen Problemen stark enthobene Frage nach richtigen kontrafaktischen Hypothesen und ihren Konsequenzen. Die entscheidende Musik spielte dabei nicht beim Entscheidungsprozess, sondern im Vorfeld.

Im Ergebnis erweist sich der Rückgriff auf einen mutmaßlichen oder hypothetischen Willen als einer überlegten und begrifflich klaren Diskussion hinderlich. Je weiter man sich dabei von der Realität entfernt, desto problematischer wird es. „Hätte", „wenn", „falls", „könnte", „würde", „müsste" usw. – derartige Ausdrücke sollten Misstrauen wecken. Vielmehr besteht die Herausforderung darin, menschliche Ziele unter Berücksichtigung all der Widrigkeiten und Unannehmlichkeiten zu verwirklichen, die unsere menschliche Existenz und unsere Umwelt nun einmal auszeichnen.[370] Das gilt auch für die philosophisch so einflussreichen Gesellschaftsvertragstheorien. Zwar leistete die philosophische Etablierung des Vertragsgedankens in der Neuzeit durch *Hobbes* und seine Nachfolger echtem liberalen Denken Vorschub – namentlich durch die Zurückdrängung von Gott und Kirche mit Ansätzen, die den Menschen und dessen Interessen sehr viel stärker in den Blick nahmen, als

---

[368] Vgl. hier nur statt vieler *Larenz*, Auslegung, 1930, S. 103 oder *Trebilcock*, Limits, 1993, S. 96.
[369] Siehe dazu vor allem oben § 4 C. III. sowie unten § 16 D.
[370] Vgl. dazu auch unten § 19 B. III.; § 19 C. III.; § 19 F. II.; passim.

das vorher opportun war. Doch werden hier umgekehrt auch schnell die Defizite deutlich, die für konstruierte Konsense generell typisch sind. Darauf wird noch zurückzukommen sein.[371]

e) Normativierung

Eine weitere Möglichkeit, selbst dort noch von einem Wollen zu sprechen, wo ein solches fehlt, bietet das Attribut des Normativen. Dieses wird nur allzu gern verschiedensten Begriffen vorangestellt, die unbedingt als Argument bemüht werden sollen – selbst wenn sie nicht erfüllt sind. Die wohl wichtigste Variante davon bildet die „normative Auslegung", die allerdings genau wie der Hinweis auf Vorverständnisse oder Umstände erst an anderer Stelle, nämlich bei den nach außen tretenden Erklärungen zu diskutieren sein wird.[372] Hier interessiert allein der dogmatische Erkenntniswert von Hinweisen etwa auf eine – ggf. gar „notwendig" – „normative", „ideale", „ideelle", „rechtliche", „ethische", „vernünftige", „sittliche", „spiritualistische", „objektive"[373] oder „wertende" Willensbetrachtung.

aa) Wider Psychologismus und Naturalismus?
Sucht man nun in der wissenschaftlichen Diskussion nach Anschauungsmaterial, so wird man besonders dort fündig, wo die begrenzte menschliche Aufmerksamkeit wichtige Vertragsinhalte nicht mehr erfasst. Hier zeigen sogar Willenstheoretiker wenig Scheu, das Erfordernis eines realen-psychologischen-empirischen Willens leichterhand für verzichtbar zu erklären. So lehrt uns *Flume*, der rechtsgeschäftliche Wille sei nicht etwa die „... Komplexität des Willens als eines psychologischen Faktums, sondern der Wille, soweit er zu dem durch die Rechtsordnung bestimmten Tatbestand des Rechtsgeschäfts gehört."[374] Idealiter beruhe der Vertragsschluss auf einer Willensübereinstimmung der Vertragsschließenden. Doch wie stets in der Lehre vom Rechtsgeschäft komme es auch hier nicht auf den Willen als psychologisches Phänomen an, sondern auf den Akt der Willenserklärung eines jeden der beiden Kontrahenten.[375] Allerdings sind derartige Äußerungen unter den Willenstheoretikern noch eindeutig als Verlegenheitslösung einzustufen. So ist es nicht einmal zweifelhaft, dass *Flume* genau wie deren andere Vertreter normalerweise gro-

---

[371] Unten § 19 C. V. 4.
[372] Unten § 10 E. II.
[373] Wobei „objektiv" bisweilen allein die Empfängerperspektive meint, was durchaus fassbar ist.
[374] *Flume*, Allgemeiner Teil, Bd. 2, 4. Aufl. 1992, S. 52 (§ 4 5). Siehe zu diesem Einwand auch oben bei Fn. 102.
[375] *Flume*, Allgemeiner Teil, Bd. 2, 4. Aufl. 1992, S. 619 (§ 34 1).

ßen Wert auf einen empirischen Willen legt.[376] Besonders *Zitelmann* treibt diesen Psychologismus geradezu auf die Spitze.[377]

Demgegenüber verdichtet sich die Kritik am psychologischen Willen dort, wo die Willenstheorie als zu liberalistisch-staatsfern sowie als gegenüber staatlich-kollektiven Bedürfnissen oder überindividuellen Gerechtigkeitsvorstellungen zu distanziert empfunden wird. Besonders Hegelianer zeigen sich hier besorgt. *Larenz* etwa sieht den „allgemeinen", „vernünftigen" Sinn einer Willenserklärung in ihrer Verbindlichkeit. An die Geltungserklärung, nicht etwa ein Wollen, knüpfe das Recht die Rechtsfolge. Erwartungen oder eine innere Bereitwilligkeit seien für die Willenserklärung entbehrlich.[378] Gerade die Diskussion um faktische Verträge bietet vielen die willkommene Gelegenheit, um mit der willenstheoretischen Tradition abzurechnen.[379] Für *Wieacker* ist die Willenserklärung richtig verstanden „... ein juristischer Geltungstatbestand ..., der also auch bei fehlender psychologischer Willensbildung ohne den Vorwurf einer Fiktion angenommen werden kann."[380] Ausdrücklich lobt er *Larenz* für dessen idealistisches, stark normativ aufgeladenes Freiheitsverständnis,[381] genauso wie bereits *Grotius* die Erklärung im Gefolge der Stoa an den Willen der sittlich selbstverantwortlichen Person geknüpft habe, die sich nicht mit sich selbst in Widerspruch setzen dürfe.[382] Die überkommene psychologistische Sicht sei zu Gunsten eines Verständnisses der Willenserklärung als Sozialakt aufzugeben. Ihr Wirkungsgrund liege „... weder in dem freischaffenden Willen der intelligiblen, sittlich autonomen Persönlichkeit noch erst recht in psychologischen Willensvorgängen, sondern im Akt der Verständigung ..."[383] Dabei verknüpft *Wieacker* den von ihm so bekämpften Psychologismus mit der Kritik am Naturalismus. Die auf eine spiritualistische Gliederung verzichtende Pandektenlehre versteife sich auf eine Beurteilung nach den Erkenntnissen der Psychologie. Anstelle ethischer Kategorien brächen hier rechtsfremde, naturwissenschaftliche Begriffsbildungen ein.[384] *Simi-*

---

[376] Näher oben § 9 C. I. 1. b), vgl. andererseits aber auch unten § 9 C. V. 4. c) oder § 9 C. V. 5.

[377] In seiner Monographie *Zitelmann*, Irrtum, 1879.

[378] *Larenz*, Auslegung, 1930, S. 42 ff., 59, 65, passim. Näher zu einzelnen Varianten der sogenannten Geltungstheorie unten § 10 A. V.

[379] Näher zu diesem Themenkreis unten § 12.

[380] *Wieacker*, ZAkDR 1943, 33, 34.

[381] *Wieacker*, FS OLG Celle, 1961, S. 263, 277 f.

[382] *Wieacker*, Privatrechtsgeschichte, 2. Aufl. 1967, S. 293.

[383] *Wieacker*, FS OLG Celle, 1961, S. 263, 279.

[384] Siehe zu dieser Verknüpfung nur *Wieacker*, Societas, 1936, S. 341 ff.; *Wieacker*, ZAkDR 1943, 33, 34; *Wieacker*, FS OLG Celle, 1961, S. 263, 276, 278. So berechtigt allerdings die Kritik am gegenständlich-bildlichen Denken auch ist (vgl. dazu nur die umfangreichen Nachweise oben in Fn. 109, 111), hat es damit herzlich wenig zu tun, auf psychische Zustände wie die menschliche Aufmerksamkeit abzustellen. Schließlich handelt es sich dabei um ein sehr reales Phänomen, vgl. oben § 9 B. II. 3.

tis spricht vom Mystizismus der Willenserklärung und sieht in der Willensübereinstimmung nur eine historisch begründete Entstehungsmöglichkeit des Vertragsverhältnisses.[385] Auch *Siebert* verwahrt sich gegen einen „... zu stark individuell-psychologischen Erklärungsbegriff..." Die Willenserklärung des Verkehrsteilnehmers müsse von individuellen Willensmomenten unabhängig sein.[386] *Ballerstedt* führt aus: „Der rechtserhebliche Wille des Einzelnen, dieses Kernstück der Rechtsgeschäftslehre, darf nicht psychologisch verstanden werden. Die Willenserklärung ist, vom Rechtssubjekt her gesehen, Zueignung eines bestimmten objektiven Gehalts der Rechtsordnung, von der Rechtsordnung her gesehen, Zurechnung eines bestimmten Verhaltens als Rechtshandlung ... Wer nicht plappern, sondern ‚als vernünftiges Wesen' sprechen will, ist an den in der Sprache, in ihrer Grammatik und Syntax objektivierten Geist gebunden. Sprechen und Sprache sind dialektisch, das heißt als Einheit in der Unterschiedenheit einander zugeordnet." Dabei verweist er noch auf die „... dialektisch zu begreifende Einheit von subjektivem und objektivem Geist".[387] *Pawlowski* hält „jedwede psychologische Betrachtung" des Willens für „von vornherein ausgeschlossen." Der rechtlich relevante Wille sei unabhängig von psychologischen Komponenten zu bestimmen, gerade darin liege der Verdienst der Geltungstheorie[388]. In Wahrheit sei es der „Wille als Voraussetzung der sittlichen Freiheit", der sittliche bzw. rechtliche Wille, der für das Recht Bedeutung habe. Dieser sei ganz anders zu verstehen als der als psychologisches Phänomen verstandene Wille. Sinnvoll könne man nur vom Willen sprechen, wenn man darunter den vernünftigen (vernunftsbestimmten) Willen verstehe.[389] *Canaris* warnt vor einem „... Rückfall in die Willenstheorie in einer extremen ... Form, nach der Geltungsgrund des Rechtsgeschäfts allein der innere, psychologisch verstandene Wille und nicht der – als Einheit begriffene – Akt des In-Geltung-Setzens ist."[390] Nach *Kramer* ist das Wollen als innerer Seelenzustand dem Recht gar gleichgültig. Der Psychologismus in der Rechtsgeschäftslehre erweise sich als dogmatischer Irrweg, der Vertragsbegriff sei wie bereits von *Wieacker* gefordert mit dem Gedanken der sozialen Kommu-

---

[385] *Simitis*, Die faktischen Vertragsverhältnisse, 1957, S. 103, 410 f., 524, 537 ff., passim.
[386] *Siebert*, Faktische Vertragsverhältnisse, 1958, S. 24, 95 (dort zur Daseinsvorsorge).
[387] *Ballerstedt*, AcP 157 (1958/1959), 117, 128 (einschließlich der dortigen Fn. 7).
[388] Näher zu deren Varianten unten § 10 A. V.
[389] *Pawlowski*, Willenserklärungen, 1966, S. 212, 233 f., 243, 249, passim. Dabei kann *Pawlowski* der Willenstheorie und namentlich *Flume* durchaus zu Recht vorhalten, dass psychologische Untersuchungen nicht imstande sind, die Selbstverantwortung als Bestandteil der Privatautonomie auszuweisen, näher zu diesen Argumentationsmustern aber unten § 10 C. IV.
[390] *Canaris*, Vertrauenshaftung, 1971, S. 420. Zu der These einer notwendigen Einheit von Wille und Erklärung sowie anderen Varianten der „Geltungstheorie" siehe unten § 10 A. V.

nikationsfunktion der Willenserklärung[391] durchschlagend begründet und aus seiner konsensualistischen Enge zu befreien.[392] Andere wie *Raiser* zeigen sich zumindest gegenüber „... allzu subtilen psychologisierenden Untersuchungen über die Elemente des rechtsgeschäftlichen Willens ..." skeptisch.[393]

Auch im Ausland stößt der empirisch-psychologisch verstandene Wille nicht nur auf Gegenliebe und provoziert die Willenstheorie bisweilen heftige Gegenreaktionen. Oft wird der subjektive Wille für schlechthin irrelevant erklärt. Berühmt ist der Ausspruch von *Holmes*: "The law has nothing to do with the actual state of the parties' minds. In contrast, as elsewhere, it must go to externals, and judge parties by their conduct."[394]

bb) Rechtliche Relevanz von Realität
Was ist von dieser Kritik zu halten? Zunächst fällt auf, dass die normative Betrachtung wie andere Ersatzkonstruktionen meistens nur dann praktiziert wird, wenn das eigentlich vertretene und mit dem Anspruch einer Subsumtionsfähigkeit versehene Konzept scheitert.[395] Und umgekehrt sucht man dort vergeblich nach der normativen Betrachtung des Wollens, wo etwa die *falsa demonstratio* behandelt wird. Hier vermag dann selbst *Larenz* auf einmal zu begründen, warum es doch auf das ganz real-psychologische Parteiverständnis ankommen soll.[396]

Dabei liegt die Ursache für diesen sehr selektiven Umgang auf der Hand: Mit der Berufung auf ein normatives Verständnis ließe sich dem Käufer, der psychologisch-real einen Hamster will, auch noch ein kleines Kaninchen in den Kopf bzw. den Vertrag zaubern. Denn wie will man anhand des Begriffs „normativ" widerlegen, dass bei einem normativen Verständnis eben auch das gewollt sei? Anders formuliert ist „normativ" weitestgehend inhaltsleer und beinhaltet eher eine negative Aussage dergestalt, dass gerade kein Wille vorliegen müsse. Dann aber sollte man offen auf den Willen als Tatbestandsmerkmal verzichten und auch nicht mehr von einer Willenserklärung sprechen. Umgekehrt ist es gerade einer der Vorzüge der Willenstheorie, dass sie dadurch, dass sie auf den realen Willen verweist, über ein subsumierbares Merk-

---

[391] Näher dazu unten § 10 A. III.
[392] *Kramer*, Grundfragen, 1972, S. 144, 149 f., 156, passim, der allerdings dort auf S. 157 die Anknüpfung der Willenserklärung an den willentlichen, privatautonomen Akt der sittlich autonomen Persönlichkeit betont (näher dazu unten § 10 C. IV.) und etwa in *Kramer*, MüKo-BGB, 5. Aufl. 2006 deutlich zurückhaltender argumentiert. Weiterhin ist die Kritik an der konsensualistischen Enge der Willenstheorie durchaus berechtigt (eingehend oben § 9 C. IV.), trifft jedoch nicht deshalb gleich auch den Willen und einen Psychologismus, vgl. näher oben § 8.
[393] *Raiser*, FS Deutscher Juristentag, Bd. 1, 1960, S. 101, 103.
[394] *Holmes*, The Common Law, 1881, S. 309.
[395] Besonders gilt das natürlich für die Willenstheorie, siehe dazu bereits oben bei Fn. 376.
[396] Näher unten § 17 B. II. 2.

mal verfügt, mit dem man dann auch Vertragsinhalte überhaupt benennen kann, und zwar einen solchen, der die menschliche Individualität, Kreativität und Denkfähigkeit verkörpert.[397] Die Zumutung ihrer Subsumtion und damit, sich der – hier psychologischen – Realität stellen zu müssen, kann niemandem erspart bleiben, der sich auf einen Willen beruft.

Natürlich bleibt es jedem unbenommen, sich vertragstheoretisch (auch) auf andere Gesichtspunkte zu stützen. Das kann sehr aufschlussreich sein und wurde hier mit dem Rechtfertigungsprinzip praktiziert. Doch sollte man das dann mitsamt den dazugehörigen Tatbestandsmerkmalen offenlegen, anstatt sich hinter nichtssagenden Leerformeln zu verstecken. Es wird dem Verfasser eine große Freude sein, die so eingeschleusten, willensunabhängigen Gesichtspunkte genauso kritisch zu würdigen, wie es hier mit Wille und Willenstheorie getan wird.[398] Und wer mit solchen Leerformeln nur erreichen möchte, dass der Richter eine größere Entscheidungskompetenz erhält, sollte diese Machtzuweisung dann nicht nur offen einfordern und begründen, sondern auch die Maßstäbe benennen, anhand derer ein Richter entscheiden soll.

Doch provoziert die Kritik an einem Psychologismus der Willenstheorie noch weitere Vermengungen. So ist es eine Sache, darauf hinzuweisen, dass die Parteivorstellung bei Vertragsschluss nicht ausreicht, um unser Vertragsrecht schlüssig zu erklären. Dieser Kritik kann sich auch der Verfasser anschließen.[399] Doch liegt die Antwort hierauf nicht in einem nicht-psychologischen und damit inhaltsleeren Willensverständnis, sondern entweder in willensunabhängigen Begründungsmustern oder aber einer Berücksichtigung des Wollens auch anderer Zeiten und anderer Personen. So gesehen ist das Willensprinzip nämlich alles andere als eng. Die für die Willenstheorie kennzeichnende, äußerst punktuelle Berücksichtigung des menschlichen Wollens ist nicht in Stein gemeißelt.[400]

An der Sache vorbei geht auch die Kritik an einem vermeintlichen Naturalismus der Willenstheorie. So gilt zunächst für jede Theorie, dass sie – etwa in Form eines Tatbestands – auf die Realität Bezug nehmen muss, um so für die uns nun einmal interessierende reale Welt Handlungsempfehlungen anzubieten. Dieser „Naturalismus" lässt sich nur dadurch vermeiden, dass man erst gar nichts sagt. Jedoch wird hier in Wahrheit auf ein ganz anderes Problem angespielt, nämlich der in der Tat auch für manche Vertreter der Willenstheorie typische Rückgriff auf gegenständliche Begründungsmuster, etwa wenn der Wille Rechtsfolgen „verursachen" oder „bewirken" soll oder die Verbindlichkeit von Verträgen mit der „Übertragung" eines Rechts des Versprechen-

---

[397] Näher oben § 9 B. II. 3.; § 9 C. I. 1. d).
[398] Zur Erklärungstheorie (im weitesten Sinne) siehe unten § 10.
[399] Näher oben § 9 C. IV.
[400] Näher oben § 8.

den gegen sich selbst auf den Adressaten begründet wird.[401] Doch lässt sich nicht ernsthaft behaupten, dass die Willenstheorie oder gar generell die Relevanz eines Wollens nur derart gegenständlich zu begründen wäre.[402]

Schließlich sei noch darauf hingewiesen, dass hinter der Kritik am Psychologismus der Willenstheorie bisweilen auch eine anti-individualistische politische Grundauffassung steht. Zwar sollte man sich hüten, geistreiche Kritik allein deshalb zu ignorieren oder abzutun, weil sie in der Zeit oder von Personen einer aus heutiger Sicht zweifelhaften politischen Ideologie geäußert wurde.[403] Aus wissenschaftlicher Sicht wäre das töricht und liefe bereits auf die Verletzung des Zitiergebots hinaus. Glücklicherweise sind wir in der Lage, Argumente auch isoliert zu betrachten und nicht Alles und Jedes zu vermengen. Den Verfasser jedenfalls interessiert in dieser Arbeit nur die vertragstheoretische, nicht menschliche Dimension mancher Thesen, und es steht ihm schon gar nicht zu, moralische Urteile zu fällen. Doch sollte man andererseits auch offen ansprechen, dass es gerade der willenstheoretische Psychologismus ist, der es zumindest erschwert, den Einzelnen kollektiv zu vereinnahmen. In dieses Bild passt es, wenn sich das NSDAP-Parteiprogramm vom 24. Februar 1920[404] sowohl gegen das liberalistische und zumindest in seiner späteren Phase[405] zweifellos voluntative römische Recht wandte[406] als auch besonders ausgeprägt den Stellenwert überindividueller Werte einforderte.[407] Und es ist eben auch kein Zufall, sondern für das vertragstheoretische Verständnis aufschlussreich, dass sich gerade Hegelianer wie *Binder* und *Larenz*, aber auch ein *Wieacker*, mit ihrer scharfen Kritik an der psychologistisch-liberalen Willenstheorie in gewusstem und – ganz psychologisch-real – gewolltem Einklang mit den Idealen einer Diktatur befanden.[408] Dabei soll es hier aber auch belassen bleiben.

---

[401] Näher dazu oben bei Fn. 109, 111.
[402] Vgl. bereits oben Fn. 384 sowie zu den Vorzügen des Wollens die Verweise in Fn. 397.
[403] Das gilt etwa auch für die Diskussion um den faktischen Vertrag, näher unten § 12 A.
[404] Abrufbar unter http://www.dhm.de/lemo/html/dokumente/nsdap25/index.html.
[405] Zur politischen Dimension auch der Einschätzung des römischen Rechts selbst siehe etwa *Mayer-Maly*, FS Nipperdey, Bd. 1, 1965, S. 509, 510f.
[406] Punkt 19: „Wir fordern Ersatz für das der materialistischen Weltordnung dienende römische Recht durch ein deutsches Gemeinrecht."
[407] Siehe nur Punkt 24: „Gemeinnutz vor Eigennutz".
[408] Zu dieser Historie siehe nur *Rüthers*, Entartetes Recht, 1994. Konkret mag man Punkt 4 des NSDAP-Parteiprogramms („Staatsbürger kann nur sein, wer Volksgenosse ist. Volksgenosse kann nur sein, wer deutschen Blutes ist, ohne Rücksichtnahme auf Konfession. Kein Jude kann daher Volksgenosse sein.") mit *Larenz*, in: Dahm/Huber u.a. (Hrsg.), Grundfragen, 1935, S. 225, 241: „Rechtsgenosse ist nur, wer Volksgenosse ist; Volksgenosse ist, wer deutschen Blutes ist. Dieser Satz könnte anstelle des die Rechtsfähigkeit ‚jedes Menschen' aussprechenden § 1 BGB an die Spitze unserer Rechtsordnung gestellt werden …" vergleichen.

3. Behauptung

a) Übertragungstheorie

Zu den vielen Problemen der Willenstheorie gehört nicht nur ein oft fehlender oder inhaltlich fragwürdiger Wille wie bei Kindern oder einer Täuschung. Ebenso fällt es schwer, eine Versprechensbindung ausgerechnet auf das Wollen derjenigen Person zurückzuführen, die es zu binden gilt.[409] Es ist deshalb verführerisch, das, was man eigentlich begründen möchte, einfach zu behaupten. Nichts anderes tut die bis heute populäre Übertragungs- bzw. Transfertheorie. Danach soll durch das Versprechen ein persönliches Recht des Versprechenden gegen sich selbst begründet werden und auf den Adressaten übergehen, weshalb es dann auch nur noch der Gläubiger in der Hand habe, das Versprochene einzufordern.[410]

Leider wird hier jedoch das interessierende Ergebnis nur kunstvoll umschrieben. Denn natürlich zeichnet sich ein Versprechen dadurch aus, dass es der Versprechende danach nicht mehr in der Hand hat, seine Verpflichtung einseitig zu beseitigen, während der Empfänger die versprochene Leistung nach Belieben einfordern darf. Doch muss das erst einmal begründet werden. Die Rede vom Übergang beschreibt das zu begründende Ergebnis zwar anschaulich, erfüllt aber keine Begründungsleistung.[411] Hierzu muss man ein-

---

[409] Näher oben § 9 C. I. 3.
[410] Stellv. *Grotius*, Drei Bücher, 1625/1950, S. 235 f. (Buch 2 Kap. 11 I 3), S. 237 (Buch 2 Kap. 11 IV 1) („Weshalb sollte ... nicht auch ein persönliches Recht übertragen werden können ...?"; Das vollkommene Versprechen „... hat die gleiche Wirkung wie die Veräußerung des Eigentums. Denn es ist entweder der Weg zur Veräußerung des Eigentums oder die Veräußerung eines Teils unserer Freiheit."; *Hobbes*, Leviathan, 1651, S. 65 (Teil 1, Kap. 14); *Kant*, Metaphysik, Bd. 1, 2. Aufl. 1798, S. 97 f. (§ 18 f., dazu etwa *Kersting*, Wohlgeordnete Freiheit, 1993, S. 296 ff.; *Hegel*, Grundlinien, 1821, S. 47 ff. (§§ 43 ff.), S. 77 ff. (§ 72 ff.). Interessant auch § 861 ABGB oder *Enneccerus*, Rechtsgeschäft, 1889, S. 58: „Vorher ist der Wille noch mein, jetzt habe ich ihn einem Andern dahin gegeben. ‚Er hat mein Wort.'". Aus jüngerer Zeit siehe etwa *Benson*, in: Benson (Hrsg.), Theory, 2001, S. 118, 127 ff.; *Barnett*, 86 Columbia Law Rewiew 269, 295 ff. (1986) oder *Unberath*, Die Vertragsverletzung, 2007, S. 45 ff., 75 ff., 183, 217 f., passim. Für eine umfassende Darstellung siehe nur *Hofmann*, Entstehungsgründe, 1874, S. 90 ff. oder auch *Smith*, Contract Theory, 2004, S. 97 ff.; *Unberath* (a.a.O.).
[411] Zu den offensichtlichen Defiziten der Übertragungstheorie siehe hier nur *Hofmann*, Entstehungsgründe, 1874, S. 90 ff.; *Unger*, System, Bd. 2, 5. Aufl. 1892, S. 127 (dort Fn. 15), daneben die Kritik etwa von *Schmalz*, Das reine Naturrecht, 1792, S. 63 ff.; *Schlossmann*, Der Vertrag, 1876, S. 141 ff. oder aus jüngerer Zeit *Diesselhorst*, Hugo Grotius, 1959, S. 72; *Köndgen*, Selbstbindung, 1981, S. 89; *Gordley*, in: Benson (Hrsg.), Theory, 2001, S. 265, 278 oder *Smith*, Contract Theory, 2004, S. 101 ff. Weshalb dann auch *Kant*, Metaphysik, Bd. 1, 2. Aufl. 1798, S. 100 f. lapidar ausführt: „Die Frage war: warum soll ich mein Versprechen halten? Denn dass ich es soll, begreift ein jeder von selbst. Es ist aber schlechterdings unmöglich, von diesem kategorischen Imperativ noch einen Beweis zu führen ..." Eine stichhaltige Begründung sieht anders aus, zumal es keineswegs selbstverständlich ist, dass und warum wir Versprechen halten müssen. Schließlich kennt jede Rechtsordnung zahllose Konstellationen – etwa Zwang, Drohung oder Täuschung – bei denen wir nicht an ein Ver-

fach nur fragen, warum denn ein Recht übergehen sollte. Es gibt nun einmal keine geheimnisvolle „Rechtswelt", auf die man verweisen könnte und in der „Rechte gegen sich selbst" durch ein Versprechen „übergehen". Einmal mehr[412] findet sich hier das so verhängnisvolle naturalistisch-gegenständliche Denken, das zu überwinden uns anscheinend alles andere als leicht fällt. Zu dessen zahlreichen Nebenwirkungen zählt, dass man auf einmal völlig unnötige, weil in Wahrheit überhaupt nicht existierende „Probleme" „entdeckt", die man dann vielleicht gar auf höchstem philosophischem Niveau diskutieren möchte. Verpflichtet sich etwa der Schuldner einem zweiten Gläubiger gegenüber zu einem Verhalten, welches das bereits dem ersten Gläubiger Geschuldete ausschließt, lässt sich die zweite Obligation in der so unterstellten, kausalistischen Rechtswelt nicht mehr als Verfügung über die Handlungsfreiheit des Schuldners begreifen. Schließlich wurde die ursprüngliche Freiheit ja schon „übertragen"![413] Möchte man derartigen Gefahren eines gegenständlichen Argumentierens entgehen, bietet sich als wohl wirksamste Therapie an, einfach einmal nachzufragen, wie genau denn der vermeintliche Vorgang in der Rechtswelt vonstattengehe, wie also das „Recht gegen sich selbst" „entstehe" und dann wie genau mit welchen Mechanismen „übertragen" werde.[414]

b) Begriffserweiterung

Die vom Verfasser gewählte Definition des menschlichen Wollens sollte für jedermann nachvollziehbar sein und sich zumindest weitestgehend mit unserem normalsprachlichen Verständnis decken. Daneben wurde darauf geachtet, im Interesse einer größtmöglichen Präzision nicht auch solche Merkmale in die Begriffsbestimmung aufzunehmen, die für ein Wollen nicht notwendig erscheinen. Denn jedenfalls dann, wenn sich an ein Phänomen auch nur bisweilen unterschiedliche Rechtsfolgen knüpfen, ist es zweckmäßig, überschießende Aspekte eigenständig zu erfassen. Das mag ein ganz neuer Begriff oder auch nur ein dem Willen vorangestellter Zusatz sein. Genauso wichtig wie es ist, das Wollen hinreichend zu beschreiben, ist also auch das umgekehrte Anliegen, diesen Begriff nicht zu überfrachten.[415]

Leider werden begriffliche Unschärfen oft ausgenutzt oder gar gezielt herbeigeführt, um dogmatischen Schwierigkeiten auszuweichen, anstatt sich ihnen zu stellen. So lässt sich das zu begründende Ergebnis einfach behaupten, indem man es in die eigene These – etwa in die Definition des dort enthaltenen Wollens – aufnimmt. So finden sich in der Literatur zahlreiche Charakterisie-

---

sprechen gebunden sind. Mit solchen Thesen stehen wir wieder nur am Anfang, nicht am Ende unserer Betrachtungen.

[412] Siehe zu diesem Problem bereits oben bei Fn. 109, 111.
[413] Zutr. *Gerke*, Vertretungsmacht, 1981, S. 32.
[414] Zutr. *Hofmann*, Entstehungsgründe, 1874, S. 100.
[415] Vgl. dazu auch oben § 9 B. I.

rungen, die für den Willen keineswegs entscheidend sind. Davon zu trennen sind die bereits andernorts gewürdigten Versuche, sich zwar verbal auf ein Wollen zu berufen, inhaltlich aber insbesondere auf eine Aufmerksamkeit zu verzichten.[416] Denn dort geht es um eine Reduktion, nicht wie hier Erweiterung des Wollens.

aa) Normierung

Ein klassisches Beispiel für die rein definitorische Erfassung der für Vertrag und Versprechen typischen Bindung sind Thesen dergestalt, dass der Wille „normierend" sei, ein „Sollen" statuiere, „gebiete", „bestimme", „regele" oder „anordne". Hier wird lediglich neu ausgedrückt, dass der Versprechende doch bitte an seinen Willen gebunden sein möge. Was derartige Formulierungen jedoch nicht liefern, ist der dafür gesuchte Grund. Dies ändert sich auch dann nicht, wenn man dem Ganzen einen neuen Namen gibt und etwa von einer Geltungs- statt Willenserklärung spricht. Da sich unter diesem schillernden Namen noch andere Vorstellungen verbergen, sei dazu auf spätere Ausführungen verwiesen.[417]

bb) Vernünftigkeit

Eine besonders problematische Begriffserweiterung macht das Wollen davon abhängig, dass es normativ „richtig", „vernünftig", „rechtmäßig", „verantwortungsvoll" oder „einsichtig" ist. Einerseits wird hier all das als vermeintlich gewollt ausgegeben, was man in Wahrheit auf ganz andere Erwägungen stützt.[418] Andererseits kann man aber auch dasjenige Wollen als vermeintlich nicht wahrhaft gewollt ausblenden, was den persönlichen Vorstellungen widerspricht. Im normalen Sprachgebrauch ist ein solches Verständnis nicht angelegt. Wir kennen nicht nur den Willen einer sittlich verantwortlichen Person, vielmehr kann ein übler Verbrecher unser aller Verderben wollen. Ebenso wenig trägt es zu einer präzisen vertragstheoretischen Diskussion bei, wenn wir das, was ein Mensch tatsächlich will, begrifflich mit dem vermengen, was wir gerne von diesem Menschen hätten. Zwingend ist hier nichts verknüpft, vielmehr sind wir es, die ein bestimmtes Verhalten einfordern und daran Konsequenzen knüpfen.[419] Nicht einmal eine besondere normative oder emotionale Haltung ist für ein Wollen notwendig. Selbst wer seinen Willen kaltherzig, gleichgültig und emotional unbeteiligt entfaltet, will nichtsdestotrotz. Das sollte schon deshalb einleuchten, weil unser Leben aus oft langweiligen und weitestgehend beliebigen Entscheidungen besteht, die wir dennoch als gewollt bezeichnen.

---

[416] Näher oben § 9 C. V.
[417] Näher unten § 10 A. V. 1.
[418] Näher oben § 9 C. V. 2. e).
[419] Eingehend unten § 10 C. IV.; vgl. dazu auch oben § 9 C. V. 2. e) aa).

cc) Freiheit als Bindung?
Eng verknüpft mit der Vorstellung eines vernünftigen Wollens, und ebenso für idealistisches Denken typisch, ist die Verknüpfung freien Handelns mit vermeintlichen Notwendigkeiten. So lässt sich etwa Freiheit als die Einsicht definieren, getreu einer bestimmten Einsicht moralisch zu handeln oder „die Konsequenzen" seines Handelns zu tragen. Oder man behauptet einfach, zwei begrifflich klar trennbare Gesichtspunkte wie das freie Wollen des Versprechenden und die zwangsweise Durchsetzung des Versprochenen gegen den Versprechenden seien „denknotwendig" miteinander „verschränkt".[420] Leider ist die Geisteswissenschaft voll von derartigen Verknüpfungen, ja basieren ganze philosophische Konzepte und Streitfragen auf solchen Operationen.[421] Dabei werden viele Kategorienfehler oft bewusst hingenommen oder geradezu gesucht.

dd) Freiwilligkeit
Wie wichtig es ist, sorgfältig mit Begriffen umzugehen, wurde auch anhand von Zwang, Drohung und Ausbeutung dargelegt. So sprechen Juristen zwar gerne von Freiwilligkeit, Willensfreiheit oder Entscheidungsfreiheit bzw. – negativ formuliert – von Willensbeugung oder Willensmängeln. Nicht verraten wird allerdings, wie wir diese Begriffe subsumieren und damit überprüfen sollen.[422] Schon deshalb wird man dogmatisch nicht weiterkommen, wenn man das Wollen um das „Merkmal" einer Freiwilligkeit erweitert.

ee) Unvorhersehbarkeit
Genauso wenig ist es für ein Wollen erforderlich, dass es unvorhersehbar, chaotisch oder kontingent ist, um hier nur einige typische Ausdrücke zu bemühen. Selbst wenn es völlig vorhersehbar ist, dass jemand nach einem langen Marsch durch die Wüste Wasser kaufen will, bleibt das dennoch ein Wille. Wenn es also möglich ist, dass ein Wille vorhersehbar ist, etwa weil er in einer bestimmten Situation das einzig rationale[423] Verhalten darstellt, ist diese Vorhersehbarkeit allerdings umgekehrt noch lange nicht erforderlich. Wollen verlangt keine intellektuelle Qualität oder ein hohes Niveau des Gewollten oder des Willensbildungsprozesses. Wollen Kinder nur Süßigkeiten essen, ist das zwar irrational, aber dennoch gewollt. Wohl aber lässt uns das den Umfang überdenken, in dem wir bereit sind, Kindern Macht einzuräumen. Soweit sich ein Wille entfalten kann, muss er sich vor niemandem rechtfertigen, kann (muss aber nicht) unergründbar und für uns oder vielleicht sogar generell cha-

---
[420] Näher dazu oben § 4 B. I. 4. b) aa); § 4 B. I. 4. b) ee); § 9 C. I. 3. d) sowie unten § 10 C. IV. 5.; § 17 E. III. 6. c) bb); § 19 B. III. 2.; § 19 G. IV.
[421] Vgl. dazu oben Fn. 139.
[422] Näher oben § 4 B. I. 4. b) aa).
[423] Näher zur Rationalität unten § 17 E.

otisch sein. Insofern ist der Wille tatsächlich „frei" und wird das etwa in der Philosophie unter einem voluntaristischen Ansatz verstanden, genauso wie dies manche Religionen einem Gott zugestehen.[424]

ff) Entscheidungsqualität
Tatsächlich bestätigt ein Blick in jedes Vertragsrecht, dass wir nicht jedes Wollen berücksichtigen, wie allein die Täuschung illustriert. Willens- wie Erklärungstheorie haben hier ersichtlich ein Problem, das sich wie bereits erwähnt auch nicht dadurch beiseiteschaffen lässt, dass man mit Freiwilligkeit oder Entscheidungsfreiheit Begriffe einführt, die sich erst gar nicht subsumieren lassen. Auch hier liegt die Versuchung nahe, den Begriff des Wollens dadurch zu erweitern, dass man noch eine über die Aufbringung von Aufmerksamkeit hinausgehende Qualität des Willens verlangt. Danach müsste der Wille etwa den Ausdruck, Abschluss oder die Kulmination eines umfassenderen Entscheidungsprozesses bilden. Doch hat man auch dann nur behauptet und nicht erklärt, warum wir es ignorieren bzw. ein Lösungsrecht gewähren, wenn ein Kind oder Getäuschter handelt. Wenn aber solche Erweiterungen nicht begründen, sondern nur behaupten, sollte man darauf möglichst verzichten. Dementsprechend sehen wir im Wollen kein Ergebnis, sondern einen permanent wandelbaren Zustand. Deshalb muss ein Wollender auch nicht wissen oder sich vergegenwärtigen, was für weitere Konsequenzen sein Wollen haben könnte.[425]

gg) Erklärung
Dass nahezu jedes Vertragsrecht für ein wirksames Versprechen meist eine Erklärung (zumindest im Sinne einer „Abgabe")[426] verlangt und nur selten das nackte Wollen genügen lässt, bereitet der Willenstheorie Probleme. Zwar ist die Erklärung ein praktisch sehr wichtiges Willensindiz, doch erklärt das noch lange nicht, warum wir die nackte Willensübereinstimmung nicht anerkennen, wenn diese unstreitig, weil etwa vom Gegner prozessual bindend zugestanden ist.[427] Eine sehr bequeme Antwort hierauf lautet – der Leser ahnt es schon –, dass die Erklärung (im Sinne zumindest einer Abgabe) „notwendig" zum Willen gehöre. Nur der erklärte Wille sei ein Wille im Sinne der Willens-

---

[424] Näher oben bei Fn. 31.
[425] Vgl. demgegenüber unten § 10 A. V. 1.
[426] Näher dazu unten § 18 C. I. Sachlich geht es beim Abgabeerfordernis um einen Übereilungsschutz, der sich mit der vermeintlichen Intrinsität des Parteiverhaltens bei Vertragsschluss nur schwer verträgt, vgl. hier nur gleich unten Fn. 431.
[427] Auch bei *falsa demonstratio*, Scheingeschäft, erkanntem Irrtum usw. (näher dazu unten § 17 B.) liegt regelmäßig ein äußerliches Handeln vor, wurde etwas – wenn auch falsch – erklärt und damit eine Willenserklärung „abgegeben", vgl. dazu nochmals unten § 18 C. I.

theorie. Und wiederum[428] muss der anscheinend so attraktive Begriff der Geltungserklärung herhalten, um einfach zu behaupten, was zu begründen der Willenstheorie versagt blieb.[429] Dabei löst man so ersichtlich keine Probleme, sondern schafft sich allenfalls neue. Denn wenn es geradezu denknotwendig sein soll, dass ein Wille erklärt werde, wieso reicht uns dann bisweilen ein Schweigen?[430] Vor allem aber verführen solche reinen Begriffsoperationen dazu, wichtige Probleme zu verschütten und nach tragfähigen Argumenten erst gar nicht zu suchen. So liegt es etwa bei der Erklärung nahe, dass diese eine gewisse Qualität des Entscheidungsprozesses sichert. Man erklärt nicht so leichtfertig wie man kurzzeitig will – zumal wenn man weiß, dass eine rechtliche Bindung droht.[431] Derartige Überlegungen versprechen sehr viel mehr vertragstheoretischen Ertrag, anstatt einfach nur an Begriffen herumzudoktern.

Nichts anderes gilt für die Frage, ob nicht die vertragsrechtliche Bindung ein spezielles „Handeln" erfordere. Das ist schon deshalb heikel, weil der Handlungsbegriff auf eine sehr reichhaltige juristische wie philosophische Tradition zurückblicken kann.[432] Dennoch sei hier die klare Festlegung erlaubt, dass der Willensbegriff, so wie er in dieser Arbeit verwandt wird, keine spezielle „Handlungsqualität" verlangt, die über das hinaus geht, was zuvor bereits als Bestandteil eines Wollens ausgewiesen wurde. Vielmehr lässt sich zumindest für das Vertragsrecht konstatieren, dass der Versuch, grundlegende Probleme dadurch zu lösen, dass man von einem juristischen Handlungsbegriff ausgeht, gescheitert ist.[433] So verleitet dieser Ausgangspunkt unter anderem dazu, jeglichen Vertragsinhalt allein auf das Verhalten der Parteien bei Vertragsschluss zurückzuführen, während es tatsächlich ganz verschiedene Personen sind, die zu sehr verschiedenen Zeitpunkten dazu beitragen.[434]

hh) Wissen
Zum Abschluss sei noch darauf hingewiesen, dass wir gut daran tun, Wissen und Wollen zu unterscheiden. Zwar könnte man davon sprechen, dass das, was die Aufmerksamkeit gerade wahrnimmt, zumindest in diesem Augenblick

---
[428] Zur normierenden Qualität vgl. bereits oben § 9 C. V. 3. b) aa).
[429] Näher unten § 10 A. V. 2.
[430] Vgl. etwa oben bei Fn. 188.
[431] Siehe hier nur stellv. *Regelsberger*, Vorverhandlungen, 1868, S. 8, 49 sowie näher unten § 18 C. I.
[432] Vgl. nur aus jüngerer Zeit *Keil*, Handeln und Verursachen, 2000 m.w.N. Das grundlegende Werk von *Zitelmann*, Irrtum, 1879 ist stark von der strafrechtlichen Handlungslehre beeinflusst, vgl. zu dieser etwa den Finalisten *Welzel*, Aktuelle Strafrechtsprobleme, 1953.
[433] Vgl. dazu die beißende Kritik bei *Schlossmann*, Der Vertrag, 1876, S. 162 ff.: „Entkleidet Alles dessen, was ihm gar nicht gebührt, ist er [der Vertragsbegriff] eben das, als was wir ihn aufweisen wollten: ein juristisches Nichts." Siehe auch unten § 10.
[434] Näher oben § 8.

als Wissen vorhanden ist. Insofern kann ich nicht wollen, was ich nicht weiß. Doch erfüllt der Begriff des Wissens eine eigenständige und in vielerlei Hinsicht wichtige Funktion, weil er zumindest auch für solche Informationsinhalte steht, die gespeichert werden und damit auch zu einem späteren Zeitpunkt abgerufen werden können. Das schließt natürlich zahlreiche Zusammenhänge zwischen Aufmerksamkeit und Wissen nicht aus, etwa wenn der Mensch möglicherweise das besonders gut speichert, was Teil seiner Aufmerksamkeit war – von anderen Voraussetzungen oder zumindest Verstärkern wie Emotionen einmal abgesehen.[435] Umgekehrt bleibt für die vertragstheoretische Diskussion festzuhalten, dass der Mensch nicht all das, was er an Information gespeichert hat, in seine Aufmerksamkeit aufnehmen und damit wollen kann – ganz im Gegenteil.[436]

4. Ausblendung

Wann immer man sich treffender Kritik ausgesetzt sieht, gehört es zu den vielen Versuchungen, diese Kritik oder das dahinter stehende Problem zu ignorieren. So mag man es sich verbitten, willensfremde Gesichtspunkte überhaupt zu diskutieren, indem man auf Strohmannargumente[437] ausweicht: Wird etwa auf die Bedeutung menschlicher Zwecke hingewiesen,[438] lässt sich entgegnen, dass eine solche These nur aus der Perspektive eines fürsorglichen Erziehers begründbar sei.[439] Genauso ließe sich ausrufen: „Alles andere ist Sozialismus!" Hat man sich so das gegnerische Argument bequem zurechtgerückt, muss man sich nicht mehr mit der Relevanz menschlicher Zwecke auseinandersetzen, sondern nur noch mit den Gefahren einer Diktatur. Bei einem solchen Vergleich wird das eigene Konzept natürlich glänzen – ganz gleich, wie unvollkommen es ist.

---

[435] Dass es weitere Voraussetzungen geben muss, liegt auf der Hand, da der Mensch unmöglich all das dauerhaft speichern kann, was er bewusst wahrnimmt. Zu den psychologischen Grundlagen vgl. nur *Motter*, in: Wilson/Keil (Hrsg.), MITECS, 1999, S. 41 oder speziell zu Emotionen *Brothers*, in: Wilson/Keil (Hrsg.), 1999, S. 271. Näher oben § 2 D. IV.
[436] Zur äußerst begrenzten Aufmerksamkeit vgl. oben § 8 A. II. 2.
[437] Vgl. dazu nur *Schopenhauer*, in: Deussen (Hrsg.), 1923, S. 391, 414 (Kunstgriff 13), passim.
[438] Näher oben § 2 A. I.
[439] So etwa *Unberath*, Die Vertragsverletzung, 2007, S. 102 zu *Kimel*, Promise, 2003: „Beides, Vertrag und Autonomie sind damit letztlich nicht Selbstzweck sondern Mittel. Der Staat übernimmt die Rolle eines fürsorglichen Erziehers, der ‚perfektionierend' eingreift und darauf drängt und notfalls zu Zwang greift, dass die ‚richtigen' Entscheidungen getroffen werden und die Staatsbürger ein ‚wertvolles' Leben führen." Ähnliche Argumentationen finden sich bei der Ausbeutung (näher oben § 4 D. II. 2. a)), der gesetzlichen Stellvertretung (näher unten § 13 C. III. 2.) und vielen anderen Bereichen unseres Vertragsrecht. Vgl. demgegenüber zur Liberalität zumindest eines rechtebasierten Zweckdenkens unten § 9 D. I. 4. sowie generell der Liberalität eines Vertragsrechts unten § 19 B.

a) Pathologische Fälle

Aber nicht nur gegnerische Argumente lassen sich passend bearbeiten, auch der Untersuchungsgegenstand bietet ein dankbares Ziel. Eine in wohl allen Wissenschaften beliebte Methode, der ungeliebten Falsifikation zu entgehen, besteht darin, das Thema *ad hoc* je nach Bedarf so einzugrenzen, dass all diejenigen Realitäten, die man nicht erklären kann, herausfallen.[440] Die so erfolgreich vermiedene Widerlegung geht allerdings nicht nur mit einer entsprechend eingeschränkten Reichweite der vertretenen Theorie einher, sondern – ungleich schlimmer – mit einer zunehmenden Unverbindlichkeit. Auch der Willenstheoretiker *Flume* beschreitet diesen Weg – und zwar gleich mehrfach. Zunächst erklärt er Vieles von dem, was die Willenstheorie nicht erklären kann, zu pathologischen Fällen und geht anscheinend davon aus, dass man die als pathologisch deklarierten Sachverhalte nicht mehr zu erklären habe. „Gleich wie" man diese entscheide, „der Idee" bzw. ihrem „naturgemäßen Verhältnis" nach sei das Rechtsgeschäft die bewusste Rechtsgestaltung gemäß dem Willen. Die Rechtsordnung müsse anders als die auf den Irrtumsfall abstellende Erklärungstheorie von der Übereinstimmung von Wille und Erklärung als dem naturgemäßen Verhältnis ausgehen. Demgegenüber sei es der Fehler der Erklärungstheorie, das „Wesen" der Willenserklärung nach der für richtig gehaltenen Regelung des pathologischen Falls der irrtümlichen Willenserklärung bestimmt zu haben.[441] Dieses Argument aufgreifend erklärt *Frotz* die Kontroverse von Willens- und Erklärungstheorie zum bloßen Missverständnis, ja zur Scheindogmatik, so dass diese Aufspaltung für das Privatrecht keinerlei Bedeutung habe. Das könne nur verkennen, wer unzulässig gesunde und pathologische Fälle rechtsgeschäftlicher Gestaltung vermenge.[442] Ganz ähnliche Argumentationsmuster finden sich schließlich dort, wo sehr einfache und deshalb für die wissenschaftliche Diskussion besonders geeignete Sachverhalte als bloße „Schulfälle" abgetan werden, während bei äußerst komplizierten Fallkonstellationen ja ohnehin keine klare Aussagen möglich seien.[443]

Doch so leicht geht es nicht. Jede Falsifikation ist eine Niederlage und schmerzt gerade dort, wo wir sehr schlichte Sachverhalte (Schulfälle) benennen können, die vor allem den Vorzug haben, Ausflüchte zu erschweren. Was die praktische Relevanz einzelner Fälle anbelangt, so ließe sich bereits fragen, ob es ein Gegenbeispiel überhaupt nennenswert entwertet bzw. die jeweilige Theorie entlastet, wenn es im täglichen Leben selten vorkommt. Beseitigte es wirklich unser Unbehagen an den Erklärungstheorien, wenn *falsa demonstratio*, Scheingeschäft oder Anfechtbarkeit wegen Inhaltsirrtums einen Ausnah-

---

[440] Vgl. dazu etwa *Kuhn*, Revolutionen, 2. Aufl. 1976, S. 90 ff.
[441] *Flume*, FS Deutscher Juristentag, Bd. 1, 1960, S. 135, 153 ff.; *Flume*, AcP 161 (1962), 52, 58.
[442] *Frotz*, Verkehrsschutz, 1972, S. 408, 141 (Fn. 1009).
[443] Näher zu Schulfällen oben § 1 B. II.

mefall bildeten? Vor allem aber darf man nicht den Fehler begehen, eklatante Falsifikationen allein deshalb als praktisch unerheblich auszusortieren, weil es hier angesichts einer völlig unumstrittenen Rechtsüberzeugung bereits klare Regeln gibt und deshalb niemand auf die Idee kommt, diese zu brechen oder einen von vornherein aussichtslosen Rechtsprozess zu führen. Wer etwa Zwang oder Täuschung als pathologisch oder realitätsfern ausscheiden möchte, möge sich vor Augen führen, was geschähe, ließe die Rechtsordnung auch solche „Vertragsschlüsse" zu. Genauso verbleibt die Mentalreservation nur so lange im akademischen Elfenbeinturm, wie nicht das Recht mit der Willenstheorie ernst macht und sie für beachtlich erklärt. Tatsächlich hängt das, was als pathologisch erscheint, vor allem von der bereits unterstellten Theorie ab und eignet sich schon deshalb nicht zu deren Hinterfragung oder Rechtfertigung. Und was soll ein Richter dem Opfer eines pathologischen bzw. Schulfalls sagen, wenn sich dieser Fall nun einmal ereignet hat und damit zu entscheiden ist? Soll er dem Bedrohten entgegnen, es müsse getreu der Willenstheorie nun einmal der Wille geachtet werden, weil hier ja nur ein pathologischer Fall vorliege? Es ist gerade das große Glück der Rechtswissenschaft, dass sie tagtäglich mit zahllosen Fällen konfrontiert wird, die oft sehr nachdrücklich offenlegen, wo ein bestimmter Begründungsansatz seine Stärken und Schwächen hat. Oder um mit *Kohler* zu sprechen: „Allein pathologisch sind schließlich alle Rechtsfälle, die zu Differenzen führen, welche der Jurist als Patholog zu begleichen hat; und wenn nun eine Theorie gewisse Fälle nicht zu begleichen vermag und die andere dazu imstande ist, so zeigt dies, dass Letztere und nicht Erstere die richtige pathologische Behandlung enthält. Derartige Rechtsfälle, fern davon, für die Konstruktion weniger Bedeutung zu besitzen, haben gerade die größte Bedeutung, weil in ihnen, nicht den gewöhnlichen Fällen, die Theorie auf die Schneide geführt wird und zeigen soll, ob sie die Verhältnisse des Lebens richtig zur Lösung bringt; ebenso wie eine schwierige Krankheit, eine seltene chemische Komplikation, eine ausnahmsweise Begegnung von Gestirnen uns Gesetze verrät, welche die gewöhnliche Gestaltung der Sache nicht zu entdecken vermöchte. Nicht jedes Jahr ist ein Venusdurchgang, welcher uns die Sonnenferne kündet."[444]

b) „Wahres Vertragsrecht"

Eine weitere Variante des Versuchs, der ungeliebten Falsifikation durch die Rechtsrealität zu entgehen, besteht darin, schwer erklärbare Phänomene dadurch aus dem Untersuchungsgegenstand auszuscheiden, dass man ihn für in Wahrheit überhaupt nicht dem Vertrags- bzw. Zivilrecht oder einer liberalen Rechtsordnung zugehörig erklärt. So mag man selbst so grundlegende Fragen

---

[444] *Kohler*, JhJb 28 (1889), 166, 191. Vgl. speziell zu *Flume* etwa auch *Hübner*, FS Nipperdey, Bd. 1, 1965, S. 373, 380.

wie die Mangelhaftigkeit (und damit den genauen Inhalt) der geschuldeten Leistung, die gesetzliche Stellvertretung oder die Ausbeutung dem Leistungsstörungsrecht, dem Deliktsrecht oder gleich ganz dem öffentlichen Recht bzw. dem Sozialrecht zuweisen, um dann hoffentlich nicht mehr gefragt zu werden, wie sich diese Gesichtspunkte auf Wille, Freiwilligkeit oder Ähnliches stützen lassen.[445] Und lässt sich der vermeintlich apriorische Ansatz nicht oder mit wenig überzeugenden Resultaten auf alltägliche Fragestellungen anwenden, verweist man eben darauf, dass derart niedere Probleme „pragmatisch" zu handhaben seien, nicht aber vom „eigentlich" vertretenen Konzept erfasst würden.[446] Tatsächlich findet sich gerade im Vertragsrecht eine unüberschaubare Fülle derart willkürlicher Themeneingrenzungen. Diese zeichnen sich nicht zuletzt dadurch aus, dass praktisch bedeutsame und an sich weithin unter der Rubrik des Vertragsrechts diskutierte Probleme immer nur gerade so weit aus dem Vertrag abgeschoben werden, wie das jeweils vertretene Konzept scheitern würde. Ein Schelm, wer dabei Böses denkt.

c) Wille versus Vertragsinhalt

Der Hinweis auf den pathologischen Charakter von mit der Willenstheorie unvereinbaren Fallkonstellationen oder das passgenaue Zuschneiden des Untersuchungsgegenstands sind nicht der einzige Ausweg, mit dem die Willenstheorie zumindest für einen Kernbereich verteidigt werden soll. So wird verschiedentlich zwischen dem unterschieden, was tatsächlich gewollt wurde und als Wille rechtlich Anerkennung findet, und dem, was auch ohne dieses willenstheoretische Erfordernis zum Vertragsinhalt wird. Sehr traditionsreich ist die vor allem auf *Aristoteles* zurückgehende Unterscheidung zwischen den *essentialia, naturalia* und *accidentalia negotii*.[447] Hieran anknüpfend unterscheidet etwa *Oechsler* zwischen Parteivereinbarung und Vertrag.[448] Selbst die ergänzende Vertragsauslegung mag man hier als ein weiteres Beispiel anführen.[449] Der Vorzug derartiger Unterscheidungen besteht in einer gewissen Lebensnähe, da sie offen anerkennen, dass der Vertragsinhalt auch jenseits des Parteiwillens bei Vertragsschluss bestimmt werden muss. Was diese Begrifflichkeiten jedoch nicht liefern, ist der gesuchte Grund oder gar ein übergreifendes vertragstheoretisches Konzept.

Nichts anderes gilt für einen Weg, den *Flume* beschreitet. Nach der zutreffenden Klarstellung, dass die Fiktion einer Willenserklärung abzulehnen sei, führt er eine weitere Unterscheidung ein. Es gehe nicht an, den Begriff der

---

[445] Vgl. dazu etwa auch oben § 4 D. II. 2. a) oder unten § 13 C. III. 2.
[446] Stellv. *Unberath*, Die Vertragsverletzung, 2007, S. 192, 208, 213, 221, 329 (dort Fn. 40), 332, 338, 340, 342, 343, passim.
[447] Näher oben § 3 A. III. 3.
[448] *Oechsler*, Gerechtigkeit, 1997, S. 267 ff.
[449] Näher dazu unten § 10 E. II. 1.

Willenserklärung anhand der Fälle „bloßen rechtlichen Verhaltens" zu bestimmen.[450] Hieran ist zunächst begrüßenswert, dass die problematischen Fälle nicht einfach ignoriert oder durch diverse Kunstgriffe als vermeintlich mit der Willenstheorie lösbar dargestellt werden. Solche dogmatische Redlichkeit ist nicht selbstverständlich. Doch bleibt natürlich offen, wie die so ausgesonderten Konstellationen zu begründen und in ein dogmatisches Gesamtkonzept einzuordnen sein sollen. Der Hinweis auf *variae causarum figuarae*[451] genügt jedenfalls sicher nicht.[452]

5. Relativierung

Angesichts der begrenzten Reichweite des Wollens wäre es nach der Willenstheorie eigentlich nur konsequent, überall dort, wo der Wille fehlt, im Sinne eines *non liquet* allenfalls das negative Interesse zu gewähren. Da dies jedoch auch den meisten Willenstheoretikern als untragbar erscheint,[453] verringern sie den Widerspruch von Theorie und Rechtsrealität dadurch, dass nicht mehr ausschließlich der Rechtsfolgewille, sondern auch ganz andere, keineswegs voluntative Aspekte wie etwa eine Fahrlässigkeit akzeptabel seien. Doch wirft das wie jeder Dualismus[454] – von noch flexibleren Begründungsmustern ganz zu schweigen –[455] unangenehme Fragen auf. Erstens ist genauso sorgfältig und kritisch wie beim Willen zu fragen, ob der neue Gesichtspunkt trägt.[456] Zweitens muss beantwortet werden, wie diese nunmehr zwei Theorien zueinander stehen, voneinander abgrenzbar oder gar auf einen einheitlichen, übergreifenden Gesichtspunkt rückführbar sind. Denn es wäre theoretisch wenig hilfreich, etwa darauf zu verweisen, dass entweder die Erklärungs- oder die Willenstheorie anzuwenden sei, auch wenn man leider nichts darüber sagen könne, wann genau der Wille und wann die Erklärung maßgeblich sei. Man würde nur Willens- wie Erklärungstheorie gleichermaßen entwerten.

Leider gibt es nur sehr wenige wirklich konsequente Vertreter der Willenstheorie – am ehesten zählt hierzu noch *Lobinger*.[457] Demgegenüber berufen

---

[450] Siehe hierzu nur den Titel des Beitrags von *Flume*, AcP 161 (1962), 52 sowie *Flume*, Allgemeiner Teil, Bd. 2, 4. Aufl. 1992, S. 129f.
[451] *Flume*, Allgemeiner Teil, Bd. 2, 4. Aufl. 1992, S. 133 (§ 10 5).
[452] Zu Recht kritisch daher etwa *Hübner*, FS Nipperdey, Bd. 1, 1965, S. 373, 380; *Bydlinski*, Privatautonomie, 1967, S. 56f., 61; *Kramer*, Grundfragen, 1972, S. 159, 166, 197, 204 (auch zur „Vertrauenshaftung kraft schlüssigen Verhaltens" *Coings* oder die „typisierte Erklärung mit normierter Wirkung" *Manigks* und *Krauses*); *Hönn*, Kompensation, 1982, S. 19.
[453] Näher oben § 9 C. V. 1.
[454] Näher oben § 3 A. III. 4.
[455] Näher zu diesen unten § 19 F. III. 2.
[456] Näher dazu unten § 10 C.
[457] Das gilt zumindest für dessen Doktorarbeit (*Lobinger*, Verpflichtung, 1999; vgl. aber auch oben bei § 6 Fn. 133), wobei auch dort etwa bei Mentalreservation (näher unten § 17 F.

sich selbst *Windscheid* oder *Flume* auch auf Selbstverantwortung, Fährlässigkeit oder Zurechenbarkeit, um solche Vertragsinhalte zu begründen, auf die sich kein Wille richtet.[458] Abgesehen von der dogmatischen Fragwürdigkeit dieser Begriffe[459] sei hier nur darauf hingewiesen, dass es die Willenstheorie mitsamt ihren dem Willen geschuldeten Vorzügen entwertet, wenn dieser Wille auf einmal entbehrlich sein soll, ohne dass dafür ein Kriterium angeboten würde. Wenn für manche Vertragsinhalte der Wille (un-) verzichtbar ist, warum dann nicht für alle?[460]

Schließlich findet sich oft das wohl älteste aller Argumente, um die Vertragsverbindlichkeit zu begründen, nämlich das funktionalistische. So kann man natürlich auf die vielen Nachteile hinweisen, hielten wir Verträge für unverbindlich. Hier bieten sich zahllose Zweckmäßigkeitserwägungen an, die so weitläufig sein können wie die Funktionsfähigkeit von Märkten oder gar ganzer Gesellschaften. Bei der Mentalreservation etwa hilft es jedenfalls nicht dem Selbstbindungswillen (und damit der Willenstheorie), die Fragwürdigkeit einer konsequenten Beachtung des Selbstbindungswillens zu beschreiben.[461] Und genauso überrascht, wenn die Berücksichtigung von Zwecken einerseits geradewegs in eine Diktatur münden soll, um dann andernorts zu erfahren, dass der Zweck der bürgerlichen Verfassung selbst gefährdet sei, sichere man nicht die Bindung an den Vertrag, wenn also all die gesamte Geistesakrobatik vermeintlich apriorischer und für jedermann verbindlicher Gesetzmäßigkeiten auf das gröbste aller funktionalen Argumente zusammenschrumpft – nämlich dass jede Gesellschaft ohne Verträge nicht auskommt.[462]

VI. Ergebnis

Was vorstehend von der Willenstheorie eingefordert wurde, war dogmatische Verbindlichkeit. Dort, wo sich ein Vertragsinhalt nicht mit einem darauf gerichteten Selbstbindungswillen erklären lässt, weil ein solcher Wille fehlt, sollte man das sehen und offen eingestehen, zumal andere gängige Theorien kein besseres Schicksal ereilt. Demgegenüber ist niemandem damit gedient, einen fehlenden Willen kunstvoll herbeizuzaubern, da man so nicht das herbeizaubern kann, was den realen Parteiwillen auszeichnet, nämlich die mit Aufmerksamkeit verbundene Individualität, Kreativität und Subsidiarität. Dem Menschen einen Willen zu unterstellen, den dieser nicht hat, richtet sich gegen

---

II. 6.) oder „faktischem Vertrag" (näher unten § 12 B. V. 2.) abgewichen wird und viele für die Willenstheorie unangenehme Bereiche erst gar nicht diskutiert werden.

[458] Näher unten § 10 C. III. 1.
[459] Näher unten § 10 C.
[460] Berechtigte Kritik etwa von *Hübner*, FS Nipperdey, Bd. 1, 1965, S. 373, 380; *Bydlinski*, Privatautonomie, 1967, S. 61.
[461] Näher unten § 17 F. II. 6.
[462] *Unberath*, Die Vertragsverletzung, 2007, S. 101 f. Siehe auch oben § 3 A. III. 4.

diesen Menschen. Auf einen psychologischen Willen zu verzichten, sondern ihn stattdessen zu fingieren, ist nicht liberal, sondern verrät die Liberalität der Willenstheorie.[463]

Die wirklich spannende Frage ist, wie wir auf die begrenzte menschliche Aufmerksamkeit reagieren. So sind wir keineswegs gezwungen, deshalb gleich den Staat einzuschalten. Die Probleme der Willenstheorie sind nicht notwendig ein Problem des Willensprinzips. Sofern man sich nur von der gedanklichen Fixierung auf den Versprechensakt löst, lässt sich menschliches Wollen dadurch größtmöglich ausreizen, dass man einerseits sehr viel mehr Menschen als nur die Vertragsschließenden am Vertragsinhalt teilhaben lässt, und andererseits diesen Menschen sehr viel mehr Zeit als nur die logische Sekunde bei Vertragsschluss zubilligt. Wir wären töricht, nicht selbst sehr langfristige Willensbildungen einschließlich kulturell tief verwurzelter Erfahrungen zu berücksichtigen.[464] Letztlich fühlt sich der Verfasser der Willenstheorie durchaus nahe. Der Wille soll rehabilitiert, nicht diskreditiert werden – aber eben nur der reale Wille. Es geht weniger um das Ob einer Willensverwirklichung als um deren Wie. Die Kritik an der Willenstheorie verfolgte ein konstruktives Anliegen, nämlich ihrer Fortführung und Modernisierung.

In einer Hinsicht müssen wir das Willensprinzip allerdings wirklich zurückstufen: So wichtig das menschliche Wollen auch ist, liegt darin für uns Menschen lediglich ein Mittel zum Zweck.[465] Damit benötigen wir noch andere Gesichtspunkte, die uns verraten, wie genau wir ein Wollen welcher Personen zu welchen Zeitpunkten beherzigen sollten. Genauso ist zu begründen, dass und warum es eine wichtige Aufgabe jeder Rechtsordnung sein sollte, den Menschen ihren Vertragsschluss möglichst einfach zu machen, damit sie von den Vorzügen eines Vertrags profitieren können. All das macht es unausweichlich, sich näher mit dem Zweck und dessen Verhältnis insbesondere zum Parteiwillen auseinanderzusetzen. Genau das tun die Vertreter der nunmehr zu diskutierenden Grundfolgentheorie.

D. Grundfolgentheorie

Es ist eine wissenschaftstheoretische Binsenweisheit, dass gängige Lehrbücher oder Kommentare die akademische Meinungsvielfalt nicht immer korrekt darstellen.[466] Dabei muss das noch nicht einmal zu beanstanden sein, lassen sich gute Gründe dafür finden, dass man gerade in der Praxis nach einem bestimmten Paradigma Normalwissenschaft betreibt. Für eine vertragstheoreti-

---
[463] Allgemein zur Liberalität einer Vertragstheorie vgl. unten § 19 B.
[464] Näher oben § 8 C.
[465] Näher oben § 9 C. III. sowie unten § 9 D.
[466] Stellv. *Kuhn*, Revolutionen, 2. Aufl. 1976, S. 37 ff., passim.

sche Grundlagenarbeit gilt das allerdings nicht, zumal die dominierenden Ansichten alles andere als zu überzeugen wissen.[467] Verfolgt man etwa die Diskussion des 19. Jahrhunderts, so drängt sich hier nicht der Eindruck auf, als habe die Willenstheorie einen glamourösen Sieg davongetragen. Vielmehr scheint es bisweilen so, als habe sie sich trotz der immer härter einschlagenden Gegenwehr gerade noch rechtzeitig in das deutsche Bürgerliche Gesetzbuch retten können, bevor mit dessen Inkrafttreten die vertragstheoretische Diskussion stark an Kraft verlor und sich das Interesse auf die nunmehr wichtiger gewordenen methodischen Fragen verlagerte.[468] Schon deshalb ist es ein wichtiges Anliegen dieser Arbeit, die damals so mühsam erarbeiteten und auch für die heutige Diskussion enorm wichtigen Erkenntnisse wieder in Erinnerung zu rufen und darauf aufbauend ein tragfähiges eigenes Konzept zu entwickeln.

I. Zwecke vor Wille

1. Normativer Vorrang

Die Grundfolgentheorie ist eine dieser Theorien, die heutzutage selten auch nur erwähnt wird, obwohl sie sich durch eine große Lebensnähe auszeichnet und der Willenstheorie vor allem in einem Belang deutlich überlegen ist: das Verhältnis von Wille und Zweck. Für die Willenstheorie ist die von den Parteien willentlich getroffene Regelung der entscheidende, als intrinsisch angesehene Maßstab.[469] Parteizwecke haben demgegenüber in der Willenstheorie genauso wenig Platz wie bei der Erklärungstheorie.[470] Demgegenüber wuchsen spätestens mit *Jhering* immer stärkere Zweifel daran, ob wirklich der Parteiwille und nicht der von den Menschen verfolgte Zweck den entscheidenden Ausgangspunkt für rechtliche Erörterungen dies- wie jenseits des Vertragsrechts bildet.[471] Doch war es die Grundfolgentheorie, deren Vertreter diese Einsicht konsequent umsetzten und in aller Härte der Willenstheorie entgegen hielten. Auf dieser Basis war es dann möglich, auf die vertragsrechtliche Rele-

---

[467] Siehe dazu nur einführend oben § 1 A. I. sowie zur bisher untersuchten Willenstheorie oben § 9 C. VI.

[468] So ist es kein Zufall, dass die Diskussion um Rechtsbegriff, Richterkompetenz, Positivismus, Freirechtsschule uvm. gerade in diesen nachfolgenden Jahren einen äußerst fruchtbaren Aufschwung erfuhr und spätestens hier sämtliche Argumente vorwegnahm, die bis heute diesen Bereich prägen.

[469] Näher oben § 9 C. III.

[470] Wobei auch deren Vertreter realistisch genug sind, um an vielen Stellen wie etwa der Auslegung durchaus Zwecke zu berücksichtigen. Nur bleibt regelmäßig offen, wie dies und die dabei angewandten Maßstäbe aus dem Willen oder der Erklärung ableitbar sein sollen oder in ein dogmatisches Gesamtkonzept passen.

[471] Näher oben § 2 A. V. 2. b).

vanz nicht nur des objektiv Erklärten,[472] sondern etwa auch des dispositiven Rechts, zu verweisen.[473]

Wollte man das zentrale Anliegen der Grundfolgentheorie in einem Satz zusammenfassen, so lautet dieser wie folgt: Menschen verfolgen Zwecke, und das Recht soll den Menschen dienen, also diese Zwecke verwirklichen. Der Zweck rechtfertigt das Recht. Anders formuliert ist das Recht für den Menschen mitsamt der vertraglichen Bindung nicht der Dreh- und Angelpunkt, sondern nur ein Mittel, um außerrechtliche Anliegen zu verwirklichen.[474] *Fitting* betont, ein jedes vermögensrechtliche Geschäft habe eine doppelte Seite, nämlich einerseits eine juristische, dessen Inhalt und rechtliche Wirkung betreffend, und andererseits eine wirtschaftliche, die in der Rolle bestehe, die das Geschäft nach dem Willen der Beteiligten in der Verkehrs- und Güterbewegung als solcher zu spielen berufen sei. Ein richtiges Gesamtbild von der Natur und dem Inhalt eines Geschäfts könne man nur mit beiden Aspekten gewinnen. Ja, es sei sogar leicht zu erkennen, dass für das Verkehrsleben die wirtschaftliche Seite des Geschäftsinhalts eine ungleich größere Wichtigkeit habe.[475] *Karlowa* schreibt eingängig: „Rechtsgeschäfte sind nichtnackte Willensbetätigungen, ihr Wesen besteht nicht darin, dass der Handelnde ‚die Genugtuung habe, einen Willensakt vollzogen und damit sich als Rechtspersönlichkeit dokumentiert zu haben'. Sie geschehen vielmehr um eines substanziellen Zwecks willen, um eines bestimmten menschlichen Interesses willen, welche die Handelnden dadurch erreichen bzw. befriedigen wollen."[476] Andernorts weist er auf den dienenden Charakter des Rechts hin: „Recht und Rechtswissenschaft denken für ihn [den einzelnen Laien] und bringen in begriffsmäßige, juristische Gestalt, was von ihm unvollkommen, in nicht juristisch technischer Fassung gedacht und gewollt ist."[477] Auch *Schlossmann* zeigt sich einmal mehr auf der Höhe seiner Zeit: Der Errichter des Rechtsgeschäfts werde bei der Verfolgung seiner wirtschaftlichen Intentionen der in dem Rechtsschutz gelegenen höheren Garantien teilhaftig. Und trotz des Einflusses des Rechts erstrecke sich dessen Einfluss doch nicht so weit, dass wir dieses und nicht die wirtschaftlichen Begehrungen als das eigentliche Triebrad des Verkehrslebens zu denken hätten.[478] Nach *Kohler* sagt das moderne Recht: „Ich werde einem jeden Versprechen bezüglich der Herbeiführung eines wirt-

---

[472] Näher dazu unten § 10. Zu den zahlreichen weiteren Errungenschaften gehört die Kritik am gegenständlichen Denken (näher oben bei Fn. 109, 111), an den zahllosen Willensfiktionen (näher oben § 9 C. V. 2.) oder die mangelnde Eignung der bloßen Einwilligung zur Begründung der Versprechensbindung, vgl. oben § 9 C. II. 2.
[473] Näher unten § 9 D. II. sowie eingehend unten § 16 A. III. 2.
[474] Näher unten § 9 D. I. 2.
[475] *Fitting*, AcP 52 (1869), 381, 389 ff.
[476] *Karlowa*, Rechtsgeschäft, 1877, S. 163 f.
[477] *Karlowa*, Rechtsgeschäft, 1877, S. 177.
[478] *Schlossmann*, Grünhuts Zeitschrift 7 (1880), 543, 572.

schaftlichen Erfolgs eine bestimmte rechtliche Kraft zuschreiben, sofern nicht bestimmte Gründe der Sittlichkeit, der sozialen Ordnung, der individuellen Freiheit usw. im Weg stehen."[479]

Gewissermaßen die nächste Runde läuten dann *Lenel*, *Danz* und *Ehrlich* ein. *Lenel* untersucht das Verhältnis von Zweck und Recht anhand verschiedenster Rechtsgeschäfte und Institute und betont dabei immer wieder die dienende Funktion des Rechts, das die Parteizwecke zu unterstützen, sich diesen unterzuordnen und anzubequemen habe. Es trete die Zwecke fördernd und unterstützend zur Seite. Das sei geradezu das Kennzeichen des Rechtsgeschäfts – und die Bestimmung der den wirtschaftlichen Parteizwecken angemessenen Rechtsfolge die selbständige Aufgabe des Juristen.[480] Ganz ähnlich *Ehrlich*: „Die Aufgabe der juristischen Interpretation ist, dafür zu sorgen, dass der Vertrag Rechtsfolgen nach sich ziehe, welche sich mit der wirtschaftlichen Parteiabsicht … möglichst genau decken."[481] Der Jurist habe den wirtschaftlichen Zweck der Parteien zu erforschen und dann den Vertrag so zu redigieren, dass das, was die Parteien erreichen wollen, möglichst genau und sicher erzwungen werden kann.[482] Und anders als der Willens- oder Erklärungstheorie bereitet ihm deshalb auch die Umdeutung[483] keine Probleme: Versage das Recht einer bestimmten Parteiabsicht seine Anerkennung, so suche der Jurist „… den Vertrag so zu interpretieren, als ob die Parteien eine andere, rechtlich zulässige Absicht hätten, welche ihrer wirklichen Absicht möglichst nahe kommt." Und weiter: „Der Richter geht hierbei aber stets davon aus, dass er im Sinne der Parteien handelt, wenn er sie jenen praktischen Erfolg erreichen lässt, den sie anstreben, sei es auch um den Preis, dass er sie etwas wollen lässt, was sie nicht gewollt haben."[484] *Danz* macht das liberale Anliegen der Grundfolgentheorie deutlich: Warum auch sollte das Recht einen Vertrag mutwillig allein daran scheitern lassen, dass die Parteien sich in ihrer rechtlichen Ausgestaltung vertun? „Wenn nun mit dem besten Willen eine solche innere, auf Rechtsfolgen gerichtete Absicht nicht zu erkennen ist, soll da der Richter wirklich die Klage abweisen, weil die Willenserklärungen keine Rechtswirkungen hätten nach sich ziehen können?"[485] In der Tat: Sollten wir nicht alles tun,

---

[479] Vgl. *Kohler*, JhJb 18 (1880), 129, 155. Allerdings weicht *Kohler* bisweilen insofern vom Verständnis der meisten anderen Vertreter der Grundfolgentheorie ab, als er dann weniger individualistisch-liberal als eher hegelianisch-kollektivistisch argumentiert, teilweise allein auf den Handlungswillen abstellt (näher unten § 10 A. IV.) sowie oft betont, die Rechtsordnung stelle lediglich bestimmte Vertragstypen zur Verfügung, zwischen denen dann die Parteien zu wählen hätten, vgl. näher unten § 9 D. I. 5. a.E.
[480] *Lenel*, JhJb 19 (1881), 154, 164, 188 f., 194, 198, 202, 250, passim.
[481] *Ehrlich*, Die stillschweigende Willenserklärung, 1893, S. 4.
[482] *Ehrlich*, Die stillschweigende Willenserklärung, 1893, S. 2, 5 f., 11.
[483] Näher oben § 6 E. III.
[484] *Ehrlich*, Die stillschweigende Willenserklärung, 1893, S. 8 f.
[485] *Danz*, Auslegung, 3. Aufl. 1911, S. 21 f. Aus neuerer Zeit siehe etwa *Kellmann*, NJW 1971, 265. Vgl. auch für das Testament *Lenel*, JhJb 19 (1881), 154, 242: „Das ist ja … ge-

damit die Menschen möglichst unkompliziert möglichst viele Verträge schließen können, um sich so dem zu nähern, was sie für sich als Ziel anstreben? Dieses Anliegen würde das Recht in den meisten Fällen verfehlen, wollte es allein auf den Vertragswillen abstellen.[486] Dabei kann *Danz* mit dem Hinweis auf die alltäglichen Vertragslücken gleich auf ein weiteres Problem aufmerksam machen, für das weder die Willens- noch die Erklärungstheorie[487] eine Handhabe bieten: Lücken sind so auszufüllen, dass die Parteizwecke eine größtmögliche Befriedigung finden.[488] Richter und Rechtsordnung haben die Ausführung des von den Parteien beabsichtigten wirtschaftlichen Erfolgs zu unterstützen.[489]

2. Praktischer Befund

Allerdings könnte die Grundfolgentheorie für sich nur dann eine größere Lebensnähe und Liberalität als die Willenstheorie beanspruchen, träfe sie mit dem behaupteten Vorrang des Zwecks vor dem Recht auch die tatsächlichen Vorstellungen der Menschen. Genau das lässt sich kaum ernsthaft bestreiten. Im Verkehrsleben ist die Seite des Zwecks die allein wesentliche, die gerade den Nichtjuristen allein interessiert.[490] Ja, an mehr denken die Menschen oft nicht.[491] Besonders deutlich wird das bei der Abgrenzung von Rechtsgeschäften zu Gefälligkeitsverhältnissen.[492] Insofern musste gerade die Willenstheorie verdienten Spott auf sich ziehen: So führt *Schlossmann* aus: „Wer ein Geschäft errichtet ... dessen Absicht geht in erster Reihe gar nicht auf ‚Rechtsfolgen', sondern auf wirtschaftliche Folgen. Kaufe ich mir Wein, so will ich meinen Keller versorgen; miete ich mir ein Haus, so will ich mir eine Wohnstätte

---

rade das Wesen des subjektiven Rechts, dass der Wille des Berechtigten oberstes Gesetz sein soll für das Schicksal des Gutes, an dem das Recht besteht. Und der Testator sollte nicht genug getan haben, wenn er in gehöriger Form seinen Willen hinsichtlich des Schicksals seiner Güter kundgetan hat?"

[486] *Danz*, Auslegung, 3. Aufl. 1911, S. 11 f.
[487] Näher oben § 9 C. IV. sowie unten § 10 D.
[488] *Danz*, Auslegung, 3. Aufl. 1911, S. 13.
[489] *Danz*, Auslegung, 3. Aufl. 1911, S. IV, 11, 19, 82, 214, passim.
[490] *Fitting*, AcP 52 (1869), 381, 391 f., 394, 397 f.; *Lenel*, JhJb 19 (1881), 154, 166, 194, 198; *Piniński*, Sachbesitzerwerb, Bd. 2, 1888, S. 296; *Raiser*, FS Deutscher Juristentag, Bd. 1, 1960, S. 101, 114; *Gysin*, ZBJV 65 (1929), 97, 113: „Die Rechtsfolgewillentheorie widerspricht ... in schroffster Weise den elementarsten Tatsachen des wirtschaftlichen Verkehrs. Millionen von ‚Geschäftsparteien' widerlegen täglich die Theorie durch ihr praktisches Verhalten."
[491] Vgl. *Fitting*, AcP 52 (1869), 381, 391; *Karlowa*, Rechtsgeschäft, 1877, S. 177; *Kohler*, JhJb 18 (1880), 129, 160; *Danz*, Auslegung, 3. Aufl. 1911, S. 7, 11 f., 21 f. ; *Piniński*, Sachbesitzerwerb, Bd. 2, 1888, S. 296; *Gysin*, ZBJV 65 (1929), 97, 114 sowie besonders *Lenel*, JhJb 19 (1881), 154, 188, passim mit seiner gründlichen Untersuchung der verschiedensten Rechtsgeschäfte und Rechtsinstitute.
[492] Siehe dazu hier nur etwa *Lenel*, JhJb 19 (1881), 154, 220; *Danz*, Auslegung, 3. Aufl. 1911, S. 8 sowie unten § 16 B.

schaffen. Ein sonderbarer Schwärmer müsste es sein, der auf die Frage, warum er ... zur Ablieferung des Pelzes drängte und ihn schließlich in Empfang nähme, nicht um ihn bei dem herrschenden Froste in Gebrauch zu nehmen, sondern um durch die Tradition das Eigentum an ihm zu erlangen ... Wer denkt denn bei tausend Geschäften des täglichen Lebens an Recht und Richter, wer führt sich dabei nur immer vor Augen, dass er Rechtsgeschäfte schließt? Wer das tut, der könnte nur entweder ein ganz eingefleischter Jurist sein, der alle Dinge nur einseitig durch seine juristische Brille zu sehen sich gewöhnt hat, oder er wäre eine Art juristischer Hypochonder, vergleichbar dem, der bei jedem Tropfen, den er trinkt, und bei jedem Bissen, den er isst, an alle etwaigen körperlichen Beschwerden und Krankheiten dächte, die ihm daraus entstehen könnten; eine allgemeine Verbreitung solcher Denkweise könnte nur ein Symptom abnormer wirtschaftlicher und Rechtszustände sein. Haben, Herrschen, Gebrauchen, Genießen – darauf sind die wirtschaftlichen Begehrungen gerichtet."[493] Auch *Kohler* bemerkt im gleichen Jahr mit berechtigtem Selbstlob: „Fürwahr, ein Theoretiker wie ich, welcher die Praxis nicht nur mit den ersten Lippen gekostet hat, sondern, wie wenige meiner Zeitgenossen, in etwa 5 Jahren in der intensivsten Weise praktisch und dabei zugleich wissenschaftlich tätig war, der in 5 Jahren mehrere tausend Rechtssachen geistig durchgearbeitet und zum Teil mit der Partei durchgesprochen hat, der weiß es, in welchem Zustand der Vorsicht und Voraussicht die meisten Parteien sich beim Vertragsabschluss befinden, und wie die Parteien dem Rechtsgeschäft und seinen Folgen oft so unkundig gegenüberstehen, wie die unwissende Braut am Hochzeitstag ... der weiß es, dass mindestens 1/3 der Rechtsgeschäfte annulliert werden müsste, weil weder die prinzipalen noch die akzessorischen Folgen von den Parteien vorausgesehen werden, so dass diese ihnen später unvorhergesehen über den Kopf zusammenwachsen, so unvorhergesehen wie dem Zauberlehrling ... Soweit für diesmal über das Rechtsgeschäft; wer dem widerspricht, den kann ich nur einladen, bei einem tüchtigen Praktiker einige Jahre zu arbeiten und das Verkehrsleben von der praktischen Seite zu betrachten; er wird finden, dass man hier Manches lernt, was in keinem Corpus juris und in keinem Kompendium steht."[494] Auch dem Ausland blieb diese Einsicht natürlich nicht verborgen.[495]

Aber nicht nur die Menschen sehen das Recht einschließlich einer vertraglichen Bindung nicht als Selbstzweck an, sondern verfolgen damit verschiedenste Zwecke. Auch jede Rechtsordnung kommt überhaupt nicht umhin, etwa die Willenstheorie tagtäglich zu falsifizieren. So wurde bereits andernorts dargelegt, wo wir alles Rechtsfolgen anordnen, für die sich ein Rechtsfolgenwille

---

[493] *Schlossmann*, Grünhuts Zeitschrift 7 (1880), 543, 569f., ähnlich *Danz*, Auslegung, 3. Aufl. 1911, S. 7.
[494] *Kohler*, JhJb 18 (1880), 129, 160ff.
[495] Stellv. *Williston*, 6 CornellLQ 365, 371 (1921).

nicht finden lässt, genauso wie wir Rechtsfolgen oft nicht eintreten lassen, obwohl ein entsprechender Wille vorliegt.[496] *Danz* bemerkt treffend: „Es hat auch gewiss noch kein Richter die Parteien ... gefragt, ob ihr Wille bei Abschluss dieser Verträge darauf gerichtet gewesen sei, Rechtswirkungen zur Entstehung zu bringen. Der Schuhmacher, der Schneider, die für ihre Lieferungen das Geld einklagen, würden sich auch nicht schlecht wundern, wenn ihm vom Richter die Frage vorgelegt würde, ob sie und der Beklagte bei der Erstellung der Stiefel, das Rockes, den Willen innerlich gehabt hätten, eine Rechtswirkung hervorzubringen. Noch mehr würden sie sich aber wundern, wenn auf die der Wahrheit entsprechende Antwort, dass sie bei der Bestellung an alles andere eher als daran gedacht hätten, der Richter sie von Amts wegen abweisen würde, weil ein Requisit der Willenserklärung, das zur Hervorbringung der Rechtswirkung notwendig sei, fehle."[497] Auch die gesamte hier vorgelegte Arbeit ist nichts anderes als der Versuch darzulegen, dass es dem Vertragsrecht in Wahrheit um die Verwirklichung individueller Zielsetzungen auf Basis der jeweiligen Rechtslage geht, für die bei einer Rechtsverletzung nach einer Rechtfertigung zu fragen ist.

3. Abkehr von Gegenständlichkeit

Dass die Einsicht in die dienende, instrumentelle Funktion des Rechts und damit letztlich auch des Rechtsfolgenwillens für die Vertragstheorie gar nicht hoch genug eingeschätzt werden kann, lässt sich noch in einer weiteren Hinsicht illustrieren. So wurde bereits darauf hingewiesen, wie verführerisch es ist, auf eine vermeintliche Rechtswelt diejenigen gegenständlichen Vorstellungen zu übertragen, die sich für die Erfassung der biologisch-physikalischen Welt als hilfreich erwiesen haben. Dementsprechend gehen nach unserer Vorstellung etwa Forderungen oder auch das Eigentum von einer Person auf eine andere über oder soll nach mancher Ansicht in einer Rechteübertragung die entscheidende Begründung für die Verbindlichkeit von Versprechen liegen.[498]

Sieht man demgegenüber im Recht lediglich ein Instrument zur Verwirklichung menschlicher Ziele, ist man vor den Gefahren dieses gegenständlichen Denkens sehr viel stärker gefeit. Schließlich kann und muss man dann das Recht und dessen möglichst einfache gedankliche Erfassung an dieser Zielverwirklichung messen. Es ist sicher kein Zufall, wenn *Schlossmann* in dem gleichen Aufsatz, in dem er das richtige Verhältnis von Zweck und Rechtsfolgewille verdeutlichte, nochmals in aller Deutlichkeit auf die Unhaltbarkeit einer

---

[496] Oben § 9 C. III.; § 9 C. IV.
[497] *Danz*, Auslegung, 3. Aufl. 1911, S. 11 f., vgl. auch *Kohler*, JhJb 18 (1880), 129, 157, 159.
[498] Speziell zur Übertragungstheorie als nur einem Beispiel von sehr vielen oben § 9 C. V. 3. a).

stark gegenständlichen Argumentation hinwies, wie sie nicht nur von *Zitelmann*, sondern nahezu allen Vertretern seiner Zunft immer wieder praktiziert wurde.[499]

Und genauso wenig ist es ein Zufall, wenn es gerade die dem Zweck so aufgeschlossenen Juristen wie etwa *Jhering* oder *Ehrlich* waren, die dann beinahe schon zwangsläufig auf die außerjuristische Frage stießen, was denn dazu beitragen könne, verschiedene Zwecke zu verwirklichen, und so noch – als hätten sie nicht bereits genug geleistet – zu den Begründern der Rechtssoziologie (und frühen Vorkämpfern der Soziologie überhaupt) wurden.

4. Individualität und Liberalität

Wenngleich es dieser Arbeit nicht darum geht, bestimmte Gerechtigkeitsvorstellungen vorzuschlagen,[500] hilft es dem Verständnis des geltenden Rechts, nach der Liberalität einzelner Auffassungen zu fragen.[501] Besonders die Willenstheorie beansprucht für sich, den Einzelnen und dessen Rechte und Freiheiten zu achten – und das zu Recht. So überlässt sie es den Vertragsparteien, Inhalt und Umfang ihrer vertraglichen Bindung zu regeln.[502] Sehr eindringlich weiß das *Enneccerus* zu formulieren: „Wenn es richtig ist, dass die Rechtsverhältnisse dem Menschen Güter gewähren sollen, Dinge und Verhältnisse, welche zur Befriedigung wahrer menschlicher Interessen dienlich sind, und wenn die Rechtsgeschäfte das hervorragendste Mittel für den Einzelnen sind, seine Rechtsverhältnisse und damit die ihm zugehörigen Güterkreise selbst zu gestalten, so ist diese Privatautonomie über die eigenen Rechtsverhältnisse unzweifelhaft dann die vollkommenste, den höheren Zweck am meisten deckende, wenn die Folgen des Geschäfts unmittelbar durch den wahren Willen des Geschäftssubjekts bestimmt werden. Jede prinzipielle Abweichung von dem Gedanken, dass der Wille des Menschen die Rechtsfolgen des Geschäfts ordnet, von dem Willensprinzip, zu dem sich das römische Recht in langjähriger Entwicklung durchgerungen hat, bedeutet eine Entwertung des Rechtsgeschäfts vom Gesichtspunkt höherer Zweckmäßigkeit." Und weiter in Kritik der Erklärungstheorie: „... stets wird die Autonomie des Einzelnen über seine Rechtsverhältnisse verringert. Nicht in Freiheit, dem Künstler gleich, formt dann der Einzelne den Rechtsstoff, er kann nur Voraussetzungen schaffen, an welche das Recht unabhängig von seinem Willen Rechtsfolgen knüpft..."[503]

Allerdings lässt sich fragen, ob nicht die Grundfolgentheorie noch liberaler ist. Denn stellt man erst einmal den Menschen in den Mittelpunkt und über-

---

[499] Zu den Nachweisen siehe bereits oben bei Fn. 109, 111.
[500] Näher oben § 2 B. I. 1.
[501] Übergreifend zu diesem Gesichtspunkt unten § 19 B.
[502] Näher oben § 9 C. I. 1. d).
[503] *Enneccerus*, Rechtsgeschäft, 1889, S. 76.

lässt man es diesem Menschen selbst zu entscheiden, was ihm wichtig ist, sollte man auch diesen Menschen danach befragen, was für ihn im Vordergrund steht – Zwecke oder Rechte. Und wenn hier das Votum nun einmal zu Gunsten der Zwecke ausfällt, sollte jeder, der für sich eine liberale Grundeinstellung reklamiert, dann auch bereit sein, das Recht mitsamt der vertraglichen Bindung daran auszurichten.[504] Nichts anderes fordern die Vertreter der Grundfolgentheorie. Und sie lassen die Parteien eben auch dann nicht im Regen stehen, wenn diese den perfekten Rechtsfolgewillen nicht bilden konnten, sondern wollen es diesen Parteien so leicht wie möglich machen, die mit Verträgen verbundenen Chancen zu nutzen.

Tatsächlich führt die fehlende Bereitschaft, offen anzuerkennen, dass der auf einen bestimmten Vertragsinhalt gerichtete Parteiwille nicht intrinsisch ist, sondern individuellen Zwecken dient, bisweilen zu zweifelhaften Folgerungen. So sollen Interessen nach einer verbreiteten Auffassung bei der Vertragsauslegung nur dann berücksichtigungsfähig sein, wenn sie sich in irgendeiner Form im „Geschäft", „so wie es nun einmal getätigt worden ist", sichtbar werden. Man dürfe diesem Geschäft nicht einen Sinn aufoktroyieren, den „es selbst" nicht habe.[505] Doch wenn man die Menschen mitsamt ihren persönlichen Prioritäten respektiert, kann wenig Zweifel daran bestehen, dass für diese Menschen „das Geschäft" lediglich Mittel zur Verwirklichung außervertraglicher Zwecke ist. Man richtet sich also gegen diese Parteien, wollte man dort, wo ein konkreter Wille fehlt, darauf verzichten, dem Vertrag jedenfalls[506] ergänzend einen solchen Inhalt beizulegen, der die Vertragspartner dabei unterstützt, ihre Ziele zu verwirklichen. Bei liberalem Anliegen besteht kein Grund, das gewollte oder erklärte Rechtsgeschäft zu verabsolutieren.[507]

Natürlich feit die liberale Grundausrichtung der Grundfolgentheorie nicht davor, dem Staat vereinzelt auch dort eine stärkere Rolle zuzubilligen, wo das nicht mehr im Parteiinteresse liegt, weil man stärker als die Willenstheorie zu erkennen vermag, wie wichtig der Staat für die Verwirklichung persönlicher Ziele ist.[508] Dabei verwundert es nicht, wenn besonders Hegelianer bisweilen andere Akzente setzen. So ist für *Kohler* die Jurisprudenz auf dem Irrweg, wenn sie, „… immer noch von naturphilosophischen Ideen getragen, das Recht auf den Individualismus bauen wollte."[509] Ja, das Recht begebe „… sich niemals in die Hörigkeit der Parteien, um gerade den Rechtseffekt hervorzubringen, den die Parteien wollen, um als gehorsamer famulus auf Wunsch zu

---

[504] Siehe dazu auch unten § 19 B. III. 2.
[505] *Flume*, Allgemeiner Teil, Bd. 2, 4. Aufl. 1992, S. 316 f.
[506] Bisweilen liegt es auch im Interesse der Parteien, das Geschäft zu korrigieren, wie nicht nur die Umdeutung verdeutlicht, vgl. oben Fn. 221 sowie unten § 9 D. I.
[507] Zu Recht kritisch etwa *Brox*, Einschränkung, 1960, S. 109 m.w.N.
[508] Näher unten § 9 D. II.; § 16 A. I. 1.
[509] *Kohler*, JhJb 28 (1889), 166, 234.

dienen."⁵¹⁰ Die Rechtsordnung sei höherer Harmonie fähig, als sie der Wille der Tausende von einzelnen Individualitäten, der Wille der Tausende als singuli herzustellen vermöchte.⁵¹¹ Rechtsprinzipien entsprängen nicht der individualistisch-psychologischen Natur der menschlichen Akte, sondern aus der sozialen Natur des menschlichen Verkehrs. Das Recht gehe nicht aus den Beziehungen des einzelnen Individuums, sondern aus dem Gesamtorganismus der menschlichen Gesellschaft hervor."⁵¹² Doch sollte man hier *Kohler* trotz dieser, aus seinen vielfältigen Stellungnahmen gezielt herausgegriffenen Äußerung kein Unrecht tun. So ist es nicht *Kohlers* Anliegen, die ureigenen Interessen der Parteien zu missachten. Er verlangt „... keinen Absolutismus des Richters, aber wir wollen ein Recht, welches fähig ist, auf die verschiedensten Verkehrsgeschäfte in der ihnen entsprechenden Art zu reagieren." Die Rechtsordnung gestalte die von den Parteien gesetzten Elemente derart, „... dass sie bestens zu verkehrsmäßiger Geltung gelangen."⁵¹³ Und dass sich jede Rechtsordnung nicht nur vorbehält, Vereinbarungen etwa auf die Vereinbarkeit mit oft eher kollektivistisch geprägten Gesichtspunkten wie der Sitte oder Verbotsgesetzen zu überprüfen,⁵¹⁴ sondern auch gut daran tut, den Parteiwillen nicht immer einfach hinzunehmen, sondern auch zu ergänzen oder gar zu korrigieren, lässt sich auch von anderen philosophischen Standpunkten aus gut vertreten. In die Hörigkeit des Rechtsfolgewillens etwa eines Minderjährigen oder Getäuschten sollte sich das Recht nicht begeben. Weiterhin ist *Kohler* angesichts der begrenzten menschlichen Fähigkeiten zuzustimmen, wenn für ihn die „... Rechtsordnung viel zu tief gedacht ist, dass sie ein viel zu feinsinniger Apparat ist, als dass sie nach dem Belieben eines Jeden gelenkt werden könnte ..." und wenn für ihn die Weisheit der Rechtsordnung über der Weisheit des Einzelnen steht, und wenn das, was Jahrhunderte gedacht wurde, weiser sein muss, als was der Einzelne im Getriebe seiner Interessen verfolgen wollte.⁵¹⁵ Es wäre gerade im Interesse des Individuums töricht, auf all die Erfahrung verzichten zu wollen, die im gewachsenen Recht verkörpert ist.⁵¹⁶

---

⁵¹⁰ *Kohler*, JhJb 18 (1880), 129, 159.
⁵¹¹ *Kohler*, JhJb 28 (1889), 166, 201 ff.
⁵¹² *Kohler*, JhJb 28 (1889), 166, 253 f.
⁵¹³ *Kohler*, JhJb 28 (1889), 166, 204 f.
⁵¹⁴ *Kohler*, JhJb 18 (1880), 129, 155: „Daher sagt das moderne Recht: Ich werde einem jeden Versprechen bezüglich der Herbeiführung eines wirtschaftlichen Erfolgs eine bestimmte rechtliche Kraft zuschreiben, sofern nicht bestimmte Gründe der Sittlichkeit, der sozialen Ordnung, der individuellen Freiheit usw. im Weg stehen."
⁵¹⁵ *Kohler*, JhJb 28 (1889), 166, 201 ff.
⁵¹⁶ Näher oben § 8 oder unten § 16 C. Zur Geschichtlichkeit unseres gesamten Denkens siehe oben § 2 D. IV. 4.; § 2 D. V.

5. Subsidiarität

Räumt man menschlichen Zielen den Vorrang gegenüber dem Rechtsfolgewillen der Vertragsparteien ein, so heißt das keineswegs, dass nicht genau dieser Parteiwille äußerst bedeutsam ist und damit einen großen Stellenwert in jedem vertragstheoretischen Konzept verdient. Denn praktisch besehen können nun einmal die Parteien oft sehr viel besser beurteilen, welche konkrete rechtliche Ausgestaltung sie ihren eigenen Zielen näher bringt (Subsidiarität).[517] Insofern verkörpert die Willenstheorie eine sehr wichtige und zu bewahrende Erkenntnis.[518] Doch führt es zu unüberwindbaren Schwierigkeiten, wenn der Parteiwille immer das beste und allein verfügbare Mittel für den Einzelnen sein soll.[519] Begeht man den Fehler, diesen Willen für intrinsisch zu erklären, begibt man sich jeder Möglichkeit, ihn zu hinterfragen oder Rahmenbedingungen für diesen zu entwerfen.[520] Die Willenstheorie kann sich dann nur noch mit Fiktionen helfen, etwa indem sie behauptet, mit dem Wollen eines wirtschaftlichen oder gesellschaftlichen Erfolges sei als Mittel zur Erreichung des Zwecks auch die entsprechende Rechtsfolge mitgewollt.[521]

Die Vertreter der Grundfolgentheorie vermeiden nicht nur derartige Fehler, sondern erkennen ihrerseits die große praktische Bedeutung des Rechtsfolgewillens an. Der Richter soll keineswegs nach seiner Willkür vorgehen oder sich in der Wahl des geeigneten Vertragsinhalts über die Parteien stellen.[522] So will man es den Parteien selbst überlassen, ob ein Versprechen rechtlich oder nur sozial verbindlich sein soll.[523] Ebenso wird gesehen, dass ein von den Parteien selbst gestalteter Vertragsinhalt der gesetzlichen oder richterlichen Konkretisierung regelmäßig vorzuziehen ist. Dementsprechend stellt auch

---

[517] Näher oben § 8 E. II. 2.
[518] Näher oben § 9 C. I. 1. c) sowie § 2 A. V. 3. d).
[519] Näher oben § 9 C. III. In diese Richtung geht es jedoch, wenn etwa *Esser/Schmidt*, Schuldrecht, Bd. 1, 7. Aufl., S. 159 f. (§ 10 I. 2.) ausführen, es gebe kein richterliches Mandat, stellvertretend für die Parteien sinnvollere Konditionen als vereinbart zu deklarieren oder gar Lücken eigenständig auszufüllen. Allerdings wendet sich *Esser* dabei vor allem dagegen, die Parteivereinbarung anhand von den Parteien fremden Gesichtspunkten staatlicherseits zu korrigieren oder die Gläubigerberechtigung grundlos zu erweitern. Problematisch sind auch „Andeutungstheorien" dergestalt, dass die Zwecke Teil einer Parteivereinbarung, der Zweckberedung oder des Rechtsgeschäfts sein müssten, so aber etwa *Karlowa*, Rechtsgeschäft, 1877, S. 172. Zu Recht kritisch etwa *Brox*, Einschränkung, 1960, S. 109 m.w.N.
[520] Näher oben § 9 C. III. 3. Im Ergebnis wird die Berechtigung zumindest einer solchen vorsichtigen, die Parteizwecke unterstützenden Ergänzung selten bestritten, vgl. dazu etwa *Esser/Schmidt*, Schuldrecht, Bd. 1, 7. Aufl., S. 160 (§ 10 I. 2.) sowie allgemein zum „mutmaßlichen Willen" oben § 9 C. V. 2. d) bb).
[521] Vgl. dazu oben Fn. 316 sowie demgegenüber etwa *Piniński*, Sachbesitzerwerb, Bd. 2, 1888, S. 297 f. oder eingehend oben § 9 D. I. 2. sowie oben § 9 C. V. 2. c). Allgemein zu Fiktionen oben § 9 C. V. 2.
[522] Stellv. *Danz*, Auslegung, 3. Aufl. 1911, S. 90.
[523] *Gysin*, ZBJV 65 (1929), 97, 122.

Kohler klar: Haben die Parteien dem Rechtsgeschäft seine „... individuelle Charakteristik gegeben, so ist der Rohentwurf gegeben, welchen die Rechtsordnung zum vollständigen Bild ausgestalten soll."[524] Und *Piniński* führt aus: „Läge die eigentliche Sache der rechtlichen Wirkung der Rechtsgeschäfte nur darin, dass sich die Rechtsordnung in dieser Weise den wirklichen praktischen Zwecken der Parteien anbequemt, dann müsste in jedem konkreten Fall genau untersucht werden, worin jedes praktische individuelle Vorhaben besteht, ja dieses Vorhaben wäre das eigentliche Tatbestandsmoment ..."[525] Er sieht und betont auch, dass sich weder das Gesetz noch die Praxis durchweg um die Ziele der Parteien und deren Ermittlung überhaupt scheren, sondern sich viel lieber in irgendeiner Form allein auf den Vertragsinhalt konzentrieren, zumal sich die im konkreten Sachverhalt oder auch langfristig verfolgten Ziele nicht immer leicht feststellen lassen.[526]

Ein nicht zu unterschätzender Vorteil der gedanklichen Ausrichtung an Parteizwecken liegt auch darin, dass man anders als etwa die Willens- oder Erklärungstheorie nicht darauf beschränkt ist, allein das bei Vertragsschluss Gewollte oder Erklärte zu berücksichtigen, sondern auch auf das in ähnlichen Situationen von ähnlichen Personen typischerweise Gewollte oder Erklärte abstellen kann. Man kann also den praktisch so bedeutsamen Subsidiaritätsgrundsatz viel umfassender nutzen und ausreizen – und nichts anderes geschieht dementsprechend, wenn Richter oder Gesetzgeber auf Sitte, Übung und Brauch oder selbst Allgemeine Geschäftsbedingungen zurückgreifen.[527]

II. Ausblick: Dispositives Recht

Zweischneidig ist demgegenüber die nicht nur für *Kohler* typische These, wonach es lediglich Aufgabe der Parteien sei, sich der ihnen von der Rechtsordnung bereitgestellten Vertragstypen zu bedienen. Nach dieser Vorstellung sagt das Recht nicht „Wähle Dir einen Rechtseffekt, ich gewähre ihn Dir', sondern es sagt: ‚Ich schreibe gewissen Akten einen Rechtseffekt zu und überlasse es Deinem freien Willen, ob Du diese Akte wählen willst oder nicht; Du kannst Dich danach benehmen.'"[528] Für *Thon* geht es „... zu wie im Märchen. Nur wer das Zauberwort kennt, vermag den Geist zu rufen. Wünscht er dessen

---

[524] *Kohler*, JhJb 28 (1889), 166, 204, vgl. denselben etwa auch schon in *Kohler*, JhJb 18 (1880), 129, 157.
[525] *Piniński*, Sachbesitzerwerb, Bd. 2, 1888, S. 298 ff.
[526] *Piniński*, Sachbesitzerwerb, Bd. 2, 1888, S. 305, 313. Näher zu diesem Problem oben § 2 A. III.; § 8 E. II. 2.
[527] Näher unten § 14; § 16 C.
[528] *Kohler*, JhJb 16 (1878), 325, 331 ff.; *Kohler*, JhJb 18 (1880), 129, 155; *Kohler*, JhJb 28 (1889), 166, 203, 233, dem zustimmend etwa *Lenel*, JhJb 19 (1881), 154, 160. Vgl. neben den nachfolgend zitierten Stimmen etwa auch *Piniński*, Sachbesitzerwerb, Bd. 2, 1888, S. 304, 315 f. Aus jüngerer Zeit vgl. etwa auch *Gysin*, ZBJV 65 (1929), 97, 132.

Kommen, so wird er das Wort aussprechen. Aber auch der, welcher dies unvorsichtig tut oder ohne Kenntnis der Wirkung, bringt den Geist zum Erscheinen."[529] Nach *Danz* wissen die Parteien, „... dass sie sich dieser Formen, dieses von der Rechtsordnung vorgeschriebenen Mittels bedienen müssen, um den wirtschaftlichen Erfolg, den sie wollen, erreichen zu können."[530]

Demgegenüber sollte es jeder Vertragstheorie gelingen, sämtliche Vertragsinhalte – gleich von wem gesetzt – zu begründen und damit verbindlich und verallgemeinernd zu beschreiben. Außerdem darf man nicht die Illusion hegen, zur Verbindlichkeit einzelner Vertragsinhalte allein auf den Handlungswillen abstellen zu können.[531] Vielmehr sollte man anerkennen, dass die Parteien über ihren Rechtsfolgewillen Recht setzen, zumal diese Ausprägung des Subsidiaritätsgedankens mit der Grundfolgentheorie ohne Weiteres vereinbar ist.[532] Für die zuvor thematisierte Subsidiarität[533] ist vor allem festzuhalten, dass es den Vertragsschließenden möglich bleiben sollte, von dem abzuweichen, was ihnen das Recht als eine dispositiv ausgestaltete Option bereitstellt. Demgegenüber problematisch, weil unnötig einschränkend und das geltende Recht nicht treffend, wäre eine feste Anzahl individuell nicht abänderbarer Vertragstypen. Doch scheint das auch selten gemeint, etwa wenn *Kohler* ausführt: „Allein das Recht ist mit den paar benannten Typen nicht zufrieden, weil das Rechtsleben eine viel größere Mannigfaltigkeit wirtschaftlicher Erfolge verlangt, als mit diesen Typen erzielt werden könnte. Daher sagt das moderne Recht: Ich werde einem jeden Versprechen bezüglich der Herbeiführung eines wirtschaftlichen Erfolgs eine bestimmte rechtliche Kraft zuschreiben, sofern nicht bestimmte Gründe der Sittlichkeit, der sozialen Ordnung, der individuellen Freiheit usw. im Weg stehen."[534] Spätestens an solchen Äußerungen zeigt sich, warum die Vertreter der Grundfolgentheorie dafür prädestiniert waren, die Bedeutung des dispositiven Rechts zu thematisieren.[535]

III. Konkretisierungsbedarf

Was das Verhältnis von Zweck und Recht anbelangt, so gelingt der Grundfolgentheorie gegenüber der Willenstheorie ein bedeutsamer Fortschritt. Denn während ausweislich des Subsidiaritätsgedankens weiterhin auf den Rechtsfolgewillen der Parteien als einem wichtigen Indiz für die Verwirklichung individueller Ziele zurückgegriffen werden kann, behält man mit diesen Zielen

---

[529] *Thon*, Rechtsnorm, 1878, S. 364.
[530] *Danz*, Auslegung, 3. Aufl. 1911, S. 10.
[531] Näher unten § 10 D.; passim.
[532] Demgegenüber betont *Kellmann*, NJW 1971, 265, 266, dass die Willenserklärung nie selbst Rechtsnorm, sondern allenfalls nur Anknüpfungspunkt für diese sei.
[533] Oben § 9 D. I. 5.
[534] *Kohler*, JhJb 18 (1880), 129, 155.
[535] Siehe hier nur *Ehrlich*, Zwingendes Recht, 1899 sowie näher unten § 16 A. II. 6.

den unabdingbaren Maßstab dafür, dass man den Willen ergänzen, hinterfragen oder mit geeigneten Rahmenbedingungen in seiner Entstehung unterstützen kann. Haben sich die Vertragspartner wenigstens darüber Gedanken gemacht, was für einen Zweck sie mit ihrem Vertrag verwirklichen wollen, kann sich der Jurist an die Arbeit machen und fragen, welche rechtliche Ausgestaltung dem gerecht wird.[536] Nichts anderes macht ein Rechtsanwalt, der seine Mandanten zunächst nach deren Zielen fragt, bevor er einen Vertrag entwirft, der diese Ziele bestmöglich verwirklicht.

Allerdings ist die vertragstheoretische Herausforderung damit noch keineswegs bewältigt. Denn die Interessen an einem Vertrag sind nun einmal gegensätzlich. Der typische Käufer möchte möglichst nichts zahlen, dafür aber alles bekommen. Beim Verkäufer liegt es umgekehrt. Man kann also nicht einfach eine Schnittmenge ausmachen und diese dann zum Vertragsinhalt erklären. Andererseits möchte man nicht einfach beim Subsidiaritätsgedanken stehen bleiben und ausschließlich auf die von den Parteien selbst getroffene Regelung verweisen – denn dann wäre man auch wieder bei den Problemen der Willenstheorie.[537] Das gilt selbst dann, wenn man wie die Vertreter der Grundfolgentheorie statt auf den Rechtsfolgewillen auf die Bedeutung des von den Parteien objektiv Erklärten verweist. Ebenso wenig ein Ausweg – sei es auch noch so verführerisch – ist es, an diesem dogmatisch unangenehmen Punkt auf nicht falsifizierbare Begründungsmuster auszuweichen.[538]

Was die Grundfolgentheorie damit schuldig bleibt, ist, die menschlichen Ziele in einen verbindlichen, subsumtionsfähigen Tatbestand einzubinden. Es wird offen gelassen, wie man von der Einsicht, dass Menschen mit ihren Verträgen Ziele verfolgen, zu praktisch verwertbaren Aussagen gelangt. Das betrifft die gesamte Bandbreite der typischen vertragsrechtlichen Probleme, angefangen mit der Abgrenzung des rechtlich verbindlichen Vertrags vom Gefälligkeitsverhältnis[539] über die genauen Anforderungen an einen Vertragsschluss oder die Bestimmung des genauen Vertragsinhalts bis hin zu etwa Irrtums- und sonstigen Störungsfällen.

---

[536] Stellv. *Kohler*, JhJb 18 (1880), 129, 156f.
[537] Zu diesen siehe nochmals oben § 9 C. III.; § 9 C. IV.
[538] Siehe dazu jedoch bereits oben ab § 9 C. V. 2. sowie unten § 19 F. III. 2.
[539] Näher unten § 16 B. *Danz*, Auslegung, 3. Aufl. 1911, S. 10 etwa stellt hier doch wieder auf das Erklärungsbewusstsein und damit allein den Subsidiaritätsgedanken ab, bietet also kein über die Willenstheorie hinausreichendes Kriterium an, ähnlich *Gysin*, ZBJV 65 (1929), 97, 119f. („Sinnbewusstsein").

E. Rechtfertigungsprinzip

I. Problem

Nach dem Rechtfertigungsprinzip tritt eine rechtliche Einbuße so weit ein, wie das notwendig ist, um sich getreu den eigenen Zielen zu verbessern. Der Geschäftswille taucht in diesem Tatbestand nicht auf. Andererseits wurde bereits darauf hingewiesen, dass sich das Rechtfertigungsprinzip nicht von allein durchsetzt.[540] Dann aber fragt sich, wer unter welchen Rahmenbedingungen befugt ist, den Vertragsinhalt zu bestimmen. Wichtige Indizien bilden dabei die Interessenlage des Entscheiders, dessen Kenntnisse und Fähigkeiten oder die jeweils aufzubringende Energie.[541] Angesichts dessen liegt es nahe, bevorzugt auf den Willen der Vertragsparteien abzustellen, schließlich geht es um deren Rechte und Ziele und wissen diese oft nicht nur am besten, was für Ziele sie verfolgen und über welche Rechte sie verfügen, sondern kennen auch die konkrete Situation vor Ort zum Zeitpunkt der Rechtsänderung. Es ist also berechtigt, im Vertragsrecht besonders den Parteiwillen zu achten, und bildet die Willenstheorie gewissermaßen einen Spezialfall des Rechtfertigungsprinzips.[542] Nur sollte man diesen Parteiwillen nicht verabsolutieren.[543]

Doch selbst soweit es sinnvoll erscheint, den Geschäftswillen zu berücksichtigen, bleibt zu beantworten, wie wir das umsetzen können, ohne in all diejenigen Schwierigkeiten zu geraten, die für den Selbstbindungswillen bereits illustriert wurden.[544] Dabei fällt die Antwort gar nicht so schwer: Wir müssen den menschlichen Willen sehr viel konsequenter achten und umsetzen als die Willenstheorie selbst. Insofern lassen sich die nun folgenden Ausführungen auch als der Versuch deuten, eine moderne Willenstheorie zu formulieren, welche die zuvor so scharf kritisierten Fehler vermeidet, ohne dabei auf die Vorzüge zu verzichten, die dieser Willenstheorie ihren bis heute so großen Stellenwert verleihen. Die bisherige Kritik verfolgte also ein konstruktives Anliegen: Die Schwächen sollten so aufbereitet werden, dass sich die nunmehr zu präsentierende Lösung möglichst von alleine aufdrängt, rekapituliert man einmal die bisherigen Ergebnisse: Erstens hat kaum jemand den Willen, selbst gebunden zu sein, sondern nimmt das allenfalls in Kauf, willigt also lediglich ein.[545] Zweitens könnte man es beinahe schon als scheinheilig bezeichnen, ausgerechnet die Sorge um den Willen des Versprechenden anzuführen, um dieses Versprechen dann gegen ihn selbst einzufordern.[546] Gegenständliche Begrün-

---

[540] Oben § 8 A. I.
[541] Näher oben § 8 B. III.
[542] Näher oben § 2 A. V. 3. d). Vgl. auch oben § 8 E. II. 2.
[543] Näher oben § 9 C. III.
[544] Oben § 9 C. I. 2.; § 9 C. I. 3.
[545] Näher oben § 9 C. I. 2.
[546] Näher oben § 9 C. I. 3.

dungsmuster dergestalt, dass man sich durch seinen Willen selbst binden könne oder dass ein Recht gegen sich selbst auf eine andere Person übergehe, reformulieren nur das zu begründende Ergebnis.[547] Verweist man daher notgedrungen darauf, dass der Versprechende doch jedenfalls in seine Bindung eingewilligt habe, ist das zwar realistisch, provoziert aber neue Schwierigkeiten. So begründet dies nur, warum es gegenüber dem Versprechenden legitim sein mag, das Versprechen einzufordern, nicht aber, warum wir überhaupt darauf kommen sollten.[548]

Letztlich rächt sich hier die Illusion, man könne das Vertragsphänomen allein dadurch erfassen, dass man lediglich auf den Versprechenden und dessen Handeln oder Wollen abstellt, während man dem Versprechensadressaten und damit immerhin dem Profiteur des Versprechens allenfalls zubilligt, dieses Versprechen wahr- oder entgegenzunehmen. Doch kommt kein tragfähiger vertragstheoretischer Ansatz umhin, auch diesen Adressaten mitsamt dessem Handeln, Interessen oder Wollen zu berücksichtigen. Wir müssen also bereit sein, uns von der gedanklichen Fixierung allein auf den Versprechenden zu lösen, und zwar ganz unabhängig davon, ob wir dessen Selbstbindungswillen, Einwilligung, Handlungswillen oder Sprechakt meinen.

Vermeintlich steht damit dem eingangs so hochgelobten Willen ein schweres Schicksal bevor, verbunden mit dem Abwandern immer wichtigerer Bereiche der Rechtsgeschäftslehre in dogmatisch problematische Ersatzkonstruktionen.[549] In der richtigen Erkenntnis, dass der Selbstbindungswille des Versprechenden nicht die notwendige Begründung liefert, greift man auf ganz andere Gesichtspunkte zurück. Hierzu gehört es etwa, wenn manche Autoren in Reaktion auf die Schwierigkeiten der Willenstheorie das Vertrauen[550] bemühen.[551] Für *Bydlinski* wurzelt der Verpflichtungsgrund darin, dass die Rechtsordnung auch die Belange des Rechtsgeschäftspartners und des rechtsgeschäftlichen Verkehrs überhaupt beachten muss. Die Verkehrssicherheit sei aus dieser Betrachtung zu Unrecht verbannt worden.[552] Und *Wolf* resümiert: „Man hat allerdings mit Recht geltend gemacht, dass der Wille sich nicht selbst binden kann und dass die vertragliche Bindung eine Einschränkung der Selbstbestimmung bedeutet, die nicht die Selbstbestimmung aus sich heraus

---

[547] Näher oben § 9 C. I. 3. a). Vgl. auch oben bei Fn. 109, 111.
[548] Näher oben § 9 C. II. 2.
[549] Näher oben ab § 9 C. V. 2. (etwa dort bei Fn. 452).
[550] Näher unten § 11.
[551] Demgegenüber beharrt *Canaris*, Vertrauenshaftung, 1971, S. 415 darauf, dass es das Verständnis der Privatautonomie verdunkle, den Grund für die Geltung des Rechtsgeschäfts nicht in der Person des Erklärenden, sondern in der des Vertrauenden zu suchen. Zu welchen Schwierigkeiten diese Sicht führt, wird noch unten bei § 10 A. darzulegen sein.
[552] *Bydlinski*, Privatautonomie, 1967, S. 68 ff. unter Berufung auf *Wilburg*, Elemente, 1941, S. 235.

bewirken kann. Die Willensbindung bedarf vielmehr eines Prinzips außerhalb des Willens, das diese Bindung bewirkt."[553]

II. Aneignungswille

1. Erwerb statt Verlust

Nun bedarf die Vertragsbindung wirklich eines Prinzips, das außerhalb des Versprechenden liegt. Doch muss es deshalb auch wirklich außerhalb des Wollens liegen? Liegt es hier nicht sehr viel näher, auf den Willen des Gläubigers zu verweisen? Selbst wenn man den Willen ganz intrinsisch als das Wichtigste und Einzige denkt,[554] lässt sich manche Schwierigkeit dadurch beheben, dass man einfach auf den richtigen Willen abstellt. Den Grund dafür, ein Versprechen überhaupt einzufordern, liefert der Wille des Versprechensadressaten. Nicht weil sich der Versprechende selbst binden wollte, sondern weil sein Gegner die Einhaltung des Versprochenen will, sehen wir uns überhaupt veranlasst, diesem Begehren nachzugeben. „Ich will" ist ein schlichter und für jedermann nachvollziehbarer Grund. Demgegenüber ist es auf Seiten des Versprechenden dessen Einwilligung, die es legitim erscheinen lässt, ihn vertraglich in die Pflicht zu nehmen und dazu immerhin in seine Rechte einzugreifen. Im Ergebnis werden damit zwar über diese Einwilligung weiterhin die Interessen des Versprechenden berücksichtigt, wohl aber wird auch jene Person gehört, die von dem Versprechen profitiert.[555] Diese Sicht vermeidet nicht nur einen Kategorienfehler, sondern setzt auf sehr viel realistischere Voraussetzungen als die alleinige Berufung auf einen Selbstbindungswillen des Versprechenden. Sie ist deutlich weniger fiktiv. Denn weder ist es unrealistisch, dem Versprechenden eine solche Einwilligung zu unterstellen,[556] noch ist es gar realitätsfremd, einen auf Leistung des Versprochenen gerichteten Aneignungswillen anzunehmen. Im Ergebnis gelangen wir so gewissermaßen zu einer „modifizierten Willenstheorie". Der Wille behält seine prominente Stellung in der Vertragstheorie, nur müssen wir den Aneignungswillen des Gläubigers und die Einwilligung des Versprechenden unterscheiden.

2. Praktische Bedeutung

Dabei erlaubt diese Unterscheidung nicht nur, den mit der bloßen Berufung auf eine Einwilligung verbundenen Kategorienfehler zu vermeiden.[557] Unausweichlich wird der Rückgriff auf den Aneignungswillen dort, wo von vorne-

---

[553] Wolf, Entscheidungsfreiheit, 1970, S. 25 f.
[554] So die Willenstheorie, näher oben § 9 C. III. 1.
[555] Näher zu dieser Einwilligung unten § 9 E. III.
[556] Näher zum Begriff der Einwilligung unten § 9 E. III.
[557] Näher oben § 9 C. II. 2.

rein nur dieser Rechtsänderungen auslösen kann. Hierzu gehören all jene Konstellationen, in denen unser Vertragsrecht die Gegenseite gar nicht an der Entscheidungsfindung beteiligt – man denke an Weisungsrechte, Lösungsrechte oder Allgemeine Geschäftsbedingungen oder generell all diejenigen Rechtsinstitute, die wir etwa als Gestaltungs- oder subjektives Recht charakterisieren.[558] So ist es der Gläubiger, der entscheidet, wann, ob und wie er seine Forderung geltend macht. Mit dem Selbstbindungswillen lässt sich das genauso wenig erfassen wie mit den Erklärungstheorien.[559]

3. Stimmen

Wenngleich es immer wieder erstaunt, wie wenig der Gläubigerwille vertragstheoretisch bemüht wird, finden sich doch zumindest vereinzelt Stimmen, die darauf punktuell hinweisen. Namentlich *Ehrenzweig* kommt dieses Verdienst zu: „Aber kann und darf der Jurist darüber den Willen des anderen, des rechtserwerbenden Teils gänzlich außer Acht lassen? ... Wo hätten wir nun die wirkliche Quelle des lebendigen Vertragsinhaltes zu suchen, die Quelle jener bunten Mannigfaltigkeit von Bestimmungen, denen der verlierende Kontrahent nicht mehr als die rechtliche Sanktion hinzufügt? Wo sonst, wenn nicht im Willen des Erwerbenden? ... können wir ... keinen Augenblick darüber im Zweifel sein, dass ... nur der Gläubiger (der Empfänger) den einseitigen, von seinem Standpunkte aus vermögensmehrenden Vertrag will ... Die Ware will zunächst der Käufer, den Kaufpreis nur der Verkäufer ..."[560] Und weiter: „Der Wille des Gläubigers ist also die eigentliche treibende Kraft im wirtschaftlichen Leben; das Streben zu erwerben, zu gewinnen, zu herrschen ist der Lebensnerv des Verkehrs, nicht aber der asketische Wunsch zu entbehren, zu geben, zu dienen. Der Wille des Gläubigers (des Erwerbenden überhaupt) ist es, der dem Vertrag der praktischen Anschauung nach seinen Inhalt, seine zweckdienliche Essenz gibt ..."[561] Aber auch den Vertretern der Grundfolgentheorie[562] fällt es angesichts ihrer Orientierung an den Parteiinteressen deutlich leichter, von dort aus zum Aneignungswillen zu gelangen. So betont *Danz*, der Parteiwille gehe bei Vertragsabschluss regelmäßig darauf, den Gegner zu einer wirtschaftlichen Leistung zu verpflichten.[563] Und wenngleich auch die anglo-amerikanische Diskussion stark um den Versprechenden kreist – etwa über die dort sehr populäre Sprechakttheorie[564] –, finden sich auch dort bisweilen kritische Stimmen. *Schneewind* bemerkt: „... it is sometimes overlook-

---

[558] Näher unten § 18 B. sowie zum subjektiven Recht oben § 2 B. II.
[559] Näher unten § 10 A.; § 11 E. III.
[560] *Ehrenzweig*, Rechtsgrund, 1889, S. 32 f.
[561] *Ehrenzweig*, Rechtsgrund, 1889, S. 34.
[562] Näher zu dieser oben § 9 D.
[563] *Danz*, Auslegung, 3. Aufl. 1911, S. 10.
[564] Näher unten § 10 A. II.

ed that the desire or want of the person to whom the promise is made – the promisee – is central."[565]

Dabei besteht die eigentliche vertragstheoretische Herausforderung darin, die offensichtliche Bedeutung des Aneignungswillens nicht nur zu sehen und einzugestehen, sondern in ein schlüssiges Gesamtkonzept einzuordnen.[566] Natürlich mag man etwa in Deutschland darauf verweisen, dass dem Gläubiger oft ein Gestaltungsrecht oder ein subjektives Recht zustehe, um den Inhalt dieser Begriffe dann näher zu umschreiben und zu analysieren.[567] Weshalb ein solches subjektives Recht zustehen sollte, wird leider selten beantwortet. Es fehlt eine Begründung. Anstatt die Vertragsbindung zuerst auf einen Selbstbindungswillen zu stützen – mit allen damit verbundenen Problemen –, nur um dann Wille oder Interesse des Gläubigers etwa über das subjektive Recht doch wieder einzuführen, sollten wir von vornherein anerkennen, dass es der Gläubiger ist, der die Vertragsbindung sinnvoll erscheinen lässt, während die Einwilligung des Versprechenden die damit verbundene Belastung rechtfertigt.[568]

4. Ursachenforschung

Es gehört zu den zentralen Anliegen des Verfassers, sich nicht solche Kenntnisse anzumaßen, für die er nicht diejenige Erfahrung und Spezialisierung vorweisen kann, die eine seriöse und wissenschaftlich weiterführende Arbeit erfordert. Die Rechtsgeschichte gehört zweifellos dazu. Insofern geht es im folgenden Abschnitt sicher nicht darum, eine historische These aufzustellen oder neue Einsichten über Vergangenes aufzuspüren. Wohl aber hilft es dem Verständnis des hier vorgeschlagenen Rechtfertigungsprinzips, die derzeit dominierende und bereits tief in die heutige Rechtsdogmatik eingedrungene Vertragsvorstellung dadurch aufzulockern, dass man ein wenig in die Vergangenheit blickt. Gerade wenn man angesichts zahlloser großer wie kleiner Unstimmigkeiten das ungute Gefühl hat, als habe sich die jüngere dogmatische Diskussion immer mehr von schlichten und für jedermann nachvollziehbaren Argumenten hin zu allzu gekünstelten, in einem schlechten Sinn philosophisch-elaborierten Erwägungen entwickelt, lohnt sich bisweilen der Schritt zurück in ältere und bisweilen nur vermeintlich primitive Vorstellungswelten. Selbst wenn die hier zu diskutierenden, über die graue Vorzeit aufgestellten Thesen historisch keinerlei Kredit verdienen, hätten sie ihren Sinn dennoch erfüllt. Denn bezweckt ist hier allein die gedankliche Öffnung für eine unbefangene Sicht auf unser Vertragsrecht.

---

[565] *Schneewind*, 17 PhilosStud 33, 35 (1996).
[566] Siehe zu diesem Problem auch – aus einer ganz anderen Perspektive – unten § 18 B.
[567] Näher oben § 2 B. II.
[568] Näher zur Einwilligung oben § 9 E. III.

Glaubt man manchen Autoren,[569] liegt die Urform des Vermögenserwerbs bei der Aneignung herrenloser Sachen. Nach *Kuntze* war es der Erwerber, der sich kraft seines Willens einfach dasjenige nahm, wozu er sich berechtigt glaubte.[570] Für *Schmidt* stand im Zentrum alter römischer Vorstellung die natürliche Freiheit des Menschen, andere seinem Willen dienstbar zu machen, sofern er nur die erforderliche physische Kraft besitzt, um andere zu unterjochen. Hierdurch, nämlich durch die nackte Gewalt des machtvoll Wollenden, habe man damals Rechtsverhältnisse begründet, die in ihrer äußeren Erscheinung den heutigen vertraglichen durchaus geähnelt hätten. Seinem inneren Wesen nach sei das ganze Rechtsverhältnis aus dem Willen des Forderungsberechtigten hervorgegangen, weshalb Inhalt und Umfang der Obligation nicht durch den Versprechenden als vielmehr die Forderung des Begehrenden bestimmt worden sei. Wille und Stärke dieses Fordernden hätten den Obligationsgrund gebildet und Umfang wie Inhalt der Leistung bestimmt.[571] *Hofmann* sieht den Keim des Privatrechts in der Idee der Anerkennung der Persönlichkeit nach der Seite des Habens. Auch das Obligationenrecht sei dem Eigentumsrecht entwachsen. Der Grundgedanke des Obligationenrechts sei die Reaktion gegen das Hinübergreifen eines Subjekts in die Vermögenssphäre eines anderen.[572]

Nun ließ sich – so weiter die Hypothese – nicht gänzlich ignorieren bzw. wuchs kontinuierlich der Bedarf nach Anerkennung des Umstands, dass auch die jeweils anderen Personen Rechte haben und vor Gewalt zu schützen sind. Daher habe der zunehmend wichtiger und stärker werdende Staat nur dort keine Veranlassung zum Einschreiten gesehen, wo der durch fremden Willen Unterjochte diesen Eingriff geduldet habe. In diesem Fall sei der Staat dann aber auch zunehmend tätig geworden, um diese so veränderte Lage aktiv zu schützen und damit ein Recht des so erfolgreich Wollenden anzuerkennen.[573] Insofern – und hier tritt die Parallele zum Gläubigerwillen besonders deutlich hervor – könne man etwa beim Kauf auch so argumentieren, dass der Verkäufer nicht die Sache verspreche, sondern den Preis fordere, während der Käufer nicht den Preis verspreche, sondern die Sache fordere.[574] Immer sei der Erwerb die eigentliche Grundtendenz der geschäftlichen Operationen: „… nicht um

---
[569] Siehe dazu insbesondere *Schmidt*, Unterschied, 1853, 253 ff., zustimmend *Hofmann*, Entstehungsgründe, 1874, S. 55, 79 f. sowie daneben etwa *Kuntze*, Inhaberpapiere, 1857, S. 338 ff. oder *Ehrenzweig*, Rechtsgrund, 1889, S. 75. Dabei unterscheiden sich die etwa von *Schmidt* und *Kuntze* erzählten Geschichten durchaus.
[570] *Kuntze*, Inhaberpapiere, 1857, S. 338.
[571] *Schmidt*, Unterschied, 1853, S. 255 f. Ähnlich *Kuntze*, Inhaberpapiere, 1857, S. 339 f., der ebenfalls von der dominierenden Stellung des Erwerberwillens ausgeht, auf dem der zivilistische Schwerpunkt gelegen und der das Interpretationsrisiko getragen habe.
[572] *Hofmann*, Entstehungsgründe, 1874, S. 79 f.
[573] *Schmidt*, Unterschied, 1853, S. 255 f.
[574] *Schmidt*, Unterschied, 1853, S. 260.

Untergang, Entäußerung und Verlust, sondern wesentlich um Entstehung, Schöpfung, Erwerb ist es im menschlichen Leben zu tun, und der Verlust tritt nur als Voraussetzung des Erwerbs, als Mittel zum Zweck, die Entäußerung als Veräußerung, die Bindung als Verbindlichkeit in die Verkehrskette ein."[575] Für *Ehrenzweig* zeigen die altrömischen publizistischen Vertragsformen auf das Deutlichste diese eigentümliche Struktur, die bei allen Vertragsarten wiederkehre: Auf der einen Seite werde in feierlicher Form in Worten und auch wohl in Handlungen ein an sich ungerechtfertigter Anspruch geltend gemacht. Auf der anderen Seite werde, obgleich ein Widerspruch mit Rücksicht auf die Sachlage erfolgen müsse, kein Versuch unternommen, dem ungerechten Anspruch entgegenzutreten und dadurch der juristische Konsens in bester Form bekundet. So seien dingliche, so seien obligationen- und familienrechtliche Verträge aller Art geschlossen worden und habe die innere Gleichheit in der übereinstimmenden äußeren Form ihren passenden Ausdruck gefunden.[576]

Lässt man sich auf derartige Thesen ein, drängt sich die Frage auf, warum unsere heutigen Lehrbücher ein ganz anderes Bild vom Vertrag zeichnen, wie also dieser Wandel des vertragstheoretischen Grundverständnisses möglich war. Was ist da passiert, dass wir uns allein auf den Versprechenden fixieren? Wenig befriedigend erscheint die bloße Feststellung, dass sich das alte Okkupationsmotiv allmählich abgeschwächt und der Schwerpunkt dorthin verlagert habe, wo er hingehöre, nämlich in die „Mitte", während nach dem heutigen Charakter des einseitigen Rechtsgeschäfts oder Rechtsakts der Disponent und dessen Initiative in den Vordergrund getreten seien.[577] Denn die gesuchte Begründung liefert diese Aussage nicht.

Was den genauen Zeitpunkt dieses Wandels anbelangt, so war es in Europa wohl spätestens die spanische Spätscholastik, die vom Versprechen ausging und damit diejenige Person in das Zentrum ihrer Überlegungen stellte, die den Rechtsverlust erleidet.[578] Indem sie das gesamte römische Vertragsrecht unter dem Vorzeichen eines Versprechens analysierte, stand naturgemäß auch die Person des Versprechenden im Vordergrund. Dass man so leicht vergessen konnte, dass es genauso auch um die Belange dessen geht, der vom Versprechen profitiert, liegt durchaus nahe. Als geistesgeschichtliche Ursache für diese Fokussierung auf den Versprechenden kommt die religiöse Orientierung der Scholastiker in Betracht. Denn denkt man bei der wissenschaftlichen Durch-

---

[575] *Kuntze*, Inhaberpapiere, 1857, S. 341.
[576] *Ehrenzweig*, Rechtsgrund, 1889, S. 75. Gerade hier wird deutlich, dass sich *Ehrenzweigs* Leistung, die vertragstheoretische Bedeutung des Gläubigerwillens betont zu haben (vgl. oben § 9 E. II. 3.), seinerseits auf den Vorarbeiten etwa der hier genannten Personen aufbaut.
[577] So jedenfalls *Kuntze*, Inhaberpapiere, 1857, S. 341 ff.
[578] Zum Verhältnis von Versprechen und Vertrag vgl. unten § 18 C. I. (dort insb. Fn. 106) und zur Spätscholastik oben § 2 Fn. 110.

dringung römischer Rechtsquellen vor allem an religiöse Sakramente,[579] erscheint es durchaus plausibel, sich allein auf denjenigen zu konzentrieren, der sich ganz freiwillig und aus innerer Einsicht veranlasst sieht, ein solches zu vollziehen. Wer etwa ein Gelübde abgibt, will sich vielleicht sogar tatsächlich selbst binden. Und was den damit immer verbundenen äußeren Ritus anbelangt, scheidet Gott als aktiver Teilnehmer ersichtlich aus, so dass es allein dem Menschen überlassen bleibt, das Sakrament zu vollziehen. Schon deshalb musste das Handeln des Versprechenden in den Vordergrund treten und so auch theoretisch dazu verleiten, sich allein mit dieser Person zu beschäftigen.

Daneben mag es diverse andere Gründe geben. So ist die Einwilligung des Versprechenden sicherlich insofern das dramatischere Element einer Rechtsänderung, als dieser eine rechtliche Einbuße erleidet. Auch mag man zumindest für das alltägliche, nicht-kommerzielle Leben behaupten, dass das einseitig-zuwendende Versprechen häufiger vorkommt als ein sehr viel komplizierterer gegenseitiger Austausch, da sich Reziprozität nicht in ein und demselben Akt verwirklichen muss, sondern auch über zahlreiche Rechtsänderungen innerhalb eines längeren Zeitraums eintreten kann.[580] Jedenfalls scheint die Person des Versprechenden irgendwann dermaßen wichtig geworden zu sein, dass man von dieser Verengung selbst dort nicht mehr abwich, wo man Verträge und nicht Versprechen diskutierte.[581] Von dieser Einseitigkeit haben sich Juristen wie Philosophen bis heute nicht befreien können. Dabei liegt der böse, wenn auch reichlich spekulative Verdacht nicht fern, als habe etwa das römische Recht sehr viel weniger mit einem Selbstbindungswillen zu tun gehabt, als uns das Spätscholastiker, Naturrechtler und Willenstheoretiker glauben machen wollen. Für die Zwecke dieser Arbeit sollte dieser kurze Abschnitt jedenfalls zum Nachdenken anregen: Es ist nicht in Stein gemeißelt, allein ausgerechnet von der Person des Versprechenden auszugehen – ganz gleich, ob willenstheoretisch in Form eines Selbstbindungswillens oder auch erklärungstheoretisch. Möglicherweise ist diese Sichtweise erst relativ jung und keineswegs erforderlich, ja geradezu hinderlich, um unser Vertragsrecht zu verstehen.

---

[579] Vgl. zu diesen Einflüssen auf unser Zivil- wie Strafrecht nur etwa *Wieacker*, Privatrechtsgeschichte, 2. Aufl. 1967, S. 78, 294.
[580] Näher zur Reziprozität als sozialem Phänomen etwa oben § 4 B. III. 6. b) bb) (dort etwa Fn. 264, 265).
[581] Näher zum Verhältnis von Versprechen und Vertrag unten § 18 C. I.

III. Einwilligung

1. Problem

So wichtig der Aneignungswille für das vertragstheoretische Verständnis ist, wären wir schlecht beraten, allein darauf abzustellen. Schließlich werden hier die Interessen nur einer Person berücksichtigt. Das ist zwar so lange problemlos, wie dies vielleicht die Interessen, nicht aber die Rechte andere Menschen berühnt – ein in seiner praktischen Bedeutung auch für das Vertragsrecht nicht zu unterschätzendes Feld.[582] Doch ist es andererseits nicht zu übersehen, dass viele Verträge auch mit rechtlichen Einbußen einhergehen, die es zu rechtfertigen gilt.

2. Objekt

Möchten wir die Entscheidung darüber, ob ein Vertrag dem Rechtfertigungsprinzip entspricht, vorrangig den Vertragsparteien und nicht etwa staatlichen Stellen überlassen, benötigen wir ein Indiz, das die gesamten Auswirkungen auf die rechtlich betroffene Person erfasst. Der Aneignungswille leistet das nicht. Hier wird die Einwilligung wichtig und soll nunmehr in den vertragstheoretischen Gesamtzusammenhang eingeordnet werden. Die Einwilligung erlaubt es, auch die Entscheidung über das „Gesamtpaket", also mitsamt allen Vor- und Nachteilen, den Vertragsparteien zu überlassen. Stimmt der Käufer dem Kaufvertrag zu, wird er sich zwar über den Kaufgegenstand freuen, nicht hingegen über die Entrichtung des Kaufpreises. So zweischneidig der Kaufvertrag also für beide Seiten ist, bildet diese Zustimmung ein wichtiges Indiz dafür, dass der Vertrag den Käufer insgesamt besser stellt als zuvor[583] und damit der Geldverlust mit dem Rechtfertigungsprinzip vereinbar ist.[584] Es kommen hier all diejenigen Vorteile zum Tragen, die das menschliche Wollen[585] sowie das Subsidiaritätsprinzip[586] auszeichnen. Die Einwilligung erlaubt, dass die Parteien schöpferisch einen ihren individuellen Bedürfnissen angepassten Vertrag entwerfen. Diese Entscheidung erfordert zumindest bei gegenseitigen Verträgen eine bisweilen recht aufwändige Kommunikation. Denn jede Seite muss eigene rechtliche Einbußen anbieten, um den Gegner seinerseits zu solchen rechtlichen Beeinträchtigungen zu verleiten, die einen selbst den eigenen Zielen näher bringen.[587] Dass die Einwilligung damit für

---

[582] Näher oben § 3 B. sowie unten § 18.
[583] Stellv. *Ehrenzweig*, Rechtsgrund, 1889, S. 30.
[584] Näher zur Funktionsweise des Rechtfertigungsprinzips bei gegenseitigen Verträgen oben ab § 3 C. II.
[585] Näher oben § 9 C. I. 1. d).
[586] Näher oben § 8 E. II. 2.
[587] Näher oben § 3 C. II.

einen Vertrag äußerst hilfreich ist, erkennen natürlich auch[588] jene, die wie *Ehrenzweig* zwischen dem Aneignungswillen und der Zustimmung zu einer Belastung unterscheiden. So sei der Wille des verlierenden Teils „… der eigentliche Träger aller privatrechtlichen Dispositionsbefugnisse, er ist es, der Recht und Unrecht scheidet, er ist es, der an die Stelle des Raubes die Übergabe, der den Schuldvertrag an die Stelle der Erpressung setzt."[589]

3. Neues Bindungsdogma?

Hält man wie hier dem Selbstbindungswillen die Einwilligung entgegen und stellt dieser den Aneignungswillen beiseite, vermeidet das nicht nur den früher beschriebenen Kategorienfehler, sondern auch die Verlegenheit, dass es einen Selbstbindungswillen nicht gibt.[590] Doch hat die klassische Willenstheorie noch ein weiteres Defizit zu überwinden. So muss sie sich genauso wie die gleich noch zu diskutierenden Handlungstheorien fragen lassen, warum es denn gelingen soll, sich durch seine eigene Entscheidung selbst zu binden, warum also diese Bindung nicht von der gleichen Person wieder aufhebbar sein sollte und andere Personen daraus Rechte ableiten sollten.[591] Stellt sich dieses Problem aber nicht ebenso für die Einwilligung, die auf einmal diese magische Wirkung entfalten muss? Was bringt es hier, den Selbstbindungswillen durch die Einwilligung zu ersetzen? Sollte der Versprechende nicht seine frühere Einwilligung durch eine spätere Entscheidung korrigieren und sich darauf berufen können, dass er jedenfalls jetzt nicht mehr in seine Bindung einwillige?

Tatsächlich wird man diesem Dilemma so lange nicht entrinnen, wie man sich vertragstheoretisch allein auf das Verhalten (im weitesten Sinne) des Versprechenden stützt – ganz gleich, ob in Form eines äußeren Handelns oder innerer Vorstellungen. Genau das vermeidet aber der hier vertretene Ansatz. Dogmatischer Ausgangspunkt ist das Rechtfertigungsprinzip und damit ein substanzielles Kriterium. Die Einwilligung ist hier nicht der die vertragliche Bindung letztlich tragende Grund, sondern dient als Indiz für die Verwirklichung des Rechtfertigungsprinzips.[592] Als ein solches Indiz wird die damalige Einwilligung jedoch nicht dadurch entwertet, dass der Versprechende später feststellt, dass er damals wie heute lieber auf die eigene Belastung verzichtet hätte.

---

[588] Allgemein zur Bedeutung der Einwilligung oben § 9 C. II. 1.
[589] *Ehrenzweig*, Rechtsgrund, 1889, S. 32, vgl. dort auch auf S. 30, 78.
[590] Näher oben § 9 C. II. 2.; § 9 C. I. 2.
[591] Vgl. dazu oben § 9 C. I. 3. sowie unten § 10 A. V. 1.
[592] Näher oben § 8 E. II. 2. Vgl. etwa auch unten § 17 B.

IV. Begrifflichkeiten

Nachdem die Bedeutung von Aneignungswille und Einwilligung für das vertragstheoretische Verständnis verdeutlicht wurde, lassen sich beide Begriffe nunmehr auch abschließend definieren und insbesondere mit dem eingangs definierten Wollen vergleichen. Das soll hier überwiegend anhand der Einwilligung geschehen, da sich die dafür anzustellenden Erwägungen weitestgehend auf den Aneignungswillen übertragen lassen. Dabei können wir zunächst auf zwei Merkmale verweisen, die allgemein für den Willen entwickelt wurden,[593] nämlich die mit Aufmerksamkeit verbundene Entscheidung eines Menschen. Etwas komplizierter wird es beim Gegenstand der Einwilligung. Wie beim Wollen muss sie sich zunächst auf etwas Reales beziehen, mag das ein tatsächliches Geschehen, die Verwirklichung eines bestimmten Ziels oder – hier besonders bedeutsam – eine Rechtsänderung sein.[594] Schwieriger zu beantworten ist, worauf sich die Einwilligung bei einem typischen Vertrag richtet. Ist es allein die damit verbundene rechtliche Belastung oder das Gesamtpaket mitsamt seinen Vorteilen? Hier erscheint es für die rechtsdogmatische Diskussion zweckmäßig, die Einwilligung auf die wahrgenommenen Nachteile einer Rechtsänderung zu beschränken. Dem entspricht auch der übliche, wenngleich nicht immer einheitliche Gebrauch dieses Begriffs im Alltag. Die Einwilligung betrifft typischerweise Nachteile, wir willigen in Umstände ein, die wir bedauern und nicht erstreben, wir handeln notgedrungen. Dabei ist es kein Widerspruch, sondern für die Einwilligung typisch, dass uns dadurch, dass wir gewisse Nachteile in einem mit Aufmerksamkeit verbundenen Entscheidungsprozess hinnehmen, auch solche Vorteile zukommen, die uns insgesamt besser stellen. Schließlich würden wir sonst nicht einwilligen.

Vor diesem Hintergrund lässt sich dann auch das Verhältnis von Wille und Einwilligung näher bestimmen. Die uns interessierende Einwilligung setzt die Macht voraus, eine Rechtsänderung über einen an die eigene Aufmerksamkeit gekoppelten Entscheidungsprozess auszulösen. Doch müssen wir hier mit dem Begriff des Wollens vorsichtig sein: Soweit es um das vertragliche Gesamtpaket mitsamt seinen Vor- und Nachteilen geht, kann man dieses wollen. Es muss nur als real verfügbare Option bereitstehen. Nicht jedoch kann sich ein Wollen allein auf die Vorteile eines Vertrags beschränken – also etwa den Erhalt des Kaufgegenstands ohne Zahlungspflicht. Denn eine solche Ausgestaltung steht nicht zur privaten Disposition, weil sie die Rechte der Gegenseite verletzt. Sie ist irreal, eine solche Macht besteht nicht. Die Einwilligung demgegenüber kennt derartige Einschränkungen nicht, vielmehr hat sie insofern

---

[593] Oben § 9 B. II. 1.; § 9 B. II. 3.
[594] Näher zu „Rechtsänderungen" oben § 2 E. Dass auch Recht ein sehr handfestes, empirisch überprüfbares kulturelles Phänomen und genau deshalb einen tauglichen Untersuchungsgegenstand bildet, wurde bereits oben § 2 B. I. 1. dargelegt.

ein irreales Element, als sie sich mit den Nachteilen einer Rechtsänderung nur auf einen Ausschnitt richtet, der so isoliert nicht zur Entscheidung steht oder gar verwirklicht wird. Die Rede von der Einwilligung verdeutlicht damit lediglich, dass sich die dem Gesamtpaket zustimmende Person auch deren Nachteile bewusst war.

Wollte man die Einwilligung auf das Gesamtpaket beziehen, würden mit dessen Vor- und Nachteilen zwei Elemente vermengt, die wir besser trennen. Dies wird immer dann besonders deutlich, wenn ein Nachteil überraschend vermieden werden kann, ohne den Vertragspartner zu beeinträchtigen. Die Einwilligung betrifft etwas vom Gewollten sehr Verschiedenes. Sie richtet sich auf das, was unerwünscht ist und lediglich einen Teilaspekt ausmacht, das Wollen hingegen auf das in seiner Gesamtheit erwünschte, als reale Option verfügbare Gesamtpaket. Die Einwilligung ist demgegenüber durch Machtlosigkeit gekennzeichnet, nämlich die schicksalhafte Hinnahme von Gegebenheiten. Wer einwilligt, kann nicht verhindern, dass mit einer insgesamt vorteilhaften Rechtsänderung auch Nachteile eintreten.

Dass Wille und Einwilligung in der vertragsrechtlichen Diskussion dennoch oft vermengt werden und auch die Normalsprache nicht immer eindeutig ist, dürfte vor allem daran liegen, dass wenn man beim Vertragsschluss an einen „Akt" der Einwilligung oder des Wollens denkt, die Einwilligung in die Nachteile eines Gesamtpakets und das Wollen dieses Gesamtpakets zusammenfallen. Anders formuliert: Wer in die Nachteile eines Gesamtpakets einwilligt, will gleichzeitig dieses Gesamtpaket.

V. Fazit: Eine „andere Willenstheorie"

Zumindest was den Willen der Vertragsparteien bei Vertragsschluss angeht,[595] neigen sich unsere Betrachtungen dem Ende zu. Das legt es nahe, sich des dogmatischen Ertrags der bisherigen Untersuchungen zu vergewissern, wobei es sich anbietet, die eigenen Ergebnisse mit den klassischen Vorstellungen insbesondere der Willenstheorie zu vergleichen. Auf einer grundlegenden Ebene besteht hier insofern ein deutlicher Unterschied, als der Verfasser den Parteiwillen nicht für intrinsisch richtig hält,[596] sondern einem inhaltlichen Kriterium unterordnet. Die Berücksichtigung des Parteiwillens ist hier „nur" ein Instrument, um das Rechtfertigungsprinzip zu verwirklichen.[597] Andererseits nimmt dieser Wille insofern – als Indiz – eine zentrale Stellung ein. Einer Entpsychologisierung, Normativierung oder Hypothetisierung der Vertragstheorie wird hier gerade nicht das Wort geredet.[598] Ja, es sei nochmals die Be-

---

[595] Zu den anderen Setzern von Vertragsinhalten siehe nur oben § 2 B. I. 4.; § 8 B.
[596] Näher oben § 9 C. III. Vgl. auch unten § 19 D.
[597] Näher oben § 8 B. III.
[598] Näher oben § 9 B. II. 3.; § 9 C. V. 2. e).

hauptung erlaubt, dass diese Arbeit den Willen sogar sehr viel ernster nimmt und konsequenter verwirklicht als die Willenstheorie selbst. So ist es fiktiv, den Parteien einen Selbstbindungswillen zu unterstellen.[599] Daneben erscheint es zynisch, die Vollstreckung gegen eine Person damit zu begründen, dass hier doch nur ihr früherer Wille geehrt werde.[600] Der Grund dafür, ein Versprechen überhaupt einzufordern, liegt im Aneignungswillen des Gläubigers.[601] Demgegenüber willigt der Versprechende in die ihm unerwünschte Bindung ein, da dies der für ihn unvermeidbare Preis dafür ist, um seinen Zielen näher zu kommen.[602] Nur deshalb erscheint es uns auch legitim, dem Versprechenden seine frühere Einwilligung entgegenzuhalten, da deren Indizfunktion nicht dadurch beeinträchtigt wird, dass das, worin eingewilligt wurde, damals genauso wenig erwünscht war wie heute.[603] Das liberale, freiheitsverbürgende Element beim Vertrag ist nicht die Fiktion, man wolle sich selbst binden, sondern die Einsicht, dass Rechtspositionen möglichst nur unter Einwilligung des Betroffenen beeinträchtigt werden sollten.

Aber noch in einer weiteren Hinsicht beansprucht der hier vertretene Ansatz, den Willen des Einzelnen stärker zu achten als die Willenstheorie. Denn verfügt man mit dem Rechtfertigungsprinzip über ein tragfähiges substanzielles Kriterium, ist man nicht mehr darauf beschränkt, allein den Willen der Vertragsparteien bei Vertragsschluss zu berücksichtigen. Die menschliche Aufmerksamkeit ist viel zu kostbar, um überall dort ignoriert zu werden, wo sie sich bereits vor Vertragsschluss oder in den Köpfen anderer Personen entfaltet.[604] Vor allem erspart man es sich dann, das vermeintlich so unantastbare Willensprinzip über den Rückgriff auf ganz andere Gesichtspunkte zu unterminieren, ohne dafür ein Gesamtkonzept anbieten zu können, das dafür Sorge trägt, das so wichtige Grundanliegen der Willenstheorie auch ganz real zu verwirklichen.

Auf keinen Fall sollte man sich allerdings der Illusion hingeben, man könne die willenstheoretischen Probleme allein dadurch lösen, dass man anstatt eines Selbstbindungswillens nunmehr Aneignungswillen und Einwilligung verlangt. Denn auch so bleiben zahlreiche Probleme ungelöst, angefangen mit der begrenzten Reichweite unserer Aufmerksamkeit[605] über die Fehleranfälligkeit menschlicher Entscheidungen und damit des Wollens[606] bis hin zur Relevanz auch des Erklärten.[607] Möchte man auch diese Herausforderungen bewältigen

---

[599] Näher oben § 9 C. I. 2.
[600] Näher oben § 9 C. I. 3.
[601] Näher oben § 9 E. II.
[602] Näher oben § 9 E. III.
[603] Näher oben § 9 E. III. 3.
[604] Näher oben § 8.
[605] Näher oben § 8 C.
[606] Näher oben § 9 C. III.
[607] Näher etwa oben § 9 C. IV. oder unten § 17 C.

– und zwar mit einem einheitlichen Konzept –, bleibt einem nichts anderes übrig, als auf ein substanzielles Kriterium wie das Rechtfertigungsprinzip zurückzugreifen.[608] Doch bevor das für einzelne Rechtsbereiche näher illustriert wird, müssen wir uns zunächst noch mit der zweiten großen vertragstheoretischen Denkrichtung beschäftigen: der Erklärungstheorie in ihren verschiedenen Ausformungen.

---

[608] Näher zum Verhältnis von Inhalt und Verfahren unten § 19 D.

§ 10 Erklärung

A. *Handlungstheorien*

Es gehört zu den vielen Vorzügen der Willenstheorie, sich auf einen klar subsumierbaren Kern zurückführen zu lassen, über den unter ihren Vertretern weithin Einigkeit besteht: einen auf den jeweiligen Vertragsinhalt gerichteten Selbstbindungswillen.[1] Leider lässt sich Vergleichbares nicht von den Konzepten sagen, welche die vertragsrechtliche Relevanz des Erklärten – gewollt oder nicht – betonen. Es gibt also streng genommen nicht „die" Erklärungstheorie, sondern derer viele. Auf der einen Seite stehen diejenigen Ansätze, die ähnlich wie die Willenstheorie eine vertragliche Bindung ausschließlich oder zumindest ganz überwiegend[2] auf den Versprechenden und dessen Handeln zurückführen. Dem stehen solche Stimmen gegenüber, die auch die Interessen des Versprechensadressaten betonen und dabei insbesondere auf dessen Vertrauen oder den Verkehrsschutz verweisen. Sie werden erst anschließend besprochen.[3] Auf dieser Basis lässt sich dann auch für das Rechtfertigungsprinzip fragen, warum in unserem Vertragsrecht das Erklärte selbst so wichtig ist. Allerdings wird diese Frage verteilt an mehreren Stellen zu diskutieren sein, da es wenig Erkenntnis verspricht, die Bedeutung einer Erklärung nur abstrakt zu diskutieren.[4]

Wenn hier also unter dem Stichwort der Handlungstheorien zunächst all diejenigen Ansätze erörtert werden, die sich vor allem auf das Verhalten desjenigen konzentrieren, um dessen Bindung es geht, soll damit nicht behauptet werden, dass sämtliche Einzelansichten durchweg dem gleichen Grundgedanken folgten. Ganz im Gegenteil finden sich hier diverse Gesichtspunkte – sei es eine Zurechenbarkeit oder Verantwortung, der Verweis auf Konventionen, Typizitäten oder die soziale Einbettung von Sprache und Kommunikation. Entsprechend reichhaltig sind auch die einzelnen Ansichten, die man etwa nach Urteils-, Handlungs-, Sprechakt- oder Geltungstheorien unterscheiden

---

[1] Näher oben § 9 C. I. 1.
[2] Etwa nur mit Ausnahme eines Zugangs- und meistens auch Annahmeerfordernisses, auf das kaum ein Ansatz – die Willenstheorie eingeschlossen – generell verzichtet, vgl. unten § 18 C. I.
[3] Unten § 11.
[4] Für einen kurzen Ausblick siehe unten § 10 F.

kann. Da sich die einzelnen Vertreter wiederum unterschiedlich aus diesem Argumentationsarsenal bedienen, ist es gleichermaßen dem Verständnis wie auch dem Lesevergnügen dienlicher, die einzelnen Stimmen zunächst nur wiederzugeben, um dann nicht jeweils diese Einzelkonzepte, sondern die regelmäßig wiederkehrenden Argumente zu diskutieren. Was den anfänglichen, darstellenden Teil anbelangt, so seien dem Leser hier schon deshalb diverse wörtliche Zitate präsentiert, da es dem Verfasser nicht immer leicht fällt, diese Gedanken selbst als durchweg schlüssig und durchgreifend zu erweisen.

Schließlich sei wie bereits im Kapitel zum Willen und bei der noch folgenden Würdigung des Vertrauens darauf hingewiesen, dass die Überprüfung einzelner Theorien einschließlich des Rechtfertigungsprinzips anhand konkreter Fälle denjenigen Kapiteln vorbehalten sei, die sich mit einzelnen Problemkreisen, also etwa dem Irrtum, dem Vertragsschluss, Allgemeinen Geschäftsbedingungen usw. beschäftigen.

I. Urteilstheorien

Die Idee, vertragliche Bindungen in irgendeiner Form auf den Versprechensakt zurückzuführen, ist sehr alt. *Mendelssohn*, mit dem wir hier beginnen wollen, führt aus: „Sobald dieser Unabhängige einmal ein Urteil gefällt hat, so muss es gültig sein. Habe ich im Stande der Natur den Fall entschieden, wem, wenn und wie viel ich von dem Meinigen überlassen will; habe ich diesen meinen freien Entschluss hinlänglich zu erkennen gegeben, und mein Nächster, dem zum Besten der Ausspruch geschehen, hat das Gut in Empfang genommen, so muss die Handlung Kraft und Wirkung haben, wenn mein Entscheidungsrecht etwas bedeuten soll … Meine Entscheidung muss also wirken, muss den Zustand des Rechts verändern."[5] Ähnlich ist nach *Hölder* „… jede Willenserklärung ein Urteil über die Existenz eines Willens und dieses Urteil ist für den Erklärenden bindend, weil er durch seine Angabe es als wahr behandelt wissen will …"[6] Für *Enneccerus* hat die Erklärung „… für die Willenserklärung ganz analoge Bedeutung wie die Publikation für das Gesetz."[7] Besonders ausführlich legt *Ehrenzweig* dar, dass dieses Urteil (die Willenserklärung) nicht bloß eine gleichgültige private Mitteilung sei, „… sondern dass ihm eine wirkliche Rechtskraft innewohnt, die der Rechtskraft des richterlichen Urteils und der formellen Gesetzeskraft der höchsten Staatswillenserklärungen ebenbürtig und gleichartig ist." Ebenso wie die formelle Gesetzeskraft ziehe auch jene eigentümliche Rechtskraft der Privatwillenserklärungen dem richterlichen

---

[5] *Mendelssohn*, Jerusalem, 1783, S. 47 ff.
[6] *Hölder*, KritV 18 (1876), 175, 176 f. Aus der Natur der Erklärung als eines Urteils stamme nun überhaupt erst die Möglichkeit bedingter Geschäfte.
[7] *Enneccerus*, Rechtsgeschäft, 1889, S. 58.

Prüfungsrecht eine Schranke.⁸ Auch in jüngerer Zeit wird diese Parallele gezogen, etwa wenn nach *Frotz* die Erklärung für die Willenserklärung eine ganz analoge Bedeutung wie die Publikation für das Gesetz hat.⁹

II. Sprechakttheorie

Ein vor allem in der Philosophie prominenter Versuch, die Verbindlichkeit des Erklärten zu rechtfertigen, ist die sogenannte Sprechakttheorie, die ihren Namen *Bühler* verdankt.¹⁰ Dabei war es zunächst der früh verstorbene *Reinach*, der die wesentlichen Merkmale dieses Denkens formulierte.¹¹ Später wurde es dann im englischen Sprachkreis namentlich von *Austin* und *Searle* aufgegriffen und weiter ausgebaut.¹² Was die geistesgeschichtliche Herkunft anbelangt, so zeigt sich *Reinach* ganz der phänomenologischen Tradition *Husserls* verpflichtet (die ihrerseits stark von *Brentanos* deskriptiver Psychologie¹³ beeinflusst war) – mitsamt mancher damit verbundenen, erkenntnistheoretischen Fragwürdigkeit.¹⁴ *Reinach* hält es nicht nur für falsch, sondern für „... im letzten Grunde sinnlos, die rechtlichen Gebilde als Schöpfungen des positiven Rechtes zu bezeichnen ..." Das positive Recht finde die rechtlichen Begriffe bereits vor, erzeuge sie also mitnichten.¹⁵ Es gehe darum, uns „... das zur Einsicht [zu] bringen, indem wir uns in aller Klarheit vergegenwärtigen, was ein Versprechen ist, und nun anschauen, dass es im Wesen eines derartigen Aktes gründet ...", es gehe um einen „unmittelbar einsichtigen und notwendigen Wesenszusammenhang".¹⁶ Doch ist diese apriorische Wesensschau merkwür-

---

⁸ *Ehrenzweig*, Rechtsgrund, 1889, S. 38 ff.
⁹ *Frotz*, Verkehrsschutz, 1972, S. 407.
¹⁰ *Bühler*, Kant-Studien 38 (1933), 19, 40 ff., 48 ff., passim; *Bühler*, Sprachtheorie, 1934, S. 62 ff.
¹¹ *Reinach*, in: Husserl (Hrsg.), 1913, S. 685, 705 ff., 714 ff., passim.
¹² *Austin*, How to do things with words, 1962; *Searle*, PhilosRev 73 (1964), 43; *Searle*, Speech acts, 1969. Vgl. auch *Ryle* (Hrsg.), Knowing how and knowing that, 1946/1971.
¹³ Vgl. *Brentano*, Psychologie, 1874, S. 115 f., passim mit der berühmten Passage: „Jedes psychische Phänomen ist durch das charakterisiert, was die Scholastiker des Mittelalters die intentionale (auch wohl mentale) Inexistenz eines Gegenstandes genannt haben, und was wir, obwohl mit nicht ganz unzweideutigen Ausdrücken, die Beziehung auf einen Inhalt, die Richtung auf ein Objekt (worunter hier nicht eine Realität zu verstehen ist), oder die immanente Gegenständlichkeit nennen würden. Jedes enthält etwas als Objekt in sich, obwohl nicht jedes in gleicher Weise. In der Vorstellung ist etwas vorgestellt, in dem Urteil ist etwas anerkannt oder verworfen, in der Liebe geliebt, in dem Hasse gehasst, in dem Begehren begehrt usw. Diese intentionale Inexistenz ist den psychischen Phänomenen ausschließlich eigentümlich. Kein physisches Phänomen zeigt etwas Ähnliches. Und damit können wir die psychischen Phänomene, definieren, indem wir sagen, sie seien solche Phänomene, welche intentional einen Gegenstand in sich enthalten."
¹⁴ Für eine gute Einführung in die Phänomenologie mitsamt deren Schwächen siehe *Wuchterl*, Methoden, 3. Aufl. 1999, S. 195 ff.
¹⁵ *Reinach*, Phänomenologie, 1913/1953, S. 13 f.
¹⁶ *Reinach*, Phänomenologie, 1913/1953, S. 33.

dig begrenzt: „Wir geben, streng genommen, keine Theorie des Versprechens. Wir stellen ja nur den schlichten Satz auf, dass das Versprechen als solches Anspruch und Verbindlichkeit erzeugt ... Ihn erklären zu wollen, hätte genau denselben Sinn wie der Versuch einer Erklärung des Satzes 1 mal 1 = 1 ... Apriorische Zusammenhänge, so schlicht sie uns gegeben sind, besitzen eine eigene Dignität."[17] Bereits hier deutet sich ein grundlegendes Defizit sämtlicher Sprechakttheorien an, nämlich dass sie das Recht oder die Sitte nicht etwa verallgemeinernd beschreiben, sondern allzu oft lediglich auf das zu begründende Phänomen verweisen.[18] Eher für manche Variante der Geltungstheorie typisch[19] ist eine gefährliche Nähe *Reinachs* zu bildlich-gegenständlichen Argumenten:[20] „Soll ein Anspruch erwachsen oder erlöschen, so muss in dem Augenblick, in dem er erwächst oder erlischt, irgendetwas eingetreten sein, *aus* dem und *durch* das er erwächst."[21] Und andernorts: „Verbindlichkeit muss notwendig eine Quelle haben, aus der Sie entspringt ... Mich verpflichten, genauer, eine Verbindlichkeit auf meiner Seite schaffen, kann ich nur, wenn ich zugleich etwas schaffe, aus dem die Verbindlichkeit entspringt; ich kann mich nur *durch etwas* verbindlich machen wollen. Dieses verbindlich machende Etwas ist natürlich in unserem Fall der Akt des Versprechens. Tritt er in die Welt des Seins ein, so erzeugt er eben dadurch die Verbindlichkeiten."[22] In bewusster Abgrenzung zur Willenstheorie führt *Reinach* dann weiter aus: „Wie alle sozialen Akte setzt auch das Versprechen ein inneres Erlebnis voraus, welches sich auf seinen Inhalt intentional bezieht. Es handelt sich, wie bei dem Befehl, um den *Willen*, dass etwas geschehe, freilich nicht durch den Adressaten, sondern durch den Versprechenden selbst ... Das Versprechen ist weder Willen noch Äußerung des Willens, sondern es ist ein selbstständiger spontaner Akt, der, nach außen sich wendend, in äußere Erscheinung tritt ... Nicht durch ohnmächtige Erklärungen des Willens konstituiert sich die Welt der rechtlichen Beziehungen, sondern durch die strenge gesetzliche Wirksamkeit sozialer Akte ... Dass die mitteilende Äußerung eines Willensvorsatzes eine Verbindlichkeit erzeugt, ist freilich unbegreiflich. Wir aber haben in dem Versprechen einen Akt eigener Art gefunden, und wir behaupten, dass es im Wesen dieses Aktes gründet, Ansprüche und Verbindlichkeiten hervorzubringen."[23] Schließlich gelingt es *Reinach* noch, als Wesen des Versprechensakts ein Zugangserfordernis zu schauen: „Der Befehl ist seinem Wesen nach vernehmungsbedürftig ... [Er ist] ein Erlebnis eigener Art, ein Tun des Subjektes,

---

[17] *Reinach*, Phänomenologie, 1913/1953, S. 84.
[18] Näher unten § 10 E.
[19] Näher unten § 10 A. V. 1.
[20] Allgemein zu diesem Denken oben § 2 C. III. 3.; § 2 E. II. 4.; § 9 C. I. 3. a); § 9 C. V. 3. a). Für Literaturnachweise siehe nur oben § 9 Fn. 109, 111.
[21] *Reinach*, Phänomenologie, 1913/1953, S. 32.
[22] *Reinach*, Phänomenologie, 1913/1953, S. 68.
[23] *Reinach*, Phänomenologie, 1913/1953, S. 49 ff.

dem neben seiner Spontanität, seiner Intentionalität und Fremdpersonalität die Vernehmungsbedürftigkeit wesentlich ist ... Sie alle [bitten, ermahnen, fragen, mitteilen, antworten etc.] sind soziale Akte, welche von dem, der sie vollzieht, im Vollzuge selbst einem anderen zugerufen werden, um sich in seine Seele einzuhaken ... Die Wendung an ein anderes Subjekt, die Vernehmungsbedürftigkeit, ist für jeden sozialen Akt absolut wesentlich."[24]

III. Sozial verankerte Kommunikation

Nicht wenige Erklärungstheoretiker grenzen sich gerade von der Willenstheorie dadurch ab, dass sie in verschiedener Form den sozialen, konventionalen, kommunikativen oder sprachgebundenen Charakter des Versprechens bzw. des Vertrags betonen – und das bisweilen unter ausdrücklicher Bezugnahme auf die eben diskutierte Sprechakttheorie.[25] Doch bereits *Kohler* betont, dass die Kommunikation den Anlass gebe, gewisse Rechtsfolgen zu setzen, weil durch eine solche Kommunikation ein Vertrauen erregt werde. Dieser Kommunikationswille sei für den Verkehr und das Recht die Hauptsache.[26] Nicht die individualistisch-psychologische Natur der menschlichen Akte, sondern die soziale Natur des menschlichen Verkehrs sei es, aus der die Rechtsprinzipien entsprängen. Das Recht gehe nicht aus Beziehungen des einzelnen Individuums, sondern aus dem Gesamtorganismus der menschlichen Gesellschaft hervor.[27] Nach *Gysin* spielt sich das rechtsgeschäftliche Wollen in bestimmten sozialen Formen ab. Rechtsgeschäfte repräsentierten Akttypen, denen eine soziale Bedeutung innewohne. Die Grenze vom unklagbaren zum rechtlich verbindlichen Versprechen könne nicht durch logischen Schluss oder durch subjektive, individuelle Willensbestimmung der Parteien erfolgen, „... sondern durch die objektiven, sozialen Umstände, durch die Gewohnheiten und Massenphänomene des sozialen Lebens und nicht zuletzt durch eine mehr oder weniger ausgesprochene Typisierung der Akte."[28] Die ausschlaggebende Zuordnung erfolge objektiv und funktioniere „... so sicher und selbstverständlich, dass niemand sich veranlasst fühlt, an das Problem der Zuordnung überhaupt zu denken." Der Heros, der das Problem der Zuordnung faktisch löse, sei nicht die Rechtsfolgewillentheorie, sondern die Gesellschaft."[29]

Geistesgeschichtlich bis zur Stoa ausholend beschreibt *Wieacker* die Willenserklärung als ein soziales Verhalten, „... das von anderen Rechtsge-

---

[24] *Reinach*, Phänomenologie, 1913/1953, S. 39 ff., 54 f., 59.
[25] So etwa *Wieacker*, FS OLG Celle, 1961, S. 263, 279; *Frotz*, Verkehrsschutz, 1972, S. 406 (Fn. 987).
[26] *Kohler*, JhJb 28 (1889), 166, 189, näher zum hier noch nicht interessierenden Vertrauen unten § 11.
[27] *Kohler*, JhJb 28 (1889), 166, 253 f.
[28] *Gysin*, ZBJV 65 (1929), 97, 106 f., 123 f.
[29] *Gysin*, ZBJV 65 (1929), 97, 124.

nossen verstanden werden soll und als verstandenes, d.h. sozial wirksam gewordenes ... Rechtswirkungen erzeugt."[30] Der Wirkungsgrund der Willenserklärung liege „... weder in dem freischaffenden Willen der intelligiblen, sittlich autonomen Persönlichkeit noch erst recht in psychologischen Willensvorgängen, sondern im Akt der Verständigung."[31] Als soziale Übereinkunft könne sie nicht allein von der einseitigen Parteierklärung her verstanden werden, sondern erst als das „... Gelingen oder Misslingen von Kommunikation mit dem jeweiligen Partner." Dies entspreche dem „... spezifisch hermeneutischen Problem, insoweit Verstehen immer das aktuelle Verstehen je einer Person ..." sei.[32] Auch *Kramer* sieht den Wirkungsgrund der Willenserklärung keineswegs mehr „... allein in dem frei schaffenden Willen der intelligiblen, ‚sittlich autonomen Persönlichkeit', schon gar nicht in psychologischen Willensvorgängen, sondern in dem objektiv, normativ-zurechnend erfassten kommunikativen ‚Akt der Verständigung'."[33] Ihren maßgebenden Sinn erfahre die soziale Handlung von da her, wie sie objektiv-sozial zu verstehen sei. Dieser Auffassung könne sich niemand entziehen, wenn er sich nicht „außerhalb der sozialen Gemeinschaft" stellen wolle.[34] Eine weitere Bestätigung erfahre die Idee des sozial-kommunikativen Erklärungsbegriffs aus dem sozial Vorgegebenen, und zwar durch die soziologische Rollentheorie. Jede Rolle habe zugleich den Sinn, das Verhalten des Sozialpartners zu steuern.[35] *Larenz* wiederum billigt der Willenserklärung eine Doppelfunktion zu, da sie einerseits bestimmender Akt, zum anderen aber auch ein Akt zwischenmenschlicher, sozialer Kommunikation sei.[36]

IV. Handlungswille

Sämtliche der hier diskutierten Ansätze zeichnen sich dadurch aus, dass sie die Anforderungen an das Verhalten des Erklärenden deutlich hinter das zurücknehmen, was noch die Willenstheorie mit ihrem Rechtsfolgewillen verlangt. Damit gelangen sie aber sehr nah an die bereits von *Kohler* bisweilen vertretene Handlungstheorie, die mehr oder weniger allein auf die Erklärungshandlung abstellt. Dass diese enge Verwandtschaft nur ungern eingestanden wird,

---

[30] *Wieacker*, FS OLG Celle, 1961, S. 263, 279; *Wieacker*, Privatrechtsgeschichte, 2. Aufl. 1967, S. 294.
[31] *Wieacker*, FS OLG Celle, 1961, S. 263, 279.
[32] *Wieacker*, JZ 1967, 385, 387.
[33] *Kramer*, AcP 171 (1971), 422, 437, aus jüngerer Zeit etwa *Kramer*, MüKo-BGB, 5. Aufl. 2006, Vorbemerkung §§ 116 ff. BGB, Rn. 3.
[34] *Kramer*, Grundfragen, 1972, S. 155.
[35] *Kramer*, Grundfragen, 1972, S. 155 f.
[36] *Larenz*, Allgemeiner Teil, 7. Aufl. 1989, S. 335. Zu den von diesem vertretenen Varianten der „Geltungstheorie" siehe unten § 10 A. V.

dürfte vornehmlich daran liegen, dass sich die Handlungstheorie recht verständlich offenbart und dadurch diverse Schwächen sichtbar macht.

Dabei unterscheidet *Kohler* zunächst instruktiv erstens den auf die Rechtsfolgen gerichteten Willen, zweitens den auf den Geisteseffekt gerichteten Willen sowie drittens den auf die äußeren Kommunikationszeichen gerichteten Willen. Der erstere Wille gehöre jedoch nicht zum rechtsgeschäftlichen Willen, sondern sei höchstens das Motiv eines solchen.[37] Rechtsgeschäftlicher Wille sei vielmehr der auf den Vollzug des Rechtsakts gerichtete Wille.[38] Bloß „die Erklärung und der Sinn der Erklärung", nicht auch die Rechtsfolgen, müssten gewollt sein.[39] Angesichts dieser Konzentration auf die Erklärungshandlung kann *Kohler* dann auch – und hier wird er ebenfalls Nachfolger finden –[40] die Einheit von Wille und Erklärung behaupten. Die Willenserklärung sei eine Einheit, Wille und Erklärung seien nur zwei Seiten desselben Phänomens. Das, was den rechtlichen Boden betrete, sei die Willensaktion, das in die Körperwelt eintretende Operat des voluntären Lebens; in diesen Operaten lägen Körper und Geist, Äußeres und Inneres, Erscheinung und Wille untrennbar vereint.[41] Damit beruhe auch die Mentalreservation lediglich auf dem fehlerhaften Dualismus von Wille und Erklärung, der die Rechtslehre durchziehe und der so lange nicht zur Ruhe komme, als nicht unsere philosophische Bildung für das Zivilrecht fruchtbar gemacht werde genauso wie für das Kriminalrecht.[42]

Dabei sieht sich *Kohler* allerdings einem Problem ausgesetzt, das für sämtliche Erklärungstheorien typisch ist, die sich auf den Versprechensakt konzentrieren: Er muss nämlich erst einmal erklären, wie man mit einer Handlung, die nicht von einem auf den jeweiligen Vertragsinhalt gerichteten Willen getragen ist, die Geltung des objektiv Erklärten begründet. Während manche hier auf Zurechnungsgesichtspunkte wie Verschulden, Fahrlässigkeit oder Verantwortung setzen,[43] geht *Kohler* einen Weg, der bereits anlässlich der Grundfolgentheorie kritisiert wurde,[44] nämlich die Berufung auf das erst zu Begründende, die Rechtsordnung. Der Einzelne setze hier nur deren Kausalismus in Bewegung, er wähle frei zwischen verschiedenen Akten, an die dann das Recht

---

[37] *Kohler*, JhJb 16 (1878), 325, 335 f. Zu einigen Vorläufern vgl. oben ab § 9 Fn. 75.
[38] *Kohler*, JhJb 16 (1878), 325, 333.
[39] *Kohler*, JhJb 28 (1889), 166, 173.
[40] Näher unten § 10 A. V. 3.
[41] *Kohler*, JhJb 16 (1878), 91, 92 f. m.w.N.
[42] *Kohler*, JhJb 16 (1878), 91, 91, der dort auf S. 94 betont, dass es schlechterdings unmöglich sei, dass eine Willensaktion sich bewusstermaßen widerspreche, näher zur Mentalreservation unten § 17 F.
[43] Näher unten § 10 C.
[44] Oben § 9 D. III.

gewisse Konsequenzen knüpfe – diese Wirkung könne er vorher studieren.[45] Bevor man sich allerdings allzu lautstark über diese Vorstellung mokiert, sollte man sich vergegenwärtigen, dass genau das bis heute von zahlreichen Vertretern der Erklärungstheorie praktiziert wird – etwa unter Berufung auf die Konvention[46] oder Begriffe wie Zurechnung oder Verantwortung.[47]

V. Geltungstheorie

Eine sehr vielschichtige Begrifflichkeit ist die der Geltungstheorie. Dabei ist es keineswegs leicht, klar zu definieren, was mit diesem Ansatz gemeint sein soll. Während sich Willenstheorie („Notwendig ist ein auf den Vertragsinhalt gerichteter Selbstbindungswille.") wie Erklärungstheorie („Es gilt die objektive Bedeutung des Erklärten.") zumindest grob beschreiben und damit praktisch überprüfen lassen, sucht man für die Geltungstheorie bisweilen vergeblich nach einem überprüfbaren Tatbestand, der die wissenschaftliche Diskussion um Gedanken bereichert, die nicht bereits aus früheren Debatten um die Willens- und Erklärungstheorie bekannt wären. Das stärkt die Vermutung, dass der neue Begriff der Geltungserklärung dogmatische Probleme und Konflikte vor allem übertüncht, einer subsumtionsfähigen Tatbestandsbildung ausweicht, alten Wein in neue Schläuche gießt und wichtige Traditionen und damit auch die Erträge früherer Diskussionen grundlos abschneidet. Der Popularität dieses Begriffs hat das zumindest in Deutschland keinen Abbruch getan. Nach mancher Darstellung wird die Geltungstheorie heute gar allein noch vertreten, ja einige sehen in ihr sogar den Dualismus von Wille und Erklärung überwunden[48] – was das Misstrauen nur noch verstärkt. Diese Skepsis sollte man übrigens jedem Begriff entgegenbringen, der in so traditionsreiche Diskussionen wie jener um die Vertragsbindung neu eingeführt wird – zumindest wenn dieser weder normalsprachlich etabliert noch auf normalsprachlich etablierte Tatbestandsmerkmale zurückgeführt wird. Diese Schwammigkeit, Vielschichtigkeit oder – positiver formuliert – die enorme philosophische Elaboriertheit mancher These zur Geltungstheorie erschwert deren Darstellung und spätere Würdigung. Daher seien hier zunächst die verschiedenen Facetten dieses Ansatzes möglichst strukturiert wiedergegeben, um dann die einzelnen Argumentationsmuster übergreifend zu würdigen.

---

[45] *Kohler*, JhJb 16 (1878), 325, 331 ff.; *Kohler*, JhJb 18 (1880), 129, 155; *Kohler*, JhJb 28 (1889), 166, 201 ff., 233.
[46] Näher unten § 10 E. I. 2. sowie allgemein zu Sitte, Übung und Zwang unten § 16 C.
[47] Näher unten § 10 C. III.; § 10 C. IV.
[48] Näher dazu unten § 10 D. III.

1. Normierung, Verbindlichkeit

a) Thesen

Dass es im Vertragsrecht um die Begründung rechtlicher Konsequenzen und damit beim Rechtsgeschäft um eine rechtliche Regelung geht, überrascht wenig. Nichts anderes gilt für den Umstand, dass viele Verträge und Versprechen rechtlich verbindlich sind, weshalb sich die vertragstheoretischen Bemühungen darauf konzentrieren, eben diese Bindung zu begründen. Dementsprechend liegt es weiterhin auf der Hand, dass sich das gesuchte Wollen auf ein Sollen, eine gerade juristische Übereinkunft richten muss. „Wollen ist Gebieten, Bestimmen, Anordnung eines Sollens. Wer will, bestimmt, dass Etwas jetzt sein oder demnächst werden soll."[49] Die Vertreter der Willenstheorie sind sich dessen sehr bewusst, diskutieren sie doch ausschließlich den auf die Setzung von Rechtsfolgen gerichteten Willen.[50] Dementsprechend konnte sich *Hölder* seiner Sache sicher sein, als er glaubte, „... nicht auf Widerspruch zu stoßen, wenn ich sage: der Wille, von dem wir reden, das ist immer ein normierender Wille, es ist immer die Statuierung irgend eines Sollens oder Dürfens, eines Nichtsollens oder Nichtdürfens, um welche es sich hier handelt ..."[51] Auch *Flume* betont wiederholt, dass das Rechtsgeschäft eine rechtliche Regelung sei, die gelte, weil sie durch den Akt des Rechtsgeschäfts in Geltung gesetzt werde.[52]

Spätestens an dieser Stelle mag sich der Leser fragen, warum denn die Banalität, dass sich Versprechen bzw. Verträge auf ein endgültiges Sollen richten, irgendwelche Nachweise benötigt. Denn natürlich wollen die Parteien durch den Vertrag Recht setzen[53] und nicht nur philosophieren oder über Gefühle und Wünsche reden. Nicht dieser Befund ist also dogmatisch interessant, sondern allein dessen Begründung. Mit der bloßen Feststellung oder Beschreibung der vertraglichen Bindungswirkung lässt sich keines der vertragstheoretischen Probleme lösen. Und doch scheinen namentlich Gegner der Willenstheorie hier die Chance zu sehen, der Geltungstheorie einen eigenen innovativen

---

[49] *Karlowa*, Rechtsgeschäft, 1877, S. 161. Die Herkunft dieses Gedankens wird uneinheitlich bewertet: *Binder*, ARSP 4 (1911), 266, 573; *Binder*, ARSP 5 (1912), 96, 287 ff. nennt *Bülow*, Das Geständnisrecht, 1899, S. 126 ff. (der die Relevanz des Rechtsfolgewillens aber grundsätzlich ablehnt), *Hölder* (u.a. *Hölder*, AcP 73 (1888), 1, 93 f.; *Hölder*, KritV 32 (1890), 290, 294 ff.) und *Henle*, Vorstellungs- und Willenstheorie, 1910, S. 242, 305 ff., 376. *Flume*, FS Deutscher Juristentag, Bd. 1, 1960, S. 135, 155 verweist beispielhaft auf *Hölder*, Verhandlungen des 20. DJT, Bd. 4, 1889, S. 83, 87, während *Sonnenberger*, Verkehrssitten im Schuldvertrag, 1970, S. 134 *Savigny* nennt. *Pernice*, Grünhuts Zeitschrift 7 (1880), 465, 469 resümiert, solange man mit dem Begriff „Rechtsgeschäft" operiert habe, habe man darunter eine juristische Betätigung des menschlichen Willens verstanden.

[50] Näher oben § 9 B. III. 2.

[51] *Hölder*, Verhandlungen des 20. DJT, Bd. 4, 1889, S. 83, 87.

[52] *Flume*, AcP 161 (1962), 52, 60.

[53] Näher zur privaten Rechtsetzung durch Vertrag oben § 2 B. I. 4.; § 8 E.

Gehalt zu verleihen. So lesen wir mit Blick auf das Sollen bei *Larenz*, die Willenserklärung sei keine „... Wollenserklärung oder Absichtserklärung, sondern Geltungserklärung." Der Ausdruck ‚So soll es gelten' sei die „... zutreffende sprachliche Fassung für den Sinn der Willenserklärung als einer auf rechtliches Gelten gerichteten volitiven Äußerung."[54] Auch die Verbindlichkeit des Versprechens findet ausführliche Erwähnung. So bedeute das Versprechen „... nicht, dass der Versprechende bloß will, sondern, dass er sich bindet ... So wie es gesprochen ist, sei es, nunmehr seinem Wollen entzogen, endgültig..."[55] – und spätestens hier glaubt man die verzweifelte Bitte zu hören: „Nun aber wirklich!". Die Willenserklärung sei als Geltungserklärung schon Verwirklichung, unmittelbare Herbeiführung des Rechtsfolgewillens, während der innerlich gebliebene Wille nichts zu bewirken vermöge. „Nicht einen solchen Vorgang zu offenbaren, sondern dem Inhalt eines Wollens den Charakter der Endgültigkeit zu verleihen, ihn dem Wechsel der subjektiven Vorstellungen und Begehrungen zu entheben und so eine zeitüberdauernde Bindung zu schaffen, ist der Sinn des Versprechens."[56] Die Rechtsfolge werde nicht durch die Willenserklärung „verursacht", sondern „... trete mit ihr in Geltung, weil und sofern ihr die Rechtsordnung Geltung verleiht."[57] Das charakteristische Moment der Willenserklärung liege in der Endgültigkeit der Willensäußerung, in der darin ausgesprochenen Bindung.[58] Der Erklärende begebe sich der Möglichkeit, sich auf eine Änderung seines Willens zu berufen; er habe sich durch die Erklärung gebunden.[59] Ähnlich formuliert *Kramer*, der Erklärung müsse ein verbindliches *sic volo sic iubeo* des Erklärenden entsprechen, sie sei vollziehende Geltungserklärung, und das sei der richtige Kern der Geltungstheorie von der Willenserklärung.[60]

b) *Würdigung*

Dass derjenige, der ein Versprechen abgibt, oft daran gebunden ist, ist zweifellos eine bemerkenswerte Beobachtung. Ebenso mag man davon sprechen, dass Versprechen oder Vertrag eine ähnliche Wirkung haben wie ein Urteil oder

---

[54] *Larenz*, Auslegung, 1930, S. 52; *Larenz*, Vertrag und Unrecht, Bd. 1, S. 38 ff.; *Larenz*, Allgemeiner Teil, 7. Aufl. 1989, S. 334 f.
[55] *Larenz*, Auslegung, 1930, S. 43 f.
[56] *Larenz*, Auslegung, 1930, S. 43 f.
[57] *Larenz*, Auslegung, 1930, S. 46.
[58] *Larenz*, Auslegung, 1930, S. 54.
[59] *Larenz*, Allgemeiner Teil, 7. Aufl. 1989, S. 334. Auch bei *Weiler*, Willenserklärung, 2002, S. 52 ist von einem Akt der Selbstbindung die Rede, dem die Wirkung, den Erklärenden an seine Erklärung zu binden, „wesensimmanent" sei. Das sei der Rechtsordnung apriorisch vorgegeben.
[60] *Kramer*, MüKo-BGB, 4. Aufl. 2001 Rn. 9 (dort auch in Fn. 26). Ähnlich spricht *Larenz/Wolf*, Allgemeiner Teil, 9. Aufl. 2004, S. 443 (§ 24 IV. 3.) vom „Sinn der Endgültigkeit", wobei hier zu beachten ist, dass *Wolf* anders als die Geltungstheorie auch auf das Vertrauen des Adressaten abstellt, vgl. unten § 11 Fn. 207.

Gesetz, da eben auch die Vertragsparteien Recht setzen.[61] Es überrascht daher wenig, wenn zahllose wissenschaftliche Arbeiten – diese hier eingeschlossen – nichts anderes versuchen, als diese rechtliche Bindung einschließlich deren Voraussetzungen und Reichweite zu begründen. Weniger ersichtlich ist allerdings, was die zuvor erwähnten Formulierungen dazu beitragen. Ganz im Gegenteil beschwört man mit bloßen begrifflichen Neuschöpfungen die Gefahr, all diejenigen Fehler neu zu begehen, die beispielsweise bei der Willenstheorie mühsam als solche erkannt werden mussten. Besonders gilt das für die Vorstellung, der Mensch könne sich durch irgendein Wollen oder Handeln rechtlich selbst binden, sich also gleichsam selbst Fesseln anlegen.[62] Und doch trifft man wieder auf genau diese Vorstellung, nur dass nicht mehr von einem Selbstbindungswillen, sondern von einer Sollens- oder Geltungserklärung die Rede ist – als würde das auch nur irgendetwas ändern. Es ist nicht erkennbar, woraus der magische Klebstoff der Geltungstheorie bestehen soll. Und selbst wenn man sich durch eigene Geltungserklärung (oder einen Sprechakt oder ein Urteil usw.) binden könnte, warum kann man sich dann nicht wieder durch eine neue Geltungserklärung von dieser Bindung, dieser Geltung, diesem Akt lösen?[63] Warum sollten Fremde hieraus eigene Rechte ableiten können?[64] Was bewirkt eine Geltungserklärung anders und besser als eine Wollenserklärung in der „Rechtswelt"?[65] Wie genau funktioniert diese Bindung, wie läuft dieser eigenartige Prozess ab?[66] Immerhin verlangt ja auch die Willenstheorie nicht irgendeinen Willen, sondern gerade denjenigen, endgültig und rechtlich gebunden zu sein.

Kurzum, genauso wenig wie eine Wollenserklärung den Versprechenden binden kann, vermag das eine Sollens- oder Geltungserklärung. Der einzige „Sinn", den derartige begriffliche Neuschöpfungen entfalten, liegt darin, dass das eigentlich zu begründende Ergebnis – hier die rechtliche Bindung – einfach in die jeweilige Definition aufgenommen wird. Das ist zwar originell,[67] liefert aber nicht den gesuchten Grund. Und da hier über eine neue Definition lediglich das zu begründende Ergebnis formuliert wird, lassen sich derartigen Kreationen dann auch keine überprüfbare Kriterien dafür entnehmen, unter

---

[61] Näher oben § 2 B. I. 4.; § 8 E.
[62] Näher oben § 9 C. I. 3. a). Speziell zur Übertragungstheorie oben § 9 C. V. 3. a).
[63] Vgl. oben § 9 C. I. 3. b).
[64] Vgl. oben § 9 C. I. 3. c).
[65] Vgl. oben § 9 C. I. 3. a).
[66] Vgl. neben oben § 9 C. I. 3. a) auch oben § 9 C. V. 3. a) (etwa bei Fn. 414).
[67] Wobei Ähnliches etwa auch dort geschieht, wo die Willenstheorie vor dem Problem steht zu begründen, warum wir regelmäßig nicht nur einen Willen genügen lassen, sondern auch auf dessen Kundgabe bestehen, vgl. dazu oben § 9 C. V. 3. b) sowie gleich nachfolgend § 10 A. V. 2.

welchen Umständen die Partei woran gebunden sein sollte – etwa bei Irrtum, Drohung oder zahllosen anderen Konstellationen.

2. Einheitsthesen

Ähnlich unbefriedigend ist der Versuch, der Geltungstheorie dadurch einen spezifischen Gehalt zuzuweisen, dass man auf die vermeintlich „notwendige Einheit" von Wille und Versprechensakt verweist – sehr oft in engem Zusammenhang mit der zuvor diskutierten These einer Sollenserklärung. So hatte *Savigny* zwar in der Erklärung vor allem – für die Willenstheorie gleichermaßen konsequent wie einfach nachvollziehbar –[68] die Offenbarung des Gewollten gesehen. Die Erklärung ist ihm ein Hilfsmittel, ein Indiz, um den Willen zu ermitteln. Doch sind schon ihm Wille und Erklärung „naturgemäß", „ihrem Wesen nach" verbunden.[69] Ebenso betont *Zitelmann*, die Erklärungshandlung sei nicht nur „... Mitteilung der Absicht, sondern auch Setzung des Mittels, durch welches die Absicht realisiert wird."[70] Das Recht könne die Rechtsfolge nicht an einen bloß inneren Willen knüpfen, denn diesen gebe es nicht, wäre dies vielmehr nur ein Wünschen, Vorhaben oder dergleichen.[71] Besonders insistiert *Windscheid*, das Wollen als innerer Seelenzustand sei dem Recht gleichgültig. Die Willenserklärung sei zwar auch Mitteilung eines vorhandenen Willens, aber auch mehr als das, nämlich der Ausdruck des Willens, der Wille in seiner sinnfälligen Erscheinung. „In der Willenserklärung wird nicht bloß der auf Setzung der sinnlich wahrnehmbaren Zeichen gerichtete Wille verwirklicht, sondern zugleich der auf die Hervorbringung der rechtlichen Wirkungen gerichtete Wille."[72] Dem ähnlich meint *Enneccerus*: „In Wahrheit ist die Erklärung nicht nur Erkenntnismittel, sondern konstitutives Element. Sie hat für die Willenserklärung ganz analoge Bedeutung wie die Publikation für das Gesetz. ... Wenn ich Jemandem sage: Ich kaufe von Dir dieses Pferd für 1000 Mk., so erzähle ich ihm nicht nur etwas über den Inhalt meines Willens, sondern in diesen Worten setze ich erst meinen Willen für ihn.[73] *Hölder* betont, der Wille statuiere das Sollen „... eben durch die Kundgebung. Vor der Erklärung existiert der erklärte Wille überhaupt nicht als eine

---

[68] Was die Willenstheorie jedoch unter anderem nicht zu erklären weiß, sind erstens die Fälle, in denen wir – etwa bei einem für unbeachtlich befundenen Inhaltsirrtum – eine vom Willen abweichende Erklärung berücksichtigen (dazu unten § 17 C.), und zweitens die Funktion insbesondere der Abgabe als ein dem Übereilungsschutz dienendes Vertragsschlusserfordernis (dazu kurz unten § 18 C. I).
[69] *Savigny*, System, Bd. 3, 1840, S. 237, 257 f.
[70] *Zitelmann*, Irrtum, 1879, S. 294 f.
[71] *Zitelmann*, Irrtum, 1879, S. 248.
[72] *Windscheid*, AcP 63 (1880), 72, 76 f.
[73] *Enneccerus*, Rechtsgeschäft, 1889, S. 58. Wenn hier in den letzten Sätzen die Übertragungstheorie durchschimmert, so wurde das bereits oben § 9 C. V. 3. a) diskutiert.

Norm, denn zur Existenz der Norm ist ganz unumgänglich, dass diese Norm irgendwie kundgegeben sei."[74]

Da die genaue Bedeutung einer Erklärung noch zu diskutieren sein wird,[75] seien hier nur einige Hinweise erlaubt. Erstens ist auch diese These anscheinend alles andere als neu. Zweitens vermag sie nicht einmal zu überzeugen, da sie erstens auf eine bloße Behauptung hinausläuft,[76] nicht aber die vermeintliche Einheit von Wille und Erklärung begründet, und drittens auch noch allein dadurch widerlegt wird, dass nahezu jede Rechtsordnung bisweilen auch ein Schweigen ohne jegliches Erklärungsbewusstsein gelten lässt.[77] Schließlich lassen sich mit derartigen Behauptungen schon gar nicht so grundlegende Probleme wie der Dualismus von Wille und Erklärung lösen.[78]

3. Sonstiges

Die Vielfalt der altbekannten Argumentationsmuster, die unter dem Stichwort der Geltungstheorie neu bemüht und bisweilen mit diesem Begriff geradezu identifiziert werden, beschränkt sich nicht auf die bereits beschriebenen Gesichtspunkte. Dogmatisch noch am interessantesten ist der Versuch, der Enge der menschlichen Aufmerksamkeit dadurch zu entgehen, dass man nicht mehr einen Rechtsfolgewillen verlangt, sondern zumindest „notfalls" auch eine bloße Zurechenbarkeit – etwa im Sinne von Fahrlässigkeit – genügen lässt. Eng damit verbunden ist die oft vertretene Vorstellung einer „notwendigen Korrelation" von Freiheit und Verantwortung.[79] Wenngleich auch gerne von Willenstheoretikern bemüht, haben wir hier immerhin einen wirklich durchgreifenden Unterschied zur klassischen Willenstheorie, wobei der Zurechnungsgedanke weit über das Vertragsrecht hinausgeht und etwa auch für das Deliktsrecht wichtig sein soll. Angesichts dessen sowie des Umstands, dass auch dieser vermeintliche Ausweg keine Erfindung der Erklärungs- oder gar Geltungstheorie darstellt, wird der Zurechenbarkeitsgedanke wiederum eigenständig behandelt.[80]

---

[74] *Hölder*, Verhandlungen des 20. DJT, Bd. 4, 1889, S. 83, 87.
[75] Für einen kurzen Ausblick siehe unten § 10 F.
[76] Zutr. *Schlossmann*, Der Vertrag, 1876, S. 59 f.; *Ehrenzweig*, Rechtsgrund, 1889, S. 29.
[77] Näher dazu unten § 18 C. I. (vgl. dort etwa Fn. 132, 133).
[78] Näher unten § 10 D. III. Denn nur bei einem Abstellen auf den Handlungswillen (vgl. oben § 10 A. IV.) mögen Wille und äußeres Handeln insoweit übereinstimmen. Doch weichen Rechtsfolgewille und objektiver Erklärungsinhalt voneinander ab, hilft die Einheitsthese nichts.
[79] Siehe dazu auch die Kritik an einem „Psychologismus" der Willenstheorie oben § 9 C. V. 2. e) aa).
[80] Unten § 10 C. Ein grundlegendes Dilemma besteht dabei in der Frage, wie sich ohne einen Rechtsfolgewillen diejenigen Vertragsinhalte benennen und damit identifizieren lassen, an die der Erklärende gebunden sein soll.

Weiterhin überrascht es nicht, wenn unter dem Stichwort der Geltungstheorie oft auch die Handlungstheorie *Kohlers* fröhliche Wiederauferstehung feiert.[81] Das betrifft etwa die mit enormem Aufwand entwickelte Dispositionstheorie *Henles*. Danach ist juristische Willenserklärung die mit Handlungswille und Sinnbewusstsein abgegebene Erklärung, dass der Erklärende einen Rechtserfolg hiermit herbeiführe, ohne dass es aber für deren Wirksamkeit darauf ankomme, ob dieser Rechtserfolg auch gewollt ist.[82] *Larenz* zufolge ist entscheidend, dass „... die Erklärung als solche und vermittels ihrer der Rechtserfolg gewollt werde."[83] Nach *Hönn* kommt es im Grundsatz darauf an, „... ob das Erklärte als Erklärung gewollt ist, als Erklärung, wonach gerade die erklärten Rechtsfolgen eintreten sollen." Der nur innere Vorbehalt, das Erklärte nicht zu wollen, spiele also keine Rolle.[84] Ebenfalls von der Handlungstheorie nur schwer abgrenzbar sind die Versuche, die Verbindlichkeit des Erklärten über den Gedanken einer gewissermaßen pauschalen Einwilligung zu begründen. Typisch für diese Vorstellung ist die These *Bährs*, wonach der Erklärende, „... indem er den Gegenüberstehenden veranlasst, auf Grund dieser äußeren Erscheinung seines Willens ein Rechtsverhältnis einzugehen, auch in diese äußere Erscheinung seines Willens als für dieses Rechtsverhältnis maßgebend einwilligt." Zum Schutze des *bona fide*-Verkehrs seien wir genötigt, den Begriff des Willens als Bedingung der Verpflichtung weniger innerlich aufzufassen".[85]

Aber auch die bereits mehrfach erwähnte Grundfolgentheorie[86] knüpft insofern an ein vom Erfordernis eines Rechtsfolgewillens befreite Handlung an, als sie die hierdurch entstehende Begründungslücke insbesondere dadurch aufzufüllen versucht, dass sie einfach auf die Rechtsordnung und damit das erst zu Begründende verweist. Hierfür typisch ist etwa die These *Pinińskis*, dass wenn einmal ein bestimmtes Rechtsinstitut „bezeichnet" sei, das als ein erklärtes Wünschen der ganzen Rechtsfolge jenes Instituts gelte.[87] Dabei drängt sich hier insbesondere die Parallele zur Sprechakttheorie auf, deren Vertreter gerne dann auf die „Konvention" verweisen, wenn sich die unangenehme Frage nach konkreten vertraglichen Folgerungen dieses Ansatzes stellt.[88] Gleiches

---

[81] Vgl. oben § 10 A. IV.
[82] *Henle*, Vorstellungs- und Willenstheorie, 1910, S. 376 f.
[83] *Larenz*, Auslegung, 1930, S. 52. Näher zu derartigen Verknüpfungen oben § 9 C. V. 2. c); unten § 10 E.
[84] *Hönn*, Kompensation, 1982, S. 11, 36 f. Vgl. dazu wiederum oben § 9 C. V. 2. c); unten § 10 E. Inwieweit dabei die Berufung *Hölders* auf *Flume*, *Savigny* und *Windscheid* wirklich trägt, ließe sich hier allerdings bezweifeln.
[85] *Bähr*, JhJb 14 (1875), 393, 400. Vgl. dazu wiederum oben § 9 C. V. 2. c); unten § 10 E.
[86] Eingehend oben § 9 D.
[87] *Piniński*, Sachbesitzerwerb, Bd. 2, 1888, S. 304. Vgl. dazu wiederum oben § 9 C. V. 2. c); unten § 10 E.
[88] Näher unten § 16 C. I. 4. sowie unten § 10 E. I. 2.

gilt für *Larenz*, wenn dieser ausführt: „Sie [die Erklärung] ‚hat' sie [die Rechtsfolge] nicht, weil die Partei es so will, sondern weil die Rechtsordnung sie ihr zuordnet."[89]

Schließlich sei noch darauf hingewiesen, dass manche es auch noch als das Verdienst der Geltungstheorie ansehen, den Begriff des Sozialakts oder Sprechakts geprägt oder zumindest aufgegriffen zu haben.[90] Weiterhin fällt auf, dass einige Autoren mit der Geltungstheorie hegelianisches Denken verbinden.[91]

VI. Selbstbindung und normativitätsstiftendes Verhalten

Abschließend sei mit der sogenannten Selbstbindung noch eine weitere These erwähnt, die auf das äußere Verhalten des Versprechenden abstellt. *Köndgen* zufolge steht Selbstbindung für den „… Inbegriff allen kommunikativen Handelns, mit dem ein Akteur bei anderen (unterschiedlich stabile) Erwartungen an sein künftiges Verhalten auslöst …" Für ihn ist das eine Erweiterung des alten Versprechenskonzepts.[92] Teils ähnlich sieht es *Ackermann* für das Versprechen wie für sonstige „normativitätsstiftende Verhaltensweisen" als entscheidend an, dass „… jemand durch sein Verhalten eine ihm zurechenbare normative Erwartung bei einem anderen weckt, die er später enttäuscht."[93] Wenngleich hier jeweils mit dem Hinweis auf Erwartungen auch die Person des Versprechensadressaten angesprochen wird, sorgt die stark normativierende und nicht konkret kognitive Betrachtung solcher Erwartungen dafür, dass diese Konzepte den hier zunächst zu diskutierenden Handlungstheorien näher stehen als den klassischen Vorstellungen eines Vertrauens- oder Verkehrsschutzes.[94]

---

[89] *Larenz*, Auslegung, 1930, S. 48.
[90] So etwa *Kramer*, MüKo-BGB, 4. Aufl. 2001 Rn. 39 (einschließlich Fn. 126) („zweite Verdienst der Theorie von der Willenserklärung als Geltungserklärung"). *Larenz*, Allgemeiner Teil, 7. Aufl. 1989, S. 335 etwa spricht in seinem Lehrbuch von der „Doppelfunktion der Willenserklärung". *Larenz*, Auslegung, 1930, S. 42 (dort Fn. 1) wie *Pawlowski*, Willenserklärungen, 1966, S. 213 stellen dabei eine Verbindung zu *Reinach* (vgl. oben § 10 A. II.) her.
[91] Hierzu gehören etwa *Ballerstedt*, *Larenz*, *Pawlowski* und *Canaris*. Insofern ließe sich auch *Kohler* als Vorläufer nennen, auch wenn dieser Vergleich in vielerlei Hinsicht hinkt. Besonders wirkt sich diese ideelle Ausrichtung bei der vermeintlich notwendigen Einheit von Wille und Erklärung (näher oben § 10 A. V. 2) oder der Vorstellung aus, dass man die Freiheit des Einzelnen gerade dadurch respektiere, dass man ihn zur „Verantwortung" zieht, vgl. unten § 10 C. IV.
[92] *Köndgen*, Selbstbindung, 1981, S. 97 ff., 280, passim.
[93] *Ackermann*, Negatives Interesse, 2007, S. 166 ff., 246, passim.
[94] Zu diesen siehe unten § 11.

B. Normative Relevanz

Die bisherigen Ausführungen konzentrierten sich weitgehend auf eine bloße Darstellung derjenigen Erklärungstheorien, welche die vertragliche Bindungswirkung in irgendeiner Form auf den Versprechensakt und nicht etwa die Interessen oder das Vertrauen des Adressaten zurückführen. Lediglich bei den Geltungstheorien wurde über die Wiedergabe hinaus darauf hingewiesen, dass hier teilweise einfach nur behauptet wird, was es zu begründen gilt. Das betrifft insbesondere den Normcharakter und die Bindungswirkung von Verträgen, wo lediglich altbekannte Fehler der Willenstheorie wiederholt werden,[95] aber auch die vermeintliche Untrennbarkeit von Wille und Erklärungsakt.[96] Nunmehr sollen diejenigen dogmatischen Schwächen herausgearbeitet werden, die entweder sämtliche Handlungstheorien oder auch nur einzelne Varianten davon betreffen. Dabei wird sich zeigen, dass weite Bereiche des Vertragsrechts unerklärt bleiben und die entscheidende Frage nach dem Grund einer Bindung an einzelne Vertragsinhalte offen bleibt.

I. Erklärungsgegenstand

Möchte man sich mit der Erklärung einem Phänomen annähern, das nahezu jede Vertragsrechtsordnung beachtet,[97] läge es eigentlich nahe, zunächst nach dessen Sinn und Zweck zu fragen. Wozu ist eine Erklärung da? Ganz unbefangen wird man hier antworten, dass eine Erklärung dazu dient, zu kommunizieren, mitzuteilen, *etwas* zu erklären. So gesehen bildet sie ein wichtiges, weil vom Erklärenden steuerbares Indiz.[98] Dann aber stellt sich die für die Erklärungstheorie unangenehme Frage nach dem Gegenstand dieser Kommunikation. Was genau sollte erklärt werden – und warum? Kommt hier der Wille doch wieder ins Spiel oder informieren die Parteien mit ihren Erklärungen vielleicht über ihre jeweiligen Ziele?[99] Leider wird diese Frage selten beantwortet, geschweige denn stimmig begründet. Bemerkenswert ist dabei, wie viele Vertreter auch nicht willenstheoretischer Konzepte davon ausgehen, dass die Auslegung auf den Willen bezogen sei, der Adressat also die Erklärung nach diesem Willen des Versprechenden zu befragen habe.[100] Denn warum

---

[95] Vgl. oben § 10 A. V. 1.
[96] Vgl. oben § 10 A. V. 2.
[97] Siehe zu diesem praktischen Befund bereits oben § 9 C. IV.
[98] Vgl. auch unten ab § 10 F.
[99] Insofern ist es durchaus konsequent, wenn *Danz*, Auslegung, 3. Aufl. 1911, S. 15 fordert, aus der Willenserklärung müsse sich ergeben, dass mit dieser Erklärung ein wirtschaftlicher oder gesellschaftlicher Zweck verfolgt wird. Allgemein zur vertraglichen Bedeutung von Zielen oben § 2 A. I.; § 9 D. I.; passim.
[100] So definiert *Danz*, Auslegung, 3. Aufl. 1911, S. 14 f. (vgl. denselben aber auch unten bei Fn. 103) die Willenserklärung als das Verhalten einer Person, welches nach der Erfah-

sollte dieser Wille interessieren, nicht jedoch (immer) dann, wenn die Erklärung davon abweicht?[101] Genauso muss erst einmal beantwortet werden, auf wessen Verständnis es bei all dem ankommt. Unterstellen wir den Erkenntnisstand und das Umfeld des Erklärenden, des Adressaten oder eines Dritten?[102]

II. Eigenwert des Erklärten?

Eine Erklärungstheorie sollte also unter anderem in der Lage sein, dogmatisch ohne den Willen auszukommen oder aber diesen zumindest in ein nachvollziehbares Gesamtkonzept einzuordnen. Dementsprechend betont *Danz*, der Richter versuche nicht, einen Willen auf „... rätselhafte Weise herauszuziehen und festzustellen, wie er das bei der herrschenden Willenstheorie tat und tun musste ..."[103] Dem Anfänger müsse erklärt werden, dass die juristische Auslegung „... gar nichts zu schaffen hat mit der philologischen Auslegung, welche bestrebt ist, zu ergründen, was für innere Gedanken der Einzelne mit der Willenserklärung ausdrücken, welchen inneren Willen er damit zum Ausdruck bringen wollte ..."[104] Ähnlich bemerkt *Larenz* eher mitleidig zum deutschen § 133 BGB, der Gesetzgeber habe dort „... noch unter dem Einfluss der Auffassung [gestanden], die als Aufgabe der Auslegung die Erforschung des Parteiwillens betrachtet ..."[105]

1. Offene Fragen

Doch wenn mit der Erklärung nicht etwa ein Wille (oder auch ein Interesse) kommuniziert wird, welchen Sinn erfüllt diese Erklärung dann, wonach ist in ihr warum zu suchen, was ist vertragstheoretisch so entscheidend und insbesondere geeignet, eine Bindung an das Erklärte zu rechtfertigen? Diese Frage,

---

rung des Verkehrs unter Würdigung aller Umstände regelmäßig den Schluss auf einen bestimmten Willen gestattet, ohne Rücksicht darauf, ob dieser Schluss im einzelnen Fall zutrifft. *Wolf*, Entscheidungsfreiheit, 1970, S. 24 betont, auch die Erklärungstheorie könne auf den Willen als Merkmal der Willenserklärung nicht verzichten, weil die Erklärung nur insofern einen Sinn habe, als sie einen Willen zum Ausdruck bringt. Für *Oechsler*, Gerechtigkeit, 1997, S. 4 hat der Rechtsanwender bei allem normativen Vorverständnis doch den wirklichen Willen der Parteien analytisch aufzuspüren und bei der Vertragskonkretisierung zu Grunde zu legen. Interessant ist auch Art. 2:102 PECL, wonach der Wille, durch Vertrag rechtlich gebunden zu sein, in verständiger Würdigung von Erklärung und Verhalten zu ermitteln ist, sowie etwa Art. II. – 8:101 DCFR.

[101] Näher zu diesem Problem gleich unten § 10 B. II. 2. sowie zum Vertrauen unten § 11 C. III.
[102] Und selbst wenn wir auf das Vertrauen abstellen, bleibt immer noch offen, worauf sich dieses Vertrauen warum richten sollte und weshalb gerade dieser Eindruck des Adressaten rechtlich maßgeblich sein sollte. Näher unten § 11 C. III.; § 11 E.
[103] *Danz*, Auslegung, 3. Aufl. 1911, S. 78 f.
[104] *Danz*, Auslegung, 3. Aufl. 1911, S. V.
[105] *Larenz*, Auslegung, 1930, S. 4.

obwohl weder fernliegend noch praktisch unbedeutend, wird oft nicht einmal ansatzweise beantwortet. Ganz sicher dient die Erklärung nicht dazu, eine bereits bestehende Verbindlichkeit lediglich zu beschreiben, zumal das für die hier interessierende Begründung offensichtlich nicht weiterhilft. Dass es jedenfalls nicht genügt, das zu begründende Ergebnis einfach zu behaupten, wurde genauso bereits dargelegt[106] wie der Umstand, dass wenn man auf die Bereitschaft des Versprechenden abstellt, eine rechtliche und endgültige Bindung einzugehen, das nichts anderes ist als die altbekannte Willenstheorie.[107] Die Verwendung lediglich anderer Begrifflichkeiten wie Sollen, Geltung oder Normierung ändert daran nichts.

Zwar mag man nur einen Handlungswillen verlangen, weil der Versprechende in die Geltung „des Erklärten" einwillige bzw. diese Geltung wolle („Ich will die Geltung des objektiv von mir Erklärten, was immer der Inhalt sein mag."). Doch lässt sich die rechtliche Relevanz des Erklärungsinhalts so nicht begründen. Denn nur soweit der Wille tatsächlich einen bestimmten Erklärungsinhalt umfasst, lässt sich die Geltung auch auf diesen Willen stützen,[108] weshalb die Willenstheorie auch einen Rechtsfolgewillen verlangt.[109] Natürlich kann man die normative Relevanz des objektiv Erklärten auch dadurch begründen, dass man die Perspektive auf den Adressaten verlagert und dabei insbesondere auf ein Vertrauen abstellt. Nicht ohne Grund wird dieser Ausweg oft gewählt und wird daher seinerseits zu würdigen sein.[110] Doch wollen die Vertreter der zuvor beschriebenen Ansichten nicht nur ohne den Geschäftswillen des Erklärenden, sondern auch ohne das Vertrauen der Gegenseite auskommen.

Schließlich ließe sich auch fragen, ob ein bestimmter objektiver Erklärungsinhalt oder dessen Verständnis durch andere dem Versprechenden zurechenbar ist, weil er die Erklärung steuern und so Missverständnisse vermeiden konnte, also verantwortlich ist. Doch wird gleich darzulegen sein, dass sich so weder der Vertragsinhalt benennen (und schon damit auch nicht begründen) lässt[111] noch die dogmatisch entscheidende Frage beantwortet wird, nämlich warum es überhaupt auf das objektiv Erklärte ankommen sollte und dessen Geltung nicht allenfalls dem Erklärenden zumutbar ist.[112]

---

[106] Oben § 10 A. V. 1.
[107] Vgl. oben § 10 A. V. 1 mit § 9 C. I. 3.
[108] Näher dazu bereits oben § 9 C. V. 2. c) sowie unten § 10 C. III. 3.; § 10 C. IV. 2.
[109] Näher oben § 9 C. I. 1. b).
[110] Unten § 10 E.
[111] Unten § 10 C. III. 3.; § 10 C. IV. 2.
[112] Unten § 10 C. III. 2.; § 10 C. IV. 2.

2. Fehlender Sinn

Dementsprechend gehen die meisten Autoren ausdrücklich oder implizit davon aus, dass der Erklärung ein eigener normativer Stellenwert, eine eigene Würde zukomme, ohne dafür einen tragfähigen Grund angeben zu können. *Roever* etwa sieht in der Willenserklärung (bzw. deren Gestalt) ein „besseres Bindemittel" als den Willen, kann hierzu aber nur mit der Natur der Sache auf eine inhaltsleere Aussage verweisen.[113] Meistens wird jedoch gar keine Begründung geliefert, sondern einfach die Auslegung dieses objektiv Erklärten diskutiert. Für *Roever* kommt es hier „... darauf an, was die Erklärung, ganz objektiv betrachtet, für Jemanden besagt, der die die Erklärung begleitenden Umstände genau kennt und berücksichtigt, jedoch von allen Irrtümern des Erklärenden sowohl als des Empfängers der Erklärung ohne Ausnahme vollständig absieht."[114] *Danz* definiert die Auslegung als die Tätigkeit, die darauf abzielt, den Sinn, die Bedeutung von Willenserklärungen, insbesondere von Worten festzustellen.[115] Dabei betont er durchaus praxisnah, dass zu fragen sei, wie anstelle der Parteien zwei verständige Menschen, die Allgemeinheit bzw. der Verkehr das die Willenserklärung enthaltende Verhalten der Vertragspartner deuten würden. Wenn man das so Gefundene als Erklärungsinhalt oder den „objektiven Sinn der Erklärung" zugrunde lege, begebe man sich nicht auf den Boden der Fiktion.[116] *Larenz* wiederum stellt auf die Zurechenbarkeit des „Erklärungssinns" und der „inhaltlichen Bedeutung" der Erklärung ab,[117] während für *Wieacker* die zunehmende Aufklärung des Sinns von Bedeutung in der neueren allgemeinen Hermeneutik zeigt, dass die Bedeutung eines Ausdrucks eine Vorfrage sei, die von der Entscheidung der Rechtsordnung über die Rechtsfolge der einmal klargestellten Bedeutung zunächst getrennt gehalten werden müsse.[118]

Nun trifft es sicher zu, dass nahezu jede Rechtsordnung nicht nur den tatsächlichen Willen des Versprechenden berücksichtigt, sondern auch die nach außen hin in Erscheinung getretene Erklärung.[119] Doch solange offen bleibt, warum eine Erklärung die Rechtsordnung und damit auch deren unmittelbaren Adressaten überhaupt interessieren sollte, ergibt sich ein sehr prinzipielles

---

[113] *Roever*, Wille, 1874, S. 18 f.
[114] So *Roever*, Wille, 1874, S. 62. Allerdings stellt sich hier unter anderem die Frage, anhand welchen Maßstabs wie viel an Unwissenheit jeweils tatsächlich ignoriert (bzw. wie viel Wissen unterstellt) werden sollte, vgl. zu ähnlichen Problemen etwa oben § 9. V. 2. d) cc) (etwa bei Fn. 362) oder unten § 17 D. II. 2.
[115] *Danz*, Auslegung, 3. Aufl. 1911, S. 2.
[116] *Danz*, Auslegung, 3. Aufl. 1911, S. 55, 78 f. unter Hinweis etwa auf *Rümelin*, AcP 93 (1902), 131, 299 f. Zur „normativen Auslegung" siehe allerdings unten § 10 E. II. 1 sowie oben § 9 C. V. 2. e).
[117] *Larenz*, Auslegung, 1930, S. 31.
[118] *Wieacker*, JZ 1967, 385, 386.
[119] Näher oben § 9 C. IV.; § 9 C. V. 1. c).

Problem. Weder lässt sich der Erklärung dermaßen nackt ein Sinn beilegen noch lässt sie sich umgrenzen noch kann man qualitative Anforderungen für sie formulieren. Der Mensch kann nicht einfach all die unendlich viele Information, die in jeder Sekunde sensorisch auf ihn einprasselt und die er mit seinen Sinnen rein physikalisch in Impulse umsetzen kann, „als solche" wahrnehmen, sondern muss diese nach irgendetwas befragen, in irgendeinen Sinnzusammenhang einordnen. Hat man diesen dogmatisch nicht offengelegt, lässt sich auch „die Erklärung" nicht juristisch verwenden. „Erklärt" – um hier mit Fall 269 ein Schulbeispiel zu bemühen – derjenige, der in einer Auktion einschläft und dabei die Hand hebt?[120] Und „erklärt" man eigentlich, wenn man bei einem großen Stapel Papier (z.B. Allgemeine Geschäftsbedingungen wie in Fall 232) auf der letzten Seite ganz unten seinen Namen zeichnet, all das, was im Einzelnen auf diesen vielen Papieren steht?[121] „Erklärt" auch das Kleinkind in Fall 291, wenn es ein Kreuz auf ein Vertragsdokument kritzelt?[122] Und gehören zu einer „Erklärung" eigentlich nur Schriftzeichen oder auch Worte, Gesten oder gar vielleicht sogar noch andere Umstände? Wie verhält es sich mit dem sogenannten schlüssigen Verhalten,[123] was genügt uns hier als „Erklärung", wie kommen wir zu deren Inhalt, und warum?

Dass derart fundamentale Probleme nicht gottgegeben sind, verdeutlicht ein Vergleich mit der Willenstheorie. Sucht man dort nach klaren Aussagen darüber, was der Versprechende kundgeben soll, kann dieser Ansatz eine klare Antwort liefern und guten Gewissens von einer Willenserklärung sprechen: Die Erklärung ist daraufhin zu untersuchen, ob ein Wille erkennbar wird, für konkrete Vertragsinhalte rechtlich verbindlich gebunden zu sein. Mangels Wollens einer rechtlichen Bindung fehlt es daher dem Schlafenden an einer Willenserklärung und hat auch derjenige, der einen Papierstapel unterzeichnet, nicht all das „erklärt", was dort steht, da weder der Adressat noch ein Richter aus diesem Sachverhalt den Schluss ziehen wird, dass sich die Aufmerksamkeit tatsächlich auf all das erstreckte.[124] Schließlich kann die Willenstheorie auch denjenigen Sachverhalt eingrenzen, den wir als Erklärung bezeichnen oder zumindest faktisch berücksichtigen: Rechtlich relevant ist hier all das, was es uns erlaubt, Rückschlüsse auf Inhalt und Umfang des Selbstbindungswillens zu ziehen.

---

[120] Näher unten § 17 C.
[121] Näher unten § 14 B. II.
[122] Näher unten § 17 E. II.
[123] Näher unten § 12.
[124] Weshalb die Willenstheorie nicht nur das Problem hat zu begründen, warum manchmal der Schein und nicht das Sein Geltung erlangt, sondern genauso, warum all das zum Vertragsinhalt werden soll, was – wie jeder weiß und dem Adressaten der AGB nicht einmal vorwerfbar ist – bei Vertragsschluss nicht wahrgenommen wird. Näher zu alldem unten § 14 B. I.

Eine Erklärungstheorie hingegen, die nicht bereit ist, dem Willen (oder etwa auch dem Interesse) einen zentralen dogmatischen Stellenwert zuzubilligen, lässt elementare Fragen offen. Es wird nicht geklärt, offengelegt, begründet und dogmatisch stimmig eingeordnet, warum diese eigentlich interessieren sollte. Angesichts der völligen Verständnislosigkeit, mit der nicht nur ein Jurist der „Erklärung" so lange begegnen muss, wie deren Gegenstand offen bleibt, verwundert es nicht, wenn es dann entweder die gleich zu diskutierende Zurechenbarkeit sein soll, die retten soll, was bisher versäumt wurde,[125] oder unter diversen Stichworten völlig neue und eigenständige Gesichtspunkte herangetragen werden, um so doch noch zu verwertbaren Aussagen zu kommen.[126] Abschließend sei noch darauf hingewiesen, dass sich die gleichen Probleme beim Vertrauen stellen, muss auch dort beantwortet werden, worauf sich das Vertrauen eigentlich richten soll – und warum.[127]

C. Zurechenbarkeit

I. Problem

1. Verankerung

Unter den vielen Stimmen, welche die Verbindlichkeit des objektiv Erklärten in irgendeiner Form auf das Handeln des Versprechenden und nicht die Belange des Gläubigers zurückführen, stützen sich viele auf den Gedanken einer Zurechenbarkeit, einer Verantwortung oder eines Verschuldens. Typisch sind hier Formulierungen wie die von *Flume*, wonach bei der Auslegung die Berücksichtigung der Umstände dem Erklärenden wie auch dem Erklärungsempfänger zurechenbar sein müsse.[128] *Canaris* verklärt den Zurechnungsgedanken gar zu einem elementaren Gebot der Gerechtigkeit.[129] Andere sehen in der Zurechnung eine feste Größe im juristischen Vokabular,[130] was angesichts der wissenschaftlichen Diskussion durchaus berechtigt erscheint.

Wörtlich genommen besagt Zurechenbarkeit, dass es aus welchen Gründen auch immer legitim oder gar geboten sein soll, „etwas" einer „Entität" „zuzurechnen".[131] Wir behandeln bestimmte Personen rechtlich so, als wären fakti-

---

[125] Näher unten § 10 C.
[126] Näher unten § 10 E.
[127] Näher unten § 11 C. III.
[128] *Flume*, Allgemeiner Teil, Bd. 2, 4. Aufl. 1992, S. 311. Zum Rückgriff auf die Umstände siehe unten § 10 E. II. 4.
[129] *Canaris*, Vertrauenshaftung, 1971, S. 472.
[130] *Bork*, ZGR 1994, 237, 237.
[131] Vgl. zu der dogmatisch durchaus aufschlussreichen Diskussion um Zurechnung und Zurechenbarkeit statt vieler *Müller-Erzbach*, AcP 106 (1910), 309, 329 ff.; *Rümelin*, Schadensersatz, 1910; *Larenz*, Hegels Zurechnungslehre, 1927; *Larenz*, Auslegung, 1930, S. 31;

sche Umstände wie ein Wissen oder ein bestimmtes Verhalten durch sie verwirklicht, während es tatsächlich eine andere Person ist, die entsprechend gewusst, gewollt oder gehandelt hatte. Insofern ist Zurechnung nichts anderes als eine Fiktion, die wie viele Fiktionen vor allem ein rechtstechnisches Instrument ist, um Tatbestände begrifflich abzukürzen und auf die Voraussetzungen anderer Tatbestände zu verweisen.[132] Und wie bei sonstigen Fiktionen ist hiergegen so lange nichts einzuwenden, wie diese bloße Rechtstechnik, ein Ergebnis anzuordnen, nicht mit dem verwechselt wird, was dogmatisch interessiert, nämlich eine Begründung. Es bleibt also zu erklären, was zugerechnet wird, wem zugerechnet wird und was die Voraussetzungen einer solchen Zurechnung sind. Keinesfalls ersetzt damit der Hinweis auf eine Zurechnung die gesuchte Herleitung, liefert also insbesondere keinen (Zurechnungs-) Grund.[133] So liefert der Verweis auf eine Zurechnung nicht die gesuchte Antwort etwa darauf, warum der Vertretene für das Handeln seines Vertreters einstehen sollte.[134]

Vertragstheoretisch wird der Begriff einer Zurechnung bzw. Zurechenbarkeit regelmäßig dazu bemüht, um die „objektive Bedeutung" einer Erklärung unabhängig davon für verbindlich zu erklären, ob der Erklärende an deren genauen Inhalt gebunden sein wollte. Besonders plausibel erscheint das zunächst bei vorsätzlichem Handeln, weshalb dieser Weg beschritten wurde, um bei der für die Willenstheorie so unangenehmen Mentalreservation doch noch eine vertragliche Bindung abzuleiten.[135] Dass sich aber bereits hier nicht nur für die Willenstheorie ein unangenehmer „Sprung" auftut, wurde bereits eingehend dargelegt[136] und wird auch für den nächsten Zurechnungsgesichtspunkt zu illustrieren sein, nämlich das Verschulden im Sinne eines vorwerfbaren Verhaltens.[137] Nach *Canaris* soll an der grundsätzlichen Tauglichkeit des

---

Wilburg, Elemente, 1941; *Hübner*, FS Nipperdey, Bd. 1, 1965, S. 373, 388; *Hübner*, Allgemeiner Teil, 2. Aufl. 1996, S. 244 ff. (§ 26 B III 3, Rn. 512 ff.); *Esser*, Gefährdungshaftung, 2. Aufl. 1969; *Canaris*, Vertrauenshaftung, 1971, S. 452, 467 f., 472, 467 f., 472 f., passim; *Kramer*, AcP 171 (1971), 422; *Caemmerer*, FS Flume, Bd. 1, 1978, S. 359; *Oechsler*, Gerechtigkeit, 1997, S. 174 ff. Nur eine Facette dieses Themenkomplexes bilden Zurechnungsnormen, wie man sie etwa im deutschen Recht in §§ 31, 164, 166, 278 BGB findet (vgl. etwa auch den Überblick bei *Bork*, ZGR 1994, 237, 238) und nach denen man auch verschuldensunabhängig haften kann.

[132] Siehe zu dieser praktisch nachvollziehbaren, dogmatisch allerdings gefährlichen, weil zu Missverständnissen und Scheinbegründungen verleitenden Funktion bereits oben § 9 C. V. 2. b).

[133] Stellv. *Bork*, ZGR 1994, 237, 240; *Schmidt-Rimpler*, AcP 147 (1941), 130, 134 f.

[134] Näher zur Stellvertretung als dem klassischen Beispiel einer vertraglichen Zurechnung unten § 13.

[135] Näher oben § 9 C. II. 1.

[136] Oben § 9 C. II. 2.

[137] Siehe hier nur *Hübner*, FS Nipperdey, Bd. 1, 1965, S. 373, 388 sowie eingehend unten § 10 C. III. 2.; § 10 C. IV. 2.

Verschuldensprinzips nicht einmal ein Zweifel möglich sein.[138] Wie eingangs bereits angedeutet, ist dieses Kriterium gerade für die Erklärungstheorien deshalb verlockend, weil es vordergründig die Hoffnung verspricht, selbst solche Vertragsinhalte begründen zu können, auf die sich keine Aufmerksamkeit des Versprechenden erstreckt.[139] Die Zurechnung soll gewissermaßen eine ausgleichende Funktion erfüllen: An Stelle des gestaltenden Willens treten die Folgen „fehlerhaften" Verhaltens.[140]

2. Anspruchsbegrenzung

Dabei lässt sich beobachten, dass die Zurechenbarkeit mal nur eine Filterfunktion erfüllen, bisweilen aber auch die gesamte Last der vertragstheoretischen Begründung tragen soll. Begrenzend oder aussondernd wird Zurechenbarkeit dort verwandt, wo zwar nicht begründet, wohl aber davon ausgegangen wird, dass mit der Erklärung bzw. deren Inhalt oder Sinn bereits ein Zurechnungsobjekt vorliegt. Dieses soll – „warum auch immer" – normativ relevant und auf seine Zurechenbarkeit zu prüfen sein.[141] Dabei begegnen wir gleich neuen Unklarheiten, diesmal beim Zurechnungsgegenstand: Soll Zurechnung hier heißen, dass wir tatbestandlich fingieren, dass die Person, der eine Erklärung oder der „Erklärungssinn" zugerechnet wird, diese Erklärung selbst geschrieben und damit gar in ihre Aufmerksamkeit aufgenommen, am Ende sogar gewollt hat? Und wenn nicht, was genau ist es dann, das wir zurechnen, und warum? Demgegenüber lässt sich vom zu begründenden Ergebnis her uneingeschränkt konstatieren, dass es der mit dem Erfordernis einer Zurechenbarkeit oft angestrebten Selektion dringend bedarf: Denn offensichtlich kann einem nicht alles, was warum auch immer erklärt wurde, einer bestimmten Person zur Last fallen. Wenn etwa ein sprachgewandter Papagei die Worte spricht, dass K von V ein bestimmtes Auto für 1.000 Euro kauft, wird man nicht geneigt sein, dieser Erklärung rechtliche Relevanz zuzubilligen. Dem ähnlich sind die Fälle eines Vertrags zu Lasten Dritter oder der Fälschung einer Unterschrift.[142] Und genauso hinterfragt nahezu jede Rechtsordnung die Erklärungen solcher Personen, die wie Minderjährige nicht die notwendige Gewähr dafür bieten, dass das, was von ihnen erklärt wird, auch eine gewisse Autorität besitzt (Fall 291). Auch hier soll es oft die Zurechenbarkeit sein, die all diese Unterscheidungen erklärt.[143] Angesichts dieser nicht unerheblichen Last, die der Zurechnungsgedanke damit dogmatisch tragen soll, müssen wir

---
[138] *Canaris*, Vertrauenshaftung, 1971, S. 476. Was uns natürlich von genau solchen Zweifeln nicht abhalten wird, näher unten § 10 C. III.; § 10 C. IV.
[139] Näher zu diesem Problem gerade der Willenstheorie oben § 9 C. IV.
[140] *Hübner*, FS Nipperdey, Bd. 1, 1965, S. 373, 381 ff., 388, 400, passim.
[141] Siehe zu dieser Problematik wiederum oben § 10 B. II.
[142] *Flume*, Allgemeiner Teil, Bd. 2, 4. Aufl. 1992, S. 312.
[143] Näher oben § 8 D. sowie unten § 17 E. II. 2.

mit „Zurechnung" die maßgeblichen Personen, Vertragsinhalte oder Qualitätsanforderungen für jedermann überprüfbar identifizieren können. Dies wiederum setzt zumindest voraus, dass wir das so Herauszufilternde überhaupt benennen, aussprechen können.

3. Anspruchsbegründung

Noch viel anspruchsvoller wird das, was die Zurechenbarkeit alles leisten muss, wo sie nicht „nur" dazu dient, eine mögliche Haftung zu begrenzen, sondern diese überhaupt erst begründen soll. Das ist überall dort erforderlich, wo ein solcher Vertragsinhalt gelten soll, der nicht erklärt wurde – ein äußerst weit verbreitetes Phänomen: So betrifft dies nicht nur den Rückgriff auf das tatsächlich Gewollte in verschiedenen Situationen, sondern auch die Ergänzung oder Konkretisierung des Erklärten (man denke an schlüssiges Handeln)[144] durch staatlich gesetzte Rechtsinhalte[145] oder Sitte, Übung und Brauch.[146] Hier muss das, was die Zurechnung rechtfertigen soll, nicht nur den zu begründenden Vertragsinhalt benennen können, sondern auch sowohl beantworten, warum man überhaupt diesen Inhalt durchsetzen sollte, als auch, warum das gerade dem Versprechenden gegenüber berechtigt ist. Das muss schon deshalb skeptisch machen, weil es kaum eine Rechtsordnung gibt, die nicht immer noch ein weiteres Element – etwa eine Integritätsverletzung – verlangt. Die noch folgenden Untersuchungen werden diese Skepsis bestätigen.

II. Vorsätzliches Handeln

Zu den wohl ältesten Gründen, Menschen rechtlich oder moralisch heranzuziehen, gehört der Vorsatz, oft auch als Arglist bezeichnet. Soweit sich dieses Wissen auf den genauen Vertragsinhalt beziehen soll, kann dafür weitestgehend auf die früheren Ausführungen zur Willenstheorie, namentlich zur Einwilligung, verwiesen werden: Zwar lässt sich so begründen, warum es legitim sein mag, den Versprechenden mit dem zu belasten, worauf er sich wissentlich eingelassen hat – auch wenn er die Bindung nicht wollte. Doch erklärt dieser Umstand insbesondere nicht, warum wir uns überhaupt veranlasst sehen sollten, das durchzusetzen, was dem Betroffenen zumutbar ist.[147] Daneben wäre eine solche Voraussetzung für die Erklärungstheorie offensichtlich unbrauchbar, will sie gerade solche Vertragsinhalte begründen, auf die sich keine Vorstellung des Versprechenden erstreckt.

---

[144] Näher unten § 10 D.; § 12.
[145] Näher unten § 16 A.
[146] Näher unten § 16 C.
[147] Näher oben § 9 C. II. 2.

Sucht man hier nach Auswegen, liegt es nahe, einen Vorsatz zwar nicht mehr für den Vertragsinhalt, wohl aber für die bloße Erklärungshandlung, also etwa das Unterschreiben eines Schriftstücks, zu verlangen. Dabei ließe sich hier zwar noch fragen, ob für die Handlung wirklich Vorsatz oder nicht vielleicht nur Fahrlässigkeit zu verlangen sei. Da sich jedoch selbst das vorsätzliche Handeln als dogmatisch wenig tragfähig erweisen wird, kann diese Bewertung für die lediglich fahrlässige Variante getrost dahingestellt bleiben.

Tatsächlich ist der Versuch, die dogmatische Betrachtung weg vom konkreten Vertragsinhalt hin zum vorgelagerten Versprechensakt und damit die Erklärungshandlung zu verlagern, sehr viel weiter verbreitet als das bisweilen zugegeben wird. Viele Ansätze sind nichts anderes als die altbekannte Handlungstheorie, die von *Kohler* nur sehr explizit formuliert wurde.[148] Eine besonders beliebte Variante ist das Argument, wonach der vorsätzlich Erklärende pauschal in die Geltung des Erklärten, deren Bedeutung oder den Erklärungssinn einwillige. So formuliert bereits *Bähr*, wenn auch unter ergänzendem Rückgriff auf den Verkehrsschutz,[149] dass wer den Gegner zum Vertragsschluss veranlasse, auch in die äußere Erscheinung seines Willens als für dieses Rechtsverhältnis maßgebend einwillige.[150] Ähnlich insistiert *Kohler*, der Erklärende wolle nicht bloß die Worte und den Laut der Worte, er wolle eine dem Sinn der Worte entsprechende Erklärung abgeben.[151] Nicht die Rechtsfolgen müssten gewollt sein, damit das Rechtsgeschäft zustande kommt, sondern bloß die Erklärung und der Sinn der Erklärung.[152]

Leider erweist sich die Handlungstheorie als vertragstheoretisch wenig hilfreich. Zwar mag man ihr insofern eine gewisse Realitätsnähe zubilligen, als die menschliche Aufmerksamkeit bei Vertragsschluss selten weiter reicht als beispielsweise darauf, einen Vertrag zu unterzeichnen oder die gegnerische Hand zu schütteln. Doch wenn sich der Vorsatz allein auf die Handlung und nicht auf den Vertragsinhalt erstreckt, gilt all das, was der Vorsatz rechtfertigen soll, nur für diese Handlung, nicht aber den Vertragsinhalt. Anders formuliert lässt sich dadurch, dass man auf das vorsätzliche Handeln verweist, der zu begründende Vertragsinhalt nicht einmal identifizieren – und zwar ganz unabhängig davon, ob eingrenzend oder gar originär begründend. Das wird spätestens dann offensichtlich, wenn man versucht, auf dieser Basis Fälle zu lösen und konkret den relevanten Vertragsinhalt zu bestimmen. Wer wie in Fall 170 beim Bäcker auf einen Laib Brot zeigt, um später überrascht festzu-

---

[148] Vgl. oben § 10 A. IV.
[149] Näher unten § 11 B.
[150] *Bähr*, JhJb 14 (1875), 393, 400f.
[151] *Kohler*, JhJb 28 (1889), 166, 172.
[152] *Kohler*, JhJb 28 (1889), 166, 173.

stellen, dass dieses Brot innen verschimmelt ist, müsste sich vom Bäcker vorhalten lassen, dass er den Schimmel doch gewollt oder jedenfalls um diesen gewusst habe.[153] Es verhält sich hier nicht anders als in zahlreichen anderen dogmatisch unangenehmen Konstellationen, bei denen eine Einwilligung etwa in „die Allgemeinen Geschäftsbedingungen", „das Handeln des Vertreters", „das dispositive Recht" oder „Sitte, Übung und Brauch" die gesuchte Begründung liefern soll.[154] Dort, wo das geistige Element fehlt, lässt sich damit auch nicht diejenige Liberalität beanspruchen, die beispielsweise für die Willenstheorie typisch ist und sie dazu veranlasst, einen Rechtsfolgewillen zu verlangen. Daneben sei nochmals darauf hingewiesen, dass es auch beim vorsätzlichen Handeln auf einen Kategorienfehler hinausläuft, wenn man damit mehr begründen will, als dass es gegenüber dem Versprechenden legitim sein mag, dieses einzufordern.[155]

Neu sind auch diese Einsichten nicht. *Schlossmann* führt zu Recht aus: „Man mache sich nur die Konsequenzen einer solchen Art des Schließens einmal klar! ... Was wird man vom Standpunkte der soeben gekennzeichneten Logik einwenden können, wenn jemand deduzierte: Das Verbrechen ist Handlung, der Wille ist ein Element der Handlung, folglich beruht die Bestrafung des Verbrechers auf seinem Willen ..."[156] *Windscheid* verweist auf die Fiktivität derartiger Konstruktionen: „Hiernach gäbe es keine Willenserklärung mit nicht gewolltem Inhalt; das in der Willenserklärung als gewollt Bezeichnete wäre immer ... wirklich gewollt."[157] Sehr klar formuliert schließlich *Ehrenzweig*: „Hie und da ist allerdings der Gedanke angeregt worden, dass nicht nur die Schranke, sondern auch der Rechtsgrund dieser Verbindlichkeit in der Zurechenbarkeit der Erklärung zu suchen wäre ..., jedoch ist dieser naheliegende Gedanke mit Recht als auf einer ‚Täuschung' oder ‚Subreption' beruhend, zurückgewiesen worden. Denn der Erklärungswille umfasst nicht mehr als die psychische Erklärungshandlung, ihre rechtlichen Folgen sind ihm fremd und können keineswegs ... von dem Erklärenden ‚gewollt' werden."[158]

Letztlich geht es also um die Einsicht, dass nicht die normative Relevanz der Handlung, sondern die eines bestimmten Vertragsinhalts zu begründen ist, und sich somit die dogmatischen Begründungsanstrengungen auf eben diesen Vertragsinhalt und nicht nur die Erklärungshandlung zu erstrecken haben. Ansonsten kommt man nämlich nicht umhin, in Wahrheit ganz andere, wo-

---

[153] Näher oben § 7 B. V. 2. a).
[154] Siehe dazu übergreifend oben § 9 C. V. 2. c) (dort zum Wollen) sowie die dortigen Verweisungen etwa zur Vertretung, zu Allgemeinen Geschäftsbedingungen, zum Vertreterhandeln, zur Sitte oder zu staatlich gesetzten Vertragsinhalten.
[155] Näher oben § 9 C. II.
[156] *Schlossmann*, Der Vertrag, 1876, S. 134.
[157] *Windscheid*, AcP 63 (1880), 72, 82 f.
[158] *Ehrenzweig*, Rechtsgrund, 1889, S. 23 f.

III. Fahrlässigkeit

1. Grundidee

Angesichts der schwer zu bestreitenden Tatsache, dass es kaum ein Vertragsrecht gibt, das nicht auch solche Vertragsinhalte durchsetzt, auf die sich kein Wille erstreckt,[160] muss auch eine Vertragstheorie zumindest ergänzend solche Gesichtspunkte bemühen, die keine Aufmerksamkeit des Versprechenden erfordern. Sucht man hier nach weiteren Kriterien, stößt man unweigerlich auf das traditionsreiche Schuldprinzip[161] und kann danach fragen, ob der Betroffene seine Belastung zumindest unter Betrachtung längerer Zeiträume steuern konnte. Und auch wenn in der Rechtsgeschäftslehre auf Eigenverantwortung oder Selbstbestimmung verwiesen wird,[162] ist damit oft vor allem fahrlässiges Handeln gemeint.

Dabei überrascht es nicht, wenn es die Auseinandersetzung mit den Schwächen der Willenstheorie – namentlich der begrenzten Reichweite der menschlichen Aufmerksamkeit –[163] war, die dazu führte, das Willenselement zunächst durch das Verschulden und dabei insbesondere die Fahrlässigkeit zu ersetzen. Und es demonstriert einmal mehr die Geistesschärfe *Schlossmanns*, wenn er gleichermaßen früh wie deutlich diesen Weg beschreitet und die Grenzen des Willensprinzips illustriert: Auch fahrlässiges Verhalten sei in Betracht zu ziehen, weshalb auch derjenige obligiert werde, „... der nicht wusste, dass sein Verhalten in dem Anderen die Erwartungen zu erregen geeignet sei, aber diesen Erfolg hätte voraussehen können und müssen." Dabei führt er zahlreiche Erscheinungen des Vertragsrechts an, die sich „... auch gar nicht anders erklären, als wenn man in den bisher aus dem Vertrags- und Schuldnerwillen gedeuteten Erscheinungen das Schuldmoment dem Willensmoment substituiert." Das Vertragsrecht benötige die Möglichkeit, den Versprechenden auf Grund seines Versprechens zu Leistungen anzuhalten, die er erweislich gar nicht habe machen wollen, und das führe notwendig auf das Schuldmoment.[164] Dabei spricht *Schlossmann* hier nur aus, was im Ergebnis schon die meiste

---

[159] Näher unten § 10 E.
[160] Näher oben § 9 C. IV.; § 9 C. V. 1. c).
[161] Vgl. nur *Jhering*, Schuldmoment, 1867, S. 40 („Nicht der Schaden verpflichtet zum Schadensersatz, sondern die Schuld") sowie zur bis heute aktuellen Debatte etwa *Enneccerus/Nipperdey*, Allgemeiner Teil, Hbd. 2, 15. Aufl. 1960, S. 1323 ff. (§ 213) oder *Schneider*, Verschuldensprinzip, 2007.
[162] Näher unten § 10 C. IV.
[163] Näher oben § 9 C. IV.
[164] *Schlossmann*, Der Vertrag, 1876, S. 335, 347, passim.

Zeit, nämlich sowohl vor *Savigny* als auch wieder einige Zeit nach diesem galt, nämlich dass oft nur ein entschuldbarer Irrtum der Vertragswirksamkeit entgegensteht.[165] *Kohler* schlägt in die gleiche Kerbe. Eine Partei müsse einen Vertrag auch für solche Geschäfte gelten lassen, für die sie eine Haftung zwar nicht gewollt, wohl aber in einem erheblichen Verschulden versiert habe. Wer schuldhaft so erkläre, dass es der Gegner anders als beabsichtigt verstehe, müsse sich das gefallen lassen.[166]

Es spricht für die Lebensnähe vieler Willenstheoretiker (wenn auch nicht unbedingt für die Willenstheorie[167]), wenn auch sie den Rechtsfolgewillen als teilweise zu eng anerkennen und stattdessen auf das Verschulden ausweichen. Nach *Zitelmann* gelten alle Folgen, die ein Rechtsakt nach positivem Recht hat, „... wenn sie nicht ausdrücklich durch Parteibestimmung ausgeschlossen sind, als mitgewollt, sobald sie nur gewusst sind, eventuell, was freilich für das Zivilrecht besonderer Ausführung bedarf, hätten gewusst sein müssen." Und er fügt in einer Fußnote begeistert hinzu: „Fahrlässigkeit auch auf dem Gebiet des Rechtsgeschäfts!"[168] *Windscheid* betont, um dem Empfänger das Recht zu geben, die Willenserklärung als gültig zu behandeln, müsse deren Urheber eine Schuld treffen. Was die Qualität dieser Schuld betreffe, erhebe sich die Frage, ob man nur für Arglist oder auch für Nachlässigkeit hafte.[169] In begrüßenswerter Auseinandersetzung mit den Kritikern der Willenstheorie entscheidet sich *Windscheid* schließlich dafür, zumindest auch grobe Fahrlässigkeit zu berücksichtigen, so dass hier der Urheber auch für eine den wirklichen Willen nicht ausdrückende Vertragserklärung hafte. Als Beispiel nennt er die Blankounterschrift.[170] Dabei scheint *Windscheid* auch ergänzend Vertrauensgesichtspunkte heranzuziehen: Die Tatsache der Erwartung des Kontrahenten sei zwar nicht hinreichend, zusammen mit einer groben Verschuldung wachse sie aber zu einem genügenden Grund heran.[171] In jüngerer Zeit ist es vor allem *Flume*, der die „Selbstverantwortung als Teil der Selbstbestimmung" bemüht.[172] Dabei sei es durchaus denkbar, dass der Selbstverantwortung der Vorrang gegenüber dem Mangel der inhaltlichen Rechtfertigung der Erklä-

---

[165] Instruktiv *Piniński*, Sachbesitzerwerb, Bd. 2, 1888, S. 408 ff., der mit zahlreichen Nachweisen darlegen kann (dort S. 410), wie sehr diese Ansicht schon zu seiner Zeit wieder immer mehr Anhänger gewinnt.

[166] *Kohler*, JhJb 28 (1889), 166, 221, 224 f., 228, passim.

[167] Näher oben § 10 C. IV. 5.

[168] *Zitelmann*, Irrtum, 1879, S. 152 (ohne dabei allerdings – genauso wenig wie der nachfolgend zitierte *Windscheid* – die eigentlichen Ideengeber wie *Schlossmann* (vgl. oben Fn. 164) zu nennen.

[169] *Windscheid*, AcP 63 (1880), 72, 99.

[170] *Windscheid*, AcP 63 (1880), 72, 100, 104.

[171] *Windscheid*, AcP 63 (1880), 72, 102 f. Näher zum Vertrauen unten § 11.

[172] *Flume*, Allgemeiner Teil, Bd. 2, 4. Aufl. 1992, S. 61, passim.

rung durch die Selbstbestimmung gebühre.[173] Während das deutsche Recht diese Selbstverantwortung auf das negative Interesse beschränke,[174] sei auch die rigorose Lösung mit der Willenstheorie vereinbar, nämlich den einseitigen Irrtum gänzlich unbeachtlich zu lassen.[175]

Neben den bereits aufgeführten Vertretern sowohl der Erklärungs- wie auch der Willenstheorie gibt es schließlich noch eine weitere Schule, die sich gerade auch terminologisch – vor allem durch den stark akzentuierten Begriff der Geltungstheorie – um eine Abgrenzung bemüht, sachlich aber den vorgenannten Stimmen ähnelt.[176] Allerdings lässt sich dabei insofern ein gewisser Unterschied ausmachen, als die dort besonders bemühte Verantwortung oft dazu dient, ganz eigenständige und keineswegs auf den Versprechensakt bezogene Gesichtspunkte einzuführen. Insbesondere wird dabei auf eine vermeintlich denknotwendige Verknüpfung von Freiheit und Verantwortung verwiesen. Angesichts dieser Besonderheiten erscheint eine gesonderte Diskussion zweckmäßig.[177]

2. Kategorienfehler

Die bisher untersuchten Erklärungstheorien zeichnen sich nicht zuletzt dadurch aus, dass sie sich auf die Person des Versprechenden und den Akt des Versprechens konzentrieren, um so die Geltung auch ungewollter Vertragsinhalte zu begründen. Die Interessen und Vorstellungen der Gegenseite werden weitestgehend ausgeblendet.[178] Das aber führt dazu, dass der Zurechenbarkeitsgedanke keineswegs nur eine bereits im Raum stehende Haftung begrenzen, sondern diese Haftung auch begründen muss. Denn die Erklärung als solche, das bloße Stück Papier oder das gesprochene Wort als solches, ist normativ nun einmal irrelevant, was besonders offensichtlich wird, wenn sich die Erklärung als das Produkt des Windes, eines Papageis, eines Fälschers oder auch eines Kleinkinds erweist.[179] Bisweilen fehlt es sogar völlig an einem für sich interpretierbaren Erklärungsinhalt, sei es bei schlüssigem Handeln[180]

---

[173] *Flume*, FS Deutscher Juristentag, Bd. 1, 1960, S. 135, 159; *Flume*, Allgemeiner Teil, Bd. 2, 4. Aufl. 1992, S. 61 f., 131.
[174] Näher dazu oben § 9 C. V. 5.
[175] *Flume*, FS Deutscher Juristentag, Bd. 1, 1960, S. 135, 174 ff., 199. Vgl. dazu oben ab § 9 Fn. 280.
[176] Leider wird dabei bisweilen darauf verzichtet, auf die zahlreichen und hier nicht grundlos so ausführlich wiedergegebenen Vorarbeiten – womöglich gar der Willenstheoretiker – zurückzugreifen.
[177] Unten § 10 C. IV.
[178] Näher oben § 10 A.
[179] Näher oben § 10 B. II. 2.
[180] Näher unten § 10 D.; § 12.

oder dort, wo die Rechtsordnung entweder auf das abweichend Gewollte oder ganz andere Gesichtspunkte abstellt.[181]

Vergleicht man nun das, was der Gedanke einer Fahrlässigkeit in all diesen Konstellationen leisten müsste, mit dem, was er tatsächlich leistet, so enttäuscht das Ergebnis. So begegnet uns hier einmal mehr der Kategorienfehler, wie er bereits für den Vorsatz als einer sogar stärkeren Verschuldensform illustriert wurde:[182] Genauso wenig wie die Einwilligung begründet eine Fahrlässigkeit, warum wir überhaupt tätig werden sollten. Vielmehr kann so allenfalls dargelegt werden, dass es dem Versprechenden zumutbar, ihm gegenüber legitim sein mag, dass man ihn am Erklärten festhält. Weshalb jedoch das, was dem Versprechenden zurechenbar ist, auch wahr gemacht werden sollte, lässt sich nur dann begründen, wenn man in irgendeiner Form auf den Versprechensadressaten abstellt – etwa auf dessen Wollen oder Vertrauen.[183] Dabei wird dieser Unterschied zumindest für Teilbereiche durchaus gesehen, etwa in Form des Hinweises, mit einer Pflicht- und Obliegenheitsverletzung komme man an sich nur zu einem Schadensersatzanspruch, nicht aber zur Geltung der einseitigen Festlegung.[184] Für die Vertrauenshaftung, nicht aber für die hier interessierende Geltungstheorie,[185] betont *Canaris*, der Haftungsgrund gebe an, warum und unter welchen Voraussetzungen die Rechtsordnung die eine Partei schütze, das Zurechnungsprinzip entscheide, warum und unter welchen Voraussetzungen sie die andere Partei mit einer entsprechenden Pflicht belaste.[186]

3. Fehlende Benennung

Daneben lässt sich mit Verschulden oder Fahrlässigkeit der zu begründende oder auch nur einzugrenzende Vertragsinhalt nicht einmal aussprechen und damit überhaupt identifizieren. Es ist schlichtweg nicht möglich, mit „Fahrlässigkeit" oder „Verschulden" falsifizierbar auszusprechen, welcher genaue Vertragsinhalt zurechenbar sein soll. Ob 100 Euro oder 1.000 Euro geschuldet

---

[181] Näher unten § 10 D. III.
[182] Oben § 9 C. II. 2.
[183] Näher oben § 9 E. II. sowie unten § 11. Für das Rechtfertigungsprinzip siehe oben § 9 E. II.
[184] So für die Geltung Allgemeiner Geschäftsbedingungen etwa *Krause*, BB 1955, 265, 266 f. („Willenserklärung und Verschulden haben nichts miteinander zu schaffen") und diesem zustimmend *Flume*, Allgemeiner Teil, Bd. 2, 4. Aufl. 1992, S. 610 f. (§ 33 6).
[185] Für die vertraglichen Kernfragen beharrt gerade *Canaris*, Vertrauenshaftung, 1971, S. 415 ganz im Sinne seines Lehrers *Larenz* darauf, mit der Geltungstheorie über einen vom Vertrauen unabhängigen, allein auf den Versprechensakt zu beziehenden Geltungsgrund zu verfügen. Damit begeht er aber den hier beschriebenen Kategorienfehler.
[186] *Canaris*, Vertrauenshaftung, 1971, S. 470 f. Auf diese Unterscheidung verweist auch *Singer*, Selbstbestimmung, 1995, S. 75, 204 („Kriterium auf der Ebene von Zurechnung und Haftung").

sind, ob das zu liefernde Auto rot oder grün sein sollte oder ob es 5 l oder 10 l verbrauchen darf, lässt sich so nicht ermitteln. Genauso wenig lässt sich so ableiten, warum kein Minderjähriger, wohl aber ein Erwachsener vertraglich gebunden wird. Und sollten wir es wirklich unter dem Gesichtspunkt der Fahrlässigkeit diskutieren, welcher Irrtum unter welchen Umständen beachtlich ist, also zur Anfechtung berechtigt? *Siber* bringt es auf den Punkt: „Arglist und Fahrlässigkeit, wie Sorgfalt sind, von einem bestimmten Verbot oder einer bestimmten Leistungspflicht losgelöst, inhaltslos. Man mag zwar von einer Pflicht sprechen können, die arglistige oder fahrlässige Vereitelung der Leistung einer Sache, der Übertragung eines Rechtes zu unterlassen, oder von einer Pflicht, auf diese Leistung Sorgfalt zu verwenden, – niemals aber von einer solchen zur Unterlassung von Arglist oder Fahrlässigkeit, zur Übung von Sorgfalt in abstracto."[187]

Wann immer man von der abstrakten Ebene zu konkreten Fragestellungen herabsteigt, wird deutlich, dass die genannten Begriffe notwendig mit anderen Argumenten ersetzt oder verknüpft werden. Dann aber muss man sich die Aufforderung gefallen lassen, doch bitte gleich diese anderen Gesichtspunkte zu nennen und in ein stimmiges Gesamtkonzept einzufügen, damit diese dann genauso kritisch gewürdigt werden können, wie es hier auch mit allen anderen vertragstheoretischen Argumenten geschieht. Dabei stellt sich dieses Problem gleichermaßen, ob man den Zurechnungsgedanken „nur" anspruchsbegrenzend oder anspruchsbegründend einsetzt.[188] Denn auch wenn man bestimmte Vertragsinhalte lediglich filtern möchte, muss man diese aussprechen können.

Gerade hier zeigt sich ein nicht zu unterschätzender Vorteil der Willenstheorie: Diese hat mit der menschlichen Aufmerksamkeit – soweit sie reicht – einen Gesichtspunkt, der diese Identifikation eines Vertragsinhalts zulässt.[189] Aufmerksamkeit ist ein reales Phänomen, über das sich zumindest mit Hilfe von Indizien wie der Erklärung überprüfbare Aussagen treffen lassen. Wenn ein erwachsener Mensch auf einen Zettel schreibt, dass er das Auto mit dem Kennzeichen XY für 1.000 Euro wie gesehen kaufen wolle, so dürfen wir darauf schließen, dass seine Aufmerksamkeit zumindest diese Merkmale erfasst. Damit kann die den Rechtsfolgewillen verlangende Willenstheorie auf etwas verweisen, was den Vertragsinhalt erhellt. Dies gelingt mit Fahrlässigkeit oder ähnlichen Begriffen nicht.

Dabei liegt der tiefere Grund für diese Schwierigkeiten nahe: Die Willenstheorie liefert mit dem Willen nicht nur einen Grund für die vertragliche Bindung, sondern gleichzeitig, nämlich mit demselben Begriff, auch das, womit

---

[187] *Siber*, Rechtszwang, 1903, S. 171, 176, was diesen dann aber nicht daran hindert, mit der Haftung einen vermeintlich eigenständigen Gesichtspunkt einzuführen, der sich darin erschöpft, vgl. dazu oben § 6 B. III. 3.
[188] Näher zu dieser Unterscheidung oben § 10 C. I. 2.
[189] Näher oben § 9 B. II. 3. c).

wir den Vertragsinhalt benennen können.¹⁹⁰ Die Erklärungstheorie demgegenüber zerreißt das Versprechen in zwei Elemente, nämlich den Versprechensinhalt und den Versprechensakt. Das aber provoziert nicht nur die Frage, warum der Versprechensinhalt als solcher normativ relevant sein sollte,¹⁹¹ weshalb hier manche auf das Vertrauen verweisen.¹⁹² Genauso muss zwischen dem, was auseinander gerissen wurde, nämlich Akt und Inhalt, wieder mühsam eine Verbindung aufgebaut werden. Das gelingt jedoch nicht. Es ist daher berechtigt, den bisher diskutierten Varianten der Erklärungstheorie vorzuwerfen, dass sie letztlich auf die schlichte Handlungstheorie hinauslaufen, wie sie bereits von *Kohler* vertreten wurde und sich als vertragstheoretisch unbefriedigend erwiesen hat.¹⁹³

4. Jenseits des Verschuldens

Fasst man die bisherigen Kritikpunkte am Fahrlässigkeitsgedanken zusammen, so lässt dieser Gesichtspunkt so ziemlich alle relevanten vertragstheoretischen Fragen offen. Weder wird begründet, warum ein bestimmter Erklärungsinhalt überhaupt verbindlich sein sollte, noch kann man aus diesem Begriff die gesuchte Eingrenzung oder Begründung ableiten. Doch lässt sich diese Mängelliste noch fortführen. So verdeutlicht ein kurzer Blick in unser Vertragsrecht, dass es viele Vertragsinhalte gibt, bei denen fahrlässig oder gar vorsätzlich getätigte Erklärungen wie Scheingeschäft oder *falsa demonstratio* kein Vertragsinhalt werden,¹⁹⁴ während es umgekehrt zahllose Vertragsinhalte gibt, für die wir keinerlei Anlass haben, Fahrlässigkeitsvorwürfe zu erheben. Dass etwa der Adressat Allgemeiner Geschäftsbedingungen diese nicht liest, ist ihm nicht vorwerfbar, und dennoch berücksichtigen wir sie.¹⁹⁵ Nichts anderes gilt für die Berücksichtigung von Sitte, Übung und Brauch oder staatlich gesetzte Vertragsinhalte.¹⁹⁶

Zurechnung soll daher nicht mit Verschulden gleichsetzbar sein,¹⁹⁷ weshalb etwa *Hübner* zur Verdeutlichung dieses Umstands auf den Begriff der Zumutbarkeit verweist, der über die Fahrlässigkeit hinausgreife.¹⁹⁸ Andere betonen

---

¹⁹⁰ *Wieacker*, JZ 1967, 385, 387 spricht hier zu Recht von einer Bruchstelle im Verhältnis der Geltungstheorie zum Auslegungsproblem, während die Willenstheorie ja eine Aussage über den Gerechtigkeitsgrund des Eintritts der Rechtsfolge enthalte, nämlich die Respektierung der schöpferischen Kraft des freien Parteiwillens.
¹⁹¹ Näher oben § 10 B. II.
¹⁹² Näher unten § 10 E.
¹⁹³ Näher oben § 10 A. IV.; § 10 C. II.
¹⁹⁴ Näher unten § 10 D. III. 1.
¹⁹⁵ Näher unten § 14 B. III.
¹⁹⁶ Näher unten § 16 A.; § 16 C.
¹⁹⁷ Stellv. *Flume*, Allgemeiner Teil, Bd. 2, 4. Aufl. 1992, S. 312.
¹⁹⁸ *Hübner*, FS Nipperdey, Bd. 1, 1965, S. 373, 388. Im deutschen Recht findet sich dieser Begriff etwa in § 313 Abs. 3 BGB.

den Garantiecharakter verschiedenster Pflichten oder grenzen verschuldens- von verschuldensunabhängiger Haftung ab.[199] Doch damit bleibt offen, was das – gar subsumtionsfähige – Kriterium sein soll, das derartige Lücken schließt. Tatsächlich muss hier auf andere Gedanken wie das Risiko[200] oder die Verantwortung[201] zurückgegriffen werden, die es erst einmal verbindlich zu konkretisieren und in ein stimmiges Gesamtkonzept einzuordnen gilt.

5. Verhalten der Gegenseite

Und noch in einer weiteren Hinsicht weisen sämtliche der bisher diskutierten Erklärungstheorien eine empfindliche Lücke auf: Indem sie sich nahezu ausschließlich auf den Versprechensakt konzentrieren, diskutieren sie auch Zurechnungsgesichtspunkte wie die Fahrlässigkeit oder die noch zu behandelnde Verantwortung allein mit Blick auf den Versprechenden. Das erscheint aber wenig überzeugend und wird auch praktisch anders gehandhabt: Trifft zwar den Erklärenden der Vorwurf einer leichten Unachtsamkeit, handelt der Versprechensadressat hingegen geradezu hochgradig fahrlässig, sollte es dogmatisch möglich sein, auch diesen zweiten Umstand zu berücksichtigen. Daher ist es im Ergebnis richtig, wenngleich nicht leicht zu begründen, wenn *Schlossmann* darauf hinweist, dass auch das Verhalten des Gegners für die Beurteilung der Schuldfrage wesentlich sein kann.[202] Und genauso ist im Ergebnis etwa *Hübner* zuzustimmen, wenn beim Schutzbedürftigen – mit wechselnden Anforderungen – auch Schutzbedürftigkeit vorliegen soll.[203] Doch lässt sich diese Erweiterung mit den bisher beschriebenen, auf den zurechenbar gesetzten Versprechensakt abstellenden Ansätzen nicht erklären.[204]

IV. Verantwortung und Anerkennung

1. Grundidee und Vorbilder

Obwohl Vorsatz und Fahrlässigkeit sicherlich die ganz klassischen Zurechnungskriterien bilden, bemühen viele Vertreter der Erklärungstheorie noch

---

[199] Stellv. *Schneider*, Verschuldensprinzip, 2007; *Sutschet*, Garantiehaftung und Verschuldenshaftung, 2006; *Ehmann*, FS Canaris, Bd. 1, 2007, S. 165. Leider wird selten beantwortet, wie sich Verschulden subsumieren lässt und was „Garantie" für einen eigenständigen Bedeutungsgehalt besitzt, wenn jede „Garantie" Ausnahmen – etwa bei gravierenden Leistungsstörungen – kennt.
[200] Näher oben § 5.
[201] Näher unten § 10 C. IV.
[202] *Schlossmann*, Der Vertrag, 1876, S. 349. Aus jüngerer Zeit vgl. hier nur – auch historisch und rechtsvergleichend – *Looschelders*, Mitverantwortlichkeit, 1999 m.w.N.
[203] *Hübner*, FS Nipperdey, Bd. 1, 1965, S. 373, 387.
[204] Tatsächlich geht es hier um das gemeinsame Interesse beider Parteien an einer vertraglichen Wertschöpfung mitsamt den dazu beitragenden Anreizen, vgl. näher unten § 17 C. II. 2. d).

einen anderen Begriff. Grob gesprochen soll jeder, der eine Erklärung abgibt, auch die Verantwortung für die Konsequenzen des eigenen Handelns tragen. Da zumindest einige Autoren diesen Gesichtspunkt in engem Zusammenhang mit der Zurechenbarkeit diskutieren, erscheint es zweckmäßig, bereits hier darauf einzugehen.[205] Das gilt umso mehr, als manche Stimmen einen engen Zusammenhang zwischen Verschulden und Verantwortung sehen[206] und das auch durchaus einleuchtend erscheint. Denn zumindest bei einem unbefangenen Begriffsverständnis scheinen wir typischerweise solche Personen für verantwortlich zu halten, die vorsätzlich oder fahrlässig handeln.

Andererseits verbinden manche mit dem Begriff der Verantwortung sehr viel mehr als eine individuelle Vermeidbarkeit.[207] Namentlich *Larenz*, der voluntativ-psychologische Begründungen durch objektive Gesichtspunkte ersetzen möchte,[208] bemüht den Gedanken einer objektiven Zurechenbarkeit und objektiven Verantwortlichkeit für den objektiven Erklärungssinn. Dem Erklärenden sei die Verantwortung für diejenige Bedeutung aufzuerlegen, die der Empfänger der Erklärung beilegen könne und müsse.[209] Genau wie es im sozialen Raum kein Handeln ohne Verantwortung gebe, so treffe auch den, der einem anderen gegenüber eine Geltungserklärung abgebe, eine Verantwortung für die von ihm gewählten Ausdrucksmittel.[210] In ähnlichen Bahnen und gleichermaßen hegelianisch bewegt sich *Ballerstedt*: Der rechtserhebliche Wille dürfe nicht psychologisch verstanden werden. Die Willenserklärung sei „… Zueignung eines bestimmten objektiven Gehalts der Rechtsordnung …" Wer nicht plappern, sondern als vernünftiges Wesen sprechen wolle, sei „… an den in der Sprache, in ihrer Grammatik und Syntax objektivierten Geist gebunden." Sprechen und Sprache seien „… dialektisch, das heißt als Einheit in der Unentschiedenheit einander zugeordnet." Wer seinen rechtlichen Willen bekunde, müsse sich die zwingend angeordneten Rechtsfolgen zurechnen lassen,

---

[205] Letztlich ist diese rein gliederungstechnische Verortung ohnehin nur eine Zweckmäßigkeitsfrage, welche die hier interessierende, dogmatische Würdigung nicht beeinträchtigt. Genauso ließe sich dieser Aspekt unter § 10 E. diskutieren.

[206] Dies gilt beispielsweise für *Flume*, der sich explizit auf diejenigen Vertreter der Willenstheorie beruft, die noch den Begriff der Fahrlässigkeit bemühen, vgl. oben § 10 C. I. 1. Nach *Wolf*, Entscheidungsfreiheit, 1970, S. 75 kann sich eine Zurechnung kraft Verantwortung „… auch aus der bloßen Möglichkeit ergeben, bestimmte Folgen durch eigenes Verhalten zu beeinflussen. Die Zurechnung erfolgt dann nicht, weil die Folgen als gewollt angesehen werden, sondern weil sie hätten vermieden werden können."

[207] Zu der hier ausgeblendeten Frage, ob sich Fahrlässigkeit subsumieren lässt, vgl. oben § 10 C. III. 3.

[208] Näher zu dieser Kritik am Psychologismus der Willenstheorie oben § 9 C. V. 2. e) aa).

[209] *Larenz*, Auslegung, 1930, S. 31, 62, 71 f., 102, passim. Vgl. auch *Larenz*, Hegels Zurechnungslehre, 1927 sowie zu den Protestfällen (näher unten § 12) auch *Larenz*, NJW 1956, 1897, 1899.

[210] *Larenz*, Allgemeiner Teil, 7. Aufl. 1989, S. 336.

"... weil er anders einen rechtlichen Willen überhaupt nicht haben konnte."[211] Eine sprach- bzw. kommunikationsbezogene Variante dieses Denkmusters findet sich bei *Bailas*, der von der Verantwortlichkeit des Sprechenden dem Hörenden gegenüber spricht.[212] Wiederum hegelianisch, dafür aber mit einer sorgfältigen Aufarbeitung zahlreicher Vorarbeiten, tritt *Pawlowski* für eine objektive (im Sinne von normativ), den Willen von psychologischen Komponenten befreiende Sichtweise ein,[213] die unter der Rubrik der Verantwortlichkeit Vernünftigkeitsmaßstäbe an die Parteien heranträgt[214] und so für sich beansprucht, den Dualismus von Wille und Erklärung zu überwinden.[215] Nach *Frotz* versäumte es die erste Kommission zum deutschen BGB – noch ganz im Bann der pandektenwissenschaftlichen Systemvorstellungen –, dass dem Grundsatz der Gestaltungsfreiheit ein Grundsatz der sozialen Verantwortung als dessen Korrelat entsprechen müsse, auf den die Verkehrsschutzlösungen zurückzuführen seien.[216] Für *Kramer* ist die Funktion des Vertrags nur „... in einem dialektischen Verhältnis zwischen individuell gesehener willentlicher, privatautonomer Gestaltung und kommunikativer Selbstverantwortung im Rechtsverkehr zu begreifen ..." Der Gedanke der Zurechnung gebe die Begründung, warum es nicht nur Verträge kraft privatautonomer Begründung gebe, sondern auch Verträge ‚kraft Wirkung'." Neben der Freiheit sei die persönliche Verantwortlichkeit ebenso stark betont. Beides stehe in einem solchen Wechselverhältnis, dass sie sich gegenseitig bedingen und nicht etwa gegenseitig ausschließen. Freiheit und Verantwortlichkeit bildeten eine untrennbare Einheit.[217] Für *Canaris* liegt das Wesen des Rechtsgeschäfts darin, dass die Parteien in Selbstbestimmung Rechtsfolgen setzen. Das Rechtsgeschäft sei seiner Natur nach Geltungserklärung.[218] Und sollte man es wagen, in diesem ergänzenden Element der Selbstverantwortung einen Widerspruch zur Privat-

---

[211] So *Ballerstedt*, AcP 157 (1958/1959), 117, 128, vgl. dort auch in Fn. 7 zur „... dialektisch zu begreifende[n] Einheit von subjektivem und objektivem Geist ..." sowie zur Kritik am Psychologismus der Willenstheorie oben § 9 C. V. 2. e) aa).
[212] *Bailas*, Vertragsschließung, 1962, S. 44 f., 92.
[213] *Pawlowski*, Willenserklärungen, 1966, S. 211 ff., 212, 243, passim. Allgemein dazu oben § 9 C. V. 2. e) aa).
[214] *Pawlowski*, Willenserklärungen, 1966, S. 232 ff.: „Denn psychologische Untersuchungen sind nicht imstande, die ‚Selbstverantwortung' als Bestandteil der Privatautonomie auszuweisen."
[215] *Pawlowski*, Willenserklärungen, 1966, S. 215, näher zu diesem Anliegen unten § 10 D. III.
[216] *Frotz*, Verkehrsschutz, 1972, S. 448.
[217] *Kramer*, Grundfragen, 1972, S. 151, 206 f., vgl. denselben aber auch unten bei § 11 Fn. 57 mit einer wohl etwas anders akzentuierten Ansicht. Zum von *Kramer* ebenfalls vertretenen, normativen, entpsychologisierten Verständnis der Willenserklärung siehe oben § 9 Fn. 392, S. 158. Vgl. auch *Kramer*, Grundfragen, 1972, S. 158 zu den Protestfällen (näher unten § 12) unter Hinweis auf das Einstehenmüssen für das Setzen einer Rollenerwartung.
[218] *Canaris*, Vertrauenshaftung, 1971, S. 413.

autonomie zu sehen, bedeute dies gar eine „… unvertretbare rechtsethische Entleerung der Rechtsgeschäftslehre …"[219] Oft geht es in diesen Äußerungen auch um die These, dass wer eine bestimmte Freiheit bzw. (Privat-) Autonomie für sich beanspruche, auch die „Konsequenzen" deren Ausübung zu tragen habe.[220] Freiheit und Verantwortung seien „denknotwendig", „sachlogisch", „rechtsethisch" miteinander „verbunden" oder „korreliert", „aufeinander bezogen", „zwei Seiten der gleichen Medaille" usw.

Dabei findet sich dieses Begründungsmuster nicht nur bei vielen Willens- wie Erklärungstheoretikern,[221] sondern kann sich zudem auf eine eindrucksvolle philosophische Tradition stützen: So herrscht von alters her die Vorstellung, dass der Mensch einerseits frei, andererseits jedoch auch an gewisse moralische Pflichten gebunden sei, mögen diese der Natur[222], Gott[223] oder einer inneren Gesetzgebung entstammen. Das provoziert unweigerlich die Frage, wie sich denn die so angenommene menschliche Freiheit mit den ebenfalls behaupteten moralischen Verbindlichkeiten vereinbaren lässt – ein Problem, an dem sich die Philosophie bis heute abarbeitet.[224] Für unsere Zwecke besonders bedeutsam, weil das gedankliche Vorbild für die vorgenannten Stimmen wie auch viele moderne Diskussionen etwa zur „Anerkennung" oder „Inter-

---

[219] *Canaris*, Vertrauenshaftung, 1971, S. 422. Wie so oft provozieren aber gerade solche Formulierungen (einschließlich solcher Worte wie „denknotwendig", „sachlogisch", „zwingend", „untrennbar", „naturgemäß", „wesensmäßig" usw.), die keineswegs nur für *Canaris* typisch sind, die Frage, ob hier nicht vor allem dogmatische Schwachstellen übertüncht werden sollen, vgl. dazu die nachfolgende Würdigung. Der wissenschaftlichen Auseinandersetzung ist damit jedenfalls nicht gedient, sie steigern auch nicht die Überzeugungskraft eines Arguments.

[220] *Wolf*, Entscheidungsfreiheit, 1970, S. 75 etwa definiert Verantwortung als das Einstehen für das eigene Verhalten und dessen Folgen.

[221] Vgl. etwa *Raiser*, FS Deutscher Juristentag, Bd. 1, 1960, S. 101, 104; *Flume*, Allgemeiner Teil, Bd. 2, 4. Aufl. 1992, S. 1 ff. (§ 1), passim; *Mankowski*, Beseitigungsrechte, 2003, S. 1119; *Larenz/Wolf*, Allgemeiner Teil, 9. Aufl. 2004, S. 444 ff. (§ 24 V, Rn. 33 ff.); *Bork*, Allgemeiner Teil, 3. Aufl. 2011, S. 41 ff. (§ 2 D I, Rn. 99 ff.); *Wolf/Neuner*, Allgemeiner Teil, 10. Aufl. 2012, S. 339 (§ 30 III. 2., Rn. 8 ff.); *Armbrüster*, MüKo-BGB, 6. Aufl. 2012, Vorbem. § 116–§ 144 BGB Rn. 3 sowie die Würdigung speziell zu Wille und Freiheit oben § 9 C. I. 3. d).

[222] Für einen Überblick siehe nur *Welzel*, Naturrecht, 1951.

[223] Inwieweit bereits *Augustinus* auf ähnlichen Bahnen wie die Idealisten wandelte, sei hier dahingestellt. Allerdings lässt sich natürlich genauso in Bezug auf einen Gott (wie auf einen rein innerlichen Imperativ) und dessen göttliche Gebote fragen, wie es denn möglich ist, dass der Mensch einerseits frei, andererseits aber dennoch an die göttlichen Gebote gebunden sei.

[224] Siehe zur Willensfreiheit und verwandten Begriffen bereits oben § 4 B. – dort aus der Perspektive von Zwang, Drohung und Ausbeutung.

subjektivität", sind dabei die Thesen des Idealismus.[225] So meint *Kant*[226] bekanntlich, apriorisch für jedermann verbindliche Tugend- und Rechtspflichten ableiten zu können. Das Dilemma von (innerer) Freiheit und moralischer Inanspruchnahme „löst" er einfach dadurch, dass er die innere (Willens-) Freiheit dadurch definiert, dass der Mensch aus eigener Einsicht erkennt, was moralisch geboten ist, und danach handelt. Pflichten unterworfen zu sein, ist danach also nicht etwa eine lästige Einschränkung individueller Freiheit – vielmehr erfährt der Mensch erst dadurch innere Freiheit, dass er in lichten Momenten erblickt, was pflichtgemäß ist. Freier Wille ist guter Wille, (innere) Freiheit und moralisches Handeln sind synonym. Freiheit ist nur die Freiheit zu vernünftigem Handeln.[227] Für *Fichte* ist das Rechtsverhältnis und sind Intersubjektivität und gegenseitige Anerkennung notwendige Voraussetzung des menschlichen Selbstbewusstseins, dessen Möglichkeit es erst zu erklären gelte. Wirkliche Anerkennung erfahre nur, wer die einem formal zustehende Handlungsfreiheit gegenüber anderen selbst beschränke. Intelligenz und Freiheit stünden in einer Wechselwirkung.[228] Auch *Hegel* sieht in der Anerkennung eine Voraussetzung der Bewusstseinsbildung, wobei bei ihm eher der Konflikt als die harmonische Kommunikation dominiert („Kampf um Anerkennung"). Dabei erreiche das Selbstbewusstsein seine Befriedigung nur in einem anderen Selbstbewusstsein, weshalb es auch hier immer eines Gegenseitigkeitsverhältnisses bedürfe. Anerkennung gerät dabei zum Grundprinzip von Sittlichkeit überhaupt, und Freiheit und Sittlichkeit verschmelzen zu einer einheitlichen Idee. Der Mensch werde notwendig anerkannt und sei notwendig anerkennend. Dabei geht es besonders *Hegel*[229] gerade auch um die Unterwerfung des Einzelnen unter den Staat. Das uns hier vor allem interessierende, durchaus einheitliche und typisch idealistische Element derartiger Aussagen liegt in der

---

[225] Vgl. aber für modernere Versionen nur *Habermas*, in: Habermas (Hrsg.), 1968, S. 9 oder *Honneth*, Kampf um Anerkennung, 1992. Ein kurzer Überblick findet sich etwa bei *Honneth*, DZPhil 2008, 875; *Siep*, in: Schmidt am Busch/Zurn (Hrsg.), Anerkennung, 2009, S. 107; *Ackermann*, Negatives Interesse, 2007, S. 100 ff. oder *Marfels*, Von der Ehre zur Anerkennung?, 2011, S. 41 ff., 124 ff., passim. Für den juristischen Einfluss des Idealismus siehe hier nur zu *Puchta* etwa *Haferkamp*, Puchta, 2004, S. 443, während sich über den Enfluss *Kants* auf *Savigny* trefflich streiten lässt, vgl. dazu etwa *Nörr*, Savignys philosophische Lehrjahre, 1994, S. 73 ff. Vor allem der so begrüßenswerte Historizismus *Savignys* steht dabei in deutlichem Gegensatz zur Vorstellung *Kants*, apriorische und damit für jedermann verbindliche Handlungsanweisungen erteilen zu können, näher dazu unten § 19 G. III.

[226] Nicht jeder ordnet allerdings *Kant* als Idealisten ein, vgl. einerseits *Hartmann*, Die Philosophie des Deutschen Idealismus, 2. Aufl. 1960, S. 3, passim und andererseits *Kroner*, Von Kant bis Hegel, 2. Aufl. 1961. Näher zu *Kant* unten § 19 G.

[227] Siehe hier nur *Kant*, Grundlegung, 1785, S. 98 ff. passim sowie näher zu *Kant* (mit ausführlichem Zitat) unten § 19 G. IV. (dort insbes. Fn. 558).

[228] *Fichte*, Grundlage des Naturrechts, Teil 1, 1796, S. 43 f. (§ 4), passim.

[229] Vgl. etwa aus dessen Rechtsphilosophie *Hegel*, Grundlinien, 1821, S. 156 ff. (§§ 142 ff.), 241 ff. (§§ 257 ff.).

Vorstellung, dass Freiheit mit einer bestimmten Vorstellung von Sittlichkeit verknüpft sei, dass wahrhaft frei nur sein könne, wer sittlich, moralisch, richtig, vernünftig, tugendhaft usw. handle.

2. Alte Probleme

Unterzieht man diesen Grundgedanken für die hier interessierenden vertragstheoretischen Fragen einer kritischen Würdigung, mag man positiv festhalten, dass ein gegenseitiger Austausch für uns Menschen sicher wichtig ist, um zu lernen, Erfahrungen zu sammeln, mehr über uns selbst zu erfahren, eine Persönlichkeit zu entwickeln und uns in einer Gesellschaft und deren Konventionen zurechtzufinden. Das früh erkannt und formuliert zu haben, ist eine wichtige Errungenschaft. Allerdings können und sollten wir für diese Zusammenhänge heutzutage auf etwas handfestere Forschungszweige als den Idealismus wie etwa die (Entwicklungs-) Psychologie zurückgreifen.

Hier geht es jedoch um etwas anderes, nämlich den Versuch, moralische Pflichten und darunter auch die Verbindlichkeit des Erklärten abzuleiten. Dabei stößt man dann schnell auf altbekannte Probleme. Das betrifft zunächst den bereits mehrfach erwähnten Kategorienfehler: Genau wie Vorsatz oder Fahrlässigkeit erklärt auch eine Verantwortung allenfalls, warum es dem Versprechenden gegenüber legitim sein mag, ihn am Erklärungsinhalt festzuhalten. Nicht aber wird gesagt, was uns überhaupt veranlassen sollte – verantwortet oder nicht –, diesen Erklärungsinhalt einzufordern. Auch hier muss man in irgendeiner Form auf die Person des Versprechensadressaten abstellen, sei es dessen Wille, Vertrauen oder Interesse.[230]

Und auch dem Begriff der Verantwortung lässt sich kein Vertragsinhalt überprüfbar entnehmen. Darüber, ob das zu liefernde Auto 5 l oder 10 l verbrauchen darf, oder welcher Irrtum unter welchen Umständen beachtlich ist, besagt der Begriff der Verantwortung nichts.[231] Die bloße Rede von einer Verantwortung benennt nicht, unter welchen Voraussetzungen und in welchen Formen diese Verantwortlichkeit rechtlich in Erscheinung tritt.[232] Vielmehr wird gleich darzulegen sein, dass die Verantwortung als Einfallstor für Wertungen dient, die auf ganz neuen Gesichtspunkten beruhen, die mit dem Versprechensakt nichts zu tun haben.

Genauso lässt sich fragen, ob denn wirklich dort von einer Verantwortung die Rede sein kann, wo es wie bei so vielen Vertragsinhalten an einem Verschulden fehlt.[233] Während man der Verantwortung insofern noch einen je-

---

[230] Siehe hier nur nochmals *Bydlinski*, Privatautonomie, 1967, S. 69 sowie eingehend oben § 10 C. III. 2.
[231] Vgl. dazu auch oben § 10 C. III. 3.
[232] *Lobinger*, Verpflichtung, 1999, S. 79.
[233] Näher zur Relevanz von Gesichtspunkten jenseits eines Verschuldens oben § 10 C. III. 4.

dermann verständlichen Sinn konstatieren mag, wo Vorsatz oder Fahrlässigkeit gemeint ist, bleibt dieser Begriff jenseits dessen äußerst unklar.[234] Auch darauf wird gleich zurückzukommen sein.

Und wie bei der Fahrlässigkeit[235] ist es nicht ersichtlich, wie es vertragstheoretisch gelingen soll, von einer auf den Versprechensakt und die Verantwortung des Versprechenden beschränkten Perspektive aus darzulegen, dass auch das Verschulden oder die Verantwortung des Adressaten eine dogmatisch wichtige Rolle spielen könnte.

3. Fehlende Verknüpfung

So traditionsreich sich der Versuch erweist, Freiheit und Pflicht miteinander zu verknüpfen, so wenig vermag dies – zumal für eine Vertragstheorie – zu überzeugen. So ist es bereits unklar, wie man aus einer bestimmten Freiheitsausübung – etwa dem Unterschreiben eines Schriftstücks – die jeweiligen Pflichten soll ableiten können, worin also genau die magische Verknüpfung bestehen soll, die Freiheit und Verantwortung aneinander kettet. Das verwundert umso mehr, als an ein reales Handeln (Freiheitsausübung) etwas rein Normatives, nämlich eine Pflicht, geknüpft werden soll, ein bemerkenswerter Vorgang, dessen genaue Funktionsweise leider nie erläutert wird. Tatsächlich läuft die Feststellung einer „Verantwortlichkeit" für das Handeln einer anderen Person regelmäßig nur auf die Beschreibung der Rechtsfolge, nicht jedoch die Legitimation einer Zurechnung hinaus.[236] Die Rede von einer vermeintlich denknotwendigen Korrelation erschöpft sich in der bloßen Behauptung, dass bei einer bestimmten Handlung eine bestimmte Pflicht anzunehmen sei. Und nichts anderes gilt für die These, dass wer Freiheit wahrnehme, auch die „Konsequenzen" zu tragen habe. Sofern hier naturwissenschaftlich-reale Konsequenzen im Sinne von Kausalität gemeint sind, die sich in der einen oder anderen Form an jedes Handeln knüpfen, ist das dogmatisch belanglos. Tatsächlich geht es um etwas ganz anderes, wird hier nämlich mit den vermeintlichen „Konsequenzen" wiederum nur das behauptet, was es erst zu begründen gilt. Damit stehen wir aber ersichtlich am Anfang, nicht etwa am Ende unserer Bemühungen, wurde das zu lösende vertragstheoretische Problem nur beschrieben. Denn hat man einmal die Beziehung zwischen Willensakt und intendierter Gestaltung der Rechtsverhältnisse gelöst, lässt sich theoretisch jede Rechtsfolge, die an freies menschliches Verhalten knüpft, als das Resultat freier rechtsgeschäftlicher Betätigung ausweisen.[237] Es ist allein der jeweilige

---

[234] Das gilt auch für den Verweis auf Risikogesichtspunkte, näher unten § 10 C. V. sowie eingehend oben § 5.
[235] Vgl. oben § 10 C. III. 5.
[236] Näher oben § 10 C. I. 1.
[237] *Singer*, Selbstbestimmung, 1995, S. 80.

Autor, der durch die bloß behauptete Verknüpfung eine Verbindung zwischen Freiheitsausübung und Inpflichtnahme (d.h. den Konsequenzen) herstellt. Anders formuliert bleibt die bloße Behauptung einer Verknüpfung oder vermeintlicher Konsequenzen jede Aussage darüber schuldig, was man überhaupt als rechtlich relevante Handlung ansehen sollte, was für genaue rechtliche Folgen wir hieran knüpfen sollten und wie wir dazu kommen. Es werden vielmehr ganz neue, außerhalb des Versprechensakts liegende Gesichtspunkte herangetragen.[238] Warum etwa belegen wir die Unterschrift unter ein Vertragsdokument mit unterschiedlichen Rechtsfolgen, je nachdem ob es sich um ein Kleinkind oder einen Erwachsenen handelt, ob der Unterzeichner gezwungen wurde, ob es einen von der Erklärung abweichenden übereinstimmenden Willen gibt (*falsa demonstratio*) oder je nachdem, was für ein Irrtum im Einzelnen vorliegt? Wollen wir wirklich all diese vertragstheoretischen Fragen aus der Vorstellung einer notwendigen Verknüpfung von Freiheit und Verantwortung „ableiten"? Was für eine oder wie viel Verantwortung ist denn untrennbar mit der Freiheit verknüpft? Es verwundert daher nicht, dass wann immer konkrete dogmatische Probleme zur Lösung anstehen – etwa zur Irrtumsanfechtung –, man vergeblich nach einer wissenschaftlich überprüfbaren Subsumtion des Verantwortungsgedankens sucht.[239]

Angesichts des ziemlich offensichtlichen Umstands, dass sich konkrete moralische Pflichten keineswegs aus einem Freiheitsbegriff ableiten lassen, verwundert es auch wenig, wenn in Wahrheit etwas anderes geschieht, nämlich dem Versprechenden von außen die vom jeweiligen Autor vertretenen Gerechtigkeitsvorstellungen herangetragen werden – ob es diesem angeblich in seiner Freiheit zu achtenden Versprechenden gefällt oder nicht.[240] Es wird Metaphysik betrieben, es werden persönliche Gerechtigkeitsvorstellungen entwickelt und für objektiv verbindlich erklärt. Daran ändert sich auch dadurch nichts, dass man sich wie etwa *Kant* im Kopf eines jeden Menschen einen Homunculus denkt, der diesem Menschen all das gebietet, was vermeintlich Allgemeingültigkeit beansprucht. Denn auch dann stammt die jeweilige Einsicht in Wahrheit nicht vom jeweiligen Individuum, sondern demjenigen Autor, der seine persönlichen Vorstellungen in fremde Köpfe hineinlegt. Insofern erscheint es ehrlicher, sich auf Gott oder die Natur zu berufen, als das erst über den Kunstgriff einer Verknüpfung von Freiheit und Verantwortung zu tun.

---

[238] *Lobinger*, Verpflichtung, 1999, S. 117.
[239] Das muss sich beispielsweise auch *Flume*, FS Deutscher Juristentag, Bd. 1, 1960, S. 135, 174 ff.; *Flume*, Allgemeiner Teil, Bd. 2, 4. Aufl. 1992, S. 61 vorhalten lassen.
[240] Zur Illiberalität dieses Denkens siehe gleich unten § 10 C. IV. 5.

4. Mangelnde Allgemeingültigkeit

Wenn es nach Jahrtausenden philosophischer Anstrengungen eine Erkenntnis gibt, dann die, dass es bisher niemandem auch nur annähernd gelungen ist, eine bestimmte Vorstellung praktischen Handelns oder gar die hier interessierenden, handfesten vertragsrechtsdogmatischen Einzelfragen metaphysisch-apriorisch als für alle objektiv und überzeitlich verbindlich zu erweisen. Eine solche Rechtsidee gibt es nicht,[241] weshalb es unter anderem nicht gelingt, rechtliche Pflichten über die einfach behauptete Verknüpfung von Freiheit und Verantwortung einzuführen.[242] Es tut daher auch und gerade der Rechtswissenschaft gut, möglichst allgemeine und falsifizierbare Aussagen über das geltende Recht als unserem Forschungsgegenstand aufzustellen, anstatt metaphysisch zu spekulieren. Ersteres ist herausfordernd genug. Und selbst wer meint, nicht ohne moralphilosophische Postulate auszukommen, möge dann klipp und klar das philosophische Konzept benennen, anhand dessen man konkrete vertragsrechtliche Schlussfolgerungen abzuleiten wünscht und für das man gegenüber all seinen Gesprächspartnern Verbindlichkeit einfordert. Genauso muss man dieses Konzept dann auch Schritt für Schritt umsetzen, wenngleich es dann offenkundig zu werden droht, wie wenig das für all die vielen konkreten und oft detaillierten dogmatischen Fragen funktioniert oder auf Akzeptanz stößt. Wenig überzeugend erscheint es demgegenüber, all diese Gesichtspunkte an relativ versteckter Stelle, nämlich bei Verantwortung und Zurechenbarkeit über die nur behauptete Verknüpfung mit innerer Freiheit nach Belieben einzubringen.

5. Illiberalität

Dass es illiberal ist, anhand rein metaphysischer Thesen die normative Verbindlichkeit von Handlungsempfehlungen einzufordern, wurde bereits mehrfach angedeutet. Hier sei nur erwähnt, dass dieser Vorwurf besonders den Idealismus trifft. In gewisser Hinsicht muss man dabei *Hegel* geradezu dafür danken, diese Grundvorstellung konsequent zu Ende gedacht und ihren Zynismus auf den Punkt gebracht zu haben, wenn der Mensch dann die größte Anerkennung und Freiheit erfährt, wenn er den Segen der Todesstrafe erfährt.[243] Denn nichts anderes behauptet letztlich auch *Kant,* für den der Mensch schnell von Gott zum Tier mutiert, sollte er es auch nur wagen, ande-

---

[241] Siehe dazu etwa – speziell zu Kant – unten § 19 G. III. sowie zum Untersuchungsgegenstand dieser Arbeit oben § 1 B. I.; § 2 B. I. 1.
[242] Näher zu dieser Problematik etwa auch oben § 4 B. I. 4. b) aa); § 4 B. I. 4. b) ee); § 9 C. I. 3. d) oder unten § 17 E. III. 6. c) bb); § 19 B. III. 2.; § 19 G. IV. sowie gleich nachfolgend.
[243] Zu *Hegel* siehe die Nachweise oben in Fn. 229, den bissigen Kommentar von *Schlossmann* oben bei § 9 Fn. 123 sowie unten § 19 G. IV.

re Einsichten zu entwickeln – womöglich gar Ziele verwirklichen zu wollen –, als es *Kant* persönlich für richtig befindet. So ist es niemand anderes als *Kant* selbst, der den Menschen für seine und damit fremde Zwecke instrumentalisiert, ihn als Objekt seiner persönlichen Gerechtigkeitsvorstellungen missbraucht, indem er persönliche Vorstellungen in fremde Köpfe hineinprojiziert und jedem abweichend Handelnden Würde, Freiheit und Menschsein abspricht. Diese inhärente Illiberalität tritt bei *Kant* – und das ist zumindest im Ergebnis anerkennenswert – nur deshalb nicht so deutlich hervor, weil er Tugend- und Rechtslehre bereits in ihrer ganzen Ableitung strikt trennt und sich auf rechtlicher Ebene auf eine äußerliche Abgrenzung von Freiheitssphären beschränkt.[244] Das bedeutet aber auch, dass man sich für eine vermeintliche Verknüpfung von Freiheit und Verantwortung von vornherein nicht auf *Kant* stützen sollte, praktiziert er diese nämlich allein für seine Tugendlehre.

Richtet man den Blick nun wieder weg von der Philosophie hin zur klassischen Rechtsdogmatik, verwundert es nicht, wenn diese Verknüpfung von Freiheit und Verantwortung zu wenig überzeugenden, weil widersprüchlichen Folgerungen führt. Auch hier dient die begriffliche Vermengung zweier ohne Weiteres trennbarer Phänomene in einem diffusen, vermeintlich einheitlichen Freiheitsverständnis dazu, Rechtsfolgen als die Konsequenz autonomen Handelns auszugeben, die ohne oder gar gegen den tatsächlichen Willen der betroffenen Person durchgesetzt werden.[245] Natürlich kann man trotz der Missachtung des tatsächlichen Willens von einem „vernünftigen" oder „rechtmäßigen" Willen sprechen, wenn man das nur offen so definiert.[246] Doch wird hier nun einmal all das untergraben, was das reale Wollen auszeichnet und ihm seine eigenständige Bedeutung verleiht – nämlich Ausdruck der persönlichen, kognitiv aufwändigen, schöpferisch-kreativen Überzeugungen des Einzelnen in der konkreten Vertragssituation zu sein.[247] Es macht keinen Sinn, eine konkret beschreibbare, klar abgegrenzte, normalsprachlich etablierte und für viele Zwecke brauchbare Bedeutung mit etwas zu vermengen, was davon grundverschieden ist, ja geradezu das Gegenteil darstellt, nämlich eine heteronome,

---

[244] Eingehend *Kersting*, Wohlgeordnete Freiheit, 1993, S. 134 ff., dort auch auf S. 142 ff. zu einigen unter Juristen verbreiteten Missverständnissen. Vgl. daneben etwa *Höffe*, Kategorische Rechtsprinzipien, 1990, S. 84 ff. Näher zu all dem unten § 19 G.

[245] Siehe dazu etwa *Singer*, Selbstbestimmung, 1995, S. 81; *Lobinger*, Verpflichtung, 1999, S. 10 f., 77, 80 f. oder *Feinberg*, Harm to self, Bd. 3, 1986, S. 187 („... complete counterfeit of actual consent ...") jeweils m.w.N. sowie speziell zum Wollen bereits oben § 9 C. I. 3. d).

[246] So etwa *Pawlowski*, Willenserklärungen, 1966, S. 241, der dieses Verständnis regelmäßig klar offenlegt, wenngleich zu kritisieren sein mag, dass es demgegenüber doch wieder verdunkelt, wenn er von der so verstandenen Lehre von der Sollens- bzw. Geltungserklärung behauptet, dass diese ohne empirisch-psychologische Elemente auskäme, „... ohne dass dazu Prinzipien bemüht werden müssten, die ‚neben' der Privatautonomie stehen." (dort S. 212). Vgl. daneben auch die oben bei § 10 C. IV. 1. genannten Stimmen.

[247] Näher oben § 9 C. I. 1. d).

nicht-voluntative, autoritäre Aufzwängung metaphysischer Gerechtigkeitsvorstellungen. Es drängt sich bisweilen der Eindruck auf, als sollten bewusst die mit Wille oder Freiheit verbundenen, positiven Assoziationen geweckt werden, ohne tatsächlich auf Liberalität, Individualität, Kreativität oder Subsidiarität zu setzen. Anders formuliert wird manchmal bewusst ein weiterer Kategorienfehler provoziert, wenn etwa vom „vernünftigen", „reinen" oder „rechtlichen" Willen die Rede ist und hierüber sehr eigene Vorstellungen mit teilweise stark kollektivistischem Gehalt in das Vertragsrecht eingeführt werden.

Gerade vor dem Hintergrund derartiger Konzeptionen hebt sich die Willenstheorie wohltuend hervor, indem sie über das Erfordernis eines realen psychologischen Willens die Entscheidung darüber, was für eine Vertragspartei richtig ist, in die Hände jener Partei legt, die persönlich betroffen ist.[248] Je mehr man dem Versprechenden die Entscheidung über seine Belastung entreißt, desto größer wird die Gefahr, ihn zu bevormunden und für fremde Zwecke zu vereinnahmen. Dementsprechend befürchtete *Windscheid* nicht zu Unrecht, dass man sich mit der einseitigen Betonung des Interesses des Empfängers auf eine abschüssige Ebene begebe, „... auf welcher man zu Resultaten gelangt, welche das Rechtsgeschäft beleidigen."[249] *Flume* hält der Erklärungstheorie vor, das Rechtsgeschäft seiner Würde und Eigenständigkeit zu berauben. „Es wurde mediatisiert zu einem Verhalten, welches der rechtlichen Wertung unterliegt, statt dass es respektiert wurde, wie es dem Rechtsgeschäft gebührt, wenn es der Akt schöpferischer Gestaltung von Rechtsverhältnissen ist."[250] *Nipperdey* konstatiert treffend: „Die Macht des Menschen, seine Verhältnisse durch seinen Willen zu ordnen, ist dann am Vollkommensten, wenn sein Wille, nicht aber die irrtümlich vom Willen abweichende Erklärung entscheidet."[251] In der Tat ist die Willenstheorie erfreulich liberal und ist etwa einem *Williston* zu widersprechen, für den dieser Ansatz nur Freiheitslyrik einiger idealistischer und politischer Philosophen zu sein scheint.[252]

Indem die Erklärungstheorie von vornherein auf einen Rechtsfolgewillen verzichtet, geht hiervon eine nicht zu unterschätzende Gefahr der Bevormundung und Kollektivierung aus. Allerdings – und das sollte genauso deutlich gesagt werden – ist auch die Willenstheorie nicht ganz über diese Kritik erhaben. Denn angesichts der menschlichen Aufmerksamkeit und zahlreicher theoretischer Defizite kommen deren Vertreter nicht umhin, auch gänzlich ungewollte Vertragsinhalte anzuordnen.[253] Dementsprechend sind etwa *Zitelmann*,

---

[248] Näher oben § 9 C. I. 1. d).
[249] *Windscheid*, AcP 63 (1880), 72, 80.
[250] *Flume*, AcP 161 (1962), 52, 52.
[251] *Enneccerus/Nipperdey*, Allgemeiner Teil, Hbd. 2, 15. Aufl. 1960, S. 1021.
[252] *Williston*, 6 CornellLQ 365, 366 (1921), 368 („A gospel of freedom was preached by both metaphysical and political philosophers in the latter half of the eighteenth century.").
[253] Näher oben § 9 C. IV.; passim.

Windscheid oder *Flume* durchaus bereit, unter der Rubrik von Verschulden, Fahrlässigkeit oder Verantwortung auf das eigentlich so offensiv eingeforderte Willenselement zu verzichten.[254]

Dabei darf die Rede einer „Verschränkung" von Wille und Verantwortung oder von der Verantwortung als einem vermeintlichen „Korrelat" der Privatautonomie über Eines nicht hinwegtäuschen: Das Prinzip der Selbstverantwortung tritt in den Fällen, wo es bemüht wird, nicht „neben" die Selbstbestimmung, sondern muss und soll eine Ersatzbegründung für eine Bindung dort liefern, wo die Rechtsfolge vom Versprechenden gerade nicht gewollt war. Die Selbstverantwortung wird vor allem dann bemüht, wenn das an sich propagierte Tatbestandsmerkmal des Selbstbindungswillens zu Friktionen führt. Nicht um Ergänzung geht es also, sondern Ersatz, ja Revidierung des Willensprinzips. Der Wille des Versprechenden soll ignoriert bzw. gebrochen werden, d.h. eine staatliche Vollstreckung wird ohne bzw. gegen den Willen gerechtfertigt[255] – etwa bei der die auch von vielen Willenstheoretikern propagierten Einschränkung der Irrtumsanfechtung. Diese Erweiterung, d.h. die faktische Aufgabe des Rechtsfolgewillens als zwingendem Erfordernis, ist mehr als nur eine kleine Modifikation der Willenstheorie. Besonders schmerzlich wirkt es sich dabei aus, dass kein Maßstab dafür angeboten wird, wann wir einen Rechtsfolgewillen verlangen sollten und wann nicht. Es ist daher berechtigt, wenn nicht nur zahlreiche Kritiker der Willenstheorie auf diesen Widerspruch hinweisen.[256]

6. Fazit

Im Ergebnis erweist sich die vermeintliche Verknüpfung von Freiheit und Verantwortung als ungeeignet, um handfeste vertragstheoretische Probleme zu lösen. Zum einen gibt es keine solche Verknüpfung, Korrelation oder denknotwendige Konsequenz, sie wird einfach behauptet. Zum anderen entpuppt sich das, was vermeintlich zwingend mit einer Freiheitsausübung verknüpft ist, als

---

[254] Näher oben § 10 C. III. 1. Eine insofern wohltuende Ausnahme davon bildet *Lobinger*, Verpflichtung, 1999, der davon allerdings in *Lobinger*, Grenzen, 2004 schon wieder sehr viel weniger wissen will, vgl. dazu oben bei § 6 Fn. 133.
[255] Näher oben § 9 C. I. 3. d).
[256] Stellv. *Bydlinski*, Privatautonomie, 1967, S. 54, 56: „Was immer ‚Selbstverantwortung' im Einzelnen bedeutet, ist doch unverkennbar, dass von ihr nur die Rede sein kann, wenn Rechtsfolgen gegen oder doch ohne den Willen des Betroffenen wirksam werden." oder *Singer*, Selbstbestimmung, 1995, S. 76 („Mit Autonomie hat diese Zurechnung nichts mehr zu tun."). Insofern kann etwa auch *Pawlowski*, Willenserklärungen, 1966, S. 233, 241 mit Recht darauf verweisen, dass psychologische Untersuchungen von vornherein nicht imstande sind, die „Selbstverantwortung" als Bestandteil der Privatautonomie auszuweisen. Zu *Lobinger* vgl. bereits bei Fn. 245, 254, speziell zur Abgrenzung von Schadensersatz versus „Aufstockung des Gläubigervermögens" auch oben § 9 C. V. 5. Der Preis für eine solche reine Willenstheorie ist allerdings hoch, vgl. oben § 9 C. IV.; § 9 C. III.; passim.

metaphysisches Gedankengut, das über die Hintertür in die vertragstheoretische Diskussion eingeführt wird. Damit stellen sich aber all diejenigen Probleme, die für die vermeintliche Rechtsidee so typisch sind, namentlich die nicht belegbare Allgemeingültigkeit sowie die latente Illiberalität der so gegenüber jedermann eingeforderten Handlungsanweisungen. Mit dem Versprechen oder Vertrag selbst, seien es der Versprechensakt oder subjektive Elemente wie der Wille, hat das wenig zu tun, weshalb es wissenschaftlich weiterführender wäre, diese Wertungen als von außen herangetragen offenzulegen. Aus dem Begriff der Verantwortung selbst lässt sich demgegenüber wenig ableiten, er begegnet weithin den gleichen Bedenken wie die zuvor diskutierte Fahrlässigkeit. Auch die Rede einer Anerkennung versagt jedenfalls dort, wo sie für vertragstheoretische Zwecke interessant würde. Denn wenngleich es eine wichtige – heutzutage jedoch besser entwicklungspsychologisch zu verfolgende – Einsicht ist, dass sich die menschliche Persönlichkeit in permanentem Austausch mit anderen Personen entwickelt, das menschliche Denken und Handeln also hochgradig kulturell beeinflusst ist, lassen sich aus diesem Faktum keine konkreten Vertragsinhalte, Kompetenzen und Rahmenbedingungen ableiten.

V. Risiko

„Risiko" ist ein für die Vertragstheorie gleichermaßen grundlegendes, spannendes, praktisch bedeutsames wie anspruchsvolles Thema. Insofern ist es nachvollziehbar, wenn viele für die Zurechenbarkeit neben der Kausalität und dem Verschulden auch ein Risikoprinzip bemühen,[257] zumal sich für viele Vertragsinhalte weder Vorsatz noch Fahrlässigkeit feststellen lässt.[258] Allerdings bleibt der Verweis auf eine Risikotragung so lange wertlos, wie man nicht dogmatisch tragfähige Maßstäbe dafür entwickelt, wer warum wofür welches Risiko trägt. Der bloße Hinweis etwa, dass der Versprechende das Risiko eines bestimmten Irrtums trage, liefert keine Begründung, sondern beschreibt lediglich das zu begründende Ergebnis. Vor allem ist nicht ersichtlich, wie sich die gesuchten Maßstäbe dogmatisch mit den bisher diskutierten Erklärungstheorien vertragen oder gar aus der Analyse des Versprechensaktes bzw. des Erklärungssinns ableiten lassen. Vielmehr werden hier regelmäßig neue, eigenständige Gesichtspunkte herangetragen, die es rechtfertigen, dieses Thema entsprechend eigenständig zu diskutieren – dafür dann aber umso gründlicher.[259]

---

[257] Stellv. *Canaris*, Vertrauenshaftung, 1971, S. 473.
[258] Näher oben § 10 C. III. 4.
[259] Oben § 5.

VI. Ergebnis

Im Ergebnis erweist sich der Zurechnungsgedanke als zumindest für vertragstheoretische Zwecke wenig hilfreich. So lässt sich damit von vornherein nicht begründen, warum wir uns überhaupt veranlasst sehen sollten, ein Versprechen einzufordern. Der Hinweis auf die Zurechenbarkeit ist keine Antwort darauf. Daneben ist es schon rein sprachlich nicht möglich, mit Begriffen wie Fahrlässigkeit oder Verantwortung konkrete Vertragsinhalte auszusprechen, sei es zur Begründung oder Einschränkung deren Verbindlichkeit. Insofern verwundert es nicht, wenn stattdessen solche Gesichtspunkte an das Versprechen herangetragen werden, die mit diesem wenig zu tun haben. Stichworte wie „Konsequenzen tragen" oder „Verantwortung" ersetzen nicht die gesuchte Begründung dafür, warum die Bindung an bestimmte Vertragsinhalte die Konsequenz bzw. zu verantworten sein sollte. Daneben sollte zumindest offen ausgesprochen werden, dass wenn man nicht durchweg einen Rechtsfolgewillen verlangt, sondern auch andere Gesichtspunkte wie eine Fahrlässigkeit genügen lässt, man diejenige Liberalität zurücknimmt, die die Willenstheorie so auszeichnet. Vor allem muss man dann auch ein in sich stimmiges Gesamtkonzept entwickeln, das unter anderem begründet, wann auf einen Rechtsfolgewillen zu bestehen und wann dieser verzichtbar sein soll.[260] Genauso sollte es jeder erklärungstheoretische Ansatz begründen können, warum welches Zurechnungskriterium unter welchen Voraussetzungen relevant sein sollte. Wie etwa leitet man Risikokriterien aus „der Geltungstheorie" ab?

Im Ergebnis drängt sich bei der Betrachtung dieser hier exemplarisch aufgegriffenen Kritikpunkte der Verdacht auf, als seien die Geltungstheorie sowie die sonstigen hier diskutierten Erklärungstheorien nicht signifikant über das hinausgekommen, was bereits *Kohler* mit seiner Handlungstheorie propagierte.[261] Der dogmatische Kunstgriff, das Finalitätserfordernis auf den Erklärungsakt zu beschränken und damit von den konkret angestrebten Rechtsfolgen zu lösen, führt unweigerlich dazu, dass man eben diese Rechtsfolgen nicht mehr auf einen Willen stützen kann.[262] Und mit dem Zurechnungsgedanken lässt sich diese Lücke nicht schließen.

Die hier beschriebenen Schwierigkeiten sollten auch verdeutlicht haben, warum der Verfasser mit dem Rechtfertigungsprinzip eine Alternative präsentieren möchte, die auf eine Vergewaltigung so wertvoller Gedanken wie Wille oder Freiheit sowie die teilweise gezielt praktizierte Vermengung klar trennbarer Bedeutungen verzichtet. Unser Vertragsrecht zeichnet sich dadurch aus,

---

[260] Zum klassischen Problem des Dualismus von Wille und Erklärung etwa siehe unten § 10 D. III.

[261] Vgl. dazu etwa *Singer*, Selbstbestimmung, 1995, S. 80; *Lobinger*, Verpflichtung, 1999, S. 116 f.

[262] Näher zu diesem Problem etwa auch unten § 14 B. I.; § 13 B. II. 2.; oben § 16 A. II. sowie übergreifend oben § 9 C. V. 2. c).

konsequent Rechte zu schützen und es im Übrigen jedem einzelnen Menschen selbst zu überlassen, was für Ziele er zu verfolgen gedenkt.

D. Unerklärtes

Die bisherige Würdigung der Erklärungstheorien konzentrierte sich auf die Frage, ob es die Berufung auf den Versprechensakt erlaubt, das objektiv Erklärte als normativ relevant zu erweisen und einen Vertragsinhalt abzuleiten. Nunmehr geht es um die schlichte, gerade deshalb aber vielleicht unangenehme Subsumtion der Erklärungstheorie: Inwiefern deckt sich das, was bei Vertragsschluss objektiv erklärt wird, mit dem, was tatsächlich tagtäglich als Vertragsinhalt angesehen und rechtlich durchgesetzt wird?

I. Rechtsgeschäftsleere

Es ist eine der größten Schwächen der Willenstheorie, dass sie mit dem Willen bei Vertragsschluss auf ein psychologisches Phänomen abstellt, das äußerst begrenzt ist. Für die Erklärung ist die Bandbreite deutlich größer. Einerseits mag ein viele tausend Seiten umfassendes Vertragsdokument gründlich viele derjenigen Streitfragen ansprechen und regeln, die später auftreten können. Doch lehrt die Erfahrung etwa mit naturrechtlich beeinflussten Gesetzeswerken wie dem umfassenden Preußischen Allgemeinen Landrecht von 1794 mit ihrer Abneigung gegenüber richterlicher Rechtsschöpfung,[263] dass die Realität sehr viel vielschichtiger und kreativer ist, als sich das die meisten Schöpfer rechtlicher Texte vorstellen. Außerdem erfahren keineswegs alle Verträge die Gnade umfassender Niederschrift – man denke etwa an schlüssiges Handeln durch das bloße Einsteigen in eine Straßenbahn[264] oder einfache Sätze wie „Ich kaufe dieses Auto für 1.000 Euro".[265] Man muss lediglich die ungeheure Vielfalt täglich durchgesetzter Vertragsinhalte[266] mit dem Parteiverhalten vergleichen, um einzusehen, dass sich Vertragsinhalte nicht allein auf den Erklärungsinhalt – wie immer man dessen Relevanz auch begründen mag – zurückführen lassen. Dabei besteht mit der schon für die Willenstheorie unangenehmen, weil begrenzten menschlichen Aufmerksamkeit ein wichtiger Zusammenhang. So ist es unter anderem auch dieser geschuldet, dass die Parteien bei Vertragsschluss nicht alle relevanten Festlegungen treffen können. Schon deshalb kann für die begrenzte Aussagekraft der bei Vertragsschluss abgegebenen Erklärungen auf zahlreiche der bereits beim Willen aufgeführten Ge-

---
[263] Siehe dazu etwa *Vogenauer*, Auslegung, Bd. 1, 2001, S. 477 ff., passim.
[264] Näher unten § 12.
[265] Näher zum dispositiven Recht unten § 16 A. III. 2.
[266] Näher oben § 8 C.; § 9 C. IV.

genbeispiele verwiesen werden[267] – einschließlich der Beeinflussung des Vertragsinhalts durch Dritte.[268]

II. Punktualität

Die Parallelen zwischen Willens- und Erklärungstheorie erschöpfen sich nicht im Befund, weite Teile der täglich durchgesetzten Vertragsinhalte nicht erklären zu können. Auch die Diagnose hierfür kennt Gemeinsamkeiten, nämlich die für unser klassisches Vertragsdenken typische, gedankliche Verengung allein auf die Vertragsparteien und den Zeitpunkt des Vertragsschlusses. So legt die Willenstheorie ihre gesamte dogmatische Begründungslast auf den Selbstbindungswillen.[269] Die zuvor diskutierten Erklärungstheorien machen es nicht besser. *Reinach* etwa verwahrt sich geradezu gegen eine Ableitung der Versprechensbindung aus den Interessen des Versprechensempfängers. Die Verbindlichkeit wurzle in dem Versprechen selbst, und zwar „evidentermaßen" selbst da, wo ein Interesse des Empfängers wirklich bestehe.[270] *Larenz* betont, die Erwartung des Käufers, den Kaufgegenstand zu erhalten und dessen Bereitwilligkeit, den Kaufpreis zu zahlen, seien für die Kaufofferte nicht wesentlich und bildeten keine für den Begriff der Willenserklärung notwendigen Momente.[271] Für *Canaris* – dem Vertrauen sonst durchaus angetan – verdunkelt dieser Gesichtspunkt das Verständnis der Privatautonomie, „… weil sie den Grund für die Geltung des Rechtsgeschäfts nicht in der Person des Erklärenden, sondern in der des Vertrauenden sucht."[272] Es werden also vertragstheoretisch all diejenigen Rechtsetzungsanstrengungen und Interessen ausgeblendet, die auf andere Personen als den Versprechenden und andere Zeiten als die des Vertragsschlusses zurückgehen. Zwar wird natürlich niemand bestreiten, dass Phänomene wie Stellvertretung, staatlich gesetzte Vertragsinhalte, Sitte, Übung und Brauch, Allgemeine Geschäftsbedingungen oder Werbung vertragsrechtlich bedeutsam seien. Doch bieten sämtliche der bisher diskutierten Ansätze keine theoretische Handhabe, um das Phänomen vertragsrechtlicher Kompetenzverteilung und der zeitlichen Streckung menschlicher Entscheidungsfindung zu erklären.[273] Das Beste, worauf man hier noch hoffen darf, ist, dass ergänzend ganz neue Gesichtspunkte und Konzepte ein-

---

[267] Vgl. oben § 9 C. IV. 3.
[268] Vgl. oben § 9 C. IV. 4.
[269] Näher oben § 9 C. I. 1. b).
[270] *Reinach*, Phänomenologie, 1913/1953, S. 69.
[271] *Larenz*, Auslegung, 1930, S. 65.
[272] *Canaris*, Vertrauenshaftung, 1971, S. 415.
[273] Näher oben § 8.

D. Unerklärtes

geführt werden – mit all den damit verbundenen Abgrenzungs- und Einordnungsproblemen.[274]

III. Wille versus Erklärung

1. Problem

Damit sind wir zu einem weiteren Problem gelangt, das nicht nur für die Diskussion um Willens- und Erklärungstheorie zentral ist, sondern zu Recht für die vertragstheoretische Herausforderung schlechthin steht: Stellt man wie die Willenserklärung allein auf den Willen ab, gerät man unweigerlich in Erklärungsnöte, wenn die Rechtsordnung auch solche Vertragsinhalte vollstreckt, die nicht gewollt waren. Das wurde bereits dargelegt.[275] Eliminiert man aber umgekehrt mit der Erklärungstheorie den Willen aus der vertragsrechtsdogmatischen Betrachtung,[276] gerät man seinerseits ersichtlich dann in Schwierigkeiten, wenn das Recht nicht das Erklärte, sondern etwas anderes durchsetzt.[277]

So kennt unser Vertragsrecht zunächst Konstellationen, in denen statt des Erklärten der Wille zählt. Weithin unangefochten ist das dort, wo das Gewollte zwar vom Erklärten abweicht, sich diese Abweichung jedoch – irrtümlich oder nicht – auf beiden Seiten gleichermaßen findet. Die *falsa demonstratio*, also die übereinstimmend irrige Vorstellung darüber, was objektiv erklärt wird, bildet dabei nur ein Beispiel.[278] Sehr viel häufiger ist bereits das sogenannte Scheingeschäft (Simulation), bei dem oft nicht der nach außen hin erklärte als vielmehr der gewollte Vertragsinhalt gilt.[279] Genauso kann lange vor Vertragsschluss und nur zwischen den Vertragsparteien eine abweichende Bedeutung vereinbart worden sein (z.B. „Grün" heißt „Rot"), die das Recht ohne Weiteres berücksichtigt.[280] Aber auch bei rein einseitiger Betrachtung berücksichtigen selbst Rechtsordnungen, die nicht so stark willenstheoretisch geprägt sind wie das deutsche BGB, manchen Inhalts- bzw. Erklärungsirrtum. Hierzu mag man etwa solche Fälle heraussuchen, in denen der Irrtum unverschuldet war und dem Irrenden, nicht jedoch dem Erklärungsadressaten, ein hoher Schaden droht.[281]

---

[274] Zu den dabei verwandten Mechanismen siehe oben ab § 9 C. V. 2. sowie unten § 10 E. II.
[275] Oben § 9 C. IV.
[276] Siehe zu den Erklärungstheorien oben § 10 A.; unten § 10 F. sowie zur Kritik am Psychologismus der Willenstheorie oben § 9 C. V. 2. e) aa).
[277] Näher unten § 10 D.
[278] Näher unten § 17 B. II.
[279] Näher unten § 17 B. III.
[280] Näher unten § 17 B. III. 4.
[281] Näher unten § 17 C. Einzelne Rechtsordnungen wie das stark willenstheoretisch geprägte deutsche BGB in seinen §§ 116 ff. gehen hier noch deutlich weiter. Dementsprechend

Besonders intensiv wurde dieser Gegensatz von Wille und Erklärung gegen Ende des 19. Jahrhunderts diskutiert. Wille und Erklärung stehen gewissermaßen für zwei ganz grundlegende, sich stark unterscheidende Theorieklassen, für die es sehr schwer fällt, einen übergreifenden Gesichtspunkt zu finden. Auch heute kommt kein ernstzunehmendes vertragstheoretisches Konzept umhin, sich mit diesem Dualismus auseinanderzusetzen.[282] Denn schon rein praktisch sieht sich jede Rechtsordnung aufgefordert, auch hier möglichst klare und sachgerechte Kriterien zu finden. Leider gibt es neben der Willens- und Erklärungstheorie keineswegs zahllose andere Erklärungsansätze, die gleichermaßen überprüfbar wie praktikabel sind und sich damit als Ausweg anbieten.[283]

Besonders müssen sich das die stärker philosophisch akzentuierten Vertragstheorien sagen lassen. Denn allzu oft heben sich diese allein dadurch von den profanen Varianten der Erklärungstheorie ab, dass sie konkrete Probleme wie die Relevanz des Willens einfach nicht erörtern. So sucht man, um hier nur ein Beispiel zu nennen, bei den Sprechakttheorien meistens vergeblich nach näheren Aussagen darüber, ob denn der Sprechakt auch dann maßgeblich sein sollte, wenn wir einen Irrtum, ein Scheingeschäft oder eine *falsa demonstratio* vorfinden, und wie das mit dem jeweiligen Grundkonzept vereinbar sei. Vielmehr lässt sich gerade in der modernen philosophischen Diskussion ein gewisser, nicht nur auf *Wittgenstein* zurückgehender Trend feststellen, das Subjektive, Kognitive und Voluntative gegenüber dem Objektiven und Sozialen zu vernachlässigen.[284] Demgegenüber sollten wir Juristen dankbar dafür sein, durch die unzähligen Rechtsanwender immer wieder aus der luftigen Höhe abstrakter Ausführungen zurück in die harte Realität handfester Fallkonstellationen gezogen zu werden – auch wenn das manches Kopfzerbrechen provoziert. Denn dann lässt sich nicht mehr leugnen, dass subjektive

---

kann es *Flume*, FS Deutscher Juristentag, Bd. 1, 1960, S. 135, 199 als dem Willens-Nichtigkeitsdogma gleich doktrinär bezeichnen, wenn man aus dem Vertrauensschutzdogma (und genauso den hier bisher diskutierten Erklärungstheorien) als zwingend folgerte, dass der nicht erkennbare Irrtum stets unbeachtlich bleiben müsse.

[282] Vgl. zu dieser bis heute zentralen Herausforderung neben unten § 10 D. III. 3. hier nur *Haupt*, Über faktische Vertragsverhältnisse, 1941, S. 5 („eigenartiger Kompromiss"); *Flume*, Allgemeiner Teil, Bd. 2, 4. Aufl. 1992, S. 45 (§ 4 1) („Die Problematik des Willens beim Rechtsgeschäft betrifft das Verhältnis des Willens zu der Manifestation des Aktes des Rechtsgeschäfts."); *Wieacker*, JZ 1967, 385, 385 (Antinomie des ‚wirklichen Willens' zur ‚Verkehrssitte' als „... Leitthema des rechtswissenschaftlichen Positivismus im ersten Drittel unseres Jahrhunderts ...") oder *Zimmermann*, Obligations, 1990, S. 643 („... central question around which the discussion of interpretation revolves."). In der 2. BGB-Kommission verständigte man sich dahin, „... dass sich weder das Willensdogma noch die ihm gegenüberstehende Vertrauensmaxime (Erklärungstheorie) ohne erhebliche Modifikationen durchführen lasse ...", vgl. *Mugdan*, Materialien, 1899, S. 710 (Prot. I 197).

[283] Näher oben § 1 C. I.

[284] Nur ein Beispiel dafür sind die Sprechakttheorien (näher oben § 10 A. II.) sowie viele Anerkennungstheorien (näher oben bei Fn. 225).

Elemente nicht nur real und feststellbar sind, sondern damit auch sprachlich abbildbar. Wir können zwischen objektivem Erklärungsinhalt und tatsächlich Gewolltem unterscheiden und tun das oft – unabhängig von sozialen Einbettungen, Kontextabhängigkeiten und dem kollektiven Charakter von Normalsprache.

Dabei gerät angesichts der intensiven Auseinandersetzung um Wille und Erklärung leicht aus dem Blick, dass jede europäische Vertragsrechtsordnung zahlreiche Vertragsinhalte kennt, die bei Vertragsschluss weder gewollt noch erklärt wurden. Um dem Leser hier eine nochmalige Aufzählung zu ersparen, sei auf die Schnittmenge dessen verwiesen, was nicht mit dem Willen und nicht mit der Erklärung bei Vertragsschluss erfasst werden kann.[285]

2. Scheinlösungen

a) Vagheiten

Je bedeutsamer und anspruchsvoller ein bestimmtes Problem gerät, desto größer wirkt auch der Ansporn, dieses Problem zu lösen und damit das Dilemma von Wille und Erklärung zu überwinden. Das gilt namentlich für *Larenz*. Einerseits hält er – noch ganz bescheiden – das Problem des richtigen Verhältnisses von Wille und Erklärung und von subjektiven und objektiven Gesichtspunkten bei der Auslegung für „... zeitlose Probleme der Rechtswissenschaft im Sinne ‚ewiger Aufgaben' ..., die nicht auf ein einzelnes positives Recht beschränkt sind und wohl niemals ... erschöpfend gelöst werden können."[286] Dann aber verbindet er mit der von ihm als neuartigem Ansatz beschriebenen Geltungstheorie[287] die Hoffnung, mit der Zurechnung des Erklärungssinns ein neues Auslegungsprinzip zu erhalten, „... das geeignet erscheint, den Dualismus von subjektiver und objektiver Auslegungsmethode zu überwinden ...",[288] um dann anderen Vertretern vorzuhalten, beim unheilvollen Dualismus von Wille und Erklärung zu verharren.[289] Ähnlich spricht *Canaris* von dem als Einheit begriffenen Akt des In-Geltung-Setzens[290] und *Frotz* vom Aufgehen subjektiver und objektiver Elemente in der Einheit finaler Gestaltung.[291] Doch wird so nicht begründet, warum der zurechenbare Erklärungssinn mal im Erklärten und mal im Gewollten liegen soll. Es bleibt unbeantwortet, wann und warum mal ein fehlender Rechtsfolgewille beachtlich ist – und ein anderes Mal nicht. Anders formuliert: Wie beurteilen wir es, wenn der Wille fehlt, eine bestimmte Rechtsfolge in Geltung zu setzen? Mal scheint der

---

[285] Vgl. also einerseits oben § 9 C. IV. und andererseits oben § 10 D. I.
[286] *Larenz*, Auslegung, 1930, S. III
[287] Siehe dazu allerdings bereits oben § 10 A. V sowie die nachfolgende Würdigung.
[288] *Larenz*, Auslegung, 1930, S. 31.
[289] So etwa *Danz*, *Oertmann* oder *Manigk*, vgl. *Larenz*, Auslegung, 1930, S. 13, 24, 29.
[290] *Canaris*, Vertrauenshaftung, 1971, S. 420.
[291] *Frotz*, Verkehrsschutz, 1972, S. 407.

Wille doch relevant zu sein, wenn *Larenz* vom „… Sinn der Willenserklärung als einer auf rechtliches Gelten gerichteten volitiven Äußerung …"[292] spricht oder die Willenserklärung als volitive Äußerung das Willensmoment in sich einschließlich soll.[293] Ein anderes Mal wird hingegen genau das vehement bestritten.[294] Anstatt ein für jedermann nachvollziehbares und konkret subsumierbares Konzept zu präsentieren, welches das Dilemma überwindet, trägt die gesamte Terminologie der Geltungserklärung nicht zu neuen Erkenntnissen als vielmehr zur Verdunklung bei. Dies sollte aber immer Misstrauen erregen, finden sich derartige Dunkelheiten bis hin zu hochelaborierten philosophischen Ausführungen vor allem dort, wo klare und überprüfbare Konzepte versagen. Man kann so dogmatische Probleme gewissermaßen riechen.

b) Ausblendung

Eine andere Möglichkeit, auf das Dilemma von Wille und Erklärung zu reagieren, besteht darin, es möglichst schnell beiseite zu wischen.[295] Nach *Leonhardt* wird das Anfechtungsrecht aus Billigkeit eingeräumt.[296] *Kramer* sieht im erbitterten Gefecht zwischen Willens- und Erklärungstheorie den Hauptgrund für die permanente Krisenanfälligkeit der allgemeinen Vertragslehre und fordert eine völlige Lösung von diesem „… starren und emotional vorbelasteten dichotomischen Schema …"[297] *Hanau* sieht hierin ein „… abschreckendes Beispiel für die nicht enden wollenden Auseinandersetzungen in einer Periode der Rechtswissenschaft, in der das vorwiegend verwandte begriffliche Instrumentarium sicheres juristisches Argumentieren und Überzeugen schier unmöglich machte."[298] Nach *Hönn* kommt es im Grundsatz darauf an, ob das Erklärte als Erklärung gewollt sei, als Erklärung, wonach gerade die erklärten Rechtsfolgen eintreten sollen, um dann in einer Fußnote mitzuteilen, auf Scheingeschäft und *falsa demonstratio* könne und solle hier nicht eingegangen werden.[299] Geradezu mitleidsvoll konstatiert der bereits zitierte *Frotz* der „geistesgeschichtlich leicht verständlichen Betonung des Willensprimats", diese habe zum Missverständnis von Wille und Erklärung als Antithesen und der Scheindogmatik beigetragen, während diese Aufspaltung weder der Eigenart der fi-

---

[292] *Larenz*, Auslegung, 1930, S. 52.
[293] *Larenz*, Auslegung, 1930, S. 62.
[294] *Larenz*, Auslegung, 1930, S. 53, 59, 65. Vgl. dazu auch oben § 9 C. V. 2. e). Kritik hieran etwa auch bei *Wieacker*, JZ 1967, 385, 390 f.
[295] Siehe dazu im Zusammenhang der Willenstheorie bereits oben § 9 C. V. 4.
[296] *Leonhard*, AcP 120 (1922), 14, 122 ff. Ganz ähnlich das Argument *Pawlowskis*, Willenserklärungen, 1966, S. 308, der ebenfalls auf die Billigkeit sowie die Schwäche des Menschen verweist.
[297] *Kramer*, Grundfragen, 1972, S. 14, 124 m.w.N.; *Kramer*, MüKo-BGB, 5. Aufl. 2006, Vorbem. §§ 116 ff. BGB, Rn. 6. Zum Verweis auf Gesetz oder Rechtsprechung siehe unten § 16 A.
[298] *Hanau*, AcP 165 (1965), 220, 221.
[299] *Hönn*, Kompensation, 1982, S. 11, 36 f., vgl. dort Fn. 45.

nalen Handlung entspreche noch für das Privatrecht irgendeine Bedeutung habe. Letzteres könne nur verkennen, wer unzulässig die gesunden Fälle rechtsgeschäftlicher Gestaltung mit den pathologischen[300] vermengt, was freilich oftmals geschehen sei und vielleicht am stärksten zur beinahe chronischen Misere der deutschen Rechtsgeschäftslehre beigetragen habe.[301] Doch lassen all diese Ausflüchte nun einmal unbeantwortet, warum nahezu jede Rechtsordnung dieser Welt mal den Willen und mal das Erklärte berücksichtigt und wie das vertragstheoretisch erklärbar sein soll.

c) Verweis auf geltendes Recht

Dementsprechend überwiegen die Versuche, in irgendeiner Form doch noch Antworten zu finden, die wenigstens den Schein einer tragfähigen Lösung erwecken. Dabei begegnen uns viele altbekannte Begründungsmuster, die immer dann auftreten, wenn das klassische methodische Instrumentarium nicht weiterhilft. Neben schwer subsumierbaren Begriffen wie denen einer Verständigung bzw. sozialen Kommunikation[302] oder der Einführung unklarer Unterscheidungen wie jener zwischen Inhalt und Ausdruck[303] oder zwischen Entstehung und Fortbestand[304] kann man natürlich einfach auf das positive Recht und damit die Entscheidung des Gesetzgebers verweisen.[305] Noch ganz vorsichtig formuliert etwa *Windscheid* die Frage, wie hoch der Gesetzgeber – und nicht etwa der Dogmatiker oder gar Willenstheoretiker – das Interesse des *bona fide*-Verkehrs stelle.[306] *Kramer* sieht die dogmatische Herausforderung nicht etwa darin, den Gegensatz von Wille und Erklärung als rechtstatsächliches Phänomen anzuerkennen und sich um eine dogmatische Erklärung zu bemühen. Vielmehr dürfe man nicht die methodologische Grunderkenntnis missachten, dass es hier nicht um apriorisch-evidente Lösungen, sondern vielmehr um ein „durchaus juristisches" Problem gehe, „... und zwar ein solches des positiven Rechts."[307] Doch sind derartige Äußerungen ein Verzweiflungsakt. Schließlich ist es der erklärte Anspruch jeder Rechtsdogmatik – auch jener der zuvor genannten Personen –, nicht einfach ein Gesetzbuch nachzube-

---

[300] Näher zum Pathologie-Argument oben § 9 C. V. 4. a).
[301] *Frotz*, Verkehrsschutz, 1972, S. 408, vgl. denselben dort auch auf S. 464: Nur Störungsfälle könnten zu der Frage verleiten, ob der vollzogene Wille oder das Vertrauen des anderen auf das Versprechen oder beides gemeinsam die Rechtsbindung erzeugt.
[302] Vgl. dazu oben § 10 A. III. sowie die insoweit berechtigte Kritik etwa von *Canaris*, Vertrauenshaftung, 1971, S. 430; *Frotz*, Verkehrsschutz, 1972, S. 413 (Fn. 1008).
[303] *Larenz*, Auslegung, 1930, S. 68: Die Fehlerhaftigkeit einer irrigen Erklärung liege nicht im Inhalt, sondern im Ausdruck.
[304] *Wolf*, Entscheidungsfreiheit, 1970, S. 26.
[305] Stellv. *Larenz*, Auslegung, 1930, S. 52 f. (dort für die Zurechnung, der Geschäftswille scheide hingegen vollkommen aus), 68 (Das positive Recht könne einer Willenserklärung die Gültigkeit versagen) sowie die nachfolgend zitierten Stimmen.
[306] *Windscheid*, AcP 63 (1880), 72, 104.
[307] *Kramer*, Grundfragen, 1972, S. 124 m.w.N.

ten und sich so davon abhängig zu machen, ob ein praktisches Problem im eigenen Land zufällig kodifiziert oder gerichtlich entschieden wurde. Vielmehr soll das gesamte Recht möglichst verallgemeinernd erfasst werden. Dementsprechend käme auch niemand auf die Idee, dort nur auf das Gesetz oder die Rechtsprechung zu verweisen, wo die eigene Theorie in der Lage ist, dieses Recht stimmig einzuordnen.[308]

d) Flexible Begründungsmuster

Wie immer einen sicheren Hafen, wenn auch leider keine überprüfbaren Aussagen, verbürgen flexibel-bewegliche Begründungsmuster.[309] *Nipperdey* verweist darauf, dass nach der Wertung wiederum des Gesetzgebers die Abwägung der Interessen in bestimmten Fällen eine Berücksichtigung des inneren Willens nötig mache.[310] Nach *Bork* verbieten die Erkenntnisse der „… heute allein noch vertretene[n] Geltungstheorie …" „schematisch-deduktive Lösungen" und gebieten vielmehr einen „normativen Interessenausgleich".[311] Nicht verraten wird jedoch mit derartigen Hinweisen, wie die Abwägung vonstattengehen soll. Dogmatisch immerhin noch am schlichtesten ist dabei ein einfacher Dualismus dergestalt, dass man nicht nur auf den Willen, sondern zusätzlich noch auf einen anderen Begründungsansatz verweist. Das mag wie bereits diskutiert ein Verschulden bzw. eine Verantwortung sein,[312] der Hinweis auf das noch zu untersuchende Vertrauen[313] oder die ergänzende Berücksichtigung von Effizienzgesichtspunkten.[314] Doch sollte man dabei nicht der Illusion unterliegen, das Problem gelöst und nicht nur beschrieben zu haben. Davon kann erst dann eine Rede sein, wenn auch ein übergreifendes Kriterium erarbeitet wurde, das uns verrät, wann mal der eine und wann der andere Gesichtspunkt greifen soll.

Umso mehr gilt das natürlich für Konzepte, die es nicht bei zwei Gesichtspunkten belassen, sondern sich besonders beweglich und vielschichtig zeigen. *Trendelenburg* geht der dogmatischen Herausforderung elegant aus dem Weg, indem er nicht nur den gemeinsamen Willen bemüht, sondern genauso auf die allgemeine ethische Aufgabe verweist, die nur in der Gemeinschaft vollzogen werden könne. Zudem beschwört er die Gefahr einer Schwächung und Beeinträchtigung des erfüllenden Teils und verweist zusätzlich auf die Treue, welche in dieser Zuverlässigkeit als produktive Kraft erscheine und daher natio-

---

[308] Näher unten § 10 E. I. 1.; § 16 A. Zu Recht skeptisch auch *Flume*, Allgemeiner Teil, Bd. 2, 4. Aufl. 1992, S. 56 (§ 4 6).
[309] Näher zu diesen unten § 19 F. III. 2. b).
[310] *Enneccerus/Nipperdey*, Allgemeiner Teil, Hbd. 2, 15. Aufl. 1960, S. 1024.
[311] *Bork*, Allgemeiner Teil, 3. Aufl. 2011, S. 226 (§15 C I 2, Rn. 585). Zur Argumentationsfigur des Normativen siehe bereits oben § 9 C. V. 2. e); unten § 10 E. II. 1.
[312] Näher oben § 10 C. III.; § 10 C. IV.
[313] Näher unten § 10 F.
[314] Näher unten § 16 A. II. 3.

nal-ökonomisch im Wert eines Erwerbs abgeschätzt werde. Daneben soll aber auch die nötige Zuverlässigkeit eine wichtige Rolle spielen, ohne welche die Furcht der Selbsterhaltung jedes gemeinsame Unternehmen verhindern würde.[315] Wie man all das subsumieren soll, wird nicht verraten, weshalb sich die Begeisterung schon damals in Grenzen hielt.[316] Dass bewegliche Systeme immerhin insofern Vorteile bieten mögen, als sie – wegen ihrer fehlenden Festlegung – den Kopf für eine unvoreingenommene Herangehensweise öffnen, demonstriert *Bydlinski* in seiner aufschlussreichen Arbeit, in der er auf die Elemente der willentlichen Selbstbestimmung, der Verkehrssicherheit, der inhaltlichen Äquivalenz sowie der Vertragstreue verweist.[317] Doch muss auch er sich vorhalten lassen, keine falsifizierbaren Aussagen dafür anzubieten, nach welchen Maßstäben und in welcher genauen Operation all diese Elemente zu „kombinieren" und hieraus konkrete Vertragsinhalte abzuleiten sind. Nach *Kramer* ist man sich gar „... heute völlig darüber im Klaren, dass man dem Ordnungsproblem einer gerechten Schadensverteilung nur mittels eines differenzierenden, ‚beweglichen Systems' von Kriterien bzw. ‚Elementen' der Schadenszurechnung beikommen kann."[318]

e) Dialektik

Ob man bei all diesen flexiblen Begründungsmustern von Interessenabwägung, beweglichem System, Spannungsverhältnis, Antinomie oder Dialektik spricht, ändert relativ wenig. Im Gegenteil verbürgt gerade Letzteres die Hoffnung, in noch sehr viel undurchsichtigere Gefilde hegelianischer Metaphysik eintauchen zu dürfen, die eine wissenschaftliche Überprüfung von vornherein unmöglich macht. Für den Rekurs auf den vernünftigen oder richtigen Willen und damit der Einbringung persönlicher Gerechtigkeitsvorstellungen, die vom Versprechensakt gänzlich losgelöst sind, wurde das bereits dargelegt.[319] Hier sei zum Abschluss noch eine Passage wiedergeben, die besonders deutlich ausdrückt, was sich bis heute und keineswegs nur im deutschen Sprachraum findet. *Larenz* schreibt: „So kommen in § 157 und § 242 die verschiedenen Funktionen der Rechtsidee zum Ausdruck: die Billigkeit, die das Individuelle, und die Gerechtigkeit, die das Allgemeingültige eines jeden Rechtsfalls hervorhebt. Freilich sind die beiden Funktionen in der Idee vereint, keine ist denkbar ohne die andere, denn es ist gerade das Wesen der Idee, das Allgemeingültige im

---

[315] *Trendelenburg*, Naturrecht, 1860, S. 186 (§ 104). Aus neuerer Zeit siehe für ein ähnlich vielschichtiges Konzept stellvertretend für viele etwa *Mankowski*, Beseitigungsrechte, 2003, S. 379, 1119 ff., passim.
[316] Stellv. *Hofmann*, Entstehungsgründe, 1874, S. 113 (§ 17).
[317] *Bydlinski*, Privatautonomie, 1967, S. 122, passim.
[318] *Kramer*, AcP 171 (1971), 422, 427 f.
[319] Oben § 10 C. IV. 4.; § 9 C. V. 3. b) bb). Vgl. hier nur die insoweit berechtigte Kritik von *Kramer*, Grundfragen, 1972, S. 210 (dort Fn. 17) zu *Pawlowski* und *Ballerstedt* („... ziemlich alles dunkel") oder von *Hönn*, Kompensation, 1982, S. 20.

Individuellen zur Geltung zu bringen. So strebt auch die Auslegung über das Individuelle hinaus, indem sie ihm seine Norm setzt und die Ergänzung zu ihm hin, indem sie die allgemeine Regel dem Einzelfall anpasst. Darin findet der Gegensatz von Auslegung und Ergänzung seine tiefere Begründung und wird es zugleich verständlich, warum die Abgrenzung im Einzelnen so schwierig ist; beide werden in ihrer Richtung durch die Rechtsidee bestimmt, jede aber auf eine andere Weise. Indem aber beide Funktionen der Rechtsanwendung ineinandergreifen, dienen sie der Fortentwicklung des Rechtes als eines lebendigen Ganzen in der Welt des ‚objektiven Geistes'".[320]

3. Fazit und Ausblick

Im Ergebnis lässt sich festhalten, dass der Dualismus[321] von Wille und Erklärung alles andere als befriedigend gelöst ist. Das gilt auch für die sogenannte Geltungstheorie, gerade wenn sie sich von der Willenstheorie abzugrenzen sucht, sich damit aber als nichts anderes als die altbekannte Handlungs- bzw. Erklärungstheorie entpuppt.[322] Den Dualismus überwindet sie nicht. *Flume* formuliert erfreulich klar: „So soll der ‚Dualismus' von Wille und Erklärung überwunden sein. Dieser Dualismus ist aber nicht aus der Welt zu schaffen, weil er einfach ein Faktum ist. Es ist nun einmal nicht zu leugnen, dass wenn jemand zu 110 verkaufen will und irrtümlich 100 schreibt, die Erklärung zu 100 mit dem Willen des Erklärenden nicht übereinstimmt, mag dieser auch willentlich die Erklärung, über die er sich irrte, in Geltung gesetzt haben. Die Geltungstheorie ist, wenn sie die Existenz der Willenserklärung auch im Falle des Irrtums zu retten sucht, in Wirklichkeit nichts anderes als die Erklärungstheorie .... Die Problematik der Nichtübereinstimmung von Wille und Erklä-

---

[320] *Larenz*, Auslegung, 1930, S. 105 f. (die dort genannten Paragraphen sind die des BGB), vgl. etwa auch *Larenz*, Geschäftsgrundlage, 3. Aufl. 1963, S. 162 zur aus seiner Sicht dialektischen Zuordnung von Privatautonomie und immanenter Vertragsgerechtigkeit. Spätestens hier möchte man *Schopenhauer* (Hrsg.), Parerga und Paralipomena, 1. Teil, 1895, S. 178 zitieren: „Hierher gehört auch die plumpe Unverschämtheit, mit der die Hegelianer, in allen ihren Schriften, ohne Umstände und Einführung, ein langes und breites über den sogenannten ‚Geist' reden, sich darauf verlassend, dass man durch ihren Gallimathias viel zu sehr verblüfft sei, als das, wie es recht wäre, einer dem Herrn Professor zu Leibe ginge mit der Frage: ‚Geist? Wer ist denn der Bursche? Und woher kennt ihr ihn? Ist er nicht etwa bloß eine beliebige und bequeme Hypostase, die ihr nicht einmal definiert, geschweige deduziert, oder beweist? Glaubt ihr ein Publikum von alten Weibern vor euch zu haben?' ..."

[321] Für weitere Beispiele dualistischen Argumentierens siehe oben § 3 A. III. 4. Übergreifend siehe unten § 19 F. III.

[322] Siehe zur Handlungstheorie bereits oben § 10 A. V. 3. sowie für die Erklärungstheorie etwa *Flume*, FS Deutscher Juristentag, Bd. 1, 1960, S. 135, 158 („nur eine andere Formulierung"); *Flume*, Allgemeiner Teil, Bd. 2, 4. Aufl. 1992, S. 59 (§ 4 7; „... nichts anderes als die Erklärungstheorie.") oder *Wieling*, AcP 172 (1972), 297, 305 f.; *Raiser*, Geschäftsbedingungen, 1935, S. 155 (dort Fn. 2), 167 f.

rung in den Fällen der Willensmängel bleibt ... bestehen."[323] Es manifestiert sich hier besonders deutlich die so unangenehme, weil bis heute nicht befriedigend gelöste Frage nach dem Grund der Vertragsverbindlichkeit. Es geht hier keineswegs um eine überholte Diskussion dogmatisch verirrter Theoretiker, sondern geradezu um eine Kernfrage jeder Vertragstheorie. Und diese Kernfrage wird sich erst dann lösen lassen, wenn man sich von der Verabsolutierung des Parteiverhaltens bei Vertragsschluss als gedanklichem Ausgangspunkt löst und sich stattdessen auch für den Umgang mit Irrtümern auf ein taugliches substanzielles Kriterium besinnt, anhand dessen sich dann die genaue Relevanz des Parteiverhaltens sowie dessen rechtliche Konsequenzen bestimmen lassen.[324]

IV. Offene Fragen

Zu den vielen Nachteilen, die es mit sich bringt, wenn man die Verbindlichkeit sämtlicher Vertragsinhalte allein dem Versprechensakt entnimmt, gehört es auch, dass man sich so jeder dogmatischen Handhabe begibt, um diesen Versprechensakt zu hinterfragen. So wurde bereits an der Willenstheorie kritisiert, dass der Wille alles andere als intrinsisch ist.[325] Für die Erklärungstheorien gilt nichts anderes. So unternimmt unser Vertragsrecht erhebliche Anstrengungen, um eine gewisse Qualität des Erklärten zu gewährleisten. Wir nehmen es nicht einfach hin, wenn ein Kleinkind oder Betrunkener agierte oder eine Partei überrumpelt bzw. getäuscht wurde.[326] Hier einfach nur darauf zu verweisen, dass solche Erklärungen eben nicht zurechenbar seien, enthält genauso wenig eine überprüfbare Aussage wie der Hinweis auf Freiwilligkeit oder Entscheidungsfreiheit. Wie bestimmen wir denn so etwa den Informationsstand, bei dem wir einen Vertrag nicht mehr aufrechterhalten, sondern korrigieren?[327]

Und wie sieht es mit den zahlreichen Anforderungen an einen Vertragsschluss aus? Bei der Abgabe etwa geht es um einen Übereilungsschutz,[328] während das Zugangserfordernis – wie bei der Willenstheorie – deshalb schwer zu erklären ist, weil der Versprechensadressat nach den bisher diskutierten Erklärungstheorien überhaupt keine Rolle spielt.[329] Ebenso bleibt offen, was genau

---

[323] *Flume*, Allgemeiner Teil, Bd. 2, 4. Aufl. 1992, S. 59 (§ 4 7), zust. *Frotz*, Verkehrsschutz, 1972, S. 413 (dort. Fn. 1008). Dementsprechend kann auch *Wolf*, Entscheidungsfreiheit, 1970, S. 24 darauf hinweisen, dass dieser grundsätzlichen Problematik – gesetzliche Regelung hin oder her – nach wie vor Bedeutung zukommt.
[324] Unten § 16.
[325] Oben § 9 C. III.
[326] Näher unten § 17 E.
[327] Näher unten § 17 D. II. 2.
[328] Vgl. oben § 9 Fn. 431. Näher zum Vertragsschluss unten § 18 C. I.
[329] Anders sieht es bei der Berücksichtigung von Vertrauen aus, vgl. dazu aber unten § 11.

für eine „Erklärung" zu verlangen ist.[330] Das betrifft nicht nur die Einordnung schlüssiger Willenserklärungen oder das Schweigen als Willenserklärung, sondern selbst so scheinbar profane Fragen, ob denn wirklich derjenige, der als Bankkunde der Geltung umfassender Allgemeiner Geschäftsbedingungen zustimmt, all das „erklärt", was dort im Einzelnen geschrieben steht. Derartige Fragen lassen sich nur beantworten, wenn man über ein dogmatisches Konzept verfügt, das Erklärungsinhalte nicht als intrinsisch richtig ansieht, sondern konkret beantwortet, wozu eine Erklärung da ist, was für Zwecken sie dient und was dafür von ihr zu verlangen ist. Auch hier wäre es wieder illusorisch, die gesuchte Antwort aus Begriffen wie Vorsatz, Fahrlässigkeit, Verantwortung oder Zurechnung ableiten zu wollen.

Ebenso wenig wie die Willenstheorie können die Erklärungstheorien zur Problematik von Zwang, Drohung und Ausbeutung beitragen – erklärt hier doch der Betroffene das, was er angesichts seiner Situation erklären muss.[331] Schließlich wäre es noch wünschenswert, Elemente wie die Erklärung und eine Zurechenbarkeit in ein Gesamtkonzept einzuordnen, also diese Tatbestandsmerkmale aus einem übergreifenden Gedanken abzuleiten.

E. Verknüpfungen

Die bisherige Würdigung der Erklärungstheorien verlief ernüchternd. Insbesondere blieb offen, wie die Fülle praktisch relevanter Vertragsinhalte allein dadurch begründet werden soll, dass man auf die Erklärung oder deren Zurechenbarkeit verweist. Vor diesem Hintergrund ist es nicht nur verständlich, sondern beinahe zwangsläufig, wenn hier auf solche Wertungen zurückgegriffen wird, die keineswegs auf die Erklärung oder den Erklärungsakt rückführbar sind. Es geht also um eigenständige Gesichtspunkte, die aber nicht immer als solche ausgegeben werden. Vielmehr wird teilweise ein erheblicher philosophischer Aufwand betrieben, um diese Eigenständigkeit zu kaschieren. Der Grund für diesen geistigen Aufwand liegt dabei auf der Hand. Einerseits versäumt es die klassische Vertragstheorie, sich ernsthaft von einer punktuellen Betrachtung zu lösen und stattdessen offen die auch das Vertragsrecht prägende Machtverteilung und zeitliche Streckung der menschlichen Entscheidungsfindung zu diskutieren. Andererseits möchte man auch nicht einfach eingestehen, völlig neue und keineswegs aus dem Versprechensakt ableitbare Gesichtspunkte einzubringen, drängen sich doch sonst gleich zwei Fragen auf, nämlich erstens, wie diese neuen Wertungen zu rechtfertigen seien, und zweitens, wie

---

[330] Vgl. etwa für das schlüssige Handeln unten § 12 B. II. 3.; § 12 C. II. 3. oder für Allgemeine Geschäftsbedingungen unten § 14 B. II. sowie für den Vertragsschluss unten § 18 C. I.
[331] Näher oben § 4 B. I.

sie sich mit der eigentlich propagierten Erklärungs- oder auch Willenstheorie vertragen, von dieser abzugrenzen sind oder sich gar in ein Gesamtkonzept einfügen.

I. Inhalte

1. Recht

Was die jeweiligen Inhalte anbelangt, die über die gleich noch zu diskutierenden Konstruktionen in irgendeiner Form mit der Erklärung oder dem Erklärungsakt verknüpft werden,[332] findet sich hier die gesamte Bandbreite derjenigen Gesichtspunkte, auf die auch sonst gerne zurückgegriffen wird. Beliebt ist der Verweis auf das Recht und damit das Phänomen, das es erst zu erklären gilt.[333] *Larenz* etwa führt zur Bedeutung einer Erklärung kurzerhand aus: „Sie ‚hat' sie nicht, weil die Partei es so will, sondern weil die Rechtsordnung sie ihr zuordnet."[334] Oft erfolgt dabei der Hinweis auf das geltende Recht eher subtil, indem gewisse Probleme nicht als solche des zu begründenden Vertragsinhalts thematisiert werden. Das betrifft etwa die Leistungsstörungen, wo zudem gesetzliche Gewährleistungsvorschriften wie im Kauf-, Werkvertrags- oder Mietrecht dazu verlocken, auf die Bestimmung des im Einzelnen geschuldeten Vertragsinhalts zu verzichten.[335]

2. Sitte, Übung und Brauch

Ganz ähnlich muss die Würdigung dort ausfallen, wo zwar nicht auf das geltende Recht, dafür aber auf eine bestehende Sitte oder Konvention verwiesen wird. Dabei geht es nicht darum, deren vertragsrechtliche Relevanz zu bestreiten. Bekanntlich sind Verträge mit Rücksicht auf die Verkehrssitte auszulegen[336] und entlastet es die Vertragsparteien wie staatliche Entscheidungsträger enorm, bisweilen einfach auf den Handelsbrauch verweisen zu können, anstatt selbst sachgerechte Vertragsinhalte entwickeln zu müssen. Doch unabhängig davon, ob Gesetzgeber, Richter, Vertragsparteien, Stellvertreter, wer-

---

[332] Vgl. zu diesem Phänomen aus willenstheoretischer Perspektive oben § 9 C. V. 2. c).
[333] Näher (dort zum Dualismus von Wille und Erklärung) oben § 10 D. III. 2. c) sowie zur Grundfolgentheorie oben § 9 D. II.
[334] So *Larenz*, Auslegung, 1930, S. 48. Vgl. denselben aber auch dort auf S. 98, wonach es die Auslegung nur mit der Deutung des Erklärten zu tun hat, während die „Ergänzung" Gesetzesanwendung sei. Doch überzeugt es auch für eine „Ergänzung" nicht, einfach auf das Gesetz zu verweisen, sondern ist für diese Vertragsinhalte genauso eine Begründung gefragt, die nicht einfach nur auf die Tatsache einer gesetzlichen Entscheidung verweist, siehe dazu gleich sowie zu Begriffen wie Auslegung oder Deutung unten § 10 E. II. 3.
[335] Näher oben § 6. Dementsprechend folgt spätestens dort ein jähes Erwachen, wo es wie beim Dienstvertrag an solchen Gewährleistungsvorschriften fehlt, vgl. oben § 3 C. II. 2.; § 8 C.
[336] Siehe dazu etwa § 157 BGB, Art. 5:102 PECL oder Art. II. – 8:102 DCFR.

bende Unternehmen, Verbände (über Musterverträge), Kaufleute oder all diejenigen entscheiden, die eine Verkehrssitte gemeinsam prägen, besteht die dogmatische Herausforderung darin, diese Entscheidungen mitsamt der dazugehörigen Kompetenzverteilung verbindlich und möglichst verallgemeinernd zu erklären. Einfach darauf zu verweisen, es werde von bestimmten Personen so und nicht anders entschieden, wird dementsprechend immer nur dann praktiziert, wenn das eigentlich vertretene Konzept an seine Grenzen stößt.

3. Rechtsidee

Natürlich kann man schließlich die zu begründende Rechtsfrage kurzerhand zur Rechtsidee erklären. Dass dies wissenschaftlichen Anforderungen nicht genügt, wurde bereits dargelegt.[337] Hier ist nur zu betonen, dass es jedenfalls nicht überzeugt, diese Rechtsidee künstlich mit dem Versprechensakt zu verknüpfen. Vielmehr sollte man diese Rechtsidee dann wenigstens als eigenständig-axiomatisches und vom geltenden Recht losgelöstes Konzept präsentieren. Dass dies sehr geistreich und auch für die juristische Arbeit inspirierend sein kann, beweist die Fülle philosophischer Konzeptionen, die sich in der einen oder anderen Form mit Versprechen oder Vertrag beschäftigen. Und soweit sich die so als vermeintlich apriorisch präsentierten Gedanken dazu eignen, das geltende Recht verallgemeinernd zu beschreiben, bleiben sie für uns uneingeschränkt wertvoll.

II. Vorwände

Bisher wurden mit dem Recht, der Sitte und der Rechtsidee einige Inhalte aufgeführt, auf die oft zurückgegriffen wird, wenn die gesuchten Inhalte der Erklärung selbst nicht zu entnehmen sind. Nunmehr geht es darum, einige besonders populäre Argumente aufzuzählen, mit denen diesen Inhalten gewissermaßen Eingang verschafft werden soll. Dabei kann teilweise auf frühere Ausführungen verwiesen werden. So war bereits beim Willen festzustellen, dass dieser selbst dann gerne bemüht wird, wenn sich die menschliche Aufmerksamkeit keineswegs auf das richtete, was vermeintlich gewollt war. Dabei reichten die dafür bemühten Argumentationsmuster von der dogmatisch recht ehrlichen Fiktion über reale oder auch nur vermeintliche Zwangsläufigkeiten bis hin zu Mutmaßungen und Normativierungen.[338] Für die hier interessierende Erklärungstheorie war es vor allem die Verantwortung bzw. die These, dass der Versprechende auch „die Konsequenzen" seines Versprechens zu tragen habe, über die weit über die Erklärungshandlung oder den Erklärungsin-

---

[337] Oben § 1 B. I.; § 10 C. IV. 4.; passim. Vgl. auch unten § 19 G. III.
[338] Näher oben § 9 C. V. 2. b).

halt hinausgegangen wurde.[339] Nunmehr sollen noch einige weitere „Techniken" diskutiert werden, über die solche Handlungsanweisungen an den Vertragsinhalt herangetragen werden, die sich nicht aus Parteiwille oder Erklärung ergeben. Hierzu gehören insbesondere die so viel bemühte Auslegung, der Hinweis auf den Inhaltsreichtum unserer Sprache sowie die Bedeutung von Konventionen und Umständen, aber auch solche Begrifflichkeiten wie Hermeneutik oder Vorverständnis.

1. (Normative) „Auslegung"

Konfrontiert man einen typischen Juristen mit dem Einwand, dass ein bestimmter Vertragsinhalt gar nicht erklärt (oder gewollt) sei, wird dieser entgegnen, man müsse die Willenserklärung auslegen. Einen noch unproblematischen Gehalt birgt dieser Begriff der Auslegung so weit, wie man einen Sachverhalt auf das Vorliegen einer konkreten Tatsache hin untersucht, sei das ein Wille oder auch ein Ziel. Die Erklärung des Versprechenden bildet hier ein besonders fruchtbares, weil vom Erklärenden gut steuerbares Indiz, ist aber nicht der einzige zu berücksichtigende Sachverhalt.[340]

Meistens ist allerdings sehr viel mehr gemeint, geht es also um weit darüber hinaus reichende Aspekte. Womöglich wird man dabei hören, Verträge seien geradezu „zwingend", „(denk-) notwendig" auslegungsbedürftig. In der Praxis ist die Auslegung geradezu ein Allheilmittel, weshalb *Danz* seiner Monographie vorwegschicken kann: „Wie jeder Praktiker weiß …, handelt es sich in einer Unzahl von Rechtsstreitigkeiten um weiter nichts als darum, wie das streitige Rechtsgeschäft, der streitige Vertrag auszulegen ist; mit der Auslegung des Rechtsgeschäfts, des Vertrags, ist auch die Entscheidung des Rechtsstreits gegeben."[341] Bemerkenswert ist dabei, wie sehr ein laxer Umgang mit der Auslegung zu denjenigen Standards kontrastiert, die wir oft ansonsten anlegen. Ignoriert man etwa in Deutschland das dort geltende Trennungs- und Abstraktionsprinzip, gilt das selbst für juristische Anfänger als Todsünde. Bei der Auslegung einer Willenserklärung demgegenüber billigt man nicht nur diesem Anfänger ohne Weiteres zu, ja fordert geradezu dazu auf, „Großzügigkeit" walten zu lassen. Es scheint, als müssten wir vor allem lernen, wo wir sauber denken sollen und wo wir umgekehrt von einer solchen Genauigkeit befreit sind und uns gefahrlos austoben können.

Dabei ist an diesem dogmatisch so großzügigen Umgang mit der Auslegung zumindest so viel richtig, dass ein Richter nicht immer bei einem *non liquet* stehen bleiben kann, wenn der Wille oder die Erklärung nichts für die konkret zu entscheidende Rechtsfrage hergeben. Eine andere Frage ist allerdings, ob

---

[339] Näher oben § 10 C. IV.
[340] Vgl. dazu auch oben § 10 B. I.
[341] *Danz*, Auslegung, 3. Aufl. 1911, S. 1.

wir diese Vertragsrechtsetzung damit erklären, dass wir von einer Auslegung reden. Denn zunächst ist „Auslegung" lediglich die Frage nach dem Vertragsinhalt – nicht aber eine Antwort darauf. Real „auslegen" kann man vielleicht einen Teppich, während sich für die Bestimmung des Vertragsinhalts keine subsumierbare Entsprechung findet und man sich allenfalls eine „Rechtswelt" denken mag, in der das möglich ist.[342] Das, was tatsächlich, also ganz real im Parteiwillen oder in einer Erklärung an Informationsgehalt steckt, lässt sich so nicht erweitern.

Diese etwa als Inversionsmethode[343] benannte Kritik ist zwar alles andere als neu, wohl aber bis heute aktuell. Wir sollten das, was unter dem Stichwort einer Auslegung, aber auch der nachfolgend zu diskutierenden Verknüpfungstechniken zum Vertragsinhalt wird, offen diskutieren und dafür überprüfbare und tragfähige Maßstäbe entwickeln. Ein Richter sollte nicht mehr behaupten, den Vertrag (oder auch das Gesetz) doch nur auszulegen, sondern sich zu seinem eigenen Spielraum bekennen und sich für dessen Ausfüllung rechtfertigen. Wer etwa eine Generalklausel konkretisiert, legt nicht nur dieses Gesetz aus, spricht nicht nur aus, was im Gesetz von jeher enthalten war, sondern setzt ausweislich der ihm dafür zugewiesenen Kompetenz schöpferisch eigenes Recht.[344] Und deshalb muss dieser Richter nicht nur sich selbst für die Ausübung dieser Macht rechtfertigen, sondern müssen auch wir diese Kompetenzverteilung sehen und wissenschaftlich beschreiben. Nichts anderes gilt für andere Rechtsetzer, seien es die Vertragsparteien oder gar ganze Verkehrskreise (über Sitte, Übung und Brauch), die ihrerseits Vertragsinhalte beeinflussen. Nicht um einen magischen Prozess der „Auslegung" geht es hier, sondern die nüchterne Verteilung von Rechtsetzungskompetenzen etwa zwischen Parteien, Richter und Gesetzgeber. Es wäre der methodischen Diskussion wie auch unserem vertragstheoretischen Verständnis sehr gedient, uns auch insofern von der gedanklichen Fixierung auf das Parteiverhalten bei Vertragsschluss zu lösen, zu der uns Begriffe wie Auslegung oder Hermeneutik bis heute verführen. Es ist wissenschaftlich sehr viel ergiebiger, diesen Einfluss ganz offen zu diskutieren, anstatt darauf zu verweisen, dass all diese Entscheidungen doch irgendwie in der Erklärung der Parteien enthalten seien, wenn man an diese nur mit dem richtigen Vorverständnis[345] herangehe. Allzu oft wird dann auch noch als vermeintlich liberal, weil scheinbar von der jeweiligen Partei selbst stammend ausgegeben, was keineswegs deren Vorstellungen, Äußerungen und Interessen entspricht – und bisweilen ist das sogar beabsichtigt. Demgegen-

---

[342] Zur Problematik gegenständlichen Denkens vgl. oben bei § 9 Fn. 109, 111.
[343] Dieser Begriff wurde von *Heck* geprägt.
[344] Näher oben § 2 B. I. 4.; § 8. Schließlich bestimmt auch der Wähler nicht den Inhalt jedes einzelnen Verwaltungsakts, nur weil er alle paar Jahre ein Kreuzchen auf einen Wahlschein setzt.
[345] Näher dazu unten § 10 E. II. 3.

E. *Verknüpfungen* 649

über erlaubt es das Rechtfertigungsprinzip als ein substanzielles Kriterium, das nicht seinerseits bereits eine Erklärung oder einen Willen verlangt, diese Machtverteilung nüchtern zu diskutieren.[346]

Was schließlich den beliebten Hinweis auf die normative Auslegung anbelangt, lässt sich dabei sinngemäß auf frühere Ausführungen zurückgreifen:[347] Mit der Berufung auf ein normatives Verständnis ließe sich dem Käufer, der erklärt, einen Hamster zu kaufen, auch noch eine kleines Kaninchen in die Erklärung zaubern. Denn wie will man anhand des Begriffs „normativ" widerlegen, dass bei einem normativen Verständnis auch das erklärt sei? Anders formuliert ist „normativ" weitestgehend inhaltsleer und beinhaltet eher eine negative Aussage dergestalt, dass keine Erklärung vorliegen müsse. Dann aber sollte man offen auf die Erklärung verzichten und diejenigen Kriterien offenlegen und systematisch stimmig einordnen, die man in Wahrheit zu beherzigen gedenkt.

2. Sprache

a) Normalsprache

Die menschliche Sprache ist zweifellos ein gleichermaßen vielschichtiges, faszinierendes, kompliziertes wie auch methodisch äußerst wichtiges Phänomen. So muss etwa jeder Tatbestand normalsprachlich rückführbar sein. Eine Privatsprache gibt es nicht.[348] Genauso dürfen wir gerade in der wissenschaftlichen Diskussion nicht den Fehler begehen, verschiedene Bedeutungen ein und desselben Begriffs zu vermischen.[349] Nicht weniger problematisch als solche fahrlässige oder gar bewusste Vermengungen ist der Versuch, anhand normalsprachlicher Bedeutungen einfach nur das zu behaupten, was es zu begründen gilt. So ist es zweifellos richtig, dass sich in der Sprache als einem sozialen, kulturellen Phänomen viel von dem wiederfindet, was auch unser Vertragsrecht kennzeichnet. Denn natürlich beeinflussen unser Recht und Rechtsverständnis auch die Sprache (und umgekehrt). Untersucht man etwa die normalsprachliche Bedeutung von „Versprechen", wird man sicher auf solche Verwendungen stoßen, die den sittlichen oder rechtlichen Vorstellungen des jeweiligen Sprachkreises weitestgehend entsprechen. So mag man feststellen, dass die Menschen dann nicht entrüstet vom Bruch eines Versprechens reden, wenn es erzwungen war, betrogen wurde oder angesichts eines Scheingeschäfts nur das Gewollte, nicht aber das Erklärte geleistet wird. Doch gilt hier

---

[346] Näher oben § 8 B. II.
[347] Oben § 9 C. V. 2. e) bb).
[348] Allenfalls ist es denkbar, sich auf den normalen Sprachgebrauch eines eingeschränkten Personenkreises wie dem Juristenstand zu beschränken. Näher zu normalsprachlichen Rückführungen oben § 2 B. I. 1.
[349] Für ein vertragstheoretisch besonders wichtiges Beispiel siehe oben § 9 C. II. 2. a); § 10 C. III. 2.; § 10 C. IV. 2. sowie allgemein oben § 2 B. I. 1.

wie für die gleich noch zu diskutierende Sprechakttheorie, dass der bloße Verweis auf eine Konvention deren verallgemeinernde Beschreibung nicht ersetzt. Dementsprechend hilft es wenig weiter, wenn etwa der Kantianer *Höffe* nach der bemerkenswerten Einsicht, dass sich auch die Unverbindlichkeit von Versprechen gedanklich verallgemeinern ließe,[350] auf einmal auf die Sprache ausweicht: Die „sprachpragmatische Glaubwürdigkeit", die das Versprechen „begriffsintern" intendiere, werde durch das Gesetz der Unehrlichkeit „zurückgenommen" – und das sei widersprüchlich. Im falschen Versprechen gebe es zwei „begriffsinterne", aber inkompatible Zwecksetzungen.[351] Letztlich läuft das lediglich auf die eher banale Feststellung heraus, dass wir Menschen mit dem Begriff des Versprechens eine Verbindlichkeit zumindest in bestimmten Situationen verbinden. Nur am Rande sei dabei hinterfragt, ob es tatsächlich noch dem kantischen Gedankengut einer rein autonom-apriorischen Selbstbindung des Einzelnen entspricht, diese Person an der von ihr sehr begrenzt beeinflussbaren, ja womöglich ihr gar nicht in ihren Nuancen bekannten normalsprachlichen Bedeutung von „Versprechen" festzuhalten. Denn Sprache ist kein apriorisches Phänomen, sondern hochgradig kulturell.[352]

b) Sprechakttheorie

Auch die hoch elaborierte und in der philosophischen Diskussion fest etablierte Sprechakttheorie[353] trägt wenig zur Begründung rechtlicher oder sittlicher Phänomene bei. Und doch stützen sich verschiedenste vertragsrechtsdogmatische Ansätze auf dieses Gedankengut. Das betrifft nicht nur manche Vertreter einer Handlungstheorie,[354] sondern auch manchen anglo-amerikanischen Autoren. Für *Fried* etwa ist „... [the] conventional nature of language ... too obvious to belabour. It is worth pointing out, however, that the various things we do with language – informing, reporting, promising, insulting, cheating, lying – all depend on the conventional structure's being firmly in place."[355] Dabei erleichtert es nicht die Würdigung dieses Ansatzes, wenn *Fried* auch ganz andere Aspekte wie Autonomie, Vertrauen[356] oder Zweckmäßigkeiten[357]

---

[350] Zutr. *Höffe*, Kategorische Rechtsprinzipien, 1990, S. 211 f.: „Denn eine Welt, in der man – aufgrund enttäuschter Erwartungen – keinem Versprechen traut, mag höchst unbequem sein; logisch unmöglich ist sie nicht."
[351] *Höffe*, Kategorische Rechtsprinzipien, 1990, S. 210, 214, passim.
[352] Siehe dazu auch gleich die Kritik am „Kantianer" *Fried* sowie unten § 19 G.
[353] Für eine kurze Darstellung siehe bereits oben § 10 A. II.
[354] Vgl. etwa oben Fn. 25 sowie die Nachweise oben § 10 A. II.
[355] *Fried*, Contract as promise, 1981, S. 12 f.
[356] *Fried*, Contract as promise, 1981, S. 11 ff., 16, passim.
[357] Vgl. nur *Fried*, Contract as promise, 1981, S. 13: „Promising too is a very general convention ... The convention of promising ... has a very general purpose under which we may bring an infinite set of particular purposes. In order that I be as free as possible, that my will have the greatest possible range consistent with the similar will of others, it is necessary that there be a way in which I may commit myself." Andernorts (dort auf S. 16) lehnt

bemüht[358] – ohne auf das Verhältnis dieser Gesichtspunkte zueinander und deren genaue Subsumtion einzugehen. Selbst das so beliebte Argument, der Versprechende müsse die Konsequenzen seines Versprechens tragen, findet sich,[359] auch wenn einmal mehr offen bleibt, was genau denn warum die Konsequenzen sein sollten.[360] Nur eine Variante davon ist die bloße Behauptung, dass sich niemand dem sozialen Sinn einer Willenserklärung entziehen dürfe.[361] Und wenn sich *Fried* bei all dem auf *Kant* beruft,[362] ist das allein deshalb mutig, weil *Kant* eine rein apriorische, auf Selbstgesetzgebung und damit eigene innere Einsicht gestützte Begründung anstrebt und den Einzelnen keineswegs bloßen Konventionen unterwerfen will.

Letztlich stoßen wir bei derartigen Begründungsmustern auf nahezu sämtliche Fragen, die bereits bei der sehr viel weniger prätentiösen Handlungstheorie unbeantwortet blieben. So bleibt offen, wie es denn der magische Akt des *invoking* (der Konvention)[363] oder des *commiting* (zum späteren Handeln)[364] genau bewirken soll, dass man nun an diverse Vertragsinhalte gebunden ist.[365] Vor allem aber liefert der bloße Hinweis auf die Konvention oder die sozial-kommunikative Einbettung des individuellen Handelns nicht die gesuchte Begründung für diese Konvention.[366] Es wird einfach nur darauf verwiesen, dass es so etwas wie Vertragsrecht gibt. Eine praktisch brauchbare und als wissenschaftlich zu bezeichnende Vertragstheorie muss aber mehr leisten, nämlich die Konvention „Recht" verbindlich und möglichst verallgemeinernd beschreiben. Für die bloße Feststellung können wir in Gesetzbücher, Urteile oder Verträge schauen. Dabei ist es gerade der Vorzug rechtlicher Konventionen im Gegensatz zu bloßen Sitten, dass sie oft leichter zu ermitteln sind, weil das Recht von alters her häufiger aufgeschrieben und bisweilen sogar sehr

---

er solche Zweckmäßigkeiten dann aber wieder ab ("... grounded not in arguments of utility, but in respect for individual autonomy and trust.").

[358] Oder wie *Fried*, Contract as promise, 1981, S. 17 selbst formuliert: „To summarize: There exists a convention that defines the practice of promising and its entailments. This convention provides a way that a person may create expectations in others. By virtue of the basic Kantian principles of trust and respect, it is wrong to invoke that convention in order to make a promise, and then to break it."

[359] *Fried*, Contract as promise, 1981, S. 17: „If we take autonomy seriously as a principle for ordering human affairs, however, people must abide by the consequences of their choices ..."

[360] Siehe dazu bereits oben § 10 C. IV. 3.

[361] Näher oben § 10 C. IV. 1.

[362] *Fried*, Contract as promise, 1981, S. 13, 16, passim, näher zu Kant unten § 19 G.

[363] *Fried*, Contract as promise, 1981, S. 11, 17, passim.

[364] *Fried*, Contract as promise, 1981, S. 9: „When ... I promise I commit myself to act, later."

[365] Zur Tradition gegenständlicher Begründungen der Vertragsbindung vgl. bereits oben bei § 9 Fn. 109, 111.

[366] Schon deshalb gelingt natürlich auch *Searle*, PhilosRev 73 (1964), 43 keine Letztbegründung.

professionell fortentwickelt wird. Es ist daher verständlich, wenn sich Soziologen wie Historiker gerade auch für das Recht einer Gesellschaft interessieren, wenn sie mehr über deren Wertvorstellungen und Grundstrukturen erfahren wollen.

Wie so oft zeigen sich die Schwächen einer Vertragstheorie spätestens dann, wenn man sie mit konkreten Problemen oder gar Fällen konfrontiert. So ist es wenig erhellend, bei Zwang, Drohung und Ausbeutung immer nur darauf verwiesen zu werden, dass die Konvention eben eine Bindung verbiete oder gebiete. Dabei verdeutlichen Vermachtungen wie Informationsdefizite – angefangen mit klassischen Monopolen über gut organisierte Standesberufe mit teilweise sogar eigener Gerichtsbarkeit[367] bis hin zu Allgemeinen Geschäftsbedingungen[368] –, dass wir für ein fundiertes Rechtsverständnis in der Lage sein müssen, Konventionen zu hinterfragen.[369] Ebenso wenig lässt sich der Sprechakttheorie entnehmen, warum etwa bei Scheingeschäft, *falsa demonstratio* oder zahlreichen Irrtümern nicht das gilt, was nach außen hin erklärt wurde.

Kurzum, nur eine verallgemeinernde Beschreibung unseres Vertragsrechts erlaubt es, dieses überhaupt zu verstehen, Widersprüche aufzudecken und konkrete Fälle zu lösen. Das erlaubt es dann auch, Konventionen schlüssig in ein vertragstheoretisches Gesamtkonzept einzuordnen. Genau das wird später unter dem Stichwort von Sitte, Übung und Brauch geschehen. Doch beansprucht jedenfalls das Rechtfertigungsprinzip auch, den Inhalt solcher Konventionen – soweit wir sie in den Vertragsinhalt einfließen lassen – zu beschreiben. Anders formuliert greifen wir dann auf Sitte, Übung und Brauch zurück, wenn dies das Rechtfertigungsprinzip besser zu verwirklichen verspricht als die Rechtsetzung etwa der Parteien oder des Staats.[370]

3. Hermeneutik und Vorverständnis

a) Wertvolles

Die Hermeneutik nimmt in der philosophischen Diskussion bis heute einen festen Platz ein.[371] Angesichts der zahlreichen mit diesem Begriff verbundenen Vorstellungen verwundert es dabei wenig, wenn sich hier gleichermaßen Wertvolles wie Fragwürdiges findet. Zu den richtigen wie wichtigen Erkenntnissen der Hermeneutik gehört insbesondere, dass das, was wir einem Text entnehmen und was wir darunter verstehen, stark vom jeweiligen Wissen – aber auch den Emotionen – geprägt ist, mit dem wir an diesen Text herantre-

---

[367] Vgl. zu derartigen Gefahren nur *Taupitz*, Standesordnungen, 1991, S. 451 ff., passim.
[368] Siehe dazu hier nur *Großmann-Doerth*, Selbstgeschaffenes Recht, 1933 sowie näher unten § 14.
[369] Näher unten § 16 C. II. 5.
[370] Näher unten § 16 C. II.
[371] Vgl. für eine Einführung hier nur *Grondin*, Einführung in die philosophische Hermeneutik, 2. Aufl. 2001.

ten. Lesen wir das gleiche Buch als Schüler, Student und Wissenschaftler oder auch nur nach dem ersten Durchgang gleich ein zweites Mal, interpretieren wir dessen Inhalt genauso verschieden wie die Angehörigen fremder Kulturkreise, Wissenschaftsdisziplinen oder Epochen. Ebenso leuchtet es ein, dass sich die Bedeutung des jeweiligen Vorverständnisses nicht nur auf Vorgänge wie das Lesen beschränkt, sondern unser gesamtes Denken erfasst.

Erkenntnistheoretisch führt die Hermeneutik hier nur für kulturelle Einflüsse fort, was namentlich *Kant*[372] für so grundlegende, vermeintlich apriorische Kategorien vorgemacht hatte: Genauso wie der Mensch Denkformen wie Raum oder Zeit an die äußeren Erscheinungen des Lebens heranträgt,[373] tut er das auch mit kulturellen und sonstigen Prägungen, die von Geburt an auf ihn einwirken. Es sind vor allem die erkenntnistheoretischen Erkenntnisse *Kants*, die den bis heute wichtigsten Beitrag dieses Philosophen ausmachen. Denn sie überwanden in ihrer insofern berechtigten idealistischen Ausrichtung den etwa noch von *Hume* vertretenen, auf Induktion setzenden Empirismus.[374] Dabei lässt sich das, was *Kant* noch als metaphysisch-apriorisch unterstellt, durchaus mit aktuellen biologischen und psychologischen Erkenntnissen vereinbaren und damit modern interpretieren. Man muss nur diese Denkformen als das einordnen, was sie tatsächlich sind, nämlich das Produkt eines evolutionären Anpassungsprozesses an die jeweiligen Umweltbedingungen des Menschen:[375] Während die Amöbe keinen ausgefeilten Denk- und Sinnesapparat, ja nicht einmal ein zweidimensionales Weltverständnis oder gar eine Vorstellung von Zeit benötigt, ist die menschliche Vorstellungswelt zwar jener der Amöbe überlegen, weil ausgefeilter, wenn auch energieaufwändiger, doch sicher nicht der Weisheit letzter Schluss oder gar von zeitloser, reiner Gültigkeit. Dabei bietet es sich an, die Hermeneutik dadurch abzugrenzen, dass man zwischen einerseits genetisch und andererseits kulturell verankerten Denkformen unterscheidet. Das unterstreicht die Bedeutung der Hermeneutik, sind doch die für unser Rechtsverständnis maßgeblichen Prägungen kulturell angelernt und selten genetisch verankert.[376] Dementsprechend erleichtert es uns die Hermeneutik, das Gelingen wie Misslingen von Kommunikation zu verstehen. So liegt es auf der Hand, dass eine Verständigung dann umso leichter fällt und umso weniger fehleranfällig ist, wenn beide Vertragsparteien ein ähnliches Vorverständnis aufweisen, etwa weil sie dem gleichen kulturellen Hintergrund entstammen. Genauso leuchtet es ein, warum Perso-

---

[372] Näher zu Kant unten § 19 G.
[373] *Kant*, Kritik der reinen Vernunft, 2. Aufl. 1787, S. 1 ff.
[374] *Kant*, Prolegomena, 1783, S. 13 ff.
[375] *Lorenz*, Blätter für Deutsche Philosophie 15 (1941), 94; *Lorenz*, Die Rückseite des Spiegels, 1973, S. 9 ff.
[376] Wobei der genaue Einfluss von genetischer Veranlagung versus kultureller Prägung bei verschiedensten Fragen – angefangen mit der Sprache bis hin zur Intelligenz – bis heute hochgradig umstritten ist.

nen mit unterschiedlichen Vorstellungen, Interessen und sozialen Herkünften leicht einander missverstehen.

b) Fragwürdigkeiten

So sehr unser gesamtes Denken und damit auch unsere Verständigung untereinander kulturell wie genetisch beeinflusst ist, so fraglich erscheint es, ob sich damit die Verbindlichkeit konkreter Vertragsinhalte begründen lässt. Anders formuliert leistet die Relevanz von Vorverständnissen wenig etwas für die hier interessierenden vertragstheoretischen Fragen. Die Hermeneutik verrät uns nicht, wie Irrtümer aufzulösen sind oder wessen Vorstellung warum für einen Vertragsinhalt maßgeblich sein sollte. Sie erklärt nicht, warum das Erklärte oder Gewollte überhaupt vertraglich relevant sein sollte. Schon gar nicht liefert die Bedeutung von Vorverständnissen das gesuchte Einfallstor, um die persönlich erwünschten oder als geltendes Recht zu begründenden Vertragsinhalte herbeizuzaubern, indem man den Blick nur lange und großzügig genug hin und her wandern lässt. Leider haben viele hermeneutische Übertreibungen gerade in der Rechtswissenschaft großen Schaden angerichtet. Insbesondere wird es bis heute versäumt, nicht nur das Vertragsrecht, sondern unser gesamtes Recht als das Ergebnis einer ausgeklügelten Kompetenzordnung zu verstehen. Darauf wurde bereits unter dem – mit der Hermeneutik verwandten – Stichwort der Auslegung hingewiesen.[377]

4. Umstände

a) Praktische Relevanz

Eine weitere Zauberformel – oft in Zusammenhang mit Auslegung oder Hermeneutik genannt –, die es uns ermöglichen soll, den begrenzten Aussagegehalt von Wille oder Erklärung der Vertragsparteien bei Vertragsschluss zu überwinden, ist die „Berücksichtigung von Umständen". Besonders deutlich formuliert das *Danz*, für den die Kunst der Auslegung in der Beachtung aller Umstände mitsamt den feinsten Nuancen des konkreten Falls liegt. Wenn man das so Gefundene als Erklärungsinhalt oder als objektiven Sinn der Erklärung zugrunde lege, begebe man sich nicht auf den Boden der Fiktion.[378] Wurde also oft noch kurz zuvor streng auf Wille oder Erklärung gepocht, soll auf einmal alles Mögliche bedeutsam sein, und zwar gerade auch das, was außerhalb des von den Parteien Gewollten oder Erklärten liegt.[379] Ja, das sei gerade-

---

[377] Oben § 10 E. II. 1.
[378] *Danz*, Auslegung, 3. Aufl. 1911, S. 55.
[379] Vgl. stellv. für sehr viele *Flume*, FS Deutscher Juristentag, Bd. 1, 1960, S. 135, 196 („gesamten Umstände des Akts"); *Kramer*, Grundfragen, 1972, S. 141 oder *Bork*, Allgemeiner Teil, 3. Aufl. 2011, S. 213 (§ 14 D IV, Rn. 549) ("... können sehr unterschiedlicher Natur sein.").

zu das für die „ergänzende Auslegung" Kennzeichnende.[380] Dabei erstreckt sich der bunte Strauß für maßgeblich erklärter Gesichtspunkte vom Geschäftsanlass[381] über frühere Vertragsverhandlungen einschließlich von Prospekten, Katalogen und Preislisten[382] über Ort und Zeit des Vertragsschlusses[383] über Verkehrssitten[384] bis hin zu den Eigenarten der beteiligten Personen[385] und deren jeweilige Interessenlage.[386] Andererseits finden sich je nach Autor diverse Eingrenzungen. Nach *Danz* und *Flume* etwa sind nur solche Umstände zu berücksichtigen, die beim Erklärungsakt für die Beteiligten erkennbar in Erscheinung getreten sind und etwas mit dem Akt „zu tun" haben, wenngleich es auf die tatsächliche Wahrnehmung wiederum nicht ankommen soll.[387] *Kramer* demgegenüber betont eindringlich, dass der innere Wille jedenfalls irrelevant sei. Vielmehr ergäben allein die Gesamtumstände den „wahren Willen" des Erklärenden bzw. seien mit dem „rechtlich relevanten ‚inneren Willen'" identisch.[388]

b) Offene Fragen

Dass von den zahllosen Gesichtspunkten, die in Literatur wie Rechtsprechung unter dem Stichwort der zu berücksichtigenden Umstände immer wieder bemüht werden, viele tatsächlich vertragsrechtlich relevant sind, liegt durchaus nahe. Doch genügt diese Einsicht nicht wissenschaftlichen Ansprüchen an eine Vertragstheorie. Vielmehr besteht die dogmatische Herausforderung darin, die Masse relevanter Gesichtspunkte in ein stimmiges wie überprüfbares Gesamtkonzept zu integrieren. Anstatt pauschal auf Umstände zu verweisen, benötigen wir klare Aussagen darüber, wann es worauf ankommen soll und wie wir daraus einzelne Vertragsinhalte ableiten. Leider bleiben derartige Fragen nahezu durchweg unbeantwortet. Wenn der Selbstbindungswille oder der Erklärungsakt den Grund für die Vertragsbindung liefern soll, warum berücksichtigen wir dann auch vorvertragliche Umstände? Wenn es auf das konkret Erklärte oder Gewollte ankommen soll, warum berücksichtigen wir dann doch „irgendwie" Interessen oder auch Verkehrssitten? Und wie grenzen wir die zu berücksichtigenden Umstände ein – was sind dafür die Maßstäbe, wo-

---

[380] *Larenz*, Auslegung, 1930, S. 101.
[381] Stellv. *Flume*, FS Deutscher Juristentag, Bd. 1, 1960, S. 135, 196.
[382] Näher unten § 15.
[383] Stellv. *Flume*, FS Deutscher Juristentag, Bd. 1, 1960, S. 135, 196.
[384] Näher unten § 16 C.
[385] Stellv. *Flume*, FS Deutscher Juristentag, Bd. 1, 1960, S. 135, 196.
[386] Stellv. *Bork*, Allgemeiner Teil, 3. Aufl. 2011, S. 213 (§ 14 D IV, Rn. 549).
[387] *Danz*, Auslegung, 3. Aufl. 1911, S. 69 (vgl. dort auch Fn. 1); *Flume*, FS Deutscher Juristentag, Bd. 1, 1960, S. 135, 196; *Flume*, Allgemeiner Teil, Bd. 2, 4. Aufl. 1992, S. 310 f. („Umstände als solche die Auslegung bestimmen, ungeachtet dessen, ob der Erklärungsempfänger sie perzipiert hat").
[388] *Kramer*, Grundfragen, 1972, S. 141 f.

rauf stützen wir diese Operation? Genauso wie bei den zuvor diskutierten Verknüpfungen müsste auch hier erst einmal begründet werden, auf wessen Perspektive es ankommen soll. So zeichnen sich viele Irrtümer nicht zuletzt dadurch aus, dass sich der vermeintlich maßgebliche Kontext je nach Person deutlich unterscheidet. Ohnehin ist es pure Illusion zu glauben, man könne über den Verweis auf den Kontext auch nur einen Bruchteil der praktisch relevanten Vertragsinhalte herleiten. Denn für zahllose Detailfragen wie die im Einzelnen geschuldeten Vertragsleistungen[389] ist überhaupt nicht ersichtlich, wie das funktionieren soll.

Tatsächlich werden auch über den Verweis auf zu berücksichtigende Umstände nur all die Probleme verschleiert, die unser klassisches Vertragsdenken auszeichnen. Das betrifft nicht nur die für das Vertragsrecht so typische Kompetenzverteilung zwischen unterschiedlichen Personen,[390] sondern etwa auch die zentrale Bedeutung der Parteiinteressen.[391]

F. Ausblick

Blickt man auf die bisher diskutierten Ansätze zurück, fällt die Bewertung kritisch aus. Es trifft nicht die Vertragsrechtsrealität, wenn wir allein auf die Äußerungen des Versprechenden schauen. Wie aber sieht es mit dem Rechtfertigungsprinzip aus? Immerhin interessiert im Vertragsrecht oft auch das, was die Parteien nach außen hin erklären. Zunächst können wir – insofern ganz im Einklang mit der Willenstheorie – darauf verweisen, dass die Erklärung ein sehr wichtiges, weil vom Wollenden selbst steuerbares Instrument ist, um sein Wollen mitzuteilen.[392] Dieser Parteiwille wiederum ist – ganz psychologisch verstanden – ein wichtiges Indiz für die Verwirklichung des Rechtfertigungsprinzips. Andererseits ist es mit diesem Hinweis allein sicher nicht getan. So sichert das Erfordernis einer Erklärungshandlung auch eine gewisse Qualität des Entscheidungsprozesses. Wir können lernen, immer dann Vorsicht walten zu lassen, wenn wir unsere Unterschrift auf ein beschriebenes Papier setzen.[393] Weiterhin lassen sich diejenigen Vertragsinhalte, die unter Berufung auf eine Auslegung in Wille oder Erklärung der Vertragsparteien bei Vertragsschluss hineingelegt werden, dadurch für jedermann überprüfbar und dogmatisch stimmig einordnen, dass man offen ausspricht und begründet, dass sich Vertragsinhalte den Anstrengungen ganz verschiedener Rechtsetzer zu verschie-

---

[389] Näher oben § 8 C.; § 9 C. IV.; § 10 D. I.
[390] Näher oben § 8 B.
[391] Näher oben § 2 A. I.
[392] Vgl. etwa oben § 10 B. II. 2. oder unten § 12 C. II. 3.
[393] Vgl. oben § 9 Fn. 431.

denen Zeiten verdanken.[394] Schließlich berücksichtigt aber auch fast jedes Vertragsrecht zumindest teilweise solche Erklärungsinhalte, auf die sich kein Parteiwille richtet, seien das bestimmte Irrtumskonstellationen, objektive Vertragsschlusserfordernisse oder Allgemeine Geschäftsbedingungen. Auch darauf wird zurückzukommen sein.[395]

---

[394] Näher oben § 10 E. II. 1. sowie oben § 8.
[395] Unten § 12; § 14; § 17 C.

§ 11 Vertrauen

A. *Grundidee*

Die bisher untersuchten Theorien zeichnen sich allesamt dadurch aus, dass sie die Vertragsbindung allein auf den Versprechensakt zurückführen, nicht jedoch zumindest auch die Vorstellungen oder Interessen des Empfängers bemühen. Während diese Sichtweise für die Handlungstheorien bereits illustriert wurde,[1] gilt sie genauso für die den Selbstbindungswillen bemühende Willenstheorie.[2] *Flume* stellt daher unter Berufung auf *Savigny* klar: „Natürlich geht es um Vertrauensschutz und billigen Interessenausgleich. Fragt man aber, weshalb ein Vertrauensschutz gerechtfertigt ist oder inwiefern ein Ausgleich billig ist, ... so wird man notwendigerweise zurückgeführt zu der Selbstverantwortung als Teil der Selbstbestimmung."[3]

Während sich jedoch der Selbstbindungswille als praktisch inexistent und normativ irrelevant erwies,[4] ließen sämtliche Handlungstheorien offen, warum wir uns überhaupt veranlasst sehen sollten, ein Versprechen einzufordern. Denn der Hinweis auf eine Zurechenbarkeit oder Verantwortung erklärt allenfalls, warum eine solche Inanspruchnahme dem Versprechenden gegenüber legitim sein mag.[5] Sucht man hier nun nach einem tragfähigen Grund für die Geltung des Erklärten und nicht nur des Gewollten, scheinen sich – eher individuell gedacht – das Vertrauen und – stärker kollektivistisch ansetzend – der Verkehrsschutz anzubieten und die empfindliche Lücke zu schließen. Denn es gehört zu den zentralen Schwächen von Willens- wie Handlungstheorie, die Interessen des Versprechensadressaten dogmatisch auszublenden – ein Ergebnis, das nicht nur manchen unbefangenen Laien verwundern wird: Denn wem sollte ein Versprechen dienen, wenn nicht demjenigen, der davon profitiert?[6]

---

[1] Oben § 10 D. II.
[2] Näher oben § 9 C. I.
[3] *Flume*, FS Deutscher Juristentag, Bd. 1, 1960, S. 135, 159. Zu *Savigny* siehe unten Fn. 28.
[4] Näher oben ab § 9 C. I. 2. Zu den Folgen der auch für die Willenstheorie typischen Fixierung allein auf das Parteiverhalten bei Vertragsschluss vgl. oben § 9 C. IV.; § 9 C. V.
[5] Näher oben § 10 C. III. 2.; § 10 C. IV. 2.
[6] Näher oben § 9 E. II.

Weiterhin mag man mit dem Vertrauen die Hoffnung verbinden, auch diejenigen Vertragsinhalte zu begründen, auf die sich die menschliche Aufmerksamkeit bei Vertragsschluss nicht erstreckt.[7] Während der Begriff eines unbewussten Wollens nicht passt,[8] mag man von einem automatischen, unbewussten oder blinden Vertrauen reden.[9] Ob das auch dogmatisch tragfähige Schlüsse erlaubt, wird allerdings noch zu untersuchen sein.[10]

Das Vertrauen erscheint aber nicht nur angesichts der dogmatischen Schwierigkeiten konkurrierender Ansätze attraktiv. Immerhin haben wir Menschen ein Interesse daran, uns auf das verlassen zu können, was nach außen hin erklärt wurde. Ansonsten würde unser Leben schnell kompliziert und ist es ein zentraler Vorzug des Rechts, für Stabilität im Umgang mit anderen Menschen wie auch der Natur zu sorgen.[11] Anders formuliert haben subjektive Merkmale wie der Wille ihre Nachteile, angefangen mit der schweren Erkenn- und Beweisbarkeit bis hin zu einer gewissen Beliebigkeit, welche die für den Adressaten nicht ganz so attraktive Kehrseite der für den Willen typischen Individualität und Kreativität[12] bildet. Allerdings sei bereits hier darauf hingewiesen, dass diese Stabilität eher von der Erklärung und weniger vom Vertrauen ausgeht, das eher diesen Nachteil des Wollens mit noch weiteren Defiziten vereint.[13]

Immerhin scheint der rechtspraktische Befund zu bestätigen, dass unser Vertragsrecht Vertrauen schützt. Zunächst mag man auf die bereits andernorts aufgezählten Situationen verweisen, in denen nicht etwa das Gewollte als vielmehr das nach außen hin Erklärte gilt[14] (wobei das Vertrauen dafür sicher nicht die einzig denkbare Begründung liefert). Daneben finden sich Rechtsinstitute, die direkt auf einen Vertrauens- oder Verkehrsschutz abzustellen scheinen, angefangen mit den sogenannten Scheinvollmachten bei der Stellvertretung über die große Bedeutung von Grundbuch oder Handelsregister über den gutgläubigen Erwerb selbst beweglicher Sachen bis hin zum Wertpapierrecht mit seiner ebenfalls stark ausgeprägten Formalisierung.[15]

Schließlich ist das Vertrauen normalsprachlich verankert, finden sich im Alltagsleben zahlreiche Konstellationen, in denen dieser Begriff eine sinnvolle und von anderen Wörtern abgrenzbare Bedeutung zu entfalten scheint. Vor

---

[7] Näher zu diesem Problem etwa oben § 9 C. IV.
[8] Näher oben § 9 B. II. 3.
[9] So zumindest *Baier*, in: Hartmann/Offe (Hrsg.), Vertrauen, 2001, S. 37, 59.
[10] Unten § 11 E.
[11] Näher zur Rechtebasierung unseres Vertragsrechts oben § 2 A. II. 2.; § 2 D. I. 4. b); § 3 A. IV.; § 4 C. I. 1. oder unten § 19 F. VI.; passim.
[12] Näher oben § 9 B. II. 3. b); § 9 C. I. 1. d).
[13] Näher unten § 11 E. III.
[14] Näher oben § 9 C. IV.
[15] Zusammenstellungen hierzu finden sich etwa bei *Kohler*, JhJb 16 (1878), 91, 129 oder *Canaris*, Vertrauenshaftung, 1971, S. 9 ff.

diesem Hintergrund ist es nicht von vornherein ausgeschlossen, auch für rechtsdogmatische Zwecke darauf zurückgreifen zu können.

B. Stimmen

Schon angesichts der zuvor dargelegten Vorzüge verwundert es nicht, wenn das Vertrauen oder die Verkehrssicherheit vertragstheoretisch früh bemüht wurden.[16] Bisweilen wird sogar die Erklärungstheorie mit dem Vertrauensgedanken gleichgesetzt.[17] Wie bei allen Begriffsfragen ist daran wenig auszusetzen, solange nur der jeweilige Autor deutlich macht, wie er einen Begriff jeweils versteht. Wichtig für das Verständnis dieser Arbeit ist vor allem, solche Erklärungstheorien abzugrenzen, die auf den Versprechensakt, nicht jedoch die Vorstellungen oder Interessen des jeweiligen Adressaten, abstellen.[18]

Ähnlich wie bei diesen bereits diskutierten Handlungstheorien erschwert es leider auch die große Vielfalt und Tradition vertrauenstheoretischer Ansichten, Vertrauen als solches dogmatisch zu würdigen. Wenngleich sich ein fester Bestand an Argumenten findet, bedienen sich einzelne Autoren daraus sehr unterschiedlich. Es gibt nicht „die" Vertrauenstheorie, sondern je nach Verfasser unterschiedlich stark voneinander abweichende Vorstellungen insbesondere davon, was Vertrauen auszeichnet. Das erschwert die Darstellung. Um sich hier nicht in der ausführlichen Würdigung zahlloser Einzelansichten zu verlieren, andererseits aber diese Vielfalt auch nicht unter den Tisch zu kehren, sei zunächst nur – beginnend mit dem Naturrecht – verdeutlicht, wie stark schon immer das Bedürfnis empfunden wurde, sich zu einem gewissen Grad auf das nach außen hin Erklärte verlassen zu können. Erst im Anschluss an diesen deskriptiven Teil folgt eine eingehende Würdigung des Vertrauens – und zwar so strukturiert wie nur irgend möglich.[19]

Grotius lehrt, weil der innere Vorgang nicht ersichtlich und eine Sicherheit dagegen nötig sei, dass nicht jede Verbindlichkeit zunichte werde, wenn jeder einen beliebigen Sinn seinen Worten unterschieben und so sich freimachen

---

[16] Vgl. für einen Überblick nur *Hofmann*, Entstehungsgründe, 1874, S. 103 ff. Die internationalprivatrechtliche Diskussion wird hier wie auch sonst ausgeblendet, vgl. aber etwa zum Vertrauensschutzstatut *Bauer*, Forderungsabtretung, 2008, S. 172 ff. m.w.N.

[17] So spricht etwa die 2. BGB-Kommission von der dem Willensdogma „… gegenüberstehende[n] Vertrauensmaxime (Erklärungstheorie) …", vgl. *Mugdan*, Materialien, 1899, S. 710 (Prot. I 197). Ähnlich etwa *Flume*, Allgemeiner Teil, Bd. 2, 4. Aufl. 1992, S. 61 (§ 4 8); *Hofer*, Freiheit ohne Grenzen?, 2001, S. 157 oder *Bork*, Allgemeiner Teil, 3. Aufl. 2011, S. 225 (§ 15 C I 2, Rn. 584). Zum Dilemma von Wille versus Erklärung vgl. bereits oben § 10 D. III. sowie unten § 17 C.

[18] Näher oben § 10 A.

[19] Siehe etwa zum Begriff des Vertrauens unten § 11 C. sowie zu dessen rechtlicher Irrelevanz unten § 11 E.

könnte, so ergebe die natürliche Vernunft, dass der Versprechungsempfänger den Versprechenden zu dem nötigen könne, was die richtige Auslegung ergibt.[20] Sehr ähnlich schränkt *Pufendorf* die Geltung des Gewollten ein: Da ein Mensch den Willen eines anderen Menschen nur nach den Handlungen und Zeichen beurteilen könne, werde ein jeder vor der menschlichen Gerichtsbarkeit als zu dem verpflichtet angesehen, was die richtige Auslegung der Zeichen ergibt. Deswegen sei es das Beste, bei der Aufstellung von Regeln für eine gute Auslegung in erster Linie auf die Worte als die am meisten gebrauchten Zeichen abzustellen.[21] Zu den frühen Autoren, die das Vertrauen explizit erwähnen, gehört *Ferguson*: „The source of conventional obligation is the right of one party to exact a performance, upon which another has made him rely." Zur Annahme führt er aus: "Although one party has promised, if the other has not accepted, the last cannot pretend to have an expectation raised ..."[22] In Deutschland greift *Garve* diesen Gedanken auf und führt aus, das Versprechen erzeuge im Gemüt des Promissars Vertrauen. Dieser verlasse sich darauf und schreite so zur Ausführung, so dass dann Zeit, Mühe und oft ein Teil des Eigentums verloren gehe. Müsste er das hinnehmen, wäre also das Versprechen unverbindlich, zerstörte dies alle Gesellschaft.[23] Ähnlich stellt *Liebe* auf die Verletzung ab, die der Adressat dadurch erleide, dass er sich auf das Versprechen verlasse. Die bindende Kraft des Versprechens gleiche diese Einbuße wieder aus.[24] Bemerkenswert ist, dass auch *Fichte*, der einmal den Willen so konsequent wie kein anderer achten wollte,[25] wenige Jahre später betont, man könne sein Wort nicht zurückziehen, ohne diejenigen seiner Handlungen, die er in Hoffnung auf mein Versprechen getan hat, zu vereiteln.[26] Angesichts der zahlreichen Naturrechtsdenker, aber auch sonstigen Stimmen, die in irgendeiner Form den Verkehrs- oder Vertrauensschutz thematisieren, verwundert es wenig, wenn auch die Naturrechtskodifikationen nicht nur auf den Willen abstellen. So bemüht etwa auch *von Zeiller*, der Schöpfer des österreichischen ABGB, Vertrauensschutz und Verkehrssicherheit.[27]

---

[20] *Grotius*, Drei Bücher, 1625/1950, S. 289 (Buch 2, Kapitel 16, I. 1).
[21] *Pufendorf*, Pflicht des Menschen, 1673/1994, S. 86 f. (Buch 1 Kapitel 9 § 2 f), 134 (Buch 1 Kapitel 17 § 1).
[22] *Ferguson*, Institutes of moral philosophy, 1769, S. 205 f.
[23] *Garve*, Philosophische Anmerkungen, Bd. 1, 1783, S. 95, der dort auch betont, dass die Unverbindlichkeit eines angenommenen Versprechens notwendig allen Verkehr unter den Menschen zerrütten und die Erreichung ihrer Endzwecke hindern müsse. Näher zur grundlegenden Bedeutung des Zwecks oben § 2 A. I.; § 9 D. I.
[24] *Liebe*, Stipulation, 1840, S. 78 f.
[25] Siehe dazu bereits oben bei § 9 Fn. 124.
[26] *Fichte*, Sittenlehre, 1798, S. 383.
[27] Siehe dazu *Kramer*, AcP 171 (1971), 422, 435.

Es ist ein untrügliches Zeichen für das berechtigte Anliegen der Erklärungstheorien, wenn selbst ein Willenstheoretiker wie *Savigny* bereitwillig einräumt, dass nun einmal alle Rechtsordnung auf der Zuverlässigkeit der äußeren Zeichen beruhe, wodurch allein Menschen mit Menschen in eine lebendige Wechselwirkung treten könnten.[28] Andernorts betont er, dass die Sicherheit des Rechtsverkehrs völlig vernichtet wäre, wollte man jeden *error in substantia* berücksichtigen.[29] *Windscheid* greift diesen Gedanken auf. Zwar sei die Tatsache der im Adressaten erweckten Erwartung allein kein hinreichender Grund. In Verbindung mit einer groben Verschuldung wachse sie aber zu einem genügenden Grund heran, so dass der Irrende den Vertrag zu erfüllen habe.[30]

Noch weniger verwundert es natürlich, wenn gerade die Kritiker der Willenstheorie in irgendeiner Form die Belange des Adressaten hervorheben. So verlangt *Regelsberger* unter Hinweis auf die Verkehrssicherheit, dass der Erklärung gegenüber dem Willen ein Übergewicht zukommen müsse. Jeder Vertragsteil solle auf die vom Gegner gebrauchten Worte bauen können.[31] *Roever* weist auf die offenbare und große Ungerechtigkeit gegen den Adressaten hin, sollte auch der unentschuldbare, wesentliche Irrtum beachtlich sein.[32] Schließlich könne man einer Erklärung nicht ansehen, ob sie auch gewollt sei.[33] Ähnlich meint *Bähr*, dass sich ein innerer Wille nur nach dessen äußerer Erscheinung bemessen lasse, zumal der Erklärende in die rechtliche Maßgeblichkeit der äußeren Erscheinung seines Willens einwillige. Deshalb seien wir zum Schutz des *bona fide*-Verkehrs genötigt, jedenfalls dann – notfalls über eine Fiktion – an die äußere Erscheinung des Willens anzuknüpfen, wenn diese zurechenbar hervorgerufen werde und der Adressat glaube oder glauben dürfe, hieraus Rechte zu erhalten.[34] Sehr ernsthaft versucht *Schlossmann*, die Interessen des Adressaten dogmatisch zu berücksichtigen, indem er auf eher deliktische Kategorien ausweicht. Nach umfangreichen Untersuchungen, in denen er unter anderem auf die untragbaren Konsequenzen für den Verkehrsschutz hinweist,[35] sieht er in der Nichterfüllung eines Versprechens eine Vermögensschädigung des Adressaten,[36] deren notwendigen Merkmale hier erfüllt seien: erstens die Meinung des Promissars, er werde die Leistung empfan-

---

[28] *Savigny*, System, Bd. 3, 1840, S. 258.
[29] *Savigny*, System, Bd. 3, 1840, S. 276 f.
[30] *Windscheid*, AcP 63 (1880), 72, 102 f.
[31] *Regelsberger*, Vorverhandlungen, 1868, S. 17 f.
[32] *Roever*, Wille, 1874, S. 9.
[33] *Roever*, Wille, 1874, S. 18.
[34] *Bähr*, JhJb 14 (1875), 393, 400 f. Zum Argument der Pauschaleinwilligung siehe nur oben § 9 C. V. 2. c).
[35] *Schlossmann*, Der Vertrag, 1876, S. 114.
[36] Zu den diesem Gedanken verwandten Läsionstheorien siehe die Darstellung bei *Hofmann*, Entstehungsgründe, 1874, S. 105 ff.

gen und diese sei daher bereits Teil seiner wirtschaftlichen Macht, zweitens bei ausbleibender Leistung die Enttäuschung, die für ihn die gleiche Wirkung habe wie der Verlust, und drittens der Umstand, dass es nach vernünftiger Leute Urteil und wirtschaftlichen Grundsätzen gerechtfertigt sei, die versprochene Leistung schon als Vermögensbestandteil des Adressaten anzusehen.[37] *Lenel* wiederum formuliert sehr deutlich, die den vertraglichen Rechtsschutz wachrufende Tatsache sei der Schutz des durch die Willenserklärung absichtlich erregten Vertrauens. Ob die Rechtsordnung dieses Vertrauen schütze, hänge nicht vom Willen, sondern vom Erklärungsinhalt ab.[38] *Hartmann* will gleichermaßen das Verkehrsbedürfnis wie die rechtliche Ethik berücksichtigt wissen, darunter das Prinzip der *bona fides* sowie den Grundsatz der guten Treue.[39]

Gewohnt ausführlich wie wortgewandt setzt sich *Kohler* mit den Unzulänglichkeiten der Willenstheorie auseinander. Der Verkehr habe keine Zeit, „... bei jedem Vertrag eine Herzensuntersuchung vorzunehmen: wer sich bei Vertragsabschluss nicht verkehrsmäßig benimmt, über den rollt das Rad des Verkehrs hinweg. So war es zu der Römer Zeiten, so ist es heutzutage ..."[40] Die vertragliche Kommunikation errege ein Vertrauen, auf das man im Verkehr bauen könne. Dieser „Kommunikationswille" sei für den Verkehr und das Recht die Hauptsache.[41] Zumindest bei erheblichem Verschulden müsse man auch den ungewollten Vertrag gelten lassen.[42] Dabei wettert er übergreifend gegen den „Krankheitsstoff" des Scheinrechts, das wie eine falsche Münze im Verkehr kursiere. Es sei die höhere Aufgabe des Rechts, die Scheinnatur des Geschäfts auf einen engen Kreis zu beschränken und das, was im Verkehr als voll und wahr auftritt, auch als voll und wahr gelten zu lassen, sofern nicht höhere Interessen entgegenstehen.[43] Die Rechtsordnung sei nicht dazu da, der koinzidierenden Willkür der Parteien zu frönen, sondern die Postulate des gutgläubigen Verkehrs zu erfüllen.[44] Dabei verweist *Kohler* etwa mit gutgläubigem Erwerb, Grundbuchwesen oder dem Wertpapierrecht bereits sehr konkret auf Rechtsgebiete, in denen ein Verkehrsschutz besonders dringend erscheint.[45] Nach *Danz* ist jedermann berechtigt, das Verhalten seines Gegners in der verkehrsüblichen Bedeutung aufzufassen, wenn nicht etwas anderes erklärt ist, weshalb dieses Vertrauen getäuscht und damit gegen das Prinzip

---

[37] Schlossmann, Der Vertrag, 1876, S. 306 f.
[38] Lenel, JhJb 19 (1881), 154, 203, 221.
[39] Hartmann, JhJb (1892), 1, 50, 58, passim.
[40] Kohler, JhJb 28 (1889), 166, 235.
[41] Kohler, JhJb 28 (1889), 166, 189.
[42] Kohler, JhJb 28 (1889), 166, 221, 224, 228 m.w.N. Näher zum Verschulden oben § 10 C. III. 1.
[43] Kohler, JhJb 16 (1878), 91, 128.
[44] Kohler, JhJb 28 (1889), 166, 206 f.
[45] Kohler, JhJb 16 (1878), 91, 129, 136, passim.

von Treu und Glauben verstoßen würde, wollte man das Verhalten des Versprechenden anders als geschehen auslegen. Der Adressat vertraue speziell darauf, dass eine Willenserklärung die verkehrsübliche Bedeutung hervorbringe. Zur Sicherheit des rechtsgeschäftlichen Verkehrs garantiere die Rechtsordnung, dass der Adressat auf die vertraglich bezeichneten Leistungen vertrauen könne.[46] Für *Bassenge* ist das Versprechen erst vollendet, wenn der andere tatsächlich vertraut habe. Praktisch gewordenes Vertrauen sei zu rechtfertigen.[47]

Auch in der Nachkriegszeit bleibt das Vertrauen populär. Dabei nehmen die Stimmen zu, die auf das Erfordernis einer Zurechenbarkeit abstellen. Für *Nipperdey* ist dem Erklärenden nur der im Erklärungstatbestand verwirklichte Wille zuzurechnen; er schaffe einen Vertrauenstatbestand und sei Gegenstand der Auslegung.[48] Wie auch bei manchem anderen Autor erfüllt dabei der Wille eine merkwürdige Funktion.[49] Obwohl dieser den Anerkennungsgrund bilde, erfordere doch die Verkehrssicherheit, dessen Vorhandensein nicht in den Begriff der Willenserklärung aufzunehmen.[50] *Hübner* unterscheidet für die von ihm frühzeitig thematisierte Zurechenbarkeit[51] zwei Funktionen, die der Lückenausfüllung innerhalb bestehender Schuldverhältnisse dienten. Manche Institutionen beträfen eher negative, einschränkende Folgen wie beim Scheinkaufmann oder bei der Verwirkung. Demgegenüber gebe es auch eine Begründungsfunktion wie bei der Mehrzahl der Fälle des Vertrauensschutzes.[52] *Bydlinski* thematisiert sehr klar den mit dem bloßen Abstellen auf Zurechenbarkeit oder Verantwortung verbundenen Kategorienfehler[53] und sieht daher – unter Berufung auf seinen Lehrer *Wilburg*[54] – in der Verkehrssicherheit das notwendige Element, um in beweglicher Kombination insbesondere mit der Privatautonomie die Verbindlichkeit des Versprechens zu erklären.[55] Sehr ähnlich bleibt auch *Wolf* nicht bei der Verantwortung oder dem Verschulden stehen, sondern bemüht ergänzend den Vertrauensschutz bzw. das Sicherheitsbedürfnis des Rechtsverkehrs, der sich auf das gegebene Wort müsse verlassen können („Doppelfunktion der Willenserklärung").[56] Für *Kramer* ist der Ver-

---

[46] *Danz*, Auslegung, 3. Aufl. 1911, S. 92, 154 ff.
[47] *Bassenge*, Das Versprechen, 1930, S. 32 (allgemein zum Vertrauen auch dort S. 14 ff.).
[48] *Enneccerus/Nipperdey*, Allgemeiner Teil, Hbd. 2, 15. Aufl. 1960, S. 1022 ff.
[49] Siehe zu derartigen Ambivalenzen auch oben § 10 B. I. sowie unten § 11 E. II.
[50] *Enneccerus/Nipperdey*, Allgemeiner Teil, Hbd. 2, 15. Aufl. 1960, S. 895.
[51] Näher dazu oben § 10 C.
[52] *Hübner*, FS Nipperdey, Bd. 1, 1965, S. 373, 397; *Hübner*, Allgemeiner Teil, 2. Aufl. 1996, S. 373 (§ 29 II). Vgl. zu diesem Gedanken zumindest ähnlich oben § 10 C. I. 2.; § 10 C. I. 3.
[53] Näher oben § 10 C. III. 2.; § 10 C. IV. 2.
[54] *Wilburg*, Elemente, 1941, S. 235: „Wenn jemand eine Erklärung abgibt, so fordert es die Verkehrssicherheit, dass er grundsätzlich an diese gebunden ist."
[55] *Bydlinski*, Privatautonomie, 1967, S. 69 f.
[56] *Larenz/Wolf*, Allgemeiner Teil, 9. Aufl. 2004, S. 443 f. (§ 24 IV 3/V 1), passim („Fragt

trauensschutz der mit einer objektiv-normativen Zurechnung bzw. der Selbstverantwortung korrespondierende Gedanke, die zweite Seite der gleichen Medaille. Der Vertrauensschutzgedanke liege nicht außerhalb der Rechtsgeschäftslehre, sondern sei integriert, eine Zweispurigkeit abzulehnen.[57]

Eine solche Mehrspurigkeit vertritt demgegenüber *Canaris*, indem er zumindest für Kernfragen der Rechtsgeschäftslehre allein auf handlungstheoretische Muster zurückgreift – mit allen damit verbundenen Problemen.[58] Die Vertrauenstheorie trage zum Verständnis der maßgeblichen Privatautonomie nichts bei.[59] Sofern die Vertrauenshaftung greife (außerhalb des Rechtsgeschäfts), baue sie nahezu ausnahmslos auf dem Zurechnungsgedanken auf.[60] In ähnlichen, weil eher handlungstheoretischen Bahnen bewegt sich *Frotz* in seiner Monographie zum Verkehrsschutz im Vertretungsrecht.[61] Bemerkenswert ist dabei jedoch, dass es für ihn eine nebensächliche, der Lösung von Sachproblemen nicht förderliche Frage ist, ob man die bei einem Abweichen von Erklärtem und Gemeintem gebotene Sozialkorrektur als Haftung für sozialinadäquates Verhalten im rechtsgeschäftlichen Verkehr, für den Rechtsschein einer bestimmten Willenserklärung oder für berechtigtes Vertrauen ausgebe.[62]

Ebenfalls aufschlussreich ist der Umstand, dass *Larenz*, der ursprünglich allein handlungstheoretisch argumentiert, dem Vertrauensprinzip nicht nur für die Auslegung empfangsbedürftiger Willenserklärungen eine wichtige Rolle zubilligt, sondern aus Treu und Glauben ableitet, dass ein zurechenbar erwecktes Vertrauen einzulösen sei, wobei Zurechenbarkeit dann anzunehmen sei, wenn der Erklärende erkannt habe oder habe erkennen müssen, dass der andere vertraut.[63]

Auch in jüngeren Publikationen wird immer wieder auf das Vertrauen zurückgegriffen. Für *Oechsler* ist die Willenserklärung auch Tatbestand schützenswerter Erwartungen der Gegenseite. Die Willenserklärung erzeuge als Geltungserklärung Erwartungsinhalte, an die der Erklärende aus Vertrauensschutzgründen bisweilen auch ohne einen darauf gerichteten Willen gebunden sei. Wille und Vertrauen bildeten die maßgeblichen vertraglichen Bindungs-

---

man sich nach dem Grund der Geltung ...") vgl. etwa auch zu § 116 S. 2 BGB *Larenz/Wolf*, Allgemeiner Teil, 9. Aufl. 2004, S. 644 (§ 35 Rn. 9).

[57] *Kramer*, AcP 171 (1971), 422, 435 f.
[58] Siehe zu derartigen Ansichten oben § 10 A. sowie speziell § 10 C. IV. und die eingehende Würdigung ab § 10 B.
[59] *Canaris*, Vertrauenshaftung, 1971, S. 414 ff. Allerdings dürfe trotz der Unterschiede von Vertrauenshaftung einerseits und rechtsgeschäftlicher Selbstbindung andererseits ein innerer Zusammenhang und eine gewisse Verwandschaft nicht geleugnet werden (vgl. dort S. 412).
[60] *Canaris*, Vertrauenshaftung, 1971, S. 452, 470 f., 473, passim.
[61] *Frotz*, Verkehrsschutz, 1972, S. 399 ff.
[62] *Frotz*, Verkehrsschutz, 1972, S. 423, kritisch dazu bereits oben § 10 D. III. 2. b).
[63] *Larenz*, Richtiges Recht, 1979, S. 81, 85.

gründe.⁶⁴ Für *Lorenz* führt ein normativ zu verstehender Begriff der Willenserklärung nicht nur insoweit zur Geltung des objektiv Erklärten, als der Empfänger auf die Erklärung vertraut habe. Vielmehr dürfe der Empfänger *a priori* auf das objektiv Erklärte vertrauen, weil das in der Perspektive der Willenserklärung als Sozialakt den geltenden Willen selbst darstelle.⁶⁵ Eine Kombination versucht *Eidenmüller*, nach dem Vertrauen nur dann schutzwürdig ist, wenn eine eigenverantwortliche Risikoentscheidung nicht unterlaufen wird und die Bindung effizient ist. Ein manifester Vertrauenstatbestand sei hingegen nicht konstitutiv, da man auch ohne erkennbaren Vertrauensanlass eine Vertrauensentscheidung treffen könne.⁶⁶ *Kegel* wiederum bemerkt lapidar, nicht auf die übereinstimmenden Willenserklärungen dürfe es so sehr ankommen als vielmehr auf die im Gegner hervorgerufene Erwartung (Vertrauen), das Versprochene werde geleistet.⁶⁷ *Bork* adressiert unter anderem die wichtige Frage, worauf sich denn das rechtlich geschützte Vertrauen richte und verweist hierzu auf die Gültigkeit und Richtigkeit von Erklärungen. Dieser Schutz greife etwa bei der Auslegung vom Empfängerhorizont, der Behandlung von Willensmängeln oder der Verlautbarung von Vertretungsverhältnissen.⁶⁸ In jüngster Zeit hat *Loser* eine umfassende Monographie zu Notwendigkeit, Grundlagen und Erscheinungsformen der Vertrauenshaftung vorgelegt.⁶⁹ Eine neue Richtung nimmt die Vertrauenshaftung schließlich dort, wo mit der „Gewähr" und „Inanspruchnahme" von Vertrauen beinahe schon wieder Elemente eines Vertragsschlusses eingeführt werden, wie das etwa *Ballerstedt* tut.⁷⁰

Blickt man auf diese nur kleine Auswahl einschlägiger Stimmen, lassen sich dem einige häufig wiederkehrende Elemente entnehmen. Zunächst ist es beeindruckend – gerade wenn man die bereits andernorts diskutierten, rein handlungstheoretischen Stimmen⁷¹ hinzunimmt –, wie viele Autoren sich dafür aussprechen, zumindest teilweise auf einen Rechtsfolgewillen zu verzichten und stattdessen das Erklärte zu berücksichtigen.⁷² Dabei findet sich besonders in den älteren Stellungnahmen der vielleicht schlichteste Grund für diese Sicht, nämlich dass man sich auf das Erklärte soll verlassen können. Der Wille sei demgegenüber nur schwer erkenn- oder beweisbar und der privaten Willkür

---

⁶⁴ *Oechsler*, Gerechtigkeit, 1997, S. VII, 6.
⁶⁵ *Lorenz*, Unerwünschter Vertrag, 1997, S. 223.
⁶⁶ *Eidenmüller*, in: Neumann/Schulz (Hrsg.), 2000, S. 117, 119 ff., 123 ff., passim.
⁶⁷ *Kegel*, Vertrag und Delikt, 2002, S. 32.
⁶⁸ *Bork*, Allgemeiner Teil, 3. Aufl. 2011, S. 45 (§ 2 D IV, Rn. 107).
⁶⁹ *Loser*, Vertrauenshaftung, 2006.
⁷⁰ Näher dazu unten § 11 F. III.
⁷¹ Vgl. oben § 10 A.
⁷² Allerdings ist hier zu berücksichtigen, dass das negative Interesse als alternatives, der Willenstheorie viel Unbilligkeit nehmendes Schutzinstrument erst relativ spät in die Diskussion eingeführt wurde, vgl. dazu oben § 9 C. V. 1.

unterworfen. Als abschreckendes Beispiel wird dabei insbesondere der grob fahrlässige Irrtum des Erklärenden genannt. Weiterhin findet sich das Argument, der den falschen Schein Erzeugende täusche seinen Vertragspartner. Auch deliktische Kategorien werden bemüht und dabei etwa ein Eigentums- oder Vermögensschaden angenommen.

Daneben deuten sich früh einige für die Diskussion um das Vertrauen typische Einzelfragen an. So wird mal das Vertrauen in einem eher individuellen, auf die Person des Adressaten bezogenen Sinn bemüht, ein anderes Mal der eher kollektivistische Verkehrsschutzgedanke. Manche verlangen für die Vollendung des Versprechens, dass das Vertrauen bereits in irgendeiner Form zu Reaktionen oder gar Investitionen geführt habe. Unklarheiten entstehen oft bei der Frage, worauf der Adressat genau vertraue oder vertrauen dürfe – den Selbstbindungswillen, die Gültigkeit der Erklärung, den rechtlichen Anspruch oder noch etwas anderes? Meistens offen bleibt auch, ob ein Vertrauen konkrete Vorstellungen verlangt oder auch ein blindes Vertrauen genügt. Schließlich wird das Vertrauen häufig mit anderen Erfordernissen kombiniert, sei es beweglich oder als kumulativ anwendbare Tatbestandsmerkmale. Ganz vorne steht hier die Zurechenbarkeit, daneben finden sich aber auch die Privatautonomie oder die Effizienz. Dabei scheint der Trend in Richtung immer anspruchsvollerer Konzepte zu gehen. Auch die Reichweite des Vertrauensgedankens wird unterschiedlich beurteilt. Während überwiegend die Verbindlichkeit des Versprechens begründet werden soll, beschränken sich andere auf außervertragliche Aspekte.

C. Begriff

I. Klärungsbedarf

Nunmehr soll analysiert werden, was am Anfang jeder kritischen Würdigung steht: der Begriff. Genauso wie zuvor für Wille und Erklärung gefragt wurde, was man hier eigentlich zu subsumieren hat und ob sich damit das geltende Recht abbilden lässt, muss sich jede auf ein Vertrauen stützende Theorie – dazu gehört insbesondere die Vertrauenshaftung – gefallen lassen, beim Wort genommen zu werden. Allerdings erfordert bereits das erhebliche Anstrengung. Denn es muss uns erst einmal gelingen, dem Vertrauen eine eigenständige Bedeutung abzugewinnen, bevor diese dann danach befragt werden kann, ob sie den gesuchten Grund liefert. Oft sucht man vergeblich nach einer normalsprachlichen Analyse oder gar einer subsumtionsfähigen Festlegung. Doch kommen juristische[73] Betrachtungen nicht um eine präzise Begriffsklärung

---

[73] Auch wenn Wirkungszusammenhänge interessieren und etwa gefragt wird, warum die Menschen vertrauen, wann sich das für sie oder die Gesellschaft lohnt, wie man die mit

umhin. Hieran ändert auch der Hinweis auf ein induktives Vorgehen[74] nichts. Denn ob als gedanklicher Ausgangspunkt oder als das Ergebnis einer umfassenden Analyse einzelner Fallkonstellationen: Es verdient nur das den Namen einer Vertrauenshaftung, was letztlich auch Vertrauen im Tatbestand führt. Eine Theorie genügt nur dann wissenschaftlichen Ansprüchen, wenn sie daraufhin überprüft werden kann, ob ihre Tatbestandsmerkmale denjenigen Untersuchungsgegenstand treffen, den abzubilden sie vorgibt. Oder soll etwa ein Richter demjenigen, der gerade all sein Vermögen verliert, sagen, er verurteile ihn aufgrund einer Vertrauenshaftung, aber was Vertrauen sei, könne er leider nicht verraten? Wenig Fortschritt verspricht es dabei, gleich mehrere Definitionen und Charakterisierungen von Vertrauen zu erwägen, sich dann aber nicht festzulegen, was denn nun für den eigenen Ansatz gelten soll. So schön es ist, je nach gewünschtem Ergebnis auf ein passendes Begriffsverständnis zurückgreifen zu können, wäre es noch schöner, bereits von vornherein mitzuteilen, wann es auf welche Variante ankommen soll. Ob bewusst oder unbewusst, konkret oder abstrakt, betätigt oder nicht, risikobehaftet oder nicht, ob tatsächliches Vertrauen oder Vertrauendürfen: Was immer man letztlich für seine Vertrauenshaftung propagiert, sollte man sich irgendwann ganz einfach entscheiden und sich so der zugegeben unangenehmen Überprüfung dessen stellen, was unser Vertragsrecht vermeintlich erklärt.

Wie wichtig, aber auch anspruchsvoll es ist, sich auf eine bestimmte und für jedermann überprüfbare Bedeutung von Vertrauen festzulegen, wird deutlich, betrachtet man nur einige Redewendungen, in denen das Vertrauen heutzutage[75] auftaucht. So ist Vertrauen gut, Kontrolle aber besser. Wir verlieren oder gewinnen Vertrauen in Mitmenschen oder den Staat. Vertrauen verbindet. Religiöse Menschen zeigen Gottvertrauen, während andere einfach nur darauf vertrauen, dass ein Brief rechtzeitig ankommt oder das Wetter morgen besser wird. Vertrauen kann gewonnen, erarbeitet und aufgebaut, aber auch verspielt werden. Bisweilen wächst es auch einfach. Eher merkwürdig erscheint es uns hingegen, Vertrauen einzufordern. Wohl aber können wir uns mehr oder weniger gezwungen sehen, anderen oder einem System zu vertrauen. Dabei kann sich Vertrauen auch abschwächen oder verstärken. Manche haben es nicht nötig, zu vertrauen. Andere wiederum vertrauen gar blind. Vertrauen ist nicht nur gegenüber anderen, sondern sogar einem selbst möglich – wir sprechen dann von Selbstvertrauen. Schließlich gibt es noch Begriffe, die dem Vertrauen zumindest in Teilaspekten verwandt scheinen, etwa wenn man glaubt, erwar-

---

Vertrauen verbundenen Verhaltensmuster beschreiben kann usw., kommt man nicht umhin, Vertrauen erst einmal für jedermann überprüfbar zu definieren.

[74] *Canaris*, Vertrauenshaftung, 1971, S. 4 f.

[75] Auch eine etymologische Betrachtung kann erhellend sein, sollte in ihrer Bedeutung aber auch nicht überschätzt oder mit einer Analyse des normalsprachlichen Bedeutungsgehalts verwechselt werden.

tet, wünscht, sich auf etwas verlässt oder einstellt, auf etwas baut oder zuversichtlich ist.

Im Ergebnis finden wir damit eine verwirrende Bedeutungsvielfalt.[76] Es fragt sich deshalb, ob es überhaupt ratsam ist, mit dem Vertrauen als Tatbestandsmerkmal zu operieren.[77] Dabei macht es misstrauisch, wenn man in der Psychologie, Biologie oder Medizin weithin vergeblich nach Abhandlungen sucht, die das Vertrauen nicht nur beiläufig erwähnen, sondern ernsthaft untersuchen. Auch die meisten Philosophen räumen dem Vertrauen keine zentrale Stellung ein. Andererseits sollte man sich auch nicht vorschnell entmutigen lassen. Erstens werden die nun folgenden Ausführungen zeigen, dass sich eine eigenständige Bedeutung von Vertrauen durchaus feststellen lässt. Wie so oft erweist sich der allgemeine Sprachgebrauch auch hier als keineswegs beliebig, sondern verkörpert einige wichtige Unterscheidungen. Dabei soll zuerst die Person des Vertrauenden untersucht werden, bevor es dann um den Gegenstand dieses Vertrauens geht. Zweitens kann man selbst einer vagen normalsprachlichen Bedeutung dadurch subsumierbare Konturen verschaffen, dass man sie für die rechtsdogmatische Verwendung weiter eingrenzt.[78] Ob sich allerdings das, was sich als eigenständige Bedeutung letztlich herausschälen wird, auch für eine vertragstheoretische Tatbestandsbildung eignet, bleibt abzuwarten.

II. Vertrauender

Möchte man sich der gängigen, normalsprachlichen Bedeutung von Vertrauen annähern, scheint das eine bestimmte Entität vorauszusetzen, der wir dieses Vertrauen zuschreiben. Zumindest bei Maschinen oder sehr einfachen Lebensformen würde die Rede vom Vertrauen Stirnrunzeln provozieren, etwa wenn ein Baum darauf vertrauen soll, nicht gefällt zu werden, oder das Telefon darauf, dass man es nicht wegwirft. Andererseits verschwimmen auch[79] beim Vertrauen die Grenzen dort, wo sich die geistigen Fähigkeiten annähern.

---

[76] Siehe zu diesem Befund nur *Seligman*, The problem of trust, 1997, S. 6f.; *Ripperger*, Ökonomik, 1998, S. 6; *Baier*, in: Hartmann/Offe (Hrsg.), Vertrauen, 2001, S. 37, 51; *Hartmann*, in: Hartmann/Offe (Hrsg.), Vertrauen, 2001, S. 7; *Offe*, in: Hartmann/Offe (Hrsg.), Vertrauen, 2001, S. 364; *Frevert*, in: Frevert (Hrsg.), Vertrauen, 2003, S. 7, 8, 65.

[77] Für *Luhmann*, Vertrauen, 4. Aufl. 2000 (Vorwort) ist es daher ernsthafter Überlegung wert, ob man der Soziologie raten sollte, Worte des täglichen Sprachgebrauchs und Begriffe der traditionellen ethischen Vorstellungswelt zu verwenden. *Frevert*, in: Frevert (Hrsg.), Vertrauen, 2003, S. 7, 65 weist darauf hin, dass Wissenschaftler vieles von dem nicht gelten lassen, was handelnde Personen Vertrauen nennen. Skeptisch etwa auch *Seligman*, The problem of trust, 1997, S. 6f.

[78] Vgl. dazu etwa oben § 9 B. I.

[79] Zum Willen siehe oben § 9 B. II. 1.; § 9 B. II. 3.

Bei Tieren wie einem Affen oder Hund scheint es nicht völlig sprachwidrig, diesen ein Vertrauen zu unterstellen.

1. Interesse

Eine erste Begründung für diese nicht scharf verlaufende Grenze könnte darin liegen, dass wir nur dort von einem Vertrauen sprechen, wo in irgendeiner Form ein Interesse in Rede steht, wir verwundbar sind.[80] Einem Stein schreiben wir nun einmal keine Rechte oder Interessen zu.[81] Demgegenüber findet sich das dort in unserem Sprachgebrauch, wo es um Lebewesen und bisweilen gar um Pflanzen geht. Weiterhin meinen wir regelmäßig ein eigenes Interesse des Vertrauenden, das derart in Frage steht. Wir vertrauen nicht darauf, dass unser Feind keine Nachteile erleidet, sondern hoffen eher das Gegenteil. Ebenso wenig vertrauen wir darauf, dass irgendeine fremde Frau keinen Liebhaber hat.[82] Allerdings können wir an den Interessen anderer Menschen Anteil nehmen, sie also zu unseren eigenen Interessen machen und entsprechend empfinden. Daher kann eine Mutter darauf vertrauen, dass ihren Kindern nichts zustößt. Das Interesse ist also wie immer weit zu fassen und kann insbesondere auch immaterielle Güter beinhalten.

Spannend wird es bei der Frage, wie das eigene Interesse betroffen sein muss, zumal es hier einer sehr genauen und schwer zu treffenden Abgrenzung bedarf. Richtig ist noch, dass das Interesse des Vertrauenden insofern dem Handeln einer anderen Person[83] ausgesetzt sein muss, als es dieser rein körperlich-physikalisch – unter Ausblendung geistiger Prozesse – möglich ist, dieses Interesse zu beeinträchtigen.[84] Man kann also darauf vertrauen, nicht von demjenigen Arzt fahrlässig oder gar absichtlich verletzt zu werden, der uns tatsächlich operiert. Wir können jedoch nicht darauf vertrauen, dass wir auf den Alpen von einem Öltanker erschlagen werden, wenn uns völlig klar ist, dass der den Öltanker steuernde Kapitän dazu nicht in der Lage ist. Was die Einschätzung dieser Sachlagen anbelangt, ist die Sicht derjenigen Person maßgeblich, die vertraut.

2. Risiko

Eine ganz andere Frage ist jedoch, ob es jenseits dieser rein äußerlich möglichen Verletzbarkeit auch tatsächlich, d.h. unter Berücksichtigung solcher Pro-

---

[80] Vgl. dazu etwa *Luhmann*, Vertrauen, 4. Aufl. 2000, S. 55.
[81] Vgl. dazu auch oben § 2 A. II. 3. a).
[82] *Lagerspetz*, in: Hartmann/Offe (Hrsg.), Vertrauen, 2001, S. 85, 86.
[83] Zur Vereinfachung werden nachfolgend diejenigen Konstellationen ausgeblendet, in denen wir Tieren oder auch der Natur gewisse menschliche Eigenschaften zuschreiben und deshalb auch von Vertrauen reden. Für die hier interessierende, vertragsrechtliche Würdigung ist das weniger relevant.
[84] Ökonomisch mag man hier von der Notwendigkeit externer Effekte sprechen.

zesse, die wir als geistig empfinden und in dieser Charakterisierung vor allem Menschen zuschreiben, zu befürchten sein muss, dass dieses Interesse verletzt wird. Ein solches Risiko wird oft für notwendig erachtet und als ein entscheidendes Merkmal des Vertrauens angesehen. Danach soll Vertrauen eine riskante Vorleistung darstellen bzw. für bestimmte Risikosituationen oder Informationsasymmetrien stehen.[85] Vertrauen gründe in der grundlegenden Unbestimmtheit sozialer Interaktion. Je weniger wir über die Motive oder das Verhalten einer anderen Person wüssten, desto stärker sei Vertrauen gefordert.[86]

Demgegenüber entspricht diese These eines notwendigen Risikobezugs zumindest nicht der normalsprachlichen Bedeutung von Vertrauen. Ein Risiko ist weder objektiv noch subjektiv erforderlich.[87] Wir können hundertprozentig anderen vertrauen und dabei auch zu hundert Prozent richtig liegen. Wenn sich ein Ehepaar seit Jahrzehnten kennt und keiner der Partner – und zwar völlig zu Recht – auch nur im Geringsten daran zweifelt, dass ihm der andere untreu werden wird, empfinden wir es nicht als sprachwidrig, hier von Vertrauen zu sprechen. Ganz im Gegenteil mag man das geradezu als den Idealfall gegenseitigen Vertrauens bezeichnen und von „wahrem" Vertrauen sprechen. Es ist also nicht notwendig, dass auch nur irgendeine reale Verletzbarkeit vorliegt, sofern nur die geistige Konstitution des Vertrauensadressaten gewährleistet, dass sich die rein äußerlich-physiologische Gefährdungsmöglichkeit real nicht verwirklicht.[88] Es reicht für das Vertrauen, dass ein Vertrauensbruch rein theoretisch schädlich wäre,[89] nicht jedoch ist es erforderlich, dass ein solches Risiko tatsächlich besteht. Deshalb kann man durch Erkundigungen das Risiko einer Schädigung verringern – und dennoch vertrauen.[90]

---

[85] Stellv. *Luhmann*, Vertrauen, 4. Aufl. 2000, S. 9, 27; *Luhmann*, in: Hartmann/Offe (Hrsg.), Vertrauen, 2001, S. 143, 148; *Seligman*, The problem of trust, 1997, S. 8; *Ripperger*, Ökonomik, 1998, S. 10, 13, 36f., 44f., 73, 83, 85f., 90, passim; *Eidenmüller*, in: Neumann/Schulz (Hrsg.), 2000, S. 117, 121, 123; *Offe*, in: Hartmann/Offe (Hrsg.), Vertrauen, 2001, S. 241, 244.
[86] Stellv. *Seligman*, The problem of trust, 1997, S. 13, 21; *Ripperger*, Ökonomik, 1998, S. 40; *Hartmann*, in: Hartmann/Offe (Hrsg.), Vertrauen, 2001, S. 7, 15f.; *Offe*, in: Hartmann/Offe (Hrsg.), Vertrauen, 2001, S. 241, 250.
[87] Richtig etwa *Lagerspetz*, in: Hartmann/Offe (Hrsg.), Vertrauen, 2001, S. 85, 102ff.
[88] Zu diesem „geistigen Element" siehe näher unten § 11 C. III.
[89] Ob es wie von *Luhmann*, Vertrauen, 4. Aufl. 2000, S. 28 behauptet das Vertrauen kennzeichnet, dass der Schaden beim Vertrauensbruch größer sein kann als der Vorteil, der aus dem Vertrauenserweis gezogen wird, erscheint fraglich.
[90] *Luhmann*, Vertrauen, 4. Aufl. 2000, S. 23, 40 räumt hier ein, dass man trotz des Einholens von Kenntnissen vertrauen kann und darf insofern zu Recht behaupten, dass in vertrauten Welten die Vergangenheit über Gegenwart und Zukunft dominiert. Doch kommt er hier in Schwierigkeiten mit seiner Ansicht, wonach Vertrauen ein Risiko verlange. Dass Anhaltspunkte für die Vertrauensbildung das Risiko zwar verkleinern, nicht aber eliminieren könnten, überzeugt nicht. Vielmehr offenbart dieser Bruch schön, dass ein Risiko nicht erforderlich ist und durch sichere Kenntnis ausgeschaltet werden kann.

Schließlich mag man sich verdeutlichen, wie ubiquitär Risikosituationen sind, ohne dass wir immer gleich von Vertrauen sprächen.[91] Wenn dennoch so oft das Risiko als für das Vertrauen notwendig oder kennzeichnend angesehen wird, so liegt das vielleicht daran, dass es nur in einer Risikosituation juristisch, soziologisch oder ökonomisch interessant ist, sich mit dem Vertrauen zu beschäftigen.

Dass das Risiko für Vertrauen in seiner normalsprachlichen Verwendung nicht notwendig oder kennzeichnend ist, schließt natürlich nicht aus, es für eine spezifisch juristische Verwendung dennoch zu verlangen, also das Vertrauen um ein weiteres Tatbestandsmerkmal zu ergänzen. Doch müsste ein solches Konzept erst einmal sorgsam ausgearbeitet werden. Insbesondere wäre zu klären, wie genau ein Risiko zu bestimmen ist. Versteht man es subjektiv, stellt sich dabei auch noch die Frage, warum die rein subjektive Einschätzung normativ relevant sein sollte. Eine rein objektive Definition erscheint demgegenüber kaum möglich. Schließlich wäre noch darzulegen und in ein schlüssiges Gesamtkonzept einzuordnen, warum es mit welchen Konsequenzen auf ein solches Risiko ankommen sollte. Ohnehin ist die entscheidende rechtliche Frage eher, wer warum genau welches Risiko tragen sollte. Das Risiko ist also eher das Ergebnis einer rechtlichen Wertung als eine tatbestandliche Voraussetzung. Insgesamt sollte man dabei die Komplexität des juristisch zweifellos bedeutsamen Themas „Risiko" nicht unterschätzen, wozu hier auf die früheren Ausführungen verwiesen sei.[92]

3. Freiwilligkeit

Ähnlich skeptisch wie das vermeintliche Erfordernis einer Risikosituation ist die These zu beurteilen, wonach der Vertrauensgeber zwischen einer Strategie des Vertrauens oder des Misstrauens frei wählen können müsse. Ansonsten handle es sich allenfalls um Zuversicht oder Hoffnung.[93] Der normalsprachliche Befund bestätigt das nur beschränkt. So können wir notgedrungen oder gezwungenermaßen vertrauen, wenn die Alternativen noch sehr viel unangenehmer wären. Oft vertrauen wir nur deshalb, weil uns nichts anderes übrig bleibt und wir viel lieber Sicherheit hätten, diese aber nicht bekommen. Das neugeborene Kind kann seiner Mutter vertrauen, ohne eine realistische Chance zu haben, andernorts Schutz zu finden. Nur wenn wir es schon ganz prinzipiell, d.h. rein äußerlich-körperlich nicht verhindern können, dass andere in die Reichweite unserer Interessen gelangen, passt es nicht, von Vertrauen zu sprechen. Ansonsten ist jedoch nicht ersichtlich, wie sich eine Freiwilligkeit

---

[91] Zutr. *Endreß*, in: Hartmann/Offe (Hrsg.), Vertrauen, 2001, S. 161, 173 f.
[92] Oben § 5.
[93] So etwa *Ripperger*, Ökonomik, 1998, S. 45, 87 unter Berufung auf *Hobbes*; *Gambetta*, in: Hartmann/Offe (Hrsg.), Vertrauen, 2001, S. 204, 213.

subsumtionsfähig verwenden ließe.[94] Zudem wäre auch dieses Merkmal viel zu weit, um das Spezifische speziell des Vertrauens zu treffen.

4. Aufmerksamkeit, Rationalität

Ein weiterer Versuch, die spezifische Bedeutung von Vertrauen zu erfassen, liegt in der These, dass man nur dann auf etwas vertrauen könne, wenn man es in irgendeiner Form mit seiner Aufmerksamkeit erfasst. Typisch hierfür sind Äußerungen dergestalt, dass Vertrauen ein subjektiver Zustand, eine Überzeugung, ein Wissen, ein Bewusstsein, eine Zuversicht, eine Annahme oder eine kognitive Erwartung sei bzw. davon abhänge.[95] Man könne nicht ohne jeden Anhaltspunkt und ohne alle Vorerfahrungen Vertrauen schenken.[96] Zuversicht und Vertrauen unterschieden sich durch die subjektive Situationswahrnehmung.[97] Häufig wird das mit der bereits diskutierten[98] Vorstellung eines Risikos verbunden, so dass Vertrauen mit einer bewussten Risikoentscheidung einhergehe, dieses Risiko also wahrgenommen und bewertet werde.[99]

Doch sprechen wir auch bei solchen Handlungen oder Zuständen von Vertrauen, auf die sich die Aufmerksamkeit des Vertrauenden nicht erstreckt. Meistens sind wir unseres Vertrauens nicht bewusst und machen uns überhaupt keine Gedanken.[100] Das ist schon deshalb praktisch bedeutsam, weil das menschliche Handeln überwiegend von unbewusstem, rein automatisiertem Verhalten geprägt ist.[101] Dabei ist es oft nicht einmal vorwerfbar, sondern sinnvoll, unbewusst zu vertrauen, weil es sich objektiv betrachtet überhaupt nicht lohnt, über alles nachzudenken.[102] Dass wir auch ohne Aufmerksamkeit vertrauen, spiegelt sich in zahlreichen für das Vertrauen typischen Redewen-

---

[94] Eingehend oben § 4 B. I. 4. b) aa).
[95] Stellv. *Ripperger*, Ökonomik, 1998, S. 36 f., 45; *Baier*, in: Hartmann/Offe (Hrsg.), Vertrauen, 2001, S. 37, 43; *Eisenstadt*, in: Hartmann/Offe (Hrsg.), Vertrauen, 2001, S. 333, 334; *Endreß*, in: Hartmann/Offe (Hrsg.), Vertrauen, 2001, S. 161, 166; *Gambetta*, in: Hartmann/Offe (Hrsg.), Vertrauen, 2001, S. 204, 211; *Hardin*, in: Hartmann/Offe (Hrsg.), Vertrauen, 2001, S. 295, 331; *Hartmann*, in: Hartmann/Offe (Hrsg.), Vertrauen, 2001, S. 7, 25; *Offe*, in: Hartmann/Offe (Hrsg.), Vertrauen, 2001, S. 241, 249.
[96] *Luhmann*, Vertrauen, 4. Aufl. 2000, S. 23.
[97] *Ripperger*, Ökonomik, 1998, S. 37.
[98] Oben § 11 C. II. 2.
[99] Stellv. *Ripperger*, Ökonomik, 1998, S. 36, 46; *Eidenmüller*, in: Neumann/Schulz (Hrsg.), 2000, S. 117, 121, 123; *Luhmann*, in: Hartmann/Offe (Hrsg.), Vertrauen, 2001, S. 143, 152.
[100] *Endreß*, in: Hartmann/Offe (Hrsg.), Vertrauen, 2001, S. 161, 165; *Lagerspetz*, in: Hartmann/Offe (Hrsg.), Vertrauen, 2001, S. 85, 93.
[101] Zutr. *Lagerspetz*, in: Hartmann/Offe (Hrsg.), Vertrauen, 2001, S. 85, 96. Näher oben § 2 D. IV.
[102] Diese Erkenntnis ist in vielerlei Hinsicht wichtig, vgl. etwa oben § 3 C. III. 1. b); § 8 B.; § 8 C. sowie unten § 14 A. III.

dungen wieder – man denke nur an das blinde Vertrauen oder das Urvertrauen, das Kleinkinder ihren Eltern entgegenbringen.[103] Auch irritiert es unser Sprachverständnis keineswegs, wenn man bei einem enttäuschten Vertrauen ausspricht: „Das hätte ich nie gedacht!". Fragen wir uns und unsere Mitmenschen, warum wir uns eigentlich unbewaffnet auf die Straße begeben, so werden sich die wenigsten darüber Gedanken gemacht haben und dennoch vom Vertrauen sprechen.[104] Es ist geradezu typisch, dass wir häufig erst im Nachhinein bemerken, wie stark wir jemandem vertrauen – vor allem, wenn das Vertrauen enttäuscht wurde.[105]

Dabei lässt sich die bisherige Aussage sogar noch erweitern: Vertrauen erfordert nicht nur keine Aufmerksamkeit, es erfordert überhaupt keinen Geisteszustand gleich welcher Art (einschließlich irgendeines Gefühls oder inneren Engagements).[106] Um Vertrauen festzustellen, können wir nicht darauf hoffen, im Kopf des Vertrauenden auch nur irgendetwas Subsumtionsfähiges zu finden. Dabei bringt es auch wenig, von „latenten", „implizit bleibenden", „mitschwingenden" „Einstellungen" oder „Haltungen" zu sprechen.[107] Denn hier wird lediglich verbal als existent unterstellt, was nicht definiert und real nachweisbar wäre.[108]

Das bedeutet auch, dass Vertrauen gleichermaßen rational wie irrational sein kann.[109] Vertrauen kann einerseits das Ergebnis einer wohlüberlegten Entscheidung sein als auch blind in dem Sinne, dass man die Augen vor den sichtbaren Gefahren einer Enttäuschung dieses Vertrauens verschließt. Und genauso kann, muss aber nicht, dem Vertrauen eine Kommunikation vorangehen.[110] Häufig ist eine solche Kommunikation bereits Ausdruck eines Misstrauens und vertrauen wir Personen, die wir überhaupt nicht kennen.

---

[103] *Baier*, in: Hartmann/Offe (Hrsg.), Vertrauen, 2001, S. 37, 59.

[104] *Luhmann*, Vertrauen, 4. Aufl. 2000, S. 29, der weiter einräumt, dass Vertrauen dann keinen unnötigen Bewusstseinsaufwand erfordere, wenn die Erwartungen nahezu sicher sind.

[105] *Endreß*, in: Hartmann/Offe (Hrsg.), Vertrauen, 2001, S. 161, 165; *Lagerspetz*, in: Hartmann/Offe (Hrsg.), Vertrauen, 2001, S. 85, 94.

[106] *Lagerspetz*, in: Hartmann/Offe (Hrsg.), Vertrauen, 2001, S. 85, 86, 90. Demgegenüber fragt *Hartmann*, in: Hartmann/Offe (Hrsg.), Vertrauen, 2001, S. 7, 27, ob Vertrauen nicht eher ein emotionales als ein kognitives Phänomen sei. Doch lässt sich auch eine Emotion nicht als notwendig identifizieren.

[107] So aber etwa *Endreß*, in: Hartmann/Offe (Hrsg.), Vertrauen, 2001, S. 161, 171; *Luhmann*, in: Hartmann/Offe (Hrsg.), Vertrauen, 2001, S. 143, 156.

[108] Vgl. zu ähnlichen Konstruktionen beim Willen (latent, unbewusst, begleitend, abstrakt usw.) oben § 9 C. V. 2. (etwa bei Fn. 308).

[109] Näher zur Rationalität unten § 17 E. Demgegenüber finden sich in der Literatur bisweilen entsprechende Festlegungen. Nach *Hardin*, in: Hartmann/Offe (Hrsg.), Vertrauen, 2001, S. 295, 295 etwa sind nach verbreiteter Auffassung Vertrauen und Misstrauen im Wesentlichen rational.

[110] Zutr. *Baier*, in: Hartmann/Offe (Hrsg.), Vertrauen, 2001, S. 37, 69; *Gambetta*, in: Hartmann/Offe (Hrsg.), Vertrauen, 2001, S. 204, 223, der zu Recht auf das eindrucksvolle

C. Begriff

Bemerkenswert ist, dass sich nicht nur Stimmen finden, die für Vertrauen eine Aufmerksamkeit verlangen, sondern auch solche, wonach diese Aufmerksamkeit gerade fehlen müsse: Während Misstrauen von einem bestimmten Bewusstseinszustand lebe[111] – was wohl richtig ist –, komme das Vertrauen erst dann zu sich, wenn es sich als ein solches nicht bewusst sei. Ein restriktiv gewordenes Vertrauen sei kein Vertrauen; allein dessen Thematisierung führe dessen Krise herbei.[112] Doch können wir sehr wohl nach Anhaltspunkten dafür suchen, ob ein Vertrauen gerechtfertigt ist, um uns dann gegebenenfalls bewusst dafür zu entscheiden, ohne dass dies unser Sprachverständnis irritieren würde.[113] Aufmerksamkeit ist für das Vertrauen irrelevant, nicht aber damit unvereinbar.

Diese Irrelevanz von Aufmerksamkeit für den Vertrauensbegriff verhindert nicht, sie dennoch als weiteres Tatbestandsmerkmal zu verlangen. Wie bereits mehrfach erwähnt ist es oft gleichermaßen möglich wie juristisch sinnvoll, normalsprachliche Begriffe durch zusätzliche Anforderungen einzuschränken. Problematisch werden solche Operationen erst dann, wenn sie zu sprachwidrigen oder sonst sinnlosen Ergebnissen führen – etwa bei einem Wollen ohne Aufmerksamkeit. Eine ganz andere Frage ist allerdings, was dogmatisch mit einer solchen Kombination gewonnen wird. Zunächst handelt man sich ein schon von der Willenstheorie her bekanntes Problem ein, nämlich die äußerst begrenzte Reichweite menschlicher Aufmerksamkeit.[114] Die Hoffnung, mit dem Vertrauen all diejenigen Inhalte begründen zu können, die vertraglich relevant sind, wird so von vornherein zunichte gemacht. Wenn wir uns bei Vertragsschluss allenfalls darauf konzentrieren können, einander freundlich die Hände zu schütteln, so gilt das für beide Seiten. Die Leere im Kopf wird dann nicht nur der Willenstheorie, sondern genauso einer Vertrauenshaftung zum Verhängnis.

Beispiel bei *Axelrod*, Kooperation, 6. Aufl. 2005, S. 67 ff., passim verweist. Demgegenüber kommt nach *Ripperger*, Ökonomik, 1998, S. 107 dem Element der Kommunikation bei der Vertrauensbildung wesentliche Bedeutung zu.

[111] *Offe*, in: Hartmann/Offe (Hrsg.), Vertrauen, 2001, S. 364, 368. *Seligman*, The problem of trust, 1997, S. 26 betont zu Recht den großen Unterschied von Misstrauen und fehlendem Vertrauen.

[112] Vgl. *Endreß*, in: Hartmann/Offe (Hrsg.), Vertrauen, 2001, S. 161, 177; *Hartmann*, in: Hartmann/Offe (Hrsg.), Vertrauen, 2001, S. 7, 25; *Offe*, in: Hartmann/Offe (Hrsg.), Vertrauen, 2001, S. 364, 368 sowie *Lagerspetz*, in: Hartmann/Offe (Hrsg.), Vertrauen, 2001, S. 85, 86, 92, 99, der deshalb auf S. 111, 113 zu dem Schluss gelangt, dass Vertrauen nur dank der Unterscheidung zwischen der Perspektive eines Handelnden und der eines Beobachters existiere. Hält man demgegenüber wie hier bewusstes Vertrauen für keineswegs sprachwidrig, ist diese These hinfällig.

[113] Zutr. etwa *Luhmann*, Vertrauen, 4. Aufl. 2000, S. 40. Weshalb dann auch *Lagerspetz*, in: Hartmann/Offe (Hrsg.), Vertrauen, 2001, S. 85, 92 einräumt, dass Vertrauen sich nicht in Luft auflösen müsse, wenn es explizit gemacht wird.

[114] Näher oben § 9 C. IV. Siehe dazu etwa auch *Hartmann*, in: Hartmann/Offe (Hrsg.), Vertrauen, 2001, S. 7, 26.

Und noch in einer weiteren Hinsicht stellen sich bereits hier unangenehme Fragen. Wenn sich Vertrauen ohne Aufmerksamkeit kaum eingrenzen lässt und diese deshalb verlangt werden sollte, warum stellen wir dann nicht gleich auf den Willen des Adressaten ab? Schließlich verlangt der Wille kaum mehr als eben diese Aufmerksamkeit[115] und liefert dennoch einen gut nachvollziehbaren Grund.[116] Wenn der Gläubiger zu einem bestimmten Vertragsinhalt sagt, dass er diesen will, wozu benötigen wir dann noch den Rückgriff auf den eher weinerlichen Ausruf, man habe aber doch vertraut? Hierauf wird noch zurückzukommen sein.[117]

5. Fazit

Zumindest für die hier interessierenden rechtsdogmatischen Zwecke erwiesen sich die bisherigen Ergebnisse als ernüchternd. Ob nun Risiko, Freiwilligkeit, Aufmerksamkeit oder Rationalität – Vertrauen ließ sich so nicht beschreiben. Sollte sich dieser Begriff nicht doch noch eingrenzen lassen, droht das Vertrauen uferlos und damit auch rechtlich bedeutungslos zu werden. Denn man könnte die rechtlich gültigen Vertragsinhalte nicht identifizieren. Die gesamte Begründungslast würde auf andere Tatbestandsmerkmale wie die Zurechenbarkeit abgewälzt – mit allen damit verbundenen Problemen.[118] Unter anderem wäre dann auch zu beantworten, wo noch der Unterschied zum klassischen Integritätsschutz liegt.

III. Vertrauensgegenstand

1. Äußerlich freies Handeln

Der Versuch, dem Vertrauen dadurch näher zu kommen, dass man auf den Vertrauenden schaut, erwies sich als wenig erfolgreich. Doch bleibt die Hoffnung, durch das weiter zu kommen, worauf vertraut wird. Als erste wichtige Aussage lässt sich dabei festhalten, dass sich unser Vertrauen auf ein Verhalten erstrecken muss, das in dem Sinne frei ist, dass es zumindest rein äußerlich-physiologisch möglich sein muss, mich in meinen Interessen zu verletzen oder aber das gerade nicht zu tun. Dementsprechend lässt sich Vertrauen als ein bestimmter Umgang mit der Freiheit anderer charakterisieren.[119] Wir begegnen also auch beim Vertrauen dieser eigenartigen, kulturell aber tief ver-

---
[115] Näher oben § 9 B. II.
[116] Näher oben § 9 E. II.
[117] Unten § 11 E. III.
[118] Näher oben § 10 C.
[119] *Gambetta*, in: Hartmann/Offe (Hrsg.), Vertrauen, 2001, S. 204, 213; *Hartmann*, in: Hartmann/Offe (Hrsg.), Vertrauen, 2001, S. 7, 25; *Luhmann*, Vertrauen, 4. Aufl. 2000, S. 48, 51.

wurzelten Abtrennung „innerlicher" Vorgänge, die wir vor allem uns Menschen zuschreiben und unter Begrifflichkeiten wie Willensfreiheit, Geist, Seele oder auch Moral zu erfassen suchen.[120] Nicht aber – und das wurde bereits beim Risiko dargelegt –[121] muss das Handeln des Vertrauensadressaten tatsächlich, also auch angesichts dessen innerer Veranlagung, unvorhersehbar sein.[122] Steht jemand neben mir mit einem Messer, mag ich ihm tatsächlich hundertprozentig vertrauen können.

2. Moralisches Handeln

Versucht man, das Spezifische am Vertrauen zu erfassen und es von Begriffen wie dem Hoffen oder Glauben abzugrenzen, stößt man unweigerlich auf eine bestimmte Qualität menschlichen Handelns. So verträgt es sich selten mit unserem Sprachverständnis, dass jemand auf ein völlig beliebiges, etwa rein zufälliges oder chaotisches Verhalten vertraue.[123] Erst dort, wo es uns auf diesen Zufall ankommt und dieser ein gewisses Verhalten erfordert (etwa den ordnungsgemäßen Betrieb einer Lottomaschine), findet sich dieser Begriff. Regelmäßig richtet sich das Vertrauen darauf, dass ein Mensch moralisch handelt. Dabei ist hier Moral nicht als apriorisch-zeitlos zu verstehen. Wohl aber muss der Mensch aufgrund einer inneren Veranlagung so handeln, wie es die Gesellschaft von ihm erwartet. Typischerweise erfolgt diese Konditionierung über Erziehung, zumindest rudimentär spielen dabei wohl auch genetische Faktoren eine Rolle.

Vertrauen hat eine stark ethische Komponente, weshalb die Rede vom Vertrauen zu einer normativen Betrachtung herausfordert.[124] Dementsprechend findet sich in der Diskussion um das Vertrauen beinahe die gesamte Bandbreite klassischer ethischer Gesichtspunkte, angefangen mit der Verletzbarkeit bzw. Abhängigkeit des Einzelnen vom Wohlwollen anderer[125] über Redlich-

---

[120] Siehe dazu etwa oben § 4 B. I.
[121] Oben § 11 C. II. 2.
[122] Insoweit anders wohl *Hartmann*, in: Hartmann/Offe (Hrsg.), Vertrauen, 2001, S. 7, 18 f., 25; *Lagerspetz*, in: Hartmann/Offe (Hrsg.), Vertrauen, 2001, S. 85, 105 (zu sagen, dem Gast sei es in physischer Hinsicht möglich, mich zu erstechen, beinhalte die Vermutung, dass er dies wollen könne).
[123] Stellv. *Luhmann*, Vertrauen, 4. Aufl. 2000, S. 47, der Voraufl. zust. *Ripperger*, Ökonomik, 1998, S. 37 f.
[124] *Ripperger*, Ökonomik, 1998, S. 141; *Eidenmüller*, in: Neumann/Schulz (Hrsg.), 2000, S. 117, 120; *Lagerspetz*, in: Hartmann/Offe (Hrsg.), Vertrauen, 2001, S. 85, 112. A.A. *Hardin*, in: Hartmann/Offe (Hrsg.), Vertrauen, 2001, S. 295, 307 oder *Köhl*, in: Hartmann/Offe (Hrsg.), Vertrauen, 2001, S. 114, 119, 134 ff., 140, der darlegen will, dass „... gerade in der eigentlichen Domäne des Vertrauens ,der Platz auf dem Treppchen' eher dem Begriff der Achtung gebührt ..." Wiederum gilt, dass die moralischen Qualitäten des Vertrauensnehmers nicht unsicher sein müssen, vgl. bereits oben § 11 C. II. 2. sowie demgegenüber etwa *Ripperger*, Ökonomik, 1998.
[125] *Baier*, in: Hartmann/Offe (Hrsg.), Vertrauen, 2001, S. 37, 42; *Lagerspetz*, in: Hart-

keit, Wahrheitsliebe, Verlässlichkeit[126] oder Zuneigung[127] über den klassischen Kooperations- bzw. Reziprozitätsgedanken[128] bis hin zum Handeln getreu einer bestimmten Persönlichkeit, sei es in einem spezifischen Sinn moralischer Integrität[129] oder auch nur eines Festhaltens an dem, was man nach außen hin über sich selbst mitgeteilt hat.[130] Ebenso leuchtet es ein, warum wir uns in unserem Vertrauen dort weniger enttäuscht zeigen, wo der Vertrauensadressat der Weisung eines Vorgesetzten folgte[131] oder ein moralisches Versprechen explizit aufgekündigt wurde.

Dass sich das Vertrauen nach unserem gewöhnlichen Sprachverständnis auf ein moralisches Verhalten richtet, lässt sich leicht illustrieren. Sätze wie „Ich vertraue darauf, dass Du Dich mir gegenüber unmoralisch verhältst und mich schädigst" empfinden wir als befremdlich.[132] Und hätten wir hier einen Masochisten vor uns, wäre es gerade nicht unmoralisch, ihn zu „schädigen". Man vertraut auch nicht darauf, dass sich jemand egoistisch verhalte,[133] es sei denn, das egoistische Verhalten nützte dem Vertrauenden doch wieder. Man vertraut auch nicht darauf, sondern richtet sich allenfalls entsprechend ein, dass ein Nachbar, der täglich um genau fünf Uhr spazieren geht, das auch zukünftig tut, damit wir unsere Uhr nach ihm stellen können.[134] Denn es besteht keine moralische Pflicht des Nachbarn, als menschliche Uhr zu dienen, so dass wir hier auch nicht enttäuscht, sondern allenfalls unangenehm überrascht reagieren.[135] Dort, wo lediglich bestimmte Tatsachen oder ein moralisch irrelevantes Verhalten in Rede stehen, mögen wir zwar einen bestimmten Glauben oder eine gewisse Zuversicht entwickeln, nicht jedoch ein solches Vertrauen.[136] Dementsprechend kann unter völlig unmoralisch Handelnden

---

mann/Offe (Hrsg.), Vertrauen, 2001, S. 85, 112; *Offe*, in: Hartmann/Offe (Hrsg.), Vertrauen, 2001, S. 241, 249.

[126] *Ripperger*, Ökonomik, 1998, 139, S. 107 f.; *Hartmann*, in: Hartmann/Offe (Hrsg.), Vertrauen, 2001, S. 7, 15.

[127] *Hartmann*, in: Hartmann/Offe (Hrsg.), Vertrauen, 2001, S. 7, 15.

[128] *Gambetta*, in: Hartmann/Offe (Hrsg.), Vertrauen, 2001, S. 204, 205; *Offe*, in: Hartmann/Offe (Hrsg.), Vertrauen, 2001, S. 241, 254, 271.

[129] *Ripperger*, Ökonomik, 1998, S. 105.

[130] *Luhmann*, Vertrauen, 4. Aufl. 2000, S. 48, 51.

[131] Vgl. zu diesem klassischen Zurechnungsproblem etwa *Luhmann*, Vertrauen, 4. Aufl. 2000, S. 52.

[132] Wenn nach *Baier*, in: Hartmann/Offe (Hrsg.), Vertrauen, 2001, S. 37, 75 Vertrauen auch dann noch möglich ist, wenn der Vertrauende und die Empfängerin des Vertrauens sich gegenseitig die Bereitschaft unterstellen, dem anderen Schaden zuzufügen, so mag das sogar vorkommen, ändert jedoch nichts daran, dass das, worauf vertraut wird, gerade die Nicht-Schädigung ist.

[133] *Hartmann*, in: Hartmann/Offe (Hrsg.), Vertrauen, 2001, S. 7, 29.

[134] *Baier*, in: Hartmann/Offe (Hrsg.), Vertrauen, 2001, S. 37, 43.

[135] *Offe*, in: Hartmann/Offe (Hrsg.), Vertrauen, 2001, S. 241, 245.

[136] Zum Glauben an einen Gott siehe unten § 11 C. III. 3. a). Zur Unterscheidung von Vertrauen und Zuversicht vgl. etwa *Luhmann*, in: Hartmann/Offe (Hrsg.), Vertrauen, 2001, S. 143, 140, 148 f. Zur ähnlichen Unterscheidung zwischen Vertrauen und dem sich-

auch von vornherein kein Vertrauen (oder eine „Vertrauensbasis") entstehen,[137] auch wenn diese Situation selbst unter Verbrechern nur selten auftreten dürfte.

Wo genau man die Linie zwischen innerlich-motivational-moralischen und äußerlich-physiologisch-physikalischen Einflüssen zieht, variiert je nach wissenschaftlicher oder theologischer Grundausrichtung. Während ein Idealist getreu der kantischen Tugendlehre eine innere, apriorisch gültige Gesetzgebung gegen sich selbst unterstellen und davon äußeren Zwang genauso wie Triebe oder Emotionen abgrenzen mag, wird es bei psychologischer Betrachtung hier sehr lehrreich: Denn ist es nicht das moralische Verhalten, sondern eine krankhafte Phobie unseres Nachbarn, die dafür sorgt, dass er uns nicht verletzt, so sagen wir nicht: „Ich vertraue darauf, dass Du Dich psychotisch verhältst." Das verdeutlicht, dass je besser wir menschliches Handeln naturwissenschaftlich-deterministisch verstehen, je weiter die Psychologie in die innersten Refugien des Menschen vordringt, damit auch der verbleibende Raum für das Moralische schwindet – und damit auch der für ein Vertrauen. Von dieser wichtigen Einsicht zu unterscheiden ist die Frage, ob wir uns im Einzelfall des konkreten moralischen Verhaltens sicher sein können. Denn dass das Vertrauen kein Risiko verlangt, wurde bereits dargelegt. Moral steht also für ein zwar im Ergebnis beschreibbares und gesellschaftlich erwünschtes, uns jedoch in seinen genauen Ursachen und Wirkungszusammenhängen wissenschaftlich noch unerforschtes Verhalten. Soziologen kennen wiederum ganz eigene Grenzziehungen, etwa wenn sie zwischen Person und Umwelt, externen und internen Faktoren oder Kontingenz und Vorhersehbarkeit unterscheiden.[138] Für das hier interessierende normalsprachliche Verständnis von Vertrauen ist mit allen dazu geeigneten Wissenschaften zu ermitteln, was für ein Verhalten wir tatsächlich dergestalt normativ einfordern, dass wir nicht nur intellektuell überrascht, sondern auch moralisch-enttäuscht reagieren und uns Menschen deshalb die Fähigkeit zuschreiben, diese Verhaltensregeln befolgen zu können. Dabei kann sich die Betrachtung auch auf eine kleine Gruppe beschränken – etwa im Sinne einer Räubermoral, auf deren Einhaltung die Räuber vertrauen. Demgegenüber kann hier dahingestellt bleiben, worauf diese Zuschreibung wissenschaftlich basiert oder ob es gar so etwas wie Willensfreiheit gibt.[139]

Interessante Probleme wirft schließlich die Frage auf, wessen Vorstellungen eigentlich entscheiden, wenn es um den genauen Inhalt moralischer Pflichten

---

auf-etwas Verlassen siehe etwa *Hartmann*, in: Hartmann/Offe (Hrsg.), Vertrauen, 2001, S. 7, 28.

[137] *Baier*, in: Hartmann/Offe (Hrsg.), Vertrauen, 2001, S. 37, 72.

[138] *Luhmann*, in: Hartmann/Offe (Hrsg.), Vertrauen, 2001, S. 143, 148.

[139] Solange eine subsumierbare Definition nicht gefunden ist, bleibt dieser Begriff jedenfalls für juristische Zwecke unbrauchbar. Näher etwa oben § 4 B. I.

geht. Für das Vertrauen scheint die Perspektive dessen maßgeblich zu sein, der (potenziell) vertraut. Angenommen, der gute Freund eines frisch gebackenen Lottomillionärs glaubt, einen moralischen Anspruch darauf zu haben, dass er an diesem Glück beteiligt wird. Vertraut er hier auch? Persönlich wird er dies sicher so sehen, doch vielleicht spricht ihm das selbst der Vertrauensadressat nicht ab, sondern verweist lediglich darauf, dass dieses Vertrauen nicht berechtigt gewesen sei, es eine solche moralische Pflicht nicht gebe. Dabei macht es diesen Befund nicht leichter, dass Vertrauen nicht einmal Aufmerksamkeit und damit keine konkrete Vorstellung des Vertrauenden darüber verlangt, was ein moralisches Verhalten auszeichnet. Es scheint also, als könne man die für das Vertrauen maßgebliche Sicht erst nachträglich entwickeln.

3. Konsequenzen

a) Mensch, Tier und Natur

Die bisherigen Ergebnisse erlauben wichtige Schlussfolgerungen. So wurde bisher unterstellt, dass sich das Vertrauen auf menschliches Verhalten richtet. Darin sind wir dann allerdings alles andere als wählerisch, etwa wenn wir auch „Wildfremden"[140] oder gar unseren Feinden[141] vertrauen. Nunmehr können wir noch etwas besser begründen,[142] warum wir zwar dem Menschen, nicht jedoch Steinen oder einem Grashalm vertrauen. Denn wenn sich Vertrauen auf ein moralisches Verhalten bezieht, können wir nur solchen Entitäten vertrauen, denen wir die Fähigkeit zu einem moralischen Verhalten zuschreiben. Steine und Grashalme gehören nicht dazu.[143]

Studiert man allerdings den menschlichen Sprachgebrauch, und zwar möglicherweise nicht nur unserer Zeit und unserer westlichen Kultur, wird man feststellen, dass sich die genaue Grenze nicht so leicht ziehen lässt. So erscheint es nicht völlig unüblich, jedenfalls höher entwickelten Tieren zu „vertrauen" – etwa wenn ein lieber, viele Jahre zur Familie gehöriger Hund ein Kleinkind beschnuppert. Und ebenso, wie wir Tieren die Fähigkeit zu moralischem Handeln zuschreiben mögen, ist es keineswegs nur animistisch geprägten Kulturen vorbehalten, derartige Annahmen selbst auf Naturphänomene wie das Wetter oder gar Bäume zu übertragen. Wir „vertrauen" manchmal darauf, dass uns das Wetter „nicht im Stich lässt". Glauben wir demgegenüber – streng mono-

---

[140] Insbesondere verlangt Vertrauen keine Kommunikation, vgl. dazu bereits oben bei Fn. 110.

[141] *Baier*, in: Hartmann/Offe (Hrsg.), Vertrauen, 2001, S. 37, 41. Instruktiv auch hier das Beispiel von *Axelrod*, Kooperation, 6. Aufl. 2005, S. 67 ff. der Stellungskriege des Ersten Weltkriegs.

[142] Vgl. aber bereits oben § 11 C. II. zur Zuschreibung von Interessen.

[143] So in der Sache etwa auch *Luhmann*, Vertrauen, 4. Aufl. 2000, S. 48, der mit dem freien Handeln auf die mit Menschen verbundene Komplexitätserweiterung abstellt, auf die das Vertrauen bezogen sei.

theistisch – an den einen wahren Gott, macht die Rede vom Gottvertrauen nur, dann aber gerade Sinn, wenn wir diesem so angenommenen Gott ähnliche Wesenszüge zuschreiben, wie wir das bei uns Menschen tun.[144]

Wiederum anders verhält es sich bei komplexen Systemen, angefangen mit einfachen Maschinen über ausgefeilte Expertensysteme bis hin zu wirtschaftlichen oder politischen Systemen.[145] Auch hier findet sich oft die Rede von einem Vertrauen, etwa wenn man auf das Funktionieren der Seilbahn oder den eigenen Staat vertraut. Hier dürfte sich zweierlei vermischen. Erstens stehen hinter diesen Einrichtungen regelmäßig Menschen, denen wir wiederum die Fähigkeit zu moralischem Handeln zuschreiben. Wohl aber kann es angesichts der Komplexität vieler Zusammenhänge schwer werden, konkrete Personen zu identifizieren, denen wir negative Auswirkungen zuordnen und denen wir damit vorwerfen können, unser Vertrauen enttäuscht zu haben.[146] Daneben mag es aber auch nicht ausgeschlossen sein, dass wir diese Zuschreibung – ähnlich wie zuvor bei der Natur oder einem Gott – über den Menschen hinaus auf leblose bzw. empirisch nur schwer nachweisbare Entitäten ausdehnen. Je mehr es etwa gelingt, einer Maschine menschliches Verhalten beizubringen, desto eher werden wir auch geneigt sein, ihr Vertrauen zu schenken.

b) Moral

Dass sich Vertrauen nach unserem Sprachverständnis auf ein moralisches Handeln bezieht, wurde bereits dargelegt.[147] Doch welche konkreten Schlüsse lassen sich aus dem Vertrauen für diese Moral ziehen? Leider fallen die Antworten hier dürftig aus. So lässt sich nicht feststellen, dass allein durch die Tatsache des Vertrauens eine moralische Verpflichtung des Adressaten entstünde, vertrauenswürdig zu sein.[148] Vielmehr setzt das Vertrauen eine solche moralische Verpflichtung voraus, indem es sich auf ein moralisches Handeln richtet. Nicht das Vertrauen ist hier das Entscheidende für die moralische Verpflichtung, sondern eine davon unabhängige Moral. Dementsprechend liefert der Vertrauensgedanke auch keine Kriterien dafür, welchen genauen Inhalt

---

[144] Zur Existenz eines Gottvertrauens vgl. etwa *Seligman*, The problem of trust, 1997, S. 22. Dieser Anthropozentrismus ist für die jüdisch-christlich-islamische Religion typisch, vgl. dazu oben § 4 B. I. 4. a) ee).

[145] Speziell zum Systemvertrauen, bei dem die Rede vom Vertrauen grob gesprochen umso fragwürdiger wird, je stärker der Bezugsgegenstand entpersonalisiert ist, vgl. etwa *Luhmann*, Vertrauen, 4. Aufl. 2000, S. 27, 67, 76; *Luhmann*, in: Hartmann/Offe (Hrsg.), Vertrauen, 2001, S. 143, 156; *Seligman*, The problem of trust, 1997, S. 17; *Offe*, in: Hartmann/Offe (Hrsg.), Vertrauen, 2001, S. 241, 261 jew. m.w.N.

[146] Diese Fragen thematisiert insbesondere *Luhmann*, Vertrauen, 4. Aufl. 2000, S. 52, 54, 68 f.

[147] Oben § 11 C. III. 2.

[148] Siehe zu dieser Frage – eher zurückhaltend – *Seligman*, The problem of trust, 1997, S. 6; *Hartmann*, in: Hartmann/Offe (Hrsg.), Vertrauen, 2001, S. 7, 29; *Offe*, in: Hartmann/Offe (Hrsg.), Vertrauen, 2001, S. 241, 254.

diese Moral haben sollte. Es ist nicht erkennbar, wie man aus dem Begriff des Vertrauens solche Pflichten ableiten kann. Vertrauen schafft keine Moral und ändert sie auch nicht. Es hilft also dem Vertrauenden nichts, zu vertrauen oder vertrauen zu müssen, da das Vertrauen nur seine Situation beschreibt. Ja, wir können noch nicht einmal sagen, ob das Vertrauen selbst – also wenn wir einmal unsere Wertschätzung für die vom Vertrauen unabhängig bestehenden Moralvorstellungen ausblenden – etwas Gutes und Ehrenhaftes ist oder einfach nur naiv, faul, töricht und dumm.

IV. Ergebnis

Die bisherigen Untersuchungen haben ergeben, dass Vertrauen eine eigenständige Bedeutung hat, die sich allerdings als relativ voraussetzungsarm erwies. Typischerweise vertraut eine Person darauf, dass jemand zukünftig[149] moralisch handelt, wobei wir bisweilen auch anderen Entitäten als dem Menschen die Fähigkeit zuschreiben, Adressat dieses Vertrauens zu sein oder selbst zu vertrauen. Als entscheidendes Merkmal erwies sich die Verletzbarkeit des Vertrauenden durch unmoralisches Verhalten des Vertrauensadressaten. Besonders bemerkenswert und für die juristische Verwendbarkeit des Vertrauens folgenreich ist die Erkenntnis, dass Vertrauen weder Risiko noch Aufmerksamkeit noch Kommunikation noch Rationalität verlangt, wohl aber dann entfällt, wenn die Beeinträchtigung eigener Interessen bereits durch nicht-moralische, rein „äußerliche" Umstände ausgeschlossen ist. Schließlich ernüchterte es auch, dass das Vertrauen selbst keine Maßstäbe für unser Moralverständnis liefert, sondern dieses bereits voraussetzt.

D. Praktische Relevanz

I. Vor- und Nachteile

Nachdem dem Begriff des Vertrauens zumindest ein gewisser eigenständiger Gehalt entnommen wurde, lassen sich nun auch die ganz praktischen Funktionen untersuchen, die dieses Vertrauen erfüllt. Dass das Vertrauen überhaupt einen Sinn entfaltet, liegt dabei nahe. Schließlich ist dieser Begriff fest in unserem Sprachgebrauch verankert. Menschen scheinen einander zu vertrauen – bisweilen sogar ihren Feinden.[150] Tatsächlich findet sich Vertrauen nahezu

---

[149] Diese Zukunftsorientierung folgt bereits daraus, dass von vergangenen Ereignissen keine Verletzung droht, also das Interesse des Vertrauenden von vornherein nicht berührt ist.
[150] Vgl. oben bei Fn. 141. Selbst unter einer Gruppe von Räubern wird es jedem einzelnen Räuber schwer fallen, den anderen allein rational-eigennütziges Verhalten zu unterstellen

überall dort, wo menschliche Interaktion stattfindet, sei es in der Familie bzw. Sippe, einer arbeitsteiligen Austauschbeziehung[151] oder ganz generell überall dort, wo sich Menschen mit ihren jeweiligen Interessen in die Quere kommen. Ja, die Einsicht in die Notwendigkeit von Vertrauen dürfte sich im Lauf der menschlichen Entwicklungsgeschichte derart tief – sei es kulturell oder rudimentär gar genetisch – in uns Menschen verankert haben, dass es geradezu psychologische Störungen auslösen dürfte, würde dieses Vertrauen fortwährend enttäuscht.

Dabei lässt sich auch leicht erklären, warum Vertrauen so weit verbreitet ist. Denn soweit Menschen moralisch handeln, sich also als vertrauenswürdig erweisen, macht es Sinn, genau das zu unterstellen. Und tatsächlich handeln Menschen täglich moralisch und honorieren damit Vertrauen. Wir würden die soziale Natur des Menschen grundlegend verkennen, gingen wir von einem durchweg egoistischen Verhalten aus. Ein Kind etwa erfährt die Hilfe seiner Eltern unabhängig davon, ob es später etwas zurückgibt.[152] Angesichts eines weit verbreiteten moralischen Verhaltens ist es also geistig äußerst entlastend, nicht solche unmoralischen Verhaltensweisen berücksichtigen zu müssen, die einem überhaupt nicht oder nur mit sehr geringer Wahrscheinlichkeit drohen. Wollten wir sämtliche Risiken innerlich abbilden, zerspränge uns der Kopf. Vertrauen dient also der Verringerung von Komplexität, ist Ausdruck einer vereinfachten Weltsicht, die bestimmte Verhaltensweisen einfach ignoriert. Vertrauen stabilisiert zwar nicht die reale Welt „da draußen", wohl aber deren innere Abbildung.[153]

Aber es ist nicht nur gedanklich äußerst aufwändig, sich gegen zahllose Eventualitäten zu wappnen. Auch äußerlich-weltliche Maßnahmen gegen die Gefahren unmoralischen Handelns, angefangen mit dem Rückzug in sichere Gefilde über die eigene Bewaffnung oder das Setzen von Anreizen bis hin zur Inanspruchnahme von Recht sind oftmals sehr aufwändig oder unzuverlässig.[154] Keine realistische Alternative ist es demgegenüber, uns von jeglichen Gefahren menschlichen Handelns abzuschotten und damit auf sämtliche Vorteile einer Arbeitsteilung zu verzichten. Wir Menschen können gar nicht um-

---

und nicht doch in zumindest mancher Hinsicht davon auszugehen, dass sich die anderen im Sinne einer Räubermoral verhalten.

[151] *Seligman*, The problem of trust, 1997, S. 171; *Baier*, in: Hartmann/Offe (Hrsg.), Vertrauen, 2001, S. 37, 39; *Gambetta*, in: Hartmann/Offe (Hrsg.), Vertrauen, 2001, S. 204, 228; *Ripperger*, Ökonomik, 1998, Vorwort jew. m.w.N.

[152] Zutr. *Baier*, in: Hartmann/Offe (Hrsg.), Vertrauen, 2001, S. 37, 57. Dass sich dieses Verhalten instinktiv-evolutionsbiologisch leicht erklären lässt, verdeutlicht allenfalls die Schwierigkeiten einer Definition von „egoistisch". Näher oben § 3 B. II. 3.

[153] Siehe dazu nur *Luhmann*, Vertrauen, 4. Aufl. 2000, S. 10, 22, 24, 30, 38, passim; *Luhmann*, in: Hartmann/Offe (Hrsg.), Vertrauen, 2001, S. 143, 141; *Hartmann*, in: Hartmann/Offe (Hrsg.), Vertrauen, 2001, S. 7, 25.

[154] Stellv. *Ripperger*, Ökonomik, 1998, S. 4; *Offe*, in: Hartmann/Offe (Hrsg.), Vertrauen, 2001, S. 241, 260.

hin, unseren Mitmenschen gegenüber verletzlich zu sein, schon weil wir auch deren Hilfe benötigen.[155] Was für einen Einsiedler vielleicht noch gangbar sein mag, ist jedenfalls für rechtliche Betrachtungen uninteressant.

Etwas offensichtlicher als vielleicht die Vorteile eines Vertrauens sind dessen Gefahren: Handelt der Vertrauensadressat wider Erwarten unmoralisch und enttäuscht so Vertrauen, kann der Schaden erheblich sein, gerade weil wir Menschen in unserer stark arbeitsteiligen Gesellschaft aufeinander angewiesen und damit selbst in lebenswichtigen Bereichen den Einflüssen unserer Mitbürger ausgeliefert sind. Und die Trojaner bezahlten ihr Vertrauen in die Griechen mit dem Untergang ihrer Stadt. Deshalb tun wir oft gut daran, uns ganz handfest gegen Enttäuschungen abzusichern. So gehören nicht nur Recht und Sitte zu den herausragenden kulturellen Errungenschaften, die uns davon befreien, auf ein moralisches Verhalten unserer Mitmenschen angewiesen zu sein. Ebenso entwickelt jede moderne Kultur immer ausgeklügeltere Anreizsysteme, die uns eine sehr viel größere Sicherheit verschaffen als die Veranlagung anderer zu moralischem Verhalten.

II. Voraussetzungen

Hat man sich den Begriff, die grundsätzliche Berechtigung, aber auch die Gefahren von Vertrauen verdeutlicht, bereitet es zumindest keine fundamentalen Schwierigkeiten mehr, dieses Phänomen wissenschaftlich zu beschreiben. Geht man etwa von einem rationalen Verhalten aus, kann der Mensch zwar ein mögliches Risiko nicht dadurch beeinflussen, dass er einfach vertraut. Wohl aber mag er sich fragen, wann es seine Ziele fördert, zu vertrauen und damit ein mögliches Verletzungsrisiko hinzunehmen. Vertrauen lässt sich also kalkulieren. Sofern dieses Vertrauen im Entscheidungszeitpunkt zwar wohlbegründet war, später aber dennoch enttäuscht wurde, ändert das natürlich nichts daran, dass dieses Vertrauen sinnvoll war. Ein rational Vertrauender wird also zwar über das Verhalten des Vertrauensadressaten enttäuscht sein, nicht jedoch sein eigenes Handeln bereuen.[156] Zur Minderung seines Risikos kann er allerdings versuchen, rechtzeitig mehr über den Vertrauensadressaten und dessen Denken zu erfahren. Insofern ist Vertrautheit als das Ergebnis eines Lernprozesses ein wichtiger Grund dafür, tatsächlich zu vertrauen.[157] Weiterhin mag man die bereits aufgeführten Alternativen eines Vertrauens berücksichtigen – etwa die Absicherung über Recht, Sitte oder Anreize mitsamt

---

[155] Stellv. *Baier*, in: Hartmann/Offe (Hrsg.), Vertrauen, 2001, S. 37, 45.

[156] Insofern etwas ungenau *Luhmann*, Vertrauen, 4. Aufl. 2000, S. 29. Zum Problem des Risikos siehe oben § 5.

[157] Vgl. dazu etwa *Luhmann*, Vertrauen, 4. Aufl. 2000, S. 22, 40, 58, wenngleich Vertrauen eine solche Vertrautheit nicht voraussetzt. Demgegenüber ist Misstrauen in der Tat ohne eine gewisse Vertrautheit schwer vorstellbar.

den damit verbundenen Nachteilen. Schließlich lässt sich Vertrauen dadurch erfolgsversprechender machen und damit institutionalisieren, dass man moralisches Verhalten von Geburt an antrainiert oder Verletzungen sanktioniert.[158] Hilfreich, wenngleich nur begrenzt wirksam mag es je nach Situation auch sein, Vertrauenswürdigkeit von anderen offen einzufordern bzw. selbst zu beteuern. So kann das die innere Bereitschaft zu moralischem Handeln stärken und vor allem größere Klarheit darüber schaffen, was genau der Gegenstand des Vertrauens ist und damit erwartet wird.[159] Andererseits erschöpft sich diese Wirkung schnell. Wer zehnmal hintereinander beteuert, man könne ihm wirklich vertrauen, wird mit dem elften Ausspruch wenig gewinnen.

Angesichts der Komplexität realer Lebenssachverhalte werden wir bei der Entscheidung darüber, ob, worauf und wem wir vertrauen, nur sehr selten kalkulieren. Sehr viel realistischer ist es, dass wir meistens kulturell bewährte oder gar – sehr begrenzt – genetisch-instinktiv verankerte Verhaltensmuster praktizieren und diese allenfalls über einen längeren Zeitraum angesichts gesammelter Erfahrungen an unsere persönlichen Umstände und Ziele anpassen. Dabei wird man sich je nach Situation sehr unterschiedlich verhalten. Während in intimen Beziehungen stärker vertraut werden mag,[160] wird sich das beim Kauf eines Gebrauchtwagens auf dem Trödelmarkt weniger stark finden.

E. Rechtliche Irrelevanz

I. Sicherheit versus Vertrauen

1. Recht, Sitte, Anreize und Moral

Die bisherigen Vorarbeiten liefern die notwendige Basis, um nunmehr die Eignung von Vertrauen für vertragsrechtliche Zwecke einzuschätzen. Hier drängen sich schon deshalb Zweifel auf, weil sich Vertrauen auf ein moralisches und nicht ein wie auch immer von außen erzwungenes Verhalten bezieht. Um hier jedoch seriöse Aussagen treffen zu können, müssen wir Begriffe wie Recht, Sitte, Anreize oder Moral sorgfältig handhaben und sie damit zumindest für jedermann nachvollziehbar definieren. Hier wurde Moral zwar nicht apriorisch-zeitlos verstanden, wohl aber handelt der Mensch aufgrund einer

---

[158] Vgl. dazu etwa *Offe*, in: Hartmann/Offe (Hrsg.), Vertrauen, 2001, S. 241, 281. Je wirksamer diese Sanktion, desto entbehrlicher wird damit aber auch wieder das Vertrauen, vgl. zu diesen Zusammenhängen unten § 11 E. I.

[159] Zu diesem Vorteil der Ausdrücklichkeit vgl. etwa *Baier*, in: Hartmann/Offe (Hrsg.), Vertrauen, 2001, S. 37, 68; *Lagerspetz*, in: Hartmann/Offe (Hrsg.), Vertrauen, 2001, S. 85, 110 f.

[160] *Hartmann*, in: Hartmann/Offe (Hrsg.), Vertrauen, 2001, S. 7, 13.

inneren Veranlagung – also ohne Zwang oder Anreize – so, wie es die Gesellschaft von ihm wünscht.[161] Demgegenüber wurde Recht als ein von außen erfolgreich, widrigenfalls mit staatlicher Gewalt und ganz unabhängig von der jeweiligen Gesinnung durchgesetztes Verhalten definiert.[162] Soweit dabei ein Recht an einem Vollzugsdefizit leidet und damit nur auf dem Papier steht, ist das kein Recht nach der für diese Arbeit gewählten Definition.[163] Diese scharfe Abgrenzung ist nicht nur für eine saubere Analyse des Vertrauens hilfreich, sondern genauso etwa für die Risikoproblematik.[164] Was die Sitte anbelangt, so unterscheidet sie sich nach dem hier zugrunde gelegten Verständnis lediglich dadurch vom Recht, dass es nicht der Staat ist, der Zwang ausübt. Vielmehr zwingt hier die Gesellschaft über außerrechtliche Instrumente bis hin zu sozialer Isolation oder gar öffentlich kundgemachter Missachtung. Anreize wiederum lassen sich gewissermaßen als ein sanfter Zwang begreifen[165] und stehen damit dem Recht und der Sitte sehr viel näher als der Moral. Während Recht oder Sitte auch mit blanker Gewalt ein bestimmtes Ergebnis diktieren können – ganz unabhängig von einer menschlichen Informationsverarbeitung –, sind Anreize solche Umweltbedingungen, die dem Einzelnen ein bestimmtes Verhalten nahelegen. Dabei gehören auch Recht und Sitte zu diesem äußeren Rahmen und werden oft sehr gezielt eingesetzt, um menschliches Verhalten zu steuern – und zwar sowohl von den Vertragsparteien als auch vom Gesetzgeber.[166]

2. Vertrauensalternativen

„Vertrauen ist gut, Kontrolle ist besser" – diese *Lenin* zugeschriebene Aussage verdeutlicht anschaulich, dass wir nicht darauf angewiesen sind, unseren Mitmenschen nur zu vertrauen. Vielmehr gewährleisten oft sehr viel handfestere Umstände als ein moralisches Verhalten des Vertrauensadressaten, dass unsere Interessen beachtet werden: Wir müssen nicht passiv darauf angewiesen sein, dass uns unser Nachbar nicht überfällt, sondern wir können uns bewaffnen. Die Waffe in der Hand gibt uns diejenige Sicherheit, die ein Vertrauen müßig macht.[167] Es irritiert daher unser Sprachempfinden, wenn ein Bewaffneter darauf vertrauen soll, dass ihn der Unbewaffnete nicht verletzt. Dabei können selbst ausgefallene psychologische Veranlagungen ein Vertrauen entbehrlich machen. Ist unser Nachbar angesichts einer krankhaften Phobie gar

---

[161] Vgl. oben § 11 C. III. 2.
[162] Oben § 2 B. I.
[163] Näher oben § 2 B. I. 2. b).
[164] Oben § 5.
[165] Insofern lassen sich auch viele der oben diskutierten Ergebnisse auf Anreize übertragen.
[166] Näher zur Bedeutung von Anreizen etwa unten § 17 C. II. 2. d).
[167] Zutr. *Gambetta*, in: Hartmann/Offe (Hrsg.), Vertrauen, 2001, S. 204, 215.

nicht in der Lage, sein Haus zu verlassen, können wir ruhig schlafen. Allerdings vertrauen wir hier nicht darauf, dass sich der Nachbar pathologisch verhält. Vielmehr reagieren wir allenfalls überrascht, nicht jedoch in unserem Vertrauen enttäuscht, wenn die Phobie nicht das hält, was sie versprach. Dieses Beispiel verdeutlicht auch, dass Vertrauen bereits dann unnötig wird, wenn ich über Umstände erfahre, die meine Verletzung ausschließen.[168] Sehr ähnlich verhält es sich bei Anreizen. Biete ich meinem sehr berechnenden wie beherrschten Nachbar eine Million dafür, dass er mich in den nächsten 6 Monaten nicht überfällt, kann es mir ziemlich egal sein, ob ihn auch seine moralische Veranlagung dazu bewegen würde. Ich muss hier nicht mehr vertrauen, da ich angesichts des enorm hohen Anreizes meines Schlafes sicher sein kann.

Vergleicht man nun diesen Befund mit der Definition von Recht als einer wirksamen staatlichen Durchsetzung erwünschter Verhaltensweisen oder Zustände, so liegt auf der Hand, was das für die rechtliche Relevanz von Vertrauen bedeutet.[169] Ein Recht auf etwas zu haben und auf etwas zu vertrauen, ist so lange streng auseinanderzuhalten, wie man zwischen Recht und Moral sauber unterscheidet.[170] Wer vertraut, vertraut auf ein moralisches Verhalten, er vertraut nicht auf das Recht, weil das Recht ihm die Sicherheit gibt, die ein Vertrauen gerade erübrigt. Recht hat die schöne Eigenschaft, uns mit der überwältigenden Kraft des staatlichen Machtapparats auszustatten, auf die wir vor allem gegenüber Stärkeren dringend angewiesen sind.

Deshalb können wir jemandem auch vorwerfen, nur vertraut zu haben, obwohl das Recht bereitstand: Wer sein Geschäft nicht dem Recht, sondern der Moral des anderen unterstellt, dem hilft das Recht auch nicht.[171] Nicht anders verhält es sich beim Vertrag. So mag ich auf eine rechtliche Regelung verzichten und stattdessen vertrauen. Oder ich achte darauf, einen rechtlich gültigen Vertrag abzuschließen, der mir – soweit auch praktisch durchsetzbar – das entsprechende Vertrauen erspart. Dabei muss die rechtliche Variante keineswegs immer in meinem Interesse liegen und damit dem Rechtfertigungs-

---

[168] Nur soweit diese Kenntnis die moralische Veranlagung selbst des Vertrauensadressaten berührt, bleibt es beim Vertrauen. *Luhmann*, Vertrauen, 4. Aufl. 2000, S. 37 f., der ansonsten ein etwas abweichendes Verständnis vertritt, verdeutlicht die Kompensation von Vertrauen durch Wissen dadurch, dass es das Vertrauen in einen bestimmten Politiker entbehrlich machen kann, wenn die von ihm befürwortete Lösung durch einen Sachverständigen so umfassend aufgearbeitet wird, dass sich das richtige Ergebnis bereits daraus überzeugend ergibt.

[169] Dass ein davon abweichendes Verständnis die Aussichten dieses vermeintlichen Rechtsinstituts auch nicht signifikant verbessert, wird kurz unter § 11 C. IV. darzulegen sein.

[170] Siehe dazu unten bei Fn. 198.

[171] Das in freier Anlehnung an die Diskussion um RG, Urt. v. 21.5.1927, RGZ 117, 121 (bewusste Missachtung eines Formerfordernisses) etwa von *Flume*, Allgemeiner Teil, Bd. 2, 4. Aufl. 1992, S. 279 f. (§ 15 III 4 c).

prinzip genügen.¹⁷² Denn bisweilen führen Sicherheitsmaßnahmen dazu, ein Vertrauensverhältnis – also die Bereitschaft zu moralischem Handeln – zu zerstören, anstatt es zu etablieren oder zu festigen.¹⁷³

3. Wechselwirkungen

Wenn es sich bisher als anspruchsvoll erwiesen hat, den eigenständigen, spezifischen Kern unseres normalsprachlichen Verständnisses von Vertrauen zu ermitteln, so liegt dies auch an den vielfältigen Wechselwirkungen zwischen Recht, Sitte, Anreizen und Moral, die für eine moderne Gesellschaft typisch sind. Dass Recht ein Vertrauen entbehrlich macht, verbietet es etwa nicht, zusätzlich auf ein moralisches Verhalten zu setzen, so dass Recht und Vertrauen parallel laufen. Doch richtet sich das Vertrauen auch hier allein auf dieses moralische Verhalten, nicht jedoch das Recht. Rein praktisch lässt sich dabei nicht immer leicht feststellen, aus welcher Motivation heraus der Einzelne gerade handelt – ein etwa von *Kant* umfassend diskutiertes Problem.¹⁷⁴

Genausowenig kann Zweifel daran bestehen, dass in der Realität nicht all das sicher verwirklicht wird, was Gesetzbücher, Richter oder Verträge anordnen. „Recht haben" und „Recht bekommen" sind bekanntlich zwei verschiedene Dinge. Schon der römische Jurist wusste, dass wir vor Gericht und auf hoher See in Gottes Hand sind.¹⁷⁵ Soweit diese Unwägbarkeiten und Vollzugsdefizite von einem moralischen Verhalten einzelner Personen abhängen – etwa der Redlichkeit eines Richters –, können wir auch insoweit vertrauen und wird dieses Vertrauen hier, wo das vermeintliche Recht gerade kein Recht ist, auch wieder ganz praktisch relevant.

Damit ist auch klar, weshalb wir von einem Systemvertrauen sprechen können, also dem Vertrauen etwa in den Staat oder in eine bestimmte Wirtschaftsordnung.¹⁷⁶ Denn derartige Systeme werden von Menschen betrieben, deren Einfluss auf unser Leben auch davon abhängt, wie stark sie moralisch handeln.¹⁷⁷ Und dieses Systemvertrauen wird besonders dort wichtig, wo das System an seine Grenzen stößt.¹⁷⁸ Gerade dort, wo ein Recht im hier definierten, effektiven Sinn fehlt, sei es, dass sich ein modernes Staatswesen noch nicht herausgebildet hat¹⁷⁹ oder aber wieder zusammenbricht, werden Moral (und

---

¹⁷² Näher unten § 16 B.
¹⁷³ Stellv. *Baier*, in: Hartmann/Offe (Hrsg.), Vertrauen, 2001, S. 37, 76.
¹⁷⁴ *Kant*, Grundlegung, 1785, S. 25 ff. – dort allerdings für die als apriorisch verstandene Tugend.
¹⁷⁵ *Coram iudice et in alto mari sumus in manu Dei.*
¹⁷⁶ Siehe dazu bereits oben Fn. 145.
¹⁷⁷ Schließlich ist auch nicht ganz auszuschließen, dass wir dem System selbst menschliche Eigenschaften, namentlich die Fähigkeit zu moralischem Verhalten, zuschreiben, vgl. dazu oben § 11 C. III. 3. a).
¹⁷⁸ Insofern zutr. *Seligman*, The problem of trust, 1997, S. 30.
¹⁷⁹ Vgl. dazu etwa *Frevert*, in: Frevert (Hrsg.), Vertrauen, 2003, S. 7, 52.

damit Vertrauen) und Sitte wichtiger. Umgekehrt können Entwicklungen wie die zunehmende Individualisierung, Entsolidarisierung, Anonymisierung, Arbeitsteilung und kulturelle Vielfalt moderner Gesellschaften bei immer größeren Einheiten dazu führen, dass traditionelle Steuerungsmechanismen wie Sitte oder Moral insbesondere dem Recht weichen. Immerhin hat Recht den großen Vorteil, nicht auf oft fragile innere Einstellungen zu setzen, sondern einfach bestimmen zu können, was rechtens ist. Insofern lässt sich die These vertreten, dass die Bedeutung von Vertrauen in unserer Gesellschaft eher ab- als zunimmt.[180] Dabei darf allerdings nicht übersehen werden, dass es nicht nur Vorteile verspricht, Sitte oder Moral (und damit Vertrauen) durch Recht zu ersetzen. Was für den Vertrag bereits betont wurde,[181] gilt auch für gesellschaftliche Zusammenhänge: Recht sichert nicht nur Freiheiten und schafft Entfaltungsmöglichkeiten, sondern kann auch fragwürdige Lösungen versteinern, bestehende Freiheiten bedrohen und individuellere, kleinteiligere und damit auch situationsgerechtere Lösungen verhindern.[182]

Das komplizierte Geflecht von Recht, Sitte und Moral wird nochmals komplizierter, berücksichtigt man die für eine arbeitsteilige Gesellschaft typischen, teilweise äußerst ausgeklügelten Anreizsysteme, angefangen mit der Wettbewerbsordnung über vertikale Integration[183] bis hin zu raffinierten Vertragskonstruktionen. Diese sind ihrerseits stark rechtlich geprägt und würden ohne umfassende rechtliche Flankierung kaum funktionieren. Ein noch relativ einfaches Beispiel bilden langfristige Geschäftsbeziehungen, die zwar genauso wie spontane Austausche auf Basis einer Rechtsordnung ablaufen, andererseits jedoch wegen wiederholter Kooperationen zumindest so lange manche Rechtsstreitigkeit entbehrlich machen, bis die Geschäftsbeziehung zusammenbricht.[184] Wer sich in einer solchen stabilen Geschäftsbeziehung weiß, ist ebenso wenig auf Vertrauen angewiesen wie auf eine detaillierte vertragliche Vereinbarung.

Weiterhin beeinflussen sich Recht, Sitte und Moral auch inhaltlich stark. Denn der Mensch ist geistig überhaupt nicht in der Lage, gleich mehrere unterschiedliche Handlungsmuster zu beherzigen. Schon deshalb kann es sich nicht nur der Mensch, sondern auch die Gesellschaft nicht leisten, diese Wer-

---

[180] Stellv. *Seligman*, The problem of trust, 1997, S. 171 ff.
[181] Oben bei Fn. 172.
[182] Vgl. zu derartigen Gefahren etwa *Gambetta*, in: Hartmann/Offe (Hrsg.), Vertrauen, 2001, S. 204, 215; *Hartmann*, in: Hartmann/Offe (Hrsg.), Vertrauen, 2001, S. 7, 34; *Offe*, in: Hartmann/Offe (Hrsg.), Vertrauen, 2001, S. 241, 274 ff. oder *Seligman*, The problem of trust, 1997, S. 173 f.
[183] Aus ökonomischer Sicht siehe etwa *Coase*, 4 Economica 386 (1937); *Williamson*, Markets and Hierarchies, 1975.
[184] Siehe zu dieser alten Erkenntnis etwa aus soziologischer Sicht *Macaulay*, 28 AmSociolRev 55 (1963) oder ökonomisch *Richter/Furubotn/Streissler*, Neue Institutionenökonomik, 4. Aufl. 2010, S. 181 ff.

tesysteme signifikant auseinander laufen zu lassen.[185] Vielmehr beeinflusst der Staat durch die Setzung und konsequente Durchsetzung von Recht genauso unser Moral- oder sittliches Verständnis, wie das Recht umgekehrt oft nur aufgreift und explizit verankert, was zuvor bereits eine sittliche, moralische oder auch nur ganz praktische Verbreitung gefunden hat.[186] Schließlich kann das Recht – auch wenn angesichts seiner definitionsgemäßen Sicherheit ein Vertrauen darauf ausscheidet – vielfältig an Vertrauen bzw. moralisches Verhalten anknüpfen. So kennen wir die parlamentarische Vertrauensfrage oder Kündigungsrechte dort, wo eine vertrauensvolle Zusammenarbeit nicht mehr möglich ist. Insofern mag man dann von einer rechtlichen Relevanz des Vertrauens sprechen.

4. Ergebnis

Wir sind gut beraten, Vertrauen genauestens von Recht, Sitte oder Anreizen zu unterscheiden. Denn es wäre für ein klares Begriffsverständnis und eine darauf aufbauende, möglichst analytische Diskussion unzweckmäßig, weil unnötig verwirrend, diese sachlich klar trennbaren Gesichtspunkte zu vermischen. Vertrauen ist ein viel zu kompliziertes soziales Phänomen, als dass wir es uns leisten könnten, hier mit unklaren Begrifflichkeiten zu hantieren. Möchte man dem Vertrauen einen eigenständigen Gehalt belassen, so sollte rechtliche Sicherheit nicht mit Vertrauen vermengt werden – auch nicht für „einfache" Systeme.[187] Vielmehr richtet sich Vertrauen darauf, dass der Vertrauensadressat moralisch und damit aus einer inneren, eigenen Motivation heraus handelt. Wer einen Gebrauchtwagen kauft, benötigt nicht eine Menge Vertrauen,[188] sondern ein moralisches Verhalten des Verkäufers, rechtliche Ansprüche, außerrechtlichen Zwang oder hinreichend starke Anreize.

---

[185] Insofern ist es auch philosophisch angreifbar, wenn *Kant* die Tugend- und Rechtspflichten streng getrennt voneinander entwickelt und jede gegenseitige Beeinflussung bereits im Ansatz ablehnt, vgl. dazu bereits oben § 10 sowie unten § 19 Fn. 244.
[186] Näher unten § 16 C. oder auch unten § 14 C. II. 2.
[187] So aber *Luhmann*, Vertrauen, 4. Aufl. 2000, S. 41 ff., der andererseits für die uns hier interessierenden, „stärker differenzierten, komplexeren sozialen Ordnungen" betont, dass eine Trennung von Recht und Vertrauen unumgänglich sei, da Vertrauen viel zu allgemein und diffus sei, als dass sich beides zur Deckung bringen ließe. Die Rechtsverfolgung könne durch die Gesellschaft nur noch indirekt und unpersönlich motiviert, nämlich mit physischer Gewalt, sichergestellt werden. Vertrauen beruhe dagegen auf andersartigen Motivquellen. Die Zusammenfassung von klassischen Rechtsgedanken unter dem Gesichtspunkt des Vertrauensschutzes trage etwas Unabgeschlossenes, Zufälliges und daher Unbefriedigendes. Die Figuren der Rechtsdogmatik, die sich ausschließlich auf Vertrauen berufen, seien teils durch Nachkonstruktion älterer Rechtsgedanken entstanden, teils handle es sich um späte Ankömmlinge. Inzwischen habe das Recht Distanz vom Vertrauen gewonnen.
[188] Anders etwa *Frevert*, in: Frevert (Hrsg.), Vertrauen, 2003, S. 7, 53.

Vertrauen ist kein weiterer Mechanismus zur rationalen Wahrnehmung eigener Interessen.[189] Die Vertrauenswürdigkeit einer Person richtet sich nicht nach deren Kosten/Nutzen-Kalkül.[190] Wiederholte Begegnung ist allein deshalb ein günstiger Nährboden für Vertrauensbeziehungen, weil dies die Bereitschaft zu moralischem Verhalten stärken mag,[191] während die hier wirkenden Anreize gerade kein moralisches Verhalten erfordern. Vertrauen ist auch nicht das Wissen um einen wirksamen Anreiz.[192] Die Rechtsordnung schützt nicht Vertrauen als Grundlage eines friedlichen und kooperativen Zusammenlebens,[193] sondern sichert dieses Zusammenleben spezifisch rechtlich und damit durch Gewalt. Die verschiedenen Instrumente sozialer Kontrolle verstärken nicht Vertrauen,[194] sondern machen es entbehrlich. Verträge verlagern nicht den Fokus des Vertrauens auf die Wirksamkeit von Sanktionen,[195] sondern machen Vertrauen durch diese Sanktionen entbehrlich. Damit lässt sich auch nicht ein rechtlicher Anspruch darauf stützen, dass der Gläubiger auf einen solchen Rechtsinhalt vertraut habe. Ein solches Vertrauen gibt es nicht. Wir vertrauen nicht auf ein Recht, denn das Recht gibt uns staatliche Sicherheit.

Nun belegen die in den vorherigen Fußnoten aufgeführten, abweichenden Aussagen, dass man um die Bedeutung von Vertrauen zumindest in Grenzfällen trefflich streiten kann. „Logisch" vorgegeben ist hier nichts. Unsere Sprache kennt vielschichtige Verwendungen von Vertrauen, belässt uns also einigen Spielraum. Doch geht es hier, um das nochmals zu betonen, nicht um fundamentalontologische Begriffsstreitigkeiten als vielmehr um die sachlich diskutierbare Frage, wie zweckmäßig es für (rechts-) wissenschaftliche Anliegen ist, Vertrauen anders als bisher herausgearbeitet zu verwenden. Was brächte es denn, definierte man Vertrauen so, dass es sich auch auf ein Recht beziehen kann? Sofern dieses Recht effektiv durchgesetzt wird und damit nicht nur auf dem Papier steht, wird die Rede von einem Vertrauen nahezu jedem absurd erscheinen – vor allem erfüllt hier Vertrauen keine eigenständige Funktion, können wir also getrost darauf verzichten. Es blieben also nur Fälle einer unsicheren rechtlichen Aussicht. Doch auch hier fällt das Ergebnis ernüchternd aus. Angenommen, jemand erhält einen unterschriebenen Zettel, von dessen Inhalt er genau weiß, dass ihm der Staat bei dessen Durchsetzung nicht helfen wird – etwa bei Minderjährigkeit, Drohung oder Täuschung: Was

---

[189] Anders etwa *Offe*, in: Hartmann/Offe (Hrsg.), Vertrauen, 2001, S. 241, 254.
[190] Anders etwa *Ripperger*, Ökonomik, 1998, S. 137.
[191] Anders wohl *Luhmann*, Vertrauen, 4. Aufl. 2000, S. 45 f.
[192] Anders etwa *Hartmann*, in: Hartmann/Offe (Hrsg.), Vertrauen, 2001, S. 7, 25.
[193] Anders etwa *Larenz*, Richtiges Recht, 1979, S. 80 f.
[194] Anders etwa *Hardin*, in: Hartmann/Offe (Hrsg.), Vertrauen, 2001, S. 295, 326 f.
[195] Anders etwa *Gambetta*, in: Hartmann/Offe (Hrsg.), Vertrauen, 2001, S. 204, 217, 221.

hilft es uns hier für rechtliche Zwecke, dass diese Person vielleicht darauf vertraut, dass sich der Versprechende moralisch gebunden fühlt?

In dem Versuch, wenigstens irgendein Anwendungsfeld für unser Vertrauen zu finden, könnten wir uns dann noch in denjenigen grauen Bereich flüchten, in dem es nicht völlig hoffnungslos, andererseits aber auch nicht völlig sicher ist, ob sich ein Recht tatsächlich als Recht oder aber nur als schnöde Illusion erweist. Doch werden es bereits viele Anhänger der Vertrauenshaftung als unwürdig empfinden, sich allein mit diesem Graubereich abspeisen zu lassen. Vor allem fragt sich, was es wissenschaftlich bringt, bei dieser so wichtigen Frage der praktischen Wirksamkeit von Recht auf eine klare Definition und damit Festlegung zu verzichten, um erst auf dieser Basis dogmatische Überlegungen anzustellen. Gerade das für unser gesamtes Recht enorm wichtige Phänomen des Risikos[196] lässt sich so von vornherein nicht analysieren. Immerhin verfügen wir mit Recht, Sitte, Anreiz und Moral (einschließlich des Vertrauens hierauf) über analytisch klar definierbare, geistesgeschichtlich bewährte und damit Missverständnissen vorbeugende Begriffe.

Ebenso wenig überzeugt es, einerseits die Gegensätzlichkeit von Vertrauen und Recht oder auch von Vertrauen und Anreizen anzuerkennen, dann aber über neu eingeführte Differenzierungen doch wieder Ausnahmen zu machen. Hierzu gehört es, nur für „explizite" Verträge anzuerkennen, dass sich ein Vertrauen nicht darauf richtet, für „sonstige" Verträge jedoch etwas anderes zu unterstellen.[197] Denn die entscheidende Linie verläuft nicht zwischen expliziten und konkretisierungsbedürftigen Verträgen, sondern zwischen solchen Versprechen, die rechtlich verbindlich sind, und solchen, die nur moralisch verpflichten. Es ist deshalb einem *Williamson* hoch anzurechnen, – obwohl selbst Ökonom – deutlich auszusprechen, dass das Vertrauen bereits begrifflich den Bereich jenseits ökonomischer Mechanismen betrifft.: „… it is redundant at best and can be misleading to use the term ‚trust' to describe commercial exchange for which cost-effective safeguards have been devised in support of more efficient exchange. Calculative trust is a contradiction in terms."[198]

II. Vertrauensgegenstand

1. Recht

Was für Schwierigkeiten es provoziert, eine wissenschaftliche Diskussion zu führen, ohne zuvor genauestens die dabei bemühten Begriffe – hier unter anderem Recht und Vertrauen – geklärt zu haben, verdeutlicht auch eine ver-

---

[196] Näher oben § 5.
[197] So *Ripperger*, Ökonomik, 1998, S. 47 f., 54, 76, 86, passim.
[198] *Williamson*, 36 JLawEcon 453, 463 (1993).

meintlich unschuldige Frage, die uns ähnlich bereits andernorts[199] begegnet war. Angenommen, ein Vertrauen rechtfertigt allen Widersprüchen zum Trotz eine vertragliche Haftung – worauf genau muss der Adressat hier eigentlich vertrauen? Sucht man in der juristischen Literatur zur Vertrauenshaftung nach Antworten auf diese sicher nicht abwegige Frage, so fallen die einschlägigen Aussagen – sofern vorhanden – vielschichtig aus. Teilweise scheint sich das Vertrauen auf das Recht selbst richten zu sollen. Geschützt werde etwa das Vertrauen auf die Gültigkeit von Erklärungen.[200] Doch wirft das gleich neue Fragen auf. Denn „Gültigkeit" bedeutet lediglich, dass etwas rechtlich gilt. Es geht also um die Vorstellung, ein bestimmtes Recht zu haben, und damit weder um das, was man als Rechtsscheintatbestand bezeichnen würde, noch um Phänomene wie Wille oder Interesse, die nach mancher Ansicht eine vertragliche Bindung legitimieren. Ja, eine derart freie Vorstellung darüber, ein Recht zu haben, erscheint wenig geeignet, ein solches Recht erst zu begründen. *Ehrenzweig* bringt es auf den Punkt: „Entweder der Promissar traut tatsächlich schon dem einfachen Versprechen, dann hat er keinen Grund, dasselbe förmlich anzunehmen, oder er traut dem Versprechen nicht, dann kann er es – im Sinne dieser Lehre – nicht annehmen, ohne zu lügen. Oder traut der Promissar doch erst dem angenommenen Versprechen? Etwa weil erst das angenommene Versprechen verpflichtet? Aber damit geraten wir wieder in den bekannten circulus inextrabilis der Vertrauenstheorie: das Vertrauen ruht auf dem objektiven Recht und das objektive Recht wieder auf dem Vertrauen."[201] Nichts anderes gilt übrigens für das noch zu diskutierende „Vertrauendürfen".[202]

2. *Erklärung*

Nun mag man einwenden, dass sich das Vertrauen auf die Gültigkeit „der Erklärung" richte. Doch besagt der Verweis auf „die Erklärung" oder die vom Erklärenden „geschaffenen Verhältnisse" so lange wenig, wie nicht dogmatisch geklärt wurde, wonach bei dieser Erklärung warum gesucht werden sollte. Die Erklärung als solche ist zunächst nur ein Stück Papier bzw. eine Ansammlung von Schallwellen. Ihr lässt sich erst dann ein Sinn beilegen, wenn geklärt ist, wonach wir bei dieser Erklärung warum zu suchen haben. Versäumt man das, lässt sich nicht einmal nachvollziehbar eingrenzen, was für Umstände zur Erklärung gehören oder für deren Auslegung zu berücksichtigen sind.[203] Besonders schön lässt sich dieses Problem anhand Allgemeiner Geschäftsbedingungen illustrieren. Wer vertraut schon darauf, dass all die

---
[199] Oben § 10 B. I.
[200] So *Bork*, Allgemeiner Teil, 3. Aufl. 2011, S. 45 (§ 2 D IV, Rn. 107), vgl. diesen aber auch noch unten in Fn. 208, 218.
[201] *Ehrenzweig*, Rechtsgrund, 1889, S. 60 Fn. 28.
[202] Näher unten § 11 F. I.
[203] Näher oben ab § 10 B. I.

Kunden, denen er seine Bedingungen in Form eines großen Stapel Papiers stellt, deren Inhalt lesen und ihn damit wollen oder anerkennen? Der Verwender möchte das nicht einmal, nämlich erstens, weil die Kunden dann unangenehme Inhalte entdecken könnten, und zweitens, weil dieser zusätzliche Leseaufwand eingepreist wird und damit die gemeinsame Wertschöpfung schmälert.[204] Wenn sich das Vertrauen aber nicht auf diesen Willen richtet – und dieser wird gleich noch zu würdigen sein –,[205] worauf richtet es sich dann sonst? Auf den Stapel Papier „als solchem"?

3. Rechtsordnung

Sofern das Vertrauen auf die Gültigkeit einer Willenserklärung ein Systemvertrauen dergestalt meint, dass die Rechtsordnung mitsamt ihren einzelnen, moralisch-gewissenhaft handelnden Akteure Vertragsrecht wirksam durchsetzt, hilft das ersichtlich nicht weiter. Denn die Rechtsordnung wird das nur so weit tun, wie ein vertragliches Recht besteht – und genau darum geht es ja erst. Nichts anderes gilt dort, wo man sein Vertrauen darauf richtet, dass der Vertragspartner seinen bestehenden Pflichten auch nachkommen möge und sich nicht einfach ins Ausland absetzt oder das Gericht besticht. Im Ergebnis kommt man also mit dem Vertrauen auf ein Recht nicht weiter, und zwar unabhängig davon, dass sich Vertrauen und Recht wie bereits dargelegt[206] begrifflich ausschließen.

4. Wille

Abstrakt formuliert sollten die vorherigen Ausführungen deutlich gemacht haben, dass selbst wenn es nur um den Schein von „etwas" geht, erst einmal beantwortet werden muss, was denn dieses „etwas" sein soll. Nur dann kann man überhaupt versuchen, in einem zusätzlichen Schritt zu beantworten, warum nicht nur dieses „etwas" selbst, sondern auch dessen Schein, rechtlich relevant sein sollte. Vertrauen ist also sicher kein völlig eigenständiges Konzept. Schon deshalb liegt die These nahe, dass es der Selbstbindungswille (oder zumindest eine Einwilligung) sei, auf den sich das Vertrauen richtet.[207] Dabei lassen sich hierzu wohl auch diejenigen Stimmen zählen, wonach das Vertrau-

---

[204] Näher unten § 14 B. II.
[205] Unten § 11 E. II. 4.
[206] Oben § 11 E. I.
[207] Besonders deutlich *Wolf*, Entscheidungsfreiheit, 1970, S. 25: „Gegenstand des Vertrauensschutzes bei der Willenserklärung ist der Rechtsfolgewille ... Wenn das Vertrauen schutzwürdig sein soll, muss es sich auf alle für die Wirksamkeit des Rechtsfolgewillens wesentlichen Elemente erstrecken." Zumindest ähnlich *Enneccerus/Nipperdey*, Allgemeiner Teil, Hbd. 2, 15. Aufl. 1960, S. 901: „Nicht nur Erklärungen, sondern auch Indizien des Willens ... können eine Vertrauensgrundlage erzeugen."

en auf die Richtigkeit von Erklärungen geschützt werde.[208] Denn richtig oder falsch kann eine Erklärung nur dann sein, wenn es „etwas" gibt, über das sie richtig oder falsch Zeugnis ablegen.

Doch sind wir damit zunächst nur wieder bei der Willenstheorie angelangt. Aus deren Sicht ist nur zu sinnvoll, eine Erklärung genau auf diesen Willen hin zu befragen und all diejenigen Umstände bei der Auslegung zu berücksichtigen, die Rückschlüsse auf diesen Willen zulassen. Auch ein Gericht wird im Streitfall nicht anders handeln – sofern es nur der Willenstheorie folgt. Doch geht es den Vertretern der Vertrauenshaftung vor allem auch um diejenigen Fälle, in denen die Erklärung den Eindruck eines Willens vermittelt, der in Wahrheit fehlt. Es geht also um die Relevanz des Scheins eines Willens. Die Willenstheorie, die uns dabei half, der Erklärung einen Sinn zu geben, nämlich den eines Willensindizes,[209] hilft hier nicht mehr weiter.[210] Wir müssen also erst einmal beantworten, warum es auf das Vertrauen gerade auf einen Willen ankommen sollte, auch wenn dieser Wille selbst nicht vorhanden sein muss. Leider ist es nicht ersichtlich, wie wir zur Relevanz speziell dieses Vertrauensgegenstands kommen sollten. Während die Willenstheorie für den realen Willen darlegen kann, dass die mit dem Wollen verbundene geistige Anstrengung eine entsprechende Belastung des Wollenden rechtfertigt,[211] greift dieses Argument für den nur scheinbaren, in Wahrheit überhaupt nicht existenten Willen nicht. Nur am Rande sei schließlich bemerkt, dass es fraglich erscheint, ob der wie oben dargelegt moralischen Qualität des Vertrauens[212] dadurch genügt wird, dass sich dieses Vertrauen auf einen geistigen Zustand wie den Willen richtet. Hierzu kann auf die bereits eingehend diskutierte Frage verwiesen werden, welche Autorität dem Selbstbindungswillen – läge er denn vor – wirklich zukommt.[213]

5. Verkehrsüblichkeit

Nur auf eine weitere Problemverlagerung läuft es hinaus, wenn man für den Vertrauensinhalt lediglich auf die Entscheidungen anderer Personen verweist. Nach *Danz* etwa vertraut der Mensch darauf, dass die Willenserklärung die verkehrsübliche Wirkung hervorbringt. In diesem Vertrauen solle der Richter die Parteien nicht enttäuschen.[214] So zutreffend hier die Beobachtung ist, dass

---

[208] So *Bork*, Allgemeiner Teil, 3. Aufl. 2011, S. 45 (§ 2 D IV, Rn. 107), vgl. diesen aber auch bei Fn. 200, 218.
[209] Näher oben § 10 B. II. 2.
[210] Näher oben § 9 C. IV.
[211] Näher oben § 9 C. I. 1. d); § 9 E. III. Vgl. auch oben § 8 E. II. 2.
[212] Vgl. oben § 11 C. III. 2.
[213] Vgl. oben § 9 C. I. 3.; § 9 C. III.
[214] *Danz*, Auslegung, 3. Aufl. 1911, S. 154f.

das Übliche oft den Vertragsinhalt bestimmt,[215] fragt sich bereits, warum hier noch auf das Vertrauen zurückzugreifen und nicht direkt der verkehrsübliche Inhalt maßgeblich sein sollte. Sofern man für ein rechtlich relevantes Vertrauen Aufmerksamkeit verlangt, erwiese sich dieser Ansatz ohnehin als weitestgehend fiktiv,[216] während es ohne ein solches Erfordernis nicht mehr der Vertrauende selbst wäre, der den Vertragsinhalt durch sein Vertrauen beeinflusst. Es entschiede eben die Verkehrssitte. Ob all das im Sinne einer Vertrauenshaftung liegt und sich zu einem schlüssigen Gesamtkonzept ausbauen lässt, darf bezweifelt werden.

6. Normativierung

Wie auch sonst erweist es sich als wenig hilfreich, handfeste dogmatische Probleme dadurch auszuräumen, dass man normativiert. So soll etwa die Rechtsordnung das Vertrauen darauf schützen, dass die Erklärung in der Bedeutung gilt, in der sie der Empfänger den Umständen nach verstehen konnte und musste. Diese Bedeutung sei, da weder mit der tatsächlich gemeinten noch mit der tatsächlich verstandenen notwendig übereinstimmend, eine normative Erklärungsbedeutung.[217] Andere betonen, es werde das Vertrauen eines Erklärungsempfängers darauf geschützt, dass eine Erklärung den Sinn hat, den man ihr redlicher Weise beilegen durfte.[218] Doch geht es im Recht immer um normative Fragestellungen – nur lassen sich mit dem Hinweis auf eine Normativität weder Vertragsinhalte noch sonstige Rechtsfolgen ableiten. Der Hinweis auf eine normative Betrachtung fungiert lediglich als Platzhalter für nicht offengelegte Wertungen, über deren Tatbestand und Einordnung in ein stimmiges Gesamtkonzept man gerne mehr erführe. Darauf wird beim „Vertrauendürfen" noch zurückzukommen sein.[219]

III. Mangelnde Eignung als Grund

Wenn das Vertrauen vielen so verlockend erscheint, so liegt das vor allem daran, dass man damit die rechtliche Relevanz des Scheins begründen möchte – und zwar gerade dann, wenn sich dieser Schein als falsch erweist, also etwa ein Selbstbindungswille fehlt. Es muss dann aber auch gerade das Vertrauen selbst sein, das den so händeringend gesuchten Grund liefert. Ist also der Aus-

---

[215] Näher unten § 16 C. I. 1.
[216] Weil man dadurch, dass man mit seiner Aufmerksamkeit auf „die Verkehrssitte" oder „die verkehrsübliche Bedeutung" verweist, noch lange nicht all diejenigen Vertragsinhalte erfasst, die zu dieser Verkehrssitte oder verkehrsüblichen Bedeutung im Einzelnen gehören, vgl. zu diesem Problem bereits oben § 9 C. V. 2. c).
[217] *Larenz/Canaris*, Methodenlehre, 3. Aufl. 1995, S. 120.
[218] *Bork*, Allgemeiner Teil, 3. Aufl. 2011, S. 197 (§ 14 A, Rn. 500).
[219] Unten § 11 F. I. Vgl. daneben etwa auch zum normativen Willen oben § 9 C. V. 2. e).

E. Rechtliche Irrelevanz   697

ruf „Ich habe doch vertraut" ein guter Grund, um das, worauf vertraut wurde, einzufordern? Wir dürfen skeptisch sein. Zunächst fällt auf, dass Vertrauen ein höchst subjektives und einseitiges Phänomen darstellt. Um zu vertrauen, muss der Vertrauende einfach nur vertrauen – ganz unabhängig von den Interessen oder Handlungen des Vertrauensadressaten. Und dennoch soll dieses Vertrauen darüber entscheiden können, ob gehaftet wird oder nicht, von den praktischen Beweisschwierigkeiten einmal ganz abgesehen.[220] Tatsächlich ist Vertrauen stark personen- und situationsabhängig[221] und damit für andere nur schwer einzuschätzen.[222] Vor allem aber ist Vertrauen kein Instrument überlegter Entscheidung und Steuerung, sondern oft nur etwas, was einem einfach passiert.[223] Anders als den Willen können wir ein Vertrauen nicht in Reaktion auf neue Erkenntnisse bemühen und anpassen, weshalb das Vertrauen nicht wie der Parteiwille als äußerst hilfreiches Indiz für die Beurteilung solcher Sachverhalte dient, die der Einzelne am besten beurteilen kann. Man kann nicht gezielt ein möglichst überlegtes Vertrauen dahingehend entwickeln, welcher Vertragsinhalt sinnvoll sein könnte. Und stellen wir erst fest, dass ein bestimmtes Problem eingetreten ist, etwa dass die Tachonadel im vor kurzem gekauften Auto klemmt, können wir nicht in gezielter Reaktion hierauf ein Vertrauen entwickeln, dass die Tachonadel funktionieren möge.[224] Vertrauen ist also äußerst statisch und vergangenheitsorientiert. Und wer gar von tiefem Misstrauen geprägt ist, kann dagegen wenig tun. Wir entscheiden nicht „einfach so", zu vertrauen, wenn uns konkrete Umstände zweifeln lassen. Wenngleich also Vertrauen keine Unwissenheit voraussetzt,[225] kann Wissen dazu führen, dass man nicht mehr vertrauen kann und sich lieber absichert. Über wie viel Information man verfügt, ist aber oft eher zufällig, weshalb Vertrauen besonders fragil, weil leicht zerstörbar ist.[226] Einzelereignisse können nachhaltigen Einfluss haben.[227] Zu den vielen Faktoren, die das Vertrauen beeinflussen können, zählt dabei auch der Ermessensspielraum des Vertrauensadressaten. Je größer dieser ausfällt, desto schwieriger ist auch zu beantworten, wann Vertrauen enttäuscht wurde.[228] Als besonders statisch, unflexibel und schwer auf konkrete Situationen zuschneidbar erweist sich

---

[220] Vergleicht man das mit dem Willen, so ist der Wille viel eher anhand von Indizien feststellbar, da der Wille ein rationaleres und damit besser prognostizierbareres Phänomen ist, vgl. zum demgegenüber stärker ungesteuert-willkürlichen Charakter von Vertrauen gleich sowie zum Vergleich von Wollen und Vertrauen nachfolgend.
[221] Dementsprechend ist Vertrauen auch keine Einstellung, die sich einfach von einer Person auf eine andere übertragen ließe, vgl. *Luhmann*, Vertrauen, 4. Aufl. 2000, S. 34.
[222] Stellv. *Gambetta*, in: Hartmann/Offe (Hrsg.), Vertrauen, 2001, S. 204, 235.
[223] Stellv. *Gambetta*, in: Hartmann/Offe (Hrsg.), Vertrauen, 2001, S. 204, 230.
[224] Siehe demgegenüber zum aktuellen Willen oben § 9 E. II. 2.
[225] Näher oben § 11 C. II. 4.
[226] *Baier*, in: Hartmann/Offe (Hrsg.), Vertrauen, 2001, S. 37, 54.
[227] *Luhmann*, Vertrauen, 4. Aufl. 2000, S. 36.
[228] Zutr. *Baier*, in: Hartmann/Offe (Hrsg.), Vertrauen, 2001, S. 37, 48. Das liegt unter

Vertrauen auch deshalb, weil es sich auf ein moralisches Verhalten bezieht.[229] Denn selbst wenn es die moralischen Überzeugungen des Vertrauenden sein sollten, die für das Vertrauen maßgeblich sind, ist doch die Moral nichts, was man täglich ändert und an die spezifischen Bedürfnisse eines einzelnen Vertragsschlusses anpasst. Wir entscheiden uns nicht „mal eben", ein bestimmtes Verhalten für moralisch geboten zu halten, damit wir hierauf vertrauen können. Vielmehr bezieht sich das Vertrauen auf etwas bereits Gegebenes.

Weiterhin ist das Vertrauen keineswegs immer dazu geeignet, Verständnis und Anerkennung zu wecken. Gerade weil aus den unterschiedlichsten Gründen vertraut wird, empfinden wir den Vertrauenden oft als vertrauensselig und das Vertrauen als blind, naiv, dumm, töricht, unbegründet, fahrlässig oder irrational.[230] Wer einen Unbekannten bittet, seine goldene Uhr zu reparieren, verliert nicht nur die Uhr, sondern auch soziales Ansehen.[231] Und wenn man dem entgegnet, dass man eben berechtigtes Vertrauen von solchem abgrenzen müsse, das keinen Schutz verdient, so reicht hier[232] die Entgegnung, dass das Vertrauen selbst keinerlei Kriterien dafür liefert, wie diese Grenze zu ziehen ist, weshalb wir dann wieder am Anfang unserer dogmatischen Bemühungen stehen.

Angesichts der zuvor beschriebenen, keineswegs überzeugenden Charakteristika von „Vertrauen" überzeugt es wenig, ausgerechnet dieses Phänomen darüber entscheiden zu lassen, ob eine bestimmte vertragliche Pflicht entsteht. Vertrauen schafft keine Moral – und schon gar kein Recht –, sondern ist ein sehr individuelles, situationsabhängiges, nicht steuerbares und oft genug irrationales und fahrlässiges Phänomen, das keinen Anlass gibt, neue, erst zu begründende Pflichten ausgerechnet daran zu knüpfen. So unbenommen es jedem bleibt, sich in seinem Vertrauen enttäuscht zu zeigen, wenn sich andere unmoralisch verhalten, ist das Vertrauen nicht die gesuchte Legitimation, um anderen Verhaltenspflichten aufzuerlegen. Vertrauen liefert weder ein moralisches noch gar ein rechtliches Anrecht, sondern setzt dieses Anrecht voraus. Moral oder gar Recht benötigen kein Vertrauen, sondern das Vertrauen benötigt die Moral. Vertrauen beschreibt nur ein Problem des Vertrauenden, liefert aber nicht dessen Lösung. Moralisch soll sich ohnehin jeder verhalten, sonst

---

anderem auch daran, dass es dann sehr viel schwieriger wird, konkret zu entscheiden, was moralisch geboten ist.

[229] Näher oben § 11 C. III. 2.

[230] Zu dieser Zweischneidigkeit vgl. nur statt vieler *Luhmann*, Vertrauen, 4. Aufl. 2000, S. 4, 29; *Baier*, in: Hartmann/Offe (Hrsg.), Vertrauen, 2001, S. 37, 38; *Hardin*, in: Hartmann/Offe (Hrsg.), Vertrauen, 2001, S. 295, 308; *Hartmann*, in: Hartmann/Offe (Hrsg.), Vertrauen, 2001, S. 7, 29; *Offe*, in: Hartmann/Offe (Hrsg.), Vertrauen, 2001, S. 364, 365.

[231] Zutr. *Luhmann*, Vertrauen, 4. Aufl. 2000, S. 46 f.

[232] Näher zum Vertrauendürfen unten § 11 F. I.

wäre es keine Moral. Wenn Vertrauen einen Anspruch liefert, dann den Anspruch auf das, was ohnehin schon moralisch geschuldet ist.[233]

Wie wenig das Vertrauen als Grund überzeugt, lässt sich auch dadurch verdeutlichen, dass es man es mit dem Wollen vergleicht. Immerhin ist auch der Wille ein subjektives, individuelles und umstandsabhängiges Phänomen – und doch erkennen wir diesem einen erheblichen dogmatischen Stellenwert zu. Doch hören hier die Gemeinsamkeiten alsbald auf. Soweit es um den Selbstbindungswillen (bzw. eine Einwilligung) geht, führt der Wille nicht zu einer Begünstigung, sondern Belastung des Wollenden. Es verhält sich hier also gerade nicht so wie beim Vertrauen, dass der Vertrauende selbst von seinem Vertrauen profitiert. Vielmehr wird dem Wollenden der Wille zu seinem Nachteil entgegengehalten. Dass dies einen juristisch sehr viel aussagekräftigeren Gesichtspunkt darstellt – und zwar unabhängig davon, ob vermeintlich intrinsisch oder als Indiz für ein interessengerechtes Gesamtpaket –, dürfte einleuchten. Dort wiederum, wo der Verfasser dem einseitig-aktuellen Willen des Gläubigers Vertragsinhalte entnimmt, geschieht das immer nur dann, wenn dieser aktuelle Wille die Rechte des Schuldners nicht (mehr) berührt.[234] Dann aber ist dieser aktuelle, einseitige, problemorientierte und gezielt einsetzbare Wille viel aussagekräftiger als das wie oben dargelegt häufig eher zufällig-fremdgesteuerte, nicht ohne Weiteres aktualisierbare Vertrauen. Die Vorstellung, Vertrauen gezielt an die eigenen Bedürfnisse anzupassen, ist schon begrifflich absurd. Man kann auch nicht mit dem Vertrauen wie so oft notwendig nachträglich Vertragsinhalte konkretisieren. Demgegenüber hat sich die menschliche Aufmerksamkeit trotz des enormen Energieaufwands gerade deshalb evolutionär durchgesetzt, weil sie es erlaubt, selbst für ungewohnte und äußerst komplexe Situationen möglichst zielgerichtete, rationale, kreative und individuell angepasste Lösungen zu entwickeln.[235] Vom Vertrauen lässt sich all das nicht sagen, weshalb es auch dogmatisch nicht überzeugt, ausgerechnet auf ein Vertrauen abzustellen. Anders formuliert ist das nüchterne „Du wolltest", „Du hast eingewilligt" oder „Ich will" sehr viel überzeugender als der eher weinerliche Ausruf, man habe doch vertraut. Letztlich könnte man dann gleich mit einer ähnlichen Überzeugungskraft den vielleicht sogar noch leichter als das Vertrauen subsumierbaren Haftungsgrund einer „emotionalen Betroffenheit" propagieren.

Dabei sollte man sich auch verdeutlichen, dass wer speziell den Vertrauenden schützt, all diejenigen schlechter stellt, die sich besonders wachsam, kritisch, bedacht oder vorsichtig zeigen und damit misstrauisch sind – ein fragwürdiges Ergebnis. Warum Naivität oder gar gedankliche Faulheit honorieren

---

[233] Näher oben § 11 C. III. 3. b).
[234] Näher oben § 9 E. II. 2. sowie unten § 18 B. III.
[235] Näher oben § 9 B. II. 3. b); § 9 C. I. 1. d).

und Umsicht bestrafen? Tatsächlich benötigen wir einen personell wie situativ sehr viel umfassenderen Schutz. Unsere Welt geriete in ernste Schwierigkeiten, konzentrierten wir uns für unsere moralischen oder rechtlichen Betrachtungen auf diejenigen, die einander Vertrauen schenken.[236]

IV. Jenseits des Scheins

Auf ein offensichtliches Problem stößt jeder Versuch, Vertragsinhalte mit einem darauf gerichteten Vertrauen zu begründen, wenn unser Vertragsrecht das nach außen hin Erklärte ignoriert und stattdessen etwas ganz anderes anordnet. Wie bereits bei den Handlungstheorien dargelegt, gibt es zahllose Vertragspflichten, die niemand erklärt hatte. Und genauso gibt es oft Erklärtes, was wir dennoch nicht einfordern.[237] Soll sich das Vertrauen auf diese Erklärung oder einen dahinterstehenden Willen richten, bleibt dieser Erklärungsversuch also unbefriedigend, rächt sich auch hier die für unser Vertragsdenken so typische Verengung auf den Zeitpunkt allein des Vertragsschlusses und allein die Vertragsparteien.

Und selbst dort, wo tatsächlich eine aussagekräftige Erklärung vorliegt, erkennen wir diese keineswegs immer an, was nicht nur für zahlreiche Irrtumskonstellationen gilt, sondern etwa auch für Vertragsanpassungen wie der Umdeutung, bei denen weder das Erklärte noch das Gewollte gilt.[238] Bei vielen nicht empfangsbedürftigen Rechtsgeschäften wie der Auslobung versagt die Vertrauenshaftung völlig – hier erhält der glückliche Finder vielerorts selbst dann seine Belohnung, wenn er von der Auslobung nichts wusste.[239] In vielen Fallkonstellationen erscheint die Berufung auf eine Vertrauenshaftung zumindest befremdlich, etwa wenn bei Allgemeinen Geschäftsbedingungen jeder weiß, dass diese niemand liest.[240] Häufig ist auch jegliches Vertrauen zerstört und wird dennoch ein Vertrag angenommen – etwa beim ausdrücklichen Protest im berühmten Hamburger Parkplatzfall.[241] Ob allerdings gerade die *falsa demonstratio* dazu geeignet ist, die Vertrauenstheorie in „vollends unlösbare Schwierigkeiten" zu bringen,[242] erscheint eher fraglich. Zwar findet das, was vertraglich geschuldet ist, keinen Ausdruck in der Erklärung, doch gehen hier beide Parteien von etwas anderem, nämlich dem gemeinsam Gewollten aus. Bei einem unbefangenen Verständnis vertrauen hier beide auf das Gewollte, gerade weil sie gemeinsam einem Irrtum unterliegen. Allerdings macht sich

---

[236] Vgl. dazu auch *Köhl*, in: Hartmann/Offe (Hrsg.), Vertrauen, 2001, S. 114, 138.
[237] Näher oben § 10 D.
[238] Näher oben § 6 E. III.
[239] Näher zur Auslobung oben § 3 B. III.
[240] Siehe dazu bereits oben § 11 E. II. 2.
[241] Vgl. oben bei Fn. 204.
[242] So *Canaris*, Vertrauenshaftung, 1971, S. 417 f. Näher dazu unten § 17 B. II. 2.

auch hier bemerkbar, wie schlecht sich über das Vertrauen diskutieren lässt, wenn nicht einmal klar ausgesprochen ist, worauf sich das Vertrauen beziehen soll.[243] Im Ergebnis ist der Schein des Erklärten jedenfalls nicht dazu geeignet, Vertragsinhalte und Vertragsrecht zu beschreiben. Wir hätten also einmal mehr ein jedenfalls dualistisches Konzept – mit allen damit verbundenen Problemen.[244]

F. Scheinlösungen

I. Vertrauendürfen

Wann immer es schwerfällt, dasjenige Tatbestandsmerkmal verbindlich zu definieren und für jedermann nachvollziehbar zu subsumieren, auf das sich eine bestimmte Haftung vermeintlich stützt, liegt die Versuchung nahe, auf eine normative Betrachtung auszuweichen. Lassen sich doch so vermeintlich all diejenigen Lücken schließen und sonstige Defizite überwinden, die sich ergäben, nähme man das vermeintlich maßgebliche Tatbestandsmerkmal ernst. Es verwundert daher nicht, wenn wir ähnliche Argumentationsmuster auch beim Vertrauen finden. Keiner größeren Ausführungen bedürfte es, würde einfach auf die Relevanz eines „objektiven" oder „normativen" Vertrauens verwiesen. Denn hierauf lässt sich die frühere Kritik etwa am „normativen Willen" oder auch an der „normativen Auslegung" ohne Weiteres übertragen.[245] Bereits diskutiert wurde der Versuch, als den Gegenstand des Vertrauens das auszugeben, was den Umständen nach als maßgeblich verstanden werden „durfte" oder „musste" (normative Erklärungsbedeutung).[246] Doch es findet sich noch eine dritte Variante der Normativierung: So wird neben dem tatsächlichen Vertrauen noch ein „Vertrauendürfen" bemüht. Hierzu gehört auch die These, es werde nur „schutzwürdiges" oder „berechtigtes" Vertrauen geschützt.[247] Nach *Ballerstedt* kommt es bei der Vertrauenshaftung entscheidend auf das tatsächlich gewährte Vertrauen „und auf das Vertrauendürfen" an.[248] *Canaris* betont, Vertrauen sei nur innerhalb eines spezifisch rechtlichen Zusammenhangs relevant. Deshalb seien für die Begriffsbildung nicht allein psychologische, sondern auch juristisch-normative Kategorien maßgeblich.[249]

---

[243] Näher oben § 11 C. III.
[244] Vgl. dazu etwa oben § 10 D. III. oder oben § 3 A. III. 4. bzw. unten § 16 A. II. 3. „Jedenfalls dualistisch" deshalb, weil es zahlreiche Vertragsinhalte gibt, die weder gewollt noch erklärt wurden, vgl. dazu oben § 9 C. IV.; § 10 D.
[245] Siehe daher oben § 9 C. V. 2. e); § 10 E. II. 1.
[246] Oben § 11 E. II. 6.
[247] Vgl. neben den nachfolgenden Stimmen etwa auch *Craushaar*, Vertrauen, 1969, S. 31, 38 f., passim.
[248] *Ballerstedt*, AcP 151 (1951), 501, 508.
[249] *Canaris*, Vertrauenshaftung, 1971, S. 504.

Nun sorgt das Recht zweifellos dafür, Zustände oder Erwartungen abzusichern, was uns wiederum auch geistig entlastet, da wir dann nicht mehr davon abweichende Eventualitäten bedenken müssen. Das Recht wurde hier geradezu so definiert.[250] Dogmatisch bedeutet das allerdings, dass von Rechts wegen immer dann ein Verhalten erwartet werden darf, wenn darauf ein Recht besteht. Dabei bedient sich die Rechtsordnung ganz unterschiedlicher Instrumente. Eines davon ist der Vertrag. Wann immer wir etwas als rechtsverbindlichen Vertragsinhalt anerkennen, darf man sich darauf auch verlassen – man hat ja ein Recht. Genauso erlaubt es der deliktische Integritätsschutz, sich von Rechts wegen so weit auf den Schutz bestimmter Interessen zu verlassen, wie das rechtlich gewährleistet wird. Diese Liste ließe sich beliebig fortführen.

Was dies für die Vertrauenshaftung bedeutet, liegt auf der Hand: Ob sich jemand auf ein Verhalten verlassen darf, ist keine Frage des Tatbestandes, sondern die Rechtsfolge. Die Rede vom Vertrauendürfen formuliert allenfalls das zu begründende Ergebnis – liefert aber keinen Grund. Wie *Ehrenzweig* schön formuliert: „Ob aber die Vertrauensverletzung als solche eine Rechtsverletzung ist, das eben ist die Frage." Und weiter: „Aber das Vertrauen, das jeder gültige Vertrag hervorruft, ist eben nicht das ökonomische, sondern das juristische Vertrauen, welches auf der Verbindlichkeit des Vertrages, nicht auf den persönlichen Verhältnissen des Schuldners beruht. Wenn aber auf ein Vertrauen, das die Verbindlichkeit des Vertrags schon voraussetzt, wieder die Verbindlichkeit des Vertrags gegründet werden soll, so gerät die Theorie in einen Zirkel, dessen Quadratur sie gewiss vergebens suchen wird."[251] Ähnlich *Flume*: „Man mag für die Tatbestände des rechtlich relevanten Verhaltens von einer ‚Vertrauenshaftung' sprechen. Nur ist damit nichts gewonnen … Der maßgebliche Grund für die ‚Vertrauenshaftung' ist ja nicht das Vertrauen, … sondern der das Vertrauen begründende Tatbestand des Verhaltens."[252] Und schließlich *Larenz*: „Der Empfänger vertraut, weil der andere sich ihm gegenüber durch sein Versprechen gebunden hat. Sein Vertrauen kann daher nicht selbst erst der Grund der Bindung sein."[253] Man kann es auch mit *Köndgen* ganz konkret verdeutlichen: „Darf man auf die Richtigkeit des Grundbuchs vertrauen, obwohl triftiger Grund zum Zweifeln besteht? § 891 besagt: ja!"[254]

Der Grund für diese Zirkularitäten ist banal, sei hier jedoch nochmals betont: Begriffe wie „normativ", „dürfen", „sollen", „müssen" oder „objektiv"[255] verraten nicht, was normativ gelten soll, sie sind insofern analytisch-inhaltsleer. Man kann nicht aus dem Hinweis auf ein Vertrauendürfen ableiten,

---

[250] Näher oben § 2 B. I. 2.
[251] *Ehrenzweig*, Rechtsgrund, 1889, S. 10, vgl. denselben auch oben bei Fn. 201.
[252] *Flume*, Allgemeiner Teil, Bd. 2, 4. Aufl. 1992, S. 132 f.
[253] *Larenz*, Richtiges Recht, 1979, S. 62.
[254] *Köndgen*, Selbstbindung, 1981, S. 99.
[255] Sofern damit nicht bloß die Perspektive des Erklärungsempfängers gemeint ist.

worauf man vertrauen dürfen soll. Vielmehr fungieren derartige Begrifflichkeiten lediglich als Einbruchstelle für andere, neuartige Wertungen, die regelmäßig mit dem eigentlich propagierten Tatbestand – hier dem Vertrauen – nichts zu tun haben. Meistens werden diese nicht einmal offen gelegt oder sollen gar bewusst verschleiert werden, was unsystematischen Erwägungen oder gar rein persönlichen Gerechtigkeitsvorstellungen Tür und Tor öffnet. Warum darf der Käufer eines Hamsters nicht auch darauf vertrauen, ein kleines Kaninchen zu erhalten? Es verdient daher Anerkennung, wenn die so ganz neu eingeführten Gesichtspunkte wenigstens offengelegt werden. *Ballerstedt* etwa führt zum Vertrauendürfen aus, der Vertrauensadressat müsse in einer sozialen Funktion und mit einem Maß faktischer Selbstbestimmung auftreten, dass das Vertrauen des anderen gerechtfertigt sei.[256] Das lässt sich dann würdigen,[257] wobei auffällt, dass in dieser Definition das Vertrauen nicht mehr auftaucht. Warum also noch von einer Vertrauenshaftung sprechen? Kurzum, wer eine Vertrauenshaftung propagiert, muss schon auf ein reales Vertrauen abstellen. Die Vertrauenshaftung steht und fällt mit dem Nachweis, dass dieses tatsächliche Vertrauen einen tauglichen Haftungsgrund bildet.[258]

II. Zusätzliche Anforderungen

Dass das Vertrauen nicht die notwendige Handhabe bildet, um daraus rechtliche Pflichten abzuleiten, sollte deutlich geworden sein. Möchte man dennoch an diesem Begriff festhalten, bietet es sich an, dessen zahlreiche Schwächen dadurch auszugleichen, dass man ihm ergänzende Gesichtspunkte beiseite stellt. Angesichts der großen Bandbreite derartiger Versuche können hier nur exemplarisch einige Beispiele aufgegriffen werden. Oft scheitern diese Ansätze bereits daran, dass man sie nur schwer subsumieren kann, was etwa auf die Inanspruchnahme „persönlichen" Vertrauens zutrifft.[259] Denn in vielen Fällen ist es eine durch und durch kalte Geschäftsbeziehung unter einander fremden Menschen, für die wir selbst dann eine Haftung anordnen, wenn nicht erklärt wird, haften zu wollen. Letztlich trifft die Haftung immer eine konkrete Person, weshalb hier „persönlich" lediglich das als ungewöhnlich und besonders begründungsbedürftig empfundene Ergebnis neu formuliert – etwa bei der Eigenhaftung des Stellvertreters.

---

[256] *Ballerstedt*, AcP 151 (1951), 501, 508.
[257] Ob es dabei gelingt, aus einer „sozialen Funktion" und dem „Maß faktischer Selbstbestimmung" konkrete Vertragsinhalte abzuleiten, ja damit überhaupt zu benennen, darf allerdings bezweifelt werden. Soweit damit die Zurechenbarkeit gemeint ist, sei auf oben § 10 C. verwiesen.
[258] Zutr. *Picker*, AcP 183 (1983), 369, 421.
[259] Stellv. BGH, Urt. v. 5.4.1971, BGHZ 56, 81, 84f. Zu „Gewähr" und „Inanspruchnahme" siehe auch gleich unten § 11 F. III.

Genauso lassen sich Gesichtspunkte bemühen, die zwar aufschlussreich sein mögen, für die aber offen bleibt, wofür hier das Vertrauen eine dogmatisch tragende Rolle spielen sollte. So ist es sicher richtig, dass wer von der Wirksamkeit eines Vertrags ausgeht, oft einen Schaden erleidet – das sogenannte negative Interesse. Doch geht es dann um diesen Gesichtspunkt und nicht das Vertrauen.[260]

Besonders beliebt ist die Forderung, wonach das Vertrauen zurechenbar hervorgerufen werden müsse.[261] Doch sollte hier die Hoffnung nicht zu groß ausfallen. So wurde ausführlich dargelegt, dass der Gedanke der Zurechenbarkeit nicht einmal subsumierbar ist, sofern man einmal vom Vorsatz absieht. Weder ist es bis heute gelungen, Fahrlässigkeit zu definieren, noch beantwortet der Begriff einer Verantwortung, was wir warum zu verantworten haben.[262] Zwar könnte man hoffen, mit dem Vertrauen wenigstens ein Manko derartiger Begriffe zu überwinden, nämlich nicht zu begründen, warum wir uns überhaupt veranlasst sehen sollten, eine bestimmte Rechtspflicht anzunehmen.[263] Das „Warum überhaupt?" würde mit dem „Ich habe vertraut" beantwortet. Doch muss dieses Vertrauen dann auch einen subsumtionsfähigen Gehalt besitzen, was bereits dann entfällt, wenn wir für ein Vertrauen nicht einmal Aufmerksamkeit verlangen. Verlangen wir das allerdings, scheitern wir bei der großen Masse praktisch bedeutsamer Vertragsinhalte daran, dass die menschliche Aufmerksamkeit denkbar klein ist.[264] Damit steht die Zurechenbarkeit doch wieder ganz allein und muss sich vorhalten lassen, dass dieser Begriff ungeeignet ist, Vertragsinhalte zu begründen. Doch auch sonst kann der Hinweis auf eine Zurechenbarkeit nicht all die Probleme lösen, die zuvor beschrieben wurden. Denn selbst wenn jemand genau weiß, dass das eigene Handeln andere vertrauen lässt und damit sogar vorsätzlich handelt, liefert das noch lange keinen Grund für eine rechtliche Bindung. Weder wird man immer vom Vertrauensnehmer verlangen können, sein Handeln einzustellen, noch, sämtliche vertrauende Personen darüber zu belehren, sie mögen doch bitte von einem Vertrauen absehen. Selbst Wissen rechtfertigt es nicht, rechtliche Lasten von einem dermaßen zufälligen, subjektiven und nicht einmal vom Vertrauenden selbst steuerbaren Phänomen wie einem Vertrauen abhängig zu machen.[265] Natürlich könnte man auch diesem Einwand zu begegnen versuchen, indem man einwendet, es werde eben nur vernünftiges, be-

---

[260] Näher zum negativen Interesse etwa oben § 9 C. V. 1. a).
[261] Siehe dazu oben § 11 B.
[262] Näher oben § 10 C. III. 3. und § 10 C. IV. 2., siehe dort auch zu den weiteren Problemen dieser Begrifflichkeiten.
[263] Vgl. oben § 10 C. III. 2.; § 10 C. IV. 2.
[264] Näher oben § 11 C. II. 4.
[265] Näher zur mangelnden Eignung des Vertrauens als Grund oben § 11 E. III.

gründetes, berechtigtes usw. Vertrauen geschützt. Doch wurde dazu bereits alles Notwendige gesagt.[266]

Weiß der Vertrauensgedanke für sich genommen nicht zu überzeugen, mag man ihm natürlich diverse andere Gesichtspunkte beiseite stellen. So lässt sich zwar einerseits die „zurechenbare Veranlassung" des Vertrauens verlangen und betonen, eine juristische Konzeption der Vertrauenshaftung dürfe eigenverantwortliche Risikoentscheidungen nicht unterlaufen,[267] um dann auch noch die Effizienz[268] einer rechtlichen Bindung zu bemühen.[269] Doch wenn eine Haftung im konkreten Fall effizient wäre und man Effizienz für ein taugliches Kriterium hält – warum dann überhaupt noch auf andere Gesichtspunkte abstellen und dadurch ineffiziente Ergebnisse hinnehmen? Weiterhin erscheint es reichlich anspruchsvoll, eine übergreifende Theorie zu formulieren, die Vertrauen, Eigenverantwortung und Effizienz vereint und sich auf möglichst viele Bereiche unseres Vertragsrechts praktisch anwenden lässt.

III. Vertrauensvertrag

Zum Abschluss sei noch ein weiterer Versuch erwähnt, der Vertrauenshaftung eine stärkere Kontur zu verschaffen. So ist oft die Rede davon, dass das Vertrauen „gewährt" und „in Anspruch genommen" werden müsse. *Ballerstedt* versteht hierunter „... auf der Seite des einen Partners ein Verhalten, das nach den Grundsätzen der Redlichkeit und nach seiner sozialen Erscheinungsform geeignet ist, Vertrauen zu erwecken und auf der Seite des anderen Partners die Gewährung von Vertrauen in eben dieses Verhalten."[270] Der Bundesgerichtshof prüft im berühmten Sachwalterurteil, wann in besonderem Maße persönliches Vertrauen „in Anspruch genommen" wurde und ob der Verhandlungspartner eine besondere Gewähr für den Bestand und die Erfüllung des in Aussicht genommen Rechtsgeschäfts „geboten" habe.[271] Für *Ripperger* erfordert eine Vertrauensbeziehung sowohl „Platzierung von Vertrauen durch eine Partei als auch die Annahme dieses Vertrauens durch die anderen Partei." Der Vertrauensnehmer begründe einen „... impliziten Vertrag zwischen sich und dem Vertrauensgeber, dessen Gegenstand die Erfüllung der Vertrauenserwartung ist."[272]

Dabei verdeutlichen derartige Anleihen eher, wie großzügig wir bisweilen mit Begriffen hantieren. Wie soll dieser Vertrauensvertragsschluss aussehen –

---

[266] Oben § 11 E. II. 6.; § 11 F. I.
[267] Näher zu solchen Begrifflichkeiten oben § 10 C.
[268] Näher zu dieser etwa oben § 4 B. V. oder unten § 19 F. VII. 2.
[269] So etwa *Eidenmüller*, in: Neumann/Schulz (Hrsg.), 2000, S. 117, 119 ff.
[270] *Ballerstedt*, AcP 151 (1951), 501, 507 (vgl. dort auch Fn. 17).
[271] BGH, Urt. v. 5.4.1971, BGHZ 56, 81, 84 f.
[272] *Ripperger*, Ökonomik, 1998, S. 10 f., 63, passim.

was sind die Kriterien dafür?[273] Was, wenn die Annahme und Gewährung von Vertrauen auf Irrtum beruhen oder Leistungsstörungen eintreten? Gibt es hier eine Stellvertretung, und wenn ja, unter welchen Voraussetzungen? Wie behandeln wir den Protest, etwa wenn sich eine Bank pauschal und jedermann gegenüber gegen ein Vertrauen verwahrt? Können bei der „Gewähr" und „Inanspruchnahme" von Vertrauen gar umfangreiche, von einer Seite vorformulierte Klauselwerke „platziert" werden? Und beeinflusst vorherige Werbung all das?

---

[273] Immerhin finden sich zu solchen Fragen etwa bei *Kersting*, Dritthaftung, 2007, S. 208 ff. nähere Überlegungen.

§ 12 Protest und schlüssiges Verhalten

A. Dogmatische Herausforderung

I. Fälle

189. **Parken unter Protest gegen Zahlung:** Autofahrer A fährt auf den halbvollen Parkplatz des Betreibers B und erklärt diesem, dass er keineswegs die pro Stunde geforderte Gebühr bezahlen werde. Dabei hätte A mit nur etwas mehr Mühe auch woanders auf kostenlosen Plätzen parken können.

190. **Straßenbahnfahrt:** Passagier P steigt in die Straßenbahn ein, um einen Freund zu besuchen. Da die Wagen bereits sehr voll, wenn auch noch lange nicht überfüllt sind, dringt Schaffner S erst nach mehreren Haltestellen zu ihm vor, um den Fahrpreis zu kassieren. P erklärt dem verdutzten S, nicht zahlen zu wollen und das auch beim Einstieg nicht vorgehabt zu haben. Er könne aber natürlich gerne aussteigen.

    Kinobesuch: Filmfreund F geht in das örtliche Kino, um sich den neuesten Thriller anzuschauen. Als der Film schon eine Weile läuft und der Betreiber des Kinos B bei ihm ankommt, um den Eintritt in Höhe von 15 Euro zu kassieren, hat F schon so viel vom Film gesehen, dass er meint, lieber auf den weiteren Filmgenuss verzichten zu wollen, anstatt diesen Betrag zu zahlen.

191. **Automatenkauf:** Student S wirft 2 Euro in einen Getränkeautomaten und drückt diejenige Taste, die ihm die ersehnte Limonade bringt. **Abwandlung:** Er erklärt dabei laut und deutlich, die 2 Euro nicht zahlen zu wollen.

192. **Zeitungskasten:** Bildungsbürger B sieht auf seinem Spaziergang einen Zeitungskasten mit seiner Lieblingszeitung. Er nimmt sich daher ein Exemplar und wirft 2 Euro in den Münzeinwurf. **Abwandlung 1:** Er erklärt dabei laut und deutlich, die 2 Euro nicht zahlen zu wollen. **Abwandlung 2:** Er erklärt dabei laut und deutlich, die 2 Euro nicht zahlen zu wollen, zahlt sie auch nicht, und geht.

193. **Landung:** Sportflieger S sieht unter sich zufällig einen kleinen Flugplatz und landet einfach darauf, da er mal kurz zur Toilette muss. Der Flugplatzbetreiber B verlangt von ihm eine Landegebühr von 20 Euro, die er immer verlangt. S meint, weder habe er eine solche Zahlung gewollt noch einen solchen Willen erklärt, er sei einfach nur gelandet. **Abwandlung:** S hatte beim Landen sogar ausdrücklich vor sich her gemurmelt, keine Landegebühr zahlen zu wollen.

194. **CD mit Schutzfolie:** Kunde K freut sich über einen neuen Computer. In der Verpackung findet er eine verschweißte CD, auf der aufgedruckt ist, dass sollte

er die Schutzhülle aufreißen, er sich mit den Lizenzbedingungen des Softwareanbieters S einverstanden erkläre. K findet das gar nicht so toll und murmelt das auch vor sich hin. Notgedrungen reißt er die Schutzhülle auf, schließlich möchte er endlich mit dem Computer arbeiten.

195. **Frische Brezeln:** Wanderer W findet sich auf einer bayerischen Berghütte ein, in der eine kleine Gaststätte betrieben wird. Auf dem Tisch steht jeweils ein Korb mit frischen Brezeln. Er nimmt sich eine, nur um später aufgefordert zu werden, sie auch zu bezahlen. W wollte eigentlich nie zahlen. **Abwandlung:** W ging sogar fest davon aus, dass die Brezeln ein Begrüßungsgeschenk bzw. eine kostenlose Zugabe seien.

196. **Anfassen verpflichtet zum Kauf:** Bäcker B betreibt eine Backstube, in der sich die Kunden ihre Auswahl selbst auf einem Tablett zusammenstellen, um danach zu bezahlen. Schon aus Hygienegründen besteht B darauf, dass wer einen Artikel einmal angefasst hat, diesen auch bezahlt. Er stellt das auch durch einen großen Aushang dort klar, wo man sich ein Tablett holt.

197. **Aufreißen:** Buchhändler B schickt Professor P einige mit einer Schutzfolie verschweißte Bücher zur Kenntnisnahme zu. Auf dieser Folie steht deutlich lesbar: „Aufreißen dieser Folie verpflichtet zum Kauf". P reißt – dies lesend – die Folie auf und stellt dann fest, dass ihm der Inhalt nicht zusagt. Einverstanden war er mit dieser Bedingung eigentlich nie, er wollte sich so spät wie möglich festlegen und hatte das auch so vor sich her gemurmelt.

198. **Anfassen kostet 100 Euro:** Wanderer W hat sich in den Bergen verirrt, schafft es jedoch kurz vor dem Verhungern in die Gaststätte des Betreibers B. Dieser erklärt dem verdutzten W, das bloße Anfassen der für W so verlockenden Brezel koste 100 Euro.

199. **Bloß nicht einatmen:** Bäcker B betreibt eine Backstube, in der sich die Kunden ihre Auswahl selbst auf einem Tablett zusammenstellen, um danach zu bezahlen. Um seinen Umsatz etwas zu fördern, stellt er dort, wo man sich ein Tablett holt, durch einen großen Aushang klar, dass wer einatme, sich bereit erkläre, für mindestens 10 Euro einzukaufen. Nicht jeder Kunde schafft es rechtzeitig wieder zum Ausgang.

200. **Betreten auf eigene Gefahr:** Eigentümer E einer kleinen Parkanlage möchte diese nicht seinen Mitbürgern gänzlich vorenthalten, andererseits aber auch keine Haftungsrisiken eingehen. Er platziert daher am Eingang für jedermann gut sichtbar ein Schild mit der Aufschrift „Betreten auf eigene Gefahr". Spaziergänger S rutscht dennoch auf dem Laub aus und möchte E dafür haftbar machen.

201. **Wegzoll:** Der findige Geschäftsmann G sucht nach neuen Einnahmequellen. Schließlich kommt er auf die Idee, am Eingang des der Stadt München gehörenden Englischen Gartens ein Schild aufzustellen, wonach jeder, der den Park betrete, damit von ihm für 2 Euro ein Eis kaufe.

202. **Schwarzfahrt:** Betreiber B einer Straßenbahn weist alle seine Kunden in großen Aushängen deutlich darauf hin, dass von Schwarzfahrern ein „erhöhtes Beförderungsentgelt" in Höhe von 60 Euro anstatt des normalen Fahrpreises von

2 Euro erhoben wird. Schwarzfahrer S steigt trotzdem ein, ohne einen Fahrschein für 2 Euro zu lösen.

203. **Schwarzfahrt beim Monopolisten:** *Betreiber B einer Straßenbahn bietet nicht motorisierten Kunden die einzige Möglichkeit, einigermaßen schnell in die Stadt zu kommen. Obwohl er seinen Betrieb bereits mit einem Fahrpreis von 2 Euro rentabel betreiben könnte, nutzt er die ihm günstige Situation aus, um von normalen Kunden 20 Euro und von Schwarzfahrern ein „erhöhtes Beförderungsentgelt" von 600 Euro zu verlangen.*

204. **Fangprämie:** *Inhaber I eines kleinen Supermarkts erwischt Ladendieb L dabei, wie dieser heimlich ein paar Tafeln Schokolade einsteckt und ohne zu zahlen gehen will. Er verlangt nicht nur die Schokolade zurück, sondern beansprucht auch eine „Fangprämie" von 25 Euro.*

205. **Minderjähriger Schwarzfahrer:** *Betreiber B einer Straßenbahn weist alle seine Kunden in großen Aushängen deutlich darauf hin, dass von Schwarzfahrern ein „erhöhtes Beförderungsentgelt" in Höhe von 60 Euro anstatt des normalen Fahrpreises von 2 Euro erhoben wird. Der 9-jährige Schwarzfahrer S steigt trotzdem ein, ohne einen Fahrschein für 2 Euro zu lösen.*

II. Fehlender Selbstbindungswille

Die mit Abstand lästigste Hürde jeder Theorie, die sich um verbindliche Aussagen bemüht, ist die Realität. Für das Recht gilt nichts anderes, zumal hier die Wirklichkeit in überwältigender Fülle Sachverhalte produziert, von denen manche die unangenehme Tendenz haben, selbst grundlegende Annahmen bisweilen geradezu brutal zu hinterfragen. Der Hamburger Parkplatzfall ist ein solcher Sachverhalt – und deshalb berühmt. Erklärt der Parkende den zuständigen Ordnern unmissverständlich, dass er die Zahlung eines Entgelts ablehne (Fall 189), so gäbe man sich selbst bei findigster juristischer Begründungskunst der Lächerlichkeit preis, wollte man – etwa unter Berufung auf eine „Auslegung" –[1] selbst hier noch einen Selbstbindungswillen finden.[2] Deshalb hatte es der Kläger im Fall gar nicht erst gewagt, sich auf einen Vertrag zu stützen.[3] Genauso könnte man dann auch gleich schwarz für weiß erklären.[4] Ein trauriger Höhepunkt wäre schließlich bei der These erreicht, dass sich der erkennbar Schwarzfahrende oder der Stehlende auch noch verpflichten wolle, eine Fangprämie bzw. ein erhöhtes Beförderungsentgelt zu zahlen.[5]

Dabei ist die hier zu diskutierende Problematik viel zu gravierend und breit gestreut, um sie einfach als Jurisprudenz der Straßenbahnfahrt abzutun.[6]

---

[1] Näher zu dieser oben § 10 E. II. 1. sowie unten § 12 B. II.
[2] Näher unten § 12 B. II.; § 12 B. II. 2. b).
[3] BGH, Urt. v. 14.7.1956, BGHZ 21, 319, 333.
[4] Siehe dazu etwa *Köhler*, JZ 1981, 464, 465 ff.
[5] Näher zu diesen Fällen unten § 12 C. II. 4.
[6] So aber *Flume*, FS Deutscher Juristentag, Bd. 1, 1960, S. 135, 188.

Denn man stellt selbst in ganz „normalen" Konstellationen die realen Vorstellungen und Interessen der Parteien auf den Kopf, wenn man ihnen einen Selbstbindungswillen unterstellt.[7] Der Parkplatzfall ist keineswegs pathologisch, sondern er begegnet uns überall, ja er ist geradezu der Prototyp eines normalen Vertragsschlusses. Denn hier wird ausnahmsweise erfrischend ehrlich erklärt, was der üblichen Motivationslage nahezu jedes Vertragsschließenden entspricht. Nicht die Willensrichtung ist hier ungewöhnlich, sondern allein die wirklichkeitstreue Kommunikation der Parteivorstellungen. Der Schwarzfahrer hat genau den gleichen Willen wie derjenige, der zähneknirschend seine Fahrkarte zieht. Der einzige Unterschied liegt darin, dass der Schwarzfahrer versucht, der Zahlungspflicht faktisch zu entkommen, während sich der ehrliche Mitbürger seinem Schicksal fügt. Es geht hier eher um ein praktisches Vollstreckungsproblem als einen zentralen dogmatischen Unterschied.

Dementsprechend verkürzt und verharmlost es das Problem, wenn man zwar für den ausdrücklichen Protest zugesteht, dass man dort schlecht einen Bindungswillen unterstellen könne, ansonsten jedoch einfach auf die Auslegung verweist.[8] Zur Illustration genügt es hier, sich ein minimales Formerfordernis vorzustellen. Angenommen, eine Rechtsordnung verlangt für jede Willenserklärung das Zerbrechen eines Strohhalms. Wer würde das bei Eintritt in eine Straßenbahn tun, sofern er sich nicht ansonsten strafbar macht? Niemand.

---

[7] Näher oben § 9 C. I. 2.

[8] Für Verweise siehe oben Fn. 1. Regelmäßig erfolgt diese Aussage dergestalt implizit, dass nur für den offenen Protest ausgesprochen wird, dass hier ein Bindungswille fehle (so etwa *Larenz*, NJW 1956, 1897, 1899 („… kann … nicht etwas als Inhalt einer Willenserklärung zugerechnet werden, was als nicht gewollt eindeutig zu erkennen ist …"); *Wilburg*, AcP 163 (1964), 346, 369 („Aber auch die Annahme eines Vertrages … versagt vor allem dann, wenn der Benützer … das Fehlen seines Verpflichtungswillens klar erkennen lässt, oder … heimlich handelt."); *Köhler*, JZ 1981, 464, 465 („Ist der wirkliche Wille unmittelbar zum Ausdruck gebracht worden, braucht man auf keine Indizien mehr zurückzugreifen"); *Lobinger*, Verpflichtung, 1999, S. 73 f. („Zwar erfolgt die Auslegung ‚normativ', aus der Perspektive eines ‚objektivierten Empfängers'. Doch kann dies … immer nur dort gelten, wo der wirkliche Wille des Erklärenden in Zweifel steht und hierdurch seine Erklärung überhaupt erst auslegungsbedürftig wird."); *Kramer*, MüKo-BGB, 4. Aufl. 2001, Vorbem. §§ 116 ff. BGB, Rn. 26 („Schwierig wird die rechtliche Behandlung sozialtypischen Verhaltens erst dann, wenn vor oder gleichzeitig mit dem an sich eindeutigen Verhalten eine ausdrückliche protestatio facto contrario erfolgt … In diesem Fall ist in der Tat eine rechtsgeschäftliche Deutung des Gesamtverhaltens nicht möglich."). Für *Hanau*, AcP 165 (1965), 220, 268 kommt die Anwendung des Vertragsrechts nur in Frage, wenn lediglich die Ausgestaltung der Leistungsbeziehung zweifelhaft ist.

III. Anforderungen an einen Vertragsschluss

Dabei beschränkt sich die Problematik des faktischen Vertrags nicht nur auf den oft allzu offensichtlich fehlenden Selbstbindungswillen. Dogmatisch vielleicht noch unangenehmer und deutlich anspruchsvoller ist die Frage, was genau wir als Willenserklärung gelten lassen. Warum ist es mal ein konkludentes Angebot und mal ein gemeiner Diebstahl, wenn wir einen fremden Gegenstand an uns nehmen? Warum verlangen wir mal eine ausdrückliche mündliche Erklärung, warum oft auch nur eine bloße Tätigkeit oder gar das Schweigen? Wie verhält es sich bei automatisierten Vertragsschlüssen? Schließlich kommt es angesichts zunehmender Rationalisierung oft vor, dass eine Dienstleistung zumindest teilweise bereits in Anspruch genommen wurde, bevor es zu einem menschlichen Austausch von Erklärungen kommt.

So mag, um im viel bemühten Beispiel der Straßenbahn zu bleiben, der Schaffner angesichts recht voller Wagen erst nach mehreren Haltestellen zum neu eingestiegenen Passagier vordringen. Erklärt hier der Kunde, einen Beförderungsvertrag nach reiflicher Erwägung doch nicht schließen, sondern jetzt aussteigen zu wollen (Fall 190), wird kaum jemand auf die Idee kommen, eine vertragliche Zahlungspflicht abzulehnen.[9] *Flume* bemerkt richtig dazu (und zu Sachverhalten wie Fall 191 oder 192): „Will wirklich jemand im Ernst behaupten, dass rechtlich zu unterscheiden sei, ob bei einer Straßenbahnfahrt die Fahrscheine beim Eintritt oder erst während der Fahrt gelöst werden? Soll der Kauf beim Automaten oder im Selbstbedienungsladen etwas anderes sein als der Kauf im Ladengeschäft? Soll es einen Unterschied machen, ob der Zeitungsverkäufer dem Kunden die Zeitung gegen das feststehende Entgelt aushändigt oder ob der Kunde, weil der Zeitungsverkäufer abwesend ist, sich die Zeitung nimmt und wie schon andere vor ihm seinen Obolus auf den Zeitungstisch legt? Die Frage stellen, heißt sie zu verneinen."[10]

Doch fragt man in der Wissenschaft für gewöhnlich nicht nur nach dem Ergebnis, sondern vor allem auch nach dessen Begründung. Leider bieten uns die klassischen Ansätze keine subsumierbare Maßstäbe dafür, wann genau wir einen Selbstbindungswillen annehmen bzw. in ein bestimmtes Verhalten eine Annahmeerklärung hineinlesen sollen. Anders formuliert zeichnen sich viele der beim faktischen Vertrag diskutierten Sachverhalte dadurch aus, dass es hier für die zu begründenden Vertragsinhalte an einem (Selbstbindungs-) Willen fehlt und stattdessen etwa auf bloße Fiktionen zurückgegriffen wird.[11]

---

[9] *Haupt*, Über faktische Vertragsverhältnisse, 1941, S. 21, *Larenz*, NJW 1956, 1897, 1897.

[10] *Flume*, FS Deutscher Juristentag, Bd. 1, 1960, S. 135, 185; *Flume*, Allgemeiner Teil, Bd. 2, 4. Aufl. 1992, S. 98 f.

[11] Kritisch etwa *Dorn*, NJW 1964, 799, 799, 803; *Kämmerer*, Postarchiv 71 (1943), 397, 399; *Esser*, SchmollersJb 66 (1942), 230, 232, 234; *Simitis*, Die faktischen Vertragsverhältnisse, 1957, S. 486 f.

So kann man natürlich alles Mögliche konstruieren und etwa in dem öffentlichen Zur-Verfügung-Stellen der Beförderungen ein Vertragsangebot des Straßenbahnunternehmens sehen.[12] Doch fällt es hier schwer, *Haupt* und anderen zu widersprechen, die in derartigen Konstruktionen nichts anderes als ein blutleeres Gebilde sehen.[13] Wer in eine Straßenbahn einsteigt, steigt dort einfach ein; und wer als Sportflieger auf einem Flugplatz landet (Fall 193), landet dort einfach. Wenn wir hierin eine Willenserklärung sehen, dann oft aufgrund objektiver Gesichtspunkte,[14] deren Offenlegung, Präzisierung und systematische Einordnung das zentrale dogmatische Anliegen sein sollte.

Der Themenkreis sogenannter faktischer Verträge erlaubt es damit sehr anschaulich, sich mit einigen – alles andere als unproblematischen –[15] Grundfragen des Vertragsschlusses auseinanderzusetzen. Konkret betrifft das insbesondere die Funktion und den Stellenwert einer Erklärung, die als Indiz für die Verwirklichung des Rechtfertigungsprinzips zwar einerseits möglichst unkomplizierte Kooperationen ermöglichen soll, andererseits aber auch ein sicheres Indiz dafür bleiben muss, dass tatsächlich den Interessen des Erklärenden entsprochen wird. Schlussendlich liegt in derartigen Überlegungen bereits eine erste Annäherung an das komplizierte, dafür aber auch sehr interessante Thema der Rechtsänderungen ohne Vertragsschluss.[16]

IV. Übereinstimmung von Theorie und Realität

Wie eingangs dieser Arbeit ausgeführt, besteht deren methodisches Grundkonzept auf der Annahme, dass es zahlreiche und sehr unterschiedliche Fallkonstellationen gibt, über deren Ergebnis weitestgehend Einigkeit besteht und die somit den für jede wissenschaftliche Diskussion benötigten Untersuchungsgegenstand bilden.[17] Der Streit um den faktischen Vertrag eignet sich dabei besonders gut für eine Überprüfung diverser Theorien, besteht hier doch – den unterschiedlichsten Begründungsversuchen zum Trotz – eine geradezu überwältigende Einigkeit darüber, dass etwa im Parkplatzfall eine Geldsumme in Höhe der Parkgebühr selbst dann zu zahlen ist, wenn der Anbieter keinen Schaden erleidet (es waren noch genug freie Parkplätze übrig)[18] und sich der Parkende nur marginal bereichert (er hätte mühelos eine Straße weiter kostenlos parken können).[19] *Flume* betont, der Parkplatzfall sei nicht deshalb

---

[12] Stellv. *Siebert*, Faktische Vertragsverhältnisse, 1958, S. 22 – dies sei der gleiche rechtliche Vorgang wie beim Automatenkauf.
[13] *Haupt*, Über faktische Vertragsverhältnisse, 1941, S. 8, 21.
[14] Zutr. *Esser*, AcP 157 (1958/1959), 86, 95 f., vgl. dazu auch unten § 12 B. II. 2.
[15] So aber *Canaris*, Vertrauenshaftung, 1971, S. 446.
[16] Näher unten § 18.
[17] Oben § 1 B. II.
[18] Näher unten § 12 B. IV. 1.
[19] Siehe neben den nachfolgenden Stimmen nur stellv. *Wilburg*, AcP 163 (1964), 346,

„... durch drei Instanzen verfolgt worden, um von dem Gericht bestätigt zu sehen, dass man durch die Erklärung, nicht zu zahlen, der Inanspruchnahme einer Leistung die Qualität des Rechtsgeschäfts nehmen könne ..."[20] Und *Esser* bemerkt zur Diskussion, man habe „ ... die Lehre und Institutionen des rechtsgeschäftlichen Verkehrs retten und die Privatrechtssystematik intakt halten [wollen]. Nicht zur Sprache kam dagegen die eigentliche Schicksalsfrage: *wie* das zweckmäßig erfolgen könne."[21]

Tatsächlich ist es nachvollziehbar, in solchen Konstellationen Vertragsrecht anwenden zu wollen. Schließlich finden sich hier – zumal im Vergleich mit dem Delikts- oder Bereicherungsrecht – viele sachlich angemessene Wertungen wie etwa die Regeln zur Geschäftsfähigkeit, Irrtumsanfechtung oder Leistungsstörung.[22] Damit ist es aber auch – bei aller oft berechtigten Kritik an so manchem Argument in dieser Diskussion – mehr als nur ein geschickter rhetorischer Schachzug, wenn *Haupt* betont, den Vertragsgedanken als ein oft sachlich angemessenes Rechtsinstitut bewahren und auf für ihn geeignete Sachverhalte anwenden zu wollen, indem man ihn nicht dadurch für jedermann angreifbar oder gar verächtlich macht, dass man dogmatisch von Fiktionen oder lebensfremden Auslegungen ausgeht.[23]

V. Abwehrreaktionen

1. Geschichtlicher Hintergrund

Nahezu jedes dogmatische Problem produziert nicht nur Freude über die damit verbundene Herausforderung. Sehr viel typischer sind vielfältige Abwehrreaktionen dergestalt, dass beispielsweise auf anerkannt untaugliche (z.B. reine Fiktionen) oder sachfremde Argumentationsmuster zurückgegriffen wird. Da *Haupt* seine grundlegende Schrift[24] im Jahr 1941 veröffentlichte und dabei Schwierigkeiten insbesondere der Willenstheorie thematisierte, liegt die Versuchung nahe, seine Kritik vor allem auf die damals vorherrschende Ideologie und nicht etwa auf ein ernsthaftes dogmatisches Anliegen zurückzuführen. Immerhin war die damals einsetzende, erste Diskussionswelle auch vom Zeit-

---

368 („... hat zu einem Streit der Meinungen geführt, in dem es nicht so sehr um das erwünschte Ergebnis als vielmehr um dessen dogmatische Begründung geht.") oder *Gudian*, JZ 1967, 303 („Nun ist so viel klar, dass wer eine derartige Leistung in Anspruch nimmt, normalerweise auch das tarifliche Entgelt zu zahlen hat."). Anders immerhin *Larenz*, NJW 1956, 1897, 536: Wenn in Ausnahmefällen wie dem Parkplatzfall keine vertragliche Bindung zustande komme, müsse das hingenommen werden.
[20] *Flume*, FS Deutscher Juristentag, Bd. 1, 1960, S. 135, 186. Dieser Befund erschließt sich dem Verfasser nicht ganz.
[21] *Esser*, AcP 157 (1958/1959), 86, 88.
[22] Stellv. *Hanau*, AcP 165 (1965), 220, 263, 267, 283, vgl. auch unten Fn. 190.
[23] *Haupt*, ZAkDR 1943, 238.
[24] *Haupt*, Über faktische Vertragsverhältnisse, 1941.

geist getragen. Nicht nur die Kieler Schule[25] argumentierte stärker objektiv wie kollektiv und stand der Vertragsfreiheit dementsprechend sehr viel skeptischer gegenüber, als das noch im vorherigen Jahrhundert üblich war.[26] Bereits im Februar 1920 hatte das NSDAP-Parteiprogramm „… Ersatz für das der materialistischen Weltordnung dienende römische Recht durch ein deutsches Gemeinrecht …" gefordert.[27] Auch ist es durchaus interessant zu erfahren, dass *Tasche*, der bereits 1943 für den faktischen Vertrag eintrat,[28] 1956 dann als Vorsitzender des 5. Zivilsenats im Hamburger Parkplatzfall urteilte.[29]

Tatsächlich bildet die Diskussion um den faktischen Vertrag bis heute eine willkommene Gelegenheit, um nicht nur den „Psychologismus" der Willenstheorie,[30] sondern generell die stark individualistische, allein auf die Parteivorstellungen ausgerichtete Grundtendenz des Vertragsrechts zu kritisieren.[31] So beklagt etwa *Löning*, noch immer finde sich die Vorstellung, die Gerichte seien ein Bollwerk für die Rechte des Einzelnen. Doch sei die Wahrung des objektiven Rechts, nicht aber die Verteidigung von Einzelbelangen gegenüber dem Gemeinwohl, deren vornehmste Aufgabe.[32] Für *Wieacker* ist es jedenfalls im Jahr 1943 dank Wissenschaftler wie *Lange*, *Larenz*, *Stoll* oder *Brandt* eine „… unumstrittene Allgemeinwahrheit, dass der vertragliche Güter- und Leistungsaustausch nicht allein und überwiegend die Rechtsform der Befriedigung individueller Interessen ist, sondern die rechtliche Ordnung des Kreislaufs von Gütern und Leistungen in der Volkswirtschaft."[33] Stärker sozialistisch argumentiert noch in den 50er Jahren *Simitis*, stößt dabei allerdings bereits wieder auf erhebliche Skepsis: Das Individuum trete nur in seiner Eigenschaft als Teil der gegebenen Gesellschaftsordnung in Erscheinung. Nicht mehr nur der Wille der Beteiligten bilde die Betrachtungsgrundlage, sondern ebenso sehr die Prinzipien der Gesellschafts- und Wirtschaftsordnung. Die Richtigkeitsge-

---

[25] *Lambrecht*, Faktisches Vertragsverhältnis, 1994, S. 78 betont richtig, dass gerade deren Vertreter der Lehre vom faktischen Vertrag folgten, vgl. etwa die nachfolgenden Zitate von *Larenz*, *Wieacker* oder *Siebert*.

[26] Stellv. *Graue*, in: Jakobs (Hrsg.), Rechtsgeltung und Konsens, 1976, S. 105, 119; *Lambrecht*, Faktisches Vertragsverhältnis, 1994, S. 3, 58, 68, passim.

[27] NSDAP-Parteiprogramm vom 25.2.1920, abrufbar unter http://www.dhm.de/lemo/html/dokumente/nsdap25/index.html.

[28] *Tasche*, SchmollersJb 54 (1943), 101, der sich dort zunächst auf die Ansprache des „Führers" vom 1. Mai 1933 beruft, dabei allerdings mit „„Der Mensch lebt nicht für Verträge, sondern die Verträge sind da, das Leben der Menschen zu ermöglichen'" ein Zitat wählt, das durchaus liberalem Denken entspricht, vgl. zum Verhältnis von Recht und Zweck oben § 2 A. I.; § 9 D. I.

[29] BGH, Urt. v. 14.7.1956, BGHZ 21, 319, 334. Vgl. zu *Tasche* nur *Lambrecht*, Faktisches Vertragsverhältnis, 1994, S. 99, 108 f. m.w.N.

[30] Siehe speziell für den faktischen Vertrag unten Fn. 74 sowie allgemein oben § 9 C. V. 2. e) aa).

[31] Übergreifend dazu unten § 19 B.

[32] *Löning*, ZAkDR 1942, 289, 292.

[33] *Wieacker*, ZAkDR 1943, 33.

A. Dogmatische Herausforderung

währ liege allein in der objektiven Würdigung der Betätigung der Vertragsparteien innerhalb der Sozialsphäre und der ihr zugemessenen Bedeutung.[34]

Andere machen sich derartige Verständnisse zwar nicht unbedingt zu eigen, thematisieren aber zumindest ein verändertes Wertverständnis. So wird etwa auf die geistesgeschichtlichen Wurzeln des im deutschen Bürgerlichen Gesetzbuch verankerten Vertragsrechts verwiesen: Dessen juristischer Idealtyp ist für *Kämmerer* die rechtsgestaltende Persönlichkeit. Hier sei eine Entwicklung auf die Höhe geführt worden, deren geisteswissenschaftliche Anfänge in der Abkehr vom Dogmatismus des scholastisch-aristotelischen Spätmittelalters und in der Hinwendung zum Platonismus während der Zeit der Renaissance lägen. Durch die neuere Naturrechtslehre im Verein mit der Rezeption des römischen Rechts habe diese Entwicklung Eingang in die Rechtswissenschaft gefunden.[35] Für *Esser*, der sich dabei auf *Hippel*[36] beruft, hat sich ein Wandel in der sozialen Betrachtungsweise eingestellt. Wir sähen den Vertrag nicht als Eigenwert und Ausdruck freier Selbstbindung der Rechtsgenossen, sondern nur als eine historisch bewährte Möglichkeit privater Interessenordnung.[37] Und auch *Simitis* betont später, das Vertragsverhältnis sei nur der vielleicht konsequenteste Ausdruck einer bestimmten Epoche, der Epoche des Liberalismus.[38]

Doch wäre es leichtfertig, die Diskussion um den faktischen Vertrag und die Kritik an den Defiziten der Willenstheorie allein als ideologisch abzutun. Das betrifft auch die Person *Haupts*, dessen Ausführungen von einem ernsthaften dogmatischen Bemühen getragen sind, Theorie und Realität miteinander zu vereinbaren, anstatt einen Selbstbindungswillen selbst dort zu unterstellen, wo er offensichtlich fehlt.[39] Misst man ihn jedenfalls an seinen Worten,[40] ging es ihm um das berechtige Anliegen, zu einer juristischen Betrachtungsweise zu finden, die auf Willensfiktionen und sonstige gekünstelte Konstruktionen ver-

---

[34] *Simitis*, Die faktischen Vertragsverhältnisse, 1957, S. 103, 523.
[35] *Kämmerer*, Postarchiv 71 (1943), 397, 412.
[36] *Hippel*, Privatautonomie, 1936.
[37] *Esser*, SchmollersJb 66 (1942), 230, 231.
[38] *Simitis*, Die faktischen Vertragsverhältnisse, 1957, S. 69.
[39] *Wieacker*, FS OLG Celle, 1961, S. 263, 264, 276 bemerkt anhand persönlicher Kenntnis *Haupts*, dass bei diesem ideologische Einflüsse nicht im Spiel gewesen seien, während es in *Wieacker*, ZAkDR 1943, 33 von einem neuen umsichtigen Versuch spricht, „... die Dogmatik des Vertragsschlusses den neuen Einsichten anzugleichen." Sehr viel kritischer demgegenüber *Lambrecht*, Faktisches Vertragsverhältnis, 1994, S. 63, 68, 87, 160 f. Der Verfasser maßt sich hier kein Urteil an, das von *Haupt* formulierte, dogmatische Anliegen ist jedenfalls sehr ernst zu nehmen.
[40] Entgegen *Lambrecht*, Faktisches Vertragsverhältnis, 1994, S. 68 erscheint es sehr wohl angemessen, *Haupt* gerade an seinen „äußerlich wertfreien Formulierungen" zu messen.

zichtet,[41] und wandte sich *Haupt* selbst gegen ein ausuferndes Operieren mit faktischen Vertragsverhältnissen.[42]

Diese Arbeit hier ist jedenfalls dogmatisch und nicht historisch angelegt. Für deren Anliegen ist es daher wenig ertragreich, sich statt mit den Argumenten selbst mit deren Hintergrund zu beschäftigen. Der Autor befragt daher nicht einzelne Argumente oder Theorien darauf, ob sie einer bestimmten historischen Zeitströmung, Ideologie oder Schule entsprechen oder dieser Vorschub leisteten. Dementsprechend fehlen auch bei einzelnen Zitaten nahezu durchweg entsprechende Nachweise oder gar Bewertungen. So zitiert der Verfasser auch viele aktive Unterstützer des Nationalsozialismus[43] wie *Larenz*, *Siebert* oder *Wieacker* ganz normal – um hier nur einige Namen zu nennen.

2. Illiberalität

Doch nicht nur die gewissermaßen „politische Kontamination" der Diskussion um den faktischen Vertrag erschwert eine sachliche Auseinandersetzung. Bisweilen tritt die Befürchtung hinzu, es solle das liberale Vertragsrecht zugunsten einer neuen Gesellschaftsordnung geopfert werden. So beschwört man gar das Ende der bis ins römische Recht reichenden, Jahrtausende alten Tradition,[44] konstatiert eine chaotische Diskussion[45] und spricht von einer Schockwirkung[46] oder gar Atombombe zur Zerstörung gesetzestreuen juristischen Denkens.[47] Nun verdient der faktische Vertrag als eigenständiger dogmatischer Ansatz sicher einige Skepsis,[48] zumal progressive Arbeiten wie die von *Simitis*[49] nicht unbedingt Anlass gaben, sich gelassen zurückzulehnen. Auch ist es eine in der Tat spannende Frage, was ein Vertragsrecht liberal macht.[50]

Doch erscheint diese Empörung bisweilen scheinheilig,[51] da im gleichen Atemzug nahezu durchweg Einigkeit darüber bestand und besteht, dass der

---

[41] *Haupt*, ZAkDR 1943, 238, 238f.
[42] *Haupt*, ZAkDR 1943, 238.
[43] Siehe dazu nur *Rüthers*, Entartetes Recht, 1994, S. 42ff., 227ff.
[44] *Küchenhoff*, RdA 1958, 121, 122.
[45] Vgl. den Bericht über die Zivilrechtslehrertagung 1957 von *Esser*, AcP 157 (1958/1959), 86, aber etwa auch die von *Habscheid*, AcP 157 (1958/1959), 100 und *Baur*, JZ 1957, 764.
[46] *Nikisch*, FS Dölle, 1963, S. 79.
[47] *Lehmann*, NJW 1958, 1, 5.
[48] Näher unten § 12 B. I.; § 12 B. V. 1.
[49] *Simitis*, Die faktischen Vertragsverhältnisse, 1957.
[50] Näher dazu unten § 19 B.
[51] Das betrifft etwa auch *Lambrecht*, Faktisches Vertragsverhältnis, 1994, S. 158, 164, passim, der *Haupt* einerseits eine illiberale Gesinnung vorwirft und mahnend auf die Privatautonomie verweist, nur um dann die Objektivierung der Rechtsgeschäftslehre zu preisen und *Haupts* „Irrtum" als insofern lehrreich anzusehen, als dies uns die Leistungsfähigkeit des Bereicherungsrechts vor Augen führe, vgl. etwa unten Fn. 177, 184.

Protest des Parkenden die Rechtsordnung nicht zu interessieren habe, sondern das Entgelt vielmehr wie bei jedem anderen Vertrag zu entrichten sei.[52] Allenfalls bemüht man andere Rechtsinstitute für dieses Ergebnis. So ist das Dilemma des faktischen Vertrags bis heute nicht gelöst. Angesichts dessen besteht insbesondere wenig Anlass, *Haupts* Bemühungen lautstark als illiberal zu brandmarken. So mag sich nicht jeder Protestierende darüber freuen, wenn er einerseits in heroischem Kampf um die Privatautonomie vor einer vertraglichen Bindung gerettet wird, nur um dann festzustellen, dass ihm die gleichen Autoren wenige Zeilen später über das Bereicherungs- oder Deliktsrecht – teilweise sogar als Minderjährigen –[53] doch eine Zahlungspflicht – ja in Fortbildung des Schadensrechts in Anlehnung an die GEMA-Rechtsprechung sogar ein erhöhtes Beförderungsentgelt – auferlegen, nur dass er jetzt nicht einmal mehr Gewährleistungsansprüche oder die Möglichkeit einer Irrtumsanfechtung hat.[54] Anders formuliert: Wenn wir eine liberale Rechtsordnung anstreben, sollte Maßstab dafür eher das Ergebnis als die richtige Gesinnung in Form der jeweiligen dogmatischen Begründung sein. Übrigens war das auch die Sicht *Haupts*, der betonte, dass die gerichtlichen Entscheidungen meistens das Richtige treffen, also nicht die bisherigen Ergebnisse, wohl aber deren Begründungen verbesserungswürdig seien. Man solle „… den Richter aus der unwürdigen Rolle befreien, dass er den Sachverhalt verfälschen muss, um zutreffend zu entscheiden."[55]

3. Geringe praktische Bedeutung

Schließlich kann man die hier angesprochene Thematik auch nicht als eine bloß pathologische Randerscheinung abtun,[56] zu der man sich erst gar nicht zu äußern habe. Dass tatsächlich nahezu immer ein Selbstbedingungswille fehlt, wurde bereits erwähnt.[57] Aber auch abgesehen davon, dass es einer Theorie nicht hilft, wenn sie selbst seltene Fälle offensichtlich sachwidrig löst, würde diese Fallgruppe spätestens dann äußerst relevant, hielte man den Protest des Parkenden für beachtlich. Wie bei vielen anderen Schulfällen darf man nicht den Fehler machen, nur deshalb auf deren geringe Bedeutung zu schlie-

---

[52] Näher oben § 12 A. IV.
[53] Da für das Deliktsrecht und in den hier interessierenden Eingriffsfällen nach überwiegender Ansicht auch im Bereicherungsrecht die starre Altersgrenze des Vertragsrechts nicht gilt. Vgl. dazu für das deutsche Recht die Diskussion um den sogenannten Flugreisefall, BGH, Urt. v. 7.1.1971, BGHZ 55, 128. Allerdings ist darauf hinzuweisen, dass auch manche Vertreter des faktischen Vertrags dafür eintreten, Minderjährige zu verpflichten, vgl. dazu unten § 12 C. V
[54] Zu entsprechenden Stimmen siehe unten § 12 B. IV. 1.
[55] *Haupt*, Über faktische Vertragsverhältnisse, 1941, S. 8, 28, vgl. dazu etwa auch *Nikisch*, FS Dölle, 1963, S. 79, 83 f.
[56] Allgemein dazu oben § 9 C. V. 4. a).
[57] Oben § 12 A. I.; § 9 C. I. 2.

ßen, weil das Recht hier klare Antworten bereithält und es deshalb selten zu Gerichtsurteilen kommt.[58] Es fänden sich nicht nur bei der Straßenbahnfahrt alsbald längere Schlangen von Menschen, die vor Eintritt lauthals erklären, dass man zwar die Dienstleistung in Anspruch nehme, aber nicht zahlen wolle.[59] Kurzum, man sollte sich in aller Demut ernsthaft mit den zahlreichen[60] Situationen auseinandersetzen, in denen klar der Wille hervortritt, vertraglich nicht gebunden zu sein. Genau deshalb wurde der faktische Vertrag noch ein zweites Mal – anlässlich des Parkplatzfalls – Gegenstand heftiger Auseinandersetzungen. Hinzu kommt, dass die Thematik des faktischen Vertrags nicht nur den ausdrücklichen Protest betrifft, sondern vor allem auch das grundlegende Problem des Vertragsschlusses. Zu klären ist, was für ein Verhalten wir dafür als ausreichend erachten sollten.[61]

B. Scheinlösungen

I. Eigenständiges Rechtsinstitut

Nicht nur in dieser Arbeit ist mit dem Begriff des faktischen Vertrags (bzw. Vertragsverhältnisses[62]) keine konkrete dogmatische Vorstellung verbunden. Vielmehr geht es um eine bestimmte Klasse von Sachverhalten tatsächlicher Inanspruchnahme vertraglich angebotener Leistungen, bei denen der übereinstimmende Wille bzw. die Erklärung, vertraglich gebunden sein zu wollen, fraglich ist.[63] Dabei interessieren hier zudem nicht die früher ebenfalls mit diesem Schlagwort verbundenen Diskussionen um das faktische Arbeitsverhältnis oder den faktischen Gesellschaftsvertrag.[64]

---

[58] Vgl. dazu etwa auch oben § 4 A. III. oder unten § 17 F. I.
[59] Siehe dazu etwa auch *Larenz*, NJW 1956, 1897, 1897.
[60] Die unter § 12 A. I. aufgeführten Fälle geben nur einen groben Überblick über die Reichweite dieses Problems.
[61] Zu dieser Herausforderung siehe oben § 12 A. III., unten § 12 C. sowie unten § 18 C. I.
[62] So die Terminologie von *Haupt*, worauf dieser in *Haupt*, ZAkDR 1943, 238 nochmals ausdrücklich hinweist.
[63] Ob diese Begrifflichkeit glücklich ist (was viele bezweifeln, vgl. dazu nur *Kämmerer*, Postarchiv 71 (1943), 397, 409; *Esser*, AcP 157 (1958/1959), 86, 86 oder *Wieacker*, ZAkDR 1943, 33, 34), sei hier dahingestellt. Sie hat sich jedenfalls für die hier interessierenden Fälle eingebürgert. *Haupt*, Über faktische Vertragsverhältnisse, 1941, S. 30 selbst hält es für eine letzten Endes nur terminologische Frage, ob man die faktischen Vertragsverhältnisse und den diktierten Vertrag als Verträge bezeichnet.
[64] Heutzutage spricht man daher auch lieber vom fehlerhaften Arbeitsverhältnis bzw. von der fehlerhaften Gesellschaft. In der Sache geht es jeweils um die Schwierigkeiten einer bereicherungsrechtlichen Rückabwicklung in über längere Zeit praktisch ausgeführten Dauerschuldverhältnissen, die oft gegen eine rückwirkende Nichtigkeit und für eine bloße Kündigungsmöglichkeit sprechen, vgl. hier nur *Junker*, Grundkurs Arbeitsrecht, 10. Aufl. 2011, S. 104 ff. (Rn. 188 ff.) und *Kübler/Assmann*, Gesellschaftsrecht, 6. Aufl. 2006, S. 392 ff. (§ 26 II).

Demgegenüber lässt sich bereits trefflich darüber streiten, ob es überhaupt ein einigermaßen sorgfältig ausgearbeitetes Konzept gibt, das nicht nur die Defizite der klassischen Ansichten erhellt,[65] sondern vom faktischen Vertrag als einem eigenständigen Rechtsinstitut ausgeht und diesem eine fassbare Gestalt gibt.[66] Vielmehr finden sich lediglich gewisse typische Argumentationsmuster, angefangen mit dem Hinweis auf sachgerechte Ergebnisse über das sozialtypische Verhalten, den Sozialgedanken, die Besonderheiten der Daseins- und Massenvorsorge bis hin zu faktisch-normativen Verschränkungen dergestalt, dass das Leben selbst zuordne.[67] Oft geht es auch nur um die generelle Kritik an der Willenstheorie[68] bzw. mögliche Alternativen dazu. Weil es bisher nicht gelungen ist, hier einen konkret subsumierbaren Tatbestand zu entwickeln, droht der Gedanke eines faktischen Vertrags je nach Vorliebe des Anwenders entweder uferlos oder zu eng zu werden.[69] Vor allem erscheint es aus vielerlei Gründen wenig erstrebenswert, das Vertragsrecht dergestalt zu spalten, dass für manche Fälle ein klassischer und für andere wiederum ein ganz andersartiger Ansatz gilt. Es verwundert vor diesem Hintergrund auch nicht, dass der faktische Vertrag nur selten als Rechtsfigur[70] und nicht nur als Beschreibung eines Problems[71] wohlwollend bewertet wird.

II. Auslegung

1. Leerformeln

Nicht nur die Diskrepanz zwischen der weithin gefühlten Gewissheit über das angemessene Ergebnis und den Schwierigkeiten, dieses Ergebnis zu begründen, macht die Diskussion um den faktischen Vertrag interessant. Vielmehr finden sich in jeder Wissenschaft dort viele originelle Lösungsversuche, wo die klassischen Begründungsmuster versagen. Methodisch wie inhaltlich ist das zumindest lehrreich. Hierzu gehört etwa die weit verbreitete Übung, einfach

---

[65] Berechtigte Kritik etwa bei *Spiess*, ZAkDR 1942, 340, 341; *Spiess*, ZAkDR 1943, 170.

[66] Skeptisch etwa auch *Lehmann*, JhJb 54 (1943), 131, 137. Am ehesten lässt sich ein solcher Versuch noch den Ausführungen von *Betti*, FS Lehmann, Bd. 1, 1956, S. 252, 255, 263, 266 oder *Simitis*, Die faktischen Vertragsverhältnisse, 1957 zugestehen.

[67] Vgl. dazu etwa unten § 12 B. II. 2.; § 12 B. V. 1.

[68] Stellv. *Bärmann*, Daseinsvorsorge, 1948, S. 86 ff., der die konsensualistische Enge des klassischen Vertragsbegriffs und die Abstraktheit der Willenseinigung kritisiert.

[69] Vgl. hier nur – besonders zur Besorgnis der Uferlosigkeit – *Kämmerer*, Postarchiv 71 (1943), 397, 413; *Spiess*, ZAkDR 1942, 340, 341; *Nikisch*, FS Dölle, 1963, S. 79, 85; *Lambrecht*, Faktisches Vertragsverhältnis, 1994, S. 155.

[70] Vgl. neben den bereits in Fn. 66 genannten Stimmen auch BGH, Urt. v. 14.7.1956, BGHZ 21, 319, 334 sowie wohl auch *Larenz*, NJW 1956, 1897, 1898; *Raiser*, FS Deutscher Juristentag, Bd. 1, 1960, S. 101, 126; *Roth*, FS Küchenhoff, Hbd. 1, 1972, S. 371, 387.

[71] Vgl. dazu etwa *Esser*, AcP 157 (1958/1959), 86, 87 oder *Nikisch*, FS Dölle, 1963, S. 79, 87, 89 f.

auf die Notwendigkeit einer „Auslegung" zu verweisen. Doch formuliert man damit zunächst nur die Frage nach dem Vertragsinhalt neu, ohne mit dieser Begrifflichkeit falsifizierbare Maßstäbe anzubieten.[72] Genauso wenig hilft der Hinweis auf ein schlüssiges Verhalten[73] weiter, da auch dieser Begriff ungeeignet dafür ist, das Ergebnis mehr als nur zu behaupten. Es werden Kriterien für das Vorliegen einer Willenserklärung gesucht – mag man diese dann als ausdrücklich oder schlüssig bezeichnen.

Genauso nichtssagend sind die zahlreichen Formulierungen, die sich in der Aussage erschöpfen, dass man für den Vertragsschluss und -inhalt ja nicht auf konkret subsumierbare Tatsachen wie den Willen abstellen müsse. Ob hier nun – sehr oft unter Kritik am Psychologismus der Willenstheorie –[74] vom verständigen Empfänger, Verstehendürfen[75], objektiver[76] Auslegung, Objektivierung[77], objektivrechtlicher Betrachtung,[78] normativer Auslegung,[79] normierter Wirkung,[80] notwendiger Wertung,[81] von materialen Gründen[82] gesprochen wird oder einfach auf Zurechnung[83] oder sozialethische Wertun-

---

[72] Näher oben § 10 E. II. 1. sowie unten § 12 B. II.

[73] Stellv. *Kramer*, MüKo-BGB, 4. Aufl. 2001, Vorbem. §§ 116 ff. BGB Rn. 26, der vom „... besten Demonstrationsmaterial für den Begriff der konkludenten Willenserklärung ..." spricht.

[74] Stellv. *Wieacker*, ZAkDR 1943, 33, 34; *Wieacker*, FS OLG Celle, 1961, S. 263, 277 ff.; *Simitis*, Die faktischen Vertragsverhältnisse, 1957, S. 103, 410 f., 524, 537 ff., passim („Die Willenserklärung im Sinne der gesetzlichen Regelung ist für den Bereich der Daseinsvorsorge einfach inexistent."); *Siebert*, Faktische Vertragsverhältnisse, 1958, S. 24, 34 f., 95 oder *Lambrecht*, Faktisches Vertragsverhältnis, 1994, S. 103: „Die objektiven Ansätze ... hatten den Blick für die Leistungsfähigkeit eines willensreduzierten Rechtsgeschäftsbegriffs geschärft."; „Verkennung des Phänomenologisch-Faktischen in der Willenserklärung". Näher oben § 9 C. V. 2. e) aa).

[75] *Wieacker*, FS OLG Celle, 1961, S. 263, 269.

[76] Wobei „objektiv" dann einen Aussagegehalt hat, wenn dies das faktische Verständnis des Empfängers meint.

[77] *Wieacker*, FS OLG Celle, 1961, S. 263, 270, dort Fn. 33. In diese Richtung etwa auch *Lehmann*, NJW 1958, 1, 4: „... darf und muss doch die Inanspruchnahme ... als willentliche Unterwerfung ... angesehen werden."

[78] *Lambrecht*, Faktisches Vertragsverhältnis, 1994, S. 132 f., 164 („interessante Alternative").

[79] Stellv. *Kramer*, Grundfragen, 1972, S. 158 („... kommt es im Bereich des normativen Konsenses eben nicht darauf an, was der eine Vertragspartner individuell wirklich wollte"). Siehe allgemein dazu bereits oben § 10 E. II. 1.

[80] Siehe dazu im Kontext des faktischen Vertrags *Wieacker*, JZ 1957, 61, 61; *Lambrecht*, Faktisches Vertragsverhältnis, 1994, 80, S. 26 f.

[81] *Flume*, Allgemeiner Teil, Bd. 2, 4. Aufl. 1992, S. 97 (§ 8 1): „... Wertung der Inanspruchnahme als rechtsgeschäftlichen Akts der Angebotsannahme ..."

[82] *Frotz*, Verkehrsschutz, 1972, S. 428 f.

[83] *Siebert*, Faktische Vertragsverhältnisse, 1958, S. 35; *Gudian*, JZ 1967, 303, 304 („zurechenbar erklärte Geschäftswille"); *Lambrecht*, Faktisches Vertragsverhältnis, 1994, S. 133 („Willenserklärung kraft Zurechnung").

gen⁸⁴ verwiesen wird: Allen diesen Begriffen ist gemein, dass sie keinen Tatbestand enthalten, der aus sich heraus überprüfbare Aussagen enthält. Auch die vielbemühte Berücksichtigung der Umstände eines Falls⁸⁵ hilft allenfalls dann weiter, wenn klar gesagt wird, welche Umstände unter welchen Voraussetzungen mit welchen Konsequenzen für Vertragsschluss oder -inhalt maßgeblich sein sollen.⁸⁶

2. Sozialtypizität

a) Grundidee

Anders als bei den zuvor genannten Beispielen werden beim faktischen Vertrag durchaus auch Phänomene für auslegungsrelevant erklärt, die mit einem mehr oder weniger großen Aufwand überprüfbar und damit als Diskussionsgegenstand grundsätzlich tauglich sind. Zwar wird man schnell zweifeln, ob der bloße Hinweis auf das Gesetz⁸⁷ bei der hier gesuchten Erklärung des geltenden Rechts hilfreich ist.⁸⁸ Aber wie ist es mit Sitte, Übung und Brauch? Schließlich lässt sich der Sitte (Verkehrssitte⁸⁹, Verkehrsauffassung⁹⁰, gesellschaftliche Wertvorstellungen⁹¹) konstatieren, dass auch sie oft den Vertragsinhalt bestimmt.⁹² Gerade die Sozial- bzw. Verkehrstypizität wird daher gerne bemüht⁹³ und dabei oft für geradezu völlig unproblematisch gehalten,⁹⁴ wurde diese doch „lediglich" als Auslegungsmerkmal verwendet.⁹⁵ Bemerkenswert ist dabei, wie selbst treue Anhänger der Willenstheorie ohne Weiteres auf die

---

⁸⁴ *Kämmerer*, Postarchiv 71 (1943), 397, 413 f. Zu Sitte und Sozialtypizität als real wahrnehmbaren Phänomenen siehe gleich.
⁸⁵ Stellv. *Frotz*, Verkehrsschutz, 1972, S. 428 f.
⁸⁶ Näher oben § 10 E. II. 4.
⁸⁷ *Frotz*, Verkehrsschutz, 1972, S. 428 f. unter Hinweis auf einen Geschäftswillen, „... auf den es nach den Fallumständen aus materialen Gründen überhaupt nicht ankommen kann ... In diesen Fällen wird eine ‚Verkehrsstörungslösung' in Form einer Erfüllungshaftung ‚ex lege' durchgeführt ...", vgl. dazu auch unten § 12 B. V. 3.
⁸⁸ Näher unten § 16 A.
⁸⁹ Stellv. *Lehmann*, NJW 1958, 1, 2.
⁹⁰ *Siebert*, Faktische Vertragsverhältnisse, 1958, S. 24.
⁹¹ *Spiess*, ZAkDR 1942, 340, 341.
⁹² Näher oben § 16 C. I. 1. *Siebert*, Faktische Vertragsverhältnisse, 1958, S. 38 propagiert eine soziologische und funktionelle Methode der Gesetzesauslegung und Rechtsanwendung.
⁹³ Stellv. *Wieacker*, JZ 1957, 61 unter Hinweis auf das Phänomen schlüssigen Verhaltens (vgl. dazu oben Fn. 73) oder *Raiser*, FS Deutscher Juristentag, Bd. 1, 1960, S. 101, 124.
⁹⁴ Stellv. *Esser/Schmidt*, Schuldrecht, Bd. 1, 7. Aufl., S. 158 (§ 10 I. 2.) m.w.N.: „... lässt sich hier zwanglos als Annahme des standardisierten Angebots begreifen."
⁹⁵ *Lambrecht*, Faktisches Vertragsverhältnis, 1994, S. 147 („Die Rechtsgeschäftslehre konnte sogar den neuen Begriff der ‚Sozialtypik' widerspruchsfrei bewältigen. Sie wurde von Willens- und Erklärungstheoretikern zutreffend als Auslegungskriterium erkannt."), vgl. dazu auch oben § 10 A. III.

Verkehrs- oder Sozialtypizität abstellen.[96] *Flume* wird hier besonders deutlich: „Wer ... die entgeltlich angebotene Leistung in Anspruch nimmt, setzt damit ‚sozialtypisch' das Rechtsverhältnis betreffs Leistung und Gegenleistung in Geltung ... Die Inanspruchnahme der entgeltlich angebotenen Leistung ist also gerade wegen ihrer sozialtypischen Bedeutung ein Rechtsgeschäft."[97]

b) Bedeutung objektiver Kriterien

Man ist angesichts derartiger Aussagen geneigt, sich verwundert die Augen zu reiben.[98] Denn hier, wo es ja „nur" um die Auslegung geht, soll es für die Frage des Vertragsschlusses keineswegs nur auf den Willen des Einzelnen, sondern mit der Sozialtypizität auf gleichermaßen objektive wie vor allem kollektive Gesichtspunkte ankommen. Das, was sozial üblich ist, soll – Wille und Interesse des Einzelnen hin oder her – gelten: „Du wolltest keinen Vertrag? Nach der Sitte bist Du aber gebunden!" Es gehe, so erfährt man, doch nur um einen Streit um Worte. Letztlich sei es belanglos, ob man das Einsteigen als sozialtypisches Verhalten oder als schlüssige Willenserklärung bezeichne. So dürfe man nicht verkennen, wie häufig der Konsens bereits heute unterstellt werde, ohne dass es auf sein wirkliches Vorhandensein ankomme.[99] Der Übergang vom Tatbestand der Willenserklärung zu dem eines normierten Verhaltens sei fließend.[100] Der Willenstheoretiker *Flume* hält die Relevanz der sozialtypischen Bedeutung gar für so selbstverständlich, dass er mehr dazu nicht zu sagen habe.[101] Nahezu gänzlich aufgegeben wird der Wille schließlich dort, wo man die Entgeltpflicht aus dem Delikts- oder Bereicherungsrecht ableitet – mit all den damit verbundenen Konsequenzen.[102] Letztlich wird damit genau das praktiziert, worauf *Haupt* offen hinwies, nämlich aus Erwägungen auch

---

[96] Stellv. *Enneccerus/Nipperdey*, Allgemeiner Teil, Hbd. 2, 15. Aufl. 1960, S. 1016 § 163 VII. 3. a) (sowie der nachfolgend zitierte *Flume*): „Durch die Inanspruchnahme wird, gerade wegen der ihr zuzumessenden verkehrstypischen Bedeutung, deutlich erkennbar zum Ausdruck gebracht ..., dass der Benutzer mit dem Versorgungsunternehmer in eine rechtliche Sonderverbindung treten will, kraft derer dieser ihm gegen Entgelt eine Leistung erbringen soll."

[97] *Flume*, AcP 161 (1962), 52, 61.

[98] Siehe zu dieser Diskrepanz von Wasser und Wein unter dem Gesichtspunkt der Liberalität bereits oben § 12 A. V. 2. Allgemein dazu unten § 19 B.

[99] So stellvertretend für viele *Graue*, in: Jakobs (Hrsg.), Rechtsgeltung und Konsens, 1976, S. 105, 122.

[100] *Raiser*, FS Deutscher Juristentag, Bd. 1, 1960, S. 101, 126.

[101] *Flume*, AcP 161 (1962), 52, 61: „Das erscheint mir alles so selbstverständlich, dass ich mehr dazu nicht zu sagen habe."

[102] Vgl. zu diesem Gegensatz von liberalem Anspruch (Verteidigung der negativen Vertragsfreiheit) und rechtlicher Realität (Zahlungspflicht) bereits oben bei Fn. 51 sowie etwa unten § 12 B. IV. 1.

jenseits des Parteiwillens eine vertragliche Bindung aufzuerlegen.[103] Damit besteht die eigentliche Herausforderung darin, auch für solche, nicht-willentliche Gesichtspunkte überzeugende, vor allem konkret subsumierbare Gründe anzugeben und diese systematisch einzuordnen.

c) Begrenzter Gehalt

Was die dogmatische Tauglichkeit von Sitte, Übung oder Brauch anbelangt, sollte die Euphorie nicht zu groß ausfallen. Zwar lässt sich zur Konkretisierung von Vertragsinhalten auf die Sitte oder Typizität abstellen, zumal deren Inhalt objektiv feststellbar und inhaltlich sachgerecht sein mag.[104] Doch lässt sich dem gerade für den hier interessierenden Vertragsschluss wenig entnehmen. So fehlt es bereits überall dort an der gesuchten Sitte, wo die Partei unter Protest, heimlich oder auch nur ohne Fahrkarte agiert: Wer vom Bahnhofsbuffet Waren wegnimmt, um sie zu stehlen, wer als Automatenbetrüger unterwegs ist, wer sich als Schwarzfahrer oder blinder Passagier Leistungen erschleicht, heimlich Strom anzapft oder sich gegen eine Zahlungspflicht verwahrend auf den Parkplatz fährt, handelt genauso wenig sozialtypisch[105] wie selbst derjenige, der sich nur aus Versehen ohne gültige Fahrkarte in die Straßenbahn begibt. Die Sozialtypizität ist aber nicht nur oft ein irreführender, sondern vor allem auch bisweilen sehr diffuser Maßstab, der wenig mehr als beispielsweise die Aussage erlaubt, dass Fahrgäste für ihre Beförderung üblicherweise zahlen. Was, wenn eine Partei für den konkreten Sachverhalt behauptet, hier handle es sich aber um einen Ausnahmefall? Letztlich benötigen wir dogmatische Maßstäbe, um die rechtliche Berücksichtigung von Sitte, Übung und Brauch einordnen, aber auch dort wo nötig in ihre Schranken weisen zu können.[106] Dementsprechend bleibt hier auch offen, ob die Zahlungspflicht etwa auf Vertrags-, Bereicherungs- oder Deliktsrecht beruht.[107] Lässt man es beim Verweis auf eine bestimmte Sitte bewenden, gibt man ein gewachsenes, differenziertes und meist sachgerechtes Vertragsrechtssystem preis, anstatt das, was wir in der Sitte nur äußerst schwammig und unvollkommen ausgebildet vorfinden, rechtsdogmatisch präziser und stimmiger einzuordnen. Genauso wie es wenig befriedigt, für sämtliche schwierigen Vertragsfragen allein auf eine soziale Konvention zu verweisen – ein typisches

---

[103] Worauf dann *Simitis*, Die faktischen Vertragsverhältnisse, 1957, S. 77 f. insoweit zutreffend hinweist.
[104] Näher unten § 16 C.
[105] Zutr. etwa *Haupt*, Über faktische Vertragsverhältnisse, 1941, S. 32 (dort Fn. 86); *Betti*, FS Lehmann, Bd. 1, 1956, S. 252, 269; *Esser/Schmidt*, Schuldrecht, Bd. 1, 7. Aufl., S. 158 (§ 10 I. 2.); *Wilburg*, AcP 163 (1964), 346, 370; *Börner*, FS Nipperdey, 1965, S. 185, 203; *Bydlinski*, Privatautonomie, 1967, S. 98; *Lambrecht*, Faktisches Vertragsverhältnis, 1994, S. 99 f.
[106] Näher unten § 16 C. II.
[107] Zutr. *Lambrecht*, Faktisches Vertragsverhältnis, 1994, S. 80 f.

Beispiel dafür sind die sogenannten Sprechakttheorien –,[108] sollte es hier gelingen, nicht nur auf die Entscheidungen und Verhaltensmuster anderer Personen abzustellen, sondern selbst konkrete Kriterien für das Vorliegen eines Vertrags und dessen Inhalt anzugeben.

3. Erklärungstheorie

Zumindest implizit drehten sich die bisherigen Ausführungen weitestgehend um den Willen der Vertragsparteien. Doch zeichnen sich besonders die Protestfälle dadurch aus, dass hier ein Selbstbindungswille offensichtlich fehlt. Insofern liegt es nahe, stattdessen die Erklärung selbst als maßgeblich anzusehen. Dabei erschwert es die Würdigung entsprechender Vorschläge, dass für die Relevanz des Erklärten sehr unterschiedliche Gründe angeführt werden.[109] Sieht man in der Erklärung lediglich ein Willensindiz, bleiben sämtliche Probleme der Willenstheorie. Das gilt nicht nur für die Protestfälle, bei denen der Nichtselbstbindungswille deutlicher nicht sein könnte. Auch für das sogenannte schlüssige Verhalten fehlen hier jegliche Kriterien, wann die tatsächliche Leistungsinanspruchnahme als Willenserklärung zu werten sein soll. Denn was wird schon „erklärt", wenn jemand in die Straßenbahn steigt?[110]

a) Vertrauenshaftung

Letztlich bleibt damit nur der Ausweg, die Perspektive vom Erklärenden auf eine andere Person zu verlagern. So mag man den Grund einer vertraglichen Bindung im Vertrauen der Gegenseite auf das objektiv Erklärte sehen. Doch obwohl etwa der Parkende im Hamburger Parkplatzfall seinen Nicht-Selbstbindungswillen beinahe herausschreit, wird der Vertrauensgedanke auch für die Fälle tatsächlicher Inanspruchnahme bemüht, sei es, dass vor Vertragsschluss ein dem zukünftigen Partner entgegengebrachtes Vertrauen bestehe, das durch die „tatsächliche Annahme" auf den konkreten Fall konzentriert werde,[111] sei es, dass der Unternehmer aufgrund des „notwendig vorgegebenen mechanischen Ablaufs der Versorgung" darauf vertraue, dass der Benutzer die Leistung bezahle,[112] oder aber das Vertrauen auf das „wirklich vorhandene Sein", nicht aber auf einen diesem Sein entgegengesetzten Schein, gestützt sei.[113] Doch erscheint es jedenfalls bei den Protestfällen eher abwegig, dass hier der Vertragspartner auf eine tatsächliche Zahlung oder einen Zahlungs-

---

[108] So die Tendenz beispielsweise der Sprechakttheorien, vgl. zu diesen oben § 10 A. II.
[109] Näher oben § 10.
[110] Allgemein zum Stellenwert der Erklärung oben § 10 B. II.
[111] *Merkel*, Faktische Vertragsverhältnisse, 1962, S. 58, 60, 63, 64 ff.
[112] *Hitzemann*, Stellvertretung beim sozialtypischen Verhalten, 1966, S. 38 ff.
[113] *Simitis*, Die faktischen Vertragsverhältnisse, 1957, S. 102. Näher zum Gedanken einer Trennung von Sein und Schein unten § 12 B. II. 4.

bzw. Bindungswillen vertrauen soll.[114] Und dass der Vertrauensgedanke auch jenseits einer ausdrücklichen Ablehnung wenig hilfreich ist, wurde bereits andernorts dargelegt.[115]

b) Verkehrsschutz

Dass der Erklärungsgegner jedenfalls in den Protestfällen keinen Anlass hat, von einem Bindungs- oder Zahlungswillen auszugehen, lädt zu einer Betrachtung ein, die sich nicht mehr auf die Vertragsparteien konzentriert, sondern ganz andere Personen oder stark abstrahierte Interessen einbezieht. Der Verkehrsschutz ist eine solche entindividualisierte Größe und wird deshalb auch für den Fall einer faktischen Inanspruchnahme von Leistungen bemüht.[116] Allerdings ist der Preis dieses Auswegs hoch. So ist es nicht leicht zu beantworten, wer oder was der Verkehr ist, was dieser wünscht, inwiefern der Verkehr überhaupt betroffen ist bzw. berechtigte Interessen anmelden kann oder wie man rein sprachlich von der Forderung nach Verkehrsschutz zu einem konkreten Vertragsinhalt gelangen soll. Auf die Interessen nicht einer Person, sondern eines anonymen Verkehrs zu verweisen, liefert keine praktisch verwertbaren Gesichtspunkte.

4. Widersprüchliches Verhalten

a) Grundidee

Erklärt der Parkende in Fall 189 unmissverständlich, einen Vertrag nicht abschließen zu wollen, fällt es selbst bei noch so großem argumentativen Aufwand schwer, diese Erklärung aus der Welt zu schaffen oder zu ignorieren. Möchte man hier dennoch zu einem Vertragsschluss kommen, ist daher die Versuchung groß, die gesuchte Willenserklärung in einem anderen Verhalten, namentlich der tatsächlichen Inanspruchnahme, aufzuspüren. Ist man so fündig geworden, muss man nur noch in einem zweiten Schritt den ausdrücklichen Protest als demgegenüber nachrangig, missachtenswert oder missbräuchlich abwerten – und schon ist man am Ziel. Dabei hilft es ungemein, wenn man sich hierzu auf einen großen Philosophen oder zumindest die Tradition berufen kann, ja womöglich sogar ein in Latein gefasstes Sprichwort. Der Ausspruch des *protestatio facto contraria*, der seinerseits dem *venire contra factum proprium* innewohnen soll, erfüllt diese Anforderungen vorzüglich.[117]

---

[114] Vgl. dazu nur *Wilburg*, AcP 163 (1964), 346, 369; *Canaris*, Vertrauenshaftung, 1971, S. 446; *Frotz*, Verkehrsschutz, 1972, S. 428 f.

[115] Oben § 11.

[116] So etwa *Raiser*, FS Deutscher Juristentag, Bd. 1, 1960, S. 101, 123 („… die Sicherheit und der glatte Ablauf des Rechtsverkehrs …").

[117] Siehe zu diesem Prinzip stellv. *Mayer-Maly*, FS Nipperdey, Bd. 1, 1965, S. 509, 523; *Singer*, Widersprüchliches Verhalten, 1993 und zu dessen Verbindung mit dem *venire contra*

So soll die ausdrückliche Verwahrung einem Vertragsschluss dort nicht entgegenstehen, wo die Leistung gleichzeitig tatsächlich in Anspruch genommen wird.[118] Wie für einen Widerspruch begriffsnotwendig stützt sich diese Ansicht auf die Vorstellung, wonach es in den Protestfällen nicht eine Erklärung bzw. einen Willen, sondern derer zwei gebe. Danach liegt im Befahren des Parkplatzes sehr wohl die Erklärung, einen Vertrag abschließen zu wollen, dieser Wille werde geradezu unzweideutig und durch klassisch-schlüssiges Verhalten erklärt.[119] Was den ausdrücklichen Protest anbelangt, so soll dieser entweder einfach zu ignorieren sein, weil das nun schon bestehende Rechtsgeschäft selbstverständlich nicht mehr hierdurch „aufgehoben" werden könne.[120] Für „irgendwelche ‚Erklärungen'" außerhalb der Inanspruchnahme der Leistung sei sinnvollerweise kein Raum.[121] Oder man nimmt den Protest zwar noch zur Kenntnis, weiß sich jedoch mit Prioritätsregeln zu helfen.[122] Nicht das Wort sei entscheidend, sondern die Tat.[123] Beim Gegensatz zwischen verbaler Nichtzustimmung und einem „tatsächlichen Verhalten" entscheide Letzteres.[124] Es gebe nur dieses *venire contra factum proprium*, kein *venire contra verbum proprium*.[125] Gegenüber anderen wirke nur das Verhalten, das abweichende Wort hörten nur wenige, zumal der Protest ohne Weiteres zurückgenommen werden könne.[126] Letztlich äußere der Parkplatzbenutzer nur eine bestimmte Rechtsauffassung, der Protest betreffe nicht den eigentlichen und unmittelbaren Inhalt seiner Erklärung.[127] Wer so handle, verwirke durch sein eigenes Verhalten die Geltendmachung einer anderen Auslegung.[128]

---

factum proprium etwa *Nikisch*, FS Dölle, 1963, S. 79, 88; *Enneccerus/Nipperdey*, Allgemeiner Teil, Hbd. 2, 15. Aufl. 1960, S. 1016 (§ 163 VII. 3. a)).

[118] Siehe dazu nur RG, Urt. v. 29.9.1925, RGZ 111, 310, 312 ; *Enneccerus/Nipperdey*, Allgemeiner Teil, Hbd. 2, 15. Aufl. 1960, S. 1016 (§ 163 VII. 3. a)); *Wieacker*, JZ 1957, 61; *Wieacker*, FS OLG Celle, 1961, S. 263, 269 (unter Hinweis auf Parallelen zur Geltung ungelesener AGB); *Nikisch*, FS Dölle, 1963, S. 79, 88.

[119] Stellv. *Spiess*, ZAkDR 1943, 170, 171; *Wieacker*, FS OLG Celle, 1961, S. 263, 273.

[120] *Flume*, Allgemeiner Teil, Bd. 2, 4. Aufl. 1992, S. 99 (§ 8 2).

[121] *Flume*, Allgemeiner Teil, Bd. 2, 4. Aufl. 1992, S. 100 (§ 8 2); *Flume*, FS Deutscher Juristentag, Bd. 1, 1960, S. 135, 188.

[122] *Weth*, JuS 1998, 795, 796 sieht demgegenüber zwar beide Möglichkeiten, eine Willenserklärung abzugeben, als gleichberechtigt an, um dann jedoch eine einheitliche, allerdings in sich widersprüchliche Willenserklärung zu konstatieren, was aber dann trotz dieser Widersprüchlichkeit dazu führen soll, dass allein das „konkludent Erklärte" gilt (vgl. dazu auch unten bei Fn. 130).

[123] *Siebert*, Faktische Vertragsverhältnisse, 1958, S. 96; *Küchenhoff*, RdA 1958, 121, 125 f.

[124] *Graue*, in: Jakobs (Hrsg.), Rechtsgeltung und Konsens, 1976, S. 105. Dabei ist allein bemerkenswert, wie hier der ausdrückliche, lautstarke Protest als „Nichtzustimmung" reformuliert und einem „tatsächlichen Verhalten" entgegengestellt wird.

[125] *Küchenhoff*, RdA 1958, 121, 126.

[126] *Küchenhoff*, RdA 1958, 121, 125 f.

[127] *Siebert*, Faktische Vertragsverhältnisse, 1958, S. 36.

[128] *Lehmann*, NJW 1958, 1, 5 m.w.N.

b) Eindeutigkeit

Zumindest bei unbefangener Betrachtung verwundert die These eines widersprüchlichen Verhaltens. Weiß doch jeder normale Mensch sofort, was in den Protestfällen gewollt ist. Der Parkende will parken, ohne zu zahlen. Der Dieb will stehlen, ohne zu zahlen. Der Schwarzfahrer will fahren, ohne zu zahlen. Das Problem ist hier keineswegs, ob die Handelnden Freibier möchten – genau das ist zweifellos so! Fraglich ist allein, ob sie dieses Freibier bekommen sollten. Doch überzeugt es nicht gerade, diese Zahlungspflicht dadurch zu konstruieren, dass man einen widersprüchlichen Willen unterstellt, wo er eindeutiger nicht sein könnte, nur weil sich dieser eindeutige Wille insbesondere nicht mit der Willenstheorie verträgt.[129] Nur am Rand sei darauf hingewiesen, dass es ungewöhnlich ist, aus einem vermeintlich widersprüchlichen Verhalten nicht etwa die Unwirksamkeit der Willenserklärung zu folgern (etwa unter dem Stichwort der Perplexität), sondern deren Gültigkeit im Sinne einer Unterwerfung unter den Vertrag.[130] Und ganz generell lässt sich fragen, ob sich selbst aus einem tatsächlichen Widerspruch – etwa bei zeitlich auseinanderliegenden Verhaltensweisen – rechtlich viel ableiten lässt. Schließlich sind wir in unserem Verhalten grundsätzlich frei, wir dürfen unsere Meinung wie unser Verhalten jederzeit ändern und haben sogar bisweilen das Recht, uns von einem bereits geschlossenen Vertrag zu lösen.[131] Was für all diese Rechtsfragen aus einem vermeintlichen Verbot widersprüchlichen Verhaltens dogmatisch ableitbar sein soll, müsste erst einmal dargelegt werden.

In einer Hinsicht erweist sich die Diskussion um ein vermeintlich widersprüchliches Verhalten des Protestierenden allerdings als dogmatisch aufschlussreich. So tritt hier deutlich die Frage hervor, worauf, das heißt auf welchen Ausschnitt eines Lebenssachverhalts, eigentlich abzustellen ist, wenn es um den Erklärungsinhalt geht. Gibt es hier zeitliche Grenzen, und wenn ja, welche? Berücksichtigen wir das Wort oder die Tat – oder beides? Können wir einzelne Ausschnitte isoliert betrachten, und wenn ja, nach welchen Maßstäben?

Eine überzeugende Antwort wird hier jedenfalls dann nicht gelingen, wenn man versucht, isoliert „die Erklärung" zu betrachten. Da die Erklärung vielmehr ein Kommunikationsinstrument ist, muss vielmehr beantwortet werden,

---

[129] Oder um mit *Larenz*, DRiZ 1958, 245, 247 zu sprechen: „Eine ‚Auslegung', die gerade den Teil des ‚Gesamtverhaltens', in dem sich der Wille am unzweideutigsten zu erkennen gibt, nämlich die von dem Handelnden selbst gegebene Deutung seines Verhaltens, bewusst ignoriert, ist keine Auslegung mehr, sondern eine Fiktion." Ablehnend etwa auch *Simitis*, Die faktischen Vertragsverhältnisse, 1957, S. 77 f.; *Wilburg*, AcP 163 (1964), 346, 370; *Bydlinski*, Privatautonomie, 1967, S. 96 ff.; *Gudian*, JZ 1967, 303, 306; *Teichmann*, FS Michaelis, 1972, S. 294, 301; *Köhler*, JZ 1981, 464, 465; *Lambrecht*, Faktisches Vertragsverhältnis, 1994, S. 101, 139.

[130] *Haupt*, Über faktische Vertragsverhältnisse, 1941, S. 24.

[131] Stellv. *Gudian*, JZ 1967, 303, 307; *Wilburg*, AcP 163 (1964), 346, 370 (dort Fn. 84).

was hier ausgedrückt werden soll, was erklärt wird, wem oder was diese Erklärung letztlich dient. Hat man das begründet, ergibt sich daraus auch die Antwort dafür, was für eine solche Erklärung – gegebenenfalls auch unter der Rubrik „schlüssigen" Handelns – zu berücksichtigen ist.[132]

Sieht man nun als Gegenstand der Erklärung den Willen an, sich vertraglich zu binden, so muss der zu würdigende Sachverhalt für eine Willenserklärung jedenfalls zu irgendeinem Zeitpunkt den Schluss zulassen, dass ein solcher Selbstbindungswille vorliegt. Warum dabei nur die tatsächliche Inanspruchnahme der Leistung, nicht aber der ausdrückliche Protest zu berücksichtigen sein soll, bleibt offen. Warum sollte nicht jede verfügbare Information genutzt werden, um möglichst verlässlich beurteilen zu können, ob ein solcher Selbstbindungswille vorliegt? Weil hierfür nicht einmal ansatzweise ein sachlicher Grund angeführt werden kann, kann auch von einem widersprüchlichen Verhalten keine Rede sein.

c) Mentalreservation

Lässt man einmal außer Acht, dass wohl niemand rechtlich gebunden sein möchte,[133] mag man die Mentalreservation insofern als ein widersprüchliches Verhalten einordnen, als hier etwas anderes erklärt als tatsächlich gewollt wird. Dementsprechend soll nicht nur bei heimlicher Inanspruchnahme einer Leistung,[134] sondern getreu dem Rechtsgedanken der Mentalreservation gar bei ausdrücklichem Protest[135] eine Willenserklärung anzunehmen sein. Doch abgesehen davon, dass beispielsweise das deutsche Recht die erkannte Mentalreservation nach § 116 S. 2 BGB für beachtlich erklärt,[136] macht zumindest der Protestierende aus seiner Seele sicher keine Mördergrube. Was auch immer der eigentliche Grund für die Unbeachtlichkeit der Mentalreservation sein mag[137] – die offene Verweigerung eines Vertragsschlusses fällt hierunter nicht. Anders formuliert muss erst einmal ein bestimmter Erklärungsinhalt ermittelt werden, bevor dann gegebenenfalls von einer Mentalreservation die Rede sein kann.

---

[132] Näher oben § 10 B. I. Allerdings sollte die Komplexität des Themas „Vertragsschluss" nicht unterschätzt werden, siehe dazu unten § 18 C. I.

[133] Näher unten § 17 F. I.

[134] Stellv. *Esser/Schmidt*, Schuldrecht, Bd. 1, 7. Aufl., S. 158 (§ 10 I. 2.); *Lambrecht*, Faktisches Vertragsverhältnis, 1994, S. 22 f. m.w.N.

[135] Stellv. *Wieacker*, FS OLG Celle, 1961, S. 263, 269; *Wieacker*, JZ 1957, 61; *Flume*, AcP 161 (1962), 52, 61 („Denn die protestatio facto contraria und die Mentalreservation stehen sich gleich.").

[136] Zutr. *Köhler*, JZ 1981, 464, 466. Näher zur erkannten Mentalreservation unten § 17 F. III. 2.

[137] Näher dazu unten § 17 F. III.

5. Entbehrlichkeit des Zugangs

Möchte man trotz einer fehlenden ausdrücklichen Zustimmung oder gar trotz einer expliziten Verwahrung einen Vertragsschluss annehmen, bietet es sich nicht nur an, wie beim vermeintlich widersprüchlichen Verhalten einfach eine andere, den gesuchten Vertrag bestätigende Erklärung zu „finden". Genauso kann man darauf verweisen, dass ein Zugang der Willenserklärung in vielen Situationen – etwa wegen der Massenhaftigkeit eines Leistungsverhältnisses – entbehrlich sei.[138] Doch solange das nur den Zugang betrifft, es also nach wie vor um die Erklärung eines Willens gehen soll, ist es – ganz unabhängig von einer nicht rein arbiträr-ergebnisorientierten Unterstellung eines solchen Verzichts – nicht ersichtlich, was damit gewonnen wäre. Denn es bleibt nach wie vor offen, warum für die Auslegung nicht der gesamte Sachverhalt einschließlich eines Protests berücksichtigt wird. Wenn wir aufgrund der Verwahrung wissen, dass der Parkende nicht zahlen wollte, warum sollten wir dieses Wissen ignorieren? Immerhin soll etwa auch § 151 BGB keineswegs die Erklärung entbehrlich machen,[139] zumal es dort wegen des unnötigen Zugangs nicht auf den objektiven Erklärungsinhalt, sondern den wahren Willen ankommt.[140]

III. Zurechenbarkeit

Wann immer eine Partei für jedermann verständlich verkündet, nicht vertraglich gebunden sein zu wollen, fällt es offensichtlich schwer, die vertragliche Bindung auf einen Selbstbindungswillen zu stützen.[141] Möchte man hierauf reagieren und dabei dennoch möglichst nah etwa an der Willenstheorie bleiben, liegt es nahe, die Anforderungen an eine Willenserklärung insofern herabzusetzen, als nicht mehr ein Wille als vielmehr lediglich ein wissentliches Handeln (Einwilligung) verlangt wird. Geht man noch einen Schritt weiter, mag man statt der Kenntnis eine bloße Zurechenbarkeit genügen lassen.

Dass die protestierende oder auch nur schweigende Partei in den hier diskutierten Fällen dergestalt „frei" handelt, dass ihr zumindest rein äußerlich andere Handlungsoptionen offen stehen, ist in der Tat eine oft zutreffende und wichtige Beobachtung. Damit greift hier auch der Subsidiaritätsgrundsatz[142] und lässt sich insofern ausführen, dass der Vertrag seine Grundlage im eigenen

---

[138] Siehe unter Berufung auf § 151 BGB etwa *Siebert*, Faktische Vertragsverhältnisse, 1958, S. 25; *Flume*, AcP 161 (1962), 52, 61 oder *Lambrecht*, Faktisches Vertragsverhältnis, 1994, S. 95, 144.
[139] *Larenz*, NJW 1956, 1897, 1897.
[140] *Lobinger*, Verpflichtung, 1999, S. 71 f. (dort in Fn. 78).
[141] Näher oben § 12 A. I.
[142] Näher unten § 12 C. II. 1.

Verhalten der Partner findet,[143] die nicht gezwungen werden, sondern „privatautonom" handeln.[144] Denn regelmäßig besteht hier die Möglichkeit, einen Vertragsschluss zu unterlassen (Abschlussfreiheit).[145] Und dass sich eine Partei in ihrer inhaltlichen Gestaltungsfreiheit beschränkt sieht, ist völlig normal[146] und beispielsweise für Allgemeine Geschäftsbedingungen geradezu konstitutiv.[147]

1. Wissen

Dementsprechend betonen viele – sachlich zutreffend –, dass die Partei in den hier interessierenden Fällen regelmäßig wissentlich handelt.[148] Doch auch die wissentliche Inkaufnahme einer bestimmten Tatsache – hier der Vertragsbindung – erklärt nicht, warum wir überhaupt eine solche Bindung annehmen sollten und diese dem Wissenden gegenüber zumutbar ist.[149] Deshalb finden sich hier zahlreiche Argumente, die letztlich darauf hinauslaufen, aus einem Wissen doch wieder ein Wollen zu machen. Eine erste Variante davon ist der Hinweis, dass man schließlich wisse, dass das eigene Verhalten als Wollen gewertet werde bzw. werden dürfe.[150] Jeder wisse, dass wer Leistungen in Anspruch nehme, diese auch zahlen müsse und seine Willenserklärung diese Bereitschaft kundtue.[151] Es genüge der Ausdruck des Habenwollens, wenn jedermann wisse, dass die betreffende Sache oder Leistung nur gegen Geld zu bekommen sei.[152] Das Bewusstsein des Handelnden, dass aus seinem Verhalten auf einen Geschäftswillen geschlossen werden könne, rechtfertige es, diese Fälle als Willenserklärung zu behandeln.[153] Oder: Wer die Straßenbahn benutze, sei sich bewusst, dass sein Verhalten dahingehend gedeutet werden müsse,

---

[143] *Haupt*, Über faktische Vertragsverhältnisse, 1941, S. 33.
[144] *Larenz*, NJW 1956, 1897, 1899; *Lehmann*, NJW 1958, 1, 4; *Raiser*, FS Deutscher Juristentag, Bd. 1, 1960, S. 101, 124. Vgl. aber zu solchen Begriffen wie Freiwilligkeit oder Autonomie oben § 4 B. I.
[145] *Küchenhoff*, RdA 1958, 121, 123; *Lehmann*, NJW 1958, 1, 4; *Raiser*, FS Deutscher Juristentag, Bd. 1, 1960, S. 101, 124, 126; *Gudian*, JZ 1967, 303, 304; *Weth*, JuS 1998, 795, 796.
[146] *Siebert*, Faktische Vertragsverhältnisse, 1958, S. 21; *Flume*, FS Deutscher Juristentag, Bd. 1, 1960, S. 135, 184.
[147] Näher unten § 14 A. IV.
[148] *Wieacker*, JZ 1957, 61; *Flume*, FS Deutscher Juristentag, Bd. 1, 1960, S. 135, 184, 188; *Flume*, AcP 161 (1962), 52, 61; *Flume*, Allgemeiner Teil, Bd. 2, 4. Aufl. 1992, S. 98 („Mehr ist zum Abschluss eines Vertrages nicht erforderlich"); *Enneccerus/Nipperdey*, Allgemeiner Teil, Hbd. 2, 15. Aufl. 1960, S. 1016 (§ 163 VII. 3. a)).
[149] Näher oben § 9 C. II. 2.
[150] *Wieacker*, JZ 1957, 61. Die Normativierung („dürfen") hilft dabei auch nicht weiter, vgl. dazu nur sinngemäß oben § 9 C. V. 2. e); § 11 F. I.; passim.
[151] *Kellmann*, NJW 1971, 265, 268.
[152] *Gudian*, JZ 1967, 303, 304.
[153] *Hübner*, FS Nipperdey, Bd. 1, 1965, S. 373, 377 m.w.N.

dass er zu den tarifmäßigen Bedingungen befördert werden will.[154] Doch lassen derartige Argumente die entscheidende Frage unbeantwortet, warum wir ein wissentliches Handeln als Wollen uminterpretieren sollten, ja was diese Operation überhaupt soll – schließlich könnte man dann einfach direkt einen Vertrag annehmen und sich jede dogmatische Anstrengung ersparen. Gleiches gilt für Formulierungen, wonach sich der Wissende sogar trotz eines Widerspruchs der Preisfestsetzung unterwerfe[155] bzw. ohne ausdrücklichen Protest stillschweigend akzeptiere, dass eine Gegenleistung von ihm verlangt wird.[156] Gegenüber juristisch derart feinsinnigen Formulierungen erscheint es demgegenüber fast schon grob, wenn für den Fall der Kenntnis einfach auf Treu und Glauben verwiesen wird.[157] Andere wiederum stellen auf den Geschäftserfolg und damit wohl den jeweils verfolgten Zweck ab: Wer sich der Folgen seines Handelns bewusst sei, habe in der Regel den Willen, einen bestimmten Geschäftserfolg herbeizuführen.[158] Doch ist es nun einmal viel attraktiver, weil insbesondere kostengünstiger, seine Zwecke ohne vertragliche Bindung und damit auch ohne Zahlungspflicht zu verwirklichen. Im Ergebnis bleibt festzuhalten, dass wo ein Wollen fehlt, sich dieses nicht durch noch so kunstvolle Argumentationen herbeizaubern lässt. Nicht jeder, der weiß, will. Wissentliches Handeln allein reicht hingegen nicht aus, um eine vertragliche Bindung zu begründen.[159]

2. Fahrlässigkeit, Verantwortung

Manche Autoren verlangen nicht einmal mehr ein wissentliches, sondern nur ein sonst zurechenbares Verhalten: Wer sich in Gefahr begebe, komme darin um.[160] Der auf dem Flugplatz landende Pilot müsse für sein privatrechtliches Handeln ebenso wie für öffentlich-rechtliches und deliktisches Handeln einstehen.[161] Ähnlich heißt es, niemand könne den rechtlichen Konsequenzen seines Handelns ausweichen,[162] während andere den Gedanken des Einstehenmüssens für das Setzen einer Rollenerwartung bemühen.[163] Diese Sicht überrascht gerade bei jenen Autoren nicht, die wie *Larenz* generell – etwa unter dem Stichwort der Geltungserklärung – auf kognitiv-voluntative Elemente verzichten wollen und stattdessen auf Pflichtwidrigkeit, Fahrlässigkeit oder Zurechenbarkeit einer Erklärung abstellen. Was die Würdigung solcher An-

---

[154] *Lehmann*, NJW 1958, 1, 4.
[155] RG, Urt. v. 29.9.1925, RGZ 111, 310, 312.
[156] *Larenz*, NJW 1956, 1897, 536.
[157] *Weth*, JuS 1998, 795, 797.
[158] *Siebert*, Faktische Vertragsverhältnisse, 1958, S. 24.
[159] Näher oben § 9 C. II. 2.
[160] *Spiess*, ZAkDR 1943, 170, 171.
[161] *Spiess*, ZAkDR 1942, 340, 343.
[162] Stellv. *Larenz*, NJW 1956, 1897, 1899, vgl. dazu eingehend oben § 10 C. IV.
[163] *Kramer*, Grundfragen, 1972, S. 158.

sätze anbelangt, kann auf die früheren Ausführungen verwiesen werden.[164] Unabhängig von der Gefahr, hier vorschnell auf jene Liberalität zu verzichten, welche etwa die Willenstheorie so auszeichnet, ist es bereits sprachlich nicht erkennbar, wie sich aus solchen Begriffen konkrete Handlungsempfehlungen ableiten lassen. Es wird nicht für andere überprüfbar beschrieben, was genau eine Willenserklärung voraussetzt.[165] Schließlich erklären Zurechenbarkeitsgesichtspunkte genauso wenig wie die zuvor diskutierte Einwilligung, warum jemand überhaupt gebunden sein sollte – ganz unabhängig davon, ob eine solche Bindung zurechenbar ist oder nicht.[166]

IV. Gesetzliche Schuldverhältnisse

Die Schwierigkeiten, das Phänomen faktischer Verträge bzw. sozialtypischen Verhaltens über klassisch-vertragsrechtliche Denkfiguren zu bewältigen, legt die Suche nach Alternativen außerhalb vertraglicher Gefilde nahe. Konkret betrifft das vor allem die Geschäftsführung ohne Auftrag,[167] das Delikts- sowie das Bereicherungsrecht und damit Institute, die – dogmatisch wenig hilfreich – oft als gesetzliche Schuldverhältnisse bezeichnet werden.[168] Dabei geht es hier noch nicht um eine stimmige Einordnung dieser Rechtsinstitute aus der Perspektive des Rechtfertigungsprinzips[169] oder eine umfassende Würdigung traditioneller Erklärungsansätze dazu. Vielmehr illustrieren gerade die Versuche, von vertraglichen Begründungsmustern loszukommen, wie sehr uns dieses „Vertragsdenken" sachgerecht erscheint.

1. Deliktsrecht

Das Deliktsrecht zeichnet sich nicht zuletzt dadurch aus, dass es uns selbst dann zur Kasse bittet, wenn wir eine Zahlung nicht wollten. Allerdings verlangt es dafür einen Schaden – und hier beginnt das Problem. Denn solange der Parkplatz und die Straßenbahn nicht überfüllt sind (Fälle 189 und 190)

---

[164] Näher oben ab § 10 C. IV. 2.
[165] Genauso wenig, wie sich damit ein Vertragsinhalt bestimmen lässt, vgl. oben § 10 C. IV. 2. Insofern zutreffend auch *Simitis*, Die faktischen Vertragsverhältnisse, 1957, S. 102: „... mit der Kategorie der Zurechenbarkeit zu operieren, ... bedeutet lediglich das Problem sehen und stellen."
[166] Näher oben § 10 C. IV. 2.
[167] In diesem Sinne argumentieren etwa *Dorn*, NJW 1964, 799, 803; *Wilburg*, AcP 163 (1964), 346; *Krumm*, Inanspruchnahme, 1993, S. 59 sowie – zurückhaltend – *Hanau*, AcP 165 (1965), 220, 283 f. Siehe dazu nur etwa *Lobinger*, Verpflichtung, 1999, S. 361 f. m.w.N.
[168] So mag man schon fragen, was am Vertragsrecht weniger gesetzlich sein soll. Die Anzahl der einschlägigen Normen ist bestimmt nicht geringer, privates Handeln spielt auch bei Delikt, Bereicherung und Geschäftsführung ohne Auftrag eine zentrale Rolle, zumal sich wichtige Teile genauso mit dem Rechtfertigungsprinzip erfassen lassen, vgl. näher unten ab § 18 C.
[169] Dazu ganz kurz wiederum unten § 18.

oder die Schutzfolie wieder leicht auf die CD aufgetragen werden kann (Fall 194), fehlt es jedenfalls dann am Schaden des jeweiligen Anbieters, wenn der Delinquent glaubhaft versichern kann, dass er nie bereit gewesen wäre, einen entsprechenden Vertrag zu schließen.[170]

Natürlich kann man auch hier das uns mittlerweile hinlänglich bekannte und äußerst vielfältige Instrumentarium juristischer Kunstgriffe bemühen, um selbst dort einen Schaden zu finden, wo der Schaden fehlt – sei es über eine objektive Schadensberechnung[171] oder den Hinweis auf die freie richterliche Beweiswürdigung.[172] Auf diesem Weg mag man dann zur Fortbildung des Schadensrechts in Anlehnung an die GEMA-Rechtsprechung und sogar zu einem erhöhten Beförderungsentgelt gelangen.[173] Genauso hat man dann auch eine Grundlage gefunden, um selbst Minderjährige haftbar zu machen[174] und dem Zahlenden gleichzeitig Irrtumsanfechtung und Gewährleistungsansprüche abzusprechen. Dass dies jedenfalls dort verwundert, wo man es gleichzeitig als für eine liberale Rechtsordnung unerlässlich ansieht, jedenfalls bei Protest die negative Vertragsfreiheit zu bewahren, wird gleich noch auszuführen sein.[175] Dabei geht es nicht einmal um die Frage, ob hier nicht mit dem Vertrags- und Deliktsrecht zwei grundlegend verschiedene, nämlich mal vermögensbewahrende und mal vermögensaufstockende Rechtsbereiche vermengt werden.[176] Doch müsste erst einmal erläutert werden, wie der Gedanke eines Schadensersatzes ohne Schaden in Höhe genau des bei einem Vertragsschluss geforderten Preises selbst bei ausdrücklicher Verwahrung gegen genau diesen Vertragsschluss in das rechtliche Gesamtsystem einzuordnen ist. Sollten wir vielleicht generell auf einen tatsächlichen Schaden verzichten, und falls ja, was sollte dann der Maßstab sein?

---

[170] Insofern betont BGH, Urt. v. 14.7.1956, BGHZ 21, 319, 335 richtig, dass die Klägerin beweisen müsste, dass sie genötigt gewesen sei, andere zahlungswillige Kraftfahrer zurückzuweisen. Vgl. etwa auch *Lobinger*, Verpflichtung, 1999, S. 302.

[171] Stellv. *Wieacker*, FS OLG Celle, 1961, S. 263, 267f. unter Verweis auf die „... anerkannten Prinzipien der Schadensberechnung nach dem objektiven Wert des entzogenen Gegenstandes."

[172] Vgl. *Lambrecht*, Faktisches Vertragsverhältnis, 1994, S. 104 unter Hinweis auf § 287 ZPO.

[173] So *Köhler*, JZ 1981, 464, 468. Näher dazu aus Sicht des Rechtfertigungsprinzips unten § 12 C. II. 4.

[174] Gegen diese Aushebelung des Minderjährigenschutzes über das Deliktsrecht etwa *Harder*, NJW 1990, 857, 862. Näher zur Minderjährigkeit unten § 12 C. V. sowie übergreifend unten § 17 E.

[175] Unten § 12 A. V. 2. Vgl. dazu auch unten § 12 C. I. 3.

[176] Nichtsdestotrotz instruktiv hierzu etwa *Lobinger*, Verpflichtung, 1999, S. 302 ff., 312, 319 m.w.N. Vgl. aber zum Verhältnis von Vertrag und Delikt nur oben § 6 C. IV. 1.; § 6 D. II.; § 8 C.; § 7 B. V. 2. a) sowie unten § 18 D. I.

2. Bereicherungsrecht

Fährt der Parkende auf den Parkplatz oder steigt ein Schwarzfahrer in den Zug, wird das regelmäßig deshalb geschehen, weil das für diese Personen in irgendeiner Form einen Vorteil verspricht, also zur persönlichen Zielverwirklichung beiträgt. Angesichts dieser Bereicherung liegt es nahe, diese auch zur Grundlage beispielsweise eines Zahlungsanspruchs zu machen.[177] Doch kalkuliert nun einmal derjenige, der eine Leistung in Anspruch nimmt, ohne für diese zahlen zu wollen, deutlich anders als eine normale Vertragspartei. Insbesondere lässt sich selbst bei typisierender Betrachtung nicht unterstellen, dass eine Bereicherung in Höhe des für Verträge verlangten Entgelts erfolgt.[178] Sofern der Parkende nicht zahlen muss, lohnt sich dieser Vorgang für ihn selbst dann, wenn er sich nur so wie in Fall 189 die marginale Mühe erspart, eine Straße weiter zu parken. Dass die Bereicherung genau dem bei Vertragsschluss geforderten Entgelt entspricht, wird also eher selten zutreffen.[179] Über das Bereicherungsrecht mag sich also zwar ein gewisser Anspruch ergeben, doch hängt dieser von dem genauen Ausmaß der Bereicherung ab – genauso wie ein Anspruch auf Schadensersatz von einem Schaden.

Auch hier fehlt es nicht an Versuchen, dieser schlichten Subsumtion doch noch irgendwie zu entgehen. So seien beispielsweise alle Gebrauchsvorteile schlechthin als Bereicherung zu werten,[180] sei eine ähnliche Angemessenheitsprüfung wie bei der Sittenwidrigkeit von Rechtsgeschäften vorzunehmen,[181] das Bereicherungsrecht diesbezüglich zu korrigieren,[182] die Bereicherung aus dem Zusammenspiel diverser Elemente zu entnehmen[183] oder eine freie Beweiswürdigung vorzunehmen.[184] Doch können all diese Bemühungen nichts

---

[177] In diesem Sinn etwa *Lehmann*, NJW 1958, 1, 2; *Siebert*, Faktische Vertragsverhältnisse, 1958, S. 37; *Wieacker*, FS OLG Celle, 1961, S. 263, 273; *Bydlinski*, Privatautonomie, 1967, S. 99 ff.; *Gudian*, JZ 1967, 303, 307; *Kellmann*, NJW 1971, 265, 268; *Beuthien*, JZ 1973, 219, 220; *Köhler*, JZ 1981, 464, 464 f.; *Lambrecht*, Faktisches Vertragsverhältnis, 1994, S. 105; *Esser/Schmidt*, Schuldrecht, Bd. 1, 7. Aufl., S. 158 (§ 10 I. 2.).

[178] Ohnehin wäre dann noch zu beantworten, warum man nicht – sofern bekannt und etwa gerichtlich zugestanden – den ganz konkreten Sachverhalt bewerten sollte.

[179] *Tasche*, SchmollersJb 54 (1943), 101, 126; BGH, Urt. v. 14.7.1956, BGHZ 21, 319, 335 f.; *Dorn*, NJW 1964, 799, 803; *Lobinger*, Verpflichtung, 1999, S. 302, 309 f., 312, der anschaulich ausführt, dass das Erlangte für den Schuldner „... nicht anders als das Bad im vermeintlich geschenkten Champagner reiner ‚Luxus' ..." war.

[180] *Wieacker*, FS OLG Celle, 1961, S. 263, 268.

[181] So *Köhler*, JZ 1981, 464, 469 (speziell zu §§ 818 Abs. 2, 138 BGB).

[182] *Gudian*, JZ 1967, 303, 307 mit dem Argument, dass dies einen sehr viel geringeren Eingriff in das überkommene Rechtssystem darstelle als die Schaffung eines völlig neuen Verpflichtungsgrunds. Zu Recht kritisch gegenüber derartigen Fortbildungsbemühungen auch *Lobinger*, Verpflichtung, 1999, S. 303.

[183] So *Wilburg*, AcP 163 (1964), 346, 370 f. unter Hinweis auf die Elemente der Wissentlichkeit, der interessengemäßen Verwendung, der Risikoabsicht und der Veranlassung, vgl. dazu auch unten § 12 B. V. 4. (bei Fn. 255 f.) sowie § 19 F. III.

[184] *Lambrecht*, Faktisches Vertragsverhältnis, 1994, S. 108.

daran ändern, dass wo es an einer tatsächlichen Bereicherung fehlt, ein möglicherweise dem Bereicherungsrecht zu Grunde liegender, dieses Rechtsgebiet vom Vertrags- oder Deliktsrecht unterscheidender Gedanke nicht mehr greift. Soll nicht diese tatsächliche Bereicherung, sondern ein über erhoffte Vertragsschlüsse angestrebtes Entgelt durchgesetzt werden, tut man gut daran, dieses Anliegen als das auszugeben, was es ist – nämlich ein vertragsrechtliches.[185]

Versäumt man das, gerät man zudem unweigerlich in Widersprüche. So wird man einmal mehr diejenigen Wertungen übersehen, die das Vertragsrecht zum Schutz beider Parteien beispielsweise in Form von negativer Vertragsfreiheit, Irrtumsregeln, Gewährleistungsrechten oder Minderjährigenschutz vorsieht.[186] Besonders deutlich wird das dort, wo die betroffene Person nicht bös-, sondern gutgläubig handelt, also die Leistung rein irrtümlich in Anspruch nimmt. Warum hier der Vermögenswert der erlangten Leistung auf einmal doch wieder subjektiv zu bestimmen sein soll,[187] ist aus bereicherungsrechtlicher Perspektive nicht zu verstehen.[188] Genauso wenig hilft es beim Versuch, die beim faktischen Vertrag einschlägigen Wertungsgesichtspunkte aufzudecken, wenn man das Bereicherungsrecht mit deliktsrechtlichen Wertungen vermischt. Und doch ist hier oft der Wunsch nach Genugtuung für einen vorsätzlichen und widerrechtlichen Eingriff erkennbar.[189] Abschließend sei noch angemerkt, dass sich das Bereicherungsrecht ohnehin nicht gerade dazu aufdrängt, um losgelöst von den Kerngedanken etwa des Vertrags-, Sachen- oder Deliktsrechts eigenständige Wertungsgesichtspunkte zu liefern, die man nur noch zu subsumieren habe. Was eine Bereicherung ist und wann wir diese als grundlos, rechtswidrig oder ungerechtfertigt bezeichnen, müsste erst einmal autonom begründet werden. Dementsprechend bemerkt etwa *Tasche* durchaus treffend, dass die hier interessierenden Fälle auf bereicherungsrechtlicher Grundlage zu lösen eben auch heißt, „... für jeden einzelnen Fall Leistung und Gegenleistung ein[zu]schätzen und damit zur Entscheidung des einzelnen Falles eine Arbeit [zu] leisten, die bei vertraglicher Erledigung die besten Sachkenner in einer allgemeingültigen Weise bereits geleistet haben."[190]

---

[185] Zutr. *Roth*, FS Küchenhoff, Hbd. 1, 1972, S. 371, 381, 383, 388.
[186] Vgl. dazu etwa *Hanau*, AcP 165 (1965), 220, 273.
[187] So *Gudian*, JZ 1967, 303, 308.
[188] Zu Recht kritisch *Lobinger*, Verpflichtung, 1999, S. 312 Fn. 54, vgl. auch *Lambrecht*, Faktisches Vertragsverhältnis, 1994, S. 108.
[189] Siehe dazu zutr. *Roth*, FS Küchenhoff, Hbd. 1, 1972, S. 371, 385; *Lobinger*, Verpflichtung, 1999, S. 309 f. Soweit speziell für das deutsche Recht insbesondere auf §§ 819 Abs. 1, 818 Abs. 4 BGB verwiesen wird (vgl. etwa *Wieacker*, FS OLG Celle, 1961, S. 263, 273; *Köhler*, JZ 1981, 464, 467; *Kellmann*, NJW 1971, 265, 268), so gibt auch § 819 BGB nicht ein hypothetisches Entgelt ohne Vermögensmehrung und ohne Schädigung (vgl. dazu *Roth*, FS Küchenhoff, Hbd. 1, 1972, S. 371, 380 ff.), zumal diese Vorschriften allein auf einen Schadensersatzanspruch verweisen (über §§ 292, 989, 990, 249 ff. BGB, vgl. dazu *Lobinger*, Verpflichtung, 1999), S. 313 ff.
[190] *Tasche*, SchmollersJb 54 (1943), 101, 126. *Köhler*, JZ 1981, 464, 469 weist auf den

V. Sonstiges

Eine Überschrift mit „Sonstiges" zu titulieren, zeugt weder von stilistischer Eleganz noch ist sie ein vielversprechendes Indiz dafür, dass der Verfasser die entscheidenden Gesichtspunkte klar herausgearbeitet hat. Doch bietet die Diskussion um den faktischen Vertrag nun einmal gerade angesichts der sich hier ergebenden Begründungsschwierigkeiten eine große Vielfalt teilweise sehr origineller Begründungen, die sich nicht immer einigen wenigen übergreifenden Gesichtspunkten zuordnen lassen. Diese zu ignorieren, täte nicht nur den jeweiligen Vertretern Unrecht, vielmehr sind diese Ausführungen auch methodisch lehrreich – im Guten wie im Schlechten.

1. Soziale Realitäten

a) Kollektive Dimensionen

Gerade in der Diskussion um den faktischen Vertrag findet sich oft in teilweise sehr unterschiedlicher Ausprägung der Hinweis, dass gewisse soziale Realitäten stärker zu berücksichtigen seien. Oft wird dabei vor allem die Willenstheorie angegriffen. Soweit damit lediglich gemeint ist, dass die Wirklichkeit dem vermeintlich einschlägigen Tatbestand auch tatsächlich entsprechen sollte,[191] ist dem uneingeschränkt zuzustimmen.[192] Fiktionen führen nicht weiter, vielmehr benötigen wir erstens einen überprüfbaren Tatbestand, und muss zweitens die Subsumtion dann auch geeignet sein, das geltende Recht abzubilden. Mehr vage Andeutungen als ausgearbeitete Konzepte[193] sind wiederum solche, teilweise sehr früh getätigte und bisweilen an das Verschulden bei Vertragsverhandlungen[194] erinnernde Äußerungen, wonach soziale Beziehungen,[195] soziale Zusammenhänge[196] oder ein Verhalten innerhalb der Sozialsphäre[197] zu Ansprüchen führen können.[198]

Oft dient eine stärkere Annäherung an den „Sinn der Lebensvorgänge" dazu, von der individuellen Gestaltung des Vertrags durch den Parteiwillen

---

Vorteil einer Verwahrung hin, dass der Unternehmer hier selbst klagen und die Beweislast für die Angemessenheit seines Vergütungsanspruchs tragen muss. Die Frage ist allerdings, ob diese Konsequenz auch sinnvoll ist, wenn der Kunde vollinformiert und ungezwungen (näher zu diesen Voraussetzungen unten § 12 C. II.) auf den Parkplatz fährt oder in den Zug einsteigt.

[191] In diesem Sinn *Esser*, SchmollersJb 66 (1942), 230, 234, vgl. auch oben § 12 A. IV.; passim etwa auch zu *Haupt*.
[192] Näher oben § 9 C. V. 2. b).; § 12 A. IV.
[193] Insofern zu Recht kritisch etwa *Kämmerer*, Postarchiv 71 (1943), 397, 413.
[194] Näher dazu unten § 18 C. II.
[195] *Mayer-Maly*, FS Nipperdey, Bd. 1, 1965, S. 509, 520 Fn. 50 m.w.N.
[196] *Mayer-Maly*, FS Nipperdey, Bd. 1, 1965, S. 509, 520 m.w.N.
[197] *Simitis*, Die faktischen Vertragsverhältnisse, 1957, S. 95.
[198] Zu ähnlichen Argumentationen siehe auch oben § 10 A. III.

abzurücken.¹⁹⁹ So ist die Rede etwa von einer fortschreitenden Zurückdrängung der Individualsphäre zu Gunsten der Sozialsphäre, der sozialen Gebundenheit individueller Betätigung oder der Befriedigung der Versorgungsbedürftigkeit einer Gesellschaft als Aufgabe überindividuellen Charakters.²⁰⁰ Es sind gerade solche Stimmen, die nicht ganz zu Unrecht einige Irritation über die Diskussion um den faktischen Vertrag hervorgerufen haben.²⁰¹ Dogmatisch – von persönlichen politischen Überzeugungen sei wie immer abgesehen – ist hier schon deshalb Skepsis geboten, weil unser Vertragsrecht stark individualistisch ausgeprägt ist (und immer war) und den Vorstellungen der Parteien einen großen Stellenwert einräumt.²⁰² Das Problem faktischer Verträge liegt nicht in einer gegenüber „normalen" Verträgen weniger parteinahen Grundstruktur als vielmehr darin, dass nicht nur Willens- und Erklärungstheorie daran scheitern, dieses Phänomen zu erklären.

Bisweilen soll der Begriff des Sozialen²⁰³ auch an den im Zivilrecht vieldiskutierten Schutz von Schwachen (etwa den Verbrauchern) anknüpfen, der sich in zahlreichen Ausdrucksweisen und Argumentationsmustern wiederfindet – etwa der Diskussion um die Bewältigung struktureller Ungleichgewichte oder der Gegenüberstellung formaler und materieller Freiheiten.²⁰⁴ Da jedoch bei den hier diskutierten Konstellationen eher die „starke" Partei in Form des jeweiligen Anbieters von der Unterstellung eines Vertrags profitiert, ist von vornherein nicht ersichtlich, was hier dogmatisch zu gewinnen sein soll.

Eine deutlich stärker normative Färbung gewinnt der Hinweis auf soziale Faktizitäten dort, wo es „im Bereich des ‚normativen' Konsenses" trotz ausdrücklich entgegenstehender Bekundung nicht mehr auf den real-individuellen Willen ankommen soll, weil einem „sozial völlig abnormen Verhalten" im Rechtsverkehr keine Relevanz zukomme. Vielmehr müsse der Rechtsverkehr darauf vertrauen können, dass der Sozialpartner „sozial sinnvoll" handle. Erst die dem Vertragsrecht vorgegebenen sozialen Verhaltensschemata machten eine sinnvolle soziale Integration überhaupt möglich.²⁰⁵ Dabei werden auch soziologische Begründungsmuster wie das Setzen einer Rollenerwartung her-

---

¹⁹⁹ *Wieacker*, ZAkDR 1943, 33.
²⁰⁰ So insbesondere *Simitis*, Die faktischen Vertragsverhältnisse, 1957, S. 85 f., 525 f., passim.
²⁰¹ Näher oben § 12 A. V. 2.
²⁰² Näher zum liberal-individualistischen Charakter unseres Vertragsrechts unten § 19 B.
²⁰³ Näher zu dessen vertragsrechtlicher Relevanz unten § 19 C.
²⁰⁴ Näher unten ab § 19 C. Zu Zwang, Drohung und Ausbeutung siehe oben § 3 sowie etwa zur Irrationalität unten § 17 E.
²⁰⁵ So jedenfalls *Kramer*, Grundfragen, 1972, S. 158 f., wenn auch wohl ein wenig dem Zeitgeist geschuldet und heutzutage anders, vgl. nur *Kramer*, MüKo-BGB, 5. Aufl. 2006, Vorbem. §§ 116 ff. BGB.

angezogen.[206] Endgültig ins Philosophische – nicht nur *Hegel* lässt hier grüßen – gehen schließlich solche Stimmen, wonach das Leben selbst zuordne.[207] Wie genau damit dogmatisch zu arbeiten sein soll, bleibt allerdings offen. Bisher ist es jedenfalls nicht gelungen, aus derartigen Thesen etwas Praktikables zu extrahieren.

b) Besonderheiten der Daseinsvorsorge

Eine recht konkrete Ausprägung findet die Forderung nach einer Berücksichtigung sozialer Realitäten dort, wo die Vertragsbindung bei faktischer Inanspruchnahme von Leistungen auf die Besonderheiten der Daseins- bzw. Massenvorsorge gestützt wird.[208] Bei Leistungen an die Allgemeinheit träten an die Stelle privatautonomer Gestaltungen massenförmige Rechtsbeziehungen, deren kollektive Struktur, Anonymität, Lebensnotwendigkeit, routinemäßige Abwicklung oder Nicht-Individualisierbarkeit mit dem Vertragsbegriff nur schwer vereinbar seien. Hier wiege das Vertrauen der beteiligten Verkehrskreise besonders schwer. Bisweilen wird dieser Gedanke zumindest insofern bemüht, als der Gedanke des faktischen Vertrags als einem eigenständigen Rechtsinstitut[209] eingegrenzt und für sonstige Fälle ausgeschlossen werden soll.[210]

Die dogmatisch entscheidende Frage ist hier, inwieweit es wirklich Besonderheiten der Daseins- oder Massenvorsorge sind, welche die Annahme eines Vertrags rechtfertigen.[211] Tatsächlich kann davon bei vielen der hier diskutierten Fälle keine Rede sein – auch beim Parkplatzfall.[212] Gerade der Autor wird nicht müde zu betonen, dass der Parkplatzfall gewissermaßen überall ist – schließlich will sich niemand binden.[213] Dabei ist bereits rein begrifflich nicht ersichtlich, wie von der Einordnung einer Situation als der Daseins- oder Massenvorsorge zugehörig eine vertragliche Bindung ableitbar sein sollte. Eine ganz andere Frage ist, welche Konsequenzen sich aus der oft fehlenden persön-

---

[206] *Kramer*, Grundfragen, 1972, S. 155, vgl. dazu auch etwa *Köndgen*, Selbstbindung, 1981, S. 192 ff.

[207] So die Formulierung von *Haupt*, Über faktische Vertragsverhältnisse, 1941, S. 28, wobei man in diesen Satz nicht gleich ein philosophisch- dogmatisches Glaubensbekenntnis hineinlesen sollte. Kritisch etwa *Esser*, AcP 157 (1958/1959), 86, 91.

[208] Vgl. zum Folgenden insbesondere *Siebert*, Faktische Vertragsverhältnisse, 1958, S. 14, 16, 26, 38.

[209] Näher dazu oben § 12 B. I.

[210] Stellv. BGH, Urt. v. 10.10.1990, NJW-RR 1991, 176, 177 („von vornherein auf den Massenverkehr beschränkt") oder *Raiser*, FS Deutscher Juristentag, Bd. 1, 1960, S. 101, 126 („ernst zu nehmende Schranke").

[211] Genau das zu Recht bezweifelnd etwa *Hanau*, AcP 165 (1965), 220, 282.

[212] Stellv. *Raiser*, FS Deutscher Juristentag, Bd. 1, 1960, S. 101, 125 Fn. 125; *Börner*, FS Nipperdey, 1965, S. 185, 192 oder *Wieacker*, FS OLG Celle, 1961, S. 263, 285, der es zu Recht für eine bloße Floskel hält, das Pathos der Sozialstaatlichkeit nun gleich zur Sicherung der Parkplatz-, Verkehrs- oder Strombezugsgebühren anzustrengen.

[213] Näher oben § 12 A. I. sowie oben § 9 C. I. 2.

lichen Einflussnahme auf den Vertragsinhalt oder der zunehmenden Automatisierung vieler Geschäftsprozesse ergeben. Doch stellen sich diese Probleme auch bei ganz untypischen, individuellen oder rein luxuriösen Verträgen.[214]

2. Anspruch auf Willensunterwerfung

Es gibt kaum einen Autor, der die Willenstheorie so klar und konsequent vertritt wie *Lobinger*.[215] Das ist schon deshalb wissenschaftlich erhellend, weil nur so Stärken wie Schwächen dieses Ansatzes deutlich werden, was es wiederum erlaubt, an Verbesserungen zu arbeiten.[216] Die tatsächliche Inanspruchnahme von Leistungen – zumal bei ausdrücklicher Verwahrung gegen einen Vertrag – ist eine dieser Konstellationen, in der die Schwächen der Willenstheorie, wenn konsequent vertreten, deutlich werden.[217] Dementsprechend sehen sich deren Vertreter hier besonderen Herausforderungen ausgesetzt, eine Entgeltpflicht doch noch zu begründen. Es erscheint daher zumindest als origineller Versuch, den gesuchten Anspruch bereits in der anfänglichen Vermögensausstattung zu suchen. Danach gehört das Recht auf Zahlung in den hier interessierenden Fällen bereits zum zugewiesenen Vermögen, steht also dem Gläubiger von Anfang an zu. Zu diesem Vermögen gehöre auch ein Anspruch auf Willensunterwerfung, verstanden als ein als subjektives Recht ausgestalteter Kontrahierungszwang für den Fall einer faktischen Inanspruchnahme.[218]

Dieser Ansatz ist insofern unproblematisch, als es die Rechtsordnung tatsächlich als Teil des uns zugewiesenen Vermögens ansieht, selbst bestimmen zu dürfen, wie und durch wen es verwendet wird.[219] Und wo dieses Ausschließlichkeitsrecht verletzt wurde, gewährt das Recht oft Schadensersatzansprüche. Doch lässt sich mit diesem Gedanken nur der Schaden einfordern, der wirklich eingetreten ist. Bestand nie die Hoffnung auf einen Vertragsschluss, wird es daran oft fehlen.[220]

Eher ungewöhnlich ist demgegenüber die Vorstellung, wonach mit Eigentums- oder Vermögenspositionen auch ein Zwang Fremder verbunden sein soll, im Eingriffsfall einen Vertrag zu schließen. So fügt sich dieses Verständnis nicht gerade stimmig in unser Zivilrecht ein.[221] Aber auch mit den gängi-

---

[214] Zutr. *Enneccerus/Nipperdey*, Allgemeiner Teil, Hbd. 2, 15. Aufl. 1960, S. 1015 § 163 VII. 3. (Fn. 53). Vgl. unten § 12 C. II. 2. sowie etwa zu Zwang, Drohung und Ausbeutung oben § 3 sowie zu Allgemeinen Geschäftsbedingungen unten § 14.
[215] Das gilt allerdings nur für dessen erste Monographie, vgl. oben § 6 Fn. 133.
[216] Näher dazu unten § 19 F. III.
[217] Näher oben § 12 A. I.
[218] In diesem Sinne wohl – sehr viel ausführlicher – *Lobinger*, Verpflichtung, 1999, S. 318 ff. Näher zum Begriff des subjektiven Rechts oben § 2 B. II.
[219] Näher oben § 2 B. II.
[220] Näher oben § 12 B. IV. 1.
[221] So finden sich etwa im deutschen Recht keinerlei Anhaltspunkte in Vorschriften wie §§ 249 ff., 823 ff., 903 oder 1004 BGB.

gen vertragsrechtlichen Wertungen lässt sich dieser Ansatz nur schwer vereinbaren. So gibt es kaum eine Rechtsordnung, die es bei jeder Verletzung absoluter Rechtsgüter dem Verletzten anheimstellt, einen Vertragsschluss zu verlangen. Das wiederum zwingt dann zu zahlreichen *ad hoc*-Ausnahmen von dieser These – sei es der gemeine Diebstahl,[222] der nur kurzfristige Entzug,[223] die Zerstörung von Gegenständen nur aus Ärger,[224] Fälle, in denen sich der Verletzte nie zu einem Vertragsschluss bereitgefunden hätte[225] oder selbst das weite Feld bloß fahrlässigen Verhaltens.[226] Schließlich werden dann noch nahezu sämtliche Wertungen des Vertragsrechts übertragen – und zwar wiederum ohne eine schlüssige oder gar übergreifende Erläuterung, wie genau all das aus dem ursprünglich bemühten Gedanken des Vermögensschutzes abzuleiten ist. So soll nur in Höhe seiner Vorstellung haften, wer irrig von einem niedrigeren Preis ausging,[227] genauso wie die Verletzung des Kontrahierungsgebots nur voll Geschäftsfähigen zurechenbar sei.[228]

Im Ergebnis wird also nicht klar, was mit dem Gedanken eines Kontrahierungszwangs als Teil der individuellen Vermögensausstattung gewonnen sein soll. Letztlich bleibt nur die bloße Behauptung, dass das Vermögen in exakt dem Umfang ein Recht auf Willensunterwerfung enthalte, wie das Zivilrecht vertragliche Ansprüche zuspricht (und dafür aber auch vertragsrechtliche Kategorien wie die Irrtumsanfechtung oder einen strengen Minderjährigenschutz anwendet). Der damit verbundene Erkenntnisgewinn ist beschränkt. Zwar ist es zweifellos eine gleichermaßen wichtige, anspruchsvolle wie spannende Frage, das Verhältnis von rechtlicher Anfangsausstattung und deren Veränderung zu durchleuchten.[229] Doch besteht hier die Herausforderung wie bei jedem anderen Rechtsbereich darin, verallgemeinernde Maßstäbe zu erarbeiten, an-

---

[222] *Lobinger*, Verpflichtung, 1999, S. 328 f.
[223] *Lobinger*, Verpflichtung, 1999, S. 330.
[224] *Lobinger*, Verpflichtung, 1999, S. 330.
[225] *Lobinger*, Verpflichtung, 1999, S. 332 (wobei hier ein gewisser Wertungswiderspruch nicht zu übersehen ist: dort, wo die Verletzung besonders gravierend ist, entfällt der Anspruch).
[226] *Lobinger*, Verpflichtung, 1999, S. 323 f. mit der bemerkenswerten Einsicht, dass es hier reine Spekulation wäre, dem Verletzer zu unterstellen, dass er auf das fremde Gut auch dann zugegriffen hätte, wenn er vom Mangel seiner irrtümlich angenommenen Befugnis Kenntnis erlangt hätte. Doch erschließt sich hier nicht, warum diese Annahme bei vorsätzlichem Eingriff nicht ähnlich spekulativ sein soll. Werden etwa millionenfach Musikalben oder Kinofilme über das Internet unlizensiert kopiert, könnte die Musik- bzw. Filmindustrie keineswegs in gleichem Umfang Lizenzen verkaufen.
[227] *Lobinger*, Verpflichtung, 1999, S. 326.
[228] *Lobinger*, Verpflichtung, 1999, S. 327 („… gelten folglich der Sache nach die §§ 104 ff. BGB.").
[229] Näher zur Rechtebasierung des Vertragsrechts oben § 2 A. II. 2.; § 2 D. I. 4. b); § 3 A. IV.; § 4 C. I. 1. sowie unten § 19 F. VI.; passim. Speziell zum Verhältnis von Festlegung und Spielraum vgl. auch unten § 18 B. IV.

hand derer sich das geltende Recht mittels Subsumtion auch in diversen Einzelfällen beschreiben lässt.

3. Geltendes Recht

Nicht nur bei der Diskussion um faktische Verträge ist die Versuchung groß, Sachargumente durch den Verweis auf Autoritäten bzw. das, was erst zu erklären ist, zu ersetzen oder jedenfalls zu stärken. Das geltende Recht ist eine solche Autorität, wobei hier vor allem zwei Argumentationsmuster überwiegen: Einerseits findet sich der Hinweis, dass das Verhalten des Protestierenden oder auch heimlich Agierenden der Gesamtrechtsordnung widerspreche. So sei etwa die Privatautonomie eingebettet in das Ganze der Privatrechtsordnung, weshalb ihre Ausübung diesen Prinzipien nicht widersprechen dürfe.[230] Es sei diejenige Auslegung vorzuziehen, die ein rechtmäßiges Verhalten ergebe, da die in der tatsächlichen Inanspruchnahme liegende Willenserklärung stärker, weil allein mit der Rechtsordnung zu vereinbaren sei.[231] Durchzuführen sei eine „Verkehrsstörungslösung" in Form einer Erfüllungshaftung „ex lege".[232] Auf selbst begangenes Unrecht dürfe sich niemand berufen.[233]

Andererseits wird anhand des Gesetzes in vielerlei Hinsicht darauf verwiesen, dass ein fehlender Wille oft durch dispositive Vorschriften ergänzt bzw. ein entgegenstehender Wille durch zwingende Bestimmungen ignoriert wird. Das gilt selbst für so zentrale Vertragsbestandteile wie die Vergütungspflicht.[234] An derartigen Vorschriften bestätige sich, dass Zahlungspflichten auch sozialtypisch entstehen könnten,[235] dass die Annahme eines Vertrags für angebahnte oder durchgeführte Lebensverhältnisse angemessen sei[236] oder dass bei tatsächlicher Inanspruchnahme nur noch Unklarheit darüber bestehe, welcher Preis angemessen sei.[237] Die größte Autorität wird dem geltenden Recht mit dem Hinweis beigemessen, dass das Gesetz Vertragsverhältnisse bzw. faktische Vertragsverhältnisse schaffe.[238]

---

[230] *Siebert*, Faktische Vertragsverhältnisse, 1958, S. 35.
[231] *Küchenhoff*, RdA 1958, 121, 125. Zur These zweier Willenserklärungen und der Priorität des tatsächlichen Handelns vgl. bereits oben § 12 B. II. 4.
[232] *Frotz*, Verkehrsschutz, 1972, S. 429.
[233] *Lambrecht*, Faktisches Vertragsverhältnis, 1994, S. 22 f. m.w.N.
[234] Näher zur praktischen Bedeutung wie dogmatischen Einordnung staatlich gesetzter Vertragsinhalte unten § 16 A.
[235] *Esser/Schmidt*, Schuldrecht, Bd. 1, 7. Aufl., S. 158 (§ 10 I. 2.); *Flume*, Allgemeiner Teil, Bd. 2, 4. Aufl. 1992, S. 158 (§ 8 2).
[236] *Hanau*, AcP 165 (1965), 220, 263, 273.
[237] So *Börner*, FS Nipperdey, 1965, S. 185, 193 zur heimlichen Stromentnahme.
[238] Siehe dazu *Hanau*, AcP 165 (1965), 220, 265, 268 mit dem Hinweis, eine allgemeine Formel dafür, wann eine Vergütungspflicht zu erwarten sei, lasse sich nicht finden. Man müsse sich damit begnügen festzustellen, dass die Vergütungsfiktionen jedenfalls nicht auf einem rechtsgeschäftlichen Willen im herkömmlichen Sinn aufbauen.

Dass derartige Argumentationen generell unbefriedigend sind, wurde bereits andernorts betont. Es ist der verallgemeinernden Beschreibung des geltenden Rechts – sei es in Form etwa von Gesetzen, Richtersprüchen oder individuell ausgehandelten Vertragsinhalten – nicht gedient, auf dieses geltende Recht zu verweisen.[239] Was schließlich den Hinweis auf ein rechtswidriges Verhalten anbelangt, so ist dieser zumindest viel zu pauschal. Denn ob beispielsweise deliktische, bereicherungsrechtliche oder strafrechtliche Tatbestände erfüllt sind und dort ein Verhalten als rechtswidrig eingestuft wird, besagt noch nichts darüber, ob und warum ein Anspruch auf das vertraglich eingeforderte Entgelt bestehen sollte, gerade wenn ein Schaden oder eine Bereicherung fehlt.[240]

4. Leerformeln

Bereits die bisher dargestellten Erklärungsversuche waren nicht immer dadurch gekennzeichnet, leicht subsumierbar zu sein. Häufig spüren das die jeweiligen Verfasser selbst, weshalb sie dann oft gleich eine ganze Reihe von Argumenten bemühen, die auf unterschiedlichen Grundgedanken beruhen, aber wohl zumindest hilfsweise oder in ihrer Masse die gesuchte Begründung liefern sollen. Oft mischen sich darunter auch Erwägungen, die nicht nur für den faktischen Vertrag, sondern letztlich für jede gewünschte Bindung eingesetzt werden könnten. Bei der Auslegung war das beispielsweise der Hinweis auf deren normativen Charakter.[241] Beliebt ist auch der Hinweis auf Treu und Glauben[242] bzw. darauf, dass unredlich handle, wer sich auf einen fehlenden Selbstbindungswillen beruft.[243]

Bisweilen wird auch einfach nur das Ergebnis reformuliert bzw. zur Forderung erhoben, sei es durch den durchaus wichtigen Hinweis, wonach allein eine Abwicklung auf vertragsmäßiger Grundlage zu einem „befriedigenden gemeinschaftsmäßigen" Ergebnis führe[244] bzw. Rechtsgrund der Haftung das bisherige „vertragliche Verhalten" sei.[245] Auch der zuvor diskutierte Verweis auf das geltende Recht[246] gehört dazu. Manche führen sogar offensiv aus, es komme „... mehr auf das Ergebnis an und weniger, auf welche Weise dieses

---

[239] Näher unten § 16 A.
[240] Näher oben § 12 B. IV.
[241] Vgl. oben § 12 B. II. 1.
[242] Stellv. *Tasche*, SchmollersJb 54 (1943), 101, 128; BGH, Urt. v. 14.7.1956, BGHZ 21, 319, 334; *Lehmann*, NJW 1958, 1, 2; *Siebert*, Faktische Vertragsverhältnisse, 1958, S. 34; *Wieacker*, FS OLG Celle, 1961, S. 263, 270; *Frotz*, Verkehrsschutz, 1972, S. 428 f.; *Weth*, JuS 1998, 795, 797. Soweit hier auf die tatsächliche Sitte abgestellt wird, vgl. dazu oben § 12 B. II. 2.
[243] *Frotz*, Verkehrsschutz, 1972, S. 428 f.
[244] Stellv. *Tasche*, SchmollersJb 54 (1943), 101, 125, vgl. dazu auch oben Fn. 179, 190.
[245] *Tasche*, SchmollersJb 54 (1943), 101, 128.
[246] Oben § 12 B. V. 3.

konstruktiv erreicht wird."²⁴⁷ Andere verweisen auf die „notwendige" Gleichbehandlung des eigenmächtig Handelnden mit dem vertraglichen Benutzer²⁴⁸ bzw. die vermeintliche Notwendigkeit einer Analogie,²⁴⁹ ohne dass hiermit allerdings die entscheidende Frage adressiert würde, warum eine solche Gleichbehandlung geboten ist. Anders formuliert widerstrebt es zwar in der Tat, den Parkenden nur deshalb nicht zahlen zu lassen, weil er seinen Unwillen, vertraglich gebunden zu sein, besonders deutlich artikuliert. Doch geht es um die Suche nach den Gründen dafür. Nichts anderes gilt für den ebenfalls rein ergebnisorientierten Hinweis darauf, dass wir auch in anderen, aus Sicht etwa der Willenstheorie problematischen Konstellationen wie dem Aufreißen von Buchsendungen (Fall 197) oder der fehlenden Kenntnisnahme Allgemeiner Geschäftsbedingungen (Fall 234)²⁵⁰ eine vertragliche Bindung befürworten.²⁵¹ Wir benötigen schlichtweg für jede einschlägige Konstellation eine tragfähige Begründung.

Dabei wäre es auf der Suche nach dieser Begründung wenig hilfreich, das Problem einfach dem öffentlichen Recht zuzuweisen.²⁵² Denn weder verschwindet es dadurch noch ist zu erwarten, dass es dort erfolgreicher bewältigt wird. Gerade wenn man ein liberales Privatrecht propagiert, wird diesem Anliegen sicher nicht dadurch gedient, dass man sich seiner liberalen Verantwortung dadurch entledigt, dass man die Entscheidung oder dogmatische Bewältigung einfach anderen überlässt. Vor allem leuchtet es nicht ein, was am faktischen Vertrag öffentlich-rechtlich sein soll. Schließlich lassen sich hier nahezu sämtliche Grundsätze des Vertragsrechts problemlos anwenden, sei es die Bestimmung des genauen Leistungsinhalts, die Bewältigung von Leistungsstörungen, der Umgang mit Irrtümern oder die Regeln zur Geschäftsfähigkeit.²⁵³ Es wäre reichlich gekünstelt, all das unter öffentlich-rechtlichen Vorzeichen nachzubilden oder gar dort ein zweites vertragsrechtliches Denk-

---

²⁴⁷ So *Lambrecht*, Faktisches Vertragsverhältnis, 1994, S. 147 (der Vorwurf *Haupts* eines Widerspruchs von Vertragsrechtsdogmatik und rechtlicher Realität habe die Rechtsgeschäftslehre nie zu treffen vermocht). Dass diese These schlichtweg inakzeptabel ist, bedarf keiner ausführlichen wissenschaftstheoretischen Würdigung, ist aber für die gesamte Diskussion um den faktischen Vertrag bezeichnend.
²⁴⁸ *Wieacker*, FS OLG Celle, 1961, S. 263, 267.
²⁴⁹ *Lehmann*, JhJb 54 (1943), 131, 134.
²⁵⁰ Näher unten § 14 B. I.
²⁵¹ Vgl. *Wieacker*, JZ 1957, 61, 61 sowie etwa das Zitat *Flumes* oben bei Fn. 10.
²⁵² Stellv. *Bärmann*, Daseinsvorsorge, 1948, S. 90 („orgiastischen Totalitätsgelüste" des öffentlichen Rechts, die in das „Vakuum des ungenügend gewordenen Vertrags- (und Zivilrechts-) Begriffes" einzudringen drohten) sowie zu dieser Frage etwa *Löning*, ZAkDR 1942, 289, 289 ff.; *Kämmerer*, Postarchiv 71 (1943), 397, 415; *Wieacker*, ZAkDR 1943, 33, 35.
²⁵³ Näher zu Irrtum und Geschäftsfähigkeit unten § 12 C. V.

gebäude zu errichten. Es gilt hier nichts anderes als etwa bei der Ausbeutung, der gesetzlichen Stellvertretung oder vielen anderen Konstellationen.[254]

Wie immer wenig ertragreich ist es schließlich, nicht tragfähige Argumente dadurch retten zu wollen, dass man sie in ein bewegliches System einstellt. Wenn etwa *Wilburg* in den faktischen Verträgen „... nur ausgeprägte Typen in einem umfassenden Zusammenspiel der Kräfte, das die Kategorien des Schuldrechts überbrückt ..." bzw. „optimale Kräftekombinationen" erblickt, in denen die Vertragsimitation besonders naheliege,[255] so ist das von vornherein nicht falsifizierbar – ganz egal, was für „Elemente" man hier propagiert. Genauso wenig erschließt sich dem Verfasser, wie sich das Problem mangelnder realer Bereicherung dadurch überwinden lässt, dass man auf die Elemente der Wissentlichkeit, der interessengemäßen Verwendung, der Risikoabsicht und der Veranlassung verweist.[256] Vielmehr zeigt sich hier nur einmal mehr, wie derartig flexible Begründungsmuster beschönigen und dazu verführen, sich erst gar nicht ernsthaft mit der Tragfähigkeit einzelner Gesichtspunkte zu beschäftigen.[257] Auch ein bewegliches System kann keine Bereicherung dort herbeizaubern, wo es an dieser Bereicherung fehlt.[258]

C. Rechtfertigungsprinzip

I. Grundlagen

1. Individualistisch-substanzieller Ausgangspunkt

Wenn die Diskussion um den faktischen Vertrag bisweilen dazu dient, das Vertragsrecht mit kollektivistischen Gesichtspunkten gewissermaßen zu infizieren,[259] so lässt sich anhand des Rechtfertigungsprinzips zeigen, dass auch dogmatisch stimmige Lösungen möglich sind, die allein die Interessen und Ziele der Vertragsparteien beachten. Anders formuliert lassen sich überindividualistische und antipsychologische Thesen – unabhängig ob rein historisch-soziologisch beschreibend oder als Handlungsempfehlung – jedenfalls nicht auf das Rechtfertigungsprinzip stützen. Denn nach diesem tritt eine rechtliche Einbuße nur so weit ein, wie dies notwendig ist, um sich getreu den eigenen Zielen zu verbessern. Ausgangspunkt ist damit ein zwar substanzielles Kriterium, das dafür aber konsequent die Rechte und Ziele jeder einzelnen

---

[254] Vgl. daher oben § 4 D. II. 2. a); § 13 C. III. 2.
[255] *Wilburg*, AcP 163 (1964), 346, 369.
[256] *Wilburg*, AcP 163 (1964), 346, 370 f.
[257] Näher zu solchen flexiblen Begründungsmustern unten § 19 F. III. 2. b).
[258] Vgl. allgemein zu diesem Problem bereits oben § 12 B. IV. 2.
[259] Näher oben ab § 12 A. V. 1.

Person beachtet und zu dessen Verwirklichung, wo immer möglich, auf die Entscheidung dieser so betroffenen Personen selbst zurückgreift.[260]

2. Einwilligung statt Selbstbindungswille

Tatsächlich geht es selbst in den Protestfällen keineswegs darum, das Rechtfertigungsprinzip direkt anzuwenden und damit auf eine psychologische Sichtweise zu verzichten. Vielmehr entscheiden auch hier die Vertragspartner über Ob und Inhalt des Vertrags. Der Schlüssel zum Verständnis der hier interessierenden Fälle liegt nicht in einer Abkehr vom Subsidiaritätsprinzip. Wohl aber ist zu präzisieren, was genau von einer solchen subsidiären Entscheidung zu verlangen ist. So wurde bereits eingangs darauf hingewiesen, dass sich der Hamburger Parkplatzfall vor allem dadurch auszeichnet, dass uns der Betroffene erschreckend klar über diejenige Motivationslage informiert, die für jeden Vertragsschließenden typisch ist: Kaum jemand, der eine fremde Leistung in Anspruch nimmt, hat den Willen, selbst gebunden zu sein oder sich gar als Schwarzfahrer noch ein erhöhtes Beförderungsentgelt aufzulasten.[261] Nur ist das so selbstverständlich, dass darüber selten gesprochen wird. Verlangte man einen Selbstbindungswillen, wären nahezu alle Verträge unwirksam. Es ist ein gerade auch für das Verständnis der Protestfälle verhängnisvoller Kategorienfehler, einen Selbstbindungswillen dort zu unterstellen, wo nur in die eigene Bindung eingewilligt wird.[262] Wohl aber ist es ein getreu dem Subsidiaritätsgedanken wichtiges Indiz für die Verwirklichung des Rechtfertigungsprinzips, dass der Handelnde in Kenntnis derjenigen Rechtsfolgen handelte, die wir an dieses Handeln knüpfen.[263] So betrachtet bildet der Protest gegen unangenehme Rechtsfolgen keine dogmatisch unüberwindbare Hürde – schließlich wird die Indizfunktion so überhaupt nicht entwertet. Weiß der Parkende im Fall 189 genau, dass er die Parkgebühr wird zahlen müssen, wenn er auf den Parkplatz fährt, wird er das nur dann tun, wenn seine rechtliche Einbuße in Form der Zahlungspflicht notwendig ist, um sich zu verbessern. Sein Protest ändert daran nichts.

3. Negative Vertragsfreiheit

Auch die negative Vertragsfreiheit des Parkenden wird gewahrt.[264] Denn nicht nur in Fall 189 steht es ihm ohne Weiteres frei, eine Vertragsbindung dadurch zu vermeiden, dass er nicht auf den Parkplatz fährt. Die einzige Freiheit, die

---

[260] Näher oben § 8 E. II. 2 sowie unter § 19 D.
[261] Näher oben § 12 A. I. sowie allgemein oben § 9 C. I. 2.
[262] Näher oben § 12 B. III. 1. sowie allgemein oben § 9 C. II. 2.
[263] Näher oben § 9 E. III.
[264] Skeptisch demgegenüber etwa *Köhler*, JZ 1981, 464, 567 oder *Lambrecht*, Faktisches Vertragsverhältnis, 1994, S. 101.

ihm genommen wird, ist, auf diesen speziellen Parkplatz zu fahren und nicht gleichzeitig dafür zahlen zu müssen – also gewissermaßen die Hoffnung auf „Freibier". Das erscheint angesichts des Eigentums des Parkplatzinhabers stimmig. Genauso wenig hat das Zivilrecht jemals die Freiheit etwa des Restaurantgastes in Fall 195 geschützt, sich einerseits aus dem Korb die Brezel zu nehmen, dafür aber nicht zu zahlen. Auch das verträgt sich mit der jeweiligen Eigentumslage. Ob nun ein Einsteigen, Aufreißen oder Ergreifen: Wenn es um Gegenstände geht, die allein dem Anbieter gehören, hat der Kunde von vornherein kein Recht darauf, sich das einfach so zu nehmen.

Es ist also nicht so, dass wir den Einzelnen immer bereits dann zu einem Vertragsschluss zwängen, wenn wir nicht jeden Protest beachten. Zumindest wann immer der Vertragsbindung bequem ausgewichen werden kann, ist die negative Vertragsfreiheit nicht gefährdet. Es bleibt der Einzelne, dessen eigenen Erwägungen wir berücksichtigen. Weder erlauben wir hier also irgendwelche Abstriche am individualistischen Gehalt des Rechtfertigungsprinzips noch an der Einsicht, dass die Vertragsparteien meistens besser als etwa ein Richter wissen, was in ihrem Interesse liegt. Es ist für ein individualistisches und den Subsidiaritätsgedanken beachtendes Vertragsrecht nicht notwendig, einen Selbstbindungswillen zu verlangen. Es verwundert daher auch nicht, wenn im Zuge der Diskussion um den faktischen Vertrag immer wieder darauf verwiesen wird, dass der Betroffene doch wusste, was er tut.[265] Nichts anderes ist auch der Hinweis, dass der bewusst rechtswidrig Eingreifende nicht besser gestellt werden dürfe als derjenige, der seine Entgeltpflicht von vornherein anerkennt und bereitwillig einen Vertrag schließt.[266] Nur muss sich die Berücksichtigung dieser Kenntnis in ein stimmiges Gesamtkonzept einfügen, da sie für sich genommen auf den bereits mehrfach erwähnten Kategorienfehler hinausläuft.

Wirklich spannend wird es erst dort, wo das Ausweichen auf andere Alternativen schwerfällt. Tatsächlich werfen viele in der Diskussion um den faktischen Vertrag diskutierte Fälle solche Probleme auf, wie wir sie bereits unter dem Stichwort von Zwang, Drohung und Ausbeutung diskutiert hatten.[267] So betrifft die viel bemühte Daseinsvorsorge beinahe definitionsgemäß Leistungen, auf die der Einzelne nur schwer verzichten kann, die jedoch bisweilen nur von einem einzelnen, oft staatlichen Anbieter angeboten werden. Doch lässt sich dieses Problem von vornherein nicht durch eine noch so ausgeklügelte Festlegung dessen beseitigen, was wir als eine korrekte Erklärung ansehen. Denn hier liegt das Problem überhaupt nicht in der Bildung oder Äußerung

---

[265] Näher oben § 12 B. III. 1.
[266] Dabei ist *Lobinger*, Verpflichtung, 1999, S. 315 zuzustimmen, dass das Bereicherungsrecht nicht der richtige Ort ist, um diesen Gedanken zu berücksichtigen, näher dazu oben § 12 B. IV. 2.
[267] Oben § 3.

der den Vertragsschluss betreffenden Entscheidung. Vielmehr bedarf es eines direkten Zugriffs auf das – glücklicherweise substanzielle und damit dafür überhaupt brauchbare – Rechtfertigungsprinzip.[268] Auf diese Konstellationen wird gleich noch zurückzukommen sein.[269]

Schließlich wirft die Einsicht, dass kein Selbstbindungswille, wohl aber eine Einwilligung für eine Vertragsbindung zu verlangen ist, spannende Fragen für das Verhältnis von Vertrag und Delikt auf. Dieser Problemkreis wird daher sowohl für den faktischen Vertrag[270] als auch auf einer etwas grundsätzlicheren Ebene aufgegriffen.[271]

II. Leistungsnehmer

Es ist der Diskussion um faktische Verträge schon sehr gedient, wenn man gerade mit Blick auf die negative Vertragsfreiheit für jede Vertragspartei gesondert prüft, welche Anforderungen an eine Erklärung deren Belange bestmöglich wahren. Für das auf jede einzelne Person anzuwendende Rechtfertigungsprinzip ist das genauso selbstverständlich wie für viele klassische Ansätze. Hier sei zunächst diejenige Person betrachtet, die eine bestimmte Leistung in Anspruch nimmt, sei es – und hier sind wir schon inmitten des Problems – ein „Kunde" oder auch ein „Dieb". Praktisch interessant sind dabei naturgemäß vor allem solche Leistungen, die man sich auch einseitig nehmen kann, die also nicht notwendig die Mitwirkung des Anbieters verlangen. So können wir zwar Besitz an uns nehmen, nicht jedoch Eigentum, für das wir die Zustimmung des Eigentümers benötigen. Und während es bei der Straßenbahnfahrt möglich ist, sich weitestgehend (von Nebenpflichten oder Ähnlichem einmal abgesehen) deren Vorteil anzuzeigen, fällt das ersichtlich schwer, möchte man die eigene Wand gestrichen bekommen.

1. Indizfunktion

Um sich den genauen Anforderungen an eine vertragsrechtlich relevante Erklärung zu nähern, liegt es auch hier nahe, sich zunächst an einfachen und damit anschaulichen, dafür aber eine möglichst große Bandbreite abdeckenden Beispielsfällen zu orientieren. Ein Extrem bildet dabei der Aushang des Bäckers, dass jedes Einatmen – Protest hin oder her – als Kaufangebot gewertet werde (Fall 197). Offensichtlich haben wir mit diesem Erklärungszeichen ein Problem, und zwar nicht nur deshalb, weil es sich anders als etwa der Handschlag um eine eher unübliche Vertragsschlussform handelt. Vielmehr

---
[268] Näher oben § 4 C. sowie zum Verhältnis von Inhalt und Verfahren unten § 19 D.
[269] Unten § 12 C. II. 2.
[270] Unten § 12 C. IV.
[271] Unten § 18 D. I.

scheint diese Unüblichkeit einen Grund zu haben. Tatsächlich liegt unser Unbehagen darin begründet, dass wir es nicht steuern können, dass wir lediglich dann einatmen, wenn der Brötchenkauf dem Rechtfertigungsprinzip genügt. Ein taugliches Indiz sieht anders aus.

Ganz konträr liegt demgegenüber der Parkplatzfall (Fall 189). Sofern der Parkende nur weiß, dass ihn die Zahlungspflicht treffen wird, wenn er auf den Parkplatz fährt, ist das Fahren auf den Parkplatz ein genauso gutes Indiz für die Beachtung des Rechtfertigungsprinzips, wie wenn er das Parkentgelt mit dem Vermieter höchstpersönlich ausgehandelt hätte. Ähnlich sind hier die Fälle 190 (Einsteigen in eine Straßenbahn), 196 (Anfassen verpflichtet zum Kauf), 197 (Aufreißen der Schutzfolie verpflichtet zum Kauf) oder 200 (Betreten der Parkanlage auf eigene Gefahr) zu würdigen: Weiß die handelnde Person genau, was für Rechtsfolgen sich an ihr Handeln knüpfen, wird dieses Handeln zumindest in den eben genannten Beispielen dazu führen, dass sie sich verbessert und nicht verschlechtert.

2. Abhängigkeiten

a) Problem

Ganz so einfach, wie es die gerade erwähnten Beispiele suggerieren, können wir die Diskussion um faktische Verträge allerdings nicht abtun. Insbesondere wird gerade für die Daseinsvorsorge[272] auf die oft nur begrenzte Freiheit des Abnehmers verwiesen, über die tatsächliche Inanspruchnahme einer Leistung oder deren genauen Inhalt zu entscheiden. So führt bereits *Haupt* aus, dass die Hoffnung auf eine rechtsgeschäftliche Einigung nach klassischem Muster oft ins Leere geht, etwa wenn sich der Benutzer an einen Versorgungsbetrieb wendet oder der Fahrgast nicht anders kann, als genau die Bahn zu benutzen, die von seinem Wohnort zur Arbeitsstätte führt.[273] Auch *Esser* bemängelt gut nachvollziehbar, die gleichmäßige Massenbewältigung moderner Versorgungsansprüche beschränke die Privatinitiative auf ein Minimum, von einem Aushandeln könne keine Rede sein.[274] *Kämmerer* beklagt, der Mensch besitze rein seinsmäßig nur in geringem Umfang die absolute Herrschaft über die substanzielle Entfaltung und individuelle Gestaltung seines Daseins. Er sei mehr denn je in einen gewaltigen Apparat eingespannt und handle beim Erwerb zahlreicher lebensnotwendiger Güter kaum noch innerhalb seiner Sphäre rechtsgeschäftlicher Privatautonomie.[275] Ähnlich betont *Lehmann*, dass die notwendig kollektive Form der Daseinsvorsorge keine Rücksichtnahme auf

---

[272] Vgl. zu dieser auch oben § 12 B. V. 1. b).
[273] *Haupt*, Über faktische Vertragsverhältnisse, 1941, S. 21 ff.
[274] *Esser*, SchmollersJb 66 (1942), 230, 233; *Esser/Schmidt*, Schuldrecht, Bd. 1, 7. Aufl., S. 157 (§ 10 I. 1.).
[275] *Kämmerer*, Postarchiv 71 (1943), 397, 411.

die Wünsche des Einzelnen gestatte. Der Einzelne sei auf die Inanspruchnahme dieser Einrichtungen vielfach angewiesen ..."[276] *Larenz* sieht den Unterschied zum rechtsgeschäftlichen Handeln darin, dass nur das tatsächliche Gebrauch machen, nicht jedoch die Rechtsfolge vom Willen des Einzelnen abhänge.[277] *Siebert* schließt aus der für ihn fehlenden Abschluss- und insbesondere Gestaltungsfreiheit der Parteien allgemein auf das Fehlen eines Vertragsschlusses,[278] während *Simitis* gar von der „totalen Abhängigkeit" der modernen Gesellschaft von unternehmerischen Leistungen spricht, weshalb das, was hier vonstattengehe, „... kein Vertragsschluss, sondern eine Unterwerfung ...", „... nicht mehr ein Kontrahieren, sondern ein Dirigieren ..." sei. Der Wille des Einzelnen trete hier nie in Erscheinung.[279] *Nikisch* konstatiert das fast völlige Fehlen jeder individuellen Gestaltungsmöglichkeit. Bei den Geschäften der Daseinsvorsorge müssten die Leistungen und Bedingungen ein für alle Mal festliegen.[280]

Bei diesen Feststellungen finden sich öfters auch fruchtbare Parallelen zu anderen Instituten unseres Zivilrechts. Das betrifft nicht nur die Allgemeinen Geschäftsbedingungen, auf die sich in der Tat nur selten ein Wille des Adressaten erstreckt.[281] Genauso leuchtet eine zumindest geringere praktische Bedeutung der Regeln über den Vertragsschluss für diejenigen Parteien ein, die einem Kontrahierungszwang unterliegen, sei es wegen öffentlich erbrachter Leistungen oder dort, wo die Abhängigkeit von einem einzelnen Anbieter besonders groß ist.[282] Wo eine Partei keine Wahl hat, gibt es für diese auch wenig zu steuern.

Doch liegt das zentrale Problem all dieser Hinweise auf der Hand: Sollten solche Zwangslagen wirklich einen Vertrag bzw. Vertragsschluss ausschließen, könnten wir nur noch die wenigsten Rechtsänderungen vertragsrechtlich erfassen und müssten für alles andere eine gänzlich neue Dogmatik errichten. Diese Aussicht bereitet ein gewisses Unbehagen. Wir unterliegen andauernd den verschiedensten Zwängen, wie sich nicht nur anhand der weit verbreiteten Allgemeinen Geschäftsbedingungen zeigt, sondern genauso anhand der bereits andernorts diskutierten Tatsache, dass wohl die meisten unserer Rechts-

---

[276] *Lehmann*, NJW 1958, 1, 4.
[277] *Larenz*, NJW 1956, 1897, 1899 (vgl. denselben aber in späteren Beiträgen auch abweichend).
[278] *Siebert*, Faktische Vertragsverhältnisse, 1958, S. 16, 20.
[279] *Simitis*, Die faktischen Vertragsverhältnisse, 1957, S. 464, 472 f., 480 f., passim.
[280] *Nikisch*, FS Dölle, 1963, S. 79, 86 f.
[281] Stellv. *Haupt*, Über faktische Vertragsverhältnisse, 1941, S. 6; *Siebert*, Faktische Vertragsverhältnisse, 1958, S. 15; *Wieacker*, FS OLG Celle, 1961, S. 263, 269; *Mayer-Maly*, FS Nipperdey, Bd. 1, 1965, S. 509, 516. Näher dazu unten § 14 B. I.
[282] *Haupt*, Über faktische Vertragsverhältnisse, 1941, S. 6, 21 f. Dabei ist es allerdings der Anbieter, nicht Abnehmer einer bestimmten Leistung, den dieser Kontrahierungszwang typischerweise trifft.

änderungen, angefangen mit der Aufnahme einer Arbeitstätigkeit bis hin zum Einkauf im Supermarkt, handfesten Notwendigkeiten folgen, die nicht wirklich in unserer Macht liegen.[283] Wenn es in einer Gemeinde nur einen Apotheker gibt, mag unsere Abhängigkeit groß sein, und dennoch erscheint es sinnvoll, von einem Vertrag zu sprechen.[284] Weder die verschiedenen Einschränkungen unserer Vertragsfreiheit noch die massenhafte Erbringung von Leistungen sind gänzlich neue Phänomene, sondern gehörten schon immer zu unserer wirtschaftlichen und sozialen Realität.[285] Es kennzeichnete noch nie unser Vertragsverständnis, dass beide Seiten einen gleich starken Einfluss auf den Vertragsinhalt haben.[286] Heutzutage trifft dieser Befund nicht weniger zu[287] und wird in vielen Ländern zumindest bei Geschäften des täglichen Lebens selten gefeilscht.[288] Selbst der Preis wird meistens einseitig festgesetzt.[289]

Ohnehin fiele es in all diesen Fällen schwer, eine praktikable Grenze zu ziehen.[290] Ob jemand „wirklich" auf eine Leistung verzichten kann, wie stark er auf diese „angewiesen" ist oder auch wie „intensiv" die jeweilige Marktmacht ist, lässt sich seriös kaum definieren, geschweige denn in jedem Einzelfall praktisch zuverlässig ermitteln.[291] Letztlich hinge die Rechtsnatur einer Rechtsänderung von der oftmals schwankenden Monopol- oder Konkurrenzstellung des jeweiligen Anbieters ab.[292]. Manch einer wird durchaus wählen können, ob er lieber läuft, Fahrrad fährt, ins Auto steigt oder U-Bahn fährt.[293] Umgekehrt gibt es nahezu in jedem Bereich und je nach Einzelfall für jedes Produkt Abhängigkeitslagen.[294]

b) Inhalts-, nicht Entscheidungsproblem

Der entscheidende Zugang zur Bewältigung all dieser kleinen und großen Abhängigkeitslagen liegt in der bereits andernorts dargelegten Einsicht, dass es

---

[283] Näher oben § 4 C. III. 5. a).
[284] *Küchenhoff*, RdA 1958, 121, 123.
[285] *Wieacker*, FS OLG Celle, 1961, S. 263, 277; *Lambrecht*, Faktisches Vertragsverhältnis, 1994, S. 14 f.
[286] *Börner*, FS Nipperdey, 1965, S. 185, 197.
[287] *Esser/Schmidt*, Schuldrecht, Bd. 1, 7. Aufl., S. 71 (§ 4 II. 1.).
[288] *Flume*, Allgemeiner Teil, Bd. 2, 4. Aufl. 1992, S. 97 (§ 8 2).
[289] *Gudian*, JZ 1967, 303, 304.
[290] Dabei erinnern diese Schwierigkeiten stark an das Problem, Begriffen wie Entscheidungsfreiheit oder Freiwilligkeit einen überprüfbaren Sinn zu verleihen, vgl. dazu oben § 4 B. I. 4. b) aa).
[291] *Börner*, FS Nipperdey, 1965, S. 185, 199.
[292] *Küchenhoff*, RdA 1958, 121, 123. Dabei ist das Maß an Abhängigkeit auch bei den Massengeschäften der Daseinsvorsorge schwankend und stark situationsabhängig, so dass sich ein wirklich qualitativer Unterschied nur schwer ausmachen lässt, so zutr. *Lobinger*, Verpflichtung, 1999, S. 68.
[293] *Börner*, FS Nipperdey, 1965, S. 185, 199 f.
[294] *Enneccerus/Nipperdey*, Allgemeiner Teil, Hbd. 2, 15. Aufl. 1960, S. 1015 § 163 VII. 3. (Fn. 53).

bei Zwang, Drohung und Ausbeutung nicht die Entscheidung des jeweils Betroffenen ist, die an einem Defizit leidet. Vielmehr erlauben es die jeweilige Umstände, dass die betroffene Partei einer rechtlichen Einbuße zustimmt, die angesichts der gegebenen Rechtslage nicht notwendig ist, um sich getreu den eigenen Zielen zu verbessern. Es geht also um eine inhaltliche Fragestellung.[295] Selbst wenn wir hier noch so erfolgreich gewährleisten, dass die Entscheidung bestmöglich informiert erfolgt und unmissverständlich übermittelt wird, ändert das an einer jeweiligen Zwangslage wenig. Die Interpretation eines bestimmten menschlichen Verhaltens ist hier überhaupt nicht das Problem. Verlangt der Straßenbahnbetreiber erfolgreich Monopolpreise, so lösen wir dieses Dilemma nicht dadurch, dass wir in dem Einstieg des Kunden – mag dieser sogar gegen all das protestieren – nicht mehr oder doch noch eine Willenserklärung sehen. Soll das Anfassen der Brezel durch den Verhungernden wie in Fall 197 100 Euro kosten, so liegt das Problem nicht in der Würdigung eines Anfassens, sondern der damit verbundenen Ausbeutung. Schließlich nehmen wir es auch nicht hin, wenn in Fall 45 der Ertrinkende erklärt, sein gesamtes Vermögen an den Spaziergänger verlieren zu wollen, wenn dieser ihm nur seine Hand hinhält.[296]

Abschließend sei noch darauf hingewiesen, dass es die von vielen Vertretern des faktischen Vertrags thematisierten Zwangslagen sicher nicht beseitigt, wenn man darauf hinweist, dass sich derartige Probleme auch weitab der Daseinsvorsorge stellen. Ein Sachproblem entschärft sich nicht dadurch, dass es weit verbreitet ist. Schließlich unterwerfen wir auch die so alltäglichen Allgemeinen Geschäftsbedingungen einer gründlichen Inhaltskontrolle. Auch insofern passt der von *Haupt* und anderen getätigte Vergleich – genauso wie Willens- wie Erklärungstheorie bei der dogmatischen Bewältigung vorformulierter Vertragsbedingungen versagen.[297]

3. Anforderungen an eine „Erklärung"

a) Notwendigkeit einer Rechtfertigung

Möchte man nun das Rechtfertigungsprinzip praktisch umsetzen, muss man sich zunächst verdeutlichen, dass bereits die Charakterisierung eines bestimmten Verhaltens als „Angebot" eine rechtliche Belastung bedeutet. Besonders deutlich wird das dort, wo der Verkäufer wie in Fall 327 ein Schreiben in den Briefkasten des Käufers legt, wonach er diesem für eine Woche anbiete, einen bestimmten Wagen zu kaufen.[298] Nichts anders gilt umgekehrt für die sogenannte Annahme. Dementsprechend ist es eine zu rechtfertigende rechtliche

---

[295] Näher oben ab § 4 B. I. 2.; § 4 C.
[296] Näher oben § 4 C. III.
[297] Näher unten § 14 B. Zu diesem Vergleich siehe oben Fn. 281.
[298] Näher zum Angebot unten § 18 C. I.

Belastung, dass wir immer dann zahlen sollen, wenn wir in eine Straßenbahn einsteigen (Fall 190), die Hülle des uns zugesandten Buches (Fall 197) bzw. der Software-CD (Fall 194) aufreißen oder das beim Bäcker ausgelegte Kuchenstück in die Hand nehmen (Fall 196).

Diese Einbuße muss also notwendig sein, um sich individuell zu verbessern. Dabei lässt sich zunächst darauf hinweisen, dass wenn wir jemals in den Genuss von Verträgen kommen wollen, wir irgendwann auch einmal das Risiko eingehen müssen, entsprechend gebunden zu werden. Und wollen wir das getreu dem Subsidiaritätsprinzip möglichst vom Verhalten des so Betroffenen selbst abhängig machen, benötigen wir einen Anknüpfungspunkt, der das Rechtfertigungsprinzip bestmöglich verwirklicht. Dieser sollte von der zur Entscheidung berufenen Person gut steuerbar und gleichzeitig präzise sein, möglichst reichhaltige und vielschichtige Vertragsinhalte erlauben, gegenüber Dritten dokumentierbar sein – etwa für spätere Rechtsstreitigkeiten –, aber auch nicht allzu viele Mühen bereiten.[299] Je nach Situation wird dabei nicht jeder Gesichtspunkt gleichermaßen zu verwirklichen sein, wobei es hier nicht etwa um eine Abwägung, sondern allein darum geht, die persönlichen Ziele auf Basis der gegebenen Rechteausstattung größtmöglich zu verwirklichen. Große Formalien sind uns dabei oft zu anstrengend, weshalb wir gerade bei wirtschaftlich unbedeutenden Geschäften darauf verzichten. Denn das Erfordernis einer „ausdrücklichen" Erklärung ginge mit einem Aufwand einher, der – gemessen am Rechtfertigungsprinzip – die dadurch erhöhte Präzision nicht aufwiegt. Dabei mag man „ausdrückliche" Erklärungen als für sehr viele Vertragsformen gültige Handlungsformen definieren und dabei – je nach Epoche und Kulturkreis – etwa eine genau festgelegte formelhafte Frage, das Zerbrechen eines Strohhalms oder auch einen Handschlag verlangen. Und genauso mag es sich für spezifische Situationen eingebürgert haben („schlüssige" Erklärung), dass ein bestimmtes Verhalten bestimmte rechtliche Folgen nach sich zieht. Nur sollte das den Betroffenen bekannt sein und auch die zuvor erwähnten Kriterien (Steuerbarkeit, Eindeutigkeit, Reichhaltigkeit, Dokumentation, Leichtigkeit etc.) möglichst verwirklichen. Das bedeutet übrigens auch, dass es „formfreie" Geschäfte überhaupt nicht gibt, sondern nur je nach Situation, Vertragstyp oder etwa Irrtumsgefahr unterschiedliche Anforderungen an die eine Rechtsänderung auslösende „Erklärung".

Etwas schwerer fällt die Bewertung fahrlässigen Verhaltens, also die Frage, ob und inwieweit wir auch insbesondere in den Fällen des sogenannten Erklärungsirrtums einen Vertragsschluss annehmen sollten. Hierfür sei auf die

---

[299] Zu den vielen weiteren Facetten dieser inhaltlich sehr anspruchsvollen Rechtsänderung vgl. etwa oben § 8 B. III. sowie unten § 17 C. II.; § 18 C. I.; § 18 C. II.

noch folgenden Erörterungen zu diesen und anderen Irrtumsfällen verwiesen.[300]

b) *Subsidiarität*

Bei der Verwirklichung des Rechtfertigungsprinzips können wir oft das Subsidiaritätsprinzip nutzen. So mag der Bäcker wie in Fall 196 für alle gut sichtbar ankündigen, dass bereits das Ergreifen eines Kuchenstücks zum Kauf verpflichte. Allerdings verdeutlicht Fall 199, wo auch das bloße Einatmen genügen soll, dass eine Inhaltskontrolle unabdingbar bleibt. Schließlich legt hier eine Seite die Voraussetzungen einer rechtlichen Belastung fremder Personen fest. Wir müssen also noch genauer hinschauen als etwa bei Allgemeinen Geschäftsbedingungen,[301] bei denen wir immerhin noch die Zustimmung zu einem Vertragsschluss als solchem haben.

Praktisch bedeutsamer als die Festlegung durch eine Vertragspartei ist allerdings der Rückgriff auf Sitte, Übung und Brauch, der beim Vertragsschluss so wichtig sein dürfte wie in kaum einem anderen Bereich. Denn nur wenn sämtliche potenziellen Vertragspartner von vornherein um die Anforderungen wissen, die wir an das eine Rechtsänderung auslösende Verhalten stellen, können wir das Rechtfertigungsprinzip größtmöglich verwirklichen. Wir sind hier also besonders gut beraten, auf praktisch bewährte, von jeher praktizierte und damit auch jedermann bekannte Übungen zurückzugreifen.[302]

c) *Illustration*

Nunmehr lässt sich auch begründen, warum wir es – Protest hin oder her – als vertragsrechtlich relevante Erklärung einordnen, wenn ein Kunde wie in Fall 190 in die Straßenbahn eintritt. Denn schließlich profitiert er davon, dass der Straßenbahnbetreiber nicht aufwändig jeden einzelnen Fahrgast kontrolliert oder gar persönlich danach befragt, ob er vielleicht gegen seine Zahlungspflicht protestieren wolle. Denn zumindest bei funktionierendem Wettbewerb werden solche Einsparungen letztlich an die Kunden weitergegeben, also eingepreist.[303] Dass heutzutage überhaupt so oft die Möglichkeit besteht, lautstark zu protestieren und dennoch eine Leistung in Anspruch zu nehmen, liegt gerade an der typischerweise mit einem Personalabbau einhergehenden, fortwährenden Automatisierung und sonstigen Rationalisierung.[304]

---

[300] Unten § 16.
[301] Näher zu diesen unten § 14.
[302] Näher unten § 16 C. II.
[303] Näher dazu etwa unten § 19 C. IV. 2. b) aa).
[304] Hierauf weist *Lobinger*, Verpflichtung, 1999, S. 72, 303 zutreffend hin, zieht allerdings daraus den Schluss, dass es hier deshalb um ein Problem des Vermögensschutzes gehe, das folglich auch mit den Mitteln des Vermögensschutzes zu lösen sei.

Anders fällt unsere Bewertung in Fall 201 aus. Stellt irgendeine Privatperson mitten in dem der Öffentlichkeit gewidmeten Stadtpark ein Schild auf, wonach jeder, der hier entlang schreite, erkläre, von ihm ein Eis zu kaufen, so würde jeder Passant ziemlich verständnislos reagieren. Denn es ist nicht einmal annähernd ersichtlich, wie ein solcher Austausch das Rechtfertigungsprinzip verwirklichen sollte. Nichts anderes gilt für den bereits erwähnten Fall 199: Jedes Einatmen als Vertragsangebot zu werten, verwirklicht nicht das Rechtfertigungsprinzip.

Auf ganz ähnlichen Bahnen verläuft die Bewertung solcher Sachverhalte, in denen der Grundstückseigentümer ein Schild mit dem Hinweis „Betreten auf eigene Gefahr" aufstellt (Fall 200). Sofern die jeweiligen Besucher keinen Anspruch darauf haben, das für sie fremde Eigentum zu betreten, mag eine solche Haftungsbeschränkung dem Rechtfertigungsprinzip genügen. Denn zum einen wissen die Gäste hier um die Konsequenzen und werden sich daher zumindest nicht verschlechtern. Und dass im Ultimatum des Eigentümers eine Ausbeutung liegt, müsste erst einmal dargelegt werden.

4. Fangprämie und erhöhtes Beförderungsentgelt

a) Problem

Die bisherigen Ausführungen erfassten vorrangig diejenigen Fälle, in denen der Leistungsnehmer zwar möglicherweise wie im Parkplatzfall (Fall 189) lautstark gegen seine Zahlungspflicht protestiert, dafür aber zumindest keine Anstalten macht, seiner Zahlungspflicht durch sonstige Maßnahmen zu entgehen, etwa indem er unerkannt bleibt. Anders verhält es sich dort, wo wir es mit einem Schwarzfahrer zu tun haben (Fall 202). Hier bereitet es uns jedenfalls keine Probleme, eine Zahlungspflicht in Höhe des üblichen Entgelts zu begründen. Denn da jeder weiß, dass die Mitfahrt nicht umsonst angeboten wird, wird der „Fahrgast" auch nur dann einsteigen, wenn ihn dieses Verhalten trotz dieser Zahlungspflicht seinen eigenen Zielen näher bringt. Dass ein Schwarzfahrer am liebsten überhaupt nicht zahlen möchte, ist für diese Bewertung irrelevant. Schließlich möchte auch jeder noch so redliche Bürger am liebsten nichts für die Straßenbahnfahrt zahlen – genauso wenig wie man rechtlich gebunden sein möchte.[305] Die Motivationslage unterscheidet sich hier nicht. Der entscheidende Unterschied liegt allein darin, dass der Schwarzfahrer sehr viel energischer versucht, sich seiner Zahlungspflicht zu entziehen, während der normale Fahrgast sein Schicksal wehr- und wortlos hinnimmt.

Nunmehr wollen wir uns allerdings auf ein in vielerlei Hinsicht problematischeres Grenzgebiet wagen, in dem auch die Meinungen über das richtige Ergebnis – unabhängig von dessen Herleitung – voneinander abweichen. Dabei

---

[305] Näher oben § 12 A. I.; § 9 C. I. 2.

wird sich deutlich die Frage stellen, wie genau wir eigentlich das „Vertragsrecht" vom „Deliktsrecht" abgrenzen oder ob hier nicht vielleicht ganz neue Linien zu ziehen sind.[306] Dabei macht es die Angelegenheit sicher nicht einfacher, dass jetzt auch noch das Strafrecht hinzutritt und einerseits die Kalkulation auf Seiten des Leistungsnehmers beeinflusst, andererseits aber auch von den Wertungen des „Vertragsrechts" abhängt. Denn zumindest nach klassischer Vorstellung können wir schlecht „vertragliche" Vergütungsansprüche einem Schwarzfahrer oder Ladendieb gegenüber bejahen, gleichzeitig aber auch noch einen Diebstahl oder eine Leistungserschleichung.[307] Ohne auch nur annähernd den Anspruch zu erheben, in diesem sehr komplizierten Bereich eine in jeder Hinsicht allgemeingültige Antwort bieten zu können, sollen doch zumindest zwei bemerkenswerte Phänomene aufgegriffen werden, nämlich zum einen das „erhöhte Beförderungsentgelt" des Schwarzfahrers sowie zum anderen die von einem Ladendieb zu zahlende „Fangprämie". Diese Institute sind schon deshalb sehr bemerkenswert, weil zumindest die deutsche Rechtsprechung beides ohne größere dogmatische Skrupel selbst dann anerkennt, wenn neben der zu zahlenden Prämie weder ein Schaden entstanden noch eine Bereicherung eingetreten war.[308] Es ist faszinierend, wie ungerührt hier die Rechtsprechung ihrem Rechtsgefühl folgt.

Dabei ist es hilfreich, sich die hier zugrunde liegende Interessenlage zu verdeutlichen. Immerhin erreicht der durch Schwarzfahrten entgehende Gewinn allein im öffentlichen Personennahverkehr einen dreistelligen Millionenbetrag.[309] Doch ist das „erhöhte Beförderungsentgelt" nicht nur ein wichtiges Instrument, um Schwarzfahrten einzudämmen, sondern verschafft dem Betreiber auch gewisse Einnahmen. Insgesamt hätte es also gravierende Konsequenzen, gäbe es das erhöhte Beförderungsentgelt nicht.

Die Bewältigung dieses Problems allein auf das Strafrecht zu schieben, überzeugt dabei nicht. Denn wenngleich es bereits definitionsgemäß nicht Aufgabe des Zivilrechts ist, strafrechtliche Ziele zu verfolgen,[310] sollten wir auch zivilrechtlich in der Lage sein, dieses Problem sachgemäß zu lösen – gerade wenn wir Straf- und Zivilrecht gedanklich trennen wollen. Schließlich ist es nicht in jedem Land garantiert, dass beispielsweise das Schwarzfahren strafbar ist und dann auch noch wirksam verfolgt wird. Selbst in Deutschland wurde die in

---

[306] Näher unten § 12 C. IV. sowie übergreifend unten § 18 D. I.
[307] Vgl. dazu *Graue*, in: Jakobs (Hrsg.), Rechtsgeltung und Konsens, 1976, S. 105, 116 f. m.N.
[308] Zur Fangprämie vgl. BGH, Urt. v. 6.11.1979, BGHZ 75, 230, 240, wo der Bundesgerichtshof diese in Höhe von 25 Euro für zulässig hielt. Dabei drängt sich hier der Einwand des Mitverschuldens geradezu auf, hat doch der Ladeninhaber diesen „Schaden" von 25 Euro bewusst provoziert. Und warum sollte man dann eigentlich nicht gleich 1.000 Euro ausloben? Zu dieser Frage siehe unten § 12 C. II. 4. b).
[309] *Weth*, JuS 1998, 795, 795 f.
[310] So der Einwand etwa von *Börner*, FS Nipperdey, 1965, S. 185, 208.

§ 265a StGB geregelte Leistungserschleichung recht spät eingeführt und ist keineswegs lückenlos.[311]

Dass es mit den klassischen Ansichten schwer fällt, derartige Regelungen zu rechtfertigen oder gar Maßstäbe für eine angemessene Höhe zu liefern, ist daher bedauerlich. Und dass dies nicht gelingt, liegt auf der Hand, wäre es doch reichlich gewagt, etwa einen Willen des Schwarzfahrers zu unterstellen, sogar ein „erhöhtes Beförderungsentgelt" zu zahlen.[312] Aber auch ein entsprechender objektiver Erklärungstatbestand fehlt, weiß nun einmal jeder – einschließlich des Betreibers –, dass Schwarzfahrer nichts zahlen wollen. Natürlich kann man all das „normativ" oder durch eine „verständige Betrachtung" korrigieren, doch benötigt man dafür wie immer ein verbindlich subsumierbares und theoretisch stimmiges Gesamtkonzept. Wenig befriedigend ist auch – gerade beim erhöhten Beförderungsentgelt" – der Verweis auf das Deliktsrecht.[313] Denn hier wird das Erfordernis eines Schadens schlichtweg über Bord geworfen, was evident wird, wenn der Zug nicht voll und der Schwarzfahrer nicht zahlungsfähig war. Im Deliktsrecht auf das Tatbestandsmerkmal eines Schadens zu verzichten, übertrifft in seinen Konsequenzen alles, was man den Vertretern des faktischen Vertrags an Illiberalität oder tatbestandlicher Unschärfe vorwerfen könnte. Vor allem zeigt dies sehr deutlich, dass hier in Wahrheit eben doch in vertraglichen und damit von einem Schaden unabhängigen Kategorien gedacht wird. Ebenso am eigentlichen Problem vorbei geht der Hinweis auf die Möglichkeit einer Inhaltskontrolle Allgemeiner Geschäftsbedingungen.[314] Denn erstens muss hierzu erst einmal dargelegt werden, warum wir überhaupt einen Vertragsschluss annehmen können, und zweitens lässt der Verweis auf eine Inhaltskontrolle den dabei anzulegenden Maßstab offen.

b) Rechtfertigungsprinzip

Wie verhält es sich nun nach dem Rechtfertigungsprinzip, wenn der Betreiber wie in Fall 202 für jedermann deutlich sichtbar mitgeteilt hat, von Schwarzfahrern ein erhöhtes Beförderungsentgelt von 60 Euro anstatt der normalen 2 Euro zu verlangen? Können wir auch eine solche Zahlungspflicht rechtfertigen? Tatsächlich erscheint das so lange begründbar, wie dieses Entgelt nur die sehr viel geringere Wahrscheinlichkeit, den Schwarzfahrer erfolgreich zur Kasse zu bitten, sowie die mit diesem erhöhten Verfolgungsaufwand verbun-

---

[311] Besonders kritisch ist dabei das Merkmal des Erschleichens – man denke an den Fall, dass ein Schwarzfahrer allen anwesenden Personen lautstark erklärt, schwarz zu fahren. Zur genauen Reichweite des § 265a StGB sei hier einfach auf die einschlägigen Kommentare verwiesen.
[312] Näher oben § 12 A. I.
[313] *Köhler*, JZ 1981, 464, 468.
[314] *Harder*, NJW 1990, 857, 857, vgl. dort auch S. 861 für sonstige Konstellationen.

denen Zusatzkosten widerspiegelt. Denn letztlich bietet hier der Betreiber seinen Kunden lediglich – überspitzt formuliert – die Wahl zwischen zwei Zahlungsvarianten an. Das nach dem Rechtfertigungsprinzip angemessene Entgelt wird also lediglich alternativ eingetrieben: Entweder zahlt der Kunde von sich aus, ganz ohne Aufforderung oder Kontrolle, das klassische Entgelt, oder aber er verweigert sich dieser Mitarbeit, fährt also schwarz, und darf sich nicht wundern, wenn derjenige Preis, den man nur bei einer der seltenen Kontrollen zahlt, deutlich höher ausfällt. Schließlich muss dieser zweite Preis mehr als nur eine Fahrt abdecken. Im Ergebnis erklärt also das Rechtfertigungsprinzip erfolgreich, warum ein erhöhtes Beförderungsentgelt zulässig sein kann – und dabei sogar den richtigen Namen trägt.

Natürlich werden wir ein gewisses Unbehagen empfinden, wenn der Betreiber mit seiner einseitigen Festlegung ein völlig übertriebenes erhöhtes Beförderungsentgelt festsetzt, etwa wenn dieses in Fall 203 stolze 600 Euro und der normale Fahrpreis ebenso übertriebene 20 Euro betragen soll. Und gerade aus Sicht des Rechtfertigungsprinzips mag man befürchten, dass selbst noch so horrend nachteilige vertragsrechtliche Konsequenzen genügen, sofern nur der Betroffene rational und in voller Kenntnis dieser Konsequenzen handelt. Denn dann wird sich etwa ein Schwarzfahrer ja nie verschlechtern – warum sollte er ansonsten einsteigen? Wir haben hier, so scheint es, ein gravierendes Problem.[315]

Doch verstößt nicht nur eine individuelle Verschlechterung gegen das Rechtfertigungsprinzip, sondern auch eine solche Verbesserung, die geringer ausfällt als das, was erforderlich ist, um auch auf der Gegenseite das Rechtfertigungsprinzip zu wahren (Ausbeutung). Wir sind also selbst in den Fällen vorsätzlichen Handelns in der Lage, in ihrem Ausmaß übertriebene Sanktionen als solche zu identifizieren. So mag der Schwarzfahrer unbedingt darauf angewiesen sein, die Straßenbahn zu benutzen, und das Schwarzfahren je nach „Fangquote" durchaus rational sein. Es ist hier einfach zu prüfen, ob das dermaßen hohe Beförderungsentgelt für den Betreiber notwendig ist, um ihm die Transportleistung zu ermöglichen.

Auf den gleichen Bahnen verläuft die Prüfung von Fall 204. Erwischt der Inhaber eines Supermarkts den Ladendieb dabei, wie dieser heimlich ein paar Tafeln Schokolade einsteckt, gesteht ihm zumindest die deutsche Rechtsprechung eine sogenannte Fangprämie in Höhe von im Jahr 1979 ungefähr 25 Euro zu.[316] Der Wille, sich in dieser Höhe entsprechend zu binden, fehlt dem Ladendieb ersichtlich. Auch lässt sich sein heimliches Vorgehen schwerlich als eine entsprechende Erklärung deuten. Verständlich wird diese etablierte Praxis erst, wenn man sich vor Augen hält, dass nicht jeder Diebstahl entdeckt

---

[315] Zu diesem „Vorsatzdilemma" siehe auch gleich unten § 12 C. II. 4. b).
[316] Vgl. oben Fn. 308.

wird, eine Verfolgung aufwändig ist und daher diese 25 Euro grob betrachtet angemessen erscheinen, um Ladendiebe im Durchschnitt wenigstens ungefähr so viel zahlen zu lassen, wie das ein normaler Kunde tut. Kompliziert werden derartige Erwägungen allerdings spätestens dann, wenn man berücksichtigt, dass es daneben auch noch ein Strafrecht gibt.

III. Leistungsgeber

1. Problem

Die bisherigen Betrachtungen zur Umsetzung des Rechtfertigungsprinzips in den unter dem Stichwort des faktischen Vertrags diskutierten Fällen konzentrierten sich allein auf den Leistungsnehmer, also etwa den unter Protest auf den Parkplatz Fahrenden oder den Schwarzfahrer. Grob gesprochen konnte hier darauf verwiesen werden, dass deren Belange oft dadurch hinreichend gewahrt sind, dass sie selbst darüber entscheiden, ob sie eine Leistung – mitsamt einer vom Anbieter damit verknüpften Zahlungspflicht – beanspruchen. Eine ganz andere, nunmehr zu untersuchende Frage ist allerdings, ob eine solche Rechtsänderung auch auf Seiten des Anbieters dem Rechtfertigungsprinzip genügt, also auch dessen Interessen hinreichend berücksichtigt. Daran bestehen in manchen Konstellationen Bedenken. Denn nicht jeder möchte mit einem Dieb kontrahieren, der nachts bei ihm einbricht oder in den Laden schleicht, wertvolle Gegenstände an sich nimmt und alles dafür tut, um für diese nicht zu zahlen.[317] Derartige Fälle erscheinen uns geradezu typisch für vertragsfernes, deliktisches Handeln.[318] Dabei ist auch zu berücksichtigen, dass der Leistungsgeber bei einem „normalen" Vertrag Eigentum übertragen müsste und für Leistungsstörungen haften würde.[319] Anders als bei demjenigen, der eine Leistung einfach in Anspruch nimmt, haben wir auf Seiten des Anbieters kein vergleichbares Verhalten, das die bewusste Entscheidung erkennen lässt, eine solche Rechtsänderung herbeizuführen. Der Dieb oder Schwarzfahrer hat die Wahl, deren Opfer nicht. Im Ergebnis hätten wir also den Subsidiaritätsgrundsatz missachtet, indem wir dem Leistungsgeber einen Vertrag aufzwingen, ohne ihn selbst darüber entscheiden zu lassen.

---

[317] Deutlich etwa *Börner*, FS Nipperdey, 1965, S. 185, 205 ff. Nicht ganz vermag sich der Verfasser demgegenüber den Sorgen oder zumindest der Formulierung von *Gudian*, JZ 1967, 303, 306 anschließen: „Staunend sieht's der Laie. Danach wäre also jedermann gehindert, eine Leistung, die ein anderer nur auf vertraglichem Wege abgeben will, anders als durch Vertrag zu erhalten. Insoweit könnte man nicht einmal ein Delikt begehen ... Es wäre also ... rechtlich einfach nicht möglich, die auf dem Tisch des Restaurants stehenden Brötchen zu stehlen ..."

[318] *Wieacker*, FS OLG Celle, 1961, S. 263, 274; *Börner*, FS Nipperdey, 1965, S. 185, 203.

[319] *Köhler*, JZ 1981, 464, 467.

Anders formuliert: So sehr man noch zuvor aus Sicht des Diebes oder Schwarzfahrers argumentieren konnte, dass das Risiko, gefasst zu werden, letztlich nur eine andere Art des zu zahlenden Preises darstellt, ist damit noch nicht gesagt, dass das auch der Interessenlage des Leistungsanbieters entspricht. Es ist keineswegs sicher, dass dieser den Diebstahl oder die Schwarzfahrt als einen normalen vertraglichen Austausch eingeordnet wissen will, für die der Dieb oder Schwarzfahrer dann vielleicht sogar nur den normalen Kaufpreis zahlen muss, sollte er einmal erwischt werden. Und selbst die Einforderung einer Fangprämie oder eines „erhöhten Beförderungsentgelts" wird nur selten tatsächlich adäquaten Ausgleich bieten, etwa wenn der Dieb oder Schwarzfahrer zahlungsunfähig ist. Dabei kommt auch hier wieder erschwerend das Strafrecht hinzu. Dessen Existenz mag dazu führen, dass es die für einen Ladeninhaber oder Betreiber einer Straßenbahn sinnvollste Strategie ist, Dieben oder Schwarzfahrern einen vertraglichen Austausch zu verweigern und so auf die Abschreckung durch das Strafrecht zu setzen.[320]

2. Umsetzung

Wollen wir das Subsidiaritätsprinzip beachten, müssen wir wie sonst auch möglichst den Anbieter selbst darüber entscheiden lassen, mit wem er zu welchen Konditionen Verträge abschließen möchte.[321] Ob und gegenüber wem ein Abschlusswille vorliegt, ist im Einzelfall nicht immer leicht zu erkennen. Denn nicht jeder klärt in seinen Angeboten darüber auf, mit wem er im Einzelnen kontrahieren möchte. Hier müssen wir dann doch wieder das Rechtfertigungsprinzip direkt anwenden und damit vor allem die jeweilige Interessenlage ermitteln. Bei massenhaft anonym erbrachten Angeboten, in denen ohnehin keine persönliche Kontrolle der möglichen Vertragspartner erfolgt, mag man dabei eher einen Vertrag annehmen. Immerhin möchte ein Anbieter oft einfach sein Geld, was auch für den Parkplatzfall (Fall 189) so zu gelten scheint. Immerhin erspart es der „faktische Vertrag" dem Leistungsanbieter, einen Schaden oder eine Bereicherung nachzuweisen, um den erhofften Gewinn zu erhalten.[322] Dabei mag auch ein wichtiger Gesichtspunkt sein, ob sich die erbrachten Leistungen noch rückabwickeln lassen. Anders sind hingegen solche Leistungen zu bewerten, bei denen es dem Anbieter wichtig ist, mit

---

[320] In diese Richtung geht auch die Kritik von *Kellmann*, NJW 1971, 265, 268, man könne potenziellen Rechtsbrechern nur empfehlen, sich in Zukunft auf Leistungen zu konzentrieren, deren Inanspruchnahme im Massenverkehr sozialtypisch ist.
[321] In eine im Ergebnis zumindest ähnliche Richtung auch *Lobinger*, Verpflichtung, 1999, S. 325 f., wenn auch mit deutlich anderer Begründung (vgl. dazu oben § 12 B. V. 2.). Problematisch ist es hingegen, es wie wohl *Roth*, FS Küchenhoff, Hbd. 1, 1972, S. 371, 387 (dort Fn. 59) genügen zu lassen, dass die Inanspruchnahme „zumindest de iure" nicht hingenommen werden müsse. Entscheidend scheint hier allein die faktische Möglichkeit.
[322] Zutr. *Wieacker*, FS OLG Celle, 1961, S. 263, 273; *Graue*, in: Jakobs (Hrsg.), Rechtsgeltung und Konsens, 1976, S. 105, 119.

wem er kontrahiert. Das betrifft nicht nur den persönlich-privaten Bereich,[323] sondern auch solche Geschäfte, bei denen die Zahlungsfähigkeit nicht gewährleistet ist oder bei denen sich der Vertragspartner wie oft bei Dienstleistungen selbst einbringen muss.

3. Wahlrecht?

Eine weitere Möglichkeit bestünde darin, dem Leistungsgeber ein Wahlrecht darüber einzuräumen, ob er einen Vertrag mitsamt der damit verbundenen Vergütungspflicht eintreten lassen möchte oder nicht. So ließen sich detaillierte Bedingungen formulieren, etwa ob eine Rückabwicklung noch möglich ist oder aber der gestohlene Gegenstand bereits verloren gegangen ist.[324] Dabei könnte man durchaus auf andere Rechtsinstitute wie das Genehmigungsrecht bei einer Vertretung ohne Vertretungsmacht verweisen. Im deutschen Recht gehörte hierzu vielleicht auch die in ihrer dogmatischen Herleitung angreifbare, im Ergebnis aber meistens gebilligte Möglichkeit des Eigentümers, nach seiner Wahl den Erlös aus der Veräußerung des ihm gestohlenen Gegenstands zu verlangen.[325] Dass sich eine solche Möglichkeit nicht auf das Strafrecht auswirken dürfte, also der Ladeninhaber nicht nachträglich über die Strafbarkeit des Ladendiebs entscheiden darf, mag hier aber als ein rein strafrechtliches Problem dahingestellt bleiben. Wichtiger ist der Einwand, dass die Möglichkeit des Leistungsgebers, deutlich später als sonst über die Vertragswirksamkeit zu entscheiden, ihm gewisse unbezahlte Vorteile verschaffen könnte, etwa wenn sich in der Zwischenzeit herausstellt, dass das eigene Produkt mangelhaft war. Doch sollte man die Bedeutung solcher Ereignisse nicht überschätzen, zumal sich das Wahlrecht für solche Fälle entsprechend einschränken lässt. Insgesamt scheint eine differenzierende Lösung im Sinne des Rechtfertigungsprinzips.

---

[323] Zu dieser Unterscheidung siehe *Roth*, FS Küchenhoff, Hbd. 1, 1972, S. 371, 387, welcher der Lehre vom faktischen Vertrag zu Gute hält, dass sie uns immerhin sachgerechte Differenzierungen erlaube, „… etwa zwischen der Inanspruchnahme einer am Markt gegen Entgelt angebotenen Leistung (Flugreisefall) und eines privat genutzten Rechtsguts, aus dem dessen Inhaber kein Erlös zu schlagen gedenkt (eigenes Bild, Wochenendhaus), oder, damit zusammenhängend, eine Differenzierung gemäß den tatsächlichen und rechtlichen Möglichkeiten, eine unerwünschte Inanspruchnahme von vornherein wirkungsvoll zu verhindern."

[324] Vgl. dazu *Lobinger*, Verpflichtung, 1999, S. 329.

[325] Vgl. §§ 816 Abs. 1 S. 1, 185 BGB sowie zur Genehmigungsmöglichkeit BGH, Urt. v. 6.5.1971, BGHZ 56, 131, 133 m.w.N. zur Diskussion.

IV. Vertrag und Delikt

1. Fließende Übergänge

Gerade bei der Diskussion um den faktischen Vertrag taucht immer wieder eine Frage auf, die gewissermaßen an den Grundfesten unseres zivilrechtlichen Verständnisses rührt und immer wieder auftaucht: Haben wir die Grenze zwischen Vertrags- und Deliktsrecht richtig gezogen? Missachtet die Annahme eines Vertrags in den Protestfällen nicht diese Grenze? Ohne diese gleichermaßen spannenden wie schwierigen Fragen bereits hier beantworten zu wollen,[326] ermöglichen gerade die zuvor gewonnenen Ergebnisse einige Antworten und Ausblicke.

Zunächst ist festzuhalten, dass es unser klassisches Vertragsrechtsverständnis zu Recht auszeichnet, dass vornehmlich die Parteien selbst darüber entscheiden, ob, mit wem und mit welchem Inhalt eine Rechtsänderung erfolgt. Bei der Willens- oder Erklärungstheorie ist diese Einsicht bereits im Grundtatbestand verankert, was allerdings überall dort zu Schwierigkeiten führt, wo eine solche Entscheidung der Vertragsparteien fehlt oder problematisch ist. Für das Rechtfertigungsprinzip ist darauf zu verweisen, dass die Parteien oft – wenn auch nicht immer – am besten wissen, welcher Vertragsinhalt dieses Prinzip verwirklicht.

Nimmt man diesen Subsidiaritätsgrundsatz ernst, lässt sich zunächst ohne Weiteres klarstellen, dass es auch nach der hier vertretenen Ansicht nicht dem Einzelnen zusteht, anderen gegen deren Willen einen Vertrag aufzuzwingen. Sofern nicht ausnahmsweise ein Kontrahierungszwang greift, steht es jedem Anbieter frei, selbst festzulegen, wen er sich als Vertragspartner wünscht.[327] Nur sollte man nicht der Illusion anhängen, als sei es allein das unrealistische Erfordernis eines Selbstbindungswillens, das diese Subsidiarität gewährleistet. Vielmehr reicht es zur Wahrung der Inhalts- und Abschlussfreiheit genauso aus, dass wir nur dann eine Rechtsänderung eintreten lassen, wenn die Parteien in Kenntnis der rechtlichen Konsequenzen genau diese Konsequenzen herbeisteuern.[328]

Allerdings sollte man sich mit dem Gedanken anfreunden, dass es im Zivilrecht sehr viele Rechtsänderungen gibt, die genauso wie klassische Verträge zwei oder gar mehrere Personen ihren Zielen näherbringen, ohne dass hierfür ein Vertragsschluss Voraussetzung wäre, wie er im Schulbuch steht. Dazu gehören nicht nur diejenigen Fälle, die unter dem Stichwort der Geschäftsführung ohne Auftrag oder des Verschuldens bei Vertragsverhandlungen diskutiert werden.[329] Genauso verwirklicht sich das Rechtfertigungsprinzip bei der

---
[326] Näher unten § 18 D. I.
[327] Näher oben § 12 C. III. 2.
[328] Näher oben § 12 C. I. 2.
[329] Näher unten § 18 D. II.; § 18 C. II.

Ausübung von Wahlrechten (im weitesten Sinn)[330] sowie – hier besonders wichtig – dort, wo es um die Anforderungen an einen Vertragsschluss geht.[331]

Dabei ist es auch wichtig, sich immer wieder klarzumachen, dass nicht nur das Rechtfertigungsprinzip für jede Person getrennt geprüft werden muss, sondern auch der Subsidiaritätsgrundsatz für jeden Einzelnen gesondert zu diskutieren ist. Zerstört etwa der Lottomillionär das Auto seines Nachbars in voller Kenntnis der daraus entstehenden Schadensersatzpflicht (Fall 331), mag man aus Sicht des Schädigers von einer vertraglichen Rechtsänderung sprechen.[332] Denn offensichtlich findet hier auf dessen Seite eine Wertschöpfung statt, weil ihm die Zerstörung größere Freude bereitet als es ihn stört, Ersatz leisten zu müssen. Aus der Perspektive des Geschädigten mag sich das hingegen anders verhalten, etwa weil der Anspruch auf Schadensersatz in der rechtlichen Realität keinen vollständigen Ausgleich verbürgt und er sich damit verschlechtert. Wir sind hier also getreu dem Subsidiaritätsgrundsatz gut beraten, die vorsätzliche Beschädigung nicht ausreichen zu lassen, um das Eigentumsrecht am Auto dergestalt zurückzunehmen, dass die Schädigung bei einer Zahlung von Schadensersatz zulässig ist. Das Eigentumsrecht hat vor allem zum Inhalt, dass die jeweilige Sache den Zwecken des Eigentümers dienen soll. Getreu dem Subsidiaritätsgrundsatz erfordert das auch, vor allem den Eigentümer darüber entscheiden zu lassen, was mit dem Gegenstand geschieht, weiß er regelmäßig am besten, was in seinem Interesse liegt. Und genau deshalb darf auch dieser Eigentümer die tatsächliche Gewalt ausüben, andere davon ausschließen oder den Gegenstand gar zerstören.[333] Dabei kommt ihm auch das Strafrecht zugute, das nicht nur im zuvor diskutierten Beispiel, sondern etwa genauso in den Schwarzfahrerfällen dazu beiträgt, den Subsidiaritätsgrundsatz zu verwirklichen.

Weiterhin fällt auf, dass das Delikts- wie Strafrecht mit dem Einwilligungserfordernis eine Kategorie kennt, die den Anforderungen an einen Vertragsschluss funktional vergleichbar ist. Es verwundert daher auch nicht, wenn im Zivilrecht die vermeintlich so klare Grenze zwischen Vertrag und Delikt leicht verwischt. Besonders deutlich wird dies dort, wo die wertschöpfende Rechtsänderung gerade mit einer Schädigung verbunden ist: Was, wenn der Masochist wie in Fall 330 zustimmt, dass der Sadist ihn schlägt? Haben wir hier einen Vertrag oder ein Delikt?[334] Und warum unterscheiden wir eigentlich

---

[330] Näher unten § 18 B.
[331] Näher oben § 12 C. II. 3. sowie unten § 17 C. II.; § 18 C. I.
[332] Näher zu solchen Fällen unten § 18 D. I.
[333] Für die Eigentumsaufgabe siehe bereits oben § 3 B. I. Näher zum Eigentum oben § 2 C. III.
[334] Näher unten § 18 D. I.

dort so grundlegend, wo der Räuber sich mal die Geldbörse nimmt und mal sich diese Geldbörse geben lässt?[335]

2. Vorzugswürdigkeit vertragsrechtlicher Denkkategorien

Blickt man hier einmal – anders als sonst in dieser Arbeit – ganz positivrechtlich auf die Grundstruktur der meisten Zivilrechte und damit die klassische Unterteilung in Vertrag und Delikt,[336] lässt sich hier zumindest eine pragmatische Antwort geben. Denn im Ergebnis interessiert hier vor allem, welcher Regelungskomplex – „Anforderungen an einen ‚Vertragsschluss'" oder „‚deliktische' Anforderungen an eine Einwilligung" – den Subsidiaritätsgrundsatz treffender verwirklicht. Hier dürfte „das Vertragsrecht" vorzugswürdig sein und wird damit gerade aus Sicht des Rechtfertigungsprinzips der Bereich vertraglicher Rechtsänderungen derzeit zu eng und die Sphäre eines davon zu trennenden Deliktsrechts zu weit gezogen: So passen sämtliche der hier diskutierten Fälle zu unseren klassischen vertragsrechtlichen Kategorien. Denn dass heutzutage kaum ein Kunde in der Lage ist, die Einzelheiten eines Vertrags oder selbst den zu zahlenden Preis zu beeinflussen, wurde bereits dargelegt.[337] Wäre das der Maßstab, gäbe es kaum mehr Verträge. Aber selbst wenn ein Kunde auch hinsichtlich des Ob eines Vertragsschlusses nicht wirklich eine freie Wahl hat, etwa wenn er auf die Leistung des öffentlichen Nahverkehrs oder des örtlichen Stromanbieters angewiesen ist, mag dies zwar einen Vertragsschluss weitgehend entwerten, was nichts anderes heißt, als dass das Subsidiaritätsprinzip hier schwerer greift. Doch entwertet das noch lange nicht all die anderen Kategorien, mit denen wir Verträge rechtlich bewältigen. Hierzu gehört nicht zuletzt die Inhaltskontrolle, die es uns erlaubt, selbst dort von einem Vertrag zu sprechen, wo ein Monopol besteht oder auch nur Allgemeine Geschäftsbedingungen einseitig gestellt werden, ohne deshalb zu unhaltbaren Ergebnissen zu gelangen.[338] Das Rechtfertigungsprinzip liefert die zur Bewältigung von Zwang, Drohung und Ausbeutung gesuchten Maßstäbe.[339] Demgegenüber fehlen dem Deliktsrecht nahezu durchweg all die hochgradig ausdifferenzierten, historisch bewährten und wissenschaftlich intensiv diskutierten Instrumente, um die entscheidende Frage dogmatisch befriedigend zu bewältigen: Die Organisation einer größtmöglichen Wertschöpfung unter Beteiligung weniger Privatpersonen.

---

[335] Näher oben ab § 4 B. I. 2.
[336] Aus Sicht des Rechtfertigungsprinzips siehe unten § 18 D. I.
[337] Oben § 12 C. II. 2.
[338] Vgl. dazu etwa *Küchenhoff*, RdA 1958, 121, 123 oder *Raiser*, FS Deutscher Juristentag, Bd. 1, 1960, S. 101, 126 sowie oben § 12 C. II. 2. ; § 4 C. III. sowie unten § 14 A. IV. 2.; § 14 C. II.
[339] Näher oben § 4 C.

V. Störfälle

Fragt man sich nach den Ursachen für die zumindest teilweise Popularität des sogenannten faktischen Vertrags, so waren es auch viele Nichtigkeitsfolgen des klassischen Vertragsrechts, die gerade bei Dauerschuldverhältnissen wie dem Gesellschafts- oder Arbeitsvertrag als unbillig empfunden wurden.[340] Denn da sich hier insbesondere die Rückabwicklung oft als umständlich erweist, dient es häufig allen Beteiligten, ein Lösungsrecht nur mit zukünftiger Wirkung zuzusprechen und überwiegend diejenigen Regeln anzuwenden, die unser Vertragsrecht für die Kündigung solcher Vertragsbeziehungen vorsieht. Heutzutage werden diese Fragen allerdings – sachlich treffender – unter der Rubrik angemessener Rechtsfolgen für bestimmte Störungsfälle diskutiert.[341]

Dementsprechend soll es hier auch nicht um die Rückabwicklung gestörter und bereits einige Zeit ausgeübter Dauerschuldverhältnisse, sondern um ganz „normale" Situationen gehen, in denen die Wirksamkeit eines Vertragsschlusses fraglich ist. Dabei scheint jedenfalls insofern weitestgehend Einigkeit zu bestehen, als das, was für Verträge zwingend gilt, auch auf die hier interessierenden Fälle anwendbar ist.[342] Jedenfalls aus Sicht des Rechtfertigungsprinzips ist das nur konsequent, handelt es sich doch selbst bei den Protestfällen um völlig normale Verträge.

Weniger Einigkeit besteht demgegenüber für das Handeln Minderjähriger wie in Fall 205. Manche wollen in der Daseinsvorsorge[343] auf den sonst üblichen Schutz dieser Personengruppe verzichten.[344] Leitender Gedanke scheint hier zu sein, dass es dem einzelnen Kunden nicht nur verwehrt bleibt, den Vertragsinhalt mit zu beeinflussen, sondern er sich häufig auch einem Monopolisten ausgeliefert sieht. Hat man ohnehin wenig zu entscheiden, so ließe sich argumentieren, bedarf es dann auch nicht des sonst üblichen Minderjährigenschutzes. Das Landgericht Bremen verurteilte gar ein 9-jähriges Kind zur Zahlung nicht nur des Fahrpreises, sondern auch einer Vertragsstrafe – und erklärte das Ganze dann auch noch zum Gewohnheitsrecht.[345]

Zumindest in der Wissenschaft hat sich diese Sonderbehandlung nicht durchsetzen können – und zwar zu Recht. Denn immerhin verbleibt dem Kunden die Entscheidung darüber, ob, wann und in welcher Intensität er ein Leis-

---

[340] *Wieacker*, FS OLG Celle, 1961, S. 263.
[341] Siehe dazu die Nachweise oben in Fn. 64.
[342] Stellv. *Haupt*, Über faktische Vertragsverhältnisse, 1941, S. 32; *Lehmann*, NJW 1958, 1, 5 m.w.N.
[343] Näher dazu oben § 12 B. V. 1. b).
[344] Stellv. *Betti*, FS Lehmann, Bd. 1, 1956, S. 252, 256, 266; *Wieacker*, JZ 1957, 61; *Dorn*, NJW 1964, 799, 803. *Haupt*, Über faktische Vertragsverhältnisse, 1941, S. 31 plädiert für eine Entscheidung je nach Lage der Dinge und den persönlichen Eigenschaften der Beteiligten.
[345] LG Bremen, Urt. v. 17.8.1966, NJW 1966, 2360 mit krit. Anmerkung *Medicus*, NJW 1967, 354.

tungsangebot beansprucht. Bei solchen Entscheidungen sind Minderjährige nicht weniger schutzwürdig als sonst, ja man könnte sogar die These vertreten, dass diese umso schutzwürdiger sind, je stärker die Wahlfreiheit eingeschränkt ist.[346] Und da man auf einen Bäcker bisweilen genauso angewiesen ist wie auf einen Bahnbetreiber, stellt sich auch die Frage, ob Anbieter der Daseinsvorsorge wirklich schutzwürdiger sind.[347] Gerade wer das Stichwort der Daseinsvorsorge mit einem gewissen sozialstaatlichen Pathos bemüht, sollte sich deutlich machen, dass er sich auch hier gegen den sozialstaatlich zu schützenden Kunden richtet.[348] Zumindest zweischneidig ist allerdings der Einwand, dass wer aus Rationalisierungsgründen darauf verzichte, von der Minderjährigkeit des Partners Kenntnis zu nehmen, den Minderjährigenschutz so ausschalten könnte.[349] Schließlich profitieren die Kunden von einer Rationalisierung über einen geringeren Preis. Allerdings ändert das hier nichts daran, dass das Rechtfertigungsprinzip auch für jeden einzelnen Minderjährigen gilt und dieser hier nicht weniger schutzwürdig erscheint als bei normalen Vertragsschlüssen.

Auf ähnlichen Bahnen verläuft die Diskussion zur Beachtlichkeit von Irrtümern (vgl. etwa die entsprechende Abwandlung in Fall 195 des Verzehrs einer Brezel). Manche betonen wiederum, dass es in den Fällen der Daseinsvorsorge an einem relevanten willentlichen Handeln fehle, weshalb es beim faktischen Handeln auch nicht auf einen entsprechenden Irrtum ankomme.[350] Doch ist auch hier nicht einzusehen, worin der entscheidende Unterschied zu sonstigen Vertragsschlüssen liegen soll.[351] Dass etwa das „Vertrauen" öffentlicher Verkehrsunternehmer stärker zu schützen sein soll, leuchtet nicht ein.[352] Konsequent weiter gedacht müsste man dann auch den Anbietern mangels Rechtsgeschäfts eine Anfechtung versagen.[353] Natürlich kommt es ja nach konkreter

---

[346] *Lehmann*, NJW 1958, 1, 5.
[347] *Börner*, FS Nipperdey, 1965, S. 185, 204 f.
[348] *Wieacker*, FS OLG Celle, 1961, S. 263, 280 f.
[349] *Medicus*, NJW 1967, 354.
[350] *Betti*, FS Lehmann, Bd. 1, 1956, S. 252, 256, 267; *Larenz*, NJW 1956, 1897, 1899 (lediglich die Fähigkeit verlangend, die sozialtypische Bedeutung seines Handelns zu erkennen, wozu regelmäßig auch ein kleines Kind in der Lage sei); *Siebert*, Faktische Vertragsverhältnisse, 1958, S. 30 ff. (unter Hinweis auf Vertrauensschutz, den „... rechtsdogmatische[n] Gesichtspunkt der normierenden Kraft der Verkehrssitte" sowie „... rechtssoziologischen Merkmalen dieser Leistungsverhältnisse mit ihrem sozial-kollektiven Einschlag und der sozialen Typizität ihrer Abläufe ..."); *Nikisch*, FS Dölle, 1963, S. 79, 88 f. (sich in dieser Ansicht auf eine allgemeine Ablehnung berufend). Zurückhaltender, aber den Ausschluss „... eines ‚bloßen Schlüssigkeitsirrtums', d.h. also eines Irrtums über die sozialtypische Bedeutung des Verhaltens ..." billigend *Canaris*, Vertrauenshaftung, 1971, S. 447.
[351] Stellv. *Lehmann*, NJW 1958, 1, 5; *Gudian*, JZ 1967, 303, 308 sowie die nachfolgend zitierten Stimmen.
[352] *Flume*, FS Deutscher Juristentag, Bd. 1, 1960, S. 135, 186. Näher zum Vertrauen oben § 12 B. II. 3. sowie generell oben § 11.
[353] *Wieacker*, FS OLG Celle, 1961, S. 263, 281 f.

Vertragssituation zu eher wenigen Irrtumsfällen.[354] Doch besteht kein Anlass, den Leistungsnehmer in Fällen etwa der Daseinsvorsorge weniger stark zu schützen, wenn er sich eben doch geirrt hat, der seltene Fall also eingetreten ist.

---

[354] Das gilt besonders dann, wenn der Empfänger die Leistung in vollem Bewusstsein ihrer Entgeltlichkeit verlangt und entgegengenommen hat, insofern zutr. *Nikisch*, FS Dölle, 1963, S. 79, 88, vgl. dazu auch *Gudian*, JZ 1967, 303, 308.

§ 13 Stellvertretung

A. Problem

I. Rechtliche Verankerung

Wir empfinden es heutzutage als bare Selbstverständlichkeit, dass man nicht nur durch eigenes Handeln, Wollen und Erklären, sondern auch das einer anderen Person, vertragliche Rechte und Pflichten erwerben kann. Dementsprechend findet sich die Stellvertretung entweder ausdrücklich in sämtlichen Kodifikationen jüngeren Datums[1] oder ist ansonsten zumindest richterrechtlich anerkannt.[2] In einem bemerkenswerten Gegensatz dazu steht die überraschend junge Geschichte dieses Rechtsinstituts – gerade im Zivilrecht. Namentlich das römische Recht, das so viel von unserem heutigen Recht vorwegnahm, kannte keine direkte Vertretung.[3] Dogmatisch ist diese Zurückhaltung durchaus nachvollziehbar, beachtet sie doch die Relativität und Personalität des Schuldverhältnisses,[4] die nach früherer Auffassung auch eine Abtretung oder einen Vertrag zu Gunsten Dritter verbot. Zudem konnte der Konsens immer nur ein ganz bestimmtes Geschäft betreffen. Dass es einem römischen Juristen widerstrebte, rechtsgeschäftliches Handeln und deren Wirkung zu trennen, ist ebenfalls nicht abwegig. Schließlich missachtet der Gedanke einer Stellvertretung auch aus heutiger Sicht etwa die Grundwertung der Willenstheorie, wonach nur derjenige gebunden sein soll, der seine Bindung selbst will.[5] Daneben mag auch der förmliche Charakter des römischen Vertragsrechts eine wichtige Rolle gespielt haben.[6] Während die Wissenschaft noch im Mittelalter ein all-

---

[1] *Mitteis*, Stellvertretung, 1885, S. 79.
[2] Für einen rechtsvergleichenden Überblick vgl. etwa *Müller-Freienfels*, Stellvertretungsregelungen, 1982; *Müller-Freienfels*, Vertretung, 1955, S. 144 ff., 408 ff., passim; *Moser*, Offenkundigkeit, 2010, S. 35 ff., 275 ff., die Erläuterungen zu Art. 3:101 PECL und Art. II. – 6:101 DCFR sowie die in der folgenden Fußnote zitierten Stimmen. Speziell zu England siehe etwa *Würdinger*, Geschichte, 1933.
[3] Vgl. zum Folgenden nur stellv. *Buchka*, Stellvertretung, 1852, S. 1 ff.; *Mitteis*, Stellvertretung, 1885, S. 9 ff., passim; *Müller-Freienfels*, Vertretung, 1955, S. 59, 104 ff.; *Frotz*, Verkehrsschutz, 1972, S. 20 f.; *Zimmermann*, Obligations, 1990, S. 45 ff.; *Pawlowski*, JZ 1996, 125.
[4] Für eine ganz eigene Sicht dazu vgl. etwa *Hassemer*, Heteronomie, 2007.
[5] Näher unten § 13 A. II.; § 13 B. II. 2.; passim.
[6] Stellv. *Mitteis*, Stellvertretung, 1885, S. 13.

gemeines Konzept der Vertretung schuldig blieb, verstärkte sich allerdings spätestens in der Neuzeit die Einsicht in die vor allem auch wirtschaftliche Notwendigkeit einer rechtlich abgesicherten Arbeitsteilung. Dabei setzte man sich zunehmend über die zuvor erwähnten römisch-rechtlichen Prinzipien hinweg und unterschied dabei auch zwischen Stellvertretung und Vertrag zu Gunsten Dritter. Und immerhin konnte *Mitteis* bereits im Jahr 1885 von der (direkten) Stellvertretung als einem wesentlichen Grundsatz des heutigen Privat- und Prozessrechts sprechen.[7]

II. Dogmatische Herausforderung

Wenn *Binder* ausführt, dass die Stellvertretung im Grunde ein abnormes Institut sei, „… das sich der Herleitung aus allgemeinen Prinzipien ebenso entschieden widersetzt, als es vom Rechtsleben gefordert wird …",[8] ist er mit dieser Einschätzung alles andere als allein. Selbst die Motive nennen die Vertretungsmacht ein „eigenartiges Rechtsinstitut".[9] Auch für *Mitteis* – als dem Autor einer in vielerlei Hinsicht methodisch mustergültigen und der dogmatisch bis heute wichtigsten Arbeit zur Stellvertretung – ist es ein noch nicht vollständig aufgeklärtes Geheimnis, wie es zu deren rechtlicher Anerkennung kam.[10] Auffällig ist auch, dass selbst im deutschen Sprachraum, wo sich die Stellvertretung besonders früh etablierte und man jedes noch so kleine Rechtsproblem in unzähligen Aufsätzen und Monographien aufarbeitet, das Interesse erloschen zu sein scheint. So stammt die letzte tiefgehende Auseinandersetzung von *Müller-Freienfels* aus dem Jahr 1955, der dort konstatiert, dass der derzeitige Forschungsstand noch weitestgehend die dogmatischen Züge des ausgehenden 19. Jahrhunderts trage.[11]

Die zentralen dogmatischen Fragestellungen sind dabei schon lange bekannt und klar formuliert.[12] Allen anderen Problemen voran ist zu erklären, wie der Vertretungsgedanke überhaupt denkbar ist, wie es also dazu kommt, dass die Wirkungen eines Rechtsgeschäfts nicht den Handelnden (Wollenden, Erklärenden[13] etc.) treffen, sondern eine andere Person. Für eine Zivilrechtstra-

---

[7] *Mitteis*, Stellvertretung, 1885, S. 78. Allerdings traf dies damals sicher nicht auf alle Länder zu, vgl. zu Historie und Rechtsvergleich die Nachweise oben in Fn. 2 f.
[8] *Binder*, KritV 46 (1905), 347, 370.
[9] *Mugdan*, Materialien, 1899, S. 228.
[10] *Mitteis*, Stellvertretung, 1885, S. 78.
[11] *Müller-Freienfels*, Vertretung, 1955, S. 1.
[12] Besonders klar von *Mitteis*, Stellvertretung, 1885, S. 82 ff.
[13] Die Zurechnung einer Erklärung ist genauso problematisch wie die eines Willens, weshalb *Müller-Freienfels*, Vertretung, 1955, S. 72 eine „Vertretung in der Erklärung" von vornherein ausscheidet. Wenngleich sich die folgende Diskussion wie weithin üblich auf den Willen konzentriert, lassen sich zahlreiche Kritikpunkte jedenfalls ohne Weiteres auf die Erklärung übertragen. Und die Rede von einer Zurechnung formuliert nur das zu begründende Ergebnis neu, vgl. dazu auch unten § 13 B. III. 2.

dition, die nicht nur im Bann der Willenstheorie andauernd Begriffe wie Privatautonomie, Selbst- bzw. Eigenbestimmung, -gestaltung, -betätigung oder -verantwortung bemüht, drängt sich eine derartige Drittwirkung keineswegs auf.[14] Besonders drängend wird dieses Problem bei der nicht gewillkürten, sogenannten gesetzlichen Stellvertretung, wo der Vertretene oft nicht einmal grob zu steuern vermag, welche vertraglichen Belastungen ihm von anderen auferlegt werden.[15]

Praktisch bedeutsam und in vielerlei Hinsicht ein Prüfstein für dogmatische Erklärungsversuche ist die Frage, auf welche Person – Vertreter oder Vertretener – abzustellen ist, wenn es um Kenntnisse und Irrtümer, Formerfordernisse, Handlungs-, Rechts- und Geschäftsfähigkeit oder selbst die internationalprivatrechtliche Bestimmung der engsten Beziehung geht. Die aus dem deutschen Recht bekannte und anerkanntermaßen wenig geglückte Vorschrift des § 166 BGB[16] ist dabei nur ein besonders deutliches Symptom für den bis heute unbefriedigenden Forschungsstand. Schließlich wirft die für viele Rechtsordnungen typische, strikte Unterscheidung von Bote und Stellvertreter genauso vielfältige Probleme auf wie die dogmatische Einordnung der vom Vertretenen frei erteilbaren Vollmacht – zumal in beiden Fällen jeweils ganz eigene Irrtümer auftreten können, die theoretisch stimmig bewältigt werden wollen.

III. Fälle

Wie so oft fällt dabei auch bei der Stellvertretung auf, dass die bisweilen geradezu fundamentalen Unterschiede in der Herleitung keineswegs zu entsprechend grundlegenden Abweichungen bei den jeweiligen Ergebnissen führen.[17] Das betrifft nicht nur die Zulässigkeit der Stellvertretung überhaupt, sondern auch viele der zuvor erwähnten Einzelfragen. Damit ist es auch hier möglich, die verschiedenen Stellvertretungstheorien wie auch den eigenen Ansatz daraufhin zu befragen, ob sie wenigstens in denjenigen Fällen, über deren Ergebnis länderübergreifend weitestgehend Einigkeit besteht, auch genau dieses Ergebnis treffen.

*206. **Nachbarschaftshilfe:** Familie F fährt für einige Wochen in den Urlaub. Sie bittet daher ihren Nachbarn N, ab und zu nach dem Garten zu schauen und gegebenenfalls notwendige Maßnahmen zu ergreifen. Kurz nach der Abfahrt fällt ein Baum im Garten von F um und droht zu vertrocknen. N ruft Gärtner G an und bittet diesen im Namen von F, den Baum wieder einzugraben.*

---

[14] Stellv. *Mitteis*, Stellvertretung, 1885, S. 82 f.; *Müller-Freienfels*, Vertretung, 1955, S. 8, 14, 50, passim. Siehe dazu auch bereits oben § 13 A. I.
[15] Näher unten § 13 C. III.
[16] Eingehend zu dieser *Schilken*, Wissenszurechnung, 1983.
[17] *Mitteis*, Stellvertretung, 1885, S. 81. Für den heutigen rechtsvergleichenden Befund siehe oben Fn. 2.

207. **Seufzende Hinnahme:** *A ist bei Ladeninhaber L angestellt, soll aber noch nicht in Kundenverkehr treten. Trotzdem fängt A an, Kunden zu bedienen. L sieht das, blickt A seufzend zu, und lässt es geschehen.*

208. **Nachbarschaftshilfe des Minderjährigen:** *Familie F fährt für einige Wochen in den Urlaub. Sie bittet daher ihren 17-jährigen Nachbarn N, ab und zu nach dem Garten zu schauen und gegebenenfalls notwendige Maßnahmen einzuleiten. Kurz nach der Abfahrt von F fällt ein Baum im Garten um und droht zu vertrocknen. N ruft Gärtner G an und bittet diesen im Namen von F, den Baum wieder einzugraben, was G gerne tut.*

209. **Nachbarschaftshilfe der 5-jährigen:** *Opa O bittet die 5-jährige J, für ihn einen Liter Milch zu kaufen und drückt ihr etwas Geld in die Hand. J geht in den Supermarkt und erklärt, für O einen Liter Milch kaufen zu wollen.*

210. **Nachbarschaftshilfe für den Minderjährigen:** *Der Minderjährige M soll den Garten mähen. M bittet seinen volljährigen Freund F, für ihn in seinem Namen Gärtner G damit zu beauftragen.*

211. **Nachbarschaftshilfe des Schuldners:** *Familie F fährt für einige Wochen in den Urlaub. Sie bitten daher ihren Nachbarn N, ab und zu nach dem Garten zu schauen und gegebenenfalls notwendige Maßnahmen einzuleiten. Kurz nach der Abfahrt fällt ein Baum im Garten von F um und droht zu vertrocknen. N ruft Gärtner G an und bittet diesen im Namen von F, den Baum wieder einzugraben. Dabei bezahlt N den G im Voraus mit dem Geld, das F ihm für solche Fälle überlassen hatte. G nimmt das Geld entgegen, erwidert aber, erst müssten auch noch Ansprüche ausgeglichen werden, die G gegen N aus früheren Zeiten zustehen. Vorher werde er nichts tun.*

212. **Unbekannter Unfallschaden:** *Autofreund A kennt sich mit Gebrauchtwagen gut aus, weshalb ihn Freund F bittet, für ihn einen solchen für maximal 2.000 Euro zu erwerben. A einigt sich mit Händler H über einen alten Golf für 2.000 Euro, wobei die üblichen Gewährleistungsvorschriften gelten sollen. Was keiner weiß: Der Wagen hat einen Unfallschaden.*

213. **Dem Vertretenen bekannter Unfallschaden:** *Autofreund A kennt sich mit Gebrauchtwagen gut aus, weshalb ihn Freund F bittet, für ihn einen solchen für maximal 2.000 Euro zu erwerben. A einigt sich mit Händler H über einen alten Golf für 2.000 Euro, wobei die üblichen Gewährleistungsvorschriften gelten sollen. Was A genauso wenig wie H – wohl aber rein zufällig F – weiß: Der Wagen hat einen Unfallschaden.*

214. **Getäuschter Vertretene:** *Gebrauchtwagenhändler H weiß, dass Autofreund A bald einen Gebrauchtwagen erwerben möchte und erzählt A wahrheitswidrig, dass der bei ihm stehende Wagen von einem berühmten Schauspieler gefahren worden sei. Als A seinen Freund F bittet, für ihn einen Gebrauchtwagen für maximal 2.000 Euro zu erwerben, erwähnt er deshalb dabei, dass er den Wagen des H sehr attraktiv finde. Letztlich einigt sich F tatsächlich mit H über den Kauf dieses Wagens für 2.000 Euro.*

215. **Vertreter als Werkzeug:** *Autofreund A kennt sich mit Gebrauchtwagen gut aus, weshalb ihn Freund F bittet, für ihn einen solchen für maximal 2.000 Euro zu*

erwerben. A einigt sich mit Händler H über einen alten Golf für 2.000 Euro, wobei die üblichen Gewährleistungsvorschriften gelten sollen. Was A genauso wenig wie H – wohl aber rein zufällig F – weiß: Der Wagen hat einen Unfallschaden. F hatte sogar absichtlich darauf verzichtet, A rechtzeitig darüber zu informieren.

216. **Dem Vertreter bekannter Unfallschaden:** *Autofreund A kennt sich mit Gebrauchtwagen gut aus, weshalb ihn Freund F bittet, für ihn einen solchen für maximal 2.000 Euro zu erwerben. A einigt sich mit Händler H über einen alten Golf für 2.000 Euro, wobei die üblichen Gewährleistungsvorschriften gelten sollen. Dabei hat A anders als H sofort erkannt, dass der Wagen einen Unfallschaden hat, findet das Angebot aber trotzdem attraktiv.*

217. **Kollusion beim Unfallschaden:** *Autofreund A kennt sich mit Gebrauchtwagen gut aus, weshalb ihn sein Bekannter B bittet, für ihn einen solchen für maximal 2.000 Euro zu erwerben. A einigt sich mit dessen Freund F über einen alten Golf für 2.000 Euro unter Ausschluss der Gewährleistung. Dabei weiß A (genauso wie F), dass der Golf einen Unfallschaden hat und daher nur die Hälfte wert ist.*

218. **Vergeistigter Vertreter:** *Pferdenarr N hat bei Pferdezüchter Z den schönen Grauschimmel Herkules gesehen und schickt seinen Vertreter V los, um dieses Pferd für ihn zu kaufen. Als V bei Z ankommt, kann sich V jedoch nicht mehr so genau erinnern und will daher den Apfelschimmel Herkules erwerben. Doch ist das nicht sein einziger Irrtum, vielmehr verspricht er sich auch noch und erklärt, für N den Grauschimmel Herkules kaufen zu wollen.*

219. **Elterliche Vertretung:** *Eltern E kaufen für ihre vor einer Woche geborene Tochter T in deren Namen schöne Spielsachen für Neugeborene, da T ein wenig Geld von ihrer Oma geschenkt bekommen hat.*

220. **Vertretung der juristischen Person:** *In seiner Funktion als alleiniger Geschäftsführer der U-GmbH erwirbt G für diese dringend benötigte Schreibwaren.*

221. **Plötzliche Geschäftsunfähigkeit:** *Verkäufer V bittet seinen Angestellten A, für ihn ein paar Schreibwaren bei Händler S zu kaufen. Als A das wie erbeten im Namen des V tut, hat V – was A nicht wusste – durch einen Unfall sein Bewusstsein verloren.*

222. **Plötzlicher Tod:** *Verkäufer V bittet seinen Angestellten A, für ihn ein paar Schreibwaren bei Händler S zu kaufen. Als A das wie erbeten im Namen des V tut, ist V – was A nicht wusste – bereits durch einen Unfall verstorben.*

223. **Willenswandel:** *Verkäufer V bittet seinen Angestellten A, für ihn ein paar Schreibwaren bei Händler S zu kaufen. Als A das wie erbeten im Namen des V tut, hat V – was A nicht wusste – schon wieder seine Meinung geändert und will keine Schreibwaren mehr.*

224. **Insichgeschäft:** *G ist Geschäftsführer der X-GmbH geworden. Er nutzt dies, um im Namen der X-GmbH mit sich selbst ein großzügiges Zusatzhonorar für Überstunden zu vereinbaren.*

225. **Missbrauch der Vertretungsmacht:** *Prokurist P hat intern die Anweisung, ohne vorherige Zustimmung der Geschäftsleitung nur solche Geschäfte zu tätigen, die mit seinem Geschäftsbereich zu tun haben und 20.000 Euro nicht überschreiten. Doch kümmert er sich nicht darum und bestellt im Namen seines Unternehmens von Designer D für 50.000 Euro Entwürfe für ein neues Unternehmenslogo, weil ihm das alte nicht gefällt. D kennt die interne Anweisung an P.*

226. **Faule Bürgschaft:** *G ist Geschäftsführer der X-GmbH geworden. Er nutzt das, um sich bei Gläubiger G im Namen der X-GmbH für sich selbst zu verbürgen, damit er von G das für seinen privaten Lebensstil benötigte Darlehen erhält.*

227. **Ladenangestellter:** *A ist bei Ladeninhaber L angestellt. Obwohl L noch nicht möchte, dass A in Kundenkontakt tritt, bedient A die Kundin K.*

228. **Außenvollmacht:** *Geschäftsmann G erklärt seinem Kunden K, dass er seinen Angestellten A zur Vertretung bevollmächtige, worüber er A informiert. Später erweist sich A als unzuverlässig, weshalb G dem A gegenüber den Entzug der Vollmacht erklärt. K erfährt davon nichts und kontrahiert mit A, der aus Versehen doch noch einmal als Vertreter des G auftritt.*

229. **Kundgemachte Innenvollmacht:** *Geschäftsmann G erklärt seinem Angestellten A, dass dieser von nun an bevollmächtigt sei, ihn zu vertreten. Darüber informiert er auch seinen Kunden K. Später erweist sich A als unzuverlässig, weshalb G dem A gegenüber den Entzug der Vollmacht erklärt. K erfährt davon nichts und kontrahiert mit A, der aus Versehen doch noch einmal als Vertreter des G auftritt.*

230. **Duldungsvollmacht:** *A ist bei Ladeninhaber L angestellt. Obwohl L noch nicht möchte, dass A in Kundenkontakt tritt, fängt A an, Kunden zu bedienen. L sieht das, greift jedoch nicht ein.*

231. **Anscheinsvollmacht:** *A ist bei Ladeninhaber L angestellt. Obwohl L noch nicht möchte, dass A in Kundenkontakt tritt, fängt A an, Kunden zu bedienen. L hätte das eigentlich auffallen müssen, doch ist er die letzten Monate fortwährend in Gedanken versunken.*

B. Klassische Ansichten

I. Überleitungstheorien

Betrachtet man die vielfältigen Versuche, das Phänomen der Stellvertretung dogmatisch stimmig einzuordnen, so unterscheiden sich diese vor allem danach, ob sie den Vertretenen, den Vertreter oder aber beide zusammen als die eigentlich handelnden und damit auch rechtlich maßgeblichen Personen ansehen. Die wohl älteste, heute nur noch wenig verbreitete Theorie zur Stellvertretung wurde vor allem durch *Puchta* geprägt und stellt den Vertreter in den Vordergrund: Allein dieser kontrahiere mit dem Dritten, während der Vertretene nur kraft einer Abtretung in den Genuss eines eigenen Anspruchs komme. Der Vertreter wiederum könne sich über die Arglisteinrede seiner eigenen Verpflichtung entziehen und den Dritten auf den Vertretenen verweisen.[18]

Zunächst fällt bei dieser Ansicht auf, dass sie noch bei der mittelbaren Vertretung verhaftet und damit der eigentlichen dogmatischen Herausforderung ausweicht, nämlich dass das Handeln einer Person dazu führt, dass hierdurch eine ganz andere Person rechtlich verpflichtet und berechtigt wird.[19] Bildliche Argumentationsfiguren dergestalt, dass beispielsweise das Institut einer Vertretungsmacht erklären könne, warum die Rechtswirkungen auf den Vertretenen „überspringen", „übergeleitet werden" oder von diesem „angeeignet", „übernommen" oder „auf sich genommen" werden,[20] beschreiben allenfalls das erst zu begründende Ergebnis.[21]

Vor allem aber treten angesichts dieser nur mittelbaren Konstruktion der Stellvertretung all diejenigen Schwierigkeiten wieder auf, die erst dazu geführt hatten, das Institut einer direkten und nicht nur indirekten Stellvertretung anzuerkennen und dafür eine stimmige Begründung zu suchen. Zwar mag die Verpflichtung des Vertretenen sowie die entsprechende Befreiung des Vertreters gegenüber dem Dritten noch dadurch begründet werden, dass man die entsprechende Zustimmung des Dritten (der Vertreter handelt in fremdem Namen) wie des Vertretenen (Vollmacht erteilend) unterstellt.[22] Doch kann jedenfalls der Erwerb einer Forderung durch den Vertreter und dessen nachfolgende Abtretung an den Vertretenen aus vielerlei Gründen scheitern. So mag wie in Fall 208 der Vertreter oder wie in Fall 219 der Vertretene noch minderjährig sein.[23] Dennoch ist zumindest die elterliche Vertretung in nahezu jeder Rechtsordnung gültig und darf in vielen Rechtsordnungen auch ein Minderjähriger Vertreter sein.[24] Weiterhin sieht sich der Vertretene sämtlichen Einreden ausgesetzt, die dem Dritten gegen den Vertreter zustehen.[25] Das mag wie in Fall 211 ein Gegenanspruch aus einem früheren Rechtsverhältnis sein.[26] Im Ergebnis provoziert die indirekte Konstruktion einer Überleitung auf den Vertretenen also Schwierigkeiten, welche die Stellvertretung kompliziert, aufwändig und risikobehaftet machen. Das wiederum verschenkt zumindest manche

---

[18] *Puchta/Schirmer*, Pandekten, 12. Aufl. 1877, S. 419 (§ 275).
[19] Zutr. *Mitteis*, Stellvertretung, 1885, S. 85 f.; *Müller-Freienfels*, Vertretung, 1955, S. 28. *Flume*, FS Deutscher Juristentag, Bd. 1, 1960, S. 135, 163 spricht daher offen von einer Ablehnung der Stellvertretung durch *Puchta*.
[20] Für Nachweise siehe nur *Müller-Freienfels*, Vertretung, 1955, S. 27 f.
[21] Dies ist auch ein Problem der Repräsentationstheorie, näher zu dieser unten § 13 B. III.
[22] Wobei es bereits hier fiktiv wird, vgl. dazu unten § 13 B. II. 2.
[23] Stellv. *Mitteis*, Stellvertretung, 1885, S. 88.
[24] Für rechtsvergleichende Quellen siehe oben Fn. 2.
[25] *Mitteis*, Stellvertretung, 1885, S. 86.
[26] In manchen Rechtsordnungen wird hier allerdings Konnexität verlangt, vgl. etwa § 273 BGB.

der mit einer Arbeitsteilung verbundenen Chancen einer vertraglichen Wertschöpfung.[27]

II. Geschäftsherrentheorie

1. Grundidee

Die mit einer Überleitung von Rechten wie Pflichten verbundenen Probleme lassen sich vermeiden, stellt man mit *Savigny* allein auf die Person – vor allem den Willen – des Vertretenen ab: „Denn mein, auf mannigfaltige Entschlüsse gerichteter Wille, zwischen welchen der Stellvertreter die Wahl haben soll, ist ja noch immer mein Wille, und der Stellvertreter selbst erscheint in allen diesen Fällen, der anderen Partei gegenüber, als der bloße Träger meines Willens ... Denn in eben diesen Fällen wird der Vertrag von mir, durch meinen Willen, geschlossen, und der Stellvertreter ist bloß der Träger dieses meines Willens."[28] Hier konzentriert sich also die gesamte Begründungslast beim Vertretenen und dessen Handeln, Wissen und Wollen, während der Vertreter in heutiger Terminologie gar kein Vertreter, sondern nur ein Bote, ein Vollzugsinstrument ist.[29] Das bedeutet aber auch, dass wenn es der Wille ist, der eine vertragliche Verpflichtung tragen soll, allein der Vertretene dafür in Frage kommt. Diese Auffassung genießt bis heute eine gewisse Popularität, wenngleich die genauen Formulierungen stark schwanken.[30]

2. Fiktivität

Das zentrale Problem der alleinigen Betrachtung des Vertretenen liegt auf der Hand: Es ist schlichtweg fiktiv, anzunehmen, dass der Vertretene all das wolle oder erkläre, was der Vertreter will oder erklärt. Vielmehr ist es Sinn und Zweck der Stellvertretung, den Vertretenen nicht nur voluntativ, sondern auch mit Blick auf die Erklärung zu entlasten. Oder um mit *Flume* zu sprechen: „Zwischen dem Willen des Stellvertreters und dem des Vertretenen ist ... eine

---

[27] Näher zu diesem Anliegen unten § 13 C.
[28] *Savigny*, Obligationenrecht, Bd. 2, 1853, S. 59 (§ 57).
[29] So betont *Savigny*, Obligationenrecht, Bd. 2, 1853, S. 59 (§ 57) insofern durchaus zutreffend, dass – modern formuliert – der vermeintlich kategoriale Unterschied von Bote und Stellvertreter in Wahrheit fließend ist („Eine scharfe Grenze zwischen diesen höchst mannigfaltigen Fällen zu ziehen, ist ganz unmöglich, und es ist auch kein innerer Grund für den Einfluss einer solchen Grenze vorhanden.", vgl. dazu etwa auch unten § 13 C. I. 2.
[30] Beispielhaft ist hier die Auffassung von *Martens*, AcP 177 (1977), 113, 146, wonach das Rechtsverhältnis auf dem privatautonomen Konsens des Vertretenen beruhe, der qualitativ nicht anders geartet sei, als wenn der Abschlusstatbestand von ihm in eigener Person realisiert worden wäre. Instruktiv hierzu etwa die Nachweise und Zitate aus dem (älteren) englischen Recht bei *Müller-Freienfels*, Vertretung, 1955, S. 11 f. (siehe zu diesem aber auch unten bei Fn. 37).

Identität nicht herzustellen."[31] Die Willenstheorie sieht sich hier dem grundlegenden Dilemma ausgesetzt, dass es gerade der sich binden Wollende sein soll, der wegen genau dieses Bindungswillens auch gebunden wird. Der Vertretene will aber nicht all das, was der Vertreter will. Der Vertreter handelt nicht allein getreu der ihm erteilten Vollmacht, sondern entwickelt diesen Tatbestand weiter. Er ist nun einmal dem Dritten und den Besonderheiten der konkreten Vertragssituation näher als der Vertretene. Soweit er einen Spielraum hat und ausnutzt, unterwirft er den Vertretenen ein Stück weit seinem Wollen, und je größer der Spielraum ist, desto größer fällt diese Fremdbestimmung aus. Häufig fehlt dem Vertretenen sogar jegliche Vorstellung von der genauen Tätigkeit seines Vertreters.

Dass derartige Schwierigkeiten auch bei der Stellvertretung auftauchen müssen, wird spätestens dann klar, hält man sich vor Augen, dass es bei diesem rechtlichen Phänomen vor allem um die vertragliche Kompetenzverteilung geht. Es ist im Vertragsrecht keineswegs so, dass eine Vertragspartei all das bestimmt, woran sie letztlich gebunden ist – man denke nur an Allgemeine Geschäftsbedingungen, die Werbung eines Herstellers, Sitte, Übung und Brauch oder staatlich gesetzte Vertragsinhalte.[32] Damit wird jedes Konzept scheitern, das nicht auch die vertragliche Kompetenzverteilung[33] als Problem anerkennt und einzuordnen vermag. Genauso muss aber auch die Erklärungstheorie erst einmal erläutern, warum mit dem Vertretenen eine ganz andere Person gebunden wird als jene, die als Vertreter den maßgeblichen Vertragsinhalt erklärt. Hier ist es genauso fiktiv, in der Erklärung des Vertretenen all das miterklärt zu sehen, was der Vertreter gegenüber dem Dritten formuliert.[34]

Natürlich gibt es auch bei der Stellvertretung diverse Versuche, dem mit der vertraglichen Arbeitsteilung verbundenen Faktum des fehlenden Willens zu begegnen. Zum einen kann man sich einmal mehr gegen eine „psychologistische" Auffassung wenden und stattdessen eine normative Auslegung bemühen.[35] Daneben lässt sich auch auf komplexe theoretische Ausführungen ausweichen – ein Phänomen, das bezeichnenderweise immer erst dann auftritt, wenn die auf einmal als zu profan angesehene Subsumtion nicht weiter-

---

[31] *Flume*, FS Deutscher Juristentag, Bd. 1, 1960, S. 135, 163. Kritisch auch *Müller-Freienfels*, Vertretung, 1955, S. 44, 105 f., der es aber letztlich nicht besser macht, vgl. dazu unten bei Fn. 37.
[32] Siehe dazu übergreifend oben § 9 C. V. 2. c) sowie etwa unten § 16 A. II.; § 16 C. I. 4. oder unten § 14 B. I.; § 15 B.
[33] Näher oben § 8.
[34] Hier die gesamte Begründungslast auf die Zurechenbarkeit zu verlagern, formuliert nur das Problem neu, enthält aber keine überprüfbaren Aussagen, siehe dazu unten § 13 B. III. 2. sowie oben § 10 C.
[35] Dazu siehe etwa oben § 9 C. V. 2. e); § 10 E. II. 1. oder zu einem unbewussten, latenten, unbestimmten, allgemeinen, begleitenden oder unterschwelligen Willen generell oben § 9 C. V. 2. Hier sei nur noch *Mitteis*, Stellvertretung, 1885, S. 117 f. zitiert: „... ein vom psychologischen verschiedener ‚juristischer Wille' ist ein Phantom ohne Realität."

hilft.[36] Dieser Vorwurf trifft dabei mit *Müller-Freienfels* selbst einen solchen Autor, der sich nicht nur sehr fundiert mit der Stellvertretung auseinandersetzt, sondern beispielsweise auch die Kompetenzfrage deutlich sieht und diskutiert.[37] Und dennoch soll es hier zwecks Aufbaus des rechtsgeschäftlichen Tatbestands „vom Prinzipal her" neben dem Bewusstsein des Spezifischen noch ein „Allheitsbewusstsein" geben, wird unter Berufung auf *Husserl* mit einem „uneigentlichen Vorstellen" als einer „besonderen Bedeutungsintention" operiert und sollen die Vertretungsfolgen als primärer Grund für ihren Eintritt auch vom Vertretenen bei der Vollmachtserteilung „mit gewollt" sein. Zwar ist es natürlich auch bei der Stellvertretung möglich, dass der Vertretene darin einwilligt, dass der Vertreter für ihn handelt – was immer die konkreten Folgen sein mögen, genauso wie der Adressat Allgemeiner Geschäftsbedingungen in die Geltung eines großen Stapels Papier einwilligen kann, was immer dessen Inhalt sein möge. Doch umfasst der Wille des Vertretenen oder auch des Klauseladressaten dann immer nur diesen abstrakten Befund einer Stellvertretung bzw. dieses Stapels Papiers, nicht aber all das, was der Vertretene konkret vereinbart oder was detailliert Satz für Satz in diesem Papierstapel steht.[38] Dementsprechend bedarf es dann noch anderer Gründe als den Willen des Vertretenen, um den Vertragsinhalt zu begründen, die These eines vermeintlich „allgemeinen Willens" reicht dazu nicht.[39] Es ist insofern durchaus begrüßenswert – wenngleich dogmatisch nicht weiterführend –, wenn viele Vertreter gerade der Repräsentationstheorie offen für eine Fiktion plädieren.[40]

3. Unstimmigkeiten

Neben der eben diskutierten Fiktivität hat die Geschäftsherrentheorie vor allem damit zu kämpfen, dass sie die gesamte Begründungslast dem Vertretenen aufbürdet und demgegenüber die eigenständige Rolle des Vertreters ausblendet. Besonders deutlich wird das bei der gesetzlichen Stellvertretung,[41] wie sie unser Vertragsrecht nicht nur zwischen Eltern und Kind ermöglicht (vgl. Fall 219), sondern auch überall dort, wo es juristische Personen anerkennt und rechtlich ausgestaltet (vgl. Fall 220).[42] Hier versagt die Geschäftsherrentheorie

---

[36] Vulgär formuliert fungiert hier die Philosophie gewissermaßen als die Magd, die immer dann herhalten muss, wenn das eigene dogmatische Denken versagt – ein sehr weit verbreitetes Phänomen.
[37] *Müller-Freienfels*, Vertretung, 1955, S. 206 ff., 217 ff., 340, 357.
[38] Siehe dazu bereits die Verweise oben in Fn. 32 f.
[39] Stellv. *Thöl*, Das Handelsrecht, Bd. 1, Bd. 1, 6. Aufl. 1879, S. 237 ff. (§ 70), *Mitteis*, Stellvertretung, 1885, S. 91 f. m.w.N. Zum „allgemeinen Willen" und ähnlichen Formulierungen siehe oben § 9 C. V. 2.
[40] Siehe zu dieser gleich unten § 13 B. III.
[41] Näher zu dieser unten § 13 C. III.
[42] Stellv. *Müller-Freienfels*, Vertretung, 1955, S. 191.

spektakulär. Denn während juristische Personen keinen Willen haben, sondern ein – wenn auch auf realen Verhältnissen aufbauendes – rechtliches Gedankenkonstrukt sind,[43] vertreten die Eltern von Geburt an Personen, denen anfangs jeglicher und später zumindest ein inhaltlich überzeugender Wille fehlen wird.[44] Nun kann man sich dieses Problems der gesetzlichen Stellvertretung elegant dadurch entledigen, dass man dieses weithin anerkannte Institut – wie auch bei anderen Problemen gerne praktiziert –[45] einfach für privatrechtsfern und deshalb zivilrechtlich nicht begründungsbedürftig erklärt. Doch scheint das eher der dogmatischen Begründungsnot als einer unbefangenen Sicht dessen geschuldet, was zu unserem Vertragsrecht gehört.[46]

Aber auch die gewillkürte Stellvertretung kennt zahlreiche Konstellationen, in denen der Wille des Vertretenen fehlt, sich verändert oder zumindest in irgendeiner Form defekt ist. Stirbt der Vollmachtgeber vor Vertragsschluss (Fall 222), verliert er seine Geschäftsfähigkeit (Fall 221) oder ändert er noch kurz vorher seinen Willen (Fall 223), braucht es zumindest einigen Begründungsaufwand, um darzulegen, dass die Erklärung des Vertreters seinem Willen bei Vertragsschluss entspricht.[47] Betont man etwa, dass die Abgabe der Willenserklärung bereits mit Vollmachtserteilung erfolge, provoziert das wiederum ganz neue Probleme beim Vertragsschluss. Im Ergebnis lässt sich damit von vornherein nicht argumentieren, warum solche Verträge nicht vielleicht doch wirksam sein könnten.

Genauso widerspricht es zumindest mancher Rechtsordnung, wenn in Fall 209 selbst eine völlig geschäftsunfähige Person zur Vertretung in der Lage wäre – und doch wäre das die Konsequenz der Geschäftsherrentheorie, die im Vertreter allein ein Übermittlungswerkzeug sieht.[48] Dementsprechend wären auch Irrtum oder Bösgläubigkeit des Vertreters irrelevant – ein Ergebnis, das zumindest dort auf wenig Begeisterung stößt, wo der Vertreter wie in Fall 216 einen großen Spielraum wahrnimmt.[49] Was hier fehlt, ist eine dogmatisch nachvollziehbare und sachlich stimmige Herleitung der Unterscheidung, die wir beispielsweise mit dem Begriffspaar Bote und Stellvertreter verbinden, und mit der nicht zuletzt entschieden wird, auf wessen Wollen, Kenntnisse oder Geschäftsfähigkeit wir jeweils abstellen. Gleiches gilt für die vielfältigen

---

[43] Zum hier nicht interessierenden Streit um die Rechtsnatur juristischer Personen vgl. oben § 9 Fn. 19.
[44] Allgemein zur Minderjährigkeit siehe unten § 17 E.
[45] Vgl. nur oben § 4 D. II. 2. a) mit weiteren Verweisen sowie näher unten § 13 C. III. 2.
[46] Näher unten § 13 C. III. 2.
[47] Zutr. *Schlossmann*, Der Vertrag, 1876, S. 125, vgl. dazu auch *Müller-Freienfels*, Vertretung, 1955, S. 9, 108 f. mit interessanten rechtsvergleichenden Ausführungen.
[48] Zutr. *Mitteis*, Stellvertretung, 1885, S. 94 f.
[49] Näher unten § 13 C. I. 2. *Mitteis*, Stellvertretung, 1885, S. 94 m.w.N. überzeugt es zu Recht wenig, wenn dieses Problem durch die Annahme gelöst werden soll, dass der Wille des Vertretenen eben alle Determinanten des Vertreterwillens in sich aufnehme.

Formvorschriften, bei denen mal auf den Vertreter und mal auf den Vertretenen abzustellen ist.[50] Jeder Ansatz, der sich hier von vornherein auf nur eine Person als maßgeblich fixiert, ist zu solchen Unterscheidungen außerstande.

III. Repräsentationstheorie

1. Grundidee

Während die Geschäftsherrentheorie ganz auf den Vertretenen abstellt, macht es die Repräsentationstheorie genau umgekehrt. Für sie ist allein der Vertreter die juristisch maßgebliche Figur, deren Handeln allerdings – anders als noch bei *Puchta* – den Vertretenen direkt berechtigen wie verpflichten soll.[51] Damit ist es hier auch dieser Vertreter, in dessen Person die vertraglichen Wirksamkeitsvoraussetzungen (Wille, Geschäftsfähigkeit etc.) erfüllt sein müssen. Es werden also von vornherein zumindest diejenigen Fiktionen vermieden, die immer dann entstehen, wenn man vom Vertretenen verlangt, all das zu wollen oder zu erklären, was letztlich den Vertragsinhalt in all seinen Details ausmacht. Heutzutage kann die Repräsentationstheorie zumindest in Europa als klar dominierend angesehen werden.[52]

2. Fiktivität

Allerdings fragt sich, ob es dieser Ansatz überhaupt verdient, als Theorie bezeichnet zu werden. Schließlich besteht die dogmatische Herausforderung bei der Stellvertretung darin, die unmittelbare Wirkung der Stellvertretung zu begründen – und sie nicht einfach nur zu behaupten. So verwundert es dann auch nicht, wenn gegen die Repräsentationstheorie genau diejenigen Einwände aufgeführt werden, die generell gegen eine Stellvertretung sprechen,[53] oder aber doch wieder Argumente auftauchen, die der Geschäftsherrentheorie nahe stehen.[54] So bindet eine Willenserklärung für gewöhnlich nur die Person, die diesen Willen erklärt. Verträge zu Lasten Dritter sind unwirksam.

---

[50] Vgl. dazu etwa *Mitteis*, Stellvertretung, 1885, S. 94.
[51] Stellv. *Buchka*, Stellvertretung, 1852, S. 206; *Unger*, System, Bd. 2, 5. Aufl. 1892, S. 129 ff. (§ 90) jew. m.w.N. Zu weiteren Vertretern vgl. etwa die Darstellung bei *Mitteis*, Stellvertretung, 1885, S. 97 ff. sowie rechtsvergleichend *Müller-Freienfels*, Vertretung, 1955, S. 12.
[52] Siehe zu diesem Befund nur *Müller-Freienfels*, Vertretung, 1955, S. 13.
[53] Vgl. dazu nur *Mitteis*, Stellvertretung, 1885, S. 90, 92, 99, passim m.w.N. sowie allgemein dazu oben § 13 A. II.
[54] Dass die Wirkungen des Geschäfts den Vertretenen treffen, soll etwa nach *Enneccerus/Nipperdey*, Allgemeiner Teil, Hbd. 2, 15. Aufl. 1960, S. 1115 (§ 182 II) „... auf dem (ausdrücklich oder stillschweigend erklärten) Willen der handelnden Personen und auf dem Gesetz, das diesen Willen anerkennt ..." beruhen.

Anders formuliert scheitert die Repräsentationstheorie an dem einfachen Umstand, dass es eine „Vertretung im Willen" nicht gibt, es sich dabei um einen Mystizismus[55], etwas Unmögliches[56] handelt. Das Willensdogma scheitert bei der Stellvertretung,[57] die Psychologie weiß nichts von einem derartigen Phänomen.[58] Ein Wille kann genauso wenig von einer Person auf eine andere überspringen oder mit einem anderen Willen verschmelzen,[59] wie man sich den Kopf abreißen und einem anderen aufsetzen kann. Dementsprechend kommt man hier aber auch mit dem Zurechnungsgedanken nicht weiter. Denn da es die Zurechnung als reales Phänomen nicht gibt, formuliert diese Begrifflichkeit nur das jeweilige Ergebnis, begründet es aber nicht.[60] Gleiches gilt für Formulierungen dergestalt, dass „nur" die Wirkungen des Rechtsgeschäfts auf den Vertretenen „überspringen".[61] Dabei sei hier auch bemerkt, dass sich dieses Problem nicht auf den meistens im Vordergrund der Diskussion stehenden Willen beschränkt. Genauso wenig wie der Wille kann eine Erklärung von einer Person auf eine andere übergehen. Was der Vertreter erklärt, erklärt nur dieser, nicht der Vertretene.

Demgegenüber trifft ein anderer Einwand speziell die Willenstheorie. So wurde bereits an anderer Stelle dargelegt, dass kaum jemand seine eigene Bindung will – auch nicht bei Vertragsschluss –, sondern allenfalls in die ihm unangenehme Bindung einwilligt.[62] Beim Vertreter treten diese Unstimmigkeiten nun besonders deutlich hervor. Denn gerade bei fortschreitender Arbeitsteilung und Kommerzialisierung wird es diesem Vertreter oft herzlich egal sein, ob der Vertretene durch sein Handeln Rechte oder Pflichten erlangt. Er wird aus eigenen Motiven heraus agieren. Vielleicht wünscht er sich geradezu, dass der Vertretene trotz der Vertretung keine Rechte erwirbt, oder er tut einfach nur seine Pflicht. Es rächt sich hier also gewissermaßen, dass der Wille etwas sehr Individuelles und bisweilen schwer zu Kontrollierendes ist. Auch hier wird der Begriff des Wollens also reichlich strapaziert. Wie so oft hülfe es dabei auch nicht, wollte man dem – warum auch immer – dadurch entgehen, dass man auf die Sicht des Erklärungsempfängers abstellt. Zum einen mag der Vertreter offenherzig über seine Motivationslage sprechen, ohne dass unser

---

[55] *Flume*, FS Deutscher Juristentag, Bd. 1, 1960, S. 135, 164.
[56] *Pawlowski*, JZ 1996, 125, 125.
[57] *Schlossmann*, Der Vertrag, 1876, S. 124.
[58] *Ehrenzweig*, Rechtsgrund, 1889, S. 49.
[59] Instruktiv *Thöl*, Das Handelsrecht, Bd. 1, Bd. 1, 6. Aufl. 1879, S. 237 (§ 70), vgl. auch die bei *Müller-Freienfels*, Vertretung, 1955, S. 217 wiedergegebenen Ansichten.
[60] Vgl. dazu auch die Verweise oben in Fn. 34. Weshalb dann beispielsweise *Bork*, Allgemeiner Teil, 3. Aufl. 2011, S. 521 f. (§ 30 C II, Rn. 1325) ausführt, dass sich ein Zurechnungsgrund aus der Erteilung der Vertretungsmacht ergeben könne. Doch führt das wieder zu den Schwierigkeiten der Geschäftsherrentheorie, vgl. oben § 13 B. II. 2.
[61] Zu dieser Auffassung siehe bereits oben Fn. 51.
[62] Oben § 9 C. I. 2.

Vertragsrecht die Vertretung daran scheitern ließe. Zum anderen ist die hier geschilderte, typische Interessen- und Willenslage genauso einem Dritten bekannt.

Im Ergebnis beruht also auch die Repräsentationstheorie auf einer Fiktion, was von vielen ihrer Vertreter offen eingeräumt wird.[63] Diese Konstruktion ist keine tragfähige Begründung, da man Fiktionen nicht überprüfen, nicht subsumieren und so ein bestimmtes Ergebnis nur behaupten oder beschreiben kann. Noch am ehesten kann sich dies der Gesetzgeber leisten und die Begründung dessen, was sich praktisch als sachgerecht erwiesen hat, der Wissenschaft überlassen. Doch treten die so verdrängten dogmatischen Probleme erfahrungsgemäß schnell wieder ans Tageslicht, was sich etwa im deutschen Recht an § 166 BGB zeigt.

3. Unstimmigkeiten

Erwies sich die Repräsentationstheorie nur als bloße Behauptung, nicht aber als ein ernsthafter Begründungsansatz, so fragt man sich, warum gerade sie es schaffte, sich durchzusetzen.[64] Die Antwort dürfte darin liegen, dass sie einerseits anders als etwa noch *Puchta* eine direkte Stellvertretung für möglich erklärt und damit einem praktischen Bedürfnis entspricht.[65] Zum anderen führt sie zu uns eher überzeugenden Ergebnissen dort, wo dem Vertreter wie so oft ein erheblicher Handlungsspielraum zukommt. Insbesondere leuchtete es schon immer ein, dass bei der Stellvertretung für Geltung und Inhalt des Vertrags vor allem Wille und Vorstellungen des Vertreters entscheidend sind.[66]

Andererseits stößt dieser Ansatz naturgemäß dort auf Schwierigkeiten, wo der Vertretene seinerseits einen erheblichen Entscheidungsbeitrag leistet und sich beispielsweise ein Irrtum wie in Fall 214 bzw. eine Bösgläubigkeit wie in Fall 215 dort und nicht beim Anteil des Vertreters auswirkt.[67] Wo die Geschäftsherrentheorie dadurch „überzieht", dass sie allein den Vertretenen für maßgeblich erklärt, verfällt die Repräsentationstheorie ins andere Extrem und

---

[63] Stellv. *Buchka*, Stellvertretung, 1852, S. 206 („Das eigentümliche Wesen der Repräsentation des Prinzipals durch den Prokurator besteht ... darin, dass die Wirkungen des Vertrages vermöge rechtlicher Fiktion auf den ersteren bezogen werden, obgleich die Handlung, durch welche der Vertrag zu Stande gebracht wird, eine für ihn fremde ist."), *Windscheid*, Pandektenrecht, Bd. 1, 1862, S. 158 f. (§ 73, dort auch Fn. 16: „... die gleiche [Wirkung], als hätte dieser sie selbst abgegeben."; „... es wird für die rechtliche Beurteilung angenommen, dass ... ein Kontrakt wie der des Vertreters vom Vertretenen abgeschlossen worden sei ..."); *Unger*, System, Bd. 2, 5. Aufl. 1892, S. 137 (§ 90 Fn. 29) („Die Annahme dieser Fiktion gewährt m.E. allein die befriedigende und ausreichende Konstruktion der Verhältnisse, welche die Stellvertretung erzeugt ...") jew. m.w.N.

[64] Siehe zu diesem Befund nur oben Fn. 51, 52, 63.

[65] Näher zu diesem unten § 13 C. II. 1.

[66] *Mitteis*, Stellvertretung, 1885, S. 99, 104 spricht hier von einer dieser Theorie „innewohnenden Natürlichkeit".

[67] Näher unten § 13 C. I. 2.

verweigert dem Vertretenen jede eigenständige Rolle bei der Vertragsfindung.[68] Diese Einseitigkeit rächt sich dabei nicht nur bei diversen Willensmängeln, sondern etwa auch dort, wo eine Formvorschrift oder auch eine international-privatrechtliche Anknüpfungsregel nach ihrem Sinn und Zweck besser dadurch verwirklicht wird, dass man hier auf den Vertretenen abstellt.[69] Weiterhin lässt sich so zumindest schwerer erklären, warum in manchen Rechtsordnungen selbst Minderjährige vertretungsbefugt sein sollen (vgl. Fall 210).

Schließlich wird nicht hinreichend gewürdigt, dass der Vertreter trotz seiner zentralen Rolle beim Vertragsschluss in vielerlei Hinsicht doch nur in zweiter Reihe steht und mit seinen Zielen und Vorstellungen denen des Vertretenen untergeordnet bleibt.[70] Fall 218 verdeutlicht das anschaulich: Will der Vertretene den Grauschimmel Herkules kaufen und der Verkäufer dieses Pferd verkaufen, so leuchtet es jedermann ein, dass genau das zum Vertragsinhalt werden sollte, selbst wenn der Vertreter ein anderes Pferd (den Apfelschimmel Herkules) erwerben wollte, aus Versehen jedoch dem Dritten gegenüber erklärt, den Grauschimmel Herkules zu kaufen.[71] Wenngleich also der Wille des Vertreters regelmäßig genau wie der Wille einer normalen Vertragspartei ein wichtiges Indiz für den richtigen Vertragsinhalt bildet, ist der Vertreterwille deshalb dem Willen des Vertretenen untergeordnet, weil auch die Ziele und Interessen des Vertreters denen des Vertretenen untergeordnet sind.

C. *Rechtfertigungsprinzip*

I. Vertragsinhalt

1. Verteiltes Entscheiden

Es gehört zu den vielen Defiziten des klassischen Vertragsdenkens, selbst bei der Stellvertretung gedanklich noch bei einer Person zu verhaften – sei das der Vertreter (Überleitungs- und Repräsentationstheorie) oder der Vertretene (Geschäftsherrentheorie). In Wahrheit verhält es sich jedoch oft anders, arbeiten nämlich Vertreter und Vertretener gemeinsam an der Bestimmung des Vertragsinhalts. Umso erfreulicher ist es, wenn sich bereits früh Stimmen finden, die diese Einsicht mehr oder weniger deutlich formulieren. Noch etwas unklar und bisweilen der Geschäftsherrentheorie anhaftend[72] spricht *Thöl* von einem dreifachen Willen, einer dreifachen Willenserklärung und einem dreiseitigen

---

[68] Zutr. *Mitteis*, Stellvertretung, 1885, S. 105.
[69] Vgl. dazu *Mitteis*, Stellvertretung, 1885, S. 104, 106 sowie unten § 13 C. I. 2.
[70] Näher unten § 13 C. II. 4.
[71] Siehe dazu *Mitteis*, Stellvertretung, 1885, S. 104 f. sowie unten § 13 C. I. 2.
[72] So soll nach *Thöl*, Das Handelsrecht, Bd. 1, 6. Aufl. 1879, S. 237 f. (§ 70) in Folge des fremden präzisen Vertragswillens des Vertreters ein solcher des Vertretenen entstehen.

Vertrag,[73] an anderer Stelle von zwei Verträgen mit dem Dritten[74] und andernorts wenig überzeugend davon, dass der Stellvertreter der Erzeuger, nicht bloß Träger des Willens des Vertretenen sei.[75] Schon sehr viel deutlicher betont *Mitteis*, dass der Wille des Vertretenen ein wesentlicher Faktor auch für den Vertragsinhalt sei und es keineswegs immer ausreiche, die Rechtswirkungen allein aus dem Willen des Vertreters herzuleiten.[76] Entscheidend sei vielmehr das gemeinsame Zusammenwirken beider Personen, so dass man den realen Sachverhalt fehlerhaft verkürze, wenn man die Perspektive nur auf eine Person beschränkt.[77] Dabei weist er zutreffend darauf hin, dass sich der Wille als reales Phänomen dergestalt „geteilt" denken lässt, dass sich zwei Personen über den richtigen Inhalt Gedanken machen und diesen gemeinsam beeinflussen, wobei je nach Situation und Vertragsinhalt mal die eine und mal die andere Person größeren Einfluss nehmen wird.[78] Versucht man hingegen, den gesamten Vertragsinhalt auf den Willen nur einer Person – Vertretener oder Vertreter – zu beziehen, landet man unweigerlich immer dann bei einer Fiktion, wenn ein Inhalt von der jeweils anderen Person festgelegt wurde.[79]

2. Entscheidungsdefizite

So hilfreich es ist, mit dem Vertreter noch eine weitere Person in die vertragliche Entscheidungsfindung einzubeziehen, schafft das natürlich auch Probleme, die über den einfachen Vertragsschluss hinausgehen. Grob gesprochen kann hier mehr schief gehen. Denn wenn es drei verschiedene Personen sind, die den Vertragsinhalt bestimmen, stellen sich auch für jedes mit Rechtsetzungskompetenz bedachte Individuum Probleme, wie sie in der Vertragstheorie typischerweise für die Vertragsparteien diskutiert werden. Genauso wie wir eine kumulierte Entscheidungsfindung haben, können auch allen daran Beteiligten beispielsweise Irrtümer unterlaufen. Wir benötigen damit Rahmenbedingungen, die dafür sorgen, dass auch ein dermaßen „zusammengestückelter" Vertragsinhalt größtmöglich dem Rechtfertigungsprinzip entspricht.[80]

---

[73] *Thöl*, Das Handelsrecht, Bd. 1, 6. Aufl. 1879, S. 210 (§ 62).
[74] *Thöl*, Das Handelsrecht, Bd. 1, 6. Aufl. 1879, S. 229 f. (§ 69).
[75] *Thöl*, Das Handelsrecht, Bd. 1, 6. Aufl. 1879, S. 239 (§ 70).
[76] *Mitteis*, Stellvertretung, 1885, S. 109.
[77] *Mitteis*, Stellvertretung, 1885, S. 88 f., 110, 119.
[78] *Mitteis*, Stellvertretung, 1885, S. 112. Wenn *Müller-Freienfels*, Vertretung, 1955, S. 14 dagegen argumentiert, dass es offensichtlich unhaltbar, ja nicht denkbar sei, dass „die Vertretungsfolge" mehr oder weniger durch eine Willenserklärung begründet werde, so kennt jede Rechtsänderung nun einmal zahlreiche Inhalte, die sich unterscheiden und unterschiedlich zuordnen lassen.
[79] Näher oben § 13 B. II. 2.
[80] Dabei bedarf es eines Irrtumsrechts nicht nur für die Vertragsparteien und den Vertre-

Dabei ist zunächst zu beantworten, wie es sich auswirkt, wenn nur der Vertreter oder nur der Vertretene einem Irrtum unterliegt, der normalerweise – also ohne Stellvertretung – beachtlich ist. Das wirft insofern noch überschaubare Probleme auf, als sich die Risiken hier nicht signifikant erhöhen, sondern eher nur auf nunmehr zwei Personen verteilen. Hat man sich verdeutlicht, dass verschiedene Aspekte des Vertragsinhalts oft auf unterschiedliche Personen zurückgehen,[81] lässt sich das, was für den Vertragsinhalt etwa im deutschen Recht in § 166 BGB eine unbefriedigende, ja andauernd Unsicherheit provozierende Lösung gefunden hat, recht unkompliziert bewältigen: Beruft sich der Vertretene auf einen Irrtum oder sonstige Defekte in der Willensbildung, so ist zu fragen, ob der beanstandete Vertragsinhalt auf die Entscheidung des Vertreters oder die des Vertretenen zurückgeht, um dann in dieser Person zu prüfen, ob die Voraussetzungen beispielsweise eines Lösungsrechts vorliegen. So setzt diese Lösung den Dritten nicht einer merklich größeren Unsicherheit aus, als er das ohne eine Stellvertretung zu befürchten hätte.[82] Zwar kann sich der Vertreter naturgemäß irren, genauso kann er aber auch Irrtümer des Vertretenen korrigieren. Im Ergebnis lässt sich also relativ zwanglos erklären, warum das Recht bei Defiziten in der Entscheidungsfindung mal auf den Vertreter und mal auf den Vertretenen abstellt.

Davon zu trennen ist die Frage nach dem Willensvorrang. Hat beispielsweise der Vertreter etwas anderes erklärt als gewollt, damit aber zufällig den Willen des Vertretenen getroffen (Fall 218),[83] besteht – ähnlich wie bei einer *falsa demonstratio* oder einem erkannten Irrtum –[84] kein Grund, den Vertrag nicht mit dem von Vertretenem und Drittem gewollten Inhalt gelten zu lassen. Denn aufgrund der klaren hierarchischen Unterordnung des Vertreters unter die Interessen des Vertretenen ist der Wille des Vertretenen ein stärkeres Indiz für dessen Interessen als der des Vertreters, so dass jedenfalls dann allein auf den Willen des Vertretenen abgestellt werden kann, wenn sich dieser mit dem des Dritten deckt.[85]

Demgegenüber scheinen sich bei Formvorschriften gewisse praktische Probleme zu ergeben,[86] lässt sich hier regelmäßig nicht nach einzelnen Vertragsinhalten unterscheiden. Ordnet das Recht etwa die notarielle Beurkundung an,

---

ter, sondern für sämtliche den Vertragsinhalt setzende Parteien wie sogar Richter, Gesetzgeber oder die die Sitte prägenden Verkehrskreise, näher dazu unten § 17 A.

[81] Näher oben § 2 B. I. 4.; § 8 B.

[82] Anders verhält es sich bei Irrtümern über die Kompetenzverteilung, näher dazu unten § 13 C. IV. 2.

[83] Vgl. dazu bereits oben § 13 B. III. 3.

[84] Näher unten § 17 B.

[85] *Müller-Freienfels*, Vertretung, 1955, S. 89, 91 spricht hier treffend von einer sekundären Zuständigkeit des Vertreters gegenüber dem Vertretenen, die es allerdings erst stimmig zu begründen gilt.

[86] Siehe zu diesen *Mitteis*, Stellvertretung, 1885, S. 94, passim.

so erscheint es wenig praktikabel, je nach Vertragsinhalt mal den Vertreter und mal den Vertretenen vor dem Notar erscheinen zu lassen. Doch ist das auch nicht notwendig. Denn wenn der Vertreter vor dem Notar sitzt und von diesem insgesamt belehrt wird, warnt und belehrt das den Vertreter auch zwangsläufig hinsichtlich des gesamten Vertragsinhalts. Die Formvorschrift bewirkt hier also lediglich, dass Vertretener und Vertreter etwas weniger frei als sonst sind, was die interne Arbeitsteilung anbelangt.

II. Vertretungsmacht

1. Arbeitsteilung

Nach dem Rechtfertigungsprinzip sollte eine rechtliche Einbuße so weit erfolgen, wie dies notwendig ist, um den so Betroffenen seinen eigenen Zielen näherzubringen. Das gilt für sämtliche bei der Stellvertretung beteiligten Personen – einschließlich der des Stellvertreters. Daran hat sich auch die mit „Stellvertretung" benannte rechtliche Kompetenzverteilung auszurichten. Stellvertretung ist der rechtliche Rahmen einer auf das Rechtfertigungsprinzip zugeschnittenen Arbeitsteilung. In modernen Gesellschaften ist diese nahezu unverzichtbar.[87] Dabei ist sie gerade deshalb so bedeutsam und vertragsrechtlich zulässig, weil sie eine Wertschöpfung erlaubt, welche die mit Arbeitsteilung auch verbundenen Nachteile überwiegen. Immerhin beschwört die Stellvertretung oft Interessenkonflikte herauf, kann die Motivation schwächen und das Verantwortungsbewusstsein verringern.[88]

2. Kompetenzen

Die schlichte Einsicht, dass bei der Stellvertretung gleich mehrere Personen den Vertragsinhalt festlegen, bedeutet nichts anderes, als dass jede Vertragstheorie begründen muss, warum welcher Person wann und wofür eine Kompetenz zusteht. Dass das Vertragsrecht dabei auch über die Stellvertretung hinaus durch eine ausgeklügelte Kompetenzverteilung gekennzeichnet ist, wurde bereits mehrfach erwähnt.[89] Deshalb geraten klassische Konzepte wie die Willens- oder Erklärungstheorie überall dort in unlösbare Schwierigkeiten, wo nicht nur die Vertragsparteien bei Vertragsschluss über den Vertragsinhalt entscheiden – man denke etwa an die Werbung, Gesetzes- und Richterrecht, Allgemeine Geschäftsbedingungen, staatlich gesetzte Vertragsinhalte oder Sitte, Übung und Brauch. Es muss dann versucht werden, all dieses von Fremden gesetzte Recht als letztlich doch von den Vertragsparteien gewollt

---

[87] Zu deren Vorteilen siehe nur oben § 8 B.
[88] Siehe zu diesen Nachteilen einer Arbeitsteilung etwa *Müller-Freienfels*, Vertretung, 1955, S. 53 oder *Martens*, Willensmängel, 2007, S. 192.
[89] Vgl. etwa oben § 2 B. I. 4.; § 8 B. sowie unten § 13 C. II. 1.

oder erklärt hinzustellen.⁹⁰ Für die Stellvertretung gilt nichts anderes, sind die Schwierigkeiten der Geschäftsherrentheorie⁹¹ geradezu beispielhaft für die zahllosen Probleme, die sich zwangsläufig ergeben, wenn man nicht offen ausspricht und von vornherein dogmatisch berücksichtigt, dass sehr viele Personen Vertragsinhalte setzen. Doch weil die Stellvertretung nun einmal geradezu ein Musterbeispiel für die auf mehrere Köpfe verteilte Rechtsetzung bildet, wird das grundlegende dogmatische Problem gerade hier besonders anschaulich.

3. Wertschöpfung „übers Eck"

Zumindest vordergründig haben die an der Stellvertretung beteiligten Personen ganz unterschiedliche Interessen – gerade was den genauen Umfang der Vertretungsmacht anbelangt. Während zumindest der Dritte, bisweilen aber auch der Vertreter, von einer möglichst umfassenden Ausgestaltung zu profitieren scheint, könnte umgekehrt dem Vertretenen damit gedient sein, dass der Vertreter die Kompetenz nur für solche Verträge erhält, die in seinem Interesse liegen. Allerdings gilt dieser Interessengegensatz nur vordergründig, weil wie auch sonst die Nachteile sämtlicher Parteien in irgendeiner Form eingepreist werden: Kommt das Recht allein den Interessen des Vertretenen entgegen, wird der Dritte angesichts der damit für ihn verbundenen Unsicherheiten auch nur einen geringeren Preis zahlen. Umgekehrt wird der Vertretene einen Preisaufschlag verlangen, muss er für jedes Handeln seines Vertreters einstehen. Damit geht es also auch bei der Kompetenzverteilung – wie generell im Vertragsrecht – um eine solche Ausgestaltung, welche die Parteien größtmöglich ihren Zielen näherbringt. Die Arbeitsteilung ist also vor allem wertschöpfend zu organisieren. Dabei ist es ein Vorzug des substanziellen Rechtfertigungsprinzips, ein derartiges „Einpreisen übers Eck" überhaupt zu erfassen. Wir sind insofern nicht auf rechtliche Beziehungen zwischen dem Stellvertreter und dem Dritten angewiesen. Diese Einsicht ist nicht nur für die Stellvertretung wichtig, sondern auch für viele andere Rechtsinstitute wie etwa die dogmatisch so herausfordernde Dritthaftung.⁹²

4. Fremdnützigkeit

a) Praktischer Befund

Um die das Stellvertretungsrecht kennzeichnende Kompetenzverteilung zu verstehen, sollte man sich zunächst fragen, was der neu hinzutretende Vertre-

---

⁹⁰ Vgl. nur die Verweise oben in Fn. 32.
⁹¹ Oben § 13 B. II.
⁹² Zu dieser siehe hier nur – ganz unterschiedlich – *Neuner*, JZ 1999, 126; *Kersting*, Dritthaftung, 2007; *Faust*, AcP 210 (2010), 555, 561 ff. jew. m.w.N.

ter idealerweise tun soll. Dabei hilft es wiederum, dieses Rechtsinstitut von dem äußerlich verwandten, allerdings nirgends anerkannten Vertrag zu Lasten Dritter abzugrenzen. Immerhin wird dort genauso eine am Vertragsschluss unbeteiligte Person verpflichtet. Der entscheidende Unterschied liegt jedoch darin, dass der Vertreter bei der Stellvertretung die Ziele des Vertretenen verfolgt und auch nur die Ziele des Vertretenen für den so geschlossenen Vertrag maßgeblich sind. Auch hier zeigt sich, warum kein vertragstheoretisches Konzept ohne den Rückgriff auf die Zwecke auskommt.[93]

Beachtet man die alleinige Maßgeblichkeit der Ziele des Vertretenen, werden auch die für die Stellvertretung zentralen rechtlichen Herausforderungen deutlich: Um das Rechtfertigungsprinzip nicht zu verletzen und einen Vertrag zu Lasten Dritter zu vermeiden, muss darauf hingewirkt werden, dass der Vertreter auch[94] die Ziele des Vertretenen verfolgt. Da wir Menschen dies selten von alleine tun, erfordert das einen darauf abgestimmten Rechtsrahmen.[95] Anders ausgedrückt sind Wille oder Erklärung einer Person an sich nur dann ein getreu dem Subsidiaritätsprinzip taugliches Indiz für die Verwirklichung des Rechtfertigungsprinzips, wenn die wollende und erklärende Person selbst von diesem Handeln betroffen ist.[96]

Das Stellvertretungsrecht löst diese Herausforderung durch eine klare Zuordnung des Vertreters zum Vertretenen. Der Vertreter wird nicht etwa als eine neutrale, vermittelnde Figur ausgestaltet, sondern ist allein einer Vertragsseite zugeordnet, dem „Vertretenen". Diese Einseitigkeit hat den Vorteil, vor allem einfach zu sein. Hierauf können sich alle Parteien wie auch ein Richter oder Gesetzgeber leichter einstellen als auf ein komplexes Pflichtengefüge. Deshalb liegt es oft auch im (wertschöpfenden) Interesse professioneller Beteiligter, wenn ihnen eigennütziges und damit für jedermann klar kalkulierbares Verhalten zugebilligt wird.[97]

Der Vertreter ist allerdings nicht nur dem Vertretenen zugeordnet, sondern diesem auch klar untergeordnet. Die Zusammenarbeit erfolgt nicht gleichberechtigt, sondern hierarchisch, weshalb das Recht klar zwischen Vertreter und Vertretenem unterscheidet. Rechtlich äußert sich das nicht nur darin, dass für den Vertragsschluss allein die Ziele des Vertretenen maßgeblich sind. Genauso deutlich ist das Recht des Vertretenen, ganz allein über die Kompetenzen des

---

[93] Näher zur Relevanz der jeweils verfolgten Ziele oben § 2 A. I.; § 9 D. I.
[94] „Auch" deshalb, weil jeder Mensch bereits definitionsgemäß seine eigenen Ziele verfolgt, das Recht also allenfalls eine Interessenkongruenz von Vertreter und Vertretenem ermöglichen kann, so dass es im eigenen Interesse des Vertreters liegt, die Interessen des Vertretenen zu verfolgen, vgl. dazu auch oben § 2 A. II. 7.; § 3 B. II. 3.
[95] Näher unten § 13 C. II. 4. b).
[96] Näher oben § 8 B. III. 2.
[97] Näher zu solchen Zuschreibungsfragen unten ab § 17 E. III. 6.

Vertreters zu bestimmen.[98] Dementsprechend erschöpft sich auch die Rolle des Vertreters, sobald der rechtliche Gestaltungsprozess abgeschlossen ist.[99]

Diese klare Unterordnung des Vertreters erfordert es, ihn vor ungerechtfertigten, weil nicht zu dessen eigener Verbesserung beitragenden Einbußen zu schützen. Schließlich ordnen sich nur die wenigsten gerne fremden Interessen unter und gilt das Rechtfertigungsprinzip auch für den Vertreter. Sofern sich die Interessen nicht von vornherein decken, wie das beispielsweise im Verhältnis der Eltern zu ihrem Kind sein mag,[100] bedarf es eines Ausgleichs, für den sowohl der Vertretene als auch der Dritte in Betracht kommen. Schließlich sind sie es, die zumindest auch von dieser Arbeitsteilung profitieren. Dabei trifft das Stellvertretungsrecht hier eine klare Vorgabe, als es davon ausgeht, dass es der Vertretene ist, der für diesen Ausgleich sorgt und die Kosten dann gegebenenfalls dem Dritten berechnet. Zwingend ist auch das nicht, könnte schließlich auch der Dritte den Vertreter vergüten oder könnte man es theoretisch auch dem Vertreter gestatten, bei seiner Vertretung selbst für seine Kompensation zu sorgen. Doch vereinfacht es die ohnehin schon komplizierte Stellvertretung, wenn der Vertreter bei seiner Vertretung nur und ausschließlich die Interessen des Vertretenen vertritt und auch nur von diesem den Ausgleich erhält, der seinerseits das Rechtfertigungsprinzip verwirklicht. Denn erstens muss sich der Vertreter ohnehin mit dem Vertretenen auseinandersetzen, ist er doch dessen Interessen untergeordnet. Zweitens werden von vornherein solche komplizierten Abwägungen und Streitigkeiten unterbunden, die immer dann entstehen, wenn der Vertreter nicht nur die Interessen des Vertretenen, sondern zwecks eigener Kompensation auch eigene Interessen vertritt.

Manchem Leser mag die hier ausführlich ausgebreitete Grundstruktur der Stellvertretung banal erscheinen. Doch sollte man auch hier nicht die kulturelle Leistung unterschätzen, die in der Herausbildung einer derart klaren und praktisch funktionsfähigen Form rechtlich organisierter Arbeitsteilung liegt. Nur die klare Zuordnung des Vertreters zum Vertretenen als einer vom Dritten konzeptionell klar getrennten Person mitsamt der daran gekoppelten hierarchischen Unterordnung des Vertreters, der hierfür nur vom Vertretenen den nötigen Ausgleich erhält, ermöglicht es dem Staat, trotz eines immer zu Irritationen Anlass gebenden Dreiecksverhältnisses einigermaßen unkomplizierte, verständliche und justiziable Normen zu erlassen und so die wertschöpfende Arbeitsteilung möglichst reibungslos zu organisieren. Schon das ist anspruchsvoll genug, zumal die Komplexität ohnehin nochmals deutlich steigt, sobald man gar eine gewillkürte Kompetenzverteilung zulässt.[101]

---

[98] Näher zur gewillkürten Vertretungsmacht unten § 13 C. IV.
[99] Zutr. *Müller-Freienfels*, Vertretung, 1955, S. 55.
[100] Näher zur gesetzlichen Stellvertretung unten § 13 C. III.
[101] Näher unten § 13 C. IV.

b) Rechtliche Umsetzung

Hat man im Interesse einer bewusst einfach gehaltenen Grundstruktur akzeptiert, dass der Stellvertreter bei seiner Vertretung allein die Interessen des Vertretenen verfolgen sollte, weil sowohl der Dritte als auch der Vertreter für sich selbst sorgen können, lässt sich darauf eine passende Kompetenzverteilung zuschneiden. Dabei können wir auf genau diejenigen Indizien zurückgreifen, die für die vertragliche Arbeitsteilung generell hilfreich sind. Dazu gehören insbesondere die Interessenlage der entscheidenden Person sowie deren Kenntnisse und Fähigkeiten, der aufzubringende Energieaufwand und eher situative Gesichtspunkte wie die jeweilige Sachnähe.[102]

aa) Person

Es ist sicher kein Zufall, wenn der Staat die fehlenden Fähigkeiten von Minderjährigen, ihre Rechte selbst zu schützen, vor allem dadurch ausgleicht, dass er deren Eltern damit betraut, sie zu vertreten. Schließlich stimmen hier nicht nur die Interessen noch am ehesten überein. Vor allem sind diese Eltern auch regelmäßig bereit, für diese Kinder tätig zu werden, ohne dass man ihnen einen finanziellen Ausgleich – mitsamt den damit verbundenen Interessenkonflikten – gewähren müsste. Außerdem stehen diese Eltern ihren Kindern auch sonst noch am nächsten und können meistens sehr viel besser beurteilen, was für rechtliche Einbußen im Interesse ihrer Abkömmlinge notwendig sind. Und sofern besonders gravierende Entscheidungen anstehen, kann sich der Staat immer noch einschalten.[103]

bb) Anreize

Leider finden sich in vielen Lebenslagen nicht immer so leicht Personen, die geneigt sind, fremde Interessen wahrzunehmen oder das gar unentgeltlich zu tun. Umso wichtiger sind daher Instrumente, mit denen die Umwelt so verändert werden kann, dass fremde Interessen mit den eigenen möglichst übereinstimmen. Heutzutage spricht man hier von Anreizen. Der Vorteil dieses Instruments liegt nicht zuletzt darin, den Vertretenen zu schützen, ohne dass dies mit denjenigen Nachteilen einhergeht, die für eine Beschränkung der Vertretungsmacht typisch sind.[104]

In der Sache unterscheidet man dabei gemeinhin zwischen Zuckerbrot und Peitsche. So kann man den Vertreter einerseits vielfältig dafür belohnen, dass er sich wie erwünscht verhält. Oder man sorgt etwa mit Haftungsvorschriften dafür, dass der Vertreter es nicht wagt, etwas anderes zu tun, als auch die Interessen des Vertretenen zu wahren. Dabei liegt es getreu dem Subsidiaritäts-

---

[102] Näher oben § 8 B. III.
[103] Vgl. für das deutsche Recht etwa die §§ 1821 f. BGB.
[104] Dazu gleich unten § 13 C. II. 4. b) cc).

prinzip oft nahe, zumindest dieses Innenverhältnis durch den Vertretenen und den Vertreter selbst ausgestalten zu lassen, sie also insbesondere einen Vertrag hierüber schließen zu lassen.[105]

cc) Kompetenz

Gerade wenn eine Person nicht zwingend auf die Vertretung angewiesen ist, weil sie auch selbst handeln kann, liegt es nahe, die Vertretungsmacht von solchen Verträgen auszunehmen, die auf Seiten des Vertretenen zu unnötigen Einbußen führen. Im Extremfall ließe sich hier anordnen, dass die Vertretungsmacht nur den Abschluss solcher Verträge umfasst, die das Rechtfertigungsprinzip bestmöglich verwirklichen. Der Preis für eine solche Rigorosität wäre allerdings groß. Zum einen ist auch hier das Subsidiaritätsprinzip zu beachten, da nicht nur die selbst betroffene Partei, sondern auch der Vertreter, oft besser als der Staat weiß, was im Interesse des Vertretenen liegt. Ein gewisser Spielraum des Vertreters ist also schon deshalb erwünscht, weil der Vertretene das Rechtfertigungsprinzip noch am besten verwirklichen kann.

Aber noch aus einem anderen Grund ist es alles andere als wertschöpfend, jedes Geschäft von einer detaillierten, nochmaligen Prüfung des Staats abhängig zu machen. Denn schließlich hat der Dritte ein eigenes, oft erhebliches Interesse an der Gültigkeit des abgeschlossenen Vertrags. Wie noch übergreifend für Irrtümer zu illustrieren sein wird, liegt es nicht im Interesse beider Vertragspartner, die für den Dritten eintretenden Vorteile auch dann zu opfern, wenn diese den dem Vertretenen drohenden Nachteil deutlich überwiegen.[106] Einmal mehr darf nicht übersehen werden, dass jeder Vor- oder Nachteil, den die jeweilige Reichweite der Vertretungsmacht dem Dritten beschert, auch einen Vor- oder Nachteil des Vertretenen bildet, da all das regelmäßig eingepreist wird.[107] Es würde einmal mehr auch die Rechte des Vertretenen verletzen, weil völlig unnötig einschränken, nicht auch bei der vertraglichen Kompetenzverteilung möglichst wertschöpfend vorzugehen. Dabei ist auch zu berücksichtigen, dass sich der Vertreter mit den zuvor erwähnten Anreizen oft sehr genau steuern lässt, ohne dass man sich die für eine Beschränkung der Vertretungsmacht typischen Nachteile einhandelt.

Deshalb zeichnet sich unser Vertragsrecht auch durch möglichst klare, stark formalisierte und für Dritte gut einschätzbare Vertretungsregeln aus. Dabei hat die gesetzliche Stellvertretung den Vorteil, dass bereits gesetzlich und damit für jedermann relativ leicht ersichtlich festgelegt werden kann, wie weit die Vertretungsmacht reicht. Und selbst wenn es nur die Rechtsprechung ist,

---

[105] Allgemein zum Subsidiaritätsgrundsatz oben § 8 E. II. 2. Zur Subsidiarität bei der Ausgestaltung der Vertretungsmacht siehe gleich unten § 13 C. IV.
[106] Näher unten § 13 C. IV. 2. b) sowie allgemein unten § 17 C. II. 2. b) jeweils mit weiteren, durchaus auch hier einschlägigen Aspekten.
[107] Allgemein dazu unten § 19 C. IV. 2. b) aa).

die etwa über Generalklauseln den Umfang der Vertretungsmacht bestimmt, bleibt es noch einigermaßen klar, wie weit man sich auf einen Vertreter verlassen kann. Wo allerdings die Interessen des Vertretenen allzu stark gefährdet sind oder ein Dritter deren Missachtung ohne Weiteres erkennen kann, wird die Vertretungsmacht dann auch entzogen. Nicht ohne Grund wird etwa im deutschen Recht § 181 BGB, der das sogenannte Insichgeschäft verbietet, als „formale Ordnungsvorschrift" charakterisiert und nur behutsam auf weitere, klar definierbare Fallgruppen erweitert (vgl. Fälle 224, 226).[108] Genauso kennt man mit dem sogenannten Missbrauch der Vertretungsmacht ein Institut, bei dem der Dritte vom Überschreiten seiner internen Befugnisse weiß bzw. sich dieser Kenntnis grobfahrlässig verschließt (Fall 225).[109] Nicht durchsetzen konnte sich demgegenüber die früher in manchen Ländern verbreitete *ultra vires*-Doktrin, die gewissermaßen für einen Gleichlauf von interner Handlungsbefugnis und äußerer Vertretungsmacht sorgte – gerade weil sie die Interessen des Dritten und damit letztlich auch jene des Vertretenen missachtete.[110] Ganz ähnliche Probleme stellen sich schließlich dort, wo die Vertretungsmacht gewillkürt ist, also vom Vertretenen selbst festgelegt werden kann. Darauf wird noch zurückzukommen sein.[111]

III. Gesetzliche Stellvertretung

1. *Irrelevanz des Willens des Vertretenen*

Besteht bei der gewillkürten Stellvertretung zumindest noch die Versuchung, die Verpflichtung und Berechtigung durch einen Fremden auf den Willen und damit eine Selbstbestimmung des Vertretenen zurückzuführen,[112] zerplatzt dieser Traum offensichtlich bei der gesetzlichen Stellvertretung, was diese Variante schon deshalb aufschlussreich macht. Schließen die Eltern wie in Fall 219 für ihr neugeborenes Kind einen Vertrag ab, so wird man bereits daran zweifeln, ob der so Vertretene überhaupt einen Willen hat. Jedenfalls wird dessen Autorität begrenzt sein.[113] Völlig außer Zweifel steht das Fehlen jeglicher Willensautonomie bei juristischen Personen (vgl. Fall 220), die nicht so wie menschliche Wesen wollen, wissen oder handeln können.[114] Wenn *Savigny* bei handlungsunfähigen Personen von einem allgemeinen, den Willen die-

---

[108] Stellv. BGH, Beschl. v. 9.7.1956, BGHZ 21, 229; BGH, Urt. v. 23.2.1968, NJW 1968, 936 jew. m.w.N.
[109] Siehe dazu etwa *Schmidt*, MüKo HGB, 2. Aufl. 2006, § 126 BGB.
[110] Siehe dazu etwa rechtsvergleichend *Baumann*, Handelsgesellschaften, 1961, S. 72 ff. Im Vereinigten Königreich wird diese Doktrin insbesondere durch sec. 31 und 39 des Companies Act 2006 stark eingeschränkt.
[111] Unten § 13 C. IV. 2.
[112] Vgl. oben § 13 B. II.
[113] Allgemein zur Geschäftsunfähigkeit unten § 17 E.
[114] Vgl. dazu bereits oben § 13 B. II. 3.

ses Vertretenen ersetzenden Rechtsverhältnis spricht,[115] so genügt das als Erklärung jedenfalls nicht. Vielmehr leuchtet es ein, wenn nicht nur *Binder* zur Unmöglichkeit, über die Vollmacht das Geschäft des Vertreters als ein Geschäft des Vertretenen zu konstruieren, auf eben jene gesetzliche Stellvertretung verweist.[116] Doch scheitert an der gesetzlichen Stellvertretung nicht nur die Geschäftsherrentheorie[117] mitsamt den ihr stark verwandten Ansätzen,[118] sondern genauso die Kombinationstheorie.[119]

2. Abstoßungsreaktionen

Was macht man nun mit einer Theorie, die mit der gesetzlichen Stellvertretung einen praktisch äußerst bedeutsamen Bereich unseres Privatrechts nicht erfassen kann? Nun, da niemand gerne die zumindest partielle Unzulänglichkeit der eigenen Theorie eingesteht, muss stattdessen auf der anderen Seite der Gleichung operiert werden – und das ist die unangenehme Realität des geltenden Rechts. Diese lässt sich zwar nicht aus der Welt schaffen, wohl aber als dem Untersuchungsgegenstand nicht zugehörig wegdefinieren – ein Argumentationsmuster, das uns bereits öfters begegnet war und noch begegnen wird.[120] Notfalls muss dafür dann auch schweres Geschütz aufgefahren werden. Dass selbst ausgewiesene Kenner des Stellvertretungsrechts nicht vor solchen methodisch zweifelhaften Abwehrreaktionen gefeit sind, zeigt sich besonders anschaulich in der Argumentation von *Müller-Freienfels*, der das Institut der gesetzlichen Stellvertretung für schlichtweg überflüssig erklärt.[121] Nicht einmal die entscheidenden Merkmale des Rechtsgeschäfts seien erfüllt.[122] Vielmehr wird für die gesetzliche Stellvertretung nicht nur ein grundsätzlicher (heute würde man sagen: kategorialer) Unterschied behauptet, der sich durch keine Einheitsdogmatik verdecken lasse,[123] sondern das nicht erklärbare Phänomen gleich noch vom Privat- ins öffentliche Recht verschoben: In Wahrheit werde hier private durch amtliche Zuständigkeit ersetzt, bevormundet und nicht selbstgestaltet, trete der Staat als übergeordnete Schutz- und Aufsichtsautorität auf, der wohlfahrtsstaatlich-patriarchalisch amtsartig oktroyierend andere zwinge, etwas für die Gebrechlichen und Abwesenden, für die Kinder und Geisteskranken zu tun, die vom Privatrechtsverkehr ausgeschlossen sei-

---

[115] *Savigny*, System, Bd. 3, 1840, S. 98 (§ 113).
[116] *Binder*, KritV 46 (1905), 347, 374.
[117] Näher oben § 13 B. II. 3.
[118] Das meint insbesondere das Konzept von *Müller-Freienfels*, Vertretung, 1955, S. 61, 163, 357, passim.
[119] Näher zu diesen oben § 13 C. I. 1.
[120] Vgl. etwa oben § 4 D. II. 2. a).
[121] *Müller-Freienfels*, Vertretung, 1955, S. 52.
[122] *Müller-Freienfels*, Vertretung, 1955, S. 342 f., 357, 361.
[123] *Müller-Freienfels*, Vertretung, 1955, S. 360.

en.[124] Während der Staat bei der gewillkürten Stellvertretung auf die eigenverantwortliche Entscheidung der Beteiligten setze, agiere er bei der gesetzlichen Stellvertretung nach der Idee des Objektiv-Richtigen.[125] Ja, der Vertretene könne nicht einmal als Rechtssubjekt betrachtet werden, wenn seine Rechte von vornherein nur von anderen ausgeübt werden, ihm werde die Rechtsfähigkeit, also die Eigenschaft, Persönlichkeit im Rechtssinn zu sein, entzogen. Es sei gar niemand da, an dessen Stelle Geschäfte abzuschließen seien.[126] Und was solle das für eine Pflicht sein, für deren Erfüllung allein der Vormund in Betracht komme? Tatsächlich könne von privaten Rechten und Pflichten des Mündels nicht gesprochen werden.[127]

3. Rechtfertigungsprinzip

a) Vereinbarkeit

Bei Licht betrachtet erweist sich die gesetzliche Stellvertretung keineswegs als öffentlich-rechtlicher Maulwurf inmitten privatrechtlicher Vorschriften, sondern fügt sich nahtlos in unser Zivilrecht ein. Denn auch die gesetzliche Stellvertretung ist erkennbar darauf ausgerichtet, dass der Vertretene nur so weit rechtliche Einbußen erleidet, wie dies notwendig ist, um sich getreu seinen eigenen[128] Zielen zu verbessern. Die juristische Person etwa wird als Rechtssubjekt mit eigenen Zielen und eigenen schützenswerten Rechten anerkannt. Auch die gesetzliche Kompetenzverteilung ist daran ausgerichtet. Es geht also keineswegs um Ziele des Staats oder auch nur solche des Vertreters.[129] Vielmehr liegt es gerade dort, wo wir die gesetzliche Stellvertretung vorfinden, ganz im Sinne des Vertretenen, wenn hier der Vertreter tätig wird. So hilft es Kindern bekanntlich, wenn nicht sie selbst, sondern solche Volljährige ihre Interessen verfolgen, die allein aufgrund ihrer biologischen Verwandtschaft und der herrschenden sozialen Konventionen dafür prädestiniert sind und dabei im Zweifel mehr geben als nehmen.[130] Bei juristischen Personen bedarf es geradezu zwangsläufig einer Fremdbestimmung, können rechtliche Konstrukte nun

---

[124] *Müller-Freienfels*, Vertretung, 1955, S. 157 ff., 342 ff., 361 f., passim.
[125] *Müller-Freienfels*, Vertretung, 1955, S. 339.
[126] *Müller-Freienfels*, Vertretung, 1955, S. 155, 157, 360.
[127] *Müller-Freienfels*, Vertretung, 1955, S. 51, 155 f., 160.
[128] Während sich bei juristischen Personen der Zweck oft aus der Satzung bzw. der Einigung der Gesellschafter ergibt, verhält es sich allerdings bei Minderjährigen etwas komplizierter, vgl. dazu oben § 2 A. II. 3.
[129] Vgl. jedoch zur Minderjährigkeit wiederum oben § 2 A. II. 3. Genauso wenig überzeugt daher auch der Einwand von *Müller-Freienfels*, Vertretung, 1955, S. 338, wonach sich die gesetzliche Stellvertretung anders als die gewillkürte nicht übergreifend begründen lasse. Auch die gesetzlich vorgegebene Kompetenzverteilung lässt sich am Rechtfertigungsprinzip ausrichten, während umgekehrt der Wille des Geschäftsherrn nicht ausreicht, um die gewillkürte Stellvertretung zu erklären (vgl. dazu bereits oben ab § 13 B. II. 2.).
[130] Vgl. dazu auch oben § 13 C. II. 4. b).

einmal nicht handeln. Hier stellt sich zwar besonders die Herausforderung, für eine Interessenkongruenz zwischen Vertreter und Vertretenem zu sorgen, doch ist das bei der gewillkürten Stellvertretung nicht anders.

Was den kritischen Befund einer Fremdbestimmung anbelangt, sollte man bei keiner Stellvertretungsform – gesetzlich wie gewillkürt – der Illusion anhängen, dass sich das Privat- oder auch nur Vertragsrecht allein durch autonom bestimmte Vertragsinhalte auszeichne. Wie bereits ausgeführt[131] ist es im Gegenteil völlig normal, dass niemand allein über sämtliche ihn treffenden Rechtsfolgen entscheidet. Und immerhin zeichnet sich selbst die gesetzliche Stellvertretung privatrechtstypisch dadurch aus, dass hier nicht etwa der Staat in Form von Gesetzen oder Urteilen den Vertragsinhalt festlegt, sondern mit dem Vertreter nach wie vor eine Privatperson. Insofern betont bereits *Savigny* zu Recht, dass es die Vertretung überhaupt erst ermöglicht, die Rechtsverhältnisse des Unmündigen durch freie Handlungen neu zu gestalten.[132] Die Subsidiarität erstreckt sich hier allerdings nicht auf die Kompetenzverteilung, wie das bei der gewillkürten Stellvertretung der Fall ist. Substanziell ändert sich ohnehin nichts, das Rechtfertigungsprinzip liegt sämtlichen Vertretungsformen zu Grunde. Im Ergebnis dürfte daher die These eines fundamentalen Bruchs allein der Unfähigkeit klassischer Ansätze geschuldet sein, die Stellvertretung abzubilden. Die tiefere Ursache dafür liegt in der Fixierung allein auf das Parteiverhalten bei Vertragsschluss sowie im Verzicht auf ein substanzielles Kriterium, anhand dessen sich die vertragliche Kompetenzverteilung ausrichten ließe.

Nur am Rand sei auf die merkwürdigen Konsequenzen hingewiesen, wollte man die gesetzliche Stellvertretung als privatrechtsfremd ausschließen. So wären nicht nur sämtliche Verträge, welche die Eltern in den ersten 18 Jahren eines Menschenlebens für ihre Kinder abschließen, keine echten Verträge mehr. Das Gleiche gälte auch für einen Großteil des gesamten Wirtschaftsverkehrs, nämlich immer dann, wenn auch nur auf einer Seite eine juristische Person agiert. Und natürlich ist ein Problem noch lange nicht bewältigt, wenn man es zur Seite schiebt. Letztlich würden nahezu sämtliche privatrechtliche Wertungen auf diese vermeintlich öffentlich-rechtliche Sphäre übertragen – anscheinend sind die Unterschiede doch nicht so groß.

b) Rechte, Kompetenzen und Wille

Die unberechtigte Absonderung der gesetzlichen Stellvertretung ist aber noch in einer weiteren Hinsicht aufschlussreich und geradezu typisch für die Irritationen, die nicht zuletzt auf einer nicht immer glücklichen Diskussion um den

---

[131] Oben § 2 B. I. 4.; § 8 B.
[132] *Savigny*, System, Bd. 3, 1840, S. 91 (§ 113).

Charakter und Stellenwert subjektiver Rechte beruhen. Schon andernorts[133] wurde bemerkt, dass es vor allem dreierlei auseinanderzuhalten gilt, nämlich Rechte, Interessen und Kompetenzen: Zunächst stehen uns viele Rechte zu eigenen Zwecken, beispielsweise als Eigentümer oder Gläubiger, zu. Nach dem Rechtfertigungsprinzip sollten diese Rechte dabei so weit eine Einbuße erfahren, wie dies notwendig ist, um den Rechteinhaber seinen Zielen näherzubringen. Davon zu trennen ist die Frage nach der Kompetenz, über sein Recht zu verfügen bzw. – genauer formuliert – darüber zu entscheiden, wann eine Rechtsänderung diese Voraussetzungen erfüllt. Wille oder Erklärung sind Ausdrucksformen dieser menschlichen Entscheidung im Rahmen dieser Kompetenz.

Auf die Stellvertretung bezogen ist festzuhalten, dass etwa juristische Personen Rechte haben können und damit als Rechtssubjekt zu bezeichnen sind, sofern wir diesen eigene Interessen zusprechen.[134] Nach unserem (Begriffs-)Verständnis sind die Kinder nicht fremdes Eigentum. Dass der Vertretene Eigentums- oder auch Forderungsrechte „haben" kann und in „seiner" körperlichen Integrität geschützt wird, bedeutet allerdings noch nicht, dass auch er es ist, dem wir es überlassen, selbst über die Verwirklichung des Rechtfertigungsprinzips zu wachen.

IV. Gewillkürte Stellvertretung

1. Subsidiarität

Teilt die Stellvertretung mit zahlreichen anderen Rechtsinstituten das Phänomen einer auf viele Köpfe verteilten Vertragssetzung, ist sie in einer Hinsicht recht einzigartig: So erstreckt sich das Subsidiaritätsprinzip in der Variante der gewillkürten Stellvertretung nicht nur auf die Bestimmung des Vertragsinhalts, sondern auch auf die zuvor diskutierte Kompetenzverteilung. Es scheint also nicht nur sinnvoll, überhaupt auf eine private Arbeitsteilung zu setzen, sondern auch die damit verbundene Kompetenzverteilung ihrerseits von einer privaten Entscheidung abhängig zu machen. So ist kein Grund ersichtlich, warum der Subsidiaritätsgrundsatz nicht auch hier greifen könnte. Denn regelmäßig wissen die Vertragsparteien mehr über die jeweils angemessene Arbeitsteilung als etwa ein Richter oder Gesetzgeber. Wie bei der Einräumung inhaltlicher Gestaltungsfreiheiten ist dabei auch die private Ausgestaltung der Kompetenzverteilung rechtlich so zu organisieren, dass dies dem Rechtfertigungsprinzip dient. Auch hier bedarf es also keiner neuen inhaltlichen Maß-

---

[133] Oben § 2 B. II.
[134] Speziell zu Kindern – weil dort sehr schwierig – vgl. oben § 2 A. II. 3. Demgegenüber spricht es *Müller-Freienfels*, Vertretung, 1955, S. 157 ff. dem gesetzlich Vertretenen ab, im privatrechtlichen Sinn Rechtssubjekt, Persönlichkeit oder rechtsfähig zu sein.

stäbe, sondern kann und muss sich das auch sonst propagierte Kriterium bewähren. Allerdings liegt der Preis für diese Flexibilisierung in einer nochmals gesteigerten Komplexität, mit der wir schnell an unsere Grenzen stoßen.

Was die bei der gewillkürten Stellvertretung verwandte Terminologie anbelangt, so ist diese je nach Autor oder Land deutlich verschieden und wird dieser Gesichtspunkt oft mit anderen Gesichtspunkten vermischt. Im deutschen Sprachraum sprechen wir bei der vom Vertretenen festgelegten Kompetenzerweiterung von einer Vollmacht.[135] Dabei ist es das Verdienst *Lenels*, mit seiner Trennung von Vollmacht und Grundgeschäft[136] dazu beigetragen zu haben, dass der kompetenzielle Charakter der Stellvertretung immer stärker gesehen wurde. Heute erkennen auch viele aufgeschlossene Vertreter der klassischen Ansichten an, dass sich die gewillkürte Stellvertretung durch die Autorisierung des Vertreters auszeichnet, für den Vertretenen eine Regelung zu treffen. *Flume* sieht darin sogar eine konsequente Durchführung der Privatautonomie.[137] Doch ändert diese begrüßenswerte Klarheit nichts an den Begründungsschwierigkeiten etwa der Willenstheorie: Nicht der Vertretene will hier, sondern der Vertreter. Wir haben eine Fremd-, nicht Selbstbestimmung des vertraglich Gebundenen.[138] Wenn hier *Flume* die Unterscheidung zwischen „Regelung" und „Vollzug" des Rechtsgeschäfts einführt, so formuliert das zwar das zu begründende Ergebnis, liefert aber keine Begründung dafür.

Doch wie erklärt sich die gewillkürte Stellvertretung nach dem Rechtfertigungsprinzip? Noch ziemlich unproblematisch ist der Fall, dass sich der Vertretene selbst und fehlerfrei[139] für eine solche Kompetenzübertragung entscheidet (Fall 206) – in Deutschland etwa in Form der dort als Rechtsgeschäft eingeordneten Vollmacht. Hier fungieren Wille bzw. Erklärung als taugliches Indiz für die Berücksichtigung der Interessen des Vertretenen, hat er doch die Reichweite der Vertretungsmacht selbst in der Hand. Genauso kann sich aber auch der Dritte darauf einstellen, wer sein Vertragspartner wird, sofern nur der Vertreter, wie dafür regelmäßig verlangt, im fremden Namen handelt. Der Vertreter wiederum wird nur dann für den Vertretenen tätig werden, wenn sich das auch für ihn – etwa angesichts einer finanziellen Kompensation – lohnt. Bei rationalem Verhalten und klarer rechtlicher Ausgangslage werden alle drei Personen ihr Verhalten sowie die Kompetenzverteilung von ganz al-

---

[135] *Müller-Freienfels*, Vertretung, 1955, S. 67, 198 spricht hier durchaus treffend von der Regelung der Zuständigkeit sowie der Schaffung organisatorischer Vorbedingungen, auch wenn er letztlich doch auch wieder auf den Willen des Vertretenen zurückgreift, vgl. dort auf S. 66 sowie die Nachweise oben bei Fn. 36.
[136] *Lenel*, JhJb 36 (1896), 1, 12 ff.
[137] *Flume*, FS Deutscher Juristentag, Bd. 1, 1960, S. 135, 163 f.
[138] Näher oben § 13 B. II. 2.
[139] Zu Störfällen siehe unten § 13 C. IV. 2.

lein wertschöpfend organisieren, weshalb der Gesetzgeber hier auch mit gutem Grund das Subsidiaritätsprinzip verwirklicht.[140]

2. Irrtum über die Vertretungsmacht

a) Problem

Allerdings zeigen sich bei der gewillkürten Stellvertretung Probleme, die über den einfachen Vertragsschluss hinausgehen und uns nochmals daran erinnern, wie sehr es die Komplexität unseres Vertragsrechts steigert, mit dem Vertreter auch nur eine einzige weitere Person hinzunehmen. Denn während für Irrtümer über den Vertragsinhalt kaum neue Risiken hinzutraten,[141] können sich mit Vertreter, Vertretenem und Drittem sämtliche an der Stellvertretung beteiligte Personen über das sinnvolle bzw. wahre Ausmaß der Kompetenzverteilung irren. Bei der gewillkürten Stellvertretung ist diese Gefahr besonders ausgeprägt, da man hier nicht einfach auf eine für alle klar vorgegebene, gesetzliche Zuständigkeitsregelung verweisen kann.

Möchte man sich dieser Herausforderung vorsichtig nähern, liegt es nahe, all diejenigen Fallgruppen näher zu betrachten, bei denen eine Vertretungsmacht vom Vertretenen nicht (mehr) gewollt ist. Beschäftigt man sich dabei wie diese Arbeit vornehmlich mit der deutschsprachigen Diskussion, wird man zunächst auf ein bemerkenswertes Phänomen stoßen: So gilt auch die Erteilung einer gewillkürten Vertretungsmacht als sogenanntes Rechtsgeschäft. Das bedeutet nichts anderes, als dass die allgemeinen Vorschriften einschließlich des eigentlich auf normale Vertragsschlüsse zugeschnittenen Irrtumsrechts gelten. Andererseits finden sich daneben zahlreiche ergänzende Vorschriften, die oft selbst dann eine Vertretungsmacht anordnen, wenn diese vom Vertretenen keineswegs (mehr) gewollt ist. Im deutschen Recht gilt etwa nach § 56 HGB ein Ladenangestellter als zu typischen Verkäufen und Empfangnahmen ermächtigt (vgl. dazu Fall 227). Nach § 171 BGB bleibt eine nach außen hin kundgemachte Innenvollmacht so lange wirksam, wie sie nicht auch wieder nach außen hin in gleicher Form widerrufen wird (vgl. dazu Fall 229). Und jedenfalls mit der sogenannten Anscheinsvollmacht (vgl. dazu Fall 231) wurden weitere Varianten einer vom Vertretenen nicht gewollten Vertretungsmacht entwickelt. Aber auch die meisten ausländischen Rechtsordnungen erweitern die Vertretungsmacht über das vom Vertretenen Gewollte hinaus.[142]

Bemerkenswert sind derartige Vorschriften und Institute angesichts einer gedanklichen Operation, die als wichtige Errungenschaft einzuordnen ist: So

---

[140] Ökonomen denken hier sofort an das nach *Coase*, 3 JLawEcon 1 (1960) benannte Theorem.

[141] Näher oben § 13 C. I. 2.

[142] Für Nachweise vgl. oben Fn. 2. Insgesamt sind hier die Unterschiede – genau wie beim normalen Irrtumsrecht – noch vergleichsweise groß.

übertrug man die für Vertragsschlüsse ohne Vertretung geltenden Vorstellungen auf die gewillkürte Erteilung von Vertretungsmacht, sprach also etwa von der Vollmacht oder einem Rechtsgeschäft. Für diese Gleichsetzung spricht immerhin, dass es zumindest nicht zu völlig abwegigen Ergebnissen führt, wenn man die eigentlich auf das klassische Rechtsgeschäft zugeschnittenen Irrtumsregeln auf die gewillkürte Kompetenzverteilung überträgt. Und dass man nur den Vertretenen über die Reichweite der Vertretungsmacht entscheiden lässt, also von einem einseitigen Rechtsgeschäft ausgeht, passt gut zu der streng an den Interessen des Vertretenen ausgerichteten Grundstruktur der Stellvertretung.[143]

So hilfreich es also für eine zumindest grob stimmige Lösung ist, die Erteilung einer Vertretungsmacht als Willenserklärung oder Rechtsgeschäft einzuordnen, bringt diese Übertragung auch Probleme mit sich. Zum einen sind die mit der Stellvertretung neu hinzutretenden Risiken nicht in jeder Hinsicht den klassischen Irrtumsrisiken vergleichbar.[144] So mag selbst ein Vertreter, den der Vertretene eigentlich nicht mehr einschalten möchte, solche Verträge schließen, die noch im Interesse des Vertretenen liegen. Zum anderen verführt die Analogie zur normalen Willenserklärung dazu, auch all diejenigen dogmatischen Probleme zu übertragen, welche die klassischen Ansichten auszeichnen. Für die Willenstheorie ist das – von den grundlegenden Schwierigkeiten der Geschäftsherrentheorie ganz zu schweigen –[145] nicht nur die Vorstellung eines Selbstbindungswillens,[146] sondern auch deren Unfähigkeit, die Relevanz ungewollter Vertragsinhalte – und hier jetzt von Kompetenzen – zu begründen.[147] Wenn etwa *Flume* darauf verweist, dass wer in Selbstbestimmung die Vertretungsmacht begründe, das auch gegen sich gelten lassen müsse, so meint er mit „Selbstbestimmung" nicht etwa nur einen Rechtsbindungswillen, sondern wendet sich gegen die Verkennung des grundsätzlichen Unterschieds zwischen rechtsgeschäftlicher Gestaltung auf der Grundlage der Privatautonomie und gesetzlicher Vertrauenshaftung.[148] Doch weder liefert der Hinweis auf das Faktum einer gesetzgeberischen Entscheidung die gesuchte Begründung[149] noch überzeugt der plötzliche Übergang auf eine erklärungstheoretische Begründung. Denn dann bleibt oft offen, warum der Vertretene nicht ausnahmslos an einer irrtümlich erteilten Kompetenz festgehalten werden sollte, zumal

---

[143] Näher oben § 13 C. II. 4.
[144] Näher oben § 13 C. IV. 2. a).
[145] Näher oben § 13 B. II. 2.
[146] Näher oben § 9 C. I. 2.; § 9 C. I. 3.
[147] Näher oben § 9 C. IV. Zur Diskussion speziell um die Vertretungsmacht siehe nur *Kohler*, JhJb 16 (1878), 91, 118 f.; *Krause*, Schweigen, 1933, S. 139 ff.; *Hübner*, FS Nipperdey, Bd. 1, 1965, S. 373, 383 f.; *Canaris*, Vertrauenshaftung, 1971, S. 28 ff., 109 ff., 189 ff., passim sowie demgegenüber etwa *Lobinger*, Verpflichtung, 1999, S. 273 ff. jeweils m.w.N.
[148] *Flume*, FS Deutscher Juristentag, Bd. 1, 1960, S. 135, 182 f.
[149] Näher unten § 16 A.

auch das menschliche Vertrauen keinen überzeugenden Bindungsgrund liefert.[150]

b) Wertschöpfung

Auf den ersten Blick könnte man – gerade für eine möglichst einfache Lösung – geneigt sein, Irrtümer über die Kompetenzverteilung generell als irrelevant zu verwerfen. Immerhin bürdet die Stellvertretung dem Dritten neue Risiken auf, die er bei einem normalen Vertragsschluss nicht trüge. Warum soll der Dritte diese zusätzliche Unsicherheit tragen müssen? Schließlich ist es der Vertretene, der den Vertreter und dessen Vertretungsmacht steuern kann. Doch wäre dieser Einwand zu kurz gegriffen, weil niemandem damit gedient ist, die Möglichkeiten einer gemeinsamen Wertschöpfung nur unvollkommen auszuschöpfen. Je nach Situation und Risiko wird es dem Dritten nicht so wichtig sein, dass die Vertretungsmacht wirklich besteht. So mag er lieber von einem günstigeren Preis profitieren und dafür dem Vertretenen einräumen, bei manchen Irrtümern über die Vertretungsmacht doch nicht gebunden zu sein.

Damit ist auch schon ein für das Verständnis des Irrtumsrechts zentraler Gesichtspunkt benannt: Wir schaden auch dem nichtsahnenden Dritten, wenn wir ignorieren, dass mal die eine und mal die andere Seite besser in der Lage ist, Irrtumsrisiken zu vermeiden. Und umgekehrt fördert eine Vertretungsmacht oft selbst dann die Ziele des Vertretenen, wenn diese Kompetenz nicht (mehr) von diesem gewollt ist. Schließlich werden sämtliche Risiken, die ein Dritter angesichts einer für ihn unklaren Kompetenzzuweisung trägt, eingepreist. Anders formuliert erhöht sich der Wert der vom Vertretenen angebotenen Leistung, wenn dieser selbst das Risiko trägt, trotz einer nicht gewollten Kompetenz gebunden zu sein. Alles Weitere ist wie immer „nur" eine Frage der größtmöglichen Wertschöpfung.[151]

Dabei ist nicht nur zu beachten, dass der Vertretene die ihn treffenden Gefahren wie bei normalen Willenserklärungen dadurch steuern kann, dass er sorgsam darauf achtet, was er erklärt. Vielmehr wirkt sich ein Irrtum bei der Stellvertretung nicht immer gravierend aus, da der Vertreter auch bei irrtümlich erteilter Vollmacht weiterhin gehalten ist, die Interessen des Vertretenen zu wahren. Das Steuerungsinstrument einer Haftung funktioniert weiterhin. Auch hat der Dritte oft ein starkes Interesse an einem Fortbestand des Vertrags, das den dem Vertretenen drohenden Schaden überwiegen kann.[152] Umgekehrt ist es selten wertschöpfend, selbst noch solche Irrtümer über den Umfang der Vertretungsmacht für unbeachtlich zu erklären, die den Irrenden stärker belasten, als der Dritte vom Vertrag profitiert. Die eigentliche Schwie-

---

[150] Für die entsprechende Diskussion zum allgemeinen Irrtumsrecht siehe oben § 10 D. III. sowie zum Vertrauen oben § 11.
[151] Vgl. dazu oben ab § 3 A. IV.; § 5 D. IV. sowie unten § 17 C. II. 2. b).
[152] Näher unten § 17 C. II. 2. b).

rigkeit besteht darin, all diese verschiedenen Gesichtspunkte in einen möglichst klaren und einfachen Tatbestand umzusetzen. Wie schwer das ist, zeigt die in allen Ländern oft verwirrende Rechtslage zur Stellvertretung, was aber auch daran liegt, dass dieses Institut noch jung ist.[153]

c) Umsetzung

Sucht man nach möglichst klaren Fallgruppen, ist die sogenannte Duldungsvollmacht, wie sie in Situationen wie Fall 230 oft angenommen wird, noch am einfachsten zu bewerten. Denn dort weiß der Vertretene, dass der Dritte von einer Vertretungsmacht ausgeht und ist damit in der Lage, eigene Verpflichtungen abzuwenden. Dann aber sollte er auch das Risiko von Missverständnissen tragen, gerade weil solche Risiken den Preis beeinflussen, den er als Vertretener erzielen kann bzw. zahlen muss. Dabei kann sich der Vertretene nicht nur gut auf derartige Risiken einstellen, sondern bei klarer rechtlicher Vorgabe auch auf die sich daran knüpfenden Konsequenzen. Und da immerhin auf ein Wissen des Vertretenen abgestellt wird, bleibt hier das Subsidiaritätsprinzip gewahrt. Demgegenüber wäre es hier genau wie bei einer normalen Willenserklärung gleichermaßen unnötig wie realitätsfremd, über das Wissen hinaus zu verlangen, dass diese Vertretungsmacht auch gewollt sein müsse.[154] Denn kein Mensch wünscht sich, nicht mehr im Nachhinein darüber entscheiden zu können, ob er an ein von seinem Vertreter vorgenommenes Geschäft tatsächlich gebunden ist. Nur ist diese Lösung nicht gerade wertschöpfend.

Doch auch wenn der Vertretene wie in Fall 231 (sog. Anscheinsvollmacht), Fall 227 (gesetzliche Handlungsvollmacht) oder Fall 229 (nach außen kundgemachte Innenvollmacht) einen Dritten zwar nicht wissentlich in die Falle tappen lässt, sondern dies nur leicht vermeiden könnte, lässt sich mit dem Rechtfertigungsprinzip eine Vertretungsmacht begründen. Die Prüfung verläuft dabei wie zuvor,[155] nur lässt sich das Irrtumsrisiko vom Vertretenen nicht ganz so leicht vermeiden wie beim wissentlichen Dulden. Fällt das dem Dritten ausnahmsweise leichter, sollte die Vertretungsmacht dementsprechend auch entfallen. Allerdings dürfte das eher selten sein und vorrangig die bereits andernorts diskutierten Situationen eines Missbrauchs der Vertretungsmacht betreffen.[156] Typischerweise sollte es demgegenüber der Vertretene sein, den der Anreiz trifft, die durch eine unklare Kompetenzverteilung drohenden Schäden zu vermeiden. Allerdings lässt sich angesichts der Komplexität der Stellvertre-

---

[153] Näher oben § 13 A. I.
[154] Näher oben § 9 E. III.
[155] Denn auch bei der Anscheinsvollmacht sind nahezu immer Fälle betroffen, bei denen zusätzliche Risiken in die jeweils geschlossenen Verträge einfließen können. Für eine Anwendung des Rechtfertigungsprinzips auf Fälle, wo dies oft nicht der Fall ist, siehe unten § 18 C. II.
[156] Näher oben § 13 C. II. 4. b) cc).

tung bereits trefflich darüber streiten, welche genaue Rechtsfolge dabei die Ziele der Beteiligten größtmöglich verwirklicht. Insbesondere erscheint es nicht zwingend, dem Dritten das positive Interesse oder gar einen Erfüllungsanspruch zuzusprechen,[157] da auch ein drohendes negatives Interesse zu sorgfältigem Verhalten anhält. Und genauso mag eine Unterscheidung nach Personengruppen sinnvoll sein, wie wir das etwa für Kaufleute kennen.

d) Rechtsschein versus Vollmacht?

Abschließend sei noch darauf hingewiesen, dass das Rechtfertigungsprinzip in den eben besprochenen Fällen von vornherein all diejenigen Widersprüche vermeidet, die sich zwangsläufig ergeben, wenn man nahezu identische Sachverhalte dogmatisch willkürlich auseinanderreißt. Hierzu seien die Fälle 228 und 229 miteinander verglichen:

Fall 228: Außenvollmacht: Geschäftsmann G erklärt – bei Anwesenheit seines Angestellten A – seinem Kunden K, dass er A gegenüber K zur Vertretung bevollmächtige. Später erweist sich A als unzuverlässig, weshalb G dem A gegenüber den Entzug der Vollmacht erklärt. K erfährt davon nichts und kontrahiert mit A, der aus Versehen doch noch einmal als Vertreter des G auftritt.

Fall 229: Kundgemachte Innenvollmacht: Geschäftsmann G erklärt – bei Anwesenheit des Kunden K – seinem Angestellten A, dass dieser von nun an bevollmächtigt sei, ihn gegenüber K zu vertreten. Später erweist sich A als unzuverlässig, weshalb G dem A gegenüber den Entzug der Vollmacht erklärt. K erfährt davon nichts und kontrahiert mit A, der aus Versehen doch noch einmal als Vertreter des G auftritt.

Glaubt man einer zumindest in Deutschland dominierenden Vorstellung,[158] so tun sich hier zwei Welten auf, nämlich einerseits die der rechtsgeschäftlichen Vollmachtserteilung und andererseits die der Rechtsscheinhaftung, des Vertrauens, der öffentlichen Bekanntmachung. Dabei ist es in der Realität oft blanker Zufall, wie sich die Parteien gerade ausdrücken und wird man oft überhaupt erst dann einen Unterschied erspähen können, wenn unsere armen Protagonisten zufällig Begriffe wie „Vollmacht", „erteilen", „mitteilen" oder „informieren" verwenden, für die ein Jurist dann glaubt, dem sehr spezielle Vorstellungen entnehmen zu können. Tatsächlich ist es ein sicheres Zeichen für dogmatisch fragwürdige Unterscheidungen und damit nach wie vor ungelöste Probleme auch des Stellvertretungsrechts, wenn sachlich derart austauschbare Fälle rechtlich unterschiedlich behandelt werden. Praktisch bedeutsam wird das spätestens dort, wo etwa zwar die „Vollmachtserteilung", nicht jedoch die „Schaffung eines Rechtsscheintatbestands" anfechtbar sein

---

[157] Allgemein zu dieser Frage oben § 6 C. III.
[158] Siehe dazu statt vieler *Schramm*, MüKo-BGB, 5. Aufl. 2006, § 167 BGB Rn. 46 ff., § 171 BGB Rn. 1 ff. m.w.N.

soll.¹⁵⁹ Wir müssen also unseren Mitbürgern raten, sich genauestens danach zu erkundigen, bei was für Begrifflichkeiten wir Juristen derzeit welchen Bewusstseinsinhalt unterstellen. Und genauso ist unserem Geschäftsinhaber in Fall 207 bzw. 230 dringend zu raten, sich genauestens zu überlegen, ob er das Gebaren seiner Angestellten nur beobachtet (Fall 230) oder aber ihr zu erkennen gibt, dass er sie beobachtet hat – und sei es nur durch einen seufzenden Blick. Denn ausgerechnet solche Feinheiten sollen darüber entscheiden, ob ihm später ein Lösungsrecht zusteht.

---

[159] Siehe wiederum nur *Schramm*, MüKo-BGB, 5. Aufl. 2006, § 167 BGB Rn. 105 ff., 110 ff. m.w.N.

§ 14 Allgemeine Geschäftsbedingungen

A. Hintergrund

I. Fälle

232. **Großer Stapel Papier:** Kunde K eröffnet bei Bank B ein Girokonto. B möchte sichergehen, dass ihre Allgemeinen Geschäftsbedingungen auch Vertragsinhalt werden, und druckt daher sämtliche einschlägigen Bedingungen aus, fügt sie dem Vertrag hinzu, und lässt K das Ganze unterschreiben.

233. **Ausdrückliche Einbeziehung:** Kunde K eröffnet bei Bank B ein Girokonto. Im Antrag liest K deutlich, dass die in der Bank einsehbaren Allgemeinen Geschäftsbedingungen der B für Giroverträge gelten, verzichtet auf eine nähere Lektüre und unterschreibt.

234. **Einbeziehung ohne Kenntnis:** Obstliebhaber O kauft im Supermarkt S eine Banane. Später erzählt ihm Jurastudent J, dass es so etwas wie Allgemeine Geschäftsbedingungen gebe. Und tatsächlich: S weist – was O noch nie bemerkt hatte – seine Kunden in Aushängen auf diese Geschäftsbedingungen hin.

235. **Individuelles Aushandeln:** Konsument K möchte beim Elektronikhändler E einen schönen Fernseher kaufen und handelt mit ihm einen Preisnachlass sowie eine Stundung des Kaufpreises heraus. Allerdings möchte E sicherstellen, dass K die Kaufpreisforderung nicht mit anderen Forderungen aufrechnet. Nachdem er K dieses Anliegen genauestens erklärt und K Verständnis zeigt, ergänzen sie den ansonsten vorformulierten Vertrag handschriftlich um diese Regelung.

236. **Unfaire Klausel:** Kunde K eröffnet bei Bank B ein Girokonto. Im Antrag liest K deutlich, dass die in der Bank einsehbaren Allgemeinen Geschäftsbedingungen für Giroverträge gelten, unterschreibt und verzichtet auf eine nähere Lektüre. Später stellt sich heraus, dass eine Kontoüberziehung nicht nur ein Kündigungsrecht der Bank, sondern auch eine üppige Vertragsstrafe sowie einen pauschalen Schadensersatz in Höhe von 100 Euro nach sich zieht.

237. **Finanzkauderwelsch:** Rentner R kauft über seine Hausbank H ein paar Aktien. Als er die Allgemeinen Geschäftsbedingungen studiert, ist er schockiert. Die Anordnung der einzelnen Klauseln ist willkürlich und unverständlich, es finden sich stark verschachtelte Sätze mit zahllosen deutschen wie gar englischen Fachbegriffen, deren Bedeutung er nicht einmal ansatzweise versteht. Das Ganze ist noch mit vagen Begriffen wie „angemessen", „notwendig", „sinnvoll" oder „sachdienlich" verknüpft.

238. **Überraschende Klausel:** Obstliebhaber O kauft im Supermarkt S eine Banane und nimmt dort auch den Hinweis zur Kenntnis, dass die Allgemeinen Geschäftsbedingungen von S gelten. Zu seiner Überraschung wird er am nächsten Tag von S darauf hingewiesen, dass er ausweislich dieser Geschäftsbedingungen dazu verpflichtet sei, in seinem Bekanntenkreis mindestens 10 Prospekte von S zu verteilen. Damit hätte O nun wirklich nicht gerechnet.

239. **Verschrieben:** Unternehmer U betreibt eine große Fertigbauteilfirma und liefert unter anderem sehr große Betonpfeiler. In seinen auf Englisch verfassten Allgemeinen Geschäftsbedingungen sichert er eine Lieferung nach vereinbarter Fertigstellung innerhalb von zwei Wochen in Deutschland oder Österreich zu – glaubt U. Tatsächlich hat er sich beim Entwurf der Geschäftsbedingungen vertippt und „Australia" statt „Austria" geschrieben. Als die Betonpfeiler für Kunde K fertig sind, bittet K um Lieferung nach Australien.

240. **Verlesen:** Unternehmer U betreibt eine große Fertigbauteilfirma und liefert unter anderem sehr große Betonpfeiler. Getreu den auf Englisch verfassten Allgemeinen Geschäftsbedingungen seines Kunden K sichert er eine Lieferung nach vereinbarter Fertigstellung innerhalb von zwei Wochen in Deutschland oder Österreich zu – glaubt U. Tatsächlich hat er sich vertan und „Austria" statt „Australia" gelesen. Als die Betonpfeiler für K fertig sind, bittet K um Lieferung nach Australien.

170. **Schimmeliges Brot:** Käufer K benötigt mal wieder Brot, weshalb er bei Bäcker B auf einen knusprigen Laib zeigt und „diesen da" auswählt. Als er ihn zu Hause aufschneidet, stellt er fest, dass das Brot innen verschimmelt ist.

188. **Trojanisches Pferd:** Nachdem die Griechen Troja zehn Jahre lang erfolglos belagert haben, geben sie den Trojanern als vermeintliches Zeichen ihrer Aufgabe ein hölzernes Pferd als Geschenk. Die Trojaner nehmen es gerne an, nicht wissend, dass sich in dessen Bauch Krieger verstecken, die nachts aussteigen, die Stadttore öffnen und Troja gemeinsam mit ihren zurückgekehrten Genossen niederbrennen.

II. Praktische Bedeutung

Allgemeine Geschäftsbedingungen zeichnen sich vor allem dadurch aus, dass sie zumindest vom Adressaten selten gelesen werden, ohne dass dies anders zu erwarten oder gar vorwerfbar wäre. Damit bilden solche Klauseln gewissermaßen die Antithese zum klassischen Vertragsdenken und sind deshalb auch dogmatisch reizvoll. Das gilt umso mehr, als die überragende Bedeutung dieses Phänomens nicht ernsthaft bestritten werden kann. Es geht hier nicht um irgendein Randproblem. Vielmehr dürften vorformulierte Vertragsklauseln zusammen mit der – ebenso gerne ignorierten – Üblichkeit[1] die große Masse sämtlicher Vertragsinhalte ausmachen.[2] Es überrascht daher, wenn dieses

---
[1] Näher unten § 16 C.
[2] Vgl. zur Bedeutung von AGB statt vieler hier nur *Großmann-Doerth*, Selbstgeschaffe-

Phänomen gerade in grundlegenden vertragstheoretischen Abhandlungen gerne ignoriert wird.[3]

Sucht man nach den Ursachen für diese dogmatische Vernachlässigung, dürfte das vor allem an der eher jüngeren Geschichte der Industrialisierung liegen, die im 18. Jahrhundert einsetzte, um sich dann im 19. Jahrhundert voll zu entfalten.[4] Die dort immer konsequenter umgesetzte Arbeitsteilung brachte den Massenbetrieb hervor, für den Allgemeine Geschäftsbedingungen prädestiniert sind,[5] wobei vor allem Versicherungen und Banken früh in Erscheinung traten.[6] Da diese wirtschaftliche Entwicklung weltweit – wenn auch mit großen regionalen Unterschieden – einsetzte, verwundert es auch nicht, wenn Allgemeine Geschäftsbedingungen etwa auch in Frankreich oder in den USA früh mit gemischten Gefühlen betrachtet und auch rechtlich hinterfragt wurden.[7] Dass es vornehmlich die Rechtsprechung war, die zunehmend damit begann, Allgemeine Geschäftsbedingungen nach eigenen Gesichtspunkten zu bewerten, überrascht schon deshalb nicht, weil es sich die Rechtspraxis anders als die Wissenschaft nur begrenzt leisten kann, reale Probleme einfach zu ignorieren.[8] Genauso typisch ist es dabei, wenn zumindest in der Anfangsphase an althergebrachten Begründungsmustern festgehalten und das erwünschte Ergebnis über methodisch unpräzise und zweifelhafte Argumente herbeigeführt wird.[9] Schließlich sei noch darauf hingewiesen, dass sich – dem engen Zusammenhang mit der industriellen Revolution zum Trotz – natürlich zahllose frühere Vorbilder für das Phänomen allgemeiner Geschäftsbedingungen finden lassen. Das gilt vornehmlich dort, wo schon früh umfangreicher Handel oder eine gewisse Großproduktion betrieben wurde, man denke etwa an den Seeverkehr, die oberitalienischen Stadtstaaten des ausgehenden

---

nes Recht, 1933, S. 4 f.; *Raiser*, Geschäftsbedingungen, 1935, S. 17 oder *Slawson*, 84 HarvLRev 529 (1971): „Standard form contracts probably account for more than ninety-nine percent of all contracts now made."

[3] Vgl. aber für eine jüngere, insbesondere auch historische Untersuchung *Hellwege*, Geschäftsbedingungen, 2010.

[4] Vgl. zum Folgenden nur *Raiser*, Geschäftsbedingungen, 1935, S. 18, 26 f. Das schließt natürlich nicht aus, dass vorformulierte Vertragsklauseln ein altes Phänomen sind, vgl. dazu unten Fn. 10.

[5] Zu den Funktionen von AGB vgl. unten § 14 A. III.

[6] Gerade bei Versicherungs- und Bankprodukten ist die jeweilige rechtliche Ausgestaltung ein besonders wichtiger Produktaspekt, vgl. dazu unten § 14 A. III.

[7] Zum Einfluss der französischen auf die deutsche Diskussion siehe nur die intensive Auseinandersetzung bereits von *Raiser*, Geschäftsbedingungen, 1935, S. 148 ff. mit dem *contrat d'adhésion*. Im englischen Sprachraum ist bis heute oft von contracts of adhesion die Rede. Für den englischen Sprachraum vgl. etwa *Kessler*, 43 ColumbiaLRev 629 (1943); *Slawson*, 84 HarvLRev 529 (1971). Zur aktuellen Rechtslage in den EU-Mitgliedstaaten siehe *Basedow*, MüKo-BGB, 5. Aufl. 2007, Vorbem. § 305 BGB Rn. 22 ff.

[8] Zur Geschichte etwa der reichsgerichtlichen Rechtsprechung vgl. nur *Raiser*, Geschäftsbedingungen, 1935, S. 319 ff.

[9] Näher unten § 14 A. V.

Mittelalters mit ihren Vertragsformularen oder die Stall- und Gastwirtschaftung.[10]

III. Vorteile

Da sich Allgemeine Geschäftsbedingungen schnell breitflächig durchgesetzt haben, liegt die Vermutung nahe, dass deren Verwendung Vorteile bietet – und zwar nicht immer nur für eine der beiden Vertragsparteien. Wohl am bedeutendsten ist dabei die Rationalisierungsfunktion.[11] Einheitliche Vertragsbedingungen vereinfachen den vertraglichen Austausch, indem sie – regelmäßig mit anstrengendem Denken verbundenes – Schreibwerk und oft langwierige und aufwändige Verhandlungen vermeiden. Genauso wie körperliche Güter und Dienstleistungen zunehmend standardisiert und großvolumig produziert werden, geschieht das auch mit dem Vertragsinhalt als einem alles andere als unwichtigen Produktmerkmal (dazu gleich näher). Ökonomisch ausgedrückt werden Transaktionskosten gesenkt, und zwar grob gesprochen so lange, wie die Grenzkosten eines weiteren Aushandelns den damit verbundenen Grenzertrag übersteigen.[12] Dabei liegt das für eine Wertschöpfung typische arbeitsteilige Element darin, dass der Verwender solche Bedingungen sehr viel günstiger ausgestalten kann als der Adressat.[13] Denn wenngleich Allgemeine Geschäftsbedingungen nicht die Besonderheiten jedes einzelnen Vertragsschlusses berücksichtigen, sind sie regelmäßig besser auf einzelne Verträge zugeschnitten als gesetzlich bestimmte Vertragsinhalte. Und auch ein Gericht – lohnt sich denn ein Rechtsstreit – wird nur begrenzt dazu bereit sein, all diejenigen Feinheiten zu berücksichtigen und minutiös auszugestalten, die in vorformulierte Klauseln durchaus Eingang finden. Uniformität ist also insofern für Allgemeine Geschäftsbedingungen typisch, als das persönliche Element etwas stärker zurücktritt, doch gilt das eben nur im Vergleich zu individuell ausgehandelten Vertragsinhalten.

Dabei erleichtert gerade diese begrenzte Uniformität das unternehmerische Handeln, indem sie eine genauere Risiko- und damit auch Kostenkalkulation erlaubt. Soweit zulässig, lassen sich schwer übersehbar oder kontrollierbare Belastungen ausschließen, etwa was das Verhalten anderer Personen als einer Quelle ständiger Unsicherheiten und Streitigkeiten anbelangt.[14] Zudem sorgt ein gut durchdachtes Regelwerk für mehr Rechtssicherheit, können offene Fra-

---

[10] Stellv. *Hellwege*, Geschäftsbedingungen, 2010, S. 2 ff, 21 ff.
[11] Stellv. *Raiser*, Geschäftsbedingungen, 1935, S. 20, 91 f.
[12] Stellv. *Trebilcock/Dewees*, in: Burrows/Veljanovski (Hrsg.), Economic Approach, 1981, S. 93, 96, vgl. etwa auch *Priest*, 90 YaleLJ 1297 (1981); *Adams*, in: Neumann (Hrsg.), Ansprüche, Eigentums- und Verfügungsrechte, 1984, S. 655; *Habersack*, Drittinteressen, 1992, S. 106 f.
[13] *Raiser*, Geschäftsbedingungen, 1935, S. 20.
[14] *Raiser*, Geschäftsbedingungen, 1935, S. 20.

gen genauestens festgelegt und Spielräume eingegrenzt werden. Auch das erspart manchen teuren Konflikt und erleichtert dem Richter seine Arbeit.[15] Viele Produkte sind ohne einheitliche Vertragsbedingungen kaum denkbar, was sich gut an Finanzprodukten illustrieren lässt, die deshalb auch zu den Vorläufern der Verwendung Allgemeiner Geschäftsbedingungen zählen. Hier sind einheitliche und ausgeklügelte Vertragsbedingungen essenziell.[16] So kommt ein Versicherer überhaupt nicht umhin, seitenlang aufzuzählen, welche Risiken erfasst und welche ausgenommen sind. Allgemeine Versicherungsbedingungen sind das wichtigste Mittel der Produktfestlegung (Leistungsbeschreibung), der Produktinnovation, der Standardisierung und Typisierung sowie Sichtbarmachung von Versicherungen. Erst und vor allem aus dem Bedingungswerk ergibt sich deren Inhalt. Selbst die Hauptleistungspflichten werden überwiegend so bestimmt. Zudem lässt sich die Risikodiversifikation bei weitestgehend einheitlichen Vertragsbestimmungen leichter organisieren.[17] Eine eher begriffliche Frage ist es demgegenüber, ob man hier von Rechtsprodukten spricht.[18] Einerseits beschreibt dies treffend die besondere Bedeutung der Vertragsbedingungen für diesen Sektor. Andererseits sind solche Klauseln natürlich nahezu immer ein wichtiges Leistungs- und damit Qualitätsmerkmal – wenn auch je nach Gut mit unterschiedlicher Intensität.

Im Ergebnis jedenfalls erfüllen Allgemeine Geschäftsbedingungen wichtige Bedürfnisse, indem sie Rationalisierung und Kalkulation erleichtern, zur Optimierung des Vertragsinhalts beitragen, Rechtssicherheit schaffen und gewisse Angebote überhaupt erst ermöglichen.[19] Sie sind oft, um mit *Raiser* zu sprechen, „… keine leichten Tageserzeugnisse …, sondern die Frucht sorgfältiger, auf längere Sicht angelegter Kodifikationsarbeit, nach Form und Inhalt wohlüberlegt und frei von kleinlichen ‚Fallen' oder groben Unbilligkeiten." Und soweit hier der Wettbewerb funktioniert, profitiert natürlich auch der Kunde davon – über den Preis.[20] Ohne Weiteres leuchtet deren Berechtigung etwa dort ein, wo es um Ordnungsvorschriften geht, also Detailfragen und Förmlichkeiten in Rede stehen, die überhaupt geregelt werden müssen.[21] Aber

---

[15] *Rosenstock*, Vom Industrierecht, 1926, S. 147 spricht anschaulich von der Funktion des Vertrags als einem Inbegriff ersparter Prozesse, vgl. etwa auch *Raiser*, Geschäftsbedingungen, 1935, S. 20, 91.

[16] Eingehend zum Folgenden *Dreher*, Rechtsprodukt, 1991, S. 148, 153, 160f., 180, passim; *Rehberg*, Informationsproblem, 2003, S. 34f. jew. m.w.N.

[17] *Raiser*, Geschäftsbedingungen, 1935, S. 26f.

[18] Das gilt jedenfalls dann, wenn man an diese Begrifflichkeit nicht weitergehende rechtliche Schlussfolgerungen etwa für die „Rechtsnatur" von Versicherungen (näher oben § 5 E. II.) knüpft, kritischer insoweit *Schünemann*, GS Helm, 2001, S. 865.

[19] Vgl. bereits oben Fn. 11, 12. Das betonen regelmäßig auch jene, welche die Gefahren dieses Phänomens thematisieren.

[20] *Raiser*, Geschäftsbedingungen, 1935, S. 21.

[21] Klassische Beispiele sind Festlegungen, ob auf der rechten oder linken Straßenseite zu

auch dort, wo diese Bedingungen von neutralen Dritten wie etwa Notaren erarbeitet wurden, leuchten die Vorteile sofort ein.[22]

IV. Gefahren

1. Unwissenheit

Dass Allgemeine Geschäftsbedingungen nicht nur Vorteile bringen, wird allein dadurch klar, dass diese fast schon definitionsgemäß nicht wahr-, sondern einfach nur über- bzw. hingenommen werden. Treffsicher bezeichnet *Großmann-Doerth* genau das als die vielleicht „... bedeutsamste Tatsache aus diesem Rechtsgebiet."[23] *Raiser* verweist darauf, dass „... das große Publikum, aber auch der geschäftsgewohnte Kaufmann erfahrungsgemäß aus Gleichgültigkeit oder Verachtung gedruckte Bestimmungen juristischen Inhalts unbesehen ..." hinnehmen.[24] Die Gründe für diese Ignoranz liegen auf der Hand, hat der Adressat regelmäßig weder die Zeit noch die Fähigkeiten[25] oder Kenntnisse, um die einzelnen Bestimmungen angemessen zu bewerten. Zudem fehlt dem Einzelnen von vornherein die Motivation, sich mit dem Klauselwerk gedanklich auseinanderzusetzen, da er es regelmäßig ohnehin nicht abändern kann.[26]

Um sich auszumalen, was passiert, wenn Vertragsinhalte von einer Partei gestellt und von der Gegenseite nicht gelesen oder gar ausgehandelt werden, benötigt man keine ausgefeilten psychologischen, soziologischen oder ökonomischen Erkenntnisse: Auch so dürfte klar sein, dass die Bedingungen sehr einseitig auszufallen drohen. Denn wenn ein Kunde derartige Vertragsdetails nicht wahrnimmt, wird er sie auch nicht honorieren und etwa bei einem Preisvergleich mit Konkurrenzprodukten berücksichtigen. Während bei funktionierendem Wettbewerb jeder Nachteil durch ein preisliches Entgegenkommen ausgeglichen werden muss und – umgekehrt formuliert – ein geringerer Preis inhaltliche Nachteile ausgleichen kann, setzt das voraus, dass der Vertragsinhalt überhaupt wahrgenommen wird.[27] Neumodisch ausgedrückt versagt hier das Informationsmodell, macht man sich einmal klar, dass auch das Produkt

---

fahren ist oder ob ein rotes Ampellicht zum Losfahren oder aber Anhalten auffordert. Näher dazu etwa oben § 2 D. III. 3. a).

[22] *Raiser*, Geschäftsbedingungen, 1935, S. 24 weist hier zu Recht auf die ältere Formularpraxis hin, der manch negative Tendenz fehlte, wie sie heutzutage typisch ist.

[23] *Großmann-Doerth*, Selbstgeschaffenes Recht, 1933, S. 11.

[24] *Raiser*, Geschäftsbedingungen, 1935, S. 17 f., 21, 169, passim, der zutreffend darauf hinweist, dass „... gelegentlich nicht einmal der Unternehmer die von seinem Verbandssyndikus aufgestellten AGB beherrscht."

[25] Zur Bedeutung psychologischer Elemente vgl. nur *Raiser*, Geschäftsbedingungen, 1935, S. 22, 284.

[26] Näher zu diesem wichtigen Zusammenhang unten § 14 A. IV. 2.

[27] Vgl. hierzu nur *Raiser*, Geschäftsbedingungen, 1935, S. 289.

selbst (mitsamt den dazugehörigen Vertragsbedingungen) durch sich selbst über sich selbst informiert.[28]

Diese Zusammenhänge machen es bisweilen attraktiv, Allgemeine Geschäftsbedingungen gezielt unverständlich zu halten. Zwar ist es denkbar, dass der Wettbewerb zur Verständlichkeit von Vertragsinhalten beiträgt. So mag sich ein Telefonanbieter dadurch von seinen Konkurrenten absetzen, dass er besonders einfache Tarife („10 Cent pro Minute in alle Netze zu jeder Zeit") anbietet. Doch erfasst das regelmäßig nur wenige, für den Konsumenten zentrale Parameter. Bei vielen Gütern kommt selbst ein noch so sehr um Einfachheit bemühter Anbieter nicht um umfangreiche Detailvorschriften umhin. Das betrifft etwa die bereits zuvor erwähnten Finanzprodukte.[29] Oft ist eine gewisse Intransparenz leider unausweichlich.

Anders als beispielsweise eine bloße Monopolstellung[30] lässt Unwissenheit die Kunden aber nicht nur zu viel zahlen, sondern beeinträchtigt auch noch eine möglichst wertschöpfende Ausgestaltung des Vertrags.[31] Denn da der Kunde ihm eingeräumte Vorteile, die er nicht wahrnimmt, genauso wenig einpreist wie für ihn nachteilige Ausgestaltungen, wird der Verwender überall dort einseitige Regelungen treffen, wo das vom Kunden nicht eingepreist wird. Mit einer bestmöglichen Verwirklichung des Rechtfertigungsprinzips hat das offensichtlich wenig zu tun.

Wenn also unausgewogene Klauseln dem Verwender kraft ihrer Unausgewogenheit nutzen und ihm mangels eines Einpreisens durch die Kunden nicht auch schaden, bedarf es schon erheblicher moralischer Integrität, um als Verwender davon keinen Gebrauch zu machen – zumal wenn man seinerseits in Konkurrenz zu anderen Anbietern steht, denen die gleichen Möglichkeiten offenstehen. Die praktischen Erfahrungen sprechen eine deutliche Sprache. Ohne staatliche Kontrolle sind Allgemeine Geschäftsbedingungen ein Instrument zur einseitigen Wahrnehmung der Interessen des Verwenders. Dabei geht es nicht nur um solche Aspekte wie Haftungsausschlüsse, die direkt das Verhältnis von Leistung und Gegenleistung beeinträchtigen, sondern genauso um Klauseln, die wirtschaftliche Abhängigkeiten begründen oder verstärken.[32] Das genaue Ausmaß derartiger Fehlentwicklungen hängt von diversen Einzelheiten ab. Zu diesen gehören etwa die jeweilige Wettbewerbsintensität, die Professionalität der Kunden, die wirtschaftliche Bedeutung und der genaue Charakter des Produkts, Koordinierungsmöglichkeiten auf Kundenseite, die

---

[28] Näher zum Informationsmodell und dessen Grenzen unten § 19 C. VI. 2.
[29] Vgl. oben Fn. 16.
[30] Dazu unten § 14 A. IV. 2. sowie eingehend oben § 4 C. III.
[31] Näher zu diesem Anliegen einer Wertschöpfung oben § 3 C. I. (vgl. auch oben ab § 3 A. IV.).
[32] Stellv. *Großmann-Doerth*, Selbstgeschaffenes Recht, 1933, S. 9 f., 13 ff.; *Raiser*, Geschäftsbedingungen, 1935, S. 93 f., passim. Zum Machtaspekt siehe gleich.

Herausbildung markteigener wie staatlicher Institutionen und vieles mehr.[33] Dass dabei auch das (Vertrags-) Recht eine wichtige Rolle spielt, liegt auf der Hand.

2. Macht

Bei rechtsdogmatischen Fragen an die Macht oder Stärke einer Partei anzuknüpfen, birgt Gefahren, geht es doch um einen vielschichtigen, bisweilen etwas schillernd und zumindest oft mehrdeutig oder unklar verwandten Begriff. Da der – auch nur angedrohte – Einsatz körperlicher Gewalt ohne Weiteres als unerwünscht eingestuft werden kann, muss hier etwas anderes gemeint sein. Im Kontext Allgemeiner Geschäftsbedingungen geht es oft um die faktische Möglichkeit des Verwenders, den Vertragsinhalt zu bestimmen – und sei es auch nur angesichts der zuvor beschriebenen Informationsprobleme.[34]

Zunächst lässt sich nicht leugnen, dass vorformulierte Vertragsbedingungen ein klassisches Mittel sind, um den Vertragsinhalt zu diktieren, und dass im normalen Massengeschäft kaum jemand auch nur versucht, vom Vorgedruckten abweichende Bestimmungen auszuhandeln. Täte dies ein Kunde in der Filiale eines Einzelhändlers oder einer Bank, würde er im Zweifel nur missmutig angeblickt.[35] Oft liegt der Grund dafür im zu hohen Aufwand eines Verhandelns über komplexe Sachverhalte mit regelmäßig nur beschränkt dazu befähigten Angestellten. Daneben kann es sich ein Verwender aber auch deshalb leisten, unnachgiebig zu sein, weil er meistens nur mit einzelnen Kunden und nicht einem Kundenkollektiv verhandelt.[36] Besonders deutlich tritt die Möglichkeit eines einseitigen Diktats dort hervor, wo Monopole und Kartelle agieren[37] oder wo Verwender auch ohne aufwändige Koordinationsanstrengungen gleichförmig Bedingungen aufstellen.[38] Im Ergebnis ist jedenfalls

---

[33] Vgl. dazu bereits *Raiser*, Geschäftsbedingungen, 1935, S. 92. In jüngerer Zeit beschäftigt sich vor allem die ökonomische Analyse des Rechts mit derartigen Fragen, vgl. dazu oben Fn. 12.

[34] Daneben ließe sich noch am ehesten mit Hilfe des substanziellen Rechtfertigungsprinzips eine eigenständige Bedeutung etwa von „Marktmacht" gewinnen, während hier klassische vertragstheoretische Ansätze scheitern, vgl. zum Wettbewerb unten § 16 D.

[35] Stellv. *Slawson*, 84 HarvLRev 529, 530 (1971): "Even the fastidious few who take the time to read the standard form may be helpless to vary it. The form may be part of an offer which the consumer has no reasonable alternative but to accept."

[36] Stellv. *Raiser*, Geschäftsbedingungen, 1935, S. 94 („… weil auf der Kundenseite die amorphe, nicht organisierbare Masse der Konsumenten steht …"). Aus ökonomischer Sicht siehe etwa *Olson*, Collective Action, 1965.

[37] Weshalb gewisse Übelstände im Zusammenhang mit Allgemeinen Geschäftsbedingungen immer wieder auch auf die Machtlosigkeit des Adressaten zurückgeführt werden, vgl. etwa *Großmann-Doerth*, Selbstgeschaffenes Recht, 1933, S. 12; *Raiser*, Geschäftsbedingungen, 1935, S. 94 f.; *Kessler*, 43 ColumbiaLRev 629, 640 (1943); *Singer*, Selbstbestimmung, 1995, S. 15.

[38] Vgl. *Raiser*, Geschäftsbedingungen, 1935, S. 285.

ein normaler Kunde gegenüber vorgefertigten Vertragsbedingungen in gewisser Hinsicht ohnmächtig, diesem Diktat ausgeliefert,[39] und zwar unabhängig davon, „… ob es sich dabei um einige wenige Klauseln oder um, wie so häufig, mehrere engbedruckte Seiten handelt."[40]

Damit lässt sich insoweit von der Übermacht des Verwenders Allgemeiner Geschäftsbedingungen sprechen, als dieser den Vertragsinhalt einseitig bestimmt. Soweit allerdings der Kunde genau weiß, auf was für Bedingungen er sich notgedrungen einlässt, also nur ein Macht- und nicht auch ein Informationsproblem vorliegt, führt das „allein" zu einer Ausbeutung. Der Vertragspartner etwa eines Monopolisten zahlt zu viel, nämlich mehr als das, was angesichts der gegebenen Rechteausstattung notwendig ist, um sich zu verbessern. Im schlimmsten Fall zahlt er genau so viel, dass er sich nur noch marginal verbessert.[41] Demgegenüber hat auch ein noch so überlegener Verwender allen Grund, den Vertragsinhalt zu optimieren, also Wertschöpfung zu betreiben.[42] Denn je größer der Kuchen, desto größer auch der Anteil, den er für sich vereinnahmen kann. Eine überlegene Marktmacht betrifft also vornehmlich Verteilungsfragen, während Unwissenheit nicht nur zu wenig interessengerechten Vertragsinhalten, sondern auch zur Verschlechterung einer Seite führen kann. Zwar darf dieser den Parteien so wichtige Verteilungsaspekt keinesfalls ausgeblendet werden.[43] Wohl aber betrifft er typischerweise die Höhe des zu zahlenden Preises und weniger die einzelnen Vertragsdetails, die bei Allgemeinen Geschäftsbedingungen und damit auch hier im Vordergrund stehen.

Wenn gerade in früheren Äußerungen der Gedanke von Marktmacht stark betont wurde, so dürfen hier nicht die historischen Bezüge missachtet werden.[44] So waren es damals gerade Anstalten, Monopole und Kartelle, die sich in oft sehr zweifelhafter Manier Allgemeiner Geschäftsbedingungen bedienten. Da es die Gesetzgebung wie Rechtsprechung vieler Staaten anfangs versäumte, dieses Problem an der Wurzel anzugehen und die Kartellierungen aufzubrechen, befasste man sich stattdessen wenigstens mit den Auswirkungen dieser Vermachtung und damit den einzelnen Verträgen und deren Inhalt. In Deutschland etwa, wo man zunächst insbesondere die Sittenwidrigkeitsklausel des § 138 BGB bemühte, war es erst dem Ordoliberalismus vorbehalten, auf breiter Basis die Fragwürdigkeit eines sich selbst überlassenen Markts zu thematisieren – ein Anliegen, das bis heute nichts an Aktualität verloren hat.[45]

---

[39] *Raiser*, Geschäftsbedingungen, 1935, S. 19, 148, 169 f.
[40] *Großmann-Doerth*, Selbstgeschaffenes Recht, 1933, S. 11.
[41] Näher oben § 4 C. III.
[42] Allgemein zu dieser Wertschöpfung oben § 3 C. I. (vgl. auch oben ab § 3 A. IV.).
[43] Näher zum Thema „Verteilung" unten § 19 C. IV.
[44] Vgl. zum Folgenden *Raiser*, Geschäftsbedingungen, 1935, S. 278 f.
[45] Vgl. unten ab Fn. 56, zur diesbezüglichen Sicht des Verfassers *Rehberg*, in: Zetzsche/

V. Dogmatische Herausforderung

So lehrreich der tatsächliche Befund gerade bei Allgemeinen Geschäftsbedingungen ausfällt, besteht die spezifisch juristische Herausforderung darin, dieses Phänomen vertragstheoretisch stimmig einzuordnen und dabei einige unangenehme Fragen zu beantworten. Zunächst ist zu begründen, wie oder warum derartige Klauseln überhaupt zum Vertragsinhalt werden – eine für die klassischen Ansichten alles andere als leichte Übung. Ähnlich offen bleibt allzu oft, warum hier erstens überhaupt eine Inhaltskontrolle betrieben wird, und zweitens, welche Maßstäbe dabei anzulegen sind. Nur eine Facette davon ist der bemerkenswerte Umstand, dass obwohl mit Allgemeinen Geschäftsbedingungen solche Inhalte zum Vertragsinhalt werden, von denen der Adressat oft keine oder gar eine falsche Vorstellung hat, eine Nichtigkeit oder Lösungsrechte regelmäßig ausgeschlossen sind. Schließlich erlauben Allgemeine Geschäftsbedingungen wichtige übergreifende Erkenntnisse. Denn auch sonst werden die meisten Vertragsinhalte nicht bei Vertragsschluss von unserer Aufmerksamkeit erfasst, sondern von außen herangetragen.[46] Und was heißt es eigentlich, dass wir etwas „erklären"? „Erklären" wir wirklich all das, worauf wir mit unserer Unterschrift Bezug nehmen? Was ist eine „Erklärung" dann noch wert?[47]

Die zentrale geistige Leistung bestand dabei darin, sich von der bis heute tief verwurzelten, bisweilen äußerst romantischen – man könnte auch sagen: ideologischen – Vorstellung zu lösen, als würden, könnten und sollten die Parteien bei Vertragsschluss selbst all das regeln, was den Vertragsinhalt ausmacht. Deshalb war es eine vertragstheoretisch wichtige Errungenschaft, Allgemeine Geschäftsbedingungen mit sonstigen „Regelungen", also etwa Gesetzen, zu vergleichen und Unterschiede wie Gemeinsamkeiten herauszuarbeiten.[48] Man musste Allgemeine Geschäftsbedingungen erst einmal als dogmatisches Problem sehen und dieses sich und anderen offen eingestehen, um es dann direkt und nicht etwa unter bloßen Scheinbegründungen anzugehen. Wer demgegenüber glaubt, deren Geltung auf den Parteiwillen zurückführen zu können, wird Schiffbruch erleiden.[49]

Der bei Allgemeinen Geschäftsbedingungen etwa in Deutschland zu beobachtende Ablauf in der dogmatischen Erkenntnisfindung ist dabei sehr typisch für derartige Prozesse und dürfte sich in anderen Ländern ähnlich abgespielt haben.[50] So war es vor allem die Rechtsprechung, die bereits früh anhand

---

Neef u.a. (Hrsg.), JbJZWiss 2007, 2008, S. 49 sowie allgemein zum Wettbewerb unten § 16 D.

[46] Näher oben § 8; § 9 C. IV.
[47] Näher etwa oben § 10 B. II.; § 12 C. II. 3.
[48] Näher unten § 14 C. I. 1.
[49] Näher unten § 14 B. I.
[50] Zur US-amerikanischen Diskussion vgl. die Nachweise oben in Fn. 7.

konkreter Fälle unweigerlich vor Augen geführt bekam, wie wenig manche Bedingungsinhalte mit dem hergebrachten Vertragsideal gemein hatten. Doch wagte man es zunächst nicht, wie *Raiser* richtig bemerkt,[51] an der übermächtigen Idee der Vertragsfreiheit[52] zu rütteln. So beschied das Reichsgericht noch im Jahr 1883: „Gewiss kann die Tendenz der Überwälzung der Gefahr von den Reedern auf die Befrachter in solchem Umfang, wie dies die Konnossemente hier tun, Befremden erregen … Allein das Korrektiv hiergegen kann nicht darin gefunden werden, dass sich der Richter dem natürlichen Verständnis, wie es die Worte im Einzelnen und die aus ihrer Gesamtheit zu entnehmende Tendenz ergaben, verschließt." Und weiter: „So wenig billig und gerecht nun auch diese Abwälzung … sein und so sehr sie das natürliche Verhältnis verschieben mag, so fehlt es doch, mangels einer gesetzlichen Einschränkung der Vertragsfreiheit, in dieser Beziehung an der Möglichkeit, der betreffenden Vereinbarung die Gültigkeit zu versagen."[53] Fünf Jahre später hält das Reichsgericht eine Korrektur dann aber doch für möglich, auch wenn es das für den zu entscheidenden Fall ablehnt. Dabei ist dieses Urteil auch deshalb bemerkenswert, weil es verdeutlicht, über was für ein fundiertes Verständnis bereits die damaligen Richter verfügten, das sie dann auch noch auf nur einer Urteilsseite kurz und knapp zu formulieren wussten. So sei zunächst zu fragen, ob „… in diesen Fällen die Nachteile, welche ein solcher Vertrag für die Absender hat, aufgewogen werden durch den Vorteil, welchen die Absender dadurch erlangen, dass die Fracht niedriger gestellt wird, wozu der Frachtführer infolge der Ausschließung der unbedingten Haftung wirtschaftlich imstande ist." Das sei namentlich dann zu berücksichtigen, „… wenn dem Absender anderweit Gelegenheit gegeben wird, sich gegen die Nachteile der Nichthaftung des Frachtführers, insbesondere durch Versicherungsnahme zu sichern." Umgekehrt könne in der Haftungsbeschränkung dann ein Verstoß gegen die guten Sitten gefunden werden, „… wenn dem Publikum die Möglichkeit der anderweiten Wahrung seiner Interessen nicht oder nur unter verhältnismäßig schweren Bedingungen geboten wird, bzw. infolge besonderer Umstände (z.B. Bildung eines sog. Ringes nach amerikanischem Vorgange) die Absender gezwungen werden, sich dem Verlangen der Frachtführer zu fügen."[54]

Besonders bemerkenswert am Phänomen Allgemeiner Geschäftsbedingungen ist, dass deren Problematik gerade unter dem Einfluss der Willenstheorie eigentlich frühzeitig hätte auffallen müssen. Denn wer vorformulierte Vertragsklauseln nicht liest, will auch deren Inhalt nicht. Zu diskutieren gibt es

---

[51] *Raiser*, Geschäftsbedingungen, 1935, S. 303.
[52] Zu dieser siehe hier nur *Heinrich*, Formale Freiheit und materiale Gerechtigkeit, 2000.
[53] RG, Urt. v. 16.6.1883, RGZ 11, 100, 105f., 110.
[54] RG, Urt. v. 11.2.1888, RGZ 20, 115, 117. Vgl. zu diesen Erwägungen bereits oben § 14 A. IV. 1.

hier eigentlich nicht viel.⁵⁵ Die entscheidende Herausforderung bestand also darin, das, was sich so offensichtlich direkt vor jedermanns Augen abspielt, auch tatsächlich zu sehen. Hierzu musste man sich erst einmal von der so mächtigen traditionellen Vertragsvorstellung lösen und den Blick für diesen doch an sich so einfachen Befund öffnen.

Ins Bild passt dabei, dass auf wissenschaftlicher Ebene mit *Großmann-Doerth* ein Vertreter des Ordoliberalismus frühzeitig auf die Bühne tritt und die Gefahren Allgemeiner Geschäftsbedingungen in aller Deutlichkeit benennt – genauso wie *Raiser* die zwei Jahre zuvor (zeitgleich mit *Großmann-Doerth*) erschienene Schrift *Böhms*⁵⁶ aufgreift und sich zu deren Grundforderung bekennt: „Für uns handelt es sich darum, an den bisherigen Wirtschaftsprinzipien des Privateigentums, der Unternehmerinitiative und des privaten Ertragsstrebens, des Leistungswettbewerbs und des Ausgleichs von Angebot und Nachfrage auf dem Markt festzuhalten, aber zugleich die Gebundenheit der freien wirtschaftlichen Betätigung an die Pflichten gegenüber der Gemeinschaft und die Unterordnung der wirtschaftlichen Mächte unter den Führungsanspruch des Staates zur Geltung zu bringen."⁵⁷ Historisch betrachtet waren es dabei zunächst die um die Jahrhundertwende stark ausgeprägten Monopolisierungstendenzen, die auch in den Wirtschaftswissenschaften den Blick für die Grenzen des traditionellen Vertragsideals öffneten⁵⁸ und so auch das Vertrauen in einen sich allein überlassenen Markt unterminierten.⁵⁹ Dass man dabei auch für Informationsprobleme keineswegs blind war, verdeutlicht gerade die Auseinandersetzung mit den Allgemeinen Geschäftsbedingungen.

---

⁵⁵ Näher unten § 14 B. I., dort auch zum Einwand, dass immerhin die Einbeziehung gewollt sei.
⁵⁶ *Böhm*, Wettbewerb und Monopolkampf, 1933. Näher zum Wettbewerb unten § 16 D.
⁵⁷ *Raiser*, Geschäftsbedingungen, 1935, S. 95. Auch *Großmann-Doerth*, Selbstgeschaffenes Recht, 1933, S. 30 (dort Fn. 9) betont die starken Berührungen mit *Böhms* Auffassungen.
⁵⁸ Stellv. *Raiser*, Geschäftsbedingungen, 1935, S. 18, 277: „Das Prinzip der Vertragsfreiheit, auf dem unsere zivilrechtliche Gesetzgebung aufgebaut ist, gerät damit in ein neues, keineswegs günstiges Licht."
⁵⁹ Offen angesprochen etwa von *Großmann-Doerth*, Selbstgeschaffenes Recht, 1933, S. 10, 12 oder *Raiser*, Geschäftsbedingungen, 1935, S. 277 f.; vgl. daneben die Nachweise oben § 14 A. IV. 1.

B. Klassische Ansichten

I. Wille

1. Problem

Wie jeder Ansatz muss sich die Willenstheorie nicht zuletzt ihre Subsumtion gefallen lassen. Dabei sollte sie zunächst erklären, warum manche Geschäftsbedingungen zum Vertragsinhalt werden. Das fällt schwer. Denn blickt man auf die Vertragsrechtsrealität, ist die tatsächliche Kenntnisnahme einzelner Klauseln für deren Wirksamkeit schlichtweg irrelevant. Mehr noch, genauso wenig wie Allgemeine Geschäftsbedingungen wirklich gelesen werden, verlangen wir das und oder sind bereit, daran irgendwelche Vorwürfe oder Anreize zu knüpfen.[60] Genauso ist allerdings auch zu begründen, warum manche Klauseln wiederum nicht gelten. Ebenso ist zu beantworten, was dann warum an die Stelle unwirksamer Klauseln tritt und weshalb Irrtümer über den Inhalt vorformulierter Bedingungen selten zu einem Lösungsrecht oder gar einer Nichtigkeit führen.

Gerade bei Allgemeinen Geschäftsbedingungen versagt die Willenstheorie nahezu vollständig. Denn akzeptiert man, dass solche Klauseln nicht gelesen werden, muss man auch akzeptieren, dass sie nicht gewollt sind. Oft wird das sogar für den Verwender gelten, da er oder selbst die von ihm beauftragten Anwälte selten ganz neue Bedingungswerke entwerfen, sondern auf Formularhandbücher, Musterverträge und zahlreiche andere Vorbilder (etwa frühere Verträge) zurückgreifen und dabei nicht immer sämtliche Bestimmungen wahrnehmen. Selbst die überzeugtesten Anhänger der Willenstheorie formulieren daher eher vorsichtig. *Windscheid* etwa stellt lediglich die „... Frage, ob nicht angenommen werden müsse, ..." dass sich der Adressat der von der Post und der Eisenbahn aufgestellten Bedingungen, „... welche dieselben auch sein mögen, unterworfen haben wolle." Es mache sich die Betrachtung geltend, „... dass es sich hier handle um ein Jasagen auf eine Willenserklärung, deren näherer Inhalt durch eine öffentliche Bekanntmachung angegeben worden ist ..." Und müsse man nicht annehmen, „... dass wer zum Publikum redet, wo er im gegebenen Fall nach rechtlicher Anerkennung zum Publikum reden darf, eben dadurch für die Annahme des Rechts jeden Einzelnen aus dem Publikum zum Wissenden mache?"[61] Selbst für *Raiser* beruht die Geltung noch grundsätzlich auf dem Willen der Vertragsparteien.[62]

Dass derartige Ansichten reichlich fiktiv sind, erkennen andererseits auch viele Willenstheoretiker an.[63] Dabei wird überhaupt nur diskutiert, ob die

---

[60] Näher unten § 14 B. III.
[61] *Windscheid*, AcP 63 (1880), 72, 95.
[62] *Raiser*, Geschäftsbedingungen, 1935, S. 147.
[63] Vgl. nur etwa *Flume*, FS Deutscher Juristentag, Bd. 1, 1960, S. 135, 177; *Flume*, Allge-

Einbeziehung Allgemeiner Geschäftsbedingungen als solche wahrgenommen werden müsse oder aber zumindest die Möglichkeit der Kenntnisnahme bestanden haben sollte.[64] Dabei offenbart ein einfacher Blick in die Vertragsrechtsrealität, dass es in Wahrheit sogar niemanden schert, ob derjenige, der wie in Fall 234 im Supermarkt seine Bananen kauft, auch nur daran denkt, dass hier irgendwelche Geschäftsbedingungen anwendbar sein könnten.[65] Dementsprechend sind hier auch die Lösungsmöglichkeiten wegen Irrtums deutlich eingeschränkt.[66]

2. *Scheinlösungen*

Dass sich nur die wenigsten Menschen bei Vertragsschluss über die Einbeziehung Allgemeiner Geschäftsbedingungen Gedanken machen oder rechtlich machen müssten, verhindert von vornherein jede Möglichkeit, die Geltung solcher Klauseln willenstheoretisch zu begründen. Doch sei das im Folgenden dahingestellt und vielmehr angenommen, dass der Adressat deren Geltung sogar ausdrücklich zustimmt. Auf dieser Basis lässt sich nun scheinbar entgegnen, dass der Adressat durchaus Allgemeine Geschäftsbedingungen wolle, sofern er nur auf deren Existenz aufmerksam gemacht werde und deren Geltung zustimme. Das wird oft behauptet – und sei es auch nur implizit dadurch, dass überhaupt nur die Einbeziehung (willens-) theoretisch problematisiert wird, während eine ausdrückliche Einbeziehung keine dogmatischen Probleme aufwerfe.[67]

Leider erweist sich diese Hoffnung als trügerisch. Denn selbst ohne aufwändige analytische Erwägungen dürfte einleuchten, dass wer einen vielleicht sogar vor sich liegenden Stapel Papier als Stapel Papier wahrnimmt und dessen

---

meiner Teil, Bd. 2, 4. Aufl. 1992, S. 610 („Die Annahme einer Willenserklärung beruht jedoch auf einer Fiktion."). Dass gerade die Skeptiker der Willenstheorie darauf hinweisen, liegt auf der Hand, vgl. hier nur *Haupt*, Über faktische Vertragsverhältnisse, 1941, S. 6. Sehr deutlich formuliert dies auch *Slawson*, 84 HarvLRev 529 (1971): „The conclusion to which all this leads is that practically no standard forms, at least as they are customarily used in consumer transactions, are contracts. They cannot reasonably be regarded as the manifested consent of their recipient because an issuer could not reasonably expect that a recipient would read and understand them.", oder dort auf S. 530: "But the overwhelming proportion of standard forms are not democratic because they are not, under any reasonable test, the agreement of the consumer or business recipient to whom they are delivered."

[64] Stellv. *Raiser*, Geschäftsbedingungen, 1935, S. 170 f. Aus internationaler Sicht vgl. etwa Art. 2: 104 PECL oder Art. II. – 9:402 DCFR, zum deutschen Recht § 305 BGB.

[65] Das geschriebene wie in Urteilen gesprochene Recht unterstützt diesen Befund ausdrücklich und berücksichtigt AGB selbst dann, wenn die Einbeziehung ohne Kenntnis erfolgt, die Kenntnisnahme also jedenfalls möglich war, vgl. dazu nur die in Fn. 64 genannten Normen.

[66] Näher unten § 14 C. IV.

[67] Vgl. dazu nur *Raiser*, Geschäftsbedingungen, 1935, S. 160, 162 f. („Wo eine eindeutige Verweisungserklärung der Parteien vorliegt, bedarf es der Verkehrssitte nicht, um die Geltung der AGB zu begründen.") oder jüngst *Hellwege*, Geschäftsbedingungen, 2010, passim.

Einbeziehung zustimmt, deshalb noch lange nicht all das gedanklich aufnimmt, was dort geschrieben steht. Nicht dieser Inhalt ist gewollt, sondern der Stapel Papier. Natürlich lässt sich dieser Inhalt dann selbst anhand dieser begrenzten Aufmerksamkeit leicht identifizieren. Wer weiß, welcher Stapel gemeint ist, kann überprüfen, was dort steht. Doch solange man das Wollen des Vertragsinhalts als Tatbestandsmerkmal ernst nimmt,[68] kommt man nicht umhin, eine Aufmerksamkeit auch für jede einzelne Vertragsklausel zu verlangen. Schließlich führt auch nicht die Kenntnis von der Existenz des Internets dazu, dass man all diejenigen Inhalte kennt, auf die sich darüber zugreifen lässt.[69]

Tatsächlich wären die Konsequenzen einer solchen Sichtweise geradezu absurd: Erblicken wir in einem Schaufenster ein verlockendes Stück Brot, das – von außen nicht sichtbar – bereits verschimmelt ist (Fall 170), so werden wir uns nach Vertragsschluss auch nicht mit der Entgegnung des Verkäufers abfinden, wir hätten schließlich „dieses Brot" gewollt, bekämen also mit dem Schimmel nur das von uns Gewollte. Und auch die Trojaner in Fall 188 wollten nur ein hölzernes Pferd – nicht aber die griechischen Soldaten. Wenn also der Wille für die Willenstheorie eine so zentrale Bedeutung entfaltet, dann nur deshalb, weil das, was Vertragsinhalt werden soll, auch tatsächlich gewollt und damit wahrgenommen wurde.[70]

Es verwundert daher nicht, wenn dort, wo für die Geltung Allgemeiner Geschäftsbedingungen nach wie vor auf den Willen verwiesen wird, in unterschiedlichsten Facetten eben doch alternative Begründungen bemüht werden. So mag man einfach behaupten, dass sich der Verweis auf gestellte Klauselwerke nicht auf unbillige Bestimmungen erstrecke.[71] Immerhin kann man durchaus nur „faire" Vertragsinhalte einbeziehen wollen. Doch erstreckt sich ein Wille jedenfalls dann, wenn ein Begriff wie „fair" verschiedene Interpretationen erlaubt und damit näher konkretisiert werden muss, eben nicht auf diese Konkretisierung – ganz unabhängig davon, ob sie der Verwender, ein Richter oder der Gesetzgeber vornimmt.[72] Genauso mag man natürlich auf eine „Zurechenbarkeit", eine (normative) Auslegung oder Ähnliches verweisen,[73] doch hat das jedenfalls mit der Willenstheorie nichts zu tun.

---

[68] Näher zu diesem für die Willenstheorie völlig unstreitigen Ausgangspunkt oben § 9 C. I. 1. b).
[69] Näher oben § 9 C. V. 2. c).
[70] Näher oben § 7 B. V. 2. a) sowie nochmals oben § 9 C. V. 2. c).
[71] Demgegenüber kritisch etwa *Raiser*, Geschäftsbedingungen, 1935, S. 176 m.w.N., der zutreffend darauf verweist, dass der Verwender mit einem solchen geheimen Vorbehalt selten einverstanden sein wird (zur Erklärung siehe gleich unten § 14 B. II.).
[72] Siehe nochmals oben § 9 C. V. 2. c).
[73] Zur Zurechnung siehe gleich unten § 14 B. III. sowie zur (normativen) Auslegung etwa oben § 9 C. V. 2. e); § 10 E. II. 1.

II. Erklärung

Wenngleich sich der Parteiwille bei Vertragsschluss nicht auf die einzelnen Allgemeinen Geschäftsbedingungen erstreckt, so ist zumindest eines oft vorhanden, nämlich irgendeine Bezugnahme auf diese Bedingungen. Oft wird der Verweis auf diese Klauseln in den Parteierklärungen selbst enthalten sein. Insofern mag man dann auch sagen, dass hier der Vertragsschluss äußerlich nach durchaus klassischem Muster abläuft.[74] Anders formuliert lässt sich durchaus behaupten, dass auch Allgemeine Geschäftsbedingungen zum objektiven Erklärungsinhalt gehören und damit „erklärt" werden.

Allerdings bleibt zu begründen, warum einer Erklärung, auf deren Inhalt sich kein Wille erstreckt, Autorität zukommen sollte. Denn anders als bei individuell ausgehandelten Vertragsinhalten ist die Unterschrift unter Allgemeine Geschäftsbedingungen bzw. einen Hinweis zu deren Einbeziehung kein Indiz dafür, dass deren Inhalt wirklich wahrgenommen wurde.[75] Wahrgenommen wird allein, dass ein Stapel Papier Vertragsinhalt werden soll. Soweit also die objektive Erklärung ihre Autorität daraus ableitet, dass sie eine Wahrnehmung des so Erklärten wahrscheinlich macht, lässt sich dieser Gedanke auf einseitig gestellte Bedingungswerke nicht übertragen. Anders formuliert ist die Einbeziehung Allgemeiner Geschäftsbedingungen weithin reine Formsache.[76]

Nun sollen nach den – deshalb so genannten – Erklärungstheorien auch solche Vertragsinhalte gelten, die zwar nicht gewollt, wohl aber erklärt wurden. Doch hilft das jedenfalls in einer Variante davon, nämlich dem Vertrauensgedanken, von vornherein nicht weiter. Denn ganz unabhängig von einigen grundlegenden Einwänden[77] weiß derjenige, der Allgemeine Geschäftsbedingungen erstellt und unterschreiben lässt, sehr genau, dass niemand diese liest. Es geht hier nicht um etwas Fremdes, sondern das, was er selbst geschaffen hat und sich lediglich abzeichnen lässt. Und dass der Hinweis auf ein Vertrauendürfen nur die Frage neu stellt, wurde bereits dargelegt.[78] Gerade bei den hier interessierenden Vertragsinhalten bleibt offen, warum jemand auf die Geltung solcher Klauseln vertrauen darf, die er ganz allein gestellt, der Adressat aber nicht einmal gelesen hat.

---

[74] *Raiser*, Geschäftsbedingungen, 1935, S. 152.
[75] Näher zu dieser Indizfunktion der Erklärung für einen Willen oben ab § 10 B. I.; § 10 F.
[76] Zutr. *Großmann-Doerth*, Selbstgeschaffenes Recht, 1933, S. 4.
[77] Allgemein zur Vertrauenshaftung oben § 11.
[78] Oben § 11 F. I.

III. Zurechenbarkeit

Doch findet sich unter den Erklärungstheorien bekanntlich noch eine zweite große Richtung, die auf ein Vertrauen verzichtet und vielmehr diejenigen Erklärungsinhalte berücksichtigen will, die in irgendeiner Form zurechenbar bzw. zu verantworten seien.[79] Immerhin verlangt unser Vertragsrecht zumindest die Möglichkeit einer Kenntnisnahme Allgemeiner Geschäftsbedingungen und lässt das bisweilen auch genügen.[80] Bemerkenswert ist dabei, wie wenig Skrupel selbst entschiedene Verfechter der Willenstheorie dabei empfinden, bei Allgemeinen Geschäftsbedingungen einfach auf das Willenserfordernis zu verzichten. So bemerkt der bereits erwähnte *Windscheid*, dass es „unbillig" wäre, stellte sich der Vertrag als für den Adressaten nicht bindend heraus. Wenn sich dann die Erwägung aufdränge, „... dass es immerhin möglich sei, dass der Bietende etc. an aufgestellte Bedingungen gar nicht gedacht habe, ..." so liege „... in einem solchen Benehmen jedenfalls eine so große Fahrlässigkeit ..., dass es aus diesem Grunde billig sei, dass der Bietende etc. an dem Vertrag festgehalten werde."[81] Dabei geht es hier wohlgemerkt nicht etwa um den Ersatz des negativen Interesses, sondern um den Vertragsinhalt.[82] Noch viel leichter fällt das natürlich Kritikern der Willenstheorie wie *Kohler*, der feststellt, dass keine Rücksicht genommen werde, „... wenn der Anschlag richtig gemacht ist und einer sich ausreden will, er habe ihn nicht gelesen und beachtet ..."[83]

Der großen Resonanz des Zurechnungsgedankens zum Trotz ist es nicht klar, wie dieser dazu beitragen soll, Vertragsinhalte zu begründen. Dabei sei hier darauf verzichtet, die zahlreichen und sehr grundlegenden Einwände nochmals aufzuzählen.[84] Doch spürt etwa *Flume* zumindest für die Geltung Allgemeiner Geschäftsbedingungen sehr genau, dass man mit dem ohnehin fragwürdigen Vorwurf mangelnder Kenntnisnahme „... nach allgemeinen Grundsätzen nur zu einem Schadensersatzanspruch, nicht aber zu der Geltung der einseitigen Festlegung ..." kommt.[85] Vor allem ist es nicht einmal vorwerfbar, Allgemeine Geschäftsbedingungen nicht zu lesen. Vielmehr ist diese Ignoranz nicht nur völlig üblich und rational, sondern auch ein normativ uneinge-

---

[79] *Hübner*, FS Nipperdey, Bd. 1, 1965, S. 373, 382 spricht von einer „... Unterwerfung ... aus individueller Entscheidung ..."
[80] Siehe dazu bereits die Nachweise oben in Fn. 53. Teilweise wird auch ein schuldrechtlicher Anspruch auf Einsichtnahme diskutiert, vgl. *Raiser*, Geschäftsbedingungen, 1935, S. 172.
[81] *Windscheid*, AcP 63 (1880), 72, 95.
[82] Näher zu diesem für viele Vertreter der Willenstheorie typischen Bruch oben § 10 C. III. 2.
[83] *Kohler*, JhJb 28 (1889), 166, 223.
[84] Vgl. dazu vielmehr bereits oben ab § 10 C. III. 2.
[85] *Flume*, Allgemeiner Teil, Bd. 2, 4. Aufl. 1992, S. 610 f. Allgemein dazu oben § 9 C. II. 2.

schränkt zu billigendes Verhalten.[86] Schon gar nicht wird eine Lesepflicht gegenüber dem Verwender verletzt, da sich bezweifeln lässt, dass dieser eine Kenntnisnahme wünscht. Anders formuliert besitzt die bloße Möglichkeit zur Kenntnisnahme dort wenig normative Kraft, wo jedermann gut beraten wie auch berechtigt ist, davon keinen Gebrauch zu machen.

Natürlich mag man betonen, dass es für eine Zurechnung keineswegs auf ein Verschulden ankomme. Doch muss man dann alternative und vor allem subsumierbare Kriterien anbieten. Der Hinweis, dass die Zustimmung des Adressaten zu ihm unbekannten Geschäftsbedingungen eine „Risikoerklärung" sei,[87] reformuliert allenfalls das zu begründende Ergebnis.[88] Insbesondere bleibt offen, warum die Rechtsordnung manche Inhalte durchaus verwirft, sich das Risiko also sehr differenziert darstellt. Es geht nicht um die Gültigkeit „des Papierstapels", sondern um jede einzelne Klausel. Zu beantworten ist, warum bestimmte Bedingungen gelten, andere wiederum hingegen nicht, und was dann an deren Stelle tritt. Begrifflichkeiten wie Zurechenbarkeit oder Risiko helfen dabei nicht.

IV. Sonstiges

Es verwundert daher auch nicht, wenn selbst dort, wo für die Geltung Allgemeiner Geschäftsbedingungen nach wie vor auf Wille oder Erklärung verwiesen wird, in unterschiedlichsten Facetten eben doch alternative Begründungen bemüht werden. Ein frühes Beispiel sind die Versuche *Krauses* oder *Manigks*, auf verkehrsmäßige Typisierungen bzw. typische Erklärungsakte mit normativer Wirkung abzustellen.[89] Genauso mag man beispielsweise auf eine Zumutbarkeit verweisen.[90] Doch lässt sich letztlich das gesamte Recht auf die Frage umformulieren, was einem von Rechts wegen zumutbar ist. Genauso eine Leerformel ist der auch für Allgemeine Geschäftsbedingungen gern bemühte Verweis auf eine normative Auslegung.[91] Auch der Hinweis auf eine „Anerkennung als Rechtens"[92] lässt offen, wie dies über das hinausgehen soll, was wir von Willens- und Erklärungstheorie her bereits kennen. Der Verweis auf

---

[86] Stellv. *Flume*, FS Deutscher Juristentag, Bd. 1, 1960, S. 135, 177; *Raiser*, Geschäftsbedingungen, 1935, S. 170. Vgl. etwa auch den von *Graue*, in: Jakobs (Hrsg.), Rechtsgeltung und Konsens, 1976, S. 105, 106 ff. wiedergegebenen, südafrikanischen Fall mit der erfrischend ehrlichen Aussage: „I didn't bother to read it."

[87] *Siegel*, AcP 111 (1914), 1, 92 f., zust. *Raiser*, Geschäftsbedingungen, 1935, S. 170.

[88] Näher oben § 10 C. V. Eingehend zum Risiko oben § 5.

[89] *Krause*, Schweigen, 1933, S. 127 ff.; *Manigk*, Irrtum und Auslegung, 1918, S. 148 ff., 273 ff. Zu Sitte, Übung und Brauch siehe oben § 16 C. sowie im Kontext diverser Handlungstheorien oben § 10 C.

[90] Stellv. *Raiser*, Geschäftsbedingungen, 1935, S. 156, 164.

[91] So aber etwa *Raiser*, Geschäftsbedingungen, 1935, S. 147 f., 155 f. Siehe dazu die Verweise oben in Fn. 73.

[92] *Flume*, FS Deutscher Juristentag, Bd. 1, 1960, S. 135, 177.

das objektive Recht[93] ist nicht einmal der Versuch einer Begründung, gilt es das Recht erst zu begründen.[94] Noch am ehrlichsten, wenn auch dogmatisch nicht weiterführend, ist die These, dass es eine einheitliche Formel für die Angemessenheit bestimmter Klauseln nicht gebe, die zu verwirklichende Gerechtigkeit vielmehr „... in Anschauung der konkreten Lebensverhältnisse gefunden werden ..." müsse.[95]

C. Rechtfertigungsprinzip

I. Kompetenzverteilung

1. Grundidee

Wer ausgiebig zu kritisieren weiß, sollte auch konstruktiv etwas anzubieten haben. Immerhin hat der hier vertretene Ansatz einen naheliegenden Vorteil: Da das Rechtfertigungsprinzip ein substanzielles, den Vertragsinhalt beschreibendes Konzept ist, steht es direkt für die bei Allgemeinen Geschäftsbedingungen so wichtige Inhaltskontrolle bereit, während hier die klassischen prozeduralen Ansätze wenig beizutragen haben. Allein das ist ein wichtiger Vorteil. Allerdings bewältigt das nur eine der eingangs genannten Herausforderungen. Genauso ist zu beantworten, wie oder warum manche AGB-Klauseln überhaupt zum Vertragsbestandteil werden. Zwar scheitern hier die klassischen Ansichten wie zuvor dargelegt ebenfalls. Doch muss auch das Rechtfertigungsprinzip erst einmal beantworten, warum der Staat den Vertragsinhalt nicht immer selbst festlegt, sondern teilweise auch das übernimmt, was der Verwender einseitig stellt. Anders formuliert ist der Staat, sei es als Gesetzgeber oder Richter, zwar sehr viel stärker als bei individuell ausgehandelten Vertragsinhalten zum Einschreiten genötigt, tut das aber keineswegs immer.

Damit stellt sich einmal mehr die Kompetenzfrage. Es ist zu klären, welchen Personen – Staat, Verwender oder Adressat – es unter welcher genauen Ausgestaltung erlaubt werden sollte, Vertragsinhalte zu bestimmen. Dass wir es dabei bei Allgemeinen Geschäftsbedingungen mit einem Instrument einseitig-privater Rechtsetzung zu tun haben, ist dabei keine neue Erkenntnis – schließlich sprach dies *Großmann-Doerth* bereits im Titel seiner grundlegenden Abhandlung aus.[96] Es ist daher auch berechtigt und erhellend, Allgemeine

---

[93] So *Raiser*, Geschäftsbedingungen, 1935, S. 148, 177, 181 f. („Erklärungsfolgen bedürfen keiner Rechtfertigung durch den Parteiwillen, wo sie durch das objektive Recht geboten sind."), wonach die Schranken der Vertragsfreiheit dem Recht als einer Gemeinschaftsordnung „immanent" seien.
[94] Näher unten § 16 A.
[95] *Raiser*, Geschäftsbedingungen, 1935, S. 288 f.
[96] *Großmann-Doerth*, Selbstgeschaffenes Recht, 1933, der dort auf S. 5 ausführt: „Ich nenne die Allgemeine Geschäftsbedingung ‚Recht' – im Gegensatz zum staatlichen Recht

Geschäftsbedingungen mit klassischen Gesetzen zu vergleichen, wie dies auch bei anderen Formen privater Rechtsetzung wie etwa Tarifverträgen unter Stichworten wie Regelung, Norm oder Ähnlichem immer dann geschieht, wenn gewisse Inhalte einseitig sowie oft auch mit Wirkung für gleich sehr viele Personen gesetzt werden.[97] So mag man dann auch diskutieren, inwieweit Allgemeinen Geschäftsbedingungen als solchen bereits ein Rechtscharakter zukommt.[98] Eine ganz andere Frage ist allerdings, welche Schlüsse man aus derartigen Charakterisierungen zieht. *Raiser* betont die Relevanz auch öffentlicher Interessen, wendet sich gegen die uneingeschränkte Anerkennung des Individuums und stellt auch auf die ökonomisch-soziale Wichtigkeit sowie Unentbehrlichkeit der angebotenen Güter und Leistungen ab.[99] Dem heute dominierenden Rechtsverständnis entspricht das nicht. Auch der hier vertretene Ansatz ist rein privatrechtlich-individualistisch.[100]

Es ist der Vorteil eines substanziellen Kriteriums wie dem Rechtfertigungsprinzip, dass es sich nicht nur direkt auf den jeweiligen Vertragsinhalt anwenden lässt, sondern genauso auf die dem vorgelagerte Kompetenzebene: Zu prüfen ist, welche Machtverteilung zwischen Staat, Verwender und Adressat dafür sorgt, dass die Parteien so weit rechtliche Einbußen erleiden, wie dies notwendig ist, um sich getreu den eigenen Zielen zu verbessern.[101] Es müssen hier also keine neuen Gesichtspunkte eingeführt und von konkurrierenden Wertungen abgegrenzt werden. Vielmehr steht ein bewährtes Kriterium bereit. Für die hier interessierenden Allgemeinen Geschäftsbedingungen sollte es zumindest erklären können, warum es unser Recht erlaubt, Vertragsinhalte einseitig und selbst ohne Kenntnisnahme durch den Adressaten festzulegen, diese dafür aber sehr viel stärker als bei einem individuellen Aushandeln kontrolliert.

2. Geltung gegen den Verwender

Die meisten in Wissenschaft wie Rechtsprechung zu Allgemeinen Geschäftsbedingungen getätigten Ausführungen beschränken sich auf deren Geltung gegen den Adressaten. Diese selten auch nur thematisierte Einseitigkeit ist nachvollziehbar, drohen doch vor allem dieser Person Einbußen. Wenn es hier

---

das selbstgeschaffene Recht der Wirtschaft." Vgl. auch den Willenstheoretiker *Flume*, Allgemeiner Teil, Bd. 2, 4. Aufl. 1992, S. 610: „Hinsichtlich des Inhalts der Allgemeinen Geschäftsbedingungen liegt hiernach im allgemeinen keine einverständliche, sondern eine einseitige Regelung vor."

[97] Stellv. *Großmann-Doerth*, Selbstgeschaffenes Recht, 1933, S. 12; *Raiser*, Geschäftsbedingungen, 1935, S. 109 ff.

[98] Zu der in dieser Arbeit gewählten Definition von Recht siehe oben § 1 B. I.; § 2 B. I. Für eine etwas andere Sichtweise siehe etwa *Köndgen*, AcP 206 (2006), 477, 479 ff. m.w.N.

[99] *Raiser*, Geschäftsbedingungen, 1935, S. 279, 283 ff.

[100] Näher unten § 19 B.

[101] Näher oben § 8 B. II.

demgegenüber zunächst um die Geltung gegen den Verwender geht, so deshalb, weil sich so besonders leicht das Zusammenspiel von Rechtfertigungs- und Subsidiaritätsprinzip illustrieren lässt. Immerhin ist es auch mit Blick auf den Verwender nicht selbstverständlich, dass er an die von ihm gestellten Bedingungen gebunden sein sollte. Schließlich kennt er keineswegs immer sämtliche Klauselinhalte. Sehr viel typischer ist die Übernahme fremder Entwürfe, sei es über im Einzelhandel erworbene Musterformulare, Formularhandbücher oder die Anpassung älterer Verträge. Der Geschäftswille trägt diese Inhalte nicht, und wiederum ist ein solches Verhalten nicht einmal vorwerfbar, sondern wie auch die Ignoranz des Adressaten gleichermaßen rational wie gebilligt.

Diskutiert man nun das Phänomen einseitig gestellter Klauseln offen als ein solches auch der Kompetenzverteilung, bilden gestellte Vertragsinhalte ein starkes Indiz dafür, dass sie die Rechte und Interessen derjenigen Person berücksichtigen, die diese Inhalte stellen durfte. Schließlich hat der Verwender nicht nur die nötige Zeit, um sich in aller Ruhe mit dem Klauselinhalt zu beschäftigen und einzelne Klauseln schrittweise abzuarbeiten. Da er regelmäßig zahlreiche Kunden hat, lohnt es sich auch für ihn eher, diesen Aufwand zu betreiben. Letztlich greift hier die gleiche Logik, die auch bei individuell ausgehandelten Verträgen dem objektiven Erklärungsinhalt eine Indizfunktion beimisst. Und selbst ohne eigene Anstrengungen kann der Verwender solche Musterformulare auswählen, die seinen Bedürfnissen möglichst entgegenkommen: Ein Vermieter wird seinen Vertragsentwurf nicht vom Mieterschutzbund beziehen.

II. Inhaltskontrolle

1. Berechtigung

Fragt man sich nun nach der Geltung Allgemeiner Geschäftsbedingungen gegen den Adressaten, wird hier eine Inhaltskontrolle[102] unumgänglich. Klauseln wie in Fall 236 haben es nicht nur in europäischen Vertragsrechten schwer. Denn die bloße Zustimmung des Adressaten unter ein Klauselwerk, das er nicht ernsthaft überprüfen kann, wäre ein völlig ungeeignetes Indiz für die Verwirklichung des Rechtfertigungsprinzips.[103] Kann hier also die betroffene Partei nicht für sich selbst sorgen, müssen andere einspringen. Willkürrecht ist nicht zu dulden,[104] und auf außerrechtliche Mechanismen allein ist

---

[102] Allgemein zu dieser unten § 16 A.
[103] Näher zu solchen Indizien oben § 8 B. III.
[104] *Großmann-Doerth*, Selbstgeschaffenes Recht, 1933, S. 25; *Raiser*, Geschäftsbedingungen, 1935, S. 93.

hier – wie so oft in der modernen Gesellschaft – wenig Verlass.[105] Auch dem Staat, gesetzlich oder richterlich, kommt damit eine wichtige Kompetenz zur Bestimmung des Vertragsinhalts zu.

So selbstverständlich die Forderung nach einer Inhaltskontrolle heute erscheint und von der Rechtsprechung schon lange praktiziert wird,[106] ist sie keineswegs selbstverständlich. Schließlich könnte man Allgemeine Geschäftsbedingungen auch einfach verbieten. Es ist eine in ihrer Bedeutung nicht zu unterschätzende Einsicht, dass die Inhaltskontrolle einem solchen Totalverbot vorzuziehen ist,[107] muss man dafür immerhin sehen, dass vorformulierte Bedingungswerke einen wichtigen wertschöpfenden Beitrag leisten und nicht nur als Entrechtungsinstrument fungieren.[108] Umgekehrt formuliert ist eine Inhaltskontrolle der Schlüssel dafür, um dem selbstgeschaffenen Recht der Wirtschaft zu stärkerer Geltung verhelfen zu können und es vom Geschäftswillen unabhängig zu machen.[109]

2. Maßstab

Hat man eine Inhaltskontrolle Allgemeiner Geschäftsbedingungen als notwendig anerkannt, bleibt noch deren genaue Durchführung zu klären. Als Erstes betrifft das den dabei anzulegenden inhaltlichen Maßstab. Hierfür benötigen wir möglichst klare, verbindliche und damit in ihrer konkreten Anwendung für jedermann voraussehbare Grundsätze. Je klarer diese ausfallen und je wirksamer sie durchgesetzt werden, desto weniger Aufwand ist damit verbunden. Im Idealfall kommt es dann erst gar nicht zum Rechtsstreit, sondern wird das sicher zu erwartende Ergebnis vorweggenommen und nur auf dieser Basis überhaupt verhandelt. Staatliche Intervention ist also gerade dort besonders kostengünstig, wo allein der Schatten klarer und konsequent durchgesetzter Regeln wirkt und es deshalb nie zu einem Gerichtsprozess kommt.[110]

3. Prüfungsintensität

Allerdings mag man fragen, wie streng bei einer Inhaltskontrolle vorzugehen ist. Sollte der Staat dem Verwender nicht vielleicht einen gewissen Spielraum einräumen, anstatt jede Formulierung genauestens zu hinterfragen? Zunächst ist daran zu erinnern, dass Gerichte wie Gesetzgeber – genau wie übrigens auch die Parteien – nur begrenzt in der Lage sind, das inhaltlich Richtige ex-

---

[105] Stellv. *Raiser*, Geschäftsbedingungen, 1935, S. 281.
[106] Siehe zu diesem Befund nur *Raiser*, Geschäftsbedingungen, 1935, S. 175.
[107] So ausdrücklich *Großmann-Doerth*, Selbstgeschaffenes Recht, 1933, S. 25 f.
[108] Näher oben § 14 A. III.
[109] *Großmann-Doerth*, Selbstgeschaffenes Recht, 1933, S. 26.
[110] Vgl. zur Begrifflichkeit des Schattens des Rechts nur *Mnookin/Kornhauser*, 88 YaleLJ 950, 968 ff. (1979).

akt zu treffen. Zu den vielfältigen Gründen mögen eine geringe Vertrautheit des Gerichts mit den Besonderheiten eines Markts oder Guts, aber auch dessen begrenzten Ressourcen gehören.[111] Besonders wird sich das dort auswirken, wo es um bloße Ordnungsvorschriften geht.[112] Sofern also die staatliche Korrektur das Rechtfertigungsprinzip eher zu gefährden als zu fördern droht, ist sie zu unterlassen.

Etwas schwieriger zu beantworten erscheint es demgegenüber, ob einem Verwender nicht auch darüber hinaus Spielräume einzuräumen sind. So ließe sich argumentieren, dass dies der notwendige Ausgleich und Anreiz dafür sei, dass sich der Verwender überhaupt bemühe, interessengerechte Vertragsinhalte zu entwerfen. Wenn er schon diese Last auf sich nehme und das Verwerfungsrisiko trage, müsse es ihm auch erlaubt sein, die Klauseln ein Stück weit in seinem Sinne zu gestalten. Wirklich überzeugen kann dieser Gedankengang allerdings nicht. Zunächst sei daran erinnert, dass allein die rein faktischen Schwierigkeiten staatlicher Inhaltskontrolle Spielräume lassen – mag man dieses Faktum begrüßen oder nicht. Weiterhin entfaltet bereits der Wettbewerb einen gewissen Druck, die mit vorformulierten Bedingungswerken verbundenen Kostenvorteile auch wahrzunehmen. Vor allem aber ist nicht ersichtlich, was mit der Einräumung eines „Spielraums" gewonnen sein soll. Betrachtet man etwa die Anreize, möglichst interessengerechte Klauseln zu erstellen und zu verwenden, so ist – von gewissen Trägheiten einmal abgesehen – sogar ein Monopolist gut beraten, Vertragsinhalte zu optimieren, um so eine hohe Kooperationsrente zu erzielen, die er dann für sich vereinnahmen kann.[113] Und funktioniert gar der Wettbewerb, ist der Druck nicht geringer. Hinsichtlich der für Allgemeine Geschäftsbedingungen so typischen Unwissenheit des Adressaten führt ein größerer Spielraum lediglich dazu, dass der Verwender den Vertragsinhalt noch stärker zu seinen Gunsten und zu Lasten des Kunden gestaltet. Das erhöht nicht die Wertschöpfung, sondern verringert sie.

Letztlich führt also ein Gestaltungsspielraum, der über die praktischen Kontrollschwierigkeiten des Staats hinausgeht, lediglich zu einer schädlichen Verschiebung des inhaltlich Zulässigen. Das Bild vom Spielraum täuscht darüber hinweg, dass keineswegs ein solcher Raum ausgeschöpft, sondern nur dessen äußerster Rand angesteuert wird. Damit ist auch keine Rechtssicherheit gewonnen, da die Grenzen vielmehr nur anderswo ausgelotet werden. Schließlich sind Allgemeine Geschäftsbedingungen nicht nur das Ergebnis einer sehr langfristigen und professionellen Entwicklung hin zu möglichst optimalen Klauseln, sondern bisweilen auch zur einseitigen Anordnung all dessen, was der Staat dem Verwender gerade noch an Vorteilnahme zubilligt. Im

---

[111] Näher oben § 8 E. II. 2.
[112] Näher oben § 2 D. III. 3. a).
[113] Vgl. dazu bereits oben § 14 A. IV. 2.

Ergebnis sollte der Staat also genau so weit eine Inhaltskontrolle betreiben, wie diese Intervention die Aussichten erhöht, das Rechtfertigungsprinzip zu verwirklichen.

Vor diesem Hintergrund lässt sich dann die weitere Frage beantworten, ob nicht die Prüfungsintensität je nach Interessenlage des Verwenders variieren sollte. So kann sich der Staat möglicherweise dort stärker zurückhalten, wo Allgemeine Geschäftsbedingungen unter Mitwirkung eines Kundenverbands, einer unparteiischen Stelle oder des Staats entwickelt wurden.[114] Dagegen spricht allerdings, dass der anzuwendende substanzielle Maßstab unabhängig davon ist, wer bestimmte Klauseln entworfen hat. Und wenn diese das Rechtfertigungsprinzip verletzen, besteht wenig Grund, das nur deshalb hinzunehmen, weil der Fehler auf eine unparteiische Stelle zurückgeht. Wohl aber mag die jeweilige Interessenlage für die Frage wichtig sein, ob eine staatliche Inhaltskontrolle überhaupt ihr Ziel erreichen oder aber verfehlen wird.

Abzulehnen ist schließlich auch eine Gesamtbetrachtung dergestalt, dass die mit einzelnen Klauseln verbundenen, zu missbilligenden Nachteile ausgeglichen werden, solange der Verwender an anderer Stelle die ihm zustehenden Spielräume nicht voll zu seinen Gunsten ausnutzt. Denn das Rechtfertigungsprinzip wird auch dann verletzt, wenn ihm nur einzelne Passagen widersprechen. Der Vertragsinhalt sollte so gut wie nur irgend möglich sein.

4. Gesetzes- versus Richterrecht

Soweit eine staatliche Inhaltskontrolle getreu den bisherigen Ausführungen geboten erscheint, bleibt immer noch zu klären, ob Parlamentarier oder Richter den Inhalt bestimmen sollten. So mag der Gesetzgeber jedenfalls solche Vertragsinhalte verbieten, die mit sehr großer Wahrscheinlichkeit gegen das Rechtfertigungsprinzip verstoßen, oder aber für einzelne Konstellationen Vorgaben machen, der Rechtsprechung jedoch über Generalklauseln erhebliche Rechtsetzungskompetenzen einräumen.[115] Oft orientieren sich die Gerichte dabei auch an solchen Vorschriften, die durch eine Individualabrede abdingbar, also dispositiv, sind.[116] Auch hier zeigt sich also, dass zwischen zwingendem und dispositivem Recht keine starre Grenze verläuft, sondern es den Vertragsparteien sehr unterschiedlich erschwert werden kann, von diesem dispositiven Recht abzuweichen. Insofern passiert hier nichts anderes als etwa bei Formvorschriften. Dabei macht diese Orientierung am dispositiven Gesetzesrecht genau so weit Sinn, wie diese Vorschriften tatsächlich dem Rechtferti-

---

[114] Zu entsprechenden Diskussionen bei der Auslegung von AGB vgl. nur *Raiser*, Geschäftsbedingungen, 1935, S. 255.
[115] Diesen Ansatz verfolgt etwa die Richtlinie 93/13/EWG des Rates vom 5. April 1993 über missbräuchliche Klauseln in Verbraucherverträgen, ABl. Nr. L 95 v. 21.4.1993, S. 29.
[116] Siehe zu diesem Befund nur *Raiser*, Geschäftsbedingungen, 1935, S. 293. Näher zum dispositiven Recht unten § 16 A. III. 2.

gungsprinzip nahe kommen. Je stärker der konkret zu beurteilende Sachverhalt von demjenigen abweicht, den der Gesetzgeber vor Augen hatte, desto geringer ist auch die Autorität des dispositiven Rechts. Bevor diese Aussage gleich noch stärker hinterfragt wird, bleibt zunächst festzuhalten, dass das Rechtfertigungsprinzip für diesen Vergleich wie auch die sonstige Ausgestaltung der Kompetenzverteilung überhaupt den benötigten Maßstab liefert.[117]

5. Homogenität versus Einzelfallbetrachtung

So hilfreich die gedankliche Orientierung am dispositiven Recht sein mag, birgt sie auch gewisse Gefahren, die für die verteilte Setzung von Vertragsinhalten generell kennzeichnend sind und daher bereits andernorts ausgeführt wurden:[118] Denn dass der abstrakt-allgemeine Charakter von Gesetzen dem Einzelfall nicht immer gerecht wird, gilt natürlich nicht nur für zwingende, sondern genauso für dispositive Vorschriften. Praktisch besehen führt Gesetzesrecht (wie übrigens auch manche etablierte Verkehrssitte[119]) zu uniformen Lösungen.[120] Dabei liegt der Vorteil Allgemeiner Geschäftsbedingungen darin, solche Vertragsinhalte zu ermöglichen, die auf die jeweiligen Verhältnisse etwa eines Unternehmens oder Produkts zugeschnitten sind. Das selbstgeschaffene Recht der Wirtschaft will gerade die Starre gesetzlicher Vorgaben überwinden.[121] Je mannigfaltiger, komplexer und arbeitsteiliger der Wirtschaftsverkehr ist, je rasanter und vielschichtiger der technische Fortschritt, je reichhaltiger die menschliche Kultur und je individueller die Lebensentwürfe der Menschen, desto weniger aussagekräftig erweist sich manche dispositive Vorschrift. Besonders deutlich wird dies dort, wo sich neuartige Vertragsformen entwickelt haben – etwa Franchising, Leasing oder Factoring.[122] So gesehen ist es sehr problematisch, Vertragsinhalte allein deshalb zu verwerfen, weil sie ungewohnt sind. Und immerhin steht jedenfalls mit dem Rechtfertigungsprinzip ein substanzielles Kriterium zur Verfügung, das nicht nur hinreichend konkret ist, sondern auch die ganz individuellen Umstände berücksichtigt.

---

[117] Näher oben § 8 B. II. Vgl. auch unten § 19 D.
[118] Etwa unten § 16 C. II. 5.
[119] Zu deren Bedeutung siehe unten § 16 C. I. 1.
[120] *Raiser*, Geschäftsbedingungen, 1935, S. 296.
[121] Anderserseits können Allgemeine Geschäftsbedingungen auch ihrerseits zur Erstarrung beitragen, worauf *Raiser*, Geschäftsbedingungen, 1935, S. 93 hinweist. Das betrifft nicht nur die einheitliche Behandlung sämtlicher Vertragspartner des Verwenders, sondern vor allem auch die unternehmensübergreifende Gleichschaltung über weit verbreitete Musterbedingungen bis hin zu kartellrechtlich relevanten Koordinationsformen.
[122] Siehe dazu etwa *Martinek*, Moderne Vertragstypen, Bd. I, 1991, §§ 3 ff., 9 ff.; *Martinek*, Moderne Vertragstypen, Bd. II, 1992, §§ 13 ff.; *Oechsler*, Gerechtigkeit, 1997, S. 296 ff.; *Enderlein*, Rechtspaternalismus und Vertragsrecht, 1996 jew. m.w.N.

Allerdings sind auch relativierende Schlüsse denkbar. So gibt es gute Gründe für eine gewisse Homogenität dort, wo wie mit Allgemeinen Geschäftsbedingungen ein Produktinhalt nicht individuell wahrgenommen und so auch nicht zum Gegenstand des Wettbewerbsprozesses wird. Solange hier nur in einem bestimmten Marktsegment weitestgehend identische Inhalte gelten, mag das zwar nicht zur theoretisch größtmöglichen individuellen Wertschöpfung führen, wohl aber zu einem harten Wettbewerb bei Preis und wahrgenommenen Produktmerkmalen.[123] Oft ist nämlich Produktdifferenzierung lediglich ein Instrument für mehr Intransparenz, soll also Wettbewerb unterminieren. Im Versicherungsrecht etwa benötigt keineswegs jeder Einzelne eine individuell zugeschnittene Haftpflichtversicherung, sondern sind viele Bedürfnisse und Gefährdungslagen weithin einheitlich, so dass die mit einer großen Bedingungsvielfalt verbundene Intransparenz einen möglicherweise zu hohen Preis darstellt.[124] Die Inhaltskontrolle Allgemeiner Geschäftsbedingungen hat also auch die Funktion, solche Produktdifferenzierungen einzudämmen, die nicht in den Wettbewerbsprozess einfließen.[125] Insoweit mag man dann selbst einer unternehmensübergreifenden Koordination Allgemeiner Geschäftsbedingungen durch Verbände oder ähnliche Stellen etwas weniger skeptisch gegenüberstehen.

6. Sitte, Übung und Brauch

Diskutiert man mit der Inhaltskontrolle Allgemeiner Geschäftsbedingungen einen Bereich, der für staatliche Interventionen geradezu typisch ist, so scheint das Subsidiaritätsprinzip hier keine Rolle zu spielen. Schließlich werden die Entscheidungen der Vertragspartner gerade hinterfragt. Doch beeinflussen noch ganz andere Personen den Vertragsinhalt – wenn auch oft nur in einem gleichermaßen komplizierten wie langfristigen Prozess. Vor allem für Sitte, Übung und Brauch ist das typisch.[126] Der Staat ist also keineswegs immer gezwungen, selbst das Rechtfertigungsprinzip anzuwenden, sondern kann sich dabei noch an anderen Entscheidern orientieren. Zu den Grenzen dieser Form von Subsidiarität und dem Verhältnis zwischen Sitte, Übung und Brauch einerseits und der AGB-rechtlichen Inhaltskontrolle andererseits sei dabei auf die späteren Ausführungen verwiesen.[127]

---

[123] Die gewissermaßen entgegengesetzte Situation bildet der Fall, dass ein Monopolist bei vollständiger Markttransparenz zwar alle Anreize zur Optimierung des Produktinhalts, dafür aber auch zur vollständigen Ausbeutung seiner Kunden hat, vgl. bereits oben § 14 A. IV. 2. sowie allgemein oben § 4 C. III.
[124] Eingehend *Rehberg*, Informationsproblem, 2003, S. 39 ff.
[125] Streng genommen reichte es hier aus, dass nur die Gesamtbilanz sämtlicher Klauseln des AGB-Formulars der jeweiligen Konkurrenten einheitlich ausfällt, da auch dann das Preis-/Leistungs-Verhältnis vergleichbar bleibt.
[126] Näher unten § 16 C.
[127] Unten § 16 C. II. 5.

III. Transparenz

1. Dogmatische Relevanz

Das sogenannte Transparenzgebot, wie es beispielsweise nach Art. 5 der Klauselrichtlinie europaweit gültig ist, dürfte so alt sein wie die bewusste Auseinandersetzung mit Allgemeinen Geschäftsbedingungen.[128] Heutzutage wird es als ein tragendes Prinzip angesehen und weist man etwa auf die gebotene Möglichkeit einer zumutbaren Kenntnisnahme, das Verbot überraschender Klauseln, einzelne Klauselverbote oder die Unklarheitenregel hin, wonach unklare Formulierungen zu Lasten des Verwenders gehen.[129] Situationen wie in Fall 237 sind daher selten geworden. Dieser Einigkeit zum Trotz ist das Transparenzgebot keineswegs selbstverständlich. Denn wie eingangs beschrieben[130] werfen Allgemeine Geschäftsbedingungen vor allem deshalb rechtliche Probleme auf, weil sie vom Adressaten regelmäßig nicht wahrgenommen werden. Schließlich liegt der spezifische Vorteil solcher Klauseln in der damit verbundenen Rationalisierung oder anders ausgedrückt darin, dass sich mit dem Verwender nur eine Seite intensiv mit diesem Vertragsinhalt auseinandersetzt. Wollte man demgegenüber bei Vertragsschluss vollständige Transparenz schaffen, könnte man – so scheint es zumindest – gleich ganz auf Allgemeine Geschäftsbedingungen verzichten.[131] So einleuchtend also das Anliegen ist, dass bereits bei Vertragsschluss Klauselinhalte richtig verstanden werden, wird das nur sehr eingeschränkt erfolgreich sein. Vorformulierte Klauseln sind insofern nur ein Beispiel dafür, dass die Bedeutung des Informationsmodells leicht über-, die einer Inhaltskontrolle hingegen gerne unterschätzt wird.[132]

---

[128] Vgl. nur den Befund von *Raiser*, Geschäftsbedingungen, 1935, S. 175, wonach Rechtsprechung und Rechtslehre behaupten, Allgemeine Geschäftsbedingungen müssten „klar, unzweideutig und verständlich" sein.

[129] Siehe dazu nur Art. 5 der AGB-Richtlinie (oben Fn. 115) und Art. 5:103 PECL, Art. II. – 8:103; II. – 9:402 DCFR, §§ 305, 305c, 307 Abs. 1 S. 2, aus der Rechtsprechung BGH, Urt. v. 24.11.1988, BGHZ 106, 42, 49; BGH, Urt. v. 17.1.1989, BGHZ 106, 259, 264; BGH, Urt. v. 10.7.1990, BGHZ 112, 115, 117 f.; BGH, Ur. v. 9.5.2001, BGHZ 147, 354, 361 f. sowie neben den einschlägigen Kommentaren (stellv. *Kieninger*, MüKo-BGB, 5. Aufl. 2007, § 307 BGB Rn. 51 ff.) etwa *Köndgen*, NJW 1989, 943; *Basedow*, VersR 1999, 1045; *Ebers*, Überschussbeteiligung, 2001, S. 294 ff.; *Rehberg*, Informationsproblem, 2003, S. 222 ff. oder *Armbrüster*, DNotZ 2004, 437 jew. m.w.N.

[130] Oben § 14 A. IV.

[131] Vgl. aber zur sogenannten Abwicklungstransparenz gleich unten § 14 C. III. 1. b).

[132] Näher unten § 19 C. VI. 2. Genauso ginge es beispielsweise bei Zwang, Drohung und Ausbeutung mangels eines Informationsproblems am Problem vorbei, versorgte man den Betroffenen mit mehr Information über seine missliche Lage, vgl. näher oben ab § 4 B. I. 2.

a) Überraschende Klauseln

Eine gewisse Bestätigung erfährt diese Skepsis, beschäftigt man sich mit Sinn und Zweck der Sonderbehandlung überraschender Klauseln. So findet sich oft der Gedanke, dass überraschende oder außergewöhnliche Bestimmungen nur dann zum Vertragsinhalt werden, wenn der Unternehmer besonders auf sie hinweist.[133] Die Vorschrift in Fall 238 etwa, nach der ein Obstkäufer auch noch Werbung für den Supermarkt betreiben soll, wird zumindest in manchen Rechtsordnungen erst gar nicht einer Inhaltskontrolle unterworfen, sondern gleich als „überraschend" ausgeschieden.[134] Das verwundert insofern, als Allgemeine Geschäftsbedingungen bei Vertragsschluss eigentlich nie wahrgenommen werden. Allenfalls mag man manche vorformulierte Klausel insofern als „überraschend" empfinden, als sie inhaltlich stark zu beanstanden ist. Doch ist es dann begrifflich unglücklich, das nicht an der Inhaltskontrolle, sondern an einer damit vielleicht verbundenen Überraschung festzumachen. Oder soll die Kontrolle etwa geringer ausfallen, wenn ein Kunde von vornherein nur das Schlimmste befürchtet hatte und deshalb nicht überrascht ist?

Weiterhin mag mit „überraschend" gemeint sein, dass die Klausel an so ungewöhnlicher, systematisch völlig unpassender Stelle eingefügt wurde, dass sie zwar nicht ihrem Inhalt nach ungewöhnlich, wohl aber nur schwer aufzufinden ist. Doch betrifft das dann das generelle Anliegen einer Transparenz Allgemeiner Geschäftsbedingungen. Welchen Sinn eine dogmatisch eigenständige Kategorie überraschender Klauseln zwischen Inhaltskontrolle und Transparenz entfalten soll, erschließt sich so nicht ganz. Es drängt sich vielmehr die Vermutung auf, als handle es sich dabei noch um ein altes Überbleibsel der reichlich fiktiven Vorstellung, wonach es einen abstrakten Einbeziehungswillen gebe, der sich auf manche, aber eben nicht alle, insbesondere nicht unfaire Klauselinhalte beziehe.[135] Daneben lässt sich ein Wettbewerbsbezug herstellen, der bereits andernorts diskutiert wurde:[136] Sofern eine Klausel zwar dem Adressaten unbekannt, dafür aber weit verbreitet ist, mag dieser Vertragsinhalt noch eher im Wettbewerb eingepreist sein als bei nur von einzelnen Anbietern verwandten und daher in diesem Sinne „überraschenden" Besonderheiten. Überraschend ist danach also, was ungewöhnlich ist.

---

[133] Siehe zur deutschen Rechtsprechung stellv. *Raiser*, Geschäftsbedingungen, 1935, S. 175, 177 f. sowie etwa § 305c Abs. 1 BGB.

[134] Für das deutsche Recht siehe etwa *Basedow*, MüKo-BGB, 5. Aufl. 2007, § 305 c BGB Rn. 1 ff.

[135] Vgl. dazu bereits oben § 14 B. I. (bei Fn. 71). Skeptisch auch *Raiser*, Geschäftsbedingungen, 1935, S. 176, der auf die Auslegung verweist, um den für die Parteien verbindlichen Sinn schwer verständlicher Bestimmungen festzustellen.

[136] Etwa oben § 14 C. II. 5.

b) Abwicklungstransparenz

In einer anderen Hinsicht ist die praktische Bedeutung transparenter Vertragsklauseln allerdings nicht zu unterschätzen. Schließlich muss sich das nicht schon bei Vertragsschluss als hilfreich erweisen, sondern kann erst später wichtig werden (Abwicklungstransparenz).[137] Die Unterschiede liegen auf der Hand: Tritt ein konkretes Problem auf, wird dem Adressaten auf einmal handfest vor Augen geführt, wie sehr ihn eine bestimmte Regelung betreffen mag. Nunmehr kann er oder auch sein Anwalt gezielt seine Allgemeinen Geschäftsbedingungen studieren, zumal er sich allein auf die einschlägigen Passagen konzentrieren kann und jetzt auch allen Grund hat, sich dafür die nötige Zeit zu nehmen. Transparenz hilft dann nicht nur dem Adressaten, sondern auch den Gerichten, die vorformulierte Klauseln so nicht nur leichter interpretieren, sondern auch leichter einer Inhaltskontrolle unterwerfen können.

c) Individuelles Aushandeln

Dass der Staat dort auf eine Inhaltskontrolle verzichten sollte, wo einzelne Vertragsinhalte tatsächlich wahrgenommen und entsprechend berücksichtigt wurden (Fall 235), liegt auf der Hand.[138] Denn insoweit verbürgt die Parteientscheidung die Verwirklichung des Rechtfertigungsprinzips sehr viel besser als eine staatliche Regelung oder der Rückgriff auf Sitte, Übung und Brauch.[139] Wie immer sind die Kompetenzen zur Vertragsrechtsetzung also so zu bestimmen, dass das Rechtfertigungsprinzip größtmöglich verwirklicht wird. Für die Konkretisierung dieser anerkannten Ausnahme des individuellen Aushandelns ist also im jeweiligen Fall zu prüfen, ob der Kunde den jeweiligen Aspekt wirklich eingepreist und auch sonst bei seiner Entscheidung berücksichtigt hat.

2. Maßstäbe und Prüfungsintensität

Im Ergebnis hat das Transparenzgebot also seine Berechtigung. Für dessen praktische Umsetzung ist dabei entscheidend, inwieweit sich überhaupt Maßstäbe dafür entwickeln lassen, wann Allgemeine Geschäftsbedingungen transparent sind. Zwar gilt auch hier das Rechtfertigungsprinzip und ist damit zu fragen, was für eine Transparenz mitsamt der an eine Missachtung anknüpfenden Sanktion geeignet ist, die Ziele der Vertragsparteien größtmöglich zu verwirklichen. Und wie immer ist dabei zu berücksichtigen, dass es letztlich der Kunde ist, der über den Preis sämtliche Kosten trägt und damit nicht nur

---

[137] Siehe dazu die Nachweise oben in Fn. 129.
[138] Ausdrücklich etwa Art. 3 Abs. 1 der AGB-Richtlinie (Fn. 115): „... die nicht im einzelnen ausgehandelt wurde ..." Aus dem deutschen Recht siehe § 305b BGB sowie auf europäischer Ebene etwa Art. 5:104 PECL und Art. II. – 8:104 DCFR.
[139] Näher oben § 8 E. II. 2.

für den Aufwand zahlt, verständliche Vertragsklauseln zu entwerfen, sondern auch für das Verwerfungsrisiko des Verwenders.

Schon wegen dieses gemeinsamen Interesses der Vertragsparteien an einer größtmöglichen Wertschöpfung müssen Kriterien für eine Transparenz möglichst justiziabel sein. Zur Konkretisierung[140] dieses Gebots lässt sich dabei nicht nur auf diverse Spezialdisziplinen wie die Verständlichkeitsforschung oder das Hamburger Verständlichkeitskonzept[141] zurückgreifen. Auch jedes Marketing-Lehrbuch, ja selbst die zahlreichen Arbeiten zur Stilkunst, eröffnen wichtige Einblicke. In England etwa hat die *plain english*-Kampagne eine lange Tradition.[142] In der Sache sind Fach- und Fremdwörter genauso zu vermeiden wie eine abstrakte Sprache. Lieber sollten gebräuchliche Worte und konkrete Texte verwandt werden. Daneben darf die Formulierung durchaus lebendig, lebensnah und unterhaltsam sein. Darauf zu verzichten, ist kein Zeichen besonderer Seriosität oder Wissenschaftlichkeit, sondern ein Defizit an kommunikativen Fähigkeiten. Gleiches gilt für den Ansatz, den Kunden durch direkte Anreden, Frage-Antwort-Formate oder die Einbettung der Information in eine Geschichte einzubeziehen. Selbst eine kreative Textanordnung erhöht die Aufmerksamkeit. Für größere Texte sehr hilfreich ist deren stimmige Gliederung, da der Mensch typischerweise nur in der Lage ist, etwa sieben Informationseinheiten auf gleicher Ebene zu bewältigen.[143] Dabei beinhaltet Gliederung nicht nur einzelne Überschriften oder Nummerierungen, sondern bereits die Abfolge oder Hervorhebung einzelner Sätze und Wörter. Glossare können wichtige Fachbegriffe allgemeinverständlich erklären. Klassische Techniken zur Erhöhung der Textverständlichkeit sind auch die Verwendung bildlicher Darstellungen, angefangen mit besonders herausgestellten Ausrufezeichen über Piktogramme bis hin zu Cartoons. Auch Schriftgröße, -typ und -abstand, Farbe und Farbkontrast beeinflussen die Verständlichkeit von Information, wobei sich hier auch konkrete Vorgaben machen und kontrollieren lassen. Aber selbst zur Textverständlichkeit sind handfeste Kriterien denkbar. Die recht bekannte, in vielen Rechtsordnungen umgesetzte *Flesch*-Formel etwa ermittelt aufbauend auf der These, dass kurze Wörter und Sätze die Verständlichkeit von Texten erhöhen, einen Index, der umso geringer ausfällt, je mehr Silben ein Wort und je mehr Wörter ein Satz hat.[144]

Die hier aufgeführten Maßstäbe sind Ausdruck des Gebots, die einzelnen Rechte und Pflichten möglichst klar und durchschaubar, verständlich und wi-

---

[140] Eingehend zum Folgenden etwa *Geisler*, Verständlichkeit, 1985, S. 37 ff.; *Schwintowski*, in: Basedow/Meyer u.a. (Hrsg.), Transparenzgebot, 2000, S. 87, 103 ff.; *Rehberg*, Informationsproblem, 2003, S. 216 ff. (teilweise wortgleich mit diesem und dem folgenden Absatz) jew. m.w.N.
[141] *Schulz v. Thun*, Miteinander reden (3 Bd.), 1981/1989/1998.
[142] Vgl. http://www.plainenglish.co.uk/.
[143] Stellv. *Miller*, 63 PsycholRev 81 (1956).
[144] *Flesch*, 32 JApplPsychol 221 (1948).

derspruchsfrei darzustellen (Verständlichkeitsgebot).[145] Das gilt besonders dort, wo die benachteiligende Wirkung nur aus dem Zusammenspiel mehrerer Klauseln erkennbar ist. Der Kunde soll die – auch wirtschaftlichen – Wirkungen einer Klausel mitsamt ihren Nachteilen und Belastungen erkennen. Daneben benötigt der Kunde eine möglichst konkrete und differenzierte Ausformung Allgemeiner Geschäftsbedingungen (Bestimmtheitsgebot). Dabei geht es weniger um die Entlastung staatlicher Gerichte durch Vermeidung konkretisierungsbedürftiger Generalklauseln als vielmehr um die Interessen des Adressaten für den Fall nachvertraglicher Streitigkeiten (Abwicklungstransparenz[146]). Zu einem gewissen Grad widersprechen sich dabei Verständlichkeits- und Bestimmtheitsgebot: Angesichts der beschränkten menschlichen Denkfähigkeit ist es bei oder vor Vertragsschluss hilfreich, die Informationsmenge zu verringern, also etwa zu verallgemeinern und Nebensächlichkeiten wegzulassen. Andererseits benötigt der Klauseladressat besonders nach Vertragsschluss möglichst detaillierte und exakte Angaben. Weil Allgemeine Geschäftsbedingungen regelmäßig erst im Konfliktfall gelesen werden, dominiert hier der letztgenannte Gesichtspunkt. Kürze mag eine Tugend sein, oberstes Gebot ist sie nicht. Selbst Wiederholungen sind oft hilfreich. Genauso kann es helfen, geltendes Recht verständlich darzustellen, da das staatlich gesetzte Recht den Adressaten schließlich genauso betrifft.[147]

Allerdings sollte die Vielzahl der zuvor aufgeführten Gesichtspunkte verdeutlichen, wie sehr sich im Einzelfall darüber streiten lässt, was wahrhaft transparent ist. Rechtssicherheit sieht anders aus,[148] und wie bereits erwähnt ist es letztlich der Kunde, der für all das zahlt. Ebenso hilft es dem Adressaten nur vordergründig, wenn das Transparenzgebot – wie auch die damit sehr eng verwandten[149] vorvertraglichen Informationspflichten – von Gerichten allzu oft dazu missbraucht wird, um in Wahrheit inhaltlich missliebige Klauseln zu verwerfen. Denn dann wird der Verwender nur völlig unnötige und die Transparenz verschlechternde Ausführungen ergänzen, ohne dass sich am eigentlichen, nämlich inhaltlichen Problem, etwas änderte. Denn auch wenn ein problematischer Inhalt ausführlich beschrieben wird, bleibt er problematisch.[150]

---

[145] Vgl. zum Folgenden die Nachweise oben in Fn. 129.
[146] Vgl. oben § 14 C. III. 1. b).
[147] Inwieweit das Transparenzgebot zu einer verständlichen Beschreibung des dispositiven Rechts verpflichtet, ist eine andere, umstrittene Frage, vgl. dazu BGH, Urt. v. 9.5.2001, BGHZ 147, 354, 358 f.; *Ebers*, Überschussbeteiligung, 2001, S. 327; *Rehberg*, Informationsproblem, 2003, S. 226 ff. jew. m.w.N.
[148] Siehe zu dieser Herausforderung hier nur *Römer*, NVersZ 1999, 97, 103.
[149] Eingehend *Rehberg*, Informationsproblem, 2003, S. 234 ff.
[150] Vgl. dazu bereits oben bei Fn. 132.

IV. Irrtümer

Wann immer der Vertragsinhalt – und sei es nur in richterlicher Anwendung des Rechtfertigungsprinzips – über eine menschliche Entscheidung bestimmt wird, kann dieses Verhalten mit Irrtümern behaftet sein. Bei Allgemeinen Geschäftsbedingungen ist das nicht anders, wobei einerseits zwischen den beiden Vertragsparteien wie auch danach zu unterscheiden ist, ob sich die Unkenntnis nur auf einzelne Klauseln (vgl. Fälle 239 und 240) oder aber auf die Einbeziehung Allgemeiner Geschäftsbedingungen als solche bezieht (vgl. Fall 234). Dabei fällt auf, dass diese Irrtümer in Rechtsprechung wie Wissenschaft äußerst zurückhaltend, ja oft überhaupt nicht diskutiert werden. So stellt bereits *Raiser* fest, dass die Rechtsprechung zwar nie die Anfechtbarkeit der Bindung an einzelne Klauseln ausdrücklich ausschloss, sie andererseits aber gar nicht erwähnt und den Willen des Kunden gänzlich aus dem Spiel lässt.[151]

Dogmatisch verwundert das schon deshalb, weil es hier wie etwa in Fall 239 immerhin um den Vertragsinhalt und damit zumindest bei konkreten Fehlvorstellungen um einen schlichten Inhalts- oder Erklärungsirrtum geht.[152] Und warum sollten eigentlich die Fälle 239 und 240 unterschiedlich behandelt werden? Soweit auf dieses Problem überhaupt eingegangen wird, finden sich dann unter anderem wieder die bereits oben diskutierten[153] Ersatzlösungen. Daneben erwägt *Raiser* zumindest für an unauffälliger Stelle versteckte Klauseln die Annahme einer arglistigen Täuschung[154] und will für die Anfechtbarkeit einzelner Klauseln darauf abstellen, ob sie zum „normativen Brauch" geworden sind. Und ganz ähnlich könne ein Kunde auch dann nicht anfechten, wenn er zwar wisse, dass Großbanken nur mit Allgemeinen Geschäftsbedingungen zu arbeiten pflegen, aber glaube, ihnen nur bei ausdrücklicher Verweisung unterworfen zu sein. Denn hier sei die Verweisung „durch die Verkehrssitte normiert".[155]

Ohne die übergreifende Würdigung der Irrtumsproblematik vorwegnehmen zu wollen,[156] ist nach dem Rechtfertigungsprinzip zu fragen, welche Lösungsmöglichkeit mit welchen Rechtsfolgen dazu beiträgt, die Parteien ihren Zielen größtmöglich näher zu bringen. Dabei liegt es nahe, dass ein umfassendes Lösungsrecht bei Irrtümern oder gar schlichter Unkenntnis über einzelne Vertragsklauseln nicht im gemeinsamen Parteiinteresse liegt. So hilft es der

---

[151] *Raiser*, Geschäftsbedingungen, 1935, S. 157. Auch *Hanau*, AcP 165 (1965), 220, 227 betont, dass sich die Rechtsprechung mit einem solchen Fall noch nicht beschäftigt zu haben scheint.

[152] Näher zu diesem auf einen konkreten Vertragsinhalt gerichteten Parteiwillen oben § 9 C. I. 1. b) sowie zum Inhaltsirrtum unten § 17 C.

[153] Oben § 14 B.

[154] *Raiser*, Geschäftsbedingungen, 1935, S. 178.

[155] Vgl. *Raiser*, Geschäftsbedingungen, 1935, S. 163, 172. Näher zu Sitte, Übung und Brauch unten § 16 C.

[156] Zu dieser siehe unten § 16.

Zielverwirklichung beider Seiten, wenn ihr Gegner jeweils zu einem gewissen Grad das Risiko trägt, an einzelnen Klauseln selbst dann festgehalten zu werden, wenn er einer Fehlvorstellung unterlag.[157] Diese Einschränkung fällt umso leichter, als gerade Allgemeine Geschäftsbedingungen einer Inhaltskontrolle unterliegen, es also „nur" um die Abstimmung des Vertrags auf die eigenen Ziele geht. Zudem behandeln vorformulierte Klauseln oft, wenn auch keineswegs immer, nicht ganz so wichtige Vertragsaspekte.

Für Fehlvorstellungen des Verwenders gilt grundsätzlich nichts anderes. Auch dieser kann sich in der Wahl eines Musterformulars vergreifen oder über dessen Inhalt irren. Wohl aber hat eine wertschöpfende Risikogestaltung[158] zu berücksichtigen, dass diese Person sehr viel leichter als der Adressat in der Lage ist, ihre eigenen Interessen wahrzunehmen. Bemerkenswert ist dabei, dass sich zu dieser Frage selbst in umfangreichen Kommentaren nahezu nichts findet. Wahrscheinlich sind die Fälle, in denen das vom Verwender sinnvollerweise zu tragende Risiko überschritten wird, einfach zu selten. Würde ein solcher Fall publik, hätte jedenfalls der Verfasser wenig Zweifel daran, dass die Rechtsprechung – etwa in Fall 239 – notfalls über Treu und Glauben zur Abhilfe schritte.

---

[157] Näher unten § 17 C. II. 2. b).
[158] Allgemein zum vertragsrechtlichen Umgang mit Risiko oben § 5 D. IV.

§ 15 Werbung

A. Einführung

I. Fälle

241. **Frisches Bier:** *Biergartenbetreiber B wirbt direkt am Eingang auf einem großen Aushang mit einem Preis von 7 Euro für ein Maß frischen Markenbiers. Bestellen die Kunden dann tatsächlich bei ihm „ein Bier", verlangt B am Schluss 8 Euro. Denn B hält seinen Aushang für reines Werbegeschwätz.*

   Ein ganzes Maß: *Biergartenbetreiber B wirbt direkt am Eingang auf einem großen Aushang mit einem Preis von 8 Euro für ein Maß frischen Markenbiers. Bestellen die Kunden dann tatsächlich bei ihm „ein Bier", schenkt er deutlich weniger ein. Denn B hält seinen Aushang für reines Werbegeschwätz.*

242. **Späte Verkäuferwerbung:** *Umweltfreund U kauft – schlechten Gewissens – ein neues Auto bei Verkäufer V, wobei für ihn wichtig ist, dass dieses Modell möglichst wenig verbraucht. Im Vertrag von U und V steht dazu allerdings nichts Konkretes. Nur einen Monat später fängt V an, mit einem Verbrauch von nur 5 Litern auf 100 km zu werben. Tatsächlich verbraucht der Wagen jedoch 6 Liter auf 100 km.*

243. **Irrtümliche Verkäuferwerbung:** *Biergartenbetreiber B wirbt direkt am Eingang auf einem großen Aushang mit einem Preis von 7 Euro für ein Maß frischen Markenbiers. Dabei hatte er sich nur verschrieben. Tatsächlich kostet das Bier bei ihm 8 Euro. Kunde K setzt sich in den Biergarten und bestellt „ein Bier". Als B die Bestellung schon aufgenommen hat und gerade das Bier zu K bringt, bemerkt er seinen Irrtum und klärt K darüber auf, dass er 8 Euro verlangen müsse.* **Variante 1:** *K hat von der gesamten Werbung nichts mitbekommen und das Bier bestellt, ohne überhaupt die Karte zu studieren.* **Variante 2:** *K hatte die Werbung gelesen und sich gerade deshalb in den Biergarten gesetzt.*

271. **Verschreiben des Bierverkäufers:** *Biergartenbetreiber B schreibt für den ausländischen Gast G den Preis für ein Maß Bier auf einen Zettel. G nickt freundlich, genauso wie B freundlich zurück nickt. Hinterher stellt sich heraus, dass B aus Versehen 7 Euro statt wie von ihm gewollt 8 Euro geschrieben hatte.*

244. **Korrigierte Verkäuferwerbung:** *Biergartenbetreiber B wirbt direkt am Eingang auf einem großen Aushang mit einem Preis von 7 Euro für ein Maß frischen Markenbiers. Dabei hatte er sich nur verschrieben. Tatsächlich kostet das Bier bei ihm 8 Euro. Als er den Irrtum einige Tage später bemerkt, korrigiert er sei-*

nen Aushang entsprechend. Kunde K setzt sich in den Biergarten und bestellt ein Maß. **Variante 1:** K hatte die frühere, nicht jedoch die korrigierte Werbung wahrgenommen. **Variante 2:** K hatte nur die spätere Werbung wahrgenommen. **Variante 3:** K hatte beide Werbungen wahrgenommen. **Variante 4:** K hatte überhaupt keine Werbung wahrgenommen.

245. **Frühzeitig individuell korrigierte Verkäuferwerbung:** Biergartenbetreiber B wirbt direkt am Eingang auf einem großen Aushang mit einem Preis von 7 Euro für ein Maß frischen Markenbiers. Dabei hatte er sich nur verschrieben. Als Kunde K bei ihm ein Bier bestellt, bemerkt B seinen Irrtum und klärt K noch vor Entgegennahme der Bestellung darüber auf, dass das Bier 8 Euro koste. **Variante 1:** K hat von der gesamten Werbung nichts mitbekommen und das Bier bestellt, ohne überhaupt die Karte zu studieren. **Variante 2:** K hatte die Werbung gelesen und sich gerade deshalb in den Biergarten gesetzt.

246. **Unbefriedigende Korrektur des Verkäufers:** Der im Gewerbegebiet gelegene Elektronikmarkt E wirbt großflächig mit einer besonders günstigen Espressomaschine. Doch wenn sich die Kunden erst einmal nach langer Fahrt bei E einfinden, klärt E sie darüber auf, dass es dieses Produkt doch nur zu einem höheren Preis gebe, E aber auch noch andere Maschinen verfügbar habe. Resigniert akzeptieren die meisten Kunden den höheren Preis, da sie sich nun einmal schon auf den Weg gemacht hatten.

247. **Doch kein Heilpraktiker:** Krankenversicherer K wirbt damit, seine Kunden könnten auch einen Heilpraktiker aufsuchen. Die Versicherungsbedingungen hingegen erkennen nur „wissenschaftlich anerkannte Behandlungsmethoden" als ersatzfähig an.

Unverbindliche Berechnung zur Überschussbeteiligung: Versicherungsvertreter V überzeugt Kunde K vom Abschluss einer kapitalbildenden Versicherung. Zur Illustration deren Vorzüge legt er schön gestaltete Grafiken vor, die jeweils für bestimmte Zinssätze und Beitragshöhen verdeutlichen, mit was für einem Vermögen K am Ende rechnen könne. Als K einige Tage später sämtliche Versicherungsunterlagen einschließlich der Versicherungsbedingungen erhält, verspricht deren Kleingedrucktes angesichts in Wahrheit höherer Verwaltungskosten sehr viel ungünstigere Erträge. Weiterhin werden Illustrationen und sonstige Aussagen eines Versicherungsvertreters für rechtlich unverbindlich erklärt – maßgeblich seien allein die Vertragsbedingungen.

248. **Späte Herstellerwerbung:** Umweltfreund U kauft – schlechten Gewissens – ein neues Auto bei Verkäufer V, wobei für ihn wichtig ist, dass dieses Modell möglichst wenig verbraucht. Im Vertrag von U und V steht dazu allerdings nichts Konkretes. Nur einen Monat später fängt Hersteller H an, mit einem Verbrauch von nur 5 Litern auf 100 km zu werben. Tatsächlich verbraucht der Wagen jedoch 6 Liter auf 100 km.

249. **Korrektur der Herstellerangaben im Kleingedruckten:** Umweltfreund U kauft – schlechten Gewissens – ein neues Auto bei Verkäufer V, wobei für ihn wichtig ist, dass dieses Modell wie von Hersteller H beworben nur 5 Liter auf 100 km verbraucht. Im Vertrag von U und V steht davon allerdings nichts, ganz im Ge-

genteil findet sich auf S. 23 des Kleingedruckten der Hinweis, dass der Wagen einen Verbrauch von 6 Litern auf 100 km habe.

250. **Naturquelle:** *Getränkekonzern G bewirbt sein neues Mineralwasser mit „Die natürliche Kraft der Natur". Als publik wird, dass G seine Flaschen mit Leitungswasser füllt, das von Chlor befreit und mit einigen mineralischen Zusätzen versieht, möchte Käufer K seine Flaschen wieder zu Verkäufer V zurückbringen. V entgegnet, es sei doch nicht sein Problem, was G alles so erzähle, er selbst habe so etwas nie versprochen.*

5 Liter auf 100 km: *Umweltfreund U kauft – schlechten Gewissens – ein neues Auto bei Verkäufer V, wobei für ihn wichtig ist, dass dieses Modell wie von Hersteller H beworben nur 5 Liter auf 100 km verbraucht. Im Vertrag von U und V steht davon allerdings nichts. Tatsächlich verbraucht das Auto 6 Liter auf 100 km.*

251. **Korrigierende Herstellerwerbung:** *Getränkekonzern G bewirbt sein neues Mineralwasser mit „Die natürliche Kraft der Natur". Als die mit der Werbung betraute Marketingagentur merkt, dass G seine Flaschen in Wahrheit mit Leitungswasser füllt, das von Chlor befreit und mit einigen mineralischen Zusätzen versieht, ändert sie schnell die Kampagne. Jetzt heißt es eine Zeit lang: „Das bessere Leitungswasser!". Kunde K kauft im Supermarkt S eine Flasche davon.* **Variante 1:** *K hat von der gesamten Werbung nichts mitbekommen.* **Variante 2:** *K hat nur etwas von der ursprünglichen Werbung mitbekommen.* **Variante 3:** *K hat auch die neue Kampagne mitbekommen.*

Doch keine 5 Liter auf 100 km: *Autohersteller H bewirbt sein neues Modell mit einem Verbrauch von nur 5 Litern auf 100 km. Als sich herausstellt, dass es in Wahrheit 6 Liter auf 100 km verbraucht, ändert H schnell seine Werbung.* **Variante 1:** *Der umweltbewusste Käufer K hat von der gesamten Werbung nichts mitbekommen.* **Variante 2:** *K hat nur etwas von der ursprünglichen Werbung mitbekommen.* **Variante 3:** *K hat auch die neue Kampagne mitbekommen.*

252. **Vom Verkäufer ergänzte Herstellerwerbung:** *Getränkekonzern G bewirbt sein neues Mineralwasser mit „Das bessere Wasser!". Verkäufer V hält diesen Slogan für reichlich banal und wirbt seinen Kunden gegenüber lieber mit „Die natürliche Kraft der Quelle". Doch wird bald publik, dass G seine Flaschen mit Leitungswasser füllt, das von Chlor befreit und mit einigen mineralischen Zusätzen versieht.*

5 Liter auf 100 km, sagt der Verkäufer: *Autohersteller H bewirbt sein neues Modell mit „guten Verbrauchswerten." Verkäufer V hält diesen Slogan für reichlich banal und wirbt seinen Kunden gegenüber lieber mit einem Verbrauch von nur 5 Litern auf 100 km. Doch stellt sich bald heraus, dass dieses Modell in Wahrheit 6 Liter auf 100 km verbraucht.*

253. **Vom Verkäufer korrigierte Herstellerwerbung:** *Getränkekonzern G bewirbt sein neues Mineralwasser mit „Die natürliche Kraft der Natur". Doch bald kommt heraus, dass G seine Flaschen in Wahrheit mit Leitungswasser füllt, das von Chlor befreit und mit einigen mineralischen Zusätzen versehen wird. Super-*

markt S reagiert auf diese missliche Lage dadurch, dass er seine Kunden sowohl an der Ware selbst als auch nochmals an der Kasse darüber aufklärt.

Vom Verkäufer korrigierte Verbrauchsdaten: Autohersteller H bewirbt sein neues Modell mit einem Verbrauch von nur 5 Litern auf 100 km. Als sich herausstellt, dass es in Wahrheit 6 Liter auf 100 km sind, klärt der örtliche Autohändler alle seine Kunden, die Interesse an diesem Modell äußern, über den korrekten Verbrauchswert auf.

254. **Persönliche Information des Herstellers:** Getränkekonzern G bewirbt sein neues Mineralwasser mit „Das bessere Wasser!". Kunde K erkundigt sich direkt bei G, ob es sich denn um Mineral- oder Leitungswasser handle. G antwortet per Email, dass die Flaschen Mineralwasser enthielten. Doch stellt sich bald heraus, dass G seine Flaschen in Wahrheit mit Leitungswasser füllt, das von Chlor befreit und mit einigen mineralischen Zusätzen versieht. Deshalb möchte K das in Supermarkt S gekaufte Wasser nicht behalten. **Variante 1:** S wusste von dieser Information des H. **Variante 2:** S wusste nichts von dieser Information.

5 Liter auf 100 km auf persönliche Nachfrage: Autohersteller H bewirbt sein neues Modell mit „guten Verbrauchswerten." Der umweltbewusste Autofreund A erkundigt sich direkt bei H, wie hoch denn der Verbrauch genau sei, worauf ihm ein Wert von 5 Litern auf 100 km genannt wird. Doch stellt sich bald heraus, dass dieses Modell in Wahrheit 6 Liter auf 100 km verbraucht, weshalb sich A an seinen Verkäufer V wendet. **Variante 1:** V wusste von dieser Information des H. **Variante 2:** V wusste nichts von dieser Information.

II. Praktische Bedeutung

Dass Werbung in jeder Marktwirtschaft allgegenwärtig und für manche Produkte beinahe konstitutiv ist, bedarf genauso wenig einer eingehenden Erörterung wie die Einsicht, dass Werbung gleichermaßen hilfreich (weil insbesondere informativ) wie schädlich (weil insbesondere irreführend) sein kann. Dabei werden nahezu alle Medien genutzt, sei es die Presse, Radio, Fernsehen, Telefon, Post oder das Internet. Im weiteren Sinne zählen hierzu auch detaillierte Produktangaben, wie sie etwa in Broschüren, Handbüchern oder Datenblättern einer breiten Öffentlichkeit übermittelt werden.

III. Vertragsrechtliche Bedeutung

Für vertragstheoretische Zwecke ist Werbung sehr aufschlussreich, weil sie den Vertragsinhalt beeinflussen kann, ohne dass sie diese klassischen Ansätze in ihrer Fixierung allein auf das Parteiverhalten bei Vertragsschluss erklären könnten. Dass viele Rechtsordnungen jedenfalls im Ergebnis manche Werbeangabe berücksichtigen, die der Verkäufer oder gar der Hersteller bereits deutlich vor Vertragsschluss tätigt, lässt sich spätestens seit Erlass der Europäischen Verbrauchsgüterkaufrichtlinie nicht mehr ignorieren. Nach deren Art. 2

Abs. 2 d) sind Verbrauchsgüter dann als vertragsgemäß zu vermuten, wenn sie eine „... Qualität und Leistung aufweisen, die bei Gütern der gleichen Art üblich sind und die der Verbraucher vernünftigerweise erwarten kann, wenn die Beschaffenheit des Gutes und gegebenenfalls die insbesondere in der Werbung oder bei der Etikettierung gemachten öffentlichen Äußerungen des Verkäufers, des Herstellers oder dessen Vertreters über die konkreten Eigenschaften des Gutes in Betracht gezogen werden."[1]

Doch wurden außervertragliche Werbeäußerungen schon immer berücksichtigt – wenngleich in unterschiedlichem Ausmaß und vor allem mit dogmatisch sehr verschiedenen Begründungen. Bewirbt etwa der Betreiber eines Biergartens in einem direkt am Eingang aufgestellten Aushang ein Maß Bier zu einem bestimmten Preis, um beim tatsächlichen Bierverkauf deutlich weniger einzuschenken bzw. später mehr zu verlangen (Fall 241), so dürfte kein Richter zögern, diesen Aushang für den Vertragsinhalt zu berücksichtigen.[2] Teilweise hat dieses Bedürfnis gar zu ganz neuen rechtlichen Konstrukten wie der „gewohnheitsrechtlichen Erfüllungshaftung" geführt.[3]

Die bis heute äußerst unbefriedigende, ja bisweilen geradezu verweigerte dogmatische Auseinandersetzung mit vorvertraglicher Werbung hat dazu geführt, dass zumindest für viele Einzelergebnisse ein breiter positivrechtlicher Konsens noch fehlt. Dementsprechend kann der zuvor erwähnte Art. 2 Abs. 2 d) noch nicht auf eine in verschiedenen Rechtsordnungen langfristig gewachsene, einigermaßen gefestigte und umfassend diskutierte Rechtsrealität zurückgreifen. Andererseits dürfte zumindest für die Fälle 241, 242, 245, 248, 250, 252 und 253 die Aussage berechtigt sein, dass dort hinsichtlich des Ergebnisses weitestgehend Einigkeit herrscht.

IV. Dogmatische Herausforderung

Erkennt man an, dass unser Zivilrecht den Vertragsinhalt von jeher mit Hilfe außervertraglicher Umstände bestimmt, stellen sich spannende dogmatische Fragen. Denn warum berücksichtigen wir eigentlich Äußerungen, die zeitlich deutlich vor der Einigung durch die Parteien erfolgen und in dieser Einigung nicht enthalten sind? Und warum finden nachvertragliche Angaben demgegenüber nur selten Eingang? Für viele Vertragstheorien noch unangenehmer ist die Frage, warum unser Recht wie in Fall 250 selbst die Werbung am Vertrags-

---

[1] Richtlinie 1999/44/EG des Europäischen Parlaments und des Rates vom 25. Mai 1999 zu bestimmten Aspekten des Verbrauchsgüterkaufs und der Garantien für Verbrauchsgüter, ABl. Nr. L 171 v. 7.7.1999, S. 12 ff. Aber auch Art. 6:101 PECL oder Art. II. – 9:102 DCFR berücksichtigen derartige Umstände.
[2] Zu den dafür bemühten Begründungsversuchen siehe unten § 15 B.
[3] Näher unten bei Fn. 40.

schluss gänzlich unbeteiligter Dritter berücksichtigt.[4] Gegebenenfalls ist hier dann auch das Innenverhältnis beispielsweise zwischen Verkäufer und Hersteller zu klären, etwa wenn sich deren Angaben dem Käufer gegenüber unterscheiden.[5] Zumindest bemerkenswert ist eine gewisse Einseitigkeit der Haftung für Werbeangaben, da diese nur zu Gunsten, nicht aber zu Lasten der Kunden greift: Hat ein Hersteller sein Produkt wie in Fall 252 bescheidener beworben, als dies den Angaben des Verkäufers außer- oder innerhalb des Vertrags entspricht, so bleibt der Vertragsinhalt unbeeinträchtigt. Derartige Konfliktfälle zwischen Werbung und „eigentlichem" Vertragsinhalt sind praktisch sehr bedeutsam.[6] Ebenso dogmatisch herausfordernd ist der Umstand, dass Werbeangaben jedenfalls faktisch selbst dann den Vertragsinhalt beeinflussen, wenn sie der Kunde überhaupt nicht wahrgenommen hatte.[7] Schließlich muss jede Vertragstheorie beantworten, ob und wie Werbeangaben wieder zurückgenommen, also gewissermaßen unschädlich gemacht werden können. Besonders drängend wird das bei Irrtümern.

B. Klassische Ansichten

I. Beschränkung auf den Vertragsschluss

So naheliegend es in vielen Fällen erscheint, auch solche Angaben zu berücksichtigen, die vor Vertragsschluss oder gar von Dritten wie dem Hersteller getätigt wurden, bereitet genau das all denjenigen Vertragstheorien erhebliche Probleme, die in irgendeiner Form auf das Parteiverhalten bei Vertragsschluss abstellen. Denn in der Sekunde des Vertragsschlusses muss hier geradezu Unglaubliches geschehen, nämlich all das festgelegt werden, was den Vertragsinhalt ausmacht.[8] Dabei hat diese gedankliche Verengung mindestens zwei Dimensionen: Zeitlich werden Vorstellungen, Äußerungen und sonstige Umstände ausgeblendet, die bereits vor Vertragsschluss erfolgten – etwa umfangreiche Vertragsverhandlungen, die in einen schlichten Handschlag münden. So kann man in jedem Lehrbuch nachlesen, dass Werbung nur eine unverbindliche *in-*

---

[4] Wollte man hier auf Normen wie im deutschen Recht § 278 BGB zurückgreifen, wäre unter anderem einzuwenden, dass hier nur Verschulden, nicht aber Vertragsinhalte zugerechnet werden, Werbung nicht geschuldet ist und etwa ein werbender Hersteller kein Erfüllungsgehilfe des Verkäufers ist. Und mit den eher einschlägigen Vertretungsvorschriften kommt man hier wenigstens nach klassischem Verständnis auch nicht weiter, näher zur Stellvertretung oben § 13.

[5] Zumindest denkbar ist auch eine Direkthaftung des Herstellers für seine Werbeäußerungen, die auch in Form einer Produkthaftung erfolgen mag.

[6] Näher unten § 15 C. III. 1.

[7] So sei hier die Behauptung erlaubt, dass sich kaum ein Gericht jemals auf derartige Diskussionen einlassen wird.

[8] Näher oben § 8 C.

vitatio ad offerendum, nicht jedoch Angebot oder Annahme sei.[9] Wenn aber das bei Vertragsschluss Gewollte bzw. Erklärte den Grund für die vertragliche Bindung und deren Inhalt bilden soll, wie können dann vorvertragliche Äußerungen den Vertragsinhalt beeinflussen? Aber auch personell wird etwas ignoriert, nämlich dass selbst Äußerungen Dritter den Vertragsinhalt beeinflussen – sei es über die hier interessierende Werbung, staatliche Vorgaben oder über die Prägung von Verkehrssitten oder den Entwurf von Musterformularen.[10]

II. Scheinlösungen

Mit den rechtlichen Realitäten hat diese Punktualität wenig zu tun, was nicht zuletzt dadurch eindrucksvoll bestätigt wird, dass auch bei der Werbung all diejenigen fragwürdigen Argumente auftauchen, auf die ihre Vertreter dort verzichten, wo sie darauf mit ihrer eigentlich vertretenen Theorie nicht angewiesen sind. Das Bedürfnis, einleuchtende Ergebnisse zu produzieren, ist hier regelmäßig größer als die konsequente Beachtung etwa der Willens- oder der Erklärungstheorie. So ist etwa die Versuchung groß, einen Willen dergestalt zu unterstellen, dass vorvertragliche Äußerungen, ja sogar die Werbung eines Herstellers, zum Vertragsinhalt werde.[11] Doch will man noch lange nicht all das, worauf man – rein identifizierend – willentlich verweist.[12] Besonders beliebt ist der Verweis auf die – oft als normativ bezeichnete – Auslegung, die einmal mehr all das leisten soll, was die schlichte Subsumtion des jeweils vertretenen Ansatzes nicht vermag.[13] Doch begründet dieser Verweis (wie auch

---

[9] Vgl. hier nur *Mugdan*, Materialien, 1899, S. 444 (Motive I S. 166f.).
[10] Näher oben § 8 B.; § 14 sowie unten § 16 A.; § 16 C.
[11] Stellv. *Matusche-Beckmann*, Staudinger, 2004, § 434 BGB Rn. 80; *Schack*, AcP 185 (1985), 333, 348 (der die Werbeerklärungen nicht widerrufende Verkäufer mache sich diese zu eigen); *Grigoleit/Herresthal*, JZ 2003, 233 (Schluss auf eine konkludente Beschaffenheitsvereinbarung). Auch vor der Schuldrechtsreform wurden stillschweigende oder konkludente Vereinbarungen, Zusicherungen und Garantien fingiert, vgl. BGH, Urt. v. 14.2.1996, BGHZ 132, 55, 60ff. (Wandlung bei unzutreffenden Angaben im Herstellerprospekt zum Kraftstoffverbrauch); BGH Urt. v. 21.6.1967, BGHZ 48, 118, 123f. (Zusicherung des Verkäufers angesichts der „besonderen Art" des Herstellers, für seine Produkte zu werben). Siehe dazu etwa *Lehmann*, NJW 1981, 1233, 1233f. Typisierungen helfen hier nicht weiter: Auch „typischerweise" erfassen weder Wille noch Erklärung bei Vertragsschluss die Werbeangaben. Vgl. dazu nur die berechtigte Kritik bei *Esser/Schmidt*, Schuldrecht, Bd. 1, 7. Aufl., S. 72 (§ 4 II 2) sowie allgemein zu dieser Problematik oben § 9 C. V. 2. c); § 10 E.
[12] Näher oben § 9 C. V. 2. c) mit weiteren Verweisen.
[13] Stellv. *Flume*, Allgemeiner Teil, Bd. 2, 4. Aufl. 1992, S. 312 (§ 16 3), 617 (§ 33 8): „Der Vertrag und nicht die Vertragsverhandlungen bestimmen den Inhalt der vertraglichen Regelung. Dennoch sind die Vertragsverhandlungen für die Auslegung des Vertrags oft von größter Bedeutung." „Als bei der normativen Auslegung zu beachtende Umstände kommen ... in Betracht ... Erklärungen bei den Vertragsverhandlungen – dazu gehören auch Prospekte, Kataloge und Preislisten, die ein Erklärungspartner dem anderen zugänglich gemacht hat ..." Daneben siehe nur etwa zu einzelnen für die Vertragsauslegung relevanten Umständen

der auf die jeweiligen „Umstände") nicht, warum bestimmte Angaben zum Vertragsinhalt werden sollten und wie sich das zum jeweils präferierten Grundkonzept verhält.[14] Ebenfalls nur reine Verlegenheit ist der bloße Hinweis auf eine bestimmte gesetzliche Regelung. Schließlich ist Gesetzesrecht genauso wie etwa Richterrecht zu begründen und ist es oft reiner Zufall, ob ein Rechtsproblem gesetzlich geregelt wurde.[15] Auch der Vertrauensgedanke lässt sich bemühen,[16] liefert aber unter anderem keine Kriterien dafür, welche Angaben, auf die man vertraut, zum Vertragsinhalt werden sollten.[17] Die Konstruktion von Informations- oder sonstigen vorvertraglichen Pflichten[18] scheitert oft bereits daran, dass sich so allenfalls ein Schadensersatzanspruch, nicht aber ein bestimmter Vertragsinhalt, begründen lässt. Auch bleibt offen, worauf diese Haftung letztlich beruhen soll.

III. Öffentliche Erklärungen und Selbstbindung

Die vorstehenden Beispiele illustrieren die weit verbreitete Tendenz, lieber zu nicht subsumierbaren oder reinen *ad hoc*-Lösungen zu greifen, anstatt sich ernsthaft mit grundlegenden vertragstheoretischen Defiziten auseinanderzusetzen. Umso begrüßenswerter ist es, wenn das vereinzelt doch geschieht.[19] Hierzu gehören auch solche Ansätze, die bereits den Werbeangaben einen rechtsverbindlichen Charakter beimessen. Neben einigen frühen Vorläufern[20] ist es vor allem *Köndgen*, der sich der Problematik von Werbeaussagen auch deshalb schonungslos widmen kann, weil sich das von ihm vertretene Konzept einer Selbstbindung ohne Vertrag stark von der für die klassische Vertragsthe-

---

etwa *Bork*, Allgemeiner Teil, 3. Aufl. 2011, S. 213 f. (§ 14 D IV, Rn. 549); *Grigoleit/Herresthal*, JZ 2003, 233, 233 f., 236; *Jorden*, Verbrauchergarantien, 2000, S. 541 f.; *Tiller*, Gewährleistung und Irreführung, 2005, S. 541 jeweils m.w.N.

[14] Eingehend oben § 9 C. V. 2. e); § 10 E. II. 1.; § 10 E. II. 4.
[15] Näher unten § 16 A.
[16] Stellv. *Jorden*, Verbrauchergarantien, 2000, S. 536 (Inanspruchnahme eines typisierten Vertrauens).
[17] Zu den grundlegenden Einwänden gegen eine Vertrauenshaftung vgl. oben ab § 11 E.
[18] Hiergegen etwa zu Recht *Esser/Schmidt*, Schuldrecht, Bd. 1, 7. Aufl., S. 72 (§ 4 II.2.), 75 (§ 4 II. 2. b)).
[19] Dabei ist es schon löblich, wenn das Problem überhaupt gesehen und offen angesprochen wird, wie dies etwa *Esser/Schmidt*, Schuldrecht, Bd. 1, 7. Aufl., S. 71 ff. (§ 4 II. 2.) tut.
[20] Hierzu gehört die Lehre von den Erklärungen an die Öffentlichkeit, vgl. *Ehrenberg*, in: Ehrenberg (Hrsg.), Handelsrecht, Bd. 1, 1913, S. 523, 644 f. oder etwa auch *Spiess*, ZAkDR 1942, 340, 341, 343; *Spiess*, ZAkDR 1943, 170, 170 f., passim, der aus einem öffentlich bekannt gemachten Tarif im Sinne eines Preisverzeichnisses die Pflicht ableitet, jedermann zu diesen Bedingungen seine Leistung anzubieten und – im Einklang mit den damals vorherrschenden Überzeugungen – unter Abgrenzung von einer Willensübereinkunft im „römischen Sinne" vom Austausch komplementärer einseitiger Willenserklärungen spricht, ohne dem aber wirklich ein dogmatisches Konzept zu Grunde zu legen. Zum dort auch angesprochenen Problem des faktischen Vertrags vgl. oben § 12.

orie typischen Konzentration auf den Vertragsschluss löst.[21] Andererseits lässt dieser Ansatz viele Fragen offen – insbesondere bei der genauen Eingrenzung von Haftungsvoraussetzungen und -inhalt einer Selbstbindung. Auch die Subsumtion fällt nicht gerade leicht. Daneben erscheint es gerade im Licht der real praktizierten Vertragsrechtspraxis zu weitgehend, in Situationen wie Fall 245 ganz ohne traditionellen Vertragsschluss allein die Werbung für eine vertragliche Bindung ausreichen zu lassen. Darauf wird noch zurückzukommen sein.[22]

C. Rechtfertigungsprinzip

I. Grundkonstellationen

1. Verkäuferangaben

Nach dem Rechtfertigungsprinzip sollte eine rechtliche Einbuße so weit erfolgen, wie dies zur eigenen Verbesserung notwendig ist. Vorvertragliche Information ermöglicht es dem Käufer, selbst zu prüfen, inwieweit ihn das jeweilige Gut seinen eigenen Zielen näher bringt. Gegebenenfalls kann er so auf den Kauf verzichten oder auf andere Anbieter und Produkte ausweichen. Anders formuliert sind solche Angaben oft ein wichtiges Motiv dafür, ein bestimmtes Gut zu einem bestimmten Preis zu erwerben, mögen diese Vorstellungen bei Vertragsschluss noch präsent bzw. erklärt sein oder nicht. Nach dem Subsidiaritätsprinzip liegt es also nahe, auch vorvertragliche Information zu berücksichtigen, da ansonsten die wie immer als Indiz fungierende Entscheidungsfindung des Käufers verfälscht würde.[23] In Fall 241 etwa mag der Käufer nur wegen der Werbung eingetreten sein und sich bereits dort entschieden haben, ein Bier zu bestellen. Dass er dann in der Sekunde der Bestellung nicht mehr an die Details denkt oder sich dazu erklärt, sollte nicht entscheidend sein.

Dem Verkäufer ist diese Belastung zuzumuten, da das Rechtfertigungsprinzip auch auf seiner Seite nicht verletzt wird. Sofern er nur weiß, dass ihn das Recht für vorvertragliche Angaben einstehen lässt, liegt es an ihm, was er daraus macht. Er ist weder zu bestimmter Information noch zu einem Vertragsschluss mit dem Käufer gezwungen. Beides wird er nur dann tun, wenn ihn das besser stellt als bisher.

Doch worin genau liegt hier das wertschöpfende Element? Wie immer müssen wir zunächst berücksichtigen, dass der Käufer das Risiko eines Fehlkaufs einpreist, es also im gemeinsamen Interesse beider Vertragspartner liegt, kein

---

[21] *Köndgen*, Selbstbindung, 1981, S. 283 ff., 295 ff., passim.
[22] Unten § 15 C. III. 4.
[23] Allgemein dazu oben § 8 C.

völlig unpassendes Produkt zu verkaufen. Da es für den Käufer sehr viel hilfreicher ist, sich auf die Werbeangaben verlassen zu können, als es den Verkäufer belastet, nicht folgenlos lügen zu können, bringt es beide Seiten ihren Zielen näher, Werbeangaben zu berücksichtigen.

Dieser Befund überzeugt umso mehr, als eine davon abweichende rechtliche Behandlung Probleme aufwirft. Zwar könnte man sich für den Vertragsinhalt allein am Vertragsschluss orientieren und dafür dem Käufer bei falscher Werbung das negative Interesse zusprechen. Doch erscheint diese Variante reichlich umständlich, würden Vertragsschlüsse also nur unnötig erschwert. Auch eine staatliche Inhaltskontrolle wäre denkbar, doch können die Parteien – auch und gerade mit Hilfe vorvertraglicher Werbung – das Rechtfertigungsprinzip besser verwirklichen als ein Richter oder gar Gesetzgeber. Denn bei Werbeangaben funktioniert der Wettbewerb oft durchaus.[24]

Natürlich unterlaufen der werbenden Vertragspartei bisweilen auch Irrtümer. Gerade wenn man anerkennt, dass derartige Angaben den Vertragsinhalt genauso beeinflussen wie Vorstellungen bei Vertragsschluss, können deren Auswirkungen nicht weniger gravierend sein als in klassischen Konstellationen. Es liegt daher nahe, hier dann auch ähnliche Maßstäbe anzulegen wie bei „normalen" Irrtümern.[25] Keine Probleme stellen sich in dieser Konstellation für die Rücknahme einmal getätigter Angaben. Denn dem Verkäufer ist es etwa in Fall 245 unbenommen, seinen Kunden vor Vertragsschluss neu zu informieren oder aber auf einen Vertrag zu verzichten.

2. Herstellerwerbung

Oft wirbt nicht der Verkäufer, sondern wie mit dem Hersteller eine dritte, am Vertragsschluss überhaupt nicht – auch nicht als Vertreter oder Erfüllungsgehilfe – beteiligte Person, und zwar gegenüber gleich einer Vielzahl von Personen. Nimmt der Käufer das wahr und entschließt er sich auf dieser Grundlage zu einem Kauf, droht er bei unzutreffender Information wiederum seine Ziele zu verfehlen.

Dass hier nicht der Vertragspartner wirbt, führt allerdings zu einigen wichtigen Besonderheiten. Insbesondere wirken sich solche Angaben, die gegenüber einer breiten Öffentlichkeit getätigt werden, zumindest bei funktionierendem Wettbewerb auch auf den Marktpreis des betroffenen Guts aus. Das wiederum hat wichtige vertragsrechtliche Konsequenzen: Nunmehr ist ein Kunde auch dann geschädigt, wenn er die entsprechende Reklame gar nicht wahrgenommen hat. Denn bei unzutreffender Werbung erfüllt der auf dieser unzutreffenden Basis gebildete Marktpreis nicht mehr seine für das Rechtfertigungsprinzip so wichtige Indizfunktion. Anders formuliert ist der Markt-

---

[24] Eingehend zum Wettbewerbsaspekt unten § 15 C. II.
[25] Näher zu diesen unten § 16.

preis unabhängig von den Vorstellungen Einzelner. Solange nur genügend andere Personen (insbesondere der marginale Konsument[26]) dies wahrnehmen und entsprechend aufgeklärt am Markt agieren, profitieren davon auch die weniger informierten Parteien. Denn häufig gelingt es Anbietern nicht, dergestalt Preisdiskriminierung zu betreiben, dass sie informierte Kunden als solche erkennen und gezielt nur diesen Preiszugeständnisse unterbreiten.[27] Im Ergebnis verhindert also die Berücksichtigung öffentlicher Werbeangaben auch des Herstellers, dass der Käufer eine rechtliche Einbuße erleidet, ohne dass dies zur eigenen Verbesserung notwendig wäre. Dabei ist es nach der gleichen Logik genauso irrelevant, ob der Verkäufer die Werbung des Herstellers kennt, da auch das den Marktpreis nicht berührt.

Es bleibt noch zu prüfen, ob es nicht zu Lasten des Verkäufers geht, Werbeangaben etwa eines Herstellers beim Vertragsinhalt zu berücksichtigen und nicht etwa nur ein Lösungsrecht anzuordnen. Wenig zu befürchten ist dort, wo der Verkäufer die Werbung des Herstellers kennt und sich dementsprechend einstellen kann. Schließlich kann er hier sowohl auf Vertragsschlüsse verzichten als auch mit jedem einzelnen Kunden Abweichendes vereinbaren (Fall 253). Aber auch die Unkenntnis des Verkäufers führt zu regelmäßig akzeptablen Ergebnissen. Denn er darf nach dem Rechtfertigungsprinzip nun einmal nicht mehr erhoffen, als zu dem Marktpreis zu verkaufen, der den tatsächlichen Eigenschaften des jeweiligen Guts bzw. dem durch die Werbung beeinflussten Vertragsinhalt entspricht. Hätte der Hersteller nicht unzutreffend geworben, erzielte das Produkt auch einen geringeren Verkaufspreis – und zwar unabhängig von den Kenntnissen sogar beider Vertragsparteien über all die Umstände, die den Marktpreis beeinflussen. Es ist gerade einer der Vorzüge des marktwirtschaftlichen Preismechanismus, dass er nicht umfassende Kenntnisse der einzelnen Marktteilnehmer über die Marktgegebenheiten verlangt. Vielmehr produzieren Märkte mit dem Preis rein dynamisch-evolutionär diejenige Information, welche die menschlichen Bedürfnisse zielsicher offenbart und den Einsatz von Produktionsfaktoren in wirtschaftlich sinnvolle Bahnen lenkt.[28] Nur ergänzend sei darauf hingewiesen, dass dieses Ergebnis auch einer sachgerechten, d.h. die Parteiinteressen größtmöglich unterstützenden Risikoverteilung entspricht. Schließlich können sich Hersteller und Verkäufer gegenseitig sehr viel besser koordinieren und sich damit auch gegebenenfalls in Regress nehmen,[29] als wenn sich ein einzelner Kunde mit derarti-

---

[26] Stellv. *Schwartz/Wilde*, 127 UPennLawRev 630, 635 ff. (1979); *Trebilcock/Dewees*, in: Burrows/Veljanovski (Hrsg.), Economic Approach, 1981, S. 93, 105 (dort zu Allgemeinen Geschäftsbedingungen).
[27] Stellv. *Schwartz/Wilde*, 127 UPennLawRev 630, 638 (1979). Näher zu solchen Praktiken oben § 4 C. III. 3.
[28] Stellv. *Hayek*, Entdeckungsverfahren, 1968; *Hayek*, 79 AmEconRev 3 (1989).
[29] Etwa angesichts von Art. 4 der Verbrauchsgüterkaufrichtlinie (vgl. Fn. 1), in

gen Fragen beschäftigen müsste. Ein Verkäufer hat eher die Zeit, um Herstellerprospekte zu lesen, dessen Medienangaben zu verfolgen, und er hat vor allem eine sehr viel engere Beziehung zum Hersteller als der typische Konsument. Und da sämtliche Aufwendungen ohnehin eingepreist werden, profitieren letztlich alle Beteiligten von dieser wertschöpfenden Ausgestaltung, wie das für die Funktionsweise des Rechtfertigungsprinzips in Dreiecksbeziehungen generell so typisch ist.[30]

3. Persönliche Herstellerinformation

In einer weniger häufigen, dogmatisch aber erhellenden Fallkonstellation wird der Käufer von einer solchen Produktinformation zum Kauf bewegt, die er wie in Fall 254 direkt vom Hersteller erhält. Noch keine Besonderheiten ergeben sich hier, wenn der Verkäufer davon Bescheid weiß. Denn dann ist der Fall nicht anders zu lösen, als hätte er selbst diese Information erteilt, die Berücksichtigung als Vertragsinhalt wahrt hier das Rechtfertigungsprinzip für beide Seiten. Schwieriger gestaltet es sich demgegenüber bei einer Unkenntnis des Verkäufers. Lässt man die Werbeangaben auch hier in den Vertragsinhalt einfließen, scheint das Rechtfertigungsprinzip auf Seiten des Verkäufers verletzt. Denn weder beeinflusst solche persönliche Information den Marktpreis noch hatte der Verkäufer hier die Möglichkeit, diesen veränderten Vertragsinhalt einzupreisen. Er wird also bei funktionierendem Wettbewerb einen Verlust erleiden. Wir haben hier gewissermaßen einen Vertragsinhalt zu Lasten des an der Veränderung des Vertragsinhalts nicht beteiligten Verkäufers, ohne dass dies durch den Marktpreis ausgeglichen würde.

Allerdings ist noch zu prüfen, ob sich nicht der Verkäufer an den Hersteller halten kann und sollte, so dass seine Interessen doch gewahrt bleiben. Letztlich geht es auch hier um eine möglichst sachgerechte, d.h. wertschöpfende Aufgaben- und Risikoverteilung. So ließe sich anführen, dass der Verkäufer leichter als ein Kunde in der Lage ist, sich mit dem Hersteller zu verständigen und gegebenenfalls einen Ausgleich herbeizuführen. Andererseits leuchtet es nicht ein, warum bei einer direkten Kommunikation des Kunden mit dem Hersteller unter Ausschaltung des Verkäufers nicht auch Kunde und Hersteller selbst für die damit verbundenen Konsequenzen einstehen sollten.

II. Werbung, Wettbewerb und Subsidiarität

Wie bei den einzelnen Konstellationen vorvertraglicher Werbung bereits angedeutet, spielt spätestens hier der Wettbewerbsmechanismus eine wichtige Rol-

---

Deutschland umgesetzt in § 478 BGB, vgl. dazu *Alexander*, Vertrag und unlauterer Wettbewerb, 2002, S. 200 ff.

[30] Vgl. etwa auch oben § 13 C. II. 3.

le. Dafür gibt es vor allem zwei Gründe: Erstens können Werbeangaben – anders als beispielsweise Allgemeine Geschäftsbedingungen –[31] überhaupt realistisch wahrgenommen werden, da es hier regelmäßig um solche Aspekte geht, die den Kunden interessieren und vom Werbenden oft nach allen Regeln der Kunst möglichst prägnant, verständlich und anregend vermittelt werden. Zweitens richtet sich Werbung anders als beim bloßen Vertragsschluss zwischen zwei Personen an einen breiten Adressatenkreis und fließt damit in den Wettbewerbsprozess ein. Das betrifft nicht nur den Marktpreis, der bei funktionierendem Wettbewerb den jeweiligen Vertragsinhalt und damit die auch davon abhängige Produktqualität widerspiegelt. Genauso kommt es zum Wechselspiel von Wettbewerb und Vertragsinhalt: Ein scharfer Wettbewerb zwingt die Hersteller zu ambitionierten Aussagen, während das Recht deren Glaubwürdigkeit und damit die Wettbewerbsintensität dadurch erhöht, dass es die Einhaltung solcher Behauptungen einfordert.[32] Vertragstheoretisch ist dieser Prozess auch deshalb sehr wichtig, weil sich so der Vertragsinhalt konkretisieren lässt, ohne dass es hierzu umfangreicher Parteivorstellungen oder staatlicher Interventionen bedürfte. Denn immerhin gelten die zuvor beschriebenen Mechanismen nicht nur für einfache Werbebotschaften, sondern genauso für öffentlich verfügbar gemachte Produkthandbücher oder Bedienungsanleitungen.

Wettbewerbstheoretisch ist hier vor allem festzuhalten, wie wenig mit pauschalen Aussagen dergestalt gewonnen ist, dass „Wettbewerbsfreiheit" bzw. die Freiheit der Marktteilnehmer „zu schützen" seien. Denn da nun einmal unterschiedliche Akteure verschiedene Interessen verfolgen, bleiben solche Aussagen so lange inhaltsleer, wie nicht verraten wird, anhand welcher Maßstäbe diese Interessen zu gewichten sind. Nicht jede Handlungsfreiheit ist also gleichermaßen schützenswert, vielmehr macht es einen erheblichen Unterschied, ob die Freiheit zu lügen und betrügen in Rede steht, oder aber die Freiheit, möglichst günstig solche Produkte zu produzieren und sachlich über diese zu informieren, welche die Kundenziele fördern. Immerhin bedeutet ein scharfer Wettbewerb nichts anders, als die Unternehmen zu Getriebenen zu machen und sie dabei permanent zu Produktverbesserungen, Kostensenkungen und Innovationen zu zwingen.[33] Wie jeder Unternehmer bestätigen wird, nimmt Wettbewerb einem Unternehmen viele Freiheiten und wird gerade deshalb von diesen als äußerst unangenehm empfunden. Nur ein substanzielles Kriterium wie das Rechtfertigungsprinzip liefert den unabdingbaren Orientie-

---

[31] Vgl. oben § 14 A. IV. 1.; § 14 B. I. 1.
[32] Siehe dazu stellv. *Leistner*, Richtiger Vertrag, 2007, S. 108 ff., passim m.w.N. Skeptischer *Kasper*, ZGS 2007, 172, 181.
[33] Deshalb ist auch der in der aktuellen wettbewerbsrechtlichen Diskussion so verpönte Gedanke eines Leistungswettbewerbs aktuell wie eh und je, vgl. näher *Rehberg*, in: Zetzsche/Neef u.a. (Hrsg.), JbJZWiss 2007, 2008, S. 49, 58 ff., 73 ff. m.w.N.

III. Einzelfragen

1. Widersprüchliche Angaben

Nach dem klassischen Vertragsverständnis bestimmt sich der Vertragsinhalt nach der einen Sekunde, in der sich beide Parteien die Hände reichen oder ein Schriftstück unterzeichnen. So fragwürdig dieses Verständnis auch ist,[35] vermeidet es immerhin gewisse Widersprüche, die dann auftreten können, berücksichtigt man auch vorvertragliche Angaben. So mag der Biergartenbetreiber ein frisches Maß Markenbier zum Preis von 7 Euro bewerben, bei Vertragsschluss aber ein ganz anderes Angebot unterbreiten. Wird der Kunde darauf wie in Fall 245 rechtzeitig und deutlich hingewiesen, ist daran auch nach dem Rechtfertigungsprinzip zumindest insofern wenig auszusetzen, wie man nicht die mit dem irrtümlichen Anlocken in den Biergarten durch einen falschen Aushang verbundene Mühen des Kunden für vertragsrechtlich relevant hält. Denn schließlich entscheidet hier der Gast anhand zutreffender Information über den Vertragsinhalt und kann gegebenenfalls eine Preiskorrektur einfordern.

Ist dieser abweichende Vertragsinhalt hingegen in Allgemeinen Geschäftsbedingungen versteckt, wird ihn der Kunde regelmäßig nicht wahrnehmen.[36] Praktisch ist diese Konstellation bedeutsam, gehört dazu etwa die Situation, dass ein Autohersteller einen geringen Benzinverbrauch bewirbt, der vom Kunden geschlossene Vertrag hierzu hingegen schweigt oder gar etwas Gegenteiliges aussagt (Fall 249).[37] Genauso mag ein Krankenversicherer wie in Fall 247 ausweislich seiner Versicherungsbedingungen nur für „wissenschaftlich anerkannte Behandlungsmethoden" einstehen, in seiner Werbung aber behaupten, der Versicherungsnehmer könne auch einen Heilpraktiker aufsuchen.[38] Gerade provisionsorientierte Anlageberater treffen oft Aussagen, die von vornherein unzutreffend bzw. unrealistisch sind. Das kann Renditen, Hypothekenzinsen oder andere Prognosen betreffen. So werden etwa bei der Vermittlung einer kapitalbildenden Versicherung oft „unverbindliche Berechnungen zur Überschussbeteiligung" vorgelegt, die auf ganz anderen Grundlagen beruhen als das, was der Versicherungsnehmer später unterzeichnet. Bemerkenswert ist dabei, dass die Rechtsprechung zumindest in wichtigen Teil-

---

[34] Näher unten § 16 D.
[35] Eingehend oben § 8.
[36] Näher oben § 14 A. IV. 1.; § 14 B. I. 1.
[37] BGH, Urt. v. 14.2.1996, BGHZ 132, 55, 60 ff.
[38] Dieses Beispiel ist der Realität entnommen, vgl. *Römer*, NVersZ 1999, 97, 104.

C. Rechtfertigungsprinzip

bereichen immer schon geneigt war, derartige Angaben auch als Vertragsinhalt zu berücksichtigen und nicht etwa nur ein Anfechtungsrecht oder einen Anspruch auf das negative Interesse zuzubilligen. Das gilt nicht nur für die bereits oben erwähnte Auslegung oder die nunmehr ausdrückliche Berücksichtigung von Werbeangaben im Kaufrecht.[39] So wurde etwa im deutschen Versicherungsrecht mit der „gewohnheitsrechtlichen Erfüllungshaftung" gar ein eigenes, dogmatisch nur schwer einzuordnendes Institut entwickelt, das nichts anderes besagt, als dass der Versicherungsvertrag bei falschen vorvertraglichen Angaben (oder einer bloß unterlassenen Klarstellung), etwa des Versicherungsagenten über den Umfang des Versicherungsschutzes oder sonstige vertragswesentliche Punkte nach Maßgabe der fehlerhaften Angaben zu erfüllen ist – und zwar ohne dass der Versicherer anfechten könnte.[40]

Mit den klassischen vertragstheoretischen Ansätzen lässt sich all das nicht ableiten, sollen hier doch allein Wille oder Erklärung bei Vertragsschluss gelten. Nach dem Rechtfertigungsprinzip ist es entscheidend, dass der Kunde hier seine Entscheidung nur auf die vorvertragliche Information stützt und damit das Subsidiaritätsprinzip auch nur insoweit greift. Den Interessen des Verkäufers ist dadurch genügt, dass er den Vertragsinhalt auch dann nach seinen Vorstellungen beeinflussen kann und wird, wenn er trotz anderweitiger Angaben in den Vertragsformularen an seiner früheren Werbung dem Kunden gegenüber festgehalten wird. Soweit in diese Fälle auch Probleme einfließen, die für Allgemeine Geschäftsbedingungen sowie das Vertretungsrecht typisch sind, sei auf die früheren Ausführungen verwiesen.[41]

Natürlich können Konflikte auch wie in Fall 249 oder 253 zwischen der Werbung eines Herstellers und den Angaben des Verkäufers bei oder auch vor Vertragsschluss auftreten – und sei es nur, weil der Verkäufer diese Werbung nicht kennt. Hier erscheint es wiederum legitim, dieser Werbung jedenfalls dann den Vorrang einzuräumen, wenn der Kunde nichts davon weiß, dass das bei Vertragsschluss Vereinbarte nicht den Eigenschaften entspricht, mit denen der Hersteller wirbt und damit den Marktpreis beeinflusst.[42] Denn sein Vergleich mit den Angeboten anderer Verkäufer des gleichen Produkts wird hierdurch verfälscht, so dass das Rechtfertigungsprinzip nicht mehr subsidiär über den Wettbewerbsprozess verwirklicht wird.

Schließlich ist es denkbar, dass die Werbung des Herstellers solche Information enthält, die das Produkt für den Kunden im Vergleich zur Verkäuferwer-

---

[39] Vgl. oben § 15 A. II.
[40] Stellv. BGH, Urt. v. 9.5.1951, BGHZ 2, 87, 92; Urt. v. 4.7.1989, BGHZ 108, 200, 205 ff.
[41] Oben § 13; § 14 B.; passim.
[42] Das gilt unabhängig davon, ob sich diese Abweichung versteckt in Allgemeinen Geschäftsbedingungen findet oder aber der Hersteller zwar offen über diesen abweichenden Inhalt spricht, aber nicht deutlich wird, dass der Hersteller das Produkt abweichend bewirbt.

bung nicht etwa vorteilhafter, sondern wie in Fall 252 weniger attraktiv erscheinen lässt. Soweit der Kunde diese Verkäuferwerbung bemerkt – etwa weil er gar vom Verkäufer explizit darauf hingewiesen wird –, bildet das Parteiverhalten (einschließlich des vereinbarten Preises) ein tragfähiges Indiz. Gleiches gilt, wenn die Verkäuferwerbung den Wettbewerb beeinflusst. Ist das nicht der Fall und nimmt der Kunde die Werbung des Verkäufers auch nicht wahr, sind die Interessen des Kunden hingegen nicht gefährdet. Rein praktisch wird es hier dem Verkäufer allerdings schwer fallen, eine solche Unkenntnis zu beweisen. Dieses Problem gehört letztlich zur Irrtumsproblematik.[43] Dabei hat es der Verkäufer selbst in der Hand, seine Angaben an die weniger positive Werbung anzupassen oder aber den Kunden auf die für diesen vorteilhafte Abweichung hinzuweisen und dafür gegebenenfalls einen Preisaufschlag auszuhandeln.

2. Wirkungsbreite und -dauer

Geht die Werbung des Verkäufers oder eines Herstellers in den Vertragsinhalt ein, so dass sie rechtlich wie wirtschaftlich sehr ernst zu nehmende Konsequenzen hervorrufen kann, besteht oft ein nachvollziehbares Interesse daran, diese Wirkung bei Bedarf auch wieder aufzuheben oder zu verändern. Schließlich mag es zahllose Gründe dafür geben, dass man Produkte nicht mehr so wie früher beworben bereitstellen möchte. Der Werbende sollte die vertragliche Bindung steuern können, ohne die Kunden bei jedem Vertragsschluss explizit über die Abweichungen des Vertragsinhalts von vielleicht sogar mehreren früheren Werbeaktionen aufklären zu müssen. Damit stellt sich die Frage nach der Wirkungsbreite und -dauer vorvertraglicher Werbeangaben und den Möglichkeiten und Voraussetzungen, um hiervon wieder loszukommen.

Ausweislich des Rechtfertigungsprinzips sind vorvertragliche Werbeangaben so lange und so weit „in der Welt" und damit für den Vertragsinhalt zu berücksichtigen, wie sie sich auf den Marktpreis auswirken. Wie bereits erwähnt, ist es dann auch gleichgültig, ob Verkäufer wie Käufer von dieser Werbung wissen. Denn auch unabhängig von einer solchen Kenntnis wird ein Verkäufer den Preis verlangen, den er angesichts der Marktlage, namentlich der Konkurrenzangebote anderer Händler, noch verlangen kann. Und ein Käufer wird dann zu viel als nötig zahlen und damit eine unnötige rechtliche Einbuße erleiden, wenn er woanders entweder das gleiche Produkt günstiger oder zum gleichen Preis ein vorteilhafteres Produkt erlangen kann.[44] Im Ergebnis ist also zu fragen, welche Angaben bei Vertragsschluss noch einen nennenswerten Einfluss auf den Marktprozess entfalten oder aber in ihrer Wirkung durch neuere Werbung tatsächlich, also mit Blick auf die realen Marktprozesse, ver-

---
[43] Näher unten § 15 C. III. 3. sowie allgemein unten § 16.
[44] Wobei zum Produktinhalt sämtliche vertragliche Vereinbarungen gehören.

drängt wurden. Sofern also gefordert wird, die Korrektur früherer Werbeangaben müsse in gleicher Form wie die ursprüngliche Äußerung erfolgen, so führt das zwar oft zu treffenden Ergebnissen, ist aber zu eng. Denn sofern es einem Hersteller gelingt, über ganz andere Maßnahmen ein ähnliches Ergebnis zu erzielen, also den Marktpreis angesichts nunmehr geringerer Markterwartungen zu senken, besteht ebenso wenig ein Grund, ihn an seinen früheren Äußerungen festzuhalten. Sofern allerdings beide Vertragsparteien um die Abweichung von Werbung und tatsächlichem Vertragsinhalt wissen, besteht natürlich – um das nochmals zu betonen – kein Grund, diese Werbung zu berücksichtigen.

Abschließend sei eine etwas ketzerische Frage gestellt: Wenn unser Recht vorvertragliche Angaben beim Vertragsinhalt berücksichtigt, warum tut es das dann nicht auch bei nachvertraglichen Angaben? Immerhin ist es das Anliegen dieser Arbeit, auch die vermeintlich ganz schlichten Probleme nicht zu vergessen. Klassische Ansätze wie die Willens- oder Erklärungstheorie haben hier kein Problem, als sie sich ohnehin nur auf den Zeitpunkt des Vertragsschlusses beziehen. Allerdings wird dieser Erfolg dadurch getrübt, dass damit – entgegen dem geltenden Recht – auch vorvertragliche Angaben irrelevant sein müssten. Es wird also nicht erklärt, was den entscheidenden Unterschied zwischen vor- und nachvertraglicher Werbung ausmacht. Das Rechtfertigungsprinzip liefert demgegenüber eine klare Antwort: Beginnt ein Unternehmen (Fall 248) oder der Verkäufer (Fall 242) erst nach Vertragsschluss seine Werbekampagne, kann sich diese auch erst ab diesem Zeitpunkt auf den Marktpreis auswirken, so dass der Kunde bei funktionierendem Wettbewerb zwar vorher nicht in den Genuss eines durch die Werbung verbesserten Vertragsinhalts gelangt, dafür aber auch entsprechend weniger zahlt.

3. Irrtümer

Wann immer das Recht als Ausdruck von Subsidiarität nicht mehr auf ein substanzielles Kriterium wie das Rechtfertigungsprinzip, sondern menschliches Handeln abstellt, kann dieses Handeln das substanzielle Kriterium verfehlen und sich in diesem Sinne als fehlerhaft erweisen. Ein Teilaspekt dessen sind die von jeher diskutierten Irrtümer bei Vertragsschluss.[45] Doch sind diese genauso bei Werbeangaben denkbar und führen zu sehr ähnlichen Problemen – gerade weil Werbung den Vertragsinhalt schon immer beeinflusst hat. Leider stellen klassische Vertragstheorien allein auf den Akt des Vertragsschlusses ab, was zu Ergebnissen führt, die auch von deren Anhängern oft als willkürlich angesehen werden. Das gilt etwa für den Vergleich der Fälle 243 und 271: Verschreibt sich ein Verkäufer mal bei der Anbringung eines Preisschildes, ein anderes Mal hingegen erst bei Vertragsschluss, so ist es einem unbefangenen

---

[45] Näher unten § 17.

Betrachter nur schwer zu vermitteln, warum wir hier zu völlig unterschiedlichen Ergebnissen gelangen sollten. Wie immer man Irrtumsfälle generell bewerten mag,[46] erscheinen derartige Unterscheidungen jedenfalls nicht sachgerecht und vor allem der Vorstellung geschuldet, als würde vorvertragliche Werbung nicht den Vertragsinhalt beeinflussen.

4. *Vorvertragliche Korrekturen*

Im Vertragsrecht bleibt Unwissenheit so lange unschädlich, wie es nicht bereits zur Einigung gekommen ist. Wird ein Irrtum rechtzeitig bemerkt, lässt sich das bis zum Vertragsschluss berücksichtigen. Bei Werbeangaben sollte es nicht anders sein. Bemerkt ein Verkäufer wie in Fall 244 oder 245, dass seine Produktbeschreibung fehlerhaft war, oder wie in Fall 253, dass der Hersteller mit Produkteigenschaften wirbt, für die er selbst nicht einstehen möchte, kann das bei Vertragsschluss jedenfalls durch einen deutlichen Hinweis korrigiert werden. Demgegenüber plädieren gerade manche derjenigen Autoren, die bereits früh die rechtliche Relevanz von Werbung erkannt und thematisiert haben, für eine vom späteren Vertragsschluss losgelöste Bindungswirkung. So sah *Spiess* im Tarif eine rechtlich verpflichtende öffentliche Erklärung der Abschlussbereitschaft, die sich zu einer sofortigen Leistungsverpflichtung verdichten könne.[47] Auch *Köndgen* hält Offerten an das Publikum für rechtlich bindend. Das Angebot durch ein Zeitungsinserat werde bereits bei Erscheinen der Zeitung verbindlich.[48]

Das geltende Vertragsrecht scheint diese Stimmen nicht zu unterstützen,[49] und zwar aus gutem Grund. Denn bei aller Kritik an der gedanklichen Fixierung der klassischen Vertragstheorien auf den Zeitpunkt des Vertragsschlusses hilft es gerade unter Subsidiaritätsgesichtspunkten, einen klaren Orientierungspunkt wie etwa eine gemeinsame Unterschrift festzulegen. Denn dann können die Parteien sehr viel fokussierter darüber entscheiden, mit wem sie wirklich kontrahieren, was für Personen ihnen tatsächlich gegenüber stehen oder was die sonstigen Umstände ihrer so entstehenden Bindung sind.[50] Regelmäßig bietet es sich dabei an, gleich auch noch den Zeitpunkt der Rechtsänderung darauf zu beziehen.[51] Entstehen auf Seiten des Werbungsadressaten Kosten dadurch, dass er wie in Fall 245 im Nachhinein feststellen muss, dass das

---

[46] Näher unten § 17.
[47] *Spiess*, ZAkDR 1942, 340, 342. Skeptisch demgegenüber *Kämmerer*, Postarchiv 71 (1943), 397, 417.
[48] *Köndgen*, Selbstbindung, 1981, S. 286, 290, passim.
[49] Für Europa vgl. ewa Art. II. – 9:102, IV.A. – 2:303 DCFR oder Art. 6:101 PECL, der auch einen Vertragsschluss vorauszusetzen scheint.
[50] Das betrifft insbesondere auch die mit solchen Formalitäten verbundene Warnfunktion, vgl. dazu nur stellv. *Regelsberger*, Vorverhandlungen, 1868, S. 8, 49 sowie allgemein zum Vertragsschluss unten § 18 C. I.
[51] Wobei hier „Rechtsänderung" erst einmal definiert werden will, vgl. dazu oben § 2 E.

von ihm erhoffte Angebot nun doch nicht erfolgt, mag dies Anlass für einen Schadensersatzanspruch sein.[52]

Völlig unanfechtbar ist dieser eher klassische Befund allerdings nicht. Lockt ein großer Anbieter seine Kunden bewusst mit irreführenden Versprechungen (Fall 246), um erst vor Ort darauf hinzuweisen, dass diese Werbung unverbindlich sei und nicht Vertragsinhalt werden könne, mag es für den Kunden nur rein theoretisch ein Vorteil sein, Fahrtkosten in Höhe einiger Euro einklagen zu können. Hier mag bereits die Werbung zusammen mit dem Losfahren des Kunden getreu dem Rechtfertigungsprinzip eine Rechtsänderung auslösen, nach der sich der Werbende nicht mehr so leicht von seinen Ankündigungen lösen kann.[53] Es ist keineswegs in Stein gemeißelt, dass sich derartige Durchsetzungsdefizite nur wettbewerbs- oder prozessrechtlich auswirken dürfen. Doch da einer solchen Rechtsänderung kein klassischer Vertragsschluss zugrunde liegt, sei dazu auf spätere Ausführungen verwiesen.[54]

D. Ergebnis

Wie viele andere der in dieser Arbeit diskutierten Phänomene sind vorvertragliche Werbeangaben deshalb so aufschlussreich, weil sie für den jeweiligen Vertragsinhalt äußerst wichtig sind, dogmatisch hingegen gerne vernachlässigt werden. Der Grund hierfür liegt auf der Hand, müssen doch sämtliche Ansätze, die sich auf den Akt des Vertragsschlusses bzw. des Versprechens konzentrieren, auf eher vage Begründungsmuster ausweichen. Weiterhin erlaubt es gerade die Werbung, wichtige Aspekte des Subsidiaritätsprinzips zu studieren – etwa das Wechselspiel von Wettbewerb, Preisbildung und für rechtlich verbindlich erklärten Werbeäußerungen.[55] Auch lässt der marktwirtschaftliche Preisbildungsmechanismus Werbung selbst dann vertragsrechtlich relevant werden, wenn sie von den jeweiligen Vertragsparteien überhaupt nicht wahrgenommen wurde.

Im Ergebnis schlägt das Rechtfertigungsprinzip auch bei der Werbung[56] eine echte Brücke zwischen vertrags- und wettbewerbsrechtlicher Diskussion. Wenngleich es von jeher zum guten Ton gehört, die engen Verbindungen beider Rechtsgebiete zu betonen und für eine stärkere dogmatische Verzahnung zu plädieren, wird das so lange ein bloßes Lippenbekenntnis bleiben, wie es

---

[52] Näher zum sogenannten Verschulden bei Vertragsverhandlungen unten § 18 C. II.
[53] Vgl. zu der komplizierten Frage, wann zwischen welchen Personen eine Rechtsänderung überhaupt ausgelöst werden sollte, unten § 18 sowie zu möglichen Vertragsinhalten oben § 6 C. III.
[54] Etwa unten § 17 C. II.; § 18 C. I.
[55] Näher oben § 15 C. II.
[56] Übergreifend zum Verhältnis zum Wettbewerb vgl. unten § 16 D.

uns nicht gelingt, die personelle wie zeitliche Punktualität unseres klassischen Vertragsrechtsdenkens zu überwinden. Denn das Wettbewerbsrecht beschäftigt sich nun einmal überwiegend mit Verhaltensformen, die sich vor oder nach Vertragsschluss abspielen.

Konkret sollte das Vertragsrecht die Werbenden konsequent bei ihrem Wort nehmen und so die Marktteilnehmer nicht nur zu ambitionierten Versprechen, sondern auch zu immer besseren Angeboten zwingen. Dabei geht es hier nicht nur um Produktangaben, sondern oft auch um Rahmenbedingungen wie die jeweilige, der des Kunden regelmäßig diametral entgegenstehende Interessenlage.[57] Oft wird diese geradezu grotesk verschleiert. Manche Versicherungsvertreter etwa kommen nicht einfach von der „Allianz", sondern vom „Allianz Service Center". ARAG ist gar „wie ein Freund". Allein der Begriff des „Beraters" verspricht etwas ganz anderes als die Information, die man tatsächlich erhält. Wirbt also ein Finanzinstitut als „Beraterbank", sollten wir genau das einfordern, was bewusst behauptet wird. Es ist an der Zeit, die im traditionellen Vertragsdenken begründete Tendenz von Rechtsprechung wie Wissenschaft, fehlleitendes Verhalten bei der Vertragsanbahnung weitestgehend auf das Wettbewerbsrecht abzuschieben, endlich zu überwinden.[58] Denn es untergräbt den Wettbewerb, blanke Lügen allein deshalb vertragsrechtlich unberücksichtigt zu lassen, weil diese bereits vor Vertragsschluss erfolgten. Dabei ist es regelmäßig unerheblich, ob ein Kunde bei gehöriger Anstrengung in der Lage wäre, Fehlangaben als solche zu erkennen, etwa „... weil in der Werbung, wie jeder weiß, ohnehin viel gelogen wird."[59] Gerade wer staatlicher Intervention skeptisch gegenübersteht, muss den Wettbewerbsdruck größtmöglich verstärken und dabei vor allem konsequent all die immer wieder neu entstehenden Schlupflöcher abdichten, über die sich Unternehmen mit großer Zielstrebigkeit und Professionalität sowie bewundernswerter Phantasie fortwährend diesem Prozess zu entziehen versuchen.[60] Die Berücksichtigung von Werbeversprechen beim Vertragsinhalt ist dabei ein wichtiges Element.

---

[57] Vgl. zum Folgenden bereits *Rehberg*, Informationsproblem, 2003, S. 172 ff.

[58] Siehe dazu nur *Lehmann*, Vertragsanbahnung, 1981, S. 110 ff.; *Berens*, Fremdbestimmung, 1998, S. 29 jew. m.w.N.

[59] Näher zu diesem generell für den Umgang mit Information typischen Missverständnis stellv. *Rehberg*, in: Eger/Schäfer (Hrsg.), Zivilrechtsentwicklung, 2007, S. 284, 348 f. m.w.N. sowie zum Verbraucherleitbild unten § 19 C. VI. 3.

[60] Näher zur staatlichen Dimension des Wettbewerbs unten § 16 D. II.

§ 16 Kollektiv gesetzte Vertragsinhalte

Wurde in dieser Arbeit zunächst untersucht, was für genaue Vertragsinhalte unser Recht anstrebt,[1] konnte dann mit der Frage begonnen werden, was für Personen wir zu welchen Zeiten damit betrauen, diese praktisch festzulegen.[2] Dabei lag es nahe, zunächst ganz klassisch die Vertragsparteien zu betrachten, wissen diese oft am besten, was für eigene rechtliche Einbußen in der eigenen Situation notwendig sind, um die eigenen Ziele zu verwirklichen.[3] Allerdings ließen sich bereits dort gewisse Erweiterungen des zu betrachtenden Personenkreises nicht vermeiden.[4] Vollends illusionär wird gedankliche Fixierung allein auf das Parteiverhalten bei Vertragsschluss bei den nunmehr zu betrachtenden Fallgruppen kollektiv gesetzter Vertragsinhalte. Hierzu gehören nicht nur staatliche Entscheidungsformen, sondern genauso privat-kollektive Phänomene wie Sitte, Übung und Brauch oder auch – damit eng verbunden – der Wettbewerb, die praktisch besehen vielleicht sogar den größten Anteil sämtlicher Vertragsinhalte bestimmen. Schließlich wird noch auf die Vorstellung eines vermeintlich begrüßenswerten „Wettbewerbs" der Rechtsordnungen eingegangen, die sich jedoch schnell als eine recht plumpe Vermengung grundlegender, für ein geordnetes Denken fundamentaler und damit auch in nahezu jeder modernen Rechtsordnung verankerter Unterscheidungen entpuppt.

---

[1] Oben § 3 bis § 7.
[2] Übergreifend oben § 8.
[3] Oben § 9 bis § 15.
[4] Das gilt offensichtlich für die Stellvertretung (näher oben § 13), aber auch die Verwendung – oft z.B. von Verbänden gestellter – Allgemeiner Geschäftsbedingungen (näher oben § 14), die Werbung eines am Vertragsschluss unbeteiligten Herstellers (näher oben § 15 C. I. 2.), aber auch für die geschuldeten Eigenschaften (näher oben § 7 A. I.; § 7 C. I.).

A. Dispositives und zwingendes staatliches Recht

I. Problem

1. Praktische Bedeutung

Dass der Staat vehement an vertraglicher Rechtsetzung beteiligt ist – einschließlich der Festlegung vieler Vertragsinhalte –, sollte eigentlich keiner näheren Erwähnung wert sein. Denn ein unbefangener Blick auf die rechtliche Realität spricht Bände, finden sich zwingende wie dispositive Vorschriften an zahllosen Stellen. Hierzu muss man nur einmal einzelne Kodifikationen Norm für Norm durchforsten, vom so wichtigen Richterrecht ganz zu schweigen.[5] Dabei lässt sich nicht einmal behaupten, dass es überwiegend um „bloß" dispositive Regeln gehe und das zwingende Recht demgegenüber die Ausnahme bilde[6] – etwa auch als Ausweis einer sozialen Tendenz.[7] Zwingendes Recht ist praktisch wie für das theoretische Verständnis geradezu fundamental.

So erfordert allein die Bereitstellung des Vertrags umfangreiche Eingriffe: Indem der Staat Verträge nach detaillierten zivilprozessualen und vollstreckungsrechtlichen Regeln notfalls in aller Härte durchsetzt, wird der Versprechende überhaupt erst zur glaubwürdigen Teilnahme am Geschäftsverkehr befähigt.[8] Aber auch wenn man die einzelnen Bereiche unseres Vertragsrechts durchgeht, macht sich schnell Ernüchterung breit. Denn dass sich die so praktisch bedeutsamen Konstellationen von Zwang, Drohung und Ausbeutung – man denke nur an die zahllosen Märkte mit Vermachtungstendenzen – nicht dazu eignen, sich allein auf die Vertragsparteien zu verlassen, liegt auf der Hand. Deren Entscheidung ist normativ so lange nichts wert, wie die Ausgangslage offen bleibt, auf deren Basis sie erfolgt.[9] Für Irrtümer oder schlichte Unwissenheit gilt oft nichts anderes, da die betroffene Partei nicht immer ihre Unwissenheit erahnt und genau deshalb Schutz benötigt. Wer minderjährig ist, in wichtigen Aspekten irrt oder gar getäuscht wurde, kann nicht beim

---

[5] Dieses Richterrecht wird gerne ignoriert, etwa wenn § 306 Abs. 2 BGB nur die „gesetzlichen Vorschriften" erwähnt. Dahinter dürfte zumindest unterschwellig die Vorstellung stehen, dass Richter gar kein Recht setzen, näher dazu oben § 2 B. I. 4.

[6] Siehe hier nur stellv. für diese wohl dominierende Sicht *Wagner*, 39 CMLR 995, 997, 1019 (2002). Wissenschaftlich betrachtet ist allerdings die Diskussion darüber, was die Regel und was die Ausnahme darstellt, ohnehin wenig interessant, da sich dann gleich die Frage stellt, wann denn die Regel und wann die Ausnahme greifen soll, vgl. dazu etwa auch unten § 19 F. III. 2. oder oben ab § 9 C. V. 2.

[7] So erwähnt *Planck*, DJZ 1899, 181 zahlreiche dispositive Normen. Näher zum „Sozialen" unten § 19 C.

[8] Genau deshalb hilft es dem Schuldner nicht immer, wenn zu seinem Schutz Vollstreckungsmöglichkeiten eingeschränkt werden, leidet dadurch auch die Werthaltigkeit seiner Versprechen. Vgl. auch oben § 8 E. III.

[9] Näher oben § 4 B. I.

Wort genommen werden.[10] Aber auch Allgemeine Geschäftsbedingungen unterliegen selbst in Kaufmannskreisen einer oft extensiven Inhaltskontrolle und entsprechen auch sonst so gar nicht der Vorstellung eines gemeinsam von den Vertragsparteien gesetzten Vertragsinhalts.[11] Und ob nun Miet-, Arbeits-, Versicherungs-, Bank-, Gesundheits- oder generell „Verbraucherverträge",[12] ob die weit ins Gesellschaftsrecht hineinreichende Berufung auf Treu und Glauben, der Typenzwang nicht nur des Sachen-, Familien- Erb- und Gesellschaftsrechts, das insbesondere vorvertragliches Verhalten beeinflussende Wettbewerbsrecht, das Verbot sittenwidriger oder gesetzeswidriger Klauseln oder die zahlreichen Instrumente einer verdeckten Inhaltskontrolle:[13] Wo immer Verträge geschlossen werden, steht zwingendes Recht schon bereit. Staatliche Intervention bildet eine zentrale Grundlage jeder Vertragsordnung und nicht deren Ausnahme. Sie ist selbstverständlicher, untrennbarer und von jeher unabdingbarer Kernbestandteil zivilrechtlicher Dogmatik. Wer dies verkennt, provoziert Lösungsansätze, welche die rechtliche Realität nicht erklären können und sich allenfalls auf dem Papier als liberal erweisen.[14]

Mit Blick auf das dispositive Recht wäre es umso illusionärer, von den Parteien zu verlangen, selbst noch die Auswirkungen etwa von durch niemanden vorhersehbarer Leistungsstörungen zu regeln. Für die zahllosen kleinen Details der geschuldeten Leistung gilt nichts anderes,[15] was oft nur dadurch verdeckt wird, dass man auf das dispositive Recht ganz einfach verweist – als wäre dieses nicht genauso zu begründen. Leider entspricht es der generellen Tendenz neuzeitlicher Vertragstheorien, die Leistungsfähigkeiten des Einzelnen zu über- und die Bedeutung kollektiver Einflüsse zu unterschätzen.[16]

2. Dogmatische Herausforderung

Dass staatlich gesetzte Vertragsinhalte aus Sicht des Rechtfertigungsprinzips einen reizvollen Untersuchungsgegenstand bilden, liegt auf der Hand, benötigt man zu deren Beschreibung schließlich konkrete inhaltliche Maßstäbe, die das Rechtfertigungsprinzip liefert. Außerdem sind es hier offensichtlich nicht die Parteien, die entscheiden, weshalb wir hier gar nicht umhinkommen, die

---

[10] Näher unten § 17 E.
[11] Näher oben § 14 A. V.
[12] Speziell zum Verbraucherschutz siehe unten § 19 C. VI.
[13] Etwa über die Anordnung einer Informationspflicht, um so faktisch zur Vertragsunwirksamkeit zu kommen, vgl. dazu nur *Rehberg*, in: Eger/Schäfer (Hrsg.), Zivilrechtsentwicklung, 2007, S. 284, 342 f. Auch das Transparenzgebot (näher oben § 14 C. III.) wird bisweilen derart missbraucht.
[14] Vgl. auch oben § 8 E. III. 1. sowie unten § 16 A. III. 1.; § 16 D.; § 19 B. II. 3. a); passim.
[15] Näher oben § 8 C.
[16] Siehe neben diesem Kapital auch oben § 2 D. IV. 4. e); § 2 D. V.; § 8 E. III. oder unten § 19 C. V. 3.

ausgeklügelte vertragsrechtliche Kompetenzverteilung offen anzuerkennen und verallgemeinernd zu beschreiben.

Demgegenüber gehören das zwingende und dispositive Vertragsrecht nicht gerade zu denjenigen Materien, auf die sich die klassische Rechtsgeschäftslehre euphorisch gestürzt hätte. Das liegt zunächst daran, dass sie weder zu Vertragsinhalten noch zur vertraglichen Kompetenzverteilung viel beizutragen hätte.[17] Zudem scheint hier die Befürchtung groß, bei allzu konkreten inhaltlichen Aussagen als illiberal oder interventionistisch gebrandmarkt zu werden[18] – was angesichts klassisch substanzieller Konzepte wie der Äquivalenz verständlich ist.[19] Dabei musste man angesichts des wie dargelegt großen praktischen Ausmaßes solcher Regeln noch nie befürchten, irgendwelche Schleusen oder Einfallstore für unnötige Intervention erstmals zu öffnen, wenn man dieses Phänomen auch nur ansprach. Ganz im Gegenteil benötigt gerade derjenige, der staatliche Einflüsse zurückdrängen oder zumindest aufhalten möchte, eine überzeugende Dogmatik der Intervention, um dafür dann auch Gründe zu liefern. Wer Grenzen setzen möchte, sollte diese Grenzen schon benennen können.[20] Der bloße Hinweis auf das Gesetz ist kein Argument, sondern wir benötigen konkrete Aussagen über Ob und Inhalt zwingender wie dispositiver Vorgaben.

Immerhin flackert das Interesse an staatlich gesetzten Vertragsinhalten immer wieder auf – und zwar aufgrund ganz unterschiedlicher Motivationen und Strömungen. Beim zwingenden Recht mag dies die europäische Verbraucherschutzgesetzgebung[21] oder die jüngste Finanzmarktkrise sein. Beim dispositiven Recht war es beim Rechtssoziologen *Ehrlich* vielleicht das Interesse am „lebenden Recht", das ihn früh für Vertragsinhalte jenseits des Parteiverhaltens sensibilisierte.[22] Und hinter der jüngeren Diskussion im englischsprachigen Raum steht vor allem ein stark von Ökonomen beeinflusster Glaube, jedenfalls im Wirtschaftsleben auf staatliche Maßnahmen weithin verzichten zu können:[23] Vor diesem Hintergrund tritt das dispositive Recht vor allem als

---

[17] Näher unten § 16 A. II.
[18] Dazu siehe vor allem unten § 19 B.; § 19 D.
[19] Stellv. für diese Sicht *Larenz*, Richtiges Recht, 1979, S. 78 f., wonach das dispositive Gesetzesrecht vom Gerechtigkeitsgedanken des „ausgewogenen Verhältnisses" und insoweit auch einer objektiven Äquivalenz bestimmt sei, vgl. zur Äquivalenz jedoch oben § 4 B. III.
[20] Näher unten § 19 B.
[21] Näher zum Verbraucherschutz unten § 19 C. VI.
[22] Stellv. *Ehrlich*, Die stillschweigende Willenserklärung, 1893; *Ehrlich*, Zwingendes Recht, 1899.
[23] An dieser Stelle ließe sich daher auf Begrifflichkeiten bzw. Konzepte wie den „Wettbewerb" der Rechtsordnungen (näher unten § 16 E.), Selbstregulierung, soziale Normen, private Rechtsetzung, Wettbewerbsfreiheit (näher unten § 16 D. III. 2.), Paternalismus (vgl. oben § 9 Fn. 346) oder den Siegeszug des Informationsmodells (näher unten § 19 C. VI. 1; siehe hier nur kritisch *Rehberg*, in: Eger/Schäfer (Hrsg.), Zivilrechtsentwicklung, 2007,

ängstlich-verschüchterter Kompromissvorschlag ins Licht, um staatliche Hilfestellung doch wenigstens als jederzeit abwählbare Option zuzulassen – die Rede ist vom „liberalen Paternalismus" oder einem doch nur vorsichtigen Anstupsen *(nudging)*.[24] Für das vertragstheoretische Verständnis hilft das nur begrenzt. Denn weder kann Vertragsrecht auf umfassende zwingende Vorgaben verzichten[25] noch ist es liberal, sich derartigen Hoffnungen hinzugeben,[26] noch liefert speziell die Verhaltensökonomik den ersehnten Ausweg, um das Phänomen menschlicher Unwissenheit sozialwissenschaftlich fundiert zu erfassen.[27] Hier jedenfalls geht es wie immer allein darum, das geltende Vertragsrecht verallgemeinernd zu beschreiben, was immer man politisch von staatlichen Einflüsse halten mag. Es geht um den rechtlichen Status Quo und keine schöne Utopien. Dabei soll bewusst darauf verzichtet werden, altbekannte Probleme und Argumente unter ganz neue Begrifflichkeiten zu fassen.

3. Begrenzte Eignung als Untersuchungsgegenstand

Bei Licht betrachtet erscheint es allerdings wenig glücklich, mit dem staatlichen Recht – zwingend wie dispositiv – etwas herauszugreifen, was unser gesamtes Vertragsrecht durchzieht und somit überhaupt nicht losgelöst vom jeweiligen Sachproblem und damit den klassischen vertragsrechtlichen Kategorien diskutiert werden kann. Die Rolle staatlichen Rechts ist erstens ganz unterschiedlich, je nachdem ob es um Zwang, Unwissenheit, Allgemeine Geschäftsbedingungen, Stellvertretung, Werbung, Leistungsstörungen, Risiko und Spekulation, Eigenschaften oder den Vertragsschluss geht – um hier nur einige Bereiche zu nennen. Diskutiert man das staatliche Recht allgemein, löst man sich stark vom konkreten Sachproblem und droht sich in abstrakten Ausführungen zu verlieren. Der wissenschaftlichen Erkenntnisfindung tut das selten gut. Vor allem schneidet man dann auch all die wichtigen dogmatischen Erkenntnisse ab, die anhand dieser einzelnen Bereiche mühsam erarbeitet wurden und auf denen aufzubauen niemand ernsthaft verzichten kann. Zweitens lässt sich der Gegensatz von dispositiv und zwingend nicht nur für den Staat diskutieren, wird also die vertragliche Kompetenzverteilung einmal mehr vorschnell verkürzt. Aber noch aus einem anderen Grund erscheint die herausgelöste Diskussion staatlich gesetzter Vertragsinhalte unglücklich. Denn für ein vertragstheoretisch fundiertes Verständnis kommt man nicht umhin, dabei auch jeweils das privat gesetzte Recht zu berücksichtigen. Dann

---

S. 284 m.w.N.) eingehen, aber auch auf die weit verbreitete Euphorie gegenüber der Möglichkeit, den Staat mittels privater Schiedsgerichtsbarkeit gleich ganz abzuwählen.

[24] Nachweise unten in Fn. 70.
[25] Siehe eben gerade § 16 A. I. 1.
[26] Näher zu einigen mit diesem Begriff verbundenen Fehlvorstellungen unten § 19 B.
[27] Näher unten § 17 E. IV. sowie unten § 17 A.; § 19 F.

aber bietet es sich an, den Untersuchungsgegenstand gleich nach anderen Gesichtspunkten aufzuteilen.

All dieser Skepsis zum Trotz ist es nicht zu übersehen, dass die Existenz zwingenden wie dispositiven Vertragsrechts immer wieder die wissenschaftliche Aufmerksamkeit auf sich zieht und dabei interessante Erkenntnisse und Schlüsse produziert. Insbesondere bringt es klassische Ansätze wie die Willens- oder Erklärungstheorie in Verlegenheit, wenn es der Staat ist, der zahlreiche Vertragsinhalte festlegt. Das ermuntert zu zahllosen alternativen Begründungsmustern und bereichert so die Diskussion. Dabei sollte man allerdings auch die staatsinterne Abgrenzung zwischen Gesetzgeber und Richter erfassen können und sich verdeutlichen, dass die Grenzen zwischen dispositiv und zwingend fließende Übergänge kennt, je nachdem wie aufwändig es ist, davon abzuweichen.[28] Und wurde das dispositive Recht einmal Vertragsgegenstand, wird es genauso durchgesetzt wie privatautonom vereinbarte oder zwingend festgelegte Vertragsinhalte.

II. Begründungsnöte

1. Klassische Ansätze

Sucht man nach Gründen für die so weit verbreitete Ignoranz staatlich gesetzter Vertragsinhalte, wird man schnell fündig. Denn man muss nur klassische Ansätze wie die Willens- oder Erklärungstheorie subsumieren, um festzustellen, dass dort staatlich gesetzte Inhalte nicht vorgesehen sind, genauso wenig wie das Verhalten ganz anderer Rechtsetzer. Vielmehr dreht sich alles von vornherein nur um das Parteiverhalten bei Vertragsschluss. Diese tief verankerte gedankliche Fixierung lässt nicht erahnen, wie man damit zwingendes oder dispositives Vertragsrecht rechtfertigen und inhaltlich bestimmen soll. Wenn es der Wille oder die Erklärung der Vertragsparteien bei Vertragsschluss sein soll, worauf wir einzelne Vertragsinhalte stützen, bleibt dispositives oder zwingendes Vertragsrecht ein Mysterium.

Vor diesem Hintergrund verwundert es nicht, wenn hier die ganze Palette dogmatisch zweifelhafter Argumente droht, denen wir immer dann begegnen, wenn ein vertragstheoretisches Konzept an seine Grenzen stößt. So mag man erst gar nicht versuchen, die staatlichen Einflüsse auf den Vertragsinhalt wahrzunehmen und genauso zu begründen wie alle anderen Vertragsinhalte. Sprachlich geschieht das vielfältig, etwa durch Unterscheidungen wie die eines

---

[28] Stellv. *Rehberg*, in: Zetzsche/Neef u.a. (Hrsg.), JbJZWiss 2007, 2008, S. 49, 61. Vgl. aber etwa auch *Bülow*, AcP 64 (1881), 1, 46f.: „Das dispositive Recht unterscheidet sich also von dem absoluten 1) nicht durch den Mangel der Verbindungskraft, sondern nur die die geringere Stärke derselben. Auch dem dispositiven Recht wohnt verbindliche Kraft inne, aber diese Kraft ist schwächer als die des absoluten. Das dispositive Recht ist nachgiebiger, elastischer gestaltet…"

Zitelmann zwischen „objektivem" und „subjektivem" Rechtsgeschäft,[29] eines *Reinach* zwischen „Verbindlichkeit als solcher" und „Realisierung" bzw. „Anerkennung"[30] oder eines *Larenz*[31] zwischen „Auslegung" (als „Deutung" des Erklärten) und „Ergänzung", die ihre Grundlage in den ergänzenden Rechtsnormen und § 242 BGB finde. *Flume* spricht hier zwar – in einmal mehr wissenschaftlich redlicher Offenheit – klar von einer Fiktion und betont zutreffend, dass damit wenigstens die juristische Frage gestellt bleibe.[32] Doch liefern Hinweise auf Gesetz, rechtlich relevantes Verhalten, Regelungen, Wertungen, Anknüpfungen oder die unnötige Vorstellung, als müsse bei einem Vertrag die gesamte Regelung vereinbart sein, nicht die gesuchte Begründung.[33] Staatlich gesetzte Vertragsinhalte bilden hier keinen wichtigen Untersuchungsgegenstand, sondern dienen eher als bequeme Ausrede, wenn der jeweils präferierte Ansatz nicht weiter hilft. Wird etwa allzu offensichtlich, dass Wille und Erklärung der Vertragsparteien bei Vertragsschluss begrenzt sind, lässt sich dann eben auf das staatliche Recht verweisen – etwa für die im Gewährleistungsrecht geregelte übliche Beschaffenheit eines verkauften Gegenstands oder die Haftung bei Leistungsstörungen.[34] So gesehen könnte man dann auch gleich die These aufstellen, dass kollektiv bestimmte Vertragsinhalte erst gar nicht dem Zivilrecht angehörten – weshalb man sie auch nicht zu begründen habe.[35] Demgegenüber ist staatliches Handeln in einem Rechtsstaat besonders rechtfertigungsbedürftig. Zudem ist es oft pure Zufälligkeit, ob einzelne Vertragsinhalte derzeit in einem bestimmten Land staatlich geregelt sind, was spätestens bei einer länderübergreifenden Betrachtung deutlich wird. So gesehen ist es dann schon ein erster wichtiger Schritt, überhaupt vertragsrechtliche Kategorien zu bemühen – und sei es auch nur als blanke Fiktion.

2. *Verknüpfungen*

a) *Vertragsparteien*

Denn selbst dort, wo das von anderen Menschen als den Vertragsparteien gesetzte Recht thematisiert wird, ist die gedankliche Fixierung auf den Vertragsschluss nach wie vor so groß, so einflussreich, dass mit aller Macht solche

---

[29] *Zitelmann*, Irrtum, 1879, S. 307 ff. Zu Recht kritisch *Schlossmann*, Grünhuts Zeitschrift 7 (1880), 543, 562 ff.
[30] *Reinach*, Phänomenologie, 1913/1953, S. 82.
[31] *Larenz*, Auslegung, 1930/1966, S. 98.
[32] *Flume*, FS Deutscher Juristentag, Bd. 1, 1960, S. 135, 161, 171, 177; *Flume*, Allgemeiner Teil, Bd. 2, 4. Aufl. 1992, S. 81, 129 f.
[33] Allgemein zur Fiktion oben § 9 C. V. 2. b) oder zu Verknüpfungen gleich unten § 16 A. II. 2. sowie oben § 9 C. V. 2. c); § 10 E. Daneben siehe etwa unten § 19 F. III. 2.
[34] Näher oben § 6 D.; § 7.
[35] Siehe zu solchen Argumentationsmustern etwa oben § 4 D. II. 2. a); § 13 C. III. 2.

Begründungsmuster herangezogen werden, die zumindest suggerieren, als ließe sich letztlich irgendwie doch auf das Parteiverhalten bei Vertragsschluss verweisen. Das zeigte sich bereits bei Zwang, Drohung und Ausbeutung. Dort sollte es die nicht subsumierbare Freiwilligkeit, Entscheidungsfreiheit oder Willensfreiheit der Vertragsschließenden sein, die uns erklärt, warum wir keineswegs jeden gewollten und erklärten Vertragsinhalt akzeptieren.[36] Und wenn es um die zahllosen Vertragsinhalte geht, an die kaum eine Partei bei Vertragsschluss denkt und die nie in allen Einzelheiten festgehalten werden – dies meint etwa Leistungsstörungen, Eigenschaften oder den Umgang mit Irrtümern –, beruft man sich auf die Notwendigkeit einer ggf. normativen, verständigen oder objektiven Auslegung.[37] Denn auch dann kann noch so getan werden, als gingen sämtliche Vertragsinhalte doch auf die Parteien zurück, während es in Wahrheit ganz andere Menschen wie Parlamentarier oder Richter sind, die den Parteien Vertragsinhalte auferlegen und das dementsprechend zu begründen und persönlich zu verantworten haben.

Nur eine Spielart sind Verweisungen dergestalt, dass die Parteien bei Vertragsschluss die Einbeziehung sämtlicher staatlicher Vorschriften wollten. Denn selbst wenn wir eine solche Einbeziehung unterstellen oder diese tatsächlich einmal erfolgt, ist das, worauf man sich so bezieht, noch lange nicht von den Parteien gewollt. Nur weil ich eine Verweisung will, will ich noch lange nicht deren Gegenstand.[38] Und stützt man sich stattdessen auf die Erklärung, kann diese Erklärung zwar gleich auf das gesamte Internet verweisen und damit ein immens großes Weltwissen identifizieren. Doch soll nach wohl keiner Erklärungstheorie all das zurechenbar sein, weshalb sich dann schnell wieder sehr ähnliche Probleme wie beim Willen stellen. Denn genauso wie es etwa einem Kunden nicht vorwerfbar ist, Allgemeine Geschäftsbindungen ignoriert zu haben,[39] ist es ihm auch nicht vorwerfbar, dispositives oder zwingendes Recht nicht zu kennen. Vielmehr soll einem das dispositive Recht derartige Anstrengungen ersparen. Und bei zwingenden Vorschriften erschiene dies noch sinnloser, weil man dort nichts ändern kann. Dabei stellt sich das Verweisungsproblem letztlich überall dort, wo unser Vertragsrecht solche Inhalte anerkennt, die nicht von den Vertragsparteien gesetzt wurden. Dementsprechend wurde darauf bereits andernorts eingegangen.[40] Man kann die entscheidende Einsicht auch kurz fassen: Solange man sich zur Begründung von Vertragsinhalten allein auf das Parteiverhalten stützt, kann man nicht all die-

---

[36] Näher oben § 4 B. I.
[37] Ganz klassisch ist es etwa, im dispositiven Recht mit *Savigny*, System, Bd. 1, 1840, S. 57f. „Auslegungen des unvollständig gebliebenen Willens" der Vertragsparteien zu sehen. Näher zur Auslegung oben § 10 E. II. 1.
[38] Näher oben § 9 C. V. 2. c).
[39] Näher oben § 14 B. III.
[40] Allgemein oben § 9 C. V. 2. c) sowie speziell etwa oben § 14 B. I.; § 13 B. II. 2. oder unten § 18 B. II.

jenigen Vertragsinhalte erklären, über die ganz andere Menschen als die Vertragsparteien entscheiden.

b) Staat

Doch wird nicht nur versucht, selbst staatlich gesetzte Vertragsinhalte als letztlich irgendwie doch von den Parteien gewollt oder erklärt darzustellen. Genauso lässt sich der Spieß geistreich umdrehen und behaupten, dass es der Staat sei, der in Wahrheit all das anordne, was die Vertragsparteien wollen oder erklären. *Bülow* schreibt: „Durch dieselben [dispositiven Rechtssätze] erklärt sich ja die Gesetzgebung ausdrücklich mit der einen oder anderen von mehreren Rechtsregelungsmöglichkeiten einverstanden, akzeptiert sie und überlässt die Wahl zwischen ihnen den Beteiligten. Was Letztere in Folge dieser gesetzlichen Konzession bestimmen, hat den Grund seiner Rechtsgültigkeit, die Quelle seiner rechtlichen Geltung im Gesetz, im objektiven Recht: es ist bereits potenziell in den Rechtsquellen enthalten. Nicht der Wille des Individuums ist es, der diese Bestimmungen aus eigener Macht, Gesetz und Recht abändernd, mit rechtlicher Kraft und Macht versieht!" Was die dogmatische Überzeugungskraft solcher Verknüpfungen anbelangt, kann wiederum auf frühere Ausführungen verwiesen werden:[41] Genauso wie es fiktiv ist, staatlich gesetzte Vertragsinhalte als vermeintlich doch von den Parteien gewollt oder erklärt darzustellen, ist es fiktiv, dem Gesetzgeber all das als gewollt zu unterstellen, was zahllose Vertragsschließende untereinander vereinbaren. Inhaltlich dient diese Rückführung des vertraglichen Handelns auf einen Staatswillen bisweilen dazu, sehr viel stärker öffentliche Interessen als nur die der einzelnen Vertragsparteien zu berücksichtigen.[42] Dem geltenden Vertragsrecht entspricht dieses Anliegen nicht, findet sich aber überall dort wieder, wo man ebenfalls kollektivistische Ideale verfolgt.

3. Mutmaßlicher Wille

Wie stark unser vertragstheoretisches Denken an der Vorstellung haftet, es könnten nur die Vertragsparteien sein, auf die eine vertragliche Bindung zurückgeht, verdeutlicht der beim dispositiven Recht beliebte Hinweis auf den

---

[41] Vgl. die Verweise oben in Fn. 40.
[42] *Bülow*, AcP 64 (1881), 1, 92: „… Überschätzung und Überhebung des individuellen Willens und der individuellen Willensmacht: sie ist in ihrem Tiefsten Grunde nur eine Folge der subjektivistischen und individualistischen Richtung, welche noch in der Rechtswissenschaft vorherrscht." *Stammler*, AcP 69 (1886), 1, 28: „Es ist nicht richtig, dass der Inhalt des subsidiären Rechts dadurch gegeben würde, dass es den mutmaßlichen oder den eigentlichen Willen der Parteien zum Ausdruck zu bringen gedächte; vielmehr sind es objektive Interessen des Verkehrs, Bedürfnisse des sozialen Lebens im Allgemeinen, denen es zu genügen hat …"

mutmaßlichen Willen. Denn hier wird selbst dann noch vom Parteiwillen gesprochen, wo die bemühten Vertragsinhalte von den Parteien gerade nicht gewollt oder erklärt waren. Der „Wille" ist rein hypothetisch. Da die Problematik derartiger Aussagen bereits andernorts beschrieben wurde,[43] sei nur kurz an die wichtigsten Defizite erinnert: Anstatt offen einzugestehen, dass hier nicht die Parteien entscheiden, wird sprachlich suggeriert, als ließe sich das klassisch-punktualistische Vertragsdenken[44] doch noch aufrechterhalten. In Wahrheit ist es insbesondere der Staat – oft unter Rückgriff auf Sitte, Übung und Brauch –, der den Vertragsinhalt bestimmt. Bestenfalls bezweckt man die Verwirklichung der Parteiinteressen. Doch vermengt das ein begrüßenswertes inhaltliches Anliegen mit der Frage einer dem Vertragsrecht angemessenen Kompetenzzuweisung. Vor allem hängt es stark von der jeweils unterstellten – und solche *ad hoc*-Unterstellungen finden sich nahezu immer – Entscheidungssituation ab, was für ein Ergebnis sich als rein hypothetisch gewollt ergibt. Bisweilen wird es hier schnell unschön illiberal. Tatsächlich muss erst einmal begründet werden, was für Kenntnisse wir unterstellen. Gerade beim dispositiven Recht soll der Staat sein teils besseres Wissen für die Parteien nutzen, genauso wie er beim zwingenden Recht oft zu Gunsten der schlechter informierten Seite einschreitet. Allgemeine Geschäftsbedingungen bilden dafür nur das offensichtlichste Beispiel. Andererseits enthalten Rechte und Rechtsänderungen oft wichtige Risikoentscheidungen, die wir nicht einfach ignorieren dürfen. Besinnt man sich hingegen auf das, was an Substanziellem hinter dem mutmaßlichen Willen steht – den Zweck –, erleichtert das dann auch, sich dem Faktum staatlich gesetzter Vertragsinhalte offen zu stellen.[45]

4. Dualismen

Ebenfalls sei an die Defizite dualistischer Begründungsmuster erinnert,[46] weil gerade bei staatlich gesetzten Vertragsinhalten sehr populär. Wer etwa Parteiwille und Effizienz bemüht, sollte schon verbindlich angeben können, wann es auf Effizienz und wann auf den Parteiwillen ankommen soll. Gelingt das, haben wir dann auch keinen Dualismus mehr – schließlich können wir jetzt die einheitlich-übergreifende Theorie überprüfen. Ansonsten aber kommt es ständig zur Gretchenfrage jedes Dualisten, nämlich welches Kriterium ihm im konkreten Fall denn wichtiger sei. Wie sieht es etwa bei einem schlecht informierten Entschluss aus, wie bei Ausbeutung oder der ergänzenden Auslegung? Hatte man etwa für die durch die Parteien gesetzten Vertragsinhalte auf deren realen Willen, für das dispositive Recht hingegen auf den mutmaßlichen Wil-

---

[43] Oben § 9 C. V. 2. d).
[44] Näher oben § 8 A. III.
[45] Dazu gleich unten § 16 A. III.
[46] Eingehend oben § 3 A. III. 4. mit Nachweisen.

len und damit in Wahrheit ein völlig anderes Konzept verwiesen, wird man spätestens bei Sitte, Übung und Brauch feststellen, dass dies gleich noch ein weiteres Konstrukt benötigt – mit allen damit verbundenen Widersprüchlichkeiten und Abgrenzungsfragen. Zudem verschwinden die Defizite einer bestimmten Theorie nicht immer gleich dadurch, dass man ihr noch einen weiteren Ansatz mit wiederum eigenen Defiziten beiseite stellt.

5. Essentialia, naturalia und accidentalia negotii

Sucht man nach traditionellen Antworten zum Phänomen staatlich gesetzter Vertragsinhalte, stößt man – bis heute gerne bemüht – auf die auf römisch-rechtlich-aristotelisch-thomistisch geprägte Unterscheidung von *essentialia* (notwendiger Bestandteil einer rechtsgeschäftlichen Regelung), *naturalia* (ergänzende Regelungen der Rechtsordnung) und *accidentalia* (die gesetzliche Regelung abhändernd) *negotii*.[47] Doch ist damit bestenfalls das Problem klassifiziert, ohne beantwortet zu haben, wie man den genauen Inhalt oder wie die staatliche Kompetenz begründen will.[48] Der meist aristotelisch motivierte Hinweis auf Wesensmäßigkeiten (Essenzen, Ontologien etc.) genügt wissenschaftlichen Anforderungen genauso wenig[49] wie die bloße Verknüpfung mit dem Parteiverhalten.[50] Umgekehrt lässt sich bei den *essentialia* nicht einmal behaupten, dass diese durchweg erklärt oder gewollt sein müssten. Beim Preis ist das besonders deutlich,[51] doch auch die geschuldete Leistung wird maßgeblich staatlich oder durch Sitte, Übung und Brauch bestimmt.[52]

6. Grundfolgentheorie

Es gehört zu den vielen wichtigen Errungenschaften der Grundfolgentheorie,[53] die theoretische wie praktische Bedeutung des dispositiven Rechts erkannt und ausführlich illustriert zu haben.[54] Denn anders als insbesondere bei der

---

[47] Siehe dazu die in § 3 Fn. 34 genannten Stimmen. Über die genaue Definition lässt sich dabei trefflich streiten, doch sei das hier dahingestellt.
[48] So war es für *Flume*, Allgemeiner Teil, Bd. 2, 4. Aufl. 1992, S. 80 immerhin eine „... Verirrung der Willenstheorie im 19. Jahrhundert, wenn ihre Vertreter auch die *naturalia negotii* mit dem Willen des rechtsgeschäftlich Handelnden und so mit dem rechtsgeschäftlichen Akt in Verbindung brachten." Zu diesen Schwierigkeiten klassischer Ansätze vgl. oben § 16 A. II. 1.
[49] Näher oben § 3 A. III. 3.
[50] Näher oben § 9 C. V. 2. c); § 10 E.
[51] Vgl. daher etwa oben § 9 C. IV. 3.
[52] Vgl. daher etwa oben § 7.
[53] Näher zu dieser oben § 9 D.
[54] Hier siehe nur *Ehrlich*, Zwingendes Recht, 1899; *Danz*, Auslegung, 3. Aufl. 1911, S. 11, 13, 44, 88 f. („ ... der Eintritt erfolgt ohne weiteres kraft Gesetzes...") oder speziell für den Vertragsschluss (näher unten § 18 C. I.) *Lenel*, JhJb 19 (1881), 154, 252: „Für uns ist die Frage, inwieweit sich die Rechtsordnung der Interessen des in solcher Weise bei dem

Willenstheorie, die den Parteiwillen als intrinsisch richtig verabsolutiert und für allein maßgeblich erklärt, öffnet sich mit der Orientierung an den von den Menschen verfolgten Zielen auch der Blick dafür, dass nicht nur die Parteien selbst, sondern auch staatliche Organe wie Richter oder Gesetzgeber dazu beitragen können, den Vertragsinhalt zu gestalten. Dass der Hinweis auf Gesetz oder Rechtsprechung allerdings ebensowenig eine Begründung liefert wie der bloße Hinweis auf die Parteiinteressen, wurde bereits betont.[55]

III. Rechtfertigungsprinzip

1. Zwingendes Recht

Was das Verhältnis von zwingenden und dispositiven staatlichen Vertragsinhalten anbelangt, so lässt sich dabei gleich zu Beginn eine gleichermaßen wichtige wie einfache Aussage treffen: Das Rechtfertigungsprinzip „gilt" „zwingend". Das dürfte schon deshalb nicht überraschen, weil es hier zunächst nur um eine Vertragstheorie und damit eine Hypothese geht, die wie jede wissenschaftlich seriöse Aussage überprüfbar und damit verbindlich sein muss.[56] Wenn unser Vertragsrecht nun gleichermaßen zwingende wie dispositive Vorschriften kennt, muss sich das anhand des Rechtfertigungsprinzips erklären lassen. Da dies aber wie bereits mehrfach betont sinnvoll nur für konkrete vertragsrechtliche Problemfelder geschehen kann, beschränkt sich der Verfasser hier auf einige grundlegende Bemerkungen, um ansonsten auf sehr viel detailliertere Untersuchungen an jeweils anderer Stelle zu verweisen. Dort finden sich dann auch umfangreiche Nachweise.

a) Störungen

aa) Macht

Dass es wenig Sinn macht, auf staatliche Vorgaben zu Zwang, Drohung oder Ausbeutung zu verzichten oder diese auch nur dispositiv auszugestalten, ist so offensichtlich, dass im entsprechenden Kapitel[57] nicht einmal ausdrücklich darauf hingewiesen wurde. Denn ein Recht zu haben, bedeutet nichts anderes, als gegenüber stärkeren Mitmenschen nicht mehr schutzlos zu sein, sondern den machtvollen Staat auf seiner Seite zu wissen. Starke benötigen kein Recht, Schwache schon. Wer mit einer Pistole bedroht wird, benötigt mit dem Staat diejenige starke Gemeinschaft, die ihn auch dann schützt, wenn ihn fremde

---

Vertrag beteiligten Dritten annimmt, keine Frage der Willensauslegung, sondern allein des historisch gewordenen positiven Rechts."
[55] Siehe oben ab § 9 D. II. sowie oben § 16 A. II. 3.
[56] Näher oben § 1 C. I. sowie unten § 19 F. III.
[57] Oben § 3.

private Gewalt dazu zwingen könnte, nahezu jedem Vertragsinhalt zuzustimmen.

Allerdings kann der Staat nur dann und so weit schützen, wie seine Einschätzung das Rechtfertigungsprinzip besser trifft als das, was die Parteien selbst in Form von Wille oder Erklärung entscheiden. Gerade deshalb ist es für eine größtmögliche Verbesserung beider Parteien oft sinnvoll, zwar einerseits Raub, Diebstahl oder auch Körperverletzung zu unterbinden, andererseits aber vor allem auf einen intensiven Wettbewerb zu setzen, der die Marktteilnehmer auch ganz ohne direkte Inhaltskontrolle dazu zwingt, möglichst wertschöpfende Verträge abzuschließen. Denn dann kann es unser Vertragsrecht getreu dem Subsidiaritätsgrundsatz vornehmlich den jeweils betroffenen Parteien überlassen, welche rechtliche Einbuße tatsächlich notwendig ist, um die eigenen Ziele zu verwirklichen.[58]

bb) Unwissenheit
Wann immer mindestens eine der Parteien Entscheidungen trifft, die entweder auf bloßer Unkenntnis in für das Rechtfertigungsprinzip wichtigen Aspekten oder gar auf konkreten Fehlvorstellungen beruhen, hat das Recht allen Grund, einer privatautonom getroffenen Regelung skeptisch gegenüber zu stehen. Wer vom Vertragsgegner getäuscht wurde, wird vom Staat nicht im Stich gelassen, nur weil er sich „irgendwie" entschieden hatte. Unser Vertragsrecht schützt – wie vom Rechtfertigungsprinzip ausgewiesen – die Rechte des Einzelnen oft auch gegen dessen eigene Entscheidung und ist gerade deshalb liberal, weil es auch die Schwachen und Unwissenden nicht schutzlos lässt. Allerdings bildet Unkenntnis geradezu den Regelfall menschlichen Handelns und trifft einen Richter oder Parlamentarier gleichermaßen wie die Vertragsparteien. Es kann hier also nur um die Frage gehen, welche Vertragsrechtsetzer das Rechtfertigungsprinzip noch am ehesten verwirklichen. Pauschale Aussagen sind hier nicht möglich, vielmehr spielt die menschliche Unkenntnis in so ziemlich jeder Fallgruppe – außerhalb vielleicht von Zwang, Drohung und Ausbeutung – eine wichtige Rolle. Deshalb ist es dogmatisch wenig erhellend, Unwissenheit oder Informationsprobleme für das Vertragsrecht generell zu diskutieren.[59] Hier sei nur kurz erwähnt, dass es oft sinnvoll ist, den vertragsrechtlichen Umgang mit Unwissenheit jedenfalls so weit vorrangig den Parteien zu überlassen, wie nicht bereits das auf gravierender Unkenntnis beruht. So ist etwa wenig dagegen einzuwenden, wenn die Vertragspartner vorvertraglich minutiös regeln, was bei bestimmten Irrtümern oder unvorhergesehenen Entwicklungen (Leistungsstörungen) geschehen soll. Denn wenn sie sich schon – was angesichts des damit verbundenen Aufwands allerdings selten geschieht – die Mühe ma-

---
[58] Näher oben § 8 E. II. 2.; unten § 16 D.
[59] Näher unten § 17 A.

chen, hier eine eigene Regelung zu treffen, wird diese oft sehr viel besser auf die spezifischen Umstände und Ziele zugeschnitten sein als das, was der Staat dazu bereithält.

Leider lässt sich der Subsidiaritätsgrundsatz nur beschränkt verwirklichen, weil es angesichts der begrenzten Denkfähigkeiten und sonstigen Möglichkeiten der Vertragsparteien oft viel zu aufwändig ist, einzelne Fragen selbst zu regeln. Hier kann man die vertragliche Rechtsetzung entweder solchen Entscheidern anvertrauen, die wie Richter nur in Konfliktfällen eingreifen müssen, sich dabei direkt am Rechtfertigungsprinzip orientieren können und dies mangels gravierender Interessenkonflikte im Zweifel auch tun werden. Oder man setzt auf allgemeingültige, gleich für viele Personen und Verträge aufgestellte Grundsätze, die zwar nicht sämtliche Besonderheiten der jeweiligen Vertragssituation berücksichtigen, dafür aber pro Person wenig Aufwand erfordern.

Vor allem drei Personengruppen kommen in Betracht, nämlich erstens der hier vornehmlich interessierende Staat, zweitens die eine bestimmte Sitte prägenden Verkehrskreise und drittens die Ersteller Allgemeiner Geschäftsbedingungen – sei es ein Unternehmen, ein Verband, eine Anwaltskanzlei oder ein Wissenschaftler. Dabei kann der Staat bei eigener Rechtsetzung darauf achten, dass seine Vorschriften das Rechtfertigungsprinzip größtmöglich verwirklichen, wobei er den Parteien überall dort und genau so weit den Vortritt lassen sollte, wie es diesen erfolgreicher gelingt. Die noch näher zu diskutierende Sitte nimmt gewissermaßen eine Mittelstellung zwischen sehr generellen gesetzlichen Vorschriften und individuellen Parteiabreden ein.[60] Allgemeine Geschäftsbedingungen sind vor allem durch eine problematische Interessenlage gekennzeichnet, weshalb sich der Staat hier eine weitreichende Inhaltskontrolle vorbehält. Dabei liefert das Rechtfertigungsprinzip auch gleich den notwendigen inhaltlichen Maßstab, während das klassische vertragstheoretische Ansätze offenlassen. Dass der Staat überhaupt Allgemeine Geschäftsbedingungen berücksichtigt, obwohl ein normaler Adressat diese nie auch nur zur Kenntnis nimmt, liegt daran, dass oft nur der Verwender über die notwendigen Kapazitäten und Kenntnisse verfügt, um solche Vertragsinhalte zu entwerfen bzw. auszuwählen, die auf die spezifischen Besonderheiten der jeweiligen Vertragssituation zugeschnitten sind.[61]

b) Vorteile

Bereits für die so gern bemühte Privatautonomie wurde eindringlich betont, wie wichtig hier das staatliche Handeln ist.[62] Tatsächlich lassen sich verschie-

---

[60] Näher unten § 16 C.
[61] Näher oben § 14 A. III.
[62] Näher oben § 8 E. III.

dene gute Gründe dafür anführen, dass sich das geltende Vertragsrecht nur allzu oft anmaßt, nicht allein dem Parteiverhalten zu trauen. Dabei hilft es, die von Ökonomen eigentlich so hochgehaltene Eigennutz- und Rationalitätsannahme einfach einmal ernstzunehmen. Denn schon immer nutzen viele Teilnehmer nicht nur des Wirtschaftsverkehrs allzu gerne jeden noch so kleinen Spielraum aus, den ihnen das Recht noch gerade so zubilligt. Ebenso wäre es sicher äußerst lehrreich, auf einige der gängigen zwingenden Vorgaben einmal zu verzichten, nur um schnell zu merken, wie fundamental diese für eine funktionierende Vertrags- und Marktordnung sind. Anders formuliert sind bisweilen Gesetzgeber (immerhin demokratischer Kontrolle und einer oft großen öffentlichen Aufmerksamkeit unterworfen) oder Richter (meist fachlich kompetent und institutionell stark unabhängig ausgestaltet) von Kompetenz und Interessenlage her[63] besser dazu geeignet, das Rechtfertigungsprinzip zu verwirklichen, als etwa eine klar dominierende Vertragspartei.

Manchmal ist zwingendes Recht schlichtweg der einfachste Weg. Wenn es etwa offensichtlich ist, dass kaum ein Kunde „Gammelfleisch" essen will (wenn er nur davon erführe), kann man dies einfach verbieten, anstatt eine Informationspflicht anzuordnen, die das Leben nur unnötig verkompliziert.[64] Nicht immer ist der prozedurale Ansatz vorzugswürdig.[65] Dabei erweisen sich zwingende Vorgaben oft als erstaunlich kostengünstig, nämlich immer dann, wenn die staatliche Anordnung bei Nichtbeachtung effektiv durchgesetzt wird und die Adressaten das dann von vornherein berücksichtigen. Hier wirkt dann der bloße Schatten des Rechts, kommt es also selten zu Gerichtsprozessen oder anderen aufwändigen Durchsetzungsmaßnahmen.[66] Deshalb wird die Bedeutung zwingenden Rechts gerne unterschätzt: Dass es etwa so wenig erdrohte Vertragsschlüsse gibt, ist sicher kein Argument gegen die solches Verhalten verbietenden oder auch nur ein Anfechtungsrecht einräumenden Normen. Und genau deshalb benötigt jede Rechtsordnung vor allem klare und wirksam durchgesetzte Regeln, die es nicht mehr erlauben, es eben doch auf einen teuren Gerichtsprozess mit ungewissem Ausgang ankommen zu lassen. Ein bewegliches System etwa ist demgegenüber weder liberal noch sozial noch effizient.[67] Dabei reichen oft grobe, aber dafür klare Regeln, soweit die Parteien auf dieser Basis dann tatsächlich verhandeln und so getreu dem Subsidiaritätsgedanken diejenigen Vorteile ausschöpfen können, die wir mit der Privat-

---

[63] Allgemein zu solchen Kriterien für die vertragliche Kompetenzverteilung oben § 8 B. III.
[64] Besonders wenn eine Partei informatorisch völlig überfordert wäre, vgl. dazu nur *Rehberg*, in: Eger/Schäfer (Hrsg.), Zivilrechtsentwicklung, 2007, S. 284, 342 f.; *Schön*, FS Canaris, Bd. 1, 2007, S. 1191, zu Allgemeinen Geschäftsbedingungen oben § 14 A. IV. 1. sowie generell zum vertraglichen Umgang mit Unwissenheit unten § 17 A.
[65] Näher zu diesem Gegensatz unten § 19 D.
[66] Näher zur Bedeutung der Ausgangslage oben § 2 D. II. 2. a); § 4 C. I. 1.; passim.
[67] Näher unten § 19 B. IV.; § 19 C. III.; § 19 F. III. 2.

autonomie verbinden.⁶⁸ Ökonomen werden hier vor allem an das Coase-Theorem denken.⁶⁹ Zusätzlichen Vorteil verspricht es bisweilen, dass der Staat – wenn es einmal doch zum Rechtsstreit kommt – zu einem erst späteren Zeitpunkt entscheidet als noch die Parteien bei Vertragsschluss. Pauschale Aussagen sind hier schwer möglich und ist es sicher richtig, dass fast jede zwingende Vorgabe auch Vereinbarungen verhindert, die dem Rechtfertigungsprinzip besser entsprächen. Doch wenn sie der großen Mehrheit sehr wohl helfen und stärkere Ausdifferenzierung an praktische Grenzen stößt, lohnt oft auch eine Typisierung.

2. Dispositives Recht

a) Dispositivität

Wie ist es aber nun zu erklären, dass viele staatliche Vertragsinhalte nicht zwingend, sondern nur dispositiv angeordnet werden?⁷⁰ Das Rechtfertigungsprinzip liefert darauf eine klare Antwort, wissen oft die Vertragsparteien am besten, was für ein Vertragsinhalt es ihnen erlaubt, ihre eigenen Ziele größtmöglich zu verwirklichen. Haben sie sich also die Mühe gemacht, einen auf ihre individuellen Bedürfnisse und Umstände zugeschnittenen Vertragsinhalt zu entwerfen, sollte der Staat diesem Treiben jedenfalls so lange billigend zusehen, wie er nicht glaubt, das Rechtfertigungsprinzip selbst besser zu verwirklichen.⁷¹ Ansonsten aber erspart dispositives Recht den Parteien viel Arbeit, wohingegen sie sich für einen Gesetzgeber viel eher lohnt – trifft dieser

---

⁶⁸ Näher oben § 8 E.
⁶⁹ *Coase*, 3 JLawEcon 1 (1960). Allerdings ist es hier selbst bei wie angenommen völliger Abwesenheit von Transaktionskosten keineswegs leicht, verschiedene Regelungsmöglichkeiten als gleichermaßen effizient auszuweisen, da gängige Effizienzkriterien (insbes. nach *Pareto* und *Kaldor/Hicks*, näher oben § 2 Fn. 308) eine gegebene Anfangs- und damit vor allem auch Rechteausstattung erst voraussetzen. Dass diese Kriterien dann auch nichts zur genauen Verteilung der Kooperationsrente sagen, macht die Sache nicht besser. Siehe zu alldem etwa oben § 2 D. II. 3.; § 3 C. I. 3. a); § 4 B. IV.; § 4 B. V. sowie unten § 19 F. VII. 2.
⁷⁰ Aus der umfassenden Literatur siehe etwa *Bülow*, AcP 64 (1881), 1; *Stammler*, AcP 69 (1886), 1; *Laband*, AcP 73 (1888), 161; *Ehrlich*, Zwingendes Recht, 1899 oder aus jüngerer Zeit *Stoffels*, Schuldverträge, 2001; *Bachmann*, JZ 2008, 11; *Unberath/Cziupka*, AcP 209 (2009), 37; *Bechtold*, Grenzen, 2010; *Cziupka*, Dispositives Vertragsrecht, 2010; *Möslein*, Dispositives Recht, 2011; *Binder*, Regulierungsinstrumente und Regulierungsstrategien im Kapitalgesellschaftsrecht, 2012, S. 63 ff.; *Kähler*, Begriff und Rechtfertigung abdingbaren Rechts, 2013. Aus Sicht der ökonomischen Analyse des Rechts seien hier aus dem englischen Sprachraum nur *Ayres/Gertner*, 99 YaleLJ 87 (1989); *Johnston*, 100 YaleLJ 615 (1990) sowie aus verhaltensökonomischer Sicht *Camerer/Issacharoff u.a.*, 151 UPennLawRev 1211 (2003); *Korobkin*, 70 UChicagoLawRev 1203 (2003); *Sunstein/Thaler*, 70 UChicagoLawRev 1159 (2003) und *Thaler/Sunstein*, Nudge, 2008 genannt. Angesichts der zuvor genannten jüngeren Monographien zu diesem Thema sei auf eine weitere Darstellung dieser Diskussion verzichtet. Hier soll es vor allem um das Rechtfertigungsprinzip gehen.
⁷¹ Letztlich beherzigt dispositives Recht das viel diskutierte Informationsmodell, näher zu diesem unten § 19 C. VI. 2.

doch eine allgemeine Regelung.[72] Und auch Richter können eine Breitenwirkung erzielen, beschränken sich dabei jedoch nur auf einzelne streitige Aspekte. Inwieweit man hier auf gesetzliche oder richterrechtliche Einflussnahmen setzt, ist dabei vor allem eine Frage der Abwägung von Rechtssicherheit einerseits und der Berücksichtigung individueller Umstände andererseits.

b) Maßstab

Doch sollten wir auch den konkreten Vertragsinhalt beschreiben können, und zwar unabhängig davon, ob es die Vertragsparteien[73] oder aber staatliche Stellen sind, die diesen bestimmen. Das Rechtfertigungsprinzip liefert diesen Maßstab,[74] ohne dabei den liberalen Charakter unseres Vertragsrechts zu unterlaufen.[75] Dabei vermeidet es dieser Grundsatz, unter unnötiger Schädigung der Vertragsparteien eine vollständige Information zu unterstellen oder auf den hypothetischen Willen abzustellen und damit neuere Information zu ignorieren.[76] Getreu einer realitätsnahen Umsetzung wird der Staat oft gut beraten sein, in seiner Entscheidungsfindung etwa danach zu schauen, was professionelle Akteure mit ähnlicher Interessen- und rechtlicher Ausgangslage dort, wo keine größeren Marktstörungen festzustellen sind, typischerweise vereinbaren.[77]

Vorsichtig sollte man allerdings dabei sein, inhaltlich zwingende Vorgaben – etwa zur Kontrolle Allgemeiner Geschäftsbedingungen –[78] vorschnell an dispositiven Vorgaben auszurichten.[79] Denn selbst wenn Gesetzgeber oder Richter bestimmte Vertragsinhalte dispositiv anheim stellen, können kreative Eigenschöpfungen der Vertragsparteien das Rechtfertigungsprinzip oft noch sehr viel besser verwirklichen.[80]

---

[72] Näher zu diesem Aspekt der Kompetenzverteilung oben § 8 B. III. 5.
[73] Siehe dazu oben ab § 3 A. II.
[74] Näher oben § 3 A. IV.; § 3 C. I., passim.
[75] Näher unten § 19 B. II.
[76] Vgl. bereits oben § 16 A. II.
[77] Zu Sitte, Übung und Brauch siehe unten § 16 C. sowie zum Wettbewerb unten § 16 D.
[78] Näher oben § 14.
[79] Stellv. für diesen Grundgedanken *Raiser*, Geschäftsbedingungen, 1935, S. 293: „Dieses dispositive Gesetzesrecht spricht sich zwar selbst nur subsidiäre Geltung hinter den Vertragsordnungen zu, aber es ist doch keine beliebige Ordnung, sondern ‚Recht' in dem besonderen Sinn einer Objektivierung der Rechtsidee durch die Gesamtrechtsgemeinschaft, das heißt: es darf im allgemeinen — abgesehen von den Fällen eines Wandels der Rechtsüberzeugung — als der angemessene, natürliche Ausgleich der widerstrebenden Partei- und der übergeordneten Gemeinschaftsinteressen angesehen werden, als die ‚normale' Ordnung des betreffenden Lebensverhältnisses."
[80] Siehe dazu auch oben § 14 C. II. 5.

c) Rechtsqualität

Schließlich erfordert das Phänomen dispositiven Rechts auch keine neuartigen normtheoretischen Erwägungen. Vielmehr muss man sich nur von der für das klassische vertragstheoretische Denken so typischen gedanklichen Fixierung allein auf die Personen und den Zeitpunkt des Vertragsschlusses lösen und sich einem materiellen Maßstab wie dem Rechtfertigungsprinzip zuwenden. Denn dann ist es auf einmal begründbar, warum Vertragsinhalte und Rahmenbedingungen staatlicherseits festgelegt werden.[81] Aber auch der dispositive Charakter vieler staatlich gesetzter Vertragsinhalte lässt sich so zwanglos erklären.[82] Dabei erleichtert eine klare und vor allem auf metaphysische Bestandteile verzichtende Definition von Recht eine möglichst schlichte Einordnung. Sieht man im Recht grob gesprochen das, was der Staat bei Nichtbefolgung insbesondere in Urteilen zuerkennt und durchsetzt, wird man weniger Unbehagen damit verspüren, dass diverse Personen – häufig auch gemeinsam – dazu beitragen, verschiedenste Vertragsinhalte zu erzeugen.[83]

B. Gefälligkeitsverhältnisse

I. Problem

1. Theoretische wie praktische Bedeutung

Wie wichtig es ist, zunächst möglichst einfache Fälle zu suchen und zu verstehen, kann nicht oft genug betont werden.[84] Denn bereits damit sind wir heillos überfordert. Genau deshalb wurde das Rechtfertigungsprinzip eher anhand von Zwang, Drohung und Ausbeutung und nicht etwa des Irrtumsrechts oder der Leistungsstörungen entwickelt. Sucht man nun nach einer einfachen und bereits möglichst viel diskutierten Fallkonstellation, um die Bedeutung staatlichen Handelns zu untersuchen, müsste man eigentlich schnell auf vor allem zwei Konstellationen stoßen: erstens die Geschäftsführung ohne Auftrag[85] und zweitens die Abgrenzung rechtlich verbindlicher Verträge von sogenannten Gefälligkeitsverhältnissen.[86] Denn dort stellt sich direkt die Frage, ob sich der Staat einmischen oder aber angesprochen fühlen sollte. Umso mehr verwundert es, wenn man in vielen Monographien zum Verhältnis von Staat und Vertrag vergeblich danach sucht.

---

[81] Vgl. wiederum oben § 16 A. III. 1. a) aa); § 16 A. III. 1. a) bb).
[82] Oben § 16 A. III. 2. a).
[83] Näher oben § 2 B. I. 4.; § 8 B.
[84] Näher oben § 1 B. II.
[85] Näher zu dieser – ganz kurz – unten § 18 D. II.
[86] Für einen Überblick zur Diskussion siehe nur *Flume*, Allgemeiner Teil, Bd. 2, 4. Aufl. 1992, S. 86 ff. (§ 7 5 ff.).

B. Gefälligkeitsverhältnisse

Tatsächlich begegnen uns gerade bei unentgeltlichen Hilfestellungen täglich Situationen, in denen der rechtliche Charakter fraglich ist. Versprechen wir wie in Fall 179 unserem Nachbarn im Schlafwagen, nicht zu schnarchen, dürften nur wenige Gerichte geneigt sein, hier einem Antrag auf einstweilige Verfügung stattzugeben oder Schadensersatz zuzusprechen. Anders mögen wir Fall 180 beurteilen, wo man sich auf die Zusage eines guten Bekannten verlässt, von ihm mit dem Auto in die Stadt gebracht zu werden, um dort ein wichtiges Bewerbungsgespräch wahrzunehmen. Schließlich wirft die freundliche, weil völlig unentgeltliche Mitnahme eines unbekannten Anhalters in Fall 181 die Frage auf, ob ein solcher Fahrer nicht eingeschränkt für Verletzungen bei einem Unfall haften sollte.

2. Klassische Ansichten

Nach der Willenstheorie soll man hier nach einem Selbstbindungswillen suchen, um das Ob wie den Inhalt eines möglichen Vertrags festzustellen. Doch denken die Menschen bei realitätsnaher Betrachtung nur selten darüber nach, ob sie gerade eine rechtliche Bindung anstreben. Oder wie es *Lenel* formuliert, wird „... selbst ein Fanatiker der herrschenden Lehre ... nicht leugnen können, dass juristisch verbindliche Versprechen tausendfach im Leben genau in dem gleichen Sinn und mit dem gleichen Bewusstsein abgegeben werden, wie juristisch unverbindliche. ... Das juristische Bewusstsein kann sich daneben einstellen, aber auch fehlen."[87] Dabei spricht es für die undoktrinäre Sicht vieler Willenstheoretiker, wenn auch diese anerkennen, dass die gesuchten Parteivorstellungen oft fehlen.[88] Hier auf den objektiven Erklärungsinhalt auszuweichen, hilft selten weiter, weil es regelmäßig um schlüssiges Verhalten geht und Menschen, die sich keine Gedanken über rechtliche Bindungen machen, dazu auch nichts erklären. Natürlich kann man mit der Rechtsprechung – immerhin unter Nennung einiger Indizien – auf eine Auslegung etwa nach Treu und Glauben unter Berücksichtigung von Interessenlage und Verkehrssitte verweisen[89] oder diese Auslegung gleich „normativ" vornehmen.[90] Doch hat man das Problem so einmal mehr nur neu formuliert. Denn hier geht es dann um ganz

---

[87] *Lenel*, JhJb 19 (1881), 154, 200, 220, 249f., passim, der ebenso ausführt: „Wer sich erbietet, für einen Anderen einen Brief zur Post zu bringen ... will sicherlich nichts weiter als sagen: verlasse Dich darauf, dass ich, wenn Du nur willst, diese Geschäfte besorgen werde ... Mehr als sonderbar, wenn hier der Wille, juristisch gebunden zu sein und zu binden vorlägel!" Vgl. etwa auch *Danz*, Auslegung, 3. Aufl. 1911, S. 8.
[88] Stellv. *Flume*, Allgemeiner Teil, Bd. 2, 4. Aufl. 1992, S. 90 (§ 7 7). Vgl. aber für die Gegenansicht etwa RG, Urt. v. 1.5.1908, RGZ 68, 322, 324 und dem grundsätzlich zustimmend *Wolf*, Entscheidungsfreiheit, 1970, S. 26f., der allerdings auch auf „äußere typische Verhaltensweisen" abstellt.
[89] BGH, Urt. v. 16.5.1974, NJW 1974, 1705, 1706 m.w.N.
[90] Stellv. *Dorn*, HKK, Bd. 2, 2007, § 241 BGB Rn. 63 mit dem bemerkenswerten Argument, dass die Kritik *Flumes* an der Fiktivität eines vermeintlichen Rechtsbindungswillens

neue Wertungsgesichtspunkte und Tatbestände jenseits von realem Wollen und Erklären der Parteien, die offen zu legen und stimmig in ein Gesamtkonzept einzuordnen sind.[91]

II. Rechtfertigungsprinzip

Nach dem Rechtfertigungsprinzip sollte eine rechtliche Einbuße so weit erfolgen, wie dies notwendig ist, um sich getreu den eigenen Zielen zu verbessern. Dabei gilt das Subsidiaritätsprinzip[92] nicht für die inhaltliche Ausgestaltung eines Vertrags, sondern genauso für das Ob einer Verrechtlichung. Dementsprechend ist für jeden Fall zu fragen, ob die rechtliche Bindung den Parteien überhaupt hilft. Zwar stellt sich einem dann der machtvolle Staat zur Seite, doch kann das in Freundschaftsbeziehungen auch Zwietracht und Misstrauen säen. Lieber auf den Staat zu verzichten, wird dabei umso eher im Parteiinteresse liegen, wie stattdessen andere außerrechtliche Mechanismen wirken. Oft ist es die Gemeinschaft, die jenseits des Staats wirkungsvoll für die Einhaltung eines rechtlich unverbindlichen Versprechens sorgt. Genau solche Einflüsse werden typischerweise als Sitte definiert und vom Recht als staatlicher Einrichtung abgegrenzt.[93] Schließlich mag es auch die – vor allem kulturell beeinflusste und nicht etwa metaphysisch zu begründende – moralische Überzeugung eines Menschen sein, die ohne gesellschaftliche Sanktionen gewährleistet, dass wir ein Versprechen einhalten. Wie bereits andernorts dargelegt wurde,[94] erlaubt genau dies das vielbemühte Vertrauen.

Oft bleibt dem Versprechensadressaten nichts anderes übrig, als sich auf derartige sittliche oder moralische Kräfte zu verlassen, weil ihm von vornherein die Handhabe fehlt, um eine rechtlich verbindliche Einigung durchzusetzen. Solange in Fall 179 das Schnarchen nicht rechtlich verboten ist, muss der Nachbar froh sein, überhaupt ein sittliches oder moralisches Versprechen zu erhalten.

Anders liegt die Situation in Fall 181 des mitgenommenen Anhalters. Nach dem Rechtfertigungsprinzip wäre eine Haftungsbeschränkung jedenfalls dann anzunehmen, wenn sich der hilfreiche Fahrer ansonsten sogar verschlechtern würde, weil das Haftungsrisiko seine Freude übersteigt, einer anderen Person zu helfen. Immerhin dürfte er sich sogar weigern, einen ihm fremden Menschen mitzunehmen. Wenn er aber genau das täte, wüsste er nur

---

nicht durchschlage, weil dieser Vorwurf dann jeder normativen Auslegung entgegengehalten werden könnte. Siehe dazu nur oben ab § 9 C. V. 2. e).

[91] Zur generellen Problematik solcher Argumentationsmuster siehe nur oben § 9 C. V. 2.; § 10 E. oder unten § 19 F. III.
[92] Näher oben § 8 E. II. 2.
[93] Näher unten § 16 C. I. 3.
[94] Oben § 11 C. III. 2.

von seinem erhöhten Haftungsrisiko, besteht jedenfalls dann kein einsichtiger Grund, ihm eine Haftungsbegrenzung zu versagen, wenn auch das noch den Anhalter besser stellt als ohne Mitnahme. Anders formuliert muss das Rechtfertigungsprinzip wie immer beidseitig erfüllt sein.

Wie sehr oft rechtliche Bindung und sittlich-moralische Überzeugungen zusammenspielen, verdeutlicht schließlich Fall 180: Hier ist der Versprechensadressat stark auf die Verlässlichkeit seines Bekannten angewiesen, droht ihm sonst ein relativ hoher Schaden. Doch erklärt das noch nicht, warum wir eine rechtliche Verbindlichkeit annehmen. Denn dem Helfer selbst droht kein Schaden, und er ist es, der rechtlich verpflichtet werden soll. Andererseits dürfte er davon profitieren, seinem Freund in dessen besonderer Lage zu helfen, und es dürfte keineswegs realitätsfremd sein, hier zu unterstellen, dass sich sein Bekannter ein anderes Mal dafür revanchieren wird.[95] Dann haben wir die das Rechtfertigungsprinzip kennzeichnende Wertschöpfung. Nur erfolgt diese in Form einer zwar nicht rechtlich verfestigten, nichtsdestotrotz werthaltigen Bereitschaft des Versprechensadressaten, sich seinerseits hilfsbereit zu zeigen. Der Sinn dieser Einigung und letztlich sozialer Kooperation auch jenseits einzelner rechtlich verbindlicher Verträge besteht darin, eine Wertschöpfung auch über einen einzigen Austausch hinaus zu ermöglichen. Denn während es dem Bekannten wenig Mühe bereiten mag, ein rechtlich verbindliches Versprechen abzugeben und so seinem Freund die nötige Gewissheit zu verschaffen, mag später die Zeit kommen, wo es nun der Freund ist, der – rechtlich verbindlich oder auch nicht – in der Lage ist, mit vergleichsweise geringem Aufwand zu helfen.

C. Sitte, Übung und Brauch

I. Problem

1. Praktische Bedeutung

Hat man einmal akzeptiert, dass sich vertragliche Rechtsetzung nicht auf das Parteiverhalten bei Vertragsschluss beschränkt, liegt es nahe, über staatliches Handeln hinaus auch sonstige Formen kollektiven Handelns zu betrachten. Schließlich bildet der Staat nicht den einzigen Bestandteil unserer Kultur, sondern verkörpert diese Kultur auch jenseits staatlicher Setzung enorm viel Wissen, das für vertragliche Zwecke nicht zu nutzen töricht wäre.[96] Dementsprechend dürfte es kaum ein Vertragsrecht geben, das zur Bestimmung des Ver-

---

[95] Zur Reziprozität vgl. die Nachweise oben in § 4 Fn. 264.
[96] Siehe zur Geschichtlichkeit unseres Denkens etwa auch oben § 2 D. IV.; § 2 D. V. oder unten § 19 F. VI.

tragsinhalts nicht auch auf Sitte, Übung und Brauch zurückgreift. Ob es die allgemeine (Verkehrs-) Sitte oder die bestimmter Kreise wie etwa des Kaufmannsstands ist, ob vom Typischen, Üblichen, Normalen, Gewöhnlichen, Regelmäßigen, Konventionalen oder einem Berufsbild gesprochen wird: Wir bedienen uns andauernd dessen, was sich in einem oft sehr komplizierten Zusammenwirken vieler Menschen über einen längeren Zeitraum schrittweise herausgebildet hat. Nicht nur im deutschen Recht sollen Verträge mit Rücksicht auf die Verkehrssitte ausgelegt werden und verweist man Kaufleute auf Handelsbräuche.[97] Sogar der Preis bestimmt sich oft nach dem Üblichen.[98] Und wann immer man sich fragt, was eigentlich in all seinen Einzelheiten Millimeter für Millimeter geschuldet ist – eine Frage, die spätestens dann aufkommt, wenn etwas nicht wie erwartet funktioniert –, wird man merken, dass nicht etwa Wille und Erklärung der Vertragsparteien die große Masse vertraglicher Inhalte bestimmen, sondern das, was für den identifizierten Gegenstand allgemein als üblich, normal, von mittlerer Art und Güte usw. gilt.[99]

2. Sprache

Die auch für das Vertragsrecht wichtigste Konvention bildet unsere Sprache, ist diese das Ergebnis einer sehr langfristigen und vielschichtigen Entwicklung, so dass sie ein quantitativ wie qualitativ extrem bedeutsames Wissen verkörpert. Nicht nur bergen selbst einzelne Wörter einen beeindruckenden Inhaltsreichtum. Auch haben sich hier in täglicher Übung zahllose Begriffe und Unterscheidungen bewährt, auf denen wir andauernd und meistens völlig unbewusst aufbauen.[100] Die zentrale Bedeutung von Sprache als objektiv-kollektives und nicht etwa voluntativ-individuelles Phänomen wurde früh erkannt. *Ehrlich* etwa, der darauf ausführlich eingeht, sieht im Brauch nichts anderes als den lokalen oder allgemeinen Sprachgebrauch und in der Handelsusance nichts anderes als den speziellen Sprachgebrauch des Handels.[101] Und speziell für den Kaufvertrag illustriert er anschaulich: „Insbesondere indem er [der Käufer] das Wort ‚ich kaufe' ausspricht, eignet er sich all die unzähligen Usancen des Kaufvertrages an, die die tausendjährige Geschichte eines der ältesten aller Verträge mit ihm verknüpfte, die der Weltverkehr zur allge-

---

[97] Vgl. nur aus dem deutschen Recht §§ 157 BGB, 346 HGB sowie rechtsvergleichend die Erläuterungen zu Art. 5:102 PECL, Art. II. – 8:102 DCFR.
[98] Vgl. nur aus dem deutschen Recht §§ 612, 632, 653 BGB.
[99] Siehe dazu *Ehrlich*, Die stillschweigende Willenserklärung, 1893, S. 45, 51; *Großmann-Doerth*, Selbstgeschaffenes Recht, 1933, S. 21, 25 sowie § 434 Abs. 1 S. 2 BGB oder Art. 2 der Verbrauchsgüterkaufrichtlinie (§ 8 Fn. 43).
[100] Näher oben § 2 D. V. 2.
[101] *Ehrlich*, Die stillschweigende Willenserklärung, 1893, S. 28 ff., 35, 38 f., passim.

meinen Anerkennung brachte und der lokale Verkehr seiner Gegend erzeugte ..."[102]

3. Begriff

Es ist für das Verständnis der folgenden Ausführungen hilfreich, zumindest kurz auf Begriffe wie Recht, Sitte oder Moral einzugehen.[103] So sei zunächst daran erinnert, dass das Recht in dieser Arbeit als das definiert wurde, was der Staat gegebenenfalls in Urteilen und durch Vollstreckungsorgane durchsetzt.[104] Demgegenüber wird hier in der Sitte das gesehen, was die Gesellschaft jenseits des Staats durchsetzt – und sei es nur durch öffentliche Missbilligung oder gesellschaftliche Isolation. Von Übung oder Brauch lässt sich demgegenüber dort sprechen, wo sich ein bestimmtes Verhaltensmuster auch ohne eine solche Sanktion einstellt. Sofern hier schließlich auf Moralvorstellungen verwiesen wird, meint das nicht eine für alle verbindliche Rechtsidee – eine solche gibt es nicht.[105] Vielmehr ist nahezu jeder Mensch durch seine Anlagen und vor allem kulturelle Einflüsse weit über die klassische Erziehung hinaus geneigt, oft selbst dann kollektiv eingeforderte Verhaltensmuster zu beachten, wenn er für deren Verletzung keine Sanktion zu befürchten hat.

4. Dogmatische Herausforderung

Die spezifisch rechtsdogmatische Herausforderung ist schnell formuliert, müssen wir begründen, warum unser Vertragsrecht auch solche Inhalte berücksichtigt, die als Sitte, Übung oder Brauch von ganz unterschiedlichen Kreisen herausgebildet wurden. Dabei lassen sich die dogmatischen Schwierigkeiten, denen die klassischen Vertragstheorien hier ausgesetzt sind, leicht beschreiben. Insbesondere stehen Willens- wie Erklärungstheorie vor dem Problem, dass die Parteien die meisten Sitten, Bräuche und Übungen überhaupt nicht kennen, geschweige denn bei Vertragsschluss daran denken oder sich dazu erklären. Daher weisen besonders die Kritiker der Willenstheorie immer wieder auf diesen unangenehmen Umstand hin.[106] Das gilt auch für die in einer Erklärung verwandte Sprache: So mag ein Käufer „... an alle diese Usancen gar nicht gedacht haben, sie werden nichtsdestoweniger maßgebend sein, wenn hierüber ein Streit entstehen wird, denn mit den Worten ‚ich kaufe' ist alles erklärt, was die Usance in dieses eine Wort hinein legt."[107] Dabei dürfte

---

[102] *Ehrlich*, Die stillschweigende Willenserklärung, 1893, S. 39.
[103] Siehe dazu auch oben § 2 B. I. 2. a) sowie § 11 E. I. 1.
[104] Näher oben § 2 B. I.
[105] Näher oben § 2 B. I. 1.
[106] Allgemein zur häufigen Fiktivität der Willenstheorie oben § 9 C. IV. Vgl. hier nur *Kohler*, JhJb 28 (1889), 166, 244 f.; *Ehrlich*, Die stillschweigende Willenserklärung, 1893, S. 39.
[107] *Ehrlich*, Die stillschweigende Willenserklärung, 1893, S. 39.

noch nicht einmal umstritten sein, dass es für die Anwendung der Verkehrsübung nicht darauf ankommt, ob die Parteien davon wissen.[108]

So offensichtlich wie die Schwierigkeiten klassischer Vertragstheorien bei der dogmatischen Einordnung von Sitte, Übung und Brauch sind die damit verbundenen Ausweichversuche. Es zeigen sich auch hier all die Fiktionen, Verweisungen, Normativierungen, Dualismen und sonstigen findigen Konstruktionen, wie sie uns bereits bei anderen nicht von den Vertragsparteien ausgehenden Inhalten begegneten.[109] So wird einerseits versucht, die Geltung der Verkehrssitte doch wieder auf den Parteiwillen zu gründen, indem man argumentiert, dass sich die Parteien bei Vertragsschluss auf die Verkehrssitte bezögen und deren Einbeziehung vereinbarten.[110] Doch abgesehen davon, dass dies allzu oft fiktiv ist, erfasst man die Sitte noch lange nicht dadurch mit seinem Willen, dass man auf sie verweist.[111] Natürlich lässt sich die Einbeziehungsthese wie sonst auch[112] umdrehen, indem es nicht die Parteien als vielmehr der Staat sein soll, der die Geltung von Sitte, Übung und Brauch in seinen Rechtsgeltungswillen aufnehme.[113]

Schließlich stoßen wir auch hier auf Dualismen aller Art, was bei Licht betrachtet nichts anderes bedeutet, als nicht nur für die Parteien oder den Staat, sondern gegebenenfalls für jede einzelne Person eine eigene Begründung aufzustellen.[114] Oft geschieht das eher verschleiert, indem auf die Notwendigkeit einer – gegebenenfalls objektiven oder normativen – Auslegung verwiesen wird.[115] *Flume* etwa betont, die Verkehrssitte sei für die normative Auslegung von größter Bedeutung, und spricht im Übrigen nicht etwa von der Willenserklärung, sondern dem „Akt", den es auszulegen gebe, von der Verkehrssitte

---

[108] Das betonen zu Recht *Kohler*, JhJb 28 (1889), 166, 244 f.; *Raiser*, Geschäftsbedingungen, 1935, S. 166.

[109] Siehe hier nur oben § 9 C. V. 2. c); § 10 E.

[110] Zu Recht kritisch *Raiser*, Geschäftsbedingungen, 1935, S. 84 f. jew. m.w.N. Interessanterweise lösen sich selbst die Vertreter der Grundfolgentheorie nicht ganz von derartigen Fiktionen. *Ehrlich*, Die stillschweigende Willenserklärung, 1893, S. 40 f. führt aus: „… ist es wahr, dass Alles, was den Usancen zufolge in einer Willenserklärung enthalten ist, als im rechtlichen Sinne gewollt erscheint, so treten die Rechtsfolgen des Vertrags mit geringen Ausnahmen nur deswegen ein, weil sie gewollt sind, sie sind gewollte Rechtsfolgen." Und nach *Danz*, Auslegung, 3. Aufl. 1911, S. 154 f. glaubt der Mensch und vertraut darauf, „… es werde eine Willenserklärung bei dem konkret vorliegenden Tatbestand die gleiche Wirkung hervorbringen, die gewöhnlich, regelmäßig bei dem gleichen Tatbestand hat, sie werde die ‚verkehrsübliche' Wirkung hervorbringen."

[111] Siehe dazu wiederum die Verweise in Fn. 109.

[112] Vgl. oben § 16 A. II. 2. b).

[113] *Adomeit*, Rechtsquellenfragen im Arbeitsrecht, 1969, S. 53 (Fn. 179).

[114] Vgl. dazu bereits oben § 16 A. II. 3.

[115] Näher dazu oben § 10 E. II. 1.

als „sozialadäquater" Regelung oder auch der „Anknüpfung" an den „Vertragstypus" durch ergänzende Auslegung.[116]

II. Rechtfertigungsprinzip

1. Dogmatische Relevanz

Nach dem Rechtfertigungsprinzip sollte eine rechtliche Einbuße so weit eintreten, wie dies notwendig ist, um sich getreu den eigenen Zielen zu verbessern. An dieser Aussage ist wichtig, dass sie sich nicht auf ganz bestimmte Personen bezieht, die allein zu diesem inhaltlichen Anliegen beitragen dürfen. Es kann also unbefangen nach einer für die Verwirklichung der Parteiziele geeigneten Machtverteilung gefragt werden. Zu den wichtigsten Gesichtspunkten gehören dabei die Interessenlage des Entscheiders, dessen Kenntnisse und Fähigkeiten, der anfallende Aufwand sowie situative Aspekte wie die jeweilige Sachnähe.[117] Soweit hier Sitte, Brauch oder Übung die Parteiinteressen besser verwirklichen als die Entscheidung etwa der Vertragsparteien oder des Staats, sollten wir darauf zurückgreifen. Insbesondere sind wir nicht darauf angewiesen, so zu tun, als ließen sich diese Vertragsinhalte letztlich doch irgendwie auf das Parteiverhalten bei Vertragsschluss zurückführen.

2. Eignung als Indiz

Zu den Vorteilen eines Rückgriffs auf Sitte, Übung oder Brauch gehört, dass wir es hier mit einem langfristig-evolutionären Phänomen zu tun haben, bei dem sich solche Regeln bewähren können, die zu einer gemeinsamen Wertschöpfung beitragen. Wie das Recht und die Sprache ist auch die Sitte ein äußerst vielschichtiges, subtiles und in seinem Wissensreichtum nicht zu unterschätzendes Element unserer Kultur und hat sich ebenfalls über Jahrtausende hinweg entwickelt. Gravierende Irrtümer sind hier seltener als bei den viel spontaneren Entscheidungen der Vertragsparteien bei Vertragsschluss.[118] Es ist daher nur natürlich, auf all dieses Wissen dort zurückzugreifen, wo es dem Rechtfertigungsprinzip dient. Wird etwa unter Kaufleuten allgemein praktiziert, dass die gehandelte Ware bei Eingang zunächst gründlich untersucht wird, so darf man in Ermangelung davon abweichender Erkenntnisse davon ausgehen, dass diese Praxis wertschöpfend und damit geeignet ist, die Ziele

---

[116] *Flume*, FS Deutscher Juristentag, Bd. 1, 1960, S. 135, 196, 198; *Flume*, Allgemeiner Teil, Bd. 2, 4. Aufl. 1992, S. 312 f. m.w.N.
[117] Näher oben § 8 B. III.
[118] Dass es keine Irrtumsdogmatik zur Sitte gibt, liegt aber auch daran, dass hier ein konkreter Ansprechpartner fehlt, der etwa die Anfechtung einer Sitte aufgrund neuer Einsichten erklären könnte. Zur gerne ignorierten Vielfalt der den Vertragsinhalt beeinflussenden und damit potenziell auch irrenden Personen vgl. unten § 17 A. IV. 2.

beider Vertragsparteien – wenn sie denn Kaufleute sind – zu fördern. Je vergleichbarer dabei die jeweilige Situation und Interessenlage ausfällt, desto eher wird man geneigt sein, eine solche Übung zu übertragen. In diesem Fall kann es den Vertragsparteien viel Arbeit ersparen, wenn sie sich nicht selbst komplizierte Gedanken über diverse Vertragsmodalitäten machen müssen, sondern sich auf das verlassen, was üblich ist.

Andererseits sind derartige kollektiv gesetzte Vertragsinhalte nicht ohne Nachteile. Insbesondere berücksichtigen sie nicht die Besonderheiten der jeweiligen Vertragssituation, angefangen mit den individuellen Zielen der Vertragsparteien über deren Kenntnisse und Fähigkeiten bis hin zu speziellen Chancen und Risiken. Das für den Parteiwillen so typische schöpferisch-individuell-dynamisch-spontane Element fehlt. Sitte, Übung und Brauch sind eher träge. Insofern geht es hier regelmäßig um eine Ergänzung in solchen Bereichen, bei denen es angesichts ihrer nur begrenzten Bedeutung zu aufwändig wäre, eine auf jeden einzelnen Vertrag zugeschnittene Regelung zu erarbeiten.[119] Insofern drängt sich der Vergleich zu Allgemeinen Geschäftsbedingungen auf, wenngleich dort die Gefahr einer einseitigen Ausgestaltung groß ist und daher eine ausgeprägte staatliche Inhaltskontrolle erfordert.[120] Aber auch das, was sich privat-kollektiv selbst über einen längeren Zeitraum verfestigt, muss nicht immer ein Garant für die Verwirklichung des Rechtfertigungsprinzips sein. So kann ein bestimmter Markt durch eine dauerhafte Vermachtung gekennzeichnet sein, weil es nur wenige Anbieter bzw. Kunden gibt oder sich diese wirksam organisieren – man denke etwa an die vielen Standesorganisationen mit ihrer teilweise sogar eigenen Gerichtsbarkeit.[121] Insofern ist hier bisweilen eine ähnliche Skepsis wie gegenüber Allgemeinen Geschäftsbedingungen angebracht,[122] und sind wir gut beraten, den Gefahren privater Macht genauso aufmerksam zu begegnen wie denen, die uns von staatlicher Seite aus drohen. Darauf wird noch zurückzukommen sein.[123]

3. Bezugsgruppe

Anhand eines substanziellen Kriteriums lässt sich unschwer erklären, auf was für eine Sitte wir zurückgreifen, wenn diese von Ort zu Ort oder von Personengruppe zu Personengruppe schwankt. So ist zu fragen, welcher Brauch am besten geeignet ist, das Rechtfertigungsprinzip zu verwirklichen. Gibt es regionale Besonderheiten, wird man im Zweifel auf diese und nicht das zu-

---

[119] Genau diese Stufung findet sich dann auch etwa im deutschen Kaufrecht bei § 434 Abs. 1 BGB.
[120] Näher oben § 14 C. II.
[121] Eingehend *Taupitz*, Standesordnungen, 1991.
[122] Genau dies betont daher *Raiser*, Geschäftsbedingungen, 1935, S. 87.
[123] Etwa unten bei Fn. 171.

rückgreifen, was landesweit oder gar international praktiziert wird.[124] Andererseits bestehen keine Bedenken, gegebenenfalls auch auf internationale Handelsbräuche[125] zurückzugreifen. Kommen beide Vertragspartner aus unterschiedlichen Regionen, sollte diejenige Übung gewählt werden, die angesichts des Vertragsgegenstands und der bei der Vertragsabwicklung typischerweise auftretenden Probleme die größte Wertschöpfung verspricht. Damit liefert das Rechtfertigungsprinzip auch bei solchen Fragestellungen Maßstäbe, die im Internationalen Privatrecht typischerweise unter dem Stichwort der Anknüpfung diskutiert werden.

4. Sittenwandel

Doch wie ist damit umzugehen, dass sich Sitte, Brauch und Übung wandeln können? Was, wenn bei Vertragsschluss andere Vorstellungen galten als bei der Ausführung des Vertrags oder bei einer gerichtlichen Auseinandersetzung? Hier lässt sich unterscheiden: Haben die Parteien tatsächlich gewollt, dass ein bestimmter Brauch Vertragsinhalt wird, hat dieser Wille wie immer Vorrang. Ansonsten ist zu fragen, ob sich die neuere oder aber alte Sitte eher dazu eignet, die Parteizwecke größtmöglich zu verwirklichen. Basiert eine veränderte Sitte auf neuen Erkenntnissen oder sonstigen Entwicklungen, die auch den zu beurteilenden Vertrag betreffen, sollte dieser Fortschritt genutzt werden. Auch hier zeigt sich damit, wie schlecht wir beraten wären, einfach nur auf die mutmaßliche Einigung bei Vertragsschluss zu verweisen.[126] Denn genauso wie es hilfreich sein kann, besseres staatliches Wissen zu verwerten, gilt dies für privat-kollektiv gesetzte Vertragsinhalte.

5. Rangverhältnis

Ebenfalls anhand des Rechtfertigungsprinzips[127] ist das Rangverhältnis von Sitte, Brauch und Übung zu staatlich oder privat-individuell gesetzten Vertragsinhalten zu beurteilen. Wenngleich dies je nach Einzelfall variieren kann, wird oft diejenige Regelung der Sitte vorgehen, welche die Parteien selbst treffen. Denn wenn sie sich schon eine solche Mühe machen, kann zumindest in Abwesenheit von Zwang, Drohung und Ausbeutung regelmäßig unterstellt werden, dass diese stärkere Berücksichtigung situativer Umstände das Rechtfertigungsprinzip besser verwirklicht. Andererseits sollte oft zunächst auf Gesetz, Allgemeine Geschäftsbedingungen oder die hier interessierende Sitte zu-

---
[124] Siehe dazu nur das Beispiel aus der Rechtsprechung von *Danz*, Auslegung, 3. Aufl. 1911, S. 126, wonach es in Berlin Ortsgebrauch war, dass bei Maurern das Arbeitsverhältnis täglich gelöst werden kann.
[125] Siehe zu diesen etwa *Calliess*, Verbraucherverträge, 2006, S. 246 ff. m.w.N.
[126] Allgemein zu derartigen Mutmaßungen unten § 9 C. V. 2. d).
[127] Zu den zu dessen Verwirklichung aufgestellten Indizien siehe oben § 8 B. III.

rückgegriffen werden, bevor der Richter anhand eigener Erwägungen Vertragsinhalte setzt.[128] Zweischneidig gestaltet sich das Verhältnis zum dispositiven Recht, wobei Sitte, Übung und Brauch zumindest dann vorzuziehen sind, wenn sie das Ergebnis eines funktionierenden Wettbewerbs bilden.[129] Demgegenüber wird man Allgemeinen Geschäftsbedingungen – sofern sie die staatliche Inhaltskontrolle überstehen – regelmäßig den Vorrang einräumen müssen, da diese Klauseln individuelle Umstände genauer berücksichtigen können. Hier noch weiter unterscheiden zu wollen, wäre der Rechtssicherheit abträglich. Sofern allerdings die staatliche Inhaltskontrolle greift, wird es sich anbieten, als Indiz für die Verwirklichung des Rechtfertigungsprinzips auf Sitte, Übung und Brauch zurückzugreifen. Dabei betont *Raiser* zu Recht die fließenden Übergänge zwischen beiden Rechtsquellen, da sich weit verbreitete Vertragsklauseln zu einer Sitte verfestigen können, während Allgemeine Geschäftsbedingungen umgekehrt oft das aufgreifen, was weithin praktiziert wird.[130] Allerdings ist für beide Phänomene sorgfältig zu prüfen, ob sie nicht das Ergebnis diverser Marktstörungen bilden, wobei hier weniger Marktmacht als vielmehr Unwissenheit zum Problem werden kann. Denn solange es nicht um das Verhältnis von Leistung und Gegenleistung als vielmehr die Vertragsdetails geht, ist selbst ein Monopolist an einer Wertschöpfung interessiert – er kann dann nämlich mehr abschöpfen.[131]

III. Recht und Sitte

Abschließend sei das vielschichtige Verhältnis von Recht und Sitte zumindest kurz angedeutet. Zunächst kann wenig Zweifel daran bestehen, dass sich Recht und Sitte langfristig nicht weit auseinander entwickeln. Denn schon rein geistig wäre es für uns Menschen viel zu aufwändig, gespalten zu denken und zwei stark voneinander getrennte Wertesysteme aufrechtzuerhalten oder das uns umgebende und fortwährend auf uns einwirkende kulturelle Umfeld zu ignorieren. Das müssen sich auch philosophische Ansätze wie etwa der eines *Kants* vorhalten lassen, der Recht (wie auch Tugend) als apriorisch-reines Konstrukt strikt von allen zeitbedingten, empirisch-weltlichen Phänomenen getrennt wissen will.[132] Dementsprechend greifen auch Richter wie Gesetzge-

---

[128] So zumindest *Raiser*, Geschäftsbedingungen, 1935, S. 254 f.
[129] Näher zum Wettbewerb unten § 16 D.
[130] *Raiser*, Geschäftsbedingungen, 1935, S. 78 f., 82 f.
[131] Näher zur Ausbeutung (insbesondere angesichts situativer Monopole) oben § 4 C. III.
[132] Näher oben § 2 A. V. 2. a).

ber ständig auf Sitte, Übung und Brauch zurück,[133] genauso wie das Recht umgekehrt Sitte, Übung und Brauch stark beeinflusst.[134]

Genauso erfüllen Recht wie Sitte ähnliche Funktionen. Dementsprechend muss das Recht häufig dort einschreiten, wo ein Sittenverfall eintritt, also sich bestimmte Verkehrskreise nicht mehr ohne staatlichen Einfluss so verhalten, wie dies gesellschaftlich für wünschenswert erachtet wird. So mögen Unternehmen heutzutage sehr viel eher bereit sein, sich rechtswidrig zu verhalten, wenn es sich für einen Kunden nicht lohnt oder es diesen überfordert, den Rechtsweg zu beschreiten. Stellt man das fest, und ist ein solches Phänomen hinreichend bedeutend, wird es irgendwann der Gesetzgeber sein, der diese Lücke schließt.

Auch für die Subsumtion des Rechtfertigungsprinzips kann die Existenz sittlicher Wertvorstellungen direkte Auswirkungen haben. So wurde bereits anlässlich des Gefälligkeitsverhältnisses darauf hingewiesen, dass nicht nur ein rechtlicher Anspruch zur Verbesserung beitragen kann, sondern genauso eine sittliche Schuld. Denn auch sittliche oder moralische Verpflichtungen werden oft beachtet. Deshalb muss es auch nicht immer zur Verwirklichung individueller Ziele notwendig sein, alles zu verrechtlichen, weil diese Verrechtlichung ihrerseits mit Nachteilen einhergeht.[135]

Abschließend sei noch auf eine normtheoretisch scheinbar knifflige Frage eingegangen. So wurde hier das Recht – im Einklang mit einer auch sonst vielfach praktizierten Unterscheidung – als staatlich durchgesetzt definiert, während die Sitte durch sonstige gesellschaftliche Kräfte Einfluss gewinne.[136] Doch was ist, wenn der Staat die rechtliche Verbindlichkeit einer Sitte anordnet? Schließlich geschieht ja genau das beim hier interessierenden Vertragsinhalt. Vermischen sich dann nicht beide Kategorien, so dass Recht und Sitte sinnvollerweise anders zu unterscheiden bzw. schwer unterscheidbar sind? Tatsächlich muss man sich mit der Vorstellung abfinden, dass ein und dasselbe Phänomen – hier die Herausbildung von Sitte, Übung oder Brauch – unter verschiedene Begriffe fallen kann. Dass der Staat etwa unter Kaufleuten übliche Verhaltensweisen aufgreift, ändert nichts daran, dass sich diese Kaufleute regelmäßig auch ohne staatlichen Zwang daran halten. Anders formuliert kann der Kaufmannsstand nicht nur die Kaufmannssitte beeinflussen, sondern zugleich auch Recht setzen, indem er das beeinflusst, was als Inhalt einzelner Verträge staatlicherseits aufgegriffen und durchgesetzt wird.

---

[133] Stellv. *Ehrlich*, Die stillschweigende Willenserklärung, 1893, S. 50; *Lobinger*, Grenzen, 2004, S. 143 jeweils m.w.N.

[134] Zum Ausgleich von Recht durch Sitte und von Sitte durch Recht vgl. nur *Braun*, JuS 1994, 727, 729 m.w.N.

[135] Oben § 16 B. II.

[136] Vgl. oben § 2 B. I. 2. a); § 16 C. I. 3.

D. Wettbewerb

Liest man gängige Darstellungen zum Wettbewerb, fallen die Ausführungen oft eher abstrakt aus. Zudem spielt das Vertragsrecht eine meist nur geringe Rolle. So wird zwar gesehen, dass sich Wettbewerb durch viele Verträge – oder wenigstens die Möglichkeit dazu – auszeichnet, doch wandeln vertragstheoretische und wettbewerbstheoretische Diskussion gerne auf fremden Pfaden. Dabei müssen wir erst einmal den Vertrag verstehen, um dann in einem nächsten Schritt vielleicht auch den Wettbewerbsprozess einordnen zu können. Dieser existiert schließlich dazu, Verträge zu ermöglichen.

Leider war es die für unser Vertragsrechtsdenken typische Fixierung allein auf das Parteiverhalten bei Vertragsschluss (und damit auch die Unterschätzung staatlicher Voraussetzungen[137]),[138] aber auch die Ablehnung inhaltlicher Maßstäbe,[139] die dazu beitrugen, Vertrags- und Wettbewerbsrecht voneinander zu entfremden. Dienen Verträge demgegenüber der Verwirklichung der Parteiinteressen auf Basis ihrer jeweiligen rechtlichen Ausgangslage, ist bereits ein wichtiger Maßstab[140] für das geliefert, was wir an Wettbewerb schätzen. So können wir wie immer fragen, was für Rahmenbedingungen und Kompetenzen das Rechtfertigungsprinzip bestmöglich verwirklichen,[141] und werden getreu dem Subsidiaritätsgrundsatz[142] prüfen, wo hier insbesondere der Staat an seine Grenzen stößt. Tatsächlich entlastet es eine Gesellschaft enorm, vor allem für Wettbewerb zu sorgen, anstatt etwa einen Richter über Vertragsinhalte entscheiden zu lassen. Doch gilt eben auch das Umgekehrte, dürfen wir dem Parteiverhalten bei Vertragsschluss sehr viel weniger trauen, wo ein solcher Wettbewerb fehlt.[143] Interessanterweise führt ein starker Wettbewerb[144] genau zu den sich aus dem Rechtfertigungsprinzip ergebenden Inhalten.[145] Und er entmachtet den Einzelnen exakt in denjenigen Bereichen, in denen das

---

[137] Näher oben § 8 E. III.; § 16 A.
[138] Näher oben § 8 A. III.
[139] Näher unten § 16 D. III. Allgemein zum Verhältnis von Inhalt und Verfahren unten § 19 D.
[140] Allerdings sicher nicht die einzig relevante Funktion, näher dazu unten Fn. 193.
[141] Näher etwa oben § 8 B. III.
[142] Näher oben § 8 E. II. 2.
[143] Stellv. *Flume*, FS Deutscher Juristentag, Bd. 1, 1960, S. 135, 144; *Hönn*, Kompensation, 1982, S. 119.
[144] Was diesen genau auszeichnet, ließe sich natürlich näher diskutieren. Hier sei nur auf die Definition von *Marshall*, Principles of Economics, 8. Aufl. 1920, S. 329 verwiesen: „Thus at one extreme are world markets in which competition acts directly from all parts of the globe; and at the other those secluded markets in which all direct competition from afar is shut out ..." Aus jüngerer Zeit vgl. etwa *Fritsch*, Marktversagen und Wirtschaftspolitik, 8. Aufl. 2011, S. 25 ff.
[145] Was sich wohl am besten anhand der Ausbeutungsfälle studieren lässt, vgl. dazu oben § 4 C. III.

Vertragsrecht ansonsten selbst eingriffe, um etwa Zwang, Drohung und Ausbeutung oder Betrug und Täuschung zu verhindern.

I. Verbindungslinien

Versucht man, sich dem komplexen Phänomen des Wettbewerbs möglichst handfest zu nähern, bietet es sich ähnlich wie bei staatlich gesetzten Vertragsinhalten[146] an, auf die Untersuchungen konkreter vertragstheoretischer Problemkreise zurückzugreifen, die den Wettbewerb beeinflussen oder ihrerseits von diesem Wettbewerb beeinflusst sind. Denn es ist sehr viel leichter, sich erst einmal mit Fallgruppen wie Zwang, Drohung und Ausbeutung, Unwissenheit, Werbung oder Allgemeinen Geschäftsbedingungen zu beschäftigen, anstatt das gleich mit der Gesamtheit der Vertragsschlüsse auf einem Markt zu tun.

1. Vertragsinhalt

Dass Wettbewerb gegenüber zentralistischen Systemen geradezu darin brilliert, uns Menschen mit immer besseren[147] und günstigeren Produkten zu versorgen, bedarf spätestens seit dem Zusammenbruch des Kommunismus keiner großen Worte mehr. Anders formuliert nötigt er den Kunden immer geringere rechtliche Einbußen – insbesondere Zahlungspflichten – ab, um deren Ziele immer besser zu verwirklichen. Allerdings sorgt ein funktionierender Wettbewerb auch dafür, dass sämtliche Vorteile, die der Anbieter seinen Kunden einräumt, eingepreist werden.[148] Dementsprechend schadet man einem Verbraucher,[149] anstatt ihm zu helfen, wenn man solche zwingende Standards normiert, die eine vertragliche Wertschöpfung nicht etwa unterstützen, sondern behindern. Es ist unsozial und nicht sozial, Anbieter mit aufwändigen Schutzmaßnahmen zu belasten, für die ein Kunde mehr an Aufpreis bezahlt, als er von diesem Schutz profitiert. Deshalb ist es auch so wichtig, Verteilung – und diese liegt unserer Gesellschaft durchaus am Herzen – außerhalb des Vertragsrechts zu organisieren.[150]

2. Sitte, Übung und Brauch

Dabei lässt sich für den Vertragsinhalt an den zuvor diskutierten Formen privat-kollektiver Rechtsetzung ansetzen, also bei Sitte, Übung und Brauch.[151]

---

[146] Vgl. oben § 16 A. I. 3.
[147] Zum Missverständnis, dass es jedenfalls wettbewerbstheoretisch verfehlt sei, von guten oder schlechten Produkten zu sprechen, vgl. unten § 16 D. III.
[148] Näher zum Folgenden auch unten § 19 C. IV. 2. b) aa).
[149] Näher zum Verbraucherschutz unten § 19 C. VI.
[150] Näher zu Verteilungsfragen unten § 19 C. IV.
[151] Vgl. oben § 16 C.

Denn was ein Käufer als übliche Beschaffenheit erhält und wie weit ihn das seinen Zielen näherbringt, hängt ersichtlich auch von der jeweiligen Wettbewerbsintensität ab. Wie nicht nur jeder ehemalige DDR-Bürger bestätigen kann, macht es für das konkrete Ergebnis einen erheblichen Unterschied, ob wir in einem kommunistischen oder kapitalistischen Land in ein Geschäft gehen und dort einen „Fernseher" bestellen.

Auch dadurch lässt Wettbewerb dasjenige üblich werden, was getreu dem Rechtfertigungsprinzip zu einer größtmöglichen vertraglichen Wertschöpfung beiträgt. Und umgekehrt lässt sich ein solcher Wettbewerb dadurch verstärken, dass wir dort, wo der Subsidiaritätsgrundsatz[152] an seine Grenzen stößt, unter Einforderung des Üblichen dafür sorgen, dass einzelne Angebote möglichst vergleichbar sind.[153] Ebenso muss der Staat verstärkt dort intervenieren, wo im gewerblichen Treiben früher noch beherzigte Sitten verfallen – etwa durch schwächer werdende Einflüsse von Erziehung oder öffentlicher Meinung. In mancher Branche etwa landen normale Kundenbeschwerden direkt im Papierkorb und wird bestenfalls dann noch reagiert, wenn eine Klage oder wenigstens ein anwaltliches Schreiben eingeht. Oft versucht der Staat hier dann, diesen Vorstellungswandel mit verstärkten rechtlichen Vorgaben zurückzudrehen. Schließlich kann die Sitte aber auch insofern mit dem Wettbewerb verknüpft sein, als sittliche Ansprüche in diesem Wettbewerb eingepreist werden. Ist es etwa üblich, einer Bedienung 10% Trinkgeld zu geben, werden dies – obwohl nicht rechtlich verbindlich – gleichermaßen Kunde, Bedienung und Restaurantinhaber in ihren Verträgen untereinander berücksichtigen.[154]

3. Zwang, Drohung und Ausbeutung

Besonders ausgeprägt gestalten sich die Wechselwirkungen des Wettbewerbs mit der Fallgruppe von Zwang, Drohung und Ausbeutung. Dabei beschreibt das Rechtfertigungsprinzip klar, was für Vorteile wir dem Einzelnen zubilligen und welche nicht. Denn einerseits achtet und schützt unser Vertragsrecht tunlichst die jeweilige rechtliche Ausgangslage, mit der die Akteure im Wettbewerb aufeinandertreffen und auf deren Basis sie dann kontrahieren.[155] Dazu zählt auch – sofern nicht durch dem Rechtfertigungsprinzip genügende Dienstverträge an andere übertragen – die einem zunächst selbst zugewiesene, körperliche Leistungsfähigkeit.[156] Dabei beeinflusst Wettbewerb seinerseits die jeweilige rechtliche Ausgangslage, erlauben es die mit vertraglicher Wertschöpfung verbundenen Rechtsänderungen nicht zuletzt, die eigene Position

---

[152] Näher oben § 8 E. II. 2.
[153] Näher oben § 14 C. II. 5.
[154] Näher zum Verhältnis von Recht und Sitte oben § 16 B. II. mit weiteren Verweisen.
[155] Näher oben § 2 B. II.; § 2 D. II. 2. a); § 4 C. I. 1.; passim.
[156] Näher oben § 2 C.

mit rechtlich abgesicherten Vorteilen zu verbessern. Wer fleißig ist und viele schöne Verträge abschließt, mag reicher werden als andere und darf sein Vermögen dann auch behalten oder für weitere Vertragsschlüsse verwenden. Die damit verbundene Ungleichheit stört unser Vertragsrecht wenig. Vielmehr überlassen wir derartige Fragen anderen Rechtsbereichen.[157]

Andererseits nivellieren wir zahlreiche Vorteile (die teilweise schon der Wettbewerb selbst eliminiert)[158] wie die Möglichkeit, Zwangslagen anderer zur Ausbeutung, die eigene körperliche Übermacht zu Zwang und Drohung oder Wissensvorsprünge für eine betrügerische Schädigung zu nutzen. Das Rechtfertigungsprinzip erklärt, warum wir Monopolen so skeptisch gegenüber stehen. Erlauben es diese doch, Ausbeutung zu betreiben.[159] Ebenso liefert dieser Grundsatz den für eine vertragliche Inhaltskontrolle – etwa als Missbrauchskontrolle – benötigten Maßstab, wohingegen hier prozedurale Ansätze versagen.[160] Das gilt nicht nur für die Willens- oder Erklärungstheorie, sondern genauso für die zumindest in Deutschland beliebte Berufung auf die Wettbewerbsfreiheit bzw. eine auf die Freiheit des Wettbewerbs gerichtete Interessenabwägung. Denn warum das Interesse bzw. die Freiheit des Monopolisten, sein Monopol mit aller Macht auszunutzen, hier weniger schützenswert ist, wird so leider nicht begründet.[161]

Umgekehrt lässt sich anhand des Rechtfertigungsprinzips leicht erläutern, warum wir das anstreben, was wir gemeinhin als Wettbewerb bezeichnen. Genauso lässt sich dieser Begriff dann auch sinnvoll eingrenzen. Wettbewerb zeichnet sich dadurch aus, das Rechtfertigungsprinzip unter vergleichsweise geringer staatlicher Kontrolle zu verwirklichen. Insbesondere wird hier Ausbeutung auch ohne direkte staatliche Inhaltskontrolle verhindert. Oft wird diese Inhaltskontrolle zumindest erleichtert, weil sich der Staat an anderen Verträgen (etwa unter unabhängigen, gut informierten und professionell agierenden Akteuren) oder Märkten (mit solchen Akteuren) orientieren kann. Bei Zwang und Drohung fällt die staatliche Zurückhaltung hingegen schon sehr viel schwerer. Denn könnte ein Anbieter Gewalt anwenden, gelänge es ihm im Zweifel auch, seine Kunden von Konkurrenten fernzuhalten.

Für das Verständnis von Wettbewerbs- und Vertragsrecht fundamental ist schließlich die Anrechnung auch früherer Investitionen so weit, wie erst dies

---

[157] Näher unten § 19 C. IV.
[158] Diese Entmachtung ist eine auch gesamtgesellschaftlich wichtige Wettbewerbsfunktion, näher zu diesen unten Fn. 193.
[159] Über die situative Ausbeutung hinaus führen Monopole natürlich auch zu weiteren Nachteilen wie etwa langfristig ineffizienten Unternehmensstrukturen, vgl. dazu wiederum unten Fn. 193.
[160] Näher oben § 3 A. IV.; § 4 B. sowie unten § 19 D.
[161] Eingehend *Rehberg*, in: Zetzsche/Neef u.a. (Hrsg.), JbJZWiss 2007, 2008, S. 49, 68 ff. m.w.N. Näher zum Begriff des Liberalen unten § 19 B. sowie zur Problematik flexibler Begründungsmuster unten § 19 F. III.

die Verbesserung der Gegenseite ermöglichte.[162] Denn für den Anbieter bildet der mit dem einzelnen Vertrag erzielte Ertrag (im Sinne des Unterschieds von erzieltem Kaufpreis und den Herstellungskosten für dieses eine zusätzliche Gut) nicht etwa dessen Gewinn, sondern müssen die mit sämtlichen Verträgen so angehäuften Erträge (sog. Produzentenrente) ausreichen, um wieder die aufgebrachten Investitionen einschließlich einer dem eingegangenen Risiko entsprechenden Rendite[163] einzuholen.

4. Unwissenheit

Möchte man sich dem Phänomen menschlicher Unwissenheit und dessen Bedeutung für Vertrag und Wettbewerb nähern, darf man zunächst nicht den Fehler begehen, speziell Informationsungleichgewichte zu problematisieren. Nicht nur gibt es zahllose Vertrags- wie Marktstörungen, bei denen beide Seiten unwissend sind. Genauso ist es überhaupt nicht sinnvoll, einen Informationsgleichstand anzustreben. Nicht weniger verhängnisvoll wäre es, Unwissenheit oder Informationsprobleme abstrakt zu diskutieren. Denn kein anderes Phänomen durchzieht so vielschichtig nahezu jeden Bereich unseres Vertragsrechts. Man muss also überhaupt erst einmal Fallgruppen herausarbeiten, die praktisch umsetzbare Aussagen ermöglichen und sich insoweit dann tatsächlich verallgemeinern lassen.[164]

Doch lässt sich auch in informatorischer Hinsicht behaupten, dass Wettbewerb nicht nur den oft völlig überforderten Staat entlastet, sondern genauso die Vertragsparteien – und dabei ganz nebenbei eine wichtige soziale Funktion erfüllt[165]: Denn zumindest wenn dem Anbieter keine Preis- bzw. Qualitätsdiskriminierung gelingt, profitieren vom Wettbewerb selbst diejenigen von guten und günstigen Angeboten, die selbst keine eigenen Auswahlanstrengungen aufbringen oder dies auch nur könnten. Wettbewerb ist etwas, auf das sich oft vorzüglich blind verlassen lässt.

Umgekehrt strengt sich unser Vertragsrecht enorm an, um es dem Einzelnen so einfach wie möglich zu machen, vorteilhafte Verträge zu schließen. Daher ist die entscheidende Frage nicht, was der Mensch beim einzelnen Vertragsschluss vielleicht gerade noch selbst an Informationsbeschaffung und -verarbeitung leisten könnte, was besonders die klassisch-wettbewerbsrechtliche Diskussion nicht immer beachtet.[166] Sieht man demgegenüber im Wettbewerb nicht etwa einen Selbstzweck als vielmehr ein Instrument zur Förderung privater Zwecke auf Basis bestehender Rechte, lässt sich dann auch begründen,

---

[162] Näher oben § 4 C. I. 3.
[163] Näher oben § 5 D. III.; § 5 E. III.
[164] Näher zum Vorstehenden unten § 17 A.; § 19 F.
[165] Näher zum Sozialen im vertragstheoretischen Kontext unten § 19 C.
[166] Näher unten § 19 B. III. 2.; § 19 C. VI. 3. Vgl. auch *Rehberg*, in: Zetzsche/Neef u.a. (Hrsg.), JbJZWiss 2007, 2008, S. 49, 66 ff. m.w.N.

warum wir mancher Unwissenheit so skeptisch gegenüberstehen. Denn oft führt diese dazu, dass eine Seite größere rechtliche Einbußen erleidet, als dies zur eigenen Verbesserung notwendig ist, ja sie sich schlimmstenfalls sogar verschlechtert.[167]

5. Werbung und Allgemeine Geschäftsbedingungen

Auch das praktisch wichtige Phänomen der Werbung verdeutlicht, wie sehr Vertrag und Wettbewerb verknüpft sind. Dass wir von jeher vorvertragliche Werbeaussagen – und zwar selbst von Dritten – als Vertragsinhalt berücksichtigen, ist nicht nur dogmatisch aufschlussreich (und ganz im Sinn des Rechtfertigungsprinzips).[168] Vielmehr facht dies auch wiederum den Wettbewerb an, indem es dort die Aussagekraft solcher Botschaften stärkt.[169]

Schließlich enthält auch die rechtliche Behandlung Allgemeiner Geschäftsbedingungen wichtige Bezüge zum Wettbewerb. Denn hier ist man sich weithin einig, dass der Wettbewerb nicht „funktioniert", wobei diese Aussage dadurch inhaltlich begründbar wird, dass man auf die Gefährdung des Rechtfertigungsprinzips verweist. Eine Inhaltskontrolle wird hier unerlässlich und verdeutlicht, wie gleichermaßen wichtig und weit verbreitet staatliche Interventionen in jeder modernen Wirtschaftsordnung sind.[170] Nicht ohne Grund thematisieren Ordoliberale wie *Großman-Doerth* gerade bei Allgemeinen Geschäftsbedingungen die Gefahren privater Macht und einseitig-privater Rechtsetzung.[171] Dabei erfüllt Inhaltskontrolle noch eine weitere Funktion, indem sie für eine gewisse Einheitlichkeit vertraglicher Klauselwerke sorgt, was die Vergleichbarkeit verschiedener Angebote erhöht und so wiederum den Wettbewerb verschärft.[172]

II. Staatliche Dimensionen

Dass es im Wettbewerbs- wie Vertragsrecht wenig hilft, die Bedeutung staatlichen Rechts übergreifend-abstrakt anstatt anhand konkreter Problemkreise zu diskutieren, sollte deutlich geworden sein. Hat man sich allerdings derart die Ärmel hochgekrempelt, lassen sich dann auch einige übergreifende Aussagen treffen. Das gilt besonders für das Verhältnis von Staat und Markt. Wie

---

[167] Besonders groß sind diese Gefahren bei Betrug und Täuschung, aber auch viele sonstige Irrtümer können sich verhängnisvoll auswirken, näher dazu unten § 17. Zur Berücksichtigung von Risiken siehe oben § 5.
[168] Näher oben § 15.
[169] Näher oben § 15 C. II.
[170] Näher unten § 16 D. II.
[171] *Großmann-Doerth*, Selbstgeschaffenes Recht, 1933. Siehe daneben zur gerade ordoliberalen Thematisierung privater Macht etwa *Böhm*, Wettbewerb und Monopolkampf, 1933.
[172] Näher oben § 14 C. II. 5.

wichtig staatliches Handeln für jede freiheitliche Gesellschaft ist und wie sehr dieses Faktum wissenschaftlich oft vernachlässigt wird, wurde bereits für die Privatautonomie beschrieben.[173] Ähnliches gilt für den hier interessierenden Wettbewerb, was schon deshalb nicht überrascht, weil sich Märkte nicht zuletzt durch die dort geschlossenen Verträge auszeichnen. Anders formuliert handelt es sich gewissermaßen um eine kumulierte Vertragsbetrachtung. Wiederum geht es dabei allein darum, den rechtlichen Status Quo zu beschreiben, anstatt private Gerechtigkeitsvorstellungen einzubringen, umwälzende Reformen einzufordern oder gar Utopien zu beschwören.

1. Praktischer Befund

Zu den derzeit wohl verhängnisvollsten Irrtümern gehört die Vorstellung, man solle den Staat aus Marktprozessen möglichst weit heraushalten, da Wettbewerb am besten von ganz allein funktioniere.[174] Dass demgegenüber jeder Vertrag zahllosen staatlichen Vorgaben unterliegt, wurde bereits dargelegt.[175] Doch nicht nur Verträge, sondern auch Märkte sind das Ergebnis umfassender und ausgefeilter staatlicher Institutionen. Selbst wenn man den gesamten genuin öffentlich-rechtlichen Sektor oder die hoheitlichen Maßnahmen „bloß" zur Ermöglichung und Durchsetzung von Verträgen außer acht ließe, müsste man schon mit der Lupe suchen, um noch einen Bereich auszumachen, der nicht intensiv staatlich reguliert wäre. Das verdeutlichen nicht nur die klassischen Netzindustrien (Wasser- und Energieversorgung, Telekommunikation, Straßen-, Schienen-, Wasser- und Luftverkehr uvm.) oder die Lebensmittel-, Kosmetik- und Gesundheitsbranche, sondern auch der gesamte Finanzsektor: Mit der Aktie etwa ist jenes Gut, das noch am ehesten die Idealvorstellungen eines perfekten Marktes[176] verkörpert, so umfassend reguliert wie kaum ein anderes Produkt.[177] Eng verwandt mit derartigen Missverständnissen ist die Vorstellung, wonach mehr Wettbewerb mit weniger staatlichen Regeln einhergehe. Tatsächlich entsteht ein intensiver und produktiver Wettbewerb häufig erst nach einer Ausweitung und nicht Eindämmung der Gesetzesflut. Meistens verschiebt sich nur das staatliche Tätigkeitsfeld – etwa von einer Produkt- zur Vertriebsregulierung.[178] Wann immer wir also bewundernd

---

[173] Oben § 8 E. III.
[174] Siehe zum Folgenden bereits *Rehberg*, in: Zetzsche/Neef u.a. (Hrsg.), JbJZWiss 2007, 2008, S. 49.
[175] Oben § 16 A. I. 1.
[176] Zur Definition vgl. oben Fn. 144.
[177] Man denke für Deutschland nur an die Vorschriften des Aktiengesetzes, das Recht der Rechnungslegung, das Kapitalmarktrecht (Insidervorschriften, Veröffentlichungspflichten, Übernahmevorschriften, organisatorische Vorgaben usw.), das Wertpapierrecht, die Zusammenschlusskontrolle oder selbst das Insolvenzrecht.
[178] Siehe dazu etwa für den Finanzvertrieb *Rehberg*, Informationsproblem, 2003, S. 278 ff.

auf das schauen, was Märkte alles leisten, sind staatliche Anstrengungen nicht weit.[179] Die vielzitierte unsichtbare Hand ist in vielen Märkten vor allem deshalb unsichtbar, weil sie erst gar nicht da ist. Und auch die berühmte Bienenfabel eines *Mandeville*[180] sollte nicht einfach als leuchtendes Beispiel für die Vorzüge dieser unsichtbaren Hand herhalten, sondern zunächst ganz ergebnisoffen zu der Frage anregen, wie die Bienenvölker denn tatsächlich ihre erstaunlichen Leistungen vollbringen. Vielleicht kann uns die Biologie hier noch so einiges lehren.

2. Theoretische Erfassung

Wie bereits andernorts angedeutet,[181] weisen Rechtswissenschaft und Ökonomik insofern interessante Parallelen auf, als beide zumindest in ihrer Hauptströmung dazu neigen, die praktische Bedeutung staatlichen Handelns zu unterschätzen. Zeigt sich hier bei den Juristen unter anderem der starke geistige Einfluss der Aufklärung mit ihrem optimistischen Menschenbild, war es in der Ökonomik etwa die lange dominierende Neoklassik, die schon angesichts ihrer Unterstellung vollständiger Information skeptisch gegenüber staatlichen Eingriffen bleiben musste. Bisweilen trägt die Diskussion gar ideologische Züge oder ist in ihren Argumenten schwer nachvollziehbar, etwa wenn zwar die Anmaßung von Wissen beschwört wird,[182] das dann aber entweder nur den Staat und nicht auch Private betreffen soll, oder zwar aktives staatliches Handeln diesem Unwerturteil unterfallen soll, nicht aber dessen Unterlassen.[183] Den Kopf nur in den Sand zu stecken, sich zu keinerlei verbindlichen Aussagen durchzuringen, ist kein intelligenter Umgang mit Unwissenheit.[184] Genauso ist es zwar richtig, dass nicht jede Marktstörung staatliche Eingriffe nahelegt, da auch die Kosten und sonstigen Auswirkungen einer Intervention zu berücksichtigen sind.[185] Doch wird dann gerne ignoriert, dass auch markteigene Institutionen (freiwillige Information, Reputationsmechanismen, Signaling/Screening etc.)[186] Ressourcen verbrauchen, die uns staatliches Handeln bisweilen erspart. Und so einleuchtend es ist, dass wir bisweilen bloße Ord-

---

[179] Vgl. dazu etwa auch *Veljanovski*, 1 IntRevLEcon 5, 19 (1981). *Richter/Furubotn/Streissler*, Neue Institutionenökonomik, 4. Aufl. 2010, S. 344 ff. m.w.N. sprechen von einem sozialen Netzwerk.
[180] *Mandeville*, The Grumbling Hive, 1705, S. 1 ff.
[181] Etwa oben bei Fn. 23.
[182] So insbesondere – nichtsdestotrotz äußerst instruktiv – *Hayek*, 79 AmEconRev 3 (1989).
[183] Siehe dazu *Willgerodt*, ORDO 55 (2004), 25.
[184] Näher dazu unten § 19 F. III. sowie *Rehberg*, in: Zetzsche/Neef u.a. (Hrsg.), JbJZWiss 2007, 2008, S. 49, 56 f.
[185] Stellv. *Demsetz*, 12 JLawEcon 1 (1969).
[186] Der wichtigste Beitrag hierzu stammt von *Akerlof*, 84 Quarterly Journal of Economics 488 (1970).

nungsregeln benötigen – etwa weil es letztlich egal ist, ob wir auf der rechten oder linken Straßenseite fahren, solange wir es nur einheitlich tun –, bildet dieses gern bemühte Beispiel nur einen winzigen Bruchteil staatlicher Realität.

Umso mehr freut es dann, wenn sich schon immer vielfältige Stimmen erhoben, die den Vorteilen größter Staatsferne skeptisch gegenüberstanden. Besonders schön formuliert es *Jhering*: „Es wird erst neuer bitterer Erfahrungen bedürfen, bis man wieder inne wird, welche Gefahren der von allen Fesseln entbundene individuelle Egoismus für die Gesellschaft in seinem Schoße trägt, und warum die Vergangenheit es für nötig gehalten hat, ihm einen Zaum anzulegen. Unbeschränkte Verkehrsfreiheit ist ein Freibrief zur Erpressung, ein Jagdpass für Räuber und Piraten mit dem Recht der freien Pirsch auf alle, die in ihre Hände fallen – wehe dem Schlachtopfer! Dass die Wölfe nach Freiheit schreien, ist begreiflich; wenn die Schafe in ihr Geschrei einstimmen, so beweisen sie damit nur, dass sie Schafe sind."[187]

Auch der Ordoliberalismus erwies sich als segensreich, gerade weil dessen Vertreter nie müde wurden, vor den Gefahren privater Macht genauso zu warnen wie vor einem übermächtigen Staat.[188] In den letzten Jahrzehnten trugen vor allem Institutionen- und Verhaltensökonomik zu realistischeren Annahmen – und damit auch Diagnosen – bei, wenngleich für einen methodisch hohen Preis.[189] Daneben sorgen einschneidende Ereignisse wie die jüngste Finanzkrise dafür, dass die Euphorie gegenüber den Kräften einer reinen Selbstregulierung sinkt.

III. Inhalt versus Verfahren

1. Rechtfertigungsprinzip

Das Rechtfertigungsprinzip unterscheidet sich nicht zuletzt darin von gängigen Vertragstheorien, dass es inhaltliche Aussagen über die von unserer Rechtsordnung angestrebten Vertragsinhalte trifft, anhand der sich dann die vertragliche Kompetenzverteilung – einschließlich der so wichtigen Stellung der Vertragsparteien – beschreiben lässt. Darauf wird noch einzugehen sein.[190] An dieser Stelle sei das Verhältnis von Inhalt und Verfahren für den Wettbe-

---

[187] *Jhering*, Zweck, Bd. 1, 1877, S. 146.

[188] Siehe zur Problematik wirtschaftlicher Macht im Verhältnis zum Staat hier nur *Böhm*, Wettbewerb und Monopolkampf, 1933 oder *Großmann-Doerth*, Selbstgeschaffenes Recht, 1933, S. 18 f. sowie unten § 16 D. III. 3.

[189] Näher *Rehberg*, in: Eger/Schäfer (Hrsg.), Zivilrechtsentwicklung, 2007, S. 284, 294 ff. sowie unten § 17 E. IV. Zudem belastet immer noch der angesichts einer hochkomplexen Umwelt nicht einlösbare Anspruch, im Sinne einer „Reißbretttheorie" bar jeder Geschichtlichkeit mathematisch ausrechnen zu können, wie Recht oder andere Institutionen sinnvollerweise auszusehen hätten, näher oben § 16 A. III. 1. b) sowie unten § 19 F. VII.

[190] Unten § 19 D.

werb behandelt. Dabei legt es schon die enge Verknüpfung von Markt und Vertrag nahe, dass das Rechtfertigungsprinzip einen auch für wettbewerbsrechtliche Fragen (Missbrauchsaufsicht, Diskriminierungsverbot, unlautere Werbemethoden etc.) gehaltvollen Maßstab liefert. Denn sobald wir akzeptieren, dass unser Vertragsrecht von jeher sehr konkrete Vorstellungen darüber hegt, was für Vertragsinhalte es anstrebt,[191] liegt es nahe, mit dem wettbewerbsrechtlichen Instrumentarium solche Märkte anzustreben, die Verträge begünstigen, die das Rechtfertigungsprinzip verwirklichen. Wir missbilligen Monopole auch deshalb, weil sie eine Ausbeutung ermöglichen, genauso wie Täuschung oder Belästigung zu rechtlichen Belastungen führen, die auf Basis der jeweiligen Rechteausstattung gar nicht erforderlich wären.[192]

Allerdings sei damit nicht behauptet, dass Wettbewerb keine anderen wichtigen Funktionen erfüllt. Ob nun die Begrenzung privater wie staatlicher Macht, die Honorierung individueller Leistungsbereitschaft, die Steigerung gesamtwirtschaftlicher Effizienz, die Förderung von Innovationen oder ein sich stetig verbesserndes Produktangebot[193] – das Vertragsrecht (und damit auch das Rechtfertigungsprinzip) ist in Anspruch und Reichweite zu klein,[194] um all das erschöpfend zu erfassen, was Wettbewerb im gesamtgesellschaftlichen Kontext auszeichnet.

2. Wettbewerbsfreiheit

Blickt man in die gängige deutschsprachige Literatur zum Wettbewerbsrecht, finden sich dort allerdings ganz andere Akzente, wird nämlich überwiegend mit der Wettbewerbsfreiheit ein Maßstab propagiert,[195] der zwar die schön klingende Freiheit im Munde führt, dafür aber so ziemlich alles offen lässt, was man wissenschaftlich an verbindlicher Aussage erwarten dürfte.[196] Zunächst wird Wettbewerb oft zu etwas hochstilisiert, was sich vom Einzelnen erst gar nicht verstehen und damit letztlich auch nicht wissenschaftlich erfassen lasse.[197] Doch setzen die Marktteilnehmer ihre Freiheit selten völlig will-

---

[191] Näher zu diesem Befund etwa unten § 19 D.
[192] Näher zu diesen und anderen Verbindungen oben ab § 16 D. I. 3.
[193] Näher zu solchen und anderen Funktionen nur *Emmerich*, Kartellrecht, 11. Aufl. 2008, S. 3 ff. oder *Schmidt*, Wettbewerbspolitik und Kartellrecht, 9. Aufl. 2012, S. 35 ff. sowie etwa zur *Kantzenbach/Hoppmann*-Kontroverse die Darstellung von *Leistner*, Richtiger Vertrag, 2007, S. 44 ff.
[194] Näher zur begrenzten Reichweite des Privat- und damit auch Vertragsrechts unten § 19 E.
[195] Siehe nur die Formel der deutschen Rechtsprechung einer auf die Freiheit des Wettbewerbs gerichteten Zielsetzung bzw. Funktion des GWB (stellv. BGH, Urt. v. 10.10.2006, GRUR 2007, 256, 257 m.w.N.).
[196] Näher zum Folgenden *Rehberg*, in: Zetzsche/Neef u.a. (Hrsg.), JbJZWiss 2007, 2008, S. 49, 57 f., 68 ff.
[197] So aber wohl *Hayek*, Entdeckungsverfahren, 1968, S. 3, 6, passim.

kürlich ein, sondern tun dies prognostizierbar – gerade wenn es um kollektive Phänomene wie die Preisbildung oder Angebot und Nachfrage auf Märkten geht. Zudem scheint man Wettbewerb als Selbstzweck anzusehen, der nicht für konkrete Ziele instrumentalisiert werden dürfe. Demgegenüber sollten wir uns sehr wohl fragen, unter welchen Bedingungen was für Wirkungen eintreten und mit welchen Nachteilen wir das möglicherweise erkaufen. Die Parallele zur Missachtung der Parteiinteressen in der klassischen Rechtsgeschäftslehre drängt sich hier auf.[198]

Besonders vage erscheint der Freiheitsbezug.[199] Wettbewerb selbst ist sicher kein Grundrechtsträger – ja es ist nicht einmal ansatzweise erkennbar, weshalb man diesem wirtschaftlich-sozialen Phänomen eigene Interessen, Rechte oder Zwecke zusprechen sollte. Bestenfalls drückt Wettbewerbsfreiheit unglücklich aus, die Freiheit aller oder jedenfalls bestimmter Marktteilnehmer achten zu wollen. Doch auch damit ist wenig geholfen: Definiert man Freiheit als die Abwesenheit jeglicher Beeinflussung privaten Handelns durch den Staat bzw. die Gemeinschaft, trägt das zur wettbewerbstheoretischen Diskussion wenig bei, ja fällt selbst eine Grenzziehung zur Anarchie schwer. Geht man einen Schritt weiter und beschreibt individuelle Freiheitssphären wie das Recht auf körperliche Unversehrtheit, die der Staat nicht nur zu respektieren, sondern aktiv vor privaten Beeinträchtigungen zu schützen habe,[200] ignoriert das immer noch all die staatlichen Anstrengungen, die für Institutionen wie Verträge, Eigentum oder Märkte so wichtig sind.[201] Zudem erfordert der Umstand, dass Menschen tagtäglich aufeinandertreffen, permanent eine Abwägung zwischen den Freiheiten verschiedener Personen, ohne dass die Forderung nach einer Abwägung von Freiheiten dafür Maßstäbe anzubieten hätte.[202] Dieses Problem stellt sich auch dort, wo man Freiheit dahingehend versteht, ganz real möglichst viele und hochwertige Handlungsmöglichkeiten bereitzustellen. Akzeptiert man, dass nahezu jeder moderne Staat seine Bürger darin unterstützt, zeigt sich schnell, was für große gemeinschaftliche Anstrengungen wir benötigen, um all das zu ermöglichen, was wir gemeinhin als freies Handeln empfinden.

Was soll die Rechtsordnung entgegnen, wenn sich ein Monopolist auf die Freiheit beruft, mit seinem Monopol all das anzufangen, was dieses Monopol nun einmal ermöglicht? Welches sind die sich aus der Wettbewerbsfreiheit ergebenden Maßstäbe, anhand derer man begründen könnte, dass die Freiheit, Kunden zu diskriminieren oder zu knebeln, geringer wiegen mag als die Inte-

---

[198] Dazu siehe nur oben § 2 A. IV.; § 9 D. I. oder unten § 19 B. II. 2.
[199] Näher zu diesem Begriff im vertragsrechtlichen Zusammenhang unten § 19 B.
[200] In diesem Sinne spricht Art. 1 GG von der Verpflichtung aller staatlichen Gewalt, die Menschenwürde „zu achten und zu schützen".
[201] Näher oben § 8 E. III.; § 16 A. I. 1.; § 16 D. II.; passim.
[202] Allgemein zu diesem Problem unten § 19 F. III. 2.

ressen der Abnehmer? Was wendet man ein, wenn sich der Werbende auf die Freiheit beruft, andere täuschen zu dürfen, oder der Saboteur ein Freiheitsrecht bemüht, Sabotage zu betreiben? Da nun einmal nicht jede Freiheit gleichermaßen schützenswert ist, bedarf es Maßstäbe, um Freiheiten zu bewerten. Erst hier beginnt die dogmatisch interessante Diskussion, was sich spätestens bei neuartigen Wettbewerbsmethoden zeigt. Der Verweis auf die jeweiligen Besonderheiten des Einzelfalls oder die Notwendigkeit einer Fallgruppenbildung hilft nicht weiter, da beides Maßstäbe verlangt. Gleiches gilt für das Ausmaß einer Schädigung, da hierzu erst bestimmt werden muss, wonach sich Vorliegen und Intensität eines Schadens bemessen sollen. Im Ergebnis erweist sich die Wettbewerbsfreiheit selbst zur Begründung einfachster wettbewerbsrechtlicher Aussagen ungeeignet. Und wer dem Staat Grenzen setzen will, sollte diese Grenzen schon beschreiben können[203] – und zwar ohne realitätsfremde Idealisierungen.[204] Verweigert hingegen die Wissenschaft konkrete Kriterien, sucht sich der Staat dann eben seine eigenen – nicht immer zum Wohle des Wettbewerbs. „Liberal" ist das nicht.[205]

3. Ordoliberalismus

Besonders tragisch erscheint die Rhetorik einer Wettbewerbsfreiheit vor allem deshalb, weil sie all diejenigen Erkenntnisse missachtet[206], die der Ordoliberalismus[207] eindrucksvoll erarbeitete und praktisch erfolgreich umsetzte. Dort war man sich der staatlichen Verantwortung – gerade zur Begrenzung privater Macht –[208] wohl bewusst, besaß man noch den Mut für verbindliche Aussagen und sah den historisch-evolutionären Charakter des Wettbewerbs, ohne diesen gleich zum Selbstzweck hochzustilisieren. Man war sich auch nicht zu schade, soziale Anliegen und deren wettbewerbsrechtliche Relevanz anzuerkennen,[209] und gewann so in der Bevölkerung breite Akzeptanz. In dieser ausgewogen-realitätsnahen Sicht prägte man dann so treffende Begrifflichkeiten wie „liberale Interventionen" (*Rüstow*), „soziale Marktwirtschaft" (*Müller-Armack*), „Marktkonformität" (*Röpke*) oder „Rahmenpolitik" (*Röpke*).

---

[203] Ähnlich etwa *Apolte*, Ökonomische Konstitution, 1999, S. 101: „Der völlige Verzicht auf ein Wohlfahrtskriterium zugunsten des alleinigen Kriteriums der Marktoffenheit wird daher Ökonomen wie Politiker hilflos zurücklassen und zwar gerade auch in jenen Bereichen, in denen (zentral-)staatliche Eingriffe zur Diskussion stehen."
[204] Näher oben § 9 C. V. 2. d) sowie unten § 19 B. III.; passim.
[205] Näher zu diesem Begriff unten § 19 B.
[206] Das hindert allerdings einige Anhänger der Wettbewerbsfreiheit nicht daran, sich in der Tradition des Ordoliberalismus zu sehen.
[207] Mit Vertretern wie *Böhm, Eucken, Erhard, Großmann-Doerth, Miksch, Müller-Armack, Röpke* oder *Rüstow*.
[208] Vgl. oben Fn. 188.
[209] Näher zu diesem Thema unten § 19 C.

Auch der von den Anhängern einer Wettbewerbsfreiheit so heftig bekämpfte Leistungswettbewerb[210] gehört zu dieser großen Tradition, gerade weil sie im Wettbewerb „nur" ein Instrument zum Wohle des Menschen sieht und das dann konsequent einfordert. Denn real lebende Menschen – man könnte sie schließlich einfach einmal fragen – schätzen den Wettbewerb vor allem dann, wenn er ihnen anders als etwa der Kommunismus vielfältige, günstige und qualitativ hochwertige Güter beschert.[211] Spricht man diese Banalität offen aus, fällt allerdings gerne der Vorwurf interventionistischer Wissensanmaßung. Was ein gutes oder schlechtes Produkt sei, lasse sich objektiv nicht festlegen; es verbiete sich, Derartiges zum Maßstab rechtlicher Entscheidungen zu erheben. Was richtig oder falsch sei, könne nur der Wettbewerb selbst entscheiden.[212]

An solchen Äußerungen ist zwar richtig, dass Qualitätsmerkmale je nach Situation und persönlichen Zielen verschieden zu gewichten sind. Genau deshalb sind die Parteiinteressen beim Vertrag so wichtig.[213] Doch wurde ein von diesen losgelöstes Qualitätsverständnis selten ernsthaft vertreten. In der betriebswirtschaftlichen Literatur etwa hat sich längst ein subjektiv-teleologischer Qualitätsbegriff durchgesetzt. Danach ist Qualität der Grad der Eignung eines Produkts für die intendierten Vertragszwecke.[214] Diese Einordnung leuchtet besonders dann ein, wenn man Produkte nicht als ein homogenes Ganzes, sondern als ein Bündel wahrnehmbarer Eigenschaften (Produktattribute) definiert, die jeweils für sich genommen Nutzen stiften.[215]

Genauso wenig jedoch, wie die Tatsache eines äußerlich freien Handelns der Marktteilnehmer Prognosen über Wettbewerbsprozesse ausschließt, vereitelt die Abhängigkeit der Produktqualität von individuellen Umständen tragfähige

---

[210] Siehe zu diesem etwa *Kartte*, WRP 1976, 1; *Ulmer*, GRuR 1977, 565; *Wuttke*, Sicherung des Leistungswettbewerbs durch das Verbot der unbilligen Behinderung in § 26 Abs. 4 GWB, 1995 sowie *Rehberg*, in: Zetzsche/Neef u.a. (Hrsg.), JbJZWiss 2007, 2008, S. 49, 58 ff.

[211] Näher dazu *Rehberg*, in: Zetzsche/Neef u.a. (Hrsg.), JbJZWiss 2007, 2008, S. 49, 62 ff. sowie oben § 2 A. IV. 1.; § 9 D. I. und unten § 19 B. III. 2.; § 19 D. II. 1. b).

[212] Siehe dazu nur *Hoppmann*, Behinderungsmissbrauch, 1980, S. 53; *Köhler*, ORDO 37 (1986), 275, 285; *Möschel*, Pressekonzentration, 1978, S. 100 oder *Rittner*, Wettbewerbs- und Kartellrecht, 6. Aufl. 1999, S. 37.

[213] Näher oben § 2 A.; § 9 D. I.; passim.

[214] Stellv. *Nieschlag/Dichtl/Hörschgen*, Marketing, 19. Aufl. 2002, S. 644 ff., 740 f., 795 ff. Nach DIN EN ISO 9000:2005 ist Qualität der Grad, in dem ein Satz inhärenter Merkmale Anforderungen erfüllt. DIN 55350 definiert Qualität als die Gesamtheit von Eigenschaften und Merkmalen eines Produkts oder einer Tätigkeit, die sich auf deren Eignung zur Erfüllung gegebener Erfordernisse bezieht. Dass eine von der Person losgelöste Qualitätsbeschreibung kaum möglich ist, gilt besonders für Dienstleistungen (stellv. *Hirte*, Berufshaftung, 1996, S. 205 m.w.N.). Denn hier wird der Nachfrager selbst als externer Faktor in den Produktionsprozess mit einbezogen, so dass die Qualität auch von den Eigenheiten und Fähigkeiten des Kunden abhängt, vgl. *Jugel/Zerr*, ZFP 1989, 162 m.w.N.

[215] Grdl. *Lancaster*, 74 JPolitEcon 132 (1966).

Qualitätsaussagen. Ansonsten wäre die Rede von einem technologischen Fortschritt hochgradig anmaßend, Konrad Zuses Z1-Rechner von genauso guter Qualität wie moderne Hochleistungscomputer und Carl Benzs Automobil von 1886 kein schlechteres Fahrzeug als jene heutiger Fertigung. Die Produzentenhaftung müsste gar als ein einziges großes Missverständnis eingeordnet werden. Tatsächlich lassen sich bei vielen Produkten für die meisten Eigenschaften ohne Weiteres Qualitätsaussagen treffen.

Letztlich kann hier – und auch das verdeutlicht die Nähe der aktuellen vertragstheoretischen Schwierigkeiten zu denen der Wettbewerbstheorie – auf die Bedeutung menschlicher Zwecke verwiesen werden: Diese sind für menschliches Verhalten zentral[216] und lassen sich wissenschaftlich definieren wie praktisch ermitteln.[217] Wohl aber weichen wir deren staatlicher Feststellung weithin aus, etwa indem wir getreu dem Subsidiaritätsgrundsatz bevorzugt die Parteien selbst entscheiden lassen.[218]

E. Wettbewerb der Rechtsordnungen?

I. Problem

Der Wettbewerb der Rechtsordnungen ist in aller Munde – und das zu Recht, weil als reale Erscheinung einer globalisierten Welt nicht zu übersehen. Wenngleich man über dessen Ausmaß trefflich streiten mag, fällt es je nach Rechtsgebiet und Personenkreis bisweilen leicht, sich den ungeliebten Vorgaben eines bestimmten Landes zu entziehen. So unbestritten die Existenz dieses Phänomens ist, so kontrovers wird es bewertet. Die Befürworter werben – oft ökonomisch[219] argumentierend – besonders mit der These einer größeren Effizienz wie auch Liberalität. So führe ein Wettbewerb der Rechtsordnungen[220] vergleichbar einem Wettbewerb mit privaten Gütern und Dienstleistungen zu besserem Recht, mehr Autonomie und Innovation. Freie Rechtswahl sei daher als eine eigenständige und besonders fortschrittliche Regulierungsoption zu

---

[216] Näher oben § 2 A. IV.; § 2 A. V.
[217] Näher oben § 2 A. III.
[218] Näher oben § 8 E. II. 2. Zur Feststellung von Zielen vgl. oben § 2 A. III.
[219] Wenngleich Rechtswahlfreiheit schon sehr lange auch im Internationalen Privatrecht diskutiert wird, darf trotz des engen sachlichen Zusammenhangs nicht übersehen werden, dass dies unter teilweise deutlich anderen Vorzeichen stattfindet, die oft nur wenig mit dem Anliegen eines Wettbewerbs der Rechtsordnungen zu tun haben. Näher unten § 16 E. V. 3.
[220] Streng genommen konkurrieren Rechtsetzungsorgane, nicht Rechtsordnungen. Oft ist auch von System- oder Regulierungswettbewerb die Rede, wobei diese Begriffe nicht immer einheitlich verwandt werden. Ebenfalls verbreitet ist die Rede von einer regulativen oder Rechtsarbitrage, eine Definition und Abgrenzung versucht *Enriques*, ZGR 2004, 735, 737.

begreifen und verstärkt einzusetzen.[221] Diese Forderungen betreffen überwiegend auch das hier interessierende Vertragsrecht – und zwar über die Gesellschaft mit ihren vertraglichen Wurzeln[222] weit hinaus. Auch ganz praktisch ist nicht zu verkennen, dass es solche Wahlfreiheiten bereits gibt und sich diese zukünftig noch vergrößern könnten.[223] Schon deshalb erscheint es wichtig, dieses Phänomen möglichst nüchtern und präzise einzuordnen, zumal hier mit der vertraglichen, gemischt privat-staatlichen Kompetenzordnung ein Thema angesprochen ist, das in dieser Arbeit auch sonst eine zentrale Rolle einnimmt.[224]

Doch was lässt sich zu alldem spezifisch rechtlich sagen? Geht es hier nicht eher um soziologische, politikwissenschaftliche oder ökonomische Fragestellungen? Tatsächlich gehört es zu den großen, in ihrer Tiefe wie Tragweite oft unterschätzten rechtswissenschaftlichen Errungenschaften, grundlegende Kategorien erarbeitet zu haben, auf denen unser ganzes Denken, ja das gesamte Staatswesen aufbaut, und die es uns erlauben, der überbordenden Komplexität unserer Lebenswelt einigermaßen Herr zu werden. Konkret handelt es sich um Unterscheidungen wie jene zwischen Sach- und Kollisionsrecht[225], materiellem und Prozessrecht, Privat- und öffentlichem Recht, die Trennung rechtspolitischer (Gerechtigkeits-) Vorstellungen vom positiven Recht, aber auch zwingender Vorschriften von solchen Norminhalten, die der Privatautonomie[226] überlassen bleiben.

---

[221] Siehe aus der unübersehbaren Literatur hier nur monographisch etwa *Romano*, Genius, 1993; *O'Hara/Ribstein*, The Law Market, 2009, S. 7 ff., 19 ff., passim; *Rühl*, Statut und Effizienz, 2011, S. 224 ff., 306 ff. Zur Gegenüberstellung von Systemwettbewerb und Harmonisierung vgl. stellv. *Dammann*, 29 YaleJIntL 477, 507 (2004); *Schön*, ZHR 160 (1996), 221, 232 ff. sowie zum „neuen Ansatz" der Europäischen Kommission etwa *Streit/Mussler*, in: Gerken (Hrsg.), Europa, 1995, S. 75, 76, 88 f. Mit Blick auf die US-amerikanische Diskussion speziell des Gesellschaftsrechts vgl. beispielsweise *Ebke*, ZVglRWiss 110 (2011), 2; *Teichmann*, Binnenmarktkonformes Gesellschaftsrecht, 2006, S. 332 ff. Nach *Grundmann*, ZGR 2001, 783, 832 ist ein Wettbewerb der Regelgeber „... wohl auch in Europa sogar verfassungsrechtlich geboten."

[222] Näher zum Gesellschaftsvertrag kurz unten § 19 E. III. 2.

[223] So wird auf europäischer Ebene weniger eine umfassende Harmonisierung des Vertragsrechts als vielmehr eine weitere europäische Option diskutiert, siehe dazu den Vorschlag der Europäischen Kommission für eine Verordnung des Europäischen Parlaments und des Rates über ein Gemeinsames Europäisches Kaufrecht, KOM(2011) 635 endg. v. 11.10.2011.

[224] Näher oben § 8 B.; passim.

[225] „Kollisions-" und „Internationales Privatrecht" werden hier synonym verwandt, vgl. zur Begrifflichkeit *v. Bar/Mankowski*, Internationales Privatrecht, Bd. I, 2003, S. 10 ff. (§ 1 Rn. 15 ff.); *v. Hoffmann/Thorn*, Internationales Privatrecht, 9. Aufl. 2007, S. 7 f. (§ 1 Rn. 34); *Kegel/Schurig*, Internationales Privatrecht, 9. Aufl. 2004, S. 24 f. (§ 1 VI.); *Kropholler*, Internationales Privatrecht, 6. Aufl. 2006, S. 1 f. (§ 1 I); *Neuhaus*, Grundbegriffe, 2. Aufl. 1976, S. 24 ff.; *Sonnenberger*, MüKo-BGB, Bd. 10, 5. Aufl. 2010, Einl. IPR Rn. 3 f.

[226] Im Folgenden ist wie im Internationalen Privatrecht üblich mit Parteiautonomie die freie Rechtswahl gemeint, während Privatautonomie die sachrechtliche Ebene anspricht,

Im Folgenden soll illustriert werden, dass die These einer Attraktivität eines Wettbewerbs der Rechtsordnungen vornehmlich auf einer Vermengung dieser Grundkategorien beruht, ohne dass dies regelmäßig gesehen oder gar begründet würde. Es geht hier also nicht um ein flammendes Plädoyer für oder gegen eine bestimmte politische Vorstellung oder das richtige Ausmaß staatlicher Intervention, sondern um die Vermeidung von Kategorienfehlern. Dabei wird sich zeigen, dass die ökonomische Diskussion stark vom gleichermaßen gehaltvollen wie bereits sehr ausgereiften Kenntnisstand des Kollisionsrechts profitieren könnte. Viele vermeintlich neue Fragen werden dort bereits über Jahrhunderte und häufig deutlich differenzierter als in der Ökonomik erörtert. Umgekehrt kann aber auch das Internationale Privatrecht von der Diskussion speziell des Wettbewerbs der Rechtsordnungen lernen, wird dort die Forderung nach freier Rechtswahl auf die Spitze getrieben. Dementsprechend zeigt sich hier besonders deutlich, was passiert, wenn man in subjektiven Anknüpfungen[227] nicht mehr bloß eine oft unvermeidbare Notwendigkeit als vielmehr ein für sich erstrebenswertes Regelungskonzept sieht.

Was hier zunächst nur abstrakt angedeutet wurde, sei nunmehr anhand dreier, in unserem juristischen Denken fest verankerter Unterscheidungen illustriert. Das ist erstens die Entscheidung darüber, ob eine bestimmte sachliche Materie auf übergeordneter oder aber lokaler Ebene geregelt werden sollte (Harmonisierung versus Subsidiarität).[228] Zweitens muss sich der so berufene Gesetzgeber entscheiden, ob er mit zwingendem Recht interveniert oder auf Privatautonomie setzt.[229] Genauso unterscheiden Juristen drittens streng zwischen Kompetenzfragen und sachrechtlichen Gesichtspunkten.[230] Aber auch die Hoffnung auf möglichst viel Innovationen wird zu überprüfen sein.[231]

II. Harmonisierung versus Subsidiarität

Ein Wettbewerb der Rechtsordnungen setzt zunächst voraus, dass es überhaupt unterschiedliche Körperschaften gibt, die für einen bestimmten Regelungsbereich Recht setzen können. Diese Vielfalt mag sich dabei auf einer Ebene abspielen – etwa zwischen den einzelnen Mitgliedstaaten der Europäischen Union – oder aber vertikal,[232] wie dies beispielsweise bei der Europäischen

---

vgl. stellv. *Bar/Mankowski*, Internationales Privatrecht, Bd. 1, 2003, S. 592 (§ 7 Rn. 67) m.w.N.

[227] Subjektive Anknüpfung meint die Bestimmung des anwendbaren Rechts nach den Parteivorstellungen. Zu den oft fließenden Übergängen von objektiver und subjektiver Anknüpfung siehe unten bei Fn. 382 f.

[228] Unten § 16 E. II.

[229] Näher unten § 16 E. III.

[230] Dazu unten § 16 E. IV.

[231] Unten § 16 E. V. 1.

[232] Für *Schön*, CMLR 42 (2005), 331, 361 etwa ist die vertikale Dimension besonders

Aktiengesellschaft der Fall ist, die mit nationalen Rechtsformen um die Gunst von Unternehmensgründern konkurriert. Die Alternative zu dieser Rechtevielfalt bildet die Harmonisierung, die Wahlmöglichkeiten und damit auch den Rechtewettbewerb ausschaltet. Am Anfang steht damit ein Kompetenzproblem. Entscheidet man sich gegen eine Harmonisierung, stellt sich dann in einem zweiten Schritt die kollisionsrechtliche Frage, ob man das anwendbare Recht subjektiv nach dem Parteiwillen oder aber nach objektiven Maßstäben bestimmt. Kompetenz- und Anknüpfungsproblem werden juristisch getrennt, wobei auch die jeweils gewählte Anknüpfung darüber entscheidet, wie attraktiv es ist, auf Harmonisierung zu verzichten. In dieser Frage geht es allerdings nicht nur um die Vor- und Nachteile eines Wettbewerbs der Rechtsordnungen, vielmehr betrifft eine Dezentralisierung noch andere rechtspolitisch wichtige Aspekte.[233]

1. Internationales Privatrecht

Ein Internationales Privatrecht ist nur, aber auch immer dann erforderlich, wenn es einerseits unterschiedliche Körperschaften mit eigenständiger Rechtsetzungskompetenz und andererseits Mobilität zwischen diesen gibt – sei es von Information, Personen (natürlich wie juristisch) oder Produkten (Güter wie Dienstleistungen).[234] Gerade weil es angesichts stetig zunehmender Grenzüberschreitungen oft unklar ist, welcher Staat berufen sein sollte, über einen bestimmten Sachverhalt zu entscheiden, müssen kollisionsrechtliche Regeln klären, wessen Rechtsetzungsorgan die inhaltliche Entscheidung gebührt.

Nicht erst seit der Schaffung eines gemeinsamen Binnenmarktes durch die Europäische Gemeinschaft liegt es dabei nahe, einzelne Anknüpfungsregeln auch danach zu befragen, wie sehr sie die Mobilität von Information, Personen oder Produkten beeinträchtigen, und zwar nicht nur angesichts der Geltung europäischer Grundfreiheiten.[235] Schließlich birgt grenzüberschreitende

---

attraktiv, da sie die Flexibilität und evolutorische Dynamik des Regulierungswettbewerbs mit der Perspektive eines standardisierten und transparenten Rechtsprodukts kombiniere.

[233] Besonders instruktiv hierzu unter Auswertung der US-amerikanischen Diskussion um die *federalist articles* der Jahre 1787 und 1788 *Apolte*, Ökonomische Konstitution, 1999, S. 167 ff.

[234] Stellv. *Kegel/Schurig*, Internationales Privatrecht, 9. Aufl. 2004, S. 5 (§ 1 III); *Kropholler*, Internationales Privatrecht, 6. Aufl. 2006, S. 3 (§ 1 II 2), weshalb es nicht ganz überzeugt, wenn dieses Rechtsgebiet bisweilen, etwa angesichts seiner Komplexität, recht grundsätzlich in Frage gestellt wird, vgl. etwa *Calliess*, Verbraucherverträge, 2006, S. 134, 137 m.w.N.

[235] Etwas zu weit gehen demgegenüber Vorstellungen dergestalt, dass das Internationale Privatrecht ein Mittel zur Verwirklichung des Europäischen Binnenmarkts sei. Es ist aber – genau wie etwa am Verfassungsrecht – auch an den Grundfreiheiten zu messen. Entscheidend ist dabei das Ergebnis, nicht der Weg dorthin. Ob ein Mitgliedstaat die Grundfreiheit auf kollisions- oder aber sachrechtlichem Weg verwirklicht, ist insoweit gleichgültig

Mobilität, etwa in Form eines Binnenmarktes, Vorteile.²³⁶ Generelle Aussagen für oder gegen ein bestimmtes Anknüpfungsprinzip lassen sich nur schwer treffen: Knüpft man an das Recht desjenigen Landes an, in das die Person oder das Produkt eintritt (europarechtlich gesprochen: Bestimmungslandprinzip), muss sich der Exporteur bzw. die über die Grenze tretende Person auf ein für sie fremdes Recht einstellen.²³⁷ Zudem droht hier unter Umständen eine (versteckte) Diskriminierung.²³⁸ Allerdings wird die grenzüberschreitende Mobilität auch dann beeinträchtigt, wenn das Herkunftslandprinzip gilt. Denn nun entstehen denjenigen Personen Kosten, die sich im Bestimmungsland mit mehreren Rechten auseinandersetzen müssen.²³⁹ Um das zu illustrieren: Gälte für das Lauterkeitsrecht das Herkunftslandprinzip, hätten sich die Kunden mit der Rechtslage all derjenigen Staaten auseinanderzusetzen, deren Güter sie zumindest in Betracht ziehen. Bei Anlegung ökonomischer Maßstäbe wird man daher für die zu wählende Anknüpfung unter anderem fragen, welche Seite die Kosten fremder Rechtskenntnis günstiger tragen kann.²⁴⁰ Beim Wettbewerbsrecht sind das regelmäßig die Anbieter, während das Herkunftslandprinzip dort sinnvoll erscheint, wo einzelne, die Grenze überschreitende Bürger mit großen Instanzen wie dem Staat zu tun haben. Nicht rechtfertigen können Mobilitätshindernisse hingegen eine freie Rechtswahl, sofern man darunter versteht, dass eine Rechtsordnung ganz unabhängig von einem realen Mobilitätshindernis wählbar ist.

2. Rechtsvereinheitlichung

Internationales Privatrecht, d.h. die staatliche Entscheidung darüber, welche Rechtsordnung berufen sein sollte, über einen Sachverhalt mit internationalem Bezug zu entscheiden, ist nicht die einzige Option, um auf zunehmende Mobilitätsbedürfnisse zu reagieren. Die zentrale Alternative einer Beibehaltung nationaler Sachrechte (und damit auch eines Internationalen Privatrechts) ist die Harmonisierung.²⁴¹ Stimmt das Sachrecht in allen Ländern

---

²³⁶ Ökonomisch ist hier vor allem die Außenhandelstheorie einschlägig, vgl. einführend *Krugman/Obstfeld/Melitz*, Internationale Wirtschaft, 9. Aufl. 2011. Aber auch nichtmonetäre Größen wie etwa der Wert von Reisefreiheit sind natürlich zu berücksichtigen.
²³⁷ Stellv. *Calliess*, Verbraucherverträge, 2006, S. 5; *Leible*, FS Jayme, Bd. I, 2004, S. 485, 502 oder *Wagner*, 39 CMLR 995, 1013 ff. (2002) m.w.N., der zu Recht darauf verweist, dass viele Produkte untrennbar mit den ihnen zu Grunde liegenden rechtlichen Vorschriften (vertraglich oder gesetzlich) verbunden sind.
²³⁸ Dies ist beim Herkunftslandprinzip anders, vgl. zutr. *Sinn*, 66 JPubEcon 247, 264 (1997).
²³⁹ Da dies für den Kunden genauso Kosten sind wie ein zu zahlender Preis, wirkt sich das wiederum als Handelshemmnis aus.
²⁴⁰ Letztlich trägt der Kunde über den von ihm zu zahlenden Preis sämtliche Kosten der Bereitstellung eines Guts, so dass es hier nicht um Verteilungsfragen, sondern eine Kostenminimierung geht. Siehe dazu etwa auch unten § 19 C. IV. 2. b) aa).
²⁴¹ Im Folgenden ist mit Harmonisierung nur die Vollharmonisierung gemeint, da Min-

überein, entfällt die Bestimmung des anwendbaren Rechts und gibt es keine fremden Rechte, auf die sich jemand bei grenzüberschreitender Aktivität einstellen müsste.[242] Es werden also zuverlässig all diejenigen Mühen ausgeschaltet, die mit der Existenz unterschiedlicher Rechtsordnungen verbunden sind, einschließlich des gesamten Kollisionsrechts und seiner Komplexität.[243] Das beinhaltet auch typische Abstimmungsprobleme – man denke nur an Stichworte wie Normenkollision (Normenmangel und Normenhäufig)[244] oder *legal transplants*.[245] Weiterhin erlaubt Harmonisierung auf organisatorischer Ebene eine stärkere Zentralisierung von Rechtsetzung und -anwendung, was Arbeitsteilung und Spezialisierung ermöglicht.[246] So mag es in sehr komplizierten und politisch wenig sensiblen Bereichen durchaus im Sinne aller Mitgliedstaaten sein, wenn sich nicht jedes nationale Parlament, sondern mit der Europäischen Union nur eine Instanz, mit bestimmten Regelungsfragen beschäftigen muss. Auch kann ein Staatenverbund wie die Europäische Union manches politische Anliegen im Vergleich zu einzelnen Mitgliedstaaten nach innen wie außen oft wirksamer durchsetzen. Schließlich schaltet Harmonisierung einen Wettbewerb der Rechtsordnungen aus.[247] Oft vernachlässigt wird schließlich, dass eine Zentralisierung Meinungsvielfalt wie Freihandel schützt, indem sie es etwa in einzelnen Regionen dominierenden Gruppen erschwert, ihre Interessen durch nur auf diese Region beschränkte Wahlen gegenüber den dortigen Minderheiten durchzusetzen.[248]

Harmonisierung und die mit ihr oft eng verbundene Zentralisierung haben auch Nachteile, werden so nationale Rechte beseitigt.[249] Recht ist ein bedeu-

---

destharmonisierung nur eine eingeschränkte Form der Vereinheitlichung, d.h. eine Mischform, ist.

[242] Dabei fällt diese Einheit umso vollkommener aus, je stärker auch die Rechtsprechung der unterschiedlichen Länder einheitlich agiert. Erfahrungsgemäß gelingt das nicht immer.

[243] Siehe dazu und insbesondere zu den häufigen Vollstreckungsschwierigkeiten *Schmidtchen*, RabelsZ 59 (1995), 56, 71 f., 93; *Rühl*, 6 JPrivIntL 59, 61 ff. (2010), 67 f.

[244] Stellv. *Kegel/Schurig*, Internationales Privatrecht, 9. Aufl. 2004, S. 48 (§ 1 VII), 141 (§ 2 II b); *Kropholler*, Internationales Privatrecht, 6. Aufl. 2006, S. 236 ff. (§ 34 III).

[245] Stellv. *Rehm*, RabelsZ 72 (2008), 1 m.w.N.

[246] *Salmon*, 3 OxfRevEconPol 24, 27 (1987) betont richtig, dass Zentralisierung nach (neo-)klassischer Theorie nahezu immer die effiziente Lösung darstellt. Erst durch die Berücksichtigung von Transaktionskosten ändert sich das Bild. Zur Bedeutung zentraler Gerichtsstände mit entsprechend hohen Fallzahlen siehe *Kirchner/Painter/Kaal*, ECFR 2005, 159. Den Charakter des auch durch Rechtsprechung konkretisierten Rechts als einem öffentlichen Gut betont zu Recht *Wagner*, 39 CMLR 995, 1002 (2002).

[247] Genau das ist oft auch erklärtes Ziel, vgl. dazu nur *Merkt*, RabelsZ 59 (1995), 545, 546 m.w.N. Zur Bewertung dieses Umstandes siehe gleich unten § 16 E. III.

[248] Eingehend *Apolte*, Ökonomische Konstitution, 1999, S. 169 ff., 178 ff., 181 ff., 186 ff., passim.

[249] Stellv. *Ebke*, RabelsZ 62 (1998), 195, 197 ff.; *Kötz*, RabelsZ 50 (1986), 1, 1 f., 10 ff.; *Meessen*, JZ 2009, 697, 704; *Merkt*, RabelsZ 59 (1995), 545 sowie zu den Vor- und Nachteilen zentraler Regelsetzung etwa auch *Gomez*, ERCL 2008, 89, 91 ff., 99 ff.; *Müller*, Sys-

E. Wettbewerb der Rechtsordnungen?

tender Teil unserer Kultur;[250] die mit verschiedenen Rechtsordnungen verbundene Vielfalt ist für sich genommen ein hohes Gut. Je nach Rechtsgebiet wiegt dieser Aspekt unterschiedlich schwer – mit dem Vertrags- oder Gesellschaftsrecht jedenfalls stünde viel auf dem Spiel.[251] Auch eröffnet nur die Existenz verschiedener Rechte die mit der Rechtsvergleichung verbundene Chance, von den Erfahrungen anderer Staaten zu lernen, was voraussetzt, dass einzelne Länder oder Regionen überhaupt experimentieren können.[252] Dabei lässt sich dieser Rechtsvergleich erleichtern, indem man für vergleichbare Begrifflichkeiten, Kennzahlen und statistische Erfassungsmethoden sorgt[253] – man denke nur an die PISA-Studien[254]. Ökonomen sprechen hier von Yardstick-Wettbewerb.[255] Weiter erschwert es Harmonisierung, lokalen Besonderheiten gerecht zu werden.[256] Das betrifft einerseits faktische Gegebenheiten wie Klima, Geographie oder Infrastruktur. So empfiehlt es sich beispielsweise nicht, für

---

temwettbewerb, 1999, S. 121 ff.; *Teichmann*, Binnenmarktkonformes Gesellschaftsrecht, 2006, S. 387 ff.

[250] Zur Rechtskultur siehe etwa *Mankowski*, JZ 2009, 321.

[251] Derzeit ist allerdings im Vertragsrecht von einer Harmonisierung noch keine Rede, sondern wird vielmehr über eine weitere europäische Option diskutiert, siehe dazu den Vorschlag der Europäischen Kommission für eine Verordnung des Europäischen Parlaments und des Rates über ein Gemeinsames Europäisches Kaufrecht, KOM(2011) 635 endg. v. 11.10.2011.

[252] Stellv. *Kieninger*, Wettbewerb der Rechtsordnungen, 2002, S. 19, 26, vgl. etwa auch *Wagner*, 39 CMLR 995, 1003 ff. (2002) oder *Romano*, Genius, 1993, S. 5, die allerdings davon ausgeht, dass gerade ein Wettbewerb der Rechtsordnungen diese Vorteile aufweise, vgl. dazu unten § 16 E. V.

[253] Stellv. *Apolte*, in: Eger/Schäfer (Hrsg.), Europäische Zivilrechtsentwicklung, 2007, S. 215, 239.

[254] Abrufbar unter http://www.oecd.org (Suchbegriff: PISA).

[255] Diese Form von Systemwettbewerb, d.h. ein Wettbewerb zwischen völlig getrennten Märkten, achtet die staatliche Souveränität und ist daher in vielerlei Hinsicht unproblematischer. Jeglicher Druck kommt aus dem betroffenen Staat selbst, siehe dazu etwa *Shleifer*, 16 RandJEcon 319, 319 f. (1985); *Salmon*, 3 OxfRevEconPol 24, 30 ff. (1987) oder *Kieninger*, Wettbewerb der Rechtsordnungen, 2002, S. 19, 26. Zentraler Gedanke ist dabei, dass der Vergleich des Erfolgs zweier Rechtsordnungen bisweilen weniger aufwändig ist als die direkte Bewertung gesetzlicher Maßnahmen. In der Ökonomik wird dabei regelmäßig unterstellt, dass es der Wähler ist, der den Erfolg verschiedener Rechtsordnungen vergleicht und so Druck ausübt, und zwar umso intensiver, je geringer dessen Informationskosten, je vergleichbarer die ausländischen und inländischen Verhältnisse und je höher der Bildungsstand der Bevölkerung ist. Das dürfte die Realität nicht ganz treffen, finden Rechtsreform und Rechtsetzung oft weitab der Öffentlichkeit statt, siehe nur *Wagner*, 39 CMLR 995, 1012 (2002).

[256] Über das Ausmaß der regionalen Unterschiede kann man trefflich streiten. *Salmon*, 3 OxfRevEconPol 24, 27 (1987) hält sie für eher gering. Jedenfalls bilden sie ein Argument für Subsidiarität, vgl. stellv. *Apolte*, Ökonomische Konstitution, 1999, S. 131 ff.; *Ebke*, RabelsZ 62 (1998), 195, 198, 207; *Wagner*, 39 CMLR 995, 999 ff. (2002). Allgemein zur Problematik siehe *Tiebout*, 64 JPolitEcon 416 (1956) sowie dazu etwa *Apolte* (a.a.O.), S. 11 ff.; *Kieninger*, Wettbewerb der Rechtsordnungen, 2002, S. 37, 45 ff.; *Müller*, Systemwettbewerb, 1999, S. 43 ff.

Schweden wie Sardinien die gleiche Wärmedämmung vorzuschreiben.[257] Aber auch die normativen Überzeugungen der Bürger können schwanken. Und sind die Menschen einer Region besonders risikofreudig, mag es sinnvoll sein, auch diese Besonderheiten zu berücksichtigen.[258] Zudem sind lokale Verwaltungen oft näher am Bürger bzw. Sachproblem und damit erfolgreicher in der Umsetzung politischer Ziele.[259] Schließlich lassen sich Rechtsordnungen, die getreu dem Subsidiaritätsprinzip[260] für einen begrenzten Personenkreis gelten, oft flexibler ändern, was allerdings auch daran liegt, dass das Mehrheitsprinzip angesichts der sich mit jeder Ausweitung verstärkenden kulturellen Unterschiede tendenziell zugunsten höherer Quoren verdrängt wird.[261]

III. Zwingendes Recht versus Privatautonomie

Eine für die Würdigung freier Rechtswahl zentrale Unterscheidung ist die zwischen zwingendem Recht und jenem Bereich, der dem Einzelnen oder den Vertragsparteien zur freien Gestaltung überlassen bleibt. *Savigny* wusste hier genau zu trennen, indem er vom Grundsatz der Gleichstellung einheimischen und fremden Rechtes solche „… Gesetze von streng positiver, zwingender Natur …" ausnahm, „… die eben wegen dieser Natur zu jener freien Behandlung … nicht geeignet sind …"[262] Ignoriert man hingegen diese Unterscheidung, sind zumindest gravierende Missverständnisse vorprogrammiert.[263] So-

---

[257] *Müller*, Systemwettbewerb, 1999, S. 135.

[258] Zwar ist es rein theoretisch möglich, auch das harmonisierte Recht regional zu differenzieren, doch wird es dann sehr schnell kompliziert und stellt sich die Frage, ob hier noch von Harmonisierung die Rede sein sollte. Schließlich liegt dann regelmäßig eben nur eine Zentralisierung im organisatorischen Sinn vor, nicht jedoch ein einheitliches Recht.

[259] Stellv. *Apolte*, Ökonomische Konstitution, 1999, S. 135.

[260] Näher dazu oben § 8 E. II. 2.

[261] Zu diesem Versteinerungsproblem, das aber keineswegs gleich einen Wettbewerb der Rechtsordnungen notwendig macht, siehe *Kieninger*, Wettbewerb der Rechtsordnungen, 2002, S. 28; *Schön*, ZHR 160 (1996), 221, 236f.

[262] *Savigny*, System, Bd. 8, 1849, S. 33, vgl. dazu etwa *Kropholler*, Internationales Privatrecht, 6. Aufl. 2006, S. 18 (§ 3 II) sowie generell zur Sonderbehandlung zwingenden Rechts unten bei Fn. 365, 369.

[263] Demgegenüber ist es weit verbreitet, die vermeintlichen Vorzüge eines Wettbewerbs der Rechtsordnungen anhand des dispositiven Rechts zu erläutern (stellv. *Romano*, Genius, 1993, S. 1, 3: „The legislative approach is, in the main, enabling. Corporation codes supply standard contract terms for corporate governance. These terms function as default provisions… States provide a different set of governance defaults…"; „In contrast to state corporation laws, federal regulations are mandatory."), letztlich aber zwingende Vorschriften keineswegs auszunehmen (so dann auch *Romano* etwa auf S. 149 zu Mitbestimmungsvorschriften). Dahinter steht oft die sehr optimistische Vorstellung, auf zwingende Regeln weitestgehend verzichten zu können, vgl. zu diesem *contractarian paradigm* nur *Easterbrook/ Fischel*, Economic Structure, 1991, 34ff.; *Winter*, 6 JLS 251 (1977). Hingegen betont *Roth*, ZGR 2005, 348f., 352f., 356ff. richtig (dort für das Kapitalgesellschaftsrecht), wie oft es gerade auf zwingende Vorschriften ankommt.

weit das Sachrecht dispositiv ist, ist es noch eher eine rechtstechnische Frage, ob die Parteien innerhalb ihrer Dispositionsfreiheit formal beim nationalen Recht bleiben, inhaltlich aber dem fremden Recht entsprechende Inhalte vereinbaren,[264] oder aber dieses fremde Recht gleich direkt für anwendbar erklären können. Brisant wird freie Rechtswahl hingegen spätestens dort, wo ein Staat sein Recht erzwingen will und zumindest einzelne Bürger diesem Zwang ausweichen. Hierauf konzentriert sich diese Würdigung.

1. Besseres Recht durch freie Rechtswahl?

Das einflussreichste Argument für einen Wettbewerb der Rechtsordnungen ist die These, dass er zumindest grundsätzlich zu besserem Recht führe. Dabei werden vor allem zwei Parallelen gezogen: Zum einen soll ein Wettbewerb der Staaten um attraktives Recht ähnliche Vorteile versprechen wie ein Wettbewerb privater Anbieter um klassische Güter und Dienstleistungen,[265] bei dem es die Abnehmer und nicht etwa die Anbieter sind, die den Produktinhalt bestimmen. In einem für Wettbewerb typischen, von Innovation geprägten Entdeckungsverfahren[266] könne sich das beste Recht frei von schädlicher staatlicher Intervention und Wissensanmaßung durchsetzen. Zum anderen finden sich auch Vergleiche zum materiellen Recht: Genauso wie es liberal sei, beim Vertragsrecht auf die Entscheidung der Parteien abzustellen, anstatt den Vertragsinhalt staatlicherseits festzulegen, sei es liberal, den Parteien das anwendbare Recht anheimzustellen.[267]

Möchte man die Auswirkung freier Rechtswahl und eines dadurch stark verschärften Wettbewerbs der Rechtsordnungen bewerten, drängt sich die Frage auf, ob sich zu dieser sehr politischen Frage überhaupt (rechts-) wissenschaftliche Aussagen treffen lassen, die mehr sind als nur ein Ausdruck privater Gerechtigkeitsvorstellungen. Allerdings lässt sich von jedem Konzept zumindest die innere Stimmigkeit einfordern, zumal es gewisse Gemeinsamkeiten gibt. So findet sich kaum ein ernsthaft vertretener Ansatz, der nicht die Gleichwertigkeit der politischen Präferenzen aller Bürger eines Landes anerkennt. Genauso wie es liberale Konzeptionen jedem Einzelnen zubilligen, in-

---

[264] Das ist die sogenannte materiellrechtliche Rechtswahl. Dabei soll nicht in Rede gestellt werden, dass etwa dispositive Vorschriften eine gewisse Mischform darstellen können, die umso stärker in die Richtung zwingenden Rechts tendieren, je aufwändiger deren Abbedingung ist. Auch kann es hilfreich sein, über freie Rechtswahl auf verschiedene Muster dispositiven Rechts zurückgreifen zu können, wenngleich sich das bei echtem Bedarf national genauso bewerkstelligen ließe.
[265] Zu den positiven Funktionen von Wettbewerb zählen die vergrößerte Wahlfreiheit der Kunden, die Verringerung wirtschaftlicher Macht, die Steigerung der Effizienz, die Honorierung individueller Leistung und vieles mehr, vgl. dazu nur oben Fn. 193.
[266] Vgl. dazu die Nachweise unten bei § 16 E. V.
[267] Stellv. *Kirchner*, FS Immenga, 2004, S. 607, 615 f. Aus kollisionsrechtlicher Sicht vgl. die in Fn. 369 zitierten Stimmen.

dividuelle Vorstellungen zu entwickeln und einzubringen, betont etwa die Wohlfahrtsökonomik, dass der Nutzen aller Personen gleichgewichtig zu aggregieren sei. Institutionell manifestiert sich diese fundamentale Annahme besonders im Demokratieprinzip, wonach jeder Person gleiches Stimmrecht zukommt. Daneben gehört zu der hier eingeforderten inneren Stimmigkeit vor allem eine gewisse Zweckrationalität.[268] Welchen Zielen Recht auch immer dient, sollte es diese möglichst intelligent in dem Sinne verfolgen, dass Widersprüche und unnötige Komplexitäten vermieden werden.

2. Selektionsprinzip

Fragt man nun nach den Auswirkungen einer freien Rechtswahl, liegt die Antwort auf der Hand: Zwingendes Recht, das bei einer objektiven Anknüpfung anwendbar wäre (man denke nur an einen reinen Inlandssachverhalt), kann abgewählt werden und verliert damit seinen zwingenden Charakter.[269] Dabei muss noch nicht einmal – wie beim klassischen Standortwettbewerb mit seinem indirekten Druck –[270] unter einigem Aufwand der Produktions- bzw. Versandort verlagert werden. Vielmehr lässt sich das ungeliebte Recht mit einem Handstreich beseitigen.[271] Das Recht eines Landes wird also von den sonstigen Standortfaktoren[272] entkoppelt.[273] Zu bewerten ist damit die Möglichkeit der faktisch über das anzuwendende Recht entscheidenden Parteien, sich ein sol-

---

[268] Grdl. zu diesem Begriff *Weber*, Wirtschaft und Gesellschaft, 5. Aufl. 1972, S. 13.

[269] Stellv. *Bebchuk*, 105 HarvLRev 1435, 1498 (1992); *Kirchner*, FS Immenga, 2004, S. 607, 616. Bei einer dynamischen Betrachtung verschärft sich dieser Abbau. Denn möchten Staaten vermeiden, dass ihr Recht bedeutungslos wird, sind sie gezwungen, ihr Recht den Bedürfnissen derjenigen Personen anzupassen, die faktisch diese Wahl ausüben. Hierauf müssen dann wiederum andere Staaten reagieren usw. Besonders davon betroffen sind kleine Staaten, die allerdings auch einen größeren Anreiz haben, in den Wettbewerb der Rechtsordnungen einzutreten, vgl. *Apolte*, in: Eger/Schäfer (Hrsg.), Europäische Zivilrechtsentwicklung, 2007, S. 215, 232 f. Allerdings währen Vorteile auch hier nur so lange, wie nicht die größeren Staaten nachziehen.

[270] Zu diesen Mechanismen und deren Opfer (insbesondere dem relativ immobilen Faktor Arbeit) vgl. nur *Apolte*, Ökonomische Konstitution, 1999, S. 89 ff., 98 ff.; *Hirschmann*, Exit, Voice and Loyalty, 1970; *Kieninger*, Wettbewerb der Rechtsordnungen, 2002, S. 59 f.; *Kirchner*, FS Immenga, 2004, S. 607, 612 f.; *Sinn*, Perspektiven der Wirtschaftspolitik 2002, 391, 395.

[271] *Eidenmüller*, JZ 2009, 641, 648 verweist zwar darauf, dass kein Staat gezwungen sei, rechtliche Regeln vorrangig unter dem Gesichtspunkt ihrer Erfolgschancen auf dem internationalen Rechtsmarkt zu setzen. Doch muss hier der Staat überhaupt nicht physisch gezwungen werden – er wird ja nicht einmal mehr gefragt. Das berührt ganz offensichtlich den Primat des Politischen.

[272] Siehe zu Standortfaktoren allgemein *Porter*, Competitive Advantage, 1990 oder *Röpke*, Gläubigerschutzregime, 2007, S. 56; *Sinn*, Perspektiven der Wirtschaftspolitik 2002, 391, 392. Die Bedeutung des Rechts wird dabei gerne überschätzt (zurückhaltend auch *Meessen*, JZ 2009, 697, 703 m.w.N.).

[273] Rechtswahl entschärft damit den mobilitätsgetriebenen Standortwettbewerb, vgl. zu diesem Bündelaspekt *Kieninger*, Wettbewerb der Rechtsordnungen, 2002, S. 61; *Kirchner*,

ches Sachrechtsregime auszusuchen, das größtmöglich den eigenen Vorstellungen und nicht etwa denen desjenigen Parlaments entspricht, dessen Recht bei einer objektiver Anknüpfung berufen wäre und das sein Recht zwingend ausgestaltet hat. Auf den ersten Blick könnte man hier geneigt sein, ganz generell die Frage zu stellen, ob und wann zwingendes Recht sinnvoll oder aber besser abzuschaffen ist – und genau das wird oft getan. So ließe sich dann diskutieren, unter welchen Voraussetzungen etwa die Gesellschaft oder der Markt von sich aus in der Lage sind, politisch erwünschte Ziele zu verwirklichen, und wann es demgegenüber staatlicher Vorgaben bedarf.[274] Die Ökonomik thematisiert dies unter dem Stichwort der Theorie der Marktstörungen.[275] Je nachdem wie diese Würdigung ausfiele, könnte man freie Rechtswahl dann gutheißen oder ablehnen.

a) Zwingendes Recht als Willkürprodukt?

Doch selbst wenn man sich auf diese rein sachrechtliche Diskussion einlässt,[276] darf eines nicht übersehen werden: Zumindest in einigermaßen rational agierenden Staaten ist das von den jeweiligen Parlamenten erlassene zwingende Recht kein Zufallsprodukt,[277] das völlig willkürlich Freiheiten einengt. Vielmehr stellt es bereits das Ergebnis komplizierter Erwägungen über die Frage dar, welche politischen Ziele verfolgt werden sollen und inwieweit Marktstörungen zwingendes Recht erfordern. Das Vertragsrecht etwa missbilligt solche Verträge, die unter einer Drohung zustande kamen. Wenn nun der Bedrohte unter dem Eindruck einer auf ihn gerichteten Waffe nicht nur der Transaktion „Geld gegen Leben", sondern genauso einer Abbedingung der nationalen Drohungsvorschriften zustimmt, missachtet der Staat diese Parteivereinbarung. Im Steuerrecht fragt die Gemeinschaft denjenigen, den sie zur Finanzierung von Staatsaufgaben einschließlich einer damit verbundenen Umverteilung heranzieht, nicht danach, was für einen Steuersatz er gerne hätte, sondern zwingt

---

FS Immenga, 2004, S. 607, 614 f.; *Röpke*, Gläubigerschutzregime, 2007, S. 57; *Sinn*, Perspektiven der Wirtschaftspolitik 2002, 391, 392.

[274] Zu entsprechenden Stimmen vgl. unten Fn. 326.

[275] Einführend *Fritsch*, Marktversagen und Wirtschaftspolitik, 8. Aufl. 2011 m.w.N. Allerdings wird die Liste denkbarer Marktstörungen von Ökonomen oft zu eng gefasst. So sind nicht nur Irrationalitäten praktisch relevant. Auch Umverteilungsziele sind Teil der politischen Realität, während die gängigen Effizienzkriterien eine Anfangsverteilung bereits voraussetzen – diese also nicht begründen oder hinterfragen können, vgl. dazu nur *Nath*, Perspective, 1974 oder *Veljanovski*, 1 IntRevLEcon 5, 19 f. (1981).

[276] Eingehend zum Problem einer Vermischung von Sach- und Kollisionsrecht unten § 16 E. IV.

[277] Typisch für derartige Einschätzungen etwa *Armour*, ECGI Working Paper 54, 2005, 1, 10 (abrufbar unter http://papers.ssrn.com/sol3/papers.cfm?abstract_id=860444=): „... ‚regulatory agnosticism' implies that we cannot be sure about the relationship between regulatory provisions and the public interests."

ihm seinen Beitrag ab.[278] Im Arbeitsrecht unterstellt der Gesetzgeber seine Bestimmungen zu Kündigung, Sicherheit am Arbeitsplatz oder Mitbestimmung nicht etwa der Privatautonomie, sondern ordnet sie (halb-) zwingend an, weil ein typischer Arbeitgeber nicht von sich aus entsprechende Rechte einräumt.[279] Ein Monopolist wird sein Monopol nicht freiwillig aufgeben, sondern wird dazu gezwungen. Und wer Emissionen produziert, wird diese erst dann in seine Kostenkalkulation einbeziehen, wenn ihn der Staat dazu zwingt. Diese Liste ließe sich beliebig ergänzen.[280] Festzuhalten bleibt, dass Recht zumindest bei rationaler Gesetzgebung nicht bereits dann zwingend ausgestaltet wird, wenn bestimmte Resultate erwünscht sind, sondern allein dann, wenn es in Anbetracht einer Marktstörung dafür staatlichen Zwangs bedarf. Zwingendes Recht betrifft damit gerade solche Bereiche, in denen nach Auffassung des Gesetzgebers die Privatautonomie versagt. Damit ist auch klar, wer auf diese staatliche Gewalt besonders angewiesen ist, nämlich die Kranken, Ungebildeten, Alten, Fremden, Armen usw. dieser Gesellschaft, d.h. diejenigen, die nicht über die notwendigen, insbesondere monetären Mittel verfügen, um als Nachfrager das Marktgeschehen in die von ihnen gewünschte Richtung zu lenken.[281]

b) Neue alte Probleme

Es fällt nicht schwer, sich auszumalen, was passiert, wenn dieses nicht etwa willkürliche, sondern oft Marktstörungen adressierende zwingende Recht durch freie Rechtswahl ausgehöhlt wird: Es treten wieder genau diejenigen Marktstörungen auf, die das zwingende Recht bekämpft hatte (Selektionsprinzip).[282] Der Effekt ist hier nicht viel anders, als würde man zwingendes

---

[278] Spätestens bei derartigen Verteilungsfragen verdichten sich die skeptischen Stimmen, vgl. etwa *Apolte*, Ökonomische Konstitution, 1999, S. 128 ff.; *Kirchhof*, ORDO 56 (2005), 39, 41, 44, 58; *Sinn*, 66 JPubEcon 247, 255 ff., 264 (1997); *Sinn*, Perspektiven der Wirtschaftspolitik 2002, 391, 397, 400 ff. oder selbst *Vanberg*, ORDO 56 (2005), 47, 52 sowie generell zum Wettbewerb der Steuerrechte *Schön*, ASA 71 (2002), 337, 342 f.; *Schön*, CMLR 42 (2005), 331. Ein gesondertes Thema sind intertemporale Interessenkonflikte etwa mit Blick auf die Staatsverschuldung, vgl. dazu *Kerber*, in: Schenk/Schmidtchen u.a. (Hrsg.), Globalisierung, Systemwettbewerb und nationalstaatliche Politik, 1998, S. 199, 215 f.

[279] Mit persönlichen Vorwürfen hat das wenig zu tun, stehen etwa auch Arbeitgeber ihrerseits im Wettbewerb.

[280] Tatsächlich gibt es kaum einen wirtschaftlichen Sektor, der nicht umfangreicher staatlicher Vorgaben bedarf, gerade wenn ein scharfer Wettbewerb entstehen soll. So ist etwa der Aktienmarkt als ein Musterbeispiel vollkommener Märkte so stark reguliert wie kein anderer Bereich. Vgl. dazu hier nur *Apolte*, Ökonomische Konstitution, 1999, S. 111 ff. oder *Rehberg*, in: Zetzsche/Neef u.a. (Hrsg.), JbJZWiss 2007, 2008, S. 49, 53 f. sowie eingehend oben § 16 D. II.

[281] Zutr. *Kirchhof*, ORDO 56 (2005), 55, 58.

[282] Siehe zu diesem in der ökonomischen Diskussion von Systemwettbewerb vieldiskutierten und -zitierten Gedanken, der bei der freien Rechtswahl noch sehr viel stärker greift

Recht für dispositiv erklären. Schon deshalb überzeugt es wenig, die mit zwingendem Recht verbundenen Anliegen kurzerhand als wenig operationalisierbar, sich einer kritischen Überprüfung entziehend oder ihren Schutzzweck verfehlend abzutun.[283] Wer etwa unter dem Eindruck einer geladenen Waffe in einen für ihn ungünstigen Vertrag und eine die Drohung zulassende Rechtsordnung einwilligt,[284] wird den Vorzügen freier Rechtswahl und der These, dass sich hier im Wettbewerb der Rechtsordnungen das beste Recht herauskristallisiere, eher skeptisch gegenüber stehen. Und ließen sich Emissionsvorgaben einfach abwählen, wäre es mit der Reinheit von Luft und Wasser dahin. Besonders deutlich wird das Selektionsprinzip in umverteilungsrelevanten Bereichen wie dem Steuer- oder Sozialrecht. So besagt es wenig über die Qualität einer Rechtsordnung, ob Wohlhabende damit einverstanden sind, Steuern zu bezahlen und Sozialversicherungssysteme zu finanzieren. Es ist gerade Sinn und Zweck eines machtvollen, aber demokratisch kontrollierten und an Grundrechte gebundenen Staats, Zwang ausüben zu können – und genau darum spricht man von zwingendem Recht.

Möchte man diese Unterminierung zwingenden Rechts dennoch rechtfertigen, liegen zwei Argumente nahe: Zunächst ließe sich entgegnen, dass bereits die Märkte dafür sorgten, individuelle Bedürfnisse zu berücksichtigen.[285] So könnte etwa ein Verbraucher einseitig gestellte Geschäftsbedingungen aufmerksam lesen und der Arbeitnehmer in den Vertragsverhandlungen darauf bestehen, dass diejenigen Standards, die traditionell auf zwingendem Recht beruhen, autonom vereinbart werden.[286] Und selbst bei einseitiger Wahl etwa des Gesellschaftsrechts durch einen Unternehmensgründer sollte sich dieser

---

als bereits beim Standortwettbewerb (zum Entbündelungseffekt vgl. Fn. 273), insbesondere *Sinn*, 66 JPubEcon 247, 265 ff. (1997), passim; *Sinn*, Perspektiven der Wirtschaftspolitik 2002, 391, 398 f., 405 f., dort auch zu wichtigen theoretischen Vorläufern. Instruktiv auch *Apolte*, Ökonomische Konstitution, 1999, S. 6 f., 24 f., 90 ff., 164 f., 168, passim. *Müller*, Systemwettbewerb, 1999, S. 82 f., 119 ff. spricht von einem infinitiven Regress. In diese Richtung argumentierend etwa auch *Bebchuk*, 105 HarvLRev 1435, 1496 (1992): „... those who support mandatory rules ... cannot consistently support state regulation of these issues." Genau deshalb im Grundsatz auch zutreffend *Brandeis*, Liggett Co. v. Lee, 288 U.S. 517 (1933); *Cary*, 83 YaleLJ 663, 705 (1974). Auch *v. Hoffmann*, RabelsZ 38 (1974), 396, 398 f., der eine Parteiautonomie an sich befürwortet, stellt deutlich fest, dass wie diese ihre Rechtfertigung aus der (sachrechtlichen) Privatautonomie ziehe, dort Kritik erfahre, wo im materiellen Recht die Privatautonomie fragwürdig geworden sei, um dann gerade beim hier interessierenden zwingenden Recht eine entsprechende Ausnahme anzuerkennen. Vgl. dazu auch unten bei Fn. 365.

[283] So aber zumindest in der Tendenz *Streit/Mussler*, in: Gerken (Hrsg.), Europa, 1995, S. 75, 97.

[284] Dieser Fall ist keineswegs völlig aus der Luft gegriffen, vgl. dazu *Kegel/Schurig*, Internationales Privatrecht, 9. Aufl. 2004, S. 146 (§ 2 III), S. 616 (§ 17 V).

[285] Siehe nur aus jüngerer Zeit *Eidenmüller*, JZ 2009, 641, 648 f.

[286] Siehe dazu die Nachweise in Fn. 263 sowie etwa *Armour*, ECGI Working Paper 54, 2005, 1, 11.

genau überlegen, für welches Haftungsregime er sich entscheidet, muss er anschließend noch Kunden finden und von den Banken Kredit erhalten. Doch soweit es um das hier interessierende zwingende Recht geht, adressiert es gerade Marktstörungen, die dann genauso die jeweilige Rechtswahl beeinflussen. Hier versagt gerade die Internalisierung sämtlicher Interessen und hatte genau das zur Einführung zwingenden Rechts geführt.

Allerdings lässt sich einwenden, dass es ohnehin zu viel zwingendes Recht gebe, weil manche staatliche Intervention keineswegs erforderlich sei.[287] Für viele Bestimmungen trifft dies zweifellos zu, zumindest lässt sich darüber oft vorzüglich streiten. Doch spricht das nicht für eine freie Rechtswahl: Zunächst liegt es bei einer notwendig dynamischen Betrachtung auf der Hand, dass ein Wettbewerb der Rechtsordnungen, der die Staaten dazu drängt, immer stärker zwingendes Recht abzubauen, irgendwann den Punkt erreicht, an dem es nicht zu viel, sondern zu wenig zwingendes Recht gibt. Ein positiver Effekt wäre also bald verbraucht. Vor allem vermittelt die These einer generellen Überregulierung keine Kriterien dafür, wann und wo der Systemwettbewerb das wünschenswerte Niveau erreicht haben soll. Weiterhin ist das Kollisionsrecht zu grob, um gezielt diejenigen zwingenden Normen mit einer subjektiven Anknüpfung zu erfassen, die tatsächlich nicht zu rechtfertigen sind. Schließlich drängen sich spätestens hier zwei weitere Fragen auf, nämlich erstens, ob nicht besser auf der Ebene des Sachrechts zu diskutieren ist, ob dieses Sachrecht zu viel oder zu wenig zwingendes Recht enthält,[288] und zweitens, wem politisch die letztverbindliche Entscheidung über das richtige Ausmaß staatlicher Intervention anvertraut werden sollte.[289]

3. Freiheit und Effizienz

Lässt man sich dennoch auf die an sich sachrechtlich zu führende Diskussion ein, steht man zunächst vor dem Problem, dass es wissenschaftlich angreifbar ist, persönliche Gerechtigkeitsvorstellungen als für andere verbindlich einzufordern. Daher seien hier mit Freiheit und Effizienz zwei besonders oft vertretene Maßstäbe herausgegriffen, um darzulegen, dass eine gänzlich freie Rechtswahl diese Anliegen gefährdet. Für die Effizienz[290] kann dabei weitest-

---

[287] Offen angesprochen wird dieser Gesichtspunkt von *Kirchner*, FS Immenga, 2004, S. 607, 616, 625. *Kieninger*, Wettbewerb der Rechtsordnungen, 2002, S. 73 betont zu Recht, dass sich darüber natürlich trefflich streiten lässt. Zu Forderungen nach einem Mindeststandard vgl. unten bei Fn. 303. Bisweilen werden auch Argumentationslasten postuliert oder persönliche Gerechtigkeitsvorstellungen als allgemeingültig unterstellt. Dabei ist es noch besser, wenn das wenigstens kundgetan wird, während dies oft zwar faktisch angewandt, offiziell aber eine Aussage verweigert wird (stellv. *Heine*, Regulierungswettbewerb, 2003, S. 50: „... Frage, die hier nicht beantwortet werden kann ...").
[288] Dazu unten § 16 E. IV.
[289] Dazu unten § 16 E. IV. 4.
[290] Eine für die ökonomische Analyse des Rechts typische Äußerung findet sich etwa bei

gehend auf die früheren Ausführungen verwiesen werden: Zwar erlaubt Rechtswahl auch die Abwahl ineffizienter Regeln.[291] Angesichts des Selektionsprinzips wird aber typischerweise das abgewählt, was als zwingendes Recht Marktstörungen adressiert, also nach Einschätzung des Gesetzgebers wohlfahrtsökonomisch geboten ist. Überwiegend werden effiziente, nicht ineffiziente Regeln abgewählt.

Aber auch für das Anliegen einer freiheitlichen Rechtsordnung fällt die Bewertung zweischneidig aus, wenngleich es die Analyse erschwert, dass sich ausgiebig darüber diskutieren lässt, was wahrhaft liberal oder freiheitlich ist. Zunächst erscheint es durchaus plausibel, wenn Befürworter eines Wettbewerbs der Rechtsordnungen derartige Begrifflichkeiten bemühen.[292] Wer wollte es schon dem Einzelnen verwehren, selbst zu entscheiden, was gut für ihn ist. Dementsprechend wird von „den Bürgern", „den Individuen", „den Menschen" oder „den Wählern" gesprochen.[293] Doch ist hier einmal mehr das Selektionsprinzip zu beachten: Dort, wo zwingendes Recht in Rede steht, ist es typischerweise gerade nicht „der Bürger", dessen Interessen beeinträchtigt sind.[294] Vielmehr soll dieses zwingende Recht verhindern, dass die Interessen lediglich bestimmter Personengruppen berücksichtigt werden. Wenn etwa im Vertragsrecht Allgemeine Geschäftsbedingungen einer Inhaltskontrolle unterliegen, dann gerade deshalb, weil hier der Verwender allein seine Interessen durchsetzen kann, während es für den einzelnen Kunden zu aufwändig ist, die Bedingungen zu studieren.[295] Und wenn Raub, Diebstahl, Be-

---

O'Hara/Ribstein, 67 UChiLRev 1151, 1152 (2000): „An efficient choice-of-law system should start with a presumption in favor of enforcement of choice-of-law clauses in contracts."

[291] Dies betonen etwa *Röpke*, Gläubigerschutzregime, 2007, S. 58 oder *Wagner*, 39 CMLR 995, 1009 (2002). Bisweilen ermuntert der Wettbewerb der Rechtsordnungen auch zur Neueinführung sinnvoller Handlungsoptionen, wie man dies etwa den geplanten englischsprachigen Handelskammern (o.V., Deutsche Gerichte verhandeln nun auch auf Englisch, F.A.Z. v. 9. Januar 2010, S. 11) konstatieren mag. Ähnliches mag man z.B. der über 150 Jahre alten Entscheidung des deutschen Gesetzgebers konstatieren, die handelsrechtliche Buchführung auch in einer fremden Sprache zuzulassen, vgl. dazu *Schön*, CMLR 42 (2005), 331, 332 m.N.

[292] Diese Sichtweise wird etwa bei *Wagner*, 39 CMLR 995, 997 (2002) m.w.N. beschrieben. Auch in kollisionsrechtlich motivierten Stellungnahmen findet sich bisweilen dieses Argument, vgl. dazu unten bei Fn. 369.

[293] Stellv. *Heine*, Regulierungswettbewerb, 2003, S. 38; *Kerber*, in: Schenk/Schmidtchen u.a. (Hrsg.), Globalisierung, Systemwettbewerb und nationalstaatliche Politik, 1998, S. 199, 38, 220; *Romano*, Genius, 1993, S. 4 („... protects the individual from the immense power of government..."); *Wrede*, 17 EuJPolEcon 705, 706 (2001) oder auch *Kirchner*, FS Immenga, 2004, S. 607, 615f., der aber betont, dass eine staatliche Rechtsordnung den Präferenzen der betroffenen Bürger durchaus entsprechen mag.

[294] Zutreffend etwa *Gerken*, Wettbewerb, 1999, S. 38ff., der völlig zu Recht betont, dass wenn der Wettbewerb der Staaten Sonderinteressen zurückdrängt, dies regelmäßig mit der Erfüllung neuer Sonderinteressen einhergeht.

[295] Vgl. zu diesem informatorischen Aspekt hier nur *Raiser*, Geschäftsbedingungen,

trug oder auch der Missbrauch von Marktmacht verboten sind, dann gerade deshalb, weil es nicht als liberal empfunden wird, wenn nur manche ihre Interessen durchsetzen.

Eine gewisse Mitschuld an der unter Freiheitsgesichtspunkten oft zu optimistischen Einschätzung eines Rechtewettbewerbs scheint die auch unter Juristen verbreitete Neigung zu tragen, den Zwangscharakter von Recht dadurch zu beschönigen, dass man es durch teilweise aufwändige rechtsdogmatische und philosophische Konstruktionen als in Wahrheit doch frei gewollt darstellt. Das reicht von bestimmten vertraglichen Selbstbindungstheorien[296] über gesellschaftsvertragstheoretische (hypothetische) Konsense,[297] das *contractarian paradigm*[298] bis hin zu der etwa für den Idealismus typischen Tradition, Freiheit dadurch zu definieren, dass der Mensch in ganz bestimmter Weise – etwa moralisch – handle bzw. entsprechende Einsichten entwickle.[299] Tatsächlich zwingt der mehrheitsgetriebene Staat etwa die Wohlhabenden genauso gegen ihren Willen zu einer Umverteilung, wie er den Armen mit aller Macht seines Apparats entgegenträte, würden es diese wagen, sich unter Missachtung der in Gesetz gegossenen Mehrheitsmeinung mehr zu holen, als es genau diese Mehrheitsmeinung für sie vorsieht.

4. Rahmenbedingungen

Noch in einer weiteren Hinsicht erweist sich die Gleichsetzung von privatem und Rechtewettbewerb als irreführend. So wird oft argumentiert, man könne durch geeignete Rahmenbedingungen sicherstellen, dass der Wettbewerb der Rechtsordnungen produktiv und nicht destruktiv verlaufe.[300] Ähnlich wie es für den Wettbewerb privater Anbieter eines Kartellamtes und lauterkeitsrecht-

---

1935, S. 93, passim; *Trebilcock/Dewees*, in: Burrows/Veljanovski (Hrsg.), Economic Approach, 1981, S. 93 jeweils m.w.N. sowie eingehend oben § 14 A. IV. 1.

[296] Den Prototyp bildet hier die zivilrechtliche Willenstheorie, wonach ein Vertrag deshalb zu vollstrecken sei, weil es der so Betroffene selbst gewollt habe, also einfach nur dessen Wille geachtet werde. In dieser Logik liegt es dann, dass derjenige, gegen den vollstreckt wird, gerade hierdurch die größte Anerkennung und Freiheit erfährt. Vgl. dazu etwa oben § 4 B. I. 4. b) aa); § 4 B. I. 4. b) ee); § 9 C. I. 3. d); § 10 C. IV. 5. oder unten § 17 E. III. 6. c) bb); § 19 B. III. 2.; § 19 G. IV.

[297] Entscheidend ist bei diesen Konstruktionen, dass der dort bemühte Konsens genau wie die dort jeweils unterstellte Ausgangsverteilung keineswegs real, sondern eben nur hypothetisch-fiktiv ist. Näher dazu oben ab § 9 C. V. 2. d) sowie unten § 19 C. V. 4. a).

[298] Vgl. oben Fn. 263.

[299] Siehe dazu etwa oben § 4 B. I. 4. b) aa); § 4 B. I. 4. b) ee); § 9 C. I. 3. d); § 10 C. IV. 5. sowie unten § 17 E. III. 6. c) bb); § 19 B. III. 2.; § 19 G. IV.

[300] Vgl. statt vieler nur *Armour*, ECGI Working Paper 54, 2005, 1, 33 f.; *Calliess*, Verbraucherverträge, 2006, S. 194; *Eidenmüller*, JZ 2009, 641, 651; *Grundmann*, ZGR 2001, 783, 792, 798 ff.; *Heine*, Regulierungswettbewerb, 2003, S. 50; *Meessen*, JZ 2009, 697, 704 f.; *Teichmann*, Binnenmarktkonformes Gesellschaftsrecht, 2006, S. 385 f., 363 ff.; *van den Bergh*, 53 Kyklos 435, 461 (2000) jeweils m.w.N.

licher Vorschriften bedürfe, sei auch das Verhalten der Staaten untereinander entsprechend zu kanalisieren. So plausibel dieser Lösungsvorschlag klingt, wird dessen Fragwürdigkeit spätestens dann deutlich, wenn man ihn anhand einzelner Regelungsbereiche überprüft.[301] Denn wie soll es möglich sein, einerseits dem Bürger die Wahl eines ihm genehmen Steuerrechts zu erlauben und andererseits durch geeignete Rahmenbedingungen – etwa auf europäischer Ebene – zu verhindern, dass die mit einer Steuerpflicht verbundenen Ziele vereitelt werden? Wie soll ein solcher Rahmen für das Arbeitsrecht aussehen, wie etwa bei Drohung, Täuschung oder der Inhaltskontrolle Allgemeiner Geschäftsbedingungen? Entweder lässt der Rahmen ein Abweichen zu – dann wird auch abgewichen werden. Oder aber er erlaubt es den Staaten, zwingendes Recht zu erlassen. Tatsächlich sucht man in der einschlägigen Literatur vergeblich nach näheren, ins Detail gehenden Ausführungen dazu, wie der wettbewerbliche Rahmen für einen konkreten Sachbereich aussehen könnte.

Wo vermeintlich andersartige Rahmenbedingungen notwendig sind, geht es in Wahrheit um die alten sachlichen Fragen des angemessenen Steuersatzes, der Grenzen von Privatautonomie, des richtigen Mitbestimmungsniveaus, des geeigneten Rahmens für unternehmerischen Wettbewerb[302] usw. Regelmäßig geschieht das über die Forderung nach Mindeststandards bzw. einer Mindestharmonisierung,[303] was nichts anderes ist als die Aufgabe von Regelungsvielfalt zugunsten desjenigen Regelungsinhalts, den man für angemessen hält und daher als das notwendige Minimum definiert.[304] Mindeststandards sind kein Rahmen. Letztlich wird hier lediglich die sachrechtliche Kompetenz auf eine höhere Ebene verlagert. Natürlich ist eine solche Harmonisierung eine oft diskutable Option, ja die zentrale Alternative zur nationalen Regelungsvielfalt, doch wird dem Wettbewerb der Rechtsordnungen dann kein Rahmen beiseite gestellt, sondern dieser Wettbewerb ausgeschaltet.

Das einzige Ergebnis wäre also neben der Vermischung von Sach- und Kollisionsrecht die Aufgabe einer weiteren juristisch zentralen Unterscheidung. Es

---

[301] Siehe dazu auch *Müller*, Systemwettbewerb, 1999, S. 82 f., 119 f. sowie die etwas anders gelagerte Kritik bei *Gerken*, Wettbewerb, 1999, S. 75 f.

[302] Wenn speziell im Wettbewerbsrecht mit seinen prozeduralen Regelungen internationalprivatrechtlich das Auswirkungsprinzip gilt, dann gerade deshalb, um den auch hier so schädlichen Wettbewerb der Rechtsordnungen zuverlässig auszuschalten.

[303] Vgl. dazu die Nachweise in Fn. 300. Im Internationalen Privatrecht finden sich entsprechende Ausführungen zum Verhältnis von Rechtswahlfreiheit und zwingendem Recht, vgl. etwa *Kropholler*, RabelsZ 42 (1978), 634, 649 f. Nach *Schäfer/Lantermann*, in: Basedow/Kono (Hrsg.), Economic Analysis, 2006, S. 87, 87, 104 sollen nur Minimalanforderungen hinzunehmen sein, etwa bei grober Verletzung allgemein anerkannter Prinzipien. Zur steuerrechtlichen Idee zumindest einer *common consolidated tax base* vgl. etwa *Schön*, CMLR 42 (2005), 331, 363 f.

[304] Richtig *Lima Pinheiro*, IPRax 2008, 206, 208, 212: „… misguided understanding displayed by certain Community bodies of the relations between Community Law and Private International Law…" Näher zu diesem ganz grundlegenden Problem unten § 16 E. IV.

würde nicht mehr direkt darüber diskutiert, welche Ebene (Europäische Union, Mitgliedstaaten, Länder, Gemeinden, Vertragsparteien etc.) über ein bestimmtes Rechtsgebiet entscheiden sollte. Vielmehr fände diese Diskussion in dafür nicht zugeschnittenen Kategorien statt, nämlich der kollisionsrechtlichen Diskussion um die Vor- und Nachteile freier Rechtswahl bei mehreren verfügbaren Rechtsordnungen. Damit droht dann auch übersehen zu werden, dass der Rahmen von derjenigen übergeordneten Ebene (z.B. der Europäischen Union) erlassen werden müsste, der für das betroffene Sachgebiet oft gerade die Kompetenz fehlt, Harmonisierung zu betreiben (weshalb es überhaupt zur nationalen Regelungsvielfalt gekommen bzw. es bei dieser geblieben war).

5. Zwischenergebnis

Dass uns ein Wettbewerb der Rechtsordnungen besseres Recht beschert, lässt sich durchaus hinterfragen, und zwar gleichermaßen bei juristischer wie ökonomischer Perspektive. Das gilt sogar unabhängig von dem noch zu diskutierenden Problem einer Vermischung von Sach- und Kollisionsrecht und auch unabhängig davon, ob man persönlich eher liberale oder wohlfahrtsökonomische Gerechtigkeitsvorstellungen vertritt. Besonders die verführerische Parallele zu einem Wettbewerb privater Anbieter hält nicht, was sie verspricht. Wettbewerb hat genau dort seinen Platz, wo es keines zwingenden Rechts bedarf, und genau deshalb ist es gefährlich, auf einen Wettbewerb um das beste zwingende Recht zu hoffen. So wissenschaftlich anspruchsvoll wie politisch umstritten es auch ist, für jedes Sachgebiet das richtige Maß zwingenden Rechts festzulegen, lässt sich dieser Debatte nicht dadurch entgehen, dass man auf freie Rechtswahl verweist. Tatsächlich wird diese in der Praxis oft sehr schnell wieder eingeschränkt. Dazu gehören – „sogar" in den USA[305] – geschriebene und ungeschriebene Eingriffsmöglichkeiten des Kollisionsrechts[306] oder – auf europäischer Ebene – Missbrauchsgrundsätze,[307] die Eingriffsrechtfertigung bei Grundfreiheiten[308] oder Harmonisierungsanstrengungen.[309]

---

[305] Vgl. *Kersting*, 28 BrookJIntL 1, 4 ff. (2002) m.w.N.
[306] Zu Eingriffsnormen, „normalen" Sonderanknüpfungen und *ordre public* als allgemein anerkannten Grundsätzen des Internationalen Privatrechts siehe unten bei Fn. 325 f.
[307] Dazu näher unten bei Fn. 387 ff.
[308] Grundl. EuGH, Urt. v. 20. Februar 1979, Rs. 120/78 (Cassis de Dijon), Slg. 1979, 649, Rn. 8.
[309] Wobei es häufig ausreicht, wenn die Harmonisierung bei einem zu starken Abbau zwingenden Rechts nur droht, vgl. unten bei Fn. 381.

IV. Sachrecht versus Kompetenzen

Nicht weniger einschneidend wirkt sich die Debatte um einen Wettbewerb der Rechtsordnungen dort aus, wo es um den eigenständigen Charakter von Kompetenzfragen im Verhältnis zu sonstigen Rechtsmaterien geht. So ist es eine in ihrer Bedeutung nicht zu unterschätzende kulturelle Errungenschaft, nicht einfach nur um das bessere Recht zu streiten, sondern dem einen weiteren Gesichtspunkt vorzuschalten, nämlich wer berufen sein sollte, letztverbindlich zu entscheiden. Gerade bei dem hier interessierenden Rechtewettbewerb werden oftmals Gerechtigkeitsvorstellungen zu Grunde gelegt, die wie etwa das utilitaristische Ziel einer Gesamtwohlmaximierung keineswegs weithin akzeptiert oder gar logisch zwingend sind. Erkennt man hingegen die Existenz unterschiedlicher Wertvorstellungen an, für deren Güte es keinen wissenschaftlichen Maßstab gibt, gelangt man unweigerlich zur Kompetenzebene.[310] Diese Trennung zu vollziehen, ist ein wichtiger Schritt zu Liberalität, Toleranz und Vielfalt.[311] Inhaltlich kennt dieser Aspekt ganz unterschiedliche Ausprägungen und lässt sich letztlich auf jede einzelne Person herunterbrechen. Dabei geht es dann nicht nur um die vertikale Zuständigkeitsverteilung zwischen Europäischer Union, Mitgliedstaaten, Ländern und Gemeinden oder jene innerhalb eines Organs (z.B. in Form von Exekutive, Legislative und Judikative), sondern genauso um den politischen Einfluss jedes einzelnen Bürgers, wie er über das demokratische Stimmrecht, die Privatautonomie oder sonstige Mechanismen Ausdruck findet.

1. Kollisionsrecht

Wird nun zwecks Förderung eines Wettbewerbs der Rechtsordnungen für eine freie Rechtswahl plädiert, so betrifft dies zunächst eine horizontale Zuständigkeitsfrage, nämlich die Kompetenzverteilung zwischen verschiedenen Staaten. Genau das regelt das Kollisionsrecht.[312] Historisch betrachtet existiert dieses Rechtsgebiet auch deshalb, weil im Oberitalien des 13. Jahrhunderts kleine Stadtstaaten damit begannen, nicht mehr nur ihr eigenes Recht als alleinseligmachend anzusehen, sondern im eigenen Machtbereich heimischer Gerichte fremde Wertvorstellungen und damit auch die Entscheidungen fremder Autoritäten anerkannten.[313] Dabei ging man gedanklich noch vom Sach-

---

[310] *Bar/Mankowski*, Internationales Privatrecht, Bd. 1, 2003, S. 197 (§ 4 Rn. 2) etwa sprechen für das Internationale Privatrecht von einer weiteren Stufe der Rechtsanwendung.

[311] Siehe dazu näher (im Kontext speziell des Internationalen Privatrechts) unten bei Fn. 319.

[312] Für zivilrechtliche Fragestellungen wird es auch Internationales Privatrecht genannt. *Neuhaus*, Grundbegriffe, 2. Aufl. 1976, S. 2 spricht eingängig vom Recht über Rechtsordnungen.

[313] Vgl. zur Historie nur *Bar/Mankowski*, Internationales Privatrecht, Bd. 1, 2003, S. 472 ff. (§ 6 Rn. 1 ff.); *Kegel/Schurig*, Internationales Privatrecht, 9. Aufl. 2004, S. 162 ff.

recht aus, indem man die jeweiligen Rechtsvorschriften danach befragte, ob sie auch für den konkret zu entscheidenden Sachverhalt Geltung beanspruchen (italienische Statutenlehre).[314] Der nächste entscheidende Durchbruch gelang dann *Savigny*, der die Emanzipation des Kollisions- vom Sachrecht unter dem Eindruck der kraftvollen Kritik *v. Wächters*[315] zu Ende dachte: Nunmehr wurde zunächst der zu entscheidende Sachverhalt betrachtet und für diesen gefragt, wessen Rechtsordnung darüber bestimmen soll, weil sie ihm am nächsten steht.[316] In dieser konsequenten Unterscheidung von Sach- und Kollisionsrecht liegt die für das Internationale Privatrecht zentrale Errungenschaft *Savignys*, und nur so lässt sich der ureigene Kerngehalt dieser Materie definieren: Ausgehend von der prinzipiellen Gleichwertigkeit der Rechtsordnungen, von der Toleranz gegenüber anderen (politischen[317]) Wertvorstellungen, getreu einer nicht-nationalistischen Grundhaltung, wird ein Sachverhalt demjenigen Rechtsetzungsorgan und demjenigen Recht unterstellt, zu dem es die engste Beziehung[318] aufweist. „Denn diese Gleichheit muss in vollständiger Ausbildung dahin führen, dass nicht bloß in jedem einzelnen Staate der Fremde gegen den Einheimischen nicht zurückgesetzt werde (worin die gleiche Behandlung der Personen besteht), sondern dass auch die Rechts-

---

(§ 3 I). Natürlich gab es diverse Vorläufer, doch sei für eine ausführlichere und damit differenziertere Darstellung auf die vorgenannten Werke verwiesen.

[314] Siehe dazu nur *Bar/Mankowski*, Internationales Privatrecht, Bd. 1, 2003, S. 480 ff. (§ 6 Rn. 10 ff.); *Kegel/Schurig*, Internationales Privatrecht, 9. Aufl. 2004, S. 166 ff. (§ 3 III), 181 ff. (§ 3 IX). Ein moderner Nachfahre dieses Ansatzes sind etwa die Eingriffsnormen, vgl. dazu unten Fn. 325.

[315] Vgl. *von Wächter*, AcP 24 (1841), 230, 236 ff. sowie dazu nur *Bar/Mankowski*, Internationales Privatrecht, Bd. 1, 2003, S. 510 ff. (§ 6 Rn. 49 ff.).

[316] Siehe *Savigny*, System, Bd. 8, 1849, S. 24 ff., 108, passim (allerdings noch vom Rechtsverhältnis sprechend) sowie dazu etwa *Bar/Mankowski*, Internationales Privatrecht, Bd. 1, 2003, S. 512 ff. (§ 6 Rn. 53 ff.); *Kegel/Schurig*, Internationales Privatrecht, 9. Aufl. 2004, S. 183 f. (§ 3 IX) oder *Kropholler*, Internationales Privatrecht, 6. Aufl. 2006, S. 13 (§ 2 III 1).

[317] Nur ein weiterer Kategorienfehler wäre es, diese Errungenschaft *Savignys* als die These eines apolitischen Charakters von (Zivil-) Recht abzutun (so aber wohl *Rühl*, Statut und Effizienz, 2011, S. 178 ff.; vgl. zu *Savigny* nur jüngst *Rückert*, JZ 2010, 1, 2 f.). Andere Überzeugungen als grundsätzlich gleichwertig anzuerkennen, ist alles andere als apolitisch. So naiv waren die Vertreter der historischen Schule nie, ging es ihnen allenfalls um eine wirtschafts- oder sozialpolitische Neutralität des Privatrechts bzw. ein eher evolutorisches Rechtsverständnis. Hier sei nur daran erinnert, wann *Savigny* in Berlin den achten Band des „Systems" schrieb – es waren die Jahre 1848/1849. Zur Diskussion um eine „Politisierung" des Internationalen Privatrechts vgl. umfassend *Sonnenberger*, MüKo-BGB, Bd. 10, 5. Aufl. 2010, Einl. IPR Rn. 23 ff., der die Emanzipation von nationalen Sachrechten völlig zu Recht als eine besonders weltoffene und liberale politische Lösung ausweist. Zum gegenüber dem öffentlichen Recht eigenständigen Charakter von Privatrecht als einer von alldem wiederum zu trennenden Frage siehe unten § 19 E.

[318] Dabei lässt sich mit *Kropholler*, Internationales Privatrecht, 6. Aufl. 2006, S. 24 (§ 4 I) grob formulieren, dass inländisches Recht in der Regel auf inländische Rechtsverhältnisse zugeschnitten ist, während auf Fälle mit überwiegender Auslandsbeziehung besser ausländisches Recht angewandt wird.

verhältnisse, in Fällen einer Kollision der Gesetze, dieselbe Beurteilung zu erwarten haben, ohne Unterschied, ob in diesem oder jenem Staate das Unheil gesprochen werde. Der Standpunkt, auf den wir durch diese Erwägung geführt werden, ist der einer völkerrechtlichen Gemeinschaft der miteinander verkehrenden Nationen, und dieser Standpunkt hat im Fortschritt der Zeit immer allgemeinere Anerkennung gefunden ..."[319] Es geht also nicht um sachrechtliche Fragen, sondern die Kompetenzverteilung zwischen souveränen Staaten.[320] Hierin liegt das *proprium* des Internationalen Privatrechts.[321] Die geistige Errungenschaft, die in dieser gedanklichen Unterscheidung von Sach- und Kollisionsrecht liegt, wiegt nicht weniger schwer als etwa die Überwindung des Aktionendenkens, d.h. die Trennung von Sach- und Prozessrecht, wie sie etwa von *Windscheid*[322] vorangetrieben wurde.

2. Zweites Sachrecht

Aber was bedeutet die freie Wahl auch zwingender Rechte für die Unterscheidung von Sach- und Kollisionsrecht? Tatsächlich wird diese gedankliche Trennung mitsamt der damit verbundenen Gleichwertigkeitsannahme untergraben.[323] Denn bei freier Rechtswahl drohen genau diejenigen Marktstörungen wieder aufzutauchen, die das zwingende Recht verhindern soll. Daher muss

---

[319] Vgl. *Savigny*, System, Bd. 8, 1849, S. 27 f., der dabei auf *Huber*, *Voet* und *Story* verweist. Insofern bestehen auch gewisse Parallelen zur Comitas-Lehre, deren Grundgedanke durchaus noch aktuell ist, vgl. dazu *Kegel/Schurig*, Internationales Privatrecht, 9. Aufl. 2004, S. 6 (§ 1 III), 185 (§ 3 IX) sowie zur grundsätzlichen Gleichbehandlung verschiedener Rechte etwa auch *Bar/Mankowski*, Internationales Privatrecht, Bd. 1, 2003, S. 198 (§ 4 Rn. 4), S. 516 (§ 6 Rn. 58); *Kropholler*, Internationales Privatrecht, 6. Aufl. 2006, S. 16 (§ 3 I), 25 (§ 4 II 1); *Sonnenberger*, MüKo-BGB, Bd. 10, 5. Aufl. 2010, Einl. IPR Rn. 19 oder *Flessner*, Interessenjurisprudenz, 1990, S. 50 f.

[320] Zum Grundcharakter des Internationalen Privatrechts als einer Kompetenzordnung vgl. stellv. *Kegel/Schurig*, Internationales Privatrecht, 9. Aufl. 2004, S. 26 (§ 1 VII 1), 53 ff. (§ 1 VIII), 131 ff. (§ 2 I); *Kropholler*, Internationales Privatrecht, 6. Aufl. 2006, S. 2 (§ 1 II 2).

[321] *Bar/Mankowski*, Internationales Privatrecht, Bd. 1, 2003, S. 4 (§ 1 Rn. 5) betonen zutreffend, dass kein anderes Rechtsgebiet über diese entscheidende Fähigkeit verfügt, ausländisches Recht mit der ihm eigentümlichen Rechtsfolge anzuwenden. Eine ganz andere Frage ist, ob man das diese Vielfalt achtende Kollisionsrecht seinerseits harmonisiert, so dass überall möglichst immer die gleiche Rechtsordnung Anwendung findet, vgl. zu diesem Motiv internationalen Entscheidungseinklangs, das auch eine freie Rechtswahl im Wege des *forum shopping* behindert, das Zitat bei Fn. 319 sowie aus jüngerer Zeit nur *Basedow*, RabelsZ 73 (2009), 455, 458 f.; *v. Hein*, RabelsZ 73 (2009), 461, 467, 508.

[322] *Windscheid*, Actio, 1856, S. 230: „Die Wissenschaft hat keine dringendere Aufgabe, als sie in das Grab zu legen, welches sie längst suchen." Vgl. zu dieser Thematik auch *Maitland*, Equity, 1909, S. 2 ff.

[323] Das wird von manchen vorsichtigen Befürwortern einer subjektiven Anknüpfung durchaus gesehen, vgl. etwa *Kropholler*, Internationales Privatrecht, 6. Aufl. 2006, S. 28 (§ 4 II 3), 296 (§ 40 III 2): „Wo materiell-rechtliche Privatautonomie besteht, ist in der Regel auch gegen eine kollisionsrechtliche Parteiautonomie nichts einzuwenden..."

auf kollisionsrechtlicher Ebene der Grundsatz einer subjektiven Anknüpfung überall dort eingeschränkt werden, wo staatlicher Zwang eben doch sinnvoll erscheint.[324] Rechtstechnisch mag man hierzu entweder die freie Rechtswahl entsprechend einschränken oder aber Eingriffsnormen, Sonderanknüpfungen und den *ordre public* bemühen.[325] Allein für das Vertragsrecht betrifft das etwa Täuschung und Drohung, sittenwidrige und verbotswidrige Verträge, Überrumpelungssituationen, einseitig gestellte Geschäftsbedingungen, Minderjährigkeit und vieles mehr. Am Ende hat man dann die gesamte dogmatische und rechtspolitische Diskussion geführt, wie sie bereits aus dem Sachrecht her bekannt ist, und so auf kollisionsrechtlicher Ebene ein zweites Sachrecht geschaffen – eine alles andere als nur theoretische Aussicht.[326]

---

[324] Stellv. *Bar/Mankowski*, Internationales Privatrecht, Bd. 1, 2003, S. 599 (§ 7 Rn. 77), wonach Parteiautonomie nicht ernsthaft in Betracht komme, wenn Interessen der Allgemeinheit oder Dritter berührt seien, *Flessner*, Interessenjurisprudenz, 1990, S. 54 unter Berufung auf eine „realistische Interessenjurisprudenz" oder *O'Hara/Ribstein*, 67 UChiLRev 1151, 1153 (2000): „The choice-of-law system therefore must preserve a role for beneficial government regulation by prohibiting some party choice of law..." *Grundmann*, ZGR 2001, 783, 804 verweist daher auf die Bekämpfung von Marktversagen als einem anerkannten zwingenden Grund für die Beschränkung von Grundfreiheiten. Siehe auch unten bei Fn. 365 sowie die nachfolgende Fußnote.

[325] Zu Eingriffsnormen und deren dogmatischen Einordnung zwischen *ordre public* und klassischer Sonderanknüpfung vgl. nur umfassend *Sonnenberger*, MüKo-BGB, Bd. 10, 5. Aufl. 2010, Einl. IPR Rn. 35 ff. Zur Verankerung dieser Grundsätze sowie die Einschränkungen freier Rechtswahl siehe etwa die Erwägungsgründe 23, 25, 32, 34 f., 37 oder Art. 3 Abs. 3 u. 4, 6-9, 10 Abs. 2 der Verordnung (EG) Nr. 593/2008 des Europäischen Parlaments und des Rates vom 17. Juni 2008 über das auf vertragliche Schuldverhältnisse anzuwendende Recht (Rom I), Abl. L 177/6 v. 4.7.2008 (im Folgenden: Rom I-VO) oder etwa die Erwägungsgründe 21, 27, 31 ff. sowie Art. 6 Abs. 1, 9, 14, 16 der Verordnung (EG) Nr. 864/2007 des Europäischen Parlaments und des Rates vom 11. Juli 2007 über das auf außervertragliche Schuldverhältnisse anzuwendende Recht („Rom II"), Abl. L 199/40 v. 31.7.2007 (im Folgenden: Rom II-VO).

[326] So werden dann – in der Sache gut nachvollziehbar – etwa die ungleiche Verhandlungsstärke mancher Parteien (vgl. dazu etwa *Bar/Mankowski*, Internationales Privatrecht, Bd. 1, 2003, S. 602 f. (§ 7 Rn. 84); *Eidenmüller*, JZ 2009, 641, 651; *Kropholler*, Internationales Privatrecht, 6. Aufl. 2006, S. 297 f. (§ 40 IV); *Kropholler*, RabelsZ 42 (1978), 634; *Leible*, FS Jayme, Bd. I, 2004, S. 485, 488, 492 f.), Willensmängel (stellv. *Flessner*, Interessenjurisprudenz, 1990, S. 99), die formularmäßige Festlegung des maßgeblichen Rechts (stellv. *Calliess*, Verbraucherverträge, 2006, S. 93; *v. Hein*, RabelsZ 73 (2009), 461, 487; *Kropholler*, Internationales Privatrecht, 6. Aufl. 2006, S. 297 (§ 40 IV); *Wagner*, IPRax 2008, 1, 13 f. jeweils m.w.N.), Arbeits-, Miet- oder Verbraucherverträge (*v. Bar*, Internationales Privatrecht, Bd. II, 1991, S. 313 ff. (§ 4 Rn. 422 ff.); *Calliess*, Verbraucherverträge, 2006, S. 89; *Kropholler*, RabelsZ 42 (1978), 634, 636) oder Interessen Dritter (*Eidenmüller*, JZ 2009, 641, 649 f.; *Kropholler*, Internationales Privatrecht, 6. Aufl. 2006, S. 298 (§ 40 IV 2); *Leible*, FS Jayme, Bd. I, 2004, S. 485, 499) diskutiert. Vgl. auch die zuvor in Fn. 325 erwähnten Verordnungsstellen. Diese Vermengung lässt sich selbst für Bereiche wie das Steuerrecht feststellen, wo für einen Systemwettbewerb Argumente wie eine Reduzierung der Steuerlast, steuerpolitische „Disziplinierung" oder ein angemessenes Gleichgewicht zwischen Steuerniveau und Bereitstellung öffentlicher Güter angeführt werden, vgl. zu diesen und anderen Diskussionspunkten *Schön*, ASA 71 (2002), 337, 344 f.

Als direkte Auswirkung dieser Doppelung setzt sich dabei das jeweils schwächere Regulierungsniveau durch. Zwar mag man das getreu einer allgemeinen Skepsis gegenüber zwingendem Recht begrüßen, doch kann hier von einem durchdachten und vor allem legislatorisch kontrollierbaren Regelungskonzept mit aufeinander abgestimmten Normen keine Rede sein. Tatsächlich entstehen ähnliche Schwierigkeiten, wie sie im Internationalen Privatrecht bei funktionalen Überschneidungen der Sachrechte verschiedener Länder unter dem Stichwort des Normenmangels bzw. der Normenhäufung bekannt sind[327] – nunmehr aber in Form einer funktionalen Überschneidung von Sach- und Kollisionsrecht.

Wie problematisch es ist, das Anliegen einer Durchsetzung besseren Sachrechts mit kollisionsrechtlichen Instrumentarien zu verfolgen, lässt sich noch in einer weiteren Hinsicht beleuchten. So liegt es auf der Hand, dass wenn ein bestimmtes zwingendes Sachrecht unnötig erscheint (etwa in Ermangelung einer Marktstörung), man besser dieses zwingende Sachrecht abschaffen sollte, anstatt für zumindest diesen Teilbereich einen Wettbewerb der Rechtsordnungen zu propagieren.[328] Dieser direkte Weg ist einfacher, zielgerichteter und vor allem steuerbarer als der Verweis auf die Rechte anderer Staaten. Erweist sich zwingendes Recht tatsächlich als überflüssig, ist nicht einzusehen, dass die Bürger auf eine limitierte Anzahl fremder Rechtsordnungen begrenzt werden. Vielmehr sollten sie dann völlig frei sein und ihr ganz eigenes individuelles Rechtsregime schaffen dürfen, wie man es von der Vertragsfreiheit her kennt. Selbst wenn man einen Vorteil darin sähe, den Parteien eine begrenzte Anzahl dispositiver Regelungsentwürfe anzubieten,[329] könnte das auch rein national-sachrechtlich und dabei wiederum sehr viel zielgerichteter erfolgen als über den dynamischen Verweis auf fremde und daher nicht kontrollierbare Rechtsregimes.

Übrigens böte das hier ausgeblendete Internationale Prozessrecht Gelegenheit, das Sachrecht unter neuem Vorzeichen noch ein drittes Mal zu diskutieren. Schließlich könnte es sich für eine vermeintlich liberale Rechtsordnung gehören, den Parteien nicht nur freie Rechtswahl, sondern auch die freie Wahl des Gerichtsstandes oder gar eines Schiedsgerichts zu ermöglichen, mithin den Staat gleich ganz abzuwählen. Dabei gilt es zu beachten, dass die Anwendbarkeit des jeweiligen Kollisionsrechts und damit die Grenzen freier Rechtswahl dem Gerichtsstand folgen. Man müsste dann also auch auf dieser prozessualen Ebene wieder all diejenigen Einschränkungen diskutieren, wie sie bereits

---
[327] Vgl. bereits oben bei Fn. 244.
[328] Richtig daher *Kroeger*, Schutz, 1984, S. 192 f., die u.a. darauf hinweist, dass es nicht Aufgabe des Kollisionsrechts sein kann, die marktschwächere Partei zu definieren.
[329] Vgl. dazu etwa *Apolte*, Ökonomische Konstitution, 1999, S. 225, 228, 230, 235 f., 238, passim.

– richtig verortet – für das zwingende Recht und – falsch verortet – für die Grenzen freier Rechtswahl beschrieben wurden.[330]

3. Vertikale Kompetenzverteilung

Die Vermischung von Sach- und Kollisionsrecht unterläuft noch eine rechtlich sorgfältig austarierte und politisch hart erkämpfte Kompetenzverteilung zwischen verschiedenen Körperschaften, und zwar auf einer Ebene, auf der diese Fragen gerade nicht wissenschaftlich oder politisch diskutiert, hinterfragt und gegebenenfalls auch kontrolliert zu werden pflegen: Haben etwa die Mitgliedstaaten zugestimmt, dass die Europäische Union wesentliche Bereiche des Internationalen Privatrechts regelt, nicht aber das entsprechende Sachrecht,[331] verschieben sich mit der Berücksichtigung sachrechtlicher Fragen schon im Kollisionsrecht auch Kompetenzen weg von den Mitgliedstaaten hin zur Europäischen Union, ohne dass dies im AEUV angelegt oder durch die Mitgliedstaaten konsentiert wäre. Im Extremfall könnte der Verordnungsgeber über eine detaillierte Ausgestaltung freier Rechtswahl wie zuvor beschrieben ein eigenes Sachrecht entwerfen. Allerdings wäre diese Kompetenzverlagerung merkwürdig unvollkommen. Denn eine subjektive Anknüpfung ist für die das Recht faktisch Wählenden nur dann attraktiv, wenn der Zugang zu dieser freien Rechtswahl nicht größere Unannehmlichkeiten bringt als das nach objektiven Kriterien sonst anwendbare Sachrecht. Damit könnte die Europäische Union das Maß zwingenden Rechts genau so weit absenken, wie es Rechtsordnungen mit einem solch geringeren Ausmaß gibt. Hingegen wäre es ihr nicht möglich, das Niveau zwingenden Sachrechts zu steigern oder differenzierende Regeln zu treffen. Auch würde sich die Gestaltungsmöglichkeit praktisch auf für die Parteien besonders zentrale Aspekte beschränken. Dem Ideal einer in Inhalt und Umfang möglichst passgenauen Gesetzgebung und Kompetenzaufteilung entspricht das nicht.

4. Umgewichtung politischer Präferenzen

Noch in einer weiteren Hinsicht erzwingt ein Wettbewerb der Rechtsordnungen weniger besseres Recht als vielmehr eine Kompetenzverschiebung, ohne dass dies regelmäßig offengelegt und auf der dafür einschlägigen Ebene diskutiert würde. So drängt sich angesichts der vielfältigen Versuche, die kollisionsrechtliche Befürwortung freier Rechtswahl mit der Aussicht etwa auf ein weniger stark intervenierendes Recht zu rechtfertigen, eine zentrale Frage gerade-

---

[330] Siehe dazu nur Art. 15 ff. der Verordnung (EG) Nr. 44/2001 des Rates vom 22. Dezember 2000 über die gerichtliche Zuständigkeit und die Anerkennung und Vollstreckung von Entscheidungen in Zivil- und Handelssachen, Abl. L 12/1 v. 16.1.2001.
[331] Genau das ist für das Zivilrecht der Fall (zutr. *Basedow*, RabelsZ 73 (2009), 455, 457 f.), vgl. vor allem die ROM I und II-Verordnungen (oben Fn. 325).

zu auf: Wem sollte es in einem Staat gebühren, politische Entscheidungen zu treffen? Diese Kompetenz beinhaltet einerseits die Befugnis, bei unklaren Wirkungszusammenhängen eine gewisse Einschätzungsprärogative, andererseits aber auch die letztverbindliche Entscheidung über politische Zielsetzungen wahrzunehmen. Wie bereits dargelegt mag man dabei trefflich über das richtige Ausmaß etwa von (gesellschafts-) vertragsrechtlichen Vorgaben, Umverteilung oder Arbeitnehmerschutz streiten. Glaubt man nicht an die eine für alle verbindliche Rechtsidee, ist es jedenfalls aus rechtsstaatlicher Sicht empfehlenswert, derartige Grundentscheidungen dem demokratischen Entscheidungsprozess zu überantworten. Dabei sei nochmals daran erinnert, dass auch nach den gängigen philosophischen Grundpositionen die politischen Präferenzen aller Bürger gleichgewichtig zu berücksichtigen sind, mag man diese persönlich teilen oder nicht.

Dann aber lässt sich fragen, wie sich eine freie Rechtswahl und der damit verbundene Wettbewerb der Rechtsordnungen auf diese Gewichtung politischer Präferenzen auswirken. Während es bei einer objektiven Anknüpfung regelmäßig ein demokratisch gewähltes Parlament ist, das den Inhalt und die Reichweite zwingenden Rechts bestimmt, sind es bei einer subjektiven Anknüpfung einzelne Personen, welche die Entscheidung treffen. Bei der Drohung ist es die Person mit der Waffe in der Hand, die gleichermaßen über Vertragsinhalt wie anwendbare Rechtsordnung entscheiden kann. Ist es bei Allgemeinen Geschäftsbedingungen regelmäßig der Unternehmer, der die Bedingungen stellt, wird es im Zweifel auch diese Person sein, die genauso das einschlägige Recht bestimmt.[332] Und überließe man es dem einzelnen Steuerzahler, sich sein Steuerrecht auszusuchen, wird das von ihm gewählte Recht mit den Vorstellungen des Parlaments seines Heimatstaats wenig gemein haben.[333]

An dieser Stelle ließe sich wiederum einwenden, dass zumindest funktionierende Märkte auch die Interessen Dritter berücksichtigen.[334] Doch gilt es, wie bereits dargelegt, das Selektionsprinzip zu berücksichtigen, also sich vor Augen zu halten, dass jedenfalls ein rational agierender Staat zwingendes Recht dort einsetzen wird, wo erst diese Intervention zu den politisch erwünschten Ergebnissen führt. Im Ergebnis bewirkt freie Rechtswahl damit die Fehlge-

---

[332] Insofern sollte nicht allein aus der Abwahl zwingenden Rechts geschlossen werden, dass „die Parteien" der (AGB-rechtlichen) Inhaltskontrolle ausweichen wollen, vgl. aber demgegenüber etwa *Eidenmüller*, JZ 2009, 641, 645 f. m.w.N.

[333] Zu den Problemen eines Steuerwettbewerbs für demokratische Grundsätze vgl. nur *Schön*, ASA 71 (2002), 337, 342 f. oder die Übersicht von *Avi-Yonah*, 113 HarvLRev 1573 (2000) jeweils m.w.N. *Vossius*, notar 2009, 126, 128 stellt durchaus die richtige Frage, ob es hier mit *Ludwig Erhard* um „Wohlstand für alle" oder aber Verteilungskämpfe geht. *Teichmann*, F.A.Z. v. 8.4.2009, S. 9 weist zutreffend darauf hin, dass es sich nur wenige leisten können, Informationen über fremdes Recht einzuholen.

[334] Vgl. zu diesem Argument bereits oben § 16 E. III. 2. b).

wichtung politischer Präferenzen zu Gunsten derer, denen es angesichts von Marktstörungen gelingt, sich jenseits eines demokratischen Anforderungen genügenden Entscheidungsprozesses mit ihren Interessen durchzusetzen. Umgekehrt formuliert dient zwingendes Recht dazu, die Interessen sämtlicher Bürger möglichst gleichberechtigt zu verwirklichen, und wird dieses zwingende Recht gerade deshalb von einem Parlament erlassen, dessen Entscheidungsträger sich in einem aufwändigen demokratischen Verfahren wählen lassen müssen. Genau deshalb lässt der Staat aber auch nicht allein die Sozialhilfeempfänger darüber bestimmen, nach welcher Rechtsordnung sich die Höhe der von Arbeitnehmern wie Selbständigen zu finanzierenden Sozialhilfe bestimmt – oder nur Rentner über den Unternehmenssteuersatz.[335]

Man könnte das alles für banal halten. Doch studiert man die Argumente für einen Wettbewerb der Rechtsordnungen, so finden sich hier ungewöhnliche staatstheoretische Positionen. Durchaus typisch sind Bemerkungen dergestalt, dass Systemwettbewerb dazu beitrage, Politiker, Bürokraten und Lobbyisten zu „disziplinieren", die doch ohnehin nur Sonderwünschen von Interessengruppen nachkämen. Nicht vom Staat und dessen demokratisch legitimierter Gewalt ist die Rede, sondern von einem zu bändigenden Leviathan.[336] Teilweise wird sogar den demokratischen Wahlen ein „zweiter", „komplementärer" Lösungsweg beiseite gestellt, nämlich die Beschränkung des staatlichen „Machtmonopols" durch „konstitutionelle Regeln". Der Staat müsse nicht notwendig im „Paradigma des Monopols" gedacht werden.[337] Dazu ließe sich viel sagen. Hier sei nur darauf hingewiesen, wie wichtig ein interdisziplinärer Dialog zwischen Ökonomen, Politikwissenschaftlern, Philosophen und Juristen ist.

Dabei wäre es wichtig zu berücksichtigen, wem es denn gelingt, die Politik in ihrem Sinne zu beeinflussen. Leider finden sich zu dieser Frage nur wenige

---

[335] Nicht ohne Grund sind Steuerfragen von Volksabstimmungen regelmäßig ausgenommen.

[336] Vgl. dazu und zu ähnlichen Äußerungen stellv. *van den Bergh*, 53 Kyklos 435, 436 (2000); *Heine*, Regulierungswettbewerb, 2003, S. 43; *Kerber*, in: Schenk/Schmidtchen u.a. (Hrsg.), Globalisierung, Systemwettbewerb und nationalstaatliche Politik, 1998, S. 199, 199; *O'Hara/Ribstein*, 67 UChiLRev 1151, 1152 (2000) („... political leaders cannot be expected to maximize social welfare."); *O'Hara/Ribstein*, The Law Market, 2009, S. 8, 15, 21 f., 217, passim; *Röpke*, Gläubigerschutzregime, 2007, S. 58; *Schäfer/Lantermann*, in: Basedow/Kono (Hrsg.), Economic Analysis, 2006, S. 87, 104; *St. Sinn*, 3 ConstPolEcon 177 (1992); *Vaubel*, 10 EuJPolEcon 227, 231 ff. (1994); *Wrede*, 17 EuJPolEcon 705, 706 ff. (2001) Vgl. hierzu auch die kritische Würdigung etwa bei *Gerken*, Wettbewerb, 1999, S. 38 ff. m.w.N. oder *Teichmann*, Binnenmarktkonformes Gesellschaftsrecht, 2006, S. 354 ff. Wenn nach *Eidenmüller*, JZ 2009, 641, 642 ein physischer Exit in bestimmten Bereichen die einzige Möglichkeit sein soll, seine Unzufriedenheit auszudrücken, so gibt es in einer Demokratie immerhin auch Wahlen. Aber in der Tat schmerzt es wohl jeden bisweilen, dabei nur einer von Millionen zu sein.

[337] So *Heine*, Regulierungswettbewerb, 2003, S. 14.

einschlägige Arbeiten.[338] Vielmehr wird regelmäßig über das auch in der Ökonomik an sich völlig unumstrittene Postulat der Gleichwertigkeit individueller Präferenzen hinweggesehen. Das mag auch daran liegen, dass ein Blick in die Realität eher den Eindruck provoziert, dass es oft gerade denjenigen Interessenvertretern gelingt, sich Gehör zu verschaffen, denen zwingendes Recht ein Dorn im Auge ist.[339] Die alte, kranke, ungebildete und mittellose Immigrantin wird es jedenfalls nicht sein.[340] Deren Freiheit wird dadurch geschützt, dass ihr der Staat Rechte gibt und diese konsequent durchsetzt, also privater Macht staatliche entgegensetzt. Und auch der Wettbewerb um private Güter und Dienstleistungen stößt nur deshalb auf breite Akzeptanz, weil hier all diejenigen, die nur genug Geld für benötigte Güter haben, sogar mächtige Unternehmen in ihrem Sinne steuern könnten. Allerdings ist diese Marktsphäre[341] reguliert und eingegrenzt, weshalb Bedürftige über andere Ebenen, namentlich die Steuer- und Sozialgesetzgebung, diejenigen Mittel erlangen, die sie benötigen, um in einer Marktwirtschaft ihrerseits Einfluss auszuüben.[342]

V. Einzelfragen

1. Innovationen

Wenn in Parallele zu einem Wettbewerb privater Akteure für einen solchen der Rechtsordnungen geworben wird, geschieht das oft unter Hinweis auf den Charakter des Wettbewerbs als einem Entdeckungsverfahren,[343] das nicht zu-

---

[338] Für *O'Hara/Ribstein*, 67 UChiLRev 1151, 1228 f. (2000) ist es am wichtigsten, dass eine nicht demokratisch vermittelte Entscheidungsbildung vor allem erlaube, „... interest groups other than lawyers..." zu berücksichtigen.

[339] Für einen ersten Eindruck mag man etwa für einzelne Rechtsgebiete die Ausrichtung der Interessenvertreter mit der tatsächlichen Bevölkerungsstruktur vergleichen. Demgegenüber kommt die Politische Ökonomie in ihren theoretischen Abbildungen meistens zu ganz anderen Schlussfolgerungen. Recht interessant hierzu aber etwa *Olson*, Collective Action, 1965.

[340] Vergleicht man diesen Befund mit dem Phänomen der Globalisierung, so kann man bei Letzterem durchaus darauf hoffen, dass dieser Prozess langfristig und unter Berücksichtigung sämtlicher (und nicht nur der etablierten) Staaten Wohlstand vermehrt. Der Wettbewerb der Rechtsordnungen hingegen führt nur zur Umgewichtung politischer Präferenzen, hat also vor allem Verteilungseffekte, ja er behindert sogar das Aufholen unterentwickelter Länder, vgl. dazu *Flassbeck*, Wirtschaft und Markt, März 2005 sowie zum Entbündelungseffekt oben Fn. 273.

[341] Eingehend zu den verschiedenen Ebenen einer Gesellschaft, von denen der Markt nur eine ist, *Walzer*, Spheres of Justice, 1983.

[342] Insofern werden manche der These etwa von *Schön*, ZHR 160 (1996), 221, 233 widersprechen, wonach die Herabminderung der Körperschaftssteuersätze innerhalb Europas in den achtziger Jahren des vergangenen Jahrhunderts ein deutliches Beispiel für einen erfolgreichen Wettbewerb der Gesetzgeber sei.

[343] Grdl. *Hayek*, Entdeckungsverfahren, 1968.

letzt wichtige Innovationen ermögliche.[344] Daran ist zweierlei richtig: Erstens ist Innovation ein bedeutsames Anliegen, und zweitens verlangen Innovationen Freiräume, also gerade keine zwingenden Vorgaben. Genauso wichtig ist es allerdings, die Innovationen von Privatpersonen von denen staatlicher Institutionen zu unterscheiden.

Wichtig und wünschenswert sind Innovationen zunächst für das Handeln privater Akteure.[345] Damit stellt sich insbesondere auf der sachrechtlichen Ebene die vieldiskutierte Herausforderung, den Umfang zwingenden Rechts sorgfältig auszutarieren: Einerseits sollte man den Parteien nicht die Chance nehmen, eigene kreative Vertragsinhalte zu schaffen. Andererseits will der Staat auch andere Ziele verwirklichen und dabei insbesondere Marktstörungen bekämpfen. Dass man dabei spätestens dann, wenn man die Existenz unterschiedlicher Vorstellungen über politische Ziele und faktische Wirkungszusammenhänge akzeptiert, in einem nächsten Schritt entscheiden muss, wer über all das letztlich entscheidet, wurde bereits dargelegt. In jedem Fall ist hier eine freie Rechtswahl unangebracht. Denn falls eine zwingende Vorschrift die Parteiautonomie mitsamt der damit verbundenen Möglichkeit von Innovation unnötig oder übertrieben einschränkt, sollte man dann auf dieser sachrechtlichen Ebene für eine Reform plädieren, nicht aber kollisionsrechtlich für eine freie Rechtswahl. Soweit sich nämlich zwingendes Recht tatsächlich als überflüssig erweist, erscheint es wiederum arbiträr, die Wahlmöglichkeiten auf diejenigen Rechtsordnungen zu beschränken, die über eine freie Rechtswahl verfügbar sind.

Eine von alldem sorgfältig zu trennende Frage ist, wie für das von Staaten oder Gerichten gesetzte Recht Innovationen ermöglicht werden können. In der Tat ist es vorteilhaft, wenn auch staatliche Institutionen die notwendigen Freiräume haben, um kreativ zu werden, voneinander zu lernen und dasjenige auszuprobieren, was sie jeweils für sinnvoll halten.[346] Hierzu dient nicht zuletzt die Rechtsvergleichung und spricht genau das auf der Kompetenzebene häufig gegen eine Harmonisierung und für nationale Autonomien mitsamt der damit verbundenen Rechteviefalt. Betrachtet man den kulturellen Reichtum, der sich allein im Vertrags- oder Gesellschaftsrecht über viele Jahrhunderte entfalten konnte, wird man es sich genau überlegen, wo die Vorteile einer Rechtsvereinheitlichung wirklich überwiegen. Offen bleibt allerdings, warum die erstrebten Neuerungen für einen Wettbewerb der Rechtsordnungen sprechen sollen. Freie Rechtswahl forciert nicht etwa Innovationen, sondern für

---

[344] Stellv. *Deakin*, 12 EuLJ 440, 441 (2006); *Ebke*, RabelsZ 62 (1998), 195, 207; *Kerber*, in: Schenk/Schmidtchen u.a. (Hrsg.), Globalisierung, Systemwettbewerb und nationalstaatliche Politik, 1998, S. 199, 224; *Röpke*, Gläubigerschutzregime, 2007, S. 58.

[345] Rechtstheoretisch ist die Einordnung der Privatautonomie als Rechtsetzungskompetenz umstritten, vgl. zu dieser oben § 8 E.

[346] Vgl. dazu bereits oben § 16 E. II. 2.

den Wählenden attraktive Rechtsordnungen. Das Recht des Staates Andorra ist bei den Steuerzahlern nicht deshalb so beliebt, weil es besonders innovativ ist, sondern weil es wenig Belastung verspricht. Nun mag man es unterschiedlich beurteilen, was eine Innovation auszeichnet, doch dürfte es gleichermaßen üblich wie sinnvoll sein, dabei vor allem auf die Neuartigkeit, gegebenenfalls in Verbindung mit dem praktischen Nutzen,[347] abzustellen.[348] Leider findet man dort, wo die Innovationskraft des Wettbewerbs der Rechtsordnungen bemüht wird, selten eine Definition dessen, was als innovativ zu gelten habe, noch nähere Ausführungen dazu, ob und wie es tatsächlich zu den erwünschten Innovationen kommen soll. Das erscheint insofern verständlich, als sich freie Rechtswahl bei näherer Betrachtung als innovationsfeindlich erweist. Der staatliche Handlungsspielraum wird ausgehöhlt, da diejenigen, die faktisch über das anwendbare Recht bestimmen, ihnen nicht genehme Vorschriften vermeiden können.[349] Der Staat kann damit sein Recht nur noch andienen, er ist nicht mehr frei, sondern gezwungen, solche Vorschriften in Kraft zu setzen, die den Vorstellungen einer bestimmten Personengruppe entsprechen.

Ein klassisches Beispiel bildet die gesellschaftsrechtliche Diskussion um das Mindestkapital.[350] Angesichts der Komplexität der dafür einschlägigen Wertungen und Wirkungszusammenhänge, aber auch der ganz unterschiedlichen kulturellen Erfahrungen und Entwicklungsstränge in den einzelnen Ländern, wäre es eine sehr mutige Behauptung, man könne hierzu nach dem heutigen Erkenntnisstand eine abschließende und von jedermann als richtig zu akzeptierende Einschätzung abgeben.[351] Und doch soll das, was selbst für die Europäische Aktiengesellschaft in Höhe von 120.000 Euro und in den gewachsenen Traditionen vieler Mitgliedstaaten vorgesehen ist – nämlich ein festes Mindestkapital –,[352] nach Ansicht des Europäischen Gerichtshofs nicht erforderlich und damit nicht einmal mit Mobilitätsbedürfnissen abzuwägen sein. So seien potenzielle Gläubiger über die Herkunft einer Gesellschaft informiert

---

[347] Insofern ginge es dann wieder um die Diskussion um das bessere Recht, siehe dazu bereits oben § 16 E.-III. 1.
[348] Je nach Fachgebiet und Autor variieren die Definitionen dabei beträchtlich.
[349] Was dem Einzelnen die Privatautonomie, ist dem Staat die Kompetenz. Vgl. etwa zum Verlust von Steuerhoheit der Mitgliedstaaten durch mangelnde Harmonisierung *Schön*, ASA 71 (2002), 337, 348 m.w.N.
[350] Vgl. dazu nur die zahlreichen Beiträge in *Lutter* (Hrsg.), Das Kapital der Aktiengesellschaft in Europa, ZGR Sonderheft 17, 2006.
[351] Dies gilt auch für die keineswegs zwingende Ausrichtung allein an den Interessen der Eigenkapitalgeber, vgl. dazu etwa *Merkt*, RabelsZ 59 (1995), 545, 555 ff. zur über Jahrzehnte gewachsenen Mehrdimensionalität des europäischen Gesellschaftsrechts.
[352] Art. 4 (2) der Verordnung (EG) Nr. 2157/2001 des Rates vom 8. Oktober 2001 über das Statut der Europäischen Gesellschaft (SE), Abl. Nr. L 294 v. 10.11.2001, S. 1, 4.

und damit hinreichend geschützt.[353] Mit Blick auf die hier interessierende Innovation ist das Ergebnis bekannt: All diejenigen Staaten, die ein Mindestkapital vorsehen, geraten unter Druck, dieses Erfordernis abzusenken oder gar ganz abzuschaffen.[354] Die rechtliche Vielfalt, die Möglichkeit, von gegenseitigen Erfahrungen zu lernen und eigenständig zu experimentieren, wird zu Gunsten einer Lösung geopfert, die zwar keineswegs untragbar, aber genauso wenig alleinseligmachend ist, und sich allein deshalb durchsetzt, weil sie derjenigen Personengruppe besonders entgegenkommt, die über das anwendbare Gesellschaftsrecht faktisch entscheidet.[355]

2. Koordinationsprobleme

Die hier beschriebenen Gefahren erlauben auch einige Schlussfolgerungen für das Nebeneinander nationaler wie europäischer Rechtsinstitute, was kurz anhand zweier Rechtsbereiche illustriert sei. So wird bekanntlich darüber diskutiert, den Zivilrechten der Mitgliedstaaten ein europäisches Vertragsrecht als weitere wählbare Option beiseite zu stellen.[356] Verdeutlicht man sich weiter, dass gerade dort, wo es um zwingende Vorschriften geht, typischerweise diejenigen faktisch wählen, die zwingende Vorschriften missbilligen,[357] wird das Problem schnell deutlich: Soll europäisches Vertragsrecht eine Chance haben, muss es für die faktisch Wählenden attraktiv sein. Damit lässt sich ein optionales europäisches Privatrecht, das wie derzeit relativ viele zwingende, (vermeintlich[358]) verbraucherschützende Regelungen enthält, nur dann durchsetzen, wenn es der Verbraucher ist, der – etwa über einen „blue button" ohne Zusatzkosten – das anzuwendende Sachrecht bestimmt.[359] Es stellt sich also die keineswegs leicht zu beantwortende Frage, wie man nationale und europäische Zivilrechte sinnvoll koordiniert nebeneinander anbieten kann. Ganz ähnlich verhält es sich im Verhältnis von nationalen zu europäischen Gesell-

---

[353] EuGH, Urt. v. 30. September 2003, Rs. C-167/01 (Inspire Art), Slg. 2003, I-10155, Rn. 135.

[354] Für Deutschland siehe nur die Einführung der Unternehmergesellschaft durch § 5a GmbHG sowie für einen rechtsvergleichenden Überblick *Wachter*, GmbHR 2005, 717, 719 ff.

[355] Instruktiv zum „eindrucksvollen Sieg" der deutschen Unternehmergesellschaft über die englische Limited *Niemeier*, FS Roth, 2011, S. 533.

[356] Vgl. oben Fn. 251.

[357] Vgl. dazu bereits oben § 16 E. IV. 4.

[358] Bisweilen nur vermeintlich deshalb, weil die Kunden sämtliche Rechtswohltaten letztlich über den Preis selbst finanzieren.

[359] Da die durch zwingendes Recht geschützten Gruppen gerade nicht diejenigen sind, die bei einer Rechtswahlfreiheit den Ton angeben, wäre ein solches Regelwerk, um mit *Basedow*, ZEuP 2008, 673, 675 f. zu sprechen, nicht mehr als ein „Pfiff in den Wind". Der derzeitige Kaufrechtsentwurf (vgl. oben Fn. 251) sieht ein solches einseitiges Verbraucherwahlrecht nicht vor, vgl. dort z. B. die Erwägungsgründe 8, 23 f. oder Art. 3.

E. Wettbewerb der Rechtsordnungen?

schaftsformen.[360] Solange es auch nationale Gesellschaftsrechte gibt, kann die Europäische Union über eigene Rechtsformen – grob gesprochen –[361] das Ausmaß zwingender Vorschriften in Europa nur herabsenken, nicht aber steigern, weil dies für jeden Wettbewerber im Wettbewerb der Rechtsordnungen gilt.

3. Notwendigkeiten

Die bisherigen Ausführungen konzentrierten sich auf die Reinform freier Rechtswahl, nämlich die Möglichkeit, ohne auch nur irgendeinen internationalen Sachverhalt andere Rechtsordnungen wählen zu können. Das erlaubte es, deren Problematik besonders scharf herauszuarbeiten. Vergleicht man diese Skepsis[362] mit dem rechtstatsächlichen Befund, so findet sie insofern eine Bestätigung, als eine gänzlich freie Rechtswahl weithin unbekannt ist. Auch *Savigny*, der dem Autonomiegedanken ganz sicher nicht ablehnend gegenüberstand, propagierte ihn wohlweislich nur für das Sach-, nicht aber das Kollisionsrecht.[363] Vielmehr wird selbst dort, wo wir eine subjektive Anknüpfung vorfinden, in irgendeiner Form zumindest ein internationaler Bezug verlangt.[364] Weiterhin finden sich überall dort zahlreiche geschriebene wie ungeschriebene Ausnahmen und Einschränkungen, wo es um das hier interessierende zwingende Recht geht.[365] So wird die Wahl meistens auf bestimmte

---

[360] Wobei das Problem derzeit deshalb noch nicht voll zu Tage tritt, weil namentlich die Europäische Aktiengesellschaft weiterhin auf zahlreiche nationale Bestimmungen Bezug nimmt, vgl. nur Art. 9 (1) c) der SE-Verordnung (Fn. 352).

[361] Grob deshalb, weil bei heterogenen Bedürfnissen und überschaubaren Unterschieden mal das eine und mal das andere Gesamtpaket attraktiver sein mag. Sofern etwa manche nationale Rechtsform weniger mobil ausgestaltet ist, könnte eine europäische Ausprägung dies durch für die Wählenden weniger attraktive Vorschriften gewissermaßen wieder aufbrauchen.

[362] Stellv. *Rabel*, RabelsZ 1 (1927), 171, 41 f. Tatsächlich war und ist die Ausweitung der Parteiautonomie etwa im internationalen Vertragsrecht ständig von Unbehagen begleitet, was auch viele Befürworter wie *Flessner*, Interessenjurisprudenz, 1990, S. 98 m.w.N. betonen.

[363] Vgl. *Savigny*, System, Bd. 8, 1849, S. 33, 206 ff., 248 f., wo der Parteiwille lediglich als Argumentationshilfe dient sowie dazu *Joerges*, Funktionswandel, 1971, S. 13 f.; *Wicki*, Dogmengeschichte, 1965, S. 32 f.

[364] Siehe dazu etwa *Bar*, Internationales Privatrecht, Bd. II, 1991, S. 310 f. (§ 4 Rn. 419). Oder es werden dann zwingende Vorschriften für gleichwohl anwendbar erklärt, vgl. etwa Art. 3 Abs. 3 u. 4 Rom I-VO und Art. 14 Rom II-VO. Für *Leible*, FS Jayme, Bd. I, 2004, S. 485, 492 als einem Befürworter der Parteiautonomie versteht sich das „eigentlich von selbst", wobei dies die Frage provoziert, warum dem denn so ist, wenn Parteiautonomie bereits als solch heraus erstrebenswert ist. *Calliess*, Verbraucherverträge, 2006, S. 98 f. weist zutreffend darauf hin, dass sich praktisch jeder inländische Vertragsschluss internationalisieren lässt.

[365] Das gilt auch für viele der in Fn. 369 zitierten Befürworter einer Parteiautonomie. Dogmatisch geschieht dies dann etwa wieder über die bei Fn. 325 erwähnten Institute wie Eingriffsnorm, *ordre public* oder ganz normale Sonderanknüpfung. Vgl. dazu auch die in Fn. 326 zitierten Stimmen. Deutlich etwa *Vischer*, FS Gerwig, 1960, S. 167, 190: „Je weni-

Rechtsordnungen beschränkt.³⁶⁶ Und gerade die Europäische Union zeigt sich wenig großzügig, wenn es um das eigene zwingende Recht geht, also sie selbst von einer freien Rechtswahl betroffen wäre.³⁶⁷ Großbritannien bietet dem Ausland gar solche rechtliche Freiheiten an, vor die es seine eigenen Bürger schützt.³⁶⁸

Andererseits finden sich im Kollisionsrecht eben auch – teilweise schon sehr lange – subjektive Anknüpfungen und setzen sich viele Kollisionsrechtler verstärkt dafür ein.³⁶⁹ Gerade die Rechtsprechung ging früh voran.³⁷⁰ Möchte man diese gewachsenen Regelungsmuster nicht einfach als unsinnig verwerfen, bleibt zu klären, wie sich deren Existenz mit den bisherigen Ausführungen verträgt. Tatsächlich liegen die Gründe regelmäßig in den Nachteilen, die auch objektive Anknüpfungen mit sich bringen.³⁷¹ Insbesondere ist es keineswegs immer leicht, überzeugende objektive Kriterien zu finden,³⁷² was wiederum

---

ger die Wahlfreiheit der Parteien beschränkt wird, desto größer ist das Bedürfnis, als notwendiges Korrektiv die obligatorische Berücksichtigung der zwingenden Normen dritter Staaten zu fördern." Zu den Rom I- und Rom II-Verordnungen vgl. etwa auch die Analyse von *Rühl*, FS Kropholler, 2008, S. 187, 192, 198 ff., passim.

³⁶⁶ Typisch ist etwa die Formulierung von *Kropholler*, Internationales Privatrecht, 6. Aufl. 2006, S. 296 f. (§ 40 III 2): „Außerdem können die Parteien sogleich unter mehreren *objektiv in Betracht kommenden* Rechtsordnungen die maßgebende eindeutig bestimmen und damit die Voraussehbarkeit fördern." (Hervorhebung vom Verfasser).

³⁶⁷ Vgl. dazu bereits EuGH, Rs. C-381/98 v. 9. November 2000, Slg. 2000, I-9305 (Ingmar), Rn. 20 ff., 25 f.

³⁶⁸ Siehe Sec. 27 des Unfair Contract Terms Act 1977.

³⁶⁹ Stellv. *v. Bar*, Internationales Privatrecht, Bd. II, 1991, S. 303 ff. (§ 4 Rn. 412 ff.); *Bar/ Mankowski*, Internationales Privatrecht, Bd. 1, 2003, S. 598 (§ 7 Rn. 76 f.); *Flessner*, Interessenjurisprudenz, 1990, S. 99, wonach die grundsätzlich positive Bewertung der Parteiautonomie „... für ein internationales *Privat*recht nicht weiter begründet werden ..." müsse (Hervorhebung im Original), der aber dann auf S. 105, 108 f., passim für zwingendes Recht gleich wieder weitreichende Ausnahmen betont; *v. Hoffmann*, RabelsZ 38 (1974), 396, 397, wonach die Parteiautonomie ihre sachliche Rechtfertigung in ähnlichen Gründen wie die materiellrechtliche Privatautonomie findet, der aber dann auf S. 398 f., 418 beim zwingenden Recht wieder eine Ausnahme macht; *Kropholler*, Internationales Privatrecht, 6. Aufl. 2006, S. 294 ff. (§ 40 III 2, „in dubio libertas"); *Kropholler*, RabelsZ 42 (1978), 634, 644 ff. (dort ebenfalls auf S. 648 ff. Sonderregeln für zwingende Normen ansprechend); *Leible*, FS Jayme, Bd. I, 2004, S. 485, 488.

³⁷⁰ RGZ 9, 225, 227, vgl. dazu etwa *Bar*, Internationales Privatrecht, Bd. II, 1991, S. 305 f. (§ 4 Rn. 413).

³⁷¹ *Kegel/Schurig*, Internationales Privatrecht, 9. Aufl. 2004, S. 652 f. (§ 18 I 1 c)) sprechen zu Recht von einer Verlegenheitslösung und weisen darauf hin, dass beim intertemporalen Privatrecht auch niemand auf die Idee käme, die Wahl zwischen altem und neuem Recht zu eröffnen. *V. Hoffmann*, RabelsZ 38 (1974), 396, 397 rechtfertigt die Parteiautonomie zunächst aus dem Scheitern der Versuche, ein objektives Anknüpfungsmoment zu bestimmen, um dann aber darüber hinaus zu gehen. Zu den Stimmen, die auch im Internationalen Privatrecht in der Parteiautonomie mehr als nur eine Verlegenheitslösung sehen, vgl. bereits Fn. 369.

³⁷² Siehe etwa *Bar*, Internationales Privatrecht, Bd. II, 1991, S. 305 (§ 4 Rn. 413) oder *Kropholler*, Internationales Privatrecht, 6. Aufl. 2006, S. 296 (§ 40 III 2), der betont, dass wenn sich der Gesetzgeber nicht entschließen kann, den Beteiligten ein bestimmtes Statut

der Rechtssicherheit schadet.³⁷³ Häufig basiert eine subjektive Anknüpfung auch auf der Überlegung, dass die Parteien getreu dem Subsidiaritätsgedanken besser als der Staat einschätzen können, zu welcher Rechtsordnung die engsten Verbindungen bestehen.³⁷⁴ Es geht hier also nicht darum, beliebige Rechtsordnungen anheim zu stellen, sondern denjenigen entscheiden zu lassen, der das objektiv Richtige am ehesten treffen wird. Das muss nicht immer der Staat sein. Weiterhin mag man an die Situation denken, dass sich etwa ein Franzose und ein Deutscher im Zuge ihrer Verhandlungen als Kompromiss auf die Anwendbarkeit Schweizer Rechts einigen möchten, damit keine Seite den Vorteil des Heimatrechts genießt.³⁷⁵ In der Tat erscheint dieses gemeinsame Anliegen durchaus nachvollziehbar. Doch muss man sich vor Augen halten, dass wenn man bei diesem Sachverhalt intuitiv an Kaufleute denkt, eine solche Regelung angesichts des gerade für diese Personengruppe weitestgehend dispositiven Sachrechts auch bei objektiver Anknüpfung ohne weiteres möglich ist.³⁷⁶ Es geht also nur darum, ob auch die verbleibenden Reste zwingenden Rechts abwählbar sein sollten. Schützt zwingendes Recht eine der beiden Parteien oder öffentliche Interessen, wird man skeptisch werden.³⁷⁷ Da sich hier jedoch andererseits keine bestimmte objektive Anknüpfung aufdrängt und ein internationaler Sachverhalt vorliegt, wird man deshalb eine Rechtswahl zulassen und deren Nachteile gezielt durch gerade nicht dispositive Mechanismen wie *ordre public*, Eingriffsnorm und Sonderanknüpfung abfedern.³⁷⁸ Dabei kann es auch helfen, wenn zumindest in Teilfragen doch auf Harmonisierung ge-

---

aufzuzwingen (durch Festlegung einer nicht manipulierbaren Anknüpfung) oder überhaupt eine Anknüpfung vorzuschreiben, er ihnen eben die Freiheit der indirekten bzw. der direkten Rechtswahl gibt.

³⁷³ Stellv. zu diesem Aspekt *Kropholler*, RabelsZ 42 (1978), 634, 645; *Wagner*, IPRax 2008, 1, 13 oder *Bar/Mankowski*, Internationales Privatrecht, Bd. 1, 2003, S. 597 (§ 7 Rn. 76) m.w.N., wobei Letztere auch mit Aspekten argumentieren, die zum Sachrecht gehören.

³⁷⁴ Stellv. *Kropholler*, Internationales Privatrecht, 6. Aufl. 2006, S. 296 f. (§ 40 III 2); *Kropholler*, RabelsZ 42 (1978), 634, 645; *Leible*, FS Jayme, Bd. I, 2004, S. 485, 487. So mag man berücksichtigen, dass jeder Mensch ein eigenes elementares Interesse daran hat, nach einer Rechtsordnung beurteilt zu werden, mit der er eng verbunden ist, so zutr. *Kegel/Schurig*, Internationales Privatrecht, 9. Aufl. 2004, S. 135 (§ 2 II 1), was auch in zahlreichen objektiven Anknüpfungen Ausdruck findet.

³⁷⁵ So etwa *Kropholler*, Internationales Privatrecht, 6. Aufl. 2006, S. 298 f. (§ 40 IV 3).

³⁷⁶ Zutr. *Kroeger*, Schutz, 1984, S. 195. *Calliess*, Verbraucherverträge, 2006, S. 91 betont, dass die Erwartung, eine Rechtswahl beruhe auf dem frei ausgehandelten Willen der Parteien, bei „... internationalen Verträgen auf höchster Umsatzstufe jedenfalls unter dem Gesichtspunkt der Transaktionskosten nicht als völlig unrealistisch ..." erscheint. Das trifft durchaus den Kern des Problems – auch umgekehrt.

³⁷⁷ So weist *Kroeger*, Schutz, 1984, S. 194 zutreffend darauf hin, dass wenn ein Kaufmann ausnahmsweise im materiellen Recht für schutzbedürftig erachtet wird, es nicht einzusehen ist, weshalb er dieses Schutzes nicht auch im internationalen Handelsverkehr bedarf.

³⁷⁸ Siehe dazu bereits oben bei Fn. 325 f., 364 f.

setzt wird,[379] und sei es auch nur in Form einer latenten Eingriffsmöglichkeit. So gibt es „selbst" im US-amerikanischen Wettbewerb der Gesellschaftsrechte nicht nur kollisionsrechtliche Eingriffsmöglichkeiten[380] sowie diverse bundesstaatliche Vorgaben. Vor allem droht immer ein Eingreifen des Bundesgesetzgebers für den Fall, dass einzelne Bundesstaaten allzu problematische Vorschriften erlassen.[381]

Nichts anderes ergibt sich bei einer eher volkswirtschaftlichen Betrachtung. Zunächst ist ein gewisser Standort- und Rechtewettbewerb unvermeidbar, wenn man einen europäischen Binnenmarkt fördern und dabei nicht nur auf Harmonisierung setzen möchte. Versucht man etwa um jeden Preis, jegliche Spielräume für eine Rechtswahl auszuschalten, kann dies schnell die durch Grundfreiheiten geschützte Mobilität von Personen, Gütern und Dienstleistungen beeinträchtigen. Tatsächlich sind die Übergänge zwischen objektiver und subjektiver Anknüpfung fließend. Viele vermeintlich rein objektive Anknüpfungsmerkmale sind beeinflussbar – man denke nur an das relativ leicht zu erfüllende Kriterium eines ausländischen Satzungssitzes im Gesellschaftsrecht[382] oder den Mittelpunkt der hauptsächlichen Interessen im Insolvenzrecht[383] – und zwar gerade durch die für einen einheitlichen Markt so kritische Mobilität. Im Ergebnis kann es also wie gerade dargelegt sinnvoll sein, die Parteien über das anwendbare Recht entscheiden zu lassen und entstehende Härten punktuell abzufedern. Demgegenüber wird eine freie Rechtswahl besonders dort angreifbar, wo eine objektive Anknüpfung ohne weiteres gangbar ist. Wenn es sich etwa im Insolvenzrecht anbietet, objektiv, weil relativ schwer manipulierbar, an die tatsächliche Belegenheit von Produktionsmitteln und Arbeitsplätzen anzuknüpfen, ist das einer rein subjektiven Interpretation vorzuziehen.[384] Genauso wird man alles unterlassen, was einen Wettbewerb der Rechtsordnungen ohne jeglichen Mobilitätsgewinn verschärft – man denke nur an die aus dem US-amerikanischen Gesellschaftsrecht bekannten *franchise taxes*.[385] Mit Blick auf die Bewertung von Sitz- und Gründungstheorie

---

[379] Siehe dazu oben Fn. 300, 303.
[380] Vgl. oben Fn. 305.
[381] Das ist dann gewissermaßen der Schatten des Bundesrechts, vgl. dazu *Roe*, 117 HarvLRev 588, 634 ff. (2005); *Roe*, 118 HarvLRev 2491, 2541 ff. (2005).
[382] Auch einen Wohnsitz kann man in ein anderes Land verlegen. Schon recht alt ist das Ausflaggen im Schiffsverkehr (vgl. dazu etwa *Wagner*, 39 CMLR 995, 1005 (2002)).
[383] Vgl. dazu Art. 3 der Verordnung (EG) Nr. 1346/2000 des Rates vom 29. Mai 2000 über Insolvenzverfahren v. 30.6.2000, Abl. L 160/1 sowie zu dessen Beeinflussbarkeit nur *Reuß*, „Forum Shopping" in der Insolvenz, 2011, S. 93 ff., passim; *Eidenmüller*, JZ 2009, 641, 646 f.; *Klöhn*, RIW 2006, 568.; *Thole*, ZEuP 2007, 1137.
[384] Siehe dazu auch den ein *forum shopping* ausdrücklich ablehnenden Erwägungsgrund 4 der Europäischen Insolvenzverordnung (Fn. 383).
[385] Einen umgekehrten Weg geht *Eidenmüller*, in: Basedow/Kono (Hrsg.), An Economic Analysis of Private International Law, 2006, S. 187, 198 f., der für die Einführung von *franchising fees* sowie weitere den Wettbewerb der Rechtsordnungen verschärfende Maßnah-

erscheint es zwar zumindest gut vertretbar, wenn der Europäische Gerichtshof für „echte" Auslandsgesellschaften mit einem realen und nicht nur virtuellen Mobilitätsbedürfnis auf den Gründungsort abstellt. Hier wird der grenzüberschreitende Verkehr tatsächlich gestärkt. Ganz anders sieht es hingegen bei Neugründungen („Scheinauslandsgesellschaften") aus. Hier werden unnötig, nämlich ohne eine damit verbundene Stärkung des Binnenmarktes, diejenigen Nachteile heraufbeschworen, die eine freie Rechtswahl mit sich bringt. Allenfalls ließe sich argumentieren, dass die damit verbundene Unterscheidung zu Rechtsunsicherheit führe und damit doch Mobilität beschränke.[386] Dass der Europäische Gerichtshof hingegen offensichtlich mehr als nur einen Binnenmarkt – nämlich einen Wettbewerb der Gesellschaftsrechte – anstrebt, ist allein deshalb dogmatisch widersprüchlich, weil er die Problematik freier Rechtswahl für sämtliche andere Rechtsgebiete durchaus sieht: Missfällt etwa einem französischen Buchhändler die französische Buchpreisbindung, und exportiert er daher seine Bücher in ein von derartigen Beschränkungen freies Land, nur um sie von dort aus direkt wieder nach Frankreich zu reimportieren, wird dieses rein künstlich geschaffene Mobilitätsbedürfnis zu Recht als missbräuchlich[387] eingestuft und der Schutz der Grundfreiheiten versagt.[388] Anderes soll hingegen für das Gesellschaftsrecht gelten. Zwar ließe sich dort noch darauf verweisen, dass die im Ausland erstmalig gegründete juristische Person nur einmal die Grenze überschreitet. Doch erscheint das bereits reichlich formal, weshalb der Gerichtshof jenseits des Gesellschaftsrechts, namentlich bei „Berufsvorschriften", von derartigen Feinheiten nichts wissen will.[389] Was die Sonderbehandlung ausgerechnet des Gesellschaftsrechts rechtfertigen

---

men plädiert. Ähnlich tritt *Dammann*, 82 TulLRev 1869, 1871 f. (2008) dafür ein, den Wettbewerb der Gesellschaftsrechte durch eine Entkoppelung von Satzungssitz und Gerichtsstand zu verstärken.

[386] Inwieweit dieses Argument praktisch überzeugt, sei hier dahingestellt. So erscheint es durchaus möglich, jedenfalls Neugründungen ohne jeglichen wirtschaftlichen Auslandsbezug der Sitztheorie zu unterstellen, zumal der EuGH in anderen Rechtsbereichen keineswegs so streng ist, vgl. dazu gleich.

[387] Eingehend zur Missbrauchsproblematik *Schön*, FS Wiedemann, 2002, S. 1271; *Fleischer*, JZ 2003, 865; *Rehberg*, EuLF 2004, 1, 4 ff. oder speziell zum Insolvenzrecht *Reuß*, „Forum Shopping" in der Insolvenz, 2011, S. 318 ff. Die Unterscheidung von *O'Hara/Ribstein*, The Law Market, 2009, S. 29 zwischen *choosing law* und *evading law* überzeugt schon deshalb nicht, weil die Übergänge von unwirksamem zu gar keinem Recht fließend – und nicht einmal sonderlich spannend – sind, zumal es hier gerade um den Fall geht, dass das Recht eines anderen Staats die erhoffte Flucht erlauben würde. Auch sprachlich trifft sie nicht.

[388] EuGH, Urt. v. 10.01.1985, C-229/83 (Leclerc), Slg. 1985, 1, Rn. 27.

[389] Man vergleiche nur einerseits einen Missbrauch bejahend EuGH, Urt. v. 5.10.1994, C-23/93 (TV 10), Slg. 1994, I-4795, Rn. 21, 26; EuGH, Urt v. 3.2.1993, C-148/91 (Veronica), Slg. 1993, I-487, Rn. 13 und andererseits diesen verneinend EuGH, Urt. v. 9.3.1999, C-212/97 (Centros, Slg. 1999, I-1459, Rn. 27); EuGH Inspire Art (Fn. 353), Rn. 121 sowie dazu *Rehberg*, EuLF 2004, 1, 5; *Ringe*, Univ. Oxford Legal Research Paper 2, 2009, 1, 9 (abrufbar unter http://ssrn.com/abstract =1326964).

soll, bleibt offen. Schließlich gibt es dort genauso sinnvolle zwingende Vorschriften und nationale Gesetzgebungskompetenzen wie in vielen anderen Bereichen des Zivil- und Wirtschaftsrechts.

VI. Fazit

1. Kategorienfehler

Die derzeitige Diskussion um einen Wettbewerb der Rechtsordnungen ist durch eine unglückliche Vermengung klar getrennter und auch sinnvollerweise zu trennender Kategorien, insbesondere des Sach- und des Kollisionsrechts sowie zwingenden und nichtzwingenden Rechts, gekennzeichnet. Gedanklich vorrangig ist dabei die Entscheidung für und wider eine Harmonisierung, die zu den grundlegenden Weichenstellungen jeder föderal verfassten Ordnung gehört und von zahlreichen Faktoren abhängt. Hat man sich für eine mitgliedstaatliche Autonomie und damit auch für eine Rechtevielfalt entschieden, ist ein Kollisionsrecht im Sinne einer Kompetenzaufteilung unumgänglich. Es muss dann auch über die geeignete Anknüpfung befunden werden. Analysiert man hier nun die Argumente für eine freie Rechtswahl, so finden sich dort überwiegend Gesichtspunkte, die auf einer ganz anderen Ebene anzubringen wären. Sofern beklagt wird, dass es zu viele zwingende Vorschriften gebe, gehört dies zur sachrechtlichen Ebene. Nichts anderes gilt dann, wenn man in dieser Diskussion die Notwendigkeit anerkennt, Marktstörungen zu bekämpfen. Denn dann muss man den an sich propagierten Grundsatz freier Rechtswahl passgenau einschränken, errichtet aber auf kollisionsrechtlicher Ebene ein zweites Sachrecht und weist die Entscheidung hierüber demjenigen Organ zu, das an sich nur für kollisionsrechtliche Fragen zuständig ist. Mit der Einführung freier Gerichtswahl ließe sich dem noch eine dritte, prozessuale Ebene hinzufügen.

Vor allem aber unterminiert freie Rechtswahl genau das, was das Internationale Privatrecht als kategorial eigenständige und hochmoderne, weil auf zwischenstaatliche Toleranz ausgerichtete Disziplin auszeichnet: Staaten, die faktisch die Macht haben, über solche Streitigkeiten zu entscheiden, die in ihrem Territorium verhandelt werden, unterwerfen ihre Sachentscheidung freiwillig demjenigen Staat und dessen Parlamentariern, zu dem der Sachverhalt die stärksten Bezüge aufweist – und zwar bis zur Grenze des *ordre public* selbst dann, wenn das fremde Recht von den eigenen Vorstellungen deutlich abweicht. Ein Wettbewerb der Rechtsordnungen unterminiert hingegen die Autonomie derjenigen Körperschaften, denen diese Freiheit im jeweiligen Regelungsbereich zukommen soll. Dies wiederum geschieht mit dem Anliegen, gegen diese Autonomie besseres Sachrecht zu erzwingen.

Missachtet man nicht nur den eigenständigen Gehalt, das *proprium* des Internationalen Privatrechts, sondern auch den zwingenden Charakter vieler Vorschriften, wird man für die sachrechtliche Beurteilung dann auch übersehen, dass freie Rechtswahl gleichermaßen ineffizient wie illiberal ist, weil zwingende Vorgaben regelmäßig kein Zufallsprodukt sind, sondern Marktstörungen bekämpfen und Freiheiten sichern. Wohl aber greift man – wiederum regelmäßig ohne explizite Offenlegung und Rechtfertigung – in eine weitere Kompetenzebene ein, nämlich die Verteilung politischer Macht zwischen den Bürgern eines Landes. Schließlich wird man das durchaus begrüßenswerte Anliegen einer Förderung von Innovationen verfehlen. Denn entweder liegt das Problem schon beim jeweiligen Sachrecht – dann aber ist es viel innovationsfreundlicher, gleich dieses zu korrigieren. Der Wettbewerb der Rechtsordnungen hingegen unterhöhlt die Autonomie der Mitgliedstaaten und beschränkt so rechtliche Vielfalt, anstatt sie zu fördern. Um es kurz zu fassen: Der *genious* etwa des US-amerikanischen Gesellschaftsrechts liegt in dem Versäumnis, Sach- und Kollisionsrecht gedanklich zu trennen,[390] gepaart mit der Vorstellung, es sei effizient oder liberal, zwingendes Recht denjenigen anheim zu stellen, die es zu zwingen gilt.[391]

2. Wahre Interdisziplinarität

Dabei mag, um dies nochmals zu betonen, etwa eine rechtsvergleichende oder ökonomische Analyse dieser Thematik durchaus erhellend sein. Doch zwingt dies keineswegs dazu, die hier beschriebenen Grundkategorien zu ignorieren, nur weil sie sich im präferierten Ansatz nicht sofort aufdrängen. Und natürlich kann man über alles diskutieren. Gerade die Wissenschaft sollte sich hüten, ungewöhnliche Ansichten vorschnell abzutun. So ist es nicht verwerflich, sachrechtliche Anliegen zu verfolgen. Und genauso wenig ist es verboten, selbst so grundlegende Unterscheidungen wie die von Sach- und Kompetenzrecht zu hinterfragen und für neue Einteilungen zu plädieren. Hier geht es nicht um absolute Wahrheiten, sondern um Denkformen. Wohl aber trägt die gedankliche Zerlegung von Recht insbesondere zur Reduktion von Komplexität bei. Nur so wird vielfältige Arbeitsteilung möglich, aber auch die Vertei-

---

[390] Kollisionsrechtliche Erwägungen (ggf. im interlokalen Sinne mit Blick auf die Bundesstaaten, vgl. dazu etwa *Bar/Mankowski*, Internationales Privatrecht, Bd. 1, 2003, S. 307 ff. (§ 4 Rn. 152 ff.); *Kegel/Schurig*, Internationales Privatrecht, 9. Aufl. 2004, S. 26 ff. (§ 1 VII 1)) kommen bei *Romano* und vielen anderen überhaupt nicht vor, was an der stark ökonomischen Herangehensweise (näher zur sich gerade hier rächenden Problematik solcher Reißbretttheorien unten § 19 F. VII.) sowie dem in den USA schwächer ausgeprägten Verständnis für die Notwendigkeit eines eigenständigen Kollisionsrechts liegen mag (vgl. zur dortigen Debatte nur aus jüngerer Zeit *v. Hein*, RabelsZ 73 (2009), 461, 467 ff.). Im Kontext etwa der juristisch-europäischen Debatte sind derartige Auslassungen allerdings betrüblich.
[391] Näher zum zwingenden und dispositiven Recht oben § 16 A.

lung staatlicher Macht auf verschiedene Schultern, sei es im Verhältnis von Parlament und Gerichten eines Staates, verschiedener Staaten untereinander oder aber zwischen Mitgliedstaat und Europäischer Union.

Möchte man dennoch derartig grundlegende Ebenen aufweichen, sollte man jedenfalls offenlegen, dass man es tut, um dies dann möglichst überzeugend zu begründen und eine überzeugende Alternative anzubieten. Ob man sich dabei auf eher liberale, kollektivistische oder aber sonstige normative Prämissen beruft, bleibt jedem unbenommen. Wohl aber sollte man sich bei dieser Operation darüber klar sein, dass nicht nur unser gesamtes, äußerst komplexes Geflecht nationaler wie internationaler Rechte und Institutionen sowie darauf zugeschnittener Wissenschaften und Öffentlichkeiten auf den eingangs erwähnten Grundkategorien aufbaut, sondern seinerseits mit außerrechtlichen Ebenen verwurzelt ist, die ihrerseits auf derartigen Unterscheidungen basieren. Um hier nur ein Beispiel aufzugreifen: Allein der nicht gerade leicht abzuändernde AEUV-Vertrag unterscheidet klar zwischen Sach- und Kollisionsrecht und weist hieran ausgerichtet unterschiedliche Kompetenzen zu.

Tatsächlich geht es nur den Wenigsten um eine Überwindung der klassischen Denkkategorien. Oft soll ein bestimmtes sachrechtliches Anliegen über die kollisionsrechtliche Ebene durchgesetzt werden – es kommt zu typischen Stellvertreterdiskussionen. Konkret geht es hier vor allem um den Abbau zwingenden Rechts, eine Forderung, die gerade in der Ökonomik, aber auch der Rechtswissenschaft, an Popularität gewonnen hat. Juristisch äußert sich dies in Themen wie privater Rechtsetzung, sozialen Normen, De- oder Selbstregulierung, Transnationalität, dispositivem Recht, einer streng auf den Wortlaut begrenzten Auslegung[392] oder eben auch dem Wettbewerb der Rechtsordnungen. Zu den weniger überzeugenden Ausprägungen dieser Tendenz gehört es dabei, wenn Deutschland ausweislich der von der Weltbank herausgegebenen, von hochdekorierten Ökonomen erstellten Doing Business-Reports bei der Qualität des Rechts der Unternehmensgründung auf Platz 84, Ruanda hingegen auf Platz 11 landet; während uns für das Arbeitsrecht gar Rang 158 winkt, dem seit 1962 im Ausnahmezustand befindlichen Sultanat Brunai zusammen mit den Marshall-Inseln hingegen Platz 4.[393] Tatsächlich finden sich andauernd Analysen dergestalt, dass zunächst unter teils erheblichem Aufwand empirisch festgestellt wird, welche Vorschriften einzelner Länder besonders populär sind, um hieraus ohne weiteres auf deren bessere Qualität zu schließen. Nach dieser Logik könnte man auch Diebe nach der Attrak-

---

[392] Zu der für diesen Ansatz durchaus typischen Vermengung diesmal von sachrechtlichen und methodischen Anliegen vgl. nur *Easterbrook*, 50 UChiLRev 533, 550 (1983), wobei allerdings manche Verfechter des *new textualism* wie *Scalia*, A Matter of Interpretation, 1997, S. 23 auf derartige Instrumentalisierungen bewusst verzichten.

[393] So die Zahlen für 2010, vgl. dazu http://www.doingbusiness.org/economyrankings/. Instruktiv dazu *Kern*, JZ 2009, 498.

tivität von Diebstahlsvorschriften fragen, um auch diese Zielgruppe für den Standort Deutschland zu begeistern.

Bei einer politisch-instrumentellen Sicht ist all das durchaus nachvollziehbar. Schließlich entgeht man einigem Widerstand, wenn man etwa nicht in einer arbeitsrechtlichen Zeitschrift für die Abschaffung der zweifellos diskutablen Mitbestimmung plädiert, sondern sich stattdessen auf kollisionsrechtlicher Ebene für eine freie Rechtswahl einsetzt, die dann faktisch allein der Arbeitgeber vornimmt. Genauso würde das Anliegen einer dem demokratischen Verfahren, das immerhin mit viel Blut erkämpft wurde, „komplementären Entscheidungsfindung" eine erfrischende Würdigung erfahren, präsentierte man sie auch solchen Rechtswissenschaftlern, Philosophen oder Politikwissenschaftlern, die ausweislich ihrer Ausbildung, Tradition und Spezialisierung zu einer hochwertigen Diskussion sicher beitragen können. Tut man dies hingegen nicht, verschenkt man die Vorteile einer sinnvollen wissenschaftlichen Arbeitsteilung. Dies ist dann gerade keine inter- oder intradisziplinäre Zusammenarbeit, sondern deren Gegenteil.

§ 17 Irrtum

A. Unwissenheit im Vertragsrecht

I. Problem

Dass Wissen die Verwirklichung individueller Ziele fördert, liegt auf der Hand. Nur die Kehrseite dieser Einsicht ist die Erfahrung, dass Unwissenheit gefährlich, ja bisweilen sogar tödlich sein kann. Deshalb verfügen wir Menschen über einen äußerst leistungsfähigen, wenngleich sehr energiehungrigen Denkapparat.[1] Und auch die Kulturgeschichte der Menschheit liefert ein eindrucksvolles Zeugnis der beständigen Anhäufung von Information.[2] Für Vertragsrecht und Vertrag gilt nichts anderes.[3] Daher können wir beides allenfalls dann verstehen, wenn wir unsere geistigen Grenzen konsequent berücksichtigen. Dass dies auch für unser gesamtes methodisches Vorgehen gilt, wird noch darzulegen sein.[4] Hier jedoch sei die zentrale Bedeutung des menschlichen Unwissens speziell für das Vertragsrecht angedeutet – soweit das überhaupt auf einigen wenigen Seiten gangbar ist. Offensichtlich wäre es angesichts der menschlichen Realitäten illusionär, eine voll informierte Entscheidung zum vertragstheoretischen Maßstab zu erheben. Es kann nur darum gehen, das Rechtfertigungsprinzip unter den gegebenen Umständen umzusetzen und damit sämtliche Widrigkeiten zu berücksichtigen, die uns Umwelt und menschliche Natur bescheren.[5] Das wiederum verlangt dogmatische Maßstäbe insbesondere dafür, wann wir Unwissenheit hinnehmen oder ein so zustande gekommener Vertrag zu korrigieren ist.

II. Verengungen

Dabei sollte man sich vor einigen vorschnellen Verengungen hüten. Wie etwa bereits *Savigny* erfreulich klar formulierte, werden uns nicht nur positive Fehlvorstellungen (Irrtümer) gefährlich, sondern auch schlichte Unkenntnis und

---

[1] Näher zum menschlichen Denken oben § 2 D. IV. 5. a).
[2] Näher oben § 2 D. V.
[3] Dazu gleich unten § 17 A. III. 2.
[4] Unten § 19 F.
[5] Näher oben § 8 A. I. sowie unten § 19 B. III.; § 19 C. III.; passim.

damit das Fehlen einer zutreffenden Vorstellung über einen uns betreffenden Sachverhalt.[6] So gesehen ist bereits die Kapitelüberschrift ungenau, wenngleich der üblichen Bezeichnung des hier zu behandelnden Themenkomplexes folgend.

Man mag derartige Begriffsfragen für banal halten. Doch wie schnell es sich rächt, zumindest unbewusst eben doch nur vom Irrtum und nicht dem allgemeineren Phänomen der Unwissenheit auszugehen, zeigt sich gerade in der jüngeren vertragsrechtlichen Diskussion. So ist es derzeit verbreitet, nicht an dieser Unwissenheit einzelner oder auch vieler Menschen anzusetzen, sondern stattdessen an einer Informationsasymmetrie,[7] einem informatorischen, psychologischen, intellektuellem bzw. strukturellen Ungleichgewicht bzw. Gefälle[8] oder auch der faktischen Verfügbarkeit von Information.[9]

Demgegenüber finden sich zahllose Konstellationen menschlicher Unwissenheit, die trotz symmetrischer (Un-) Kenntnis vertragsrechtliche Korrekturen erfordern. Irren beide Parteien gemeinsam darüber, dass der zu verkaufende Ring nicht golden, sondern nur vergoldet ist (Fall 256), gefährdet das den Käufer nicht weniger, weshalb ihm viele Rechtsordnungen guten Grundes ein Anfechtungsrecht gewähren.[10] Genauso wenig entlastet es eine Bank von ihrer Haftung, wenn sie vor lauter Schlampigkeit und fehlender Qualifikation eine Anleihe empfiehlt, von der professionell informierte Anbieter seit langem wissen, dass das ausgebende Unternehmen längst pleite ist (Fall 9). Unwissenheit ist also bereits ganz individuell betrachtet ein gravierendes Problem und wird es nicht erst dann, wenn andere wissend sind. Es ist vorschnell, bereits begrifflich immer schon eine weitere Person in die dann vergleichende Perspektive einzubeziehen.[11] Dabei geht es hier nicht um Marginalien. Denn angesichts der Komplexität unserer Welt lässt sich getrost behaupten, dass wir über 99% unserer Unwissenheit über diese Welt mit unseren Mitmenschen teilen. Diese Unwissenheit vertraglich zu berücksichtigen, wäre uns also versperrt, wollten wir uns an Informationsasymmetrien orientieren. Die meisten Informations-

---

[6] *Savigny*, System, Bd. 3, 1840, S. 111: „Das Wesentliche jedoch in diesem Zustand [Irrtum] ist bloß der Mangel der wahren Vorstellung, welcher sich auch in der Gestalt bloßer Bewusstlosigkeit über diesen Gegenstand zeigen kann … Hierin liegt der innere Unterschied zwischen Irrtum und Unwissenheit …, welche jedoch juristisch einander völlig gleich stehen."

[7] Siehe hier nur, weil bereits im Titel führend, *Fleischer*, Informationsasymmetrie, 2001 m.w.N.

[8] Aus jüngerer Zeit siehe etwa *Sedlmeier*, Rechtsgeschäftliche Selbstbestimmung, 2012, S. 94 ff., 117; *Tamm*, Verbraucherschutzrecht, 2011, S. 16, 54.

[9] Teilweise findet sich hier die Erwägung, dass es günstiger sei, verfügbare Information ganz einfach weiterzugeben (stellv. *Breidenbach*, Informationspflichten, 1989, S. 70).

[10] Näher zu solchen Fragen oben § 7 A. III.; § 7 C. III. sowie unten § 17 C.; § 17 D.

[11] Zumal es bei vielen einseitig belastenden Rechtsänderungen vor allem um die Interessen nur einer Person geht, näher oben § 3 B.

probleme betreffen solche Konstellationen, in denen das Unwissen brüderlich verteilt ist.

Dabei lässt sich nicht einmal vorsichtig als Ziel formulieren, Informationsasymmetrien abzubauen oder ein Informationsgleichgewicht herzustellen – ganz im Gegenteil. Denn die moderne menschliche Arbeitsteilung basiert zum großen Teil auf Informationsasymmetrien. In gewisser Hinsicht muss ein intelligentes Vertragsrecht solche Asymmetrien geradezu suchen, fördern und rechtlich ausgestalten, um den Parteien eine größtmögliche Wertschöpfung zu ermöglichen, anstatt deren Existenz oder Beseitigung zum gedanklichen Ausgangspunkt vertragstheoretischer Fragen zu erheben.[12]

Kurzum: Informationsasymmetrie ist weder das Problem, noch ist deren Beseitigung die gesuchte Antwort. Informationsasymmetrie ist nicht der Punkt, wohl aber die menschliche Unwissenheit. Nur der Vollständigkeit halber sei bereits hier erwähnt, dass noch nicht einmal die in diesem Zusammenhang meist anzutreffende These trägt, dass gerade erarbeitete Informationen zu berücksichtigen seien: Investiert ein Betrüger viel Geld in sein überlegenes Wissen, um von seinem Opfer „nur" genau diese Investition wieder hereinzuholen, billigen wir solche Verträge nicht.[13] Umgekehrt sind (Informations-)Anstrengungen wie etwa deren Beschaffung und Verarbeitung keineswegs für jeden Vertrag kennzeichnend,[14] sondern ist es geradezu das Geniale des Vertrags, uns oft auch eine völlig mühelose Wertschöpfung zu ermöglichen.[15]

III. Bausteine

1. Ziele

Wie konsequent unser Vertragsrecht die Grenzen des menschlichen Denkens berücksichtigt, zeigt sich anhand verschiedener, kleiner wie großer Facetten. Einen ersten wichtigen Baustein bildet dessen Ausrichtung an den menschlichen Zielen.[16] Während wir heillos damit überfordert wären, bei Vertragsschluss sämtliche Vertragsinhalte zu bedenken, beanspruchen uns Ziele deutlich geringer, zumal wir uns diese oft in aller Ruhe überlegen können. Und wenn sich Parteien überhaupt irgendwelche Gedanken machen, dann noch am ehesten darüber, was sie eigentlich bezwecken.

---

[12] Eine spannende Frage ist, ob nicht eine ähnliche Diagnose auch für die Marktmacht als einer weiteren klassischen Marktstörung trifft. Denn auch wenn zwei Seiten mächtig sind, also wichtige Zugeständnisse oder Geschehnisse kausal beeinflussen können, mag das besondere Regeln erfordern. Allgemein zur Ausbeutung siehe oben § 4 C. III.

[13] Vgl. etwa oben § 5 E. VIII. 2. oder unten § 17 D. III. 3. a); § 17 D. IV.

[14] Siehe demgegenüber stellv. für viele *Nauen*, Leistungserschwerung, 2001, S. 37 („Privatautonomes Handeln ist ohne eine solche Informationsbeschaffung und -verarbeitung nicht denkbar").

[15] Das gilt etwa für Fall 5 (oben § 3) oder Fall 106 (oben § 5).

[16] Näher oben § 2 A. IV. 3.

Das Vertragsrecht wiederum kann damit – zusammen mit der jeweiligen rechtlichen Ausgangslage bei Vertragsschluss – sehr viel anfangen, nämlich den Vertragsinhalt daraufhin optimieren, dass es den Parteien nur so viel an rechtlicher Einbuße zumutet, wie dies zur Zielverwirklichung erforderlich ist.[17] Wie anspruchsvoll selbst dieses inhaltlich noch so beschränkte[18] Anliegen ist, verdeutlicht die Grenzen jedes folgenorientierten Denkens im Gegensatz zu einem regelbasierten Denken.[19] Selbst die vertragsrechtliche Optimierung erfordert eine personell wie zeitlich stark verteilte Entscheidungsfindung, um die für jedes Zweckprogramm so typischen Komplexitäten wenigstens einigermaßen zu bändigen.[20]

2. Geschichtlichkeit

Einen weiteren Schlüssel für die erfolgreiche Bewältigung von Komplexität bildet die durchgängige Geschichtlichkeit unseres Denkens – einschließlich des Vertragsrechts. So schließen wir Verträge immer nur auf Basis der jeweiligen Rechtslage, und trägt es viel zu unseren derzeitigen dogmatischen Schwierigkeiten bei, dass dies klassische Vertragstheorien weithin ignorieren.[21] Wir betrachten immer nur kleine Schritte, bewegen uns immer nur ein wenig weiter, anstatt die gesamte Rechtslage ständig neu zu hinterfragen. Deshalb ist das Vertragsrecht in seiner inhaltlichen Ausrichtung erstaunlich punktuell, schauen wir allein auf die beiden Vertragsparteien, anstatt etwa auf die Gesamtwohlfahrt oder sonst öffentliche Belange abzustellen. Genauso wenig betreiben wir inhaltlich einen Ausgleich in der Zeit. Es ist gerade diese gegenständliche Enge, die das Privatrecht generell[22] und das Vertragsrecht im Speziellen[23] auszeichnen.

Nur eine Facette dieser Geschichtlichkeit bildet der Befund, dass sich – abgesehen von der ausgeklügelten zeitlichen wie personellen Aufteilung menschlicher Entscheidungsprozesse (dazu gleich) – auch jenseits des klassischen Vertragsschlusses wichtige Rechtsänderungen finden, die dem Rechtfertigungsprinzip folgen. Hierzu gehören manche Fallgruppen des Verschuldens bei Vertragsverhandlungen, die Geschäftsführung ohne Auftrag oder die vielfältigen Gestaltungsrechte.[24] Tatsächlich zeichnet es den intelligenten Umgang unseres Vertragsrechts mit den begrenzten menschlichen Ressourcen aus, die

---

[17] Näher oben § 3 A. IV. 1.; § 3 C. I.; § 8.
[18] Näher dazu unten § 19 E. I.
[19] Näher unten § 19 F. V.
[20] Näher unten § 19 F. V. 2. c).
[21] Näher oben § 2 A. II. 2.; § 2 D. I. 4. b); § 3 A. IV.; § 4 C. I. 1.; § 8 oder unten § 19 F. VI.; passim.
[22] Näher unten § 19 E.
[23] Näher unten § 19 E. I.
[24] Näher unten § 18.

richtige Balance zwischen rechtlicher Festlegung und der Freihaltung späterer Freiräume zu finden.[25]

3. Verteiltes Denken

Wie sehr wir selbst mit der vermeintlich so schlichten, weil allein auf die Vertragsparteien und allein die Gegebenheiten bei Vertragsschluss beschränkten Betrachtung kämpfen müssen, zeigt sich eindrucksvoll daran, dass wir die Bestimmung des Vertragsinhalts nicht nur personell auf zahllose Schultern, sondern die jeweiligen Entscheidungsprozesse dann oft auch noch auf sehr lange Zeiträume, verteilen.[26] Zwar nimmt der Parteiwille bei Vertragsschluss allein durch den Subsidiaritätsgedanken eine wichtige Rolle ein.[27] Doch können wir dessen Grenzen nicht dadurch überwinden, dass wir übermenschliche Fähigkeiten fingieren.[28] Und weil weder die Parteientscheidung noch jene all der anderen am Vertragsinhalt beteiligten Personen intrinsisch richtig ist, müssen wir für all diese Personen auch noch Rahmenbedingungen formulieren, unter denen wir eine Entscheidung akzeptieren.[29] Auch Stellvertreter, Richter, werbende Unternehmer, Verkehrskreise usw. können irren.[30] Für all das benötigen wir einen inhaltlichen Maßstab.[31]

4. Vertragsinhalt

Schließlich prägt die menschliche Unwissenheit auch den Inhalt einzelner Rechtsänderungen und drückt damit insbesondere dem Vertragsinhalt ihren Stempel auf. Oft bildet der Umgang mit dieser – wie etwa bei Beratungsverträgen unterschiedlichster Couleur – den Vertragsgegenstand, oft aber zumindest einen wichtigen Nebenaspekt.[32] Auch hier bewältigen wir die menschliche Unwissenheit vor allem durch Arbeitsteilung und die dadurch ermöglichte Spezialisierung.

Nicht weniger wichtig ist der oft sehr gezielte Umgang mit Risiken, wie wir dies etwa von Glücksspiel, Versicherung, Bürgschaft, Kursabsicherung oder Kreditgeschäften her kennen. Wiederum kann es dabei nicht um einen gänzlichen Abbau von Risiken, sondern allein deren intelligente Bewältigung – näm-

---

[25] Näher unten § 18 B. IV.
[26] Näher oben § 8.
[27] Näher oben § 8 E. II. 2.
[28] Näher zum notwendigen Realitätsbezug von Theorien unten § 17 E. IV. 1. c); § 19 B. III.; § 19 C. III.; § 19 F. II.; passim sowie zu den diversen Versuchen einer Normativierung etwa oben § 9 C. V. 2. e) (sowie – verwandt – § 9 C. V. 2. d)); § 10 E. II. 1.; § 11 E. II. 6. und unten § 19 C. VI. 3.
[29] Näher oben § 8 D.; § 9 C. III.; § 10 D. IV.
[30] Näher unten § 17 A. IV. 2.
[31] Näher zur Notwendigkeit eines inhaltlichen Maßstabs unten § 19 D.
[32] Siehe daher etwa oben § 3 C. III. 1.

lich anhand des Rechtfertigungsprinzips – gehen.³³ Dabei ist diese Thematik auch für Leistungsstörungen³⁴ und Irrtumsrecht³⁵ grundlegend, nötigt die menschliche Unkenntnis auch hier dazu, mit ihren Konsequenzen möglichst rational umzugehen. Gerade die letztgenannten Probleme lassen sich nur dann dogmatisch bewältigen, wenn man sie als Inhalt einer – insbesondere vertraglichen – Rechtsänderung identifiziert und auf dieser Basis zu untersuchen weiß. Das Rechtfertigungsprinzip liefert hier die benötigten konkreten wie detaillierten Aussagen, was schon deshalb wichtig ist, weil wir bei Vertragsschluss selten mögliche Irrtümer oder Leistungsstörungen und deren rechtlichen Konsequenzen bedenken oder regeln.³⁶

5. Inhaltliche Punktualität

So sehr es den klassischen Vertragstheorien – gerade angesichts der menschlichen Unwissenheit – vorzuwerfen ist, sich allein auf das Parteiverhalten bei Vertragsschluss zu fixieren,³⁷ ist eine andere Punktualität aus genau dem gleichen Grund höchst erfreulich: nämlich inhaltlich allein auf diejenigen Personen zu schauen, deren Recht beeinträchtigt wird, um lediglich zu fragen, ob sie sich dadurch hier und heute getreu ihren eigenen Zielen verbessern. Weder berücksichtigen wir einen Ausgleich in der Zeit noch den zwischen verschiedenen Personen. Das Nadelöhr der Rechtsbelastung bewirkt, dass zahllose Interessen und Geschehnisse außen vor bleiben, die sich durchaus berücksichtigen ließen. Die Genialität des Vertragsrechts (wie auch generell des Privatrechts) zeichnet sich vor allem durch das aus, was es alles nicht zu sehen bereit ist.³⁸

IV. Ausblick: Irrtümer

1. Problem

Wenngleich wir gut beraten sind, vorrangig die Vertragsparteien bei Vertragsschluss entscheiden zu lassen,³⁹ funktioniert diese private Rechtsetzung nicht immer mustergültig. Nicht jede private Entscheidung ist es wert, berücksichtigt zu werden.⁴⁰ Allzu oft stoßen wir an die Grenzen des Subsidiaritätsprin-

---

³³ Gewissermaßen in Parallele zu oben § 17 A. II. Eingehend zum Risiko oben § 5.
³⁴ Näher oben § 6.
³⁵ Dazu jetzt gleich.
³⁶ Näher oben § 6 C. IV. 1.; § 9 C. IV. sowie unten § 17 C. II. 3.
³⁷ Vgl. eben gerade oben § 17 A. III. 3. sowie eingehend oben § 8.
³⁸ Näher unten § 19 E. I. Vgl. zu dieser Ignoranz etwa auch oben § 2 B. II. 2.; § 2 D. I. oder § 2 E. III.
³⁹ Näher oben § 8 E. II. 2.
⁴⁰ Zur mangelnden Intrinsität der Parteientscheidung siehe oben § 4 und unten § 17 D. III. 3. a), daneben vgl. etwa oben § 8 D.; § 9 C. III.; § 10 D. IV. oder unten § 19 C. VI. 1.

zips. Hierzu gehört nicht nur das Problem irrationalen Verhaltens.[41] Genauso fallen darunter die vielfältigen Motivirrtümer – mit der arglistigen Täuschung als einem besonders klaren Fall.[42] Doch selbst wenn die Willensbildung hohen Qualitätsanforderungen genügt, mag der Vertragsgegner über den Inhalt dieses Willens irren. Dann ist das, was als vermeintlich gemeinsam gewollter Vertragsinhalt erklärt wird, nicht mehr ohne Weiteres ein getreu dem Subsidiaritätsprinzip hinzunehmendes Resultat privater Verständigung, sondern eher der Scherbenhaufen eines Verständigungsversuchs.[43]

Die sich hier stellenden Fragen sind alles andere als banal – vielmehr gehört das Irrtumsrecht zu den besonders anspruchsvollen vertragstheoretischen Themen. Zunächst finden sich vielfältige Fallgruppen, kann man nicht nur bei der eigenen Willensbildung irren, sondern auch über den objektiven Inhalt des selbst Erklärten, den objektiven Inhalt der gegnerischen Erklärung oder den Willen der Gegenseite. Nur über den eigenen Willen kann man schlecht irren – und zwar nicht nur nach der in dieser Arbeit gewählten Definition. Weiterhin kann sich ein Irrtum auf bloße Motive, den Vertragsinhalt oder den vertraglich versprochenen Gegenstand beziehen. Ebenso mag der Irrtum nur eine oder aber beide Parteien betreffen. Vor diesem Hintergrund verwundert es nicht, dass sich zahlreiche Überschneidungen etwa mit dem Leistungsstörungsrecht oder dem vertraglichen Umgang mit Risiken finden. Und ebenso wenig überrascht, dass wir im Irrtumsrecht von einer weithin geklärten, überschaubaren oder gar in den verschiedenen Ländern einheitlichen Überzeugung weit entfernt sind.[44] Kein wirkliches Irrtumsproblem, sondern eher ein „dogmatischer Irrtum", ist demgegenüber die Mentalreservation.[45]

2. Jenseits der Vertragsparteien

Die Irrtumsthematik verkompliziert sich zusätzlich bei einer realitätsnahen Betrachtung dessen, wer alles zu welchen Zeiten Vertragsinhalte bestimmt. Denn solange wir der Vorstellung anhängen, dass es allein die Vertragsparteien seien, die Vertragsinhalte setzen, wird man sich bei der Irrtumsdiskussion unweigerlich allein auf diese und deren Irrtümer beschränken. Da jedoch nicht nur die Parteien Vertragsrecht setzen, sondern genauso auch Richter und Parlamentarier (zwingendes wie dispositives Recht), Verkehrskreise (Sitte, Übung und Brauch), Stellvertreter, Verbände und Berufsträger (Vertragsentwürfe) oder Unternehmen (Werbung),[46] müssen wir streng genommen für jede

---

[41] Näher unten § 17 E.
[42] Näher unten § 17 D. III. 3. a).
[43] Näher unten § 17 C. I.; § 17 D. I.
[44] Siehe nur zum klassischen Streit zwischen Willens- und Erklärungstheorie oben § 10 D. III. sowie unten § 17 C. II.
[45] Näher unten § 17 F.
[46] Näher oben § 8 B.

dieser Personengruppen fragen, was für Anforderungen wir an deren Rechtsetzung stellen und wie wir mit deren Irrtümern umgehen. Auch dort wird geirrt! Für Stellvertretung, vorformulierte Vertragsklauseln, Werbung und das schlüssige Handeln wurde diese Problematik daher auch erörtert.[47] Für die verbleibenden Bereiche sei darauf verwiesen, dass manche Rechtsetzung übergreifend und nicht nur vertragsrechts- oder auch nur zivilrechtsspezifisch erfolgt. Wie unser Parlament entscheidet und wie wir mit dessen Irrtümern umgehen, sei daher den öffentlich-rechtlichen Kollegen überlassen. Genauso ist die richterliche Rechtsetzung eine Materie, zu der Prozessrechtler sehr viel mehr beitragen können.[48] Und bei privat-kollektiver Rechtsetzung wie Sitte, Übung und Brauch oder dem Wettbewerb ist irrtumsrechtlich einfach „wenig zu holen".

3. Untersuchungsgang

Möchte man die Irrtumsproblematik dogmatisch bewältigen, muss man zunächst den Stellenwert privater Vertragsrechtsetzung einordnen und gedanklich vom letztlich maßgeblichen inhaltlichen Maßstab (Rechtfertigungsprinzip) trennen. Denn hier geht es vor allem um die Grenzen von Subsidiarität und mögliche Reaktionen darauf. Wo eine private Verständigung tatsächlich scheitert,[49] besteht der Schlüssel für sachgerechte, weil vor allem hinreichend differenzierte Lösungen in der Einsicht, dass auch der Umgang mit Irrtümern anhand des Rechtfertigungsprinzips bestimmt werden kann. Irrtumsrisiken sind genauso vertraglich erfassbare Risiken, wie dies für Leistungsstörungen[50] oder gar „echte Risikoverträge"[51] gilt. Auch hier findet private Wertschöpfung statt. Das wiederum bedeutet nicht nur, dass die von einem Lösungsrecht begünstigte Person für diese Möglichkeit meistens zahlen muss.[52] Genauso ist zu berücksichtigen, dass jedes Lösungsrecht all diejenigen Vorteile beseitigt, welche die Vertragserfüllung dem Nichtirrenden verspricht.[53] Diese Aspekte erfordern dabei nicht etwa gänzlich neue Erwägungen, sondern lassen sich wie andere Vertragsinhalte auch anhand des Rechtfertigungsprinzips erklären. Dabei ist hier noch nicht einmal Subsidiarität gänzlich ausgeschlossen, gestatten wir es den Parteien, sich auf eigene Irrtumsregeln zu einigen. Andererseits

---

[47] Oben § 12 C. V.; § 13 C. I. 2.; § 13 C. IV. 2.; § 14 C. IV.; § 15 C. III. 3.
[48] Im deutschen Recht etwa ist ein erstinstanzliches, den Vertragsinhalt konkretisierendes Urteil gem. §§ 513 Abs. 1, 529 ZPO im Fall gar einer Täuschung genauso wenig bindend wie nach § 123 Abs. 1 BGB eine so entstandene Willenserklärung der Vertragsparteien. Doch folgt die prozessuale Sachverhaltswürdigung und Rechtsetzung ersichtlich ganz eigenen, nicht nur auf das kleine Vertragsrecht zugeschnittenen Regeln.
[49] Zu wichtigen Gegenbeispielen siehe unten § 17 B.
[50] Näher oben § 6.
[51] Näher oben § 5.
[52] Zu diesem Einpreisen siehe etwa auch unten § 19 C. IV. 2. b) aa).
[53] Näher unten § 17 C. II. 2. b); § 17 D. III.

kann ohne eine solche Regelung auf das Rechtfertigungsprinzip zurückgegriffen werden, ohne hier fingieren zu müssen.[54]

So lässt sich dann auch der viel diskutierte Streit zwischen Willens- und Erklärungstheorie und damit das vielleicht schwierigste Problem unseres Irrtumsrechts bewältigen, nämlich dass die meisten Rechtsordnungen manche Irrtümer für beachtlich halten, aber keineswegs alle – und zwar auch bei Inhaltsirrtümern.[55] Die klassischen Ansätze müssen hier schon deshalb am Dualismus von Wille und Erklärung scheitern, weil sie in Wille oder Erklärung einen intrinsischen Wert und nicht nur wie beim Rechtfertigungsprinzip ein oft hilfreiches Indiz sehen. Diese Vorfestlegung ist zu eng, um unser Irrtumsrecht erklären zu können, schützt dieses nun einmal oft den Irrenden vor dessen Wille oder Erklärung und lastet es der wissenden Gegenseite oft Inhalte auf, die auch diese weder wollte noch erklärte.

Demgegenüber liegt es nach dem Rechtfertigungsprinzip nahe, zunächst all diejenigen Konstellationen zu identifizieren, in denen der Rückgriff auf das Parteiverhalten trotz möglicherweise vorhandener Irrtümer noch funktioniert, also getreu dem Subsidiaritätsprinzip eine bessere Verwirklichung der Parteiinteressen verspricht.[56] Das betrifft nicht nur *falsa demonstratio* und Scheingeschäft, sondern genauso den erkannten Irrtum und die spätere Akzeptanz des Gemeinten oder Erklärten. Hier lassen sich noch viel dogmatische Schwierigkeiten vermeiden, in welche die klassischen Vorstellungen geraten, weil sie sich viel zu pauschal allein auf Wille oder Erklärung bei Vertragsschluss fixieren. Demgegenüber ist der alleinige Rückgriff auf das Parteiverhalten in vielen Fällen des Inhalts- und Motivirrtums versperrt, weil kein taugliches Indiz mehr für die Verwirklichung des Rechtfertigungsprinzips.[57] Gleiches gilt dort, wo zumindest eine Partei „irrational" agiert und damit nicht diejenigen geistigen Mindestanforderungen erfüllt, die es rechtfertigen, die Entscheidung dieser Partei und nicht etwa einem gesetzlichen Vertreter oder staatlichen Stellen zu überantworten.[58]

Kein Irrtum, wenngleich meistens als ein solcher angesehen, ist schließlich der Fall, dass sich der Vertragsgegner wünscht, gar nicht gebunden zu sein (Mentalreservation). Denn dass niemand gerne gebunden ist, weiß jeder. Gerade diese Fallgruppe illustriert eindringlich, zu was für merkwürdigen Diskussionen es führen kann, wenn man mit dem Selbstbindungswillen bereits im dogmatischen Ausgangspunkt eine realitätsfremde Vorstellung übernimmt. Hier wird es darum gehen, diejenigen Fälle, die unter der Rubrik einer Men-

---

[54] Vgl. zu dem ganz ähnlichen Befund für die Leistungsstörungen, wo dies regelmäßig genauso fiktiv wäre, oben § 6 C. IV. 1.
[55] Näher unten § 17 C.
[56] Näher unten § 17 B.
[57] Näher unten § 17 C. II.; § 17 D. III.
[58] Näher unten § 17 E. VI.

talreservation diskutiert und als schwierig oder problematisch empfunden werden, denjenigen Kategorien und Gesichtspunkten zuzuführen, die tatsächlich einschlägig sind.[59]

B. Erfolgreiche Verständigung

Substanzielle Kriterien wie das Rechtfertigungsprinzip haben den Vorzug, dass man für deren praktische Verwirklichung gleichermaßen gezielt wie einschränkungslos all diejenigen Mittel heranziehen kann, die je nach Situation die größtmögliche Hilfe versprechen. Wir sind also nicht gezwungen, immer nur auf den Willen oder die Erklärung der Vertragsparteien zu schauen – ja wir müssen noch nicht einmal eine zeitliche Übereinstimmung der von beiden Seiten getroffenen Entscheidungen verlangen. Die klassischen Ansichten einschließlich der Willenstheorie verlangen hingegen genau das und kommen so – wie anhand des erkannten[60] sowie des letztlich nicht durchschlagenden[61] Irrtums noch zu illustrieren sein wird – in für sie unauflösbare Schwierigkeiten. Vorher seien aber noch mit der *falsa demonstratio* und dem Scheingeschäft zwei eigentlich recht einfache Konstellationen diskutiert, die aber bekanntlich vor allem die Erklärungstheorie bedrängen. Diese Fälle verdeutlichen besonders schön, wie wenig es unser Vertragsverständnis trifft, einfach darauf zu verweisen, dass man an all das, was man objektiv erklärt, gebunden sein solle. Den gemeinsamen Nenner sämtlicher zuvor genannter Fallgruppen bildet die Möglichkeit, letztlich doch auf Entscheidungen beider Parteien zurückgreifen zu können.

I. Fälle

255. **Haakjöringsköd:** *Käufer K kauft von Verkäufer V ca. 214 Fass norwegischen „Haakjöringsköd". Doch glauben K und V, dass dieses Wort „Walfischfleisch" bedeutet, während „Haakjöringsköd" tatsächlich für weniger wertvolles Haifischfleisch steht.*

256. **Gemeinsamer Eigenschaftsirrtum:** *Käufer K möchte seiner Geliebten einen schön geformten Ring aus purem Gold schenken und bezahlt dafür auch gerne 100 Euro. Er zeigt daher auf ein schönes Exemplar im Schaufenster und sagt zu Juwelier J, „diesen da" hätte er gern. Was jedoch weder K noch J wussten: Der so ausgewählte Ring ist nicht golden, sondern nur vergoldet.*

257. **Ungeschriebener Vorbehalt:** *Käufer K und Verkäufer V stehen in Verhandlungen. Sie entwerfen ein Vertragsdokument, das sie sogar bereits unterzeichnen.*

---

[59] Unten § 17 F.
[60] Unten § 17 B. IV.
[61] Unten § 17 B. V.

Allerdings glauben beide, dass ein Vertrag erst dann zustande komme, wenn keiner innerhalb von 14 Tagen widerspricht.

258. **Haakjöringsköd mit unklarem Ausgang:** *Käufer K kauft von Verkäufer V ca. 214 Fass norwegischen „Haakjöringsköd". Doch glauben K und V, dass dieses Wort „Walfischfleisch" bedeutet, während „Haakjöringsköd" tatsächlich für weniger wertvolles Haifischfleisch steht. Einige Zeit später bemerkt K den Irrtum, ist sich jedoch angesichts eines eher unkooperativen Verhaltens des V unschlüssig, ob er auch vor Gericht wird beweisen können, dass sich bei Vertragsschluss beide Seiten geirrt hatten.*

259. **Der Experte soll nichts wissen:** *Der selbsternannte Weinexperte W begleitet seinen Bekannten B zum örtlichen Weingut. Dabei schwärmt er immerzu von der doch so tollen Sorte „Obergurgler Mäusehöhle", die B unbedingt erwerben müsse. B will W nicht enttäuschen und bestellt daher in Anwesenheit von B 4 Kisten davon, wohlwissend, dass G genau erkennt, dass sich B in Wahrheit eine ganz bestimmte andere Sorte liefern lassen möchte.*

260. **Ersparte Steuer:** *Häuslebauer H erwirbt von Bauer B ein Grundstück für eine Million. Da die Parteien Steuern sparen wollen, schreiben sie in den Kaufvertrag nur einen Preis von 500.000 Euro.*

261. **Semilodei:** *Käufer K und Verkäufer V haben einen Vertrag entworfen, den beide noch abschließend überprüfen wollen. Um Kabelkosten zu sparen, vereinbaren sie, dass „Semilodei" als Zustimmung in einem ganz bestimmten, vorher gemeinsam festgelegten Sinn gelten soll. Beide senden genau dieses Wort einander zu.*

262. **Erkannter Irrtum:** *Buchfreund B möchte von Antiquar A eine schöne Ausgabe von Goethes Faust für 20 Euro erwerben. Aus Versehen schreibt er jedoch in seinem Brief an A „mieten" statt „kaufen". A freut sich über diesen von ihm sofort erkannten Irrtum des B und antwortet mit „Einverstanden". Tatsächlich vermietet A auch Bücher, und zwar immer für 1 Jahr.*

263. **Dann eben 100kg statt 200kg, sagt der Müller:** *Bäcker B benötigt mal wieder Mehl und bestellt daher bei Müller M „100 kg Mehl". Obwohl B sehr deutlich spricht, verhört sich M und versteht „200 kg". Er sagt „Einverstanden". Als sich der Irrtum aufklärt, meint M, er liefere gerne auch nur 100kg.*

264. **Dann eben 100kg statt 200kg, sagt der Bäcker:** *Bäcker B benötigt mal wieder Mehl und bestellt daher bei Müller M „200 kg Mehl". Obwohl B sehr deutlich spricht, verhört sich M und versteht „100 kg". Er sagt „Einverstanden". Als sich der Irrtum aufklärt, meint B, dann nehme er eben nur 100 kg.*

265. **Dann eben 2.000 Euro statt 200 Euro:** *Juwelier J stellt einen aufwändig gearbeiteten Ring in das Schaufenster, verschreibt sich jedoch beim Preis, den er für 200 Euro statt wie gewollt 2.000 Euro ausgibt. Käufer K sieht den Ring und sagt zu J, dass er diesen gerne kaufen würde. J antwortet „Einverstanden" und verpackt den Ring. Als K zahlt, bemerkt J seinen Irrtum. K ist darüber nicht sehr erfreut. Doch da ihm der Ring so gut gefällt, ist K spontan bereit, auch 2.000 Euro zu bezahlen.*

266. **Dann eben einen grünen Regenschirm:** *Käufer K benötigt mal wieder einen Regenschirm und bestellt bei Verkäufer V einen blauen Regenschirm. Dabei hat er sich nur versprochen und wollte tatsächlich einen grünen Regenschirm. Als er V am nächsten Tag darüber aufklärt, entgegnet ihm dieser, das sei doch nicht schlimm, er gebe K gerne auch ein grünes Exemplar.*

267. **Dann eben einen blauen Regenschirm:** *Käufer K benötigt mal wieder einen Regenschirm und bestellt bei Verkäufer V einen blauen Regenschirm. Dabei hat er sich nur versprochen und wollte tatsächlich einen grünen Regenschirm. Als K am nächsten Tag den Schirm abholen will und seinen Irrtum bemerkt, denkt er sich, dass blau doch eigentlich auch eine schöne Farbe sei.*

II. Falsa demonstratio

1. Problem

Wollte man zwei Fallkonstellationen nennen, an der sich die gleichermaßen traditionsreiche wie fruchtbare Kontroverse um Willens- versus Erklärungstheorie festmachen lässt, so ist das einerseits die Mentalreservation[62] und andererseits die nunmehr interessierende *falsa demonstratio*. Jeweils besteht hier über das richtige Ergebnis weithin Einigkeit, nämlich für die Mentalreservation die Beachtlichkeit der Erklärung und für die *falsa demonstratio* die Maßgeblichkeit des Gewollten. Angesichts dieser großen Einigkeit über das Ergebnis eignen sich beide Sachverhalte besonders gut dazu, die Leistungsfähigkeit einzelner Theorien zu überprüfen. Insbesondere überzeugte es wenig, diese dogmatische Herausforderung ganz einfach als Schulfall abzutun. Zunächst mag man sich fragen, ob nicht die Parteien oft viel besser wissen, was sie eigentlich wollen, als sie dies nach außen hin erklären. Gerade bei fremden, weil etwa technischen Begriffen vertut man sich schnell. Zudem gibt es dann auch noch das Scheingeschäft, die private Vereinbarung einzelner Bedeutungsinhalte sowie den erkannten oder im Ergebnis nicht durchschlagenden Irrtum.[63] Doch selbst wenn es sich bei all dem um praktisch äußerst selten auftretende Situationen handelte, verrät nichtsdestotrotz gerade der Umstand, dass uns hier nur ein einziges Ergebnis als richtig erscheint, viel über unser vertragsrechtliches Denken und damit auch darüber, welche Theorie dieses Denken treffend erfasst. Es ist also berechtigt, wenn zahllose Lehrbücher den berühmten Fall 255 aufgreifen, in dem die Parteien die Lieferung von *„Haakjöringsköd"* vereinbaren und dabei übereinstimmend glauben, sie sprächen von Wal- und nicht – wie in Wahrheit – von Haifischfleisch.[64] Dem ließe sich etwa noch

---

[62] Näher unten § 17 F.
[63] Näher unten § 17 B. III.; § 17 B. V.
[64] RG, Urt. v. 8.6.1920, RGZ 99, 147, 147 f.

Fall 257 beiseite stellen, dass beide Parteien entgegen dem Erklärungswortlaut davon ausgehen, dass ein Vertrag noch nicht zustande gekommen sei.[65]

2. Klassische Ansichten

Die *falsa demonstratio* liefert den Vertretern der Willenstheorie allen Grund, der Erklärungstheorie triumphierend entgegenzuhalten, wie sehr hier unser Recht den objektiven Erklärungsinhalt ignoriert und statt dessen ausschließlich auf den Willen abstellt.[66] Zwar werden die meisten Willenstheoretiker nicht müde zu betonen, dass nur ein erklärter Wille normativ beachtlich sei und die Erklärung keineswegs nur als Indiz fungiere. Doch ist damit regelmäßig nur der Handlungswille gemeint, was zwar beim rechtlich relevanten Schweigen Probleme bereitet, hier jedoch insofern bei sich belassen sei, da der Handlungswille auch bei einem Abweichen von Geschäftswille und objektivem Erklärungsinhalt eine gewisse Warnfunktion erfüllt.[67]

Betrachtet man diejenigen Varianten der Erklärungstheorie, die sich in irgendeiner Form auf die Versprechenshandlung konzentrieren,[68] müsste das Ergebnis eigentlich klar sein: Selbst wenn beide Parteien Walfischfleisch handeln wollten, haben sie doch Haifischfleisch erklärt. Dementsprechend kann auch nur dieses Haifischfleisch Vertragsinhalt sein. Allerdings sind erstaunlich wenige Erklärungstheoretiker bereit, diese Konsequenz bei der *falsa demonstratio* offen einzugestehen. Müssten sie doch sonst ein Ergebnis propagieren, das jedem Rechtsgefühl widerspricht und in kaum einem Land beherzigt wird.[69] Dieser offensichtliche Konflikt provoziert all jene dogmatischen Ausweichmanöver, auf die jeder Jurist dort, wo er nicht auf sie angewiesen ist, aus gutem Grund verzichtet: *Danz* etwa verweist auf die Auslegung. Bei übereinstimmendem Parteiwillen gelte dieser, „… weil eben ‚die Umstände des Falls' ergeben, dass dieses gar nicht verkauft sein sollte."[70] Doch würde man gerne erfahren, warum es für die Auslegung gerade hier auf das Gewollte und nicht das Erklärte ankommen soll. Nichts anderes gilt für die Verlockung, eine normative Auslegung zu bemühen.[71] *Larenz*, der nicht müde wird, den Rückgriff auf den Parteiwillen als gleichermaßen individualistisch-liberal wie psycholo-

---

[65] Siehe dazu etwa *Flume*, Allgemeiner Teil, Bd. 2, 4. Aufl. 1992, S. 623 (§ 34 4); *Lorenz*, Unerwünschter Vertrag, 1997, S. 237 Fn. 136.

[66] Vgl. hier nur statt vieler *Flume*, Allgemeiner Teil, Bd. 2, 4. Aufl. 1992, S. 299 (§ 16 1 d)), 313 (§ 16 3 d)), 620 ff. (§ 34 3).

[67] Näher zum Vorstehenden etwa oben § 10 F.

[68] Vgl. oben § 10 A.

[69] Siehe dazu nur Art. 5:101 Abs. 1 PECL und Art. II. – 8:101 Abs. 1 DCFR sowie die dortigen Erläuterungen.

[70] *Danz*, Auslegung, 3. Aufl. 1911, S. 63. Ähnlich *Wieling*, AcP 172 (1972), 297, 298 Fn. 4, wonach eine *falsa demonstratio* überhaupt nicht vorliege, weil die Parteierklärungen aus den Umständen (Vorverhandlungen) auszulegen seien.

[71] Siehe dazu nur oben § 10 E. II. 1.

gistisch zu kritisieren und stattdessen auf die objektive Erklärungsbedeutung zu verweisen,[72] sieht auf einmal die „... Verantwortlichkeit des Erklärenden gegenüber seinem Gegner für die diesem objektiv verständliche Bedeutung ... nicht mehr begründet."[73] Doch erschließt sich nicht, warum hier die Parteien ihre falsche Erklärung nicht genauso zu verantworten haben, wie wenn nur eine Seite diesem Irrtum unterliegt. Im Beispielsfall mag ihnen etwa die wahre Bedeutung von *Haakjöringsköd* kurz vorher noch eingetrichtert worden sein. Tatsächlich ändert sich hier an der Zurechenbarkeit nichts, sie ist nicht davon abhängig, ob auch die Gegenseite zurechenbar irrt. Vor allem könnte man so allenfalls begründen, warum das Erklärte nicht gilt, nicht aber, warum stattdessen das Gewollte zu befolgen ist. Oft wird das zu begründende Ergebnis einfach nur behauptet und der Widerspruch zur Erklärungstheorie schlicht geleugnet.[74] Oder man verweist auf die Notwendigkeit einer Interessenabwägung, ohne zu verraten, nach welchen Maßstäben zu ermitteln ist, wann welches Interesse überwiegt.[75] Umso mehr ist es zu begrüßen, wenn viele Anhänger der Erklärungstheorie offen eingestehen, dass der Dualismus von Wille und Erklärung keineswegs überwunden ist.[76]

Etwas vielschichtiger gestaltet sich die Beurteilung der Vertrauenshaftung, ganz einfach weil hier sehr oft offen bleibt, worauf genau sich das Vertrauen warum beziehen sollte:[77] Ob sich etwa die *falsa demonstratio* dazu eignet, die Vertrauenstheorie in vollends unlösbare Schwierigkeiten zu bringen,[78] ist zunächst schwer beantwortbar. Denn einerseits gehen beide Parteien davon aus, dass sich sowohl der objektive Erklärungsinhalt als auch der gemeinsame Wille auf Walfischfleisch und nicht etwa Haifischfleisch bezieht. Doch soll nach

---

[72] Näher oben § 10 A. V.; § 10 C. IV., vgl. denselben aber auch oben bei § 9 Fn. 83.
[73] *Larenz*, Auslegung, 1930, S. 79.
[74] So *Larenz*, Auslegung, 1930, S. 80: „Damit wird nicht etwa wieder die Erklärung dem ‚Willen' untergeordnet ... Die Erklärung aber gilt in der Bedeutung, die sie für die Beteiligten hat. Legen diese ihr dieselbe Bedeutung bei, so ist sie die maßgebliche." oder *Larenz*, Allgemeiner Teil, 7. Aufl. 1989, S. 525 f.: „Haben die Parteien ihre Erklärungen übereinstimmend *in dem gleichen Sinne verstanden*, so gelten sie, wie dargelegt wurde, in *diesem* Sinne (‚falsa demonstratio non nocet'). Insoweit bedeutet der ‚Konsens' die Übereinstimmung sowohl der im Sinne des tatsächlichen Verständnisses beider Parteien ausgelegten Erklärungen wie ihres damit übereinstimmenden ‚inneren Willens' ... Nur wenn die Parteien *tatsächlich* dasselbe gemeint haben, bestimmt dieser ‚innere' Konsens auch den maßgeblichen Inhalt ihrer Erklärungen und dadurch den Vertragsinhalt."
[75] *Larenz*, Auslegung, 1930, S. 15.
[76] Speziell zu *Larenz* fragt etwa *Wieacker*, JZ 1967, 385, 389: „Und ist vollends die unstreitige Geltung der gerade und nur vom Gegner richtig erkannten *falsa demonstratio* ... ohne gekünstelte Annahmen noch aus dem für einen objektivierbaren Personen*kreis* geltenden ‚normativen' Erklärungssinn zu erklären?", vgl. zu diesem Zitat auch unten § 17 B. III. 4. (bei Fn. 89). Auch für *Kramer*, Grundfragen, 1972, S. 131 ff. m.w.N. ist dieser Dualismus unverkennbar, was allein durch den Hinweis auf Treu und Glauben überdeutlich werde. Allgemein dazu siehe oben § 10 D. III.
[77] Näher oben § 11 E. II.
[78] So *Canaris*, Vertrauenshaftung, 1971, S. 417 f.

manchen Vertrauensanhängern nur dasjenige Vertrauen schützenswert sein, das sich auf den objektiven Erklärungsinhalt richtet.[79] Dann muss aber begründet werden, warum es bei der *falsa demonstratio* auf einmal anders sein sollte – was wieder zum Dualismus führt.

3. Rechtfertigungsprinzip

a) Ausgangsfall

Nach dem Rechtfertigungsprinzip ist die Erklärung zunächst[80] ein Instrument zur Verwirklichung von Subsidiarität. Anstatt den Staat über einzelne Vertragsinhalte bestimmen zu lassen, bleibt dies vorrangig den Vertragsparteien überlassen und sorgt der diese Entscheidung begleitende rechtliche Rahmen dafür, dass das jeweils Erklärte möglichst dem angestrebten Ergebnis entspricht. Wir haben also eine zweistufige Abfolge mit der Erklärung als einem Indiz für den Parteiwillen und dem Parteiwillen als einem Indiz für die Verwirklichung des Rechtfertigungsprinzips.[81] Vor diesem Hintergrund ist es nur logisch, dass es bei einer fehlerhaft erklärten, aber inhaltlich übereinstimmenden Vorstellung dieser gemeinsame Wille ist, der das bessere Indiz liefert. Dabei ist es die Besonderheit der *falsa demonstratio*, dass hier kein negatives Interesse anfällt, da beide Parteien vom gleichen, letztlich auch tatsächlich maßgeblichen Vertragsinhalt ausgehen. Und dieser so unterstellte Vertragsinhalt ist genau derjenige, der die höchste Wertschöpfung verspricht (Subsidiaritätsprinzip).

Die Aussicht, durch den Irrtum einer Seite besonders viel zu gewinnen (etwa wenn der Käufer feststellt, dass Haifischfleisch höhere Preise erzielt), ist demgegenüber kein zu schützendes Recht. Wir kennen kein Recht auf einen nicht dem Rechtfertigungsprinzip entsprechenden Vertrag. Ebenso wenig besteht ein Grund, den Vertragsparteien auch nur ein Lösungsrecht einzuräumen. Wenn die Erklärung angesichts des viel direkteren und damit aussagekräftigeren Indizes des Parteiwillens und in Ermangelung eines Schadens keine Rolle spielt, besteht auch kein Anlass, an diese Erklärung und deren Inhalt irgendwelche Konsequenzen zu knüpfen.

b) Unsicherheiten

So glatt sich die *falsa demonstratio* sowohl nach der Willenstheorie als auch nach dem Rechtfertigungsprinzip lösen lässt, besteht durchaus Anlass zu hinterfragen, ob es wirklich durchweg zwingend erscheint, allein auf den Parteiwillen abzustellen. So ließe sich der Ausgangsfall dahingehend erweitern, dass

---

[79] Näher oben § 11 B.; § 11 E. II. 2.
[80] Siehe aber zu relevanten Inhaltsirrtümern unten § 17 C. II. sowie zu dem insbesondere mit einem Abgabeerfordernis verbundenen Übereilungsschutz unten § 18 C. I.
[81] Vgl. dazu etwa auch oben § 10 F.

eine Seite nach Vertragsschluss die richtige Bedeutung von *Haakjöringsköd* erfährt, es aber nicht klar ist, ob sich vor Gericht beweisen lassen wird, dass tatsächlich beide Seiten dem gleichen Inhaltsirrtum unterlagen (Fall 258). Möchte man auch solche Fälle erfassen, landet man bei genau jenen Problemen, die auch für die klassischen Fälle des Inhaltsirrtums typisch sind. Insofern sei daher auf die noch folgenden Ausführungen verwiesen.[82]

III. Scheingeschäft

1. Problem

Anders als die *falsa demonstratio* zeichnet sich das sogenannte Scheingeschäft, auch Simulation genannt, dadurch aus, dass die Parteien sogar vorsätzlich etwas anderes erklären, als sie tatsächlich als Vertragsinhalt wollen. Es geht hier also regelmäßig darum, andere Personen – staatlich wie privat – zu täuschen, was gegen diverse Rechtsvorschriften verstoßen kann, aber nicht muss. Im ersten Fall ist dann zu prüfen, wie sich ein solcher Verstoß vertragsrechtlich auswirkt. Doch ist das vor allem anhand der jeweils verletzten Vorschrift zu ermitteln und sei daher hier ausgeklammert. Ein in vielen Rechtsordnungen klassischer Anwendungsfall des Scheingeschäfts ist die Angabe eines zu niedrigen Kaufpreises für ein Grundstück im schriftlichen Kaufvertrag, um so Steuern zu sparen (Fall 260). Sofern man den Vertrag nicht wegen dieser beabsichtigten Steuerhinterziehung für unwirksam hält, besteht überwiegend Übereinstimmung darin, dass hier nicht das nach außen Erklärte gilt, sondern das zum verbindlichen Vertragsinhalt wird, was tatsächlich Vertragsinhalt sein sollte. Weniger kontrovers ist dieser Befund bei rechtlich unproblematischen Täuschungen, etwa wenn der selbsternannte Weinexperte wie in Fall 259 darüber getäuscht wird, dass nicht die von ihm so angepriesene, sondern eine ganz andere Weinsorte bestellt werden soll.

2. Klassische Ansichten

Was die Vorzüge und Schwierigkeiten der klassischen Ansichten anbelangt, kann hier weitestgehend auf die Ausführungen zur *falsa demonstratio* verwiesen werden. Die Erklärungstheorie hat das große Problem, dass hier nicht das Erklärte, wohl aber das Gewollte gilt. Dabei ist es noch fragwürdiger als bereits bei der *falsa demonstratio*, sein Heil in der Zurechenbarkeit zu suchen. Abgesehen davon, dass man von vornherein nicht begründen kann, warum statt der Erklärung das Gewollte gelten sollte, kann die Zurechenbarkeit bei dem hier vorsätzlichen Verhalten nicht ernsthaft bestritten werden. Für die

---

[82] Unten § 17 C.

Vertrauenshaftung sei genauso auf die früheren Ausführungen[83] verwiesen wie für die Hinweise auf die „Auslegung", die Berücksichtigung von „Umständen" oder den „Gesamttatbestand".[84]

3. Rechtfertigungsprinzip

Für das Rechtfertigungsprinzip gestaltet sich die Lösung noch einfacher als zuvor bei der *falsa demonstratio*. Denn angesichts des vorsätzlichen Handelns beider Parteien ist es hier noch unwahrscheinlicher, wenn auch nicht völlig ausgeschlossen, dass ein negatives Interesse anfallen wird. Vielmehr wissen beide Vertragspartner ganz genau, was sie tun, weshalb nichts dagegen spricht, getreu dem Subsidiaritätsprinzip auf diese völlig irrtumsfreie Vorstellung zurückzugreifen. Damit ist auch wiederum ein Lösungsrecht entbehrlich.

4. Bedeutungsvereinbarungen

Das Scheingeschäft zeichnet sich vor allem dadurch aus, dass die Vertragsparteien wissentlich nach außen hin etwas anderes erklären, als sie tatsächlich als Vertragsinhalt wollen (und letztlich auch bekommen). Damit eng verwandt sind die Fälle, in denen die Vertragspartner bestimmten Wörtern eine „eigene"[85] Bedeutung verleihen. Wie ist es zu beurteilen, wenn in Fall 261 zur Einsparung von Kabelkosten vereinbart wird, dass „Semilodei" als Zustimmung in einem ganz bestimmten, vorher gemeinsam festgelegten Sinn gelten soll?[86]

Tatsächlich ergeben sich hier kaum Unterschiede zur vorherigen Prüfung. Insbesondere haben die Willenstheorie wie auch das Rechtfertigungsprinzip wenig Probleme, das ausweislich wohl nahezu jeder Rechtsordnung[87] einzig sachgerechte Ergebnis zu begründen.[88] Und umgekehrt stehen namentlich die Erklärungstheorien einmal mehr vor großen Schwierigkeiten. Soll es doch für sie auf die „objektive Bedeutung" oder auch den „normativen Erklärungssinn" gerade der Erklärung ankommen.[89] Eine Begründung dafür, dass hier auf einmal das Verständnis gelten soll, das die Parteien abweichend vereinbart hatten, ist nicht ersichtlich.[90]

---

[83] Oben § 17 B. II. 2.

[84] So aber etwa *Danz*, Auslegung, 3. Aufl. 1911, S. 16f., 19, 63. Vgl. daneben viele der unten in Fn. 91 genannten Stellen.

[85] Damit ist nicht die Existenz einer Privatsprache gemeint – eine solche gibt es nicht. Vielmehr wird hier die „eigene" Bedeutung bereits auf Basis einer Normalsprache verliehen. Wer also etwa „Rot" als „Grün" definiert, bedient sich der normalsprachlichen Bedeutung von „Rot".

[86] Siehe dazu RG, Urt. v. 17.1.1908, RGZ 68, 6ff.

[87] Vgl. dazu oben Fn. 69.

[88] Dementsprechend kommen hier auch die meisten Erklärungstheoretiker zu dem Ergebnis, dass die vereinbarte Bedeutung gelte, vgl. etwa *Danz*, JhJb 46 (1904), 381, 424.

[89] Vgl. oben § 10 A. Zu Recht kritisch etwa auch *Wieacker*, JZ 1967, 385, 389.

[90] Hierfür ist es sicher nicht ausreichend, mit *Danz*, Auslegung, 3. Aufl. 1911, S. 65 da-

IV. Erkannter Irrtum

1. Problem

Die *falsa demonstratio* zeichnet sich dadurch aus, dass beide Parteien zwar die gleiche Vorstellung vom Vertragsinhalt haben, irrtümlich jedoch etwas anderes erklären. Beim Scheingeschäft erklären sie absichtlich etwas Abweichendes. Doch finden sich noch weitere Fallkonstellationen, in denen die Verständigung über den Vertragsinhalt jedenfalls nicht völlig missglückt: So mag sich eine Seite zwar falsch ausdrücken, also objektiv etwas anderes erklären, als sie will, ihr Vertragspartner diesen Irrtum jedoch bemerken, ohne gleich über diesen Irrtum aufzuklären. In Fall 262 möchte eine Seite ihr geliebtes Buch für 10 Euro kaufen, spricht jedoch aus Versehen von einer Miete. Angenommen, der Verkäufer bemerkt diesen Irrtum und sagt einfach „Einverstanden": Ist hier ein Vertrag zustande gekommen, und wenn ja, mit welchem Inhalt? Ganz überwiegend soll hier derjenige Vertragsinhalt gelten, der vom Irrenden gewollt war. So formuliert der Bundesgerichtshof stellvertretend für viele:[91] „Dabei ist nicht erforderlich, dass sich der Erklärungsempfänger den wirklichen Willen des Erklärenden zu eigen macht. Es genügt vielmehr, dass er ihn erkennt und in Kenntnis dieses Willens den Vertrag abschließt." Wie sehr man etwa im deutschen Zivilrecht dieses Ergebnis für richtig hält, zeigt sich daran, dass dafür erst einmal § 122 Abs. 2 BGB umschifft werden muss – und umschifft wird.[92]

---

rauf zu verweisen, die Parteien hätten hier eben selbst eine authentische Auslegung der einzelnen Worte gegeben, wozu sie berechtigt seien. Denn das lässt offen, warum diese „Berechtigung" besteht, authentische Auslegungen „zu geben".

[91] Siehe aus der deutschen Rechtsprechung RG, Urt. v. 29.10.1907, RGZ 66, 427, 428 f.; RG, Urt. v. 21.11.1919, RGZ 97, 191, 195; BGH, Urt. v. 20.11.1992, NJW-RR 1993, 373, international etwa Art. 5:101 Abs. 2 PECL; Art. II. – 8:101 Abs. 2 DCFR; Art. 8 Abs. 1 CISG (jeweils sogar bei klarer Erkennbarkeit) sowie aus der Literatur nur *Danz*, JhJb 46 (1904), 381, 391, 400 f., 423 ff.; *Brox*, Einschränkung, 1960, S. 192 ff.; *Enneccerus/Nipperdey*, Allgemeiner Teil, Hbd. 2, 15. Aufl. 1960, S. 1032 (§ 166 IV); *Kramer*, Grundfragen, 1972, S. 175; *Flume*, Allgemeiner Teil, Bd. 2, 4. Aufl. 1992, S. 301 (§ 16 1), 313 (§ 16 3); *Wieling*, AcP 172 (1972), 297, 300; *Larenz/Wolf*, Allgemeiner Teil, 9. Aufl. 2004, S. 518 (§ 28 III 2, Rn. 33).

[92] So soll etwa nach *Trupp*, NJW 1990, 1346, 1347 § 122 Abs. 2 BGB nur dann anwendbar sein, wenn die positive Kenntnis bzw. die fahrlässige Nichtkenntnis des Empfängers oder Dritten erst nach Wirksamwerden der Willenserklärung eintritt. *Kramer*, Grundfragen, 1972, S. 175 weist ganz einfach darauf, dass es unbestritten sei, dass die Irrtumsproblematik, wie sie vom Gesetz geregelt sei, „... gar nicht auftritt, die Erklärung vielmehr in dem von dem Irrenden gemeinten Sinne gilt." *Brox*, Einschränkung, 1960, S. 192 bemerkt trocken, Rechtsprechung wie Lehre hätten sich schon lange über § 122 Abs. 2 BGB hinweggesetzt. Der Gesetzgeber habe der Entwicklung der Auslegungsmethode nicht vorgreifen wollen – zumal durch § 122.

2. Klassische Ansichten

a) Willenstheorie

Zumindest bei oberflächlicher Betrachtung könnte man dazu neigen, auch diese Fallgruppe des erkannten Irrtums als einen klaren Sieg für die Willenstheorie zu verbuchen. Genau das wird regelmäßig getan, etwa indem man den erkannten Irrtum der *falsa demonstratio* gleichstellt bzw. mit dieser im gleichen Atemzug erwähnt,[93] nur den Willen des Erklärenden thematisiert[94] oder von „übereinstimmenden Vorstellungen" oder einem „übereinstimmenden Verständnis"[95] spricht. Leider liefert die Willenstheorie keineswegs die gesuchte Begründung – wenn man sie denn sauber subsumiert. So stimmen unsere Kontrahenten subjektiv ganz und gar nicht überein:[96] Die eine Seite wollte und will den Kaufvertrag, die andere Seite wollte und will den Mietvertrag. Und der von der Willenstheorie geforderte Selbstbindungswille ist nun einmal etwas anderes als die bloße Kenntnis von fremden Vorstellungen.[97]

b) Erklärungstheorie

Noch schlechter steht es hier um die Erklärungstheorie. Denn allzu offensichtlich wurde der nach ganz überwiegender Ansicht geltende subjektive Vertragsinhalt weder vom Irrenden noch von der den Irrtum bemerkenden Person erklärt. Es ist nicht ersichtlich, wie hier die Erklärungstheorie zur Geltung desjenigen Vertragsinhalts gelangt, der vom Irrenden gewollt war und vom Vertragsgegner als gewollt erkannt wurde. Und umgekehrt bleibt genauso offen, warum nicht das Erklärte gelten soll, obwohl eine objektiv übereinstimmende Erklärung vorliegt. Insbesondere leuchtet nicht ein, warum den Erklärenden hier die objektiv verständliche Bedeutung nicht mehr zurechenbar, er für diese nicht mehr verantwortlich sein soll.[98] Denn der Irrende mag seinen Irrtum verschuldet haben – von der den Irrtum erkennenden und damit sogar vorsätzlich handelnden Vertragspartei ganz zu schweigen.

Wenig überzeugt auch der – interessanterweise von *Flume* als einem Willenstheoretiker vorgebrachte – Hinweis auf die Mentalreservation.[99] Diese liege vor, wenn der Erklärungsempfänger eine irrtümlich formulierte Offerte

---

[93] *Kramer*, MüKo-BGB, 5. Aufl. 2006, § 119 BGB Rn. 62 („wie bei der falsa demonstratio").

[94] *Wieling*, AcP 172 (1972), 297, 300: „Der Einfluss des Willens geht aber noch weiter. Der Wille des Erklärenden bestimmt auch dann die Bedeutung der Erklärung, wenn zwar der objektive Erklärungswert das Gewollte nicht deckt, wenn aber der Empfänger aus irgend einem Grund erkennt, was gemeint ist."

[95] *Flume*, Allgemeiner Teil, Bd. 2, 4. Aufl. 1992, S. 313 (§ 16 3 d)).

[96] Richtig etwa *Larenz/Wolf*, Allgemeiner Teil, 9. Aufl. 2004, S. 518 (§ 28 III 2, Rn. 33).

[97] Näher oben § 9 C. II. 2.

[98] So aber *Larenz*, Auslegung, 1930, S. 79.

[99] Eingehend zu dieser unten § 17 F.

durch eine Erklärung seinerseits annehme, den Vertrag aber ungeachtet des Erkennens des tatsächlichen Verständnisses des Offerenten nicht gemäß diesem Verständnis, sondern nur dem Wortlaut entsprechend abschließen wolle.[100] Tatsächlich will die den Irrtum erkennende Partei durchaus einen verbindlichen Vertrag, und hierzu erklärt sie objektiv, genau das zu wollen, was sie auch tatsächlich will. Worin in diesem Verhalten eine Mentalreservation liegen soll, erschließt sich nicht. Natürlich lässt sich hier einmal mehr auf die Auslegung, eine normative Betrachtung oder die Berücksichtigung der Fallumstände verweisen.[101] Doch greifen die gleichen Einwände wie zu *falsa demonstratio* oder Scheingeschäft.[102] Das gilt auch für den Versuch, nicht mehr auf das Handeln des Erklärenden, sondern das Vertrauen des Erklärungsempfängers abzustellen, wie dies hier auf einmal *Larenz* entgegen der sonst von ihm vertretenen Ansicht tut: Habe der Erklärungsgegner die vom Erklärenden gemeinte Bedeutung verstanden, so werde sein guter Glaube an die ihm objektiv verstehbare Bedeutung hinfällig, sobald er erkenne, dass die Erklärung anders gemeint sei.[103] Doch soll sich nach der Vertrauenshaftung das Vertrauen nun einmal auf den objektiven Erklärungsinhalt richten,[104] weshalb erst einmal zu begründen wäre, warum es sich hier auf einmal anders verhalten soll.

c) *Sonstiges*

Ein weiterer Versuch, den Begründungsnöten von Willens- wie Erklärungstheorie beizukommen, liegt in der Konstruktion einer Informationspflicht bzw. -obliegenheit. So stellt *Danz* auf das „arglistige" Verhalten des den Irrtum Erkennenden ab, der „wohlweislich" geschwiegen und sich so den Sprachgebrauch des anderen Teils „akkommodiert" habe.[105] *Larenz* sieht beim Empfänger die Pflicht „erwachsen", den Erklärenden über seinen Irrtum aufzuklären. Der Schaden des Erklärenden bestehe nicht darin, dass seine Erklärung nicht im gemeinten Sinn gelte, sondern darin, dass er nicht in die Lage versetzt worden sei, alsbald anzufechten und eine neue Erklärung abzugeben.[106] Warum jedoch gerade hier eine solche Aufklärungspflicht bestehen soll, lässt sich Willens- wie Erklärungstheorie nicht entnehmen. Ganz offensichtlich bedarf es ganz neuer Maßstäbe, die dann präzise offenzulegen, in ein schlüssiges Ge-

---

[100] *Flume*, Allgemeiner Teil, Bd. 2, 4. Aufl. 1992, S. 301 (§ 16 1).
[101] Stellv. *Danz*, Auslegung, 3. Aufl. 1911, S. 33.
[102] Siehe daher oben § 17 B. II. 2. und § 17 B. III. 2.
[103] *Larenz*, Auslegung, 1930, S. 77f. Näher zum Unterschied von Handlungs- und Vertrauenstheorien oben § 10.
[104] Näher oben § 11 E. II. 2.
[105] *Danz*, Auslegung, 3. Aufl. 1911, S. 157ff.
[106] *Larenz*, Auslegung, 1930, S. 19 sowie wohl auch *Larenz/Wolf*, Allgemeiner Teil, 9. Aufl. 2004, S. 518 (§ 28 III 2, Rn. 33): unterlassene Aufklärung als Indiz für Zustimmungswillen.

samtkonzept einzuordnen und damit nicht nur hier, sondern für möglichst viele Fälle zu berücksichtigen wären. Daneben mag man mit einer Aufklärungspflicht zwar begründen, warum das negative Interesse zu ersetzen ist, doch auf den gewünschten Vertragsinhalt kommt man so nicht. Denn dass die den Irrtum erkennende Seite bereit gewesen wäre, den vom Irrenden gewollten Vertrag abzuschließen, ist pure Spekulation. Natürlich darf angesichts der hier beschriebenen Begründungsnöte auch der Hinweis auf Treu und Glauben nicht fehlen[107] – ein untrügliches Indiz für dogmatische Schwierigkeiten und insofern eine recht redliche, weil das Problem kaum mehr verschleiernde Reaktion.

3. Rechtfertigungsprinzip

Nach dem Rechtfertigungsprinzip sind Wille und Erklärung der Parteien vor allem ein willkommenes Hilfsmittel, um nicht als Staat selbst den richtigen Vertragsinhalt bestimmen zu müssen, sondern die Kenntnisse und Überlegungen der Vertragsparteien zu nutzen (Subsidiarität).[108] Beim Erklärungsirrtum, ganz gleich ob erkannt oder unerkannt, liegt dabei die Schwierigkeit weniger darin, dass Wille und Erklärung als Indizien widersprüchlich sind, da insofern der Wille klaren Vorrang genießt. Kompliziert wird es vielmehr deshalb, weil hier die Parteivorstellungen voneinander abweichen und damit der Subsidiaritätsgedanke nur noch schwer umsetzbar scheint. Dabei hilft es nicht, dass wir eine objektiv übereinstimmende Erklärung haben mögen, denn bei einem Erklärungsirrtum versagt die Indizfunktion der Erklärung (dazu gleich). Möglicherweise besteht allerdings beim erkannten Irrtum doch noch Hoffnung, auf den für den Staat so angenehm entlastenden Subsidiaritätsgrundsatz zurückgreifen zu können. Denn zwar wollte in Fall 262 die den Irrtum erkennende Partei als Vertragsinhalt das objektiv Erklärte, wusste aber immerhin nicht nur von dem Irrtum, sondern kannte auch die wahre Parteivorstellung.

Um eine möglichst schulmäßige Prüfung vorzunehmen, sei zunächst gefragt, ob nicht das objektiv Erklärte auf beiden Seiten dem Rechtfertigungsprinzip genügt. Für die den Irrtum erkennende Partei ist die Antwort ziemlich klar, würde genau das zum Vertragsinhalt, was sie wollte und auch objektiv erklärte. Aber auch auf Seiten des Irrenden fällt die Antwort nicht schwer – dies allerdings im Sinne einer Verletzung des Rechtfertigungsprinzips: Denn wenn das irrtümlich Erklärte nicht den eigenen Vorstellungen entspricht, wäre es reiner Zufall, träfe die Erklärung dennoch das Rechtfertigungsprinzip. An diesem Befund ändert sich auch dann nichts, wenn man die notwendige Zuweisung des negativen Interesses berücksichtigt – ganz im Gegenteil. Denn bei

---

[107] Stellv. *Danz*, Auslegung, 3. Aufl. 1911, S. IV, 71; *Larenz*, Auslegung, 1930, S. 77 f.; *Kramer*, Grundfragen, 1972, S. 176.
[108] Näher oben § 8 E. II. 2.

einem erkannten Irrtum ist es nicht der Irrende, sondern die diesen Irrtum erkennende Person, die diesen Schaden tragen sollte.[109] Damit lässt sich nochmals bestätigen, dass eine Rechtsänderung mit dem Inhalt des objektiv Erklärten daran scheitert, dass sie auf Seiten des Irrenden das Rechtfertigungsprinzip verletzt.

Wie sieht es nun mit demjenigen Vertragsinhalt aus, den der Irrende erklären wollte und der vom Vertragsgegner als gewollter Inhalt erkannt wurde? Diesmal fällt die Prüfung auf Seiten des Irrenden leicht, bekäme er das, wovon er bei seiner irrtümlich abweichenden Erklärung ausging. Das Subsidiaritätsprinzip wäre hier also ganz normal verwirklicht. Doch anders als zuvor kommen wir hier auch für den vom Irrtum wissenden Vertragsgegner ans Ziel. Denn solange dieser weiß, dass er an den Inhalt gebunden sein wird, den der Irrende erkanntermaßen meint, wird er dessen Irrtum nur dann nicht aufklären, wenn auch so für ihn das Rechtfertigungsprinzip gewahrt ist. Es verhält sich hier nicht anders als auch sonst bei vorsätzlichem Handeln – man denke nur an die Mentalreservation oder die bereits diskutierten Protestfälle.[110] Legt sich also das Recht auf die Geltung des vom Irrenden Gemeinten fest, können wir ohne Weiteres auf den Subsidiaritätsgedanken zurückgreifen. Dass hier der Empfänger damit belastet wird, den ihm bereits bekannten Irrtum aufzudecken, ist dabei offensichtlich wertschöpfend, weil mit wenig Aufwand verbunden und einen für beide Seiten vorteilhaften Vertragsschluss unterstützend.

V. Nicht durchschlagender Irrtum

Oft lässt unser Recht eine Partei selbst etliche Zeit nach Vertragsschluss einseitig darüber entscheiden, ob dieser Vertrag tatsächlich gilt. Wer einem Inhaltsirrtum oder einem beachtlichen Motivirrtum unterliegt, darf darauf verzichten, diesen Irrtum geltend zu machen. Und genauso muss es sich die irrende Partei gefallen lassen, wenn ihr Vertragsgegner sie wenigstens am tatsächlich Gemeinten festhalten will. Wie man diese Möglichkeit rechtstechnisch bezeichnet – etwa in deutscher Terminologie als Einrede, Rücktritt oder Anfechtung – sei dabei wie immer dahin gestellt.[111] Wie nunmehr zu zeigen sein wird, lässt sich dieses Ergebnis zwar nicht mit der Willens- oder Erklärungstheorie, wohl aber anhand des Rechtfertigungsprinzips beantworten. Denn dieses ist auf eine zeitliche Übereinstimmung nicht angewiesen, sondern kann unabhängig davon Indizien herausgreifen, aus denen sich ein Vertragsinhalt ergibt, der beide Seiten ihren Zielen näher bringt.

---

[109] Vgl. dazu unten § 17 C. II. 2. d).
[110] Näher oben § 12 C. und unten § 17 F. III.
[111] Siehe zu dieser Ergebnisorientierung oben § 1 B. III.

1. Spätere Akzeptanz des Gemeinten

a) Problem

In der ersten der hier interessierenden Fallgruppen unterliegt eine Partei zwar einem Erklärungsirrtum, doch ihr Vertragsgegner möchte sie wenigstens am tatsächlich Gemeinten festhalten. Bestellt ein Käufer aus Versehen einen blauen statt grünen Regenschirm, muss er dann wenigstens die grüne Variante akzeptieren und bezahlen (Fall 266)? Wie sieht es aus, wenn ein Käufer 100 kg Mehl bestellt, der Verkäufer sich jedoch verhört und daher glaubt, sein „Einverstanden" beziehe sich auf 200 kg (Fall 264) bzw. 50 kg? Muss schließlich der Juwelier, der den goldenen Ring aus Versehen für 200 Euro statt wie gemeint 2.000 Euro anbietet, jedenfalls eine „Annahme" in Höhe der gemeinten 2.000 Euro akzeptieren (Fall 265)? Wer wollte das ernsthaft bestreiten?[112]

b) Klassische Ansichten

aa) Willens- und Erklärungstheorie

Leider führen weder Willens- noch Erklärungstheorie zum gewünschten Ergebnis. Besonders evident ist das bei der Erklärungstheorie, war bei Vertragsschluss von einem grünen Regenschirm, 2.000 Euro, 50 kg oder 200 kg Mehl keine Rede. Dabei mag unser Irrender gar gröbster Fahrlässigkeit schuldig sein, weshalb dann von einer fehlenden Verantwortlichkeit des Erklärenden für die objektive Bedeutung keine Rede sein kann. Warum das hier auf einmal zu ignorieren sein soll, lässt die Erklärungstheorie genauso offen wie die Frage, wie wir das gewünschte Ergebnis begründen, ohne subjektive Vorstellungen zu berücksichtigen. Aber auch die Willenstheorie hat keinen Grund zur Freude. Zwar honoriert sie den Willen desjenigen, der dem Erklärungsirrtum unterliegt. Ganz anders sieht es jedoch mit dem Vertragsgegner aus, meinte dieser bei Vertragsschluss genau das, was auch objektiv erklärt war. Wir haben hier also keineswegs einen übereinstimmenden Willen.

bb) Sonstiges

Wie immer bei dogmatisch unangenehmen Fallkonstellationen sind diverse Ausflüchte nicht weit. So könnte man geneigt sein, einen neuen Vertragsschluss zu dem Zeitpunkt zu konstruieren, in dem sich der Nicht-Irrende mit dem eigentlich Gemeinten einverstanden erklärt. Doch mag unser Käufer seine frühere Entscheidung längst bereuen und jetzt, also im nunmehr maßgebli-

---

[112] Stellv. Art. 4:105 (1) PECL; Art. II. – 7:203 DCFR; Art. 25 Abs. 2 OR (Schweiz); Art. 1432 Codice civile (Italien) sowie zum deutschen Recht BGH, Urt. v. 20.1.1954, MDR 1954, 217; *Flume*, Allgemeiner Teil, Bd. 2, 4. Aufl. 1992, S. 421 f. (§ 21 6); *Hübner*, Allgemeiner Teil, 2. Aufl. 1996, S. 352 (§ 36 B III 2 b), Rn. 813); *Köhler*, Allgemeiner Teil, 34. Aufl. 2010, S. 78 f. (§ 7 IV 4, Rn. 31); *Medicus*, Allgemeiner Teil, 10. Aufl. 2010, S. 321 (§ 48 IV 5, Rn. 781); *Larenz/Wolf*, Allgemeiner Teil, 9. Aufl. 2004, S. 680 (§ 36 VI 2, Rn. 113).

chen Zeitpunkt des neuen Vertragsschlusses, den notwendigen Willen nicht mehr haben.

Auch mag man in Konstellationen wie Fall 264, wo es der Verkäufer akzeptieren muss, statt der irrtümlich erklärten 200 kg jedenfalls 100 kg Mehl zu liefern, geneigt sein, dieses Ergebnis damit zu begründen, dass in der Erklärung, 200 kg zu liefern, als ein *Minus* auch die Erklärung „enthalten" sei, 100 kg zu liefern. Doch abgesehen davon, dass diese Lösung von vornherein dort versagt, wo die Alternative in ganz anderen Gegenständen besteht (vgl. Fälle 266, 267), ist es sowohl für die hier interessierende Erklärung als auch für einen Willen bei sprachlich-analytisch sauberer Herangehensweise mutig zu behaupten, die Bedeutung „100 kg" sei in den Symbolen für „200 kg" enthalten.

Wenig befriedigt auch ein Kausalitätsgedanke dergestalt, dass sich hier der Erklärungsirrtum nicht „auswirke".[113] Denn ob und wie sich dieser Irrtum auswirkt, ist erst die zu begründende Frage. Daneben muss man nur versuchen, einige der vorgenannten Fälle mit dieser These zu subsumieren, um festzustellen, wie wenig sich damit arbeiten lässt. Wie immer zwar ehrlich, dogmatisch aber wenig ertragreich, ist der Hinweis auf Treu und Glauben. Ähnlich fruchtlos ist der Gedanke eines Missbrauchs. Denn was für einen Gebrauch etwa eines Anfechtungsrechts wir für zulässig erachten und welchen nicht, ist gerade erst die Frage. Auch der Vergleich mit der *falsa demonstratio* überzeugt so lange nicht, wie nicht genauestens dargelegt wurde, was beide Konstellationen vergleichbar macht und weshalb es insbesondere keinen wichtigen Unterschied darstellt, dass die Parteien bei Vertragsschluss etwas Verschiedenes meinten.

Auch der Hinweis, dass das Recht kein Reurecht gewähre, formuliert lediglich das zu begründende Ergebnis neu. Denn wie ein Blick in nahezu jede Rechtsordnung verrät, kennen wir zahllose Lösungsrechte, über die wir eine früher getroffene Entscheidung korrigieren dürfen. Wiederum stark behauptenden Charakter hätte die These, niemand solle unverdient von seinen Fehlern profitieren. Denn warum dies selbst dann gelten soll, wenn niemand anderes geschädigt ist (etwa weil der Gegner das negative Interesse erhält), ist keineswegs klar. Warum sollten wir uns nicht freuen, wenn Menschen sogar noch von Fehlern profitieren? Kurzum, es müsste erst einmal begründet und in ein schlüssiges Gesamtkonzept eingeordnet werden, warum wir ein Problem dabei empfinden, dass der Irrende das Scheitern eines weder der Willens- noch der Erklärungstheorie genügenden Vertragsschlusses zum Anlass nimmt, um sich einem anderen, noch günstigeren Anbieter zuzuwenden. Schließlich kontrollieren wir Verträge sonst auch nicht darauf, ob die Vorteile, die sie den

---

[113] Mit einer Regelung wie etwa § 119 Abs. 1 a. E. BGB hätte das übrigens nur wenig zu tun, wie deren Wortlaut verrät.

Parteien verschaffen, verdient sind oder ob sie auf Fehlern beruhen. Sofern man schließlich das gesuchte Ergebnis darauf stützt, dass die irrende Partei durch ihr Lösungsrecht spekulieren könnte, gilt dieser Einwand für jede Anfechtung, was verdeutlicht, dass dies eher ein Problem des jeweiligen Vertragstyps als der hier interessierenden Irrtumskonstellation ist. Zudem wird hier eine Spekulationsmöglichkeit ohnehin nur verlagert, ist es doch nunmehr der Nicht-Irrende, der einseitig entscheiden kann, ob er das vom Irrenden eigentlich Gemeinte akzeptiert.

c) Rechtfertigungsprinzip

Nach dem Subsidiaritätsgrundsatz sind die jeweiligen Parteivorstellungen, die sich – beim Erklärungsirrtum fehlerhaft – in der Erklärung äußern, ein willkommenes Hilfsmittel, um zu erfahren, welcher Vertragsinhalt das Rechtfertigungsprinzip verwirklicht. Die entscheidende Frage ist damit auch hier, ob es der zu beurteilende Sachverhalt erlaubt, das Parteiverhalten entsprechend zu nutzen. Dabei stellt sich bei jedem Erklärungsirrtum das Problem, dass nicht nur der falsch Erklärende über die objektive Bedeutung seiner Erklärung irrt, sondern genauso der Empfänger über den wahren Willen des falsch Erklärenden.

Allerdings erklärt sich die nicht irrende Partei in den hier interessierenden Fällen nachträglich zur Geltung des eigentlich Gemeinten bereit. Damit liegen alle Voraussetzungen vor, um dem Parteiverhalten eine solche Rechtsänderung zu entnehmen, die das Rechtfertigungsprinzip zu verwirklichen verspricht. Gilt der Vertragsinhalt, den der Irrende zu erklären glaubte, sind dessen Interessen genauso gut gewahrt wie bei einem normalen Vertrag. Und nichts anderes gilt für die Gegenseite, wenn sie genau diesen Vertragsinhalt (einschließlich seiner Wirkung *ex tunc*) später akzeptiert. Wir haben dabei nicht etwa einen neuen Vertragsschluss, sondern bedienen uns der Entscheidungen beider Seiten zu unterschiedlichen Zeitpunkten. Diese Selektion stößt nur dann auf Befremden, wenn man gedanklich davon ausgeht, dass „bei Vertragsschluss" etwas zeitgleich erklärt oder gewollt werden müsse oder gar eine Willensvereinigung stattfinde. Eine solche gedankliche Fixierung wäre schon deshalb bedauerlich, weil diese zeitliche Koordination eigentlich nie gelingen kann, was nicht nur hier, sondern etwa auch beim Vertragsschluss unter Abwesenden allzu deutlich wird.[114]

Wenn hier eine Seite das Wahlrecht erhält, nach ihrem Belieben das vom Irrenden Gemeinte gelten zu lassen, so verhält es sich nicht anders als bei einem Angebot, dessen Annahme im Belieben des Empfängers steht. Und dem Irrenden wird hier die Anfechtungsoption gewissermaßen aus der Hand ge-

---

[114] Näher zum Vertragsschluss unten § 18 C. I.

schlagen, was ihn wiederum nur so stellt wie bei einem ganz normalen Angebot.

2. Spätere Akzeptanz des Erklärten

Wird die spätere Akzeptanz des eigentlich Gemeinten durch den Nicht-Irrenden noch öfters problematisiert, lässt sich Vergleichbares für eine parallele Konstellation nicht mehr behaupten – und allein das ist bemerkenswert: Bestellt ein Käufer versehentlich einen blauen statt grünen Regenschirm, um jedoch dann auch den blauen zu akzeptieren (Fall 267),[115] muss der Verkäufer das hinnehmen, selbst wenn er vom Irrtum erfährt.[116] Auf die Willenstheorie kann man sich für dieses Ergebnis nicht stützen. Denn bei Vertragsschluss fehlt es an einem gemeinsamen Willen, wollte der Käufer einen grünen, der Verkäufer hingegen einen blauen Regenschirm als Vertragsgegenstand. Und später mag zwar der Käufer seinen Willen ändern und eine neue Willensübereinstimmung anstreben, doch ob er dann noch den Verkäufer davon überzeugen wird, steht in den Sternen. Bei der Erklärungstheorie wird es hier zumindest komplizierter: Ursprünglich erklärten die Parteien das, was wir auch als das letztlich richtige Ergebnis ansehen, nämlich einen Kaufvertrag über den blauen Regenschirm. Doch zumindest wenn man normalerweise einen Inhalts- bzw. Erklärungsirrtum für beachtlich hält, erscheint dieser Befund eher zufällig und erfasst nicht diejenige Besonderheit, die in der späteren Akzeptanz des Erklärten durch den Irrenden liegt. Dabei kann es natürlich auch hier passieren, dass sich der Nicht-Irrende nunmehr verweigert, also nicht mehr erklärt, den blauen Regenschirm zu verkaufen.

Nach dem Rechtfertigungsprinzip verläuft die Prüfung in den gewohnten Bahnen: Wiederum liegen alle benötigen Voraussetzungen vor, um unter Ausnutzung des Subsidiaritätsprinzips einen Vertragsinhalt zu bestimmen, der die Interessen beider Seiten wahrt. Akzeptiert der Irrende – wenn auch erst in einer späteren Entscheidung – genau denjenigen Vertragsinhalt, den auch der Verkäufer aufgrund eigener Prüfung als für dessen Ziele weiterführend einschätzt, haben wir allen Grund, genau diese Rechtsänderung auch eintreten zu lassen. Was sonstige Einwände sowie die Überzeugungskraft alternativer

---

[115] Die anderen zuvor in § 17 B. V. 1. a) erwähnten Fälle ließen sich hier entsprechend anpassen. Vgl. etwa Fall 263.
[116] Regelmäßig findet dieses weithin anerkannte Ergebnis dadurch Ausdruck, dass viele Rechtsordnungen zwar Korrekturen für den Fall eines Irrtums vorsehen, das jedoch über ein Lösungsrecht verwirklichen, das ausgeübt werden kann, aber nicht muss. Das deutsche BGB etwa kennt ein Anfechtungsrecht, anstatt die Nichtigkeit anzuordnen, und schließt diese Anfechtung nach § 144 BGB sogar aus, sobald das anfechtbare Rechtsgeschäft (gemeint ist das objektiv Erklärte) bestätigt wurde. Aus europäischer Sicht vgl. nur Art. 4:103 PECL; Art. II. – 7:201 DCFR („kann") und die dazugehörigen Erläuterungen.

Lösungsvorschläge anbelangt, sei auf die vorherigen Überlegungen verwiesen.[117]

C. Inhaltsirrtum

I. Problem

1. Einordnung

Die bisher diskutierten Fallgruppen eines Inhalts- bzw. Erklärungsirrtums ließen sich noch relativ einfach lösen, machte man sich erst einmal von der Vorstellung frei, als müsse sich das getreu dem Subsidiaritätsgrundsatz heranzuziehende Parteiverhalten auf einen einheitlichen Zeitpunkt beschränken. Ja, man könnte fast noch sagen, dass bisher nicht einmal ein beachtlicher Irrtum vorlag, da eine allein auf die Entscheidung der Vertragsparteien gestützte Rechtsänderung möglich blieb. Bei den nunmehr zu erörternden Konstellationen steht uns diese Subsidiarität nicht mehr zur Verfügung. Denn nunmehr scheitert eine Verständigung und muss damit insbesondere begründet werden, warum ein Vertragsinhalt gelten soll, der von einer Partei zu keiner Zeit gewollt, sondern nur irrtümlich erklärt worden war.

Dabei ist es bereits eine wichtige Errungenschaft, überhaupt zwischen Inhalts- und Erklärungsirrtümern einerseits und Motivirrtümern andererseits zu unterscheiden. Denn Ersteres betrifft den Vertragsinhalt und damit die durch den Vertragsschluss eintretende rechtliche Änderung. Das klar verdeutlicht zu haben, ist ein Verdienst vor allem *Zitelmanns*, der auch den Begriff des Geschäftswillens prägte und ihn im Anschluss an *Schlossmann* vom Handlungswillen abgrenzte.[118] Es wäre verfehlt, derartige Unterscheidungen als psychologistisch abzutun, war es die mit dieser psychologischen Betrachtung gewonnene Struktur, welche die Diskussion geordneter ablaufen ließ. Das war und ist allemal reizvoller, als stattdessen wieder in eine aristotelisch-ontologische Wesensschau zu verfallen, die wenig mehr zu bieten hat als die bloße Behauptung, dass dieser oder jener Irrtum „wesentlich", „schwerwiegend" oder „beachtlich" sei.[119] Andere Leerformeln wie Treu und Glauben[120] und sonstige unverbindliche Begrifflichkeiten oder flexible Begründungsmuster[121] versuchen nicht einmal eine Lösung des Problems. Und schon gar nicht lässt sich behaupten, dass man gar nicht zwischen Motiv- und In-

---

[117] Oben § 17 B. V. 1. b) bb); § 17 B. V. 1. c).
[118] Näher oben § 7 Fn. 11, 12.
[119] Vgl. dazu auch oben § 7 Fn. 10 sowie generell ab § 7 B.
[120] Siehe dazu nur kurz und knapp *Flume*, Eigenschaftsirrtum, 1948, S. 28.
[121] Näher dazu unten § 19 F. III. 2.

halts- bzw. Erklärungsirrtum unterscheiden könne.[122] Wie man mit dieser Unterscheidung letztlich umgeht, ist natürlich eine andere Frage,[123] doch wird sich zeigen, dass sie auch für das Rechtfertigungsprinzip hilfreich ist.[124]

In einer anderen Hinsicht sind die folgenden Ausführungen bewusst unpräzise. So wird nicht zwischen Inhaltsirrtum im engeren Sinne (man irrt über den objektiven Inhalt der eigenen Erklärung) und Erklärungsirrtum (Verschreiben, Versprechen etc.) unterschieden.[125] Denn auch der Erklärungsirrtum ist ein Inhaltsirrtum, weshalb sich auch die zu berücksichtigenden Argumente gleichen. Allenfalls mag der Inhaltsirrtum in der einen oder anderen Variante leichter zu vermeiden sein, doch ist das dann an genau dieser Stelle zu berücksichtigen.

2. Fälle

Dass der Inhaltsirrtum auch jenseits der bereits diskutierten Konstellationen praktische Bedeutung hat, wenngleich die Irrtümer über den Vertragsgegenstand sehr viel häufiger sind, sei hier anhand einiger klassischer Fälle verdeutlicht.

268. **Weinversteigerung:** *Der ortsunkundige Gast G besucht in Trier eine Weinversteigerung. Als er dort den Bekannten B trifft, winkt er diesem zu. Auktionator A erteilt daraufhin G den Zuschlag und verlangt Zahlung.*

269. **Gefährlicher Schlaf:** *Antiquitätensammler A besucht eine große Versteigerung. Doch ist er sehr müde und schläft ein. Angeregt durch einen Traum bewegt er seine Hand so unglücklich, dass ihm Auktionator A den Zuschlag erteilt und Zahlung verlangt.*

270. **Versprecher des Käufers:** *Käufer K möchte seiner Geliebten einen schön geformten Ring aus purem Gold schenken und bezahlt dafür auch gerne 100 Euro. Er will daher Juwelier J sagen, dass er einen schönen goldenen Ring möchte. Doch verspricht er sich und erbittet einen „vergoldeten" Ring, den ihm J sehr gerne für 100 Euro verkauft.*

271. **Versprecher des Verkäufers:** *Käufer K möchte seiner Geliebten einen schön geformten Ring aus purem Gold schenken und bezahlt dafür auch gerne 100 Euro. Er fragt daher Juwelier J nach dem Preis für ein schönes Exemplar, worauf ihm J „10 Euro" antwortet. Dabei hatte sich J nur versprochen und wollte eigentlich „100 Euro" sagen.*

---

[122] So zu Recht *Flume*, Eigenschaftsirrtum, 1948, S. 27f.
[123] Das betont erfreulich undoktrinär auch *Flume*, Eigenschaftsirrtum, 1948, S. 28, kritisch gegenüber der alleinigen Beachtung des psychologischen Elements *Schlossmann*, Irrtum, 1903, S. 92, siehe zu diesem auch unten Fn. 147, 143 sowie oben § 7 B. IV.
[124] Etwa unten § 17 D. III. 1.
[125] In diese Obergruppe gehört dann auch weitestgehend das von *Kling*, Sprachrisiken im Privatrechtsverkehr, 2008 diskutierte Sprachrisiko.

Goldwerter Versprecher des Verkäufers: Käufer K möchte seiner Geliebten einen schön geformten Ring schenken, der allerdings nur 20 Euro kosten soll. Juwelier J bietet ihm daher „einen vergoldeten Ring" an – glaubt J. Tatsächlich verspricht sich J und sagt „einen goldenen Ring".

Verschreiben des Bierverkäufers: Biergartenbetreiber B schreibt für den ausländischen Gast G den Preis für ein Maß Bier auf einen Zettel. G nickt freundlich, genauso wie B freundlich zurück nickt. Hinterher stellt sich heraus, dass B aus Versehen 7 Euro statt wie von ihm gewollt 8 Euro geschrieben hatte.

272. *Goldwerter Versprecher des Käufers:* Käufer K möchte seiner Geliebten einen schön geformten Ring aus purem Gold schenken und bezahlt dafür gerne auch 100 Euro. Genau so sagt er es auch Juwelier J – glaubt K. Tatsächlich verspricht sich K und sagt nicht „einen goldenen Ring" sondern „einen vergoldeten Ring".

273. *Fehlinterpretation des Käufers:* Käufer K verhandelt mit Juwelier J über den Kauf eines vergoldeten Rings. Schließlich einigen sich beide auf den Kauf eines bestimmten Exemplars zum Preis „wie besprochen". Allerdings denkt K dabei fälschlicherweise, dass zuletzt von 20 Euro und nicht – wie tatsächlich – von 100 Euro die Rede gewesen sei.

274. *Fehlinterpretation des Verkäufers:* Käufer K verhandelt mit Juwelier J über den Kauf eines goldenen Rings. Schließlich einigen sich beide auf den Kauf eines bestimmten Exemplars zum Preis „wie besprochen". Allerdings denkt J dabei fälschlicherweise, dass zuletzt von 100 Euro und nicht – wie tatsächlich – von 20 Euro die Rede gewesen sei.

275. *Qualitätsschokolade:* Käufer K sucht als kleine Aufmerksamkeit für eine Bekannte eine besonders schöne Tafel Schokolade. Schließlich zeigt er gegenüber Verkäufer V auf ein aufwändig verpacktes Exemplar und sagt, „eine solche" hätte er gern. Als ihm V die Tafel der berühmten Firma Y einpackt, merkt er, dass diese Tafel gar nicht von der ebenfalls berühmten Firma X ist, wie er zu bestellen glaubte. Letztlich ist ihm jedoch der Unterschied von X und Y egal.

276. *Kleiner Fehler mit großer Wirkung:* Werft W ist dringend auf eine ganz spezielle Schiffsschraube angewiesen, um eine Yacht termingerecht und damit ohne hohe Vertragsstrafen auszuliefern. W bestellt die Schraube bei Anbieter A. Kurz vor Auslieferung bemerkt A, sich in einer Detailfrage über den tatsächlichen Inhalt seines Angebots geirrt zu haben, ohne dass er diesen Fehler hätte vermeiden können. Die Schiffsschraube könnte A auch sehr gut an andere verkaufen.

3. Herausforderung

Das dogmatische Problem des Inhaltsirrtums ist schnell benannt: Sobald man sich eingesteht, dass nahezu jede Rechtsordnung einerseits irrtümlich geschlossene Verträge bisweilen aufrechterhält, das andererseits jedoch keineswegs immer tut, haben Willens- wie Erklärungstheorie gleichermaßen ein Problem. Es ist dies der völlig zu Recht intensiv diskutierte Dualismus von

Wille und Erklärung, für den es bis heute nicht gelungen ist, ihn mit einem verbindlichen Tatbestand zu erfassen.[126]

Für die Willenstheorie liegt das Problem in der Begrenzung der Beachtlichkeit des Inhaltsirrtums.[127] Wann immer eine Rechtsordnung diesen auch nur für bestimmte Konstellationen für unbeachtlich erklärt, steht die Willenstheorie vor einem Rätsel. Zwar sind deren Vertreter überwiegend bereit, auch bei jedenfalls grob fahrlässigem Verhalten eine Bindung zu bejahen, doch wird hier die Willenstheorie aufgegeben.[128] Die Erklärungstheorie hat demgegenüber zu beantworten, wieso fahrlässig erklärte Vertragsinhalte oft zumindest zur Anfechtung berechtigen – von den bereits diskutierten Fallgruppen etwa der *falsa demonstratio* oder des Scheingeschäfts ganz zu schweigen. Andere klassische Begründungsmuster wie die Äquivalenz bieten von vornherein wenig Anhaltspunkte für unser Problem, während sich Begrifflichkeiten wie Freiwilligkeit oder Entscheidungsfreiheit nicht subsumieren lassen.[129] Sofern getreu einer vor allem idealistischen Tradition die sittlich selbstverantwortliche Person bemüht wird, die sich nicht mit sich selbst in Widerspruch setzen dürfe, wodurch sich auch der Dualismus von Willens- und Vertrauensethik überwinden lasse,[130] sei auf die früheren Ausführungen verwiesen.[131]

Leider bewirkt die Komplexität der Irrtumsproblematik jenseits der bisher untersuchten Konstellationen, dass sich das Irrtumsrecht je nach Rechtsordnung auch im Ergebnis oft unterscheidet. Wir können also hier die verschiedenen Theorien nicht ganz so reichhaltig überprüfen, wie uns das sonst möglich war. Daher liegt der Schwerpunkt der nun folgenden Ausführungen eher darin, überhaupt den zuvor beschriebenen Dualismus zu erfassen. Dabei wird die entscheidende Herausforderung vor allem in der Frage liegen, warum bisweilen auch ungewollte Erklärungsinhalte verbindlich sind. Denn der Subsidiaritätsgedanke versagt offensichtlich dort, wo wir wissen, dass das objektiv Erklärte nicht den wahren Willen wiedergibt.

---

[126] Erfreulich deutlich *Flume*, Eigenschaftsirrtum, 1948, S. 100, vgl. daneben eingehend oben bei Fn. 76 sowie oben § 10 D. III.

[127] Hier sei nur noch einmal *Flume*, Eigenschaftsirrtum, 1948, S. 83, 98 ff. erwähnt, der dieses Problem offen anerkennt, weshalb es keineswegs nur Kritiker der Willenstheorie wie *Schlossmann*, Irrtum, 1903, S. 90 sind, welche die Regelungen des deutschen Bürgerlichen Gesetzbuchs als zu lösungsfreundlich kritisieren. Vgl. dazu auch oben ab § 9 Fn. 280.

[128] Das bestreiten auch viele Willenstheoretiker nicht und machen daher in vielerlei Hinsicht Ausnahmen, vgl. dazu etwa oben § 9 C. V. 5.; § 10 C. III. 1.

[129] Näher oben § 4 B. I. 4. b) aa) sowie im Zusammenhang mit der Irrtumsproblematik unten § 17 D. II. 2.

[130] So etwa *Wieacker*, Privatrechtsgeschichte, 2. Aufl. 1967, S. 293 unter Berufung auf *Grotius*, den er wiederum im Gefolge von Stoa und Moraltheologie sieht.

[131] Oben § 10 C. IV. Der Hinweis auf widersprüchliches Verhalten setzt hier einmal mehr das Ergebnis voraus, das es zu begründen gilt. Denn wenn etwa der Irrende wie so oft anfechten darf, haben wir auf einmal nichts gegen diesen Widerspruch zum vorherigen Verhalten.

II. Rechtfertigungsprinzip

1. Anwendbarkeit

Die aus der Sicht des Rechtfertigungsprinzips erste wichtige Einsicht besteht im Eingeständnis, dass der Subsidiaritätsgedanke bei vielen Inhaltsirrtümern scheitert. Es gelingt hier den Parteien nicht, solche Entscheidungen zu treffen, die einen Vertragsinhalt verbürgen, der beide Seiten ihren jeweiligen Zielen größtmöglich näher bringt. Hier kommt nun dem Rechtfertigungsprinzip als einem substanziellen Gesichtspunkt[132] zugute, dass es das Parteiverhalten bei Vertragsschluss – anders als die meisten klassischen Ansichten – nicht als intrinsisch richtig voraussetzt,[133] sondern die von jeher sehr ausgeklügelte Kompetenzordnung unseres Vertragsrechts berücksichtigt.[134] Dabei bildet bereits der Umgang mit Irrtümern eine wichtige Facette des Vertragsinhalts, der getreu dem Rechtfertigungsprinzip nicht anders zu bestimmen ist als andere Inhalte auch. Nicht ohne Grund sind die Irrtumsregeln (genauso wie etwa der Umgang mit Leistungsstörungen)[135] weithin dispositiv ausgestaltet, steht es also den Parteien getreu dem Subsidiaritätsgrundsatz[136] frei, hier eine eigene Regelung zu treffen.[137] Möchte man dann noch in eine „Mikroanalyse" des Vertragsschlusses eintreten, ist es hier bereits das Angebot, innerhalb dessen sich die entscheidende Prüfung und Entscheidung vollzieht.[138] Die Frage lautet dabei wie folgt: Warum lassen wir Angebote zu, die das Risiko beinhalten, eine ungewollte und damit gegebenenfalls auch die eigenen Ziele unterminierende Rechtsänderung zu erleiden?

In all diesen Konstellationen müssen wir ausweislich des Rechtfertigungsprinzips darlegen können, dass die für den Erklärenden nachteilige Rechtsfolge in dessen eigenem Interesse liegt und deshalb gerechtfertigt ist. Dass dies wiederum nur gelingen kann, wenn dieser Nachteil nicht bereits feststeht, sondern zumindest auch die Chance einer Verbesserung besteht, liegt auf der Hand. Wir haben es also mit Risikoerwägungen zu tun.[139] Nur wenn wir darlegen können, dass die Chancen einer solchen Bindung deren Risiken überwiegen und dass diese Chance ohne das Risiko nicht zu haben ist, ist das Rechtfertigungsprinzip erfüllt. Dieser Zwiespalt wird daher zunächst zu illustrieren sein, bevor die Alternative einer Unwirksamkeit (bzw. eines nachträglichen Lösungsrechts) bewertet und schließlich die Bedeutung auch von Anrei-

---

[132] Näher zum Verhältnis von Inhalt und Verfahren unten § 19 D.
[133] Näher zu dieser Problematik etwa oben § 4; § 8 D.; § 9 C. III.; § 10 D. IV. oder unten § 17 D. III. 3. a); § 19 C. VI. 1.
[134] Näher oben § 8 B.
[135] Näher dazu oben § 6.
[136] Näher oben § 8 E. II. 2.
[137] Näher zu dispositivem Recht oben § 16 A. III. 2.
[138] Näher zum Vertragsschluss unten § 18 C. I.
[139] Allgemein dazu oben § 5.

C. Inhaltsirrtum   967

zen für die Irrtumsproblematik verdeutlicht wird. Vorher sei allerdings nochmals darauf hingewiesen, dass das Rechtfertigungsprinzip keine Festlegung auf eine ganz bestimmte oder auch nur einen *numerus clausus* von Rechtsfolgen kennt. Ob bei Irrtum der Vertrag unwirksam bzw. anfechtbar ist, ob das negative oder positive Interesse oder gar eine „Strafe" zu zahlen sein sollte, ist eine Frage der getreu dem Rechtfertigungsprinzip jeweils vorzunehmenden Wertschöpfung.[140]

2. Wertschöpfung

a) Irrtumsgefahr

Dass die Bindung an einen nur irrtümlich abgegebenen Erklärungsinhalt nicht nur nach der Willenstheorie, sondern auch nach dem Rechtfertigungsprinzip problematisch erscheint, lässt sich leicht verdeutlichen. Erklärt der Verkäufer wie in Fall 271 versehentlich, für 20 Euro einen goldenen und nicht nur vergoldeten Ring zu verkaufen, und kostet ihn ein goldener Ring 100 Euro, so kann wenig Zweifel daran bestehen, dass er sich durch eine solche Rechtsänderung verschlechtert. Nichts anderes gilt, wenn der Käufer irrtümlich erklärt, für 100 Euro einen vergoldeten und nicht etwa goldenen Ring erwerben zu wollen (Fall 270). Es rächt sich hier einfach, dass die Erklärung als Indiz für den Willen als Indiz für die Verwirklichung des Rechtfertigungsprinzips versagt. Wir können beim Inhaltsirrtum zwar noch ohne Weiteres auf den Willen des Irrenden abstellen – und nichts anderes geschieht etwa beim erkannten oder sonst nicht durchschlagenden Irrtum –,[141] nicht jedoch mehr auf die Erklärung. Dabei beschränkt sich der Schaden des Irrenden nicht nur auf das negative Interesse. Denn selbst wenn es ihm keine Mühen bereitet, den Ring an andere weiterzuverkaufen, wird er auf dem Verlust von 900 Euro sitzenbleiben. Es lässt sich noch nicht einmal pauschal behaupten, dass ein Inhaltsirrtum mehr oder weniger gefährlich wäre, je nachdem ob sich die Fehlvorstellung auf einzelne Vertragsinhalte oder den Vertragsschluss insgesamt (sog. fehlendes Erklärungsbewusstsein) bezieht.

b) Vorteile einer Bindung

Kurzum, wir müssen für das Rechtfertigungsprinzip eine hohe Hürde überwinden, um zu begründen, warum es selbst beim Inhaltsirrtum vertretbar sein kann, das objektiv Erklärte gelten zu lassen. Wie bereits angedeutet gelingt das nur, wenn dem Irrtumsrisiko des Erklärenden ein dieses übersteigender Vorteil gegenüber steht. Anders formuliert muss eine wertschöpfende Rechtsänderung auszumachen sein, die sich allein in der Person des irrtümlich Erklä-

---

[140] Siehe dazu insbesondere oben § 6 C. III.
[141] Vgl. oben § 17 B. IV.; § 17 B. V.

renden rechnet,¹⁴² und deren Inhalt unter anderem darin liegt, bei unglücklichem Verlauf auch an das gebunden zu sein, was man gar nicht erklären wollte. Ja, dieses Risiko muss nach dem Rechtfertigungsprinzip geradezu notwendig sein, um andere Vorteile zu verwirklichen. Dabei ist auch hier zu berücksichtigen, dass eine größtmögliche Wertschöpfung im Interesse beider Parteien liegt. Ist etwa das Risiko eines Inhaltsirrtums für den Erklärenden überschaubar, während es seinem Gegner sehr vorteilhaft ist, sich auf das einmal Erklärte verlassen zu können, kann es beide Parteien ihren Zielen näherbringen, die Beachtlichkeit solcher Irrtümer einzuschränken. Denn die Nachteile für den Erklärenden lassen sich dadurch ausgleichen, dass man die Einbuße an Irrtumsschutz durch einen veränderten Preis versüßt.

Doch worin liegen nun die Vorteile, einen Irrenden an seiner Erklärung festzuhalten? Eine naheliegende Antwort liegt darin, dass Verträge selbst mit Inhaltsirrtum noch eine Wertschöpfung ermöglichen können. So mag der Irrtum nur ein kleines Detail betreffen und sich so der Schaden in Grenzen halten, etwa wenn wie in Fall 275 eine Seite glaubte, eine Tafel der berühmten Firma X und nicht wie tatsächlich der ebenfalls berühmten Firma Y zu erhalten, sich aber nicht wirklich an diesem Detail stört. Subsidiarität muss also nicht gänzlich scheitern, die Bemühungen der Parteien um eine möglichst wertschöpfende Vertragsgestaltung müssen nicht gänzlich fruchtlos sein, so dass wir aus deren Entscheidungen doch noch mehr herausholen können, als gleich den gesamten Vertrag für unwirksam zu erklären. Dementsprechend kann man mit *Schlossmann* dem deutschen Irrtumsrecht vorwerfen, überhaupt nicht zu berücksichtigen, was für ein Schaden eigentlich dem Irrenden droht.¹⁴³

Nicht nur der jeweilige Schaden des Irrenden spielt eine wichtige Rolle. Genauso ist zu fragen, ob nicht der Vorteil der nicht irrenden Seite aus der Beibehaltung des Vertrags den Nachteil des Irrenden überwiegt. Denn es irrt hier ja immerhin nur eine Partei, weshalb deren Erklärung als Indiz für die Verwirklichung des Rechtfertigungsprinzips beim Gegner weiterhin trägt: Ist eine Werft wie in Fall 276 dringend auf eine spezielle Schiffsschraube angewiesen, um ein Boot termingerecht auszuliefern, ist es nicht unbedingt eine gute Idee, wegen jeder Lappalie ein Lösungsrecht einzuräumen – und zwar wiederum im Interesse beider Parteien.

Aber auch ganz schlichte Erwägungen haben hier ihren Platz: Wann stimmen eigentlich die Parteivorstellungen über den Vertragsinhalt wirklich über-

---

¹⁴² Allgemein zur Bedeutung solcher Rechtsänderungen oben § 3 B. sowie unten § 18 B.; § 18 C. I.; § 18 C. II.

¹⁴³ *Schlossmann*, Irrtum, 1903, S. 20, 22, 47, 60, 91 f., passim („Ob der Irrende einen Schaden hätte, wenn das Geschäft wirksam bleibt, oder ihm gar einen Vorteil bringt, wird im Gesetz nicht unterschieden."), der dort zu Recht auch auf die Bedeutung der Verschuldensfrage hinweist, vgl. dazu auch unten Fn. 147.

ein? In Wahrheit erfahren wir einfach nur selten davon, wie weit bisweilen das voneinander abweicht, was sich die Vertragsschließenden gerade so denken, wenn sie einander die Hände schütteln. Hier einfach auf das abzustellen, was etwa in einem einheitlichen Schriftstück nur noch von beiden Seiten unterschrieben werden muss, ist sehr viel einfacher, als über zahllose Einzelheiten tatsächlich oder nur vermeintlich übereinstimmender Bewusstseinsinhalte streiten zu müssen.

Schließlich lässt sich ein allzu großzügiges Lösungsrecht oft missbrauchen, indem ein Irrtum nur vorgeschoben wird. Auch solche Möglichkeiten beeinträchtigen die im beiderseitigen Interesse liegende Wertschöpfung. Hier passt der viel bemühte Gedanke, wonach die Irrtumsanfechtung nicht zum „Reurecht" verkommen dürfe.[144] Nur erklärt das Rechtfertigungsprinzip genau, warum wir mal – man denke nur an eine vorsätzliche Täuschung – eine Reue zulassen und ein anderes Mal wiederum nicht.

Das zentrale Problem allzu großzügiger Irrtumsregeln liegt also darin, dass hier vorschnell diejenigen Vorteile aufgegeben werden, welche die Parteien mit dem Vertragsschluss anstreben. Das zu berücksichtigen, respektiert die Rechte und Ziele beider Seiten, da sich – um das nochmals zu betonen – einseitige Nachteile schnell einpreisen werden. Anders formuliert droht ein zu weites Irrtumsrecht die Rechte und Ziele der Vertragsschließenden zu missachten. Wir würden den Parteien durch zu weitreichende Lösungsmöglichkeiten stärkere rechtliche Einbußen zumuten bzw weniger Verbesserung zubilligen, als dies möglich ist.

c) Negatives Interesse als Alternative

Soweit das mit einem bestimmten Inhaltsirrtum verbundene Risiko, am objektiv Erklärten festgehalten zu werden, zu groß wird, bleibt es im gemeinsamen Parteiinteresse, eben doch die Unwirksamkeit bzw ein Lösungsrecht anzuordnen. Allerdings kann selbst dann ein Schaden anfallen – und zwar in Höhe des negativen Interesses –, den irgendeine Seite zu tragen hat. Auch dieser ist zu berücksichtigen. Anders formuliert: Muss der Irrende regelmäßig wenigstens diesen Schaden tragen, mag es im Vergleich dazu gar nicht viel belastender sein, stattdessen auch gleich für das Erklärte einzustehen. Dabei ist auch zu berücksichtigen, dass ein Anspruch auf dieses negative Interesse häufig nur auf dem Papier steht, sei es, dass sich ein solcher Nachteil praktisch nur schwer nachweisen lässt oder aber gewisse Schadensposten – etwa weil rein ideell – von vornherein nicht einklagbar sind.[145] Davon abgesehen gleichen sich negatives und positives Interesse bisweilen weitestgehend,[146] was allerdings ledig-

---

[144] Siehe dazu etwa *Lobinger*, Verpflichtung, 1999, S. 144, 171 f., 182 ff. m.w.N.
[145] Näher oben § 9 C. V. 1. b).
[146] Siehe dazu die Nachweise oben § 9 C. V. 1. a).

lich bedeutet, dass die ganze Frage dann weniger brisant ausfällt, als sie anfänglich erschien.

d) Anreize

Irrtümer über den Inhalt einer Erklärung sind eine ärgerliche Angelegenheit, verursachen sie einigen Schaden, den letztlich vor allem die Parteien zu tragen haben. Daher liegt es im gemeinsamen Interesse der Vertragspartner, die mit einem Vertragsschluss verbundenen Risiken so auszugestalten, dass derartige Schäden möglichst vermieden werden. Auch das gehört zur Wertschöpfung. Dabei liegt es nahe, demjenigen anzudrohen, das negative Interesse zu tragen, der den Inhaltsirrtum leichter vermeiden kann – vorausgesetzt, dass es sich nicht lohnt, diesen Schaden bzw. das Risiko ganz einfach hinzunehmen. Beim Inhaltsirrtum wird das meistens der Irrende sein, wobei sich hier dann noch die bereits zuvor diskutierte Frage stellt, ob von ihm nicht vielleicht sogar das positive Interesse bzw. Naturalerfüllung verlangt werden sollte.[147] Auch dabei ist wieder zu berücksichtigen, dass die mit der Haftungsandrohung erzwungene Anstrengung, Inhaltsirrtümer zu vermeiden, schon ins Angebot selbst eingepreist werden kann und es damit keineswegs nur der Erklärungsadressat ist, der von der so erzielten Wertschöpfung profitiert.

Sucht man nun nach der Berücksichtigung solcher Anreize im geltenden Recht, wird man schnell fündig – und zwar nicht nur etwa beim Eigentum[148], sondern vor allem auch beim sogenannten Verschulden. Denn während bis heute niemand zu erklären vermag, was es eigentlich heißt, sich „rein theoretisch" auch anders verhalten zu „können" (und wie wir diese einfach nur behauptete Möglichkeit erkennen und subsumieren sollen),[149] lässt sich das Anreizargument ohne Weiteres überprüfen: So ist zunächst zu fragen, ob die jeweils diskutierte Haftungsandrohung überhaupt geeignet ist, das Verhalten der Vertragsparteien zu beeinflussen und so die gemeinsame Wertschöpfung zu erhöhen. Weiterhin wird diese – allein am Interesse der beiden Vertragsparteien auszurichtende – Zielverwirklichung nur dann verbessert, wenn die Vorteile einer größeren Erklärungssorgfalt den damit verbundenen höheren Aufwand überwiegen. All das vollzieht sich in den bereits beschriebenen Bahnen des Rechtfertigungsprinzips.[150]

---

[147] Vgl. oben § 17 C. II. 2. b). Insofern ist auch die Kritik keineswegs nur eines *Schlossmann*, Irrtum, 1903, S. 20, 47 f. an der Lösung speziell des deutschen BGB berechtigt, das die Anfechtbarkeit generell nicht von einem Verschulden des Irrenden abhängig macht.
[148] Näher zu diesem oben § 2 C. III.
[149] Näher oben § 4 B. I. 4.
[150] Näher oben ab § 3 A. IV.

3. Subsidiarität

Diese Arbeit wird nicht müde zu betonen, wie hochgradig kompliziert nicht nur bereits das Phänomen des Vertrags insgesamt ist, sondern dies auch für noch so vermeintlich schlichte Einzelfragen wie die Drohung, das Risiko oder die Stellvertretung gilt. Nicht anders verhält es sich bei den hier interessierenden Modalitäten eines Vertragsschlusses: Warum, wie lange und mit welchen Rückzugsmöglichkeiten sollte ein Angebot bindend sein? Bis wann, in welcher Form und mit welchen Rückzugsmöglichkeiten sollte es annehmbar sein? Was sind die Anforderungen an die Sprache und den dabei anzulegenden Verständnishorizont? Und was soll gelten, wenn sich eine Seite über den Inhalt ihrer Erklärung irrt? Rein theoretisch können die Parteien all das selbst festlegen und so ganz nach ihren Bedürfnissen ausrichten – und genau dies geschieht bisweilen bei wirtschaftlich sehr bedeutsamen und daher professionell geführten Verhandlungen. Andererseits ist solche Festlegung mühsam, weshalb es vornehmlich der Staat ist, der die hier maßgeblichen Regeln festlegt, ohne jedoch den Parteien ein Abweichen zu verbieten. Ganz überwiegend haben wir es mit dispositivem Recht zu tun. Das Rechtfertigungsprinzip erklärt das. Einerseits bietet es den notwendigen inhaltlichen Maßstab, um auch das staatlich gesetzte Recht einzuordnen. Andererseits gilt ausweislich des Subsidiaritätsprinzips[151] auch hier, dass wenn sich die Parteien schon die Mühe machen, einzelne Fragen abweichend zu regeln, sie das Rechtfertigungsprinzip mit diesen Anpassungen meistens besser verwirklichen als der Staat mit seinen stärker typisierenden Entscheidungen.

D. Motivirrtum

I. Problem

1. Dogmatische Herausforderung

Parteien können nicht nur über den Erklärungsinhalt irren, sondern auch über Umstände, die darüber entscheiden, inwieweit der richtig erklärte Vertragsinhalt tatsächlich die eigenen Ziele verwirklicht. Vom bereits diskutierten Problem der Leistungsstörungen unterscheiden sich Motivirrtümer dadurch, dass sich die irrende Seite überhaupt Gedanken gemacht hat, die sich dann als falsch erweisen. Wie bei Irrtümern generell geht es damit um die Möglichkeiten und Grenzen einer Vertragsrechtssetzung durch die so irrende Person – und nicht allein die direkte Anwendung des Rechtfertigungsprinzips. Dabei ist insbesondere zu begründen, warum wir manche Motivirrtümer wie die Täuschung als beachtlich ansehen, viele andere hingegen nicht.

---

[151] Näher oben § 8 E. II. 2. Vgl. auch oben § 16 A. III. 2.

2. Fälle

277. **Verkaufsförderung:** Juwelier J erzählt Nachbar N bewusst wahrheitswidrig, dass sich Ns große Liebe stark zu N hingezogen fühle und bringt N so dazu, ihm Verlobungsringe abzukaufen. Ns Antrag bleibt erfolglos. Variante: N hätte erkennen müssen, dass seine Zuneigung einseitig ist. Variante: J musste an seiner kleinen Lüge so hart arbeiten, dass er allein zum Ausgleich dieses Aufwands den Gewinn aus dem Ringverkauf benötigt.

278. **Selbstbetrug:** Nachbar N fühlt sich zu Frau F stark hingezogen. Irgendwann hat er sich „erfolgreich" eingeredet, dass es F umgekehrt genauso gehe, so dass er bei Juwelier J Verlobungsringe erwirbt. Ns Antrag bleibt erfolglos.

Mobil wird alles besser: Einsiedler E möchte andere Menschen kennenlernen. Er kauft sich deshalb beim örtlichen Händler H ein Mobiltelefon. Nach einiger Zeit stellt E enttäuscht fest, dass er immer noch einsam ist.

279. **Böser Streich:** Nachbar N fühlt sich zu Frau F stark hingezogen. Sein ehemaliger Mitschüler M erzählt N wahrheitswidrig, dass es sich mit F umgekehrt genauso verhalte. Daraufhin erwirbt N bei Juwelier J Verlobungsringe, nur um festzustellen, dass F kein Interesse an ihm hat.

280. **Gleichgültige Hausbank:** Zocker Z empfiehlt seiner Nachbarin, der 90jährigen Rentnerin R, den Erwerb einer Anleihe von U zum vollen Nennwert. Als R daraufhin bei ihrer Hausbank B nachfragt, ob B denn „diese Papiere von U" verkaufe, sagt der Angestellte lässig, das sei überhaupt kein Problem, und leitet den Kauf zügig ein. Tatsächlich sind die Papiere von U bereits von bekannten Ratingagenturen als hochspekulativ eingestuft worden.

281. **Gleichgültige Direktbank:** Zocker Z empfiehlt seiner Nachbarin, der 90jährigen Rentnerin R, den Erwerb einer Anleihe von U zum vollen Nennwert. R ordert daraufhin über das Internet bei Direktbank D Papiere von U. Tatsächlich sind diese Anleihen bereits von bekannten Ratingagenturen als hochspekulativ eingestuft worden.

282. **Überforderte Hausbank:** Zocker Z empfiehlt seiner Nachbarin, der 90jährigen Rentnerin R, den Erwerb einer Anleihe von U zum vollen Nennwert. Als R daraufhin bei ihrer Hausbank B nachfragt, ob B denn „diese Papiere von U" verkaufe, informiert sich deren Angestellter in den gängigen Informationsbriefen und Datenbanken über die Solvenz von U. Da er nichts Nachteiliges findet, erwirbt er für R wie von dieser erbeten Anleihen für insgesamt 500 Euro. Kurz darauf geht U pleite, was ein ausgewiesener Bilanzfachmann durch sorgfältiges Studium der im Handelsregister hinterlegten Unterlagen von U hätte erkennen können.

283. **Billige Konkurrenz:** Kunde K sucht seine Hausbank B auf, um nach aufwändiger Beratung durch den Angestellten von B – seinen Interessen durchaus angemessen – Anteile an einem Indexfonds zu erwerben. Der Angestellte von B führt diesen Auftrag gerne aus, verschweigt dabei aber, dass K für diesen Kauf bei Direktbank D sehr viel weniger Gebühren zahlen müsste.

284. **Verkehrte Lage:** Harry M. Markowitz sucht seine Hausbank B auf, um ein paar Anteile an einem Indexfonds zu erwerben. Da er sich nicht nur in der Portfolio-Theorie sehr viel besser als der Angestellte von B auskennt, bittet er diesen bereits beim Eintreten, doch bitte einfach nur den Auftrag auszuführen, anstatt ihn zu langweilen. Für die ersparte Mühe könne ihm B einige der schönen Werbegeschenke geben, die B immer verteilt. Der Angestellte, der um Ms Fachkunde weiß, tut wie erbeten.

285. **Familienerbstück:** Antiquitätenhändler H erwirbt eine schöne Golduhr im Marktwert von € 1.000, in deren Rückseite das Bild einer altehrwürdigen Dame eingearbeitet ist. Unter aufwändiger Recherche, die ihn € 500 kostet, ermittelt H deren Nachfahr N und bietet ihm die Uhr für € 1.500 an. N ärgert sich zwar über den hohen Preis, willigt aber zähneknirschend ein, weil ihm diese Uhr persönlich so viel wert ist.

286. **Familienerbstück mit begrenztem Affektionsinteresse:** Der Antiquitätenhändler H erwirbt eine schöne Golduhr zum Marktwert von € 1.000, in deren Rückseite das Bild einer altehrwürdigen Dame eingearbeitet ist. Unter aufwändiger Recherche, die ihn letztlich insgesamt € 500 kostet, ermittelt H deren Nachfahr N und bietet ihm die Uhr für € 1.500 an. N freut sich zwar über diese Anstrengungen, doch ist ihm die Uhr maximal € 1.200 wert. Das wiederum empfindet H als unfair.

287. **Erarbeitete Rationalität:** V leidet an starken Konzentrationsstörungen. Er muss täglich zwei Stunden trainieren, um seine Kunden zuverlässig bedienen zu können. Als der Kunde K in sein Geschäft eintritt und nach einer Flasche Wasser fragt, wundert er sich über die Verkaufspreise des V, die 25% über dem normalen Marktpreis liegen. Da er jedoch sehr durstig ist, willigt er notgedrungen ein. V benötigt diese hohen Preise, um trotz seiner eingeschränkten Leistungsfähigkeit von seinem Geschäft leben zu können.

288. **Fleißiger Betrüger:** B möchte seinem Erzfeind E eine wertlose Uhr verkaufen. Er besorgt sich daher für € 1.000 die notwendige Ausrüstung, um diese Uhr zu vergolden. Sein Plan geht auf: E zahlt für die laut Aussage des B goldene Uhr € 1.000.

II. Klassische Ansichten

1. Willens- und Erklärungstheorie

Möchte man anhand von Willens- oder Erklärungstheorie verstehen, warum unser Vertragsrecht einzelne Motivirrtümer unterschiedlich behandelt, wird man einmal mehr enttäuscht. Denn beide Ansätze beziehen sich allein auf den jeweiligen Vertragsinhalt, der gewollt bzw. erklärt sein soll, nicht jedoch die von den Parteien jeweils verfolgten Zwecke – eine Beschränkung, die auch anderswo viele Probleme bereitet.[152] Beim Motivirrtum spielt aber die Musik beim Motiv. Wer wie in Fall 277 zum Opfer eines Betrugs wird, will genau den

---

[152] Allgemein zu diesem Problem oben § 2 A. I.; § 9 D. I.

Vertragsinhalt, den er auch erklärt, und wird dennoch nicht im Stich gelassen. Für die Erklärungstheorie mag man sich hier zwar noch darauf berufen, dass manche Erklärung nicht zurechenbar sei, doch hilft das bereits[153] dann nicht, wenn der Betrogene hätte erkennen können, dass er betrogen wird. Dementsprechend bemühen die Vertreter von Willens- wie Erklärungstheorie bei Motivirrtümern auf einmal ganz andere Argumente. *Savigny* etwa hält ihn zwar „… für das Dasein wahrer Willenserklärung ganz gleichgültig, und ohne Einfluss auf deren Wirksamkeit." Doch hindert ihn das nicht, Motivirrtümern dann eine „besondere Natur" zuzusprechen, „… wenn sie in einer unsittlichen Einwirkung von außen ihre Entstehung haben."[154] Leider lässt sich Unsittlichkeit nur schwer subsumieren. Und selbst wenn damit eine bestehende Verkehrssitte gemeint sein sollte, wird eine solche nicht für jeden einzelnen Fall festzustellen sein. Vor allem aber sollten wir auch diese Sitte erklären und hinterfragen können.[155]

2. Entscheidungsfreiheit

Die der gedanklichen Fixierung allein auf den Vertragsinhalt geschuldete Schwierigkeit klassischer Ansätze, verschiedene Motivirrtümer treffend einzuordnen, beschert uns ein Argumentationsmuster, das uns bereits bei Zwang, Drohung und Ausbeutung begegnet war.[156] Wann immer eine vertragliche Bindung abgelehnt werden soll, lässt sich einfach behaupten, dass hier etwa die Entscheidungsfreiheit, Freiwilligkeit, Willensfreiheit oder Selbstverantwortung gefehlt habe.[157] Angesichts bereits früherer Ausführungen dazu[158] seien hier nur die wichtigsten Defizite kurz genannt: Zunächst vermag niemand zu erklären, wie man derartige Begriffe subsumiert – ein nicht nur für juristische Zwecke ungünstiger Ausgangspunkt. Besonders unangenehm fällt das bei der Täuschung durch Unterlassen oder anders formuliert dem Ob und genauen Inhalt verschiedenster Informationspflichten auf: Ab wie viel Unkenntnis fehlt denn diese Entscheidungsfreiheit, was für genaue Angaben in welcher Darbietung, zeitlicher Abfolge oder auch inhaltlichen Qualität müssen erfolgen, damit die Freiwilligkeit auf einmal nicht mehr „fehlt"?

---

[153] Zu den vielen anderen Problemen des Zurechnungsgedankens siehe oben ab § 10 C. III. 2.; § 10 C. IV. 2.
[154] *Savigny*, System, Bd. 3, 1840, S. 116.
[155] Näher oben § 16 C. I. 4. Zum identischen Problem beim bloßen Verweis auf staatliches Recht siehe oben § 16 A.
[156] Vgl. oben § 4 B. I.
[157] In der deutschen Diskussion findet sich das besonders oft – und zwar meistens übergreifend – bei Täuschung und Drohung, aber auch bei der so viel diskutierten Thematik vorvertraglicher Informationspflichten. Siehe dazu hier nur stellv. für sehr viele *Schindler*, Entscheidungsfreiheit, 2005, S. 1, 192; *Unberath*, Die Vertragsverletzung, 2007, S. 389 f.; *Wolf*, Entscheidungsfreiheit, 1970, S. 77 ff., 111 ff.
[158] Oben ab § 4 B. I. 2.

Auch lässt sich wiederum[159] illustrieren, dass unsere Bewertung selbst bei völlig identischer Situation derjenigen Person schwankt, auf deren Entscheidungsfreiheit es vermeintlich ankommt. Tätigt jemand eine nach professionellen Anlagegrundsätzen fragwürdige Investition, so wird die rechtliche Bewertung dieses Vertrags auch davon abhängen, bei welchem Anbieter oder Vermittler er Kunde ist. Trifft er wie in Fall 281 auf eine Direktbank, wird er weniger leicht davonkommen, als wenn er wie in Fall 280 zur örtlichen Filiale seiner Hausbank läuft und seinen Anlagewunsch persönlich übermittelt. Dabei können seine Kenntnisse, die (nicht) erhaltene Beratung oder seine Risikoklasse und damit all das völlig identisch sein, was seine persönliche Entscheidungssituation ausmacht. Wenn wir dennoch oft unterschiedlich urteilen, so liegt das an ganz anderen Umständen wie insbesondere einer vorherigen vertraglichen Vereinbarung oder – damit eng verbunden – dem Preis, den der Kunde für eine Beratung zu zahlen bereit ist.

Weiterhin macht es für uns offensichtlich einen Unterschied, wie leicht es dem Vertragsgegner fällt, eine entscheidungsrelevante Information zu besorgen. Ist es in Fachkreisen allgemein bekannt und in einschlägigen Publikationen ausführlich dokumentiert, dass die Schuldscheine eines bestimmten Unternehmens angesichts einer bevorstehenden Insolvenz wertlos sind (Fall 280), wird man eine Informationspflicht sehr viel leichter bejahen als bei hochkomplizierten und nur durch aufwändigste Recherche zu ermittelnden Sachverhalten (Fall 282). Und doch kann die Entscheidungssituation des Anlegers in beiden Fällen genauso stark beeinträchtigt sein. Es lassen sich also zahllose Aspekte aufzählen, die wir rechtlich berücksichtigen, ohne dass diese etwas mit der Entscheidungssituation des Betroffenen bei Vertragsschluss zu tun hätten. Schließlich sei noch darauf hingewiesen, dass auch die Frage einer Ausbeutung nicht nur von der bereits bestehenden rechtlichen Beziehung, sondern auch noch von den früher getätigten Anstrengungen abhängt.[160]

Aber noch in einer weiteren Hinsicht verführt die blanke Leerformel einer je nach Bedarf unterstellten Freiwilligkeit zu gravierenden Fehlverständnissen. Denn indem unter derartigen Begriffen oft gleichermaßen Täuschung wie Drohung vereinigt werden, vermengt das zwei ganz verschiedene Kategorien: Zwang, Drohung und Ausbeutung betreffen direkt den Vertragsinhalt, während Unwissenheit erst auf der Kompetenzebene wichtig wird, geht es dort allein um die Frage, wann wir noch auf die Entscheidungen der Vertragsparteien zurückgreifen.

---

[159] Vgl. nochmals oben ab § 4 B. I. 2.
[160] Allgemein dazu oben § 4 C. I. 3. sowie speziell zu Wissensinvestitionen unten § 17 D. IV.

III. Rechtfertigungsprinzip

Motivirrtümer lassen es zweifelhaft erscheinen, ob wir uns für die Verwirklichung des Rechtfertigungsprinzips noch weiterhin auf die Entscheidung der so irrenden Partei verlassen können. Ist hier die Subsidiarität nicht von vornherein gescheitert? Immerhin kann je nach verfolgtem Ziel nahezu jeder Umstand darüber entscheiden, wie sehr man sich verbessert oder gar verschlechtert. Insofern müssen wir insbesondere erklären, warum unser Recht oft, wenn auch keineswegs immer, Motivirrtümer für unbeachtlich hält. Teilweise können wir dabei auf die Ausführungen zum Inhaltsirrtum zurückgreifen. Denn auch beim Motivirrtum hätte eine Unwirksamkeit bzw. ein Lösungsrecht zur Folge, dass die mit einem Vertrag angestrebte und oft auch weiterhin mögliche Wertschöpfung vereitelt wird. So kann das Interesse des nicht irrenden Vertragsgegners an einer Aufrechterhaltung des Vertrags den Schaden des Irrenden überwiegen oder aber der Motivirrtum einfach nur vorgeschoben sein. Alle diese Möglichkeiten wirken sich darauf aus, was ein wertschöpfendes Angebot jeweils ausmacht.[161]

1. Negatives Interesse trotz Vertragswirksamkeit

Doch lässt sich beim Motivirrtum gegenüber dem Inhaltsirrtum eine wichtige Besonderheit ausmachen, sofern – und das sei im Folgenden durchweg unterstellt – sich die Fehlvorstellung nicht auf den Vertragsinhalt bezieht.[162] Denn hier trägt der Irrende selbst dann, wenn wir den Vertrag rechtlich aufrechterhalten, genau den Schaden, den wir gemeinhin als das negative Interesse bezeichnen.[163] Es kommt dann also zu der bemerkenswerten Situation, dass wir dem Irrenden dadurch das negative Interesse zuweisen können, dass wir den Motivirrtum einfach ignorieren. Die Vertragswirksamkeit ist hier gewissermaßen rein formal, weil den Irrenden nicht stärker belastend, als wenn wir die Unwirksamkeit anordneten und ihm dafür das negative Interesse auferlegten. Für diese Einsicht muss man sich zunächst verdeutlichen, was das negative Interesse ausmacht. Typischerweise gehören dazu etwa die Kosten für die Abwicklung des ursprünglichen Vertrags (Verpackung, Versand etc.) wie auch für dessen Rückabwicklung (erneute Verpackung, Rückversand etc.) sowie die angesichts des vermeintlich bereits wirksam geschlossenen Vertrags verpassten Geschäftschancen. Selbst wenn man also den Motivirrtum für beachtlich hält, muss dieser Schaden von einer der beiden Vertragsparteien getragen werden (sofern man nicht völlig unbeteiligte Dritte heranziehen wollte). Hat nun wie in Fall 278 der Käufer ein Mobiltelefon gekauft, um mehr Freunde zu ge-

---

[161] Näher oben § 17 C. II. 1.
[162] Zur Einordnung des Eigenschaftsirrtums, der angesichts seiner Gefahren für den Irrenden stark dem Inhaltsirrtum gleicht, siehe oben § 7 C. III.
[163] Näher zum Begriff des negativen Interesses oben § 9 C. V. 1. a).

winnen, nur um dann überrascht festzustellen, dass er immer noch Einsiedler ist, wird er vor den Gerichten damit scheitern, von seiner Zahlungspflicht loszukommen. Da hier der von ihm gekaufte Gegenstand für andere Personen nach wie vor hilfreich ist, kann er versuchen, das Telefon gleich wieder für möglichst viel Geld loszuwerden. Was er so allerdings nicht wieder loswird, sind die mit dem Ein- und Verkauf verbundenen Kosten. Und dieser ihm tatsächlich entstandene Schaden entspricht nun einmal genau dem, was wir zuvor als das negative Interesse beschrieben hatten. Dabei kann unser Irrender natürlich auch hier wieder sämtliche Vorteile der Arbeitsteilung nutzen und etwa seinen Verkäufer fragen, ob dieser nicht das völlig neue Mobiltelefon gleich wieder zurücknehmen und weiterverkaufen wolle. Dass er dabei nicht seinen vollen Kaufpreis zurückerhält, versteht sich – schließlich wird sich der Händler seine Anstrengungen vergüten lassen. Bei Dienstverträgen kann sich die irrende Seite genauso freikaufen, also dafür bezahlen, doch nicht die versprochenen Dienste zu leisten bzw. die versprochenen Dienste doch nicht einzufordern und stattdessen woanders nachzufragen. Im Ergebnis lässt sich also recht einfach begründen, warum wir einen Vertrag immer dann bestehen lassen können, wenn es erstens der Irrende ist, der das negative Interesse tragen sollte (dazu gleich) und wenn zweitens kein Inhalts- oder Eigenschaftsirrtum vorliegt. Denn dann belastet auch ein wirksamer Vertrag den Irrenden nicht mehr als mit dem negativen Interesse.

2. Anreize

Wie beim Inhaltsirrtum lässt sich auch beim Motivirrtum nicht verhindern, dass irgendeine Person den Schaden trägt, der nun einmal eingetreten ist. Werden diese Schäden mit Begriffen wie Verschulden oder Fahrlässigkeit zugeordnet, bleibt regelmäßig offen, wie genau man das eigentlich zu subsumieren hat. Die bloße Behauptung, dass sich jemand auch anders habe verhalten „können", ist jedenfalls wissenschaftlich nicht überprüfbar.[164] Demgegenüber leuchtet es ein, dass es direkt zur Wertschöpfung und damit zur Verwirklichung der Parteiinteressen beiträgt, wenn derjenige den Schaden trägt, der ihn leichter abwenden kann. Wie beim Inhaltsirrtum wird das auch beim Motivirrtum meistens der Irrende sein (vgl. etwa Fall 278), was sich allerdings etwa dort anders verhält, wo die Gegenseite den Irrtum erkennt (Fall 262).[165] Basiert dieses bessere Wissen auf eigenen Anstrengungen, sind diese anzurechnen. Allerdings verbietet das Rechtfertigungsprinzip eine Schädigung jedes einzelnen Beteiligten, weshalb die durch geschickte Anreize erzielte Wert-

---

[164] Näher oben § 4 B. I. 4.
[165] Vgl. daher oben § 17 C. II. 2. d).

schöpfung zumindest so weit als Ausgleich herhalten können muss, dass sich auch derjenige nicht verschlechtert, der das Schadensrisiko trägt.[166]

3. Umsetzung

a) Täuschung

Wie immer sei das Rechtfertigungsprinzip ganz praktisch anhand einiger Fälle überprüft. Dabei sei nochmals darauf hingewiesen, dass jede Belastung des Nichtirrenden ihrerseits dem Rechtfertigungsprinzip genügen muss. Dabei mag auch ein finanzieller Ausgleich wie ein Beratungsentgelt zu berücksichtigen sein. Wir haben hier also eine einseitige Rechtsänderung, wie wir dies etwa auch vom Angebot oder dem sogenannten Verschulden bei Vertragsschluss her kennen.[167]

Wenngleich sich solche Fälle, über deren Ergebnis wir uns weithin einig sind, im Irrtumsrecht zumindest bei einer länderübergreifenden Betrachtung seltener ausmachen lassen als etwa bei Zwang, Drohung und Ausbeutung, findet sich auch beim Motivirrtum ein gewisses Anschauungsmaterial. Besonders klar erscheint uns das Ergebnis bei einer Täuschung. Erzählt der Juwelier seinem Nachbarn bewusst wahrheitswidrig, dass sich dessen große Liebe zu diesem stark hingezogen fühle, um so seine Verlobungsringe loszuwerden (Fall 277), verzichtet nahezu jedes Vertragsrecht auf eine Vertragsbindung. Es ist eben keineswegs so, dass wir jede Entscheidung der Vertragsparteien einfach so hinnähmen – genauso wenig wie wir die Freiheit zu betrügen als schützenswert ansehen.[168] Prüft man hier das Rechtfertigungsprinzip, verschlechtert sich hier unser Opfer dadurch, dass es für teures Geld einen für ihn nutzlosen Verlobungsring erhält. Dass es der Betrüger ist, der das negative Interesse tragen sollte, liegt auf der Hand,[169] weshalb es nur konsequent ist, den Vertrag für unwirksam bzw. anfechtbar zu erklären. Nur am Rand sei dabei erwähnt, dass solange der Verkäufer nur von der fehlenden Verbindlichkeit weiß – und das wird meistens der Fall sein –, er bei rationalem Verhalten noch nicht einmal seinerseits geschädigt sein wird. Schließlich wird er das Risiko einer Rückabwicklung nur dann eingehen, wenn es sich für ihn lohnt.[170]

Dabei spielt es keine Rolle, ob es dem Opfer bei gehöriger Anstrengung möglich gewesen wäre, diesen Betrug als einen solchen zu erkennen. Nicht nur hier, sondern genauso bei Zwang, Drohung und Ausbeutung oder irrationalem Verhalten ist es wertschöpfend, wenn wir uns nicht andauernd fragen

---

[166] Allgemein dazu oben § 4 C. I. 3. sowie speziell zu Wissensinvestitionen unten § 17 D. IV.
[167] Näher unten § 18 C. I.; § 18 C. II.
[168] Näher zur Liberalität eines Vertragsrechts unten § 19 B.
[169] Näher oben § 17 C. II. 2. d); § 17 D. III. 2.
[170] Zu ganz ähnlichen Betrachtungen siehe auch oben § 12 C. sowie unten ab § 17 F. III.

müssen, ob wir gerade betrogen werden, ob eine Verkaufsverpackung nach gründlichstem Studium gravierende Nachteile verrät oder wir nur noch bewaffnet durch den Park laufen sollten, bevor wir geschützt sind.[171] Und genauso irrelevant ist es, ob sich der Betrüger seine Betrugsfähigkeiten mühsam erarbeitet hat und dabei sogar vielleicht „nur" so viel an Gewinn erzielt, wie er benötigt, um seine Anstrengungen zu refinanzieren. Denn das Rechtfertigungsprinzip verbietet jede Verschlechterung – ganz egal wie viel fremder Aufwand damit wieder ausgeglichen würde.[172]

Andererseits sind nicht alle Vorsatzkonstellationen so eindeutig, wie das vorherige Beispiel nahelegen mag. Das zeigt sich spätestens bei der Täuschung durch Unterlassen, die heutzutage auch oft unter dem Stichwort einer Informationspflicht diskutiert wird. Zwar mag bisweilen eine so klare Situation wie in Fall 280 vorliegen, wo die erklärtermaßen risikoscheue Rentnerin zur Bank geht, um ihr hart erspartes Geld möglichst sicher und kurzfristig anzulegen – nur um dann mangels Aufklärung ein Hochrisikopapier zu kaufen. Doch halten wir Banken auch nicht unbegrenzt zur Information verpflichtet, selbst wenn ein Kunde einem Motivirrtum unterliegt und die Bank das sogar erkennt. Weiß etwa der Bankangestellte anders als sein Kunde, dass die benachbarte Filiale einer Konkurrenzbank (oder gar eine Direktbank) das passende Produkt sehr viel günstiger anbietet (Fall 283), zögern wir mit der Annahme einer Aufklärungspflicht. Nach dem Rechtfertigungsprinzip besteht die wertschöpfende und von den Parteien im Zweifel auch so gewollte Arbeitsteilung in Fall 280 darin, dass sich hier die Rentnerin zumindest für Fragen der geeigneten Anlageklasse auf ihre Bank verlässt und dafür etwas höhere Gebühren – typischerweise versteckt im Preis der jeweiligen Anlage – in Kauf nimmt als etwa bei einer Direktbank. Diese Arbeitsteilung wird aber nur dann gelingen, wenn die Bank überhaupt einen Anreiz hat, sich genau so weit anzustrengen, wie es dieser sinnvollen Aufgabenverteilung entspricht. Demgegenüber wäre unsere Bank schnell pleite, würde sie in Fall 283 ihren Kunden aufwändig beraten, nur damit dieser das so empfohlene Produkt dann andernorts erwirbt.[173] Genauso wäre es töricht, weil die Ziele beider Parteien vereitelnd, selbst dann komplizierteste Prüfungen zu verlangen, wenn der Kunde wie in Fall 284 bereits über sehr gute Kenntnisse verfügt, finanzielle Rückschläge gut verkraften kann und es ohnehin nur um ein paar Groschen geht.

Schließlich sei noch Fall 279 betrachtet, in dem es eine völlig außenstehende Person (oder vielleicht sogar die Angebetete selbst) ist, die dem Käufer des Verlobungsrings bewusst wahrheitswidrig erzählt, dass sich dessen große Liebe zu ihm stark hingezogen fühle. Hier liegt es nahe, den Vertrag wirksam zu

---

[171] Näher zu diesem Thema unten § 19 C. VI. 3.
[172] Näher oben § 4 C. I. 3.; § 5 E. VIII. 2. sowie speziell zur Anrechnung von Wissensinvestitionen unten § 17 D. IV.
[173] Dazu gleich näher unten § 17 D. III. 3. b).

lassen und so dem Getäuschten das – letztlich „nur" negative – Interesse aufzubürden. Denn ein Verkäufer wird von den Motiven des Käufers und deren Ursachen regelmäßig weniger wissen und meistens auch nur mit Hilfe eben dieses Käufers mehr erfahren können. Demgegenüber kann der Irrende selbst noch am ehesten derartige Irrtümer vermeiden, so dass ihn auch der entsprechende Anreiz treffen sollte.

b) Unkenntnis

Wie sieht es aber nun in denjenigen Fällen aus, in denen niemand vom Motivirrtum weiß? Letztlich gelten hier die gleichen Erwägungen wie bei einer Täuschung. Meistens wird es der Irrende sein, der seinen Irrtum und damit auch die so verursachten Schäden noch am leichtesten vermeiden kann. Hierzu gehört Fall 278, in dem der Käufer liebestrunken glaubt, erfolgreich einen Verlobungsantrag machen zu können. Dann aber bietet es sich an, den Kaufvertrag als wirksam anzusehen, da den Irrenden hier letztlich nur das negative Interesse trifft. Denn niemand hindert ihn daran, den für ihn, nicht aber für alle anderen unnützen Verlobungsring wieder gegen möglichst viel Geld loszuwerden.

Andererseits zeigen gerade die Beratungsfälle, dass sich diese Bewertung je nach Situation schnell umdrehen kann. Sucht ein Laie in wie in Fall 280 sehr komplizierten Angelegenheiten einen Spezialisten auf, mag dieser besser wissen, was im Interesse dieses Laien liegt, als der Laie selbst. Zumindest wird er oft durch einige gezielte Fragen diejenige Information erhalten können, die ihn zu einem besseren Urteil befähigt. Und sehr oft wird die spezialisierte Seite wegen genau dieser Fähigkeit aufgesucht – gerade weil das eine Arbeitsteilung und die damit verbundene Wertschöpfung ermöglicht. Es wäre nicht nur in diesem Beispiel unsinnig, weil wider die ureigenen Interessen beider Vertragsparteien, vom Kunden selbst dort etwa eine „Selbstverantwortung" einzufordern, wo dies überhaupt nicht notwendig, sondern wertvernichtend ist. Dass sich ein Kunde vielleicht mit viel Anstrengung zum Finanzexperten machen könnte, heißt noch lange nicht, dass er dies auch tun müssen sollte. Und wenn es im Sinn einer Arbeitsteilung Werte schöpft, wenn er sich völlig auf den Berater verlässt, ist es dann auch rechtlich sinnvoll, nicht mehr von ihm zu verlangen.[174]

Allerdings ist das Rechtfertigungsprinzip bei alldem auch wirklich sorgfältig zu prüfen. So steht manch ein Berater vor dem Problem, dass sich viele Kunden gerne minutiös beraten lassen, nur um dann das sie interessierende Produkt sehr viel günstiger im Direktvertrieb, also etwa über das Internet, zu kaufen.[175] Das mag dazu führen, dass nach dem Rechtfertigungsprinzip ein

---

[174] Näher oben § 3 C. III. 1.
[175] Natürlich lässt sich das durch die Vereinbarung eines Beratungshonorars vermeiden,

geringeres Beratungsniveau zu fordern ist, weil sich die Beratung sonst nicht rechnet. Denn eine Verschlechterung verbietet sich nach dem Rechtfertigungsprinzip. Und genauso darf der Berater seine Anstrengungen – einschließlich des Risikos, einen Interessenten ohne erfolgreichen Vertragsabschluss beraten zu haben – anrechnen.[176]

IV. Wissensinvestitionen

1. *Rechtfertigungsprinzip*

Damit ist auch schon ein Problem angesprochen, das sich bereits – wenngleich dort selten diskutiert – bei Zwang, Drohung und Ausbeutung stellte:[177] die vertragliche Berücksichtigung vorvertraglicher Anstrengungen. Denn so vielfältig wir auf unsere Unwissenheit reagieren,[178] liegt es besonders nahe, uns zusätzliches Wissen anzueignen und so das Problem gewissermaßen an der Wurzel zu packen. Dass wir Menschen genau das lebenslang tun, muss nicht weiter erörtert werden.[179] Hier sei lediglich untersucht, inwieweit solche Anstrengungen die rechtliche Bewertung von Verträgen beeinflussen.

Dass dem so ist, illustriert Fall 285, in dem der Antiquitätenhändler H 500 Euro aufbringen musste, um den späteren Käufer zu ermitteln. Für diesen Sachverhalt wird kaum ein Jurist oder Laie folgern, dass H seinen Käufer ausbeute, wenn er auf dem Verkaufspreis von 1.500 Euro besteht, der es ihm erlaubt, seine Suchanstrengungen zu refinanzieren. Denn ansonsten würde er sogar einen Verlust erleiden, während sich der Kunde selbst zu diesem Preis noch verbessert. Es gilt hier nichts anderes als bei sonstigen Investitionen wie etwa in Fall 49.[180] Dementsprechend lassen sich sogar die Anstrengungen des an Konzentrationsstörungen leidenden V in Fall 287 berücksichtigen, die sich ein Kunde wie K gefallen lassen muss – wenn er denn gerade dadurch überhaupt ein Angebot findet, das ihn besser stellt.

Allerdings rechnen wir derartige Bemühungen nicht beliebig an, wie Fall 286 verdeutlicht. Wir sind zwar grundsätzlich bereit, dem Händler eine Anrechnung von 500 Euro zuzubilligen – doch nicht um den Preis einer Verschlechterung des Vertragsgegners. Das Rechtfertigungsprinzip gilt für beide Seiten. So kann der Händler höchstens denjenigen Betrag verlangen, der es

---

doch lehrt die Erfahrung, dass die Kunden dazu selten bereit sind – oft mit für sie sehr nachteiligen Konsequenzen. Dabei können die Kunden zumindest vor deren Erhalt, oft aber auch selbst danach, gar nicht einschätzen, was eine Information wert ist, vgl. zu alldem nur *Rehberg*, Informationsproblem, 2003, S. 271 ff., 346 ff.; *Rehberg*, WM 2005, 1011 m.w.N.

[176] Näher oben § 4 C. I. 3. sowie unten § 19 C. VI. 3.
[177] Oben § 4 C. I. 3.; § 4 C. III. 2.
[178] Siehe dazu nur die Übersichten oben § 17 A. und unten § 19 F.
[179] Näher zum menschlichen Lernen oben § 2 D. IV. 4.
[180] Näher oben § 4 C. I. 3.; § 4 C. III. 2.

seinem Kunden noch erlaubt, sich wenigstens marginal zu verbessern. Verlangte er mehr, würde sich der Vertragspartner einem Vertrag verweigern – und das tolerieren wir dann auch. Es gilt hier nichts anderes als bei sonstigen früheren Investitionen wie etwa in Fall 50.[181]

Weil sich der mit dem Rechtfertigungsprinzip verbundene, konsequente Schutz individueller Rechte[182] nicht damit verträgt, dass sich eine Vertragspartei verschlechtert, verwehren wir es auch dem fleißigen Betrüger B in Fall 288, seine Betrugsinvestitionen dadurch zu refinanzieren, dass er sich an E schadlos hält. Vertragstheoretisch liegt das Problem also weniger in unserer Bereitschaft, solche Anstrengungen zu honorieren, als vielmehr in dem Umstand, dass B erst einmal eine Person finden muss, die sich bei einem Kaufpreis von 1.000 Euro zumindest marginal verbessert. E erfüllt diese Bedingung ersichtlich nicht. Und wiederum gilt hier nichts anderes als bei sonstigen früheren Investitionen – etwa wie in Fall 14 oder 17.[183]

2. Klassische Ansichten

Für die Schwierigkeiten der klassischen Ansichten, vorvertragliche Wissensinvestitionen in all ihren Nuancen zu erfassen, kann weithin auf die früheren Ausführungen verwiesen werden. Weder die Willens- noch die Erklärungstheorie berücksichtigt dem Vertragsschluss vorgelagerte Umstände oder bietet gar Kriterien an, um innerhalb dessen noch zu unterscheiden.[184] Für den Vergleich der ausgetauschten Leistungen in Form objektiver oder subjektiver Äquivalenz[185] gilt nichts anderes: Dass wir die Anstrengungen des Händlers in Fall 285 sehr wohl honorieren, wird nicht abgebildet. Dementsprechend weicht man hier dann – formell an der punktuellen Betrachtung allein des Vertragsschlusses festhaltend –[186] auf erst gar nicht subsumtionsfähige Leerformeln wie Autonomie, Freiwilligkeit oder Entscheidungsfreiheit aus, um diese im konkreten Fall je nach Bedarf zu bejahen oder zu verneinen.[187] Dass damit nicht beantwortet wird, wann wir warum welche Anstrengungen berücksichtigen, liegt auf der Hand. Als ebenso nutzlos erweisen sich unverbindliche Begründungsmuster wie das bewegliche System. Denn eine wissenschaftlich überprüfbare Aussage darüber, wann es auf ein bestimmtes Element ankommen soll, wird hier nicht einmal mehr versucht.[188]

---

[181] Näher wiederum oben § 4 C. I. 3.; § 4 C. III. 2.
[182] Siehe dazu etwa auch oben § 2 B. II. (zu subjektiven Rechten) oder unten § 19 B. II. (zum liberalen Charakter).
[183] Näher oben § 4 C. II. 1.
[184] Näher oben § 9 C. I. 1.; § 10 A.; § 11 A.
[185] Näher oben § 4 B. III.
[186] Näher zu diesem Problem oben § 8.
[187] Näher oben § 4 B. I.; § 17 D. II. 2.
[188] Allgemein dazu unten § 19 F. III.

E. Rationalität

I. Fälle

So hilfreich es ist, im Vertragsrecht vornehmlich den Vertragsparteien die Entscheidung darüber zu belassen, welche rechtliche Einbuße notwendig ist, um sich getreu den eigenen Zielen zu verbessern, stößt der Subsidiaritätsgrundsatz oft an seine Grenzen. Dass es etwa mit dem geltenden Recht unvereinbar ist, solche Willens- und Erklärungsinhalte hinzunehmen, die auf einer Täuschung beruhen, wurde gerade diskutiert.[189] Nichts anderes gilt dort, wo wir ein menschliches Verhalten als irrational bezeichnen. Auch hier misstrauen wir einer menschlichen Entscheidung selbst dann, wenn sie vom Willen gedeckt war, klar und deutlich erklärt wurde und auf umfassender Information beruht. Dabei lässt sich nicht ernsthaft bestreiten, dass wir Menschen uns andauernd in einem bestimmten, noch zu klärenden Sinn „irrational" verhalten, und wird jeder aus eigener Anschauung zahllose Beispiele anführen können.[190] Diese mag man dann verschieden kategorisieren, etwa nach persönlichen Eigenschaften (z.B. Alter, Erfahrung oder Triebhemmung), situativen Einflüssen (z.B. Trunkenheit oder eine Überrumpelungssituation) oder vielleicht gar nach unverständlichen Ergebnissen.[191] Hier seien wie immer nur einige exemplarische Fälle aufgeführt, welche die für theoretische Erwägungen notwendige Bodenhaftung sichern sollen.

289. **Quengelndes Kind:** *Das fünfjährige Kleinkind K muss mit Mutter M zum Supermarkt. An der Kasse sieht es die von ihm so geliebten Süßigkeiten und schreit laut, diese unbedingt haben zu wollen. Es würde alles dafür geben.*

Kindliche Unvernunft: *Das übergewichtige Kleinkind K verfügt über 100 Euro und benötigt für den nahestehenden Winter unbedingt einen wärmenden Mantel. Da es aber Bonbons über alles liebt, kauft es lieber diese.*

290. **Irrsinn:** *Die 90-jährige Dorfbewohnerin D ist zwar noch körperlich rüstig, geistig allerdings nicht mehr zurechnungsfähig. Als A im Dorf einen Malerbetrieb eröffnet, bittet ihn D, doch ihr Haus komplett rosa zu streichen. A bemerkt Ds Geisteszustand nicht.*

291. **Kreuzchen des Kleinkinds:** *Kleinkind K krakelt seinen Namen auf ein umfangreiches Vertragsdokument mit detaillierten Bestimmungen. Lesen kann es nicht.*

---

[189] Oben § 17 D. I. 1. Zu weiteren Beispielen siehe oben § 9 C. III.; § 10 D. IV.
[190] So mag man hier an Lebensgewohnheiten wie Rauchen, übermäßiges Essen, zu wenig Bewegung usw. denken, sich über die Neigung vieler Bürger wundern, für einen Urlaub oder einen größeren Fernseher Kredite aufzunehmen, oder sich darüber mokieren, dass Millionen Menschen Lotto statt Roulette spielen, obwohl sich die Erwartungswerte hier mit 50% gegenüber 97,3% stark unterscheiden.
[191] Für ein besonders amüsantes – allerdings fiktives – Beispiel siehe unten § 17 E. IV. 2. b) bb) (dort Fn. 293).

292. *Geschenk an das 16-jährige Kind:* Der 16-jährige M ist sehr arm und benötigt für den Winter dringend einen anständigen Mantel. Wohltäter W schenkt M daraufhin 100 Euro, was M dankbar annimmt.

293. *Geschenk des 16-jährigen Kinds:* Der 16-jährige M ist durch eine frühe Erbschaft sehr wohlhabend. Er schenkt daher dem in eine Notlage geratenen Nachbarn N 100 Euro.

294. *Nur noch einen Schuss:* Der Drogensüchtige S steht kurz davor, an den mit seiner Sucht verbundenen körperlichen Belastungen zu sterben. Obwohl er das Leben so liebt, fleht er Dealer D an, ihm für 100 Euro eine besonders große Portion Heroin zu verkaufen, was D gerne tut.

295. *Merkwürdiger Tausch:* Annabel hat schöne Orangen im Marktwert von 1 Euro und mag Orangen lieber als Äpfel. Luise geht es genau umgekehrt: Sie hat schöne Äpfel im Marktwert von 1 Euro, mag aber lieber Äpfel als Orangen. Beide beschließen, Äpfel und Orangen zu tauschen.

296. *Überrumpelung:* Der verkaufsgewandte Vertreter V klingelt morgens um 7 Uhr die immer freundliche und gutmütige Rentnerin R aus dem Bett und nutzt unter Einsatz all seines Verkaufstalents deren Überraschung und altersbedingte Unsicherheit dazu aus, um ihr ein Zeitschriftenabonnement zu verkaufen, zumal bei jeder Ausgabe zehn Cent an notleidende Kinder gehe und R sich doch sicher nicht diesem guten Zweck verweigern wolle. Kaum ist V verschwunden, ärgert sich R, so über den Tisch gezogen worden zu sein.

II. Klassische Ansichten

1. Willens- und Erklärungstheorie

Wie nicht oft genug betont werden kann, sind es die vermeintlich ganz einfachen, ja geradezu banalen Fälle, die tiefgreifende dogmatische Einsichten erzwingen, wenn man sich darauf besinnt, die gängigen Theorien einfach nur zu subsumieren. Hierzu gehört auch die Existenz irrationaler[192] Vertragsentscheidungen, wie sie etwa im deutschen Recht unter dem Stichwort der Geschäftsfähigkeit rechtlich erfasst und wissenschaftlich diskutiert wird. Denn dass ein Minderjähriger (und sogar bereits ein Kleinkind) wie in Fall 289 einen starken Willen[193] entwickeln kann, um an die so geliebten Bonbons zu kommen, wird jeder bestätigen können. Und doch ignorieren wir diesen Willen.[194] Nichts anderes gilt für den Süchtigen, der die Drogen will (Fall 294). Aber nicht nur der Wille ist hier vorhanden, auch eine unmissverständliche Erklä-

---

[192] Eingehend zu diesem Begriff unten § 17 E. III.

[193] Näher zum Begriff des Willens oben § 9 B.

[194] Allerdings ist dieser Fall auch für das Rechtfertigungsprinzip unangenehm, da wir genauso die Zwecke eines Minderjährigen oft ignorieren und stattdessen etwa die Eltern entscheiden lassen. In letzter Konsequenz lässt sich damit sogar fragen, ob hier der Minderjährige überhaupt Inhaber eines (subjektiven) Rechts ist – oder nicht dessen Eltern. Siehe dazu etwa oben § 2 A. II. 3.; § 2 B. II.

rung liegt oft vor. So sind viele Minderjährige fähig, ihren Willen klar auszudrücken – und zwar vorsätzlich. Und doch sind wir nicht geneigt, das zu befolgen. Kurzum, auch irrationale Akteure können wollen und erklären.

2. Zusätzliche Anforderungen

Soweit die vertragstheoretische Literatur dieses Problem überhaupt ernsthaft thematisiert, werden meistens zusätzliche Anforderungen eingeführt, denen ein Wille oder eine Erklärung genügen müsse, um tatsächlich verbindlich zu sein.[195] *Savigny*, der mit den spekulativen Schwierigkeiten des Freiheitsbegriffs eigentlich nichts zu schaffen haben will,[196] bemüht dann eben doch derartige Gedanken. Unter der Überschrift freier Handlungen und ihrer Hindernisse diskutiert er Aspekte wie „Handlungsfähigkeit", „Vernunftlosigkeit", „Reife", „Mündigkeit", „Einsicht", „Verständnis" oder „Wahnsinn", wobei sich in vielen Fällen die Frage nach der Handlungsfähigkeit „von selbst" verstehe bzw. ein „… natürliches und unzweifelhaftes Hindernis für freie Handlungen und ihre Folgen …" vorliege.[197]

Doch wenn der Wille so intrinsisch wertvoll sein soll, warum nicht auch hier? Wie kommen wir dazu, weitere Voraussetzungen zu verlangen, und wie ordnet sich all das in ein dogmatisches Gesamtkonzept ein? Vor allem aber: Wie sollen wir Reife, Mündigkeit, Einsicht, Freiwilligkeit, Rationalität, Privatautonomie, Entscheidungs-, Willens- oder Handlungsfreiheit subsumieren, um mit diesen Begriffen nicht nur das gesuchte Ergebnis zu behaupten, sondern zu begründen und damit genau zu beantworten, unter welchen Umständen wir einen Willen oder eine Erklärung berücksichtigen?[198] Und noch in einer weiteren Hinsicht zeigt sich hier ein Problem sämtlicher Ansätze, die allein auf die menschliche Entscheidung und deren Umstände abstellen.[199] Hierzu seien die Fälle 292 und 293 verglichen, in denen sich jeweils ein gleich (un-) mündiges und (un-) gebildetes Kind zu einer Rechtsänderung entschließt. Einmal erhält es 100 Euro geschenkt, auf die es angesichts seiner Notlage dringend angewiesen ist, das andere Mal verliert es 100 Euro. Obwohl die Entscheidung im einen Fall nicht ersichtlich komplizierter ist als im anderen, billigen viele Rechtsordnungen zwar den Erhalt von 100 Euro, nicht jedoch deren Verlust. Und das, obwohl es eher das arme, das Geld erhaltende Kind in Fall 292 ist, dem man für seine Entscheidung eine gewisse Notlage oder Zwangssituation konstatieren würde. Wenn sich dieses Ergebnis „von selbst" verstehen soll, weil weder der Minderjährige noch der Verkehr geschädigt werden,[200]

---

[195] Näher oben § 4 B. I.
[196] Vgl. *Savigny*, System, Bd. 3, 1840, S. 102.
[197] *Savigny*, System, Bd. 3, 1840, S. 21 ff., 83.
[198] Siehe zu diesem Problem bereits oben ab § 4 B. I. 2.; § 17 D. II. 2.
[199] Vgl. dazu auch – strukturell sehr ähnlich – oben § 4 B. I. 3.
[200] *Savigny*, System, Bd. 3, 1840, S. 27.

so versteht sich das aus Sicht von Willens- oder Erklärungstheorie keineswegs. Schließlich sei nochmals darauf hingewiesen, dass wenn man Begriffe wie Entscheidungsfreiheit gleichermaßen auf Zwang, Drohung und Ausbeutung wie auch Unwissenheit oder Irrationalität anwendet, dies zwei verschiedene Sachfragen vermengt, nämlich einmal jene nach der inhaltlichen Angemessenheit vertraglicher Inhalte und zum anderen die Kompetenzebene mitsamt der jeweiligen Qualität einer Entscheidung.[201]

Ganz ähnliche Schwierigkeiten wie mit Freiwilligkeit, Entscheidungsfreiheit oder Ähnlichem stellen sich bei der gerne bemühten Zurechenbarkeit. Denn hierdurch wird nur das gesuchte Ergebnis beschrieben, ohne dass sich diesem Begriff entnehmen ließe, warum diese Zurechenbarkeit gerade bei bestimmten Personen und Umständen gegeben ist:[202] Natürlich sind Willenserklärungen nach dem geltenden Recht einem Minderjährigen nicht zurechenbar, aber warum? Vorsätzlich können auch diese handeln. Und wiederum bleibt unbeantwortet, warum viele Rechtsordnungen eine Rechtsänderung sehr wohl zulassen, wenn sie einem Minderjährigen lediglich einen rechtlichen Vorteil bringt. All diese Fälle lösen kann man mit einer Zurechenbarkeit nicht.[203]

III. Begriff

1. Praktischer Befund

Die Schwierigkeiten klassischer Theorien mit den beispielhaft aufgeführten Fällen sind sehr typisch für einen großzügigen Umgang mit Begriffen, die vermeintlich jene Differenzierung leisten, die uns Wille oder Erklärung versagen. Oft handelt es sich dabei um Wörter, die vielleicht gerade deshalb so verführerisch erscheinen, weil sie sich einer Überprüfung entziehen. Das bewirkt dann, dass erstens weder eine Subsumtion gelingt, sie also keine für andere überprüfbare Bedeutung aufweisen, sie zweitens dort versagen, wo selbst völlig identische Entscheidungssituationen zu unterschiedlichen Resultaten führen, und man drittens Inhalts- mit Kompetenzfragen vermengt. Andererseits scheinen sie bisweilen eine gewisse Funktion zu erfüllen. Wie passt das zusammen?

Tatsächlich können wir jeden noch so undurchsichtigen Begriff mit Inhalt füllen. Denn solange wir letztlich – also wenigstens am Ende einer langen Definitionskette – auf wissenschaftlich gehaltvolle und damit sowohl empirisch feststellbare als auch normalsprachlich etablierte Begriffe zurückgreifen, und das dann auch gegenüber jedermann offenlegen, ist das allenfalls noch

---

[201] Siehe dazu bereits oben § 17 D. II. 2.
[202] Siehe dazu bereits oben § 10 C. III. 3.; § 10 C. IV. 2.
[203] Zu weiteren Problemen dieses Begriffs vgl. die Verweise in Fn. 202.

unter Zweckmäßigkeitsgesichtspunkten zu kritisieren.[204] Wichtig ist nur, sich dieser Anforderung bewusst zu sein. Und soweit ein Begriff nicht aus sich heraus diesen Anforderungen genügt, sondern von einer näheren Definition lebt, muss sich die vertragstheoretische Würdigung dann eben auf diese Definition erstrecken.

Dabei gibt sich der Begriff einer (Ir-) Rationalität nach „Klang" und geistesgeschichtlicher Tradition eher nüchtern. Zudem ist er sowohl alltagssprachlich (mitsamt verwandten Ausdrücken wie unreif, verrückt oder unvernünftig) als auch in mancher Wissenschaftsdisziplin gebräuchlich. Doch wird sich zeigen, dass es schnell auf gefährliche Abwege führt, wenn man sich vor dessen Verwendung nicht genauestens überlegt, was man damit zu sagen gedenkt. Nichts anderes gilt dann auch für zahlreiche andere Begriffe wie Unwissenheit[205], Eigennützigkeit[206] oder Willensfreiheit, Verschulden, Fahrlässigkeit, Verantwortung und Zurechenbarkeit[207] – um hier nur einige Beispiele zu nennen.

2. Vernunft/Metaphysik?

Sucht man nach einzelnen Wissenschaftsbereichen, in denen Rationalität eine besondere, ja geradezu grundlegende Rolle spielt, so drängen sich hier gleich mehrere Disziplinen auf. In der Philosophie ersetzt die Rede von Rationalität oft den nicht mehr ganz so populären Begriff der Vernunft, wohl auch, weil derzeit noch nüchterner, moderner klingend. Man kann sich so beschönigend wenigstens terminologisch von solchen Konzepten abgrenzen, die früher ganz offen als metaphysisch eingestuft und vertreten wurden.[208] Ob das einzelnen Autoren wirklich gelingt, kann hier jedoch ebenso wenig diskutiert werden wie generell die teilweise sehr unterschiedlichen Vorstellungen. In dieser Arbeit geht es allein darum, inwieweit eine bestimmte Vorstellung von Rationalität notwendig, und falls ja, mit welchem Inhalt dazu geeignet ist, das geltende Vertragsrecht als Teil eines konkret subsumierbaren, hinreichend klaren und einfachen Tatbestands abzubilden.

---

[204] Siehe dazu etwa oben § 1 C. IV.; § 2 B. I. 1. So ist es zweckmäßig, sich an gängige Bedeutungen zu halten, um nicht unnötig zu verwirren.
[205] Näher unten § 17 E. III. 6. c) aa).
[206] Näher unten § 17 E. III. 6. c) sowie oben § 3 B. II. 3.
[207] Näher unten § 17 E. III. 6. c) bb) sowie etwa oben § 4 B. I.; § 10 C. III.; § 10 C. IV.
[208] Einführend zum typischerweise in der Philosophie verwandten Vernunftsbegriff etwa *Schnädelbach*, in: Schnädelbach/Martens (Hrsg.), Philosophie Bd. 1, 1985, S. 77 m.w.N. Um hier nur ein jüngeres Beispiel speziell aus der juristisch-vertragsrechtlichen Diskussion zu nennen, vermeidet auch *Unberath*, Die Vertragsverletzung, 2007, S. 7, 151 ff. tunlichst, seinen stark an *Kant* (näher zu diesem unten § 19 G.) angelehnten Ansatz als metaphysisch zu bezeichnen. Vielmehr bemüht er die Rationalität als „Gegenbegriff zu einem bloß positivistischen, also empirischen Ansatz" bzw. einer „normative[n] Theorie", befindet sich dabei aber wie dargelegt in guter Gesellschaft.

3. Zweckrationalität

Hilfreich, weil auch philosophisch deutlich weniger ambitioniert, ist der Begriff einer Zweckrationalität, wie er insbesondere durch *Max Weber* geprägt und auf die gesamte gesellschaftliche Entwicklung angewandt wurde. Rationalität hat hier also eine untergeordnete, nur dienende Funktion, kann dadurch aber in ihrem Inhalt anhand des jeweils für maßgeblich erachteten Zwecks bestimmt werden. Mit dieser Vorstellung lässt sich nüchtern und vor allem wissenschaftlich, nämlich mit für andere überprüfbaren Aussagen, arbeiten. Diese Arbeit etwa vertritt die These, dass sich das geltende Vertragsrecht am besten dadurch verallgemeinernd beschreiben lässt, dass es durch eine ausgefeilte Kompetenzordnung, einen zeitlich ausgeklügelten Entscheidungsablauf sowie auf all das zugeschnittene Rahmenbedingungen dafür sorgt, dass der Einzelne nur so weit eine rechtliche Beeinträchtigung erleidet, wie dies getreu den eigenen Zwecken notwendig ist.[209] Allerdings hat ein solches Rationalitätsverständnis den Nachteil, sehr weit zu sein, als es sich noch nicht einmal auf menschliches Verhalten beschränkt, sondern jeglichen Sachverhalt als mehr oder weniger zweckdienlich charakterisiert. Vor allem aber eignet es sich ersichtlich nicht als eigenständiges Merkmal eines juristischen Tatbestands, auch weil es von einem übergreifenden Zweck abhängig ist und nur aus diesem heraus verstanden und konkretisiert werden kann.

4. Fehlerhafte Informationsverarbeitung?

Nach einem zumindest vordergründig plausiblen Begriffsverständnis wählt ein rationaler Akteur grob gesprochen dasjenige Verhalten bewusst oder unbewusst, das ihm angesichts der verfügbaren Information und unter Berücksichtigung aller sonstigen Sachverhaltsumstände einen größtmöglichen Gewinn – etwa im Sinne persönlicher Vorteile oder auch ganz anderer Maßstäbe – verschafft. Hierzu mag dann auch die Suche weiterer Information gehören, sofern das einen höheren Vorteil als den damit verbundenen Aufwand verspricht.[210] Teilweise wird das noch durch die Vorstellung einer „begrenzten Rationalität" ergänzt, die explizit machen soll, dass zu den Rahmenbedingungen, innerhalb derer sich rationales Verhalten entfalte, auch die Begrenzungen des menschlichen Gehirns selbst gehören.[211]

Leider eignen sich derartige Definitionsversuche nicht für eine wissenschaftlich belastbare Rationalitätsvorstellung. Denn was bedeutet es eigentlich, „verfügbare"[212] Information „korrekt" zu verarbeiten? Ist es irrational, wenn

---

[209] Näher oben ab § 3 A. IV.; § 8; passim.
[210] So eine klassische Aussage der Informationsökonomik, vgl. etwa *Stigler*, 69 JPolitEcon 213 (1961).
[211] Näher dazu unten § 17 E. IV. 2. b) bb).
[212] Näher zu diesem nur scheinbar klaren Begriff unten § 17 E. III. 6. c) aa).

wir zu dem Ergebnis kommen, dass zweimal zwei fünf ist? Oder ist dieses Resultat angesichts unserer gegebenen geistigen Begrenzungen rational, weil das Beste, was angesichts der realen Umstände möglich war? Und wie sieht es aus, wenn wir die Wurzel von zehn berechnen sollen? Auch hier verhält sich der Mensch einfach so, wie er sich angesichts seiner geistigen Konstitution, seiner persönlichen Voraussetzungen, seiner „inneren Verdrahtung", nun einmal verhalten muss. Ist das nun rational oder irrational, wenn er doch überhaupt keine Alternative hat?[213] Ist nicht menschliches Verhalten durchweg rational, weil sein Gehirn nun einmal so gebaut ist, dass er sich so verhält, wie er sich verhält? Wie ist dann überhaupt noch irrationales Verhalten möglich, wenn wir sämtliche realen Umstände berücksichtigen, wo doch das tatsächliche Verhalten nichts anderes ist als die Konsequenz sämtlicher natürlicher Umstände – man könnte auch formulieren: Begrenzungen –, unter denen der Mensch handelt? Wenn wir auch nur irgendeinem Menschen Irrationalität konstatieren, könnten wir uns nicht mit gleichem Recht darüber mokieren, dass er es nicht schafft, hundert Meter weit zu springen? Wozu ist die Unterscheidung rational/irrational gut?[214]

Ganz ähnliche Fragen lassen sich für die menschliche Willensschwäche formulieren, unter der wir alle mehr oder weniger leiden.[215] Wenn wir nicht mit dem Rauchen aufhören, obwohl wir es eigentlich wollen, ist dieses Verhalten irrational, weil wir doch genau wissen, dass es schädlich ist? Oder ist es angesichts unserer geistigen Konstitution, die es uns anscheinend nicht erlaubt, im entscheidenden Moment der Versuchung zu widerstehen, nun einmal nicht anders möglich und daher rational, zu rauchen?

5. Geisteszustand?

Lässt sich bei einer realitätsnahen Betrachtung menschlicher Fähigkeiten für keine einzige menschliche Entscheidung noch sagen, dass diese fehlerhaft sei, weil man für einen solchen Befund diese menschlichen Realitäten selbst hinterfragen müsste, scheint dann nur noch der Ausweg zu bleiben, Rationalität als einen wie auch immer gearteten psychologischen Zustand zu definieren. Haben wir hier also eine bestimmte Verdrahtung neuronaler Schaltkreise oder gar einen spezifischen Bewusstseinszustand ähnlich wie Aufmerksamkeit[216], um Rationalität so wissenschaftlich beschreiben und dann auch – wenn gegebenenfalls mit einigem Aufwand oder nur über Indizien – tatsächlich überprüfen zu können? Die Antwort fällt ernüchternd aus. In Psychologie,

---

[213] Näher zur Vorstellung einer Willensfreiheit gleich unten § 17 E. III. 6. c) bb) sowie daneben oben § 4 B. I. 4. b) aa); § 4 B. I. 4. b) ee); § 9 C. I. 3. d); § 10 C. IV. 5. und unten § 19 B. III. 2.; § 19 G. IV.
[214] Siehe dazu auch unten § 17 E. IV. 2. b) bb).
[215] Näher dazu etwa unten § 17 E. V.
[216] Näher oben § 8 A. II. 2.

Biologie oder Medizin kommt niemand auf den Gedanken, Rationalität als wissenschaftlich zu beschreibendes Phänomen anzusehen, das es zu entdecken oder näher zu erkunden gebe. Es ist auch kein Prozess wie Sehen, Hören oder gar das Denken insgesamt noch ein konkret definiertes Verhalten wie etwa Legasthenie, das sich dann wiederum wissenschaftlich untersuchen ließe. Wir haben hier kein raumzeitlich identifizierbares Untersuchungsobjekt wie „Wasser", das man zunächst als das eingrenzen mag, was bläulich schimmernd zwischen den Kontinenten liegt oder regelmäßig vom Himmel fällt, um es dann auf verschiedene Eigenschaften hin zu untersuchen.

6. Zuschreibung

a) Grundidee

Die Hoffnung, dass sich „Rationalität" als Ausgangspunkt theoretischer Betrachtungen eignet, erwies sich als trügerisch. Vielmehr müssen wir diesen Begriff überhaupt erst mit Inhalt füllen, definieren. Damit fragt sich als nächstes, warum wir das tun sollten bzw. warum wir uns in der Alltagssprache nicht irritiert oder verständnislos zeigen, wenn jemand von einem irrationalen Verhalten spricht. Völlig sinnlos scheint all das nun auch wieder nicht zu sein. Einen ersten wichtigen Hinweis liefert hier der Befund, dass wir Rationalität vor allem, wenngleich nicht ausnahmslos, uns Menschen zusprechen – jedenfalls wenn wir volljährig sind. Liefert demgegenüber eine Maschine unerwartete oder unerwünschte Ergebnisse, so sprechen wir zwar von deren Versagen, einer Fehlfunktion o.Ä., halten diese jedoch nicht für irrational. Ähnliches gilt für Tiere oder Pflanzen, wobei es durchaus verbreitet ist, zumindest höher entwickelten Lebewesen so etwas wie Rationalität zu unterstellen und bei Verletzungen entsprechend zu reagieren. Weiterhin scheinen wir auch innerhalb bestimmter Typen zu differenzieren. Wer etwa reflexartig seine Hand von der heißen Herdplatte wegzieht, nur um dadurch in ein scharfes Messer zu stoßen, bekommt selten irrationales Verhalten attestiert, obwohl er ein Mensch ist. Andererseits lässt sich nicht feststellen, dass wir immer nur bewusstes Verhalten als irrational oder unbewusstes Verhalten nie als rational einschätzen. Dazu verwenden wir diese Begriffe zu vielschichtig.

Damit müssen wir erst zum Kern dessen vorstoßen, was wirklich geschieht, wenn wir davon sprechen, dass ein Mensch irrational (oder auch eigensinnig oder schuldhaft)[217] handle – und dieser Kern erweist sich als geradezu schizophren: So unterstellen wir Personen ein bestimmtes Verhalten, nur um uns dann gegebenenfalls gleich wieder zu wundern oder gar zu entrüsten,[218] wenn

---

[217] Näher unten § 17 E. III. 6. c) bb).
[218] Zu solchen Reaktionen siehe bereits oben § 2 D. IV. 4. f), zumal der Zusammenhang mit unserer Art des Denkens, insbesondere der inneren Abbildung unserer Welt, gleich sehr deutlich werden wird.

diese Person das von uns selbst so zugeschriebene Verhalten „missachtet". Wir erwarten unter diesen Begrifflichkeiten etwas, was wir selbst nach eigenen Vorstellungen an die Gegenseite herantragen, um dann in irgendeiner Form darauf zu reagieren, wenn sich diese von uns selbst gewählte Zuschreibung – man könnte auch sagen: Hypothese – als unzutreffend erweist.[219] Auf den ersten Blick erscheint das reichlich widersprüchlich und wenig hilfreich. Denn warum sollte man sich über etwas wundern, was man selbst vielleicht erst kurz zuvor als Annahme eingeführt hatte? Zwingend vorgegeben ist hier wenig. So mag nach unserer Vorstellung ein rationaler Mensch noch wissen müssen, was die Wurzel von neun, nicht aber, was die von zehn oder selbst 324 ist.

So gesehen ist es verständlich, wenn derartig zuschreibende Begriffe dazu verführen bzw. dazu dienen, Verhaltenserwartungen metaphysisch zu behaupten.[220] Zuschreibungen können „kontrafaktisch" sein – und sind es oft auch. Doch liefert das noch keine wissenschaftliche Begründung. Und selbst wenn Zuschreibungen einem langjährigen, oft kulturell oder gar genetisch verankerten Prozess entspringen, sollten wir nach einer möglichst verallgemeinernden Beschreibung und damit nach Gründen für derartige Zuschreibungen suchen, zumal sich diese selten rein zufällig etablieren und wir Menschen kulturelle Phänomene beeinflussen und damit nach unseren Vorstellungen gestalten können. Wir müssen also begreifen, worin der Sinn der eigenartigen Operation bestehen könnte, zunächst ein bestimmtes Verhaltensmuster an andere (oder gar an uns selbst) heranzutragen, nur um uns dann gegebenenfalls überrascht oder gar enttäuscht zu zeigen. Erst auf dieser Basis lässt sich dann beantworten, ob wir für eine ausdifferenzierte Vertragsrechtsordnung eine einheitliche Vorstellung von Rationalität gebrauchen können, oder ob wir nicht statt dessen problem- und situationsabhängig und damit mit bescheideneren und dafür besser zugeschnittenen Begriffen arbeiten sollten. Möglicherweise laufen wir sonst Gefahr, viel zu pauschal sämtliche Personen einheitlichen Verhaltensstandards zu unterwerfen, obwohl unsere Gesellschaft eine differenziertere Behandlung beherrscht und genau deshalb auch praktiziert.[221]

So frei wir also sind, verschiedenste Vorstellungen von Rationalität zu propagieren (als auch dafür dann möglichst überzeugende Gründe zu suchen), sei hier nochmals daran erinnert, dass das – jedenfalls nach wissenschaftlichen Maßstäben – nur anhand solcher Begrifflichkeiten geschehen darf, die nicht ihrerseits ausfüllungsbedürftig sind. Wollte man etwa Rationalität mit der Vorstellung einer menschlichen Entscheidungsfreiheit verbinden, wäre zu er-

---

[219] Neu ist auch diese Einsicht nicht, vgl. etwa für die Philosophie besonders deutlich *Schnädelbach*, Zur Rehabilitierung des *animal rationale*, 1992, S. 61 ff., 93 ff., 101 f.; passim oder etwa aus soziologischer Sicht *Di Fabio*, Risikoentscheidungen, 1994, S. 61 m.w.N. In eine oft ähnliche Richtung gehen rollentheoretische Betrachtungen.
[220] Näher etwa oben § 17 E. III. 2. oder unten § 17 E. III. 6. c) bb).
[221] Näher zu diesem Problem etwa unten § 19 C. VI. 3.

klären, wie genau man diese Entscheidungsfreiheit festzustellen gedenkt.[222] Genauso führte der Verweis auf eine Abwägung oder ein bewegliches System ersichtlich nicht weiter.[223]

b) Funktionen

aa) Wahrnehmung

Fragt man nun, warum wir bestimmte Verhaltensmuster oder Eigenschaften unterstellen und was die Maßstäbe dafür sein könnten, lässt sich das meistens nur problemspezifisch beantworten. Doch lassen sich zumindest zwei Zusammenhänge herausstellen, die gerade das vertragsrechtliche Verständnis erleichtern. An erster Stelle steht hier das, was man als Wahrnehmungs-, Anzeige-, Indikations- oder Indizfunktion bezeichnen mag. So denken wir nicht zuletzt dadurch, dass wir uns von dieser Welt eine eigene Vorstellung machen, diese also innerlich abbilden.[224] Dazu gehört auch das für uns so existenzielle Verhalten insbesondere fremder Menschen. Auf Basis dieser so Stück für Stück erlernten Weltsicht können wir uns dann darauf konzentrieren, vor allem Veränderungen wahrzunehmen. Das reduziert die zu verarbeitende Datenmenge enorm. Wir überprüfen die einströmenden Sinneswahrnehmungen also „lediglich" auf Abweichungen von unserer eigenen Weltsicht.[225] Das alles vollzieht sich in einem unser ganzes Leben lang ablaufenden Lern- und Anpassungsprozess, bei dem wir aktuelle Abbildungen ständig hinterfragen und aufgrund neuer Erkenntnisse korrigieren.

Zuschreibungen betreffen diese innere Weltsicht und erlauben es damit, unsere Sensibilität zu beeinflussen und hierdurch solche Wahrnehmungsschwellen festzusetzen, bei denen wir genau das als Veränderung wahrnehmen, worauf wir dann tatsächlich – in welcher Form auch immer – reagieren sollten. Das muss nicht nur ein konkretes Handeln bzw. eine direkte Verhaltensänderung bedeuten. Oft löst dies auch weitere innere (Lern-) Prozesse aus, sei es, dass die interne Abbildung der Umwelt getreu der neuen Information korrigiert oder aber genau eine solche Korrektur verweigert, ja die bisherige Weltsicht kontrafaktisch, entgegen der aktuellen Wahrnehmung, nochmals gefestigt wird. Beides kann wiederum mit Emotionen wie Stress verbunden sein.[226] Es liegt auf der Hand, dass es für jedes auf die Wahrnehmung von Veränderungen basierende Verhalten äußerst wichtig ist, was intern als normal abgebildet und worauf die eigene Sensorik gewissermaßen „geeicht", „programmiert" wird. Wir treffen hier also auf das uns bereits bekannte Muster von Stabilität und Veränderung als Reaktion auf die nur begrenzten menschlichen

---

[222] Näher etwa oben § 4 B. I.; § 17 D. II. 2. oder § 17 E. II. 2.
[223] Näher unten § 19 F. III. 2.
[224] Näher oben § 2 D. IV. 4. d).
[225] Näher oben § 2 D. IV. 3. a); § 2 D. IV. 4. c).
[226] Näher oben ab § 2 D. IV. 4. f).

Denkfähigkeiten.[227] Damit lassen sich Begriffe wie Rationalität erst dann wissenschaftlich erfassen, wenn wir möglichst verallgemeinernd darlegen, warum die Rationalitätsschwelle auf einem bestimmten Niveau liegt und wir gerade so auf deren Überschreitung reagieren, wie wir das tun.[228]

bb) Steuerung
Doch nicht nur zur gezielten Wahrnehmung für uns besonders wichtiger Verhaltensmuster hilft es uns, anderen Menschen ein bestimmtes Verhalten zu unterstellen. Genauso lassen sich Zuschreibungen steuernd einsetzen, womit dann auch oft – wenngleich nicht notwendig –[229] kollektive Anliegen in den Vordergrund treten. Spätestens hier sprechen dann etwa Juristen von Leitbildern.[230] Diese werden oft mit großem Aufwand etabliert und aufrechterhalten. Es bedarf also geeigneter Mechanismen, um zu gewährleisten, dass sich möglichst viele Menschen an dasjenige Verhaltensmuster halten, das einander zugeschrieben wird. Zu diesen Mechanismen gehören nicht nur Anreize[231] wie etwa rechtliche Sanktionsandrohungen, sondern – auch rechtlich viel wichtiger – vor allem Lernprozesse, die wiederum stark kulturell beeinflusst sind.[232] Je stärker etwa eine Gesellschaft über verschiedenste Kommunikationswege immer wieder verdeutlicht, wie normal oder jedenfalls normgemäß ein bestimmtes Verhaltensmuster ist, und je weniger dieses Verhalten den Instinkten oder Interessen der Menschen widerspricht, desto größer ist die Aussicht, dass sich viele Personen daran halten. Das erklärt dann auch, warum wir typischerweise nur das Verhalten solcher „Objekte" als irrational bezeichnen, bei denen generalisierend – und damit vereinfachend – betrachtet überhaupt die Möglichkeit besteht, dass diese zumindest eines Tages so wie erwartet handeln. Das fehlt etwa bei einem Stein, bei dem offensichtlich weder Anreize wirken noch irgendein Lernprozess zu erhoffen ist. Hier wäre es reine Energieverschwendung, unrealistische „Verhaltensvorstellungen" zuzuschreiben, da wir uns dann fortwährend mit der völlig wertlosen Information auseinandersetzen müssen, dass der Stein die ihm zugeschriebenen Rationalitätserwartungen verletzt.

cc) Vereinfachung
Sofern tatsächlich Aussicht besteht, bestimmte Verhaltensmuster effektiv durchzusetzen oder gar bei deren Verletzung dafür zu sorgen, dass diejenigen

---
[227] Näher oben § 2 B. II. 2.; § 2 D.; passsim.
[228] Siehe dazu auch – speziell zum Verbraucherleitbild – unten § 19 C. VI. 3.
[229] Gerade für das Vertragsrecht gilt, dass hier zwar auch Anreize eine wichtige Rolle spielen, diese aber nicht kollektivistischen Zielen, sondern allein denen der Vertragsparteien, dienen, vgl. dazu näher oben § 2 D. III. 5.; § 17 C. II. 2. d).
[230] Näher zu diesen unten § 19 C. VI. 3.
[231] Näher oben § 2 D. III. 5.; § 17 C. II. 2. d).
[232] Näher dazu etwa oben § 2 D. IV. 4. e).

Personen entschädigt werden, die sich auf deren Einhaltung verlassen hatten, erleichtert das die menschliche Orientierung oft enorm. Schließlich müssen wir dann nicht mehr jedes Individuum einzeln betrachten, sondern können übergreifend-kollektiv all unseren Mitmenschen ein einheitliches Verhalten unterstellen. Wirksam durchgesetzte Zuschreibungen erleichtern uns die Orientierung und unterstützen damit die zuvor beschriebenen Funktionen. Wie wichtig diese Vereinfachung ist, wird deutlich, sobald man sich die Komplexität menschlichen Verhaltens vor Augen hält. So anspruchsvoll es bereits ist, das Verhalten nur eines einzigen Menschen einigermaßen treffsicher einzuschätzen, wird all das nochmals um ein Vielfaches gesteigert, wenn es um die soziale Interaktion verschiedener Menschen geht.[233]

Dabei reicht es bisweilen aus, jedenfalls irgendeine Festlegung zu treffen, sofern sich nur möglichst viele daran halten. Ein klassisches Beispiel bildet das Rechtsfahrgebot im Straßenverkehr.[234] Und manche Zuschreibung hat sich nicht etwa deshalb durchsetzen können, weil sie in jeder Hinsicht das verkörpert, was wir „eigentlich" als realistisch oder für unsere Gesellschaft förderlich ansehen, sondern vor allem eines ist, nämlich einfach. So hilft es einer stark mathematisch orientierten Ökonomik enorm, als rational vor allem zu unterstellen, dass die Akteure Mathematik beherrschen.[235] Aber auch die Eigennutzannahme – sofern es denn einmal gelungen ist, diesen Begriff inhaltlich zu füllen –[236] mag zwar unseren Wertvorstellungen widersprechen, erleichtert aber in vielen Teilbereichen wie dem Wirtschaftsverkehr die Orientierung, wenn jeder weiß, dass er auf Altruismus nicht hoffen darf. Hierzu gehören besonders professionelle Umfelder. Sofern etwa durch personelle Anforderungen wie etwa die Kaufmannseigenschaft gesichert ist, dass nicht einzelne „Schwache"[237] großen Schaden nehmen, profitieren oft alle von vielleicht etwas kruden Zuschreibungen, die dafür aber das Miteinander enorm vereinfachen und damit letztlich sehr viel mehr Kooperation erlauben, als wenn man vor jedem Vertragsschluss immer erst alle möglichen Missverständnisse, geistigen Defizite oder sonstige Störungen einkalkulieren müsste. Allerdings kann das wichtige Anliegen, Vertragsschlüsse zu vereinfachen und es dadurch dem Einzelnen zu erlauben, seine Ziele zu verwirklichen, für andere Gruppen wie den Verbraucher das Gegenteil nahelegen, nämlich ihn vor vielen Gefahren etwa seiner Unerfahrenheit zu schützen.[238] Zudem haben auch Un-

---

[233] Diese Komplexität bzw. Unvorhersehbarkeit (Kontingenz) und deren Eingrenzung durch rechtliche oder sittliche Verhaltenserwartungen, Rollen uvm. ist ein Hauptthema der Soziologie.
[234] Siehe dazu bereits oben § 2 D. III. 3. a).
[235] Näher unten § 17 E. IV. 1. b).
[236] Näher zu diesem Problem oben § 3 B. II. 3.
[237] Rechtsdogmatisch ist dieser Begriff begrenzt hilfreich, näher zu solchen Fragen unten § 19 C.
[238] Näher unten § 19 B. II. 3.; § 19 C. VI. 3.

ternehmer oder Kaufleute ein Interesse daran – gerade wenn sie sich nicht in einer dominanten Marktposition befinden, sondern vergleichsweise klein sind –, sich nicht für jeden Vertrag sorgsam überlegen zu müssen, was gerade alles für Gefahren drohen könnten, um sich aufwändig gegen all das abzusichern.[239] Tatsächlich unternimmt unser Vertragsrecht enorme Anstrengungen, um jedem Menschen die bestmögliche private Wertschöpfung zu ermöglichen und dafür jeweils zugeschnittene Normen und Zuschreibungen bereitzustellen.[240]

c) Parallelen

Wenngleich es hier speziell um Rationalität geht, finden sich noch andere Bereiche, in denen wir unseren Mitmenschen (oder auch uns selbst) bestimmte Eigenschaften oder Verhaltensweisen unterstellen, um dann Abweichungen davon zu registrieren und gegebenenfalls darauf zu reagieren. Bereits mehrfach erwähnt wurde die Eigen- bzw. Fremdnützigkeit als ein Phänomen, das sich nicht wie etwa „Wasser" raumzeitlich identifizieren und dann – dermaßen eingegrenzt – eingehend untersuchen lässt. Vielmehr tragen wir hier sehr konkrete Vorstellungen darüber heran, was für Ziele oder Verhaltensweisen wir bzw. die Gesellschaft für billigenswert halten.[241]

aa) Wissen versus Verarbeitung?
Der Rationalität vielleicht noch am nächsten stehen Begriffe wie Wissen, Kenntnis oder Information, wenngleich sich insoweit vielfältige Verwendungsformen finden, die hier nicht alle aufgezählt oder gar erörtert seien. Viel wichtiger erscheint ein anderes Problem. So unterscheiden wir ausweislich unseres Sprachgebrauchs oft danach, ob eine Information entweder vorhanden, gespeichert oder verfügbar war – oder aber darüber hinaus in der konkreten Situation etwa eines Vertragsschlusses wirklich genutzt, abgerufen oder verarbeitet wurde. So mag man es dann als irrational ansehen, wenn dermaßen verfügbare Information nicht in das praktische Handeln einfloss.

Leider lässt sich hier kaum eine vertragstheoretisch brauchbare Trennlinie finden. Denn was heißt hier eigentlich „verfügbare Information"? Ist eine Information „verfügbar", wenn sie zwar in der Zelle eines Sinnesorgans ein Aktionspotenzial erzeugt, sich letztlich jedoch nicht im menschlichen Verhalten bemerkbar macht, obwohl das zweckdienlich gewesen wäre? Ist Information „verfügbar", wenn sie gar als Wissen gespeichert oder von der Aufmerksamkeit erfasst wurde, sich dann aber wiederum trotz ihrer Relevanz doch nicht

---

[239] Weshalb die Inhaltskontrolle Allgemeiner Geschäftsbedingungen auch für Kaufleute greift, näher zu AGB oben § 14.
[240] Näher dazu etwa unten § 19 B. II. 1.; § 19 B. III. 2.; § 19 C. II. 1.; § 19 C. VI. 3.; passim.
[241] Näher oben § 3 B. II. 3. a).

auswirkt? Denn wenn wir hier wirklich unterscheiden wollten: „Wissen" wir dann nicht all das, was „rein theoretisch" körperlich zugänglich ist – etwa wenn wir uns in ein Internetcafé setzen? Und da dieser „Zugang" heutzutage äußerst günstig ist, können wir hier noch nicht einmal mit prohibitiv hohen monetären Kosten argumentieren, sondern müssen akzeptieren, dass die entscheidende Limitation in den menschlichen Fähigkeiten selbst liegt. Letztlich ist jede Information, die wir in einer konkreten Situation nicht praktisch verwendet haben, insoweit eben doch nicht verfügbar, gespeichert und damit vorhanden. Es bringt wenig, eine Information für verfügbar zu erklären, wenn sie zwar in unserem Gehirn physikalisch abgebildet ist, aber nicht – aus welchen Gründen auch immer – praktisch genutzt werden kann.

Allein das erschwert es ersichtlich, wissenschaftlich belastbar mit Begriffen wie dem einer Rationalität zu arbeiten.[242] Für die meisten Zwecke ist es gleichgültig, ob es einem in Deutschland sitzenden Menschen nicht möglich ist, ein Gespräch im fernen Japan zu berücksichtigen, weil seine Ohren nicht hunderttausende Kilometer weit hören können, weil er kein Japanisch beherrscht, sich eine japanische Übersetzung nicht lohnt oder weil er angesichts seines psychischen oder physischen Zustands unfähig ist, das Gehörte und Verstandene in praktisches Handeln umzusetzen. Die auf die Unzulänglichkeit unserer Sinne zurückzuführende Unfähigkeit, mit einem magischen Röntgenblick all das zu erfassen, was sich gerade auf der anderen Seite der Weltkugel abspielt, ist letztlich auch eine „Pathologie". Zwar mag man hier auf das abstellen, was ein „typischer" Mensch zu leisten imstande ist, doch hilft das – für sich genommen –[243] weder vertragstheoretischen noch den meisten anderen wissenschaftlichen Anliegen.

Kurzum: „Rein theoretisch" ist an „Wissen" heutzutage unendlich viel „verfügbar". Praktisch-real hingegen entscheiden unsere Sinnesorgane und unser Gehirn als Ganzes mit all ihren Stärken und Schwächen, was für Information unser Handeln jeweils bestimmt. Dermaßen real gesehen war die von uns ignorierte Information auch nicht verfügbar. Etwas anderes zu behaupten, hieße, sich von einer realitätsnahen Betrachtung zu lösen und rein hypothetisch-irreal ein „Anders-Können" zu unterstellen, das den tatsächlich handelnden Menschen missachtet.[244] Wollten wir also zwischen Verfügbarkeit und Verwendung von Information trennen oder Begriffe wie Wissen oder Verfügbarkeit tatbestandlich verwenden, ginge das nur über eine vorherige Zuschreibung. Wir benötigen also immer noch andere Begrifflichkeiten, deren

---

[242] Siehe dazu bereits oben § 17 E. III. 4. sowie unten § 17 E. IV. 2. b) bb).
[243] Als erst zu begründender Inhalt einer Zuschreibung mag es im Einzelfall sinnvoll sein, etwa auf Typizitäten abzustellen, vgl. dazu gleich im Text sowie oben § 17 E. III. 6.
[244] Näher dazu gleich unten § 17 E. III. 6. c) bb) sowie oben § 4 B. I. 4. b) aa); § 4 B. I. 4. b) ee); § 9 C. I. 3. d); § 10 C. IV. 5.; § 19 B. III. 2. und unten § 19 G. IV.

Inhalt und Relevanz genauso sorgfältig zu begründen wären wie unsere Reaktionen auf verschiedenste Abweichungen von dieser Zuschreibung.

Und dass etwa ein Stein, der mit lautem „klack" auf den Boden fällt, nach unserem Verständnis nicht die Erkenntnis hat, auf etwas gefallen zu sein, liegt allein daran, dass wir erst gar nicht bereit sind, einem Stein Wissen oder Erkenntnis zuzuschreiben. Bei Pflanzen hingegen werden wir bereits schwach. Streckt sich etwa eine Blume der Sonne entgegen, reagieren wir schon nicht mehr völlig verständnislos auf die Rede, dass die Blume genau wisse, wo die Sonne tagsüber steht. Für Tiere gilt das erst recht. Hier bleibt vor allem festzuhalten, dass nicht nur (Ir-) Rationalität keinen geeigneten gedanklichen Ausgangspunkt für theoretische Betrachtungen, Hypothesen oder rechtliche Tatbestände liefert, sondern sich ähnliche Probleme auch dort stellen, wo wir von Wissen oder Verfügbarkeit sprechen. Wollten wir uns für vertragsrechtliche Fragen auf ein „Wissen" stützen, wäre zunächst zu klären, was für Funktionen eine solche Zuschreibung erfüllen soll,[245] um dann anhand eines offenzulegenden und für jedermann überprüfbaren Maßstabs für das jeweils interessierende Rechtsproblem zu fragen, was für eine Zuschreibung diesen Maßstab erfüllt und welche Konsequenzen wir an eine Abweichung knüpfen. Je nach Rechtsbereich wird die Antwort dabei anders ausfallen.[246]

bb) Verantwortung, Willensfreiheit, Fahrlässigkeit und Schuld

Hat man offen ausgesprochen, dass wir gerade dem Menschen gerne gewisse Fähigkeiten, Kenntnisse, Eigenschaften, Motivationen oder Möglichkeiten zuschreiben, mag die Versuchung groß erscheinen, hierüber doch wieder metaphysische Vorstellungen einzubringen. Können oder gar müssen wir dem Menschen nicht etwas wie Willensfreiheit, Verantwortung, Fahrlässigkeit oder Schuld (-fähigkeit) zuschreiben, um ihn dann deshalb gegebenenfalls haftbar zu machen?[247] Genau so argumentieren immerhin zahlreiche Erklärungstheoretiker,[248] und auch die Willensfreiheit wird oft mit dem Argument verteidigt, dass diese dem Einzelnen kontrafaktisch zugeschrieben werde.[249] Doch so frei wir darin sind, uns des Werkzeugs der Zuschreibung zu bedienen, muss sich das Zuzuschreibende für wissenschaftlich tragfähige Begründungen zunächst einmal aussprechen und praktisch überprüfen lassen. Wenn kein Richter dieser Welt für andere nachvollziehbar herausfinden kann, wann denn Willensfreiheit mit welchem Inhalt vorliegt,[250] wird dieser Begriff nicht

---

[245] Für solche Überlegungen im Zusammenhang mit Rationalität siehe oben § 17 E. III. 6. b).

[246] Einen praktischen Anwendungsfall bilden etwa diverse Leitbilder, vgl. etwa zum Verbraucherleitbild unten § 19 C. VI. 3.

[247] Vgl. dazu auch oben § 17 E. III. 2.

[248] Näher oben § 10 C. IV.

[249] Näher oben § 4 B. I. 4. b) cc).

[250] Näher oben § 4 B. I. 4. b); § 17 D. II. 2.

dadurch nützlich, dass man auf eine Zuschreibung verweist. Genauso vermeidet es nicht die Willkür und Illiberalität mancher vertragstheoretischen Begründung, wenn man sich für rein metaphysische oder nicht einmal offengelegte Vorstellungen darauf beruft, all das eben zuschreiben zu wollen.[251] Und selbst wenn man präzise formuliert, was mit welchen Reaktionen auf abweichendes Verhalten zuzuschreiben sei, muss dieses Phänomen begründet und damit möglichst verallgemeinernd beschrieben werden. Dass für die bereits andernorts diskutierte Unterscheidung von Eigen- und Fremdnützigkeit nichts anderes gilt, wurde bereits eingangs erwähnt.[252]

IV. Verhaltensökonomik

1. Ökonomische Rationalitätsannahme

a) Zuschreibung statt Erforschung

Sucht man über die Philosophie und Soziologie hinaus weitere Wissenschaften, in denen Rationalität eine bedeutende Rolle spielt, stößt man schnell auf die Ökonomik.[253] Diese unterstellt dem Menschen axiomatisch, als einer ihrer grundlegenden Annahmen, rational den eigenen Nutzen zu maximieren.[254] So hofft sie, unsere Welt zutreffend zu beschreiben. Die gesamte doktrinäre Anstrengung ist also nicht darauf gerichtet, ergebnisoffen zu fragen und mittels eigener Modelle abzubilden, wie genau der Mensch denkt. Damit bietet das, was als Rationalität axiomatisch vorausgesetzt wird, naturgemäß keine Handhabe, um dieses Axiom seinerseits zu hinterfragen oder näher auszudifferenzieren. Ökonomen verfügen über kein eigenes Instrumentarium, um *ex ante* und verallgemeinernd zu beschreiben, wie sich der Mensch je nach persönlichem Zustand oder aktueller Situation tatsächlich verhält. Dieses Feld bleibt anderen Wissenschaften wie der Psychologie überlassen.

b) Inhalt

Da Rationalität nichts ist, was man einfach nur raumzeitlich identifizieren müsste, um so einen gehaltvollen Begriff zu gewinnen,[255] muss auch die Ökonomik erst einmal definieren, was damit gemeint sein soll. Sie benötigt eine für ihre Anliegen geeignete Zuschreibung. Dabei ist es zum einen wünschenswert, eine solche Modellannahme zu wählen, mit der sich der Untersuchungsgegenstand möglichst treffend beschreiben lässt. Doch lässt dieser Wunsch

---

[251] Näher zu dieser Problematik oben § 4 B. I. 4. b) aa); § 4 B. I. 4. b) ee); § 9 C. I. 3. d); § 10 C. IV. 5. sowie unten § 19 B. III. 2.; § 19 G. IV.
[252] Oben bei Fn. 241.
[253] Zur Wohlfahrtsökonomik siehe auch oben § 2 D. II. 3.; § 3 C. I. 3. a); § 4 B. V. oder unten § 19 F. VII.
[254] Siehe dazu schlichtweg jedes gängige Lehrbuch.
[255] Näher oben § 17 E. III. 6.

allein den Begriffsinhalt noch offen. Ohne hier auch nur annähernd all das erwähnen oder gar würdigen zu können, was sich in der ökonomischen Diskussion an Rationalitätsvorstellungen findet, lässt sich zumindest für die breite Masse eine klare Aussage treffen: Dass Ökonomen von fehlerfreien Rechenkapazitäten, aber etwa auch stabilen Präferenzen und eigennützigem Verhalten ausgehen, liegt vor allem daran, dass es erst solche Annahmen ermöglichen, eine Zielfunktion zu formulieren und diese dann unter Nebenbedingungen zu maximieren. Unterstellt man hingegen, dass einzelne Akteure auch fremde Belange berücksichtigen, verkompliziert das mathematische Beschreibungen bereits erheblich. Und für sich genommen ist diese Zuschreibung mathematischer Fähigkeiten tatsächlich erfreulich präzise und sogar recht universell: Mathematische Regeln gleichen sich auf der ganzen Welt.[256] Und Ökonomen wollen getreu ihrem großen Vorbild der Physik rechnen, präzise sein.[257] Eine ganz andere Frage ist allerdings, welche Annahme sich dazu eignet, wirklich eine zutreffende Weltsicht zu entwickeln bzw. sich in dieser Welt erfolgreich zu orientieren.

c) Realitätsferne

aa) Problem

Dass die ökonomische Rationalitätsannahme mit der menschlichen Realität nur wenig gemein hat, ist gleichermaßen offensichtlich wie banal.[258] Doch nimmt das diesem Einwand nichts von seiner Reichweite und Tragfähigkeit. Denn wenn sich der Mensch allzu oft irrational verhält, droht diejenige Theorie oft zu versagen, die das ignoriert. Es droht dann eine Scheinpräzision, die auf Basis unrealistischer und damit unpräziser Annahmen mathematisch präzise Berechnungen vornimmt, deren Ergebnisse wegen dieser Annahmen wiederum unrealistisch und damit unpräzise sind.

bb) Heuristische Tauglichkeit durch Kollektivismus?

Nun findet man hier regelmäßig die Erwiderung, dass die ökonomischen Grundannahmen überhaupt nicht der Realität entsprechen müssten. Tatsächlich erfüllen sie bereits dann ihren Zweck, wenn sie die Realität jedenfalls im Ergebnis – warum auch immer – richtig (und möglichst verallgemeinernd) beschreiben.[259] Prinzipiell ist gegen eine solche Verteidigung nichts einzuwenden. Gerade wenn man wie Ökonomen vorwiegend kollektiv-langfristige Phänomene wie Märkte untersucht, wirkt sich manche Abweichung von theoretischer Verhaltensannahme und geistiger Realität wenig auf Preise oder

---

[256] Allerdings sind sie entgegen einer weitläufigen Vorstellung nicht apriorisch gültig, vgl. *Quine*, 60 PhilosRev 20 (1951).
[257] Näher zu dieser verhängnisvollen Orientierung an der Physik unten § 19 F. VII. 2.
[258] Näher zum menschlichen Denken oben § 2 D. IV.
[259] Stellv. *Friedman*, Essays in Positive Economics, 1953, S. 3 ff.

Angebots- bzw. Nachfragemengen aus. So mögen sich gewisse Vor- und Nachteile bei häufiger Wiederholung langfristig ausgleichen oder werden unprofessionelle Akteure je nach Markt schnell wieder verdrängt, so dass sich deren Verhalten statistisch-kollektiv nicht weiter auswirkt, treten Lernprozesse ein oder bildet „der Markt von ganz allein"[260] Institutionen aus, welche einzelne Störungen zumindest abmildern. Dann haben wir tatsächlich eine hilfreiche Vereinfachung, die einer dann unnötig komplizierten Sicht vorzuziehen ist.[261]

Auch normativ lässt sich diese Gleichgültigkeit gegenüber einzelnen Schicksalen und deren jeweiligen Besonderheiten jedenfalls dann noch oft aufrechterhalten, wenn man auf kollektive Ideale setzt, anstatt von rechtebasiert-individualistisch-liberalen Vorstellungen[262] auszugehen. Das mögen je nach persönlicher Vorliebe beispielsweise utilitaristisch-wohlfahrtsökonomische, nationalistische oder kommunistische Wertmaßstäbe sein. Notfalls dient der einzelne, vom Rationalverhalten abweichende Akteur dann eben als „Geldpumpe" und darf sich damit trösten, dass er mit seinen Anomalien „nicht evolutorisch stabil" sei.[263]

So verlockend es also erscheint, der Vielschichtigkeit menschlichen Denkens und Handelns dadurch zu entgehen, dass man positiv wie normativ kollektiv denkt, sollte man hier keinen allzu großen Hoffnungen unterliegen. Es wird uns mit hochgradig realitätsfremden Verhaltensannahmen bestenfalls für kleine Teilbereiche gelingen, unsere Welt – einschließlich der in ihr kulturell gewachsenen Wertvorstellungen – zu verstehen. Wie und was wir denken, wo unsere geistigen Grenzen liegen: All das beeinflusst nahezu sämtliche Lebensbereiche und gerade auch das Recht.[264] Dann bleibt es reine Scheinpräzision, mathematisch präzise unrealistische Thesen abzuleiten. Und es liefert dann keine akzeptable Ausrede, darauf zu verweisen, dass all das doch nur ein Modell sei, nur um wenige Minuten oder Zeilen später zu verlangen, das, was eigentlich „bloß ein Modell" ist, eben doch auf die reale Welt anzuwenden.[265]

Dabei sollte es uns bereits zu denken geben, wie oft die ökonomische Rationalitätsannahme selbst bei langfristig-kollektiven, auf der Interaktion sehr vieler Individuen beruhenden Phänomenen wie der Preisbildung auf wettbe-

---

[260] Tatsächlich beruht fast jeder Markt auf großen staatlichen Anstrengungen, näher oben § 16 D. II.

[261] So zumindest die gängige wissenschaftstheoretische Sicht, vgl. dazu insbes. *Popper*, Die Logik der Forschung, 10. Aufl. 1994.

[262] Näher zum Stellenwert liberalen Denkens im Vertragsrecht unten § 19 B.

[263] So jedenfalls *Schäfer/Ott*, Lehrbuch der ökonomischen Analyse des Zivilrechts, 4. Aufl. 2005, S. 70. Instruktiv dazu *Buchner*, MedR 2010, 1, 4.

[264] Siehe dazu hier nur oben § 17 A. sowie unten § 19 F. Weshalb ohne Psychologie auch keine Erkenntnistheorie möglich ist, vgl. dazu näher unten § 19 G. V.

[265] Siehe dazu etwa auch unten § 19 B. III.; § 19 C. III.; § 19 F. II.

werbsintensiven Märkten²⁶⁶ versagt. Die jüngste Finanzkrise ist hier nur ein besonders eindrucksvolles Beispiel. Derartige Fehlprognosen sind vor allem deshalb so folgenreich, weil sie verdeutlichen, dass wir uns *ex ante* nur sehr begrenzt darauf verlassen können, mit ökonomischen Annahmen komplexe soziale Phänomene zutreffend zu beschreiben.

Und selbst wenn man all das für Märkte noch bestreiten wollte, bricht die Hoffnung auf einen kumulativen Ausgleich einzelner geistiger Defizite oder auch situativer Abhängigkeitslagen jedenfalls dort zusammen, wo es um das hier zu untersuchende kulturelle Phänomen, nämlich das Vertragsrecht, geht. Denn hier betrachtet nahezu jede Rechtsordnung jeden einzelnen Vertrag für sich – und nicht gleich viele auf einmal.²⁶⁷ Kein Richter dieser Welt verweist einen Getäuschten²⁶⁸ einfach darauf, dass er bei späteren Transaktionen genauso seinerseits täuschen könne, sich also letztlich alles ausgleiche, oder gar, dass seine Einbuße durch die Vorteile anderer Personen aufgewogen würde.²⁶⁹ Auch denken wir nicht einmal daran, den Bedrohten oder Ausgebeuteten²⁷⁰ mit der Erwägung zu trösten, dass er ja seinerseits genauso drohend oder ausbeutend tätig werden könne. Und auch bei der inhaltlichen Bewertung betrachten wir bestenfalls die Äquivalenz des einzelnen Vertrags und nicht etwa die Reziprozität gleich einer umfassenden sozialen Beziehung.²⁷¹ Es interessiert das Vertragsrecht schlichtweg nicht, ob ein irrationales Verhalten oder eine situative Verquickung vielleicht dermaßen unwahrscheinlich ist, dass sie nie mehr wieder auftreten wird. Wir erwägen nicht einmal, uns auf solche Argumente einzulassen. Vielmehr betrachtet unser Vertragsrecht jeden einzelnen Menschen und jede einzelne Vertragssituation. Das zeigt sich spätestens dort, wo das Opfer darauf hoffen könnte, bei den allermeisten anderen Verträgen zu den „Starken" zu gehören und damit insgesamt zu profitieren. Dass es in Fall 45 ein Millionär ist, der ins Wasser fiel und ausgebeutet wurde, kümmert uns nicht. Millionäre, Gesunde, Starke, Gebildete oder Produktive genießen in unserer liberal-individualistischen Vertragsrechtsordnung keinen geringeren Schutz – wenn sie ihn denn einmal benötigen – als Arme, Kranke, Schwache, Einfältige oder Unproduktive.²⁷²

Dass wir zu einem dermaßen punktuellen Betrachtungsgegenstand geradezu verdammt sind, leuchtet dabei umso eher ein, je stärker wir uns von der irrealen Annahme uneingeschränkter menschlicher Denkfähigkeit befreien und stattdessen akzeptieren, dass Individuum wie Gesellschaft schon mehr als

---

²⁶⁶ Näher zu den Voraussetzungen solcher Märkte oben § 16 D. II.
²⁶⁷ Siehe zu dieser Einzelfallbetrachtung auch kurz oben § 17 A. III. 5. sowie eingehend unten § 19 E. I.
²⁶⁸ Näher oben § 17 D.
²⁶⁹ Die „Geldpumpe" lässt grüßen, vgl. oben Fn. 263.
²⁷⁰ Näher oben § 4.
²⁷¹ Näher oben § 4 B. III. 6. b) bb).
²⁷² Näher unten § 19 B. II. 1.; § 19 C. II. 1.; § 19 C. IV. 2. a); passim.

genug damit zu tun haben, überhaupt nur den einzelnen Vertrag zu bewältigen.[273] Und weil wir gar nicht anders können, als „nur" den einzelnen Vertrag jeweils für sich zu betrachten, können wir dann auch weder die Fehlerhaftigkeit menschlichen Denkens in all ihren Facetten ignorieren noch die ganze Vielschichtigkeit situativer Umstände, unter denen Verträge täglich geschlossen werden. Kurzum: Vertragsrechtlich müssen wir uns für jede noch so absurde, seltene, marginale und unwahrscheinliche persönliche wie situative Besonderheit interessieren, wenn sie sich nur in einem einzigen Vertrag auswirkt. Und genau deshalb müssen sämtliche kollektivistischen Vertragstheorien daran scheitern, das geltende Vertragsrecht treffend zu beschreiben.

All das schließt allerdings nicht aus, den Inhalt jedes einzeln zu würdigenden Vertrags mit Hilfe kollektiver Erscheinungen zu konkretisieren. Unser Vertragsrecht kennt staatlich – gesetzlich wie richterrechtlich – gesetzte Vertragsinhalte, berücksichtigt Sitte, Übung und Brauch, akzeptiert für eine große Vertragszahl formulierte Geschäftsbedingungen, überlässt die Produkt- wie Preisbildung vor allem dem Wettbewerb[274] und weiß sehr wohl, dass ein besserer Schutz den Geschützten auch mehr kostet.[275] Hier wird es dann auch vertragstheoretisch wichtig, derartige Prozesse zu berücksichtigen und damit auch zu verstehen – gerade mit Hilfe der Ökonomen. Doch dessen ungeachtet setzt das Vertragsrecht diese kollektivistischen Instrumente so ein, tariert die zeitlich wie personell verteilte Entscheidungsfindung mitsamt den Rahmenbedingungen so aus, dass uns jeder einzelne Vertrag für sich genommen und nicht erst in einer kollektiven Zusammenschau gerecht erscheint – nämlich das individualistisch-liberale Rechtfertigungsprinzip verwirklicht.[276]

2. *Differenzierungsversuche*

a) *Institutionen- und Verhaltensökonomik*

Wie wenig sich mit der ökonomischen Rationalitätsannahme treffend beschreiben lässt, wird auch in der Ökonomik zunehmend gesehen. Die spannende Frage ist allerdings, wie man mit dieser Erkenntnis umgeht.[277] Eine an sich sehr naheliegende Antwort besteht darin, die jeweiligen Modellannahmen weiter auszudifferenzieren, um sich der Realität so besser anzunähern. *Coase* formuliert dieses Anliegen wie folgt: "... modern economists ... express considerable dissatisfaction with what most economists have been doing, ... this dissatisfaction is ... with how it is used. The objection essentially is that

---

[273] Allgemein zu dieser Herausforderung oben § 17 A.
[274] Näher oben § 16 D.
[275] Näher unten § 19 C. IV. 2. b) aa).
[276] Siehe hier nur oben § 8 sowie zu dessen Liberalität unten § 19 B.
[277] Siehe zum Folgenden bereits *Rehberg*, in: Eger/Schäfer (Hrsg.), Zivilrechtsentwicklung, 2007, S. 284, 300 ff. sowie übergreifend oben § 17 A. und unten § 19 F.

the theory floats in the air. It is as if one studied the circulation of blood without having a body ... What should characterise modern institutional economics, and does to a considerable extent, is that the problems tackled are those thrown up by the real world ... Let us start with the man as he is".[278]

Ein erster Schritt, der noch bis zu einem gewissen Grad bei der traditionell-neoklassischen Rationalitätsannahme verbleibt, besteht darin, Information nicht mehr als frei verfügbar anzusehen. Damit wird sich jeder Akteur so lange zusätzliche Information besorgen, wie die mit der Beschaffung verbundenen Kosten den Nutzen der Information übersteigen.[279] Diese sogenannte Neue Institutionenökonomik ist mittlerweile fest in der Ökonomik verankert.[280] Doch ändert die Berücksichtigung von Informationskosten nichts an der nach wie vor gleichermaßen starren wie oft unzutreffenden Annahme, dass wenn Information nur kostengünstig „verfügbar" ist,[281] sie dann auch umfassend berücksichtigt wird. Es liegt daher nahe, auch diese Hypothese aufzuweichen. Genau das tut die Verhaltensökonomik (*behavioral economics*), wenn sie zwar „grundsätzlich" am klassischen Modell festhält, davon jedoch anhand psychologischer Erkenntnisse Ausnahmen zulässt.

b) Würdigung

aa) Epizykeltheorien
Dass diese Auffächerung der ökonomischen Modellannahmen realitätsnähere Ergebnisse zulässt, ist offensichtlich. Nicht ganz so offensichtlich scheint hingegen das grundlegende wissenschaftstheoretische Problem zu sein, das man sich einhandelt, wenn man verschiedenste Modellannahmen zulässt, ohne ein Kriterium dafür anzubieten, wann man was unterstellt. So abstrahierend die Neoklassik auch war, konnte sie doch mit wenigen, dafür aber verbindlichen Annahmen beanspruchen, wenigstens einen begrenzten Lebensbereich überzeugend abzubilden. Vor allem sah sie sich nicht dem Vorwurf ausgesetzt, durch eine letztlich beliebige, weil rein ergebnisorientierte Wahl von Modelldesign und eingesetzten Variablen nahezu jedes Ergebnis – *ex post* und *ad hoc* – „begründen" zu wollen. Es ist wissenschaftlich wertlos, ehemals verbindliche Hypothesen dergestalt aufzuweichen, dass man es reiner Willkür vorbehält, von welchen genauen Annahmen man jeweils ausgeht.[282] Und es hilft hier nicht einmal, sich – anders als Institutionen- und Verhaltensökonomik – we-

---

[278] *Coase*, 140 JITE 229, 230 (1984).
[279] Stellv. *Stigler*, 69 JPolitEcon 213 (1961).
[280] Mit dort so prominenten Vertretern wie *Coase*, 4 Economica 386 (1937); *Coase*, 3 JLawEcon 1 (1960); *Stigler*, 69 JPolitEcon 213 (1961); *Williamson*, Markets and Hierarchies, 1975 oder *Akerlof*, 84 Quarterly Journal of Economics 488 (1970).
[281] Vgl. aber dazu bereits oben § 17 E. III. 6. c) aa).
[282] Siehe hierzu neben *Popper*, Die Logik der Forschung, 10. Aufl. 1994, S. 97 ff., passim nur jede gängige Einführung in die Wissenschaftstheorie wie etwa die von *Chalmers*, Wege der Wissenschaft, 4. Aufl. 1999.

nigstens auf nur einige wenige Bausteine zu beschränken. Um das zu illustrieren: Auch die These, dass das, was wir im Einzelnen sehen, sich aus einigen wenigen Komplementärfarben zusammensetzt, begründet nicht, wie unsere Welt farblich aussieht. Oder um hier ein berühmtes Beispiel zu bemühen: Bekanntlich war es auch nach dem geozentrischen Weltbild möglich, den Verlauf der Himmelskörper recht exakt zu beschreiben. Hierzu musste nach der Epizykeltheorie „nur" immer dann eine weitere Differenzierung der Modellannahmen vorgenommen werden, musste man immer nur noch einen weiteren Kreis berücksichtigen, wenn Modell und Realität voneinander abwichen. Und doch wollen wir von solcher Trickserei heute nichts mehr wissen.[283]

Dabei hat es die Ökonomik noch leichter als die Astronomie, beschränken sich deren Vertreter gerade bei komplexen rechtlichen Fragen oft auf singuläre und nicht langfristige Phänomene wie den Verlauf von Planeten. Tatsächlich scheint die Institutionenökonomik die Epizykeltheorie bereits weit zu „übertrumpfen", liefert sie keine übergreifenden Maßstäbe dafür, wie im jeweiligen Modell die genaue Anzahl, Auswahl und Klassifizierung von Akteuren oder Gruppen, ihre konkreten Beziehungen untereinander, die jeweiligen Zielfunktionen, die genauen Informationsstände (z.B. über Präferenzen, Handlungen, Optionen oder sonstige externe Gegebenheiten), die rechtliche Ausgangslage,[284] die Rundenzahl, Interdependenzen usw. ausgestaltet werden. Aber auch ein komplexes rechtliches Umfeld muss für eine einigermaßen realistische Theoriebildung vorausgesetzt werden. Gerade funktionierende Märkte können nicht einfach als Naturphänomen unterstellt werden, sondern bilden das Ergebnis umfassender rechtlicher Anstrengungen.[285] Dabei sind solche rechtliche Rahmenbedingungen in dermaßen vielfältigen Formen denkbar – allein Institutionen wie das Eigentum erweisen sich in ihrem konkreten Inhalt als sehr verschieden ausgestaltbar –,[286] dass sich nicht erkennen lässt, wie hier der Anspruch aufrechterhalten werden kann, für einen größeren Lebensbereich *ex ante* klare und verbindliche Modellannahmen zu benennen, auf deren Basis sich dann gar vielleicht noch eine Zielfunktion formulieren und maximieren ließe.[287]

---

[283] Diese Darstellung der Astronomiegeschichte in einem einzigen Satz ist hochgradig vereinfachend und damit teilweise auch unfair, was hier jedoch unschädlich ist, weil es allein darum geht, eine wissenschaftstheoretische Binsenweisheit möglichst einfach zu illustrieren. Zum realen Hintergrund vgl. nur etwa *Dreyer*, History of Astronomy, 2. Aufl. 1953, S. 149 ff.

[284] Eingehend zu deren Bedeutung oben § 2 A. II. 2.; § 2 D. I. 4. b); § 3 A. IV.; § 4 C. I. 1. sowie unten § 19 F. VI.; passim.

[285] Näher oben § 16 D. II.

[286] Näher oben § 2 C. III.

[287] Näher zu diesem ganz grundlegenden Problem eines wissenschaftlichen Umgangs mit Komplexität unten § 19 F. VII.

Die Verhaltensökonomik verschärft diese ohnehin schon prekäre Situation ein weiteres Mal. Denn jetzt soll die Rationalitätsannahme zwar „prinzipiell" aufrechterhalten werden. In „bestimmten" Situationen sei es jedoch notwendig, „bestimmte" Formen irrationalen Handelns zu berücksichtigen. Hierzu werden dann diverse psychologische „Phänomene"[288] wie kognitive Dissonanzen, Informationsüberlastung, Framing, Trägheit oder Willensschwäche rein ergebnisorientiert überall dort aufgegriffen, wo die klassischen Modellannahmen versagen, also die Diskrepanz von Theorie und Realität zu offensichtlich wird. Man bemüht also nicht mehr nur den üblichen – ohnehin schon äußerst üppigen – Katalog derjenigen Stellschrauben, die allein die Institutionenökonomik bietet, sondern greift dann noch in den psychologischen Baukasten. Nach welchen Maßstäben das erfolgt, also wann wir welches geistige Defizit berücksichtigen, wird nicht beantwortet. Hauptsache, das zu „erklärende" Ergebnis stimmt. Bisweilen wird dieses Vorgehen sogar offen propagiert, etwa wenn die Rationalitätsannahme „... eigentlich viel eher als eine Anweisung an den Forscher zu verstehen ist, nicht eher zu ruhen, als bis er das beobachtbare Verhalten in einer Weise erklärt hat, die es als Reaktion auf die Anreizbedingungen ‚verständlich' werden, d.h. ‚rational' erscheinen, lässt."[289]

bb) Beschränkte Rationalität?
Wohl auch um diesem Dilemma zu entgehen, findet sich in der Ökonomik – und spätestens hier gerät die Unterscheidung von Institutionen- und Verhaltensökonomik ins Fließen – die Vorstellung einer „beschränkten Rationalität". Danach entfaltet sich rationales Verhalten innerhalb verschiedenster Rahmenbedingungen, intern wie extern, zu denen man nunmehr auch die Begrenzungen des menschlichen Kopfes selbst zählt. Dieses Gehirn fungiert gewissermaßen als Hilfsmittel, das – wie jede andere Rechenmaschine auch – nur begrenzt leistungsfähig ist. *Simon* etwa spricht von einem Verhaltensmodell, „... that is compatible with the access to information and the computational capacities that are actually possessed by organisms, including man, in the kinds of environments in which such organisms exist."[290] So gesehen kann es dann auch wieder „rational" sein, Faustformeln, Heuristiken – der Jurist würde einfach sagen: Regeln –[291] zu verwenden, anstatt komplizierte mathemati-

---

[288] Siehe hier nur die Übersicht einiger für das Anlegerverhalten relevanter Anomalien bei *Oehler*, Die Erklärung des Verhaltens privater Anleger, 1995, S. 26 ff.
[289] So *Homann/Suchanek*, Ökonomik, 2. Aufl. 2005, S. 367. Immerhin wird dieses Problem oft gesehen und diskutiert, vgl. etwa aus der englischsprachigen Diskussion *Arlen*, 51 Vanderbilt Law Review 1765, 1768 (1998); *Hillman*, 85 Cornell Law Review 717, 718 (2000); *Kelman*, 50 Stanford Law Review 1577, 1586 (1998); *Posner*, 50 Stanford Law Review 1551, 1552, 1559 ff. (1998).
[290] *Simon*, 69 Quarterly Journal of Economics 99 (1955).
[291] Näher zur Regelbasierung jedes mit Komplexität konfrontierten Denkens unten § 19 F. V.

sche Berechnungen anzustellen, zu denen unser Gehirn nun einmal nicht fähig ist. Wie jedoch bereits eingehend illustriert wurde, erweist sich diese Hoffnung schnell als Illusion. Wir können Rationalität nicht dergestalt von unseren biologisch-geistigen Rahmenbedingungen trennen, um so dann zu erklären, warum der Mensch nicht all diejenige Information mathematisch perfekt in praktisches Handeln umsetzt, die ihm rein körperlich gesehen eigentlich zugänglich wären.[292] Wie sehr die Ökonomik auch hier an ihre Grenzen stößt, ermittelte *Gordley* besonders amüsant: „I have put a hypothetical case to five well-known economists and members of the law and economics movement, one of whom won the Nobel prize. A man whose yacht was sinking ... got into a lifeboat with a six-pack of beer, which is all that he had on the yacht to drink. He knew (never mind how) that if he drank one can each day, he would survive. Instead, he drank four cans the first day, two the second, and was found dead on the sixth. Is this efficient? Four economists said yes. The fifth (as it happens, the Nobel prize winner), said that it couldn't happen."[293]

cc) Laienpsychologie
Noch in einer anderen Hinsicht begibt sich die Verhaltensökonomik auf gefährliches, weil nach wissenschaftlichen Maßstäben unfundiertes Terrain: Wie bereits eingangs betont[294] fragt die Ökonomik nicht etwa offen, wie der Mensch tatsächlich denkt und handelt. Es wird keineswegs voller Neugier untersucht, wie sich die ganze Vielschichtigkeit menschlichen Verhaltens wissenschaftlich erfassen und damit gleichermaßen treffend wie verallgemeinernd beschreiben lässt. Praktisch gesehen verwundert das nicht, fehlt der Ökonomik jeglicher eigene methodische Ansatz (und damit auch jede diesbezügliche Forschungstradition), um sich dieser Aufgabe spezifisch ökonomisch zu widmen. Vielmehr sind es andere Disziplinen wie die Psychologie, Biologie, Medizin, Kulturgeschichte oder Anthropologie, die nicht bestimmte Verhaltensweisen unterstellen, sondern dieses Verhalten erst ergründen wollen.[295] Damit agieren in der Verhaltensökonomik (wie auch in all den anderen fachfremden Disziplinen) weithin psychologische Laien, d.h. Personen ohne fundierte wissenschaftliche Ausbildung und praktische Erfahrung auf diesem Gebiet. Ganz im Gegenteil werden Wirtschaftswissenschaftler in ihrer Ausbildung von klein auf darauf getrimmt, getreu der so limitierten ökonomischen Grundannahmen all die Vielschichtigkeit und Komplexität menschlichen Verhaltens auszublenden, die das reale Leben auszeichnet. Kurzum: Schlechtere Ratgeber

---
[292] Siehe dazu bereits oben § 17 E. III. 6. c) aa) (sowie auch oben § 17 E. III. 4.).
[293] *Gordley*, in: Benson (Hrsg.), Theory, 2001, S. 265, 274. Vgl. zur begrenzten Aussagekraft von „Präferenzautonomie" auch oben § 4 B. V.
[294] Oben § 17 E. IV. 1. a).
[295] Instruktiv dazu etwa die Einführungen bei *Wilson/Keil* (Hrsg.), The MIT Encyclopedia of the Cognitive Sciences (MITECS), 1999, S. xv ff.

in psychologischen Fragen als ausgerechnet Wirtschaftswissenschaftler kann man sich schwer vorstellen.

dd) Wenige isolierbare Anomalien?
So gesehen verwundert es dann auch nicht, wenn hier nicht nur abseits wissenschaftstheoretischer Sensibilität „je nach Bedarf mal eben" diverse „Irrationalitäten" angenommen werden,[296] sondern sich auch inhaltlich naive Vorstellungen dergestalt finden, als gebe es eine überschaubare Anzahl klar definierbarer und in ihrer praktischen Relevanz ohne Weiteres eingrenzbarer „Verhaltensanomalien", auf die sich dann zurückgreifen ließe. Wer sich jedoch nicht etwa über den Filter ökonomischer Darstellungen, sondern direkt mit Hilfe insbesondere von Psychologen über das menschliche Denken informiert – und sei es nur anhand gängiger Lehrbücher für Erstsemester –, wird schnell merken, wie aussichtslos die Hoffnung ist, mit einigen wenigen Korrekturen der ökonomischen Rationalitätsannahme auszukommen.

Um das hier anhand einiger gängiger „Anomalien" zu illustrieren: Viele der psychologischen Phänomene, die von Behavioral Economics so gerne bemüht werden, sind nicht nur biologisch-chemisch bestimmt, sondern auch kulturell. Beim so beliebten „Besitzeffekt"[297] etwa ist das, was der Einzelne als ihm gehörig einordnet, bereits das Ergebnis einer stark von rechtlichen und sittlichen Vorstellungen beeinflussten Wertung, um die es uns zum einen oft erst gerade geht, und die sich zum anderen wandeln kann. Auch hier begegnet uns das für jede Reißbretttheorie so unangenehme, aber für komplexe Umfelder typische Phänomen der Geschichtlichkeit unseres Denkens.[298] Leider sucht man in verhaltensökonomischen Arbeiten vergeblich nach Aussagen darüber, was denn der jeweilige kulturelle Rahmen sein soll, auf dessen Basis es dann erst sinnvoll wäre, von einem Besitzeffekt zu sprechen. Dabei ist die Liste solcher kulturabhängiger, nicht rein naturwissenschaftlich isolierbarer „Anomalien" lang. Geradezu aufdrängen muss sich dieses Problem beim „Framing".[299] Aber auch bei der in den letzten Jahren in Mode geratenen Debatte um dispositive Vorgaben (Stichworte: „nudging" oder „libertarian paternalism")[300] sollte bei näherer Betrachtung einleuchten, dass wir für ernstzunehmende Beschreibungen oder gar politische Ratschläge erst einmal berücksichtigen und damit auch theoretisch erfassen müssen, wie genau die jeweiligen kulturellen Einflüsse aussehen, denen der Mensch dann vielleicht allzu träge nachhängt.

---

[296] Dazu bereits oben § 17 E. IV. 2. b) aa).
[297] *Knetsch*, 79 AmEconRev 1277 (1989); *Kahneman/Knetsch/Thaler*, 98 JPolitEcon 1325 (1990).
[298] Näher oben § 2 A. II. 2.; § 2 D.; § 3 A. IV.; § 4 C. I. 1. oder unten § 19 F. VI.; passim.
[299] Stellv. *Tversky/Kahneman*, 211 Science 453 (1981).
[300] Stellv. *Camerer/Issacharoff u.a.*, 151 UPennLawRev 1211 (2003); *Korobkin*, 70 UChicagoLawRev 1203 (2003); *Sunstein/Thaler*, 70 UChicagoLawRev 1159 (2003) und *Thaler/Sunstein*, Nudge, 2008. Siehe zu alldem auch die Nachweise oben bei § 16 Fn. 70.

Viele der verhaltensökonomisch gerne bemühten „Anomalien" sind auch viel zu unspezifisch, als dass sie sich für wissenschaftliche Untersuchungen eignen würden. So käme kein Psychologe auf die Idee, „(Ir-) Rationalität" als wissenschaftliches Phänomen umfassend untersuchen zu wollen.[301] Genauso sind allenfalls psychologische Laien, nicht aber professionelle Angehörige dieser Disziplin, so mutig, „Willensschwäche" als psychologisches Phänomen verbindlich-verallgemeinernd für eine größere Bandbreite von Fällen zu beschreiben und so als losgelösten Baustein einer im Übrigen apsychologischen Modellbildung zu verwenden.[302] Und auch „kognitive Dissonanzen" lassen sich in Voraussetzungen und Konsequenzen nicht dermaßen klar und allgemein beschreiben, dass sich dies dann einfach als kleinere Komplikation in ein ökonomisches Modell einbauen und so gleich für eine größere Bandbreite verschiedenster Anwendungsfälle verwenden ließe. Tatsächlich wird in der Verhaltensökonomik bei diesem Stichwort meistens nur ein nachrangiger Aspekt gesehen und diskutiert, nämlich eine aus ökonomischer Rationalitätssicht fehlerhafte Informationsverarbeitung. Viel entscheidender und für jeden Umgang mit Komplexität geradezu fundamental sind kognitive Dissonanzen jedoch in einer ganz anderen Hinsicht, verdeutlicht dieses Phänomen besonders deutlich, dass der Mensch Schritt für Schritt, in ständigem Austausch mit seiner Umwelt, eine innere Weltsicht aufbaut und fortwährend anpasst.[303] Das wiederum führt zur Geschichtlichkeit menschlichen Denkens und damit auch zu all jenen anderen Wissenschaften, die sehr viel gründlicher methodisch berücksichtigen, was der Mensch leisten kann.[304]

Aber auch die zunehmend bemühte Informationsüberlastung (englisch: *information overload*) ist kein psychologisch klar identifizierbares Phänomen, das man für bessere Vorhersagen einfach nur der klassischen Rationalitätsvorstellung beiseite stellen müsste. Selbst die maßgebenden Autoren treten hier äußerst zurückhaltend auf.[305] Denn tatsächlich ist die gesamte menschliche Informationsverarbeitung, also unser Denken insgesamt und damit der kom-

---

[301] Was insbesondere mit dem zuschreibenden Charakter zusammenhängt, vgl. oben § 17 E. III. 6.

[302] Natürlich gibt es psychologische Phänomene wie etwa die einer „Triebhemmung" und dazu interessante Arbeiten wie den berühmten „Marshmallow-Test" (vgl. hier nur *Mischel/Yuichi/Rodriguez*, 244 Science 933 (1989); *Mischel/Yuichi/Peake*, 26 Developmental Psychology 978 (1990)). Doch ändert das nichts an der Schwierigkeit, eine Fallgruppe „willensschwachen Verhaltens" dermaßen klar zu definieren und von anderen Phänomenen zu trennen, dass man diese dann *ex ante* auf eine große Bandbreite von Fällen einheitlich anwenden könnte.

[303] Näher oben ab § 2 D. IV. 4.

[304] Näher zum rechtlichen Umgang mit Unwissenheit oben § 17 A. sowie unten § 19 F. Erkenntnistheoretisch vgl. auch unten § 19 G. V.

[305] Siehe dazu *Jacoby/Speller/Kohn*, 11 Journal of Marketing Research 63 (1974); *Jacoby/Speller/Kohn*, 1 The Journal of Consumer Research 33 (1974) sowie die Rückschau in *Jacoby*, 10 Journal of Consumer Research 432 (1984) m.w.N.

plette Untersuchungsgegenstand der Psychologie, von dem Problem geprägt, dass wir nicht sämtliche körperlich-äußerlich „verfügbare"[306] Information mathematisch korrekt verarbeiten können. So gesehen geht es immer um Informationsüberlastung. Es ist also zwar weiterhin extrem wichtig, endlich die nur begrenzten geistigen Kapazitäten des Menschen inhaltlich wie bereits vom methodischen Grundansatz her zu berücksichtigen.[307] Doch führt genau das zur Vielschichtigkeit menschlichen Verhaltens und nicht zu einigen wenigen Phänomenen wie dem einer „Informationsüberlastung". Dementsprechend sollte man zwar nach wie vor darauf hinweisen, dass es dem Menschen wenig hilft, bloß mit immer mehr Information überschüttet zu werden.[308] Doch ist das nicht die Konsequenz der vermeintlich isolierbaren „Anomalie" eines „eigentlich" rationalen Verhaltens, sondern nur eine kleine Facette des immer und überall begrenzten menschlichen Denkens. Aus dem gleichen Grund drückt etwa auch die Rede von einer Heuristik nur die banale Einsicht aus, dass wir angesichts unserer menschlichen Grenzen auf möglichst einfache Verhaltensmuster – oder anders formuliert: Regeln[309] – zurückgreifen. Tatsächlich ist der ganze menschliche Kopf eine einzige Heuristik – genauso wie das gesamte Recht mit seinen auf begrenzten Merkmalen aufbauenden Tatbeständen.

Wie leichtfertig die Verhaltensökonomik oft mit „Irrationalitäten" hantiert, verdeutlicht schließlich auch die Rede vom „Status Quo-Bias", der uns Menschen leider dazu verleite, am vorgefundenen Zustand festzuhalten, anstatt gegenüber jeder Abweichung gleichermaßen offen zu sein.[310] Doch lehrt nicht nur die Psychologie – wenn man sie denn befragt –, dass Geschichtlichkeit einen zentralen Baustein zur Bewältigung von Komplexität bildet und daher nicht nur das menschliche Denken durchgreifend prägt. Die starke Orientierung an einem Status Quo ist für real lebende Menschen in einer realen Welt schlichtweg überlebensnotwendig.[311]

3. Fazit

a) Disziplinäre Arbeitsteilung

Nicht nur aus vertragstheoretischer Sicht ist die ökonomische Rationalitätsannahme skeptisch zu beurteilen. So geht es hier um einen stark zuschreibungs-

---

[306] Vgl. dazu oben § 17 E. III. 6. c) aa).
[307] Siehe dazu wiederum die Verweise oben in Fn. 304.
[308] Stellv. *Grunewald*, AcP 190 (1990), 609; *Kind*, Grenzen, 1998, S. 466 ff.; *Rehberg*, in: Eger/Schäfer (Hrsg.), Zivilrechtsentwicklung, 2007, S. 284; *Schön*, FS Canaris, Bd. 1, 2007, S. 1191 jeweils m.w.N.
[309] Näher § 19 F. V. Zum menschlichen, regelbasierten Lernen vgl. oben § 2 D. IV. 4. (oder hier nur grdl. *Wallis/Anderson/Miller*, 411 Nature 953 (2011)).
[310] Stellv. *Samuelson/Zeckhauser*, 1 JRiskUncertainty 7 (1988).
[311] Siehe dazu nur etwa oben § 2 D. IV.; § 2 D. V.; § 17 A. III. 2. oder unten § 19 F. VI.

bedürftigen Begriff, der nicht etwa ein raumzeitlich identifizierbares, reales Phänomen beschreibt, das man dann auf seine Eigenschaften hin untersuchen könnte. Zudem hat das, was Ökonomen als rational verstehen, mit realem menschlichen Verhalten wenig gemein. Mag sich das bei manchen kollektiven Phänomenen wie der Preisbildung auf wettbewerbsintensiven Märkten noch wenig auswirken, lässt sich das für die große Masse sozialer Phänomene – geschweige denn das auf jeden einzelnen Vertragsschluss schauende Vertragsrecht – nicht sagen. Hier führt die falsche Annahme auch zu falschen Schlüssen. Zudem wird gerne überschätzt, was ein einzelner Begriff wie Rationalität wissenschaftlich leisten kann, da das für uns relevante menschliche Verhalten viel zu vielschichtig ist, als dass wir es für rechtliche Anliegen einheitlich unter nur einem einzigen Begriff erfassen könnten. Verallgemeinerung ist zwar wissenschaftstheoretisch erwünscht – doch nicht um den Preis eklatant falscher Aussagen. Dabei gibt es zu denken, wenn sich in der Ökonomik mit Eigennutzannahme und Präferenzautonomie gleich noch zwei weitere Grundannahmen finden, die sehr viel offen lassen, wenn man nur ein wenig genauer nach deren Inhalt fragt.[312] Und wollen wir ergebnisoffen erfahren, wie der Mensch tatsächlich denkt, sollte man für psychologische Fragen lieber einen „einfachen" Psychologen fragen anstatt selbst eines Nobelpreisträgers für Ökonomik (einschließlich so schlauer Köpfe wie *Simon*, *Schelling* oder *Selten*), der sich als fachfremde Person zu solchen Phänomenen äußert. Gerade weil das menschliche Denken auch für juristische Tatbestände so wichtig ist, wir die begrenzten geistigen Fähigkeiten bereits im Grundansatz berücksichtigen müssen,[313] können wir es nicht riskieren, uns für psychologische Einsichten nicht direkt an die Psychologie zu wenden, sondern ausgerechnet auf den Filter ökonomischer Zweitverwertung zu setzen. Denn anders als die Ökonomik käme kein Psychologe auf die Idee, menschliches Denken und Handeln dadurch verallgemeinernd zu beschreiben, dass er einen Baukasten einzelner „Irrationalitäten" zusammenstellt, auf den wir dann vermeintlich nur noch zugreifen müssen. Er muss das auch nicht, sondern kann sich dem menschlichen Denken ergebnisoffen widmen, anstatt sich – ausgehend von einer untauglichen Rationalitätsannahme – langsam und widerstrebend damit anzufreunden, wie sehr sich seine Annahme als unzutreffend erweist.

Wohl aber sollten wir den Ökonomen überall dort aufmerksam lauschen, wo sie mit spezifisch ökonomischen Erkenntnissen aufwarten, die sich tatsächlich als belastbar und juristisch relevant erweisen. Leider geschieht das viel zu selten – und zwar nicht nur bei der klassischen Materie von Markt und Wettbewerb,[314] sondern auch im Vertragsrecht. Schließlich bilden Vertragsin-

---

[312] Zur Eigennutzannahme vgl. oben § 3 B. II. 3.; § 17 E. III. 6. c) sowie zur Präferenzautonomie oben § 4 B. V. (oder auch das Zitat oben bei Fn. 293).
[313] Näher unten § 19 F.
[314] Dazu etwa oben § 16 D. oder unten § 19 C. IV. 2. b).

halte das Ergebnis einer zeitlich wie personell oft ausgeklügelten Optimierung, weil wir rechtliche Einbußen nur so weit hinnehmen, wie das für die eigenen Ziele unbedingt notwendig ist. Zu solchen Fragen hat die ökonomische Analyse des Rechts viel Interessantes beizutragen.[315] Ein anderes Beispiel für die wertvollen Einsichten der Ökonomik bilden die institutionen-ökonomischen Arbeiten zur Wirkungsweise von Signalen oder Reputationsmechanismen.[316] Und selbst vermeintlich so schlichte Aspekte wie die Berücksichtigung von Opportunitätskosten oder die Einsicht, dass jede zwingend angeordnete „Wohltat" letztlich eingepreist und damit vom so Begünstigten selbst getragen wird,[317] müssten wir erst einmal konsequent beherzigen. Doch nicht nur Vertragsinhalte werden fortwährend optimiert, sondern unsere ganze Gesellschaft rationalisiert sich zusehends, wie besonders *Max Weber* eindrucksvoll beschreibt. Am erfolgreichsten und konsequentesten in ihren Optimierungsanstrengungen ist schließlich die biologische Evolution.

b) Auf zu neuen Ufern?

Nun ist es nicht so, dass die hier nur angedeuteten Probleme der Ökonomik gänzlich unbekannt wären – ganz im Gegenteil repräsentieren die bisher eingestreuten kritischen Stimmen ein sehr breites Spektrum.[318] Ökonomen diskutieren bereits lange und intensiv über Notwendigkeit und Inhalt eines Paradigmenwechsels[319] – und hier ist diese sonst so inflationär erhobene Forderung tatsächlich einmal angebracht. Dass es zu einem solchen Wandel bis heute nicht gekommen ist, hat vor allem einen Grund: Andere Felder und Methoden sind schon lange besetzt und lassen damit der Ökonomik – eine wie die Soziologie sehr junge Wissenschaft – nur noch wenig Raum. Wollte man etwa unvoreingenommen und damit losgelöst von irgendwelchen Rationalitätsannahmen erforschen, wie der einzelne Mensch wirklich denkt und handelt, würde man schnell feststellen, dass insbesondere die Psychologie genau das – zusammen mit vielen anderen Wissenschaften wie der Biologie oder Medizin – bereits professionell betreibt. Hier hätte man also als Wissenschaftler einfach das falsche Fach gewählt, genauso wie Ökonomen wenig dazu geeignet wären, evolutionsbiologische Erwägungen anzustellen. Noch am fruchtbarsten wäre die Rückbesinnung auf stärker historisierende, umfassend beschrei-

---

[315] Näher oben § 3 A. IV. 1.; § 3 C. I. Ein gutes Beispiel im Rahmen der Leistungsstörungen bildet *Koller*, Risikozurechnung, 1979, dessen Argumente der Verfasser dementsprechend gerne aufgreift (vgl. oben § 6 E.).

[316] Siehe hier nur – besonders klassisch – *Akerlof*, 84 Quarterly Journal of Economics 488 (1970) oder *Williamson*, Markets and Hierarchies, 1975.

[317] Näher unten § 19 C. IV. 2. b) aa).

[318] Aus Sicht der Institutionenökonomik siehe etwa auch bemerkenswert deutlich *Richter/Furubotn/Streissler*, Neue Institutionenökonomik, 4. Aufl. 2010, S. 551 ff. Vgl. auch oben § 2 D. V. 4. speziell zur Geschichtlichkeit unserer Erkenntnis.

[319] Siehe zu diesem Begriff *Kuhn*, Revolutionen, 2. Aufl. 1976.

bende und damit gewissermaßen „klassisch geisteswissenschaftliche" Herangehensweisen. Doch sollte man sich hier keinen Illusionen hingeben: Solange bei typischen Ökonomen etwa die historische Schule eines *Schmoller*[320] oder auch der daraus erwachsene Ordoliberalismus[321] mitleidsvoll betrachtet wird und auch die Vorgehensweise eines *North*[322] – Nobelpreis hin oder her – ein Nischendasein fristet, sind durchgreifende Fortschritte nicht zu erwarten. Um aus ihrer Enge auszubrechen, müsste diese Disziplin erst einmal die Illusion aufgeben, man könne sich am strahlenden Vorbild der Physik orientieren und gleich dieser mit einfachsten Annahmen, dafür aber anspruchsvoller Mathematik, weite Felder präzise beschreiben. Ein solcher Wandel wird nicht so schnell eintreten. Vielmehr ist jedem jungen Menschen, der in den Wirtschaftswissenschaften reüssieren möchte, vor allem zum Mathematikstudium zu raten – denn die Umsetzung der dort gelernten Kenntnisse ist dann nur noch ein Kinderspiel. Dabei bildet gerade die Statistik ein willkommenes Feld, denn notfalls betreibt man diese ohne eigene brauchbare Theorie[323] – und Ökonomen sind oft hervorragende Statistiker, die angesichts ihrer mathematisch ausgerichteten Ausbildung und Forschung oft fundierter und damit erfolgreicher vorgehen als viele ihre Kollegen aus anderen sozialwissenschaftlichen Disziplinen.

Ganz sicher nicht den erhofften Durchbruch wird uns allerdings die Verhaltensökonomik bescheren, macht diese nahezu alles falsch, was man angesichts unserer begrenzten Geistesfähigkeiten nur falsch machen kann. Anstatt dieses Faktum von Grund auf – methodisch wie inhaltlich – zu beherzigen, wird hier die illusionäre Vorstellung, man könne Handlungsempfehlungen rein ahistorisch mittels Optimierung einer Zielfunktion unter Nebenbedingungen ableiten,[324] noch dadurch verkompliziert, dass man die ökonomische Verhaltensannahme durch eine bunte Vielfalt diverser „Verhaltensanomalien" ergänzt, derer man sich dann *ad hoc* und *ex post* bedient. Dabei gäbe es so viele fruchtbare Möglichkeiten, um elementare psychologische Fakten zu beherzigen.[325]

---

[320] Stellv. *Schmoller*, Über einige Grundfragen der Sozialpolitik und der Volkswirtschaftslehre, 2. Aufl. 1904, S. 311 ff. Übergreifend dazu *Backhaus* (Hrsg.), Historische Schulen, 2005.

[321] Näher zu diesem oben § 16 D. III. 3.

[322] Stellv. *North*, Institutions, Institutional Change, and Economic Performance, 1990.

[323] Ganz ohne Annahmen – und seien diese auch nur unterschwellig oder aus anderen Disziplinen übernommen oder gar angeboren – geht es auch bei rein empirischem Arbeiten natürlich nicht, vgl. hier nur zum „naiven Induktivismus" *Chalmers*, Wege der Wissenschaft, 4. Aufl. 1999, S. 8 ff., zumal diese Einsicht letztlich – in Auseinandersetzung etwa mit *Hume* – zur Erkenntnistheorie eines *Kant*, Kritik der reinen Vernunft, 2. Aufl. 1787 führte. Näher zu diesem unten § 19 G.

[324] Näher zur Problematik solcher Reißbretttheorien unten § 19 F. VII.

[325] Näher etwa unten § 19 F. sowie speziell für das Vertragsrecht oben § 17 A.

Letztlich entfaltet die Verhaltensökonomik vor allem einen wichtigen didaktischen Effekt innerhalb der Wirtschaftswissenschaften, ohne dass das immer für andere Disziplinen weiterführend wäre. Schon die Institutionenökonomik hatte den begrüßenswerten Effekt, dass sich nunmehr auch Mainstream-Ökonomen aufgeschlossen für rechtliche Institutionen wie das Eigentum oder das Vertragsrecht zeigten oder gar akzeptierten, dass selbst der Verbraucherschutz kein Werk des Teufels ist.[326] Und kam früher noch so mancher Student aus dem Ausland zurück, wo er – leider erstmals, weil im Inland selten angeboten – einen Law & Economics-Kurs besucht hatte, um mit leuchtenden Augen „mal eben" über Jahrhunderte etablierte Unterscheidungen[327] sowie staatliches Handeln als unnötig zu verwerfen, berichtet der gleiche Typus nunmehr oft mit nicht minder verklärter Miene, dass wir doch unbedingt berücksichtigen müssten, dass der Mensch nicht immer rational agiere – das habe auch die jüngste Finanzkrise bewiesen. Wahrlich: Über solche Einsichten sollten wir Juristen dankbar sein. Denn nunmehr können wir die ganze Vielfalt alter wie neuer Schutzvorschriften nahezu jedes Rechtsgebiets (mitsamt den dafür immer schon vorgebrachten Argumenten) als die „Berücksichtigung neuester verhaltensökonomischer Erkenntnisse" präsentieren – in unserer heutigen Wissenschaftslandschaft ein nicht zu unterschätzender Vorteil.

V. Vertragsbindung als Rationalitätsproblem?

Bereits eingangs dieser Arbeit wurde verwundert dargelegt, dass es bei Licht betrachtet nicht viele Vertragstheorien gibt, die sich durch einen eigenen Tatbestand und nicht nur eine abweichende Begründung auszeichnen.[328] Umso mehr freut man sich, wenn dann möglicherweise[329] doch ein neuer Gedanke auftaucht, mag dieser vielleicht auch nicht über jeden Zweifel erhaben sein. Originalität verdient Anerkennung – zumal in einer so traditionsreichen und schon immer vielschichtigen Diskussion wie der zum Vertrag. Schon deshalb lohnt ein Blick, wie namentlich[330] *Elster* und *Schelling*[331] inspiriert durch verhaltensökonomische Diskussionen versuchen, aus der Existenz irrationalen Verhaltens zumindest ein zusätzliches Argument für rechtliche Bindungen ab-

---

[326] Stellv. *Shapiro*, 139 JITE 527, 528 (1983): „The economics of consumer protection is the economics of information."

[327] Siehe dazu als praktisches Beispiel zum „Wettbewerb" der Rechtsordnungen oben § 16 E. sowie allgemein zur notwendigen Geschichtlichkeit des menschlichen Denkens oben § 2 D. IV.; § 2 D. V. oder unten § 19 F. VI.

[328] Oben § 1 C. I.

[329] Letztlich wird sich diese Hoffnung zerschlagen, näher unten § 17 E. V. 3. b) dd).

[330] Diese Gedanken werden bisweilen auch hierzulande aufgegriffen, etwa wenn nach *Gutmann*, Freiwilligkeit als Rechtsbegriff, 2001, S. 23 „... Selbstbindung der Königsweg [ist], um die Konsistenz von Präferenzen in der Zeit sicherzustellen."

[331] *Schelling*, Choice and Consequence, 1984 (vgl. dort insbes. Kapitel 3 und 4).

zuleiten.[332] *Elster* etwa schreibt: „The general thesis being defended is that binding oneself is a privileged way of resolving the problem of weakness of will; the main technique for achieving rationality by indirect means."[333] Das ist schon deshalb bemerkenswert, weil man Irrationalitäten wie die dort bemühte Willensschwäche[334] selten an den Anfang vertragstheoretischer Überlegungen stellt, sondern eher als weitere Komplikation ähnlich der Irrtumsproblematik einstuft. Auch diese Arbeit macht davon ersichtlich keine Ausnahme.[335]

1. Selbstbeschränkung

Gedanklicher Ausgangspunkt dieser Arbeiten ist die noch wenig spektakuläre Einsicht, dass es uns Menschen bisweilen hilft, gewisse Handlungen erst gar nicht vornehmen zu können, nämlich letztlich all diejenigen, die wir als irrational bzw. für uns schädlich ansehen. Als Kronzeuge darf hier *Odysseus* herhalten, der sich an den Mast binden ließ, um zwar den Gesang der Sirenen hören und ihm verfallen, nicht jedoch danach handeln zu können.[336] Es entstehe das Paradox einer Freiheit durch Bindung.[337] Und wie jeder weiß und bisweilen praktiziert, können wir oft vorausblickend solche Rahmenbedingungen schaffen, die uns bestimmte Entscheidungen zu einem späteren Zeitpunkt erschweren. Wer sich etwa das Rauchen abgewöhnen möchte, mag in einem starken Moment all seine Zigaretten und Feuerzeuge entsorgen und sämtliche Freunde bitten, ihm trotz späterer Aufforderung keine Zigaretten mehr auszuhändigen. Nach diesem Schema lassen sich nun alle möglichen Situationen, (Selbstüberlistungs-) Strategien und Gefährdungen diskutieren, wie sie sich im täglichen Leben vielfältig darbieten. *Schiller* wie *Elster* tun das ausführlich und instruktiv – Letzterer sogar unter oft auch belletristischer Auswertung.[338]

---

[332] Wie weit genau der vertragstheoretische Anspruch der genannten Autoren reicht, wird nicht immer klar. *Gutmann*, Freiwilligkeit als Rechtsbegriff, 2001, S. 26 jedenfalls bemüht diesen Gedanken: „Die rechtliche Durchsetzbarkeit von bindenden Vereinbarungen ist, bleibt man in diesem Bild, eine grundsätzliche Entscheidung zugunsten der Entscheidungsmacht des früheren Selbst und gegen die Interessen eines ‚späteren Selbst' derselben Person, das sich unter Umständen lieber frei von vertraglichen Verpflichtungen sähe. Dies gilt als Grundsatz jedenfalls insoweit, als die Interessen von Vertragspartnern dies gebieten."

[333] *Elster*, Ulysses and the Sirens, 1979, S. 37, 39, passim.

[334] Vgl. dazu etwa oben Fn. 302.

[335] Dies hat auch einen handfesten Grund: Schließlich sollten wir eine Vertragsbindung auch dort begründen können, wo Menschen rational handeln – ganz gleich wie selten das auch sein mag, näher dazu unten § 17 E. V. 3. b) aa).

[336] *Schelling*, Choice and Consequence, 1984, S. 57; *Elster*, Ulysses and the Sirens, 1979, S. 36, 72, passim.

[337] Tatsächlich begegnet uns hier nur ein altbekannter Kategorienfehler, näher unten § 17 E. V. 3. b) dd).

[338] Für eher übergreifende Erörterungen vgl. etwa *Elster*, Ulysses and the Sirens, 1979,

Tatsächlich erscheint es reizvoll, all das einmal zu analysieren.[339] Dabei trägt es jedenfalls zur gedanklichen Auflockerung bei, wenn wir für all die Techniken, mit denen wir andere Personen beeinflussen, fragen, inwieweit sie sich nicht auch auf unser eigenes späteres Verhalten anwenden lassen.[340] Eine ganz andere Frage ist allerdings, was die These zeitinkonsistenter Präferenzen zu alldem beitragen kann.[341]

2. Rechtliche Selbstbindung

a) Grundidee

Hierzu gehört die Forderung, es zu ermöglichen, ein Versprechen an die eigene Person zu richten, also mit uns selbst zu kontrahieren.[342] Denn immerhin ist ein entsprechendes Bedürfnis denkbar, wie die zuvor erwähnten und oft tatsächlich praktizierten Verhaltensweisen (Selbstbeschränkung durch geeignete äußere Arrangements) illustrieren. Warum das nicht auch rechtlich unterstützen? Natürlich verkennt auch *Schelling* nicht die damit verbundenen Gefahren,[343] weshalb sich hier das geltende Recht bemerkenswert zurückhält. Womöglich – das scheint zumindest die vertragsrechtlich geronnene, kulturelle Erfahrung zu sein – würden wir Menschen diese Möglichkeiten nicht sonderlich weise einsetzen. Daneben stellt sich das Durchsetzungsproblem, können wir uns hier nicht auf die Person verlassen, der das Versprechen abgegeben wird.

b) Rechtfertigungsprinzip

Das Rechtfertigungsprinzip erfasst derartige Gedankengänge, da es sich auch auf einseitig belastende Rechtsänderungen anwenden lässt. Wir sind hier nicht von vornherein auf einen Vertrag, ein übereinstimmendes Wollen oder Erklären oder auch eine Versprechensannahme angewiesen. Vielmehr lässt sich wie immer fragen, was für eine rechtliche Bindung des Versprechenden mit all ihren Details dessen Ziele größtmöglich verwirklicht.[344] Überwiegen die Gefahren, dass man diese Entscheidung schon bald wieder bereut, ist das Rechtfertigungsprinzip auch nicht erfüllt.

S. 42 ff., 103, 111; *Schelling*, Choice and Consequence, 1984, S. 58, 68, 87, 94, für konkrete Situationen, Strategien z.B. *Schelling*, Choice and Consequence, 1984, S. 76 ff. (öffentliche Ankündigungen und klare Linien), 79 (Aufteilung großer Aufgaben in kleine.) 81 (klein üben; den Einsatz erhöhen) oder *Elster*, Ulysses and the Sirens, 1979, S. 37 (Rauchen), 38 (Abnehmen; Sparsamkeit), 55 (moralisches Handeln), 91 ff. (Wahlperioden).

[339] Eingehend *Schelling*, Choice and Consequence, 1984, S. 69 ff.
[340] *Schelling*, Choice and Consequence, 1984, S. 63 f., 69.
[341] Dazu gleich unten § 17 E. V. 3. b).
[342] Vgl. zum Folgenden *Schelling*, Choice and Consequence, 1984, S. 96 ff. („... law should be available to enforce unilateral vows ... I see a gap in our legal institutions.").
[343] *Schelling*, Choice and Consequence, 1984, S. 100 ff.
[344] Näher etwa oben § 3 B. oder unten § 18 C. I.

Auf der nachgelagerten Kompetenzebene lässt sich fragen, welche Personen hier sowohl über die ursprüngliche Bindung wie auch deren Auflösung entscheiden sollten. Je nach Einzelfall mag es sinnvoll sein, beides auseinanderfallen, also etwa nur einen Dritten über die Auflösung entscheiden zu lassen. Spätestens hier wird dann deutlich, dass sich der ganze Vorschlag einer rechtlichen Selbstbindung erst sinnvoll diskutieren lässt, wenn man auch mehrstufige Rechtsänderungen dogmatisch einordnen kann.[345] Schließlich bleibt noch darauf hinzuweisen, dass der Versprechende hier einmal sogar tatsächlich selbst gebunden sein will und nicht nur in diese Bindung einwilligt. Er benötigt diese Bindung für seine Zwecke, möchte also nicht darauf verzichten, wenn er nur könnte (was er hier ohne Weiteres kann).[346]

3. Zeitinkonsistente Präferenzen?

a) Grundidee

Erwiesen sich die bisher diskutierten Phänomene und Thesen als durchaus interessant, darf das, was *Elster* und *Schelling* daraus ableiten, skeptischer betrachtet werden. Doch der Reihe nach: Ausgehend von der Frage, wie es der Einzelne denn schaffe, sich selbst zu binden, um so später erst gar nicht irrational handeln zu können, gelangen diese Autoren zu einer mutigen These. Es gehe um ein rein innerliches „Rearrangement" frei von externen Einflüssen.[347] Während wir den einzelnen Menschen immer nur als eine Person betrachteten, umfasse dieser derer gleich mehrere.[348] Derjenige, der abends ohne Decke ins Bett steige, sei jemand anderes als derjenige, der morgens frierend aufwache. Wer unruhig nach der Zigarette greife, sei ein anderer als derjenige, der sich wenige Stunden später schwört, mit dem Rauchen aufzuhören. Menschen seien nicht als ein Ich zu betrachten, sondern als derer vieler zu verschiedenen Zeitpunkten mit ganz eigenen Identitäten, Werten, Geschmäckern, Erinnerungen und Sinneswahrnehmungen.[349] Dabei lasse sich die Anzahl solcher verschiedener „Ichs" nicht einmal auf wenige eingrenzen.[350] Und oft versuche unser „aktuelles Ich" das „spätere Ich" zu beeinflussen, es vor Schäden zu bewahren oder dessen Entscheidungsspielraum zu verringern. So könne ein „rationales Ich" ein anderes, periodisch auftauchendes „gefährlicheres Ich"

---

[345] Näher dazu unten § 18 B.
[346] Eingehend zu dieser wichtigen Unterscheidung oben § 9 C. II. 2. Vgl. auch oben § 3 B. II. 5.
[347] *Elster*, Ulysses and the Sirens, 1979, S. viii, 37.
[348] Siehe zum Folgenden nur *Elster*, Ulysses and the Sirens, 1979, S. 70 f., 76 f., 110, passim; *Schelling*, Choice and Consequence, 1984, S. 58 f., 61 f., 84, 87, 93 f., passim („I suggest that the ordinary human being is sometimes also not a *single* rational individual.").
[349] *Schelling*, Choice and Consequence, 1984, S. 61.
[350] *Elster*, Ulysses and the Sirens, 1979, S. 110.

isolieren bzw. bewegungsunfähig machen.[351] Formal ausgedrückt stelle sich hier ein Problem zeitlich variierender, einander widersprechender Präferenzen der gleichen Person.[352]

b) Fragwürdigkeit

aa) Dualismus

Eines lässt sich zu diesen Thesen von vornherein sagen: Sie erfassen sicher nicht den zentralen Grundgedanken einer Versprechens- bzw. Vertragsbindung. Denn wie verbreitet ein wie immer definiertes irrationales Verhalten auch sein mag, müssen wir erst einmal erklären, warum wir eine solche Bindung jedenfalls auch dort kennen, wo der Handelnde ganz komplikationslos-rational handelt, und zwar sowohl jetzt als auch zu einem späteren Zeitpunkt. Ansonsten müsste man nämlich die These vertreten, dass eine Versprechensbindung nur so weit begründbar sei, wie der Mensch zumindest zu einem späteren Zeitpunkt irrational agiert. Wohl jedes Vertragsrecht dieser Welt sieht das ersichtlich anders, gibt es nun einmal genug gute Gründe, Verträge auch in solchen Situationen anzuwenden, in denen die Akteure vollkommen informiert, abgeklärt, willensstark usw. auftreten.[353] Bestenfalls können wir hier also auf ein zusätzliches Argument speziell für irrationale Verhaltensmuster hoffen, was dann – wie bei allen dualistischen Ansätzen – die Frage aufwürfe, wie sich beides zueinander verhält. Zum Beispiel: Wenn wir ohnehin noch ein anderes vertragstheoretisches Konzept benötigen, warum nicht immer nur auf dieses hören?[354]

bb) Welches Ich zählt?

Daneben drängt sich die Frage auf, welches der so verschiedenen Ichs ein und derselben Person den Ausschlag geben, sich durchsetzen soll. Welcher Zeitpunkt, welche Präferenz ist hier besser, was ist dafür der Maßstab? Welches Selbst ist authentischer, bedeutender: das des Trinkers oder jenes des Abstinenzlers? Eigentlich verspricht eher eine jüngere Entscheidung, informiert und abgeklärt zu sein[355] – wann und warum davon eine Ausnahme machen? Was sind gute Gründe für einen Sinneswandel, und was schlechte? *Elster* und

---

[351] *Schelling*, Choice and Consequence, 1984, S. 62.
[352] *Schelling*, Choice and Consequence, 1984, S. 85 f.
[353] Siehe hier nur oben § 3 C. I. oder generell oben ab § 3 A. IV.
[354] Näher zu diesen für jeden dualistischen Ansatz typischen Problemen oben § 3 A. III. 4.
[355] Demgegenüber soll das das Recht nach *Gutmann*, Freiwilligkeit als Rechtsbegriff, 2001, S. 27 nur „punktuell und aus heterogenen Gründen" einer Vermutung zugunsten des jeweils aktuellen, also des späteren Selbst, folgen. Warum dem so sein soll, bleibt jedoch offen, siehe dazu auch unten § 17 E. V. 3. b) dd) und dort insbes. bei Fn. 373.

Schelling diskutieren das natürlich,[356] doch eine Antwort bleiben sie schuldig. Hier einfach auf einen distributiven[357] bzw. kollektiven (da ja mehrere „Ichs" zu berücksichtigen seien)[358] Charakter des Problems zu verweisen, liefert keine Aussage. Dabei führt das Problem intersubjektiver Nutzenvergleiche[359] hier schon deshalb gänzlich ins Trübe, weil wir nicht einmal mehr eine einzelne Person herausgreifen und diese danach befragen können, was für ein Güterbündel sie nach eigener Einschätzung bevorzugt – schließlich soll es ja diese eine Person gar nicht geben, sondern nur derer viele. Vollends ernüchtert darf sich der Leser dann spätestens in dem Augenblick fühlen, in dem er erfährt, dass man letztlich einfach zu akzeptieren habe, dass der Mensch nun einmal Entscheidungen treffe,[360] dass der jeweilige Autor keine Idee habe, wie sich dieses Problem lösen lasse[361] oder dass der ganze Vorschlag tatsächlich hochgradig obskur und problembehaftet sei, man es aber doch bitte dabei belassen möge.[362]

cc) Laienpsychologie
Besonders befremdet bei all diesen Thesen, wie leichtfertig diese „mal eben" – insbesondere unter Ignoranz disziplinärer Qualitätssicherungsmechanismen – aufgestellt werden. Immerhin gibt es allein mit der Psychologie seit zweihundert Jahren eine eigene Disziplin, die ernsthaft und damit vor allem unter methodisch seriösem Vorgehen untersucht, wie Menschen tatsächlich denken.[363] Deren Wissenschaftler wissen etwas darüber, wie sich menschliches Wissen schrittweise aufbaut, wie sich unsere innere Verschaltung unter fortwährendem Einfluss neuer Erfahrungen verändert und wie wir so gesehen tatsächlich nicht immer die gleiche Person bleiben, sondern uns kontinuierlich

---

[356] *Elster*, Ulysses and the Sirens, 1979, S. 107 ff.; *Schelling*, Choice and Consequence, 1984, S. 67 f., 87 ff., 110.

[357] So wohl – für ökonomische Argumentationen typisch wie problematisch (näher etwa oben § 2 D. II. 3.; § 4 B. V.) – *Schelling*, Choice and Consequence, 1984, S. 108 („But if both selves deserve recognition, the issue is *distributive*, not one of *identification*.").

[358] *Schelling*, Choice and Consequence, 1984, S. 92 ff. („… ‚rational decision' has to be replaced with something like collective choice.").

[359] Näher oben § 4 Fn. 279.

[360] *Schelling*, Choice and Consequence, 1984, S. 93: „It is to acknowledge that as a practical matter we do make decisions."

[361] *Elster*, Ulysses and the Sirens, 1979, S. 111: „I have no idea that would count as a solution to this problem …"

[362] *Elster*, Ulysses and the Sirens, 1979, S. 111: „I am fully aware that this suggestion is both extremely obscure and, to the extent that it is at all intelligible, pregnant with new problems, but I propose to leave the question at this point."

[363] *Schelling*, Choice and Consequence, 1984, S. 70 scheint all das nicht zu interessieren (oder zu kennen): „I do not know any taxonomy or analytical scheme for finding the similarities and highlighting the differences among the different habits or addictions and the targets they afflict. I can only illustrate the kinds of analytical dimensions I have in mind."

weiterentwickeln.[364] Und soweit sich die Vertreter solcher Disziplinen seit langem intensiv und unter ständiger empirischer Rückkopplung zur parallelisierten Funktionsweise unseres Gehirns äußern, verdienen sie es tatsächlich, damit gehört und ernst genommen zu werden.[365]

Präsentiert man nun die Vorstellungen *Elsters* oder *Schellings* solchen Fachleuten, wird man allenfalls ungläubiges Kopfschütteln ernten. Denn dass etwa ein Raucher morgens – noch voller guter Vorsätze – alle seine Zigaretten wegwirft, nur um sich abends in der Kneipe doch wieder welche zu leihen, hat nichts damit zu tun, dass dieser Raucher vermeintlich in nur wenigen Stunden zu einer anderen Person mutiert. Eine solche Vorstellung ist abenteuerlich. Nicht die Person verändert sich hier, sondern es verändern sich vor allem die Umstände, die dann ein unterschiedliches Verhalten auslösen. Zeitabhängig mögen diese allenfalls insofern sein, als etwa die Wirkung von Nikotin mit der Zeit nachlässt und damit neue Bedürfnisse auslöst, der Mensch sein Essen verbrennt und damit bald wieder hungert, die Verlockungen oder Ablenkungen in der Kneipe größer sind, wir morgens mehr Kraft aufbieten als abends nach Feierabend usw. Genauso bringt es die Geschichtlichkeit (u.a. neuronale Plastizität) menschlichen Denkens mit sich, dass wir unseren „Charakter" langfristig(!) ausbilden und etwa eine größere Disziplin, Widerstandsfähigkeit, Ruhe, Toleranz uvm. entwickeln können.[366] Doch ist die These zeitlich inkonsistenter Präferenzen für das Verständnis all dieser so vielschichtigen Verhaltensweisen, Gewohnheiten und Abhängigkeiten nutzlos, weil sich auf die bloße Aussage beschränkend, dass der Mensch zu unterschiedlichen Zeiten verschieden entscheidet. Wenn hier darauf verwiesen wird, dass es sich bei alldem ja nicht um psychologisch ernst gemeinte Aussagen, sondern eine bloß heuristische Annahme handle,[367] so ist gegen solches Vorgehen zwar prinzipiell nichts zu sagen – schließlich basieren viele erfolgreiche Theorien auf vereinfachten oder gar realitätsfremden Annahmen. Doch sollte eine Theorie wenigstens irgendetwas besagen und darüber hinaus möglichst zutreffende Aussagen liefern – also „warum auch immer funktionieren".[368] Dabei rächt sich hier einmal mehr, dass „Präferenz" nicht mehr besagt, als dass der Einzelne

---

[364] Näher oben § 2 D. IV. 4.
[365] Demgegenüber muss ein *Schelling*, Choice and Consequence, 1984, S. 95 über Derartiges spekulieren: „There is even a possibility that within a single human body a nervous system and brain and body chemistry can alternately produce different ‚individuals'..."
[366] Siehe dazu nochmals oben § 2 D. IV. 4. Genau das meint *Schelling*, Choice and Consequence, 1984, S. 69 ausdrücklich nicht: „I am not talking about the development of inner strength, character, or moral fiber, or the change in values that goes with religious conversion. Nor am I talking about education in the consequences of behavior..."
[367] *Schelling*, Choice and Consequence, 1984, S. 84: „I say only that people act *as if* there were two selves alternately in command. I'd rather not commit myself on whether there really are two different selves or cognitive faculties or value centers that alternate and compete for control."
[368] Näher unten § 19 F. II.

im Ergebnis bestimmte Güterbündel bevorzugt.[369] Es geht um die nackte Entscheidung. Auf dieser Basis kann es nicht gelingen, menschliches Verhalten zu „erklären" oder gar Anforderungen an gute oder schlechte, richtige oder falsche usw. Entscheidungen zu formulieren, über diese Prognosen aufzustellen usw. Es rächt sich also auch hier die Abkehr von ganz klassischen, etwa hedonistischen oder utilitaristischen Ansätzen, die immerhin auf konkrete Empfindungen wie Schmerz oder Freude abstellen, um so überhaupt – von zahlreichen anderen Problemen einmal abgesehen –[370] einen Maßstab vorweisen zu können, anhand dessen sich einzelne menschliche Entscheidungen hinterfragen oder prognostizieren lassen.[371]

dd) Alte Probleme

Wann immer wir unsere Augen vor den Erkenntnissen fremder Disziplinen oder früherer Generationen verschließen, produzieren wir vor allem eines: alte Fehler in neuem Gewand. So befreiend es sein mag, rechtliche Bindung ganz unbeschwert, weil frei von „altbackenen juristischen Diskussionen" zu erörtern, sieht man dann oft gar nicht erst all diejenigen Probleme, die dort früher mühsam aufgedeckt und vielleicht sogar schon sehr viel überzeugender gelöst wurden. Gerade die Vorstellung, dass ein Selbst ein anderes Selbst der gleichen Person in irgendeiner Form binden könne oder wolle, erinnert nicht nur stark an die längst überwundene Hoffnung, dass der menschliche Wille sich selbst binden könne[372] – wenngleich wenigstens die Willenstheorie darüber hinaus die sehr ernstzunehmende Forderung erhebt, dass sich die menschliche Aufmerksamkeit auf den konkreten Bindungsinhalt zu erstrecken habe.[373] Genauso wähnt man sich wieder in Zeiten, zu denen im Inneren unseres Kopfes ein Homunkulus schlummern sollte, der den restlichen Menschen zu beeinflussen vermochte[374] – ohne dass die These zeitinkonsistenter Präferenzen hier etwas zu erhellen vermag. Auch dass gleich Paradoxien beschworen werden – weil es doch um die aktuelle Freiheit gehe, eine zukünftige Freiheit zu beschränken –,[375] entpuppt sich schnell als altbekannter Kategorienfehler: Soweit es um die Bindung gegenüber anderen Personen geht, vermengt das Wille und Einwilligung.[376] Und die Einschränkung eigener Handlungsoptionen ist allenfalls insofern verwunderlich, als es uns erstaunen mag, dass wir Menschen nicht im-

---

[369] Näher zum Folgenden oben § 4 B. V.
[370] Näher zum Utilitarismus unten § 19 Fn. 481.
[371] Siehe dazu nochmals oben § 4 B. V.
[372] Näher oben § 9 C. I.
[373] Näher oben § 9 C. I. 1. b).
[374] Zur philosophischen Diskussion vgl. etwa aus jüngerer Zeit *Ryle*, The Concept of Mind, 1949; *Dennett*, Consciousness Explained, 1991.
[375] *Schelling*, Choice and Consequence, 1984, S. 98 f.: „There is a paradox. Full freedom entails the freedom to bind oneself, to incur obligation, to reduce one's range of choice."
[376] Eingehend oben § 9 C. II. 2. a); § 9 E. Diesen Fall scheint *Schelling* an der vorgenann-

mer rational agieren und damit zu manchen Zeiten besser nicht fähig sind, bestimmte Handlungen vorzunehmen.

Ebenso wenig tragen die Thesen von *Elster* und *Schelling* dazu bei, sich im Vertragsrecht endlich von der Betrachtung allein des Versprechenden zu lösen,[377] also auch die Entscheidungen anderer Personen zu berücksichtigen und in ihrer Bedeutung für vertragsrechtliche Fragen zu erkennen.[378] Und schon gar nicht lassen sich mit der These zeitlich variabler Präferenzen konkrete Rechtsfragen diskutieren, also etwa Vertragsinhalte festlegen, Entscheidungskompetenzen zuweisen oder Rahmenbedingungen definieren.[379]

4. Fazit

Bilanziert man den wissenschaftlichen Ertrag der zuvor skizzierten Thesen, fällt das Ergebnis zwiespältig aus. Zwar ist die Beobachtung interessant, dass wir Menschen bisweilen eigene, spätere Handlungsmöglichkeiten einschränken. Genauso mag es diskutabel und bisweilen auch praktisch vorzufinden sein, dass das Recht dies unterstützt. Doch während das Rechtfertigungsprinzip dafür einen Maßstab bereithält – gerade weil es sich auch auf einseitig belastende Rechtsänderungen anwenden lässt –, ist die Annahme zeitinkonsistenter Präferenzen wenig fruchtbar, weil inhaltsleer. Ja, Menschen entscheiden und handeln nicht zu allen Zeiten gleich. Und ja, wir bevormunden bisweilen andere Personen, lassen diese nicht immer allein für sich entscheiden. Doch was ist der wissenschaftliche Ertrag? „Präferenzen" sind nicht mehr als die nackte Entscheidung – und spätestens darin liegt ein entscheidender Nachteil gegenüber vielen klassisch-juristischen Begrifflichkeiten.[380]

VI. Rechtfertigungsprinzip

1. Indizfunktion

Verfügt man mit dem Rechtfertigungsprinzip über einen substanziellen Maßstab, kann man Rationalität daran festmachen, ob eine menschliche Entscheidung tatsächlich die Aussicht verspricht, zur Verwirklichung der eigenen Ziele

---

ten Stelle zu meinen, da er sich dort auf *Fried* bezieht, der seinerseits die klassische Versprechensbindung (d.h. gegenüber anderen) diskutiert.

[377] Besonders deutlich *Schelling*, Choice and Consequence, 1984, S. 63: „What scope such a discipline would have I don't know. I am interested only in the part that might be called *strategic economics*, consciously coping with one's own behavior, especially one's conscious behavior."

[378] Näher oben § 8.

[379] Dieses Problem ist allerdings weit verbreitet, vgl. etwa oben § 4 B. III. 4. (zu Äquivalenz); § 10 C. (zu Zurechenbarkeit) oder unten § 19 D. II. (zu prozeduralen Ansätzen generell).

[380] Näher oben § 4 B. V.

beizutragen. Dabei mag man sich an persönlichen Merkmalen (z.B. eine Verbrauchereigenschaft[381]), an situativen Besonderheiten (z.B. ein Haustürgespräch wie in Fall 296) oder bisweilen vielleicht sogar direkt an den Ergebnissen menschlicher Entscheidungsfindung orientieren (wenn wir diese nicht einmal annähernd verstehen). Haben wir entsprechende Voraussetzungen ermittelt, beschrieben und typisiert, mögen wir diese dann als „irrationales Verhalten" bezeichnen. Doch ist es dann nicht dieser Begriff der Irrationalität, der dogmatisch trägt, sondern das dahinter stehende Rechtfertigungsprinzip.

Es verstärkt sich damit eine Erkenntnis, auf die bereits bei Zwang, Drohung und Ausbeutung verwiesen wurde: Das, was wir oft unter Begriffen wie Entscheidungsfreiheit oder eben auch (Ir-) Rationalität als vermeintlich prozedural-entscheidungsorientiertes Kriterium diskutieren, geht auf ein substanzielles Anliegen zurück, nämlich den konsequenten Schutz von Rechten und deren Preisgabe nur um der eigenen Ziele willen.[382] Auch hier wird deutlich, wie tief sich das prozedurale Denken vertragstheoretisch eingegraben hat. Denn anstatt klar auszusprechen, worum es hier so offensichtlich geht, nämlich dass irrational agierende Personen oft solche Verträge schließen, die wir inhaltlich missbilligen, wird dieser inhaltliche Bezug bestritten. Stattdessen packt man alles in nicht überprüfbare Leerformeln, die man mit der vermeintlichen Intrinsität von Wille oder (zurechenbarer) Erklärung nicht zu füllen vermag.[383]

Genauso wenig hilft hier allerdings der Verweis etwa auf den Schutz „Schwacher", „strukturell unterlegener" Parteien oder von „Verbrauchern" als einer gewissermaßen intrinsischen, aus sich heraus inhaltlich gehaltvollen und normativ beachtenswerten Kategorie. Vielmehr sind derartige Typisierungen nur dann gehaltvoll und normativ interessant, wenn sie sich auf einen tragfähigen Gesichtspunkt zurückführen lassen.[384]

Noch in einer weiteren Hinsicht liefert ein substanzielles Kriterium diejenige Begründung, die den klassischen Vertragstheorien versagt bleibt: Wenn viele Rechtsordnungen solche Rechtsgeschäfte zulassen, die zwar von Minderjährigen getätigt werden, diesen aber wie in Fall 292 lediglich rechtliche Vorteile gewähren, ist das Rechtfertigungsprinzip gewahrt. Einen Anspruch zu erhalten oder Eigentümer zu werden, liegt so lange im Interesse eines Minderjährigen, wie damit keine Verpflichtungen verbunden sind.

---

[381] Näher zum Verbraucherschutz unten § 19 C. VI.
[382] Näher etwa oben § 4 C. (zu Zwang, Drohung und Ausbeutung) oder oben § 17 D. III. (zum Motivirrtum). Zum Verhältnis von Inhalt und Verfahren siehe unten § 19 D.
[383] Näher zur mangelnden Intrinsität des Parteiverhaltens bei Vertragsschluss oben § 4; § 17 D. III. 3. a) (Zwang und Täuschung), vgl. auch oben § 8 D.; § 9 C. III.; § 10 D. IV.; § 17 D.; § 19 C. VI. 1. Zu den vielen Leerformeln vgl. etwa unten § 19 F. III. 2.
[384] Näher unten § 19 C.

2. Steuerungs- und Ordnungsfunktion

Die Definition bestimmter Personen oder Verhaltensmuster als (ir-)rational erfüllt nicht nur dort eine wichtige vertragsrechtliche Funktion, wo es darum geht, die Aussagekraft einer menschlichen Entscheidung typisierend einzugrenzen. Vielmehr hängt die Verwirklichung des Rechtfertigungsprinzips auch insofern von einem bestimmten Rationalitätsverständnis ab, als wir vom Vertragsgegner gewisse Verhaltensweisen einfordern und Abweichungen davon sanktionieren – etwa durch die Zuweisung von Schäden. So liegt es häufig nahe, diejenige Partei für bei Vertragsschluss oder -abwicklung auftretende Nachteile haften zu lassen, die diese leichter vermeiden kann. Wie bereits mehrfach betont, spielen Anreize von jeher auch im Zivilrecht – einschließlich des Vertragsrechts – eine wichtige Rolle und spiegeln sich insbesondere in unseren Vorstellungen von Rationalität und schuldhaftem Handeln wider. Schließlich sei noch darauf hingewiesen, dass es dem Rechtfertigungsprinzip auch dient, wenn es kollektiv verbreitete, verinnerlichte und stabilisierte Verhaltensmuster gibt, auf die der Vertrag dann zurückgreifen kann.[385]

F. Mentalreservation

I. Problem

1. Charakterisierung

Möchte man einem Normalbürger erklären, dass dieser vertraglich gebunden sein will, wenn er beim Bäcker ein Brötchen kauft, stößt man unweigerlich auf Unverständnis. Schließlich möchte niemand gebunden sein,[386] sondern nehmen wir unsere Bindung nur um anderer Vorteile willen in Kauf.[387] Insofern ist der Wille, nicht gebunden zu sein (Mentalreservation), nicht etwa ein pathologischer Sonderfall als vielmehr für nahezu jeden Vertragsschluss typisch. Und da auch die jeweilige Gegenseite weiß, dass niemand gebunden sein möchte, ist die erkannte Mentalreservation genau das, was sich täglich millionenfach abspielt. Wie wichtig es vor diesem Hintergrund ist, den fehlenden Selbstbindungswillen – erkannt oder nicht – für rechtlich irrelevant zu erklären, bedarf keiner weiteren Ausführung. Denn nähmen wir ihn ernst, gäbe es keine Verträge mehr. Nur der Vollständigkeit halber sei noch erwähnt, dass in der eingangs erwähnten Situation nicht einmal der vertragliche Anspruch, sondern oft allein das Brötchen interessiert. Die juristische Einordnung des

---

[385] Siehe dazu insbesondere das Phänomen von Sitte, Übung und Brauch und damit oben § 16 C.
[386] Näher oben § 9 C. I. 2.
[387] Näher oben § 9 C. II. 2.

Austauschvorgangs, namentlich die juristische Kategorie eines Vertrags, ja überhaupt eines Rechts und nach manchen Rechtsordnungen gar eines davon losgelösten Verfügungsgeschäfts, wird kaum einen Laien interessieren und auch keineswegs allen Personen durchweg geläufig sein.[388]

Dass es unweigerlich auf Probleme stößt, wenn man mit dem Selbstbindungswillen etwas Nichtexistentes unterstellt – ja eine gesamte Vertragstheorie auf diesem vermeintlichen Tatbestandsmerkmal aufbaut, liegt nahe. Besonders deutlich wird das bei einem ausdrücklichen Protest trotz tatsächlicher Inanspruchnahme einer Leistung, was nicht grundlos eine ganze Flut unterschiedlichster Begründungsversuche provozieren musste.[389] Aber auch ohne diesen ausdrücklichen Protest kann es zumindest nachträglich oder für eine dritte Person allzu offenkundig werden, dass trotz vertragstypischer Erklärungen keineswegs der Wille vorlag, vertraglich gebunden zu sein. Das sind die Situationen der Mentalreservation, und auch diese wurden entsprechend lebhaft diskutiert, ja stehen fast schon beispielhaft für die Schwierigkeiten insbesondere der Willenstheorie und deren Auseinandersetzung mit der Erklärungstheorie.[390]

Dabei erschwert es die Annahme eines Selbstbindungswillens bereits, die Fallgruppe der Mentalreservation überhaupt zu beschreiben. Tatsächlich gibt es überhaupt keine solche Fallgruppe, gerade weil ein Selbstbindungswille weder normativ relevant noch faktisch existent ist. Vielmehr lassen sich die Fälle, die üblicherweise unter diesem Stichwort diskutiert werden, anders sehr viel treffender einordnen. So ist es oft reichlich willkürlich, ob ein Problem auch oder gar nur als Mentalreservation oder aber als Drohung (der Bankräuber weiß, dass man sein Geld nicht verlieren möchte) oder schlüssiges Handeln (wo niemand fragt, ob der Straßenbahnfahrer gebunden sein möchte) diskutiert wird. Der an zahlreichen Stellen der Zivilrechtsdogmatik sehr eigenartige Umgang mit dem Selbstbindungswillen erschwert die Darstellung der Mentalreservation, zumal hier nicht einmal klar ist, worin überhaupt ein rechtlich relevanter Irrtum, ja irgendeine Unwissenheit des Empfängers liegen soll.

2. Praktischer Befund

So unklar die Charakterisierung dessen ist, was wir unter einer Mentalreservation verstehen, so eindeutig ist jedenfalls ein praktischer Befund: Der Einwand des Erklärenden, er habe sich nicht binden wollen, ist rechtlich unbeachtlich.[391] Zwar mag man in der Theologie über die Anforderungen insbe-

---

[388] Näher oben § 9 D. Zur Trennung und Abstraktion von Rechtsgeschäften vgl. oben § 3 D.
[389] Näher oben § 12.
[390] Näher oben § 10 D. III.
[391] Zu den Fällen, die als vom Gegner erkannte Mentalreservation diskutiert werden, siehe unten § 17 F. III. 2.

sondere eines Sakraments streiten und hat diese Frage zu scharfsinnigen Erörterungen der Scholastiker geführt.[392] Doch gibt es kaum eine weltliche Rechtsordnung oder auch nur eine wissenschaftliche Darstellung, die diese bindungsfeindliche Einstellung für beachtlich erklärt.[393] Dabei gilt nicht nur das objektiv Erklärte, auch ein Lösungsrecht ist ausgeschlossen. Bemerkenswert ist zudem, dass hier durchweg auf einen durchaus denkbaren und gerade von der Willenstheorie bei Inhalts- und Erklärungsirrtum praktizierten Ausweg verzichtet wird: So könnte man die Belange des Empfängers auch dadurch schützen, dass man ihm das negative Interesse zubilligt.[394] Die Vertreter der Willenstheorie dachten jedoch schon immer lebensnah genug, um es bei der Wirksamkeit des objektiv Erklärten zu belassen.[395] Das ist anerkennenswert, weil zahllose Stimmen nicht müde werden, den eklatanten Widerspruch dieses Ergebnisses zur Willenstheorie zu betonen.[396] Dabei sollte man auch dieses Problem nicht einfach mit dem Einwand einer vermeintlich geringen praktischen Relevanz beiseiteschieben. Zum einen würde diese Relevanz schnell deutlich, erklärte man die Mentalreservation für beachtlich. Anders formuliert verdankt sich die geringe Zahl an Streitigkeiten allein der klaren und einmütigen Beurteilung derartiger Sachverhalte.[397] Zum anderen wäre erst einmal zu klären, ob es für eine Theorie nicht genauso entlarvend ist, wenn sie

---

[392] Vgl. dazu nur die Nachweise bei *Kohler*, JhJb 16 (1878), 325, 344f.; *Kohler*, JhJb 28 (1889), 166, 173 sowie generell zur Bedeutung dieser Tradition oben § 2 Fn. 110.

[393] Vgl. nur die rechtsvergleichenden Erläuterungen zu Art. 2:102 PECL; Art. II. – 4:102 DCFR, aus dem deutschen Recht § 116 S. 1 BGB und sowie etwa *Kohler*, JhJb 16 (1878), 325, 344f.; *Kohler*, JhJb 28 (1889), 166, 173; *Wolff*, JhJb 81 (1931), 53, 150 ff.; *Grundschok*, Geheimer Vorbehalt, 1965; *Pawlowski*, Willenserklärungen, 1966, S. 269 ff.; *Holzhauer*, FS Gmür, 1983, S. 119, 124 ff.; *Zimmermann*, Obligations, 1990, S. 644; *Schermaier*, HKK, Bd. 1, 2003, §§ 116-124 BGB Rn. 30 ff. oder *Böttcher*, Mentalreservation, 2007.

[394] Dass eine solche Alternative theoretisch denkbar wäre, betont *Wieling*, AcP 172 (1972), 297, 304 und erklärt § 116 S. 1 BGB vor allem historisch. Allgemein zu diesem Gedanken oben § 9 C. V. 1. a).

[395] Stellv. *Savigny*, System, Bd. 3, 1840, S. 258; *Windscheid*, AcP 63 (1880), 72, 96 („nicht zu leugnenden Satz"); *Zitelmann*, JhJb 16 (1878), 357, 400f.; *Enneccerus*, Rechtsgeschäft, 1889, S. 95 ff. oder aus jüngerer Zeit *Lobinger*, Verpflichtung, 1999, S. 109 m.w.N.

[396] Die Unbeachtlichkeit der Mentalreservation nimmt daher einen äußerst prominenten Platz in der rechtsdogmatischen Diskussion ein, siehe nur *Regelsberger*, Vorverhandlungen, 1868, S. 18; *Hofmann*, Entstehungsgründe, 1874, S. 101; *Roever*, Wille, 1874, S. 4; *Bähr*, JhJb 14 (1875), 393, 400f., 426; *Schlossmann*, Der Vertrag, 1876, S. 97f., 105, 111 ff., passim; *Henle*, Vorstellungs- und Willenstheorie, 1910, S. 39 („Schreckgespenst"); *Danz*, Auslegung, 3. Aufl. 1911, S. 18 f.; *Binder*, ARSP 4 (1911), 266, 423 („Vorgebirge", an dem die Willenstheorie scheitern müsse); *Wolff*, JhJb 81 (1931), 53, 141; *Brox*, Einschränkung, 1960, S. 37; *Bydlinski*, Privatautonomie, 1967, S. 113 (dort Fn. 230: „logische „Unmöglichkeit"); *Gysin*, Grundlagen, 1969, S. 245; *Kramer*, Grundfragen, 1972, S. 122; *Zimmermann*, Obligations, 1990, S. 643; *Larenz/Wolf*, Allgemeiner Teil, 9. Aufl. 2004, S. 441 f. (§ 24 IV 1, Rn. 26). *Lobinger*, Verpflichtung, 1999, S. 110 als Willenstheoretiker spricht vom Kronzeugen der Erklärungstheorie.

[397] Vgl. dazu auch oben § 4 A. III.; § 9 C. V. 4. a).

an einer praktisch wenig bedeutsamen Fallkonstellation scheitert, weil man sich weithin über deren Behandlung einig ist.

3. Fälle

297. **Fehlender Selbstbindungswille:** *Käufer K legt im Kiosk von Verkäufer V einen Euro auf den Tisch und sagt „Eine Tafel Schokolade bitte". Am nächsten Tag verlangt K seinen Euro zurück und ist gerne bereit, die Schokolade wieder zurückzugeben. Zur Begründung führt er aus, er habe gestern überhaupt nicht den Willen gehabt, selbst gebunden zu sein.*

298. **Glimpfliche Weinversteigerung:** *Der ortsunkundige Gast G besucht in Trier eine Weinversteigerung. Als er dort den Bekannten B trifft, winkt er diesem zu. Auktionator A sieht zwar das Zeichen, bemerkt aber sofort, dass es sich bei G um einen Ortsunkundigen handelt, der nicht weiß, was sein Handeln eigentlich bedeutet.*

299. **Sehr witzig:** *Banause B fehlt jegliches Verständnis für Gelehrtentum. Er geht daher in eine traditionsreiche Universitätsbuchhandlung und sagt Verkäufer V, er wolle das Buch „Altchinesisch für Fortgeschrittene" kaufen. Das findet er unheimlich witzig. Tatsächlich will er das Buch überhaupt nicht kaufen.*

300. **Erkannter Witz:** *Banause B fehlt jegliches Verständnis für Gelehrtentum. Er geht daher in eine traditionsreiche Universitätsbuchhandlung und sagt Verkäufer V, er wolle das Buch „Altchinesisch für Fortgeschrittene" kaufen. Das findet er unheimlich witzig. Tatsächlich will er das Buch überhaupt nicht kaufen. V durchschaut B von vornherein.*

301. **Erkannter Irrsinn:** *Die 90-jährige Dorfbewohnerin D ist zwar noch körperlich rüstig, geistig allerdings nicht mehr zurechnungsfähig. Als A im Dorf einen Malerbetrieb eröffnet, bittet ihn D, doch ihr Haus komplett rosa zu streichen. A bemerkt Ds Geisteszustand.*

302. **Vermeintliche Formwidrigkeit:** *Buchfreund B bittet seinen Nachbarn N, ihm ein schönes Buch zu verkaufen. N willigt ein – aber nur, weil er die ständige Fragerei des B endlich beenden will und glaubt, ein solches Versprechen sei ohnehin nur schriftlich wirksam.*

303. **Erkannter Irrtum über Formwidrigkeit:** *Buchfreund B bittet seinen Nachbarn N, ihm ein schönes Buch zu verkaufen. N willigt ein – aber nur, weil er die ständige Fragerei des B endlich beenden will und glaubt, ein solches Versprechen sei ohnehin nur schriftlich wirksam. B merkt, dass N sein Versprechen für unwirksam hält.*

304. **Erzwungenes Versprechen:** *Räuber R zwingt Opfer O mit vorgehaltener Waffe dazu, ihm zu versprechen, dass er ihm morgen ein Darlehen auszahlen wird.*

28. **Erzwungene Schenkung:** *Gönner D zwingt Autohändler H unter Androhung von Prügel, dem lokalen Fußballverein L sein geliebtes Auto zu schenken. L ahnt nichts von diesem Hintergrund.*

F. Mentalreservation

29. **Erzwungener Verkauf:** Gönner D zwingt Familienvater F unter Androhung von Prügel, dem lokalen Fußballverein L sein geliebtes Auto zum üblichen Marktpreis zu verkaufen. L ahnt nichts von diesem Hintergrund.

305. **Erkannt erzwungene Schenkung:** Gönner D zwingt Autohändler H unter Androhung von Prügel, dem lokalen Fußballverein L sein geliebtes Auto zu schenken. L durchschaut das böse Spiel.

306. **Erkannt erzwungener Verkauf:** Gönner D zwingt Familienvater F unter Androhung von Prügel, dem lokalen Fußballverein L sein geliebtes Auto zum üblichen Marktpreis zu verkaufen. L durchschaut das böse Spiel.

307. **Eingehungsbetrug:** Betrüger B bietet über eine Internetplattform Elektronikgeräte zu erstaunlich günstigen Preisen an und verlangt für diese Vorkasse. Dabei will er die Geräte nicht wirklich ausliefern, sondern mit dem Geld verschwinden.

    Zechprellerei: Trinker T hat mehr Durst, als er bezahlen kann. Doch stört ihn das nicht, vielmehr setzt er sich in eine Kneipe und bestellt das geliebte Bier in rauen Mengen.

    Mietnomaden: Die schon längst zahlungsunfähige Familie F möchte standesgemäß wohnen. Sie schließt daher mit Vermieter V einen Mietvertrag, wohlwissend, ihre Pflichten schon bald nicht mehr erfüllen zu können, und zieht in die Wohnung ein.

308. **Mit den eigenen Waffen:** Betrüger B bietet über eine Internetplattform Elektronikgeräte zu erstaunlich günstigen Preisen an und verlangt vor deren Lieferung Vorkasse. Dabei will er die Geräte nicht wirklich ausliefern, sondern mit dem Geld verschwinden. Doch Kunde K ist noch gerissener. Er erkennt die Absicht des B und schließt den Vertrag, noch während die von ihm verständigte Polizei auf dem Weg zu B ist. Er hofft, so tatsächlich an ein besonders günstiges Elektrogerät zu gelangen.

309. **Letzte Bitte:** Onkel O bittet seinen Neffen N am Sterbebett, ihm zu versprechen, das Rauchen aufzugeben, und drückt E dafür 100 Euro in die Hand. Zwar sind es N die 100 Euro bei weitem nicht wert, das Rauchen aufzugeben, doch möchte er O weder enttäuschen noch belügen und willigt ein.

310. **Letzte, aber vergebliche Bitte:** Onkel O bittet seinen Neffen N am Sterbebett, ihm zu versprechen, das Rauchen aufzugeben, und drückt E dafür 100 Euro in die Hand. N willigt zum Schein ein, um O nicht auch noch die letzten Minuten zu verleiden. Tatsächlich will er sich nicht daran halten.

311. **Letzte, aber erkannt vergebliche Bitte:** Onkel O bittet seinen Neffen N am Sterbebett, ihm zu versprechen, das Rauchen aufzugeben, und drückt E dafür 100 Euro in die Hand. N willigt zum Schein ein, um den Sterbenden nicht auch noch die letzten Minuten zu verleiden. Tatsächlich will er sich nicht daran halten. Doch bemerkt O schon am Gesichtsausdruck des N, dass aus seiner Hoffnung nichts werden wird, lässt sich jedoch nichts anmerken.

312. **Viel Rauch um Nichts:** *Der 19-jährige Nichtraucher N möchte seine neue Freundin beeindrucken und bestellt bei Zigarrenhändler Z lautstark eine Schachtel Double Corona. Als die Freundin weg ist, bittet er kleinlaut, die Zigarren wieder zurückgeben zu dürfen.*

313. **Viel Rauch um erkanntes Nichts:** *Der 19-jährige Nichtraucher N möchte seine neue Freundin beeindrucken und bestellt bei dem die Situation durchschauenden Zigarrenhändler Z lautstark eine Schachtel Double Corona. Als die Freundin weg ist, bittet er kleinlaut, die Zigarren wieder zurückgeben zu dürfen.*

314. **Geliebte Uhr:** *Der 20-jährige Philosophiestudent S ist – was keiner wissen darf – großer Anhänger der britischen Monarchie. Als sein Kommilitone K zu Hause bei S eine schrecklich-kitschige Uhr mit dem Foto von Lady Di sieht, bietet er S an, die Uhr für 5 Euro zu erwerben, das sei doch eine „freakiges" Accessoire für den Fachschaftsraum. S stimmt zähneknirschend zu, weil er K nicht sagen will, dass das seine Lieblingsuhr ist.*

315. **Erzwungene Höflichkeit:** *Buchhändler B dient dem in seinem Laden herumstöbernden Professor P genießerisch und unüberhörbar das soeben erschienene Buch des im Laden gleichzeitig anwesenden Kollegen an, wohlwissend, dass sein Opfer das aus Höflichkeit nicht ablehnen kann.*

316. **Vom Dritten erzwungene Höflichkeit:** *Student S sieht die beiden Professoren A und B im Buchladen und nutzt die Gelegenheit, um genießerisch und unüberhörbar das soeben erschienene Buch des B gegenüber A anzupreisen. A kann gar nicht anders, als ein Exemplar zu erwerben.*

317. **Erkannt erzwungene Höflichkeit:** *Student S sieht die beiden Professoren A und B im Buchladen und nutzt die Gelegenheit, um genießerisch und unüberhörbar das soeben erschienene Buch des B gegenüber A anzupreisen. A kann gar nicht anders, als ein Exemplar zu erwerben. Verkäufer V durchschaut das böse Spiel.*

318. **Ungeliebte Vertragsklausel:** *Schuldner S benötigt mal wieder ein Darlehen, was er bei Bank B beantragt. Auf dem Antrag steht unter anderem, dass B berechtigt ist, sich bei einer bekannten Wirtschaftsauskunftei über S zu erkundigen. S möchte das überhaupt nicht, lässt sich aber nichts anmerken, da er unbedingt das Darlehen benötigt, und unterschreibt.*

319. **Erkannt ungeliebte Vertragsklausel:** *Schuldner S benötigt mal wieder ein Darlehen, was er bei Bank B beantragt. Auf dem Antrag steht unter anderem, dass B berechtigt ist, sich bei einer bekannten Wirtschaftsauskunftei über S zu erkundigen. S möchte das überhaupt nicht, lässt sich aber nichts anmerken, da er unbedingt das Darlehen benötigt, und unterschreibt. Der aufmerksame Angestellte von B ist lange genug im Geschäft, um nicht zu übersehen, wie S gerade denkt.*

II. Begründungsversuche

1. Mangelnde Beweisbarkeit

Mit dem Einwand, eine Mentalreservation sei schon deshalb unbeachtlich, weil sie sich als innere Tatsache nicht beweisen lasse,[398] lässt sich das Problem jedenfalls nicht bereinigen.[399] So überrascht es bereits, dass es auf einmal praktisch-prozessuale Beweisschwierigkeiten sein sollen, die ein dogmatisches Problem lösen, zumal es prozessual ohne Weiteres möglich ist, die Existenz innerer Tatsachen zuzugestehen. Vor allem ist die Annahme einer Nichtbeweisbarkeit falsch, werden andauernd innere Tatsachen ermittelt – etwa Wissen oder Schmerz. Zudem drängt sich die Frage auf, warum ein Selbstbindungswille leichter feststellbar sein soll als dessen Fehlen. Wenn die Erklärung bei Vertragsschluss als Indiz eines solchen Willens ausreichen soll, warum nicht auch die spätere Klarstellung, dass ein solcher Wille gefehlt habe? Wie immer messerscharf fragt daher *Schlossmann*: „Ist denn aber das Wollen von dem, was man erklärt, weniger ein innerer Vorgang, als das Wollen des Gegenteils von dem, was man erklärt?"[400]

2. Unsittlichkeit, Lüge

Da sich die Mentalreservation jedenfalls nach Auffassung der Willenstheorie[401] durch das Vortäuschen eines Selbstbindungswillens auszeichnet, liegt es nahe, eine darin liegende Unsittlichkeit als Argument für eine vertragliche Bindung heranzuziehen. So dürfe sich der Erklärende hier nicht auf seinen fehlenden Bindungswillen berufen.[402] Doch überzeugt auch das nicht. Denn eigentlich müsste hier die Erklärung unwirksam sein, ist doch sie und nur sie falsch. Aus Sicht etwa des deutschen Rechts wäre zudem die Unbeachtlichkeit der erkannten Mentalreservation nur schwer zu erklären, denn der Unwert einer Handlung entfällt nicht dadurch, dass der Vertragsgegner die Täuschung erkennt.[403] Auch bliebe offen, warum sich der Getäuschte nicht wahlweise auf

---

[398] So zunächst noch *Windscheid*, Pandektenrecht, Bd. 1, 3. Aufl. 1870, S. 179 (§ 75, dort Fn. 1).
[399] Vgl. zum Folgenden nur *Roever*, Wille, 1874, S. 49, 53 ff.; *Schlossmann*, Der Vertrag, 1876, S. 106; *Zitelmann*, JhJb 16 (1878), 357, 401; *Lobinger*, Verpflichtung, 1999, S. 111. *Windscheid*, AcP 63 (1880), 72, 96 f. gab seine Ansicht dann auch auf.
[400] *Schlossmann*, Der Vertrag, 1876, S. 106.
[401] Vgl. aber zur Nichtexistenz eines Selbstbindungswillens oben § 9 C. I. 2.
[402] Stellv. *Czyhlarz*, JhJb 13 (1874), 1, 20 („widerspräche direkt der fides"); *Enneccerus*, Rechtsgeschäft, 1889, S. 95, 98; *Schliemann*, Die Lehre vom Zwange, 1861, S. 114 („eine Unsittlichkeit involviert"); *Zitelmann*, JhJb 16 (1878), 357, 402; *Windscheid*, AcP 63 (1880), 72, 98 oder aus jüngerer Zeit *Frotz*, Verkehrsschutz, 1972, S. 117 (dort Fn. 277).
[403] *Lobinger*, Verpflichtung, 1999, S. 113. Das hat zu Kritik an § 116 S. 2 BGB geführt, vgl. etwa *Larenz*, Allgemeiner Teil, 7. Aufl. 1989, S. 364 (§ 20 I a)); *Kramer*, MüKo-BGB, 5. Aufl. 2006, § 116 BGB Rn. 10. Eingehend zur erkannten Mentalreservation unten § 17 F. III. 2.

die Ungültigkeit berufen darf.[404] Zudem ist keineswegs jeder Vorbehalt unsittlich,[405] sei es, dass der Versprechende seine Motivation nicht offenbart, weil er den Vertrag aus anderen Gründen für unwirksam hält (Fall 302),[406] sei es, weil das Versprechen wie in Fall 310 nur der gut gemeinten Beruhigung eines Kranken oder Sterbenden dient,[407] oder aber, weil das Versprechen erzwungen wurde und deshalb nicht ernst gemeint ist.[408] Schließlich lässt sich mit dem Vorwurf einer Lüge bzw. eines unsittlichen Verhaltens von vornherein nur ein Schadensersatzanspruch, nicht aber ein bestimmter Vertragsinhalt begründen. Darauf wird gleich zurückzukommen sein.

3. Zurechenbarkeit

Oft wird zur Begründung von Vertragsinhalten darauf verwiesen, dass der Erklärende in irgendeiner Form zurechenbar gehandelt habe, sei es wissentlich, fahrlässig, schuldhaft, (eigen-/selbst-)verantwortlich, frei(-willig) oder auch nur kausal.[409] Gerade wer der Willenstheorie ablehnend gegenübersteht, mag in einer objektiven Zurechnung die gesuchte Alternative sehen. Speziell für die Mentalreservation führt etwa *Canaris* als Anhänger des Zurechnungsgedankens aus, deren Unbeachtlichkeit ergebe sich „ohne Weiteres" bereits aus dem Gedanken der Privatautonomie. Der Erklärende handle in fehlerfreier Selbstbestimmung. Wer sich bewusst sei, dass sein Verhalten als Willenserklärung aufgefasst werde, könne sich auf den fehlenden Bindungswillen nicht berufen.[410]

Doch begeht man so den gleichen Kategorienfehler, wie er bereits an anderer Stelle eingehend illustriert wurde: Der Hinweis auf ein wissentliches und verantwortliches Handeln erhellt zwar vielleicht, warum es dieser Person zumutbar sein mag, die so gewussten Konsequenzen zu tragen. Doch müssen wir erst einmal begründen, warum wir überhaupt auf den Gedanken kommen sollten, zu Gunsten des Getäuschten einen bestimmten Vertragsinhalt anzunehmen. Es bedarf also eines zusätzlichen Gesichtspunkts, um diesen An-

---

[404] *Kohler*, JhJb 16 (1878), 91, 96; *Kohler*, JhJb 16 (1878), 325, 339f.; *Kohler*, JhJb 28 (1889), 166, 195f., 198f.
[405] *Piniński*, Sachbesitzerwerb, Bd. 2, 1888, S. 397; *Henle*, Vorstellungs- und Willenstheorie, 1910, S. 60; *Wolff*, JhJb 81 (1931), 53, 55f., 138f.; *Wieacker*, JZ 1967, 385, 390; *Lobinger*, Verpflichtung, 1999, S. 113; *Bork*, Allgemeiner Teil, 3. Aufl. 2011, S. 311 (§ 21 B II, Rn. 798ff.).
[406] *Gysin*, ZBJV 65 (1929), 97, 108f.
[407] Vgl. dazu *Enneccerus*, Rechtsgeschäft, 1889, S. 95, 98 (etwas unklar); *Flume*, Allgemeiner Teil, Bd. 2, 4. Aufl. 1992, S. 403 (§ 20 1); *Lobinger*, Verpflichtung, 1999, S. 111.
[408] *Kohler*, JhJb 16 (1878), 91, 96; *Kohler*, JhJb 16 (1878), 325, 339f.; *Kohler*, JhJb 28 (1889), 166, 195f., 198f. Allerdings ist dieses Beispiel in vielerlei Hinsicht recht kompliziert, vgl. zur Diskussion unten Fn. 460.
[409] Näher oben § 4 B. I. zu Begriffen wie Freiwilligkeit sowie oben § 10 C.
[410] *Larenz*, Allgemeiner Teil, 7. Aufl. 1989, S. 363 (§ 20 I a)); *Canaris*, Vertrauenshaftung, 1971, S. 419ff.

spruch erst einzuführen, ihn gedanklich in den Raum zu stellen.[411] Speziell zur Mentalreservation räumt etwa *Windscheid* ein, es sei im Prinzip anzuerkennen, dass aus einer Lüge nur eine Pflicht zum Schadensersatz folge. In der Festhaltung des Lügenden an seinem Wort liege ein Sprung. Doch lasse sich dieser durch die Analogie von Quellenentscheidungen rechtfertigen, zumal in einem so präzise abgegrenzten Fall der Arglist.[412]

4. Handlungswille

Dass sich der Wille nach der Willenstheorie auf sämtliche Vertragsinhalte erstrecken soll, ist eine in vielerlei Hinsicht anspruchsvolle Forderung.[413] Es verspricht daher eine enorme Entlastung, verlangt man stattdessen nur ein Wollen der Erklärungshandlung, also etwa das Schütteln der gegnerischen Hand oder die Unterschrift unter ein Vertragswerk. Was die Konsequenzen dieser Handlung anbelangt, mag man sich dann wiederum darauf beschränken, deren Zurechenbarkeit im zuvor diskutierten Sinn zu prüfen. Gerade deshalb bestehen zwischen dem hier zu diskutierenden Handlungswillen und dem zuvor behandelten Ansatz einer Zurechenbarkeit enge Verbindungen.[414] Besonders nachdrücklich fordert *Kohler* die Perspektivverlagerung vom Wollen der Rechtsfolge und damit eines bestimmten Vertragsinhalts auf das Wollen nur noch der Erklärungshandlung: Wer bewusstermaßen verspreche, habe die entscheidende Willensaktion bereits vollbracht, um den Rest habe sich das Recht nicht zu kümmern. Der entscheidende Schritt sei getan. Dann aber sei es schlechterdings unmöglich, dass sich eine Willensaktion bewusstermaßen widerspreche. Es sei unrichtig, den rechtlich bedeutsamen Willen und die Erklärung als zwei getrennte Erscheinungen darzustellen.[415] Aber auch prominente Vertreter der Willenstheorie versuchen so der Mentalreservation beizukommen. *Flume* hält diese deshalb für seit je unproblematisch, weil derjenige, der den geheimen Vorbehalt mache, willentlich den Akt setze, der nach der Rechtsordnung die in ihm bestimmten Rechtsfolgen bewirkt.[416]

Vor diesem Hintergrund lohnt zunächst der Hinweis, dass es sicher nicht der Willenstheorie entspricht, ein Wollen nur der Erklärung und nicht der jeweiligen Rechtsfolge, also des Vertragsinhalts, zu verlangen.[417] Vielmehr

---

[411] Näher oben § 9 C. II. 2.; § 9 E. II.
[412] *Windscheid*, AcP 63 (1880), 72, 98 f. (zust. *Piniński*, Sachbesitzerwerb, Bd. 2, 1888, S. 397). Vgl. aus jüngerer Zeit auch die instruktive Diskussion bei *Lobinger*, Verpflichtung, 1999, S. 113, 118 ff., passim m.w.N.
[413] Näher oben § 9 C. IV.; § 9 C. III.
[414] Näher oben § 10 A.
[415] *Kohler*, JhJb 16 (1878), 91, 94 f.; *Kohler*, JhJb 28 (1889), 166, 171 f.
[416] *Flume*, FS Deutscher Juristentag, Bd. 1, 1960, S. 135, 154.
[417] Unzutreffend daher etwa *Canaris*, Vertrauenshaftung, 1971, S. 420 der dort in Fn. 34 m.w.N. ausführt, dass der Erklärende den Erklärungswillen habe und daher auch nach der Willenstheorie gebunden sei. Dass sich demgegenüber die Willenstheorie gerade nicht wie

taucht diese Argumentation immer nur dort auf, wo die Willenstheorie versagt. Ein klassisches, bereits diskutiertes Beispiel ist die Geltung Allgemeiner Geschäftsbedingungen. Setzt jemand seine Unterschrift unter einen großen Stapel Papier, will er diese Unterschrift, also die Erklärungshandlung, nicht aber all das, was in diesem Stapel geschrieben steht und wovon er keinerlei Kenntnis hat.[418]

Ganz unabhängig von der dogmatischen Verortung des Abstellens auf den Handlungswillen stellen sich jedenfalls genau die gleichen Probleme wie bereits bei der Zurechenbarkeit. So ist es zwar richtig, dass die Erklärungshandlung zumindest bei vorsätzlich-rationalem Handeln nur dann erfolgt, wenn damit auch Vorteile für den Erklärenden verbunden sind und er diese Handlung bei Betrachtung aller Vor- und Nachteile auch will. Doch ändert das nichts daran, dass die eigene Bindung zu diesen Nachteilen und nicht etwa deren Vorteilen gehört, so dass es besserer Argumente als des Wissens um die an die Erklärung geknüpften Nachteile bedarf, um zu begründen, dass diese Nachteile überhaupt eintreten sollten.[419]

5. Vertrauen

Das Vertrauen hält bei der Mentalreservation noch am ehesten, was es verspricht. Denn immerhin lässt sich hier anführen, dass der vom heimlichen Vorbehalt nichts wissende Empfänger auf die Gültigkeit des objektiv Erklärten bzw. einen vorhandenen Selbstbindungswillen vertraue.[420] Wenn der Vertrauensgedanke bei der Mentalreservation dennoch nicht immer von seinen Anhängern bemüht wird,[421] liegt diese Zurückhaltung vielleicht auch an den generellen Defiziten dieses Gedankens, die bereits eingehend beschrieben wurden.[422]

---

die Erklärungstheorie mit dem Handlungswillen begnügt, ist völlig unumstritten, ja das Wollen des Vertragsinhalts (Rechtsfolgewille) macht diese geradezu aus, vgl. dazu nur oben § 9 C. I. 1. b) sowie speziell zu Inhalts- und Erklärungsirrtum oben § 17 C.

[418] Näher oben § 9 C. V. 2. c); § 14 B. I.

[419] Näher oben § 10 A. IV.; ab § 10 C. III. 2.; § 10 C. IV. 2.

[420] Zu den Schwierigkeiten, überhaupt den Gegenstand des Vertrauens zu begründen, vgl. oben § 11 C. III.; § 11 E. II.

[421] *Canaris*, Vertrauenshaftung, 1971, S. 421 etwa sieht angesichts des Gedankens einer Zurechenbarkeit bei der Mentalreservation keine Notwendigkeit, auf die Lehre von der Vertrauenshaftung zurückzugreifen.

[422] Oben ab § 11 E. Speziell zur Mentalreservation siehe etwa *Lobinger*, Verpflichtung, 1999, S. 110 sowie *Frotz*, Verkehrsschutz, 1972, S. 117 (dort Fn. 277), für den die abschließende Gültigkeitsanordnung des § 116 S. 1 BGB allein unredliches Verhalten sanktioniert, jedoch nichts über die Gesetzeskonzeption der Willenserklärung aussagt.

6. Funktionalismus

Wann immer es schwerfällt, einen gleichermaßen verbindlichen wie einfachen Tatbestand zu formulieren, der zu plausiblen Ergebnissen führt, liegt es nahe, stattdessen funktional zu argumentieren. Grundsätzlich ist gegen eine solche Folgenorientierung nichts einzuwenden – schließlich berücksichtigt auch das Rechtfertigungsprinzip Folgen, nämlich die Verwirklichung der Ziele der jeweils rechtlich betroffenen Person. Allerdings geht Folgenorientierung typischerweise mit einer großen Komplexität einher, was sich auch daran zeigt, dass selbst das an sich so schlichte, weil nur auf eine Person beschränkte und letztlich nur zwei Tatbestandsmerkmale umfassende Rechtfertigungsprinzip sorgfältiges Nachdenken verlangt.

Es sind daher auch nur die offensichtlichen Probleme der Willenstheorie bei der Mentalreservation, die deren Vertreter zu solchen Begründungsmustern veranlassen. So betont *Savigny* gerade bei der Mentalreservation, dass jede Rechtsordnung auf der Zuverlässigkeit der äußeren Zeichen beruhe und spricht damit Verkehrsschutzaspekte an.[423] In jüngerer Zeit argumentiert *Lobinger* sachlich durchaus zutreffend, dass man ohne die Unbeachtlichkeit der Mentalreservation vom Satz *pacta sunt servanda* nicht mehr sprechen könne und sich ein Markt ernsthaft Tauschwilliger kaum einstellen werde. Man verlöre eine unverzichtbare Grundvoraussetzung, ja eine existenziell notwendige Bedingung des rechtsgeschäftlichen Verkehrs, da der bloße Bindungswille beliebig eingeschränkt werden könnte und so der Bestand des Rechtsgeschäfts der individuellen Willkür ausgeliefert wäre.[424] Doch hilft es jedenfalls nicht der Willenstheorie, die Fragwürdigkeit einer konsequenten Beachtung des Selbstbindungswillens zu beschreiben.[425] In jedem Fall müsste der hier neu eingeführte Gesichtspunkt sorgfältig ausgearbeitet und stimmig in ein dogmatisches Gesamtkonzept integriert werden. Denn bereits beim Inhalts- oder Erklärungsirrtum ist davon dann schon keine Rede mehr.

Wenig hilfreich erscheint es jedenfalls, die bei der Mentalreservation praktizierte Missachtung des Selbstbindungswillens dadurch zu beschönigen, dass man von einer Limitierung der Willensherrschaft gerade im Interesse der Willensherrschaft selbst oder auch der Einschränkung des Prinzips wegen des Prinzips selbst spricht.[426] Denn hier wird lediglich eine Scheinparadoxie er-

---

[423] *Savigny*, System, Bd. 3, 1840, S. 258 f. Daneben siehe etwa *Zitelmann*, JhJb 16 (1878), 357, 414 f. (ganz vorsichtig); *Zimmermann*, Obligations, 1990, S. 644; *Lorenz*, Unerwünschter Vertrag, 1997, S. 280 sowie allgemein zum Vertrauensgedanken oben § 11 B.
[424] Ausführlich *Lobinger*, Verpflichtung, 1999, S. 124 ff., der „in diesem besonderen Fall" dabei explizit auch die Lösung ablehnt, dem Getäuschten als Ausgleich das negative Interesse zuzusprechen (vgl. dort S. 128).
[425] Treffend dazu *Binder*, ARSP 4 (1911), 266, 273: „So nahe berühren sich gelegentlich die Extreme."
[426] So aber *Lobinger*, Verpflichtung, 1999, S. 126 f., der hier zur Illustration durchaus eingängig m.w.N. auf die Parallele zum Eigentumsrecht verweist, wo die Möglichkeit eines

zeugt, indem zwei unterschiedliche Bedeutungen mit ein und demselben Begriff belegt werden, also ein Kategorienfehler provoziert wird: Missachtet wird der Selbstbindungswille, und dies um eines ganz anderen Gesichtspunkts wegen, nämlich der faktischen Möglichkeit, erst mit Hilfe der eine Mentalreservation nicht beachtenden Rechtsordnung glaubwürdig als Vertragspartner auftreten und sich damit überhaupt verbessern, also seinen Zielen näher kommen zu können. Letzteres mag ein guter Grund sein, es ist aber ein anderer Grund als jener, dass man in einer konkreten Situation selbst gebunden sein wollte.[427]

III. Rechtfertigungsprinzip

1. Unerkannte Mentalreservation

a) Grundlagen

Nach dem Rechtfertigungsprinzip erfolgt eine rechtliche Einbuße so weit, wie dies notwendig ist, um sich getreu den eigenen Zielen zu verbessern. Oft wissen dabei die Vertragsparteien am besten, was für Vertragsinhalte dem genügen, und sollten dann auch selbst entscheiden (Subsidiarität). Bei der Mentalreservation weiß der Erklärende genau, was er erklärt, und kann diesen Inhalt steuern. Weiß er dann auch noch, dass er an diesem objektiven Erklärungsinhalt festgehalten wird – und das dürfte keineswegs realitätsfremd sein bzw. würde sich schnell herumsprechen –, erfüllt diese Erklärung wie immer ihre Indizfunktion.[428] Auf Seiten des Adressaten wird das Rechtfertigungsprinzip durch die Unbeachtlichkeit der Mentalreservation genauso gewahrt. Er bekommt genau das, wovon er ausgeht. Letztlich haben wir damit eine weitere Untergruppe einer erfolgreichen Verständigung,[429] lässt sich also der Subsidiaritätsgrundsatz problemlos umsetzen.

Im Ergebnis erklärt das Rechtfertigungsprinzip zwanglos, ohne aufwändige Hilfserwägungen, warum die Mentalreservation grundsätzlich[430] unbeacht-

---

gutgläubigen Erwerbs das Eigentum überhaupt erst verkehrsfähig macht und so in gewisser Hinsicht aufwertet. Doch werden auch bei diesem Beispiel zwei Aspekte vermengt, nämlich der konkrete Verlust des ursprünglichen Eigentümers an seinem Eigentum und die Aufwertung von Eigentum als einem Institut allgemein.

[427] Das bewegt dann auch *Lobinger*, Verpflichtung, 1999, S. 132 dazu, im Sinn der „… begriffliche[n] Klarheit eines Rechtsgeschäfts-Verständnisses, das nur die wirklich gewollte Bindung erfasst …", für das Verständnis von § 116 S. 1 BGB als einer „gesetzlichen Haftung" zu plädieren. Doch ersetzt der Verweis auf das geltende Recht (etwa in Form eines Gesetzes) nicht die gesuchte Begründung für eben dieses Recht, näher dazu oben § 16 A.

[428] Und sofern diese Kalkulation mit Unwägbarkeiten belastet ist, gelten die für Risiken üblichen Grundsätze, vgl. oben § 5. Zu Fällen des beachtlichen Inhaltsirrtums siehe oben § 17 C. II. sowie zum Vertragsschluss unten § 18 C. I.

[429] Zu vielen weiteren Beispielen siehe oben § 17 B.

[430] Zur erkannten Mentalreservation siehe unten § 17 F. III. 2.

lich ist. Das verwundert schon deshalb nicht, weil das Rechtfertigungsprinzip getreu dem Subsidiaritätsprinzip zwar auf die Parteivorstellungen abstellt, nicht jedoch auf den vermeintlichen Selbstbindungswillen. Insofern greifen hier die gleichen Erwägungen wie bei jedem normalen Vertragsschluss, da auch dieser ohne einen Selbstbindungswillen auskommt. Damit ist aber auch nicht ersichtlich, worin überhaupt ein beachtenswerter Irrtum liegen sollte. Warum sollte es den Adressaten interessieren, ob sein Gegner gerne gebunden ist? Eigentlich könnten wir daher bereits hier unsere Erörterungen abbrechen, ist zur Mentalreservation alles gesagt, was zu sagen ist. Andererseits verbergen sich unter dieser so merkwürdigen Kategorie unterschiedlichste Sachverhaltskonstellationen, in denen mit teilweise stark wandelnden Bedeutungen eingewandt wird, man habe eine vertragliche Pflicht doch gar nicht gewollt. Es erscheint daher hilfreich, die dort bemühten Fälle denjenigen Fallgruppen zuzuordnen, die tatsächlich den eigenständigen Gesichtspunkt, die jeweilige Besonderheit, verkörpern.

b) Fehlendes Erklärungsbewusstsein

Es zeugt von dem grundlegenden Missverständnis eines vermeintlichen Selbstbindungswillens, wenn es keineswegs leicht fällt, einen einigermaßen plausiblen und möglichst einfachen Normalfall der Mentalreservation zu beschreiben. Vielmehr bleibt hier die wissenschaftliche Diskussion erstaunlich abstrakt. Wenn etwa in Fall 297 der Käufer glaubhaft ausführt, er habe den Gegenstand nicht wirklich kaufen wollen, sondern die Erklärung „einfach nur so" abgegeben, drängt sich unweigerlich die Frage auf, warum er das denn als rational agierender Mensch getan haben mag. Einigermaßen nachvollziehbar wäre dabei noch die Einlassung, er habe nicht gewusst, dass seiner Erklärung eine solche Bindungswirkung beigemessen wird (vgl. etwa Fall 302), doch liegt dann definitionsgemäß keine Mentalreservation mehr vor.[431] Das ist bezeichnend für den gesamten Problemkreis: Wann immer sich ein fassbares Problem beschreiben lässt, findet sich auch eine sehr viel passendere Rubrik als die der Mentalreservation.

c) Irrationalität

Eine weitere Erklärung dafür, dass jemand glaubhaft ausführt, er habe das Buch gar nicht kaufen wollen, sondern die Erklärung „einfach nur so" abgegeben, mag uns dazu führen, diesem Menschen eine gewisse Irrationalität zu unterstellen. So mögen wir es mit einem unreifen Kind oder einer sonst geschäftsunfähigen Person zu tun haben. Hat man diesen gedanklichen Schritt getan, wird man aber diesen Fall nicht mehr als Mentalreservation, sondern

---

[431] Im deutschen Recht mag dann etwa § 118 BGB einschlägig sein. Zu Inhalts- und Erklärungsirrtum siehe oben § 17 C.

als ein Problem irrationalen Verhaltens diskutieren wollen. Und hier liefert das Verhalten solcher Personen nicht mehr ein zuverlässiges Indiz für die Verwirklichung des Rechtfertigungsprinzips.[432]

d) Eingehungsbetrug

aa) Normalfall

Am ehesten kommt ein geheimer Vorbehalt noch als Ausfluss einer Zwangslage oder als Form eines sogenannten Eingehungsbetrugs in Betracht: Bei diesem täuscht der Betrüger über seine Bereitschaft, die vertraglich eingegangene Verpflichtung auch tatsächlich zu erfüllen. Klassische Beispiele dafür sind die Zechprellerei oder das Phänomen eines Mietnomadentums (Fälle 307). Dabei mag man hier schon daran zweifeln, ob überhaupt ein geheimer Vorbehalt vorliegt, da es dem Betrüger oft egal ist, ob er schuldrechtlich gebunden wird. Ihm dient die äußere Erklärung bloß dazu, die Gegenseite zu einer Vorleistung zu bewegen, der dann keine Entsprechung folgt. Der entscheidende Irrtum des Adressaten liegt nicht etwa darin, der Gegenseite fälschlicherweise einen Selbstbindungswillen zu unterstellen, da jeder weiß, dass niemand gebunden sein will.[433] Vielmehr irrt der Betrogene über seine Aussicht, das ihm vertraglich Versprochene tatsächlich zu erhalten. Er weiß nicht, dass der Eingehungsbetrüger von vornherein vorhat, sich seiner Erfüllungspflicht faktisch zu entziehen. Er unterliegt einem Motivirrtum, weshalb dieser Betrugsfall unter genau dieser Rubrik diskutiert und mit anderen Fällen eines Motivirrtums abgeglichen werden sollte. Die schuldrechtlichen Verpflichtungen lassen sich jedenfalls wie bereits eingangs dargelegt begründen: Sofern der Eingehungsbetrüger rational handelt, wird seine Chance, mit dem Betrug davonzukommen, das Risiko, einen für ihn völlig uninteressanten Vertrag doch noch erfüllen zu müssen, zumindest ausgleichen.

bb) Letzte Bitte des Sterbenden

Schließlich sei noch ein ganz spezieller Fall des Eingehungsbetrugs erwähnt. So mag sich der Enkel wie in Fall 310 nur deshalb zu einem Versprechen entschließen, weil er den bald sterbenden Adressaten nicht grämen, sondern ihm eine Freude bereiten möchte.[434] Der Zweck des Versprechens erschöpft sich darin, dem Kranken eine Freude zu bereiten. Hier ist zunächst die rechtliche Ausgangslage zu klären und damit insbesondere zu fragen, ob eine solche Lüge bereits Rechte des Sterbenden – etwa auf Schutz seiner Persönlichkeit –

---

[432] Näher oben § 17 E.

[433] Genauso weiß jeder, dass auch die Erfüllung seines Versprechens selten gewollt, sondern darin allenfalls eingewilligt wird. Wer Eigentum überträgt, will nicht sein Eigentum verlieren, sondern nimmt diesen Verlust nur wissentlich in Kauf. Vgl. daher oben § 9 C. I. 2.

[434] *Enneccerus*, Rechtsgeschäft, 1889, S. 95, 98; *Wolff*, JhJb 81 (1931), 53, 55; *Lobinger*, Verpflichtung, 1999, S. 111.

verletzt. Denn dann gewährleistet nur ein wirksames Versprechen, dass auf dieser rechtlichen Basis sowohl der Adressat als auch der Versprechende (der diese Bindung für seine hehren Ziele notgedrungen in Kauf nimmt[435]) profitieren. Bejaht man hingegen ein „Recht zur Lüge", ist als nächstes zu prüfen, ob es dem Versprechenden seinerseits wichtig ist, nicht zu lügen (Fall 309). Hier wäre die rechtliche Bindung wiederum notwendig – diesmal im Interesse des Versprechenden selbst.[436] Ist dem Versprechenden seine eigene Redlichkeit hingegen unwichtig, lässt sich eine rechtliche Bindung nicht mehr rechtfertigen. Wie so oft entscheiden also auch hier verfolgte Ziele und rechtliche Ausgangslage, weshalb es weder Willens- noch Erklärungstheorie gelingt, zwischen diesen Varianten zu unterscheiden.

e) Zwänge

aa) Drohung durch Dritte

Eine weitere, einigermaßen klar identifizierbare Fallgruppe eines vermeintlich fehlenden Selbstbindungswillens sind diverse Zwangssituationen, wie sie bereits andernorts umfassend behandelt wurden.[437] So diskutiert man gerade für den Normalfall einer Drohung intensiv, ob eine mit der Alternative „Geld oder Leben" konfrontierte Person tatsächlich Eigentum übertragen oder gar ein entsprechendes Schenkungsversprechen abgeben „will".[438] Doch ist hier zunächst nur die unerkannte Mentalreservation zu behandeln,[439] die beispielsweise dann vorliegen könnte, wenn es wie in Fall 29 die dem Käufer unbekannte Drohung eines Dritten ist, die den Verkäufer dazu veranlasst, sein geliebtes Auto zum gängigen Marktpreis zu verkaufen. Analysiert man diese Situation, fällt zunächst auf, dass hier keineswegs eine Irrtumsproblematik im Vordergrund steht. Dass niemand gerne gebunden ist, weiß jeder. Allenfalls irrt der Käufer darüber, dass ein Verkauf nicht im Interesse des Verkäufers liegt. Doch ist das Entscheidende weniger diese Vorstellung als die Tatsache einer solchen Verschlechterung selbst. Zudem sollte der Käufer mit Blick auf mögliche Motivirrtümer[440] nicht darüber nachdenken müssen, ob das Rechtfertigungsprinzip auch auf der gegnerischen Seite gewahrt ist. Eine weitere Besonderheit nicht nur dieses Falls liegt darin, dass eine unbeschwerte Kommunikation zwischen beiden Parteien behindert sein mag, etwa weil der Drohende das untersagt. Würde der Käufer von der Drohungssituation erfahren,

---

[435] Ansonsten träte hier noch eine Irrtumsproblematik hinzu, vgl. dazu oben § 17 D.
[436] Zur Abgrenzung von Gefälligkeitsverhältnissen siehe oben § 16 B.
[437] Oben § 3.
[438] Vgl. unten Fn. 460.
[439] Zur erkannten Mentalreservation siehe gleich unten § 17 F. III. 2.
[440] Näher zu diesen oben § 17 D.

könnte er viele Schäden in Form des negativen Interesses von vornherein vermeiden.[441]

Blicken wir nun auf die Untersuchungen zu Zwang, Drohung und Ausbeutung zurück, so sind wir täglich Lebenszwängen ausgesetzt, ohne dass wir darin gleich eine Rechtsverletzung sähen.[442] Immerhin verbessert sich unser Drohungsopfer durch den Verkauf des Autos, da er ansonsten getötet würde. Dieser Eigentumsverlust zum aus seiner Liebhabersicht zu niedrigen Gegenwert ist auch notwendig, um den Verkauf zustande kommen zu lassen und so das Angedrohte abzuwenden. Demgegenüber scheint eine Ausbeutung dort vorzuliegen, wo der Käufer – und sei es eben nur unwissentlich – wie in Fall 28 einen sehr viel geringeren Betrag als den Marktpreis zahlen soll, weil der Drohende das so erzwingt. Doch ist hier angesichts der Drohung auch der Eigentumsverlust zu diesem geringen Preis notwendig, um die Drohung abzuwenden.

Allerdings sticht spätestens hier eine bislang ignorierte, jetzt aber wichtig werdende Frage hervor: Ist es wirklich notwendig und damit gerechtfertigt, dass das Opfer das Auto dauerhaft verliert, oder ist dieser Verlust nicht nur so lange notwendig, wie die Drohung anhält? Was ist also zu entgegnen, wenn das Opfer den Käufer später unter Aufklärung der Sachlage darum bittet, ihm den Wagen gegen Rückzahlung des Kaufpreises wieder auszuhändigen? Muss hier nicht allenfalls noch darüber nachgedacht werden, wer das möglicherweise auf Käuferseite angefallene negative Interesse zu ersetzen hat?

Tatsächlich liegt die Vermutung nahe, dass ein Gericht zumindest in Fall 28 einer erzwungenen Schenkung stark in Versuchung geriete, diesem Ansinnen mit welcher rechtstechnischen Konstruktion auch immer stattzugeben, zumal das Recht unentgeltlich erlangte Rechtspositionen oft als weniger schützenswert ansieht.[443] Andererseits lassen sich in Fall 29 eines normalen Kaufpreises wohl keine länderübergreifend praktizierte, einheitliche Ergebnisse feststellen – die Dogmatik erscheint hier einfach noch nicht ausgereift genug. Allerdings mag das auch daran liegen, dass wann immer nicht gerade ein außergewöhnlich starkes persönliches Interesse am Vertragsgegenstand besteht, sich das sinnvolle Ergebnis bereits von ganz allein einstellt. Denn wenn das Opfer ohnehin das negative Interesse tragen sollte, weil es noch eher als sein Geschäftspartner derartige Situationen abwenden kann, greift einmal mehr die Einsicht, dass die Bindung wirtschaftlich betrachtet auch dadurch faktisch beseitigt werden kann, dass der Käufer den gekauften Gegenstand dem Verkäufer gleich wieder anbietet bzw. der Verkäufer an den Käufer herantritt, um den

---

[441] Das ist ein wichtiger Unterschied zur unten § 17 F. III. 2. zu diskutierenden, erkannten Mentalreservation.

[442] Vgl. oben § 4 C. III. 5. a).

[443] Näher zur Schenkung oben § 3 B. II. Siehe aus dem deutschen Recht nur etwa §§ 519 ff., 816 Abs. 1 S. 2, 822 BGB.

Vertrag rückgängig zu machen.[444] Hier wird also das getreu dem Rechtfertigungsprinzip sinnvolle Ergebnisse von allein verwirklicht.

bb) Soziale Nöte
Manche Zwänge können auch rein sozialer Natur sein und werden – warum auch immer – oft gerade unter dem Stichwort der Mentalreservation diskutiert. Das betrifft Sachverhalte wie Fall 312, wo der Käufer nur deshalb lautstark Havannas erwirbt, um seine Freundin zu beeindrucken, nicht aber, weil er die Zigarren wirklich rauchen möchte. In Fall 315 und 316 kann der Professor gar nicht anders, als das Buch – sein Interesse heuchelnd – zu erwerben.[445] In Fall 314 würde der Verkäufer gerne seine geschmacklose Uhr behalten, wagt es aber nicht, seine Vorliebe dadurch offenzulegen, dass er sich dem Kaufansinnen widersetzt.

Akzeptiert man einmal, dass kaum eine Rechtsordnung einem das Recht einräumt, von den Folgen sozialer Zwänge oder Peinlichkeiten verschont zu werden,[446] stellt der Vertrag die Betroffenen jeweils besser als ohne eine Rechtsänderung. Dass es etwa in den Fällen 312 und 314 noch schöner wäre, gar nicht erst in die missliche Situation zu geraten, mag sein, trifft jedoch auf viele unangenehme Realitäten unseres Lebens zu. Wohl aber stellt sich wiederum die Frage, ob nicht ein bloßes Schauspiel wertschöpfender und dementsprechend ein dauerhaft wirksamer Vertrag nicht mehr zu rechtfertigen ist. In manchen Fällen mag das Opfer auf Verständnis seiner Mitbürger stoßen, wenn es schildert, warum es zum Vertragsschluss gekommen war. Auch das Zivilrecht sollte hier dem nichtsahnenden Geschäftspartner lediglich das negative Interesse, nicht aber das vertraglich Versprochene gewähren. Genau das wird allerdings in den meisten Fällen durch die Aufrechterhaltung des Vertrags erreicht.[447]

f) Teilvorbehalte
Als vorletzte Fallgruppe sei das Phänomen der Mentalreservation unter dem Gesichtspunkt diskutiert, dass der Betroffene zwar in irgendeiner Form einen Vertrag will, das aber „eigentlich" zu sehr viel günstigeren Umständen. Das mag wie in Fall 318 eine ungeliebte Vertragsklausel oder einfach ein als zu gering empfundener Verkaufspreis sein, etwa weil die harte Realität eines funktionierenden Wettbewerbs zu solchen Zugeständnissen zwingt. Bei diesen Sachverhalten kann an der richtigen Lösung schon deshalb kaum ein Zweifel bestehen, weil hier eine bloß zeitweilige Überlassung keine größere Wertschöpfung verspricht. Tatsächlich sind der geringe Preis oder die unge-

---
[444] Näher oben § 17 D. III. 1.
[445] Beispiel von *Wieacker*, JZ 1967, 385, 390.
[446] Näher oben § 4 C. III. 5. a).
[447] Vgl. dazu wiederum oben § 17 D. III. 1.

liebte Klausel vom Verkäufer genauso stark oder wenig gewollt wie sämtliche anderen ihm nachteiligen Vertragsbestandteile.[448]

g) Vermeintlich unwirksamer Vertrag

Schließlich sei noch kurz Fall 302 erwähnt, in dem sich der Eigentümer eines Buchs nur deshalb zu dessen Verkauf bereit erklärt, weil er fälschlich glaubt, dieses Versprechen sei, weil lediglich mündlich erteilt, ohnehin rechtlich unwirksam.[449] Hier liegt zweifellos eine Störung dergestalt vor, dass der Versprechende einem Irrtum über die rechtliche Wirkung seiner Handlung unterliegt. Doch gerade weil sich hier das Problem anders als sonst bei den „Fallgruppen" der Mentalreservation ohne Weiteres identifizieren lässt, wird es längst unter einer ganz anderen Rubrik diskutiert, nämlich dem fehlenden Erklärungsbewusstsein.[450]

2. Erkannte Mentalreservation

a) Problem

Nicht weniger interessant, wenngleich kein bisschen weniger merkwürdig, sind die unter dem Stichwort der erkannten Mentalreservation diskutierten Gesichtspunkte. So fällt es auch hier auffallend schwer, überhaupt einen einfachen Normalfall zu beschreiben, der diese Fallgruppe charakterisieren könnte. Der Grund für diese Schwierigkeit wird allerdings wiederum dann einsichtig, akzeptiert man einmal, dass sich niemand binden will und davon gewöhnlich auch jedermann weiß. Dann nämlich erweist sich die erkannte Mentalreservation als der normalste aller Normalfälle, weil jeder noch so gewöhnliche Vertrag eine erkannte Mentalreservation beinhaltet.

Betrachtet man die dennoch unter diesem Stichwort diskutierten Fälle, tritt deren Nähe zu Zwang, Drohung und Ausbeutung deutlich hervor. Denn bei der erkannten Mentalreservation entfällt ein Unwissenheitselement, das der unerkannten Mentalreservation noch anhaftete: Dort wusste der Adressat nicht, dass bisweilen ein nur zeitweiliger Verlust wertschöpfender sein mag als ein dauerhafter Austausch. Jetzt ist es hingegen allenfalls aus praktischen Gründen nicht möglich, den eigentlich sinnvollen Vertragsinhalt zu erklären. Wohl aber kann manches negative Interesse, das es zuvor noch zu berücksichtigen galt, vom Adressaten von vornherein vermieden werden. Es geht also um die angesichts gegebener Umstände bestmögliche Vertragsgestaltung ohne besondere Informationsprobleme, das aber unter Umständen, die eine darauf zugeschnittene Erklärung erschweren. Wegen der oft so deutlichen Parallelen zu Zwang, Drohung und Ausbeutung begegnen uns hier auch wieder verstärkt

---

[448] Näher oben § 9 C. I. 2.; § 9 C. II. 2.
[449] Siehe zu diesem Beispiel etwa *Gysin*, ZBJV 65 (1929), 97, 108f.
[450] Vgl. daher oben § 17 C.

Begriffe wie Freiwilligkeit, Autonomie oder Zurechenbarkeit, da hier Willens- wie Erklärungstheorie besonders deutlich scheitern.[451]

Vergleicht man die vorstehende Charakterisierung der erkannten Mentalreservation mit dem rechtspraktischen Umgang, so fällt zunächst auf, dass diese in einigen, aber keineswegs allen Ländern Europas überhaupt für beachtlich und damit der Vertrag für unwirksam gehalten wird.[452] Dabei konzentriert sich die wissenschaftliche Diskussion oft auf den klassischen Streit zwischen Willens- und Erklärungstheorie.[453] So ist es zunächst bemerkenswert, dass der unter Vorbehalt Erklärende immerhin schlichtweg lügt (also klar zurechenbar handelt) und lediglich eine – scheinbar unverdiente – Gnade dadurch erfährt, dass der Gegner sein freches Tun durchschaut. Eine Norm wie der deutsche § 116 S. 2 BGB erscheint daher besonders jenen, die wie *Larenz* eine Objektivierung der Vertragslehre anstreben und die „psychologistische" Willenstheorie ablehnen, völlig inakzeptabel: Dies sei mit dem „... Grundgedanken der Verantwortlichkeit, dem Geist des Gesetzes und mit der Rechtsidee ..." unvereinbar, ja trotz des eindeutigen Wortlauts irrelevant und beruhe lediglich auf einem Missverständnis.[454] Doch krankt diese Kritik bereits daran, dass die Vertragsunwirksamkeit für manche der gemeinhin als Mentalreservation eingeordneten Fälle durchaus sinnvoll erscheint.[455] Das eigentliche Problem der Mentalreservation, nämlich die generelle Nichtexistenz eines Selbstbindungswillens, wird demgegenüber nicht angegangen. Außerdem ist es keineswegs unüblich, sondern in jeder Rechtsordnung weit verbreitet, sowohl klar zurechenbare Erklärungsinhalte zu ignorieren als auch nicht zurechenba-

---

[451] Siehe zu diesen eingehend oben § 4 B. I.
[452] Vgl. dazu die Nachweise oben in Fn. 393.
[453] Näher oben § 10 D. III.
[454] *Larenz*, Auslegung, 1930, S. 89, nicht viel anders *Canaris*, Vertrauenshaftung, 1971, S. 420, wonach § 116 S. 2 BGB lediglich als „positiv-rechtliche Besonderheit" angesehen werden könne, vgl. auch *Kohler*, Lehrbuch, 1906, S. 488 (Fn. 1: „himmelschreiend"); *Henle*, Vorstellungs- und Willenstheorie, 1910, S. 481; *Bydlinski*, Privatautonomie, 1967, S. 113; *Kramer*, MüKo-BGB, 5. Aufl. 2006, S. 1311, § 116 BGB Rn. 10 („rechtspolitisch grundsätzlich verfehlt"); *Köhler*, Allgemeiner Teil, 34. Aufl. 2010, S. 66 (§ 7 III 1, Rn. 8: „nicht unbedenklich"). Demgegenüber siehe *Binder*, ARSP 5 (1912), 96, 457; *Hübner*, FS Nipperdey, Bd. 1, 1965, S. 373, 335 (§ 36 A I 2, Rn. 762); *Wieacker*, JZ 1967, 385, 390; *Flume*, Allgemeiner Teil, Bd. 2, 4. Aufl. 1992, S. 403 (§ 20 1); *Lobinger*, Verpflichtung, 1999, S. 113 f., 118; *Medicus*, Allgemeiner Teil, 10. Aufl. 2010, S. 241 (§ 40 I 2 a) bb), Rn. 593) sowie speziell unter Berufung auf den Vertrauensgedanken *Singer*, Selbstbestimmung, 1995, S. 204; *Larenz/Wolf*, Allgemeiner Teil, 9. Aufl. 2004, S. 644 (§ 35, Rn. 9) oder *Bork*, Allgemeiner Teil, 3. Aufl. 2011, S. 311 (§ 21 B II, Rn. 797). Zur – unberechtigten – Kritik am Psychologismus der Willenstheorie siehe oben § 9 C. V. 2. e) aa).
[455] Eine Mentalreservation muss nicht immer böswillig oder verschuldet sein, vgl. dazu nachfolgend § 17 F. III. 2. b), die zuvor in Fn. 454 zitierten, § 116 S. 2 BGB verteidigenden Stimmen sowie oben § 17 F. II. 2. Dementsprechend muss auch *Canaris*, Vertrauenshaftung, 1971, S. 420 eingestehen, dass § 116 S. 2 BGB bisweilen durchaus Sinn mache.

re Vertragsinhalte anzuordnen. Man müsste nach dieser Logik also sehr viel für schlechthin unerträglich halten.[456]

b) Rechtfertigungsprinzip

Nach dem Rechtfertigungsprinzip fällt die Lösung der erkannten Mentalreservation oft relativ leicht. In Fall 301 einer erkannt irrationalen Erklärung kann der Verkäufer einen Schaden in Höhe des negativen Interesses ohne Weiteres und vor allem leichter als der Irrende vermeiden, weshalb sich hier die Unwirksamkeit des Vertrags als sachgerechte Lösung erweist.[457] Nichts anderes gilt für Fall 298 des erkannt fehlenden Erklärungsbewusstseins, aber auch für Fall 303 des erkannt vermeintlich ohnehin schon unwirksamen Vertrags. Wünscht sich der Vertragspartner wie in Fall 319 noch attraktivere Vertragsbedingungen oder einen noch besseren Preis, so kann die Kenntnis des Gegners von diesen unerfüllten Wünschen schon deshalb keine Rolle spielen, weil die tatsächlich vorgenommene, dauerhafte Rechtsänderung angesichts des nun einmal widrigen Wettbewerbs das beste ist, was der Verkäufer ausweislich des Rechtfertigungsprinzips erlangen kann.

aa) Eingehungsbetrug

Komplizierter wird es beim erkannten und daher nur versuchten Eingehungsbetrug wie in Fall 308. Hier scheint es insofern gut vertretbar, den Vertrag als wirksam anzusehen, als die schuldrechtliche Verpflichtung dem Betrüger relativ gleichgültig sein mag,[458] während nunmehr auch das vermeintliche Opfer eine solche Entscheidung trifft, die tatsächlich ein tragfähiges Indiz für die Verwirklichung des Rechtfertigungsprinzips bildet. Allerdings hat sich hier die Lage dergestalt verkehrt, dass gewissermaßen der Betrüger zum Opfer wird: Denn ein Betrüger wird regelmäßig davon ausgehen, dass sein Betrugsversuch nicht durchschaut wird. Angesichts dieses Motivirrtums erleidet nun der Betrüger immer dann eine auch unter Risikoerwägungen unvorteilhafte Einbuße, wenn er mit einem ordnungsgemäßen Austausch in Wahrheit nichts anfangen kann. Da es demgegenüber dem Adressaten keine Schwierigkeiten bereitet, sich auf die Unwirksamkeit des betrügerischen Versprechens einzustellen, ist diese Rechtsfolge im Sinn des Rechtfertigungsprinzips.

Ähnlich zu lösen ist Fall 311, in dem der Sterbende erkennt, dass das Versprechen einer Abstinenz vom Rauchen nicht eingehalten werden wird. Entweder wird er seinerseits kein Interesse an einem leeren Versprechen haben.

---

[456] Man denke nur an Scheingeschäft (Vorsatz) und *falsa demonstratio* (oft beiderseits fahrlässig) einerseits als Beispiel für die mangelnde Geltung des Erklärten trotz Zurechenbarkeit und Allgemeine Geschäftsbedingungen andererseits als Beispiel für die Geltung vieler Vertragsinhalte ohne Zurechenbarkeit. Näher dazu oben § 10 C. III. 4.

[457] Allgemein zu irrationalem Verhalten oben § 17 E.

[458] Vgl. dazu bereits oben § 17 F. III. 1. d).

Oder er findet angesichts seiner Kenntnis Mittel und Wege, entgegen den Plänen des Enkels die tatsächliche Erfüllung doch noch zu sichern, würde dann aber den Enkel schädigen, der das nicht einkalkuliert hatte.

bb) Drohung
Wann immer eine Person in irgendeiner Form bedroht wird, sind wir nach klassischen Denkmustern versucht, das Problem in einer Beeinträchtigung des Willens zu suchen, ohne dass sich das allerdings subsumieren ließe.[459] Genauso könnte man aber auch einfach behaupten, dass gerade in den für problematisch erachteten Fällen ein Rechtsbindungswille fehle. Und da ja etwa jeder Erpresser wie in Fall 16 einer normalen Drohung wisse, dass sich der Bedrohte nicht wahrhaft binden wolle, hätten wir eine erkannte Mentalreservation. Schließlich „will" hier das Opfer keineswegs eine Schenkung bzw. den Verlust von Besitz und Eigentum. Tatsächlich wird das Verhältnis von Drohung und Mentalreservation intensiv diskutiert.[460] Was dazu aus Sicht des Verfassers zu sagen ist, liegt auf der Hand: So bleibt offen, wie wir die rechtlich missbilligten von den unproblematischen Fällen unterscheiden sollen, denn subsumieren lässt sich hier nichts. Zu fragen, ob jemand etwas „wahrhaft will", liefert nicht den gesuchten Schlüssel für unsere vertragsrechtlichen Probleme. In Wahrheit will niemand gebunden sein – ganz egal ob als Opfer einer Drohung bzw. Ausbeutung oder ob als Partner eines gewöhnlichen Kaufvertrags.[461]

Aufschlussreich ist demgegenüber Fall 306 der erkannten Drohung eines Dritten. Zwar ist hier für den Verkäufer der dauerhafte Verlust immer noch besser als die Verwirklichung der Drohung durch den Dritten. Doch sofern die Drohung wie so oft nicht von Dauer ist, gibt es noch eine für beide Seiten bessere Rechtsänderung, nämlich die nur temporäre Überlassung. Da der Käufer hier weiß, dass die äußere Billigung des endgültigen Verlusts durch den Verkäufer angesichts dessen Bedrohung als Indiz versagt, kann er sich oft zumindest für eine gewisse Zeit auf eine Rückabwicklung einstellen. Wohl aber entstehen ihm Kosten für Vertragsschluss, Lagerung und Rückabwicklung, die zunächst[462] eine der beiden Vertragsparteien schultern muss. Diese sollte wie bei Fall 29[463] der Bedrohte tragen, da er derartige Situationen leichter vermeiden kann.

---

[459] Näher oben § 4 B. I. 4. b) aa).
[460] Stellv. *Schliemann*, Die Lehre vom Zwange, 1861, S. 113 ff., 120; *Kohler*, JhJb 16 (1878), 91, 96; *Kohler*, JhJb 16 (1878), 325, 339 f.; *Kohler*, JhJb 28 (1889), 166, 195 ff.; *Zitelmann*, JhJb 16 (1878), 357, 401 f.; *Windscheid*, AcP 63 (1880), 72, 98 f.; *Enneccerus*, Rechtsgeschäft, 1889, S. 98 f.; *Henle*, Vorstellungs- und Willenstheorie, 1910, S. 64 ff.; *Binder*, ARSP 4 (1911), 266, 427 f. oder jüngst *Peters*, JR 2006, 133, 134 ff.
[461] Näher oben § 9 C. I. 2.
[462] Letztlich sollte hier natürlich der Drohende diese Kosten tragen.
[463] Vgl. daher oben § 17 F. III. 1. e) aa).

cc) Soziale Nöte
Handelt unser Opfer zwar nicht aufgrund einer Drohung, wohl aber unter dem Eindruck diverser sozialer Zwänge, verläuft die Prüfung in zumindest ähnlichen Bahnen wie bereits zuvor. Einerseits wird oft ein lediglich zeitweiliger Austausch wertschöpfender sein, andererseits mag dieses Ergebnis oft auch dadurch zu erreichen sein, dass man den Vertrag aufrecht erhält, ohne damit dem Bedrängten mehr aufzulasten als das negative Interesse. Allerdings mag mancher Vertragsinhalt gerade bei eher unbedeutenden Größenordnungen oder stark automatisierten Massengeschäften schlichtweg zu kompliziert werden.

Erkennt der Verkäufer etwa in Fall 313, dass sein Kunde gar keine Havannas mag, sondern nur seine Freundin beeindrucken möchte, ist eigentlich nur eine solche Belastung des Käufers notwendig, angesichts derer er kurze Zeit später wieder allein zum Verkäufer zurückkehren und den Vertrag rückgängig machen kann. Doch realistisch betrachtet bereitet er damit seinem Vertragspartner einige Mühe, einschließlich einer gewissen Unsicherheit, weshalb man hier den Vertrag aufrechterhalten sollte. Indem der Käufer den Verkäufer bitten muss, die Zigarren wieder zurückzunehmen, trägt er faktisch das negative Interesse und damit die Kosten für dessen Verkaufsaufwand. Weiterhin ist bei alldem zu berücksichtigen, dass der Verkäufer bei Vertragsschluss keine Klärung herbeiführen kann – die Freundin steht ja daneben. Und auch ein dauerhafter Verkauf stellt hier den Käufer immer noch besser als überhaupt kein Austausch. Kurzum, für die Verwirklichung des Rechtfertigungsprinzips ist immer darauf zu achten, dass sich das Streben nach allzu ausgefeilten Vertragsinhalten nicht als kontraproduktiv erweist.

Ähnliches wird man für Fall 317 des Buchkaufs sagen, wenn der Verkäufer die besonderen Umstände erkennt. Denn immerhin muss er nicht nur den Verkauf zunächst trotzdem abwickeln. Er ist auch derjenige, der – wie auch der Zigarrenverkäufer – mit der Bereitstellung des gesamten Geschäfts überhaupt erst die Szene bereitet, die es dem Käufer erlaubt, seinem Kollegen die Freude zu bereiten. Wenn also durch die formale Aufrechterhaltung des Vertrags der Käufer all diese Kosten in Form der üblichen Gewinnspanne trägt, trifft das gut, was sich hier realistisch erreichen lässt.

Demgegenüber anders zu beurteilen ist Fall 315, wo der Buchhändler selbst durch den genüsslich-lautstarken Hinweis dafür sorgt, dass sich der Käufer zum Kauf genötigt sieht. Erstens ist es hier der Verkäufer, der die im Sinn des negativen Interesses anfallenden Kosten durch bloßes Schweigen vermeiden kann und daher tragen sollte. Auch ist hier die Situation nicht viel anders, als wenn wie in Fall 40 der Spaziergänger den Millionär erst in das Wasser stößt, nur um ihm dann anzubieten, ihn gegen ein seine Investition refinanzierendes

Entgelt wieder zu retten.⁴⁶⁴ Im Ergebnis liegt dieser Fall nicht anders, als wenn der Verkäufer dem Käufer androht, dem Kollegen mitzuteilen, wie wenig der Verkäufer dessen Buch schätzt. Er setzt gewissermaßen eine Kränkung in Gang, die sich nur durch den Buchkauf des Käufers als helfendem Dritten noch stoppen lässt.

---

⁴⁶⁴ Vgl. dazu oben § 4 C. II. 5. e).

§ 18 Dies- und jenseits des Vertrags

A. *Einführung und Fälle*

Das Rechtfertigungsprinzip unterscheidet sich vor allem in zweierlei Hinsicht von klassischen Vertragstheorien: Zum einen ist es ein substanzielles Kriterium und damit insbesondere nicht zwingend auf einen Vertragsschluss angewiesen. Zum anderen bezieht es sich allein auf eine Person, für die es fragt, ob deren rechtliche Einbuße notwendig ist, um deren Ziele zu verwirklichen. Nur wenn wie bei gegenseitigen Verträgen gleich mehrere Menschen rechtlich beeinträchtigt sind, ist dieser Grundsatz mehrfach anzuwenden. Es ist dieser substanzielle wie individualistische Charakter des Rechtfertigungsprinzips, der es erlaubt, wichtige rechtliche Phänomene zu erfassen, für die bisher keine dogmatische Handhabe besteht. So ist es für nahezu jeden Vertrag selbstverständlich, dass selbst lange Zeit nach Vertragsschluss einseitig zu Lasten der Gegenseite Entscheidungen getroffen werden, die den Vertragsinhalt beeinflussen.[1] Aber auch vorvertraglich kennt unser Zivilrecht zahlreiche Rechtsänderungen, die sehr einseitig vonstattengehen. So können wir nicht nur einseitig verbindliche Angebote abgeben,[2] sondern wenden mit dem sogenannten Verschulden bei Vertragsverhandlungen oft bereits dann vertragsrechtliche Kategorien an, wenn noch keine Verständigung stattgefunden hatte.[3] Wie kurz anzudeuten sein wird, erscheint es reizvoll, das Rechtfertigungsprinzip auch auf solche Rechtsänderungen anzuwenden. Das gilt selbst dort, wo wir von einer Geschäftsführung ohne Auftrag sprechen,[4] ja teilweise sogar im eigentlich so streng vom Vertragsrecht getrennten Deliktsrecht.[5] Allerdings wird in diesem Abschnitt keine umfassende Würdigung auch noch all dieser Rechtsbereiche angestrebt. Vielmehr soll nur exemplarisch verdeutlicht werden, dass die derzeit üblichen Ausgrenzungen einzelner Rechtsgebiete keineswegs in Stein gemeißelt sind. Zunächst seien jedoch wie immer einige Fälle vorangestellt:

---

[1] Näher unten § 18 B. I.
[2] Näher unten § 18 C. I.
[3] Näher unten § 18 C. II.
[4] Näher unten § 18 D. II.
[5] Näher unten § 18 D. I.

A. Einführung und Fälle   1047

321. **Verzicht des Gläubigers:** Käufer K kauft von Verkäufer V eine Luftmatratze für 20 Euro, die er bald abholen möchte. Da er jedoch kurze Zeit später feststellt, dass er sie überhaupt nicht benötigt, lässt er die Sache einfach auf sich beruhen. Die bereits gezahlten 20 Euro sind ihm egal.

322. **Farbwahl:** Der Luftmatratzenhersteller H vereinbart mit seinem Kunden K, dass sich dieser für die bereits gezahlten 50 Euro bei ihm das Modell „Riesenkrokodil" abholen darf. Da es dieses reichlich in den Farben Gelb, Grün, Rot und Blau gibt, soll sich K eine davon aussuchen dürfen. Einige Tage später kommt K bei H vorbei und wählt „gelb".

323. **„Diese Stelle bitte nicht":** Wohnungseigentümer W beauftragt Maler M damit, seine Wohnung zu streichen, wofür er 500 Euro zahlt. Als M bereits einige Zeit tätig ist, bittet ihn W, eine bestimmte Stelle unberührt zu lassen, dort gefalle ihm die alte Farbe gut.

324. **Technischer Fortschritt:** Anwaltskanzlei A stellt den frisch diplomierten Informatiker I ein, damit er sich um die gesamte elektronische Datenverarbeitung kümmert. Als sich zwanzig Jahre später ein neues Betriebssystem etabliert, das es damals noch nicht gab, bittet A den I, sich damit vertraut zu machen, und gibt I dafür ausreichend Zeit wie Mittel.

325. **Neutraler Dritter:** Schlossinhaber S einigt sich mit der ihn dafür bei der Denkmalpflege unterstützenden Behörde B darauf, seinen öffentlich zugänglichen Park ordentlich zu pflegen. Um von vornherein Streitigkeiten über Stilfragen zu vermeiden, benennen sie dafür einen neutralen und weithin anerkannten Landschaftsarchitekten.

326. **Angemessene Vergütung:** Rentner R beauftragt bereits jetzt einen Gärtner mit der Pflege seines zukünftigen Grabs. Da sie jedoch nicht genau wissen, wann diese Arbeit anfallen wird, vereinbaren sie die Zahlung einer „angemessenen Vergütung".

327. **Riskante Operation:** Patient P ist schwer erkrankt und daher auf eine sehr komplizierte und riskante Operation unter Vollnarkose angewiesen. Chirurg C erklärt, einen Erfolg könne er leider nicht garantieren, genauso wenig wie er jetzt schon wisse, was genau er im Körper des P tun werde.

328. **Angebot:** Gebrauchtwagenhändler G legt ein Schreiben in den Briefkasten des Kaufinteressenten K, wonach er K für eine Woche bindend anbietet, einen bestimmten Wagen zu kaufen.

329. **Linoleumrolle trifft Kunden:** Kundin K lässt sich im Warenhaus W vom Angestellten A Linoleumteppiche zeigen. Leider stellt A zwei Rollen so unglücklich beiseite, dass diese umfallen und nicht nur K, sondern auch noch deren Tochter zu Boden reißen.

330. **Linoleumrolle trifft Bettler:** Bettler B begibt sich im Winter in das Warenhaus W, um sich ein wenig aufzuwärmen. Leider stellt A zwei Rollen so unglücklich beiseite, dass diese umfallen und B treffen.

331. **Sadist schlägt Masochisten:** Masochist M stimmt zu, dass ihn Sadist S schlägt.

332. **„Mir doch egal":** *Der frisch gebackene Lottomillionär tritt mit voller Wucht und Kenntnis der daraus folgenden Konsequenzen in das Auto seines Nachbarn N, weil er das schon immer machen wollte und seine Freude bei weitem das überwiegt, was er an Schadensersatz aufbringen muss.*

333. **Spontane Nachbarschaftshilfe:** *Familie F fährt für einige Wochen in den Urlaub. Kurz nach der Abfahrt von F fällt ein Baum im Garten von F um und droht zu vertrocknen. N bemerkt diesen Vorfall und ruft Gärtner G an, damit dieser den Baum wieder sachgerecht eingräbt.*

334. **Geplante Hilfe des Gärtners:** *Familie F fährt für einige Wochen in den Urlaub. Sie bitten daher Gärtner G, ab und zu nach dem Garten zu schauen und gegebenenfalls notwendige Maßnahmen zu ergreifen. Kurz nach der Abfahrt fällt ein Baum im Garten von F um und droht zu vertrocknen. G gräbt den Baum wieder sachgerecht ein.*

335. **Spontane Hilfe des Gärtners:** *Familie F fährt für einige Wochen in den Urlaub. Kurz nach der Abfahrt von F fällt ein Baum im Garten von F um und droht zu vertrocknen. Gärtner G bemerkt diesen Vorfall und gräbt den Baum wieder sachgerecht ein.*

B. Nachvertraglich

I. Existenz einseitiger Einflussmöglichkeiten

Die Widrigkeiten des Lebens, darunter insbesondere unsere allgegenwärtige Unwissenheit, bringen es mit sich, dass es uns kaum jemals gelingt, bereits bei Vertragsschluss in allen Einzelheiten festzulegen, was wir später als vertraglich geschuldet einfordern. Deshalb wurde nicht nur ausführlich dargelegt, dass auch andere Personen als die Vertragsparteien über den Vertragsinhalt entscheiden,[6] sondern ebenso auf die zeitliche Streckung menschlicher Entscheidungsfindung verwiesen.[7] Dabei zeigte sich bereits dort, dass viele Vertragsinhalte einseitig beeinflusst werden – man denke an Allgemeine Geschäftsbedingungen[8] oder die zumindest zu Lasten des Verkäufers geltenden Werbeangaben.[9] Doch reicht selbst das nicht, um zu verstehen, wie unser Vertragsrecht funktioniert. Die Punktualität unseres klassischen Verständnisses[10] versagt nämlich noch in einer weiteren Hinsicht. So wird der Vertragsinhalt noch lange nach Vertragsschluss beeinflusst, und zwar oft allein durch nur eine Vertragspartei und damit ohne die mühsame Koordination zweier Perso-

---

[6] Oben § 2 B. I. 4.; § 8 B.
[7] Oben § 8 C.
[8] Vgl. oben § 14. Allerdings führt diese einseitige Geltung vorformulierter Vertragsbedingungen „am Adressaten vorbei" als Ausgleich zu einer staatlichen Inhaltskontrolle.
[9] Näher oben § 15.
[10] Näher oben § 8 A. III.

nen und ihrer Interessen, wie das für den Vertragsschluss typisch ist. Dabei verrät ein kurzer Blick in die vertragsrechtliche Realität, dass dies nicht nur „esoterische Randfälle" betrifft, sondern für beinahe jeden Vertrag normal ist. Auch hier interessieren also vertragsrechtliche Phänomene, die im Ergebnis weithin unumstritten sind. Problematisch ist allein deren verbindliche und dogmatisch stimmige Einordnung.

1. Ob eines Vertrags

Blickt man in das, was jede europäische Vertragsrechtsordnung von jeher praktiziert, findet man eine überwältigende Fülle an Beispielen, in denen vertragliche Pflichten von einseitigen, nachvertraglichen Entscheidungen nur einer Partei abhängen. Der wohl einfachste Fall ist die Möglichkeit des Gläubigers, wie in Fall 320 darauf zu verzichten[11], einen ihm zustehenden Anspruch einzufordern, einzuklagen oder zu vollstrecken. Im Ergebnis entscheidet so jeder Gläubiger ganz allein, ob eine vertragliche Pflicht tatsächlich gelten soll, und ist damit insoweit an der Rechtsetzung beteiligt.[12] Doch ist es nicht nur dem Inhaber einer Forderung möglich, selbst nach Vertragsschluss zu beeinflussen, ob eine bestimmte Pflicht tatsächlich besteht. So kennt nahezu jedes Recht zahlreiche weitere Institute, die verschiedenen Personen eine solche Macht einräumen. Ein klassisches Beispiel bilden die zahlreichen Lösungsrechte,[13] zu denen allein im deutschen Recht nicht nur die Anfechtung, der Rücktritt, die Kündigung oder der Widerruf zählen, sondern etwa auch Einreden wie das Zurückbehaltungsrecht oder die der Verjährung. Dabei ist es eine eher irreführende, weil rein gegenständliche[14] Frage, ob man gedanklich zu unterstellen habe, dass ein Recht „eigentlich" eine Zeit lang „bestanden" habe, dann aber doch „vernichtet" worden sei (und sei es nur ab einem bestimmten Zeitpunkt wie bei der Kündigung), oder ob von vornherein ein Entstehungsgrund gefehlt habe. Für eine nicht allzu technische und damit auch nicht nur nationalen Besonderheiten verpflichtete Definition wird Recht hier

---

[11] Wie sonst auch sind Begriffe wie „Verzicht", die in einzelnen Rechtsordnung eine ganz eigene Bedeutung haben (vgl. dazu etwa *Kleinschmidt*, Verzicht, 2004), hier nicht dermaßen rechtstechnisch, sondern so wie im Text beschrieben zu verstehen. Hier geht es allein darum, dass eine Partei eine Leistung erfolgreich einfordern könnte, das jedoch nicht tut.

[12] Auch hier wäre es unzweckmäßig, das als Recht zu definieren, was lediglich auf dem Papier steht, nicht jedoch reale Wirkung entfaltet. Eingehend zur hier gewählten Definition von Recht und Rechtsetzung oben § 2 B. I.

[13] Man könnte etwa auch von Beseitigungs-, Verhinderungs- oder Vernichtungsrechten sprechen, da auch hier nicht auf die Fachterminologie einer bestimmten Rechtsordnung zurückgegriffen werden soll. Für eine Übersicht zu solchen Rechten siehe etwa *Lorenz*, Unerwünschter Vertrag, 1997, S. 44 ff.; *Mankowski*, Beseitigungsrechte, 2003, S. 25 ff.

[14] Vgl. dazu oben § 9 Fn. 109, 111.

allein danach bestimmt, ob es – getreu welcher Tatbestandsmerkmale auch immer – eine reale Wirkung entfaltet. Alles andere betrifft nur dessen Inhalt.[15]

Damit lassen sich den zuvor genannten Instituten auch jene beiseite stellen, bei denen wir einen Vertrag als unvollständig, unfertig, schwebend oder heilbar ansehen, etwa wie im deutschen Recht beim Handeln Minderjähriger oder dem eines Vertreters ohne Vertretungsmacht.[16] Auch hier stellt der Staat den Parteien selbst jenseits der bei Vertragsschluss gemeinsam getroffenen Regelung anheim, über den Bestand im Sinne eines Vetorechts einseitig zu entscheiden.

2. Inhalt eines Vertrags

Der bisher diskutierte Anspruchsverzicht bildete gewissermaßen einen besonders einfachen Unterfall zahlreicher Konstellationen, in denen ein Vertragspartner die geschuldete Leistung nach Vertragsschluss einseitig konkretisieren oder gar verändern kann. Angenommen, ein Hersteller von Luftmatratzen vereinbart mit seinem Kunden, dass sich dieser für 50 Euro bei ihm das Modell „Riesenkrokodil" abholen darf. Gibt es dieses in verschiedenen Farben und hat der Produzent jeweils reichlich davon vorrätig (Fall 321), wird es kaum ein Richter unserem Käufer verwehren, sich diejenige Farbe auszusuchen, die ihm gefällt. Dem Hersteller kann es ja egal sein, zumal wie im Fall sogar ausdrücklich ein Wahlrecht[17] eingeräumt worden sein mag. Dass unser Käufer hier wählen darf, bedeutet nichts anderes, als dass er einseitig nach Vertragsschluss entscheiden kann, was genau ihm der Verkäufer schuldet. Tatsächlich finden wir andauernd solche Konkretisierungen – sei es nur zu Details wie Lieferort und -zeitpunkt oder die Verpackung –, und zwar bei nahezu allen Vertragstypen. Verpflichten wir etwa einen Maler dazu, unsere Wohnung zu streichen, so können wir ihm auch nach Vertragsschluss auferlegen, eine bestimmte Stelle unberührt zu lassen (Fall 322). Soll ein in Hamburg ansässiges Umzugsunternehmen Möbel von Hamburg nach Düsseldorf transportieren und stellt sich nach Vertragsschluss heraus, dass der Kunde nun doch ins näher gelegene Bremen zieht, wird diese Änderung jedenfalls so lange hinzunehmen sein, wie sich preislich nichts ändert.[18]

---

[15] Näher zum hier verwandten Rechtsbegriff oben § 1 B. I.; § 2 B. I.
[16] Für einen Überblick vgl. die Nachweise oben in Fn. 13.
[17] Wie sonst auch sind Begriffe wie „Wahlrecht", die in einzelnen Rechtsordnungen eine ganz spezifische Bedeutung haben (für das deutsche Recht vgl. § 262 ff. BGB), hier nicht dermaßen rechtstechnisch, sondern so wie im Text beschrieben zu verstehen. Hier geht es allein um einen gewissen Spielraum, den Vertragsinhalt nach Vertragsschluss einseitig zu bestimmen.
[18] Inwieweit der Kunde hier auch eine Preisminderung verlangen könnte, ist eine Frage, die typischerweise unter der Rubrik der Leistungsstörung diskutiert wird (vgl. daher oben § 6 E. VI.). Hier soll lediglich illustriert werden, dass solche Wahlrechte existieren.

Besonders wichtig sind derartige Spielräume bei Dauerschuldverhältnissen wie dem Dienstvertrag. Stellt eine Anwaltskanzlei einen Informatiker ein, damit dieser die gesamte elektronische Datenverarbeitung betreut (Fall 323), wäre es illusorisch, inhaltlich all das festzulegen, wozu dieser Angestellte die nächsten Jahrzehnte verpflichtet sein soll. Viele zukünftige Anforderungen lassen sich angesichts des Wandels sowohl der Technik als auch der Kanzlei nicht vorhersehen. Deshalb ist es hier unbestritten, dass dem Arbeitgeber ein Spielraum zusteht, innerhalb dessen er dem Arbeitnehmer Weisungen erteilen und so die vertraglich geschuldeten Pflichten konkretisieren kann.[19]

II. Klassische Ansichten

1. Vertragsschluss

a) Problem

In der vertragsrechtlichen Diskussion werden die zuvor beschriebenen, einseitigen Einflussmöglichkeiten zwar durchaus gesehen und mit verschiedenen Begriffen belegt.[20] Doch wie sich das mit unserem klassischen Vertragsdenken verträgt, wird fast nie diskutiert. Ja, man sollte sich darauf einstellen, mit dem nunmehr zu verdeutlichendem dogmatischen Problem selbst dann auf blankes Unverständnis zu stoßen, wenn man es noch so verständlich aufzuarbeiten versucht.

Worum geht es? Angenommen, es wurde bei Vertragsschluss ausdrücklich das Recht einer Seite festgelegt, den Vertragsinhalt in irgendeiner Form nachträglich einseitig zu beeinflussen. Das mag wie in Fall 323 das Weisungsrecht des Arbeitgebers oder wie in Fall 321 das Recht sein, bei der auszuliefernden Luftmatratze zwischen den Farben Rot, Grün, Blau und Gelb zu wählen. Wenn nun der Arbeitgeber seinen Angestellten zwanzig Jahre nach Vertragsschluss anweist, ein bestimmtes Betriebssystem zu erlernen und ihm dafür genügend Arbeitszeit einräumt, so wird man daran wenig auszusetzen haben. Und noch weniger wird es überraschen, dass wenn sich der Luftmatratzenkäufer für die Farbe Rot entscheidet, auch eine rote Luftmatratze als vertraglich geschuldet zu liefern ist.

Das hier interessierende dogmatische Problem besteht darin, dass diese Konkretisierungen mit den klassischen, auf den Vertragsschluss bezogenen Konzepten nicht begründbar sind. Zwar können wir sagen, dass sich aus dem Parteiwillen bzw. der Erklärung bei Vertragsschluss ergibt, dass ein solches Konkretisierungsrecht besteht. Schließlich war es ausdrücklich gewollt und erklärt, dass unser Luftmatratzenkäufer zwischen den Farben Rot, Grün,

---

[19] Näher unten § 18 B. IV.
[20] Näher unten § 18 B. II. 2.

Blau und Gelb wählen darf. Und genauso mag es gewollt und erklärt gewesen sein, dass der Arbeitgeber – innerhalb eines gewissen Rahmens –[21] Weisungen erteilen und damit die geschuldete Leistung konkretisieren kann. Was man mit Wille bzw. Erklärung bei Vertragsschluss allerdings nicht begründen, ja nicht einmal aussprechen kann – und das ist der entscheidende und nicht immer verständlich zu machende Punkt –, ist die konkrete Ausübung dieser Gestaltungsbefugnisse. Ob nun der Arbeitgeber die Weisung erteilt, gerade dieses oder jenes Betriebssystem zu erlernen, oder ob unser Luftmatratzenkäufer gerade Gelb, Rot, Grün oder Blau wählt – das lässt sich dem ursprünglichen Vertrag nicht entnehmen. Der Hinweis auf Wille oder Erklärung bei Vertragsschluss reicht nicht, um zu begründen, warum der Arbeitnehmer gerade das vom Arbeitgeber bestimmte Betriebssystem lernen soll und warum, wie vom Käufer gewählt, eine blaue Luftmatratze zu liefern ist. Genau an dieser Stelle klafft eine dogmatische Lücke, die einmal mehr verdeutlicht, wie wenig unser klassisches Vertragsverständnis geeignet ist, selbst viele elementare und völlig unumstrittene Realitäten unseres Vertragsrechts zu erklären.

b) Ursachenforschung

Dabei ist auch hier bemerkenswert, wie wenig derartige Defizite zu stören scheinen. Fragt man sich nach den Ursachen dieser Ignoranz, so mag man anführen, dass sich die übliche vertragstheoretische Diskussion vornehmlich am Kauf-, weniger am Werk- und noch weniger am Dienstvertrag orientiert. Dabei verdeutlicht gerade der Dienstvertrag die Bedeutung einseitiger nachvertraglicher Gestaltungsspielräume. Andererseits kann diese Konzentration auf den Kaufvertrag nicht den einzigen Grund bilden, finden wir wie zuvor beschrieben selbst dort zahlreiche Freiheiten. Wahrscheinlich ist es die bereits so oft bemängelte gedankliche Fixierung allein auf den Zeitpunkt des Vertragsschlusses, die es uns erschwert, unsere Augen für verschiedenste Rechtsänderungen auch nach Vertragsschluss zu öffnen. Anstatt unerbittlich zu fragen, worauf sich denn diese Geltung der einseitigen Konkretisierung zurückführen lässt, weicht man lieber auf die bereits von anderen dogmatischen Bruchstellen her bekannten Argumentationsfiguren aus.

c) Scheinlösungen

Auf einige dieser Ausweichmanöver sei auch hier kurz eingegangen. So kann man natürlich auf eine – gegebenenfalls normative – Auslegung, die Berücksichtigung von „Umständen" oder die Bedeutung von Vorverständnissen verweisen. Doch ist „Auslegung" eher die Frage nach dem Vertragsinhalt als eine Antwort darauf. Und „normativ" lässt sich nicht subsumieren, sondern verweist auf Wertungsgesichtspunkte, für die ein überprüfbarer Tatbestand ver-

---

[21] Näher oben § 3 C. III. 2.; unten § 18 B. IV.

wehrt wird.²² Umstände zu berücksichtigen, mag sicher hilfreich sein, doch benötigen wir erst einmal ein handfestes Konzept, das uns verrät, welche Umstände wie zu berücksichtigen sind und dabei den Vertragsinhalt bestimmen.²³ Genauso sind diverse Fiktionen denkbar. So mag man wie bei der Sitte, den Allgemeinen Geschäftsbedingungen oder der Stellvertretung ein abstraktes Wollen unterstellen, das selbst diejenigen späteren Handlungen umfasse, von denen die Parteien bei Vertragsschluss keine Vorstellung hatten. Doch kann jede noch so kunstvolle Abstraktion keinen Willen dorthin zaubern, wo dieser Wille nun einmal fehlt.²⁴ Deshalb bringt es hier auch wenig, die vertragliche Einräumung einseitiger Gestaltungsmöglichkeiten als eine Kompetenzübertragung einzuordnen. So hilfreich es ist, das unser Vertragsrecht kennzeichnende Phänomen personell verteilter Entscheidungsfindung zu sehen und dogmatisch zu thematisieren,²⁵ kann auch so nicht bereits bei Vertragsschluss festgelegt werden, wie diese Kompetenz später ausgeübt wird. Die Vertragsparteien räumen einander gerade deshalb einseitige Handlungsspielräume ein, weil und soweit sie nicht oder nur unter zu großem Aufwand fähig sind, vorherzusehen, wie diese später ausgeübt werden sollten. Dann aber lässt sich diese Ausübung auch nicht auf die Entscheidung bei Vertragsschluss zurückführen.²⁶

2. Rechtstechnische Argumentationsmuster

Noch häufiger als die zuvor beschriebenen Argumentationsmuster findet man eine weitere Erscheinung: Obwohl die eingangs in ihrer Vielfalt und praktischen Bedeutung nur angedeuteten einseitigen Bestimmungsmöglichkeiten den Vertragsinhalt direkt beeinflussen und für jeden Vertrag typisch sind, werden sie unter vertragsfremden Begriffen diskutiert und damit gewissermaßen aus der Vertragstheorie abgeschoben. Diese Entfremdung führt unweigerlich zu einer inhaltlichen Entleerung. Man beschäftigt sich mit eher rechtstechnischen Einordnungen, die zwar die zu erklärenden Ergebnisse beschreiben und oft sogar ansprechend kategorisieren, eine Begründung aber schuldig bleiben.

a) Gestaltungsrecht

Ein typisches Beispiel bildet die Einordnung als Gestaltungsrecht. Es ist ein wichtiges Verdienst, wenn dem hier interessierenden Phänomen ein Name gegeben wird, der es für jedermann sichtbar macht und damit zu seiner dogmatischen Bewältigung aufruft. So hat die Diskussion um das Gestaltungsrecht

---

[22] Eingehend oben § 10 E.
[23] Näher oben § 10 E. II. 1.
[24] Näher oben § 16 A. II.; § 16 C. I. 4.; § 9 C. V. 2. c); § 13 B. II. 2.; § 14.
[25] Näher oben § 8 B.
[26] Näher unten § 18 B. III. 1.

dazu beigetragen, die verschiedenen Formen einseitiger Rechtsänderungen zu erfassen, zu sammeln und näher zu kategorisieren. Es ist eine nicht zu unterschätzende Vorarbeit, wenn *Seckel* den Begriff des Gestaltungsrechts in die Diskussion einführte und dabei nach Begründungs-, Änderungs- und Aufhebungsrechten unterschied.[27] Offen bleibt aber jeweils, wann und warum die Rechtsordnung die hier interessierenden Gestaltungsrechte einräumen sollte und wie sich das zu unseren vertragstheoretischen Vorstellungen verhält. Insbesondere muss erst einmal beantwortet werden, warum hier eine einseitige Änderung der Rechtslage zulässig sein soll, die andere belastet, wo wir doch sonst auf Seiten der davon betroffenen Person einen entsprechenden Bindungsakt verlangen.

b) Subjektives Recht

Ganz ähnliche Probleme stellen sich, wollte man das Phänomen einseitiger, die Rechte und Interessen anderer Personen beeinträchtigender Einflussmöglichkeiten dadurch bewältigen, dass man es als subjektives Recht bezeichnet. So hilfreich es sein mag, das subjektive Recht begrifflich zu analysieren,[28] ersetzt der Hinweis auf ein solches Recht nicht die Begründung für dessen Existenz. Das subjektive Recht ist kein materieller Begründungsansatz, sondern setzt einen solchen voraus. Damit bleibt auch hier offen, wie sich ein solches subjektives Recht vertragstheoretisch einordnen lässt, vielmehr wird das uns hier interessierende Phänomen erneut aus der Vertragstheorie abgeschoben und vom Vertragsdenken entkoppelt.

3. Gesetz

Natürlich hilft auch der Verweis auf das Gesetz hier nicht weiter. So mag es sein, dass jede Rechtsordnung viele, aber eben auch keineswegs alle Möglichkeiten erfasst, den Vertragsinhalt nach Vertragsschluss einseitig zu beeinflussen. In Deutschland etwa kann man für das Weisungsrecht des Arbeitgebers auf § 106 der Gewerbeordnung verweisen, zumal das zu der auch sonst bei dogmatischen Schwierigkeiten beliebten Ausrede verlockt, es gehe hier doch nur um öffentlich-rechtliche bzw. sozialrechtliche Fragestellungen, um die sich die Vertragstheorie nicht zu kümmern habe.[29] Doch ist es nicht nur oft arbiträr, welches Rechtsproblem in welcher Rechtsordnung gesetzlich geregelt wurde oder nicht. Vor allem beansprucht Rechtsdogmatik von jeher – und das zu Recht –, auch gesetzliche Regeln einordnen und begründen zu können,

---

[27] *Seckel*, Festgabe Koch, 1903, S. 205, 210, 212, passim m.w.N. Aus jüngerer Zeit vgl. nur *Adomeit*, Gestaltungsrechte, 1969; *Bötticher*, Gestaltungsrecht, 1964; *Scholz*, Gestaltungsrechte, 2010, S. 26 ff.; *Hattenhauer*, Rechtsgestaltung, 2011 m.w.N.
[28] Näher oben § 2 B. II.
[29] Vgl. ganz ähnlich etwa oben § 4 D. II. 2. a); § 13 C. III. 2.

zumal spätestens bei Grenzfällen ohnehin nicht mehr darauf verzichtet werden kann.[30]

4. Relationaler Vertrag

Nur kurz sei hier die bereits andernorts[31] vorgestellte und gewürdigte Vorstellung des sogenannten relationalen Vertrags aufgegriffen. So begrüßenswert – gerade nach Auffassung des Verfassers – das Anliegen ist, die zeitliche Punktualität traditioneller Ansätze zu überwinden, besteht die eigentliche Herausforderung darin, das mit einem nicht nur auf einzelne Problemfälle zugeschnittenen und vor allem konkret anwendbaren und dabei in seinen einzelnen rechtlichen Schlussfolgerungen nachvollziehbaren Konzept zu tun. Leider lässt sich der gesuchte Vertragsinhalt unter Hinweis auf eine Sozialbeziehung, den Status oder eine Verwandtschaft von vornherein nicht ableiten. Religion oder Gewohnheit zu bemühen, verweist lediglich auf andere Entscheidungsträger, ohne deren vertragsrechtliche Relevanz zu begründen. Und soweit soziologisch oder institutionenökonomisch dargelegt wird, dass manche Versprechen bei wiederholtem Aufeinandertreffen ganz ohne staatliche Intervention eingehalten werden, so hilft auch das nicht weiter. Denn das hier zu lösende Problem stellt sich selbst dann, wenn die Parteien nur ein einziges Mal aufeinandertreffen und einen Vertrag schließen. Daneben lässt der Hinweis etwa auf sich selbst durchsetzende Verträge offen, wie daraus der für einzelne Verträge maßgebliche Inhalt abzuleiten ist. Weiterhin weiß jeder Praktiker, dass die schöne Hoffnung, auf staatliche Hilfe einschließlich des staatlichen Vertragsrechts verzichten zu können, spätestens dann zusammenbricht, wenn ein einziger Vertragsinhalt nur wichtig genug ist, um hier eben doch vor Gericht zu ziehen. Darüber hinaus gehen längerfristige Beziehungen nicht nur im Wirtschaftsverkehr oft sehr viel schneller zu Ende, als man es zu Anfang glaubt, aber von Anfang an bedenken muss.[32]

III. Rechtfertigungsprinzip

1. Notwendigkeit einer zweiten Rechtsänderung

Die bisherigen Ausführungen sollten zumindest zweierlei verdeutlicht haben: Erstens kennt wohl jede Rechtsordnung zahlreiche Konstellationen, in denen eine Vertragspartei den Vertragsinhalt selbst lange Zeit nach Vertragsschluss einseitig zu Lasten ihres Vertragspartners beeinflussen kann.[33] Zweitens kön-

---

[30] Näher oben § 16 A.
[31] Oben § 4 Fn. 265.
[32] Siehe zum Vorstehenden etwa auch die Würdigung von *Oechsler*, RabelsZ 60 (1996), 91, 101 ff. m.w.N.
[33] Vgl. oben § 18 B. I.

nen wir zwar mit dem Verhalten bei Vertragsschluss begründen, dass und warum solche Spielräume bestehen mögen,[34] nicht jedoch die konkrete Ausübung dieser Spielräume selbst.[35] Der ganze Sinn nachvertraglicher Einwirkungsmöglichkeiten beruht darauf, dass die Parteien bei Vertragsschluss weder sämtliche Eventualitäten festlegen können noch dies angesichts des damit verbundenen Aufwands wollen – nur deshalb stellt sich das Problem.

Hat man das unumwunden akzeptiert, ist die Lösung offensichtlich. Wenn es nicht die bei Vertragsschluss erfolgende und ausweislich des Subsidiaritätsprinzips an den Vertragsschluss geknüpfte Rechtsänderung sein kann, die den gesuchten Grund für die Verbindlichkeit der späteren, konkretisierenden Festlegung liefert, muss es eine andere, weitere Rechtsänderung sein, die das leistet. Und da es auch hier wenig überzeugend wäre, ganz neue Kriterien einzuführen, muss auch diese zweite Rechtsänderung dem Rechtfertigungsprinzip genügen. Dabei wirkt sich auch hier der Vorteil dieses Grundsatzes aus, substanziell und damit nicht von vornherein vom Parteiverhalten bei Vertragsschluss abhängig zu sein. Denn so gelingt es nicht nur, auch solche Vertragsinhalte zu identifizieren, die von Wille oder Erklärung der Vertragsparteien nicht erfasst wurden. Vielmehr lassen sich sogar zahllose Rechtsänderungen erklären, die unabhängig von einem Vertragsschluss stattfinden, seien sie vorvertraglich wie beim sogenannten Verschulden bei Vertragsverhandlungen,[36] außervertraglich wie bei der Geschäftsführung ohne Auftrag oder diversen deliktischen Ereignissen,[37] oder nachvertraglich wie die hier interessierenden Möglichkeiten einer einseitigen Beeinflussung des Inhalts eines zuvor geschlossenen Vertrags. Nur ein materieller, in seinem Ausgangspunkt vom Vertragsschluss unabhängiger Wertungsgesichtspunkt erlaubt es, nicht nur mit dem Vertragsschluss eine Rechtsänderung stattfinden zu lassen, sondern später noch eine weitere, die – obwohl einseitig – den Vertragsinhalt beeinflusst.

So kann für diese zweite Rechtsänderung auf das Rechtfertigungsprinzip und damit dessen allgemein entwickelten Voraussetzungen verwiesen werden:[38] Wann immer sich dieser Grundsatz ganz real, d.h. unter Berücksichtigung sämtlicher Lebenswidrigkeiten, verwirklichen lässt, sollte er auch verwirklicht werden. Bildlich gesprochen feuert diese Regel immer dann los, wenn ihre Voraussetzungen erfüllt sind. Je höher dabei das Wertschöpfungspotenzial ausfällt und je überschaubarer die Sachlage ist, desto eher wird das der Fall sein. Dabei wird auch hier selten der Staat, sondern werden meistens

---

[34] Näher oben § 3 C. III. 2. b) sowie unten § 18 B. IV.
[35] Vgl. oben § 18 B. II. 1.
[36] Näher unten § 18 C. II.
[37] Näher unten § 18 D.
[38] Oben § 4 C.

die Vertragsparteien am besten dazu geeignet sein, um über diese Voraussetzungen zu entscheiden.[39]

Die genaue Umsetzung wird gleich näher auszuführen sein. Vorher sei eine Passage wiedergegeben, die nicht nur deshalb bemerkenswert ist, weil sie das dogmatische Grundproblem klar formuliert. Vor allem entstammt sie einer scharfsinnigen und aufschlussreichen Untersuchung zu einem Phänomen, das in der Vertragsrechtsdogmatik gerne vernachlässigt wird, nämlich das Verhältnis von vertraglicher Festlegung und verbleibenden Spielräumen.[40] *Tillmanns* schreibt: „Solche Zweifel [an der hinreichenden Bestimmtheit des ursprünglichen Vertragsinhalts] könnten Anlass geben, den Zeitpunkt des Vertragsschlusses als maßgeblichen Zeitpunkt für die Festlegung der vertraglichen Pflichten und Rechte überhaupt aufzugeben. Wenn man aber annimmt, dass die Verpflichtung des Dienstverpflichteten nicht oder doch nicht vollständig zum Zeitpunkt des Vertragsschlusses entsteht, liegt es nahe, auch den Ursprung der Verpflichtung nicht mehr in dem Vertragsschluss als solchem zu sehen. Der Ursprung der Leistungspflicht des Dienstverpflichteten (möglicherweise auch der des Dienstberechtigten) oder auch nur der Ursprung bestimmter Teile aus der Leistungspflicht (z.B. der Nebenpflichten) wäre damit nicht mehr der zum Zeitpunkt des Vertragsschlusses erklärte Wille der Vertragsparteien. Die klassische, durch das römische Recht geprägte, vom Willensprinzip getragene Vertragstheorie wäre damit für den Dienstvertrag aufgegeben oder gelockert."[41]

2. *Vorbereitung durch früheren Rechtsverlust*

Aber was sind die inhaltlichen Kriterien dafür, dass wir die einseitige Belastung fremder Personen zulassen? Wie kommt eine Rechtsordnung dazu, allein die Interessen nur einer Person zu berücksichtigen? Blickt man auf die eingangs aufgeführten Beispiele zurück, lässt sich zumindest nicht bestreiten, dass die Ausübung solcher Wahlmöglichkeiten regelmäßig die Interessen anderer Personen trifft. Verlangt der Arbeitgeber in Fall 323, der Arbeitnehmer möge ein bestimmtes Betriebssystem erlernen, beeinträchtigt das den Adressaten durchaus. Und genauso macht es für einen Schuldner in Fall 320 offen-

---

[39] Näher oben § 8 E. II. 2.
[40] Näher unten § 18 B. IV.
[41] *Tillmanns*, Strukturfragen, 2007, S. 100, die dann jedoch – angesichts eines anderen Erkenntnisinteresses verständlich – darauf verzichtet, dieser Frage vertragstheoretisch nachzugehen („Es handelt sich um eine vertragstheoretische, letztlich rechtsphilosophische Fragestellung, die nicht für den Dienstvertrag im besonderen, sondern für Schuldverträge oder Verträge im allgemeinen zu untersuchen ist."), und sich stattdessen auf die eher rechtstechnische (vgl. dazu oben § 18 B. II. 2.) Unterscheidung von Ursprung und Bestimmungszeitpunkt der vertraglichen Leistungspflicht beschränkt, vgl. dort S. 105 f.

sichtlich einen Unterschied, ob er letztlich erfüllen muss oder aber der Gläubiger darauf verzichtet, seinen Anspruch einzufordern.

Doch unterstützt das Rechtfertigungsprinzip zwar die Verwirklichung all derjenigen Ziele, die ein Mensch aus welchen Gründen auch immer verfolgt. Geschützt werden aber nicht diese Interessen, sondern Rechte. Es bewahrt uns nicht pauschal davor, dass andere Menschen unsere eigenen Ziele durchkreuzen, sondern beschränkt sich auf das, worauf wir ein Recht haben.[42] Damit lässt sich die rechtliche Ausgangslage getreu dem Rechtfertigungsprinzip verändern und können damit auch die Parteien selbst aktiv beeinflussen, wie weit ihr rechtlicher Schutz untereinander reicht. Sie können die Rechtslage dergestalt vorbereiten, dass ihr Gegner später nicht mehr auf rechtliche Schranken stößt, wenn er einseitig seine Interessen verwirklicht. Nichts anderes geschieht, wenn zwei Parteien einen Vertrag schließen und sich dabei Spielräume gewähren. Im Ergebnis führt das zu zwei maßgeblichen Rechtsänderungen: Mit dem ursprünglichen Vertrag verliert jede Seite den ihr gegenüber jedermann zustehenden Schutz (Eigentum, körperliche Unversehrtheit etc.) so weit, wie dies notwendig ist, um dem Vertragsgegner – weil wertschöpfend – einen Spielraum zu eröffnen. Dafür reicht es regelmäßig, diese Einbuße nur relativ und nicht gegenüber jedermann zu akzeptieren. Dass dieser Vertrag wie immer dem Rechtfertigungsprinzip genügen muss, versteht sich. Das wiederum bereitet den Boden dafür, dass später noch eine zweite, wiederum dem Rechtfertigungsprinzip genügende Rechtsänderung stattfinden kann. Denn verletzt die Ausübung eines Wahlrechts nicht mehr die Rechte der Gegenseite, weil auf diesen Schutz vorher vertraglich verzichtet wurde, kann der vertraglich geschuldete Leistungsinhalt nunmehr im Einklang mit dem Rechtfertigungsprinzip einseitig konkretisiert werden. Damit ist das gelungen, woran die klassische Vertragstheorie ausweislich ihrer Beschränkung auf den Vertragsschluss scheitern musste, nämlich den gesuchten Grund auch für die spätere Nutzung einseitiger Gestaltungsmöglichkeiten zu liefern.

Dabei sollte man sich vor Augen halten, dass die ursprüngliche Rechtsänderung auch das Recht des Gläubigers beinhaltet, die Konkretisierung einseitig festzulegen. Dieses Recht ist typischerweise so ausgestaltet, dass es nicht beliebig oft ausgeübt werden kann, sondern mit dessen Ausübung erlischt. So kann der Käufer in Fall 321 zwar die Farbe auswählen, insgesamt aber nur eine Luftmatratze verlangen.[43] Da dieses Erlöschen nichts anderes ist als eine dem Rechtfertigungsprinzip unterliegende rechtliche Einbuße, ist wie immer zu prüfen, ob sie notwendig ist, um die Interessen des so Betroffenen zu verwirk-

---

[42] Zum eng eingegrenzten Wirkungsbereich des Vertragsrechts vgl. etwa unten § 19 E.

[43] Und selbst in Fall 323 kann der Arbeitgeber zwar ausweislich seines Weisungsrechts verschiedene Weisungen treffen, doch kann er die vertraglich geschuldete Leistungszeit nicht verdoppeln. Das Dauerschuldverhältnis „Dienstvertrag" hat insofern – rechtstechnisch gesprochen – den Charakter einer Fixschuld.

lichen. Das wäre ersichtlich nicht der Fall, fiele die Konkretisierung auf eine andere Wahl als diejenige, die den Interessen des Gläubigers größtmöglich entspricht.

Um praktisch zu illustrieren, wie die einseitige Bestimmung rechtlich verbindlicher Leistungspflichten funktioniert, sei zunächst auf Fall 320 eines bereits geschlossenen, aber noch nicht ausgeführten Kaufvertrags verwiesen. Hier darf der Käufer einseitig entscheiden, ob er das ihm Versprochene einfordert, ohne dass diese zentrale Entscheidung bereits bei Vertragsschluss getroffen wurde. Rechtlich verbindlich wird diese nachträgliche Entscheidung deshalb, weil sie dem Rechtfertigungsprinzip genügt. Das wiederum ist deshalb möglich, weil der Verkäufer bereits mit dem Kaufvertrag gegenüber dem Käufer den Schutz verloren hatte, den ihm das Eigentumsrecht ursprünglich verleiht. Nichts anderes passiert in Fall 321: Die Entscheidung des Käufers, die ihm versprochene Luftmatratze in der Farbe Grün zu verlangen, war zwar im ursprünglichen Kaufvertrag nicht enthalten. Wohl aber war in dieser Einigung bestimmt, dass der Verkäufer rechtlich nicht davor geschützt sein sollte, an den Käufer entweder eine rote, grüne, blaue oder gelbe Luftmatratze liefern zu müssen. Für die anderen Fälle wie das Weisungsrecht des Arbeitgebers (Fall 323) gilt das Gleiche.

Fragt man sich schließlich, warum es überhaupt dieses komplizierten zweistufigen Vorgehens bedarf, so liegt das an der Existenz von Unwissenheit mitsamt dem damit eng verknüpften und gleich näher zu erörternden Problem der Zuweisung von Entscheidungskompetenzen. Nur weil die Parteien bei Vertragsschluss selten voraussehen und damit auch nicht vertraglich festlegen können, wie der Leistungsinhalt in allen Einzelheiten aussehen sollte, kommt es zum Phänomen einseitiger, nachträglicher Einflussnahme auf den Vertragsinhalt. Es ist die allgegenwärtige Unkenntnis über unsere Welt, die uns veranlasst, nicht alles genauestens festzulegen, sondern auf Schuldner- wie Gläubigerseite Spielräume offenzulassen.[44]

3. Entscheidungskompetenz

a) Gläubiger

Bisher sollte vor allem deutlich geworden sein, dass bei den hier interessierenden Fallkonstellationen gleich zwei Rechtsänderungen ablaufen, die jeweils dem Rechtfertigungsprinzip genügen müssen. Nicht ausdrücklich thematisiert wurde hingegen die Frage, wer darüber entscheiden sollte, ob und mit welchem Inhalt eine Rechtsänderung tatsächlich abläuft. Soweit es dabei um den ursprünglichen Vertrag geht, der die spätere einseitige Rechtsänderung vorbereitet, kann auf die früheren Ausführungen verwiesen werden. Einerseits wer-

---

[44] Näher unten § 18 B. IV. 1.

den regelmäßig die Parteien am besten in der Lage sein, denjenigen Vertragsinhalt festzulegen, der sie ihren Zielen größtmöglich näher bringt. Andererseits – und das gilt für den klassischen Vertragsschluss wie für die einseitige, nachvertragliche Rechtsänderung – darf man sich nicht der Illusion hingeben, man könne darauf verzichten, auch andere Entscheidungsträger mit einzubeziehen.[45]

Was bisher allerdings noch offen blieb, war die Frage, welcher Person es mit welchen Rahmenbedingungen zugebilligt werden sollte, über die Auslösung und den Inhalt der späteren Konkretisierung des Vertragsinhalts (zweite Rechtsänderung) zu entscheiden. Doch liegt die Antwort auf der Hand: Es sollte allein der Wahlberechtigte sein, der über die Ausübung und den Inhalt des Wahlrechts entscheidet. So besteht zunächst überhaupt kein Anlass, es dem von der Konkretisierung betroffenen Vertragspartner einzuräumen, seine eigenen Vorstellungen und Ziele mit einzubringen. Was bei der ursprünglichen Rechtsänderung noch geboten war, weil dem Schuldner rechtliche Einbußen drohten, kann nunmehr entfallen. Denn sofern sich die Konkretisierung im vertraglich vorgegebenen Rahmen hält, wird die dadurch in ihren Interessen betroffene Vertragspartei rechtlich erst gar nicht mehr beeinträchtigt. Wohl aber sollte der Gläubiger über die zweite Rechtsänderung entscheiden dürfen. Schließlich ist er es, für dessen Interessen das Wahlrecht eingeräumt wurde und der sein Wahlrecht verliert, wenn es erst einmal ausgeübt wurde. Da seine Rechte betroffen sind und dieser Verlust nur durch die Verwirklichung seiner Ziele gerechtfertigt werden kann, ist es nur folgerichtig, vor allem ihm die Entscheidung darüber zu überlassen, ob, wann und mit welchem Inhalt dieser Verlust eintreten sollte. Diese einseitige Kompetenzzuweisung birgt die größten Chancen dafür, das Rechtfertigungsprinzip bei derartigen Rechtsänderungen zu verwirklichen.

b) Aneignungswille

Hat man einmal akzeptiert, dass es bei den hier diskutierten Konstellationen der Gläubiger ist, der allein und nur dem eigenen Interesse verpflichtet Rechtsänderungen auslöst, so wird spätestens hier deutlich, wie wichtig es war, die Bedeutung gerade des Aneignungswillens im Gegensatz zur bloßen Einwilligung und dem faktisch so gut wie nie vorhandenen und normativ wenig interessanten Selbstbindungswillen zu betonen.[46] Konnte man vielleicht noch – zumindest bei Missachtung des damit verbundenen Kategorienfehlers –[47] beim Vertrag und der damit verbundenen gegenseitigen Belastung einwenden, dass doch nur die jeweilige Einwilligung „wirklich" interessiere, ist es spätes-

---

[45] Näher oben § 8; § 9 C. IV.
[46] Eingehend oben § 9 E. II., vgl. auch oben § 9 C. I. 2.; § 9 C. I. 3.; § 9 C. II. 2.
[47] Vgl. oben § 9 C. II. 2.

tens hier damit vorbei. Denn nunmehr haben wir gar keine Einwilligung, auf die es irgendwie ankommen könnte, sondern allein den Willen des Gläubigers. Dieser hat es allein in der Hand, aus einem Wahlrecht eine konkrete Leistungsschuld zu machen. Spätestens hier kommt also niemand mehr an der rechtlichen Relevanz dieses Aneignungswillens vorbei.

c) Einseitigkeit

Sieht man im menschlichen Willen das, was er wirklich ist, nämlich ein individueller menschlicher Zustand, so hat das wichtige dogmatische Vorteile. So ist man lediglich genötigt, einen Menschen zu betrachten und nicht gleich mehrere. Hier geht es allein um den Aneignungswillen des wahlberechtigten Gläubigers. Dieser einseitige Wille lässt sich oft noch relativ leicht anhand verschiedener Indizien feststellen oder gar prognostizieren. Demgegenüber lassen sich Gemeinsamkeiten oft nur mit größter Mühe feststellen – gerade beim Vertrag. Das betrifft nicht nur die jenseits der vertraglichen Wertschöpfung stark entgegengesetzte Interessenlage, sondern vor allem die äußerst begrenzte menschliche Aufmerksamkeit, die es zum bloßen Glücksspiel werden lässt, ob bei Vertragsschluss zufällig beide Parteien an einen bestimmten Umstand denken.

Kann man bei den hier interessierenden, nachvertraglichen Rechtsänderungen auf den einseitigen Aneignungswillen abstellen, so hat das zudem den Vorzug eines starken, weil gleichermaßen glaubhaften, zuverlässigen wie aussagekräftigen Indizes dafür, dass etwas tatsächlich im Interesse des so Wollenden liegt. Der eigene Wille ist ein vorzüglicher Hinweis auf die eigenen Interessen – ganz ohne Beweisprobleme oder komplizierte Kontroversen. Demgegenüber verwässert jede Notwendigkeit, eine Willensäußerung nicht nur mit den eigenen Interessen, sondern auch denen anderer Personen zu koordinieren, diese Aussagekraft, geht es dann nur um das einen Kompromiss verkörpernde Wollen.[48] Wann immer es also möglich ist, einseitig die Interessen nur einer Person zu berücksichtigen, ist auch dessen einseitiges Habenwollen äußerst aufschlussreich.

d) Aktualisierbarkeit

Sind wir dogmatisch in der Lage, den einseitigen Willen des Versprechensadressaten zu berücksichtigen, sind wir regelmäßig[49] auch gut beraten, diese

---

[48] Wohl aber bildet diese Einwilligung ein wichtiges Indiz dafür, dass ein vertragliches Gesamtpaket dem Rechtfertigungsprinzip genügt und damit wertschöpfend ist, vgl. oben § 9 E. III.

[49] Zu den vielen denkbaren Ausnahmen mag die Situation gehören, dass der Versprechensadressat erst später geisteskrank wird, einer Täuschung unterliegt oder stirbt. Hier rächt sich dann, dass der Wille nicht intrinsisch ist und ganz generell nicht immer richtige Entscheidungen verbürgt, vgl. dazu oben § 9 C. III.

Person weniger nach ihrem damaligen als vielmehr ihrem aktuellen Willen zu befragen. Es gilt hier also, den Willen von der Vergangenheit in die Gegenwart zu holen. Deshalb war es so wichtig, speziell den einseitigen Aneignungswillen als relevant zu erweisen, da nur dieser einseitige Wille leicht aktualisiert werden kann, nicht jedoch der übereinstimmende Wille der Vertragsparteien bei Vertragsschluss. Hat man erst einmal dem individuellen Habenwollen eine wichtige Indizfunktion zugesprochen, drängt sich geradezu die Frage auf, warum man denn insoweit die Vergangenheit anstelle der Gegenwart berücksichtigen sollte. Schließlich gibt man dem Einzelnen so die Chance, neu eintreffende Information zu berücksichtigen und damit auf neue Gegebenheiten zu reagieren, indem man sich möglichst flexibel auf diese Neuerungen einstellt. Der Mensch ist lernfähig, und Lernen erfolgt über die Zeit. Regelmäßig verbürgt das aktuelle Wollen eine höhere Entscheidungsqualität als ein früheres Wollen. Denn meistens ist man später besser informiert als früher, hatte Zeit, sich noch Gedanken zu machen und die Gegebenheiten in Ruhe zu betrachten. Überwiegend bildet der aktuelle Wille das bessere Indiz und bringt uns daher unseren Zielen näher. Und deshalb entfaltet dieser Wille auch eine entsprechend größere normative Überzeugungskraft. Wenn es uns wirklich um den Willen einer bestimmten Person geht und wir diesen Willen achten wollen, tun wir gut daran, diese Person und ihre Interessen dadurch zu respektieren, dass wir das beherzigen, was sie hier und heute begehrt. Tun wir das nicht, liegt der Verdacht nahe, dass es in Wahrheit um die Interessen ganz anderer Personen geht.[50]

Diese Aktualisierbarkeit des einseitigen Willens wirkt sich besonders dort vorteilhaft aus, wo es um die vielen Probleme geht, die wir in ihrer konkreten Form nur selten vorher erahnen, sondern erst dann wahrnehmen, wenn sie bereits aufgetreten sind. Deshalb verzichten selbst die eifrigsten Vertreter der Willenstheorie darauf, auch noch für mögliche Leistungsstörungen den Selbstbindungswillen zu bemühen. Denn an die zahlreichen, jeweils für sich genommen sehr unwahrscheinlichen Unwägbarkeiten denkt die typische Vertragspartei nicht – schon gar nicht in der Sekunde des Vertragsschlusses.[51] Es ist dieser einseitige, flexibel aktualisierbare Wille, der es uns überhaupt ermöglicht, auch solche Rechtsfolgen im Einklang mit dem Subsidiaritätsprinzip ins Spiel zu bringen, an die bei Vertragsschluss noch niemand gedacht hatte. Denn spätestens für die Formulierung einer Klageschrift, in der die gewünschte Rechtsfolge möglichst präzise gefasst werden muss, wird man sich genau überlegen, was man eigentlich will.[52] Dieser Wille überfordert den Menschen nicht,

---

[50] Was wiederum auf die Problematik des Selbstbindungswillens verweist, näher dazu oben § 9 C. I. 3.

[51] Näher oben § 6 C. IV. 1.

[52] Dabei zwingt die Rechtsordnung den Einzelnen bisweilen auch über prozessuale Vorschriften, sich irgendwann festzulegen. Das mag die letzte mündliche Verhandlung oder der

sondern ist ganz real, klar und messerscharf und liefert deshalb einen überzeugenden Grund. Der aktuelle, einseitige Wille ist ein dogmatisch sehr wichtiges Instrument, um dem menschlichen Willen eine möglichst große Bedeutung zu verleihen. Hier werden dem Wollenden nicht irgendwelche früheren „Sünden" vorgehalten,[53] wird nicht das Wollen mit gänzlich heteronomen Wertvorstellungen verknüpft,[54] sondern wird das verwirklicht, was dieser so Wollende kraft seines eigenen Willens will. Demgegenüber ist es angesichts der begrenzten menschlichen Aufmerksamkeit fiktiv und damit ein Verrat am Willensdogma mitsamt den damit verbundenen Anliegen von Individualität, Liberalität, Subsidiarität und Kreativität, ihn einfach zu fingieren.[55]

IV. Festlegung und Spielraum

1. Wertschöpfung durch Aufschub

a) Inhalt und Umfang

Die bisherige Untersuchung nachvertraglicher Rechtsänderungen war recht abstrakt ausgerichtet. Zunächst musste ausführlich erläutert werden, dass und warum hier überhaupt ein wichtiges theoretisches Problem vorliegt. Denn natürlich können die Parteien bereits bei Vertragsschluss ausdrücklich und umfassend festlegen, dass eine Seite den Vertrag noch später – und zwar einseitig – beeinflussen kann. Daher übersieht man leicht, dass sich die konkrete Ausübung dieser nachträglichen Wahlmöglichkeit nicht mehr auf den Vertragsschluss zurückführen lässt. Das bedeutet nichts anderes, als dass klassische Ansätze wie die Willens- oder die Erklärungstheorie zu dieser Frage nichts beizutragen haben. Das Rechtfertigungsprinzip ist demgegenüber als ein substanzielles Kriterium von einem Vertragsschluss unabhängig und erlaubt es damit, in der späteren Konkretisierung eine weitere Rechtsänderung zu sehen, die in ihrer genauen Form keineswegs bei Vertragsschluss vorweggenommen wurde.

Nunmehr geht es weniger um neuartige dogmatische Herausforderungen als vielmehr die praktische Anwendung der bisherigen Erkenntnisse auf die ursprüngliche Rechtsänderung und damit den Inhalt des von beiden Parteien geschlossenen Vertrags. Denn wenn es einzelnen Parteien ermöglicht werden kann, den Vertrag selbst lange nach Vertragsschluss einseitig zu beeinflussen, muss damit auch beantwortet werden, ob, warum und mit welchem Inhalt das

---

Grundsatz sein, dass Gestaltungsrechte, sobald einmal ausgeübt, grundsätzlich nicht mehr rücknehmbar sind.

[53] Das betrifft etwa den vermeintlichen Willen, selbst gebunden sein zu wollen, näher dazu oben ab § 9 C. I. 2.

[54] Siehe dazu oben § 9 C. V. 2. c); § 10 C. IV.

[55] Näher oben § 9 C. V. 2. b).

genutzt werden sollte. Anscheinend haben wir hier ein praktisch wichtiges und weithin anerkanntes Instrument, das als real existierendes Rechtsphänomen nicht nur in seinem dogmatischen Grundgerüst, sondern auch in seiner konkreten Ausgestaltung einzuordnen ist. Auch insoweit sollte sich das Rechtfertigungsprinzip bewähren.

Hierzu bleibt zunächst festzuhalten, dass es von vornherein nur dann Sinn macht, die Entscheidung über den Vertragsinhalt auf zwei getrennte Zeitpunkte zu verteilen, wenn ein gewisses Maß an Unwissenheit herrscht.[56] Das lässt sich noch weiter dahingehend konkretisieren, dass ein Aufschub nur bei solchen Vertragsinhalten sinnvoll ist, für die zu einem späteren Zeitpunkt bessere Entscheidungen möglich sind als bei Vertragsschluss. Immerhin hat ein solcher Aufschub auch Nachteile. So schließen die Menschen deshalb Verträge, die bereits bei Vertragsschluss nicht revidierbare Festlegungen enthalten, weil sie diese Sicherheit oft benötigen. Es hilft bei der Verwirklichung eigener Ziele, wenn man weiß, woran man ist.[57] Das hier interessierende Wertschöpfungsproblem[58] besteht also darin, für den Vertragsinhalt das gemäß dem Rechtfertigungsprinzip richtige Ausmaß an vertraglicher Festlegung und verbleibender Flexibilität zur späteren einseitigen Einflussnahme zu finden – wiederum mitsamt den dazugehörigen Rahmenbedingungen. Dabei spielt hier nicht nur eine Rolle, wann genau Handlungen erfolgen, die von der Verbindlichkeit einer vertraglichen Festlegung ausgehen müssen. Wichtig ist auch, inwieweit es ohne für die Verwirklichung des Rechtfertigungsprinzips schädliche Interessenkonflikte möglich ist, Vertragsinhalte der einseitigen Bestimmung einer Seite zu überlassen.

Wendet man nun diese Grundsätze auf die bisher erwähnten Fallkonstellationen an, so macht es in Fall 320 keinen Sinn, den Käufer zur Einforderung des gekauften Gegenstands zu zwingen. Dem Verkäufer wird dies nicht nur oft egal sein; er wird sich sogar meistens darüber freuen, den Gegenstand ein zweites Mal verkaufen zu können.[59] Es bringt also beide Seiten ihren Zielen näher, wenn nicht der gesamte Vertragsinhalt bereits bei Vertragsschluss feststeht, sondern über die Einforderung noch später entschieden werden kann.

Ähnlich einsichtig – aber eben nur dann einsichtig, wenn man sich auf das Rechtfertigungsprinzip einlässt – ist es, wenn der Luftmatratzenanbieter seinem Kunden in Fall 321 die spätere Wahl zwischen den Farben Rot, Gelb, Grün und Blau einräumt. Denn sofern er nur von allem genug bevorratet oder notfalls leicht nachbestellen oder nachproduzieren kann, erleidet er durch dieses Wahlrecht nur geringe Nachteile. Der Käufer hingegen mag sich etwa da-

---

[56] Vgl. bereits oben § 18 B. III. 2. am Ende.
[57] Näher zu den Vorteilen einer Rechtebasierung oben § 2 D. III.
[58] Allgemein dazu oben § 3 C. I. (vgl. auch oben ab § 3 A. IV.).
[59] Selbst wenn er ein Interesse an der Abnahme hat (vgl. immerhin etwa im deutschen Recht § 433 Abs. 2 BGB), hat er damit noch lange kein Interesse an einem Automatismus.

rüber freuen, in aller Ruhe bei Familie oder Freunden nachfragen zu können, welche Farbe diese bevorzugen. Er wird daher für sein Wahlrecht gerne einen solchen Preisaufschlag hinnehmen, der den durch das Wahlrecht leicht erhöhten Aufwand des Verkäufers ausgleicht.

Ganz ähnlich lässt sich schließlich beim Dienstvertrag in Fall 323 argumentieren. So hat der Arbeitgeber sicher ein großes Interesse daran, dass der von ihm bezahlte Arbeitnehmer seine Arbeitskraft möglichst produktiv einsetzt. Was allerdings in jeder Minute die dafür sinnvolle Tätigkeit darstellt, lässt sich bei Vertragsschluss unmöglich festlegen. Demgegenüber bricht für den Arbeitnehmer zumindest keine Welt (und auch kein Betrieb) zusammen, wenn er während seiner Arbeitszeit Weisungen des Arbeitgebers unterliegt – sofern sich diese in einem festzulegenden Rahmen halten.[60] Vor diesem Hintergrund ist es die getreu dem Rechtfertigungsprinzip beste Lösung, dem Arbeitgeber ein Weisungsrecht einzuräumen und den Arbeitnehmer für dessen damit verbundenen Belastungen zu entschädigen.

Wenn die vorgenannten Beispiele nur sehr schlichte und recht eindeutige Situationen thematisieren, so hat das den einfachen Grund, dass die ohnehin schon große Herausforderung, den jeweils besten Vertragsinhalt zu bestimmen, bei der Berücksichtigung mehrstufiger Entscheidungsabläufe nochmals komplizierter wird. Im Umfeld begrenzten Wissens müssen die jeweiligen Stufen der Entscheidungsfindung – und es müssen nicht nur derer zwei sein – bestimmt und muss für jede Stufe festgelegt werden, unter welchen Voraussetzungen und mit welchem Spielraum es einer Seite erlaubt sein soll, den Vertragsinhalt zu beeinflussen. Dementsprechend wird es hier besonders wichtig, einerseits getreu dem Subsidiaritätsgedanken auf die vorrangige Regelung durch die Vertragspartner zu setzen,[61] andererseits aber auch anzuerkennen, dass diese Parteien angesichts ihrer nur menschlichen Fähigkeiten nur einen kleinen Teil davon festlegen können.[62]

b) Festlegungsberechtigte

aa) Private Dritte

Es muss also keineswegs nur eine Vertragspartei sein, der wir die nachträgliche Einflussnahme auf den Vertragsinhalt zubilligen. Genauso ist es denkbar, private Dritte einzuschalten. So mag es in Fall 324 den Parteiinteressen entsprechen, wenn der Schlossinhaber mit der ihn finanziell unterstützenden Denkmalpflege vereinbart, seinen öffentlich zugänglichen Park weiter zu pflegen und dessen konkrete Gestaltung einem neutralen und weithin anerkann-

---

[60] Zur Diskussion und Rechtsprechung zum Weisungsrecht des Arbeitgebers vgl. hier nur *Tillmanns*, Strukturfragen, 2007, S. 122 ff., passim; *Rieble*, Staudinger, Neubearb. 2009, 2009, § 315 BGB Rn. 181 ff.

[61] Allgemein dazu oben § 8 E. II. 2.

[62] Näher oben § 2 B. I. 4.; § 8 B.

ten Landschaftsarchitekten zu überlassen. So mögen hier beide Seiten einerseits ein Interesse daran haben, sich bereits jetzt verbindlich über die Pflege des Parks zu einigen, ohne jedoch selbst die nötige Zeit und Expertise aufbringen zu können, um sofort selbst auch die konkrete Gestaltung festzuzurren. Dogmatisch ist dieser Fall nicht viel anders zu beurteilen als die zuvor diskutierten Beispiele einer einseitigen Konkretisierung durch eine Vertragspartei. Lediglich die Interessenlage weicht bei Dritten typischerweise ab, was für das Rechtfertigungsprinzip Vor- wie Nachteile hat und darauf zugeschnittene Rahmenbedingungen erfordert. Einerseits ist ein Dritter – sofern neutral – oft eher geneigt, die Interessen beider Vertragsparteien zu berücksichtigen. Andererseits berührt den Dritten nicht die von ihm getroffene Entscheidung, weshalb er diese mit einer gewissen Gleichgültigkeit oder Lustlosigkeit treffen könnte. Doch lässt sich das oft ausgleichen, angefangen mit der Wahl einer menschlich geeigneten Person bis hin zu ausgeklügelten Verhaltensanreizen.[63] Oft entwickeln auch Gesetzgeber und Rechtsprechung solche Rahmenbedingungen, die zur Verwirklichung des Rechtfertigungsprinzips beitragen.[64]

bb) Staatliche Stellen
Allen dogmatischen Herausforderungen zum Trotz wird es jedenfalls im Ergebnis kaum überraschen, dass private Personen – sei es ein Vertragspartner oder ein Dritter – den Vertragsinhalt einseitig auch nach Vertragsschluss beeinflussen können, zumal hier viele Fallkonstellationen sogar ausdrücklich gesetzlich geregelt sind. Ebenso ist es angesichts zahlreicher dispositiver wie zwingender Vorschriften weithin akzeptiert, dass staatliche Stellen den Vertragsinhalt beeinflussen.[65] Vor diesem Hintergrund sollte es dann auch nicht überraschen, dass dies genauso für nachvertragliche Rechtsänderungen gilt. Tatsächlich sind diese sehr viel weiter verbreitet als man vielleicht vermuten mag: Haben sich die Parteien wie in Fall 325 darauf geeinigt, dass eine Dienstleistung erst in ungewisser Zukunft zu erbringen und dann „angemessen" zu vergüten sein soll, kann es später im Streitfall ein Richter sein, der – innerhalb eines gewissen Rahmens und ergänzend zu anderen Entscheidungsträgern[66] – den Vertragsinhalt festlegt, ohne dass diese Konkretisierung aus Wille oder Erklärung bei Vertragsschluss folgte. Das wiederum bedeutet, dass der Richter eine Rechtsänderung vornimmt, die sich wiederum am Rechtfertigungsprinzip orientiert.

---

[63] Mit Letzteren beschäftigt sich besonders die Ökonomik. Sofern dem Dritten eine Vergütung gezahlt werden muss, beeinflusst das natürlich auch wieder den Inhalt des ursprünglichen Vertrags.

[64] Im deutschen Recht sind das etwa die §§ 317 ff. BGB, aus europäischer Sicht siehe etwa ab Art. 6:105 PECL; Art. II. – 9:105 DCFR.

[65] Näher oben § 16 A. I. 1.

[66] So wird sich hier ein Richter oft auch an Sitte, Übung und Brauch orientieren, die von wiederum ganz anderen Entscheidungsträgern beeinflusst werden, vgl. oben § 16 C.

c) Bestimmtheitsgebot?

aa) Begrenzte Relevanz

Sucht man in der rechtswissenschaftlichen Literatur oder im geltenden Recht nach dogmatischen Grundsätzen, die das Thema von Festlegung und Spielraum überhaupt ansprechen, stößt man auf die Forderung, dass ein Versprechen oder Vertrag hinreichend bestimmt sein müsse.[67] Was ist dazu aus Sicht des Rechtfertigungsprinzips und speziell für das zuvor thematisierte Zusammenspiel von Festlegung und Spielraum zu sagen? Zunächst sollte es der Staat seinen Bürgern gerade bei liberalem Anspruch grundsätzlich[68] so leicht wie möglich machen, Verträge zu schließen und sich so ihren Zielen zu nähern. Anders als es Willens- und Erklärungstheorie nahelegen, ist der Vertragsschluss mitsamt dem darin enthaltenen Parteiverhalten kein Selbstzweck, sondern Mittel für das substanzielle Anliegen individuellen Fortschritts.[69] Wann immer das Rechtfertigungsprinzip praktisch verwirklicht werden kann, sollte das auch geschehen. Und wann immer es nach dem Rechtfertigungsprinzip sinnvoll ist, bestimmte Aspekte noch nicht festzulegen, sollte die Rechtsordnung das nicht nur tolerieren, sondern unterstützen, etwa wenn es ein Richter ist, der eine unklare Vertragsklausel eigenverantwortlich konkretisiert und dabei auch solche Erkenntnisse berücksichtigt, die erst nach Vertragsschluss zugänglich waren. Unbestimmtheit ist ein oft sehr hilfreiches Instrument, das möglichst überlegt eingesetzt und gegebenenfalls unterstützt werden sollte. Nur weil die klassische Vertragstheorie mit ihrer Fixierung auf den Zeitpunkt des Vertragsschlusses nicht fähig ist, den Sinn zeitlich aufgeschobener Rechtsänderungen zu erfassen, sollte das nicht zu Lasten der Menschen gehen, denen solche zweistufigen Rechtsänderungen helfen.[70]

Dabei verrät ein kurzer Blick auf die Gerichts- wie Gesetzespraxis, dass diese das Bestimmtheitsgebot überall dort mit Füßen tritt, wo es ausweislich des Rechtfertigungsprinzips überhaupt nicht sinnvoll ist. So wurde bereits andernorts[71] darauf hingewiesen, dass für viele Vertragstypen explizit darauf verzichtet wird, eine Einigung über die Vergütung zu verlangen, ganz einfach weil der Gesetzgeber den Parteien die Lästigkeit ersparen möchte, eine solche

---

[67] Zu Nachweisen siehe gleich. Besonders ausgeprägt ist das bei Allgemeinen Geschäftsbedingungen, vgl. dazu oben § 14 C. III. 1. b). Wobei dann bei Bedarf auch genau darauf verzichtet wird, vgl. etwa zum sogenannten schlüssigen Handeln oben § 12.

[68] Wobei gewisse Formerfordernisse einschließlich der Notwendigkeit einer Erklärungsabgabe etwa vor Übereilung schützen können, vgl. dazu etwa oben § 10 F. sowie unten § 18 C. I.

[69] Näher oben § 2 A. I.; § 9 C. III.; § 9 D. I.; § 10 D. IV.

[70] Siehe dazu für den Dienstvertrag *Tillmanns*, Strukturfragen, 2007, S. 109: „Warum sollten die Parteien nicht sogar auf jegliche Beschreibung der Tätigkeit verzichten können? Es ist dem Dienstberechtigten grundsätzlich unbenommen, auf Konkretisierungen zu verzichten."

[71] Vgl. oben § 9 C. IV. 3. Typischerweise gilt dann das Übliche, siehe dazu oben § 16 C.

festzulegen. Und wer als Fremder aus reiner Neugier spontan in die Straßenbahn einer ihm fremden Stadt steigt und wie dort vielleicht üblich auf den kassierenden Schaffner wartet, hat selbst dann einen Vertrag geschlossen, wenn er weder den genauen Preis noch die Richtung noch das Ziel seiner Fahrt kennt.[72] Aber warum sollte uns das auch stören?

Vor diesem Hintergrund verwundert es nicht, wenn das Bestimmtheitsgebot dort ignoriert wird, wo es die Parteizwecke vereiteln würde, etwa weil sich für einen längeren Zeitraum geschuldete Tätigkeiten so gut wie nie von vornherein exakt festlegen lassen.[73] Genauso mag man aus der ausdrücklichen gesetzlichen Anerkennung verschiedener Wahlrechte[74] schließen, dass hier eine Bestimmtheit nicht verlangt wird. Die deutsche Rechtsprechung zum Dienstvertrag etwa scheint die Grenze der Bestimmbarkeit erst dort zu ziehen, wo der Zweck bzw. das Ziel der Tätigkeit nicht mehr bestimmt genug erscheinen.[75] Das entspricht ziemlich genau dem Rechtfertigungsprinzip, das ersichtlich dort auf Umsetzungsschwierigkeiten stößt, wo die von den Parteien verfolgten Ziele nicht zu ermitteln sind.

bb) Dienende Funktion des Staats

So sinnvoll und unterstützenswert ein mehrstufiger Entscheidungsablauf oft ist, bleibt zu fragen, ob sich der Staat dadurch gewissermaßen zum Büttel der Vertragsparteien machen sollte, dass er den Vertragsparteien die ganze Arbeit der Festlegung eines Vertragsinhalts abnimmt. Was, wenn die Parteien einfach nur vereinbaren, dass derjenige Vertragsinhalt gilt, der sie bestmöglich ihren jeweiligen – gegebenenfalls explizit benannten – Zielen näher bringt? Soll es ihnen so leicht gemacht werden, die gesamte Last der Vertragsgestaltung auf den Staat abzuwälzen?

Dies ist jedenfalls so lange hinzunehmen, wie die Vertragsparteien nicht von der staatlichen Hilfestellung auf Kosten Dritter – also des Steuerzahlers – profitieren, sondern etwa über Gerichtsgebühren für diese Dienstleistung bezahlen. Ansonsten ist der Staat jedoch keine mystische höhere Einheit, die sich nicht den niederen Parteizwecken unterzuordnen habe. Zumindest nach dem heute dominierenden Staatsverständnis dient er vielmehr den Interessen seiner Bürger.[76] In dieser Unterordnung unter die Vertragsparteien liegt auch ein bis heute uneingeschränkt berechtigtes Anliegen klassischer Ansätze wie der Wil-

---

[72] Näher oben § 12.
[73] Siehe zum Folgenden instruktiv *Tillmanns*, Strukturfragen, 2007, S. 107 ff., 199, passim.
[74] Siehe etwa in Deutschland für das Weisungsrecht des Arbeitgebers § 106 GewO oder allgemein § 315 ff. BGB.
[75] Siehe dazu die Darstellung bei *Tillmanns*, Strukturfragen, 2007, S. 108 f.
[76] Näher oben § 9 D. I.; § 9 D. I. 4.

lenstheorie,[77] vor allem aber der Grundfolgentheorie.[78] Wenn also die Vertragsparteien ganz bewusst entscheiden, gewisse Vertragsinhalte offen zu halten, ist daran grundsätzlich wenig auszusetzen.

2. Erfolgsversprechen versus Leistungssteuerung

a) Grundlagen

Bisher wurde dargelegt, wie sich die vertragliche Wertschöpfung dort praktisch vollzieht, wo der Vertragsinhalt in einem mehrstufigen Entscheidungsablauf festgelegt wird. Dabei wurde für den ursprünglichen Vertragsschluss wie für die nachfolgenden Rechtsänderungen betont, dass es nicht nur die Vertragsparteien sind, die deren Inhalt beeinflussen. Nunmehr soll unser Verständnis dessen, was sich täglich in der Vertragsrechtsrealität vollzieht, durch eine noch genauere Betrachtung der Interessenlage beider Vertragsparteien vertieft werden. Dabei kann auf die sorgfältige Analyse *Tillmanns* zurückgegriffen werden.[79] Leider wird der Dienstvertrag in der vertragstheoretischen Diskussion gerne vernachlässigt, was nicht zuletzt dazu beiträgt, diverse dogmatische Illusionen aufrechtzuerhalten. Das betrifft nicht nur das jeden Vertrag kennzeichnende, beim Dienstvertrag besonders deutlich werdende Wechselspiel von Festlegung und Spielraum.[80] So wird beispielsweise gerade im Arbeitsrecht deutlich, was für verschiedene Rechtsetzer – etwa die Tarifpartner oder die dort enorm wichtigen staatlichen Vorgaben – den Vertragsinhalt beeinflussen.[81] Auch sollte das Fehlen gesetzlicher Gewährleistungsvorschriften, wie wir sie aus dem Kauf- oder Werkvertragsrecht kennen, besonders[82] zu der Frage drängen, wie viel vom Vertragsinhalt wir tatsächlich unter Rückgriff auf Wille oder Erklärung bei Vertragsschluss erfassen können.[83]

Wenn nun die Interessen beider Parteien getrennt diskutiert werden, so ist das allerdings dogmatisch problematisch und verlangt zumindest eine Erläuterung: So fließt jeder Vorteil, den eine Seite durch einen an ihre Bedürfnisse angepassten Vertragsinhalt genießt, indirekt genauso dem Gegner zu, etwa wenn er dafür einen höheren Preis verlangen kann. Der Vertrag zeichnet sich

---

[77] Näher oben § 9 C. I. 1. d).
[78] Siehe oben § 9 D. I.; § 9 D. I. 4.
[79] *Tillmanns*, Strukturfragen, 2007.
[80] Tatsächlich ist die mangelnde Bestimmbarkeit des Schuldinhalts zwar beim Dienstvertrag besonders ausgeprägt, aber keineswegs nur dort ein Problem, vgl. dazu *Tillmanns*, Strukturfragen, 2007, S. 2 f., 95 ff., 121, 132.
[81] Siehe dazu nur *Adomeit*, Rechtsquellenfragen im Arbeitsrecht, 1969 m.w.N.
[82] Dass auch gesetzliche Regelungen wie die §§ 434, 633 BGB im deutschen Recht oder in Europa die ebenso auf Art. 2 der Verbrauchsgüterkaufrichtlinie (vgl. oben § 7 Fn. 43) beruhenden Regelungen (oder vgl. etwa auch Art. IV. A. – 2:302 DCFR) die Vertragstheorie nicht davon befreien, für dieses staatliche Recht eine Begründung zu liefern, wird gerne ignoriert, vgl. oben § 16 A.
[83] Näher oben § 9 C. IV.; § 10 D. I.

dadurch aus, Leistung und Gegenleistung zu verknüpfen. Was immer hier eine Partei an rechtlicher Einbuße erleidet, muss in irgendeiner anderen Form wieder schmackhaft gemacht werden. Letztlich haben damit beide Vertragsschließenden ein gemeinsames Interesse an einer Ausgestaltung der jeweiligen Rechte und Pflichten, die eine größtmögliche Wertschöpfung ermöglicht.[84] Insofern ist das Interesse eines Verkäufers genauso auch ein Interesse des Käufers.

Übergreifend lässt sich zunächst ein Interesse formulieren, das nahezu jeder Vertragspartner hat: Es bringt uns unseren Zielen für gewöhnlich näher, wenn wir einerseits eigene Bindungen vermeiden und uns andererseits so viele Handlungsspielräume wie möglich erhalten oder diese aktiv schaffen. So kann es empfehlenswert sein, auf kurzfristige Erträge zu verzichten und stattdessen in Bildung oder Infrastruktur zu investieren. Manchmal wird man Vorräte vorhalten und sich nicht vorschnell binden, weil man hofft, später bessere Verwendungen zu finden. Nicht nur die modernen Gesellschaften liefern ein vorzügliches Beispiel für die Vorteile möglichst breitgefächerter Reaktionsmöglichkeiten, sondern auch der Mensch und sein Denken. Das, was uns gegenüber anderen Lebewesen auszeichnet, ist eine geringe, nicht hohe Spezialisierung.

Der uns interessierende Vertrag ist in dieser Hinsicht zwiespältig. Verträge schaffen Rechte und damit Sicherheit. Damit ermöglichen sie es uns, staatlich gesicherte und an unsere Bedürfnisse angepasste Handlungsspielräume zu schaffen. Dass es angesichts der allgegenwärtigen Unwissenheit unsinnig wäre, sich in allen Einzelheiten oder auch nur bei der tatsächlichen Einforderung des Geschuldeten festzulegen, wurde bereits ausführlich dargelegt. Andererseits erhalten wir eigene vertragliche Ansprüche regelmäßig nur dann, wenn wir uns anderen gegenüber binden – und das schränkt unsere Spielräume ein. Als Gläubiger möchte jeder so viel Rechte wie möglich erhalten, während man als Schuldner genau das zu vermeiden sucht. Dieser Konflikt lässt sich nicht wegdiskutieren, genauso wenig wie er sich durch den bloßen Hinweis auf eine Interessenabwägung oder ähnliche flexible Argumentationsmuster dogmatisch bewältigen lässt.[85] Das Rechtfertigungsprinzip lässt demgegenüber eine Veränderung der Rechtslage nur gerade so weit zu, wie das für eine vertragliche Wertschöpfung notwendig ist.[86]

Schließlich sei noch auf die dogmatisch-begriffliche Einordnung der gegenseitigen Zubilligung von Handlungsspielräumen hingewiesen: Was diejenigen Freiheiten anbelangt, die sich ein Gläubiger rechtlich verbindlich einräumen lässt, gelten die früheren Ausführungen zu mehrstufigen Rechtsänderungen. Erteilt der Arbeitgeber innerhalb des ihm zustehenden Spielraums eine Weisung, lässt sich deren Verbindlichkeit nur dadurch erklären, dass sich hier eine

---

[84] Eingehend oben § 3 C. I. (vgl. auch oben ab § 3 A. IV.).
[85] Siehe dazu etwa oben § 2 A. V. 2. c); § 9 D. III.
[86] Näher oben ab § 3 A. IV.

neue, weitere Rechtsänderung vollzieht.[87] Für den Schuldner und dessen Freiräume bedarf es dessen nicht. Denn es gehört zu der jedermann von vornherein, also bereits vor Vertragsschluss zustehenden Freiheit, mit seinem Körper und seinem Eigentum all das zu tun, was den eigenen Zwecken dient und nicht andere Rechte beeinträchtigt. Damit bleibt all das, was dem Gläubiger rechtlich nicht eingeräumt wurde, beim Schuldner, ohne dass es dafür noch weiterer Rechtsänderungen bedürfte.[88] *Savigny* etwa formuliert klar und knapp: „Da nun der Vertrag einen Teil dieser Tätigkeit unbestimmt gelassen hat, so ist eben dadurch dem Schuldner die Befugnis vorbehalten, die Ergänzung nach seinem Gutdünken vorzunehmen."[89]

b) Gläubiger

Betrachtet man die Interessen des Gläubigers, so interessiert diesen regelmäßig nicht nur ein Bemühen, sondern ein tatsächlicher Erfolg. Er wird sich daher auch lieber einen solchen Erfolg versprechen lassen und damit einen Kauf- oder Werkvertrag anstreben, der ihm diese Sicherheit zumindest[90] sehr viel stärker verleiht als ein Dienstvertrag, der auf eine Erfolgsgarantie verzichtet.[91] Dabei hat ein solches Erfolgsversprechen den Vorteil, dass dessen Einhaltung oft sehr viel leichter überprüfbar ist als eine Tätigkeit. Erklärt sich der Schuldner zu einem solchen Erfolgsversprechen bereit, ist es dann auch für einen Gläubiger weniger wichtig, die Tätigkeit des Schuldners in allen Einzelheiten überprüfen und steuern zu können.

Häufig wird es dem Gläubiger allerdings nicht gelingen, ein klares Erfolgsversprechen durchzusetzen. So bringen es die menschliche Unwissenheit über zukünftige Bedürfnisse sowie praktische Schwierigkeiten wie die Grenzen unseres Ausdrucksvermögens oder Beweisschwierigkeiten mit sich, dass die Parteien bei Vertragsschluss nicht immer die zu erreichenden Erfolge festlegen können.[92] Hier bietet sich als Alternative die Steuerung des Schuldnerverhaltens mittels Kontrolle und Weisung an. Der Gläubiger sichert hier seine Interessen durch zwei Vorkehrungen. Erstens kann er sich bei Vertragsschluss zumindest eine bestimmte Tätigkeitsqualität versprechen lassen. Zweitens

---

[87] Näher oben § 18 B. III. 1.
[88] Eingehend *Tillmanns*, Strukturfragen, 2007, S. 112 f., 114, 122, 200 f., 461, passim, die den Begriff eines Realakts bemüht und die Ausfüllung des schuldnerischen Spielraums klar vom Leistungsbestimmungsrecht des Dienstberechtigten abgrenzt. Allerdings könnte man auf die Formulierung verzichten, wonach der Dienstverpflichtete „den Schuldinhalt" konkretisiere bzw. den Inhalt der „geschuldeten Leistung" festlege (vgl. dort S. 114). Denn eine Veränderung der Rechtslage findet – wie zutreffend herausgearbeitet – nicht statt; vielmehr folgt bereits aus dem ursprünglichen Dienstvertrag, dass der Schuldner faktisch einen Leistungsspielraum hat.
[89] *Savigny*, Obligationenrecht, Bd. 1, 1851, S. 391 (§ 38 A 1).
[90] Zum allgemeinen Leistungsstörungsrecht siehe oben § 6.
[91] *Tillmanns*, Strukturfragen, 2007, S. 23, 460, passim.
[92] Eingehend *Tillmanns*, Strukturfragen, 2007, S. 24, 36 ff., 460, passim.

kann ihm der Schuldner für die Vertragslaufzeit ein Weisungsrecht einräumen, über das sich die versprochenen Dienste in flexibler Anpassung an die jeweiligen Umstände in interessengerechte Bahnen lenken lassen. Im Ergebnis erweisen sich der geschuldete Leistungsstandard sowie Umfang und Reichweite des Weisungsrechts als die entscheidenden Bestimmungsfaktoren eines Dienstvertrags.[93]

Je nach Fallkonstellation fällt dabei die Lenkung des Schuldners unterschiedlich schwer. So zeichnen sich viele freie Berufe durch ein Kompetenzgefälle zu Lasten des Auftraggebers aus, das den praktischen Wert eines Steuerungsrechts schmälert.[94] Sucht etwa der Kunde einen Finanzberater auf, um professionellen Rat zu erhalten, ist er nicht fähig, den Dienstverpflichteten so zu steuern, wie das ein Arbeitgeber mit seinen Arbeitnehmern tut. Er will dies auch gar nicht, müsste er sich dann all die Kenntnis erarbeiten, für die er gerade – ganz im Sinn vernünftiger Arbeitsteilung – auf einen Spezialisten zurückgreift. Besonders herausfordernd ist dabei, dass ein Kunde bei vielen Dienstleistungen oft erst sehr spät (und oft nie) erfährt, wie hochwertig die erbrachte Leistung tatsächlich war. Denn dann versagen auch zahlreiche klassische Instrumente wie Haftungsregeln, Aufklärungspflichten, Erfolgsvergütungen oder Vertragslösungsrechte, da sie allesamt voraussetzen, dass der dadurch Begünstigte erfährt und beweisen kann, dass deren tatbestandlichen Voraussetzungen gegeben sind.[95] Hier sind dann andere Lösungen gefragt, etwa indem zwar notgedrungen auf eine Kontrolle oder Steuerung verzichtet wird, dafür aber konsequent zumindest sämtliche Fehlanreize ausgeräumt werden. Denn wenn sich ein Berater nicht mehr dadurch selbst schadet, dass er die Interessen seines Kunden berücksichtigt, wird er das im Zweifel auch tun. Dann, aber auch erst dann, kann man zusätzlich noch darauf achten, dass der Dienstverpflichtete über eine Mindestqualifikation verfügt. Doch ist das natürlich nicht die einzige Reaktionsmöglichkeit. Eine radikalere, wenn auch für normale Vertragsschließende selten gangbare Alternative besteht in der vertikalen Integration: Möchte ein größeres Unternehmen nicht mehr auf eine in ihrer Qualität schwer überprüfbare Dienstleistung angewiesen sein, mag es den Dienstleister aufkaufen und in den eigenen Betrieb eingliedern.[96]

---

[93] Näher *Tillmanns*, Strukturfragen, 2007, S. 24, 197 ff., 460 f., passim.
[94] Näher *Tillmanns*, Strukturfragen, 2007, S. 39, 119, 180 ff., passim.
[95] Eingehend (auch zum Folgenden) *Rehberg*, Informationsproblem, 2003, S. 271 ff., 278 ff.; *Rehberg*, in: Eger/Schäfer (Hrsg.), Zivilrechtsentwicklung, 2007, S. 284, 315 ff. jew. m.w.N.
[96] Grdl. *Coase*, 4 Economica 386 (1937); *Williamson*, Markets and Hierarchies, 1975.

c) Schuldner

Im Gegensatz zum Gläubiger liegt das Interesse des Schuldners regelmäßig[97] darin, ein Erfolgsversprechen zu vermeiden und damit kein meistens höheres Risiko zu tragen, als wenn er nur eine bestimmte Tätigkeit schuldet.[98] Wie gewichtig dieses Anliegen ist, zeigt sich daran, dass man sich in vielen Märkten schwertut, überhaupt Anbieter zu finden, die zu moderaten Preisen bereit sind, mehr als nur ein Dienstversprechen abzugeben. Die Gründe für diese Zurückhaltung sind vielfältig. Wie das Beispiel einer riskanten chirurgischen Operation (Fall 326) verdeutlicht, kann der Schuldner den Erfolgseintritt oft nur sehr begrenzt beeinflussen.[99] Das gilt besonders dort, wo ein Erfolg auf komplexen Wirkungszusammenhängen basiert. Ähnliches trifft dort zu, wo das Verhalten noch anderer Personen als der des Schuldners in die Leistung einfließt. Eine solche andere Person kann auch der Gläubiger sein. Es verwundert daher nicht, wenn Dienstleistungen in der Betriebswirtschaftslehre unter anderem durch die Einbeziehung des Dienstberechtigten charakterisiert werden.[100]

Von einem Erfolgsversprechen zu trennen und deutlich weniger belastend sind Festlegungen dergestalt, dass die geschuldete Aktivität auf einen bestimmten Erfolg hin ausgerichtet sein soll. Denn so lässt sich einerseits die geschuldete Tätigkeit näher beschreiben und eingrenzen und andererseits die diesem Erfolg förderliche Flexibilität wahren. Hierdurch, also dass der angestrebte Erfolg außerhalb der vertraglich vereinbarten Schuld steht, unterscheidet sich der Dienstvertrag von erfolgsbezogenen Vertragstypen. Dabei bildet das Leistungssteuerungsrecht des Dienstberechtigten ein weiteres Unterscheidungsmerkmal, welches das fehlende Erfolgsversprechen ausgleicht.[101]

Ist es dem Schuldner gelungen, ein Erfolgsversprechen abzuwenden, wird es ihm als nächstes darum gehen, seinen Tätigkeitsspielraum möglichst groß zu halten. Weder wird er dem Anspruchsberechtigten viele Steuerungsmöglichkeiten einräumen noch einen hohen Tätigkeitsstandard versprechen wollen.[102] Zwar werden manche Einschränkungen der schuldnerischen Freiheit bei lebensnaher Betrachtung nicht gravierend sein. Andererseits geht es bei Dienstverträgen oft auch um persönliche Festlegungen – nämlich die vertraglich ein-

---

[97] Zwar kann es dem Schuldner besonders wichtig sein, in seiner Tätigkeit überhaupt nicht festgelegt zu sein, was insofern für eine Erfolgsvereinbarung spricht. Denn diese lässt ihm jede Freiheit, darüber zu bestimmen, wie er diesen Erfolg herbeiführt. Noch besser ist es hier allerdings für ihn, weder einen Erfolg zu versprechen noch ein umfassendes Weisungsrecht zu akzeptieren.
[98] *Tillmanns*, Strukturfragen, 2007, S. 35, 41, 160.
[99] *Tillmanns*, Strukturfragen, 2007, S. 36.
[100] Stellv. *Jugel/Zerr*, ZFP 1989, 162.
[101] Näher *Tillmanns*, Strukturfragen, 2007, S. 26 f., 33 ff., 82 f., 460 m.w.N
[102] *Tillmanns*, Strukturfragen, 2007, S. 35, 119.

geräumte Fremdbestimmung über den menschlichen Körper.[103] Daneben treten praktisch-wirtschaftliche Gründe: Je freier der Schuldner in seiner Leistungserbringung bleibt, desto eher kann er seine Tätigkeit mit anderen vertraglichen Verpflichtungen und privaten Lebensinhalten koordinieren.[104] Von den damit verbundenen, auch betriebswirtschaftlichen Vorteilen profitiert dabei nicht zuletzt der Auftraggeber durch einen geringeren Preis.

Andererseits wird ein typischer Arbeitnehmer umso eher bereit sein, umfangreiche Weisungsrechte hinzunehmen, wie er dafür von unternehmerischen Risiken befreit wird, nicht mehr täglich nach Auftraggebern suchen muss oder gar auf eine jahre-, jahrzehnte- oder lebenslange Anstellung hoffen kann.[105] Auch der klassische Arbeitsvertrag setzt nur das Rechtfertigungsprinzip um, indem er die spezifischen Bedürfnisse von Arbeitnehmer und Arbeitgeber vertraglich so berücksichtigt, dass beide ihren Zielen größtmöglich näher kommen.

C. Vorvertraglich

I. Vertragsschluss

Betrachtet man die klassischen Vertragstheorien, setzen diese regelmäßig einen Vertragsschluss (bzw. ein anzunehmendes Versprechen[106]) voraus – und

---

[103] *Tillmanns*, Strukturfragen, 2007, S. 25, 115 f.; 175, 197 ff., 460 f. bezeichnet daher den Begriff der Leistungssteuerung als Euphemismus. Kontrolliert und angewiesen werde nicht die Leistung, sondern der Mensch. Inwieweit es dogmatisch oder dem Schuldner weiterhilft, deshalb einen weisungsfreien Kernbereich zu bemühen (siehe dazu *Tillmanns*, Strukturfragen, 2007, S. 128, 131), sei hier dahingestellt. Das Rechtfertigungsprinzip jedenfalls läuft darauf hinaus, dem Schuldner einen gewissen Spielraum zu belassen.

[104] *Tillmanns*, Strukturfragen, 2007, S. 37, 177.

[105] *Tillmanns*, Strukturfragen, 2007, S. 23 f., 28, 41 ff., 52 ff., 79 f., passim, die zutreffend darauf hinweist, dass ein Vertragsinhalt immer dann problematisch wird, wenn der Dienstverpflichtete einerseits umfangreichen Steuerungsrechten unterliegt, andererseits aber dennoch erhebliche unternehmerische Risiken trägt.

[106] Zur sehr alten Diskussion um Versprechen versus Vertrag (und damit eng verbunden das Annahmeerfordernis) vgl. hier nur *Kuntze*, Inhaberpapiere, 1857, S. 344 ff.; *Siegel*, Versprechen, 1873; *Hofmann*, Entstehungsgründe, 1874, S. 72 ff., 103, 114, passim; *Schlossmann*, Der Vertrag, 1876, S. 26 ff., 140 ff.; *Lenel*, JhJb 29 (1881), 154, 202; *Ehrlich*, Die stillschweigende Willenserklärung, 1893, S. 173 f.; *Müller-Freienfels*, Vertretung, 1955, S. 94 f.; *Wieacker*, Privatrechtsgeschichte, 2. Aufl. 1967, S. 295; *Gordley*, Philosophical Origins, 1991, S. 80, 179, 233, passim; *Zimmermann*, FS Heldrich, 2005, S. 467; *Benedict*, RabelsZ 72 (2008), 302, 304 ff. In den PECL erfasst Art. 2:101 den Vertragsschluss und Art. 2:107 das Versprechen („A promise which is intended to be legally binding without acceptance is binding"). Art. 1:107 erklärt die Vertragsvorschriften für entsprechend anwendbar. Im DCFR definiert Art. II. - 1:101 im ersten Absatz den Vertrag und im zweiten Absatz einen „juridical act" als „... any statement or agreement, whether express or implied from conduct, which is intended to have legal effect as such. It may by unilateral, bilateral or multilateral."

C. Vorvertraglich

zwar je nach Ansicht einen übereinstimmenden Willen[107] oder eine übereinstimmende Erklärung.[108] Doch indem sie einen solchen Konsens bereits voraussetzen, sehen sie sich außerstande, all die Unterscheidungen zu erklären, die für das geltende Vertragsrecht typisch sind.[109] Das beginnt bereits auf einer recht groben Ebene, da wir für etliche Vertragstypen erst gar keine Annahme verlangen,[110] was sofort die Frage aufwirft, wie denn diese „Besonderheit" dogmatisch zu erklären sei.

Für sich betrachtet kennen Angebot und Annahme dann wiederum facettenreiche Anforderungen, auf die das Recht dann jedoch wieder – je nach Situation – bisweilen verzichtet. Konkret meint das etwa Abgabe (und zwar in eine bestimmte Richtung, nämlich die des Adressaten), Zugang, diverse Formvorgaben, Annahmefrist, Bindungsdauer, Widerruf, Genehmigung oder aufschiebende und auflösende Bedingung. Oft ergeben sich bei elektronischen Kommunikationsformen weitere Besonderheiten.[111] Auch Irrtumsfragen, oder anders formuliert die Bestimmung des Risikos, eine fehlerhafte Erklärung abzugeben und damit an einen ungewollten oder auch nur zweckwidrigen Vertragsinhalt gebunden zu werden,[112] gehören genauso hierhin wie die dem noch vorgelagerte Frage der für die Verständigung zu wählenden Symbole und deren genaue Bedeutung.

Gängige Vertragstheorien haben zu all dem wenig beizutragen, zeichnet sich etwa das Angebot bereits definitionsgemäß dadurch aus, dass ein Vertrag oder Versprechen noch nicht zustande gekommen ist. Mit Ansätzen, die bereits einen Konsens voraussetzen, lässt sich eine Mikroanalyse des Vertragsschlusses ersichtlich nicht leisten. Wir benötigen Kriterien, die diesen nicht schon voraussetzen, sondern bereits auf einer tieferen Ebene ansetzen. Es wundert daher nicht, wenn sich zu diesem praktisch so bedeutsamen wie vielschichtigen Thema vergleichsweise wenig Literatur findet, die eine übergreifende und systematisierende Erfassung dieses Rechtsbereichs überhaupt versucht.[113] Dass das Rechtfertigungsprinzip demgegenüber eine solche Analyse ermöglicht, sei nunmehr zumindest stichpunktartig angedeutet.

---

[107] So vor allem die Willenstheorie, näher zu dieser oben § 9 C. I. 1.
[108] So vor allem die Erklärungstheorie, näher zu dieser oben § 10 A. und § 11 A.
[109] Typisch sind hier Aufstellungen bzw. Kategorisierungen, wie sie sich etwa bei *Savigny*, System, Bd. 3, 1840, S. 5 ff. finden.
[110] Siehe dazu die Nachweise oben in Fn. 106.
[111] Vgl. dazu etwa *Wiebe*, Die elektronische Willenserklärung, 2002.
[112] Näher zu diesen oben § 17 C.; § 17 D.
[113] Die bis heute wohl wichtigste Arbeit zu diesem Bereich bildet *Regelsberger*, Vorverhandlungen, 1868, der zwar keinen umfassenden Erklärungsansatz liefert, dafür die gesamte Problematik vielschichtig und sehr praxisnah aufarbeitet und dabei zahllose wichtige Argumente liefert. Aus dem englischsprachigen Bereich vgl. etwa – recht instruktiv – *Gordley*, Philosophical Origins, 1991, S. 178 ff.

Zunächst kommt dem Rechtfertigungsprinzip als inhaltlichem und nicht prozeduralem Kriterium[114] zugute, dass es keinen Vertragsschluss oder sonstige formale Anforderungen voraussetzt. Vielmehr kann es ergebnisoffen fragen, was für Abläufe, Rahmenbedingungen oder Inhalte dazu beitragen, diesen Grundsatz im Einzelfall zu verwirklichen, um anhand dessen typisierend möglichst praktikable und allgemeingültige Regeln zu entwickeln. Dieser substanzielle Ausgangspunkt erlaubt es etwa, die Geschäftsführung ohne Auftrag zu erklären, da hier der Subsidiaritätsgedanke[115] ersichtlich versagt und der Staat klassisch-vertragsrechtliche Anliegen ausnahmsweise direkt verwirklichen muss.[116] Ebenso sind die Konstellationen des Verschuldens bei Vertragsverhandlungen dadurch gekennzeichnet, dass eine Kommunikation noch nicht zustande kam, aber dennoch bereits private Wertschöpfung gelingt.[117] Und auch nachvertragliche Rechtsänderungen bilden hier keinen Fremdkörper, sondern sind dann tolerabel, wenn dies die Gegenseite nicht (mehr) rechtlich belastet.[118] Schließlich lässt sich so auch erklären, warum wir etwa für Eigentumsaufgabe, Auslobung oder die Ausstellung einer Urkunde (und rein praktisch gesehen wohl auch meist für die Schenkung) keine Annahme verlangen. Denn wo immer eine rechtliche Belastung anderer Personen fehlt, muss man diese auch nicht befragen.[119]

Indem das Rechtfertigungsprinzip auch einseitig belastende Rechtsänderungen erfasst – und zwar als dessen einfachste Variante –,[120] lassen sich damit Angebot und Annahme getrennt analysieren und so dogmatisch erfassen. Ist es doch nur zu offensichtlich, dass uns diese Handlungsformen bereits für sich genommen rechtlich belasten. Sie sind genauso am Rechtfertigungsprinzip zu messen wie jede andere bisher diskutierte Rechtsänderung auch. Der Anbietende etwa riskiert, dass die Gegenseite sein Angebot annimmt, so dass spätestens mit der Annahme eine rechtliche Belastung „eintritt",[121] die er dann möglicherweise schnell wieder bereut.[122] Bei einem für einige Zeit bindenden

---

[114] Näher unten § 19 D.
[115] Näher oben § 8 E. II. 2.
[116] Näher unten § 18 D. II.
[117] Näher gleich unten § 18 C. II.
[118] Näher oben § 18 B.
[119] Näher zu einseitig belastenden Rechtsänderungen oben § 3 B.
[120] Zu einseitig belastenden Rechtsänderungen siehe nochmals oben § 3 B. Demgegenüber erfordern es gegenseitige Verträge, die Verwirklichung des Rechtfertigungsprinzips bei zwei Personen gleichzeitig zu koordinieren, vgl. oben § 3 C. II. 1. Noch komplizierter wird es bei Interessengemeinschaft oder Gesellschaft, näher dazu unten § 19 E. III.
[121] Näher zur nicht ungefährlichen Terminologie des Eintretens, Entstehens o.Ä. einer rechtlichen Belastung sowie der einer „Rechtsänderung" oben § 2 E.
[122] *Regelsberger*, Vorverhandlungen, 1868, S. 60 führt aus, das Angebot sei „... zwar kein Rechtsgeschäft, wohl aber Element eines solchen und darum rechtlich nicht bedeutungslos."

Angebot[123] wird das besonders deutlich: Legt ein Verkäufer wie in Fall 327 ein Schreiben in den Briefkasten des Käufers, wonach er diesem bindend für eine Woche anbiete, einen bestimmten Wagen zu kaufen, räumt er der Gegenseite die von ihm nicht mehr beeinflussbare Möglichkeit ein, ihn zur Überlassung des Autos zu zwingen.

Nach dem Rechtfertigungsprinzip können wir hier wie immer fragen, ob die mögliche[124] Belastung für den Anbietenden notwendig ist, um sich getreu den eigenen Zielen zu verbessern. Es muss sich also lohnen, ein Angebot zu riskieren. Oft wird es darum gehen, die Gegenseite überhaupt dazu zu bewegen, einen Vertrag abzuschließen. Diese Chance eines vorteilhaften Vertrags liefert die gesuchte Rechtfertigung, wobei sich die Vorleistung des Anbieters (z.B. Erstellung des Angebots wie auch das damit verbundene Risiko) dann genauso berücksichtigen lässt wie jede andere frühere Anstrengung, die den vertraglichen Austausch erst ermöglichte.[125] Dabei wird es je nach Vorrat, Bindungsdauer und anderen Faktoren eine eher geringe Einbuße bedeuten, zeitweilig gebunden zu sein. Ist ein solcher Vorteil hingegen nicht ersichtlich, ist es genauso wenig zu ersehen, warum wir eine solche Bindung – etwa bei der Auslegung eines mehrdeutigen Verhaltens – anordnen sollten. Was hier für Ob und Dauer einer Bindung nur kurz angedeutet wurde, lässt sich für viele andere Facetten eines Angebots wie Widerrufs- oder Anfechtungsrechte durchexerzieren. Das umfasst selbst – eng verbunden mit der Irrtumsthematik[126] – grundlegende Kommunikationsregeln wie die zur Bestimmung des Vertragsinhalts verwendete Sprache und sonstige Konventionen.

Kann man bereits dem Angebot schwerlich absprechen, den Anbietenden rechtlich zu belasten und damit eine Rechtfertigung herauszufordern, gelingt das bei der Annahme[127] noch deutlich weniger. Denn hier haben wir nicht wie noch beim Angebot „bloß" ein Belastungsrisiko. Vielmehr führt die Annahme direkt zur rechtlichen Belastung. Dabei liegt deren Besonderheit gegenüber „klassisch" einseitig belastenden Rechtsänderungen[128] darin, dass der Annehmende nur noch die sehr begrenzten Gestaltungsfreiheiten genießt, die ihm das Angebot belässt – und zwar sowohl für den Vertragsinhalt als auch die

---

[123] Zur traditionsreichen Diskussion um die Antragsbindung vgl. etwa *Grotius*, Drei Bücher, 1625/1950, S. 242 ff. (11. Kap. XVI.); *Regelsberger*, Vorverhandlungen, 1868, S. 23 ff., 64 ff., 72, 78, 96, passim; *Schlossmann*, Der Vertrag, 1876, S. 76; *Gordley*, Philosophical Origins, 1991, S. 56 f., 81, 175 f. oder *Zimmermann*, FS Heldrich, 2005, S. 467, 477, 483. Sachlich kann man ein auch bindendes Angebot als Option ansehen, zu Optionsverträgen vgl. *Casper*, Der Optionsvertrag, 2005.
[124] Näher zu Risikokonstellationen oben § 5.
[125] Allgemein zu solchen vorvertraglichen Anstrengungen oben § 4 C. I. 3.; § 4 C. III. 2.
[126] Näher zur Irrtumsanfechtung oben § 17 C. II.; § 17 D. III.
[127] Zu deren Anforderungen siehe etwa *Regelsberger*, Vorverhandlungen, 1868, S. 86 sowie zu deren Erfordernis die Nachweise oben Fn. 106.
[128] Gemeint sind damit etwa die oben § 3 B. beschriebenen Sachverhalte.

ebenfalls im Angebot enthaltenen Facetten des Vertragsschlusses. Entweder lässt er sich auf all das ein und ist sich dafür des Vertrags sicher. Oder er unterbreitet ein eigenes Angebot und genießt dann seinerseits die Freiheit, dieses nach den eigenen Vorstellungen auszugestalten, darf dafür aber auch nur auf eine Annahme der Gegenseite hoffen.

Für die meisten Facetten des Vertragsschlusses gilt wie immer das Subsidiaritätsprinzip,[129] wissen die Betroffenen meistens auch hier am besten, welche rechtliche Einbuße in ihrem eigenen Interesse liegt. Allerdings ist es oft viel zu umständlich, über Formalien anstatt gleich den Inhalt zu streiten, weshalb dann dispositive Vorgaben greifen.[130] Demgegenüber sind Formvorschriften[131] meistens zwingend. Denn wo diese etwa vor Übereilung schützen, weil der mit der Form verbundene Mehraufwand die geschützte Partei insgesamt besser stellt, würde das Rechtfertigungsprinzip unterlaufen, könnte man das leichtfertig abbedingen. Das mit Abstand wichtigste Formerfordernis bildet dabei die – allerdings keineswegs immer verlangte –[132] Abgabe, die der erklärenden Partei die Konsequenzen ihres Handelns vor Augen führen soll.[133] Dabei rächt sich gerade bei Formvorschriften ein weiteres Versäumnis klassischer Vertragstheorien, nämlich Wille oder Erklärung bei Vertragsschluss als intrinsisch richtig anzusehen,[134] weshalb dann jede Handhabe fehlt, um etwa eine überlegte oder informierte Entscheidung als wünschenswert auszuweisen.

---

[129] Näher oben § 8 E. II. 2.

[130] Stellv. *Regelsberger*, Vorverhandlungen, 1868, S. 71 ff. Näher zum dispositiven Recht oben § 16 A.

[131] Zu deren vielfältigen Funktionen, die hier nicht einzeln abgearbeitet werden, vgl. nur *Einsele*, MüKo-BGB, 6. Aufl. 2012, § 125 BGB Rn. 8 ff.

[132] Das führt zur Diskussion um ein Schweigen als Anerkennung, siehe zu dieser Diskussion stellv. *Regelsberger*, Vorverhandlungen, 1868, S. 9, 60, 93 f.; *Schlossmann*, Der Vertrag, 1876, S. 60 f.; *Windscheid*, AcP 63 (1880), 72, 74; *Ehrlich*, Die stillschweigende Willenserklärung, 1893; *Danz*, Auslegung, 3. Aufl. 1911, S. 87 ff.; *Krause*, Schweigen, 1933; *Hanau*, AcP 165 (1965), 220, 231 f., 239 ff., 250, 256; *Flume*, FS Deutscher Juristentag, Bd. 1, 1960, S. 135, 176, 181; *Flume*, Allgemeiner Teil, Bd. 2, 4. Aufl. 1992, S. 90 f., 115 sowie – inhaltlich eng verwandt – die nachfolgenden Nachweise. Vgl. dazu auch oben § 10 A. V. 2.

[133] Näher zu diesem Erfordernis, dessen Funktion und die diesbezügliche Nähe von Formvorschriften und Abgabeerfordernis *Regelsberger*, Vorverhandlungen, 1868, S. 3 ff., 8, 49, 135 f., 139 f., 152 ff., 158 f., passim. Demgegenüber hilft es wenig, etwa auch unter der Terminologie einer „Geltungstheorie" Wille und Erklärung für „denknotwendig" verbunden zu halten, siehe dazu hier nur *Schlossmann*, Der Vertrag, 1876, S. 59 f.; *Ehrenzweig*, Rechtsgrund, 1889, S. 29 sowie zu entsprechenden Thesen oben § 10 A. V. 2.

[134] Näher oben § 4; § 17 D. III. 3. a), vgl. auch oben § 8 D.; § 9 C. III.; § 10 D. IV.; § 17 D. sowie unten § 19 C. VI. 1.

II. Verschulden bei Vertragsverhandlungen

Aber auch viele Fallgruppen, die wir gemeinhin unter der Überschrift des Verschuldens bei Vertragsverhandlungen diskutieren,[135] lassen sich mit Hilfe des Rechtfertigungsprinzips einordnen. Das sei hier kurz anhand des Falls 328[136] angedeutet, wo der Ladenangestellte die Kaufinteressentin und deren Kind dadurch verletzt, dass er versehentlich eine Linoleumrolle umstößt. Dabei sei hier vorrangig die Frage betrachtet, warum in einer solchen Situation Haftungsgrundsätze gelten sollen, die deutlich schärfer sind als die allgemeinen deliktischen Regeln. Im deutschen Recht etwa[137] wird nicht nur selbst für reine Vermögensschäden gehaftet,[138] sondern auch für das Verschulden eines Angestellten und sogar für das an einem Vertragsschluss überhaupt nicht interessierte Kind.[139] Wie kann es passieren, dass allein mit dem Eintreten des Kunden in ein Warenhaus derartige Haftungsverschärfungen greifen?

Tatsächlich liegt es im Interesse eines Kaufhauses, Interessenten überhaupt in seine Geschäftsräume zu „locken", um dann seinerseits von Vertragsschlüssen zu profitieren. Wer als Kunde befürchten muss, von Einrichtungsgegenständen erschlagen zu werden, wird entweder gar nicht eintreten oder diese Risiken zumindest einpreisen. Doch würde dann die Chance einer gemeinsamen Wertschöpfung zwischen zwei spätestens mit dem Betreten des Kaufhauses identifizierbaren Personen vergeben. Denn es wird dem Kaufhaus zumindest für manche Gefährdung sehr viel leichter fallen, diese zu verringern (bzw. Schäden zu absorbieren),[140] als das den Kunden gelingt, die sich mit den Verhältnissen, den Örtlichkeiten, der Ware usw. nicht auskennen. Dabei ist das erhöhte Haftungsrisiko des Kaufhauses wie immer anrechenbar[141] und wird dementsprechend auch eingepreist werden. Wie sonst auch gilt, dass jede „Wohltat", die einem Verbraucher zugutekommt, letztlich von diesem bezahlt wird, so dass immer nur solche Schutzmaßnahmen in dessen Interesse liegen, die tatsächlich wertschöpfend sind.[142] Dabei gilt zwar auch für diese vorvertragliche Haftung das Subsidiaritätsprinzip, doch lässt sich im Frühstadium

---

[135] Siehe aus der unüberschaubaren Literatur hier nur *Jhering*, JhJb 4 (1861), 1 sowie aus jüngerer Zeit *Picker*, AcP 183 (1983), 369; *Krebs*, Sonderverbindung, 2000; *Schwarze*, Verständigungspflichten, 2001; *Ackermann*, Negatives Interesse, 2007, S. 25 ff., passim; *Kersting*, Dritthaftung, 2007, 76 ff.; *Lüsing*, Pflichten, 2010 jew. m.w.N.
[136] Natürlich in Anlehnung an RG, Urt. v. 7.12.1911, RGZ 78, 239.
[137] Für einen rechtsvergleichenden Überblick aus jüngerer Zeit siehe *Cartwright/Hesselink*, Precontractual Liability, 2008.
[138] Das wird etwa bei der Anlageberatung wichtig, für die man gerade nach den klassischen Vertragstheorien trefflich darüber streiten kann, ob, wann und mit welchem Inhalt tatsächlich ein Vertrag zustande kommt, vgl. dazu oben § 3 C. III. 1.
[139] Stellv. BGH, Urt. v. 28.1.1976, BGHZ 66, 51, 57.
[140] Näher zu Risikoerwägungen oben § 5 D.
[141] Allgemein dazu oben § 4 C. I. 3.
[142] Näher unten § 19 C. IV. 2. b) aa).

etwa des Betretens eines Kaufhauses noch kein all das regelnder Vertrag aushandeln. Zumindest scheinen Kaufhäuser eine gewisse Scheu davor zu verspüren, ihre Kunden direkt am Eingang auf großen Tafeln darauf hinzuweisen, dass sie eine getreu den Grundsätzen des Verschuldens bei Vertragsverhandlungen verschärfte Haftung ablehnen. Schließlich lässt sich so auch erklären, warum diejenigen Personen nicht von der verschärften Haftung des Kaufhausbetreibers profitieren, die wie in Fall 329 von vornherein nichts kaufen wollen, sondern nur der Winterkälte entfliehen. Denn hier ist nicht erkennbar, warum eine verschärfte Haftung im Interesse des Kaufhauses liegen sollte. Das Rechtfertigungsprinzip erklärt also zwanglos diese klassische Unterscheidung.

D. Außervertraglich

Wie sehr das Rechtfertigungsprinzip dazu anregt, über die genaue Reichweite dessen, was wir als Vertragsrecht bezeichnen, und dessen Abgrenzung zu vermeintlich ganz anderen Rechtsbereichen, nachzudenken, lässt sich noch anhand zweier weiterer Institute illustrieren: dem Deliktsrecht und der sogenannten Geschäftsführung ohne Auftrag. Dabei geht es wiederum nicht etwa um eine umfassende Diskussion dieser Rechtsbereiche, sondern eine vorsichtige Annäherung.

I. Delikt

Was die Abgrenzung von Vertrag und Delikt anbelangt, so sei zunächst an den bereits bei Zwang, Drohung und Ausbeutung vorgenommenen Vergleich der Fälle 13, 15 und 16[143] erinnert:

Fall 13: Raub ohne Mitwirkung: Räuber R nimmt Opfer O die Geldbörse ab. Da R erkennbar bewaffnet ist, wehrt sich O nicht.

Fall 15: Raub mit Mitwirkung: Räuber R zwingt Opfer O mit vorgehaltener Waffe dazu, ihm die Geldbörse auszuhändigen. O hält R die Tasche hin.

Fall 16: Raub mit Mitwirkung und Willenserklärung: Räuber R zwingt Opfer O mit vorgehaltener Waffe dazu, ihm die Geldbörse auszuhändigen und dabei zu erklären, das auch so zu wollen. O hält R die Tasche hin und spricht wie befohlen.

So leuchtet es jedenfalls dem Verfasser nicht ein, weshalb sich irgendwo zwischen diesen Fällen geradezu zwei Welten auftun sollen, nämlich die des Vertrags und die des Delikts. Tatsächlich unterscheiden sich diese Sachverhalte durch nichts, was vertragstheoretisch relevant sein sollte. Zumindest in Situationen, in denen kein irreparabler Schaden eintritt (Beispiel: Ein Spaziergänger

---

[143] Vgl. oben § 4 B. I. 2.

zerkratzt aus Versehen das parkende Auto), bietet das Rechtfertigungsprinzip Anlass, näher über das Verhältnis von Vertrags- und Deliktsrecht nachzudenken.

Und wo ziehen wir warum die Grenze in den Fällen, in denen die wertschöpfende Rechtsänderung gerade mit einer Schädigung verbunden ist? Was, wenn der Masochist wie in Fall 330 zustimmt, dass der Sadist ihn schlägt? Haben wir hier einen Vertrag oder ein Delikt? Prüfen wir hier das Vorliegen zweier, auf einen „Schädigungsvertrag" gerichteter Willenserklärungen oder eine Einwilligung nach deliktischen Kategorien? Jedenfalls solange man derartige Praktiken nicht als irrational brandmarkt, liegt hier eine normale wertschöpfende Rechtsänderung vor, für die das Rechtfertigungsprinzip genauso gewahrt ist wie der Subsidiaritätsgrundsatz.[144] Verletzt ist dieser Grundsatz allerdings in Fall 331, da es nicht immer klar, ja meistens sogar höchst zweifelhaft ist, ob es den Eigentümer seinen Zielen näher bringt, statt eines heilen Autos mit einem Anspruch auf Schadensersatz dazustehen.[145]

Ebenso sei auf die Ausführungen zum sogenannten faktischen Vertrag verwiesen, wo sich diese dogmatisch bis heute nicht befriedigend gelöste Abgrenzung vielleicht am deutlichsten bemerkbar macht und anhand zahlreicher praktisch bedeutsamer Fälle studiert werden kann. Denn wer auf einen Parkplatz fährt, sich einfach eine Brezel nimmt, sich als Schwarzfahrer betätigt, in eine Straßenbahn einsteigt, Strom anzapft usw., zeigt ein gleichermaßen eigenmächtiges wie die Rechte anderer beeinträchtigendes Verhalten, das ebenfalls die hier angesprochenen Abgrenzungsschwierigkeiten provoziert.[146]

Es würde sich lohnen, auf einer sehr grundlegenden – vor allem geistesgeschichtlich ausholenden – Ebene auszuloten, inwieweit der Vertrag auf deliktischen Wurzeln beruht. Einige Andeutungen dazu finden sich etwa im neunten Kapitel beim Aneignungswillen – dort besonders bei der „Ursachenforschung". Das Rechtfertigungsprinzip würde diesen deliktischen Ursprung besser als die gängigen neuzeitlichen oder auch mittelalterlichen Ansätze erfassen. Denn den Ausgangspunkt bildet hier der Schutz bestehender Rechte, der nur um die Interessen der so geschützten Personen selbst aufgegeben wird. Es erscheint plausibel, dass sich ein zunächst statischer, rein deliktischer Schutz allmählich dergestalt auflockerte, dass sich die Gemeinschaft (bzw. ein entstehendes Gerichts- oder Staatswesen) zunehmend aufgeschlossener gegenüber rechtlichen Veränderungen zeigte. Man lockerte den starren Rechtsschutz dort auf, wo es der davon betroffenen Person half und diese daher selbst für ihre eigene Verletzung plädierte. So hätte sich dann der Vertrag zu einem Instrument der Veränderung der jeweiligen rechtlichen Ausgangslage

---

[144] Näher zu diesem oben § 8 E. II. 2.
[145] Siehe dazu bereits oben § 12 C. IV. 1.
[146] Siehe daher nochmals oben § 12 C. IV.

entwickelt. Dass dies zuerst in stark formalisierten Ritualen geschehen sein mag, stünde einer solchen Vermutung nicht entgegen.

II. Geschäftsführung ohne Auftrag

Zum Abschluss sei noch auf die sogenannte Geschäftsführung ohne Auftrag[147] eingegangen, die sich dadurch auszeichnet, dass ein Vertragsschluss dermaßen offensichtlich fehlt („ohne Auftrag"), dass es nunmehr wirklich jedem die Schamesröte ins Gesicht triebe, wollte er sich selbst hier noch – etwa über eine „normative Auslegung",[148] Fiktionen[149], diverse Verknüpfungen[150] oder flexible Begründungsmuster[151] – auf einen Vertrag berufen. Und doch sei die Frage erlaubt, ob die folgenden Fälle wirklich jeweils so weit auseinanderliegen, dass wir dafür gänzliche andere Konzepte bemühen sollten, zumal bei der Geschäftsführung ohne Auftrag regelmäßig offen bleibt, was überhaupt das Konzept sein soll:[152]

Fall 206: Nachbarschaftshilfe: Familie F fährt für einige Wochen in den Urlaub. Sie bittet daher ihren Nachbarn N, ab und zu nach dem Garten zu schauen und gegebenenfalls notwendige Maßnahmen zu ergreifen. Kurz nach der Abfahrt fällt ein Baum im Garten von F um und droht zu vertrocknen. N ruft Gärtner G an und bittet diesen im Namen von F, den Baum wieder einzugraben.

Fall 332: Spontane Nachbarschaftshilfe: Familie F fährt für einige Wochen in den Urlaub. Kurz nach der Abfahrt von F fällt ein Baum im Garten von F um und droht zu vertrocknen. N bemerkt diesen Vorfall und ruft Gärtner G an, damit dieser den Baum wieder sachgerecht eingräbt.

Fall 333: Geplante Hilfe des Gärtners: Familie F fährt für einige Wochen in den Urlaub. Sie bittet daher Gärtner G, ab und zu nach dem Garten zu schauen und gegebenenfalls notwendige Maßnahmen zu ergreifen. Kurz nach der Abfahrt fällt ein Baum im Garten von F um und droht zu vertrocknen. G gräbt den Baum wieder sachgerecht ein.

Fall 334: Spontane Hilfe des Gärtners: Familie F fährt für einige Wochen in den Urlaub. Kurz nach der Abfahrt von F fällt ein Baum im Garten von F um und droht zu vertrocknen. Gärtner G bemerkt diesen Vorfall und gräbt den Baum wieder sachgerecht ein.

---

[147] Siehe zu dieser hier nur aus jüngerer Zeit monographisch *Bergmann*, Geschäftsführung ohne Auftrag, 2010 m.w.N.

[148] Siehe dazu etwa oben § 9 C. V. 2. e) (sowie – verwandt – § 9 C. V. 2. d)); § 10 E. II. 1.; § 11 E. II. 6. oder unten § 19 C. VI. 3.

[149] Näher oben § 9 C. V. 2. b).

[150] Näher dazu oben § 9 C. V. 2.; § 10 E., passim.

[151] Näher unten § 19 F. III. 2. b).

[152] Im Ergebnis wird hier oft auf den „mutmaßlichen Willen" und damit das Parteiinteresse abgestellt, vgl. dazu oben § 9 C. V. 2. d) (insbes. Fn. 337). Nicht erklärt wird jedoch, wie sich das mit den klassischen Vertragstheorien verträgt.

D. Außervertraglich

Tatsächlich geht es hier lediglich darum, das Rechtfertigungsprinzip auch dort zu verwirklichen, wo ein Vertragsschluss nicht möglich ist, weshalb man hier – abseits eines realen Willens – meistens ausdrücklich das Parteiinteresse bzw. den mutmaßlichen Willen heranzieht.[153] So gesehen ist die Geschäftsführung ohne Auftrag ein Musterbeispiel dispositiven Rechts – auch wenn sie in diesem Zusammenhang selten auch nur eines Wortes gewürdigt wird. Das Einzige, was die Fälle hier jeweils unterscheidet, ist die mal gegebene und mal fehlende Verständigung zwischen der Familie und dem Nachbarn bzw. dem Gärtner. Ansonsten, d.h. insbesondere mit Blick auf die rechtlichen Pflichten der Beteiligten, ändert sich in den Fallpaaren jeweils wenig. Das Rechtfertigungsprinzip erklärt auch, weshalb: Interessenlage, Rechteausstattung und Anlass des Einschreitens (der umgefallene Baum) sind identisch; und damit ist auch weithin all das identisch, was für die substanzielle Bewertung einer Rechtsänderung maßgeblich ist. Wohl aber gelingt mal (nämlich in Fall 206 bzw. Fall 333) eine Regelung durch die Parteien selbst, ein anderes Mal (nämlich in Fall 332 bzw. Fall 334) hingegen nicht. Mal lässt sich das Subsidiaritätsprinzip beherzigen, ein anderes Mal nicht. Das vermeintlich so ominöse Rechtsinstitut der Geschäftsführung ohne Auftrag gibt also lediglich die für unser Vertragsrecht typische Kompetenzverteilung wieder, nach der die Vertragsparteien den Vertragsinhalt dann nicht selbst bestimmen, wenn sie das – warum auch immer – nicht können.[154]

---

[153] Siehe etwa für das deutsche Recht die §§ 677 ff. BGB. Interesse und mutmaßlichen Willen zu unterscheiden fällt dabei schwer (stellv. MüKo-*Seiler*, 6. Aufl. 2012, § 683 BGB Rn. 10 m.w.N.), weil auch das Interesse stark subjektive Elemente enthält, vgl. oben § 2 A. II. 3. a).

[154] Näher oben § 8 B. (sowie speziell zum Subsidiaritätsprinzip oben § 8 E. II. 2).

§ 19 Fazit

A. Rückblick

In ihrer dem Leser vorliegenden Form geht es dieser Arbeit vor allem darum, mit dem Rechtfertigungsprinzip einen solchen Tatbestand vorzustellen, der das geltende Vertragsrecht treffend wie verallgemeinernd abbildet. Demgegenüber gestaltete sich deren Entstehung deutlich weniger geradlinig, stand am Anfang vor allem die Ernüchterung darüber, wie wenige der täglich zuerkannten Vertragsinhalte wir etwa mit Willenstheorie, Erklärungstheorie oder Äquivalenz überhaupt aussprechen können. Dafür muss man diese Theorien „nur" sorgsam anwenden und dabei insbesondere berücksichtigen, wie wenig die menschliche Aufmerksamkeit bei Vertragsschluss erfasst.[1] Lange Zeit ging es daher zunächst nur darum, sich an diesen klassischen Ansätzen abzuarbeiten, was sich an der eingehenden und zugegebenermaßen sehr kritischen Auseinandersetzung ablesen lässt.[2] Dabei lag die eigentliche Schwierigkeit vor allem darin, all die methodisch fragwürdigen Mechanismen auszusondern, mit denen wir – etwa über Fiktionen[3], Verknüpfungen,[4] behauptete Zurechenbarkeiten,[5] normative Betrachtungen[6] oder sonstige Flexibilitäten[7] – doch noch all das in Wille oder Erklärung bei Vertragsschluss hineinlegen, was hineinzulegen den Vertragsparteien versagt blieb. Dort liegen also gewissermaßen die Ursprünge. Zunächst versuchte der Verfasser dabei noch, in willenstheoretischen Bahnen zu verbleiben, indem er den wenig tragfähigen Selbstbindungswillen durch die Einwilligung des Versprechenden und den (aktuellen) Aneignungswillen des Gläubigers ersetzte.[8] Doch erwies sich die Leistungsfähigkeit dieses Rettungsversuchs als begrenzt, und zwar nicht nur wegen der begrenzten menschlichen Aufmerksamkeit, sondern auch deshalb,

---

[1] Näher oben § 9 C. IV. Zur Bedeutung speziell psychologischer Fakten siehe nur oben § 17 A.; § 19 F. bzw. zur Versuchung, diese zu ignorieren, etwa oben § 9 C. V. 2.; § 9 C. V. 2. e) aa); ab § 10 B. oder unten § 19 B. III. 4.; § 19 C. VI. 3.

[2] Oben § 9; § 10; § 11; § 12. Auch § 7 A. I. ist hier zu nennen.

[3] Näher oben § § 9 C. V. 2. b).

[4] Näher oben § 9 C. V. 2. c); § 10 E. und § 13.

[5] Näher oben § 10 C.

[6] Siehe dazu die Verweise oben in Fn. 1.

[7] Näher unten § 19 F. III. 2.

[8] Näher oben § 9 E.

weil wir das Parteiverhalten bei Vertragsschluss keineswegs für intrinsisch richtig halten, sondern in zahllosen Situationen korrigieren oder ergänzen.[9]

Das wiederum führte zu einer intensiven Beschäftigung mit der so gerne vernachlässigten Fallgruppe von Zwang, Drohung und Ausbeutung. Denn hier interessiert die Willensbildung des Bedrohten nur begrenzt. Und möchte man dann auf unüberprüfbare Begriffe wie Entscheidungsfreiheit, Freiwilligkeit oder Willensfreiheit verzichten,[10] muss man sich konkret zur dogmatisch unangenehmen und vertragstheoretisch fast schon verpönten Frage äußern, was für einzelne Vertragsinhalte unser Vertragsrecht toleriert oder aber missbilligt. Dabei kommt uns bei Zwang, Drohung und Ausbeutung immerhin noch zugute, dass sich dort Informationsprobleme weithin ausblenden lassen, wohingegen das in Irrtumsfällen[11] oder bei dispositiven Vertragsinhalten[12] nicht mehr gelingt. „Einfachere" Fälle lassen sich also gar nicht finden, weshalb es fasziniert, dass wir uns selbst dort äußerst schwer darin tun, diese stimmig einzuordnen. Spätestens hier wird dann auch deutlich, wie wenig wir unser Vertragsrecht bis heute verstehen.

Es war diese Fallgruppe von Zwang, Drohung und Ausbeutung, anhand derer der Verfasser das Rechtfertigungsprinzip entwickelte und schließlich einen Tatbestand vorfand, der mit den klassischen Ansätzen zumindest auf den ersten Blick wenig gemein hat.[13] Denn weder stellen Willens- oder Erklärungstheorie auf die von den Parteien verfolgten Ziele oder die rechtliche Ausgangslage ab, noch taucht beim Rechtfertigungsprinzip das Parteiverhalten bei Vertragsschluss auf. Dabei ist es mit etwas Abstand betrachtet recht offensichtlich, dass uns der Vertragsschluss kein Selbstzweck ist, sondern „nur" ein Instrument von vielen, mit dem wir unsere Ziele verfolgen. Wurden wir bei Vertragsschluss getäuscht, so kümmert uns weniger, ob wir hier als „Objekt" missbraucht wurden, als vielmehr die damit verbundene Einbuße an dem, was wir mit unserer vertraglichen Zustimmung erreichen wollten.[14] Tatsächlich formuliert unser Vertragsrecht ausgeklügelte Rahmenbedingungen, mit denen es auch eine gewisse Entscheidungsqualität anstrebt, weil nicht jeder Wille oder jede Erklärung gleichermaßen überzeugt. Das Rechtfertigungsprinzip liefert den dafür benötigen Maßstab.[15] Ähnlich offenkundig – und dennoch sträflich vernachlässigt – ist die vertragstheoretische Bedeutung des rechtlichen Status Quo, auf dessen Basis es zum Vertragsschluss kommt. Dass wir „Geld oder Leben" als Drohung und nicht als ein willkommenes Angebot auf-

---

[9] Siehe dazu etwa oben § 4; § 9 C. III.; § 9 C. IV.; § 10 D. oder § 17 D.
[10] Näher § 4 B. I.
[11] Näher oben § 16.
[12] Näher oben § 16 A.
[13] Oben § 4 C.
[14] Eingehend oben § 2 A.; § 9 D. I., § 17 D. II.; passim.
[15] Näher oben § 8 D. sowie etwa oben § 17 A.; § 17 D.; § 18 C. I.; passim.

fassen, liegt allein daran, dass dem Bedrohten sein Geld ohnehin schon gehört und wir ihm bereits von Geburt an das Recht zuerkennen, nicht getötet zu werden. Genauso kann die Ankündigung eines Vertragsbruchs nur deshalb eine Drohung bilden, weil zuvor ein Vertrag geschlossen wurde und diejenige Rechtslage schuf, auf deren Basis wir das neue „Angebot" nunmehr würdigen. Aber auch an die Begründung dispositiver Vertragsinhalte muss man sich ohne einen solchen Blick zurück erst gar nicht wagen.[16] Dabei liegt in der Rechtebasierung des Vertragsrechts die einzige Chance, unseren begrenzten geistigen Fähigkeiten gerecht zu werden.[17]

Allerdings blieb so zu erklären, warum das geltende Vertragsrecht zwar nicht durchweg, wohl aber sehr oft das Parteiverhalten bei Vertragsschluss berücksichtigt – und zwar meistens vorrangig. Doch fällt die Antwort nicht schwer, wenn man sich nur nüchtern fragt, wie wir das Rechtfertigungsprinzip angesichts all der Widrigkeiten, die uns das reale Leben nun einmal beschert,[18] praktisch verwirklichen können. Dafür müssen wir untersuchen, was für Personen zu welchen Zeitpunkten unter welchen Rahmenbedingungen tatsächlich dafür geeignet sind, diesen Tatbestand zu verwirklichen.[19] Dabei liegt es nur zu nahe, dass die Vertragsparteien bei Vertragsschluss regelmäßig am besten beurteilen können, was für eine eigene rechtliche Einbuße in der eigenen Situation angesichts der eigenen Rechteausstattung notwendig ist, um die eigenen Ziele zu verwirklichen. Es greift das Subsidiaritätsprinzip, und wir können einen einleuchtenden Grund dafür angeben, warum sich die Willenstheorie bis heute so einflussreich zeigt und wir Vertragsfreiheit so schätzen.[20]

Andererseits lassen sich auch all die Vertragsinhalte erklären, über die keineswegs nur die Parteien bei Vertragsschluss entscheiden. Das betrifft nicht nur staatliches Handeln – dispositiv oder zwingend, gesetzlich oder richterrechtlich –,[21] sondern auch ganze Märkte und Verkehrskreise wie bei Sitte, Übung und Brauch,[22] werbende Hersteller,[23] die Verwender Allgemeiner Geschäftsbedingungen[24] oder ganz schlicht jeden Stellvertreter.[25] Gerade die Stellvertretung ist dogmatisch faszinierend, weil man hier noch am ehesten

---

[16] Näher zur Rechtebasierung oben § 2 A. II. 2.; § 2 D. I. 4. b); § 3 A. IV.; § 4 C. I. 1.; passim.
[17] Eingehend oben § 2 D.
[18] Dazu zählt insbesondere die menschliche Unwissenheit, näher dazu oben § 17 A. sowie unten § 19 F.
[19] Näher oben § 8.
[20] Näher oben § 9 E. V.; § 8 E. II. 2.; passim.
[21] Näher oben § 16 A.
[22] Näher oben § 16 C.
[23] Näher oben § 15.
[24] Näher oben § 14.
[25] Näher oben § 13.

thematisierte, warum eigentlich auch solche Vertragsinhalte gelten, über die eine ganz andere Person entschied. Es verrät viel über unser derzeitiges Vertragsverständnis, dass uns dazu bis heute nichts Besseres einfällt, als dieses Phänomen unter der so schön klingenden Überschrift der „Repräsentationstheorie" ganz einfach zu fingieren.[26] Tatsächlich ist es gerade diese Punktualität – zeitlich wie personell – des klassischen Vertragsdenkens, diese alleinige Fokussierung auf das Parteiverhalten im kurzen Augenblick des Vertragsschlusses, welche die Fähigkeiten real existierender Menschen maßlos überschätzt und uns all diejenigen dogmatischen Schwierigkeiten beschert, mit denen wir bis heute kämpfen. Vertragsinhalte sind gerade deshalb so reichhaltig, schöpferisch und ausdifferenziert, weil wir in Wahrheit von jeher auf eine ausgeklügelte personelle wie zeitliche Arbeitsteilung setzen.[27]

Hat man sich einmal vom Dogma gelöst, es müssten ausschließlich die Vertragsparteien sein, die über den Vertragsinhalt entscheiden, und findet sich mit dem Rechtfertigungsprinzip eine konkrete Aussage darüber, was für Vertragsinhalte wir in all ihrer Reichhaltigkeit anstreben,[28] lassen sich dann auch viele Fallgruppen einordnen, bei denen es allzu fiktiv wäre, sich noch auf Wille oder Erklärung bei Vertragsschluss zu berufen. Ein Paradebeispiel bilden die Leistungsstörungen, über deren Einzelheiten sich kaum eine Vertragspartei Gedanken macht und die dennoch zum Vertragsinhalt gehören.[29] Auch die je nach Rechtsordnung sehr ausdifferenzierten Irrtumsregeln sind nichts, worüber sich Kontrahenten typischerweise einigen, und lassen sich genauso begründen (Rechtfertigungsprinzip) wie alle anderen dispositiven Vertragsinhalte auch.[30] Ein weiteres Beispiel bilden die Feinheiten des Vertragsschlusses.[31] Vielleicht am deutlichsten illustrieren schließlich die Geschäftsführung ohne Auftrag oder das Verschulden bei Vertragsverhandlungen,[32] wie viel Vertragsrecht sich außerhalb eines übereinstimmenden Wollens oder Erklärens abspielt.

B. Was ist liberal?

Im Folgenden sei das Rechtfertigungsprinzip in einen breiteren Kontext gestellt, um es aus verschiedenen Perspektiven beleuchten und damit noch besser

---

[26] Das wird von deren Vertretern nicht einmal bestritten, vgl. näher zu dieser oben § 13 B. III.
[27] Näher oben § 8.
[28] Näher oben ab § 3 A. IV.
[29] Näher oben § 6.
[30] Näher oben § 17 C.; § 17 D.
[31] Näher oben § 18 C. I.
[32] Näher oben § 18 C. II.; § 18 D. II.

einordnen zu können.³³ Denn natürlich begegnet jeder neue Vorschlag unweigerlich einiger Skepsis, weshalb es dann umso wichtiger erscheint, denkbare Vorbehalte offen zu diskutieren. Kurze Wiederholungen sind dabei durchaus bezweckt, schon weil der typische Leser immer nur einzelne Abschnitte herausgreifen und nicht die gesamte Arbeit lesen wird. Namentlich geht es hier um die beliebten Schlagworte „liberal" und „sozial",³⁴ das Verhältnis von Inhalt und Verfahren,³⁵ die Eigenständigkeit des Privatrechts,³⁶ die zentrale Bedeutung menschlicher Unwissenheit³⁷ und schließlich den Einfluss der Rechtsphilosophie *Kants* auf unser Vertragsverständnis als einem besonders lehrreichen Beispiel für nicht immer nur glückliche Weichenstellungen unserer jüngeren Geistesgeschichte.³⁸

I. Begriff

Es gibt wenige Ausdrücke, die in Wissenschaft wie Politik emotional so stark aufgeladen sind und um deren Zu- oder Aberkennung wir so heftig ringen wie „liberal" oder „frei".³⁹ Das gilt auch für Kontrastierungen wie „Kommunismus" oder „Paternalismus".⁴⁰ Dabei erschwert es eine fruchtbare Diskussion, dass man bereits trefflich darüber streiten kann, was derartige Begriffe „wahrhaft" bedeuten:⁴¹ Definiert man Freiheit als die Abwesenheit staatlicher Einflussnahme, machen uns Anarchien besonders frei. Soll hingegen auch die Gemeinschaft aktiv dazu beitragen, bestimmte Freiheitssphären wie die körperliche Unversehrtheit zu bewahren, muss dieser Schutz nicht nur finanziert, sondern bereits mit den Handlungsfreiheiten anderer Rechtsteilnehmer abgewogen werden. Akzeptiert man dann noch, dass uns nahezu jedes moderne Staatswesen auch ganz neue Handlungsmöglichkeiten eröffnet, ist es mit einfachen Vorstellungen zu einer liberalen Gesellschaft endgültig dahin. Tatsächlich basiert freies Handeln auf hochgradig kollektivistisch-arbeitsteiligen Vorarbeiten. Das beginnt bei Bildung und Infrastruktur, reicht über all die Pro-

---

[33] Dabei möge man nicht die Prioritäten verwechseln: Den entscheidenden Kern dieser Arbeit bildet die konkrete Umsetzung des Rechtfertigungsprinzips anhand zahlreicher klassischer Fallkonstellationen in Auseinandersetzung mit den klassischen Vertragstheorien (insbesondere ab § 3), nicht die eher der abschließenden Abrundung dienenden Ausführungen dieses Kapitels.
[34] Zu Letzterem siehe unten § 19 C.
[35] Unten § 19 D.
[36] Unten § 19 E.
[37] Unten § 19 F.
[38] Unten § 19 G.
[39] Ein besonders bekanntes, wenn auch eher untypisches Beispiel ist der Bedeutungswandel von *liberal* in den Vereinigten Staaten hin zu einem in weiten Kreisen eher negativ belegten Begriff.
[40] Zur Diskussion um den schillernden Begriff des Paternalismus vgl. oben § 9 Fn. 346.
[41] Näher zum Folgenden auch oben § 16 D. III. 2.

dukte und Dienstleistungen, die wir täglich beanspruchen, und erfasst vor allem auch die hier interessierenden Verträge – von kompletten Märkten ganz zu schweigen.[42] Schließlich erfordert der Umstand, dass Menschen täglich aufeinandertreffen, permanent eine Abwägung zwischen den Freiheiten verschiedener Personen, ohne dass sich dafür immer klare Maßstäbe anböten.[43] Auch das verleitet zu oft sehr unergiebigen Streitigkeiten. Schon deshalb kann es hier nur darum gehen, das Rechtfertigungsprinzip zumindest grob zu verorten und wenigstens einige Missverständnisse auszuräumen.

II. Rechtfertigungsprinzip

1. Konsequenter Schutz von Rechten

Sollte das Rechtfertigungsprinzip tatsächlich das geltende Vertragsrecht abbilden, spiegelt es dann auch genau diejenige Vorstellung von Liberalität[44] wider, auf der unser historisch gewachsenes Zivilrecht beruht. Diese ließe sich dann auch – gerade durch das vertragsrechtliche Studium – sehr viel besser konkretisieren: Liberal ist es, dem Einzelnen zugewiesene Rechte wie Eigentum, Forderungen oder das Recht am eigenen Körper konsequent zu schützen. Das wiederum verlangt, die für unser Zivilrecht so typische Geschichtlichkeit zu achten. Es ist gerade die Blindheit gegenüber aktuellen Nützlichkeitserwägungen, die dem Einzelnen diejenige starke Position verleiht, die wir überhaupt als Recht charakterisieren. Wer rechtmäßig Eigentümer geworden ist, muss sich nicht sagen lassen, dass andere die Sache doch sehr viel besser gebrauchen könnten.[45] Eng damit verknüpft ist die für jedes Privatrecht so typische, begrenzte Betrachtung „nur" der rechtlich betroffenen Personen in ihrer konkreten Situation.[46]

Das gilt auch und gerade für „Schwache", seien es Kinder, Senioren, Verbraucher, Getäuschte oder Bedrohte. Die Freiheit, einem Betrüger aufzusitzen oder sein Eigentum dem Räuber zu übergeben, hat mit dem hier propagierten Verständnis genauso wenig zu tun wie die Freiheit, andere zu betrügen oder zu bedrohen. Liberalität muss sich bereits in der Substanz beweisen:[47] Empfiehlt die Hausbank der 90jährigen Rentnerin eine für diese völlig ungeeignete, weil auf 30 Jahre laufende Kapitallebensversicherung,[48] hält ein liberaler Staat

---

[42] Näher zur Rolle des Staats etwa oben § 8 E. III.; § 16 A.; § 16 D. II. sowie unten § 19 B. II. 3.
[43] Näher oben § 16 D. III. 2. oder unten § 19 F. III. 2.
[44] Wobei Liberalität/*liberalitas* auch – anders als hier – im Sinne von Freizügigkeit verstanden wird, was besonders der früher gebräuchlichen Bedeutung entspricht.
[45] Näher oben § 2 B. II.; § 2 D.; passim.
[46] Näher unten § 19 D.
[47] Näher zum Verhältnis von Inhalt und Verfahren unten § 19 D.
[48] Näher dazu oben § 3 C. III. 1. (insbesondere zu Fall 9).

dieser Frau nicht entgegen, dass sie doch „rein theoretisch" auch anders habe entscheiden können.[49] Jeder Mensch verdient den Schutz seiner Rechte angesichts seiner ganz individuellen, realen Umstände – nämlich als der Mensch, der er tatsächlich ist.[50] Unserer als freiheitlich empfundenen Vertragsordnung liegt dabei ein wichtiges Gleichheitselement zugrunde: Es sind nicht nur einige wenige, sondern alle Menschen, die den konsequenten Schutz ihrer Rechte verdienen. Schon deshalb bildet Verbraucherschutz[51] nicht etwa – wie von vielen bis heute empfunden – einen merkwürdigen Fremdkörper, sondern ist für ein liberales Vertragsrecht selbstverständlich, nämlich die Achtung sämtlicher Individuen gerade auch in solchen Situationen, in denen das allein mit Privatautonomie nicht gelingt.[52] Ob man dabei eher personell (etwa an Verbraucher, Unternehmer, Kaufleute oder Arbeitnehmer) oder situativ (z.B. Überrumpelung, Täuschung oder Produktkomplexität) anknüpft, ist dann eher ein rechtstechnisches Problem der möglichst wirksamen und einfachen Umsetzung – nicht jedoch Anlass für Fundamentalkritik.[53]

2. Preisgabe nur um die Interessen der betroffenen Person selbst

Ein liberales Vertragsrecht gibt diese Rechte nur dort preis, wo es im Interesse der so betroffenen Person liegt. Es achtet die selbst gewählten Maßstäbe desjenigen Menschen, dem das Recht zugewiesen wurde, gerade weil dieses Recht dessen Zwecken dienen soll.[54] Besonders deutlich wird die enge Verknüpfung von Zweck und Recht bei Zwang, Drohung und Ausbeutung, wo sich schön beobachten lässt, wie der Staat die Rechte des Einzelnen immer nur so weit preisgibt, wie es dessen Verbesserung dient.[55] Den Einzelnen zu achten, ihn ernst zu nehmen, heißt vor allem, dessen selbst getroffene Priorisierung zu respektieren. Und nur die wenigsten Menschen wollen bei Vertragsschluss Entscheidungsfreiheit ausleben, sondern verfolgen ganz handfeste Ziele, ordnen also ihre Vertragsentscheidung diesen Zielen unter.[56]

---

[49] Näher oben § 4 B. I. 4. b) aa); § 4 B. I. 4. b) ee); § 9 C. I. 3. d); § 10 C. IV. 5.; § 17 E. III. 6. c) bb) sowie unten § 19 B. III. 2.; § 19 G. IV.
[50] Näher unten § 19 B. III.
[51] Näher unten § 19 C. VI.
[52] Zum Subsidiaritätsgrundsatz siehe oben § 8 E. II. 2.
[53] Näher unten § 19 C. VI.
[54] Näher oben § 2 A.
[55] Näher oben § 4 C.
[56] Näher unten § 19 D. II. 1. b). Vgl. daneben etwa oben § 2 A. IV. 1.; § 9 D. I.

3. Aktive Unterstützung privater Wertschöpfung

a) Freiheit durch Intervention

Dabei unterstützt ein liberales Vertragsrecht den Einzelnen wo immer und so unkompliziert wie möglich darin, private Wertschöpfung zu betreiben, also davon zu profitieren, dass es Verträge bisweilen sogar ganz ohne größere Anstrengung[57] erlauben, die eigenen Anliegen zu verwirklichen.[58] Das wiederum umfasst einen enormen staatlichen Aufwand. Der Schutz vor Zwang, Drohung und Ausbeutung wurde bereits erwähnt. Aber auch allein dadurch, dass der Staat Verträge nach detaillierten zivilprozessualen und vollstreckungsrechtlichen Regeln notfalls in aller Härte durchsetzt, wird der Versprechende erst zur glaubwürdigen Teilnahme am Geschäftsverkehr befähigt. Jenseits des Vertragsrechts ist es die staatliche Anerkennung einer Rechtsfähigkeit, die natürlichen wie juristischen Personen (Integritäts-) Schutz wie Handlungsmöglichkeiten verleiht. Staatliche Intervention bildet daher eine zentrale Grundlage jeder Vertragsordnung und nicht deren Ausnahme. Sie ist selbstverständlicher, untrennbarer und von jeher unabdingbarer Kernbestandteil zivilrechtlicher Dogmatik. Propagiert man demgegenüber den vermeintlichen Vorrang einer formellen Privatautonomie, provoziert dies Lösungsansätze, welche die rechtliche Realität nicht erklären können und sich allenfalls auf dem Papier als liberal erweisen.[59]

b) Verteiltes Denken

Tatsächlich bemüht sich der Staat, Vertragsschlüsse und damit private Wertschöpfung so einfach wie nur irgend möglich zu gestalten – man denke nur an dispositive Vertragsinhalte (gesetzlich wie richterrechtlich), konkludente Vertragsschlüsse oder die Geschäftsführung ohne Auftrag.[60] Dabei organisiert er eine ausgeklügelte Kompetenzverteilung und zeitliche Entscheidungsabfolge mitsamt darauf zugeschnittenen Rahmenbedingungen, die es uns trotz notfalls minimalstem Aufwand erlauben, von höchst ausgefeilten Vertragsinhalten zu profitieren.[61] Der Staat tut dies unter konsequenter Achtung der Ziele der rechtlich betroffenen Person, was wiederum zur herausragenden Stellung des Parteiverhaltens bei Vertragsschluss führt, da nun einmal die Parteien oft am besten wissen, was für eine Beeinträchtigung eigener Rechte in der eigenen Situation notwendig ist, um die eigenen Ziele zu verwirklichen (Subsidiarität).[62] Nur erfolgt diese Kompetenzzuordnung nicht intrinsisch-absolut, son-

---

[57] Das illustriert etwa Fall 5 (oben § 3) oder Fall 106 (oben § 5).
[58] Näher oben ab § 3 A. IV. 3.
[59] Näher oben § 8 E. III.; § 16 D. II.
[60] Näher oben § 16 A. III. 2.; § 18 C. I.; § 18 D. II.
[61] Näher oben § 8.
[62] Näher oben § 8 E. II. 2.

dern bleibt den menschlichen Zielen untergeordnet.[63] So lässt sich dann das bewahren, was die Willenstheorie in ihrer Liberalität bis heute auszeichnet,[64] ohne selbst dort auf dem Geschäftswillen zu beharren, wo der Mensch getäuscht oder bedroht wurde oder als normales Erdenwesen schlichtweg nicht in der Lage ist, jeden noch so detaillierten Vertragsinhalt festzulegen.

Die klare Ausrichtung der vertraglichen Kompetenzverteilung an einem einheitlichen Maßstab, nämlich die Verwirklichung privater Ziele auf Basis der jeweiligen Rechteausstattung, vermeidet dann auch einen gerade aus liberaler Sicht gefährlichen, weil das liberale Element relativierenden Dualismus. Wer einerseits die Willenstheorie propagiert, sich dann aber wegen deren Defizite gezwungen sieht, ihr utilitaristisches Gedankengut beiseite zu stellen, propagiert dann nicht nur für weite Teile des Vertragsrechts eben doch einen kollektivistischen Ansatz, sondern gefährdet auch so lange den liberalen Charakter der Willenstheorie, wie kein übergreifendes Kriterium dafür angegeben wird, wann denn der eine und wann der andere Ansatz gelten soll.[65]

III. Realitätsbezug

1. Notwendigkeit

Dass mit Begriffen wie „frei" oder „liberal" oft Vorstellungen verbunden werden, die mit der gesellschaftlichen (und damit auch rechtlichen) Realität wenig gemein haben, wurde bereits angedeutet.[66] Dieser unangenehme Befund eröffnet zwei Auswege: Entweder man akzeptiert, dass sich im realen Leben manch hehres Ideal nicht so wie gewünscht realisieren lässt, um darauf dann beispielsweise mit bescheideneren Anliegen zu reagieren. Oder man hält an seinem Glauben fest und denkt sich eine Welt des „hätte, wäre, wenn", in der man nicht mehr auf all die quälenden Schwierigkeiten stößt, die so viele mühsam erarbeitete Gedankengerüste bedrohen. Doch ist Letzteres bestenfalls eine geistige Vorübung, schlimmstenfalls blanke Ideologie. Den Verfasser jedenfalls interessiert nur eine Welt: die, in der wir leben. Liberal ist real. Dementsprechend ist es auch nicht hinnehmbar, eine Realitätsferne theoretischer Vorstellungen mit dem Hinweis abzutun, es handle sich ja „nur um ein Modell", um dann wenige Zeilen später kundzutun, dass genau dieses Modell sehr wohl praktisch zu berücksichtigen sei.[67] Die Flucht in den Konjunktiv ist kein akzeptabler Ausweg, um sich gegen realitätsbezogene Einwände zu im-

---

[63] Näher oben § 8 D.; § 9 C. III.; § 10 D. IV.
[64] Näher oben § 9 C. I. 1. d).
[65] Näher oben § 3 A. III. 4.
[66] Oben § 19 B. I.
[67] Näher zu diesem Problem etwa oben § 17 E. IV. 1. c) bb) oder unten § 19 F. VII.

munisieren oder stark idealisierende oder vereinfachende Annahmen doch noch zu „retten".[68]

2. Echte Menschen

Tatsächlich liefert das geltende Zivilrecht ein Musterbeispiel dafür, wie sich ein liberaler Anspruch mit der Realität vereinbaren lässt. Unser gesamtes Vertragsrecht versucht mit aller Macht, nicht nur für jedermann bestehende Rechte zu schützen, sondern die persönlichen Ziele des Menschen selbst dort noch zu verwirklichen, wo unsere begrenzten geistigen Fähigkeiten wie auch andere Widrigkeiten des Lebens genau das so erschweren. Schon deshalb schützt es Eigentum, Vermögen, körperliche Unversehrtheit und Arbeitskraft auch solcher Personen, die nicht immer – und sei es auch nur in einer ganz konkreten Situation – fähig sind, für sich selbst zu sorgen. Besonders das Faktum menschlicher Unwissenheit prägt Inhalt wie Methode unseres Rechts.[69] So organisiert der Staat etwa eine ausgeklügelte Kompetenzverteilung mit jeweils passgenauen Rahmenbedingungen, um private Wertschöpfung ganz real – und nicht nur in einer fiktiven Wunschwelt geistig hoch leistungsfähiger Individuen – zu ermöglichen. Genau dieser Realitätsbezug führt auch zu der für das Privatrecht typischen Beschränkung auf nur sehr kleinteilige, schrittweise Veränderungen einer jeweiligen Rechtslage.[70]

Ein tatsächlich liberales Vertragsrecht akzeptiert auch, dass realen Menschen der Vertragsschluss keineswegs einen Selbstzweck bildet, sondern nur ein profanes Mittel, um ganz andere Ziele zu verwirklichen. Wer eine Semmel kauft, möchte seinen Hunger stillen und sich nicht nur an seinem Geschäftswillen erfreuen.[71] Und ein typischer Betrogener empört sich nicht etwa darüber, als Objekt behandelt worden zu sein, sondern vor allem deshalb, weil er etwas bezahlte, was ihn seinen Zielen nicht wie erhofft näher bringt. Für den real existierenden Menschen sind Wille und Erklärung bei Vertragsschluss also keineswegs intrinsisch, weshalb es auch nicht liberal, sondern bevormundend wäre, etwas anderes zu unterstellen oder diese Priorisierung zu missachten.[72] Ebenso wenig sollten wir den Vertragsparteien einen Selbstbindungswillen unterstellen, den sie nicht haben. Niemand möchte gebunden sein.[73]

---

[68] Speziell zum Verbraucherleitbild siehe unten § 19 C. VI. 3.
[69] Eingehend zu dieser konsequent-integrierten Berücksichtigung unserer geistigen Grenzen unten § 19 F.
[70] Näher unten § 19 E.
[71] Näher oben § 2 A. IV. 1.; § 9 D. I.; passim.
[72] Näher oben § 8 D.; § 9 C. III.; § 10 D. IV.
[73] Näher oben § 9 C. I. 2. Zur Schenkung siehe oben § 3 B. II. Wohl aber lässt sich statt des Selbstbindungswillens auf – weil tatsächlich vorhanden – Aneignungswille und Einwilligung abstellen, näher oben § 9 E.

Auch gefährdet es freiheitliche Anliegen, wenn wir mit so verlockenden Begrifflichkeiten wie denen eines „mutmaßlichen Willens" oder „hypothetischen Konsenses",[74] aber auch über Normativierungen[75] darüber hinwegtäuschen, wenn gerade nicht die Parteien entscheiden, sondern wir bestenfalls deren Interessen berücksichtigen und schlimmstenfalls einen Willen unterschieben, den diese Parteien nie hatten und nie haben werden. Gleiches gilt für die bis heute tief in unseren Vorstellungen von Schuld verankerte, wissenschaftlich durch nichts fundierte Unterstellung, dass sich ein Mensch, der sich anders als von uns erwünscht verhält, auch anders habe verhalten können und deshalb Bestrafung oder auch nur nachteilige Rechtsfolgen „verdiene", weil er das ja letztlich doch so „gewollt" habe. Nach diesem typisch idealistischen Denkmuster erfährt ausgerechnet derjenige größte Freiheit, der zur „Verantwortung" gezogen und damit etwa an einen von ihm tatsächlich nie gewollten Vertragsinhalt gebunden wird, anstatt diese ihn treffende Belastung offen als solche anzuerkennen und sich damit zu fragen, wie diese Verletzung – etwa angesichts damit verbundener Vorteile – in einer liberalen Rechtsordnung zu rechtfertigen ist.[76] Genauso illiberal, weil überhaupt nicht nachprüfbar, ist es, nach Belieben eine Freiwilligkeit, Entscheidungsfreiheit oder Willensfreiheit zu behaupten, um an solche Aussprüche dann vertragsrechtliche Konsequenzen zu knüpfen.[77]

3. Vertrag, Markt und Staat

Genauso wichtig wie die Achtung jedes Menschen, so wie er sich uns einzeln in Fleisch und Blut präsentiert, ist eine realistische Einschätzung des Zusammenspiels jener Menschen in Markt und Staat. Wer glaubt, auf den Staat verzichten zu können, weil sich Vertragsfreiheit oder Märkte vermeintlich von ganz von allein entfalten, erweist diesen Institutionen einen Bärendienst. Die bestenfalls in neoklassischen Zeiten geträumte Utopie eines staatsfreien Marktes hat mit der Welt, in der wir leben, nichts zu tun. Viele staatliche Maßnahmen sind nicht störender Eingriff in ein sonst reibungslos-autonom ablaufendes Geschehen, sondern notwendige Voraussetzung für deren Entstehung und Funktionieren. Märkte sind eine private wie staatliche Errungenschaft.[78] Es setzt sich hier nur fort, was bereits für Verträge,[79] aber auch unser modernes Freiheitsverständnis,[80] gilt – hängt all das offensichtlich eng miteinander zu-

---

[74] Näher oben § 9 C. V. 2. d); § 19 B. III.
[75] Näher oben § 9 C. V. 2. e); § 10 E. II. 1. oder unten § 19 C. VI. 3.
[76] Näher oben § 4 B. I. 4. b) aa); § 4 B. I. 4. b) ee); § 9 C. I. 3. d); § 10 C. IV. 5.; § 17 E. III. 6. c) bb) sowie unten § 19 G. IV.
[77] Näher oben § 4 B. I.
[78] Näher zur fundamentalen Rolle des Staats oben § 8 E. III.; § 16 A.; § 16 D. II.
[79] Näher oben § 8 E. III.; § 19 B. II. 3. a).
[80] Näher etwa oben § 16 D. III. 2.; § 19 B. I.

sammen. Dabei gilt diese Einsicht nicht etwa nur für einige wenige, besonders schutzbedürftig-unmündige Personengruppen oder nur für vereinzelte Lebensausschnitte, sondern erfasst selbst noch so professionelle Kaufleute in noch so professionellen Wirtschaftsbereichen.[81]

4. „Nebengebiet", „Pathologie" und sonstige Ausblendungen

Leider hat die Realitätsferne so mancher vertragstheoretischen Vorstellung dazu geführt, dass sich immer mehr Rechtsgebiete als sogenannte „Nebendisziplin" vom „Kernzivilrecht" entfremdeten – und damit auch aus der vertieften wissenschaftlichen Wahrnehmung. Ob das Verbraucher-, Arbeits- oder Mietrecht, ob die gesamte Gesundheitssparte, ob der Energie-, Kommunikations- oder Finanzsektor – es gibt kaum einen bedeutenden Wirtschaftsbereich, in dem allzu optimistische Vorstellungen nicht sofort widerlegt würden. Dabei wären derartige Felder[82] für die klassische Rechtsgeschäftslehre äußerst lehrreich, werden von dieser aber vielleicht gerade deshalb gerne ignoriert. Und wird dann solchen „Nebengebieten" vorgeworfen, sich vom „allgemeinen Vertragsrecht" abgesondert zu haben, sollte man eher umgekehrt fragen, ob nicht die klassische Rechtsgeschäftslehre ein dermaßen verzerrtes Idealbild zeichnet, dass sie an den Realitäten täglich gelebter Vertragsinhalte scheitert. Oder um es anders zu formulieren: Wer den Verbraucher- oder Arbeitsvertrag in die allgemeine Rechtsgeschäftslehre zurückführen möchte, sollte sich in seinen vertragstheoretischen Bemühungen den Realitäten solcher Verträge stellen. Leider sind wir von solcher Aufgeschlossenheit noch weit entfernt, ja findet sich gerade in theoretischen Arbeiten meist das genaue Gegenteil. Hier werden dann etwa Schenkung, Ausbeutung, gesetzliche Stellvertretung oder Inhaltskontrolle als vertragsfremd[83], pathologisch[84], jenseits des Erkenntnisinteresses liegend,[85] rein pragmatisch zu bewerten[86] oder vom Vertrag kategorial wesensverschieden[87] ausgeblendet. Doch muss sich jede ernstzunehmende Vertragstheorie dem Anspruch stellen, das gesamte Vertragsrecht zu erklären – und nicht nur einige wenige Ausschnitte davon.

---

[81] Zur Allgemeingültigkeit des Rechtfertigungsprinzips siehe etwa oben § 19 B. II. 1 oder unten § 19 C. II. 1.
[82] Vgl. vom Verfasser zum Versicherungsrecht *Rehberg*, Informationsproblem, 2003 sowie zum Arbeitsrecht *Rehberg*, RdA 2012, 160.
[83] Vgl. etwa oben § 3 B. II. 2.; § 4 D. II. 2. a); § 13 C. III. 2.
[84] Näher dazu oben § 9 C. V. 4. a).
[85] Stellv. *Unberath*, Die Vertragsverletzung, 2007, S. 105: „Das materielle Element des Privatrechts wird von der reinen praktischen Philosophie nicht geleugnet, es liegt bloß jenseits ihres Erkenntnisinteresses."
[86] Siehe etwa oben bei § 9 Fn. 446.
[87] Vgl. wiederum die Verweise oben in Fn. 81.

IV. Verbindlichkeit

Gerade wenn sich theoretischer Anspruch und lebensweltliche Komplexität nur schwer vereinbaren lassen, steigt die Versuchung, diesem Konflikt dadurch auszuweichen, dass man allzu verbindliche, konkret umsetzbare und damit für jedermann überprüfbare Aussagen vermeidet. Ein klassisches Beispiel bildet die Forderung einer auf die Freiheit des Wettbewerbs gerichteten Interessenabwägung. Doch sollte, wer den Staat in seine Grenzen weisen und so den Einzelnen vor kollektiver Allmacht schützen möchte, diese Grenzen schon benennen können.[88] Es hilft nicht unserer Freiheit, sondern gefährdet sie, sich dieser Herausforderung zu verweigern, genauso wie es auch keinem anderen ernstgemeinten Anliegen hilft, vor lauter Furcht einfach nichts zu sagen.[89]

C. Was ist sozial?

I. Begriff

So verbreitet die Forderung nach einem liberalen Vertragsrecht ist, findet sich oft schnell ein Widersacher: das Soziale. Tatsächlich blickt die Forderung nach einer stärkeren sozialen Sensibilität nicht nur auf eine lange Tradition zurück,[90] sondern erfreut sich bis heute einiger Beliebtheit und wird bisweilen auch – ähnlich der Rede von frei oder liberal – politisch eingesetzt. Schon deshalb erscheint es reizvoll, sich dem Sozialen aus vertragstheoretischer Perspektive zu nähern. Keinesfalls sollte man sich jedenfalls von pauschalen Abwertungen abschrecken lassen.[91] Das gilt besonders für *Hayeks* Versuch, das von ihm so ungeliebte Soziale als von vornherein nichtssagend abzutun.[92]

---

[88] Näher oben § 16 D. III. 2. sowie unten § 19 F. III.

[89] Siehe daher auch unten § 19 C. III.

[90] Siehe zu dieser Diskussion hier nur *Gierke*, Soziale Aufgabe, 1889; *Planck*, DJZ 1899, 181; *Pound*, 18 YaleLJ 454 (1909); *Hale*, 38 Political Science Quarterly 470 (1923); *Menger*, Bürgerliche Recht, 5. Aufl. 1927; *Williston*, 6 CornellLQ 365 (1921); *Wieacker*, Sozialmodell, 1953; *Kramer*, Die „Krise" des liberalen Vertragsdenkens, 1974; *Raiser*, JZ 1958, 3; *Kronman*, 89 YaleLJ 472 (1980); *Kennedy*, 41 MarylandLRev 563 (1982); *Unger*, 96 HarvLRev 563 (1983); *Kramer*, Deconstruction, 1991; *Wilhelmsson*, Critical Studies in Private Law, 1992; *Lurger*, Vertragliche Solidarität, 1998; *Repgen*, Soziale Aufgabe, 2001; *Study Group on Social Justice in European Private Law*, 10 EuLJ 653 (2004); *Hesselink*, CFR & Social Justice, 2008 sowie speziell zum Verbraucherschutz unten § 19 C. VI.

[91] Siehe zum Folgenden bereits *Rehberg*, in: Zetzsche/Neef u.a. (Hrsg.), JbJZWiss 2007, 2008, S. 49, 68 ff., passim.

[92] *Hayek*, Recht, Gesetzgebung und Freiheit, Bd. 2: Die Illusion der sozialen Gerechtigkeit, 1981, S. 98: „Womit wir es im Falle der ‚sozialen Gerechtigkeit' zu tun haben, ist einfach ein quasi-religiöser Aberglaube von der Art, dass wir ihn respektvoll in Frieden lassen sollten, solange er lediglich seine Anhänger glücklich macht, den wir aber bekämpfen müssen, wenn er zum Vorwand wird, gegen andere Menschen Zwang anzuwenden. Und der

Denn dass wir Menschen füreinander einstehen und die Armen, körperlich Schwachen, Kranken, Alten, Einfältigen usw. unserer Gesellschaft nicht im Stich lassen, entspricht den religiösen Traditionen nahezu sämtlicher Völker,[93] fast allen auch liberalen moralphilosophischen Entwürfen,[94] vielen wirtschaftspolitischen Ansätzen (wie etwa des so erfolgreichen Ordoliberalismus[95]) und natürlich auch den meisten Verfassungen dieser Welt.[96] All das von vornherein zu disqualifizieren, hilft jedenfalls nicht einer konstruktiven Diskussion um den Inhalt, die rechtliche Verankerung oder die politische Berechtigung des Sozialen im Vertragsrecht.

II. Rechtfertigungsprinzip

1. Allgemeingültigkeit

Das Rechtfertigungsprinzip gilt nicht nur für jeden einzelnen, isoliert zu betrachtenden Vertrag,[97] sondern auch – für das Soziale genauso wichtig – für jede einzelne Person und damit auch Kranke, Alte, Kinder, Bedrohte, Uninformierte usw.[98] Das sollte uns schon deshalb trösten, weil wir – hoffentlich – alle einmal alt und damit schutzbedürftig werden. Spätestens dann schwindet so mancher Hochmut. Versteht man „sozial" dahingehend, dass unsere Gesellschaft auch die Interessen derjenigen berücksichtigt, die sich nicht allein behaupten können, erweist sich das Rechtfertigungsprinzip als sehr sozial – und zwar interessanterweise mit fast genau den gleichen Argumenten, die auch dessen liberalen Charakter ausweisen. Denn dieser Grundsatz schützt die Rechte jeder Person ganz unabhängig von deren Bildung, aktuellen Kenntnissen oder körperlichen Fähigkeiten. Dass dies nicht selbstverständlich ist, verrät ein kurzer Blick auf Willens- und Erklärungstheorie, die rein-formal auf

---

vorherrschende Glaube an ‚soziale Gerechtigkeit' ist gegenwärtig wahrscheinlich die schwerste Bedrohung der meisten anderen Werte einer freien Zivilisation."

[93] Siehe speziell für das Christentum die berühmte neutestamentarische Passage bei *Matthäus* 19, 16–24: „Eher geht ein Kamel [bzw. Schiffstau] durch ein Nadelöhr, als dass ein Reicher in das Reich Gottes gelangt." Wenn allein die großen Weltreligionen eine politische Botschaft gemein haben, dann ist es dieses Anliegen sozialer Gerechtigkeit.

[94] Vgl. nur die klassische Passage zum „guten Willen" bei *Kant*, Grundlegung, 1785, S. 1 ff.

[95] Näher zu diesem oben § 16 D. III. 3.

[96] Vgl. hier nur Art. 1 GG (i.V.m. Art. 20 GG) und die dazu ergangene Rechtsprechung (stellv. BVerfG, Urt. v. 17.8.1956, BVerfGE 5, 85, 198; BVerfG, Urt. v. 5.6.1973, BVerfGE 35, 202, 236; BVerfG, Beschl. v. 18.6.1975, BVerfGE 40, 121, 133), wonach der Staat verpflichtet ist, dem mittellosen Bürger das Existenzminimum, d.h. die Mindestvoraussetzungen für ein menschenwürdiges Dasein, auch notfalls aktiv durch Sozialhilfe o.Ä. zu sichern.

[97] Näher unten § 19 E. I.

[98] Ja, es wäre durchaus möglich, auch Tieren oder Pflanzen Rechte zuzuweisen, um diese dann konsequent zu schützen. Zum in dieser Arbeit verwendeten Rechtsbegriff siehe oben § 2 B. I.

das Parteiverhalten bei Vertragsschluss als intrinsisch richtig abstellen und damit über keine dogmatische Handhabe verfügen, um manche Entscheidungen zu korrigieren.[99]

Dabei verkörpert der konsequente Schutz etwa von Eigentum, Vermögen oder physischer Integrität die wichtige Einsicht, dass es gerade die Schwachen und nicht die Starken sind, die das Recht benötigen, um auf dieser sicheren und sie unterstützenden Basis eigene Ziele zu verfolgen. Es gibt nichts Sozialeres als den Rechtsstaat, der die Gewaltausübung an sich reißt und so die Starken entmachtet und damit die Menschen in einem elementaren Bereich egalisiert. Es ist also für das Recht durchaus kennzeichnend, dem Einzelnen wichtige persönliche Vorteile zu nehmen, was nicht nur für die körperliche Stärke, sondern oft auch besseres Wissen gilt.[100]

Dabei unternimmt das Zivilrecht größte Anstrengungen, um es uns trotz zahlreicher menschlicher Schwächen zu erlauben, andauernd Verträge zu schließen, mit denen wir unsere Ziele unkompliziert größtmöglich verwirklichen. Dazu gehören insbesondere die äußerst geringen Anforderungen an einen Vertragsschluss[101] sowie eine personell wie zeitlich stark verteilte Entscheidungsfindung mit jeweils darauf zugeschnittenen Rahmenbedingungen[102] – einschließlich dispositiver wie zwingender staatlicher Vorgaben.[103]

2. Marktordnung

Auch wenn es im Vertragsrecht – und damit auch in dieser Arbeit – immer nur um die Bewertung einzelner Rechtsänderungen geht, wir also nicht mehrere Verträge übergreifend betrachten,[104] erfüllt gerade die Privatrechts- und Marktordnung eine wichtige soziale Funktion. Kein System hat sich bisher als sozialer erwiesen als eine marktwirtschaftliche Ordnung.[105] Allen Globalisierungsproblemen zum Trotz sind es gerade die Staaten mit wettbewerbsintensiven Märkten bei konsequentem Schutz von Eigentum sowie Vertrags- und Gewerbefreiheit, auf die Benachteiligte noch am ehesten hoffen dürfen. Nicht nur ist der dezentrale Preismechanismus unschlagbar gut darin, Arbeit und Kapital dorthin zu lenken, wo sie benötigt werden.[106] Genauso honoriert er wie kein anderes System die individuelle Leistungsbereitschaft. Hier lohnt es

---

[99] Näher oben § 4; § 17 D. III. 3. a), vgl. auch oben § 8 D.; § 9 C. III.; § 10 D. IV.; § 17 D.

[100] Siehe zur körperlichen Stärke vor allem oben § 4 sowie zu Wissensvorsprüngen oben § 17 D. sowie übergreifend oben § 17 A.

[101] Näher – etwa zum „schlüssigen Handeln" – oben § 12.

[102] Näher oben § 8.

[103] Näher oben § 16 A.

[104] Näher unten § 19 E. I.

[105] Siehe dazu hier nur *Erhard*, Wohlstand für Alle, 1957.

[106] Besonders schön beschrieben durch *Hayek*, WA 28 (1928), 33; *Hayek*, Entdeckungsverfahren, 1968.

sich zu arbeiten. Dabei kennt der Markt keinerlei Respekt vor Adel, Klerus oder sonstigen Ständen, sondern fegt viele Schichtungen und Vorurteile gnadenlos hinweg. Ihn interessiert allein, was der Einzelne an Ressourcen anzubieten hat – gleich welcher Rasse oder Herkunft, welchen Geschlechts usw. Es gibt wahrhaft unsozialere Verteilungskriterien. Zwar hat nicht jeder gleichermaßen viel anzubieten: Wer dauerhaft erkrankt, wird sich schwer tun, bei selbst noch so großer Anstrengung angenehm zu leben. Doch auch hier ist es überhaupt erst die marktwirtschaftliche Ordnung, die den notwendigen Wohlstand und damit die unabdingbare Basis dafür schafft, dass die Gesellschaft etwas zu verteilen hat.

3. Grenzen

Eine ganz andere Frage ist allerdings, ob diese Verteilung ausgerechnet über das Vertragsrecht erfolgen muss. Denn so sehr sich gerade das Rechtfertigungsprinzip mit einigen grundlegenden sozialen Anliegen verträgt, sollte andererseits nicht verkannt oder vertuscht werden, dass es allein unser Vertragsrecht beschreibt und damit auch dessen Beschränkungen teilt. Selbst bei noch so geschickter Förderung unkomplizierter Vertragsschlüsse wird nicht jeder Mensch gleichermaßen die Chancen privater Wertschöpfung nutzen. Die dafür verantwortlichen Ursachen, seien es geistige oder körperliche Fähigkeiten, vorhandenes Vermögen oder auch rein situative Zufälligkeiten, gleicht unser Vertragsrecht nicht immer aus. Ein wichtiger Grund für diese Zurückhaltung liegt allein darin, dass unsere Gesellschaft gar nicht in der Lage ist, dem Einzelnen sämtliche Entscheidungen abzunehmen.[107] Ebenso wenig betreibt unser Vertragsrecht eine systematische (Um-) Verteilung – etwa von „stark" auf „schwach" –,[108] sondern schützt Starke genauso gegenüber intellektuell oder körperlich unterlegenen Personen.[109]

Die spannende Frage ist, was für Konsequenzen man aus alldem zieht. Denn einerseits wäre es reichlich realitätsfremd zu leugnen, dass nahezu jede Gesellschaft umfänglich und ausgereift umverteilt – wie immer man das persönlich bewerten mag.[110] Das als Rechtsrealität zu ignorieren, zwingt einen schnell zur Flucht in eine Scheinwelt. Andererseits (und das wird gleich noch zu illustrieren sein) trifft der Versuch, sämtliche soziale Belange in das Vertragsrecht hineinzupferchen, nicht das, was im Vertragsrecht tatsächlich geschieht. Zwänge dies doch zu rechtlichen Ansätzen, die sich angesichts ihrer Komplexität praktisch nicht umsetzen ließen oder sich in unverbindlichen Aussagen

---

[107] Näher oben § 8 E. II. 2.
[108] Näher zu solchen Begrifflichkeiten unten § 19 C. IV.
[109] Näher oben § 19 B. II.; § 19 C. II. 1. Vgl. dazu auch bei der Ausbeutung (oben § 4 C. III.) Fall 45 des ertrinkenden Millionärs.
[110] Näher unten § 19 C. IV.

erschöpften.[111] Schlimmstenfalls würde man sogar mit der marktwirtschaftlichen Ordnung diejenige Kuh schlachten, die man für seine Umverteilungsanliegen so dringend benötigt.[112] Glücklicherweise gibt es noch eine dritte, sehr viel überzeugendere Möglichkeit, nämlich die Einsicht, dass das Vertragsrecht mit seinen spezifisch privatrechtlichen Wertungen nicht den Nabel dieser Welt bildet, sondern nur den kleinen Ausschnitt eines sehr viel größeren Rechtsraums markiert, der dann auch ganz anderen Wertungen – darunter auch Umverteilungsanliegen – folgt. Genau das entspricht dem geltenden Recht.[113]

III. Verbindlichkeit und Realitätsbezug

Wenn bereits für liberale Anliegen betont wurde, dass man sich zu konkreten und verbindlichen Aussagen durchringen sollte, die sich dann als liberal zu beweisen haben,[114] so gilt für das Soziale nichts anderes. Nichts ist unsozialer, als demjenigen, der rechtlichen Schutz erhofft und diesen nach unserer Überzeugung auch verdient, mit solchen Aussagen allein zu lassen, die weder er noch man selbst noch der Staat praktisch umsetzen oder auch nur konkret einfordern kann. Gerade Schwache müssen sich vor Unverbindlichkeit fürchten, sind also auf klare Aussagen angewiesen, weil ihnen oft andere Instrumente fehlen, um ihre Interessen durchzusetzen. Nicht minder wichtig – wiederum genauso wie bei liberalem Anspruch –[115] ist es, soziale Anliegen nicht nur in einer rein hypothetischen Wunschwelt zu verwirklichen, sondern für reale Menschen in der Welt, in der wir tatsächlich leben. Sozial ist real.

IV. Verteilung

Liest man die vielschichtigen vertragsrechtlichen Schriften des späten 19. Jahrhunderts, wird ein Thema erstaunlich wenig diskutiert: das der Verteilung. Demgegenüber mehren sich zumindest in jüngerer Zeit die Stimmen, die nicht nur eindringlich die Verteilungsdimension des Vertragsrechts betonen, sondern dieses auch gezielt für Verteilungsfragen einsetzen wollen.[116]

1. Unausweichlichkeit

Die erste hierfür zu treffende Bemerkung ist denkbar banal: Denn natürlich hat jede vertragsrechtliche Entscheidung auch eine „Verteilungsdimension"

---

[111] Siehe zu diesem Problem unten § 19 E. sowie übergreifend oben § 17 A. und unten § 19 F.
[112] Hier sei wieder auf *Ludwig Erhard* verwiesen (vgl. oben Fn. 105).
[113] Näher unten § 19 C. V. 1.; § 19 E.
[114] Näher oben § 19 B. IV.
[115] Näher oben § 19 B. III.
[116] Siehe zu dieser Diskussion die Nachweise oben in Fn. 90.

(genauso wie jede Frage praktischen Handelns, zumal wenn es um staatliches Recht geht, als „politisch" bezeichnet werden mag). Jede einzelne Aussage über Ob und Inhalt eines bestimmten Vertrags führt dazu, dass Menschen reicher oder ärmer werden – ganz unabhängig davon, ob es dabei um Geld, Ansehen oder körperliche Anstrengungen geht. Mit wenig Aufwand ließe sich daher jede rechtliche Frage entsprechend umformulieren, also von der „Verteilung" rechtlicher Pflichten, verschiedenster Risiken, von Kompetenzen, Lasten usw. sprechen. Das bedeutet aber auch, dass allein mit dem Hinweis auf die Verteilungsdimension unseres Vertragsrechts noch wenig gewonnen ist.

Immerhin schadet es nicht, sich fortwährend die ganz persönlichen Auswirkungen vertragsrechtlicher Theorien, Institutionen und Einzelentscheidungen zu verdeutlichen. Gerade im liberalen Lager findet sich bisweilen die Vorstellung, als könne und solle man auf Verteilungsaussagen verzichten – zumal im Vertragsrecht. Ein klassisches Beispiel bildet das Pareto-Kriterium.[117] Denn wenn jede von einem Zustandswechsel betroffene Person zustimmen muss, beinhaltet das eben auch die folgenschwere Aussage, dass jeder Einzelne so lange vor jeglicher Umverteilung frei bleibt, wie dies nicht seinen eigenen Interessen dient.[118] Nicht umzuverteilen, ist auch eine Verteilung und alles andere als wertfrei.

2. Systematische (Um-) Verteilung?

a) Praktischer Befund

Eine ganz andere Frage ist allerdings, ob unser Vertragsrecht systematisch – etwa zu Gunsten bestimmter Personengruppen – verteilt oder verteilen sollte. Dabei fällt der praktische Befund ernüchternd aus. Zwar lässt sich noch für die rechtliche Erstausstattung behaupten, dass wir ganz egalitär jedem Individuum genau einen, nämlich den dann eigenen Körper mitsamt dessen Fähigkeiten zuweisen. Doch wird der praktische Nutzen je nach Ausstattung und Lebenssituation bereits deutlich auseinanderfallen. Zudem bleiben viele „natürliche" Umstände, die – dauerhaft oder situativ – meistens schon deshalb nicht so „natürlich" sind, weil die Gesellschaft sie ändern könnte, weithin unangetastet und unausgeglichen. Die noch wichtigste Ausnahme bildet hier, dass auch das Vertragsrecht dem Einzelnen viele Vorteile aus der Hand schlägt, seien es bestimmte Wissensvorsprünge oder auch die Möglichkeit, auf andere Menschen Gewalt auszuüben.[119] Aber dann verhindert wiederum die vertragsrechtliche Geschichtlichkeit mitsamt dem damit eng verknüpften Schutz beste-

---

[117] Näher oben § 2 Fn. 308.
[118] Zur Diskrepanz solcher Auffassungen zu den üblichen gesellschaftlichen Wertvorstellungen vgl. bereits oben § 19 C. I.
[119] Dazu bereits oben § 19 C. II. 1.

hender Rechte eine durchgreifende Umverteilung.[120] Und bei alldem ist noch
– für unser Privatrecht typisch –[121] die inhaltliche Punktualität unseres Vertragsdenkens zu beachten: Wir betrachten immer nur den einzelnen Vertrag
und nicht derer mehrere oder gar „die ganze Welt da draußen". Deshalb verlangen wir auch für jede einzelne Rechtsänderung, dass sie unseren Gerechtigkeitsvorstellungen entspricht. Personell oder auch nur zeitlich übergreifende
Betrachtungen stellen wir insoweit nicht an, was eine systematische Umverteilung erschwert.[122]

b) Fragwürdigkeit

aa) Einpreisung staatlich angeordneter Belastung

So wenig das geltende Vertragsrecht eine systematische (Um-) Verteilung betreibt, so heftig lässt sich das rechtspolitisch kritisieren. Allerdings fragt sich
schnell, ob es für diesen Zustand nicht gute Gründe gibt. Besonders blauäugig
wäre die Vorstellung, der schwächeren Seite einfach dadurch helfen zu können, dass man bestimmte Mindeststandards zwingend anordnet. Ganz gleich
ob veränderte Qualitätsanforderungen, besondere Haftungsregeln oder modifizierte Lösungsmöglichkeiten: Jede vertragliche Wohltat führt zu entsprechenden Preisanpassungen.[123] All das, wovon der Verbraucher dann vermeintlich profitiert, muss dieser Verbraucher zahlen, und zwar selbst dann, wenn er
viel lieber weniger Schutz zu einem dafür günstigeren Preis genösse. Im Vertragsrecht hilft es den Schwächeren also keineswegs, an sie lauter scheinbare
Wohltaten zu verteilen, sondern geht es zunächst allein um einen für beide
Seiten möglichst wertschöpfenden Vertragsinhalt, der durch zwingendes
Recht oft vereitelt würde.

Doch nicht nur preislich berücksichtigt jeder Marktteilnehmer ihn belastende Vorgaben. Das vielleicht bekannteste Beispiel bildet hier der Kündigungsschutz im Arbeitsrecht, dessen immer weitere Verschärfung ab einem gewissen
Punkt nicht mehr die Arbeitnehmer schützt, sondern lediglich diejenigen, die
bereits einen Arbeitsplatz innehalten, weil sich dann kaum ein Arbeitgeber
mehr trauen wird, überhaupt neue Beschäftigte einzustellen, d.h. weitere Arbeitsverträge abzuschließen. Aber auch im Vollstreckungsrecht ist es durchaus
eine Wohltat – gerade für die weniger Kreditwürdigen – wenn der Staat dafür
sorgt, dass verbindlich gemeinte Versprechen auch tatsächlich verbindlich
sind, nämlich notfalls gerichtlich vollstreckt werden, anstatt dies je nach Bedürftigkeit doch noch aufzuweichen.

---

[120] Näher oben § 2 A. II. 2.; § 2 D.; § 3 A. IV.; § 4 C. I. 1.; passim.
[121] Näher unten § 19 E.
[122] Näher unten § 19 E. I.
[123] Der tiefere Grund dafür liegt in der für gegenseitige Verträge typischen Verknüpfung von Leistung und Gegenleistung, nämlich der notwendigen Prüfung des Rechtfertigungsprinzips auf beiden Seiten. Näher dazu oben § 3 C. II. 1.

Natürlich könnte man hier in seinem Verteilungsanliegen einen Schritt weiter gehen und nicht nur den Vertragsinhalt, sondern auch den Preis staatlicherseits festlegen, selbst wenn die stärkere Seite dann einen Verlust erleidet, um dann auch noch einen Kontrahierungszwang anzuordnen – schließlich würde hier kein Anbieter mehr von sich aus abschließen. Doch dass dann nicht nur bestehende Unternehmen schnell verschwänden, sondern auch niemand mehr in diesen „Markt" einträte (womit den Schwachen am wenigsten geholfen wäre), dürfte einleuchten. Mit Vertragsrecht hätte all das jedenfalls nichts mehr zu tun, vielmehr wären wir bei blanker Enteignung und damit wirklich im Kommunismus gelandet. Nicht ganz so offensichtlich ist es allerdings, dass ähnliche Prozesse auch dann ablaufen, wenn die Anbieter zwar nach Abzug sämtlicher Kosten noch einen Gewinn davontragen, dieser aber unterhalb der Rendite für das eingesetzte Kapital (im weitesten Sinn) bleibt, den man auf anderen Märkten bei vergleichbarem Risiko erzielen kann. Genau deshalb war es für das Rechtfertigungsprinzip so wichtig, bei den Ausbeutungskonstellationen auch vergangene Anstrengungen zu honorieren.[124]

Im Ergebnis vereiteln es klassische Marktmechanismen, dass sich Verteilungsanliegen über den Vertrag verwirklichen lassen. Wettbewerb zerstört hier so manchen schönen Traum. Doch eröffnen dann nicht wenigstens die allgegenwärtigen Marktstörungen[125] einen Verteilungsspielraum? Kann man nicht wenigstens dem Monopolisten vorschreiben, bestimmten Personengruppen bessere Konditionen zu bieten? Originell wäre das allemal – denn das geltende Recht fast jedes Landes betreibt das genaue Gegenteil, verbietet nämlich seinen Monopolisten eine Diskriminierung.[126] Und konsequent zu Ende gedacht: Müssten wir uns Marktstörungen dann nicht geradezu herbeisehen – oder gar aktiv herbeiführen?

bb) Zufälligkeiten
Leider ließe sich selbst dann nicht mit Vertragsrecht sinnvoll umverteilen, wenn man einmal all die Hindernisse wegdenkt, die eine Wettbewerbsordnung mit sich bringt. Denn es wäre dann immer noch eher eine Frage des Zufalls, wer wann in welchem Umfang und auf wessen Kosten zu den Glücklichen gehört, die von einem verteilungswilligen Privatrecht profitieren. Man müsste als Schwacher darauf hoffen, auf einen Stärkeren zu treffen, mit dem man dann einen Vertrag mit „Umverteilungspotenzial" schließen kann (und der nicht gleich in Kenntnis seiner besonderen Rolle die Flucht ergreift). Und im Deliktsrecht wäre den besonders armen Mitmenschen zu wünschen, dass sie von möglichst reichen Personen wie auch immer verletzt werden. Wen die-

---
[124] Näher oben § 4 C. I. 3.
[125] Wie etwa Marktmacht, Unwissenheit oder Externalitäten, vgl. dazu etwa die Nachweise oben § 16 Fn. 275.
[126] Vgl. nur aus dem Europarecht Art. 102 AEUV.

ses Glück nicht ereilt, hätte einfach Pech. Im Ergebnis würden selbst noch so redliche Verteilungsanliegen bewirken, dass sich die Schrotflinte gegenüber dem Vertragsrecht geradezu als Präzisionsinstrument erweist.

cc) Komplexität
Zu allem Überfluss würde der Versuch, Verteilungsanliegen über das Vertragsrecht zu verwirklichen, dieses Institut hochgradig verkomplizieren – mit all den damit verbundenen Nachteilen gerade auch für Schwache. Denn es müsste erst einmal für unterschiedlichste Konstellationen entschieden werden, wer als stark oder schwach zu gelten habe.[127] Ebenso wären Maßstäbe und Verfahren festzulegen, anhand derer die Verteilung praktisch umgesetzt würde. Zu was für merkwürdigen Ergebnissen das führen kann, wurde bereits illustriert.[128] All das käme noch zu den bestehenden Herausforderungen unseres Vertragsrechts hinzu – als wäre das nicht bereits anspruchsvoll genug.

3. Gleichbehandlung

Wenigstens kurz angesprochen sei die derzeit zunehmende Forderung nach einer Gleichbehandlung bestimmter Personengruppen.[129] Eine vertragstheoretisch stimmige Einordnung gelingt noch dort relativ problemlos, wo die Gleichbehandlung zum wertschöpfenden Vertragsinhalt gehört. Das betrifft etwa die Interessengemeinschaft oder Gesellschaft.[130] Ebenso dient eine Gleichbehandlung bisweilen dort der Verwirklichung des Rechtfertigungsprinzips, wo wir uns – etwa bei einem situativen Monopol[131] oder der schlecht informierten Entscheidung einer Vertragspartei –[132] lieber an störungsfreien Konstellationen und damit dem Üblichen orientieren, anstatt diesen Grundsatz direkt umzusetzen.[133]

Doch liefert die Gleichbehandlung in diesen Fällen keinen tragenden Grund, ist sie uns nicht das entscheidende Anliegen, sondern bildet nur ein Instrument von vielen zur Verwirklichung des Rechtfertigungsprinzips. Damit lassen sich dann auch noch all die unangenehmen Fragen vermeiden, wen es warum anhand welcher Maßstäbe und sachlicher Gründe zu vergleichen und dann gege-

---

[127] Siehe zu diesem Problem auch unten § 19 C. VI.
[128] Oben § 4 B. IV.
[129] Zu dieser Diskussion siehe nur stellv. – noch vergleichsweise unpolitisch – *Hueck*, Der Grundsatz der gleichmäßigen Behandlung im Privatrecht, 1958, aus der englischsprachigen Diskussion etwa *Kronman*, 89 YaleLJ 472 (1980); *Kennedy*, 41 MarylandLRev 563 (1982) sowie zur deutschen Diskussion insbesondere anlässlich des AGG etwa *Fastrich*, FS Canaris, Bd. 2, 2007, S. 1070; *Looschelders*, JZ 2012, 105 sowie zum Kapitalgesellschaftsrecht *Verse*, Gleichbehandlungsgrundsatz, 2006.
[130] Dazu kurz unten ab § 19 E. III. 1.
[131] Näher oben § 4 C. III.
[132] Näher oben § 17.
[133] Näher zur vertragsrechtlichen Bedeutung von Sitte, Übung und Brauch oben § 16 C.

benenfalls gleich oder ungleich zu behandeln gilt. Tatsächlich hat man mit der Forderung nach einer Gleichbehandlung „vergleichbarer" Sachverhalte oder der „sachlichen Rechtfertigung" einer Ungleichbehandlung meistens nur die dogmatische Grundfrage – etwa nach der Begründung vertragsrechtlicher Pflichten – neu formuliert, anstatt dafür tragfähige Gesichtspunkte zu liefern.

Schlimmstenfalls opfert man die geniale – weil gleichermaßen wertschöpfend wie liberal – inhaltliche Beschränktheit unseres Privatrechts (einschließlich des Vertrags),[134] ohne den Menschen dafür einen nennenswerten Vorteil zu bescheren. Jede Gleichbehandlung verkompliziert den vertraglichen Aufwand enorm, indem wir auf einmal noch ganz andere Personen als „nur" die rechtlich zu belastenden Vertragsparteien berücksichtigen müssen.[135] Wie mager hingegen der Lohn für diesen Aufwand im Vertragsrecht meistens ausfällt, sei abschließend grob angedeutet,[136] zumal mit Verteilungsanliegen eng verwandt: Müssten Friseure für jeglichen Schnitt – ganz gleich ob für Mann oder Frau bzw. für kurze oder lange Haare – genau den gleichen Preis verlangen, könnten sich Frauen bzw. Langhaarige vordergründig freuen, findet hier zu deren Gunsten eine Umverteilung statt. Doch treten allein dadurch Wohlfahrtsverluste auf, dass – gemessen an den tatsächlichen Kosten – Frauen bzw. Langhaarige nunmehr zu oft, Männer und Kurzhaarige hingegen zu selten, den Friseur aufsuchen werden. Der hierdurch vernichtete Wohlstand ließe sich jedoch dadurch sehr viel besser einsetzen, dass man Frauen oder Langhaarige – wenn man sie denn als gesellschaftlich benachteiligt ansieht – über klassische Verteilungsinstrumente wie das Steuerrecht begünstigt,[137] ohne gleich den ganzen Marktmechanismus mit seinen vertraglich wie gesellschaftlich so positiven Funktionen zu stören.[138]

4. Ergebnis

Im Ergebnis sollte deutlich geworden sein, wie wenig sich das Vertragsrecht für Umverteilungszwecke eignet – und sich genau deshalb auch wenig darum schert. So bedauerlich es oft ist, wenn viele Personen – aus welchen Gründen auch immer – nur solche Leistungen anbieten können, für die sie nur geringe Marktpreise erzielen, wird man den wirklich bedürftigen Menschen eher schaden als helfen, wenn man hier auf das Vertragsrecht hofft. Umso tröstli-

---

[134] Näher zu diesem besonderen Charakter des Privatrechts unten § 19 E. I. sowie zu dessen Liberalität, die eng mit Ignoranz zusammenhängt (siehe dazu etwa zum subjektiven Recht oben § 2 B. II. 2.), oben § 19 B.
[135] Näher zum fortwährenden Kampf unseres Vertragsrechts mit Komplexität oben § 17 A. oder unten § 19 E. III.
[136] Für eine vertiefte Auseinandersetzung mit diesen Zusammenhängen sei insbesondere auf mikroökonomische Lehrbücher verwiesen.
[137] Vgl. dazu auch gleich unten § 19 C. V. 1. (und dort etwa die Nachweise in Fn. 145).
[138] Näher zu diesen oben § 16 D. (vgl. dort etwa Fn. 192).

cher ist es, wenn wir überhaupt nicht auf privatrechtliche Institute angewiesen sind (dazu gleich mehr). Verteilungsziele lassen sich mit anderen Rechtsbereichen verwirklichen, die wir aus gutem Grund dem öffentlichen und nicht dem Privatrecht zuordnen.[139] Deshalb hat die klassische Rechtsgeschäftslehre die Instrumentalisierung des Vertragsrechts zu Umverteilungszwecken nicht einmal ernsthaft diskutiert, ja nicht einmal sozial motivierte Kritiker des liberalen Bürgerlichen Gesetzbuchs wie *Gierke* oder *Menger* ließen sich zu derartigen Vorstellungen hinreißen.

Letztlich bleibt festzuhalten, dass zwar jede Einzelentscheidung verteilend wirkt und damit auch unter diesem Gesichtspunkt betrachtet werden kann. Gerade die Ausbeutungskonstellationen sind sehr instruktiv, weil dort die klassische Rechtsgeschäftslehre wenig mehr als einige nicht subsumtionsfähige Begriffe beizusteuern hat und damit wichtige Teile unseres Vertragsrechts ausblendet.[140] Doch verzichtet das Vertragsrecht andererseits darauf, eine systematisch-gezielte Verteilung auch nur zu versuchen. Zwar werden auch Bedrohte, Getäuschte, Verbraucher oder Arme vor solchen rechtlichen Beeinträchtigungen geschützt, die nicht den eigenen Zielen dienen. Doch schützt unser Vertragsrecht genauso Reiche vor einer Ausbeutung durch Arme.[141] Demgegenüber erwies sich selbst der Versuch, das Ergebnis privater Wertschöpfung anhand diverser Kriterien aufzuteilen, als mit unserem Vertragsdenken unvereinbar.[142] Wohl aber wurde deutlich, wie unser Vertragsrecht sogar noch vergangene Investitionen berücksichtigt,[143] was den Schwachen auch nicht immer entgegen kommt.

V. Liberale Überhöhungen

Betrachtet man die klassische vertragstheoretische Diskussion, so drängt sich bisweilen der Eindruck auf, als würden dort gleichermaßen der normative Stellenwert wie auch die Leistungsfähigkeit des Einzelnen zulasten kollektiver Einflüsse überschätzt. Natürlich bleibt es jedem unbenommen, ganz eigene Wertvorstellungen zu vertreten, doch erscheint es zumindest hilfreich, bei alldem die rechtlich-soziale Realität zu beachten – und nur um diese deskriptive Ebene geht es in dieser Arbeit.[144]

---

[139] Näher zu dieser Unterscheidung unten § 19 E.
[140] Näher oben § 4 B. I.
[141] Näher oben § 4 C. III.
[142] Näher oben § 4 B. IV.
[143] Näher oben § 4 C. I. 3.; § 4 C. III. 2.
[144] Näher oben § 1 B. I.

1. Andere Welten, andere Werte

Bisher wurde dargelegt, wie wenig sich das Vertragsrecht dazu eignet, zu Gunsten bestimmter Personen systematisch umzuverteilen. Diese Tatsache wäre aus sozialer Sicht nur dann problematisch, wenn es nicht andere, möglicherweise viel geeignetere Instrumente gäbe, um solche Anliegen zu verwirklichen. Genau das lässt sich am geltenden Recht ablesen. Anders formuliert: Das individualistische Privatrecht – und damit umso mehr der Vertrag – ist eine kleine, beschauliche und einfach-gestrickte Welt, die genau in dieser Einfachheit enorme Chancen einer privaten Wertschöpfung bietet. Die autonome Ausgestaltung dieses Rechtsgebiets, dessen weitestgehende Abkoppelung von einem davon getrennten öffentlichen Recht, erlaubt es, mit ganz eigenen, letztlich deutlich schlichteren Wertungen zu operieren, als dies in anderen Bereichen gelingt.[145] Das wiederum lässt sich sozial rechtfertigen, wird doch so überhaupt erst die Basis geschaffen, um etwa über Steuereinnahmen anderweitig umzuverteilen.[146] Das bedeutet aber auch, dass unsere Rechtsordnung insgesamt sozial durchaus sensibel ist – nur nicht bei Vertrag oder Delikt. Es wäre daher auch töricht, die für das Privatrecht so typischen, stark individualistisch-liberal geprägten Wertungen zu verabsolutieren, also unsere Gesellschaft damit übergreifend beschreiben zu wollen.

Dass jeder Staat massiv umverteilt, verrät ein kurzer Blick nicht nur auf das Steuerrecht, sondern genauso das Sozialrecht, das nicht nur jedem ganz leistungsunabhängig – und über das Insolvenzrecht sogar gegenüber rein privatrechtlichen Forderungen – ein Existenzminimum sichert, sondern über umfangreiche Pflichtversicherungssysteme ganz andere Werte als die des Privatrechts verfolgt. Von einer Zuteilung und dem konsequenten Schutz individueller Rechte kann hier keine Rede sein, gerade weil die Perspektive – mit Ausnahme vielleicht noch des Rentensystems – sehr viel weniger in die Vergangenheit als vielmehr in die Zukunft und damit die Bedürftigkeit reicht.[147] Praktisch erfolgt diese Umverteilung sowohl auf der staatlichen Einnahmen- als auch Ausgabenseite. Dabei sind viele dieser Systeme geradezu auf die Berücksichtigung sozialer Kriterien geeicht, etwa wenn jeder Bürger über seine Steuererklärung genauestens darüber Rechenschaft ablegen muss, wie reich er

---

[145] Näher unten § 19 E. Interessanterweise wird selbst von Seiten der ökonomischen Analyse des Rechts fast einhellig darauf verwiesen und illustriert, dass Verteilungsziele nicht über Markt- und Vertragseingriffe, sondern besser über andere Transfersysteme zu verwirklichen sind, vgl. etwa *Shavell*, 71 AmEconRev 414 (1981); *Kaplow/Shavell*, 23 JLS 667 (1994).

[146] Siehe dazu bereits oben § 19 C. II. 3.

[147] Näher zur Geschichtlichkeit bzw. Rechtebasierung unseres Vertragsrechts und zu dem engen Zusammenhang mit einem liberalen Denken oben § 2 A. II. 2.; § 2 D. I. 4. b); § 3 A. IV.; § 4 C. I. 1.; § 19 B. II. 2.; passim. In Deutschland etwa wurde die sog. Hartz-Reform von manchen (auch) deshalb als ungerecht empfunden, weil sie die frühere Arbeitstätigkeit deutlich weniger honorierte.

tatsächlich ist. Und auf dieser Basis lässt sich dann ungleich treffsicherer als über das Privatrecht sozial agieren – was immer man politisch davon halten mag. Aber auch unser persönliches Handeln ist äußerst vielschichtig. So lässt sich gut beobachten, wie wir Menschen je nach Situation und Lebensbereich ganz verschieden, nämlich mal in Marktkategorien und dann wieder sehr viel sozialer, denken und handeln.[148]

2. *Abhängigkeiten*

Dieses so weit verbreitete soziale Denken zu begründen, fällt nicht schwer. Zunächst beruht all das, was jeder Einzelne tut, denkt oder spricht, auf zahllosen Vorarbeiten anderer Menschen. Das beginnt bei unserer mühsamen Aufzucht als Kind und setzt sich bei der Inanspruchnahme zahlreicher Produkte wie Dienstleistungen fort – ganz gleich, ob privat oder staatlich bereitgestellt. Wir kaufen Brot beim Bäcker, schreiben Manuskripte auf aufwändig produzierten Rechenmaschinen, bewegen uns im Straßen- oder Schienenverkehr, lassen uns von der Polizei schützen, beziehen Strom usw. Unser gesamtes Leben läuft hochgradig arbeitsteilig ab.[149] Und gerade in sprachlich-geistiger (und damit auch erkenntnistheoretischer) Hinsicht sind wir das Produkt immenser kultureller Vorarbeiten (und damit auch ein Kind unserer jeweiligen Zeit), die wir von Geburt an aufnehmen und die sich teils sogar ganz (neuro-) plastisch in unserem Gehirn ausprägen.[150] Niemand auf dieser Welt kann für sich beanspruchen, etwas Bedeutendes ganz allein geschafft zu haben. Auch der Vertrag bildet nicht nur ein vorzügliches Beispiel für diesen Stellenwert kollektiver Einflüsse,[151] sondern auch für deren oft wissenschaftliche Vernachlässigung. Das reicht von der Punktualität des klassischen Vertragsdenkens[152] bis hin zu den Thesen eines grundsätzlich formalen Charakters der Privatautonomie bzw. des Ausnahme- oder Interventionscharakters staatlicher Maßnahmen.[153]

3. *Kollektive Einbettung*

Doch auch die wissenschaftliche Einschätzung der unserem Staatswesen generell und unserem Vertragsrecht speziell zugrunde liegenden Wertvorstellungen leidet oft unter einer gewissen Freiheitsromantik – wiederum mit Blick auf die

---

[148] Instruktiv etwa *Titmuss*, The Gift Relationship, 1970.
[149] Auf diese soziale Einbettung verweisen unzählige Autoren und Richtungen – in jüngerer Zeit etwa der Kommunitarismus (umfangreiche Nachweise dazu bei *Kersting*, Wohlgeordnete Freiheit, 1993, S. 21 f. (dort insbes. Fn. 21)). Zur Arbeitsteilung siehe die Nachweise oben § 8 B. I.
[150] Näher oben § 2 D. IV. 4.; § 2 D. V.; passim.
[151] Näher oben § 16.
[152] Näher oben § 8 A. III.
[153] Näher dazu etwa oben § 8 E. III.; § 16 D. II.

gesellschaftliche Realität und damit ganz unabhängig davon, was jeder für sich persönlich als wünschenswert ansehen mag. So neigen wir bisweilen etwas vorschnell dazu, liberale Institutionen als das Ergebnis liberaler Einsichten zu feiern. Die Sklaverei etwa wurde vor allem deshalb überwunden, weil es einer marktwirtschaftlichen Ordnung sehr viel kostengünstiger gelingt, ihre Bürger zum fleißigen Arbeiten anzuhalten und damit auch den Wohlstand und die politische Macht eines Staates zu mehren.[154] Genauso verdankt sich die Einführung der Gewerbefreiheit in Deutschland durch die Stein-Hardenbergschen Reformen im Jahr 1810 weniger der großen Euphorie Preußens für individuelle Freiheiten als dem Bestreben, sich nach der Demütigung von 1806 schnellstmöglichst wieder als Staat behaupten zu können.[155] Genauso dürfte die zunehmende Gleichstellung von Frauen vor allem damit zu tun haben, dass wir deren Arbeitskraft immer dringender benötigen.

So gesehen ist es dann vielleicht nicht abwegig, Ähnliches auch klassisch privatrechtlichen Instituten wie dem – gerade nach hier vertretener Ansicht stark individualistisch strukturierten –[156] Vertrag oder dem Eigentum[157] zu unterstellen.[158] Denn natürlich profitiert die Gesellschaft enorm von vertraglicher Wertschöpfung,[159] und zwar nicht nur über Steuern oder ersparte Sozialleistungen, sondern allein durch immer eindrucksvollere Bauten. Selbst rein kollektivistisch wertende Kulturen wären schlecht beraten, auf eine Vertragsordnung zu verzichten. Doch muss man hier keineswegs auf fremde Kulturkreise verweisen. Vielmehr dürfte auch die hiesige Akzeptanz unseres klassischen Privatrechts entscheidend davon abhängen, inwieweit es soziale Anliegen unterstützt oder aber behindert.

4. Vertrag als rechtstheoretisches Allheilmittel?

a) Fiktivität gesellschaftsvertragstheoretischer Ansätze

Mag es noch für das Verständnis des geltenden Vertragsrechts relativ gleichgültig sein, ob es auf intrinsisch-liberalen oder letztlich eher kollektiven Fun-

---

[154] Schon *Mandeville*, The Grumbling Hive, 1705 betonte, dass in einem freien Volk, wo die Sklaverei verboten ist, der sicherste Reichtum in einer großen Menge schwer arbeitender Armer bestehe, wofür ihn dann *Karl Marx* als ehrlichen Mann und hellen Kopf lobte.

[155] Siehe zu dieser Phase etwa *Nolte*, Staatsbildung als Gesellschaftsreform, 1990.

[156] Näher oben § 19 B. II.

[157] Zur Eigentumsdiskussion siehe nur *Brocker*, Arbeit und Eigentum, 1992 sowie oben § 2 C.

[158] Besonders nachdrücklich werden die auch kollektivistischen Funktionen privatrechtlicher Institute in soziologischen Werken ausgearbeitet, so geradezu durchgängig und äußerst instruktiv bei *Jhering*, Zweck, Bd. 1, 1877; *Jhering*, Zweck, Bd. 2, 1883. Siehe daneben etwa *Raiser*, FS Deutscher Juristentag, Bd. 1, 1960, S. 101 oder *Wieacker*, Privatrechtsgeschichte, 2. Aufl. 1967, S. 622 ff. jeweils m.w.N.

[159] Näher zu dieser oben § 3 A. IV.; § 3 C. I.; passim.

damenten ruht, lässt sich das für eine weitere „liberale Überhöhung" sicher nicht sagen: So wird in der Philosophie bis heute immer wieder versucht, unser gesamtes Staatswesen – und nicht etwa nur das Vertragsrecht – auf den Vertragsgedanken zu stützen. Denn angesichts der Schwierigkeiten, objektive, also für jedermann über alle Zeiten hinweg verbindliche Handlungsempfehlungen abzuleiten, ist die Versuchung groß, sich dafür auf die Zustimmung aller betroffenen Bürger zu stützen. Genau das versuchen diverse Gesellschaftsvertragstheorien, die sich von Altertum und Mittelalter über die Aufklärung (eingeleitet durch *Hobbes*) bis hin in die Moderne (wiederbelebt durch *Rawls*) großer Beliebtheit erfreuen.[160]

Leider ist es illusionär, unter Millionen von Menschen eine Einstimmigkeit zu erzielen – wenn man denn die Bürger tatsächlich nach ihrem Willen fragt.[161] Dementsprechend zeigen sich die verschiedenen Autoren sehr kreativ, um die jeweils propagierten Handlungsempfehlungen doch noch zu rechtfertigen: Während uns *Hobbes* einen dermaßen schrecklichen Zustand ausmalt, dass sich jeder einzelne Bürger nur noch in die Macht des Leviathans retten kann,[162] blendet *Rawls* nahezu alles aus, was die Individualität einzelner Menschen auszeichnet.[163] Derartig durch einen Schatten des Nichtwissens gleichgeschaltet, lässt sich dann auch behaupten, dass diese oder jene Maxime konsensfähig sei. Vor allem kann man so dann auch inhaltlich anspruchsvollere Kriterien einführen. Andere wie *Buchanan* nehmen vorgefundene „natürliche" Ausgangslagen hin, egal wie ungerecht diese auch sein mögen. Notfalls herrscht dann eben Sklaverei, nämlich wenn derjenige, der gerade vom anderen umgebracht zu werden droht, dem kleineren Übel zustimmt.[164]

Schon hier wird deutlich, dass vor allem die jeweilige Ausgangslage darüber entscheidet, was letztlich vereinbart wird. Diese lässt sich jedoch ihrerseits nicht vertragstheoretisch ableiten, sondern wird nach den Bedürfnissen des jeweiligen Philosophen ausgestaltet. Es geht den Gesellschaftsvertragstheorien nicht etwa darum, die tatsächlichen Bedürfnisse, Fähigkeiten oder Kenntnisse der Menschen und die ganz realen Umweltbedingungen einer Gesellschaft zu erfassen. Hat man sich so rein axiomatisch-hypothetisch seinen ganz eigenen Urzustand zusammengestellt, lässt sich dann unter der Annahme strategischer Rationalität und von Eigennutz fragen, auf was für Staatsformen oder Wertmaßstäbe sich die so vorgestellten Individuen – rein hypothetisch – einigen

---

[160] Eine hervorragende Analyse dieser Thematik findet sich bei *Kersting*, Gesellschaftsvertrag, 1996, vgl. daneben auch den instruktiven Überblick bei *Gough*, The Social Contract, 2. Aufl. 1957.

[161] Siehe zur Problematik eines rein hypothetischen oder gar rein „normativen" Willens oben § 9 C. V. 2. d) bzw. § 9 C. V. 2. e).

[162] *Hobbes*, Leviathan, 1651.

[163] *Rawls*, A Theory of Justice, 1971.

[164] *Buchanan*, The Limits of Liberty, 1975; *Buchanan/Tullock*, The Calculus of Consent, 1965.

würden. Das soll dann normative Verbindlichkeit entfalten – und zwar nicht mehr für irgendeine rein hypothetische Scheinwelt, sondern jetzt auf einmal für die hier und heute lebenden Menschen, also für uns.

Natürlich muss man diese Ausgangslage nur geschickt genug ausgestalten, um auf dasjenige Ergebnis zu kommen, das man persönlich bevorzugt. So gelingt es dann je nach Autor, die unterschiedlichsten Inhalte als konsensfähig zu erweisen. Sehr grob gesprochen finden sich hier absolutistische (*Hobbes*[165]), kommunistische (*Rousseau*[166]), klassisch liberale (*Locke*[167], *Nozick*[168]), vermittelnde (*Rawls*[169]) oder auch spieltheoretisch inspirierte (*Gauthier*[170]) Vorstellungen. Wir können uns also freuen: In der Masse verschiedenster Gesellschaftsverträge ist für jeden etwas dabei – wir müssen nur richtig wählen.[171]

b) Begrenzter Erkenntniswert

Wirklich befriedigen können diese Ansätze natürlich nicht. Und so mag man sich dann angesichts der hier nur angedeuteten Defizite fragen, was denn die Idee eines Gesellschaftsvertrags noch soll. Eine Antwort darauf zu finden fällt nicht leicht. Zur Letztbegründung eignen sich diese Konzepte sicher nicht – doch wäre das auch reichlich viel verlangt. Noch am ehesten wird man in ihnen eine gewisse Denkhilfe sehen, die uns verdeutlicht, was für Handlungsempfehlungen konsequent wären, akzeptierten wir nur gewisse Grundannahmen und suchten wir auf dieser Basis eine Einigung.[172] Doch lässt sich auch dann noch fragen, ob dies nicht mehr Schaden anrichtet, als Nutzen zu stiften. Denn die ungebrochene Popularität dieser Ansätze dürfte vor allem auf der wohlig-liberalen Aura beruhen, die der sich auf den Parteiwillen stützende Vertragsgedanke verströmt. Dass hier faktisch von einem Konsens keine Rede sein kann, wird ignoriert. Tatsächlich stützt man sich oft gerade dann auf rein hypothetische Verträge, wenn die eigenen Ansichten alles andere als liberal sind und dem realen Willen derjenigen widersprechen, denen gegenüber man persönliche Wertvorstellungen einfordert. So bricht man dann zwar fremde

---

[165] Oben Fn. 162.
[166] *Rousseau*, Du contrat social, 1762.
[167] *Locke*, Two Treatises, 1690.
[168] *Nozick*, Anarchy, State and Utopia, 1974.
[169] Oben Fn. 163.
[170] *Gauthier*, Morals by agreement, 1986.
[171] Ein schönes Beispiel bildet die Diskussion, die sich aus handfesten politischen Gründen besonders in England um das Eigentum entfaltete, vgl. dazu *Brocker*, Arbeit und Eigentum, 1992, S. 137 ff.
[172] Stellv. *Kersting*, Gesellschaftsvertrag, 1996, S. 354, für den sich am Ende „… die Gestalt eines neuen hermeneutischen Kontraktualismus ab[zeichnet], der auf alle Ansprüche einer Schöpfung des Normativen ex nihilo verzichtet hat und auf der Grundlage der normativen Grammatik unserer politisch-kulturellen Selbstverständigung unsere geteilten Wertüberzeugungen problemangemessen expliziert und sich dadurch als Gerechtigkeitsheuristik bewährt."

Willen, aber „im Grunde genommen", also „rein hypothetisch-mutmaßlich", wollen es die so Betroffenen ja „irgendwie doch".[173]

Aber auch praktisch besehen lässt sich daran zweifeln, ob mit derart übergreifenden, auf Konsens gestützten Staatstheorien viel zu gewinnen ist. Denn wir benötigen für verschiedenste Lebensbereiche konkrete, jeweils angepasste Regeln, die sich nur selten aus dem ableiten lassen, was die jeweilige Gesellschaftsvertragstheorie an regelmäßig sehr abstrakten Grundsätzen als für sämtliche Erdenbürger konsensfähig ausweist. Und wenn sich etwa das Rechtfertigungsprinzip tatsächlich dazu eignet, das geltende Vertragsrecht verallgemeinernd (und damit vereinfachend) zu beschreiben und dabei die ganz realen Vorstellungen der vom Vertrag betroffenen Bürger berücksichtigt, ist es jedenfalls dem Verfasser eher gleichgültig, ob sich das Rechtfertigungsprinzip dann noch mit einem rein hypothetischen „Gesellschaftsvertrag" verträgt – vielmehr wäre dann ggf. eher dieses übergreifende Konzept zu hinterfragen.[174]

Letztlich erweist es sich als eine Illusion, über rein fiktive Verträge eine übergreifende Staatstheorie entwickeln zu wollen, die klare verbindliche Aussagen ermöglicht und sich mit unseren Wertvorstellungen einigermaßen verträgt. So verlockend es erscheint, ganz übergreifend mit Verträgen zu operieren, bilden diese nur den kleinen Ausschnitt eines leider sehr komplexen Wirrwarrs normativer Kriterien und rechtlicher Institutionen. Überzieht man den Vertragsgedanken, dehnt ihn also insbesondere über das Zivilrecht hinaus, gefährdet man ihn in Wahrheit. Es ist ein großes Manko vieler philosophischer Ansätze, die Existenz verschiedenster Teilsysteme und deren – nicht zuletzt historisch bedingte und ausgeformte – Eigengesetzlichkeit nicht erfassen zu können, sondern mit einem sämtliche Lebensbereiche erfassenden Absolutheitsanspruch zu operieren. Denn angesichts der Komplexität unserer Lebenswelt und unserer nur begrenzten geistigen Fähigkeiten ist das zum Scheitern verurteilt.[175]

Allerdings können Philosophen und Juristen auch hier voneinander viel lernen. Denn natürlich treten bei den Gesellschaftsvertragstheorien viele Probleme auf, die genauso bei ganz klassisch-zivilrechtlichen Verträgen zu bewältigen sind, mit denen sich also auch der gemeine Richter, Gesetzgeber oder Rechtswissenschaftler von jeher herumschlagen muss. Nur kann es sich jedenfalls der Richter, der vor sich zwei reale Menschen stehen und deren Fall zu entscheiden hat, nicht leisten, eine ihm noch so unangenehme und komplexe Realität zu ignorieren oder wegzudefinieren.

---

[173] Näher oben § 9 C. V. 2. d).
[174] Siehe zu diesem Verhältnis von übergreifender Herleitung und praktisch brauchbarem Tatbestand bereits oben § 1 C. I. (dort am Ende).
[175] Näher zu diesem Problem unten § 19 F. VII. sowie nur einigen Alternativen oben § 2 D. V.

5. Konsequenzen

Im Ergebnis sollte deutlich geworden sein, dass und warum es beim Rechtfertigungsprinzip allein um die verallgemeinernde Beschreibung des geltenden Vertragsrechts geht. Diese Arbeit hat nichts zu verteilungsrelevanten Mechanismen wie Steuern, Sozialhilfe, Sozialversicherungssysteme, Vollstreckungsschutz oder die Bereitstellung öffentlicher Güter beizutragen. Und noch weniger lässt sich aus alldem eine allumfassende Staatstheorie ableiten. Vielmehr ist die Wissenschaft gut beraten, auf die Existenz und Eigengesetzlichkeiten verschiedenster (Teil-) Systeme zu achten, anstatt alles und jedes einheitlich erfassen zu wollen.[176] Der Lohn für diese Bescheidenheit ist groß, nämlich für den kleinen Bereich des Vertragsrechts in den ganz realen Konstellationen unseres täglichen Lebens tatsächlich und nicht nur hypothetisch-fiktiv dafür zu sorgen, dass die Menschen – so wie sie nun einmal sind – nur so weit rechtliche Einbußen erleiden, wenn dies ihren eigenen Zielen dient. Das wiederum erfordert verbindliche, konkret umsetzbare Aussagen, die sich bei allzu weitem Geltungsanspruch nur um den Preis umfassender Vereinfachungen – also der Flucht aus der so unangenehmen Realität – treffen ließen. Gerade wenn man den Vertrag und das in ihm verkörperte liberale Denken schätzt, sollte man dieses Institut nicht überfordern oder verwässern.

VI. Verbraucherschutz

Wird heutzutage über die soziale Dimension unseres Vertragsrechts diskutiert, geht es vor allem um eine Person: den Verbraucher. Denn spätestens die Industrialisierung mitsamt der damit aufkommenden Massenproduktion verdeutlichte schnell, wie wenig der Einzelne sämtliche Facetten eines Produkts[177] bzw. des ihm typischerweise gestellten[178] Vertrags durchschaut. In Deutschland reagierte darauf das Abzahlungsgesetz von 1894, das bei den gefährlichen Kreditgeschäften einschneidende Vorgaben traf[179] und so manchen interessanten Vorschlag – etwa den *Hecks* zur Einführung von Widerrufsrechten –[180] hervorbrachte. In das Bürgerliche Gesetzbuch fanden derartige Erwägungen jedoch selten Eingang, was besonders *Gierke* und *Menger* kritisierten.[181] Wirklich in Fahrt geriet dieses Thema in den 60er Jahren des vergangenen

---

[176] Siehe dazu etwa unten § 19 E. (zum Privatrecht) oder oben § 2 D. V. 5. b) (zu internen versus externen Perspektiven).
[177] Näher dazu oben § 7.
[178] Näher oben § 14 A. II.
[179] Näher *Benöhr*, ZHR 138 (1974), 492; *Schubert*, ZRG GA 102 (1985), 130.
[180] *Heck*, in: Schriftführer-Amt der ständigen Deputation (Hrsg.), Verhandlungen 21. DJT, 1891, 180.
[181] *Gierke*, Soziale Aufgabe, 1889; *Menger*, Bürgerliche Recht, 5. Aufl. 1927. Siehe zu dieser Debatte etwa auch *Planck*, DJZ 1899, 181.

Jahrhunderts, wobei wichtige Impulse auch aus dem Ausland kamen,[182] bis dann vor allem der europäische Gesetzgeber aktiv wurde. Heutzutage ist „Verbraucherschutz" nicht nur gesetzlich fest verankert, sondern wird auch wissenschaftlich entsprechend intensiv behandelt.[183] Das und der deutlich ausgebaute Schutz anderer Personengruppen wie Arbeitnehmer oder Mieter beförderte auch den vieldiskutierten Befund einer zunehmenden Materialisierung unseres Privatrechts.[184]

Die vertragstheoretisch spannendste Frage dabei ist vielleicht, ob dieser Entwicklung ganz neue, qualitativ andere Denkmuster als bisher zugrunde liegen. Das wird zu verneinen sein, erfordert und erlaubt die immer stärker fortschreitende wirtschaftliche, soziale und kulturelle Differenzierung unserer Umwelt „lediglich" ausgeklügeltere Anstrengungen, um das Rechtfertigungsprinzip zu verwirklichen. Dabei sei zunächst daran erinnert, dass dieser Grundsatz bereits insofern eine stark soziale (wie liberale) Komponente enthält, als wir jeder Person ganz unabhängig von ihrem Stand, ihren Kenntnissen oder ihrer jeweiligen Machtposition zubilligen, nur so weit rechtlich beeinträchtigt zu werden, wie das den eigenen Zielen dient.[185] Dabei erfasst das Rechtfertigungsprinzip nicht nur die Gesundheit als dem vielleicht klassischsten Rechtsgut des Verbraucherschutzes, sondern genauso Eigentum oder Vermögen.

1. Entscheidungsbildung

a) Praktischer Befund

Dass unser Vertragsrecht nicht jede beliebige Parteientscheidung hinnimmt, gilt zwar ganz generell,[186] zeigt sich allerdings besonders deutlich beim Verbraucherschutz. Der Einzelne soll gut informiert und in aller Ruhe entschei-

---

[182] Stellv. *Galbraith*, The Affluent Society, 1958; *Kennedy*, 41 MarylandLRev 563 (1982) oder die berühmte Rede *John F. Kennedys* vom 15.3.1962 („Special Message to the Congress on Protecting the Consumer Interest").

[183] Siehe aus der reichhaltigen Literatur hier zunächst nur *Hippel*, Verbraucherschutz, 3. Aufl. 1986; *Hopt*, Kapitalanlegerschutz, 1975; *Schwark*, Anlegerschutz, 1979; *Joerges*, Verbraucherschutz, 1981; *Dauner-Lieb*, Verbraucherschutz, 1983; *Drexl*, Selbstbestimmung, 1998; *Kind*, Grenzen, 1998; *Lurger*, Vertragliche Solidarität, 1998; *Fleischer*, Informationsasymmetrie, 2001; *Rehberg*, in: Eger/Schäfer (Hrsg.), Zivilrechtsentwicklung, 2007, S. 284; *Rehm*, Aufklärungspflichten, 2003; *Riesenhuber*, System und Prinzipien, 2003; *Meller-Hannich*, Verbraucherschutz, 2005; *Seiler*, Verbraucherschutz, 2006; *Reymann*, Sonderprivatrecht, 2009; *Schmid*, Instrumentalisierung, 2010, S. 628 ff.; *Sedlmeier*, Rechtsgeschäftliche Selbstbestimmung, 2012; *Tamm*, Verbraucherschutzrecht, 2011 jeweils m.w.N.

[184] Siehe zu dieser Debatte etwa *Wieacker*, Sozialmodell, 1953; *Canaris*, AcP 200 (2000), 273.

[185] Näher oben § 19 B. II. 1.; § 19 C. II. 1.

[186] Näher etwa oben § 4; § 8 D.; § 9 C. III.; § 10 D. IV.; § 17 D.

den,[187] damit das Ergebnis seiner Willensbildung qualitativ hochwertig ausfällt.[188] Diskutiert wird dies etwa unter dem Stichwort eines materialen Verständnisses von Vertragsfreiheit, Privatautonomie oder Konsumentensouveränität.[189] Solche Erwägungen liegen auch dem sogenannten Informationsmodell zugrunde, das der europäische Gesetzgeber begierig aufgriff.[190] Und tatsächlich kann zusätzliche Information – übrigens auch bei beidseitiger Unwissenheit –[191] helfen, solange man sie nur richtig auswählt, dosiert, zeitlich verteilt und übermittelt.[192] Aber auch Widerrufsrechte, die es für einige Zeit nach Vertragsschluss ganz unabhängig von konkreten Irrtümern und damit recht unkompliziert erlauben, die ursprüngliche Entscheidung zu revidieren,[193] gehören hierhin.

Eng verwandt mit diesem Grundanliegen ist es schließlich, wenn man – übergreifender betrachtet – „marktkomplementäre" Instrumente einer Förderung und Erhaltung des Wettbewerbs fordert und „marktkompensatorischen" Methoden wie insbesondere einer Abschluss- und Inhaltskontrolle gegenüberstellt.[194] Allerdings muss dann erst einmal erläutert und überzeugend eingeordnet werden, was mit der so klassischen Marktstörung der Marktmacht geschehen soll. Denn hier liegt das Problem nicht in irgendwelchen Entscheidungsdefiziten und damit auch dessen Lösung nicht in einer noch besseren Entscheidung des Verbrauchers. Vielmehr ist vor allem der Staat gefordert.[195]

---

[187] Näher oben § 8 D.; § 17 E. VI. Dogmatisch geht es hier um ganz ähnliche Erwägungen wie beim Irrtum, vgl. daher auch etwa oben § 17 C. II.; § 17 D. III.

[188] Begrifflich ist die Bandbreite hier groß (mit bisweilen auch konzeptionellen Unterschieden). Man spricht vom Informationsdefizit, von fehlender Erfahrung, einer intellektuellen oder psychischen Unterlegenheit, dem Verlust von Marktübersicht oder einem motivatorischen Ungleichgewicht.

[189] Vgl. zu diesen Begrifflichkeiten nur *Tamm*, Verbraucherschutzrecht, 2011, S. 166 ff. m.w.N. sowie zur auch stark staatlichen Dimension von Privatautonomie oben § 8 E. III.

[190] Näher dazu (und zu dem meist entgegengestellten Sozialmodell) etwa *Dauner-Lieb*, Verbraucherschutz, 1983, S. 62 ff.; *Drexl*, Selbstbestimmung, 1998, S. 25 ff.; *Heiderhoff*, Grundstrukturen, 2004; *Meller-Hannich*, Verbraucherschutz, 2005, S. 180 ff.; *Rehberg*, in: Eger/Schäfer (Hrsg.), Zivilrechtsentwicklung, 2007, S. 284 jeweils m.w.N.

[191] Näher dazu oben § 17 A. II.

[192] Näher zu solchen Fragen – insbesondere auch einer schnell drohenden Informationsüberlastung – *Rehberg*, in: Eger/Schäfer (Hrsg.), Zivilrechtsentwicklung, 2007, S. 284, 310 ff. m.w.N.

[193] Bereits vorgeschlagen von *Heck*, in: Schriftführer-Amt der ständigen Deputation (Hrsg.), Verhandlungen 21. DJT, 1891, 180. Zur auch psychologischen Komponente siehe hier nur *Kind*, Grenzen, 1998, S. 520 ff.; *Rehberg*, Informationsproblem, 2003, S. 240 ff. jeweils m.w.N.

[194] Stellv. *Tamm*, Verbraucherschutzrecht, 2011, S. 35 f., 42 f.; 137 ff., 969 ff., 982 ff.

[195] Dazu gleich unten § 19 C. VI. 2. a) sowie näher oben § 4; § 16 A. I. 1.; § 16 D. II.; § 16 D. III.; passim.

b) Klassische Ansichten

So inhaltlich überzeugend wie rechtlich fest verankert das Anliegen ist, die vertragliche Entscheidungsfindung durch Information und sonstige Maßnahmen zu unterstützen, liefert die klassische Rechtsgeschäftslehre keinerlei Maßstäbe, um qualitativ hochwertige von problematischen Entscheidungen abzugrenzen oder die vertragliche Entscheidungsfindung rechtlich auszugestalten. Hierzu kann auf frühere Ausführungen insbesondere zu beachtlichen Motivirrtümern[196] wie auch zu Zwang, Drohung und Ausbeutung[197] zurückgegriffen werden: Wenn etwa für die Willenstheorie schon der Parteiwille intrinsisch richtig ist,[198] gibt es dort – sofern nur gewollt – keine besseren oder schlechteren, sondern nur gewollte oder nicht gewollte Entscheidungen. Denn woran sollte dieser Wille auch zu messen sein? Den diversen Erklärungstheorien ergeht es hier nicht besser, stellen auch sie nicht auf die Motivbildung als vielmehr allein auf den Erklärungsakt ab. Dabei kann selbst eine höchst unwissend-überhastete Entscheidung vorsätzlich erklärt sein.[199] Kurzum: Wann immer die Probleme in der Bildung und nicht nur Äußerung einer Vertragsentscheidung liegen, versagen sämtliche Ansätze, die punktuell allein auf das Parteiverhalten bei Vertragsschluss abstellen.

Dieses Dilemma wird spätestens dort deutlich, wo man diese Theorien konkret danach befragt, warum denn welche Personen in welcher Situation wie viel und was für genaue Information erhalten sollten oder wie viel Ruhe sie benötigen. Dementsprechend finden sich dann in der verbraucherschutzrechtlichen Diskussion – genau wie in der Literatur zu vorvertraglichen Informationspflichten – viele flexible Begründungsmuster, werden Spannungsverhältnisse festgestellt oder nicht näher spezifizierte Regel/Ausnahme-Muster bemüht.[200] Oft verweist man einfach auf Gesetzgebung bzw. Rechtsprechung[201] oder zieht sich auf sehr abstrakte, in ihrer konkreten Anwendung nicht überprüfbare Aussagen zurück. Wenn etwa – gerne auch „materiell" – Selbstbestimmung, Autonomie, Entscheidungsfreiheit, Freiwilligkeit usw. eingefordert wird: Was für Rahmenbedingungen reichen denn jeweils aus, um genug Selbstbestimmung zu erzielen? Allumfassende Information kann sicher nicht verlangt werden, aber wie viel und was für Information dann genau?[202] Natürlich kann man auch einfach ein normatives Leitbild formulieren, doch

---

[196] Oben § 17 D.
[197] Oben § 4.
[198] Näher oben § 9 C. I. 1. und zu den damit verbundenen Problemen oben § 9 C. III.
[199] Näher oben § 10 D. IV.
[200] Siehe zu dieser Problematik etwa unten § 19 F. III. 2. oder oben ab § 9 C. V. 2. Zur nicht mehr überschaubaren Literatur über Informationspflichten siehe hier nur aus jüngerer Zeit *Rehm*, Aufklärungspflichten, 2003 oder den sich einer Abwägung selbst schuldig machenden Verfasser in *Rehberg*, Informationsproblem, 2003, S. 137 ff.
[201] Allgemein dazu oben § 16 A. I. 2.
[202] Näher oben § 17 D. III. Vgl. zur Problematik solcher Begriffe auch oben § 4 B. I.

beschreibt das bestenfalls ein zu begründendes Ergebnis, liefert jedoch noch keine Begründung.[203]

c) Rechtfertigungsprinzip

Demgegenüber lässt sich nach dem Rechtfertigungsprinzip nicht nur subsidiär der genaue Vertragsinhalt bestimmen.[204] Genauso erlaubt es für einzelne Lösungs- oder inhaltliche Korrekturmöglichkeiten die Prüfung, welche rechtliche Einbuße jeweils erforderlich ist, um die eigenen Ziele zu verwirklichen. Es ist bereits Gegenstand einer Rechtsänderung, nämlich Frage des Vertragsinhalts, unter welchen Umständen – etwa einer uninformierten oder überhasteten Entscheidung – was für Rechtsfolgen einschließlich eines Lösungsrechts eintreten sollten. Da der Verbraucher für jede „Wohltat" zahlt, also alles eingepreist wird (das Rechtfertigungsprinzip gilt auch für den Unternehmer, dessen höhere Belastung einen höheren Ausgleich erfordert[205]), führt diese Prüfung keineswegs zu einem ausufernden Verbraucherschutz, der nur beiden Seiten schaden würde, sondern wie immer zur größtmöglichen privaten Wertschöpfung. Anders formuliert wird ein Verbraucher gerne auf solche Schutzmaßnahmen verzichten, von denen er weniger profitiert als er dafür an Mehrkosten zahlt.[206]

2. Autonomie versus Heteronomie?

a) Klassische Ansichten

Schon bei der Ausgestaltung der vertraglichen Entscheidungsbildung wurde darauf hingewiesen, dass die Gegenüberstellung von marktkomplementären und marktkompensatorischen Ansätzen die unangenehme Frage aufwirft, wie dann die so klassische Marktstörung der Marktmacht eingeordnet werden soll. Denn hier liegt das Problem nicht in irgendwelchen Entscheidungsdefiziten und beruht damit auch dessen Lösung nicht auf einer noch besseren Entscheidung des Verbrauchers. Vielmehr ist vor allem der Staat gefordert – und zwar mit zwingendem Recht.[207] Spätestens hier lässt sich also nicht mehr leugnen, dass es keineswegs nur die Vertragsparteien sind, die allein bei Vertragsschluss den Vertragsinhalt festlegen. Dass dem selbst für noch so erfahrene Kaufleute nicht ist, nie war und auch nie sein wird – man denke nur an staatlich gesetzte Vertragsinhalte, Allgemeine Geschäftsbedingungen, Sitte, Übung und Brauch, Werbung, Stellvertretung oder diverse Gestaltungsrechte –, wur-

---

[203] Näher gleich unten § 19 C. VI. 3.
[204] Dazu gleich nachfolgend.
[205] Näher oben § 3 C. II. 1.
[206] Näher oben § 19 C. IV. 2. b) aa) sowie allgemein zu dieser Prüfung oben ab § 3 A. IV.
[207] Näher oben § 4; § 16 A. I. 1.; § 16 D. II.

de genauso eingehend beschrieben[208] wie die zahllosen dogmatischen Friktionen, welche die Diskrepanz zwischen theoretischer Vorstellung und rechtlicher Realität provozieren muss.[209] Und da die Verbraucher noch sehr viel stärker durch zwingende Vorschriften geschützt werden, sollte es spätestens hier schwer fallen, auf der These einer rein autonomen Verbraucherentscheidung zu beharren, ohne das geltende Recht vollends zu ignorieren.[210]

Tatsächlich finden sich gerade bei Verbrauchern gute Gründe für eine ausgeklügelte Arbeitsteilung: So zeigen sich nicht nur die Vertreter des sogenannten Sozialmodells[211] skeptisch, was die Leistungsfähigkeit insbesondere bloß informatorischer Maßnahmen anbelangt. Denn zum einen lässt sich Marktmacht selbst mit noch so überlegter Entscheidung nicht bekämpfen.[212] Besonders wirkt sich dabei aus, dass es sich für den einzelnen Verbraucher selten lohnt, wegen einzelner Verträge zu klagen, zumal es dieser Gruppe angesichts oft divergierender Interessen schwerfällt, sich wirksam zusammenzuschließen.[213] Schließlich können wir angesichts unserer begrenzten geistigen Fähigkeiten auch nur eine entsprechend begrenzte Informationsmenge verarbeiten, zumal es dem Staat praktisch sehr schwer fällt, eine wirklich hilfreiche Information zu erzwingen.[214]

Dass es der klassischen Rechtsgeschäftslehre angesichts ihres punktuellen, allein auf das Parteiverhalten bei Vertragsschluss abstellenden Ausgangspunkts nicht gelingen kann, die in Wahrheit personell wie zeitlich stark verteilte Bestimmung von Vertragsinhalten zu erklären, wurde genauso eingehend dargelegt[215] wie die für prozedurale Ansätze typische Unfähigkeit, konkrete inhaltliche Maßstäbe zu benennen, auf die es spätestens bei Inhaltskontrolle oder dispositivem Recht ankommt.[216] Schon deshalb ist Vorsicht geboten, wenn Konzepte materialer Vertragsgerechtigkeit „von vornherein am Primat der Vertragsfreiheit scheitern" sollen oder eine „Richtungsentscheidung zwi-

---

[208] Etwa oben § 8.
[209] Näher oben § 4 B.; ab § 9 C. V. 2.; § 10 E.; § 17 D. III. oder unten § 19 F. III. 2.
[210] Näher etwa oben § 8 D.; § 8 E. III.; § 9 C. III.; § 10 D. IV.; § 17 D. I. 1. Und doch wird bis heute betont, dass die Entscheidung letztlich allein beim Konsumenten liege (und der allein maßgebende Entscheidungszeitpunkt der des Vertragsschlusses sei), vgl. hier nur stellv. *Sedlmeier*, Rechtsgeschäftliche Selbstbestimmung, 2012, S. 121, 198, 225, passim.
[211] Vgl. oben Fn. 190.
[212] Näher oben § 4 B. I. 4. a).
[213] Das gilt auch heute trotz aller technischen Errungenschaften wie dem Internet. Näher zu solchen Problemen stellv. *Tamm*, Verbraucherschutzrecht, 2011, S. 16 ff. m.w.N. sowie aus ökonomischer Sicht etwa *Olson*, Collective Action, 1965.
[214] Siehe dazu etwa *Grunewald*, AcP 190 (1990), 609; *Kind*, Grenzen, 1998, S. 466 ff.; *Rehberg*, in: Eger/Schäfer (Hrsg.), Zivilrechtsentwicklung, 2007, S. 284; *Schön*, FS Canaris, Bd. 1, 2007, S. 1191; *Bechtold*, Grenzen, 2010, S. 48 ff. jeweils m.w.N.
[215] Näher oben § 8.
[216] Daneben sollte jede Vertragstheorie auch das Parteiverhalten beschreiben können. Näher zu alldem oben § 3 A. II.; § 4 B. I. 2.; § 16 A. I. 2.; passim.

schen Vertragsfreiheit und Vertragsgerechtigkeit" eingefordert wird.[217] Ebenso fragt sich beim Argument, dass wer als Bürger politisch für sich beanspruche, wählen zu dürfen, dann auch beim Vertrag allein zu entscheiden habe,[218] ob moderne Gesellschaften nicht vielleicht doch die eine oder andere Differenzierung zulassen. Immerhin ist auch unser politisches System hochgradig arbeitsteilig aufgebaut, und entscheidet der Bürger nur alle paar Jahre über die im Parlament vertretenen Parteien und Abgeordneten. Dann aber sind es diese Abgeordneten, die zusammen mit etwa Regierungsvertretern und Rechtsprechung das geltende Recht bestimmen – und nicht der einzelne Wähler. Denn dieser wäre damit genauso überfordert wie jede noch so mündige Vertragspartei damit, sämtliche Vertragsinhalte festzulegen.

b) Rechtfertigungsprinzip

Möchte man das geltende Recht verstehen und die Interessen der Vertragsparteien tatsächlich achten, kommt man beim heutzutage so komplexen Vertrag nicht daran vorbei, sich eingehend mit der menschlichen Arbeitsteilung zu beschäftigen.[219] Ja, es ist gerade der wichtigste Vorteil des Rechtfertigungsprinzips, dass es nicht vom Parteiverhalten bei Vertragsschluss ausgeht, sondern dem Parteiwillen (und damit mittelbar auch der Erklärung) nur indirekt – als Teil der daran auszurichtenden Kompetenzverteilung – einen sehr großen, aber eben auch nicht intrinsisch-absoluten Stellenwert einräumt.[220] Damit lassen sich Fallgruppen herausarbeiten, in denen – ergänzend oder aber sogar vorrangig – andere Institutionen wie bestimmte Verkehrskreise oder der Staat zum Vertragsinhalt beitragen.[221] Speziell für die staatliche Inhaltskontrolle liefert das Rechtfertigungsprinzip dann auch gleich den gesuchten Maßstab, ohne sich dabei in der unverbindlichen Forderung etwa nach einer Interessenabwägung zu erschöpfen.[222]

Da man beiden Vertragsparteien – hier also Verbraucher wie Unternehmer – angesichts einer dann insgesamt geringeren privaten Wertschöpfung schadet, wenn man die Chancen einer umfassenden Arbeitsteilung nicht auch beim Vertrag nutzt, ist vor allzu pauschalen Hierarchisierungen bei den einzelnen verbraucherschützenden Instrumenten zu warnen.[223] Es ist keineswegs so, dass ein zusätzliches Lösungsrecht oder auch die staatliche Inhaltskontrolle

---

[217] So etwa wieder jüngst *Sedlmeier*, Rechtsgeschäftliche Selbstbestimmung, 2012, S. 34, 36. Näher zum Verhältnis von Inhalt und Verfahren unten § 19 D.
[218] Stellv. *Dauner-Lieb*, Verbraucherschutz, 1983, S. 145, zust. *Sedlmeier*, Rechtsgeschäftliche Selbstbestimmung, 2012, S. 199.
[219] Näher oben § 8 B.
[220] Näher oben § 8 E. II. 2.; § 9 C. III.; § 9 E. sowie speziell zu Irrtumsfragen oben § 17.
[221] Näher oben § 16 A.; § 16 C.; passim.
[222] Näher dazu einerseits oben § 3 A. IV. 2.; § 4 C. III. 1. und andererseits oben § 2 A. V. 2. c) bzw. unten § 19 F. III.
[223] Das betrifft insbesondere das Verhältnis von Informations- und Sozialmodell, vgl.

immer erst dann eingreifen sollten, wenn der Verbraucher selbst unter noch so größter Anstrengung und bei noch so umfassender Information überfordert ist.[224] Vielmehr kann es beiden Seiten stärker helfen, dass sich der Anbieter gegen ein höheres Entgelt zu einem sehr einschneidenden Schutzinstrument bereit erklärt.

Das vielleicht wichtigste Instrument zur ganz bewussten Befreiung des Kunden von der Last einer umfassenden Entscheidungsbildung besteht in der Herausbildung professioneller Beratungsmärkte – was regelmäßig auch starke staatliche Anstrengungen erfordert. Dabei ist es sehr gut mit dem Ideal einer freiheitlichen Rechts- wie Marktordnung vereinbar, wenn der Kunde im Extremfall einen unabhängigen und professionellen Berater findet, der ihm – auch angesichts dies gewährleistender staatlicher Rahmenbedingungen – für gutes Geld einen tatsächlich interessengerechten Vorschlag unterbreitet, damit dieser Kunde dann ganz blind und vertrauensselig und ohne selbst auch nur irgendetwas von der Materie zu verstehen, diesem Vorschlag folgt.[225]

3. Verbraucherleitbild

Was immer man über Verträge und Märkte theoretisieren mag, dürfte weithin anerkannt sein, dass es sich dort vor allem um eines dreht: den Menschen mitsamt seinen Zielen, Rechten und Möglichkeiten. Schon deshalb verrät es nicht nur für das hier interessierende Zivilrecht viel über eine Rechtsordnung, wie diese den Menschen sieht und mit ihm umgeht. Das stark diskutierte Verbraucherleitbild bildet dabei nur einen wichtigen Ausschnitt. Dabei sei zunächst eine Banalität klargestellt, nämlich dass sich der Verfasser ausschließlich für eine Welt interessiert: die Realität – selbst wenn diese angesichts ihrer enormen Komplexität und der begrenzten menschlichen Fähigkeiten dazu neigt, manche schöne Vorstellung scheitern zu lassen.[226]

Natürlich ist das Recht frei, Tatbestände und damit auch normative Erwartungen unabhängig von den realen menschlichen Fähigkeiten zu formulieren. Gerade beim Verbraucherschutz liefert der Verweis auf die Normativität von Leitbildern bisweilen den willkommenen Anlass, um auf die mühselige Berücksichtigung geistiger, wirtschaftlicher und sozialer Realitäten zu verzichten.[227] Und tatsächlich ist es – auch ganz ohne metaphysischen Anspruch –

---

dazu die Nachweise oben in Fn. 190 und 214. Für eine vorsichtige Abstufung verschiedener Schutzinstrumente siehe etwa *Hommelhoff*, AcP 192 (1992), 71, 104.

[224] Näher dazu gleich unten § 19 C. VI. 3.

[225] Vgl. etwa für Finanzdienstleistungen *Rehberg*, Informationsproblem, 2003, S. 350 ff.; *Rehberg*, WM 2005, 1011.

[226] Näher oben § 19 B. III.; § 19 C. III. oder unten § 19 F. II.; passim. Methodisch siehe nur oben § 1 C. III. sowie unten § 19 F.

[227] Sehr deutlich etwa *Schünemann*, FS Brandner, 1996, S. 279, 290, demzufolge die Normativierung des Menschenbildes der Kritik einer Lebensferne (dort des BGB) den Boden entziehen soll.

eine herausragende kulturelle Errungenschaft, zwischen Sein und Sollen unterscheiden zu können.[228] Denn gerade weil Recht menschliches Verhalten beeinflusst,[229] tut die Gesellschaft bisweilen gut daran, mehr an Anstrengung vorauszusetzen bzw. einzufordern, als es den Gepflogenheiten oder der Leistungsbereitschaft des Durchschnittsmenschen entspricht. Nicht jede Laxheit ist rechtlich billigenswert.

Andererseits wäre es illusionär zu glauben, dass der bloße Verweis auf die Normativität von Leitbildern den willkommenen Anlass liefere, um die Realitäten menschlichen Verhaltens zu ignorieren und damit auf deren Berücksichtigung zu verzichten.[230] Zwar reagiert der Mensch oft auf rechtliche Anreize,[231] doch fällt es ihm selbst mittel- und langfristig schwer, seine generelle geistige Leistungsfähigkeit durchgreifend zu verbessern und tief verankerte Verhaltensmuster zu überwinden. Nicht zuletzt die Erfahrung mit dem Kommunismus lehrt, dass sich Menschen nur schwer zu „gutem" Verhalten erziehen lassen – ein Irrglaube, den auch eine liberale Gesellschaftsordnung vermeiden sollte. Leitbilder sind nicht die erhoffte Ausflucht in die heile Welt durchgängiger Rationalität. Anstrengung darf verlangt werden, Unmögliches nicht. Der Mensch bleibt das Maß, und es wäre unsinnig, an kognitiven Realitäten vorbei zu regulieren. Tatsächlich liefert die Psychologie einschließlich verwandter Disziplinen wie etwa der Marketing-Theorie[232] oder der Konsumentenforschung[233] schon längst zahlreiche gleichermaßen konkrete wie empirisch belegte Erkenntnisse über die tatsächliche Leistungsfähigkeit *jedes* Menschen – und nicht nur eines kleinen Prozentsatzes notorisch unmündiger Personen.

Es ist diese so typisch menschliche Unwissenheit, die uns dazu zwingt, ihr auf breiter Basis mit den unterschiedlichsten Strategien zu begegnen – und zwar methodisch wie vertragsrechtlich. Da dies bereits andernorts beschrieben wurde bzw. wird,[234] sei hier nur speziell auf das Verbraucherleitbild eingegangen: Zunächst ist das gesamte Vertragsrecht schon lange und keineswegs nur für bestimmte Personengruppen bestrebt, einen Vertragsschluss so

---

[228] Geistig ist dieser Prozess äußerst anspruchsvoll, verlangt das nicht nur kreatives, planerisches Denken, sondern etwa auch, zumindest partiell mehr als nur eine Welt geistig vorzuhalten, vgl. dazu etwa oben § 2 A. IV. 6.; § 2 D. IV. 4. d).; § 5 B. I.

[229] Zur Bedeutung von Anreizen auch für das (Vertrags-) Recht siehe etwa oben § 2 D. III. 5.; § 17 C. II. 2. d).

[230] Siehe dazu etwa oben § 9 C. V. 2. e); § 10 E. II. 1.; § 11 E. II. 6. sowie – etwas verwandt – oben § 9 C. V. 2. d).

[231] Jedoch keineswegs immer. Zum komplizierten empirischen Befund vgl. etwa *Jansen*, Haftungsrecht, 2003, S. 168 ff. sowie zur Bedeutung von Anreizen auch für das (Vertrags-) Recht oben § 2 D. III. 5.; § 17 C. II. 2. d).

[232] Stellv. *Nieschlag/Dichtl/Hörschgen*, Marketing, 19. Aufl. 2002.

[233] Stellv. *Kroeber-Riel/Weinberg*, Konsumentenverhalten, 8. Aufl. 2003.

[234] Oben § 17 A. und unten § 19 F.

einfach wie möglich zu gestalten.[235] So wird es angesichts zunehmend ausdifferenzierter und damit häufig auch immer kleinerer Märkte wichtiger, dass möglichst viele Personen am Wettbewerb teilhaben. Und es bedarf rechtlicher Rahmenbedingungen, die es dann selbst noch einer recht kleinen Gruppe möglichst leicht machen, die Anbieter zu immer stärkeren Anstrengungen anzustacheln und so zu einer Intensivierung des Wettbewerbs beizutragen.

Deshalb sollten wir einem Verbraucher keineswegs genau das abverlangen, was dieser zu leisten noch imstande ist. Entscheidend ist, wie viel an Anstrengung sich in einer arbeitsteiligen Gesellschaft als wertschöpfend erweist. Für die Diskussion etwa von Irreführung oder Informationspflichten bedeutet dies, dass selbst wenn sich ein Kunde durch genauestes Hinschauen oder umfangreiche Recherchen ein eigenes Bild verschaffen könnte, das nicht immer zu verlangen ist. Häufig verfügt bereits der Hersteller über die relevante Information und kann diese sehr viel leichter verfügbar machen als der Kunde durch eigene Anstrengungen. Anders formuliert hat der Kunde häufig Besseres zu tun, als sich zum Experten fortzubilden, bevor er ein Produkt erwirbt oder dessen Erwerb auch nur erwägt.[236] Auch hier rächt sich das punktuelle und damit jegliche Vorteile der menschlichen Arbeitsteilung ausblendende Denken der klassischen Ansichten.

Besonders deutlich wird das bei Betrug oder Drohung. Hier sollten wir eine Strafbarkeit, Schadensersatzansprüche oder auch nur ein Anfechtungsrecht nicht mit dem Argument verweigern, dass der Beraubte den gefährlichen Weg ja nicht habe beschreiten müssen oder sich sonstwie wappnen können.[237] Ebenso wenig sollten wir dem Betrogenen oder Bestohlenen vorhalten, dass er die Tat rechtzeitig erkennen oder sie durch Vorsichtsmaßnahmen hätte verhindern können.[238] Schließlich sollte die Rechtsordnung Werbende ganz unabhängig davon bei ihrem Wort nehmen, ob sich der Kunde vielleicht denken konnte, dass „in der Werbung ja ohnehin viel gelogen wird".[239] Nach dem Rechtfertigungsprinzip ist für jede Sorgfaltspflicht des Kunden wie auch bei Informationspflichten des Anbieters zu fragen, ob diese rechtliche Belastung zur gemeinsamen Wertschöpfung beiträgt.[240] Wenn sich etwa der Verbraucher

---

[235] Näher oben § 8 B. III. 5.; § 18 C. I.
[236] Siehe dazu etwa *Kroeber-Riel/Weinberg*, Konsumentenverhalten, 8. Aufl. 2003, S. 694 f., 699, 715; *Rehberg*, in: Eger/Schäfer (Hrsg.), Zivilrechtsentwicklung, 2007, S. 284, 348 f. jeweils m.w.N. sowie ganz übergreifend *Stigler*, 69 JPolitEcon 213 (1961). Näher dazu auch oben § 8 B. oder § 17 A. II.
[237] Näher oben § 4 C. II. 6.
[238] Näher zur Täuschung oben ab § 17 D. III. 2.
[239] Näher zu Werbung oben § 15. Dies sah man übrigens auch früher schon so, vgl. etwa für Großbritannien *Carlill* v. *Carbolic Smoke Ball Company* [1893] 1 QB 256 Court of Appeal.
[240] Näher dazu oben § 3 C. I.; § 17 C. II.; § 17 D. III.; § 17 E. VI. Dabei ist einmal mehr zu berücksichtigen, dass sich bei funktionierenden Märkten jede zusätzliche Pflicht – egal für welche Seite – zumindest im Preis niederschlagen wird, vgl. oben § 19 C. IV. 2. b) aa).

durch umfangreiche Recherchen ein eigenes Bild verschaffen könnte, sollte er hierzu dennoch nicht gezwungen werden, wenn der Anbieter die relevante Information sehr viel leichter bereitstellen kann. Für das Verbraucherleitbild bedeutet das, in Gesetzgebung wie Rechtsprechung vor allem Problemlosigkeit des Kaufverhaltens voranzustellen, d.h. eine routinemäßige und vereinfachte Bedürfnisbefriedigung zu ermöglichen.[241] Es ist daher begrüßenswert, wenn die Leitbilddiskussion zunehmend wieder den konkreten Personenkreis bzw. die jeweilige Situation berücksichtigt,[242] zumal es illiberal und entwürdigend wäre, auf Basis einer Scheinwelt zu argumentieren und die vielen Widrigkeiten der realen menschlichen Existenz und der sie umgebenden Welt zu missachten. Wem die Freiheit der Menschen am Herzen liegt, sollte sie konkret verwirklichen und damit ein Menschenleitbild formulieren, das auf realitätsgerechten Anforderungen basiert.[243]

4. Sonderprivatrecht?

Der zunehmende Ausbau solcher Vorschriften, die etwa mit Verbrauchern, Arbeitnehmern oder Mietern ganz spezielle Personengruppen schützen und deren Entscheidungsfindung unterstützen oder gar staatlicherseits korrigieren, lässt sich mit den klassisch-punktuellen Vertragstheorien nicht vereinbaren.[244] So muss man sich dann fragen, ob denn Verbraucherschutz überhaupt zum „normalen" Vertragsrecht gehört oder aber einen auszugliedernden, wenn nicht gar zu überwindenden Fremdkörper bildet. Letzteres wird man besonders dann vertreten, wenn man Verbraucherschutz als unnötig, ja sogar schädlich, ablehnt. Akzeptiert man hingegen diese neuere Entwicklung als zumindest grundsätzlich vertretbar, verlagert sich die Diskussion auf die Frage, ob sie sich mit klassisch-vertragsrechtlichem Gedankengut oder aber nur mit ganz spezifischen Wertungen wie etwa einem Verbraucherschutz-[245] oder Solidaritäts- bzw. Fairnessprinzip[246] bewältigen lässt. Teilweise wird dann noch gefordert, diese Grundsätze auf das gesamte Vertragsrecht auszuweiten.

---

[241] Für Nachweise siehe oben Fn. 236.
[242] Siehe aus der deutschen Rechtsprechung etwa bereits RG, Urt. v. 10.5.1904, RGZ 58, 129 oder aus jüngerer Zeit BGH, Urt. v. 20.10.1999, GRuR 2000, 619, 621 („Orient-Teppichmuster"). Siehe auch die Erwägungsgründe 18f. der Richtlinie 2005/29/EG des Europäischen Parlaments und des Rates vom 11. Mai 2005 über unlautere Geschäftspraktiken im binnenmarktinternen Geschäftsverkehr zwischen Unternehmen und Verbrauchern, Abl. EG L 149/22 v. 11.6.2005.
[243] Siehe dazu etwa auch oben § 4 B. I. 4. b) aa); § 4 B. I. 4. b) ee); § 9 C. I. 3. d); § 10 C. IV. 5.; § 17 E. III. 6. c) bb); § 19 B. III. 2. sowie unten § 19 G. IV.
[244] Näher dazu bereits oben § 19 C. VI. 1. b); § 19 C. VI. 2. a).
[245] Dies etwa befürwortend *Tamm*, Verbraucherschutzrecht, 2011, S. 5, 130ff., 963 m.w.N.
[246] Stellv. *Lurger*, Vertragliche Solidarität, 1998.

Das Rechtfertigungsprinzip fordert demgegenüber bereits im Ausgangspunkt den konsequenten Schutz sämtlicher Personen und damit auch des Verbrauchers, der – genau wie jeder Kaufmann, Unternehmer, Vermieter oder Arbeitgeber – nur so weit rechtlich beeinträchtigt werden sollte, wie dies seinen eigenen Zielen dient.[247] Und da dieser Grundsatz nicht vom punktuellen Parteiverhalten bei Vertragsschluss, sondern der jeweiligen rechtlichen Ausgangslage und den übergreifenden Zielen ausgeht, lässt sich so erklären, warum das Recht nicht nur die Entscheidungsbildung – etwa durch Täuschungsverbote, Informationspflichten oder Widerrufsrechte – unterstützt,[248] sondern darüber hinaus auf eine umfassende Arbeitsteilung bis hin zu zwingenden staatlichen Vorgaben setzt.[249] Damit besteht hier weder Bedarf nach einem Sonderprivatrecht noch nach ganz eigenen Wertungen.

Auf dieser Basis lässt sich dann auch die früher sehr heftig, heutzutage merklich gelassener geführte Diskussion um personelle versus situative Anknüpfungen bewerten. Rein tatsächlich ist nicht zu übersehen, dass immer mehr Vorschriften nur für „Verbraucher" gelten,[250] weshalb wir auch zunehmend von einem „Verbraucherrecht" sprechen. Zweifellos basiert diese Entwicklung auf der Vorstellung, dass gerade dieser Verbraucher besonders schutzwürdig (schwächer, unterlegen usw.) sei und damit von speziellen Vorschriften profitieren sollte. Allerdings lässt sich fragen, ob diese Anknüpfung sinnvoll ist:[251] Zunächst ist nicht immer klar, ob mit Begriffen wie „Ungleichgewicht" die inhaltliche Unausgewogenheit des Vertragsinhalts etwa im Sinn von Äquivalenz[252] oder aber – wie wohl meistens – sonstige Umstände gemeint sind. Vor allem aber lassen sich viele klassische Problemfälle situativ deutlich besser als personell erfassen. Schwäche haftet im Vertragsrecht keineswegs immer den gleichen Personen an.[253] Beim Raub etwa sind es meistens Arme, die sich bevorzugt Reiche suchen, genauso wie wir in Fall 45 auch einen ertrinkenden Millionär vor einer Ausbeutung schützen.[254] Dementsprechend schwer fällt eine genaue Definition solcher Begriffe wie Schwäche, (Macht-) Ungleich-

---

[247] Näher oben § 19 C. II. 1.
[248] Näher oben § 19 C. VI. 1. c)
[249] Näher oben § 19 C. VI. 2. b).
[250] Weshalb sich etwa im deutschen Recht nunmehr in § 13 BGB eine einheitliche Definition findet, die allerdings getreu europarechtlichen Vorgaben oft dann doch richtlinien-/sektorspezifisch auszulegen ist.
[251] Auf eine erneute umfassende Aufarbeitung dieser Diskussionen sei hier verzichtet, vgl. zum Einstieg nur die Nachweise etwa bei *Tamm*, Verbraucherschutzrecht, 2011, S. 45 (dort insbes. Fn. 5), 175 f. oder *Sedlmeier*, Rechtsgeschäftliche Selbstbestimmung, 2012, S. 93 ff. jeweils m.w.N.
[252] Zu dieser eingehend oben § 4 B. III.
[253] Zutr. *Hönn*, Kompensation, 1982, S. 273.
[254] Vgl. bereits oben § 19 C. IV. 4. Näher zur Ausbeutung oben § 4 C. III. sowie zur Allgemeingültigkeit des Rechtfertigungsprinzips oben § 19 C. II. 1.

gewicht oder (Im-) Parität.[255] Weiterhin kann jede Überlegenheit hart erarbeitet sein, weshalb es oft unbillig wäre, dies nicht auch vertragsrechtlich zu berücksichtigen.[256] Demgegenüber haben sich viele situative Anknüpfungen bewährt, sei es die von Täuschung bzw. Betrug,[257] einer marktbeherrschenden Stellung[258] oder der besonderen Komplexität des Vertragsinhalts bzw. Produkts,[259] die oft auch ökonomisch – insbesondere als Marktstörung[260] – untersucht werden.

Andererseits kann sich bisweilen auch eine personell typisierende Regelungstechnik bewähren, wie dies etwa für Kaufleute oder Arbeitnehmer, aber auch für Kinder, weithin anerkannt scheint. Schließlich können wir uns bei personell angeknüpften Normen auf solche Maßnahmen beschränken, die tatsächlich nur die jeweilige Personengruppe betreffen. Das gilt umso mehr, als sich personelle Merkmale oft einfacher definieren, überprüfen und dementsprechend auch beweisen lassen als manches situative Merkmal. Doch geht es hier weniger um fundamentale Richtungsentscheidungen als vielmehr die eher rechtstechnische, möglichst pragmatisch zu diskutierende Frage, wie das Rechtfertigungsprinzip praktisch für jeden Einzelnen verwirklicht werden kann. Doch nur weil jedermann gleichermaßen schützenswert ist, heißt das noch lange nicht, dass wir deshalb für jeden auch die gleichen Maßnahmen ergreifen sollten – gerade weil Menschen verschieden sind und sein dürfen. Dementsprechend findet sich kaum eine moderne marktwirtschaftliche Ordnung, in der Verbraucherschutz nicht fest etabliert wäre und allenfalls noch auf rein akademischer Ebene von denjenigen Vertragstheorien als Fremdkörper empfunden wird, die allein auf eine wie auch immer getroffene Parteientscheidung bei Vertragsschluss abstellen.

D. Inhalt versus Verfahren

I. Problem

Ob das Recht einem letztlich inhaltlichen (materiellen, materialen, substanziellen, ergebnisorientierten) oder eher formalen (formellen, verfahrensbasier-

---

[255] Zu dieser Diskussion vgl. oben Fn. 251.
[256] Näher oben § 4 C. I. 3.; § 4 C. III. 2.; § 17 D. IV.
[257] Näher oben § 17 D.
[258] Näher oben § 4 C. III.
[259] Wobei sich hier natürlich über die begriffliche Einordnung als „situativ" streiten lässt. Das klassische Beispiel bilden jedenfalls Finanzprodukte wie die Versicherung, die selbst noch so mündige Verbraucher überfordern, eingehend dazu *Rehberg*, Informationsproblem, 2003, S. 30 ff.
[260] Siehe dazu nur monographisch *Fritsch*, Marktversagen und Wirtschaftspolitik, 8. Aufl. 2011.

ten, prozeduralen) Grundgedanken folgt, ist von jeher umstritten.[261] Es verhält sich hier nicht anders als in der vielschichtigen philosophischen Gerechtigkeitsdiskussion – zumal beides eng zusammenhängt. Leider erschwert es die Darstellung, wenn die einzelnen Begriffe je nach Autor und Problemfeld oft sehr variieren, ja sich bereits dort ganze Theorien verstecken, und man bisweilen gar noch formell von formal bzw. materiell von material unterscheidet. Hier demgegenüber soll es nur um den grundlegenden Gegensatz zwischen konkreten inhaltlichen Aussagen – insbesondere zum wünschenswerten Vertragsinhalt – und solchen Ansätzen gehen, die genau darauf verzichten und stattdessen allein den Entstehungsprozess thematisieren.

Bevor die Nachteile eines rein prozeduralen Denkens beschrieben werden, sei zunächst kurz gefragt, ob nicht auch das Rechtfertigungsprinzip als letztlich prozedural zu charakterisieren ist. Schließlich bedeutet dessen Rechtebasierung nichts anderes, als dass die jeweilige rechtliche Ausgangslage nicht hinterfragt, sondern jeweils bereits vorausgesetzt wird. Der Vertrag bildet hier lediglich ein Instrument zu deren Veränderung.[262] Genauso wenig liefern die menschlichen Zwecke einen ewig gleichbleibenden Maßstab, sondern bleiben dem jeweiligen Menschen überlassen.[263] Und die sonstigen faktischen Umstände des jeweiligen Vertragsschlusses verändern sich ohnehin. Das nötigt zur Klarstellung, dass das Rechtfertigungsprinzip hier vor allem deshalb als substanziell bezeichnet wird, weil es konkrete Aussagen zum Vertragsinhalt erlaubt[264] und dabei insbesondere den konsequenten Schutz bereits zustehender Rechte – etwa auf körperliche Unversehrtheit oder aus Eigentum – einfordert.[265]

II. Offene Fragen

1. Vertragsinhalt

a) Begründungsnotwendigkeit

Wie wenig ein rein prozedurales Verständnis dazu beiträgt, das geltende Vertragsrecht zu verstehen, zeigt sich auf nahezu allen Ebenen, nämlich beim Vertragsinhalt, dessen personell wie zeitlich stark verteilten Setzung sowie den dafür jeweils geltenden Rahmenbedingungen. So sei zunächst darauf hinge-

---

[261] Vgl. neben der deutschsprachigen Diskussion insbesondere um *Schmidt-Rimplers* These einer Richtigkeitsgewähr (unten Fn. 282) nur *Kennedy*, 89 HarvLRev 1685 (1976); *Atiyah/Summers*, Form and Substance in Anglo-American Law, 1987 oder *Smith*, Contract Theory, 2004, S. 348 ff. (dort speziell zur *unconscionability*).
[262] Näher oben § 2 A. II. 2.; § 2 D. I. 4. b); § 3 A. IV.; § 4 C. I. 1. und unten § 19 F. VI.; passim.
[263] Näher oben § 2 A.
[264] Näher oben § 3 A. IV.; § 3 B.; § 3 C.; passim.
[265] Näher etwa oben § 2 B. II.; § 19 B. II.

wiesen, dass konkrete Vertragsinhalte nun einmal „da" und damit wissenschaftlich zu erfassen sind. Es wäre ein Armutszeugnis der Rechtswissenschaft und damit auch jeder Vertragstheorie, ließe sich ausgerechnet der jeweilige Inhalt nicht beschreiben. Auch Verfahren enden mit einem Ergebnis, und Prozeduralisierung sollte nicht als leichter Ausweg dienen, um dogmatisch unangenehmen Fragen auszuweichen. Haben wir keine Vorstellung darüber, was wir inhaltlich anstreben oder ablehnen, dreht sich die gesamte Diskussion nur noch um Äußerlichkeiten. Und doch halten sich Willens- wie Erklärungstheorie erst gar nicht mit der Frage auf, was denn warum Vertragsinhalt werden könnte oder sollte, oder auch nur damit, ob und warum Menschen überhaupt Verträge schließen. Wenn zwei Menschen kontrahieren, dann wollen oder erklären sie eben gerade das, was sie gerade wollen oder erklären – warum auch immer.[266] Auch das Äquivalenzkriterium greift hier von vornherein ins Leere.[267]

Praktisch noch wichtiger ist eine wissenschaftliche Erfassung auch und gerade des Ergebnisses vertraglicher Anstrengungen dort, wo andere Personen als die Vertragsparteien den Vertragsinhalt bestimmen. Gerade wenn man sich das Faktum verteilter Entscheidungsfindung verdeutlicht, drängt sich die Frage auf, wie denn diese Inhalte – wie auch deren zeitlich wie personell verteilte Entstehung – begründbar sind.[268] Denn weder wollen wir die unzähligen dispositiven Vorschriften – gesetzlich wie richterrechtlich – oder das, was wir als Inhaltskontrolle etwa Allgemeiner Geschäftsbedingungen täglich praktizieren, auswürfeln, noch können wir diese so essenziellen Teile unseres Vertragsrechts glaubwürdig von rechtswissenschaftlichen Bemühungen fernhalten und allein anderen Disziplinen überlassen.

b) Menschliche Prioritäten

Nimmt man das Ideal von Liberalität und gegenseitiger Toleranz ernst, so liegt es nahe, die Menschen selbst danach zu befragen, was ihnen wichtig ist. Anders als es manche philosophisch hoch elaborierte Konstruktion glauben lässt, fällt die Antwort dann möglicherweise ernüchternd aus, ist uns der Vertragsschluss meistens ein lediglich profanes, sonst nicht weiter interessierendes Mittel für ganz andere, uns tatsächlich wichtige Zwecke. Wer eine Semmel kauft, möchte nicht nur seinen Willen ausdrücken, Entscheidungsfreiheit ausleben, in soziale Kommunikation eintreten, Anerkennung erfahren, Wettbewerb genießen oder aus Spaß Risiken eingehen, sondern seinen Hunger möglichst schmackhaft und günstig stillen.[269] Tatsächlich ist uns oft die Notwendigkeit einer eigenen Entscheidung keineswegs erstrebenswert, sondern eine

---

[266] Näher oben § 3 A. III. 1.
[267] Näher oben § 3 A. III. 2.
[268] Näher dazu etwa oben § 8.
[269] Näher oben § 2 A. IV. 1.; § 9 C. III.; § 9 D. I.; § 19 B. III. 2.; passim.

praktisch notwendige, aber eher anstrengende Last.[270] Und die wenigsten wollen dabei etwas verschenken, sondern ihre Interessen verwirklicht sehen.[271] Dementsprechend geht es Gesellschaftsgründern vornehmlich darum, unternehmerische Ziele zu verwirklichen, also insbesondere Gewinn zu erzielen. Kurzum: Die Menschen interessiert vor allem das Ergebnis und nicht nur ein Verfahren. Wir wählen einen Weg vor allem deshalb, weil er uns zu einem Ziel führt. Wer dies missachtet, missachtet den Menschen.

c) Rechtfertigungsprinzip

Wie viel wir zum Vertragsinhalt sagen müssen und mit dem Rechtfertigungsprinzip auch sagen können, wird dort besonders anschaulich, wo die Parteien voll informiert und rational agieren, weshalb gerade die von klassischen Ansätzen so gerne vernachlässigte oder mit bloßen Leerformeln abgehandelte Fallgruppe von Zwang, Drohung und Ausbeutung so eingehend behandelt wurde.[272] Denn hier konnte das gesuchte substanzielle Kriterium noch am einfachsten entwickelt, ja überhaupt erst entdeckt werden, um es dann auf andere Bereiche wie den klassischen Vertragsinhalt, Leistungsstörungen oder auch die so detaillierten Eigenschaften anzuwenden. Die zusätzliche Berücksichtigung von Unwissenheit relativierte nicht etwa die Überzeugungskraft substanzieller Kriterien, sondern unterstrich diese noch: Betrug etwa ist deshalb so gefährlich, weil Menschen dadurch meist ganz unnötige rechtliche Einbußen erleiden. Das Rechtfertigungsprinzip ließ sich hier genauso erfolgreich anwenden wie umgekehrt Wille, Erklärung oder Entscheidungsfreiheit immer noch versagen.[273] Die jeweiligen Spielräume der Vertragsparteien, die Zuweisung von Risiken, die Auswirkungen von Leistungsstörungen – für all diese Fragen mussten keine neuen Kriterien eingeführt werden. Wohl aber musste berücksichtigt werden, dass wann immer Menschen unwissend entscheiden, irreparable Schäden eintreten können, die dann irgendjemand tragen muss. Auch solche Risiken sind eine nach dem Rechtfertigungsprinzip zu bestimmende Frage des Vertragsinhalts.[274]

2. Verteiltes Denken

Das Rechtfertigungsprinzip liefert dann auch den notwendigen inhaltlichen Maßstab dafür, welche Personen – privat oder staatlich – zu welchem Zeit-

---

[270] Weshalb es nur zu begrüßen ist, wenn es etwa durch einen intensiven Wettbewerb erreicht werden kann, dass wir unsere Bedürfnisse möglichst leicht befriedigen können und uns als Konsumenten gewisse Wünsche geradezu abgelesen werden, vgl. dazu auch oben § 19 C. VI. 3.
[271] Zur Schenkung siehe oben § 3 B. II.
[272] Oben § 4.
[273] Näher oben § 17 D. II.; § 17 D. III. 3. a).
[274] Näher oben § 5; § 6 E.; § 17 C. II.; § 17 D. III.; passim.

punkt und unter welchen Voraussetzungen den Vertragsinhalt beeinflussen. Denn natürlich darf nicht übersehen werden, dass der Staat selten gut beraten ist, diesen selbst zu bestimmen, gerade weil das Rechtfertigungsprinzip real und nicht nur hypothetisch, d.h. angesichts verschiedenster menschlicher wie natürlicher Widrigkeiten sowie rechtlicher Ausgangsausstattungen, verwirklicht wird.[275] Nur auf dieser substanziellen Basis lässt sich die sorgsam austarierte Kompetenzverteilung insbesondere zwischen Privatleuten, Richtern und Gesetzgeber verstehen, hinterfragen oder neuen Entwicklungen anpassen.[276] Nur so lässt sich erklären, wann und warum wir mal auf das Parteiverhalten und dann wieder auf die Verkehrssitte oder Allgemeine Geschäftsbedingungen abstellen, warum Stellvertretung anerkannt ist – das aber wiederum nur unter bestimmten Voraussetzungen – und wann es eben doch direkter inhaltlicher staatlicher Vorgaben in Form dispositiven oder gar zwingenden Rechts bedarf.[277] Dass wir dabei besonders den Parteiwillen schätzen – wenn sich denn ein solcher finden lässt –, liegt daran, dass dieser meist sehr viel bessere Anhaltspunkte für das Rechtfertigungsprinzip liefert als eine staatliche Entscheidung. Denn regelmäßig wissen die Vertragsparteien am besten, was für Vertragsinhalte sie in ihrer konkreten Situation und auf Basis ihrer eigenen Rechteausstattung ihren eigenen Zielen näherbringen.[278] Doch gibt es genug Gegenbeispiele, geht es also immer nur um Indizien und keinen Selbstzweck, weshalb es so wichtig ist, für die genaue Ausgestaltung dieses personell wie zeitlich verteilten Denkens das maßgebliche substanzielle Kriterium und damit für all das überhaupt einen Grund zu benennen. Mit rein prozeduralen Ansätzen gelingt das nicht.

3. Rahmenbedingungen

Glaubt man den gängigen Vertragstheorien, so soll all das, was die Vertragsparteien bei Vertragsschluss wollen oder zumindest zurechenbar – etwa vorsätzlich – erklären, intrinsisch richtig sein. *Stat pro ratione voluntas*. Doch ob nun bei Zwang, Drohung und Ausbeutung oder Unwissenheit – man denke nur an die Täuschung –, ob bei Formvorschriften einschließlich des Erfordernisses einer Erklärungsabgabe: Tatsächlich ist uns keineswegs jede Entscheidung gleichermaßen wichtig und richtig.[279] Schließlich wollen wir Menschen konkrete Zwecke verwirklichen.[280] Damit benötigen wir geeignete wissenschaftliche Maßstäbe, müssen verallgemeinernd beschreiben, warum wir je nach Entscheidungssituation, Vertragstyp oder Person ganz unterschiedliche

---

[275] Näher oben § 8 A. I.
[276] Näher oben § 16 A.
[277] Näher oben § 8 B.
[278] Näher oben § 8 E. II. 2.
[279] Näher oben § 8 D.; § 9 C. III.; § 10 D. IV.; § 17 D.; § 18 C. I.
[280] Siehe dazu bereits oben § 19 D. II. 1. b).

Anforderungen an das stellen, was wir etwa als Willenserklärung berücksichtigen. Und weil nicht nur die Vertragsparteien über den Vertragsinhalt entscheiden, sondern in Wahrheit ganz verschiedene Personen zu oft unterschiedlichsten Zeiten, müssen wir genau genommen für jede dieser noch so kleinen Entscheidungen, für jeden noch so infinitesimalen Geistesschritt erklären, wie es sich hier mit den jeweiligen Anforderungen verhält. Auch das gelingt nur mit einer inhaltlichen Vorstellung.

III. Liberal und sozial

Schon weil zuvor so eingehend gefragt wurde, wann es denn eine Vertragstheorie verdient, als liberal oder sozial bezeichnet zu werden,[281] sei dies hier nochmals für das Verhältnis von Inhalt und Verfahren getan. Denn gerade prozedurale Ansätze werden gerne als liberal eingestuft, substanzielle Konzepte hingegen als illiberal. Insbesondere wird befürchtet, dass der Staat den Menschen vorschreibt, was für ein Leben sie zu führen haben, dass er Einzelne auf Kosten anderer von der Verantwortung für ihr Handeln befreit und sich auch sonst Entscheidungen anmaßt, die besser den Individuen überlassen bleiben. Sehr typisch ist hier die intensive Auseinandersetzung mit *Schmidt-Rimplers* Thesen einer Richtigkeitsgewähr.[282] Dazu sei auf die bereits andernorts zitierten Passagen etwa eines *Flume* hingewiesen.[283]

Demgegenüber liegt es gerade an der prozeduralen – und dann auch noch höchst punktuellen – Sicht klassischer Ansätze wie der Willenstheorie, dass sie keineswegs das verwirklichen, was wir gemeinhin als liberal oder sozial empfinden. Denn sie können nicht berücksichtigen, dass sich reale Menschen bisweilen irren, in Zwangslagen geraten und nicht immer überlegt entscheiden.[284] Streben wir tatsächlich ein liberales oder auch soziales Vertragsrecht an, muss sich dieser Charakter bereits auf substanzieller Ebene beweisen. Das Rechtfertigungsprinzip ist individualistisch-liberal, indem es konsequent die Rechte des Einzelnen schützt und diese Rechte nur – aber eben auch gerade dann – um die selbstgewählten Interessen dieser Person willen preisgibt. Und weil ein inhaltliches Kriterium nicht allein nach dem Parteiverhalten bei Vertragsschluss schaut, muss dessen liberaler Anspruch dann auch nicht dort aufhören, wo Wille oder Erklärung der Vertragspartner schweigen, sondern kann auch staatlich gesetzte Vertragsinhalte danach befragen, wie konsequent sie

---

[281] Oben § 19 B.; § 19 C.
[282] *Schmidt-Rimpler*, AcP 147 (1941), 130; *Schmidt-Rimpler*, FS Raiser, 1974, S. 3 (näher zu diesem *Kirschke*, Richtigkeit, 2009), dessen Grundthese bis heute Zustimmung findet, vgl. nur beispielhaft *Raiser*, FS Deutscher Juristentag, Bd. 1, 1960, S. 101, 117 ff.; *Coester-Waltjen*, AcP 190 (1990), 1, 14 f. Eher skeptisch etwa *Fastrich*, Inhaltskontrolle, 1992, S. 44 ff.
[283] Vgl. oben § 9 C. III. 1.
[284] Näher eben gerade oben § 19 D. II.

die Interessen und Rechte des Einzelnen achten.[285] Damit liefert ein substanzieller Maßstab wie das Rechtfertigungsprinzip die nötige Handhabe, um staatliches Handeln nicht nur zu begründen, sondern es auch zu begrenzen, in seine Schranken zu weisen. Beides gehört zusammen. Wer dem Staat Grenzen setzen will, sollte diese Grenzen schon beschreiben können.[286] Gleichzeitig fordert das Rechtfertigungsprinzip den gerade im Ergebnis erfolgreichen Schutz jedes Menschen so wie er ist – und nicht, wie er sich nur nach der rein hypothetischen Vorstellung des Theoretikers darstellt. Das wiederum verlangt je nach Person und Umstand ganz unterschiedliche Antworten, möchte man vertragliche Wertschöpfung jedem Einzelnen eröffnen. Deshalb bildet auch Verbraucherschutz keinen dogmatischen Frevel, sondern leistet schlichtweg diejenige Differenzierung, die moderne Gesellschaften auch in anderen Bereichen zunehmend bewältigen.[287]

Dabei rächt sich bei prozeduralen Ansätzen, dass diese verbindliche Aussagen – im Vertragsrecht etwa zum Vertragsinhalt – verweigern, sondern beinahe schon definitionsgemäß auf die Gründe anderer Personen verweisen, die es dann in irgendeiner Form abzuwägen gelte.[288] Der Rückzug allein[289] ins Verfahren ist nicht nur in der Rechtsdogmatik, sondern auch in der alltäglichen Praxis ein beliebtes Mittel, um sich aus unangenehmen Fragen herauszuhalten. Letztlich gibt man damit die substanziellen Anliegen preis, die den Menschen, der Gesellschaft oder vielleicht sogar einem selbst wichtig sind. Auch wer liberale oder soziale Werte propagiert, schafft das nicht mit Abwägungsformeln.[290]

Das Vertragsrecht bildet hier nur ein Beispiel von vielen. Genauso lassen sich die Voraussetzungen einer Wettbewerbs- und Marktordnung nur dann definieren, theoretisch einordnen und praktisch umsetzen, wenn man zuvor diejenigen Gesichtspunkte identifiziert hat, denen all das überhaupt dienen soll.[291] Und selbst für so klassische Verfahrensregeln wie das Zivil-, Straf-, Verfassungs- oder Verwaltungsprozessrecht gilt letztlich nichts anderes. Zumindest in Europa ist uns der Prozess nicht nur ein großes Spiel, kein bloßer Wettkampf, um unsere juristischen Kenntnisse oder rhetorischen Fähigkeiten

---

[285] Näher oben § 19 B. II.
[286] Näher oben § 16 D. III.
[287] Näher oben § 19 C. VI. sowie oben § 19 B. II. 3.; § 19 B. III. 2.; § 19 C. II. 1.; passim.
[288] Näher zur Problematik solcher Begründungsmuster oben § 2 A. V. 2. c) und unten § 19 F. III. 2.
[289] Dass es gerade verbindlich-inhaltliche Kriterien überhaupt erst erlauben, Verfahrensvorschriften verallgemeinernd zu beschreiben und damit wissenschaftlich zu erfassen – im Vertragsrecht insbesondere die zeitliche und personelle Verteilung sowie die qualitativen (etwa informatorischen) Voraussetzungen menschlicher Entscheidung –, wurde bereits eingehend dargelegt, vgl. oben § 8; § 19 D. II.; passim.
[290] Näher oben § 19 B. IV.; § 19 C. III.
[291] Näher oben § 16 D. III.

auszufechten, sondern dient mit dem materiellen Recht einem ernsten Anliegen.

IV. Siegeszug des Prozeduralismus?

1. Theorie versus Praxis

Inwieweit am Anfang unserer Kulturgeschichte ein eher materielles oder prozedurales Rechtsverständnis steht, kann vom Verfasser seriös nicht beantwortet werden. Einerseits finden sich früh stark formal-ritualisierte Bindungsformen wie sakrale Eidesleistungen oder die römischrechtliche Stipulation.[292] Andererseits lässt sich fragen, ob der Vertrags- bzw. Versprechensgedanke nicht deliktische und damit eher substanzielle Wurzeln hat.[293] Und dass in der gesamten Scholastik die Äquivalenz als ein eher[294] substanzielles Kriterium eine herausragende Rolle spielt, ist kaum zu übersehen.[295]

Doch scheint der Prozeduralismus zumindest mit der Neuzeit einen eindrucksvollen Siegeszug angetreten zu haben. Schon *Grotius* räumt dem Parteiwillen ein starkes Gewicht ein, wenngleich noch mit der Rechtfertigung, dass dieser regelmäßig auf gleichwertige Leistungen gerichtet sei. Bei nachfolgenden Autoren wie auch den Gesetzbüchern der Aufklärung verkehrt sich dieses Verhältnis zunehmend und wird etwa die *laesio enormis* in einen irrtumsrechtlichen Zusammenhang – nämlich als Indiz für eine fehlerhafte Willensbildung – gestellt.[296] Die Willenstheorie verkörpert diese Sichtweise besonders konsequent, indem sie auf den intrinsischen Wert des von den Parteien bei Vertragsschluss Gewollten verweist.[297] So wurde die *laesio enormis* im deutschen BGB zumindest offiziell[298] abgeschafft und soll für eine *consideration* notfalls ein Pfefferkorn reichen.[299]

Dominiert das verfahrensorientierte Denken heutzutage zumindest vordergründig, während wir uns lange Jahrhunderte zuvor noch offen auch an materiellen Gesichtspunkten orientierten, macht das stutzig. Zwar ist es denkbar,

---

[292] Einführend *Kaser/Knütel*, Römisches Privatrecht, 19. Aufl. 2008, S. 44 ff., 218 ff.

[293] Einige vorsichtige Andeutungen zu solchen Fragen finden sich etwa oben § 9 E. II. 4.; § 12 C. IV.; § 18 D. I.

[294] Zu den praktischen Schwierigkeiten einer Abgrenzung inhaltlicher und prozeduraler Kriterien siehe oben § 19 D. I.

[295] Allgemein zur Äquivalenz oben § 4 B. III. Zum Einfluss der Scholastik vgl. die Nachweise oben § 2 Fn. 110.

[296] Siehe zu diesem groben historischen Befund statt vieler *Gordley*, 69 CalifLRev 1587, 1628, 1636 (1981); *Winner*, Wert und Preis im Zivilrecht, 2008, S. 35, 44 ff., passim m.w.N.

[297] Näher oben § 9 C. III. 1.

[298] Wobei nach heutiger Rechtsprechung zu § 138 BGB faktisch auch das reine Missverhältnis zur Nichtigkeit führen kann, also auf das „Umstands-" neben dem „Inhaltselement" bisweilen verzichtet wird, vgl. dazu oben § 4 B. III. 1.

[299] Zum Zusammenhang mit einer prozeduralen Sichtweise siehe etwa *Wertheimer*, Coercion, 1987, S. 22.

dass wir einen langwierigen Prozess benötigten, um dorthin zu gelangen, wo wir jetzt stehen. Immerhin verlaufen geistesgeschichtliche Entwicklungen eher langsam.[300] Andererseits beschleichen einen Zweifel, ob nicht vielleicht auch weniger stichhaltige Gründe zu den heute dominierenden prozeduralen Ansätzen führten. Immerhin wäre es nicht unüblich oder gar neu, wenn sich theoretische Grundpositionen je nach Epoche stark wandeln, während der Untersuchungsgegenstand – hier das Vertragsrecht – davon weithin unberührt bleibt.[301] Möglicherweise setzen sich dabei neue Argumente, Prinzipien oder rechtliche Instrumente vor allem dann durch, wenn sie sich in der jeweiligen historischen Situation besonders gut dazu eignen, ein bestimmtes substanzielles Anliegen zu gewährleisten, ohne dabei insbesondere die Fähigkeiten des Staates zu überdehnen. Genau das behauptet der Verfasser, nämlich, dass unsere Vertragsrechtsgeschichte den – allerdings nicht immer streng linear verlaufenden – Prozess einer zunehmend zweckrationalen Verwirklichung des Rechtfertigungsprinzips verkörpert. Denn die europäischen Zivilrechte konnten sich in ihrer praktischen Anwendung und damit auch historischen Entwicklung noch nie vor all denjenigen Entscheidungen drücken, welche rein prozedurale Ansätze offen lassen.[302] Nicht das substanzielle Anliegen hat sich dabei verändert, sondern allein dessen praktische Verwirklichung angesichts stetig wandelnder Umstände sowie die jeweilige theoretische Einkleidung angesichts ebenso schwankender ideeller Vorstellungen. So können wir das derzeit vorherrschende, punktuell-prozedurale Vertragsdenken überhaupt nur dadurch einigermaßen – nämlich insbesondere auf dem Papier unserer Lehrbücher – aufrechterhalten, dass wir etwa die Rechtebasierung unseres Vertragsrechts unter Begriffen wie Freiwilligkeit oder Entscheidungsfreiheit verbergen,[303] die personell wie zeitlich verteilte Setzung von Vertragsinhalten über kunstvolle Verknüpfungen oder als Auslegung (bzw. verständige oder normative Würdigung) allein auf das Parteiverhalten bei Vertragsschluss zurückführen[304] oder störende Elemente wie die allgegenwärtige Inhaltskontrolle dogmatisch ignorieren, indem wir etwa all das, was dogmatisch zu erfassen uns so nicht vergönnt ist, als pathologisch[305] oder vom Privatrecht vermeintlich kategorial verschieden verbannen.[306]

---

[300] Allgemein zur Geschichtlichkeit unseres Denken oben § 2 D. IV.; § 2 D. V.
[301] Vgl. zu diesem Befund bereits oben § 1 B. III.
[302] Eingehend oben § 19 D. II.
[303] Näher oben § 4 B. I.; § 17 D. II. 2.
[304] Näher oben § 9 C. V. 2.; § 10 E.
[305] Näher oben § 9 C. V. 4. a).
[306] Siehe zu solchen Argumentationsmustern etwa oben § 4 D. II. 2. a) (Ausbeutung), § 13 C. III. 2. (gesetzliche Stellvertretung) oder § 3 B. II. 2. (Schenkung).

2. Ursachenforschung

So gesehen lautet die wirklich spannende Frage ganz anders, ist sie vor allem geistesgeschichtlich zu formulieren: Wie konnte es dazu kommen, dass das inhaltliche Anliegen unseres Vertragsrechts nicht auch theoretisch als solches wahrgenommen und offen anerkannt wurde, sondern zunehmend prozedural verkleidet – man könnte auch sagen: verschüttet? Dazu seien hier zumindest einige besonders naheliegende Vermutungen genannt. So dürfte der vielleicht einfachste Grund in der Schwierigkeit liegen, überhaupt ein taugliches materielles Kriterium zu finden. Die so lange dominierende Äquivalenz etwa führt nicht nur zu oft geradezu hanebüchenen Ergebnissen, sondern kann den zu begründenden Vertragsinhalt nicht einmal aussprechen.[307] Ebenso hat die bloße Behauptung metaphysischer Wesensmäßigkeiten schon lange an Überzeugungskraft verloren.[308] Und die Vielschichtigkeit heutiger Rahmenbedingungen und persönlicher Lebensvorstellungen, auf die wir mit immer ausgefeilteren und angepassteren Vertragsinhalten reagieren, macht die Aufgabe sicher nicht leichter.[309]

Wie heikel es ist, einen substanziellen Maßstab zu propagieren, verdeutlicht *Schmidt-Rimplers* geistreicher Beitrag aus dem Jahr 1941:[310] Nicht nur ist dessen Richtigkeitsvorstellung äußerst kompliziert,[311] sondern vor allem auch stark kollektivistisch geprägt, etwa wenn es dort um das „Gemeinschaftsdasein und das Gemeinschaftsleben" in seiner „konkreten Gestalt" geht und insbesondere die liberale Willenstheorie überwunden werden soll.[312] Dabei fanden und finden sich natürlich immer schon überindividuelle Begründungsmuster – mit dem Utilitarismus bzw. Effizienzdenken als dem derzeit vielleicht prominentesten Beispiel.[313] Das wiederum macht es verständlich, wenngleich nicht sonderlich überzeugend,[314] liberales und prozedurales Denken miteinander zu identifizieren.[315]

---

[307] Näher oben § 4 B. III. zu diesen und noch ganz anderen Problemen.
[308] Näher oben § 3 A. III. 3.
[309] Näher zu dieser Herausforderung oben § 3 A. II.; § 3 A. IV.
[310] *Schmidt-Rimpler*, AcP 147 (1941), 130, 149 ff., passim, vgl. aber auch *Schmidt-Rimpler*, FS Raiser, 1974, S. 3.
[311] Zutr. *Raiser*, FS Deutscher Juristentag, Bd. 1, 1960, S. 101, 118.
[312] *Schmidt-Rimpler*, AcP 147 (1941), 130, 132 ff., 140, 143, 157 ff., passim. Zum aus damaliger Sicht „konkreten Denken" und dessen weiteren Protagonisten siehe nur *Rüthers*, Unbegrenzte Auslegung, 6. Aufl. 2005, S. 297 ff., zur Liberalität gerade der Willenstheorie oben § 9 C. I. 1. d); § 9 C. V. 2. e) aa); § 10 C. IV. 5.
[313] Näher zu diesem aus vertragsrechtlicher Perspektive etwa oben § 2 D. II. 3.; § 3 C. I. 3. a); § 4 B. V.; § 17 E. IV. und unten § 19 F. VII. Für Nachweise siehe unten Fn. 481 und oben § 2 Fn. 308.
[314] Näher oben § 19 B. II.; § 19 D. III.
[315] Vgl. etwa für die englischsprachige Diskussion *Gordley*, in: Benson (Hrsg.), Theory, 2001, S. 265, 281 (dort zu *Sunstein*).

Ein weiterer Grund für die spürbare Zurückhaltung gegenüber substanziellen Gesichtspunkten mag in der Fehlannahme liegen, dass man dann auch staatlicherseits die jeweiligen Vertragsinhalte überprüfen müsse. Auf wenig wird im Vertragsrecht so oft hingewiesen wie darauf, dass es auf keinen Fall darum gehe, einen gerechten Preis zu bestimmen (wenngleich hier die faktische Handhabung allein von Ausbeutung eine durchaus andere Sprache spricht[316]).[317] Es wird also nicht gesehen oder hinreichend berücksichtigt, dass selbst wenn man ein konkretes inhaltliches Anliegen formuliert, dann immer noch die Kompetenzebene zu diskutieren ist. Gerade wenn man wie in dieser Arbeit ein bereits in seiner Substanz liberales, weil allein die Ziele der rechtlich betroffenen Partei achtendes Prinzip verfolgt, ist es getreu dem Subsidiaritätsgrundsatz vorrangig diese Partei selbst, die am besten weiß, welche rechtliche Einbuße in der eigenen Situation angesichts der eigenen Ziele und der eigenen rechtlichen Ausgangslage notwendig ist.[318]

Doch so sehr es das Verdienst besonders der Aufklärung war, sich des eigenen Verstandes zu bedienen und damit den menschlichen Erkenntnisfähigkeiten zu vertrauen,[319] sich wissenschaftlichen Maßstäben zu verschreiben und damit religiöse und zunehmend auch sonstige metaphysische Offenbarungen zu meiden – mitsamt den dies verkündenden gesellschaftlichen Autoritäten –, verleiteten die so ermöglichten Erfolge in allen Bereichen der nunmehr oft überhaupt erst entstehenden Wissenschaft dazu, unsere geistigen Fähigkeiten deutlich zu überschätzen,[320] Geschichtlichkeiten zu leugnen[321] und menschliches Handeln – zumal als selbsterklärtes Ebenbild Gottes – allzu sehr im Mittelpunkt dieser Welt zu sehen.[322] Aus diesem bis heute so fest verankerten Optimismus heraus ist es wohl nur zu verständlich, dass wir den Parteien im kurzen Moment des Vertragsschlusses geradezu Übermenschliches zutrauen.[323]

---

[316] Näher oben § 4 A. II. 2.; § 4 C. III.
[317] Stellv. *Raiser*, Geschäftsbedingungen, 1935, S. 289; *Flume*, FS Deutscher Juristentag, Bd. 1, 1960, S. 135, 144.
[318] Näher oben § 8 E. II. 2.
[319] Siehe hier nur ganz klassisch *Kant*, Berlinische Monatsschrift 4 (1784), 481.
[320] Zur konsequenten Berücksichtigung menschlicher Unwissenheit vgl. oben § 17 A. sowie unten § 19 F., oder auch oben § 2 B. II. 2.; § 2 D. III. 3.; § 2 E. III.; § 2 A. II. 1. c); § 8; § 9 C. IV.; passim.
[321] Näher oben § 2 D. IV. 4. a); § 2 D. V.; passim.
[322] Näher oben § 4 B. I. 4. b) ee).
[323] Näher § 8 A. III.

E. Privatrecht

I. Kleine Welt

Betrachtet man mit etwas Abstand das, was im Zivilrecht – einschließlich des Vertragsrechts – überhaupt als Betrachtungsgegenstand interessiert, so darf man dies als sehr beschränkt bezeichnen. Ja, in gewisser Hinsicht fasziniert an unserem Vertragsrecht besonders das, was es alles nicht zu sehen bereit ist.[324] Dabei findet diese Blindheit meist offenen Ausdruck, etwa wenn die klassische Rechtsgeschäftslehre allein auf das Parteiverhalten bei Vertragsschluss abstellt[325] oder der Äquivalenzgedanke bloß die ausgetauschten Leistungen (und nicht etwa eine übergreifendere Reziprozität) berücksichtigt.[326] Doch auch das Rechtfertigungsprinzip bildet hier keine Ausnahme, sondern reiht sich insoweit nahtlos ein: Es versteift sich auf diejenige Person, deren Recht beeinträchtigt wird, um lediglich zu fragen, ob diese sich dadurch getreu ihren eigenen Zielen insgesamt verbessert.[327] Allenfalls tritt dann noch die Betrachtung einiger weiterer Personen hinzu – etwa bei der für gegenseitige Verträge charakteristischen Verknüpfung zweier rechtlicher Beeinträchtigungen.[328] Das Nadelöhr der Rechtsbelastung bewirkt jedoch, dass zahllose Interessen außen vor bleiben – man denke etwa an die Hoffnung auf vorteilhafte Geschäftsabschlüsse durch möglichst wenig Konkurrenz (weil insbesondere nicht vom Eigentumsschutz[329] erfasst).

Dementsprechend schert es das Vertragsrecht herzlich wenig, wenn ein atheistischer Single den letzten Weihnachtsbaum erwirbt, während der hinter ihm stehende Familienvater leer ausgeht. Unser Vertragsrecht[330] fragt nicht danach, ob andere Personen eher in den Genuss privater Wertschöpfung gelangen oder eher einen Schaden tragen sollten. Deshalb tun sich Zivilrechtler auch so schwer, Forderungen nach einer Gleichbehandlung rechtsdogmatisch zu integrieren[331] oder diese auch nur rechtspolitisch zu akzeptieren, sofern es nicht allein darum geht, vertragsrechtskonform eine Ausbeutung zu verhin-

---

[324] Siehe dazu etwa auch oben § 2 B. II. 2.; § 2 D. I. oder § 2 E. III.
[325] Näher oben § 9 C. I. 1.; § 10 A.
[326] Näher oben § 4 B. III.
[327] Näher oben § 3 A. IV.; § 3 B.; passim.
[328] Näher oben § 3 C. Zu den Grenzen dieser personellen Erweiterung siehe gleich unten § 19 E. III.
[329] Näher dazu (kurz) oben § 2 C. III.
[330] Dabei finden sich ähnliche Phänomene auch jenseits des Vertrags – etwa im Deliktsrecht: Laufen wir eine vereiste Straße entlang und waren sämtliche Anlieger zu faul, ordentlich zu streuen, so haftet uns dennoch nur die eine Person, in deren Verantwortung derjenige Streifen fällt, auf dem wir tatsächlich ausrutschen.
[331] Siehe zu dieser Diskussion ganz kurz oben § 19 C. IV. 3. Hier ist vor allem darauf hinzuweisen, wie kompliziert jede vertragsrechtliche Würdigung wird, wenn man die Bedürfnisse auch ganz anderer Personen als die Vertragsparteien berücksichtigen will.

dern.³³² Nichts anderes gilt für die im Privatrecht weithin ignorierten (Um-)Verteilungsanliegen:³³³ Genauso wie wir Reiche etwa vor einer Ausbeutung durch Arme schützen, erkennen wir private Wertschöpfung sogar dann an, wenn sie völlig zufällig und anstrengungslos erfolgt.³³⁴ Diese Ignoranz zeigt sich bereits bei der zivilrechtlichen Erstausstattung mit Rechten, etwa wenn jeder Person ihre eigene körperliche Leistungsfähigkeit zugewiesen wird, ganz gleich ob sie diese – nach welchen Maßstäben auch immer – verdient.³³⁵

Auch zeitlich gibt sich unser Vertragsrecht äußerst kleinmütig, wird hier immer nur die einzelne Rechtsänderung betrachtet und nicht danach gefragt, wie häufig bestimmte Probleme auftreten oder ob sich gewisse Nachteile bei vielen Vertragsschlüssen über längere Zeiträume hinweg ausgleichen. Wer betrogen wurde, bekommt vom Richter nicht zu hören, dass das mit der Privatautonomie doch normalerweise gut funktioniere und hier lediglich die statistische Streuung greife. Und schon gar nicht wird es heißen, dass man ja auch seinerseits betrügen könne und sich so letztlich alles wieder ausgleiche.³³⁶

Zu diesem zeitlichen wie personellen Tunnelblick gehört es auch, Ob und Inhalt von Verträgen nicht daran zu messen, ob sie jenseits der Ziele der rechtlich betroffenen Personen weitere Funktionen wie etwa das kollektivistische Ziel einer Wohlfahrtsmaximierung verwirklichen. Diese Folgenorientierung ist unserem Vertragsrecht fremd.³³⁷ Und selbst bei der Optimierung des Vertragsinhalts allein anhand der Parteiinteressen³³⁸ unternimmt das Vertragsrecht angesichts der bereits enorm ansteigenden Komplexität tiefgreifende Anstrengungen, um wenigstens dieses so bescheidene Element von Funktionalismus doch noch zu domestizieren, praktisch beherrschbar zu machen.³³⁹

II. Eigenständigkeit

Angesichts der frappierenden „Schlichtheit" unseres Privatrechts verwundert es nicht, wenn diese immer wieder als unzeitgemäß, unkritisch, unsozial, unwirtschaftlich, engstirnig, primitiv, arbiträr, überholt usw. kritisiert wird. Gerne wird dabei ganz generell die Trennung von öffentlichem und Privat-

---

³³² Näher zur Ausbeutung (etwa bei Monopolen) oben § 4 A. II. 2.; § 4 C. III.
³³³ Näher oben § 19 C. IV.
³³⁴ Das illustriert etwa Fall 5 (oben § 3) oder Fall 106 (oben § 5). Näher auch oben § 19 C.
³³⁵ Näher oben § 2 C.
³³⁶ Weshalb der Reziprozitätsgedanke – so soziologisch fruchtbar er auch ist – nicht trifft, wie wir im Vertragsrecht denken, näher dazu oben § 4 B. III. 6. b) bb) (dort insbes. Fn. 264 f.).
³³⁷ Näher zur grundsätzlichen Regelbasierung des Rechts unten § 19 F. V.
³³⁸ Näher oben ab § 3 A. IV.
³³⁹ Vgl. dazu auch unten § 19 F. V. 2. c).

recht hinterfragt,[340] finden sich verstärkt sozialwissenschaftliche – insbesondere ökonomische und soziologische – Betrachtungen oder werden Begrifflichkeiten wie Regulierung[341] bzw. Governance[342] bemüht. Und tatsächlich wird wohl niemand jemals ernsthaft bezweifelt haben, dass sich Verträge in den unterschiedlichsten Facetten auf die sonstige Umwelt auswirken, genauso wie diese Umwelt in all ihrer Vielschichtigkeit beeinflusst, ob, wann und wie wir kontrahieren. Daher ist es durchaus interessant, etwa bei Regulierungsfragen zu prüfen, welche Funktion dort Verträge im Vergleich zu anderen Institutionen (staatliche Kontrolle, deliktische Haftung, öffentliche Meinung, Wettbewerb, Intermediäre usw.) erfüllen und was sich hier wie ersetzen oder ergänzen lässt.[343]

Doch ist es nicht etwa ein Defizit klassischer Vertragstheorien (oder des Rechtfertigungsprinzips), die allermeisten Kausalitäten genauso auszublenden wie die Interessen sämtlicher Personen, die der jeweilige Vertragsschluss rechtlich nicht beeinträchtigt. Es macht vielmehr die ganze Genialität eines vom öffentlichen Recht unterschiedenen Privatrechts aus, sich in dieser Selbstbeschränkung, Ignoranz und Schlichtheit als eigenständig herausgebildet und damit von zahllosen Faktoren entkoppelt zu haben. Die kulturelle Errungenschaft „Privatrecht" konnte deshalb ihren Siegeszug antreten, weil sie eine so kleine Welt bildet. Wir können uns glücklich schätzen, dass wir uns in dieser unermesslich komplexen Welt mit dem Vertrag wenigstens bisweilen in ein kleines Teilsystem flüchten dürfen, das es uns geistig beschränkten Wesen erst durch seine Schlichtheit erlaubt, die für unser Leben so hilfreiche private Wertschöpfung erfolgreich zu betreiben. Dabei haben wir trotz dieser begrenzten Vertragssicht immer noch alle Hände voll zu tun, weil uns selbst die Entscheidung darüber, was für rechtliche Einbußen unsere Ziele bestmöglich fördern, dermaßen hohe geistige Anstrengungen abverlangt, dass wir das nicht allein den Vertragsparteien aufbürden, sondern auf eine hochgradig ausgeklügelte Arbeitsteilung wie zeitliche Streckung setzen.[344] Vertragsrecht ist also äußerst punktuell in dem, was es tatbestandlich berücksichtigt, jedoch alles andere als punktuell dort, wo es um die personelle und zeitliche Verwirklichung dieses Tatbestands geht. Wie wenig wir unterschätzen sollten, was uns allein dieser so begrenzte Vertrag an geistiger Anstrengung abverlangt, zeigt sich auch an unseren wissenschaftlichen Schwierigkeiten, dieses Institut wirklich zu verstehen.[345]

---

[340] Siehe zu derartigen Vorzeichen etwa den Bericht von *Woitge*, JZ 2010, 945.

[341] Stellv. *Collins*, Regulating Contracts, 1999.

[342] Stellv. *Möslein/Riesenhuber*, ERCL 2009, 1.

[343] So dann etwa auch der Verfasser in seiner Doktorarbeit zur Regulierung des Versicherungsvertriebs, vgl. *Rehberg*, Informationsproblem, 2003.

[344] Näher oben § 8 sowie allgemein zur vertragsrechtlichen Bewältigung von Unwissenheit oben § 17 A.

[345] Näher oben § 1 A. I.

III. Grenzbereiche

1. Interessengemeinschaft

Möchte man den speziellen Charakter des Vertragsrechts als einem Teil des Privatrechts verstehen, sollte man solche Situationen betrachten, in denen die private Wertschöpfung kaum noch zuverlässig organisierbar ist, weil bereits zu viele Parameter zu berücksichtigen sind und damit die zu bewältigende Komplexität bedrohlich groß geworden ist. Das betrifft besonders die Zahl der beteiligten Personen: Ist es schon bei einseitig belastenden Rechtsänderungen sehr anspruchsvoll, einen möglichst wertschöpfenden Inhalt zu bestimmen,[346] müssen wir beim gegenseitigen Vertrag schon zwei rechtliche Beeinträchtigungen bei zwei unterschiedlichen Zielsetzungen koordinieren – mitsamt den damit verbundenen Verteilungsfragen.[347] Wie sehr sich die Dinge mit dem Hinzutreten noch einer weiteren Person verkomplizieren, verdeutlicht die Stellvertretung, obwohl wir hier den Vertreter noch ganz den Interessen des Vertretenen unterstellen, gerade um die Komplexität nicht ausufern zu lassen.[348]

Bei der Interessengemeinschaft haben wir hingegen drei oder mehr unabhängige Personen, weshalb sich hier dann schnell das Unbehagen zeigt, noch weiterhin mit vertragsrechtlichen Kategorien zu operieren. So arbeitete die Literatur[349] in diesem Grenzbereich früh solche Fallgruppen heraus, die sich noch einigermaßen bewältigen lassen. Ein klassisches Beispiel dafür bildet die große Haverei: So mag ein Schiff auf hoher See in so große Not geraten, dass der Kapitän einen Teil der Ladung über Bord werfen muss. Hier verordnen die §§ 588 ff. HGB eine gemeinschaftliche Kostentragung von Schiff und Ladung nach Maßgabe des jeweiligen Anteils am Gesamtwert (einschließlich der verlorenen Ladungsteile). Es haftet hier also nicht wie sonst nur derjenige Eigentümer, dessen Ladung tatsächlich betroffen war. Wie ist das mit der sonstigen Abneigung des Deliktsrechts gegenüber übergreifenden Betrachtungen[350] zu vereinbaren? Sofern man hier darauf verweist, dass Rettungsmaßnahmen, die allen zugutekommen (das Schiff wäre sonst gesunken), auch gemeinschaftlich bezahlt werden sollten, entspricht das jedenfalls nicht der für das Privatrecht sonst so typischen Beschränkung. Der entscheidende Grund für die dort vorgenommene Gesamtbetrachtung dürfte darin liegen, dass sich noch recht gut

---

[346] Näher oben § 3 B.

[347] Näher oben § 3 C. (insbes. § 3 C. II. 1.); § 4 C. III.

[348] Näher oben § 13 C. Auch im Insolvenzrecht lässt sich beobachten, dass der Vertragsgedanke einerseits hochgehalten wird, andererseits aber auch an seine Grenzen zu stoßen droht, vgl. dazu etwa *Madaus*, Der Insolvenzplan, 2011.

[349] Stellv. *Jhering*, JhJb 10 (1871), 245, 273, passim; *Würdinger*, Interessengemeinschaften, 1934; *Wüst*, Interessengemeinschaft, 1958, S. 44 ff. Zur Bruchteilsgemeinschaft vgl. etwa *Madaus*, AcP 212 (2012), 251; *Schnorr*, Gemeinschaft, 2004.

[350] Vgl. oben Fn. 330.

feststellen lässt, wer alles mit Ladung und Schiff beteiligt ist. Dann aber – also wenn noch durch klare Fallgruppen praktisch umsetzbar – ist es getreu dem Rechtfertigungsprinzip wertschöpfend, das Risiko zwischen den typischerweise risikoaversen Beteiligten so aufzuteilen, wie dies bei der großen Haverei geschieht.

Ähnlich verhält es sich im berühmten Zuckerrübensamenfall,[351] bei dem – hier stark vereinfacht wiedergegeben – der Verkäufer V im Voraus an mehrere Käufer insgesamt 2.000 Zentner einer von ihm allein gezüchteten Zuckerrübensamensorte verkauft hatte. Infolge einer außerordentlichen Trockenheit erntete er jedoch nur ca. 1.000 Zentner, was nicht ausreiche, um sämtliche Käufer wie versprochen zu beliefern. Als ein Käufer dennoch die volle Lieferung des von ihm georderten Teils verlangte, hielt das Reichsgericht den Verkäufer zur anteiligen Kürzung sämtlicher Ansprüche berechtigt, um so eine Gleichbehandlung herzustellen. Auch hier liegt das entscheidende Problem in der inhaltlichen Punktualität unseres Zivilrechts, das gerade keine Gleichbehandlung anstrebt und davon nicht einmal in der Zwangsvollstreckung, sondern erst in der Insolvenz, abweicht. Begriffe wie Interessen- oder Gefahrengemeinschaft liefern hier nicht den gesuchten Ausweg, sondern umschreiben bestenfalls das zu begründende Ergebnis. Gleiches gilt für den Hinweis auf Recht und Billigkeit oder Treu und Glauben. Wohl aber lässt sich sagen, dass die hier zu beurteilende Situation einer begrenzten Gesamtschuld mit einer klaren Anzahl von Gläubigern noch hinreichend überschaubar ist. Dann aber ist es angesichts üblicherweise risikoaverser Akteure wertschöpfend, das Risiko eines Ernteausfalls auf alle Gläubiger zu verteilen und damit eine entsprechende Rechtsänderung eintreten zu lassen.[352]

In beiden Fällen fragt sich allerdings, warum es nicht getreu dem Subsidiaritätsgrundsatz den Betroffen selbst überlassen wird, diese Wertschöpfung zu betreiben und damit eine Risikoteilung zu vereinbaren. Das mag nicht nur an der oft sehr komplizierten Durchführung solcher Vereinbarungen liegen, sondern auch daran, dass Vertragsparteien nur selten solche Eventualitäten bedenken.[353]

Jedenfalls lässt sich übergreifend festhalten, dass wir uns scheinbar dann an ein rechtliches Geflecht zwischen drei oder gar noch mehr Personen wagen, wenn die den rechtlich betroffenen Personen winkenden Vorteile so groß sind, dass es trotz einer bereits sehr beachtlichen Komplexität noch gelingt, getreu dem Rechtfertigungsprinzip private Wertschöpfung zu betreiben, die sogar – weil auf einen überschaubaren Personenkreis und auch sonst überschaubare Parameter begrenzt – eine Gleichbehandlung einschließt. Oder anders formu-

---

[351] RG, Urt. v. 3.2.1914, RGZ 84, 125.
[352] Allgemein zu Risikoerwägungen oben § 5.
[353] Dies gilt generell für Leistungsstörungen, vgl. oben § 6 C. IV.

liert: Wann immer es ganz real angesichts sämtlicher Umstände und Widrigkeiten des Einzelfalls möglich erscheint, das Rechtfertigungsprinzip praktisch zu verwirklichen, streben wir das auch an und lassen mit unterschiedlichsten Begründungen und dogmatischen Konstruktionen rechtliche Pflichten eintreten.[354] Das gilt nicht nur für die hier diskutierte Interessengemeinschaft, sondern etwa auch für konkludente oder durch Schweigen herbeigeführte Vertragsschlüsse, die Geschäftsführung ohne Auftrag oder das Verschulden bei Vertragsverhandlungen.[355]

2. Gesellschaft

a) Wertschöpfungspotenzial

Die bisher diskutierten Konstellationen einer mehr als nur zwei Personen erfassenden privatrechtlichen Wertschöpfung durch dem Rechtfertigungsprinzip genügende Rechtsänderungen markieren noch nicht den anspruchsvollsten Außenposten unseres Privatrechts. Sind doch die Vorteile einer Kooperation oft viel zu groß, als dass sich unser Recht nicht größte Mühe gäbe, diese Möglichkeiten auszuloten, selbst wenn das angesichts stetig zunehmender Komplexität immer anspruchsvoller wird. Wie sehr nicht nur gewöhnliche Verträge, sondern auch Gesellschaften zur Verwirklichung individueller Ziele[356] (und damit auch zu kollektivem Wohlstand[357]) beitragen, lässt sich am Wirtschaftsleben täglich beobachten.

Ging es bei der bisher diskutierten Interessengemeinschaft eher um vereinzelte Konstellationen unseres Rechts, deren Gemeinsamkeit vor allem darin bestand, dass sie trotz mehrerer beteiligter Personen noch einigermaßen überschaubar waren und damit private Wertschöpfung ermöglichten, wird die Zusammenarbeit gleich vieler Personen bei der Gesellschaft gewissermaßen zum Programm. Gesellschaften bilden das rechtlich stark ausgebaute und damit zur ausgefeilten Institution erwachsene Musterbeispiel einer vielgliedrigen Kooperation, die nicht nur auf Unterschiede in den jeweiligen Interessen, Kenntnissen oder Fähigkeiten setzt,[358] sondern vor allem auch auf gemeinsame Interessen (etwa den wirtschaftlichen Erfolg eines Unternehmens), deren Verwirklichung von einer konstruktiven Zusammenarbeit abhängt. Um wieder[359] mit *Jhering* zu sprechen: Ein Vertrag macht trotz ähnlicher Interessenlage Sinn, „… wenn der Zweck die Kräfte des Einzelnen übersteigt, oder wenn die gemeinsame Verfolgung desselben eine Ersparnis in Bezug auf die aufzubieten-

---

[354] Zum Subsidiaritätsgrundsatz siehe oben § 8 E. II. 2. bzw. zur Rolle des Staats etwa oben § 19 B. II. 3.
[355] Näher oben § 12; § 18 C. I.; § 18 C. II.; § 18 D. II.
[356] Vgl. dazu auch oben § 3 C. I. 2.
[357] Näher zu diesem Zusammenhang oben § 19 C. V. 3.
[358] Dazu siehe oben § 3 C. I. 1. sowie ab § 3 C. II.
[359] Vgl. diesen bereits zum gegenseitigen Vertrag oben § 3 C. I. 1.

den Mittel oder eine größere Sicherheit der Zweckerreichung in Aussicht stellt; in diesem Fall entspricht die Vereinigung zu demselben Zweck dem beiderseitigen Interesse."[360]

b) Personale Verschmelzung

So verlockend die Chancen gemeinsamer Kooperation sind, droht damit eine große Komplexität. Was das Gesellschaftsrecht speziell für diese Arbeit so spannend macht, sind die Instrumente, mit denen unser Privatrecht das, was schnell zum hochgradig verwirrenden Geflecht auszuufern droht, noch einigermaßen überschaubar hält. Dabei besteht die erste Maßnahme darin, die mit der Beteiligung vieler Personen verbundene Komplexität dadurch zu bekämpfen, dass man die personale Vielheit auflöst, d.h. zu einer einzigen Person verschmilzt – und zwar nicht nur auf der Ebene der Zwecke, sondern oft auch auf Rechtsebene. Soziologisch formuliert errichten wir innerhalb des Systems „Privatrecht" mit der Gesellschaft ein weiteres System, das ein autonom-eigengesetzliches Innenverhältnis kennt, das sich nur an gewissen Schnittstellen – nämlich im Extremfall nur als einheitliche juristische Person – mit dem allgemeinen Privatrechtsverkehr austauscht. Die neu eingeführte Unterscheidung der Zugehörigkeit zur Gesellschaft erlaubt so einerseits starke Vereinfachungen (auch wenn sich manche Probleme lediglich auf das nunmehr zu regelnde „Innenverhältnis" verlagern), andererseits aber auch eine nicht minder eindrucksvolle Steigerung der Komplexität unseres Wirtschaftslebens, das wir uns heutzutage ohne Gesellschaften kaum mehr vorstellen können bzw. wollen.

aa) Zwecke

Nur am Rande sei darauf hingewiesen, dass im Gesellschaftsrecht besonders deutlich – in vielen Ländern sogar gesetzlich – ausgesprochen wird, was auch für jede andere Vertragsart gilt, nämlich dass wir vertragliche Rechtsänderungen nur dann erfassen können, wenn wir die jeweiligen Ziele der Vertragsparteien berücksichtigen.[361] Für das Verständnis speziell von Gesellschaften viel entscheidender ist jedoch etwas anderes, nämlich die dort vorgenommene Verschmelzung auf nur einen einzigen Gesellschaftszweck. Denn natürlich verfolgen die Gesellschafter oft Ziele, die stark voneinander abweichen. Was sie jedoch zusammenschweißt und so das Institut einer Gesellschaft ermöglicht, ist ein solcher Zweck, den sie – gleich auf welcher Stufe[362] jeweils befindlich – ge-

---

[360] *Jhering*, Der Zweck im Recht, Bd. 1, 1877, S. 133.
[361] Siehe dazu beispielhaft § 705 BGB: „Durch den Gesellschaftsvertrag verpflichten sich die Gesellschafter gegenseitig, die Erreichung eines gemeinsamen Zweckes in der durch den Vertrag bestimmten Weise zu fördern, insbesondere die vereinbarten Beiträge zu leisten." Allgemein zur zentralen Rolle des Zwecks oben § 2 A.
[362] Näher dazu oben § 2 A. II. 1. c) bb).

meinsam verfolgen. Solange nur Gläubige, Atheisten, Demokraten, Diktatoren, Liberale oder Kommunisten ihre unterschiedlichen höherstufigen Ziele dadurch verwirklichen, dass ein bestimmtes Unternehmen erfolgreich agiert, können sie sich dafür zusammenschließen. Dieser gemeinsame Nenner ermöglicht die für kooperatives Verhalten vieler Menschen so wichtige Vereinfachung, bildet den gedanklichen Ausgangspunkt für das weitere rechtliche Vorgehen. Die Rede vom gemeinsamen Zweck ist hier also durchaus berechtigt und die Gesellschaft ein plastisches Beispiel dafür, dass man beim Zweckdenken oft die Wahl hat, auf welcher Stufe man die Ziele einzelner Personen berücksichtigt.[363]

bb) Rechtspersönlichkeit
Die für jede Gesellschaft so wichtige „Verschmelzung" auf nur noch einen einzigen Zweck findet oft eine Entsprechung auf rechtlicher Ebene. Denn es trägt gleichermaßen zur Verringerung der mit dem Handeln gleich vieler Gesellschafter verbundenen Komplexität bei, wenn dieser Personenkreis auch in seinen Rechten und Pflichten einheitlich behandelt werden kann. Hierzu denken wir uns eine juristische Person, die mit ihrem eigenen Ziel (dem gemeinsamen Zwischenziel aller Gesellschafter) und ihr selbst zugewiesenen Rechten und Pflichten als solche im Geschäftsverkehr auftritt und damit ihrerseits im Außenverhältnis Verträge abschließen kann, die keine größeren Komplikationen aufwerfen, als täte dies eine natürliche Person.[364] Zwar treten dann im Innenverhältnis neue Rechtsfragen auf, doch ist dieses Gebilde in der Summe von Außen- und Innenverhältnis einfacher zu handhaben, als berücksichtigte man ständig jedes einzelne Gesellschaftsmitglied.

c) Staat
Noch in einer weiteren Hinsicht ist das Gesellschaftsrecht vertragstheoretisch lehrreich, verdeutlicht dieses Phänomen eindringlich, was letztlich für jeden Vertrag gilt: Es bedarf größter staatlicher Anstrengungen, um Verträge überhaupt zu ermöglichen oder gar ganze Märkte entstehen zu lassen. Die Vorstellung, man könne sich staatlicherseits größtmöglich enthalten, damit sich Vertragsschließende, Gesellschafter oder auch ganze Märkte ungestört entfalten, wäre verfehlt. Das schlagendste Beispiel dafür bilden leicht handelbare Gesellschaftsanteile (sprich: Aktien), die so umfassend rechtlich reguliert sind wie wohl kein anderes Produkt. Und doch bildet gerade die Börse das klassische Lehrbuchbeispiel eines noch einigermaßen vollkommenen Marktes.[365]

---

[363] Sie dazu nochmals oben § 2 A. II. 1. c) bb).
[364] Für die überbordende Literatur zur juristischen Person siehe nur die Nachweise bei *Schmidt*, Gesellschaftsrecht, 4. Aufl. 2002, S. 186 ff.
[365] Näher oben § 16 D. II. (insbes. dort bei Fn. 176 f.).

d) Kampf ums Privatrecht

Wie bisher verdeutlicht werden sollte, fasziniert die Gesellschaft vor allem deshalb aus vertragstheoretischer Sicht, weil es hier mit großen staatlichen Anstrengungen und sehr geschickten Operationen gelingt, dieses Institut trotz einer bereits stark angestiegenen Komplexität noch weithin privatrechtlich zu behandeln. Auch hier treffen wir wieder auf die dafür so typische Blickverengung auf möglichst wenige zu berücksichtigende Interessen und Wirkungszusammenhänge. Die kulturelle Leistung, die allein in der personalen Verselbständigung liegt, kann geistesgeschichtlich kaum hoch genug eingeschätzt werden. Denn dass die Gesellschaftsmitglieder tatsächlich zueinander in vielfältiger Beziehung stehen – oder anders formuliert unsere Welt komplex ist –, ließ sich noch nie übersehen. Wohl aber müssen wir gerade bei der Gesellschaft unablässig darum kämpfen, Komplexitäten zu verringern und damit insbesondere kollektivistische Erwägungen möglichst zu limitieren, anstatt den privatrechtlichen Charakter von Gesellschaften und deren grundsätzliche operative Geschlossenheit zu übersehen oder gar zu verteufeln.

Das Forschungsprogramm ließe sich damit grob wie folgt formulieren: Wie können wir die Einfachheit, die operative Geschlossenheit, die Beschränktheit des Gesellschaftsrechts bewahren, ohne für die Umwelt zur untragbaren Belastung zu werden? Denn während die gesellschaftlichen Auswirkungen bei klassisch-gegenseitigen Verträgen meistens überschaubar bleiben,[366] lässt sich das für Gesellschaften nicht mehr sagen. Zwar lassen sich viele Probleme des Minderheiten- oder auch Arbeitnehmerschutzes noch weitestgehend mit vertragsrechtlichen Kategorien bewältigen,[367] doch wirft allein die mögliche Zahlungsunfähigkeit der Gesellschaft auch solche Probleme auf, die übergreifende und damit eher öffentlich-rechtliche Erwägungen erfordern. Ein klassisches Beispiel bildet die nur beschränkte Haftung von Kapitalgesellschaftern mit ihrem Privatvermögen.

IV. Interne versus externe Perspektive?

Es wäre eine lohnende Aufgabe, die vielen Vorteile und Facetten der Eigenständigkeit des Privatrechts sehr viel ausführlicher zu beleuchten, als dies mit den vorstehenden Andeutungen geschehen konnte. Hier sei nur nochmals[368] kurz darauf verwiesen, dass sich zwar tatsächlich eine interne (juristische) wie externe (instrumentelle) Sicht auf unser Recht feststellen lässt, diese Unterscheidung jedoch wenig zur Abgrenzung speziell von Privat- und öffentlichem

---

[366] Schon deshalb, weil wir jedem Einzelnen Rechte zuerkennen, die wir nur um dessen eigenen Interessen willen preisgeben, vgl. oben § 2 A. V. 3. b).

[367] Zumindest, wenn man nicht allein auf das Parteiverhalten bei Vertragsschluss verweist, vgl. dazu nur oben § 8.

[368] Siehe dazu bereits oben § 2 D. V. 5. b).

Recht beiträgt. Denn auch das öffentliche Recht lässt sich nur als historisch gewachsenes Gebilde verstehen, ließe sich also mit einer rein externen Perspektive nicht begreifen oder gar praktisch handhaben. Wohl aber liegt sowohl der Geschichtlichkeit unseres gesamten Rechts[369] als auch der Eigenständigkeit speziell des Privatrechts die gleiche Ursache zugrunde, nämlich die geistigen Grenzen des Menschen.[370]

F. Menschliches Unwissen

I. Methodische wie inhaltliche Integration

Es gibt kaum ein Phänomen, das dermaßen grundlegende, praktisch bedeutsame und unangenehme Konsequenzen für Recht und Rechtswissenschaft erfordert wie unsere begrenzten geistigen Fähigkeiten. Zwar ist das menschliche Gehirn ein unglaublich leistungsfähiger Apparat, der jeden noch so teuren Computer spielend in den Schatten stellt.[371] Doch ist unsere Umwelt noch ungleich komplexer und zwingt uns so zu einem höchst kleinteiligen und damit auch fehlerbehafteten Verhalten. Das vielleicht beste Beispiel hierfür bildet die menschliche Aufmerksamkeit, die unser Denken dermaßen stark zu beanspruchen scheint, dass sie sich immer nur auf sehr wenige Aspekte erstreckt.[372]

Auch Verträge lassen sich wissenschaftlich nur dann erfassen und rechtlich bewältigen, wenn wir unsere geistigen Limitationen auf Schritt und Tritt berücksichtigen – methodisch wie inhaltlich –, und zwar nicht erst im Nachhinein durch *ad hoc*-Korrektur unrealistischer Grundnahmen,[373] unverbindliche Aussagen[374] oder den Verzicht auf eine verallgemeinernde Beschreibung.[375] Es ist daher das vielleicht wichtigste Anliegen dieser Arbeit, psychologische Realitäten so ernst zu nehmen wie nur irgend möglich und damit nicht nur das gesamte Vertragsverständnis, sondern bereits das methodische Herangehen daran auszurichten. Dass die menschliche Unwissenheit nicht nur einige Korrekturen oder Ausnahmen erfordert, sondern von Grund auf zu berücksichtigen ist, soll hier verdeutlicht werden. Die sich daraus ergebenden Konsequenzen entsprechen allerdings keineswegs dem, was derzeit üblicherweise eingefordert wird, wenn im juristischen oder auch ökonomischen Zusammenhang

---

[369] Näher zu dieser Geschichtlichkeit des Rechts bzw. zur Rechtebasierung unseres Vertragsrechts oben § 2 A. II. 2.; § 2 D. I. 4. b); § 3 A. IV.; § 4 C. I. 1. sowie unten § 19 F. VI.; passim.
[370] Siehe dazu bereits oben ab § 19 E. I.
[371] Vgl. oben bei § 2 Fn. 417.
[372] Vgl. oben bei § 8 Fn. 12.
[373] Siehe dazu auch oben § 17 A.; § 17 E. IV.
[374] Näher unten § 19 F. III.
[375] Näher § 19 F. IV.

mit so beliebten Begriffen wie „neuro" oder „behavioral" operiert wird.[376] Was speziell die vertragsrechtliche Umsetzung anbelangt, kann dabei auf die früheren Ausführungen verwiesen werden, die hier nur noch ganz kurz aufgegriffen seien.[377]

II. Realitätsbezug

Es sollte keinen Leser überraschen, wenn sich diese beschreibende Arbeit ausschließlich für eine einzige Welt interessiert – nämlich die, in der wir leben, mag sie noch so kompliziert und damit schwer beschreibbar sein. Doch auch bei rechtspolitischen Anliegen – ganz gleich ob eher liberal oder sozial –,[378] sollte es jedem darum gehen, diese Anliegen ganz real und nicht nur fiktiv zu verwirklichen. Jedenfalls der Verfasser vermag nicht zu erkennen, warum eine Konjunktiv-Welt des „hätte, wäre, wenn" wissenschaftlich interessieren sollte, und es dürfte wenige geben, die das ernsthaft bestreiten, wenn man sie nur darauf anspricht.

Und doch scheint gerade in der Wissenschaft die Versuchung groß, der Komplexität unserer Lebenswelt dadurch zu „entgehen", dass man sie sich wegdenkt, um sich dann nur noch mit dem vereinfachten Konstrukt zu beschäftigen. Und immerhin beruhen einige der größten naturwissenschaftlichen Errungenschaften auf geradezu hanebüchenen Vereinfachungen, die zudem oft eklatant all dem widersprachen, was sich tatsächlich beobachten ließ.[379] Schon deshalb müssen wir zumindest fragen, inwieweit das nicht auch für uns Juristen gangbar ist.

Begrüßenswert sind Vereinfachungen dort, wo sie das Ergebnis nicht beeinträchtigen. Lässt sich etwa die Preisbildung auf großen, wettbewerbsintensiven Märkten dadurch präzise wie realitätsnah beschreiben, dass man dem Menschen entgegen der tatsächlichen Sachlage Rationalität[380] unterstellt, ist dagegen wissenschaftlich nichts einzuwenden. Denn was zählt, ist die Eignung des Modells zur Beschreibung dessen, was zu beschreiben dieses Modell beansprucht.[381] Ebenso erscheint es bei entsprechender Offenlegung tolerabel,

---

[376] Näher dazu oben § 17 E. IV.
[377] Vgl. oben § 17 A. sowie nachfolgend § 19 F. VIII.
[378] Näher zu solchen Einordnungen oben § 19 B.; § 19 C.
[379] Ein klassisches Beispiel bildet die kopernikanische Wende, die frühestens dann zu einigermaßen realitätsgerechten Aussagen führte, als man nicht mehr kreisende, sondern eliptische Bewegungen unterstellte, vgl. dazu astronomiegeschichtlich etwa *Dreyer*, History of Astronomy, 2. Aufl. 1953. Wissenschaftstheoretisch siehe nur *Kuhn*, Revolutionen, 2. Aufl. 1976, S. 123 ff., passim oder einführend *Chalmers*, Wege der Wissenschaft, 4. Aufl. 1999.
[380] Näher zu diesem Begriff oben § 17 E. III.
[381] Besonders prominent vertritt dieses Argument *Friedman*, Essays in Positive Economics, 1953, S. 3 ff.

solche Realitätsabweichungen zu ignorieren, die für einen bestimmten Erkenntniszweck tatsächlich nicht weiter interessieren. Erkennt man etwa Tieren keine schützenswerten Interessen zu, mag man deren Schicksal dann auch ausblenden.

Auch der Verfasser macht sich grober Vereinfachung schuldig, schränkt er doch den von ihm beschriebenen Untersuchungsgegenstand von vornherein auf das jeweilige rechtliche Ergebnis ein, um dann auch noch allein solche Fallkonstellationen zu betrachten, bei denen über das rechtliche Ergebnis weithin Einigkeit besteht.[382] Das ist insofern tolerabel, als wir Juristen sonst mit dem von Menschen gestalteten Recht kaum noch einen fassbaren Untersuchungsgegenstand hätten, anhand dessen sich einzelne Theorien überprüfen ließen. Allenfalls mag man sich Theorien wünschen, die noch weitere Kreise ziehen.[383] So weit, so gut.

Wenig überzeugend sind hingegen solche Theorien, die zwar schön einfach sind, dafür aber nicht mehr die Realität erfassen, sondern diese so verfehlen, dass sich die Abweichung nach ihren eigenen, tunlichst offen zu legenden Maßstäben als sehr gravierend erweist. Dabei findet sich besonders ein Muster: Erst wehrt man kritische Einwände an eine Realitätsferne mit dem Hinweis ab, es handle sich nur um ein Modell mit idealisierten Annahmen, nur um diese Bescheidenheit wenige Minuten oder Zeilen später abzulegen und plötzlich doch zu beanspruchen, dass die eigenen Handlungsempfehlungen für die reale, ganz andere Welt gültig und dementsprechend zu beachten seien.

Um hier nur einige für uns besonders wichtige Beispiele zu nennen, rächt sich gerade die ökonomische Rationalitätsannahme spätestens im Vertragsrecht, also dort, wo es nicht mehr um stark kollektive, langfristige und dynamische Phänomene wie den Markt geht, sondern um jeden einzelnen Vertrag. Denn für diesen lässt sich unser Recht erst gar nicht auf Gesamtbetrachtungen dergestalt ein, dass wer betrogen wurde oder noch minderjährig ist, ja genauso andere betrügen könne und bald selbst erwachsen werde, weshalb sich doch alles letztlich ausgleiche.[384] Wegen dieser inhaltlichen Punktualität ist unser Vertragsrecht sehr empfindlich für oft nur marginale Verhaltensabweichungen oder minimale situative Besonderheiten im Einzelfall.

Als besonders gravierend erweist sich dabei die begrenzte menschliche Aufmerksamkeit. Denn solange wir getreu der Willenstheorie unterstellen, dass der Einzelne mit seinem Geschäftswillen sämtliche Vertragsinhalte erfassen kann, erleiden wir in all denjenigen Konstellationen wissenschaftlichen Schiffbruch, wo der Mensch dem nicht genügt.[385] Nichts anderes gilt dort, wo wir

---

[382] Näher oben § 1 B.
[383] Eingehend zu diesem Qualitätsmerkmal einer breiten Falsifizierbarkeit *Popper*, Die Logik der Forschung, 10. Aufl. 1994, S. 31 ff.
[384] Näher unten § 19 E. I.
[385] Näher oben § 9 C. IV.

einem Menschen wider die Realität ein „anders handeln können"[386] bzw. die Fähigkeit unterstellen, auf juristische Anreize wie von uns erwünscht zu reagieren.[387] Dementsprechend ist es auch kein tolerabler Ausweg aus den Niederungen menschlicher Irrationalität – und dient schon gar nicht dem Verständnis des geltenden Rechts –, sich einfach ein rationales Menschen- (oder Verbraucher-) Leitbild zu denken.[388] Genauso wenig verspricht es wissenschaftlichen Ertrag, sich eine durch nichts überprüfbare „Freiwilligkeit" oder „Entscheidungsfreiheit" zu denken, nur um dann frei nach Laune überall dort zu behaupten, dass dieses Merkmal (nicht) gegeben sei, wo man eine Haftung bejahen bzw. verneinen möchte.[389] Schließlich hat es auch – besonders prominent durch die Gesellschaftsvertragstheorien – einigen Schaden angerichtet, einfach einen „mutmaßlichen Willen" zu unterstellen, um das erwünschte Ergebnis doch noch als vermeintlich individualistisch-liberal, weil ja „rein hypothetisch doch gewollt", darzustellen. Zwar ist es nur zu verständlich, dass man große, auf den Konsens ganzer Bevölkerungen bauende Philosophien nur dann aufrechterhalten kann, wenn man gerade nicht die realen Menschen in ihrer realen Welt nach ihrem realen Willen fragt, sondern sich einen fiktiven Urzustand denkt. Doch ist für diese Vereinfachung eine wissenschaftliche Rechtfertigung schwer ersichtlich. Denn wenn solche Konsense in unserer ganz realen Welt nicht gelingen, ist jede gesellschaftsvertraglich begründete Handlungsempfehlung, die diese reale Welt ignoriert, bereits im Ansatz defekt.[390]

III. Verbindlichkeit

1. Notwendigkeit

Möchte man wissenschaftliche Erkenntnis, ja jede Form von Denken oder Kommunikation, auf fundamentale Mindestvoraussetzungen zurückführen, so wäre jedenfalls eines zu verlangen: ein Unterschied. Ganz gleich wie es dazu kommt, ob durch einen aufwändig-kreativen menschlichen Geistesprozess, ob durch Evolution – biologisch wie kulturell – und damit oft auch schlichten Zufall: Wo nicht irgendetwas unterschieden, abgegrenzt, ausgesondert wird,

---

[386] Näher zu dieser sehr problematischen Argumentationsfigur oben § 4 B. I. 4. b) aa); § 4 B. I. 4. b) ee); § 9 C. I. 3. d); § 10 C. IV. 5.; § 17 E. III. 6. c) bb); § 19 B. III. 2. sowie unten § 19 G. IV.

[387] Zur Bedeutung von Anreizen auch für das (Vertrags-) Recht siehe etwa oben § 2 D. III. 5.; § 17 C. II. 2. d). Vgl. aber auch zu den Wirkungsgrenzen etwa *Jansen*, Haftungsrecht, 2003, S. 168 ff.

[388] Näher oben § 19 C. VI. 3., vgl. dort etwa Fn. 227.

[389] Näher oben § 4 B. I.

[390] Näher oben § 9 C. V. 2. d); § 9 C. V. 2. e). Noch relativ harmlos, weil nur auf eine missverständliche Begrifflichkeit hinauslaufend, ist dies dort, wo eigentlich die real vorhandenen Parteiinteressen berücksichtigt werden sollen.

besteht nur Leere. Wer kunstvoll nichts sagt, kann zwar nichts Falsches sagen, wird nirgends anecken, sich nie widerlegen lassen, alles „integrieren" und immer eine „Antwort" parat haben, doch ertragreich ist das nicht. Hier regierte dann nur noch die Angst, würde kapituliert, erstickte man jede fruchtbare wissenschaftliche Diskussion bereits im Ansatz.

Vor allem benötigt Wissenschaft gerade für die Orientierung in einer extrem komplexen Umwelt solche Aussagen, die sich falsifizieren lassen und damit überhaupt eine Aussage beinhalten. Wir müssen das Rauschen verringern, anstatt es nur weiter als Rauschen zu beschreiben. Juristen unterscheiden vor allem mit möglichst klar definierten Begriffen (und letztlich Tatbeständen), die sich dann einer Überprüfung stellen können. Gerade wenn man sich in unbekanntem, kaum überschaubarem Terrain bewegt, möchte man nicht hören, dass alles flexibel abzuwägen sei. Verbindlichkeit erlaubt es nicht nur, eine wissenschaftliche These überhaupt zu kritisieren oder zu verteidigen, um damit in einer vielleicht harten, dafür aber ertragreichen Diskussion Vor- und Nachteile herauszuarbeiten. Vor allem lässt sich diese These dann zumindest probeweise – also etwa zeitlich beschränkt oder nur für einen bestimmten Bereich – anwenden, um so ganz einfach zu beobachten, ob sie sich bewährt, d.h. was für Konsequenzen sich daraus tatsächlich ergeben. Genau so funktionieren die Evolution, das menschliche Denken – und auch Wissenschaft. Wollte etwa unser Gehirn hingegen ein bewegliches System[391] praktizieren, wären wir schon alle verhungert. Und wer die derzeit so beliebte Forderung nach empirischer Arbeit des Juristen ernst nimmt und dabei nicht das geltende Recht als vielmehr ganz fachfremde Untersuchungsgegenstände meint, sollte sich besonders überlegen, wie sich empirisches Arbeiten mit nicht falsifizierbaren Aussagen verträgt – und doch findet sich oft diese Kombination.

Um dieses Grundanliegen zu illustrieren: Dass man die Willenstheorie überhaupt so stark kritisieren kann,[392] verdanken wir dem Mut ihrer Vertreter, die sich zu verbindlichen, klaren und gerade deshalb so leicht angreifbaren Aussagen durchrangen und zu diesen standen. Nur eine solche Auseinandersetzung mit den wenigen klaren Konzepten, über die wir in der Vertragstheorie glücklicherweise überhaupt verfügen, bildet erst die notwendige Basis, um Vertragsrecht zunehmend zu verstehen. Erst mit diesen Erfahrungen können wir nach besseren, den zu untersuchenden Bereich noch treffender beschreibenden Ansätzen fahnden. Hätte die Willenstheorie erst gar nicht verlangt, dass sich der Parteiwille bei Vertragsschluss auf den Vertragsinhalt erstreckt,[393] könnten wir uns nach konsequenter Subsumtion dieser Grundthese auch nicht zur Ansicht durchringen, dass das Recht angesichts der begrenzten menschlichen

---

[391] Dazu gleich unten § 19 F. III. 2. b).
[392] Vgl. oben § 9 C.
[393] Näher oben § 9 C. I. 1. b).

Aufmerksamkeit in Wahrheit dazu verdammt ist, auf eine umfassende Arbeitsteilung wie auch zeitliche Streckung vertraglicher Entscheidungsfindung zu setzen.[394]

Weiterhin lassen sich nur verbindliche Theorien überhaupt vergleichen – etwa mit *Popper* anhand ihrer Reichweite (und damit Falsifizierbarkeit) und Einfachheit.[395] Nicht grundlos berücksichtigt diese Arbeit sehr viele konkrete Sachverhalte aus verschiedensten Bereichen, um einzelne Theorien daraufhin zu befragen, ob sie das geltende Vertragsrecht treffend beschreiben.[396] Beim menschengemachten und damit oft widersprüchlichen Recht mag man dabei sogar an einer vielfach falsifizierten Vorstellung so lange festhalten, wie andere Ansätze noch erfolgloser sind. Oder man beansprucht für diese Vorstellung nur noch eine kleinere Reichweite, um sie dann zwar nicht mehr mit Allmachtsanspruch, dafür aber umso erfolgreicher einzusetzen. Derartige Zuschneidungen bilden einen wichtigen Erkenntnisprozess und oft die Grundlage für wiederum neue Theorieentwürfe. Es ist daher auch sicher keine Schande, sondern jedenfalls im Recht für jede verbindliche Aussage nahezu unvermeidlich, offen zuzugeben, dass der eigene Ansatz manche Facette selbst eines relativ eng umgrenzten Rechtsbereichs nicht treffend zu beschreiben weiß.

Um das zu illustrieren: Auch nach dem Rechtfertigungsprinzip bleibt die Parteivorstellung äußerst wichtig. Denn meistens wissen die Parteien – soweit sie sich tatsächlich Gedanken machen – am besten, was in der eigenen Situation für eine eigene rechtliche Einbuße notwendig ist, um die eigenen Ziele größtmöglich zu verwirklichen (Subsidiarität).[397] Nur bildet der Parteiwille hier nicht mehr (wie noch nach der Willenstheorie) den alleinigen, als intrinsisch richtig angesehenen Ausgangspunkt des gesamten Vertragsrechts.[398] Das so wichtige und bis heute gültige, liberal-individualistische Grundanliegen der Willenstheorie wird also nicht etwa gänzlich aufgegeben, sondern nur so weit relativiert,[399] wie der Mensch etwa getäuscht bzw. bedroht wird oder Vertragsbedingungen wie auch dispositives Recht – weil umfassend vorformuliert – erst gar nicht liest.[400]

---

[394] Näher oben § 8.
[395] Grdl. *Popper*, Die Logik der Forschung, 10. Aufl. 1994.
[396] Näher oben ab § 1 B.
[397] Näher oben § 8 E. II. 2.; § 9 E.
[398] Näher zu dieser Problematik oben § 9 C. III.
[399] Vgl. auch oben § 2 A. V. 3. d).
[400] Näher oben § 4; § 14; § 16 A.; § 17 D.

2. Alternativen?

a) Leerformeln

Da es die Komplexität und – weil menschengemacht – Widersprüchlichkeit des geltenden Rechts so erschweren, Erkenntnisfortschritt zu erzielen, zeichnet sich in der Rechtswissenschaft bereits seit längerem die Tendenz ab, sich auf unverbindliche Äußerungen zurückzuziehen. Besonders oft findet sich dies bei wissenschaftlich ambitionierten Ansätzen, die nicht nur breite Bereiche unseres Rechts erfassen wollen, sondern das oft auch unter umfassender Berücksichtigung verschiedenster Disziplinen und Traditionen. Die vielleicht einfachste Variante fehlender Verbindlichkeit besteht darin, solche Begriffe zu bemühen, die sich gar nicht subsumieren und damit offen lassen, wann genau sie erfüllt sein sollen. Klassische Beispiele sind der Hinweis auf ein normatives Verständnis[401] oder Begriffe wie Freiwilligkeit, Willens- und Entscheidungsfreiheit.[402] Manchmal wird sogar noch darauf verzichtet und das zu begründende Ergebnis einfach behauptet. Hierzu gehört nicht nur die Fiktion,[403] sondern genauso die gerade in der vertragstheoretischen Diskussion beliebte These, dass Freiheit und Verantwortung „notwendig" miteinander verbunden seien.[404] Ebenso verknüpft man gerne ungewollte oder nicht erklärte Vertragsinhalte mit dem tatsächlich Gewollten oder Erklärten.[405] Auch die „Rechtsidee" dient oft als Refugium.[406]

b) Flexible Begründungsmuster

In jüngerer Zeit immer beliebter sind schließlich flexible Begründungsmuster, wovon die vielleicht einfachste Variante die Abwägung verschiedener Gesichtspunkte fordert. In eine ähnliche Richtung geht es, Spannungsfelder, Dialektiken oder Antinomien zu bemühen. Meistens geschieht das durch die Nennung verschiedener Gesichtspunkte,[407] ohne näher auszuführen, wann es wie genau auf welche davon ankommen soll.[408] Hierhin gehört die Interessenab-

---

[401] Näher oben § 9 C. V. 2. e); § 10 E. II. 1.; § 11 E. II. 6.; § 19 C. VI. 3.
[402] Näher oben § 4 B. I.; § 17 D. II. 2.
[403] Näher oben § 9 C. V. 2. b), dort auch mit Nachweisen zu noch diskutablen, dann allerdings nur eher technischen Funktionen der Fiktion.
[404] Näher oben § 10 C. IV.
[405] Näher oben § 9 C. V. 2. c); § 10 E.
[406] Näher dazu etwa unten § 19 G. III. sowie zum hier verwandten Untersuchungsgegenstand oben § 1 B. I.; § 2 B. I. 1.
[407] Im Vertragsrecht fallen hier typischerweise Begriffe wie Wille, Erklärung, Vertrauen, Geltung, Äquivalenz, Verschulden/Verantwortung, Auslegung, Schaden, Sitte, Kommunikation, Privatautonomie, Freiwilligkeit/Willensfreiheit oder Effizienz.
[408] Allerdings gibt es auch instruktive Konkretisierungsversuche, vgl. zu solchen Ansätzen hier nur *Alexy*, Juristische Argumentation, 1983; *Auer*, Materialisierung, 2003; *Röthel*, Normkonkretisierung, 2004; *Riehm*, Abwägungsentscheidungen, 2006; *Unger*, Verfassungsprinzip, 2008, S. 89 ff.; *Stürner*, Verhältnismäßigkeit, 2010.

wägung,[409] wenngleich darin zumindest die wichtige Aussage steckt, dass es bei Verträgen (wie Gesetzen) um Interessen und nicht nur um die von Vertragsparteien oder Parlament getroffene Entscheidung geht.[410] Oft dient auch der Rückgriff auf reine Verfahrensgrundsätze dazu, sich nicht auf verbindliche Aussagen festlegen zu müssen. Denn hier wird offen gelassen, wie genau die in der Sache getroffene Entscheidung aussieht, als müsste nicht letztlich genau eine solche konkrete Entscheidung getroffen und damit wissenschaftlich beschrieben werden. Auch Verfahren enden mit einem Ergebnis. Tatsächlich geht es uns Menschen fast nie nur um das Verfahren, sondern meistens um dessen Resultat.[411]

Eine besonders traditionsreiche Form flexiblen Denkens ist die Topik, die nicht von festgelegten Axiomen, also klassischen Tatbestandsmerkmalen, ausgeht. Vielmehr basiere sie auf vielfältigen Aussagen, die weder abschließend seien noch alle erfüllt sein müssten. Im Gegensatz zum System könne die Topik Prämissen hinterfragen oder müsse diese erst erfinden. Sie sei problem- und damit auch folgenorientiert. Anstatt abstrakte Aussagen zu treffen, setze die Topik unten, d.h. sachnah, individuell, situativ und damit eher pragmatisch an.[412]

Eine mit der Topik – wenngleich gerne bestritten –[413] stark verwandte Argumentationsform bildet das sogenannte bewegliche System, das Rechtsfolgen durch verschiedenste Verbindungen und Stärkegrade mehrerer Elemente ableiten will. Wiederum soll das Zusammentreffen aller oder bestimmter Elemente nicht erforderlich sein und sollen zusätzliche Elemente zum eigentlichen Katalog hinzutreten können.[414] Eng verwandt mit alldem seien schließlich noch Typus bzw. Typenreihen.[415]

---

[409] Näher oben § 2 A. II. 1. c); § 2 A. V. 2. c); § 3 A. IV. 2.
[410] Näher zur Bedeutung von Zielen (Interessen, Zwecken) oben § 2 A.; § 3 C. I.; § 4 C. I. 2.; § 9 D. I.; passim.
[411] Näher oben § 19 D.
[412] Grdl. *Viehweg*, Topik und Jurisprudenz, 5. Aufl. 1974, S. 31, 39 ff., 82 ff., 92, 114, passim.
[413] Siehe dazu bereits *Rehberg*, Informationsproblem, 2003, S. 132 ff. m.N. Dementsprechend sieht *Viehweg*, Topik und Jurisprudenz, 5. Aufl. 1974, S. 105 ff., 110 im beweglichen System eher einen differenzierten Topikkatalog; vgl. auch instruktiv *Otte*, Rechtstheorie 1 (1970), 183, 197.
[414] Stellv. *Wilburg*, Elemente, 1941, S. 26 ff.; *Wilburg*, AcP 163 (1964), 346.
[415] Siehe dazu nur monographisch *Leenen*, Typus und Rechtsfindung, 1971, S. 55, passim, der etwa ausführt: „Die Offenheit ist aus der Abstufbarkeit entwickelt, Ganzheitlichkeit und Anschaulichkeit aus der Sinnhaftigkeit abgeleitet worden. Doch auch diese Merkmalskomplexe stehen untereinander in engstem Zusammenhang". Vgl. auch *Larenz/Canaris*, Methodenlehre, 3. Aufl. 1995, S. 42 f., 123, 294, 299, passim.

c) Fehlender Erkenntniswert

Das Problem derartiger Ansätze liegt gerade in dem, was sie auszeichnet, unterscheiden soll: nämlich keinen Maßstab dafür anzubieten, wann es mit welcher Gewichtung auf welchen Gesichtspunkt mit welchen Konsequenzen ankommen soll. Denn gäbe es einen solchen überprüfbaren Maßstab, könnten wir anhand dieser Theorie typisierend wichtige Fallgruppen suchen und für diese möglichst einfache und praktikable Regeln entwerfen. So aber steht die Forderung nach einer flexiblen Würdigung in der Luft. Denn selbst das schöne, weil an die Waage erinnernde Bild der Abwägung unterschlägt, dass dort, wo Menschen ganz real abwägen, auf der einen Seite der Waage ein Gewicht liegt und damit die notwendige Referenz liefert, ohne die verbindliche Aussagen unmöglich sind.[416]

Demgegenüber verzichtet das bewegliche System darauf, sich auch nur auf irgendetwas festzulegen – nicht einmal darauf, dass es um Lebewesen auf dem Planeten „Erde" gehe. Und umgekehrt schließt es nicht einmal den Flügelschlag einer sibirischen Winterlibelle als irrelevant aus. Zwar hat solche Beweglichkeit den enormen Vorteil, niemals – ganz gleich was für noch so absurde Elemente man angeführt haben mag – falsifizierbar zu sein. So kann man jeder kritischen Stimme sofort entgegnen, dass ein bestimmter Aspekt im konkreten Fall natürlich höchst wichtig oder umgekehrt gerade nicht so bedeutend sei, gerade weil es doch auf eine beweglich-flexible Würdigung ankomme. Doch geht diese enorme Anschlussfähigkeit mit einem entsprechend geringen Erkenntniswert einher. Dabei ist es wahrlich keine Schande, sondern im Gegenteil oft äußerst lehrreich, wenn man sich und anderen eingesteht, wo der eigene Gedanke gerade nicht (mehr) trägt.

Wollte man mit derart flexiblen Begründungsmustern einzelne Aspekte stärker hervorheben, wäre das jedenfalls der falsche Weg. Denn in einer Abwägung und noch mehr im beweglichen System ist alles relativ, weshalb es auch keine größere Geringschätzung jedes nur erdenklichen Gesichtspunkts gibt, als ihn zur Abwägung oder flexiblen (Nicht-) Berücksichtigung freizugeben. Schon gar nicht lassen sich so Grenzen setzen – beispielsweise einem allzu großen Interventionismus. Denn wer Grenzen setzen möchte, sollte diese jedenfalls aussprechen können.[417]

Praktisch besehen sind Topik, Typus und bewegliches System wissenschaftlich noch unbefriedigender als die zuvor beispielhaft aufgegriffenen Leerformeln.[418] Denn Letztere adressieren oft wenigstens konkrete dogmatische Schwierigkeiten und dienen so als Indikator für bisher ungelöste Probleme. „Entscheidungsfreiheit" etwa lässt sich zwar nicht subsumieren, wird aber

---

[416] Instruktiv dazu etwa *Rückert*, JZ 2011, 913, 921 ff.
[417] Näher etwa oben § 16 D. III. 2.
[418] Näher oben § 19 F. III. 2. a).

wenigstens von deren Vertretern in ganz bestimmten Bereichen wie der Rechtebasierung unseres Vertragsrechts oder bei für relevant erachteten Motivirrtümern bemüht.[419] Nichts anderes gilt für die „normative Auslegung" bzw. die „verständige Würdigung" von Vertragsinhalten, hinter der sich das Phänomen einer zeitlich wie personell verteilten Entscheidungsfindung verbirgt.[420] Und dem „hypothetischen Willen" steht das Interesse fast schon auf die Stirn geschrieben.[421]

Dabei ist sicher nichts dagegen einzuwenden, wenn man sich zunächst kreativ um verschiedenste Gedanken bemüht und diese selbst dann notiert und anderen mitteilt, wenn sie sich nicht sofort in falsifizierbare Tatbestände münzen lassen. Zwar leiden wir zumindest in der Rechtswissenschaft eher daran, an „Gesichtspunkten" zu ertrinken, anstatt solche erst finden zu müssen. Die eigentliche Herausforderung besteht also vor allem darin, dieses Rauschen zu verringern. Doch immerhin enthält die Entscheidung darüber, was für Wörter man veröffentlichen und hierdurch an diese erinnern möchte, eine wenigstens insofern verbindliche Unter- und damit Entscheidung, als man in einen Text zwar viele, aber nicht alle Wörter dieser Welt zu packen vermag. Demgegenüber bleibt offen, warum wir interessante Ideen nicht bloß als erinnerungswürdige Ideen, sondern darüber hinaus als abwägungsbedürftig oder Bestandteil eines beweglichen Systems deklarieren sollten, ohne dafür eine praktisch verwertbare Referenz anzubieten.

Dabei ist es faszinierend, in wie vielen auch begrifflichen Facetten sich derartige Beweglichkeiten äußern. Formulieren wir etwa einen Grundsatz bzw. eine Regel, wovon es auch Ausnahmen gebe, ist das so lange nichts anderes als die zuvor kritisierte Abwägung, wie nicht verbindlich darüber informiert wird, wann der Grundsatz und wann die Ausnahme greift. Soll beispielsweise „grundsätzlich" *pacta sunt servanda* gelten, sollen andererseits aber auch Ausnahmen vorkommen, beantwortet das nicht, wann genau wir die Parteien am gemeinsam Gewollten oder Erklärten festhalten. Es fehlt der übergeordnete Gesichtspunkt. Meistens geht es ohnehin erst darum, wie weit der Vertrag inhaltlich reicht, den es dann zu wahren gilt.[422] Dass und mit welchem Inhalt es in unserem Vertragsrecht etwa Irrtumsregeln, Geschäftsunfähigkeit, Zwang, Drohung und Ausbeutung oder eine Inhaltskontrolle Allgemeiner Geschäftsbedingungen gibt, wird so nicht beleuchtet. Nicht anders verhält es sich dort, wo sich Vertragspartner „grundsätzlich" keine Information schulden sollen, sich aber ersichtlich zahllose Gegenbeispiele finden. Bestenfalls trifft man hier eine rein statistische Aussage, bleibt dann jedoch sprachlos, wenn der Betroffene behauptet, bei ihm liege ein solcher Fall vor, der eine Ausnahme

---

[419] Näher oben § 4 B. I.; § 17 D. II. 2.
[420] Näher oben § 9 C. V. 2. e); § 10 E. II. 1.; § 11 E. II. 6.
[421] Näher oben § 9 C. V. 2. d).
[422] Siehe dazu etwa oben § 6 B. V. 2.

rechtfertige. Reine Statistik liefert keinen Grund, keinen Gesichtspunkt. Kann man hingegen verbindlich angeben, wann genau die Ausnahme greift, hat man die Ausnahme in einen Gesamttatbestand integriert und so eine verbindlich-einheitliche Regel formuliert.

Ein vertragstheoretisch besonders wichtiges Beispiel für die Schwierigkeiten jeder Theorie, die auf eine Abwägung verweist, ist die beliebte Bezugnahme auf individuelle Freiheiten oder generell eine Freiheitsordnung. Denn spätestens dort, wo Freiheit nicht nur als staatliches Nichtstun verstanden wird, bleibt die Verbindlichkeit schnell auf der Strecke. So lebt bereits der staatliche Schutz individueller Freiheitssphären wie der körperlichen Unversehrtheit von der Unterstützung anderer Personen, deren Freiheit dann gleichermaßen betroffen ist. Umso stärker gilt das für das Vertragsrecht, wo Vertragsfreiheit bzw. (Privat-) Autonomie von vornherein aufwändige staatliche Anstrengungen erfordert oder wir gar dem Einzelnen einen gewissen Informationsstand zubilligen.[423]

Zum Abschluss sei noch daran erinnert, dass das Rechtfertigungsprinzip keine Abwägung propagiert, sondern selbst für noch so detaillierte Vertragsinhalte auf das Parteiinteresse verweist,[424] das es – mit der jeweiligen Rechteausstattung als notwendiger Basis –[425] zu verwirklichen gilt.[426] Dabei bilden die ausgeklügelte Kompetenzordnung unseres Vertragsrechts, die zeitlich gestreckte Entscheidungsbildung sowie die auf all das zugeschnittenen Rahmenbedingungen das Ergebnis einer über viele Jahrhunderte andauernden rechtlich-kulturellen Evolution, durch die unser Vertragsrecht das Rechtfertigungsprinzip selbst in einer äußerst komplexen wie auch sonst sehr widrigen Umwelt praktisch verwirklicht.

IV. Verallgemeinerung

Bisher wurde vor allem beschrieben, worauf wir selbst bei noch so großer Komplexität unserer Lebenswelt und einer dementsprechend geistigen Überforderung des Menschen nicht verzichten können: nämlich erstens die Hinwendung zu allein dieser einen Welt, in der wir nun einmal leben – ganz gleich wie komplex –, und zweitens solche Aussagen, die überhaupt etwas besagen – ganz gleich wie leicht falsifizierbar sie dann sein mögen. Doch haben wir mit diesen Aussagen zunächst nur entschieden, uns der Komplexität zu stellen (anstatt vor ihr zu kapitulieren) – nicht jedoch das Problem unserer nur begrenz-

---

[423] Näher zur Privatautonomie oben § 8 E. III. sowie zu den verschiedenen Freiheitsvorstellungen etwa oben § 19 B. I.
[424] Zur Definition siehe oben § 2 A. II.
[425] Näher zu dieser Verknüpfung etwa oben § 2 A. II. 2.; § 2 A. V. 3. c); § 2 D. IV. 5.; § 2 B. II.; § 3 A. IV.; § 4 C. I.; passim.
[426] Näher oben § 3 A. IV. 2.; § 3 C. I.; § 4 C. III. 1.

ten geistigen Fähigkeiten bewältigt. Zu beantworten bleibt, was genau es für verbindlich-realitätsbezogene Handlungsmuster sind, die uns helfen.

Das erste wichtige Stichwort lautet hier: Vereinfachung durch Verallgemeinerung.[427] Im Idealfall gelingt es uns, selbst vielschichtige Sachverhalte präzise zu beschreiben, ohne dafür viel Rechenkapazität (oder speziell Aufmerksamkeit) aufzubringen. Vielleicht am besten gelang dies der Physik, die mit nur vier Grundkräften (Gravitation, elektromagnetische Kraft, schwache sowie starke Kernkraft) einen enorm großen Umweltausschnitt äußerst exakt abzudecken weiß. Es ist daher gut nachvollziehbar – wenngleich nicht ungefährlich –,[428] wenn sich die Wissenschaftstheorie besonders an dieser Disziplin (einschließlich deren stark mathematischer Ausrichtung) orientiert und Wissenschaftler anderer Fachbereiche oft neidvoll auf die Physik herüberblicken.

Aber auch das menschliche Gehirn ist auf Verallgemeinerung getrimmt. Denn erstens setzen sich genetisch wie kulturell – weil weniger Energie erfordernd – bevorzugt solche Verhaltensmuster durch, die viele Konstellationen und nicht nur spezielle Situationen erfassen. Möglicherweise erklärt das auch die menschliche Neugier sowie unser offenbar tief verwurzeltes Verlangen, für alles einen Grund anzuführen. Konkret äußert sich das etwa beim Glücksgefühl nicht nur eines Wissenschaftlers, wenn man – und sei es auch nur vermeintlich – auf einmal begriffen und damit nichts anderes getan hat, als erfolgreich zu verallgemeinern. Weniger glücklich offenbart sich dieser menschliche Urinstinkt dort, wo wir „auf Teufel komm raus" selbst dann noch vermeintliche Gründe anführen, wo wir überfordert sind, das aber nicht akzeptieren wollen.

Wichtig für unsere Zwecke ist hier vor allem zweierlei: Erstens geht es auch in der Rechtswissenschaft um die verallgemeinernde Beschreibung ihres ganz eigenen Untersuchungsgegenstands, nämlich des Rechts als sehr reales, konkret fassbares soziales Phänomen.[429] Dass dieser Untersuchungsgegenstand auch stark menschlich beeinflusst wird, ändert daran nichts. Wohl aber führt diese humane Komponente zu dem praktischen Problem, dass jede allgemeine Aussage schnell falsifiziert zu werden droht, da verschiedene Rechtsetzer nicht immer ein einheitliches Konzept verfolgen und dieses dann noch präzise umsetzen. Doch lässt sich diese Streuung bewältigen, etwa indem man sich wie diese Arbeit nur an solchen Konstellationen orientiert, bei denen über das rechtliche Ergebnis weithin Einigkeit besteht.[430]

---

[427] Weshalb dieser Gesichtspunkt dann auch wissenschaftstheoretisch oft bemüht wird, vgl. hier wiederum nur *Popper*, Die Logik der Forschung, 10. Aufl. 1994, S. 85 ff., 97 ff. m.w.N.
[428] Näher unten § 19 F. VII.
[429] Näher oben § 1 B. I.
[430] Näher oben ab § 1 B. III.

Schließlich sei noch darauf hingewiesen, dass letztlich allein die erfolgreiche, d.h. sachlich auch zutreffende, verallgemeinernde Beschreibung zählt und nicht etwa, ob die dabei getroffenen Annahmen ihrerseits zutreffen. Wenn man also langfristig-kollektiv-kumulative Phänomene wie die Preisbildung auf wettbewerbsintensiven Märkten tatsächlich mit gewissen Rationalitätsannahmen korrekt beschreiben kann, muss nicht jeder Mensch wirklich dergestalt rational handeln.[431]

V. Regelbasierung

1. Praktischer Befund

Wo immer die menschliche Unwissenheit zur unangenehmen Herausforderung wird, sind wir gut beraten, zunächst auf das zu schauen, was bereits geleistet wurde – und zwar in personeller[432] wie zeitlicher Hinsicht.[433] Tatsächlich gibt es zahllose Systeme, die sich in einem hochkomplexen Umfeld orientieren müssen und dabei auf reichhaltiger Erfahrung aufbauen. Eine Regelbasierung („Konditionalprogramm") gehört hierzu.

An erster Stelle steht dabei das menschliche Gehirn, bildet es selbst das Ergebnis einer Evolution von Hunderten von Millionen von Jahren, in der es fortwährend darum ging, sich mit möglichst geringem Energieaufwand in einer immer vielschichtigeren Umwelt zurechtzufinden. Es ist daher von einiger Autorität, wenn wir Menschen zwar über einen unglaublich leistungsfähigen Apparat verfügen,[434] es die Evolution jedoch bis heute nicht für sinnvoll hielt, uns Zielfunktionen maximieren zu lassen. Wir können nicht einmal „mal eben" ausrechnen, was etwa das Produkt von 29 und 18 oder die Wurzel von 2 ist, obwohl es sich dabei um vergleichsweise triviale Operationen handelt. Derartige Fähigkeiten interessieren anscheinend nicht. Vielmehr macht das Gehirn vor allem eines: kontinuierlich unter ständiger Rückkoppelung mit unserer Sinneswahrnehmung Regeln zu bilden bzw. anzupassen und diese Regeln dann miteinander zu verknüpfen.[435] Dabei wäre es biologisch ohne Weiteres möglich gewesen, die enorme Leistungsfähigkeit unseres Gehirns final auszurichten. Schließlich hatte die Evolution viel Zeit, um unter unterschiedlichsten Bedingungen für verschiedenste Lebensformen auszuprobieren, wel-

---

[431] Siehe dazu bereits oben bei Fn. 381. Allerdings können wir es uns speziell im jeden einzelnen Vertrag würdigenden Vertragsrecht nicht leisten, unsere geistigen Defizite oder indivduell-situative Besonderheiten zu ignorieren, näher oben § 19 E. I.
[432] Näher zur Arbeitsteilung oben § 8 B.
[433] Siehe dazu nur zum Lernen durch Wiederholung oben § 2 D. IV. 4., zur Geschichtlichkeit allgemein oben § 2 D. V. oder zur zeitlich gestreckten Entscheidungsfindung oben § 8 C.
[434] Vgl. § 2 Fn. 417.
[435] Siehe hier nur grdl. *Wallis/Anderson/Miller*, 411 Nature 953 (2011) sowie näher zum menschlichen Lernen oben § 2 D. IV. 4.

ches Denken angesichts nur begrenzter Energieressourcen dazu befähigt, in dieser so komplexen Welt immer wieder erfolgreich zu bestehen.

Aber auch dort, wo wir Menschen künstliche Denkapparate schaffen und praktisch erfolgreich einsetzen müssen, käme kein Programmierer auf die Idee, nur eine elegante mathematische Formel zu entwerfen und diese dann einfach anzuwenden. Vielmehr wird er das zu lösende Problem minutiös so lange in immer kleinere Teilfragen aufspalten, bis er kleinteilige Instruktionen in der von ihm vorgegebenen Reihenfolge ablaufen lassen kann. Dabei – und auch das ist lehrreich – mag mancher Einzelschritt durchaus aus klassisch-mathematischen Operationen bestehen. Immerhin sind Computer gerade dort im Vergleich zum menschlichen Gehirn besonders leistungsfähig. Doch bildet solche Mathematik regelmäßig nur einen kleinen Ausschnitt komplexer Programme. Und wenn solche Rechner bei hochkomplexen Aufgaben noch auf absehbare Zeit daran scheitern, so erfolgreich wie das menschliche Gehirn zu agieren,[436] liegt das daran, dass auch moderne Computer nicht wie unser Denkapparat hochgradig geschichtlich (und auch nur unter großen Schwierigkeiten parallelisiert) arbeiten, sondern auf sehr einfachen Rechenoperationen aufbauen.

Doch noch auf einen weiteren Lehrmeister können wir zurückgreifen, um über die erfolgreiche Bewältigung von Komplexität zu lernen: das Recht. Schließlich ist hier die Herausforderung kaum geringer als für das menschliche Gehirn, geht es in beiden Fällen um ein äußerst komplexes Umfeld, in dem wir notgedrungen handeln müssen, wollen wir überleben oder gar anspruchsvolle Ziele verfolgen. Dabei beeinflussen sich menschliches Denken und Recht gegenseitig, da auch kulturelle Einflüsse darüber entscheiden, wie sich unser Gehirn physisch fortwährend verändert.[437] Umgekehrt ist Kultur nicht zuletzt das Ergebnis menschlichen Denkens und damit stark von unseren geistigen Möglichkeiten geprägt. Es verwundert daher nicht, wenn auch Recht – genauso wie sittliche Vorstellungen – hochgradig regelbasiert ist. Ließe sich das beste Recht hingegen ausrechnen, bräuchten wir keine Gesetzbücher oder Rechtsprechung. Wir Juristen lernen von klein auf, komplexe Lebenssachverhalte immer weiter zu unterteilen, bis die verbleibenden Häppchen so groß sind, dass wir sie endlich verdauen können – ganz ähnlich einem Programmierer. Hierzu gehört es etwa, menschliche Verflechtungen auf Zweipersonenbeziehungen zu reduzieren und je nach Begehren und Sachlage verschiedene Anspruchsgrundlagen herauszugreifen, um für diese dann jeweils noch einzelne

---

[436] Selbst beim mathematisch trivialen Schachspiel mit eng umgrenzten Feldern und Zugmöglichkeiten – also in einer hochgradig vereinfachten Umwelt, die an der Komplexität der realen Lebenswelt nicht einmal kratzt – gelang es dem Computer erst in den 90er Jahren des vergangenen Jahrhunderts, den Menschen zu übertreffen.
[437] Näher zum menschlichen Denken oben § 2 D. IV.

Tatbestandsmerkmale zu prüfen. Bei alldem rechnet der Richter allenfalls auf der Ebene einzelner Tatbestandsmerkmale, während er ansonsten gleich einem Informatiker oder unserem Gehirn vor allem eines tut, nämlich ein Konditionalprogramm ablaufen zu lassen.

2. Zwecke

a) Bedeutung

Das heißt allerdings nicht, dass wir ohne Finalitäten auskämen. Vielmehr ist überall dort, wo wir Regeln finden, eine Referenz nicht weit. Bei der Evolution ist es die Weitergabe genetisch gespeicherter Information (Genotyp) und daran anknüpfend die gesamte dieser Information folgende physische Erscheinung (Phänotyp) eines Lebewesens. Zwar verfolgt die Evolution kein Ziel, sondern „passiert" einfach durch Zufall und Selektion: Die Giraffen ließen sich keinen langen Hals wachsen, „um zu" erreichen, dass sie einen schönen Blick (und mehr Nahrung) genießen.[438] Doch sind die sich hier ergebenden Muster genauso wenig zufällig, wie wenn ein Programmierer sein Programm daraufhin ausrichtet, dass es die vom Auftraggeber formulierten Vorgaben erfüllt. Und auch Rechtsregeln müssen sich bewähren, um nicht in einem ebenfalls evolutionären Prozess – unter mal mehr oder weniger bewusster menschlicher Reflexion – ausgesondert zu werden. Tatsächlich sind evolutionäre Prozesse gerade in einem gut, nämlich zu optimieren, d.h. einen bestimmten Maßstab bestmöglich zu verwirklichen.

b) Komplexität finalen Denkens

Doch so wichtig Finalitäten – und zwar im Recht auch ganz bewusst von Gesetzgeber, Richter oder Parteien gesetzt – als dynamisches und Orientierung lieferndes Element[439] sind und von unserer Aufmerksamkeit noch am ehesten erfasst werden,[440] ändert dies nichts daran, dass sich deren Verwirklichung informatorisch ungleich anspruchsvoller gestaltet als die blinde Befolgung eines Konditionalprogramms. Gerade diese Blindheit, also die Begrenztheit der Regel auf eine limitierte Anzahl von Tatbestandsmerkmalen, macht diese attraktiv.[441] Dabei ist es nicht zuletzt *Luhmanns* Verdienst, trotz eines ersichtlichen Missfallens vieler Sozialwissenschaftler immer wieder darauf hingewiesen zu haben, dass wir den Unruhestifter des Zwecks in vielerlei Hinsicht – insbesondere auch zeitlich – bändigen müssen, um nicht jede Orientierung zu

---

[438] Näher oben § 2 A. II. 3. a).
[439] Näher oben § 2 A. IV. 6.; § 3 A. IV. 1.
[440] Näher oben § 2 A. IV. 3.; § 17 A. III. 1.
[441] Näher zu solcher Blindheit etwa auch oben § 2 B. II. 2.; § 2 D.

verlieren.⁴⁴² So wäre es etwa fatal, wollten wir unsere Entscheidungen bei jeder neuen Informationslage gleich wieder überdenken.

c) Domestizierung

Das Vertragsrecht liefert das beste Beispiel für diesen klassischen Widerstreit. Einerseits driften wir nicht willkürlich durch die Zeit, sondern bewegen uns auf bestimmte Punkte hin, die sich oft erfassen lassen und beim Recht meistens bewusst gesetzt werden. Doch gleichzeitig überfordert uns die bewusste Verwirklichung bestimmter Ziele schnell – wenngleich wir das in der Wissenschaft gerne unterschätzen. Der naheliegende Ausweg aus diesem Dilemma besteht darin, Zwecke in sorgsam eingegrenzten Bereichen durch möglichst ausgeklügelte Konditionalprogramme zu verwirklichen, um so gewissermaßen das Monster der Komplexität zu domestizieren. Wir müssen anhand unserer Ziele fortwährend Regeln beibehalten, verändern oder verwerfen, je nachdem wie sie sich praktisch bewähren. Dies praktiziert nicht nur die Evolution durch Selektion, sondern genauso unser Gehirn, wenn wir solche Fähigkeiten verlieren oder erst gar nicht erlernen, die wir nicht immer wieder praktisch nutzen und so als hilfreich erweisen.⁴⁴³ Haben wir komplexe Probleme (und finale Anliegen) in möglichst kleine Tatbestandsmerkmale unterteilt, kann es auf dieser Ebene sinnvoll, weil mit unseren geistigen Fähigkeiten oder auch technischen Hilfsmitteln tatsächlich zu bewältigen sein, wenn wir dann direkt so optimieren, wie wir dies etwa aus der Ökonomik derzeit kennen.

Damit liefert nicht nur die Biologie geradezu atemberaubende Beispiele solcher Optimierung. Auch unsere Kultur hat es hier weit gebracht – mit dem Vertragsrecht als einem herausragenden Beispiel. Denn wie ausführlich dargelegt,⁴⁴⁴ geht es hier letztlich um die Ziele der Vertragsparteien und damit ein offensichtlich finales Element, das erst die notwendige Referenz bereitstellt, um rechtliche Änderungen bewerten zu können. Muss etwa der Staat Vertragsinhalte festlegen⁴⁴⁵ oder überlegt eine Partei, was sie warum vereinbaren sollte,⁴⁴⁶ geht es den so Handelnden tatsächlich darum, die Parteiziele auf Basis der gegebenen Rechteausstattung größtmöglich zu verwirklichen – und damit eine klassische Optimierungsaufgabe.⁴⁴⁷

Doch wird dieser Geist der Finalität, der auch im Vertragsrecht aus der Flasche drängt, gleich wieder kunstvoll eingefangen. Jedes moderne Vertrags-

---

⁴⁴² Stellv. *Luhmann*, Rechtssystem und Rechtsdogmatik, 1974, S. 29 ff.; *Luhmann*, Das Recht der Gesellschaft, 1993, S. 195 ff., 378 ff., 538 f., 563, passim.
⁴⁴³ Näher oben § 2 D. IV. 4.
⁴⁴⁴ Oben § 2 A.
⁴⁴⁵ Näher oben § 16 A.
⁴⁴⁶ Näher oben ab § 3 A. II.
⁴⁴⁷ Näher oben § 3 A. IV. 1.; § 3 C. I. Damit verspricht die Ökonomik dort fruchtbare Beiträge, wo sie sich bescheiden auf kleine Teilaspekte konzentriert, anstatt rein autonom eine große Gesellschaftstheorie bereitstellen zu wollen, vgl. näher unten § 19 F. VII.

recht beschränkt sich keineswegs darauf, in einem Satz lediglich die bestmögliche Verwirklichung der Parteiinteressen zu verlangen. Vielmehr bildet es eine große Masse gesetzlicher wie richterrechtlicher Regeln, die sich durch eine umfassende Konditionalität auszeichnen und allenfalls auf untergeordneter Ebene solche Finalitäten aufgreifen, die sich noch menschlich bewältigen lassen.[448] Dabei organisieren diese Regeln vor allem eine zeitlich wie personell ausgeklügelte Verteilung menschlicher Entscheidungsfindung, um wenigstens mit dieser geballten Kraft zahlreicher Personen und langer Zeiträume das zu erreichen, was wir uns von Verträgen an Optimalität erhoffen.[449]

Dieser Befund ist umso eindrucksvoller, als sich das Vertragsrecht – für privatrechtliches Denken typisch –[450] von vornherein nur auf einen sehr kleinen Gegenstand beschränkt, nämlich allein die jeweilige Rechtsänderung für regelmäßig nur sehr wenige Personen.[451] Obwohl also nur für einen engstens umgrenzten Bereich allein den Interessen der Vertragsparteien dienend, bedarf es bereits hier umfassender Anstrengungen (auch ganzer Zivilgesetzbücher bzw. Jahrhunderte alter Rechtsprechung), um wenigstens das einigermaßen zu verwirklichen.[452] Es gibt kaum ein glänzenderes Beispiel für die von uns so gerne unterschätzte Komplexität von Zweckprogrammen als unser Vertragsrecht.

VI. Geschichtlichkeit

So sehr wir angesichts begrenzter Fähigkeiten gezwungen sind, uns anhand möglichst einfacher Regeln zu orientieren, beantwortet das noch nicht vollständig, wie es in einer hochkomplexen Umwelt gelingt, erfolgreiche Regeln zu bilden. Wenngleich uns notfalls ein bloßes Ausprobieren und damit der schlichte Zufall hilft, hat die rechtliche Entwicklung – anders als die biologische Evolution – viel damit zu tun, dass wir Menschen dieses Recht bewusst hinterfragen und angesichts neuer Entwicklungen anpassen. Da unsere geistigen Möglichkeiten auch insoweit begrenzt sind, müssen wir notgedrungen den Gegenstand, mit dem wir uns jeweils gerade beschäftigen, auf ein Minimum beschränken und ihn so unseren Fähigkeiten anpassen. Wir können immer nur kleine Schritte gehen. Das führt zur bereits eingehend diskutierten Geschichtlichkeit unseres Denkens wie Handelns,[453] die es uns erst in dieser Welt erlaubt, Großes – Verträge mit eingeschlossen – zu leisten. Deren wichtigsten

---

[448] Näher zum Umgang unseres Vertragsrechts mit Unwissenheit oben § 17 A.
[449] Näher oben § 8.
[450] Näher oben § 19 E.
[451] Näher oben § 19 E. I.
[452] Näher dazu unten § 19 F. VII.
[453] Näher oben § 2 D.; passim.

Facetten seien hier noch einmal kurz für Rechtswissenschaft und Privatrecht aufgegriffen.

1. *Inhaltliche Bescheidenheit*

Im Recht sind es vor allem unsere geistigen (und weniger körperlichen) Grenzen, die uns zu einer umfassenden Arbeitsteilung[454] nötigen, mit der es dann gelingt, zahllose Lebensbereiche mit äußerst vielschichtigen und tiefgreifenden Regeln zu durchflechten. Anders formuliert unterteilen wir die Welt in kleinere Teilbereiche, die wir oft ganz aktiv von ihrer restlichen Umwelt abkoppeln.[455] Dabei kann diese inhaltliche Eingrenzung nach verschiedensten Gesichtspunkten, also etwa zeitlich, personell oder auch institutionell, erfolgen.

Besonders wichtig ist hier zunächst die disziplinäre Arbeitsteilung, wie wir sie von unterschiedlichen Fakultäten und dort wiederum den jeweiligen Teildisziplinen her kennen. Anstatt unter Umgehung sämtlicher disziplinärer Qualitätssicherungsmechanismen als Juristen (und damit Laien) unter Juristen über biologische, psychologische, soziologische oder ökonomische Zusammenhänge zu spekulieren, können wir uns an die jeweiligen Fachleute wenden, die sich in ihrem Bereich unter ihren eigenen Kollegen durchzusetzen wussten. Wohl aber sollten wir die gesicherten Erkenntnisse anderer Disziplinen berücksichtigen, um diese dann rechtlich umzusetzen. Diese Arbeit etwa versucht, die Grenzen unseres Denkens – besonders der menschlichen Aufmerksamkeit – so konsequent wie möglich zu berücksichtigen.[456]

Rechtsintern ist besonders die Abgrenzung von Privat- und öffentlichem Recht aufschlussreich. Es gehört zu den herausragenden juristischen Leistungen, mit dem Privatrecht einen ganz eigenen Bereich geschaffen zu haben, der es durch einen sehr begrenzten Anspruch und damit eine vergleichsweise Simplizität etwa im Vertragsrecht überhaupt ermöglicht, wirkungsvoll vertragliche Wertschöpfung zu betreiben.[457] Und auch die eingehend diskutierte Rechtebasierung,[458] wie sie nicht nur das Privatrecht auszeichnet, verdeutlicht unser geschichtliches, stark rückwärtsgewandtes, überwiegend ignorantes Denken.[459] Wenngleich es nicht notwendig oder auch nur zweckmäßig ist,

---

[454] Näher oben § 8 B.
[455] Dazu gleich unten § 19 F. VI. 3.
[456] Vgl. dazu etwa auch oben § 17 A. oder § 2 B. II. 2.; § 2 D. III. 3.; § 2 E. III.; § 2 A. II. 1. c); § 8; § 9 C. IV.; passim.
[457] Näher oben § 19 E.
[458] Näher oben § 2 A. II. 2.; § 2 D. I. 4. b); § 3 A. IV.; § 4 C. I. 1.; passim.
[459] Näher oben § 2 B. II. 2.; § 2 D. III. 3.; § 2 D. IV. 5.; § 2 E.; passim.

Recht selbst als historisches Produkt zu definieren,[460] sind etwa gängige subjektive Rechte stark geschichtlich strukturiert.[461]

Schließlich setzt auch das Vertragsrecht auf eine ausgeklügelte Arbeitsteilung,[462] was umso bemerkenswerter ist, als sich die dort adressierte Rechtsänderung (Vertragsinhalt) dann auch noch inhaltlich äußerst bescheiden zeigt[463] – als wiederum nur einer weiteren Variante der fortwährenden Aufteilung komplexer Aufgaben in immer kleinere Teilabschnitte.

2. Rekursivität

Manche Regel wird sich im praktischen Alltag besonders hilfreich zeigen, etwa weil sie gute Ergebnisse produziert, sehr einfach ist und sich auf weite Bereiche anwenden lässt. Hier liegt es dann nahe, diese Regel nicht nur einmal, sondern wiederholt zu verwenden. Schließlich ist es besser, ein bewährtes Verhaltensmuster immer wieder zu praktizieren, anstatt neue, dafür aber schlechtere, zu verwenden. Dementsprechend bildet unser Gehirn unbewusste Verhaltensmuster nur bei vielfacher Wiederholung aus.[464] Eine solche Wiederholung ist nicht zu unterschätzen, vollzieht sich hier eine Verallgemeinerung in der Zeit.

Das wiederum bildet die notwendige Basis für das, was wir üblicherweise als Rekursivität bezeichnen, nämlich das Ergebnis einer bestimmten Regel als Tatbestandsmerkmal einer erneuten Regelanwendung einzubringen. Solche Schleifen sind für den Umgang mit einer komplexen Umwelt typisch[465] und etwa auch in der Informatik gang und gäbe. Doch müssen wir hier den Blick gar nicht so weit schweifen lassen, bieten gerade Verträge ein anschauliches Beispiel. Diese sind nichts anderes als ein Instrument zur Änderung der jeweiligen Rechtslage – und zwar auf Basis dieser Rechtslage. Was mit der rechtlichen Ausgangslage ein so wichtiges, aber vertragstheoretisch oft vernachlässigtes Tatbestandsmerkmal bildet, bestimmt wiederum die neue, durch den Vertrag veränderte Rechtslage, die wiederum als Basis für neue Verträge dient usw. Dass dies – entgegen einer wohl verbreiteten Vorstellung – keineswegs eine Tautologie bildet, wurde bereits andernorts dargelegt.[466] Damit sind aber auch Märkte geradezu ein Musterbeispiel für historisch-rekursive Prozesse.[467]

---

[460] Näher oben § 1 B. I.; § 2 B. I. Das gilt zumindest für die Anliegen dieser Arbeit.
[461] Näher oben § 2 B. II. 2.
[462] Näher oben § 8 B.
[463] Näher oben § 19 E. I.
[464] Näher oben § 2 D. IV. 4., dort etwa auch zur neuronalen Plastizität.
[465] Näher dazu etwa *Luhmann*, Das Recht der Gesellschaft, 1993, S. 50, 101, 114, 126, passim.
[466] Eingehend oben § 2 A. II. 2.; § 2 D. I. 4. b); § 3 A. IV.; § 4 C. I. 1.; passim.
[467] Das gilt auch für die eindrucksvoll von *Hayek* (oben Fn. 106) herausgearbeitete Informationsfunktion.

3. Autonomien

Beeinflusst die Vergangenheit stark, was hier und heute geschieht, so führt das zu einem Phänomen, das wissenschaftstheoretisch gravierende Konsequenzen hat und üblicherweise unter Stichworten wie Autonomie oder Eigengesetzlichkeit diskutiert wird. So finden sich je nach (Funktions-) Bereich, (Teil-) System oder Disziplin meist ganz verschiedene Geschichtlichkeiten, was dazu führt, dass sie zunehmend auseinanderdriften, nicht mehr ohne Weiteres vergleichbar sind, ja sich – je nach Bereich ganz unterschiedlich ausgeprägt und stabil – voneinander abschotten und nur noch an einzelnen Schnittstellen mit ihrer Außenwelt verbinden. Es kommt zu Spezialisierung und Arbeitsteilung,[468] weshalb es auch nicht verwundert, wenn solche Autonomien gerade bei sehr komplexen Herausforderungen (oder anders formuliert bei großer Unwissenheit) entstehen.[469] Denn ganz gleich, wie man etwa die Systemtheorie grundsätzlich einschätzen mag, berücksichtigt dieser großangelegte Entwurf die begrenzte menschliche Kognition schon im Grundansatz, anstatt nur an der Peripherie darauf zu reagieren.[470]

Dabei bildet das Recht ein eindrucksvolles Beispiel für ein angesichts hochgradiger Komplexität notwendig geschichtlich gewachsenes Gebilde, das sich nicht „mal eben" auf bestimmte Ziele hin optimieren lässt, sondern auf tiefgreifenden Voraussetzungen beruht, die wir angesichts unserer begrenzten Fähigkeiten immer nur partiell hinterfragen und umgestalten können. Genau das beherzigen etwa auch die historischen Schulen.[471]

4. Konsequenzen

a) Absage an ein überzeitliches Weltrecht

Die Geschichtlichkeit des Rechts und unseres Rechtsverständnisses zieht tiefgreifende Konsequenzen nach sich, von denen hier nur drei besonders wichtige herausgegriffen seien. Erstens bedeutet Historizität nichts anderes, als sich von der Hoffnung überzeitlich gültiger Wahrheiten zu verabschieden. Wenn wir uns wissenschafts- bzw. erkenntnistheoretisch so gerne an der Physik orientieren,[472] ist das für viele Disziplinen einschließlich der Rechtswissenschaft auch deshalb gefährlich, weil sich Naturgesetze oder wenigstens die Mathe-

---

[468] Näher dazu oben § 8 B.
[469] Namentlich *Luhmann* berücksichtigte dieses Phänomen so konsequent wie wohl kaum ein anderer, speziell für das Recht etwa in *Luhmann*, Das Recht der Gesellschaft, 1993, S. 38 ff., 440 ff., 496 ff., passim.
[470] Für diesbezüglich weniger überzeugende Beispiele siehe oben § 17 E. IV. sowie unten § 19 F. VII.
[471] Näher oben § 2 D. V. 5., dort (sowie gleich kurz unter § 19 F. VI. 4. c)) auch zur rechtstheoretischen Diskussion unter dem Stichwort von interner versus externer Perspektive.
[472] Näher unten § 19 F. VII.

matik vielleicht noch am ehesten als ahistorisch, d.h. überzeitlich beschreibbar, auffassen ließen.[473] Doch spätestens bei deutlicher kulturellen Phänomenen wie dem Denken, Sprechen und dem hier interessierenden Recht ist das ersichtlich anders.[474] Für Juristen wird damit etwas relevant, was nicht für alle Zeiten und Situationen gültig ist: die jeweilige Vergangenheit. Und auch im Vertragsrecht zerstört dessen Geschichtlichkeit (Rechtebasierung)[475] manchen metaphysischen Traum. Dabei sollte man sich keinen Illusionen darüber hingeben, wie sehr solche Geschichtlichkeit bis heute missfällt – gerade in Philosophie und Rechtswissenschaft. Doch darf Zeitlichkeit nicht mit Beliebigkeit, Zufall oder Willkür verwechselt werden, lassen sich natürlich auch geschichtliche Prozesse wissenschaftlich beschreiben.[476] Für den Vertrag als Instrument zur Veränderung der jeweiligen Rechtslage tut das diese Arbeit.

b) Erst verstehen, dann reformieren

Weil diese Geschichtlichkeit angesichts unserer nur begrenzten geistigen Fähigkeiten unvermeidbar ist, kommen wir für jede noch so kritische Beschäftigung mit dem Recht nicht umhin, dieses Recht in seiner historischen Form überhaupt erst einmal zu verstehen und damit verallgemeinernd zu beschreiben. Dementsprechend kann sich diese Arbeit auch genau darauf beschränken, leiden wir derzeit allein auf dieser Ebene noch an so vielen Irrtümern, dass wir gut beraten scheinen, uns über all das erst einmal klar zu werden.[477]

c) Interne versus externe Perspektive

Schließlich erlaubt ein Rechtsverständnis, das Phänomene wie Geschichtlichkeit, Rekursivität oder die Herausbildung eigengesetzlicher Bereiche offen anerkennt, das gerade in der englischsprachigen Diskussion viel diskutierte Begriffspaar von intern und extern überzeugend einzuordnen. Denn hier geht es – anders als die wohl dominierende Sichtweise – nicht etwa um den Stellenwert einzelner ethischer Vorstellungen wie dem Utilitarismus[478] als vielmehr die unseren begrenzten geistigen Fähigkeiten geschuldete Einsicht, dass es illusorisch wäre, anhand irgendeines übergreifenden Maßstabs ausrechnen oder sonst ableiten zu wollen, wie das perfekte Recht auszusehen hat.[479] Es ist die Geschichtlichkeit, die interne Sichten erforderlich macht. Deshalb ist es auch

---

[473] Wobei die Hoffnungen selbst hier nicht zu groß sein sollten, vgl. nur *Quine*, 60 PhilosRev 20 (1951). Möglicherweise lassen sich hier auch Arbeiten wie etwa die eines *Gödel* nennen, vgl. auch unten bei Fn. 577.
[474] Näher oben § 2 D. V., vgl. auch unten § 19 G. V.
[475] Näher oben § 2 A. II. 2.; § 2 D. I. 4. b); § 3 A. IV.; § 4 C. I. 1.; § 19 F. VI.; passim.
[476] Siehe zu solchen Fehlschlüssen etwa – ganz konkret vertragsrechtlich – oben § 4 C. I. 1. c).
[477] Näher oben § 1 A. I.; § 1 B.; § 1 C. III.
[478] Für Nachweise zu diesem siehe unten Fn. 481.
[479] Dazu jetzt gleich § 19 F. VII.

verfehlt, den zutreffenden Befund einer Innenperspektive des Rechts allein für das Privatrecht zu reservieren.[480]

VII. Reißbretttheorien

1. Problem

Bevor die zuvor herausgearbeiteten Facetten eines erfolgreichen zivilrechtlichen Umgangs mit Komplexität kurz anhand des Vertragsrechts illustriert werden, sei – gewissermaßen als abschreckendes Beispiel – auf hier etwas despektierlich betitelte Reißbretttheorien eingegangen, die nahezu alles falsch machen, was man angesichts unserer begrenzten geistigen Fähigkeiten nur falsch machen kann. So findet sich besonders im Denken des ausgehenden 18. Jahrhunderts, aber auch in vielen jüngeren Ansätzen die Vorstellung, man müsse vor allem ein überzeugendes – je nach Geschmack etwa liberales oder kollektivistisches – Ideal entwickeln, d.h. falls nötig mit großem geistigem Aufwand ableiten und begründen, um sich dann in einem zweiten Schritt zu fragen, wie sich dieses Ideal in der Welt da draußen verwirklichen lässt, oder aber diese Verwirklichung dann einfach anderen zu überlassen.

Leider erweisen sich derartige Theorien angesichts der Widrigkeiten unserer Welt und unserer geistigen Grenzen bereits in ihrem Grundansatz als illusorisch. Ein bestimmtes Ideal zu behaupten oder auch aufwändig herzuleiten, um es dann „nur noch" praktisch umzusetzen, ist genauso realistisch wie die Vorstellung, man könne auf dem Reißbrett eine ideale Natur entwerfen, um dann das Amazonas-Gebiet einzuebnen und dort diese neue und bessere Natur wie geplant zu errichten. Dazu sind wir als Menschen schlichtweg nicht fähig, weil sich Flora und Fauna über Hunderte von Millionen von Jahren evolutionär so vielschichtig und ausgeklügelt entwickelten, dass wir das bis heute nur staunend zur Kenntnis nehmen können.

2. (Verhaltens-) Ökonomik

a) Recht als Optimierungsproblem?

Doch so sehr das Beispiel einer „besseren Natur" vielleicht noch einleuchten mag, wird für kulturelle Errungenschaften wie Sprache, Denken oder das hier interessierende Recht zu weiten Teilen genau an solchen Illusionen festgehalten. Beim Utilitarismus etwa dient als Maßstab die Gesamtwohlfahrtsmaximierung. Grob gesprochen soll hier für sämtliche Lebensbereiche sämtliches privates wie staatliches Handeln einheitlich so praktiziert bzw. beeinflusst werden, dass dies die Gesamtwohlfahrt, gemessen an Freud und Leid sämtli-

---

[480] Näher zu alldem oben § 2 D. V. 5. b).

cher Bürger, maximiert.⁴⁸¹ Damit eng verwandt dominiert auch in der Wohlfahrtsökonomik mit ihren Effizienzkriterien die Vorstellung, dass man nur eine Zielfunktion definieren und unter passenden Nebenbedingungen maximieren müsse, um anhand dieses Maßstabs Recht zu bestimmen.⁴⁸²

Es ernüchtert daher, wenn selbst dort, wo man unter dem Stichwort einer Verhaltensökonomik (auf Englisch *behavioral economics*) beansprucht, die nur begrenzte menschliche Denkfähigkeit zu berücksichtigen, die damit verbundenen fundamentalen methodischen Herausforderungen glattweg ignoriert und stattdessen am Reißbrettdenken des 18. Jahrhunderts festhält. So wird am klassischen Ideal einer Maximierung der Gesamtwohlfahrt verharrt und lediglich für dessen Umsetzung auf der positiven (beschreibenden) Ebene zugebilligt, dass sich der Mensch nicht immer „rational"⁴⁸³ verhalte. Damit bewältigt man jedoch nicht das Problem menschlicher Unwissenheit, sondern verschärft die Schwierigkeiten geradezu. Vor allem wird das Modell noch viel komplizierter, als es ohnehin schon ist: Wo früher Rationalität unterstellt wurde, soll es auf einmal vielfältige Ausnahmen geben. Es sollte zu denken geben, wenn die einzige Antwort auf die menschliche Unwissenheit ausgerechnet darin bestehen soll, das propagierte Modell nochmals zu verfeinern.

b) Epizykeltheorien

Zudem fehlt der Ökonomik jeglicher Maßstab, um zu begründen, in welcher Situation oder bei welchen Personen welche Anomalität unterstellt werden soll.⁴⁸⁴ Vielmehr führt man diese Ausnahmen notgedrungen *ad hoc* und *ex post*, d.h. ohne eigenes wissenschaftliches Konzept und damit je nach gewünschtem Ergebnis, ein. Leider gibt es nicht eine oder gar „die" menschliche Irrationalität, sondern derer unzählige, von denen viele zudem stark situationsabhängig und sogar geschichtlich bedingt sind. Zur Ergründung dieses höchst vielschichtigen menschlichen Denkens und Handelns kann die Ökono-

---

⁴⁸¹ Für die Klassiker siehe nur *Bentham*, Principles, 1780, S. 1 f.: „*Nature* has placed mankind under the governance of two sovereign masters, *pain* and *pleasure*. It is for them alone to point out what we ought to do... By the principle of utility is meant that principle which approves or disapproves of every action whatsoever, according to the tendency which it appears to have to augment or diminish the happiness of the party whose interest is in question..."; *Mill*, Utilitarianism, 1863; *Sidgwick*, The Methods of Ethics, 1874 sowie daneben bereits *Hutcheson*, Inquiry into the Origin of Our Ideas of Beauty and Virtue, 1725, S. 27 ff.; *John Gay* oder *Hume*, Enquiry, 1751, S. 29: „In all Determinations of Morality, this Circumstance of public Utility is ever principally in View; and wherever Disputes arise, either in Philosophy or common Life, concerning the Bounds of Duty, the Question cannot, by any Means, be decided with greater Certainty, than by ascertaining, on any Side, the true Interests of Mankind". Zur Diskussion um den Utilitarismus vgl. hier nur *Smart/Williams* (Hrsg.), Utilitarianism for and against, 1973.
⁴⁸² Näher dazu etwa oben § 2 D. II. 3.; § 3 C. I. 3. a); § 4 B. V.; § 17 E. IV. Für das gängigste Kaldor/Hicks-Kriterium vgl. die Nachweise oben bei § 2 Fn. 308.
⁴⁸³ Zu den Schwierigkeiten dieser Begrifflichkeit siehe oben § 17 E. III.
⁴⁸⁴ Näher zum Folgenden oben § 17 E. IV.

mik nichts beitragen, bildet die jeweilige Verhaltensannahme erst den gedanklichen Ausgangspunkt ihrer Überlegungen. Es geht dieser Disziplin gerade nicht darum, ergebnisoffen zu erforschen und mittels psychologischer Modelle abzubilden, wann sich der Mensch warum wie (ir-) rational verhält. Das leisten andere Fachrichtungen.

c) Geschichtslosigkeit

Befragt man Ökonomen nach dem Stellenwert des Rechts, fällt die Antwort meist denkbar einfach aus: Recht bildet keinen Ausgangspunkt theoretischer Betrachtungen, sondern soll in seiner optimalen Form bestimmt und so – soweit geltend – kritisch hinterfragt werden. Wie das geltende Recht im Einzelnen aussieht oder gar, wie es entstanden ist, interessiert in diesen Betrachtungen nur insoweit, als es gegebenenfalls eben geändert werden muss. Theoretisch ist es selten auch nur vorgesehen, bestimmte historisch gewachsene Institutionen und Unterscheidungen zu übernehmen, um erst auf dieser Basis weitergehende Betrachtungen anzustellen. Denn wie will man Recht gleichzeitig hinterfragen und voraussetzen? Schon gar nicht finden sich gar methodische oder inhaltliche Aussagen dazu, welche rechtliche Phänomene zu übernehmen sind – und welche nicht.[485]

So einfach diese für Reißbretttheorien typische Sichtweise ist – wird sie der Komplexität unserer (Rechts-) Welt nicht gerecht. Was bereits übergreifend wie auch speziell für das Vertragsrecht diskutiert wurde,[486] lässt sich für die ökonomische Diskussion genauso feststellen. Denn nahezu jeder Autor unterstellt hier in seinen Modellen ohne Weiteres – wenn auch regelmäßig unterschwellig – so komplexe rechtliche Institutionen wie Eigentum[487], Vertrag oder die Existenz von Märkten in ihrer ganzen Abhängigkeit von umfassenden rechtlichen Rahmenbedingungen.[488] Weil Ökonomen auch nur Menschen und daher den gleichen Widrigkeiten ausgeliefert sind wie wir alle, sind auch sie völlig chancenlos in ihrem Bemühen, sich von Historizitäten gänzlich freizumachen – und zu diesen gehört auch das Recht. Doch solange historisch gewachsene rechtliche Vorgaben zwar notgedrungen hingenommen werden, dies jedoch geschieht, ohne sich und anderen diesen Vorgang offen einzugestehen und theoretisch möglichst stimmig einzuordnen, bildet diese dann unreflektierte Übernahme rechtlicher Gegebenheiten *ad hoc* und *ex post* nur einen weiteren Baustein einer an mit diversen Stellschrauben ohnehin schon reichlich versorgten Epizykeltheorie.[489]

---

[485] Näher oben § 2 D. II. 3.; § 4 B. V., vgl. andererseits aber auch oben § 2 D. V. 4.
[486] Näher zur Rechtebasierung oben § 2 A. II. 2.; § 2 D.; § 3 A. IV.; § 4 C. I. 1.; § 19 F. VI.; passim.
[487] Näher zu diesem oben § 2 C.
[488] Näher oben § 8 E. III.; § 16 D. II.
[489] Vgl. oben § 17 E. IV. 2. b) aa); § 19 F. VII. 2. b).

Tatsächlich lässt sich gerade für die ökonomische Analyse des Rechts feststellen, dass dort allzu oft selbst grundlegende und oft über viele Jahrhunderte mühsam erarbeitete Unterscheidungen wie etwa die zwischen Sach- und Prozessrecht, von inhaltlichen und Kompetenzfragen[490] oder von Privat- und öffentlichem Recht[491] ohne gründliche Reflexion der sie tragenden Gründe verworfen werden – etwa weil sie sich nicht mittels mathematischer Operationen ableiten lassen. Anstatt die Komplexität unserer Lebenswelt mit geeigneten methodischen Ansätzen zu bewältigen, wird hier um den Preis oft horrender Vereinfachungen daran festgehalten, unser gesamtes Recht, Denken und Sprechen berechnen zu können – um gleich einem Rasenmäher jede gewachsene Unterscheidung, die sich damit nicht erfassen lässt, abzuhacken.

d) Zwischenergebnis

Wie sehr viele Ansätze ignorieren, was eine durchgreifende und nicht nur an der Oberfläche kratzende Berücksichtigung unser begrenzten geistigen Fähigkeiten erfordert,[492] verdeutlicht die hier nur exemplarisch aufgegriffene Verhaltensökonomik besonders anschaulich. Regelmäßig soll weiterhin für sämtliche Lebensbereiche eine Wohlfahrtsmaximierung als allein maßgebliches Ziel anzustreben sein,[493] anstatt verschiedenste Teilbereiche unseres Lebens zu identifizieren, für die sich mit sehr viel größerer Aussicht auf Erfolg hinreichend einfache, überprüfbare und praktisch handhabbare Thesen entwickeln lassen. Die gängige Ökonomik tritt mit einem bemerkenswerten Absolutheitsanspruch auf, gerade weil sie nicht über die methodischen Instrumente verfügt, um die Autonomie einzelner Teilsysteme zu honorieren oder vergangene geistige Errungenschaften zu berücksichtigen. Die Geschichtlichkeit unseres Denkens oder über Jahrhunderte gewachsene Traditionen[494] werden ausgeblendet und die Rechtebasierung juristischen Denkens[495] als rückwärtsgewandt kritisiert,[496] ganz der Illusion folgend, wir Menschen hätten auch nur irgendeine Chance, all das zusammen kritisch zu hinterfragen. Innenperspektiven[497] oder ein gegenüber dem öffentlichen Recht eigenständiger, teilweise autonomer Charakter des Privatrechts[498] lassen sich so nicht ableiten.[499] Und auch der für jeden Umgang mit Komplexität unabdingbare Versuch, einfache

---

[490] Siehe für ein besonders instruktives Beispiel etwa oben § 16 E.
[491] Näher oben § 19 E.
[492] Näher oben § 19 F. I.
[493] Besonders konsequent *Becker*, The Economic Approach to Human Behavior, 1976.
[494] Zur ganz praktisch-vertragsrechtlichen Relevanz siehe oben § 8 B. I.; § 8 C. I.; § 16 C. sowie übergreifend etwa oben § 2 D. V. 2.
[495] Näher oben § 2 A. II. 2.; § 2 D. I. 4. b); § 3 A. IV.; § 4 C. I. 1.; § 19 F. VI.; passim.
[496] Vgl. etwa oben § 3 C. I. 3. a).
[497] Näher oben § 2 D. V. 5. b); § 19 F. VI. 1.; § 19 F. VI. 3.
[498] Näher oben § 19 E.
[499] Allgemein zur notwendigen Identifikation von Teilsystemen etwa oben § 19 F. VI. 3.

Regeln zu ermitteln und diese stimmig in ein Gesamtgebäude sehr vieler Regeln einzubauen,[500] findet in der Ökonomik praktisch nicht statt.

Diese der realen Welt weithin unangemessene Herangehensweise stellt die Wirtschaftswissenschaft vor eine unangenehme Wahl: Entweder man unterliegt der Hoffnung, die bisherige Methodik dadurch retten zu können, dass man sich diese Welt einfacher denkt. Sieht man sich dann dem Vorwurf ausgesetzt, dass die Vielschichtigkeit unserer Welt so nicht abbildbar sei, wird man insbesondere entgegnen, dass es bloß um ein Modell gehe – nur um wenig später die Ergebnisse dessen, „was doch nur ein Modell ist", eben doch auf die dafür viel zu komplexe Welt anzuwenden.[501] Oder man stellt sich zwar einer realen Weltsicht, schafft dafür jedoch – etwa auch durch beliebige Einstreuung diverser „Irrationalitäten" – zahllose frei gestaltbare Modellannahmen, um so jedes erwünschte Ergebnis *ad hoc* und *ex post* herbeiführen zu können.[502]

Dass diese bereits methodische Missachtung unserer geistigen Grenzen keineswegs gottgegeben ist, sondern sich Sozialwissenschaft auch anders betreiben lässt, verdeutlichen nicht nur viele ökonomische „Sonderwege",[503] sondern etwa auch die Soziologie. Hierzu muss man nur einige Klassiker lesen, um schnell schätzen zu lernen, wie ernst dort Unwissenheit, Geschichtlichkeiten, (Teil-) Autonomien, Rekursivität oder regelorientiertes Denken genommen werden. Ein *Max Weber*, *Georg Simmel*, *Èmile Durkheim*, *Eugen Ehrlich* oder *Niklas Luhmann* käme niemals auf die Idee, die überbordende Komplexität unserer Lebenswelt über eine einheitliche Zielfunktion erfassen zu wollen, für die man dann nur noch einige Verhaltensannahmen und Nebenbedingungen zu formulieren habe.

e) Konsequenzen

Mancher Leser wird diese Kritik als hart und einseitig empfinden. Doch sei darauf hingewiesen, dass diese Arbeit auch klassisch juristische Ansätze wie Willenstheorie, Erklärungstheorie, Vertrauenshaftung oder Äquivalenz nicht gerade mit Samthandschuhen anfasst.[504] Tatsächlich begeht auch die klassische Rechtsgeschäftslehre – oft sogar beeinflusst durch ökonomisch-neoklassisches Denken – viele der zuvor so stark kritisierten Fehler. Auch die gängigen Vertragstheorien überschätzen die menschlichen Möglichkeiten horrend, vereinfachen mit ihrer punktuellen Betrachtung allein des Parteiverhaltens bei Vertragsschluss verhängnisvoll und postulieren mit der formalen Privatauto-

---

[500] Näher oben § 19 F. V.
[501] Näher oben § 19 F. II.
[502] Näher oben § 17 E. IV.; § 19 F. III.; § 19 F. VII. 2. b).
[503] Dazu kurz gleich nachfolgend sowie oben § 2 D. V. 4.
[504] Siehe hier nur oben § 4 B. III.; § 9; § 10 und § 11 sowie etwa die mit „Klassische Ansichten" betitelten Abschnitte.

nomie als vermeintlichem Normalfall eine bereits im Grundansatz unzutreffende Vorstellung von staatlichem und privatem Handeln, nur um dann durch zahllose Leerformeln, flexible Begründungsmuster, Fiktionen und sonstige dogmatische Ausweichmanöver all die Probleme wieder zuzukitten, die man so zwangsläufig heraufbeschwört.

Und genauso wie sich etwa das überzeugende, weil insbesondere sehr liberale Grundanliegen der Willenstheorie weiterhin aufgreifen lässt, wo das Subsidiaritätsprinzip wirklich greift,[505] findet auch die Ökonomik einen wichtigen Platz. Denn natürlich ist es ein Faktum, dass wir angesichts nun einmal knapper Ressourcen gut beraten sind, diese möglichst effizient einzusetzen. Ja, die gesamte biologische wie kulturelle – *Max Webers* Rationalisierungsthese lässt hier grüßen – Evolution lässt sich als fortwährende und wahrhaft eindrucksvolle Optimierung interpretieren. Dass Ökonomen dazu einiges beitragen können, liegt auf der Hand. Und immerhin finden sich kollektive Phänomene, bei denen sogar ein stark mathematisierender und vereinfachender Ansatz gelingt. Produktangebot und Preisbildung auf funktionierenden Märkten, die schädlichen Wirkungen von Vermachtung, staatlichen Preisvorgaben oder vertragliche Verteilungsversuche bilden hier nur einige besonders offensichtliche Beispiele, von denen gerade auch Juristen viel lernen können. Und selbst so scheinbar banale Errungenschaften wie die Herausbildung praktisch verwendbarer Begrifflichkeiten wie „Opportunitätskosten", „Einpreisung", „Grenznutzen/-kosten" oder „Gleichgewicht" entfalten eine nicht zu unterschätzende Wirkung.

Den praktisch vielleicht wichtigsten Beitrag zu einer fruchtbaren Rechtsökonomik würde die Bereitschaft bilden, den unrealistischen Absolutheitsanspruch aufzugeben, um stattdessen gezielt solche Phänomene und Teilaspekte zu isolieren, auf die sich das klassisch-ökonomische Instrumentarium tatsächlich anwenden lässt. Das beste Beispiel dafür bildet das Rechtfertigungsprinzip, geht es auch den Vertragsparteien darum, ihre Ziele möglichst effizient zu verwirklichen und damit nur solche rechtliche Einbußen hinzunehmen, die dafür auch wirklich – und damit selbst bei einem noch so ausgeklügelten Vertragsinhalt – notwendig sind.[506] Bisweilen ist es gewissen wissenschaftstheoretischen Bedenken zum Trotz auch sehr erhellend, wenn die statistisch oft sehr versierten Ökonomen ganz ohne eigenen theoretischen Überbau interessante Hypothesen aufgreifen und empirisch überprüfen.

Eine solche Gesundschrumpfung hätte natürlich ihren Preis. Man müsste sich und anderen eingestehen, dass man nicht umhin kommt, gewisse Sachverhalte unkritisch, nämlich insbesondere historisch, hinzunehmen. Das zwänge dann zu tatsächlich interdisziplinärem Austausch etwa mit Geschichtsfor-

---

[505] Näher oben § 2 A. V. 3. d); § 8 E. II. 2.; § 9 E.
[506] Näher oben § 3 A. IV.; § 3 C. I., vgl. aber auch oben § 19 F. V. 2. c).

schung, Anthropologie, Psychologie, Philosophie, Kultur- oder eben auch Rechtswissenschaft.[507] Unausgesprochen geschieht das schon immer. Institute wie das Eigentum, der Vertrag oder ein deliktischer Schutz von Körper und Freiheit bilden hier nur die Spitze des Eisbergs.[508] Ökonomen müssten sich also auch für Recht und damit das, was Juristen sagen, interessieren, und zwar auch als Autorität und nicht bloß als ein nur selbst zu würdigendes Phänomen.

Schließlich mag man zu ganz neuen Ufern streben und sich um einen vom ökonomischen Mainstream grundlegend abweichenden Neuansatz bemühen. So wird über einen Paradigmenwandel nicht erst seit gestern diskutiert, gerade weil viele Ökonomen sehr wohl um die zuvor beschriebenen Probleme wissen. Doch so spannend es ist, sich mit solchen alten und neuen Versuchen zu beschäftigen, muss man erst einmal einen Forschungsansatz finden, der wirkliche Verbesserung verspricht und nicht schon längst von anderen Disziplinen besetzt wurde.[509]

VIII. Vertrag

Was es ganz konkret vertragstheoretisch bedeutet, die menschliche Unwissenheit konsequent-integriert anstatt als bloße Besonderheit zu berücksichtigen, wurde andernorts eingehend beschrieben.[510] Das beginnt mit der Verwendung überhaupt eines Tatbestands (Regelbasierung) und setzt sich bei dessen Merkmalen fort, nämlich den geistig sehr viel leichter als ganze Vertragsinhalte zu erfassenden Zielen sowie der für unser Vertragsrecht typischen Rechtebasierung als Ausprägung einer wie immer bei komplexen Sachverhalten unausweichlichen Geschichtlichkeit unseres Denkens.[511] Es geht weiter mit der – für ein eigenständiges, vom öffentlichen Recht klar unterschiedenes Privatrecht besonders typisch – ausgeprägten Punktualität des Betrachtungsgegenstands, nämlich die möglichst isolierte Berücksichtigung allein zweier Parteien in ihrer konkreten Vertragssituation. Schließlich überlässt es selbst den dermaßen eingegrenzten Vertragsinhalt nicht etwa einigen wenigen Personen, sondern setzt auf eine umfassende Arbeitsteilung und zeitlich stark gestreckte Entscheidungsfindung. Erst all diese Maßnahmen zusammen erlauben es uns Menschen, trotz unserer bescheidenen Möglichkeiten von dermaßen ausgeklügelten und reichhaltigen Vertragsinhalten zu profitieren, wie wir dies täglich beobachten dürfen.

---

[507] Für eine erste Vorstellung der damit verbundenen Möglichkeiten siehe etwa die Einführungen bei *Wilson/Keil* (Hrsg.), The MIT Encyclopedia of the Cognitive Sciences (MITECS), 1999, S. xv ff.
[508] Näher oben § 2 D. II. 3.; § 4 B. V.; § 19 F. VII. 2. c).
[509] Näher oben § 17 E. IV. 3. b).
[510] Oben § 17 A.
[511] Näher oben § 2 A. II. 2.; § 2 D. I. 4. b); § 3 A. IV.; § 4 C. I. 1.; § 19 F. VI.; passim.

G. Immanuel Kant und das Vertragsrecht

I. Heikle Mission

Wenngleich sich der Verfasser bemüht, wo immer möglich an bestehende Traditionen, Erkenntnisse und Arbeiten anzuknüpfen, ließ sich manche heftige Kritik nicht vermeiden. Denn viele Defizite des klassischen Vertragsdenkens – allen voran dessen Punktualität – sind einfach zu gravierend, als dass man sie kleinreden dürfte. Wer jedoch solche Auseinandersetzung als unangemessen empfand, dem ist von der Lektüre dieses letzten Abschnitts dringend abzuraten. Geht es hier doch darum, an der Sicht eines Philosophen zu kratzen, der bisweilen geradezu vergöttert wird. Dabei steht *Immanuel Kant* beispielhaft für ein ganz spezielles, für das 18. Jahrhundert typisches Denken, das sich trotz eines seitdem immer rasanteren Erkenntnisfortschritts gerade in der Vertragstheorie bis heute hält und dort einigen Schaden anrichtet. Wenn hier *Kant* kritisiert wird, dann also vor allem eine bestimmte Tradition, in der dieser große Philosoph nur ein wichtiges Glied bildet und seinerseits auch nur einige neue Akzente setzen konnte. Wohl aber bildet *Kant* ein herausragendes Beispiel nicht nur für den Glanz, sondern auch die wissenschaftlichen Fehlentwicklungen seiner Epoche. Und diese Behauptung lässt sich nun einmal – getreu dem hier auch sonst praktizierten Vorgehen – am besten verbindlich-konkret und damit anhand einer einzelnen Person speziell für das Vertragsrecht illustrieren, anstatt sich in abstrakten geistesgeschichtlichen Ausführungen zu verlieren, für die es zweifellos sehr viel bessere Literatur gibt.

Bei alldem versteht sich hoffentlich von selbst, dass es nicht darum geht, die persönliche Leistung *Kants* zu bewerten. Besonders ragt hier dessen erkenntnistheoretische Einsicht heraus, dass wir selbst etwas an das herantragen, was wir an Erscheinungen – wiederum von vornherein nur sehr selektiv erfasst – sinnlich wahrnehmen.[512] Und wenn das, was für *Kant* noch apriorisch war, nach unserem heutigen Wissensstand genetisch oder kulturell und damit historisch bedingt ist,[513] schmälert das sicher nicht den Respekt, den dieser Mann – wie die kognitive Wende in der Philosophie generell und damit insoweit auch der Idealismus – verdient. Wem die nun folgende Würdigung dennoch zu hart erscheint, sei damit vertröstet, dass der Verfasser gerade dort besonders unerbittlich kritisiert, wo er der jeweiligen Ansicht selbst lange genug anhing. Das betrifft nicht nur diesen Abschnitt.

---

[512] Grdl. *Kant*, Kritik der reinen Vernunft, 2. Aufl. 1787.
[513] Näher dazu unten § 19 G. V.

II. Punktualität

Es dürfte keinen Philosophen geben, der das punktuelle, d.h. hochgradig ahistorische und bloß auf einmalige Gedankenoperationen fixierte Denken dermaßen auf die Spitze trieb wie *Kant*. Für jede praktische Handlungsempfehlung – ganz gleich ob auf Tugend- oder Rechtsebene – lässt er allein das gelten, was streng formalen Anforderungen genügt. Jede persönliche Lebenserfahrung dieses Menschen oder gar ganz anderer Menschen – einschließlich des gesamten, über Jahrtausende gewachsenen kulturellen Erbes unserer Menschheit –, ist für ihn irrelevant. Er folgt diesem durchweg nicht-empirischen (oder böse formuliert: autistischen) und hochgradig formalen Ansatz, weil er glaubt, nur so seinem – leider dennoch nicht erfüllbaren –[514] Ideal apriorischer, allzeitig und für jedermann gültiger Maximen näherzukommen. Mit der Realität hat das nichts zu tun.[515] Unser gesamtes Wissen, kulturell wie individuell, ist stark historisch geprägt und verdankt sich einem kontinuierlichen Austausch mit unserer Umwelt: Unser Gehirn verändert sich ständig (sog. neuronale Plastizität), und zwar abhängig von unseren persönlichen, der jeweiligen Zeit und ihren Umständen geschuldeten Sinneseindrücken.[516] Hierzu gehört auch die ganze Bandbreite kultureller Einflüsse, wobei sich Kultur ihrerseits historisch in einem hochkomplexen Zusammenwirken zahlloser Menschen zu unterschiedlichsten Zeiten und unter dem Einfluss verschiedenster Naturgegebenheiten entwickelt, von klein auf unser Lernen prägt – und damit auch menschliche Erkenntnis und menschliches Handeln.[517]

Wie tief die von *Kant* ins Extrem getriebene Punktualität unser Denken in vielen Bereichen beeinflusst,[518] lässt sich nirgends so gut studieren wie beim hier interessierenden Vertrag: So wurde ausführlich illustriert, dass Vertragsinhalte auf den Entscheidungen unzähliger Personen zu unterschiedlichsten Zeiten beruhen, sich also keineswegs allein auf das Parteiverhalten bei Vertragsschluss zurückführen lassen.[519] Ebenso wenig lässt sich mit *Kant* verstehen, weshalb wir Verträge immer auf Basis einer historisch vorgegebenen Rechteausstattung beurteilen, was sich besonders deutlich bei Zwang, Drohung und Ausbeutung oder der dispositiven oder gar zwingenden Bestimmung einzelner Vertragsinhalte zeigte.[520] Aber auch die für unser Vertragsrecht –

---

[514] Näher unten § 19 G. III.
[515] Zum Einwand, dass das gar nicht bezweckt sei, sondern es um eine normative, idealisierende, hypothetische usw. Sicht gehe, siehe unten § 19 G. IV. sowie oben § 9 C. V. 2. e) (damit verwandt: § 9 C. V. 2. d)); § 10 E. II. 1.; § 11 E. II. 6.; § 19 C. VI. 3.
[516] Näher oben § 2 D. IV. 4. (insbes. dort Fn. 413).
[517] Näher oben § 2 D. IV. 4. e); § 2 D. V. 2.; passim.
[518] Siehe zu diesem Befund etwa auch oben § 2 D. IV. 3. b); § 4 B. I. 4. b) ee).
[519] Oben § 8.
[520] Näher zur Rechtebasierung unseres Vertragsrechts oben § 2 A. II. 2.; § 2 D. I. 4. b); § 3 A. IV.; § 4 C. I. 1.; § 19 F. VI.; passim.

etwa auch für subjektive Rechte –[521] fundamentalen[522] Zwecke finden bei *Kant* keine Gnade, besonders in dessen Rechtslehre. Denn wollte man praktisches Handeln an solchen Zwecken ausrichten, müsste man sich für deren Verwirklichung ganz unapriorisch „der Welt da draußen" zuwenden und ihr damit eine Relevanz zuerkennen.[523]

Ebenso zwingt die ausschließliche Fokussierung auf den vereinzelten Menschen vertragstheoretisch von vornherein zu Selbstbindungstheorien, wonach es nur der rechtlich zu bindende Mensch ist, in dem wir den alleinigen Grund für dessen Bindung suchen müssen.[524] Die Interessen des Versprechensempfängers – etwa auch durch ein Zusammenwirken von Aneignungswille des Gläubigers und Einwilligung des Versprechenden –,[525] lassen sich von vornherein nicht berücksichtigen, liegen diese weit außerhalb der nach *Kant* in seinem Streben nach apriorisch gültigen Erkenntnissen allein berücksichtigungsfähigen Sphäre. Dass hier dann auch das Koordinationsproblem von Angebot und Annahme nur noch unter rein fiktiv-idealisierten Annahmen und unter seinerseits zeitlicher Punktualisierung „lösbar" wird,[526] bildet dabei das kleinste Problem.

III. Apriori-Illusion

Ein wichtiger Grund für die bei *Kant* so ausgeprägte Punktualität (auch des vertragstheoretischen Denkens) liegt in dessen eindrucksvollen, weil in einem guten Sinn „kritischen" Sicht der menschlichen Erkenntnismöglichkeiten. Den bis dahin üblichen Weg einer vermeintlichen Wesensschau äußerer Gegenstände verwarf dieser Philosoph zu Recht als erkenntnistheoretisch fragwürdig.[527] Da er jedoch – wie die meisten seiner Kollegen bis heute – die Hoffnung auf objektiv gültige Aussagen nicht aufgeben wollte, blieb ihm gar nichts anderes übrig, als den letzten Hort apriorischer Glückseligkeit allein in formalen Gedankenoperationen zu suchen, um daraus eine nach seinem Anspruch für alle Menschen und Zeiten gültige Tugend- wie Rechtslehre abzuleiten. Dabei hinterließ uns *Kant* die wahrhaft geniale, bis heute gültige Einsicht, dass wir Menschen tatsächlich „aus unserem Kopf heraus" eigene Vorstellungen an die von außen einströmenden Sinneseinwirkungen herantragen.[528]

---

[521] Näher oben § 2 E. III.; § 2 B. II.
[522] Näher oben § 2 A. sowie unten § 3 C. I.; § 4 C. I. 2.; § 9 D. I.; passim.
[523] Näher unten § 19 G. IV.
[524] Näher zur Problematik solcher Argumentationsmuster oben § 9 C. I. oder ab § 10 B.
[525] Näher oben § 9 E.
[526] Näher zu dieser Fiktivität unten § 19 G. IV. sowie speziell zum Vertragsschlussproblem die instruktive Darstellung bei *Kersting*, Wohlgeordnete Freiheit, 1993, S. 294 ff. (dort insbes. S. 298) m.w.N. Zur Übertragungstheorie siehe oben § 9 C. V. 3. a).
[527] Aus vertraglicher Sicht siehe dazu oben § 3 A. III. 3.
[528] *Kant*, Kritik der reinen Vernunft, 2. Aufl. 1787.

Weniger großartig war das Ergebnis seiner Überlegungen allerdings insofern, als es um die erhofften apriorisch gültigen Einsichten geht. Daran kurz zu erinnern, ist nicht nur deshalb wichtig, weil *Kant* hier beispielhaft für einen bis heute verbreiteten Glauben an rechtlich überzeitlich gültige Aussagen steht.[529] Viel gravierender als das faktische Scheitern dieses Anliegens (dazu gleich) ist, dass allein der Anspruch, apriorisch gültige Aussagen abzuleiten, zu vertragstheoretischen Fehlschlüssen verleitet.

Schon *Kants* These, wonach jede Handlung recht ist, die oder nach deren Maxime die Freiheit der Willkür eines jeden mit jedermanns Freiheit nach einem allgemeinen Gesetz zusammen bestehen kann,[530] erwies sich als Fehlschlag. Denn soweit man nur die Folgen einer solchen Maxime für sich selbst akzeptiert (Bsp.: „An Versprechen nicht gebunden zu sein, finde ich begrüßenswert, auch wenn ich mich dann selbst auf nichts mehr verlassen kann. So ist es viel spannender."), genügen noch so abstruse Handlungsempfehlungen seinem rein formalistisch-inhaltsleeren Postulat.[531] Bestenfalls ist die Maxime schon isoliert betrachtet widersprüchlich („Es soll mehr schwarzes Weiß geben"), doch erfasst man so allenfalls einen kleinen Bruchteil denkbarer Handlungsempfehlungen und verweist auf sprachliche Erwägungen. Genauso lässt sich fast jede Regel einfach detaillierter fassen („Alle Menschen mit 178 cm Körpergröße und dem Namen Sebastian, die in Lorsbach wohnen, …"), um letztlich jedes Ergebnis zu rechtfertigen. Es verwundert daher nicht, wenn diejenigen, die sich noch heute auf *Kant* berufen, entweder schnell auf „pragmatische" und dann anscheinend nicht mehr zu begründende Erwägungen ausweichen,[532] verbindliche Aussagen von vornherein scheuen oder aber auf sehr abstrakte und vielleicht vor allem deshalb weithin akzeptierte Forderungen wie etwa die nach „Gleichheit", „Freiheit" oder „Gerechtigkeit" ausweichen.

Doch nicht nur mit seiner Verallgemeinerungsformel bewies *Kant* ein unglückliches Händchen. Auch das, was er konkret als über Personen und Zeiten hinweg gültig ansah, erwies sich schnell als keineswegs so gültig. Das beginnt schon bei dessen Verständnis von Raum und Zeit[533] (bzw. der damals noch

---

[529] Das betrifft nicht nur manche – oft stark aristotelisch beeinflusste – Wesensschau (näher etwa oben § 3 A. III. 3.) oder die direkte Berufung auf *Kant* (so aus jüngerer Zeit etwa *Unberath*, Die Vertragsverletzung, 2007), sondern auch viele Varianten der Erklärungstheorie (näher oben § 10 A.; § 11 B.). Siehe demgegenüber für das Recht etwa oben § 2 B. I. 1. (und dort in Fn. 149 nur das illustrative BGH-Gutachten zur Rolle der Frau) oder auch oben § 4 B. I. 4. b) ee).
[530] *Kant*, Metaphysik, Bd. 1, 2. Aufl. 1798, S. 33. Für ähnliche Formulierungen zum kategorischen Imperativ siehe *Kant*, Grundlegung, 1785, S. 52 ff.
[531] Siehe zu diesem Problem nur statt vieler *Welzel*, Naturrecht, 1951, S. 168.
[532] Vgl. etwa oben bei § 9 Fn. 446.
[533] Vgl. dazu etwa *DiSalle*, Understanding Space-Time, 2006 sowie die Nachweise unten bei Fn. 576 f.

allein bekannten euklidischen Geometrie[534]), erfasst gar die doch so reine Mathematik[535] und reicht bis zu *Kants* rechtlichen Thesen (weshalb dann Juristen wie *Hugo* oder *Savigny* schon bald eine historische und nicht etwa apriorische juristische Schule gründeten[536]). Für das Vertragsrecht kann man hier etwa auf dessen Übertragungstheorie verweisen, die nur in neue Worte fasst, was eigentlich zu begründen wäre.[537] Letztlich erweist sich *Kant* ganz als Denker seiner Zeit, nämlich rechtlich vor allem von *Grotius* beeinflusst – und damit wiederum stark vom römischen Recht bzw. dessen damaliger Behandlung.[538]

Wenngleich dieser Philosoph also darauf verzichtete, direkt irgendwelche Wesensmäßigkeiten zu behaupten,[539] sondern stattdessen einen anspruchsvollen – wenngleich als solchen wiederum angreifbaren –[540] prozeduralen Ausgangspunkt wählte, steht er in einer Linie mit religiösen (vom Animismus bis zum Monotheismus) bzw. philosophisch-metaphysischen Absolutheitsansprüchen, die sich bis heute hartnäckig halten.[541] Auch das hat handfeste vertragstheoretische Konsequenzen, versperrt es nicht nur den Blick für die hochgradige Geschichtlichkeit rechtlicher Überzeugungen und Inhalte[542] oder die Vielschichtigkeit menschlicher wie natürlicher Einflüsse,[543] sondern auch die enge Verknüpfung rechtlicher und sittlicher Überzeugungen – schließlich wäre es geistig viel zu aufwändig, parallel zwei ganz verschiedene Wertesysteme vorzuhalten.[544]

IV. Fragwürdigkeiten

Dass die Hoffnung auf apriorisch gültige Aussagen zu gedanklichen Verengungen verleitete, an denen wir vertragstheoretisch bis heute leiden, zeigt sich vielleicht am deutlichsten beim menschlichen Interesse.[545] *Kant* kommt das

---

[534] Was dann den sich mit der nicht-euklidischen Geometrie beschäftigenden *Helmholtz* dazu veranlasste, von einem *Kant*-Anhänger zum Mitbegründer der Psychologie zu werden, vgl. dazu unten bei Fn. 574. Für einen „Rettungsversuch" siehe aber etwa *Meinecke*, Kant-Studien 11 (1906), 209.
[535] Grdl. *Quine*, 60 PhilosRev 20 (1951).
[536] Vgl. etwa *Hugo*, Naturrecht, 4. Aufl. 1819; *Savigny*, Vom Beruf unserer Zeit für Gesetzgebung und Rechtswissenschaft, 1814.
[537] Näher oben § 9 C. V. 3. a).
[538] Zum Einfluss des römischen Rechts in seiner Form, die es durch die mittelalterliche, insbesondere spätscholastische Bearbeitung gewann auf die Philosophie des Naturrechts und damit dann auch *Kants* siehe die Nachweise oben § 2 Fn. 110.
[539] Näher dazu etwa oben § 3 A. III. 3.
[540] Näher zum Verhältnis von Inhalt und Verfahren oben § 19 D.
[541] Oben Fn. 529.
[542] Näher oben § 2 A. II. 2.; § 2 D. I. 4. b); § 3 A. IV.; § 4 C. I. 1.; § 19 F. VI.; passim.
[543] Näher oben § 8.
[544] Näher oben § 16 C.
[545] Bzw. – in dieser Arbeit synonym verwandt – Zweck oder Ziel. Eingehend zu deren Bedeutung oben § 2 A.; § 3 C. I.; § 4 C. I. 2.; § 9 D. I.; passim.

zweifelhafte Verdienst zu, so konsequent wie kein anderer – und mit bis heute bleibendem Eindruck – gegen die normative Relevanz von Zwecken argumentiert zu haben,[546] gerade weil er trotz allem (etwa seiner berühmten Beschäftigung mit *Humes* Thesen) noch überzeitlich gültige Handlungsanweisungen anstrebte. Denn reale menschliche Ziele richten sich regelmäßig auf reale Umstände, seien es die für *Kant* so vernunftwidrigen („tierischen") und ihm daher normativ irrelevanten Gefühle, kulturelle Schöpfungen oder die Verbreitung der eigenen Gene.[547] Die Berücksichtigung von Zwecken erzwänge es, sich mit der Existenz wie Relevanz unserer realen Umwelt nicht nur abzufinden, sondern daraus dann auch erkenntnistheoretische Konsequenzen zu ziehen.[548] Demgegenüber soll all das, was sich in unserer Welt außerhalb eines (vermeintlich) reinen, formal-logischen Erkenntnisakts vollzieht, normativ unbeachtlich sein. Niemand denkt personell und zeitlich so punktuell wie *Immanuel Kant*.[549]

Aber auch in seiner übergreifenden Ausrichtung weiß dessen Rechtsphilosophie – gemessen an unseren heutigen Wertvorstellungen – nicht immer zu überzeugen, sondern entspricht denen des späten 18. Jahrhunderts. Dabei muss man sich nicht einmal über *Kants* Befürwortung der Todesstrafe[550] mokieren, sondern kann darauf verweisen, dass schon dessen – allerdings typisch

---

[546] Stellv. *Kant*, Grundlegung, 1785, S. 4 f.: „Wäre nun an einem Wesen, das Vernunft und einen Willen hat, seine Erhaltung, sein Wohlergehen, mit einem Worte seine Glückseligkeit der eigentliche Zweck der Natur, so hätte sie ihre Veranstaltung dazu sehr schlecht getroffen, sich die Vernunft des Geschöpfs zur Ausrichterin dieser ihrer Absicht zu ersehen. Denn alle Handlungen, die es in dieser Absicht auszuüben hat und die ganze Regel seines Verhaltens würden ihm weit genauer durch Instinkt vorgezeichnet und jener Zweck weit sicherer dadurch haben erhalten werden können, als es jemals durch Vernunft geschehen kann ..."; *Kant*, Metaphysik, Bd. 1, 2. Aufl. 1798, S. 9 f.: „Wenn die Sittenlehre nichts als Glückseligkeitslehre wäre, so würde es ungereimt sein, zum Behufe derselben nach Prinzipien a priori umzusehen ... Nur die Erfahrung kann lehren, was uns Freude bringe. ... Alles scheinbare Vernünfteln a priori ist hier im Grunde nichts, als durch Induktion zur Allgemeinheit erhobene Erfahrung, welche Allgemeinheit ... noch dazu so kümmerlich ist, dass man einem jeden unendlich viel Ausnahmen erlauben muss, um jene Wahl seiner Lebensweise seiner besonderen Neigung und seiner Empfänglichkeit für die Vergnügen anzupassen, und am Ende doch nur durch seinen, oder anderer ihren Schaden, klug zu werden."

[547] Wie unangenehm es jedoch ist, die Verbindlichkeit von Versprechen ganz ohne Rückgriff auf Zwecke begründen zu wollen, kann man etwa bei *Höffe*, Kategorische Rechtsprinzipien, 1990, S. 203 ff., 210 ff. nachlesen, der letztlich auf eine sprachpragmatische Glaubwürdigkeit verweist. Ob das angesichts der äußerst starken sozialen Einbettung menschlicher Sprache noch viel mit *Kant* und dessen apriorischem Anliegen zu tun hat, darf bezweifelt werden, siehe dazu auch oben § 10 E. II. 2. a).

[548] Näher unten § 19 G. V.

[549] Siehe dazu bereits oben § 19 G. II.

[550] *Kant*, Metaphysik, Bd. 1, 2. Aufl. 1798, S. 229 f.: „Hat er aber gemordet, so muss er sterben... Selbst, wenn sich die bürgerliche Gesellschaft mit aller Glieder Einstimmung auflösete ..., müsste der letzte im Gefängnis befindliche Mörder vorher hingerichtet werden, damit jedermann das widerfahre, was seine Taten wert sind, und die Blutschuld nicht auf dem Volke hafte, das auf diese Bestrafung nicht gedrungen hat..."

philosophischer – Objektivitätsanspruch keineswegs so liberal ist, wie bisweilen gerne behauptet wird. So erscheint es uns angesichts der so begrüßenswerten kulturellen Vielfalt selbst innerhalb einzelner Staaten zunehmend problematisch, sämtliche Menschen dieser Erde über alle Zeiten hinweg an die eigenen Tugendvorstellungen gebunden zu halten. Leider war es gerade der westliche Kulturkreis im Zeitalter der Aufklärung, der sich von den eigenen Werten dermaßen überzeugt zeigte, dass er in diesem Bewusstsein vermeintlicher moralischer Überlegenheit großes Leid über fremde Zivilisationen brachte. Wer es nach *Kant* nicht schafft, dessen als für alle Menschen gültig behaupteten Maximen zu erkennen bzw. zu beherzigen, sondern sich etwa auf hedonistische Pfade wagt, mutiert zum Tier. Immerhin wirkt sich diese Intoleranz nicht so stark aus wie bei vielen anderen Philosophen, weil *Kant* seiner Tugendlehre eine davon strikt getrennte Rechtslehre beiseite stellt, die sich weitestgehend auf die Abgrenzung äußerer Sphären beschränkt.[551] Das wiederum empfinden wir auch heute noch als liberal – den Verfasser eingeschlossen. Doch gibt es natürlich auch auf rechtlicher Ebene ganz verschiedene Kulturen und verspricht es nicht nur vertragsrechtlich wenig Erkenntnis, die Angehörigen fremder Kulturen über vermeintlich apriorische Gültigkeiten zu belehren. Es ist daher sicher kein Zufall, wenn Rechtsvergleichung und Rechtssoziologie einander schon immer sehr viel näher standen als zur klassischen Philosophie.[552]

Wie sehr allein der bloße Anspruch auf apriorisch gültige Aussagen grundlegende vertragstheoretische Einsichten erschwert, zeigt sich bei der von *Kant* zugrunde gelegten Weltsicht. So entwickelt dieser seine Handlungsempfehlungen nicht etwa für eine hochkomplexe Umwelt, sondern stark idealisierend und vereinfachend. „Rein idealiter" stellen sich viele Probleme dann erst gar nicht.[553] Dabei sieht sich *Kant* auch deshalb zu großzügigen Annahmen genötigt, weil er einen großen Systementwurf erstrebt und diesen allenfalls dann „erfolgreich" verwirklichen kann, wenn er die Weltsicht konsequent vereinfacht und so lästige Widrigkeiten hinwegdenkt.[554] Doch da wir Menschen nun einmal in der Realität und nicht in einer Konjunktiv-Welt des „hätte, wäre, wenn" leben, lassen uns die nur auf rein idealer Basis entwickelten – und da-

---

[551] Instruktiv dazu *Kersting*, Wohlgeordnete Freiheit, 1993, S. 97 ff. Genau diese Trennung wird dann aber (zumindest von Nicht-Kantianern) gerade im Vertragsrecht nicht vollzogen, vgl. dazu oben § 10 C. IV.

[552] Genauso wenig wie es ein Zufall sein dürfte, dass es mit *Savigny* gerade ein Vertreter der historischen Schule war, der im Internationalen Privatrecht für die prinzipielle Gleichwertigkeit verschiedener Rechtsordnungen eintrat, vgl. dazu oben § 16 E. IV. 1. (und dort etwa Fn. 318).

[553] Siehe etwa für die Situation des Vertragsschlusses oben Fn. 526. Näher zur Problematik einer solchen Idealisierung etwa oben § 9 C. V. 2. e) (sowie damit verwandt § 9 C. V. 2. d)); § 10 E. II. 1.; § 11 E. II. 6.; § 19 C. VI. 3. Vgl. auch die übernächste Fußnote.

[554] Eingehend zur Problematik solcher großen Theorien oben § 19 F. VII.

mit bestenfalls dort funktionierenden – Handlungsempfehlungen im Stich.[555] Als besonders fatal erweist sich dabei *Kants* Ignoranz unserer nur begrenzten geistigen Leistungsfähigkeit – was wiederum die meisten Philosophien bis heute prägt.[556] Im Vertragsrecht verleitet das nicht nur zur hochgradigen Überschätzung dessen, was die Parteien im kurzen Moment des Vertragsschlusses leisten können, sondern behindert auch das Verständnis selbst grundlegender rechtlicher Phänomene wie dem subjektiven Recht.[557]

Ganz sicher keine liberale Errungenschaft, aber rechtstheoretisch sehr verhängnisvoll, ist die durch nichts bewiesene Unterstellung, dass der Mensch die Möglichkeit habe, getreu einer einfach nur behaupteten Willensfreiheit „richtig" bzw. „anders" zu handeln, um daran Schuldvorwürfe, Sanktionen und vieles mehr zu knüpfen.[558] Dass hier dann oft noch mit dem „Homunkulus" eine mehr als nur befremdliche Denkfigur auftritt,[559] macht die Sache nicht besser. Man muss einem *Hegel* schon regelrecht dankbar dafür sein, das Perfide dieser Argumentation auf den Punkt gebracht zu haben, wenn gewissermaßen derjenige die größte Freiheit und Anerkennung erfährt, auf den das Fallbeil niederprasselt,[560] weil er doch „rein theoretisch" anders habe handeln

---

[555] Näher dazu oben § 9 C. V. 2. d); § 9 C. V. 2. e); § 19 B. III.; § 19 C. III.; § 19 F. II.; passim.

[556] Näher zu dieser Thematik unten § 19 G. V.

[557] Speziell dazu siehe oben § 2 B. II. sowie allgemein zur vertragstheoretischen Relevanz menschlicher „Irrationalität" etwa oben § 2 A. IV. 3.; § 2 D. III. 3.; § 2 E. III.; § 2 D. IV.; § 8 A.; § 9 C. IV.; § 17 A.; § 17 E.; § 19 F.

[558] *Kant*, Grundlegung, 1785, S. 98 ff., passim: „… was kann denn wohl die Freiheit des Willens sonst sein, als Autonomie, d. i. die Eigenschaft des Willens, sich selbst ein Gesetz zu sein? … ist aber gerade die Formel des kategorischen Imperativs und das Prinzip der Sittlichkeit: also ist ein freier Wille und ein Wille unter sittlichen Gesetzen einerlei."; „… Ein jedes Wesen, das nicht anders als unter der Idee der Freiheit handeln kann, ist eben darum, in praktischer Rücksicht, wirklich frei, d. i. es gelten für *dasselbe* alle Gesetze, die mit der Freiheit unzertrennlich verbunden sind …"; „Wir nehmen uns in der Ordnung der wirkenden Ursachen als frei an, um uns in der Ordnung der Zwecke unter sittlichen Gesetzen zu denken, und wir denken uns nachher als diesen Gesetzen unterworfen, weil wir uns die Freiheit des Willens beigelegt haben, denn Freiheit und eigene Gesetzgebung des Willens sind beides Autonomie, mithin Wechselbegriffe …"; „… wenn wir uns als frei denken, so versetzen wir uns als Glieder in die Verstandeswelt, und erkennen die Autonomie des Willens, samt *ihrer* Folge, der Moralität; denken wir uns aber als verpflichtet, so betrachten wir uns als zur Sinnenwelt und doch zugleich *zur* Verstandeswelt gehörig." Näher zu diesem Problem oben § 4 B. I. 4. b) aa); § 4 B. I. 4. b) ee); § 9 C. I. 3. d); § 10 C. IV. 5.; § 17 E. III. 6. c) bb); § 19 B. III. 2.; passim. Allerdings geht diese Argumentationsfigur nicht erst auf *Kant* zurück, sondern lässt sich mindestens in die mittelalterliche Scholastik zurückverfolgen, vgl. dazu *Dilthey*, Einleitung in die Geisteswissenschaften, 1883, S. 250 ff.

[559] Zur philosophischen Diskussion um diesen Begriff siehe nur die Nachweise oben § 17 Fn. 374.

[560] Siehe dazu etwa *Hegel*, Phänomenologie des Geistes, 1807, S. 533 ff. Inwieweit diese Interpretation und ihm zugeschriebene Thesen wie „Freiheit ist die Einsicht in die Notwendigkeit" zutreffend beschreiben, wie *Hegel* dachte (für einen Einstieg in dessen Freiheitsethik siehe etwa *Siep*, Praktische Philosophie im Deutschen Idealismus, 1992, S. 159 ff.),

können – nur eben nicht real. Und doch findet diese Argumentation gerade im Vertragsrecht fröhlichen Wiederhall.[561] Dabei rächt sich auch hier der menschliche Übermut, sich getreu der christlichen Vorstellung von Gottes Ebenbild in den Mittelpunkt dieser Welt zu stellen und uns geradezu Magisches zuzubilligen.[562] Doch weil niemand auf dieser Welt jemals hat feststellen können, wie eine Willensfreiheit (oder auch eine Entscheidungsfreiheit oder Freiwilligkeit) in welcher Situation aussieht, eignet sie sich vorzüglich dazu, dorthin all diejenigen Probleme zu schieben, die man sonst nicht zu lösen weiß.[563] Im Vertragsrecht ist das etwa die mit der klassisch-punktuellen Rechtsgeschäftslehre nicht vereinbare Rechtebasierung (und damit auch Geschichtlichkeit) von Verträgen[564] oder die unangenehme Feststellung, dass ein uninformierter oder gar durch Täuschung gebildeter Wille eben doch nicht intrinsisch richtig ist.[565]

Schließlich gilt auch für *Kant*, dass die liberale Vorstellung lediglich abzugrenzender äußerer Handlungssphären nicht nur dort große Schwierigkeiten bereitet, wo Freiheiten die aktive Mithilfe der Gemeinschaft und damit auch einzelfallorientierte Abwägungen erfordern, für die es erst einmal einen Maßstab bereitzustellen gilt.[566] Ebenso widerspricht ein rein freiheitlicher Ansatz dort der Rechtsrealität jedes existierenden Staatswesens, wo es nicht um Eigentum, Vertrag oder Markt geht, sondern steuerliche Umverteilung, Sozialhilfe oder Daseinsvorsorge.[567] Unsere Gesellschaft ist viel zu kompliziert, als dass sie sich mit einer dermaßen umfassenden Theorie erklären ließe, wie sie *Kant* vorschwebt. Leider wird der Vertragsgedanke dann selbst hier noch verwandt[568] – und damit notgedrungen um den Preis realitätsferner Annahmen und Schlussfolgerungen.[569]

---

kann hier nicht erörtert werden. Fakt ist jedenfalls, dass genau ein solches Verständnis Karriere machte – und zwar besonders im Vertragsrecht.

[561] Vgl. dazu oben Fn. 558 sowie etwa die bissige Bemerkung *Schlossmanns* oben bei § 9 Fn. 123.

[562] Näher oben § 4 B. I. 4. b) ee).

[563] In einem negativen Sinn instruktiv dazu *Kant*, Grundlegung, 1785, S. 113 ff.

[564] Näher zur Verwendung von Willensfreiheit und verwandten Begriffen § 4 B. I. 4. b) sowie demgegenüber zur Rechtebasierung des Vertragsrechts oben § 2 A. II. 2.; § 2 D. I. 4. b); § 3 A. IV.; § 4 C. I. 1.; § 19 F. VI.; passim.

[565] Näher anlässlich des Motivirrtums oben § 17 D. sowie zur mangelnden Intrinsität des Parteiverhaltens bei Vertragsschluss zusätzlich oben § 4; § 8 D.; § 9 C. III.; § 10 D. IV.

[566] Näher zu diesen Schwierigkeiten oben § 16 D. III. 2. oder § 19 B. I.

[567] Näher oben § 19 C. V. 1.

[568] Näher zur Gesellschaftsvertragstheorie speziell *Kants* etwa *Kersting*, Gesellschaftsvertrag, 1996, S. 180 ff. m.w.N.

[569] Allgemein zu den Gesellschaftsvertragstheorien oben § 9 C. V. 2. d) cc); § 19 C. V. 4. a).

V. Relativismus als Chance

Die bisherigen Ausführungen sollten verdeutlicht haben, dass *Kant* nicht die alles überragende Lichtgestalt bildet, deren unangreifbare Philosophie es nur richtig zu verstehen und umzusetzen gelte. Vielmehr erweist sich dieser große Denker mit seinen sittlichen, philosophischen und naturwissenschaftlichen Vorstellungen vor allem als eines: das Kind seiner Zeit. Dabei konnte er die letzten 200 Jahre unserer wissenschaftlichen Entwicklung nur noch von unterhalb der Grasnarbe beobachten, weshalb er ausgerechnet diejenige Phase verpasste, in der unser Wissen geradezu explodierte, nämlich nicht nur der Philosophie weitere Fortschritte bescherte, sondern ganze Disziplinen überhaupt erst entstehen ließ, darunter die Psychologie und Soziologie. Schon deshalb ist es nur natürlich, wenn viele seiner Ansichten heute nicht mehr überzeugen. Tatsächlich wäre ein Genie wie *Kant* sicher der Letzte, der unkritisch, unkantisch und unphilosophisch an seinen damaligen Vorstellungen festhielte, anstatt mit diesen gründlich aufzuräumen. So konnte er damals einen *Aristoteles* sicher gleichermaßen schätzen wie über dessen Auffassung spotten, wonach das Gehirn der Kühlung des menschlichen Bluts diene und deshalb Glatzköpfe besonders gute Liebhaber, weil heißblütig, seien.[570] Man mag solche Hinweise für banal halten, doch ist es gerade in der vertragsrechtlichen Diskussion oft ein falscher Respekt vor großen Autoritäten – und auch hier steht *Kant* nur beispielhaft –, der Fortschritt hemmt.

Dabei sollte man gerade dann, wenn man die Philosophie bewahren und ihr weiterhin den gebührenden Platz einräumen will, nicht all das ignorieren, was uns besonders die Psychologie (oder übergreifender die „Neurowissenschaften") immer konkreter und gefestigter an Erkenntnissen vermittelt.[571] Doch wird die größte Geistesanstrengung oft leider eher auf eine Abschottung verwandt. Vielleicht trägt hierzu auch eine gewisse Frustration darüber bei, dass, während es früher die Philosophen selbst waren, die Schritt für Schritt unsere Hoffnung auf absolut gültige Erkenntnisse unterminierten, sich nunmehr ganz andere – gar naturwissenschaftliche – Disziplinen daran machen, mit dem menschlichen Denken ein Wissensgebiet zu revolutionieren, das früher allein der Philosophie vorbehalten war.

Demgegenüber sollten wir aus unseren begrenzten geistigen Fähigkeiten auch die erkenntnistheoretischen Konsequenzen ziehen und können dafür glücklicherweise auch auf viele Philosophen zurückgreifen – einschließlich des hier kritisierten *Kant*. Denn wenngleich er nicht berücksichtigte, wie unvollkommen unser Denkapparat funktioniert, trieb er doch entscheidend das voran, was wir heute als kognitive bzw. mentalistische Wende bezeichnen: nicht

---

[570] Siehe dazu etwa *Longo*, 33 PhysisRivIntStorSci 259 (1996).
[571] Für eine klassisch philosophische Behandlung dieses Themas siehe hier nur *Hastedt*, in: Schnädelbach/Martens (Hrsg.), Philosophie Bd. 2, 1985, S. 642, 669 ff. m.w.N.

mehr nur (wie noch sehr grob gesprochen die griechische Philosophie) nach außen auf die uns umgebende Welt zu schauen, sondern den Blick nach innen, auf unser Erkennen, zu richten.[572] Die allein damit verbundene kulturelle Leistung ist gewaltig und bildet den vielleicht ersten und wichtigsten Schritt zur Psychologie. Denn diese war damals noch gar nicht geboren, sollte aber bald das Licht der Welt erblicken. Tatsächlich war es gerade *Helmholtzs* Frustration über den kantischen Glauben an die vermeintliche Allgemeingültigkeit der euklidischen Geometrie,[573] die diesen Universalgelehrten zu einem Mitbegründer eben jener neuen Disziplin machte.[574] Denn nach all den Spekulationen über die menschliche Vernunft und darüber, was diese rein hypothetisch-idealiter zu produzieren habe, wurde die Zeit reif, um endlich zu fragen, wie das menschliche Denken tatsächlich funktioniert, wie der Mensch realiter empfindet, denkt und handelt.

Spätestens hier nimmt dann die Hermeneutik – und später auch die Wissenschaftstheorie –[575] eine gerade erkenntnistheoretisch wichtige Rolle ein. Denn sie führt nur für kulturelle Einflüsse fort, was *Kant* bereits für seine vermeintlich apriorischen Kategorien vorgemacht hatte. Genauso wie der Mensch Denkformen wie Raum oder Zeit an die äußeren Erscheinungen des Lebens heranträgt, tut er das mit kulturellen Prägungen, die oft von Geburt an auf ihn wirken.[576] Dabei lässt sich das, was *Kant* noch als reine, apriorische Verstandesbegriffe ansieht, durchaus mit aktuellen biologischen und psychologischen Erkenntnissen vereinbaren. Denn tatsächlich sind solche Denkformen nicht immer nur kulturell bedingt, sondern bisweilen schon das Produkt eines biologisch-evolutionären Anpassungsprozesses an die jeweiligen Umweltbedingungen des Menschen.[577] Damit aber ist Erkenntnistheorie untrennbar mit Psychologie, Biologie und menschlicher Geistesgeschichte verbunden, beeinflusst all das bereits von Grund auf unser Denken.

Besonders eindrucksvoll forderte dies *Dilthey* in seiner erkenntnistheoretischen wie geistesgeschichtlichen Arbeit, nämlich den Menschen so zu betrachten, wie er – psychologisch, biologisch und kulturell geprägt – tatsächlich ist: „In den Adern des erkennenden Subjekts, das Locke, Hume und Kant kons-

---

[572] Einführend zu dieser Wende etwa *Schnädelbach*, in: Schnädelbach/Martens (Hrsg.), Philosophie Bd. 1, 1985, S. 37, 58 ff. Für die historische Würdigung ist dabei nicht nur bereits *Descartes* zu nennen, sondern finden sich erste Ansätze schon in der scholastischen Philosophie, vgl. dazu etwa *Dilthey*, Einleitung in die Geisteswissenschaften, 1883, S. 250 ff.
[573] Vgl. dazu auch oben § 19 G. III.
[574] Siehe nur *Gregory*, in: Wilson/Keil (Hrsg.), MITECS, 1999, S. 367 m.w.N.
[575] Siehe dazu besonders aufschlussreich *Fleck*, Wissenschaftliche Tatsache, 1935.
[576] Näher dazu oben § 2 D. IV. 4. e); § 10 E. II. 3. a).
[577] Dass dies mit *Konrad Lorenz* gerade der letzte Inhaber des Königsberger *Kant*-Lehrstuhls verdeutlichte, passt durchaus. Näher dazu oben § 10 E. II. 3. a). Siehe hier nur *Lorenz*, Blätter für Deutsche Philosophie 15 (1941), 94; *Lorenz*, Die Rückseite des Spiegels, 1973, S. 9 ff.

truierten, rinnt nicht wirkliches Blut, sondern der verdünnte Saft von Vernunft als bloßer Denktätigkeit. Mich führte aber historische wie psychologische Beschäftigung mit dem ganzen Menschen dahin, diesen, in der Mannigfaltigkeit seiner Kräfte, dies wollend fühlend vorstellende Wesen auch der Erklärung der Erkenntnis und ihrer Begriffe (wie Außenwelt, Zeit, Substanz, Ursache) zugrunde zu legen, ob die Erkenntnis gleich diese ihre Begriffe nur aus dem Stoff von Wahrnehmen, Vorstellen und Denken zu weben scheint. Die Methode des folgenden Versuchs ist daher diese: jeden Bestandteil des gegenwärtigen abstrakten, wissenschaftlichen Denkens halte ich an die ganze Menschennatur, wie Erfahrung, Studium der Sprache und der Geschichte sie erweisen und suche ihren Zusammenhang ... Nicht die Annahme eines starren a priori unseres Erkenntnisvermögens, sondern allein Entwicklungsgeschichte, welche von der Totalität unseres Wesens ausgeht, kann die Fragen beantworten, die wir alle an die Philosophie zu richten haben."[578]

Gerade weil unser gesamtes Denken in seiner biologischen, psychologischen und kulturellen Abhängigkeit immer nur zeitlich verstanden werden kann und damit auch der Vertrag nicht etwa ein logisch ableitbares Konstrukt bildet, sondern immer nur eine historisch bedingte Denkform, mit der wir uns unter größter Komplexität als Lebewesen behaupten, war es in dieser Arbeit so wichtig, das menschliche Denken – und zwar vor allem auch dessen Grenzen – von Grund auf und so konsequent wie nur irgend möglich zu berücksichtigen.[579] Die zentrale vertragstheoretische Herausforderung bestand darin zu verstehen, wie wir Menschen den Vertrag geistig bewältigen.[580] Glücklicherweise sind Juristen wie Philosophen bei einer dermaßen relativistischen Sicht (und das muss sie sein!) dann auch nicht mehr allein. Vielmehr können sie in echtem interdisziplinären Austausch mit Psychologie, Biologie, Neurowissenschaft, (Geistes-) Geschichte, Anthropologie, Sprachwissenschaft, Soziologie, Ökonomik oder Informatik gemeinsam erforschen, wie der Mensch als tatsächliches Wesen mit seiner Umwelt interagiert.[581] Bei dieser trotz oder gerade wegen ihrer Positivität und Relativität so spannenden Herausforderung möchte diese Arbeit – rein juristisch und allein für den Vertrag – einen bescheidenen Beitrag leisten.

---

[578] *Dilthey*, Einleitung in die Geisteswissenschaften, 1883, S. xviii.
[579] Siehe hier nur etwa oben § 2 A. IV. 3.; § 2 B. II. 2.; § 2 D. III. 3.; § 2 E. III.; § 2 D. IV.; § 8 A.; § 9 C. IV.; § 17 A.; § 17 E.; § 19 F.
[580] Was uns bis heute noch nicht überzeugend gelungen ist, vgl. oben § 1 A. I.
[581] Für ein solches Forschungsprogramm vgl. etwa aus jüngerer Zeit die Einführungen in *Wilson/Keil* (Hrsg.), The MIT Encyclopedia of the Cognitive Sciences (MITECS), 1999, S. xv ff.

Literaturverzeichnis

Ackermann, Thomas, Der Schutz des negativen Interesses, Tübingen 2007 (Negatives Interesse)

Adams, Michael, Ökonomische Analyse des Gesetzes zur Regelung des Rechts der Allgemeinen Geschäftsbedingungen (AGB-Gesetz), in: Neumann, Manfred (Hrsg.), Ansprüche, Eigentums- und Verfügungsrechte, Berlin 1984, S. 655

Adomeit, Klaus, Gestaltungsrechte, Rechtsgeschäfte, Ansprüche. Zur Stellung der Privatautonomie im Rechtssystem, Berlin 1969 (Gestaltungsrechte)

–, Rechtsquellenfragen im Arbeitsrecht, München 1969

Akerlof, George A., The Market for „Lemons": Quality Uncertainty and the Market Mechanism, 84 Quarterly Journal of Economics 488 (1970)

Alexander, Christian, Vertrag und unlauterer Wettbewerb. Eine Untersuchung der wechselseitigen Beziehung von Vertragsrecht und Wettbewerbsrecht zueinander, Berlin 2002

Alexy, Robert, Theorie der juristischen Argumentation. Die Theorie des rationalen Diskurses als Theorie der juristischen Begründung, Frankfurt a.M. 1983 (Juristische Argumentation)

–, Begriff und Geltung des Rechts, 4. Aufl. Freiburg, München 2002 (Recht)

Anderson, John R., Kognitive Psychologie, 3. Aufl. Heidelberg, Berlin 2001

Anderson, Scott, Coercion, in: Zalta, Edward N. (Hrsg.), SEP, abrufbar unter http://plato.stanford.edu/entries/coercion/

Apel, Karl-Otto, Diskurs und Verantwortung. Das Problem des Übergangs zur postkonventionellen Moral, Frankfurt a.M. 1988

Apolte, Thomas, Die ökonomische Konstitution eines föderalen Systems. Dezentrale Wirtschaftspolitik zwischen Kooperation und institutionellem Wettbewerb, Tübingen 1999 (Ökonomische Konstitution)

–, Wettbewerb versus Harmonisierung im Verbraucherschutz, in: Eger, Thomas/Schäfer, Hans-Bernd (Hrsg.), Ökonomische Analyse der europäischen Zivilrechtsentwicklung (Europäische Zivilrechtsentwicklung), Tübingen 2007, S. 215

Aristoteles, Nikomachische Ethik. Ins Deutsche übertragen von Adolf Lasson, Jena 1909

Arlen, Jennifer, Comment: The Future of Behavioral Economic Analysis of Law, 51 Vanderbilt Law Review 1765 (1998)

Armbrüster, Christian, Das Transparenzgebot für Allgemeine Geschäftsbedingungen nach der Schuldrechtsmodernisierung, DNotZ 2004, 437

–, Vorbem. §§ 116 ff. BGB, in: Säcker, Franz Jürgen/Rixecker, Roland (Hrsg.), Münchener Kommentar zum Bürgerlichen Gesetzbuch (MüKo-BGB), 6. Aufl. München 2012

Armour, John, Who Should Make Corporate Law? EC Legislation versus Regulatory Competition, ECGI Working Paper 54, 2005, 1

Arnott, Robert D./Berkin, Andrew L./Ye, Jia, How Well Have Taxable Investors Been Served in the 1980s and 1990s? Needed: A change in mind-set, 26 JPortfolioManage 84 (2000)
Atiyah, Patrick, Economic Duress and the „Overborne Will", 98 LQRev 197 (1982)
Atiyah, Patrick/Summers, Robert S., Form and Substance in Anglo-American Law, A Comparative Study in Legal Reasoning, Legal Theory, and Legal Institutions, Oxford 1987
Auer, Marietta, Materialisierung, Flexibilisierung, Richterfreiheit. Generalklauseln im Spiegel der Antinomien des Privatrechtsdenkens, München 2003 (Materialisierung)
–, Subjektive Rechte bei Pufendorf und Kant. Eine Analyse im Lichte der Rechtskritik Hohfelds, AcP 208 (2008), 584
Austin, John Langshaw, How to do things with words, Cambridge MA. 1962
Avi-Yonah, Reuven S., Globalization, Tax Competition, and the Fiscal Crisis of the Welfare State, 113 HarvLRev 1573 (2000)
Axelrod, Robert, Die Evolution der Kooperation, 6. Aufl. München 2005 (Kooperation)
Ayres, Ian/Gertner, Robert, Filling Gaps in Incomplete Contracts. An Economic Theory of Default Rules, 99 YaleLJ 87 (1989)
Bachmann, Gregor, Private Ordnung. Grundlagen ziviler Regelsetzung, Tübingen 2006
–, Optionsmodelle im Privatrecht, JZ 2008, 11
Backhaus, Jürgen G. (Hrsg.), Historische Schulen, Münster 2005
Baddeley, Alan, Working Memory: Theories, Models and Controversies, 63 AnnRevPsychol 1 (2012)
Bähr, Über Irrungen im Kontrahieren, JhJb 14 (1875), 393
Baier, Annette, Vertrauen und seine Grenzen, in: Hartmann, Martin/Offe, Claus (Hrsg.), Vertrauen, Frankfurt a.M., New York 2001, S. 37
Bailas, Demetrios, Das Problem der Vertragsschließung und der vertragsbegründende Akt, Göttingen 1962 (Vertragsschließung)
Baldus, Christian, Römische Privatautonomie, AcP 210 (2010), 2
Ballerstedt, Kurt, Zur Haftung für culpa in contrahendo bei Geschäftsabschluss durch Stellvertreter, AcP 151 (1951), 501
–, Simitis: Die faktischen Vertragsverhältnisse, 1957, AcP 157 (1958/1959), 117
Bar, Christian v., Internationales Privatrecht, Bd. II, München 1991
Bar, Christian v./Clive, Eric (Hrsg.), Principles, Definitions and Model Rules of European Private Law. Draft Common Frame of Reference, München 2009
Bar, Christian v./Mankowski, Peter, Internationales Privatrecht, Bd. I, München 2003
Bar, Christian v./Zimmermann, Reinhard (Hrsg.), Grundregeln des Europäischen Vertragsrechts: Teile I und II, München 2002
Bärmann, Johannes, Typisierte Zivilrechtsordnung der Daseinsvorsorge. Eigenständigkeit und Überstaatlichkeit am Beispiel des Verkehrs, Karlsruhe 1948 (Daseinsvorsorge)
Barnett, Randy E., A Consent Theory of Contract, 86 Columbia Law Rewiew 269 (1986)
Bartholomeyczik, Horst, Äquivalenzprinzip, Waffengleichheit und Gegengewichtsprinzip in der modernen Rechtsentwicklung, AcP 166 (1966), 30

Basedow, Jürgen, Transparenz als Prinzip des (Versicherungs-) Vertragsrechts, VersR 1999, 1045
–, § 305c BGB, in: Säcker, Franz Jürgen/Rixecker, Roland (Hrsg.), Münchener Kommentar zum Bürgerlichen Gesetzbuch (MünchKomm BGB), 5. Aufl. München 2007
–, Vorbemerkung § 305 BGB, in: Säcker, Franz Jürgen/Rixecker, Roland (Hrsg.), Münchener Kommentar zum Bürgerlichen Gesetzbuch (MünchKomm BGB), 5. Aufl. München 2007
–, Kodifikationsrausch und kollidierende Konzepte – Notizen zu Marktbezug, Freiheit und System im Draft Common Frame of Reference, ZEuP 2008, 673
–, The Communitarisation of Private International Law, RabelsZ (2009), 455
Bassenge, Friedrich, Das Versprechen. Ein Beitrag zur Philosophie der Sittlichkeit und des Rechts, Berlin 1930
Bauer, Frank, Die Forderungsabtretung im IPR. Schuld- und zuordnungsrechtliche Anknüpfungen, Frankfurt a.M. 2008 (Forderungsabtretung)
Baumann, Joachim, Das Recht der Handelsgesellschaften im englischen Rechtskreis. Ein Leitfaden für das Recht Englands und 26 weiterer Länder und Territorien, Berlin 1961 (Handelsgesellschaften)
Baumann, Peter, Handlung, Willensbildung und Macht, conceptus 28 (1995), 21
Baur, Fritz, Zivilrechtslehrertagung 1957, JZ 1957, 764
Bayer, Walter, Der Vertrag zugunsten Dritter. Neuere Dogmengeschichte – Anwendungsbereich – Dogmatische Strukturen, Tübingen 1995
Bazerman, Max H./Neale, Margaret A., Negotiating Rationally, New York 1992
Bebchuk, Lucian Arye, Federalism and the corporation: The desirable limits on state competition in corporate law, 105 HarvLRev 1435 (1992)
Bechtold, Stefan, Die Grenzen zwingenden Vertragsrechts, Tübingen 2010 (Grenzen)
Beck, Ulrich, Die Risikogesellschaft. Auf dem Weg in eine andere Moderne, Frankfurt a.M. 1986
Becker, Christoph, Die Lehre von der laesio enormis in der Sicht der heutigen Wucherproblematik. Ausgewogenheit als Vertragsinhalt und § 138 BGB, Köln, Berlin, Bonn, München 1993 (laesio enormis)
Becker, Gary Stanley, The Economic Approach to Human Behavior, Chicago 1976
Bekker, Ernst Immanuel, Die Aktionen des römischen Privatrechts, Bd. 1, Berlin 1871 (Aktionen Bd. 1)
Benecke, Martina, Gesetzesumgehung im Zivilrecht. Lehre und praktischer Fall im allgemeinen und Internationalen Privatrecht, Tübingen 2004 (Gesetzesumgehung)
Benedict, Jörg, Das Versprechen als Verpflichtungsgrund? Oder: Gibt es einen einseitigen Verzicht im Schuldrecht?, RabelsZ 72 (2008), 302
Benöhr, Hans-Peter, Konsumentenschutz vor 80 Jahren. Zur Entstehung des Abzahlungsgesetzes vom 16. Mai 1894, ZHR 138 (1974), 492
Benson, Peter, The Unity of Contract Law, in: Benson, Peter (Hrsg.), The Theory of Contract Law (Theory), Cambridge 2001, S. 118
Bentham, Jeremy, An Introduction to the Principles of Morals and Legislation, London 1780 (Principles)
Berens, Ralph, Fremdbestimmung des Konsumenten bei der Vertragsanbahnung insbesondere durch Irreführung. Zivilrechtswissenschaftliche und marketingwissenschaftliche Analysen und Schutzbehelfe, Frankfurt a.M., Berlin u.a. 1998 (Fremdbestimmung)

Bergbohm, Karl, Jurisprudenz und Rechtsphilosophie. Erster Band: Das Naturrecht der Gegenwart, Leipzig 1892

Bergmann, Andreas, Die Geschäftsführung ohne Auftrag als Subordinationsverhältnis. Die Rechtsinstitute der negotiorum gestio in subordinationsrechtlicher Betrachtungsweise, Tübingen 2010 (Geschäftsführung ohne Auftrag)

Berti, Stefan, Arbeitsgedächtnis: Vergangenheit, Gegenwart und Zukunft eines theoretischen Konstruktes, Psychologische Rundschau 61 (2010), 3

Betti, Emilio, Über sogenannte faktische Vertragsverhältnisse, in: Nipperdey, Hans Carl (Hrsg.), Das deutsche Privatrecht in der Mitte des 20. Jahrhunderts, Festschrift für Heinrich Lehmann zum 80. Geburtstag, Band I. (FS Lehmann, Bd. 1), Berlin, Tübingen, Frankfurt a.M. 1956, S. 252 ff.

Beuthien, Volker, Zweckerreichung und Zweckstörung im Schuldverhältnis, Tübingen 1969 (Zweckerreichung)

–, Anmerkung zu LG Berlin, Urt. vom 16.10.1972 – 52 S. 70/72, JZ 1973, 217, JZ 1973, 219

Binder, Jens-Hinrich, Regulierungsinstrumente und Regulierungsstrategien im Kapitalgesellschaftsrecht, Tübingen 2012

Binder, Julius, Rezension: Titze und Kisch, ZHR (1902), 597

–, Schloßmann, Die Lehre von der Stellvertretung, Bd. 1 1900, Bd. 2 1902, KritV 46 (1905), 347

–, Wille und Willenserklärung im Tatbestand des Rechtsgeschäfts, ARSP 4 (1911), 266

–, Wille und Willenserklärung im Tatbestand des Rechtsgeschäfts, ARSP 5 (1912), 96

–, Philosophie des Rechts, Berlin 1925

Blanke, Hermann-Josef, Vertrauensschutz im deutschen und europäischen Verwaltungsrecht, Tübingen 2000 (Vertrauensschutz)

Blume, W. v., Beiträge zur Auslegung des deutschen B.G.B., JhJb 38 (1898), 224

Böhm, Franz, Wettbewerb und Monopolkampf. Eine Untersuchung zur Frage des wirtschaftlichen Kampfrechts und zur Frage der rechtlichen Struktur der geltenden Wirtschaftsordnung, Berlin 1933

Bolton, Patrick/Dewatripont, Mathias, Contract theory, Cambridge, Mass 2005

Bork, Reinhard, Zurechnung im Konzern, ZGR 1994, 237

–, Allgemeiner Teil des Bürgerlichen Gesetzbuchs, 3. Aufl. Tübingen 2011 (Allgemeiner Teil)

Börner, Bodo, Faktische Verträge im Energierecht, in: Dietz, Rolf/Hübner, Heinz (Hrsg.), Festschrift für Hans Carl Nipperdey zum 70. Geburtstag am 21. Januar 1965, Bd. 1, Ein Beispiel für die Aufgaben der wissenschaftlichen Behandlung eines Sondergebiets (FS Nipperdey), München, Berlin 1965, S. 185 ff.

Bost, Jan-Patrick, Effiziente Verhaltenssteuerung durch den Ersatz von Nichtvermögensschäden. Eine ökonomische Analyse des Schmerzensgeld- und des Geldentschädigungsrechts anhand des deutschen Haftungsrechts, Berlin 2009 (Nichtvermögensschaden)

Böttcher, Leif, Von der Lüge zur Mentalreservation. Über den Einfluss von Moralphilosophie und -theologie auf das Bürgerliche Recht, Bonn 2007 (Mentalreservation)

Bötticher, Eduard, Gestaltungsrecht und Unterwerfung im Privatrecht. Vortrag gehalten vor der Berliner Juristischen Gesellschaft am 8. November 1963, Berlin 1964 (Gestaltungsrecht)

Brandis, H., Über absolute und relative Nichtigkeit, Zeitschrift für Civilrecht und Prozess 7 (1834), 121

Braun, Johann, Recht und Moral im pluralistischen Staat, JuS 1994, 727
Brecht, Arnold, System der Vertragshaftung (Unmöglichkeit der Leistung, positive Vertragsverletzungen und Verzug), JhJb 53 (1908), 213
Breidenbach, Stephan, Die Voraussetzungen von Informationspflichten beim Vertragsschluss, München 1989 (Informationspflichten)
Bremkamp, Till, Causa. Der Zweck als Grundpfeiler des Privatrechts, Berlin 2008
Brentano, Franz, Psychologie vom empirischen Standpunkte, Bd. 1, Leipzig 1874 (Psychologie)
Brinz, Alois, Lehrbuch der Pandekten, Bd. 2/2, Erlangen 1869
Brocker, Manfred, Arbeit und Eigentum, Darmstadt 1992
Brothers, Leslie, Emotion and the Human Brain, in: Wilson, Robert A./Keil, Frank C. (Hrsg.), The MIT Encyclopedia of the Cognitive Sciences (MITECS), Cambridge MA., London 1999, S. 271
Brox, Hans, Die Einschränkung der Irrtumsanfechtung. Ein Beitrag zur Lehre von der Willenserklärung und deren Auslegung, Karlsruhe 1960 (Einschränkung)
Buchanan, James M., The Limits of Liberty. Between Anarchy and Leviathan, Chicago 1975
Buchanan, James M./Tullock, Gordon, The Calculus of Consent. Logical Foundations of Constitutional Democracy, Ann Arbor 1965
Bucher, Eugen, Das subjektive Recht als Normsetzungsbefugnis, Tübingen 1965 (Normsetzungsbefugnis)
Buchka, Hermann, Die Lehre von der Stellvertretung, historisch und dogmatisch dargestellt, Rostock, Schwerin 1852 (Stellvertretung)
Buchner, Benedikt, Der mündige Patient im Heilmittelwerberecht, MedR 2010, 1
Bühler, Karl, Die Axiomatik der Sprachwissenschaften, Kant-Studien 38 (1933), 19
–, Sprachtheorie, Die Darstellungsfunktion der Sprache, Jena 1934
Bühring-Uhle, Christian/Eidenmüller, Horst/Nelle, Andreas, Verhandlungsmanagement: Analyse – Werkzeuge – Strategien, München 2009
Bülow, Oskar, Dispositives Civilprozessrecht und die verbindliche Kraft der Rechtsordnung, AcP 64 (1881), 1
–, Das Geständnisrecht. Ein Beitrag zur allgemeinen Theorie der Rechtshandlungen, Freiburg, Leipzig, Tübingen 1899
Busche, Jan, Privatautonomie und Kontrahierungszwang, Tübingen 1999 (Kontrahierungszwang)
Bydlinski, Franz, Privatautonomie und objektive Grundlagen des verpflichtenden Rechtsgeschäfts, Wien, New York 1967 (Privatautonomie)
Caemmerer, Ernst v., Objektive Haftung, Zurechnungsfähigkeit und „Organhaftung", in: Ballerstedt, Kurt/Mann, Friedrich Alexander/Jakobs, Horst Heinrich/Knobbe-Keuk, Brigitte/Picker, Eduard/Wilhelm, Jan (Hrsg.), Festschrift für Werner Flume zum 70. Geburtstag, 12. September 1978, Bd. 1 (FS Flume, Bd. 1), Köln 1978, S. 359 ff.
Calliess, Christian, Subsidiaritäts- und Solidaritätsprinzip in der Europäischen Union. Vorgaben für die Anwendung von Art. 5 (ex-Art. 3b) EGV nach dem Vertrag von Amsterdam, 2. Aufl. Baden-Baden 1999 (Subsidiaritäts- und Solidaritätsprinzip)
Calliess, Gralf-Peter, Grenzüberschreitende Verbraucherverträge. Rechtssicherheit und Gerechtigkeit auf dem elektronischen Weltmarktplatz, Tübingen 2006 (Verbraucherverträge)

Camerer, Colin/Issacharoff, Samuel/Loewenstein, George/O'Donoghue, Ted/Rabin, Matthew, Regulation for Conservatives: Behavioral Economics and the Case for „Asymmetric Paternalism", 151 UPennLawRev 1211 (2003)
Canaris, Claus-Wilhelm, Die Vertrauenshaftung im deutschen Privatrecht, München 1971 (Vertrauenshaftung)
–, Bankvertragsrecht, 2. Aufl. Berlin, New York 1981
–, Wandlungen des Schuldvertragsrechts – Tendenzen zu seiner „Materialisierung" –, AcP 200 (2000), 273
–, Das allgemeine Leistungsstörungsrecht im Schuldrechtsmodernisierungsgesetz, ZRP 2001, 329
–, Zur Bedeutung der Kategorie der „Unmöglichkeit" für das Recht der Leistungsstörungen, in: Schulze, Reiner/Schulte-Nölke, Hans (Hrsg.), Die Schuldrechtsreform vor dem Hintergrund des Gemeinschaftsrechts (Schuldrechtsreform), Tübingen 2001, S. 43
–, Grundlagen und Rechtsfolgen der Haftung für anfängliche Unmöglichkeit nach § 311a Abs. 2 BGB, in: Lorenz, Stephan/Trunk, Alexander/Eidenmüller, Horst/Wendehorst, Christiane/Adolff, Johannes (Hrsg.), Festschrift für Andreas Heldrich zum 70. Geburtstag (FS Heldrich), München 2005, S. 11 ff.
Cartwright, John/Hesselink, Martijn Willem, Precontractual Liability in European Private Law, Cambridge 2008 (Precontractual Liability)
Cary, William L., Federalism and Corporate Law: Reflections Upon Delaware, 83 YaleLJ 663 (1974)
Casper, Matthias, Der Optionsvertrag, Tübingen 2005
Chalmers, Alan F., Wege der Wissenschaft. Einführung in die Wissenschaftstheorie, 4. Aufl. Berlin u.a. 1999
Charles, Gilbert., Neural Plasticity, in: Wilson, Robert A./Keil, Frank C. (Hrsg.), The MIT Encyclopedia of the Cognitive Sciences (Neural Plasticity), Cambridge MA., London 1999, S. 598
Clayton, N. S./Krebs, J. R., Memory for spatial and object-specific cues in food-storing and non-storing birds, 174 JCompPhysiol 371 (1994)
Coase, Ronald H., The Nature of the Firm, 4 Economica 386 (1937)
–, The Problem of Social Cost, 3 JLawEcon 1 (1960)
–, The New Institutional Economics, 140 JITE 229 (1984)
Coester-Waltjen, Dagmar, Die Bedeutung des § 279 BGB für Leistungsverzögerungen, AcP 183 (1983), 279
–, Die Inhaltskontrolle von Verträgen außerhalb des AGBG, AcP 190 (1990), 1
Coing, Helmut, Zum Einfluss der Philosophie des Aristoteles auf die Entwicklung des römischen Rechts, ZRG RA 69 (1952), 24
Collins, Hugh, Regulating Contracts, New York 1999
Craushaar, Götz von, Der Einfluss des Vertrauens auf die Privatrechtsbildung, München 1969 (Vertrauen)
Cziupka, Johannes, Dispositives Vertragsrecht. Funktionsweise und Qualitätsmerkmale gesetzlicher Regelungsmuster, Tübingen 2010
Czyhlarz, Karl, Der Einfluss des Zwanges auf die Gültigkeit der Rechtsgeschäfte, JhJb 13 (1874), 1
Dammann, Jens, Freedom of Choice in European Corporate Law, 29 YaleJIntL 477 (2004)

–, Adjudicative Jurisdiction and the Market for Corporate Charters, 82 TulLRev 1869 (2008)

Danz, Erich, Über das Verhältnis des Irrtums zur Auslegung nach dem B.G.B., JhJb 46 (1904), 381

–, Die Auslegung der Rechtsgeschäfte. Zugleich ein Beitrag zur Rechts- und Tatfrage, 3. Aufl. Jena 1911 (Auslegung)

Darwin, Charles, On the Origin of the Species by Means of Natural Selection. The Preservation of Favoured Races in the Struggle for Life, London 1859 (Origin of the Species)

Dauner-Lieb, Barbara, Verbraucherschutz durch Ausbildung eines Sonderprivatrechts für Verbraucher: systemkonforme Weiterentwicklung oder Schrittmacher der Systemveränderung?, Berlin 1983 (Verbraucherschutz)

Deakin, Simon, Legal Diversity and Regulatory Competition: Which Model for Europe?, 12 EuLJ 440 (2006)

Dedek, Helge, Negative Haftung aus Vertrag, Tübingen 2007 (Negative Haftung)

Demsetz, Harold, Information and Efficiency: Another Viewpoint, 12 JLawEcon 1 (1969)

Dennett, Daniel Clement, Consciousness Explained, Boston u.a. 1991

Deutsch, Erwin, Zum Verhältnis von vertraglicher und deliktischer Haftung, in: Pawlowski, Hans-Martin/Wieacker, Franz (Hrsg.), Festschrift für Karl Michaelis zum 70. Geburtstag am 21. Dezember 1970 (FS Michaelis), Göttingen 1972, S. 26 ff.

Di Fabio, Udo, Risikoentscheidungen im Rechtsstaat. Zum Wandel der Dogmatik im öffentlichen Recht, insbesondere am Beispiel der Arzneimittelüberwachung, Tübingen 1994 (Risikoentscheidungen)

Diels, Hermann/Kranz, Walther (Hrsg.), Die Fragmente der Vorsokratiker, Hamburg 1957

Diesselhorst, Malte, Die Lehre des Hugo Grotius vom Versprechen, Köln, Graz 1959 (Hugo Grotius)

Dilthey, Wilhelm, Einleitung in die Geisteswissenschaften. Versuch einer Grundlegung für das Studium der Gesellschaft und der Geschichte von Wilhelm Dilthey, Leipzig 1883

DiMatteo, Larry A., Contract Theory. The Evolution of Contractual Intent, Michigan 1998

DiSalle, Robert, Understanding Space-Time: The Philosophical Development of Physics from Newton to Einstein, Cambridge u.a. 2006

Dorn, Franz, § 241, in: Schmoeckel, Mathias/Rückert, Joachim/Zimmermann, Reinhard (Hrsg.), Historisch-kritischer Kommentar zum BGB, Bd. 2 (HKK, Bd. 2), Tübingen 2007

Dorn, Horst, Strukturgleichheit zwischen faktischen Vertragsverhältnissen und Geschäftsführung ohne Auftrag, NJW 1964, 799

Dow, James/Gorton, Gary, Noise Trading, Delegated Portfolio Management, and Economic Welfare, 105 JPolitEcon 1024 (1997)

Dreher, Meinrad, Die Versicherung als Rechtsprodukt. Die Privatversicherung und ihre rechtliche Gestaltung, Tübingen 1991 (Rechtsprodukt)

Dreier, Horst, Rezeption und Rolle der Reinen Rechtslehre. Festakt aus Anlass des 70. Geburtstags von Robert Walter mit Laudationes von Clemens Jabloner und Ludwig Adamovich sowie einer Bibliographie des Jubilars, Wien 2001

Drexl, Josef, Die wirtschaftliche Selbstbestimmung des Verbrauchers. Eine Studie zum Privat- und Wirtschaftsrecht unter Berücksichtigung gemeinschaftsrechtlicher Bezüge, Tübingen 1998 (Selbstbestimmung)

Dreyer, John Louis Emil, A History of Astronomy from Thales to Kepler, formerly titled History of the Planetary Systems from Thales to Kepler, 2. Aufl. New York 1953 (History of Astronomy)

Durkheim, Èmile, De la division du travail social. Étude sur l'organisation des sociétés supérieures, Paris 1893

Dworkin, Ronald, Taking Rights Seriously, Cambridge MA. 1977

Easterbrook, Frank H., Statutes' Domains, 50 UChiLRev 533 (1983)

Easterbrook, Frank H./Fischel, Daniel R., The Economic Structure of Corporate Law, Cambridge M.A., London 1991 (Economic Structure)

Ebers, Martin, Die Überschussbeteiligung in der Lebensversicherung, Baden-Baden 2001 (Überschussbeteiligung)

Eberstadt, Rudolf, Die Spekulation im neuzeitlichen Städtebau. Eine Untersuchung der Grundlagen des städtischen Wohnungswesens. Zugleich eine Abwehr der gegen die systematische Wohnungsreform gerichteten Angriffe, Jena 1907 (Spekulation)

Ebert, Ina, Pönale Elemente im deutschen Privatrecht. Von der Renaissance der Privatstrafe im deutschen Recht, Tübingen 2004 (Pönale Elemente)

Ebke, Werner F., Unternehmensrecht und Binnenmarkt – E pluribus unum?, RabelsZ 62 (1998), 195

–, Der Einfluss des US-amerikanischen Rechts auf das Internationale Gesellschaftsrecht in Deutschland und Europa, ZVglRWiss 110 (2011), 2

Ehmann, Horst, Garantie- oder Verschuldenshaftung bei Nichterfüllung und Schlechtleistung? Zu einer (neuen) Grundlage unserer Zivilrechtsordnung, in: Heldrich, Andreas/Prölss, Jürgen/Koller, Ingo (Hrsg.), Festschrift für Claus-Wilhelm Canaris zum 70. Geburtstag, Bd. 1 (FS Canaris, Bd. 1), München 2007, S. 165 ff.

Ehrenberg, Victor, Personen des Handelsrechts, in: Ehrenberg, Victor (Hrsg.), Handbuch des gesamten Handelsrechts, Bd. 1 (Personen des Handelsrechts), Leipzig 1913, S. 523

Ehrenzweig, Armin, Über den Rechtsgrund der Vertragsverbindlichkeit. Eine rechtsphilosophische Untersuchung, Wien 1889 (Rechtsgrund)

Ehrlich, Eugen, Die stillschweigende Willenserklärung, Berlin 1893

–, Das zwingende und nichtzwingende Recht im Bürgerlichen Gesetzbuch für das Deutsche Reich, Jena 1899 (Zwingendes Recht)

Eidenmüller, Horst, Neuverhandlungspflichten bei Wegfall der Geschäftsgrundlage, ZIP 1995, 1063

–, Vertrauensmechanismus und Vertrauenshaftung, in: Neumann, Ulfrid/Schulz, Lorenz (Hrsg.), Verantwortung in Recht und Moral, ARSP-Beiheft Nr. 74 (ARSP-Beiheft 74), Stuttgart 2000, S. 117

–, Free Choice in International Corporate Law, in: Basedow, Jürgen/Kono, Toshiyuki (Hrsg.), An Economic Analysis of Private International Law, Tübingen 2006, S. 187

–, Druckmittel in Vertragsverhandlungen, in: Zimmermann, Reinhard (Hrsg.), Störungen der Willensbildung bei Vertragsschluss (Willensbildung), Tübingen 2007, S. 103

–, Recht als Produkt, JZ 2009, 641

–, Die Rechtfertigung von Widerrufsrechten, AcP 210 (2010), 67

Einsele, Dorothee, § 125 BGB, in: Säcker, Franz Jürgen/Rixecker, Roland (Hrsg.), Münchener Kommentar zum Bürgerlichen Gesetzbuch (MüKo-BGB), 6. Aufl. München 2012

Eisenberg, Melvin Aron, The nature of the common law, Cambridge, MA. 1988

Eisenstadt, Shmuel, Vertrauen, kollektive Identität und Demokratie, in: Hartmann, Martin/Offe, Claus (Hrsg.), Vertrauen, Frankfurt a.M., New York 2001, S. 333

Elger, Christian E./Friederici, Angela D./Koch, Christof/Luhmann, Heiko/Malsburg, Christoph von der/Menzel, Randolf/Monyer, Hannah/Scheich, Henning/Singer, Wolf/Rösler, Frank/Roth, Gerhard, Das Manifest, Gehirn&Geist 2004, 30

Elster, Jon, Ulysses and the Sirens. Studies in rationality and irrationality, Cambridge 1979

Emmerich, Volker, Kartellrecht, 11. Aufl. München 2008

Emmert, Jochen, Auf der Suche nach den Grenzen vertraglicher Leistungspflichten, Tübingen 2001 (Grenzen)

Enderlein, Wolfgang, Rechtspaternalismus und Vertragsrecht, München 1996

Endreß, Martin, Phänomenologisch-anthropologische Grundlegung, in: Hartmann, Martin/Offe, Claus (Hrsg.), Vertrauen, Frankfurt a.M., New York 2001, S. 161

Enneccerus, Ludwig, Rechtsgeschäft, Bedingung und Anfangstermin, Marburg 1889 (Rechtsgeschäft)

Enneccerus, Ludwig/Nipperdey, Hans Carl, Allgemeiner Teil des Bürgerlichen Rechts, Hbd. 2. Ein Lehrbuch, 15. Aufl. Tübingen 1960 (Allgemeiner Teil, Hbd. 2)

Enriques, Luca, Schweigen ist Gold: Die Europäische Aktiengesellschaft als Katalysator für regulative Arbitrage im Gesellschaftsrecht, ZGR 2004, 735

Erhard, Ludwig, Wohlstand für Alle, Düsseldorf 1957

Ernst, Wolfgang, Gestaltungsrechte im Vollstreckungsverfahren, NJW 1986, 401

–, Kernfragen der Schuldrechtsreform, JZ 1994, 801

Esser, Josef, Wert und Bedeutung der Rechtsfiktionen. Kritisches zur Technik der Gesetzgebung und zur bisherigen Dogmatik des Privatrechts, Frankfurt a.M. 1940 (Rechtsfiktionen)

Esser, Josef, Haupt, Über faktische Vertragsverhältnisse, 1941, SchmollersJb 66 (1942), 230

–, Gedanken zur Dogmatik der „faktischen Schuldverhältnisse", AcP 157 (1958/1959), 86

–, Grundlagen und Entwicklung der Gefährdungshaftung. Beiträge zur Reform des Haftpflichtrechts und zu seiner Wiedereinordnung in die Gedanken des allgemeinen Privatrechts, 2. Aufl. München 1969 (Gefährdungshaftung)

Esser, Josef/Schmidt, Eike, Schuldrecht, Bd. 1. Allgemeiner Teil, 7. Aufl. Heidelberg 1992

Exner, Adolf, Die Lehre vom Rechtserwerb durch Tradition nach österreichischem und gemeinem Recht, Wien 1867 (Rechtserwerb)

Farnsworth, E. Allan, Promises to Make Gifts, 43 AmJCompLaw 359 (1995)

Fastrich, Lorenz, Richterliche Inhaltskontrolle im Privatrecht, München 1992 (Inhaltskontrolle)

–, Soziale Umverteilung durch Privatrecht – zu einer (neuen) Grundlage unserer Zivilrechtsordnung, in: Heldrich, Andreas/Prölss, Jürgen/Koller, Ingo (Hrsg.), Festschrift für Claus-Wilhelm Canaris zum 70. Geburtstag, Bd. 2 (FS Canaris, Bd. 2), München 2007, S. 1070 ff.

Faust, Florian, Der Schutz vor reinen Vermögensschäden – illustriert am Beispiel der Expertenhaftung, AcP 210 (2010), 555
Feinberg, Joel, Harm to self, Bd. 3, New York 1986
Ferguson, Institutes of moral philosophy. For the use of students in the college of Edinburgh, Edinburgh 1769
Fichte, Johann Gottlieb, Beitrag zur Berichtigung der Urteile des Publikums über die französische Revolution. Des ersten Teils zur Beurteilung ihrer Rechtmäßigkeit zweites Heft (erschienen ohne Angabe von Verfasser, Ort und Verlag), Danzig 1793 (Berichtigung)
–, Grundlage des Naturrechts nach Principien der Wissenschaftslehre, Erster Teil. Oder Angewandtes Naturrecht, Jena, Leipzig 1796 (Grundlage des Naturrechts, Teil 1)
–, Das System der Sittenlehre nach den Prinzipien der Wissenschaftslehre, Jena, Leipzig 1798 (Sittenlehre)
Finnis, John, Natural Law and Natural Rights, Oxford 1980
Fischer, Hans Albrecht, Ein Beitrag zur Unmöglichkeitslehre, in: Rostocker Juristenfakultät (Hrsg.), Festschrift zum fünfzigjährigen Jubiläum Sr. Exzellenz des Staatsrates Dr. Julius von Amsberg am 17. Mai 1904 (FS Amsberg), Rostock 1904, S. 1 ff.
–, Fiktionen und Bilder in der Rechtswissenschaft, AcP 117 (1919), 143
Fischhoff, Baruch/Beyth, Ruth, „I Knew It Would Happen". Remembered Probabilities of Once-Future Things, 13 Organizational Behavior and Human Performance 1 (1975)
Fisher, Roger/Shapiro, Daniel, Beyond Reason. Using Emotions as You Negotiate, New York 2005
Fisher, Roger/Ury, William L./Patton, Bruce, Getting to Yes, 2. Aufl. 1991
Fitting, Hermann, Über das Wesen des Titels bei der Ersitzung (Schluss), AcP 52 (1869), 381
Flassbeck, Heiner, Herkunftslandprinzip, Wirtschaft und Markt März 2005
Fleck, Ludwik, Entstehung und Entwicklung einer wissenschaftlichen Tatsache. Einführung in die Lehre vom Denkstil und Denkkollektiv, Basel 1935 (Wissenschaftliche Tatsache)
Fleischer, Holger, Informationsasymmetrie im Vertragsrecht. Eine rechtsvergleichende und interdisziplinäre Abhandlung zu Reichweite und Grenzen vertragsschlussbezogener Aufklärungspflichten, München 2001 (Informationsasymmetrie)
–, Der Rechtsmissbrauch zwischen Gemeineuropäischem Privatrecht und Gemeinschaftsprivatrecht, JZ 2003, 865
Flesch, Rudolf, A New Readability Yardstick, 32 JApplPsychol 221 (1948)
Flessner, Axel, Interessenjurisprudenz im internationalen Privatrecht, Tübingen 1990 (Interessenjurisprudenz)
Flume, Werner, Eigenschaftsirrtum und Kauf, Regensburg, Münster 1948 (Eigenschaftsirrtum)
–, Rechtsgeschäft und Privatautonomie, in: Caemmerer, Ernst von/Friesenhahn, Ernst/Lange, Richard (Hrsg.), Hundert Jahre Deutsches Rechtsleben, Festschrift zum hundertjährigen Bestehen des Deutschen Juristentages 1860-1960, Bd. 1 (FS Deutscher Juristentag, Bd. 1), Karlsruhe 1960, S. 135 ff.
–, Das Rechtsgeschäft und das rechtlich relevante Verhalten, AcP 161 (1962), 52
–, Allgemeiner Teil des Bürgerlichen Rechts, Bd. 2. Das Rechtsgeschäft, 4. Aufl. Berlin u.a. 1992 (Allgemeiner Teil, Bd. 2)

–, Zu dem Vorhaben der Neuregelung des Schuldrechts, ZIP 1994, 1497
Frankfurt, Harry G., Freedom of the will and the concept of a person, JPhilos 68 (1971), 5
–, Coercion and moral responsibility, in: Honderich, Ted (Hrsg.), Essays on freedom of action (Essays), London, Boston 1973, S. 65
Franzen, Martin, Privatrechtsangleichung durch die Europäische Gemeinschaft, Berlin, New York 1999
Frevert, Ute, Vertrauen – eine historische Spurensuche, in: Frevert, Ute (Hrsg.), Vertrauen, Göttingen 2003, S. 7
Fried, Charles, Contract as promise. A Theory of Contractual Obligation, Cambridge MA., London 1981
Friedman, Milton, Essays in Positive Economics, Chicago 1953
Fritsch, Michael, Marktversagen und Wirtschaftspolitik. Mikroökonomische Grundlagen staatlichen Handelns, 8. Aufl. München 2011
Frotz, Gerhard, Verkehrsschutz im Vertretungsrecht. Zugleich ein Beitrag zur sozialen Verantwortung als Korrelat privatautonomer Gestaltungsfreiheit, Frankfurt a.M. 1972 (Verkehrsschutz)
Füller, Jens Thomas, Eigenständiges Sachenrecht?, Tübingen 2006
Fuller, Lon L., The Morality of Law, 2. Aufl. New Haven, London 1969
Fuller, Lon/Perdue, William, The Reliance Interest in Contract Damages, 46 YaleLJ 52 (1937)
Funk, Xaver, Geschichte des kirchlichen Zinsverbotes, Tübingen 1876 (Zinsverbot)
Galbraith, John Kenneth, The Affluent Society, Cambridge MA. 1958
Gambetta, Diego, Kann man dem Vertrauen vertrauen?, in: Hartmann, Martin/Offe, Claus (Hrsg.), Vertrauen, Frankfurt a.M., New York 2001, S. 204
Garve, Christian, Philosophische Anmerkungen und Abhandlungen zu Cicero's Büchern von den Pflichten, Bd. 1, Breslau 1783 (Philosophische Anmerkungen, Bd. 1)
Gauthier, David, Morals by agreement, Oxford 1986
Geisler, Ursela, Faktoren der Verständlichkeit von Texten für Kinder. Kinder und Medien – ein Interaktions-Modell, München 1985 (Verständlichkeit)
Gerke, Eckehard, Vertretungsmacht und Vertretungsberechtigung. Eine civilistische Untersuchung, Köln, Berlin, Bonn, München 1981 (Vertretungsmacht)
Gerken, Lüder, Der Wettbewerb der Staaten, Tübingen 1999 (Wettbewerb)
Gernhuber, Joachim, Das Schuldverhältnis. Begründung und Änderung, Pflichten und Strukturen, Drittwirkungen, Tübingen 1989
Geyer, August, Geschichte und System der Rechtsphilosophie in Grundzügen, Innsbruck 1863 (Rechtsphilosophie)
Gierke, Otto Friedrich v., Die soziale Aufgabe des Privatrechts. Vortrag, gehalten am 5. April 1889 in der juristischen Gesellschaft zu Wien, Berlin 1889 (Soziale Aufgabe)
Gillig, Franz-Peter, Nichterfüllung und Sachmängelgewährleistung, Tübingen 1984 (Nichterfüllung)
Gomez, Fernando, The Harmonization of Contract Law through European Rules: a Law and Economics Perspective, ERCL (2008), 89
Gordley, James, Equality in Exchange, 69 CalifLRev 1587 (1981)
–, The Philosophical Origins of Modern Contract Law, Oxford 1991 (Philosophical Origins)
–, Contract Law in the Aristotelian Tradition, in: Benson, Peter (Hrsg.), The Theory of Contract Law (Theory), Cambridge 2001, S. 265

–, Some perennial problems, Cambridge 2001
Gossen, Hermann Heinrich, Entwicklung der Gesetze des menschlichen Verkehrs und der daraus fließenden Regeln für menschliches Handeln, Braunschweig 1854 (Entwicklung)
Gottwald, Peter, Zum Recht der Vertragsstrafe – ein kritischer Blick über den Zaun, in: Köbler, Gerhard (Hrsg.), Europas universale rechtsordnungspolitische Aufgabe im Recht des dritten Jahrtausends. Festschrift für Alfred Söllner zum 70. Geburtstag (FS Söllner), München 2000, S. 379 ff.
Gough, J. W., The Social Contract. A Critical Study of its Development, 2. Aufl. Oxford 1957
Graue, Eugen Dietrich, Vertragsschluss durch Konsens?, in: Jakobs, Günther (Hrsg.), Rechtsgeltung und Konsens, Berlin 1976, S. 105
Gregory, Richard L., Hermann Ludwig Ferdinand von Helmholtz, in: Wilson, Robert A./Keil, Frank C. (Hrsg.), The MIT Encyclopedia of the Cognitive Sciences, Cambridge MA., London 1999, S. 367
Grigoleit, Hans Christoph, Vorvertragliche Informationshaftung. Vorsatzdogma, Rechtsfolgen, Schranken, München 1997
Grigoleit, Hans Christoph/Herresthal, Carsten, Die Beschaffenheitsvereinbarung und ihre Typisierungen in § 434 I BGB, JZ 2003, 233
Grondin, Jean, Einführung in die philosophische Hermeneutik, 2. Aufl. Darmstadt 2001
Großmann-Doerth, Hans, Selbstgeschaffenes Recht der Wirtschaft und staatliches Recht, Freiburg 1933 (Selbstgeschaffenes Recht)
Grotius, Hugo, Drei Bücher vom Recht des Krieges und des Friedens (Übers. Schätzel), Tübingen 1625/1950 (Drei Bücher)
Grundmann, Stefan, Wettbewerb der Regelgeber im Europäischen Gesellschaftsrecht – jedes Marktsegment hat seine Struktur, ZGR 2001, 783
Grundschok, Lothar, Der geheime Vorbehalt des § 116 BGB und seine gemeinrechtlichen Grundlagen, Frankfurt a.M. 1965 (Geheimer Vorbehalt)
Grunewald, Barbara, Aufklärungspflichten ohne Grenzen?, AcP 190 (1990), 609
–, Vorschläge für eine Neuregelung der anfänglichen Unmöglichkeit und des anfänglichen Unvermögens, JZ 2001, 433
Gsell, Beate, Beschaffungsnotwendigkeit und Leistungspflicht. Die Haftung des Gattungsverkäufers beim Eintritt nachträglicher Erfüllungshindernisse, Bielefeld 1998 (Beschaffungsnotwendigkeit)
Guardini, Romano, Der Tod des Sokrates. Eine Interpretation der platonischen Schriften Euthyphron, Apologie, Kriton und Phaidon, Hamburg 1962
Gudian, Gunter, Inanspruchnahme tarifmäßig zu vergütender Versorgungsleistungen – echter Vertrag oder nicht?, JZ 1967, 303
–, Fehlen des Erklärungsbewusstseins, AcP 169 (1969), 232
Gutmann, Thomas, Freiwilligkeit als Rechtsbegriff, München 2001
–, Zwang und Ausbeutung beim Vertragsschluss, in: Schulze, Reiner (Hrsg.), New Features in Contract Law (New Features), München 2007, S. 49
Gysin, Arnold, Zur Theorie des Rechtsgeschäfts, ZBJV 65 (1929), 97
–, Rechtsphilosophie und Grundlagen des Privatrechts. Begegnung mit großen Juristen, Frankfurt a.M. 1969 (Grundlagen)
Habermas, Jürgen, Arbeit und Interaktion, in: Habermas, Jürgen (Hrsg.), Technik und Wissenschaft als „Ideologie" (Ideologie), Frankfurt a.M. 1968, S. 9

–, Theorie des kommunikativen Handelns (2 Bände), Frankfurt a.M. 1981
–, Erläuterungen zur Diskursethik, Frankfurt a.M. 1991
Habersack, Mathias, Vertragsfreiheit und Drittinteressen. Eine Untersuchung zu den Schranken der Privatautonomie unter besonderer Berücksichtigung der Fälle typischerweise gestörter Vertragsparität, Berlin 1992 (Drittinteressen)
Habscheid, Walther J., Bericht über die Tagung der Zivilrechtslehrer in Bad Mergentheim am 9. und 10. Oktober 1957, AcP 157 (1958/1959), 100
Haeckel, Ernst, Generelle Morphologie der Organismen, Bd. 1. Allgemeine Grundzüge der organischen Formenwissenschaft, mechanisch begründet durch die von Charles Darwin reformierte Descendenz-Theorie, Berlin 1866 (Morphologie, Bd. 1)
–, Generelle Morphologie der Organismen, Bd. 2. Allgemeine Grundzüge der organischen Formenwissenschaft, mechanisch begründet durch die von Charles Darwin reformierte Descendenz-Theorie, Berlin 1866 (Morphologie, Bd. 2)
–, Die Welträthsel. Gemeinverständliche Studien über Monistische Philosophie, Bonn 1899
Haferkamp, Hans-Peter, Georg Friedrich Puchta und die „Begriffsjurisprudenz", Frankfurt a.M. 2004 (Puchta)
Haft, Fritjof, Verhandlung und Mediation. Die Alternative zum Rechtsstreit, 2. Aufl. München 2000
Hager, Günter, Konflikt und Konsens: Überlegungen zu Sinn, Erscheinung und Ordnung der alternativen Streitschlichtung, Tübingen 2001
Hager, Johannes, Gesetzes- und sittenkonforme Auslegung und Aufrechterhaltung von Rechtsgeschäften, München 1983 (Aufrechterhaltung)
–, Der lange Abschied vom Verbot der geltungserhaltenden Reduktion, JZ 1996, 175
Hale, Robert L., Coercion and Distribution in a Supposedly Non-Coercive State, 38 Political Science Quarterly 470 (1923)
Hanau, Peter, Objektive Elemente im Tatbestand der Willenserklärung. Ein Beitrag zur Kritik der „stillschweigenden und schlüssigen Willenserklärungen", AcP 165 (1965), 220
Harder, Manfred, Minderjährige Schwarzfahrer, NJW 1990, 857
Hardin, Russell, Die Alltagsepistemologie von Vertrauen, in: Hartmann, Martin/Offe, Claus (Hrsg.), Vertrauen, Frankfurt a.M., New York 2001, S. 295
Hart, H. L. A., The Concept of Law, 2. Aufl. Oxford, New York 1994
Hartmann, Gustav, Die Obligation. Untersuchungen über ihren Zweck und Bau, Erlangen 1875
–, Wort und Wille im Rechtsverkehr, JhJb 19 (1892), 1
Hartmann, Martin, Einleitung, in: Hartmann, Martin/Offe, Claus (Hrsg.), Vertrauen, Frankfurt a.M., New York 2001, S. 7
Hartmann, Nicolai, Die Philosophie des Deutschen Idealismus, 2. Aufl. Berlin 1960
Hassemer, Michael, Heteronomie und Relativität in Schuldverhältnissen, Tübingen 2007 (Heteronomie)
Hastedt, Heiner, Bewusstsein, in: Schnädelbach, Herbert/Martens, Ekkehard (Hrsg.), Philosophie Bd. 2, Reinbek bei Hamburg 1985, S. 642
Hattenhauer, Christian, Einseitige private Rechtsgestaltung. Geschichte und Dogmatik, Tübingen 2011 (Rechtsgestaltung)
Hau, Wolfgang Jakob, Vertragsanpassung und Anpassungsvertrag, Tübingen 2003 (Vertragsanpassung)
Haupt, Günter, Über faktische Vertragsverhältnisse, Leipzig 1941

–, Anm. zu OLG Danzig, Urt. vom 4.12.1942, 4 III U 4/42, ZAkDR 1943, 237, ZAk-DR 1943, 238
Hayek, Friedrich August v., Das intertemporale Gleichgewichtssystem der Preise und die Bewegungen des „Geldwertes", WA 28 (1928), 33
–, Wettbewerb als Entdeckungsverfahren, Kieler Vorträge Bd. 56, 1968 (Entdeckungsverfahren)
–, Recht, Gesetzgebung und Freiheit, Bd. 2: Die Illusion der sozialen Gerechtigkeit. Eine neue Darstellung der liberalen Prinzipien der Gerechtigkeit und der politischen Ökonomie, Landsberg am Lech 1981
–, The Pretence of Knowledge, 79 AmEconRev 3 (1989)
Haymann, Franz, Zur Grenzziehung zwischen Schenkung und entgeltlichem Geschäft. Ein Beitrag zur Causalehre, JhJb 56 (1910), 86
Hebb, Donald Olding, The Organization of Behavior. A Neuropsychological Theory, New York 1949
Heck, Philipp, in: Schriftführer-Amt der ständigen Deputation (Hrsg.), Verhandlungen des Einundzwanzigsten Deutschen Juristentags, Bd. 2, Berlin 1891
–, Gesetzesauslegung und Interessenjurisprudenz, AcP 112 (1914), 1
–, Begriffsbildung und Interessenjurisprudenz, Tübingen 1932 (Begriffsbildung)
Hein v., Jan, Of Older Siblings and Distant Cousins: The Contribution of the Rome II Regulation to the Communitarisation of Private International Law, RabelsZ 73 (2009), 461
Hegel, Georg Wilhelm Friedrich, Phänomenologie des Geistes, Bamberg, Würzburg 1807
–, Grundlinien der Philosophie des Rechts, Berlin 1821 (Grundlinien)
Heiderhoff, Bettina, Grundstrukturen des nationalen und europäischen Verbrauchervertragsrechts. Insbesondere zur Reichweite europäischer Auslegung, München 2004 (Grundstrukturen)
Heine, Klaus, Regulierungswettbewerb im Gesellschaftsrecht. Zur Funktionsfähigkeit eines Wettbewerbs der Rechtsordnungen im europäischen Gesellschaftsrecht, Berlin 2003 (Regulierungswettbewerb)
Heinrich, Christian, Formale Freiheit und materiale Gerechtigkeit. Die Grundlagen der Vertragsfreiheit und Vertragskontrolle am Beispiel ausgewählter Probleme des Arbeitsrechts, Tübingen 2000
Hejcl, Johann, Das alttestamentarische Zinsverbot im Lichte der ethnologischen Jurisprudenz sowie des altorientalischen Zinswesens, Freiburg i. Br. 1907
Hellwege, Phillip, Allgemeine Geschäftsbedingungen, einseitig gestellte Vertragsbedingungen und die allgemeine Rechtsgeschäftslehre, Tübingen 2010 (Geschäftsbedingungen)
Henle, Carl, Vorstellungs- und Willenstheorie in der Lehre von der juristischen Willenserklärung, Leipzig 1910 (Vorstellungs- und Willenstheorie)
Henssler, Martin, Risiko als Vertragsgegenstand, Tübingen 1994 (Risiko)
Hepting, Reinhard, Erklärungswille, Vertrauensschutz und rechtsgeschäftliche Bindung, Festschrift der Rechtswissenschaftlichen Fakultät zur 600-Jahr-Feier der Universität zu Köln (FS Rechtswiss. Fak. Köln), Köln, Berlin, Bonn, München 1988, S. 209 ff.
Hesselink, Martijn W., CFR & Social Justice, München 2008
Hicks, John R., The Foundations of Welfare Economics, EconJ 49 (1939), 696

Hilbert, Martin/López, Priscila, The World's Technological Capacity to Store, Communicate, and Compute Information, 332 Science 60 (2011)

Hildebrandt, Frank Dieter, Vom Monopol zum Wettbewerb ohne Regulierung. Die Deregulierung der neuseeländischen Telekommunikationsmärkte, Egelsbach u.a. 2000 (Monopol)

Hillman, Robert A., The Limits of Behavioral Decision Theory in Legal Analysis: The Case of Liquidated Damages, 85 Cornell Law Review 717 (2000)

Himmelschein, Jury, Erfüllungszwang und Lehre von den positiven Vertragsverletzungen, AcP 135 (1932), 255

Hippel, Eike v., Verbraucherschutz, 3. Aufl. Tübingen 1986

Hippel, Fritz v., Das Problem der rechtsgeschäftlichen Privatautonomie. Beiträge zu einem Natürlichen System des privaten Verkehrsrechts und zur Erforschung der Rechtstheorie des 19. Jahrhunderts, Tübingen 1936 (Privatautonomie)

Hirschmann, Albert O., Exit, Voice and Loyalty, 1970

Hirte, Heribert, Berufshaftung, Ein Beitrag zur Entwicklung eines einheitlichen Haftungsmodells für Dienstleistungen, München 1996

Hitzemann, Horst-Heinrich, Stellvertretung beim sozialtypischen Verhalten, Berlin 1966

Hobbes, Thomas, Leviathan or, The Matter, Forme, and Power of a Common-Wealth, Ecclesiasticall and Civil, London 1651

Hoerster, Norbert, Was ist Recht? Grundfragen der Rechtsphilosophie, München 2006

Hofer, Sibylle, Freiheit ohne Grenzen? Privatrechtstheoretische Diskussionen im 19. Jahrhundert, Tübingen 2001

Höffe, Otfried, Kategorische Rechtsprinzipien. Ein Kontrapunkt der Moderne, Frankfurt a.M. 1990

Hoffmann, Bernd v., Über den Schutz des Schwächeren bei internationalen Schuldverträgen, RabelsZ 38 (1974), 396

Hoffmann, Bernd v./Thorn, Karsten, Internationales Privatrecht, 9. Aufl. München 2007

Hofmann, Franz, Die Entstehungsgründe der Obligationen, insbesondere der Vertrag, mit Rücksicht auf Siegel's „Das Versprechen als Verpflichtungsgrund", Wien 1874 (Entstehungsgründe)

Hölder, Eduard, Schulin, Über Resolutivbedingungen und Endtermine, Marburg 1875, KritV 18 (1876), 175

–, Zum allgemeinen Theile des Entwurfes eines bürgerlichen Gesetzbuches für das Deutsche Reich, AcP 73 (1888), 1

–, Empfiehlt sich die Beibehaltung der Vorschriften, welche der Entwurf des bürgerlichen Gesetzbuches im Allgemeinen Theil (§§ 98-102) über den Irrthum bei Willenserklärungen aufstellt?, in: Schriftführer-Amt der ständigen Deputation (Hrsg.), Verhandlungen des Zwanzigsten Deutschen Juristentages Bd. 4 (Verhandlungen des 20. DJT, Bd. 4), Berlin 1889, S. 83 ff.

–, Piniński, Der Thatbestand des Sachbesitzerwerbs nach gemeinem Recht, 1888, KritV 32 (1890), 290

–, Pandekten. Allgemeine Lehren. Mit Rücksicht auf den Civilgesetzentwurf, Freiburg 1891

Holmes, Oliver Wendell, The Common Law, Boston 1881

Holzhauer, Heinz, Dogmatik und Rechtsgeschichte der Mentalreservation, in: Buschmann, Arno/Knemeyer, Franz-Ludwig/Otte, Gerhard/Schubert, Werner (Hrsg.), Festschrift für Rudolf Gmür zum 70. Geburtstag 28. Juli 1983 (FS Gmür), Bielefeld 1983, S. 119 ff.
Homann, Karl/Suchanek, Andreas, Ökonomik. Eine Einführung, 2. Aufl. Tübingen 2005
Hommelhoff, Peter, Zivilrecht unter dem Einfluss europäischer Rechtsangleichung, AcP 192 (1992), 71
Hönn, Günther, Kompensation gestörter Vertragsparität. Ein Beitrag zum inneren System des Vertragsrechts, München 1982 (Kompensation)
Honneth, Axel, Kampf um Anerkennung. Zur moralischen Grammatik sozialer Konflikte, Frankfurt a.M. 1992
–, Schwerpunkt: Anerkennung – Facetten eines Begriffs, DZPhil 2008, 875
Honoré, Anthony M., Ownership, in: Guest, Anthony Gordon (Hrsg.), Oxford Essays in Jurisprudence, London 1961, S. 107
Hoppmann, Erich, Behinderungsmissbrauch. Die Entwicklung von per-se Verboten für marktbeherrschende Unternehmen – dargestellt am Beispiel der Umsatzrabatte, Tübingen 1980
Hopt, Klaus J., Der Kapitalanlegerschutz im Recht der Banken. Gesellschafts-, bank- und börsenrechtliche Anforderungen an das Beratungs- und Verwaltungsverhalten der Kreditinstitute, München 1975 (Kapitalanlegerschutz)
Huber, Ulrich, Leistungsstörungen, Bd. 2. Die Folgen des Schuldnerverzugs – Die Erfüllungsverweigerung und die vom Schuldner zu vertretende Unmöglichkeit, Tübingen 1999
–, Die Unmöglichkeit der Leistung im Diskussionsentwurf eines Schuldrechtsmodernisierungsgesetzes, ZIP 2000, 2137
–, Das geplante Recht der Leistungsstörungen, in: Zimmermann, Reinhard/Ernst, Wolfgang (Hrsg.), Zivilrechtswissenschaft und Schuldrechtsreform (Schuldrechtsreform), Tübingen 2001, S. 31
–, Eigenschaftsirrtum und Kauf, AcP 209 (2009), 143
Hübner, Heinz, Zurechnung statt Fiktion einer Willenserklärung, in: Dietz, Rolf/Hübner, Heinz (Hrsg.), Festschrift für Hans Carl Nipperdey zum 70. Geburtstag 21. Januar 1965, Bd. 1 (FS Nipperdey, Bd. 1), München, Berlin 1965, S. 373 ff.
–, Allgemeiner Teil des Bürgerlichen Gesetzbuches, 2. Aufl. Berlin, New York 1996 (Allgemeiner Teil)
Hugo, Gustav, Lehrbuch des Naturrechts, als einer Philosophie des positiven Rechts, besonders des Privatrechts, 4. Aufl. Berlin 1819 (Naturrecht)
Hume, David, A Treatise of Human Nature, Bd. 3. Being An Attempt to introduce the experimental Method of Reasoning into Moral Subjects, London 1740 (Treatise, Bd. 3)
–, An Enquiry Concerning the Principles of Morals, London 1751 (Enquiry)
Hutcheson, Francis, Inquiry into the Origin of Our Ideas of Beauty and Virtue, London 1725
Hyland, Richard, Gifts. A Study in Comparative Law, Oxford 2009
Imram, Hatem, Das islamische Wirtschaftssystem. Normen und Prinzipien einer alternativen Ökonomie, 2. Aufl. Paderborn 2008
Isensee, Josef, Subsidiaritätsprinzip und Verfassungsrecht, Berlin 1968

Jacoby, Jacob, Perspectives on Information Overload, 10 Journal of Consumer Research 432 (1984)
Jacoby, Jacob/Speller, Donald E./Kohn, Carol A., Brand Choice Behavior as a Function of Information Load, 11 Journal of Marketing Research 63 (1974)
–, Brand Choice Behavior as a Function of Information Load: Replication and Extension, 1 The Journal of Consumer Research 33 (1974)
Jakobs, Horst Heinrich, Unmöglichkeit und Nichterfüllung, Bonn 1969 (Unmöglichkeit)
Jansen, Nils, Die Struktur des Haftungsrechts. Geschichte, Theorie und Dogmatik außervertraglicher Ansprüche auf Schadensersatz, Tübingen 2003 (Haftungsrecht)
Jellinek, Georg, System der subjektiven öffentlichen Rechte, Freiburg im Breisgau 1892 (System)
Jhering, Rudolf, Culpa in contrahendo oder Schadensersatz bei nichtigen oder nicht zur Perfection gelangten Verträgen, JhJb 4 (1861), 1
–, Das Schuldmoment im römischen Privatrecht, Gießen 1867 (Schuldmoment)
–, Geist des römischen Rechts auf den verschiedenen Stufen seiner Entwicklung, Teil 3, Abt. 1, Leipzig 1865 (Geist, Teil 3, Abt. 1)
–, Die Reflexwirkungen oder die Rückwirkung rechtlicher Tatsachen auf dritte Personen, JhJb 10 (1871), 245
–, Der Zweck im Recht, Bd. 1, Leipzig 1877 (Zweck, Bd. 1)
–, Der Zweck im Recht, Bd. 2, Leipzig 1883 (Zweck, Bd. 2)
Jickeli, Joachim, Der langfristige Vertrag. Eine rechtswissenschaftliche Untersuchung auf institutionen-ökonomischer Grundlage, Baden-Baden 1996
Joerges, Christian, Zum Funktionswandel des Kollisionsrechts. Die „Governmental Interest Analysis" und die „Krise des Internationalen Privatrechts", Tübingen 1971 (Funktionswandel)
–, Verbraucherschutz als Rechtsproblem, Heidelberg 1981 (Verbraucherschutz)
Johnston, Jason Scott, Strategic Bargaining and the Economic Theory of Contract Default Rules, 100 YaleLJ 615 (1990)
Jorden, Simone, Verbrauchergarantien. Die EG-Richtlinie über den Verbrauchsgüterkauf und Verbrauchsgarantien und ihre Umsetzung in das deutsche Zivilrecht, München 2000
Jugel, Stefan/Zerr, Konrad, Dienstleistungen als strategisches Element eines Technologie-Marketing, ZFP 1989, 162
Junker, Abbo, Internationales Arbeitsrecht im Konzern, Tübingen 1992 (Konzern)
–, Grundkurs Arbeitsrecht, 10. Aufl. München 2011
Jürgens, Uwe, Die Evolution der Sprache. Vom Affenlaut zum Menschenwort, Biologie unserer Zeit 36 (2006), 362
Kähler, Lorenz, Zur Entmythisierung der Geldschuld, AcP 206 (2006), 805
–, Begriff und Rechtfertigung abdingbaren Rechts, Tübingen 2013
Kahneman, Daniel/Knetsch, Jack L./Thaler, Richard H., Experimental Tests of the Endowment Effect and the Coase Theorem, 98 JPolitEcon 1325 (1990)
Kaiser, Dagmar, Die Rückabwicklung gegenseitiger Verträge wegen Nicht- und Schlechterfüllung nach BGB, Tübingen 2000 (Rückabwicklung)
Kaiser, Dieter G., Hedgefonds. Entmystifizierung einer Anlageklasse. Strukturen – Chancen – Risiken, Wiesbaden 2004
Kaldor, Nicholas, Welfare Propositions in Economics and Interpersonal Comparisons of Utility, EconJ 49 (1939), 549

Kämmerer, Faktisches Vertragsverhältnis und Postbenutzung, Postarchiv 71 (1943), 397

Kant, Immanuel, Prolegomena zu einer jeden künftigen Metaphysik die als Wissenschaft wird auftreten können, Riga 1783 (Prolegomena)

–, Beantwortung der Frage: Was ist Aufklärung?, Berlinische Monatsschrift 4 (1784), 481

–, Grundlegung zur Metaphysik der Sitten, Riga 1785 (Grundlegung)

–, Kritik der reinen Vernunft, 2. Aufl. Riga 1787

–, Zum ewigen Frieden. Ein philosophischer Entwurf, 2. Aufl. Königsberg 1796

–, Die Metaphysik der Sitten, Bd. 1. Metaphysische Anfangsgründe der Rechtslehre, 2. Aufl. Königsberg 1798 (Metaphysik, Bd. 1)

Kaplow, Louis/Shavell, Steven, Why the Legal System is Less Efficient than the Income Tax in Redistributing Income, 23 JLS 667 (1994)

Karlowa, Otto, Das Rechtsgeschäft und seine Wirkung, Berlin 1877 (Rechtsgeschäft)

Kartte, Wolfgang, Der Schutz des Leistungswettbewerbs im Kartellrecht, WRP 1976, 1

Kaser, Max/Knütel, Rolf, Römisches Privatrecht, 19. Aufl. München 2008

Kasper, Tim, Die Sachmangelhaftung des Verkäufers für Werbeaussagen, ZGS 2007, 172

Kegel, Gerhard, Vertrag und Delikt, Köln, Berlin, Bonn, München 2002

Kegel, Gerhard/Schurig, Klaus, Internationales Privatrecht, 9. Aufl. München 2004

Keil, Geert, Handeln und Verursachen, Frankfurt a.M. 2000

Kellmann, Christof, Schuldverhältnisse aus sozialtypischem Verhalten, NJW 1971, 265

Kelman, Mark, Behavioral Economics as Part of a Rhetorical Duet: A Response to Jolls, Sunstein, and Thaler, 50 Stanford Law Review 1577 (1998)

Kelsen, Hans, Reine Rechtslehre. Einleitung in die rechtswissenschaftliche Problematik, Leipzig, Wien 1934

Kennedy, Duncan, Form & Substance in Private Law Adjudication, 89 HarvLRev 1685 (1976)

–, Distributive and Paternalist Motives in Contract and Tort Law, with special Reference to Compulsory Terms and Unequal Bargaining Power, 41 MarylandLRev 563 (1982)

Kerber, Wolfgang, Zum Problem einer Wettbewerbsordnung für den Systemwettbewerb, in: Schenk, Karl-Ernst/Schmidtchen, Dieter/Streit, Manfred E./Vanberg, Viktor (Hrsg.), Globalisierung, Systemwettbewerb und nationalstaatliche Politik (Globalisierung), Tübingen 1998, S. 199

Kern, Christoph, Die Doing-Business-Reports der Weltbank - fragwürdige Quantifizierung rechtlicher Qualität?, JZ 2009, 498

Kersting, Christian, Corporate Choice of Law, 28 BrookJIntL 1 (2002)

–, Die Dritthaftung für Informationen im Bürgerlichen Recht, München 2007 (Dritthaftung)

Kersting, Wolfgang, Wohlgeordnete Freiheit. Immanuel Kants Rechts- und Staatsphilosophie. Mit einer Einleitung zur Taschenbuchausgabe 1993: Kant und die politische Philosophie der Gegenwart, Frankfurt a.M. 1993

–, Die politische Philosophie des Gesellschaftsvertrags, Darmstadt 1996 (Gesellschaftsvertrag)

Kessler, Friedrich, Contracts of Adhesion – Some Thoughts about Freedom of Contract, 43 ColumbiaLRev 629 (1943)
Kieninger, Eva-Maria, Wettbewerb der Rechtsordnungen im Europäischen Binnenmarkt. Studien zur Privatrechtskoordinierung in der Europäischen Union auf den Gebieten des Gesellschafts- und Vertragsrechts, Tübingen 2002 (Wettbewerb der Rechtsordnungen)
–, § 307 BGB, in: Säcker, Franz Jürgen/Rixecker, Roland (Hrsg.), Münchener Kommentar zum Bürgerlichen Gesetzbuch (MüKo-BGB), 5. Aufl. München 2007
Kimel, Dori, From promise to contract, Oxford 2003 (Promise)
Kind, Sandra, Die Grenzen des Verbraucherschutzes durch Information – aufgezeigt am Teilzeitwohnrechtegesetz, Berlin 1998 (Grenzen)
Kipp, Theodor, Über Doppelwirkungen im Recht, insbesondere über die Konkurrenz von Nichtigkeit und Anfechtbarkeit, FS Martitz, Berlin 1911, S. 211 ff.
Kirchhof, Paul, Der Staat tut dem Wettbewerb gut: Eine gedankliche Begegnung mit Viktor Vanberg, ORDO 56 (2005), 55
–, Freiheitlicher Wettbewerb und staatliche Autonomie – Solidarität, ORDO 56 (2005), 39
Kirchner, Christian, Zur Ökonomik des legislatorischen Wettbewerbs im europäischen Gesellschaftsrecht, in: Fuchs, Andreas/Schwintowski, Hans-Peter/Zimmer, Daniel (Hrsg.), Festschrift für Ulrich Immenga zum 70. Geburtstag (FS Immenga), München 2004, S. 607 ff.
Kirchner, Christian/Painter, Richard W./Kaal, Wulf A., Regulatory Competition in EU Corporate Law after Inspire Art: Unbundling Delaware's Product for Europe, ECFR 2005, 159
Kirk, Geoffrey S./Raven, John E./Schofield, Malcolm, Die vorsokratischen Philosophen, Stuttgart, Weimar 1994
Kirschke, Christian, Die Richtigkeit des Rechts und ihre Maßstäbe. Rechtspolitik, Privatrechtsmethode und Vertragsdogmatik bei Walter Schmidt-Rimpler (25.11.1885 - 27.04.1975), Berlin 2009 (Richtigkeit)
Kleinschmidt, Jens, Der Verzicht im Schuldrecht, Tübingen 2004 (Verzicht)
Kley, Britta, Unmöglichkeit und Pflichtverletzung. Die Funktion der Unmöglichkeitstatbestände im BGB und der Reformversuch der Schuldrechtskommission, Berlin 2001 (Unmöglichkeit)
Kling, Michael, Sprachrisiken im Privatrechtsverkehr. Die wertende Verteilung sprachenbedingter Verständnisrisiken im Vertragsrecht, Tübingen 2008
Klöhn, Lars, Kapitalmarkt, Spekulation und Behavioral Finance. Eine interdisziplinäre und vergleichende Analyse zum Fluch und Segen der Spekulation und ihrer Regulierung durch Recht und Markt, Berlin 2006 (Spekulation)
–, Wettbewerb der Gerichte im US-amerikanischen Unternehmensinsolvenzrecht, RIW 2006, 568
Knetsch, Jack L., The Endowment Effect and Evidence of Nonreversible Indifference Curves, 79 AmEconRev 1277 (1989)
Knütel, Rolf, Zur Schuldrechtsreform, NJW 2001, 2519
Koch, Christof, The Quest for Consciousness. A Neurobiological Approach, Englewood, Colorado 2004
Köhl, Harald, Vertrauen als zentraler Moralbegriff?, in: Hartmann, Martin/Offe, Claus (Hrsg.), Vertrauen, Frankfurt a.M., New York 2001, S. 114

Köhler, Helmut, Unmöglichkeit und Geschäftsgrundlage bei Zweckstörungen im Schuldverhältnis, München 1971 (Zweckstörungen)
–, Kritik der Regel „protestatio facto contraria non valet", JZ 1981, 464
–, Die Problematik automatisierter Rechtsvorgänge, insbesondere von Willenserklärungen, AcP 182 (1982), 126
–, BGB Allgemeiner Teil. Ein Studienbuch, 34. Aufl. München 2010 (Allgemeiner Teil)
Kohler, Josef, Noch einmal über Mentalreservation und Simulation, Ein Beitrag zur Lehre vom Rechtsgeschäft, JhJb 16 (1878), 325
–, Studien über Mentalreservation und Simulation, JhJb 16 (1878), 91
–, Das Autorrecht. Eine zivilistische Abhandlung, zugleich ein Beitrag zur Lehre vom Eigentum, vom Miteigentum, vom Rechtsgeschäft und vom Individualrecht, JhJb 18 (1880), 129
–, Die Menschenhilfe im Privatrecht, JhJb 25 (1887), 1
–, Über den Willen im Privatrecht, JhJb 28 (1889), 166
–, Lehrbuch des Bürgerlichen Rechts, Bd. 1, Berlin 1906 (Lehrbuch)
–, Die spanischen Naturrechtslehrer des 16. und 17. Jahrhunderts, ARSP 10 (1917), 235
Koller, Ingo, Die Risikozurechnung bei Vertragsstörungen in Austauschverträgen. Eine Untersuchung zur Rechtsfortbildung auf dem Gebiet der materiellen Leistungserschwerung, Zweckstörung sowie Schadensersatzhaftung bei Sach- und Dienstleistungen, München 1979 (Risikozurechnung)
Köndgen, Johannes, Selbstbindung ohne Vertrag. Zur Haftung aus geschäftsbezogenem Handeln, Tübingen 1981 (Selbstbindung)
–, Grund und Grenzen des Transparenzgebots im AGB-Recht. Bemerkungen zum „Hypothekenzins-" und zum „Wertstellungs-Urteil" des BGH, NJW 1989, 943
–, Privatisierung des Rechts. Private Governance zwischen Deregulierung und Rekonstitutionalisierung, AcP 206 (2006), 477
Koppenfels-Spies, Katharina v., Die cessio legis, Tübingen 2006
Korb, Axel-Johannes, Kelsens Kritiker. Ein Beitrag zur Geschichte der Rechts- und Staatstheorie (1911-1934), Tübingen 2010
Korobkin, Russell, Bounded Rationality, Standard Form Contracts, and Unconscionability, 70 UChicagoLawRev 1203 (2003)
Kötz, Hein, Rechtsvereinheitlichung – Nutzen, Kosten, Methoden, Ziele, RabelsZ 50 (1986), 1
Kramer, Ernst A., Das Prinzip der objektiven Zurechnung im Delikts- und Vertragsrecht, AcP 171 (1971), 422
–, Grundfragen der vertraglichen Einigung. Konsens, Dissens und Erklärungsirrtum als dogmatische Probleme des österreichischen, schweizerischen und deutschen Vertragsrechts, München, Salzburg 1972 (Grundfragen)
–, Die „Krise" des liberalen Vertragsdenkens. Eine Standortbestimmung, München, Salzburg 1974
–, Vorbem. §§ 116 ff. BGB, in: Rebmann, Kurt/Säcker, Franz Jürgen/Rixecker, Roland (Hrsg.), Münchener Kommentar zum Bürgerlichen Gesetzbuch (MüKo-BGB), 4. Aufl. München 2001
–, § 116 BGB, in: Säcker, Franz Jürgen/Rixecker, Roland (Hrsg.), Münchener Kommentar zum Bürgerlichen Gesetzbuch (MüKo-BGB), 5. Aufl. München 2006
–, § 119 BGB, in: Säcker, Franz Jürgen/Rixecker, Roland (Hrsg.), Münchener Kommentar zum Bürgerlichen Gesetzbuch (MüKo-BGB), 5. Aufl. München 2006

–, § 123 BGB, in: Säcker, Franz Jürgen/Rixecker, Roland (Hrsg.), Münchener Kommentar zum Bürgerlichen Gesetzbuch (MüKo-BGB), 5. Aufl. München 2006

–, Vorbem. §§ 116 ff. BGB, in: Säcker, Franz Jürgen/Rixecker, Roland (Hrsg.), Münchener Kommentar zum Bürgerlichen Gesetzbuch (MüKo-BGB), 5. Aufl. München 2006

Kramer, Matthew H., Legal Theory, Political Theory, and Deconstruction. Against Rhadamanthus, Bloomington, Indianapolis 1991 (Deconstruction)

Krause, Hermann, Schweigen im Rechtsverkehr. Beiträge zur Lehre vom Bestätigungsschreiben, von der Vollmacht und von der Verwirkung, Marburg 1933 (Schweigen)

–, Allgemeine Geschäftsbedingungen und das Prinzip des sozialen Rechtsstaates, BB 1955, 265

Krebs, Peter, Sonderverbindung und außerdeliktische Schutzpflichten, München 2000 (Sonderverbindung)

Kreuzer, Karl F., BGH, Urt. v. 28. 1. 1976 – VIII ZR 246/74 (OLG Koblenz), JZ 1976, 778

Kritz, Paul Ludolf, Sammlung von Rechtsfällen und Entscheidungen derselben, Bd. 5, Herausgegeben und mit wissenschaftlichen Excursen versehen von Dr. Paul Ludolf Kritz, Bd. 5, Leipzig 1845 (Sammlung, Bd. 5)

Kroeber-Riel, Werner/Weinberg, Peter, Konsumentenverhalten, 8. Aufl. München 2003

Kroeger, Helga Elizabeth, Der Schutz der „marktschwächeren" Partei im Internationalen Vertragsrecht, Frankfurt a. M. 1984 (Schutz)

Kroner, Richard, Von Kant bis Hegel. 1. Band: Von der Vernunftkritik zur Naturphilosophie. 2. Band: Von der Naturphilosophie zur Philosophie des Geistes, 2. Aufl. Tübingen 1961

Kronke, Herbert, Zur Funktion und Dogmatik der Leistungsbestimmung, AcP 183 (1983), 113

Kronman, Anthony T., Contract Law and Distributive Justice, 89 YaleLJ 472 (1980)

Kropholler, Jan, Das kollisionsrechtliche System des Schutzes der schwächeren Vertragspartei, RabelsZ 42 (1978), 634

–, Internationales Privatrecht, 6. Aufl. Tübingen 2006

Krückmann, Paul, Unmöglichkeit und Unmöglichkeitsprozess, AcP 101 (1907), 1

Krugman, Paul R./Obstfeld, Maurice/Melitz, Marc, Internationale Wirtschaft: Theorie und Politik der Außenwirtschaft, 9. Aufl. 2011

Krumm, Günter, Die bewusst widerrechtliche Inanspruchnahme fremder Rechtspositionen. Zugleich ein Beitrag zur Einordnung des § 687 Abs. 2 BGB in das zivilrechtliche Sanktionensystem, Tübingen 1993 (Inanspruchnahme)

Kübel, Franz Philipp v., Recht der Schuldverhältnisse Teil 1. Allgemeiner Teil, in: Schubert, Werner (Hrsg.), Die Vorlagen der Redaktoren für die erste Kommission zur Ausarbeitung des Entwurfs eines Bürgerlichen Gesetzbuches, Berlin, New York 1980 (Schuldverhältnisse, Teil 1)

Kübler, Friedrich/Assmann, Heinz-Dieter, Gesellschaftsrecht. Die privatrechtlichen Ordnungsstrukturen und Regelungsprobleme von Verbänden und Unternehmen, 6. Aufl. Heidelberg, München, Landsberg, Berlin 2006

Küchenhoff, Günther, Faktische Vertragsverhältnisse und faktische Arbeitsverhältnisse, RdA 1958, 121

Kuhlmann, Kai, Leistungspflichten und Schutzpflichten. Ein kritischer Vergleich des Leistungsstörungsrechts des BGB mit den Vorschlägen der Schuldrechtskommission, Berlin 2001
Kuhn, Thomas S., Die Struktur wissenschaftlicher Revolutionen, 2. Aufl. Frankfurt a.M. 1976 (Revolutionen)
Kuntze, Johannes Emil, Die Lehre von den Inhaberpapieren, oder Obligationen au porteur, rechtsgeschichtlich, dogmatisch und mit Berücksichtigung der deutschen Partikularrechte, Leipzig 1857 (Inhaberpapiere)
Laband, Paul, Zum zweiten Buch des Entwurfs eines bürgerlichen Gesetzbuchs für das Deutsche Reich. I. Abschnitt. Titel 1 bis 3, AcP 73 (1888), 161
Lagerspetz, Olli, Vertrauen als geistiges Phänomen, in: Hartmann, Martin/Offe, Claus (Hrsg.), Vertrauen, Frankfurt a.M., New York 2001, S. 85
Lambrecht, Peter, Die Lehre vom faktischen Vertragsverhältnis. Entstehung, Rezeption und Niedergang, Tübingen 1994 (Faktisches Vertragsverhältnis)
Lancaster, Kelvin J., A New Approach to Consumer Theory, 74 JPolitEcon 132 (1966)
Larenz, Karl, Vertrag und Unrecht, Bd. 1. Vertrag und Vertragsbruch, Hamburg
–, Hegels Zurechnungslehre und der Begriff der objektiven Zurechnung. Ein Beitrag zur Rechtsphilosophie des kritischen Realismus und zur Lehre von der „juristischen Kausalität", Leipzig 1927 (Hegels Zurechnungslehre)
–, Die Methode der Auslegung des Rechtsgeschäfts. Zugleich ein Beitrag zur Theorie der Willenserklärung, Frankfurt a.M., Berlin 1930/1966 (Auslegung)
–, Rechts- und Staatsphilosophie der Gegenwart, 2. Aufl. Berlin 1935
–, Rechtsperson und subjektives Recht. Zur Wandlung der Rechtsgrundbegriffe, in: Dahm, Georg/Huber, Ernst Rudolf/Larenz, Karl/Michaelis, Karl/Schaffstein, Friedrich/Siebert, Wolfgang (Hrsg.), Grundfragen der neuen Rechtswissenschaft (Grundfragen), Berlin 1935, S. 225
–, Die Begründung von Schuldverhältnissen durch sozialtypisches Verhalten, NJW 1956, 1897
–, Sozialtypisches Verhalten als Verpflichtungsgrund, DRiZ 1958, 245
–, Geschäftsgrundlage und Vertragserfüllung. Die Bedeutung „veränderter Umstände" im Zivilrecht, 3. Aufl. München, Berlin 1963 (Geschäftsgrundlage)
–, Richtiges Recht. Grundzüge einer Rechtsethik, München 1979
–, Lehrbuch des Schuldrechts, Bd. 1: Allgemeiner Teil, 15. Aufl. München 1987
–, Allgemeiner Teil des Deutschen Bürgerlichen Rechts, 7. Aufl. München 1989 (Allgemeiner Teil)
Larenz, Karl/Canaris, Claus-Wilhelm, Methodenlehre der Rechtswissenschaft, 3. Aufl. Berlin, Heidelberg, New York 1995 (Methodenlehre)
Larenz, Karl/Wolf, Manfred, Allgemeiner Teil des Bürgerlichen Rechts, 9. Aufl. München 2004 (Allgemeiner Teil)
Leenen, Detlef, Typus und Rechtsfindung. Die Bedeutung der typologischen Methode für die Rechtsfindung dargestellt am Vertragsrecht des BGB, Berlin 1971
Lehmann, Heinrich, Das „faktische" Vertragsverhältnis, JhJb 54 (1943), 131
–, Faktische Vertragsverhältnisse, NJW 1958, 1
Lehmann, Michael, Die bürgerlichrechtliche Haftung für Werbeangaben – Culpa in contrahendo als Haftungsgrundlage für vertragsanbahnende Erklärungen, NJW 1981, 1233

–, Vertragsanbahnung durch Werbung. Eine juristische und ökonomische Analyse der bürgerlich-rechtlichen Haftung für Werbeangaben gegenüber dem Letztverbraucher, München 1981 (Vertragsanbahnung)

Leible, Stefan, Parteiautonomie im IPR, in: Mansel, Heinz-Peter/Pfeiffer, Thomas/Kronke, Herbert/Kohler, Christian/Hausmann, Rainer (Hrsg.), Festschrift für Erik Jayme, Bd. I (FS Jayme, Bd. I), München 2004, S. 485 ff.

Leist, Die Einschränkung der Irrtums- und Täuschungsanfechtung in der Praxis, AcP 102 (1907), 215

Leistner, Matthias, Richtiger Vertrag und lauterer Wettbewerb. Eine grundlagenorientierte Studie unter besonderer Berücksichtigung der europäischen Perspektive, Tübingen 2007 (Richtiger Vertrag)

Lemppenau, Joachim, Gattungsschuld und Beschaffungspflicht. Kritisches zu § 279 BGB, Berlin 1972 (Gattungsschuld)

Lenel, Otto, Parteiabsicht und Rechtserfolg, JhJb 19 (1881), 154

–, Stellvertretung und Vollmacht, JhJb 36 (1896), 1

–, Der Irrtum über wesentliche Eigenschaften, JhJb 44 (1902), 1

Leonhard, Franz, Die Auslegung der Rechtsgeschäfte, AcP 120 (1922), 14

Liebe, Friedrich v., Die Stipulation und das einfache Versprechen. Eine civilistische Abhandlung, Braunschweig 1840 (Stipulation)

Lima Pinheiro, Luís de, Competition between Legal Systems in the European Union and Private International Law, IPRax 2008, 206

Lobinger, Thomas, Rechtsgeschäftliche Verpflichtung und autonome Bindung. Zu den Entstehungsgründen vermögensaufstockender Leistungspflichten im Bürgerlichen Recht, Tübingen 1999 (Verpflichtung)

–, Die Grenzen rechtsgeschäftlicher Leistungspflichten. Zugleich ein Beitrag zur Korrekturbedürftigkeit der §§ 275, 311a, 313 BGB n.F., Tübingen 2004 (Grenzen)

Locke, John, Two Treatises of Government, London 1690 (Two Treatises)

Longo, O., Hot heads and cold brains. Aristotle, Galen and the „radiator theory", 33 PhysisRivIntStorSci 259 (1996)

Löning, George A., „Faktische Verträge" oder Öffentliches Recht?, Zur Rechtsstellung der Versorgungsbetriebe, der Post und der Straßenbahnen, ZAkDR 1942, 289

Looschelders, Dirk, Die Mitverantwortlichkeit des Geschädigten im Privatrecht, Tübingen 1999 (Mitverantwortlichkeit)

–, Diskriminierung und Schutz vor Diskriminierung im Privatrecht, JZ 2012, 105

Lorenz, Konrad, Kants Lehre vom Apriorischen im Lichte gegenwärtiger Biologie, Blätter für Deutsche Philosophie 15 (1941), 94

–, Die Rückseite des Spiegels. Versuch einer Naturgeschichte menschlichen Erkennens, München, Zürich 1973

Lorenz, Stephan, Der Schutz vor dem unerwünschten Vertrag. Eine Untersuchung von Möglichkeiten und Grenzen der Abschlusskontrolle im geltenden Recht, München 1997 (Unerwünschter Vertrag)

–, Sittenwidrigkeit und Vertragsanbahnung – „procedural unconscionability" im deutschen Recht?, in: Heldrich, Andreas/Prölss, Jürgen/Koller, Ingo (Hrsg.), Festschrift für Claus-Wilhelm Canaris zum 70. Geburtstag (FS Canaris, Bd. 1), München 2007, S. 777 ff.

–, Vertragserhaltung im Kaufrecht, in: Kanzleiter, Rainer/Kössinger, Winfried/Grziwotz, Herbert (Hrsg.), Festschrift für Hans Wolfsteiner zum 70. Geburtstag am 29. November 2007 (FS Wolfsteiner), Köln, München 2008, S. 121 ff.

Loser, Peter, Vertrauenshaftung im schweizerischen Schuldrecht, Bern 2006 (Vertrauenshaftung)
Lotmar, Philipp, Über causa im römischen Recht. Beitrag zur Lehre von den Rechtsgeschäften, München 1875 (Causa)
Luhmann, Niklas, Rechtssystem und Rechtsdogmatik, Stuttgart, Berlin, Köln, Mainz 1974
–, Soziologie des Risikos, Berlin, New York 1991
–, Das Recht der Gesellschaft, Frankfurt a.M. 1993
–, Vertrauen. Ein Mechanismus der Reduktion sozialer Komplexität, 4. Aufl. Stuttgart 2000
–, Vertrautheit, Zuversicht, Vertrauen. Probleme und Alternativen, in: Hartmann, Martin/Offe, Claus (Hrsg.), Vertrauen, Frankfurt a.M., New York 2001, S. 143
Lundstedt, Anders Vilhelm, Die Unwissenschaftlichkeit der Rechtswissenschaft, Bd. 2. Strafrecht – Vertragsrecht – Deliktische Haftung, Berlin, Leipzig 1936
Lurger, Brigitta, Vertragliche Solidarität, Baden-Baden 1998
Lüsing, Jan, Die Pflichten aus culpa in contrahendo und positiver Vertragsverletzung. Über die Rechtsnatur von Schutzpflichten und die Begründung von Leistungspflichten vor Vertrag, Baden-Baden 2010 (Pflichten)
Macaulay, Stewart, Non-Contractual Relations in Business: A Preliminary Study, 28 AmSociolRev 55 (1963)
Macneil, Ian R., The Many Futures of Contracts, 47 SouthCalifLRev 691 (1974)
–, Economic analysis of contractual relations, in: Burrows, Paul/Veljanovski, Cento G. (Hrsg.), The Economic Approach to Law (Economic Approach), London, Boston u.a. 1981, S. 51
Madaus, Stephan, Der Insolvenzplan. Von seiner dogmatischen Deutung als Vertrag und seiner Fortentwicklung in eine Bestätigungsinsolvenz, Tübingen 2011
–, Die Bruchteilsgemeinschaft als Gemeinschaft unter Vollrechtsinhabern, AcP 212 (2012), 251
Maitland, F. W., Equity. The Forms of Action at Common Law, London u.a. 1909
Mandeville, Bernard, The Grumbling Hive or, Private Vices Public Benefits, 1705 (The Grumbling Hive)
Manigk, Alfred, Irrtum und Auslegung. Zwei Grundpfeiler der Lehre von der Willenserklärung, Berlin 1918
Mankowski, Peter, Beseitigungsrechte. Anfechtung, Widerruf und verwandte Institute, Tübingen 2003
–, Rechtskultur. Eine rechtsvergleichend-anekdotische Annäherung an einen schwierigen und vielgesichtigen Begriff, JZ 2009, 321
Marfels, Georgia, Von der Ehre zur Anerkennung? Die Bedeutung sozialphilosophischer Anerkennungstheorien für den strafrechtlichen Ehrbegriff, Baden-Baden 2011
Markowitz, Harry, Portfolio Selection, 7 JFinanc 77 (1952)
Marshall, Alfred, Principles of Economics. An introductory volume, 8. Aufl. London 1920
Martens, Klaus-Peter, Rechtsgeschäft und Drittinteressen, AcP 177 (1977), 113
Martens, Sebastian, Durch Dritte verursachte Willensmängel, Tübingen 2007 (Willensmängel)
Martinek, Michael, Moderne Vertragstypen, Bd. I: Leasing und Factoring, München 1991

–, Moderne Vertragstypen, Bd. II: Franchising, Know-How-Verträge, Management- und Consultingverträge, München 1992
–, Moderne Vertragstypen, Bd. III: Computerverträge, Kreditkartenverträge sowie sonstige moderne Vertragstypen, München 1993
Mäsch, Gerald, Chance und Schaden, Tübingen 2004
Matusche-Beckmann, Annemarie, § 434, in: J. von Staudingers Kommentar zum Bürgerlichen Gesetzbuch mit Einführungsgesetz und Nebengesetzen (Staudinger, Neubearb. 2004), Berlin 2004
Mayer-Maly, Theo, Renaissance der laesio enormis?, in: Canaris, Claus-Wilhelm/Diederichsen, Uwe (Hrsg.), Festschrift für Karl Larenz zum 80. Geburtstag am 23. April 1983 (FS Larenz), München 1983, S. 395 ff.
–, Vertrag und Einigung, in: Dietz, Rolf/Hübner, Heinz (Hrsg.), Festschrift für Hans Carl Nipperdey zum 70. Geburtstag 21. Januar 1965, Bd. 1 (Teil I der „Studien zum Vertrag") (FS Nipperdey, Bd. 1), München, Berlin 1965, S. 509 ff.
Meder, Stephan, Ius non scriptum. Traditionen privater Rechtsetzung, 2. Aufl. Tübingen 2009
Medicus, Dieter, Anmerkung zu LG Bremen, Urt. v. 17.8.1966, NJW 1966, 2360, NJW 1967, 354
–, Vertragsauslegung und Geschäftsgrundlage, in: Jakobs, Horst Heinrich/Knobbe-Keuk, Brigitte/Picker, Eduard/Wilhelm, Jan (Hrsg.), Festschrift für Werner Flume zum 70. Geburtstag, 12. September 1978 (FS Flume), Köln 1978, S. 629 ff.
–, Allgemeiner Teil des BGB, 10. Aufl. Heidelberg 2010 (Allgemeiner Teil)
Meessen, Karl M., Prinzip Wettbewerb, JZ 2009, 697
Meier, Sonja, Gesamtschulden. Entstehung und Regress in historischer und vergleichender Perspektive, Tübingen 2010
Meinecke, Wilhelm, Die Bedeutung der Nicht-Euklidischen Geometrie in ihrem Verhältnis zu Kants Theorie der mathematischen Erkenntnis, Kant-Studien 11 (1906), 209
Meller-Hannich, Caroline, Verbraucherschutz im Schuldvertragsrecht, Tübingen 2005 (Verbraucherschutz)
Mendelssohn, Moses, Jerusalem oder über religiöse Macht und Judentum, Berlin 1783
Menger, Anton, Das Bürgerliche Recht und die besitzlosen Volksklassen, 5. Aufl. Tübingen 1927 (Bürgerliche Recht)
Merkel, Günter, Die faktischen Vertragsverhältnisse und das Problem der Geschäftsfähigkeit, Erlangen 1962 (Faktische Vertragsverhältnisse)
Merkt, Hanno, Das Europäische Gesellschaftsrecht und die Idee des ‚Wettbewerbs der Gesetzgeber', RabelsZ 59 (1995), 545
Mill, John Stuart, On Liberty, 2. Aufl. London 1859
–, Utilitarianism, London 1863
Miller, George A., The magical number seven, plus or minus two: some limits on our capacity for processing information, 63 PsycholRev 81 (1956)
Mischel, Walter/Yuichi, Shoda/Peake, Philip K., Predicting adolescent cognitive and self-regulatory competencies from preschool delay of gratification: Identifying diagnostic conditions, 26 Developmental Psychology 978 (1990)
Mischel, Walter/Yuichi, Shoda/Rodriguez, Monica L., Delay of Gratification in Children, 244 Science 933 (1989)
Mitteis, Ludwig, Die Lehre von der Stellvertretung nach römischem Recht mit Berücksichtigung des österreichischen Rechts, Wien 1885 (Stellvertretung)

Mnookin, Robert H./Kornhauser, Lewis, Bargaining in the Shadow of the Law, 88 YaleLJ 950 (1979)
Mommsen, Friedrich, Die Unmöglichkeit der Leistung in ihrem Einfluss auf obligatorische Verhältnisse, Braunschweig 1853 (Unmöglichkeit)
–, Zur Lehre von dem Interesse, Braunschweig 1855 (Interesse)
Möschel, Wernhard, Pressekonzentration und Wettbewerbsgesetz, Marktbeherrschung, unlauterer Wettbewerb und Sanierungsfusionen im Pressebereich, Tübingen 1978 (Pressekonzentration)
Moser, Dominik, Die Offenkundigkeit der Stellvertretung, Tübingen 2010 (Offenkundigkeit)
Möslein, Florian, Dispositives Recht. Zwecke, Strukturen und Methode, Tübingen 2011
Möslein, Florian/Riesenhuber, Karl, Contract Governance – A Draft Research Agenda –, ERCL 2009, 1
Motter, Brad, Attention in the Human Brain, in: Wilson, Robert A./Keil, Frank C. (Hrsg.), The MIT Encyclopedia of the Cognitive Sciences (Attention in the Human Brain), Cambridge MA., London 1999, S. 41
Mugdan, Benno, Die gesamten Materialien zum Bürgerlichen Gesetzbuch für das Deutsche Reich, Bd. 1. Einführungsgesetz und Allgemeiner Teil, Berlin 1899 (Materialien)
Müller-Erzbach, Rudolf, Gefährdungshaftung und Gefahrtragung I, AcP 106 (1910), 309
Müller-Freienfels, Wolfram, Die Vertretung beim Rechtsgeschäft, Tübingen 1955 (Vertretung)
–, Stellvertretungsregelungen in Einheit und Vielfalt. Rechtsvergleichende Studien zur Stellvertretung, Frankfurt a.M. 1982 (Stellvertretungsregelungen)
Müller, Markus, Systemwettbewerb, Harmonisierung und Wettbewerbsverzerrung. Europa zwischen einem Wettbewerb der Gesetzgeber und vollständiger Harmonisierung, Baden-Baden 1999 (Systemwettbewerb)
Nagel, Thomas, The Possibility of Altruism, Oxford 1970
Nath, Shiv K., A Perspective of Welfare Economics, 1974 (Perspective)
Nauen, Bernd, Leistungserschwerung und Zweckvereitelung im Schuldverhältnis. Zur Funktion und Gestalt der Lehre von der Geschäftsgrundlage im BGB und im System des Reformentwurfs der Schuldrechtskommission, Berlin 2001 (Leistungserschwerung)
Nell-Breuning, Oswald von, Grundzüge der Börsenmoral, Freiburg i. Br. 1928 (Börsenmoral)
–, Baugesetze der Gesellschaft. Gegenseitige Verantwortung – Hilfreicher Beistand, Freiburg im Breisgau 1968
Nelle, Andreas, Neuverhandlungspflichten. Neuverhandlungen zur Vertragsanpassung und Vertragsergänzung als Gegenstand von Pflichten und Obliegenheiten, München 1993
Neuhaus, Paul Heinrich, Die Grundbegriffe des Internationalen Privatrechts, 2. Aufl. Tübingen 1976 (Grundbegriffe)
Neumann, Irmgard, Leistungsbezogene Verhaltenspflichten. Zur Durchsetzung sogenannter vertraglicher Nebenpflichten, Heidelberg 1989
Neuner, Jörg, Der Schutz und die Haftung Dritter nach vertraglichen Grundsätzen, JZ 1999, 126

Niemeier, Wilhelm, „Triumph" und Nachhaltigkeit deutscher Ein-Euro-Gründungen. Rechtstatsachen zur Limited und ein Zwischenbericht zur Unternehmensgesellschaft, in: Altmeppen, Holger/Fitz, Hanns/Honsell, Heinrich (Hrsg.), Festschrift für Günter H. Roth zum 70. Geburtstag (FS Roth), München 2011, S. 533 ff.
Nieschlag, Robert/Dichtl, Erwin/Hörschgen, Hans, Marketing, 19. Aufl. Berlin 2002
Nikisch, Arthur, Über „faktische Vertragsverhältnisse", in: von Caemmerer, Ernst/ Nikisch, Arthur/Zweigert, Konrad (Hrsg.), Vom Deutschen zum Europäischen Recht, Festschrift für Hans Dölle, Bd. 1 (FS Dölle), Tübingen 1963, S. 79 ff.
Nolte, Paul, Staatsbildung als Gesellschaftsreform. Politische Reformen in Preußen und den süddeutschen Staaten 1800-1820, Frankfurt a.M., New York 1990
Noonan, John T., The Scholastic Analysis of Usury, Cambridge MA. 1957 (Usury)
Nörr, Dieter, Savignys philosophische Lehrjahre. Ein Versuch, Frankfurt a.M. 1994
North, Douglass C., Institutions, Institutional Change, and Economic Performance, Cambridge 1990
Nozick, Robert, Coercion, in: Morgenbesser, Sidney/Suppes, Patrick/White, Morton (Hrsg.), Philosophy, Science, and Method (Philosophy), New York 1969, S. 440
–, Anarchy, State and Utopia, Oxford 1974
O'Hara, Erin A./Ribstein, Larry E., From Politics to Efficiency in Choice of Law, 67 UChiLRev 1151 (2000)
–, The Law Market, New York 2009
Oechsler, Jürgen, Wille und Vertrauen im privaten Austauschvertrag. Die Rezeption der Theorie des Relational Contract im deutschen Vertragsrecht in rechtsvergleichender Kritik, RabelsZ 60 (1996), 91
–, Gerechtigkeit im modernen Austauschvertrag. Die theoretischen Grundlagen der Vertragsgerechtigkeit und ihr praktischer Einfluss auf Auslegung, Ergänzung und Inhaltskontrolle des Vertrags, Tübingen 1997 (Gerechtigkeit)
Oehler, Andreas, Die Erklärung des Verhaltens privater Anleger. Theoretischer Ansatz und empirische Analysen, Stuttgart 1995
Oertmann, Paul, Doppelseitiger Irrtum beim Vertragsschlusse, AcP 117 (1919), 275
–, Die Geschäftsgrundlage. Ein neuer Rechtsbegriff, Leipzig, Erlangen 1921
–, Anfängliches Unvermögen, AcP 140 (1935), 129
Oetker, Hartmut, Das Dauerschuldverhältnis und seine Beendigung. Bestandsaufnahme und kritische Würdigung einer tradierten Figur der Schuldrechtsdogmatik, 1994 (Dauerschuldverhältnis)
Offe, Claus, Nachwort: Offene Fragen und Anwendungen in der Forschung, in: Hartmann, Martin/Offe, Claus (Hrsg.), Vertrauen, Frankfurt a.M., New York 2001, S. 364
–, Wie können wir unseren Mitbürgern vertrauen?, in: Hartmann, Martin/Offe, Claus (Hrsg.), Vertrauen, Frankfurt a.M., New York 2001, S. 241
Ohly, Ansgar, „Volenti non fit iniuria". Die Einwilligung im Privatrecht, Tübingen 2002 (Einwilligung)
Olson, Mancur, The Logic of Collective Action. Public goods and the theory of groups, Cambridge MA. 1965 (Collective Action)
Otte, Gerhard, Zwanzig Jahre Topik-Diskussion, Rechtstheorie 1 (1970), 183
Paulsen, Friedrich, Ernst Haeckel als Philosoph, Preußische Jahrbücher 101 (1900), 29

Pawlowski, Hans-Martin, Rechtsgeschäftliche Folgen nichtiger Willenserklärungen (Amts- und Parteinichtigkeit von Rechtsgeschäften). Zum Verhältnis von Privatautonomie und objektivem Recht, Göttingen 1966 (Willenserklärungen)
–, Die gewillkürte Stellvertretung. Eine juristische Entdeckung der deutschen Rechtswissenschaft, JZ 1996, 125
Pernice, Alfred, Rechtsgeschäft und Rechtsordnung, Grünhuts Zeitschrift 7 (1880), 465
Peters, Frank, Die Rechtsfolgen einer widerrechtlichen Drohung, JR 2006, 133
Petersen, Jens, Von der Interessenjurisprudenz zur Wertungsjurisprudenz. Dargestellt an Beispielen aus dem deutschen Privatrecht, 2001 (Wertungsjurisprudenz)
Peukert, Alexander, Güterzuordnung als Rechtsprinzip, Tübingen 2008
Picker, Eduard, Positive Forderungsverletzung und culpa in contrahendo – Zur Problematik der Haftungen „zwischen" Vertrag und Delikt, AcP 183 (1983), 369
–, Fristlose Kündigung und Unmöglichkeit, Annahmeverzug und Vergütungsgefahr im Dienstvertragsrecht – Teil 1. Zur Problematik substratsbedingter Leistungsstörungen, dargelegt an den Internats-Entscheidungen des Bundesgerichtshofs –, JZ 1985, 641
–, Vertragliche und deliktische Schadenshaftung – Überlegungen zu einer Neustrukturierung der Haftungssysteme –, JZ 1987, 1041
Pindyck, Robert S./Rubinfeld, Daniel L., Mikroökonomie, 7. Aufl. München 2009
Piniński, Leo Graf, Der Tatbestand des Sachbesitzerwerbs nach gemeinem Recht, Bd. 2. Eine zivilistische Untersuchung, Leipzig 1888 (Sachbesitzerwerb, Bd. 2)
Planck, Gottlieb, Die soziale Tendenz des Bürgerlichen Gesetzbuchs, DJZ 1899, 181
Pollard, John F., Money and the Rise of the Modern Papacy. Financing the Vatican, 1850-1950, Cambridge 2005 (Modern Papacy)
Popper, Karl R., Die Logik der Forschung, 10. Aufl. Tübingen 1994
–, Das Elend des Historizismus, 7. Aufl. Tübingen 2003
Porter, M. E., The competitive Advantage of Nations, 1990 (Competitive Advantage)
Posner, Richard A., Rational Choice, Behavioral Economics, and the Law, 50 Stanford Law Review 1551 (1998)
Pound, Roscoe, Liberty of Contract, 18 YaleLJ 454 (1909)
Priest, George L., A Theory of the Consumer Product Warranty, 90 YaleLJ 1297 (1981)
Puchta, Georg Friedrich, Das Gewohnheitsrecht, Erster Teil, Erlangen 1828
Puchta, Georg Friedrich/Schirmer, Theodor, Pandekten, 12. Aufl. Leipzig 1877
Pufendorf, Samuel Freiherr v., Acht Bücher vom Natur- und Völkerrecht (Original: De Jure Naturae et Gentium Libri VIII, 1672), Frankfurt a.M. 1672/1711 (Acht Bücher)
–, Über die Pflicht des Menschen und des Bürgers nach dem Gesetz der Natur (Übers. Luig, Original: De Officio Hominis et Civis Fuxta Legem Naturalem Libri Duo, 1673), Frankfurt a.M., Leipzig 1673/1994 (Pflicht des Menschen)
Quine, Willard v. Orman, Two Dogmas of Empiricism, 60 PhilosRev 20 (1951)
Raab, Thomas, Austauschverträge mit Drittbeteiligung, Tübingen 1999
Rabel, Ernst, Unmöglichkeit der Leistung, in: Bernhöft, F./Girard, P. F./Gradenwitz, O./Hölder, E./Krüger, P./Leonhard, R./Mitteis, L./Rabel, E./Seckel, L./Tuhr, A./Wenger, L./Zitelmann, E. (Hrsg.), Aus römischem und bürgerlichem Recht. Eine kritische Studie zum Bürgerlichen Gesetzbuch (FS Bekker), Weimar 1907, S. 171 ff.

Rabel, Ernst, Rechtsvergleichung und internationale Rechtsprechung, RabelsZ 1 (1927), 171
Radbruch, Gustav, Gesetzliches Unrecht und übergesetzliches Recht, SJZ 1946, 105
Raiffa, Howard, The Art and Science of Negotiation. How to Resolve Conflicts and Get the Best out of Bargaining, Cambridge MA. 1982
Raiser, Ludwig, Das Recht der Allgemeinen Geschäftsbedingungen, Hamburg 1935 (Geschäftsbedingungen)
–, Vertragsfreiheit heute, JZ 1958, 3
–, Vertragsfunktion und Vertragsfreiheit, in: Caemmerer, Ernst v./Friesenhahn, Ernst/ Lange, Richard (Hrsg.), Hundert Jahre Deutsches Rechtsleben, Festschrift zum hundertjährigen Bestehen des Deutschen Juristentages 1860-1960, Bd. 1 (FS Deutscher Juristentag, Bd. 1), Karlsruhe 1960, S. 101 ff.
–, Der Stand der Lehre vom subjektiven Recht im Deutschen Zivilrecht, JZ 1961, 465
Ratzinger, Georg, Die Volkswirtschaft in ihren sittlichen Grundlagen, 2. Aufl. Freiburg im Breisgau 1895 (Volkswirtschaft)
Rawls, John, A Theory of Justice, Cambridge MA. 1971
Raz, Joseph, The Morality of Freedom, Oxford 1986
Regelsberger, Ferdinand, Die Vorverhandlungen bei Verträgen. Angebot, Annahme, Traktate, Punktation nebst der Lehre von der Versteigerung und von der Auslobung, Weimar 1868 (Vorverhandlungen)
Rehberg, Markus, Der Versicherungsabschluss als Informationsproblem. Die Gewährleistung freier Produktwahl in der Privatversicherung, Baden-Baden 2003 (Informationsproblem)
–, Inspire Art – Europäische Niederlassungsfreiheit zwischen „Missbrauch" und nationalem Regelungsanspruch, EuLF 2004, 1
–, Transparenz beim Vertrieb von Finanzprodukten – Das Konzept der Kompensation mangelnder Produkt- durch Statustransparenz vor dem Hintergrund der aktuellen europäischen Rechtsentwicklung –, WM 2005, 1011
–, Der staatliche Umgang mit Information, in: Eger, Thomas/Schäfer, Hans-Bernd (Hrsg.), Ökonomische Analyse der europäischen Zivilrechtsentwicklung (Zivilrechtsentwicklung), Tübingen 2007, S. 284
–, Wettbewerb und Intervention, in: Zetzsche, Dirk/Neef, Andreas/Makoski, Bernadette/Beurskens, Michael (Hrsg.), Jahrbuch Junger Zivilrechtswissenschaftler 2007 (JbJZWiss 2007), Stuttgart u.a. 2008, S. 49
–, Die Zweckübertragungsregel des § 31 Abs. 5 UrhG, in: Riesenhuber, Karl/Klöhn, Lars (Hrsg.), Das Urhebervertragsrecht im Lichte der Verhaltensökonomik (Urhebervertragsrecht), Berlin 2009, S. 41
–, Vorüberlegungen zum Weisungsrecht des Arbeitgebers, RLR (IntEd) 2011, 1
–, Notlagen im Zivilrecht, JuS 2012, 193
–, Vertragsgerechtigkeit im Arbeitsrecht. Zur personell wie zeitlich verteilten Setzung von Vertragsinhalten anhand ausgewählter arbeitsrechtlicher Probleme, RdA 2012, 160
Rehm, Gebhard M., Aufklärungspflichten im Vertragsrecht, München 2003 (Aufklärungspflichten)
–, Rechtstransplantate als Instrument der Rechtsreform und -transformation, RabelsZ 72 (2008), 1

Reinach, Adolf, Die apriorischen Grundlagen des bürgerlichen Rechtes, in: Husserl, Edmund (Hrsg.), Jahrbuch für Philosophie und phänomenologische Forschung, Bd. 1, Teil 2 (Jahrbuch, Bd. 1, Teil 2), Halle a.d.S. 1913, S. 685
–, Zur Phänomenologie des Rechts. Die apriorischen Grundlagen des bürgerlichen Rechts, München 1913/1953 (Phänomenologie)
Repgen, Tilman, Die soziale Aufgabe des Privatrechts. Eine Grundfrage in Wissenschaft und Kodifikation am Ende des 19. Jahrhunderts, 2001 (Soziale Aufgabe)
Reuß, Philipp M., „Forum Shopping" in der Insolvenz. Missbräuchliche Dimension der Wahrnehmung unionsrechtlicher Gestaltungsmöglichkeiten, Tübingen 2011
Reymann, Christoph, Das Sonderprivatrecht der Handels- und Verbraucherverträge, Tübingen 2009 (Sonderprivatrecht)
Richelmann, Heinrich, Der Einfluss des Irrthums auf Verträge. Ein civilistischer Versuch, Hannover 1837
Richter, Rudolf/Furubotn, Eirik G./Streissler, Monika, Neue Institutionenökonomik: Eine Einführung und kritische Würdigung, 4. Aufl. Tübingen 2010
Rieble, Volker, § 315 BGB, in: J. von Staudingers Kommentar zum Bürgerlichen Gesetzbuch mit Einführungsgesetz und Nebengesetzen (Staudinger, Neubearb. 2009), Berlin 2009
Riehm, Thomas, Abwägungsentscheidungen in der praktischen Rechtsanwendung. Argumentation, Beweis, Wertung, München 2006 (Abwägungsentscheidungen)
Riesenhuber, Karl, System und Prinzipien des europäischen Vertragsrechts, Berlin 2003 (System und Prinzipien)
Ringe, Wolf-Georg, Sparking Regulatory Competition in European Company Law. The impact of the Centros line of case-law and its concept of ‚abuse of law', Univ. Oxford Legal Research Paper 2, 2009, 1
Ripperger, Tanja, Ökonomik des Vertrauens. Analyse eines Organisationsprinzips, Tübingen 1998 (Ökonomik)
Risse, Jörg, Wirtschaftsmediation, München 2003
Rittner, Fritz, Wettbewerbs- und Kartellrecht, 6. Aufl. Heidelberg 1999
Robbins, Lionel, Interpersonal Comparisons of Utility: A Comment, EconJ 1938, 635
Robertson, Teresa, Essential vs. Accidental Properties, in: Zalta, Edward N. (Hrsg.), SEP, abrufbar unter http://plato.stanford.edu/entries/essential-accidental/
Röder, Karl David August, Grundzüge des Naturrechts oder der Rechtsphilosophie, 2. Aufl. Leipzig, Heidelberg 1860 (Naturrecht)
Rödl, Julia, Die Spannung der Schuld, Berlin 2002 (Spannung)
Roe, Mark J., Delaware's competition, 117 HarvLRev 588 (2005)
–, Delaware's politics, 118 HarvLRev 2491 (2005)
Roever, Wilhelm, Über die Bedeutung des Willens bei Willenserklärungen, Rostock 1874 (Wille)
Rohe, Mathias, Netzverträge. Rechtsprobleme komplexer Vertragsverbindungen, Tübingen 1998
Romano, Roberta, The Genius of American Corporate Law, Washington 1993 (Genius)
Römer, Wolfgang, Gerichtliche Kontrolle Allgemeiner Versicherungsbedingungen nach den §§ 8, 9 AGBG, NVersZ 1999, 97
Röpke, Katarina, Gläubigerschutzregime im europäischen Wettbewerb der Gesellschaftsrechte, Berlin 2007 (Gläubigerschutzregime)

Rosenstock, Eugen, Vom Industrierecht. Rechtssystematische Fragen. Festgabe Xaver Gretener zum fünfzigjährigen Doktorjubiläum am 26. April 1926, Berlin, Breslau 1926

Roth, Günter H., Vorteil, Schaden und Wert im Bereicherungsrecht, in: Hablitzel, Hans/Wollenschläger, Michael (Hrsg.), Recht und Staat, Festschrift für Günther Küchenhoff zum 65. Geburtstag am 21.8.1972, Erster Halbband (FS Küchenhoff, Hbd. 1), Berlin 1972, S. 371 ff.

–, Qualität und Preis am Markt für Gesellschaftsformen, ZGR 2005, 348

Roth, Herbert, Vertragsänderung bei fehlgeschlagener Verwendung von Allgemeinen Geschäftsbedingungen, Tübingen 1994 (Fehlgeschlagene Verwendung)

–, Zur Reichweite des Beschaffungsrisikos bei der Gattungsschuld, in: Beuthien, Volker (Hrsg.), Perspektiven des Privatrechts am Anfang des 21. Jahrhunderts. Festschrift für Dieter Medicus zum 80. Geburtstag am 9. Mai 2009 (FS Medicus II), Köln 2009, S. 371 ff.

Röthel, Anne, Normkonkretisierung im Privatrecht, Tübingen 2004 (Normkonkretisierung)

Rousseau, Jean-Jacques, Du contrat social ou principes du droit politique, Amsterdam 1762

Rückert, Joachim, Die Historische Rechtsschule nach 200 Jahren – Mythos, Legende, Botschaft, JZ 2010, 1

–, Abwägung – Die juristische Karriere eines unjuristischen Begriffs oder: Normenstrenge und Abwägung im Funktionswandel, JZ 2011, 913

Rühl, Gisela, Rechtswahlfreiheit im europäischen Kollisionsrecht, in: Baetge, Dietmar/von Hein, Jan/von Hinden, Michael (Hrsg.), Die Richtige Ordnung: Festschrift für Jan Kropholler zum 70. Geburtstag (FS Kropholler), Tübingen 2008, S. 187 ff.

–, The Problem of International Transactions: Conflict of laws revisited, 6 JPrivIntL 59 (2010)

–, Statut und Effizienz; Ökonomische Überlegungen zum Internationalen Privatrecht, Tübingen 2011

Rümelin, Max, Das Handeln in fremdem Namen im bürgerlichen Gesetzbuch, AcP 93 (1902), 131

–, Schadensersatz ohne Verschulden. Rede, gehalten bei der akademischen Preisverleihung am 6. November 1910, Tübingen 1910 (Schadensersatz)

Rüthers, Bernd, Entartetes Recht. Rechtslehren und Kronjuristen im Dritten Reich, München 1994

–, Die unbegrenzte Auslegung, 6. Aufl. Tübingen 2005 (Unbegrenzte Auslegung)

Ryle, Gilbert, Systematically misleading expressions, in: Collected Papers, Bd. 2, London 1923/1971

–, Categories, in: Collected Papers, Bd. 2, London 1938/1971

–, Knowing how and knowing that, in: Collected Papers, Bd. 2, London 1946/1971

–, The Concept of Mind, London 1949

Sack, Rolf/Fischinger, Philipp S., § 138 BGB, in: J. von Staudingers Kommentar zum Bürgerlichen Gesetzbuch mit Einführungsgesetz und Nebengesetzen (Staudinger, Neubearb. 2011), Berlin 2011

Salanié, Bernard, The Economics of Contracts: A Primer, 2. Aufl. Cambridge MA. 2005

Salmon, Pierre, Decentralisation as an Incentive Scheme, 3 OxfRevEconPol 24 (1987)

Samuelson, William/Zeckhauser, Richard, Status Quo Bias in Decision Making, 1 JRiskUncertainty 7 (1988)
Savigny, Eike von, Die Philosophie der normalen Sprache. Eine kritische Einführung in die ‚ordinary language philosophy', Frankfurt a.M. 1993
Savigny, Friedrich Carl von, Vom Beruf unserer Zeit für Gesetzgebung und Rechtswissenschaft, Heidelberg 1814
–, System des heutigen Römischen Rechts, Bd. 1, Berlin 1840 (System, Bd. 1)
–, System des heutigen Römischen Rechts, Bd. 3, Berlin 1840 (System, Bd. 3)
–, System des heutigen Römischen Rechts, Bd. 8, Berlin 1849 (System, Bd. 8)
–, Das Obligationenrecht als Teil des heutigen römischen Rechts, Bd. 1, Berlin 1851 (Obligationenrecht, Bd. 1)
–, Das Obligationenrecht als Teil des heutigen römischen Rechts, Bd. 2, Berlin 1853 (Obligationenrecht, Bd. 2)
Scalia, Antonin, A Matter of Interpretation. Federal Courts and the Law, Princeton, New Jersey 1997
Schack, Haimo, Die Zusicherung beim Kauf, AcP 185 (1985), 333
Schäfer, Hans-Bernd/Lantermann, Katrin, Choice of Law from an Economic Perspective, in: Basedow, Jürgen/Kono, Toshiyuki (Hrsg.), An Economic Analysis of Private International Law (Economic Analysis), Tübingen 2006, S. 87
Schäfer, Hans-Bernd/Ott, Claus, Lehrbuch der ökonomischen Analyse des Zivilrechts, 4. Aufl. Berlin, Heidelberg, New York 2005
Schall, Richard, Der Parteiwille im Rechtsgeschäft, Stuttgart 1877 (Parteiwille)
Schapp, Jan, Grundfragen der Rechtsgeschäftslehre, Tübingen 1986
Schelling, Thomas C., The Strategy of Conflict, Cambridge MA. 1960
–, Choice and Consequence, London, Cambridge MA. 1984
Schermaier, Martin Josef, Die Bestimmung des wesentlichen Irrtums von den Glossatoren bis zum BGB, Wien, Köln, Weimar 2000 (Wesentlicher Irrtum)
–, §§ 116-124, in: Schmoeckel, Mathias/Rückert, Joachim/Zimmermann, Reinhard (Hrsg.), Historisch-kritischer Kommentar zum BGB, Bd. 1 (HKK, Bd. 1), Tübingen 2003
–, „Dem Deutschen thut das Studium der Römer noth ..." Geschichtliche Rechtswissenschaft als Therapie für den Patienten BGB?, JZ 2006, 330
–, § 275, in: Schmoeckel, Mathias/Rückert, Joachim/Zimmermann, Reinhard (Hrsg.), Historisch-kritischer Kommentar zum BGB, Bd. 2 (HKK, Bd. 2), Tübingen 2007
–, vor § 275, in: Schmoeckel, Mathias/Rückert, Joachim/Zimmermann, Reinhard (Hrsg.), Historisch-kritischer Kommentar zum BGB, Bd. 2 (HKK, Bd. 2), Tübingen 2007
Schilken, Eberhard, Wissenszurechnung im Zivilrecht. Eine Untersuchung zum Anwendungsbereich des § 166 BGB innerhalb und außerhalb der Stellvertretung, Bielefeld 1983 (Wissenszurechnung)
Schindler, Thomas, Rechtsgeschäftliche Entscheidungsfreiheit und Drohung. Die englische duress-Lehre in rechtsvergleichender Perspektive, Tübingen 2005 (Entscheidungsfreiheit)
Schliemann, Adolph, Die Lehre vom Zwange. Eine civilistische Abhandlung, Rostock 1861
Schlossmann, Siegmund, Zur Lehre vom Zwange. Eine civilistische Abhandlung, Leipzig 1874
–, Der Vertrag, Leipzig 1876

–, Zitelmann, Irrtum und Rechtsgeschäft, 1879, Grünhuts Zeitschrift 7 (1880), 543
–, Der Irrtum über wesentliche Eigenschaften der Person und der Sache nach dem Bürgerlichen Gesetzbuch, Jena 1903 (Irrtum)
Schmalz, Theodor, Das reine Naturrecht, Königsberg 1792
Schmid, Christoph U., Die Instrumentalisierung des Privatrechts durch die Europäische Union. Privatrecht und Privatrechtskonzeptionen in der Entwicklung der Europäischen Integrationsverfassung, Baden-Baden 2010 (Instrumentalisierung)
Schmidt-Kessel, Martin, Filippo Ranieri: Europäisches Obligationenrecht, 2009, JZ 2001, 460
Schmidt-Rimpler, Walter, Grundfragen einer Erneuerung des Vertragsrechts, AcP 147 (1941), 130
–, Zum Vertragsproblem, in: Baur, Fritz/Esser, Josef/Kübler, Friedrich/Steindorff, Ernst (Hrsg.), Funktionswandel der Privatrechtsinstitutionen. Festschrift für Ludwig Raiser zum 70. Geburtstag (FS Raiser), Tübingen 1974, S. 3 ff.
Schmidt, Carl Adolf, Der principielle Unterschied zwischen dem römischen und germanischen Rechte, Bd. 1, Rostock, Schwerin 1853 (Unterschied)
Schmidt, Ingo, Wettbewerbspolitik und Kartellrecht, Eine interdisziplinäre Einführung, 9. Aufl. München 2012
Schmidt, Karsten, Gesellschaftsrecht, 4. Aufl. Köln, Berlin, Bonn, München 2002
–, § 126 HGB, in: Schmidt, Karsten (Hrsg.), Münchener Kommentar zum Bürgerlichen Gesetzbuch, Band 2 (MüKo-HGB), 2. Aufl. München 2006
Schmidtchen, Dieter, Territorialität des Rechts, Internationales Privatrecht und die privatautonome Regelung internationaler Sachverhalte. Grundlagen eines interdisziplinären Forschungsprogramms, RabelsZ 59 (1995), 56
Schmoller, Gustav von, Über einige Grundfragen der Sozialpolitik und der Volkswirtschaftslehre, 2. Aufl. Leipzig 1904
Schnädelbach, Herbert, Philosophie, in: Schnädelbach, Herbert/Martens, Ekkehard (Hrsg.), Philosophie Bd. 1, Reinbek bei Hamburg 1985, S. 37
–, Vernunft, in: Schnädelbach, Herbert/Martens, Ekkehard (Hrsg.), Philosophie Bd. 1, Reinbek bei Hamburg 1985, S. 77
–, Zur Rehabilitierung des *animal rationale*, Frankfurt a.M. 1992
Schneewind, Jerome, A Note on Promising, 17 PhilosStud 33 (1996)
Schneider, Winfried-Thomas, Abkehr vom Verschuldensprinzip. Eine rechtsvergleichende Untersuchung zur Vertragshaftung (BGB, Code civil und Einheitsrecht), Tübingen 2007 (Verschuldensprinzip)
Schnorr, Randolf, Die Gemeinschaft nach Bruchteilen (§§ 741-758 BGB), Tübingen 2004 (Gemeinschaft)
Scholz, Stephan, Gestaltungsrechte im Leistungsstörungsrecht, Berlin 2010 (Gestaltungsrechte)
Schön, Wolfgang, Mindestharmonisierung im europäischen Gesellschaftsrecht, ZHR 160 (1996), 221
–, Der „Rechtsmissbrauch" im Europäischen Gesellschaftsrecht, in: Wank, Rolf/Hirte, Heribert/Frey, Kaspar/Fleischer, Holger/Thüsing, Gregor (Hrsg.), Festschrift für Herbert Wiedemann zum 70. Geburtstag (FS Wiedemann), München 2002, S. 1271 ff.
–, Steuerwettbewerb in Europa, ASA 71 (2002), 337
–, Playing different games? Regulatory competition in tax and company law compared, CMLR 42 (2005), 331

–, Zwingendes Recht oder informierte Entscheidung – zu einer (neuen) Grundlage unserer Zivilrechtsordnung, in: Heldrich, Andreas/Prölss, Jürgen/Koller, Ingo (Hrsg.), Festschrift für Claus-Wilhelm Canaris zum 70. Geburtstag, Bd. 1 (FS Canaris, Bd. 1), München 2007, S. 1191 ff.

Schopenhauer, Arthur (Hrsg.), Parerga und Paralipomena, 1. Teil. Mit Einleitung von Dr. Rudolf Steiner, in: Arthur Schopenhauers sämtliche Werke in zwölf Bänden, Bd. 8, Stuttgart, Berlin 1895

–, Eristische Dialektik, in: Deussen, Paul (Hrsg.), Arthur Schopenhauers sämtliche Werke, Bd. 6 (Sämtliche Werke), München 1923, S. 391

Schramm, Karl-Heinz, Vertretung und Vollmacht, in: Säcker, Franz Jürgen/Rixecker, Roland (Hrsg.), Münchener Kommentar zum Bürgerlichen Gesetzbuch (MüKo-BGB), 5. Aufl. München 2006

Schubert, Werner, Das Abzahlungsgesetz von 1894 als Beispiel für das Verhältnis von Sozialpolitik und Privatrecht in der Regierungszeit des Reichskanzlers von Caprivi, ZRG GA 102 (1985), 130

Schulz v. Thun, Friedemann, Miteinander reden (3 Bd.), Reinbek bei Hamburg 1981/1989/1998

Schulze, Götz, Die Naturalobligation. Rechtsfigur und Instrument des Rechtsverkehrs einst und heute, Tübingen 2008

Schumpeter, Joseph Alois, Theorie der wirtschaftlichen Entwicklung, Leipzig 1912

Schünemann, Wolfgang B., Rechtsnatur und Pflichtenstruktur des Versicherungsvertrags, JZ 1995, 430

–, Mündigkeit versus Schutzbedürftigkeit, in: Pfeiffer, Gerd/Kummer, Joachim/Scheuch, Silke (Hrsg.), Festschrift für Hans Erich Brandner zum 70. Geburtstag, Legitimationsprobleme des Verbraucher-Leitbildes (FS Brandner), Köln 1996, S. 279 ff.

–, Das Rechtsprodukt „Versicherung", in: Schachtschneider, Karl Albrecht/Piper, Henning/Hübsch, Michael (Hrsg.), Gedächtnisschrift für Johann Georg Helm (GS Helm), Berlin 2001, S. 865 ff.

Schuppe, Wilhelm, Die metaphysisch-naturwissenschaftliche Richtung in der Jurisprudenz. Ein Beitrag zur Lehre vom befristeten Rechtsgeschäft, Gruchots Beiträge 34 (1890), 801

Schur, Wolfgang, Leistung und Sorgfalt. Zugleich ein Beitrag zur Lehre von der Pflicht im Bürgerlichen Recht, Tübingen 2001

Schwark, Eberhard, Anlegerschutz durch Wirtschaftsrecht. Entwicklungslinien, Prinzipien und Fortbildung des Anlegerschutzes, zugleich ein Beitrag zur Überlagerung bürgerlich-rechtlicher Regelung und gewerbepolizeilicher Überwachung durch Wirtschaftsrecht, München 1979 (Anlegerschutz)

–, Spekulation – Markt – Recht, in: Baur, Jürgen F./Hopt, Klaus J./Mailänder, K. Peter (Hrsg.), Festschrift für Ernst Steindorff zum 70. Geburtstag am 13. März 1990 (FS Steindorff), Berlin, New York 1990, S. 473 ff.

Schwartz, Alan/Wilde, Louis L., Intervening in Markets on the Basis of Imperfect Information: A Legal and Economic Analysis, 127 UPennLawRev 630 (1979)

Schwarze, Roland, Vorvertragliche Verständigungspflichten, Tübingen 2001 (Verständigungspflichten)

Schweizer, Urs, Vertragstheorie, Tübingen 1999

Schwintowski, Hans-Peter, Die Rechtsnatur des Versicherungsvertrages, JZ 1996, 702

–, Das Transparenzgebot im Privatversicherungsrecht, in: Basedow, Jürgen/Meyer, Ulrich/Rückle, Dieter/Schwintowski, Hans-Peter (Hrsg.), Transparenz und Verständlichkeit (Transparenzgebot), Bd. 15, Baden-Baden 2000, S. 87
Searle, John R., How to Derive „Ought" From „Is", PhilosRev 73 (1964), 43
–, Speech acts. An essay in the philosophy of language, Cambridge 1969
Seckel, Emil, Die Gestaltungsrechte des Bürgerlichen Rechts, in: Juristische Gesellschaft zu Berlin (Hrsg.), Festgabe zum 50jährigen Dienstjubiläum am 2. November 1903 für Herrn Dr. Jur. Richard Koch (Festgabe Koch), Leipzig 1903, S. 205 ff.
Sedlmeier, Rechtsgeschäftliche Selbstbestimmung im Verbrauchervertrag, Tübingen 2012 (Rechtsgeschäftliche Selbstbestimmung)
Seiler, Hans Hermann, § 657 BGB, in: Säcker, Franz Jürgen/Rixecker, Roland (Hrsg.), Münchener Kommentar zum Bürgerlichen Gesetzbuch (MüKo-BGB), 5. Aufl. München 2009
Seiler, Wolfgang, Verbraucherschutz auf elektronischen Märkten. Untersuchung zu Möglichkeiten und Grenzen eines regulativen Paradigmenwechsels im internetbezogenen Verbraucherprivatrecht, Tübingen 2006 (Verbraucherschutz)
Seiter, Hugo, Die Betriebsübung, Düsseldorf 1967
Seligman, Adam B., The problem of trust, Princeton 1997
Shapiro, Carl, Consumer Protection Policy in the United States, 139 JITE 527 (1983)
Shavell, Steven, A Note on Efficiency vs. Distributional Equity in Legal Rulemaking: Should Distributional Equity Matter Given Optimal Income Taxation?, 71 AmEconRev 414 (1981)
–, Contractual Holdup and Legal Intervention, 36 JLS 325 (2007)
Shleifer, Andrei, A theory of yardstick competition, 16 RandJEcon 319 (1985)
Siber, Heinrich, Der Rechtszwang im Schuldverhältnis nach deutschem Reichsrecht, Leipzig 1903 (Rechtszwang)
Siber, Heinrich in: Strohal, E. (Hrsg.), Planck's Kommentar zum Bürgerlichen Gesetzbuch nebst Einführungsgesetz, Bd. 2, Hälfte 1 (Plancks BGB-Kommentar, Bd. 1, Hbd. 1), 4. Aufl. Berlin 1914
Sidgwick, Henry, The Methods of Ethics, London 1874
Siebert, Wolfgang, Faktische Vertragsverhältnisse. Abwandlungen des Vertragsrechts in den Bereichen der Daseinsvorsorge, des Gesellschaftsrechts und des Arbeitsrechts, Karlsruhe 1958
Siegel, Heinrich, Das Versprechen als Verpflichtungsgrund. Eine germanistische Studie, Berlin 1873 (Versprechen)
Siegel, Julius, Die privatrechtlichen Funktionen der Urkunde. Eine Studie zur Lehre von den Willenserklärungen nach dem Recht des Bürgerlichen Gesetzbuchs unter Berücksichtigung der Zivilprozessordnung, AcP 111 (1914), 1
Sieker, Susanne, Umgehungsgeschäfte. Typische Strukturen und Mechanismen ihrer Bekämpfung, Tübingen 2001
Siep, Ludwig, Praktische Philosophie im Deutschen Idealismus, Frankfurt a.M. 1992
–, Anerkennung in der Phänomenologie des Geistes und in der heutigen praktischen Philosophie, in: Schmidt am Busch, Hans-Christoph/Zurn, Christopher F. (Hrsg.), Anerkennung, Berlin 2009, S. 107
Simitis, Spiros, Die faktischen Vertragsverhältnisse als Ausdruck der gewandelten sozialen Funktion der Rechtsinstitute des Privatrechts, Frankfurt a.M. 1957
Simmel, Georg, Über sociale Differenzierung. Sociologische und psychologische Untersuchungen, Leipzig 1890

Simon, Herbert A., A Behavioral Model of Rational Choice, 69 Quarterly Journal of Economics 99 (1955)

Singer, Reinhard, Das Verbot widersprüchlichen Verhaltens, München 1993 (Widersprüchliches Verhalten)

–, Selbstbestimmung und Verkehrsschutz im Recht der Willenserklärungen, München 1995 (Selbstbestimmung)

–, Vorbem. zu §§ 116 ff. BGB, in: J. von Staudingers Kommentar zum Bürgerlichen Gesetzbuch mit Einführungsgesetz und Nebengesetzen (Staudinger, Neubearb. 2011), Berlin 2011

Sinn, Hans-Werner, The selection principle and market failure in systems competition, 66 JPubEcon 247 (1997)

–, Der neue Systemwettbewerb, Perspektiven der Wirtschaftspolitik 2002, 391

Sinn, Stefan, The Taming of the Leviathan: Competition Among Governments, 3 ConstPolEcon 177 (1992)

Slawson, W. David, Standard Form Contracts and Democratic Control of Lawmaking Power, 84 HarvLRev 529 (1971)

Smart, J. J. C./Williams, Bernard (Hrsg.), Utilitarianism for and against, Cambridge 1973

Smith, Adam, An Inquiry into the Nature and Causes of the Wealth of Nations, Bd. 1, London 1776 (Inquiry, Bd. 1)

Smith, Stephan A., Contract Theory, Oxford, New York 2004

Sokolowski, Paul Ernst Emil, Die Philosophie im Privatrecht. Sachbegriff und Körper in der klassischen Jurisprudenz und der modernen Gesetzgebung, Halle (Saale) 1902

Sonnenberger, Hans-Jürgen, Verkehrssitten im Schuldvertrag. Rechtsvergleichender Beitrag zur Vertragsauslegung und zur Rechtsquellenlehre, München 1970

–, Münchener Kommentar zum Bürgerlichen Gesetzbuch, Bd. 10, in: (MüKo-BGB, Bd. 10), 5. Aufl. Berlin 2010

Spencer, Herbert, The Principles of Sociology, Bd. 3, London, Edinburgh, Oxford 1896 (Sociology)

Spiess, W., „Faktische Verträge" oder öffentliches Recht – oder Tarif?, ZAkDR 1942, 340

–, Der Tarif als Verpflichtungsgrund, ZAkDR 1943, 170

Spitzer, Manfred, Lernen. Gehirnforschung und die Schule des Lebens, Berlin, Heidelberg 2007

Stadler, Astrid, Gestaltungsfreiheit und Verkehrsschutz durch Abstraktion. Eine rechtsvergleichende Studie zur abstrakten und kausalen Gestaltung rechtsgeschäftlicher Zuwendungen anhand des deutschen, schweizerischen, österreichischen, französischen und US-amerikanischen Rechts, Tübingen 1996 (Abstraktion)

Stammler, Rudolf, Der Garantievertrag. Eine civilistische Abhandlung, AcP 69 (1886), 1

Steltmann, Isabel, Die Vertragsstrafe in einem Europäischen Privatrecht. Möglichkeiten einer Rechtsvereinheitlichung auf der Basis eines Rechtsvergleichs der Rechtsordnungen Deutschlands, Frankreichs, Englands und Schwedens, Berlin 2000 (Vertragsstrafe)

Stigler, George, The Economics of Information, 69 JPolitEcon 213 (1961)

Stoffels, Markus, Gesetzlich nicht geregelte Schuldverträge. Rechtsfindung und Inhaltskontrolle, Tübingen 2001 (Schuldverträge)

Stoll, Heinrich, Die Lehre von den Leistungsstörungen, Tübingen 1936 (Leistungsstörungen)
Streit, Manfred E./Mussler, Werner, Wettbewerb der Systeme und das Binnenmarktprogramm der Europäischen Union, in: Gerken, Lüder (Hrsg.), Europa zwischen Ordnungswettbewerb und Harmonisierung (Europa), Berlin u.a. 1995, S. 75
Study Group on Social Justice in European Private Law, Social Justice in European Contract Law: a Manifesto, 10 EuLJ 653 (2004)
Stürner, Michael, Der Grundsatz der Verhältnismäßigkeit im Schuldvertragsrecht. Zur Dogmatik einer privatrechtsimmanenten Begrenzung von vertraglichen Rechten und Pflichten, Tübingen 2010 (Verhältnismäßigkeit)
Sunstein, Cass R./Thaler, Richard H., Libertarian Paternalism Is Not An Oxymoron, 70 UChicagoLawRev 1159 (2003)
Sutschet, Holger, Garantiehaftung und Verschuldenshaftung im gegenseitigen Vertrag, Tübingen 2006 (Garantiehaftung und Verschuldenshaftung)
Swensen, David F., Unconventional Success. A Fundamental Approach to Personal Investment, New York, London, Toronto, Sydney 2005
Tamm, Marina, Verbraucherschutzrecht. Europäisierung und Materialisierung des deutschen Zivilrechts und die Herausbildung eines Verbraucherschutzprinzips, Tübingen 2011
Tasche, Vertragsverhältnis nach nichtigem Vertragsschluss?, SchmollersJb 54 (1943), 101
Taupitz, Jochen, Die Standesordnungen der freien Berufe. Geschichtliche Entwicklung, Funktionen, Stellung im Rechtssystem, Berlin, New York 1991 (Standesordnungen)
Teichmann, Arndt, Die Gesetzesumgehung, Göttingen 1962
–, Die protestatio facto contraria, in: Pawlowski, Hans-Martin/Wieacker, Franz (Hrsg.), Festschrift für Karl Michaelis zum 70. Geburtstag am 21. Dezember 1970 (FS Michaelis), Göttingen 1972, S. 294 ff.
Teichmann, Christoph, Binnenmarktkonformes Gesellschaftsrecht, Berlin 2006
Thaler, Richard H./Sunstein, Cass R., Nudge. Improving Decisions About Health, Wealth, and Happiness, New Haven u.a. 2008
Thieme, Hans, Natürliches Privatrecht und Spätscholastik, ZRG GA 70 (1953), 230
Thöl, Heinrich, Das Handelsrecht, Bd. 1, 6. Aufl. Leipzig 1879
Thole, Christoph, Das COMI-Prinzip und andere Grundfragen des Europäischen Insolvenzrechts, ZEuP 2007, 1137
Thon, August, Rechtsnorm und subjektives Recht. Untersuchungen zur Allgemeinen Rechtslehre, Weimar 1878 (Rechtsnorm)
Tiebout, Charles M., A Pure Theory of Local Expenditures, 64 JPolitEcon 416 (1956)
Tiller, Sebastian, Gewährleistung und Irreführung. Eine Untersuchung zum Schutz des Verbrauchers bei irreführender Werbung, München 2005 (Gewährleistung und Irreführung)
Tillmanns, Kerstin, Strukturfragen des Dienstvertrags. Leistungsstörungen im freien Dienstvertrag und im Arbeitsvertrag, Tübingen 2007 (Strukturfragen)
Titmuss, Richard Morris, The Gift Relationship: from human blood to social policy, London 1970
Titze, Heinrich, Die Unmöglichkeit der Leistung nach deutschem bürgerlichen Recht, Leipzig 1900 (Unmöglichkeit)

Tomer, Raju/Denes, Alexandru S./Tessmar-Raible, Kristin/Arendt, Detlev, Profiling by Image Registration Reveals Common Origin of Annelid Mushroom Bodies and Vertebrate Pallium, Cell 142 (2010), 800
Trebilcock, Michael J., The Limits of Freedom of Contract, Cambridge MA., London 1993 (Limits)
Trebilcock, Michael J./Dewees, D. N., Judicial control of standard form contracts, in: Burrows, Paul/Veljanovski, Cento G. (Hrsg.), The Economic Approach to Law (Economic Approach), London u.a. 1981, S. 93
Trendelenburg, Adolf, Naturrecht. Auf dem Grunde der Ethik, Leipzig 1860
Tröger, Tobias, Arbeitsteilung und Vertrag. Verantwortlichkeit für das Fehlverhalten Dritter in Vertragsbeziehungen, Tübingen 2012
Trupp, Andreas, Die Bedeutung des § 133 BGB für die Auslegung von Willenserklärungen, NJW 1990, 1346
Tugendhat, Ernst/Wolf, Ursula, Logisch-semantische Propädeutik, Stuttgart 1983
Tuhr, Andreas v., Der Allgemeine Teil des Deutschen Bürgerlichen Rechts, Bd. 2, Hälfte 1. Die rechtserheblichen Tatsachen, insbesondere das Rechtsgeschäft, Berlin 1957 (Allgemeiner Teil, Bd. 2, Hbd. 1)
Tversky, Amos/Kahneman, Daniel, The Framing of decisions and the psychology of choice, 211 Science 453 (1981)
Ubbelohde, Die Befreiung des Schuldners bei Vereitelung der Leistung nach dem Entwurfe des Bürgerlichen Gesetzbuchs in zweiter Lesung, §§ 232 und 235, AcP 35 (1896), 188
Ulmer, Peter, Der Begriff „Leistungswettbewerb" und seine Bedeutung für die Anwendung von GWB und UWG-Tatbeständen, GRuR 1977, 565
Unberath, Hannes, Die Vertragsverletzung, Tübingen 2007
Unberath, Hannes/Cziupka, Johannes, Dispositives Recht welchen Inhalts? Antworten der ökonomischen Analyse des Rechts, AcP 209 (2009), 37
Unger, Joseph, System des österreichischen allgemeinen Privatrechts, Bd. 2, 5. Aufl. Leipzig 1892 (System, Bd. 2)
Unger, Roberto Mangabeira, The Critical Legal Studies Movement, 96 HarvLRev 563 (1983)
Unger, Sebastian, Das Verfassungsprinzip der Demokratie. Normstruktur und Norminhalt des grundgesetzlichen Demokratieprinzips, Tübingen 2008 (Verfassungsprinzip)
van den Bergh, Roger, Towards an Institutional Legal Framework for Regulatory Competition in Europe, 53 Kyklos 435 (2000)
Vanberg, Viktor, Auch Staaten tut der Wettbewerb gut: Eine Replik auf Paul Kirchhof, ORDO 56 (2005), 47
Vaubel, Roland, The public choice analysis of European integration: A survey, 10 EuJPolEcon 227 (1994)
Veljanovski, Cento G., Wealth Maximization, Law and Ethics – On the Limits of Economic Efficiency, 1 IntRevLEcon 5 (1981)
Verse, Dirk A., Der Gleichbehandlungsgrundsatz im Recht der Kapitalgesellschaften, Tübingen 2006 (Gleichbehandlungsgrundsatz)
Vickers, John, The Problem of Induction, in: Zalta, Edward N. (Hrsg.), SEP, abrufbar unter http://plato.stanford.edu/entries/induction-problem
Viehweg, Theodor, Topik und Jurisprudenz. Ein Beitrag zur rechtswissenschaftlichen Grundlagenforschung, 5. Aufl. München 1974

Vischer, Frank, Kollisionsrechtliche Parteiautonomie und dirigistische Wirtschaftsgesetzgebung, in: Basel, Juristische Fakultät der Universität (Hrsg.), Festgabe zum siebzigsten Geburtstag von Max Gerwig (FS Gerwig), Basel 1960, S. 167 ff.

Vogenauer, Stefan, Die Auslegung von Gesetzen in England und auf dem Kontinent, Band 1. Eine vergleichende Untersuchung der Rechtsprechung und ihrer historischen Grundlagen, Tübingen 2001 (Auslegung, Bd. 1)

–, §§ 328-335 BGB, in: Schmoeckel, Mathias/Rückert, Joachim/Zimmermann, Reinhard (Hrsg.), Historisch-kritischer Kommentar zum BGB, Bd. 2 (HKK, Bd. 2), Tübingen 2007

Wächter, Carl G. v., Über die Collision der Privatrechtsgesetze verschiedener Staaten, AcP 24 (1841), 230

–, Über die Frage: Wer hat bei Obligationen die Gefahr zu tragen?, AcP 15 (1832), 97

Wachter, Thomas, Wettbewerb des GmbH-Rechts in Europa, GmbHR 2005, 717

Wagner, Gerhard, Rudolph von Jherings Theorie des subjektiven Rechts und der berechtigenden Reflexwirkungen, AcP 193 (1993), 391

–, The Economics of Harmonization: The Case of Contract Law, 39 CMLR 995 (2002)

–, Neue Perspektiven im Schadensersatzrecht – Kommerzialisierung, Strafschadensersatz, Kollektivschaden, in: Ständige Deputation des Deutschen Juristentages (Hrsg.), Verhandlungen des sechsundsechzigsten Deutschen Juristentages, München 2006 (Neue Perspektiven)

–, Prävention und Verhaltenssteuerung durch Privatrecht – Anmaßung oder legitime Aufgabe?, AcP 206 (2006), 352

–, Die neue Rom II-Verordnung, IPRax 2008, 1

Wallis, Jonathan D./Anderson, Kathleen C./Miller, Earl K., Single neurons in prefrontal cortex encode abstract rules, 411 Nature 953 (2011)

Waltermann, Raimund, Die betriebliche Übung, RdA 2006, 257

Walzer, Michael L., Spheres of Justice, 1983

Weber, Max, Wirtschaft und Gesellschaft. Grundriss der verstehenden Soziologie, 5. Aufl. Tübingen 1972

Weiler, Frank, Die beeinflusste Willenserklärung. Eine Untersuchung der rechtlichen Auswirkungen fremder Einflüsse auf die rechtsgeschäftliche Willensbildung, Bielefeld 2002 (Willenserklärung)

Weinrib, Ernest J., The Idea of Private Law, Cambridge MA., London 1995

Weller, Marc-Philippe, Die Vertragstreue. Vertragsbindung – Naturalerfüllungsgrundsatz – Leistungstreue, Tübingen 2009 (Vertragstreue)

Weller, Matthias, Persönliche Leistungen, Tübingen 2012

Welzel, Hans, Naturrecht und materiale Gerechtigkeit. Prolegomena zu einer Rechtsphilosophie, Göttingen 1951 (Naturrecht)

–, Aktuelle Strafrechtsprobleme im Rahmen der finalen Handlungslehre, Karlsruhe 1953 (Aktuelle Strafrechtsprobleme)

Wendehorst, Christiane, Anspruch und Ausgleich. Theorie einer Vorteils- und Nachteilsausgleichung im Schuldrecht, Tübingen 1999

Wertheimer, Alan, Coercion, Princeton 1987

–, Exploitation, in: Zalta, Edward N. (Hrsg.), SEP, abrufbar unter http://plato.stanford.edu/entries/exploitation

Weth, Stephan, Zivilrechtliche Probleme des Schwarzfahrens in öffentlichen Verkehrsmitteln, JuS 1998, 795

Wicki, André Aloys, Zur Dogmengeschichte der Parteiautonomie im Internationalen Privatrecht, Winterthur 1965 (Dogmengeschichte)
Wieacker, Franz, Societas. Hausgemeinschaft und Erwerbsgesellschaft. Untersuchungen zur Geschichte des römischen Gesellschaftsrechts, Erster Teil, Weimar 1936
–, Leistungsbeziehungen ohne Vereinbarung, ZAkDR 1943, 33
–, Das Sozialmodell der klassischen Privatrechtsgesetzbücher und die Entwicklung der modernen Gesellschaft, Bd. 3, Karlsruhe 1953 (Sozialmodell)
–, Anmerkung zu BGH, Urt. v. 14.7.1956 - V ZR 223/54, JZ 1957, 61
–, Willenserklärung und sozialtypisches Verhalten, in: Göttingen, Rechts- und Staatswissenschaftliche Fakultät der Universität (Hrsg.), Göttinger Festschrift für das Oberlandesgericht Celle (FS OLG Celle), Göttingen 1961, S. 263 ff.
–, Die Methode der Auslegung des Rechtsgeschäfts, JZ 1967, 385
–, Privatrechtsgeschichte der Neuzeit unter besonderer Berücksichtigung der deutschen Entwicklung, 2. Aufl. Göttingen 1967 (Privatrechtsgeschichte)
Wiebe, Andreas, Die elektronische Willenserklärung. Kommunikationstheoretische und rechtsdogmatische Grundlagen des elektronischen Geschäftsverkehrs, Tübingen 2002
Wieling, Hans Josef, Die Bedeutung der Regel „falsa demonstratio non nocet" im Vertragsrecht, AcP 172 (1972), 297
Wilburg, Walter, Die Elemente des Schadensrechts, Marburg 1941 (Elemente)
–, Zusammenspiel der Kräfte im Aufbau des Schuldrechts, AcP 163 (1964), 346
Wilhelm, Jan/Deeg, Peter, Nachträgliche Unmöglichkeit und nachträgliches Unvermögen, JZ 2001, 223
Wilhelmi, Rüdiger, Risikoschutz durch Privatrecht. Eine Untersuchung zur negatorischen und deliktischen Haftung unter besonderer Berücksichtigung von Umweltschäden, Tübingen 2009
Wilhelmsson, Thomas, Critical Studies in Private Law. A Treatise on Need-Rational Principles in Modern Law, Dordrecht, Boston, London 1992
Willgerodt, Hans, Die Anmaßung von Unwissen, ORDO 55 (2004), 25
Williamson, Oliver E., Markets and Hierarchies. Analysis and Antitrust Implications, New York 1975
–, Calculativeness, Trust, and Economic Organization, 36 JLawEcon 453 (1993)
Williston, Samuel, Freedom of Contract, 6 CornellLQ 365 (1921)
Wilson, Robert A./Keil, Frank C. (Hrsg.), The MIT Encyclopedia of the Cognitive Sciences (MITECS), Cambridge MA., London 1999
Windscheid, Bernhard, Die Lehre des römischen Rechts von der Voraussetzung, Düsseldorf 1850 (Voraussetzung)
–, Mommsen, Die Unmöglichkeit der Leistung in ihrem Einfluss auf obligatorische Verhältnisse, KritZ 2 (1855), 106
–, Die Actio des römischen Civilrechts vom Standpunkte des heutigen Rechts, Düsseldorf 1856 (Actio)
–, Lehrbuch des Pandektenrechts, Bd. 1, Düsseldorf 1862 (Pandektenrecht, Bd. 1)
–, Lehrbuch des Pandektenrechts, Bd. 2, Abt. 1, Düsseldorf 1865 (Pandektenrecht, Bd. 2)
–, Lehrbuch des Pandektenrechts, Bd. 1, 3. Aufl. Düsseldorf 1870 (Pandektenrecht, Bd. 1)
–, Wille und Willenserklärung, AcP 63 (1880), 72

–, Lehrbuch des Pandektenrechts, Bd. 1, 7. Aufl. Frankfurt a.M. 1891 (Lehrbuch, Bd. 1)
–, Die Voraussetzung, AcP 78 (1892), 161
Winner, Martin, Wert und Preis im Zivilrecht, Wien 2008
Winter, Ralph K., State Law, Shareholder Protection, and the Theory of the Corporation, 6 JLS 251 (1977)
Wittgenstein, Ludwig, Philosophische Untersuchungen: kritisch-genetische Edition, Frankfurt a.M. 2011
Woitge, Evelyn, Tagungsbericht: DFG-Rundgespräch „Privates Recht", JZ 2010, 945
Wolf, Manfred, Rechtsgeschäftliche Entscheidungsfreiheit und vertraglicher Interessenausgleich, Tübingen 1970 (Entscheidungsfreiheit)
Wolf, Manfred/Neuner, Jörg, Allgemeiner Teil des Bürgerlichen Rechts, 10. Aufl. München 2012 (Allgemeiner Teil)
Wolff, Karl, Mentalreservation, JhJb 81 (1931), 53
Wolfslast, Gabriele/Conrads, Christoph, Textsammlung Sterbehilfe, Berlin, Heidelberg, New York 2001
Wrede, Matthias, Yardstick competition to tame the Leviathan, 17 EuJPolEcon 705 (2001)
Wuchterl, Kurt, Methoden der Gegenwartsphilosophie, 3. Aufl. Bern 1999 (Methoden)
Würdinger, Hans, Geschichte der Stellvertretung (agency) in England. Zugleich ein Beitrag zur Entwicklung des englischen Privatrechts, Marburg 1933 (Geschichte)
–, Theorie der schlichten Interessengemeinschaften, Stuttgart 1934 (Interessengemeinschaften)
Wüst, Günther, Die Interessengemeinschaft, ein Ordnungsprinzip des Privatrechts, Frankfurt a.M. 1958 (Interessengemeinschaft)
Wuttke, Jürgen, Sicherung des Leistungswettbewerbs durch das Verbot der unbilligen Behinderung in § 26 Abs. 4 GWB, Köln, Berlin, Bonn, München 1995
Zimmer, Carl, Die Anatomie der Hände, National Geographic (Heft 5) 2012, 66
Zimmerman, David, Coercive Wage Offers, 10 PhilPublicAff 121 (1981)
Zimmermann, Martin, Derivative Finanzinstrumente und Spieleinwand. Überlegungen zur „Spekulationsfeindlichkeit" des Zivilrechts, JbJZWiss 2008, 113
Zimmermann, Reinhard, The Law of Obligations. Roman Foundations of the Civilian Tradition, Cape Town, Wetton, Johannesburg 1990 (Obligations)
–, Vertrag und Versprechen, in: Lorenz, Stephan/Trunk, Alexander/Eidenmüller, Horst/Wendehorst, Christiane/Adolff, Johannes (Hrsg.), Festschrift für Andreas Heldrich zum 70. Geburtstag (FS Heldrich), München 2005, S. 467ff.
–, Die Europäisierung des Privatrechts und die Rechtsvergleichung. Vortrag, gehalten vor der Juristischen Gesellschaft zu Berlin am 15. Juni 2005, Berlin 2006 (Europäisierung)
Zitelmann, Ernst, Die juristische Willenserklärung, JhJb 16 (1878), 357
–, Irrtum und Rechtsgeschäft. Eine psychologisch-juristische Untersuchung, Leipzig 1879 (Irrtum)
Zweigert, Konrad/Kötz, Hein, Einführung in die Rechtsvergleichung auf dem Gebiete des Privatrechts, 3. Aufl. Tübingen 1996

Register

Abgeleiteter Erwerb → siehe Rechtebasierung
Abstraktionsprinzip 179 f.
Accidentalia negotii 865 → siehe auch Eigenschaften, Vertragsinhalt
Äquivalenz 233 ff.
- Begrenzter Aussagegehalt 240 f.
- Drohung 233 ff.
- Einseitig belastende Rechtsänderungen 241
- Objektive Wertlehren 236 ff.
- Reziprozität 244 f.
- Risiko 312 f.
- Scheinlösungen 242 ff.
- Unvereinbarkeit mit geltendem Recht 234 ff.
- Verankerung 233 f.
- Vertragsinhalt 140 f.
Allgemeine Geschäftsbedingungen 802 ff.
- Siehe auch Inhaltskontrolle, zwingendes Recht
- Dogmatische Herausforderung 811 ff.
- Erklärungstheorie 817 f.
- Fälle 802 f.
- Gefahren 807 ff.
- Inhaltskontrolle 822 ff.
- Irrtum 833 ff.
- Macht 809 ff.
- Praktische Bedeutung 803 ff.
- Rechtfertigungsprinzip 820 ff.
- Sitte, Übung und Brauch 827 f.
- Transparenz 828 ff.
- Überraschende Klauseln 829 f.
- Unwissenheit 807 ff.
- Vorteile 805 ff.
- Wettbewerb 826 f., 889
- Willenstheorie 814 ff.
- Zurechenbarkeit 818 f.

Aneignungswille 575 ff., 1060 f. → siehe auch Einwilligung, Wille
Anerkennung 619 ff.
Anfängliche Leistungshindernisse 396 ff.
Anrechnung von Anstrengungen → siehe frühere Anstrengungen
Anreize
- Siehe auch Ökonomik
- Geschichtliches Denken 101
- Inhaltsirrtum 970 f.
- Motivirrtum 977 ff.
- Stellvertretung 788 f.
- Vertrauen 685 ff.
Anspruchsentwertung 399
Arbeitsteilung 18 f., 445 ff. → siehe auch verteiltes Denken
Arbeitsvertrag → siehe Dienstvertrag
Arbitrage 334 ff.
Atomistische Herausforderung 404 f., 440 ff.
Aufmerksamkeit
- Siehe auch menschliches Denken, Unwissenheit
- Menschliches Denken 104 ff.
- Rechtsgeschäftsleere 508 ff.
- Vertrauen 673 ff.
- Wille 481 ff.
- Ziele 38 ff.
Ausbeutung
- Siehe auch Drohung, soziales Denken, Wertschöpfung
- Abgrenzung zu Zwang und Drohung 291 ff.
- Abschöpfungstechniken 276 ff.
- Drohung Dritter 282 ff.
- Drohung mit Unterlassen 279 ff.
- Fälle 189 ff.
- Frühere Anstrengungen 275 f.
- Konnexität 284 ff.

– Mentalreservation 1044 f.
– Nachfragemonopol 278 f.
– Praktische Bedeutung 195 f.
– Rechtfertigungsprinzip 273 ff.
– Verteilung der Kooperationsrente 245 ff.
Auslegung 647 ff.
– Siehe auch Hermeneutik, Vertragsinhalt
– Faktischer Vertrag 718 ff.
– Normativierung 647 ff.
– Umstände 654 ff.
Auslobung 160 f.
Autonomie → siehe Entscheidungsfreiheit

Baseline → siehe Rechtebasierung
Bedeutungsvereinbarungen 952 f.
Begriffsjurisprudenz 22 f.
Beschaffenheit → siehe Eigenschaften
Beratungsvertrag → siehe Dienstvertrag
Bereicherungsrecht 734 ff.
Beschränkte Rationalität → siehe Rationalität, Unwissenheit, Verhaltensökonomik
Bestimmtheit 830 ff., 1067 ff.
Betrug → siehe Motivirrtum
Bewegliches System 1151 ff. → siehe auch Methode, Verbindlichkeit
Bürgschaft 332 ff.
Brauch → siehe Sitte, Übung und Brauch

Culpa in contrahendo → siehe Verschulden bei Vertragsverhandlungen

Darlehen 329 ff.
Delikt 1080 ff.
– Faktischer Vertrag 732 ff., 761 ff.
– Ursachenforschung 1081 f.
– Zwang und Drohung 265 f.
Dereliktion → siehe Eigentumsaufgabe
Dienstvertrag 172 ff.
– Arbeitsvertrag 176 ff.
– Beratungsvertrag 172 ff.
– Weisungsrecht 176 ff., 1048 ff.
Dies- und jenseits des Vertrags 162 f., 1046 ff.
Dispositives Recht 856 ff., 870 ff.

– Siehe auch Vertragsinhalt
– Accidentalia negotii 865
– Dispositivität 870 f.
– Dogmatische Herausforderung 857 ff.
– Dualismen 864 f.
– Erklärungstheorie 860 f.
– Essentialia negotii 865
– Grundfolgentheorie 570 f., 865 f.
– Interesse 863 f.
– Maßstab 871 f.
– Mutmaßlicher Wille 863 f.
– Naturalia negotii 865
– Praktische Bedeutung 856 f.
– Rechtfertigungsprinzip 870 ff.
– Rechtsqualität 872
– Willenstheorie 860 f.
Dualismus
– Siehe auch bewegliches System, Interessenabwägung
– Bewegliches System 1151 ff.
– Dispositives Recht 864 f.
– Schenkung 152 ff.
– Vertragsinhalt 142 ff.
– Zwingendes Recht 864 f.
Denken → siehe menschliches Denken
Drohung 183 ff.
– Siehe auch Ausbeutung
– Abgrenzung zur Ausbeutung 291 ff.
– Äquivalenz 233 ff.
– Dogmatische Relevanz 183 f.
– Dritte 268 f., 282 ff.
– Fälle 184 ff.
– Finalität 226 ff.
– Konnexität 284 ff.
– Mentalreservation 1037 ff., 1043 ff.
– Opferperspektive 200 ff.
– Praktische Bedeutung 195 f.
– Rechtfertigungsprinzip 253 ff., 265 ff.
– Schenkung 151 f.
– Tätersicht 223 ff.
– Unterlassen 270 f., 279 ff.
– Vertragsbruch 266 f.
– Warnung 271 f.
– Wettbewerb 886 ff.

Effizienz
– Siehe auch Ökonomik, Verhaltensökonomik

- Gesamtwohlfahrt 249 ff.
- Rechtewettbewerb 910 ff.
- Reißbretttheorien 1166 ff.

Eigenschaften 404 ff.
- Atomistische Herausforderung 404 f., 440 ff.
- Fälle 406 ff.
- Irrtum 405 f., 435 ff.
- Rechtfertigungsprinzip 430 ff.
- Störungen 405, 433 ff.
- Wesentlichkeit 412 f., 425 ff.
- Willenstheorie 415 ff.

Eigentumsaufgabe 150 f.
Einführung 1 ff.
Eingehungsbetrug 1036 ff., 1042 f. → siehe auch Motivirrtum
Einwilligung
- Siehe auch Aneignungswille, Wille
- Faktischer Vertrag 745 ff.
- Rechtfertigungsprinzip 581 ff.
- Willenstheorie 497 ff.

Entscheidungsbildung 1114 ff. → siehe auch verteiltes Denken, Vertragsschluss
Entscheidungsfreiheit 200 ff.
- Mangelnde Aussagekraft 210
- Motivirrtum 974 ff.
- Ursachenforschung 216 ff.
- Verbraucherschutz 1114 ff.
- Wille 550
- Zuschreibung 997 f.
- Zwang, Drohung und Ausbeutung 200 ff.

Europäisches Privatrecht 13 ff.
Ergebnisorientierung 13
Erklärung 587 ff., 658 ff.
- Siehe auch Vertrauen
- Allgemeine Geschäftsbedingungen 817 f.
- Anerkennung 619 ff.
- Dispositives Recht 860 f.
- Eigenwert 603 ff.
- Entscheidungsbildung 1116 f.
- Erkannter Irrtum 954 f.
- Erklärungsgegenstand 602 f.
- Fahrlässigkeit 613 ff.
- Faktischer Vertrag 724 f., 729 ff., 751 ff.

- Gefälligkeitsverhältnis 873 f.
- Geltungstheorie 594 ff.
- Handlungstheorien 587 ff.
- Handlungswille 592 ff., 1031 f.
- Kommunikationstheorien 591 f.
- Leistungsstörungen 377 ff.
- Mentalreservation 1030 ff.
- Motivirrtum 973 f.
- Nicht durchschlagender Irrtum 958
- Offene Fragen 643 f.
- Privatautonomie 465 f.
- Punktualität 634 f.
- Rationalität 984 f.
- Rechtsgeschäftsleere 633 f.
- Risiko 311 f.
- Sinn 605 ff.
- Sprache 649 ff.
- Sprechakttheorie 589, 650 ff.
- Umstände 654 ff.
- Urteilstheorien 588 f.
- Verantwortung 619 ff.
- Verknüpfungen 644 ff.
- Vertragsinhalt 138 ff.
- Vertragsschluss 1051 ff., 1074 ff.
- Vertrauen 658 ff.
- Vertrauensgegenstand 693 f.
- Vorsätzliches Handeln 610 ff.
- Werbung 840 ff.
- Wille versus Erklärung 635 ff.
- Wissensinvestitionen 982 f.
- Zurechenbarkeit 607 ff.
- Zwang, Drohung und Ausbeutung 200 ff.
- Zwingendes Recht 860 f.

Erklärungsbewusstsein
- Siehe auch Einwilligung, Gefälligkeitsverhältnis, Wille
- Mentalreservation 1035

Erklärungstheorie → siehe Erklärung
Ersterwerb 73 ff.
- Begriff 73 ff.
- Praktischer Befund 75 f.
- Reichweite 76 ff.
- Zerlegungen 79 ff.
- Ziele 78 f.

Essentialia negotii 865 → siehe auch Vertragsinhalt, Vertragsschluss

Fälle
- Allgemeine Geschäftsbedingungen 802 f.
- Eigenschaften 406 ff.
- Faktischer Vertrag 707 ff.
- Inhaltsirrtum 963 f.
- Irrtum 945 ff., 963 f., 972 f.
- Leistungsstörungen 350 ff.
- Mentalreservation 1026 ff.
- Motivirrtum 972 f.
- Rationalität 983 f.
- Risiko 299 ff.
- Stellvertretung 769 ff.
- Verteiltes Denken 444 f.
- Vertragsinhalt 136 f.
- Werbung 835 ff.
- Wille 475 f.
- Zwang, Drohung und Ausbeutung 184 ff.

Fahrlässigkeit
- Siehe auch Zurechnung
- Erklärung 613 ff.
- Faktischer Vertrag 731 f.

Faktischer Vertrag 707 ff.
- Bereicherungsrecht 734 ff.
- Delikt 732 ff., 761 ff.
- Dogmatische Herausforderung 707 ff.
- Erklärung 724 ff., 751 ff.
- Fälle 707 ff.
- Leistungsgeber 758 ff.
- Leistungsnehmer 747 ff.
- Liberalität 716 f., 744 ff.
- Mentalreservation 728 f.
- Rechtfertigungsprinzip 744 ff.
- Selbstbindungswille 709 ff., 745
- Sozialtypizität 721 ff.
- Störfälle 764 ff.
- Subsidiarität 753
- Vertragsfreiheit 745 ff.
- Widersprüchliches Verhalten 725 ff.
- Willenstheorie 709 ff.
- Zurechenbarkeit 729 ff.

Falsa demonstratio 947 ff. → siehe auch Irrtum
Fazit 1084 ff.
Festlegung und Spielraum 1063 ff. → siehe auch verteiltes Denken, Zeit
Fiktionen 525 ff.

Freiheit → siehe liberales Denken
Freiwilligkeit → siehe Entscheidungsfreiheit
Frühere Anstrengungen 261 ff.
- Siehe auch Geschichtlichkeit
- Ausbeutung 275 f.
- Risiko 321 f., 341 ff.
- Verteilung der Kooperationsrente 248 f.
- Wissensinvestitionen 981 ff.

Gang der Untersuchung 24 ff.
Gattungsschulden 392 f.
Gefälligkeitsverhältnis 872 ff.
- Erklärungstheorie 873 f.
- Praktische Bedeutung 872 f.
- Rechtfertigungsprinzip 874 f.
- Willenstheorie 873 f.

Gegenseitige Verträge 163 ff.
Gegenständliches Denken 128 ff., 493 ff.
- Grundfolgentheorie 565 f.
- Rechtsänderung 128 ff.
- Selbstbindungswille 493 ff.
- Übertragungstheorie 547 f.

Geldanlage 336 ff.
Geltungstheorie 594 ff.
Gerechtigkeit → siehe Rechtsidee
Gesamtwohlfahrt → siehe Effizienz
Geschäftsführung ohne Auftrag 1082 ff.
Geschäftsherrentheorie 774 ff.
Geschichtlichkeit 1161 ff.
- Siehe auch Innenperspektive, Rechtebasierung, Unwissenheit
- Autonomien 1164
- Frühere Anstrengungen 261 ff.
- Gründe 94 ff.
- Lernen 109 ff.
- Menschliches Denken 103 ff.
- Recht 82 ff.
- Reißbretttheorien 1166 ff.
- Rekursivität 1163 f.
- Unwissenheit 939 f.
- Wissenschaft 119 ff.

Gesellschaft 1141 ff.
Gesellschaftsvertrag 538 ff., 1109 ff.
Gesetzliches Schuldverhältnis → siehe Bereicherungsrecht, Delikt, Geschäftsführung ohne Auftrag

Gestaltungsrechte 1048 ff.
– Siehe auch dies- und jenseits des Vertrags, Rechtsänderungen
– Subjektive Rechte 72 f., 1054
Gläubigerwille → siehe Aneignungswille, Wille
Gleichbehandlung 1104 f.
Glücksspiel → siehe Risiko
Grundfolgentheorie 559 ff.
– Dispositives Recht 570 f., 865 f.
– Liberalität 566 ff.
– Subsidiarität 569 ff.
– Zwecke vor Wille 560 ff.

Haftung → siehe Schadensersatz
Handlungstheorien 587 ff.
Handlungswille 592 ff.
– Siehe auch Erklärung, Wille, Willenstheorie
– Mentalreservation 1031 f.
Hermeneutik
– Siehe auch Auslegung, Philosophie, Sprache
– Erklärung 652 ff.
– Geschichtlichkeit 121
– Umstände 654 ff.
Historische Schule 123 f. → siehe auch Geschichtlichkeit, Rechtswissenschaft
Historizität → siehe Geschichtlichkeit, Rechtebasierung

Ignoranz
– Siehe auch Privatrecht, Unwissenheit
– Rechtsänderung 130 f.
– Subjektive Rechte 70 ff.
Individualität → siehe liberales Denken
Information → siehe Motivirrtum, Unwissenheit
Informationsasymmetrie → siehe Irrtum, Unwissenheit
Inhalt → siehe Inhalt versus Verfahren, Inhaltskontrolle, Vertragsinhalt
Inhalt versus Verfahren 1125 ff.
– Siehe auch Vertragsinhalt
– Liberal und sozial 1130 ff.
– Notwendigkeit inhaltlicher Maßstäbe 6 f., 1126 ff.
– Rahmenbedingungen 1129 f.

– Rechtfertigungsprinzip 1128
– Ursachenforschung 1134 ff.
– Verteiltes Denken 1128 f.
– Wettbewerb 892 ff.
– Zwang, Drohung und Ausbeutung 197 f.
Inhaltliche Punktualität 941, 1136 f.
Inhaltsirrtum 962 ff.
– Siehe auch Irrtum, Motivirrtum, Unwissenheit
– Anreize 970 f.
– Dogmatische Herausforderung 964 ff.
– Fälle 963 f.
– Negatives Interesse 969 f.
– Rechtfertigungsprinzip 966 ff.
– Subsidiarität 971
Inhaltskontrolle → siehe zwingendes Recht
Innenperspektive des Rechts 124 f., 1144 f., 1165 f. → Siehe auch Geschichtlichkeit, Privatrecht, Rechtebasierung
Insiderhandel 340 f.
Institutionenökonomik → siehe Effizienz, Ökonomik, Rationalität, Unwissenheit, Verhaltensökonomik
Interne versus externe Sicht → siehe Innenperspektive
Interesse → siehe Ziele
Interessenabwägung 53 ff., 1151 ff. → siehe auch Methode
Interessengemeinschaft 1139 ff.
Interessenjurisprudenz 53 ff.
Intrinsität
– Inhalt versus Verfahren 1125 ff.
– Rahmenbedingungen 461 ff.
– Wille 505 ff.
– Zwang, Drohung und Ausbeutung 205 f.
Investition → siehe frühere Anstrengungen, Geschichtlichkeit
Irrationalität → siehe Rationalität
Irrtum 936 ff.
– Siehe auch Inhaltsirrtum, Mentalreservation Motivirrtum, Unwissenheit
– Allgemeine Geschäftsbedingungen 833 ff.
– Anreize 970 f., 977 f.

– Bedeutungsvereinbarungen 952 f.
– Eigenschaften 405 f., 435 ff.
– Entscheidungsfreiheit 974 ff.
– Erkannter Irrtum 953 ff.
– Fälle 945 ff., 963 f., 972 f.
– Falsa demonstratio 947 ff.
– Inhaltsirrtum 962 ff.
– Jenseits der Vertragsparteien 942 f.
– Motivirrtum 971 ff.
– Nicht durchschlagender Irrtum 957 ff.
– Problem 941 ff.
– Scheingeschäft 951 ff.
– Stellvertretung 782 ff., 796 ff.
– Vertretungsmacht 796 ff.
– Werbung 851 f.

Kant 1173 ff.
Kauf 169 ff.
Kollektivität
– Siehe auch dispositives Recht, Effizienz, soziales Denken, zwingendes Recht sowie Sitte, Übung und Brauch
– Kollektiv gesetzte Vertragsinhalte 855 ff.
– Kollektive Einbettung des Vertrags 1108 f.
– Kollektive Ziele 41 f.
Kooperationsrente → siehe Ausbeutung, Wertschöpfung
Kommunikationstheorien 591 f.
Kompetenz 448 ff.
– Siehe auch Subsidiarität, verteiltes Denken
– Allgemeine Geschäftsbedingungen 820 ff.
– Drohung 284 ff.
– Nachvertragliche Rechtsänderungen 1059 ff.
– Stellvertretung 784 f.
– Subjektive Rechte 68 f.
– Verteiltes Denken 448 ff.
Komplexität → siehe Unwissenheit
Konkludentes Handeln → siehe Auslegung, faktischer Vertrag, Vertragsschluss
Konsensfähigkeit → siehe Gesellschaftsvertrag

Kreativität 50, 482 f.
Kursabsicherung 338 ff.

Leistungsstörungen 349 ff.
– Anfängliche Leistungshindernisse 396 ff.
– Anspruchsentwertung 399
– Dogmatische Herausforderung 376 f.
– Eigenschaften 405, 433 ff.
– Erklärungstheorie 377 ff.
– Fälle 350 ff.
– Gattungsschulden 392 f.
– Gesetz 383 ff.
– Pacta sunt servanda 369 f.
– Rechtfertigungsprinzip 385 ff.
– Schadensersatz 395 ff.
– Scheinlösungen 382 f.
– Subsidiarität 388
– Umdeutung 393 ff.
– Unmöglichkeitsdenken 354 ff.
– Vertragsdenken 370 ff.
– Wertschöpfung 387 f.
– Willenstheorie 377 ff.
– Zurechenbarkeit 379 ff.
Liberales Denken 1087 ff.
– Siehe auch Privatautonomie, Recht, soziales Denken, staatliches Handeln
– Anerkennung 627 ff.
– Begriff 1088 f.
– Faktischer Vertrag 716 f., 744 f.
– Geschichtlichkeit 101 ff.
– Grundfolgentheorie 566 ff.
– Inhalt versus Verfahren 1130 ff.
– Realitätsbezug 1092 ff.
– Rechtebasierung 101 ff.
– Rechtewettbewerb 910 ff.
– Rechtfertigungsprinzip 1087 ff.
– Staatliches Handeln 1094 f.
– Überhöhungen 1106 ff.
– Verantwortung 627 ff.
– Verbindlichkeit 1096
– Vertragsfreiheit 745 ff.
– Ziele 47 f.
– Zwang, Drohung und Ausbeutung 198 f.

Macht
- Siehe auch Ausbeutung, Inhaltskontrolle, Verteilung, Wettbewerb
- Allgemeine Geschäftsbedingungen 809 ff.
- Nachfragemonopol 278 f.
- Ordoliberalismus 895 ff.
- Wille 478 ff.
- Wettbewerb 884 ff.
- Zwingendes Recht 866 f.

Marktmacht → siehe Macht
Materielle Kriterien → siehe Inhalt versus Verfahren
Metaphysik → siehe Rechtsidee
Methode 15 ff., 1145 ff.
- Siehe auch Rechtsidee, Verhaltensökonomik
- Bewegliches System 1151 ff.
- Leerformeln 1151
- Methode für Menschen 19 ff., 1093 f.
- Realitätsbezug 1092 ff., 1146 ff.
- Regelbasierung 1157 ff.
- Unwissenheit 1145 f.
- Verallgemeinerung 1155 ff.
- Verbindlichkeit 1148 ff.
- Verhaltensökonomik 998 ff., 1166 ff.

Menschliches Denken 103 ff.
- Siehe auch Rationalität, Unwissenheit
- Handeln und Bewerten 115 ff.
- Lernen 109 ff.

Mentalreservation 1023 ff.
- Begründungsversuche 1029 ff.
- Drohung 1037 ff., 1043 ff.
- Eingehungsbetrug 1036 ff., 1042 f.
- Erkannt 1023 ff., 1040 ff.
- Faktischer Vertrag 728 f.
- Fälle 1026 ff.
- Funktionalismus 1033 f.
- Praktischer Befund 1024 ff.
- Problem 1023 ff.
- Rechtfertigungsprinzip 1034 ff.
- Unerkannt 1034 ff.
- Zwang 1037 ff., 1043 ff.

Moral → siehe Recht, Rechtsidee sowie Sitte, Übung und Brauch
Motivirrtum 971 ff. → siehe auch Irrtum, Unwissenheit
- Anreize 977 ff.
- Dogmatische Herausforderung 971 f.
- Drohung durch Täuschung 269
- Eingehungsbetrug 1036 ff., 1042 f.
- Entscheidungsfreiheit 974 ff.
- Erklärungstheorie 973 f.
- Fälle 972 f.
- Negatives Interesse 976 f.
- Rechtfertigungsprinzip 976 ff.
- Willenstheorie 973 f.
- Wissensinvestitionen 981 ff.

Mutmaßlicher Wille → siehe Ziele

Naturalia negotii 865 → siehe auch Eigenschaften, Vertragsinhalt
Naturalistisch-gegenständliches Denken → siehe gegenständliches Denken
Negatives Interesse 517 ff.
- Siehe auch Schadensersatz
- Inhaltsirrtum 969 f.
- Motivirrtum 976 f.
- Willenstheorie 517 ff.

Normativierung
- Auslegung 647 ff.
- Erklärung 647 ff.
- Vertrauen 696, 701 ff.
- Wille 541 ff.

Öffentliche Erklärungen → siehe Erklärungstheorie, Selbstbindung
Öffentliches Recht
- Siehe auch Privatrecht, staatliches Handeln
- Geschichtlichkeit 100

Ökonomik
- Siehe auch Anreize, Effizienz, Verhaltensökonomik
- Eigennutz versus Fremdnutz 155 ff.
- Geschichtlichkeit 90 ff., 122 f.
- Rationalitätsannahme 998 ff.
- Reißbretttheorien 1166 ff.
- Schenkung 157 f.
- Verhaltensökonomik 998 ff.
- Zeitinkonsistente Präferenzen 1016 ff.

Ordoliberalismus 895 ff. → siehe auch Wettbewerb
Originärer Rechteerwerb → siehe Ersterwerb

Philosophie
- Siehe auch Recht, Rechtsidee
- Geschichtlichkeit 121 f.
- Gesellschaftsvertrag 538 ff., 1109 ff.
- Hermeneutik und Vorverständnis 652 ff.
- Kant 1173 ff.
- Normalsprache 649 f.
- Ontologisch-metaphysische Begründungen 141 f.
- Sprechakttheorie 650 ff.

Planung 50

Positivismus → siehe Recht

Präferenz → siehe Effizienz, Ökonomik, Verhaltensökonomik

Privatautonomie 464 ff.
- Siehe auch Entscheidungsfreiheit, Kompetenz, Subsidiarität, verteiltes Denken
- Begriff 464 f.
- Begründung 465 ff.
- Rechtewettbewerb 904 ff.
- Staatliche Dimension 468 ff.

Privatrecht 1136 ff.
- Siehe auch öffentliches Recht
- Eigenständigkeit 1137 ff.
- Grenzbereiche 1139 ff.
- Interne versus externe Perspektive 124, 1144 f.
- Kampf ums Privatrecht 1144

Protest → siehe faktischer Vertrag

Prozedurales Denken → siehe Inhalt versus Verfahren

Punktualität klassischer Vertragstheorien 4 ff., 442 ff.
- Siehe auch Geschichtlichkeit, inhaltliche Punktualität, Rechtebasierung, verteiltes Denken, Zeit
- Erklärungstheorie 634 f.
- Punktualität des Vertragsinhalts 941, 1136 f.
- Ursachenforschung 95 ff.
- Willenstheorie 508 ff.

Rahmenbedingungen 461 ff.
- Siehe auch Inhalt versus Verfahren, verteiltes Denken
- Inhalt versus Verfahren 1129 f.

- Rechtewettbewerb 912 ff.

Rationalität 983 ff.
- Siehe auch Verhaltensökonomik
- Begriff 986 ff.
- Differenzierungsversuche 1002 ff.
- Erklärungstheorie 984 f.
- Fälle 983 f.
- Inhalt 998 f.
- Institutionenökonomik 1002 f.
- Nachvertragliche Rechtsänderungen 1055 ff.
- Realitätsferne 999 ff.
- Rechtfertigungsprinzip 1021 ff.
- Selbstbindung 1013 ff.
- Verhaltensökonomik 1002 f.
- Vertragsbindung 1013 ff.
- Vertrauen 673 ff.
- Willenstheorie 984 f.
- Zuschreibung 990 ff., 998
- Zweckrationalität 988

Realitätsbezug 1092 ff., 1146 ff.

Recht, Rechte 59 ff.
- Siehe auch Gestaltungsrecht, subjektive Rechte, Rechtebasierung, Rechtewettbewerb, Rechtsänderung
- Dispositives Recht 872
- Gestaltungsrechte 72 f., 1053 f.
- Positivismus 59 ff., 123 f.
- Reales, kulturelles Phänomen 59 ff.
- Recht und Sitte 882 ff.
- Rechtsbegriff 10 ff., 59 ff.
- Rechtsetzung 64 ff.
- Regelbasierung 1157 ff.
- Subjektive Rechte 66 ff., 1054

Rechtebasierung 38, 56 f., 82 ff., 253 ff.
- Anreize 101
- Dogmatische Herausforderung 86 ff.
- Drohung 254 ff.
- Eindeutigkeit 147 f.
- Gründe 94 ff.
- Klassische Vertragstheorien 87 ff.
- Öffentliches Recht 100
- Ökonomik 90 ff.
- Praktischer Befund 82 ff.
- Rechtsänderung 125 ff.
- Reichhaltigkeit 146 f.
- Verbesserung 259 ff.
- Zirkularitätsvorwurf 256 f.

Rechtewettbewerb 897 ff.
- Demokratie 920 ff.
- Effizienz 910 ff.
- Freiheit 910 ff., 920 ff.
- Harmonisierung 899 ff.
- Innovation 923 ff.
- Internationales Privatrecht 900 f.
- Kompetenzen 915 ff.
- Privatautonomie 904 ff.
- Rahmenbedingungen 912 ff.
- Rechtsvereinheitlichung 901 ff.
- Sachrecht 915 ff.
- Selektionsprinzip 906 ff.
- Subsidiarität 899 ff.
- Zwingendes Recht 904 ff.
Rechtfertigungsprinzip 6 ff., 146 ff., 253 ff.
- Allgemeine Geschäftsbedingungen 820 ff.
- Ausbeutung 273 ff.
- Auslobung 160 f.
- Dispositives Recht 870 ff.
- Drohung 265 ff.
- Eigenschaften 430 ff.
- Eigentumsaufgabe 150 f.
- Einseitig belastende Rechtsänderungen 150 ff.
- Entscheidungsbildung 1117
- Erkannte Mentalreservation 1040 ff.
- Erkannter Irrtum 956 f.
- Faktischer Vertrag 744 ff.
- Falsa demonstratio 950 ff.
- Frühere Anstrengungen 261 ff., 981 ff.
- Gefälligkeitsverhältnisse 874 f.
- Inhaltsirrtum 966 ff.
- Irrtum 950 ff., 952, 956 f., 960 f., 966 ff., 976 ff.
- Leistungsstörungen 385 ff.
- Liberales Denken 1087 ff.
- Mehrseitig belastende Rechtsänderungen 163 ff.
- Mentalreservation 1034 ff.
- Motivirrtum 976 ff.
- Nicht durchschlagender Irrtum 960 f.
- Privatautonomie 466 ff.
- Rationalität 1021 ff.
- Risiko 317 ff.
- Scheingeschäft 952

- Schenkung 158 ff.
- Selbstbindung 1015 f.
- Sitte, Übung und Brauch 879 ff.
- Stellvertretung 781 ff.
- Unerkannte Mentalreservation 1034 ff.
- Verteiltes Denken 447 ff., 456 ff., 463 f.
- Vertragsinhalt 146 ff.
- Werbung 843 ff.
- Wertpapiere 161 f.
- Wettbewerb 892 f.
- Wille/Willenstheorie 57 ff., 573 ff.
- Wissensinvestitionen 981 ff.
- Ziele 55 ff.
- Zirkularitätsvorwurf 256 f.
- Zwingendes Recht 866 ff.
Rechtsänderungen 125 ff.
- Siehe auch Geschichtlichkeit, Rechtebasierung
- Außervertraglich 1080 ff.
- Einseitig belastend 150 ff., 241, 249
- Festlegung und Spielraum 1063 ff.
- Mehrseitig belastend 163 ff.
- Nachvertraglich 1048 ff.
- Verteiltes Denken 132 ff.
- Vorvertraglich 1074 ff.
Rechtsbindungswille → siehe Erklärungsbewusstsein, Gefälligkeitsverhältnis
Rechtsgeschäftsleere
- Siehe auch Punktualität klassischer Vertragstheorien, Verknüpfungen, verteiltes Denken
- Erklärung 633 f.
- Wille 508 ff.
Rechtsidee
- Kant 1175 ff.
- Rationalität 987
- Relativismus 1182 ff.
- Verknüpfung 646
Rechtsscheinhaftung
- Siehe auch Irrtum, Vertrauen
- Stellvertretung 796 ff.
Rechtswissenschaft
- Siehe auch Methode, Recht
- Begriffsjurisprudenz 22 f.
- Geschichtlichkeit 123 f., 1161 ff.
- Historische Schule 123 f.

– Unwissenheit 1145 ff.
Regelbasierung 1157 ff.
Regulierungswettbewerb → siehe
  Rechtewettbewerb
Reichhaltigkeit 146 f., siehe auch
  Wertschöpfung
Reißbretttheorien 1166 ff.
Relationaler Vertrag 1055 → siehe auch
  verteiltes Denken, Zeit
Repräsentationstheorie 778 ff.
Reziprozität → siehe Äquivalenz
Risiko 295 ff.
– Äquivalenz 312 f.
– Arbitrage 334 ff.
– Begriff 303 ff.
– Bürgschaft 332 ff.
– Darlehen 329 ff.
– Dogmatische Herausforderung 296 ff.
– Erklärungstheorie 311 f.
– Fälle 299 ff.
– Frühere Anstrengungen 321 f., 341 ff.
– Gefahr 307 f.
– Geldanlage 336 ff.
– Glücksspiel 326 ff.
– Insiderhandel 340 f.
– Kursabsicherung 338 ff.
– Praktische Bedeutung 295 f.
– Rechtfertigungsprinzip 317 ff.
– Spekulation 298 f., 309 ff., 340 ff.
– Versicherung 328 f.
– Vertrauen 670 ff.
– Wertschöpfung 322 ff.
– Willenstheorie 311 f.
– Zurechnung 631 f.
Rückblick 1084 ff.

Schadensersatz
– Delikt 1080 ff.
– Leistungsstörungen 395 f.
– Negatives Interesse 517 ff.
Scheingeschäft 951 ff. → siehe auch
  Irrtum
Scheinlösungen 1151 ff.
– Siehe auch Methode, Verknüpfungen
– Allgemeine Geschäftsbedingungen
  815 ff.
– Äquivalenz 242 ff.
– Bewegliches System 1151 ff.

– Faktischer Vertrag 718 ff.
– Leerformeln 1151
– Leistungsstörungen 382 f.
– Realitätsbezug 1095, 1146 ff.
– Risiko 313 ff.
– Vertragsinhalt 141 ff.
– Verknüpfungen 528 ff., 644 ff.
– Werbung 841 f.
– Willenstheorie 516 ff.
Schenkung 151 ff.
– Drohung 151 f.
– Ökonomik 157 f.
– Rechtfertigungsprinzip 158 ff.
Schlossmann
– Eigenschaften 410, 411 ff.
– Eigenschaftsirrtum 436
– Einwilligung 504, 612
– Entscheidungsfreiheit 202, 213
– Fahrlässigkeit 613
– Fiktionen 526
– Gegenständliches Denken 129, 565 f.
– Grundfolgentheorie 561, 563 f.
– Handlungs- versus Geschäftswille
  409, 488, 962
– Irrtum 962, 968
– Mentalreservation 1029
– Rechtsgeschäftsleere 510
– Selbstbindungswille 491, 496 f.
– Staatliche Dimension des Vertrags 479
– Verhalten der Gegenseite 619
– Vertrag zu Gunsten Dritter 178 f.
– Vertrauen 662 f.
– Vorsatz 612
– Zerlegungen 79 ff.
Schlüssiges Handeln → siehe Auslegung,
  faktischer Vertrag, Vertragsschluss
Schuld → siehe Verantwortung,
  Zuschreibung
Selbstbindung 601 f.
– Siehe auch Erklärungstheorie,
  Selbstbindungswille
– Erklärungstheorie 601 f.
– Rationalität 1013 ff.
– Rechtfertigungsprinzip 1015 f.
– Selbstbindungswille 487 ff.
– Werbung 842 f.

Selbstbindungswille 487 ff. → siehe auch Einwilligung, Gefälligkeitsverhältnis, Wille, Willenstheorie
Selektionsprinzip 906 ff. → siehe auch Rechtewettbewerb
Sitte, Übung und Brauch 875 ff.
- Allgemeine Geschäftsbedingungen 827 f.
- Dogmatische Herausforderung 877 ff.
- Praktische Bedeutung 875 f.
- Recht und Sitte 882 ff.
- Rechtfertigungsprinzip 879 ff.
- Sprache 876 f.
- Verknüpfung 645 f.
- Vertrauen 677 ff., 681 f., 685 f.
- Wettbewerb 885 f.
Soziales Denken 1096 ff.
- Siehe auch Ausbeutung, liberales Denken, Verbraucherschutz, Verteilung
- Begriff 1096 f.
- Inhalt versus Verfahren 1130 ff.
- Kollektive Einbettung 1108 f.
- Liberale Überhöhungen 1106 ff.
- Verbraucherschutz 1113 ff.
- Verteilung 1100 ff.
Sozialtypizität 721 ff. → siehe auch faktischer Vertrag sowie Sitte, Übung und Brauch
Soziologie 122 f.
Spekulation 298 f., 309 ff., 340 ff. → siehe auch Risiko
Sprache
- Siehe auch Hermeneutik, Philosophie, Sprechakttheorie
- Begriffsarbeit 22 f.
- Erklärung 649 ff.
- Normalsprache 649 f.
- Sitte, Übung und Brauch 876 f.
Sprechakttheorie 589 ff. → siehe auch Sprache
Staatliches Handeln 856 ff.
- Siehe auch dispositives Recht, Inhaltskontrolle, verteiltes Denken, Wettbewerb, zwingendes Recht
- Bestimmtheit 1067 ff.
- Liberales Denken 1094 f.
- Privatautonomie 468 ff.

- Wettbewerb 889 ff.
Stat pro ratione voluntas → siehe Intrinsität
Stellvertretung 767 ff.
- Siehe auch verteiltes Denken
- Anreize 788 f.
- Dogmatische Herausforderung 768 f.
- Fälle 769 ff.
- Fremdnützigkeit 785 ff.
- Geschäftsherrentheorie 774 ff.
- Gesetzliche 790 ff.
- Gewillkürte 794 ff.
- Irrtum 782 ff., 796 ff.
- Praktische Bedeutung 767 f.
- Rechtfertigungsprinzip 781 ff.
- Repräsentationstheorie 778 ff.
- Subsidiarität 794 ff.
- Überleitungstheorie 772 ff.
- Vertragsinhalt 781 ff.
- Vertretungsmacht 784 ff.
Subjektive Rechte 66 ff.
- Gestaltungsrechte 72 f., 1054
- Ignoranz 70 ff.
- Kompetenz 68 f.
- Wille 68 f.
- Zielverwirklichung 66 ff.
Subsidiarität 466 ff.
- Siehe auch Kompetenzen, verteiltes Denken
- Faktischer Vertrag 753
- Grundfolgentheorie 569 f.
- Inhaltsirrtum 971
- Leistungsstörungen 388
- Privatautonomie 466 ff.
- Rechtewettbewerb 899 ff.
- Werbung 846 ff.
- Wille 490 f., 569 f.
- Zwang, Drohung und Ausbeutung 263 f.
Substanzielle Kriterien → siehe Inhalt versus Verfahren

Täuschung → siehe Motivirrtum
Tausch 169 ff.
Transparenz 828 ff.
Trennung und Abstraktion 179 f.

Überleitungstheorie 772 ff.
Übertragungstheorie 547 f.
Übung → siehe Sitte, Übung und Brauch
Umdeutung 393 ff.
Umstände 654 ff.
Unmöglichkeit 359 ff., 388 ff. → siehe auch Leistungsstörungen
Untersuchungsgegenstand 10 ff.
Untersuchungsablauf 24 ff.
Unwissenheit 936 ff., 1145 ff.
– Siehe auch Ignoranz, Irrtum, Motivirrtum, Rechtebasierung und verteiltes Denken
– Allgemeine Geschäftsbedingungen 807 ff.
– Autonomien 1164
– Geschichtlichkeit 939 f., 1161 ff.
– Inhaltliche Integration 1145 f.
– Komplexität von Vertragsinhalten 404 f., 440 ff.
– Methodische Integration 1145 f.
– Problem 936
– Realitätsbezug 1146 ff.
– Rechtebasierung 82 ff., 97 ff.
– Rechtsänderung 130 ff.
– Regelbasierung 1157 ff.
– Reißbretttheorien 1166 ff.
– Verallgemeinerung 1155 ff.
– Verbindlichkeit 1148 ff.
– Verteiltes Denken 99 f., 940
– Vertrag 936 ff., 1172 f.
– Vertragsinhalt 940 f.
– Wettbewerb 888 f.
– Ziele 48 f., 938 f.
– Zuschreibung 995 ff.
– Zwingendes Recht 867 f.
Ursachenforschung
– Delikt 1081 f.
– Entscheidungsfreiheit 216 ff.
– Inhalt versus Verfahren 1134 ff.
– Punktualität klassischer Vertragstheorien 95 f.
– Willenstheorie 577 ff.
Utilitarismus → siehe Effizienz
Urteilstheorien 588 f.

Vertragsgerechtigkeit → siehe Inhalt versus Verfahren

Verantwortung 619 ff.
– Siehe auch Entscheidungsfreiheit, Erklärung, Fahrlässigkeit, Zurechnung, Zuschreibung
– Erklärung 619 ff.
– Faktischer Vertrag 731 f.
– Zuschreibung 997 f.
Verbindlichkeit 1096, 1100, 1148 ff.
Verbraucherschutz 1113 ff.
– Siehe auch soziales Denken, Verteilung, zwingendes Recht
– Entscheidungsbildung 1114 ff.
– Sonderprivatrecht 1123 ff.
– Verbraucherleitbild 1120 ff.
Verfahren → siehe Inhalt versus Verfahren
Vergleichsbasis → siehe Rechtebasierung
Verhaltensökonomik 998 ff., 1166 ff.
– Siehe auch Effizienz, Ökonomik, Rationalität
– Rationalitätsannahme 998 ff.
– Zeitinkonsistente Präferenzen 1016 ff.
Verhandlungstheorie → siehe Wertschöpfung
Verknüpfungen
– Siehe auch verteiltes Denken
– Allgemeine Geschäftsbedingungen 815 ff.
– Erklärung 644 ff.
– Stellvertretung 774 ff.
– Wille 528 ff.
Vernunft → siehe Rechtsidee
Verschulden bei Vertragsverhandlungen 1079 f.
Versicherung 328 f.
Verteiltes Denken 438 ff.
– Siehe auch dies- und jenseits des Vertrags, Geschichtlichkeit, Kompetenzen, staatliches Handeln, Stellvertretung, Subsidiarität, Unwissenheit, Zeit
– Arbeitsteilung 18 f., 445 ff.
– Dogmatische Herausforderung 86 f., 438 ff.
– Fälle 444 f.
– Festlegung und Spielraum 1063 ff.
– Indizien 451 ff.
– Inhalt versus Verfahren 1128 f.

- Kompetenz 284 ff., 448 ff.
- Komplexität von Vertragsinhalten 404 f., 440 ff.
- Praktischer Befund 445 ff., 454 ff., 461 ff.
- Privatautonomie 464 ff.
- Punktualität klassischer Vertragstheorien 95 ff., 442 ff.
- Rahmenbedingungen 461 ff.
- Rechtfertigungsprinzip 447 ff., 456 ff., 463 f.
- Rechtsänderung 132 ff.
- Relationaler Vertrag 1055
- Staatliches Handeln 468 ff., 856 ff.
- Stellvertretung 767 ff., 781 f., 784 ff.
- Unwissenheit 99 f., 940
- Zeitliche Streckung 82 ff., 454 ff.
Verteilung 1100 ff.
- Siehe auch Ausbeutung, soziales Denken
- Abschöpfungstechniken 276 ff.
- Einpreisung 1102 f.
- Gleichbehandlung 1104 f.
- Praktischer Befund 1101 f.
- Systematische (Um-) Verteilung 1101 ff.
- Unausweichlichkeit 1100 f.
- Verteilung der Kooperationsrente 245 ff.
- Zufälligkeit 1103 f.
Vertrag zu Gunsten Dritter 178 f.
Vertragsfreiheit → siehe liberales Denken
Vertragsinhalt 136 ff.
- Siehe auch Allgemeine Geschäftsbedingungen, dispositives Recht, Inhaltskontrolle, Inhalt versus Verfahren, verteiltes Denken, zwingendes Recht
- Äquivalenz 140 f.
- Dogmatische Herausforderung 137 f.
- Erklärungstheorie 138 ff.
- Fälle 136 f.
- Inhalt versus Verfahren 1125 ff.
- Kollektive Setzung 855 ff.
- Punktualität 941, 1136 f.
- Rechtfertigungsprinzip 146 ff.
- Rechtsgeschäftsleere 510 ff.
- Stellvertretung 781 ff.

- Unwissenheit 940 f.
- Willenstheorie 138 ff.
Vertragsschluss 1051 ff., 1074 ff.
- Siehe auch faktischer Vertrag
- Entscheidungsbildung 1114 ff.
- Erklärungstheorie 1051 ff.
- Faktischer Vertrag 707 ff.
- Rechtsgeschäftsleere 509 f.,
- Verschulden bei Vertragsverhandlungen 1079 f.
- Willenstheorie 1051 ff.
Vertrauen 658 ff.
- Alternativen 686 ff.
- Anreize 685 f.
- Aufmerksamkeit 673 ff
- Begriff 667 ff.
- Faktischer Vertrag 724 f.
- Mentalreservation 1032 f.
- Moralisches Handeln 677 ff., 681 f., 685 f.
- Normativierung 696, 701 ff.
- Praktische Bedeutung 682 ff.
- Rationalität 673 ff.
- Rechtliche Irrelevanz 685 ff.
- Risiko 670 ff.
- Vertrauender 669 ff.
- Vertrauendürfen 701 ff.
- Vertrauensgegenstand 676 ff.
- Vertrauensvertrag 705 f.
- Widersprüchliches Verhalten 725 ff.
Vertretung → siehe Stellvertretung
Vertretungsmacht 784 ff. → siehe auch Stellvertretung
Vorsätzliches Handeln
- Siehe auch Einwilligung
- Einwilligung 497 ff., 581 ff.
- Faktischer Vertrag 729 ff.
- Zurechenbarkeit 610 ff.
Vorverständnis → siehe Auslegung, Hermeneutik

Weisungsrecht → siehe Dienstvertrag, dies- und jenseits des Vertrags
Werbung 835 ff.
- Dogmatische Relevanz 838 ff.
- Erklärungstheorie 840 ff.
- Fälle 835 ff.
- Herstellerwerbung 844 ff.

- Irrtum 851 f.
- Praktische Bedeutung 838
- Rechtfertigungsprinzip 843 ff.
- Scheinlösungen 841 f.
- Selbstbindung 842 f.
- Subsidiarität 846 ff.
- Verkäuferangaben 843 f.
- Wettbewerb 846 ff., 889
- Willenstheorie 840 ff.
- Wirkungsbreite und -dauer 850 f.

Wertpapiere 161 f.
Wertschöpfung 146 ff., 163 ff.
- Siehe auch Rechtfertigungsprinzip, Ziele
- Abschöpfungstechniken 276 ff.
- Einseitig belastende Rechtsänderungen 150 ff.
- Festlegung und Spielraum 1063 ff.
- Grundidee 146 ff., 163 ff.
- Inhaltsirrtum 967 ff.
- Leistungsstörungen 387 f.
- Mehrseitig belastende Rechtsänderungen 163 ff.
- Risiko 322 ff.
- Verteilung der Kooperationsrente 245 ff.

Wertungsjurisprudenz 53 ff.
Wettbewerb 884 ff.
- Siehe auch Macht, Rechtewettbewerb, Unwissenheit
- Allgemeine Geschäftsbedingungen 826 ff., 889
- Inhalt versus Verfahren 892 ff.
- Ordoliberalismus 895 ff.
- Rechtfertigungsprinzip 892 f.
- Sitte, Übung und Brauch 885 ff.
- Staatliche Dimension 889 ff.
- Unwissenheit 888 f.
- Verhältnis zum Vertrag 885 ff.
- Werbung 846 ff., 889
- Wettbewerb der Rechtsordnungen 897 ff.
- Wettbewerbsfreiheit 893 ff.
- Zwang, Drohung und Ausbeutung 886 ff.
- Zwingendes Recht 866 ff.

Wettbewerb der Rechtsordnungen → siehe Rechtewettbewerb

Wettbewerbsfreiheit 893 ff. → siehe auch Wettbewerb

Widersprüchliches Verhalten
- Siehe auch Vertrauen
- Faktischer Vertrag 725 f.
- Werbung 848 ff.

Wille 474 ff.
- Siehe auch Aneignungswille, Einwilligung, Willenstheorie
- Aneignungswille 573 ff., 1060 f.
- Aufmerksamkeit 481 ff.
- Begriff 476 ff., 548 ff.
- Einwilligung 497 ff., 581 ff., 745
- Erkannter Irrtum 954
- Fälle 475 f.
- Fiktion 525 ff.
- Gegenstand 483 ff.
- Geltungstheorie 594 ff.
- Handlungswille 592 ff., 1031 f.
- Mangelnde Intrinsität 505 ff.
- Normativierung 541 ff.
- Psychologismus 541 ff.
- Rechtfertigungsprinzip 57 ff., 573 ff.
- Selbstbindungswille 487 ff., 709 ff., 745
- Subjektive Rechte 68 f.
- Vertrauensgegenstand 694 f.
- Wille versus Erklärung 635 ff.

Willensfreiheit → siehe Entscheidungsfreiheit

Willenstheorie 487 ff.
- Siehe auch Wille
- Allgemeine Geschäftsbedingungen 814 ff.
- Dispositives Recht 860 ff.
- Eigenschaften 415 ff.
- Entscheidungsbildung 1116 f.
- Faktischer Vertrag 709 f.
- Fiktionen 525 ff.
- Gefälligkeitsverhältnisse 873 f.
- Grundfolgentheorie 559 ff.
- Leistungsstörungen 377 ff.
- Mangelnde Intrinsität 505 ff.
- Mentalreservation 1029 f.
- Motivirrtum 973 f.
- Nicht durchschlagender Irrtum 958
- Privatautonomie 465 f.
- Psychologismus 541 ff.

- Rationalität 984f.
- Rechtfertigungsprinzip 57ff., 573ff.
- Rechtsgeschäftsleere 508ff.
- Risiko 311f.
- Selbstbindungswille 487ff.
- Übertragungstheorie 547f.
- Ursachenforschung 577ff.
- Vertragsinhalt 138ff.
- Vertragsschluss 1051ff., 1074ff.
- Werbung 840ff.
- Wille versus Erklärung 635ff.
- Wissensinvestitionen 982f.
- Zwang, Drohung und Ausbeutung 200ff.
- Zwingendes Recht 860ff.

Wissen → siehe Unwissenheit, vorsätzliches Handeln

Wissensinvestitionen 981ff. → siehe auch frühere Anstrengungen

Wohlfahrt → siehe Effizienz

Zeit
- Siehe auch Geschichtlichkeit, Rechtebasierung, Rechtsänderung, verteiltes Denken
- Festlegung und Spielraum 1063ff.
- Relationaler Vertrag 1055
- Zeitliche Dimension des Vertragsrechts 82ff., 454ff.

Ziel 34ff.
- Aufmerksamkeit 38ff.
- Begriff 36ff.
- Dispositives Recht 863f.
- Einfachheit 48f.
- Ersterwerb 78f.
- Feststellung 44ff.
- Flexibilität 49f.
- Grundfolgentheorie 559ff.
- Interessenjurisprudenz 53ff.
- Kenntnisse 40f.
- Kollektive Ziele 41
- Kreativität 50
- Liberalität 47f.
- Maßstab 36ff.
- Mutmaßlicher Wille 533ff.
- Objektive Setzung 41
- Planung 50
- Rechtfertigungsprinzip 55ff.

- Rechtliche Verankerung 50ff.
- Risiko 317
- Robustheit 50
- Subjektive Rechte 66ff.
- Unwissenheit 48f., 938f.
- Vergleichsbasis 38
- Vertragstheoretische Verankerung 52ff.
- Vorteile 47ff.
- Zielkonflikte 37f.
- Zielveränderungen 42f.
- Zukunftsorientierung 42
- Zwingendes Recht 863f.
- Zwischenziele 36f.

Zurechnung/Zurechenbarkeit 607ff.
- Siehe auch Zuschreibung
- Allgemeine Geschäftsbedingungen 818f.
- Anerkennung 619ff.
- Anspruchsbegrenzung 609f.
- Anspruchsbegründung 610
- Erklärung 607ff.
- Fahrlässigkeit 613ff.
- Faktischer Vertrag 729ff.
- Leistungsstörungen 379ff.
- Mentalreservation 1030f.
- Risiko 631f.
- Verantwortung 619ff.
- Vorsätzliches Handeln 610ff.

Zuschreibung 990ff.
- Siehe auch Zurechnung
- Funktionen 992ff.
- Grundidee 990ff.
- Parallelen 995ff.
- Rationalität 990ff., 998
- Schuld 997f.
- Wissen versus Verarbeitung 995ff.

Zuständigkeit → siehe Kompetenz
Zwang → siehe Drohung
Zweck → siehe Ziel
Zweckrationalität 988 → siehe auch Rationalität, Ziel
Zweiterwerb → siehe Rechtebasierung
Zwingendes Recht 856ff., 866ff.
- Siehe auch staatliches Handeln, Vertragsinhalt
- Allgemeine Geschäftsbedingungen 822ff.

- Dogmatische Herausforderung 857 ff.
- Dualismen 864 f.
- Erklärungstheorie 860 ff.
- Interesse 863 f.
- Mutmaßlicher Wille 863 f.
- Praktische Bedeutung 856 f.
- Rechtfertigungsprinzip 866 ff.
- Regulierungswettbewerb 904 ff.
- Unwissenheit 867 f.
- Vorteile 868 ff.
- Willenstheorie 860 ff.

Jus Privatum

Beiträge zum Privatrecht – Alphabetische Übersicht

Ackermann, Thomas: Der Schutz des negativen Interesses. 2007. *Band 122.*
Adolphsen, Jens: Internationale Dopingstrafen. 2003. *Band 78.*
Alexander, Christian: Schadensersatz und Abschöpfung im Lauterkeits- und Kartellrecht. 2010. *Band 147.*
Althammer, Christoph: Steitgegenstand und Interesse. 2012. *Band 168.*
Assmann, Dorothea: Die Vormerkung (§ 883 BGB). 1998. *Band 29.*
Bachmann, Gregor: Private Ordnung. 2006. *Band 112.*
Barnert, Thomas: Die Gesellschafterklage im dualistischen System des Gesellschaftsrechts. 2003. *Band 82.*
Bayer, Walter: Der Vertrag zugunsten Dritter. 1995. *Band 11.*
Beater, Axel: Nachahmen im Wettbewerb. 1995. *Band 10.*
Bechtold, Stefan: Die Grenzen zwingenden Vertragsrechts. 2010. *Band 149.*
Beckmann, Roland Michael: Nichtigkeit und Personenschutz. 1998. *Band 34.*
Benecke, Martina: Gesetzesumgehung im Zivilrecht. 2004. *Band 94.*
Berger, Christian: Rechtsgeschäftliche Verfügungsbeschränkungen. 1998. *Band 25.*
Berger, Klaus: Der Aufrechnungsvertrag. 1996. *Band 20.*
Bergmann, Andreas: Die Geschäftsführung ohne Auftrag als Subordinationsverhältnis. 2010. *Band 152.*
Binder, Jens-Hinrich: Regulierungsinstrumente und Regulierungsstrategien im Kapitalgesellschaftsrecht. 2012. *Band 162.*
Bitter, Georg: Rechtsträgerschaft für fremde Rechnung. 2006. *Band 107.*
Bittner, Claudia: Europäisches und internationales Betriebsrentenrecht. 2000. *Band 46.*
Bodewig, Theo: Der Rückruf fehlerhafter Produkte. 1999. *Band 36.*
Braun, Johann: Grundfragen der Abänderungsklage. 1994. *Band 4.*
Brinkmann, Moritz: Kreditsicherheiten an beweglichen Sachen und Forderungen. 2011. *Band 156.*
Brors, Christiane: Die Abschaffung der Fürsorgepflicht. 2002. *Band 67.*
Bruns, Alexander: Haftungsbeschränkung und Mindesthaftung. 2003. *Band 74.*
Buchner, Benedikt: Informationelle Selbstbestimmung im Privatrecht. 2006. *Band 114.*
Busche, Jan: Privatautonomie und Kontrahierungszwang. 1999. *Band 40.*
Calliess, Gralf-Peter: Grenzüberschreitende Verbraucherverträge. 2006. *Band 103.*
Casper, Matthias: Der Optionsvertrag. 2005. *Band 98.*
Dauner-Lieb, Barbara: Unternehmen in Sondervermögen. 1998. *Band 35.*
Dethloff, Nina: Europäisierung des Wettbewerbsrechts. 2001. *Band 54.*
Dreier, Thomas: Kompensation und Prävention. 2002. *Band 71.*
Drexl, Josef: Die wirtschaftliche Selbstbestimmung des Verbrauchers. 1998. *Band 31.*
Eberl-Borges, Christina: Die Erbauseinandersetzung. 2000. *Band 45.*
Ebert, Ina: Pönale Elemente im deutschen Privatrecht. 2004. *Band 86.*
Einsele, Dorothee: Wertpapierrecht als Schuldrecht. 1995. *Band 8.*
Ekkenga, Jens: Anlegerschutz, Rechnungslegung und Kapitalmarkt. 1998. *Band 30.*

Ellger, Reinhard: Bereicherung durch Eingriff. 2002. Band 63.
Escher-Weingart, Christina: Reform durch Deregulierung im Kapitalgesellschaftsrecht. 2001. Band 49.
Fischer, Christian: Topoi verdeckter Rechtsfortbildungen im Zivilrecht. 2007. Band 123.
Füller, Jens T.: Eigenständiges Sachenrecht. 2006. Band 104.
Gebauer, Martin: Hypothetische Kausalität und Haftungsgrund. 2007. Band 127.
Geibel, Stefan J.: Treuhandrecht als Gesellschaftsrecht. 2008. Band 132.
Giesen, Richard: Tarifvertragliche Rechtsgestaltung für den Betrieb. 2002. Band 64.
Gödicke, Patrick: Formularerklärungen in der Medizin. 2008. Band 135.
Götting, Horst-Peter: Persönlichkeitsrechte als Vermögensrechte. 1995. Band 7.
Gruber, Urs Peter: Methoden des internationalen Einheitsrechts. 2004. Band 87.
Gsell, Beate: Substanzverletzung und Herstellung. 2003. Band 80.
Haar, Brigitte: Die Personengesellschaft im Konzern. 2006. Band 113.
Habersack, Mathias: Die Mitgliedschaft – subjektives und ‚sonstiges' Recht. 1996. Band 17.
Haedicke, Maximilian: Rechtskauf und Rechtsmängelhaftung. 2003. Band 77.
Hähnchen, Susanne: Obliegenheiten und Nebenpflichten. 2010. Band 146.
Haertlein, Lutz: Exekutionsintervention und Haftung. 2008. Band 131.
Hanau, Hans: Der Grundsatz der Verhältnismäßigkeit als Schranke privater Gestaltungsmacht. 2004. Band 89.
Hassemer, Michael: Heteronomie und Relativität in Schuldverhältnissen. 2006. Band 118.
Hau, Wolfgang: Vertragsanpassung und Anpassungsvertrag. 2003. Band 83.
Heermann, Peter W.: Drittfinanzierte Erwerbsgeschäfte. 1998. Band 24.
Heinemann, Andreas: Immaterialgüterschutz in der Wettbewerbsordnung. 2002. Band 65.
Heinrich, Christian: Formale Freiheit und materielle Gerechtigkeit. 2000. Band 47.
Hellwege, Phillip: Allgemeine Geschäftsbedingungen, einseitig gestellte Vertragsbedingungen und die allgemeine Rechtsgeschäftslehre. 2010. Band 148.
Helms, Tobias: Gewinnherausgabe als haftungsrechtliches Problem. 2007. Band 129.
Henssler, Martin: Risiko als Vertragsgegenstand. 1994. Band 6.
Hergenröder, Curt Wolfgang: Zivilprozessuale Grundlagen richterlicher Rechtsfortbildung. 1995. Band 12.
Hess, Burkhard: Intertemporales Privatrecht. 1998. Band 26.
Hölzle, Gerrit: Verstrickung durch Desinformation. 2012. Band 164.
Hofer, Sibylle: Freiheit ohne Grenzen. 2001. Band 53.
Huber, Peter: Irrtumsanfechtung und Sachmängelhaftung. 2001. Band 58.
Jacobs, Matthias: Der Gegenstand des Feststellungsverfahrens. 2005. Band 97.
Jacoby, Florian: Das private Amt. 2007. Band 117.
Jakob, Dominique: Schutz der Stiftung. 2006. Band 111.
Jänich, Volker: Geistiges Eigentum – eine Komplementärerscheinung zum Sacheigentum? 2002. Band 66.
Janda, Constanze: Migranten im Sozialstaat. 2012. Band 167.
Jansen, Nils: Die Struktur des Haftungsrechts. 2003. Band 76.
Jung, Peter: Der Unternehmergesellschafter als personaler Kern der rechtsfähigen Gesellschaft. 2002. Band 75.
Junker, Abbo: Internationales Arbeitsrecht im Konzern. 1992. Band 2.

Kähler, Lorenz: Begriff und Rechtfertigung abdingbaren Rechts. 2012. *Band 165.*
Kaiser, Dagmar: Die Rückabwicklung gegenseitiger Verträge wegen Nicht- und Schlechterfüllung nach BGB. 2000. *Band 43.*
Katzenmeier, Christian: Arzthaftung. 2002. *Band 62.*
Kern, Christoph A.: Typizität als Strukturprinzip des Privatrechts. 2013. *Band 170.*
Kindler, Peter: Gesetzliche Zinsansprüche im Zivil- und Handelsrecht. 1996. *Band 16.*
Kleindiek, Detlef: Deliktshaftung und juristische Person. 1997. *Band 22.*
Klimke, Dominik: Die Vertragsübernahme. 2010. *Band 150.*
Kling, Michael: Sprachrisiken im Privatrechtsverkehr. 2008. *Band 140.*
Klöhn, Lars: Das System der aktien- und umwandlungsrechtlichen Abfindungsansprüche. 2009. *Band 143.*
Koch, Jens: Die Patronatserklärung. 2005. *Band 99.*
Koch, Raphael: Mitwirkungsverantwortung im Zivilprozess. 2013. *Band 174.*
Körber, Torsten: Grundfreiheiten und Privatrecht. 2004. *Band 93.*
Kolbe, Sebastian: Mitbestimmung und Demokratieprinzip. 2013. *Band 172.*
Koppenfels-Spies, Katharina von: Die cessio legis. 2004. *Band 106.*
Krause, Rüdiger: Mitarbeit in Unternehmen. 2002. *Band 70.*
Kreße, Bernhard: Die Auktion als Wettbewerbsverfahren. 2014. *Band 176.*
Kroppenberg, Inge: Privatautonomie von Todes wegen. 2008. *Band 130.*
Lakkis, Panajotta: Gestaltungsakte im internationalen Rechtsverkehr. 2007. *Band 128.*
Lehmann, Matthias: Finanzinstrumente. 2009. *Band 145.*
Leistner, Matthias: Richtiger Vertrag und lauterer Wettbewerb. 2007. *Band 119.*
Leuschner, Lars: Das Konzernrecht des Vereins. 2011. *Band 160.*
Lipp, Volker: Freiheit und Fürsorge: Der Mensch als Rechtsperson. 2000. *Band 42.*
Löhnig, Martin: Treuhand. 2006. *Band 109.*
Lohse, Andrea: Unternehmerisches Ermessen. 2005. *Band 100.*
Looschelders, Dirk: Die Mitverantwortlichkeit des Geschädigten im Privatrecht. 1999. *Band 38.*
Luttermann, Claus: Unternehmen, Kapital und Genußrechte. 1998. *Band 32.*
Madaus, Stephan: Der Insolvenzplan. 2011. *Band 157.*
Mäsch, Gerald: Chance und Schaden. 2004. *Band 92.*
Mankowski, Peter: Beseitigungsrechte. Anfechtung, Widerruf und verwandte Institute. 2003. *Band 81.*
Maultzsch, Felix: Streitentscheidung und Normbildung durch den Zivilprozess. 2010. *Band 155.*
McGuire, Mary-Rose: Die Lizenz. 2012. *Band 161.*
Meier, Sonja: Gesamtschulden. 2010. *Band 151.*
Meller-Hannich, Caroline: Verbraucherschutz im Schuldvertragsrecht. 2005. *Band 101.*
Merkt, Hanno: Unternehmenspublizität. 2001. *Band 51.*
Mock, Sebastian: Die Heilung fehlerhafter Rechtsgeschäfte. 2014. *Band 177.*
Möllers, Thomas M.J.: Rechtsgüterschutz im Umwelt- und Haftungsrecht. 1996. *Band 18.*
Möslein, Florian: Dispositives Recht. 2011. *Band 159.*
Muscheler, Karlheinz: Die Haftungsordnung der Testamentsvollstreckung. 1994. *Band 5.*
– Universalsukzession und Vonselbsterwerb. 2002. *Band 68.*

Nietsch, Michael: Freigabeverfahren. 2013. *Band 173.*
Oechsler, Jürgen: Gerechtigkeit im modernen Austauschvertrag. 1997. *Band 21.*
Oetker, Hartmut: Das Dauerschuldverhältnis und seine Beendigung. 1994. *Band 9.*
Ohly, Ansgar: „Volenti non fit iniuria" Die Einwilligung im Privatrecht. 2002. *Band 73.*
Oppermann, Bernd H.: Unterlassungsanspruch und materielle Gerechtigkeit im Wettbewerbsprozeß. 1993. *Band 3.*
Peifer, Karl-Nikolaus: Individualität im Zivilrecht. 2001. *Band 52.*
Peters, Frank: Der Entzug des Eigentums an beweglichen Sachen durch gutgläubigen Erwerb. 1991. *Band 1.*
Peukert, Alexander: Güterzuordnung als Rechtsprinzip. 2008. *Band 138.*
Piekenbrock, Andreas: Befristung, Verjährung, Verschweigung und Verwirkung. 2006. *Band 102.*
Preuß, Nicola: Zivilrechtspflege durch externe Funktionsträger. 2005. *Band 96.*
Raab, Thomas: Austauschverträge mit Drittbeteiligung. 1999. *Band 41.*
Rehberg, Markus: Das Rechtfertigungsprinzip. 2014. *Band 178.*
Reiff, Peter: Die Haftungsverfassungen nichtrechtsfähiger unternehmenstragender Verbände. 1996. *Band 19.*
Repgen, Tilman: Die soziale Aufgabe des Privatrechts. 2001. *Band 60.*
Reymann, Christoph: Das Sonderprivatrecht der Handels- und Verbraucherverträge. 2009. *Band 139.*
Röthel, Anne: Normkonkretisierung im Privatrecht. 2004. *Band 91.*
Rohe, Mathias: Netzverträge. 1998. *Band 23.*
Sachsen Gessaphe, Karl August Prinz von: Der Betreuer als gesetzlicher Vertreter für eingeschränkt Selbstbestimmungsfähige. 1999. *Band 39.*
Sack, Rolf: Das Recht am Gewerbebetrieb. 2007. *Band 116.*
Saenger, Ingo: Einstweiliger Rechtsschutz und materiellrechtliche Selbsterfüllung. 1998. *Band 27.*
Sandmann, Bernd: Die Haftung von Arbeitnehmern, Geschäftsführern und leitenden Angestellten. 2001. *Band 50.*
Schäfer, Carsten: Die Lehre vom fehlerhaften Verband. 2002. *Band 69.*
Schaub, Renate: Sponsoring und andere Verträge zur Förderung überindividueller Zwecke. 2008. *Band 136.*
Schinkels, Boris: Normsatzstruktur des IPR. 2007. *Band 124.*
Schmidt, Jessica: Der Vertragsschluss. 2013. *Band 175.*
Schnorr, Randolf: Die Gemeinschaft nach Bruchteilen (§§ 741 – 758 BGB). 2004. *Band 88.*
Schubel, Christian: Verbandssouveränität und Binnenorganisation der Handelsgesellschaften. 2003. *Band 84.*
Schubert, Claudia: Wiedergutmachung immaterieller Schäden im Privatrecht. 2013. *Band 171.*
Schürnbrand, Jan: Organschaft im Recht der privaten Verbände. 2007. *Band 125.*
Schulze, Götz: Die Naturalobligation. 2008. *Band 134.*
Schur, Wolfgang: Leistung und Sorgfalt. 2001. *Band 61.*
Schwab, Martin: Das Prozeßrecht gesellschaftsinterner Streitigkeiten. 2005. *Band 95.*
Schwarze, Roland: Vorvertragliche Verständigungspflichten. 2001. *Band 57.*
Seiler, Wolfgang: Verbraucherschutz auf elektronischen Märkten. 2006. *Band 108.*
Servatius, Wolfgang: Gläubigereinfluss durch Covenants. 2008. *Band 137.*

Sieker, Susanne: Umgehungsgeschäfte. 2001. *Band 56.*
Sosnitza, Olaf: Besitz und Besitzschutz. 2003. *Band 85.*
Stadler, Astrid: Gestaltungsfreiheit und Verkehrsschutz durch Abstraktion. 1996. *Band 15.*
Stamm, Jürgen: Die Prinzipien und Grundstrukturen des Zwangsvollstreckungsrechts. 2007. *Band 126.*
Stieper, Malte: Rechtfertigung, Rechtsnatur und Disponibilität der Schranken des Urheberrechts. 2009. *Band 144.*
Stoffels, Markus: Gesetzlich nicht geregelte Schuldverhältnisse. 2001. *Band 59.*
Stürner, Michael: Der Grundsatz der Verhältnismäßigkeit im Schuldvertragsrecht. 2010. *Band 153.*
Sutschet, Holger: Garantiehaftung und Verschuldenshaftung im gegenseitigen Vertrag. 2006. *Band 110.*
Taeger, Jürgen: Außervertragliche Haftung für fehlerhafte Computerprogramme. 1995. *Band 13.*
Tamm, Marina: Verbraucherschutzrecht. 2011. *Band 158.*
Thomas, Stefan: Die Haftungsfreistellung von Organmitgliedern. 2010. *Band 154.*
Tillmanns, Kerstin: Strukturfragen des Dienstvertrages. 2007. *Band 121.*
Tröger, Tobias: Arbeitsteilung und Vertrag. 2012. *Band 163.*
Trunk, Alexander: Internationales Insolvenzrecht. 1998. *Band 28.*
Unberath, Hannes: Die Vertragsverletzung. 2007. *Band 120.*
Veil, Rüdiger: Unternehmensverträge. 2003. *Band 79.*
Verse, Dirk A.: Der Gleichbehandlungsgrundsatz im Recht der Kapitalgesellschaften. 2006. *Band 115.*
Wagner, Gerhard: Prozeßverträge. 1998. *Band 33.*
Waltermann, Raimund: Rechtsetzung durch Betriebsvereinbarung zwischen Privatautonomie und Tarifautonomie. 1996. *Band 14.*
Weber, Christoph: Privatautonomie und Außeneinfluß im Gesellschaftsrecht. 2000. *Band 44.*
Weller, Marc-Philippe: Die Vertragstreue. 2009. *Band 142.*
Wendehorst, Christiane: Anspruch und Ausgleich. 1999. *Band 37.*
Wiebe, Andreas: Die elektronische Willenserklärung. 2002. *Band 72.*
Wielsch, Dan: Zugangsregeln. 2008. *Band 133.*
Wilhelmi, Rüdiger: Risikoschutz durch Privatrecht. 2009. *Band 141.*
Wimmer-Leonhardt, Susanne: Konzernhaftungsrecht. 2004. *Band 90.*
Würdinger, Markus: Insolvenzanfechtung im bargeldlosen Zahlungsverkehr. 2012. *Band 169.*
Würthwein, Susanne: Schadensersatz für Verlust der Nutzungsmöglichkeit einer Sache oder für entgangene Gebrauchsvorteile? 2001. *Band 48.*
Zech, Herbert: Information als Schutzgegenstand. 2012. *Band 166.*

Ein Gesamtverzeichnis der Reihe erhalten Sie gerne vom Verlag
Mohr Siebeck, Postfach 2040, D–72010 Tübingen.
Aktuelle Informationen im Internet unter www.mohr.de